Däubler/Klebe/Wedde (Hrsg.)
Arbeitshilfen für den Betriebsrat
Formularbuch

Wolfgang Däubler
Thomas Klebe
Peter Wedde (Hrsg.)

Arbeitshilfen für den Betriebsrat

mit Wahlunterlagen und EBR-Gesetz

6., überarbeitete und aktualisierte Auflage

Formularbuch
- Betriebsvereinbarungen
- Checklisten
- Musterschreiben
- Gerichtliche Anträge

mit Erläuterungen

Autoren:
Berg/Buschmann/Däubler/Deinert/Dornberger/Garloff/Homburg/Klebe/Wedde/Wenckebach

BUND
VERLAG

Bibliografische Information der Deutschen Nationalbibliothek
Die Deutsche Nationalbibliothek verzeichnet diese Publikation in der Deutschen Nationalbibliografie; detaillierte bibliografische Daten sind im Internet über *http://dnb.d-nb.de* abrufbar.

6., überarbeitete und aktualisierte Auflage 2026

Umschlag: Neil McBeath, Stuttgart
Satz: Dörlemann Satz, Lemförde
Druck: Druckerei C.H. Beck, Bergerstr. 3, 86720 Nördlingen

ISBN 978-3-7663-7479-0

kontakt@bund-verlag.de
www.bund-verlag.de

Vorwort zur 6. Auflage

Die 6. Auflage greift die Entwicklungen auf, die sich in den letzten fünf Jahren ergeben haben. Dazu gehört beispielsweise die Rechtsprechung zum Datenschutz, die durch den Europäischen Gerichtshof (EuGH) zahlreiche positive Impulse erfahren hat. Bedeutsamer ist auch die dienstliche Nutzung privater Geräte geworden, die mit dem Stichwort BYOD (=**B**ring **Y**our **O**wn **D**evice) bezeichnet wird. In vielen Betrieben werden stillschweigend oder offen KI-Systeme eingeführt, die den Betriebsrat mit einigen neuen Problemen konfrontieren. Sinnvoll ist es, ähnlich wie bei der Einführung von IT eine Rahmenbetriebsvereinbarung zu schließen, die für beide Seiten im Betrieb Rechtssicherheit bringt. Die gerade im Zusammenhang damit wichtig werdenden betrieblichen Weiterbildungsmaßnahmen sind eingehender als bisher behandelt – nur wer wirklich auf der Höhe der Zeit ist, kann sich den Herausforderungen stellen, die der internationale Wettbewerb derzeit mit sich bringt. Aber auch andere praxisrelevante Themen sind neu aufgenommen: So findet man ein Textmuster für eine Betriebsvereinbarung, die Vergleichspersonen für Betriebsratsmitglieder festlegt.
Die »Arbeitshilfen« haben sich seit ihrem ersten Erscheinen vor genau 20 Jahren für viele Betriebsräte zu einer nützlichen Ergänzung ihres »Instrumentenkastens« entwickelt. Obwohl sie auch in elektronischer Form zur Verfügung stehen, greifen viele Nutzer weiterhin auf das Buch zurück, in dem man blättern und bisweilen die gesuchte Stelle schneller als auf dem Bildschirm finden kann. Wenn man allerdings einen Musterbrief benutzen und an die konkrete Situation anpassen will, wird man die digitale Version aufrufen und den benötigten Text herunterladen. Ähnliches gilt für Entwürfe von Betriebsvereinbarungen, die man ausdrucken, aber auch am Bildschirm sehr gut korrigieren kann.
Alle Autorinnen und Autoren der »Arbeitshilfen« sind erfahrene Praktiker des Arbeitsrechts, die als Berater von Betriebsräten in vielen Verhandlungen mit dem jeweiligen Arbeitgeber teilgenommen haben. Die meisten gehören zum Autorenteam des »DKW«. Viele sind als ehrenamtliche Richter in der Arbeitsgerichtsbarkeit tätig oder setzen sich als Wissenschaftler mit den immer wieder auftauchenden Versuchen auseinander, die Handlungsmöglichkeiten der Arbeitnehmer und ihrer Interessenvertretungen einzuschränken oder von zusätzlichen Hindernissen abhängig zu machen. Auf diese Weise ist bei allen Autorinnen und Autoren eine starke Verbindung von Theorie und Praxis vorhanden, die eine allzu enge Beschränkung auf den Rechtsweg vermeidet.
Die vorliegende 6. Auflage berücksichtigt Gesetzgebung, Rechtsprechung und Literatur bis Januar 2026.
Anmerkungen und Kritik sind wie bisher willkommen und können an die Mailanschrift barbara.albers@bund-verlag.de gerichtet werden.

Bremen, Frankfurt am Main und Wiesbaden im Januar 2026

Wolfgang Däubler, Thomas Klebe, Peter Wedde

Verzeichnis der Herausgeber, Autorinnen und Autoren

Peter Berg, Rechtsanwalt in der Kanzlei Schwegler Rechtsanwälte, Düsseldorf

Rudolf Buschmann, Gewerkschaftliches Centrum für Revision und Europäisches Recht, Lehrbeauftragter an der Universität Kassel

Dr. jur. Wolfgang Däubler, Prof. für Deutsches und Europäisches Arbeitsrecht, Bürgerliches Recht und Wirtschaftsrecht an der Universität Bremen

Dr. Olaf Deinert, Prof. für Bürgerliches Recht, Arbeits- und Sozialrecht an der Universität Göttigen, ehrenamtlicher Richter am Bundesarbeitsgericht

Dr. Lisa Dornberger, Juristin in Wiesbaden

Dr. Grégory Garloff, Leiter der Rechtsabteilung und Justiziar der Gewerkschaft Nahrung-Genuss-Gaststätten

Jochen Homburg, Rechtsanwalt und Tarifsekretär beim Vorstand der IG Metall, ehrenamtlicher Richter am Bundesarbeitsgericht

Dr. jur. Thomas Klebe, Rechtsanwalt in der Anwaltskanzlei Apitzsch/Schmidt, Honorarprof. an der University of Labour in Frankfurt am Main, ehrenamtlicher Richter am Bundesarbeitsgericht, ehem. Justiziar der IG Metall

Dr. jur. Peter Wedde, Prof. em. für Arbeitsrecht und Recht der Informationsgesellschaft an der Frankfurt University of Applied Sciences und wissenschaftlicher Leiter der Beratungsgesellschaft d+a consulting in Wiesbaden

Dr. Johanna Wenckebach, Prof. für Arbeitsrecht an der University of Labour, Justiziarin der IG Metall in Frankfurt am Main, ehrenamtliche Richterin am Bundesarbeitsgericht

Inhaltsverzeichnis

Verzeichnis der Bearbeiterinnen und Bearbeiter

§ 1	Garloff
§ 2	Berg
§§ 3–4	Garloff
§ 5	Homburg
§ 6	aufgehoben
§§ 7–20	Berg/Garloff/Heilmann
§§ 21–22	Buschmann
§ 23	Dornberger/Buschmann
§§ 24–25	Buschmann
§§ 26–41	Wedde
§§ 42–46	Berg
§§ 47–53	Deinert
§§ 54–59a	Wenckebach
§§ 60–73b	Dornberger
§§ 74–77	Berg
§ 78	Buschmann
§ 78a	Deinert
§§ 79–86a	Buschmann
§ 87	Garloff/Klebe
§ 88	Berg
§ 89	Buschmann
§§ 90–91	Garloff/Klebe
§ 92	Homburg
§ 92a	Däubler
§ 93	Buschmann
§§ 94–95	Garloff/Klebe
§§ 96–98	Buschmann
§§ 99–101	Wenckebach
§§ 102–105	Deinert
§§ 106–113	Däubler
§§ 114–117	nicht kommentiert
§ 118	Wedde
§§ 119–121	Buschmann
§§ 122–132	nicht kommentiert
EBRG	Däubler

Zitiervorschlag: z. B. DKWF-*Garloff,* § 1 Rn. 1

Abkürzungsverzeichnis

a. a. O.	am angegebenen Ort
AbfG	Abfallbeseitigungsgesetz
Abs.	Absatz
AG	Arbeitgeber; Aktiengesellschaft; Amtsgericht
AiB	Arbeitsrecht im Betrieb (Zeitschrift)
AktG	Aktiengesetz
Aktz.	Aktenzeichen
Alt.	Alternative
AN	Arbeitnehmer
Anm.	Anmerkung(en)
AP	Arbeitsrechtliche Praxis (Nachschlagewerk des Bundesarbeitsgerichts)
ArbBeschFG	Arbeitsrechtliches Beschäftigungsförderungsgesetz
ArbG	Arbeitsgericht
ArbGG	Arbeitsgerichtsgesetz
ArbNErfG	Gesetz über Arbeitnehmererfindungen
ArbPlSchG	Arbeitsplatzschutzgesetz
ArbSchG	Arbeitsschutzgesetz
ArEV	Arbeitsentgeltverordnung
ArbZG	Arbeitszeitgesetz
ASiG	Gesetz über Betriebsärzte, Sicherheitsingenieure und andere Fachkräfte für Arbeitssicherheit (Arbeitssicherheitsgesetz)
AT	außertariflich(e)
AT-Angestellte	außertarifliche Angestellte
ATG	Altersteilzeitgesetz
AuR	Arbeit und Recht (Zeitschrift)
AÜG	Gesetz zur Regelung der gewerbsmäßigen Arbeitnehmerüberlassung
Az.	Aktenzeichen
BAG	Bundesarbeitsgericht
BB	Betriebs-Berater (Zeitschrift)
BBiG	Berufsbildungsgesetz
BeschSchG	Beschäftigtenschutzgesetz
Betr.	Betreff
BDSG	Bundesdatenschutzgesetz
beE	betriebsorganisatorisch eigenständige Einheit
BEEG	Bundeselterngeld- und Elternzeitgesetz

BErzGG	Gesetz über die Gewährung von Erziehungsgeld und Erziehungsurlaub
Betr.	Betreff
BetrAVG	Gesetz zur Verbesserung der betrieblichen Altersversorgung
BetrVG	Betriebsverfassungsgesetz
BGB	Bürgerliches Gesetzbuch
BildscharbV	Bildschirmarbeitsverordnung
BImSchG	Bundesimmissionsschutzgesetz
BQG	Beschäftigungs- und Qualifizierungsgesellschaft
BR	Betriebsrat
BV	Betriebsvereinbarung
BVG	Besonderes Verhandlungsgremium
bzw.	beziehungsweise
bzgl.	bezüglich
ca.	circa
CF	Computer Fachwissen (Zeitschrift)
CuA	Computer und Arbeit (Zeitschrift)
dB	Dezibel
DB	Der Betrieb (Zeitschrift)
DGB	Deutscher Gewerkschaftsbund
d. h.	das heißt
DKW	Däubler/Klebe/Wedde (Hrsg.), Betriebsverfassungsgesetz (2026)
DP	Deutsche Partei
DSGVO	Datenschutzgrundverordnung
EBR	Europäischer Betriebsrat
EBRG	Gesetz über Europäische Betriebsräte
EGMR	Europäischer Gerichtshof für Menschenrechte
Einl.	Einleitung
einschl.	einschließlich
EntgTranspG	Entgelttransparenzgesetz
etc.	et cetera
EStG	Einkommensteuergesetz
EU	Europäische Union
EuGH	Gerichtshof der Europäischen Union
evtl.	eventuell
EWR	Europäischer Wirtschaftsraum
EzA	Entscheidungssammlung zum Arbeitsrecht
f.	folgend(e)
FAZ	Frankfurter Allgemeine – Zeitung für Deutschland
ff.	folgende
G	Gesetz
GBl.	Gesetzblatt
GBR	Gesamtbetriebsrat
GBV	Gesamtbetriebsvereinbarung

gem.	gemäß
GG	Grundgesetz
ggf.	gegebenenfalls
GO	Geschäftsordnung
GmbH	Gesellschaft mit beschränkter Haftung
HB	Handelsblatt (Tageszeitung)
HGB	Handelsgesetzbuch
h. M.	herrschende Meinung
HwO	Gesetz zur Ordnung des Handwerks (Handwerksordnung)
i.	im; in
IA	Innovationsausschuss
IB	Innovationsbeauftragter
i. d. R.	in der Regel
i. f.	im Folgenden
IG	Industriegewerkschaft
IHK	Industrie- und Handelskammer
i. H. v.	in Höhe von
ILO	International Labour Organization (Internationale Arbeitsorganisation)
inkl.	inklusive
insbes.	Insbesondere
InsO	Insolvenzordnung
intern	international(e)
i. R.	in Rente
i. S. d.	im Sinne des(r)
i. S. v.	im Sinne von
IT	Informationstechnik
i. V. m.	in Verbindung mit
JArbSchG	Jugendarbeitsschutzgesetz
JAV	Jugend- und Auszubildendenvertretung
KAPOVAZ	Kapazitätsorientierte variable Arbeitszeit
KBR	Konzernbetriebsrat
KBV	Konzernbetriebsvereinbarung
KI	Künstliche Intelligenz
KG	Kommanditgesellschaft
KSchG	Kündigungsschutzgesetz
LAG	Landesarbeitsgericht
LkSG	Lieferkettensorgfaltspflichtengesetz
MiLoG	Mindestlohngesetz
mind.	mindestens
MitbestG; MitbG	Gesetz über die Mitbestimmung der Arbeitnehmer (Mitbestimmungsgesetz)

MontanMitbG	Gesetz über die Mitbestimmung der Arbeitnehmer in den Aufsichtsräten und Vorständen der Unternehmen des Bergbaus und der Eisen und Stahl erzeugenden Industrie
MTV	Manteltarifvertrag
MuSchG	Mutterschutzgesetz
MwSt.	Mehrwertsteuer
m. w. N.	mit weiteren Nachweisen
m. W. v.	mit Wirkung vom
NachweisG	Nachweisgesetz
n. F.	neue Fassung
NGG	Gewerkschaft Nahrung-Genuss-Gaststätten
Nr.	Nummer
n. rkr.	nicht rechtskräftig
Nrn.	Nummern
NZA	Neue Zeitschrift für Arbeitsrecht
NZA-RR	NZA, Rechtsprechungsreport
NZS	Neue Zeitschrift für Sozialrecht
o. a.	oben angegeben
o. ä.	oder ähnliches
o. g.	oben genannt
OECD	Organization for Economic Cooperation and Development (Organisation für wirtschaftliche Zusammenarbeit und Entwicklung)
OLG	Oberlandesgericht
PA	Personalakte
PC	Personalcomputer
Pkw; PKW	Personenkraftwagen
RL	Richtlinie
Rn.	Randnummer(n)
Rspr.	Rechtsprechung
RV	Rahmenvereinbarung
RVO	Reichsversicherungsordnung
s.	siehe
S.	Seite
SGB	Sozialgesetzbuch
sog.	so genannt
SprAuG	Gesetz über Sprecherausschüsse der leitenden Angestellten (Sprecherausschussgesetz)
Std.	Stunden
StPO	Strafprozessordnung
str.	streitig
StrahlenSchV	Strahlenschutzverordnung
s. u.	siehe unten

TG	Transfergesellschaft
TV	Tarifvertrag; Tarifvereinbarung
TZA	Buschmann/Dieball/Stevens-Bartol, Das Recht der Teilzeitarbeit, Kommentar, 2. Aufl. (2001)
TzBfG	Teilzeit- und Befristungsgesetz
u.	unten; unter; und
u. a.	und andere; unter anderem
u. ä.	und ähnliche(s)
UmwG	Umwandlungsgesetz
UrhG	Urheberrechtsgesetz
usw.	und so weiter
u. U.	unter Umständen
UVV	Unfallverhütungsvorschrift
v.	von; vom
vgl.	vergleiche
VO	Verordnung
Vorbem.	Vorbemerkung(en)
Vors.	Vorsitzende(r)
WA	Wirtschaftsausschuss
WO	Erste Verordnung zur Durchführung des Betriebsverfassungsgesetzes (Wahlordnung 1972)
WP	Wirtschaftsprüfer
z. B.	zum Beispiel
z. Hd.	zu Händen
Ziff.	Ziffer(n)
ZIP	Zeitschrift für Wirtschaftsrecht
ZPO	Zivilprozessordnung
z. Z.	zurzeit

Literaturverzeichnis

Berg/Kocher/Schumann, (Hrsg.), Tarifvertragsgesetz und Arbeitskampfrecht, Kompaktkommentar, 8. Aufl. (2025)

Berg/Garloff/Heilmann, Betriebsratswahl 2026, Grundwissen für Betriebsräte und Wahlvorstände, 3. Aufl. (2025)

Berg/Garloff/Heilmann, Betriebratswahl 2026, Software mit Wahlunterlagen und Handlungsanleitung, 10. Aufl. (2025)

Buschmann/Dieball/Stevens-Bartol, TZA, Das Recht der Teilzeitarbeit, Kommentar für die Praxis, 2. Aufl. (2001)

Buschmann/Edich, Europarecht, Grundlagen für Betriebs- und Personalräte, 2025

Buschmann/Ulber, Arbeitszeitrecht, 2019

Buschmann/Ulber, Arbeitszeitgesetz mit Nebengesetzen, 8. Aufl. (2015)

Däubler, Handbuch Schulung und Fortbildung, 5. Aufl. (2004)

Däubler, (Hrsg.), Tarifvertragsgesetz mit Arbeitnehmer-Entsendegesetz, 5. Aufl. (2022)

Däubler/Beck (Hrsg.), AGG, 5. Aufl. (2022)

Däubler/Hjort/Schubert/Wolmerath, (Hrsg.), Arbeitsrecht. Handkommentar, 5. Aufl. (2022)

Däubler/Klebe/Wedde, (Hrsg.), Betriebsverfassungsgesetz, Kommentar für die Praxis, 20. Aufl. (2026)

Deinert/Wenckebach/Zwanziger, (Hrsg.), Arbeitsrecht, Handbuch für die Praxis, 11. Aufl. (2023); zit.: Deinert/Wenckebach/Zwanziger-*Bearbeiter*

EBR-Team (IG-Metall), Soziale Mindeststandards in multinationalen Konzernen, (2004)

Fitting/Trebinger/Linsenmaier/Schelz/Schmidt/Ahrendt/, Betriebsverfassungsgesetz mit Wahlordnung, Handkommentar, 33. Aufl. (2026); zit.: *Fitting*

Germelmann/Matthes/Prütting, (Hrsg.), Arbeitsgerichtsgesetz, Kommentar, 10. Aufl. (2022), zit.: GMPM

Kittner/Deinert, Arbeits- und Sozialordnung, 51. Aufl. (2026)

Klebe/Ratayczak/Heilmann/Spoo/Garloff, Betriebsverfassungsgesetz, Basiskommentar, 24. Aufl. (2026)

Richardi, (Hrsg.), Betriebsverfassungsgesetz mit Wahlordnung, Kommentar, 18. Aufl. (2026); zit.: Richardi-*Bearbeiter*

Sieg/Maschmann, Unternehmensumstrukturierung, 3. Aufl. (2020)

Schaub/Schrader/Straube/Vogelsang, Arbeitsrechtliches Formular- und Verfahrenshandbuch, 16. Aufl. (2025)

Trittin, Der Betriebsübergang, 5. Aufl. (2013)

Wenning-Morgenthaler, Die Einigungsstelle, Praktische Hinweise – Fallbeispiele Musterdokumente, 9. Aufl. (2023)

Betriebsverfassungsgesetz

Erster Teil
Allgemeine Vorschriften

§ 1 Errichtung von Betriebsräten

(1) In Betrieben mit in der Regel mindestens fünf ständigen wahlberechtigten Arbeitnehmern, von denen drei wählbar sind, werden Betriebsräte gewählt. Dies gilt auch für gemeinsame Betriebe mehrerer Unternehmen.
(2) Ein gemeinsamer Betrieb mehrerer Unternehmen wird vermutet, wenn
1. **zur Verfolgung arbeitstechnischer Zwecke die Betriebsmittel sowie die Arbeitnehmer von den Unternehmen gemeinsam eingesetzt werden oder**
2. **die Spaltung eines Unternehmens zur Folge hat, dass von einem Betrieb ein oder mehrere Betriebsteile einem an der Spaltung beteiligten anderen Unternehmen zugeordnet werden, ohne dass sich dabei die Organisation des betroffenen Betriebs wesentlich ändert.**

Inhaltsübersicht Rn.

I. Einleitung

1. Betriebsbegriff

Der Begriff des Betriebs ist für die Betriebsverfassung und das gesamte Arbeitsrecht von 1a
grundlegender Bedeutung. Das BetrVG stellt ihn dementsprechend an den Anfang. Von

der Betriebsverfassung strahlt er auf Tarifvertragsrecht und individuelles Arbeitsrecht aus.

Der Gesetzgeber definiert den Betriebsbegriff nicht selbst, sondern überlässt es der Rechtsprechung. Dies gilt auch für den Begriff des Gemeinsamen Betriebs, dessen Vermutung er lediglich mit § 1 Absatz 2 BetrVG durch Indizien erleichtert. Die fehlenden Definitionen mindern ihren Stellenwert jedoch nicht. Sie ermöglicht es der Praxis, auf veränderte Arbeitsstrukturen flexibel zu reagieren.

Das typische Bild von Arbeit in einem arbeitsteiligen Zusammenhang unterlag im Verlauf der letzten Jahrzehnte einem steten Wandel.

Nach der Rechtsprechung des BAG ist der Betrieb durch die in einer Betriebsstätte vorhandenen materiellen Betriebsmittel gekennzeichnet, die für die verfolgten arbeitstechnischen Zwecke zusammengefasst, geordnet und gezielt eingesetzt werden und den Einsatz der menschlichen Arbeitskraft von einem einheitlichen Leitungsapparat in personellen und sozialen Angelegenheiten steuert (BAG 13.2.2013 – 7 ABR 36/11, NZA-RR 2013, 521; DKW-*Trümner*, § 1 Rn. 33ff.).

2. Gemeinsamer Betrieb

1b a) Unternehmensspaltungen, Veräußerungen von Betriebsteilen oder Veränderungen der Leitungsstruktur können den Fortbestand von Betrieben und Betriebsräten in Frage stellen. Die Rechtsprechung sicherte mit der Anerkennung des Gemeinsamen Betriebs den Fortbestand des Betriebsrats. Danach können auch mehrere Unternehmen einen einheitlichen Betrieb fortführen.

Unternehmensspaltungen müssen nicht auch gleichzeitig die Spaltung des Betriebes zur Folge haben. Die Gefahr, dass auf diese Weise kleine Teile eines Betriebs abgetrennt und als mitbestimmungsfreie Zonen fortbestehen, wurde so vermindert. Der Gesetzgeber stellt auf der Grundlage dieser Rechtsprechung in § 1 Abs. 2 BetrVG zwei wichtige Vermutungsregeln zur Verfügung, die in der Praxis den Erhalt gebildeter Betriebsräte sichern.

b) Der Gemeinsame Betriebsrat bezweckt die Schließung von Mitbestimmungslücken und will die Vergrößerung betriebsratsfreier Zonen durch Umstrukturierung von Unternehmen und Konzernen verhindern. Er dient nicht umgekehrt dazu, bestehende Betriebsräte zu beseitigen.

Werden Unternehmen und Betriebe beispielsweise miteinander verschmolzen, kann ein in einem Unternehmen bestehender Gemeinsamer Betrieb nicht den Fortbestand eines bereits bestehenden Betriebsrats in Frage zu stellen. Der Schutzzweck des Gemeinsamen Betriebs rechtfertigt dies nicht.

Die Anerkennung des Gemeinsamen Betriebs bezweckt auch nicht die Aufhebung der gegliederten Strukturen von Betriebsrat, Gesamtbetriebsrat und Konzernbetriebsrat. Die Bildung immer größerer Einheiten mit am Ende womöglich nur noch ganz wenigen bundesweit operierenden Betrieben und Betriebsräten ist unvereinbar mit der beabsichtigten Schließung von Mitbestimmungslücken. Auch das unternehmerische Interesse an Verringerung der Kosten durch Bildung nur weniger Gremien der betrieblichen Mitbestimmung kann dies nicht rechtfertigen. Der Gesichtspunkt der Ortsnähe des Betriebs ist auch zu berücksichtigen (BAG 24.4.2013 –7 ABR 71/11 für einen Sachverhalt, in dem der Arbeitgeber zusammen mit dem größeren Betriebsrat [»Betriebsrat Süd«] den Fortbestand des zweiten und kleineren [»Betriebsrat Nord«] beenden wollte).

c) Führungsvereinbarungen regeln diese gemeinsame Leitung des gemeinsamen Betriebs gem. § 1 Abs. 1 Satz 2 BetrVG. Sie verleihen damit dem Betriebsrat eines Gemeinsamen Betriebs eine relativ sichere betriebsverfassungsrechtliche Basis.

Die gemeinsame Leitung in mitbestimmungspflichtigen Angelegenheiten ist nach der Rechtsprechung des Bundesarbeitsgerichts die wichtigste Voraussetzung des Gemeinsamen Betriebs (vgl. DKW-*Trümner*, § 1 Rn. 88ff.).

3. Verhältnis zu § 3 BetrVG

Die gesetzlichen Regelungen in § 1 BetrVG und § 3 BetrVG stehen nicht unverbunden nebeneinander, sondern in einem Regel-Ausnahme-Verhältnis. Danach gilt § 1 BetrVG als Regel, wonach ein Betriebsrat für einen Betrieb zu bilden ist. Nur ausnahmsweise kann ein Betriebsrat auch gem. § 3 BetrVG errichtet werden. 1c

Die Vorschriften zur Organisation der Betriebsverfassung sind zwingendes Gesetzesrecht, das nach dem Willen des Gesetzgebers grundsätzlich einer Abänderung nicht zugänglich ist. Nur § 3 BetrVG eröffnet ausnahmsweise die Möglichkeit, hiervon unter gewissen Voraussetzungen durch Tarifvertrag oder Betriebsvereinbarung abzuweichen, um möglichst allen Arbeitnehmern eine den jeweiligen betrieblichen und unternehmensbezogenen Gegebenheiten entsprechende wirkungsvolle Interessenvertretung zu verschaffen (Begründung des Regierungsentwurfs Bundestagsdrucksache 14/5741, S. 23, 27, 33).

II. Arbeitshilfen

1. Checkliste

Betriebsbegriff 2

Folgende allgemeine Kriterien mit Regelbeispielen sind für den Betriebsbegriff von Bedeutung:
- Einheitlicher Leitungsapparat
  (z. B. Unternehmensleitung, Personalleitung, Betriebsleitung)
- Betriebszweck
  (z. B. Herstellung von Automobilen, Programmierung von Software, Erbringung von Dienstleistungen)
- Betriebsmittel
  (z. B. Maschinen, Werkzeuge, Rohstoffe, Fließbänder, PC, Grundstück, Know-how, Patente, Kundenlisten)
- Arbeitsabläufe
  (z. B. Arbeitsteilung, Arbeitsgruppen, Teams, Hierarchien)
- Betriebsstätte
  (z. B. Gebäude, Büros, Lager)
- Menschliche Arbeitskraft
  (z. B. Arbeitnehmer, arbeitnehmerähnliche Personen, Leiharbeitnehmer, freie Mitarbeiter, Freelancer, Arbeitnehmer von Werkvertragsunternehmen)
  Gemeinsame Arbeitsaufgaben (Kundenbetreuung usw.)
  Örtliche Verbundenheit der Beschäftigten
  Initiative der Beschäftigten (Haben sie die Initiative zur Wahl ergriffen?)
  Gemeinsame Arbeit in der Vergangenheit
  Zustimmung des Arbeitgebers (keine Wahlanfechtung)

Bei einer typologischen und wertenden Betrachtung müssen **nicht alle** Voraussetzungen vorliegen, sondern es genügt das **Vorliegen eines Kriteriums**, um einen Betrieb zu bejahen.

2. Schaubilder

3 **Gemeinsamer Betrieb**

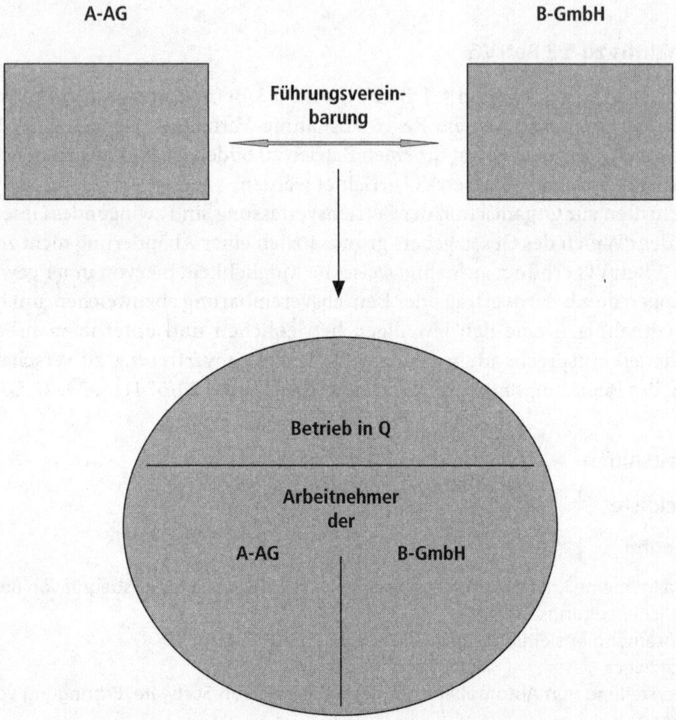

Hinweis:
Die A-AG und B-GmbH schlossen eine Führungsvereinbarung, wonach sie den Betrieb in Q gemeinsam leiten. Im Betrieb arbeiten Arbeitnehmer der A-AG und B-GmbH.

4 **Indizien für das Vorliegen einer Führungsvereinbarung des Gemeinsamen Betriebs**

Für das Vorliegen eines Gemeinsamen Betriebs können gem. § 1 Abs. 2 BetrVG tatsächliche Indizien sprechen:

- **Gemeinsamer Einsatz von Arbeitnehmer:innen in den unterschiedlichen Unternehmen**
  - Vertretungen
  - Entsendungen
  - Gegenseitige Vertretungen
  - Arbeitnehmerverleih zwischen den Unternehmen
  - Gemeinsamer Service für Kunden
- **Gemeinsamer Einsatz materieller und/oder immaterieller Betriebsmittel**
  - Kantine
  - Maschinen
  - EDV

- Gemeinsame Ausbildungswerkstatt
- Telefonanlage
- Call-Center
- Fuhrpark

3. Mustervereinbarungen

Führungsvereinbarung zum Gemeinsamen Betrieb (Beispiel 1) 5

Vorbemerkung

Der Führungsvereinbarung liegt der Fall zugrunde, dass ein Unternehmen des Konzerns A einen Betriebsteil an ein anderes Unternehmen des Konzerns B verkauft. Dies geschieht durch seine Übertragung der Anteile von der A-GmbH an die B-GmbH. Der bisher für den verkauften Betriebsteil zuständige Betriebsrat soll unverändert als Betriebsrat eines gemeinsamen Betriebs fortbestehen.

Vereinbarung

zwischen

1. A-GmbH
2. B-GmbH
3. A-AG
4. B-AG

   – einerseits –

   und

5. Konzernbetriebsrat A-AG
6. Konzernbetriebsrat B-AG
7. Betriebsrat in Ort

   – andererseits –

8. **Betriebsrat**

   Der bisherige Betrieb in Ort bleibt als gemeinsamer Betrieb gem. § 1 Abs. 1 Satz 2 BetrVG erhalten. Die A-GmbH bildet mit der B-GmbH, Werk Ort, und der B-GmbH einen gemeinsamen Betrieb in Ort. Es besteht Einigkeit, dass die von der Rechtsprechung hierfür entwickelten Voraussetzungen erfüllt sind, unverzüglich erfüllt werden und aufrecht erhalten bleiben. Ein Gemeinsamer Betrieb bedeutet für die Mitbestimmung, dass der zurzeit bestehende Betriebsrat auch weiterhin für die Gesamtbelegschaft in Ort mit allen Arbeitnehmer:innen der A-AG, A-GmbH und B-GmbH in Ort zuständig ist.
9. **Betriebs-, Gesamt- und Konzernbetriebsratsvereinbarungen**

   Betriebs-, Gesamt- und Konzernbetriebsvereinbarungen der A-AG gelten für die gem. § 613a BGB übergehenden Beschäftigten in der zum Zeitpunkt des Betriebsübergangs geltenden Fassung unmittelbar und zwingend fort.
10. **Konzernbetriebsräte**

    Der Gemeinsame Betrieb entsendet jeweils Vertreter in die Konzernbetriebsräte der A-AG und der B-AG.
11. **Jugend- und Auszubildendenvertretung**

    Die Jugend- und Auszubildendenvertretung bleibt als gemeinsames Gremium erhalten.
12. **Schwerbehindertenvertretung**

    Die Schwerbehindertenvertretung bleibt als gemeinsames Gremium erhalten.
13. **Geltungsdauer**

    Die Vereinbarung gilt bis zum Datum

Ort, Datum

Unterschriften

A-GmbH

B GmbH

A-AG

B-AG
A-AG
B-AG
Betriebsrat

6 **Führungsvereinbarung zum Gemeinsamen Betrieb (Beispiel 2)**

Vorbemerkung
Ein bestehender gemeinsamer Betrieb mit einem Betriebsrat gehört zu einem Unternehmen, das sich in zwei Gesellschaften spaltet, ohne dass sich hierdurch an der betrieblichen Organisation etwas ändert. Die gemeinsame Leitung des Betriebs wird durch die Vereinbarung vorübergehend sichergestellt.

Ort, Datum

Zwischen
1. Firma Firmenbezeichnung 1
   in Ort
2. Firma Firmenbezeichnung 2
   in Ort

– einerseits –

und
dem gemeinsamen Betriebsrat
der Firmen Firmenbezeichnung 1 und Firmenbezeichnung 2
in Ort

– andererseits –

wird folgende Vereinbarung geschlossen:

Vereinbarung
Die Firmen Firmenbezeichnung 1 und Firmenbezeichnung 2 leiten den Betrieb in Ort in mitbestimmungspflichtigen Angelegenheiten gemeinsam. Die Voraussetzung zur Bildung eines gemeinsamen Betriebs gem. § 1 Abs. 1 Satz 2 BetrVG liegen damit vor.
Diese Führungsvereinbarung ist frühestens zum Datum kündbar. Danach besteht der Betriebsrat bis zur Konstituierung des im Jahre neu zu wählenden Betriebsrats fort.
Ort, Datum
Unterschriften
Betriebsrat
Firmenbezeichnung 1
Firmenbezeichnung 2

4. Musterschreiben

7 **Gerichtlicher Antrag auf Eröffnung eines Beschlussverfahrens über die Feststellung eines Gemeinschaftsbetriebs**

Rechtsanwalt Name
Adresse
An das
Arbeitsgericht
Bezeichnung
Adresse

Antrag auf Eröffnung eines Beschlussverfahrens
mit den Beteiligten
1. Betriebsrat der Firmenbezeichnung 1, Adresse, vertreten durch den Vorsitzenden Name
– Antragsteller –
2. Firmenbezeichnung 1, Adresse, vertreten durch die Geschäftsführung
– Antragsgegnerin zu 1 -
3. Firmenbezeichnung 1, Adresse, vertreten durch die Geschäftsführung
– Antragsgegnerin zu 2 -
wegen **Feststellung eines Gemeinschaftsbetriebs**
Namens und in Vollmacht des Antragstellers, dessen ordnungsgemäße Bevollmächtigung wir anwaltlich versichern, beantragen wir die Eröffnung eines Beschlussverfahrens, in dem wir folgenden **Antrag** stellen werden:
Es wird festgestellt, dass die Unternehmen der Antragsgegnerinnen einen Gemeinschaftsbetrieb bilden.
Begründung:

I. Zum Tatsächlichen

1. Allgemeines
Der Antragsteller ist Betriebsrat im Betrieb der Antragsgegnerin zu 1). Er wurde am Datum gewählt und nahm im Anschluss seine Amtstätigkeiten auf. Er besteht aus Betriebsratsmitgliedern. Die Antragsgegnerinnen sind in der Branche tätig. Die Antragsgegnerin zu 1) beschäftigt Arbeitnehmer, die Antragsgegnerin zu 2) beschäftigt Arbeitnehmer:innen.
Mit Wirkung zum Datum wurden Teile des Betriebs der Antragsgegnerin zu 1) umstrukturiert und auf die neu gegründete Gesellschaft (Bezeichnung) übertragen. Ein Teil der Beschäftigten der Antragsgegnerin zu 1) ist seit dem Datum als Tätigkeit der Arbeitnehmer bei der Antragsgegnerin zu 2) angestellt.

2. Zum Gemeinschaftsbetrieb
Die Antragsgegnerinnen führen einen Gemeinschaftsbetrieb. Hierfür sprechen Tatsachen in folgenden Bereichen:
Personelle Verflechtungen
Entscheidungen über personelle Maßnahmen
Tätigkeitsbereich
Nutzung von Betriebsmitteln
Organisation der Arbeitsabläufe
Empfinden der Belegschaft
Örtlichkeit

a. Personelle Verflechtungen
Die Antragsgegnerinnen gehören einem Unternehmensverbund/Konzern an, dem Verbund-/Konzernbezeichnung. Sämtliche Unternehmen aus dem Verbund/Konzern sind in vielerlei Hinsicht ineinander verflochten. In personeller Hinsicht kommen sämtliche Geschäftsführer der Antragsgegnerinnen aus anderen Positionen in den Verbund-Unternehmen. Der Geschäftsführer der Antragsgegnerin zu 1) war bis zur Aufnahme dieser Tätigkeit in dem Verbundunternehmen Firmenbezeichnung als Positionsbezeichnung tätig. Der Geschäftsführer der Antragsgegnerin zu 2) war bisher Geschäftsführer in demselben Unternehmen.
Die Gesellschafter der beiden Antragsgegnerinnen sind ebenfalls identisch.

b. Entscheidungen über personelle Maßnahmen
Ein Großteil der Entscheidungen über personelle Maßnahmen wird nicht von dem jeweiligen Geschäftsführer alleine getroffen, sondern entweder in Absprache mit dem jeweils anderen Geschäftsführer oder von Mitarbeiter:innen auf der nächstunteren Ebene für beide Unternehmen gemeinsam.

aa. Die Einstellung von neuen Arbeitnehmer:innen erfolgt durch beide Antragsgegnerinnen gemeinsam. Die neu eingestellten Arbeitnehmer:innen werden in gemeinsamen Mitarbeiterlisten der Antragsgegnerinnen geführt, unabhängig davon, mit welchem der Unternehmen das Arbeitsverhältnis begründet wurde.
bb. In den leitenden Positionen der beiden Unternehmen sind dieselben Personen tätig. Herr Name, Frau Name und Frau Name erteilen sowohl den Mitarbeitern der Antragsgegnerin zu 1) als auch den Mitarbeitern der Antragsgegnerin zu 2) ihre Weisungen.
Beweis: Zeugnis des Betriebsratsvorsitzenden Name, zu laden über den Antragsteller
cc. Die Antragsgegnerinnen betreiben gemeinsam eine Telefon-Hotline, unter denen die Beschäftigten beider Unternehmen bei Fragen rund um ihre Tätigkeit, bei Arbeitsunfähigkeit und bei Urlaubsanträgen anzurufen haben. Eine Zuordnung während des Gesprächs erfolgt nicht. Der die Gespräche entgegennehmende Mitarbeiter Name erteilt Weisungen an die Arbeitnehmer:in, genehmigt Urlaub etc., unabhängig von der Unternehmenszugehörigkeit der anrufenden Arbeitnehmer:in.
Beweis: Zeugnis des Betriebsratsvorsitzenden Name, zu laden über den Antragsteller

c. Tätigkeitsbereich
Sowohl die Antragsgegnerin zu 1) als auch die Antragsgegnerin zu 2) sind im Bereich Branche tätig. Eine klare Abgrenzung der Tätigkeitsbereiche ist nicht erkennbar. Zwar sind die meisten Beschäftigten der Antragsgegnerin zu 1) mit der Tätigkeit betraut, während die meisten Beschäftigten der Antragsgegnerin zu 2) nur als Tätigkeit arbeiten. Jedoch gibt es bei beiden Antragsgegnerinnen Beschäftigte, die sowohl als Tätigkeit als auch als Tätigkeit tätig sind.
Beweis: Zeugnis des Betriebsratsvorsitzenden Name, zu laden über den Antragsteller

d. Nutzung von Betriebsmitteln
Die Antragsgegnerinnen verwenden Betriebsmittel gemeinsam. Alle Beschäftigten der beiden Unternehmen tragen die gleiche Dienstkleidung
Beweis: Zeugnis des Betriebsratsvorsitzenden Name, zu laden über den Antragsteller

e. Organisation der Arbeitsabläufe
Die Arbeitsabläufe sind auch nach der Unternehmensspaltung einheitlich organisiert.
aa. Die Antragsgegnerinnen stimmen die Arbeitsabläufe aufeinander ab.
Beweis: Zeugnis des Betriebsratsvorsitzenden Name, zu laden über den Antragsteller
bb. Im Krankheitsfalle eines Beschäftigten des einen Unternehmens werden die Beschäftigten des anderen Unternehmens angewiesen, die Vertretung zu übernehmen. Auch bei sonstigen Verhinderungen oder Verzögerungen im Arbeitsablauf werden regelmäßig die Beschäftigten des einen Unternehmens herangezogen, um die Tätigkeiten eines Beschäftigten des anderen Unternehmens mit zu erledigen oder vorzubereiten.
Beweis: Zeugnis des Betriebsratsvorsitzenden Name, zu laden über den Antragsteller
Beispielsweise wird Herr Name, Mitarbeiter der Antragsgegnerin zu 1), regelmäßig von Herrn Name, Mitarbeiter der Antragsgegnerin zu 2), vertreten. Umgekehrt wird Herr Name als Vertretung für Herrn Name herangezogen.
Beweis: Zeugnis des Herrn Name, zu laden über die Antragsgegnerin zu 1)
cc. Vor der Umstrukturierung wurde die Lohnbuchhaltung von der Mitarbeiterin Frau Name bearbeitet. Auch nach der Umstrukturierung ist Frau Name mit der Lohnbuchhaltung für alle Beschäftigten der beiden Antragsgegnerinnen betraut.
Beweis: Zeugnis der Frau Name, zu laden über die Antragsgegnerin zu 1)

f. Einheitliche Dienstkleidung
Insbesondere dadurch, dass die Arbeitnehmer:innen weiterhin einheitliche Dienstkleidung tragen, wird auch nach außen dokumentiret, dass es sich weiterhin um einen gemeinsamen Betrieb handelt.

g. Örtlichkeit

Die Antragsgegnerinnen teilen die Geschäftsräume in Adresse

3. Innerbetriebliche Geltendmachung

Mit Schreiben vom Datum forderte der Antragsteller die Antragsgegnerin zu 1) auf, Einblick in ein Organigramm des Betriebs zu gewähren und die Telefonnummern und Adressen der zuständigen Gebietsleiter zu übermitteln. Am Datum wurde dem Antragsteller Einblick in ein Organigramm gewährt, in dem folgende Personen aufgeführt werden: Name als Geschäftsführer, Name als Abteilungsleiter und Name als Vorarbeiter. Da die übrigen unter 2.b.bb. genannten weisungsbefugten Personen im Organigramm nicht verzeichnet waren, obwohl sie den Beschäftigten der Antragsgegnerin zu 1) Weisungen erteilen, bat der Antragsteller mit Schreiben vom Datum um ein Gespräch zum Thema Zuständigkeiten und Weisungsbefugnisse. Bei diesem Gespräch wurde lediglich das bereits bekannte Organigramm, angefügt als **Anlage AS 1,** vorgelegt.

II. Zum Rechtlichen

1. Zulässigkeit

Der Antrag ist als Feststellungsantrag zulässig. Es geht um die grundsätzliche Klärung eines streitigen Rechtsverhältnisses zwischen den Betriebsparteien. Durch die begehrte Feststellung können weitere Auseinandersetzungen über die Zahl der Betriebsratsmitglieder und die Zuständigkeit des Betriebsrats in allen betriebsverfassungsrechtlichen Angelegenheiten der Belegschaft der Antragsgegnerin zu 2) vermieden werden.

2. Begründetheit

Das Vorbringen in tatsächlicher Hinsicht führt dazu, dass ein Gemeinschaftsbetrieb der Antragsgegnerinnen nach § 1 Abs. 2 BetrVG zu vermuten ist. Zur Beurteilung der Frage, ob hier ein Gemeinschaftsbetrieb vorliegt, kommt es nicht auf eine ausdrückliche Vereinbarung über die gemeinsame Führung des bisherigen Betriebs an. Von einem Gemeinschaftsbetrieb ist auszugehen, wenn die beteiligten Unternehmen die bei ihnen beschäftigten Arbeitnehmer sowie ihre materiellen und immateriellen Betriebsmittel für einen einheitlichen Betriebszweck oder mehrere nebeneinander bestehende Betriebszwecke zusammengefasst, gezielt und geordnet einsetzen und dieser Einsatz von einem einheitlichen Leitungsapparat gesteuert wird (BAG 13.2.2013 – 7 ABR 36/11, NZA-RR 2013, 521).
Bei der Frage eines einheitlichen Leitungsapparats ist auf die tatsächlichen Verhältnisse abzustellen. Denn »der Betrieb entsteht nicht durch ein Rechtsgeschäft, sondern durch einen tatsächlichen Vorgang« (BAG 4.7.1957, AP Nr. 1 zu § 21 KSchG). Ausreichend ist die Tatsache, dass die Entscheidungen in sozialen und personellen Angelegenheiten in einer Hand liegen (BAG 18.1.1990, NZA 1990, 977).
Wird ein Unternehmen in zwei Unternehmen umstrukturiert, wird aber dieselbe arbeitsmäßige Tätigkeit verrichtet, so zieht die unternehmensrechtliche Umstrukturierung keine Veränderungen auf Seiten der betriebsverfassungsrechtlichen Vertretungsstrukturen und Organisationseinheiten nach sich (BAG 4.7.1957, AP Nr. 1 zu § 21 KSchG).

a. Personelle Verflechtungen

Im vorliegenden Fall ist ein einheitlicher Leitungsapparat zu bejahen. Notwendig ist nicht, dass die Vorstandsressorts Personal und Verwaltung in Personalunion geführt werden. Vielmehr kann ein einheitlicher Leitungsapparat auch dann angenommen werden, wenn verschiedenen Personen die gemeinsame Leitung obliegt. Ein Indiz für die einheitliche Leitung im vorliegenden Fall ist die Tatsache, dass alle Geschäftsführer der beiden Unternehmen, sowohl die früheren als auch die derzeitigen, langjährige führende Mitarbeiter des Unternehmensverbunds Bezeichnung sind. Eine derartige personelle Verflechtung auf der Geschäftsführerebene ist bei der Frage eines Gemeinschaftsbetriebs zu berücksichtigen (BAG 29.1.1987, AP Nr. 6 zu § 1 BetrVG 1972 unter III. 3. b) der Gründe).

b. Entscheidungen über personelle Maßnahmen

Die gemeinsame Leitung zeigt sich weiter darin, dass auf der nächstunteren Ebene, d. h. bei den unmittelbaren Vorgesetzten, für beide Unternehmen dieselben Personen fungieren. Durch die Vereinheitlichung von Weisungsbefugnissen in dem Sinne, dass die Beschäftigten der Antragsgegnerinnen von denselben Vorgesetzten verbindliche Weisungen betreffend Urlaub, Vertretung im Krankheitsfalle und sonstige Arbeitsanweisungen erhalten, steht fest, dass die Entscheidungen in personellen und sozialen Angelegenheiten in einer Hand liegen. Dies wird durch die Verwendung einer einzigen Telefon-Hotline-Nummer besonders deutlich.

c. Tätigkeitsbereich

Hinzu kommt, dass die Antragsgegnerin zu 1) aus der Umstrukturierung der Antragsgegnerin zu 2) entstanden ist, ohne dass dies zu einer Veränderung der arbeitsmäßigen Tätigkeit geführt hat. Denn trotz einer Vereinbarung über die Abgrenzung der Tätigkeitsbereiche arbeiten beide Unternehmen nach wie vor gemeinsam im Bereich der Branche. Die jeweilige Tätigkeit der Arbeitnehmer:innen hat sich nicht verändert, was durch die schriftlichen Mitteilungen der Arbeitgeber bestätigt wurde.

d. Nutzung von Betriebsmitteln

Die Vermutungswirkung des § 1 Abs. 2 BetrVG kommt hier auch insofern zum Tragen, als dass die Antragsgegnerinnen Betriebsmittel gemeinsam nutzen. Dies ist in erster Linie die identische Dienstkleidung für alle Beschäftigten der beiden Unternehmen.

e. Organisation der Arbeitsabläufe

Sowohl die einheitlichen Arbeitsabläufe als auch die gemeinsame Telefon-Hotline sprechen für das Vorliegen eines Gemeinschaftsbetriebs. Hier zeigt sich die enge organisatorische Verknüpfung der Arbeitsabläufe; dies ist bei der aufgeworfenen Frage zu berücksichtigen (BAG 24. 1. 1996, 7 ABR 10/95, NZA 1996, 1110).

Die enge organisatorische Verknüpfung der Arbeitsabläufe wird durch den regelmäßigen Austausch von Arbeitskräften bestätigt. Die Zusammenarbeit der Mitarbeiter:innen untereinander und die Vertretung von Mitarbeiter:innen des einen Unternehmens durch Mitarbeiter des anderen Unternehmens erfolgt nach der Gründung der Antragsgegnerinnen genauso wie vor der Umstrukturierung Dieser Austausch bzw. der gemeinsame Einsatz von Arbeitskräften ist als Indiz für einen Gemeinschaftsbetrieb zu werten (vgl. BAG 24. 1. 1996, 7 ABR 10/95, NZA 1996, 1110).

Schließlich stellt auch die Bearbeitung der Lohnbuchhaltung durch dieselbe Person einen Beleg für einen Gemeinschaftsbetrieb dar.

f. Örtlichkeit

Schließlich stellt die Tatsache, dass die Antragsgegnerinnen trotz Unternehmensspaltung weiterhin die gemeinsamen Räumlichkeiten nutzen, ein Indiz für den gemeinsamen Betrieb dar.

Nach alledem ist von dem Vorliegen eines Gemeinschaftsbetriebs auszugehen. Es ist zu vermuten, dass die formelle Abgrenzung der Tätigkeiten der Antragsgegnerinnen allein aus dem Grund erfolgte, um den Eindruck des gemeinsamen Betriebs zu beseitigen. Die Betriebsstrukturen haben sich hierdurch aber nicht verändert.

§ 2 Stellung der Gewerkschaften und Vereinigungen der Arbeitgeber

(1) Arbeitgeber und Betriebsrat arbeiten unter Beachtung der geltenden Tarifverträge vertrauensvoll und im Zusammenwirken mit den im Betrieb vertretenen Gewerkschaften und Arbeitgebervereinigungen zum Wohl der Arbeitnehmer und des Betriebs zusammen.

(2) Zur Wahrnehmung der in diesem Gesetz genannten Aufgaben und Befugnisse der im Betrieb vertretenen Gewerkschaften ist deren Beauftragten nach Unterrichtung

des Arbeitgebers oder seines Vertreters Zugang zum Betrieb zu gewähren, soweit dem nicht unumgängliche Notwendigkeiten des Betriebsablaufs, zwingende Sicherheitsvorschriften oder der Schutz von Betriebsgeheimnissen entgegenstehen.

(3) Die Aufgaben der Gewerkschaften und der Vereinigungen der Arbeitgeber, insbesondere die Wahrnehmung der Interessen ihrer Mitglieder, werden durch dieses Gesetz nicht berührt.

Inhaltsübersicht Rn.

I. Einleitung

1 Gem. § 1 Abs. 2 BetrVG haben die Gewerkschaften zur Erfüllung ihrer betriebsverfassungsrechtlichen Aufgaben und Befugnisse einen originären Rechtsanspruch auf Zugang zum Betrieb. Als Ausdruck ihrer betriebsverfassungsrechtlichen Unterstützungsfunktion sind neben dem Zugangsrecht weitere gewerkschaftliche Befugnisse der Gewerkschaften ausdrücklich gesetzlich geregelt (s. dazu die Übersicht zur betriebsverfassungsrechtlichen Unterstützungsfunktion der Gewerkschaften (Rn. 2).

Hinweis:
Zu den Einzelheiten vgl. DKW-*Berg*, § 2 Rn. 78ff., 141.

II. Arbeitshilfen

1. Checkliste

Allgemeines zur betriebsverfassungsrechtlichen Unterstützungsfunktion 2

- Einreichung von Wahlvorschlägen für die Betriebsratswahl (§ 14 Abs. 5);
- Entsendung eines dem Betrieb angehörenden Gewerkschaftsbeauftragten in den Wahlvorstand, wenn diesem kein stimmberechtigtes Mitglied der Gewerkschaft angehört (§ 16 Abs. 1);
- Antrag auf Bestellung eines Wahlvorstands beim Arbeitsgericht, wenn acht Wochen vor Ablauf der Amtszeit des amtierenden Betriebsrats noch kein Wahlvorstand besteht (§ 16 Abs. 2);
- Einberufung einer Betriebsversammlung zur Bestellung eines Wahlvorstands in einem betriebsratslosen Betrieb (§ 17 Abs. 2, 3);
- Antrag auf Bestellung eines Wahlvorstands beim Arbeitsgericht, wenn gemäß § 17 Abs. 2 und 3 kein Wahlvorstand bestellt ist (§ 17 Abs. 4);
- Antrag beim Arbeitsgericht auf Ersetzung eines untätigen Wahlvorstands (§ 18 Abs. 1);
- Antrag beim Arbeitsgericht auf Feststellung der Selbstständigkeit eines Nebenbetriebs oder Betriebsteils oder der Zuordnung zum Hauptbetrieb (§ 18 Abs. 2);
- Anfechtung der Betriebsratswahl (§ 19 Abs. 2);

- Antrag beim Arbeitsgericht gegen den Arbeitgeber bei groben Verstößen gegen dessen betriebsverfassungsrechtliche Verpflichtungen (§ 23 Abs. 3);
- Antrag beim Arbeitsgericht auf Auflösung des Betriebsrats oder Ausschluss eines Mitglieds aus dem Betriebsrat (§ 23 Abs. 1);
- Teilnahme an Betriebsratssitzungen auf Antrag von einem Viertel der Mitglieder oder der Mehrheit einer Gruppe des Betriebsrats (§ 31);
- Hilfe bei Verständigung nach Aussetzung eines Betriebsratsbeschlusses (§ 35 Abs. 1);
- Teilnahme an Beratungen bei der Anerkennung von Schulungs- und Bildungsveranstaltungen (§ 37 Abs. 7);
- Antrag beim Betriebsrat auf Einberufung einer Betriebsversammlung, wenn im vorhergegangenen Kalenderhalbjahr keine Betriebsversammlung oder keine Abteilungsversammlungen durchgeführt worden sind (§ 43 Abs. 4);
- Teilnahme an Betriebs- oder Abteilungsversammlungen (§ 46 Abs. 1);
- Teilnahme an der Betriebsräteversammlung (§ 53 Abs. 3);
- Antrag auf Bestellung eines Wahlvorstands beim Arbeitsgericht, wenn sechs Wochen vor Ablauf der Amtszeit der amtierenden Jugend- und Auszubildendenvertretung noch kein Wahlvorstand besteht (§ 63 Abs. 2 i. V. m. § 16 Abs. 2);
- Teilnahme an Sitzungen der Jugend- und Auszubildendenvertretung auf Antrag von einem Viertel der Mitglieder der Jugend- und Auszubildendenvertretung (§ 65 Abs. 1 i. V. m. § 31);
- Strafantragsrecht wegen Straftaten gegen Betriebsverfassungsorgane (§ 119 Abs. 2).

Hinweis:
Zu den Einzelheiten vgl. DKW-*Berg*, § 2 Rn. 74ff.

2. Musterschreiben/-schriftsätze

3 **Betriebsrat: Schreiben an Arbeitgeber wegen Zugang des Gewerkschaftsbeauftragten**

Betriebsrat der Firma Firmenbezeichnung, Adresse — Ort, Datum
Betriebsratsvorsitzender Name

An den Arbeitgeber (Firmenbezeichnung, Adresse)
im Hause

Unterrichtung über die Einladung eines Beauftragten der Gewerkschaft Bezeichnung zur Teilnahme an der Sitzung des Betriebsrats am Datum
Sehr geehrte Damen und Herren,
der Betriebsrat hat in seiner Sitzung am Datum beschlossen, für die nächste turnusmäßige Betriebsratssitzung am Datum einen Beauftragten der im Betrieb vertretenen Gewerkschaft Bezeichnung einzuladen.
Gemäß § 2 Abs. 2 BetrVG besteht für Beauftragte der im Betrieb vertretenen Gewerkschaft zur Wahrnehmung ihrer betriebsverfassungsrechtlichen Aufgaben und Befugnisse das Zugangsrecht zum Betrieb.

Gewerkschaft: Schreiben an Arbeitgeber wegen Teilnahme an Sitzung des Betriebsrats 4

Gewerkschaft Bezeichnung, Adresse Ort, Datum

An die
Geschäftsführung
Firmenbezeichnung, Adresse

Teilnahme des Gewerkschaftsbeauftragten an der Sitzung des Betriebsrats am Datum
Sehr geehrte Damen und Herren,
mit Schreiben vom Datum haben Sie uns mitgeteilt, die Teilnahme eines Beauftragten der Gewerkschaft an der Betriebsratssitzung am Datum sei nicht erwünscht, da die große Mehrheit der Belegschaft auf eine Zusammenarbeit mit der Gewerkschaft keinen Wert lege.
Wir müssen Sie darauf hinweisen, dass ein Beauftragter der Gewerkschaft auf Grund des Beschlusses des Betriebsrats vom Datum das Recht hat, an der Betriebsratssitzung am Datum teilzunehmen.
Sie sind gemäß § 2 Abs. 2 BetrVG verpflichtet, unserem Beauftragten Name am Datum den Zugang zum Betrieb zu gewähren.
Zur Vermeidung weiterer Irritationen schlagen wir Ihnen vor, unsere zukünftige Zusammenarbeit in einem persönlichen Gespräch zu erörtern. Als Termin können wir Ihnen die folgenden Daten, jeweils ab Uhr, vorschlagen: .
Unabhängig davon gehen wir davon aus, dass der Teilnahme von Herrn Name an der Betriebsratssitzung am Datum nichts mehr im Wege steht.

Gewerkschaft: Abmahnung des Arbeitgebers wegen Verletzung von Gewerkschaftsrechten 5

Gewerkschaft Bezeichnung, Adresse Ort, Datum

An die
Geschäftsführung
Firmenbezeichnung, Adresse

Verweigerung der Teilnahme von Herrn Name an der Betriebsratssitzung am Datum
Sehr geehrte Damen und Herren,
obwohl wir Sie mit Schreiben vom Datum auf die Rechtslage hingewiesen hatten, wurde Herrn Name am Datum der Zugang zum Betrieb verwehrt.
Nach Rücksprache mit dem Betriebsrat hat dieser Herrn Name erneut zur nächsten Betriebsratssitzung am Datum eingeladen.
Wir bitten Sie, uns gegenüber bis zum Datum, hier eingehend, schriftlich zu erklären, dass Herr Name an der Betriebsratssitzung am Datum teilnehmen kann.
Sollte eine entsprechende Erklärung innerhalb der angegebenen Frist nicht vorliegen, sehen wir uns gezwungen, zur Sicherung der Teilnahme von Herrn Name an der Betriebsratssitzung am Datum gerichtliche Hilfe in Anspruch zu nehmen.

6 Gewerkschaft: Antrag beim ArbG wegen Zugang eines Gewerkschaftsbeauftragen zum Betrieb

An das Arbeitsgericht
Bezeichnung
Adresse

Ort, Datum

Antrag auf Entscheidung im Beschlussverfahren mit den Beteiligten

1. Gewerkschaft Bezeichnung, Adresse

   – Antragstellerin –

   Verfahrensbevollmächtigter: Rechtsanwalt Name, Adresse/Rechtssekretär Name, Adresse,

   gegen
2. Firma Firmenbezeichnung, vertreten durch den Geschäftsführer Name, Adresse,

   – Antragsgegnerin –

   weiterer Beteiligter:
3. Betriebsrat der Firma Firmenbezeichnung, vertreten durch den Betriebsratsvorsitzenden Name, Adresse

wegen Zugang eines Gewerkschaftsbeauftragten zum Betrieb.

Namens und in Vollmacht der Antragstellerin und Beteiligten zu 1. leite ich ein Beschlussverfahren ein und beantrage den Erlass einer einstweiligen Verfügung

– wegen der Dringlichkeit der Angelegenheit ohne mündliche Verhandlung,
– hilfsweise unter größtmöglicher Abkürzung der Ladungs- und Einlassungsfristen auf Grund einer möglichst unverzüglich anzuberaumenden mündlichen Verhandlung:
  1. Die Beteiligte zu 2. wird im Wege der Einstweiligen Verfügung verpflichtet, den Zugang der Gewerkschaftssekretärin Name als Beauftragte der Beteiligten zu 1. zum Betrieb Firmenbezeichnung, Adresse am Datum ab Uhr zur Teilnahme an der an diesem Tag stattfindenden Betriebsratssitzung des Beteiligten zu 3. zu dulden,
  2. der Beteiligten zu 2. wird für den Fall der Zuwiderhandlung gegen die Verpflichtung nach dem Antrag zu 1. ein in das Ermessen des Gerichts zu stellendes Ordnungsgeld angedroht.

Für den Fall, dass die Kammer auf Grund einer mündlichen Verhandlung entscheiden will, erklären wir uns mit der größtmöglichen Abkürzung der Ladungsfristen einverstanden und können nach entsprechender telefonischer Unterrichtung zu einer mündlichen Verhandlung binnen Minuten (bzw. Stunden) anreisen.

Begründung:

A. Sachverhalt

Die Beteiligte zu 1. ist die im Betrieb der Beteiligten zu 2. vertretene Gewerkschaft. Sie hat unter den Arbeitnehmern im Betrieb der Beteiligten zu 2. mindestens ein Mitglied, das nicht zu den leitenden Angestellten im Sinne des § 5 Abs. 3 BetrVG zählt (BAG 25.3.92, DB 93, 95).

Glaubhaftmachung: Eidesstattliche Versicherung der Gewerkschaftssekretärin Name, Adresse

Anlage 1

Die Beteiligte zu 2. ist ein Unternehmen der -Branche und beschäftigt in ihrem Betrieb in Ort ca. Arbeitnehmer.

Die Beteiligte zu 3. ist der im Betrieb in Ort der Beteiligten zu 2. gewählte Betriebsrat.

Der Beteiligte zu 3. hat mit Beschluss vom Datum die Gewerkschaftssekretärin Name zur Teilnahme an der Betriebsratssitzung am Datum eingeladen.

Glaubhaftmachung: – Auszug des Protokolls der Betriebsratssitzung

Anlage 2

– Einladung zur Betriebsratssitzung

Anlage 3

Die Gewerkschaftssekretärin Name war bereits zur Betriebsratssitzung am Datum eingeladen.
Glaubhaftmachung: Einladung zur Betriebsratssitzung

Anlage 4

Die Beteiligte zu 2. hat mit Schreiben vom Datum der Beteiligten zu 1. mitgeteilt, eine Teilnahme der Gewerkschaftssekretärin Name an einer Betriebsratssitzung sei nicht möglich, da die Mehrheit der Belegschaft im fraglichen Betrieb auf eine Zusammenarbeit mit der Gewerkschaft keinen Wert lege.
Glaubhaftmachung: Schreiben der Beteiligten zu 2.

Anlage 5

Die Beteiligte zu 2. hat der Gewerkschaftssekretärin Name am Datum den Zugang zum Betrieb in Ort zum Zwecke der Teilnahme an der Betriebsratssitzung verweigert.
Glaubhaftmachung: Eidesstattliche Versicherung der Gewerkschaftssekretärin Name

Anlage 1

Wie bereits oben dargelegt und glaubhaft gemacht, hat der Beteiligte zu 3. die Gewerkschaftssekretärin Name erneut zu einer Betriebsratssitzung am Datum eingeladen.
Die Beteiligte zu 1. hat die Beteiligte zu 2. mit Schreiben vom Datum aufgefordert, ihr gegenüber bis zum Datum zu erklären, dass die Gewerkschaftssekretärin Name am Datum an der Betriebsratssitzung teilnehmen kann und entsprechenden Zugang zum Betrieb erhält.
Glaubhaftmachung: Schreiben der Beteiligten zu 1.

Anlage 6

Auf dieses Schreiben hat die Beteiligte zu 2. nicht reagiert.
Glaubhaftmachung: Eidesstattliche Versicherung der Gewerkschaftssekretärin Name

Anlage 1

Die Beteiligte zu 2. hat im Rahmen der vorgerichtlichen Korrespondenz und Gespräche keine Rechte geltend gemacht, die dem Zugangsrecht der Beklagten zu 1. entgegenstehen könnten. Sie hat auch keine sich aus der Person der Gewerkschaftssekretärin Name ergebenden Bedenken behauptet.
Glaubhaftmachung: Eidesstattliche Versicherung der Gewerkschaftssekretärin Name

Anlage 1

B. Rechtliche Würdigung

Die Beteiligte zu 1. hat gem. § 2 Abs. 2 BetrVG Anspruch auf die Entsendung von Beauftragten in den Betrieb der Beteiligten zu 2. zur Wahrnehmung ihrer betriebsverfassungsrechtlichen Aufgaben und Befugnisse. Im vorliegenden Fall geht es um das Recht zur Teilnahme an einer Betriebsratssitzung gem. § 31 BetrVG.
Rechtlich durchgreifende Bedenken gegen die Teilnahme der Gewerkschaftssekretärin Name an der Betriebsratssitzung am Datum sind von der Beteiligten zu 2. selbst nicht vorgebracht worden. Das Zugangsrecht der Beteiligten zu 1. ausschließende oder einschränkende Rechte der Beteiligten zu 2. sind auch sonst nicht ersichtlich.
In dringenden Fällen kann eine Gewerkschaft ihr Zugangsrecht auch im Wege der einstweiligen Verfügung gem. § 85 Abs. 2 ArbGG verfolgen (LAG Mecklenburg-Vorpommern 11.11.2013 – 5 TaBVGa 2/13; LAG Rheinland-Pfalz 11.1.2013 – 9 TaBVGa 2/12; LAG Köln 8.1.2013 – 11 TaBVGa 9/12; LAG Hamm 9.3.1972, AP Nr. 1 zu § 2 BetrVG 1972). Die nächste Betriebsratssitzung findet bereits am Datum statt. Nachdem die Beteiligte zu 2. durch Verweigerung des Zugangs zum Betrieb bereits am Datum die Teilnahme der Gewerkschaftssekretärin Name an einer Betriebs-

ratssitzung rechtswidrig vereitelt und sich geweigert hat, zu erklären, dass sie die Teilnahme an der Betriebsratssitzung am Datum dulden wird, kann der Zugang zum Betrieb zum Zwecke der Teilnahme an der Betriebsratssitzung nur im Wege der einstweiligen Verfügung durchgesetzt werden. Die Verweisung der Beteiligten zu 1. auf das Hauptsacheverfahren würde für diese zu einem endgültigen Rechtsverlust führen. Schließlich ist es zur sachgerechten Behandlung der auf der Betriebsratssitzung anstehenden Tagesordnungspunkte unerlässlich, dass die mit der Unterstützung des Betriebsrats beauftragte und mit den betrieblichen Gegebenheiten vertraute Gewerkschaftssekretärin Name an der Betriebsratssitzung am Datum teilnimmt.

Unterschrift

Hinweis:
Vgl. DKW-*Berg*, § 2 Rn. 141; zur Antragstellung vgl. BAG 28.2.2006, NZA 06, 798 (Rn. 19ff.); zum koalitionsrechtlichen Zugangsrecht der Gewerkschaften aus Art. 9 Abs. 3 GG s. DKW-*Berg*, § 2 Rn. 105ff.

§ 3 Abweichende Regelungen

(1) Durch Tarifvertrag können bestimmt werden:

1. für Unternehmen mit mehreren Betrieben
   a) die Bildung eines unternehmenseinheitlichen Betriebsrats oder
   b) die Zusammenfassung von Betrieben,
   wenn dies die Bildung von Betriebsräten erleichtert oder einer sachgerechten Wahrnehmung der Interessen der Arbeitnehmer dient;

2. für Unternehmen und Konzerne, soweit sie nach produkt- oder projektbezogenen Geschäftsbereichen (Sparten) organisiert sind und die Leitung der Sparte auch Entscheidungen in beteiligungspflichtigen Angelegenheiten trifft, die Bildung von Betriebsräten in den Sparten (Spartenbetriebsräte), wenn dies der sachgerechten Wahrnehmung der Aufgaben des Betriebsrats dient;

3. andere Arbeitnehmervertretungsstrukturen, soweit dies insbesondere aufgrund der Betriebs-, Unternehmens- oder Konzernorganisation oder aufgrund anderer Formen der Zusammenarbeit von Unternehmen einer wirksamen und zweckmäßigen Interessenvertretung der Arbeitnehmer dient;

4. zusätzliche betriebsverfassungsrechtliche Gremien (Arbeitsgemeinschaften), die der unternehmensübergreifenden Zusammenarbeit von Arbeitnehmervertretungen dienen;

5. zusätzliche betriebsverfassungsrechtliche Vertretungen der Arbeitnehmer, die die Zusammenarbeit zwischen Betriebsrat und Arbeitnehmern erleichtern.

(2) Besteht in den Fällen des Absatzes 1 Nr. 1, 2, 4 oder 5 keine tarifliche Regelung und gilt auch kein anderer Tarifvertrag, kann die Regelung durch Betriebsvereinbarung getroffen werden.

(3) Besteht im Fall des Absatzes 1 Nr. 1 Buchstabe a keine tarifliche Regelung und besteht in dem Unternehmen kein Betriebsrat, können die Arbeitnehmer mit Stimmenmehrheit die Wahl eines unternehmenseinheitlichen Betriebsrats beschließen. Die Abstimmung kann von mindestens drei wahlberechtigten Arbeitnehmern des Unternehmens oder einer im Unternehmen vertretenen Gewerkschaft veranlasst werden.

(4) Sofern der Tarifvertrag oder die Betriebsvereinbarung nichts anderes bestimmt, sind Regelungen nach Absatz 1 Nr. 1 bis 3 erstmals bei der nächsten regelmäßigen Betriebsratswahl anzuwenden, es sei denn, es besteht kein Betriebsrat oder es ist aus

anderen Gründen eine Neuwahl des Betriebsrats erforderlich. Sieht der Tarifvertrag oder die Betriebsvereinbarung einen anderen Wahlzeitpunkt vor, endet die Amtszeit bestehender Betriebsräte, die durch die Regelungen nach Absatz 1 Nr. 1 bis 3 entfallen, mit Bekanntgabe des Wahlergebnisses.

(5) Die aufgrund eines Tarifvertrages oder einer Betriebsvereinbarung nach Absatz 1 Nr. 1 bis 3 gebildeten betriebsverfassungsrechtlichen Organisationseinheiten gelten als Betriebe im Sinne dieses Gesetzes. Auf die in ihnen gebildeten Arbeitnehmervertretungen finden die Vorschriften über die Rechte und Pflichten des Betriebsrats und die Rechtsstellung seiner Mitglieder Anwendung.

Inhaltsübersicht Rn.

I. Einleitung

Im Zentrum von § 3 BetrVG steht Abs. 1, der in einem zwar abgeschlossenen, in den einzelnen Fallgruppen aber teilweise generalklauselartig weit gefassten Katalog die Möglichkeiten zur kollektivvertraglichen Abweichung von der gesetzlichen »Normalstruktur« der betriebsverfassungsrechtlichen Organisationseinheiten beschreibt, in denen (bzw. für die) Repräsentationsorgane der Arbeitnehmer gebildet werden können oder zu bilden sind. Nach dem Gesetz sind das: der Betriebsteil nach § 4 Abs. 1 BetrVG, der Kleinstbetrieb nach § 4 Abs. 2 BetrVG, der Betrieb und gemeinsame Betrieb nach § 1 Abs. 1 BetrVG, das Unternehmen [mit Gesamtbetriebsrat] nach §§ 47ff. BetrVG, der Konzern [mit Konzernbetriebsrat] nach §§ 54ff. BetrVG. 1

In § 3 Abs. 1 Nr. 1 a) BetrVG kann die Bildung eines unternehmenseinheitlichen Betriebsrats vorgesehen werden, wenn das Unternehmen mehrere Betriebe hat. Dann entfällt die Vertretungsebene eines Gesamtbetriebsrats, denn der unternehmenseinheitliche, zentrale Betriebsrat hat sämtliche Rechte und Pflichten inne, die sonst zwischen örtlichem Betriebsrat und Gesamtbetriebsrat nach Maßgabe von § 50 BetrVG aufgeteilt sind. § 3 Abs. 1 Nr. 1 b) BetrVG lässt – gleichfalls bei Unternehmen mit mehreren Betrieben – auch eine weniger zentralistische Aufbauorganisation der Betriebe zu, indem etwa auf lokaler oder regionaler Ebene angesiedelte Filialen/Niederlassungen usw. zusammengefasst werden. Soweit hieraus mindestens zwei zusammengefasste Organisationseinheiten innerhalb des Unternehmens entstehen, bleibt es weiterhin bei der gesetzlichen Pflicht, einen Gesamtbetriebsrat zu bilden.

In § 3 Abs. 1 Nr. 2 BetrVG wird eine gerade für die Praxis großer Konzerne bedeutsame Form der Vertretungsorganisation – sog. Spartenbetriebsräte – auf eine gesetzliche Basis gestellt.

§ 3 Abs. 1 Nr. 3 BetrVG lässt bei Besonderheiten in der Betriebs-, Unternehmens- oder Konzernorganisation auch die Vereinbarung gänzlich andersartiger Vertretungsstrukturen zu, so z. B. einen unternehmensübergreifenden Gesamtbetriebsrat anstelle des kraft betriebsverfassungsrechtlicher Normalstruktur vorgesehenen Konzernbetriebsrats
Bei den in § 3 Abs. 1 Nr. 4 und Nr. 5 BetrVG genannten zusätzlichen Gremien bzw. Vertretungen handelt es sich im Gegensatz zu Nr. 1–3 nicht um Mitbestimmungsorgane der Arbeitnehmer, sondern um »Hilfselemente« zur Optimierung der Betriebsratsarbeit: Nr. 4 dient der Kooperation von Betriebsrat/Gesamtbetriebsrat/Konzernbetriebsrat innerhalb von Arbeitsgemeinschaften. Nr. 5 lässt die Einrichtung zusätzlicher betriebsverfassungsrechtlicher Vertretungen zu.
§ 3 Abs. 5 BetrVG enthält die wichtige Festlegung, dass die kollektivvertraglich gebildete betriebsverfassungsrechtliche Organisationseinheit in den Anwendungsfällen des § 3 Abs. 1 Nr. 1–3 BetrVG als Betrieb i. S. d. BetrVG gilt. Somit ist bei Anwendung aller gesetzlichen Normen, die auf den »Betrieb« abstellen, der in dem Kollektivvertrag definierte Repräsentationsbereich in Betracht zu ziehen.

II. Arbeitshilfen

Mustervereinbarungen

2 **Tarifvertrag über die Betriebsratsstruktur, § 3 Abs. 1 Nr. 1 a) BetrVG**

Tarifvertrag über die Betriebsratsstruktur auf der Grundlage von § 3 Abs. 1 Nr. 1 a) BetrVG zwischen

1. Firmenbezeichnung
   und
2. Gewerkschaft Bezeichnung

Präambel
Die Firmenbezeichnung ist ein Unternehmen mit Sitz in Ort. Es verfügt über Betriebsstätten in der gesamten Bundesrepublik Deutschland. An diesen Betriebsstätten werden vorwiegend weniger als 20 Arbeitnehmer beschäftigt, teilweise sind die Betriebsstätten nicht betriebsratsfähig. Das Unternehmen beschäftigt insgesamt derzeit ca. 220 Arbeitnehmer.
Durch diesen Tarifvertrag wird nach Überzeugung der vertragsschließenden Parteien die Bildung von Betriebsräten erleichtert und zugleich die sachgerechte Wahrnehmung der Interessen der Arbeitnehmer gefördert. Außerdem wird durch diesen Tarifvertrag der bundesweit zuständigen Leitungsebene des Unternehmens eine einheitliche Arbeitnehmervertretung gegenübergestellt. Der Tarifvertrag dient so auch der Sicherstellung einer erfolgreichen Zusammenarbeit zwischen der Firmenbezeichnung, den Arbeitnehmervertretungen und der im Unternehmen zuständigen Gewerkschaft.

§ 1 Geltungsbereich

Räumlich:	Bundesrepublik Deutschland
Fachlich:	Für alle als Betriebe, Betriebsteile und Kleinstbetriebe anzusehenden Betriebsstätten der Firmenbezeichnung.
Persönlich:	Für alle im räumlichen und fachlichen Geltungsbereich bei der Firmenbezeichnung beschäftigten Arbeitnehmer im Sinne des § 5 BetrVG, mit Ausnahme der leitenden Angestellten.

§ 2 Unternehmenseinheitlicher Betriebsrat

1. Sämtliche als Betriebe, Betriebsteile und Kleinstbetriebe anzusehenden Betriebsstätten der Firmenbezeichnung bilden einen einheitlichen Betrieb im Sinne des BetrVG. Alle unter den persönlichen Geltungsbereich dieses Tarifvertrags fallenden Arbeitnehmer der Firmen-

bezeichnung wählen deshalb gemeinsam einen Betriebsrat, der zuständig ist für das gesamte Unternehmen.

2. Weitere Betriebsräte neben dem in Abs. 1 genannten Betriebsrat werden in der Firmenbezeichnung nicht gewählt.

§ 3 In-Kraft-Treten und Kündigung

Der Tarifvertrag tritt mit seiner Unterzeichnung in Kraft.

Er kann beiderseits mit einer Frist von einem Jahr zum Ende der regelmäßigen Amtszeit nach § 13 Abs. 1 BetrVG, erstmals zum Datum gekündigt werden. Die Kündigung muss durch einen eingeschriebenen Brief erfolgen.

Tarifvertrag über die Betriebsratsstruktur, § 3 Abs. 1 Nr. 1 b) BetrVG 3

Tarifvertrag über die Betriebsratsstruktur bei der Firmenbezeichnung

zwischen

1. Firmenbezeichnung

   und

2. Gewerkschaft Bezeichnung

§ 1 Geltungsbereich

Räumlich:	Bundesrepublik Deutschland
Fachlich:	Für alle als Betriebe und Betriebsteile bzw. Kleinstbetriebe anzusehenden Betriebsstätten der Firmenbezeichnung.
Persönlich:	Für alle im räumlichen und fachlichen Geltungsbereich bei den Firmen beschäftigten Arbeitnehmer:innen im Sinne des § 5 BetrVG.

§ 2 Zweck und Zielsetzung

Die sind sich Parteien einig, nach § 3 BetrVG eine von den §§ 1, 4 BetrVG abweichende Regelung über die Zuordnung von Betrieben, Betriebsteilen und Kleinstbetrieben vorzunehmen. Die Errichtung von Betriebsräten wird dadurch erleichtert (§ 3 dieses Tarifvertrags). Außerdem dient die durch diesen Tarifvertrag eingeführte, regional orientierte Betriebsratsstruktur der zweckmäßigeren Zusammenarbeit des Betriebsrats mit den Arbeitnehmern (§ 4 dieses Tarifvertrags).

§ 3 Zuordnung von Betriebsstätten und Einleitung von Betriebsratswahlen

1. Die als Betriebe, Betriebsteile oder Kleinstbetriebe anzusehenden Betriebsstätten – insbesondere die Niederlassungen und die diesen zugewiesenen Zweigstellen – des unter Ziff. 1 genannten Unternehmens werden abweichend von den §§ 1, 4 BetrVG den in Anlage 1 (Landkarte) aufgeführten 5 Regionen
   - Bayern/Baden-Württemberg
   - Hessen/Rheinland-Pfalz/Saarland
   - Nordrhein-Westfalen
   - Schleswig-Holstein/Hamburg/Bremen/Niedersachsen
   - Sachsen/Thüringen/Sachsen-Anhalt/Berlin/Mecklenburg-Vorpommern
   - mit der Folge zugeordnet, dass die Arbeitnehmer:innen aller Betriebe, Betriebsteile oder Kleinstbetriebe in ihrer Zusammenfassung gemeinsam für die jeweilige Region jeweils einen Betriebsrat wählen (im Folgenden: Regionalbetriebsrat). Die Zuständigkeit des Regionalbetriebsrats erstreckt sich auf sämtliche innerhalb einer Region gelegenen Betriebsstätten.
2. Betriebsratswahlen nach der in diesem Tarifvertrag vorgesehenen Betriebsstruktur werden unmittelbar nach dessen Inkrafttreten eingeleitet.

3. Mit Konstituierung des Regionalbetriebsrats endet das Mandat etwaiger anderer in der jeweiligen Region gewählter Betriebsräte.

§ 4 In-Kraft-Treten und Kündigung

Der Tarifvertrag kann beiderseits mit einer Frist von einem Jahr zum Ende der regelmäßigen Amtszeit nach § 13 Abs. 1 BetrVG, erstmals zum Datum gekündigt werden. Die Kündigung muss durch einen eingeschriebenen Brief erfolgen.
Bei grundlegenden Veränderungen der Unternehmensstruktur werden die Parteien in Verhandlungen eintreten, um den Tarifvertrag an die neuen Gegebenheiten anzupassen.

4 Tarifvertrag über die Struktur der Betriebe und der Betriebsräte, § 3 Abs. 1 Nr. 2 BetrVG

Tarifvertrag auf der Grundlage von § 3 Abs. 1 Nr. 2 BetrVG über die Struktur der Betriebe und der Betriebsräte
zwischen

1. Firmenbezeichnung
   und
2. Gewerkschaft Bezeichnung

Präambel

Die Firmenbezeichnung hat das Geschäftsfeld mit Wirkung vom Datum neu organisiert. Wesentlicher Gegenstand der Neuorganisation war die Zuordnung der bisherigen operativen Einheiten zu den beiden Sparten Sparte 1 und Sparte 2.
Der Tarifvertrag dient der Anpassung der Betriebsratsstrukturen an die neue Unternehmensstruktur und der Sicherstellung der Zusammenarbeit zwischen der Firmenbezeichnung, ihren Betriebsratsgremien und der in ihr vertretenen Gewerkschaft.
Rechtsgrundlage des Tarifvertrages ist § 3 Abs. 1 Nr. 2 BetrVG.

§ 1 Geltungsbereich, Begriffsbestimmungen

1. Als räumlicher Geltungsbereich dieses Tarifvertrags wird das Gebiet der Bundesrepublik Deutschland festgelegt.
2. Als betrieblicher Geltungsbereich dieses Tarifvertrags werden alle Betriebsstätten (Betriebe, Betriebsteile, Kleinstbetriebe) der Firmenbezeichnung festgelegt.
3. Dieser Tarifvertrag gilt für alle in seinem räumlichen und betrieblichen Geltungsbereich tätigen Arbeitnehmer:innen im Sinne des § 5 Absatz 1 und 2 BetrVG.

§ 2 Bildung der Betriebsräte

Dieser Tarifvertrag schafft in Bezug auf die Sparten Sparte 1 und Sparte 2 eine von den §§ 1, 4 BetrVG abweichende Regelung über die Zuordnung von Betrieben, Betriebsteilen und Kleinstbetrieben. Die Zuordnung ergibt sich aus Anlage 1 zu diesem Tarifvertrag.
Als Betriebe im Sinne dieses Tarifvertrags gelten jeweils die räumliche und spartenorientierte Zusammenfassung derjenigen Betriebsstätten der Firmenbezeichnung, die in der Anlage 1 zu diesem Tarifvertrag als Betrieb bezeichnet und den jeweiligen Sparten zugeordnet sind. Nur in den dort aufgeführten Einheiten können Betriebsräte gebildet werden. Dies gilt auch dann, wenn dies wegen der spartenorientierten Trennung der betriebsverfassungsrechtlichen Arbeitnehmervertretung zur Bildung zweier Betriebsräte an einem Standort führt.
Die Wahl der Betriebsräte in den in Anlage 1 zu diesem Tarifvertrag definierten Betrieben findet erstmals in der nächsten regelmäßigen Wahlperiode statt.

§ 3 Mitarbeiterversammlungen
Betriebsversammlungen finden für den Bereich eines Betriebs statt. In den Betriebsteilen und Kleinstbetrieben können nach rechtzeitiger Unterrichtung der örtlichen Geschäftsleitung in entsprechender Anwendung des § 42 Absatz 2 BetrVG Versammlungen der dort tätigen Mitarbeiter stattfinden.

§ 4 Jugend- und Auszubildendenvertretungen, Schwerbehindertenvertretungen
Die §§ 1 bis 3 dieses Tarifvertrags gelten für die Jugend- und Auszubildendenvertretungen sowie die Schwerbehindertenvertretungen entsprechend.

Tarifvertrag im Rahmen der Fortentwicklung der Organisationsstruktur des Unternehmensbereiches »Dienstleistungen«, § 3 Abs. 1 Nr. 3 BetrVG 5

Tarifvertrag im Rahmen der Fortentwicklung der Organisationsstruktur des Unternehmensbereiches »Dienstleistungen«

in der Firmenbezeichnung

Präambel
Die Firmenbezeichnung hat sich zu einem der führenden Dienstleister in der Bundesrepublik Deutschland entwickelt.
Schritt für Schritt wurde das Leistungsangebot ergänzt und ausgeweitet, immer im wirtschaftlich sinnvollen Verbund der Märkte. Zur optimalen Realisierung der Unternehmensziele hat die Firmenbezeichnung im Unternehmensbereich »Dienstleistungen « eine unternehmensübergreifende Organisationsstruktur nach Sparten eingeführt. Das umfangreiche Dienstleistungsangebot der Firmenbezeichnung umfasst die Sparten Sparte 1–Sparte 5.
Hohe Mitarbeiteridentifikation, bewusstes Kostenmanagement, gezielte Ertragsorientierung, Expansion und eine dezentrale, auf regionale Marktnähe ausgerichtete Organisationsstruktur kennzeichnen die Firmenbezeichnung.
Die Struktur des Unternehmensbereichs »Dienstleistungen « der Firmenbezeichnung ergibt sich aus der Anlage zu dieser Vereinbarung. Die konstruktive und vertrauensvolle Zusammenarbeit mit den Arbeitnehmer:innenvertretern der Sparten und den zuständigen Gewerkschaften ist ein bedeutender Faktor für den Erfolg der Firmenbezeichnung.
Führungsphilosophie und Organisationsstruktur der Sparten zielen auf ein weiteres erfolgreiches Wachstum. Weitgehende Dezentralität, d. h. Delegation von Verantwortung und Entscheidungen sind ihre Hauptmerkmale.
Die vorliegende Vereinbarung wurde zwischen dem Vorstand der Firmenbezeichnung und den Gewerkschaften unter enger Beteiligung des Konzernbetriebsrats auf der Grundlage der Regelungsmöglichkeiten des Betriebsverfassungs- und Tarifvertragsgesetzes ausgehandelt und trägt diesen Gesetzen gleichermaßen wie der Fortentwicklung der Konzernstruktur der Firmenbezeichnung Rechnung.
Durch diese zukunftsorientierte Vereinbarung wird eine neue Konzeption der Mitarbeiterinteressenvertretung durch die Bildung von Spartengesamtbetriebsräten und – darauf aufbauend – eines Konzernbetriebsrats geschaffen.

§ 1 Beteiligte
1. Vorstand Firmenbezeichnung
2. Vorstand Gewerkschaft Bezeichnung
3. Vorstand Gewerkschaft Bezeichnung
4. Vorstand Gewerkschaft Bezeichnung

§ 2 Spartengesamtbetriebsräte im Unternehmensbereich Dienstleistungen

1. In den Betrieben der jeweiligen Dienstleistungssparten Sparte 1 -Sparte 5 werden Betriebsräte gewählt.
2. Die Betriebsräte entsenden in den jeweiligen gemeinsamen Gesamtbetriebsrat, der zuständig ist für alle Unternehmen innerhalb der jeweiligen Sparte Sparte 1 -Sparte 5 (Spartengesamtbetriebsrat), Vertreter. Die Zuordnung der Unternehmen des Unternehmensbereichs Dienstleistungen zu den Sparten Sparte 1 -Sparte 5 ergibt sich aus der Anlage 1 zu diesem Tarifvertrag. Auf diese Art entstehen fünf Spartengesamtbetriebsräte in den Sparten Sparte 1–Sparte 5.
3. Rechte und Verpflichtungen der Spartengesamtbetriebsräte ergeben sich aus den §§ 47ff., 106ff. BetrVG.
4. Weitere eigenständige Gesamt- oder Teilkonzernbetriebsräte werden im Bereich einer Sparte nicht geschaffen.

§ 3 Konzernbetriebsrat

1. Die Spartengesamtbetriebsräte der Sparten Sparte 1 -Sparte 5 und der Betriebsrat der Firmenbezeichnung der Konzernspitze entsenden in Anwendung der §§ 54ff. BetrVG Vertreter in den Konzernbetriebsrat der Firmenbezeichnung.
2. Der Konzernbetriebsrat ist berechtigt, einen Konzernwirtschaftsausschuss zu bilden. Für dessen Rechte und Pflichten gelten die §§ 106ff. BetrVG entsprechend.

§ 4 Schlussbestimmungen

Diese Vereinbarung tritt am Tage der letzten Unterschriftsleistung in Kraft. Sie endet durch schriftliche Kündigung eines der Beteiligten mit einjähriger Kündigungsfrist, erstmals jedoch zum Datum. Sollten die Beteiligten während der Kündigungsfrist nicht zu einer neuen Vereinbarung gelangen, so wirkt diese Vereinbarung längstens bis zum Ablauf derjenigen Betriebsratswahlperiode nach, die auf das Ende der oben genannten Kündigungsfrist folgt.

6 Tarifvertrag über die Struktur der Betriebsräte und des Gesamtbetriebsrats, § 3 Abs. 1 Nr. 3 BetrVG

Tarifvertrag über die Struktur der Betriebsräte und des Gesamtbetriebsrats

zwischen

1. Bezeichnung aller vertragsschließenden Gesellschaften
   (und Bezeichnung deren Tochter- bzw. Enkelgesellschaften)
   und
2. Gewerkschaft Bezeichnung

Präambel

Der vorliegende Tarifvertrag dient der Verbesserung der Zusammenarbeit der Arbeitnehmervertretungen mit den Arbeitnehmern. Er effektiviert zugleich die vertrauensvolle Zusammenarbeit zwischen den Betriebsparteien sowie die Zusammenarbeit mit der zuständigen Gewerkschaft. Die bisher bewährten Betriebsratsstrukturen im Bereich der vertragsschließenden Unternehmen werden durch diese Vereinbarung stabilisiert und zugleich fortentwickelt. Rechtsgrundlage dieses Tarifvertrags ist § 3 BetrVG.

§ 1 Geltungsbereich

(1) Räumlich: Bundesrepublik Deutschland

(2) Fachlich: Für alle als Betriebe, Betriebsteile oder Kleinstbetriebe anzusehenden betrieblichen Einheiten der vertragsschließenden Unternehmen.

(3) Persönlich: Für alle im räumlichen und fachlichen Geltungsbereich dieses Tarifvertrags bei den vertragsschließenden Unternehmen beschäftigten Arbeitnehmern.

§ 2 Zweck des Tarifvertrags

Zur Gewährleistung eines erfolgreichen Zusammenwirkens zwischen den Arbeitnehmer:innen, dem Arbeitgeber und der im Betrieb vertretenen Gewerkschaft in Fragen der Betriebsverfassung sind sich die Parteien einig, eine Regelung über die Zuordnung von Betrieben, Betriebsteilen und Kleinstbetrieben vorzunehmen. Die Errichtung von Betriebsräten sowie die Bildung eines Gesamtbetriebsrats werden dadurch erleichtert. Zugleich dient diese Regelung der wirksamen und zweckmäßigen Interessenvertretung der Arbeitnehmer und der Erleichterung der Zusammenarbeit des Betriebsrats mit den Arbeitnehmern.

§ 3 Zuordnung

(1) Für die als Betriebe, Betriebsteile oder Kleinstbetriebe anzusehenden betrieblichen Einheiten der vertragsschließenden Unternehmen wird an den Betriebsstätten Ort, Ort, Ort und Ort jeweils ein gemeinsamer – unternehmensübergreifender – Betriebsrat auch dann gebildet, wenn im örtlichen Einzelfall die Voraussetzungen des § 1 Abs. 1 Satz 2, Abs. 2 BetrVG nicht vorliegen.
(2) Soweit Anlage 1 räumlich entfernte Betriebe, Betriebsteile oder Kleinstbetriebe der vertragsschließenden Unternehmen einer Betriebsstätte zuordnet, wird der Betriebsrat der Betriebsstätte auch von den in der zugeordneten betrieblichen Einheit beschäftigten Arbeitnehmern gewählt.

§ 4 Gemeinsamer Gesamtbetriebsrat

(1) Für die vertragsschließenden Unternehmen wird an Stelle eines Konzernbetriebsrats ein gemeinsamer – unternehmensübergreifend zuständiger – Gesamtbetriebsrat errichtet. Die an den Betriebsstätten gewählten gemeinsamen Betriebsräte entsenden Vertreter in den gemeinsamen Gesamtbetriebsrat, Ort 5 Vertreter, Ort 4 Vertreter, Ort 3 Vertreter und Ort 2 Vertreter.
Diese Regelung dient nach Auffassung aller Beteiligten einer wirksamen und zweckmäßigen Interessenvertretung der Arbeitnehmer.
Selbständige Gesamt- und Konzernbetriebsräte neben dem gemeinsamen Gesamtbetriebsrat werden im Geltungsbereich dieses Tarifvertrags nicht errichtet.
(2) Der gemeinsame Gesamtbetriebsrat nimmt seine Rechte und Pflichten aus den §§ 47ff. BetrVG wahr.
Jeder örtliche Betriebsrat i. S. v. § 3 dieses Tarifvertrags muss im Gesamtbetriebsausschuss mit mindestens einem Betriebsratsmitglied vertreten sein.
Das Nähere regelt die Geschäftsordnung des Gesamtbetriebsrats.
(3) Der gemeinsame Gesamtbetriebsrat bildet einen gemeinsamen Wirtschaftsausschuss oder einen gemeinsamen Ausschuss für wirtschaftliche Angelegenheiten nach § 107 Abs. 3 BetrVG.
Die Zuständigkeit des Wirtschaftsausschusses oder des Ausschusses für wirtschaftliche Angelegenheiten erstreckt sich auf sämtliche wirtschaftliche Angelegenheiten aller diesen Tarifvertrag unterzeichnenden Unternehmen.
Rechte und Pflichten des Wirtschaftsausschusses oder des Ausschusses für wirtschaftliche Angelegenheiten ergeben sich aus den §§ 106ff. BetrVG.
Jeder örtliche Betriebsrat i. S. v. § 3 dieses Tarifvertrags muss im Wirtschaftsausschuss oder im Ausschuss für wirtschaftliche Angelegenheiten mit mindestens einem Betriebsratsmitglied vertreten sein.
Das Nähere regelt die Geschäftsordnung des Gesamtbetriebsrats.
(4) Im Geltungsbereich dieses Tarifvertrags gelten die vertragsschließenden Unternehmen als Unternehmen im Sinne der Bestimmungen des Betriebsverfassungsgesetzes.

§ 5 Streitigkeiten

Bei Streitigkeiten über Geltung und Inhalt dieses Tarifvertrags muss vor Anrufung der Arbeitsgerichte eine Einigungsstelle nach §§ 76ff. BetrVG angerufen werden. Die Einigungsstelle soll den Versuch unternehmen, eine einvernehmliche Lösung herbeizuführen; die Einigungsstelle hat keine Spruchkompetenz. Die Gewerkschaft ist berechtigt, einen Beisitzer auf Arbeitnehmerseite zu entsenden, der auch Beschäftigter der Gewerkschaft sein kann.

§ 6 In-Kraft-Treten, Kündigung, Anpassung

(1) Der Tarifvertrag tritt mit seiner Unterzeichnung in Kraft. Er kann beiderseits mit einer Frist von einem Jahr zum Ende der regelmäßigen Amtszeit nach § 13 Abs. 1 BetrVG, erstmals zum Datum, gekündigt werden. Die Kündigung muss durch einen eingeschriebenen Brief erfolgen.
Im Falle einer Kündigung wirkt der Tarifvertrag nach bis zum Abschluss einer neuen Vereinbarung.
(2) Auf schriftlichen Antrag einer der beiden Vertragsparteien oder auf Beschluss des Gesamtbetriebsrats während der Laufzeit dieses Tarifvertrags werden die Tarifvertragsparteien unverzüglich Verhandlungen über die Anpassung des Tarifvertrags vornehmen. Dies gilt insbesondere dann, wenn während der Laufzeit dieses Tarifvertrags weitere Gesellschaften von der Leitungsmacht der Firmenbezeichnung erfasst werden. Änderungen dieses Tarifvertrags sollen möglichst im Einvernehmen mit dem gemeinsamen Gesamtbetriebsrat erfolgen.
(3) Die Betriebsräte der vertragsschließenden Unternehmen waren an den Verhandlungen über diesen Tarifvertrag beteiligt. Sie haben dem vorliegenden Tarifvertrag vollinhaltlich zugestimmt.

7 **Tarifvertrag über den Aufbau von Arbeitsgemeinschaften der Betriebsräte, § 3 Abs. 1 Nr. 4 BetrVG**

Tarifvertrag über die Errichtung von Arbeitsgemeinschaften der Betriebsräte der Firmenbezeichnung
zwischen
1. der Firmenbezeichnung
2. den Tochter- und Enkelgesellschaften der Firmenbezeichnung
und
3. der Gewerkschaft Bezeichnung

Präambel

Der Vorstand der Firmenbezeichnung betrachtet die konstruktive und vertrauensvolle Zusammenarbeit mit den gewählten Arbeitnehmer:innenvertretern in den diversen Geschäftsfeldern und mit der zuständigen Gewerkschaft als einen bedeutenden Faktor einer erfolgreichen Personal- und Unternehmensführung. Zweck dieser Vereinbarung ist die Schaffung einer für eine pragmatische Zusammenarbeit der Betriebsparteien angemessenen Interessenvertretungsstruktur der Arbeitnehmer:innen. Hierzu bedarf es aus Sicht des Vorstands der Firmenbezeichnung, der bestehenden betrieblichen Arbeitnehmer:innenvertretungen und der Gewerkschaft wegen der stark dezentralen Leitungsstruktur einheitliche Ansprechpartner:in auf Seiten der Arbeitnehmer:innen, die unternehmens- und geschäftsfeldübergreifend tätig werden sollen.
Zwischen dem Vorstand der Firmenbezeichnung und dem Vorstand der Gewerkschaft wird aus diesen Gründen nachfolgender Tarifvertrag, den der bestehende Gesamtbetriebsrat der Firmenbezeichnung ausdrücklich befürwortet, abgeschlossen:

§ 1 Errichtung von Betriebsräten

In den Betrieben des Firmenbezeichnung-Konzerns werden Betriebsräte gewählt, sofern die betriebsverfassungsrechtlichen Voraussetzungen erfüllt sind. Nicht betriebsratsfähige Einheiten werden dem nächstgelegenen Betrieb zugeordnet.

§ 2 Arbeitsgemeinschaften der Betriebsräte in den Regionen

Der Firmenbezeichnung – Konzern ist in erster Linie regional gegliedert. Daneben bestehen Dienstleistungszentren, die gegenüber den Regionen eine Servicefunktion übernehmen, aber auch strategische Aufgaben erfüllen. Die Einzelheiten der regionalen Gliederung und der Dienstleistungsorganisation ergeben sich aus dem dieser Vereinbarung beigefügten Organigramm, welches Bestandteil dieser Vereinbarung ist.

Die Betriebsräte der innerhalb eines Regionalbereichs und den jeweils zugeordneten Dienstleistungszentren des Firmenbezeichnung – Konzerns tätigen Unternehmen bilden unternehmensübergreifend Arbeitsgemeinschaften der Betriebsräte in der Region (im Folgenden: die Arbeitsgemeinschaft).

In die Arbeitsgemeinschaft entsendet jeder Betriebsrat der innerhalb einer Region ansässigen Unternehmen eines seiner Mitglieder.

§ 3 Zuständigkeit und Geschäftsführung des Arbeitsgemeinschaften

Innerhalb der Arbeitsgemeinschaft werden Fragen und Problemstellungen von regionaler Bedeutung mit dem Ziel der Einigung erörtert. Findet eine Einigung statt, so soll die Arbeitsgemeinschaft den entsendenden Betriebsräten entsprechende Beschlussfassungen empfehlen. Rechte und Pflichten der zuständigen Betriebsräte werden durch die Bildung und Tätigkeit der Arbeitsgemeinschaften nicht berührt.

Die Arbeitsgemeinschaft ist berechtigt, Ausschüsse zu bilden, deren Zuständigkeit sich auf bestimmte Geschäftsfelder innerhalb der Region bezieht, wenn von diesen Fragen mehr als ein Betrieb berührt ist.

Für die Geschäftsführung der Arbeitsgemeinschaft und seiner Ausschüsse gelten § 51 Abs. 1 und 6 BetrVG entsprechend.

§ 4 Sitzungen der Arbeitsgemeinschaft

Die Sitzungen der Arbeitsgemeinschaft finden nach Bedarf, mindestens jedoch einmal in jedem Kalendervierteljahr statt.

Auf Wunsch der Arbeitsgemeinschaft nehmen die regionalen Leitungsgremien der vertragsschließenden Unternehmen zu einzelnen Tagesordnungspunkten der Sitzungen der Arbeitsgemeinschaft teil.

§ 8 In-Kraft-Treten, Anpassungsklausel, Kündigung

Dieser Tarifvertrag wird mit seiner Unterzeichnung verbindlich, jedoch erstmals mit Durchführung der regulären Betriebsratswahlen im Jahre   angewendet.

Die Parteien verpflichten sich, im Falle wesentlicher Strukturänderungen und grundlegender Veränderungen der Arbeitnehmerzahl, aber auch vor Ausspruch einer Kündigung dieses Tarifvertrags Verhandlungen über eine Anpassung des Tarifvertrags aufzunehmen.

Der Tarifvertrag kann erstmals mit Wirkung für die regelmäßigen Betriebsratswahlen im Jahr mit einer Kündigungsfrist von sechs Monaten zum Datum gekündigt werden.

Tarifvertrag zur Betriebsratsstruktur und zur Einrichtung von Zweigniederlassungssprechern, § 3 Abs. 1 Nr. 5 BetrVG 8

Tarifvertrag zur Betriebsratsstruktur und zur Einrichtung von Zweigniederlassungssprechern
zwischen

1. Firmenbezeichnung
   und
2. Gewerkschaft Bezeichnung

Präambel

Die Firmenbezeichnung wird zum Datum eine grundlegende Umstrukturierung ihrer Unternehmensstrukturen durchführen. Sowohl die rechtlich selbstständige Holding als auch die von ihr beherrschten fünf Einzelunternehmen werden umfassend mit dem Ziel der Errichtung von zwei Unternehmenssparten restrukturiert. Unter auflösender Verschmelzung der Tochtergesellschaften auf die Firmenbezeichnung werden die derzeit bestehenden Niederlassungen dieser Tochtergesellschaften rechtlich dem herrschenden Unternehmen selbst sowie innerhalb des herrschenden Unternehmens organisatorisch den derzeit bestehenden beiden Sparten zugeordnet. Die Sparten werden im Hinblick auf das operative Geschäft als strategische Geschäftseinheit selbstständig geführt.

Außerdem werden entweder die Zweigniederlassungen in die Niederlassungen eingegliedert oder die Zweigniederlassungen bzw. die Niederlassungen in einer neuen Niederlassung zusammengefasst.

Ziel der Umstrukturierung sind die Einrichtung kurzer Entscheidungswege, die konsequente Umsetzung des Regionalitätsprinzips, die Erhöhung der Kundennähe und die Schaffung der Voraussetzungen für eine konsequente Spezialisierung im operativen Geschäft.

§ 1 Errichtung von Betriebsräten in den Niederlassungen und in der Hauptverwaltung

1. Sparte 1
   In der Sparte 1 sind Betriebsräte in den folgenden Niederlassungen zu errichten:
   - NL Ort
   - NL Ort
   - NL Ort
   - NL Ort
   - Die Zuordnung der Zweigniederlassungen zu den vorgenannten Niederlassungen ergibt sich aus der Anlage 1 zu diesem Tarifvertrag.
2. Sparte 2
   In der Sparte 2 sind Betriebsräte in den folgenden Niederlassungen zu errichten:
   - NL Ort
   - NL Ort
   - NL Ort
   - NL Ort
   - Die Zuordnung der Zweigniederlassungen zu den vorgenannten Niederlassungen ergibt sich aus der Anlage 1 zu diesem Tarifvertrag.
3. Für die Hauptverwaltung der Firmenbezeichnung wird ein spartenübergreifender Betriebsrat errichtet.
4. Die entsprechend der neuen Betriebsratsstruktur gebildeten Betriebsräte entsenden Vertreter in den Gesamtbetriebsrat nach Maßgabe des § 47 BetrVG.

§ 2 Zweigniederlassungssprecher:in

1. In denjenigen Zweigniederlassungen, die räumlich weit vom Sitz der Niederlassung entfernt und nicht durch ein Betriebsmitglied im Betriebsrat der Niederlassung vertreten sind, haben die Beschäftigten das Recht, nach demokratischen Grundsätzen eine Zweigniederlassungssprecher:in zu wählen. Diejenigen Zweigniederlassungen, in denen die Arbeitnehmer dem Grunde nach berechtigt sind, eine Zweigniederlassungssprecher:in zu wählen, ergeben sich aus der Anlage 1 zu diesem Tarifvertrag.
2. Der Zweigniederlassungssprecher:in bildet das Bindeglied zwischen dem Betriebsrat der Niederlassung und den Arbeitnehmer:innen der Zweigniederlassung und hat die Aufgabe, die Interessen der Beschäftigten der Zweigniederlassung in die Arbeit des Betriebsrats der Niederlassung einzubringen.
3. Zur Durchführung dieser Aufgabe ist die Zweigniederlassungssprecher:in vom Betriebsrat der Niederlassung rechtzeitig und umfassend unter Vorlage der erforderlichen Unterlagen zu unterrichten und zu dessen Sitzungen mit beratender Stimme hinzuzuziehen.

4. Der Zweigniederlassungssprecher:in hat mit Ausnahme des Stimmrechts in Betriebsratssitzungen sowie der Beteiligungsrechte in personellen und sozialen Angelegenheiten die Rechte und Pflichten eines Betriebsratsmitglieds.

§ 3 Errichtung eines Gesamtbetriebsrats

1. Mit dem Wegfall des Konzerntatbestandes in Folge der Verschmelzung der Tochtergesellschaften auf die Firmenbezeichnung entfallen auch die Voraussetzungen zur Bildung eines Konzernbetriebsrats. An die Stelle des Konzernbetriebsrats tritt der für die Firmenbezeichnung zu bildende Gesamtbetriebsrat.
2. Der Gesamtbetriebsrat hat die sich aus den §§ 47ff. BetrVG und §§ 106ff. BetrVG ergebenden Rechte und Pflichten.
3. Der Gesamtbetriebsrat bildet je einen Ausschuss für die Sparten (Spartenausschüsse). Die Anzahl der Ausschussmitglieder richtet sich nach der Anzahl der jeweils zu vertretenden Niederlassungen. Die Spartenausschussmitglieder sind aus den Mitgliedern des Gesamtbetriebsrates zu wählen.

§ 4 Schlussbestimmungen

§ 4 Betriebsteile, Kleinstbetriebe

(1) Betriebsteile gelten als selbständige Betriebe, wenn sie die Voraussetzungen des § 1 Abs. 1 Satz 1 erfüllen und
1. räumlich weit vom Hauptbetrieb entfernt oder
2. durch Aufgabenbereich und Organisation eigenständig sind.
Die Arbeitnehmer eines Betriebsteils, in dem kein eigener Betriebsrat besteht, können mit Stimmenmehrheit formlos beschließen, an der Wahl des Betriebsrats im Hauptbetrieb teilzunehmen; § 3 Abs. 3 Satz 2 gilt entsprechend. Die Abstimmung kann auch vom Betriebsrat des Hauptbetriebs veranlasst werden. Der Beschluss ist dem Betriebsrat des Hauptbetriebs spätestens zehn Wochen vor Ablauf seiner Amtszeit mitzuteilen. Für den Widerruf des Beschlusses gelten die Sätze 2 bis 4 entsprechend.
(2) Betriebe, die die Voraussetzungen des § 1 Abs. 1 Satz 1 nicht erfüllen, sind dem Hauptbetrieb zuzuordnen.

Inhaltsübersicht Rn.

I. Einleitung

Ob ein Betriebsteil einen eigenen Betriebsrat wählen kann, bestimmt sich gemäß § 4 Abs. 1 Satz 1 Nr. 1 allein nach seiner räumlichen Entfernung zum Hauptbetrieb; nach § 4 Abs. 1 Nr. 2 kommt es darauf an, ob der betreffende Betriebsteil durch Aufgabenbereich und Organisation eigenständig ist. Nach § 4 Abs. 2 Satz 2 sind Kleinstbetriebe, die nicht 1 die betriebsratsfähige Größe erreichen, dem Hauptbetrieb zuzuordnen. Arbeitnehmer eines nicht betriebsratsfähigen Betriebsteils gehören ohnehin zum Hauptbetrieb.

II. Arbeitshilfen

Übersichten

2 **Gesetzliche Zuordnungsentscheidungen im Überblick**

Zusammenfassend ist für die betriebsverfassungsrechtliche Einordnung von Betriebsteilen festzustellen:

1. wegen ihrer geringen Arbeitnehmerzahl nicht betriebsratsfähige Betriebsteile sind unabhängig davon, ob es sich um einen Fall der § 4 Abs. 1 Nr. 1 oder Nr. 2 handelt, dem Hauptbetrieb zuzuordnen;
2. diese nicht betriebsratsfähigen Betriebsteile sind in erster Linie dem Betrieb als Hauptbetrieb zuzuordnen, in dem die für die Arbeitnehmer:innen des Betriebsteils in sozialen und personellen Angelegenheiten zuständige institutionelle Leitung organisatorisch angesiedelt ist;
3. befindet sich die dergestalt ermittelte institutionelle Leitung weit vom nicht betriebsratsfähigen Betriebsteil entfernt, ist dieser dem räumlich nächstgelegenen betriebsratsfähigen Betrieb oder Betriebsteil desselben Unternehmens zuzuordnen (str.);
4. betriebsratsfähige Betriebsteile nach § 4 Abs. 1 Nr. 1 erhalten dann einen eigenen Betriebsrat, wenn sie räumlich weit vom betrieblichen Sitz der zuständigen Leitung entfernt sind und kein anderer betriebsratsfähiger Betrieb/Betriebsteil desselben Unternehmens räumlich näher gelegen ist;
5. betriebsratsfähige Betriebsteile nach § 4 Abs. 1 Nr. 2 erhalten in der Regel einen eigenen Betriebsrat. Eine Zuordnung zu einem anderen nahe gelegenen Unternehmensteil entfällt wegen des eindeutigen Gesetzeswortlauts, es sei denn, die Belegschaft beschließt die Zuordnung zum Hauptbetrieb (§ 4 Abs. 1 Abs. 1 Satz 2).

3 **Kriterien für den Hauptbetrieb im Sinne von § 4 Abs. 1 Nr. 1 und Abs. 2 BetrVG**

Die nach § 4 Abs. 1 Nr. 1 und Abs. 2 erforderliche Abgrenzung der maßgeblichen betriebsratsfähigen Einheit setzt voraus, dass Klarheit darüber besteht, was als Hauptbetrieb anzusehen ist. Das BAG stellt darauf ab, ob und wo der für den Betriebsteil zuständige, in den mitbestimmungspflichtigen sozialen und personellen Angelegenheiten entscheidungsbefugte Leitungsapparat angesiedelt ist (vgl. DKW-*Trümner*, § 4 Rn. 11 ff. m. w. N.
In Abhängigkeit von der Ausgestaltung der Leitungsorganisation kann es innerhalb ein und desselben Unternehmens mit einer Vielzahl unterscheidbarer Organisationseinheiten mehrere Hauptbetriebe im Rahmen der Zuordnungsentscheidung nach § 4 Abs. 1 Nr. 1 und Abs. 2 geben. In der Rechtsprechung des BAG wird vielfach der Betrieb der Hauptverwaltung als Hauptbetrieb angesehen (vgl. kritisch hierzu DKW-*Trümner*, § 4 Rn. 23 ff.).
Im Interesse einer ortsnahen und effektiven Interessenvertretung für möglichst alle Arbeitnehmer eines Unternehmens sowie auch unter Kostengesichtspunkten sollte sowohl im Falle von § 4 Abs. 1 Nr. 1 als auch bei § 4 Abs. 2 dem Gesichtspunkt der räumlichen Nähe eine mitentscheidende Rolle zugewiesen werden.

Kriterien für den Betriebsteil nach § 4 Abs. 1 Nr. 1 BetrVG 4

Betriebsteile sind räumlich oder organisatorisch unterscheidbare Betriebsbereiche, die regelmäßig innerhalb des Betriebs eine bestimmte Aufgabe zu erfüllen haben, aber in die Gesamtorganisation des Betriebs eingegliedert sind (vgl. DKW-*Trümner*, § 4 Rn. 42 m. w. N.).
Nach der Rechtsprechung des BAG hat ein Betriebsteil i. S. v. § 4 Abs. 1 Nr. 1 selbst keinen Leitungsapparat im Hinblick auf die Wahrnehmung der mitbestimmungspflichtigen sozialen und personellen Angelegenheiten; vielmehr ist dafür der Hauptbetrieb zuständig (vgl. DKW-*Trümner*, § 4 Rn. 246ff. m. w. N.).
Es soll nach Ansicht des BAG für die organisatorische Abgrenzbarkeit des Betriebsteils nach § 4 Abs. 1 Nr. 1 bereits genügen, wenn eine »schlichte« Vorgesetztenfunktion im Betriebsteil besteht, durch die das Weisungsrecht des Arbeitgebers oder auch nur Teile des Weisungsrechts ausgeübt werden.

Beispiele

- Büroleiterin mit einfacher Vorgesetztenfunktion gegenüber 40 Arbeitnehmern:innen;
- Bereichsleiter mit Vorgesetztenfunktion für 11, 14 und 41 Arbeitnehmer:innen als »institutionelle Leitung« bei Einstellungs-/Entlassungsbefugnis, Einsatzplanung, Urlaubsgewährung und Überstundenanordnungsbefugnis für den jeweiligen Bereich;
- Franchisenehmer, die im Wesentlichen einheitlich, aber für »ihre« jeweilige Filiale gegenüber dem Personal den Arbeitseinsatz regeln, Arbeitnehmer:innen einstellen/entlassen, Gehälter festsetzen, Arbeitszeiten festlegen, Urlaub regeln;
- Restaurantleiter, der eines von 38 Restaurants desselben Unternehmens als Profitcenter leitet, gewisse sektoral begrenzte Personalbefugnisse hat, aber auf der vierten Hierarchiestufe des Unternehmens angesiedelt ist;
- Geschäftsstellenleiter einer Versicherungsrepräsentanz, der für die Urlaubsgewährung und Zeugniserstellung für die ihm zugeordneten Mitarbeiter zuständig ist;
- Inspektoren, die zwar einstellen und entlassen dürfen, dabei aber keinen nennenswerten eigenen Dispositionsspielraum besitzen;
- Teamleiterin, die den Arbeitseinsatz koordiniert und ggf. Mehrarbeit anordnet bzw. zusätzliche flexible Arbeitskräfte/Aushilfen aus anderen Betriebsteilen heranzieht.

Räumliche Entfernung nach § 4 Abs. 1 Nr. 1 BetrVG 5

Die Frage der »räumlich weiten Entfernung« ist gegenüber dem Hauptbetrieb zu beurteilen und nicht allein unter dem Gesichtspunkt der objektiven Entfernung zu prüfen.
Entscheidend ist vielmehr, ob trotz der gegebenen Entfernung eine ordnungsgemäße Betreuung der in dem Betriebsteil beschäftigten Arbeitnehmer durch den Betriebsrat des Hauptbetriebs möglich ist.
Für die Frage der räumlichen Entfernung ist neben der Qualität der Verkehrsverbindungen auch darauf abzustellen, wo die Entscheidungen des Arbeitgebers in mitbestimmungspflichtigen Angelegenheiten getroffen werden.
Die Möglichkeit der elektronischen Kommunikation zwischen Arbeitnehmer:innen und Betriebsrat spielt für die Beurteilung der Frage der Entfernung keine Rolle. Zu Beispielen aus der Rechtsprechung zum Begriff räumlich nicht weit entfernter Betriebsteile vgl. DKW-*Trümner*, § 4 Rn. 59 und zum Begriff räumlich weit entfernter Betriebsteile vgl. DKW-*Trümner*, § 4 Rn. 60.

6 **Der Betriebsteil nach § 4 Abs. 1 Nr. 2 BetrVG (Eigenständigkeit durch Aufgabenbereich und Organisation)**

Ist der Betriebsteil durch Aufgabenbereich und Organisation eigenständig, kommt es auf die Entfernung zum Hauptbetrieb nicht mehr an.
Beide Voraussetzungen, d.h. die Eigenständigkeit in Bezug auf den Aufgabenbereich und die Organisation, müssen zusammen vorliegen.
Nach wohl allgemeiner Auffassung ist der eigenständige Aufgabenbereich dann zu bejahen, wenn in diesem organisatorisch abgegrenzten Teil des Betriebs ein besonders ausgeprägter arbeitstechnischer Zweck verfolgt wird.
Nach der Rechtsprechung des BAG (vgl. DKW-*Trümner*, § 4 Rn. 52) ist der Betriebsteil nach § 4 Abs. 1 Nr. 2 dann organisatorisch eigenständig, wenn in ihm der wesentliche Kern der der betrieblichen Mitbestimmung unterliegenden Arbeitgeberfunktionen auszuüben ist.
Beispiele aus der Rspr. (vgl. DKW-*Trümner*, § 4 Rn. 59ff.)

- Die zehn Vertriebsgeschäftsstellen eines Zeitungsverlags bilden zusammen mit dem Hauptbetrieb einen einzigen bundesweiten Betrieb, obgleich sie zum Teil betriebsratsfähige Größe erreichen;
- Die Auslieferungslager Hannover, Kassel, Hamburg, Frankfurt und Stuttgart einer Lackfabrik bilden keine betriebsratsfähigen Betriebe, sondern sind dem Betrieb der Lackfabrik zuzuordnen;
- Die sechs hamburgischen und weiteren 45 Ladengeschäfte (teils in betriebsratsfähiger Größe) in der gesamten Bundesrepublik, die zu einem Unternehmen des Uhren- und Schmuckeinzelhandels gehören, bilden einen einheitlichen (bundesweiten) Betrieb;
- Die Zentrale eines Unternehmens der Schönheitsindustrie mit sechs regionalen Verkaufsleitungen und ihrerseits vier bis sechs Bezirksleitungen (zu je fünf bis acht Arbeitnehmer:innen) und 40 Werbedamen bilden einen Betrieb;
- Der »Umsatz eines Warensortiments« in der Filiale eines Lebensmittelfilialunternehmens als bloß »in allen Filialen erstrebter paralleler Zweck« bildet keinen eigenen Betriebszweck i. S. v. Satz 1 Nr. 2;
- Der Handel mit Eisen bzw. Glas an unterschiedlichen Betriebspunkten ist als einheitlicher arbeitstechnischer Zweck anzusehen (Verkauf von Grundstoffen an Wiederverkäufer);
- Die 1300 Drogeriemärkte desselben Unternehmens mit je vier bis sieben Arbeitnehmern verfolgen nur parallele Zwecke und bilden, soweit sie je für sich die Voraussetzung des § 1 erfüllen, Betriebsteile i. S. v. § 4 Nr. 1; die nicht betriebsratsfähigen Märkte sind dem Betrieb am Sitz des Unternehmens zuzuordnen;
- Die jeweils unter einem Bezirksleiter zusammengefassten ca. sieben Märkte (Filialen) bilden eine betriebsratsfähige Organisationseinheit (ca. 35–56 Arbeitnehmer:innen);
- Bei absolut parallelem arbeitstechnischem Zweck werden die 43 Märkte (Filialen mit je drei bis neun Arbeitnehmer:innen) mit dem Betrieb am Unternehmenssitz (Lager, Fuhrpark, Verwaltung) als einheitlicher Betrieb erachtet;
- Die 18 Filialen eines Sportartikelvertriebsunternehmens bilden mit dem Betrieb der Zentralverwaltung einen Regionalbetrieb mit etwa 370 Arbeitnehmer:innen, obwohl zum Teil erhebliche Entfernungen (Bochum – Münster; Bochum – Düsseldorf: eine Autostunde) zu überbrücken sind;
- Die drei Verkaufsbüros in Berlin (18 Arbeitnehmer:innen), Düsseldorf (20 Arbeitnehmer) und Frankfurt/Main (19 Arbeitnehmer:innen) einer Firma mit Sitz in Leonberg und dortigem »Hauptbetrieb« nebst weiterem Verkaufsbüro bilden einen einheitlichen Betrieb.

Die optionale Zuordnung zum Hauptbetrieb 7

Nach § 4 Abs. 1 Satz 2 können die Arbeitnehmer eines Betriebsteils, in dem kein eigener Betriebsrat besteht, beschließen, an der Wahl des Betriebsrats im Hauptbetrieb teilzunehmen (vgl. DKW-*Trümner*, § 4 Rn. 101 ff.).
Zur Ausübung des Optionsrechts sind alle Arbeitnehmer:innen des Betriebsteils berechtigt, nicht nur die Wahlberechtigten.
Der Beschluss bedarf der absoluten Mehrheit der Arbeitnehmer:innen des Betriebsteils.
Die Abstimmung kann formlos erfolgen, also auch im Umlaufverfahren – etwa durch Unterschriftenliste. Sie muss von drei Arbeitnehmer:innen des Betriebsteils initiiert werden. Ebenfalls antragsberechtigt ist eine im Betriebsteil vertretene Gewerkschaft.
Der Zuordnungsbeschluss ist dem Betriebsrat des Hauptbetriebs spätestens zehn Wochen vor Ablauf seiner Amtszeit mitzuteilen (Abs. 1 Satz 4), damit er bei der Wahlvorbereitung (vgl. § 16) berücksichtigt werden kann.

§ 5 Arbeitnehmer

(1) Arbeitnehmer (Arbeitnehmerinnen und Arbeitnehmer) im Sinne dieses Gesetzes sind Arbeiter und Angestellte einschließlich der zu ihrer Berufsausbildung Beschäftigten, unabhängig davon, ob sie im Betrieb, im Außendienst oder mit Telearbeit beschäftigt werden. Als Arbeitnehmer gelten auch die in Heimarbeit Beschäftigten, die in der Hauptsache für den Betrieb arbeiten. Als Arbeitnehmer gelten ferner Beamte (Beamtinnen und Beamte), Soldaten (Soldatinnen und Soldaten) sowie Arbeitnehmer des öffentlichen Dienstes einschließlich der zu ihrer Berufsausbildung Beschäftigten, die in Betrieben privatrechtlich organisierter Unternehmen tätig sind.

(2) Als Arbeitnehmer im Sinne dieses Gesetzes gelten nicht

1. **in Betrieben einer juristischen Person die Mitglieder des Organs, das zur gesetzlichen Vertretung der juristischen Person berufen ist;**
2. **die Gesellschafter einer offenen Handelsgesellschaft oder die Mitglieder einer anderen Personengesamtheit, soweit sie durch Gesetz, Satzung oder Gesellschaftsvertrag zur Vertretung der Personengesamtheit oder zur Geschäftsführung berufen sind, in deren Betrieben;**
3. **Personen, deren Beschäftigung nicht in erster Linie ihrem Erwerb dient, sondern vorwiegend durch Beweggründe karitativer oder religiöser Art bestimmt ist;**
4. **Personen, deren Beschäftigung nicht in erster Linie ihrem Erwerb dient und die vorwiegend zu ihrer Heilung, Wiedereingewöhnung, sittlichen Besserung oder Erziehung beschäftigt werden;**
5. **der Ehegatte, der Lebenspartner, Verwandte und Verschwägerte ersten Grades, die in häuslicher Gemeinschaft mit dem Arbeitgeber leben.**

(3) Dieses Gesetz findet, soweit in ihm nicht ausdrücklich etwas anderes bestimmt ist, keine Anwendung auf leitende Angestellte. Leitender Angestellter ist, wer nach Arbeitsvertrag und Stellung im Unternehmen oder im Betrieb

1. **zur selbständigen Einstellung und Entlassung von im Betrieb oder in der Betriebsabteilung beschäftigten Arbeitnehmern berechtigt ist oder**
2. **Generalvollmacht oder Prokura hat und die Prokura auch im Verhältnis zum Arbeitgeber nicht unbedeutend ist oder**
3. **regelmäßig sonstige Aufgaben wahrnimmt, die für den Bestand und die Entwicklung des Unternehmens oder eines Betriebs von Bedeutung sind und deren Erfüllung besondere Erfahrungen und Kenntnisse voraussetzt, wenn er dabei entweder die Entscheidungen im Wesentlichen frei von Weisungen trifft oder**

sie maßgeblich beeinflusst; dies kann auch bei Vorgaben insbesondere aufgrund von Rechtsvorschriften, Plänen oder Richtlinien sowie bei Zusammenarbeit mit anderen leitenden Angestellten gegeben sein.

Für die in Absatz 1 Satz 3 genannten Beamten und Soldaten gelten die Sätze 1 und 2 entsprechend.

(4) Leitender Angestellter nach Absatz 3 Nr. 3 ist im Zweifel, wer

1. aus Anlass der letzten Wahl des Betriebsrats, des Sprecherausschusses oder von Aufsichtsratsmitgliedern der Arbeitnehmer oder durch rechtskräftige gerichtliche Entscheidung den leitenden Angestellten zugeordnet worden ist oder

2. einer Leitungsebene angehört, auf der in dem Unternehmen überwiegend leitende Angestellte vertreten sind, oder

3. ein regelmäßiges Jahresarbeitsentgelt erhält, das für leitende Angestellte in dem Unternehmen üblich ist, oder,

4. falls auch bei der Anwendung der Nummer 3 noch Zweifel bleiben, ein regelmäßiges Jahresarbeitsentgelt erhält, das das Dreifache der Bezugsgröße nach § 18 des Vierten Buches Sozialgesetzbuch überschreitet.

Inhaltsübersicht Rn.

I. Einleitung

1 Die Vorschrift des § 5 Abs. 1 enthält den Arbeitnehmerbegriff im Sinne dieses Gesetzes. Die Formulierung »im Sinne dieses Gesetzes« stellt somit klar, dass im Rahmen des BetrVG ein spezieller AN-Begriff gilt, der nicht notwendig mit dem AN-Begriff, wie er in anderen Gesetzen verwendet wird, identisch ist (vgl. DKW-*Trümner*, § 5 Rn. 8) Nach der Änderung des Gesetzes im Jahre 2009 sind Beamte, Soldaten und Beschäftigte des öffentlichen Dienstes in privatrechtlich organisierten Unternehmen dazu gekommen. Auch eine Regelung zu Leiharbeitnehmern und Beschäftigten auf Werkvertragsbasis ist durch den Gesetzgeber inzwischen erfolgt. Sie beseitigt jedoch einen großen Teil der Probleme nicht. Ursprünglich leitet sich der Begriff nach der Rechtsprechung des BAG von dem allgemeinen arbeitsrechtlichen Arbeitnehmerbegriff ab. Nach höchstrichterlicher Rechtsprechung, der der größere Teil der Literatur gefolgt war, sind dementsprechend

Arbeitnehmer im Sinne des BetrVG solche Beschäftigte, bei denen ein Arbeitsverhältnis zum Betriebsinhaber besteht und die in den Betrieb eingegliedert sind (Zwei-Komponententheorie).
Dagegen wurde von einem Teil der Literatur die Auffassung vertreten, dass die Eingliederung in die Betriebs- und Arbeitsorganisation genügt, um Arbeitnehmer im Sinne des § 5 Abs. 1 BetrVG zu sein (vgl. BAG 5.12.2012, 7 ABR 48/11; DKW-*Trümner*, § 5 Rn. 8ff.; Rn. 13ff.).
Dieser Auffassung ist das BAG in Teilen gefolgt und sieht die betriebliche Eingliederung nunmehr als maßgeblich z.B. für Leiharbeitnehmer an. So dass es z.B. bei der Bestimmung der Anzahl der BR-Mitglieder nunmehr auf die Eingliederung in den Betrieb und somit auf die Wahlberechtigung nach § 7 ankommt (vgl. DKW-*Homburg*, § 7 Rn. 6ff.).
§ 5 Abs. 2 bestimmt in Abgrenzung zu Absatz 1, wer nicht als Arbeitnehmer im Sinne des Gesetzes gilt.
§ 5 Abs. 3 legt den Begriff des leitenden Angestellten im Sinne des BetrVG und damit den Personenkreis fest, der als Mitträger unternehmerischer Funktionen zur Unternehmensleitung gehört, obwohl diese Beschäftigten im allgemeinen arbeitsrechtlichen Sinne Arbeitnehmer sind. Das BetrVG findet auf sie keine Anwendung (Ausnahme § 107 Abs. 3 Satz 3 BetrVG). Der Betriebsrat ist für die leitenden Angestellten nicht zuständig, sondern der nach dem Sprecherausschussgesetz (SprAuG) gebildete Sprecherausschuss (vgl. DKW-Trümner, § 5 Rn. 170ff.). Hier finden weiterhin regelmäßig Auseinandersetzungen über den Status von Beschäftigten statt (vgl. DKW-*Trümner*, Rn. 221f.).
§ 5 Abs. 4 ist eine Vorschrift, die Indizien zur Abgrenzung von leitenden Angestellten nennt. Sie ist jedoch in der Praxis quasi bedeutungslos (LAG Hessen 2.3.2020 – 16 TaBV105/19).

II. Arbeitshilfen

1. Checklisten

Kriterien zur Arbeitnehmereigenschaft nach § 5 Abs. 1 BetrVG 2

Die nachfolgenden Kriterien können bei der Abgrenzung der Arbeitnehmereigenschaft nach § 5 Abs. 1 genutzt werden. Zur näheren Auslegung der Punkte siehe DKW-*Trümner*, § 5 Rn. 8ff.)

- Vertragliche Grundlagen der Beschäftigung
- Übereinstimmung bzw. relevate Abweichungen zwischen den vertraglichen Regelungen und der tatsächlichen Ausübung der Tätigkeit
- Tätigkeit für den Betriebszweck oder eine andere Tätigkeit
- Zusammenarbeit mit den Arbeitnehmern des Betriebs und Intensität der Zusammenarbeit/Eingliederung in den Betriebsablauf
- selbstständige Dispositionsmöglichkeiten bei der Erfüllung der Arbeitsaufgaben
- Grad der persönlichen Abhängigkeit
- Weisungsgebundenheit bei Ausführung der Arbeit durch betriebliche Vorgesetzte
- eigenständige Gestaltung der Arbeitszeit
- Insgesamt Weisungsgebundenheit in örtlicher, zeitlicher und sachlicher Hinsicht
- Benutzung der Betriebsmittel oder eigener Betriebsmittel
- Art der Entlohnung (Gehalt, Pauschalentlohnung, Honorar, Stundensatz, Tariflohn-/gehalt)

3 **Kriterien zur Prüfung der »Leitenden–Angestellten–Eigenschaft«**

(Vgl. auch die Beispiele aus der Rechtsprechung in DKW-*Trümner*, § 5 Rn. 247 ff. Zur Kritik an den Zweifelsregelungen nach § 5 Abs. 4 BetrVG vgl. DKW-*Trümner*, § 5 Rn. 231 ff.)

Kriterien für das Vorliegen eines leitenden Angestellten nach § 5 Abs. 3 BetrVG	**Kriterien gegen das Vorliegen eines leitenden Angestellten nach § 5 Abs. 3 BetrVG**
Wahrnehmung ausschließlich unternehmerischer Aufgaben	Wahrnehmung ausschließlich oder überwiegend betrieblicher Aufgaben
erhebliche Bandbreite unternehmerischer Aufgaben	geringe Bandbreite unternehmerischer Aufgaben (Teilaufgaben) oder nur
tatsächliche Ausübung unternehmerischer Aufgaben	vertragliche, aber keine tatsächliche Ausübung unternehmerischer Aufgaben
Tätigkeit wird durch unternehmerische Aufgaben geprägt	unternehmerische Aufgaben prägen nicht die mehrheitlicheTätigkeit
ständige Wahrnehmung unternehmerischer Aufgaben	nur gelegentliche Wahrnehmung unternehmerischer Aufgaben
selbstständige Einstellungs- und Entlassungsbefugnis	keine verantwortliche Einstellungs- und Entlassungsbefugnis
Generalvollmacht oder Prokura	sogegannte Titularprokurist
Schlüsselstellung zur Beeinflussung der Unternehmensführung	kein maßgeblicher Einfluss auf Unternehmensführung
erste Hierarchiestufe unterhalb der Unternehmensführung	zweite oder weitere tiefer liegende Hierarchiestufen unterhalb der Unternehmensführung

2. Musterschreiben/-schriftsätze

4 **Betriebsrat: Arbeitnehmereigenschaft »freier Mitarbeiter«: Schreiben an Arbeitgeber**

Vorbemerkung

Mit dem folgenden Schreiben wendet sich der Betriebsrat eines Verlagshauses an den Arbeitgeber, um nähere Aufklärung über den Rechtscharakter bestimmter Beschäftigungsverhältnisse zu bekommen. Mit den geforderten Angaben will er sich Klarheit darüber verschaffen, ob bei der Tätigkeit eines bestimmten Kreises von Beschäftigten die Arbeitnehmereigenschaft im Sinne von § 5 Abs. 1 BetrVG vorliegt.

Betriebsrat der Firma Ort, Datum
Firmenbezeichnung, Adresse

An den Arbeitgeber Bezeichnung
Personalabteilung
im Hause

Arbeitnehmereigenschaft bestimmter Personen im Betrieb

Sehr geehrte Damen und Herren,

In unserem Verlagshaus sind nach Feststellungen des Betriebsrats mehrere Personen tätig, bei denen vieles dafür spricht, dass sie Arbeitnehmer im Sinne von § 5 Abs. 1 BetrVG sind und der Betriebsrat somit für sie zuständig ist. Es handelt sich dabei um Frau Name und Herrn Name, die als Grafikdesigner arbeiten, sowie die Herren Name und Name, die als Lektoren tätig sind.

Bei Frau Name und Herrn Name lässt bereits die Art des Arbeitseinsatzes erkennen, dass § 5 Abs. 1 BetrVG auf sie Anwendung findet. Beide sind in einem Team tätig, das sich mit der grafischen Gestaltung einer in unserem Hause demnächst erscheinenden Stadtteilzeitung befasst. Diesem Team gehören mehrere hauseigene Grafikdesigner an.

> **Hinweis:**
> Bei diesen und den folgenden Ausführungen geht es um die Feststellung, auf welche Art und in welchem Umfang solche Beschäftigten in die betriebliche Arbeitsorganisation eingebunden sind und zusammen mit anderen Arbeitnehmern des Betriebs Arbeitsleistungen für den Betrieb erbringen.

Vor der Aufnahme der Beschäftigung von Frau Name und Herrn Name haben Sie sich, wie wir in Erfahrung bringen konnten, eingehend nach ihren bisherigen Berufserfahrungen erkundigt, insbesondere was die Tätigkeit mit einschlägiger Software angeht, und sich Arbeitsproben zeigen lassen. Beide Beschäftigte sind arbeitstäglich im Betrieb anwesend, wenn auch nur vormittags, und unter Benutzung der betrieblichen Arbeitsmittel (Computer usw.) in die betriebliche Arbeitsorganisation eingegliedert.

Bei den Herren Name und Name, die als Lektoren arbeiten, stellt sich der Sachverhalt insoweit etwas anders dar, als sie sich nicht ständig im Betrieb aufhalten. Aber auch bei ihnen spricht viel für die Arbeitnehmereigenschaft im betriebsverfassungsrechtlichen Sinne. Soweit sie für uns tätig werden, befassen sie sich mit Buchprojekten unseres Hauses. Inwieweit sie darüber hinaus auch für andere Verlage tätig werden, entzieht sich unserer Kenntnis. Das ist für die hier zu klärende Frage der Arbeitnehmereigenschaft in unserem Hause allerdings ohnehin ohne Bedeutung.

Beide Herren halten sich mindestens zweimal in der Woche für mehrere Stunden in unserem Betrieb auf und greifen dabei auf betriebliche Arbeitsmittel wie Computer, Kopierer und Telefon zurück. Sie benutzen auch das betriebsinterne Intranet. Zur Anfertigung von Vermerken nehmen sie eine Schreibkraft aus dem Vertrieb in Anspruch. Es werden ausführliche Gespräche zwischen beiden Lektoren und dem stellvertretenden Verlagsleiter, Herrn Name, geführt. Dabei geht es offensichtlich um zu bearbeitende Manuskripte.

Ergänzend ist zu erwähnen, dass alle dieser Beschäftigten codierte Ausweiskarten besitzen, wie sie auch Belegschaftsangehörige haben. Die Ausweiskarten ermöglichen ihnen damit jederzeit den Zugang zum Betrieb. Nach der zwischen uns abgeschlossenen Betriebsvereinbarung über die »Zugangskontrolle mit codierten Ausweiskarten« vom 1.6.2004 erhalten aber ausschließlich die Beschäftigten unseres Hauses Ausweiskarten mit grüner Farbe, dagegen andere Zugangsberechtigte, wie etwa Lieferanten, solche mit roter Farbe. Angesichts dieser Fakten können wir uns fast den Hinweis ersparen, dass Frau Name und die Herren Name, Name und Name regelmäßig, wenn sie in unserem Hause sind, auch die Kantine benutzen und den für die Beschäftigten bestimmten verbilligten Bezug von Speisen und Getränken in Anspruch nehmen.

Auf eine Anfrage des Betriebsrats wurde uns erklärt, dass Frau Name und die Herren Name, Name und Name auf Grund von Werkverträgen als freie Mitarbeiter und nur kurzfristig tätig sind. Die Beschäftigung dieser Personen dauert aber nunmehr bereits mehrere Wochen.

Wir bitten, uns zur Vermeidung weiterer rechtlicher Schritte umgehend mitzuteilen, auf welcher konkreten rechtlichen Grundlage die Beschäftigung erfolgt und dem Betriebsrat die entsprechenden Unterlagen zur Einsicht zu überlassen. Zugleich bitten wir darum, uns mitzuteilen, ob noch weitere Personen in den genannten oder anderen Betriebsbereichen für betriebliche Zwecke tätig sind, bei deren Beschäftigung Ihrerseits ebenfalls die Auffassung vertreten wird, es liege ein freies Mitarbeiterverhältnis, ein Werkvertrag oder eine andere Beschäftigungsform vor, jedoch nicht die Arbeitnehmereigenschaft nach § 5 Abs. 1 BetrVG.

5 **Betriebsrat: Arbeitnehmereigenschaft »freier Mitarbeiter«: Einleitung eines Beschlussverfahrens**

Vorbemerkung
Das nachfolgende Schreiben schließt an das Musterschreiben zur Problematik der Feststellung der Arbeitnehmereigenschaft nach § 5 Abs. 1 BetrVG an. Der Betriebsrat will durch ein Beschlussverfahren die Arbeitnehmereigenschaft in den streitigen Beschäftigungsverhältnissen festgestellt haben.

Rechtsanwalt Name | Ort, Datum

An das Arbeitsgericht
Bezeichnung
Adresse
In der Beschlusssache mit den Beteiligten
1. Betriebsrat der Firma Firmenbezeichnung, Betrieb Betriebsbezeichnung, gesetzlich vertreten durch den Betriebsratsvorsitzenden, Herrn Name, Beteiligter zu 1 und Antragsteller Verfahrensbevollmächtigte: Rechtsanwälte Namen
2. Firma Firmenbezeichnung, gesetzlich vertreten durch Name, Beteiligte zu 2
3. (unter 3. bis 6. sind die oben aufgeführten Beschäftigten, deren Arbeitnehmerstatus strittig ist, als Beteiligte zu 3 bis 6 anführen)

wegen Feststellung,
beantrage ich, namens und in Vollmacht des Beteiligten zu 1:
1. Es wird festgestellt, dass die nachfolgend genannten und bei der Beteiligten zu 2 beschäftigten Personen Arbeitnehmer i. S. von § 5 Abs. 1 BetrVG sind: a) Frau Name, b) Herr Name, c) Herr Name, d) Herr Name
2. die Beteiligte zu 2 zu verpflichten, dem Beteiligten zu 1 unter Androhung eines vom Gericht festzusetzenden Zwangsgeldes innerhalb einer Woche nach Rechtskraft des Beschlusses mitzuteilen, ob im Betrieb weitere Arbeitsverhältnisse der unter 1. genannten Art vorhanden sind, wobei die Art der Beschäftigung, die vereinbarten vertraglichen Absprachen, die Arbeitszeiten und das zu zahlende Entgelt anzugeben sind.

Begründung:
a) Der Beteiligte zu 1 ist der Betriebsrat in dem Betrieb der ein Verlagsunternehmen betreibenden Antragsgegnerin (Beteiligte zu 2). Der Betriebsrat besteht aus ___ Mitgliedern. In dem Betrieb sind ca. ___ Arbeitnehmer im Sinne des BetrVG beschäftigt, darunter mehrere Lektoren und Grafikdesigner.
Der Beteiligte zu 1 hat bei Betriebsbegehungen und durch Hinweise von Beschäftigten festgestellt, dass seit mehreren Wochen Personen im Betrieb beschäftigt sind, von denen die Beteiligte zu 2 behauptet, sie würden auf der Grundlage freier Mitarbeiterverhältnisse tätig. Demgegenüber handelt es sich nach diesseitiger Auffassung um Arbeitnehmer im Sinne des BetrVG (§ 5 Abs. 1 BetrVG), für die der Antragsteller als betriebliche Arbeitnehmervertretung nach dem Gesetz zuständig ist.
b) Die in dem Antrag genannten Personen sind in den Betriebsablauf eingegliedert und werden für die Betriebszwecke tätig. Das gilt bereits eindeutig für Frau Name (Beteiligte zu 3) und Herrn Name (Beteiligter zu 4). Diese Personen arbeiten als Grafikdesigner für ein betriebliches Projekt. Es handelt sich dabei um eine demnächst von der Beteiligten zu 2 zu erstellende und in einer Druckerei zu produzierende Stadtteilzeitung. Frau Name und Herr Name sind dabei in einem aus Arbeitnehmern des Betriebs zusammengestellten Team tätig, unter denen sich auch im Hause beschäftigte Grafikdesigner befinden.

Beweis: Zeugnis der Grafikdesigner Name und Name,
beide zu laden bei der Beteiligten zu 2

Die Beteiligte zu 3 und der Beteiligte zu 4 sind an jedem Werktag, an dem im Betrieb gearbeitet wird, in diesem Team tätig, wenngleich nur an den Vormittagen. Sie haben, damit ihnen der Zugang zum Betrieb möglich ist, die gleichen codierten Ausweiskarten wie auch die anderen Beschäftigten. Sie benutzen regelmäßig die hauseigene Kantine und erhalten zum verbilligten Bezug von Speisen und Getränken Essenmarken wie auch die anderen Arbeitnehmer.

Beweis: Zeugnis der Kantinenmitarbeiterinnen Name und Name,
zu laden bei der Beteiligten zu 2

Vor Aufnahme der Beschäftigung haben Frau Name und Herr Name nach diesseitig vorliegenden Informationen Bewerbungsgespräche mit der Personalabteilung geführt. Dabei mussten sie, wie das auch bei der Einstellung der hauseigenen Grafikdesigner geschehen ist, Arbeitsproben vorlegen und im Einzelnen darlegen, welche beruflichen Erfahrungen sie mit aktueller im Einsatz befindlicher Software haben, die zur Erstellung des Layouts bei Druckererzeugnissen erforderlich ist.

Beweis: Zeugnis des Abteilungsleiters Name,
zu laden bei der Beteiligten zu 2

c) Bei den Herren Name (Beteiligter zu 5) und Name (Beteiligter zu 6) stellt sich der Tatbestand nur insoweit anders dar, als sie nicht regelmäßig im Betrieb arbeiten. Sie sind jedoch auch wie hauseigene Lektoren für Manuskripte zuständig, die bei der Beteiligten zu 2 in Produktion gehen. Sie befassen sich insbesondere mit Manuskripten von Publikationen, die von dem Unternehmen der Beteiligten zu 2 verlegt werden.
Zu diesem Zweck kommen die genannten Herren, wenn auch unregelmäßig und nur für wenige Stunden, in den Betrieb und führen Besprechungen mit dem stellvertretenden Verlagsleiter, Herrn Name durch. Wenn sie im Betrieb anwesend sind, benutzen sie betriebseigene Arbeitsmittel, wie Computer und Scanner, und haben auch Zugang zum hauseigenen Intranet.

Beweis: Zeugnis des Abteilungsleiters Name,
zu laden bei der Beteiligten zu 2

Sofern die Herren Name und Name im Betrieb sind, beziehen sie, wie die beiden anderen genannten Beschäftigten, verbilligte Speisen und Getränke in der Kantine. Alle vier Beschäftigten, deren Rechtsstatus streitig ist, benutzen regelmäßig den firmeneigenen Parkplatz, der den Arbeitnehmern des Betriebs zur Verfügung steht. Sie stellen bei Anwesenheit im Betrieb ihre Pkw nicht auf den Besucherparkplatz. Alle vier Beschäftigten haben außerdem an der letzten Betriebsversammlung, die am Datum stattfand, teilgenommen.

Beweis: Zeugnis des Betriebsratsmitglieds Name,
zu laden bei der Beteiligten zu 2

d) Es liegen somit die Voraussetzungen vor, die zu der Arbeitnehmereigenschaft im Sinne des § 5 Abs. 1 BetrVG führen. Die genannten Beschäftigten sind in die Betriebs- und Arbeitsorganisation eingegliedert, wobei es für die hier zu erörternde Problematik nicht entscheidend sein kann, dass sie nur halbtags bzw. nur an bestimmten Stunden in der Woche im Betrieb tätig sind. Neben der Eingliederung in die Betriebs- und Arbeitsorganisation kommt entscheidend hinzu, dass sie Arbeiten verrichten, die dem Betriebszweck dienen, dabei Arbeitsmittel des Betriebs sowie betriebliche Sozialeinrichtungen in Anspruch nehmen und grundsätzlich der arbeitgeberseitigen Weisungsbefugnis unterliegen.
Damit sind die Voraussetzungen zur Feststellung des betriebsverfassungsrechtlichen Arbeitnehmerbegriffs erfüllt. In Anlehnung an den allgemeinen arbeitsrechtlichen Arbeitnehmerbegriff hat das BAG in ständiger Rechtsprechung bei der Abgrenzung zu einer freien Mitarbeit auf das

tatsächliche Merkmal der Eingliederung in den Betrieb und die Arbeitsorganisation abgestellt. Siehe Entscheidung des BAG vom 5.12.2012, Az. 7 ABR 48/11 und DKW-*Trümner*, § 5 Rn. 9ff.
An dieser Stelle ist ggfs weitere neue einschlägige Rechtsprechung einzufügen.
Die Arbeitnehmereigenschaft im Sinne von § 5 Abs. 1 BetrVG ist jedenfalls dann zu bejahen, wenn die betreffende Person den Weisungsbefugnissen des Arbeitgebers unterliegt und so in den Betriebsablauf eingegliedert ist, dass sie sich von vergleichbaren (Vertrags-)Arbeitnehmern im Wesentlichen nur durch das Fehlen arbeitsvertraglicher Beziehungen zum Betriebsinhaber unterscheidet.
An dieser Stelle ist ggfs. neue einschlägige Rechtsprechung einzufügen.
Bei den genannten Beschäftigten, um deren Rechtsstellung es hier geht, ist aber genau das der Fall.
e) Aus den unter d) genannten rechtlichen Aspekten reicht es zur Wahrnehmung der dem Antragsteller und Beteiligten zu 1 nach dem Gesetz zustehenden Rechte nicht aus, wenn er sich damit begnügen würde, seine Beteiligungsrechte allein nach den §§ 99ff. BetrVG zu reklamieren. Die gesetzlichen Rechte und Aufgaben reichen viel weiter. Das machen die tatbestandlichen Ausführungen deutlich (vgl. vor allem unter c). Zur Wahrnehmung auch künftiger Rechte und Aufgaben nach dem BetrVG ist es unabdingbar, die Rechtsstellung der genannten Beschäftigten verbindlich festzustellen.
f) Vor diesem Hintergrund ergibt sich zugleich das Rechtsschutzbedürfnis aus dem Antrag zu 2. Die Rechtsauffassung der Beteiligten zu 2 macht deutlich, dass sie den Antragsteller weder über Beschäftigungsverhältnisse der unter 1. genannten Art, wie sie möglicherweise im Betrieb auch mit anderen Personen eingegangen worden sind, unterrichten will, noch über solche Beschäftigungsverhältnisse, die sie in Zukunft eingehen will.
Der Beteiligte zu 1 beruft sich bei seinem Antrag zu 2. insbesondere auf die Rechtsprechung des BAG. Das BAG hat ein entsprechendes Auskunftsbegehren des Betriebsrats bejaht. So hat das BAG einen Auskunftsanspruch sogar bei schwerbehinderten Menschen bejaht: BAG vom 9.5.2023, Az. 1 ABR 14/22.
An dieser Stelle ist weiteree einschlägige Rechtsprechung einzufügen.
Es hat festgestellt, dass der Betriebsrat nach § 80 Abs. 2 BetrVG Anspruch auf Unterrichtung auch hinsichtlich der Beschäftigung so genannter freier Mitarbeiter hat und der Arbeitgeber die Angaben schuldet, die der Betriebsrat benötigt, um beurteilen zu können, ob und inwieweit Mitbestimmungsrechte oder andere Beteiligungsrechte in Betracht kommen.
Der Beteiligte zu 1 hat durch seinen Vorsitzenden die Gegenseite bereits auf diese Rechtsprechung hingewiesen und eine Gesamtübersicht verlangt, aus der hervorgeht, welche Personen mit welchen vertraglichen Modalitäten, wie Aufgabengebiet, Arbeitszeiten und Art der Entlohnung, beschäftigt werden. Die Beteiligte zu 2 hat eine solche Aufstellung mit dem Hinweis abgelehnt, es handle sich, wenn es überhaupt zu derartigen Beschäftigungsverhältnissen komme, um freie Mitarbeiter, für die der Betriebsrat nicht zuständig sei.

Beweis: Zeugnis des Betriebsratsvorsitzenden Name,
zu laden bei der Beteiligten zu 2

Es wird gebeten, antragsgemäß zu entscheiden.

6 Arbeitnehmereigenschaft – Argumentation für AN–Eigenschaft bei Auslandseinsatz (Betriebsrat)

Vorbemerkung
Nachfolgend geht es um die Frage, ob Beschäftigte, die ausschließlich für einen Auslandseinsatz eingestellt werden, Arbeitnehmer i.S.v. § 5 Abs. 1 BetrVG sind. Dabei wird von dem Beispiel des

Entwicklungswerks einer Automobilfirma ausgegangen, in dem zur Erprobung von Pkw-Prototypen Teams zusammengestellt werden, die ihre Tätigkeit im Ausland verrichten.

Betriebsrat Entwicklungswerk Ort, Datum
Firma
Firmenbezeichnung

An die
Werksleitung
Firmenbezeichnung
im Hause

Arbeitnehmereigenschaft von Beschäftigten für den Auslandseinsatz

Sehr geehrte Damen und Herren,

wie Sie wissen, werden in unserem Werk zur Erprobung neuer Pkw-Modelle Gruppen von Arbeitnehmern zusammengestellt, die auf Teststrecken ins Ausland entsandt werden. Diese Projektgruppen haben bisher aus Ingenieuren, Mechanikerinnen und Testfahrern unseres Werks bestanden. Die Zusammensetzung und die weiteren Einzelheiten der Entsendung sind uns jeweils rechtzeitig mitgeteilt worden.

So ist auch bei dem geplanten Auslandseinsatz verfahren worden, bei dem in etwa sechs Wochen ein bestimmter Prototyp in Finnland erprobt werden soll. Wie wir erfahren haben, sind für diesen Auslandseinsatz erstmals weitere Personen im Inland eingestellt worden, und zwar sowohl mehrere Mechanikerinnen als auch Testfahrer. Diese Personen gehören der vorgesehenen Projektgruppe für den Auslandseinsatz in Finnland an. Sie werden, wie auch die Beschäftigten unseres Werks, in einer Schulung auf den Auslandseinsatz vorbereitet.

Wir machen darauf aufmerksam, dass es sich bei diesen im Inland für den Auslandseinsatz eingestellten Arbeitnehmern um solche im Sinne von § 5 Abs. 1 BetrVG handelt. Der Betriebsrat wäre daher bereits nach §§ 99ff. BetrVG zu beteiligen gewesen, wenn es um die Einstellung dieser Beschäftigten geht. Wir sind jedoch, obwohl die Einstellungen bereits erfolgten und schon nächste Woche eine vorbereitende Schulung für den Einsatz in Finnland durchgeführt werden soll, bisher nicht beteiligt worden.

Wir bitten Sie zur Vermeidung weiterer rechtlicher Schritte um unverzügliche Mitteilung, ob Sie unsere Auffassung teilen, dass es sich hier um Arbeitnehmer im Sinne des § 5 Abs. 1 BetrVG handelt und um entsprechende Anhörung des Betriebsrates nach § 99 BetrVG.

Arbeitnehmereigenschaft – Argumentation für Nichtvorliegen der AN-Eigenschaft bei Auslandseinsatz 7

Entwicklungswerk Bezeichnung Ort, Datum
der Firma
Firmenbezeichnung
Geschäftsleitung

An den
Betriebsrat
Frau Name
im Hause

Beschäftigte für den Auslandseinsatz

Sehr geehrte Frau Name,
wir teilen die in Ihrem Schreiben vom Datum geäußerte Rechtsauffassung nicht. Die zur Erprobung von Prototypen in den Teams zusätzlich benötigten Testfahrer und Mechanikerinnen werden ausschließlich für den Auslandseinsatz eingestellt. Ihr Beschäftigungsverhältnis endet mit Beendigung des Auslandseinsatzes des jeweiligen Teams.
Zu keinem Zeitpunkt werden diese Testfahrer und Mechanikerinnen in unseren Betrieb eingegliedert. Sie dienen dem Betriebszweck nur ganz partiell im Rahmen des Auslandseinsatzes und auch nur befristet. Es kann somit möglicherweise von befristeten Beschäftigungsverhältnissen gesprochen werden, aber auch nur projektbezogen. Zu betriebsverfassungsrechtlichen Arbeitsverhältnissen im Sinne von § 5 Abs. 1 BetrVG gehört jedoch nach der inzwischen ständigen Rechtsprechung des BAG die Eingliederung in den Betrieb. Sie ist, wie dargelegt, nicht gegeben.
Was die von Ihnen angesprochene Teilnahme an der Unterrichtung für den Auslandseinsatz betrifft, ist das in keiner Weise eine Schulung nach den §§ 96ff. BetrVG, bei denen der Betriebsrat zu beteiligen ist. Es geht bei dieser Unterrichtung lediglich um eine Arbeitsunterweisung, damit die im Ausland durchzuführende Tätigkeit ordnungsgemäß erfolgen kann. Außerdem soll sich das Team, was der durchzuführenden Arbeitsaufgabe dienlich ist, näher kennen lernen und über Einzelheiten des Auslandseinsatzes informiert werden.
Es ist somit eindeutig, dass die Arbeitnehmereigenschaft nach § 5 Abs. 1 BetrVG nicht vorliegt.
Wir sind gleichwohl bereit, Ihnen die Zusammensetzung des Teams, das für den Einsatz in Finnland vorgesehen ist, namentlich mitzuteilen; einschließlich der Namen der zusätzlich eingestellten Testfahrer und Mechaniker. Weitergehende Ansprüche auf Beteiligung können daraus allerdings nicht abgeleitet werden, weder nach den §§ 99ff. BetrVG noch nach anderen betriebsverfassungsrechtlichen Bestimmungen.

8 Arbeitnehmereigenschaft – Argumentation des Anwalts für Vorliegen einer AN-Eigenschaft bei Auslandseinsatz

Rechtsanwalt Name — Ort, Datum

Entwicklungswerk Bezeichnung
der Firma Firmenbezeichnung
Geschäftsleitung

Arbeitnehmereigenschaft von Beschäftigten für den Auslandseinsatz
Sehr geehrte Damen und Herren,
in der o.a. Angelegenheit bestehen zwischen Ihnen und dem Betriebsrat Ihres Werkes unterschiedliche Rechtsauffassungen. Der Betriebsrat hat mich gebeten, Ihnen die diesseitige Auffassung noch einmal zu begründen. Wir gehen davon aus, dass sich dadurch ein Rechtsstreit vermeiden lassen kann.
a) Es besteht offensichtlich Einigkeit darüber, dass mit den Testfahrern und Mechanikern, die das nach Finnland zu entsendende Team verstärken sollen, ein Arbeitsverhältnis begründet wird und die Tätigkeit dem Betriebszweck dient. Es spielt dann aber keine Rolle, dass die Arbeitsverhältnisse auf den Auslandseinsatz projektbezogen und befristet sind.

> **Hinweis:**
> Es geht nachfolgend darum, darzulegen, dass die Eingliederung in die betriebliche Arbeitsorganisation auch vorliegt und die Arbeitsaufgabe auch dann dem Betriebszweck dient, wenn die Arbeitsleistung nicht in unmittelbarer räumlicher Beziehung zum Betrieb erfolgt.

Der wesentliche Streitpunkt bezieht sich auf die nach Ihrer Auffassung nicht vorliegende Eingliederung in den Betrieb. In dieser Hinsicht trifft es zwar zu, dass das BAG neben dem Bestehen arbeitsvertraglicher Beziehungen auch die Eingliederung in die Betriebs- und Arbeitsorganisation verlangt, damit der in § 5 Abs. 1 BetrVG angesprochene betriebsverfassungsrechtliche Status vorliegt. Aber abgesehen davon, dass die so genannte Kumulationstheorie des BAG nicht unumstritten ist (vgl. dazu DKW-*Trümner*, § 5 Rn. 15ff.) und das Gericht von dem allgemeinen arbeitsrechtlichen Arbeitnehmerbegriff ausgeht, ist für die strittige Problematik entscheidend, dass beide Voraussetzungen – arbeitsvertragsrechtliche Beziehungen und Eingliederung in die Betriebs- und Arbeitsorganisation – gegeben sind.
Es spielt keine Rolle, dass es sich um einen Arbeitseinsatz handelt, der im Ausland erfolgt. Das steht der Eingliederung in die betriebliche Arbeitsorganisation nicht entgegen. Die Beschäftigten, um die es hier geht, arbeiten im Ausland für den Betriebszweck und wesentlich mit Arbeitsmitteln des Betriebs. Das gesamte Team wird von dem Werk aus betreut und geführt. Die Beschäftigten, um die es hier geht, werden nicht in einen ausländischen Betrieb eingegliedert. Sie behalten ihre Arbeitnehmereigenschaft nach § 5 Abs. 1 BetrVG im hiesigen Betrieb, der Betriebsrat ist für sie zuständig (vgl. auch DKW-*Trümner*, § 5 Rn. 52ff.).
b) Der Betriebsrat hat ein rechtliches Interesse daran, dass die betriebsverfassungsrechtliche Arbeitnehmereigenschaft der zusätzlich eingestellten Testfahrer und Mechaniker festgestellt wird. Dabei geht es nicht allein um seine Rechte nach den §§ 99ff. BetrVG. Es kann derzeit auch dahingestellt bleiben, ob es sich bei den Seminaren ausschließlich um eine Arbeitseinweisung im Sinne des § 81 BetrVG handelt oder – wovon wir ausgehen – um darüber hinausgehende berufsbildende Maßnahmen. Entscheidend ist, dass die Feststellung der Arbeitnehmereigenschaft im Sinne von § 5 Abs. 1 BetrVG dazu führt, dass der Betriebsrat betriebsverfassungsrechtlich für diese Beschäftigten zuständig ist.
Selbst ein festgestelltes Beteiligungsrecht nach den §§ 99ff. BetrVG würde den derzeit bestehenden Streit nicht beilegen. Es sei hier nur beispielsweise darauf verwiesen, dass Sie an die Einstellung der Testfahrer und Mechaniker für den vorgesehenen Auslandseinsatz bestimmte Voraussetzungen knüpfen. So stellen Sie bei den außerbetrieblichen Stellenausschreibungen etwa in alters- und gesundheitsmäßiger Hinsicht bestimmte Voraussetzungen auf. Ist bei diesen Personen die Arbeitnehmereigenschaft nach § 5 Abs. 1 BetrVG gegeben, so hat der Betriebsrat somit beispielsweise das Recht, auch innerbetriebliche Stellenausschreibungen (§ 93 BetrVG) und die Aufstellung von Auswahlkriterien (§ 95 BetrVG) zu verlangen.
Sie werden daher sicherlich Verständnis dafür haben, dass ich Sie bitten muss, sich möglichst umgehend und verbindlich zu der Frage zu äußern, ob Sie bei der Auffassung bleiben, dass die Arbeitnehmereigenschaft im Sinne des § 5 Abs. 1 BetrVG nicht vorliegt. Halten Sie diese Meinung aufrecht, wird sich ein arbeitsgerichtliches Beschlussverfahren nicht vermeiden lassen. Zu seiner Einleitung bin ich von dem Betriebsrat ermächtigt worden.

Gerichtlicher Antrag: Arbeitgeber – Feststellung der Leitenden-Angestellten-Eigenschaft nach § 5 Abs. 3 BetrVG 9

Vorbemerkung

Bei der Betriebsratswahl in einem größeren Betrieb hat der Wahlvorstand einen Angestellten auf die Wählerliste gesetzt, obwohl der Betreffende und der Arbeitgeber dagegen Einspruch mit der Begründung eingelegt haben, es handele sich um einen leitenden Angestellten nach § 5 Abs. 3 BetrVG vor. Der Wahlvorstand ist demgegenüber bei seiner Auffassung geblieben, dass die Arbeitnehmereigenschaft nach § 5 Abs. 1 BetrVG vorliegt.
Nach der Wahl beruft sich der Betriebsrat auf die vom Wahlvorstand eingenommene Rechtsposition und somit darauf, dass der betreffende Angestellte nicht den Rechtsstatus nach § 5 Abs. 3

BetrVG hat. Er macht daher auch in Bezug auf diesen Angestellten die Rechte nach dem BetrVG geltend, so etwa die Einsichtnahme in die Gehaltslisten nach § 80 Abs. 2 zweiter Halbsatz BetrVG. Der Arbeitgeber will der Rechtsauffassung des Betriebsrats durch ein Feststellungsverfahren mit dem Antrag entgegentreten, festzustellen, dass der Beschäftigte zum Personenkreis nach § 5 Abs. 3 BetrVG gehört.

Rechtsanwalt Name Ort, Datum

An das Arbeitsgericht
Bezeichnung
Adresse
In der Beschlusssache mit den Beteiligten

1. Firma Firmenbezeichnung, Adresse, gesetzlich vertreten durch den Vorstand, diese vertreten durch den Vorstandvorsitzenden,
   Herrn Name, Adresse
   Beteiligte zu 1 und Antragstellerin
   Verfahrensbevollmächtigte: Rechtsanwälte Namen
2. Betriebsrat Hauptverwaltung der Firma Firmenbezeichnung, Adresse, gesetzlich vertreten durch den Betriebsratsvorsitzenden, Herrn Name
   Beteiligter zu 2

wegen Feststellung der »Leitenden-Angestellten-Eigenschaft« nach § 5 Abs. 3 BetrVG

Namens und in Vollmacht der Antragstellerin (Beteiligte zu 1) beantragen wir die Anberaumung eines baldigen Termins zur Anhörung der Beteiligten, in dem wir den Antrag stellen werden, festzustellen, dass Herr Dr. Name, beschäftigt in der Hauptverwaltung der Antragstellerin (Beteiligte zu 1) leitender Angestellter im Sinne des § 5 Abs. 3 BetrVG ist.

Begründung:

1. Die Antragstellerin und Beteiligte zu 1 ist ein Unternehmen der pharmazeutischen Industrie mit ca. Arbeitnehmern an mehreren Standorten. Der Beteiligte zu 2 ist der Betriebsrat der Hauptverwaltung des Unternehmens, in der Arbeitnehmer tätig sind. Dieser ist am Datum, also vor etwa Monaten, gewählt worden und besteht aus Mitgliedern.

Bei Einleitung der Wahl hat der Wahlvorstand, dessen Amtszeit zwischenzeitlich erloschen ist, Herrn Dr. Name entgegen der Wahlordnung (§ 2 Abs. 1 WO) auf die Wählerliste für den zu wählenden Betriebsrat gesetzt.

Herr Dr. Name ist in der Abteilung Forschung des Unternehmens tätig, und zwar als Abteilungsleiter. Ist der Leiter dieser Abteilung, der Hauptabteilungsleiter Herr Name, abwesend, wird die Leitung von Herrn Dr. Name übernommen.

Dem Forschungsbereich der Beteiligten zu 1 mit 85 Beschäftigten kommt eine unternehmerische Schlüsselstellung zu. Die Arbeitsergebnisse sind entscheidend für die unternehmerische Tätigkeit, wie etwa für die Verkaufsstrategie, den Umfang und die Segmente der Produktion und den Marktanteil. Eine nähere Begründung der unternehmerischen Aufgaben dieses Bereichs bleibt insoweit vorbehalten.

Zwischen den Beteiligten ist unbestritten, dass der Hauptabteilungsleiter der Abteilung Forschung, Herr Name, leitender Angestellter ist. Er ist bei noch keiner Betriebsratswahl auf die Wählerliste gesetzt worden. Das trifft gleichermaßen für Herrn Dr. Name zu. Lediglich bei der letzten Betriebsratswahl hat der Wahlvorstand Herrn Dr. Name auf die Wählerliste gesetzt und damit die Rechtsauffassung vertreten, dass er Arbeitnehmer im Sinne von § 5 Abs. 1 BetrVG ist.

Herr Dr. Name hat Einspruch nach § 4 WO gegen seine Einbeziehung in die Wählerliste eingelegt. Auch die Beteiligte zu 1 hat in ihrer Arbeitgebereigenschaft den Wahlvorstand unmittelbar nach Aufstellung der Wählerliste nachdrücklich darauf hingewiesen, dass es sich bei ihm um einen leitenden Angestellten nach § 5 Abs. 3 BetrVG handelt und bei unveränderter Rechtsauffassung durch den Wahlvorstand die Gefahr einer Anfechtung der Betriebsratswahl besteht.

Beweis: Vorlage des Einspruchs des sowie des Schreibens der Beteiligten zu 1 vom Datum im Termin

Der Wahlvorstand hat diesen Einsprüchen und Hinweisen jedoch nicht stattgegeben. Der Name von Herrn Dr. Name ist auf der Wählerliste geblieben.

Beweis: Vorlage der Wählerliste der Betriebsratswahl am Datum, vorzulegen durch den Beteiligten zu 2

Unmittelbar nach Abschluss der Wahl hat die Beteiligte zu 1 deshalb geprüft, ob eine Anfechtung der Betriebsratswahl nach § 19 BetrVG erfolgen soll. Die Beteiligte zu 1 hat jedoch davon abgesehen. Durch die Aufnahme des leitenden Angestellten in die Wählerliste ist nach Auffassung der Antragstellerin zwar gegen wesentliche Wahlvorschriften verstoßen worden. Eine Anfechtung wäre gleichwohl nicht erfolgreich gewesen. Sie setzt nach § 19 Abs. 1 BetrVG voraus, dass der Verstoß geeignet war, das Wahlergebnis zu ändern. Das ist vermutlich nicht der Fall.
Die Betriebsratswahl am Datum erfolgte nach den Grundsätzen der Mehrheitswahl. Der Abstand an Stimmen zwischen dem letzten gewählten Wahlbewerber und dem ersten Ersatzmitglied beträgt fünf Stimmen, sodass – unabhängig davon, ob und wie die Stimmabgabe des Herrn Dr. Name erfolgte – ein anderes Stimmergebnis und damit ein anderes Wahlergebnis nicht eingetreten wäre. Die Beteiligte zu 1 hat daher auf eine Wahlanfechtung wegen abzusehender Aussichtslosigkeit eines solchen Verfahrens verzichtet.
2. Ein Rechtsschutzbedürfnis der Beteiligten zu 1 auf Feststellung des Rechtsstatus des Herrn Dr. Name als leitenden Angestellten nach § 5 Abs. 3 BetrVG ergibt sich gleichwohl. Der Beteiligte zu 2 hat als Betriebsrat die Rechtsauffassung des Wahlvorstands übernommen und geht davon aus, dass es sich nicht um einen leitenden Angestellten handelt, sondern um einen Arbeitnehmer nach § 5 Abs. 1 BetrVG, für den er betriebsverfassungsrechtlich zuständig ist.
Der Beteiligte zu 2 hat im Zusammenhang mit einer Einsichtnahme in die Gehaltslisten nach § 80 Abs. 2 Satz 2 zweiter Halbsatz BetrVG bereits die Einsicht auch in die Bezüge des Herrn Dr. Name verlangt. Nachdem die Beteiligte zu 1 erklärte, dass es sich um einen leitenden Angestellten handele, hat der Beteiligte zu 2 ein Schreiben an die Beteiligte zu 1 gerichtet. Daraus geht hervor, dass er seine Zuständigkeit als gegeben ansieht und über die begehrte Einsichtnahme in die Entgelte bereits jetzt darauf hinweist, auch andere ihm zustehende gesetzliche Rechte hinsichtlich Herrn Dr. Name geltend machen zu wollen, so etwa bei personellen Einzelmaßnahmen.

Beweis: Vorlage des Schreibens des Beteiligten zu 2 vom Datum im Termin

Nach alledem ist die Beteiligte zu 1 auch zur Vermeidung künftiger Rechtsstreitigkeiten zwischen ihr und dem Beteiligten zu 2 gehalten, den betriebsverfassungsrechtlichen Status von Herrn Dr. Name rechtsverbindlich feststellen zu lassen.
Es wird gebeten, antragsgemäß zu entscheiden.

Gerichtlicher Antrag: Arbeitnehmer – Feststellung der Arbeitnehmereigenschaft nach § 5 Abs. 3 BetrVG 10

Firmenbezeichnung
Rechtsstelle

Ort, Datum

An das Arbeitsgericht
Bezeichnung
Adresse

In der Beschlusssache mit den Beteiligten

1. Firmenbezeichnung, gesetzlich vertreten durch den Vorstand, dieser vertreten durch den Vorstandsvorsitzenden, Herrn Dr. Name, Adresse
   Beteiligte zu 1 und Antragstellerin
   Verfahrensbevollmächtigte: Rechtsanwälte Namen
2. Betriebsrat Hauptverwaltung der Firmenbezeichnung, gesetzlich vertreten durch den Betriebsratsvorsitzenden, Herrn Name
   Beteiligter zu 2

Verfahrensbevollmächtigter: Rechtssekretär Name

Mit beiliegender Vollmacht zeige ich an, dass ich den Beteiligten zu 2 vertrete.
Zur Vorbereitung der mündlichen Verhandlung in dem Termin am Datum, in dem ich beantragen werde:
Es wird festgestellt, dass der in der Hauptverwaltung der Beteiligten zu 1 tätige Herr Dr. Name Arbeitnehmer im Sinne des § 5 Abs. 1 BetrVG ist.
Ich trage in Erwiderung auf die Ausführungen der Beteiligten zu 1 Folgendes vor:
a) Es trifft zu, dass Herr Dr. Name als Abteilungsleiter im Bereich Forschung in der Hauptverwaltung der Antragstellerin tätig ist. Nicht bestritten wird ferner, dass Herr Dr. Name bei den früheren Betriebsratswahlen zum Personenkreis der leitenden Angestellten gerechnet worden ist und dementsprechend namentlich in der anlässlich der jeweiligen Betriebsratswahl zu erstellenden Wählerliste nicht aufgeführt war.
b) Der Status des Herrn Dr. Name als leitender Angestellter im Sinne von § 5 Abs. 3 BetrVG war jedoch bereits bei den früheren Betriebsratswahlen nicht unumstritten. Er ist zwar ständiger Vertreter des Hauptabteilungsleiters der Abteilung Forschung gewesen. Bei Abwesenheit des Hauptabteilungsleiters, Name, hat Herr Dr. Name aber lediglich die Tagesgeschäfte geführt.

Beweis: Zeugnis des Hauptabteilungsleiters, Herrn Name, zu laden bei der Antragstellerin

Grundlegende Entscheidungen zur Forschung wurden durch den Vorstand getroffen. Sie sind maßgebend durch Name als Hauptabteilungsleiter der Abteilung Forschung vorbereitet worden, so dass dieser als leitender Angestellter nach § 5 Abs. 3 BetrVG angesehen werden kann, nicht aber Herr Dr. Name. Die unzutreffende Einschätzung der Gegenseite bei früheren Betriebsratswahlen hat nicht dazu geführt, dass dadurch der Rechtsstatus als leitender Angestellter entstanden ist. Eine falsche Einschätzung durch die Wahlvorstände bei früheren Wahlen hat keine rechtliche Bindung erzeugt, weder bei dem Wahlvorstand für die letzten Betriebsratswahlen noch für den bestehenden Betriebsrat und Beteiligten zu 2.
c) Es kommt folgende, vor den letzten Betriebsratswahlen eingetretene Entwicklung hinzu, die auf jeden Fall dazu geführt hat, dass Herr Dr. Name – unabhängig von seinem früheren Beschäftigtenstatus – nicht zum Personenkreis der leitenden Angestellten gehört.
Etwa drei Monate vor der Betriebsratswahl am Datum hat die Firmenbezeichnung mit dem der gleichen Branche angehörenden Unternehmen Firmenbezeichnung fusioniert. Durch die Fusion ist die Aufnahme der Firmenbezeichnung in die Firmenbezeichnung erfolgt, das Unternehmen Firmenbezeichnung ist somit untergegangen. Im Zusammenhang mit dieser Verschmelzung ist das Vermögen der Firmenbezeichnung auf die Firmenbezeichnung übertragen worden. Die bis zum Zeitpunkt der Verschmelzung mit der Firmenbezeichnung bestehenden Arbeitsverhältnisse sind im Wege der Gesamtrechtsnachfolge (§ 20 UmwG) auf die aufnehmende Gesellschaft, somit die Firmenbezeichnung übertragen worden.

Beweis für den Fusionsvorgang: Vorstandsmitglied der Beteiligten zu 1,
Dr. Name, zu laden daselbst

In der früheren Firmenbezeichnung hat bis zum Zeitpunkt der Fusion eine eigene Forschungsabteilung mit dem Leiter Name bestanden. Im Zuge der durch die Fusion angestrebten Synergieeffekte ist Herr Name in die Hauptverwaltung der vergrößerten Firmenbezeichnung versetzt worden, und zwar als stellvertretender Leiter Abteilung Forschung.

Beweis: Vorstandsmitglied der Beteiligten zu 1,
Dr. Name, wie vorstehend

Mit der Übernahme des Beschäftigten Name in die Hauptverwaltung ist dieser ständiger Vertreter von Herrn Name als Hauptabteilungsleiter der Abteilung Forschung geworden. Beide Herren arbeiten die maßgebenden Vorlagen aus, über die der Vorstand im Hinblick auf schwerpunktmäßige Forschungsaufgaben und Produktentwicklungen entscheidet.

Beweis: Vorstandsmitglied der Antragstellerin zu 1,
Dr. Name, wie vorstehend

Herr Dr. Name ist somit nicht mehr stellvertretender Leiter des Bereichs Forschung, wenngleich er sein bisheriges Entgelt im Wege der Besitzstandswahrung als AT-Angestellter behalten hat. Er gehört aber nicht zum Personenkreis der leitenden Angestellten nach § 5 Abs. 3 BetrVG, wobei es letztlich dahingestellt bleiben kann, ob der Rechtsstatus nach § 5 Abs. 3 BetrVG vor der erwähnten Fusionierung jemals bestanden hat.

§ 6 Arbeiter und Angestellte

(aufgehoben)

Zweiter Teil
Betriebsrat, Betriebsversammlung, Gesamt- und Konzernbetriebsrat

Erster Abschnitt
Zusammensetzung und Wahl des Betriebsrats

§ 7 Wahlberechtigung

Wahlberechtigt sind alle Arbeitnehmer des Betriebs, die das 16. Lebensjahr vollendet haben. Werden Arbeitnehmer eines anderen Arbeitgebers zur Arbeitsleistung überlassen, so sind diese wahlberechtigt, wenn sie länger als drei Monate im Betrieb eingesetzt werden.

§ 8 Wählbarkeit

(1) Wählbar sind alle Wahlberechtigten, die das 18. Lebensjahr vollendet haben und sechs Monate dem Betrieb angehören oder als in Heimarbeit Beschäftigte in der Hauptsache für den Betrieb gearbeitet haben. Auf diese sechsmonatige Betriebszugehörigkeit werden Zeiten angerechnet, in denen der Arbeitnehmer unmittelbar vorher einem anderen Betrieb desselben Unternehmens oder Konzerns (§ 18 Abs. 1 des Aktiengesetzes) angehört hat. Nicht wählbar ist, wer infolge strafgerichtlicher Verurteilung die Fähigkeit, Rechte aus öffentlichen Wahlen zu erlangen, nicht besitzt.
(2) Besteht der Betrieb weniger als sechs Monate, so sind abweichend von der Vorschrift in Absatz 1 über die sechsmonatige Betriebszugehörigkeit diejenigen Arbeitnehmer wählbar, die bei der Einleitung der Betriebsratswahl im Betrieb beschäftigt sind und die übrigen Voraussetzungen für die Wählbarkeit erfüllen.

§ 9 Zahl der Betriebsratsmitglieder

Der Betriebsrat besteht in Betrieben mit in der Regel
5 bis 20 wahlberechtigten Arbeitnehmern aus einer Person,
21 bis 50 wahlberechtigten Arbeitnehmern aus 3 Mitgliedern,
51 wahlberechtigten Arbeitnehmern bis 100 Arbeitnehmern aus 5 Mitgliedern,
101 bis 200 Arbeitnehmern aus 7 Mitgliedern,
201 bis 400 Arbeitnehmern aus 9 Mitgliedern,
401 bis 700 Arbeitnehmern aus 11 Mitgliedern,
701 bis 1000 Arbeitnehmern aus 13 Mitgliedern,
1001 bis 1500 Arbeitnehmern aus 15 Mitgliedern,
1501 bis 2000 Arbeitnehmern aus 17 Mitgliedern,
2001 bis 2500 Arbeitnehmern aus 19 Mitgliedern,
2501 bis 3000 Arbeitnehmern aus 21 Mitgliedern,
3001 bis 3500 Arbeitnehmern aus 23 Mitgliedern,
3501 bis 4000 Arbeitnehmern aus 25 Mitgliedern,
4001 bis 4500 Arbeitnehmern aus 27 Mitgliedern,
4501 bis 5000 Arbeitnehmern aus 29 Mitgliedern,

5001 bis 6000 Arbeitnehmern aus 31 Mitgliedern,
6001 bis 7000 Arbeitnehmern aus 33 Mitgliedern,
7001 bis 9000 Arbeitnehmern aus 35 Mitgliedern.
In Betrieben mit mehr als 9000 Arbeitnehmern erhöht sich die Zahl der Mitglieder des Betriebsrats für je angefangene weitere 3000 Arbeitnehmer um 2 Mitglieder.

§ 10 (weggefallen)

§ 11 Ermäßigte Zahl der Betriebsratsmitglieder

Hat ein Betrieb nicht die ausreichende Zahl von wählbaren Arbeitnehmern, so ist die Zahl der Betriebsratsmitglieder der nächstniedrigeren Betriebsgröße zugrunde zu legen.

§ 12 Abweichende Verteilung der Betriebsratssitze

(aufgehoben)

§ 13 Zeitpunkt der Betriebsratswahlen

(1) Die regelmäßigen Betriebsratswahlen finden alle vier Jahre in der Zeit vom 1. März bis 31. Mai statt. Sie sind zeitgleich mit den regelmäßigen Wahlen nach § 5 Abs. 1 des Sprecherausschussgesetzes einzuleiten.
(2) Außerhalb dieser Zeit ist der Betriebsrat zu wählen, wenn
1. **mit Ablauf von 24 Monaten, vom Tage der Wahl an gerechnet, die Zahl der regelmäßig beschäftigten Arbeitnehmer um die Hälfte, mindestens aber um fünfzig, gestiegen oder gesunken ist,**
2. **die Gesamtzahl der Betriebsratsmitglieder nach Eintreten sämtlicher Ersatzmitglieder unter die vorgeschriebene Zahl der Betriebsratsmitglieder gesunken ist,**
3. **der Betriebsrat mit der Mehrheit seiner Mitglieder seinen Rücktritt beschlossen hat,**
4. **die Betriebsratswahl mit Erfolg angefochten worden ist,**
5. **der Betriebsrat durch eine gerichtliche Entscheidung aufgelöst ist oder**
6. **im Betrieb ein Betriebsrat nicht besteht.**

(3) Hat außerhalb des für die regelmäßigen Betriebsratswahlen festgelegten Zeitraums eine Betriebsratswahl stattgefunden, so ist der Betriebsrat in dem auf die Wahl folgenden nächsten Zeitraum der regelmäßigen Betriebsratswahlen neu zu wählen. Hat die Amtszeit des Betriebsrats zu Beginn des für die regelmäßigen Betriebsratswahlen festgelegten Zeitraums noch nicht ein Jahr betragen, so ist der Betriebsrat in dem übernächsten Zeitraum der regelmäßigen Betriebsratswahlen neu zu wählen.

§ 14 Wahlvorschriften

(1) Der Betriebsrat wird in geheimer und unmittelbarer Wahl gewählt.
(2) Die Wahl erfolgt nach den Grundsätzen der Verhältniswahl. Sie erfolgt nach den Grundsätzen der Mehrheitswahl, wenn nur ein Wahlvorschlag eingereicht wird oder wenn der Betriebsrat im vereinfachten Wahlverfahren nach § 14a zu wählen ist.

(3) Zur Wahl des Betriebsrats können die wahlberechtigten Arbeitnehmer und die im Betrieb vertretenen Gewerkschaften Wahlvorschläge machen.
(4) In Betrieben mit in der Regel bis zu 20 wahlberechtigten Arbeitnehmern bedarf es keiner Unterzeichnung von Wahlvorschlägen. Wahlvorschläge sind in Betrieben mit in der Regel 21 bis 100 wahlberechtigten Arbeitnehmern von mindestens zwei wahlberechtigten Arbeitnehmern und in Betrieben mit in der Regel mehr als 100 wahlberechtigten Arbeitnehmern von mindestens einem Zwanzigstel der wahlberechtigten Arbeitnehmer zu unterzeichnen. In jedem Fall genügt die Unterzeichnung durch 50 wahlberechtigte Arbeitnehmer.
(5) Jeder Wahlvorschlag einer Gewerkschaft muss von zwei Beauftragten unterzeichnet sein.

§ 14a Vereinfachtes Wahlverfahren für Kleinbetriebe

(1) In Betrieben mit in der Regel fünf bis 100 wahlberechtigten Arbeitnehmern wird der Betriebsrat in einem zweistufigen Verfahren gewählt. Auf einer ersten Wahlversammlung wird der Wahlvorstand nach § 17a Nr. 3 gewählt. Auf einer zweiten Wahlversammlung wird der Betriebsrat in geheimer und unmittelbarer Wahl gewählt. Diese Wahlversammlung findet eine Woche nach der Wahlversammlung zur Wahl des Wahlvorstands statt.
(2) Wahlvorschläge können bis zum Ende der Wahlversammlung zur Wahl des Wahlvorstands nach § 17a Nr. 3 gemacht werden; für Wahlvorschläge der Arbeitnehmer gilt § 14 Abs. 4 mit der Maßgabe, dass für Wahlvorschläge, die erst auf dieser Wahlversammlung gemacht werden, keine Schriftform erforderlich ist.
(3) Ist der Wahlvorstand in Betrieben mit in der Regel fünf bis 100 wahlberechtigten Arbeitnehmern nach § 17a Nr. 1 in Verbindung mit § 16 vom Betriebsrat, Gesamtbetriebsrat oder Konzernbetriebsrat oder nach § 17a Nr. 4 vom Arbeitsgericht bestellt, wird der Betriebsrat abweichend von Absatz 1 Satz 1 und 2 auf nur einer Wahlversammlung in geheimer und unmittelbarer Wahl gewählt. Wahlvorschläge können bis eine Woche vor der Wahlversammlung zur Wahl des Betriebsrats gemacht werden; § 14 Abs. 4 gilt unverändert.
(4) Wahlberechtigten Arbeitnehmern, die an der Wahlversammlung zur Wahl des Betriebsrats nicht teilnehmen können, ist Gelegenheit zur schriftlichen Stimmabgabe zu geben.
(5) In Betrieben mit in der Regel 101 bis 200 wahlberechtigten Arbeitnehmern können der Wahlvorstand und der Arbeitgeber die Anwendung des vereinfachten Wahlverfahrens vereinbaren.

§ 15 Zusammensetzung nach Beschäftigungsarten und Geschlechtern

(1) Der Betriebsrat soll sich möglichst aus Arbeitnehmern der einzelnen Organisationsbereiche und der verschiedenen Beschäftigungsarten der im Betrieb tätigen Arbeitnehmer zusammensetzen.
(2) Das Geschlecht, das in der Belegschaft in der Minderheit ist, muss mindestens entsprechend seinem zahlenmäßigen Verhältnis im Betriebsrat vertreten sein, wenn dieser aus mindestens drei Mitgliedern besteht.

§ 16 Bestellung des Wahlvorstands

(1) Spätestens zehn Wochen vor Ablauf seiner Amtszeit bestellt der Betriebsrat einen aus drei Wahlberechtigten bestehenden Wahlvorstand und einen von ihnen als Vorsitzenden. Der Betriebsrat kann die Zahl der Wahlvorstandsmitglieder erhöhen, wenn dies zur ordnungsgemäßen Durchführung der Wahl erforderlich ist. Der Wahlvorstand muss in jedem Fall aus einer ungeraden Zahl von Mitgliedern bestehen. Für jedes Mitglied des Wahlvorstands kann für den Fall seiner Verhinderung ein Ersatzmitglied bestellt werden. In Betrieben mit weiblichen und männlichen Arbeitnehmern sollen dem Wahlvorstand Frauen und Männer angehören. Jede im Betrieb vertretene Gewerkschaft kann zusätzlich einen dem Betrieb angehörenden Beauftragten als nicht stimmberechtigtes Mitglied in den Wahlvorstand entsenden, sofern ihr nicht ein stimmberechtigtes Wahlvorstandsmitglied angehört.

(2) Besteht acht Wochen vor Ablauf der Amtszeit des Betriebsrats kein Wahlvorstand, so bestellt ihn das Arbeitsgericht auf Antrag von mindestens drei Wahlberechtigten oder einer im Betrieb vertretenen Gewerkschaft; Absatz 1 gilt entsprechend. In dem Antrag können Vorschläge für die Zusammensetzung des Wahlvorstands gemacht werden. Das Arbeitsgericht kann für Betriebe mit in der Regel mehr als zwanzig wahlberechtigten Arbeitnehmern auch Mitglieder einer im Betrieb vertretenen Gewerkschaft, die nicht Arbeitnehmer des Betriebs sind, zu Mitgliedern des Wahlvorstands bestellen, wenn dies zur ordnungsgemäßen Durchführung der Wahl erforderlich ist.

(3) Besteht acht Wochen vor Ablauf der Amtszeit des Betriebsrats kein Wahlvorstand, kann auch der Gesamtbetriebsrat oder, falls ein solcher nicht besteht, der Konzernbetriebsrat den Wahlvorstand bestellen. Absatz 1 gilt entsprechend.

§ 17 Bestellung des Wahlvorstands in Betrieben ohne Betriebsrat

(1) Besteht in einem Betrieb, der die Voraussetzungen des § 1 Abs. 1 Satz 1 erfüllt, kein Betriebsrat, so bestellt der Gesamtbetriebsrat oder, falls ein solcher nicht besteht, der Konzernbetriebsrat einen Wahlvorstand. § 16 Abs. 1 gilt entsprechend.

(2) Besteht weder ein Gesamtbetriebsrat noch ein Konzernbetriebsrat, so wird in einer Betriebsversammlung von der Mehrheit der anwesenden Arbeitnehmer ein Wahlvorstand gewählt; § 16 Abs. 1 gilt entsprechend. Gleiches gilt, wenn der Gesamtbetriebsrat oder Konzernbetriebsrat die Bestellung des Wahlvorstands nach Absatz 1 unterlässt.

(3) Zu dieser Betriebsversammlung können drei wahlberechtigte Arbeitnehmer des Betriebs oder eine im Betrieb vertretene Gewerkschaft einladen und Vorschläge für die Zusammensetzung des Wahlvorstands machen.

(4) Findet trotz Einladung keine Betriebsversammlung statt oder wählt die Betriebsversammlung keinen Wahlvorstand, so bestellt ihn das Arbeitsgericht auf Antrag von mindestens drei wahlberechtigten Arbeitnehmern oder einer im Betrieb vertretenen Gewerkschaft. § 16 Abs. 2 gilt entsprechend.

§ 17a Bestellung des Wahlvorstands im vereinfachten Wahlverfahren

Im Fall des § 14a finden die §§ 16 und 17 mit folgender Maßgabe Anwendung:

1. **Die Frist des § 16 Abs. 1 Satz 1 wird auf vier Wochen und die des § 16 Abs. 2 Satz 1, Abs. 3 Satz 1 auf drei Wochen verkürzt.**

2. § 16 Abs. 1 Satz 2 und 3 findet keine Anwendung.
3. In den Fällen des § 17 Abs. 2 wird der Wahlvorstand in einer Wahlversammlung von der Mehrheit der anwesenden Arbeitnehmer gewählt. Für die Einladung zu der Wahlversammlung gilt § 17 Abs. 3 entsprechend.
4. § 17 Abs. 4 gilt entsprechend, wenn trotz Einladung keine Wahlversammlung stattfindet oder auf der Wahlversammlung kein Wahlvorstand gewählt wird.

§ 18 Vorbereitung und Durchführung der Wahl

(1) Der Wahlvorstand hat die Wahl unverzüglich einzuleiten, sie durchzuführen und das Wahlergebnis festzustellen. Kommt der Wahlvorstand dieser Verpflichtung nicht nach, so ersetzt ihn das Arbeitsgericht auf Antrag des Betriebsrats, von mindestens drei wahlberechtigten Arbeitnehmern oder einer im Betrieb vertretenen Gewerkschaft. § 16 Abs. 2 gilt entsprechend.

(2) Ist zweifelhaft, ob eine betriebsratsfähige Organisationseinheit vorliegt, so können der Arbeitgeber, jeder beteiligte Betriebsrat, jeder beteiligte Wahlvorstand oder eine im Betrieb vertretene Gewerkschaft eine Entscheidung des Arbeitsgerichts beantragen.

(3) Unverzüglich nach Abschluss der Wahl nimmt der Wahlvorstand öffentlich die Auszählung der Stimmen vor, stellt deren Ergebnis in einer Niederschrift fest und gibt es den Arbeitnehmern des Betriebs bekannt. Dem Arbeitgeber und den im Betrieb vertretenen Gewerkschaften ist eine Abschrift der Wahlniederschrift zu übersenden.

§ 18a Zuordnung der leitenden Angestellten bei Wahlen

(1) Sind die Wahlen nach § 13 Abs. 1 und nach § 5 Abs. 1 des Sprecherausschussgesetzes zeitgleich einzuleiten, so haben sich die Wahlvorstände unverzüglich nach Aufstellung der Wählerlisten, spätestens jedoch zwei Wochen vor Einleitung der Wahlen, gegenseitig darüber zu unterrichten, welche Angestellten sie den leitenden Angestellten zugeordnet haben; dies gilt auch, wenn die Wahlen ohne Bestehen einer gesetzlichen Verpflichtung zeitgleich eingeleitet werden. Soweit zwischen den Wahlvorständen kein Einvernehmen über die Zuordnung besteht, haben sie in gemeinsamer Sitzung eine Einigung zu versuchen. Soweit eine Einigung zustande kommt, sind die Angestellten entsprechend ihrer Zuordnung in die jeweilige Wählerliste einzutragen.

(2) Soweit eine Einigung nicht zustande kommt, hat ein Vermittler spätestens eine Woche vor Einleitung der Wahlen erneut eine Verständigung der Wahlvorstände über die Zuordnung zu versuchen. Der Arbeitgeber hat den Vermittler auf dessen Verlangen zu unterstützen, insbesondere die erforderlichen Auskünfte zu erteilen und die erforderlichen Unterlagen zur Verfügung zu stellen. Bleibt der Verständigungsversuch erfolglos, so entscheidet der Vermittler nach Beratung mit dem Arbeitgeber. Absatz 1 Satz 3 gilt entsprechend.

(3) Auf die Person des Vermittlers müssen sich die Wahlvorstände einigen. Zum Vermittler kann nur ein Beschäftigter des Betriebs oder eines anderen Betriebs des Unternehmens oder Konzerns oder der Arbeitgeber bestellt werden. Kommt eine Einigung nicht zustande, so schlagen die Wahlvorstände je eine Person als Vermittler vor; durch Los wird entschieden, wer als Vermittler tätig wird.

(4) Wird mit der Wahl nach § 13 Abs. 1 oder 2 nicht zeitgleich eine Wahl nach dem Sprecherausschussgesetz eingeleitet, so hat der Wahlvorstand den Sprecherausschuss entsprechend Absatz 1 Satz 1 erster Halbsatz zu unterrichten. Soweit kein Einvernehmen über die Zuordnung besteht, hat der Sprecherausschuss Mitglieder zu benennen, die anstelle des Wahlvorstands an dem Zuordnungsverfahren teilnehmen. Wird mit der Wahl nach § 5 Abs. 1 oder 2 des Sprecherausschussgesetzes nicht zeitgleich eine Wahl nach diesem Gesetz eingeleitet, so gelten die Sätze 1 und 2 für den Betriebsrat entsprechend.
(5) Durch die Zuordnung wird der Rechtsweg nicht ausgeschlossen. Die Anfechtung der Betriebsratswahl oder der Wahl nach dem Sprecherausschussgesetz ist ausgeschlossen, soweit sie darauf gestützt wird, die Zuordnung sei fehlerhaft erfolgt. Satz 2 gilt nicht, soweit die Zuordnung offensichtlich fehlerhaft ist.

§ 19 Wahlanfechtung

(1) Die Wahl kann beim Arbeitsgericht angefochten werden, wenn gegen wesentliche Vorschriften über das Wahlrecht, die Wählbarkeit oder das Wahlverfahren verstoßen worden ist und eine Berichtigung nicht erfolgt ist, es sei denn, dass durch den Verstoß das Wahlergebnis nicht geändert oder beeinflusst werden konnte.
(2) Zur Anfechtung berechtigt sind mindestens drei Wahlberechtigte, eine im Betrieb vertretene Gewerkschaft oder der Arbeitgeber. Die Wahlanfechtung ist nur binnen einer Frist von zwei Wochen, vom Tage der Bekanntgabe des Wahlergebnisses an gerechnet, zulässig.
(3) Die Anfechtung durch die Wahlberechtigten ist ausgeschlossen, soweit sie darauf gestützt wird, dass die Wählerliste unrichtig ist, wenn nicht zuvor aus demselben Grund ordnungsgemäß Einspruch gegen die Richtigkeit der Wählerliste eingelegt wurde. Dies gilt nicht, wenn die anfechtenden Wahlberechtigten an der Einlegung eines Einspruchs gehindert waren. Die Anfechtung durch den Arbeitgeber ist ausgeschlossen, soweit sie darauf gestützt wird, dass die Wählerliste unrichtig ist und wenn diese Unrichtigkeit auf seinen Angaben beruht.

§ 20 Wahlschutz und Wahlkosten

(1) Niemand darf die Wahl des Betriebsrats behindern. Insbesondere darf kein Arbeitnehmer in der Ausübung des aktiven und passiven Wahlrechts beschränkt werden.
(2) Niemand darf die Wahl des Betriebsrats durch Zufügung oder Androhung von Nachteilen oder durch Gewährung oder Versprechen von Vorteilen beeinflussen.
(3) Die Kosten der Wahl trägt der Arbeitgeber. Versäumnis von Arbeitszeit, die zur Ausübung des Wahlrechts, zur Betätigung im Wahlvorstand oder zur Tätigkeit als Vermittler (§ 18a) erforderlich ist, berechtigt den Arbeitgeber nicht zur Minderung des Arbeitsentgelts.

Inhaltsübersicht Rn.

I. Einleitung

1 Die regelmäßigen Betriebsratswahlen finden alle vier Jahre in dem gesetzlich festgelegten Wahlzeitraum vom 1. März bis 31. Mai statt. Die nächsten regelmäßigen Betriebsratswahlen sind 2026, sodann 2030 usw. Außerhalb des gesetzlich festgelegten Wahlzeitraumes bzw. des betreffenden Wahljahres dürfen Betriebsratswahlen nur aus den in § 13 Abs. 2 BetrVG genannten Gründen durchgeführt werden.
Das Gesetz und die Wahlordnung unterscheiden zwischen dem normalen und dem vereinfachten Wahlverfahren. Das vereinfachte Wahlverfahren ist entweder als einstufiges oder als zweistufiges Verfahren durchzuführen.

> **Hinweis:**
> Vgl. dazu *Berg/Garloff/Heilmann*, Betriebsratswahl 2026, Handlungsanleitung, Grundwissen für Betriebsräte und Wahlvorstände, 2025, Rn. 36 ff., 332 ff.; DKW-*Homburg*, § 14a Rn. 7 ff.

II. Arbeitshilfen

2 Die grundsätzliche Unterscheidung zwischen dem normalen und dem vereinfachten Wahlverfahren macht es erforderlich, bei den Arbeitshilfen wie den Wahlunterlagen, Musterschreiben und sonstigen Unterlagen eine getrennte Darstellung vorzunehmen.
Die Wahlunterlagen und Musterschreiben zur Betriebsratswahl sind über den Online-Zugriff des Formularbuchs zugänglich und außerdem Bestandteil der im Bund-Verlag erschienenen **Software und Handlungsanleitung »Betriebsratswahl 2026 – Wahlsoftware** Software mit Wahlunterlagen und Handlungsanleitung« (*Berg/Garloff/Heilmann*, 3. Auflage 2025).

Zweiter Abschnitt
Amtszeit des Betriebsrats

§ 21 Amtszeit

Die regelmäßige Amtszeit des Betriebsrats beträgt vier Jahre. Die Amtszeit beginnt mit der Bekanntgabe des Wahlergebnisses oder, wenn zu diesem Zeitpunkt noch ein Betriebsrat besteht, mit Ablauf von dessen Amtszeit. Die Amtszeit endet spätestens am 31. Mai des Jahres, in dem nach § 13 Abs. 1 die regelmäßigen Betriebsratswahlen stattfinden. In dem Fall des § 13 Abs. 3 Satz 2 endet die Amtszeit spätestens am 31. Mai des Jahres, in dem der Betriebsrat neu zu wählen ist. In den Fällen des § 13 Abs. 2 Nr. 1 und 2 endet die Amtszeit mit der Bekanntgabe des Wahlergebnisses des neu gewählten Betriebsrats.

Inhaltsübersicht Rn.

I. Einleitung

In dieser und den folgenden Vorschriften werden Beginn und Ende der Amtszeit des Betriebsrats als Organ geregelt. Diese sind von der Amtszeit des einzelnen Betriebsratsmitglieds zu unterscheiden. Von besonderer Bedeutung sind Auseinandersetzungen über das Amt des bestehenden Betriebsrats, wenn dieses bestritten wird, insbesondere wenn darüber Rechtsstreitigkeiten geführt werden. Unternehmensrechtliche und betriebliche Strukturen ändern sich ständig. Verantwortlich dafür sind arbeitgeberseitige Dispositionen. Manche werden auch bewusst mit dem Ziel herbeigeführt, betriebsverfassungsrechtliche Strukturen zu ändern. Insofern besteht auch Manipulationsgefahr. Aber nicht jede Änderung beendet die Amtszeit des Betriebsrats. Beide Betriebsparteien müssen sich auf die gesetzlich vorgesehenen differenzierten Lösungen einstellen. Die ersten beiden Schreiben haben das Ziel, die Kontinuität der Betriebsratstätigkeit nach Anfechtungen zu sichern. Die weiteren Schreiben reagieren auf rechtliche oder tatsächliche Umstrukturierungen des Betriebs. 1

Hinweis:
Vgl. DKW-*Buschmann*, § 21 Rn. 34ff.

II. Arbeitshilfen

Musterschreiben

Anfechtung der Betriebsratswahl – Gerichtliche Entscheidung 2

Betriebsrat der Firma Firmenbezeichnung, Adresse — Ort, Datum
Betriebsratsvorsitzende:r Name

An Arbeitgeberin Firmenbezeichnung, Adresse
Geschäftsleitung
im Hause

Amtszeit des Betriebsrats
Sehr geehrte Frau Name,
das Arbeitsgericht/Landesarbeitsgericht (Bezeichnung) hat durch Beschluss vom Datum die Wahl des Betriebsrats vom Datum gem. § 19 BetrVG für unwirksam erklärt. Die Entscheidung ist nicht rechtskräftig. Über das zulässige Rechtsmittel ist noch nicht entschieden. Da die Amtszeit eines Betriebsrats erst mit Rechtskraft eines gerichtlichen Anfechtungsbeschlusses endet, übt der Betriebsrat nach wie vor seine Funktionen aus. Dazu gehört auch die Wahrnehmung von Mitwirkungs- und Mitbestimmungsrechten. Wir bitten um Beachtung, schon um Rechtsunstimmigkeiten zu vermeiden.

Hinweis:
Vgl. DKW-*Buschmann*, § 21 Rn. 33.

3 Anfechtung der Betriebsratswahl – Rücktritt

Betriebsrat der Firma Firmenbezeichnung, Adresse Ort, Datum
Betriebsratsvorsitzende:r Name

An Arbeitgeber Firmenbezeichnung, Adresse
Geschäftsleitung
im Hause

Amtszeit des Betriebsrats, Rücktritt
Sehr geehrte Frau Name,
das Arbeitsgericht/Landesarbeitsgericht (Bezeichnung) hat durch Beschluss vom Datum – noch nicht zugestellt – die Wahl des Betriebsrats vom Datum gem. § 19 BetrVG für unwirksam erklärt. Die Entscheidung ist nicht rechtskräftig. Wir dürfen Ihnen mitteilen, dass der Betriebsrat durch Beschluss vom Datum seinen Rücktritt beschlossen hat. Somit führt er gem. § 22 BetrVG die Geschäfte weiter, bis der neue Betriebsrat gewählt und das Wahlergebnis bekannt gegeben ist. Dazu gehört auch die Wahrnehmung von Mitwirkungs- und Mitbestimmungsrechten. Wir bitten um Beachtung, schon um Rechtsunstimmigkeiten zu vermeiden. Es ist auch schon ein neuer Wahlvorstand bestellt worden. Da es ohnehin zu einer Neuwahl kommen wird, kann Ihrerseits das Anfechtungsverfahren für erledigt erklärt werden.

Hinweis:
Vgl. DKW-*Buschmann*, § 21 Rn. 32.

4 Amtszeit bei Betriebsübergang

Betriebsrat der Firma Firmenbezeichnung, Adresse Ort, Datum
Betriebsratsvorsitzende:r Name

An Arbeitgeberin Firmenbezeichnung
Geschäftsleitung
Adresse

Amtszeit des Betriebsrats
Sehr geehrte Frau Name,
mit Schreiben vom Datum haben Sie die Beschäftigten darüber in Kenntnis gesetzt, dass Sie den Betrieb in Ort gemäß § 613a BGB von der Firmenbezeichnung übernommen haben. Die Beschäftigten sind bereits darüber informiert worden, dass es bei einem Betriebsübergang nach § 613a BGB weder notwendig noch ratsam ist, neue Arbeitsverträge zu unterschreiben, da in diesem Fall die Arbeitsverträge mit dem bisherigen Inhalt auch gegenüber dem neuen Arbeitgeber fortbestehen. Auch die Beschäftigungsdauer bleibt erhalten. Als für diesen Betrieb gewählter Betriebsrat bieten wir Ihnen unsere Zusammenarbeit an. Zustellungen wollen Sie bitte an die/den Betriebsratsvorsitzende/n Name richten. Für den Betrieb gilt eine Reihe von Betriebsvereinbarungen, über die wir Sie gerne unterrichten wollen. In der Vergangenheit fanden Monatsgespräche regelmäßig am Datum statt. Als nächsten Termin hierfür schlagen wir Ihnen deshalb den Datum vor.

Hinweis:
Vgl. DKW-*Buschmann*, § 21 Rn. 36.

Umwandlung, hier: Verschmelzung – Unterrichtung des Betriebsrats 5

Arbeitgeber Firmenbezeichnung, Adresse Ort, Datum

An den Betriebsrat
Firmenbezeichnung
Betriebsratsvorsitzende Name
Adresse

Umwandlung/Verschmelzung
Sehr geehrte Frau Name,
gemäß § 5 Umwandlungsgesetz teilen wir Ihnen mit, dass die Unternehmen der Firmenbezeichnung und der Firmenbezeichnung nach den Vorschriften des Umwandlungsgesetzes miteinander verschmolzen werden sollen. Neuer Rechtsträger für alle Betriebe der bisherigen Gesellschaften wird die Firmenbezeichnung. Die Umwandlung soll stattfinden zum Datum.

- Mit der vorgesehenen Umwandlung sollen folgende wirtschaftliche Ziele erreicht werden: .
- Daraus ergeben sich die nachfolgend im Einzelnen dargelegten rechtlichen, wirtschaftlichen und sozialen Folgen für die Arbeitnehmer: .
- Hinsichtlich der Beschäftigten sind folgende Maßnahmen in Aussicht genommen: .
- In Anlage erhalten Sie gem. § 5 Abs. 3 UmwG den vorgesehenen Verschmelzungsvertrag. Auf Ziff. 1.2.3 des Verschmelzungsvertrags, in denen gem. § 5 Abs. 1 Nr. 9 UmwG die Folgen der Verschmelzung für die Beschäftigten und ihre Vertretungen sowie die insoweit vorgesehenen Maßnahmen im Einzelnen beschrieben werden, wird besonders hingewiesen.
- Ihre neuen Ansprechpartner sind ab dem Datum folgende Personen: Namen.

Im Übrigen stehen wir bzw. die vorstehend bezeichneten Personen Ihnen gerne zu einem Gespräch über alle Einzelheiten der Verschmelzung zur Verfügung. Teilen Sie uns bitte mit, welche weiteren Unterlagen Sie zur Vorbereitung des Gesprächs benötigen. Als Termin schlagen wir Ihnen den Datum vor.

Hinweis:
Vgl. DKW-*Buschmann*, § 21 Rn. 36.

Amtszeit bei Unternehmensspaltung 6

Betriebsrat der Firma Firmenbezeichnung, Adresse Ort, Datum
Betriebsratsvorsitzende:r Name

An die Geschäftsleitungen
Firmenbezeichnungen, Adressen

Künftige Zusammenarbeit
Sehr geehrte Damen und Herren,
mit Schreiben vom Datum wurden der Betriebsrat/die Beschäftigten darüber unterrichtet, dass das bisherige Unternehmen der Firmenbezeichnung nach den Vorschriften des Umwandlungsgesetzes in die Unternehmen der Firmenbezeichnung und der Firmenbezeichnung gespalten wurden/werden. Die Beschäftigten sind bereits darüber informiert worden, dass es in einem solchen Fall weder notwendig noch ratsam ist, neue Arbeitsverträge zu unterschreiben, da die Arbeitsverträge mit dem bisherigen Inhalt auch gegenüber dem neuen Arbeitgeber fortbestehen. Auch die bisherige Beschäftigungsdauer bleibt erhalten. Wir gehen davon aus, dass es sich um

eine Unternehmensspaltung nach § 123 UmwG handelt, und bitten Sie deshalb bis zum Datum um folgende Informationen:

- Termin des Wirksamwerdens der Spaltung
- geplante wirtschaftliche Ziele infolge der vorgesehenen Umwandlung
- rechtliche, wirtschaftliche und soziale Folgen für die Arbeitnehmer
- die hinsichtlich der Arbeitnehmer in Aussicht genommenen Maßnahmen
- die neuen Ansprechpartner des Betriebsrats.

Im Übrigen bitten wir gem. § 126 Abs. 3 Umwandlungsgesetz innerhalb der dort bezeichneten Frist um Vorlage des Spaltungs- und Übernahmevertrags.

Als für diesen Betrieb gewählter Betriebsrat bieten wir beiden Unternehmensleitungen unsere Zusammenarbeit an. Zustellungen wollen Sie bitte an die/den Betriebsratsvorsitzende/n Name richten. Für den Betrieb gilt eine Reihe von Betriebsvereinbarungen, über die wir Sie gerne unterrichten wollen. In der Vergangenheit fanden Monatsgespräche regelmäßig am Datum statt. Als nächsten Termin hierfür schlagen wir Ihnen deshalb den Datum vor.

Hinweis:
Die Unternehmensspaltung hat nicht notwendig eine Betriebsspaltung zur Folge. Der Betriebsrat geht deshalb zunächst vom Fortbestand des Betriebs und somit auch seiner Amtszeit aus, vgl. auch Vermutung eines gemeinsamen Betriebs in § 1 Abs. 2 BetrVG. Längere Rechtsausführungen sind allerdings in dieser Phase nicht sinnvoll. Vgl. DKW-*Buschmann*, § 21 Rn. 40.

7 **Amtszeit bei Teilbetriebsübergang**

Betriebsrat der Firma Firmenbezeichnung, Adresse — Ort, Datum
Betriebsratsvorsitzende:r Name

An die Geschäftsleitungen
Firmenbezeichnungen, Adressen

Künftige Zusammenarbeit

Sehr geehrte Damen und Herren,
mit Schreiben vom Datum wurden der Betriebsrat/die Beschäftigten darüber informiert, dass die Firmenbezeichnung den Betriebsteil in Ort im Wege des Betriebsübergangs auf die Firmenbezeichnung übertragen hat. Die Beschäftigten sind bereits darüber informiert worden, dass es bei einem Betriebsübergang nach § 613a BGB weder notwendig noch ratsam ist, neue Arbeitsverträge zu unterschreiben, da in diesem Fall die Arbeitsverträge mit dem bisherigen Inhalt auch gegenüber dem neuen Arbeitgeber fortbestehen. Auch die Beschäftigungsdauer bleibt erhalten. Angesichts der besonderen Bedeutung der vorgesehenen unternehmensrechtlichen Maßnahmen für die von uns vertretenen Arbeitnehmer bitten wir Sie deshalb bis zum Datum um folgende Informationen:

- Termin des Wirksamwerdens des Teilbetriebsübergangs
- geplante wirtschaftliche Ziele infolge des vorgesehenen Betriebsübergangs
- rechtliche, wirtschaftliche und soziale Folgen für die Arbeitnehmer
- die hinsichtlich der Arbeitnehmer in Aussicht genommenen Maßnahmen
- die neuen Ansprechpartner des Betriebsrats.

Als für diesen Betrieb gewählter Betriebsrat bieten wir beiden Unternehmensleitungen unsere Zusammenarbeit an. Zustellungen wollen Sie bitte an den Betriebsratsvorsitzenden Name richten. Für den Betrieb gilt eine Reihe von Betriebsvereinbarungen, über die wir Sie gerne unterrichten wollen. In der Vergangenheit fanden Monatsgespräche regelmäßig am Datum statt. Als nächsten Termin hierfür schlagen wir Ihnen deshalb den Datum vor.

Hinweis:
Der vollständige Betriebsübergang hat keine, ein Teilbetriebsübergang möglicherweise eine Betriebsspaltung zur Folge. Bei einer Betriebsspaltung müssten zuvor ein Interessenausgleich und ein Sozialplan vereinbart werden (§ 111 Nr. 3 BetrVG). Der Betriebsrat geht deshalb zunächst vom Fortbestand des Betriebs und somit auch seiner Amtszeit aus, vgl. auch Vermutung eines gemeinsamen Betriebs in § 1 Abs. 2 BetrVG. Längere Rechtsausführungen sind allerdings in dieser Phase nicht sinnvoll. Vgl. DKW-*Buschmann*, § 21 Rn. 36.

Betriebsrat: Information der Beschäftigten im Zusammenhang mit einem Betriebsübergang 8

Betriebsrat der Firma Firmenbezeichnung, Adresse — Ort, Datum
Betriebsratsvorsitzende:r Name

An die Beschäftigten im Betrieb
Betriebsbezeichnungen, Adressen

Betriebsübergang
Liebe Kolleginnen und Kollegen,
mit Schreiben vom Datum hat Euch die Geschäftsleitung mitgeteilt, dass der bisherige Betrieb(steil) Bezeichnung zum Datum auf Betriebsbezeichnung übergehen soll. Nach § 613a BGB geht das Arbeitsverhältnis bei einem Betriebsübergang mit allen Rechten und Pflichten auf den neuen Arbeitgeber über. Dies geschieht von Rechts wegen, bedarf also keiner förmlichen Übernahmeerklärung durch den neuen Arbeitgeber. Die bisherige Betriebszugehörigkeit bleibt erhalten. Sollte Euer Arbeitsvertrag auf den Tarifvertrag Bezeichnung verweisen bzw. diesen in Bezug nehmen, gilt diese Verweisung auch gegenüber einem neuen, tarifungebundenen Arbeitgeber, so dass dieser ggf. auch künftige Tariferhöhungen weitergeben muss. Es ist deshalb bei einem Betriebsübergang nicht notwendig und im Allgemeinen auch nicht sinnvoll, bei dem neuen Arbeitgeber einen neuen Arbeitsvertrag zu unterschreiben, erst recht keinen Auflösungsvertrag.
Nach § 613a Abs. 6 BGB steht Euch auch das Recht zu, dem Übergang des Arbeitsverhältnisses auf den neuen Arbeitgeber zu widersprechen. In diesem Fall besteht das Arbeitsverhältnis zu unveränderten Bedingungen beim bisherigen Arbeitgeber fort. Für diesen Widerspruch besteht eine Frist von einem Monat nach Zugang der vollständigen Unterrichtung durch den Arbeitgeber.
Solltet Ihr a) beim alten, b) beim neuen Arbeitgeber eine Kündigung erhalten, besteht die Möglichkeit, dagegen innerhalb von drei Wochen nach Zugang (nicht nach Fristablauf) über den gewerkschaftlichen Rechtsschutz (nur für Gewerkschaftsmitglieder) oder über einen Rechtsanwalt Kündigungsschutzklage zu erheben.
Grundsätzlich bleibt Euer Betriebsrat auch nach dem Betriebsübergang bzw. nach einem Widerspruch endgültig oder zumindest im Rahmen eines befristeten Übergangsmandats für Euch zuständig. Deshalb könnte eine Kündigungsschutzklage ggf. auch darauf gestützt werden, dass der Betriebsrat vor Ausspruch der Kündigung nicht angehört worden ist. Einzelheiten wollt Ihr mit Eurer Prozessvertretung besprechen.

Hinweis:
Ob der Betriebsrat die Beschäftigten von sich aus über den Betriebsübergang und auch die Notwendigkeit der Anhörung des Betriebsrats vor Kündigungen informieren sollte, ergibt sich aus taktischen Erwägungen. Es ist nicht Aufgabe des Betriebsrats, die dem Arbeitgeber obliegende Information zu ersetzen. Nur eine vollständige Information nach § 613a Abs. 5 BGB setzt die Widerspruchsfrist in Kraft. Liegt aber eine solche Information vor, ist es regelmäßig sinnvoll, den Beschäftigten ihre rechtlichen Möglichkeiten aufzuzeigen. Von besonderer Bedeutung ist die weitere Zuständigkeit des Betriebsrats für die übergegangenen oder auch die widerspre-

chenden Arbeitnehmer, die in der Praxis häufig missachtet wird. Das gleiche gilt für die Tarifsituation, schon um Tarifflucht zu vermeiden. Vgl. DKW-*Buschmann*, § 21 Rn. 36; § 21a Rn. 25ff.

9 **Widerspruch gegen den Betriebsübergang – Alternative 1: Widerspruch gegen den Übergang des Arbeitsverhältnisses**

Arbeitnehmer Name Ort, Datum
Adresse

Arbeitgeberin Firmenbezeichnung, Adresse
Geschäftsleitung
im Hause

Widerspruch gegen den Übergang des Arbeitsverhältnisses
Sehr geehrte Frau Name,
durch Schreiben vom Datum haben Sie uns darüber in Kenntnis gesetzt, dass der Betrieb/der Betriebsteil Name zum Datum auf die neue Arbeitgeberin Firmenbezeichnung übergehen soll. Gem. § 613a Abs. 6 BGB widerspreche ich dem Übergang meines Arbeitsverhältnisses auf die neue Arbeitgeberin. Dies bedeutet, dass das Arbeitsverhältnis unverändert zu den bisherigen Bedingungen fortbesteht. Ich bitte, den Eingang meines Widerspruchs zu bestätigen und biete hiermit meine Arbeitskraft bei Ihnen als meiner bisherigen Arbeitgeberin an. Die Fortzahlung meines Gehalts für den Monat/die Monate – Daten eingeben sowie nachfolgende Leistungen werden vorsorglich geltend gemacht.

Hinweis:
Vgl. DKW-*Buschmann*, § 21 Rn. 36; § 21a Rn. 25a. Die Erhebung des Widerspruchs sollte sorgsam überlegt werden, da die alte Arbeitgeberin ggf. mit einer betriebsbedingten Kündigung drohen könnte. Dabei ist zu berücksichtigen, ob auch andere Kolleg/innen Widerspruch erheben und ob Sonderkündigungsschutztatbestände vorliegen.

10 **Alternative 2: Widerspruch nach Ablauf der Monatsfrist bei unzureichender Unterrichtung über den Übergang**

Arbeitnehmer Name Ort, Datum
Adresse

Arbeitgeberin Firmenbezeichnung, Adresse
Geschäftsleitung
im Hause

Widerspruch gegen den Übergang des Arbeitsverhältnisses
Sehr geehrte Frau Name,
durch Schreiben vom Datum haben Sie uns darüber in Kenntnis gesetzt, dass der Betrieb/der Betriebsteil Name zum Datum auf die neue Arbeitgeberin Firmenbezeichnung übergehen soll. Gem. § 613a Abs. 6 BGB widerspreche ich dem Übergang meines Arbeitsverhältnisses auf die neue Arbeitgeberin. Nur vorsorglich weise ich darauf hin, dass die Monatsfrist des § 613a Abs. 6 BGB vorliegend nicht zum Tragen kommt. Nach der ständigen Rechtsprechung des Bundesar-

beitsgerichts beginnt diese Frist erst nach einer vollständigen Unterrichtung über den Übergang i. S. d. § 613a Abs. 5 BGB. Dies ist nicht erfolgt, weshalb das Arbeitsverhältnis unverändert zu den bisherigen Bedingungen fortbesteht. Ich bitte, den Eingang meines Widerspruchs zu bestätigen, und biete hiermit meine Arbeitskraft an. Die Fortzahlung meines Gehalts für den Monat Name sowie nachfolgende Leistungen werden vorsorglich geltend gemacht.

Hinweis:
Vgl. DKW-*Buschmann*, § 21 Rn. 36; § 21a Rn. 25 ff.

§ 21a Übergangsmandat

(1) Wird ein Betrieb gespalten, so bleibt dessen Betriebsrat im Amt und führt die Geschäfte für die ihm bislang zugeordneten Betriebsteile weiter, soweit sie die Voraussetzungen des § 1 Abs. 1 Satz 1 erfüllen und nicht in einen Betrieb eingegliedert werden, in dem ein Betriebsrat besteht (Übergangsmandat). Der Betriebsrat hat insbesondere unverzüglich Wahlvorstände zu bestellen. Das Übergangsmandat endet, sobald in den Betriebsteilen ein neuer Betriebsrat gewählt und das Wahlergebnis bekannt gegeben ist, spätestens jedoch sechs Monate nach Wirksamwerden der Spaltung. Durch Tarifvertrag oder Betriebsvereinbarung kann das Übergangsmandat um weitere sechs Monate verlängert werden.
(2) Werden Betriebe oder Betriebsteile zu einem Betrieb zusammengefasst, so nimmt der Betriebsrat des nach der Zahl der wahlberechtigten Arbeitnehmer größten Betriebs oder Betriebsteils das Übergangsmandat wahr. Absatz 1 gilt entsprechend.
(3) Die Absätze 1 und 2 gelten auch, wenn die Spaltung oder Zusammenlegung von Betrieben und Betriebsteilen im Zusammenhang mit einer Betriebsveräußerung oder einer Umwandlung nach dem Umwandlungsgesetz erfolgt.

Inhaltsübersicht

I. Einleitung

1 In dieser Vorschrift geht es um die Auswirkungen von organisatorischen und/oder rechtlichen Umstrukturierungen von Betrieben auf das Amt des Betriebsrats. Je nach Konstellation ist die Rechtsfolge, dass das Amt des Betriebsrats (ganz oder teilweise) fortbesteht oder endet oder dass der Betriebsrat ein Übergangsmandat ausübt. Durch das Übergangsmandat soll vor allem sichergestellt werden, dass bei einer Spaltung/Zusammenfassung von Betrieben oder Betriebsteilen die Beschäftigten den Schutz der Betriebsverfassung nicht verlieren, mithin keine betriebsratslose Zeit entsteht. Bei einer Zusammenfassung von Betrieben oder Betriebsteilen kann es auch dazu kommen, dass der Übergangsbetriebsrat für bisher betriebsratslose Betriebsteile zuständig wird und nun für den zusammengefassten Betrieb die Neuwahl einleitet, d. h. den Wahlvorstand bestellt. Auch für die Mitglieder des Betriebsrats ist es von besonderer Bedeutung, Klarheit zu haben, dass und für welchen Betrieb/Betriebsteil sie ihr Amt trotz der Umstrukturierung behalten. In jedem Fall besteht Klärungsbedarf, was durch entsprechende Beschlüsse, Anträge oder Schreiben zu unterstreichen ist.

II. Arbeitshilfen

Musterschreiben

1a **(Teil)Betriebsübergang – Anzeige des (Übergangs-)Mandats für übergegangene Betriebsteile**

Betriebsrat der Firma Firmenbezeichnung, Adresse Ort, Datum
Betriebsratsvorsitzende:r Name

An Arbeitgeberin Firmenbezeichnung, Adresse
Geschäftsleitung
Adresse

Weitere Wahrnehmung der Amtsbefugnisse des Betriebsrats
Sehr geehrte Frau Name,
durch Schreiben vom Datum haben Sie den Betriebsrat/die Beschäftigten darüber in Kenntnis gesetzt, dass der Betriebsteil Name zum Datum auf Sie als neuen Arbeitgeber übergehen soll. Für die dort Beschäftigten nimmt der Betriebsrat seine Amtsbefugnisse weiterhin wahr, da eine organisatorische Spaltung des Betriebs nicht stattgefunden hat. (Alternative: Für diese nimmt der Betriebsrat seine Amtsbefugnisse weiterhin zumindest im Rahmen eines Übergangsmandats wahr. Er hat bereits den Wahlvorstand für die Neuwahl bestellt.) Wir bitten um Beachtung, schon um Rechtsunstimmigkeiten zu vermeiden.

Hinweis:
Vgl. DKW-*Buschmann*, § 21a Rn. 25.

(Teil)Betriebsübergang – Anzeige des (Übergangs-)Mandats für nicht übergegangene Betriebsteile 2

Betriebsrat der Firma Firmenbezeichnung, Adresse Ort, Datum
Betriebsratsvorsitzende:r Name

An Arbeitgeberin Firmenbezeichnung, Adresse
Geschäftsleitung
im Hause

Weitere Wahrnehmung der Amtsbefugnisse des Betriebsrats
Sehr geehrte Frau Name,
durch Schreiben vom Datum haben Sie den Betriebsrat/die Beschäftigten darüber in Kenntnis gesetzt, dass der Betrieb mit Ausnahme des Betriebsteils Name zum Datum auf den neuen Arbeitgeber Firmenbezeichnung übergehen soll. Für die im bisherigen Unternehmen verbleibenden Beschäftigten nimmt der Betriebsrat seine Amtsbefugnisse weiterhin wahr, da eine organisatorische Spaltung des Betriebs nicht stattgefunden hat. (Alternative: Für diese nimmt der Betriebsrat seine Amtsbefugnisse weiterhin zumindest im Rahmen eines Übergangsmandats wahr. Er hat bereits den Wahlvorstand für die Neuwahl bestellt.) Wir bitten um Beachtung, schon um Rechtsunstimmigkeiten zu vermeiden.

Hinweis:
Vgl. DKW-*Buschmann*, § 21a Rn. 25.

Betriebsübergang – Anzeige des Übergangsmandats für widersprechende Arbeitnehmer 3

Betriebsrat der Firma Firmenbezeichnung, Adresse Ort, Datum
Betriebsratsvorsitzende:r Name

An Arbeitgeberin Firmenbezeichnung, Adresse
Geschäftsleitung
im Hause

Weitere Wahrnehmung der Amtsbefugnisse
Sehr geehrte Frau Name,
durch Schreiben vom Datum haben Sie den Betriebsrat/die Beschäftigten darüber in Kenntnis gesetzt, dass der Betrieb zum Datum teilweise auf den neuen Arbeitgeber Firmenbezeichnung übergehen soll. Gem. § 613a Abs. 6 BGB hat eine Reihe von Arbeitnehmern dem Übergang ihres Arbeitsverhältnisses auf den neuen Arbeitgeber widersprochen. Dies bedeutet, dass ihr Arbeitsverhältnis unverändert zu den bisherigen Bedingungen fortbesteht. Für diese nimmt der Betriebsrat seine Amtsbefugnisse weiterhin wahr. (Alternative: Für diese nimmt der Betriebsrat seine Amtsbefugnisse weiterhin zumindest im Rahmen eines Übergangsmandats wahr. Er hat bereits den Wahlvorstand für die Neuwahl bestellt.) Wir bitten um Beachtung, schon um Rechtsunstimmigkeiten zu vermeiden.

Hinweis:
Vgl. DKW-*Buschmann*, § 21a Rn. 25a.

4 **Information an den Betriebsrat über Betriebsspaltung**

Arbeitgeberin Firmenbezeichnung, Adresse Ort, Datum

An den Betriebsrat
Firmenbezeichnung
Betriebsratsvorsitzende Name
Adresse

Betriebsspaltung
Sehr geehrte Frau Name,
der Betriebsrat ist in der letzten Betriebsratswahl vom Datum für den Betrieb Betriebsbezeichnung in Ort gewählt worden. Nach § 21 BetrVG teilen wir Ihnen mit, dass der bisherige Betrieb zum Datum in die selbständigen Betriebe Betriebsbezeichnung und Betriebsbezeichnung aufgespalten werden soll.

- In dem Betrieb Betriebsbezeichnung sollen künftig folgende Aufgaben zusammengefasst werden: Der Betrieb wird ausschließlich von Ort aus geführt werden. Ansprechpartner für den Betriebsrat ist Name.
- In dem Betrieb Betriebsbezeichnung sollen künftig folgende Aufgaben zusammengefasst werden: . Der Betrieb wird ausschließlich von Ort aus geführt werden. Ansprechpartner für den Betriebsrat ist Name.
- Mit der vorgesehenen Aufspaltung sollen folgende wirtschaftliche Ziele erreicht werden: .
- Daraus ergeben sich die nachfolgend im Einzelnen dargelegten rechtlichen, wirtschaftlichen und sozialen Folgen für die Arbeitnehmer: .
- Hinsichtlich der Beschäftigten sind folgende Maßnahmen in Aussicht genommen: .
- In Anlage erhalten Sie folgende im Einzelnen bezeichnete Unterlagen, aus denen sich die organisatorische Aufspaltung des Betriebs ergibt: .

Im Übrigen stehen wir bzw. die vorstehend bezeichneten Personen Ihnen gerne zu einem Gespräch über alle Einzelheiten der Verschmelzung zur Verfügung. Teilen Sie uns bitte mit, welche weiteren Unterlagen Sie zur Vorbereitung des Gesprächs benötigen. Als Termin schlagen wir Ihnen den Datum vor.

> **Hinweis:**
> Vgl. DKW-*Buschmann*, § 21a Rn. 25.

5 **Amtszeit – (keine) Betriebsspaltung – (Voll)Übergangsmandat**

Betriebsrat der Firma Firmenbezeichnung, Adresse Ort, Datum
Betriebsratsvorsitzende:r Name

An Arbeitgeberin Firmenbezeichnung, Adresse
Geschäftsleitung
im Hause

Sehr geehrte Frau Name,

1. Durch Schreiben vom Datum haben Sie den Betriebsrat/die Beschäftigten in Kenntnis gesetzt, dass der bisherige einheitliche Betrieb in die neuen Betriebe Betriebsbezeichnung und Betriebsbezeichnung gespalten werden soll. Der Betriebsrat ist nach rechtlicher Überprüfung zu dem Ergebnis gekommen, dass in tatsächlicher Hinsicht eine organisatorische Spaltung des Betriebs nicht stattgefunden hat bzw. stattfindet. Dies bedeutet, dass der Betrieb fortbesteht und der Betriebsrat weiterhin seine Befugnisse für den gesamten Betrieb wahr-

nimmt. Auch bleiben die abgeschlossenen Betriebsvereinbarungen weiterhin im gesamten Betrieb in Kraft. Wir bitten um Beachtung, schon um Rechtsunstimmigkeiten zu vermeiden.

Hinweis:
Die Unternehmensspaltung oder eine Teilveräußerung hat nicht notwendig eine Betriebsspaltung zur Folge. Auch die Behauptung einer rein organisatorischen Spaltung eines bisherigen einheitlichen Betriebs trifft nicht immer zu. Der Betriebsrat geht deshalb zunächst vom Fortbestand des Betriebs und somit auch seiner Amtszeit aus, vgl. auch Vermutung eines gemeinsamen Betriebs in § 1 Abs. 2 BetrVG. Andernfalls hätte er ein Übergangsmandat und müsste dementsprechend neue Wahlvorstände bestellen. Längere Rechtsausführungen sind allerdings in dieser Phase nicht sinnvoll. Vgl. DKW-*Buschmann*, § 21a Rn. 23ff., 29ff.

2. Durch Schreiben vom Datum haben Sie den Betriebsrat/die Beschäftigten in Kenntnis gesetzt, dass der bisherige einheitliche/gemeinsame Betrieb Betriebsbezeichnung in die neuen Betriebe Betriebsbezeichnung und Betriebsbezeichnung gespalten werden soll. Dies bedeutet, dass der Betriebsrat weiterhin seine Befugnisse für den gesamten bisherigen Betrieb zumindest im Rahmen eines Übergangsmandats wahrnimmt. Auch bleiben die abgeschlossenen Betriebsvereinbarungen weiterhin in allen bisherigen Betriebsteilen in Kraft. Wir bitten um Beachtung, schon um Rechtsunstimmigkeiten zu vermeiden.

Hinweis:
Unter b) hält der Betriebsrat es für möglich, dass die Betriebsspaltung tatsächlich stattgefunden hat. Dies beendet jedoch nicht die Amtszeit des Betriebsrats, sondern führt zu einem Übergangsmandat nach Maßgabe des § 21a. Regelmäßig sind dann unverzüglich neue Wahlvorstände für die neu entstehenden Betriebe zu bestellen. Längere Rechtsausführungen sind allerdings in dieser Phase nicht sinnvoll. Vgl. DKW-*Buschmann*, § 21a Rn. 23ff.

Übergangsmandat – bei Spaltung eines gemeinsamen Betriebs mehrerer Unternehmen 6

Betriebsrat der Firma Firmenbezeichnung, Adresse Ort, Datum
Betriebsratsvorsitzende:r Name

An die Geschäftsleitung Firmenbezeichnung, Adresse

Sehr geehrte Damen und Herren,
durch Schreiben vom Datum haben Sie die Beschäftigten in Kenntnis gesetzt, dass der bisherige gemeinsame Betrieb der Unternehmen Firmenbezeichnung und Firmenbezeichnung in jeweils getrennte neue Betriebe Betriebsbezeichnung und Betriebsbezeichnung gespalten werden soll. Dies bedeutet, dass der Betriebsrat weiterhin seine Befugnisse für den gesamten bisherigen gemeinsamen Betrieb zumindest im Rahmen eines Übergangsmandats wahrnimmt. Auch bleiben die abgeschlossenen Betriebsvereinbarungen weiterhin in Kraft. Wir bitten um Beachtung, schon um Rechtsunstimmigkeiten zu vermeiden.

Hinweis:
Auch hier hält der Betriebsrat es für möglich, dass die Betriebsspaltung tatsächlich stattgefunden hat. Eine Spaltung i. S. d. Gesetzes kann auch vorliegen, wenn der bisherige gemeinsame Betrieb aufgelöst wird und die Unternehmen ihre bisherige organisatorische gemeinsame Betriebsführung beenden. Dies beendet jedoch nicht die Amtszeit des Betriebsrats, sondern führt zu einem Übergangsmandat nach Maßgabe des § 21a BetrVG. Regelmäßig sind dann unverzüglich Wahlvorstände zu bestellen. Darüber sollte sich der Betriebsrat rechtlich bera-

ten lassen. Führen an einer Spaltung beteiligte Rechtsträger nach dem Wirksamwerden der Spaltung einen Betrieb gemeinsam, so gilt dieser nach § 132 Abs. 1 UmwG als Betrieb i. S. d. Kündigungsschutzrechts. Nach dessen Abs. 2 (vormals § 323 UmwG) verschlechtert sich die kündigungsrechtliche Stellung der Arbeitnehmer auf Grund der Spaltung oder Teilübertragung für die Dauer von 2 Jahren nicht. Längere Rechtsausführungen gegenüber dem Arbeitgeber sind allerdings in dieser Phase nicht sinnvoll. Vgl. DKW-*Buschmann*, § 21a Rn. 32, 56, 59.

7 Arbeitgeberinformation – Zusammenfassung von Betrieben

Arbeitgeberin Firmenbezeichnung, Adresse — Ort, Datum

An den Betriebsrat
Firmenbezeichnung
Betriebsratsvorsitzende:r Name
Adresse

Betriebsspaltung

Sehr geehrte/r Frau/Herr Name,
der Betriebsrat ist in der letzten Betriebsratswahl vom Datum für den Betrieb Betriebsbezeichnung in Ort gewählt worden. Nach § 21 BetrVG teilen wir Ihnen mit, dass der bisherige Betrieb Betriebsbezeichnung mit dem bisher selbstständigen Betrieb Betriebsbezeichnung zu einem neuen einheitlichen Betrieb Betriebsbezeichnung zusammengefasst werden soll.

- In dem Betrieb Betriebsbezeichnung sollen künftig folgende Aufgaben zusammengefasst werden: . Der Betrieb wird ausschließlich von Ort aus geführt werden. Ansprechpartner für den Betriebsrat ist Name.
- Mit der vorgesehenen Zusammenfassung sollen folgende wirtschaftliche Ziele erreicht werden: .
- Daraus ergeben sich die nachfolgend im Einzelnen dargelegten rechtlichen, wirtschaftlichen und sozialen Folgen für die Arbeitnehmer: .
- Hinsichtlich der Beschäftigten sind folgende Maßnahmen in Aussicht genommen: .
- In Anlage erhalten Sie folgende im Einzelnen bezeichnete Unterlagen, aus denen sich die organisatorische Zusammenfassung des Betriebs ergibt: .

Im Übrigen stehen wir bzw. die vorstehend bezeichneten Personen Ihnen gerne zu einem Gespräch über alle Einzelheiten der Verschmelzung zur Verfügung. Teilen Sie uns bitte mit, welche weiteren Unterlagen Sie zur Vorbereitung des Gesprächs benötigen. Als Termin schlagen wir Ihnen den Datum vor.

Hinweis:
Vgl. DKW-*Buschmann*, § 21a Rn. 40ff.

8 Zusammenfassung von Betrieben – Anzeige des Betriebsrats über Übergangsmandat

Betriebsrat der Firma Firmenbezeichnung, Adresse — Ort, Datum
Betriebsratsvorsitzende:r Name

An die Betriebsleitungen
Betriebsbezeichnungen, Adressen

Übergangsmandat des bisherigen Betriebsrats
Sehr geehrte Damen und Herren,
durch Schreiben vom Datum haben Sie die Beschäftigten in Kenntnis gesetzt, dass die bisherigen getrennten Betriebe Betriebsbezeichnung und Betriebsbezeichnung zu einem neuen gemeinsam geführten Betrieb Betriebsbezeichnung zusammengefasst werden sollen. Dies bedeutet nach dem Betriebsverfassungsgesetz, dass der Betriebsrat des nach der Zahl der wahlberechtigten Arbeitnehmer größten Betriebs oder Betriebsteils nunmehr seine Befugnisse für den gesamten zusammengefassten Betrieb zumindest im Rahmen eines Übergangsmandats wahrnimmt. Als gewählter Betriebsrat sind wir somit für den gesamten Betriebs zuständig und bieten Ihnen unsere Zusammenarbeit an. Zustellungen wollen Sie bitte an den Betriebsratsvorsitzenden Name richten. Über die im Einzelnen geltenden Betriebsvereinbarungen wollen wir Sie gerne unterrichten. Als nächsten Termin für ein Monatsgespräch schlagen wir Ihnen den Datum vor.

Hinweis:
Die Zusammenfassung von Betrieben führt ebenso wie die Betriebsspaltung zu einem Übergangsmandat. Auch bleiben die abgeschlossenen Betriebsvereinbarungen weiterhin in Kraft – nun für den zusammengefassten Betrieb (str.). Entsteht auf diese Weise ein neuer Betrieb, hat der das Übergangsmandat wahrnehmende Betriebsrat unverzüglich den Wahlvorstand für diesen neuen Betrieb zu bestellen. Bei einer bloßen Eingliederung in einen Betrieb mit Betriebsrat verbleibt es bei dessen Amtszeit – nunmehr einschließlich der eingegliederten Betriebsteile. Längere Rechtsausführungen sind allerdings in dieser Phase nicht sinnvoll. Vgl. DKW-*Buschmann*, § 21a Rn. 40ff.; 59ff.

Eingliederung von Betriebsteilen – Anzeige des Betriebsrats über Übergangsmandat 9

Betriebsrat der Firma Firmenbezeichnung, Adresse — Ort, Datum
Betriebsratsvorsitzende:r Name

An die Betriebsleitungen
Betriebsbezeichnungen, Adressen

Übergangsmandat des bisherigen Betriebsrats
Sehr geehrte Damen und Herren,
durch Schreiben vom Datum haben Sie die Beschäftigten in Kenntnis gesetzt, dass der bisher selbstständige Betrieb Betriebsbezeichnung aufgelöst und in den bisherigen Betrieb Betriebsbezeichnung eingegliedert werden soll. In letzterem Betrieb besteht bisher noch kein Betriebsrat. Dies bedeutet nach dem Betriebsverfassungsgesetz, dass der Betriebsrat des nach der Zahl der wahlberechtigten Arbeitnehmer größten eingegliederten Betriebs oder Betriebsteils nunmehr seine Befugnisse für den gesamten zusammengefassten Betrieb im Rahmen eines Übergangsmandats wahrnimmt, bis ein neuer Betriebsrat für den gesamten Betrieb gewählt ist. Diese Wahl haben wir bereits eingeleitet. Auch finden die bestehenden Betriebsvereinbarungen Anwendung. Als gewählter Betriebsrat sind wir somit für den gesamten Betrieb zuständig und bieten Ihnen unsere Zusammenarbeit an. Zustellungen wollen Sie bitte an den Betriebsratsvorsitzenden Name richten. Über die im Einzelnen geltenden Betriebsvereinbarungen wollen wir Sie gerne unterrichten. Als nächsten Termin für ein Monatsgespräch schlagen wir Ihnen den Datum vor.

Hinweis:
Die Eingliederung eines Betriebs mit Betriebsrat in einen betriebsratslosen Betrieb führt in gleicher Weise zu einem Übergangsmandat wie die Zusammenfassung zu einem neuen Betrieb. Zugleich ist ein Wahlvorstand für den gesamten Betrieb zu bestellen. Auch bleiben die

abgeschlossenen Betriebsvereinbarungen weiterhin in Kraft. Längere Rechtsausführungen sind allerdings in dieser Phase nicht sinnvoll. Vgl. DKW-*Buschmann*, § 21a Rn. 40ff., 44, 59ff.

10 Information der widersprechenden Beschäftigten über Übergangs-/Restmandat

Betriebsrat der Firma Firmenbezeichnung, Adresse Ort, Datum
Betriebsratsvorsitzende:r Name

An die Beschäftigten im Betrieb
Betriebsbezeichnungen, Adressen

Betriebsübergang
Liebe Kolleginnen und Kollegen,
Gemäß § 613a Abs. 6 BGB habt Ihr Euer Recht in Anspruch genommen, dem Übergang des Arbeitsverhältnisses auf die neue Arbeitgeberin zu widersprechen. In diesem Fall besteht das Arbeitsverhältnis zu unveränderten Bedingungen beim bisherigen Arbeitgeber fort.
Solltet Ihr bei der alten Arbeitgeberin eine Kündigung erhalten, besteht die Möglichkeit, dagegen innerhalb von drei Wochen nach Zugang (nicht nach Fristablauf) über den gewerkschaftlichen Rechtsschutz (nur für Gewerkschaftsmitglieder) oder über einen Rechtsanwalt Kündigungsschutzklage zu erheben.
Grundsätzlich bleibt bei einer Spaltung der Betriebsrat auch nach dem Betriebsübergang bzw. nach einem Widerspruch endgültig oder zumindest im Rahmen eines befristeten Übergangsmandats für Euch zuständig. Deshalb könnte eine Kündigungsschutzklage ggf. auch darauf gestützt werden, dass der Betriebsrat vor Ausspruch der Kündigung nicht angehört worden ist. Einzelheiten solltet Ihr mit Eurer Prozessvertretung besprechen.

Hinweis:
In der Praxis wird die weitere Zuständigkeit des Betriebsrats für die übergegangenen oder auch die widersprechenden Arbeitnehmer häufig missachtet. Allein deshalb könnte eine Kündigungsschutzklage erfolgreich sein. Nur bei Widersprüchen einzelner Arbeitnehmer verhält sich die aktuelle Rspr. des BAG bzgl. des Übergangsmandats des übergangenen Betriebsrats eher restriktiv, was jedoch nicht überzeugt und stark auf Einzelfälle abgestellt ist. Vgl. DKW-*Buschmann*, § 21a Rn. 25ff.; § 21b Rn. 18, 22.

11 Zusammenfassung von Betrieben – Zuständigkeit des Betriebsrats – Fortführung eines Beschlussverfahrens

Ort, Datum

An das Arbeitsgericht Bezeichnung
Ort
Adresse
In dem bereits anhängigen Beschlussverfahren des
Betriebsrat Firmenbezeichnung, Adresse (Beteiligter zu 1)
vertreten durch Name
gegen
Firma Firmenbezeichnung, Adresse (Beteiligter zu 2)
vertreten durch Name

Az.

wird mitgeteilt, dass der im Streit befindliche Betrieb mit dem am gleichen Ort befindlichen Betrieb der Firma Firmenbezeichnung zu einem neuen Betrieb unter dem Namen Bezeichnung zusammengefasst wurde, für den nach der Verschmelzung nunmehr der (zusammengefasste) neue Betriebsrat Name zuständig ist. Dieser ist Rechtsnachfolger des bisherigen Beteiligten zu 1 und führt als solcher dieses Verfahren fort. Nach der Rspr. des *BAG* (Beschluss v. 21. 1. 2003 – 1 ABR 9/02, EzA BetrVG 2001 § 77 Nr. 3; 23. 6. 2010 – 7 ABR 3/09, AuR 2010, 485; 22. 8. 2017 – 1 ABR 52/14, AuR 2018, 46) wird der Betriebsrat gem. § 83 Abs. 3 ArbGG ipso jure Beteiligter des Verfahrens. Das Verfahren wird somit mit folgenden Beteiligten fortgesetzt: Name

Der Beteiligte zu 1 wird weiterhin durch seine bisherigen Prozessbevollmächtigten vertreten.

Hinweis:
Nach der zitierten Rechtsprechung tritt der neue Betriebsrat ipso jure in die prozessuale Rechtsstellung des bisherigen beteiligten Betriebsrats ein, ohne dass dafür besondere Prozesshandlungen, wie z. B. eine Klageänderung, erforderlich sind. Das Rubrum ist aber entsprechend zu ändern. Dies gilt gleichermaßen bei einer Zusammenlegung, verbunden mit einem Übergangsmandat, ebenso bei einer Beendigung der Amtszeit des bisherigen beteiligten Betriebsrats infolge der Aufnahme in einen anderen aufnehmenden Betrieb, für den ein Betriebsrat besteht. In diesem Fall setzt letzterer das Verfahren fort. Für die bisherige Prozessvertretung ist es sinnvoll, den neuen beteiligten Betriebsrat über das Verfahren zu informieren und ggf. eine ausdrückliche Vollmacht einzuholen. Vgl. DKW-*Buschmann*, § 21a Rn. 65.

Beschlussfassung des Betriebsrats (Alternativen) 12

Protokollauszug: Ort, Datum

1. Der Betriebsrat stellt fest, dass sein Mandat für den bisherigen gesamten Betrieb auch durch die arbeitgeberseitig durchgeführten Umstrukturierungen nicht berührt wird und fortbesteht. Er wird demgemäß sein Mandat bis zum Ende der regelmäßigen Amtszeit auch für die Betriebsteile wahrnehmen.
2. Der Betriebsrat stellt fest, dass der bisherige Betriebsteil mit Wirkung zum abgespalten und an die Fa. übertragen wurde. Für die betroffenen Kolleginnen und Kollegen nimmt der Betriebsrat bis zum sein Übergangsmandat wahr und bestellt für sie den Wahlvorstand mit folgenden Personen zwecks Neuwahl. Für die nicht übertragenen Betriebsteile bleibt der Betriebsrat im Amt und wird demgemäß sein Mandat bis zum Ende der regelmäßigen Amtszeit wahrnehmen.
3. Der Betriebsrat stellt fest, dass der bisherige Betriebsteil mit Wirkung zum abgespalten, an die Fa. übertragen und mit deren Niederlassung zusammengefasst wurde, die noch keinen Betriebsrat hat. Für die Kolleginnen und Kollegen des zusammengefassten neuen Betriebs nimmt der Betriebsrat bis zum sein Übergangsmandat wahr und bestellt für sie einen Wahlvorstand mit folgenden Personen zwecks Neuwahl. Für die nicht übertragenen Betriebsteile bleibt der Betriebsrat im Amt und wird demgemäß sein Mandat bis zum Ende der regelmäßigen Amtszeit wahrnehmen.
4. Der Betriebsrat stellt fest, dass der bisherige Betrieb mit Wirkung zum in die neuen Betriebe aufgespalten wurde, so dass Neuwahlen erforderlich werden. Für alle bisherigen Betriebsteile nimmt der Betriebsrat bis zum sein Übergangsmandat wahr und bestellt neue, getrennte Wahlvorstände mit folgenden Personen zwecks Neuwahl.

Hinweis:
Zu Streitigkeiten vgl. DKW-*Buschmann*, § 21a Rn. 65.

§ 21b Restmandat

Geht ein Betrieb durch Stilllegung, Spaltung oder Zusammenlegung unter, so bleibt dessen Betriebsrat so lange im Amt, wie dies zur Wahrnehmung der damit im Zusammenhang stehenden Mitwirkungs- und Mitbestimmungsrechte erforderlich ist.

Inhaltsübersicht Rn.

I. Einleitung

1 Die Anerkennung des Restmandats beruht auf der Erkenntnis, dass die Beteiligungsrechte des Betriebsrats, insbesondere in den Fällen einer Betriebsstilllegung, leer laufen müssten, wenn der Betriebsrat nicht mehr tätig werden könnte. Das Gleiche gilt in Fällen der Betriebsaufspaltung oder der Zusammenlegung von Betrieben, soweit infolgedessen der Ursprungsbetrieb nicht mehr besteht und auch ein Übergangsmandat abgelaufen ist. Wesentlicher Inhalt des Restmandats ist wie beim Übergangsmandat eine Verlängerung der Amtszeit des Betriebsrats und der einzelnen Betriebsratsmitglieder, allerdings funktional begrenzt auf die Wahrnehmung von Mitwirkungs- und Mitbestimmungsrechten, die sich auf den untergegangenen Betrieb beziehen.

II. Arbeitshilfen

Musterschreiben

2 **Information des Betriebsrats an das Insolvenzgericht**

Betriebsrat der Firma Firmenbezeichnung, Adresse Ort, Datum
Betriebsratsvorsitzende:r Name

An das Insolvenzgericht, Adresse

Insolvenzverfahren
Betr. Insolvenzverfahren der Fa. – Az. – Insolvenzantrag vom – Gläubigerausschuss
Nach § 21b BetrVG nimmt der Betriebsrat für die Abwicklung des Insolvenzverfahrens sein gesetzliches Mandat auch nach der Schließung wahr. Der Betriebsrat hat sich in seiner Sitzung vom Datum für die Errichtung eines Gläubigerausschusses ausgesprochen. Zugleich hat er Frau/Herrn Name als Gläubigerausschussmitglied bestimmt. Am Datum wurde Frau/Herr Name in der Betriebsversammlung vorgestellt. Es gab keine Einwände gegen die Benennung von Frau/Herrn Name. Sie/Er ist bereit, im zu bildenden Gläubigerausschuss mitzuwirken. Eine entsprechende Einverständniserklärung ist beigefügt. Nach § 67 Abs. 2 Satz 2 InsO soll dem Ausschuss ein Vertreter der Arbeitnehmer angehören. Wie bekannt, sind zahlreiche Arbeitnehmer dieses Betriebs unter den Insolvenzgläubigern.

Hinweis:
Vgl. DKW-*Buschmann*, § 21b Rn. 10.

Anzeige des Restmandats – Betriebsstilllegung 3

Betriebsrat der Firma Firmenbezeichnung, Adresse Ort, Datum
Betriebsratsvorsitzende:r Name

An Arbeitgeberin Firmenbezeichnung, Adresse
Geschäftsleitung

Abwicklung der Betriebsstilllegung

Sehr geehrte Frau Name,
nachdem Sie uns mitgeteilt haben, dass die Betriebstätigkeit am Datum vollständig eingestellt wurde, weisen wir darauf hin, dass noch eine Reihe betriebsverfassungsrechtlicher Angelegenheiten nicht abgeschlossen sind, die weitere Aufgaben für den Betriebsrat nach sich ziehen. Unter anderem handelt es sich um

- Umsetzung des Interessenausgleichs vom Datum
- Abschluss eines/Umsetzung des Sozialplans vom Datum
- Verwaltung des Härtefonds aus dem Sozialplan vom Datum
- Abwicklung der anhängigen Beschlussverfahren Az.
- Beratung der Arbeitnehmer hinsichtlich der Umsetzung des Interessenausgleichs und des Sozialplans vom Datum und der weiteren abgeschlossenen Betriebsvereinbarungen
- Sonstiges .

Nach § 21b BetrVG nimmt der Betriebsrat für seine gesetzlichen Aufgaben nach der Betriebsstilllegung ein Restmandat wahr. Wir dürfen Sie deshalb bitten,

- dem Betriebsrat weiterhin das Büro nebst Ausstattung zur Verfügung zu stellen;
- [alternativ für den Fall, dass dieses Büro nicht mehr zur Verfügung steht] für den Betriebsrat ein entsprechendes Büro anzumieten, in dem der Betriebsrat seine Aufgaben wahrnehmen kann;
- die anfallenden Betriebsratskosten jeweils zu tragen;
- die Betriebsratsmitglieder, soweit sie in Ihrem Unternehmen weiterbeschäftigt werden, für ihre Aufgaben freizustellen;
- für die nachfolgend im Einzelnen bezeichneten Betriebsratsmitglieder, die inzwischen in anderen Unternehmen beschäftigt werden, die Notwendigkeit der Freistellung gegenüber den neuen Arbeitgebern jeweils zu bestätigen und etwaige daraus entstehende Kosten bzw. Verdienstausfall auszugleichen.

Hinweis:
Vgl. DKW-*Buschmann*, § 21b Rn. 21, 25f.

4 **Anzeige des Restmandats – Betriebsspaltung**

Betriebsrat der Firma Firmenbezeichnung, Adresse Ort, Datum
Betriebsratsvorsitzende:r Name

An Arbeitgeberin Firmenbezeichnung, Adresse
Geschäftsleitung

Abwicklung der Betriebsspaltung
Sehr geehrte Frau Name,
nach der am Datum durchgeführten Übertragung des Betriebsteils auf die Firmenbezeichnung und des Betriebsteils auf die Firmenbezeichnung wurden inzwischen für die beiden ehemaligen Betriebsteile dort jeweils neue Betriebsräte gewählt. Wir dürfen Sie darauf hinweisen, dass aus dem früheren Betriebsbezeichnung noch eine Reihe betriebsverfassungsrechtlicher Angelegenheiten nicht abgeschlossen sind, die weitere Aufgaben für dessen Betriebsrat nach sich ziehen. Unter anderem handelt es sich um

- Umsetzung des Interessenausgleichs vom Datum
- Abschluss eines/Umsetzung des Sozialplans vom Datum
- Verwaltung des Härtefonds aus dem Sozialplan vom Datum
- Abwicklung der anhängigen Beschlussverfahren Az.
- Beratung der Arbeitnehmer hinsichtlich der Umsetzung des Interessenausgleichs und des Sozialplans vom Datum und der weiteren abgeschlossenen Betriebsvereinbarungen
- Sonstiges .

Nach § 21b BetrVG nimmt der Betriebsrat für seine gesetzlichen Aufgaben nach Betriebsstilllegung ein Restmandat wahr. Wir dürfen Sie deshalb bitten,

- dem Betriebsrat weiterhin das Büro nebst Ausstattung zur Verfügung zu stellen;
- die anfallenden Betriebsratskosten jeweils zu tragen;
- die Betriebsratsmitglieder, soweit sie in Ihrem Unternehmen weiterbeschäftigt werden, für ihre Aufgaben freizustellen;
- für die nachfolgend im Einzelnen bezeichneten Betriebsratsmitglieder, die inzwischen in anderen Unternehmen beschäftigt werden, die Notwendigkeit der Freistellung gegenüber den neuen Arbeitgebern jeweils zu bestätigen und etwaige daraus entstehende Kosten bzw. Verdienstausfall auszugleichen.

Hinweis:
Vgl. DKW-*Buschmann*, § 21b Rn. 16, 21, 25f.

5 **(Teil)Betriebsübergang – Anzeige des (Rest-)Mandats für widersprechende Arbeitnehmer**

Betriebsrat der Firma Firmenbezeichnung, Adresse Ort, Datum
Betriebsratsvorsitzende:r Name

An Arbeitgeberin Firmenbezeichnung, Adresse
Geschäftsleitung
im Hause

Weitere Wahrnehmung der Amtsbefugnisse
Sehr geehrte Frau Name,
durch Schreiben vom Datum haben Sie den Betriebsrat/die Beschäftigten darüber in Kenntnis gesetzt, dass der Betrieb zum Datum teilweise auf den neuen Arbeitgeber Firmenbezeichnung übergehen soll. Gem. § 613a Abs. 6 BGB hat eine Reihe von Arbeitnehmern dem Übergang ihres

Arbeitsverhältnisses auf den neuen Arbeitgeber widersprochen. Dies bedeutet, dass ihr Arbeitsverhältnis unverändert zu den bisherigen Bedingungen fortbesteht. Für diese nimmt der Betriebsrat seine Amtsbefugnisse nach Maßgabe der §§ 21 ff. BetrVG weiterhin wahr. Wir bitten um Beachtung, schon um Rechtsunstimmigkeiten zu vermeiden.

Hinweis:
Vgl. § 21a Nr. 10 sowie DKW-*Buschmann*, § 21b Rn. 18.

Anzeige des (Rest-)Mandats an fremden Arbeitgeber 6

Betriebsrat der Firma Firmenbezeichnung, Adresse — Ort, Datum
Betriebsratsvorsitzende:r Name

An Arbeitgeberin Firmenbezeichnung, Adresse
Geschäftsleitung
Adresse

Weitere Wahrnehmung der Amtsbefugnisse des Betriebsratsmitglieds Herrn/Frau Name

Sehr geehrte Frau Name,
wie Ihnen vielleicht bekannt ist, soll der Betrieb in Firmenbezeichnung stillgelegt werden. Da aus der früheren Betriebsbezeichnung noch eine Reihe betriebsverfassungsrechtlicher Angelegenheiten nicht abgeschlossen sind, hat der Betriebsrat dieses Betriebs die Amtspflicht, seine Aufgaben im Rahmen eines gesetzlichen Restmandats (§ 21b BetrVG) weiterhin wahrzunehmen. Frau/Herr Name, die/der inzwischen in ihrem Betrieb beschäftigt ist, gehört dem Betriebsrat weiterhin im Rahmen des Restmandats an. Wir dürfen Sie deshalb bitten, sie/ihn für Betriebsratstätigkeiten jeweils freizustellen. Anfallende Kosten wollen Sie bitte der Fa. Betriebsbezeichnung in Rechnung stellen.

Hinweis:
Vgl. DKW-*Buschmann*, § 21b Rn. 25.

§ 22 Weiterführung der Geschäfte des Betriebsrats

In den Fällen des § 13 Abs. 2 Nr. 1 bis 3 führt der Betriebsrat die Geschäfte weiter, bis der neue Betriebsrat gewählt und das Wahlergebnis bekannt gegeben ist.

Inhaltsübersicht Rn.

I. Einleitung

1 Die Vorschrift regelt die **Weiterführung der Geschäfte** durch Betriebsräte, deren Amtszeit aus bestimmten Gründen vorzeitig endet. Sie ist für Betriebsräte, deren Amtszeit aus den in § 13 Abs. 2 Nrn. 1 und 2 genannten Gründen (Veränderung der Anzahl der regelmäßig beschäftigten Arbeitnehmer bzw. Betriebsratsmitglieder) vorzeitig endet, nur klarstellend; denn diese Betriebsräte bleiben gemäß § 21 Satz 5 bis zur Bekanntgabe des Wahlergebnisses des neu gewählten Betriebsrats ohnehin im Amt. Für den zurückgetretenen

Betriebsrat ist die Vorschrift dagegen von Bedeutung, da § 21 Satz 5 den § 13 Abs. 2 Nr. 3 nicht ausdrücklich nennt. In Streitfällen wie bei Anfechtungsverfahren kann also der Betriebsrat durch Rücktritt nebst Bestellung des Wahlvorstandes und anschließender Neuwahl die Kontinuität der Betriebsratsarbeit sichern. Während der Weiterführung der Geschäfte ist der Betriebsrat in vollem Umfang geschäftsführungsbefugt. Die Vorschrift ist zwingend und weder durch Tarifvertrag noch durch Betriebsvereinbarung abdingbar.

II. Arbeitshilfen

Musterschreiben

2 **Anfechtung der Betriebsratswahl – Rücktritt**

Betriebsrat der Firma Firmenbezeichnung, Adresse Ort, Datum
Betriebsratsvorsitzende:r Name

An Arbeitgeberin Firmenbezeichnung, Adresse
Geschäftsleitung
im Hause

Amtszeit des Betriebsrats
Sehr geehrte Frau Name,
das Arbeitsgericht/Landesarbeitsgericht Ort hat durch Beschluss vom Datum – noch nicht zugestellt – die Wahl des Betriebsrats vom Datum gem. § 19 BetrVG für unwirksam erklärt. Die Entscheidung ist nicht rechtskräftig. Wir dürfen Ihnen mitteilen, dass der Betriebsrat durch Beschluss vom Datum seinen Rücktritt beschlossen hat. Somit führt er gem. § 22 BetrVG die Geschäfte weiter, bis der neue Betriebsrat gewählt und das Wahlergebnis bekannt gegeben ist. Dazu gehört auch die Wahrnehmung von Mitwirkungs- und Mitbestimmungsrechten. Die Neuwahl wird nun durch den Wahlvorstand durchgeführt werden. Wir bitten um Beachtung, schon um Rechtsunstimmigkeiten zu vermeiden.

> **Hinweis:**
> Vgl. DKW-*Buschmann*, § 21 Rn. 32; § 22 Rn. 4.

§ 23 Verletzung gesetzlicher Pflichten

(1) Mindestens ein Viertel der wahlberechtigten Arbeitnehmer, der Arbeitgeber oder eine im Betrieb vertretene Gewerkschaft können beim Arbeitsgericht den Ausschluss eines Mitglieds aus dem Betriebsrat oder die Auflösung des Betriebsrats wegen grober Verletzung seiner gesetzlichen Pflichten beantragen. Der Ausschluss eines Mitglieds kann auch vom Betriebsrat beantragt werden.
(2) Wird der Betriebsrat aufgelöst, so setzt das Arbeitsgericht unverzüglich einen Wahlvorstand für die Neuwahl ein. § 16 Abs. 2 gilt entsprechend.
(3) Der Betriebsrat oder eine im Betrieb vertretene Gewerkschaft können bei groben Verstößen des Arbeitgebers gegen seine Verpflichtungen aus diesem Gesetz beim Arbeitsgericht beantragen, dem Arbeitgeber aufzugeben, eine Handlung zu unterlassen, die Vornahme einer Handlung zu dulden oder eine Handlung vorzunehmen. Handelt der Arbeitgeber der ihm durch rechtskräftige gerichtliche Entscheidung auferlegten Verpflichtung zuwider, eine Handlung zu unterlassen oder die Vornahme einer Handlung zu dulden, so ist er auf Antrag vom Arbeitsgericht wegen einer jeden Zuwiderhandlung nach vorheriger Androhung zu einem Ordnungsgeld zu verurteilen. Führt der Arbeitgeber die ihm durch eine rechtskräftige gerichtliche Entscheidung auf-

erlegte Handlung nicht durch, so ist auf Antrag vom Arbeitsgericht zu erkennen, dass er zur Vornahme der Handlung durch Zwangsgeld anzuhalten sei. Antragsberechtigt sind der Betriebsrat oder eine im Betrieb vertretene Gewerkschaft. Das Höchstmaß des Ordnungsgeldes und Zwangsgeldes beträgt 10 000 Euro.

Inhaltsübersicht

I. Einleitung

§ 23 BetrVG stellt allen Betriebsparteien Sanktionsmittel bei groben Verstößen gegen die betriebsverfassungsrechtliche Ordnung zur Verfügung: Sie bestehen gegenüber dem Betriebsrat in dessen Auflösung und in dem Ausschluss einzelner Mitglieder aus dem Betriebsrat. Das ist in der Praxis häufig mit dem Versuch verbunden, das Arbeitsverhältnis des betroffenen Betriebsratsmitglieds selbst aufzulösen (näher DKW-*Dornberger*, § 23 Rn. 80ff.; zur Rechtswidrigkeit dieser zusätzlichen Sanktionen bei Annahme eines zusätzlichen Verstoßes nach § 78 BetrVG DKW-*Buschmann*, § 78 Rn. 29ff.). Dem/Die Arbeitgeber:in kann die Vornahme einer bestimmten Handlung, ein Dulden oder ein Unterlassen auferlegt werden. Ggf. trifft ihn/sie eine finanzielle Leistungspflicht im Rahmen des Ordnungs- oder Zwangsgeldes. (näher DKW-*Dornberger*, § 23 Rn. 110). 1

Eine Besonderheit des § 23 BetrVG besteht weiterhin darin, dass den Gewerkschaften ein eigenes Antragsrecht (DKW-*Dornberger*, § 23 Rn. 18) zugesprochen wird. Eine hohe praktische Bedeutung kommt diesem vor allem im Zusammenhang mit tarifwidrigen Betriebsvereinbarungen zu. Solche verstoßen gegen die betriebsverfassungsrechtliche Ordnung. Die Tarifvertragsparteien können wegen Verletzung ihres Koalitionsrechts nach

Art. 9 Abs. 3 GG aus eigenem Recht insoweit direkt gegen den/die Arbeitgeber:in gerichtlich vorgehen. Tarifwidrige Betriebsvereinbarungen stellen in der Regel auch einen groben Verstoß des/der Arbeitgeber:in gem. § 23 Abs. 3 Satz 1 BetrVG dar (DKW-*Berg*, § 77 Rn. 126; vgl. insgesamt § 77 BetrVG zum Verhältnis von Betriebsverfassung und Tarifautonomie).

Die Sanktionsmittel gem. § 23 BetrVG ergänzen die straf- bzw. ordnungsrechtlichen Maßnahmen gem. §§ 119ff. BetrVG, ohne sie zu verdrängen. Dies gilt auch für die sonstigen Durchführungs-, Duldungs- oder Unterlassungsansprüche.

Nach § 17 Abs. 2 des Allgemeinen Gleichbehandlungsgesetzes (AGG) können der Betriebsrat und/oder die im Betrieb vertretene Gewerkschaft ein gerichtliches Verfahren nach § 23 Abs. 3 BetrVG nicht nur bei einem groben Verstoß des/der Arbeitgeber:in gegen seine/ihre betriebsverfassungsrechtlichen Verpflichtungen, sondern auch gegen seine/ihre Verpflichtungen aus den §§ 6 bis 18 AGG einleiten. Dafür finden Sie am Ende dieses Abschnitts diverse Musterschreiben zu § 17 AGG.

II. Arbeitshilfen

1. Musterschreiben zu § 23 Abs. 1 und 2 BetrVG

2 **Betriebsrat: Antrag auf Ausschluss eines Betriebsratsmitglieds**

An das Arbeitsgericht
Bezeichnung
Adresse

Antrag auf Eröffnung eines Beschlussverfahrens mit den Beteiligten

1. Betriebsrat Firmenbezeichnung, Adresse vertreten durch die/den Betriebsratsvorsitzende:n Name, Adresse

– Antragsteller und Beteiligter zu 1. –

2. Frau/Herr Name, Adresse

– Antragsgegner:in und Beteiligte/r zu 2. –

3. (ggf.) Firma Firmenbezeichnung, vertreten durch den/die Geschäftsführer:in Name, Adresse,

– Beteiligte zu 3. –

wegen Ausschluss aus dem Betriebsrat

Namens und in Vollmacht des Antragstellers und Beteiligten zu 1. werden wir im Termin zur mündlichen Anhörung der Beteiligten folgenden **Antrag** stellen:

Der/die Antragsgegner:in und Beteiligte zu 2. wird aus dem Betriebsrat ausgeschlossen.

Begründung

Der Antragsteller ist der bei der Firmenbezeichnung gebildete Betriebsrat. Eines der Anzahl Betriebsratsmitglieder ist der/die Antragsgegner:in. Er/Sie ist aus dem Betriebsrat auszuschließen, weil er/sie grob gegen seine/ihre Pflichten verstieß.

Der/Die Antragsgegner:in nahm ohne vorherige Information des Antragstellers den Verlauf der Betriebsratssitzung vom Datum auf. Auf dieser Sitzung legte der/die Antragsteller:in die weitere Strategie für die anstehenden Sozialplanverhandlungen (Entlassung von Anzahl Mitarbeitenden) fest. Nach Ende der Sitzung bot er das Tonband der Geschäftsführung vergeblich zum Kauf an und berichtete über den Inhalt. Dieses Angebot hörte das Sekretariat der Geschäftsführung zufällig mit.

Beweis:

1. Zeugnis der Geschäftsführung Frau/Herrn Name
2. Zeugnis des Sekretariats Frau/Herr Name, Adresse

Der Antragsteller beschloss in seiner Sitzung am Datum einstimmig die Einleitung eines Ausschlussverfahrens nach § 23 Abs. 1 Fall 1 BetrVG. Dem/Der Antragsgegner:in war vorher Gelegenheit zur Stellungnahme gegeben worden, die er/sie jedoch nicht wahrnahm.
Anstelle des/der Antraggegner:in nahm das zuständige Ersatzmitglied an der Abstimmung teil.
Beweis:
1. Beschluss des Antragstellers vom Datum (siehe Anlage 1)
2. Anwesenheitsliste vom Datum (siehe Anlage 2)

> **Hinweis:**
> Der Arbeitgeber ist nur am Verfahren zu beteiligen, wenn dieser durch die Entscheidung unmittelbar in seiner/ihrer betriebsverfassungsrechtlichen Rechtsstellung betroffen ist (BAG 22.6.1993 – 1 ABR 62/92, AP BetrVG 1972 § 23 Nr. 22) näher DKW-*Dornberger*, § 23 Rn. 26.

Betriebsrat: Information an das betreffende Betriebsratsmitglied über Anhörung vor Ausschlussverfahren 2a

Betriebsrat des Betriebs Firmenbezeichnung
Adresse des Betriebsrats
PLZ Ort

An Herr/Frau
Name des betroffenen Betriebsratsmitglieds
Adresse
PLZ Ort

Anhörung gemäß § 23 Abs. 1 BetrVG am Datum wegen möglichem Ausschluss aus dem Betriebsrat
Sehr geehrte(r) Frau/Herr Name,
hiermit teilen wir Ihnen mit, dass der Betriebsrat beabsichtigt, in seiner Sitzung am Datum der Sitzung um Uhrzeit in Raum/Ort
über die Einleitung eines Ausschlussverfahrens nach § 23 Abs. 1 BetrVG gegen Sie zu beraten.
Der Hintergrund ist der Vorwurf, dass Sie (Darstellung des Anlasses: z. B.: wiederholte Nichtteilnahme an Sitzungen des Betriebsrates ohne nachvollziehbaren Grund, Weitergabe vertraulicher Informationen; sonstige Verstöße gegen das Betriebsverfassungsgesetz).
Gemäß § 23 Abs. 1 BetrVG ist Ihnen vor einer solchen Entscheidung Gelegenheit zur Stellungnahme zu geben. Wir laden Sie daher zur oben genannten Sitzung ein und geben Ihnen die Möglichkeit, sich zu den Vorwürfen zu äußern.
Sie können Ihre Stellungnahme schriftlich oder mündlich vortragen. Gerne können Sie sich hierzu auch von einem Rechtsbeistand oder einer Gewerkschaftsvertretung begleiten lassen.
Bitte teilen Sie uns bis spätestens Datum (mind. 2–3 Tage vor Sitzungstermin) mit, ob Sie an der Sitzung teilnehmen und ob Sie ggf. eine Begleitung mitbringen werden.

> **Hinweis:**
> Dieses Schreiben dient der rechtssicheren Information und Anhörung des betreffenden Betriebsratsmitglieds, bevor ein Antrag beim Arbeitsgericht gestellt wird. Eine Anhörung ist keine betriebsverfassungsrechtliche Verpflichtung, aber wird von der h. M. als Teil eines fairen Verfahrens vorausgesetzt. (näher DKW-*Dornberger*, § 23 Rn. 19).

3 **Arbeitgeber: Abwehr des Antrags auf Ausschluss eines Betriebsratsmitglieds**

An das Arbeitsgericht
Bezeichnung
Adresse

Im Beschlussverfahren mit den Beteiligten:

1. Firma Firmenbezeichnung, vertreten durch den/die Geschäftsführer:in Name, Adresse,

   – Antragstellerin und Beteiligte zu 1. –

2. Betriebsrat der Firma Firmenbezeichnung, vertreten durch die/den Betriebsratsvorsitzende:n Name, Adresse

   – Prozessbevollmächtigte: Rechtsanwalt/Rechtsanwältin Name, Adresse

   – Antragsgegner und Beteiligter zu 2 -

3. Herr/Frau Name, Adresse

   – Beteiligte:r zu 3. –

AZ: -Aktenzeichen-

Wegen Ausschlusses aus dem Betriebsrat

Namens und in Vollmacht der Antragstellerin und Beteiligten zu 1. werden wir im Termin zur mündlichen Anhörung der Beteiligten beantragen, die Anträge der Antragstellerin zurückzuweisen.

Begründung

I.

Am Datum wurde u. a. der Betriebsteil in Ort der Firma Firmenbezeichnung an die Antragstellerin ausgegliedert. Beide Firmen sind wirtschaftlich eng verbunden.

Der Betriebsrat der Firma Firmenbezeichnung übte das Übergangsmandat gem. § 21a BetrVG aus. Der/Die Betriebsratsvorsitzende kannte deshalb die Personaldaten aller Beschäftigten und insbesondere die Kündigungsfristen.

Am Datum teilte die Antragstellerin in einer Belegschaftsversammlung mit, dass sie das Entgelt aller Beschäftigten kürzen wolle. Daraufhin fand die Wahl eines eigenen Betriebsrats für den ausgegliederten Betriebsteil in Ort statt. Dieser Betriebsrat ist der Antragsgegner.

II.

Der Antrag auf Ausschluss des/der Beteiligten zu 3. aus dem neu gewählten Antragsgegner ist unbegründet. Der/Die Beteiligte zu 3. hat in keiner Weise grob gegen seine/ihre betriebsverfassungsrechtlichen Pflichten verstoßen.

Die Antragstellerin begründet ihren Antrag damit, dass der/die Beteiligte zu 3. dem Betriebsrat der Firmenbezeichnung und damit eines fremden Unternehmens die Anhörungen für die Kündigungen der Belegschaft gem. § 102 Abs. 1 BetrVG übersandt und damit vertrauliche Informationen unter Ausnutzung seiner/ihrer Stellung als Betriebsratsmitglied preisgegeben hätte.

Diese Behauptung ist jedoch falsch. Der/Die Beteiligte zu 3. informierte die Mitarbeitenden der Firmenbezeichnung nicht über Geschäftsinterna. In Wahrheit war es die Antragstellerin selbst, die Beschäftigte der Firmenbezeichnung über die bevorstehende Schließung und die beabsichtigten Kündigungen informierte. Dies geschah, als sie sich selbst nach der Dauer der Kündigungsfristen der Mitarbeitenden des ausgegliederten Betriebsteils erkundigte. Nähere Informationen zum Datum und zu den genauen Umstände ergänzen

Informiert der Arbeitgeber einen Dritten selbst von der geplanten Schließung, dann verrät der Betriebsrat auch dann kein Geschäftsgeheimnis des Unternehmens, wenn er die/den Dritte:n einen Tag später von sich aus darauf anspricht und ebenfalls Informationen verlangt.

> **Hinweis:**
> Näher dazu, wann grobe Pflichtverletzungen von Mitgliedern des Betriebsrats von der Rechtsprechung in der Vergangenheit bejaht bzw. verneint worden sind: DKW-*Dornberger*, § 23 Rn. 35ff. Dabei ist aber zu beachten, dass es sich lediglich um die Entscheidung eines Einzelfalls

handelt. Die Annahme oder Ablehnung der groben Pflichtverletzungen bei den dargestellten Fallgruppen sind für zukünftige Fälle nicht bindend. Die Entscheidung hängt stets von den Gesamtumständen ab.

Gewerkschaft: Antrag auf Auflösung des Betriebsrats 4

An das Arbeitsgericht
Bezeichnung
Adresse

In dem Beschlussverfahren mit den Beteiligten

1. Gewerkschaft Bezeichnung, Adresse, vertreten durch den ersten Vorsitzenden
– Antragstellerin und Beteiligte zu 1. –
2. Betriebsrat der Firma Firmenbezeichnung, vertreten durch den Betriebsratsvorsitzenden Name, Adresse
– Antragsgegner und Beteiligter zu 2.-
3. (ggf.) Firma Firmenbezeichnung, vertreten durch den/die Geschäftsführer:in Name, Adresse,
– Beteiligte zu 3.-

vertreten wir die Antragstellerin.

Wir leiten ein Beschlussverfahren ein und beantragen:

1. Der im Betrieb Betriebsbezeichnung der Firma Firmenbezeichnung bestehende Betriebsrat wird aufgelöst.
2. Zur Durchführung der Neuwahl des Betriebsrats wird ein Wahlvorstand, bestehend aus den Mitgliedern (Name, Name, Name) bestellt.

Begründung

I.

Antragstellerin und Beteiligte zu 1. ist die im Betrieb Betriebsbezeichnung der Firmenbezeichnung vertretene Gewerkschaft.

Antragsgegner und Beteiligter zu 2. ist der im Betrieb Betriebsbezeichnung der Firmenbezeichnung bestehende Betriebsrat. Er ist aufzulösen, da er fortlaufend grob gegen seine betriebsverfassungsrechtlichen Pflichten verstieß.

Die Antragstellerin hat den Antragsgegner mehrfach aufgefordert, die im Gesetz vorgesehenen Betriebsversammlungen abzuhalten und seine Mitbestimmungsrechte nach § 87 Abs. 1 Nr. 1, 3 und 10 BetrVG wahrzunehmen.

Beweis:

Schreiben der Antragstellerin an den Antragsgegner vom Datum und Datum (Anlagen 1–4)

Der Antragsgegner hat auf diese Schreiben jedoch nicht reagiert. Er hat insbesondere seit seiner Wahl vor nunmehr 20 Monaten keine einzige Betriebsversammlung abgehalten. Des Weiteren hat er seine Mitbestimmungsrechte bei der Einführung einer Betriebsordnung im Zeitraum sowie bei der Änderung des betrieblichen Zulagenwesens im Zeitraum nicht wahrgenommen (§ 87 Abs. 1 Nr. 3 BetrVG).

II.

Eine grobe Verletzung betriebsverfassungsrechtlicher Pflichten im Sinne des § 23 Abs. 1 BetrVG liegt auch dann vor, wenn der Betriebsrat untätig bleibt. Das ist hier der Fall. Der Antragsgegner ist deshalb aufzulösen.

Der Anspruch auf Einsetzung eines Wahlvorstands ergibt sich unmittelbar aus § 23 Abs. 2 BetrVG.

> **Hinweis:**
> Näher dazu, wann von der Rechtsprechung die Untätigkeit des Betriebsrats als grobe Pflichtverletzung i. S. d. § 23 Abs. 1 BetrVG angesehen wird: DKW-*Dornberger*, § 23 Rn. 96.

2. Musterschreiben zu § 23 Abs. 3 BetrVG

5 **Außergerichtliches Schreiben an die Arbeitgeberin mit vorbereiteter Unterlassungserklärung**

Rechtsanwalt Name, Ort, Datum
Adresse

An die
Firmenbezeichnung
Adresse

Anordnung von Mehrarbeit ohne vorherige Absprache mit dem Betriebsrat
Sehr geehrte Damen und Herren,
unter Vorlage einer Vollmacht zeige ich an, dass ich den Betriebsrat Ihres Unternehmens vertrete. Sie haben am Datum für die Zeit vom Datum bis Datum für Anzahl Arbeitnehmer:innen täglich Anzahl Stunde(n) Mehrarbeit angeordnet, ohne den Betriebsrat vorher hierüber zu informieren und seine Zustimmung zu beantragen.
Wir fordern Sie auf, diese gesetzwidrigen Maßnahmen sofort einzustellen. Zur Vermeidung einer arbeitsgerichtlichen Auseinandersetzung bitte ich zusätzlich um Unterzeichnung der beigefügten Unterlassungserklärung und Rücksendung bis spätestens Datum, Uhrzeit.

6 **Arbeitgeber: Unterlassungserklärung (am Beispiel von Überstunden/ Mehrarbeit)**

Firmenbezeichnung, Ort, Datum
Adresse

An den Betriebsrat

Sehr geehrte Damen und Herren,
hiermit verpflichtet sich die Firmenbezeichnung, vertreten durch Name, Adresse, gegenüber dem Betriebsrat der Firmenbezeichnung, vertreten durch (die/den Betriebsratsvorsitzende:n), Name, Adresse, in den Abteilungen keine Mehrarbeit anzuordnen oder zu dulden, ohne dass hierbei das Beteiligungsverfahren nach § 87 Abs. 1 Nr. 3 BetrVG eingehalten wurde.
Die Firmenbezeichnung wird für jeden Fall der Zuwiderhandlung gegen diese Verpflichtung – bezogen auf jeden Tag und jede/n Arbeitnehmer:in – eine Vertragsstrafe in Höhe von Zahl € (in Worten: Zahlwort €) (z. B. an die Arbeiterwohlfahrt) zahlen.

> **Hinweis:**
> Der Betriebsrat selbst ist vermögensunfähig (vgl. DKW-*Dornberger*, § 23 Rn. 106 ff. und 180). Deshalb scheidet jede Zahlung an ihn selbst aus. Aber die Zahlung einer Vertragsstrafe an Dritte kann rechtswirksam vereinbart werden.

Betriebsrat: Antrag auf Unterlassung der Anordnung oder Duldung von Überstunden 7

An das Arbeitsgericht
Bezeichnung
Adresse

Antrag auf Eröffnung eines Beschlussverfahrens mit den Beteiligten

1. Betriebsrat der Firma Firmenbezeichnung, vertreten durch die/den Betriebsratsvorsitzende:n Name, Adresse
   – Antragsteller und Beteiligter zu 1. –
2. Firma Firmenbezeichnung, vertreten durch den/die Geschäftsführer:in Name, Adresse,
   – Antragsgegnerin und Beteiligte zu 2. –

wegen Unterlassung oder Duldung von Überstunden
vertreten wir den Betriebsrat.
Namens und im Auftrag des Antragstellers und Beteiligten zu 1. beantragen wir die Eröffnung eines Beschlussverfahrens, in dem wir folgende
Anträge
stellen werden:

1. Der Antragsgegnerin wird untersagt, eine Verlängerung der betriebsüblichen Arbeitszeit (»Überstunden«) ohne Beachtung des Mitbestimmungsrechts des Antragstellers zu dulden, Arbeitnehmer:innen anzubieten, mit den Arbeitnehmer:innen zu vereinbaren oder gegenüber Arbeitnehmer:innen anzuordnen.
2. Für jeden Fall der Zuwiderhandlung wird der Antragsgegnerin ein Ordnungsgeld bis 10 000,00 € angedroht.
3. Hilfsweise zu 1. und 2.: Es wird festgestellt, dass die Antragsgegnerin durch die Duldung, Vereinbarung und Anordnung von Überstunden, die von den Arbeitnehmer:innen Namen am Datum geleistet wurden, das Mitbestimmungsrecht des Antragstellers verletzt hat.

Begründung
I.
Der Antragsteller ist der Betriebsrat im Betrieb der Antragsgegnerin, einem Unternehmen der Branchenbezeichnung mit Anzahl Arbeitnehmer:innen.
Die Antragsgegnerin hat in der Vergangenheit das Mitbestimmungsrecht des Antragstellers nach § 87 Abs. 1 Nr. 3 BetrVG gehäuft missachtet. Nur beispielhaft werden folgende Vorgänge beschrieben:

1. Am Datum arbeiten Anzahl Arbeitnehmer:innen in der Abteilung Bezeichnung in einer zusätzlichen Sonderschicht.
   Beweis: Ausdruck der Arbeitszeiten
2. Am Datum arbeiten Anzahl Arbeitnehmer:innen des Kundendiensts.
   Beweis: Ausdruck der Arbeitszeiten
3. Am Datum leistete Name eines/r Arbeitnehmer:in Anzahl Überstunden.
   Beweis: Ausdruck der Arbeitszeiten

In keinem der Fälle hat die Antragsgegnerin bei dem Antragsteller die Zustimmung zu den Überstunden beantragt. Im Gegenteil wurde dem Antragsteller erklärt, dass diese Vorgehensweise auch in Zukunft beibehalten werde, weil die Zeit dränge und man sich heutzutage nicht mehr lange mit dem Antragsteller aufhalten könne.
II.
Nach § 23 Abs. 3 BetrVG können der Betriebsrat und eine im Betrieb vertretene Gewerkschaft bei groben Verstößen des Arbeitgebers gegen das Betriebsverfassungsgesetz von diesem die Unterlassung künftiger Rechtsverstöße verlangen.
Die Antragsgegnerin hat insbesondere in den geschilderten Fällen objektiv das Mitbestimmungsrecht des Betriebsrats aus § 87 Abs. 1 Nr. 3 BetrVG verletzt.

Der Antragssteller kann außerdem sein Unterlassungsbegehren auf den allgemeinen Unterlassungsanspruch (BAG vom 3.5.1994 – 1 ABR 24/93, AP BetrVG 1972 § 23 Nr. 23) stützen.
Es besteht Wiederholungsgefahr: Die Antragsgegnerin will sich nach ihren eigenen Erklärungen auch in Zukunft nicht anders verhalten.
Bereits im Erkenntnisverfahren kann für zukünftige Störungen die Androhung der Ordnungsmittel erfolgen (§ 890 Abs. 2 ZPO). Der Ordnungsgeldrahmen des § 23 Abs. 3 BetrVG sollte hier voll ausgeschöpft werden. Dies gilt erst recht, wenn die Verpflichtung zur Unterlassung auch auf den allgemeinen Unterlassungsanspruch gestützt wird.
Für den Fall, dass das Gericht die dargelegten Rechtsverletzungen der Antragsgegnerin noch nicht als »grob« qualifiziert und auch einen auf den allgemeinen Unterlassungsanspruch gestützten Leistungstitel nicht zuspricht, hat der Antragsteller zumindest das Interesse, in Vorbereitung auf ein erneutes »kollektivrechtliches Abmahnungsverfahren« die Verletzung seiner Mitbestimmungsrechte feststellen zu lassen, um der Antragsgegnerin den künftigen Einwand abzuschneiden, es handle sich bei den geschilderten Fällen um »schwierige und ungeklärte Rechtsfragen« (BAG vom 28.5.2002 – 1 ABR 32/01. AP BetrVG 1972 § 87 Ordnung des Betriebes Nr. 39). In diesem Fall wird um eine Entscheidung gemäß dem Hilfsantrag gebeten.

8 **Betriebsrat: Antrag auf Unterlassung und Verhängung eines Ordnungsgelds gegen die Arbeitgeberin**

An das Arbeitsgericht
Bezeichnung
Adresse

Antrag auf Eröffnung eines Beschlussverfahrens mit den Beteiligten

1. Betriebsrat der Firma Firmenbezeichnung, vertreten durch die/den Betriebsratsvorsitzende:n Name, Adresse
   – Antragsteller und Beteiligter zu 1. –
2. Firma Firmenbezeichnung, vertreten durch den/die Geschäftsführer:in Name, Adresse,
   – Antragsgegnerin und Beteiligte zu 2. –

wegen Unterlassung von Beleidigungen und Verhängung eines Ordnungsgelds

Namens und mit Vollmacht des Antragstellers beantragen wir die Eröffnung eines Beschlussverfahrens, in dem wir folgende
Anträge
stellen werden:

1. Der Antragsgegnerin wird aufgegeben, es zu unterlassen, den Antragsteller oder einzelne seiner Mitglieder in Aushängen am Schwarzen Brett oder auf sonstige Weise zu beleidigen, insbesondere durch die Bezeichnung als »Faulenzer«, »Drückeberger«, »unverbesserliche Kommunisten« »Querulanten« oder »psychisch gestörter Quertreiber«.
2. Für den Fall der Zuwiderhandlung gegen die Verpflichtung aus Ziffer 1 wird der Antragsgegnerin ein Ordnungsgeld angedroht, dessen Höhe in das Ermessen des Gerichts gestellt wird, aber Zahl € nicht unterschreiten sollte.
3. Hilfsweise zu 1.: Es wird festgestellt, dass die Antragsgegnerin durch die in Ziffer 1 erwähnten Beleidigungen gegen ihre betriebsverfassungsrechtlichen Pflichten verstoßen hat.

Begründung

I.
Die Geschäftsführung der Antragsgegnerin hat sich bis heute mit der erstmaligen Bildung eines Betriebsrats im Jahre Jahreszahl nicht abgefunden. Er wird mit erlaubten, vor allem aber mit un-

erlaubten Mitteln bekämpft. Seit neuestem hängt die Geschäftsführung gegen den Betriebsrat gerichtete Stellungnahmen an dem allen Mitarbeitenden zugänglichen Schwarzen Brett aus. Sie enthalten unter der Überschrift »Standpunkt« Beiträge mit üblen Beschimpfungen und Beleidigungen des Antragstellers und einzelner Mitglieder. Als Anlagen reichen wir eine Kopie zu den Gerichtsakten.
In ihnen finden sich die im Antrag Ziffer 1 aufgezählten Kraftausdrücke zum Teil mehrfach.
II.
Beleidigungen des Betriebsrats oder einzelner seiner Mitglieder stellen einen Verstoß gegen die betriebsverfassungsrechtlichen Pflichten im Sinne des § 23 Abs. 3 BetrVG dar.
Verletzt wird nicht nur das Gebot der vertrauensvollen Zusammenarbeit nach § 2 Abs. 1 BetrVG. Beleidigungen sind auch gem. § 119 BetrVG strafbar.
Der Antragsteller hat bereits mehrfach mündlich und schriftlich von der Geschäftsführung verlangt, das Aushängen von Pamphleten mit beleidigenden Inhalten zu unterlassen (An dieser Stelle die genauen Bemühungen näher ausführen). Alle Anstrengungen waren jedoch vergeblich. Deshalb ist jetzt gerichtliche Hilfe erforderlich.

Gewerkschaft: Antrag auf Nicht–Durchführung einer tarifwidrigen Betriebsvereinbarung 9

An das Arbeitsgericht
Bezeichnung
Adresse

Antrag auf Eröffnung eines Beschlussverfahrens mit den Beteiligten

1. Gewerkschaft Bezeichnung, vertreten durch die/den erste:n Vorsitzende:n Name, Adresse
   – Antragstellerin und Beteiligte zu 1. –
2. Firma Firmenbezeichnung, vertreten durch die/den Geschäftsführer:in Name, Adresse,
   – Antragsgegnerin und Beteiligte zu 2. –
3. Betriebsrat des Betriebs der Antragsgegnerin, vertreten durch die/den Betriebsratsvorsitzende:n Name, Adresse
   – Beteiligter zu 3. –

vertreten wir die Antragstellerin.

Namens und in Vollmacht der Antragstellerin leiten wir ein Beschlussverfahren ein und beantragen:

1. Die Antragsgegnerin wird verpflichtet, es zu unterlassen, die Betriebsvereinbarung Bezeichnung vom Datum durchzuführen, insbesondere insoweit, als nach dieser Betriebsvereinbarung keine Zuschläge für Nacht- und Sonntagsarbeit mehr gezahlt werden sollen.
2. Der Antragsgegnerin wird für den Fall der Zuwiderhandlung gegen die Verpflichtung gemäß Ziffer 1 ein Ordnungsgeld angedroht, dessen Höhe in das Ermessen des Gerichts gestellt wird, das jedoch Zahl € nicht unterschreiten sollte.

Begründung
I.
Die Antragstellerin ist die für den Betrieb der Antragsgegnerin zuständige Gewerkschaft. Bei ihr sind ca. 50% der Belegschaft unstreitig organisiert. Die Antragsgegnerin ist Mitglied des regionalen Arbeitgeberverbandes Name, der mit der Antragstellerin einen Manteltarifvertrag abgeschlossen hatte, der bis Datum unkündbar ist. § Paragraph des Manteltarifvertrags sieht für Überstunden sowie Nacht- und Sonntagsarbeit Zuschläge vor.

Am Datum schloss die Antragsgegnerin mit dem Beteiligten zu 3. eine Betriebsvereinbarung Bezeichnung. Darin war eine Beschäftigungsgarantie für alle Mitarbeitenden bis Datum vorgesehen.
Im Gegenzug verschlechterte die Antragsgegnerin die Arbeitsbedingungen. Insbesondere sah Ziffer Zahl der Betriebsvereinbarung vor, dass künftig entgegen den klaren Regelungen des Manteltarifvertrags keine Zuschläge für Überstunden sowie Nacht- und Sonntagsarbeit mehr gezahlt werden sollten.
Beweis: Betriebsvereinbarung Bezeichnung vom Datum (Anlage)
II.
Die Betriebsvereinbarung ist unwirksam. Sie verstößt gegen Art. 9 Abs. 3 GG und § 77 Abs. 3 BetrVG. Nach der Rechtsprechung des Bundesarbeitsgerichts vom 20.4.1999 mit Aktenzeichen 1 ABR 72/98 kann die Antragstellerin aus eigenem Recht Unterlassung der Anwendung dieser Betriebsvereinbarung verlangen.
Der betriebsverfassungsrechtliche Unterlassungsanspruch der Gewerkschaft besteht neben dem koalitionsrechtlichen Unterlassungsanspruch aus Art. 9 Abs. 3 GG, ohne ihn zu verdrängen.
Der Antrag beruht zusätzlich auf § 23 Abs. 3 BetrVG, weil eine tarifwidrige Betriebsvereinbarung auch gegen die betriebsverfassungsrechtlichen Pflichten des Arbeitgebers grob verstößt.

10 **Betriebsrat: Antrag auf Zugang zum Betrieb im Wege einer einstweiligen Verfügung**

An das Arbeitsgericht
Bezeichnung
Adresse

Antrag auf Erlass einer einstweiligen Verfügung
im Beschlussverfahren mit den Beteiligten:

1. Betriebsrat der Firma Firmenbezeichnung, vertreten durch die/den Betriebsratsvorsitzende:n Name, Adresse
   Prozessbevollmächtigte: Namen

   – Antragsteller und Beteiligter zu 1. –
2. Firma Firmenbezeichnung, vertreten durch den/die Geschäftsführer:in Name, Adresse,

   – Antragsgegnerin und Beteiligte zu 2. –

wegen Hausverbot
beantragen wir namens und im Auftrag des Antragstellers und Beteiligten zu 1., dessen Vollmacht beigefügt wird, wegen der Dringlichkeit des Falles ohne vorherige mündliche Anhörung, hilfsweise unter Abkürzung der Ladungsfrist aufgrund einer unverzüglich anzuberaumenden mündlichen Anhörung, im Wege der
einstweiligen Verfügung:

1. Der Antragsgegnerin wird aufgegeben, dem Antragsteller den Zugang zum Betrieb und seinem Arbeitsplatz zu gewähren und ihm alle erforderlichen Schlüssel auszuhändigen.
2. Für jeden Fall der Zuwiderhandlung gegen die Verpflichtung aus Ziff. 1 wird der Antragsgegnerin ein Ordnungsgeld bis zu Zahl €, ersatzweise Ordnungshaft, zu vollziehen an dem/die Geschäftsführer:in Herrn/Frau Name, angedroht.

Begründung
I.
Der Antragsteller ist Betriebsrat in dem Betrieb der Antragsgegnerin. Diese beschäftigt in ihrem Betrieb in Ort Anzahl Arbeitnehmer:innen. Unternehmensweit sind bei ihr Anzahl Personen beschäftigt. Der Sitz des Unternehmens ist in Ort.

Mit Schreiben vom Datum kündigte die Antragsgegnerin ihr Arbeitsverhältnis mit dem/der Betriebsratsvorsitzenden Herr/Frau Name fristlos zum Datum. Dieses Schreiben wurde ihm/ihr am Datum überreicht. Gleichzeitig sprach die Antragsgegnerin ein Hausverbot aus.
Zur Glaubhaftmachung: Beiliegende Kopie des Schreibens vom Datum
II.
Das ausgesprochene Hausverbot und die sonstigen Sanktionen sind aufzuheben. Der Antragsteller hat einen Anspruch darauf, seine Tätigkeit im Betrieb ungehindert fortzusetzen:
Die außerordentliche Kündigung der/des Betriebsratsvorsitzenden verstößt gegen § 103 Abs. 1 BetrVG. Der Betriebsrat hat seine Zustimmung nicht erteilt. Er wurde hierzu noch nicht einmal vorher informiert.
Das Hausverbot verstößt nicht nur gegen den Grundsatz der vertrauensvollen Zusammenarbeit gemäß § 2 Abs. 1 BetrVG. Es ist auch unvereinbar mit dem Benachteiligungsverbot gem. § 78 BetrVG und strafbar gem. § 119 Abs. 1 Nr. 2 BetrVG.
III.
Der Verfügungsgrund ergibt sich aus dem Sachverhalt selbst. Ohne den Erlass einer einstweiligen Verfügung würde dem Antragsteller ein unwiederbringlicher Rechtsverlust drohen.
Die Antragsgegnerin will den Betrieb zum Jahresende schließen. Gerade jetzt ist der jederzeitige Zutritt zum Betrieb von besonderer Bedeutung für die beschäftigten Arbeitnehmer:innen.
Zur Glaubhaftmachung: Beiliegende eidesstattliche Versicherung (Anlage 2)

> **Hinweis:**
> Für eine alternative Art der einstweiligen Verfügung siehe § 24 Rn. 3.

3. Musterschreiben zu § 17 AGG

Abmahnungsschreiben wegen Altersdiskriminierung mit vorbereiteter Unterlassungserklärung 11

Rechtsschutzsekretär:in/Rechtsanwalt:in Name Ort, Datum
Adresse

An die
Firmenbezeichnung
Adresse

Altersdiskriminierung in Ausschreibungen
Sehr geehrte Damen und Herren,
unter Vorlage einer Vollmacht zeigen wir an, dass wir den Betriebsrat sowie die im Betrieb vertretene Gewerkschaft Bezeichnung vertreten.
Sie haben am Datum den Arbeitsplatz eines Sachbearbeiters in der Auftragsdatenverarbeitung im Internet sowie über die Agentur für Arbeit zur Besetzung ausschreiben lassen. Die Ausschreibung richtet sich ausweislich ihres Textes an »Berufsanfänger« und gibt darüber hinaus ein Höchstalter von 32 Lebensjahren an. Darin liegt ein grober Verstoß gegen das in den §§ 1, 7, 11 AGG niedergelegte Verbot der Altersdiskriminierung. Dieses Verbot hat nach Art. 21 der Charta der Grundrechte der EU grundrechtliche Bedeutung. Es besteht nach § 6 AGG auch gegenüber Bewerbern für ein Beschäftigungsverhältnis. Betriebsrat und Gewerkschaft haben nach § 17 Abs. 1 AGG die gesetzliche Aufgabe, an der Verwirklichung der Ziele dieses Gesetzes mitzuwirken. Nach § 12 Abs. 1 und § 17 Abs. 1 AGG ist der Arbeitgeber für die Einhaltung des Gesetzes verantwortlich.
Wir haben Sie deshalb aufzufordern,

1. die benannte Ausschreibung sowohl im Internet als auch gegenüber der Agentur für Arbeit unverzüglich zurückzuziehen und uns dies zu bestätigen.
2. Künftige Ausschreibungen sowohl im Internet als auch gegenüber der Agentur für Arbeit ohne Verstoß gegen das Verbot der Altersdiskriminierung vorzunehmen.

3. Zur Vermeidung einer arbeitsgerichtlichen Auseinandersetzung beigefügte Unterlassungserklärung zu unterzeichnen und bis spätestens Datum, Uhrzeit an uns zurückzusenden.
4. Um einen geordneten Ablauf in Zukunft sicherzustellen, bietet Ihnen der Betriebsrat darüber hinaus an, eine Betriebsvereinbarung über Ausschreibungsgrundsätze abzuschließen. Entwurf ist beigefügt.

Mit freundlichen Grüßen

Unterlassungserklärung

Firmenbezeichnung Ort, Datum
Adresse

An den Betriebsrat Betrieb sowie Gewerkschaft Name, Ort

Sehr geehrte Damen und Herren,
hiermit verpflichtet sich die Firmenbezeichnung, vertreten durch Name, Adresse, gegenüber dem Betriebsrat der Firmenbezeichnung, vertreten durch (/die/den Betriebsratsvorsitzende/n) Name, Adresse, sowie gegenüber der Gewerkschaft Bezeichnung, vertreten durch Name, in Ausschreibungen von Arbeitsplätzen i. S. d. § 11 AGG für Beschäftigungen i. S. d. § 6 AGG keine Hinweise auf die Eigenschaft auf »Berufsanfänger« und/oder Höchstaltersgrenzen aufzunehmen oder zu dulden.
Die Firmenbezeichnung wird für jeden Fall der Zuwiderhandlung gegen diese Verpflichtung eine Vertragsstrafe in Höhe von € (in Worten €) (z. B. an die Arbeiterwohlfahrt) zahlen.

> **Hinweis:**
> Der Betriebsrat selbst ist vermögensunfähig. Deshalb scheiden Zahlungen an ihn selbst aus. Aber die Zahlung einer Vertragsstrafe an Dritte sollte rechtswirksam vereinbart werden können, soweit dazu nicht die zukünftige Geltendmachung der betriebsverfassungsrechtlichen Rechte des Betriebsrats ausgeschlossen wird. Vgl. DKW-*Dornberger*, § 23 Rn. 180.

12 **Antrag auf Unterlassung von Altersdiskriminierungen in Ausschreibungen**

An das Arbeitsgericht
Bezeichnung
Adresse

Antrag auf Eröffnung eines Beschlussverfahrens mit den Beteiligten
1. Betriebsrat der Firma Firmenbezeichnung, vertreten durch die/den Betriebsratsvorsitzende/n Name, Adresse
2. Gewerkschaft Bezeichnung, vertreten durch Name, Adresse

– Antragsteller –

3. Firma Firmenbezeichnung, vertreten durch die Geschäftsführerin Name, Adresse,

– Antragsgegnerin –

wegen Unterlassung oder Duldung von Altersdiskriminierungen in Ausschreibungen
vertreten wir die Beteiligten zu 1 und 2.

Namens und im Auftrag der Beteiligten zu 1 und 2 beantragen wir die Eröffnung eines Beschlussverfahrens, in dem wir folgende
Anträge
stellen werden:

1. Der Antragsgegnerin wird untersagt, in Ausschreibungen i. S. d. § 11 AGG Benachteiligungen wegen des Alters vorzunehmen oder zu dulden, insbesondere in Ausschreibungen Hinweise aufzunehmen, dass sich diese vorzugsweise oder ausschließlich an Berufsanfänger richten und/oder Höchstaltersgrenzen aufzunehmen.
2. Für jeden Fall der Zuwiderhandlung wird der Antragsgegnerin ein Ordnungsgeld bis 10 000,00 € angedroht.
3. Hilfsweise zu 1. und 2.: Es wird festgestellt, dass die Antragsgegnerin durch die Ausschreibung vom Datum gegen § 11 AGG verstoßen hat.

Begründung:
Nach Art. 21 der Charta der Grundrechte der EU sind Diskriminierungen insbesondere wegen des Geschlechts, der Rasse, der Hautfarbe, der ethnischen oder sozialen Herkunft, der genetischen Merkmale, der Sprache, der Religion oder der Weltanschauung, der politischen oder sonstigen Anschauung, der Zugehörigkeit zu einer nationalen Minderheit, des Vermögens, der Geburt, einer Behinderung, des Alters oder der sexuellen Ausrichtung verboten. Nach der Rechtsprechung ist eine Ausschreibung unzulässig, weil altersdiskriminierend, wenn Mitarbeiter im ersten Berufsjahr gesucht werden (BAG 18. 8. 2009 – 1 ABR 47/08, AuR 2009, 310; AuR 2010, 223; ebenso 19. 5. 2016 – 8 AZR 470/14; 11. 8. 2016 – 8 AZR 406/14; weitere Nachweise bei DKW, § 23 BetrVG, Rn. 217; § 93 BetrVG, Rn. 21). Das Merkmal Berufsjahr ist zwar scheinbar neutral, beeinträchtigt jedoch ältere Bewerber zahlenmäßig stärker als jüngere. BAG und LAG erkennen darin einen groben Verstoß des AG gegen §§ 11, 7, 1 AGG. Daraus ergibt sich die beantragte Verpflichtung auf Unterlassung. Ein solcher Fall liegt auch vorliegendem Antrag zugrunde.

Hinweis:
Vgl. DKW-*Buschmann*, § 23 Rn. 206 ff.; 219 ff.; zu Stellenausschreibungen s. auch Arbeitshilfen unter § 93; *Buschmann/Edich*, Europarecht, 2025, S. 70 ff.

Aufforderung zur Unterlassung und Beseitigung bei einem groben Verstoß gegen das Allgemeine Gleichbehandlungsgesetz 13

Betriebsrat der Firma Firmenbezeichnung, Adresse Ort, Datum
Betriebsratsvorsitzende:r Name

An Arbeitgeber Firmenbezeichnung
im Hause

Grober Verstoß gegen das Allgemeine Gleichbehandlungsgesetz (Stellenausschreibung)
Sehr geehrte Frau Name,
Sie haben am Datum die Stelle einer Kassiererin für die Filiale Name durch Anzeige im Internet ausgeschrieben. Die Ausschreibung verstößt in mehrfacher Hinsicht gegen das allgemeine Gleichbehandlungsgesetz.

1. Zum einen enthält die Ausschreibung den ausdrücklichen Vermerk »Berufsanfänger«. Dies beinhaltet eine Diskriminierung älterer Bewerber, die nach den §§ 1, 7 AGG ausdrücklich verboten ist.
2. Zum anderen wendet sich die Ausschreibung mit der Bezeichnung »Kassiererin« ausdrücklich an Frauen. Darin liegt eine Diskriminierung männlicher und diverser Bewerber,

Es handelt sich um einen groben Verstoß gegen Ihre Verpflichtungen aus dem Allgemeinen Gleichbehandlungsgesetz (so auch BAG v. 18. 8. 2009 – 1 ABR 47/08, AuR 2009, 310). Nach § 17 gehört es zu den Aufgaben des Betriebsrats, an der Verwirklichung der Ziele des Allgemeinen Gleichbehandlungsgesetzes mitzuwirken.

Wir haben Sie deshalb dringend aufzufordern, dem Betriebsrat gegenüber unverzüglich, spätestens bis zum Datum, Uhr, schriftlich oder mündlich klarzustellen, dass die Ausschreibung zurückgezogen wird. Gemäß § 93 BetrVG haben wir Sie weiterhin aufzufordern, dass alle Arbeitsplätze, die besetzt werden sollen, vor ihrer Besetzung innerhalb des Betriebs ausgeschrieben werden. Der Betriebsrat ist Ihnen gegenüber gerne bei der Formulierung einer nicht diskriminierenden Ausschreibung behilflich. Dazu können wir uns kurzfristig zusammensetzen. Die Rücknahme der angezeigten Ausschreibung sowie ihre Verpflichtung zur vorrangigen nicht diskriminierenden innerbetrieblichen Ausschreibung wollen Sie uns bitte schriftlich bestätigen. Dadurch würden auch die sonst notwendigen rechtlichen Schritte entbehrlich.

Hinweis:
Vgl. DKW-*Buschmann*, § 23 Rn. 206ff.; 219ff.; zu Stellenausschreibungen s. auch Arbeitshilfen unter § 93; *Buschmann/Edich*, Europarecht, 2025, S. 70ff.

14 **Antrag auf Einstweilige Verfügung gegen grobe Verstöße gegen das AGG**

An das Arbeitsgericht
Bezeichnung
Adresse

In dem Beschlussverfahren des

1. Betriebsrat der Firma Firmenbezeichnung, vertreten durch die/den Betriebsratsvorsitzenden Name, Adresse

– Antragsteller –

2. Gewerkschaft Bezeichnung, Adresse

– Antragsteller –

3. Firma Firmenbezeichnung, vertreten durch den Geschäftsführer Name, Adresse,

– Antragsgegner –

zeigen wir an, dass wir die Beteiligten zu 1 und 2 vertreten, leiten ein Beschlussverfahren ein und beantragen, wegen der Dringlichkeit durch die/den Vorsitzende:n allein, ohne mündliche Verhandlung im Wege der einstweiligen Verfügung zu entscheiden:

1. Der Antragsgegnerin und Beteiligten zu 3 wird aufgegeben, es zu unterlassen, Stellenausschreibungen für Kassierer/Kassiererinnen an »Berufsanfänger« zu richten oder mit dem Hinweis auf »Berufsanfänger« zu versehen.
2. Der Antragsgegnerin und Beteiligten zu 3 wird aufgegeben, es zu unterlassen, Stellenausschreibungen für Kassierer/Kassiererinnen an »Kassiererinnen« zu richten oder mit dem Hinweis auf das weibliche Geschlecht zu versehen.
3. Der Antragsgegnerin und Beteiligten zu 3 wird für jeden Fall der Zuwiderhandlung gegen die Verpflichtung aus Ziff. 1 und 2 ein Ordnungsgeld, dessen Höhe in das Ermessen des Gerichts gestellt wird, mindestens jedoch 10 000 €, ersatzweise Ordnungshaft, angedroht.

Begründung:
Die Antragsgegnerin betreibt in Ort den Betrieb Betriebsbezeichnung mit Beschäftigten. Antragsteller sind der Betriebsrat und die zuständige, im Betrieb vertretene Gewerkschaft Bezeichnung. Die Antragsgegnerin und Beteiligte zu 3 hat am Datum die Stelle einer Kassiererin für die Filiale Name durch Anzeige im Internet ausgeschrieben. Die Ausschreibung verstößt in mehrfacher Hinsicht gegen das allgemeine Gleichbehandlungsgesetz.

1. Zum einen enthält die Ausschreibung den ausdrücklichen Vermerk »Berufsanfänger«. Dies beinhaltet eine Diskriminierung älterer Bewerber, die nach den §§ 1, 7 AGG ausdrücklich verboten ist.

2. Zum anderen wendet sich die Ausschreibung mit der Bezeichnung »Kassiererin« ausdrücklich an Frauen. Darin liegt eine Diskriminierung männlicher und diverser Bewerber,

Nach § 17 Abs. 1 AGG gehört es zu den Aufgaben des Betriebsrats und der zuständigen Gewerkschaft, an der Verwirklichung der Ziele des Allgemeinen Gleichbehandlungsgesetzes mitzuwirken. Nach § 17 Abs. 2 AGG sind beide antragsbefugt zur Einleitung des in dieser Vorschrift vorgesehen Verfahrens. Bei der vorbezeichneten diskriminierenden Ausschreibung handelt es sich um einen groben Verstoß gegen die Verpflichtungen des Arbeitgebers aus dem Allgemeinen Gleichbehandlungsgesetz (so auch BAG v. 18.8.2008 – 1 ABR 47/08, AuR 2009, 310; 19.5.2016 – 8 AZR 470/14; 11.8.2016 – 8 AZR 406/14; weitere Nachweise bei Däubler/Klebe/Wedde (Hrsg.), § 23, Rn. 207ff.; § 93 BetrVG, Rn. 21; *Buschmann/Edich*, Europarecht, 2025, S. 70ff.). Ein Verfügungsanspruch ist damit gegeben.

Der Verfügungsgrund ist schon deshalb gegeben, weil angesichts der bekannten Belastung dieses Arbeitsgerichts eine Entscheidung im Hauptsacheverfahren erst in einigen Monaten zu erwarten und somit zu befürchten ist, dass die Antragsgegnerin ihr offensichtlich rechtswidriges Ziel, nämlich die Stelle nur mit jüngeren Bewerberinnen zu besetzen und damit sowohl ältere als auch männliche sowie diverse Bewerber zu diskriminieren, erreichen würde. Ein derartiger Verstoß darf auch vorübergehend nicht hingenommen werden, da nicht nur einzelne Bewerber benachteiligt würden, sondern der gesetzlich ausdrücklich festgelegte Gleichbehandlungsgrundsatz insgesamt in Frage gestellt würde, hätte es der Arbeitgeber in der Hand, einseitig personelle Maßnahmen vorzubereiten oder vorzunehmen, die eine nach dem AGG verbotene Diskriminierung beinhalten.

> **Hinweis:**
> Vgl. DKW-*Buschmann*, § 23 Rn. 206ff.; 217ff.; zu Stellenausschreibungen s. auch Arbeitshilfen unter § 93; *Buschmann/Edich*, Europarecht, 2025, S. 70ff.

Antrag auf Unterlassung diskriminierender Kündigungen – Altersdiskriminierung in der Namensliste 15

An das Arbeitsgericht
Bezeichnung
Adresse

In dem Beschlussverfahren des

1. Betriebsrats der Firma Firmenbezeichnung, vertreten durch die/den Betriebsratsvorsitzende/n Name, Adresse

– Antragsteller –

2. Gewerkschaft Bezeichnung, Adresse

– Antragsteller –

3. Firma Firmenbezeichnung, vertreten durch die Geschäftsführerin Name, Adresse,

– Antragsgegnerin –

zeigen wir an, dass wir die Beteiligten zu 1 und 2 vertreten, leiten ein Beschlussverfahren ein und beantragen, wegen der Dringlichkeit durch den Vorsitzenden allein, ohne mündliche Verhandlung im Wege der einstweiligen Verfügung zu entscheiden:

1. Der Antragsgegnerin und Beteiligten zu 3 wird aufgegeben, es zu unterlassen, Kündigungen auszusprechen, die gegen das Verbot der Altersdiskriminierung verstoßen.
2. Der Antragsgegnerin und Beteiligten zu 3 wird aufgegeben, es zu unterlassen, Kündigungen auszusprechen, mit denen die im Interessenausgleich vom Datum definierte Namensliste im Sinne von § 1 Abs. 5 KSchG vollzogen wird.

3. Der Antragsgegnerin und Beteiligten zu 3 wird für jeden Fall der Zuwiderhandlung gegen die Verpflichtung aus Ziff. 1 ein Ordnungsgeld, dessen Höhe in das Ermessen des Gerichts gestellt wird, mindestens jedoch 10 000 €, ersatzweise Ordnungshaft, angedroht.

Begründung:
Die Antragsgegnerin betreibt in Ort den Betrieb Betriebsbezeichnung mit Beschäftigten. Antragsteller sind der Betriebsrat und die zuständige, im Betrieb vertretene Gewerkschaft Bezeichnung. Die Antragsgegnerin und Beteiligte zu 3 und der Vorgänger dieses Betriebsrats haben am Datum gemäß § 112 BetrVG i.V.m. § 1 Abs. 5 KSchG eine sog. Namensliste der zu kündigenden Arbeitnehmer unterzeichnet. Der Betriebsrat hat die Rechtswirksamkeit der Namensliste noch einmal überprüft. Diese Namensliste stellt einen groben Verstoß gegen das Allgemeine Gleichbehandlungsgesetz dar. In der Namensliste wurden nämlich sogenannte Altersgruppen gebildet. Diese Altersgruppen haben zur Folge, dass dadurch ältere Arbeitnehmer gekündigt würden, die nach normalen Grundsätzen der sozialen Auswahl nicht gekündigt werden dürften. Eine solche Altersdiskriminierung lässt sich auch nicht nach § 1 Abs. 3 Satz 3 sowie Abs. 5 KSchG rechtfertigen. Die Vereinbarung verstößt nämlich gegen § 7 Abs. 2 AGG, darüber hinaus gegen Art. 6 der Gleichbehandlungsrahmenrichtlinie 2000/78/EG vom 27.11.2000 sowie gegen Art. 21 der Charta der Grundrechte der EU. Danach sind Diskriminierungen insbesondere wegen des Geschlechts, der Rasse, der Hautfarbe, der ethnischen oder sozialen Herkunft, der genetischen Merkmale, der Sprache, der Religion oder der Weltanschauung, der politischen oder sonstigen Anschauung, der Zugehörigkeit zu einer nationalen Minderheit, des Vermögens, der Geburt, einer Behinderung, des Alters oder der sexuellen Ausrichtung verboten. Nach ständiger Rechtsprechung des Gerichtshofs sind nationale Vorschriften, die gegen die Charta der Grundrechte verstoßen, unwirksam. Zur Rechtslage, auch in Bezug auf die Verfahren vor dem europäischen Gerichtshof, verweisen wir auf die ausführlichen Darlegungen im Kommentar von Däubler/Klebe/Wedde (Hrsg.) unter § 23 BetrVG, Rn. 225, im Kommentar von Däubler/Beck unter § 17 AGG Rn. 36ff., *Buschmann/Edich*, Europarecht, 2025, S. 70ff. sowie bei *Buschmann*, AuR 2020, 500ff.
Nach § 17 Abs. 1 AGG gehört es zu den Aufgaben des Betriebsrats und der zuständigen Gewerkschaft, an der Verwirklichung der Ziele des Allgemeinen Gleichbehandlungsgesetzes mitzuwirken. Nach § 17 Abs. 2 AGG sind beide antragsbefugt zur Einleitung des in dieser Vorschrift vorgesehenen Verfahrens. Bei der vorbezeichneten diskriminierenden Auswahl handelt sich um einen groben Verstoß gegen die Verpflichtungen des Arbeitgebers aus dem Allgemeinen Gleichbehandlungsgesetz. Ein Verfügungsanspruch ist damit gegeben.
Der Verfügungsgrund ist schon deshalb gegeben, weil angesichts der bekannten Belastung dieses Arbeitsgerichts eine Entscheidung im Hauptsacheverfahren erst in einigen Monaten zu erwarten und somit zu befürchten ist, dass die Antragsgegnerin ihr offensichtlich rechtswidriges Ziel, nämlich diskriminierende Kündigungen auszusprechen, erreichen würde. Ein derartiger Verstoß darf auch vorübergehend nicht hingenommen werden, da nicht nur einzelne Bewerber benachteiligt würden, sondern der gesetzlich ausdrücklich festgelegte Gleichbehandlungsgrundsatz insgesamt in Frage gestellt würde, hätte es der Arbeitgeber in der Hand, einseitig personelle Maßnahmen vorzubereiten oder vorzunehmen, die eine nach dem AGG verbotene Diskriminierung beinhalten.

> **Hinweis:**
> Vgl. DKW-*Buschmann*, § 23 Rn. 225 sowie im Schriftsatz zitierte Fundstellen.

§ 24 Erlöschen der Mitgliedschaft

Die Mitgliedschaft im Betriebsrat erlischt durch

1. **Ablauf der Amtszeit,**
2. **Niederlegung des Betriebsratsamtes,**
3. **Beendigung des Arbeitsverhältnisses,**
4. **Verlust der Wählbarkeit,**

5. **Ausschluss aus dem Betriebsrat oder Auflösung des Betriebsrats aufgrund einer gerichtlichen Entscheidung,**
6. **gerichtliche Entscheidung über die Feststellung der Nichtwählbarkeit nach Ablauf der in § 19 Abs. 2 bezeichneten Frist, es sei denn, der Mangel liegt nicht mehr vor.**

Inhaltsübersicht Rn.

I. Einleitung

1 Die Vorschrift regelt das Erlöschen der Mitgliedschaft des einzelnen Betriebsratsmitglieds. Die Beendigung der Amtszeit des Betriebsrats als Kollektivorgan ist dagegen in §§ 21–21b geregelt. In den Fällen der Nrn. 1 bis 4 erlischt die Mitgliedschaft automatisch kraft Gesetzes. Demgegenüber endet die Mitgliedschaft in den Fällen des Abs. 1 Nrn. 5 und 6 erst auf Grund rechtskräftiger Gerichtsentscheidung.

II. Arbeitshilfen

Musterschreiben

Amtsniederlegung des einzelnen Betriebsratsmitglieds 2

Betriebsratsmitglied Name — Ort, Datum

An den Betriebsrat
Firmenbezeichnung
Betriebsratsvorsitzende:n Name

Niederlegung meines Betriebsratsamts
Liebe:r Koll. Name,
hiermit lege ich mein Amt als Mitglied des Betriebsrats nieder. Für die Amtsniederlegung sind persönliche Gründe maßgeblich. Die Amtsniederlegung soll erst wirksam werden zum Datum. Ich bitte, mir die Amtsniederlegung zu bestätigen und die Kolleginnen und Kollegen des Betriebsrats sowie meine:n Nachfolger:in im Betriebsrat schon jetzt zu informieren, damit diese/r sich rechtzeitig auf ihr/sein Amt vorbereiten kann.

Hinweis:
Vgl. DKW-*Buschmann*, § 24 Rn. 7.

3 **Antrag auf einstweilige Verfügung auf Zugang eines Betriebsratsmitglieds zum Betrieb**

An das Arbeitsgericht
Bezeichnung
Adresse

In dem Beschlussverfahren des
1. Betriebsratsmitglieds Name, Adresse

– Antragsteller –

2. Betriebsrat Firmenbezeichnung, Adresse

– Antragsteller –

3. Gewerkschaft Bezeichnung, Adresse

– Antragstellerin –

4. Firma Firmenbezeichnung, Adresse, vertreten durch die Geschäftsführerin Name, Adresse,

– Antragsgegnerin –

zeigen wir an, dass wir die Beteiligten zu 1 bis 3 vertreten, leiten ein Beschlussverfahren ein und beantragen, wegen der besonderen Dringlichkeit durch die/den Vorsitzende:n allein, ohne mündliche Verhandlung im Wege der einstweiligen Verfügung zu entscheiden:

1. Die Antragsgegnerin und Bet. zu 4 wird verpflichtet, den Zugang des Antragstellers und Beteiligten zu 1 zum Betrieb zur Erfüllung seiner betriebsverfassungsrechtlichen Aufgaben zu dulden.
2. Der Antragsgegnerin und Bet. zu 4 wird untersagt, die Betriebsratstätigkeit zu behindern, insbesondere dadurch, dass dem Beteiligten zu 1 der Zugang zum Betrieb und zu den Arbeitsplätzen sowie die weitere Ausübung seiner Betriebsratstätigkeit verwehrt wird.
3. Der Antragsgegnerin und Bet. zu 4 wird für den Fall der Zuwiderhandlung gegen die Verpflichtung aus Ziff. 1 ein Zwangsgeld, dessen Höhe in das Ermessen des Gerichts gestellt wird, mindestens jedoch 10 000 €, ersatzweise Zwangshaft, die an dem Geschäftsführer der Beteiligten zu 4 zu vollziehen ist, angedroht.
4. Der Antragsgegnerin und Bet. zu 4 wird für jeden Fall der Zuwiderhandlung gegen die Verpflichtung aus Ziff. 2 ein Ordnungsgeld, dessen Höhe in das Ermessen des Gerichts gestellt wird, mindestens jedoch 10 000 €, ersatzweise Ordnungshaft, die an dem Geschäftsführer der Beteiligten zu 4 zu vollziehen ist, angedroht.

Begründung

Die Antragsgegnerin betreibt in Ort den Betrieb Betriebsbezeichnung mit Beschäftigten. Antragsteller sind das Betriebsratsmitglied Name, der Betriebsrat und die zuständige, im Betrieb vertretene Gewerkschaft Bezeichnung. Der Beteiligte zu 1 hat sich am Datum an einer spontanen innerbetrieblichen Informationsveranstaltung zur Aufklärung über die in der Presse bekannt gewordenen Absichten des Arbeitgebers, den Standort Ort zu schließen, beteiligt. Darauf wurde ihm – ohne vorherige Zustimmung des Betriebsrats – am Datum fristlos gekündigt. Zugleich wurde ihm Hausverbot erteilt. Die Kündigung ist wegen Verstoßes gegen § 103 BetrVG und § 15 KSchG unheilbar nichtig. Über das vor dem ArbG Ort unter dem Aktenzeichen anhängige Kündigungsschutz- und Weiterbeschäftigungsverfahren ist noch nicht entschieden. Vorstehender Sachverhalt wird durch beiliegende eidesstattliche Versicherungen der/des Betriebsratsvorsitzenden Name sowie des Gewerkschaftssekretärs Name glaubhaft gemacht.

Der/Die Beteiligte zu 1 ist nach wie vor ordentliches Betriebsratsmitglied. Die unwirksame Kündigung eines Betriebsratsmitglieds beendet das Arbeitsverhältnis nicht i. S. d. § 24 Nr. 3 BetrVG. Die Verweigerung des Zutritts zum Betrieb durch die Antragsgegnerin stellt eine Behinderung der Betriebsratstätigkeit dar (vgl. Rechtsprechungsnachweise in DKW-*Buschmann*, § 78 Rn. 17). Gegen diese Behinderung ist die einstweilige Verfügung zulässig und geboten (vgl. Rechtsprechungsnachweise in DKW-*Buschmann*, § 24 Rn. 14 f.). Es handelt sich um einen groben Verstoß des Arbeitgebers gegen seine Verpflichtungen aus § 78 BetrVG, so dass der Antrag zugleich auf § 23 Abs. 3 BetrVG zu stützen ist. Ein Verfügungsanspruch ist damit gegeben.

Der Verfügungsgrund ist schon deshalb gegeben, weil angesichts der bekannten Belastung dieses Arbeitsgerichts eine Entscheidung im Hauptsacheverfahren erst in einigen Monaten zu erwarten und somit zu befürchten ist, dass die Antragsgegnerin ihr offensichtlich rechtswidriges Ziel, nämlich den Antragsteller an der Ausübung seines Amtes zu hindern, erreichen würde. Eine derartige Behinderung darf auch vorübergehend nicht hingenommen werden, da nicht nur das einzelne Betriebsratsmitglied, sondern auch der gesamte Betriebsrat zeitweilig in seiner Arbeit empfindlich behindert, die Rechtssicherheit (etwa bei Betriebsratsbeschlüssen oder anderen -maßnahmen) beeinträchtigt und darüber hinaus die Beschäftigten des Betriebs weitgehend schutzlos gestellt würden, hätte der Arbeitgeber es in der Hand, einseitig die Betriebsratsarbeit durch den Ausspruch von Hausverboten zu stören.

Hinweis:
Vgl. DKW-*Buschmann*, § 24 Rn. 14f.; § 78 Rn. 17; DKW-*Dornberger*, § 23 Rn. 141 sowie Arbeitshilfe zu § 23 Rn. 10, in diesem Band.

Betriebsratsbeschluss: Feststellung der Mitgliedschaft im Betriebsrat 4

Es wird festgestellt, dass

1. Kollege:in Name wegen Amtsniederlegung zum Datum,
2. Kollege:in Name wegen Beendigung des Arbeitsverhältnisses zum Datum,
3. Kollege:in Name wegen Verlustes der Wählbarkeit (Eheschließung/Partnerschaft mit der Arbeitgeberin) zum Datum aus dem Betriebsrat ausgeschieden ist.
4. Die nachrückenden Ersatzmitglieder sind (in dieser Reihenfolge) Namen. Sie werden umgehend hierüber informiert.
5. Kollege:in Name, dessen Kündigung die Arbeitgeberin ausgesprochen hat, ist nicht aus dem Betriebsrat ausgeschieden, da die Kündigung unwirksam und bereits arbeitsgerichtlich angefochten ist.
6. Kollege:in Name, dessen Ausschluss aus dem Betriebsrat die Arbeitgeberin arbeitsgerichtlich beantragt hat, ist nicht aus dem Betriebsrat ausgeschieden, da das arbeitsgerichtliche Verfahren noch nicht rechtskräftig abgeschlossen ist.

Hinweis:
Vgl. DKW-*Buschmann*, § 24 Rn. 6, 11, 27, 31.

§ 25 Ersatzmitglieder

(1) Scheidet ein Mitglied des Betriebsrats aus, so rückt ein Ersatzmitglied nach. Dies gilt entsprechend für die Stellvertretung eines zeitweilig verhinderten Mitglieds des Betriebsrats.
(2) Die Ersatzmitglieder werden unter Berücksichtigung des § 15 Abs. 2 der Reihe nach aus den nichtgewählten Arbeitnehmern derjenigen Vorschlagslisten entnommen, denen die zu ersetzenden Mitglieder angehören. Ist eine Vorschlagsliste erschöpft, so ist das Ersatzmitglied derjenigen Vorschlagsliste zu entnehmen, auf die nach den Grundsätzen der Verhältniswahl der nächste Sitz entfallen würde. Ist das ausgeschiedene oder verhinderte Mitglied nach den Grundsätzen der Mehrheitswahl gewählt, so bestimmt sich die Reihenfolge der Ersatzmitglieder unter Berücksichtigung des § 15 Abs. 2 nach der Höhe der erreichten Stimmenzahlen.

Inhaltsübersicht Rn.

I. Einleitung

1 Die Vorschrift regelt das Nachrücken von Ersatzmitgliedern für zeitweilig verhinderte oder endgültig ausgeschiedene Betriebsratsmitglieder. Sie dient der Wahrung der Kontinuität der Arbeit des Betriebsrats und seiner Beschlussfähigkeit. Ersatzmitglieder sind die nicht gewählten Wahlbewerber. Sie haben eine Anwartschaft darauf, bei vorübergehender Verhinderung eines Betriebsratsmitglieds zeitweilig oder bei vorzeitigem Ausscheiden eines Betriebsratsmitglieds für den Rest der Amtszeit des Betriebsrats kraft Gesetzes die Stellung eines Betriebsratsmitglieds einzunehmen. In diesem Fall sind sie vollwertige Betriebsratsmitglieder mit allen sich aus dieser Stellung ergebenden Rechten und Pflichten. Die gesetzliche Reihenfolge ist zwingend mit der Maßgabe, dass das »erste« Ersatzmitglied stets vor dem nachfolgenden anstelle verhinderter oder ausgeschiedener Betriebsratsmitglieder dem Betriebsrat angehört. Der/die Betriebsratsvorsitzende ist im Hinblick auf eine ordnungsgemäße Geschäftsführung des Betriebsrats verpflichtet, das Ersatzmitglied von dem Ausscheiden bzw. von der Verhinderung eines Betriebsratsmitglieds unverzüglich zu unterrichten und ggf. zur Erledigung der anfallenden Betriebsratsaufgaben heranzuziehen, insbesondere zu Betriebsratssitzungen einzuladen. Die Benachrichtigung ist auch zweckmäßig, um spätere Auseinandersetzungen wegen Arbeitsbefreiungen oder bzgl. des besonderen bzw. nachwirkenden Kündigungsschutzes zu vermeiden. Die Vertretung durch das Ersatzmitglied beginnt zum Zeitpunkt des Ausscheidens bzw. mit Beginn der Verhinderung des Betriebsratsmitglieds.

II. Arbeitshilfen

Musterschreiben

2 **Information an das Ersatzmitglied (Varianten a–d)**

Betriebsrat der Firma Firmenbezeichnung, Adresse Ort, Datum
Betriebsratsvorsitzende:r Name

An
Arbeitnehmerin Name

Mitgliedschaft im Betriebsrat

Liebe:r Kollege:in Name,

1. hiermit teilen wir Ihnen mit, dass Koll. Name wegen beruflicher Veränderung zum Datum aus dem Arbeitsverhältnis und damit aus dem Betriebsrat ausgeschieden ist. Sie sind damit als Mitglied in den Betriebsrat nachgerückt. Wir heißen Sie im Betriebsrat willkommen und begrüßen Sie in ihrem wichtigen Amt. In der Anlage erhalten Sie die Geschäftsordnung und Mitgliederliste des Betriebsrats und seiner Ausschüsse sowie die Dokumentation über die für den Betrieb geltenden Betriebsvereinbarungen, so dass Sie sich schon jetzt auf Ihre Arbeit als Betriebsratsmitglied vorbereiten können. Einzelheiten können wir kurzfristig im Betriebsratsbüro besprechen. Als Termin schlagen wir den Datum vor. Die nächste Sitzung des Betriebsrats findet am Datum statt. Einladung liegt ebenfalls bei.

2. Hiermit teilen wir Ihnen mit, dass Koll. Name wegen Urlaubs vom Datum bis zum Datum zeitweilig an ihrer/seiner Tätigkeit als Mitglied des Betriebsrats verhindert ist. Sie sind damit für diese Zeit als Ersatzmitglied in den Betriebsrat nachgerückt. In Anlage erhalten Sie Geschäftsordnung und Mitgliederliste des Betriebsrats und seiner Ausschüsse sowie Dokumentation über die für den Betrieb geltenden Betriebsvereinbarungen, so dass Sie sich schon jetzt auf Ihre Arbeit als Betriebsratsmitglied vorbereiten können. Einzelheiten können wir kurzfristig im Betriebsratsbüro besprechen. Die nächste Sitzung des Betriebsrats findet am Datum statt. Einladung liegt ebenfalls bei.
3. Hiermit teilen wir Ihnen mit, dass die Arbeitgeberin mit Schreiben vom Datum gemäß § 103 BetrVG die Zustimmung des Betriebsrats zur außerordentlichen Kündigung unserer/s Koll. Name beantragt hat. Darüber wird der Betriebsrat in seiner Sitzung am Datum unter Tagesordnungspunkt beraten. Nach der Rechtsprechung ist Koll. Name an der Beschlussfassung verhindert, da sie/er von ihr unmittelbar betroffen ist. Sie sind damit für diese Beschlussfassung als Ersatzmitglied in den Betriebsrat nachgerückt. Einzelheiten können wir kurzfristig im Betriebsratsbüro besprechen. Einladung liegt bei.
4. Nach den in der Vergangenheit durchgeführten betrieblichen Umstrukturierungen übt der Betriebsrat für den früheren Betrieb Betriebsbezeichnung zur Zeit ein Übergangs-/Restmandat nach Maßgabe des §§ 21a/21b BetrVG aus. Koll. Name ist zum Datum endgültig aus dem Betriebsrat ausgeschieden. Sie sind damit als Mitglied in den Betriebsrat nachgerückt. In Anlage erhalten Sie Geschäftsordnung und Mitgliederliste des Betriebsrats und seiner Ausschüsse sowie Dokumentation über die für den Betrieb geltenden Betriebsvereinbarungen, so dass Sie sich schon jetzt auf Ihre Arbeit als Betriebsratsmitglied vorbereiten können. Die nächste Sitzung des Betriebsrats findet am Datum statt. Einladung liegt ebenfalls bei.

Hinweis:
Vgl. DKW-*Buschmann*, § 25 Rn. 38. Das Ersatzmitglied soll so schnell wie möglich in seine Aufgaben eingeführt werden. Verbunden damit ist der sofortige Eintritt in die Rechtsstellung und den Schutz der nachgerückten Ersatzmitglieder.

Information an den Arbeitgeber (Varianten a–c) 3

Betriebsrat der Firma Firmenbezeichnung, Adresse Ort, Datum
Betriebsratsvorsitzende/r Name

An Arbeitgeberin Firmenbezeichnung, Adresse
Geschäftsleitung
im Hause

Mitgliedschaft im Betriebsrat
Sehr geehrte Frau Name,
1. Wie Sie wissen, ist Herr/Frau Name wegen beruflicher Veränderung zum Datum aus dem Arbeitsverhältnis und damit aus dem Betriebsrat ausgeschieden. Herr/Frau Name ist demzufolge als Mitglied in den Betriebsrat nachgerückt und hat seine/ihre Arbeit bereits aufgenommen. Wir bitten, Herrn/Frau Name für seine/ihre Arbeiten als Betriebsratsmitglied jeweils freizustellen.
2. Wie Sie wissen, ist Herr/Frau Name wegen Urlaubs vom Datum bis zum Datum zeitweilig an seiner/ihrer Tätigkeit als Mitglied des Betriebsrats verhindert. Herr/Frau Name ist demzufolge für diese Zeit als Mitglied in den Betriebsrat nachgerückt und hat seine/ihre Arbeit bereits aufgenommen. Wir bitten, Herrn/Frau Name für seine/ihre Arbeiten als Betriebsratsmitglied jeweils freizustellen.

3. Nach den in der Vergangenheit durchgeführten betrieblichen Umstrukturierungen übt der Betriebsrat für den früheren Betrieb Betriebsbezeichnung zur Zeit ein Übergangs-/Restmandat nach Maßgabe des §§ 21a/21b BetrVG aus. Herr/Frau Name ist zum Datum endgültig aus dem Betriebsrat ausgeschieden. Herr/Frau Name ist demzufolge als Mitglied in den Betriebsrat nachgerückt und hat seine/ihre Arbeit bereits aufgenommen. Wir bitten, Herrn/Frau Name für seine/ihre Arbeiten als Betriebsratsmitglied jeweils freizustellen/die Notwendigkeit der Freistellung gegenüber der neuen Arbeitgeberin, der Firma Firmenbezeichnung, jeweils zu bestätigen und etwaige daraus entstehende Kosten bzw. Verdienstausfall auszugleichen.

Hinweis:
Vgl. DKW-*Buschmann*, § 25 Rn. 9, 13, 15, 17, 28, 38.

Dritter Abschnitt
Geschäftsführung des Betriebsrats

§ 26 Vorsitzender

(1) Der Betriebsrat wählt aus seiner Mitte den Vorsitzenden und dessen Stellvertreter.
(2) Der Vorsitzende des Betriebsrats oder im Fall seiner Verhinderung sein Stellvertreter vertritt den Betriebsrat im Rahmen der von ihm gefassten Beschlüsse. Zur Entgegennahme von Erklärungen, die dem Betriebsrat gegenüber abzugeben sind, ist der Vorsitzende des Betriebsrats oder im Fall seiner Verhinderung sein Stellvertreter berechtigt.

Inhaltsübersicht Rn.

I. Einleitung

1 Die Vorschrift gibt den verbindlichen **Rahmen** für die organisatorische Gestaltung der Arbeit von Betriebsratsgremien vor, die aus mehreren Mitgliedern bestehen. Durch **Abs. 1** der Vorschrift wird die Verpflichtung zur **Wahl** eines Vorsitzenden und eines stellvertretenden Vorsitzenden festgeschrieben (zum Wahlverfahren vgl. § 29). In **Abs. 2** wird die **Stellung** des Betriebsratsvorsitzenden und seines Stellvertreters festgelegt und zugleich normiert, wer zur Abgabe und zur Entgegennahme von Erklärungen zuständig ist.

2 Die **Wahl der Führungsperson** eines Betriebsrats ist gesetzliche Pflichtaufgabe. Unterbleibt sie, kann dies gem. § 23 BetrVG zur Auflösung des Betriebsrats führen (DKW-

Wedde, § 26 Rn. 3ff.). Bei der Wahlentscheidung selbst ist das Gremium frei. Aus dem Grundsatz der vertrauensvollen Zusammenarbeit gem. § 2 Abs. 1 BetrVG folgt jedoch, dass der Arbeitgeber über die Wahl und insbesondere über die Personen des oder der Vorsitzenden und der oder des stellvertretenden Vorsitzenden informiert werden muss. Dies gilt umso mehr, da der oder die Vorsitzende und im gesetzlichen Vertretungsfall der Stellvertreter unmittelbare Ansprechpartner des Arbeitgebers sind.

Erfolgt eine **Wahl** bzw. eine **Neuwahl** von Betriebsratsvorsitzenden oder Stellvertretern 3 außerhalb einer konstituierenden Sitzung (etwa nach Rücktritt oder Ausscheiden aus dem Betriebsrat), muss ebenfalls eine entsprechende Information des Arbeitgebers erfolgen. Diese Information ist s notwendig, weil der Arbeitgeber wissen muss, wer zur Entgegennahme von Erklärungen berechtigt ist (DKW-*Wedde*, § 26 Rn. 17).

Die **Information über eine Neuwahl** muss keine Erläuterungen zu den Gründen eines 4 Rücktritts oder einer Abwahl enthalten. Sie sollte sich mit Rücksicht auf die Vertraulichkeit von Betriebsratssitzungen und auf den Datenschutz auf das Notwendigste beschränken. Dem Arbeitgeber sollte beispielsweise **nicht** mitgeteilt werden, mit welchen Stimmverhältnissen eine Abwahl erfolgte oder dass ein Rücktritt Folge einer »Kampfabstimmung« war. Es kann in der Mitteilung der Neuwahl auch vollständig zu ihren Gründen geschwiegen werden.

Sind Vorsitzende **verhindert,** werden deren Aufgaben von den gewählten Stellvertretern 5 wahrgenommen. Voraussetzung ist das Vorliegen einer längerfristigen Verhinderung. Eine kurzfristige Verhinderung (etwa eine Abwesenheit von wenigen Stunden) löst keinen Vertretungsfall aus (DKW-*Wedde*, § 26 Rn. 33). Gleiches gilt, wenn Vorsitzende in betrieblichen Angelegenheiten länger unterwegs ist (etwa auf einer Wochenschulung), dabei aber weiterhin telefonisch oder per E-Mail erreichbar ist.

Eine Verhinderung bzw. **der Stellvertretung** sollte dem Arbeitgeber vorab von den 6 Vorsitzenden selbst (etwa bei Urlaub) oder bei überraschendem Eintritt (etwa aufgrund Krankheit) von den Stellvertretern **angezeigt** werden.

Betriebsratsvorsitzende (und nur dieser) geben **Erklärungen** für das Gremium ab und 7 nehmen Mitteilungen und Erklärungen des Arbeitgebers entgegen. Weitergehende Befugnisse (etwa zum Abschluss von Betriebsvereinbarungen) haben sie im Regelfall nicht. Etwas anderes kann auf Grund besonderer Beschlussfassungen gelten, wenn Vorsitzende hierdurch entsprechend bevollmächtigt werden (vgl. die Darstellung zu § 27 sowie DKW-*Wedde*, § 26 Rn. 17ff.).

Gibt der **Arbeitgeber** dem Betriebsrat gegenüber Erklärungen ab, ist es wichtig, dass diese 8 »neutral« entgegengenommen werden. Betriebsratsvorsitzende sollten ohne Rücksprache mit dem Gremium keine verbindlichen Aussagen zu Erklärungen des Arbeitgebers machen (etwa »hier sehe ich kein Problem« oder »aus meiner Sicht spricht nichts gegen dieses Vorhaben«). Im Regelfall empfiehlt sich die Aussage: »Ich nehme dies zur Kenntnis.« Bei Angelegenheiten von besonderer Wichtigkeit sollte im Einzelfall eine schriftliche »Eingangsbestätigung« durch die Vorsitzenden erfolgen.

In der Praxis kommt es immer wieder vor, dass statt der Vorsitzenden einzelne **Betriebs-** 9 **ratsmitglieder** vom Arbeitgeber über kollektive Sachverhalte **in Kenntnis gesetzt** werden und Informationen zu einzelnen Themen erhalten, die eigentlich gegenüber Vorsitzenden des Betriebsrats erfolgen müssen. Hieraus folgt oftmals das Problem, dass Arbeitgeber davon ausgehen, dass die gesetzeskonforme Information des Betriebsrats erfolgt ist. Gibt ein Betriebsratsmitglied die Informationen jedoch nicht an das Gremium weiter (etwa weil er die kollektivrechtliche Relevanz nicht sieht), kann hieraus das Problem folgen, dass Rechtspositionen des Betriebsrats nicht zeitnah gewahrt werden können. Deshalb empfiehlt es sich für die Praxis, dass Betriebsratsmitglieder den Arbeitgeber nach entsprechenden Informationen bzw. Mitteilungen auf den richtigen Informationsweg hinzuweisen.

II. Arbeitshilfen

1. Checkliste

10 **Vorsitzender des Betriebsrats**

- Die Wahl des Vorsitzenden und des stellvertretenden Vorsitzenden ist Rechtspflicht des Betriebsrats;
- Erklärungen und Mitteilungen können vom Arbeitgeber wirksam nur gegenüber dem Vorsitzenden des Betriebsrats abgegeben werden;
- Gewählte Stellvertreter werden nur bei (nicht nur kurzfristiger) Verhinderung des Vorsitzenden tätig.

2. Musterschreiben

11 **Mitteilung Wahl des Vorsitzenden**

Betriebsrat der Firma Firmenbezeichnung, Adresse Ort, Datum
Betriebsratsvorsitzender Name

An den Arbeitgeber Firmenbezeichnung, Adresse
im Hause

Wahl des Betriebsratsvorsitzenden und seines Stellvertreters
Sehr geehrte Damen und Herren,
ich möchte Sie darüber informieren, dass mich der Betriebsrat in seiner konstituierenden Sitzung zu seinem Vorsitzenden gewählt hat. Zum stellvertretenden Vorsitzenden wurde Frau/Herr Name gewählt.
Als Vorsitzender stehe ich Ihnen ab sofort als Ansprechpartner in allen betriebsverfassungsrechtlichen Angelegenheiten für den Betriebsrat zur Verfügung. Im Namen des Betriebsrats freue ich mich auf eine gute und vertrauensvolle Zusammenarbeit mit Ihnen. Ich schlage vor, dass wir uns kurzfristig zu einem ersten Gespräch zusammenfinden und bitte um Ihren Terminvorschlag.

12 **Neuwahl**

Betriebsrat der Firma Firmenbezeichnung, Adresse Ort, Datum
Betriebsratsvorsitzender Name

An den Arbeitgeber Firmenbezeichnung, Adresse
im Hause

Neuwahl des Betriebsratsvorsitzenden
Sehr geehrte Damen und Herren,
ich möchte Sie darüber informieren, dass der Betriebsrat mich in seiner Sitzung vom Datum zu seinem neuen Vorsitzenden gewählt hat. Ich bitte Sie deshalb, sich in allen kollektivrechtlichen Fragen ab sofort nur noch an mich zu wenden.

Beschlussvorlage Abberufung eines Betriebsratsvorsitzenden 12a

Beschluss zu TOP **der Tagesordnung:**
Beschlusstext: Der amtierende Vorsitzende des Betriebsrats wird mit sofortiger Wirkung abberufen.
Abstimmungsergebnis: .
Im Anschluss an eine erfolgreiche Abberufung muss eine Neuwahl erfolgen.

Information des Arbeitgebers über Neuwahl nach Abberufung eines Vorsitzenden 12b

Betriebsrat der Firma Firmenbezeichnung, Adresse — Ort, Datum
Betriebsratsvorsitzende Name

An den Arbeitgeber Firmenbezeichnung, Adresse
im Hause

Neuwahl des Betriebsratsvorsitzenden
Sehr geehrte Damen und Herren,
ich möchte Sie darüber informieren, dass der Betriebsrat mich in seiner Sitzung vom Datum zu seiner neuen Vorsitzenden gewählt hat. Die Amtszeit des vorherigen Vorsitzenden hat zu diesem Zeitpunkt geendet. Ich möchte Sie deshalb bitten, sich in allen kollektivrechtlichen Fragen ab sofort nur noch an mich zu wenden.

Verhinderung des Vorsitzenden/Mitteilung durch Vorsitzenden 13

Betriebsrat der Firma Firmenbezeichnung, Adresse — Ort, Datum
Betriebsratsvorsitzender Name

An den Arbeitgeber Firmenbezeichnung, Adresse
im Hause

Vertretung durch meinen Stellvertreter
Sehr geehrte Damen und Herren,
ich möchte Sie darüber informieren, dass ich in der Zeit vom Datum bis Datum nicht im Betrieb anwesend sein werde. Während dieser Zeit werden die Amtsgeschäfte des Betriebsrats von der stellvertretenden Vorsitzenden des Betriebsrats, Frau Name, wahrgenommen. Ich möchte Sie bitten, sich in diesem Zeitraum mit allen kollektivrechtlichen Themen unmittelbar an Frau Name zu wenden.

14 **Verhinderung des Vorsitzenden/Mitteilung durch Vertreterin**

Der Betriebsrat der Firma Firmenbezeichnung, Adresse Ort, Datum
Stellvertretende Vorsitzende Name

An den Arbeitgeber Firmenbezeichnung, Adresse
im Hause

Vorsitz des Betriebsrats
Sehr geehrte Damen und Herren,
ich möchte Sie darüber informieren, dass ich wegen einer zeitweiligen Verhinderung des Vorsitzenden in der Zeit vom Datum bis voraussichtlich zum Datum als stellvertretende Vorsitzende die Geschäfte des Betriebsrats führe. Ich möchte Sie bitten, sich in diesem Zeitraum mit allen kollektivrechtlichen Themen unmittelbar an mich zu wenden.

15 **Eingangsbestätigung**

Der Betriebsrat der Firma Firmenbezeichnung, Adresse Ort, Datum
Betriebsratsvorsitzende Name

An den Arbeitgeber Firmenbezeichnung, Adresse
im Hause

Angelegenheit
Sehr geehrte Damen und Herren,
hiermit bestätige ich Ihnen als Vorsitzende des Betriebsrats, dass wir die Informationen/die Unterlagen zur obigen Angelegenheit am Datum von Ihnen erhalten haben.
Als Vorsitzende nehme ich diese zur Kenntnis und werde sie dem Betriebsrat zur weiteren Befassung vorlegen. Dies wird voraussichtlich in der Sitzung am Datum erfolgen. Ich werde Sie über den Fortgang der Angelegenheit informieren.

16 **Gesetzeskonforme Information des Betriebsrats**

Der Betriebsrat der Firma Firmenbezeichnung, Adresse Ort, Datum
Vorsitzender Name

An den Arbeitgeber Firmenbezeichnung, Adresse
im Hause

Erklärungen/Informationen gegenüber Betriebsratsmitgliedern
Sehr geehrte Damen und Herren,
am Datum haben Sie das Betriebsratsmitglied Name über den folgenden Sachverhalt informiert. Das Betriebsratsmitglied Name hat mich am Datum davon in Kenntnis gesetzt.
Alternativ bei Übergabe von Informationen:
Am Datum haben Sie dem Betriebsratsmitglied Name die folgenden Informationen übergeben. Das Betriebsratsmitglied hat mich am Datum über diesen Sachverhalt informiert.
Erlauben Sie mir, diese Information zum Anlass zu nehmen, Sie darauf hinzuweisen, dass zur Entgegennahme von offiziellen und rechtswirksamen Erklärungen des Arbeitgebers gesetzlich

ausschließlich ich als Betriebsratsvorsitzender berechtigt bin. Im Fall meiner Verhinderung ist meine Stellvertreterin, Frau Name, zuständig. Ich möchte deshalb darum bitten, zukünftig alle Erklärungen bzw. Informationen an den Betriebsrat ausschließlich an mich zu richten bzw. mir zu übergeben.

Der Vollständigkeit halber möchte ich darauf hinweisen, dass Erklärungen an den Betriebsrat, die gegenüber anderen Betriebsratsmitgliedern erfolgen, nicht geeignet sind, den gesetzlichen Vorgaben des § 26 Abs. 2 BetrVG zu genügen. Der Betriebsrat geht davon aus, dass durch eine solche nicht gesetzeskonforme Art der Erklärungen bzw. Informationen durch Sie keine Rechtspflichten zulasten des Betriebsrats ausgelöst werden können.

§ 27 Betriebsausschuss

(1) Hat ein Betriebsrat neun oder mehr Mitglieder, so bildet er einen Betriebsausschuss. Der Betriebsausschuss besteht aus dem Vorsitzenden des Betriebsrats, dessen Stellvertreter und bei Betriebsräten mit
9 bis 15 Mitgliedern aus 3 weiteren Ausschussmitgliedern,
17 bis 23 Mitgliedern aus 5 weiteren Ausschussmitgliedern,
25 bis 35 Mitgliedern aus 7 weiteren Ausschussmitgliedern,
37 oder mehr Mitgliedern aus 9 weiteren Ausschussmitgliedern.
Die weiteren Ausschussmitglieder werden vom Betriebsrat aus seiner Mitte in geheimer Wahl und nach den Grundsätzen der Verhältniswahl gewählt. Wird nur ein Wahlvorschlag gemacht, so erfolgt die Wahl nach den Grundsätzen der Mehrheitswahl. Sind die weiteren Ausschussmitglieder nach den Grundsätzen der Verhältniswahl gewählt, so erfolgt die Abberufung durch Beschluss des Betriebsrats, der in geheimer Abstimmung gefasst wird und einer Mehrheit von drei Vierteln der Stimmen der Mitglieder des Betriebsrats bedarf.

(2) Der Betriebsausschuss führt die laufenden Geschäfte des Betriebsrats. Der Betriebsrat kann dem Betriebsausschuss mit der Mehrheit der Stimmen seiner Mitglieder Aufgaben zur selbständigen Erledigung übertragen; dies gilt nicht für den Abschluss von Betriebsvereinbarungen. Die Übertragung bedarf der Schriftform. Die Sätze 2 und 3 gelten entsprechend für den Widerruf der Übertragung von Aufgaben.

(3) Betriebsräte mit weniger als neun Mitgliedern können die laufenden Geschäfte auf den Vorsitzenden des Betriebsrats oder andere Betriebsratsmitglieder übertragen.

Inhaltsübersicht Rn.

I. Einleitung

1 In Betriebsräten mit neun oder mehr Mitgliedern ist nach **§ 27 Abs. 1 BetrVG zwingend** ein **Betriebsausschuss** zu bilden. Kommt der Betriebsrat dieser Verpflichtung nicht nach, handelt er pflichtwidrig und läuft Gefahr, nach § 23 Abs. 1 BetrVG aufgelöst zu werden (vgl. DKW-*Wedde*, § 27 Rn. 3; allgemein DKW-*Buschmann*, § 23 Rn. 89ff.).

2 Neben Vorsitzenden und deren Stellvertreten, deren Mitgliedschaft gesetzlich festgelegt ist, gehört dem Betriebsausschuss eine durch § 27 Abs. 1 BetrVG **gesetzlich festgelegte Zahl** weiterer Betriebsratsmitglieder an.

3 Die Wahl der Ausschussmitglieder erfolgt aus der Mitte des Betriebsrats. Es können nur ordentliche Betriebsratsmitglieder gewählt werden; Ersatzmitglieder nur, wenn sie dauerhaft nachgerückt sind. Die Ausgestaltung des Wahlverfahrens ist von der Zahl der vorliegenden Wahlvorschläge abhängig. Bei mehreren Wahlvorschlägen erfolgt die Wahl nach den Grundsätzen der **Verhältniswahl**. Liegt nur ein Wahlvorschlag vor, findet **Mehrheitswahl** statt (vgl. ausführlich DKW-*Wedde*, § 27 Rn. 19ff.). Die **Abberufung** einzelner oder aller Mitglieder des Betriebsausschusses ist jederzeit möglich. Ein entsprechender Beschluss kann in einer Sitzung des Betriebsrats gefasst werden, zu der ordnungsgemäß unter Mitteilung der Tagesordnung eingeladen wurde. Er muss durch einen beschlussfähigen Betriebsrat in geheimer Abstimmung gefasst werden. Die betroffenen Ausschussmitglieder sind stimmberechtigt. Wurde der Betriebsausschuss in Verhältniswahl gewählt, bedarf es nach dem Gesetzeswortlaut für die Abwahl einer qualifizierten Mehrheit von ¾ der Stimmen aller Mitglieder des Betriebsrats, d. h. also nicht nur der anwesenden Mitglieder (vgl. ausführlich DKW-*Wedde*, § 27 Rn. 16).

4 Die **Wahl** zum Betriebsausschuss kann bei einem neu gewählten Betriebsrat bereits in der **konstituierenden** Sitzung erfolgen. Voraussetzung ist, dass in der Einladung ein entsprechender Tagesordnungspunkt vorgesehen war. Ansonsten muss sie mit Blick auf den zwingenden Charakter der Norm unverzüglich, d. h. im Regelfall in der nächsten auf die konstituierende Sitzung folgenden Betriebsratssitzung erfolgen (vgl. hierzu § 29 BetrVG). Unumgänglich sind eine ordnungsgemäße Einladung und die Erwähnung auf der Tagesordnung.

5 Der **Arbeitgeber** sollte mit Blick auf die Grundsätze der vertrauensvollen Zusammenarbeit gem. § 2 Abs. 1 BetrVG zeitnah über die Wahl des Ausschusses und seiner Mitglieder **informiert werden**.

6 Kommt es zu **Umbesetzungen** des Ausschusses als Folge der Niederlegung der Mitgliedschaft bzw. der Ab- oder Neuwahl von Mitgliedern, sollte dies dem Arbeitgeber ebenfalls mitgeteilt werden. Da der Betriebsrat keiner Begründungspflicht unterliegt und es sich um eine interne Angelegenheit handelt, sollte auf weiter gehende Erläuterungen zu den Gründen der Umbesetzung verzichtet werden.

7 Der Betriebsausschuss **führt die laufenden Geschäfte des Betriebsrats**. Was vom Begriff der laufenden Geschäftsführung erfasst wird, hängt von den Verhältnissen des einzelnen Betriebs und von der Größe des betreffenden Betriebsrats ab. Der Kreis der laufenden Geschäfte kann in der Geschäftsordnung (vgl. § 36 BetrVG) näher festgelegt werden.

8 Zu den laufenden Geschäften gehören insbesondere
- Vorbereitung der Betriebsratssitzungen,
- Vorbereitung von Beschlussvorlagen und Beschlüssen,
- Einholung von Auskünften,

- Beschaffung von Unterlagen und Informationen,
- Besprechung mit Vertretern der im Betrieb vertretenen Gewerkschaften,
- Entgegennahme von Anträgen und Beschwerden von Seiten der Beschäftigten sowie deren Vorprüfung,
- Vorbesprechungen mit dem Arbeitgeber,
- Entwicklung und Erstellung von Betriebsvereinbarungsentwürfen,
- Durchführung der Beschlüsse des Betriebsrats,
- Führung des Schriftwechsels nach Maßgabe der Beschlüsse des Betriebsrats,
- Vorbereitung der Betriebs- und Abteilungsversammlungen usw. (vgl. ausführlich DKW-*Wedde*, § 27 Rn. 34ff.).

Über den Bereich der gesetzlich festgelegten Aufgaben des Betriebsausschusses kann der Betriebsrat mit qualifizierter Mehrheit der Stimmen seiner Mitglieder (»mehr als die Hälfte«, vgl. DKW-*Wedde*, § 27 Rn. 35) die **Übertragung von Aufgaben** auf den Betriebsausschuss **zur selbstständigen Erledigung** beschließen. Ist eine solche Übertragung rechtswirksam erfolgt, tritt der Betriebsausschuss in den entsprechenden Themenfeldern an die Stelle des Betriebsrats. 9

Von einer Übertragung **ausgeschlossen sind Themenfelder mit besonderer Bedeutung** wie der Abschluss von Betriebsvereinbarungen, die Anrufung einer Einigungsstelle, die Zustimmungserteilung zu einer außerordentlichen Kündigung von Mitgliedern der in § 103 Abs. 1 BetrVG aufgeführten betriebsverfassungsrechtlichen Vertretungen, die Wahl des Betriebsratsvorsitzenden und seines Stellvertreters sowie die Wahl der weiteren Mitglieder des Betriebsausschusses und der sonstigen Ausschüsse des Betriebsrats einschließlich des Wirtschaftsausschusses (DKW-*Wedde*, § 27 Rn. 37). Weiterhin kann **keine Übertragung** auf den Betriebsausschuss erfolgen, wenn für einen Beschluss ausnahmsweise die Mehrheit der Stimmen der Betriebsratsmitglieder erforderlich ist. 10

Ansonsten gibt es **keine Begrenzung der Themenfelder**, die dem Betriebsausschuss oder einem anderen Ausschuss zur selbstständigen Erledigung übertragen werden können. Damit kommen für eine Übertragung auf den Betriebsausschuss in Betracht:

- die Wahrnehmung von Mitwirkungs- und Mitbestimmungsrechten im personellen Bereich (z. B. personelle Einzelmaßnahmen gem. den §§ 99, 102 BetrVG),
- im sozialen Bereich (Verwaltung von Sozialeinrichtungen, Festlegung der zeitlichen Lage des Urlaubs für einzelne Arbeitnehmer),
- Überprüfung der innerbetrieblichen Stellenausschreibungen,
- Wahrnehmung der Betriebsratsaufgaben im Bereich Arbeits- und Gesundheitsschutz,
- Befassung mit Akkord- und Prämienfragen,
- Wahrnehmung der Betriebsratsaufgaben im Bereich Gleichbehandlung, Förderung der Beschäftigung älterer Arbeitnehmer im Betrieb, Integration ausländischer Arbeitnehmer sowie
- Beantragung von Maßnahmen zur Bekämpfung von Rassismus oder Fremdenfeindlichkeit im Betrieb.

Die **Übertragung** erfolgt **durch Beschluss** des Betriebsrats, der im Rahmen der Tagesordnung in einer ordentlichen Sitzung erfolgt ist (vgl. die Erläuterungen zu den §§ 29 und 33 BetrVG). Voraussetzung für eine wirksame Übertragung zur selbstständigen Erledigung ist die **Einhaltung der Schriftform.** 11

Die **Wirksamkeit des Übertragungsbeschlusses** hängt nicht von seiner Mitteilung an den **Arbeitgeber** ab. Allerdings ist dessen unverzügliche Unterrichtung schon deshalb sinnvoll, weil dieser sich Übertragungen von Angelegenheiten auf den Ausschuss so lange nicht entgegenhalten lassen muss, wie er hiervon keine Kenntnis erlangt hat. Zu Doku- 12 mentationszwecken sollte eine entsprechende Mitteilung in Schriftform oder per E-Mail mit Empfangsbestätigung durch den Arbeitgeber erfolgen.

13 Der Arbeitgeber kann die Vorlage des Übertragungsbeschlusses nur verlangen, wenn er Zweifel an der Beschlussfassung hat oder wenn Unklarheiten über den Inhalt des Beschlusses bestehen. Macht er berechtigte Einwände geltend, ist ihm nur ein entsprechender Auszug aus dem Protokoll des Betriebsrats zu übergeben (vgl. DKW-*Wedde*, § 27 Rn. 40).

14 Der Betriebsrat kann Übertragungen von Aufgaben jederzeit durch **Widerrufsbeschluss** beenden.

15 Auch der **Widerruf der Übertragung** von Aufgaben zur selbstständigen Erledigung sollte dem Arbeitgeber unverzüglich mitgeteilt werden. Die Mitteilung verpflichtet den Arbeitgeber, sich wieder direkt an den Betriebsrat zu wenden.

16 In Betriebsräten mit **weniger als neun Mitgliedern** kann gem. § 27 Abs. 3 BetrVG kein Betriebsausschuss gebildet werden. Deshalb wird durch diese Vorschrift die Möglichkeit eröffnet, dass der Betriebsrat die **Führung der laufenden Geschäfte** auf den Vorsitzenden oder ein anderes Betriebsratsmitglied **überträgt**. Von der Übertragung ausgeschlossen bleiben auch hier originäre Aufgaben des Betriebsrats wie der Abschluss von Betriebsvereinbarungen oder die Anrufung der Einigungsstelle (vgl. DKW-*Wedde*, § 27 Rn. 37). Zulässig ist die Übertragung auf mehrere Betriebsratsmitglieder zur gemeinsamen Führung der Geschäfte.

17 Die Übertragung von Aufgaben erfolgt auch in kleineren Betriebsräten durch Beschluss. Es genügt die einfache Mehrheit des beschlussfähigen Betriebsrats.

18 Eine Übertragung auf Ausschüsse gem. § 28 BetrVG ist in kleineren Betriebsräten nicht möglich. Allenfalls können die in diesen Ausschüssen tätigen Betriebsratsmitglieder persönlich mit der Führung laufender Geschäfte in bestimmten Bereichen beauftragt werden.

19 Die **Information** des Arbeitgebers **bezüglich der Übertragung** auf Ausschüsse ist gesetzlich nicht zwingend vorgeschrieben. Mit Blick auf die vertrauensvolle Zusammenarbeit gem. § 2 Abs. 1 BetrVG sollte er über einen entsprechenden Beschluss jedoch zeitnah informiert werden.

20 Erfolgt die **Übertragung von Aufgaben auf mehrere Betriebsratsmitglieder** gemeinsam, so muss dies sowohl im entsprechenden Beschluss als auch in der Mitteilung an den Arbeitgeber zum Ausdruck kommen.

II. Arbeitshilfen

1. Checkliste

21 **Betriebsausschuss**

- Zutreffende Mitgliederzahl für die Wahl des Betriebsausschusses?
- Durchführung geheime Wahl;
- Bei nur einem Wahlvorschlag Mehrheitswahl/bei mehreren Vorschlägen Verhältniswahl;
- Wahl von Ersatzmitgliedern;
- Aufgabenübertragung an Ausschuss nur in Schriftform;
- In kleineren Betriebsräten Übertragung an den Vorsitzenden möglich – Beschluss fassen!

Umbesetzung des Betriebsausschusses 22

Betriebsrat der Firma Firmenbezeichnung, Adresse Ort, Datum
Betriebsratsvorsitzender Name

An den Arbeitgeber Firmenbezeichnung, Adresse
im Hause

Neubesetzung des Betriebsausschusses
Sehr geehrte Damen und Herren,
wir möchten Sie darüber informieren, dass der Betriebsrat auf seiner Sitzung am Datum eine Neubesetzung des Betriebsausschusses vorgenommen hat. Dem Ausschuss gehören statt der Betriebsratsmitglieder Name und Name nunmehr die Betriebsratsmitglieder Name und Name an. Als Stellvertreter für den Fall der zeitweiligen Verhinderung von Ausschussmitgliedern wurden die Betriebsratsmitglieder Name (Stellvertretung Name) und Name (Stellvertretung Name) gewählt, die bei Bedarf tätig werden.

Betriebsausschuss – Beschlussvorlage Übertragung von Aufgaben 23

Beschluss zu TOP der Tagesordnung:
Beschlusstext: Dem Betriebsausschuss werden die folgenden Aufgaben zur selbstständigen Erledigung übertragen:
1. Wahrnehmung von Mitwirkungs- und Mitbestimmungsrechten des Betriebsrats bei personellen Einzelmaßnahmen gem. den §§ 99, 102 BetrVG.
2. Wahrnehmung von Mitwirkungs- und Mitbestimmungsrechten des Betriebsrats bezüglich der Festlegung der zeitlichen Lage des Urlaubs bei einzelnen Arbeitnehmern.
3. .

Abstimmungsergebnis: .
Damit nimmt der Betriebsausschuss diese Aufgaben ab sofort für den Betriebsrat wahr. Der Betriebsausschuss ist aufgefordert, den Betriebsrat jeweils zeitnah und umfassend über den aktuellen Sachstand und getroffene Entscheidungen zu informieren.

Betriebsrat: Mitteilung an Arbeitgeber wegen Übertragung von Aufgaben an Betriebsausschuss 24

Betriebsrat der Firma Firmenbezeichnung, Adresse Ort, Datum
Betriebsratsvorsitzender Name

An den Arbeitgeber Firmenbezeichnung, Adresse
im Hause

Übertragung von Aufgaben an den Betriebsausschuss
Sehr geehrte Damen und Herren,
ich möchte Sie darüber informieren, dass der Betriebsrat in seiner Sitzung vom Datum dem Betriebsausschuss die folgenden Aufgaben zur selbstständigen Erledigung übertragen hat:
1. Die Wahrnehmung von Mitwirkungs- und Mitbestimmungsrechten des Betriebsrats bei personellen Einzelmaßnahmen gem. den §§ 99, 102 BetrVG.

2. Die Wahrnehmung von Mitwirkungs- und Mitbestimmungsrechten des Betriebsrats bezüglich der Festlegung der zeitlichen Lage des Urlaubs bei einzelnen Arbeitnehmern.
3. .

Der Übertragungsbeschluss wurde rechtswirksam gefasst. Der Betriebsausschuss nimmt in den genannten Angelegenheiten alle Rechte des Betriebsrats wahr. Zur Entgegennahme von Erklärungen an den Betriebsausschuss bin aber weiterhin als Betriebsratsvorsitzender nur ich berechtigt.

25 **Betriebsrat: Beschluss zum Widerruf der Übertragung**

Beschluss zu TOP der Tagesordnung vom Datum
Beschlusstext: Die dem Betriebsausschuss mit Beschluss vom Datum zur selbstständigen Erledigung übertragenen Aufgaben sollen ab sofort wieder unmittelbar durch den Betriebsrat erledigt werden.
Abstimmungsergebnis: .

26 **Betriebsrat: an Arbeitgeber Widerruf der Übertragung/Mitteilung**

Betriebsrat der Firma Firmenbezeichnung, Adresse — Ort, Datum
Betriebsratsvorsitzender Name

An den Arbeitgeber Firmenbezeichnung, Adresse
im Hause

Wahrnehmung von Aufgaben durch den Betriebsrat
Sehr geehrte Damen und Herren,
wir möchten Sie darüber informieren, dass der Betriebsrat in seiner Sitzung vom Datum beschlossen hat, die folgenden Aufgaben wieder selbst unmittelbar wahrzunehmen:

1. Die Wahrnehmung von Mitwirkungs- und Mitbestimmungsrechten des Betriebsrats bei personellen Einzelmaßnahmen gem. den §§ 99, 102 BetrVG.
2. Die Wahrnehmung von Mitwirkungs- und Mitbestimmungsrechten des Betriebsrats bezüglich der Festlegung der zeitlichen Lage des Urlaubs bei einzelnen Arbeitnehmern.
3. .

Wir möchten Sie bitten, sich ab sofort in diesen Angelegenheiten nur noch unmittelbar an den Betriebsrat zu wenden. Zur Entgegennahme von Informationen und Erklärungen bin als Betriebsratsvorsitzender weiterhin nur ich berechtigt.

27 **Betriebsrat: Beschluss zur Übertragung der laufenden Geschäfte an den Vorsitzenden**

Beschluss zu TOP der Tagesordnung vom Datum
Beschlusstext: Der Betriebsrat beschließt, die Führung der laufenden Geschäfte auf seinen Vorsitzenden (Alternative: auf das Betriebsratsmitglied) Name zu übertragen. Über den aktuellen Stand der laufenden Geschäfte ist der Betriebsrat fortlaufend zu informieren.
Abstimmungsergebnis: .

Betriebsrat: an Arbeitgeber wegen Übertragung der laufenden Aufgabe an den Betriebsrats-vorsitzenden 28

Betriebsrat der Firma Firmenbezeichnung, Adresse Ort, Datum
Betriebsratsvorsitzender Name

An den Arbeitgeber Firmenbezeichnung, Adresse
im Hause

Führung der laufenden Geschäfte des Betriebsrats
Sehr geehrte Damen und Herren,
wir möchten Sie darüber informieren, dass der Betriebsrat in seiner Sitzung vom Datum beschlossen hat, die Führung der laufenden Geschäfte des Betriebsrats gem. § 27 Abs. 3 BetrVG ab sofort auf den Vorsitzenden (Alternative: auf das Betriebsratsmitglied) Name zu übertragen.
Der Vorsitzende (das Betriebsratsmitglied) Name nimmt demgemäß ab sofort alle Aufgaben wahr, die im Rahmen der laufenden Geschäftsführung anfallen. Ausdrücklich ausgenommen sind hiervon Aufgaben der originären Mitbestimmung wie etwa der Abschluss von Betriebsvereinbarungen oder die Anrufung der Einigungsstelle. Diese Aufgaben obliegen weiterhin ausschließlich dem Betriebsrat insgesamt.

Betriebsrat: Beschluss zur Übertragung der laufenden Geschäfte auf mehrere Betriebsräte 29

Beschluss zu TOP der Tagesordnung vom Datum
Beschlusstext: Der Betriebsrat beschließt, die Führung der laufenden Geschäfte gemeinsam auf seinen Vorsitzenden und auf das Betriebsratsmitglied Name (Alternative: auf die Betriebsratsmitglieder Name und Name) zu übertragen. Die Vertretung erfolgt gemeinschaftlich. Im Konfliktfall ist Einvernehmen zwischen den Vertretern herzustellen. Ist dieses nicht möglich, fällt die Entscheidungskompetenz an das Gremium zurück. Über den aktuellen Stand der laufenden Geschäfte ist der Betriebsrat fortlaufend zu informieren.
Abstimmungsergebnis:

Betriebsrat: Mitteilung an Arbeitgeber wegen Übertragung der laufenden Geschäfte an Betriebsratsvorsitzenden und ein weiteres Mitglied 30

Betriebsrat der Firma Firmenbezeichnung, Adresse Ort, Datum
Betriebsratsvorsitzender Name

An den Arbeitgeber Firmenbezeichnung, Adresse
im Hause

Führung der laufenden Geschäfte des Betriebsrats
Sehr geehrte Damen und Herren,
ich möchte Ihnen mitteilen, dass der Betriebsrat in seiner Sitzung vom Datum beschlossen hat, die Führung der laufenden Geschäfte des Betriebsrats gem. § 27 Abs. 3 BetrVG ab sofort auf den Vorsitzenden und auf das Betriebsratsmitglied Name (Alternative: auf die Betriebsratsmitglieder Name und Name) zu übertragen. Die Vertretung muss gemäß Beschluss gemeinschaftlich erfolgen.

Die genannten Vertreter nehmen ab sofort alle Betriebsratsaufgaben wahr, die im Rahmen der laufenden Geschäftsführung anfallen. Ausdrücklich ausgenommen sind hiervon Aufgaben der originären Mitbestimmung wie etwa der Abschluss von Betriebsvereinbarungen oder die Anrufung der Einigungsstelle. Diese Aufgaben obliegen weiterhin ausschließlich dem Betriebsrat insgesamt.

2. Musterschreiben/-beschlussvorlagen und -beschlüsse

31 **Mitteilung Wahl des Betriebsausschusses**

Betriebsrat der Firma Firmenbezeichnung, Adresse Ort, Datum
Betriebsratsvorsitzender Name

An den Arbeitgeber Firmenbezeichnung, Adresse
im Hause

Wahl eines Betriebsausschusses gem. § 27 BetrVG
Sehr geehrte Damen und Herren,
der Betriebsrat hat auf seiner Sitzung am Datum gem. § 27 BetrVG einen Betriebsausschuss gewählt. Diesem gehöre ich als Vorsitzender des Betriebsrats an. Weitere Mitglieder sind als meine Stellvertreterin Frau Name sowie die Betriebsräte Name, Name und Name als Mitglieder.
Als Stellvertreter für den Fall der zeitweiligen Verhinderung von Ausschussmitgliedern wurden die Betriebsratsmitglieder Name (Stellvertretung Name), Name (Stellvertretung Name) und Name (Stellvertretung Name) gewählt, die bei Bedarf tätig werden.

§ 28 Übertragung von Aufgaben auf Ausschüsse

(1) Der Betriebsrat kann in Betrieben mit mehr als 100 Arbeitnehmern Ausschüsse bilden und ihnen bestimmte Aufgaben übertragen. Für die Wahl und Abberufung der Ausschussmitglieder gilt § 27 Abs. 1 Satz 3 bis 5 entsprechend. Ist ein Betriebsausschuss gebildet, kann der Betriebsrat den Ausschüssen Aufgaben zur selbständigen Erledigung übertragen; § 27 Abs. 2 Satz 2 bis 4 gilt entsprechend.
(2) Absatz 1 gilt entsprechend für die Übertragung von Aufgaben zur selbständigen Entscheidung auf Mitglieder des Betriebsrats in Ausschüssen, deren Mitglieder vom Betriebsrat und vom Arbeitgeber benannt werden.

Inhaltsübersicht Rn.

I. Einleitung

1 Die Vorschrift gibt für Betriebe mit mehr als 100 Arbeitnehmern in Absatz 1 den Rahmen für die Bildung weiterer Ausschüsse sowie die Übertragung von Aufgaben zur selbstständigen Erledigung vor.

2 Absatz 2 enthält Vorgaben für die Bildung gemeinsamer Ausschüsse, die mit Vertretern von Betriebsrat und Arbeitgeber besetzt sind.

3 Sind in einem Betrieb mehr als 100 Arbeitnehmer ständig beschäftigt (vgl. DKW-*Wedde*, § 28 Rn. 3), kann der Betriebsrat gemäß **Abs. 1** die **Bildung von Ausschüssen** beschließen. Voraussetzung für einen wirksamen Beschluss ist die ordnungsgemäße Aufnahme in die Tagesordnung. Bei der **Übertragung von Aufgaben** an einen Ausschuss ist der Betriebsrat frei. Es können diesem alle Aufgaben zugewiesen werden, die der Zuständigkeit des Betriebsrats unterliegen. Ausgenommen sind die laufenden Geschäfte des Betriebsrats, da diese gemäß § 27 Abs. 2 dem Betriebsausschuss obliegen (DKW-*Wedde*, § 28 Rn. 10f.) sowie der Abschluss von Betriebsvereinbarungen, der dem ganzen Gremium vorbehalten ist. Der Betriebsrat kann einem Ausschuss nach § 28 Abs. 1 Aufgaben aber zur selbstständigen Erledigung übertragen. Diese Übertragung muss per Beschluss ausdrücklich festgelegt werden. Sie kann zusammen mit dem Gründungsbeschluss erfolgen. Grundsätzlich ist ein gesonderter Übertragungsbeschluss möglich. Eine Übertragung kann vom Betriebsrat mit entsprechender Mehrheit jederzeit widerrufen werden. Schließlich kann der Betriebsrat einen Ausschuss nach § 28 Abs. 1 jederzeit auflösen und dessen Aufgaben wieder selbst wahrnehmen.

4 Die Bildung von Ausschüssen (sowie eine eigenständige Aufgabenwahrnehmung) setzt mit dem Beschluss des Betriebsrats ein. Sie ist unabhängig von einer **Mitteilung an den Arbeitgeber**. Allerdings ist seine Unterrichtung angeraten, weil er einerseits mit Blick auf Zeit- und Kostenaufwand der Ausschussmitglieder informiert sein sollte und sich andererseits im Bereich der selbstständigen Aufgabenerledigung Entscheidungen des Ausschusses so lange nicht entgegenhalten lassen muss, wie er von der Übertragung keine Kenntnis erlangt hat. Die Mitteilung sollte auch auf die zur selbstständigen Erledigung übertragenen Aufgabenbereiche hinweisen. Der Arbeitgeber kann bei Zweifeln oder Unklarheiten über den Inhalt des Beschlusses dessen Vorlage verlangen. In diesen Fällen ist nur ein entsprechender Protokollauszug, nicht aber das ganze Protokoll zu übergeben (vgl. unter DKW-*Wedde*, § 27 Rn. 40 und DKW-*Wedde*, § 28 Rn. 7).

5 **Wahl und Abberufung der Ausschussmitglieder** erfolgen auf Grund des gesetzlichen Verweises in § 28 entsprechend dem Verfahren, das für Mitglieder des Betriebsausschusses zur Anwendung kommt. Darüber hinaus sind die gewählten Vorsitzenden bzw. Stellvertreter der Ausschüsse gem. § 28 Abs. 1 namentlich zu benennen.

6 § 28 Abs. 2 eröffnet die Möglichkeit zur Bildung von **gemeinsamen Ausschüssen**, deren Mitglieder teilweise vom Betriebsrat, teilweise vom Arbeitgeber benannt werden (z.B. Akkordausschuss, Personalplanungsausschuss – vgl. DKW-*Wedde*, § 28 Rn. 15). Teilweise sind derartige Ausschüsse in Tarifverträgen vorgesehen.

7 **Gemeinsame Ausschüsse** führen im Regelfall nur vorbereitende Tätigkeiten durch. Sollen sie ausnahmsweise Aufgaben zur selbstständigen Erledigung übernehmen, muss der Betriebsrat mit Blick auf seine Mitwirkungs- und Mitbestimmungsrechte eine paritätische Besetzung sicherstellen. Diese ist auch ansonsten anzuraten. Darüber hinaus kann auch festgelegt werden, dass alle Betriebsratsmitglieder bei Abstimmungen für einen Beschluss oder Vorhaben stimmen müssen. Voraussetzung für die Bildung eines gemeinsamen Ausschusses ist ein entsprechender Beschluss des Betriebsrats. Geht die Initiative zur Bildung eines Ausschusses vom Betriebsrat aus und haben keine Vorgespräche mit

dem Arbeitgeber stattgefunden, muss eine diesbezügliche Aufforderung zur Teilnahme an den Arbeitgeber erfolgen. Entsprechendes gilt, wenn die Initiative vom Arbeitgeber ausgeht.

8 Erfolgt die Einsetzung nach Vorgesprächen bzw. im Einvernehmen mit dem Arbeitgeber, ist eine schriftliche Mitteilung des Betriebsrats bezüglich der Ausschussmitglieder und ihrer Befugnisse sinnvoll. Sofern ausnahmsweise Aufgaben zur selbstständigen Erledigung übertragen worden sind, sind diese im entsprechenden Schreiben ausdrücklich und abschließend zu benennen.

II. Arbeitshilfen

1. Checkliste

9 **Ausschuss allgemein**

- Bildung möglich bei mehr als 100 Arbeitnehmern;
- Bildung und Besetzung entsprechend den Vorgaben zu § 27 BetrVG;
- Aufgaben können zur selbstständigen Erledigung übertragen werden;
- Regeln gelten entsprechend für gemeinsame Ausschüsse.

2. Musterschreiben/-beschlussvorlagen und -beschlüsse

10 **Ausschuss allgemein – Beschluss zur Bildung von weiteren Ausschüssen**

Beschluss zu TOP der Tagesordnung
Beschlusstext: Der Betriebsrat beschließt:

1. Gem. § 28 Abs. 1 BetrVG wird ein Ausschuss des Betriebsrats zum Thema gebildet.
2. Der Ausschuss besteht aus Betriebsratsmitgliedern.
3. (Optional) Dem Ausschuss werden die folgenden Aufgaben zur selbstständigen Erledigung übertragen: .

Abstimmungsergebnis: .

11 **Übertragung an Ausschuss – Gesonderter Übertragungsbeschluss**

Beschluss zu TOP der Tagesordnung
Beschlusstext: Der Betriebsrat beschließt:
Dem Ausschuss des Betriebsrats werden die folgenden Aufgaben zur eigenständigen Erledigung übertragen: .
Abstimmungsergebnis: .

12 **Übertragung an Ausschuss – Widerruf der Übertragung**

Beschluss zu TOP der Tagesordnung
Beschlusstext: Der Betriebsrat beschließt:
Mit Beschluss vom Datum hat der Betriebsrat dem Ausschuss die folgenden Aufgaben zur selbstständigen Erledigung übertragen: .

Der Betriebsrat beschließt hiermit die Rücknahme der Übertragung und nimmt diese Aufgaben mit sofortiger Wirkung wieder eigenständig wahr.
Abstimmungsergebnis: .

Ausschuss allgemein – Auflösung 13

Beschluss zu TOP der Tagesordnung
Beschlusstext: Der Betriebsrat beschließt:
Der Betriebsrat hat mit Beschluss vom Datum einen Ausschuss eingesetzt. Der Betriebsrat beschließt hiermit die sofortige Auflösung des Ausschusses und nimmt alle ihm obliegenden Aufgaben wieder eigenständig wahr.
Abstimmungsergebnis: .

Ausschuss allgemein – Mitteilung der Gründung eines Ausschusses 14

Betriebsrat der Firma Firmenbezeichnung, Adresse Ort, Datum
Betriebsratsvorsitzender Name

An den Arbeitgeber Firmenbezeichnung, Adresse
im Hause

Gründung eines Ausschusses des Betriebsrats gem. § 28 Abs. 1 BetrVG zum Thema
Sehr geehrte Damen und Herren,
ich möchte Sie darüber informieren, dass aufgrund eines Beschlusses in der Sitzung vom Datum gem. § 28 Abs. 1 BetrVG ein Ausschuss zum Thema gegründet worden ist.
(Optional) Diesem Ausschuss sind die folgenden Aufgaben zur eigenständigen Erledigung übertragen worden: .
Dem Ausschuss gehören die Betriebsratsmitglieder Name, Name und Name an. Zum Vorsitzenden des Ausschusses wurde die Betriebsrätin Name, zu ihrem Stellvertreter der Betriebsrat Name gewählt.
Zur Entgegennahme von Erklärungen an den Ausschuss ist dessen Vorsitzender berechtigt.
(Optional bei selbstständiger Erledigung) Bitte beachten Sie, dass der Ausschuss die übertragenen Aufgaben für den Betriebsrat erledigt und dass er insoweit alle bestehenden kollektiven Rechte selbstständig wahrnimmt. Zur Entgegennahme von Erklärungen an den Ausschuss ist dessen Vorsitzender berechtigt.

15 **Ausschuss allgemein – Widerruf der selbstständigen Erledigung/Schreiben an den Arbeitgeber**

Betriebsrat der Firma Firmenbezeichnung, Adresse Ort, Datum
Betriebsratsvorsitzender Name

An den Arbeitgeber Firmenbezeichnung, Adresse
im Hause

Widerruf der Übertragung von Aufgaben zur selbstständigen Erledigung
Sehr geehrte Damen und Herren,
mit Schreiben vom Datum hatten wir Ihnen mitgeteilt, dass dem Ausschuss die folgenden Aufgaben zur selbstständigen Erledigung übertragen worden sind: .
Der Betriebsrat hat auf seiner Sitzung vom Datum beschlossen, die genannten Aufgaben wieder selbst wahrzunehmen. Wir möchten Sie deshalb darum bitten, sich ab sofort in diesen Angelegenheiten direkt an den Betriebsratsvorsitzenden zu wenden.

16 **Auflösung des Ausschusses/Mitteilung an den Arbeitgeber**

Betriebsrat der Firma Firmenbezeichnung, Adresse Ort, Datum
Betriebsratsvorsitzender Name

An den Arbeitgeber Firmenbezeichnung, Adresse
im Hause

Auflösung des Ausschusses
Sehr geehrte Damen und Herren,
mit Schreiben vom Datum hatten wir Ihnen mitgeteilt, dass der Betriebsrat einen Ausschuss gegründet hat. Auf seiner Sitzung am Datum hat der Betriebsrat die Auflösung dieses Ausschusses beschlossen. Bitte wenden Sie sich bezüglich aller bisher vom Ausschuss wahrgenommenen Aufgaben wieder direkt an den Betriebsratsvorsitzenden.

17 **Gemeinsamer Ausschuss – Beschluss zur Einsetzung eines solchen Ausschusses**

Beschluss zu TOP der Tagesordnung
Beschlusstext: Der Betriebsrat beschließt die Einsetzung eines gemeinsamen Ausschusses gem. § 28 Abs. 2 BetrVG. Der Ausschuss soll paritätisch mit je vom Betriebsrat bzw. vom Arbeitgeber zu benennenden Mitgliedern besetzt sein.
(Optional) Den von Seiten des Betriebsrats benannten Betriebsratsmitgliedern werden die folgenden Aufgaben zur selbstständigen Erledigung übertragen: . Die Übertragung steht seitens des Betriebsrats unter dem Vorbehalt, dass Entscheidungen im Ausschuss nicht gegen die Stimmen der Betriebsratsmitglieder insgesamt bzw. eines einzelnen Betriebsratsmitglieds getroffen werden können.
Abstimmungsergebnis: .

Gemeinsamer Ausschuss – Aufforderung an den Arbeitgeber 18

Betriebsrat der Firma Firmenbezeichnung, Adresse Ort, Datum
Betriebsratsvorsitzender Name

An den Arbeitgeber Firmenbezeichnung, Adresse
im Hause

Gemeinsamer Ausschuss gem. § 28 Abs. 2 BetrVG
Sehr geehrte Damen und Herren,
der Betriebsrat hält es für sinnvoll, einen gemeinsamen Ausschuss gem. § 28 Abs. 2 BetrVG zu gründen, um hier die folgenden Themen behandeln zu können:

–
–
–

(Optional) Der Betriebsrat hat den benannten Ausschussmitgliedern zu den folgenden Themen ein Recht auf selbstständige Erledigung übertragen:

–
–

Dieses Recht zur selbstständigen Erledigung steht unter dem Vorbehalt, dass der Ausschuss hierzu einvernehmlich, d. h. nicht gegen die Stimmen der Betriebsratsmitglieder bzw. eines einzelnen Betriebsratsmitglieds entscheidet.
Zur Vorbereitung eines solchen Ausschusses hat der Betriebsrat in seiner Sitzung am Datum die Gründung eines entsprechenden Ausschusses beschlossen, der von Betriebsrats- und Arbeitgeberseite mit jeweils Mitgliedern besetzt sein sollte. Von Seiten des Betriebsrats wurden vorsorglich die Betriebsräte Name, Name und Name als Mitglieder benannt.
Der Betriebsrat hofft, dass auch Sie einen solchen gemeinsamen Ausschuss für sinnvoll halten, und möchte Sie deshalb bitten, Ihrerseits Mitglieder zu benennen, damit der Ausschuss seine Arbeit aufnehmen kann. Bitte teilen Sie mir die Namen der benannten Ausschussmitglieder mit, damit ich eine Einladung zur ersten Sitzung veranlassen kann.

Gemeinsamer Ausschuss – Aufforderung an den Betriebsrat 19

Arbeitgeber Firmenbezeichnung, Adresse Ort, Datum

An den Betriebsrat
Firmenbezeichnung, Adresse
z.Hd. Betriebsratsvorsitzende Name
im Hause

Gründung eines gemeinsamen Ausschusses gemäß § 28 Abs. 2 BetrVG
Sehr geehrte Frau Name,
aus Sicht des Arbeitgebers ist es sinnvoll, einen gemeinsamen Ausschuss gem. § 28 Abs. 2 BetrVG zu gründen, um hier die folgenden Themen behandeln zu können:

–
–

Wir würden uns freuen, wenn der Betriebsrat der Gründung eines gemeinsamen Ausschusses ebenfalls zustimmen würde. Wir bitten deshalb um entsprechende Beschlussfassung.
Wir schlagen eine Besetzung mit Mitgliedern von jeder Seite vor.

20 **Ausschuss allgemein – Benennung von Ausschussmitgliedern**

Betriebsrat der Firma Firmenbezeichnung, Adresse Ort, Datum
Betriebsratsvorsitzender Name

An den Arbeitgeber Firmenbezeichnung, Adresse
im Hause

Betriebsratsmitglieder im gemeinsamen Ausschuss gem. § 28 Abs. 2 BetrVG zum Thema
Sehr geehrte Damen und Herren,
mit Schreiben vom Datum haben Sie sich mit der Bildung eines gemeinsamen Ausschusses gem. § 28 Abs. 2 BetrVG einverstanden erklärt, der sich mit dem Thema befassen soll. Der Betriebsrat hat in seiner Sitzung vom Datum nunmehr die von ihm zu benennenden Ausschussmitglieder gewählt. Es handelt sich um die Betriebsräte Name, Name und Name.
Mit der Wahl kann der Ausschuss nunmehr seine Arbeit aufnehmen. Wir bitten darum, Absprachen zu einem ersten Termin direkt zwischen den von Ihnen gewählten Ausschussmitgliedern und den von uns benannten Betriebsräten herbeizuführen.
(Optional) Der Betriebsrat hat den Betriebsräten Name und Name im Rahmen des Ausschusses gem. § 28 Abs. 2 BetrVG die folgenden Aufgaben zur selbstständigen Erledigung übertragen:
– .
Nur der Vollständigkeit halber möchte ich für den Betriebsrat darauf hinweisen, dass diese Übertragung unter dem Vorbehalt steht, dass entsprechende Entscheidungen des Ausschusses einvernehmlich getroffen werden müssen, um kollektivrechtlich wirksam zu sein.

§ 28a Übertragung von Aufgaben auf Arbeitsgruppen

(1) In Betrieben mit mehr als 100 Arbeitnehmern kann der Betriebsrat mit der Mehrheit der Stimmen seiner Mitglieder bestimmte Aufgaben auf Arbeitsgruppen übertragen; dies erfolgt nach Maßgabe einer mit dem Arbeitgeber abzuschließenden Rahmenvereinbarung. Die Aufgaben müssen im Zusammenhang mit den von der Arbeitsgruppe zu erledigenden Tätigkeiten stehen. Die Übertragung bedarf der Schriftform. Für den Widerruf der Übertragung gelten Satz 1 erster Halbsatz und Satz 3 entsprechend.
(2) Die Arbeitsgruppe kann im Rahmen der ihr übertragenen Aufgaben mit dem Arbeitgeber Vereinbarungen schließen; eine Vereinbarung bedarf der Mehrheit der Stimmen der Gruppenmitglieder. § 77 gilt entsprechend. Können sich Arbeitgeber und Arbeitsgruppe in einer Angelegenheit nicht einigen, nimmt der Betriebsrat das Beteiligungsrecht wahr.

Inhaltsübersicht Rn.

I. Einleitung

Die Vorschrift ermöglicht es, in größeren Betrieben bestimmte **kollektivrechtliche Aufgaben** auf bestehende Arbeitsgruppen zu **übertragen**. Sie gilt für andere Arbeitnehmervertretungen gem. § 3 Abs. 1 Nr. 2 und 3 BetrVG entsprechend, wenn diese an die Stelle des Betriebsrats treten. Weiterhin gilt sie für Bordvertretungen, den See-Betriebsrat und für einen einheitlichen Betriebsrat gem. § 3 Abs. 1 Nr. 1 BetrVG. Für alle anderen kollektivrechtlichen Gremien kommt sie nicht zur Anwendung (vgl. ausführlich DKW-*Wedde*, § 28a Rn. 2). 1

Die Vorschrift ist nur auf **Arbeitsgruppen im arbeitsorganisatorischen Sinn** anzuwenden. Diese bestehen, wenn Arbeitnehmer als autonome Arbeitsgruppe Gesamtaufgaben eigenständig gestalten können, über selbstständige Handlungsspielräume verfügen und dabei teilweise auch Vorgesetztenfunktionen wie etwa Anwesenheits- und Terminkontrollen wahrnehmen (vgl. DKW-*Wedde*, § 28a, Rn. 14ff.). Als Arbeitsgruppen sind auch teilautonome Gruppen im Sinne des § 87 Abs. 1 Nr. 13 BetrVG anzusehen. Nicht angesprochen sind Arbeitsgruppen in Organisationseinheiten, in denen zentrale Koordinationsaufgaben weiterhin allein vom Arbeitgeber wahrgenommen werden. Auch »andere Arbeitsgruppen« des Betriebsrats gem. § 28 Abs. 2 BetrVG werden von der Vorschrift des § 28a BetrVG nicht erfasst. 2

Gem. **Abs. 1** können Betriebsräte in Betrieben mit mehr als 100 Arbeitnehmern bestimmte Aufgaben auf bestehende Arbeitsgruppen übertragen. In kleineren Betrieben ist eine Übertragung nicht möglich. Weitere Voraussetzung ist, dass die übertragenen Aufgaben im Zusammenhang mit den von der Arbeitsgruppe zu erledigenden Tätigkeiten stehen. Diese Voraussetzung ist im Zweifelsfall eng auszulegen (vgl. DKW-*Wedde*, § 28a Rn. 30ff.). 3

Die Übertragung steht im Ermessen des Betriebsrats. Eine Verpflichtung hierzu hat er nicht. 4

Die Übertragung von Betriebsratsaufgaben auf Arbeitsgruppen im Sinne von § 28a BetrVG setzt den vorherigen **Abschluss einer Rahmenvereinbarung** zwischen Betriebsrat und Arbeitgeber voraus. Hierbei handelt es sich um eine freiwillige Betriebsvereinbarung (vgl. DKW-*Wedde*, § 28a Rn. 24ff.). Ist eine Rahmenbetriebsvereinbarung abgeschlossen, muss ein **Beschluss des Betriebsrats** für den konkreten Übertragungsfall mit absoluter Mehrheit erfolgen. Die Übertragung bedarf zwingend der **Schriftform**. Die Mitteilung der Übertragung kann gegenüber dem Arbeitgeber und den Mitgliedern der 5

Arbeitsgruppe in einem gleich lautenden Schreiben geschehen. Nach Mitteilung kann die Arbeitsgruppe eigenständig tätig werden und mit dem Arbeitgeber verhandeln. Betriebsvereinbarungen kann sie jedoch nicht abschließen.

6 In der **inhaltlichen Ausgestaltung** der Rahmenvereinbarung ist der Betriebsrat grundsätzlich frei. Um die Spielräume der Arbeitsgruppe klar zu bestimmen und um deren Mitglieder vor möglichen Sanktionen zu schützen, ist es sinnvoll, die allgemeinen Festlegungen in der Rahmenvereinbarung möglichst weit zu fassen. Der Übertragungsbeschluss stellt dann nur noch eine detaillierte Ausgestaltung der bestehenden Spielräume für den zu bearbeitenden Sachverhalt dar. Diesem Gedanken folgt das kommentierte Muster einer Rahmenvereinbarung. Grundsätzlich ist es aber auch möglich, die Rahmenvereinbarung knapper auszugestalten und dafür entsprechende Detailregelungen in den Übertragungsbeschlüssen zu treffen. Ist dieser Weg gewollt, muss aber beachtet werden, dass sich dann die nicht in der Rahmenvereinbarung berücksichtigten Aspekte im Übertragungsbeschluss wiederfinden müssen.

7 Die Regeln für die Übertragung gelten entsprechend für den **Widerruf.** Diesen muss der Betriebsrat mit der Mehrheit seiner Stimmen beschließen. Wirksam wird er erst, wenn er dem Arbeitgeber und der Arbeitsgruppe bzw. deren ggf. gewähltem Sprecher mitgeteilt ist.

8 Sind die vorstehenden Voraussetzungen erfüllt, kann die Arbeitsgruppe tätig werden. Der formale Rahmen hierfür leitet sich neben den Vorgaben des **Abs. 2** aus den allgemeinen Vorschriften des BetrVG ab (vgl. insbesondere §§ 29 bis 34 BetrVG; ausführlich DKW-*Wedde*, § 28a Rn. 69ff.). Für die Praxis bedeutet dies zunächst, dass ein Vertretungsgremium der Gruppe bestimmt werden muss, sofern die Gruppe noch nicht über einen Gruppensprecher verfügt. Den entsprechenden Wahlprozess sollte der Betriebsrat in Anlehnung an § 29 Abs. 1 BetrVG initiieren. Ist eine Gruppenvertretung gewählt, lädt diese zu weiteren Sitzungen ein.

9 Sind **Verhandlungen** mit dem Arbeitgeber abgeschlossen, muss eine hieraus resultierende Vereinbarung die **Mehrheit der Stimmen der Gruppenmitglieder** finden. Zu einer entsprechenden Abstimmung müssen alle Mitglieder der Arbeitsgruppe unter Beachtung der §§ 29, 30 BetrVG und unter Hinweis auf den Verhandlungsgegenstand rechtzeitig eingeladen werden. Der Abschluss einer Vereinbarung bedarf eines mehrheitlichen Beschlusses aller Gruppenmitglieder. Der Betriebsrat ist vom Gruppensprecher über den Inhalt der Gruppenvereinbarung zu informieren. Steht der Abschluss einer Vereinbarung gem. der Rahmenvereinbarung unter dem Vorbehalt der Zustimmung des Betriebsrats, muss der Arbeitgeber hierüber informiert werden. Die Beschlussfassung im Betriebsrat ist vom Gruppensprecher zu veranlassen.

10 Der mögliche **Inhalt einer Gruppenvereinbarung** wird durch den Übertragungsbeschluss des Betriebsrats umrissen. Weiterhin sind die Vorgaben des § 77 BetrVG entsprechend zu berücksichtigen. Die Gruppenvereinbarung ist keine Betriebsvereinbarung (vgl. hierzu DKW-*Wedde*, § 28a Rn. 57ff.).

11 Auch wenn das Gesetz dieses nicht ausdrücklich vorsieht, sollte eine Gruppenvereinbarung in jedem Fall **schriftlich** abgeschlossen werden. Das Ergebnis der Verhandlungen zwischen Arbeitgeber und Arbeitsgruppe sollte allen Mitgliedern der Arbeitsgruppe und darüber hinaus dem Betriebsrat, der Schwerbehindertenvertretung, der JAV und ggf. der zuständigen Gewerkschaft mitgeteilt werden.

12 Soll die **Gruppenvereinbarung** als **Betriebsvereinbarung** ausgestaltet werden, ist für ihre Wirksamkeit ein **Beschluss des Betriebsrats** Voraussetzung. Anschließend muss die verhandelte Gruppenvereinbarung als Betriebsvereinbarung zwischen Betriebsrat und Arbeitgeber abgeschlossen werden.

Kommt eine Einigung zwischen Arbeitgeber und Arbeitsgruppe in einer Angelegenheit nicht zustande, fallen die entsprechenden Beteiligungsrechte automatisch wieder dem Betriebsrat zu. Das Scheitern der Verhandlungen kann sowohl die Vertretung der Arbeitsgruppe erklären als auch der Arbeitgeber. Der Betriebsrat sollte der jeweils anderen Seite mitteilen, dass ihm gegenüber eine Erklärung des Scheiterns erfolgt ist. 13

II. Arbeitshilfen

1. Checkliste

Voraussetzungen für Arbeitsgruppen 14

- Mehr als 100 Arbeitnehmer im Betrieb;
- Rahmenvereinbarung ist abgeschlossen;
- Mehrheitlicher Beschluss des Betriebsrats zur Übertragung bestimmter Aufgaben, die im Zusammenhang mit der Arbeitsgruppentätigkeit stehen;
- Übertragung erfolgt schriftlich;
- Vereinbarungen zwischen Arbeitsgruppe und Arbeitgeber bedürfen der Mehrheit der Stimmen der Gruppenmitglieder;
- Bei Nichteinigung fällt das Beteiligungsrecht an den Betriebsrat zurück.

2. Mustervereinbarungen

Rahmenvereinbarung für Arbeitsgruppen 15

Vorbemerkung
Die Rahmenvereinbarung sollte als wichtige formale Grundlage als freiwillige Betriebsvereinbarung gem. § 88 BetrVG ausgestaltet werden.

Präambel
Zwischen Arbeitgeber (im Folgenden »AG«) und Betriebsrat (im Folgenden »BR«) wird für die Übertragung von Aufgaben auf Arbeitsgruppen gem. § 28a BetrVG die nachstehende Rahmenvereinbarung (im Folgenden »RV«) als freiwillige Betriebsvereinbarung gem. § 88 BetrVG geschlossen.

> **Hinweis:**
> In der einleitenden Regelung sollten grundlegende Festlegungen getroffen werden. Dies gilt insbesondere für eingrenzende Aussagen zu den Aufgaben der Arbeitsgruppe, um eine klare Definition der Aufgaben zu erreichen.

§ 1 Allgemeines
(1) Die Übertragung von Aufgaben des BR auf eine Arbeitsgruppe gemäß § 28a BetrVG ist nur im Einzelfall und nur für bestimmte Aufgaben zulässig. Sie ist nur in dem Rahmen möglich, den diese RV vorgibt.
(2) Die Übertragung ist nur zulässig,
- wenn sich die hieraus ableitenden Folgen und Auswirkungen auf die Mitglieder der Arbeitsgruppe beschränken lassen und
- wenn ausgeschlossen ist, dass Beschäftigte außerhalb der Arbeitsgruppe hiervon auch nur mittelbar betroffen werden.

§ 2 Gegenstände der Übertragung

Hinweis:
Die Aufgaben, die einer Arbeitsgruppe zur eigenständigen Erledigung übertragen werden können, sollten eng und abschließend beschrieben werden. Zur Erreichung dieses Ziels bietet sich die in Alternative 1 skizzierte abschließende Formulierung an. Die hier beispielhaft genannten Themen müssen im konkreten Anwendungsfall betriebsspezifisch festgelegt werden.

Alternative 1

(1) Arbeitsgruppen dürfen gemäß dieser RV nur folgende Aufgaben zur eigenständigen Erledigung übertragen werden:

- Gestaltung der Arbeitszeit der gesamten Arbeitsgruppe (z.B. Beginn und Ende der täglichen Arbeitszeit unter Beachtung bestehender arbeitsvertraglicher, betrieblicher oder tarifvertraglicher Regelungen [etwa zur täglichen Höchstarbeitszeit])
- Pausenregelungen (Beginn und Ende, Reihenfolge usw.)
- Urlaubsplanung
- Einteilung der einzelnen Arbeitsaufgaben durch die Gruppe
- gruppenspezifische Berufsbildungsmaßnahmen
- Gestaltung gruppeninterner Kommunikationsprozesse und Entscheidungsstrukturen

(2) Weitere Aufgaben dürfen nur nach Erweiterung dieser RV übertragen werden.

Hinweis:
Aus Sicht des BR bietet diese Alternative den Vorteil, dass sie ausschließt, dass von ihm nicht gewollte Themen von einer Arbeitsgruppe wahrgenommen werden, weil ein Übertragungsbeschluss gem. § 28a BetrVG im Einzelfall unklar formuliert war. Erweist sich dieser Weg in der Praxis als zu unflexibel, ist es BR wie AG unbenommen, den in der RV festgeschriebenen Aufgabenkatalog einvernehmlich zu erweitern oder zu modifizieren.
Demgegenüber legt die Alternative 2 durch ihre Formulierung nur den Ausschluss der Bearbeitung bestimmter Themen fest. Darüber hinaus kann der BR durch Beschluss alle anderen grundsätzlich zulässigen Aufgaben (Ausnahme: Betriebsänderungen, vgl. *Malottke*, AiB 01, 626; DKW-*Wedde*, § 28a Rn. 31) übertragen. Wird diese Variante vom BR gewählt, folgt hieraus die Notwendigkeit, bei der konkreten Beschlussfassung über Verlagerungen von Aufgaben die Grenzen der Handlungsbefugnisse sehr genau und möglichst abschließend festzulegen.

Alternative 2

(1) Von der eigenständigen Bearbeitung gem. § 28a BetrVG durch eine Arbeitsgruppe ausgeschlossen sind folgende Themen:

- Genehmigung und/oder Festlegung von Überstunden
- Ausschreibung von Arbeitsplätzen in der Arbeitsgruppe
- Festlegung von Konfliktlösungsmechanismen

(2) Weitere Einschränkungen der Befugnis zur eigenständigen Bearbeitung kann der BR im Übertragungsbeschluss jederzeit festlegen.

Hinweis:
Es sollte in der RV präzise festgelegt werden, was unter **Arbeitsgruppen** zu verstehen ist. So lässt sich vermeiden, dass der Anwendungsbereich des § 28a BetrVG in der Praxis in einer Form modifiziert wird, die von BR und AG nicht gewollt ist. Nach Möglichkeit sollte eine abschließende Festlegung erfolgen.
Grundsätzlich ist bei der Definition des Begriffs der Arbeitsgruppe in der Rahmenvereinbarung der Verweis auf anderweitige Regelungen möglich. Zu denken ist insbesondere an betriebliche Vereinbarungen zur Gruppenarbeit gem. § 87 Abs. 1 Nr. 13 BetrVG. Wird dieser Weg gewählt, sollten nach Möglichkeit statische Verweisungen auf bestimmte andere Vereinbarungen erfolgen (etwa: Arbeitsgruppen sind die in der Betriebsvereinbarung zum Thema Gruppenarbeit

vom Datum genannten). Sind Verweisungen dynamisch gestaltet (etwa: Verweis auf eine Betriebsvereinbarung »in der jeweils gültigen Fassung«), besteht nämlich immer die Gefahr, dass die Parteien den Überblick verlieren, auf wen die Rahmenvereinbarung anwendbar ist. Konkret bietet sich folgende Formulierung an:

§ 3 Arbeitsgruppen

(1) Arbeitsgruppen im Sinne dieser RV sind nur

- die in den Produktionsbereichen , und pro Schicht gebildeten Teams,
- die Vertriebsgruppen und am Standort ,
- die in der »Betriebsvereinbarung Gruppenarbeit« vom Datum genannten Gruppen.

Hinweis:
Neben der allgemeinen sachlichen Festlegung ist es sinnvoll, die personelle Zusammensetzung der Arbeitsgruppen festzulegen, um sicherzustellen, dass Abstimmungsergebnisse innerhalb einer Arbeitsgruppe nicht durch einen kurzfristigen Wechsel der Arbeitsgruppenmitglieder verfälscht werden können.

(2) Die Übertragung von Aufgaben auf Arbeitsgruppen ist nur zulässig, wenn deren personelle Zusammensetzung eindeutig feststeht. Der AG übergibt dem BR deshalb auf Anforderung eine geeignete und abschließende Aufstellung zu Zahl, Personen bzw. Funktionen der Mitglieder einer Arbeitsgruppe. Geplante Veränderungen der Zusammensetzung einer Arbeitsgruppe teilt der AG dem BR rechtzeitig vorab mit.

Hinweis:
Zur **Stellung der Arbeitsgruppenmitglieder** sowie zu ihren aus § 28a BetrVG resultierenden Rechten und Pflichten enthält das BetrVG keine Aussagen. In der RV sollte vor diesem Hintergrund zunächst klargestellt werden, dass sich aus der Übertragung für die Mitglieder der Gruppe keine spezifischen (zwingenden) Aufgaben (zusätzlicher Arbeitsaufwand) ableiten.

§ 4 Arbeitsgruppenmitglieder

(1) Erfolgt im Einzelfall die Übertragung von Aufgaben gem. § 28a BetrVG, resultiert hieraus für Arbeitsgruppenmitglieder keine Pflicht zur Beteiligung an den Verhandlungs- und Abstimmungsprozessen.

Hinweis:
Wirken Beschäftigte an der Erledigung von Aufgaben mit, kann dies im Einzelfall (etwa im Rahmen von Verhandlungen) zu Konfliktsituationen führen. Deshalb ist es sinnvoll, für sie in der RV Schutzmechanismen entsprechend zu verankern, wie sie für Betriebsratsmitglieder bestehen.

(2) Die Mitglieder einer Arbeitsgruppe dürfen wegen der Wahrnehmung von Aufgaben gem. § 28a BetrVG nicht benachteiligt werden. Die Schutzbestimmungen der §§ 78, 78a und 103 BetrVG gelten entsprechend ab der ersten Teilnahme an einer Sitzung der Arbeitsgruppe, die sich mit der Erledigung der übertragenen Aufgabe befasst.

Hinweis:
Die aktive Wahrnehmung von übertragenen Aufgaben erzeugt in der Regel einen zusätzlichen Arbeitsaufwand für die betroffenen Arbeitsgruppenmitglieder. Um betroffene Beschäftigte vor Nachteilen zu schützen, ist es sinnvoll, auf die Regelungen zurückzugreifen, die für die entsprechende Aufgabenwahrnehmung durch Mitglieder des BR bestehen.

(3) Zur Wahrnehmung ihrer Aufgaben gem. § 28a BetrVG sind Mitglieder einer Arbeitsgruppe von ihren Arbeitsaufgaben freizustellen. § 37 Abs. 1 bis 3 BetrVG gilt entsprechend.

Hinweis:
Überträgt der BR einer Arbeitsgruppe komplizierte oder komplexe Aufgaben (etwa Ausgestaltung eines gruppenspezifischen Arbeitszeitsystems), kann dies zur Notwendigkeit besonderer Qualifikationsmaßnahmen für einzelne Gruppenmitglieder führen. Diese können entsprechend den Ansprüchen für Betriebsratsmitglieder ausgestaltet werden.

(4) Sind zur Erledigung von Aufgaben gem. § 28a BetrVG besondere Kenntnisse erforderlich, haben die Mitglieder von Arbeitsgruppen die zur Bewältigung der Aufgaben erforderlichen Schulungs- und Bildungsansprüche. § 37 Abs. 6 und 7 BetrVG gilt entsprechend.

Hinweis:
Ggf. kann mit Blick auf die begrenzten Aufgaben der Gruppenmitglieder eine konkrete Festlegung im Rahmen der Einzelübertragung erfolgen. Die Interessen des AG können hierbei dadurch berücksichtigt werden, dass vor Aufnahme der Verhandlungen über eine Gruppenvereinbarung über die Erforderlichkeit Einvernehmen hergestellt wird.

(5) Volumen und Durchführung der erforderlichen Schulungs- und Bildungsmaßnahmen werden in der jeweiligen Beauftragung durch den BR beschrieben. Über die Durchführung konkreter Maßnahmen ist vor Aufnahme der Verhandlungen zwischen Arbeitsgruppe und AG mit dem BR Einvernehmen herzustellen.

Hinweis:
Notwendig ist auch eine Regelung zur Übernahme von Kosten und Aufwendungen, die Arbeitsgruppenmitgliedern bzw. der Arbeitsgruppe auf Grund der Aufgabenübertragung entstehen. Darüber hinaus kann im Einzelfall die Zuziehung von internen oder externen Experten erforderlich sein. Für beide Sachverhalte liegt der Rückgriff auf die Regelungen nahe, die für eine direkte Erledigung der Aufgaben durch den BR in Betracht kämen.

(6) Entstehen der Arbeitsgruppe oder einzelnen Mitgliedern im Rahmen der Aufgaben gem. § 28a BetrVG Kosten oder sind sonstige Aufwendungen erforderlich, kommt § 40 BetrVG entsprechend zur Anwendung.
Für die Hinzuziehung von Auskunftspersonen aus dem Betrieb oder von Sachverständigen durch die Arbeitsgruppe gilt § 80 Abs. 2 und 3 BetrVG entsprechend.

Hinweis:
Die Einbeziehung der gesamten Arbeitsgruppe in Diskussions- und Verhandlungsprozesse mit dem AG und dem BR wird nur in den Fällen möglich sein, in denen sie wenige Mitglieder hat. Für den Regelfall ist es deshalb sinnvoll, in der RV verbindlich die Wahl von Gruppensprechern und Stellvertretern vorzuschreiben. Mit Blick auf ihre besondere kollektivrechtliche Stellung sollten leitende Angestellte, die Mitglieder einer Arbeitsgruppe sein können, vom aktiven wie passiven Wahlrecht ausgeschlossen werden. Wahlberechtigt sind hingegen die zur Arbeitsleistung überlassenen Arbeitnehmer gem. § 7 BetrVG.

§ 5 Arbeitsgruppensprecher

(1) Voraussetzung für die Übertragung von Aufgaben an eine Arbeitsgruppe gem. § 28a BetrVG ist die Wahl eines Gruppensprechers und eines Stellvertreters.
(2) Der Sprecher und sein Stellvertreter werden entsprechend § 26 Abs. 1 BetrVG aus dem Kreis der Arbeitsgruppe gewählt. Aktives und passives Wahlrecht haben hierbei nur die Arbeitnehmer im Sinne der §§ 5 und 7 BetrVG. BR und AG werden über die Wahl unverzüglich informiert.
(3) Die Wahl des Sprechers und seines Stellvertreters erfolgt in einer arbeitsgruppeninternen Sitzung (vgl. § 7 Abs. 2 RV) unter Leitung eines vom BR benannten Wahlvorstands (Alternative: … unter Leitung eines von der Arbeitsgruppe gewählten Wahlvorstands).

(4) Der Sprecher vertritt die Gruppe bezüglich der übertragenen Aufgaben gegenüber BR und AG. § 26 Abs. 2 BetrVG gilt entsprechend. Sind Sprecher und Stellvertreter in der Wahrnehmung ihrer Aufgaben verhindert, nimmt das dienstälteste Gruppenmitglied ihre Aufgaben wahr.
Alternative zu den vorstehenden Abs. 1 bis 4: Bestehen in einem Betrieb bereits etablierte Gruppenarbeitsstrukturen und sind diese durch Betriebsvereinbarungen geregelt (vgl. § 87 Abs. 1 Nr. 13 BetrVG), können dort gewählten Sprechern die entsprechenden Aufgaben übertragen werden. Dann wird in der Regel die folgende Formulierung ausreichend sein:
Der nach den Regeln der Betriebsvereinbarung »Gruppenarbeit« vom Datum gewählte Sprecher vertritt die Gruppe auch im Rahmen der Aufgabenwahrnehmung gem. § 28a BetrVG gegenüber BR und AG. § 26 Abs. 2 BetrVG gilt entsprechend.

Hinweis:
Zu Abstimmungsverfahren innerhalb der Arbeitsgruppe im Vorfeld des Abschlusses einer Gruppenvereinbarung schweigt das BetrVG sich aus. § 28a BetrVG enthält nur Vorgaben für die Zustimmung zur Gruppenvereinbarung selbst (= qualifizierte Mehrheit). Mit Blick auf die direkte Bedeutung und die persönlichen Auswirkungen, die sich für jedes Gruppenmitglied aus der Übertragung von Aufgaben ableiten können, liegt es nahe, durch die RV eine hohe Beteiligungsquote an allen Abstimmungsprozessen sicherzustellen. Dies lässt sich durch die Verankerung hoher Anforderungen an die Beschlussfähigkeit erreichen. Wird beispielsweise vorausgesetzt, dass bei der Abstimmung 75 der Mitglieder anwesend sein müssen und dass Beschlüsse immer der Mehrheit der Stimmen der Arbeitsgruppenmitglieder bedürfen, ist sichergestellt, dass das Durchsetzen von Entscheidungen durch eine Minderheit nicht erfolgen kann.

§ 6 Beschlussfähigkeit der Arbeitsgruppe
(1) Die Arbeitsgruppe ist beschlussfähig, wenn mindestens 75 % ihrer Mitglieder (Alternative: z. B.: »2/3 der Mitglieder«) anwesend sind.
(2) Alle Beschlüsse der Arbeitsgruppe bedürfen für ihre Wirksamkeit der Mehrheit der Stimmen der Arbeitsgruppenmitglieder.

Hinweis:
Wird es für sinnvoll erachtet, kann ergänzend zum vorstehenden Abs. 2 für bestimmte Einzelfälle (beispielsweise Wahl des Sprechers, Scheitern der Verhandlungen usw.) ein reduziertes Quorum vereinbart werden (nicht zulässig für die endgültige Beschlussfassung über die Gruppenvereinbarung).

(3) Für die Wahl des Sprechers und seines Stellvertreters (oder: für die Erklärung des Scheiterns der Verhandlungen usw.) ist in Abweichung von Abs. 2 die Mehrheit der Stimmen der beschlussfähigen Arbeitsgruppe ausreichend.

Hinweis:
Ggf. kann in Bezug auf Abstimmungen für bestimmte Untergruppen (hier: 25 % der Arbeitsgruppenmitglieder) einer Arbeitsgruppe ein Minderheitenschutz verankert werden.

(4) Beantragen 25 % der anwesenden Mitglieder einer beschlussfähigen Arbeitsgruppe die Aussetzung eines Beschlusses, so ist dieser für eine Woche auszusetzen. Nach Ablauf der Frist ist hierüber erneut zu beschließen. Ein erneuter Antrag auf Aussetzung ist in diesen Fällen unzulässig.

Hinweis:
Zum formalen Ablauf von Arbeitsgruppensitzungen und zu Abstimmungsverfahren gem. § 28a BetrVG beinhaltet das BetrVG keine Vorgaben. Wegen des Sachzusammenhangs liegt als Grundlage einer RV der Rückgriff auf entsprechende Regelungen des BetrVG nah.

§ 7 Sitzungen der Arbeitsgruppe

(1) Sitzungen der Arbeitsgruppe, die im Zusammenhang mit Aufgaben gem. § 28a BetrVG stehen, beruft der Gruppensprecher unter Benennung der Beratungsgegenstände ein. Die §§ 29 Abs. 2 Satz 1 und Abs. 3 sowie 30 BetrVG gelten entsprechend. Der BR wird über die Termine der Sitzungen rechtzeitig informiert.

> **Hinweis:**
> In der RV sollte sichergestellt werden, dass Entscheidungen in der Arbeitsgruppe unbeeinflusst von Interessen des AG getroffen werden. Deshalb sind Vertreter des AG von entsprechenden Beratungen und Abstimmungsprozessen auszuschließen.

(2) Alle Sitzungen der Arbeitsgruppe, die der Erledigung von Aufgaben gem. § 28a BetrVG dienen, sind arbeitsgruppenintern und nichtöffentlich. Vertreter des AG (insbesondere leitende Angestellte) haben kein Teilnahmerecht. Die Sitzungen können im Rahmen von anderen Zusammenkünften der Arbeitsgruppe stattfinden, wenn hierbei die Nichtöffentlichkeit garantiert ist.

> **Hinweis:**
> Ein (beratendes) Teilnahmerecht des BR an den einschlägigen Sitzungen der Arbeitsgruppe sollte durch entsprechende Vereinbarungen garantiert werden. Darüber hinaus ist es mit Blick auf tarifrechtliche Themen sinnvoll, entsprechende Teilnahmerechte (ggf. auf Beschluss des BR) auch für gewerkschaftliche Vertreter zu verankern.

(3) Vertreter des beauftragenden BR und Beauftragte von Gewerkschaften können an den Sitzungen beratend teilnehmen. Für die Teilnahme gewerkschaftlicher Beauftragter gilt § 31 BetrVG entsprechend.

> **Hinweis:**
> § 28a Satz 3 BetrVG schreibt für die Übertragung von Aufgaben des BR an die Arbeitsgruppe Schriftform vor. In Abhängigkeit von der Ausgestaltung der Arbeitsabläufe im Betriebsrat kann es zur Erfüllung dieser Voraussetzung entweder sinnvoll sein, der Arbeitsgruppe bzw. ihrem Sprecher den Beschlusstext mitzuteilen oder aber die Beauftragung durch ein entsprechendes Dokument zu übermitteln.

§ 8 Übertragung von Aufgaben/Widerruf

(1) Die Wahrnehmung von Aufgaben gem. § 28a BetrVG durch eine Arbeitsgruppe ist erst zulässig, wenn eine schriftliche Beauftragung durch den BR erfolgt und dieser übermittelt worden ist. Die mitgeteilten Beauftragungsgegenstände sind abschließend. Eine Erweiterung oder Beschränkung der Beauftragung bedarf ebenfalls der Schriftform.
(2) Die erforderliche Schriftform ist gewahrt, wenn der Arbeitsgruppe der Wortlaut der Beschlussfassung des BR mitgeteilt wird.
(3) Der AG wird über die Beauftragung und deren Inhalt informiert.

> **Hinweis:**
> Der besseren Übersichtlichkeit wegen ist es im Regelfall sinnvoll, die Vorgaben zur Beauftragung und zum Widerruf an einer Stelle zusammenzufassen. Deshalb sollten die vorstehenden Regelungen durch die folgende Formulierung ergänzt werden:

(4) Die Abs. 1 bis 3 gelten entsprechend für die Beendigung der Tätigkeit der Arbeitsgruppe durch Widerruf des BR. Mit Übermittlung des Widerrufs an den Sprecher der Arbeitsgruppe erlischt das aus § 28a BetrVG resultierende Verhandlungs- und Abschlussmandat der Gruppe. Entsprechendes gilt für die Information des AG über den Widerruf.

Hinweis:
Im Einzelfall kann es sinnvoll sein, die Aufgabenübertragung zeitlich zu begrenzen (etwa zur Vermeidung dauerhafter Zusatzbelastungen der Gruppenmitglieder).

(5) Die Übertragung von Aufgaben kann befristet erfolgen. Nach Ablauf der Frist fällt die Aufgabe uneingeschränkt an den BR zurück, ohne dass es eines Widerrufs gem. § 28a Abs. 1 Satz 4 BetrVG bedarf.

Hinweis:
Zur Gestaltung der Verhandlungen zwischen Arbeitsgruppe und AG macht das BetrVG keine Vorgaben. Gibt es im Betrieb Vereinbarungen zu gemeinsamen Ausschüssen gem. § 28 Abs. 2 BetrVG, können diese ggf. für die Verhandlungen der Arbeitsgruppe entsprechend herangezogen werden. Ansonsten ist es ratsam, Regelungen zur Besetzung der Verhandlungsgruppen und zur Durchführung der Verhandlungen vorzunehmen.

§ 9 Verhandlungen/Beendigung der Verhandlungen

(1) Verhandlungen gem. § 28a BetrVG erfolgen in paritätisch besetzten Verhandlungsgruppen. Über die Größe der Verhandlungsgruppe ist Einvernehmen zwischen AG und Arbeitsgruppe herzustellen.
(2) Jede Seite benennt ihre Verhandlungsteilnehmer selbst. Ablehnung durch die andere Seite ist nicht möglich.
(3) Die Sitzungen der Verhandlungsgruppe sind nichtöffentlich.

Hinweis:
Anders als bei einer Einigungsstelle gem. § 76 BetrVG handelt es sich bei Verhandlungen gem. § 28a BetrVG in der Regel um betriebsinterne Prozesse, die ohne Teilnahme externer Verhandlungsteilnehmer auskommen. Mit Blick auf tarifrechtliche Besonderheiten kann aber im Einzelfall die Teilnahme gewerkschaftlicher Vertreter sinnvoll sein.

(4) Ist die Hinzuziehung betriebsfremder Verhandlungsteilnehmer gewünscht, ist hierüber Einvernehmen herzustellen. Dies gilt nicht, wenn von Seiten der Arbeitsgruppe die Teilnahme eines gewerkschaftlichen Vertreters gewünscht ist, die generell zulässig ist.

Hinweis:
Ziel der Verhandlungen ist der Abschluss einer Gruppenvereinbarung. Diese wird im Rahmen der Verhandlungen lediglich vorbereitet, da Voraussetzung für ihren Abschluss ein entsprechendes Votum der Arbeitsgruppe ist. Um Beteiligungsrechte des BR zu sichern, sollte ein Verfahren gewählt werden, das seine ggf. bestehenden Entscheidungsbefugnisse sichert (vgl. § 10 Abs. 4 RV), bevor eine Abstimmung in der Arbeitsgruppe erfolgt (vgl. § 11 RV).

(5) Ergebnisse von Verhandlungen sind allen Arbeitsgruppenmitgliedern und dem BR in geeigneter Form vorzulegen.

Hinweis:
Scheitern die Verhandlungen, fällt die Angelegenheit gem. § 28a Abs. 2 Satz 3 BetrVG an den BR zurück. Auch für diese Fälle sollte die RV allgemeine Verfahrensregeln enthalten.

(6) Alle Entscheidungen in der Verhandlungskommission werden einvernehmlich getroffen. Kommt eine Einigung nicht zustande, kann jede der beiden Parteien das Scheitern der Verhandlungen erklären, ohne dass dies einer Begründung bedarf. Das Scheitern der Verhandlungen teilen die Parteien unverzüglich dem BR mit. Ab der Mitteilung ist der BR wieder ausschließlich zuständig.

Hinweis:
Der BR muss in der RV seine Informationsrechte sichern.

§ 10 Information des BR/Zustimmungsvorbehalt

(1) Der BR wird vom Gruppensprecher über den aktuellen Verhandlungsstand einschließlich der vereinbarten Verhandlungstermine unverzüglich und vollständig informiert. Abweichende Informationszyklen können in den Einzelbeauftragungen festgelegt werden.

(2) Auf Verlangen des BR nimmt der Gruppensprecher an der nächsten BR-Sitzung teil und informiert das Gremium unmittelbar.

Hinweis:
Zur Wahrung der Interessen des BR kann es sinnvoll sein, dass Mitglieder als »Beobachter« immer oder teilweise in Verhandlungen präsent sind. Sofern Betriebsratsmitglieder nicht zur Verhandlungskommission gehören, muss ein Teilnahmerecht in der RV gesondert verankert werden. Entsprechendes gilt für die beobachtende Teilnahme von gewerkschaftlichen Vertretern.

(3) Vertreter des beauftragenden BR können an allen Verhandlungen und Arbeitsgruppensitzungen, die im Zusammenhang mit einer Beauftragung gem. § 28a BetrVG stehen, teilnehmen. Diese haben beratende Stimme.

Entsprechendes gilt für Vertreter der im Betrieb vertretenen Gewerkschaften (Alternative: gilt unter Beachtung von § 31 BetrVG für Vertreter der im Betrieb vertretenen Gewerkschaften).

Hinweis:
Neben diesen formalen Voraussetzungen ist eine Einbindung des BR in die endgültigen Entscheidungsprozesse unumgänglich. Diese ist notwendig, um Kollisionen mit anderen Regelungen oder mit den zu schützenden Interessen anderer Beschäftigter im Betrieb auszuschließen. Da nur dieses Gremium die Gesamtwirkung von Verhandlungsergebnissen und auf dieser Basis abzuschließenden Gruppenvereinbarungen beurteilen kann, sollte es sich deshalb die Möglichkeit einer Einwirkung vor Abschluss der Gruppenvereinbarung vorbehalten. Dieses ist auf unterschiedlichen Wegen realisierbar.

1. Alternative: Der BR kann sich beispielsweise grundsätzlich die Zustimmung zu entsprechenden Vereinbarungen vorbehalten.

(4) Verhandlungsergebnisse (= Entwürfe von Gruppenvereinbarungen) dürfen der Arbeitsgruppe erst zur Abstimmung vorgelegt werden, wenn der BR ihnen in einer Sitzung zugestimmt hat. Ohne Zustimmung des BR erfolgte Beschlüsse einer Arbeitsgruppe sind unwirksam.

2. Alternative: Der BR kann sich in der RV eine Zustimmungsverweigerung zu einer in der Arbeitsgruppe schon beschlossenen Regelung vorbehalten.

(4) Hat eine Arbeitsgruppe einer Gruppenvereinbarung mit der erforderlichen Mehrheit zugestimmt, tritt sie erst in Kraft, wenn der AG sie dem BR vorgelegt hat und der BR nicht innerhalb von zwei Wochen (Alternative: längere/kürzere Fristen) nach Vorlage widersprochen hat. Der Widerspruch erfolgt gegenüber dem Arbeitgeber (Alternative: gegenüber dem AG oder dem Arbeitsgruppensprecher).

Hinweis:
Soll die endgültige Abstimmung über eine Gruppenvereinbarung erfolgen, sind die Mitglieder der Arbeitsgruppe hierauf gesondert hinzuweisen. Mit Blick auf die besondere individuelle Bedeutung sollte der Hinweis die Übergabe aussagekräftiger Informationen einschließen.

§ 11 Abstimmung über Gruppenvereinbarungen

(1) Soll in einer Gruppensitzung die abschließende Abstimmung über eine Gruppenvereinbarung gem. § 28a Abs. 2 BetrVG erfolgen, sind die Gruppenmitglieder hierüber vom Gruppensprecher mindestens eine Woche (Alternative: längere Fristen möglich) vor der Sitzung unter Beifügung der notwendigen Unterlagen zu informieren.

Hinweis:
Zur Vermeidung von Zufallsmehrheiten kann die RV Festlegungen zur Terminierung der Sitzungen enthalten, in denen über eine Gruppenvereinbarung entschieden werden soll.

(2) Soll in einer Sitzung über eine Gruppenvereinbarung abschließend entschieden werden, ist hierfür vom Sprecher ein Termin zu wählen, der im Regelfall von allen Mitgliedern der Gruppe wahrgenommen werden kann. Dabei sind insbesondere Ferienzeiten und Brückentage zu berücksichtigen.

Hinweis:
Vorgaben zur Abstimmung über Gruppenvereinbarungen enthält das Gesetz. Zur Vermeidung von Zwangssituationen kann es aber sinnvoll sein, den Zugang zur geheimen Wahl zu erleichtern.

(3) Auf Antrag von einem Viertel der Gruppenmitglieder (Alternative z. B.: 10 %, mindestens 5 Gruppenmitgliedern usw.) findet eine geheime Abstimmung statt.

Hinweis:
Liegt zum Ergebnis einer Verhandlung im Rahmen der Beauftragung gem. § 28a BetrVG ein positives Votum der Arbeitsgruppe mit der notwendigen Mehrheit vor und hat der BR bestehende Vetorechte (vgl. § 9) nicht wahrgenommen, ist der Abschluss unter Beachtung der formalen Voraussetzungen des § 77 Abs. 2 Satz 2 BetrVG möglich.

§ 12 Abschluss von Gruppenvereinbarungen

1. Alternative

(1) Gruppenvereinbarungen sind schriftlich niederzulegen und vom Gruppensprecher und dem AG zu unterzeichnen.

Hinweis:
Eine verbindliche Einbindung des BR lässt sich alternativ auch durch eine Formulierung erreichen, die die Mitunterzeichnung des BR-Vorsitzenden vorsieht.

2. Alternative

(1) Gruppenvereinbarungen sind schriftlich niederzulegen und vom Gruppensprecher, dem BR-Vorsitzenden und dem AG zu unterzeichnen.

Hinweis:
Für die Durchführung und Auslegung der Gruppenvereinbarung gelten aufgrund des Verweises in § 28a Abs. 2 Satz 2 BetrVG insbesondere die Regelungen des § 77 Abs. 2 BetrVG entsprechend. Zur Herstellung des Zusammenhangs kann in eine RV die folgende Formulierung aufgenommen werden:

(2) Gruppenvereinbarungen führt der AG durch. Sie sind an geeigneter Stelle im Betrieb auszulegen. § 77 Abs. 2 BetrVG gilt entsprechend. Werden im Betrieb elektronische Systeme genutzt, sind die Gruppenvereinbarungen hierüber allen Beschäftigten zugänglich zu machen.

Hinweis:
Obwohl § 28a BetrVG völlig neu geschaffen wurde, zeichnen sich schon Streitigkeiten zur Rechtsnatur der Gruppenvereinbarung ab. Nach der hier vertretenen Auffassung handelt es sich hierbei um besondere Regelungen unterhalb der Ebene von Betriebsvereinbarungen (vgl. DKW-*Wedde*, § 28a Rn. 57 ff.). Um vor diesem strittigen Hintergrund in der betrieblichen Praxis von Anfang an Probleme zu vermeiden, sollten in der RV hierzu eindeutige Aussagen getroffen werden. Darüber hinaus sollte Grundsätzliches zu Themen wie Kündigung, Nachwirkung und Kollisionen mit anderen Regelungen vereinbart werden.

§ 13 Formalien der Gruppenvereinbarung
(1) Gruppenvereinbarungen sind keine Betriebsvereinbarungen im Sinne von § 77 BetrVG, sondern haben eine eigenständige Rechtsnatur.
(2) Arbeitsentgelte und sonstige Arbeitsbedingungen, die durch Tarifvertrag geregelt sind oder üblicherweise geregelt werden, können nicht Gegenstand von Gruppenvereinbarungen sein. Regelungen von Gruppenvereinbarungen dürfen darüber hinaus nicht gegen im Betrieb geltende Tarifverträge, Betriebsvereinbarungen sowie gegen allgemeine gesetzliche Regelungen verstoßen. Entsprechende Vereinbarungen sind unwirksam.
(3) Sind Regelungen in Arbeitsverträgen für Beschäftigte günstiger als entsprechende Regelungen in Gruppenvereinbarungen, haben die Arbeitsverträge Vorrang.

Hinweis:
Notwendig sind Festlegungen zu Kündigungsfristen. Hier können in Abhängigkeit von den allgemeinen betrieblichen Gegebenheiten verschiedene Fristen (etwa drei Monate) sinnvoll sein.

(4) Gruppenvereinbarungen können mit einer Frist von drei Monaten (Alternative: kürzere/längere Fristen) gekündigt werden und wirken nicht nach.

Hinweis:
Das Kündigungsrecht steht dem AG, der Arbeitsgruppe sowie (als Folge des Widerspruchs) dem BR zu. Zur Vermeidung von Kollisionen sollten insbesondere die Kündigungsmöglichkeiten im »Binnenverhältnis« Arbeitsgruppe – BR beschrieben werden.

(5) Zur Kündigung berechtigt sind AG, Arbeitsgruppe und BR.
(6) Eine Kündigung durch die Arbeitsgruppe ist nur mit Zustimmung des BR zulässig und wirksam.
(**Alternative:** Eine Kündigung durch die Arbeitsgruppe kann der BR innerhalb einer Frist von zwei Wochen nach Kenntnisnahme widerrufen.)
(7) Der BR ist zur Kündigung berechtigt, wenn er die Beauftragung der Arbeitsgruppe gem. § 28a Abs. 1 Satz 4 BetrVG widerrufen hat. Mit Zugang des Widerrufs beim Sprecher der Arbeitsgruppe oder beim AG erlischt das Kündigungsrecht der Arbeitsgruppe.
(8) Weiterhin ist der BR zur Kündigung von Gruppenvereinbarungen berechtigt, wenn eine Kündigung dieser RV erfolgt ist.

Hinweis:
Die RV ist als (freiwillige) Betriebsvereinbarung ausgestaltet. Wegen der bisher noch mangelnden Erfahrung im Umgang mit Gruppenvereinbarungen scheint es für den Regelfall ratsam, die Geltung der RV (und damit auch die der Gruppenvereinbarungen) zu begrenzen und die getroffenen Regelungen damit »rückholbar« zu machen. Dies lässt sich durch zeitliche Begrenzung der Geltungsdauer und Ausschluss bzw. zeitliche Begrenzung einer vereinbarten Nachwirkung der RV erreichen.

§ 14 Kündigung der RV

1. Alternative

(1) Diese Betriebsvereinbarung wird ab Unterzeichnung für die Dauer von (beispielsweise zwei) Jahren abgeschlossen und endet nach diesem Zeitpunkt, ohne dass es einer Kündigung bedarf.

2. Alternative

(1) Diese Betriebsvereinbarung kann von den Parteien mit einer Frist von (beispielsweise drei) Monaten zum Monatsende gekündigt werden. Die Kündigung ist erstmals zum Datum möglich.

> **Hinweis:**
> Durch Abs. 2 wird klargestellt, dass der besondere Schutz der Arbeitsgruppenmitglieder unabhängig von der Laufzeit dieser RV besteht.

(2) Die Betriebsvereinbarung wirkt mit Ausnahme von § 3 Abs. 2 RV nicht nach. Für § 3 Abs. 2 RV wird eine Nachwirkung von zwölf Monaten vereinbart.

> **Hinweis:**
> Geregelt werden muss auch das Schicksal der Gruppenvereinbarungen, die auf Basis der RV geschlossen worden sind. Hier kann es im Einzelfall sinnvoll (und von AG wie BR gewollt) sein, dass diese weiterhin Geltung haben (Alternative 1). Andererseits ist es auch denkbar, dass sowohl die Beendigung der RV als auch die der Gruppenvereinbarungen gewollt ist (Alternative 2). Für beide Fälle ist zu beachten, dass das Mandat der Arbeitsgruppen mit der Kündigung der RV enden sollte, um Interessenkollisionen zu vermeiden.

1. Alternative

(3) Gruppenvereinbarungen, die auf der Grundlage dieser RV geschlossen worden sind, gelten bis zu einer Kündigung durch AG oder BR weiter. Der Abschluss sowie die Kündigung von Gruppenvereinbarungen durch Arbeitsgruppen nach erfolgter Kündigung der RV sind unzulässig.

2. Alternative

(3) Die Kündigung dieser RV stellt zugleich auch die Kündigung aller auf dieser Grundlage abgeschlossenen Gruppenvereinbarungen dar. Abweichende Kündigungsfristen sind zu beachten. Der Abschluss sowie die Kündigung von Gruppenvereinbarungen durch Arbeitsgruppen nach erfolgter Kündigung der RV sind unzulässig.

Gruppenvereinbarung (Beispiel Arbeitszeitgestaltung) 16

Gruppenvereinbarung

Zwischen der Geschäftsleitung Arbeitgeber Firmenbezeichnung, Adresse
(im Folgenden: Arbeitgeber)
und
der Arbeitsgruppe (im Folgenden: Arbeitsgruppe)

wird hiermit gem. § 28a Abs. 2 BetrVG die folgende Gruppenvereinbarung zum Thema »Arbeitszeitgestaltung« geschlossen.

1. Geltungsbereich

Die Gruppenvereinbarung gilt für alle Mitglieder der Arbeitsgruppe.

2. Gegenstand

Die Gruppenvereinbarung regelt die zeitliche Lage der Arbeitszeit innerhalb der Woche und die Lage der Arbeitspausen.
Im Einzelnen wird hierzu Folgendes festgelegt: .

3. Schlussbestimmungen

Die Gruppenvereinbarung tritt mit Beginn des nächsten Monats in Kraft.

Sie kann mit einer Frist von drei Monaten von jeder Seite gekündigt werden und wirkt nicht nach.

Unterschrift (Gruppensprecher) — Unterschrift (Arbeitgeber)

17 **Betriebsvereinbarung über eine Gruppenvereinbarung**

Betriebsvereinbarung

Zwischen der Geschäftsleitung Arbeitgeber Firmenbezeichnung, Adresse

und

dem Betriebsrat

wird hiermit gemäß § 77 BetrVG die als Gruppenvereinbarung vom Datum vorliegende Regelung als Betriebsvereinbarung abgeschlossen.

Unterschrift (Arbeitgeber) — Unterschrift (Betriebsrat)

3. Musterschreiben/-beschlussvorlagen und -beschlüsse

18 **Betriebsrat: Übertragungsbeschluss gem. § 28a BetrVG**

Beschlussvorlage

Beschlusstext: Der Betriebsrat beschließt, der im Bereich bestehenden Arbeitsgruppe , auf der Basis der getroffenen Rahmenvereinbarung die folgenden Aufgaben gem. § 28a BetrVG zur selbstständigen Erledigung zu übertragen:

- Festlegung von Beginn und Ende der wöchentlichen Arbeitszeit
- Festlegung der Arbeitspausen
- .

Abstimmungsergebnis: .

19 **Betriebsrat: an AG und Arbeitsgruppe wg. Übertragung der Aufgaben gem. § 28a BetrVG**

Betriebsrat der Firma Firmenbezeichnung, Adresse — Ort, Datum

Betriebsratsvorsitzender Name

Gleich lautend:

An den Arbeitgeber Firmenbezeichnung, Adresse

und

An die Mitglieder der Arbeitsgruppe

im Hause

Übertragung von Aufgaben gem. § 28a BetrVG

Sehr geehrte Damen und Herren,

der Betriebsrat hat auf seiner Sitzung am Datum beschlossen, der Arbeitsgruppe auf der Basis der zu § 28a Abs. 1 BetrVG getroffenen Rahmenvereinbarung die folgenden Aufgaben zur selbstständigen Erledigung zu übertragen:

- Festlegung von Beginn und Ende der wöchentlichen Arbeitszeit
- Festlegung der Arbeitspausen
- .

Der Betriebsrat geht davon aus, dass er von der Arbeitsgruppe über den aktuellen Stand der Verhandlungen gemäß der Rahmenvereinbarung informiert wird.
Für den Betriebsrat wünsche ich der Arbeit der Arbeitsgruppe viel Erfolg.

Betriebsrat: Widerrufsbeschluss 20

Beschlussvorlage
Beschlusstext: Mit Beschluss vom Datum hat der Betriebsrat der Arbeitsgruppe Aufgaben zur selbstständigen Erledigung übertragen. Hiermit wird dieser Übertragungsbeschluss widerrufen. Die übertragenen Aufgaben sollen ab sofort wieder vom Betriebsrat selbst wahrgenommen werden.
Abstimmungsergebnis: .

Betriebsrat: Mitteilung an AG wg. Widerruf der Aufgabenübertragung gem. § 28a BetrVG 21

Betriebsrat der Firma Firmenbezeichnung, Adresse — Ort, Datum
Betriebsratsvorsitzender Name

An den Arbeitgeber Firmenbezeichnung, Adresse
im Hause

Widerruf der Übertragung von Aufgaben gemäß § 28a BetrVG
Sehr geehrte Damen und Herren,
mit Beschluss vom Datum hatte der Betriebsrat der Arbeitsgruppe die folgenden Aufgaben zur selbstständigen Erledigung übertragen:

- Festlegung von Beginn und Ende der wöchentlichen Arbeitszeit
- Festlegung der Arbeitspausen
- .

Hierüber habe ich Sie mit Schreiben vom Datum informiert.
Mit Beschluss vom Datum hat der Betriebsrat diese Aufgabenübertragung widerrufen. Die Mitwirkungs- und Mitbestimmungsrechte in diesem Bereich werden deshalb ab sofort wieder vom Betriebsrat direkt wahrgenommen. Wir bitten Sie deshalb um unverzügliche Abstimmung eines Termins für eine erste Verhandlungsrunde.

22 Betriebsrat: Mitteilung an Arbeitsgruppe wg. Widerruf der Aufgabenübertragung gem. § 28a BetrVG

Betriebsrat der Firma Firmenbezeichnung, Adresse Ort, Datum
Betriebsratsvorsitzender Name

An die Mitglieder der Arbeitsgruppe
(vertreten durch den Gruppensprecher Name)
im Hause

Widerruf der Übertragung von Aufgaben gem. § 28a BetrVG
Liebe Kolleginnen und Kollegen,
mit Beschluss vom Datum hatte der Betriebsrat Ihrer Arbeitsgruppe die folgenden Aufgaben zur selbstständigen Erledigung übertragen:

- Festlegung von Beginn und Ende der wöchentlichen Arbeitszeit
- Festlegung der Arbeitspausen
- .

Mit Beschluss vom Datum hat der Betriebsrat diese Aufgabenübertragung nunmehr widerrufen. Die Mitwirkungs- und Mitbestimmungsrechte in diesem Bereich werden ab sofort wieder vom Betriebsrat direkt wahrgenommen.
Für den Betriebsrat bedanke ich mich bei Ihnen für die bisher geleistete Arbeit.

23 Betriebsrat: Einladung an Arbeitsgruppe zur ersten Gruppensitzung

Betriebsrat der Firma Firmenbezeichnung, Adresse Ort, Datum
Betriebsratsvorsitzender Name

An die Mitglieder der Arbeitsgruppe
im Hause

Sitzung der Arbeitsgruppe gem. § 28a BetrVG
Liebe Kolleginnen und Kollegen,
nachdem der Betriebsrat Ihrer Arbeitsgruppe in seiner Sitzung vom Datum Aufgaben zur selbstständigen Erledigung übertragen hat, möchten wir Sie nunmehr zur Vorbereitung der Verhandlungen mit dem Arbeitgeber zu einer ersten Gruppensitzung einladen. Auf dieser soll der gemäß § 5 der Rahmenvereinbarung erforderliche Gruppensprecher gewählt werden. Weiterhin soll eine erste Planung des weiteren Verhandlungsablaufs erfolgen.
Diese erste Sitzung findet am Datum um Uhr im Raum statt. Die Teilnahme an der Sitzung ist Arbeitszeit.
Wir möchten Sie bitten, diesen Termin möglichst vollzählig wahrzunehmen.

Arbeitsgruppe: Einladung zur Arbeitsgruppensitzung 24

Arbeitsgruppe
Gruppensprecher Name

Ort, Datum

An die Mitglieder der Arbeitsgruppe
im Hause

Einladung zur Arbeitsgruppensitzung

Liebe Kolleginnen und Kollegen,
der Betriebsrat hat uns in seiner Sitzung vom Datum gem. § 28a BetrVG die selbstständige Wahrnehmung von Aufgaben übertragen. Hierbei handelt es sich um:

- Festlegung von Beginn und Ende der wöchentlichen Arbeitszeit
- Festlegung der Arbeitspausen
-

Zur Vorbereitung der Verhandlungen mit dem Arbeitgeber lade ich Sie/Euch als Mitglieder der Arbeitsgruppe für den Datum um Uhr in Raum ein.
Wegen der Wichtigkeit der Angelegenheit bitte ich um vollzähliges Erscheinen. Die Teilnahme an dieser Gruppensitzung ist Arbeitszeit.

Arbeitsgruppe: Gruppenbeschluss 25

Arbeitsgruppe
Gruppensprecher Name

Ort, Datum

An die Mitglieder der Arbeitsgruppe
im Hause

Beschluss über eine Gruppenvereinbarung

Liebe Kolleginnen und Kollegen,
die Verhandlungen mit dem Arbeitgeber zum Thema sind inzwischen zu einem Ergebnis gekommen. Es liegt der Entwurf einer Gruppenvereinbarung vor, den ich diesem Schreiben als Anlage beifüge.
Gem. § 28a Abs. 1 Satz 1 BetrVG kann diese Vereinbarung erst wirksam werden, wenn eine Beschlussfassung mit absoluter Mehrheit in unserer Arbeitsgruppe erfolgt ist. Deshalb lade ich hiermit zur Diskussion des Entwurfs und entsprechenden Beschlussfassung für den Datum um Uhr in Raum ein.
Wegen der Wichtigkeit der Angelegenheit bitte ich um vollzähliges Erscheinen. Die Teilnahme an der Sitzung der Arbeitsgruppe ist Arbeitszeit.
Anlage: Entwurf einer Gruppenvereinbarung zum Thema

26 **Arbeitsgruppe: an Betriebsrat wg. Mitteilung des Verhandlungsergebnisses**

Arbeitsgruppe Ort, Datum
Gruppensprecher Name

An den Betriebsrat
z.Hd. des Vorsitzenden Name
im Hause

Gruppenvereinbarung zum Thema
Lieber Kollege Name,
die Verhandlungen mit dem Arbeitgeber, die die Arbeitsgruppe gem. dem Beschluss des Betriebsrats vom Datum gem. § 28a BetrVG geführt hat, sind inzwischen erfolgreich abgeschlossen worden.
Die Arbeitsgruppe hat einer Vereinbarung in einer Gruppensitzung am Datum mit der notwendigen absoluten Mehrheit zugestimmt. Damit ist die als Anlage beigefügte Gruppenvereinbarung wirksam geworden.
Alternative zum vorstehenden letzten Absatz bei Vorliegen eines entsprechenden Widerrufsvorbehaltes:
Die Arbeitsgruppe hat der Vereinbarung im Rahmen einer Gruppensitzung mit der notwendigen absoluten Mehrheit zugestimmt. Gem. § der Rahmenvereinbarung ist nun nur noch die Zustimmung des Betriebsrats erforderlich, damit die Gruppenvereinbarung ihre Wirksamkeit entfalten kann. Ich möchte deshalb für die Arbeitsgruppe darum bitten, auf der nächsten Betriebsratssitzung einen entsprechenden Beschluss herbeizuführen und das Ergebnis dem Arbeitgeber und uns mitzuteilen.
Anlage: Gruppenvereinbarung (s. unter 2. Mustervereinbarungen, Rn. 4)

27 **Arbeitsgruppe: Mitteilung einer Gruppenvereinbarung**

Arbeitsgruppe Ort, Datum
Gruppensprecher Name

Gleich lautend, an:
die Mitglieder der Arbeitsgruppe
den Betriebsrat z.Hd. des Vorsitzenden Name
die Schwerbehindertenvertretung
die JAV
Vertreter der Gewerkschaft

Gruppenvereinbarung zum Thema »Arbeitszeitgestaltung«
Liebe Kolleginnen und Kollegen,
in ihrer Sitzung vom Datum hat die Arbeitsgruppe die als Anlage beigefügte Vereinbarung zum Thema »Arbeitszeitgestaltung« abgeschlossen. Der Betriebsrat hat dieser Regelung nicht innerhalb der in der Rahmenvereinbarung festgelegten Frist widersprochen. Damit tritt sie zum nächsten Monat in Kraft.
Anlage: Gruppenvereinbarung zum Thema »Arbeitszeitgestaltung«

Betriebsrat: Beschlussvorlage 28

Beschlussvorlage

Beschlusstext: Der Betriebsrat beschließt, die vorliegende Gruppenvereinbarung als Betriebsvereinbarung (s. unter 2. Mustervereinbarungen, Rn. 5 »Betriebsvereinbarung über eine Gruppenvereinbarung«) mit dem Arbeitgeber abzuschließen.
Abstimmungsergebnis: .

Arbeitsgruppe: an Betriebsrat wg. Nichteinigung mit AG 29

Arbeitsgruppe
Gruppensprecher Name

Ort, Datum

An den Betriebsrat
vertreten durch den Vorsitzenden Name
im Hause
nachrichtlich an den Arbeitgeber
Firmenbezeichnung, Adresse

Scheitern der Verhandlungen zum Thema »Arbeitszeitgestaltung«
Lieber Kollege Name,
mit Beschluss vom Datum hatte der Betriebsrat der Arbeitsgruppe gem. § 28a BetrVG Aufgaben im Bereich der »Arbeitszeitgestaltung« zur selbstständigen Erledigung übertragen. Die Arbeitsgruppe hat nach Durchführung der Verhandlungen auf ihrer Sitzung am Datum mit der notwendigen Mehrheit festgestellt, dass die Verhandlungen zu diesem Thema nicht erfolgreich abgeschlossen werden konnten.
Gründe hierfür sind insbesondere .
Nach dem Scheitern dieser Verhandlungen gehen wir davon aus, dass der Betriebsrat gem. § 28a Abs. 2 Satz 3 die Mitwirkungs- und Mitbestimmungsrechte in dieser Angelegenheit ab sofort wieder direkt wahrnimmt.

Arbeitgeber: Schreiben an Betriebsrat wg. Nichteinigung mit der Arbeitsgruppe 30

Arbeitgeber Firmenbezeichnung, Adresse

Ort, Datum

An den Betriebsrat
z. Hd. des Vorsitzenden Name
im Hause

nachrichtlich an die Arbeitsgruppe
Arbeitsgruppensprecher Name

Nichteinigung mit der Arbeitsgruppe zum Thema »Arbeitszeitgestaltung«
Sehr geehrter Herr Name,
für den Arbeitgeber muss ich Ihnen mitteilen, dass die mit der Arbeitsgruppe auf der Basis von § 28a BetrVG zum o. g. Thema geführten Verhandlungen zu keinem Ergebnis geführt haben. Eine Einigung mit den Vertretern der Arbeitsgruppe konnte nicht erzielt werden.

Wir gehen daher davon aus, dass die entsprechenden Mitwirkungs- und Mitbestimmungsrechte gem. § 28a Abs. 2 Satz 3 BetrVG nunmehr wieder vom Betriebsrat selbst wahrgenommen werden. Wir bitten insoweit um Anberaumung eines Verhandlungstermins.

31 Betriebsrat: Schreiben an AG wg. Nichteinigung mit der Arbeitsgruppe

Betriebsrat — Ort, Datum
Firmenbezeichnung, Adresse
Betriebsratsvorsitzender Name

An den Arbeitgeber Firmenbezeichnung, Adresse
im Hause

Nichteinigung mit der Arbeitsgruppe zum Thema »Arbeitszeitgestaltung«
Sehr geehrte Damen und Herren,
mit Schreiben vom Datum hat uns die Arbeitsgruppe mitgeteilt, dass in der o.g. Angelegenheit in direkten Verhandlungen keine Einigkeit erzielt werden konnte. Wir möchten Sie deshalb darüber informieren, dass nach dem Scheitern der Verhandlungen der Betriebsrat alle Mitwirkungs- und Mitbestimmungsrechte in dieser Angelegenheit gem. § 28a Abs. 2 Satz 3 BetrVG wieder direkt wahrnimmt.
Wir fordern Sie auf, unmittelbar in Verhandlungen zu diesem Thema mit uns einzutreten und bitten um einen Vorschlag für einen Verhandlungstermin.

32 Betriebsrat: an Arbeitsgruppe wg. Nichteinigung und Wiederaufnahme der Mitbestimmungsrechte

Betriebsrat — Ort, Datum
Firmenbezeichnung, Adresse
Betriebsratsvorsitzender Name

An die Mitglieder der Arbeitsgruppe
im Hause

Nichteinigung zum Thema »Arbeitszeitgestaltung«
Liebe Kolleginnen und Kollegen,
mit Schreiben vom Datum hat uns der Arbeitgeber darüber informiert, dass aus seiner Sicht keine Einigung mit der Arbeitsgruppe zum Thema »Arbeitszeitgestaltung« hergestellt werden konnte. Das Schreiben fügen wir in Kopie bei.
Gem. § 28a Abs. 2 Satz 3 BetrVG nimmt damit automatisch der Betriebsrat wieder alle Mitwirkungs- und Mitbestimmungsrechte in dieser Angelegenheit wahr. Wir haben unsererseits den Arbeitgeber aufgefordert, unverzüglich in Verhandlungen einzusteigen.
Bei Ihnen allen bedanke ich mich für den Betriebsrat für ihre Bemühungen.

§ 29 Einberufung der Sitzungen

(1) Vor Ablauf einer Woche nach dem Wahltag hat der Wahlvorstand die Mitglieder des Betriebsrats zu der nach § 26 Abs. 1 vorgeschriebenen Wahl einzuberufen. Der Vorsitzende des Wahlvorstands leitet die Sitzung, bis der Betriebsrat aus seiner Mitte einen Wahlleiter bestellt hat.

(2) Die weiteren Sitzungen beruft der Vorsitzende des Betriebsrats ein. Er setzt die Tagesordnung fest und leitet die Verhandlung. Der Vorsitzende hat die Mitglieder des Betriebsrats zu den Sitzungen rechtzeitig unter Mitteilung der Tagesordnung zu laden. Dies gilt auch für die Schwerbehindertenvertretung sowie für die Jugend- und Auszubildendenvertreter, soweit sie ein Recht auf Teilnahme an der Betriebsratssitzung haben. Kann ein Mitglied des Betriebsrats oder der Jugend- und Auszubildendenvertretung an der Sitzung nicht teilnehmen, so soll es dies unter Angabe der Gründe unverzüglich dem Vorsitzenden mitteilen. Der Vorsitzende hat für ein verhindertes Betriebsratsmitglied oder für einen verhinderten Jugend- und Auszubildendenvertreter das Ersatzmitglied zu laden.

(3) Der Vorsitzende hat eine Sitzung einzuberufen und den Gegenstand, dessen Beratung beantragt ist, auf die Tagesordnung zu setzen, wenn dies ein Viertel der Mitglieder des Betriebsrats oder der Arbeitgeber beantragt.

(4) Der Arbeitgeber nimmt an den Sitzungen, die auf sein Verlangen anberaumt sind, und an den Sitzungen, zu denen er ausdrücklich eingeladen ist, teil. Er kann einen Vertreter der Vereinigung der Arbeitgeber, der er angehört, hinzuziehen.

Inhaltsübersicht Rn.

I. Einleitung

1 Die Bestimmung gibt als **Formvorschrift** den Rahmen für die **konstituierende Sitzung** des Betriebsrats sowie für seine **regulären Sitzungen vor.** § 29 kommt für Sitzungen der JAV, der Bordvertretung und des See-Betriebsrats entsprechend zur Anwendung. Sie gilt ebenso für den Betriebsausschuss gem. § 27, für weitere Ausschüsse gem. § 28, für Arbeitsgruppen gem. § 28a und für andere Vertretungen der Arbeitnehmer gem. § 3 Abs. 1 Nr. 2 BetrVG, sofern keine abweichenden Regelungen in einem Tarifvertrag enthalten sind. Für den Gesamtbetriebsrat, den Konzernbetriebsrat, die Gesamt-Jugend- und Auszubildendenvertretung sowie für die Konzern-Jugend- und Auszubildendenvertretung gelten nur die Absätze 2 bis 4 der Vorschrift. § 29 ist grundsätzlich auch für zusätzliche betriebsverfassungsrechtliche Vertretungen gem. § 3 Abs. 1 Nr. 1 BetrVG anwendbar, es sei denn, ein TV enthält abweichende Regelungen.

2 **§ 29** regelt **vier unterschiedliche Themen**. Gegenstand des **Abs. 1** ist ausschließlich die Durchführung der **konstituierenden Sitzung**, in der gem. § 26 Abs. 1 BetrVG Betriebsratsvorsitzende und deren Stellvertreter gewählt werden. Die umfangreiche Vorschrift des **Abs. 2** gibt den Rahmen für die **Durchführung der regulären Betriebsratssitzungen** vor. Sie verpflichtet Betriebsratsvorsitzende zur rechtzeitigen Einladung der Mitglieder zu allen Sitzungen sowie zur Erstellung und Übermittlung einer Tagesordnung. Weiterhin sind Sonderregelungen zur Teilnahme der Schwerbehindertenvertretungen sowie der JAV und zur Einladung von Ersatzmitgliedern enthalten. Durch **Abs. 3** wird der **Sonderfall** einer **Betriebsratssitzung auf Antrag** eines Viertels der Betriebsratsmitglieder oder des Arbeitgebers geregelt. **Abs. 4** enthält Sonderregelungen zur **Teilnahme des Arbeitgebers** an Sitzungen, die auf sein Verlangen hin einberufen werden bzw. zu denen er vom Betriebsrat ausdrücklich eingeladen wird.

3 Die Vorsitzenden der für die Durchführung der Betriebsratswahl verantwortlichen Wahlvorstände (vgl. §§ 16ff. BetrVG) müssen die neu gewählten Mitglieder des Betriebsrats gem. § 29 **Abs. 1** vor Ablauf einer Woche nach dem Wahltag zu einer **konstituierenden Sitzung** einladen. **Zwingender Tagesordnungspunkt** dieser Sitzung ist die **Wahl von Betriebsratsvorsitzenden** und deren **Stellvertretern**. Darüber hinaus kann nach Durchführung dieser Wahl im neu gewählten Gremium über weitere Themen entschieden werden, wenn diese schon vor der konstituierenden Sitzung feststehen (insbesondere nach der wiederholten Wahl des Betriebsrats) und diese Punkte ebenfalls auf der Tagesordnung enthalten sind.

4 Die **Einladung** zur konstituierenden Sitzung muss (Rn. 19) neben dem Tagesordnungspunkt »Wahl des oder der Betriebsratsvorsitzenden/des oder der stellvertretenden Betriebsratsvorsitzenden« zwingend Informationen zu Datum, Ort und Uhrzeit der Sitzung enthalten (vgl. Rn. 19, Nr. 1–4). Darüber hinaus sind weitere Tagesordnungspunkte möglich (Rn. 19, Nr. 5–7). Die Einladung muss allen gewählten Betriebsratsmitgliedern sowie zur Information der Schwerbehindertenvertretung sowie der Jugend- und Auszubildendenvertretung übermittelt werden. Darüber hinaus ist es sinnvoll, sie an Ersatzmitglieder zu verschicken, da diese beim Ausfall von regulären Mitgliedern mit einer Nachladung rechnen müssen. Bei der Feststellung der Reihenfolge zu ladender Ersatzmitglieder müssen gesetzliche Voraussetzungen wie Listenzugehörigkeit und die Geschlechterquote zwingen eingehalten werden, da hiervon die Rechtswirksamkeit von Beschlüssen abhängt (vgl. DKW-*Wedde*, § 29 Rn. 17).

5 Die Einladung sollte allen Betriebsratsmitgliedern sowie der Schwerbehindertenvertretung und der JAV rechtzeitig **schriftlich** zugesandt werden. Im Regelfall ist hierfür die konventionelle Schriftform zu wählen, d.h. ein Brief. Der Rückgriff auf andere Formen

wie insbesondere E-Mail kommt in Betracht, wenn dies eine übliche Kommunikationsform ist und wenn sichergestellt wird, dass zu ladenden Personen die Einladung bekommen und wahrnehmen. Bei elektronischer Versendung müssen bezüglich der über den bloßen Zeitpunkt der Sitzung hinausgehenden Informationen (etwa Inhalte der Tagesordnung) Sicherheitsvorkehrungen wie Verschlüsselung oder zumindest ein Passwortschutz getroffen werden. Die Entscheidung über das konkrete Vorgehen obliegt den einladenden Vorsitzenden der Wahlvorstände. Bestehen bezüglich der Zuverlässigkeit oder der Sicherheit einer elektronischen Versendung Zweifel, sollte der schriftlichen Versendung der Vorzug gegeben werden (vgl. zu den Anforderungen an die Schriftform DKW-*Wedde*, Einleitung, Rn. 184ff.).

Andere Formen der Einladung sind ebenfalls zulässig, wenn sichergestellt ist, dass sie alle zu ladenden Personen erreicht. Sie kann beispielsweise mündlich oder über einem Messenger-Dienst ausgesprochen werden (vgl. DKW-*Wedde*, § 29 Rn. 18 sowie Einleitung Rn. 184ff.). In jedem Fall müssen neben den zu behandelnden Tagesordnungspunkten formale Informationen wie Datum, Uhrzeit und Raum übermittelt werden. Einladungen außerhalb der Schrift- oder Textform bergen allerdings das Risiko von Missverständnissen in sich und sollten deshalb nur ausnahmsweise erfolgen. Hinzu kommt, dass Vorsitzende im Streitfall möglicherweise beweisen müssen, dass eine ordnungsgemäße Einladung erfolgt ist, was bei der mündlichen Form naturgemäß schwierig ist. Auf die Aussprache einer mündlichen Einladung sollte deshalb nur ausnahmsweise zurückgegriffen werden, etwa wenn ein Betriebsratsmitglied auf einer Dienstreise ist und ihn deshalb die reguläre Post nicht erreicht. 6

Über die konstituierende Sitzung ist ein Protokoll nach den allgemeinen Vorgaben des § 34 BetrVG anzufertigen (vgl. § 34 Rn. 1ff.). Dieses sollte von den Vorsitzenden der Wahlvorstände und den neu gewählten Vorsitzenden des Betriebsrats unterschrieben werden. Sofern Vorsitzende des Wahlvorstands nicht zugleich Mitglied im Betriebsrat sind und damit die konstituierende Sitzung nach Wahl des Wahlleiters verlassen müssen, kann ihre Unterschrift unter dem Protokoll der konstituierenden Sitzung nur bezogen auf die Tagesordnungspunkte des von ihnen geleiteten Sitzungsteils erfolgen. 7

Die **Einladung** zur konstituierenden Sitzung vor **Ablauf einer Woche** ist durch Abs. 1 zwingend vorgeschrieben. Die Sitzung selbst kann nach dieser Frist erfolgen, sollte sich aber zeitnah anschließen, um betriebsratslose Zeiten zu vermeiden. Wird während dieser Frist vom Wahlvorstand kein Sitzungstermin anberaumt, haben alle Betriebsratsmitglieder ein so genanntes »**Selbstzusammentrittsrecht**«. Ist die durch § 29 Abs. 1 BetrVG vorgegebene Wochenfrist verstrichen, kann jedes Mitglied eigenständig zur konstituierenden Sitzung einladen (Rn. 21). Im Einzelfall kann es vor einer solchen Einladung sinnvoll sein, Vorsitzende des Wahlvorstands noch einmal ausdrücklich zur Anberaumung einer konstituierenden Sitzung aufzufordern (Rn. 20). Wird dieser Aufforderung nicht nachgekommen, kann die Einladung zur konstituierenden Sitzung in der gleichen Form ausgesprochen werden, in der Vorsitzende des Wahlvorstands einladen müssen. Um wirksam zu sein, müssen neben den neu gewählten Betriebsratsmitgliedern bzw. den. für verhinderte Mitglieder heranzuziehenden Ersatzmitgliedern die zuständigen Mitglieder der Schwerbehindertenvertretungen und der Jugend- und Auszubildendenvertretungen eingeladen werden. Steht eine Verhinderung einzelner Betriebsratsmitglieder nicht sicher fest, sollten Ersatzmitglieder vorbereitend informiert werden. Die Einladung muss unter Nennung von Datum, Uhrzeit und Ort der Sitzung erfolgen und auf die Tagesordnungspunkte hinweisen (vgl. Rn. 19, Nr. 1–4). 8

Regulären Sitzungen berufen gem. **Abs. 2** die Vorsitzenden der Betriebsräte ein. Ihnen obliegt die rechtzeitige Einladung aller Betriebsratsmitglieder unter Mitteilung der Tages- 9 ordnung (zu zwingenden formalen Voraussetzungen und zur Ladung von Ersatzmitgliedern vgl. die Ausführungen in Rn. 5 und 6). Im Regelfall wird dies durch ein Einladungsschreiben (Rn. 22) und eine beigefügte Tagesordnung (Rn. 23) erfolgen. Eine Zusammenfassung von Einladung und Tagesordnung ist zulässig (Rn. 24). Bezüglich der Verwendung der Einladungen und der Tagesordnung kann sich der Betriebsrat darauf verständigen, diese etwa per E-Mail zu versenden oder über übliche Messenger-Dienste. Voraussetzung ist die Sicherstellung der Vertraulichkeit der versendeten Inhalte. Dies setzt insbesondere voraus, dass Betriebsräten dort geschlossene Benutzergruppen zur Verfügung stehen, die anderen Beschäftigten oder Vertretern der Arbeitgeber nicht zugänglich sind.

9a Betriebsratssitzungen sollen nach § 30 Abs. 1 BetrVG immer als **Präsenzsitzungen** stattfinden. Hiervon abweichend können **Video-** oder **Telefonkonferenzen** zulässig sein, wenn die in § 30 Abs. 2 BetrVG benannten **Voraussetzungen vollständig erfüllt** sind. Hierzu gehört nach § 30 Abs. 1 Nr. 1 BetrVG die Verankerung dieser Möglichkeit sowie die Verankerung des **Vorrangs der Präsenzsitzung** in der **Geschäftsordnung** des Betriebsrats. Sind die in § 30 Abs. 2 BetrVG aufgeführten Voraussetzungen insgesamt erfüllt, können Vorsitzende im Einzelfall in der Einladung zur Sitzung auf Online-Teilnahmemöglichen hinweisen (Rn. 24a und 25a).

10 Die **Teilnahme an Betriebsratssitzungen** ist eine grundlegende Amtspflicht jedes Betriebsratsmitglieds. Eine Ausnahme von dieser Teilnahmepflicht gibt es nur bei einer zeitweiligen Verhinderung (vgl. DKW-*Buschmann*, § 25 Rn. 14ff.). Als Verhinderungsgrund kommen insbesondere Urlaub, Krankheit etc. in Betracht, nicht aber Arbeitsüberlastung u. Ä. Ist ein Betriebsratsmitglied von einem Thema persönlich betroffen (z. B. bei ihn treffenden personellen Einzelmaßnahmen), kann ein Fall »rechtlicher Verhinderung« für den entsprechenden Tagesordnungspunkt vorliegen.

11 Um eine **ordnungsgemäße Besetzung** des Betriebsrats und eine wirksame Beschlussfassung **sicherzustellen**, sollte eine Mitteilung der Verhinderung in einem formalisierten Verfahren, d. h. schriftlich, erfolgen. Aus dem Schreiben sollte sich für Betriebsratsvorsitzende ergeben, dass ein Verhinderungsgrund gem. § 25 Abs. 1 BetrVG vorliegt (Rn. 26). Nach Kenntnisnahme von der Verhinderung muss der Betriebsratsvorsitzende unverzüglich das erste Mitglied auf der Liste der Ersatzmitglieder einladen (Rn. 27).

12 **Fehlt ein Betriebsratsmitglied** wiederholt oder dauerhaft bei Betriebsratssitzungen, **ohne dass hierfür ein Grund** gem. § 25 Abs. 1 BetrVG vorliegt, kann sich für den Betriebsrat die Notwendigkeit ergeben, auf die Einhaltung der Amtspflichten hinzuweisen bzw. im Extremfall auch eine Entfernung aus dem Betriebsrat vorzubereiten (vgl. hierzu § 23 BetrVG). Es ist angeraten, die betroffenen Betriebsratsmitglieder zunächst auf die gesetzlich vorgeschriebene regelmäßige Teilnahme (Rn. 28) und auf mögliche Konsequenzen hinzuweisen, die aus einem Fehlen resultieren können.

13 **Abs. 3** regelt den Sonderfall von Betriebsratssitzungen, die auf **Antrag eines Viertels der Mitglieder** des Betriebsrats oder des Arbeitgebers einzuberufen sind. Die **JAV** und die **Schwerbehindertenvertretung** haben zwar kein Recht zur Einberufung. Ihnen steht aber nach § 67 Abs. 3 BetrVG bzw. nach § 178 Abs. 4 SGB IX eine den Betriebsrat bindende Antragsbefugnis. Die jeweiligen Anträge sind an die Vorsitzenden der Betriebsräte zu richten. Liegt ein Antrag vor, muss eine entsprechende Ergänzung der Tagesordnung einer bereits anberaumten oder anzuberaumenden Sitzung erfolgen. Ist dies nicht möglich, muss eine Sondersitzung einberufen werden (ausführlich DKW-*Wedde*, § 29 Rn. 33ff.).

14 Eine **Sondersitzung** können Betriebsratsvorsitzende jederzeit einberufen. Dies gilt selbst dann, wenn in der Geschäftsordnung (vgl. § 36, § 8 der Muster-Geschäftsordnung) ein turnusgemäßer Sitzungsrhythmus festgelegt ist. Entsprechendes gilt, wenn ein Viertel der Betriebsräte (§ 29 Abs. 3 BetrVG) oder der Arbeitgeber (§ 29 Abs. 4 BetrVG) dies verlangen. Sind diese Sitzungen besonders dringend, kann die »Ladungsfrist« auf ein notwendiges Minimum verkürzt werden. Ggf. ist in derartigen Fällen eine **Vorabinformation** der Betriebsratsmitglieder und der übrigen Einzuladenden per Telefon, per E-Mail, Messenger-Dienst oder auf sonstigem Wege sinnvoll. Im Übrigen gelten für die Einladung zu einer außerordentlichen Sitzung die gleichen Vorgaben wie für die regulären Sitzungen (Rn. 25).

Der Antrag auf Durchführung einer Sondersitzung ist an die zuständigen Betriebsratsvorsitzenden zu richten. Eine bestimmte **Form** schreibt das Gesetz nicht vor. Zur Herstellung von Rechtsklarheit ist jedoch sowohl bei Anträgen des Betriebsrats (Rn. 29) als auch bei einem Antrag des Arbeitgebers (Rn. 30) die **Schriftform** oder zumindest die **Textform (insbesondere E-Mail** oder Mitteilung über einen **Messenger-Dienst)** sinnvoll. Entsprechendes gilt für einen Antrag der Schwerbehindertenvertretung (Rn. 31). Ein Antrag des Betriebsrats kann die Möglichkeit einer Sitzungsteilnahme per Video- oder Telefonkonferenz enthalten, wenn diese nach der Geschäftsordnung zulässig ist (Rn. 29a). 15

Kommen Betriebsratsvorsitzende einem Antrag gem. § 29 Abs. 3 BetrVG nicht nach, handeln sie im Regelfall **pflichtwidrig** (vgl. DKW-*Wedde*, § 29 Rn. 36). Der Antrag kann ablehnt werden, wenn der zur Erörterung gestellte Gegenstand nicht zum Aufgabenbereich des Betriebsrats gehört (Rn. 32). 16

Hat ein **Arbeitgeber die Beratung eines Themas** gem. § 29 Abs. 3 BetrVG **beantragt** und lädt ihn der Betriebsrat daraufhin ein (Rn. 33) oder erfolgt eine eigene Einladung des Gremiums zu einem bestimmten Thema, hat der Arbeitgeber nur zu diesen Tagesordnungspunkten ein **Teilnahmerecht** in der Sitzung. Die Einladung zu einzelnen Tagesordnungspunkten steht im pflichtgemäßen Ermessen der Betriebsratsvorsitzenden, sofern nicht ein entsprechender Betriebsratsbeschluss erfolgt ist (vgl. DKW-*Wedde*, § 29 Rn. 38ff.). Wird der Arbeitgeber ausdrücklich eingeladen, ist er nach dem Grundsatz der vertrauensvollen Zusammenarbeit zur Teilnahme verpflichtet. Erfolgt eine Einladung des Betriebsrats, ist dem Arbeitgeber der Inhalt des Tagesordnungspunktes mitzuteilen (Rn. 34). Der Arbeitgeber kann persönlich erscheinen oder sich vertreten lassen. Er kann einen betriebsangehörigen Sachbearbeiter hinzuziehen sowie einen Beauftragten der zuständigen Arbeitgebervereinigung. 17

II. Arbeitshilfen

1. Checkliste

Sitzung – Einberufung 18

- Einberufung der konstituierenden Sitzung binnen Wochenfrist, sonst ggf. Selbstzusammentrittsrecht;
- Weitere Sitzungen werden von Betriebsratsvorsitzenden einberufen und geleitet;
- Unabhängig hiervon Einberufung von Sitzungen auf Antrag eines Viertels der Betriebsratsmitglieder;
- Teilnahmerecht von JAV und Schwerbehindertenvertretung beachten;
- Arbeitgeber kann Behandlung bestimmter Themen verlangen und an den zugehörigen Sitzungsteilen teilnehmen.

2. Musterschreiben/-beschlussvorlagen und -beschlüsse

19 **Konstituierende Betriebsratssitzung – Einladung durch Wahlvorstand**

Die Vorsitzende des Wahlvorstands zur Betriebsratswahl Ort, Datum
im Betrieb Firmenbezeichnung, Adresse

An alle gewählten
Mitglieder des Betriebsrats im Betrieb Firmenbezeichnung, Adresse
nachrichtlich
- an die Mitglieder der Schwerbehindertenvertretung
- an die Mitglieder der Jugend- und Auszubildendenvertretung
- an die Ersatzmitglieder des Betriebsrats

Einladung zur konstituierenden Sitzung des Betriebsrats im Betrieb
Firmenbezeichnung, Adresse
Liebe Kolleginnen und Kollegen,
als Vorsitzende des Wahlvorstands lade ich zur konstituierenden Sitzung des Betriebsrats ein. Diese findet statt

am Datum um Uhr
im Raum

Ich schlage folgende Tagesordnung vor:
1. Eröffnung der Sitzung und Feststellung der Beschlussfähigkeit
2. Genehmigung der Tagesordnung
3. Wahl eines Wahlleiters
4. Wahl der / des Betriebsratsvorsitzenden und Wahl der / des stellvertretenden Vorsitzenden (Optional)
5. Wahl der Mitglieder des Betriebsausschusses (vgl. die Erläuterungen zu § 27)
6. Einrichtung eines IT- Ausschusses und Wahl der Mitglieder
7. Wahl der Gesamt-/Konzernbetriebsratsvertreter

Ich bitte um vollständiges Erscheinen. Im Falle der Verhinderung von einzelnen Betriebsratsmitgliedern bitte ich um unverzügliche Mitteilung an mich, damit ich die entsprechenden Ersatzmitglieder laden kann. Alle Ersatzmitglieder bitte ich darum, sich diesen Termin für den Fall der Verhinderung von regulären Mitgliedern ebenfalls vorzumerken.

20 **Konstituierende Sitzung – Aufforderung zur Einberufung**

Betriebsratsmitglied Name Ort, Datum

An die Vorsitzenden des Wahlvorstands
Betriebsratswahl im Betrieb Firmenbezeichnung, Adresse
Frau Name
im Hause

Konstituierende Sitzung des Betriebsrats gem. § 29 Abs. 1 BetrVG
Liebe Kollegin Name,
am Datum haben in unserem Betrieb die Betriebsratswahlen stattgefunden. Die Ergebnisse der Wahlen wurden am Datum vom Wahlvorstand bekannt gegeben. Gem. § 29 Abs. 1 BetrVG hätte die Einladung zur konstituierenden Sitzung des Betriebsrats vor Ablauf einer Woche nach dem Datum der Bekanntgabe erfolgen müssen. Dies ist jedoch bis heute nicht geschehen.

Als gewähltes Betriebsratsmitglied fordere ich Sie deshalb auf, als Vorsitzende des Wahlvorstands unverzüglich die nach § 29 Abs. 1 BetrVG vorgesehene konstituierende Sitzung einzuberufen. Vorsorglich weise ich darauf hin, dass ich in Wahrnehmung des Selbstzusammentrittsrechtes des Betriebsrats vorsorglich zur konstituierenden Sitzung gem. § 29 Abs. 1 BetrVG für den Datum um Uhr in Raum eingeladen habe.
Einziger Tagesordnungspunkt dieser Sitzung ist die Wahl des Betriebsratsvorsitzenden und seines Stellvertreters.

Konstituierende Betriebsratssitzung – Einladung durch Betriebsratsmitglied 21

Betriebsratsmitglied Name Ort, Datum

An alle gewählten Mitglieder des Betriebsrats
im Betrieb Firmenbezeichnung, Adresse
nachrichtlich
- an den Vorsitzenden des Wahlvorstands zur Betriebsratswahl
- an die Schwerbehindertenvertretung
- an die Jugend- und Auszubildendenvertretung

Konstituierende Sitzung des Betriebsrats gem. § 29 Abs. 1 BetrVG
Liebe Kolleginnen und Kollegen,
nach der Wahl des Betriebsrats am Datum ist bis heute die gem. § 29 Abs. 1 BetrVG vorgeschriebene erste Sitzung des Betriebsrats, in der die / der Betriebsratsvorsitzende und eine Stellvertretung zu wählen ist, nicht erfolgt. Die Vorsitzende des Wahlvorstands hat die gesetzlich vorgeschriebene Sitzung nicht innerhalb einer Woche einberufen.
Kommen Vorsitzende eines Wahlvorstands ihrer Verpflichtung zur fristgemäßen Einberufung der konstituierenden Betriebsratssitzung nicht nach, kann jedes Betriebsratsmitglied zu dieser Sitzung aus eigener Initiative einladen (vgl. *Fitting*, BetrVG, § 29 Rn. 9; Richardi-*Thüsing*, Kommentar zum BetrVG, § 29 Rn. 10; DKW-*Wedde*, BetrVG, § 29 Rn. 7).
In Wahrnehmung dieses Selbstzusammentrittsrechts lade ich hiermit zur konstituierenden Sitzung des Betriebsrats im Betrieb ein. Die Sitzung findet statt

am Datum um Uhr
im Raum .

Ich bitte alle Betriebsratsmitglieder, die zu diesem Termin verhindert sind, um kurzfristige Mitteilung. Ich werde dann die entsprechenden Ersatzmitglieder nachladen. Alle Ersatzmitglieder bitte ich deshalb, sich diesen Termin vorsorglich zu notieren.
Den Wahlvorstand der Betriebsratswahl habe ich von diesem Termin informiert. Sollte von dort eine kurzfristigere Einladung erfolgen, bitte ich darum, dieser nachzukommen. Sollte der Wahlvorstand hingegen weiter untätig sein oder zu einem späteren als dem von mir genannten Zeitpunkt einladen, erhalte ich als Betriebsratsmitglied diese Einladung aufrecht und bitte um Teilnahme.

22 Erste ordentliche Betriebsratssitzung – Einladung

Betriebsrat der Firma Firmenbezeichnung, Adresse Ort, Datum

Betriebsratsvorsitzende Name
An alle Mitglieder des Betriebsrats im Betrieb Bezeichnung, Adresse
im Hause
nachrichtlich

- Schwerbehindertenvertretung
- Jugend- und Auszubildendenvertretung
- Ersatzmitglieder

Einladung zur Sitzung am Datum
Liebe Kolleginnen und Kollegen,
hiermit lade ich zur ersten ordentlichen Sitzung des Betriebsrats ein. Diese findet

am Datum von Uhr bis ca. Uhr im Raum

statt.
Die Tagesordnung zur Sitzung füge ich bei. Ergänzungswünsche bitte ich mir mitzuteilen.
Für den verhinderten Kollegen Name lade ich das Ersatzmitglied Name ein. Zum Tagesordnungspunkt lade ich die beiden Ersatzmitglieder Name und Name ein, da die Betriebsratsmitglieder Name und Name an der entsprechenden Abstimmung aufgrund persönlicher Befangenheit nicht teilnehmen werden.
Sollte ein weiteres Betriebsratsmitglied verhindert sein, bitte ich um unverzügliche Mitteilung, damit ich ein weiteres Ersatzmitglied ansprechen kann.

23 Erste ordentliche Betriebsratssitzung – Tagesordnung

Tagesordnung der ersten ordentlichen Sitzung des Betriebsrats im Betrieb Bezeichnung, Adresse

1. Eröffnung der Sitzung/Festlegung der Protokollführung/Beschlussfassung zur Tagesordnung
2. Genehmigung des Protokolls der konstituierenden Sitzung
3. Bericht des Vorsitzenden
4. (**Optional**, falls die Voraussetzungen des § 27 BetrVG erfüllt sind) Wahl eines Betriebsausschusses
5. Beschlussfassung zu personellen Einzelmaßnahmen gem. § 99 BetrVG
6. Geplante Einführung der Vertrauensarbeitszeit (ggf. Beschlussfassung)
7. Einsetzung eines Ausschusses zum Thema »Qualifizierung« und Wahl der Ausschussmitglieder
8.
9. Verschiedenes

24 Betriebsrat: Einladung zur ordentlichen Sitzung und Tagesordnung

Betriebsrat der Firma Firmenbezeichnung, Adresse Ort, Datum
Betriebsratsvorsitzende Name

An alle Mitglieder des Betriebsrats im Betrieb Bezeichnung, Adresse
im Hause
nachrichtlich

- Schwerbehindertenvertretung
- Jugend- und Auszubildendenvertretung
- Ersatzmitglieder

Einladung zur Sitzung am Datum

Liebe Kolleginnen und Kollegen,
hiermit lade ich zur nächsten ordentlichen Sitzung des Betriebsrats ein. Diese findet

am Datum von bis ca. Uhr im Raum statt.

Tagesordnung der Sitzung

1. Eröffnung der Sitzung/Beschlussfassung zur Tagesordnung
2. Genehmigung des Protokolls der Sitzung vom Datum
3. Bericht des Vorsitzenden
   (Beispiele …)
4. Beschlussfassung zu personellen Einzelmaßnahmen gem. § 99 BetrVG
5. Geplante Einführung der Vertrauensarbeitszeit (ggf. Beschlussfassung)
6. Wahl eines Ausschusses zum Thema »Qualifizierung« und Benennung der Mitglieder
7.
8. Verschiedenes

Sollte ein Betriebsratsmitglied verhindert sein, bitte ich um unverzügliche Mitteilung, damit ich eine Einladung an das zuständige Ersatzmitglied aussprechen kann.

Betriebsrat: Einladung zu einer nur per Telefon- und Videokonferenz durchgeführten ordentlichen Sitzung und Tagesordnung 24a

Betriebsrat der Firma Firmenbezeichnung,
Adresse
Ort, Datum
Betriebsratsvorsitzende Name

An die
Mitglieder des Betriebsrats Bezeichnung
Adresse

im Hause
nachrichtlich

- Schwerbehindertenvertretung
- Jugend- und Auszubildendenvertretung
- Ersatzmitglieder

Einladung zur Sitzung am Datum

Liebe Kolleginnen und Kollegen,
hiermit lade ich zur nächsten ordentlichen Sitzung des Betriebsrats ein. Diese findet
am Datum von bis ca. Uhr im Raum statt.
Diese Sitzung soll ausschließlich in Form einer Videokonferenz unter Nutzung des Videokonferenzsystems durchgeführt werden. Die notwendigen Zugangsdaten werden parallel zu dieser Einladung elektronisch an alle Teilnahmeberechtigten versandt.
Ich weise darauf hin, dass gemäß der Geschäftsordnung des Betriebsrats an den für die Teilnahme genutzten Arbeitsplätzen die Vertraulichkeit der Sitzung persönlich sichergestellt werden muss.

Ich weise weiter darauf hin, dass die Möglichkeit einer Online-Teilnahme entfällt, wenn mindestens ein Viertel der Mitglieder des Betriebsrats gemäß § 30 Abs. 2 Nr. 2 BetrVG mir gegenüber dem Angebot einer Video- oder Telefonkonferenz bis zum Datum widersprechen. Falls ein wirksamer Widerspruch eingelegt wird, werde ich sie hierüber unverzüglich informieren. In diesem Fall ist eine Online-Teilnahme an der Betriebsratssitzung nicht möglich.
Tagesordnung der Sitzung
…
…

24b Betriebsrat: Einladung zur ordentlichen Sitzung mit Online-Teilnahmemöglichkeit und Tagesordnung

Betriebsrat der Firma der Firmenbezeichnung,
Adresse
Ort, Datum
Betriebsratsvorsitzende Name

An die
Mitglieder des Betriebsrats Bezeichnung
Adresse,

im Hause
nachrichtlich
- Schwerbehindertenvertretung
- Jugend- und Auszubildendenvertretung
- Ersatzmitglieder

Einladung zur Sitzung am Datum
Liebe Kolleginnen und Kollegen,
hiermit lade ich zur nächsten ordentlichen Sitzung des Betriebsrats ein. Diese findet
am Datum von bis ca. Uhr im Raum statt.
Für diese Sitzung gibt es gemäß der Geschäftsordnung des Betriebsrats ausnahmsweise die Möglichkeit einer Online-Teilnahme mit dem System . Falls diese Art der Teilnahme gewünscht ist, bitte ich bis zum Datum um eine entsprechende Mitteilung an . Sobald eine entsprechende Mitteilung vorliegt, werden die notwendigen Zugangsdaten elektronisch verschickt. Für den Fall einer Online-Teilnahme an dem hierfür genutzten Arbeitsplatz die Vertraulichkeit der Sitzung sichergestellt sein.
Ich weise darauf hin, dass die Möglichkeit einer Online-Teilnahme entfällt, wenn mindestens ein Viertel der Mitglieder des Betriebsrats gemäß § 30 Abs. 2 Nr. 2 BetrVG mir gegenüber dem Angebot einer Video- oder Telefonkonferenz bis zum ⟩Datum⟩ widersprechen. Falls ein wirksamer Widerspruch eingelegt wird, werde ich sie hierüber unverzüglich informieren. In diesem Fall ist eine Online-Teilnahme an der Betriebsratssitzung nicht möglich.
Tagesordnung der Sitzung
…
…

Sondersitzung – Einladung 25

Betriebsrat der Firma Firmenbezeichnung, Adresse Ort, Datum
Betriebsratsvorsitzende Name

An alle Mitglieder des Betriebsrats im Betrieb Bezeichnung, Adresse
im Hause
nachrichtlich

- Schwerbehindertenvertretung
- Jugend- und Auszubildendenvertretung
- Ersatzmitglieder

Sondersitzung des Betriebsrats
Liebe Kolleginnen und Kollegen,
wegen der Dringlichkeit der Angelegenheit lade ich hiermit für
den Datum um Uhr in Raum
zu einer Sondersitzung des Betriebsrats ein.
Einziger Tagesordnungspunkt ist das Thema »Ungenehmigte Überstunden im Produktionsbereich«. Ggf. soll im Rahmen der Sitzung eine Beschlussfassung über weitere gerichtliche Maßnahmen erfolgen.
Ich habe alle Mitglieder des Betriebsrats telefonisch über diese Sondersitzung informiert. Im Verhinderungsfalle bitte ich um kurzfristige Mitteilung an mich per Telefon oder per E-Mail. Alle Ersatzmitglieder bitte ich, sich diesen Termin für den Fall der Verhinderung von regulären Mitgliedern vorzumerken.

Sondersitzung – Einladung mit Online-Teilnahmemöglichkeit 25a

Betriebsrat der Firma Firmenbezeichnung,
Adresse
Ort, Datum
Betriebsratsvorsitzende Name

An die
Mitglieder des Betriebsrats Bezeichnung
Adresse

im Hause
nachrichtlich

- Schwerbehindertenvertretung
- Jugend- und Auszubildendenvertretung
- Ersatzmitglieder

Einladung zu einer Sondersitzung des Betriebsrats am Datum zum Thema Thema.

Liebe Kolleginnen und Kollegen,
wegen der Dringlichkeit der Angelegenheit lade ich hiermit zu einer Sondersitzung des Betriebsrats ein. Diese findet
am Datum von bis ca. Uhr im Raum statt.
Einziger Tagesordnungspunkt ist das Thema Thema.
Für diese Sondersitzung gibt es gemäß der Geschäftsordnung des Betriebsrats ausnahmsweise die Möglichkeit einer Online-Teilnahme mit dem System . Falls diese Art der Teilnahme ge-

wünscht ist, bitte ich bis zum Datum um eine entsprechende Mitteilung an . Sobald eine entsprechende Mitteilung vorliegt, werden die notwendigen Zugangsdaten elektronisch verschickt. Für den Fall einer Online-Teilnahme an dem hierfür genutzten Arbeitsplatz die Vertraulichkeit der Sitzung sichergestellt sein. Ich weise darauf hin, dass die Möglichkeit einer Online-Teilnahme entfällt, wenn mindestens ein Viertel der Mitglieder des Betriebsrats gemäß § 30 Abs. 2 Nr. 2 BetrVG mir gegenüber dem Angebot einer Video- oder Telefonkonferenz bis zum Datum widersprechen. Falls ein wirksamer Widerspruch eingelegt wird, werde ich sie hierüber unverzüglich informieren. In diesem Fall ist eine Online-Teilnahme an der Sondersitzung nicht möglich.
Alternative Formulierung zum vorstehenden Absatz:
Für diese Sondersitzung gibt es gemäß der Geschäftsordnung des Betriebsrats ausnahmsweise die Möglichkeit einer Online-Teilnahme mit dem System . Die Zugangsdaten hierfür lauten . Falls diese Art der Teilnahme erfolgt, bitte ich bis zum Datum um eine entsprechende Mitteilung an . Ich weise darauf hin, dass die Möglichkeit einer Online-Teilnahme entfällt, wenn mindestens ein Viertel der Mitglieder des Betriebsrats gemäß § 30 Abs. 2 Nr. 2 BetrVG mir gegenüber dem Angebot einer Video- oder Telefonkonferenz bis zum Datum widersprechen. Falls ein wirksamer Widerspruch eingelegt wird, werde ich sie hierüber unverzüglich informieren. In diesem Fall ist eine Online-Teilnahme an der Sondersitzung nicht möglich.

26 **Verhinderung – Persönliche Verhinderung eines Betriebsratsmitglieds**

Betriebsrat der Firma Firmenbezeichnung, Adresse Ort, Datum
Betriebsratsmitglied Name

An die Vorsitzende des Betriebsrats Name
im Hause

Verhinderung meiner Teilnahme an der nächsten Betriebsratssitzung
Liebe Kollegin Name,
hiermit möchte ich mitteilen, dass ich wegen einer Arbeitsunfähigkeit ab sofort und bis auf weiteres an keiner Betriebsratssitzung teilnehmen kann. Ich werde mich melden, sobald ich wieder arbeiten kann.

27 **Verhinderung – Ladung eines Ersatzmitglieds**

Betriebsrat der Firma Firmenbezeichnung, Adresse Ort, Datum
Betriebsratsvorsitzende Name

An das Ersatzmitglied des Betriebsrats Name
im Hause
Einladung zu Betriebsratssitzungen

Lieber Kollege Name,
ein Betriebsratsmitglied ist bis auf weiteres (alternativ von Datum bis Datum) an der Sitzungsteilnahme gehindert. Deshalb möchte ich Sie darüber informieren, dass Sie als Ersatzmitglied ab sofort im Betriebsrat für den Kollegen tätig werden müssen.

Ich lade Sie deshalb insbesondere zur nächsten Sitzung am Datum ein. Einladung und Tagesordnung zu dieser Sitzung haben Sie bereits nachrichtlich erhalten. Ich füge diese aber diesem Schreiben nochmals in Kopie bei.
Ich möchte Sie bitten, sich vorsorglich auch den Termin der regulären Betriebsratssitzung am Datum von Uhr bis ca. Uhr freizuhalten. Sobald der verhinderte Kollege wieder verfügbar ist, werde ich Sie hiervon in Kenntnis setzen.

Verhinderung – gezielte Teilnahmeaufforderung an Betriebsratsmitglieder 28

Betriebsrat der Firma Firmenbezeichnung, Adresse Ort, Datum
Betriebsratsvorsitzende Name

An das Betriebsratsmitglied Name
im Hause
Teilnahme an Sitzungen

Lieber Kollege Name,
als Betriebsratsvorsitzende habe ich feststellen müssen, dass Sie in den letzten Monaten nur an ca. Betriebsratssitzungen pro Monat teilgenommen haben. Teilweise haben Sie mir Ihre Verhinderung nicht vorher mitgeteilt. Soweit Sie Ihr Fehlen vorher angekündigt haben, verweisen Sie darauf, dass Sie aufgrund einer bestehenden Arbeitsüberlastung nicht teilnehmen können.
Ich möchte darauf hinweisen, dass es sich hierbei nicht um Verhinderungsgründe handelt, die ein Fernbleiben von den Betriebsratssitzungen rechtfertigen. Für den Betriebsrat stellt sich zudem das Problem, dass er ohne vorherige Mitteilung kein Ersatzmitglied laden kann und dass sich aus einer nicht ordnungsgemäßen Abmeldung bzw. Begründung der Verhinderung rechtliche Konsequenzen ergeben können.
Ich fordere Sie deshalb auf, ab sofort wieder regelmäßig an den Betriebsratssitzungen teilzunehmen. Sollte Ihnen dies nicht möglich sein, stelle ich anheim, das Betriebsratsmandat zurückzugeben.
Ich weise weiterhin darauf hin, dass der Betriebsrat die Tatsache Ihres dauerhaften Fehlens auf seiner letzten Sitzung diskutiert hat und dass hierzu die Meinung besteht, ggf. auch einen Ausschluss aus dem Betriebsrat gem. § 23 BetrVG zu betreiben.

Einberufung – Antrag von Betriebsratsmitgliedern 29

Betriebsratsmitglied Name Ort, Datum

An die
Vorsitzende des Betriebsrats Name
im Hause

Einberufung einer Betriebsratssitzung gem. § 29 Abs. 3 BetrVG
Liebe Kollegin,
hiermit beantragen die unterzeichnenden Betriebsratsmitglieder gem. § 29 Abs. 3 BetrVG die Einberufung einer Betriebsratssitzung zu folgendem Thema:
Beispiel: Wahrnehmung von Mitbestimmungsrechten im Zusammenhang mit der Einführung von Bildschirmarbeitsplätzen im Kassenbereich (Beratung und Beschlussfassung).

Zur Begründung unseres Antrags verweisen wir darauf, dass wir eine Befassung mit diesem Thema ausweislich des Protokolls der drei letzten Sitzungen gefordert haben. Diese ist auch jeweils für die nächste Betriebsratssitzung zugesagt worden. Trotz dieser Zusage ist eine Aufnahme in die Tagesordnung einer Betriebsratssitzung bis heute nicht erfolgt. Da die Umgestaltung der Kassenarbeitsplätze innerhalb der nächsten vier Wochen erfolgen soll, ist nach unserer Meinung die Dringlichkeit der Angelegenheit gegeben. Deshalb halten wir eine unverzügliche Befassung des Betriebsrats und ggf. Beschlussfassung zu weiteren Maßnahmen für unumgänglich.

29a **Einberufung mit Möglichkeit der Online-Teilnahme – Antrag von Betriebsratsmitgliedern**

Betriebsratsmitglied Name Ort, Datum

An die
Vorsitzende des Betriebsrats Name
im Hause

Einberufung einer Betriebsratssitzung gem. § 29 Abs. 3 BetrVG

Liebe Kollegin,
hiermit beantragen die unterzeichnenden Betriebsratsmitglieder gem. § 29 Abs. 3 BetrVG die Einberufung einer Betriebsratssitzung zu folgendem Thema:
Beispiel:
Wahrnehmung von Mitbestimmungsrechten im Zusammenhang mit der Einführung von Bildschirmarbeitsplätzen im Kassenbereich (Beratung und Beschlussfassung).
Zur Begründung unseres Antrags verweisen wir darauf, dass wir eine Befassung mit diesem Thema ausweislich des Protokolls der drei letzten Sitzungen gefordert haben. Diese ist auch jeweils für die nächste Betriebsratssitzung zugesagt worden. Trotz dieser Zusage ist eine Aufnahme in die Tagesordnung einer Betriebsratssitzung bis heute nicht erfolgt. Da die Umgestaltung der Kassenarbeitsplätze innerhalb der nächsten vier Wochen erfolgen soll, ist nach unserer Meinung die Dringlichkeit der Angelegenheit gegeben. Deshalb halten wir eine unverzügliche Befassung des Betriebsrats und ggf. Beschlussfassung zu weiteren Maßnahmen für unumgänglich.
Für die Sitzung soll allen Mitgliedern des Betriebsrats entsprechend der Geschäftsordnung die Möglichkeit einer Online-Teilnahme per Videokonferenz ermöglicht werden. Deshalb bitten wir um die unverzügliche Versendung der entsprechenden Zugangsdaten an alle Betriebsratsmitglieder, die eine Online-Teilnahme wünschen.

30 **Arbeitgeber: Antrag auf Einberufung einer Sitzung**

Der Geschäftsführer des Betriebs Firmenbezeichnung, Adresse Ort, Datum

An die Vorsitzende des Betriebsrats
im Hause

Betriebsratssitzung zum Thema
Sehr geehrte Frau Name,
gem. § 29 Abs. 3 BetrVG beantrage ich hiermit eine Sitzung des Betriebsrats und bitte um deren unverzügliche Anberaumung. Ggf. bin ich auch mit einer Behandlung des von mir beantragten Tagesordnungspunktes in der nächsten regulären Betriebsratssitzung in der nächsten Woche einverstanden.

Ich beantrage die Beratung des folgenden Tagesordnungspunktes:
Beispiel: Ausgestaltung eines Vertrauensarbeitszeitkonzeptes.
Wie ich Ihnen im Rahmen unseres letzten Monatsgesprächs bereits mitgeteilt habe, beabsichtigt die Geschäftsführung für den Betrieb Bezeichnung, Adresse von dem bisher praktizierten Konzept einer individuellen Arbeitszeiterfassung abzuweichen. Dieses soll durch ein Vertrauensarbeitszeitkonzept ersetzt werden, in dessen Rahmen alle Arbeitnehmer ihre anfallenden Arbeitszeiten selbst erfassen. Seitens des Arbeitgebers soll in diesem Konzept eine Steuerung durch Zielvorgaben erfolgen. Dieses Themenfeld möchte ich gerne zeitnah und abschließend mit dem Betriebsrat beraten.

Antrag der Schwerbehindertenvertretung gemäß § 29 Abs. 3 BetrVG 31

Schwerbehindertenvertretung Firmenbezeichnung, Adresse Ort, Datum

An die Vorsitzende des Betriebsrats
im Hause

Betriebsratssitzung zum Thema
Liebe Kollegin Name,
gemäß § 178 Abs. 4 Satz 1 SGB IX beantrage ich hiermit, auf der nächsten Sitzung des Betriebsrats das Thema zu behandeln. Hierbei handelt es sich um ein Thema, das schwerbehinderte Menschen besonders betrifft.

Sitzung – Ablehnung eines Antrags wegen Unzuständigkeit des Betriebsrats 32

Betriebsrat der Firma Firmenbezeichnung, Adresse Ort, Datum
Betriebsratsvorsitzende Name

An die Betriebsratsmitglieder Name, Name und Name
im Hause

Antrag gem. § 29 Abs. 3 BetrVG
Liebe Kolleginnen und Kollegen,
mit Datum vom Datum haben Sie einen Antrag gem. § 29 Abs. 3 BetrVG zur Durchführung einer Betriebsratssitzung zum Thema »Einführung von Rechtsberatungssprechstunden« gestellt. Wie sich aus der Begründung dieses Antrags ergibt, soll es sich hierbei um allgemeine Rechtsberatungen von Beschäftigten handeln und nicht um spezifische kollektivrechtliche Themenstellungen. Die allgemeine Rechtsberatung gehört nicht zum Aufgabenbereich des Betriebsrats und rechtfertigt deshalb auch keinen Antrag auf Einberufung einer Sitzung gem. § 29 Abs. 3 BetrVG. Als Vorsitzender sehe ich deswegen keine Veranlassung, diesen Antrag im Rahmen einer Sondersitzung zu behandeln. Ich schlage Ihnen aber stattdessen vor, dass wir über dieses Thema und insbesondere über die rechtliche Unzulässigkeit eines solchen Angebots im Rahmen der nächsten Sitzung unter dem Tagesordnungspunkt »Information des Vorsitzenden« reden.

33 **Betriebsrat: Einladung des Arbeitgebers nach Antrag gem. § 29 Abs. 3 BetrVG**

Betriebsratsvorsitzende Name — Ort, Datum
im Betrieb Firmenbezeichnung, Adresse

An den Geschäftsführer Name
im Hause

Betriebsratssitzung zum Thema »Vertrauensarbeitszeit«
Sehr geehrter Herr Name,
mit Schreiben vom Datum haben Sie eine Behandlung des o.g. Themas in einer Betriebsratssitzung beantragt. Diesem Antrag kommt der Betriebsrat gerne nach.
Die Behandlung des Themas soll in der nächsten regulären Sitzung am kommenden Datum erfolgen. Ich lade Sie deshalb zu diesem Tagesordnungspunkt um   Uhr in den Sitzungssaal des Betriebsrats ein. Wir haben für die Behandlung des Themas etwa eine Stunde vorgesehen.

34 **Betriebsrat: Einladung des Arbeitgebers**

Betriebsrat der Firma Firmenbezeichnung, Adresse — Ort, Datum
Betriebsratsvorsitzende Name
An den Geschäftsführer Name
im Hause

Einladung in die Betriebsratssitzung am Datum
Sehr geehrter Herr Name,
Beispiel: Der Betriebsrat beabsichtigt, sich in seiner nächsten Sitzung mit den Umstrukturierungen im Vertriebsbereich zu befassen.
Diesen Sachverhalt und unsere Vorstellungen hierzu würden wir gerne zusammen mit Ihnen in der Betriebsratssitzung diskutieren. Wir laden Sie deshalb zu diesem Tagesordnungspunkt in die nächste Betriebsratssitzung ein. Der Tagesordnungspunkt »Umstrukturierung« wird am Datum um   Uhr im Sitzungssaal des Betriebsrats verhandelt. Wir haben für diesen Tagesordnungspunkt ca.   Stunde(n) vorgesehen.
Um eine kurze Bestätigung Ihrer Teilnahme bis zum Datum möchten wir Sie bitten.

§ 30 Betriebsratssitzungen

(1) Die Sitzungen des Betriebsrats finden in der Regel während der Arbeitszeit statt. Der Betriebsrat hat bei der Ansetzung von Betriebsratssitzungen auf die betrieblichen Notwendigkeiten Rücksicht zu nehmen. Der Arbeitgeber ist vom Zeitpunkt der Sitzung vorher zu verständigen. Die Sitzungen des Betriebsrats sind nicht öffentlich. Sie finden als Präsenzsitzung statt.
(2) Abweichend von Absatz 1 Satz 5 kann die Teilnahme an einer Betriebsratssitzung mittels Video- und Telefonkonferenz erfolgen, wenn
1. **die Voraussetzungen für eine solche Teilnahme in der Geschäftsordnung unter Sicherung des Vorrangs der Präsenzsitzung festgelegt sind,**
2. **nicht mindestens ein Viertel der Mitglieder des Betriebsrats binnen einer von dem Vorsitzenden zu bestimmenden Frist diesem gegenüber widerspricht und**

3. sichergestellt ist, dass Dritte vom Inhalt der Sitzung keine Kenntnis nehmen können.

Eine Aufzeichnung der Sitzung ist unzulässig.

(3) Erfolgt die Betriebsratssitzung mit der zusätzlichen Möglichkeit der Teilnahme mittels Video- und Telefonkonferenz, gilt auch eine Teilnahme vor Ort als erforderlich.

Inhaltsübersicht Rn.

I. Einleitung

§ 3 benennt **formale Rahmenbedingungen** für Betriebsratssitzungen. Sie finden nach **Abs. 1** in der Regel während der Arbeitszeit statt. Der Betriebsrat muss bei der Terminierung auf betriebliche Notwendigkeiten Rücksicht nehmen und der Arbeitgeber muss vom Betriebsratsvorsitzenden über die Termine der Betriebsratssitzungen vorab informiert werden. Gibt es einen festgelegten Sitzungsturnus, ist eine einmalige Information des Arbeitgebers ausreichend. Zu abweichenden Sitzungsterminen sowie über Sondersitzungen sollte eine gesonderte Information erfolgen. 1

Betriebsratssitzungen sind **nicht öffentlich** und nach Abs. 1 Satz 5 als **Präsenzsitzungen** durchzuführen. Vom Prinzip der ausschließlichen Präsenzsitzungen können Betriebsräte nach Abs. 2 zugunsten von **Video- oder Telefonkonferenzen** bei Erfüllung der in Abs. 2 genannten Bedingungen abweichen (vgl. DKW-*Wedde*, § 30 Rn. 20ff.). Insbesondere muss diese Form der Sitzungsdurchführung nach Abs. 2 Nr. 1 in der **Geschäftsordnung** des Betriebsrats vorgesehen sein. Widerspricht mindestens ein Viertel der Mitglieder des Betriebsrats nach Abs. 2 Nr. 2 der Durchführung einer Betriebsratssitzung in Form von Video- und Telefonkonferenzen (Rn. 4) oder der Teilnahme einzelner Betriebsratsmitglieder an Präsenzsitzungen in dieser Form (Rn. 5), muss eine ausschließliche Präsenzsitzung erfolgen. 1a

Die Regelung in Abs. 3 **gewährleistet** für alle Betriebsratsmitglieder die **Teilnahmemöglichkeit** an einer im Betrieb stattfindenden Betriebsratssitzungen, wenn diese grundsätzlich auch per Telefon- oder Videokonferenz zugänglich ist. 1b

II. Arbeitshilfen

Musterschreiben/-beschlussvorlagen und -beschlüsse

Einberufung – Information an den Arbeitgeber 2

Betriebsrat der Firma Firmenbezeichnung, Adresse
Betriebsratsvorsitzender Name
An den Geschäftsführer Name
im Hause

Termin der Betriebsratssitzungen

Sehr geehrter Herr Name,

ich möchte Sie darüber informieren, dass der Betriebsrat in seiner Sitzung am Datum beschlossen hat, seine regelmäßigen wöchentlichen Sitzungen jeweils am Wochentag ab Uhr durchzuführen. Die Sitzungen werden voraussichtlich gegen Uhr enden. In Abhängigkeit von den zu behandelnden Themen können die Sitzungen im Einzelfall auch länger dauern.

3 Sondersitzung – Information an den Arbeitgeber

Betriebsrat der Firma Firmenbezeichnung, Adresse
Betriebsratsvorsitzender Name
An den Geschäftsführer Name
im Hause

Sitzung des Betriebsrats

Sehr geehrter Herr Name,

ich möchte Sie darüber informieren, dass der Betriebsrat am Datum, Wochentag um Uhr eine Sondersitzung durchführen wird. Die Sitzung wird voraussichtlich gegen Uhr enden. Ich möchte jedoch darauf hinweisen, dass es in Abhängigkeit von den zu behandelnden Themen auch zu einem späteren Ende kommen kann.

4 Widerspruch gegen die Durchführung einer Betriebsratssitzung per Telefon- oder Videokonferenz

Betriebsratsmitglieder Name — Ort, Datum

An die
Vorsitzenden des Betriebsrats Name
im Hause

Widerspruch gegen die Durchführung einer Betriebsratssitzung am Datumper Video- oder Telefonkonferenz

Liebe Kollegin,

laut Einladung vom Datum soll die nächste Betriebsratssitzung insgesamt als Telefon- und Videokonferenz stattfinden. Die Durchführung einer Präsenzsitzung ist ausdrücklich nicht vorgesehen. Dieser Form der Sitzung widersprechen wir gemäß § 30 Abs. 2 Nr. 2 BetrVG.

Da wir mindestens ein Viertel der Betriebsratsmitglieder repräsentieren, muss die Sitzung aufgrund unseres Widerspruchs insgesamt als Präsenzsitzung stattfinden. Die Teilnahme einzelner Betriebsratsmitglieder per Video- oder Telefonanbindung soll nicht möglich sein. Wir bitten um eine entsprechende Mitteilung an alle Betriebsratsmitglieder.

Mit freundlichen Grüßen

Namen und Unterschriften aller widersprechenden Betriebsratsmitglieder

Widerspruch gegen die Möglichkeit der Online-Teilnahme an einer Präsenzsitzung des Betriebsrats 5

Betriebsratsmitglieder Name Ort, Datum

An die
Vorsitzenden des Betriebsrats Name
im Hause

Widerspruch gegen die Möglichkeit der Teilnahme an der Betriebsratssitzung am Datum per Video- oder Telefonkonferenz

Liebe Kollegin,
laut Einladung vom Datum für die Betriebsratssitzung am Datum wird darauf hingewiesen, dass die Teilnahme hieran auch per Video- oder Telefonkonferenz möglich sein soll. Dieser Form der Sitzungsteilnahme widersprechen wir gemäß § 30 Abs. 1 Nr. 2 BetrVG.
Da wir mindestens ein Viertel der Betriebsratsmitglieder repräsentieren, muss die Sitzung aufgrund unseres Widerspruchs als Präsenzsitzung stattfinden. Wir bitten um eine entsprechende Mitteilung an alle Betriebsratsmitglieder.
Mit freundlichen Grüßen

Namen und Unterschriften aller widersprechenden Betriebsratsmitglieder

§ 31 Teilnahme der Gewerkschaften

Auf Antrag von einem Viertel der Mitglieder des Betriebsrats kann ein Beauftragter einer im Betriebsrat vertretenen Gewerkschaft an den Sitzungen beratend teilnehmen; in diesem Fall sind der Zeitpunkt der Sitzung und die Tagesordnung der Gewerkschaft rechtzeitig mitzuteilen.

Inhaltsübersicht Rn.

I. Einleitung

1 Die Vorschrift legt die Voraussetzungen für die Teilnahme von Gewerkschaftsvertretern an Betriebsratssitzungen fest. Teilnehmen können nur Beauftragte solcher Gewerkschaften, die im Betriebsrat durch **mindestens ein Mitglied** vertreten sind. Gewerkschaftsvertreter haben in Sitzungen ein Beratungsrecht. Das Teilnahmerecht gilt sowohl für Präsenzsitzungen als auch per Telefon- und Videokonferenz. Während der Abstimmung dürfen sie (im Gegensatz zu anderen Gästen wie insbesondere dem Arbeitgeber) weiter an den Sitzungen teilnehmen.

2 Ein **Teilnahmebeschluss** bedarf des Antrags eines Viertels der Mitglieder des beschlussfähigen Gremiums (Rn. 6). Der Beschluss kann bezogen auf einzelne Sitzungen oder auf Sondersitzungen gefasst werden (Rn. 7). Möglich ist es auch, eine Gewerkschaft per Be-

schluss generell zu allen Sitzungen des Betriebsrats einzuladen (Rn. 8). Gleiches gilt für Ausschusssitzungen nach §§ 27 und 28 BetrVG, für Sitzungen von Arbeitsgruppen nach § 28a BetrVG sowie für Sitzungen des Wirtschaftsausschusses. Ist ein Teilnahmebeschluss erfolgt, sollten Beauftragte der Gewerkschaft auch tatsächlich an der Sitzung teilnehmen. Es besteht indes keine Teilnahmepflicht.

3 Nach einem Beschluss muss der jeweiligen Gewerkschaft der **Zeitpunkt** der relevanten Sitzung unter Beifügung einer Tagesordnung von Betriebsratsvorsitzenden **rechtzeitig mitgeteilt werden**. In Abhängigkeit von der Beschlussfassung muss diese Mitteilung für einzelne Sitzungen oder generell für alle Sitzungen erfolgen. Entsprechendes gilt für Sondersitzungen oder Verlegungen des regelmäßigen Sitzungstermins sowie für Sitzungen der Ausschüsse gem. den §§ 27, 28 BetrVG, von Arbeitsgruppen gem. § 28a BetrVG sowie für Sitzungen des Wirtschaftsausschusses.

II. Arbeitshilfen

1. Checkliste

4 **Voraussetzung für Teilnahme der Gewerkschaft an Betriebsratssitzungen**

- Vertretung der Gewerkschaft im Betriebsrat durch mindestens ein Mitglied;
- Antrag eines Viertels der Mitglieder des Betriebsrats;
- Rechtzeitige Mitteilung des Zeitpunkts der Sitzung und der Tagesordnung.

2. Musterschreiben/-beschlussvorlagen und -beschlüsse

5 **Gewerkschaft – Antrag auf Teilnahme**

Beschlussvorlage zu Punkt   der Tagesordnung
Beschlusstext: Es wird beantragt, zur Sitzung des Betriebsrats am Datum einen Beauftragten der Gewerkschaft Bezeichnung hinzuzuziehen. Diese Gewerkschaft ist im Betriebsrat mindestens durch das antragstellende Betriebsratsmitglied Name vertreten.
Abstimmungsergebnis: Beispiel: Für den Antrag stimmen 3 von 11 Betriebsratsmitgliedern. Damit ist die ausreichende Zahl von einem Viertel der Betriebsratsmitglieder erreicht.

6 **Gewerkschaft – Sondereinladung**

Beschlussvorlage zu Punkt   der Tagesordnung
Beschlusstext: Es wird beantragt, zu allen Sitzungen des Betriebsrats einen Beauftragten der Gewerkschaft Bezeichnung hinzuzuziehen. Diese Gewerkschaft ist im Betriebsrat mindestens durch das antragstellende Betriebsratsmitglied Name vertreten.
Abstimmungsergebnis: Beispiel: Für den Antrag stimmen 3 von 11 Betriebsratsmitgliedern. Damit ist die ausreichende Zahl von einem Viertel der Betriebsratsmitglieder erreicht.

Gewerkschaft – Einzeleinladung 7

Der Betriebsrat der Firma Firmenbezeichnung, Adresse Ort, Datum
Betriebsratsvorsitzender Name

An die Gewerkschaft Bezeichnung
Verwaltungsstelle Ort
z.Hd. des ersten Bevollmächtigten
Adresse

Einladung zur Betriebsratssitzung am Datum
Sehr geehrter Herr Name,
in der letzten Betriebsratssitzung am Datum wurde beschlossen, einen Beauftragten Ihrer Gewerkschaft zur nächsten Betriebsratssitzung einzuladen.
Die Sitzung findet am Datum um Uhrzeit Uhr in Ort statt. Der Zugang zum Sitzungszimmer erfolgt über den Eingang .
Eine Tagesordnung dieser Sitzung fügen wir als Anlage bei. Wir würden es begrüßen, wenn ein Beauftragter der Gewerkschaft Bezeichnung an der Sitzung teilnehmen könnte.

Gewerkschaft – Einladung zu allen Betriebsratssitzungen 8

Der Betriebsrat der Firma Firmenbezeichnung, Adresse Ort, Datum
Betriebsratsvorsitzender Name

An die Gewerkschaft Bezeichnung
Verwaltungsstelle Ort
z.Hd. des Ersten Bevollmächtigten
Adresse

Einladung zu den Betriebsratssitzungen
Sehr geehrter Herr Name,
in der letzten Betriebsratssitzung wurde beschlossen, einen Beauftragten Ihrer Gewerkschaft zu allen Betriebsratssitzungen einzuladen.
Die regelmäßigen Betriebsratssitzungen finden jeweils am ab Uhrzeit Uhr in Ort, Gebäude statt. Der Zugang erfolgt über den Eingang .
Wir werden jeweils rechtzeitig vor der Sitzung die Tagesordnung an einen von Ihnen benannten Betreuer übersenden. Ebenso werden wir diesen rechtzeitig über die Verlegung einer Sitzung bzw. über anstehende Sondersitzungen informieren.
Wir würden uns freuen, wenn ein Vertreter Ihrer Gewerkschaft regelmäßig an den Sitzungen teilnehmen würde.

§ 32 Teilnahme der Schwerbehindertenvertretung

Die Schwerbehindertenvertretung (§ 177 des Neunten Buches Sozialgesetzbuch) kann an allen Sitzungen des Betriebsrats beratend teilnehmen.

Inhaltsübersicht Rn.

I. Einleitung

1 Nach § 178 Abs. 4 SGB IX ist die Schwerbehindertenvertretung berechtigt, an allen Sitzungen des Betriebsrats einschließlich seiner Ausschüsse und Arbeitsgruppen **beratend teilzunehmen**. Deshalb muss sie von Betriebsratsvorsitzenden über alle Sitzungstermine und die dort zu behandelnden Themen informiert werden. Es ist im Regelfall ausreichend, wenn die Übersendung der Einladung nebst Tagesordnung erfolgt.

2 Es ist sinnvoll, die Schwerbehindertenvertretung auf den allgemeinen Einladungsverteiler des Betriebsrats zu setzen. Erfolgt zu den regelmäßigen und zeitlich festliegenden Sitzungen keine gesonderte Einladung, sollte die Schwerbehindertenvertretung hierauf ausdrücklich hingewiesen werden (Rn. 5).

3 Stehen **Themen** zur Beratung im Betriebsrat an, die in den **Aufgabenbereich der Schwerbehindertenvertretung** fallen, sollte eine »gezielte« Einladung erfolgen, um die Anwesenheit in der entsprechenden Sitzung zu gewährleisten (Rn. 7). Dies gilt insbesondere, wenn sie ein **eigenes Antragsrecht** hat.

II. Arbeitshilfen

1. Checkliste

4 **Teilnahme der Schwerbehindertenvertretung**

- Einladung der Schwerbehindertenvertretung durch Aufnahme in den »Betriebsratsverteiler« oder spezifische Einladung;
- Gezielte Einladung zu Themen, die Schwerbehinderte im Betrieb betreffen.

2. Musterschreiben

5 **Schwerbehindertenvertretung – Einladung**

Der Betriebsrat der Firma Firmenbezeichnung, Adresse Ort, Datum
Betriebsratsvorsitzende Name

An die Schwerbehindertenvertretung
Frau Name
im Hause

Sitzungsteilnahme
Liebe Kollegin Name,
als Vertreter der schwerbehinderten Menschen im Betrieb lade ich Sie gem. § 32 BetrVG zu den Sitzungen des Betriebsrats ein. Ich habe veranlasst, dass Sie für zukünftigte Sitzungen in den entsprechenden Einladungsverteiler aufgenommen werden. Sie erhalten damit automatisch alle Einladungen sowie Tagesordnungen zu den Betriebsratssitzungen und zu den Sitzungen der Ausschüsse.
Der Betriebsrat hat beschlossen, regelmäßige wöchentliche Sitzungen jeweils ab Uhrzeit Uhr im Raum durchzuführen. Zu diesen Sitzungen erhalten Sie keine gesonderte Einladung, sondern vorab nur die jeweilige Tagesordnung sowie die notwendigen Sitzungsunterlagen. Ich bitte darum, diesen regelmäßigen Termin vorzumerken.

Soweit Sondersitzungen erfolgen, erhalten Sie hierzu eine entsprechende Einladung.
Der Betriebsrat freut sich auf Ihre regelmäßige Teilnahme.

Schwerbehindertenvertretung – Gesonderte Einladung 6

Der Betriebsrat der Firma Firmenbezeichnung, Adresse — Ort, Datum
Betriebsratsvorsitzende Name

An die Schwerbehindertenvertretung
Herrn Name
im Hause

Einladung zur Betriebsratssitzung am Datum
Lieber Kollege Name,
die nächste Sitzung des Betriebsrats findet am Datum im Raum statt. Zu dieser Sitzung möchte ich Sie gem. § 32 BetrVG als Vertreter der schwerbehinderten Menschen im Betrieb einladen. Eine Tagesordnung der Sitzung sowie die Sitzungsunterlagen füge ich zu Ihrer Information bei.

Schwerbehindertenvertretung – Gezielte Einladung 7

Der Betriebsrat der Firma Firmenbezeichnung, Adresse — Ort, Datum
Betriebsratsvorsitzende Name

An die Schwerbehindertenvertretung
Frau Name
im Hause

Tagesordnungspunkt »Raumplanung« in der nächsten Betriebsratssitzung
Liebe Kollegin Name,
Beispieltext: Auf seiner nächsten regulären Betriebsratssitzung am kommenden wird der Betriebsrat sich unter Tagesordnungspunkt 4 mit der Raumplanung im neuen Gebäude befassen. Ich gehe davon aus, dass im Rahmen dieser Planung auch die Belange der schwerbehinderten Kolleginnen und Kollegen besonders berücksichtigt werden sollen. Deshalb möchte ich Sie als Schwerbehindertenvertreterin ausdrücklich bitten, an der Sitzung zu diesem Tagesordnungspunkt teilzunehmen.
Die Behandlung dieses Tagesordnungspunkts wird voraussichtlich gegen Uhr erfolgen. Sollte eine Teilnahme zu diesem Termin nicht möglich sein, bitte ich um Mitteilung. Der Betriebsrat wird dann ggf. eine Verlegung dieses Tagesordnungspunkts vornehmen.

§ 33 Beschlüsse des Betriebsrats

(1) Die Beschlüsse des Betriebsrats werden, soweit in diesem Gesetz nichts anderes bestimmt ist, mit der Mehrheit der Stimmen der anwesenden Mitglieder gefasst. Betriebsratsmitglieder, die mittels Video- und Telefonkonferenz an der Beschlussfassung teilnehmen, gelten als anwesend. Bei Stimmengleichheit ist ein Antrag abgelehnt.

(2) Der Betriebsrat ist nur beschlussfähig, wenn mindestens die Hälfte der Betriebsratsmitglieder an der Beschlussfassung teilnimmt; Stellvertretung durch Ersatzmitglieder ist zulässig.
(3) Nimmt die Jugend- und Auszubildendenvertretung an der Beschlussfassung teil, so werden die Stimmen der Jugend- und Auszubildendenvertreter bei der Feststellung der Stimmenmehrheit mitgezählt.

Inhaltsübersicht Rn.

I. Einleitung

1 Wirksame Beschlüsse des Betriebsrats setzen voraus, dass eine **ordnungsgemäße** Einladung zur Sitzung erfolgt ist (vgl. hierzu § 29 BetrVG). Die Einhaltung dieser Formvorschrift ist deshalb von grundlegender Bedeutung. Beschlüsse werden im Regelfall mit der Mehrheit der anwesenden Betriebsratsmitglieder gefasst, soweit Beschlussfähigkeit des Gremiums besteht.

2 In **Abs. 1** wird vorgeschrieben, dass die **Beschlüsse** des Betriebsrats in der Regel mit der **Mehrheit** der anwesenden Betriebsratsmitglieder gefasst werden. Deshalb ist im Streitfall die Möglichkeit des Nachweises anhand der Anwesenheitsliste zum Protokoll besonders wichtig (vgl. Vorbemerkung zu § 34). Wenn die in § 30 Abs. 2 BetrVG genannten Voraussetzungen erfüllt sind, werden auch Betriebsratsmitglieder als anwesend mitgezählt, die mittels **Video- und Telefonkonferenzen** an Sitzungen teilnehmen.

3 Neben der **einfachen Mehrheit** der anwesenden Mitglieder eines beschlussfähigen Betriebsrats sieht das Gesetz für bestimmte Fälle die Mehrheit der Stimmen des gesamten Gremiums (sog. **absolute Mehrheit**) vor. Dies ist beim Rücktritt des Betriebsrats (§ 13 Abs. 2 Nr. 3 BetrVG), bei der Übertragung von Aufgaben zur selbstständigen Erledigung auf Ausschüsse (§ 27 Abs. 2, § 28 BetrVG), bei der Übertragung von Aufgaben auf Arbeitsgruppen (§ 28a BetrVG), bei der Aufstellung bzw. Änderung einer Geschäftsordnung (§ 36 BetrVG), bei der Beauftragung des Gesamt- bzw. Konzernbetriebsrats, eine Angelegenheit für den Betriebsrat in der Unternehmensleitung zu behandeln (§ 50 Abs. 2 BetrVG, § 58 Abs. 2 i. V. m. § 54 Abs. 2 BetrVG) und bei der Übertragung der Aufgaben des Wirtschaftsausschusses auf einen Ausschuss des Betriebsrats (§ 107 Abs. 3 BetrVG) der Fall.

4 Da gem. Abs. 1 Satz 2 bei **Stimmengleichheit** ein Antrag abgelehnt ist, können in Einzelfällen **Enthaltungen** von Betriebsratsmitgliedern wie **Neinstimmen** wirken.

5 Gem. **Abs. 2** besteht die **Beschlussfähigkeit** eines Betriebsrats, wenn mindestens die Hälfte der Mitglieder an der Beschlussfassung teilnimmt. Aufgrund der gem. § 9 BetrVG vorgegebenen ungeraden Zahl der Betriebsratsmitglieder bedeutet dies, dass beispielsweise von einem 11-köpfigen Betriebsratsgremium mindestens sechs Betriebsräte (also die zahlenmäßige Mehrheit), anwesend sein müssen, um die Beschlussfähigkeit herzustellen.

Die Beschlussfassung muss im Regelfall vor Ort in einer Präsenzsitzung erfolgen. Die Teilnahme von Betriebsratsmitgliedern per Video- oder Telefonkonferenz ist hingegen nur zulässig, wenn die durch § 30 Abs. 2 BetrVG vorgegebenen Bedingungen erfüllen sind (vgl. ausführlich DKW-*Wedde*, § 33 Rn. 11).

Besonderheiten können sich für die Beschlussfassung ergeben, wenn Angelegenheiten 6 behandelt werden, die **jugendliche Arbeitnehmer** oder zu ihrer **Berufsausbildung** beschäftigte Personen betreffen (vgl. hierzu die Erläuterungen zu § 67 BetrVG). Ist dies der Fall, können die Jugend- und Auszubildendenvertreter in Angelegenheiten, die die in § 60 Abs. 1 BetrVG genannten Arbeitnehmer überwiegend betreffen, ein Stimmrecht haben. Dieses wirkt sich jedoch nur auf die Mehrheitsfindung, nicht aber auf die Beschlussfähigkeit aus. Das heißt, dass ein 11-köpfiger Betriebsrat bei einer Anwesenheit von nur fünf Mitgliedern in einer Sitzung nicht dadurch beschlussfähig wird, dass alle elf Jugend- und Auszubildendenvertreter anwesend sind (vgl. ausführlich DKW-*Wedde*, § 33 Rn. 23ff.).

Zur **Vermeidung von Verfahrensfehlern** muss der Betriebsratsvorsitzende darauf achten, 7 dass die Beschlussfähigkeit während der gesamten Sitzung besteht. In unübersichtlichen Situationen sollte eine diesbezügliche Feststellung unmittelbar vor dem Beschluss getroffen und im Protokoll bzw. in der Beschlussvorlage vermerkt werden. Dies gilt insbesondere, wenn einzelne Betriebsratsmitglieder an einer Sitzung zulässigerweise per Video- oder Audiokonferenz teilnehmen. Die zutreffende Erfassung der Anwesenheit lässt sich insbesondere durch eine entsprechend ausgestaltete Anwesenheitsliste oder durch einen Vermerk im Protokoll (insbesondere wenn ein Betriebsratsmitglied die Sitzung vorzeitig oder vorübergehend verlässt) gewährleisten. Nimmt ein Betriebsratsmitglied nicht oder nicht weiter an einer Sitzung teil, so rückt das für diesen Fall vorgesehene Ersatzmitglied nach. Entsprechendes gilt, wenn ein Betriebsrat zu einer Abstimmung ausdrücklich seine Nichtteilnahme erklärt oder aufgrund persönlicher Betroffenheit nicht abstimmen kann. Fehler bei der Ladung von Ersatzmitgliedern führen zur **Unwirksamkeit** der Beschlüsse eines Betriebsrats, die aber bis zum Ergehen einer Prozessentscheidung durch erneute Beschlussfassung geheilt werden können (vgl. DKW-*Wedde*, § 33 Rn. 15).

Die notwendige Übersichtlichkeit und Dokumentation von Beschlüssen kann gremien- 8 intern durch **formalisierte Verfahren** erleichtert werden. Da das BetrVG keine festen Formvorschriften enthält, können beispielsweise gefasste Beschlüsse direkt im Sitzungsprotokoll festgehalten werden. Alternativ können sie mittels vorbereiteter Formulare dokumentiert werden. Wird die Jugend- und Auszubildendenvertretung an der Abstimmung beteiligt, ist dies ebenfalls protokollarisch festzuhalten.

Handelt es sich um Themen, die aufgrund ihrer Komplexität oder ihres Verlaufs im Be- 9 triebsrat mehrfach behandelt werden und zu denen es ergänzende oder widersprüchliche Beschlusssituationen gibt, kann es sinnvoll sein, die »**Historie**« von Vorlagen und Beschlussverläufen zu **dokumentieren**.

II. Arbeitshilfen

1. Checklisten

10 **Sitzung – Zahlen zur Beschlussfähigkeit**

Wahlberechtigte Arbeitnehmer	Zahl der BR-Mitglieder	Für die Herstellung der Beschlussfähigkeit notwendige Zahl von anwesenden Betriebsratsmitgliedern	Notwendige **Mindest**stimmen für einfache Mehrheit (BR-Mitglieder und in den Fällen des § 67 Abs. 2 JAV-Mitglieder)	Notwendige Stimmen für absolute Mehrheit
5–20	1	1	1	1
21–50	3	2	2	2
51–100	5	3	2	3
101–200	7	4	3	4
201–400	9	5	3	5
401–700	11	6	4	6
701–1000	13	7	4	7
1001–1500	15	8	5	8
1501–2000	17	9	5	9
2001–2500	19	10	6	10
2501–3000	21	11	6	11
3001–3500	23	12	7	12
3501–4000	25	13	7	13
4001–4500	27	14	8	14
4501–5000	29	15	8	15
5001–6000	31	16	9	16
6001–7000	33	17	9	17
7001–9000	35	18	10	18
ab 9001 für je angefangene weitere 3000 Arbeitnehmer 2 weitere Mitglieder				
z. B. 10 000	37	19	10	19
z. B. 20 000	43	22	12	22

11 **Beschlüsse – allgemein**

- Beschlussfähigkeit zum Zeitpunkt des Beschlusses ist gegeben;
- Nicht anwesende Betriebsratsmitglieder werden unverzüglich durch Ersatzmitglieder ersetzt, deren Teilnahmebeginn im Protokoll oder in der Anwesenheitsliste mit Uhrzeit vermerkt wird;

- Bei der Ladung von Ersatzmitgliedern muss die richtige Listenzugehörigkeit sowie die Einhaltung der Geschlechterquote zwingend beachtet werden;
- Die gesetzlich vorgegebene Mehrheit (einfach oder absolut) ist klar definiert und liegt bei der Abstimmung vor, bei Angelegenheiten gem. § 67 Abs. 2 BetrVG erfolgt eine Berücksichtigung der Stimmen der JAV-Mitglieder bei der Feststellung der notwendigen Mehrheit.

2. Musterschreiben/-beschlussvorlagen und -beschlüsse

Ordnungsgemäßer Beschluss 12

Beschlussvorlage
Der Betriebsratsvorsitzende/das Betriebsratsmitglied Name stellt folgenden Antrag:
Beschlusstext: Der Betriebsrat stellt fest, dass die Verhandlungen über die Einführung einer Gleitzeit aufgrund des bisherigen unkooperativen Verhaltens des Arbeitgebers gescheitert sind und ruft gem. § 87 Abs. 2 BetrVG die Einigungsstelle an. Der Betriebsratsvorsitzende wird bevollmächtigt, alle notwendigen Schritte einschließlich der Beauftragung eines Rechtsanwalts zur gerichtlichen Durchsetzung bei einer Einigungsstelle einzuleiten. Die Einigungsstelle soll seitens des Betriebsrats mit drei Beisitzern besetzt werden. Als Vorsitzender der Einigungsstelle soll Frau Name, ersatzweise Frau Name oder Herr Name, alle Arbeitsgericht , benannt werden.
Abstimmungsergebnis: Von den 11 Mitgliedern des Betriebsrats stimmten 8 mit »Ja« und 2 mit »Nein«. Ein Mitglied enthielt sich der Stimme. Damit ist der Antrag angenommen.

Beschluss Nr. als Bestandteil des Sitzungsprotokolls 13

Betriebsratssitzung vom Datum
Thema:
Antrag Nr. zu Punkt der Tagesordnung vom Datum
Anwesende BR-Mitglieder:
Beschlussfähigkeit gegeben: ja/nein
Einfache/absolute Mehrheit notwendig
Antragsteller:
Antragstext:
Ergebnis der Abstimmung:
Ja
Nein
Enthaltungen
Der Antrag ist angenommen/abgelehnt.
Datum, Unterschriften
(Betriebsratsvorsitzende) (Betriebsratsmitglied Name)

Beschlussprotokoll als Bestandteil des Protokolls des Betriebsrats bei Stimmrecht der JAV-Mitglieder 14

Betriebsratssitzung vom Datum
Thema:
Beschluss Nr. zu Punkt der Tagesordnung vom Datum
Anwesende BR-Mitglieder:
Beschlussfähigkeit gegeben: ja/nein
Anwesende JAV-Mitglieder:

Einfache/absolute Mehrheit notwendig
Antragsteller:
Antragstext:
Ergebnis der Abstimmung (Ist für entsprechende Beschlüsse des Betriebsrats nur eine einfache Mehrheit notwendig, ist der getrennte Nachweis der Stimmen entbehrlich):

BR-Mitglieder		JAV-Mitglieder	
Ja		Ja	
Nein		Nein	
Enthaltungen		Enthaltungen	

Der Antrag ist angenommen/abgelehnt.

Datum, Unterschriften
(Betriebsratsvorsitzende) (Betriebsratsmitglied Name)

15 **Protokoll – Muster mit Verlaufsdarstellung**

Betriebsratssitzung vom Datum
Thema:
Beschluss Nr. zu Punkt der Tagesordnung vom Datum
Vorherige Beschlüsse: Nr. vom Datum/Nr. vom Datum/Nr. vom Datum
Anwesende BR-Mitglieder (besteht Stimmrecht der JAV, ist eine Ergänzung gemäß Musterschreiben Rn. 14 vorzunehmen):
Beschlussfähigkeit gegeben: ja/nein
Einfache/absolute Mehrheit notwendig
Antragsteller:
Antragstext:
Ergebnis der Abstimmung:
Ja
Nein
Enthaltungen
Der Antrag ist angenommen/abgelehnt.

Datum, Unterschriften
(Betriebsratsvorsitzende) (Betriebsratsmitglied Name)

16 **Hinweis zur Unzulässigkeit von Umlaufbeschlüssen**

Betriebsrat der Firma Firmenbezeichnung, Adresse Ort, Datum
Betriebsratsvorsitzender Name

An den Arbeitgeber Firmenbezeichnung, Adresse
im Hause

Beschlussfassung im Umlaufverfahren

Sehr geehrte Damen und Herren,
von ihrer Seite wurde angeregt, Beschlüsse des Betriebsrats nicht nur in gemeinsamen Sitzungen, sondern bei Bedarf auch im Umlaufverfahren zu fassen. Zur Begründung haben Sie insbesondere auf die für Präsenzsitzungen anfallenden Reisekosten und -zeiten einzelner Mitglieder hingewiesen.
Der Betriebsrat kann dieser Bitte nicht nachkommen. § 33 Abs. 1 Satz 1 BetrVG schreibt zwingend vor, dass Beschlüsse mit der Mehrheit der Stimmen der anwesenden Mitglieder gefasst werden müssen. Unter Beachtung der Voraussetzungen in § 30 Abs. 2 können Sitzungen darüber hinaus auch als Video- und Telefonkonferenzen durchgeführt werden. In allen Fällen handelt es sich um gemeinsame Sitzungen des Gremiums, an denen Betriebsratsmitglieder **persönlich** teilnehmen müssen. Beschlüsse im Umlaufverfahren, d. h. außerhalb einer gemeinsamen Sitzung, wären vor dem Hintergrund dieser eindeutigen gesetzlichen Bestimmung unwirksam. Deshalb muss es bei der persönlichen Teilnahme an Sitzungen bleiben.

§ 34 Sitzungsniederschrift

(1) Über jede Verhandlung des Betriebsrats ist eine Niederschrift aufzunehmen, die mindestens den Wortlaut der Beschlüsse und die Stimmenmehrheit, mit der sie gefasst sind, enthält. Die Niederschrift ist von dem Vorsitzenden und einem weiteren Mitglied zu unterzeichnen. Der Niederschrift ist eine Anwesenheitsliste beizufügen, in die sich jeder Teilnehmer eigenhändig einzutragen hat. Nimmt ein Betriebsratsmitglied mittels Video- und Telefonkonferenz an der Sitzung teil, so hat es seine Teilnahme gegenüber dem Vorsitzenden in Textform zu bestätigen. Die Bestätigung ist der Niederschrift beizufügen.
(2) Hat der Arbeitgeber oder ein Beauftragter einer Gewerkschaft an der Sitzung teilgenommen, so ist ihm der entsprechende Teil der Niederschrift abschriftlich auszuhändigen. Einwendungen gegen die Niederschrift sind unverzüglich schriftlich zu erheben; sie sind der Niederschrift beizufügen.
(3) Die Mitglieder des Betriebsrats haben das Recht, die Unterlagen des Betriebsrats und seiner Ausschüsse jederzeit einzusehen.

Inhaltsübersicht Rn.

I. Einleitung

Die Vorschrift benennt in **Abs. 1** den Mindestinhalt einer **Sitzungsniederschrift** (»Protokoll«). Diese Formvorschrift gilt für alle Sitzungen des Betriebsrats, d. h. für die von Aus- 1 schüssen sowie von Arbeitsgruppen gem. § 28a BetrVG. Ein Sitzungsprotokoll ist für die Dauer der gesamten Sitzung anzufertigen. Zwingend vorgeschrieben sind die Wiedergabe des **Wortlautes der Beschlüsse** und die Angabe der zugehörigen **Stimmenverhältnisse**. Weiterhin muss dem Protokoll eine von allen Betriebsratsmitgliedern eigenhändig unterschriebene **Anwesenheitsliste** als Anlage beigefügt werden. Schließlich ist die Angabe des **Datums** der Sitzung, die **Unterzeichnung** durch Vorsitzende oder deren Stellvertreter sowie durch ein weiteres Betriebsratsmitglied **zwingend notwendig**. Ist ein Protokollführer aus dem Kreis der Betriebsratsmitglieder bestellt, werden die gesetzlichen Anforderungen erfüllt, wenn er das Protokoll zusammen mit dem Vorsitzenden unterschreibt. Ist eine Schreibkraft tätig, die nicht Mitglied des Betriebsrats ist, bleiben der Betriebsratsvorsitzende und ein weiteres Betriebsratsmitglied für die Richtigkeit des Protokolls verantwortlich und sollten dies ggf. zusammen mit der Schreibkraft unterschreiben. **Nicht erforderlich** ist die Führung eines **Wortprotokolls**. Ggf. können aber einzelne Betriebsratsmitglieder die Aufnahme von bestimmten Wortbeiträgen in das Protokoll verlangen.

2 Nehmen Betriebsratsmitglieder unter Beachtung der Vorgaben in § 30 Abs. 2 BetrVG an einer Betriebsratssitzung zulässigerweise per **Video- oder Audiokonferenz** teil, müssen sie diese Form der Teilnahme gegenüber dem Betriebsratsvorsitzenden in Textform bestätigen.

3 Die Erstellung von »**Mindestprotokollen**« wird nur in Ausnahmefällen hinreichend sein, etwa bei kleinsten Betriebsräten oder bei einem nur minimalen Geschäftsanfall. **Umfangreichere Protokolle** sind allerdings aus Gründen der Beweissicherung immer sinnvoll. Die Pflicht zur Anfertigung umfangreicher Protokolle kann sich aus der Geschäftsordnung ergeben (vgl. hierzu § 36).

4 Die Sitzungsniederschrift ist **unverzüglich** nach der Sitzung anzufertigen. Sie muss so **rechtzeitig** erstellt werden, dass sie den Betriebsratsmitgliedern zur Prüfung vor der nächsten Sitzung vorliegt. Diese Vorgabe spricht für ein formalisiertes Vorgehen.

5 In der konkreten **Ausgestaltung** der Sitzungsniederschrift ist der Betriebsrat im Rahmen der angesprochenen Minimalvoraussetzungen frei. Er kann deshalb auch Protokolle erstellen, die nur den Beschlusstext und die Abstimmungsergebnisse enthalten. Zulässig ist auch eine getrennte Erfassung von »Sitzungsverlauf« und »Beschlüssen«.

6 Die **Anwesenheitsliste** gehört zur Sitzungsniederschrift und ist dieser als Anlage beizufügen. Sie ist von allen Sitzungsteilnehmern einschließlich evtl. anwesender Gäste zu unterschreiben. Die bei einer **Online-Teilnahme** einzelner Betriebsratsmitglieder abzugebende Teilnahmebestätigung muss der in § 126b BGB definierten Textform entsprechen (vgl. Rn. 15a). Möglich ist die Übermittlung der Bestätigung etwa per E-Mail oder als PDF-Datei (vgl. zur Form DKW-*Wedde*, Einleitung, Rn. 191f.). Die Bestätigung ist dem Protokoll beizufügen.

7 Gem. **Abs. 2** haben Arbeitgeber oder Beauftragte einer Gewerkschaft einen Anspruch auf **Aushändigung** des Teils der Sitzungsniederschrift, zu dem sie anwesend waren. Für die Übersendung sind die Betriebsratsvorsitzenden verantwortlich, sofern nicht die Geschäftsordnung (vgl. hierzu § 36 BetrVG) etwas anderes bestimmt.

8 Arbeitgeber, Beauftragte der Gewerkschaft sowie jedes Mitglied des Betriebsrats haben gem. Abs. 2 das Recht, **Einwendungen** gegen die ihnen vorliegenden Teile der Sitzungsniederschrift geltend zu machen. Sie müssen Betriebsratsvorsitzenden unverzüglich schriftlich mitgeteilt werden und sind der entsprechenden Sitzungsniederschrift beizufügen.

9 **Abs. 3** gibt jedem Betriebsratsmitglied ein umfassendes **Einsichtsrecht** in alle Unterlagen des Betriebsrats und seiner Ausschüsse. Dieses Recht bezieht sich sowohl auf konventionelle »Papierakten« als auch auf die Daten in elektronischen Systemen, die der Betriebsrat für seine Arbeit verwendet. Nicht erfasst sind persönliche Unterlagen der einzelnen Mit-

glieder und Mitarbeiter sowie von diesen noch nicht freigegebene Entwürfe. Das Einsichtsrecht kann jederzeit geltend gemacht werden. Eines besonderen Antrags seitens der Betriebsrats- oder JAV-Mitglieder bedarf es nicht. JAV-Mitgliedern steht es bezüglich der Unterlagen zu, die ihre Aufgaben betreffen. Ein Anspruch auf Überlassung der Unterlagen besteht nicht. Jedoch können sich die Berechtigten Notizen machen und ggf. Kopien anfertigen.

Wird die **Einsicht verwehrt**, kann jedes Mitglied seinen Anspruch ggf. im Beschlussverfahren durchsetzen. 10

II. Arbeitshilfen

1. Checkliste

Sitzung – Niederschrift 11

- Eine Sitzungsniederschrift muss über jede Betriebsratssitzung sowie über alle Ausschusssitzungen, Wirtschaftsausschusssitzungen, Sitzungen von Arbeitsgruppen gem. § 28a BetrVG usw. erstellt werden.
- Der Sitzungsniederschrift ist eine Anwesenheitsliste beizufügen, die von allen Teilnehmern eigenhändig unterschrieben wird.
- Die Sitzungsniederschrift ist unverzüglich nach der Sitzung zu erstellen und muss mindestens den Wortlaut der Beschlüsse und die entsprechende Stimmenmehrheit enthalten.
- Die Sitzungsniederschrift muss Betriebsratsvorsitzenden bzw. deren Stellvertretern und einem weiteren Betriebsratsmitglied unterschrieben werden.
- Haben Vertreter der Arbeitgeber oder Gewerkschaftsbeauftragte an der Sitzung teilgenommen, so sind diesen Personen Auszüge aus der Sitzungsniederschrift auszuhändigen, die sich auf ihre Teilnahme bzw. Wortbeiträge beziehen.
- Einwendungen gegen die Sitzungsniederschrift von Betriebsratsmitgliedern, Arbeitgebervertretern oder Gewerkschaftsbeauftragten müssen den Betriebsratsvorsitzenden unverzüglich mitgeteilt werden und sind der Sitzungsniederschrift beizufügen.
- Die Sitzungsniederschrift nebst allen Anlagen muss so rechtzeitig an die Betriebsratsmitglieder versendet werden, dass sie sie vor der nächsten Betriebsratssitzung vorliegen haben.
- Unabhängig von der Sitzungsniederschrift haben alle Mitglieder des Betriebsrats das Recht, die Unterlagen des Betriebsrats und seiner Ausschüsse jederzeit einzusehen.

2. Musterschreiben/-beschlussvorlagen und -beschlüsse

Protokoll – allgemeines Muster inkl. Beschlüsse 12

Protokoll der . Sitzung des Betriebsrats der Firma Firmenbezeichnung am Datum

Datum: Datum Ort: Ort

Beginn: Uhr Ende: Uhr

Protokollführer: Name

Anwesende: siehe Unterschriftenliste (Anlage 1)

1. Eröffnung der Sitzung/Beschlussfassung zur Tagesordnung

Der Vorsitzende (Alternative: die stellvertretende Vorsitzende in Vertretung für den im Urlaub befindlichen Vorsitzenden) eröffnet die Sitzung.

Die am Datum versendete Tagesordnung liegt allen Anwesenden vor und wird ohne Änderungen angenommen.

alternativ:

Zu der am Datum versendeten Tagesordnung gibt es die folgenden Ergänzungswünsche:

1. Diskussion und Beschluss zum Thema »Umweltschutz/Einwegflaschen«
2. Diskussion und Beschluss zum Thema »Verhandlungen über Auswahlrichtlinien«

Abstimmung:
Der Ergänzungswunsch zu 1.) wird einstimmig angenommen.
Für eine Aufnahme des Ergänzungswunsches zu 2.) stimmen 2 Mitglieder mit Ja und 8 mit Nein. Ein Mitglied enthält sich der Stimme. Dieser Ergänzungswunsch ist abgelehnt.
Der Ergänzungswunsch zu 1.) wird als neuer Punkt 7. in die Tagesordnung aufgenommen.
Sodann wird die Tagesordnung einstimmig genehmigt.

2. Genehmigung des Protokolls

Das Protokoll der letzten Betriebsratssitzung vom Datum liegt allen Anwesenden vor. Folgende Änderungen des Protokolls werden gewünscht: .
Über die entsprechende Änderung des Protokolls besteht Einvernehmen.
(Alternative: Über die beantragte Änderung wird abgestimmt. Die Änderung wird mehrheitlich angenommen/abgelehnt.)
Sodann wird das Protokoll mehrheitlich/einstimmig in der geänderten Form genehmigt.

3. Bericht des Vorsitzenden (der stellvertretenden Vorsitzenden)

Der Vorsitzende berichtet von .

4. Beschlussfassung zu personellen Einzelmaßnahmen

Der Vorsitzende berichtet über die aufgrund der geplanten Schließung des Bereichs notwendigen Versetzungen. Der Arbeitgeber hat dem Betriebsrat die erforderlichen Unterlagen am Datum vorgelegt. Am Datum ist eine Beratung mit dem Arbeitgeber erfolgt. Mit Schreiben vom Datum hat der Arbeitgeber die Zustimmung zu den personellen Einzelmaßnahmen verlangt.
Vor Beginn der Diskussion erklärt der Kollege Name, dass er wegen persönlicher Betroffenheit nicht an der Debatte zu diesem Tagesordnungspunkt und an der Beschlussfassung teilnehmen wolle. Er verlässt daraufhin den Sitzungssaal. Der Vorsitzende stellt fest, dass für den Kollegen Name das vorsorglich geladene und anwesende Ersatzmitglied Frau Name zu diesem Tagesordnungspunkt als Betriebsratsmitglied mitwirkt.
Es erfolgt eine Diskussion.
Nach Ende der Diskussion stellt der Vorsitzende den folgenden Antrag zur Abstimmung.
Beschlusstext: Der Durchführung der personellen Einzelmaßnahmen wird widersprochen, weil .
Abstimmungsergebnis: Einstimmig für den Antrag.

5. Geplante Einführung von Gleitzeit

Der Vorsitzende stellt den Diskussionsstand dar. Anschließend werden die Planungen des Arbeitgebers diskutiert. Es besteht Einvernehmen, dass es sich um einen mitbestimmungspflichtigen Tatbestand handelt und dass der Betriebsrat unverzüglich Verhandlungen aufnehmen sollte.
Nach Ende der Diskussion stellt der Vorsitzende den folgenden Antrag zur Abstimmung.
Beschlusstext: Der Arbeitgeber wird aufgefordert, zum Thema Gleitzeit umgehend Verhandlungen mit dem Betriebsrat aufzunehmen. Als Verhandlungsgruppe werden die stellvertretende Vorsitzende Name sowie die Betriebsratsmitglieder Name und Name bestellt.
Abstimmungsergebnis: Der Antrag wird einstimmig angenommen.

6. Einsetzung eines Ausschusses zum Thema »Qualifizierung« und Wahl der Ausschussmitglieder

Das Betriebsratsmitglied Name erläutert Sinn und Zweck eines Qualifizierungsausschusses. Nach Ende der anschließenden Diskussion stellt der Vorsitzende den folgenden Antrag zur Abstimmung.
Beschlusstext: Der Betriebsrat beschließt die Einsetzung eines Qualifizierungsausschusses gemäß § 28 BetrVG. Der Ausschuss soll mit 3 Betriebsratsmitgliedern besetzt werden.
Abstimmung: Mit Ja stimmen zehn Betriebsratsmitglieder. Eine Enthaltung.
Der Antrag ist angenommen.

Beschlusstext: Sodann schlägt der Vorsitzende dem Betriebsrat vor, die Betriebsratsmitglieder Name, Name und Name als Ausschussmitglieder sowie die Mitglieder Name und Name als Ersatzmitglieder zu benennen.
Abstimmung: Mit Ja stimmen acht Betriebsratsmitglieder und mit Nein zwei. Ein Mitglied enthält sich der Stimme. Die benannten Betriebsratsmitglieder sind damit wie vorgeschlagen gewählt.
Alternative für die Fälle der Verhältniswahl (Beispiel):
Ein Vertreter der Liste 1 legt für die Wahl der Ausschussmitglieder eine Liste mit den Betriebsratsmitgliedern Name A und Name B vor.
Als mögliches Ersatzmitglied benennt er das Betriebsratsmitglied Name F.
Ein Vertreter der Liste 2 legt für die Wahl der Ausschussmitglieder eine Liste mit den Betriebsratsmitgliedern Name C und Name D vor.
Als mögliches Ersatzmitglied benennt er das Betriebsratsmitglied Name G.
Es erfolgt sodann zunächst eine geheime Abstimmung zur Besetzung des Ausschusses unter Nutzung von Stimmzetteln. Die Auszählung ergibt das folgende Ergebnis:
Auf die Liste 1 entfallen vier und auf die Liste 2 entfallen sieben Stimmen. Die Auszählung erfolgte nach dem d'Hondtschen Höchstzahlenverfahren (vgl. hierzu DKW-*Wedde*, § 34 Rn. 21). Gewählt sind damit die Betriebsratsmitglieder Name A, Name C und Name D.
Sodann stellt der Vorsitzende den Antrag, das Betriebsratsmitglied Name F als Ersatzmitglied für den Vertreter der Liste 1 und das Betriebsratsmitglied Name G als Ersatzmitglied für die Vertreter der Liste 2 zu benennen.
Ergebnis: Der Antrag wird einstimmig angenommen.

7. Diskussion und Beschluss zum Thema »Umweltschutz/Einwegflaschen«
Der neu in die Tagesordnung aufgenommene Punkt wird vom Betriebsratsmitglied Name erläutert. Die anschließende Diskussion im Betriebsrat führt zu dem Ergebnis, dass für eine Beschlussfassung zusätzliche Informationen notwendig sind. Es besteht daher Einvernehmen, dieses Thema auf die Sitzung am Datum zu vertagen.

8. Verschiedenes
Zu diesem Punkt gibt es keinen Diskussionsbedarf.
Ort, den Datum

Unterschrift	Unterschrift
(Der Vorsitzende)	(Betriebsrat Name)

ggf. auch Unterschrift des Protokollführers
Anlage 1: Anwesenheitsliste (siehe Rn. 15)

Protokoll – Sitzungsprotokoll mit Beschlüssen als Anlage 13

Protokoll der . Sitzung des Betriebsrats der Firma Firmenbezeichnung am Datum
Datum: Datum Ort: Ort
Beginn: Uhr Ende: Uhr

Protokollführer: Name
Anwesende: siehe Unterschriftenliste (Anlage 1)

1. Eröffnung der Sitzung/Beschlussfassung zur Tagesordnung
Der Vorsitzende (**Alternative**: die stellvertretende Vorsitzende in Vertretung für den im Urlaub befindlichen Vorsitzenden) eröffnet die Sitzung.

Die am Datum versendete Tagesordnung liegt allen Anwesenden vor und wird ohne Änderungen angenommen.
(Alternative:
Zur am Datum versendeten Tagesordnung gibt es die folgenden Ergänzungswünsche:
1. Diskussion und Beschluss zum Thema »Umweltschutz/Einwegflaschen«
2. Diskussion und Beschluss zum Thema »Verhandlungen über Auswahlrichtlinien«)
Abstimmung:
Der Ergänzungswunsch zu 1.) wird einstimmig angenommen.
Für eine Aufnahme des Ergänzungswunsches zu 2.) stimmen zwei Mitglieder mit Ja und acht mit Nein. Ein Mitglied enthält sich der Stimme. Dieser Ergänzungswunsch ist abgelehnt.
Der Ergänzungswunsch zu 1.) wird als neuer Punkt 7. in die Tagesordnung aufgenommen.
Sodann wird die Tagesordnung einstimmig genehmigt.

2. Genehmigung des Protokolls
Das Protokoll der letzten Sitzung liegt allen Anwesenden vor. Folgende Änderungen des Protokolls werden gewünscht: .
Über die entsprechende Änderung des Protokolls besteht Einvernehmen.
(Alternative: Über die beantragte Änderung wird abgestimmt. Die Änderung wird mehrheitlich angenommen/abgelehnt.)
Sodann wird das Protokoll mehrheitlich/einstimmig in der geänderten Form genehmigt.

3. Bericht des Vorsitzenden (der stellvertretenden Vorsitzenden)
Der Vorsitzende berichtet von .

4. Beschlussfassung zu personellen Einzelmaßnahmen
Der Vorsitzende berichtet über die aufgrund der geplanten Schließung des Bereichs notwendigen Versetzungen. Der Arbeitgeber hat dem Betriebsrat die erforderlichen Unterlagen am Datum vorgelegt. Am Datum ist eine Beratung mit dem Arbeitgeber erfolgt. Mit Schreiben vom Datum hat der Arbeitgeber die Zustimmung zu den personellen Einzelmaßnahmen verlangt.
Vor Beginn der Diskussion erklärt der Kollege Name, dass er wegen persönlicher Betroffenheit nicht an der Debatte zu diesem Tagesordnungspunkt und an der Beschlussfassung teilnehmen will. Er verlässt daraufhin den Sitzungssaal. Der Vorsitzende stellt fest, dass für den Kollegen Name das vorsorglich geladene und anwesende Ersatzmitglied Frau Name zu diesem Tagesordnungspunkt als Betriebsratsmitglied mitwirkt.
Es erfolgt eine Diskussion.
Nach Ende der Diskussion stellt der Vorsitzende den Antrag 1/2005 (siehe Rn. 14) zur Abstimmung. Der Antrag wird mit Beschluss Nr. angenommen.

5. Geplante Einführung von Vertrauensarbeitszeit
Der Vorsitzende stellt den Diskussionsstand dar. Anschließend werden die Planungen des Arbeitgebers diskutiert. Es besteht Einvernehmen, dass es sich um einen mitbestimmungspflichtigen Tatbestand handelt und dass der Betriebsrat unverzüglich Verhandlungen aufnehmen sollte.
Nach Ende der Diskussion stellt der Vorsitzende den Antrag 2/2005 zur Abstimmung. Der Antrag wird mit Beschluss Nr. angenommen.

6. Einsetzung eines Ausschusses zum Thema »Qualifizierung« und Wahl der Ausschussmitglieder
Das Betriebsratsmitglied Name erläutert Sinn und Zweck eines Qualifizierungsausschusses.
Nach Ende der anschließenden Diskussion stellt der Vorsitzende den Antrag 3/2004 zur Abstimmung. Der Antrag wird mit Beschluss Nr. angenommen.
Sodann schlägt der Vorsitzende dem Betriebsrat vor, die Betriebsratsmitglieder Name A, Name B und Name C als Ausschussmitglieder sowie die Mitglieder Name F und Name G als Ersatzmitglieder zu benennen.

Abstimmung: Mit Ja stimmen acht Betriebsratsmitglieder und mit Nein zwei. Ein Mitglied enthält sich der Stimme.
Alternative für die Fälle der Verhältniswahl:
Ein Vertreter der Liste 1 legt für die Wahl der Ausschussmitglieder eine Liste mit den Betriebsratsmitgliedern Name A und Name B vor.
Als mögliches Ersatzmitglied benennt er das Betriebsratsmitglied Name F.
Ein Vertreter der Liste 2 legt für die Wahl der Ausschussmitglieder eine Liste mit den Betriebsratsmitgliedern Name C und Name D vor.
Als mögliches Ersatzmitglied benennt er das Betriebsratsmitglied Name G.
Es erfolgt sodann zunächst eine geheime Abstimmung zur Besetzung des Ausschusses unter Nutzung von Stimmzetteln. Die Auszählung ergibt das folgende Ergebnis:
Auf die Liste 1 entfallen vier und auf die Liste 2 entfallen sieben Stimmen. Die Auszählung erfolgte nach dem d'Hondtschen Höchstzahlenverfahren (vgl. hierzu DKW-*Wedde*, § 34 Rn. 21). Gewählt sind damit die Betriebsratsmitglieder Name A, Name C und Name D.
Sodann stellt der Vorsitzende den Antrag, das Betriebsratsmitglied Name F als Ersatzmitglied für den Vertreter der Liste 1 und das Betriebsratsmitglied Name G als Ersatzmitglied für die Vertreter der Liste 2 zu benennen.
Ergebnis: Der Antrag wird einstimmig angenommen.

7. Diskussion und Beschluss zum Thema »Umweltschutz/Einwegflaschen«
Der neu in die Tagesordnung aufgenommene Punkt wird vom Betriebsratsmitglied Name erläutert. Die anschließende Diskussion im Betriebsrat führt zu dem Ergebnis, dass für eine Beschlussfassung zusätzliche Informationen notwendig sind. Es besteht daher Einvernehmen, dieses Thema auf die Sitzung am Datum zu vertagen.

8. Verschiedenes
Zu diesem Punkt gibt es keinen Diskussionsbedarf.
Ort, den Datum
Unterschrift
(Der Vorsitzende)

Unterschrift
(Betriebsrat Name)

ggf. auch Unterschrift des Protokollführers

Anlage 1: Anwesenheitsliste

Anlage 2: Beschlüsse Nr. , und

Protokoll – Muster für Beschlussprotokoll als Anlage 14

Beschluss Nr. der BR-Sitzung vom Datum
Betriebsratssitzung vom Datum
Antrag Nr. 1/2005 zu Pkt. der Tagesordnung vom Datum
Thema: Personelle Einzelmaßnahmen
Zahl der anwesenden Betriebsratsmitglieder (ggf. auch Zahl der JAV-Mitglieder):
Beschlussfähigkeit gegeben: ja/nein
Einfache/absolute Mehrheit notwendig: ja/nein
Antragsteller: Vorsitzender/Betriebsratsmitglied Name
Beschlusstext (Beispiel):
Der Betriebsrat widerspricht den vom Arbeitgeber beantragten personellen Einzelmaßnahmen, weil sie gegen die gültigen Auswahlrichtlinien gemäß § 95 BetrVG verstoßen. Der Vorsitzende wird beauftragt, dem Arbeitgeber eine ausführliche Begründung des Widerspruchs zuzuleiten.

Ergebnis der Abstimmung:
Ja: 8
Nein: 3
Enthaltungen: 0

Der Antrag ist angenommen/abgelehnt
Ort, den Datum
Unterschrift
(Betriebsratsvorsitzender)

Unterschrift
(Betriebsratsmitglied Name)

15 **Sitzung – Anwesenheitsliste**

Anwesenheitsliste der Betriebsratssitzung vom Datumals Anlage 1 zum Sitzungsprotokoll
Entschuldigt sind die Betriebsratsmitglieder Name und Name.

	Namen	**Uhrzeit (von _ bis)**	**Unterschrift**
	Betriebsratsmitglieder		
1.	Name		
2.	Name		
	Ersatzmitglieder		
1.	Name		
2.	Name		
	JAV-Mitglieder		
1.	Name		
2.	Name		
	Schwerbehindertenvertreter		
	Name		
	Gewerkschaftsbeauftragter		
	Name		
	Arbeitgebervertreter		
	Name		
	Weitere Gäste (Ggf. Vertrauensmann der Zivildienstleistenden sowie externe Sachverständige etc.)		

Bestätigung der Teilnahme an einer Betriebsratssitzung per Video- oder Telefonkonferenz 15a

Betriebsratsmitglied Name Ort, Datum

An die
Vorsitzenden des Betriebsrats Name
im Hause

Bestätigung der Teilnahme per Video- oder Telefonkonferenz an der am Datum stattfindenden Betriebsratssitzung

Liebe Kollegin,
hiermit bestätigte ich meine durchgängige Teilnahme / meine Teilnahme per Video- oder Telefonkonferenz von Uhrzeit bis Uhrzeit Uhr an der am Datum stattfindenden Betriebsratssitzung. Es ist gewährleistet, dass an dem von mir genutzten Arbeitsplatz Dritte vom Inhalt der Sitzung keine Kenntnis nehmen können.
Mit freundlichen Grüßen

Namen und Unterschrift

Protokoll – Übersendung an den Arbeitgeber 16

Der Betriebsrat der Firma Firmenbezeichnung, Adresse Ort, Datum
Vorsitzende Name

An den Arbeitgeber Firmenbezeichnung
im Hause

Auszug aus der Sitzungsniederschrift
Sehr geehrte Frau Name,
an der letzten Betriebsratssitzung am Datum haben Sie zu den Punkten 2 »Gleitzeitregelung« und 3 »Betriebsverlegung« der Tagesordnung teilgenommen. In der Anlage übersende ich Ihnen deshalb einen Auszug aus der Sitzungsniederschrift zu diesen Punkten.
Ich möchte Sie unter Hinweis auf § 34 Abs. 2 BetrVG bitten, mir eventuelle Einwendungen gegen den Inhalt dieser Sitzungsniederschrift bis zum Datum schriftlich mitzuteilen. Das entsprechende Schreiben werde ich dann der Niederschrift beifügen.

Protokoll – Übersendung an die Gewerkschaft 17

Der Betriebsrat der Firma Firmenbezeichnung, Adresse Ort, Datum
Vorsitzende Name

An die Gewerkschaft Bezeichnung
Herrn Name
Adresse

Auszug aus der Sitzungsniederschrift

Lieber Kollege Name,
Sie haben an der Betriebsratssitzung am Datum als Gewerkschaftsbeauftragter teilgenommen. In der Anlage übersende ich Ihnen deshalb einen Auszug aus der Sitzungsniederschrift.
Ich möchte Sie unter Hinweis auf § 34 Abs. 2 BetrVG bitten, mir eventuelle Einwendungen gegen den Inhalt dieser Sitzungsniederschrift bis zum Datum schriftlich mitzuteilen. Das entsprechende Schreiben werde ich dann der Niederschrift beifügen.

18 Protokoll – Einwand des Arbeitgebers

Arbeitgeber Firmenbezeichnung, Adresse — Ort, Datum

An die
Betriebsratsvorsitzende
Frau Name
im Hause

Sitzungsniederschrift der Betriebsratssitzung vom Datum
Sehr geehrte Frau Name,
mit Schreiben vom Datum haben Sie mir einen Auszug aus der Sitzungsniederschrift der Betriebsratssitzung vom Datum übersandt. Diese Niederschrift gibt eine Äußerung von mir unzutreffend wieder. (Beispieltext: Ich habe nicht mitgeteilt, dass eine Betriebsverlegung in Teilbereichen bereits beschlossene Sache ist. Vielmehr habe ich mitgeteilt, dass in der Geschäftsleitung über eine solche Möglichkeit als eine von mehreren Optionen nachgedacht wird.)
Ich bitte Sie, das Protokoll entsprechend zu korrigieren und dieses Schreiben der nächsten Sitzungsniederschrift beizufügen.

19 Protokoll – Einwand des Gewerkschaftsbeauftragten

Gewerkschaftsbeauftragter der Gewerkschaft Bezeichnung — Ort, Datum

An die
Betriebsratsvorsitzende
Frau Name
Firmenbezeichnung
Adresse

Einwand gegen die Sitzungsniederschrift vom Datum
Liebe Kollegin Name,
mit Schreiben vom Datum habe ich das Sitzungsprotokoll der Betriebsratssitzung vom Datum erhalten. Hier hat sich offenkundig ein Fehler eingeschlichen. (Beispieltext: Entgegen der Aussage im Protokoll werde ich als Gewerkschaftsbeauftragter Verhandlungen zur Einführung eines Gleitzeitmodells konstruktiv begleiten. Ich bitte insoweit um Streichung des Wortes »nicht« in diesem Satz des Protokolls.)

Protokoll – Einwand durch Betriebsratsmitglieder 20

Betriebsratsmitglied Name Ort, Datum

An die Vorsitzende des Betriebsrats
Frau Name
im Hause

Einwendung gegen die Sitzungsniederschrift vom Datum
Liebe Kollegin Name,
im letzten Sitzungsprotokoll vom Datum bin ich unzutreffend mit der Aussage zitiert worden, (Beispieltext: dass die Einführung von Gleitzeitmodellen »Wahnsinn« sei. Diese Aussage habe ich nicht getroffen und bitte sie deshalb aus dem Protokoll zu streichen. Richtig ist vielmehr, dass ich zu bedenken gegeben habe, ob nicht ein Zuggleitzeitmodell mit mehr als 100 Wahlmöglichkeiten einzelne Kollegen in den Wahnsinn treiben könnte.)
Ich bitte diese Einwendung dem Sitzungsprotokoll beizufügen und werde in der nächsten Sitzung einen Antrag auf entsprechende Korrektur stellen.

§ 35 Aussetzung von Beschlüssen

(1) Erachtet die Mehrheit der Jugend- und Auszubildendenvertretung oder die Schwerbehindertenvertretung einen Beschluss des Betriebsrats als eine erhebliche Beeinträchtigung wichtiger Interessen der durch sie vertretenen Arbeitnehmer, so ist auf ihren Antrag der Beschluss auf die Dauer von einer Woche vom Zeitpunkt der Beschlussfassung an auszusetzen, damit in dieser Frist eine Verständigung, gegebenenfalls mit Hilfe der im Betrieb vertretenen Gewerkschaften, versucht werden kann.
(2) Nach Ablauf der Frist ist über die Angelegenheit neu zu beschließen. Wird der erste Beschluss bestätigt, so kann der Antrag auf Aussetzung nicht wiederholt werden; dies gilt auch, wenn der erste Beschluss nur unerheblich geändert wird.

Inhaltsübersicht Rn.

I. Einleitung

Die Vorschrift ist als **interne Ordnungsvorschrift** für die Willensbildung des Betriebsrats zwingend. Sie gilt entsprechend auch für die anderen im BetrVG genannten Gremien (vgl. ausführlich DKW-*Wedde*, § 35 Rn. 2). 1

Der Antrag kann sich **nur gegen Beschlüsse des Betriebsrats** richten, nicht aber gegen interne Wahlentscheidungen. Er kann nur von der Mehrheit der JAV und von der Schwerbehindertenvertretung gestellt werden. 2

Der Antrag der JAV bedarf eines **Mehrheitsbeschlusses** aller anwesenden JAV-Mitglieder. In den in § 67 Abs. 2 BetrVG genannten Fällen, die ein Stimmrecht der JAV vorsehen, muss die absolute Mehrheit der JAV-Mitglieder einen entsprechenden Antrag stellen. Dies kann in allen Angelegenheiten erfolgen, die die in § 60 Abs. 1 BetrVG genannten Arbeitnehmer überwiegend oder besonders im Rahmen des § 67 BetrVG berühren. Eine 3 besondere Form ist nicht vorgeschrieben. Es muss aber vorgetragen werden, dass der Beschluss des Betriebsrats in erheblicher Weise wichtige Interessen der von der JAV vertretenen Arbeitnehmer beeinträchtigt.

4 Ebenso wie die JAV kann die **Schwerbehindertenvertretung** einen entsprechenden Antrag stellen. Dieser muss ebenfalls eine Begründung der **besonderen Betroffenheit** enthalten.

5 Ist der Antrag gestellt, muss die **Beschlussfassung** zum strittigen Thema um eine Woche **vertagt** werden. Eine vorherige Beschlussfassung ist nur möglich, wenn es in der strittigen Frage mit den Antragstellern zu einer Einigung gekommen ist. Ergibt eine erneute Beschlussfassung nach Ablauf der Wochenfrist eine Mehrheit, gibt es keine weiteren Einspruchsmöglichkeiten.

II. Arbeitshilfen

1. Checkliste

6 **Aussetzung von Betriebsratsbeschlüssen**

- Eine erhebliche Beeinträchtigung wichtiger Interessen der vertretenen Arbeitnehmer liegt vor.
- Die JAV muss den Antrag im Regelfall mit der Mehrheit ihrer anwesenden Mitglieder und in den Fällen des § 67 Abs. 2 BetrVG mit absoluter Mehrheit stellen.
- JAV und Schwerbehindertenvertretung müssen den Antrag begründen.
- Nach Ablauf einer Woche kann der Betriebsrat erneut und abschließend entscheiden.

2. Musterschreiben/-beschlussvorlagen und -beschlüsse

7 **JAV: Beschluss zur Aussetzung eines BR–Beschlusses**

Beschlusstext

Gem. § 35 BetrVG stellt die JAV den Antrag, den Beschluss des Betriebsrats zum Thema »Qualifikationskonzept« auszusetzen. Zur Begründung dieses Antrags weisen wir darauf hin, dass die mit dem Arbeitgeber verhandelte Regelung die besonderen Interessen der von uns vertretenen Arbeitnehmer in keiner Weise berücksichtigt. Spezifische Qualifikationsmaßnahmen für diese Beschäftigten enthält das Konzept nicht, obwohl solche insbesondere in den Bereichen möglich und notwendig wären.
Der Betriebsrat wird aufgefordert, entsprechende Korrekturen mit dem Arbeitgeber zu verhandeln.
Abstimmungsergebnis: Alle JAV-Mitglieder stimmen für den Antrag.

8 **Antrag der Schwerbehindertenvertretung**

Gem. § 35 BetrVG wird hiermit beantragt, die Beschlussfassung zum Thema »Arbeitsplatzausstattung Neubau« auszusetzen. Zur Begründung wird darauf verwiesen, dass bei der bisherigen Planung Belange der Schwerbehinderten in keiner Weise berücksichtigt wurden. Insbesondere finden sich keine Überlegungen zur Anschaffung behindertengerechter Stühle, Tische oder Bildschirme.
Die Schwerbehindertenvertretung bittet deshalb den Betriebsrat darum, vor dem Abschluss einer Verhandlung entsprechende Regelungen einzufordern.

§ 36 Geschäftsordnung

Sonstige Bestimmungen über die Geschäftsführung sollen in einer schriftlichen Geschäftsordnung getroffen werden, die der Betriebsrat mit der Mehrheit der Stimmen seiner Mitglieder beschließt.

Inhaltsübersicht

I. Einleitung

Die Vorschrift ermöglicht Betriebsräten die eigenständige Festlegung einer Geschäftsordnung. Ziel ist die **Erleichterung der Arbeit** des Betriebsrats. Darüber, ob überhaupt eine Geschäftsordnung beschlossen wird, kann der Betriebsrat eigenständig entscheiden. Zur Sicherstellung eines ordnungsgemäßen Ablaufs der Betriebsratstätigkeit empfiehlt es sich, die wesentlichen Regelungen der Geschäftsführung in einer Geschäftsordnung festzulegen, soweit sie nicht ohnehin zwingend im Gesetz vorgesehen sind. Dies gilt auch für kleinere Betriebsräte. Will ein Betriebsrat Sitzungen unter Einsatz von **Video- und Telefonkonferenzen** durchführen, müssen die Voraussetzungen hierfür nach § 30 Abs. 2 Nr. 1 BetrVG zwingend in der Geschäftsordnung festgelegt werden. 1

In einer Geschäftsordnung kann der Betriebsrat **nicht einseitig** bzw. abschließend Themen regeln, die einer Vereinbarung mit dem Arbeitgeber bedürfen, wie etwa die Abhaltung von Sprechstunden (vgl. DKW-*Wedde*, § 36 Rn. 4ff.). Mit Blick auf die spezifischen Vorgaben zum Datenschutz in der Betriebsratsarbeit in § 79a Satz 1 BetrVG sollten in die Geschäftsordnung Vorgaben zur gremieninternen Umsetzung des **Datenschutzes** aufgenommen und ggf. durch eine **persönliche Erklärung** aller Betriebsratsmitglieder ergänzt werden. 2

Möglich sind aber Regelungen zur Frage der **Zuständigkeit der Vorsitzenden** bzw. eines **Betriebsausschusses** und weiterer Ausschüsse, zur Durchführung von Sitzungen usw. 3

Eine Geschäftsordnung muss vom Betriebsrat mit der **Mehrheit seiner Stimmen beschlossen werden**. Nach dem Beschluss kann sie jederzeit durch mehrheitliche Entscheidung des Gremiums geändert, ergänzt oder aufgehoben werden. Da die Geschäftsordnung nur **interne Verfahrensrichtlinien** enthält, bleibt ein Beschluss des Betriebsrats, der gegen diese verstößt, nach außen rechtswirksam. 4

Die Geschäftsordnung gilt für die **Dauer einer Amtszeit** des Betriebsrats. Die erneute Annahme der Geschäftsordnung durch den neu gewählten Betriebsrat ist per Beschluss möglich. 5

II. Arbeitshilfen

1. Musterschreiben/-beschlussvorlagen und -beschlüsse

6 **Abstimmung über eine Geschäftsordnung**

Beschlusstext: Der Betriebsrat beschließt hiermit die Annahme des vorliegenden Entwurfs als Geschäftsordnung.
Abstimmungsergebnis: .

7 **Veränderung der Geschäftsordnung**

Beschlusstext: Der Betriebsrat beschließt hiermit die folgenden Veränderungen der Geschäftsordnung vom Datum.
Geändert werden die Regelungen in den Ziffern der Geschäftsordnung.
Aufgehoben werden die Regelungen in den Ziffern der Geschäftsordnung.
Abstimmungsergebnis: .

2. Mustervereinbarung

8 **Geschäftsordnung (kommentierter Entwurf)**

Vorbemerkung
Die folgende Darstellung orientiert sich vorrangig an der inhaltlichen Gliederung, die dem 3. Abschnitt des 2. Teils des BetrVG (§§ 26 bis 41 BetrVG) zugrunde liegt. Die Reihenfolge der Themen, die in einer Geschäftsordnung (im Folgenden: GO) behandelt werden, ist indes beliebig. Die angesprochenen Regelungspunkte können deshalb in ihrer Reihenfolge variiert werden.
Da die Verabschiedung einer GO freiwillig ist, steht ein entsprechender **Beschluss** allein im Ermessen des Betriebsrats. Wird sie verabschiedet, ist es sinnvoll, ihr einen Hinweis auf § 36 BetrVG voranzustellen, um eine klare Aussage zum Charakter dieser Regelung zu machen.
Spezifische Regelungen für die Durchführung von Betriebsratssitzungen per **Video- und Telefonkonferenz** finden sich in Rn. 9. Die dort zu findenden Regelungen können bei Bedarf in eine bereits vorliegende GO eingefügt werden.

Geschäftsordnung des Betriebsrats im Betrieb Firmenbezeichnung
Diese Geschäftsordnung (GO) hat der Betriebsrat gemäß § 36 BetrVG in seiner Sitzung am Datum beschlossen.

§ 1 Betriebsratsvorsitz: Wahl und Rücktritt

> **Hinweis:**
> An diese allgemeine Aussage sollten sich in einem ersten Regelungskomplex Präzisierungen zum Thema »Vorsitzender« und »Stellvertreter« anschließen. Erster Punkt ist hierbei mit Blick auf § 26 BetrVG die Frage der Wahl der Vertreter des Betriebsrats. In der GO sollten zunächst allgemeine Regelungen zur Wahl getroffen werden wie insbesondere die generelle Festlegung offener oder geheimer Wahl. Weiterhin sollten auch Vorkehrungen für den Fall einer Stimmengleichheit getroffen werden.

1. Die Wahl des Vorsitzenden und seines Stellvertreters erfolgt gemäß § 26 BetrVG in der konstituierenden Sitzung. In einem ersten Wahlgang wird zunächst der Vorsitzende gewählt, dann in einem weiteren der Stellvertreter.

Die Wahl erfolgt durch offene Abstimmung. Beantragt mindestens ein Betriebsratsmitglied geheime Wahl, ist diese durchzuführen.
Alternative: Die Wahl erfolgt durch geheime Abstimmung.
2. Gewählt ist jeweils der Kandidat, auf den die meisten Stimmen entfallen. Bei Stimmengleichheit wird die einzelne Wahl wiederholt. (Grundsätzlich ist auch eine mehrfache Wiederholung vor Durchführung des Losentscheides denkbar.) Ergibt sich wiederum Stimmengleichheit, erfolgt zwischen den Kandidaten mit den jeweils meisten Stimmen ein Losentscheid. Dieser wird vom Wahlvorstand vorgenommen. Gewählt ist dann der Kandidat, auf den das Los fällt.

Hinweis:
Ergänzend zur Wahl sollten in der GO Vorkehrungen für den Fall des Rücktritts des Vorsitzenden oder seines Stellvertreters getroffen werden. Die notwendige Neuwahl kann in einer regulären Betriebsratssitzung erfolgen, wenn eine entsprechende Ankündigung und Festlegung der Tagesordnung noch fristgemäß möglich ist. Ansonsten kann ergänzend vorgesehen werden, dass vom amtierenden Vorsitzenden eine Sondersitzung durchzuführen ist, wenn dies von einer festgelegten Zahl von Betriebsratsmitgliedern verlangt wird.

3. Erklärt sowohl der Vorsitzende als auch sein Stellvertreter den Rücktritt, so erfolgt eine Neuwahl in der nächsten Betriebsratssitzung. Ist die Tagesordnung der nächsten Sitzung zum Zeitpunkt des Rücktritts bereits versandt, erfolgt die Neuwahl in der darauffolgenden ordentlichen Sitzung. Eine vorzeitige Neuwahl im Rahmen einer Sondersitzung ist jedoch möglich, wenn mindestens ein Viertel der Betriebsratsmitglieder diese verlangt.

§ 2 Betriebsratsvorsitz: Vertretung und Verhinderung

Hinweis:
Die Vertretung eines verhinderten Vorsitzenden ist durch § 26 Abs. 2 BetrVG gesetzlich geregelt. Dennoch kann eine weiter gehende Festlegung in der GO angebracht sein.

1. Ist der Vorsitzende verhindert, nimmt sein gewählter Stellvertreter seine Aufgaben wahr. Ist eine Verhinderung absehbar (etwa wegen Urlaub), ist der Betriebsrat hierüber mindestens eine Woche vorher zu informieren.

Hinweis:
Neben einer Regelung für die allgemeinen Vertretungsfälle sollte auch eine Regelung für die Fälle getroffen werden, in denen auch der Stellvertreter nicht zur Wahrnehmung der Aufgaben in der Lage ist. Diese kann entweder konkret durch Benennung von möglichen weiteren »kommissarischen Vertretern« bzw. »2. Stellvertretern« oder alternativ durch abstrakte Festlegung erfolgen (2.). Ggf. kann der Betriebsrat alternativ allerdings auch generell einen 2. Stellvertreter bestimmen (3.). Weiterhin kann auch eine Regelung für eine Neuwahl getroffen werden, wenn die Verhinderung längerfristig ist (4.).

2. Sind der Vorsitzende und dessen gewählter Stellvertreter an der Wahrnehmung ihrer Aufgaben vorübergehend gehindert, erfolgt eine kommissarische Vertretung in der folgenden Reihenfolge.
1. Betriebsratsmitglied Name (»2. Stellvertreter«)
2. Betriebsratsmitglied Name
3. Betriebsratsmitglied Name
Der Tatbestand des Eintretens der kommissarischen Vertretung ist dem Arbeitgeber unverzüglich mitzuteilen.
1. Alternative: Sind der Vorsitzende und dessen gewählter Stellvertreter an der Wahrnehmung ihrer Aufgaben vorübergehend gehindert, erfolgt eine kommissarische Vertretung durch das Betriebsratsmitglied, das dem Gremium am längsten angehört (bzw.: das höchste Lebensalter hat). Der Tatbestand der kommissarischen Vertretung ist dem Arbeitgeber unverzüglich mitzuteilen.

2. Alternative: Neben dem gesetzlich vorgeschriebenen Stellvertreter wird entsprechend § 26 BetrVG ein 2. Stellvertreter gewählt. Dieser wird tätig, wenn sowohl der Vorsitzende als auch dessen Stellvertreter an der Wahrnehmung ihrer Aufgaben gehindert sind.
3. Alternative: Sind der Vorsitzende und dessen gewählter Stellvertreter an der Wahrnehmung ihrer Aufgaben längerfristig (d.h. voraussichtlich mehr als Wochen) gehindert, kann der Betriebsrat unter Vorsitz des kommissarischen Vertreters über eine mögliche Abwahl und eine anschließende Neuwahl entscheiden.

§ 3 Aufgaben und Zuständigkeit des Vorsitzenden und des Stellvertreters

> **Hinweis:**
> Gemäß § 26 BetrVG vertritt der Vorsitzende den Betriebsrat nach außen. Dieses kann in der GO nochmals erwähnt werden. Gleiches gilt für die interne Geschäftsführung des Betriebsrats (1.). Es ist jedoch nicht ausgeschlossen, dass in der GO eine veränderte interne Aufgabenverteilung festgelegt wird (2.). Schließlich können in der GO Regelungen zur Berichtspflicht gegenüber dem Gremium getroffen werden (3).

1. Der Vorsitzende führt die Geschäfte des Betriebsrats und vertritt das Gremium im Rahmen der gefassten Beschlüsse. Er bereitet die Betriebsratssitzungen inhaltlich vor und stellt deren regelmäßige Durchführung organisatorisch sicher.
2. Im Rahmen einer internen Arbeitsteilung ist der Betriebsratsvorsitzende für die folgenden Aufgaben zuständig:

- Inhaltliche Vorbereitung und Durchführung der Sitzungen einschließlich der einzelfallbezogenen Entscheidung über die Möglichkeit einer Sitzungsteilnahme per Video- oder Audiokonferenz
- Inhaltliche Vorbereitung und Durchführung von Verhandlungen mit dem Arbeitgeber
-

Der stellvertretende Vorsitzende ist für die folgenden Aufgaben zuständig:

- Inhaltliche Vorbereitung der Beratung personeller Einzelmaßnahmen in den Betriebsratssitzungen
- Koordination der Arbeit der Ausschüsse des Betriebsrats
-

3. Der Vorsitzende informiert den Betriebsrat zeitnah über alle Angelegenheiten und macht dem Gremium die entsprechenden Unterlagen und Informationen zugänglich. Entsprechendes gilt im Rahmen seiner Zuständigkeiten auch für den stellvertretenden Vorsitzenden.

> **Hinweis:**
> In größeren Betriebsratsgremien, in denen ein Betriebsausschuss und ggf. mehrere andere Ausschüsse bestehen, kann es sinnvoll sein, dass Regelungen zum Schriftverkehr getroffen werden und dass insoweit festgelegt wird, wer Briefe des Betriebsrats an den Arbeitgeber oder andere externe Stellen mit unterzeichnet. Sinnvollerweise sollten dies neben dem Betriebsratsvorsitzenden die jeweils verantwortlichen Personen sein.

4. Werden Aufgaben des Betriebsrats in Ausschüssen oder sonstigen Gremien von anderen Betriebsratsmitgliedern wahrgenommen, sind Schriftstücke an Personen außerhalb des Betriebsrats vom Vorsitzenden und den verantwortlichen Betriebsratsmitgliedern gemeinsam zu unterzeichnen. Eingehende Post ist in diesen Fällen dem Betriebsratsvorsitzenden und den jeweiligen Betriebsratsmitgliedern unverzüglich zur Kenntnis zu geben.

> **Hinweis:**
> Zur Vermeidung von Unklarheiten kann es sinnvoll sein, in der GO explizit festzulegen, dass im Regelfall nur der Vorsitzende zur Abgabe und zur Entgegennahme von Erklärungen zuständig ist (5.). Darüber hinaus können abweichende Festlegungen getroffen werden, wenn der Betriebsrat seine Aufgaben entsprechend anders geregelt hat (6.).

5. Zur Abgabe von Erklärungen für den Betriebsrat und Entgegennahme von Erklärungen und Informationen an den Betriebsrat von Seiten des Arbeitgebers oder von anderen Personen oder Stellen ist nur der Betriebsratsvorsitzende berechtigt. Werden entsprechende Erklärungen oder Informationen gegenüber anderen Betriebsratsmitgliedern gemacht, liegt keine gesetzeskonforme Information des Betriebsrats vor. Alle Betriebsratsmitglieder sind verpflichtet, den Arbeitgeber oder Dritte ggf. auf diesen Sachverhalt hinzuweisen. Sie sollten auch den Vorsitzenden hierüber zu informieren.
6. Abweichend von Abs. 5 sind folgende Betriebsratsmitglieder zur Abgabe bzw. zur Entgegennahme von Erklärungen oder Informationen berechtigt:
Der Vorsitzende des Personalausschusses zur Entgegennahme von Erklärungen zu personellen Einzelmaßnahmen sowie zur Mitteilung von Widersprüchen des Betriebsrats an den Arbeitgeber. Die berechtigten Betriebsratsmitglieder sind verpflichtet, den Vorsitzenden über alle relevanten Vorgänge aktuell zu informieren.

§ 4 Betriebsausschuss

Hinweis:
Sofern ein Betriebsausschuss zu wählen ist, können die zwingenden Gesetzesvorgaben des § 27 BetrVG sowie Detailfragen wie etwa die Terminierung der Sitzungen dieses Gremiums in der GO ausgefüllt werden (1.). Weiterhin kann aber auch geregelt werden, welche Aufgaben dem Ausschuss zur selbstständigen Erledigung übertragen werden (2.). Schließlich können Berichtspflichten des Betriebsausschusses gegenüber dem Betriebsrat in der GO konkretisiert werden (3.).

1. Der Betriebsausschuss führt die laufenden Geschäfte des Betriebsrats und wird dabei nur im Rahmen der ihm übertragenen Befugnisse tätig. Insbesondere bereitet er alle Sitzungen des Betriebsrats inhaltlich vor. Deshalb sind die regelmäßigen Sitzungen des Betriebsausschusses so zu terminieren, dass sie zeitnah vor den Betriebsratssitzungen stattfinden (im Regelfall am Tag vor der Betriebsratssitzung).
Alternativ zum letzten Satz: Die Ausschusssitzungen finden regelmäßig am Datum **(Tag vor der Betriebsratssitzung)** um Uhr statt.
2. Dem Betriebsausschuss werden die folgenden Aufgaben zur selbstständigen Erledigung übertragen:

- Sicherstellung der organisatorischen Voraussetzungen der Betriebsratsarbeit gemäß § 40 Abs. 1 BetrVG
-

Die Übertragung weiterer Aufgaben sowie der Widerruf der Übertragung sind mit der Mehrheit der Stimmen des Betriebsrats möglich.
3. Der Betriebsausschuss berichtet dem Betriebsrat in der jeweils nächsten Sitzung über den Stand der selbstständigen Aufgabenwahrnehmung.

Hinweis:
Neben der inhaltlichen Ausgestaltung der Aufgaben des Betriebsausschusses ist es sinnvoll, Regelungen zur Sicherstellung der personellen Besetzung (4.) zu treffen. Dies gilt insbesondere auch für die Benennung von Ersatzmitgliedern. Erfolgt die Wahl des Betriebsausschusses als Mehrheitswahl, kann der Betriebsrat Ersatzmitglieder in einer bestimmten Reihenfolge durch Wahl festlegen (4. – 1. Alternative).
Erfolgt die Wahl als Verhältniswahl, kann entweder in analoger Anwendung des § 25 Abs. 1 und 2 BetrVG (allerdings ohne Berücksichtigung der Geschlechterquote) eine Liste von Ersatzmitgliedern erstellt werden, die wie die Ersatzmitglieder des Betriebsrats für ein verhindertes Listenmitglied in den Betriebsausschuss nachrücken (4. – 2. Alternative).
Grundsätzlich möglich ist aber auch die Wahl der Ersatzmitglieder in gesonderten Wahlgängen für jede Wahlvorschlagsliste (4. – 3. Alternative; vgl. zum Ganzen ausführlich DKW-*Wedde*, § 27 Rn. 24ff.).

4. Der Betriebsausschuss ist gemäß den gesetzlichen Vorgaben des § 27 BetrVG unter Vorsitz des Betriebsratsvorsitzenden mit ____ Mitgliedern besetzt. Für den Betriebsausschuss gelten die Regelungen dieser GO entsprechend.
1. Alternative: Für verhinderte Ausschussmitglieder wird vom Betriebsrat eine Liste von Ersatzmitgliedern festgelegt, die bei Bedarf gemäß ihren Listenplätzen nachrücken.
2. Alternative: Für verhinderte Ausschussmitglieder der einzelnen Listen rücken im Verhinderungsfall die jeweils nächsten Mitglieder auf der Liste als Ersatzmitglieder in den Ausschuss gemäß ihren Listenplätzen nach. Ist eine Liste erschöpft, rückt ein Mitglied der Liste nach, die die meisten Stimmen erhalten hat.
3. Alternative: Für den Fall der Verhinderung von Ausschussmitgliedern wählt der Betriebsrat in einem gesonderten Wahlgang pro Wahlvorschlagsliste Ersatzmitglieder. Diese rücken im Verhinderungsfall gemäß ihrer Reihenfolge auf der jeweiligen Liste als Ersatzmitglieder in den Ausschuss nach. Ist eine Liste erschöpft, rückt ein Mitglied der Liste nach, die unter den verbleibenden Listen die meisten Stimmen erhalten hat.

§ 5 Weitere Ausschüsse des Betriebsrats

Hinweis:
In der GO können Festlegungen dazu erfolgen, welche weiteren Ausschüsse des Betriebsrats gemäß § 28 BetrVG im Regelfall gegründet werden sollen und wie diese personell besetzt sein sollen (1.). Zur inhaltlichen Ausgestaltung von Ausschüssen können Festlegungen erfolgen, die denen des Betriebsausschusses entsprechen. Deshalb ist ein Verweis auf § 4 sinnvoll (2.). In der GO können auch Regelungen zur möglichen Übertragung von Aufgaben zur selbstständigen Erledigung enthalten sein (3.). Diese können ggf. unter »Genehmigungsvorbehalt« von Seiten des Betriebsrats gestellt werden (4.). Da der Betriebsratsvorsitzende – anders als beim Betriebsausschuss – nicht zwingend Mitglied bzw. Vorsitzender der Ausschüsse gemäß § 28 BetrVG sein muss, sollte die GO weiterhin Regelungen zur Bestimmung eines Ausschussvorsitzenden und seines Stellvertreters enthalten (5.).

1. Der Betriebsrat richtet die folgenden Ausschüsse gemäß § 28 BetrVG ein:
- Personalausschuss
- ____

Die eingerichteten Ausschüsse sollen mit jeweils ____ Betriebsratsmitgliedern besetzt sein.
Alternativ differenzierte Angaben:
Der Ausschuss ____ wird mit ____ Betriebsratsmitgliedern und der Ausschuss ____ wird mit Betriebsratsmitgliedern besetzt.
2. Für die Wahrnehmung von Aufgaben durch die Ausschüsse gelten die übrigen Regelungen dieser GO direkt bzw. entsprechend.
3. Eine selbstständige Erledigung von Aufgaben in den Ausschüssen darf nur erfolgen, wenn ein entsprechender Übertragungsbeschluss des Betriebsrats vorliegt.
4. Soweit der Ausschuss zur selbstständigen Erledigung von Aufgaben berechtigt ist, muss er in den folgenden Bereichen vor einer endgültigen Beschlussfassung eine Zustimmung des Betriebsrats herbeiführen: ____.
5. Die Ausschüsse wählen in ihrer konstituierenden Sitzung aus dem Kreis ihrer Mitglieder einen Vorsitzenden und einen Stellvertreter.

Hinweis:
Ggf. können in der GO auch entsprechende Festlegungen für einen gemeinsamen Ausschuss erfolgen. Hier bieten sich insbesondere Regelungen zur Begrenzung der Beschlusskompetenz der Betriebsratsmitglieder an, um diese vor »Überraschungen« zu schützen (6.).

6. Werden gemeinsame Ausschüsse mit dem Arbeitgeber gegründet, ist sicherzustellen, dass in diesen Beschlüssen von den Vertretern des Arbeitgebers nicht einseitig gegen die Stimmen der Betriebsratsmitglieder gefasst werden können.

§ 6 Wirtschaftsausschuss

Hinweis:
Unter den Voraussetzungen des § 106 BetrVG ist ein Wirtschaftsausschuss (WA) zu bilden. Die GO kann sowohl die Zahl der WA-Mitglieder und ggf. der Ersatzmitglieder (1.) als auch die allgemeinen Vorgaben der Besetzung wie etwa die Berücksichtigung leitender Angestellter oder betriebsratsfremder Mitarbeiter (2.) festlegen. Weiterhin sollte ein Verweis auf die GO als Arbeitsgrundlage für den WA erfolgen (3.). Schließlich ist es sinnvoll, die Informationspflichten des WA gegenüber dem Betriebsrat und seinen Ausschüssen zu beschreiben (4.).

1. Der gemäß § 106 BetrVG zu bildende WA wird mit … Mitgliedern besetzt. Diese werden vom Betriebsrat gewählt. Weiterhin werden … Ersatzmitglieder gewählt, die gemäß den Grundsätzen des § 25 BetrVG bei Verhinderung von Ausschussmitgliedern nachrücken.
2. Dem WA müssen mindestens … Betriebsratsmitglieder angehören. Darüber hinaus können ein Mitglied aus dem Kreis der leitenden Angestellten und weitere Mitglieder aus dem Kreis der Beschäftigten des Betriebs stammen.
3. Für die Arbeit des WA gilt diese GO direkt oder entsprechend.
4. Der Vorsitzende des WA informiert den Betriebsrat unverzüglich über die Verhandlungen des WA und die hierbei gewonnenen Erkenntnisse.

§ 7 Betriebsratssitzungen

Hinweis:
Wichtiges Thema der GO ist die Festlegung von formalen und organisatorischen Voraussetzungen von Betriebsratssitzungen.
Grundsätzlich sind die Sitzungstermine und -intervalle (1.), der Kreis der Einzuladenden (2.) sowie die Formalien der Einladung und der Übersendung der Tagesordnung (3.) festzulegen. Sinnvoll sind weiterhin formale Festlegungen zur Gestaltung der Tagesordnung wie insbesondere das Vorschlagsrecht von Betriebsratsmitgliedern (4.).
Empfehlenswert sind auch allgemeine Ausführungen wie die zur Wahrnehmung des Hausrechts (5.).
Betriebsratssitzungen sollen nach der klaren gesetzlichen Vorgabe in § 30 Abs. 1 regelmäßig als Präsenzsitzungen durchgeführt werden. Dies soll einen Austausch direkt in der Sitzung ermöglichen. Ausnahmen von diesem Regelfall sollen nur möglich sein, wenn einer Teilnahme an der Präsenzsitzung dringende und unvorhersehbare persönlichen oder betrieblichen Gründen entgegenstehen (6). Mit Blick auf den Ausnahmecharakter kann Möglichkeit der Durchführung von Video- oder Telefonkonferenzen begrenzt werden. Die Begrenzung kann sich auf die Anzahl von Online-Sitzung pro Jahr beziehen oder an das Vorliegen bestimmter Voraussetzungen anknüpfen. (7.)
Dringende und unvorhersehbare betriebliche Gründe sind gegeben, wenn Betriebsratsmitgliedern das Aufsuchen des Sitzungsraums im Einzelfall nicht möglich ist (etwa wegen des Ausfalls von Verkehrsmitteln oder aufgrund pandemiebedingter Zugangsverbote). Kein einschlägiger betrieblicher Grund leitet sich beispielsweise aus aktuellen Arbeitspflichten am Arbeitsplatz oder aus einer Tätigkeit im Homeoffice ab. Gleiches gilt, wenn die Teilnahme an einer Präsenzsitzung zu Reisezeiten und Reisekosten führt.
Dringende und unvorhersehbare persönliche Gründe können darüber hinaus vorliegen, wenn nicht planbare Umstände der Teilnahme an einer Präsenzsitzung entgegenstehen (etwa die Erkrankung eines engen Angehörigen oder eines eigenen Kindes). Kein einschlägiger persönlicher Grund liegt hingegen beispielsweise dann vor, wenn für die Teilnahme an Betriebsratssitzungen generell längere Reisezeiten anfallen oder wenn eine ausschließliche Tätigkeit im Homeoffice erfolgt. Gleiches gilt für Urlaub, Krankheit oder eine tatsächliche Unabkömmlichkeit einzelner Betriebsratsmitglieder von ihrem Arbeitsplatz. Hierbei handelt es sich um eine zeitweilige Verhinderung, die die Einladung von Ersatzmitgliedern erforderlich macht.

Die Entscheidung für die Durchführung von Video- und Telefonkonferenzen wird im Einzelfall von der / dem Vorsitzenden getroffen. Darüber hinaus kann das Gremium mehrheitlich einen entsprechenden Beschluss fassen (8.)
Gibt es die Möglichkeit einer Online-Teilnahme, prüft die / der Vorsitzende insbesondere vor Beschlussfassungen das technische Fortbestehen dieser Kommunikationsmöglichkeit (9.).

1. Regelmäßige Betriebsratssitzungen finden wöchentlich jeweils am Wochentag in der Zeit von bis Uhr statt.
2. Zu den Sitzungen sind neben den Betriebsratsmitgliedern (und – unter den Voraussetzungen des § 25 Abs. 1 BetrVG – bestimmten Ersatzmitgliedern) der Vorsitzende der JAV (bei Angelegenheiten, die die von der JAV vertretenen Arbeitnehmer besonders betreffen – § 67 Abs. 2 BetrVG – die gesamte JAV) sowie die Schwerbehindertenvertretung einzuladen. Unter den Voraussetzungen des § 13 BetrVG sind weiterhin Vertreter der im Betrieb vertretenen Gewerkschaften einzuladen.
3. Mindestens Tage vor der Sitzung werden die Einladung, die Tagesordnung sowie die erforderlichen Unterlagen einschließlich der Sitzungsniederschrift der letzten Sitzung an alle gemäß Abs. 2 einzuladenden Teilnehmer der Sitzung verschickt. Die Versendung erfolgt per (z.B. Briefpost, E-Mail). In Ausnahmefällen (insbesondere bei Sondersitzungen gemäß § 8) kann die Übersendungsfrist verkürzt bzw. auf die schriftliche Übersendung verzichtet werden. In diesen Fällen stellt der Betriebsratsvorsitzende durch geeignete Maßnahmen (etwa durch persönliche Ansprache, individuelle Schreiben oder Anrufe, E-Mails mit Empfangsbestätigung) sicher, dass alle Sitzungsteilnehmer von Termin und Tagesordnung rechtzeitig in Kenntnis gesetzt werden.
4. Vorschläge zur Tagesordnung der nächsten Sitzung nebst evtl. notwendigen Sitzungsunterlagen müssen dem Betriebsratsvorsitzenden im Regelfall mindestens Tage vorher vorliegen, um in der Tagesordnung berücksichtigt werden zu können. Mit vorheriger Zustimmung des Vorsitzenden kann diese Frist verkürzt werden.
5. Während der Sitzungen übt der Vorsitzende im Sitzungssaal das Hausrecht aus.
6. Betriebsratssitzungen finden regelmäßig als Präsenzsitzungen statt. Hiervon abweichend kann in Einzelfällen eine individuelle Teilnahme mittels Video- und Telefonkonferenztechnik zulässig sein, wenn es hierfür dringende und unvorhersehbare persönliche oder betriebliche Gründe gibt. Diese liegen vor, wenn Betriebsratsmitgliedern das Aufsuchen des Sitzungsraums im Einzelfall nicht möglich ist oder wenn nicht planbarer Umstände ihrer Teilnahme entgegenstehen. Beschlussfassungen über die Wahl oder Abwahl von Betriebsratsmitgliedern von Ämtern oder aus Funktionen müssen immer in gemeinsamen Präsenzsitzungen gefasst werden.
7. Die Zahl der Betriebsratssitzungen per Video- und Telefonkonferenz wird auf maximal …. ordentliche Sitzungen / Kalenderjahr begrenzt. Zusätzliche ordentliche Betriebsratssitzungen in diesem Format kann der Betriebsrat für begründete Einzelfälle mit der Mehrheit seiner Stimmen beschließen. Sondersitzungen des Betriebsrats nach § 8 können unabhängig von der festgelegten Höchstzahl mittels Video- und Telefonkonferenz durchgeführt werden.
8. Über die Eröffnung der Möglichkeit einer Teilnahme per Video- und Telefonkonferenz entscheidet die/der Vorsitzende. Die Eröffnung dieser Möglichkeit muss auch dann erfolgen, wenn der Betriebsrat dies bezogen auf eine bestimmte Sitzung mehrheitlich vor der Versendung der Einladung beschließt. Die Wahrnehmung des Widerspruchsrechts nach § 30 Abs. 2 Nr. 2 BetrVG bleibt unbenommen.
9. Erfolgt die Teilnahme von Betriebsratsmitgliedern mit Video- oder Telefonkonferenztechnik, prüft der / die Vorsitzende das Bestehen der Verbindung insbesondere vor Beschlussfassungen.

§ 8 Sondersitzungen

Hinweis:
Neben Festlegungen zu regulären Betriebsratssitzungen sollten in die GO allgemeine Vorgaben für die Durchführung von Sondersitzungen auf Veranlassung des Betriebsratsvorsitzenden aufgenommen werden (1.). Darüber hinaus ist auch die Verankerung von Regeln sinnvoll, unter

denen einzelne Betriebsratsmitglieder die Durchführung solcher Sitzungen verlangen können. Hierbei sollte insbesondere die Zahl der Mitglieder festgelegt werden, die für die Einberufung einer Sondersitzung notwendig ist. Neben dem im Beispiel gewählten Quorum von einem Viertel der Mitglieder sind auch geringere oder andere Vorgaben möglich (2.). Ggf. kann bezüglich der Einberufung von Sondersitzungen ein Prüfungsrecht des Vorsitzenden bzw. des Betriebsausschusses vorgesehen werden (3.). Soll zu einer Sondersitzung kurzfristig eingeladen werden, kann eine Durchführung wegen des Ausnahmecharakters in Form einer Video- und Telefonkonferenz erfolgen, wenn sichergestellt ist, dass hieran auf der Grundlage einheitlicher technischer und organisatorischer Zugangsvoraussetzungen teilnehmen können (4.).

1. Der Vorsitzende kann Sondersitzungen des Betriebsrats jederzeit einberufen, wenn er dies aus besonderen Gründen für erforderlich hält. Die Regelungen des § 7 sind hierbei zu beachten.
2. Eine Sondersitzung ist weiterhin unverzüglich einzuberufen, wenn mindestens ein Viertel der Betriebsratsmitglieder dies schriftlich unter Angabe des Themas verlangt.
3. Eine Einberufung kann unterbleiben, wenn der Vorsitzende ■ **alternativ:** der Betriebsausschuss) die Dringlichkeit der Angelegenheit nicht für gegeben hält. In diesem Fall ist das vorgeschlagene Thema auf der nächsten regulären Sitzung zu behandeln.
4. Ist es wegen der Dringlichkeit einer Angelegenheit notwendig, eine Sondersitzung sehr kurzfristig zu terminieren, kann für diese ausnahmsweise allen Betriebsratsmitgliedern die Teilnahme in Form einer Video- und Telefonkonferenz eröffnet werden. Dies setzt voraus, dass alle Betriebsratsmitglieder über die hierfür erforderlichen technischen und organisatorischen Zugangsvoraussetzungen auf einem einheitlichen Niveau verfügen und dass es ihnen persönlich möglich ist, die nach § 30 Abs. 2 Nr. 3 BetrVG notwendige Vertraulichkeit herzustellen. Die Wahrnehmung des Widerspruchsrechts nach § 30 Abs. 2 Nr. 2 BetrVG bleibt unbenommen.

§ 9 Verhinderung von Betriebsratsmitgliedern

Hinweis:
Ist ein Betriebsratsmitglied an der Sitzungsteilnahme gehindert, muss er dies dem Vorsitzenden rechtzeitig vorab mitteilen. Entsprechendes gilt für JAV-Mitglieder, wenn für sie ein Teilnahme- bzw. Stimmrecht besteht (1.). Der Vorsitzende lädt in diesem Fall die betreffenden Ersatzmitglieder nach (2.). Ggf. kann die GO festlegen, dass die ersten Ersatzmitglieder auf der Liste regelmäßig an Sitzungen teilnehmen, um in Vertretungsfällen das Betriebsratsamt informiert wahrnehmen zu können (3.).

1. Ist ein Betriebsratsmitglied aus rechtlichen oder tatsächlichen Gründen an der Sitzungsteilnahme gehindert, muss er dies dem Betriebsratsvorsitzenden so zeitig wie möglich mitteilen.
2. Sind Betriebsratsmitglieder verhindert, lädt der Betriebsratsvorsitzende das entsprechende Ersatzmitglied unverzüglich nach.
3. Zur Sicherstellung des Informationsstandes werden die jeweils ersten Ersatzmitglieder zu den Betriebsratssitzungen mit eingeladen.

§ 10 Sitzungsniederschriften/Protokolle

Hinweis:
Über jede Sitzung des Betriebsrats ist eine Sitzungsniederschrift zu führen (vgl. § 33). Deren konkrete Ausgestaltung kann in der GO festgelegt werden. Hierzu gibt es mehrere Alternativen (etwa Festlegung eines reinen Beschlussprotokolls, eines Inhaltsprotokolls usw. (1.). Diese Aufgabe kann entweder einem bestimmten Betriebsratsmitglied (etwa dem stellvertretenden Vorsitzenden – 2. – 1. Alternative), allen Betriebsratsmitgliedern im Wechsel (2. – 2. Alternative) oder einem Protokollanten (2. – 3. Alternative) übertragen werden. In der GO ist festzulegen, wer das Protokoll neben dem Vorsitzenden mit unterschreibt (3.). Weiterhin ist festzulegen, bis wann das Protokoll den Sitzungsteilnehmern vorliegen muss (4.), wie Korrektur- oder Än-

derungswünsche geltend gemacht werden können und wie diese berücksichtigt werden (5.). Sinnvoll ist es darüber hinaus auch, Festlegungen zum Umgang mit der Anwesenheitsliste zu treffen (6.). Festgelegt werden sollte schließlich, in welcher Form Teilnehmer in der Sitzung Erklärungen zum Protokoll abgeben können (7.). Ist eine Teilnahme im Rahmen einer Video- und Telefonkonferenz möglich, müssen die entsprechenden Betriebsratsmitglieder dies gegenüber der/dem Vorsitzenden in Textform bestätigen (8.).

1. Über jede Sitzung des Betriebsrats wird eine Sitzungsniederschrift (»Protokoll«) geführt. Diese ist als Beschlussprotokoll auszugestalten und gibt unter den jeweiligen Tagesordnungspunkten den Wortlaut der Beschlüsse sowie die Abstimmungsergebnisse wieder.
Das Original des Protokolls wird im Betriebsratsbüro aufbewahrt und ist allen Berechtigten zugänglich.
Alternative: Diese wird als Inhaltsprotokoll geführt und gibt neben dem Wortlaut der Beschlüsse sowie den Abstimmungsergebnissen auch den wesentlichen Gehalt der Wortbeiträge von Sitzungsteilnehmern wieder.
Das Original des Protokolls wird im Betriebsratsbüro aufbewahrt und ist allen Berechtigten zugänglich.
2. 1. Alternative: Das Protokoll wird vom stellvertretenden Vorsitzenden als Schriftführer geführt.
2. 2. Alternative: Das Protokoll wird jeweils im Wechsel von einem Betriebsratsmitglied als Schriftführer angefertigt. Die Festlegung der verantwortlichen Betriebsratsmitglieder erfolgt in alphabetischer Reihenfolge. Fehlt das der Reihenfolge nach verantwortliche Betriebsratsmitglied, ist es für das nächste Protokoll nach seiner Rückkehr verantwortlich.
2. 3. Alternative: Das Protokoll wird von der Bürokraft des Betriebsrats (Protokollant) geführt. Verantwortlich für den Inhalt ist der Vorsitzende.
3. Das Protokoll ist vom Betriebsratsvorsitzenden und dem Schriftführer zu unterschreiben.
Alternative für die Führung durch Protokollanten: Das Protokoll ist vom Betriebsratsvorsitzenden, von einem weiteren Betriebsratsmitglied sowie vom Protokollanten zu unterschreiben.
4. Das Protokoll wird allen Sitzungsteilnehmern mit der Einladung zur nächsten Sitzung zugesandt. Hat der Arbeitgeber an einem Teil der Sitzung teilgenommen, erhält er einen Auszug aus dem Protokoll, der sich auf die Zeit seiner persönlichen Teilnahme bezieht.
5. Änderungs- oder Ergänzungswünsche kann jeder Teilnehmer vorab schriftlich zu Händen des Vorsitzenden mitteilen. Darüber hinaus können sie in der nächsten Sitzung mitgeteilt werden. Die Änderungs- und Ergänzungswünsche werden im Protokoll der aktuellen Sitzung vermerkt. Sie führen entweder zu einer Korrektur des vorliegenden Protokolls oder werden diesem als Ergänzung beigefügt. Erfolgt eine Korrektur, ist das geänderte Protokoll erneut gemäß Ziff. 4 an alle Sitzungsteilnehmer zu verschicken.
6. Alle Sitzungsteilnehmer tragen sich unter Zeitangabe in eine Anwesenheitsliste ein. In dieser wird vom Schriftführer auch vermerkt, wann ein Sitzungsteilnehmer die Sitzung vorzeitig verlassen hat. Die Anwesenheitsliste wird dem Protokoll bei der Versendung beigefügt.
7. Sitzungsteilnehmer haben während der Sitzung jederzeit das Recht, persönliche Erklärungen zum Protokoll abzugeben. Diese können mündlich erfolgen und werden wörtlich aufgenommen oder schriftlich als Anlage zum Protokoll.
8. Erfolgt die Teilnahme an einer Betriebsratssitzung mittels Video- und Telefonkonferenz, müssen die entsprechenden Betriebsratsmitglieder dies spätestens zu Beginn der Sitzung gegenüber der/dem Vorsitzenden in Textform bestätigen. Die Bestätigung wird dem Protokoll beigefügt. Verlässt ein online zugeschaltetes Betriebsratsmitglied die Sitzung vorzeitig oder wird die Sitzungsteilnahme technisch nicht nur kurzfristig unterbrochen, ist dies im Protokoll zu vermerken.

§ 11 Beschlüsse und Beschlussfähigkeit

Hinweis:
Der Vorsitzende ist als Sitzungsleiter dafür verantwortlich, dass die Beschlussfähigkeit aktuell gegeben ist. Ist sie zweifelhaft, was insbesondere in größeren Betriebsratsgremien der Fall sein

kann, ist die Beschlussfähigkeit unmittelbar vor einer Beschlussfassung festzustellen (1.). Diese Feststellung sollte auch ein einzelnes Betriebsratsmitglied beantragen können (2.).
Steht der Beteiligung eines Betriebsratsmitglieds oder eines sonstigen Sitzungsteilnehmers an einer Abstimmung eine persönliche oder rechtliche Verhinderung entgegen, ist in der GO das entsprechende Verfahren vorzusehen (3.). Grundsätzlich kann in diesem Zusammenhang auch festgelegt werden, dass die betroffene Person vor einer Beschlussfassung zur Sache gehört werden muss (4.).
Geregelt werden sollte auch der Umgang mit der Anwesenheit des Arbeitgebers in Sitzungen, insbesondere der Ausschluss der Beschlussfassung während seiner Anwesenheit (5.).
Für die Herbeiführung von Beschlüssen selbst gelten im Übrigen die allgemeinen gesetzlichen Vorgaben. Dennoch sollten Rahmenbedingungen wie die rechtzeitige Ladung unter Mitteilung der Tagesordnung in der GO ebenso aufgeführt werden (6.) wie der Hinweis, dass eine Beschlussfassung außerhalb einer Sitzung unzulässig ist (7.). Sinnvoll kann weiterhin eine Regelung zur Zulässigkeit der Ergänzung einer vorliegenden Tagesordnung in der Sitzung sein, die darauf abstellt, dass alle Betriebsratsmitglieder hiervon informiert und hiermit einverstanden sind (8.).
Schließlich sollten Regelungen zur formalen Durchführung der Beschlussfassung aufgenommen werden. Hierzu gehört insbesondere auch die Regelung, unter welchen Umständen und von wem eine geheime Abstimmung beantragt werden kann (9.).
Nehmen Betriebsratsmitglieder im Rahmen einer nach dem BetrVG zulässigen Video- und Telefonkonferenz an einer Betriebsratssitzung teil, gelten sie als anwesend. Geheime Abstimmungen sind bei der Einbindung per Video- und Telefonkonferenz technisch nicht möglich. Entsprechende Themen müssen in einer erneuten Betriebsratssitzung ohne die Möglichkeit einer Onlineteilnahme behandelt werden (10.).

1. Der Vorsitzende stellt die Beschlussfähigkeit zu Beginn der Sitzung und ggf. erneut vor Beschlüssen fest. Feststellungen zur Beschlussfähigkeit werden in der Sitzungsniederschrift vermerkt.
2. Bestehen Zweifel an der aktuellen Beschlussfähigkeit, kann ihre Feststellung von jedem abstimmungsberechtigten Sitzungsteilnehmer vor einem Beschluss verlangt werden. Die Feststellung ist im Protokoll zu vermerken.
3. Stehen der Teilnahme eines Betriebsratsmitglieds oder eines anderen abstimmungsberechtigten Teilnehmers persönliche oder rechtliche Gründe entgegen, ist für diesen Sitzungspunkt ein Ersatzmitglied zu laden. Der betroffene Sitzungsteilnehmer muss während der inhaltlichen Diskussion und der Beschlussfassung den Sitzungssaal verlassen.
4. In den Fällen der Ziff. 3. hat die betroffene Person einen Anspruch darauf, sich vor der Beschlussfassung in der Sitzung zur Sache zu äußern.
5. Ist der Arbeitgeber auf eigene Bitte oder auf Einladung des Betriebsrats während der Sitzung anwesend, werden keine Beschlüsse oder sonstigen Abstimmungen vorgenommen. Sind Beschlüsse erforderlich, ist die gemeinsame Sitzung mit dem Arbeitgeber für diesen Zeitraum zu unterbrechen.
6. Eine gesetzeskonforme Beschlussfassung in einer Sitzung des Betriebsrats setzt voraus, dass alle stimmberechtigten Mitglieder unter Mitteilung der Tagesordnung und Übergabe notwendiger weiterer Unterlagen rechtzeitig eingeladen worden sind und dass die zur Beschlussfassung gesetzlich vorgeschriebene Mindestzahl von Mitgliedern anwesend ist.
7. Beschlüsse können nur innerhalb ordentlicher Betriebsratssitzungen gefasst werden. Eine Beschlussfassung außerhalb von Betriebsratssitzungen ist ebenso unzulässig wie eine Beschlussfassung im Umlaufverfahren.
8. Ergänzungen einer vorliegenden Tagesordnung in einer Betriebsratssitzung mit dem Ziel der Beschlussfassung sind nur zulässig, wenn alle Betriebsratsmitglieder bzw. im persönlichen Verhinderungsfall die entsprechenden Ersatzmitglieder vollständig erschienen sind und die Ergänzung einstimmig gebilligt haben. Ist dies nicht der Fall, erfolgt eine Befassung mit dem neuen Tagesordnungspunkt in der nächsten Sitzung.

9. Beschlüsse und andere Abstimmungen werden im Regelfall in einem offenen Verfahren (etwa durch Handheben) gefasst. Auf Antrag eines abstimmungsberechtigten Sitzungsteilnehmers erfolgt eine geheime Abstimmung, wenn dieser nicht rechtliche Gründe entgegenstehen.
10. Betriebsratsmitglieder, die an Sitzungen per Video- und Telefonkonferenz teilnehmen, können sich an allen offenen Beschlussfassungen beteiligen. Die / der Vorsitzende stellt ihre Abstimmungsentscheidungen in geeigneter Form fest. Wird zu einem Thema eine geheime Abstimmung beantragt, muss das Thema auf die nächste reguläre Betriebsratssitzung vertagt werden. Ist eine Entscheidung vor der nächsten regulären Sitzung erforderlich (etwa aus Fristgründen), muss eine kurzfristige Sondersitzung durchgeführt werden, Für die Betriebsratssitzung, in der das vertagte Thema behandelt wird, ist eine Teilnahme per Video- und Telefonkonferenz ausgeschlossen.

§ 12 Abschluss von Betriebsvereinbarungen/Anrufung der Einigungsstelle

Hinweis:
Der Abschluss von Betriebsvereinbarungen und die Anrufung der Einigungsstelle, die entsprechende Regelungen per Spruch herbeiführen kann, stehen nur dem Betriebsrat zu. Dieses sollte gerade in größeren Betrieben in der GO ausdrücklich festgehalten werden.

Der Abschluss von Betriebsvereinbarungen sowie die Anrufung einer Einigungsstelle können nur durch Beschluss des Betriebsrats in einer Betriebsratssitzung erfolgen. Andere Betriebsratsgremien sind hierzu nicht berechtigt.

§ 13 Teilnahme von Gewerkschaftsvertretern an Sitzungen

Hinweis:
Der Betriebsrat und seine Ausschüsse können in der GO festlegen, dass Gewerkschaftsvertreter an bestimmten (1. Alternative) oder an allen Sitzungen (2. Alternative) teilnehmen können.

1. Alternative: Vertreter der im Betrieb vertretenen Gewerkschaften werden zu allen Betriebsratssitzungen eingeladen.
2. Alternative: Vertreter der im Betrieb vertretenen Gewerkschaften werden zu allen Sitzungen des Betriebsrats einschließlich aller Ausschusssitzungen und aller Sitzungen des Wirtschaftsausschusses eingeladen.

§ 14 Teilnahme des Arbeitgebers

Hinweis:
Die Einladung des Arbeitgebers zur Betriebsratssitzung zu bestimmten Themen kann vom Vorsitzenden bzw. vom Betriebsausschuss im Rahmen der Geschäftsführung veranlasst werden (1.). Darüber hinaus kann der Betriebsrat dessen Einladung beschließen. Hierzu kann in der GO ggf. ein Mindeststimmenquorum festgelegt werden (2.). Schließlich muss der Arbeitgeber gemäß § 29 Abs. 4 BetrVG auf seine Bitte hin zu Sitzungen eingeladen werden.

1. Der Vorsitzende ist berechtigt, den Arbeitgeber zu einzelnen Tagesordnungspunkten einzuladen. Das gleiche Recht steht dem Betriebsausschuss zu.
2. Die Einladung des Arbeitgebers erfolgt auch dann, wenn der Betriebsrat dies zu bestimmten Tagesordnungspunkten mehrheitlich (alternativ: mit mindestens einem Viertel seiner Mitglieder) beschließt.
3. Verlangt der Arbeitgeber die Behandlung bestimmter Themen, wird er hierzu eingeladen. Die entsprechende Sitzung findet statt, sobald die Planung des Betriebsrats dies erlaubt.

§ 15 Sprechstunden

> **Hinweis:**
> Der formale Rahmen für die Einrichtung von Sprechstunden wird durch § 39 BetrVG bestimmt. Die GO sollte auf dieser Basis sowohl allgemeine Festlegungen zur zeitlichen Lage und zur personellen Besetzung (1.) als auch eine Öffnung für weitere Sprechstunden enthalten (2.). Betriebsräten ist es unbenommen, Sprechstunden auch per Video- und Telefonkonferenz anzubieten, insbesondere als Kontaktmöglichkeit zu ausschließlich in Telearbeit oder im Homeoffice tätigen Beschäftigten (3.).

1. Der Betriebsrat richtet gemäß § 39 BetrVG feste Sprechstunden ein, die mindestens eine Dauer von ___ Stunden haben. Diese finden mindestens einmal wöchentlich statt und werden von Betriebsratsmitgliedern durchgeführt. Über die konkrete Besetzung der Sprechstunden und ihre zeitliche Lage entscheidet der Betriebsrat und trifft entsprechende Vereinbarungen mit dem Arbeitgeber.
2. Weitere Sprechstunden können vom Betriebsrat bei Bedarf durch Beschluss und nach Vereinbarung mit dem Arbeitgeber eingerichtet werden.
3. Für Beschäftigte, die nicht oder nur unregelmäßig an einem Arbeitsplatz in der Betriebsstätte tätig sind, können Sprechstunden als Video- und Audiokonferenz angeboten werden.

§ 16 Information der Belegschaft

> **Hinweis:**
> Die Art der Information der Belegschaft kann in der GO festgelegt werden (1.). Neben »Schwarzen Brettern« (2.) kommen hier insbesondere auch IT-Medien wie Intranet-Seiten oder E-Mails in Betracht (3.). Wegen der nicht garantierten Vertraulichkeit sind hingegen sog. »Soziale Medien« öffentlicher Anbieter im Regelfall kein geeignetes Informationsmedium. In der GO kann eine eigene Betriebszeitung als Informationsweg festgeschrieben werden (4.).

1. Die Belegschaft ist in allen relevanten Fragen vom Betriebsrat zu informieren. Für die Gestaltung und Durchführung der Information sind der Vorsitzende bzw. hiermit beauftragte Betriebsratsmitglieder verantwortlich.
2. Die Information erfolgt durch Einrichtung von Schwarzen Brettern an den Standorten und ___.
3. Der Betriebsrat richtet im betrieblichen Intranet eine eigene Homepage ein und informiert über diese ebenfalls zeitnah. Ergänzend erfolgen Informationen per E-Mail. Verfügen Mitarbeiter über keinen eigenen Zugang zum Intranet bzw. zum E-Mail-System, wird durch entsprechende organisatorische Vorkehrungen sichergestellt, dass sie die Informationen ebenfalls erhalten.
4. Der Betriebsrat gibt in einem Turnus von ___ Wochen eine Betriebszeitung heraus, die alle Mitarbeiter erhalten.

§ 17 Betriebsversammlungen/Abteilungsversammlungen

> **Hinweis:**
> Die Durchführung von Betriebs- und Abteilungsversammlungen ist gesetzlich geregelt. Dennoch sollten die wesentlichen Punkte hierzu in die GO aufgenommen werden (1.). Geregelt werden kann hier auch, dass aufgrund betrieblicher Besonderheiten Teilversammlungen stattfinden (2.).

1. Der Betriebsrat führt in jedem Vierteljahr mindestens eine Betriebsversammlung durch. Bei entsprechendem Beschluss des Betriebsrats kann jede zweite Versammlung als Abteilungsversammlung abgehalten werden. Die Abteilungsversammlungen finden zeitgleich oder in unmittelbarer zeitlicher Abfolge statt.

2. Statt einer einheitlichen Versammlung können in Betriebsteilen mit Schichtarbeit auch zwei inhaltsgleiche Versammlungen am gleichen Tag zu unterschiedlichen Zeiten stattfinden.

§ 18 Verhandlungen mit dem Arbeitgeber

> **Hinweis:**
> Zu Verhandlungen mit dem Arbeitgeber sind im Rahmen der Vertretung des Betriebsrats nur der Vorsitzende (1.) oder aber vom Betriebsrat hiermit beauftragte Betriebsratsmitglieder (2.) berechtigt. In der GO sollte weiterhin die bestehende gegenseitige Informationspflicht festgeschrieben werden (3.).
> Handelt es sich um Verhandlungen von Betriebsratsgremien, die über entsprechende Vollmachten verfügen, obliegt die Vertretung entsprechend deren Vorsitzenden bzw. den dort tätigen Betriebsratsmitgliedern (4.).

1. Im Rahmen seiner Aufgaben führt der Vorsitzende des Betriebsrats Verhandlungen mit dem Arbeitgeber.
2. Andere Betriebsratsmitglieder sind zur Führung von Verhandlungen nur berechtigt, wenn entsprechende Beschlüsse des Betriebsrats vorliegen.
3. Über Inhalt und Ergebnisse geführter Verhandlungen ist der Betriebsrat von den jeweiligen Verhandlungsführern zeitnah, d.h. im Regelfall bis zur nächsten regulären Sitzung, zu informieren.
4. Sind Betriebsratsgremien wie Ausschüsse vom Betriebsrat mit der selbstständigen Wahrnehmung von Aufgaben beauftragt, gelten diese Regeln für deren Vorsitzende sowie für die dort tätigen Betriebsratsmitglieder entsprechend.

§ 19 Dokumentation der Betriebsratsarbeit und der anfallenden Kosten

> **Hinweis:**
> Zur Vermeidung von Missverständnissen ist es sinnvoll, dass die Betriebsratsmitglieder für sich selbst die geleistete Betriebsratsarbeit dokumentieren (1.). Gleiches gilt für hierbei anfallende Kosten, die vom Arbeitgeber gemäß § 40 BetrVG zu erstatten sind (2.).

1. Alle Betriebsratsmitglieder führen eine persönliche Dokumentation der für die Betriebsratsarbeit aufgewandten Arbeitszeit.
2. Alle Betriebsratsmitglieder rechnen die aufgrund der Betriebsratstätigkeit angefallenen erforderlichen Kosten direkt und zeitnah mit dem Arbeitgeber ab.

§ 20 Vertraulichkeit

> **Hinweis:**
> Alle Betriebsratsmitglieder sind zur vertraulichen Behandlung der Informationen verpflichtet, die sie aufgrund ihrer Mitarbeit in den kollektivrechtlichen Gremien erhalten. Etwas anderes gilt nur, wenn Informationen allgemein bekannt oder ausdrücklich zur Weitergabe bestimmt sind (1.). Der vertrauliche Umgang ist insbesondere bei Protokollen und sonstigen schriftlichen Informationen zu sichern (2.). Die Vertraulichkeitsanforderungen gelten auch für die Arbeit außerhalb der Betriebsstätte des Arbeitgebers (3.).

1. Alle Betriebsratsmitglieder sind verpflichtet, den Inhalt von Sitzungen der Betriebsratsgremien sowie die ihnen aufgrund ihrer Betriebsratstätigkeit bekannt gewordenen Informationen vertraulich zu behandeln. Etwas anderes gilt nur, wenn die Informationen allgemein bekannt oder vom Betriebsrat zur Weitergabe freigegeben sind.
2. Protokolle und alle anderen Sitzungsunterlagen sind ebenfalls vertraulich zu behandeln und von den einzelnen Betriebsratsmitgliedern entsprechend sicher zu verwahren. Die Weitergabe

an betriebsratsfremde Personen ist nur mit ausdrücklicher Ermächtigung durch den Betriebsrat zulässig.
3. Die Verpflichtung zur Vertraulichkeit gilt auch bei der Tätigkeit im Homeoffice, bei Telearbeit oder bei anderen Formen der mobilen Arbeitserbringung.

§ 21 Freistellung von Betriebsratsmitgliedern

Hinweis:
Sind Betriebsratsmitglieder gemäß § 38 BetrVG freizustellen, können in der GO hierfür Vorkehrungen getroffen werden (1.). Möglich sind auch Vorgaben zur Voll- bzw. Teilfreistellung (2.).

1. Über die Freistellung von Mitgliedern gemäß § 38 BetrVG entscheidet der Betriebsrat grundsätzlich spätestens in der ersten Sitzung nach der Konstituierung. Eine endgültige Entscheidung ist unverzüglich nach der gesetzlich vorgeschriebenen Beratung mit dem Arbeitgeber durchzuführen.
2. Für eine Freistellung können alle Betriebsratsmitglieder vorgeschlagen werden.
Die Freistellung erfolgt im Regelfall als Vollfreistellung von Mitgliedern.
Alternative: Die Freistellung erfolgt im Regelfall als Teilfreistellung zu %.)

Hinweis:
Sind Freistellungen zur Wahrnehmung konkreter Aufgaben gemäß § 37 Abs. 2 BetrVG erforderlich, können entsprechende Rahmenvorgaben ebenfalls in die GO aufgenommen werden.

3. Werden Betriebsratsmitglieder vom Betriebsrat mit besonderen Aufgaben betraut, können sie verlangen, dass vorher ein Freistellungsbeschluss gemäß § 37 Abs. 2 BetrVG getroffen wird.

§ 22 Rücktritt von Betriebsratsmitgliedern

Hinweis:
Treten Betriebsratsmitglieder von Betriebsratsämtern zurück oder scheiden sie aus eigenem Entschluss aus dem Gremium aus, sollte die GO zur Vermeidung von Missverständnissen Vorschläge zur Übermittlung der Rücktrittsentscheidung machen.

Der Rücktritt von einem Betriebsratsamt bzw. die Rückgabe des Betriebsratsmandats kann gegenüber dem Vorsitzenden des Betriebsrats oder gegenüber dem Betriebsrat im Rahmen einer Sitzung persönlich erklärt werden. Darüber hinaus ist eine schriftliche Mitteilung an den Betriebsratsvorsitzenden oder gleichlautend an alle Betriebsratsmitglieder möglich.

§ 23 Geltungsdauer

Hinweis:
Die GO ist für die Dauer der Amtsperiode verabschiedet. Sie gilt nur fort, wenn ein neu gewählter Betriebsrat sie bestätigt (1.). Änderungen der GO sind (jederzeit) mit einer Mehrheit der Stimmen der Betriebsratsmitglieder möglich (2.).

1. Die GO gilt für die Dauer einer Amtsperiode und tritt mit der Konstituierung eines neu gewählten Betriebsrats außer Kraft. Sie kann mit notwendiger Mehrheit durch den neuen Betriebsrat erneut verabschiedet werden.
2. Eine Änderung der GO kann jederzeit in einer Betriebsratssitzung mit der notwendigen Mehrheit beschlossen werden.

9 **Regelungen zur Durchführung von Video- oder Telefonkonferenzen in der Geschäftsordnung**

Einführung
Nach § 30 Abs. 2 BetrVG ist es zulässig, Betriebsratssitzungen abweichend vom »Regelfall Präsenzsitzung« mittels Video- und Telefonkonferenz durchzuführen. Der Begriff »Telefonkonferenz« ist ein Synonym für alle Formen von Audiokonferenzen, die auf die Nutzung von Videosystemen verzichten. Voraussetzung für den Rückgriff auf Video- und Telefonkonferenzen ist nach § 30 Abs. 2 Nr. 1 BetrVG, dass die Voraussetzungen für diese Form der Sitzungsdurchführung in der Geschäftsordnung des Betriebsrats festgelegt werden.

Muster für Einfügungen in eine Geschäftsordnung für die Durchführung von Betriebsratssitzungen mittels Video- und Telefonkonferenzen

I. Grundsätzliches

(1) Die Durchführung von Betriebsratssitzungen einschließlich notwendiger Beschlussfassungen soll in Ergänzung zu Präsenzsitzungen des Gremiums in Form von Video- und Telefonkonferenzen möglich sein. Dies gilt sowohl für die Durchführung ganzer Betriebsratssitzungen in dieser Form (»virtuelle Betriebsratssitzung«) als auch für die Teilnahme einzelner Betriebsratsmitglieder an Präsenzsitzungen des Gremiums per Video- und Audioverbindung (»Online-Teilnahme«).
(2) Ebenso können Sitzungen der Ausschüsse des Betriebsrats als Video- oder Audiokonferenz durchgeführt werden.
(3) Die in dieser Geschäftsordnung festgelegten Regeln gelten gleichermaßen für die gesetzlich vorgesehene Teilnahme anderer Personen, soweit der Betriebsrat diesbezüglich eine Regelungsbefugnis hat.

II. Entscheidung für die Durchführung einer virtuellen Betriebsratssitzung

Die Entscheidung zur Durchführung einer virtuellen Betriebsratssitzung trifft der/die Betriebsratsvorsitzende im Rahmen der Einladung.

III. Technische Voraussetzungen

(1) Virtuelle Betriebsratssitzungen sollen vorzugsweise als Videokonferenz stattfinden, um den visuellen Kontakt zwischen den Betriebsratsmitgliedern zu ermöglichen. Ist die Durchführung einer Videokonferenz technisch nicht möglich, kann alternativ eine Audiokonferenz erfolgen. In jedem Fall ist sicherzustellen, dass alle Mitglieder dasselbe technische Zugangsformat nutzen können und dass sie über die hierfür notwendigen dienstlichen Endgeräte verfügen. Finden Videokonferenzen statt, müssen alle Betriebsratsmitglieder die Videobilder sehen können. Abweichungen von dieser Vorgabe sind ausnahmsweise und im Einvernehmen zulässig, insbesondere bei technischen Problemen.
(2) Die technische Funktionsfähigkeit des verwendeten Konferenzsystems und das Bestehen einer Zugangsmöglichkeit für alle Betriebsratsmitglieder (sowie für die ersten … Ersatzmitglieder) wird mit einem ausreichenden zeitlichen Abstand vor der ersten Durchführung der Sitzung erprobt, um die uneingeschränkte Teilnahmemöglichkeit aller Betriebsratsmitglieder sicherzustellen.
(3) Ist während einer virtuellen Betriebsratssitzung aufgrund technischer Störungen einzelnen Betriebsratsmitgliedern die Teilnahme nicht möglich, wird die Sitzung bis zur Wiederherstellung der Kommunikationsfähigkeit unterbrochen.
(4) Jegliche Form der Aufzeichnung von virtuellen Betriebsratssitzungen ist verboten und (soweit möglich) technisch zu unterbinden.

IV. Einladung und Sitzungsunterlagen

(1) Die Einladung zu einer Betriebsratssitzung per Video- oder Audiokonferenz nebst Übermittlung der Tagesordnung sowie notwendiger Sitzungsunterlagen erfolgt nach dem üblichen Ver-

fahren rechtzeitig vor dem Sitzungstermin. In der Einladung wird die Frist genannt, bis zu der ein Widerspruch nach § 30 Abs. 2 Nr. 2 BetrVG (vgl. Abs. 4) der/dem Betriebsratsvorsitzenden spätestens zugegangen sein muss, um wirksam zu sein. Findet die Versendung der Unterlagen auf dem Postweg statt, ist sie an die Adresse zu richten, unter der die Betriebsratsmitglieder sich nach Kenntnis des Vorsitzenden aufhalten. In Zweifelfällen erfolgt die Versendung sowohl an die dienstliche wie an die private Anschrift (soweit bekannt). Erfolgt die Versendung elektronisch (insbesondere an die dienstliche E-Mail-Anschrift), werden die beigefügten Unterlagen verschlüsselt bzw. mit einem sicheren Passwort geschützt.

(2) Der Einladung werden die notwendigen organisatorischen und technischen Zugangsinformationen beigefügt. Notwendige Zugangscodes werden den Betriebsratsmitgliedern getrennt und auf einem anderen Weg übermittelt bzw. bekannt gegeben (etwa Briefpost oder mit einem anderen Passwort per E-Mail). Ist diese Form der Übermittlung nicht möglich oder aus zeitlichen Gründen nicht angebracht, kann eine individuelle Mitteilung in anderer Form (etwa mündlich oder per SMS) erfolgen.

(3) Nach Erhalt der Einladung bestätigen die einzelnen Betriebsratsmitglieder dem Betriebsratsvorsitzenden ihre Teilnahme und den Erhalt der notwendigen Unterlagen und Zugangsinformationen in Schriftform (etwa per E-Mail) oder persönlich (etwa per Telefon). Weiterhin versichern sie in Schriftform, dass sie zur Wahrung der Nichtöffentlichkeit während ihrer Teilnahme an der Sitzung für ihren persönlichen Arbeitsbereich durch geeignete Maßnahmen ausschließen werden, dass andere Personen Inhalte oder Abläufe aus der virtuellen Betriebsratssitzung akustisch und optisch wahrnehmen können.

(4) Widerspricht ein Viertel der Mitglieder des Betriebsrats gem. § 30 Abs. 2 Nr. 2 BetrVG der Durchführung einer Video- und Telefonkonferenz, muss die Betriebsratssitzung insgesamt als Präsenzsitzung aller Betriebsratsmitglieder stattfinden. Eine Online-Teilnahme ist in diesem Fall nicht zulässig. Ist eine Vertagung aus organisatorischen Gründen unumgänglich, muss die vertagte Sitzung in Präsenzform stattfinden.

V. Sitzungsdurchführung

(1) Zu Beginn der Sitzung wird vom Betriebsratsvorsitzenden festgestellt, ob Beschlussfähigkeit besteht und welche Mitglieder mehrheitlich auf elektronischem Weg teilnehmen bzw. welche im Sitzungsraum im Betrieb anwesend sind (nicht bei ausschließlich in virtueller Form durchgeführten Sitzungen). Für im Sitzungsraum anwesende Mitglieder geschieht dies durch persönlichen Eintrag in eine Unterschriftenliste. Per Video- oder Audiokonferenz virtuell zugeschaltete Mitglieder bestätigen ihre Teilnahme gegenüber dem Vorsitzenden in Schriftform (insbesondere per E-Mail). Die schriftlichen Mitteilungen fügt der Vorsitzende zusammen mit der Unterschriftenliste dem Sitzungsprotokoll bei.

(2) In der Sitzung werden die Themen nach der Tagesordnung abgearbeitet. Änderungen und Ergänzungen der Tagesordnung sind ebenso wie in einer Präsenzsitzung zulässig.

(3) Verlassen elektronisch teilnehmende Betriebsratsmitglieder die Sitzung zeitweise oder ganz, teilen sie dies vorab mit (etwa mündlich oder über eine vorhandene Chat-Funktion des verwendeten Video- oder Audiokonferenzsystems).

(4) Vor Beschlussfassungen stellt der Vorsitzende jeweils die Beschlussfähigkeit des Gremiums fest. Diese Feststellung kann bezogen auf die elektronisch teilnehmen Mitglieder bei Videokonferenzen durch Augenschein erfolgen, in allen anderen Fällen insbesondere durch eine mündliche Abfrage oder durch einen Screenshot der elektronischen Teilnahmeanzeige der genutzten Software. Sodann erfolgt die Abstimmung. Bei Videokonferenzen sind hierbei auch visuelle Signale (insbesondere Handaufheben) zulässig. Bei Audiokonferenzen muss eine verbale Ansage der einzelnen Betriebsratsmitglieder erfolgen. Das Ergebnis der Abstimmung wird vom Vorsitzenden festgestellt, bekannt gemacht und in die Sitzungsniederschrift aufgenommen.

(5) Geheime Abstimmungen sind im Rahmen von Video- oder Audiokonferenzen nicht möglich. Deshalb sollen sie nach Möglichkeit unterbleiben. Wird dennoch im Gremium eine geheime Abstimmung mehrheitlich beschlossen, wird der Tagesordnungspunkt auf die nächste Präsenzsitzung vertagt. Führt eine solche Vertagung allerdings dazu, dass gesetzliche Fristen vorher ab-

laufen (etwa bezogen auf personelle Einzelmaßnahmen), erfolgt statt einer geheimen immer eine offene Abstimmung.
(6) Eine Beschlussfassung im Umlaufverfahren ist unzulässig.

VI. Vertraulichkeit
(1) Die Betriebsratsmitglieder, die an Betriebsratssitzungen per Video- oder Audioverbindungen teilnehmen, versichern zusammen mit der Bestätigung ihrer Teilnahme gemäß Absatz IV. (3) oder spätestens zu Beginn der Sitzung mittels persönlicher Erklärung, dass sie sich in einer räumlichen Umgebung befinden, in der Sitzungsinhalte und Sitzungsunterlagen anderen Personen nicht zugänglich sind.
(2) Wird diese individuelle Vertraulichkeit während der Sitzung aufgehoben, teilen die betroffenen Betriebsratsmitglieder dies dem Betriebsrat unverzüglich mit. Die Sitzung wird sodann bis zur Wiederherstellung der individuellen Vertraulichkeit unterbrochen. Ist dies nicht möglich, wird sie vorzeitig beendet.
(3) Erfolgt die Sitzungsteilnahme aus einer privaten Wohnung und wird der hierfür genutzte Raum kurz von Personen betreten, die mit dem jeweiligen Betriebsratsmitglied zusammenleben, ist dies kein Grund für eine Sitzungsunterbrechung, wenn hierbei die Kenntnisnahme von Sitzungsinhalten durch geeignete Maßnahmen ausgeschlossen ist.
(4) Jedes Betriebsratsmitglied stellt sicher, dass alle zur Verfügung stehende Unterlagen oder Informationen unbefugten Dritten nicht zugänglich sind oder werden.

10 **Persönliche Erklärung zum Datenschutz in der Betriebsratsarbeit**

Name, Vorname
Bei der Erfüllung meiner gesetzlichen Aufgaben nach dem Betriebsverfassungsgesetz werden mir als Mitglied des Betriebsrats auch besonders geschützte personenbezogene Daten von Beschäftigten bekannt. Ich weiß, dass es für die Verarbeitung dieser personenbezogenen Daten besondere gesetzliche Vorschriften, Grundsätze und Vorgaben gibt, die insbesondere in der Europäischen Datenschutzgrundverordnung (DSGVO) und im Bundesdatenschutzgesetz (BDSG) enthalten sind.
Optional: Ergänzt werden diese Regeln durch das Datenschutzkonzept des Betriebsrats vom Datum.
Ich verpflichte mich hiermit gegenüber dem Betriebsrat, die für die Betriebsratsarbeit einschlägigen datenschutzrechtlichen Regeln einzuhalten, soweit mir dies persönlich möglich ist.
Bestehen im Einzelfall Unklarheiten über die Zulässigkeit der Verarbeitung bestimmter personenbezogener Daten, kann zu deren Klärung vor Aufnahme der Verarbeitung eine Befassung des Gremiums mit diesem Thema erfolgen.

Ort, Datum, Unterschrift

§ 37 Ehrenamtliche Tätigkeit, Arbeitsversäumnis

(1) Die Mitglieder des Betriebsrats führen ihr Amt unentgeltlich als Ehrenamt.
(2) Mitglieder des Betriebsrats sind von ihrer beruflichen Tätigkeit ohne Minderung des Arbeitsentgelts zu befreien, wenn und soweit es nach Umfang und Art des Betriebs zur ordnungsgemäßen Durchführung ihrer Aufgaben erforderlich ist.
(3) Zum Ausgleich für Betriebsratstätigkeit, die aus betriebsbedingten Gründen außerhalb der Arbeitszeit durchzuführen ist, hat das Betriebsratsmitglied An-

spruch auf entsprechende Arbeitsbefreiung unter Fortzahlung des Arbeitsentgelts. Betriebsbedingte Gründe liegen auch vor, wenn die Betriebsratstätigkeit wegen der unterschiedlichen Arbeitszeiten der Betriebsratsmitglieder nicht innerhalb der persönlichen Arbeitszeit erfolgen kann. Die Arbeitsbefreiung ist vor Ablauf eines Monats zu gewähren; ist dies aus betriebsbedingten Gründen nicht möglich, so ist die aufgewendete Zeit wie Mehrarbeit zu vergüten.

(4) Das Arbeitsentgelt von Mitgliedern des Betriebsrats darf einschließlich eines Zeitraums von einem Jahr nach Beendigung der Amtszeit nicht geringer bemessen werden als das Arbeitsentgelt vergleichbarer Arbeitnehmer mit betriebsüblicher beruflicher Entwicklung. Dies gilt auch für allgemeine Zuwendungen des Arbeitgebers. Zur Bestimmung der vergleichbaren Arbeitnehmer nach Satz 1 ist auf den Zeitpunkt der Übernahme des Betriebsratsamtes abzustellen, soweit nicht ein sachlicher Grund für eine spätere Neubestimmung vorliegt. Arbeitgeber und Betriebsrat können in einer Betriebsvereinbarung ein Verfahren zur Festlegung vergleichbarer Arbeitnehmer regeln. Die Konkretisierung der Vergleichbarkeit in einer solchen Betriebsvereinbarung kann nur auf grobe Fehlerhaftigkeit überprüft werden; Gleiches gilt für die Festlegung der Vergleichspersonen, soweit sie einvernehmlich zwischen Arbeitgeber und Betriebsrat erfolgt und in Textform dokumentiert ist.

(5) Soweit nicht zwingende betriebliche Notwendigkeiten entgegenstehen, dürfen Mitglieder des Betriebsrats einschließlich eines Zeitraums von einem Jahr nach Beendigung der Amtszeit nur mit Tätigkeiten beschäftigt werden, die den Tätigkeiten der in Absatz 4 genannten Arbeitnehmer gleichwertig sind.

(6) Die Absätze 2 und 3 gelten entsprechend für die Teilnahme an Schulungs- und Bildungsveranstaltungen, soweit diese Kenntnisse vermitteln, die für die Arbeit des Betriebsrats erforderlich sind. Betriebsbedingte Gründe im Sinne des Absatzes 3 liegen auch vor, wenn wegen Besonderheiten der betrieblichen Arbeitszeitgestaltung die Schulung des Betriebsratsmitglieds außerhalb seiner Arbeitszeit erfolgt; in diesem Fall ist der Umfang des Ausgleichsanspruchs unter Einbeziehung der Arbeitsbefreiung nach Absatz 2 pro Schulungstag begrenzt auf die Arbeitszeit eines vollzeitbeschäftigten Arbeitnehmers. Der Betriebsrat hat bei der Festlegung der zeitlichen Lage der Teilnahme an Schulungs- und Bildungsveranstaltungen die betrieblichen Notwendigkeiten zu berücksichtigen. Er hat dem Arbeitgeber die Teilnahme und die zeitliche Lage der Schulungs- und Bildungsveranstaltungen rechtzeitig bekannt zu geben. Hält der Arbeitgeber die betrieblichen Notwendigkeiten für nicht ausreichend berücksichtigt, so kann er die Einigungsstelle anrufen. Der Spruch der Einigungsstelle ersetzt die Einigung zwischen Arbeitgeber und Betriebsrat.

(7) Unbeschadet der Vorschrift des Absatzes 6 hat jedes Mitglied des Betriebsrats während seiner regelmäßigen Amtszeit Anspruch auf bezahlte Freistellung für insgesamt drei Wochen zur Teilnahme an Schulungs- und Bildungsveranstaltungen, die von der zuständigen obersten Arbeitsbehörde des Landes nach Beratung mit den Spitzenorganisationen der Gewerkschaften und der Arbeitgeberverbände als geeignet anerkannt sind. Der Anspruch nach Satz 1 erhöht sich für Arbeitnehmer, die erstmals das Amt eines Betriebsratsmitglieds übernehmen und auch nicht zuvor Jugend- und Auszubildendenvertreter waren, auf vier Wochen. Absatz 6 Satz 2 bis 6 findet Anwendung.

Inhaltsübersicht

I. Einleitung

1 Gem. **Abs. 1** ist die **Betriebsratstätigkeit** ein **Ehrenamt**. Diese Tätigkeit ist nicht mit der nach dem Arbeitsvertrag zu erbringenden Arbeitsleistung identisch.

2 Betriebsratsmitglieder dürfen wegen ihrer Betriebsratstätigkeit **weder benachteiligt noch bevorzugt werden**. Die Tätigkeit darf im Regelfall nicht in einem Zwischen- bzw. Arbeitszeugnis aufgeführt werden. Ausnahmen können gelten, wenn eine Bewertung der Tätigkeit ohne die Erwähnung der Betriebsratstätigkeit nicht möglich ist (z. B. bei für längere Zeit freigestellte Betriebsratsmitgliedern – vgl. DKW-*Wedde*, § 37 Rn. 9). Erfolgt ein unzulässiger Hinweis in einem Zwischen- oder Arbeitszeugnis, muss auf Verlangen der Betroffenen eine Korrektur erfolgen.

In **Abs. 2** der Vorschrift wird die **Arbeitsbefreiung** von Betriebsratsmitgliedern **aus konkretem Anlass** geregelt. Diese haben einen Anspruch darauf, alle Betriebsratsaufgaben während der Arbeitszeit zu erledigen. Die Vorschrift gilt auch für nicht vollständig freigestellten Betriebsratsmitglieder sowie für Ersatzmitglieder, die Betriebsratsaufgaben wahrnehmen. 3

Voraussetzung der Arbeitsbefreiung ist, dass es sich bei den wahrzunehmenden Aufgaben um Betriebsratsbereich handelt und dass die Arbeitsbefreiung zur ordnungsgemäßen Durchführung dieser Aufgaben erforderlich ist. Einschlägige Betriebsratsaufgaben ergeben sich vorrangig aus dem BetrVG sowie aus anderen einschlägigen Gesetzen (vgl. ausführlich DKW-*Wedde*, § 37 Rn. 16ff.). Zu den Betriebsratsaufgaben gehört auch die **Sicherstellung des gesetzlichen Datenschutzes** innerhalb des Gremiums und durch jedes Betriebsratsmitglied. Weiterhin können hierzu Besprechungen mit Betriebsräten fremder Betriebe gehören, sofern diesbezüglich ein konkreter betrieblicher Anlass besteht. In besonderen Fällen können auch Besprechungen und Sitzungen mit betrieblichen Interessenvertretungen im Ausland erforderliche Betriebsratsarbeit sein. 4

Die Frage nach der **Erforderlichkeit** der Betriebsratstätigkeit ist vom Betriebsrat als Ergebnis einer gewissenhaften Überlegung und unter Abwägung der Interessen des Betriebs, des Betriebsrats und der Belegschaft zu beantworten. Ist hiernach eine Arbeitsversäumnis notwendig, ist die Arbeitsbefreiung erforderlich, und kann deshalb erfolgen. 5

Die konkrete **Dauer der Arbeitsbefreiung** ergibt sich aus dem jeweils vorliegenden Grund. **Abs. 2** gibt dem Betriebsrat die Möglichkeit, einzelne Mitglieder für Stunden, Tage, Wochen oder Monate aus konkretem Anlass von ihrer betrieblichen Tätigkeit freizustellen. Die Tatsache der **Freistellung** ist dem Arbeitgeber **vorab mitzuteilen**, damit er entsprechend disponieren kann. Die Information über die geplante Freistellung erfolgt üblicherweise durch die Betriebsratsvorsitzenden. Das Spektrum der Freistellungsgründe reicht von regelmäßig anfallenden Einzelaufgaben (etwa Teilnahme an den Sitzungen des Betriebsausschusses oder anderer Arbeitsgruppen) über die Wahrnehmung allgemeiner Betriebsratsaufgaben, wie etwa die Aufbereitung der vom Arbeitgeber vorgelegten personellen Einzelmaßnahmen, bis hin zu zeitlich begrenzten Projektaufgaben wie etwa der Vorbereitung einer Initiative des Betriebsrats im Bereich der Beschäftigungssicherung und Beschäftigungsförderung durch Innovation gem. § 92a BetrVG. 6

Möglich ist darüber hinaus die Geltendmachung des **Anspruchs auf eine generelle Befreiung** von einer bestimmten Art der Arbeit, wenn dies für eine sachgerechte Erfüllung der Aufgaben des Betriebsrats erforderlich ist, wie z. B. die Versetzung eines Betriebsratsmitglieds aus der Wechsel- in die Normalschicht oder von Akkord- in Zeitarbeit. 7

Betriebsratsmitglieder können vom Arbeitgeber verlangen, dass bei der Zuteilung ihres **individuellen Arbeitspensums** auf die Inanspruchnahme durch die Betriebsratstätigkeit während der Arbeitszeit angemessen Rücksicht genommen wird. 8

Neben der vom Betriebsratsgremium veranlassten Arbeitsbefreiung stehen gleichberechtigt Varianten der **individuellen Arbeitsbefreiung**. Diese ist möglich, wenn ein Betriebsratsmitglied aufgrund der bestehenden Unabhängigkeit seines Amtes die Notwendigkeit für die Wahrnehmung von Betriebsratsaufgaben sieht (etwa für ein dringendes Gespräch mit einem Arbeitnehmer, der ihn angesprochen hat, oder die Einsicht in Betriebsratsunterlagen vor einer Sitzung). In derartigen Fällen ist das Betriebsratsmitglied lediglich verpflichtet, sich beim Arbeitgeber abzumelden. Einer Zustimmung des Arbeitgebers bedarf es nicht. Die **Abmeldung kann** auch **mündlich durchgeführt werden und** muss nicht persönlich erfolgen. Aus Gründen der Beweissicherung ist es aber im Einzelfall sinnvoll, eine schriftliche Abmeldung vorzunehmen. Im Regelfall müssen Betriebsratsmitglieder dem Arbeitgeber bei der Abmeldung nur Ort und voraussichtliche Dauer der 9

Abwesenheit mitteilen. Ergibt sich aus dem Ort der Tätigkeit der Name des Arbeitnehmers, der aufgesucht werden soll (etwa in kleineren Betrieben), muss dieser nicht mitgeteilt werden.

10 In **Abs. 3** findet sich eine **Ausgleichsregelung für die Arbeitszeit**, die Betriebsräte **außerhalb** der üblichen **betrieblichen Arbeitszeit** oder außerhalb ihrer persönlichen Arbeitszeit für die Wahrnehmung von Betriebsratsaufgaben aufgewendet haben (vgl. ausführlich DKW-*Wedde*, § 37 Rn. 62ff.).

11 Den **Anspruch auf Arbeitsbefreiung** muss ein Betriebsratsmitglied beim Arbeitgeber geltend machen. Diesem muss unverzüglich, das heißt so schnell wie möglich, mitgeteilt werden, wann und wie lange außerhalb der Arbeitszeit Betriebsratstätigkeiten durchgeführt wurden, sofern er hiervon nicht anderweitig Kenntnis hat. Der **Freizeitausgleich** muss innerhalb eines Monats gewährt werden. Das Betriebsratsmitglied kann hierfür Vorschläge machen. Die Regeln für die Urlaubsgewährung gelten entsprechend. Unzulässig ist eine eigenmächtige Entscheidung des Betriebsratsmitglieds ohne Zustimmung des Arbeitgebers. Dieser kann zustimmen oder Alternativvorschläge zum Zeitpunkt machen.

12 Ist eine **Arbeitsbefreiung** innerhalb eines Monats **aus betriebsbedingten Gründen nicht möglich** (etwa wegen des erhöhten Arbeitsanfalls in einem Kaufhaus in der Zeit vor Weihnachten), ist das entsprechende Arbeitsvolumen **wie Mehrarbeit abzugelten**. Bestehen für Mehrarbeit anwendbare kollektive oder individuelle Regelungen, sind diese bei der Festsetzung des Entgelts zu berücksichtigen.

13 In **Abs. 4** wird festgeschrieben, dass das **Arbeitsentgelt** von Betriebsratsmitgliedern gegenüber anderen vergleichbaren Arbeitnehmern im Betrieb ohne Betriebsratsaufgaben nicht geringer bemessen werden darf. Diese Vorschrift ist vorrangig für freigestellte Betriebsratsmitglieder relevant. Sie kann jedoch auch für alle anderen Betriebsratsmitglieder von Bedeutung sein, wenn die Inanspruchnahme durch das Betriebsratsamt dazu führt, dass ihre Leistungen in ihrer übrigen betrieblichen Tätigkeit sich verringern. Das Arbeitsentgelt von Betriebsratsmitgliedern ist demjenigen vergleichbarer Arbeitnehmer laufend anzupassen (vgl. DKW-*Wedde*, § 37 Rn. 94). Dies gilt sowohl für Gehaltssteigerungen wie auch für eventuell mögliche Gehaltsreduzierungen (etwa im Akkordbereich). Auch Sonderzuwendungen usw. müssen Betriebsratsmitgliedern im gleichen Rahmen gezahlt werden wie allen anderen Arbeitnehmern.

14 Die seit Juli 2024 geltende Neuregelung zur Bestimmung vergleichbarer Arbeitnehmer in § 37 Abs. 4 Satz 3 bis 5 hat das bis dahin vielfach verwendete Modell von »Referenzgruppen«, für freigestellte Betriebsratsmitglieder aufgenommen. Zeitlicher Ansatzpunkt für die Schaffung von Vergleichsgruppen ist der Moment der Übernahme des Betriebsratsamts. Spätere Korrekturen sind aus sachlichen Gründen möglich. Die Festlegung eines Verfahrens zur Feststellung von Vergleichsgruppen und zur Konkretisierung der Vergleichbarkeit kann in einer Betriebsvereinbarung erfolgen. Diese Vereinbarung kann, ebenso wie eine einvernehmliche Festlegung der Vergleichspersonen, nur auf grobe Fehlerhaftigkeit überprüft werden.

15 In **Abs. 5** wird die in Abs. 4 enthaltene finanzielle Absicherung von Betriebsräten durch einen **Schutz vor beruflicher Schlechterstellung** ergänzt. Die Vorschrift bezieht sich vorrangig auf nicht oder nicht voll freigestellte Betriebsratsmitglieder. Sie soll sicherstellen, dass diese nur mit Tätigkeiten beschäftigt werden dürfen, die den Arbeiten vergleichbarer Arbeitnehmer mit betriebsüblicher beruflicher Entwicklung entsprechen. Die Vorschrift beinhaltet zugleich für nicht freigestellte Betriebsratsmitglieder eine partielle Versetzungssperre (vgl. insgesamt DKW-*Wedde*, § 37 Rn. 101ff.).

16 Gibt es eine **berufliche Diskriminierung** innerhalb der gleichen Tätigkeit, kann der Betriebsrat den Arbeitgeber auf die Vorgaben des § 37 Abs. 5 BetrVG hinweisen. Soll etwa

eine diskriminierende Versetzung erfolgen, stehen ihm Handlungsmöglichkeiten gem. § 99 BetrVG offen (vgl. § 99 Rn. 3ff.).

In **Abs. 6** finden sich die gesetzlichen Voraussetzungen für die Teilnahme von Betriebsratsmitgliedern an **Schulungs- und Bildungsveranstaltungen**, die Kenntnisse vermitteln, die für die Arbeit des Betriebsrats erforderlich sind. Ist Erforderlichkeit gegeben, muss eine entsprechende Freistellung gem. Abs. 2 sowie ggf. ein Ausgleich für die Betriebsratstätigkeit außerhalb der persönlichen Arbeitszeit gem. Abs. 3 erfolgen. Darüber hinaus wird regelmäßig eine **Kostenerstattung** gem. § 40 in Betracht kommen. 17

Voraussetzung für einen Schulungsanspruch gem. Abs. 6 ist, dass die vermittelten **Inhalte** für die Arbeit des Betriebsrats **erforderlich** sind. Weitere praktische Voraussetzung ist ein Beschluss des Betriebsrats, mit dem ein oder mehrere Betriebsratsmitglieder namentlich entsendet werden. 18

Mit Blick auf die restriktive Rechtsprechung des BAG und die zunehmende Zahl von Rechtsstreiten zu diesem Thema (vgl. die Nachweise DKW-*Wedde*, § 37 Rn. 131ff. sowie insgesamt *Däubler*, Schulung und Fortbildung, 5. Aufl. 2004), muss sich ein Beschluss des Betriebsrats jeweils auf bestimmte Betriebsratsmitglieder und eine nach Ort und Datum bestimmte Schulungsveranstaltung beziehen. Möglich sind aber weiterhin **»Vorratsbeschlüsse«**, die für den Fall eines ausgebuchten Seminars bestimmte Alternativtermine konkret festschreiben. 19

Bei den im Rahmen von Abs. 6 vermittelten Schulungsinhalten muss es sich um Themen handeln, die für die Betriebsratstätigkeit erforderlich sind (vgl. hierzu DKW-*Wedde*, § 37 Rn. 108ff.). Hierzu gehören sowohl **Grundkenntnisse** als auch die **Vermittlung von Spezialwissen**. Die Erforderlichkeit muss bei der Vermittlung von Spezialwissen dem Arbeitgeber konkret dargelegt werden. Bei der Vermittlung von Grundkenntnissen sind hingegen allgemeine Hinweise an ihn ausreichend. 20

Der Betriebsrat muss bei der Festlegung der **zeitlichen Lage** der Teilnahme an Schulungs- und Bildungsveranstaltungen **betriebliche Notwendigkeiten** berücksichtigen. Er muss dem Arbeitgeber die Teilnehmer und die zeitliche Lage rechtzeitig bekannt geben. Ist der Arbeitgeber der Auffassung, dass die betrieblichen Notwendigkeiten nicht ausreichend berücksichtigt wurden, kann er die Einigungsstelle anrufen, die abschließend entscheidet. Schweigt der Arbeitgeber nach einer rechtzeitigen Mitteilung oder bezweifelt er die betriebliche Notwendigkeit lediglich, ohne zugleich die Einigungsstelle anzurufen, kann die Teilnahme erfolgen. Allerdings besteht dann für Betriebsratsmitglieder das Risiko, dass ein Arbeitsgericht im Nachhinein die Erforderlichkeit verneint und dass damit die Kosten sowie die ausgefallene Arbeitszeit nicht vom Arbeitgeber getragen werden (vgl. insgesamt DKW-*Wedde*, § 37 Rn. 156ff.). Wollen Betriebsratsmitglieder dieses Risiko nicht eingehen, ist es sinnvoll, dass der Betriebsrat den Arbeitgeber auf die tatsächliche Teilnahme noch einmal ausdrücklich hinweist. 21

Ggf. können Arbeitgeber wie Betriebsrat die Zulässigkeit der Teilnahme **per einstweiliger Verfügung** feststellen lassen. Für die Bewertung der Erforderlichkeit im Sinne von § 37 Abs. 6 BetrVG ist die Einigungsstelle nicht zuständig. Dieser obliegt allein die Prüfung der ausreichenden Berücksichtigung der betrieblichen Notwendigkeit. 22

Durch **Abs. 7** wird ein **Individualanspruch** auf **Schulung und Bildung** der einzelnen Betriebsräte begründet, der ohne Rücksicht auf den konkreten Wissensstand einzelner Personen besteht. Dieser ist unabhängig von der konkreten Ausgestaltung des Arbeitsverhältnisses (z. B. Voll- oder Teilzeitarbeitsverhältnis). Er ist gem. Abs. 7 unabhängig von dem gem. Abs. 6. Eine entsprechende Verweisung durch den Arbeitgeber auf Abs. 7 ist unzulässig (vgl. ausführlich DKW-*Wedde*, § 37 Rn. 134ff. und 156). 23

24 **Voraussetzung** für die Teilnahme an einer Bildungsveranstaltung gem. Abs. 7 ist ein Beschluss des Betriebsrats. Dieser beschränkt sich allerdings nur auf die **Festlegung der zeitlichen Lage** der Teilnahme durch einzelne Betriebsratsmitglieder. Weiterhin gibt der Betriebsrat dem Arbeitgeber den Beschluss und damit die zeitliche Lage der Teilnahme bekannt.

25 Aufgrund des Verweises im letzten Satz von Abs. 7 auf die Sätze 2 bis 6 Abs. 6 muss der Betriebsrat auch bei der Festlegung der zeitlichen Lage von Schulungs- und Bildungsveranstaltungen gem. **Abs. 7 betriebliche Notwendigkeiten** berücksichtigen. Der Arbeitgeber kann diesbezüglich die Einigungsstelle anrufen.

26 Für den Beschluss muss der Betriebsrat lediglich die **Minimalvoraussetzung** des § 37 Abs. 7 BetrVG beachten. Dies ist die Anerkennung der Veranstaltung durch die zuständige oberste Arbeitsbehörde des Landes (in der Regel die Arbeitsminister bzw. -senatoren).

27 Darüber hinaus muss der Betriebsrat die **Einhaltung der Zeitkontingente** berücksichtigen, die Abs. 7 enthält. Neu gewählte Betriebsratsmitglieder, die vorher nicht in einer Jugend- und Auszubildendenvertretung tätig waren, haben einen Anspruch auf vier Wochen Schulung, alle anderen Betriebsratsmitglieder auf drei Wochen. Liegen die formalen Voraussetzungen vor und wurden die betrieblichen Notwendigkeiten ausreichend berücksichtigt, hat der Arbeitgeber keine rechtliche Handhabe, die Teilnahme an der Schulung zu verweigern.

II. Arbeitshilfen

1. Checklisten

28 **Arbeitsbefreiung für Mehrarbeit von Betriebsräten**

- Voraussetzung: Betriebsratstätigkeit aus betriebsbedingten Gründen außerhalb der Arbeitszeit.
- Das betroffene Betriebsratsmitglied muss dem Arbeitgeber unverzüglich, d.h. sobald dieses aus objektiver Sicht zeitlich möglich ist, Mitteilung machen.
- Die Arbeitsbefreiung muss innerhalb von einem Monat erfolgen. Der Arbeitnehmer kann entsprechend den Regeln zur Urlaubsgewährung Vorschläge zur zeitlichen Lage des Zeitausgleichs machen.
- Ist ein Zeitausgleich aus betriebsbedingten Gründen innerhalb eines Monats nicht möglich, ist die aufgewendete Zeit wie Mehrarbeit zu vergüten.

29 **Schulungs- und Bildungsveranstaltungen**

- Soll ein Betriebsratsmitglied an einer »Grundschulung« teilnehmen, muss dies nur kurz und allgemein begründet werden. Bei »Spezialthemen« besteht ein erhöhter Begründungsaufwand bezüglich der Erforderlichkeit. Die Teilnahme setzt jeweils einen Beschluss des Betriebsrats voraus, in dem Ort, Datum und Schulungsveranstaltung sowie Namen der Teilnehmer ausdrücklich genannt sind.
- Die geplante Schulung muss nach dem Beschluss dem Arbeitgeber rechtzeitig mitgeteilt werden (in der Regel vier Wochen vorher).
- Der Arbeitgeber kann innerhalb einer Frist von ca. zwei Wochen die Einigungsstelle anrufen, wenn der Betriebsrat betriebliche Notwendigkeiten nicht ausreichend berücksichtigt hat.

Erfolgt keine Stellungnahme des Arbeitgebers, können die benannten Betriebsratsmitglieder teilnehmen.
- Über die Frage der Erforderlichkeit entscheidet allein das Arbeitsgericht.

Individueller Weiterbildungs-, Schulungs- und Bildungsanspruch 30

- Der Betriebsrat muss den zeitlichen Rahmen des individuellen Schulungsanspruchs berücksichtigen (drei/vier Wochen).
- Weitere Voraussetzung ist die Anerkennung durch die zuständige oberste Arbeitsbehörde des Landes.
- Die Schulungen nach Abs. 7 bedürfen eines Beschlusses des Betriebsrats, der sich inhaltlich auf die Festlegung der zeitlichen Lage pro Teilnehmer beschränkt.
- Die geplante Schulung muss nach dem Beschluss dem Arbeitgeber rechtzeitig mitgeteilt werden (in der Regel vier Wochen vorher).
- Der Arbeitgeber kann innerhalb einer Frist von ca. zwei Wochen die Einigungsstelle anrufen, wenn der Betriebsrat betriebliche Notwendigkeiten nicht ausreichend berücksichtigt hat. Erfolgt keine Stellungnahme des Arbeitgebers, können die benannten Betriebsratsmitglieder teilnehmen.

2. Musterschreiben/-beschlussvorlagen und -beschlüsse

Arbeitnehmer: Zeugniskorrektur wegen Betriebsratstätigkeit als Ehrenamt 31

Arbeitnehmer Name, Adresse — Ort, Datum

An den Arbeitgeber Firmenbezeichnung, Adresse
Geschäftsführung
(alternativ: Personalabteilung)
im Hause

Zeugniskorrektur
Sehr geehrte Damen und Herren,
mit Datum vom Datum haben Sie mir ein Zwischen-/Arbeitszeugnis übersandt. In diesem wird explizit auf meine Mitgliedschaft im Betriebsrat in der Zeit vom Datum bis Datum Bezug genommen. Eine Erwähnung dieser Tätigkeit findet sich in den Absätzen .
Da Betriebsratstätigkeit ein Ehrenamt ist und nicht mit zu der von mir nach dem Arbeitsvertrag zu erbringenden Arbeitsleistung gehört, ist diese Tätigkeit in einem Zwischen-/Arbeitszeugnis nicht zu erwähnen, wenn hierfür kein Einverständnis des Arbeitnehmers vorliegt (vgl. hierzu die Rechtsprechung des LAG Hamm vom 6.3.1991, DP 91, 1527 oder des LAG Frankfurt vom 10.3.1976, DP 78, 167). Ein solches Einverständnis habe ich nicht erteilt.
Vor diesem Hintergrund bitte ich, eine entsprechende Korrektur meines Zwischen-/Arbeitszeugnisses vorzunehmen und mir eine neue Ausfertigung ohne Erwähnung meiner Betriebsratstätigkeit bis zum Datum zuzusenden.
Das Original des mir zugesandten Zwischen-/Arbeitszeugnisses füge ich diesem Schreiben bei.
Anlage: Zwischen-/Arbeitszeugnis

32 **Betriebsrat: an Arbeitgeber wegen Arbeitsbefreiung für regelmäßige Aufgaben**

Der Betriebsrat der Firma Firmenbezeichnung, Adresse Ort, Datum
Betriebsratsvorsitzender Name

An den Arbeitgeber Firmenbezeichnung
im Hause

Regelmäßige Freistellung des Betriebsratsmitglieds Name
Sehr geehrte Damen und Herren,
in seiner Sitzung vom Datum hat der Betriebsrat Herrn Name neu in den Betriebsausschuss des Betriebsrats gewählt. Dies hat zur Folge, dass dieses Betriebsratsmitglied ab sofort an jedem Wochentag von ___ bis voraussichtlich ___ Uhr an den Ausschusssitzungen teilnehmen wird. Zur Zulässigkeit der Arbeitsfreistellung möchten wir auf § 37 Abs. 2 BetrVG verweisen.
Wir möchten Sie insoweit bitten, den Fachvorgesetzten des Betriebsratsmitglieds Name zu informieren und eine Vertretung sicherzustellen. Für Ihre Kooperation möchte ich mich für den Betriebsrat bedanken.

33 **Betriebsrat: an Arbeitgeber wegen Arbeitsbefreiung für allgemeine Aufgaben**

Der Betriebsrat der Firma Firmenbezeichnung, Adresse Ort, Datum
Betriebsratsvorsitzender Name

An den Arbeitgeber Firmenbezeichnung
im Hause

Regelmäßige Freistellung des Betriebsratsmitglieds Name
Sehr geehrte Damen und Herren,
ich möchte Sie davon in Kenntnis setzen, dass der Betriebsrat in seiner Sitzung vom Datum beschlossen hat, das Betriebsratsmitglied Name auf der Grundlage von § 37 Abs. 2 BetrVG zu beauftragen, vom Arbeitgeber vorgelegte personelle Einzelmaßnahmen gem. § 99 BetrVG für die Entscheidungsfindung im Gremium vorzubereiten. Der Betriebsrat geht mit Blick auf die bisherige Bearbeitung entsprechender Vorlagen davon aus, dass diese Aufgabe mit einem Arbeitsaufwand von einem halben Tag pro Woche verbunden ist. Unter Beachtung des Sitzungszyklus des Betriebsrats ist davon auszugehen, dass Herr Name sich mit dieser Aufgabe im Regelfall am Nachmittag unmittelbar vor der Betriebsratssitzung befassen wird.
Der Betriebsrat hält die Wahrnehmung dieser Aufgabe für die ordnungsgemäße Durchführung der Betriebsratsarbeit für erforderlich. Wie Ihnen bekannt ist, sind alle freigestellten Betriebsratsmitglieder mit so vielen anderweitigen Aufgaben belastet, dass ihnen eine Wahrnehmung dieses Aufgabenbereichs nicht möglich ist (weiter ausführen).
Betriebliche Belange, die der Arbeitsbefreiung entgegenstehen, sind nicht erkennbar. Wir gehen deshalb davon aus, dass die Aufgaben des Betriebsratsmitglieds Name durch eine entsprechende Änderung der Arbeitszeitvolumina der in der Abteilung tätigen Kollegen oder durch die Einstellung einer Aushilfskraft anderweitig erfüllt werden können. Insoweit hoffen wir, dass die Freistellung auf Ihr Einvernehmen trifft.

Betriebsrat: an Arbeitgeber wegen Arbeitsbefreiung für begrenzte Zeit 34

Der Betriebsrat der Firma Firmenbezeichnung, Adresse Ort, Datum
Betriebsratsvorsitzender Name

An den Arbeitgeber Firmenbezeichnung
im Hause

Freistellung des Betriebsratsmitglieds Name vom Datum bis Datum

Sehr geehrte Damen und Herren,
ich möchte Sie davon in Kenntnis setzen, dass der Betriebsrat in seiner Sitzung vom Datum beschlossen hat, das Betriebsratsmitglied Name auf der Basis des § 37 Abs. 2 BetrVG mit der Erstellung eines Konzeptes für Beschäftigungssicherung und Beschäftigungsförderung durch Innovation gem. § 92a BetrVG zu beauftragen. Der Kollege Name soll in diesem Rahmen dem Betriebsrat Vorschläge unterbreiten, wie einem im Bereich absehbaren Stellenabbau durch innovative Maßnahmen entgegengewirkt werden kann.
Der Betriebsrat geht davon aus, dass die Erstellung des Konzepts ca. einen Monat in Anspruch nehmen wird. Der Kollege Name soll mit seinen Arbeiten wegen der Dringlichkeit der Angelegenheit in der nächsten Woche beginnen. Wir möchten Ihnen deshalb hiermit unter Verweis auf § 37 Abs. 2 BetrVG mitteilen, dass Herr Name wegen der Wahrnehmung erforderlicher Betriebsratsaufgaben vom nächsten Wochentag an für ca. vier Wochen nicht für seine übliche betriebliche Tätigkeit zur Verfügung stehen wird.
Wir gehen davon aus, dass seine Arbeitsaufgaben vorübergehend von Mitarbeitern der Abteilung übernommen werden können, in der derzeit nur ein begrenztes Arbeitsaufkommen festzustellen ist. Sollte dies nicht möglich sein, regen wir an, dass die (nicht zeitkritischen) Aufgaben von Herrn Name durch die Einstellung einer Aushilfskraft übernommen werden können. Sollte auch dieses nicht möglich sein, sehen wir kein Problem darin, durch eine andere Priorisierung der Gesamtaufgaben in der Abteilung für eine Arbeitsabwicklung zu sorgen.
Aus Sicht des Betriebsrats gibt es damit keine betrieblichen Belange, die einer entsprechenden Freistellung des Herrn Name entgegenstehen. Wir hoffen, dass diese Auffassung auf Einvernehmen mit Ihnen trifft.
Wir bitten Sie, den Fachvorgesetzten des Betriebsratsmitglieds Name über die Situation zu informieren und eine entsprechende Vertretung sicherzustellen.

Betriebsrat: an Arbeitgeber wegen Arbeitsbefreiung wegen bestimmter Art der Arbeit 35

Der Betriebsrat der Firma Firmenbezeichnung, Adresse Ort, Datum
Betriebsratsvorsitzender Name

An den Arbeitgeber Firmenbezeichnung
im Hause

Versetzung des Betriebsratsmitglieds Name in die Normalschicht

Sehr geehrte Damen und Herren,
ich möchte Sie davon in Kenntnis setzen, dass der Betriebsrat in seiner Sitzung vom Datum beschlossen hat, dass es zur Wahrnehmung von Betriebsratsaufgaben erforderlich ist, dass die Betriebsrätin Name mit Beginn des nächsten Monats in die Normalschicht versetzt wird. Wir fordern Sie deshalb unter Berufung auf § 37 Abs. 2 BetrVG auf, zu diesem Zeitpunkt eine entsprechende Versetzung vorzunehmen.
Zur Begründung weisen wir darauf hin, dass die Betriebsrätin Name neben ihrer Tätigkeit im Betriebsrat dem Betriebsausschuss sowie zwei weiteren Ausschüssen zum Thema und an-

gehört. Die Sitzungen des Betriebsausschusses und des Betriebsrats finden jeweils am Vormittag ab Uhr statt. Die Ausschusssitzungen finden ebenfalls während der Normalschicht statt, da die Mehrheit der Ausschussmitglieder in diesem Schichtmodell tätig ist.
Aus dieser Situation hat sich für die Betriebsrätin Name in den vergangenen Monaten immer wieder die Notwendigkeit zu Mehrarbeit bzw. Arbeitszeitverlegungen ergeben (insbesondere während ihrer Spätschicht). Dieser Zustand ist aus Sicht des Betriebsrats nicht mehr haltbar und der Betriebsrätin Name nicht länger zumutbar.
Der Betriebsrat geht davon aus, dass die während des Schichtdienstes anfallenden Arbeitsaufgaben der Betriebsrätin Name von ihr teilweise auch in der Normalschicht durchgeführt werden können. Darüber hinaus sollte es kein Problem darstellen, die entsprechende Arbeitsleistung durch Ersatzarbeitskräfte sicherzustellen.
Eine anderweitige Gestaltung der Betriebsratsarbeit, die einen Verbleib der Kollegin in der Wechselschicht ermöglichen würde, ist mit Blick auf die zahlreichen anderen Betriebsratsmitglieder, die in Normalschicht tätig sind, nicht möglich.
Eine Versetzung ist damit aus Sicht des Betriebsrats unumgänglich. Wir hoffen, dass Sie diese Einschätzung teilen und möchten Sie daher bitten, die Versetzung sobald als möglich zu veranlassen.

36 **Betriebsrat: Wechsel des Entlohnungsmodells für einen Betriebsrat**

Der Betriebsrat der Firma Firmenbezeichnung, Adresse Ort, Datum
Betriebsratsvorsitzender Name

An den Arbeitgeber Firmenbezeichnung
im Hause

Wechsel des Entlohnungsmodells für die Betriebsrätin Name

Sehr geehrte Damen und Herren,
ich möchte Sie davon in Kenntnis setzen, dass der Betriebsrat in seiner Sitzung vom Datum gem. § 37 Abs. 2 BetrVG beschlossen hat, dass eine Versetzung des Betriebsratsmitglieds Frau Name von der bisher für sie geltenden Akkordentlohnung in die Zeitarbeit erfolgen muss. Diese Versetzung begründet sich aus der Tatsache, dass Frau Name nicht nur dem Betriebsrat und dem Betriebsausschuss, sondern darüber hinaus auch zwei weiteren Ausschüssen des Betriebsrats, nämlich dem für und dem für angehört. Hieraus resultiert für Frau Name eine ständig wechselnde Arbeitszeitbelastung, die sich in ihrer Konsequenz nicht planen lässt. Dies macht für sie die Erbringung ihrer bisher üblichen Akkordquote in der Praxis unmöglich. Hinzu kommt, dass sie während ihrer üblichen betrieblichen Tätigkeit immer wieder Betriebsratsarbeit erbringen muss, etwa weil es Anfragen von Kolleginnen und Kollegen gibt oder Rückfragen von Betriebsratsmitgliedern. (ausführen)
Wir bitten Sie deshalb, eine entsprechende Versetzung von Frau Name zum 1. des nächsten Monats vorzunehmen.

Betriebsrat: Zuteilung des Arbeitspensums (mit Beispielfall) 37

Der Betriebsrat der Firma Firmenbezeichnung, Adresse Ort, Datum
Betriebsratsvorsitzender Name

An den Arbeitgeber Firmenbezeichnung
im Hause

Veränderung des Arbeitsvolumens des Betriebsratsmitglieds Name
Sehr geehrte Damen und Herren,
ich möchte Sie davon in Kenntnis setzen, dass der Betriebsrat sich in seiner Sitzung vom Datum mit der Frage der Arbeitsvolumina von vollzeitbeschäftigten Betriebsratsmitgliedern befasst hat, die nicht freigestellt sind. Dabei wurde festgestellt, dass das Betriebsratsmitglied Name ohne Rücksicht auf sein Betriebsratsmandat mit dem vollen Arbeitsvolumen belastet wird, das auch für andere Kollegen ohne Betriebsratsaufgaben üblich ist.
Zu dieser Situation ist aus Sicht des Betriebsrats zunächst anzumerken, dass allein aus der regelmäßigen Teilnahme an der wöchentlichen Betriebsratssitzung sowie aus den hierzu erforderlichen Vor- und Nachbereitungsaufgaben ein Arbeitsvolumen von mindestens einem Tag resultiert. Hinzu kommen weitere Betriebsratsaufgaben, die sich aus persönlichen Beratungen sowie aus der Vorbereitung von Spezialthemen ergeben und die vom Betriebsratsmitglied Name wahrgenommen werden. Insgesamt ergibt sich für den Kollegen Name ein betriebsratsspezifisches Arbeitsvolumen in der Größenordnung von mindestens 1,5 Tagen pro Woche.
(ggf. weiter ausführen)
Der Kollege Name ist damit insgesamt mit einem wöchentlichen Arbeitsvolumen von 6, 5 Tagen belastet, wie sich aus der Addition seiner normalen betrieblichen Tätigkeit und der Arbeit für den Betriebsrat ergibt. Diese Situation steht im Widerspruch zu den normativen Vorgaben des § 37 Abs. 2 BetrVG. Diese Norm schreibt vor, dass Mitglieder des Betriebsrats von ihrer beruflichen Tätigkeit ohne Minderung des Arbeitsentgeltes zu befreien sind, wenn und soweit es nach Umfang und Art des Betriebs zur ordnungsgemäßen Durchführung ihrer Aufgaben erforderlich ist.
Ich möchte Sie deshalb bitten, durch entsprechende Anweisungen sicherzustellen, dass das Arbeitsvolumen, mit dem das Betriebsratsmitglied Name belastet wird, unverzüglich in einer Größenordnung von 1,5 Tagen pro Woche reduziert wird.

Betriebsrat: Abmeldung beim Vorgesetzten zur Wahrnehmung von Betriebsratsaufgaben 38

Betriebsratsmitglied Name Ort, Datum

An den Arbeitgeber
z.Hd. Frau Name
im Hause

Abmeldung zur Wahrnehmung von Betriebsratsaufgaben gem. § 37 Abs. 2 BetrVG
Sehr geehrte Frau Name,
ich möchte Sie darüber informieren, dass ich zur Wahrnehmung von Betriebsratsaufgaben heute ab Uhr meinen Arbeitsplatz verlassen (optional mit Ortsangabe: und mich in den Betriebsteil begeben) werde.
Voraussichtlich werde ich gegen Uhr zurück sein.
Ich bitte Sie, für diesen Zeitraum eine Vertretung sicherzustellen.

39 **Betriebsrat: an Arbeitgeber wegen Arbeitsbefreiung zwecks Besprechung mit Fremdbetrieb**

Der Betriebsrat der Firma Firmenbezeichnung, Adresse Ort, Datum
Betriebsratsvorsitzender Name

An den Arbeitgeber Firmenbezeichnung
im Hause

Arbeitsfreistellung zwecks Besprechung mit dem Betriebsrat des Betriebes Firmenbezeichnung

Sehr geehrte Damen und Herren,
ich möchte Sie darüber informieren, dass der Betriebsrat in seiner Sitzung am Datum beschlossen hat, dass der Betriebsratsvorsitzende und das Betriebsratsmitglied Name am Wochentag der nächsten Woche ganztägig an einer Besprechung mit dem Betriebsrat des Betriebes Firmenbezeichnung in Ort teilnehmen. Bezüglich des nicht freigestellten Betriebsratsmitglieds Name machen wir hiermit gem. § 37 Abs. 2 BetrVG für diesen Besprechungstermin eine Arbeitsbefreiung geltend.
Im Rahmen der Besprechung soll die kollektivrechtliche Situation nach der anstehenden Fusion der beiden Betriebe diskutiert werden. Wegen der sich hieraus voraussichtlich ergebenden Stellenabbaupläne hält der Betriebsrat die Besprechung zum derzeitigen Zeitpunkt für erforderlich.
Wir fordern Sie hiermit auf, dem Fachvorgesetzten des Betriebsrats Name entsprechende Mitteilung zu machen und ggf. für eine ausreichende Vertretung zu sorgen.

40 **Betriebsrat: Teilnahme an Besprechung mit dem Konzernbetriebsrat im Ausland**

Der Betriebsrat der Firma Firmenbezeichnung, Adresse Ort, Datum

An den Arbeitgeber Firmenbezeichnung
im Hause

Arbeitsfreistellung zwecks Besprechung mit dem Betriebsrat des Betriebs Firmenbezeichnung

Sehr geehrte Damen und Herren,
ich möchte Sie darüber informieren, dass der Betriebsrat in seiner Sitzung am Datum beschlossen hat, dass der Betriebsratsvorsitzende und das Betriebsratsmitglied Name am Wochentag der nächsten Woche ganztägig an einer Besprechung mit dem Betriebsrat des Konzernbetriebes Firmenbezeichnung in Ort teilnehmen. Die Besprechung hat die Konsequenzen aus der Produktionsverlegung aus unserem Werk in das ausländische Konzernunternehmen zum Gegenstand. Der Betriebsrat hält es für erforderlich, dass hierzu gemeinsam mit den Kollegen aus Ort über mögliche Lösungen diskutiert wird.
Wir fordern Sie deshalb auf, dem Vorgesetzten des Betriebsratsmitglieds Name entsprechende Mitteilung zu machen und ggf. für eine Vertretung am Datum zu sorgen.

Betriebsrat: an Arbeitgeber wegen Betriebsratstätigkeit außerhalb der Arbeitszeit 41

Betriebsratsmitglied Name Ort, Datum

An den Arbeitgeber Firmenbezeichnung, Adresse
im Hause

Durchführung von Betriebsratstätigkeit außerhalb der Arbeitszeit
Sehr geehrte Damen und Herren,
am Datum habe ich von bis Uhr an den Verhandlungen zwischen Betriebsrat und Arbeitgeber zum Thema »Neues Schichtmodell« teilgenommen. Dieser Termin ist auf Bitten der Verhandlungskommission der Arbeitgeberseite angesetzt worden, da eine Umsetzung des neuen Modells zum 1. des nächsten Monats erfolgen soll.
Nach Festlegung dieses Termins hatte ich darauf hingewiesen, dass der vorgeschlagene Verhandlungstag für mich aufgrund unseres rollierenden Arbeitszeitmodells arbeitsfrei ist. Da ich für den Betriebsrat dennoch an dieser Verhandlung teilgenommen habe, steht mir gemäß § 37 Abs. 3 BetrVG eine entsprechende Arbeitsbefreiung im Volumen eines Arbeitstags zu. Ich bitte Sie deshalb, mir an einem der nächsten Wochentag im kommenden Monat eine entsprechende Arbeitsbefreiung zu gewähren, damit ich auf diese Weise das ausgefallene »lange Wochenende« nachholen kann. Ein anderer Wochentag ist als Ersatz für mich aufgrund meiner familiären Verpflichtungen nicht sinnvoll.
Bevorzugen würde ich Wochentag, den Datum. Ich bitte um kurzfristige Mitteilung, ob Sie mit diesem Termin für die Arbeitsbefreiung einverstanden sind.

Arbeitgeber: Antwortschreiben an Betriebsrat wegen Arbeitsbefreiung 42

Arbeitgeber Firmenbezeichnung, Adresse Ort, Datum

An das Betriebsratsmitglied
Herrn Name
im Hause

Arbeitsbefreiung gemäß § 37 Abs. 3 BetrVG (Beispieltext)
Sehr geehrter Herr Name,
mit Schreiben vom Datum haben Sie unter Hinweis auf § 37 Abs. 3 BetrVG eine Arbeitsbefreiung geltend gemacht. Wir stimmen dieser Arbeitsbefreiung generell zu. Nicht einverstanden sind wir allerdings mit Ihrem Vorschlag, den freien Tag auf einen Wochentag zu legen. Dieses ist aufgrund der derzeitigen Personalsituation im kommenden Monat nicht möglich. Als Alternative schlagen wir ihnen deshalb vor, dass Sie den freien Tag an einem der nächsten Wochentag nehmen, damit Sie auf diese Weise in den Genuss eines langen Wochenendes kommen können. Konkret wäre nach unserer Meinung Wochentag, der Datum geeignet.
Ihr Vorgesetzter erhält eine Kopie dieses Schreibens. Wir bitten Sie, mit ihm die weitere Planung abzustimmen.

43 **Betriebsrat: Arbeitsentgelt der Betriebsratsmitglieder**

Der Betriebsrat der Firma Firmenbezeichnung, Adresse Ort, Datum
Betriebsratsvorsitzender Name

An den Arbeitgeber Firmenbezeichnung
im Hause

Festlegung von Vergleichsgruppen zur Sicherstellung der Gehaltsentwicklung von Betriebsratsmitgliedern
Sehr geehrte Damen und Herren,
zur Sicherstellung des Arbeitsentgelts der Betriebsratsmitglieder möchte der Betriebsrat eine entsprechende Betriebsvereinbarung abschließen. Ziel ist es, die Beteiligung aller Betriebsratsmitglieder an der betrieblichen Gehaltsentwicklung sicherzustellen und diesbezügliche Nachteile aufgrund der Amtstätigkeit auszuschließen.
Als Grundlage der weiteren Diskussion fügen wir den Entwurf einer Betriebsvereinbarung bei.
Wir würden uns freuen, wenn unser Entwurf Ihre grundsätzliche Zustimmung finden würde und bitten Sie um eine Stellungnahme bis zum Datum. Für ein sicher notwendiges Gespräch zu diesem Thema bitten wir um Ihre Terminvorschläge.

43a **Muster einer Betriebsvereinbarung zur Betriebsratsvergütung (§ 37 Abs. 4 Satz 3 BetrVG)**

zwischen der Firma Firmenbezeichnung (im Folgenden: Arbeitgeber) -
und dem
Betriebsrat der Firma Firmenbezeichnung (im Folgenden: Betriebsrat)

Präambel
Diese Betriebsvereinbarung soll eine einheitliche und rechtskonforme Vereinbarung zum Arbeitsentgelt von Betriebsratsmitgliedern sicherstellen.
Die mit dieser Betriebsvereinbarung vereinbarte Festlegung und Entwicklung des Arbeitsentgelts von Betriebsratsmitgliedern nach § 37 Abs. 4 BetrVG erfolgt auf Basis der einschlägigen gesetzlichen Vorgaben und der hierzu ergangenen Rechtsprechung.

§ 1 Geltungsbereich
Diese Vereinbarung gilt
- **räumlich** für den Betrieb in Ort und
- **persönlich** für alle Arbeitnehmer des Betriebs, die Mitglieder des gewählten Betriebsrats sind

§ 2 Grundsätze
(1) Das Arbeitsentgelt von Betriebsratsmitgliedern wird durch ihren Arbeitsvertrag i. V. m. § 611a BGB und § 37 Abs. 2 BetrVG bestimmt. Bei der Festlegung ihres Arbeitsentgelts sind insbesondere § 37 Abs. 4 und § 78 Satz 2 BetrVG zu berücksichtigen.
(2) Das einzelnen Betriebsratsmitgliedern fortzuzahlende Arbeitsentgelt umfasst nach dem Lohnausfallprinzip das gesamte vom Arbeitgeber vertraglich geschuldete Arbeitsentgelt, d. h. das Festgehalt nebst vereinbarten Zulagen und möglichen Sachbezügen. Individuelle Entgeltbestandteile wie etwa Zeitzuschläge oder Mehrarbeit werden nach dem Durchschnitt der Zahlungen in den letzten zwölf Monate vor Antritt der Betriebsratsamtes berücksichtigt.
(3) Vor Amtsantritt gezahlte Entgeltbestandteile werden Betriebsratsmitgliedern auf Basis der einschlägigen Rechtsgrundlage so lange weitergezahlt, wie diese anwendbar ist. Im Falle einer Änderung dieser Rechtsgrundlage, insbesondere aufgrund einer »hypothetischen Karriere« (vgl. § 10), werden Entgeltbestandteile weitergezahlt, wenn Betriebsratsmitglieder

hierauf weiterhin einen Anspruch hätten. Eine »hypothetische Karriere« in der beruflichen Entwicklung gemäß § 78 Satz 2 BetrVG ist unabhängig von der Entwicklung der Vergleichsgruppe möglich.

(4) Das Arbeitsentgelt der einzelnen Betriebsratsmitglieder sowie die zutreffende und vollständige Besetzung der jeweiligen Vergleichsgruppen wird vom Arbeitgeber automatisch einmal im Jahr überprüft. Ergibt die Überprüfung, dass das individuelle Arbeitsentgelt von Betriebsratsmitgliedern die Entgeltentwicklung in der jeweiligen Vergleichsgruppe unterschreitet, erfolgt eine unverzügliche Anpassung des Arbeitsentgelts. Gleiches gilt, wenn Betriebsratsmitglieder einen Antrag auf Überprüfung stellen.

(5) Betriebliche bzw. tarifliche Erhöhungen des Arbeitsentgelts sowie andere betriebsübliche Vergütungsentwicklungen erhalten Betriebsratsmitglieder in gleicher Art und Weise wie alle anderen Beschäftigten des Betriebes.

(6) Eine Abgruppierung von Betriebsratsmitgliedern, etwa aufgrund von Änderung in ihrer Vergleichsgruppe, ist regelmäßig unzulässig. Etwas anderes kann nur gelten, wenn sie im Betrieb eine neue und niedrige bewertete Aufgabe übernehmen oder wenn ihre Vergütung gegen eine gesetzliche Bestimmung verstößt.

§ 3 Festlegung der Vergleichsgruppen

(1) Für erstmals gewählte Betriebsratsmitglieder erfolgt spätestens drei Monate nach dem Beginn ihrer Amtszeit die Festlegung einer individuellen Gruppe vergleichbarer Beschäftigter (»Vergleichsgruppe«). Die Entgeltentwicklung innerhalb der Vergleichsgruppe ist nach § 37 Abs. 1 Satz 1 BetrVG Maßstab für das Betriebsratsmitgliedern zu zahlende Arbeitsentgelt.

(2) Für Betriebsratsmitglieder, für die bei Inkrafttreten dieser Betriebsvereinbarung bereits eine Vergleichsgruppe festgelegt ist, erfolgt eine Überprüfung entsprechend § 2 Abs. 4 dieser Betriebsvereinbarung spätestens nach einem Kalenderjahr oder auf ihren individuellen Antrag hin schnellstmöglich.

(3) Bezüglich des fortzuzahlenden Arbeitsentgelts orientiert sich Feststellung der Vergleichbarkeit zwischen Betriebsratsmitgliedern und anderen Beschäftigten an den nachstehend aufgeführten Kriterien. Diese Kriterien müssen nicht insgesamt erfüllt sein. Maßgeblich ist die Situation zum Zeitpunkt des Amtsantritts. Für die Vergleichbarkeit mit Betriebsratsmitgliedern spricht insbesondere, dass Beschäftigte
   a. im selben Betrieb tätig sind,
   b. eine im Wesentlichen gleiche Tätigkeit ausüben,
   c. in vergleichbarer Weise qualifiziert sind, d.h. insbesondere eine vergleichbare schulische und fachliche Aus-/Fortbildung aufweisen,
   d. möglichst in dieselbe (tarifliche) Entgeltgruppe / Gehaltsklasse / Gehaltsgruppe eingruppiert sind,
   e. das gleiche Lebensalter und die gleiche Zeit der Betriebszugehörigkeit aufweisen und
   f. vergleichbare berufliche Leistungen (z.B. gleiche Leistungsbeurteilung) erbracht haben.

(4) Die Festlegung der Vergleichsgruppen erfolgt durch den Arbeitgeber.

§ 4 Auswahl von Vergleichspersonen

(1) Der Arbeitgeber legt für jedes Betriebsratsmitglied eine Liste mit mindestens ….. Vergleichspersonen vor. In den Listen werden neben den Namen vergleichbarer Personen mindestens die wesentlichen Eingruppierungskriterien genannt, die der Auswahl zugrunde liegen. Nach Vorlage der Listen können die betroffenen Betriebsratsmitglieder dem Arbeitgeber Alternativen zu den genannten Vergleichspersonen vorschlagen. Diese Vorschläge werden vom Arbeitgeber nach Möglichkeit berücksichtigt.

Hinweise:
Alternativ kann festgelegt werden, dass der Betriebsrat und / oder die betroffenen Betriebsratsmitglieder dem Arbeitgeber vor Erstellung der Vergleichslisten geeignete Vergleichspersonen benennen.

Die Größe der Vergleichsgruppe ist gesetzlich nicht vorgegeben. Sie sollte aber deutlich über der in § 5 Abs. 2 Buchstabe a) genannte Mindestzahl von drei Personen liegen.

(2) Die individuellen Listen mit Vergleichspersonen werden zwischen Arbeitgeber und den einzelnen Betriebsratsmitgliedern individuell besprochen. Ziel des Gesprächs ist Herstellung von Einvernehmen über die in die Vergleichsliste aufzunehmenden Personen. Besteht diesbezüglich Einvernehmen, werden die entsprechenden Vergleichsliste unter Nennung der Vor- und Nachnamen sowie der Personalnummer der Vergleichspersonen dem Betriebsrat vorgelegt. Dieser muss die Vergleichslisten durch Beschluss gem. § 37 Abs. 4 Satz 5 BetrVG bestätigen.

(3) Gibt es zwischen Arbeitgeber und Betriebsratsmitgliedern bezüglich der jeweiligen Vergleichslisten kein Einvernehmen, entscheidet auf Anrufung einer Partei die innerbetriebliche freiwillige Einigungsstelle (vgl. § 11). Beide Parteien können der innerbetrieblichen freiwilligen Einigungsstelle für deren Entscheidungsfindung aus ihrer Sicht geeignete Vergleichspersonen benennen.

(4) Der begründete Beschluss der freiwilligen Einigungsstelle wird den betroffenen Betriebsratsmitgliedern, dem Betriebsrat und dem Arbeitgeber in Schriftform mitgeteilt. Er wird vom Arbeitgeber unverzüglich umgesetzt.

§ 5 Änderung oder Neubestimmungen von Vergleichsgruppen

(1) Beim Vorliegen eines sachlichen Grundes, etwa aufgrund von Erkenntnissen aus einer Überprüfung gemäß § 2 Abs. 4 dieser Betriebsvereinbarung, kann eine Änderung oder Neubestimmung einer Vergleichsgruppe erfolgen.

(2) Als sachliche Gründe kommt insbesondere in Betracht

a. eine Reduzierung der Personen in einer Vergleichsgruppe auf höchstens drei Beschäftigte (insbesondere nach Ausscheiden von erfassten Beschäftigten aus dem Betrieb);
b. Veränderungen in der Person eines Betriebsratsmitglieds (etwa aufgrund erfolgreicher Durchführung von Fortbildungsmaßnahmen), die eine Anpassung der Vergleichskriterien und der Vergleichsgruppe notwendig machen;
c. ein erfolgreicher »hypothetischen Karriereschritts«, der die Benennung anderer Vergleichspersonen erforderlich macht;
d. offensichtlicher Fehler bei der Festlegung von Vergleichspersonen.

(3) Die sachlichen Gründe für Änderung oder Neubestimmung von Vergleichsgruppen sind vom Arbeitgeber zu dokumentieren und den betroffenen Betriebsratsmitgliedern in Textform mitzuteilen. Sodann ist zur abschließenden Festlegung der Vergleichsgruppen das Verfahren nach § 4 durchzuführen. Die vom Arbeitgeber vorzunehmende Dokumentation dient dazu, die betriebsübliche Entwicklung der betroffenen Betriebsratsmitglieder umfassend festzustellen.

§ 6 Anpassung des Arbeitsentgelts

(1) Das Arbeitsentgelt nicht oder nicht vollständig freigestellten Betriebsratsmitglieder bestimmt sich vorrangig nach deren tatsächlicher beruflicher Entwicklung. Die Ableitung der Vergütungsentwicklung aus einer Vergleichsgruppenbetrachtung kommt für diese Betriebsratsmitglieder nur in Betracht, wenn die Entwicklung ihres individuellen Arbeitsentgelts aufgrund ihrer Betriebsratstätigkeit hinter der entsprechenden Entwicklung in ihrer Vergleichsgruppe zurückbleibt. In diesem Zusammenhang ist das kollektivrechtliche Benachteiligungs- und Begünstigungsverbot zu beachten. Insbesondere darf die aus ihrer Betriebsratstätigkeit folgende Abwesenheit vom Arbeitsplatz sich nicht nachteilig auf die Festlegung ihrer leistungsbezogenen Vergütungsbestandteile auswirken.

(2) Die Entwicklung des Arbeitsentgelts vollständig freigestellter Betriebsratsmitglieder wird durch die Vergütungsentwicklung in der festgelegten Vergleichsgruppe bestimmt.

(3) Leitet sich aus der Entwicklung in der jeweiligen Vergleichsgruppe die Notwendigkeit von Erhöhungen des Arbeitsentgelts ab, werden hieraus resultierende Nachzahlungen spätestens zusammen mit der nächsten regulären Zahlung des Arbeitsentgelts gezahlt.

§ 7 Vergütungsbestandteile

(1) Bei der Überprüfung der Vergütungsentwicklung der einzelnen Betriebsratsmitglieder sind die den festgelegten Vergleichspersonen zustehenden Leistungen zu berücksichtigen. Hierzu gehören neben dem vertraglich und/oder tariflich festgelegten Grundgehalt insbesondere alle variable Vergütungsbestandteile. Weiterhin sind alle kollektive Zuwendungen des Arbeitgebers an Vergleichspersonen zu berücksichtigen, wie etwa eine betriebliche Altersversorgung oder Gewinnbeteiligungen. Individuelle Zuschläge, Zulagen und sonstige Leistungen, die Vergleichspersonen erhalten, unterliegen einer Einzelfallbetrachtung.

(2) Nicht zu berücksichtigen sind Vergütungsbestandteile, die ausschließlich dem Ausgleich individuell tatsächlich entstandene Aufwendungen dienen, beispielsweise individuelle Reisekosten oder Wegegelder.

§ 8 Entwicklung

(1) Maßgeblich für die Feststellung der Vergütungsentwicklung einzelner Betriebsratsmitglieder ist die Entwicklung, die der Entwicklung des Medians (»Mittelwert«) der Personen in ihrer Vergleichsgruppe entspricht. Aus diesem Median leitet sich die Höhe des Anpassungsanspruchs der einzelnen Betriebsratsmitglieder unmittelbar ab.

(2) Entsprechendes gilt, wenn sich der Median aufgrund von Umgruppierungen oder Statuswechsel verändert (etwa eine Beförderung einer relevanten Zahl von Personen in einer Vergleichsgruppe in eine AT-Vergütung).

§ 9 Zuschläge und Mehrarbeit

(1) Das den einzelnen Betriebsratsmitgliedern fortzuzahlende Arbeitsentgelt umfasst im Rahmen des Lohnausfallprinzips das gesamte Entgelt samt Festgehalt nach Eingruppierung, Zulagen und möglicher Sachbezüge (vgl. § 2 Abs. 2). Ausgangspunkt für die Feststellung abzurechnender Entgeltbestandteile (Zeitzuschläge oder Mehrarbeit) ist der Durchschnitt für die vertragsgemäße Beschäftigung in den letzten 12 Monate vor Amtsantritt geleisteten Zahlungen. Bei der Berechnung der Höhe dieser Zulagen, Sachbezüge und individueller Entgeltbestandteile ist weiterhin die Entwicklung der entsprechenden Beträge in der Vergleichsgruppe zu berücksichtigen. Aus dem für 12 Monte festgestellten Durchschnittsbetrag ist eine monatliche Pauschale abzuleiten und den Betriebsratsmitgliedern für die Dauer ihrer Amtszeit monatlich auszuzahlen.

(2) Eine Anpassung der monatlichen Pauschale gemäß Abs. 1 ist bei erheblichen Änderungen im Betriebsablauf oder bei Antritt einer geänderten vertraglichen Beschäftigung gemeinsam zu vereinbaren. Im Streitfall entscheidet auf Anrufung des betroffenen Betriebsratsmitglieds oder des Arbeitgebers die innerbetriebliche Einigungsstelle nach § 11 verbindlich.

(3) Zum Ausgleich für Betriebsratstätigkeit, die aus betriebsbedingten Gründen außerhalb der Arbeitszeit durchzuführen ist, haben Betriebsratsmitglieder nach § 37 Abs. 3 BetrVG einen Anspruch auf entsprechende Arbeitsbefreiung unter Fortzahlung des Arbeitsentgelts. Die die Gewährung der Arbeitsbefreiung vor Ablauf eines Monats aus betriebsbedingten Gründen nicht möglich, ist ihnen die aufgewendete Zeit wie Mehrarbeit nach den im Betrieb geltenden Regelungen zu vergüten.

Hinweis:
Die Betriebsratstätigkeit kann berufliche Weiterentwicklungen von Betriebsratsmitgliedern erschweren oder verhindern, etwa wenn hierfür Auslandsaufenthalte oder Abordnungen in andere Unternehmen unumgänglich sind. Um hieraus möglicherweise folgende finanzielle Nachteile für betroffene Betriebsratsmitglieder zu vermeiden, wird der Umgang mit »hypothetischen Karriereschritten« bei der Festlegung des Arbeitsentgelts geregelt.

§ 10 Entwicklung aufgrund einer »hypothetische Karriere«

(1) Unter einer »hypothetischen Karriere« ist ausgehend von § 78 Satz 2 BetrVG eine berufliche Entwicklung zu verstehen, die unabhängig von der festgelegten Vergleichsgruppe ist. In diesem Fall erfüllt das Betriebsratsmitglied die fachlichen und persönlichen Voraussetzungen für eine höherbewertete offene Stelle. Dabei sind auch Qualifikationen zu berücksichtigen, die durch die Betriebsratstätigkeit erworben worden sind. Die offene Stelle kann aber aufgrund des Fortbestehens des Betriebsratsamts nicht angetreten werden. Eine »hypothetische Karriere« ist unabhängig von der in § 37 Abs. 4 Satz 1 BetrVG genannten betriebsüblichen beruflichen Entwicklung.

(2) Können Betriebsratsmitglieder die Voraussetzungen einer freien Stelle aufgrund ihrer Amtstätigkeit nicht erfüllen, spricht deren Fehlen nicht gegen die Feststellung einer »hypothetischen Karriere«.

(3) Betriebsratsmitglieder können geltend machen, dass sie aufgrund einer solchen»hypothetischen Karriere« eine bessere Entwicklung als die Personen ihrer Vergleichsgruppe gemacht hätten. Wird diese nach einer Prüfung durch den Arbeitgeber bestätigt, können Betriebsratsmitglieder zur Vermeidung einer Benachteiligung nach § 78 Satz 2 BetrVG verlangen, dass sie ab dem Zeitpunkt der tatsächlichen Stellenbesetzung so gestellt zu werden, als hätten sie die Stelle angenommen. Diese Prüfung erfolgt auf Antrag des betroffenen Betriebsmitgliedes. Im Streitfall entscheidet die innerbetriebliche Einigungsstelle nach § 11 verbindlich.

(4) Eine »hypothetische Karriere« setzt immer eine Mitteilung eine aktive Bewerbung eines Betriebsmitgliedes an den Arbeitgeber voraus, mit der er sein Interesse an einer freien Stelle im Betrieb bekundet, für die es fachlich und persönlich geeignet ist.

§ 11 Innerbetriebliche freiwillige Einigungsstelle

(1) Zur Klärung von Streitigkeiten aus dieser Betriebsvereinbarung und zur Vermeidung gerichtlicher Auseinandersetzungen wird eine freiwillige innerbetriebliche Einigungsstelle gebildet. Die Vertreter des Arbeitgebers und des Betriebsrats können einvernehmlich eine Geschäftsordnung der freiwilligen Einigungsstelle festlegen.

(2) Mitglieder der Einigungsstelle sind zwei Vertreter des Arbeitgebers, zwei Vertreter des Betriebsrats und ein neutraler Sachverständiger. Dieser neutrale Sachverständige übernimmt den Vorsitz der Einigungsstelle. Die oder der Sachverständige soll vorzugsweise eine Richtertätigkeit an einem deutschen Gericht ausüben oder ausgeübt haben. Die oder der neutrale Sachverständige wird einvernehmlich von Arbeitgeber undBetriebsrat bestimmt.

Hinweis:
In Abhängigkeit von den betrieblichen Gegebenheiten ist eine andere Zahl der Vertreter beider Betriebsparteien möglich, solange hierbei die Parität gewahrt bleibt.
Um Verhinderungsfälle der neutralen Sachverständigen auszuschließen, kann einvernehmlich auch eine Liste geeigneter Personen festgelegt werden.

(3) Die innerbetriebliche Einigungsstelle entscheidet Streitigkeiten bezüglich der Auslegung dieser Betriebsvereinbarung, der Entwicklung und Eingruppierung von Betriebsratsmitgliedern, der Bildung von Vergleichsgruppen oder des Vorliegens »hypothetischer Karrieren«.

(4) Für das Verfahren in der der innerbetrieblichen Einigungsstelle und insbesondere für die Beschlussfassung kommen die Regelungen in § 76 BetrVG entsprechend zur Anwendung.

(5) Die gerichtliche Überprüfung von Beschlüssen der innerbetrieblichen Einigungsstelle bleibt den Betriebsparteien und den betroffenen Betriebsratsmitgliedern nach Maßgabe des geltenden Rechts unbenommen.

§ 12 Dokumentationspflichten

(1) Der Arbeitgeber dokumentiert alle für die Entgeltentwicklung der einzelnen Betriebsratsmitglieder relevanten Maßnahmen und Entscheidungen. Sie sind zudem in die die individuellen Personalakten aufzunehmen.

(2) Im Falle einer »hypothetischen Karriere« erhalten die betroffenen Betriebsratsmitglieder einen für die entsprechende Position üblichen Arbeitsvertrag.

(3) Grundsätzlich trägt im Übrigen jede Partei die Darlegungs- und Beweislast für das Vorliegen individuell günstiger Tatsachen. Die Dokumentation des Betriebs, insbesondere die Liste von Vergleichspersonen nebst Arbeitsplatzbeschreibungen, werden Betriebsratsmitgliedern im Streitfall vom Arbeitgeber zur Verfügung gestellt.

§ 13 Übergangsregelung

Zum Zeitpunkt des Inkrafttretens dieser Betriebsvereinbarung für einzelne Betriebsratsmitglieder bereits festgelegte Vergleichsgruppen zunächst unberührt. Ihre Anpassung auf Basis dieser Betriebsvereinbarung Vergleichsgruppen erfolgt nach der in § 2 Abs. 4 vorgesehenen automatischen Überprüfung oder auf Antrag der betroffenen Betriebsratsmitglieder.

§ 14 Schlussbestimmungen

(1) Die Vereinbarung tritt zum Datum in Kraft.

(2) Sie kann mit einer Frist von sechs Monaten zum Jahresende gekündigt werden.

(3) Im Falle der Änderung der Rechtslage – z. B. durch eine neue Rechtsprechung oder eine Gesetzesänderungen – verpflichten sich die Parteien, zeitnah über eine hieraus resultierende Anpassung dieser Betriebsvereinbarung zu verhandeln. Ziel der Verhandlungen ist eine Neuregelung, die den Inhalten der vorliegenden Betriebsvereinbarung so nah wie möglich kommt.

Ort, Ort Datum Datum.

Unternehmen Betriebsrat

Betriebsrat: Beschlussfassung über Vergleichsgruppen 43b

Betriebsrat der Firma Firmenbezeichnung, Adresse Ort, Datum
Betriebsratsvorsitzender Name

An den Arbeitgeber Firmenbezeichnung, Adresse
im Hause

Beschlussfassung über vorgelegte Vergleichsgruppen für das Arbeitsentgelt von Betriebsratsmitgliedern

Sehr geehrte Damen und Herren,

dem Betriebsrat sind mit Datum vom Datum auf Basis der Betriebsvereinbarung zur Betriebsratsvergütung vom Datum Vergleichslisten für die Betriebsratsmitglieder Name., Name und Name vorgelegt worden.

Der Betriebsrat hat in seiner Sitzung vom Datum beschlossen, allen vorgelegten Vergleichsgruppen zuzustimmen.

Alternativ bei Ablehnung einzelner Vergleichslisten
Der Betriebsrat hat in seiner Sitzung vom Datum beschlossen, den Vergleichslisten für die Betriebsratsmitglieder Name und Name zuzustimmen.
Weiterhin hat er beschlossen, der Vergleichsliste für das Betriebsmitglied Name hat der Betriebsrat nicht zuzustimmen. Das Gremium ist nach Prüfung dieser Vergleichsliste der Auffassung, dass die Mehrzahl der dort genannten Personen Tätigkeiten ausüben, die nicht mit denen des Betriebsratsmitglieds Name vergleichbar sind. Bezüglich dieser Vergleichsliste ruft der Betriebsrat hiermit die für diese Fälle vorgesehene freiwillige Einigungsstelle an.
Mit freundlichen Grüßen

44 **Betriebsrat: Sicherung gleichwertiger Beschäftigung**

Der Betriebsrat der Firma Firmenbezeichnung, Adresse Ort, Datum

An den Arbeitgeber Firmenbezeichnung
im Hause

Unzulässige Beschäftigung des Betriebsratsmitglieds Name
Sehr geehrte Damen und Herren,
in seiner Sitzung vom Datum hat der Betriebsrat die von Ihnen zum Datum vorgenommene Organisationsänderung im Bereich   diskutiert.
Aus dieser Veränderung resultiert unmittelbar eine Neufassung der beruflichen Aufgaben des Betriebsratsmitglieds Name. Ihm sind als Folge dieser Veränderung alle höherrangigen Aufgaben sowie die vorher bestehende Personalverantwortung ohne nähere Begründung entzogen worden. Alle diese Aufgaben werden nunmehr von Name wahrgenommen. Der sachliche Grund für die Organisationsänderung ist für den Betriebsrat weder nachvollziehbar noch erkennbar. (ggf. weiter ausführen)
Da es sich hierbei um einen originären Vorgang handelt, für den bisher kein sachlicher Grund erkennbar ist, liegt für den Betriebsrat der Verdacht nah, dass diese Organisationsänderung bzw. die hieraus für unser Mitglied Name resultierenden Veränderungen seiner beruflichen Aufgaben und Kompetenzen im Zusammenhang mit der Betriebsratstätigkeit stehen. In diese Richtung weist im Übrigen auch eine Bemerkung, die der Vorgesetzte des Herrn Name in der letzten Abteilungsrunde in der Öffentlichkeit gemacht hat.
Unter Bezugnahme auf § 37 Abs. 5 BetrVG möchten wir Sie deshalb auffordern, die vorgenommene Organisationsänderung rückgängig zu machen. Wir weisen darauf hin, dass das veränderte Tätigkeitsprofil, das der Arbeit des Betriebsratsmitglieds Name nunmehr zugrunde liegen würde, nicht mit seiner vorherigen Tätigkeit gleichwertig ist.
Wir möchten Sie bitten, uns bis zum Datum mitzuteilen, dass Sie entsprechende Maßnahmen unverzüglich vornehmen werden. Sollte eine derartige Erklärung nicht erfolgen, ist die Einleitung arbeitsgerichtlicher Schritte unumgänglich.

45 **Betriebsrat: Beschluss zur Schulungsteilnahme zum Thema »Mobbing« (Weiterbildung)**

Beschlussvorlage
Der Betriebsrat beschließt,
die Betriebsratsmitglieder Name und Name zu einer Schulungsveranstaltung zum Thema »Mobbing« zu entsenden, die von der Firma Firmenbezeichnung vom Datum bis zum Datum in Ort

angeboten wird. Die Teilnahme ist erforderlich, weil es in den letzten Monaten in unserem Betrieb mehrfach Beschwerden von Arbeitnehmerinnen und Arbeitnehmern über entsprechendes Verhalten von Vorgesetzten sowie von Kollegen gegeben hat. Die beiden Kollegen sollen nach der Schulung mit dem Arbeitgeber in Verhandlungen über gemeinsame Initiativen gegen Mobbing eintreten.
Ergebnis: .

Betriebsrat: Beschluss mit Schulungsoption »Mobbing« 46

Beschlussvorlage
Der Betriebsrat beschließt,
die Betriebsratsmitglieder Name und Name zu einer Schulungsveranstaltung zum Thema »Mobbing« zu entsenden, die von der Firma Firmenbezeichnung vom Datum bis zum Datum in Ort angeboten wird. Sollte eine Teilnahme aufgrund des Buchungsstandes nicht möglich sein, soll eine Teilnahme an der inhaltsgleichen Veranstaltung vom Datum bis Datum des Folgemonats in Ort stattfinden. Sollte auch diese Veranstaltung ausgebucht sein, soll eine Teilnahme an der Veranstaltung vom Datum bis Datum des Folgemonats des Veranstalters Firmenbezeichnung in Ort stattfinden. Die Kosten aller Veranstaltungen bewegen sich im gleichen Rahmen. Die Teilnahme ist erforderlich, weil es in den letzten Monaten in unserem Betrieb mehrfach Beschwerden von Arbeitnehmerinnen und Arbeitnehmern über entsprechendes Verhalten von Vorgesetzten sowie von Kollegen gegeben hat. Die beiden Kollegen sollen nach der Schulung mit dem Arbeitgeber in Verhandlungen über gemeinsame Initiativen gegen Mobbing eintreten.
Ergebnis: .

Betriebsrat: Beschluss zur Schulungsteilnahme zum Erwerb von Grundkenntnissen (Weiterbildung) (Arbeitsschutz) 47

Der Betriebsrat der Firma Firmenbezeichnung, Adresse Ort, Datum
Betriebsratsvorsitzender Name

An den Arbeitgeber Firmenbezeichnung
im Hause

Schulungsteilnahme gem. § 37 Abs. 6 BetrVG – Vermittlung von Grundkenntnissen
Sehr geehrte Damen und Herren,
der Betriebsrat hat in seiner Sitzung vom Datum beschlossen, die Betriebsratsmitglieder Name und Name zu einer kollektivrechtlichen Grundschulung der Firma Firmenbezeichnung zum Thema »Einführung Arbeitsschutz und Unfallverhütung« zu entsenden. Die Veranstaltung wird in der Zeit vom Datum bis Datum in Ort durchgeführt. Zu Ihrer weiteren Information fügen wir diesem Schreiben als Anlage die Seminarausschreibung der Firma Firmenbezeichnung bei.
Die beiden Betriebsratsmitglieder sind – wie wir Ihnen ja mit Schreiben vom Datum mitgeteilt haben – inzwischen im Betriebsrat für den Bereich Arbeits- und Unfallschutz zuständig. Diese neue Aufgabe macht die Vermittlung von Grundwissen erforderlich.
Vor diesem Hintergrund geht der Betriebsrat davon aus, dass Sie mit der Teilnahme an der Schulungsveranstaltung einverstanden sind. Wir bitten Sie deshalb, die beigefügten Anmeldungen gegenzuzeichnen und an uns zur Weiterleitung an den Seminarveranstalter zurückzusenden.

Nur vorsorglich weisen wir darauf hin, dass wir von Ihrem Einverständnis ausgehen und ggf. eigenständig eine Anmeldung vornehmen werden, falls uns von Ihnen innerhalb von zwei Wochen ab Zugang dieses Schreibens keine Einwände gegen die Entsendung mitgeteilt werden.

48 **Betriebsrat: Beschluss zur Schulungsteilnahme zum Erwerb von Spezialkenntnissen (Weiterbildung)**

Der Betriebsrat der Firma Firmenbezeichnung, Adresse Ort, Datum
Betriebsratsvorsitzender Name

An den Arbeitgeber Firmenbezeichnung
im Hause

Schulungsteilnahme gem. § 37 Abs. 6 BetrVG
Sehr geehrte Damen und Herren,
der Betriebsrat hat in seiner Sitzung vom Datum beschlossen, die Betriebsratsmitglieder Name und Name zu einer Schulung der Firma Firmenbezeichnung zum Thema »Mobbing« zu entsenden. Die Veranstaltung wird in der Zeit vom Datum bis Datum in Ort stattfinden. Zu Ihrer weiteren Information fügen wir diesem Schreiben als Anlage die Seminarausschreibung der Firma Firmenbezeichnung bei.
Aus Sicht des Betriebsrats ist diese Veranstaltung erforderlich, weil es in den letzten Monaten vermehrt Beschwerden von Mitarbeiterinnen und Mitarbeitern über Mobbing oder über mobbingähnliches Verhalten von Kollegen und Vorgesetzten gegeben hat. Zu diesem Thema gibt es bisher im Betriebsrat keinerlei weitere Informationen oder Fachkenntnisse. Der Betriebsrat ist deshalb der Meinung, dass der Aufbau eines eigenen Fachwissens unumgänglich ist. Die beiden für die Schulungsveranstaltung vorgesehenen Betriebsratsmitglieder sollen nach entsprechender Qualifikation Konzepte zu einem Umgang mit Mobbing in unserem Betrieb ausarbeiten und mit Ihnen verhandeln.
Der Betriebsrat geht davon aus, dass gegen die Erforderlichkeit der Schulungsveranstaltung keine Einwände bestehen können. Bei der zeitlichen Lage der Schulungsveranstaltung hat der Betriebsrat darauf abgestellt, dass an den gewählten Tagen das Geschäftsaufkommen in unserem Betrieb so gering ist, dass eine Vertretung durch anwesende Kolleginnen und Kollegen sichergestellt ist. Insofern sind betriebsbedingte Gründe, die gegen die Teilnahme sprechen könnten, für uns nicht ersichtlich.
Vor diesem Hintergrund geht der Betriebsrat davon aus, dass Sie mit der Teilnahme an der Schulungsveranstaltung einverstanden sind. Wir bitten Sie deshalb, die beigefügten Anmeldungen gegenzuzeichnen und an uns zur Weiterleitung an den Seminarveranstalter zurückzusenden.
Nur vorsorglich weisen wir darauf hin, dass wir von Ihrem Einverständnis ausgehen und ggf. eigenständig eine Anmeldung vornehmen werden, falls uns von Ihnen innerhalb von zwei Wochen ab Zugang dieses Schreibens keine Einwände gegen die Entsendung mitgeteilt werden.

Arbeitgeber: an Betriebsrat wegen Ablehnung einer Betriebsratsschulung und Anrufung der Einigungsstelle 49

Arbeitgeber Firmenbezeichnung, Adresse Ort, Datum

An den
Betriebsratsvorsitzenden
Herrn Name
im Hause

Schulungsteilnahme gem. § 37 Abs. 6 BetrVG – Ihr Schreiben vom Datum
Sehr geehrter Herr Name,
mit Schreiben vom Datum haben Sie darum gebeten, die Zustimmung zur Schulungsteilnahme gemäß § 37 Abs. 6 BetrVG für die Betriebsratsmitglieder Name und Name an einer Veranstaltung zum Thema   zu erteilen. Dieser Bitte können wir nicht folgen. Wir halten die Teilnahme nicht für erforderlich. (ausführen …)
Ich habe Ihnen meine Bedenken bezüglich der Erforderlichkeit in einem Telefongespräch am Datum mitgeteilt. Sie haben mich anlässlich dieses Gesprächs darüber informiert, dass der Betriebsrat dennoch an seinem Entsendungsbeschluss festhält.
Vor diesem Hintergrund rufe ich hiermit gemäß § 37 Abs. 6 BetrVG die Einigungsstelle zur Entscheidung über die Schulungsmaßnahme an. Ich schlage eine Besetzung mit je zwei Beisitzern einer Seite unter Vorsitz von Frau Name vom hiesigen Arbeitsgericht vor.
Bitte teilen Sie mir bis zum Datum mit, ob Sie gegen diese Besetzung Einwände haben.

Betriebsrat: an Arbeitgeber über Schulungsteilnahme bei Fehlen einer Stellungnahme des Arbeitgebers 50

Der Betriebsrat der Firma Firmenbezeichnung, Adresse Ort, Datum
Betriebsratsvorsitzender Name

An den Arbeitgeber Firmenbezeichnung
im Hause

Schulungsteilnahme gem. § 37 Abs. 6 BetrVG – Mein Schreiben vom Datum
Sehr geehrte Damen und Herren,
mit Schreiben vom Datum hatte ich Sie über den Beschluss des Betriebsrats vom Datum zur Teilnahme der Betriebsratsmitglieder Name und Name an einer Schulung zum Thema »Mobbing« informiert. Gleichzeitig hatte ich Sie darum gebeten, Ihre Zustimmung zu erteilen und eine entsprechende Anmeldung vorzunehmen.
Bis zum heutigen Tag liegt dem Betriebsrat keine Stellungnahme von Ihrer Seite vor. Auch eine Anmeldung ist nicht erfolgt.
Wegen der Dringlichkeit der Angelegenheit hält der Betriebsrat an der Schulungsteilnahme fest. Ich möchte Sie deshalb darüber informieren, dass ich die Anmeldung als Vorsitzender des Betriebsrats vornehmen werde und dass die beiden Betriebsratsmitglieder zur angegebenen Zeit an der Schulungsmaßnahme teilnehmen werden.

51 **Betriebsrat: Beschluss zur Schulungsteilnahme gem. § 37 Abs. 7 BetrVG**

Beschlussvorlage
Der Betriebsrat beschließt:
Das Betriebsratsmitglied Name nimmt für die Zeit vom Datum bis Datum an einer Schulung gem. § 37 Abs. 7 BetrVG zum Thema teil. Die Anerkennung dieser Schulung durch die zuständige oberste Arbeitsbehörde des Landes liegt vor.
Abstimmungsergebnis: .

52 **Betriebsrat: an Arbeitgeber wegen Teilnahme an einer Betriebsratsschulung**

Der Betriebsrat der Firma Firmenbezeichnung, Adresse Ort, Datum

An den Arbeitgeber Firmenbezeichnung
im Hause

Schulungsteilnahme gem. § 37 Abs. 7 BetrVG
Sehr geehrte Damen und Herren,
der Betriebsrat hat in seiner Sitzung vom Datum beschlossen, das Betriebsratsmitglied Name in der Zeit vom Datum bis Datum zu einer Schulungsmaßnahme gem. § 37 Abs. 7 BetrVG zu entsenden. Es handelt sich um ein dreiwöchiges Seminar zum Thema . Das Betriebsratsmitglied Name hat während dieser Amtsperiode noch an keiner Schulungsmaßnahme gem. § 37 Abs. 7 BetrVG teilgenommen. Die Anerkennung der zuständigen Arbeitsbehörde des Landes liegt vor und ist diesem Schreiben in Kopie beigefügt.
Der Betriebsrat hat bei der Festlegung dieses Schulungstermins berücksichtigt, dass er unmittelbar vor der Ferienzeit liegt. So ist davon auszugehen, dass eine Vertretung des Kollegen Name durch die anderen Mitarbeiter in seinem Bereich möglich ist.

§ 38 Freistellungen

(1) Von ihrer beruflichen Tätigkeit sind mindestens freizustellen in Betrieben mit in der Regel
200 bis 500 Arbeitnehmern ein Betriebsratsmitglied,
501 bis 900 Arbeitnehmern 2 Betriebsratsmitglieder,
901 bis 1500 Arbeitnehmern 3 Betriebsratsmitglieder,
1501 bis 2000 Arbeitnehmern 4 Betriebsratsmitglieder,
2001 bis 3000 Arbeitnehmern 5 Betriebsratsmitglieder,
3001 bis 4000 Arbeitnehmern 6 Betriebsratsmitglieder,
4001 bis 5000 Arbeitnehmern 7 Betriebsratsmitglieder,
5001 bis 6000 Arbeitnehmern 8 Betriebsratsmitglieder,
6001 bis 7000 Arbeitnehmern 9 Betriebsratsmitglieder,
7001 bis 8000 Arbeitnehmern 10 Betriebsratsmitglieder,
8001 bis 9000 Arbeitnehmern 11 Betriebsratsmitglieder,
9001 bis 10 000 Arbeitnehmern 12 Betriebsratsmitglieder.
In Betrieben mit über 10 000 Arbeitnehmern ist für je angefangene weitere 2000 Arbeitnehmer ein weiteres Betriebsratsmitglied freizustellen. Freistellungen können auch in Form von Teilfreistellungen erfolgen. Diese dürfen zusammengenommen nicht den Umfang der Freistellungen nach den Sätzen 1 und 2 überschreiten. Durch

Tarifvertrag oder Betriebsvereinbarung können anderweitige Regelungen über die Freistellung vereinbart werden.
(2) Die freizustellenden Betriebsratsmitglieder werden nach Beratung mit dem Arbeitgeber vom Betriebsrat aus seiner Mitte in geheimer Wahl und nach den Grundsätzen der Verhältniswahl gewählt. Wird nur ein Wahlvorschlag gemacht, so erfolgt die Wahl nach den Grundsätzen der Mehrheitswahl; ist nur ein Betriebsratsmitglied freizustellen, so wird dieses mit einfacher Stimmenmehrheit gewählt. Der Betriebsrat hat die Namen der Freizustellenden dem Arbeitgeber bekannt zu geben. Hält der Arbeitgeber eine Freistellung für sachlich nicht vertretbar, so kann er innerhalb einer Frist von zwei Wochen nach der Bekanntgabe die Einigungsstelle anrufen. Der Spruch der Einigungsstelle ersetzt die Einigung zwischen Arbeitgeber und Betriebsrat. Bestätigt die Einigungsstelle die Bedenken des Arbeitgebers, so hat sie bei der Bestimmung eines anderen freizustellenden Betriebsratsmitglieds auch den Minderheitenschutz im Sinne des Satzes 1 zu beachten. Ruft der Arbeitgeber die Einigungsstelle nicht an, so gilt sein Einverständnis mit den Freistellungen nach Ablauf der zweiwöchigen Frist als erteilt. Für die Abberufung gilt § 27 Abs. 1 Satz 5 entsprechend.
(3) Der Zeitraum für die Weiterzahlung des nach § 37 Abs. 4 zu bemessenden Arbeitsentgelts und für die Beschäftigung nach § 37 Abs. 5 erhöht sich für Mitglieder des Betriebsrats, die drei volle aufeinanderfolgende Amtszeiten freigestellt waren, auf zwei Jahre nach Ablauf der Amtszeit.
(4) Freigestellte Betriebsratsmitglieder dürfen von inner- und außerbetrieblichen Maßnahmen der Berufsbildung nicht ausgeschlossen werden. Innerhalb eines Jahres nach Beendigung der Freistellung eines Betriebsratsmitglieds ist diesem im Rahmen der Möglichkeiten des Betriebs Gelegenheit zu geben, eine wegen der Freistellung unterbliebene betriebsübliche berufliche Entwicklung nachzuholen. Für Mitglieder des Betriebsrats, die drei volle aufeinander folgende Amtszeiten freigestellt waren, erhöht sich der Zeitraum nach Satz 2 auf zwei Jahre.

Inhaltsübersicht Rn.

I. Einleitung

1 Ab einer Mindestzahl von 200 Arbeitnehmern im Betrieb sind einzelne Betriebsratsmitglieder **von ihrer beruflichen Tätigkeit freizustellen.** Die in der Vorschrift genannte Anzahl der freizustellenden Betriebsratsmitglieder ist eine **Regelzahl**, die bei Bedarf

überschritten werden kann (vgl. DKW-*Wedde*, § 38 Rn. 8 m. w. N.). Eine Erhöhung der Mindestfreistellungen muss allerdings nachvollziehbar begründet werden.

2 Der Betriebsrat kann frei entscheiden, ob er im Rahmen der Regelzahl Vollfreistellungen oder Teilfreistellungen durchführen will.

3 Das Freistellungsverfahren gem. **Abs. 2** ist **mehrstufig**. Zunächst muss der Betriebsrat eine Vorauswahl über die Ausgestaltung und über die Personen der Freistellung treffen. Sodann wird die Wahl der freizustellenden Betriebsratsmitglieder in **geheimer Abstimmung** durchgeführt (vgl. DKW-*Wedde*, § 38 Rn. 33 ff.). Anschließend ist der **Arbeitgeber** zu einer Beratung über die Freistellung **einzuladen**. Es liegt im Ermessen des Betriebsrats, den Arbeitgeber schon im Einladungsschreiben über die getroffene Vorabstimmung zu informieren. Er kann jedoch auch ohne diese Information zu einer Beratung eingeladen und dort über die getroffene Vorauswahl informiert werden. Entsprechendes gilt, wenn statt Vollfreistellungen Teilfreistellungen erfolgen sollen.

4 Nach den **Beratungen** mit dem Arbeitgeber kann der Betriebsrat an seinen Freistellungsvorschlägen festhalten oder diese modifizieren. Die **tatsächliche Freistellung** erfolgt dann in einer **weiteren Abstimmung** des Betriebsrats, die bei einem Wahlvorschlag nach den Grundsätzen der Mehrheitswahl, bei mehreren Wahlvorschlägen nach den Grundsätzen der Verhältniswahl erfolgen muss. Das Ergebnis der Abstimmung ist dem Arbeitgeber bekannt zu geben. Hält dieser die Entscheidung für sachlich nicht vertretbar, muss er innerhalb einer Frist von zwei Wochen nach Bekanntgabe die Einigungsstelle anrufen. Der Betriebsrat kann in dieser Phase abweichenden Besetzungsvorschlägen des Arbeitgebers zustimmen, seine eigenen Vorschläge aufrechterhalten oder Alternativvorschläge machen. Die **Einigungsstelle entscheidet abschließend**. Erfolgt innerhalb der gesetzlich vorgeschriebenen Zwei-Wochen-Frist keine Anrufung der Einigungsstelle durch den Arbeitgeber, gilt das Einverständnis als erteilt. Ggf. kann es sinnvoll sein, dass der Betriebsrat den Arbeitgeber nach Fristablauf nochmals auf die nun erfolgende Freistellung hinweist.

5 Durch die Regelung in **Abs. 3** wird festgelegt, dass sich der gem. § 37 Abs. 4 und 5 BetrVG bestehende **Sonderschutz** für Betriebsratsmitglieder nach der dritten vollen Amtszeit auf zwei Jahre erhöht.

6 Durch **Abs. 4** wird festgeschrieben, dass **freigestellte Betriebsratsmitglieder** einen **Teilnahmeanspruch** an inner- und außerbetrieblichen Maßnahmen der Berufsausbildung haben. Sie können die gleichen Berufsbildungsmaßnahmen wie andere betriebliche Beschäftigte verlangen. Innerhalb eines Jahres nach Beendigung der Freistellung ist ihnen weiterhin Gelegenheit zu geben, eine wegen der Freistellung unterbliebene betriebsübliche berufliche Entwicklung nachzuholen. Dieser Zeitraum erhöht sich nach drei vollen Amtszeiten auf zwei Jahre.

II. Arbeitshilfen

1. Checkliste

7 **Allgemeines zum Freistellungsverfahren**

- Beschluss zur Vorauswahl im Betriebsrat;
- Einladung des Arbeitgebers zur Beratung;
- nach Abschluss der Beratung endgültiger Beschluss über die Freistellung;
- Mitteilung an den Arbeitgeber;
- bei sachlicher Unvertretbarkeit Anrufung der Einigungsstelle durch den Arbeitgeber innerhalb von zwei Wochen nach Bekanntgabe;
- ohne Anrufung der Einigungsstelle gilt das Einverständnis nach zwei Wochen als erteilt.

2. Musterschreiben

Betriebsrat: Beschluss zur Freistellung 8

Beschlussvorlage
Der Betriebsrat beschließt, die Betriebsräte Name und Name gem. § 38 BetrVG vollständig von ihrer beruflichen Tätigkeit freistellen zu lassen.
Abstimmungsergebnis: .

Alternative für Teilfreistellungen:
Der Betriebsrat beschließt, die Betriebsräte Name, Name, Name und Name gem. § 38 BetrVG zu jeweils 50 Prozent von ihrer beruflichen Tätigkeit freistellen zu lassen.
Abstimmungsergebnis: .

Betriebsrat: Einladung an Arbeitgeber zur Beratung über Freistellung einzelner Betriebsratsmitglieder 9

Der Betriebsrat der Firma Firmenbezeichnung, Adresse — Ort, Datum
Betriebsratsvorsitzender Name

An den Arbeitgeber Firmenbezeichnung
im Hause

Freistellung von Betriebsratsmitgliedern gem. § 38 BetrVG
Sehr geehrte Damen und Herren,
1. Alternative: der Betriebsrat hat in seiner Sitzung vom Datum beschlossen, dass die Betriebsratsmitglieder Name und Name gem. § 38 BetrVG von ihrer beruflichen Tätigkeit freigestellt werden sollen. Wir möchten diese geplante Freistellung in unserer nächsten Betriebsratssitzung mit Ihnen beraten und laden Sie deshalb für den Datum um Uhr zu dieser Sitzung ein.
2. Alternative: der Betriebsrat beabsichtigt, gem. § 38 BetrVG zwei seiner Mitglieder von ihrer beruflichen Tätigkeit freistellen zu lassen. Wir möchten diese Freistellung gerne mit Ihnen beraten und laden Sie deshalb zu unserer nächsten Betriebsratssitzung am Datum um Uhr in den Sitzungssaal des Betriebsrats ein.

Betriebsrat: Teilfreistellung 10

Der Betriebsrat der Firma Firmenbezeichnung, Adresse — Ort, Datum
Betriebsratsvorsitzender Name

An den Arbeitgeber Firmenbezeichnung
im Hause

Teilfreistellung von Betriebsratsmitgliedern gem. § 38 BetrVG
Sehr geehrte Damen und Herren,
1. Alternative: der Betriebsrat hat in seiner Sitzung vom Datum beschlossen, die vier Betriebsratsmitglieder Name, Name, Name und Name zu je 50 Prozent von ihrer beruflichen Tätigkeit freistellen zu lassen. Wir möchten diese geplante Freistellung gem. § 38 Abs. 2 Satz 1 BetrVG

mit Ihnen beraten und laden Sie deshalb in unsere nächste Betriebsratssitzung am Datum um Uhr in den Sitzungssaal des Betriebsrats ein.
2. Alternative: der Betriebsrat hat in seiner Sitzung vom Datum beschlossen, die gem. § 38 BetrVG möglichen Freistellungen als Freistellung von vier Betriebsratsmitgliedern zu je 50 Prozent anzustreben. Wir möchten diese Freistellung mit Ihnen beraten und laden Sie deshalb zu unserer nächsten Betriebsratssitzung am Datum um Uhr im Sitzungssaal des Betriebsrats ein.

11 **Betriebsrat: Mitteilung der Freizustellenden nach Durchführung der Wahl**

Der Betriebsrat der Firma Firmenbezeichnung, Adresse — Ort, Datum
Betriebsratsvorsitzender Name

An den Arbeitgeber Firmenbezeichnung
im Hause

Information über die freigestellten Betriebsratsmitglieder
Sehr geehrte Damen und Herren,
der Betriebsrat hat nach der gem. § 38 Abs. 2 Satz 1 BetrVG vorgeschriebenen Beratung mit Ihnen in seiner Sitzung am Datum beschlossen, die Betriebsratsmitglieder Name und Name gem. § 38 BetrVG von ihrer beruflichen Tätigkeit freistellen zu lassen.
1. Alternative bei einvernehmlicher Festlegung der Freizustellenden: Dieses Ergebnis stimmt mit dem überein, das wir im Rahmen unserer gemeinsamen Beratungen gefunden haben. Wir gehen deshalb davon aus, dass die Freistellung ab sofort erfolgen kann.
2. Alternative bei streitiger Festlegung der Freistellung: Dieses Ergebnis berücksichtigt nicht den Einwand, den Sie im Rahmen der gemeinsamen Beratung vorgetragen haben. Sie hatten mitgeteilt, dass das Betriebsratsmitglied Name nicht freigestellt werden kann, weil sich kurzfristig in seiner Abteilung keine Vertreterregelung finden lässt.
Wir haben Ihren Einwand in unserer Sitzung nochmals diskutiert und sind nach wie vor der Meinung, dass eine kurzfristige Vertretung möglich ist. (ausführen) Wir halten deshalb an der beschlossenen Freistellung fest.

12 **Arbeitgeber: Anrufung der Einigungsstelle**

Arbeitgeber Firmenbezeichnung, Adresse — Ort, Datum

An den
Betriebsrat
im Hause

Anrufung der Einigungsstelle gem. § 38 Abs. 2 Satz 4 BetrVG
Sehr geehrte Damen und Herren,
mit Schreiben vom Datum haben Sie mir die Namen der gem. § 38 BetrVG freizustellenden Betriebsratsmitglieder mitgeteilt. Wie Ihnen schon im Rahmen unserer Beratung am Datum mitgeteilt wurde, ist diese Freistellung aus sachlicher Sicht für den Arbeitgeber nicht vertretbar. Dies leitet sich insbesondere aus den folgenden Überlegungen ab: .
Trotz dieser Hinweise hat der Betriebsrat an den Personen der Freizustellenden festgehalten. Wir rufen deshalb die Einigungsstelle an und schlagen eine Besetzung mit jeweils zwei Beisitzern

vor. Als Vorsitzenden benennen wir den Richter Name oder im Falle der Ablehnung die Richterin Name.
Wir fordern Sie auf, bis zum Datum Ihr Einverständnis mit der Zahl der Beisitzer sowie mit dem von mir genannten Vorsitzenden bzw. der »Ersatzkandidatin« mitzuteilen. Sollte Ihr Einverständnis bis zum genannten Datum nicht vorliegen, wird das gerichtliche Verfahren zur Einsetzung der Einigungsstelle betrieben.

Betriebsrat: Erwiderung zur Einsetzung der Einigungsstelle 13

Der Betriebsrat der Firma Firmenbezeichnung, Adresse Ort, Datum
Betriebsratsvorsitzender Name

An den Arbeitgeber Firmenbezeichnung
im Hause

Einsetzung der Einigungsstelle gem. § 38 Abs. 2 Satz 4 BetrVG
Sehr geehrte Damen und Herren,
1. Alternative bei Einverständnis: mit der durch Ihr Schreiben vom Datum angekündigten Einsetzung der Einigungsstelle zur Feststellung der Freistellung von Betriebsratsmitgliedern sind wir einverstanden. Gegen die Zahl von jeweils zwei Beisitzern und gegen den von Ihnen vorgeschlagenen Vorsitzenden Richter Name haben wir keine Einwände. Wir möchten Sie bitten, den vorgeschlagenen Vorsitzenden zu informieren, und stehen für einen kurzfristigen Einigungsstellentermin zur Verfügung.
2. Alternative bei bestehenden Einwänden gegen die Besetzung der Einigungsstelle: mit der durch Ihr Schreiben vom Datum angekündigten Einsetzung der Einigungsstelle zur Feststellung der Freistellung von Betriebsratsmitgliedern sind wir einverstanden. Mit der Zahl von jeweils zwei Beisitzern sind wir ebenfalls einverstanden. Nicht einverstanden sind wir mit dem von Ihnen benannten Vorsitzenden der Einigungsstelle, Herrn Richter Name sowie mit der Richterin Name. Wir schlagen stattdessen die Richterin Name und ersatzweise den Richter Name vor. Beide Personen sind als neutrale Einigungsstellenvorsitzende bekannt und genießen deshalb das Vertrauen des Betriebsrats. Sollten Sie mit den von uns benannten Vorsitzenden einverstanden sein, bitten wir um Mitteilung. Ansonsten sehen wir dem gerichtlichen Verfahren zur Einsetzung eines Einigungsstellenvorsitzenden entgegen.

Betriebsrat: Information über erfolgte Freistellung 14

Der Betriebsrat der Firma Firmenbezeichnung, Adresse Ort, Datum
Betriebsratsvorsitzender Name

An den Arbeitgeber Firmenbezeichnung
im Hause

Freistellung der Betriebsräte Name und Name
Sehr geehrte Damen und Herren,
mit Schreiben vom Datum haben wir Ihnen mitgeteilt, dass gem. Beschluss des Betriebsrats vom Datum die Freistellung der Betriebsräte Name und Name erfolgen soll. Gegen diese Freistellung haben Sie innerhalb der gesetzlichen Frist von zwei Wochen keine Einwände erhoben und auch

nicht die Einigungsstelle angerufen. Damit gilt Ihr Einverständnis gem. § 38 Abs. 2 BetrVG als erteilt.
Die beiden Kollegen werden damit ab sofort ausschließlich Betriebsratsarbeit erbringen. Ich möchte Sie bitten, die Fachvorgesetzten entsprechend zu informieren.

15 **Betriebsrat: an Arbeitgeber wegen Teilnahme an Weiterbildungsmaßnahme**

Betriebsratsmitglied Name Ort, Datum

An den Arbeitgeber Firmenbezeichnung
im Hause

Teilnahme an Maßnahmen der Berufsausbildung – hier: Schulungsveranstaltung zum Thema
Sehr geehrte Damen und Herren,
in den kommenden Monaten finden zum Thema für alle Beschäftigten im Bereich Berufsbildungsmaßnahmen statt. Diese werden in Ort durchgeführt. Ich möchte Sie darum bitten, mich bei diesen Berufsbildungsmaßnahmen zu berücksichtigen, da es sich hier um Qualifikationsmaßnahmen handelt, in die alle Beschäftigten einbezogen werden, die in der Abteilung arbeiten. Dieser Abteilung habe ich bis zu meiner Freistellung angehört.
Ich möchte Sie um Mitteilung entsprechender Schulungstermine bitten, damit ich im Betriebsrat diesbezüglich disponieren kann.

16 **Betriebsrat: Qualifikation nach Beendigung der Freistellung**

Betriebsratsmitglied Name Ort, Datum

An den Arbeitgeber Firmenbezeichnung, Adresse
im Hause

Qualifikationsmaßnahmen nach Beendigung meiner Freistellung
Sehr geehrte Damen und Herren,
zum Datum endet meine Freistellung als Betriebsrat gem. § 38 BetrVG. Gem. § 38 Abs. 4 Satz 2 BetrVG ist mir die Möglichkeit zu geben, die wegen der Freistellung unterbliebene betriebsübliche berufliche Entwicklung nachzuholen.
Von den ca. Kollegen, die vor Beginn meiner Freistellung mit mir zusammen in der gleichen Abteilung tätig waren und die die gleiche Qualifikation wie ich hatten, sind bisher alle mit Ausnahme der Name und Name inzwischen mindestens um eine Position befördert worden. Teilweise liegt eine Beförderung um mehrere Positionen vor, wie etwa bei den Kollegen Name und Name.
Ich möchte Sie deshalb bitten, mit mir zusammen ein Programm zu erarbeiten, das mir die gleichen Karriereschritte innerhalb des nächsten Jahres ermöglicht. Ich bin der Meinung, dass hierzu insbesondere die in der Anlage aufgeführten Qualifikations- und Weiterbildungsmaßnahmen sinnvoll sind.
Ich möchte vorschlagen, dass wir die weiteren Details in den nächsten Tagen in einem persönlichen Gespräch erörtern und bitte diesbezüglich um Ihren Terminvorschlag.

Freistellung eines weiteren Betriebsratsmitglieds 17

Rechtsanwalt Name, Adresse
An das
Arbeitsgericht Bezeichnung
Adresse

Antrag auf Eröffnung eines Beschlussverfahrens
mit den Beteiligten

1. Betriebsrat der Firmenbezeichnung, Adresse, vertreten durch den Vorsitzenden Name (Antragsteller)
2. Firmenbezeichnung, Adresse, vertreten durch die Geschäftsführung, Geschäftsführer Name (Antragsgegnerin)
3. stellvertretender Betriebsratsvorsitzender Name, Adresse

wegen Freistellung eines weiteren Betriebsratsmitglieds
Namens und in Vollmacht des Antragstellers, dessen ordnungsgemäße Bevollmächtigung wir anwaltlich versichern, beantragen wir die Eröffnung eines Beschlussverfahrens.
Im Verfahren werden wir beantragen:
Der Antragsgegnerin wird aufgegeben, den stellvertretenden Betriebsratsvorsitzenden Herrn Name für die Dauer seiner Amtszeit von seiner beruflichen Tätigkeit freizustellen.

Begründung (Beispiel für mögliche Inhalte)
I. Der Antragsteller ist Betriebsrat im Betrieb der Antragsgegnerin. Die Antragsgegnerin ist in der Branche tätig. Sie beschäftigt Arbeitnehmer. Der Antragsteller wurde am Datum gewählt und nahm im Anschluss seine Amtstätigkeiten auf. Er besteht aus Betriebsratsmitgliedern. Am Datum wurde der Betriebsratsvorsitzende Name mit Zustimmung der Antragsgegnerin von der Arbeit freigestellt.
Eine Vollzeit-Stelle im Betrieb der Antragsgegnerin beträgt 40 Wochenstunden.
Der Betriebsratsvorsitzende ist bei der Antragsgegnerin mit einer halben Stelle beschäftigt. Vor der Freistellung arbeitete er jeweils 20 Wochenstunden. Der Beteiligte zu 3) ist stellvertretender Betriebsratsvorsitzender und bei der Antragsgegnerin ebenfalls mit einer Teilzeit-Stelle beschäftigt. Er arbeitete im Jahr jeweils 20 Wochenstunden.
Mit Schreiben vom Datum teilte der Antragsteller der Antragsgegnerin mit, dass er beabsichtige, den Beteiligten zu 3) freizustellen, um die gesetzliche Mindestzahl zu erreichen. Am Datum fasste der Antragsteller den Beschluss, den Beteiligten zu 3) zum Datum freizustellen. Der Beschluss wurde der Antragsgegnerin mit Schreiben vom Datum mitgeteilt. Die Antragsgegnerin vertrat die Auffassung, dass eine weitere Freistellung nicht erforderlich sei. Eine Freistellung des Beteiligten zu 3) durch die Antragsgegnerin erfolgte – auch nach ausdrücklicher Aufforderung durch die Bevollmächtigten des Antragstellers – nicht.
II. Zur Entscheidung über das Begehren des Antragstellers ist das Arbeitsgericht berufen. Es geht hier nicht um die sachliche Vertretbarkeit des Freistellungsbeschlusses, die der Arbeitgeber vor eine Einigungsstelle zu bringen hätte. Die »sachliche Vertretbarkeit« eines Freistellungsbeschlusses kann sich nur auf die Auswahl freizustellender Mitglieder beziehen, nicht aber auf den Umfang der Mindestfreistellung. Diese Frage ist eine im Beschlussverfahren zu klärende Rechtsfrage. Das Begehren des Antragstellers ist daher im Wege eines Leistungsantrags zu verfolgen. Denn die Freistellung hat durch die Antragsgegnerin als Gläubigerin des Anspruchs auf Arbeitsleistung zu erfolgen (DKW-*Wedde*, 12. Aufl., § 38 Rn. 44)
Der Anspruch des Antragstellers ergibt sich aus § 38 Abs. 2 Satz 1, Abs. 1 BetrVG. Hiernach ist der Betriebsrat berechtigt, eine Mindestzahl an Betriebsratsmitgliedern von ihrer beruflichen Tätigkeit freizustellen. Er hat einen Rechtsanspruch auf Teilfreistellungen, § 38 Abs. 1 Satz 3 BetrVG. Das bestehende Freistellungskontingent kann der Betriebsrat nach eigenem Ermessen auf seine Mitglieder verteilen (DKW-*Wedde*, § 38 Rn. 7).

Mit einer Zahl von Beschäftigten im Betrieb der Antragsgegnerin ist nach § 38 Abs. 1 Satz 1 BetrVG mindestens ein Betriebsratsmitglied von seiner beruflichen Tätigkeit freizustellen. Maßgeblich ist das Stundenvolumen eines Vollzeitbeschäftigten (DKW-*Wedde*, § 38 Rn. 16). Da der freigestellte Betriebsratsvorsitzende bei der Antragsgegnerin nur mit einer Teilzeitstelle von 20 Wochenstunden beschäftigt ist, ist der Betriebsrat berechtigt, ein weiteres Betriebsratsmitglied freizustellen. Die im Standardfall einer Vollzeitbeschäftigung zu erfolgende Teilfreistellung kann hier im Falle einer Teilzeitbeschäftigung dahingehend erfolgen, dass der Beteiligte zu 3) von seiner beruflichen Teilzeit-Tätigkeit bei der Antragsgegnerin vollständig freigestellt wird.
Der hier vorliegende Beschluss des Antragstellers ist auch nicht mangels Beratung mit dem Arbeitgeber unwirksam. Für die nach § 38 Abs. 2 BetrVG erforderliche Beratung ist es ausreichend, wenn der Betriebsrat dem Arbeitgeber Gelegenheit zur Stellungnahme gibt. Das ist mit dem Schreiben vom Datum erfolgt.

Unterschrift
Rechtsanwalt

§ 39 Sprechstunden

(1) Der Betriebsrat kann während der Arbeitszeit Sprechstunden einrichten. Zeit und Ort sind mit dem Arbeitgeber zu vereinbaren. Kommt eine Einigung nicht zustande, so entscheidet die Einigungsstelle. Der Spruch der Einigungsstelle ersetzt die Einigung zwischen Arbeitgeber und Betriebsrat.
(2) Führt die Jugend- und Auszubildendenvertretung keine eigenen Sprechstunden durch, so kann an den Sprechstunden des Betriebsrats ein Mitglied der Jugend- und Auszubildendenvertretung zur Beratung der in § 60 Abs. 1 genannten Arbeitnehmer teilnehmen.
(3) Versäumnis von Arbeitszeit, die zum Besuch der Sprechstunden oder durch sonstige Inanspruchnahme des Betriebsrats erforderlich ist, berechtigt den Arbeitgeber nicht zur Minderung des Arbeitsentgelts des Arbeitnehmers.

Inhaltsübersicht Rn.

I. Einleitung

1 Über die **Einrichtung von Sprechstunden** entscheidet der Betriebsrat nach pflichtgemäßem Ermessen durch Beschluss mit einfacher Stimmenmehrheit. Eine Verpflichtung zur Abhaltung von Sprechstunden besteht nicht (vgl. DKW-*Wedde*, § 39 Rn. 3ff.). Will der Betriebsrat sie durchführen, muss er Zeit und Ort mit dem Arbeitgeber vereinbaren. Zur »Zeit« gehört neben der Uhrzeit und dem Wochentag auch die Häufigkeit. Es ist sinn-

voll, den Arbeitgeber zu einer entsprechenden Vereinbarung aufzufordern und diese als Betriebsvereinbarung abzuschließen. Sind die Verhandlungen über die Einrichtung von Sprechstunden nicht erfolgreich, können beide Seiten die **Einigungsstelle** anrufen.

Grundsätzlich kann die **JAV** gem. § 69 BetrVG in Betrieben mit mehr als 50 jugendlichen Arbeitnehmern oder Auszubildenden **eigene Sprechstunden** einrichten. Werden diese nicht eingerichtet oder ist die ausreichende Zahl von zu vertretenden Arbeitnehmern nicht erreicht, kann ein Mitglied der JAV zur Beratung der in § 60 Abs. 1 BetrVG genannten Arbeitnehmer an Sprechstunden des Betriebsrats teilnehmen. 2

Arbeitsversäumnis infolge des Besuchs von Sprechstunden berechtigt den Arbeitgeber nicht zur Minderung des Arbeitsentgeltes. Im Streitfall kann der Betriebsrat den Arbeitgeber auf die Tatsache des Besuchs durch bestimmte Arbeitnehmer hinweisen. Im Streitfall müssen allerdings Arbeitnehmer ihren Entgeltanspruch eigenständig gegen Arbeitgeber durchsetzen. 3

II. Arbeitshilfen

1. Checkliste

Sprechstunden 4

- Einrichtung von Sprechstunden;
- Beschluss im Betriebsrat über Ort, zeitliche Lage und Häufigkeit;
- Verhandlung mit dem Arbeitgeber mit dem Ziel des Abschlusses einer Betriebsvereinbarung;
- im Falle der Nichteinigung Anrufung der Einigungsstelle.

2. Musterschreiben

Beschluss zur Einrichtung von Sprechstunden 5

Beschlussvorlage
Der Betriebsrat beschließt,
die Sprechstunden des Betriebsrats sollen künftig an jedem Wochentag in der Zeit von   bis   Uhr durchgeführt werden.
Optional: Ist abzusehen, dass der Arbeitgeber nicht zustimmt, kann ggf. der Beschluss vorsorglich um die Bevollmächtigung des Vorsitzenden zur Anrufung der Einigungsstelle ergänzt werden.
Sollte eine Einigung über die Sprechstunden auf Basis dieses Beschlusses nicht zustande kommen, wird die Vorsitzende hiermit bevollmächtigt, die Einigungsstelle anzurufen und dem Arbeitgeber eine Besetzung mit je zwei Beisitzern unter Vorsitz der Richterin Name oder des Richters Name vorzuschlagen.
Abstimmungsergebnis: .

Betriebsrat: Information des Arbeitgebers über die Einrichtung von Sprechstunden 6

Der Betriebsrat der Firma Firmenbezeichnung, Adresse Ort, Datum
Betriebsratsvorsitzender Name

An den Arbeitgeber Firmenbezeichnung
im Hause

Einrichtung von Sprechstunden gem. § 39 BetrVG
Sehr geehrte Damen und Herren,
in seiner Sitzung vom Datum hat der Betriebsrat beschlossen, zukünftig wöchentlich an jedem Wochentag in der Zeit von bis Uhr Sprechstunden einzurichten. Wir gehen davon aus, dass durch die Wahl dieser Uhrzeit allen Arbeitnehmern die Möglichkeit zum Besuch gegeben ist. Betriebliche Belange, die der zeitlichen Lage der Sprechstunden entgegenstehen können, sind für uns nicht erkennbar.
Wir möchten Sie deshalb bitten, mit uns unverzüglich in Verhandlungen über eine Betriebsvereinbarung »Sprechstunden« einzutreten, die wir als Entwurf beifügen.

7 **Arbeitgeber: Ablehnung der Sprechstunden–Termine**

Arbeitgeber Firmenbezeichnung, Adresse — Ort, Datum

An die Vorsitzende des Betriebsrats
Frau Name
im Hause

Sprechstunden gem. § 39 BetrVG
Sehr geehrte Frau Name,
mit Schreiben vom Datum haben Sie mir mitgeteilt, dass der Betriebsrat seine Sprechstunden an jedem Wochentag in der Zeit von bis Uhr durchführen will. Dieser zeitlichen Gestaltung kann ich als Arbeitgeber nicht zustimmen. Zur Begründung möchte ich darauf verweisen, dass .
Ich erlaube mir den Hinweis, dass eine Abhaltung der regelmäßigen Sprechstunde am Wochentag in der Zeit von bis Uhr aus meiner Sicht günstiger wäre, weil es im Zusammenhang mit dieser zeitlichen Gestaltung nicht zu Problemen in betrieblichen Abläufen kommen kann. Ich bitte Sie deshalb, Ihre Entscheidung zu überdenken, und würde mich freuen, wenn Sie meinem Vorschlag folgen könnten.

8 **Betriebsrat: Anrufung der Einigungsstelle wegen Sprechstunden–Terminen**

Der Betriebsrat der Firma Firmenbezeichnung, Adresse — Ort, Datum
Betriebsratsvorsitzende Name

An den Arbeitgeber Firmenbezeichnung
im Hause

Anrufung der Einigungsstelle
Sehr geehrte Damen und Herren,
mit Schreiben vom Datum haben wir Ihnen mitgeteilt, dass der Betriebsrat in seiner Sitzung vom Datum beschlossen hat, die regelmäßige Sprechstunde am Wochentag, in der Zeit von bis Uhr einzurichten. Mit Schreiben vom Datum haben Sie uns mitgeteilt, dass diese zeitliche Gestaltung der Sprechstunde aus Ihrer Sicht nicht in Betracht kommt. Der von Ihnen alternativ vorgeschlagene Termin am Wochentag ist aus unserer Sicht nicht möglich, weil .
Da Sie anlässlich eines Gesprächs in dieser Angelegenheit mitgeteilt haben, dass Sie keinen weiteren Verhandlungsspielraum sehen, gehen wir davon aus, dass die Verhandlungen in dieser Angelegenheit gescheitert sind. Deshalb rufen wir hiermit die Einigungsstelle an.

Wir schlagen eine Besetzung der Einigungsstelle mit jeweils zwei Beisitzern von jeder Seite vor. Als Vorsitzenden schlagen wir die Richterin Name, ersatzweise den Richter Name vor.
Wir möchten Sie bitten, uns bis zum Datum Ihr Einverständnis mit dieser Besetzung der Einigungsstelle mitzuteilen. Sollte uns bis zu diesem Termin Ihr Einverständnis nicht vorliegen, werden wir die gerichtliche Einsetzung der Einigungsstelle mit anwaltlicher Hilfe betreiben.

Betriebsrat: an Arbeitgeber wegen Minderung des Arbeitsentgelts 9

Der Betriebsrat der Firma Firmenbezeichnung, Adresse Ort, Datum
Betriebsratsvorsitzende Name

An den Arbeitgeber Firmenbezeichnung
im Hause

Minderung des Arbeitsentgeltes des Mitarbeiters Name
Sehr geehrte Damen und Herren,
der Mitarbeiter Name hat dem Betriebsrat mitgeteilt, dass sein Arbeitsentgelt für den zurückliegenden Monat um den Gegenwert von zwei Arbeitsstunden gemindert wurde. Zur Begründung wurde darauf verwiesen, dass er am Wochentag, den Datum sowie am folgenden Wochentag, den Datum jeweils für eine Stunde seinem Arbeitsplatz ferngeblieben ist.
Der Mitarbeiter Name hat an beiden Tagen den Betriebsrat in seiner Sprechstunde zur Klärung offener Fragen aufgesucht. Die Minderung des Arbeitsentgeltes ist damit gem. § 39 Abs. 3 BetrVG unzulässig. Ich fordere Sie deshalb auf, eine Nachzahlung für die beiden Arbeitsstunden vorzunehmen.

Arbeitnehmer: Einforderung geminderten Arbeitsentgeltes 10

Arbeitnehmer Name Ort, Datum

An den Arbeitgeber Firmenbezeichnung
Gehaltsbuchhaltung
im Hause

Minderung meines Arbeitsentgeltes für den Monat
Sehr geehrte Damen und Herren,
meine Lohnabrechnung für den zurückliegenden Monat weist einen Abzug im Gegenwert von zwei Arbeitsstunden auf. Zu den genannten Zeiten habe ich die Sprechstunde des Betriebsrats aufgesucht. Dies ist durch Schreiben der Betriebsratsvorsitzenden vom Datum bestätigt worden. Ich fordere Sie nunmehr unter Hinweis auf § 39 Abs. 3 BetrVG auf, mir den einbehaltenen Gehaltsbetrag bis zum Datum auf das Ihnen bekannte Konto zu überweisen.

3. Mustervereinbarung

Entwurf Betriebsvereinbarung »Sprechstunden« 11

Zwischen dem Arbeitgeber (Firmenbezeichnung, Adresse), vertreten durch den Geschäftsführer Herrn Name (im Folgenden: Arbeitgeber)

und

dem Betriebsrat der Firma Firmenbezeichnung, vertreten durch die Betriebsratsvorsitzende Frau Name (im Folgenden: Betriebsrat)
wird hiermit die folgende Betriebsvereinbarung abgeschlossen:

Betriebsvereinbarung Betriebsrats-Sprechstunden

1. Zwischen den Parteien wird vereinbart, dass der Betriebsrat seine Sprechstunde gem. § 39 BetrVG an jedem Wochentag in der Zeit von bis Uhr durchführen kann. Ort der Sprechstunde ist der Sitzungssaal des Betriebsrats.
2. Der Zugang zur Sprechstunde steht allen Arbeitnehmern im Sinne des BetrVG frei.
3. Die nähere Organisation der Sprechstunden obliegt dem Betriebsrat.
4. Es besteht Einvernehmen, dass der Besuch von Sprechstunden des Betriebsrats nicht zur Minderung des Arbeitsentgeltes von Beschäftigten oder zu sonstigen Nachteilen führen darf.

§ 40 Kosten und Sachaufwand des Betriebsrats

(1) Die durch die Tätigkeit des Betriebsrats entstehenden Kosten trägt der Arbeitgeber.

(2) Für die Sitzungen, die Sprechstunden und die laufende Geschäftsführung hat der Arbeitgeber in erforderlichem Umfang Räume, sachliche Mittel, Informations- und Kommunikationstechnik sowie Büropersonal zur Verfügung zu stellen.

Inhaltsübersicht Rn.

I. Einleitung

Gem. § 40 **Abs. 1** trägt der Arbeitgeber alle durch die **Tätigkeit des Betriebsrats** entstehenden **Kosten**. Hierzu gehören neben den Aufwendungen für den normalen Geschäftsbetrieb wie etwa Porto- und Kommunikationsgebühren oder Kopien der Sitzungsniederschrift (vgl. ausführlich DKW-*Wedde*, § 40 Rn. 15) beispielsweise auch Kosten für die Rechtsverfolgung, für die Beauftragung von Sachverständigen, von Auskunftspersonen oder von Beratern gem. der § 80 Abs. 2 und 3 sowie 111 Satz 2 BetrVG. Darüber hinaus gehören **Aufwendungen der einzelnen Betriebsratsmitglieder** wie etwa Reisekosten oder Aufwendungen für die Führung von kollektivrechtlich bedingten Rechtsstreitigkeiten ebenso zu den vom Arbeitgeber zu erstattenden Beträgen wie etwa **Schulungskosten** gem. § 37 Abs. 6 BetrVG. 1

Werden durch ein außergewöhnliches Handeln des Betriebsrats (etwa Besuch von Betriebsräten des Konzerns im Ausland) zusätzliche Kosten ausgelöst, sollte hierzu vorher ein Beschluss des Betriebsrats herbeigeführt werden. In allen anderen »Normalfällen« können Betriebsratsvorsitzende Arbeitgeber ohne Beschluss auffordern, Sachmittel zur Verfügung zu stellen bzw. Kosten zu übernehmen. Einer gesonderten Begründung bedarf es in diesen Fällen nicht. Die Notwendigkeit einer **ausdrücklichen Begründung** kann sich bei besonderen Aufwendungen ergeben wie etwa hohen Kosten für Dolmetscher oder für Auslandskontakte. Stimmt der Arbeitgeber entsprechenden Anträgen des Betriebsrats nicht zu, können die Aufwendungen unter dem Gesichtspunkt von Geschäftsführung ohne Auftrag dennoch getätigt werden. Will der Betriebsrat das Risiko vermeiden, dass ein Gericht die Erforderlichkeit rückwirkend verneint, muss er die Einstandspflicht des Arbeitgebers vorab im Beschlussverfahrens feststellen lassen (vgl. DKW-*Wedde*, § 40 Rn. 202ff.). 2

Entstehen einzelnen Betriebsratsmitgliedern »**persönliche**« **Kosten**, können diese ebenfalls gegen den Arbeitgeber geltend gemacht werden. Dies gilt beispielsweise für aufgrund der Betriebsratstätigkeit anfallende Reisekosten oder für die Führung von Rechtsstreitigkeiten als Folge der Betriebsratstätigkeit. 3

Durch **Abs. 2** wird festgelegt, dass dem Betriebsrat für Sitzungen, Sprechstunden und laufende Geschäftsführung Räume, sachliche Mittel, Informations- und Kommunikationstechnik sowie Büropersonal zur Verfügung zu stellen sind. Die Verpflichtung des Arbeitgebers besteht nur im Rahmen der **Erforderlichkeit**. Nach der Rechtsprechung ist hierbei vom Betriebsrat neben der Abwägung der Interessen des Betriebs und seiner Belegschaft unter Berücksichtigung der Belange des Arbeitgebers auch eine Prüfung nach dem Grundsatz der **Verhältnismäßigkeit** vorzunehmen (vgl. DKW-*Wedde*, § 40 Rn. 5ff.). 4

Die Prüfung der Erforderlichkeit erlegt dem Betriebsrat immer dann einen besonderen **Begründungsaufwand** auf, wenn es sich um Sachmittel handelt, die über den »üblichen Bürostandard« (beispielsweise Papier, Telefon, andere Verbrauchsmaterialien) hinausgehen (vgl. ausführlich DKW-*Wedde*, § 40 Rn. 120ff.). So muss ein Betriebsrat beispielsweise im Streitfall gesondert begründen, warum er für seine Sitzungen ein eigenes **Sitzungszimmer** benötigt, statt vorhandene andere Sitzungszimmer mitzubenutzen. Beschließt der Betriebsrat, einzelne Sitzungen entsprechen der Vorgaben in § 30 Abs. 2 BetrVG als **Video-, Telefon- oder Audiokonferenzen** durchzuführen, ist die Ausstattung aller Betriebsratsmitglieder mit den hierfür notwendigen Endgeräten nebst Möglichkeit 5 der Datenübertragung ohne weitere Begründung erforderlich. Sollen »hybride« Sitzungen durchgeführt werden, bei denen nur ein Teil der Betriebsratsmitglieder im Sitzungsraum anwesend und ein anderer Teil online zugeschaltet ist, ist die entsprechende Hardware (Monitor, Kamera, Tischmikrofone, Lautsprecher und leistungsfähige Anbindung ans Internet) ebenfalls erforderlich.

5a Im Bereich der sachlichen Mittel ist hingegen anerkannt, dass dem Betriebsrat allgemein übliche Verbrauchsmaterialien ebenso zustehen wie eigene Anschlüsse zu üblichen Kommunikationsmitteln, wie insbesondere Telefon und Internet. Bezüglich teurer Geräte, wie etwa leistungsfähiger Kopierer, ist teilweise strittig, ob der Betriebsrat auf die Mitbenutzung im Betrieb vorhandener Geräte verwiesen werden kann. Hält ein Betriebsrat die exklusive Nutzung von Geräten für erforderlich, muss er dies substantiiert begründen. Die Anschaffung aller erforderlichen Geräte obliegt im Regelfall dem Arbeitgeber. Verweigert der Arbeitgeber die Anschaffung der aus Sicht von Betriebsräten erforderlichen Geräte, ist die Durchsetzung der kollektivrechtlichen Ansprüche im Beschlussverfahren möglich.

5b Statt einzelner Endgeräte wie Scanner, Drucker und Kopierer können Betriebsräte sog. »Office-Kombigeräte« verlangen, die alle Funktionalitäten in sich vereinen. Alternativ oder ergänzend kommt die Verwendung von Notebooks o.ä. nebst »Docking-Station« in Betracht, über die vorhandene Endgeräte, wie insbesondere Drucker, direkt adressiert werden können. Im Streitfall müssen Betriebsräte die Erforderlichkeit begründen.

6 Ein »Dauerbrenner« in der betrieblichen Praxis ist das Thema **Fachliteratur**. Diese muss allen **Betriebsratsmitgliedern** im erforderlichen Umfang individuell zur Verfügung stehen (etwa Ausstattung mit aktuellen arbeitsrechtlichen Gesetzestexten sowie mit einem Basiskommentar zum BetrVG). Darüber hinaus hat das **Betriebsratsgremium** einen Anspruch auf eine angemessene Ausstattung mit Standardkommentaren sowie mit Fachzeitschriften. Die Auswahl der Fachliteratur obliegt dem Betriebsrat. Die Anschaffung erfolgt durch den Arbeitgeber. In Abhängigkeit von den Bedürfnissen des Betriebsrats kann statt konventioneller Fachliteratur auf Papier auch der Zugang zu Rechtsprechungs- und Literaturdatenbanken (etwa »bund.online.de«) erforderlich sein. Die Erforderlichkeit muss allerdings im Streitfall auch hier begründet werden.

7 Bezüglich der Erforderlichkeit von **Informations- und Kommunikationstechnik** legt die Arbeitsgerichtsbarkeit Betriebsräten teilweise besondere Begründungsverpflichtungen auf. Anerkannt ist die Erforderlichkeit eines eigenen **Betriebsrats-PC**. Sind einzelne Betriebsratsmitglieder oft außerhalb des Betriebs unterwegs, kann darüber hinaus ein **Mobiltelefon** oder ein **Smartphone** und ein **Notebook** oder ein sog. **Tablet-Computer** erforderlich sein. Werden Betriebsratssitzungen oder betriebsratsinterne Besprechungen nach § 30 Abs. 2 BetrVG ganz oder teilweise in Form von Video- und Telefonkonferenzen durchgeführt, ist die Ausstattung aller Betriebsratsmitglieder mit den hierfür erforderlichen Endgeräten (Notebook / Tablet nebst Tastatur, Maus und ggf. einem ausreichend großen Bildschirm) erforderlich, ohne dass dies einer weiteren Begründung bedarf. Gleiches gilt für anfallende Übertragungskosten. Eine besondere Begründung der Erforderlichkeit muss beispielsweise erfolgen, wenn ein Betriebsrat die Verwendung eines sonst im Betrieb nicht vorhandenen **Zugangs zum Internet** für notwendig hält. Gleiches gilt, wenn der Betriebsrat eine eigene **Homepage** im betrieblichen Intranet betreiben oder wenn er ein **internes soziales Netzwerk** für seine Arbeit einsetzen will. Sind entsprechende Möglichkeiten im Betrieb bereits vorhanden, muss der Arbeitgeber dem Betriebsrat eigenständige Nutzungsrechte und Veröffentlichungsmöglichkeiten einräumen. Die Nutzung **öffentlicher sozialer Netzwerke wie etwa WhatsApp, Facebook oder X (ehemals Twitter**) kommt wegen bestehender Datenschutzprobleme für die Betriebsratskommunikation allerdings nicht in Betracht.

Verarbeiten Betriebsräte bei der Durchführung ihrer gesetzlichen Aufgaben personenbezogene Daten, müssen sie die Einhaltung aller einschlägigen gesetzlichen Datenschutzvorgaben eigenständig sicherstellen. Wird für diesen Zweck spezielle Hard- oder Software benötigt, die im Betrieb nicht vorhanden ist, besteht auch diesbezüglich eine Erforderlichkeit. In diesem Rahmen können Betriebsräte beispielsweise die Anschaffung von Sichtschutzfolien für mobile Geräte verlangen oder Verschlüsselungssoftware, durch die verarbeitete personenbezogene Daten geschützt werden. Darüber hinaus kann aus Gründen des technischen und organisatorischen Datenschutzes auch die Anschaffung spezieller Software erforderlich sein, mit der eine gesicherte digitale Kommunikation innerhalb des Gremiums möglich wird. Hierzu kann insbesondere der Zugang zu Videokommunikationsmöglichkeiten gehören, zu denen Personal des Arbeitgebers keinen Zugang hat. 7a

Bei der Auswahl von **Büropersonal**, das ebenfalls von § 40 Abs. 2 BetrVG erfasst wird, hat der Betriebsrat ein **Mitspracherecht**. Die Arbeitsverträge mit dem Büropersonal schließt der Arbeitgeber ab. Er kann zusätzliches Personal für bestimmte Aufgaben anfordern. Bestehen im Einzelfall erhöhte Datenschutzanforderungen, kommt in größeren Gremien auch die Einstellung von Fachkräften für diesen Bereich in Betracht. Lässt sich die vertrauliche Kommunikation innerhalb eines Betriebsratsgremiums nur durch Nutzung eigener Kommunikationswege und spezieller Software sicherstellen, kann die Anstellung von Administratoren für den Betriebsrat bzw. der Rückgriff auf Angebote externer Dienstleister erforderlich sein. Der Arbeitgeber kann Betriebsräten geeignete Personen vorschlagen. Der Betriebsrat kann die Vorschläge ablehnen, wenn Personen nicht sein Vertrauen genießen. 8

Bestreitet der Arbeitgeber die Erforderlichkeit von Büropersonal, muss er dies gegenüber dem Betriebsrat begründen. Der Betriebsrat kann in diesen Fällen die Durchsetzung seines Anspruchs mit dem arbeitsgerichtlichen **Beschlussverfahren** betreiben. 9

II. Arbeitshilfen

1. Checkliste

Kosten und Sachaufwand des Betriebsrats 10

- Die Geltendmachung angefallener Betriebsratskosten erfolgt durch den Betriebsrat oder bei individuellen Kosten durch die einzelnen Betriebsratsmitglieder.
- Für Räume, sachliche Mittel, Informations- und Kommunikationstechnik sowie Büropersonal ist ein Nachweis der Erforderlichkeit durch den Betriebsrat notwendig.
- Ist der Anspruch strittig, muss die Begründung der Erforderlichkeit so ausführlich wie möglich sein.

2. Musterschreiben

Betriebsrat: Sachmittel/Kostenübernahme durch den Arbeitgeber 11

Der Betriebsrat der Firma Firmenbezeichnung, Adresse Ort, Datum
Betriebsratsvorsitzender Name

An den Arbeitgeber Firmenbezeichnung
im Hause

Kosten der Betriebsratstätigkeit – hier: Aktenordner
Sehr geehrte Damen und Herren,
der Betriebsrat benötigt zur Einrichtung seines Büros ca. 30 Leitz-Ordner DIN A 4, um die derzeit verstärkt anfallenden Unterlagen strukturiert ablegen zu können. Entsprechende Ordner stehen dem Betriebsrat nicht zur Verfügung.
Ich möchte Sie deshalb bitten, uns diese aus betrieblichen Reserven zur Verfügung zu stellen bzw. gegenüber der Firma Firmenbezeichnung eine entsprechende Kostenübernahmeerklärung abzugeben.
Der Betriebsrat wäre für eine kurzfristige Erledigung dankbar.

12 **Betriebsrat: Kostenübernahme für Dolmetscher**

Der Betriebsrat der Firma Firmenbezeichnung, Adresse | Ort, Datum
Betriebsratsvorsitzender Name

An den Arbeitgeber Firmenbezeichnung
im Hause

Übernahme der Dolmetscherkosten
Sehr geehrte Damen und Herren,
seit der letzten Betriebsratswahl gehören unserem Gremium drei Kollegen türkischer Nationalität an. Diese beherrschen die deutsche Sprache nicht in einem Maß, das für die Wahrnehmung des Betriebsratsmandats ausreicht. Besondere Schwierigkeiten bestehen hier im Umgang mit juristisch geprägten Schriftsätzen des Arbeitgebers.
Diese Situation führt in der Praxis dazu, dass sich Sitzungen in die Länge ziehen, weil Unterlagen erst mühsam erklärt werden müssen bzw. weil es zu teilweise intensiven Nachfragen kommt. Ursache ist hier allein die unterschiedliche Sprache.
Unter diesen Umständen hält es der Betriebsrat für erforderlich, zu seinen Sitzungen einen »Flüsterdolmetscher« einzusetzen, der während des gesamten Sitzungsverlaufs tätig ist. Wir konnten für diese Aufgabe Herrn Name gewinnen. Herr Name bietet seine Dienste zu einem Stundensatz von Euro an. Er soll nach Möglichkeit von der nächsten Sitzung an tätig werden.
Vor diesem Hintergrund bitten wir Sie, eine Kostenübernahmeerklärung abzugeben und uns mitzuteilen, an wen Herr Name seine monatlichen Rechnungen übersenden kann. Sollten auf Ihrer Seite Zweifel an der Erforderlichkeit bestehen, würde ich vorschlagen, dass wir diese in einem gemeinsamen Gespräch diskutieren, für das ich kurzfristig zur Verfügung stehe.

13 **Kostenübernahme bei Auslandsreisen**

Der Betriebsrat der Firma Firmenbezeichnung, Adresse | Ort, Datum
Betriebsratsvorsitzender Name

An den Arbeitgeber Firmenbezeichnung
im Hause

Auslandsreise der Betriebsräte Name und Name
Sehr geehrte Damen und Herren,
der Betriebsrat hat auf seiner Sitzung vom Datum beschlossen, die beiden Betriebsräte Name und Name damit zu betrauen, Kontakt zur Firma Firmenbezeichnung in Ort aufzunehmen. Grund für

diesen Beschluss sind die derzeit anstehenden Verhandlungen über die Verlagerung von Produktionsbereichen in den ausländischen Betrieb. Die per Beschluss beauftragten Betriebsräte sollen zusammen mit den ausländischen Kollegen beraten, welche gemeinsamen Lösungen sich zur Abwendung von Arbeitsplatzabbau finden lassen.
(ausführen …)
Derzeit ist ein Gesprächstermin in ca.   Wochen geplant. Dafür werden die Kosten für zwei Flüge (ca.   Euro) sowie für zwei Übernachtungen (ca.   Euro) anfallen. Die Anreise am Vorabend ist wegen des Gesprächsbeginns um 09.00 Uhr des nächsten Tages unumgänglich.
Die Reisestelle macht die Ausstellung der Flugtickets von einer Zustimmung des Arbeitgebers abhängig. Wir bitten Sie deshalb, diese unverzüglich zu erteilen. Sollte sie bis zum Datum nicht vorliegen, müssten die beiden Betriebsräte (insbesondere zur Wahrung günstiger Konditionen) die Flugtickets und das Hotel direkt buchen, was ggf. mit Mehrkosten verbunden wäre.
Sollten auf Ihrer Seite Zweifel an der Erforderlichkeit der Reise bestehen, würde ich vorschlagen, dass wir diese in einem gemeinsamen Gespräch diskutieren, für das ich kurzfristig zur Verfügung stehe.

Reisekosten einzelner Betriebsratsmitglieder 14

Betriebsratsmitglied Name — Ort, Datum

An den Arbeitgeber Firmenbezeichnung
im Hause

Reisekosten vom Datum
Sehr geehrte Damen und Herren,
am Datum habe ich eine Reise nach Ort durchgeführt. Grund der Reise war meine Teilnahme an der Sitzung des GBR-Ausschusses »Arbeitsschutz und Arbeitssicherheit«. Diesem Ausschuss gehöre ich aufgrund des Beschlusses des Betriebsrats vom Datum an. Für diese Reise sind mir Kosten in einer Gesamthöhe von   Euro entstanden. Die Einzelheiten entnehmen Sie bitte den beigefügten Belegen.
Ich fordere Sie auf, diese aus meiner Betriebsratstätigkeit folgenden Kosten bis zum Datum auf mein Konto Nr.   bei der   -Bank (BLZ   ) zu überweisen.

Betriebsrat: Erstattung von Kosten für Rechtsstreitigkeiten 15

Betriebsratsmitglied Name — Ort, Datum

An den Arbeitgeber Firmenbezeichnung
im Hause

Erstattung von Kosten der Rechtsverfolgung
Sehr geehrte Damen und Herren,
in der Anlage füge ich Ihnen eine Rechnung des Rechtsanwaltsbüros Name bei. Diese bezieht sich auf den Rechtsstreit, der bezüglich meiner Reisekostenabrechnung vom Datum zwischen uns geführt wurde. Da es sich hierbei um Kosten einer Rechtsstreitigkeit in betriebsverfassungsrechtlichen Angelegenheiten handelt (es ging bekanntermaßen um meine Teilnahme an einer

Sitzung des GBR-Ausschusses für Arbeits- und Gesundheitsschutz), sind Sie gem. § 40 Abs. 1 BetrVG zur Erstattung dieser Kosten verpflichtet.
Ich fordere Sie deshalb auf, die vom Anwaltsbüro Name geltend gemachten Kosten direkt auszugleichen. Das Original der Rechnung füge ich bei.

16 **Betriebsrat: Sachliche Mittel (eigenes Sitzungszimmer)**

Der Betriebsrat der Firma Firmenbezeichnung, Adresse Ort, Datum
Betriebsratsvorsitzender Name

An den Arbeitgeber Firmenbezeichnung
im Hause

Eigenes Sitzungszimmer für den Betriebsrat
Sehr geehrte Damen und Herren,
hiermit möchte ich Sie für den Betriebsrat auffordern, diesem ein Sitzungszimmer zur Verfügung zu stellen, das er eigenständig nutzen kann. Wir gehen davon aus, dass hierfür beispielsweise der Raum im Gebäude geeignet wäre.
Zur Begründung möchten wir darauf verweisen, dass sich die bisher durchgeführte Mitbenutzung des Raums (Sitzungszimmer der Geschäftsleitung) nicht bewährt hat. Wir haben in den letzten Monaten mehrfach die Erfahrung machen müssen, dass dieser Raum ausgebucht war und für Aktivitäten des Betriebsrats wie etwa die Sondersitzung am Datum und die Sondersitzung am Datum nicht zur Verfügung stand. Dies hat mangels anderer Sitzungsmöglichkeiten in zwei Fällen dazu geführt, dass wir in das »Hinterzimmer« eines nah gelegenen Restaurants ausweichen mussten, was wiederum erhebliche Kosten verursacht hat. Dieser Tagungsort wirft zudem zahlreiche Probleme bezüglich der Arbeitssituation (ansonsten finden hier zumeist Kindergeburtstage statt) und der Vertraulichkeit (jedes normal gesprochene Wort ist auf dem Gang zu den Toiletten gut mitzuhören) auf.
Die von Ihnen angeregte Abhaltung von Betriebsratssitzungen im Arbeitszimmer des Betriebsratsvorsitzenden stellt keine praktikable Alternative dar. Ein Praxisversuch in der letzten Woche hat gezeigt, dass sich hier nur Sitzplätze für maximal fünf Personen unterbringen lassen, während die weiteren Gremiumsmitglieder mit einem Sitzplatz auf meinem Schreibtisch vorliebnehmen müssten. Zudem ist es bei dieser Sitzanordnung schon zu einem Unfall gekommen, weil ein Gremiumsmitglied vom Tisch gerutscht ist. In dieser Konstellation ist eine vernünftige Betriebsratsarbeit nicht möglich.
Wir möchten Sie vor diesem Hintergrund dringend darum bitten, uns das Nutzungsrecht für den Raum zu übertragen. Sollte dies nicht möglich sein, erwarten wir einen praktikablen Alternativvorschlag bis zum Datum.

16a **Betriebsrat: Ausstattung des Betriebsrats-Sitzungsraums mit einem Videokonferenzsystem**

Der Betriebsrat der Firma Firmenbezeichnung, Adresse Ort, Datum
Betriebsratsvorsitzender Name

An den Arbeitgeber Firmenbezeichnung
im Hause

Ausstattung des Betriebsrats-Sitzungsraums mit einem Videokonferenzsystem
Sehr geehrte Damen und Herren,
der Betriebsrat hat in seiner Sitzung am Datum beschlossen, einzelne Sitzungen des Gremiums künftig in Form von Video- und Telefonkonferenzen durchzuführen. Weiterhin soll einzelnen Mitgliedern bei Erfüllung der in der Geschäftsordnung des Betriebsrats festgelegten Voraussetzungen die Online-Teilnahme an Präsenzsitzungen (»hybride Sitzungsform«) ermöglicht werden.
Um die Teilnahme einzelner Betriebsratsmitglieder an Präsenzsitzungen technisch realisieren zu können, ist es erforderlich, das Sitzungszimmer des Betriebsrats mit der entsprechenden Hard- und Software auszustatten (Monitorbildschirm, Videokamera, Tischmikrofone, Lautsprecher und leistungsfähige Anbindung ans Internet nebst notwendiger Software). Die Ausstattung sollte sich an der orientieren, die in den betrieblichen Videokonferenzräumen oder zur Verfügung steht.

Betriebsrat: Sachmittel (Office-Kombigerät) 17

Der Betriebsrat der Firma Firmenbezeichnung, Adresse Ort, Datum
Betriebsratsvorsitzender Name

An den Arbeitgeber Firmenbezeichnung
im Hause

Anschaffung eines Office-Kombigerätes für das Betriebsratsbüro
Sehr geehrte Damen und Herren,
wir möchten Sie hiermit bitten, für das Betriebsratsbüro im Gebäude ein eigenes Office-Kombigerät zur Verfügung zu stellen. Hierbei handelt es sich um ein kompaktes Gerät, das die Funktionalitäten eines Telefaxgerätes mit denen eines Scanners und eines Druckers verbindet. Dieses Gerät ist für die Betriebsratsarbeit erforderlich. Entsprechende Angebote fügen wir bei.
Zur Begründung möchten wir darauf verweisen, dass dieses Gerät eine kostengünstige Lösung für technische Prozesse ist, deren Durchführung aus Sicht des Betriebsrats für seine Arbeit erforderlich ist.
Zunächst ermöglicht das Kombi-Gerät die Versendung und den Empfang von Dokumentenkopien per Telefax. Diese Form der Kommunikation wird innerhalb der Betriebsratsgremien derzeit noch vielfältig praktiziert. Auf diesem Weg werden beispielsweise Einladungen, aber auch wichtige Unterlagen versendet. Hierbei handelt es sich teilweise um interne und vertrauliche Dokumente.
Die Versendung von Telefaxen wird allerdings derzeit immer öfter dadurch ersetzt, dass Dokumente eingescannt und dann als Anhang zu E-Mails versendet werden. Diese Funktionalität bietet das für erforderlich gehaltene Office-Kombigerät, indem es das Einscannen und die weitere Verarbeitung im PDF-Format mit einer integrierten Software ermöglicht. Darüber hinaus ermöglicht es der Scanner, Dokumente und Unterlagen allen Mitgliedern des Gremiums zeitnah zugänglich zu machen. Damit kann das gesetzlich in § 34 Abs. 3 BetrVG normierte Einsichtsrecht garantiert werden.
Schließlich verfügt das Kombigerät über einen Standarddrucker, der in Zusammenhang mit dem Scanner die Nutzung als Fotokopierer ermöglicht. Dies macht die Anschaffung eines entsprechenden autonomen Kopierers entbehrlich.
Die Integration verschiedener Funktionalitäten ist insgesamt eine kostengünstige Lösung. Der Gesamtpreis des Kombigerätes liegt weit unter den Kosten, die für die Anschaffung von entsprechenden Einzelgeräten entstehen würden. Wir möchten Sie vor diesem Hintergrund auffordern,

uns bis zum Datum Ihr Einverständnis mit dieser Anforderung mitzuteilen und gleichzeitig die Anschaffung eines entsprechenden Gerätes zu veranlassen.

17a **Betriebsrat: Sachmittel (Notebook nebst Dockingstation)**

Der Betriebsrat der Firma Firmenbezeichnung, Adresse Ort, Datum
Betriebsratsvorsitzender Name

An den Arbeitgeber Firmenbezeichnung
im Hause

Anschaffung eines Notebooks nebst Dockingstation für das Betriebsratsbüro
Sehr geehrte Damen und Herren,
wir möchten Sie hiermit bitten, für das Betriebsratsbüro im Gebäude ein Notebook einschließlich Software (insbesondere einem »Office-Paket«) nebst Dockingstation (»Port-Replikator« o.ä.) zur Verfügung zu stellen. Mit dieser Gerätekombination kann sowohl der bereits vorhandene Drucker sowie der Scanner angesteuert werden als auch die Verbindung zum Internet aufgebaut werden. Diese Gerätekombination ist zusammen mit einem »Office-Paket« für die Betriebsratsarbeit erforderlich. Entsprechende Angebote fügen wir bei.
Zur Begründung verweisen wir darauf, dass diese Gerätekombination eine kostengünstige Lösung für die Erledigung verschiedenster Verwaltungsarbeiten und -prozesse ist, deren Durchführung aus Sicht des Betriebsrats für seine Arbeit erforderlich ist.
Das Notebook stellt den Zugang zum Internet sicher und ermöglicht die Verarbeitung ein- und ausgehender Nachrichten (insbesondere per E-Mail oder Chat). Bei Bedarf lassen sich Ausdrucke von Unterlagen erstellen. In der Kombination mit dem vorhandenen Scanner ist die Kopie von Unterlagen möglich.
Wir bitten darum, den internen Beschaffungsprozess unverzüglich anzustoßen.

18 **Betriebsrat: Anschaffung von Fachliteratur**

Der Betriebsrat der Firma Firmenbezeichnung, Adresse Ort, Datum
Betriebsratsvorsitzender Name

An den Arbeitgeber Firmenbezeichnung
im Hause

Anschaffung von Fachliteratur
Sehr geehrte Damen und Herren,
der Betriebsrat hat auf seiner Sitzung am Datum beschlossen, dass die Anschaffung von Fachliteratur für seine Arbeit unumgänglich ist. Eine entsprechende Liste, die Gegenstand des Beschlusses war, füge ich als Anlage bei.
Der Grund für diesen Anschaffungsbeschluss ist die derzeit bestehende Ausstattungssituation: Dem Betriebsrat stehen nur zwei ältere Kommentare zum BetrVG sowie eine ebenfalls schon mehr als zwei Jahre alte Gesetzessammlung zur Verfügung. Daneben nutzen einzelne Mitglieder privat angeschaffte Texte. Die darüber hinaus mögliche Mitbenutzung von Literatur, die in der Rechtsabteilung zur Verfügung steht, hat sich als nicht praktikabel erwiesen, da es sich dort um

eine Präsenzbibliothek handelt. Zudem werden gerade die einschlägigen Standardkommentare dort intensiv benötigt.
In der praktischen Arbeit hat sich gezeigt, dass die Ausstattung der einzelnen Betriebsratsmitglieder mit je einer arbeitsrechtlichen Textsammlung (Kittner, Arbeits- und Sozialrecht) sowie mit einem betriebsverfassungsrechtlichen Basiskommentar (Klebe u.a., Betriebsverfassungsgesetz, Basiskommentar) unumgänglich ist. Hier ist ein jeweils aktueller Stand aus unserer Sicht erforderlich, um anfallende Fragen in der täglichen Arbeit qualifiziert beantworten zu können.
Darüber hinaus benötigt das Gremium aktuelle Standardkommentare zu den wichtigsten Arbeitsbereichen wie insbesondere dem BetrVG. Um eine differenzierte Bewertung von Rechtsfragen zu ermöglichen, halten wir insbesondere die Anschaffung von zwei Standardkommentaren (Däubler/Klebe/Wedde und »Fitting«) für erforderlich. Schließlich ist aus unserer Sicht zur aktuellen Information über die Rechtsprechung der regelmäßige Bezug der Fachzeitschriften »Arbeitsrecht im Betrieb« sowie »Neue Zeitschrift für Arbeitsrecht« unumgänglich.
Wir möchten Sie bitten, eine entsprechende Bestellung so bald wie möglich zu veranlassen.

Betriebsrat: Einrichtung eines Online-Zugangs zu einer Rechtsprechungs- und Literaturdatenbank 18a

Der Betriebsrat der Firma Firmenbezeichnung, Adresse Ort, Datum
Betriebsratsvorsitzender Name

An den Arbeitgeber Firmenbezeichnung
im Hause

Online-Zugang zu einer Rechtsprechungs- und Literaturdatenbank
Sehr geehrte Damen und Herren,
der Betriebsrat hat auf seiner Sitzung am Datum durch Beschluss festgestellt, dass für seine Arbeit ein Online-Zugang zu einer Rechtsprechungs- und Literaturdatenbank erforderlich ist. Der Betriebsrat möchte für seine Arbeit das Produkt nutzen. Dieses wird nach einem vorliegenden Angebot vom Datum zum Preis von € im Monat angeboten.
Der Betriebsrat hat feststellen müssen, dass es in der Rechtsprechung eine zunehmende Zahl von Entscheidungen gibt, die für die tägliche Arbeit wichtig und notwendig sind. Gleiches gilt für einschlägige Artikel in der Fachliteratur. Die Erschließung dieses Informationsangebots auf konventionellem Weg durch die Auswertung der zur Verfügung stehenden Fachzeitschriften ist zeitaufwendig und trifft oft auf das Problem, dass die entsprechenden Zeitschriften im Hause nicht zur Verfügung stehen. Hinzu kommt, dass die Recherche in einer Datenbank die Möglichkeit bietet, anhand von Suchworten schneller zu den erforderlichen Informationen zu gelangen. Zur Verfügung stehende Datenbanken bieten gegenüber öffentlichen Angeboten, wie es sie etwa das Bundesarbeitsgericht macht, den Vorteil, dass sowohl eine Volltextsuche wie auch die Suche nach Stichworten möglich ist. Auf dieser Grundlage lassen sich zu anfallenden Fragen schnell relevante Antworten finden. Dies macht in vielen Fällen Nachfragen bei Rechtsanwälten überflüssig.
Der Betriebsrat hat bei seiner Entscheidung berücksichtigt, dass einschlägige Angebote inzwischen kostengünstiger sind als das Vorhalten entsprechender Zeitschriften und Rechtssprechungssammelwerke: (**Hinweis:** hier aktuelle Kostenbeispiele und -vergleiche einfügen). Ein entsprechender Vertragsschluss könnte zudem so gestaltet werden, dass auch für den Arbeitgeber entsprechende Lizenzen erworben werden.
Wir möchten Sie bitten, einen entsprechenden Vertragsabschluss so bald wie möglich zu veranlassen.

19 **Betriebsrat: Anschaffung eines Notebooks**

Der Betriebsrat der Firma Firmenbezeichnung, Adresse Ort, Datum
Betriebsratsvorsitzender Name

An den Arbeitgeber Firmenbezeichnung
im Hause

Anschaffung eines Notebooks
Sehr geehrte Damen und Herren,
der Betriebsrat hat auf seiner Sitzung am Datum beschlossen, dass die Anschaffung eines Notebooks für das freigestellte Betriebsratsmitglied Name erforderlich ist. Wir möchten Sie deshalb bitten, alles zur Anschaffung Erforderliche zu veranlassen.
Zur Begründung weisen wir auf Folgendes hin:
Das Betriebsratsmitglied Name ist auf Grund seiner Mitwirkung im Gesamtbetriebsrat sowie in den beiden Ausschüssen für und an mehreren Tagen in der Woche nicht an seinem betrieblichen Arbeitsplatz tätig. Gleichzeitig benötigt er für seine Arbeit teilweise umfangreiche Unterlagen, die zumeist sowohl in Papierform im Betriebsratsbüro als auch in elektronischer Form vorliegen. Die Mitnahme umfangreicher Papierakten ist dem Betriebsratsmitglied mit Blick auf deren Gewicht nicht zuzumuten. Die entsprechenden Unterlagen stehen jedoch auf den Rechnern an anderen Standorten nicht immer zur Verfügung. Deshalb halten wir es für erforderlich, dass ein Notebook in Standardkonfiguration angeschafft wird. Dieses sollte mit Blick auf die mobile Verwendung netzwerkfähig und möglichst gewichtsreduziert sein.
Wir bitten Sie deshalb, uns bis zum Datum Ihr Einverständnis mit dieser Anschaffung mitzuteilen und eine Bestellung über die Einkaufsabteilung zu veranlassen. Hinsichtlich der aus unserer Sicht notwendigen Ausstattung des Geräts fügen wir diesem Schreiben mehrere bereits eingeholte Angebote bei.

19a **Betriebsrat: Anschaffung eines Tablet–Computers**

Der Betriebsrat der Firma Firmenbezeichnung, Adresse Ort, Datum
Betriebsratsvorsitzender Name

An den Arbeitgeber Firmenbezeichnung
im Hause

Anschaffung eines Tablet-Computers
Sehr geehrte Damen und Herren,
der Betriebsrat hat auf seiner Sitzung am Datum beschlossen, dass die Anschaffung eines Tablet-Computers für das freigestellte Betriebsratsmitglied Name erforderlich ist. Wir möchten Sie deshalb bitten, alles zur Anschaffung Erforderliche zu veranlassen.
Zur Begründung weisen wir auf Folgendes hin:
Das Betriebsratsmitglied Name ist auf Grund seiner Mitwirkung im Gesamtbetriebsrat sowie in den beiden Ausschüssen für und an mehreren Tagen in der Woche nicht im Betrieb vor Ort zu erreichen. Gleichzeitig benötigt er für seine Arbeit teilweise umfangreiche Unterlagen, die zumeist sowohl in Papierform im Betriebsratsbüro als auch in elektronischer Form vorliegen. Die Mitnahme umfangreicher Papierakten ist mit Blick auf deren Gewicht nicht zumutbar. Die entsprechenden Unterlagen stehen jedoch auf den Rechnern an anderen Standorten nicht immer zur Verfügung. Deshalb halten wir es für erforderlich, dass ein Tablet-Computer angeschafft wird. Gegenüber einem Notebook bieten diese Geräte den Vorteil eines nur geringen Gewichts. Dies

erleichtert die Nutzung in der Praxis sehr. Zudem sind diese Geräte sofort einsatzbereit, ohne dass es die Notwendigkeit eines zeitaufwendigen Starts gibt.
Wir bitten Sie deshalb, uns bis zum Datum Ihr Einverständnis zu dieser Anschaffung mitzuteilen und eine Bestellung über die Einkaufsabteilung zu veranlassen. Hinsichtlich der aus unserer Sicht notwendigen Ausstattung des Geräts fügen wir diesem Schreiben mehrere bereits eingeholte Angebote bei.

Betriebsrat: Anschaffung von Sichtschutzfolien für Notebooks 19b

Der Betriebsrat der Firma Firmenbezeichnung, Adresse Ort, Datum
Betriebsratsvorsitzender Name

An den Arbeitgeber Firmenbezeichnung
im Hause

Anschaffung von Sichtschutzfolien für Notebooks
Sehr geehrte Damen und Herren,
der Betriebsrat hat auf seiner Sitzung am Datum beschlossen, dass zur Sicherstellung des gesetzlichen Datenschutzes die Anschaffung von Sichtschutzfolien für die von den Betriebsratsmitgliedern verwendeten Notebooks erforderlich ist. Benötigt werden insgesamt . Folien für die Geräte mit den Bezeichnungen.
Zur Begründung weisen wir auf Folgendes hin:
Die Betriebsratsmitglieder nutzen ihre Notebooks sowohl an ihren betrieblichen Arbeitsplätzen als auch im Homeoffice. Die Sitzungsunterlagen für Betriebsratssitzungen werden inzwischen teilweise digital versendet. Dies gilt insbesondere für personenbezogene Informationen zu personellen Einzelmaßnahmen, die aus Gründen der Datensicherheit nicht mehr für alle Betriebsratsmitglieder ausgedruckt werden.
Bei der Arbeit mit Notebooks lässt sich nicht ausschließen, dass andere im Arbeitsbereich befindliche Beschäftigte Einblick auf deren Bildschirm erhalten. Dies kann dazu führen, dass geschützte personenbezogene Daten von unbefugten Personen gelesen werden können. Durch die Verwendung von Sichtschutzfolien lässt sich dieses Risiko deutlich reduzieren, weil sie zumindest eine seitliche Einblicknahme verhindern. Diese Folien ermöglichen die Betrachtung des Bildschirminhalts nur den direkt vor dem Gerät sitzenden Betriebsratsmitgliedern. Sie verhindern die unberechtigte Kenntnisnahme von Betriebsratsinformationen durch Unbefugte und dienen deshalb unmittelbar der Umsetzung der zu Lasten des Betriebsrats bestehenden Verpflichtung zur Umsetzung des technischen und organisatorischen Datenschutzes.
Wir bitten Sie deshalb, uns bis zum Datum Ihr Einverständnis zu dieser Anschaffung mitzuteilen und eine Bestellung über die Einkaufsabteilung zu veranlassen. Hinsichtlich der aus unserer Sicht notwendigen Ausstattung fügen wir diesem Schreiben mehrere bereits eingeholte Angebote bei.

19c **Betriebsrat: Anschaffung und Installation von Verschlüsselungssoftware**

Der Betriebsrat der Firma Firmenbezeichnung, Adresse Ort, Datum
Betriebsratsvorsitzender Name

An den Arbeitgeber Firmenbezeichnung
im Hause

Anschaffungund Installation von Verschlüsselungssoftware
Sehr geehrte Damen und Herren,
der Betriebsrat hat auf seiner Sitzung am Datum beschlossen, dass zur Sicherstellung des gesetzlichen Datenschutzes und der in der Datenschutzgrundverordnung (DSGVO) sowie dem Bundesdatenschutzgesetz (BDSG) enthaltenen Vorgaben zum technischen und organisatorischen Datenschutzschutz die Anschaffung einer Verschlüsselungssoftware erforderlich ist. Diese Software stellt sicher, dass personenbezogene Daten, die dem Betriebsrat für die Erledigung seiner gesetzlich festgelegten Aufgaben zur Verfügung stehen, ohne die Möglichkeit des Zugriffs unbefugter Personen verarbeitet werden kann.
Zur Begründung weisen wir auf Folgendes hin:
Der Betriebsrat ist innerhalb seines Aufgabenbereichs eigenständig für sie Sicherstellung des gesetzlichen Datenschutzes verantwortlich. Deshalb muss das Gremium insbesondere auch die Vorgaben zur Sicherheit der Verarbeitung in Art. 32 DSGVO durch hierfür geeignete technische und organisatsorische Maßnahmen sicherstellen. Zu diesen Maßnahmen gehört ausdrücklich auch die Verschlüsselung personenbezogener Daten auf den Endgeräten.
Im Betrieb ist eine für diesen Zweck geeignete technische Lösung nicht vorhanden. Der technisch mögliche Rückgriff auf Passwörter zur Sicherung einzelner Dateien stellt keine gleichwertige Alternative dar, da hierdurch in der Regel nur der Zugriff auf Informationen eingeschränkt wird, ohne dass zugleich eine Verschlüsselung der Daten stattfindet. Deshalb möchte der Betriebsrat auf eine wirksame Verschlüsselungssoftware zurückgreifen. Die Software der Firma verschlüsselt automatisch alle auf den von Betriebsratsmitgliedern verwendeten PCs und Notebooks verarbeiteten Dateien. Nach Darstellung des Herstellers funktioniert die Software nach der Installation vollautomatisch und stellt eine durchgängige sichere Verschlüsselung sicher.
Wir bitten Sie deshalb, uns bis zum Datum Ihr Einverständnis zu dieser Anschaffung mitzuteilen und eine Bestellung der notwendigen Softwarelizenzen über die Einkaufsabteilung zu veranlassen. Hinsichtlich der aus unserer Sicht notwendigen Ausstattung des Geräts fügen wir diesem Schreiben mehrere bereits eingeholte Angebote bei.

19d **Betriebsrat: Mobiltelefon für freigestellte Betriebsratsmitglieder**

Der Betriebsrat der Firma Firmenbezeichnung, Adresse Ort, Datum
Betriebsratsvorsitzender Name

An den Arbeitgeber Firmenbezeichnung
im Hause

Anschaffung von Mobiltelefonen für freigestellte Betriebsratsmitglieder
Sehr geehrte Damen und Herren,
der Betriebsrat hat auf seiner Sitzung am Datum beschlossen, dass die Anschaffung von zwei Mobiltelefonen für die beiden freigestellten Betriebsratsmitglieder Name und Name erforderlich ist. Wir möchten Sie deshalb bitten, alles zur Anschaffung Erforderliche zu veranlassen.
Zur Begründung weisen wir auf Folgendes hin:

Die beiden freigestellten Betriebsratsmitglieder sind für die Betreuung von zwei räumlich weit auseinander liegenden Betriebsteilen zuständig. Darüber hinaus nehmen sie Funktionen im Gesamtbetriebsrat und in dessen Ausschüssen war. Dies führt zu einem relativ hohen Reiseaufwand. In der Vergangenheit hat sich immer wieder gezeigt, dass die beiden Betriebsratsmitglieder deshalb in dringenden Angelegenheiten für andere Betriebsräte und für die Mitarbeiter im Betriebsratsbüro nicht zu erreichen waren. Auch die Durchführung notwendiger Rückrufe war während der Reise nur schwer zu realisieren. Vor diesem Hintergrund hält der Betriebsrat die Ausstattung mit entsprechenden Geräten für erforderlich.
Wir bitten Sie deshalb, uns bis zum Datum Ihr Einverständnis zu dieser Anschaffung mitzuteilen und eine Bestellung über die Einkaufsabteilung zu veranlassen.

Betriebsrat: Smartphone für freigestellte Betriebsratsmitglieder 19e

Der Betriebsrat der Firma Firmenbezeichnung, Adresse Ort, Datum
Betriebsratsvorsitzender Name

An den Arbeitgeber Firmenbezeichnung
im Hause

Anschaffung von Smartphones für freigestellte Betriebsratsmitglieder
Sehr geehrte Damen und Herren,
der Betriebsrat hat auf seiner Sitzung am Datum beschlossen, dass die Anschaffung von zwei Smartphones für die beiden freigestellten Betriebsratsmitglieder Name und Name erforderlich ist. Der Begriff steht für eine Klasse von Geräten, die aufgrund ihrer Software neben dem Telefonieren auch den Zugriff auf E-Mails, elektronische Kalender sowie Internet-Browser möglich machen. Wir möchten Sie bitten, die für die Anschaffung notwendigen Schritte zu veranlassen.
Zur Begründung weisen wir auf Folgendes hin:
Die beiden freigestellten Betriebsratsmitglieder sind für die Betreuung von zwei räumlich weit auseinander liegenden Betriebsteilen zuständig. Darüber hinaus nehmen sie Funktionen im Gesamtbetriebsrat und in dessen Ausschüssen war. Dies führt zu einem relativ hohen Reiseaufwand. In der Vergangenheit hat sich immer wieder gezeigt, dass die beiden Betriebsratsmitglieder deshalb in dringenden Angelegenheiten für andere Betriebsräte und für die Mitarbeiter im Betriebsratsbüro nicht zu erreichen waren. Auch die Durchführung notwendiger Rückrufe von öffentlichen Telefonen aus war während der Reise nur schwer zu realisieren.
Hinzu kommt, dass sich für die freigestellten Betriebsratsmitglieder immer wieder die Notwendigkeit ergibt, auf E-Mails, die ihnen von Belegschaftsmitgliedern, anderen Betriebsratsmitgliedern oder der Firmenleitung zugesandt werden, schnell reagieren zu müssen. Dies ist mit konventionellen Mobiltelefonen nicht möglich.
Darüber hinaus besteht die Notwendigkeit, Termine auf elektronischem Weg mit den freigestellten Betriebsratsmitgliedern abzustimmen. Dies funktioniert technisch nur, wenn sie über entsprechende Endgeräte verfügen.
Vor diesem Hintergrund hält der Betriebsrat die Ausstattung mit entsprechenden Geräten für erforderlich.
Wir bitten Sie deshalb, uns bis zum Datum Ihr Einverständnis zu dieser Anschaffung mitzuteilen und eine Bestellung über die Einkaufsabteilung zu veranlassen.

19f Betriebsrat: Einrichtung eines Kommunikationssystems und Datensicherungsmaßnahmen

Der Betriebsrat der Firma Firmenbezeichnung, Adresse Ort, Datum
Betriebsratsvorsitzender Name

An den Arbeitgeber Firmenbezeichnung
im Hause

Einrichtung eines autonomen Kommunikationssystems für den Betriebsrat/Datensicherungsmaßnahmen

Sehr geehrte Damen und Herren,

der Betriebsrat hat auf seiner Sitzung am Datum beschlossen, dass die Einrichtung eines autonomen Kommunikationssystems erforderlich ist. Wir möchten Sie deshalb bitten, alles zur Anschaffung Erforderliche zu veranlassen. Hierzu gehört auch die Schulung der Betriebsratsmitglieder Name und Name, die das System als Administratoren betreuen sollen.

Zur Begründung weisen wir auf Folgendes hin:

Der Betriebsrat musste in der Vergangenheit immer wieder feststellen, dass die über das bestehende interne System geführten Kommunikationsvorgänge nicht vertraulich durchgeführt werden konnten. Dies liegt insbesondere daran, dass die Systemadministratoren bezüglich der Betriebsratsdaten, die auf dem Server abgelegt sind, uneingeschränkte Leserechte haben. Weiterhin haben auf diese Daten auch Mitarbeiter der Innenrevision sowie der Bereiche Zugriffsmöglichkeiten.

Die vom Betriebsrat mit Schreiben vom Datum geforderten Datensicherungsmaßnahmen wie etwa Ausschluss der Leserechte bzw. die Möglichkeit der Verschlüsselung wurden von Ihrer Seite mit Schreiben vom Datum als aus technischer Sicht nicht realisierbar bezeichnet. Diese Feststellung führt aber unmittelbar dazu, dass der Betriebsrat andere Maßnahmen zur Sicherstellung des Informationsflusses innerhalb des Gremiums treffen muss.

Wir bitten Sie deshalb, uns bis zum Datum Ihr Einverständnis mit der Einrichtung eines sichereren und autonomen Kommunikationssystems mitzuteilen und eine Bestellung über die Einkaufsabteilung zu veranlassen. Entsprechendes gilt bezüglich der Veranlassung der notwendigen Schulungsmaßnahmen, die in Abhängigkeit vom konkret anzuschaffenden System stehen. Hinsichtlich der aus unserer Sicht notwendigen Spezifikationen dieses Systems fügen wir diesem Schreiben mehrere bereits eingeholte Angebote bei.

19g Betriebsrat: Anschaffung von Lizenzen für Audio- und Videokonferenzsoftware

Der Betriebsrat der Firma Firmenbezeichnung, Adresse Ort, Datum
Betriebsratsvorsitzender Name

An den Arbeitgeber Firmenbezeichnung
im Hause

Anschaffungvon Lizenzen für Audio- und Videokonferenzsoftware

Sehr geehrte Damen und Herren,

der Betriebsrat hat auf seiner Sitzung am Datum beschlossen, dass für die Durchführung seiner Arbeitsaufgaben die Anschaffung von Lizenzen für die Audio- und Videokonferenzsoftware erforderlich ist. Mit den Lizenzen wird es dem Betriebsrat möglich, Online-Besprechungen durchzuführen. Dies ermöglicht eine schnelle gremieninterne Abstimmung ohne die Anberaumung von Präsenzterminen.

Zur Begründung weisen wir auf Folgendes hin:

Im Betrieb wird für Audio- oder Videokonferenzen standardmäßig die Softwarelösung der Firma. verwendet. Diese Software wird zentral administriert. Aufgrund ihrer Administratorenrechte erlangen die zuständigen Mitarbeiter der IT-Abteilung Kenntnis davon, welche Kommunikationsvorgänge erfolgt sind und welche Beschäftigten hieran teilgenommen haben. Auch die Art der in Dateiform ausgetauschten Informationen ist für sie erkennbar. Teilweise können sie darüber hinaus auch auf nicht gelöschte Inhalte von Chats teilnehmen. Damit ist die Vertraulichkeit der betriebsratsinternen Kommunikation nicht hinreichend gesichert.
Demgegenüber werden bei der Nutzung der für Audio- und Videokonferenzsoftware alle Kommunikationsinhalte sowie die allgemeinen Kommunikationsdaten verschlüsselt, soweit dies technisch möglich ist. Somit ist es den Administratoren des Anbieters insbesondere nicht möglich, auf geschützte Daten des Betriebsrats zuzugreifen. Darüber hinaus sind für die Administratoren die Teilnehmer einer Besprechung allenfalls für deren Dauer erkennbar. Eine Weitergabe dieser Informationen an Dritte wird vom Anbieter aber ausdrücklich ausgeschlossen und wäre aus Sicht des Betriebsrats zudem ein Verstoß gegen einschlägige gesetzliche Vorgaben des Telekommunikationsrechts.
Wir bitten Sie deshalb, uns bis zum Datum Ihr Einverständnis zur Anschaffung der für die Verwendung der Audio- und Videokonferenzsoftware notwendigen Softwarelizenzen mitzuteilen und die notwendige Bestellung über die Einkaufsabteilung zu veranlassen. Hinsichtlich der zu beschaffenden Lizenzen fügen wir diesem Schreiben mehrere bereits eingeholte Angebote bei.

Betriebsrat: Technische Voraussetzungen für die Durchführung von Video- und Telefonkonferenzen 19h

Betriebsrat der Firma Firmenbezeichnung,
Betriebsratsvorsitzender Name

An den
Arbeitgeber Firmenbezeichnung
im Hause

Technische Voraussetzungen für die Durchführung von Video- und Telefonkonferenzen

Sehr geehrte Damen und Herren,
das Betriebsverfassungsgesetz geht zwar weiterhin davon aus, dass Betriebsratssitzungen als Präsenzsitzungen im Betrieb durchgeführt werden. Durch die Regelung in § 30 Abs. 2 BetrVG ist aber als Alternative für Ausnahmefälle ausdrücklich die Möglichkeit der Teilnahme an Sitzungen mittels Video- und Telekonferenz geschaffen worden. Da der Betriebsrat nicht ausschließt, dass diese gesetzliche Möglichkeit auch für unsere Sitzungen zur Anwendung kommt, hat er auf seiner Sitzung am Datum beschlossen, dass eine einheitliche Ausstattung aller Betriebsratsmitglieder sowie der ersten Ersatzmitglieder mit den hierfür notwendigen technischen Mitteln erfolgen soll. Ausgehend von den Geräten, die bisher schon den freigestellten Betriebsratsmitgliedern zur Verfügung stehen, handelt es sich hierbei pro Mitglied um

- Notebook Bezeichnung (oder technisch vergleichbares Gerät) mit dem Betriebssystem Bezeichnung und der für die Durchführung von Videokonferenzen erforderlichen Software Bezeichnung sowie Maus, Zusatztastatur und Sichtschutzfolie
- Headset Bezeichnung
- Externe Aufsteckkamera Bezeichnung

Diese Ausstattung ist gemäß § 40 Abs. 2 BetrVG erforderlich. Zur Begründung weisen wir auf Folgendes hin:

Für die Teilnahme per Video- oder Telefonkonferenztechnik müssen alle Betriebsratsmitglieder über einheitliche Geräte verfügen, die ein ergonomisches Arbeiten ermöglichen. Es muss sich hierbei um Notebooks handeln, damit bei hierüber abgewickelten Video- und Telefonkonferenzen eine Sichtbarkeit anderer Teilnehmer sowie »geteilter« Dokumente gewährleistet ist. Der Rückgriff auf Smartphones oder kleinere Tabletts erfüllt diese Voraussetzungen schon wegen der kleinen Bildschirme nicht.
Die Nutzung privater Endgeräte erfüllt datenschutzrechtliche Mindestanforderungen nicht. Insbesondere kann diesbezüglich nicht sichergestellt werden, dass hier die Grundsätze in Art. 5 Abs. 1 DSGVO durchgängig umgesetzt werden, da sich die Konfiguration privater Geräte betrieblichen Schutz- und Sicherheitsstandards entzieht. Deshalb schließt der Betriebsrat eine solche Lösung aus.
Das vorstehend genannte Notebook ist derzeit im Betrieb der Standard. Eine einheitliche Ausstattung aller Betriebsratsmitglieder ist schon deshalb erforderlich, damit für alle gleichwertige Arbeitsgrundlagen zur Verfügung stehen. Zudem erleichtert eine einheitliche Ausstattung direkte Hilfestellungen und Hinweise innerhalb von Sitzungen.
Die Anschaffung von Sichtschutzfolien und Headsets ist notwendig, um insbesondere bei der Verwendung im Homeoffice die Vertraulichkeit der Sitzungen zu wahren.
Die Anschaffung einer (zusätzlichen) Kamera ist erforderlich, um eine gute Sichtbarkeit von online zugeschalteten Sitzungsteilnehmern und zugleich eine ergonomische Gestaltung externer Arbeitsplätze zu ermöglichen. Zudem erleichtert eine externe Kamera die Beschränkung der Sichtbarkeit von Details in privaten Räumlichkeiten. Hinzu kommt, dass die in den Notebooks verbauten Kameras nur eine sehr schlechte Videoqualität liefern.
Die Ausstattung der ersten ___ Ersatzmitglieder ist erforderlich, weil diese regelmäßig (in der Regel mehr als einmal im Monat) an Betriebsratssitzungen teilnehmen. Deshalb müssen sie über die technischen Möglichkeiten für eine Teilnahme mittels Video- oder Telefonkonferenz verfügen, falls diese im Vertretungsfall stattfinden.
Der Betriebsrat bietet bis zum Datum um eine Bestätigung, dass den Betriebsratsmitgliedern sowie den genannten Ersatzmitgliedern die als erforderlich qualifizierte technische Ausstattung kurzfristig zur Verfügung gestellt wird und dass die entsprechenden Bestellungen unverzüglich durchgeführt werden.

19i **Betriebsrat: Lizenz für ein eigenes Video- und Telefonkonferenzsystem**

Betriebsrat der Firma Firmenbezeichnung,
Betriebsratsvorsitzender Name

An den
Arbeitgeber Firmenbezeichnung
im Hause

Lizenz für ein eigenes Video- und Telefonkonferenzsystem

Sehr geehrte Damen und Herren,
der Betriebsrat hat in seiner Sitzung am Datum den Beschluss gefasst, dass für die durch § 30 Abs. 2 BetrVG eröffnete Möglichkeit der Teilnahme von Betriebsratsmitgliedern an Betriebsratssitzungen mittels Video- und Telefonkonferenz die Beschaffung von Lizenzen für die Nutzung des Systems Bezeichnung erforderlich ist.
Diese Ausstattung ist gemäß § 40 Abs. 2 BetrVG erforderlich. Zur Begründung weisen wir auf Folgendes hin:

Im Betrieb steht für Video- und Telefonkonferenzen standardmäßig das System Bezeichnung der Firma Bezeichnung zur Verfügung. Auf dieses System können Beschäftigte, die über entsprechende Administratorenrollen verfügen, umfassend zugreifen. Dabei können sie beispielsweise auch Einblick in einzelne Besprechungen nehmen, die dort abgelegten Dokumente identifizieren und bei fehlender Verschlüsselung auch ansehen oder die Inhalte von »Chats« lesen. Möglich ist auch die Identifikation von Sitzungsteilnehmern einschließlich Datum und Dauer von Beteiligungen. Entsprechende Möglichkeiten eröffnen sich teilweise auch für Administratoren anderer Konzernunternehmen oder externer Unternehmen, soweit die Systemeinstellungen dies nicht vollständig ausschließen.
Vor diesem Hintergrund sieht der Betriebsrat keine Möglichkeit, Video- und Telefonkonferenzen unter Wahrung der notwendigen Vertraulichkeit durchzuführen. Auch die kollektivrechtlich garantierte Unabhängigkeit der Betriebsratsarbeit ist gefährdet, wenn unbefugte Zugriffe auf Unterlagen und Kommunikationen des Betriebsrats möglich sind.
Vor diesem Hintergrund hält der Betriebsrat die Benutzung eines Video- und Telefonkonferenzsystems erforderlich, das Zugriffe von betrieblichen Personen ausschließt, die außerhalb des Gremiums stehen. Diese Voraussetzungen erfüllt das anzuschaffende System Bezeichnung aufgrund einer durchgängigen Ende-zu-Ende-Verschlüsselung aller Kommunikationsvorgänge und -informationen uneingeschränkt. Da die Lizenzkosten für die betriebsratsinterne Verwendung sich auf ca. / Jahr belaufen, ist die Anschaffung dieser Software aus Sicht des Betriebsrats auch erforderlich.
Der Betriebsrat bietet bis zum Datum um eine Bestätigung zum Einverständnis der Beschaffung der notwendigen Lizenzen sowie zur Veranlassung des Bestellvorgangs durch die Einkaufsabteilung oder zur Erteilung einer entsprechenden Kostenübernahmeerklärung.

Betriebsrat: Eigene Administration des Video- und Telefonkonferenzsystems des Betriebsrats 19j

Betriebsrat der Firma Firmenbezeichnung,
Betriebsratsvorsitzender Name

An den
Arbeitgeber Firmenbezeichnung
im Hause

Lizenz für ein eigenes Video- und Telefonkonferenzsystem

Sehr geehrte Damen und Herren,
dem Betriebsrat steht für die Durchführungen seiner Sitzungen ein eigenes Video- und Telefonkonferenzsystem zur Verfügung. Der reibungslose Betrieb dieses Systems und die technische Betreuung der einzelnen Betriebsratsmitglieder verbindet sich mit einem hohen Administrativen Aufwand. Dieser wurde bisher vom Betriebsratsmitglied erbracht, der hierzu nach der Übernahme anderer betrieblicher Aufgaben nicht mehr in der Lage ist. Deshalb hält der Betriebsrat die Einstellung eines Administrators für erforderlich, der sich ausschließlich mit der Betreuung und Pflege des Betriebsratssystem und der Nutzer befassen soll. Der Betriebsrat geht von einem Stundenvolumen von Stunden / Woche aus, was einer halben Stelle entspricht. Um die Unabhängigkeit dieses Administrators zu sichern, soll eine gleichzeitige Tätigkeit für den Arbeitgeber in anderer Funktion ausgeschlossen werden.
Alternativ:
Deshalb hält der Betriebsrat die Beauftragung des externen Dienstleisters für die Durchführung aller Administrationsaufgaben (Betreuung und Pflege des Betriebsratssystem und der

Nutzer) für erforderlich. Der Betriebsrat geht von einem Stundenvolumen von Stunden / Woche aus.
Der Betriebsrat bittet bis zum Datum um eine Bestätigung zum Einverständnis mit der Schaffung einer halben Stelle für einen Administrator des Betriebsrats.
Alternativ:
Der Betriebsrat bittet um die Veranlassung des Bestellvorgangs durch die Einkaufsabteilung für die Beauftragung der externen Firma mit der Durchführung der technischen Administration des Video- und Telefonkonferenzsystems (insbesondere Betreuung und Pflege des Betriebsrats-system und Unterstützung der Nutzer) des Betriebsrats.

20 **Betriebsrat: Homepage im betrieblichen Intranet**

Der Betriebsrat der Firma Firmenbezeichnung, Adresse — Ort, Datum
Betriebsratsvorsitzender Name

An den Arbeitgeber Firmenbezeichnung
im Hause

Einrichtung einer Betriebsratshomepage im betrieblichen Intranet
Sehr geehrte Damen und Herren,
der Betriebsrat hat auf seiner Sitzung vom Datum beschlossen, im betrieblichen Intranet eine eigene Betriebsratshomepage einzurichten. Wir möchten Sie daher bitten, alles Erforderliche zu veranlassen und die technischen Voraussetzungen zur Verfügung zu stellen. Zur Begründung möchten wir auf das Folgende verweisen:
Das Intranet ist in unserem Betrieb zum üblichen Kommunikationsmittel geworden. Inzwischen nutzen mehr als Prozent der Beschäftigten dieses Medium. Auch der Arbeitgeber versendet per Intranet Rundschreiben, Informationen usw. Der konventionelle Postversand ist inzwischen bezüglich dieser Unterlagen eingestellt worden.
Der Betriebsrat sieht eine eigene Homepage als notwendige Informationsdrehscheibe, um die Belegschaft aktuell und flächendeckend über Themen informieren zu können, die zu seinen gesetzlichen Aufgaben gehören. Nur mit diesem Medium ist es beispielsweise auch möglich, die Mitarbeiter im Außendienst und an Telearbeitsplätzen zu erreichen.
(ausführen …)
Aus all diesen Gründen hält der Betriebsrat die Zurverfügungstellung einer eigenen Homepage im Intranet für erforderlich und bittet Sie, bis zum Datum die erforderlichen Schritte einzuleiten. Ansprechpartner im Betriebsrat ist Name.

21 **Betriebsrat: Zugang zum Internet**

Der Betriebsrat der Firma Firmenbezeichnung, Adresse — Ort, Datum
Betriebsratsvorsitzender Name

An den Arbeitgeber Firmenbezeichnung
im Hause

Zugang zum Internet
Sehr geehrte Damen und Herren,
der Betriebsrat hat auf seiner Sitzung vom Datum beschlossen, dass der Anschluss eines PCs im Betriebsratsbüro an das Internet erforderlich im Sinne von § 40 Abs. 2 BetrVG ist. Wir fordern Sie deshalb auf, die entsprechenden technischen Voraussetzungen zu schaffen.
Zur Begründung verweisen wir auf das Folgende:
Das Internet hat sich inzwischen zur zentralen Informationsdrehscheibe entwickelt. Über dieses Medium werden nicht nur allgemeine arbeitsrechtliche Informationen, sondern insbesondere auch aktuelle Entscheidungen des Bundesarbeitsgerichts sowie der Instanzgerichte angeboten. Darüber hinaus finden sich im Internet Angebote der für uns zuständigen Gewerkschaften, die ebenfalls rechtliche und organisatorische Hilfestellung für Betriebsräte geben.
(ausführen …)
Aus all diesen Gründen hält der Betriebsrat es für erforderlich, dass einer seiner im Betriebsratsbüro zur Verfügung stehenden PCs nicht nur an das betriebliche Intranet, sondern auch an das Internet angeschlossen wird. Wir bitten Sie deshalb, bis zum Datum die technischen Voraussetzungen zu schaffen, damit dies möglich ist.

Betriebsrat: Nutzung interner sozialer Netzwerke 21a

Der Betriebsrat der Firma Firmenbezeichnung, Adresse Ort, Datum
Betriebsratsvorsitzender Name

An den Arbeitgeber Firmenbezeichnung
im Hause

Nutzung interner sozialer Netzwerke
Sehr geehrte Damen und Herren,
der Betriebsrat hat auf seiner Sitzung vom Datum beschlossen, dass die eigenständige Nutzung des im Betrieb vorhandenen internen sozialen Netzwerks erforderlich im Sinne von § 40 Abs. 2 BetrVG ist. Im Betrieb steht für diese Zwecke das System zur Verfügung. Wir fordern Sie deshalb auf, die entsprechenden technischen Voraussetzungen zu schaffen, damit der Betriebsrat mit diesem System eigenständig mit der Belegschaft kommunizieren kann.
Zur Begründung verweisen wir auf das Folgende:
Das interne soziale Netzwerk hat sich in unserem Betrieb inzwischen zu einer zentralen Informationsdrehscheibe entwickelt. Über dieses System kommunizieren praktisch alle Beschäftigten und alle Bereiche. Es wird sowohl zur Kommunikation untereinander genutzt als auch für Absprachen innerhalb von Gruppen und Bereichen. Eine besondere Bedeutung kommt der themenzentrierten Diskussion in sogenannten »Foren« oder »Nutzergruppen« zu: (ausführen).
Der Betriebsrat hält es angesichts der zunehmenden Nutzung für erforderlich, im System eigenständige Informations- und Kommunikationsangebote machen zu können. Hierzu gehört beispielsweise die Möglichkeit, allgemeine Themen zeitnah mit der Belegschaft diskutieren zu können: (ausführen).
Aus all diesen Gründen hält der Betriebsrat es für erforderlich, dass ihm entsprechende Rechte im System eingeräumt werden Wir bitten Sie deshalb, bis zum Datum die technischen Voraussetzungen zu schaffen, damit dies möglich ist.

22 **Betriebsrat: Büropersonal – Einstellung**

Der Betriebsrat der Firma Firmenbezeichnung, Adresse Ort, Datum
Betriebsratsvorsitzender Name

An den Arbeitgeber Firmenbezeichnung
im Hause

Schaffung der Stelle eines Sekretariatsmitarbeiters/einer Sekretariatsmitarbeiterin
Sehr geehrte Damen und Herren,
der Betriebsrat hat auf seiner Sitzung vom Datum beschlossen, dass die Einrichtung einer Stelle für einen Mitarbeiter/für eine Mitarbeiterin im Sekretariat des Betriebsrats unumgänglich ist. Wir fordern Sie deshalb auf, die entsprechenden Personalmittel zur Verfügung zu stellen und die Einstellung durchzuführen.
Zur Begründung möchten wir auf das Folgende verweisen:
Das Arbeitsvolumen des Betriebsrats hat sich im Verlauf der bisherigen Wahlperiode vervielfacht. Gründe hierfür sind insbesondere die Zunahme der uns vorgelegten personellen Einzelmaßnahmen, die Fülle der verhandelten und zu verhandelnden Betriebsvereinbarungen und (ausführen …)
Das hieraus resultierende administrative Arbeitsvolumen kann nicht mehr allein von den beiden freigestellten Betriebsratsmitgliedern oder anderen Betriebsratsmitgliedern geleistet werden. Zudem ist es notwendig, dass die notwendigen administrativen Arbeiten konzentriert und von einer hierfür ausgebildeten Kraft erledigt werden.
Aus all diesen Gründen bittet der Betriebsrat Sie, zum nächstmöglichen Zeitpunkt eine entsprechende Stelle zu schaffen und zu besetzen. Sollte es zu einer innerbetrieblichen Besetzung kommen, würden wir anregen, den Mitarbeiter Name oder die Mitarbeiterin Name aus der Abteilung hierfür in Betracht zu ziehen. Beide Personen genießen das Vertrauen des Betriebsrats.
Im Übrigen sehen wir Ihren Vorschlägen entgegen.

23 **Arbeitgeber: Büropersonal – Einstellung – Vorschlag des Arbeitgebers**

Arbeitgeber Firmenbezeichnung, Adresse Ort, Datum

An den
Betriebsratsvorsitzenden
Herrn Name
im Hause

Büropersonal
Sehr geehrter Herr Name,
auf Ihr Schreiben vom Datum möchte ich Ihnen mitteilen, dass wir die Einrichtung einer Sekretariatsstelle im Betriebsratsbüro positiv beschieden haben. Allerdings kommen die von Ihnen vorgeschlagenen Mitarbeiter Name und Name nicht in Betracht, da diese nach Auflösung der Abteilung bereits für die Abteilung vorgesehen sind und persönlich an einer entsprechenden neuen Tätigkeit interessiert sind. Im Übrigen halten wir beide Personen für die ausgeschriebene Stelle nicht hinreichend qualifiziert.
Wir schlagen Ihnen deshalb die Beschäftigung der Mitarbeiterin Name vor, die für die von Ihnen dargelegte Tätigkeit aufgrund ihrer langjährigen Tätigkeit im Büro des Personalleiters sowohl

fachlich als auch inhaltlich hinreichend qualifiziert ist. Frau Name würde in einer Tätigkeit für den Betriebsrat eine Bereicherung ihres Berufslebens sehen.

Betriebsrat: Büropersonal – Einstellung – Ablehnung des Arbeitgebervorschlags 24

Der Betriebsrat der Firma Firmenbezeichnung, Adresse Ort, Datum
Betriebsratsvorsitzender Name

An den Arbeitgeber Firmenbezeichnung
im Hause

Personalvorschlag Büropersonal
Sehr geehrte Damen und Herren,
mit Schreiben vom Datum haben Sie unserer Bitte auf Zurverfügungstellung einer Büromitarbeiterin dem Grunde nach entsprochen. Hierfür möchten wir uns bedanken.
Bezüglich der Frage der Personalauswahl bedauern wir, dass Sie sich mit unseren Vorschlägen nicht einverstanden erklärt haben. Leider müssen wir Ihnen darüber hinaus mitteilen, dass wir uns mit Ihrem Vorschlag, Frau Name als Mitarbeiterin einzusetzen, nicht einverstanden erklären können. Der Betriebsrat kennt diese Mitarbeiterin aus ihrer bisherigen Tätigkeit gut und schätzt sie als qualifizierte Kraft. Indes genießt sie nicht das Vertrauen des Gremiums. Dies steht einer direkten Zusammenarbeit entgegen.
Nach unserer Kenntnis gibt es keine weiteren geeigneten Personen mehr im Betrieb. Wir möchten deshalb anregen, eine entsprechende Position extern auszuschreiben. Wir gehen davon aus, dass wir an der Personalauswahl direkt beteiligt werden.

Arbeitgeber: Büropersonal – Bestreiten der Erforderlichkeit 25

Arbeitgeber Firmenbezeichnung, Adresse Ort, Datum

An den
Betriebsratsvorsitzenden
Herrn Name
im Hause

Anforderung von Büropersonal
Sehr geehrter Herr Name,
mit Schreiben vom Datum haben Sie uns um die Einrichtung einer Mitarbeiterstelle für das Betriebsratssekretariat gebeten. Leider müssen wir Ihnen mitteilen, dass wir dieser Bitte nicht folgen können. Wir sehen die Erforderlichkeit dieser Maßnahme im Sinne von § 40 Abs. 2 BetrVG nicht gegeben.
Zur Begründung möchten wir darauf verweisen, dass die Zunahme des Arbeitsvolumens für uns nicht erkennbar ist. Insbesondere wird das derzeit bestehende Volumen personeller Einzelmaßnahmen nach Abschluss der Umstrukturierungen in Zukunft nicht mehr gegeben sein.
(ausführen …)
Aus all diesen Gründen sehen wir uns nicht in der Lage, Ihrer Bitte zu entsprechen. Wir hoffen, dass Sie hierfür Verständnis haben.

§ 41 Umlageverbot

Die Erhebung und Leistung von Beiträgen der Arbeitnehmer für Zwecke des Betriebsrats ist unzulässig.

Vierter Abschnitt Betriebsversammlung

§ 42 Zusammensetzung, Teilversammlung, Abteilungsversammlung

(1) Die Betriebsversammlung besteht aus den Arbeitnehmern des Betriebs; sie wird von dem Vorsitzenden des Betriebsrats geleitet. Sie ist nicht öffentlich. Kann wegen der Eigenart des Betriebs eine Versammlung aller Arbeitnehmer zum gleichen Zeitpunkt nicht stattfinden, so sind Teilversammlungen durchzuführen.
(2) Arbeitnehmer organisatorisch oder räumlich abgegrenzter Betriebsteile sind vom Betriebsrat zu Abteilungsversammlungen zusammenzufassen, wenn dies für die Erörterung der besonderen Belange der Arbeitnehmer erforderlich ist. Die Abteilungsversammlung wird von einem Mitglied des Betriebsrats geleitet, das möglichst einem beteiligten Betriebsteil als Arbeitnehmer angehört. Absatz 1 Satz 2 und 3 gilt entsprechend.

§ 43 Regelmäßige Betriebs- und Abteilungsversammlungen

(1) Der Betriebsrat hat einmal in jedem Kalendervierteljahr eine Betriebsversammlung einzuberufen und in ihr einen Tätigkeitsbericht zu erstatten. Liegen die Voraussetzungen des § 42 Abs. 2 Satz 1 vor, so hat der Betriebsrat in jedem Kalenderjahr zwei der in Satz 1 genannten Betriebsversammlungen als Abteilungsversammlungen durchzuführen. Die Abteilungsversammlungen sollen möglichst gleichzeitig stattfinden. Der Betriebsrat kann in jedem Kalenderhalbjahr eine weitere Betriebsversammlung oder, wenn die Voraussetzungen des § 42 Abs. 2 Satz 1 vorliegen, einmal weitere Abteilungsversammlungen durchführen, wenn dies aus besonderen Gründen zweckmäßig erscheint.
(2) Der Arbeitgeber ist zu den Betriebs- und Abteilungsversammlungen unter Mitteilung der Tagesordnung einzuladen. Er ist berechtigt, in den Versammlungen zu sprechen. Der Arbeitgeber oder sein Vertreter hat mindestens einmal in jedem Kalenderjahr in einer Betriebsversammlung über das Personal- und Sozialwesen einschließlich des Stands der Gleichstellung von Frauen und Männern im Betrieb sowie der Integration der im Betrieb beschäftigten ausländischen Arbeitnehmer, über die wirtschaftliche Lage und Entwicklung des Betriebs sowie über den betrieblichen Umweltschutz zu berichten, soweit dadurch nicht Betriebs- oder Geschäftsgeheimnisse gefährdet werden.
(3) Der Betriebsrat ist berechtigt und auf Wunsch des Arbeitgebers oder von mindestens einem Viertel der wahlberechtigten Arbeitnehmer verpflichtet, eine Betriebsversammlung einzuberufen und den beantragten Beratungsgegenstand auf die Tagesordnung zu setzen. Vom Zeitpunkt der Versammlungen, die auf Wunsch des Arbeitgebers stattfinden, ist dieser rechtzeitig zu verständigen.
(4) Auf Antrag einer im Betrieb vertretenen Gewerkschaft muss der Betriebsrat vor Ablauf von zwei Wochen nach Eingang des Antrags eine Betriebsversammlung nach Ab-

satz 1 Satz 1 einberufen, wenn im vorhergegangenen Kalenderhalbjahr keine Betriebsversammlung und keine Abteilungsversammlungen durchgeführt worden sind.

§ 44 Zeitpunkt und Verdienstausfall

(1) Die in den §§ 14a, 17 und 43 Abs. 1 bezeichneten und die auf Wunsch des Arbeitgebers einberufenen Versammlungen finden während der Arbeitszeit statt, soweit nicht die Eigenart des Betriebs eine andere Regelung zwingend erfordert. Die Zeit der Teilnahme an diesen Versammlungen einschließlich der zusätzlichen Wegezeiten ist den Arbeitnehmern wie Arbeitszeit zu vergüten. Dies gilt auch dann, wenn die Versammlungen wegen der Eigenart des Betriebs außerhalb der Arbeitszeit stattfinden; Fahrkosten, die den Arbeitnehmern durch die Teilnahme an diesen Versammlungen entstehen, sind vom Arbeitgeber zu erstatten.
(2) Sonstige Betriebs- oder Abteilungsversammlungen finden außerhalb der Arbeitszeit statt. Hiervon kann im Einvernehmen mit dem Arbeitgeber abgewichen werden; im Einvernehmen mit dem Arbeitgeber während der Arbeitszeit durchgeführte Versammlungen berechtigen den Arbeitgeber nicht, das Arbeitsentgelt der Arbeitnehmer zu mindern.

§ 45 Themen der Betriebs- und Abteilungsversammlungen

Die Betriebs- und Abteilungsversammlungen können Angelegenheiten einschließlich solcher tarifpolitischer, sozialpolitischer, umweltpolitischer und wirtschaftlicher Art sowie Fragen der Förderung der Gleichstellung von Frauen und Männern und der Vereinbarkeit von Familie und Erwerbstätigkeit sowie der Integration der im Betrieb beschäftigten ausländischen Arbeitnehmer behandeln, die den Betrieb oder seine Arbeitnehmer unmittelbar betreffen; die Grundsätze des § 74 Abs. 2 finden Anwendung. Die Betriebs- und Abteilungsversammlungen können dem Betriebsrat Anträge unterbreiten und zu seinen Beschlüssen Stellung nehmen.

§ 46 Beauftragte der Verbände

(1) An den Betriebs- oder Abteilungsversammlungen können Beauftragte der im Betrieb vertretenen Gewerkschaften beratend teilnehmen. Nimmt der Arbeitgeber an Betriebs- oder Abteilungsversammlungen teil, so kann er einen Beauftragten der Vereinigung der Arbeitgeber, der er angehört, hinzuziehen.
(2) Der Zeitpunkt und die Tagesordnung der Betriebs- oder Abteilungsversammlungen sind den im Betriebsrat vertretenen Gewerkschaften rechtzeitig schriftlich mitzuteilen.

Inhaltsübersicht Rn.

I. Einleitung

1 Die Betriebsversammlung besteht aus den Arbeitnehmern des Betriebs und hat als Organ der Betriebsverfassung den Zweck, die Kommunikation zwischen dem Betriebsrat und den Arbeitnehmern zu fördern. Sie dient vor allem der Aussprache und Diskussion der in § 45 BetrVG genannten Themen und der Unterrichtung der Arbeitnehmer durch Betriebsrat und Arbeitgeber (§ 43 Abs. 1 Satz 1 und Abs. 2 Satz 3 BetrVG).

Hinweis:
Vgl. DKW-*Berg*, § 43 Rn. 8ff., 25ff.

II. Arbeitshilfen

1. Checklisten

2 **Betriebsversammlungen und sonstige Möglichkeiten der innerbetrieblichen Kommunikation des Betriebsrats**

Neben der Betriebsversammlung stehen dem Betriebsrat weitere Informations- und Kommunikationsmöglichkeiten zur Verfügung (vgl. DKW-*Berg*, § 42 Rn. 2ff. m. w. N.):
- Aufsuchen von Arbeitnehmern am Arbeitsplatz bzw. Betriebsbegehung durch Betriebsratsmitglieder;
- Gespräche mit Arbeitnehmern im Rahmen der Sprechstunde des Betriebsrats (§ 39 BetrVG);
- Informations-, Anhörungs- und Erörterungsrechte der Arbeitnehmer unter Hinzuziehung eines Betriebsratsmitglieds ihres Vertrauens (§§ 81 Abs. 3, 82 Abs. 2, 83 Abs. 1, 84, 85 BetrVG);
- schriftliche und mündliche Befragung der Belegschaft durch den Betriebsrat;
- Information der Belegschaft durch Anschläge am »Schwarzen Brett« sowie die Herausgabe von Informationsschriften durch den Betriebsrat;
- Information der Belegschaft durch DV-gestützte innerbetriebliche Kommunikationssysteme, etwa durch E-Mail oder über das betriebliche Intranet.

3 **Anzahl und Art der Betriebsversammlungen**

- vier ordentliche Betriebsversammlungen im Kalenderjahr (davon jeweils eine in jedem Kalendervierteljahr);

Hinweis:
zwingende Vorschrift, vgl. DKW-*Berg*, § 43 Rn. 4ff.

- zwei weitere Betriebsversammlungen pro Kalenderjahr (davon jeweils eine in jedem Kalenderhalbjahr);

Hinweis:
zu den Voraussetzungen vgl. DKW-*Berg*, § 43 Rn. 12ff.

- außerordentliche Betriebsversammlungen.

Hinweis:
zu den Voraussetzungen vgl. DKW-*Berg*, § 43 Rn. 32ff. Die oben genannten Betriebsversammlungen sind unter bestimmten Voraussetzungen (vgl. dazu DKW-*Berg*, § 42 Rn. 30ff., 40ff.) als Teil- oder Abteilungsversammlungen durchzuführen.

Jahresplanung des Betriebsrats für die Durchführung von Betriebsversammlungen 4

Planung der Betriebsversammlungen für das Kalenderjahr

	ordentliche Betriebsversammlungen (vierteljährlich)	weitere Betriebsversammlungen (halbjährlich)
1. Kalendervierteljahr • Termin • Tagesordnung/Thema • externe Teilnehmer/Referenten • verantwortlich		
2. Kalendervierteljahr • Termin • Tagesordnung/Thema • externe Teilnehmer/Referenten • verantwortlich		
3. Kalendervierteljahr • Termin • Tagesordnung/Thema • externe Teilnehmer/Referenten • verantwortlich		
4. Kalendervierteljahr • Termin • Tagesordnung/Thema • externe Teilnehmer/Referenten • verantwortlich		

5 **Vorbereitung einer Betriebsversammlung durch den Betriebsrat**

Die Vorbereitung einer Betriebsversammlung durch den Betriebsrat sollte sich im Wesentlichen auf die folgenden Punkte beziehen:
- Inhaltliche Planung, Formulierung von Zielen, Klärung des Ablaufs;
- Festlegung des Tagungsorts und Tagungsraums
- Festlegung der Tagesordnung;
- Inhalt des Tätigkeitsberichts des Betriebsrats;
- Planung weiterer Redebeiträge von Betriebsratsmitgliedern, Vertrauensleuten, Arbeitnehmern, des Gewerkschaftssekretärs und sonstigen externen Teilnehmern/Referenten;
- Inhalt des Berichts des Arbeitgebers (Erwartungen des Betriebsrats und der Belegschaft);
- Terminabstimmung mit Arbeitgeber, Gewerkschaft und Referenten/externen Teilnehmern;
- Beschlussfassung des Betriebsrats über Zeitpunkt, Tagesordnung, Tagungsort-/raum und Referenten/externe Teilnehmer;
- Einladung an Belegschaft, Arbeitgeber, Gewerkschaft und Referenten/externe Teilnehmer;
- Planung der technischen und organisatorischen Rahmenbedingungen im Tagungsraum;
- Festlegung der Verantwortlichkeiten im Betriebsrat für die Vorbereitung der Betriebsversammlung.

2. Musterbeschlüsse/-schreiben/-schriftsätze

6 **Betriebsrat: Beschluss über Zeitpunkt und Tagesordnung einer Betriebsversammlung**

Beschluss zum Tagesordnungspunkt Ziff.
Thema: Durchführung einer Betriebsversammlung
Die nächste Betriebsversammlung findet am Datum um Uhr statt.
Die Betriebsversammlung wird an folgendem Ort durchgeführt: Ort.
Die Tagesordnung wird folgendermaßen festgelegt:
1. Begrüßung und Eröffnung
2. Tätigkeitsbericht des Betriebsrats
3. Bericht des Arbeitgebers
4. Bericht der Gewerkschaft zum Thema
5. Aktuelles zum Thema (Vortrag von Herrn Name)
6. Verschiedenes
7. Schlusswort

Zu allen Tagesordnungspunkten ist nach den einleitenden Berichten bzw. Referaten eine Aussprache vorgesehen.
An der Betriebsversammlung wird ein Dolmetscher für die Sprache teilnehmen. Die Kosten sind – wie bereits in der Vergangenheit – vom Arbeitgeber zu tragen.
Beschlossen am Datum.
Abstimmungsergebnis:

7 **Betriebsrat: Schreiben an Arbeitgeber wegen Tagungsort/-raum außerhalb des Betriebs**

Betriebsrat der Firma Firmenbezeichnung,
Adresse,
Betriebsratsvorsitzender Name

Ort, Datum

An den
Arbeitgeber Firmenbezeichnung
im Hause

Durchführung der Betriebsversammlung im laufenden Kalendervierteljahr an einem Tagungsort außerhalb des Betriebs

Sehr geehrte Damen und Herren,
der Betriebsrat hat beschlossen, die im laufenden Kalendervierteljahr stattfindende Betriebsversammlung in einem Tagungsraum außerhalb des Betriebs durchzuführen. Dies ist erforderlich, weil

- im Betrieb kein geeigneter Versammlungsraum zur Verfügung steht Begründung ergänzen *oder*
- von Ihnen kein geeigneter Versammlungsraum zur Verfügung gestellt werden konnte Begründung ergänzen *oder*
- die aktuell geltenden gesetzlichen Vorgaben zum Infektionsschutz wegen der COVID-19-Pandemie es erforderlich machen, die Betriebsversammlung in einem Versammlungsraum durchzuführen, in dem aufgrund der räumlichen Verhältnisse, insbesondere der Größe des Versammlungsraums, die Einhaltung der Vorschriften zum Infektionsschutz gewährleistet werden kann. Ein dafür geeigneter Raum steht im Betrieb nicht zur Verfügung Begründung ergänzen.

Die Betriebsversammlung wird daher in dem Versammlungsraum in Ort, Adresse stattfinden. Nach dem diesem Schreiben beigefügten Kostenvoranschlag des Vermieters Bezeichnung des Vermieters vom Datum sind für die Anmietung des Versammlungsraums insgesamt Betrag € zu zahlen. Wir bitten Sie daher um die Zahlung eines Kostenvorschusses in dieser Höhe an den Betriebsrat bis zum Datum.

Hinweis:
Vgl. DKW-*Berg*, § 42 Rn. 20; zur Durchführung einer Betriebsversammlung unter den Bedingungen der COVID-19-Pandemie vgl. LAG Hamm 5.10.2020 – 13 TaBVGa 16/29.

Betriebsrat: Einladung zur Betriebsversammlung 8

Einladung zur Betriebsversammlung

Liebe Kolleginnen und Kollegen,
zu unserer nächsten ordentlichen Betriebsversammlung laden wir hiermit herzlich ein.
Datum: Datum
Uhrzeit: Uhrzeit
Ort: Ort
Tagesordnung:
1. Begrüßung und Eröffnung
2. Tätigkeitsbericht des Betriebsrats
3. Bericht des Arbeitgebers
4. Bericht der Gewerkschaft zum Thema
5. Aktuelles zum Thema (Vortrag von Herrn Name)
6. Verschiedenes
7. Schlusswort

Zu allen Tagesordnungspunkten besteht die Gelegenheit zur eingehenden Aussprache. Wegen der hochaktuellen Informationen zum Thema (Tagesordnungspunkt 5) bitten wir um zahlreiches Erscheinen.

9 **Betriebsrat: Einladungsschreiben an Arbeitgeber**

Betriebsrat der Firma Firmenbezeichnung, Adresse Ort, Datum

An den Arbeitgeber Firmenbezeichnung
im Hause
Einladung zur Betriebsversammlung am Datum
Sehr geehrte Damen und Herren,
anliegend erhalten Sie die Einladung zu unserer nächsten ordentlichen Betriebsversammlung.
Wir danken Ihnen für Ihre Bereitschaft, in Ihrem Bericht auf die Ihnen mitgeteilten Fragestellungen aus der Belegschaft einzugehen.

10 **Betriebsrat: Einladungsschreiben an Gewerkschaft**

Betriebsrat der Firma Firmenbezeichnung, Adresse Ort, Datum

An die Gewerkschaft
Bezeichnung, Adresse

Einladung zur Betriebsversammlung am Datum
Liebe Kolleginnen und Kollegen,
anliegend erhaltet ihr die Einladung zu unserer nächsten ordentlichen Betriebsversammlung.
Wie bereits mit euch abgestimmt, ist unter Tagesordnungspunkt ein Bericht der Gewerkschaft zum Thema vorgesehen.
Da wir euch in diesem Zusammenhang noch über einige aktuelle Fragestellungen aus dem Kreise der Belegschaft informieren wollen, halten wir es für sinnvoll, nochmals eine Vorbesprechung durchzuführen und wären euch für die telefonische Abstimmung eines euch genehmen Termins sehr dankbar.

11 **Betriebsrat: Einladungsschreiben an externe Teilnehmer/Referenten**

Betriebsrat der Firma Firmenbezeichnung, Adresse Ort, Datum

Herrn
Name, Adresse

Einladung zur Betriebsversammlung am Datum
Sehr geehrter Herr Name,
anliegend erhalten Sie die Einladung zu unserer nächsten ordentlichen Betriebsversammlung.
Wir danken Ihnen für Ihre Zusage, unter dem Tagesordnungspunkt den inhaltlich bereits mit Ihnen abgestimmten Vortrag zum Thema zu halten. Für Ihren Vortrag haben wir eine Redezeit von 20 bis 30 Minuten eingeplant. Darüber hinaus bitten wir Sie, uns anschließend im Rahmen der vorgesehenen Aussprache zur Diskussion und zur Beantwortung von Fragen aus der Belegschaft zur Verfügung zu stehen.
Für eventuelle Rückfragen Ihrerseits stehen wir Ihnen jederzeit zur Verfügung.

Betriebsrat: Schreiben an Arbeitgeber zum erforderlichen Inhalt seines Berichts auf der Betriebsversammlung 12

Betriebsrat der Firma Firmenbezeichnung, Adresse Ort, Datum

An den Arbeitgeber Firmenbezeichnung
im Hause

Bericht des Arbeitgebers auf der Betriebsversammlung gem. § 43 Abs. 2 Satz 3 BetrVG
Sehr geehrte Damen und Herren,
nachdem seitens der Geschäftsführung auf den bisherigen Betriebsversammlungen in diesem Kalenderjahr ein Bericht gem. § 43 Abs. 2 Satz 3 BetrVG nicht vorgetragen wurde und Sie sich in der letzten Betriebsversammlung darauf beschränkt haben, zum Entgelttransparenzgesetz und zum letzten Tarifabschluss kritisch Stellung zu nehmen, erwartet die Belegschaft nunmehr auf der bevorstehenden Betriebsversammlung den Bericht des Arbeitgebers gem. § 43 Abs. 2 Satz 3 BetrVG.
Nach der genannten Vorschrift sind im Bericht des Arbeitgebers insbesondere folgende Themen aufzugreifen:
- Personal- und Sozialwesen
- Gleichstellung von Frauen und Männern im Betrieb
- Integration der im Betrieb beschäftigten ausländischen Arbeitnehmer
- wirtschaftliche Lage und Entwicklung des Betriebs
- betrieblicher Umweltschutz

Wir haben Sie darüber bereits im Rahmen unserer letzten turnusmäßigen Besprechung eingehend informiert und Ihnen eine Liste mit speziellen Fragestellungen aus den verschiedenen Abteilungen des Unternehmens überreicht.
Für Rückfragen stehen wir jederzeit zur Verfügung.

Arbeitnehmer: Antrag auf Durchführung einer Betriebsversammlung (Unterschriftensammlung) 13

Name Ort, Datum

An den
Betriebsrat
Firmenbezeichnung, Adresse

Durchführung einer Betriebsversammlung gem. § 43 Abs. 3 BetrVG
Liebe Kolleginnen und Kollegen,
hiermit beantragen wir die zeitnahe Durchführung einer Betriebsversammlung gem. § 43 Abs. 3 BetrVG mit den folgenden Tagesordnungspunkten:
1.
2.

Wie aus der anliegenden Unterschriftenliste zu entnehmen ist, wird dieser Antrag von 86 der 195 wahlberechtigten Arbeitnehmer unseres Betriebs unterstützt. Dies ist mehr als ein Viertel der wahlberechtigten Arbeitnehmer (§ 43 Abs. 3 Satz 1 BetrVG).
Bitte teilt uns bis zum Datum mit, an welchem Tag die Betriebsversammlung stattfinden wird.
Anlage
Unterschriftensammlung
Wir unterstützen den Antrag auf die zeitnahe Durchführung einer Betriebsversammlung gem. § 43 Abs. 3 BetrVG mit den folgenden Tagesordnungspunkten:

1.
2.

Name, Vorname	Abteilung	Unterschrift

14 **Gewerkschaft: Antrag auf Durchführung einer Betriebsversammlung**

Gewerkschaft Bezeichnung, Adresse Ort, Datum

An den Betriebsrat
Firmenbezeichnung, Adresse

Durchführung einer Betriebsversammlung gem. § 43 Abs. 4 BetrVG
Liebe Kolleginnen und Kollegen,
obwohl wir bereits in mehreren Gesprächen darauf hingewiesen haben, dass der Betriebsrat gem. § 43 Abs. 1 BetrVG verpflichtet ist, in jedem Kalendervierteljahr eine ordentliche Betriebsversammlung durchzuführen, wurde von euch auch in diesem Jahr im ersten Kalenderhalbjahr keine Betriebsversammlung und keine Abteilungsversammlung durchgeführt. Wir haben mit euch bereits mehrfach erörtert, dass die Durchführung einer Betriebsversammlung zum Meinungsaustausch und zur Kommunikation zwischen Betriebsrat und Belegschaft und innerhalb der Belegschaft unerlässlich ist und dass der Betriebsrat deshalb dem Ansinnen des Arbeitgebers, Betriebsversammlungen möglichst zu vermeiden, nicht nachgeben darf.
Wir stellen daher nunmehr förmlich den Antrag, dass vom Betriebsrat vor Ablauf von zwei Wochen nach Eingang dieses Antrags eine Betriebsversammlung gem. § 43 Abs. 1 Satz 1 BetrVG durchgeführt wird.
Wir müssen nochmals darauf hinweisen, dass die Nichtdurchführung der gesetzlich vorgeschriebenen Betriebsversammlungen, insbesondere im Wiederholungsfall, eine grobe Verletzung der gesetzlichen Pflichten des Betriebsrats gem. § 23 Abs. 1 BetrVG darstellen kann.
Bitte teilt uns kurzfristig mit, wann die von uns beantragte Betriebsversammlung stattfinden wird.

15 **Arbeitgeber: Antrag auf Durchführung einer Betriebsversammlung**

Geschäftsführung Firmenbezeichnung, Adresse Ort, Datum

An den Betriebsrat
im Hause

Durchführung einer Betriebsversammlung gem. § 43 Abs. 3 BetrVG
Sehr geehrte Damen und Herren,
im Zusammenhang mit den von uns geplanten und im Wirtschaftsausschuss bereits erörterten Umstrukturierungsmaßnahmen bitten wir Sie, möglichst kurzfristig eine außerordentliche Be-

triebsversammlung einzuberufen und die Information über die Umstrukturierungsmaßnahmen durch die Geschäftsleitung als Beratungsgegenstand auf die Tagesordnung zu setzen.
Wegen der zahlreichen Terminverpflichtungen und einer Auslandsreise in den nächsten Tagen und Wochen bitten wir Sie darum, den Termin der Betriebsversammlung möglichst kurzfristig mit uns abzustimmen.
Da die außerordentliche Betriebsversammlung auf Wunsch des Arbeitgebers durchgeführt werden soll, findet sie während der Arbeitszeit und unter Fortzahlung der Vergütung statt.

Gewerkschaft: Antrag beim ArbG auf Teilnahme an einer Betriebsversammlung 16

An das Arbeitsgericht
Bezeichnung
Adresse

Antrag auf Entscheidung im Beschlussverfahren mit den Beteiligten
1. Gewerkschaft Bezeichnung, Adresse

– Antragstellerin –

Verfahrensbevollmächtigter: Rechtsanwalt Name, Adresse/Rechtssekretär Name, Adresse,
gegen
2. Firma Firmenbezeichnung, vertreten durch den Geschäftsführer Name, Adresse,

– Antragsgegnerin –

weiterer Beteiligter:
3. Betriebsrat der Firma Firmenbezeichnung, vertreten durch den Betriebsratsvorsitzenden Name, Adresse

wegen Teilnahme eines Gewerkschaftsbeauftragten an einer Betriebsversammlung
Namens und in Vollmacht der Antragstellerin und Beteiligten zu 1. leite ich ein Beschlussverfahren ein und beantrage den Erlass einer einstweiligen Verfügung
- wegen der Dringlichkeit der Angelegenheit ohne mündliche Verhandlung,
- hilfsweise unter größtmöglicher Abkürzung der Ladungs- und Einlassungsfristen auf Grund einer möglichst unverzüglich anzuberaumenden mündlichen Verhandlung:

1. Die Beteiligte zu 2. wird im Wege der einstweiligen Verfügung verpflichtet, den Zugang der Gewerkschaftssekretärin Name als Beauftragte der Beteiligten zu 1. zur Betriebsversammlung im Betrieb Firmenbezeichnung, Adresse am Datum ab ___ Uhr zu dulden,
2. der Beteiligten zu 2. wird für den Fall der Zuwiderhandlung gegen die Verpflichtung nach dem Antrag zu 1. ein in das Ermessen des Gerichts zu stellendes Ordnungsgeld angedroht.

Für den Fall, dass die Kammer auf Grund einer mündlichen Verhandlung entscheiden will, erklären wir uns mit der größtmöglichen Abkürzung der Ladungsfristen einverstanden und können nach entsprechender telefonischer Unterrichtung zu einer mündlichen Verhandlung binnen ___ Minuten (bzw. Stunden) anreisen.

Begründung:

A. Sachverhalt

Die Beteiligte zu 1. ist die im Betrieb der Beteiligten zu 2. vertretene Gewerkschaft. Sie hat unter den Arbeitnehmern im Betrieb der Beteiligten zu 2. mindestens ein Mitglied, das nicht zu den leitenden Angestellten im Sinne des § 5 Abs. 3 BetrVG zählt (BAG 25. 3. 92, DB 93, 95).
Glaubhaftmachung: Eidesstattliche Versicherung der Gewerkschaftssekretärin
Name, Adresse

Anlage 1

Die Beteiligte zu 2. ist ein Unternehmen der -Branche und beschäftigt in ihrem Betrieb in Ort ca. Arbeitnehmer.
Die Beteiligte zu 3. ist der im Betrieb in Ort der Beteiligten zu 2. gewählte Betriebsrat.
Der Beteiligte zu 3. hat mit Beschluss vom Datum die Gewerkschaftssekretärin Name zur Teilnahme an der Betriebsversammlung am Datum eingeladen.
Glaubhaftmachung: Auszug des Protokolls der Betriebsratssitzung

Anlage 2

Einladung zur Betriebsversammlung

Anlage 3

Die Beteiligte zu 2. hat mit Schreiben vom Datum ein unbefristetes Hausverbot für den Betrieb und das Betriebsgelände für die Gewerkschaftssekretärin Name ausgesprochen. Zur Begründung behauptet sie in ihrem Schreiben, die Gewerkschaftssekretärin Name zeichne für ein im Betrieb verteiltes Flugblatt der Beteiligten zu 1. verantwortlich, in dem der Geschäftsführer der Beteiligten zu 2. polemisch und beleidigend als Verantwortlicher für »Rechtsbruch« und »Lohnklau« bezeichnet werde.
Glaubhaftmachung: Schreiben der Beteiligten zu 2.

Anlage 4

Die Beteiligte zu 1. hat daraufhin erfolglos versucht, die Aufhebung des Hausverbots gesprächsweise zu erreichen. Die Beteiligte zu 2. hält an ihrer Auffassung fest, sie sei berechtigt, die Teilnahme der Gewerkschaftssekretärin Name an der Betriebsversammlung am Datum zu unterbinden.
Glaubhaftmachung: Eidesstattliche Versicherung der Gewerkschaftssekretärin Name

Anlage 1

Aus dem Inhalt des erwähnten Flugblatts der Beteiligten zu 1. ergibt sich kein in der Person der Gewerkschaftssekretärin Name liegender Grund, der die Verhängung eines Hausverbots durch die Beteiligte zu 2. rechtfertigt. Nachdem die tarifgebundene Beteiligte zu 2. das tarifliche 13. Monatseinkommen an die Belegschaft nicht ausgezahlt hat und ihre Beschäftigten zum Verzicht auf ihre entsprechenden tariflichen Ansprüche aufgefordert hat, ist es das gute Recht der Beteiligten zu 1., zu diesem tarifwidrigen Verhalten der Beteiligten zu 2. in einem Flugblatt kritisch Stellung zu nehmen.
Glaubhaftmachung: – Aushang der Beteiligten zu 2. mit der Aufforderung zum Verzicht auf Tarifansprüche

Anlage 5

- Flugblatt der Beteiligten zu 1.

Anlage 6

B. Rechtliche Würdigung

Die Beklagte zu 1. hat gem. § 46 Abs. 1 Satz 1 BetrVG Anspruch auf die Teilnahme an der Betriebsversammlung am Datum im Betrieb der Beteiligten zu 2.
Rechtlich durchgreifende Bedenken gegen die Teilnahme der Gewerkschaftssekretärin Name an der Betriebsversammlung am Datum sind von der Beteiligten zu 2. nicht vorgebracht worden. Das Teilnahmerecht der Beteiligten zu 1. ausschließende oder einschränkende Rechte der Beteiligten zu 2. sind auch sonst nicht ersichtlich.
Das Flugblatt der Beteiligten zu 1. stellt keine Beleidigung des Geschäftsführers der Beteiligten zu 2. dar. Es ist eine legitime kritische Reaktion auf das tarifwidrige Verhalten der Beteiligten zu 2.
In dringenden Fällen kann eine Gewerkschaft ihre Zugangs- und Teilnahmerechte auch im Wege der Einstweiligen Verfügung gem. § 85 Abs. 2 ArbGG verfolgen (LAG Mecklenburg-Vorpommern 11.11.2013 – 5 TaBVGa 2/13; LAG Rheinland-Pfalz 11.1.2013 – 9 TaBVGa 2/12; LAG Köln 8.1.2013 – 11 TaBVGa 9/12; LAG Hamm 9.3.1972, AP Nr. 1 zu § 2 BetrVG 1972). Die Betriebsversammlung findet bereits am Datum statt. Deshalb kann der Zugang zum Betrieb zum

Zwecke der Teilnahme an der Betriebsversammlung nur im Wege der einstweiligen Verfügung durchgesetzt werden. Die Verweisung der Beteiligten zu 1. auf das Hauptsacheverfahren würde für diese zu einem endgültigen Rechtsverlust führen. Schließlich ist es zum sachgerechten Ablauf der Betriebsversammlung unerlässlich, dass die mit der Unterstützung des Betriebsrats beauftragte und allein mit den betrieblichen Gegebenheiten und den streitigen Tariffragen vertraute Gewerkschaftssekretärin Name an der Betriebsversammlung am Datum teilnimmt.

Unterschrift

> **Hinweis:**
> Zur Antragstellung vgl. BAG 28.2.2006, NZA 06, 798 (Rn. 19ff.).

Fünfter Abschnitt
Gesamtbetriebsrat

§ 47 Voraussetzungen der Errichtung, Mitgliederzahl, Stimmengewicht

(1) Bestehen in einem Unternehmen mehrere Betriebsräte, so ist ein Gesamtbetriebsrat zu errichten.

(2) In den Gesamtbetriebsrat entsendet jeder Betriebsrat mit bis zu drei Mitgliedern eines seiner Mitglieder; jeder Betriebsrat mit mehr als drei Mitgliedern entsendet zwei seiner Mitglieder. Die Geschlechter sollen angemessen berücksichtigt werden.

(3) Der Betriebsrat hat für jedes Mitglied des Gesamtbetriebsrats mindestens ein Ersatzmitglied zu bestellen und die Reihenfolge des Nachrückens festzulegen.

(4) Durch Tarifvertrag oder Betriebsvereinbarung kann die Mitgliederzahl des Gesamtbetriebsrats abweichend von Absatz 2 Satz 1 geregelt werden.

(5) Gehören nach Absatz 2 Satz 1 dem Gesamtbetriebsrat mehr als vierzig Mitglieder an und besteht keine tarifliche Regelung nach Absatz 4, so ist zwischen Gesamtbetriebsrat und Arbeitgeber eine Betriebsvereinbarung über die Mitgliederzahl des Gesamtbetriebsrats abzuschließen, in der bestimmt wird, dass Betriebsräte mehrerer Betriebe eines Unternehmens, die regional oder durch gleichartige Interessen miteinander verbunden sind, gemeinsam Mitglieder in den Gesamtbetriebsrat entsenden.

(6) Kommt im Fall des Absatzes 5 eine Einigung nicht zustande, so entscheidet eine für das Gesamtunternehmen zu bildende Einigungsstelle. Der Spruch der Einigungsstelle ersetzt die Einigung zwischen Arbeitgeber und Gesamtbetriebsrat.

(7) Jedes Mitglied des Gesamtbetriebsrats hat so viele Stimmen, wie in dem Betrieb, in dem es gewählt wurde, wahlberechtigte Arbeitnehmer in der Wählerliste eingetragen sind. Entsendet der Betriebsrat mehrere Mitglieder, so stehen ihnen die Stimmen nach Satz 1 anteilig zu.

(8) Ist ein Mitglied des Gesamtbetriebsrats für mehrere Betriebe entsandt worden, so hat es so viele Stimmen, wie in den Betrieben, für die es entsandt ist, wahlberechtigte Arbeitnehmer in den Wählerlisten eingetragen sind; sind mehrere Mitglieder entsandt worden, gilt Absatz 7 Satz 2 entsprechend.

(9) Für Mitglieder des Gesamtbetriebsrats, die aus einem gemeinsamen Betrieb mehrerer Unternehmen entsandt worden sind, können durch Tarifvertrag oder Betriebsvereinbarung von den Absätzen 7 und 8 abweichende Regelungen getroffen werden.

Inhaltsübersicht Rn.

I. Einleitung

1 Der Gesamtbetriebsrat (GBR) ermöglicht eine betriebsübergreifende Interessenvertretung der Arbeitnehmer in einem Unternehmen, wenn mehrere Betriebe mit Betriebsräten bestehen. Ohne ihn wäre die Interessenvertretung gegenüber dem Arbeitgeber zersplittert und damit weniger effektiv. Betriebsräte könnten leichter gegeneinander ausgespielt werden. Die Errichtung des Gesamtbetriebsrats begrenzt diese Gefahr organisatorisch.

Die Errichtung des Gesamtbetriebsrats setzt formell die Existenz mehrerer Betriebsräte in einem Unternehmen voraus. Er wird also immer in den Grenzen eines Unternehmens gebildet.

Wie beim Betriebsbegriff gem. § 1 BetrVG definiert der Gesetzgeber den Begriff des Unternehmens nicht, sondern setzt ihn voraus. Die Rechtsprechung knüpft an die gesellschaftsrechtliche Begriffsbestimmung an. Erforderlich ist danach ein einheitlicher Rechtsträger, also eine natürliche oder juristische Person. Unternehmensträger und Inhaber der zum Unternehmen gehörenden Betriebe müssen identisch sein (DKW-*Deinert*, § 47 Rn. 14ff.).

Als Unternehmen kommt für die Bildung des Gesamtbetriebsrats jede Rechtsform in Betracht. Es kann sich auch um eine Gesellschaft ausländischen oder europäischen Rechts mit Sitz im Inland oder Ausland handeln (DKW-*Deinert*, § 47 Rn. 35).

Die einzelnen Betriebsräte entsenden ihre Mitglieder in den Gesamtbetriebsrat. Auf Einladung des Betriebsrats des größten Betriebs findet die konstituierende Sitzung statt. Wegen des Sachzusammenhangs wird die Konstituierung hier unter § 47 Abs. 2 und 3 BetrVG behandelt und nicht unter § 51 Abs. 2 BetrVG, der die Konstituierung des Gesamtbetriebsrats als Teil der normalen Geschäftsführung regelt.

Die Mitgliederzahl kann durch Tarifvertrag oder Betriebsvereinbarung verändert werden. Dies ist z. B. in großen Unternehmen mit sehr vielen Betrieben notwendig, um die Arbeitsfähigkeit des Gesamtbetriebsrats zu gewährleisten. Umgekehrt kann sich die Mitgliederzahl auch erhöhen, was in kleinen Unternehmen mit kleinen Betrieben auch sinnvoll ist.

II. Arbeitshilfen

1. Schaubild

Voraussetzungen zur Bildung des Gesamtbetriebsrats 2

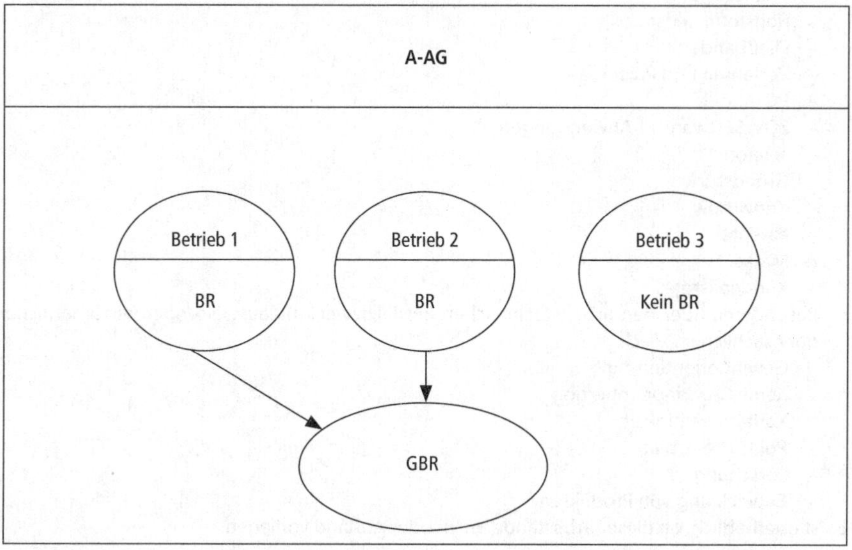

Hinweis:
Das Unternehmen A-AG hat drei Betriebe, von denen nur zwei Betriebsräte wählten. Es ist gemäß § 47 Abs. 1 BetrVG ein Gesamtbetriebsrat zu bilden.

2. Checkliste

Unternehmensbegriff 3

Folgende Kriterien mit Regelbeispielen ohne Anspruch auf eine abschließende Aufzählung sind für das Vorliegen eines Unternehmens von besonderer Bedeutung. Sie decken sich zwangsläufig nur teilweise mit dem des Betriebs, weisen aber vor allem durch den besonderen unternehmerischen Zweck über ihn hinaus (vgl. DKW-*Deinert*, § 47 Rn. 14):

- Organisatorische Einheit
  - Arbeitsabläufe
  - Betriebsstätte
  - Betriebszweck
  - Betrieb oder Betriebe
  - Nebenbetrieb
- Unternehmer
  - Aktionär
  - Gesellschafter

  - Handwerker
  - Arzt
- Mitarbeiter
  - Arbeitnehmer
  - Arbeitnehmerähnliche Personen
  - Leiharbeitnehmer
  - Freie Mitarbeiter
  - Freelancer
- Sachliche oder immaterielle Mittel
  - Maschinen
  - Werkzeuge
  - Rohstoffe
  - Fließbänder
  - Verfahren und Prozesse
  - PC
  - EDV, Software, KI-Anwendungen
  - Telefon
  - Grundstück
  - Know-how
  - Patente
  - Marke
  - Kundenliste
- Besonderer, über den arbeitstechnischen Betriebszweck hinausweisender wirtschaftlicher oder sachlicher Zweck
  - Gewinnorientierung
  - Keine Gewinnorientierung
  - Karitative Tätigkeit
  - Politische Arbeit
  - Forschung
  - Entwicklung von Produkten

Es ist unerheblich, ob diese Tatbestände im In- oder Ausland vorliegen.

3. Musterschreiben

4 **Betriebsrat: Einholung von Auskünften zur Bildung eines Gesamtbetriebsrats**

Betriebsrat des Betriebs Firmenbezeichnung, Betrieb, Adresse Ort, Datum
Betriebsratsvorsitzender Name

An den Vorstand
Herrn/Frau Name
im Hause

Unternehmensstruktur

Sehr geehrte/r Herr/Frau Name,
nach § 47 BetrVG ist in Unternehmen mit mehreren Betrieben und Betriebsräten ein Gesamtbetriebsrat zu errichten. Zur Wahrnehmung seiner Aufgaben hat der Betriebsrat gegenüber dem Arbeitgeber einen Anspruch auf die erforderlichen Informationen gem. § 80 BetrVG.
Wir möchten Sie bitten, uns Auskünfte über die Unternehmensstruktur zu geben, damit wir überprüfen können, ob die Voraussetzungen für die Bildung eines Gesamtbetriebsrats vorliegen. Die Informationen sollten auch Angaben über die im Unternehmen bestehenden Betriebe enthalten.
Wir bitten Sie zudem, uns die Beschäftigtenzahlen zu nennen sowie Auskünfte über bereits anderweitig bestehende Interessenvertretungen zu übermitteln.
Diese Informationen sollten uns in Form aussagekräftiger Unterlagen bis zum Datum vorliegen.

Hinweis:
In der Regel dürfte eine Frist von vier Wochen ausreichen.
Der Betriebsrat kann sich die erforderlichen Informationen auch direkt in den Betrieben in angemessener Weise (Telefon, Telefax, E-Mail) beschaffen. Seine Zuständigkeit endet insoweit nicht an den Grenzen des Betriebs. Da die Informationen oft nicht vollständig/aktuell bzw. zuverlässig zu erhalten sind, empfiehlt sich die Einholung der Informationen beim Arbeitgeber.

Betriebsrat: Einladung zur konstituierenden Sitzung des Gesamtbetriebsrats 5

Vorbemerkung
Gem. § 51 Abs. 2 BetrVG hat regelmäßig der Betriebsrat der Hauptverwaltung zur konstituierenden Sitzung einzuladen, der diese Sitzung auch leitet (vgl. DKW-*Deinert*, § 51 Rn. 9ff.).

Betriebsrat des Betriebs Firmenbezeichnung, Betrieb, Adresse Ort, Datum
Betriebsratsvorsitzende/r Name

An die Betriebsräte
der Betriebsbezeichnungen, Adressen

Bildung des Gesamtbetriebsrats
Liebe Kolleginnen und Kollegen,
nach § 47 Abs. 1 BetrVG ist in Unternehmen mit mehreren Betriebsräten ein Gesamtbetriebsrat zu errichten. Diese Voraussetzung ist bei Firmenbezeichnung gegeben. Gemäß § 51 Abs. 2 BetrVG laden wir daher als Betriebsrat der Hauptverwaltung zur konstituierenden Sitzung ein.
Damit die Konstituierung des Gesamtbetriebsrats stattfinden kann, bitten wir um Benennung Eurer Vertreter für den Gesamtbetriebsrat bis zum Datum. Deren Anzahl richtet sich nach § 47 Abs. 2 und 3 BetrVG.

Betriebsrat: Entsendung von Betriebsratsmitgliedern in den Gesamtbetriebsrat 6

Vorbemerkung
Je nach Größe des Betriebs sind ein bis zwei Mitglieder in den Gesamtbetriebsrat zu entsenden, wobei der Anteil der Geschlechter angemessen zu berücksichtigen ist (DKW-*Deinert*, § 47 Rn. 37ff.). Die Gesamtzahl der Mitglieder kann nach seiner Konstituierung verändert werden.

Betriebsrat des Betriebs Firmenbezeichnung, Betrieb, Adresse Ort, Datum
Betriebsratsvorsitzende/r Name

An die Betriebsräte
der Firmenbezeichnungen, Adressen

Gesamtbetriebsrat
Liebe Kolleginnen und Kollegen,
für den Gesamtbetriebsrat benennen wir gem. § 47 Abs. 2 BetrVG folgende Mitglieder und Ersatzmitglieder:
1. Name
1. Ersatzmitglied Name

2. Ersatzmitglied Name
2. Name
1. Ersatzmitglied Name
2. Ersatzmitglied Name

7 Betriebsrat: Information der Belegschaft über Bildung des Gesamtbetriebsrats

Betriebsrat des Betriebs Firmenbezeichnung, Betrieb, Adresse — Ort, Datum
Betriebsratsvorsitzende/r Name

An die
Belegschaft der
Firmenbezeichnung

Gesamtbetriebsrat
Liebe Kolleginnen und Kollegen,
in Unternehmen mit vielen Betrieben weiß häufig ein Betriebsrat nichts von den anderen, während der Arbeitgeber über umfassende Kenntnisse verfügt. Damit Informationen an alle fließen können und bei entsprechendem Bedarf einheitlich gehandelt werden kann und Betriebsräte nicht gegeneinander ausgespielt werden können, ist in solchen Fällen die Errichtung eines Gesamtbetriebsrats vorgesehen.
Daher haben wir gem. § 47 BetrVG einen Gesamtbetriebsrat errichtet. Seine Konstituierung erfolgte am Datum.
Der Gesamtbetriebsrat setzt sich wie folgt zusammen (jeweils Name, Betrieb, Mailadresse, Telefon angeben):
Vorsitzende/r: Name, Betrieb, Mailadresse, Telefon
Stellvertreter/in: Name, Betrieb, Mailadresse, Telefon
Schriftführer/in: Name, Betrieb, Mailadresse, Telefon
Betriebsausschuss: Name, Betrieb, Mailadresse, Telefon
Betreuer/in der Bezeichnung-Gewerkschaft: Name, Betrieb, Mailadresse, Telefon
weitere Mitglieder: Name, Betrieb, Mailadresse, Telefon
Bei Fragen oder Anregungen wendet Euch bitte an Euer Mitglied persönlich.

4. Mustervereinbarungen

8 Tarifvertrag zum Erhalt des Gesamtbetriebsrats (GBR)

Vorbemerkung
Durch Unternehmensverschmelzung kann sich mit dem Untergang eines Unternehmens oder mehrerer Unternehmen auch die Grundlage eines errichteten Gesamtbetriebsrats verändern (DKW-*Deinert*, § 47 Rn. 62 ff.). Dies kann ganz unterschiedliche Konsequenzen für die bestehenden Gesamtbetriebsräte haben. Die folgenreichste ist der Untergang eines oder mehrerer Gesamtbetriebsräte (DKW-*Deinert*, § 47 Rn. 60 f., 65).
Jeder Wegfall eines Gesamtbetriebsrats wiederum bleibt nicht ohne Konsequenzen für die von ihm abgeschlossenen Gesamtbetriebsvereinbarungen (DKW-*Deinert*, § 50 Rn. 163 ff.).
Die Voraussetzungen eines Gesamtbetriebsrats können auch dadurch entfallen, dass das Unternehmen zwar fortbesteht, aber durch Zusammenschluss von Betrieben nur noch ein Betrieb im Unternehmen existiert. Die Folgen für die Betriebsräte regeln die §§ 21–21b BetrVG.
Der Abschluss eines Tarifvertrags kann u. U. den Fortbestand des Gesamtbetriebsrats und der Betriebsräte sichern und der sachgerechten Wahrnehmung der Interessen der Arbeitnehmer

gem. § 3 Abs. 1 Nr. 1 BetrVG dienen (vgl. § 3 BetrVG). Das nachfolgende Tarifvertragsmuster fasst zu diesem Zweck Betriebe zusammen und sichert Gesamtbetriebsrat und Betriebsräte. Da die jeweiligen Unternehmens- und Konzernstrukturen sehr unterschiedlich sind, bedarf die konkrete Anwendung des Musters einer besonders *sorgfältigen Überprüfung und Anpassung* an die konkreten Umstände des Einzelfalls.

Tarifvertrag
der Firmenbezeichnung-
vertreten durch den Vorsitzende/n/Geschäftsführer/in Name
und
der Gewerkschaft Bezeichnung
vertreten durch den Vorstand Name

Präambel
Dieser Tarifvertrag fasst Betriebe zusammen, um eine sachgerechte Interessenvertretung der Arbeitnehmerinnen und Arbeitnehmer zu gewährleisten.

1. Sachlicher Geltungsbereich
Der Tarifvertrag gilt für das von der Umstrukturierung betroffene Unternehmen Firmenbezeichnung-AG und die Unternehmen Firmenbezeichnung, Firmenbezeichnung und Firmenbezeichnung und deren Betriebe.

2. Gesamtbetriebsrat
2.1. Die Betriebsräte der Firmenbezeichnung entsandten ab dem Datum ihre Delegierten gem. § 47 Abs. 2 BetrVG in den Gesamtbetriebsrat der Firmenbezeichnung. Die Anzahl der in der Firmenbezeichnung bestehenden Frei- oder Teilfreistellungen bleibt bis zum Ende des zusätzlich zu den für den Gesamtbetriebsrat Firmenbezeichnung bestehenden Regelungen erhalten.
2.2. Die Anzahl der Mitglieder des Gesamtbetriebsrats der Firmenbezeichnung ergibt sich aus den zu entsendenden Mitgliedern der jeweiligen Betriebsratsgremien. Eine Verkleinerung des Gesamtbetriebsrats findet nicht statt. Ausgenommen hiervon ist die Verkleinerung des Gesamtbetriebsrats durch den Wegfall von Entsendungsvoraussetzungen (Erlöschen eines Betriebsratsgremiums durch Standortschließung).

3. Betriebsräte
3.1. Bis zum Wirksamwerden der Unternehmensumwandlung bzw. des Betriebsübergangs an den jeweiligen Standorten bestehen die jeweiligen Betriebsratsgremien unverändert fort.
3.2. Wird ein Standort auf einen anderen Standort mit bestehendem Betriebsrat überführt, dann gilt folgende Regelung:
3.2.1. Die betriebliche Organisation wird auf der bereits bei der Firmenbezeichnung bestehenden Plattform aufgebaut. Die Struktur der betrieblichen Organisation der Firmenbezeichnung existiert an den jeweiligen Standorten im Wesentlichen unverändert fort. In sie werden die Arbeitnehmerinnen und Arbeitnehmer der Firmenbezeichnung eingegliedert. Die Betriebe der Firmenbezeichnung werden stillgelegt.
3.2.2. Die Mitglieder des Betriebsrats des überführten Betriebs haben bis zur regulären Neuwahl des Betriebsrats die Funktion von Betriebsratsberatern.
3.2.3. Betriebsratsberater haben alle Rechte und Pflichten von Betriebsratsmitgliedern. Sie werden zu allen Sitzungen des aufnehmenden Betriebsrats eingeladen. Ein Stimmrecht für Beschlüsse gem. § 33 Abs. 1 BetrVG steht ihnen nicht zu. Auf die Beschlussfähigkeit des Betriebsrats gem. § 33 Abs. 2 BetrVG hat ihre Anwesenheit keinen Einfluss.
Freigestellte Betriebsratsberater behalten ihre Freistellung. Ihr besonderer Kündigungsschutz wird gem. § 15 KSchG und § 103 BetrVG durch die Einigungsstelle gem. § 76 Abs. 5 BetrVG verstärkt, die vor Ersetzung der fehlenden Zustimmung des Betriebsrats gem. § 103 Abs. 1 BetrVG einzuschalten ist. Lehnt sie das Kündigungsbegehren ab, dann ist ihre Entscheidung verbindlich.

Lehnt sie es nicht ab, kann der Arbeitgeber die Ersetzung der fehlenden Zustimmung beim Arbeitsgericht gem. § 103 Abs. 2 BetrVG beantragen.
3.2.4. Nächster Termin für reguläre Wahlen zum Betriebsrat ist der Zeitraum vom Datum bis Datum.
3.3. Werden ein oder mehrere Betriebe auf einen anderen Betrieb ohne Betriebsrat überführt, dann gilt folgende Regelung:
3.3.1. Der Betriebsrat des überführten Betriebs mit der größten Beschäftigtenzahl im neuen Betrieb nimmt das Übergangsmandat wahr. Dieser hat insbesondere die Betriebsratswahlen einzuleiten.
3.3.2. Das Übergangsmandat gilt bis zur Neuwahl eines Betriebsrats am neuen Standort, längstens jedoch für die Dauer von zwölf Monaten nach Wirksamwerden der Zusammenfassung der Betriebsräte.

4. Zusammenarbeit von Mitbestimmungsgremien
Die Gesamtbetriebsräte der Firmenbezeichnung, der Firmenbezeichnung und Firmenbezeichnung können gemeinsame Besprechungen durchführen.
Hierzu finden regelmäßig Sitzungen unter Beteiligung von jeweils zwei Vertreterinnen je vorgenannter Gesamtbetriebsräte/Betriebsräte statt.
Die Kosten trägt der Arbeitgeber. Die Bestimmungen des § 37 und § 40 BetrVG finden analog Anwendung.

5. Schlussbestimmungen
Soweit dieser Tarifvertrag nichts anderes bestimmt, gelten im Übrigen die Regelungen des Betriebsverfassungsgesetzes.
Dieser Tarifvertrag tritt mit der Unterzeichnung in Kraft und endet mit Ablauf der regulären Betriebsratswahlen im Datum.
Bei Unwirksamkeit einer vorstehenden Regelung gilt der Vertrag im Übrigen weiter. Beide Seiten werden die unwirksamen Bestimmungen durch eine Regelung ersetzen, die der unwirksamen Regelung am nächsten kommt.
Meinungsverschiedenheiten bei der Auslegung und Durchführung dieser Vereinbarung legen beide Parteien mit dem ernsten Willen zur Einigung bei.

9 **Tarifvertrag zur veränderten Zusammensetzung (Beispiel 1)**

Vorbemerkung
Die Mitgliederzahl eines Gesamtbetriebsrats kann durch Tarifvertrag oder Betriebsvereinbarung erhöht oder verringert werden. Überschreitet die gesetzliche Mitgliederzahl gem. § 47 Abs. 2 BetrVG die Zahl 40, dann ist die Mitgliederzahl nach § 47 Abs. 5 BetrVG zwingend zu reduzieren. Vor Verkleinerung des Gesamtbetriebsrats muss sich der Gesamtbetriebsrat mit der nach § 47 Abs. 2 BetrVG vorgesehenen Mitgliederzahl konstituiert haben (DKW-*Deinert*, § 47 Rn. 86). Er lädt zur ersten Sitzung des verkleinerten Gesamtbetriebsrats ein.

Tarifvertrag
Veränderte Zusammensetzung (1)
- Definierte Entsendungskreise allgemein -
Tarifvertrag über die Bildung des Gesamtbetriebsrats der Firmenbezeichnung

Zwischen dem Vorstand/der Geschäftsführung der Firmenbezeichnung, vertreten durch die/den Vorsitzende/n/Geschäftsführer/in Name,

– einerseits –

und
Gewerkschaft Bezeichnung, vertreten durch Name,

– andererseits –

wird folgender Tarifvertrag über die Bildung des Gesamtbetriebsrats der Firmenbezeichnung gemäß § 47 Abs. 5 BetrVG abgeschlossen:

Präambel
Dieser Tarifvertrag verringert die Zahl der Mitglieder des Gesamtbetriebsrats und fördert gleichzeitig durch Bildung von Entsendungskörpern die Kommunikation unter den örtlichen Betriebsräten.

§ 1 Mitgliederzahl des Gesamtbetriebsrats
Der Gesamtbetriebsrat der Firmenbezeichnung besteht aus 39 Mitgliedern.

§ 2 Entsendungskörper

1. Zur Wahl der Mitglieder in den Gesamtbetriebsrat werden die Betriebe der Firmenbezeichnung in acht Entsendungskörper zusammengefasst. Zusammensetzung der Entsendungskörper und Wahl der Gesamtbetriebsratsmitglieder in den Entsendungskörpern sind in der Anlage dieses Tarifvertrags geregelt.
2. Die Wahl der Mitglieder des Gesamtbetriebsrats (Entsendung) erfolgt in einer Sitzung, zu der alle Betriebsratsmitglieder der zum Entsendungskörper gehörenden Betriebe eingeladen werden.
3. Der/die Betriebsratsvorsitzende des nach der Zahl der wahlberechtigten Arbeitnehmerinnen und Arbeitnehmer größten Betriebs des Entsendungskörpers beruft die Sitzung ein und leitet sie bis zur Bestellung eines Wahlleiters oder einer Wahlleiterin. Bei Beschlussfassung über die Entsendung hat jedes Betriebsratsmitglied eine Stimme. Erfolgt nicht spätestens zehn Tage vor der konstituierenden Sitzung des verkleinerten Gesamtbetriebsrats die Einberufung, so lädt der Gesamtbetriebsratsvorsitz ein.
4. Im Übrigen gilt für die Beschlussfassung § 51 Abs. 3 BetrVG analog.
5. In der Sitzung des Entsendungskörpers ist für jedes in den Gesamtbetriebsrat gewählte Mitglied mindestens ein Ersatzmitglied zu wählen. Werden mehrere Ersatzmitglieder gewählt, ist die Rangfolge ihres Nachrückens bei der Wahl festzulegen.
6. Die Mitglieder der Betriebsräte aller Betriebe des jeweiligen Entsendungskörpers treten zur Wahl ihrer GBR-Mitglieder unmittelbar nach Abschluss der regelmäßigen Betriebsratswahlen zusammen. Zu weiteren Sitzungen lädt der/die vom Entsendungskörper Beauftragte ein.

§ 3 Mitgliedschaft im Gesamtbetriebsrat

1. Die Mitgliedschaft im Gesamtbetriebsrat endet
   - mit dem Erlöschen der Mitgliedschaft im Betriebsrat;
   - durch Amtsniederlegung;
   - durch Ausscheiden aus dem Gesamtbetriebsrat aufgrund einer gerichtlichen Entscheidung oder
   - durch Abberufung aufgrund eines Mehrheitsbeschlusses des zuständigen Entsendungskörpers.
2. Scheidet ein Mitglied des Gesamtbetriebsrats aus, so rückt das vom Entsendungskörper für das ausscheidende Gesamtbetriebsratsmitglied gewählte Ersatzmitglied nach. Das gilt entsprechend für die Stellvertretung eines zeitweilig verhinderten Mitgliedes des Gesamtbetriebsrats.

§ 4 Kosten
Die in Folge der Tätigkeit des Gesamtbetriebsrats nach § 51 Abs. 1 BetrVG in Verbindung mit § 40 BetrVG anfallenden Kosten für die Mitglieder des verkleinerten Gesamtbetriebsrates trägt die Firmenbezeichnung.

§ 5 Schlussbestimmungen

1. Dieser Tarifvertrag tritt am Datum in Kraft.
2. Die Anlage ist Bestandteil des Tarifvertrags.

Anlage
zum Tarifvertrag über die Bildung des Gesamtbetriebsrates der Firmenbezeichnung vom Datum

Die 39 Mitglieder des Gesamtbetriebsrats werden in den Entsendungskörpern nach folgendem Schlüssel gewählt:

Entsendungskörper 1:
Hauptverwaltung 2 GBR-Mitglieder
Entsendungskörper 2:
Betrieb 3 GBR-Mitglieder
Betrieb 1 GBR-Mitglied
Betrieb und 1 GBR-Mitglied
Entsendungskörper 3:
Betrieb 5 GBR-Mitglieder
Betrieb 1 GBR-Mitglied
Betrieb 1 GBR-Mitglied
Betriebe und 1 GBR-Mitglied
Entsendungskörper 4:
Betrieb 3 GBR-Mitglieder
Betrieb 1 GBR-Mitglied
Betrieb und 1 GBR-Mitglied
Entsendungskörper 5:
Betrieb 3 GBR-Mitglieder
Betrieb und 1 GBR-Mitglied
Entsendungskörper 6:
Betrieb 2 GBR-Mitglieder
Betrieb und 1 GBR-Mitglied
Entsendungskörper 7:
Betrieb 3 GBR-Mitglieder
Betrieb 1 GBR-Mitglied
Betrieb und 1 GBR-Mitglied
Entsendungskörper 8:
Betrieb 2 GBR-Mitglieder
Betrieb und , , , 1 GBR-Mitglied

> **Hinweis:**
> Zum Schutz der Minderheit im Entsendungskörper kann auch eine Regelung eingefügt werden, wonach z. B. der Minderheitsbetrieb stets einen Vertreter entsenden.

10 **Tarifvertrag zur veränderten Zusammensetzung (Beispiel 2)**

Tarifvertrag
Veränderte Zusammensetzung
- Definierte Entsendungskörper nach Bundesländern -
Tarifvertrag
über die Bildung des Gesamtbetriebsrats der Firmenbezeichnung

Zwischen dem Vorstand/der Geschäftsführung der Firmenbezeichnung, vertreten durch den Vorstand/die Geschäftsführung Name

– einerseits –

und der Gewerkschaft Bezeichnung, vertreten durch Name,

– andererseits –

wird folgender Tarifvertrag abgeschlossen:

§ 1 Geltungsbereich
Der Tarifvertrag gilt für die Bildung des Gesamtbetriebsrats in der Firmenbezeichnung.

§ 2 Tarifvorbehalt
In Angelegenheiten, die durch diesen Tarifvertrag geregelt sind, ist der Abschluss von Betriebsvereinbarungen nicht möglich, wenn der Tarifvertrag dies nicht ausdrücklich zulässt.

§ 3 Größe des Gesamtbetriebsrats
Die Anzahl der Mitglieder des Gesamtbetriebsrats wird auf 66 begrenzt.

§ 4 Freistellungsumfang
Für ihre Tätigkeit im Gesamtbetriebsrat werden 13 Mitglieder des Gesamtbetriebsrats von ihrer Arbeit freigestellt. Bestehende Freistellungen der entsandten Betriebsratsmitglieder werden angerechnet.

§ 5 Bildung des Gesamtbetriebsrats
(1) Die gewählten Betriebsräte sind entsendungsberechtigt zum Gesamtbetriebsrat.
(2) Zur Bildung des Gesamtbetriebsrats werden Entsendungsbereiche festgelegt. Als Entsendungsbereiche gelten:

- die Bundesländer Bremen, Hamburg, Mecklenburg-Vorpommern, Niedersachsen und Schleswig-Holstein
- das Bundesland Nordrhein-Westfalen
- die Bundesländer Hessen, Rheinland-Pfalz und Saarland
- die Bundesländer Berlin, Brandenburg, Sachsen, Sachsen-Anhalt und Thüringen
- das Bundesland Baden-Württemberg
- das Bundesland Bayern

(3) Der Sitz eines Betriebsrats ist ausschlaggebend für die Zugehörigkeit zum Entsendungsbereich. Hierbei werden die Beschäftigten, die zu diesem Betriebsrat wahlberechtigt waren, dem jeweiligen Entsendungsbereich zugeordnet.
(4) Die einem Entsendungsbereich i. S. v. Absatz 3 zugeordneten wahlberechtigten Beschäftigten sind Verteilungsgrundlage für die Anzahl der Mandate des Gesamtbetriebsrats entsprechend § 3. Die Verteilung orientiert sich an dem Prinzip d'Hondt. Auf jeden Entsendungsbereich i. S. v. Absatz 2 entfallen jedoch mindestens zwei Mandate.
(5) Nach den regelmäßigen Betriebsratswahlen findet in jedem Entsendungsbereich eine Versammlung statt, an der die Betriebsratsmitglieder des Entsendungsbereichs teilnehmen. Die Versammlung wird vom Betriebsratsvorsitzenden des größten Betriebs einberufen und geleitet.
(6) Aufgabe dieser Zusammenkunft ist es, die Mitglieder des Gesamtbetriebsrats und deren Ersatzmitglieder für den Entsendungsbereich zu bestellen. Die Entsendung der Betriebsratsmitglieder erfolgt durch Wahl mit einfacher Stimmenmehrheit. § 51 Abs. 3 Satz 1 BetrVG findet entsprechende Anwendung.
(7) Auf Antrag eines Drittels der Betriebsratsmitglieder des Entsendungsbereichs ist von dem Betriebsrat des nach der Zahl der wahlberechtigten Arbeitnehmer größten Betriebs eine Versammlung der Betriebsräte des Entsendungsbereichs einzuberufen, in der über die Abberufung von Gesamtbetriebsratsmitgliedern entschieden wird.

(8) Eine Versammlung i. S. v. Absatz 5 muss ebenfalls einberufen werden, wenn durch Ausscheiden von Gesamtbetriebsratsmitgliedern und deren Ersatzmitgliedern ein Mandat im Gesamtbetriebsrat nicht mehr besetzt ist.

§ 6 Stimmengewichtung der Gesamtbetriebsratsmitglieder

Die von den Betriebsräten des Entsendungsbereichs gewählten Gesamtbetriebsratsmitglieder haben bei Abstimmungen des Gesamtbetriebsrats anteilig so viele Stimmen, wie in den zusammengefassten Betrieben insgesamt wahlberechtigte Arbeitnehmer in die Wählerlisten eingetragen waren.

§ 7 Bildung der Gesamt-Jugend- und Auszubildendenvertretung

(1) Zur Bildung der Gesamt-Jugend- und Auszubildendenvertretung sind die §§ 5 und 6 dieses Tarifvertrags sinngemäß anzuwenden.
(2) Die Zahl der Mitglieder der Gesamt-Jugend- und Auszubildendenvertretung wird auf 15 begrenzt.
(3) Für ihre Tätigkeit in der Gesamt-Jugend- und Auszubildendenvertretung werden drei Mitglieder freigestellt.
(4) Kommt eine Einigung über die Person des Vorsitzenden nicht zustande, gilt § 76 Abs. 2 BetrVG.

§ 8 Tarifliche Schlichtungsstelle

(1) Zur Beilegung von Meinungsverschiedenheiten von den in der Anlage näher bezeichneten Mitbestimmungstatbeständen wird für die Zentrale der Firmenbezeichnung eine tarifliche Schlichtungsstelle gebildet.
(2) Die tarifliche Schlichtungsstelle tritt im Rahmen ihrer Zuständigkeit an die Stelle der in § 76 Abs. 1 BetrVG bezeichneten Einigungsstelle.
(3) Die tarifliche Schlichtungsstelle besteht aus je fünf Beisitzern, die von den Tarifvertragsparteien bestellt werden, und einem unparteiischen Vorsitzenden, auf dessen Person sich die Tarifvertragsparteien einigen müssen. Der Vorsitzende sollte die Befähigung zum Richteramt besitzen. Kommt eine Einigung nicht zustande, gilt § 76 Abs. 2 BetrVG.
(4) Für die Verfahren vor der tariflichen Schlichtungsstelle gilt § 76 Abs. 3 und 5 BetrVG entsprechend. Die Verhandlungen vor der tariflichen Schlichtungsstelle sind nicht öffentlich. Vor der Beschlussfassung sind die Beteiligten zu hören. Bleibt ein Beteiligter der Verhandlung unentschuldigt fern oder äußert er sich trotz Aufforderung nicht, so ist der Pflicht zur Anhörung genüge getan.
(5) § 76a BetrVG gilt für die tarifliche Schlichtungsstelle entsprechend.
(6) Die Mitglieder der tariflichen Schlichtungsstelle haben während der Verfahren jederzeit auf eine gütliche Beilegung der Meinungsverschiedenheiten hinzuwirken. Sie sind an keine Weisungen gebunden.
(7) Das Verfahren vor der tariflichen Schlichtungsstelle hat innerhalb von zwei Wochen nach Eingang des Antrags in der Geschäftsstelle zu beginnen. Die tarifliche Schlichtungsstelle entscheidet spätestens zwei Monate nach Eingang des Antrags.
(8) Für die Mitglieder der tariflichen Schlichtungsstelle gelten §§ 78, 78a, 103 BetrVG, § 15 KSchG sinngemäß.

§ 9 Übergangs- und Schlussbestimmungen

Soweit und solange in diesem Tarifvertrag nichts anders bestimmt ist, gelten die Bestimmungen des BetrVG.

> **Hinweis:**
> 1. Der Text des Tarifvertrags lehnt sich mit ihrer freundlichen Genehmigung an die in der IG Metall geltende Gesamtbetriebsvereinbarung an.

2. Zur Anwendung des d'Hondtschen Systems wird auf DKW-*Homburg*, § 14 Rn. 15ff. und DKW-*Wedde*, § 27 Rn. 21 verwiesen.
3. Für die stimmgewichtete Beschlussfassung im Gesamtbetriebsrat wird auf DKW-*Deinert*, § 47 Rn. 126ff. verwiesen.
4. Der Tarifvertrag kann sinngemäß auch als Gesamtbetriebsvereinbarung abgeschlossen werden, wobei nach der gesetzgeberischen Konzeption der Tarifvertrag Vorrang hat (DKW-*Deinert*, § 47 Rn. 87).

Gesamtbetriebsvereinbarung zur veränderten Zusammensetzung mit definiertem Entsendungskörper 11

Gesamtbetriebsvereinbarung über die Bildung des Gesamtbetriebsrats der Firmenbezeichnung

Zwischen dem Vorstand/der Geschäftsführung der Firmenbezeichnung-AG, vertreten durch die/den Vorsitzende/n Name,

– einerseits –

und dem Gesamtbetriebsrat der Firmenbezeichnung, vertreten durch die/den Vorsitzende/n,

– andererseits –

wird folgende Gesamtbetriebsvereinbarung über die Bildung des Gesamtbetriebsrates der Firmenbezeichnung gemäß § 47 Abs. 5 BetrVG abgeschlossen:

Präambel

Die Gesamtbetriebsvereinbarung verringert die Zahl der Mitglieder des Gesamtbetriebsrats und fördert gleichzeitig die Kommunikation unter den Betriebsräten vor Ort durch die Bildung von Entsendungskörpern.

1. Mitgliederzahl des Gesamtbetriebsrats

Der Gesamtbetriebsrat der Firmenbezeichnung besteht aus 35 Mitgliedern.

2. Zusammensetzung und Wahl des Gesamtbetriebsrats

1. Zur Wahl der Mitglieder in den Gesamtbetriebsrat werden die Betriebe der Firmenbezeichnung in acht Entsendungskörper zusammengefasst. Zusammensetzung der Entsendungskörper und Wahl der Gesamtbetriebsratsmitglieder in den Entsendungskörpern sind in der Anlage dieser Gesamtbetriebsvereinbarung geregelt.
2. Die Wahl der Mitglieder des Gesamtbetriebsrats (Entsendung) erfolgt in einer Sitzung, zu der alle Betriebsratsmitglieder der zum Entsendungskörper gehörenden Betriebe eingeladen werden.
3. Der Betriebsratsvorsitzende des nach der Zahl der wahlberechtigten Arbeitnehmerinnen und Arbeitnehmer größten Betriebs des Entsendungskörpers beruft die Sitzung ein und leitet sie bis zur Bestellung eines Wahlleiters oder einer Wahlleiterin. Bei Beschlussfassung über die Entsendung hat jedes Betriebsratsmitglied eine Stimme. Erfolgt nicht spätestens zehn Tage vor der konstituierenden Sitzung des verkleinerten Gesamtbetriebsrats die Einberufung, so lädt die/der Gesamtbetriebsratsvorsitzende ein.
4. Im Übrigen gilt für die Beschlussfassung § 51 Abs. 3 BetrVG.
5. In der Sitzung des Entsendungskörpers ist für jedes in den Gesamtbetriebsrat gewählte Mitglied mindestens ein Ersatzmitglied zu wählen. Werden mehrere Ersatzmitglieder gewählt, ist die Rangfolge ihres Nachrückens bei der Wahl festzulegen.
6. Die Mitglieder der Betriebsräte aller Betriebe des jeweiligen Entsendungskörpers treten zur Wahl ihrer GBR-Mitglieder unmittelbar nach Abschluss der regelmäßigen Betriebsratswahlen

zusammen. Zu weiteren Sitzungen lädt der/die vom Entsendungskörper gewählte Beauftragte ein.

3. Mitgliedschaft im Gesamtbetriebsrat

1. Die Mitgliedschaft im Gesamtbetriebsrat endet
   - mit dem Erlöschen der Mitgliedschaft im Betriebsrat;
   - durch Amtsniederlegung;
   - durch Ausscheiden aus dem Gesamtbetriebsrat aufgrund einer gerichtlichen Entscheidung oder
   - durch Abberufung aufgrund eines Mehrheitsbeschlusses des zuständigen Entsendungskörpers.
2. Scheidet ein Mitglied des Gesamtbetriebsrats aus, so rückt das vom Entsendungskörper für das ausscheidende Gesamtbetriebsratsmitglied gewählte Ersatzmitglied nach. Das gilt entsprechend für die Stellvertretung eines zeitweilig verhinderten Mitglieds des Gesamtbetriebsrats.

4. Kosten

Die durch die GBR-Tätigkeit nach § 51 Abs. 1 BetrVG in Verbindung mit § 40 BetrVG anfallenden Kosten für die Mitglieder des verkleinerten Gesamtbetriebsrats trägt der Vorstand der Firmenbezeichnung.

5. Schlussbestimmungen

1. Diese Gesamtbetriebsvereinbarung tritt am Datum in Kraft.
2. Die Anlage ist Bestandteil des Tarifvertrags.

Anlage

zur Gesamtbetriebsvereinbarung vom Datum über die Bildung des Gesamtbetriebsrats der Firmenbezeichnung

Die 35 Mitglieder des Gesamtbetriebsrats werden in den Entsendungskörpern nach folgendem Schlüssel gewählt:

Entsendungskörper 1:
Hauptverwaltung 2 GBR-Mitglieder
Entsendungskörper 2:
Betrieb 3 GBR-Mitglieder
Betrieb 1 GBR-Mitglied
Betrieb und 1 GBR-Mitglied
Entsendungskörper 3:
Betrieb 5 GBR-Mitglieder
Betrieb 1 GBR-Mitglied
Betrieb 1 GBR-Mitglied
Betriebe und 1 GBR-Mitglied
Entsendungskörper 4:
Betrieb 3 GBR-Mitglieder
Betrieb 1 GBR-Mitglied
Betrieb und 1 GBR-Mitglied
Entsendungskörper 5:
Betrieb 3 GBR-Mitglieder
Betrieb und 1 GBR-Mitglied
Entsendungskörper 6:
Betrieb 2 GBR-Mitglieder
Betrieb und 1 GBR-Mitglied
Entsendungskörper 7:
Betrieb 3 GBR-Mitglieder

Betrieb 1 GBR-Mitglied
Betrieb und 1 GBR-Mitglied
Entsendungskörper 8:
Betrieb 2 GBR-Mitglieder
Betrieb und , , , 1 GBR-Mitglied

Gesamtbetriebsrat: Hinzuziehung eines Rechtsanwalts 12

Gesamtbetriebsrat der Firma Firmenbezeichnung, Adresse Ort, Datum

Beschluss: Hinzuziehung eines Rechtsanwalts
Bildung des Wirtschaftsausschusses
In seiner Sitzung vom Datum beschloss der Gesamtbetriebsrat ohne Gegenstimmen die Hinzuziehung von

Frau Rechtsanwältin Name, Adresse
als Vertreterin des Gesamtbetriebsrats, um seine Rechte im Zusammenhang mit der Bildung des Wirtschaftsausschusses und vollständigen Information durchzusetzen.
Dieser Auftrag umfasst die Durchführung aller erforderlichen Maßnahmen, insbesondere Anrufung und Bildung der Einigungsstelle, notfalls auch durch Einleitung und Durchführung entsprechender arbeitsgerichtlicher Beschlussverfahren bis hin zur Einlegung entsprechender Rechtsmittel.
Der Gesamtbetriebsrat beauftragt die/den Vorsitzende/n und dessen/deren Stellvertreter/in mit der Wahrnehmung der sich hieraus ergebenden Aufgaben.
Von den insgesamt 753 möglichen Stimmen stimmten 699 zu, 20 enthielten sich, 34 waren nicht anwesend.
Unterschrift
Gesamtbetriebsratsvorsitzende/r

Tarifvertrag zur veränderten Stimmengewichtung bei einem gemeinsamen Betrieb 13

Tarifvertrag
zwischen der
Gewerkschaft Bezeichnung, vertreten durch den Vorstand
vertreten durch die Bezirksleitung
diese vertreten durch die Verwaltungsstelle
Adresse
und der
1. Firmenbezeichnung
   vertreten durch die Geschäftsführung/den Vorstand Name
   Adresse
2. Firmenbezeichnung
   vertreten durch den/die Geschäftsführer/in/den Vorstand Name
   Adresse

wird gemäß § 47 Abs. 9 BetrVG folgende Vereinbarung getroffen:

Die Arbeit des Gesamtbetriebsrats der Firmenbezeichnung soll durch die große Anzahl der Arbeitnehmer der Firmenbezeichnung nicht beeinflusst werden, die dieses Unternehmen im gemeinsamen Betrieb in Ort beschäftigt.
Abweichend vom § 47 Abs. 8 BetrVG haben deshalb die Mitglieder im Gesamtbetriebsrat aus dem gemeinsamen Betrieb in Ort jeweils nur so viele Stimmen, wie dort Beschäftigte bei der Firmenbezeichnung und der Firmenbezeichnung zum Zeitpunkt der jeweils letzten Betriebsratswahl beschäftigt waren.

14 **Gesamtbetriebsvereinbarung zur veränderten Stimmengewichtung von Mitgliedern aus einem gemeinsamen Betrieb**

Gesamtbetriebsvereinbarung
zwischen
1. Gemeinsamer Betrieb in Ort
   vertreten durch die/den Vorsitzende/n Name
   Adresse
2. Gesamtbetriebsrat Firmenbezeichnung
   vertreten durch die/den Vorsitzende/n Name
   Adresse
3. Gesamtbetriebsrat Firmenbezeichnung
   vertreten durch die/den Vorsitzende/n Name
   Adresse

und
1. Firmenbezeichnung
   vertreten durch die Geschäftsführung/den Vorstand
   Adresse
2. Firmenbezeichnung-GmbH
   vertreten durch die Geschäftsführung/den Vorstand Name
   Adresse

wird gemäß § 47 Abs. 9 BetrVG folgende Vereinbarung getroffen:
Die Arbeit des Gesamtbetriebsrats der Firmenbezeichnung soll durch die große Anzahl der Arbeitnehmerinnen und Arbeitnehmer der Firmenbezeichnung nicht beeinflusst werden, die dieses Unternehmen im gemeinsamen Betrieb in Ort beschäftigt.
Abweichend vom § 47 Abs. 8 BetrVG haben deshalb die Mitglieder im Gesamtbetriebsrat aus dem gemeinsamen Betrieb in Ort jeweils nur so viele Stimmen, wie dort Beschäftigte bei der Firmenbezeichnung und der Firmenbezeichnung zum Zeitpunkt der jeweils letzten Betriebsratswahl beschäftigt waren.

§ 48 Ausschluss von Gesamtbetriebsratsmitgliedern

Mindestens ein Viertel der wahlberechtigten Arbeitnehmer des Unternehmens, der Arbeitgeber, der Gesamtbetriebsrat oder eine im Unternehmen vertretene Gewerkschaft können beim Arbeitsgericht den Ausschluss eines Mitglieds aus dem Gesamtbetriebsrat wegen grober Verletzung seiner gesetzlichen Pflichten beantragen.

Inhaltsübersicht Rn.

Einleitung

§ 48 BetrVG ermöglicht den Ausschluss von Gesamtbetriebsratsmitgliedern. Die Vorschrift entspricht § 23 Abs. 1 BetrVG für den Ausschluss eines Betriebsratsmitglieds, auf den hier deshalb Bezug genommen wird (vgl. DKW-*Dornberger*, § 23 Rn. 4 ff. zum Ausschluss aus dem Betriebsrat und DKW-*Deinert*, § 48 Rn. 1 ff. zu den für den Gesamtbetriebsrat geltenden Besonderheiten). 1

§ 49 Erlöschen der Mitgliedschaft

Die Mitgliedschaft im Gesamtbetriebsrat endet mit dem Erlöschen der Mitgliedschaft im Betriebsrat, durch Amtsniederlegung, durch Ausschluss aus dem Gesamtbetriebsrat aufgrund einer gerichtlichen Entscheidung oder Abberufung durch den Betriebsrat.

Inhaltsübersicht

Einleitung

§ 49 BetrVG regelt das Erlöschen der Mitgliedschaft im Gesamtbetriebsrat. Die Vorschrift entspricht § 21 BetrVG für das Amtsende eines Betriebsratsmitglieds, auf den hier deshalb Bezug genommen wird (vgl. § 21 BetrVG zum Erlöschen der Mitgliedschaft bzw. Ende der Amtszeit des Betriebsrats; vgl. auch DKW-*Buschmann*, § 21 Rn. 1 ff. zum Ende der Amtszeit). 1

§ 50 Zuständigkeit

(1) Der Gesamtbetriebsrat ist zuständig für die Behandlung von Angelegenheiten, die das Gesamtunternehmen oder mehrere Betriebe betreffen und nicht durch die einzelnen Betriebsräte innerhalb ihrer Betriebe geregelt werden können; seine Zuständigkeit erstreckt sich insoweit auch auf Betriebe ohne Betriebsrat. Er ist den einzelnen Betriebsräten nicht übergeordnet.

(2) Der Betriebsrat kann mit der Mehrheit der Stimmen seiner Mitglieder den Gesamtbetriebsrat beauftragen, eine Angelegenheit für ihn zu behandeln. Der Betriebsrat kann sich dabei die Entscheidungsbefugnis vorbehalten. § 27 Abs. 2 Satz 3 und 4 gilt entsprechend.

Inhaltsübersicht

I. Einleitung

1 **Zur Abgrenzung der Zuständigkeiten des Gesamtbetriebsrats kraft Gesetzes gegenüber dem Betriebsrat**

Die Zuständigkeit des Gesamtbetriebsrats kraft Gesetzes hängt von zwei Voraussetzungen ab:

- Einmal muss die Angelegenheit entweder das Gesamtunternehmen oder zumindest mehrere Betriebe des Unternehmens betreffen.
- Zum anderen darf diese Angelegenheit nicht durch die einzelnen Betriebsräte innerhalb ihrer Betriebe geregelt werden können.

Beide Voraussetzungen müssen kumulativ vorliegen (BAG 3.5.2005 – 1 ABR 15/05, AP BetrVG 1972 § 50 Nr. 29). Im Zweifel steht dem örtlichen Betriebsrat die (Primär-)zuständigkeit zu (DKW-*Deinert*, § 50 Rn. 24). Angelegenheiten der Betriebsverfassung sind so weit wie möglich durch die Betriebsräte wahrzunehmen. Deshalb hat die arbeitnehmernahe Vertretung durch den Betriebsrat Vorrang. Der Gesamtbetriebsrat ist nur zuständig, wenn eine Angelegenheit das Unternehmen bzw. eine Mehrheit von Betrieben und nicht nur einen Betrieb betrifft. Ob eine Maßnahme mehrere Betriebe oder nur einen betrifft, hängt vom persönlichen oder sachlichen Geltungsbereich einer Maßnahme ab. Der subjektive Wille des Initiators kann hierfür ein wichtiges Indiz sein. Als Initiatoren kommen Arbeitgeber und Gesamtbetriebsrat in Betracht.

Der Gesamtbetriebsrat ist weiterhin nur zuständig, wenn einzelne Betriebsräte die Angelegenheit nicht regeln können.

§ 50 Abs. 1 Satz 1 BetrVG erfasst auch Fälle subjektiver Unmöglichkeit. Subjektiv unmöglich ist für den Einzel-Betriebsrat eine Regelung freiwilliger Leistungen dann, wenn der Arbeitgeber deren Zweck so definiert, dass er nur mit einer überbetrieblichen Regelung erreichbar ist. Das Verlangen des Arbeitsgebers soll eine einheitliche Regelung notwendig machen, wenn er allein unter diesen Voraussetzungen zu der regelungsbedürftigen Maßnahme bereit ist und insoweit mitbestimmungsfrei entscheiden kann, wie es z.B. bei freiwilligen Zulagen der Fall ist. Er darf allerdings seine Zuständigkeit nicht allein dadurch begründen, dass er bei seiner mitbestimmungspflichtigen Entscheidung eine betriebsübergreifende Regelung verlangt (DKW-*Deinert*, § 50 Rn. 34ff.).

Reine Gesichtspunkte der Zweckmäßigkeit und der Rentabilität sind nicht geeignet, die Zuständigkeit von den einzelnen Betriebsräten auf den Gesamtbetriebsrat zu verlagern. Seine Zuständigkeit begründet auch nicht schon das bloße Koordinierungsinteresse des Unternehmens, bestimmte Angelegenheiten möglichst einheitlich für alle Betriebe zu regeln (DKW-*Deinert*, § 50 Rn. 47ff.).

Die Betriebsverfassung und die nach dem Gesetz vorgesehenen Vertretungsgremien dienen der Interessenwahrung der Beschäftigten. Kompetenzbegrenzungen zwischen den verschiedenen Gremien (Betriebsrat; Gesamtbetriebsrat; Konzernbetriebsrat) haben sich letztlich an diesem Zweck zu orientieren. Die Betriebsräte sind direkt von Arbeitnehmern gewählt und stehen mit den zu behandelnden Sachfragen mehr in Berührung. Deshalb bleibt eine Kompetenzverlagerung vom Betriebsrat auf den Gesamtbetriebsrat auf das Erforderliche beschränkt.

Mögliche Zuständigkeit des Gesamtbetriebsrats kraft Gesetzes

- Übersicht der möglichen Zuständigkeitsbereiche (vgl. dazu im Einzelnen DKW-*Deinert*, § 50 Rn. 65 ff.):
- allgemeine Aufgaben
- soziale Angelegenheiten
- Ordnung des Betriebs
- Arbeitszeit
- Auszahlung der Arbeitsentgelte
- Urlaub
- technische Kontrolleinrichtungen
- Personalangelegenheiten
- allgemeines Personalwesen
- personelle Einzelmaßnahmen
- wirtschaftliche Angelegenheiten
- Wirtschaftsausschuss
- Interessenausgleich, Sozialplan
- allgemeine Arbeitsbedingungen

II. Arbeitshilfen

1. Musterschreiben/-beschlussvorlagen/-beschlüsse

Gesamtbetriebsrat: Beschluss zur Einschaltung eines Beraters 2

Vorbemerkung

Viele Aufgaben kann der Gesamtbetriebsrat nicht mit eigenem Sachverstand erledigen. Dazu bedarf er häufig eines Beraters gem. § 111 BetrVG oder eines Sachverständigen gem. § 80 Abs. 3 BetrVG. Die Beschlussfassung erfolgt im Gesamtbetriebsrat nach Stimmgewicht (vgl. auch § 47 Abs. 7 BetrVG).

Beschluss

In seiner Sitzung vom Datum beschließt der Gesamtbetriebsrat mit 580 von 675 möglichen Stimmen ohne Gegenstimmen und ohne Enthaltungen unter Tagesordnungspunkt 9. die Hinzuziehung des Rechtsanwalts Name als ständigen Berater zu allen sich aus der Veräußerung der Firmenbezeichnung mit Sitz in Ort an die Firmenbezeichnung mit Sitz in Ort aus §§ 111 ff. BetrVG ergebenden Maßnahmen (Information, Beratung, Interessenausgleich und Sozialplan, Übergangsvereinbarung).

Der Gesamtbetriebsrat beauftragt die/den Gesamtbetriebsratsvorsitzende/n Name und deren/dessen persönliche/n Stellvertreter/in Name mit der Wahrnehmung der Beratungsgespräche zur Erfüllung aller sich aus dem zu erwartenden Abschluss des kartellrechtlichen Verfahrens ergebenden Gesamtbetriebsratsaufgaben.

3 **Gesamtbetriebsrat: Mitteilung an den Arbeitgeber zur Einschaltung eines Beraters**

Gesamtbetriebsrat Firmenbezeichnung, Adresse Ort, Datum
Gesamtbetriebsratsvorsitzende/r Name

An den Vorstand
der Firmenbezeichnung
Adresse

Unternehmensverschmelzung der Firmenbezeichnung und Firmenbezeichnung

Sehr geehrte Damen und Herren,
anbei senden wir Ihnen die Honorarkonditionen des von uns eingeschalteten Beraters. Seine Vergütung orientiert sich an der Zahl der erbrachten Stunden und nicht am sog. Streitwert.
Gem. § 111 Satz 2 BetrVG kann der Betriebsrat von sich aus einen Berater hinzuziehen, wenn er nicht selbst über das notwendige Fachwissen verfügt. Von uns kann die Umstrukturierung mit der Verschmelzung von Unternehmen und dem Personalabbau niemand richtig juristisch bewerten. Wir sind keine Juristen. Darum haben wir als Berater einen Rechtsanwalt hinzugezogen. Auf dieser Basis wollen wir die Beratung fortsetzen. Wir gehen davon aus, dass Ihre noch offenen Fragen beantwortet sind und Sie jetzt keine Vorbehalte mehr haben.

4 **Gesamtbetriebsrat: Auskunftsverlangen über wahlberechtigte Arbeitnehmer in betriebsratslosen Betrieben**

Vorbemerkung

Der Gesamtbetriebsrat kann in betriebsratslosen Betrieben im Unternehmen gem. § 17 Abs. 1 Satz 1 BetrVG die Wahl von Betriebsräten initiieren. Dazu hat er einen Informationsanspruch gegenüber dem Arbeitgeber gem. § 80 Abs. 2 Satz 1 BetrVG.

Gesamtbetriebsrat Firmenbezeichnung, Adresse Ort, Datum
Gesamtbetriebsratsvorsitzender Name

An die
Geschäftsführung/Vorstand Name
der Firmenbezeichnung
Adresse

Betriebsratswahl

Sehr geehrte Frau Name,
unsere Initiative zur Bildung eines Betriebsrats in Ort und unseren Informationsanspruch hatten Sie zuletzt zurückgewiesen, weil wir hierzu nicht berechtigt seien. Außerdem würde sie gegen die Datenschutzgrundverordnung (DSGVO) und das Bundesdatenschutzgesetz (BDSG) verstoßen. Wir sind aus folgenden Gründen anderer Meinung:
Nach § 80 Abs. 2 Satz 1 BetrVG ist der Arbeitgeber zur rechtzeitigen und umfassenden Information des Betriebsrats verpflichtet, die dieser zur Durchführung seiner Aufgaben nach dem BetrVG benötigt. Ihre Informationspflicht ist umfassend.
Der Gesamtbetriebsrat hat ebenso wie der Betriebsrat, der Konzernbetriebsrat oder die Gewerkschaft die Aufgabe, die Neuwahl bereits errichteter Betriebsräte zu initiieren. In gleicher Weise hat er dafür Sorge zu tragen, dass in bislang noch betriebsratslosen Betrieben die Betriebsratswahl eingeleitet wird. Gemäß § 17 Abs. 1 Satz 1 bestellt der Gesamtbetriebsrat einen Wahlvorstand nach § 16 Abs. 1 BetrVG.
Die Erfüllung dieser Aufgabe ist nicht in das Belieben des Gesamtbetriebsrats gestellt, sondern entspricht einer Rechtspflicht. Dies ergibt sich nicht nur aus dem Wortlaut des § 17 Abs. 1 Satz 1 BetrVG (»so bestellt der Gesamtbetriebsrat …), sondern auch aus dem systematischen Zusam-

menhang. Der Gesetzgeber brachte im BetrVG vielfach seinen Willen zum Ausdruck, mitbestimmungsfreie Bereiche zu schließen, wenn die entsprechenden Voraussetzungen vorliegen.

§ 119 Abs. 1 Ziffer 1 BetrVG stellt jede Behinderung der Wahl des Betriebsrats unter Strafe. Dieses scharfe Sanktionsmittel macht ebenfalls deutlich, dass der Gesetzgeber nicht nur die Tätigkeit des Betriebsrats, sondern auch seine Wahl fördern und schützen will. Jede grundsätzliche Verweigerung der erforderlichen Informationen zur Verhinderung der Betriebsratswahl kann eine strafbare Handlung darstellen.

Gemäß § 2 Abs. 1 Wahlordnung 2001 hat der Wahlvorstand einen Anspruch darauf, dass ihm für die Betriebsratswahl eine Liste der Wahlberechtigten ausgehändigt wird. Darauf sind die Wahlberechtigten mit Familienname, Vorname und Geburtsdatum in alphabetischer Reihenfolge und getrennt nach Geschlechtern aufzuführen. Die nicht passiv wahlberechtigten Leiharbeitnehmer sind in der Wählerliste auszuweisen.

Dieser Anspruch auf Information des Wahlvorstands verdrängt nicht den des Gesamtbetriebsrats. Er hat nach eigenem pflichtgemäßem Ermessen das Vorliegen der Voraussetzungen des § 1 Abs. 1 Satz 1 BetrVG zu prüfen. Dazu muss er folgende Informationen über Arbeitnehmer haben:

- Vor- und Nachname
- Adresse
- Geburtsdatum
- Beschäftigungsbeginn
- Nichtwahlberechtigte Leiharbeitnehmer

Zwar hat auch der Wahlvorstand einen Anspruch auf diese Informationen. Er ist jedoch nicht deckungsgleich mit dem des Gesamtbetriebsrats. Er geht teilweise darüber hinaus (z.B. Aufführung getrennt nach Geschlechtern usw.) und besteht im Verlauf des Wahlverfahrens fort. Der Informationsanspruch des Wahlvorstands kann deshalb den des Gesamtbetriebsrats nicht verdrängen.

Ohne eigenen Anspruch müsste der Gesamtbetriebsrat den Wahlvorstand in betriebsratslosen Betrieben quasi »blind« bestellen, ohne zuvor das Vorliegen der Voraussetzungen des § 1 Abs. 1 Satz 1 BetrVG geprüft zu haben. Hierdurch würden nicht nur unnötige Kosten entstehen, sondern auch ein vermeidbarer bürokratischer Aufwand erforderlich werden.

Die Bestimmungen des Bundes- oder des Landesdatenschutzgesetzes sowie der DSGVO stehen der Informationspflicht nicht entgegen. Art. 5 Abs. 1 lit. a der DSGVO verlangt zwar eine Rechtfertigung der Verarbeitung personenbezogener Daten (Rechtmäßigkeitsprinzip). Eine solche folgt aber aus Art. 6 Abs. 1 lit. c der DSGVO wonach die Datenverarbeitung zur Erfüllung rechtlicher Verpflichtungen rechtmäßig ist. Diese Verpflichtung folgt aus § 80 Abs. 2 Satz 1 BetrVG.

Die Mitteilung der erforderlichen Daten an den Gesamtbetriebsrat verstößt auch nicht gegen das Persönlichkeitsrecht der betroffenen Arbeitnehmer. Zwar haben die betroffenen Arbeitnehmer über die Preisgabe und Verwendung grundsätzlich selbst zu bestimmen. Das Recht auf informationelle Selbstbestimmung besteht jedoch nicht schrankenlos. Der Mensch als gemeinschaftsbezogener und gemeinschaftsgebundener Bürger muss im Interesse dieser Gemeinschaft Beschränkungen hinnehmen. Dabei ist im Einzelfall nach dem Verhältnismäßigkeitsgrundsatz abzuwägen, ob das Gemeinschaftsinteresse vor dem Individualinteresse Vorrang haben kann.

Die Mitteilung der Daten gem. § 80 Abs. 2 Satz 1 BetrVG dient dazu, ein »urdemokratisches« Recht, nämlich die Wahl eines Vertretungsorgans zu ermöglichen, um die Interessen der betroffenen Mitarbeiter zu wahren. Dazu sind entsprechende Mitteilungen der persönlichen Daten erforderlich. Was insoweit bei allgemeinen politischen Wahlen im Interesse des Gemeinwesens ohne Verstoß gegen das Persönlichkeitsrecht des Einzelnen möglich ist, kann sich bei Wahlen für einen Betriebsrat nicht als Verstoß gegen das Recht auf informationelle Selbstbestimmung darstellen.

Wir gehen nach allem davon aus, dass Sie uns nunmehr die angeforderten Daten übermitteln und die Betriebsratswahlen nicht weiter behindert werden.

5 Betriebsrat: Beauftragung zur Durchführung von Verhandlungen über Interessenausgleich und Sozialplan

Beauftragung des Gesamtbetriebsrats (§ 50 Abs. 2 BetrVG)

Sozialplan, Interessenausgleich wegen Schließung der Firmenbezeichnung-GmbH
Der Betriebsrat Betrieb der Firmenbezeichnung hat in seiner ordentlichen Sitzung vom Datum folgenden Beschluss gefasst:
Der Betriebsrat der Firmenbezeichnung beauftragt den Gesamtbetriebsrat im Zusammenhang mit der geplanten Schließung des Betriebs Ort der Firmenbezeichnung Verhandlungen über einen Interessenausgleich durchzuführen und einen Sozialplan abzuschließen.
Der Betriebsrat der Firmenbezeichnung behält sich die Entscheidungsfreiheit vor (§ 50 Abs. 2 Satz 2 BetrVG). Dies gilt auch für die Entscheidung darüber, ob die Verhandlungen gescheitert sind, ob die Einigungsstelle angerufen werden soll und wie sie besetzt wird.

6 Betriebsrat: Beauftragung des Gesamtbetriebsrats zur Durchsetzung von Mitbestimmungsrechten

Betriebsrat Betrieb der Firma Firmenbezeichnung, Adresse Ort, Datum
Betriebsratsvorsitzende/r Name

Der Betriebsrat Betrieb beschließt, in Hinblick auf den vom Arbeitgeber angekündigten Personalabbau, die eingeleiteten Anhörungsverfahren, das Bewertungsverfahren usw. seine Mitbestimmungsrechte durchzusetzen.
»Der Betriebsrat beauftragt den Gesamtbetriebsrat gem. § 50 Abs. 2 BetrVG mit der Durchsetzung seiner Mitbestimmungsrechte. Dieser Auftrag umfasst auch die Einleitung dazu erforderlicher Arbeitsgerichtsverfahren (Bestellungsverfahren, Unterlassungsverfügung usw.).
Die endgültige Entscheidung behalten wir uns gem. § 50 Abs. 2 Nr. 2 BetrVG vor.
Abstimmungsergebnis: Von den 11 Mitgliedern des Betriebsrats stimmten alle mit »Ja«. Damit ist der Antrag angenommen.«
Beschluss des Gesamtbetriebsrats über Scheitern der Verhandlungen, Einleitung von Arbeitsgerichtsverfahren und Besetzen der Einigungsstelle
Der GBR seinerseits fasst dann folgende Beschlüsse zur Einleitung der Verfahren:
»Der Gesamtbetriebsrat stellt fest, dass die Gespräche über das Vorliegen einer Betriebsänderung gescheitert sind. Er ruft gem. § 111 BetrVG die Einigungsstelle an. Zur Sicherung seiner Mitbestimmungsrechte soll der Erlass einer einstweiligen Verfügung beantragt werden. Als Prozessbevollmächtigte/r wird RA Name in Ort beauftragt. Der/die GBR-Vorsitzende wird bevollmächtigt, alle weiteren notwendigen Schritte einzuleiten. Die Einigungsstelle soll seitens des Betriebsrats mit vier Beisitzern besetzt werden. Als Vorsitzende/r der Einigungsstelle soll Frau/Herr Name, Vizepräsident/in des Arbeitsgerichts Ort benannt werden.
Abstimmungsergebnis: Der Antrag wurde ohne Gegenstimmen und Enthaltungen angenommen.«

Betriebsrat: Übertragung von Aufgaben an den Gesamtbetriebsrat 7

Betriebsrat Betrieb der Firma Firmenbezeichnung, Adresse Ort, Datum
Betriebsratsvorsitzende/r Name

An den Gesamtbetriebsrat
der Firmenbezeichnung
Adresse

Aufgaben-Übertragung

Liebe Kolleginnen und Kollegen,
die Geschäftsleitung hat uns vorgeschlagen, eine Betriebsvereinbarung über Datenverarbeitung abzuschließen.
Unser Betriebsrat hat am Datum beschlossen, den Gesamtbetriebsrat gem. § 50 Abs. 2 BetrVG mit der Verhandlung über den Abschluss dieser Betriebsvereinbarung zu beauftragen.
Die endgültige Entscheidung über den Abschluss behalten wir uns gem. § 50 Abs. 2 Nr. 2 BetrVG vor.

Gesamtbetriebsrat: Beschluss zur Einleitung des Statusverfahrens gemäß § 98 AktG 8

Vorbemerkung

Der Gesamtbetriebsrat ist kraft Gesetzes auch zur Einleitung des Statusverfahrens zur Klärung der ordnungsgemäßen Zusammensetzung des Aufsichtsrats zuständig (vgl. DKW-*Deinert*, § 50 Rn. 70). Die ordnungsgemäße Zusammensetzung kann streitig werden, wenn keine Einigkeit über die Voraussetzungen der Bildung eines mitbestimmten Aufsichtsrats besteht.
Dies kann hinsichtlich des Quorums der Zahl der 2000 Beschäftigten der Fall sein. Denkbar ist auch ein Streit über das Vorliegen der Voraussetzungen eines Konzerns gem. §§ 17, 18 AktG i. V. m. § 5 Abs. 1 MitbestG.
Diese Auseinandersetzung könnte auch den Fortbestand eines gebildeten Konzernbetriebsrats in Frage stellen oder seine Errichtung verhindern (vgl. auch § 54 BetrVG zu den Anträgen auf Eröffnung eines Beschlussverfahrens zum Fortbestand des Konzernbetriebsrats).

Gesamtbetriebsrat
der Firmenbezeichnung
Adresse

Beschluss

Nach Auffassung des Gesamtbetriebsrats (Betriebsrats) ist der bei der Firma Firmenbezeichnung gebildete Aufsichtsrat gem. § 96 Abs. 1 AktG ordnungsgemäß zusammengesetzt.
Da die Geschäftsführung dieser Gesellschaft nach ihrer Bekanntmachung vom Datum anderer Meinung ist, will der Gesamtbetriebsrat (Betriebsrat) die Zusammensetzung des Aufsichtsrats nach dem Gesetz über die Mitbestimmung der Arbeitnehmer vom 4. Mai 1976 (Mitbestimmungsgesetz 1976) sicherstellen. Dazu wird die gerichtliche Entscheidung über die Zusammensetzung des Aufsichtsrats gem. §§ 98f. AktG beantragt.
Mit der Einleitung und Durchführung dieses Verfahrens wird
Rechtsanwalt/Rechtsanwältin Name, Adresse
beauftragt.

9 **Einleitung eines Statusverfahrens**

An das
Landgericht
Bezeichnung
Adresse

Antrag auf gerichtliche Entscheidung über die Zusammensetzung des Aufsichtsrats gemäß §§ 98f. AktG

In dem Rechtsstreit
des Gesamtbetriebsrats der Firmenbezeichnung, vertreten durch den Gesamtbetriebsvorsitzenden (Name, Adresse)

– Antragsteller –

Verfahrensbevollmächtigte: Name, Adresse
gegen
die Firmenbezeichnung, vertreten durch die Geschäftsführer/den Vorstand (Name, Adresse),

– Antragsgegnerin –

wegen Bildung eines Aufsichtsrats nach dem Mitbestimmungsgesetz 1976
leiten wir namens und im Auftrag des Antragstellers, dessen ordnungsgemäße Bevollmächtigung anwaltlich versichert wird, das Verfahren auf gerichtliche Entscheidung über die Zusammensetzung des Aufsichtsrats gemäß §§ 98f. AktG ein.
In dem Verfahren stellen wir folgenden Antrag:
Es wird festgestellt, dass bei der Antragsgegnerin ein Aufsichtsrat nach den Vorschriften des MitbestG zu bilden ist.

Begründung:
I.
1. Die Zuständigkeit des Gerichts ergibt sich aus der KonzentrationsVO Gesellschaftsrecht des Landes NRW.
2. Die Antragsbefugnis ergibt sich aus § 98 Abs. 2 Nr. 4 AktG.

II.
Bei der Antragsgegnerin besteht ein Aufsichtsrat nach dem Gesetz über die Mitbestimmung der Arbeitnehmer (Mitbestimmungsgesetz 1976).
III.
Die Geschäftsführung der Antragsgegnerin hat im elektronischen Bundesanzeiger vom Datum gemäß § 97 AktG bekannt gemacht, dass ihrer Ansicht nach der Aufsichtsrat nicht nach den für ihn maßgeblichen Vorschriften zusammengesetzt ist.
IV.
Weiterer Sach- und Rechtsvortrag erfolgen nach der Stellungnahme der Antragsgegnerin.

10 **Zusammensetzung des Aufsichtsrats nach §§ 98ff. AktG**

An das
Landgericht
Bezeichnung
Adresse

Antrag auf gerichtliche Entscheidung über die Zusammensetzung des Aufsichtsrats gemäß §§ 98ff. AktG

In dem Rechtsstreit

1. Gesamtbetriebsrat Firmenbezeichnung,
vertreten durch die/den Betriebsratsvorsitzende/n Name, Adresse,

– Antragsteller –

gegen

2. Firmenbezeichnung,
vertreten durch den Vorstand/die Gechäftsführung, Name, Adresse,

– Antragsgegnerin –

wegen **Bildung eines Aufsichtsrats nach dem Gesetz über die Drittelbeteiligung der Arbeitnehmer im Aufsichtsrat vom 18. 5. 2004**
leiten wir namens und im Auftrag des Antragstellers, dessen ordnungsgemäße Bevollmächtigung anwaltlich versichert wird, das Verfahren auf gerichtliche Entscheidung über die Zusammensetzung des Aufsichtsrats gemäß §§ 98f. AktG ein.
In dem Verfahren stellen wir folgenden Antrag:
Es wird festgestellt, dass bei der Antragsgegnerin ein Aufsichtsrat nach den Vorschriften des Gesetzes über die Drittelbeteiligung der Arbeitnehmer im Aufsichtsrat vom 18. 5. 2004 (BGBl. I S. 974) zu bilden ist.

Begründung:

I. Antragsbefugnis
Die Antragsbefugnis des antragstellenden Betriebsrats ergibt sich aus § 98 Abs. 2 Satz 1 Ziff. 4 AktG.

II. Sachverhalt

1. Konzernstruktur
(…)

2. Organigramm
(…)

3. Fragestellung
Es stellt sich mithin seit einiger Zeit die Frage, ob bei der Antragsgegnerin ein drittelparitätisch besetzter Aufsichtsrat zu bilden ist. Zwischen antragstellendem Gesamtbetriebsrat und Vorstand der Antragsgegnerin bestehen insoweit unterschiedliche Auffassungen.
Der antragstellende Gesamtbetriebsrat will diese Frage, die eindeutig zu bejahen ist, deshalb nunmehr gerichtlich klären lassen.

III. Rechtliche Würdigung
Nach dem zugrundeliegenden Sachverhalt ist die Antragsgegnerin verpflichtet, einen nach dem DrittelbG zusammengesetzten Aufsichtsrat zu bilden.
Die Pflicht zur Bildung eines nach dem DrittelbG zusammengesetzten Aufsichtsrats ergibt sich aus Rechtsnorm.
(…)

Unterschrift

2. Musterformulierung

11 **Rückübertragung der Mitbestimmung in Gesamtbetriebsvereinbarung**

Vorbemerkung

Nach dem Grundsatz der Zuständigkeitstrennung kann ein Mitbestimmungsrecht von einer Interessenvertretung immer nur vollständig und einheitlich wahrgenommen werden. Eine Delegation durch den Gesamtbetriebsrat an den Betriebsrat kommt (anders als umgekehrt: § 50 Abs. 2 BetrVG) daher nicht in Betracht. Von daher sind auch Rahmen-Gesamtbetriebsvereinbarungen, die keine vollständige Detailregelung enthalten, nicht zulässig. Diese Ansicht ist zu kritisieren (vgl. DKW-*Deinert*, § 50 Rn. 15 ff.). Allerdings muss eine rechtssichere Gestaltung von ihr ausgehen. In der Literatur wurden jedoch Alternativen aufgezeigt, damit das Ziel einer kooperativen Mitbestimmung durch Rahmenvorgaben im Wege der Gesamtbetriebsvereinbarung und Konkretisierungen auf betrieblicher Ebene zumindest der Sache nach erreicht werden kann (*Däubler*, DB 2017, 667 ff.). Auf dieser Basis wird nachfolgend eine Möglichkeit der Gestaltung vorgestellt.

Gesamtbetriebsvereinbarung
zwischen der Geschäftsführung/dem Vorstand der Firmenbezeichnung
und dem Gesamtbetriebsrat (GBR) der Firmenbezeichnung
Schichtplanungen in der Firmenbezeichnung

1. Geltungsbereich

Die Betriebsvereinbarung gilt für alle Beschäftigten der Firmenbezeichnung.
(…).

2. Regelungen

Es folgt die Regelung eines Rahmenschichtplans.

3. Entscheidungen über den Einsatz der Arbeitnehmer bei der Schichtplanung

(1) Die Betriebsparteien sind sich einig, dass die Zuordnung der Arbeitnehmer zu den Schichten grundsätzlich mitbestimmungspflichtig gemäß § 87 Abs. 1 Nr. 2 BetrVG ist.
(2) Diese Zuordnung erfolgt aufgrund freiwilliger Regelungen mit den Betriebsräten der Einzelbetriebe. Sollte Einvernehmen nicht herzustellen sein, wird das Mitbestimmungsrecht durch den Gesamtbetriebsrat ausgeübt.
(3) Der Gesamtbetriebsrat ist im Falle der Ausübung des Mitbestimmungsrechts nach Abs. 2 berechtigt, Mitglieder des jeweiligen örtlichen Betriebsrats zur Unterstützung heranzuziehen. Die dadurch aufgewendete Zeit der Betriebsratsmitglieder ist erforderliche Tätigkeit im Sinne des § 37 Abs. 2 BetrVG.

4. Inkrafttreten

Diese Gesamtbetriebsvereinbarung gilt ab Datum.
Sie hat im Falle ihrer Kündigung Nachwirkung.

Unterschriften

3. Checkliste

12 **Ablauf des Statusverfahrens**

1. Bekanntmachungsverfahren (§ 97 AktG)

a. Pflicht zur Statusmitteilung

Ist das Geschäftsleitungsorgan der Ansicht, dass der Aufsichtsrat nicht nach den maßgeblichen gesetzlichen Vorschriften zusammengesetzt ist, so ist es nach § 97 Abs. 1 AktG verpflichtet, diese Ansicht in den Gesellschaftsblättern, insbesondere im Bundesanzeiger, sowie gleichzeitig durch

Aushang in sämtlichen Betrieben der Gesellschaft und ihrer Konzernunternehmen bekannt zu machen (sog. Statusmitteilung).

b. Inhalt der Statusmitteilung

Der Bekanntmachungstext muss mindestens die folgenden Angaben enthalten:

- Feststellung, dass nach der Auffassung des Geschäftsleitungsorgans ein nach den maßgeblichen gesetzlichen Vorschriften zusammengesetzter Aufsichtsrat nicht gebildet ist,
- Angaben der Vorschriften, nach denen nunmehr ein Aufsichtsrat zu bilden ist (§§ 95ff. AktG) sowie
- Ankündigung, dass der Aufsichtsrat nach diesen Vorschriften zusammengesetzt wird, wenn das nach § 98 Abs. 1 AktG zuständige Landgericht nicht innerhalb eines Monats nach Bekanntmachung im Bundesanzeiger von den nach § 98 Abs. 2 AktG genannten Antragsberechtigten angerufen wird. Eine Antragsberechtigung nach § 98 Abs. 2 AktG haben u. a. der Vorstand, jedes Aufsichtsratsmitglied, jede/r Aktionär/in sowie der Gesamtbetriebsrat oder, wenn nur ein Betriebsrat in der Gesellschaft besteht, der Betriebsrat.

c. Zeitpunkt der Statusmitteilung

Die Bekanntmachung hat unverzüglich, das heißt ohne schuldhaftes Zögern, zu erfolgen. Das Geschäftsleitungsorgan soll allerdings die Möglichkeit haben, die Rechtslage eingehend zu prüfen.

2. Gerichtliches Entscheidungsverfahren (§§ 98f. AktG)

Die in § 98 Abs. 2 AktG genannten Antragsberechtigten haben die Möglichkeit, gegen die Bekanntmachung (Statusmitteilung) das zuständige Landgericht anzurufen. Die Kosten des Verfahrens tragen die betreffenden Unternehmen.

Ruft kein Antragsberechtigter innerhalb eines Monats nach Bekanntmachung im Bundesanzeiger das zuständige Gericht an, so ist der Aufsichtsrat nach den in der Bekanntmachung des Geschäftsleitungsorgans angegebenen Vorschriften der §§ 95ff. AktG zusammenzusetzen (§ 97 Abs. 2 Satz 1 AktG).

Wird das zuständige Gericht angerufen, so ist in einem gerichtlichen Verfahren zu klären, ob der Aufsichtsrat der Mitbestimmung unterliegt und nach welchen Vorschriften er zusammengesetzt werden muss. Die Entscheidung des Landgerichts kann nach § 99 Abs. 3 AktG mit der Beschwerde vor dem zuständigen Oberlandesgericht angegriffen werden.

3. Ein gerichtlicher Antrag ist allerdings nicht von der Einleitung des Statusverfahrens durch Bekanntmachung nach § 97 Abs. 1 AktG abhängig. Ist also z. B. der Gesamtbetriebsrat der Gesellschaft der Auffassung, dass bei dieser ein mitbestimmter Aufsichtsrat nach dem MitbestG oder DrittelbG zu bilden ist, kann er ohne Bekanntmachung und ohne Beachtung einer Frist das gerichtliche Entscheidungsverfahren einleiten, um einen mitbestimmten Aufsichtsrat durchzusetzen.

§ 51 Geschäftsführung

(1) Für den Gesamtbetriebsrat gelten § 25 Abs. 1, die §§ 26, 27 Abs. 2 und 3, § 28 Abs. 1 Satz 1 und 3, Abs. 2, die §§ 30, 31, 34, 35, 36, 37 Abs. 1 bis 3 sowie die §§ 40 und 41 entsprechend. § 27 Abs. 1 gilt entsprechend mit der Maßgabe, dass der Gesamtbetriebsausschuss aus dem Vorsitzenden des Gesamtbetriebsrats, dessen Stellvertreter und bei Gesamtbetriebsräten mit

9 bis 16 Mitgliedern aus 3 weiteren Ausschussmitgliedern,
17 bis 24 Mitgliedern aus 5 weiteren Ausschussmitgliedern,
25 bis 36 Mitgliedern aus 7 weiteren Ausschussmitgliedern,
mehr als 36 Mitgliedern aus 9 weiteren Ausschussmitgliedern
besteht.

(2) Ist ein Gesamtbetriebsrat zu errichten, so hat der Betriebsrat der Hauptverwaltung des Unternehmens oder, soweit ein solcher Betriebsrat nicht besteht, der Betriebsrat des nach der Zahl der wahlberechtigten Arbeitnehmer größten Betriebs zu der Wahl des Vorsitzenden und des stellvertretenden Vorsitzenden des Gesamtbetriebsrats einzuladen. Der Vorsitzende des einladenden Betriebsrats hat die Sitzung zu leiten, bis

der Gesamtbetriebsrat aus seiner Mitte einen Wahlleiter bestellt hat. § 29 Abs. 2 bis 4 gilt entsprechend.

(3) Die Beschlüsse des Gesamtbetriebsrats werden, soweit nichts anderes bestimmt ist, mit Mehrheit der Stimmen der anwesenden Mitglieder gefasst. Mitglieder des Gesamtbetriebsrats, die mittels Video- und Telefonkonferenz an der Beschlussfassung teilnehmen, gelten als anwesend. Bei Stimmengleichheit ist ein Antrag abgelehnt. Der Gesamtbetriebsrat ist nur beschlussfähig, wenn mindestens die Hälfte seiner Mitglieder an der Beschlussfassung teilnimmt und die Teilnehmenden mindestens die Hälfte aller Stimmen vertreten; Stellvertretung durch Ersatzmitglieder ist zulässig. § 33 Abs. 3 gilt entsprechend.

(4) Auf die Beschlussfassung des Gesamtbetriebsausschusses und weitere Ausschüsse des Gesamtbetriebsrats ist § 33 Abs. 1 und 2 anzuwenden.

(5) Die Vorschriften über die Rechte und Pflichten des Betriebsrats gelten entsprechend für den Gesamtbetriebsrat, soweit dieses Gesetz keine besonderen Vorschriften enthält.

Inhaltsübersicht Rn.

I. Einleitung

1 Die Geschäftsführung des Gesamtbetriebsrats umfasst die innere Organisation seiner Arbeit und seine Vertretung nach außen gegenüber dem Arbeitgeber und den übrigen Organen der Betriebsverfassung. Die unter § 51 Abs. 2 BetrVG geregelte Einladung zur konstituierenden Sitzung durch den Betriebsrat des größten Betriebs wird aufgrund der Sachnähe mit der Entsendung von Mitgliedern in den Gesamtbetriebsrat unter § 47 Abs. 2 und 3 BetrVG behandelt (§ 47 Rn. 5ff.).

II. Arbeitshilfen

1. Checkliste

2 **Geschäftsführung: Katalog von Organisations- und Tätigkeitsfeldern**

- Organisation und Geschäftsführung des Gesamtbetriebsrats
- Vorsitzende/r
- Ersatzmitglied
- Ausschüsse
- Sitzungen
- Teilnahmerecht von Gewerkschaftsbeauftragten
- Aussetzung von Beschlüssen
- Arbeitsbefreiung
- Sprechstunden
- Kosten
- Zugangsrecht
- Sachmittel
- Arbeitsgemeinschaften

(Vergleiche DKW-*Deinert*, § 51 Rn. 48ff.).

2. Musterregelung

Geschäftsordnung des Gesamtbetriebsrats 3

Der Gesamtbetriebsrat der Firmenbezeichnung gibt sich gemäß § 51 i.V.m. § 36 BetrVG folgende **Geschäftsordnung**

1. Zweck der Geschäftsordnung

Die Geschäftsordnung regelt die innere Ordnung des Gesamtbetriebsrats. Sie legt Verfahrensweisen, Vorgehensweisen, Zuständigkeiten und Aufgaben des Gesamtbetriebsrats und seiner Ausschüsse im Rahmen der §§ 25 bis 53 BetrVG fest.

2. Aufgaben des Gesamtbetriebsratsvorsitzenden

Die/der Gesamtbetriebsratsvorsitzende übernimmt die im Gesetz vorgeschriebenen Aufgaben. Insbesondere vertritt sie/er den Gesamtbetriebsrat im Rahmen der gefassten Beschlüsse gegenüber dem Arbeitgeber, Institutionen und Organisationen. Sie/er ist berechtigt zur Entgegennahme von Erklärungen, die an den Gesamtbetriebsrat gerichtet sind.
Im Falle ihrer/seiner Verhinderung ist dazu sein/e Stellvertreter/in berechtigt.
Einzelne Mitglieder des Gesamtbetriebsrats sind nicht berechtigt, dem Arbeitgeber oder anderen gegenüber verbindliche Erklärungen abzugeben oder anzunehmen, es sei denn, sie werden vom Gesamtbetriebsrat (oder Gesamtbetriebsausschuss) dazu ausdrücklich ermächtigt.

3. Arbeitsplanung des Gesamtbetriebsrats

In einer wenigstens ganztägigen Klausurtagung erstellt der Gesamtbetriebsrat einmal im Jahr eine detaillierte Arbeitsplanung. Sie wird den zum Unternehmen gehörenden Betriebsräten in geeigneter Weise bekannt gemacht.
Es wird ein Terminplan für alle anfallenden ordentlichen Sitzungen des Gesamtbetriebsrats und des Gesamtbetriebsausschusses, ggf. der anderen Ausschüsse und Kommissionen erstellt. Der Terminplan soll einen Zeitraum von zwölf Monaten umfassen.
Die Freistellung für die Gesamtbetriebsratsarbeit erfolgt nach § 37 Abs. 2 BetrVG. Freistellungen nach § 38 BetrVG werden nicht mit Tätigkeiten im Gesamtbetriebsrat verrechnet.

4. Der Gesamtbetriebsausschuss

Zur Führung der laufenden Geschäfte bildet der Gesamtbetriebsrat einen Gesamtbetriebsausschuss gemäß § 51 i.V.m. § 27 BetrVG. Er besteht aus dem/der Vorsitzenden des Gesamtbetriebsrats, der/m Stellvertreter/in und weiteren Ausschussmitgliedern gemäß § 51 Abs. 1 BetrVG.
Die Ausschussmitglieder werden nach den gesetzlichen Bestimmungen gewählt (§ 27 Abs. 1 Satz 2 BetrVG). Bei der Wahl sollen die einzelnen zum Unternehmen gehörenden Betriebe, Niederlassungen, Service- und Geschäftsstellen und insbesondere das Geschlecht, das sich in der Minderheit im Unternehmen befindet, berücksichtigt werden.
Ein Mitglied des Gesamtbetriebsausschusses ist zum/r Schriftführer/in zu wählen. Er/sie ist gleichzeitig Schriftführer/in des Gesamtbetriebsrats.
Zu den laufenden Geschäften gehören u.a.:

- Vorbereitung von Gesamtbetriebsratssitzungen
- Vorbereitung der Betriebsräteversammlung
- Vorbereitung von Beschlüssen des Gesamtbetriebsrats
- Vorbereitung von Gesamtbetriebsvereinbarungen

Der Gesamtbetriebsrat kann dem Gesamtbetriebsausschuss mit der Mehrheit der Stimmen seiner Mitglieder Aufgaben zur selbstständigen Erledigung übertragen. Dies gilt nicht für den Abschluss von Gesamtbetriebsvereinbarungen. Die Übertragung von Aufgaben bedarf der Schriftform. Die Übertragung der Aufgaben kann zu jeder Zeit mit der Mehrheit der Stimmen der Gesamtbetriebsratsmitglieder zurückgenommen werden.
Der Gesamtbetriebsausschuss kann sich eine eigene Geschäftsordnung geben. Geschieht dies nicht, gilt für die Arbeit des Gesamtbetriebsausschusses diese Geschäftsordnung entsprechend.

An den Sitzungen des Gesamtbetriebsausschusses kann ein/e Vertreter/in der Bezeichnung-Gewerkschaft mit beratender Stimme teilnehmen. Er/sie kann bei den Abstimmungen anwesend sein und erhält die vollständige Niederschrift der Sitzung.

5. Wirtschaftsausschuss

Der gemäß § 106 BetrVG zu bildende Wirtschaftsausschuss wird mit Mitgliedern besetzt, die vom Gesamtbetriebsrat gewählt werden. Weiterhin werden Ersatzmitglieder gewählt, die gemäß § 25 BetrVG analog bei Verhinderung von Ausschussmitgliedern nachrücken.
Dem Wirtschaftsausschuss müssen mindestens Gesamtbetriebsratsmitglieder angehören. Darüber hinaus können ein Mitglied aus dem Kreis der leitenden Angestellten und weitere Mitglieder aus dem Kreis der Beschäftigten des Betriebs sein.
Der Wirtschaftsausschuss kann sich eine eigene Geschäftsordnung geben. Geschieht dies nicht, gilt für die Arbeit des Wirtschaftsausschusses diese Geschäftsordnung entsprechend.
Der Vorsitzende des Wirtschaftsausschusses informiert den Gesamtbetriebsrat unverzüglich aus dem Wirtschaftsausschuss.

6. Weitere Ausschüsse

Um eine wirksame Arbeit zu gewährleisten, bildet der Gesamtbetriebsrat für besondere Sachaufgaben gemäß § 28 BetrVG Ausschüsse. Auf Beschluss des Gesamtbetriebsrats (Mehrheitsbeschluss) können den Ausschüssen Aufgaben zur selbstständigen Erledigung übertragen werden. Der jeweilige Übertragungsbeschluss hat schriftlich zu erfolgen und ist der jeweiligen Sitzungsniederschrift beizufügen.
Der Gesamtbetriebsrat bildet zur Erledigung besonderer Aufgaben zurzeit folgende Ausschüsse:

- Antidiskriminierungs-/Mobbingausschuss
- Arbeitszeitausschuss
- Ausschuss für Weiterbildung und Qualifizierung im Unternehmen
- Frauenförderungsausschuss
- Ausschuss für Umweltfragen und Arbeitsschutz
- EDV-, Internet-/Intranet- und KI-Ausschuss
- (…)

Die Größe der weiteren Ausschüsse wird durch Beschluss des Gesamtbetriebsrats festgelegt und orientiert sich an dem Umfang der zu erwartenden anfallenden Aufgaben. Die Wahl der Ausschussmitglieder richtet sich nach den gesetzlichen Bestimmungen (§ 28 Abs. 1 Satz 1 und 3 i.V.m. § 27 Abs. 1 Satz 3 bis 5 BetrVG).
Jederzeit können zur Mitarbeit in den Ausschüssen sachkundige Arbeitnehmerinnen und Arbeitnehmer, die nicht Mitglied des Betriebsrats sind, sowie Beauftragte der Gewerkschaft Bezeichnung hinzugezogen werden. Sie haben beratende Stimme.
Werden in den Ausschüssen Themen behandelt, die insbesondere Auszubildende, jugendliche oder schwerbehinderte Arbeitnehmer-/innen betreffen, sind die Mitglieder der JAV bzw. der Schwerbehindertenvertretung hinzuzuziehen.
Zur Erledigung zeitlich befristeter Aufgaben kann der Gesamtbetriebsrat weitere Ausschüsse nach §§ 51, 28 BetrVG bilden. Die Größe der jeweiligen Ausschüsse wird durch Beschluss des Gesamtbetriebsrats festgelegt und orientiert sich an dem Umfang der zu erwartenden anfallenden Aufgaben. Die Wahl der Ausschussmitglieder richtet sich nach den gesetzlichen Bestimmungen (§ 51 und § 28 Abs. 1 Satz 1 und 3 i.V.m. § 27 Abs. 1 Satz 3 bis 5 BetrVG).
An den Sitzungen der weiteren Ausschüsse kann ein/e Vertreter/in der Gewerkschaft Bezeichnung teilnehmen.

7. Beauftragung einzelner Gesamtbetriebsratsmitglieder

Der Gesamtbetriebsrat kann einzelne Mitglieder des Gesamtbetriebsrats mit besonderen Sachaufgaben beauftragen. Diese können für die Erledigung dieser besonderen Sachaufgaben andere Gesamtbetriebsratsmitglieder oder Sachverständige/betriebliche Sachverständige hinzuziehen.

8. Gesamtbetriebsratssitzungen

Die Sitzungen des Gesamtbetriebsrats werden von der/m Vorsitzenden oder bei deren/dessen Verhinderung von der Stellvertretung geleitet. Sind beide verhindert, so nimmt diese Aufgabe ein vom Gesamtbetriebsrat zu benennendes Mitglied des Gesamtbetriebsrats oder in Ermangelung einer solchen Benennung nach der Reihe des Dienstalters ein Mitglied des Gesamtbetriebsausschusses wahr.
Der/die Vorsitzende der Gesamt-Jugend- und Auszubildendenvertretung und die Gesamtschwerbehindertenvertretung (§ 180 Abs. 1 SGB IX) können an allen Sitzungen des Gesamtbetriebsrats beratend teilnehmen.
An den Sitzungen des Gesamtbetriebsrats nimmt ein Vertreter der Gewerkschaft Bezeichnung mit beratender Stimme teil. Er kann bei den Abstimmungen anwesend sein und erhält die vollständige Niederschrift der Sitzung.
Die/Der Vorsitzende kann zu jeder Zeit, wenn sie/er es für erforderlich hält, zu einer zusätzlichen außerordentlichen Gesamtbetriebsratssitzung einladen.
Sie/Er muss dies tun, wenn

- ein Viertel der Gesamtbetriebsratsmitglieder oder
- der Arbeitgeber

dies unter Angabe des Beratungsgegenstandes beantragen. Der Beratungsgegenstand ist auf die Tagesordnung dieser Sondersitzung durch die/den Vorsitzende/n zu setzen (§ 29 Abs. 3 BetrVG).
Die Gesamtbetriebsratssitzungen finden wenigstens sechsmal im Jahr sowie bei Bedarf statt.
Sitzungen finden regelmäßig in Präsenz statt. Eine Teilnahme mittels Video- und Telefonkonferenztechnik ist nur zulässig, wenn die Teilnahme an einer Präsenzsitzung aus dringenden und unvorhergesehenen persönlichen Gründen nicht möglich ist. Entsprechende persönliche Gründe liegen vor, wenn die Teilnahme an der Sitzung grundsätzlich möglich ist, aber die Anreise zur oder Teilnahme an der Sitzung aus einem in der Sphäre des Betriebsratsmitglieds liegenden unvorhergesehenen Grund nicht möglich oder unzumutbar ist. Krankheit ist kein persönlicher Grund, der einer Präsenzsitzung entgegensteht, sondern ein Verhinderungsfall. Dasselbe gilt für andere Gründe, die auch sonst der Erbringung der Arbeitsleistung entgegenstünden, etwa Urlaub. Regelmäßige Tätigkeit im Homeoffice steht der Teilnahme an Präsenzsitzungen für sich nicht entgegen. Die Vorsitzende prüft das Vorliegen dringender und unvorhergesehener persönlicher Gründe.
Dringende betriebliche Gründe, etwa arbeitstechnische Unabkömmlichkeit am Dienstort, rechtfertigen ebenso wenig die Teilnahme mittels Video- oder Telefonkonferenz wie die Entstehung von Reisekosten.
Aus dringenden Gründen kann auch die Teilnahme mittels Video- und Telefonkonferenztechnik freigestellt oder eine Sitzung insgesamt als Video- und Telefonkonferenz durchgeführt werden. Eine diesbezügliche Anordnung durch den Arbeitgeber scheidet aus. Ein dringender Grund kann insbesondere aus der Eilbedürftigkeit einer Sitzung folgen. Die Entscheidung über die Möglichkeit der Teilnahme oder die Durchführung der Sitzung insgesamt als Video- und Telefonkonferenz trifft die/der Vorsitzende und setzt zugleich eine Frist für etwaige Widersprüche. Die Sitzung als Video- und Telefonkonferenz scheidet aus, wenn Mitglieder des Gesamtbetriebsrats mit mindestens einem Viertel der gewichteten Stimmen fristgerecht widersprechen. Im Übrigen muss auf eine ganz oder teilweise als Video-/Telefonkonferenz durchgeführte Sitzung eine ausschließlich in Präsenz stattfindende Sitzung folgen.
Mitglieder des Gesamtbetriebsrats, die mittels Video- und Telefonkonferenztechnik an Sitzungen des Gesamtbetriebsrats teilnehmen, gelten als in der Sitzung anwesend. Die betreffenden Mitglieder bestätigen ihre Teilnahme gegenüber der/dem Vorsitzenden in Textform, zum Beispiel per E-Mail, was der Sitzungsniederschrift beizufügen ist. Die Mitglieder stellen sicher, dass Dritte keine Kenntnis vom Inhalt der Sitzung nehmen können. Aufzeichnungen von der Sitzung sind verboten. Die Teilnahme in Präsenz trotz Möglichkeit der Zuschaltung durch Video- und Telefonkonferenztechnik gilt als erforderlich i. S. d. §§ 37, 40 BetrVG.
Die Sitzungsleitung erteilt das Wort in der Reihe der Wortmeldungen. Spricht eine Rednerin/ein Redner nicht zur Sache, kann das Wort entzogen werden.

Der/die Arbeitgeber/in nimmt an den Sitzungen teil, die er beantragt hat und/oder zu denen er eingeladen wird.
Nimmt der/die Arbeitgeber/in oder dessen/deren Vertreter/in an der Gesamtbetriebsratssitzung teil, kann er/sie zu Beratung eine/n Vertreter/in der Arbeitgebervereinigung hinzuziehen. Der/die Arbeitgeber/in oder deren/dessen Vertreter/in und der/die Vertreter/in der Arbeitgebervereinigung dürfen bei Beratungen und Abstimmungen des Gesamtbetriebsrats nicht zugegen sein.
Zu Beginn der Sitzung wird eine Anwesenheitsliste geführt und die Beschlussfähigkeit festgestellt.
Änderungen und Ergänzungen der Tagesordnung können nur mit einstimmigem Beschluss des Gesamtbetriebsrats, bei vollständiger Anwesenheit aller Gesamtbetriebsratsmitglieder, vorgenommen werden.

9. Einladung zur Gesamtbetriebsratssitzung

Die Einberufung der Sitzung erfolgt durch die/den Vorsitzende/en oder im Falle ihrer/seiner Verhinderung durch den/die Stellvertreter/in.
Die Einladung erfolgt schriftlich unter Angabe der Tagesordnung und, wenn erforderlich, unter Beilage der notwendigen Unterlagen.
Die Einladung soll den Teilnahmeberechtigten spätestens   Arbeitstage vor der Sitzung zugestellt werden.
Zu außerordentlichen Gesamtbetriebsratssitzungen ist eine kurzfristige Einladung zulässig.
Jedes Gesamtbetriebsratsmitglied, jedes eingeladene Ersatzmitglied, der/die Gesamt-Jugend- und Auszubildendenvertretung-Vorsitzende bzw. die Gesamtschwerbehindertenvertretung informieren den Gesamtbetriebsratsvorsitzenden unverzüglich unter Angabe der Gründe, wenn sie an einer Sitzung nicht teilnehmen können.
Längerfristig bekannte Verhinderungsgründe, wie z. B. Urlaub, Kur oder Bildungsveranstaltungen sind so früh wie möglich mitzuteilen.
Die/die Gesamtbetriebsratsvorsitzende oder im Falle ihrer/seiner Verhinderung der/die Stellvertreter/in hat bei Verhinderung einzelner Mitglieder sofort das ihr/ihm benannte Ersatzmitglied einzuladen.

10. Beschlussfassung des Gesamtbetriebsrats

Beschlüsse des Gesamtbetriebsrats können nur in ordnungsgemäß einberufenen Sitzungen gefasst werden. Beschlüsse im so genannten Umlaufverfahren sind unzulässig.
Beschlüsse können nur über Themen gefasst werden, die in der Tagesordnung als Tagesordnungspunkte enthalten sind.
Es ist nicht zulässig, so genannte Initiativanträge unter Punkt »Verschiedenes« zu behandeln.
Die Beschlüsse erfolgen mit einfacher Stimmenmehrheit, es sei denn, das Gesetz schreibt etwas anderes vor: Übertragung von Aufgaben zur selbständigen Erledigung auf Ausschüsse (§ 51 i. V. m. § 27 Abs. 2 BetrVG; § 28 BetrVG), Beschlussfassung über die Geschäftsordnung (§ 51 i. V. m. § 36 BetrVG), Übertragung von Aufgaben an den KBR (§ 58 Abs. 2 BetrVG), Übertragung von Aufgaben des Wirtschaftsausschusses auf einen anderen Ausschuss des Gesamtbetriebsrats (§ 107 Abs. 3 BetrVG).
Die Stimmgewichtung der einzelnen Mitglieder des Gesamtbetriebsrats richtet sich nach den gesetzlichen Grundlagen (§ 47 Abs. 7, 8 und 9 BetrVG). Danach hat jedes Mitglied des Gesamtbetriebsrats so viele Stimmen, wie in dem Betrieb, in dem es gewählt wurde, wahlberechtigte Arbeitnehmer und Arbeitnehmerinnen in die Wählerliste bei der letzten Betriebsratswahl (Stichtag: Wahltag) eingetragen waren. Entsenden einzelne Betriebsräte mehrere Mitglieder, so stehen ihnen die Stimmen anteilig zu.
Der Gesamtbetriebsrat ist nur beschlussfähig, wenn mindestens die Hälfte seiner Mitglieder an der Beschlussfassung teilnimmt und sie mindestens die Hälfte aller Stimmen vertreten.
Die Stimmabgabe erfolgt grundsätzlich durch Handheben, es sei denn, ein Mitglied des Gesamtbetriebsrats verlangt geheime Abstimmung. Im Falle der Teilnahme per Video- oder Telefonkon-

ferenz ist die Abstimmung in diesem Falle zu vertagen und in einer erneuten Sitzung, die ausschließlich in Präsenz stattfindet, durchzuführen.
Wahlen können ausschließlich in Präsenzsitzungen durchgeführt werden.
In Anwesenheit des/der Arbeitgebers/in, seines/ihres Stellvertreters/in oder eines/r Vertreters/in der Arbeitgebervereinigung darf nicht abgestimmt werden.
Der Vertreter/die Vertreterin der Gewerkschaft Bezeichnung kann bei den Abstimmungen anwesend sein.
Bei der Beschlussfassung im Gesamtbetriebsausschuss und in anderen Ausschüssen des Gesamtbetriebsrats hat jedes Mitglied nur eine Stimme. Im Übrigen gilt § 33 Abs. 1 und 2 BetrVG.

11. Niederschrift/Protokoll

Von jeder Sitzung des Gesamtbetriebsrats fertigt der vom Gesamtbetriebsrat gewählte Schriftführer ein Protokoll an. Der/die Schriftführer/in führt die Anwesenheitsliste bei der Gesamtbetriebsratssitzung. Jede/r präsente Teilnehmer/in hat sich in die Anwesenheitsliste einzutragen. Die Anwesenheitsliste ist der Niederschrift beizufügen. Ebenfalls werden in Textform bestätigte Teilnahmen im Falle virtueller Sitzungsteilnahme der Niederschrift beigefügt. Das vorübergehende oder vorzeitige Verlassen der Sitzung bei Video-/Telefonkonferenzteilnahme ist in der Niederschrift zu vermerken, auch wenn dies auf technischen Problemen beruht.
Die Sitzungsniederschrift muss mindestens den Wortlaut der Beschlüsse und die Stimmenmehrheit, mit der sie gefasst wurden, enthalten. Ebenso sind Arbeitsaufträge, bei denen der/die Verantwortliche und der Erledigungstermin zu benennen sind, zu vermerken.
Jedes Gesamtbetriebsratsmitglied, die Schwerbehindertenvertretung, der/die Vorsitzende der Gesamt-Jugend- und Auszubildendenvertretung und die Vertreter der Bezeichnung-Gewerkschaft erhalten eine vollständige Kopie der Niederschrift. Hat ein Ersatzmitglied an der Sitzung teilgenommen, so erhält es ebenfalls eine Abschrift des Protokolls.
Hat der/die Arbeitgeber/in bzw. dessen/deren Vertreter/in an der Gesamtbetriebsratssitzung teilgenommen, so ist ihm der entsprechende Teil der Niederschrift in Abschrift auszuhändigen.
Der/die Gesamtbetriebsratsvorsitzende und der/die Schriftführer/in unterschreiben die Sitzungsniederschrift des Gesamtbetriebsrats.
Niederschriften sollen innerhalb von vier Wochen zugestellt werden.
Einwände gegen die Niederschrift sind auf der nächsten Gesamtbetriebsratssitzung vorzutragen und dem Protokoll beizufügen.

12. Betriebsräteversammlung

Der Gesamtbetriebsrat hat mindestens einmal in jedem Kalenderjahr die Vorsitzenden und die stellvertretenden Vorsitzenden der Betriebsräte, die zum Unternehmen gehören, die weiteren Mitglieder der Betriebsausschüsse, die Mitglieder der Gesamt-Jugend- und Auszubildendenvertretung und der Gesamtschwerbehindertenvertretung sowie die Unternehmensleitung zu einer Betriebsräteversammlung schriftlich einzuladen.
Zu dieser Versammlung können die einzelnen Betriebsräte abweichend von Satz 1 aus ihrer Mitte andere Mitglieder entsenden, soweit dadurch die Gesamtzahl der sich für sie nach Satz 1 ergebenden Teilnehmerinnen und Teilnehmer nicht überschritten wird.
Die Betriebsräte sollen darauf achten, dass das Geschlecht, das sich im Betrieb in der Minderheit befindet, in die Betriebsräteversammlung delegiert wird.
Soweit Betriebsratsmitglieder dem Gesamtbetriebsrat angehören, sind sie auf die Anzahl der vom Betriebsrat zu entsendenden Teilnehmerinnen und Teilnehmer nicht anzurechnen.
Der Termin, die Tagesordnung und der Versammlungsort der Betriebsräteversammlung werden durch den Gesamtbetriebsrat beschlossen.
Der/die Gesamtbetriebsratsvorsitzende leitet die Betriebsräteversammlung, die ausschließlich als Präsenzsitzung stattfindet. Gibt er/sie den Tätigkeitsbericht ab oder nimmt er/sie als Diskussionsredner/in teil, so hat er/sie die Leitung der Betriebsräteversammlung seinem/r Stellvertreter/in oder einem anderen Mitglied des Gesamtbetriebsrats zu übertragen.

Die Betriebsräteversammlung findet während der Arbeitszeit statt. Es muss ausreichend Zeit vorhanden sein, um über den Bericht des Gesamtbetriebsrats, der Ausschüsse des Gesamtbetriebsrats und der Unternehmensleitung zu diskutieren und Fragen stellen zu können.
Der Gesamtbetriebsrat kann Arbeitnehmervertreter im Aufsichtsrat zu der Betriebsräteversammlung einladen.
Die Gewerkschaft Bezeichnung ist rechtzeitig zu der Betriebsräteversammlung einzuladen. Der/die Beauftragte der Bezeichnung-Gewerkschaft kann an den Sitzungen teilnehmen. Er/sie ist berechtigt, zu den einzelnen Tagesordnungspunkten Stellung zu nehmen.
Ort, Datum
Unterschrift: Gesamtbetriebsrat Vorsitzender

Hinweis:
1. Dem Text liegt mit ihrer freundlichen Genehmigung ein überarbeiteter Vorschlag der IG Metall zugrunde.
2. Die Regelungen für den Gesamtbetriebsausschuss in Ziffer 4 gelten nur für Gesamtbetriebsräte mit neun und mehr Mitgliedern (§ 51 Abs. 1 Satz 2 BetrVG).
3. Weitere Ausschüsse gem. Ziffer 4 können nur in Gesamtbetriebsräten für Unternehmen mit mehr als 100 Arbeitnehmern und Arbeitnehmerinnen gebildet werden (DKW-*Deinert*, § 47 Rn. 78). Damit ihnen Aufgaben zur selbständigen Erledigung übertragen werden können, muss ein Gesamtbetriebsausschuss existieren. Der Gesamtbetriebsrat muss dazu aus mehr als neun Mitgliedern bestehen (§ 51 Abs. 1 Satz 2 BetrVG).
4. Die Wahl der weiteren Mitglieder des Gesamtbetriebsausschusses und der weiteren Ausschüsse gem. Ziffer 10 hat geheim zu erfolgen (DKW-*Deinert*, § 51 Rn. 69).
5. Der Wirtschaftsausschuss fällt in die originäre Zuständigkeit des Gesamtbetriebsrats (§ 107 Abs. 2 Satz 2 BetrVG) und sollte deshalb bei Vorliegen der Voraussetzungen mit aufgenommen werden.

§ 52 Teilnahme der Gesamtschwerbehindertenvertretung

Die Gesamtschwerbehindertenvertretung (§ 180 Absatz 1 des Neunten Buches Sozialgesetzbuch) kann an allen Sitzungen des Gesamtbetriebsrats teilnehmen.

Inhaltsübersicht Rn.

Einleitung

1 § 52 BetrVG erlaubt die Teilnahme der Gesamtschwerbehindertenvertretung an Sitzungen des Gesamtbetriebsrats. Die Vorschrift entspricht § 32 BetrVG zum Teilnahmerecht der Schwerbehindertenvertretung an den Sitzungen des Betriebsrats (vgl. § 32 BetrVG; vgl. auch zu den Besonderheiten für den Gesamtbetriebsrat DKW-*Deinert*, § 52 Rn. 19 ff.).

§ 53 Betriebsräteversammlung

(1) Mindestens einmal in jedem Kalenderjahr hat der Gesamtbetriebsrat die Vorsitzenden und die stellvertretenden Vorsitzenden der Betriebsräte sowie die weiteren Mitglieder der Betriebsausschüsse zu einer Versammlung einzuberufen. Zu dieser Versammlung kann der Betriebsrat abweichend von Satz 1 aus seiner Mitte andere Mitglieder entsenden, soweit dadurch die Gesamtzahl der sich für ihn nach Satz 1 ergebenden Teilnehmer nicht überschritten wird.
(2) In der Betriebsräteversammlung hat

1. **der Gesamtbetriebsrat einen Tätigkeitsbericht,**
2. **der Unternehmer einen Bericht über das Personal- und Sozialwesen einschließlich des Stands der Gleichstellung von Frauen und Männern im Unternehmen, der Integration der im Unternehmen beschäftigten ausländischen Arbeitnehmer, über die wirtschaftliche Lage und Entwicklung des Unternehmens sowie über Fragen des Umweltschutzes im Unternehmen, soweit dadurch nicht Betriebs- und Geschäftsgeheimnisse gefährdet werden,**

zu erstatten.

(3) Der Gesamtbetriebsrat kann die Betriebsräteversammlung in Form von Teilversammlungen durchführen. Im Übrigen gelten § 42 Abs. 1 Satz 1 zweiter Halbsatz und Satz 2, § 43 Abs. 2 Satz 1 und 2 sowie die §§ 45 und 46 entsprechend.

Inhaltsübersicht Rn.

Arbeitshilfen

1. Checkliste

Tätigkeitsbericht des Gesamtbetriebsrats (Katalog der zu berichtenden Themenbereiche) 1

- Verhandlungen mit dem Unternehmen gem. § 87 BetrVG
- Personelle Verfahren gem. § 99 BetrVG
- Betriebsänderung gem. § 111 BetrVG
- Abschluss von Betriebsvereinbarungen
- Tätigwerden für einzelne Betriebsräte gem. § 50 Abs. 2 BetrVG
- Entsendung von Mitgliedern in den Konzernbetriebsrat und für sonstige Tätigkeiten
- Beauftragungen des Konzernbetriebsrats
- Tätigkeit von GBR-Mitgliedern im Wirtschaftsausschuss

(Vergleiche DKW-*Deinert*, § 53 Rn. 33)

2. Musterschreiben

Gesamtbetriebsrat: Einladung zur Betriebsräteversammlung 2

Gesamtbetriebsrat Firmenbezeichnung, Adresse Ort, Datum
Gesamtbetriebsratsvorsitzende/r Name

An die
Vorsitzenden der Betriebsräte
stellvertretenden Vorsitzenden
und Mitglieder der Betriebsausschüsse
der Firmenbezeichnung

Betriebsräteversammlung
Liebe Kolleginnen und Kollegen,
der Gesamtbetriebsrat hat in seiner Sitzung vom Datum beschlossen, die diesjährige Betriebsräteversammlung gem. § 53 BetrVG am Datum um   Uhr in der Stadthalle in Ort durchzuführen.
Als Tagesordnung ist vorgesehen:

1. Eröffnung und Begrüßung
2. Bericht des Unternehmens über die weitere Unternehmensplanung; Bericht über die zukünftige Personal- und Sozialpolitik und die wirtschaftliche Lage sowie die Entwicklung des Unternehmens.
3. Diskussion zu TOP 2
4. Tätigkeitsbericht des Gesamtbetriebsrats
5. Diskussion zu TOP 4
6. Referat eines Beauftragten der Gewerkschaft
7. Diskussion zu TOP 6
8. Berichte aus den Niederlassungen
9. Diskussion zu TOP 8
10. Anregungen und Anfragen
11. Schlusswort

Ich hoffe auf eine rege Teilnahme und erfolgreiche Durchführung.

Sechster Abschnitt
Konzernbetriebsrat

§ 54 Errichtung des Konzernbetriebsrats

(1) Für einen Konzern (§ 18 Abs. 1 des Aktiengesetzes) kann durch Beschlüsse der einzelnen Gesamtbetriebsräte ein Konzernbetriebsrat errichtet werden. Die Errichtung erfordert die Zustimmung der Gesamtbetriebsräte der Konzernunternehmen, in denen insgesamt mehr als 50 vom Hundert der Arbeitnehmer der Konzernunternehmen beschäftigt sind.

(2) Besteht in einem Konzernunternehmen nur ein Betriebsrat, so nimmt dieser die Aufgaben eines Gesamtbetriebsrates nach den Vorschriften dieses Abschnitts wahr.

Inhaltsübersicht Rn.

I. Einleitung

Voraussetzung für die Errichtung eines KBR ist das **Vorliegen eines Konzerns.** Das BetrVG bestimmt nicht selbst, wann ein Konzern besteht und welche Unternehmen ihm angehören. § 54 I BetrVG verweist vielmehr auf § 18 I AktG. Es gilt deshalb **kein eigenständiger betriebsverfassungsrechtlicher Konzernbegriff.** Maßgeblich sind vielmehr die Regelungen des Aktiengesetzes. Nach den maßgeblichen aktienrechtlichen Regeln kann ein KBR nur in einem sog. **Unterordnungskonzern** errichtet werden. Nach § 18 Abs. 1 Satz 1 AktG bilden ein **herrschendes** und ein oder **mehrere abhängige Unternehmen** dann einen sog. Unterordnungskonzern, wenn sie unter der **einheitlichen Leitung** des herrschenden Unternehmens zusammengefasst sind. Von einem abhängigen Unternehmen wird nach § 18 Abs. 1 Satz 3 AktG vermutet, dass es mit dem herrschenden Unternehmen einen Konzern bildet (vgl. DKW-*Wenckebach*, vor § 54 Rn. 3f.). 1

Die Errichtung des KBR ist **nicht zwingend** vorgeschrieben. Sie hängt vielmehr davon ab, dass die oder der GBR eines Konzerns einen entsprechenden Beschluss fassen (vgl. DKW-*Wenckebach*, § 54 Rn. 4).

II. Arbeitshilfen

1. Schaubilder

Konzernstruktur (1): Mehrheitsbeteiligung 2

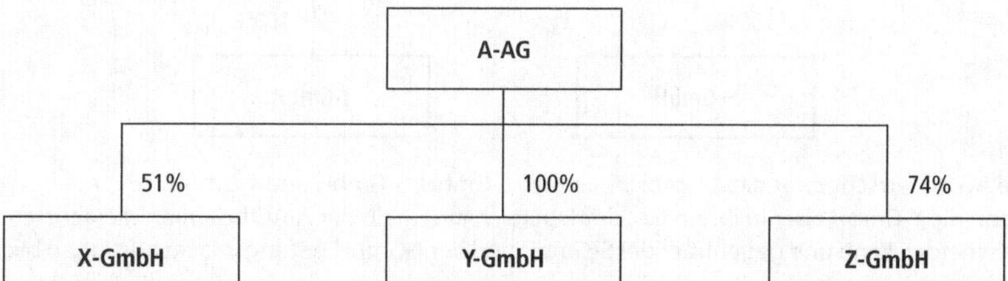

Nach **§ 17 Abs. 2 AktG** wird gesetzlich **vermutet,** dass bei Bestehen einer Mehrheitsbeteiligung gem. § 16 Abs. 1 AktG das im **Mehrheitsbesitz stehende UN abhängig** ist. Sobald § 17 Abs. 2 AktG eingreift, wird die weitere Vermutung nach **§ 18 Abs. 1 Satz 3 AktG** ausgelöst. Demnach wird von einem abhängigen UN vermutet, dass es mit dem herrschenden UN einen Konzern bildet (vgl. DKW-*Wenckebach*, vor § 54 Rn. 15f.).

3 **Konzernstruktur (2): Minderheitsbeteiligung**

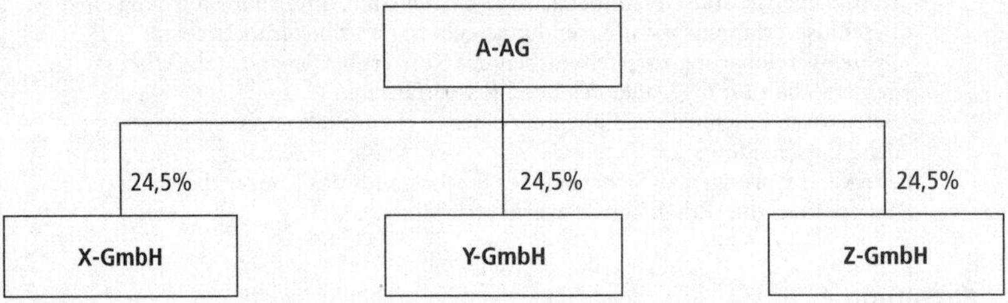

Auch wenn keine Mehrheitsbeteiligung wie bei Rn. 2 vorliegt, kann sich ein Konzern bilden, wenn **schuldrechtliche Vertragsbeziehungen** eine der Mehrheitsbeteiligung vergleichbare Herrschaft begründen. Nach der Rechtsprechung bedarf es dafür zumindest einer **gesellschaftsrechtlich vermittelten Abhängigkeit** (vgl. DKW-*Wenckebach*, vor § 54 Rn. 14).

4 **Konzernstruktur (3): Konzern im Konzern**

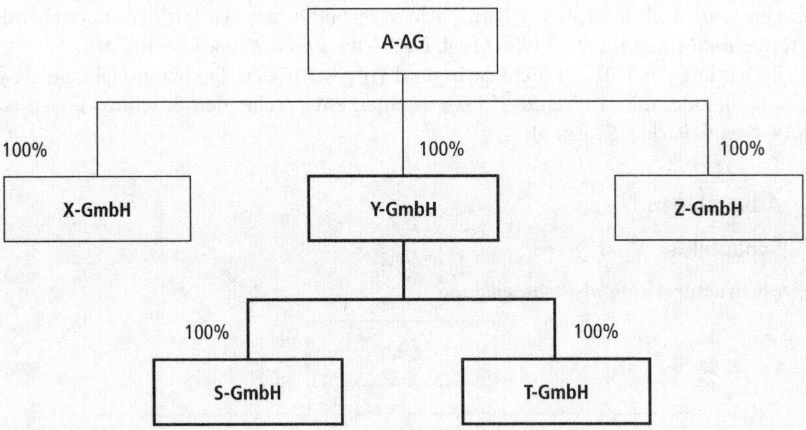

Die AG beherrscht zwar die X-GmbH, Y-GmbH, Z-GmbH, S-GmbH und T-GmbH.
Wenn die Y-GmbH aber in ihrem Geschäftsbereich innerhalb der A-AG beschränkt eigenständig entscheiden kann und gegenüber der S-GmbH und der T-GmbH Leitungsmacht ausübt, so bilden

Y-, S- und T-GmbH einen sogenannten »Konzern in Konzern« (vgl. DKW-*Wenckebach*, vor § 54 Rn. 17ff.).

Konzernstruktur (4): Gemeinschaftsunternehmen 5

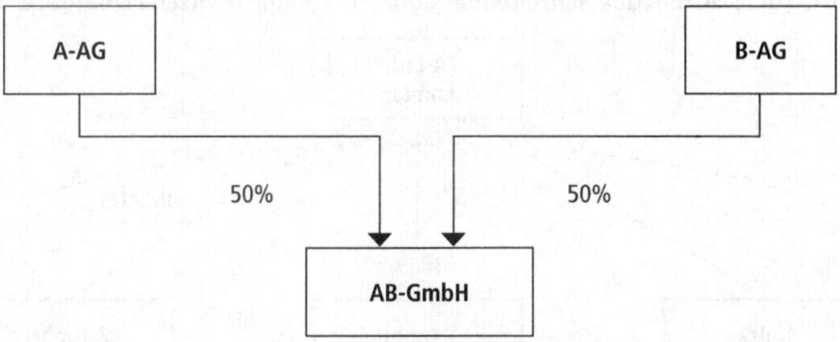

Die Bildung eines Konzerns ist auch in einem sog. **Gemeinschaftsunternehmen** möglich. So kann eine Abhängigkeit i.S.v. § 17, 18 AktG auch durch mehrere UN bestehen, nämlich wenn **zwei Unternehmen jeweils zu 50 %** an einem anderen Unternehmen beteiligt sind und deshalb ein Unternehmen allein aufgrund der von ihm gehaltenen Anteile keinen beherrschenden Einfluss ausüben kann. Die A-AG und B-AG beherrschen demnach das Gemeinschaftsunternehmen AB-GmbH. Sie bilden mit der AB-GmbH jeweils einen eigenen Konzern: den A-Konzern und B-Konzern (vgl. DKW-*Wenckebach*, vor § 54 Rn. 218ff.).

Konzernstruktur (5): Grenzüberschreitender Konzern I (Deutsche Obergesellschaft) 6

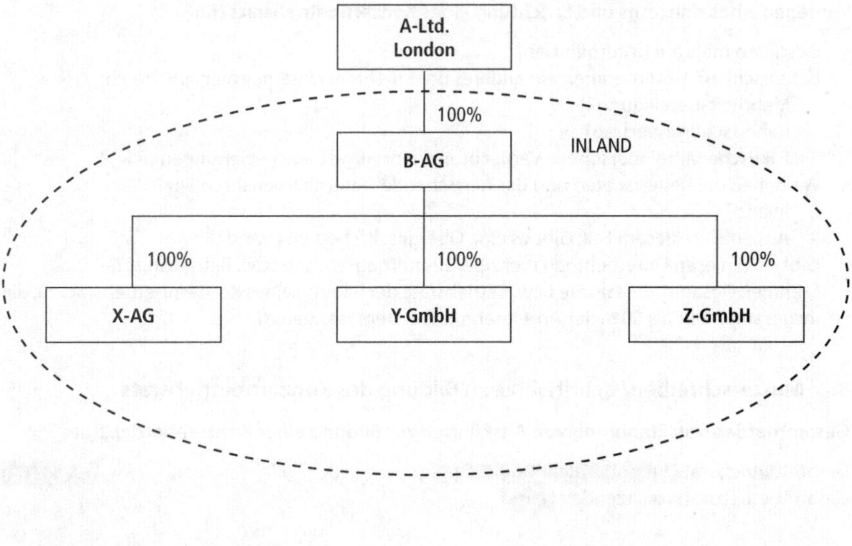

Die A-Ltd. beherrscht die B-AG.
Die B-AG, X-AG, Y-GmbH und Z-GmbH bilden in Deutschland einen Konzern im Konzern bzw. einen Teilkonzern (vgl. DKW-*Wenckebach*, vor § 54 Rn. 23ff.).

7 **Konzernstruktur (6): Grenzüberschreitender Konzern II (keine deutsche Obergesellschaft)**

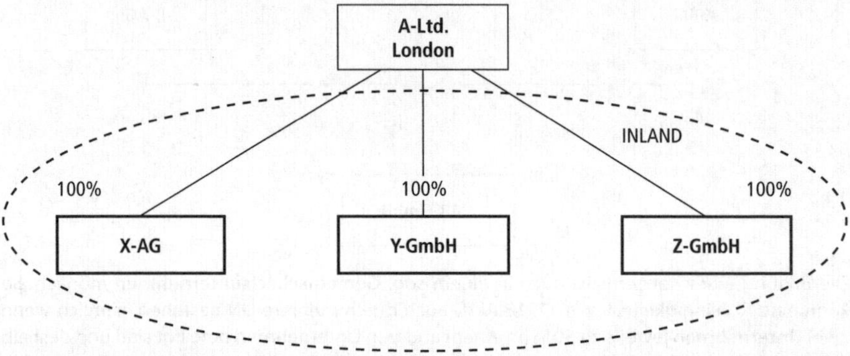

Die A-Ltd. in London beherrscht die X-AG, Y-GmbH und Z-GmbH. An einer (Teil-)Konzernspitze in Deutschland fehlt es. Nach dem Bundesarbeitsgericht ist in dieser Konstellation kein Konzernbetriebsrat zu bilden. Nach der richtigen Auffassung dagegen bilden im Beispiel die X-AG, Y-GmbH und die Z-GmbH in Deutschland einen Konzern, der Konzernbetriebsrat ist demnach bei der größten inländischen Gesellschaft anzusiedeln (ausführlich DKW-*Wenckebach*, vor § 54 Rn. 23ff.).

2. Checklisten zu Bildung des Konzernbetriebsrats

8 **Vorliegen eines Konzerns und Errichtung eines Konzernbetriebsrats (KBR)**

- Existieren mehrere Unternehmen?
- Beherrscht ein Unternehmen ein anderes oder mehrere Unternehmen z. B. durch
  - Mehrheitsbeteiligung?
  - Beherrschungsvertrag?
  - Faktische Mittel (personelle Verflechtung, einseitige Lieferbeziehungen usw.)?
- Wo haben die beherrschten und das herrschende Unternehmen ihren Sitz?
  - Inland?
  - Ausland? In diesem Fall: Gibt es eine Obergesellschaft im Inland?
- Gibt es in diesen Unternehmen mehrere Gesamtbetriebsräte bzw. Betriebsräte?
- Stimmen Gesamtbetriebsräte bzw. Betriebsräte der Bildung eines Konzernbetriebsrats zu, die insgesamt mehr als 50 % der Arbeitnehmenden repräsentieren?

3. Musterschreiben/-schriftsätze zu Bildung des Konzernbetriebsrats

9 **Gesamtbetriebsrat: Einholung von Auskünften zur Bildung eines Konzernbetriebsrats**

Gesamtbetriebsrat Firmenbezeichnung, Adresse Ort, Datum
Gesamtbetriebsratsvorsitzende:r Name

An die
Geschäftsführung
der Firmenbezeichnung

Konzernstruktur
Sehr geehrte Damen und Herren,
wir möchten Sie bitten, uns Auskünfte über die Konzernstruktur zu erteilen, damit wir überprüfen können, ob wir einen Konzernbetriebsrat bilden können. Die Informationen sollten Angaben über bestehende Betriebe/Unternehmen, und, soweit es sich um Konzernstrukturen handelt, über die Beteiligungsverhältnisse der jeweiligen Unternehmen untereinander enthalten. Wir bitten Sie weiterhin, uns hierzu die erforderlichen Informationen in Form aussagekräftiger Unterlagen bis zum Datum zukommen zu lassen.

> **Hinweis:**
> In der Regel dürfte eine Frist von vier Wochen ausreichen.

Außerdem bitten wir um Auskunft darüber, wie viele Arbeitnehmer:innen zurzeit in den jeweiligen Unternehmen beschäftigt sind.
Für Ihre Bemühungen bedanken wir uns im Voraus.

Gesamtbetriebsrat: Anfrage wegen Errichtung eines Konzernbetriebsrats 10

Gesamtbetriebsrat Firmenbezeichnung, Adresse — Ort, Datum
Gesamtbetriebsratsvorsitzende:r Name

Gesamtbetriebsräte
im Firmenbezeichnung-Konzern

Konzernbetriebsrat
Liebe Kolleginnen und Kollegen,
im Firmenbezeichnung-Konzern werden Entscheidungen häufig auf Konzernebene gefällt. Wir halten deshalb die Mitbestimmung auf Konzernebene für wichtig. Dabei geht es auch um Zugang zu bedeutsamen Informationen für die einzelnen Standorte:
Wie sieht es mit der Arbeitszeit bei den einzelnen Betrieben aus? Stimmt es, dass Personal im Konzern abgebaut wird? Wie sieht eigentlich die wirtschaftliche Entwicklung insgesamt im Konzern aus? Das sind Fragen, auf die wir zukünftig eine Antwort bekommen können, wenn ein Konzernbetriebsrat gebildet wird.
Der Konzernbetriebsrat hat u.a. die Aufgabe, den Informations- und Beratungsfluss zwischen den zum Konzern gehörenden Betriebsräten bzw. Gesamtbetriebsräten und ihren Belegschaften sicherzustellen.
Gemäß § 54 Abs. 1 BetrVG setzt die Errichtung eines Konzernbetriebsrats die Zustimmung der Gesamtbetriebsräte bzw. Betriebsräte im Konzern voraus, die zusammen mindestens 50% der im Konzern tätigen Arbeitnehmer:innen vertreten.
Wir haben als Gesamtbetriebsrat der Firmenbezeichnung-GmbH in unserer unserer Sitzung am Datum einstimmig die Errichtung eines Konzernbetriebsrats beschlossen. An Euch treten wir heran mit der Frage:
Haltet ihr die Bildung eines Konzernbetriebsrats ebenfalls für erforderlich? Wir bitten Euch, dies in Euren Gremien zu beraten. Teilt uns bitte Eure Ergebnisse bis möglichst zum Datum mit, damit wir alles Weitere veranlassen können.

11 Gesamtbetriebsrat: Entsendung von Mitgliedern des Betriebsrats bzw. des Gesamtbetriebsrats

Gesamtbetriebsrat Firmenbezeichnung, Adresse Ort, Datum
Gesamtbetriebsratsvorsitzende:r Name

An den Gesamtbetriebsrat
der Firmenbezeichnung-GmbH in Ort, Firmenbezeichnung-GmbH in Ort, Firmenbezeichnung-GmbH in Ort

Bildung des Konzernbetriebsrats
Liebe Kolleginnen und Kollegen,
nach § 54 Abs. 1 BetrVG ist im Konzern mit mehreren Gesamtbetriebsräten bzw. Betriebsräten ein Konzernbetriebsrat zu errichten. Gemäß § 59 Abs. 2 BetrVG laden wir dazu als Gesamtbetriebsrat des herrschenden Unternehmens ein.
Damit die Konstituierung des Konzernbetriebsrats stattfinden kann, bitten wir um Benennung Eurer Vertreter:innen für den Konzernbetriebsrat bis zum Datum. Deren Anzahl richtet sich nach § 55 Abs. 2 BetrVG.

12 Gesamtbetriebsrat: Einladung zur konstituierenden Sitzung des Konzernbetriebsrats

Gesamtbetriebsrat Firmenbezeichnung, Adresse Ort, Datum
Gesamtbetriebsratsvorsitzende:r Name

An die Gesamtbetriebsräte
der Firmenbezeichnung in Ort, Firmenbezeichnung in Ort

Konstituierende Sitzung des Konzernbetriebsrats
Liebe Kolleginnen und Kollegen,
zur konstituierenden Sitzung des Konzernbetriebsrats der Firmenbezeichnung lade ich euch sehr herzlich ein.
Die Sitzung wird stattfinden am
Datum
in den Räumen der
von bis voraussichtlich Uhr.
Tagesordnung:

1. Eröffnung und Begrüßung
2. Wahl einer Wahlleitung
3. Wahl des KBR-Vorsitzes
4. Wahl der Stellvertretung des KBR-Vorsitzes
5. Wahl der Schriftführung des KBR
6. Beschlussfassung über die Geschäftsordnung des KBR
7. Wahl des Konzernbetriebsausschusses
8. Wahl von Mitgliedern des Ausschusses für wirtschaftliche Angelegenheiten
9. Planung der weiteren Arbeitsvorhaben/Terminabsprachen
10. Verschiedenes

Der Konzernbetriebsrat Firmenbezeichnung ist durch die erfolgte ordnungsgemäße Beschlussfassung der zum Konzern gehörenden Betriebe/Unternehmen errichtet. Das notwendige, im Gesetz festgeschriebene Quorum von 50 % aller Beschäftigten wurde erreicht.

Damit der Konzernbetriebsrat arbeitsfähig wird, bedarf es einer konstituierenden Sitzung, zu der alle zum Konzern gehörenden Gesamtbetriebsräte/Betriebsräte im Inland gemäß folgendem Schlüssel einzuladen sind:
Jeder Betriebsrat/Gesamtbetriebsrat entsendet in den Konzernbetriebsrat zwei Mitglieder (§ 55 i.V.m. § 54 BetrVG). Die Geschlechter sollen angemessen berücksichtigt sein. Bitte beachtet, dass jeder Gesamtbetriebsrat/Betriebsrat für jedes ordentliche Konzernbetriebsrats-Mitglied mindestens ein Ersatzmitglied zu bestellen hat (Teilnahmerecht hat nur das ordentliche Mitglied, im Verhinderungsfall kommt das Ersatzmitglied!).
Ich fordere hiermit alle Betriebsratsgremien auf, soweit noch nicht geschehen, die Mitglieder, die in den Konzernbetriebsrat zu entsenden sind, zu wählen.

Hinweis:
Der Konzernbetriebsrat hat grundsätzlich kein Recht zur Bildung eines Wirtschaftsausschusses. Die auf der Tagesordnung vorgesehene Wahl von Mitgliedern des Ausschusses für wirtschaftliche Angelegenheiten ist dennoch zulässig. Im Einvernehmen mit dem Arbeitgeber können ihm Rechte des Konzernwirtschaftsausschusses gem. §§ 106ff. BetrVG rechtswirksam eingeräumt werden.

Gesamtbetriebsrat: Errichtungsbeschluss gem. §§ 54, 55 BetrVG 13

Gesamtbetriebsrat Firmenbezeichnung, Adresse Ort, Datum
Gesamtbetriebsratsvorsitzende:r Name

Errichtungsbeschluss
I. Der Gesamtbetriebsrat/Betriebsrat hat in seiner Sitzung vom Datum die Errichtung des Konzernbetriebsrats beschlossen.
Gemäß § 54 BetrVG wird der Errichtung eines Konzernbetriebsrats für Firmenbezeichnung zugestimmt.
II. Als Mitglieder für den Konzernbetriebsrat benennen wir:
1. Name
   - Als Ersatzmitglieder werden benannt:
   - Name
   - Name
2. Name
   - Als Ersatzmitglieder werden benannt:
   - Name
   - Name

Unterschrift Gesamtbetriebsratsvorsitzende:r
Gesamtbetriebsratsvorsitzender

14 Gesamtbetriebsrat: Information der Belegschaften über Konstituierung des KBR

Gesamtbetriebsrat Firmenbezeichnung, Adresse — Ort, Datum
Gesamtbetriebsratsvorsitzende:r Name

An die Beschäftigten der Firmenbezeichnung

Konstituierung des Konzernbetriebsrats
Liebe Kolleginnen und Kollegen,
viele Entscheidungen werden in der Firmenbezeichnung heute auf Konzernebene getroffen. Das betrifft auch die Arbeitsplätze in der Firmenbezeichnung. Es ist wichtig, über die wirtschaftliche Situation, die Personalplanung sowie über die Arbeitsbedingungen in allen Unternehmen der Firmenbezeichnung informiert zu sein. Zu diesem Zweck hat ein Konzernbetriebsrat die gesetzliche Aufgabe, den Informations- und Beratungsfluss zwischen den zum Konzern gehörenden Betriebsräten/Gesamtbetriebsräten und ihren Belegschaften sicherzustellen.
Deshalb haben die Gesamtbetriebsräte/Betriebsräte, die zur Firmenbezeichnung gehören, am Datum einen Konzernbetriebsrat errichtet.
Der Konzernbetriebsrat (KBR) setzt sich wie folgt zusammen: (Name, Betrieb, Unternehmen, Telefon)
Vorsitzende:r: Name, Betrieb, Unternehmen, Telefon
Stellvertrete:r: Name, Betrieb, Unternehmen, Telefon
Schriftführe:r: Name, Betrieb, Unternehmen, Telefon
Konzernbetriebsausschuss: Namen, Betriebe, Unternehmen, Telefon
Konzernwirtschaftsausschuss: Namen, Betriebe, Unternehmen, Telefon
Betreuer:in der Gewerkschaft Bezeichnung: Name, Telefon
Weitere Mitglieder des KBR: Namen, Betriebe, Unternehmen, Telefon
Falls ihr Fragen oder Anregungen habt, wendet euch an euer KBR-Mitglied oder gerne auch an mich (Tel.:).

14a Wirksame Errichtung des Konzernbetriebsrats

An das Arbeitsgericht
Bezeichnung
Adresse

Antrag auf Einleitung eines Beschlussverfahrens mit den Beteiligten

1. Konzernbetriebsrat A-Holding GmbH & Co. KG, vertreten durch den Vorsitzenden Name, Adresse,

– Antragsteller und Beteiligter zu 1.) –

2. Gesamtbetriebsrat der B-GmbH, vertreten durch dieVorsitzende Name, Adresse,

– Antragsteller und Beteiligter zu 2.) –

3. Betriebsrat der C-GmbH, vertreten durch den Vorsitzenden Name, Adresse,

– Antragsteller und Beteiligter zu 3.) –

gegen

4. die A-Holding GmbH & Co. KG, Adresse, **vertreten durch ihre Komplementärin, die** XYZ Deutschland Beteiligungs-GmbH, **diese wiederum handelnd durch ihre Geschäftsführer** Name, **ebenda,**

– Beteiligte zu 4.) –

5. die B-GmbH, **vertreten durch die Geschäftsführung** Name, Adresse,

– Beteiligte zu 5.) –

6. die C-GmbH, vertreten durch die Geschäftsführung Name, Adresse,

– Beteiligte zu 6.) –

wegen **Errichtung des Konzernbetriebsrats**

Namens und in Vollmacht der Antragsteller, deren ordnungsgemäße Bevollmächtigung anwaltlich versichert wird, bitten wir um Einleitung eines Beschlussverfahrens.

Im Termin zur Anhörung der Beteiligten werden wir folgenden Antrag stellen:

Es wird festgestellt, dass ein Konzernbetriebsrat für die Unternehmen B-GmbH und C-GmbH wirksam errichtet worden ist.

Begründung:

I. Sachverhalt

Firmenbezeichnung X ist als internationale Unternehmensgruppe weltweit tätig.

Die Firmenbezeichnung X Corporation mit Sitz in den USA, hält als Konzernspitze u. a. den alleinigen Kommanditanteil an der A-Holding GmbH & Co.KG sowie sämtliche Geschäftsanteile an deren geschäftsführenden, persönlich haftenden Gesellschafterin, der Firmenbezeichnung X Deutschland Beteiligungs-GmbH. Die A-Holding GmbH & Co.KG ihrerseits ist mehrheitlich an der B-GmbH und der C-GmbH beteiligt. Zwischen der A-Holding GmbH & Co.KG und der B-GmbH sowie der C-GmbH sind darüber hinaus Beherrschungs- und Gewinnabführungsverträge abgeschlossen worden, mit denen diese Gesellschaften ihre Leitung der A-Holding GmbH & Co. KG unterstellt haben.

Zur B-GmbH gehören derzeit die Betriebe 1 in Ort 1 mit circa 250 Arbeitnehmer:innen, 2 in Ort 2 mit circa 200 Arbeitnehmer:innen, 3 in Ort 3 mit circa 150 Arbeitnehmer:innen und 4 in Ort 4 mit circa 100 Arbeitnehmer:innen. Zur C-GmbH gehören die Betriebe 1 in Ort 1 mit circa 50 Arbeitnehmer:innen und 2 in Ort 2 mit circa 300 Arbeitnehmer:innen.

In den Betrieben 1 und 2 der B-GmbH sind Betriebsräte gewählt. Dementsprechend ist für die B-GmbH auch ein Gesamtbetriebsrat errichtet worden.

Außerdem ist im zur C-GmbH gehörenden Betrieb 1 ein Betriebsrat gewählt.

Jedenfalls der Gesamtbetriebsrat der B-GmbH hat zudem einen entsprechenden Gründungsbeschluss zur Errichtung eines Konzernbetriebsrats gefasst. Das erforderliche Quorum ist gegeben. Auch hat eine konstituierende Sitzung des Konzernbetriebsrats bereits stattgefunden.

Die wirksame Errichtung des Konzernbetriebsrats wurde allerdings in Abrede gestellt. Zur Begründung wurde ausgeführt, dass keine zwei Gesamtbetriebsräte bestünden, was nach § 54 Abs. 1 BetrVG jedoch erforderlich sei. § 54 Abs. 2 BetrVG sei nicht anwendbar, da in der C-GmbH mehrere betriebsratsfähige Betriebe existieren würden, aber nur in einem Betrieb ein Betriebsrat gewählt worden sei. Außerdem fehle es an einer Konzernspitze bzw. Teilkonzernspitze im Geltungsbereich des BetrVG. Eine solche sei nach der Rechtsprechung des Bundesarbeitsgerichts ebenfalls Voraussetzung für die wirksame Errichtung eines Konzernbetriebsrats.

II. Rechtliche Würdigung

Von dem Gesamtbetriebsrat der B-GmbH bzw. dem Betriebsrat der C-GmbH wurde ein Konzernbetriebsrat für die Unternehmen B-GmbH und C-GmbH wirksam errichtet. Die Voraussetzungen des § 54 Abs. 1 Satz 1 i. V. m. § 54 Abs. 2 BetrVG sind erfüllt.

1. Konzern gemäß § 18 Abs. 1 AktG

Die A-Holding GmbH & Co. KG ist deutsche Teilkonzernspitze in einem Unterordnungskonzern, dem die B-GmbH und die C-GmbH als abhängige Unternehmen angehören.

Dabei gilt, dass bei Sachverhalten mit Auslandsbezug die Errichtung eines Konzernbetriebsrats jedenfalls dann möglich ist, wenn sich im Inland eine Teilkonzernspitze befindet, also innerhalb des Geltungsbereichs des Betriebsverfassungsgesetzes ein Teilkonzern besteht, dessen Spitze eigenständige Leitungsmacht innehat (BAG 16. 5. 2007 – 7 ABR 63/06; 14. 2. 2007 – 7 ABR 26/06; 23. 5. 2018 – 7 ABR 60/16; zur Literatur DKW-*Wenckebach*, vor § 54 Rn. 23).

Nach § 54 Abs. 1 Satz 1 i.V.m. § 54 Abs. 2 BetrVG kann insoweit für einen Konzern (§ 18 Abs. 1 AktG) durch Beschlüsse der Gesamtbetriebsräte bzw. Betriebsräte ein Konzernbetriebsrat errichtet werden. Das Betriebsverfassungsgesetz bestimmt dabei nicht selbst, wann ein Konzern vorliegt und welche Unternehmen dem Konzern angehören. Es gilt deshalb kein eigenständiger betriebsverfassungsrechtlicher Konzernbegriff. Maßgeblich sind vielmehr die Regelungen des Aktiengesetzes.

Auf Grund der Verweisung auf § 18 Abs. 1 AktG kann ein Konzernbetriebsrat nur in einem sog. Unterordnungskonzern errichtet werden (BAG 22. 11. 1995 – 7 ABR 9/95; BAG 14. 2. 2007 – 7 ABR 26/06). Nach § 18 Abs. 1 Satz 1 AktG bilden insoweit ein herrschendes und ein oder mehrere abhängige Unternehmen einen Konzern, wenn sie unter der einheitlichen Leitung des herrschenden Unternehmens zusammengefasst sind.

a) Faktischer Konzern

Im Falle eines sog. faktischen Konzerns, bei dem die einheitliche Leitung des herrschenden Unternehmens nicht auf einem Beherrschungsvertrag oder einer Eingliederung beruht (vgl. hierzu § 18 Abs. 1 Satz 2 AktG und die Ausführungen unter bb)), sondern auf anderen Mitteln, namentlich auf Mehrheitsbeteiligungen an den beherrschten Unternehmen, gilt, dass von einem abhängigen Unternehmen nach § 18 Abs. 1 Satz 3 AktG vermutet wird, dass es mit dem herrschenden Unternehmen einen Konzern bildet. Nach § 17 Abs. 1 AktG sind abhängige Unternehmen rechtlich selbständige Unternehmen, auf die ein anderes Unternehmen (herrschendes Unternehmen) unmittelbar oder mittelbar einen beherrschenden Einfluss hat. Nach § 17 Abs. 2 AktG wird von einem in Mehrheitsbesitz stehenden Unternehmen vermutet, dass es von dem an ihm mit Mehrheit beteiligten Unternehmen abhängig ist. Gehört die Mehrheit der Anteile eines rechtlich selbständigen Unternehmens einem anderen Unternehmen, ist das Unternehmen nach § 16 Abs. 1 AktG ein in Mehrheitsbesitz stehendes Unternehmen.

Für das Vorliegen der gesetzlichen Voraussetzungen von § 17 Abs. 1, § 18 Abs. 1 AktG ist es dabei unerheblich, in welcher Rechtsform das herrschende und die abhängigen Unternehmen geführt werden. Der Unternehmensbegriff wird in den §§ 15 ff. AktG rechtsformneutral verwendet (BAG 14. 2. 2007 – 7 ABR 26/06; BGH 23. 9. 1991, NJW 1991, 3142).

Die Vermutungen des § 17 Abs. 2 AktG und des § 18 Abs. 1 Satz 3 AktG sind – unter allerdings strengen Voraussetzungen – zwar widerlegbar (BAG 22. 11. 1995 – 7 ABR 9/95). Hierzu muss aber dargelegt und bewiesen werden, dass herrschendes und abhängiges Unternehmen tatsächlich nicht einheitlich geleitet werden.

b) Vertragskonzern

Hier ist jedoch ohnehin ein sog. Vertragskonzern entstanden. Ein Vertragskonzern entsteht, wenn eine Gesellschaft ihre Leitung gemäß § 291 Abs. 1 Satz 1 AktG durch Beherrschungsvertrag einem anderen Unternehmen unterstellt. Besteht ein Beherrschungsvertrag, so ist nach § 308 Abs. 1 Satz 1 AktG das herrschende Unternehmen berechtigt, dem Vorstand bzw. der Geschäftsführung der beherrschten Gesellschaft hinsichtlich deren Leitung Weisungen zu erteilen (*Krieger* in MHdB GesR IV, § 71 Rn. 1 ff.). Soweit nicht anders vereinbart, können diese Weisungen nach § 308 Abs. 1 Satz 2 AktG für die beherrschte Gesellschaft auch nachteilig sein.

Liegt ein Beherrschungsvertrag vor, so sind die beherrschten Unternehmen nach § 18 Abs. 1 Satz 2 AktG als unter einheitlicher Leitung zusammengefasst anzusehen. Hierbei handelt es sich um eine **unwiderlegliche Vermutung** (BAG 14. 2. 2007 – 7 ABR 26/06; m. w. N. DKW-*Wenckebach*, vor § 54 Rn. 9).

Durch das Vorliegen der Beherrschungsverträge im hier zu beurteilenden Fall sind auch die B-GmbH und die C-GmbH infolge dessen als unter einheitlicher Leitung zusammengefasst anzusehen. Diese Vermutung ist unwiderlegbar. Damit liegen die Voraussetzungen eines Unterordnungskonzerns im Sinne des § 18 Abs. 1 AktG vor.

2. Konzern im Konzern

Im Übrigen würden die Voraussetzungen für die Errichtung eines Konzernbetriebsrats auch dann vorliegen, wenn Beherrschungsverträge direkt mit der Firmenbezeichnung X Corporation oder ausländischen Zwischengesellschaften abgeschlossen worden wären und die A-Holding GmbH & Co. KG über einen eigenständigen Entscheidungsspielraum in personellen, sozialen und wirtschaftlichen Angelegenheiten verfügen würde, was hier der Fall sein dürfte.

Nach der Rechtsprechung des *BAG* kann in einem mehrstufigen Konzern ein sog. »Konzern im Konzern« vorliegen, wenn das herrschende Unternehmen (»Mutter«) von seiner Leitungsmacht zwar in wesentlichem Umfang, aber doch nur teilweise (etwa als Richtlinienkompetenz) Gebrauch macht und einem abhängigen Unternehmen (»Tochter«) wesentliche Leitungsaufgaben zur eigenständigen Ausübung gegenüber den diesem nachgeordneten Unternehmen (»Enkel«) verbleiben.

Der Wortlaut von § 54 Abs. 1 BetrVG umfasst mehrstufige Konzernvertretungen, wenn die Zusammenfassung von einheitlicher arbeitsrechtlicher Leitungsmacht auf unteren Ebenen eines dezentralisierten, vertikal gegliederten Konzerns über weitere abhängige Unternehmen gegeben ist. Diese Zusammenfassung erfüllt ebenfalls die Merkmale eines Konzerns im Sinne von § 18 Abs. 1 AktG, auf den § 54 Abs. 1 BetrVG Bezug nimmt, so dass auch hier die Errichtung eines Konzernbetriebsrats in Betracht kommt (BAG 14.2.2007 – 7 ABR 26/06).

Auf Grund der bestehenden Beherrschungsverträge zwischen der A-Holding GmbH & Co. KG und der B-GmbH sowie der C-GmbH kommt es auf die Frage eines Konzerns im Konzern im zugrunde liegenden Sachverhalt letztlich allerdings gar nicht an.

3. Konzernbetriebsrat beim Fehlen einer inländischen Leitungsmacht

Im Übrigen würden die Voraussetzungen für die Errichtung eines Konzernbetriebsrats nach diesseitiger Auffassung darüber hinaus selbst dann vorliegen, wenn die in Deutschland tätigen Unternehmen vom Ausland aus koordiniert würden, ohne dass sich in Deutschland eine Teilkonzernspitze nachweisen ließe.

Zwar hat das BAG (zuletzt vom 23.5.2018 – 7 ABR 60/16) entschieden, dass die Errichtung eines Konzernbetriebsrats in Unternehmensgruppen mit ausländischer Konzernspitze nur dann in Betracht kommt, sofern sich im Inland eine Teilkonzernspitze befindet, also innerhalb des Geltungsbereichs des Betriebsverfassungsgesetzes ein Teilkonzern besteht, dessen Spitze eigenständige Leitungsmacht inne hat.

Gewichtige Stimmen im rechtswissenschaftlichen Schrifttum und andere instanzgerichtliche Entscheidungen lassen die Errichtung eines Konzernbetriebsrats jedoch zu Recht auch dann zu, wenn die in Deutschland tätigen Unternehmen vom Ausland aus koordiniert werden, ohne dass sich in Deutschland eine Teilkonzernspitze nachweisen lässt (vgl. *Deinert*, Betriebsverfassung in Zeiten der Globalisierung, HSI-Schriftenreihe Band 38; *Birk,* RdA 84, 129; *ders.,* FS Schnorr v. Carolsfeld, S. 61; *Däubler,* Betriebsverfassung in globalisierter Wirtschaft, S. 68; *Fitting,* § 54 Rn. 34; *Gaumann/Liebermann*, DB 06, 1157; *Grassmann,* ZGR 73, 317; *Mayer*, AuR 06, 303; *Simitis,* FS Kegel, S. 153; vgl. auch *Trittin/Gilles*, AuR 2008, 136; DKW-*Wenckebach*, vor § 54 Rn. 23 ff; ArbG Hamburg 17.6.2004 – 4 BV 10/03; ArbG Hamburg 19.7.2006 – 18 BV 11/06).

Auch ist, die Unternehmensmitbestimmung im internationalen Konzern betreffend, spätestens seit der Entscheidung des OLG Düsseldorf vom 30.10.2006 – 26 W 14/06, mit der die Rechtsprechung des OLG Stuttgart (30.3.1995 – 8 W 355/93) fortgesetzt und um einige wesentliche Aspekte ergänzt wird, hinreichende Klarheit im Hinblick auf die Frage nach der Bildung eines mitbestimmten Aufsichtsrats bei einer deutschen Zwischengesellschaft ohne eigene Leitungsorganisation geschaffen worden. Hiernach ist bei einer solchen Gesellschaft ein mitbestimmter Aufsichtsrat nach §§ 1 Abs. 1 Nr. 2, 5 Abs. 3 MitbestG zu bilden, auch wenn diese keinerlei Leitungsfunktionen im deutschen Konzernteil ausübt (vgl. auch OLG Frankfurt a.M. 21.4.2008 – 20 W 342/07; KG Berlin 21.12.2015 – 14 W 105/15). Insoweit widerspricht es nicht zuletzt dem verfassungsrechtlich gewährleisteten Prinzip der Einheit der Rechtsordnung, wenn der Konzernbetriebsrat anders als der mitbestimmte Aufsichtsrat eine deutsche Teilkonzernspitze voraus-

setzen würde und damit ein mitbestimmter Aufsichtsrat gebildet, aber ein Konzernbetriebsrat nicht errichtet werden dürfte.
Letztlich kommt es jedoch auf diese Frage aufgrund der bestehenden Beherrschungsverträge im zugrunde liegenden Sachverhalt ebenfalls nicht an.

4. Konzernunternehmen mit einem Betriebsrat

Nicht erforderlich für die Bildung eines Konzernbetriebsrats ist weiterhin, dass in mehreren Unternehmen des Konzerns jeweils ein Gesamtbetriebsrat errichtet wurde. Dies setzt die Existenz von mehreren betriebsratspflichtigen Betrieben in den Konzernunternehmen voraus, was in der Praxis jedoch nicht immer der Fall ist. Dem trägt § 54 Abs. 2 BetrVG dadurch Rechnung, dass sämtliche für den Gesamtbetriebsrat geltenden Vorschriften über Rechte, Pflichten und Zuständigkeit in den Fällen auf den Betriebsrat zur Anwendung kommen, in denen kein Gesamtbetriebsrat existiert, weil ein Konzernunternehmen nur einen Betriebsrat hat. Die Benachteiligung dieser Arbeitnehmerrepräsentanz soll vermieden werden, indem der Betriebsrat insoweit dem Gesamtbetriebsrat funktionell gleichgestellt wird.

a) Ein Betriebsrat

Der Tatbestand, dass in einem Konzernunternehmen nur ein Betriebsrat besteht, der die Aufgaben eines Gesamtbetriebsrats wahrzunehmen hat, kann in mehreren Fällen bestehen:

- In einem Konzernunternehmen gibt es nur einen betriebsratsfähigen Betrieb, so dass nur ein Betriebsrat bestehen kann.
- Zu einem Konzernunternehmen gehören – wie im zugrunde liegenden Sachverhalt – zwar mehrere betriebsratsfähige Betriebe, aber nur in einem Betrieb wurde ein Betriebsrat gewählt, so dass kein Gesamtbetriebsrat errichtet werden konnte.

Teilweise wird die Anwendung des § 54 Abs. 2 BetrVG für letzteren Fall abgelehnt, weil dieser ein einheitlich-zentralistisch organisiertes Unternehmen voraussetze, dessen sämtliche Arbeitnehmer:innen durch den Gesamtbetriebsrat repräsentiert werden müssten. Damit wären alle Betriebsräte ausgeschlossen, in deren Unternehmen zwar weitere Betriebe, jedoch keine sonstigen Betriebsräte existieren.
Sowohl der Wortlaut als auch der Schutzzweck des § 54 Abs. 2 BetrVG stehen jedoch dem Ausschluss des einzigen in einem mehrbetrieblichen Konzernunternehmen bestehenden Betriebsrats entgegen (DKW-*Wenckebach*, § 54 Rn. 25 m. w. N.).
Er muss dann notgedrungen zum Schutz aller im Unternehmen beschäftigten Arbeitnehmer:innen auch die Interessen derer wahrnehmen, die keinen Betriebsrat gewählt haben. Dies entspricht eher der Zielsetzung des Gesetzes als ein Zustand, der die Betriebsräte von der Errichtung des Konzernbetriebsrats gänzlich ausschließt. Die hiergegen geltend gemachten organisatorischen Bedenken, wonach wegen fehlender Wählerlisten im betriebsratslosen Betrieb das Stimmengewicht des Gesamtbetriebsrats nicht ermittelt werden könne, sind leicht behebbar. Das Unternehmen ist verpflichtet, dem Betriebsrat und dem Gesamtbetriebsrat Auskunft über die Zahl der wahlberechtigten Arbeitnehmer in dem betriebsratslosen Betrieb zu geben (vgl. § 80 Abs. 2 BetrVG).
Im Übrigen wäre die wirksame Errichtung eines Konzernbetriebsrats selbst dann zu bejahen, wenn nur ein Gesamtbetriebsrat (oder ein nach § 54 Abs. 2 BetrVG gleichgestellter Betriebsrat) bestünde (*Kreuz*, NZA 2008, 259).

b) Rechtsfolgen

Daher hat der Betriebsrat gerade auch in der hier zu beurteilenden Konstellation bei der Errichtung des Konzernbetriebsrats die Stellung eines Gesamtbetriebsrats. Der Betriebsrat nimmt ebenso wie ein Gesamtbetriebsrat an der Beschlussfassung über die Errichtung eines Konzernbetriebsrats oder der Entsendung und Abberufung von Mitgliedern teil.

Unterschrift

4. Mustervereinbarungen zu Bildung des Konzernbetriebsrats

Tarifvertrag zum Konzernbetriebsrat im Spartenkonzern 15

Tarifvertrag gemäß § 3 Betriebsverfassungsgesetz
zwischen
der Firmenbezeichnung 1
der Firmenbezeichnung 2
der Firmenbezeichnung 3
der Firmenbezeichnung 4
der Firmenbezeichnung 5
der Firmenbezeichnung 6
der Firmenbezeichnung 7

– einerseits –

und
der Gewerkschaft Bezeichnung
der Gewerkschaft Bezeichnung

– andererseits –

wird der nachfolgende Tarifvertrag gemäß § 3 BetrVG geschlossen.

Präambel
Die vertragsschließenden Parteien sind sich darüber einig, dass aufgrund der bereits durchgeführten sowie zukünftigen Umstrukturierungen im Konzern eine Neugestaltung der Betriebsratsstruktur erforderlich ist. Um eine wirksame und zweckmäßige Interessenvertretung der Beschäftigten für die Zukunft sicherzustellen, ist es deshalb notwendig, einen Tarifvertrag abzuschließen. In Anlehnung an die im Konzern bestehende Spartenstruktur wird auf der Grundlage der Bestimmungen des § 3 BetrVG dieser Tarifvertrag abgeschlossen.

§ 1 Betriebsräte
Unter Berücksichtigung der Spartenstruktur in der Firmenbezeichnung 1 werden für die Firmenbezeichnung 1 und ihre jeweilige Spartenobergesellschaft sowie ihre im Mehrheitsbesitz befindlichen Tochterunternehmen gemäß § 3 Abs. 1, Ziffern 2 und 3 BetrVG zukünftig folgende Betriebsräte gebildet:
Betriebsrat »A« Firmenbezeichnung 1
Betriebsrat »B« Spartenobergesellschaft: Firmenbezeichnung 2
Betriebsrat »C« Spartenobergesellschaft: Firmenbezeichnung 3
Betriebsrat »D« Spartenobergesellschaft: Firmenbezeichnung 4
Betriebsrat »E« Spartenobergesellschaft: Firmenbezeichnung 5
Betriebsrat »F« Spartenobergesellschaft: Firmenbezeichnung 6
Betriebsrat »G« Spartenobergesellschaft: Firmenbezeichnung 7

§ 2 Mitgliederzahlen und Freistellungen
1. Die jeweilige Zahl der Mitglieder des Betriebsrats richtet sich nach den gesetzlichen Bestimmungen.
2. Die Zahl der freigestellten Mitglieder eines jeden Betriebsrats richtet sich nach den gesetzlichen Bestimmungen.

§ 3 Vertreter der Arbeitgeber
Für jeden Betriebsratsbereich ist dem Betriebsrat durch die Arbeitgeber eine Person als deren Vertreter, mit Bevollmächtigung nach den Bestimmungen des Betriebsverfassungsgesetzes, zu benennen. Diese Person ist Ansprech- und Verhandlungspartner des Betriebsrats. Sollte eine Erklärung der Firmenbezeichnung 1 bzw. der jeweiligen Spartenobergesellschaft nicht erfolgen, so

gilt als Arbeitgebervertreter das für Personal zuständige Vorstandsmitglied der Firmenbezeichnung 1.

§ 4 Konzernbetriebsrat
1. Im Firmenbezeichnung-Konzern wird auf der Grundlage der gesetzlichen Bestimmungen ein Konzernbetriebsrat aus dem Betriebsrat der Firmenbezeichnung 1 und der Spartenbetriebsräte gebildet. Die Neubildung erfolgt bis zum Datum.
2. Von den Mitgliedern des Konzernbetriebsrats wird ein zu benennendes Mitglied freigestellt. Der Konzernbetriebsrat unterhält ein eigenes Büro nebst einer Arbeitskraft im Sekretariat.
3. Für den Konzern wird ein Wirtschaftsausschuss gebildet, auf den die §§ 106ff. BetrVG analog Anwendung finden.

§ 5 Salvatorische Klausel
Sollte eine Bestimmung dieses Tarifvertrags unwirksam sein oder werden, so wird hierdurch die Wirksamkeit der übrigen Regelungen nicht berührt. Die Parteien verpflichten sich für diesen Fall, eine wirksame Regelung zu treffen, die dem gewünschten Zweck der unwirksamen Regelung im Ergebnis möglichst gleichkommt. Im Fall von Regelungslücken gilt diejenige Bestimmung als vereinbart, die dem entspricht, was nach Sinn und Zweck dieses Tarifvertrags, entsprechend der Präambel, vernünftigerweise vereinbart worden wäre, hätte man die Angelegenheit von vornherein bedacht.

§ 6 Veröffentlichung dieses Tarifvertrags
Arbeitgeber und Gewerkschaften veröffentlichen die Bestimmungen dieses Tarifvertrags gemeinsam.

§ 7 Inkrafttreten, Laufzeit, Kündigungsfristen
1. Dieser Tarifvertrag tritt am Datum in Kraft.
2. Eine Kündigung hat schriftlich mit einer Frist von einem Jahr zum Schluss einer Wahlperiode zu erfolgen. Die Kündigung kann erstmalig zum gesetzlich festgelegten Ablauf der Wahlperiode, die im Monat Mai 2010 beginnt, erfolgen.
3. Sollte der Tarifvertrag gekündigt werden, so werden unverzüglich Verhandlungen mit dem Ziel, einen neuen Tarifvertrag abzuschließen, aufgenommen.

5. Musterschreiben/-schriftsätze zu Sicherung des Fortbestands des Konzernbetriebsrats

16 **Konzernbetriebsrat: Antrag auf Eröffnung eines Beschlussverfahrens über den Fortbestand eines errichteten Konzernbetriebsrats (Konzern im Konzern)**

Vorbemerkung
Ein sog. »Konzern im Konzern« entsteht, wenn einem Unternehmen innerhalb eines Konzerns ein eigener Entscheidungsspielraum verbleibt (s. Rn. 4). Um die Mitbestimmung auf dieser Entscheidungsebene sicher zu stellen, kann dort ein weiterer Konzernbetriebsrat im Konzern errichtet werden, dessen Erhalt im Falle von Umstrukturierungen notfalls auch prozessual durchgesetzt werden kann (vgl. DKW-*Wenckebach*, § 54 Rn. 17ff.).

Rechtsanwaltskanzlei Name
Adresse

An das
Arbeitsgericht
Bezeichnung
Adresse

Antrag auf Eröffnung eines Beschlussverfahrens
mit den Beteiligten
Konzernbetriebsrat der Firmenbezeichnung 1, Adresse, vertreten durch Name Betriebsratsvorsitzende:r.

(Antragsteller)

Firmenbezeichnung 1, Adresse, vertreten durch die Geschäftsführung

(Antragsgegnerin)

wegen Fortbestands des Konzernbetriebsrats
Unter Vorlage einer Vollmacht zeige ich an, dass mich der Konzernbetriebsrat mit seiner Vertretung beauftragt hat.
Im Termin zur mündlichen Anhörung der Beteiligten werde ich folgende Anträge stellen:

1. Es wird festgestellt, dass der bei der Firmenbezeichnung 1 errichtete Konzernbetriebsrat fortbesteht.
2. Der Firmenbezeichnung 1 wird aufgegeben, die Amtstätigkeit des bei der Firmenbezeichnung 1 errichteten Konzernbetriebsrats zu dulden.

I. Sachverhalt
Die Firmenbezeichnung 1 ist ein Tochterunternehmen der Firmenbezeichnung 2 und bildet einen Konzern im Konzern. Er entstand durch Entscheidung der Firmenbezeichnung 2, den Konzern zu dezentralisieren und dazu der Firmenbezeichnung 1 für die Sparte einen eigenen begrenzten unternehmerischen Entscheidungsspielraum einzuräumen.
Zu Beginn dieses Jahres entzog die Firmenbezeichnung 2 der Firmenbezeichnung 1 wieder diesen Entscheidungsspielraum. Dazu verschmolz sie die Firmenbezeichnung 2 mit Wirkung vom Datum.
Aufnehmende Gesellschaft ist ihre Tochter Firmenbezeichnung 1; die Firmenbezeichnung 2 erlischt ohne Liquidation nach §§ 3 ff. UmwG. Die handelsrechtliche Eintragung erfolgte am Datum.
Sowohl in der Firmenbezeichnung 2 als auch in der Firmenbezeichnung 1 konstituierten sich Betriebsräte, Gesamtbetriebsräte und ein Konzernbetriebsrat (KBR). Der KBR der Firmenbezeichnung 1 besteht aus 17 Mitgliedern. Es handelt es sich um neun Vertreter:innen von Gesamtbetriebsräten und acht Vertreter:innen von Betriebsräten.
Die Antragsgegnerin und Beteiligte zu 2. bestreitet den Fortbestand des Antragstellers und Beteiligten zu 1.
Beweis: 1. Mitteilung vom Datum
2. Vorschlag einer Vereinbarung
Der Antragsteller beharrt auf seiner Fortexistenz und beschloss die Einleitung eines Beschlussverfahrens zur arbeitsgerichtlichen Klärung.
Beweis: 1. Antwortschreiben vom Datum
2. Antwortschreiben vom Datum

Konzernbetriebsrat/Gesamtbetriebsrat: Antrag auf Eröffnung eines Beschlussverfahrens über den Fortbestand des Konzernbetriebsrats (Entherrschungsverträge im grenzüberschreitenden Konzern) 17

Vorbemerkung
Nach **§ 17 Abs. 2 AktG** wird gesetzlich **vermutet,** dass bei Bestehen einer Mehrheitsbeteiligung gem. § 16 Abs. 1 AktG das im **Mehrheitsbesitz stehende UN abhängig** ist. Sobald § 17 Abs. 2 AktG eingreift, wird die weitere Vermutung nach **§ 18 Abs. 1 Satz 3 AktG** ausgelöst. Demnach wird von einem abhängigen UN vermutet, dass es mit dem herrschenden UN einen Konzern bildet. Die Vermutung gem. § 17 Abs. 2 AktG ist **widerlegbar,** was allerdings sehr schwierig ist. Hierfür

bedarf es des Nachweises, dass in einer Gesamtschau trotz einer beherrschenden Einflussmöglichkeit **tatsächlich keine einheitliche Leitung ausgeübt** wird. Hierzu ist für alle wesentlichen Bereiche der Unternehmenspolitik nachzuweisen, dass bei einer Gesamtschau die **erforderlichen Entscheidungen ohne beherrschende Einflussnahme der Mehrheitsgesellschaft** getroffen werden. Dabei kommen zur Widerlegung eines beherrschenden Einflusses insbesondere Satzungsregelungen, eine Stimmrechtsbeschränkung oder ein Entherrschungsvertrag in Betracht. Durch Einleitung eines Beschlussverfahrens kann in diesem Fall der Erhalt des Konzernbetriebsrats gerichtlich durchgesetzt werden. Die anderslautende Rechtsprechung des BAG bedarf der Korrektur. Sie behauptet eine Gesetzlücke in einem lückenlosen Gesetzestext und verweigert ihre Schließung. (Ausführliche Kritik *Deinert*, Betriebsverfassung in Zeiten der Globalisierung, HSI-Schriftenreihe Band 38).

Rechtsanwälte Name
Adresse

An das
Arbeitsgericht
Bezeichnung
Adresse

Antrag auf Einleitung eines Beschlussverfahrens mit den Beteiligten
1. Konzernbetriebsrat Firmenbezeichnung 1, vertreten durch den Vorsitzenden Name, Adresse
2. Gewerkschaft Bezeichnung, Vorstand, vertreten durch den Vorsitzenden Name, Adresse
Prozessbevollmächtigte:r der Beteiligten zu 1. u. 2.:
Rechtsanwalt Name, Adresse

– Antragsteller –

3. Gesamtbetriebsrat der Firmenbezeichnung 2, vertreten durch die Vorsitzende Name, Adresse
4. Gesamtbetriebsrat der Firmenbezeichnung 3, vertreten durch den Vorsitzenden Name, Adresse
5. Betriebsrat der Firmenbezeichnung 4, vertreten durch die Vorsitzende Name, Adresse
gegen
6. Firmenbezeichnung 1, vertreten durch die Geschäftsführung Name, Adresse

– Antragsgegnerin –

7. Firmenbezeichnung 2, vertreten durch die Geschäftsführung Name, Adresse
8. Firmenbezeichnung 3, vertreten durch die Geschäftsführung Name, Adresse
9. Firmenbezeichnung 4, vertreten durch die Geschäftsführung Name, Adresse

wegen Fortbestand des Konzernbetriebsrats
Namens und in Vollmacht der Antragsteller, deren ordnungsgemäße Bevollmächtigung anwaltlich versichert wird, bitten wir um Einleitung eines Beschlussverfahrens.
Im Termin zur Anhörung der Beteiligten werden wir folgende Anträge stellen:

1. Es wird festgestellt, dass der Antragsteller und Beteiligte zu 1., der bei der Antragsgegnerin gebildete Konzernbetriebsrat fortbesteht.
2. Den Antragsgegnerinnen wird aufgegeben, die Entsendung von Mitgliedern in den Antragsteller und Beteiligten zu 1. von den Antragstellern und Beteiligten zu 3. bis 5. durch die jeweiligen Beteiligten zu 6. bis 9. zu dulden und sie insbesondere von der Arbeitsleistung bei Fortzahlung der Vergütung freizustellen, ihre Kosten zu erstatten und sie nicht deswegen abzumahnen.
   - Hilfsweise: Es wird festgestellt, dass dem Antragsteller und Beteiligten zu 1. ein Übergangsmandat bis zur Bildung eines anderen unternehmensübergreifenden Organs in Deutschland zusteht.
   - Höchst hilfsweise: Es wird festgestellt, dass dem Antragsteller und Beteiligten zu 1. ein Restmandat zur Wahrnehmung unternehmensübergreifender Aufgaben zusteht.

Begründung:

A. Sachverhalt

Die Firmenbezeichnung 5 ist die Obergesellschaft einer international operierenden Unternehmensgruppe, die in verschiedene Divisionen aufgeteilt ist. Sie enthält die Beteiligung an der Firmenbezeichnung 1, die ihrerseits über alle Anteile an den deutschen Gesellschaften verfügt. Über diese Beteiligung werden sie auch operativ geführt.

Über Beherrschungsverträge sollen die deutschen Tochtergesellschaften in Zukunft gesellschaftsrechtlich nicht mehr aus Deutschland, sondern nur noch vom Sitz der Muttergesellschaft in England unmittelbar geführt werden. Dazu werden Beherrschungsverträge zwischen den Gesellschaften mit dem divisionalen Management und den Tochtergesellschaften der Firmenbezeichnung 1 geschlossen, die das Management der entsprechenden Geschäftsbereiche zu entsprechenden Weisungen gegenüber den abhängigen Gesellschaften ermächtigen. Die beherrschenden Gesellschaften werden gleichzeitig verpflichtet, einen entsprechenden Verlust der beherrschten Gesellschaften auszugleichen.

In der Firmenbezeichnung 1 sind ca. 1000 Arbeitnehmer:innen beschäftigt. Bei ihr sind wichtige zentrale Funktionen der Unternehmensgruppe angesiedelt, wie z. B.

- Koordination
- Forschung und Entwicklung
- Personal
- Finanzen
- Controlling

Nach Ansicht der Antragsgegnerin entfallen mit dem Abschluss der neuen Unternehmensverträge die Voraussetzungen für die Errichtung des Konzernbetriebsrats.

B. Rechtslage

I. Zu den Hauptanträgen

1.

Ein Konzern ist mehr als nur die Addition einzelner Konzernunternehmen. Er bildet eine eigenständige Planungs-, Entscheidungs- und Kontrolleinheit, die eine eigene Qualität gewinnt. Deshalb gilt der Konzern als wirtschaftlich besonders leistungsfähige Organisationsform. Aufgabe und Zielsetzung der Konzernleitung bestehen in der Existenzsicherung und effizienten Führung des Konzerns, nicht jedoch unbedingt jedes einzelnen Konzernunternehmens. Damit können Konzern- und Unternehmensinteressen kollidieren.

Die Errichtung des Konzernbetriebsrats im Bereich der betrieblichen Mitbestimmung soll dazu beitragen, die auf der Ebene der Konzernleitung klaffende Mitbestimmungslücke zu schließen. Der Gesetzgeber hat mit der Novellierung des BetrVG 2001 die Anforderungen an die Errichtung des Konzernbetriebsrats herabgesetzt mit dem erklärten Ziel, die Errichtung der Konzernbetriebsräte zu erleichtern.

Für die Belegschaften des Firmenbezeichnung-Konzerns in Deutschland bildet der bestehende Konzernbetriebsrat die einzige Klammer für die Belegschaften der Tochtergesellschaften der Firmenbezeichnung sowie der übrigen von ihr abhängigen Gesellschaften in Deutschland. Er übernimmt insofern für sie nicht nur eine wichtige Informations- und Koordinationsfunktion, sondern kann auch die Mitbestimmung bei der in Deutschland ansässigen Obergesellschaft ausüben. Hierzu wären die einzelnen Betriebsräte nicht in der Lage.

Würde der Konzernbetriebsrat entfallen, dann stünde in Deutschland kein koordinierendes und mitbestimmendes Gremium der Belegschaften aller in Deutschland ansässigen abhängigen Gesellschaften mehr zur Verfügung. Konzerneinheitliche Betriebsvereinbarungen könnten dann nicht mehr wie bisher durchgeführt werden.

Ein Konzernbetriebsrat hat grundsätzlich keine feste Amtszeit. Er besteht nach übereinstimmender Auffassung in der Literatur als Gremium auf unbestimmte Dauer. Dies entspricht auch seinem Schutzzweck. Seine Tätigkeit ist damit unabhängig von den regelmäßig durchzuführenden Betriebsratswahlen. Die Beschlüsse der Gesamtbetriebsräte bzw. Betriebsräte gem. § 54 Abs. 2

BetrVG zur Errichtung des Konzernbetriebsrats haben weiterhin über die einzelnen Wahlperioden hinaus Bestand. Als Dauereinrichtung ist der Konzernbetriebsrat resistent gegen Veränderungen der Konzernstruktur.

2.

Als eine Art von »Arbeitsgemeinschaft« von Betriebsräten bzw. Gesamtbetriebsräten der konzernangehörigen Gesellschaften besteht der Konzernbetriebsrat unabhängig davon fort, ob einzelne Gesellschaften hinzukommen oder aus den Verbund ausscheiden. Damit bleiben sein Fortbestand und seine Arbeitsfähigkeit auch bei Umstrukturierungen und Veränderungen der inneren Konzernstruktur gesichert. Der Fortbestand eines Konzernbetriebsrats als Dauereinrichtung könnte jedoch dadurch in Frage gestellt werden, dass überhaupt kein Konzernverhältnis mehr vorliegt. Wird es beendet, kann auch ein Konzernbetriebsrat nicht fortbestehen. Es gilt insofern nichts anderes als für die übrigen Mitbestimmungsgremien des BetrVG. Der Fortbestand des Gesamtbetriebsrats und Betriebsrats ist unabhängig von einer Änderung der inneren Führungsstruktur oder Organisation. Werden die betrieblichen Abläufe geändert und das Unternehmen umstrukturiert, dann berührt dies weder den Fortbestand des Betriebsrats noch den Gesamtbetriebsrat. Für den Konzernbetriebsrat kann nichts anderes gelten. Ändert es nur seine innere Organisation, dann muss der Konzernbetriebsrat unberührt bleiben.

3.

Für den im Inland gelegenen Teil eines internationalen Konzerns mit den dort ansässigen, abhängigen Unternehmen und inländischen Betrieben kann ein Konzernbetriebsrat errichtet werden. Für die Frage des Vorliegens eines Konzerns ist zu berücksichtigen, dass die Mitwirkungs- und Kontrollrechte der Arbeitnehmer nicht durch internationale Unternehmensorganisation geschmälert werden.

Deshalb findet das BetrVG bei international operierenden Unternehmensgruppen nur teilweise Anwendung. Haben sie ihren Sitz im Ausland, so gilt er nach der Rechtsprechung nur für den inländischen Konzernteil.

Dies gilt zum einen für den Fall, dass ein selbst abhängiges Unternehmen im Inland eine einheitliche Leitungsmacht ausübt. In diesem Fall handelt es sich um eine Art nationalen »Konzern im Konzern«, für den die Errichtung eines Konzernbetriebsrats anerkannt ist.

Auf den hier vorliegenden Fall ist dies übertragbar, in dem es an der uneingeschränkten Leitungsmacht des inländischen Unternehmens fehlt, weil die inländischen Unternehmen von einer ausländischen Gesellschaft beherrscht werden. Diese in der Literatur umstrittene Frage wird ganz überwiegend bejaht.

4.

Das Bestehen von Beherrschungsverträgen zwischen der mitbestimmungsfreien Konzernobergesellschaft und der Enkelgesellschaft schließt die Anwendbarkeit der Teilkonzernregelungen gemäß § 5 Abs. 3 MitbestG nicht aus. Auf die Art und Weise, wie die Muttergesellschaft die Leitungsmacht über die Enkelgesellschaft ausübt, insbesondere, ob sie sich hierzu der Tochtergesellschaft bedient, kommt es bei § 5 Abs. 3 MitbestG auch nach der Rechtsprechung nicht an (OLG Stuttgart vom 30.3.1995, ZIP 1995, S. 1004).

Der Abschluss eines Beherrschungsvertrages zwischen der ausländischen Konzernspitze und der inländischen Enkelgesellschaft steht der Anwendung des § 5 Abs. 3 MitbestG nicht entgegen, weil es maßgeblich auf die Beteiligungsverhältnisse ankommt.

Die obenstehenden Überlegungen zum Konzernbetriebsrat werden durch die Rechtsprechung zum Wirtschaftsausschuss bestätigt. Die Bildung eines Wirtschaftsausschusses ist nach Ansicht der BAG nicht dadurch ausgeschlossen, dass ein ausländisches Unternehmen seinen Sitz außerhalb des Geltungsbereiches des BetrVG unterhält. Wenn der Sitz des Unternehmens für die Bildung eines Wirtschaftsausschusses keine Rolle spielt, dann muss dies für die Errichtung eines Konzernbetriebsrats erst recht gelten.

Weiterhin ist die im EBRG enthaltene Wertung zu berücksichtigen, wonach gemeinschaftsweit operierende Unternehmen und Unternehmensgruppen sich nicht der Mitbestimmung dadurch entziehen können, dass sie außerhalb der nationalen Grenzen operieren. Nicht der Sitz der zentralen Leitung soll danach maßgebend sein, sondern die Tatsache, dass ein Unternehmen oder eine Unternehmensgruppe überhaupt gemeinschaftsweit tätig ist.

Der Konzernbetriebsrat ist auch arbeitsfähig. Im fehlt zur Erfüllung seiner Aufgaben kein »Gegenüber«. Er hat sowohl im Inland als auch Ausland Ansprechpartner. Darüber hinaus hat er auch Aufgaben, die er ohne unmittelbaren Ansprechpartner zu erledigen hat:

- Die Wahrnehmung der Mitbestimmungsrechte ist eine zentrale Aufgabe des Konzernbetriebsrats. Durch den Abschluss mehrerer Betriebsvereinbarungen ist der Antragsteller dieser Aufgabe auch nachgekommen. Die Tätigkeit des Konzernbetriebsrats beschränkt sich jedoch nicht auf die Wahrnehmung von Mitbestimmungsrechten. Darüber hinaus besteht eine zentrale Aufgabe darin, die in Deutschland gebildeten Gremien der Mitbestimmung zu koordinieren und zu gewährleisten, dass sie sich wechselseitig informieren.
- Auf diese Weise gewinnen die Betriebsräte bzw. Gesamtbetriebsräte des Konzerns ein vollständigeres Bild von der wirtschaftlichen Entwicklung der einzelnen Unternehmen des Konzerns und vor allem des deutschen Teilkonzerns.
- Hat die Konzernspitze im Ausland ihren Sitz, dann hat der Konzernbetriebsrat seinen Ansprechpartner auf der Arbeitgeberseite im Ausland. Das für das Betriebsverfassungsgesetz geltende Territorialitätsprinzip steht nicht dem Anspruch des Konzernbetriebsrats entgegen, auch mit dem im Ausland ansässigen Unternehmen Gespräche zu führen, Informationen einzuholen und notfalls auch Verhandlungen zu führen. Die deutsche Betriebsverfassung endet insofern nicht an der nationalen Grenze, sondern beinhaltet zwangsläufig zahlreiche internationale Bezüge (DKW-*Däubler*, Einl. Rn. 163 ff. zur Internationalisierung der Wirtschaft und Betriebsverfassungsverfassung; *Deinert*, Betriebsverfassung in Zeiten der Globalisierung, HSI-Schriftenreihe Band 38).
- Der Konzernbetriebsrat hat auch ohne inländische Konzernspitze ausreichend Ansprechpartner auf der Arbeitgeberseite im Ausland. In erster Linie handelt es sich hierbei um die inländischen Unternehmen, mit denen sich der Konzernbetriebsrat zur Wahrnehmung seiner Aufgaben in Verbindung setzen kann.
- Dies gilt nicht nur bei Wahrnehmung seiner originären Mitbestimmungsrechte gem. § 58 Abs. 1 BetrVG, sondern vor allem auch, wenn der Konzernbetriebsrat im Auftrag von Betriebsräten und Gesamtbetriebsräten gem. § 58 Abs. 2 BetrVG handelt. Bei der Wahrnehmung dieser Auftragszuständigkeit sind die betreffenden inländischen Unternehmen naturgemäß Ansprechpartner. Sie kennen sich mit der entsprechenden Problematik am besten aus, können hierzu Auskünfte geben und Regelungen treffen.
- Der Gesetzgeber hat mit der Novellierung des BetrVG 2001 die Zuständigkeit des Konzernbetriebsrats erweitert und sie auch auf bislang noch betriebsratslose Betriebe erstreckt. Damit hat der Konzernbetriebsrat u. a. die zusätzliche Aufgabe, die Wahl von Betriebsräten in bislang noch betriebsratslosen Betrieben zu initiieren.
- Dazu hat er sich zwangsläufig mit dem inländischen Unternehmen in Verbindung zu setzen. Auch insoweit steht ihm also ein inländischer Ansprechpartner zur Verfügung und er ist nicht funktionslos. Im Konzern gibt es auch noch einen betriebsratslosen Betrieb.
- Anders als der Aufsichtsrat wird der Konzernbetriebsrat nicht »bei« einem Unternehmen, sondern »für« die Unternehmen des Konzerns gebildet. Seine Fortexistenz ist deswegen unabhängig vom Fortbestand einer deutschen Obergesellschaft. Funktion und Aufgaben des Konzernbetriebsrats beziehen sich auf die in Deutschland ansässigen Unternehmen eines Konzerns.

5.

Nach § 17 Abs. 1 AktG liegt der Abhängigkeitstatbestand vor, wenn ein Unternehmen auf ein anderes rechtlich selbstständiges Unternehmen einen beherrschenden Einfluss ausüben kann. Der Vermutungstatbestand wird durch § 17 Abs. 2 AktG ergänzt, wonach bei Bestehen einer Mehrheitsbeteiligung im Sinne von § 16 Abs. 1 AktG gesetzlich die Abhängigkeit im Mehrheitsbesitz stehender Unternehmen von den mehrheitlich beteiligten Unternehmen zu vermuten ist. Die Mehrheitsbeteiligung kann nach § 16 Abs. 1 AktG auf der Mehrheit von Kapitalanteilen oder Stimmenmehrheit beruhen. Greift die Vermutung nach § 17 Abs. 2 AktG ein, dann löst sie die

weitere Vermutung nach § 18 Abs. 1 (3) AktG aus, wonach von einem abhängigen Unternehmen vermutet wird, dass es mit dem herrschenden Unternehmen einen Konzern bildet.
Die Vermutungsregeln der §§ 17 Abs. 2, 18 Abs. 1 (3) AktG sind widerlegbar: Die Abhängigkeitsvermutung gem. § 17 Abs. 2 AktG ist widerlegt, wenn Tatsachen behauptet und bewiesen werden, aus denen der fehlende beherrschende Einfluss aus Rechtsgründen folgt. Die gesetzliche Vermutung des § 18 Abs. 1 (3) AktG, nach der ein abhängiges Unternehmen mit dem herrschenden Unternehmen einen Konzern bildet, ist widerlegbar.
Eine Widerlegung der Konzernvermutung gelingt nur dann, wenn ohne Rücksicht auf Abhängigkeit Tatsachen behauptet und bewiesen werden, wonach ein Konzernverhältnis nicht besteht. Dies bedeutet, dass Umstände dargelegt werden müssen, aus denen sich ergibt, dass herrschendes und abhängiges Unternehmen nicht einheitlich geleitet werden. Die festzustellenden Tatsachen müssen die Annahme einer einheitlichen Leitung ausschließen können. Welche Tatsachen im Einzelfall hierfür erforderlich sind, hängt nicht nur davon ab, ob der weite oder enge Konzernbegriff zugrunde gelegt wird. Auch der jeweils unterschiedliche Regelungszweck des AktG und des MitbestG bzw. BetrVG ist zu berücksichtigen.
Für das Arbeitsrecht gilt der weite Konzernbegriff, der nicht voraussetzt, dass die herrschende Gesellschaft das abhängige Unternehmen umfassend steuert oder steuern kann. Die Führung im zentralen Unternehmensbereich wie z. B. den Finanzen reicht hierzu aus.
Hier besteht ein Verlustübernahmevertrag durch die Firmenbezeichnung 1. Die satzungsmäßigen Rechte dieser Gesellschaft bleiben erhalten. Hierzu zählen die Bestellung und die Abberufung der Geschäftsführer, die Einforderung von Nachschüssen, Satzungsänderungen einschließlich Kapitalerhöhung und Absetzung, Verschmelzung und Umwandlung, Auflösung sowie Fortsetzung, Bestellung von besonderen Liquidatoren sowie die Abberufung vom Gericht bestellter Liquidatoren.
Damit sind der Firmenbezeichnung 2 auch nach Abschluss der oben aufgeführten Unternehmensverträge in ausreichendem Maße Rechte belassen, die ihr die Führung der abhängigen Gesellschaften in den zentralen Unternehmensbereichen ermöglicht.
6.
Die entgegenstehende Rechtsprechung des BAG geht von unzutreffenden Voraussetzungen aus. Sie behauptet eine Gesetzeslücke in einem lückenlosen Gesetzestext und verweigert ihre Schließung. Solche Entscheidungen können keinen Bestand haben (DKW-*Wenckebach* vor § 54 Rn. 23 ff.).

II. Zum Hilfsantrag zu 2.a)

Mit dem Hilfsantrag zu 2.a) begehrt der Antragsteller die Feststellung, dass ihm in entsprechender Anwendung des § 21a BetrVG ein Übergangsmandat bis zur Bildung eines anderen unternehmensübergreifenden Organs in Deutschland zusteht.
Das Mandat des Gesamtbetriebsrats und des Konzernbetriebsrats wird in § 21a BetrVG nicht explizit erwähnt.
Gleichwohl muss der in den §§ 21a, 21b dokumentierte Wille des Gesetzgebers, eine lückenlose Mitbestimmung der Arbeitnehmer bei Umstrukturierungsmaßnahmen zu gewährleisten, auch durch Anerkennung eines Übergangsmandats von Gesamtbetriebsräten und Konzernbetriebsräten Anerkennung finden.

III. Zum Hilfsantrag zu 2.b)

Mit dem Hilfsantrag zu 2.b) begehrt der Antragsteller die Feststellung, dass ihm in entsprechender Anwendung des § 21b BetrVG ein Restmandat zur Wahrnehmung der unternehmensübergreifenden Aufgaben zusteht. Obige Ausführungen unter B. II. gelten insoweit entsprechend. Dem Konzernbetriebsrat muss zumindest ermöglicht werden, die ihm bislang obliegenden Aufgaben zu beenden.

C. Prozessuales

Zur Einleitung eines Beschlussverfahrens wegen des Fortbestands des Konzernbetriebsrats ist gem. §§ 2a, 80ff. ArbGG das Gericht zuständig, in dessen Bezirk das herrschende Unternehmen seinen Sitz hat. Dies ist die Firmenbezeichnung 1 in Ort.

Die Zuständigkeit des Konzernbetriebsrats für dieses Verfahren ergibt sich gem. § 58 Abs. 1 Satz 1 BetrVG aus dem Sachverhalt selbst. Darüber hinaus liegt eine Zuständigkeit kraft Auftrags gem. § 58 Abs. 2 Satz 1 vor. Alle Mitglieder des Konzernbetriebsrats haben den Konzernbetriebsratsvorsitzenden mit der Durchführung dieses Verfahrens ordnungsgemäß beauftragt.

Wegen des Fortbestands des Konzernbetriebsrats ist die Bezeichnung-Gewerkschaft am Verfahren gem. § 18 Abs. 2 BetrVG zu beteiligen und antragsbefugt. Sie ist im Konzern und Konzernbetriebsrat vertreten. Sie ist befugt, zur Klärung von Zweifelsfragen eine gerichtliche Entscheidung herbeizuführen. Was für die Existenz des Betriebsrats gem. § 18 Abs. 2 BetrVG gilt, muss erst recht für den Fortbestand der überbetrieblichen Mitbestimmungsorgane gelten. Dem steht nicht der Beschluss des BAG vom 29.8.1985, NZA 1986, 400f. entgegen, der in diesem Verfahren die Beteiligtenbefugnis der im Betrieb vertretenen Gewerkschaft für einen Entsendungsbeschluss in den Konzernbetriebsrat verneinte. Der dort zu entscheidende Sachverhalt war mit dem hier vorliegenden nicht vergleichbar. Hier geht es nicht um den Beschluss eines Gesamtbetriebsrats zur Entsendung in einen unstreitig fortbestehenden Konzernbetriebsrat, sondern um den Fortbestand eines bereits errichteten Organs der Betriebsverfassung überhaupt.

Es läuft keine Frist zur Einleitung eines Beschlussverfahrens.

Die Antragsgegnerin hat den Fortbestand des Antragstellers bestritten. Damit besteht ein Rechtschutzbedürfnis der Antragsteller.

> **Hinweis:**
> 1. Der Feststellungsantrag empfiehlt sich, wenn der Fortbestand des Konzernbetriebsrats insgesamt strittig ist.
> 2. Entscheidend ist der Leistungsantrag selbst, dem ein vollstreckungsfähiger Inhalt zukommt und der dazu möglichst konkret zu bezeichnen ist.

Konzernbetriebsrat/Gesamtbetriebsrat/Betriebsrat: Antrag auf Eröffnung eines Beschlussverfahrens zum Entsendungsrecht in den Konzernbetriebsrat 18

Vorbemerkung

Ist nicht der Fortbestand des Konzernbetriebsrats als solcher, sondern seine Zusammensetzung streitig, dann kann die Streitfrage gerichtlich geklärt werden.

In diesem Fall konzentriert sich die Auseinandersetzung auf das Entsendungsrecht der Gesamtbetriebsräte und Betriebsräte in den Konzernbetriebsrat und die Wahrung der Rechte der entsandten Mitglieder.

Die Streitigkeit kann unterschiedlichste Ursachen haben und z.B. darin liegen, dass nach Ansicht des Arbeitgebers eine in Deutschland ansässige Gesellschaft nicht zum Konzern gehöre.

In dem hier behandelten Beispiel konzentriert sich die Argumentation darauf, dass bei der in Deutschland ansässigen Obergesellschaft Stabsfunktionen angesiedelt sind und sie deshalb als herrschendes Unternehmen gem. §§ 17, 18 AktG anzusehen ist.

Rechtsanwälte Name Ort, Datum
Adresse

An das
Arbeitsgericht
Bezeichnung
Adresse

Antrag auf Eröffnung eines Beschlussverfahrens mit den Beteiligten

1. Konzernbetriebsrat Firmenbezeichnung 1

- Antragssteller -

2. Gewerkschaft Bezeichnung, Vorstand
3. Betriebsrat der Firmenbezeichnung 1

- Antragssteller -

4. Gesamtbetriebsrat der Firmenbezeichnung B-GmbH

- Antragssteller -

5. Betriebsrat der Firmenbezeichnung C-GmbH

- Antragssteller -

6. Betriebsrat der Firmenbezeichnung D-GmbH

- Antragssteller -

gegen

7. Firmenbezeichnung 1

– Antragsgegnerin –

8. Firmenbezeichnung B-GmbH

– Antragsgegnerin –

9. Firmenbezeichnung C-GmbH

– Antragsgegnerin –

10. Firmenbezeichnung D-GmbH

– Antragsgegnerin –

wegen Entsendung in den Konzernbetriebsrat

werden wir nach dem Vortrag der Antragsgegnerin, wonach nunmehr der Konzernbetriebsrat fortbestehen soll, folgende Anträge stellen:

- Die Beteiligten zu 7. bis 10. werden verpflichtet, die Entsendung der gesetzlichen Mitglieder des Antragstellers und Beteiligten zu 1. der Beteiligten zu 3. bis 6. Namen in den Antragssteller und Beteiligten zu 1. von den Antragstellern und Beteiligten zu 3. bis 6. durch die jeweiligen Beteiligten zu 7. bis 10. in die folgende Sitzungen Datum zu dulden, insbesondere die entsandten Mitglieder von der Arbeitsleistung bei Fortzahlung des Entgelts für die erforderliche Zeit freizustellen, ihre Kosten (Fahrtkosten, Übernachtungskosten, Spesen) zu ersetzen und sie nicht wegen ihrer Tätigkeit im Konzernbetriebsrat abzumahnen.
- Die Beteiligten zu 7. bis 10 werden verpflichtet, die abgeschlossene Konzernbetriebsvereinbarung zu vom Datum als Konzernbetriebsvereinbarung durchzuführen.
- **Hilfsweise** festzustellen, dass die Beteiligten zu 3. bis 6. berechtigt sind, Mitglieder in den Beteiligten zu 1. entsenden.

Begründung:

I.

1. Anträge

Die Antragsgegnerin bestreitet den Beteiligten zu 3. bis 6. das Recht der Mitgliedschaft im Konzernbetriebsrat und Beteiligten zu 1. Damit besteht ein Rechtsschutzbedürfnis für ihre Pflicht, die Entsendung der Beteiligten zu 3. bis 6. zu dulden und ihnen die Rechte eines Konzernbetriebsratsmitglieds einzuräumen. Sollte das Gericht eine andere Antragsstellung für sachdienlich erachten, wird um einen entsprechenden richterlichen Hinweis gebeten.

2. Beteiligungsfähigkeit

Die Gewerkschaft Bezeichnung und Beteiligte zu 2. ist an diesem Verfahren zu beteiligen. Es wäre ein nicht auflösbarer Wertungswiderspruch, wenn eine im Betrieb bzw. Unternehmen und Konzern vertretene Gewerkschaft z. B. einerseits bei groben Verstößen des Arbeitgebers gegen betriebsverfassungsrechtliche Pflichten mit eigenem Antragsrecht ein Verfahren gemäß § 23 Abs. 3 BetrVG einleiten könnte und ihr andererseits im Verfahren über Fortbestand und Zusammensetzung eines für die Mitbestimmung entscheidenden Gremiums noch nicht einmal das Recht zur

Beteiligung im Verfahren eingeräumt wird. Dies wäre unvereinbar mit Wortlaut und Systematik des Betriebsverfassungsgesetzes sowie der gesetzgeberischen Absicht.
Dies gilt entsprechend für die sonstigen Rechte der Gewerkschaft gem. §§ 2 Abs. 2, 16 Abs. 2, 17 Abs. 1 und 2, 18 Abs. 1 und 2, 19 Abs. 2, 31, 35, 37 Abs. 7, 43 Abs. 4, 53 Abs. 3, 119 Abs. 2 BetrVG.

II.

1. Beseitigung von Mitbestimmungsorganen
Der einzige Zweck des Abschlusses der Entherrschungsverträge besteht in der Beseitigung des Konzernbetriebsrats und des mitbestimmenden Aufsichtsrats der Firmenbezeichnung 1. Die gegenteilige Behauptung ist aus folgenden Gründen unzutreffend:
a) Die gesellschaftsrechtlichen Verhältnisse und die Strukturen der operativen Führung eines Konzerns sind in der Praxis nie deckungsgleich und müssen es auch arbeits- und gesellschaftsrechtlich nicht sein. Im Gegenteil unterstellt der Gesetzgeber selbst vielfach, dass diese Strukturen auseinanderfallen können und ordnet für diesen Fall entsprechende Rechtsfolgen an (z.B. Bildung eines mitbestimmenden Aufsichtsrats gem. § 5 Abs. 3 MitbestG).
Die einzige Veränderung, die der Abschluss der Entherrschungsverträge bewirken soll, ist der Wegfall des Konzernbetriebsrats und des bei der Beteiligten zu 7. gebildeten mitbestimmenden Aufsichtsrats.
b) Die Behauptung, dass die Entherrschungsverträge nur die faktische Leitungsstruktur nachbilden, ist unzutreffend. Die faktische Leitung der Beteiligten zu 7. bis 10. erfolgt nicht durch die Firmenbezeichnung 5, sondern die Firmenbezeichnung 6, die über insgesamt vier dazwischen geschaltete Gesellschaften ihre deutschen Gesellschaften lenkt.
2. Stabsfunktionen der Firmenbezeichnung 1
Bei der Firmenbezeichnung 1 sind die wesentlichen Stabsfunktionen angesiedelt. Über sie leitet die englische Konzernspitze die deutschen Gesellschaften einheitlich.
a) Bereits der erste Anschein belegt die zentrale Bedeutung der deutschen Obergesellschaft im Firmenbezeichnung-Konzern. In ihrem Betrieb in Ort sind ca. 300 Arbeitnehmer:innen beschäftigt. Bereits eine derartig große Zahl von Beschäftigten legt nahe, dass diese Gesellschaft in Relation zu der Beschäftigtenzahl der übrigen Tochtergesellschaften zentrale Stabsfunktionen ausübt.
b) Dieser erste Eindruck wird bestätigt durch den Lagebericht und die von dieser Gesellschaft ausgeübten Tätigkeiten. Er unterstreicht eindrucksvoll, dass diese Gesellschaft Stabsfunktionen auch ausübt. Die darin genannten Bereiche Finanzen, Personalwesen, Forschung, Entwicklung und Recht gehören klassischerweise zu den Zentralbereichen eines jeden Unternehmens.
c) In Wirklichkeit kann die zentrale Bedeutung der Firmenbezeichnung 1 für die in Deutschland tätigen Tochtergesellschaften kaum überschätzt werden:
(1) Finanz- und Rechnungswesen
Bei der Firmenbezeichnung 1 werden die Gewinne und Verluste der in Deutschland tätigen Konzerngesellschaften konsolidiert. Es bedarf dazu umfangreicher Prüfungen, welche Aufwendungen den einzelnen Gesellschaften im Geschäftsbereich zuzuordnen sind. Diese für einen Konzern überaus wichtige Aufgabe führt die Firmenbezeichnung 1 völlig eigenständig aus.
(2) Personalwesen
Die Firmenbezeichnung 1 ist zuständig für das gesamte Personalwesen der deutschen Konzerngesellschaften. Hierzu zählen folgende Bereiche:

- **Arbeitsdirektorin**
  Für den Gesamtkonzern in Deutschland wurde bei der Firmenbezeichnung 1 eine Arbeitsdirektorin neu bestellt.
- **Tarifverträge**
  Die Konzerngesellschaften in Deutschland sind tarifgebunden. Die gesamte Umsetzung tarifvertraglicher Vereinbarungen erfolgt über die Firmenbezeichnung 1.
- **Konzernweite Versetzungen**
  Konzernweite und unternehmensübergreifende Versetzungen werden zentral organisiert.
- **Bildung und Weiterbildung**

Der gesamte Bereich der Bildung und Weiterbildung ist bei der Firmenbezeichnung 1 angesiedelt.

- **Betriebliches Vorschlagswesen**
  Das gesamte betriebliche Vorschlagswesen wird über die Firmenbezeichnung 1 ausgestaltet.
- **Reisekosten**
  Die gesamten Abrechnungen von Reisekosten für die deutschen Konzerngesellschaften werden über die Firmenbezeichnung 1 abgewickelt.

(3) Forschung und Entwicklung
Bei der Antragsgegnerin ist der Bereich Forschung und Entwicklung angesiedelt. Es handelt sich hierbei um eine Zentralfunktion für das Unternehmen sowie für den Konzern insgesamt.

(4) Datenverarbeitung
Die Datenverarbeitung erfolgt über einen zentralen Server in Ort, also räumlich nur unweit von dem der Firmenbezeichnung 1 entfernt. Sie ist ebenfalls eine Stabsabteilung dieser Gesellschaft. Sie umfasst die gesamte Kommunikation innerhalb der deutschen Konzerngesellschaften sowie die grenzüberschreitende Kommunikation mit der Zentrale und den übrigen Konzerngesellschaften.

(5) Recht
Weiterhin ist das Justiziariat bei der Firmenbezeichnung 1 angesiedelt. Von dort werden alle bedeutsamen juristischen Fragen und Probleme der deutschen Konzerngesellschaften koordiniert. Die Justiziariatsfunktion bezieht sich also nicht nur auf die Firmenbezeichnung 1, sondern auf alle übrigen Konzerngesellschaften in Deutschland.

III.

1. Unwirksame Beherrschungsverträge
Hier dient allein der Abschluss der grenzüberschreitend abgeschlossenen Entherrschungsverträge dem Zweck, den mitbestimmenden Aufsichtsrat sowie den Konzernbetriebsrat zu beseitigen. Derartige Verträge sind nicht grundsätzlich unwirksam. Aber ihre nationale Anwendung bedarf der Korrektur nach dem Grundsatz von Treu und Glauben.

2. Firmenbezeichnung 1 als herrschendes Unternehmen
Die Firmenbezeichnung 1 verfügt über die entscheidenden Stabsfunktionen zur Steuerung der Konzerngesellschaften in Deutschland. Ein Unternehmen ist von einem anderen dann abhängig, wenn diese andere Gesellschaft auf die wichtigen Geschäftsbereiche Einfluss nehmen kann. Zu diesen wichtigen Geschäftsbereichen zählen Finanzen, Personalwesen, Forschung und Entwicklung und Recht.
Abhängigkeit im Sinne von § 17 AktG ist zu bejahen, wenn ein Unternehmen mit diesen wichtigen Bereichen maßgebend tätig ist. Dies ist hier ganz offensichtlich in einem ganz erheblichen Umfang der Fall.

3. Ungeteilte Herrschaft nicht erforderlich
Entscheidend ist letztlich, dass die Konzerngesellschaften überhaupt von derselben Muttergesellschaft abhängig sind. Mit der Firmenbezeichnung 6 existiert eine Gesellschaft, die dieses Unternehmen leitet. Ob dies direkt oder über andere Gesellschaften geschieht, ist unerheblich. Damit liegen die entscheidenden Voraussetzungen der §§ 17, 18 AktG vor, auch wenn das herrschende Unternehmen in Deutschland selbst abhängig ist. Hier wird die einheitliche Leitungsmacht gegliedert und über mehrere andere Untergesellschaften ausgeübt. Die Art und Tiefe dieser Gliederung ändert nichts an der Abhängigkeit im Sinne der §§ 17, 18 AktG.
Gesetzgeber und Rechtsprechung haben dies in mehreren Konstellationen anerkannt.

4. Konzern im Konzern
Mit der Anerkennung eines Konzerns im Konzern durch die Rechtsprechung wird die abgeleitete Leitungsmacht als ausreichend für die Bildung eines Konzerns im Konzern anerkannt.

5. Gemeinschaftsunternehmen

Auch in den Gemeinschaftsunternehmen ist die Leitungsmacht nicht ungeteilt. Halten zwei Gesellschaften jeweils 50 % der Anteile an einem Gemeinschaftsunternehmen, dann ist die Leitungsmacht geteilt. Dennoch ist jeweils eine Abhängigkeit zu den herrschenden Gesellschaften anzuerkennen.

6. Deutscher Teilkonzern

Nach § 5 Abs. 3 MitbestG ist auch dann das Vorliegen eines Konzerns gemäß §§ 17, 18 AktG anzunehmen, wenn die eigentliche Leitungsmacht nicht durch die deutsche Gesellschaft ausgeübt wird, sondern durch die ausländische Muttergesellschaft.
Im vorliegenden Fall kommt sogar hinzu, dass die deutsche Firmenbezeichnung 1 in erheblichem Maße eigene Leitungsmacht ausübt. Sie ist insofern mit der Obergesellschaft in einem Konzern im Konzern vergleichbar, bei dem der deutschen Konzernspitze eigene, wenn auch begrenzte Befugnisse eingeräumt sind, von denen sie auch faktisch Gebrauch macht.

Prozessvereinbarung zur Weiterarbeit des Konzernbetriebsrats (als Arbeitsgemeinschaft für die Dauer des Beschlussverfahrens) 19

Vorbemerkung

Um auch während eines Beschlussverfahrens die Arbeitsfähigkeit eines Konzernbetriebsrats zu sichern, kann eine Prozessvereinbarung zur Weiterarbeit in der bisherigen Zusammensetzung als Arbeitsgemeinschaft hilfreich sein.

Firmenbezeichnung

Prozessvereinbarung zum Beschlussverfahren zur ordnungsgemäßen Zusammensetzung des Konzernbetriebsrats

1. Konzernbetriebsrat der Firmenbezeichnung 1
2. Betriebsrat der Firmenbezeichnung 1
3. Gesamtbetriebsrat der Firmenbezeichnung 2
4. Betriebsrat der Firmenbezeichnung 3

- Antragssteller -

vertreten durch: Rechtsanwälte Namen, Adresse

gegen

5. Firmenbezeichnung 1
6. Firmenbezeichnung 2
7. Firmenbezeichnung 3

– Antragsgegner –

vertreten durch: Name, Adresse

Zwischen den Antragsstellern und Antragsgegnern wird folgende Vereinbarung getroffen:

Präambel

Beide Seiten wollen die Weiterarbeit der bisherigen Mitglieder des Konzernbetriebsrats ohne Anerkennung einer Rechtspflicht bis zum rechtskräftigen Abschluss des beim Arbeitsgericht Ort unter dem Aktenzeichen anhängigen Verfahrens ermöglichen. Dazu treffen beide Seiten folgende Vereinbarung:

1. Unternehmensübergreifende Arbeitsgemeinschaft

Ohne Anerkennung einer Rechtspflicht bilden die bisherigen Mitglieder des Konzernbetriebsrats bis zum rechtskräftigen Abschluss des oben genannten noch anhängigen Arbeitsgerichtsverfahrens eine unternehmensübergreifende Arbeitsgemeinschaft. Sie besteht aus den bisherigen Mitgliedern des Konzernbetriebsrats. Diese können ihre betriebsverfassungsrechtlichen Aufgaben gemäß §§ 54ff. BetrVG weiterhin wahrnehmen. Dazu gehört insbesondere das Recht zur Einberufung von Sitzungen. Abmahnungen oder sonstige Benachteiligungen im Zusammenhang mit ihrer Tätigkeit sind ausgeschlossen. An den Sitzungen nimmt jeweils der Arbeitsdirektor der Firmenbezeichnung 1 zu den betreffenden Tagesordnungspunkten teil, soweit dies terminlich möglich ist.

2. Konzernbetriebsvereinbarungen

Die bisher geltenden Konzernbetriebsvereinbarungen werden ohne Anerkennung einer Rechtspflicht in ihrem bisherigen Geltungsbereich weiterhin als Konzernbetriebsvereinbarungen durchgeführt. Die unternehmensübergreifende Arbeitsgemeinschaft nimmt darin die Funktion des bisherigen Konzernbetriebsrats ein.

20 **Betriebsrat: Beschluss zur Einlegung eines Rechtsmittels gegen arbeitsgerichtliche Entscheidung**

Vorbemerkung

Gegen den Beschluss des Arbeitsgerichts findet gem. § 87 Abs. 1 ArbGG die Beschwerde an das LAG statt (DKW-*Klebe*, Einl. Rn. 184).

Ist gegen eine arbeitsgerichtliche Entscheidung mit einem Konzernbetriebsrat als Beteiligtem die Einlegung eines Rechtsmittels möglich, sollte der beteiligte Konzernbetriebsrat die Einlegung von Rechtsmitteln beschließen, wenn der Rechtsweg weiter beschritten werden soll.

Beschluss

Die Betriebsräte der Konzerngesellschaften beschlossen am Datum nach Prüfung der Begründung des Beschlusses des Arbeitsgerichtes Bezeichnung, Aktenzeichen , über das Entsendungsrecht in den Konzernbetriebsrat einstimmig, gegen die Entscheidung Beschwerde beim Landesarbeitsgericht Bezeichnung einzulegen und mit der Vertretung Name anwaltliche Vertretung zu beauftragen.

6. Mustervereinbarungen zu Sicherung des Fortbestands des Konzernbetriebsrats

21 **Tarifvertrag zum Erhalt des Konzernbetriebsrats**

Vorbemerkung

Dieser Tarifvertrag ermöglicht die Bildung eines unternehmensübergreifenden Mitbestimmungsorgans, dessen Rechte denen des Konzernbetriebsrats entsprechen. Seine uneingeschränkte Durchsetzung ist zwar nicht einfach, aber der Versuch lohnt.

Tarifvertrag

über die Bildung einer Vertretung der Beschäftigten für die
deutschen Tochterunternehmen
des Firmenbezeichnung-Konzerns
(bisher: Konzernbetriebsrat)
zwischen

1. Bezeichnung aller vertragsschließenden Gesellschaften
   - deutsche Tochterunternehmen des Firmenbezeichnung-Konzerns
   - ausländische Gesellschaften

und

2. Gewerkschaften Bezeichnung und Bezeichnung

Präambel

Der vorliegende Tarifvertrag gewährleistet den ununterbrochenen Fortbestand einer Arbeitnehmervertretung auf Ebene der deutschen Tochterunternehmen des Firmenbezeichnung-Konzerns. Er dient zugleich der vertrauensvollen Zusammenarbeit zwischen der Konzernleitung, den Unternehmensleitungen, den Gesamtbetriebsräten, den Betriebsräten und den zuständigen Gewerkschaften. Die bisher bewährte Konzernbetriebsratsstruktur wird gem. §§ 54 Abs. 1 i.V.m. § 3 Abs. 1 BetrVG durch diese Vereinbarung fortentwickelt.

§ 1 Geltungsbereich

(1) Räumlich: Bundesrepublik Deutschland

(2) Fachlich: Für alle als Betriebe, Betriebsteile oder Kleinstbetriebe anzusehenden betrieblichen Einheiten der Firmenbezeichnung-Tochterunternehmen in Deutschland.

(3) Persönlich: Für alle im räumlichen und fachlichen Geltungsbereich dieses Tarifvertrags bei den vertragsschließenden Unternehmen beschäftigten Arbeitnehmer:innen.

§ 2 Zweck des Tarifvertrags

Zur Gewährleistung eines erfolgreichen Zusammenwirkens sind sich die Parteien einig, dass es auch weiterhin eines unternehmensübergreifenden Organs der Mitbestimmung im Konzern bedarf. Die Errichtung von Betriebsräten sowie die Bildung von Gesamtbetriebsräten soll durch einen zentralen Ansprechpartner auf Arbeitnehmerseite erleichtert werden. Zugleich dient diese Regelung der wirksamen und zweckmäßigen Interessenvertretung der Arbeitnehmer:innen.

§ 3 Anwendbare Vorschriften

Die Parteien sind darüber einig, dass auf die neue unternehmensübergreifende Arbeitnehmervertretung die Vorschriften der §§ 54ff. BetrVG analog anzuwenden sind.

§ 4 Bildung eines Wirtschaftsausschusses

Es wird ein Wirtschaftsausschuss gebildet. Dieser hat die Aufgabe, wirtschaftliche Angelegenheiten mit der ausländischen Konzernleitung zu beraten und die Vertretung der Beschäftigten zu unterrichten. Die Muttergesellschaft ist verpflichtet, den Wirtschaftsausschuss einmal monatlich schriftlich in deutscher Sprache zu informieren. Zusätzliche mündliche Unterrichtungen erfolgen auf Wunsch des Wirtschaftsausschusses im Beisein eines Dolmetschers. Die §§ 106ff. BetrVG finden entsprechend Anwendung.

§ 5 Zustimmung bei Benennung eines Arbeitsdirektors

Die Parteien sind sich darüber einig, dass die Benennung eines Arbeitsdirektors/einer Arbeitsdirektorin der Zustimmung der neuen Arbeitnehmervertretung bedarf.

§ 6 Neue Rechtsform

Dieser Tarifvertrag wird durch die Wahl einer neuen Rechtsform, beispielsweise der europäischen Aktiengesellschaft, nicht berührt.

§ 7 Streitigkeiten

Bei Streitigkeiten über Geltung und Inhalt dieses Tarifvertrags muss vor Anrufung der Arbeitsgerichte eine Einigungsstelle nach §§ 76ff. BetrVG angerufen werden.

§ 8 Inkrafttreten, Kündigung

1. Der Tarifvertrag tritt mit seiner Unterzeichnung in Kraft. Er kann beiderseits mit einer Frist von einem Jahr zum Ende der regelmäßigen Amtszeit nach § 13 Abs. 1 BetrVG, erstmals zum 31. Mai 2028 gekündigt werden. Die Kündigung muss durch einen eingeschriebenen Brief erfolgen.
2. Im Falle einer Kündigung wirkt der Tarifvertrag bis zum Abschluss einer neuen Vereinbarung nach.

§ 55 Zusammensetzung des Konzernbetriebsrats, Stimmengewicht

(1) In den Konzernbetriebsrat entsendet jeder Gesamtbetriebsrat zwei seiner Mitglieder. Die Geschlechter sollen angemessen berücksichtigt werden.
(2) Der Gesamtbetriebsrat hat für jedes Mitglied des Konzernbetriebsrats mindestens ein Ersatzmitglied zu bestellen und die Reihenfolge des Nachrückens festzulegen.

(3) Jedem Mitglied des Konzernbetriebsrats stehen die Stimmen der Mitglieder des entsendenden Gesamtbetriebsrats je zur Hälfte zu.
(4) Durch Tarifvertrag oder Betriebsvereinbarung kann die Mitgliederzahl des Konzernbetriebsrats abweichend von Absatz 1 Satz 1 geregelt werden. § 47 Abs. 5 bis 9 gilt entsprechend.

Inhaltsübersicht Rn.

Arbeitshilfen
Mustervereinbarungen

1 **Tarifvertrag zur Verkleinerung**

Vorbemerkung
Der nachfolgende Tarifvertrag zur veränderten Zusammensetzung entspricht ebenso wie die nachfolgende Konzernbetriebsvereinbarung den entsprechenden Vereinbarungen für den Gesamtbetriebsrat. Um Wiederholungen zu vermeiden, wird auf die Erläuterungen dazu verwiesen. Siehe auch DKW-*Wenckebach*, § 55 Rn. 19 ff.

Tarifvertrag zur Verkleinerung des Konzernbetriebsrats nach definierten Entsendungskreisen
Zwischen dem Vorstand der Firmenbezeichnung, vertreten durch den Vorsitzenden Name,

– einerseits –

und der Gewerkschaft Bezeichnung, vertreten durch Name,

– andererseits –

wird folgender Tarifvertrag über die Bildung des Konzernbetriebsrats der Firmenbezeichnung gemäß § 54 Abs. 4 BetrVG abgeschlossen:

I. Mitgliederzahl des Konzernbetriebsrats
Der Konzernbetriebsrat der Firmenbezeichnung besteht aus 35 Mitgliedern.

II. Zusammensetzung und Wahl des Konzernbetriebsrats

1. Zur Wahl der Mitglieder in den Konzernbetriebsrat werden die Betriebe der Firmenbezeichnung in acht Entsendungskreise zusammengefasst. Zusammensetzung der Entsendungs-

kreise und Wahl der Gesamtbetriebsratsmitglieder in den Entsendungskreisen sind in der Anlage dieses Tarifvertrags geregelt.

2. Die Wahl der Mitglieder des Konzernbetriebsrats (Entsendung) erfolgt in einer Sitzung, zu der alle Gesamtbetriebsratsmitglieder der zum Entsendungskreis gehörenden Betriebe eingeladen werden.
3. Der oder die Gesamtbetriebsratsvorsitzende des nach der Zahl der wahlberechtigten Arbeitnehmer größten Betriebs des Entsendungskreises beruft die Sitzung ein und leitet sie bis zur Bestellung eines Wahlleiters. Bei Beschlussfassung über die Entsendung hat jedes Betriebsratsmitglied eine Stimme. Erfolgt nicht spätestens zehn Tage vor der konstituierenden Sitzung des Konzernbetriebsrats die Einberufung, so lädt der Konzernbetriebsratsvorsitzende ein.
4. Im Übrigen gelten für die Beschlussfassung § 59 Abs. 1 i.V.m. § 51 Abs. 3 BetrVG, wonach Beschlussfähigkeit vorliegen muss.
5. In der Sitzung des Entsendungskreises ist für jedes in den Gesamtbetriebsrat gewählte Mitglied mindestens ein Ersatzmitglied zu wählen. Werden mehrere Ersatzmitglieder gewählt, ist die Rangfolge ihres Nachrückens bei der Wahl festzulegen.
6. Die Mitglieder des Gesamtbetriebsrats aller Betriebe des jeweiligen Entsendungskreises treten zur Wahl ihrer Konzernbetriebsrats-Mitglieder unmittelbar nach Abschluss der regelmäßigen Betriebsratswahlen zusammen. Zu weiteren Sitzungen lädt der vom Entsenderkreis Beauftragte ein.

III. Mitgliedschaft im Konzernbetriebsrat

1. Die Mitgliedschaft im Konzernbetriebsrat endet
   - mit dem Erlöschen der Mitgliedschaft im Gesamtbetriebsrat;
   - durch Amtsniederlegung;
   - durch Ausscheiden aus dem Konzernbetriebsrat aufgrund einer gerichtlichen Entscheidung oder
   - durch Abberufung durch den zuständigen Entsendungskreis.
2. Scheidet ein Mitglied des Konzernbetriebsrats aus, so rückt das vom Entsendungskreis für das ausscheidende Konzernbetriebsratsmitglied gewählte Ersatzmitglied nach. Das gilt entsprechend für die Stellvertretung eines zeitweilig verhinderten Mitglieds des Konzernbetriebsrats.

IV. Kosten

Die in Folge der Konzernbetriebrats-Tätigkeit nach § 51 Abs. 1 i.V.m. § 40 BetrVG anfallenden Kosten für die Mitglieder des verkleinerten Konzernbetriebsrats trägt der Vorstand der Firmenbezeichnung.

V. Schlussbestimmungen

Dieser Tarifvertrag tritt am Datum in Kraft.
Die Anlage ist Bestandteil des Tarifvertrags.

Anlage

zum Tarifvertrag über die Bildung des Konzernbetriebsrats der Firmenbezeichnung
Die 39 Mitglieder des Konzernbetriebsrats werden in den Entsendungskreisen nach folgendem Schlüssel gewählt:
Entsendungskreis 1:
Hauptverwaltung 2 KBR-Mitglieder
Entsendungskreis 2:
Betrieb 3 KBR-Mitglieder
Betrieb 1 KBR-Mitglied
Betrieb und 1 KBR-Mitglied
Entsendungskreis 3:

Betrieb 5 KBR-Mitglieder
Betrieb 1 KBR-Mitglied
Betrieb 1 KBR-Mitglied
Betrieb und 1 KBR-Mitglied
Entsendungskreis 4:
Betrieb 3 KBR-Mitglieder
Betrieb 1 KBR-Mitglied
Betrieb und 1 KBR-Mitglied
Entsendungskreis 5:
Betrieb 3 KBR-Mitglieder
Betrieb und 1 KBR-Mitglied
Entsendungskreis 6:
Betrieb 4 KBR-Mitglieder
Betrieb und 1 KBR-Mitglied
Entsendungskreis 7:
Betrieb 3 KBR-Mitglieder
Betrieb 1 KBR-Mitglied
Betrieb und 1 KBR-Mitglied
Entsendungskreis 8:
Betrieb 4 KBR-Mitglieder
Betrieb , , und 1 KBR-Mitglied

2 Verkleinerung des Konzernbetriebsrats

Zwischen dem Vorstand der Firmenbezeichnung, vertreten durch die/den Vorsitzende:n Name,

– einerseits –

und dem Konzernbetriebsrat der Firmenbezeichnung, vertreten durch die/den Vorsitzende:n Name,

– andererseits –

wird folgende Konzernbetriebsvereinbarung über die Bildung des Konzernbetriebsrats der Firmenbezeichnung gemäß § 54 Abs. 4 BetrVG abgeschlossen:

I. Mitgliederzahl des Konzernbetriebsrats

Der Konzernbetriebsrat der Firmenbezeichnung besteht aus 39 Mitgliedern.

II. Zusammensetzung und Wahl des Konzernbetriebsrats

1. Zur Wahl der Mitglieder in den Konzernbetriebsrat werden die Betriebe der Firmenbezeichnung in acht Entsendungskreise zusammengefasst. Zusammensetzung der Entsendungskreise und Wahl der Konzernbetriebsratsmitglieder in den Entsendungskreisen sind in der Anlage dieser Konzernbetriebsvereinbarung geregelt.
2. Die Wahl der Mitglieder des Konzernbetriebsrats (Entsendung) erfolgt in einer Sitzung, zu der alle Gesamtbetriebsratsmitglieder der zum Entsendungskreis gehörenden Betriebe eingeladen werden.
3. Der/die Gesamtbetriebsratsvorsitzende des nach der Zahl der wahlberechtigten Arbeitnehmer größten Unternehmens des Entsendungskreises beruft die Sitzung ein und leitet sie bis zur Bestellung eines Wahlleiters. Bei Beschlussfassung über die Entsendung hat jedes Gesamtbetriebsratsmitglied eine Stimme. Erfolgt nicht spätestens zehn Tage vor der konstituierenden Sitzung des Konzernbetriebsrats die Einberufung, so lädt der Vorsitzende ein.
4. Im Übrigen gilt für die Beschlussfassung § 55 Abs. 3 BetrVG.

5. In der Sitzung des Entsendungskreises ist für jedes in den Gesamtbetriebsrat gewählte Mitglied mindestens ein Ersatzmitglied zu wählen. Werden mehrere Ersatzmitglieder gewählt, ist die Rangfolge ihres Nachrückens bei der Wahl festzulegen.
6. Die Mitglieder des Gesamtbetriebsrats aller Betriebe des jeweiligen Entsendungskreises treten zur Wahl ihrer Mitglieder unmittelbar nach Abschluss der regelmäßigen Betriebsratswahlen zusammen. Zu weiteren Sitzungen lädt der vom Entsenderkreis Beauftragte ein.

III. Mitgliedschaft im Konzernbetriebsrat

1. Die Mitgliedschaft im Konzernbetriebsrat endet
   - mit dem Erlöschen der Mitgliedschaft im Gesamtbetriebsrat;
   - durch Amtsniederlegung;
   - durch Ausscheiden aus dem Konzernbetriebsrat aufgrund einer gerichtlichen Entscheidung oder
   - durch Abberufung durch den zuständigen Entsendungskreis.
2. Scheidet ein Mitglied des Konzernbetriebsrats aus, so rückt das vom Entsendungskreis für das ausscheidende Konzernbetriebsratsmitglied gewählte Ersatzmitglied nach. Das gilt entsprechend für die Stellvertretung eines zeitweilig verhinderten Mitgliedes des Konzernbetriebsrats.

IV. Kosten

Die in Folge der Tätigkeit des Konzernbetriebsrats nach §§ 59 Abs. 1, 51 Abs. 1 i.V.m. § 40 BetrVG anfallenden Kosten für die Mitglieder des verkleinerten Konzernbetriebsrats trägt der Vorstand der Firmenbezeichnung.

V. Schlussbestimmungen

1. Diese Konzernbetriebsvereinbarung tritt am Datum in Kraft.
2. Die Anlage ist Bestandteil der Konzernbetriebsvereinbarung.

Anlage

zur Konzernbetriebsvereinbarung über die Bildung des Konzernbetriebsrats der Firmenbezeichnung

Entsendungskreis 1:
Hauptverwaltung 2 KBR-Mitglieder
Entsendungskreis 2:
Betrieb 3 KBR-Mitglieder
Betrieb 1 KBR-Mitglied
Betrieb und 1 KBR-Mitglied
Entsendungskreis 3:
Betrieb 5 KBR-Mitglieder
Betrieb 1 KBR-Mitglied
Betrieb 1 KBR-Mitglied
Betrieb und 1 KBR-Mitglied
Entsendungskreis 4:
Betrieb 3 KBR-Mitglieder
Betrieb 1 KBR-Mitglied
Betrieb und 1 KBR-Mitglied
Entsendungskreis 5:
Betrieb 3 KBR-Mitglieder
Betrieb und 1 KBR-Mitglied
Entsendungskreis 6:
Betrieb 4 KBR-Mitglieder
Betrieb und 1 KBR-Mitglied
Entsendungskreis 7:

Betrieb 3 KBR-Mitglieder
Betrieb 1 KBR-Mitglied
Betrieb und 1 KBR-Mitglied
Entsendungskreis 8:
Betrieb 4 KBR-Mitglieder
Betrieb , und 1 KBR-Mitglied

3 Tarifvertrag zur Verkleinerung nach Bundesländern

Tarifvertrag
über die Bildung des Konzernbetriebsrats des Firmenbezeichnung-Konzern
Zwischen dem Vorstand der Firmenbezeichnung, vertreten durch die Vorstände Namen

– einerseits –

und der Gewerkschaft Bezeichnung, vertreten durch Name

– andererseits –

wird folgender Tarifvertrag abgeschlossen:

§ 1 Geltungsbereich
Der Tarifvertrag gilt für die Firmenbezeichnung und alle Konzernunternehmen.

§ 2 Tarifvorbehalt
In Angelegenheiten, die durch diesen Tarifvertrag geregelt sind, ist der Abschluss von Betriebsvereinbarungen nicht möglich, es sei denn, dieser Tarifvertrag lässt dies ausdrücklich zu.

§ 3 Größe des Konzernbetriebsrats
Die Anzahl der Mitglieder des Konzernbetriebsrats wird auf 26 begrenzt.

§ 4 Freistellungsumfang
Für ihre Tätigkeit im Konzernbetriebsrat werden 26 Mitglieder des Konzernbetriebsrats von ihrer Arbeit freigestellt. Bestehende Freistellungen der entsandten Gesamtbetriebsratsmitglieder werden angerechnet.

§ 5 Bildung des Konzernbetriebsrats
(1) Die Gesamtbetriebsräte sind entsendungsberechtigt zum Konzernbetriebsrat.
(2) Zur Bildung des Konzernbetriebsrats werden Entsendungsbereiche festgelegt. Als Entsendungsbereiche gelten

- die Bundesländer Bremen, Hamburg, Mecklenburg-Vorpommern, Niedersachsen und Schleswig-Holstein
- das Bundesland Nordrhein-Westfalen
- die Bundesländer Hessen, Rheinland-Pfalz und Saarland
- die Bundesländer Berlin, Brandenburg, Sachsen, Sachsen-Anhalt und Thüringen
- das Bundesland Baden-Württemberg
- das Bundesland Bayern.

(3) Der Sitz des Unternehmens ist ausschlaggebend für die Zugehörigkeit zum Entsendungsbereich. Hierbei werden die Beschäftigten, die zu diesem Gesamtbetriebsrat wahlberechtigt waren, dem jeweiligen Entsendungsbereich zugeordnet.
(4) Die einem Entsendungsbereich i. S. v. Absatz 3 zugeordneten wahlberechtigten Beschäftigten sind Verteilungsgrundlage für die Anzahl der Mandate des Konzernbetriebsrats entsprechend § 3. Die Verteilung orientiert sich an dem Prinzip d'Hondt. Auf jeden Entsendungsbereich i. S. v. Absatz 2 entfallen jedoch mindestens zwei Mandate.

(5) Nach den regelmäßigen Betriebsratswahlen findet in jedem Entsendungsbereich eine Versammlung statt, an der die Mitglieder der Gesamtbetriebsräte des Entsendungsbereichs teilnehmen. Sie wird vom Gesamtbetriebsratsvorsitzenden des größten Unternehmens einberufen und geleitet.
(6) Aufgabe dieser Zusammenkunft ist es, die Mitglieder des Konzernbetriebsrats und deren Ersatzmitglieder für den Entsendungsbereich zu bestellen. Die Entsendung erfolgt durch Wahl mit einfacher Stimmenmehrheit.
(7) Auf Antrag eines Drittels der Gesamtbetriebsratsmitglieder des Entsendungsbereichs ist von dem Gesamtbetriebsrat des nach der Zahl der wahlberechtigten Arbeitnehmer größten Unternehmens eine Versammlung der Gesamtbetriebsräte des Entsendungsbereichs einzuberufen, in der über die Abberufung von Konzernbetriebsratsmitgliedern entschieden wird.
(8) Eine Versammlung i. S. v. Absatz 5 muss ebenfalls einberufen werden, wenn durch Ausscheiden von Konzernbetriebsratsmitgliedern und deren Ersatzmitgliedern ein Mandat im Konzernbetriebsrat nicht mehr besetzt ist.

§ 6 Stimmengewichtung der Konzernbetriebsratsmitglieder
Die von den Gesamtbetriebsräten des Entsendungsbereichs gewählten Konzernbetriebsratsmitglieder haben bei Abstimmungen des Konzernbetriebsrats anteilig so viele Stimmen, wie in den zusammengefassten Betrieben insgesamt wahlberechtigte Gruppenangehörige in die Wählerlisten eingetragen sind.

§ 7 Bildung der Gesamt-Jugend- und Auszubildendenvertretung
(1) Zur Bildung der Konzern-Jugend- und Auszubildendenvertretung sind die §§ 5 und 6 dieses Tarifvertrags sinngemäß anzuwenden.
(2) Die Zahl der Mitglieder der Konzern-Jugend- und Auszubildendenvertretung wird auf 15 begrenzt.
(3) Für ihre Tätigkeit in der Konzern-Jugend- und Auszubildendenvertretung werden drei Mitglieder freigestellt.

§ 8 Tarifliche Schlichtungsstelle
(1) Zur Beilegung von Meinungsverschiedenheiten von den in der Anlage näher bezeichneten Mitbestimmungstatbeständen wird für die Zentrale der Firmenbezeichnung eine tarifliche Schlichtungsstelle gebildet.
(2) Die tarifliche Schlichtungsstelle tritt im Rahmen ihrer Zuständigkeit an die Stelle der in § 76 Abs. 1 BetrVG bezeichneten Einigungsstelle.
(3) Die tarifliche Schlichtungsstelle besteht aus je fünf Beisitzern, die von den Tarifvertragsparteien bestellt werden, und einem unparteiischen Vorsitz, auf dessen Person sich die Tarifvertragsparteien einigen müssen. Der oder die Vorsitzende sollte die Befähigung zum Richteramt besitzen. Kommt eine Einigung nicht zustande, gilt § 76 Abs. 2 BetrVG.
(4) Für die Verfahren vor der tariflichen Schlichtungsstelle gilt § 76 Abs. 3 und 5 BetrVG entsprechend. Die Verhandlungen vor der tariflichen Schlichtungsstelle sind nicht öffentlich. Vor der Beschlussfassung sind die Beteiligten zu hören. Bleibt ein Beteiligter der Verhandlung unentschuldigt fern oder äußert er sich trotz Aufforderung nicht, so ist der Pflicht zur Anhörung genüge getan.
(5) § 76a BetrVG gilt für die tarifliche Schlichtungsstelle entsprechend.
(6) Die Mitglieder der tariflichen Schlichtungsstelle haben während der Verfahren jederzeit auf eine gütliche Beilegung der Meinungsverschiedenheiten hinzuwirken. Sie sind an keine Weisungen gebunden.
(7) Das Verfahren vor der tariflichen Schlichtungsstelle hat innerhalb von zwei Wochen nach Eingang des Antrags in der Geschäftsstelle zu beginnen. Die tarifliche Schlichtungsstelle entscheidet spätestens zwei Monate nach Eingang des Antrags.
(8) Für die Mitglieder der tariflichen Schlichtungsstelle gelten die §§ 78, 78a, 103 BetrVG, § 15 KSchG sinngemäß.

§ 9 Übergangs- und Schlussbestimmungen
Soweit und solange in diesem Tarifvertrag nichts anderes bestimmt ist, gelten im Übrigen die Bestimmungen des BetrVG.

4 **Verändertes Stimmgewicht beim Gemeinsamen Betrieb**

Vorbemerkung
Im Gemeinsamen Betrieb wird ein Betriebsrat wie in jedem anderen Betrieb gewählt. Auch seine Arbeit unterscheidet sich grundsätzlich von der im »normalen« Betrieb nicht. Allerdings können auch besondere Probleme beim Stimmgewicht auftauchen, die durch ihre Veränderung lösbar sind. Hierfür schafft § 55 Abs. 4 Satz 2 BetrVG die Voraussetzungen durch Verweis auf § 47 BetrVG (dazu DKW-*Deinert*, § 47 Rn. 25 ff.; DKW-*Wenckebach*, § 55 Rn. 133 ff). Erforderlich ist demgemäß ein Tarifvertrag oder eine Betriebsvereinbarung. Vorrang hat der Konzerntarifvertrag.

Konzernbetriebsvereinbarung zwischen der
1. Konzernbetriebsrat der Firmenbezeichnung 1, vertreten durch die/den Vorsitzende:n Name, Adresse
2. Konzernbetriebsrat der Firmenbezeichnung 2, vertreten durch die/den Vorsitzende:n Name, Adresse

und der
1. Firmenbezeichnung 1, vertreten durch den Vorstand Name, Adresse
2. Firmenbezeichnung 2, vertreten durch die Geschäftsführung Name, Adresse

wird gemäß § 55 Abs. 4 i.V.m. § 47 Abs. 9 BetrVG folgende Vereinbarung getroffen:
Abweichend von § 55 Abs. 4 i.V.m. § 47 Abs. 8 BetrVG haben die Mitglieder im Konzernbetriebsrat der Firmenbezeichnung 1 und im Konzernbetriebsrat der Firmenbezeichnung 2 an den gemeinsamen Betrieb in Ort jeweils nur so viele Stimmen, wie Arbeitnehmer:innen jeweils bei der Firmenbezeichnung 1 und der Firmenbezeichnung 2 auch zum Zeitpunkt der jeweils letzten Betriebsratswahl beschäftigt waren.
Die Arbeit des Konzernbetriebsrats der Firmenbezeichnung 2 soll durch die große Anzahl der Arbeitnehmer:innen der Firmenbezeichnung 1 nicht beeinflusst werden, die im gemeinsamen Betrieb beschäftigt sind.

§ 56 Ausschluss von Konzernbetriebsratsmitgliedern

Mindestens ein Viertel der wahlberechtigten Arbeitnehmer der Konzernunternehmen, der Arbeitgeber, der Konzernbetriebsrat oder eine im Konzern vertretene Gewerkschaft können beim Arbeitsgericht den Ausschluss eines Mitglieds aus dem Konzernbetriebsrat wegen grober Verletzung seiner gesetzlichen Pflichten beantragen.

Inhaltsübersicht Rn.

Einleitung

1 § 56 BetrVG ermöglicht den Ausschluss von Konzernbetriebsratsmitgliedern. Die Vorschrift entspricht der Regelung des § 23 Abs. 1 BetrVG für den Ausschluss eines Betriebsratsmitglieds. Auf § 23 BetrVG wird Bezug genommen (vgl. § 23 BetrVG Rn. 7 ff.).

§ 57 Erlöschen der Mitgliedschaft

Die Mitgliedschaft im Konzernbetriebsrat endet mit dem Erlöschen der Mitgliedschaft im Gesamtbetriebsrat, durch Amtsniederlegung, durch Ausschluss aus dem Konzernbetriebsrat aufgrund einer gerichtlichen Entscheidung oder Abberufung durch den Gesamtbetriebsrat.

Inhaltsübersicht Rn.

Einleitung

1 Die Vorschrift regelt in Entsprechung zu §§ 21 und 49 BetrVG die Beendigung der Mitgliedschaft der einzelnen Mitglieder des KBR. Zur Beendigung des KBR als Gremium insgesamt trifft sie keine Regelung (vgl. DKW-*Wenckebach* § 54 Rn. 21 ff. zu den Beendigungstatbeständen). Die Mitgliedschaft im KBR kann durch Amtsniederlegung, durch Ausschluss aufgrund einer gerichtlichen Entscheidung oder aufgrund einer Abberufung durch den GBR erlöshen. Da die Regelung dem entspricht, was § 21 BetrVG für den Ausschluss eines Betriebsratsmitglieds regelt, wird hier auf diese Vorschrift Bezug genommen.

§ 58 Zuständigkeit

(1) Der Konzernbetriebsrat ist zuständig für die Behandlung von Angelegenheiten, die den Konzern oder mehrere Konzernunternehmen betreffen und nicht durch die einzelnen Gesamtbetriebsräte innerhalb ihrer Unternehmen geregelt werden können; seine Zuständigkeit erstreckt sich insoweit auch auf Unternehmen, die einen Gesamtbetriebsrat nicht gebildet haben, sowie auf Betriebe der Konzernunternehmen ohne Betriebsrat. Er ist den einzelnen Gesamtbetriebsräten nicht übergeordnet.

(2) Der Gesamtbetriebsrat kann mit der Mehrheit der Stimmen seiner Mitglieder den Konzernbetriebsrat beauftragen, eine Angelegenheit für ihn zu behandeln. Der Gesamtbetriebsrat kann sich dabei die Entscheidungsbefugnis vorbehalten. § 27 Abs. 2 Satz 3 und 4 gilt entsprechend.

Inhaltsübersicht Rn.

I. Einleitung

1 Die Vorschrift regelt die **Rechtsstellung des Konzernbetriebsrats,** den **Zuständigkeitsbereich** des Konzernbetriebsrats sowie das **Verhältnis zu Betriebsrat und Gesamtbetriebsrat.**

Die Gesetzgebung hat die Abgrenzung der Zuständigkeiten zwischen Konzernbetriebsrat und Gesamtbetriebsrat derjenigen zwischen **Gesamtbetriebsrat und Betriebsrat** gemäß § 50 BetrVG nachgebildet, so dass generell die dort entwickelten Grundsätze entsprechend herangezogen werden können. Für die Wahrnehmung von Mitbestimmungsrechten ist nach der Kompetenzzuweisung des BetrVG primär der von den Arbeitnehmern durch die Wahl unmittelbar legitimierte Betriebsrat zuständig. Der Konzernbetriebsrat ist gemäß § 58 Abs. 1 BetrVG deshalb nur dann **allein zuständig,** wenn es sich um Angelegenheiten handelt, die

- den **Konzern insgesamt** oder **mehrere seiner Konzern-Unternehmen** betreffen und
- nicht durch die einzelnen Gesamtbetriebsrat innerhalb des Unternehmens geregelt werden können

Beide Voraussetzungen müssen zusammen vorliegen (ausführlich DKW-*Wenckebach*, § 58 Rn. 14 ff.).

II. Arbeitshilfen

1. Checkliste

2 **Übersicht zur allgemeinen Zuständigkeit des Konzernbetriebsrats kraft Gesetzes**

(Vergleiche im Einzelnen dazu DKW-*Wenckebach*, § 58 Rn. 12ff. und Rn. 22ff. zu den einzelnen Mitbestimmungstatbeständen)

Allgemeine Aufgaben:
- Sozialeinrichtungen
- Werkswohnungen
- Informationssysteme
- Personalwesen
- Allgemeine wirtschaftliche Angelegenheiten
- Konzernweite Befragungen
- Ethikrichtlinien
- Rahmeninteressenausgleich, Rahmensozialplan

Besondere gesetzliche Zuständigkeit:
- Bildung des Europäischen Betriebsrats (EBR)
- Bestellung des Wahlvorstands in betriebsratslosen Betrieben (§ 17 Abs. 1 BetrVG)
- Bestellung des Wahlvorstands gem. §§ 1 Abs. 2, 6 Montan MitbestG

2. Musterschreiben

3 **Konzernbetriebsrat: Hinzuziehung eines Beraters**

Konzernbetriebsrat Firmenbezeichnung, Adresse Ort, Datum
Konzernbetriebsratsvorsitzender Name

An den
Vorstand
der Firmenbezeichnung 1

Hinzuziehung einer Beratung

Sehr geehrte Anrede und Name,
zu Unrecht wird die Zustimmung zur Hinzuziehung eines Beraters gem. § 111 Satz 2 BetrVG verweigert.
Die geplante Umstrukturierung stellt nach unserem letzten Gespräch auch Ihrer Meinung nach eine Betriebsänderung gem. § 111 BetrVG dar. Aber Sie verweisen zu Unrecht darauf, dass der Konzernbetriebsrat keinen Berater hinzuziehen könne, weil der Gesamtbetriebsrat der Firmenbezeichnung 2 zuständig sei.
Der Konzernbetriebsrat ist originär zuständig für unternehmensübergreifende Angelegenheiten, um die es sich hier handelt. Den Wechsel von Arbeitnehmern von einem zum anderen Unternehmen und die entsprechenden Folgen können die betroffenen GBR nicht aus eigener Kompetenz regeln. Ihre Zuständigkeit endet an der Unternehmensgrenze: Eine Gesamtbetriebsvereinbarung im »abgebenden« Unternehmen gilt z. B. nur bei diesem Rechtsträger und Arbeitnehmer im aufnehmenden Unternehmen können hieraus keine Rechte herleiten. Konzerninterne Regelungen zur Wahrung der Arbeitnehmerrechte (Einkommen, Rückkehrrecht usw.) bei Versetzung kann deshalb nur der Konzernbetriebsrat für alle betroffenen Unternehmen abschließen.
Dies gilt hier entsprechend. Wie Sie zu Recht feststellen, sind von der Übertragung der Arbeitsverhältnisse von der Firmenbezeichnung 1 auf die Firmenbezeichnung 2 zwei Unternehmen betroffen. Damit ist die gesetzliche Voraussetzung gegeben, dass es sich um die Behandlung der Angelegenheiten handelt, die »mehrere der Konzernunternehmen« betreffen.
Auch die zweite Voraussetzung liegt vor, dass die Angelegenheiten nicht innerhalb der Unternehmen geregelt werden kann. Hier betrifft das angesprochene Problem doch Arbeitnehmer, die sich entweder in dem aufnehmenden oder nach wirksamer Ausübung ihres Widerspruchsrechts wieder im alten Unternehmen befinden. Eine einheitliche Behandlung ist hier deshalb nur durch den Konzernbetriebsrat möglich, dessen Zuständigkeit beide Unternehmen umfasst.
Die Zuständigkeit des Konzernbetriebsrats beruht außerdem auf § 58 Abs. 2 Satz 1 BetrVG. Der Gesamtbetriebsrat der Firmenbezeichnung 1 beauftragte ihn, in dieser Angelegenheit tätig zu werden. Die Beauftragung bezieht sich grundsätzlich auf jede betriebsverfassungsrechtliche Angelegenheit. Sie ergibt sich außerdem aus der Vertretungsmacht. Der KBR darf sich dem Auftrag auch nicht verweigern. Dies wäre als ein grober Verstoß gegen seine betriebsverfassungsrechtlichen Pflichten zu werten. Wie er die Angelegenheit erledigt, ist ihm überlassen. Deshalb kann er auch zunächst zur Klärung offener Fragen Berater hinzuziehen.
Der Konzernbetriebsrat will Frau Rechtsanwältin / Herrn Rechtsanwalt Name als Berater/in gem. § 111 BetrVG einschalten. Deshalb hatte ich ausdrücklich in meiner letzten Mail die Hinzuziehung »als Berater nach § 111 BetrVG« mitgeteilt. Danach bedarf es keiner Zustimmung des Arbeitgebers. Erforderlich ist lediglich eine Betriebsänderung, die hier eindeutig vorliegt.
Wir gehen davon aus, dass nunmehr die Einschaltung der Beratung durch den Konzernbetriebsrat keinen Einwänden von Ihrer Seite mehr begegnet.

Konzernbetriebsrat: Auskunftsverlangen über wahlberechtigte Arbeitnehmer:innen im betriebsratslosen Betrieb 4

Vorbemerkung

§ 58 Abs. 1 i. V. m. § 17 Abs. 1 BetrVG berechtigt und verpflichtet den Konzernbetriebsrat, in einem Konzern mit einem oder mehreren betriebsratslosen Betrieb(en) die Wahl von Betriebsräten zu initiieren und dazu Wahlvorstände zu bestellen. Dazu hat er einen Informationsanspruch gegenüber dem Arbeitgeber gem. § 80 Abs. 2 Satz 1 BetrVG.
Der Informationsanspruch steht auch dem Gesamtbetriebsrat eines Unternehmens zu (vgl. Musterschreiben des Gesamtbetriebsrats gem. § 50 Abs. 1 BetrVG).

Konzernbetriebsrat Firmenbezeichnung, Adresse Ort, Datum
Konzernbetriebsratsvorsitzende/r Name

An die
Geschäftsführerin Name
der Firmenbezeichnung, Adresse

Betriebsratswahl
Sehr geehrte/r Anrede und Name,
unsere Initiative zur Bildung eines Betriebsrats in Ort und unseren Informationsanspruch hatten Sie zuletzt abgelehnt, weil uns dies nichts angehe und wir hierzu nicht berechtigt seien. Wir sind aus folgenden Gründen anderer Meinung:
Nach § 80 Abs. 2 Satz 1 BetrVG ist der Arbeitgeber zur rechtzeitigen und umfassenden Information des Betriebsrats verpflichtet, die dieser zur Durchführung seiner Aufgaben nach dem BetrVG benötigt. Ihre Informationspflicht ist umfassend.
Der Konzernbetriebsrat hat ebenso wie der Betriebsrat, der Gesamtbetriebsrat oder die Gewerkschaft die Aufgabe, die Neuwahl bereits errichteter Betriebsräte zu initiieren. In gleicher Weise haben sie dafür Sorge zu tragen, dass in bislang noch betriebsratslosen Betrieben, in denen jedoch nach § 1 BetrVG ein Betriebsrat gewählt werden könnte, die Betriebsratswahl eingeleitet wird. Gemäß § 17 Abs. 1 Satz 1 BetrVG bestellt der Konzernbetriebsrat einen Wahlvorstand gem. § 16 Abs. 1 BetrVG.
Die Erfüllung dieser Aufgabe ist nicht in das Belieben des Konzernbetriebsrats gestellt, sondern entspricht einer Rechtspflicht. Dies ergibt sich nicht nur aus dem Wortlaut des § 17 Abs. 1 Satz 1 BetrVG, sondern auch aus dem systematischen Zusammenhang. Der Gesetzgeber brachte im BetrVG vielfach zum Ausdruck, dass mitbestimmungsfreie Bereiche zu schließen sind, wenn die entsprechenden Voraussetzungen vorliegen. Die Existenz von Betriebsräten in betriebsratsfähigen Einheiten entspricht seinen Zielvorstellungen.
§ 119 Abs. 1 Nr. 1 BetrVG stellt jede Behinderung der Wahl des Betriebsrats unter Strafe. Dieses scharfe Sanktionsmittel macht ebenfalls deutlich, dass der Gesetzgeber nicht nur die Tätigkeit des Betriebsrats, sondern auch seine Wahl fördern und schützen will. Jede grundsätzliche Verweigerung der erforderlichen Informationen zur Verhinderung der Betriebsratswahl kann eine strafbare Handlung darstellen.
Gemäß § 2 Abs. 1 Wahlordnung hat der Wahlvorstand einen Anspruch darauf, dass ihm für die Betriebsratswahl eine Liste der Wahlberechtigten ausgehändigt wird. Darauf sind die Wahlberechtigten mit Familienname, Vorname und Geburtsdatum in alphabetischer Reihenfolge und getrennt nach Geschlechtern aufzuführen. Die nicht wahlberechtigten Leiharbeitnehmer sind in der Wählerliste auszuweisen.
Dieser eigene Anspruch auf Informationen des Wahlvorstands verdrängt nicht den Informationsanspruch des Konzernbetriebsrats. Er hat nach eigenem pflichtgemäßen Ermessen das Vorliegen der Voraussetzungen des § 1 Abs. 1 Satz 1 BetrVG zu prüfen. Dazu benötigt er folgende Informationen über die Arbeitnehmer:

- Vor- und Nachname
- Adresse
- Geburtsdatum
- Beschäftigungsbeginn
- Nichtwahlberechtigte Leiharbeitnehmer

Zwar hat auch der Wahlvorstand einen Anspruch auf diese Informationen. Er ist jedoch nicht deckungsgleich mit dem des Konzernbetriebsrats. Er geht teilweise darüber hinaus (z.B. Aufführung getrennt nach Geschlechtern usw.) und besteht im Verlauf des Wahlverfahrens fort. Der Informationsanspruch des Wahlvorstands kann deshalb den des Konzernbetriebsrats nicht verdrängen. Jede andere Lösung wäre unpraktikabel.
Ohne eigenen Anspruch müsste der Konzernbetriebsrat den Wahlvorstand in betriebsratslosen Betrieben quasi »blind« bestellen, ohne zuvor das Vorliegen der Voraussetzungen des § 1 Abs. 1

Satz 1 BetrVG geprüft zu haben. Hierdurch würden nicht nur unnötige Kosten entstehen, sondern auch ein vermeidbarer bürokratischer Aufwand erforderlich werden.
Die Auskunft ist mit datenschutzrechtlichen Vorgaben vereinbar. Die Ausübung von Beteiligungsrechten ist datenschutzrechtlich nicht von vornherein unzulässig, weil sie mit der Verarbeitung personenbezogener Daten einhergeht. Die Weitergabe personenbezogener Beschäftigtendaten an den Konzernbetriebsrat dient einem datenschutzrechtlich zulässigen Zweck gem. § 26 BDSG i. V. m. Art. 6 Ic, 88 DSGVO.
Wir gehen deshalb nunmehr davon aus, dass Sie uns die angeforderten Daten übermitteln und die Wahlen nicht weiter behindert werden.

Übertragung von Aufgaben an den Konzernbetriebsrat 5

Gesamtbetriebsrat Firmenbezeichnung, Adresse Ort, Datum
Gesamtbetriebsratsvorsitzende/r Name

An den
Konzernbetriebsrat
der Firmenbezeichnung

Aufgabenübertragung
Liebe Kolleginnen und Kollegen,
die Geschäftsleitung hat uns vorgeschlagen, eine Konzernbetriebsvereinbarung zur Datenverarbeitung abzuschließen.
Unser Gesamtbetriebsrat beschloss auf seiner Sitzung vom Datum, den Konzernbetriebsrat gem. § 58 Abs. 2 BetrVG mit der Verhandlung über den Abschluss einer Gesamtbetriebsvereinbarung zu beauftragen. Dabei behalten wir uns die endgültige Entscheidung über den Abschluss gem. § 58 Abs. 2 Nr. 2 BetrVG vor.

Beauftragung zur Durchführung von Verhandlungen über einen Interessenausgleich und Abschluss eines Sozialplans 5a

Beauftragung des Konzernbetriebsrats (§ 54 Abs. 2 i. V. m. § 58 Abs. 2 BetrVG)
Sozialplan, Interessenausgleich wegen Schließung der Firmenbezeichnung-GmbH

Der Betriebsrat der Firmenbezeichnung-GmbH hat in seiner ordentlichen Sitzung vom Datum folgenden Beschluss gefasst:
Der Betriebsrat der Firmenbezeichnung-GmbH beauftragt den Konzernbetriebsrat im Zusammenhang mit der geplanten Schließung der Firmenbezeichnung-GmbH, Verhandlungen über einen Interessenausgleich durchzuführen und einen Sozialplan abzuschließen.
Der Betriebsrat der Firmenbezeichnung-GmbH behält sich die Entscheidungsfreiheit vor (§ 54 Abs. 2 i. V. m. § 58 Abs. 2 BetrVG). Dies gilt auch für die Entscheidung darüber, ob die Verhandlungen gescheitert sind, ob die Einigungsstelle angerufen werden soll und wie sie besetzt wird.

3. Mustervereinbarungen

6 **Konzernbetriebsvereinbarung zu Entsendungen im Konzern**

Konzernbetriebsvereinbarung
zwischen der Geschäftsführung
der Firmenbezeichnung
und dem Konzernbetriebsrat
der Firmenbezeichnung
über die **Entsendung von Beschäftigten innerhalb der** Firmenbezeichnung

1. Geltungsbereich
Diese Betriebsvereinbarung gilt für alle unternehmensüberschreitenden Entsendungen von Beschäftigten innerhalb der Konzerngesellschaften der Firmenbezeichnung.

2. Definition
Eine Entsendung ist die befristete Übernahme einer Aufgabe in einer anderen Gesellschaft der Firmenbezeichnung, wobei der Arbeitgeber unverändert die abgebende Gesellschaft bleibt. Die Beschäftigten werden somit an eine andere Gesellschaft ausgeliehen. Es handelt sich um eine konzerninterne Arbeitnehmerüberlassung gem. § 1 Abs. 3 Nr. 2 AÜG.

3. Dauer
Entsendungen dürfen in der Regel einen Zeitraum von zwei Jahren nicht überschreiten.

4. Beidseitige Interessen
Bei der Festlegung einer Entsendung sind neben den geschäftlichen Erfordernissen auch die Belange der Beschäftigten zu berücksichtigen.

5. Informationen
Bei schwerbehinderten Beschäftigten wird jeweils zusätzlich die zuständige Schwerbehindertenvertretung über die beabsichtigte Entsendung informiert. Die bei der abgebenden Gesellschaft für Schwerbehinderte gültigen Regelungen sind anzuwenden.

6. Vereinbarung
Vor Beginn der Entsendung wird eine schriftliche Vereinbarung getroffen, von der in der Anlage ein Muster beigefügt wird.

7. Verantwortlichkeiten
Die Personalverantwortung bleibt grundsätzlich bei dem Vorgesetzten in der abgebenden Gesellschaft. Für den konkreten Arbeitseinsatz und die dabei notwendigen fachlichen Weisungen ist der Vorgesetzte in der aufnehmenden Gesellschaft verantwortlich.

8. Beschäftigungsbedingungen
Bei Entsendungen finden grundsätzlich weiterhin die Beschäftigungsbedingungen der abgebenden Gesellschaft Anwendung.
Dies gilt insbesondere für folgende Punkte:
- Erstattung der im Zusammenhang mit der Entsendung stehenden Kosten;
- Leistungsbewertung, die in Abstimmung mit dem Vorgesetzten in der aufnehmenden Gesellschaft durchgeführt wird.

Soll während der Entsendung eine erfolgsabhängige Vergütungsform zur Anwendung kommen, bedarf es einer individuellen Vereinbarung.
Übernehmen Beschäftigte während der Entsendung eine höherwertige Aufgabe, so erhalten sie hierfür eine angemessene Zulage, die der Vorgesetzte des abgebenden Unternehmens festlegt.

Über die Höhe der Zulage wird der abgebende Betriebsrat informiert. Stimmt er nicht zu, kann er die Einigungsstelle anrufen.

9. Beendigung

Die abgebende Gesellschaft ist für die Wiedereingliederung der überlassenen Beschäftigten im Anschluss an die Entsendung verantwortlich.
Bei Entsendungen, die über ein Jahr hinausgehen, ist sechs Monate vor deren Ende mit dem betroffenen Beschäftigten ein Gespräch über dessen weiteren Einsatz nach Ablauf der Entsendung aufzunehmen.
Nach Beendigung der Entsendung erhält der Beschäftigte eine Tätigkeit, die der Tätigkeit vor der Entsendung gleichwertig ist. In diesem Fall bleibt seine bisherige Entgelteinstufung unverändert. Übte der Beschäftigte während der Entsendung eine höherwertige Tätigkeit aus und wird ihm nach Beendigung der Entsendung eine vergleichbare höherwertige Tätigkeit zugeordnet, dann wird die Zeit der Entsendung bei der Festlegung der Länge der Einarbeitungszeit berücksichtigt. Nach Ende der Entsendung erfolgt die Weiterbeschäftigung in dem Betrieb, dem er vor der Entsendung angehörte. Eine Stellenausschreibung für die zu besetzende Stelle ist dann nicht erforderlich. Soll der Beschäftigte jedoch ausnahmsweise nach Beendigung der Entsendung in einen anderen Betrieb versetzt werden, so sind die entsprechenden Mitbestimmungsrechte des jeweils zuständigen Betriebsrats zu beachten.

10. Betriebsrat

Jede Entsendung bedarf entsprechend § 99 BetrVG der Zustimmung des aufnehmenden Betriebsrats. Ebenfalls ist entsprechend § 99 BetrVG die Zustimmung des abgebenden Betriebsrats erforderlich, der damit in seiner Funktion als wieder aufnehmender Betriebsrat nach Ende der Entsendung seine Zustimmung zur Rückkehr des Mitarbeiters gibt.

11. Schlussbestimmungen

Diese Betriebsvereinbarung gilt ab dem Datum und ersetzt alle zeitlich zuvor abgeschlossenen Vereinbarungen und Regelungsabreden für die Firmenbezeichnung und die Konzerngesellschaften.
Die Geltung von Betriebs- und Gesamtbetriebsvereinbarungen für Versetzungen innerhalb der einzelnen Betriebe bzw. Unternehmen wird durch diese Konzernbetriebsvereinbarung nicht berührt. Ergänzende und die Rechte der Arbeitnehmer verbessernde Regelungen durch Betriebsräte oder Gesamtbetriebsräte sind zulässig.
Diese Konzernbetriebsvereinbarung kann zum Ende eines Kalenderjahres mit einer Frist von drei Monaten gekündigt werden und gilt dann fort.
Die Anlagen sind Bestandteile dieser Vereinbarung.

Hinweis:

1. Die Rechte der Arbeitnehmerinnen und Arbeitnehmer können durch Betriebs- und Gesamtbetriebsvereinbarungen verbessert werden. Ihr Geltungsbereich ist allerdings zwangsläufig unterschiedlich: Während sich Betriebs- und Gesamtbetriebsvereinbarungen nur auf den Bereich von Betrieb bzw. Unternehmen beschränken, gelten Konzernbetriebsvereinbarungen für betriebs- und unternehmensübergreifende und rein innerbetriebliche und unternehmensinterne Versetzungen (vgl. die Gesamtbetriebsvereinbarung zu betriebsübergreifenden, aber unternehmensinternen Versetzungen unter § 50 BetrVG).
2. Der Konzernbetriebsrat ist originär gem. § 58 Abs. 1 BetrVG nur für betriebs- und unternehmensübergreifende Versetzungen zuständig. Versetzungen im Betrieb oder Unternehmen kann er rechtswirksam nur kraft Auftrag der betroffenen Betriebsräte oder Gesamtbetriebsräte gem. § 50 Abs. 2 BetrVG regeln.
3. Von der schriftlichen Vereinbarung gem. Ziffer 6 und der Mitteilung an den Betriebsrat gem. Ziffer 10 können bei Bedarf Muster als Anlagen beigefügt werden.

7 **Stellenbesetzung**

Zwischen der Firmenbezeichnung und dem Konzernbetriebsrat wird gemäß § 77 BetrVG nachfolgende Konzernbetriebsvereinbarung zur Stellenbesetzung geschlossen.

§ 1 Leitgedanke
Die Firmenbezeichnung-AG und der Konzernbetriebsrat sind sich darin einig, dass das Verfahren zur Ausschreibung und Besetzung von Arbeitsplätzen bei den inländischen Konzernunternehmen Firmenbezeichnung durch unternehmensübergreifende verbindliche Rahmenregeln harmonisiert werden soll. Ziel ist ein transparenter und durchgängiger Arbeitsmarkt, der die konzerninterne Personalgewinnung erleichtert und den internen Personaltransfer fördert.

§ 2 Geltungsbereich
Die Konzernbetriebsvereinbarung gilt für die inländischen Unternehmen des Konzerns Firmenbezeichnung.

§ 3 Verfahren zur Stellenbesetzung
Abschnitt 1 – Ausschreibung freier Arbeitsplätze

1. Umfang der Ausschreibung

1.1. Grundsatz
Freie und besetzbare Arbeitsplätze bei inländischen Konzernunternehmen werden unternehmensübergreifend ausgeschrieben.

1.1 Ausnahmen
(1) Von einer Ausschreibung kann abgesehen werden, wenn die Besetzung des Arbeitsplatzes bereits in der Nachfolgeplanung bzw. Entwicklungsplanung vorgesehen ist oder ein freier Arbeitsplatz benötigt wird
- zur Eingliederung von Auszubildenden, Trainees oder Förderkreisteilnehmern,
- zur Eingliederung von Mitarbeiterinnen oder Mitarbeitern, deren Arbeitsplatz aufgrund wirtschaftlicher, organisatorischer oder personeller Maßnahmen entfallen oder verlegt worden ist,
- zur Wiedereingliederung von Beschäftigten nach Urlaub ohne Bezahlung, Elternzeit,,
- für einen Folgeeinsatz nach beendeter Auslandstätigkeit.

(2) Weitere Ausnahmen von der Ausschreibung sind nur zulässig, wenn dies aus besonders gelagerten personellen oder betrieblichen Gründen geboten ist.
(3) Die Entscheidung, ob nach Abs. 1 oder 2 von einer Ausschreibung abgesehen werden soll, trifft die für die Besetzung des Arbeitsplatzes zuständige Organisationseinheit. Erklärt sich der Betriebsrat nach Erörterung nicht mit dieser Absicht einverstanden, wird der Arbeitsplatz umgehend ausgeschrieben.

2. Gestaltung der Ausschreibungstexte
2.1. Stellenanzeigen müssen aus sich heraus verständlich über die wesentlichen Aufgaben und Anforderungen des zu besetzenden Arbeitsplatzes sowie die von Bewerberinnen und Bewerbern erwartete Qualifikation informieren. Überzogene Forderungen an die Bewerberqualifikation sind zu vermeiden. Ein zu eng gefasstes (z.B. auf einen speziellen Wunschkandidaten zugeschnittenes) Qualifikationsprofil ist im Interesse einer fairen Bewerberkonkurrenz unzulässig.

2.2.
(1) Stellenanzeigen sollen grundsätzlich folgende Angaben enthalten:
- Identifikationsnummer
- Funktionsbezeichnung des Arbeitsplatzes

- Organisatorische Einbindung des Arbeitsplatzes (z. B. Organisationseinheit, Abteilung, Einsatzort)
- Angaben zur Wertigkeit des Arbeitsplatzes (z. B. tarifliche Eingruppierung oder Hinweis auf AT-Funktion)
- Aufgabenbeschreibung und Arbeitsplatzanforderungen
- Erwartete Qualifikation der Bewerberinnen und Bewerber
- Besetzungszeitpunkt
- Adressat der Bewerbungsunterlagen
- Ansprechpartner

(2) Der Ausschreibungstext muss alle Geschlechter diskriminierungsfrei ansprechen.

(3) Es ist in jedem Fall zu prüfen, ob Arbeitsplätze auch für eine Besetzung mit (mehreren) Teilzeitkräften geeignet sind. Im Ausschreibungstext erfolgt ein entsprechender Hinweis.

3. Veröffentlichung der Ausschreibungstexte

3.1. Gemeinsame Stellenbörse

Die nach dieser Richtlinie auszuschreibenden Arbeitsplätze werden in einer gemeinsamen Stellenbörse – und zwar der Job-Börse im Intranet – veröffentlicht. Die inländischen Konzernunternehmen Firmenbezeichnung gewährleisten in ihren Betriebsstätten in geeigneter Weise den Zugang der Beschäftigten zu den Informationen der Jobbörsen.

3.2. Zusätzliche Medien

(1) Zusätzlich können weitere Ausschreibungsmedien oder Instrumente zur Ansprache potentieller Bewerberinnen und Bewerber genutzt werden, sofern dies nach den Umständen des Einzelfalls unter Beachtung von Wirtschaftlichkeitsgesichtspunkten geboten ist.

(2) Sollen hiernach Arbeitsplätze parallel zur internen Stellenausschreibung auch auf dem externen Arbeitsmarkt angeboten werden, so dürfen in den externen Stellenangeboten keine geringeren Anforderungen an potentielle Bewerberinnen und Bewerber gestellt werden als in der internen Ausschreibung.

4. Zeitpunkt und Dauer der Ausschreibung

4.1. Um Verzögerungen bei der Besetzung zu vermeiden, sollen auszuschreibende Arbeitsplätze im Rahmen einer rechtzeitigen Personaleinsatzplanung – ggf. unter Angabe des Besetzungszeitraumes – so früh wie möglich ausgeschrieben werden.

4.2. Die Bewerbungsfrist nach Veröffentlichung der Stellenanzeige darf zwei Wochen nicht unterschreiten.

Abschnitt 2 – Bewerbungsverfahren

5. Berechtigter Bewerberkreis

5.1. Auf Ausschreibungen nach dieser Richtlinie können sich alle Beschäftigten des Bezeichnung bewerben.

5.2. Eine Bewerbung setzt voraus, dass die in der Ausschreibung geforderten fachlichen und persönlichen Voraussetzungen (z. B. hinsichtlich geforderter Bildungsabschlüsse, Berufserfahrung, sonstiger Qualifikationen etc.) im Wesentlichen erfüllt sind.

6. Die Bewerbung

6.1. Bewerberinnen und Bewerber übersenden ihre Bewerbungsunterlagen unmittelbar an die für die Arbeitsplatzbesetzung zuständige Personalabteilung der ausschreibenden Organisationseinheit.

6.2. Alle Beschäftigten, die im Rahmen des Ausschreibungs- und Besetzungsverfahrens von einer Bewerbung Kenntnis erhalten, haben diese Information vertraulich zu behandeln. Auf Wunsch einzelner Bewerber wird der Schriftwechsel ausschließlich über deren Privatanschrift geführt. Von Rückfragen an die Beschäftigungsstelle der Person ist abzusehen.

Das Prinzip der Vertraulichkeit endet für ausgewählte Bewerberinnen und Bewerber mit der Personalanforderung. Ihnen ist jedoch rechtzeitig vorab Gelegenheit zu geben, ihre Vorgesetzten zu informieren.

Abschnitt 3 – Personalauswahl

7. Besetzungsentscheidung

7.1. Prinzip der Bestenauswahl

(1) Für die Besetzung aller nach dieser Richtlinie auszuschreibenden Arbeitsplätze gilt das Prinzip der Bestenauswahl. Hiernach ist der Arbeitsplatz aus dem Kreis der geeigneten Bewerberinnen und Bewerber der Person zu übertragen, die den in der Ausschreibung genannten Arbeitsplatz- und Qualifikationsanforderungen insgesamt am besten gerecht wird.

(2) Die Bestenauswahl erfolgt nach Maßgabe der fachlichen und persönlichen Eignung der Bewerber für den zu besetzenden Arbeitsplatz.

(3) Bei gleicher Eignung sind schwerbehinderte Menschen anderen Bewerbern bei der Arbeitsplatzbesetzung vorzuziehen.

7.2. Vorrang interner Bewerber

(1) Bewerberinnen und Bewerbern aus dem Bezeichnung ist gegenüber gleichgeeigneten externen Bewerbungen der Vorzug zu geben.

(2) Bewerberinnen und Bewerbern aus dem Bezeichnung ist der Vorzug vor besser geeigneten externen Bewerbungen zu geben, wenn sie in einer betrieblich zu vertretenden Frist entsprechend qualifiziert werden können. Welche Frist im Einzelfall betrieblich zu vertreten ist, legt die für die Besetzung des Arbeitsplatzes zuständige Organisationseinheit fest.

(3) Teilzeitbeschäftigten, die gem. § 9 TzBfG den Wunsch nach Verlängerung ihrer Arbeitszeit schriftlich angezeigt haben, ist bei gleicher Eignung Vorzug vor externen Bewerbungen zu geben.

7.3. Entscheidungsgrundlagen

(1) Die Auswahlentscheidung soll sich überwiegend auf die Bewerbungsunterlagen und ein mit den Bewerbern geführtes Gespräch stützen. Anhand der Bewerbungsunterlangen kann für die weiteren Auswahlschritte eine Vorauswahl getroffen werden.

(2) Soweit es die zur Besetzung anstehende Position unter Kosten-/Nutzenabwägungen erfordert, können zusätzliche flankierende Auswahlinstrumente als Entscheidungshilfe hinzugezogen werden.

Abschnitt 4 – Umsetzung der Auswahlentscheidung

8. Personalanforderung

Nach getroffener Besetzungsentscheidung und Vorabinformation des ausgewählten Bewerbers wird dieser bei seiner derzeitigen Beschäftigungsorganisationseinheit angefordert. Für die Abgabeverhandlungen gelten folgende Regeln:

8.1. Regelabgabefristen

(1) Die Freigabe von Bewerberinnen und Bewerbern erfolgt zum frühestmöglichen Termin innerhalb einer Frist von zwei Monaten. Die Frist beginnt mit Eingang der schriftlichen Personalanforderung bei der Beschäftigungsorganisationseinheit. Sie darf vom ausschreibenden Unternehmen nicht durch abweichende arbeitsvertragliche Regeln oder sonstige Aktivitäten unterlaufen werden.

(2) Für Stellenwechsel innerhalb des Unternehmens kann dieses ggf. auch andere Abgaberegeln festlegen.

8.2. Härtefälle

In besonders begründeten Härtefällen kann die für den Personaltransfer zwischen den beteiligten Organisationseinheiten zuständige Stelle nach Abwägung der Belange von aufnehmender und abgebender Organisationseinheit sowie der betroffenen Person eine von Ziffer 8.1 abweichende Freigabeentscheidung treffen. An diese sind die Beteiligten gebunden.

9. Information der Bewerberinnen und Bewerber
Nach Klärung des Abgabetermins und Abschluss der erforderlichen Beteiligungsverfahren werden die Bewerberinnen und Bewerber unverzüglich schriftlich über das Auswahlergebnis informiert. Falls im Einzelfall gewünscht, erhalten Betroffene eine schriftliche Begründung der Entscheidung.

10. Rechte der schwerbehinderten Menschen
Die Rechte der schwerbehinderten Menschen sind bei der Anwendung der Richtlinie zu beachten.

11. Schlussbestimmungen
1. Die Konzernbetriebsvereinbarung tritt am Datum in Kraft.
2. Die ersten zwölf Monate gelten als Erprobungszeit.
3. Unberührt bleibt die Möglichkeit, auf der Basis dieser Konzernbetriebsvereinbarung unternehmensinterne Regelungen zu schaffen. Diese dürfen der Konzernbetriebsvereinbarung nicht entgegenstehen.
4. Die Konzernbetriebsvereinbarung kann mit einer Frist von drei Monaten zum Monatsende, frühestens jedoch zum Ablauf der Erprobungszeit, gekündigt werden.

Für den Vorstand AG Für den Betriebsrat

§ 59 Geschäftsführung

(1) Für den Konzernbetriebsrat gelten § 25 Abs. 1, die §§ 26, 27 Abs. 2 und 3, § 28 Abs. 1 Satz 1 und 3, Abs. 2, die §§ 30, 31, 34, 35, 36, 37 Abs. 1 bis 3 sowie die §§ 40, 41 und 51 Abs. 1 Satz 2 und Abs. 3 bis 5 entsprechend.
(2) Ist ein Konzernbetriebsrat zu errichten, so hat der Gesamtbetriebsrat des herrschenden Unternehmens oder, soweit ein solcher Gesamtbetriebsrat nicht besteht, der Gesamtbetriebsrat des nach der Zahl der wahlberechtigten Arbeitnehmer größten Konzernunternehmens zu der Wahl des Vorsitzenden und des stellvertretenden Vorsitzenden des Konzernbetriebsrats einzuladen. Der Vorsitzende des einladenden Gesamtbetriebsrats hat die Sitzung zu leiten, bis der Konzernbetriebsrat aus seiner Mitte einen Wahlleiter bestellt hat. § 29 Abs. 2 bis 4 gilt entsprechend.

Inhaltsübersicht Rn.

Arbeitshilfen
Mustervereinbarungen

Geschäftsordnung (Muster) für den Konzernbetriebsrat 1

Der Konzernbetriebsrat der Unternehmensgruppe Firmenbezeichnung gibt sich gemäß §§ 36, 59 BetrVG folgende

Geschäftsordnung

1. Zweck der Geschäftsordnung
Die Geschäftsordnung regelt die innere Ordnung des Konzernbetriebsrats. Sie legt Verfahrensweisen, Vorgehensweisen, Zuständigkeiten und Aufgaben des Konzernbetriebsrats und seiner Ausschüsse im Rahmen der §§ 54 bis 59a BetrVG fest.

2. Aufgaben des Konzernbetriebsratsvorsitzenden

Der oder die Konzernbetriebsratsvorsitzende übernimmt die im Gesetz vorgeschriebenen Aufgaben. Insbesondere vertritt der Vositz den Konzernbetriebsrat im Rahmen der gefassten Beschlüsse gegenüber dem Arbeitgeber, Institutionen und Organisationen. Er ist berechtigt zur Entgegennahme von Erklärungen, die an den Konzernbetriebsrat gerichtet sind. Im Falle einer Verhinderung der oder des Vorsitzenden, ist die Stellvertretung dazu berechtigt.
Einzelne Mitglieder des Konzernbetriebsrats sind nicht berechtigt, dem Arbeitgeber oder anderen gegenüber verbindliche Erklärungen abzugeben oder anzunehmen. Es sei denn, sie werden vom Konzernbetriebsrat (oder Konzernbetriebsausschuss) dazu ausdrücklich ermächtigt.

3. Arbeitsplanung des Konzernbetriebsrats

In einer wenigstens ganztägigen Klausurtagung erstellt der Konzernbetriebsrat einmal im Jahr eine detaillierte Arbeitsplanung. Diese Arbeitsplanung wird den zum Konzern gehörenden Gesamtbetriebsräten und Betriebsräten in geeigneter Weise bekannt gemacht.
Es wird ein Terminplan für alle anfallenden ordentlichen Sitzungen des Konzernbetriebsrats und des Konzernbetriebsausschusses und ggf. der anderen Ausschüsse erstellt. Der Terminplan soll einen Zeitraum von zwölf Monaten umfassen.
Die Freistellung für die Konzernbetriebsratsarbeit erfolgt nach §§ 59 Abs. 1, 51, Abs. 1 i.V.m. § 37 Abs. 2 BetrVG. Freistellungen nach § 38 BetrVG dürfen nicht mit Tätigkeiten im Konzernbetriebsrat verrechnet werden.

4. Der Konzernbetriebsausschuss

Zur Führung der laufenden Geschäfte bildet der Konzernbetriebsrat einen Konzernbetriebsausschuss gemäß §§ 59 Abs. 1, 51 Abs. 1 i.V.m. § 27 BetrVG. Er besteht aus der oder dem Vorsitzenden des Konzernbetriebsrats, der Stellvertretung und weiteren Ausschussmitgliedern gemäß § 59 Abs. 1 BetrVG.
Die Ausschussmitglieder werden nach den gesetzlichen Bestimmungen gewählt (§ 27 Abs. 1 Satz 2 BetrVG). Bei der Wahl sollen die einzelnen zum Konzern gehörenden Unternehmen und Betriebe berücksichtigt werden.
Ein Mitglied des Konzernbetriebsausschusses ist für die Schriftführung zu wählen. Diese Person ist zugleich mit der Schriftführung für den Konzernbetriebsrat betraut.
Zu den laufenden Geschäften gehören u.a.:

- Vorbereitung von Konzernbetriebsratssitzungen
- Vorbereitung von Beschlüssen des Konzernbetriebsrats
- Vorbereitung von Konzernbetriebsvereinbarungen

Der Konzernbetriebsrat kann dem Konzernbetriebsausschuss mit der Mehrheit der Stimmen seiner Mitglieder Aufgaben zur selbstständigen Erledigung übertragen. Dies gilt nicht für den Abschluss von Konzernbetriebsvereinbarungen. Die Übertragung von Aufgaben bedarf der Schriftform. Die Übertragung der Aufgaben kann zu jeder Zeit mit der Mehrheit der Stimmen der Konzernbetriebsratsmitglieder zurückgenommen werden.
Der Konzernbetriebsausschuss kann sich eine eigene Geschäftsordnung geben. Geschieht dies nicht, gilt für die Arbeit des Konzernbetriebsausschusses diese Geschäftsordnung entsprechend.
An den Sitzungen des Konzernbetriebsausschusses kann ein:e Vertreter:in der Gewerkschaft Bezeichnung mit beratender Stimme teilnehmen. Die Gewerkschaftsvertretung kann bei den Abstimmungen anwesend sein und erhält die vollständige Niederschrift der Sitzung.

5. Weitere Ausschüsse

Um eine wirksame Arbeit zu gewährleisten, bildet der Konzernbetriebsrat für besondere Sachaufgaben gemäß § 59 Abs. 1 i.V.m. § 28 BetrVG Ausschüsse. Auf Beschluss des Konzernbetriebsrats (Mehrheitsbeschluss) können den Ausschüssen Aufgaben zur selbstständigen Erledigung übertragen werden. Der jeweilige Übertragungsbeschluss hat schriftlich zu erfolgen und ist der jeweiligen Sitzungsniederschrift beizufügen.
Der Konzernbetriebsrat bildet zur Erledigung besonderer Aufgaben zurzeit folgende Ausschüsse:

- Ausschuss für wirtschaftliche Angelegenheiten
- Ausschuss betriebliche Altersversorgung
- Antidiskriminierungs-/Mobbing-Ausschuss
- Ausschuss für Arbeitsschutz
- Arbeitszeitausschuss
- Ausschuss für Weiterbildung und Qualifizierung im Konzern
- Ausschuss für Geschlechtergleichstellung im Konzern
- Ausschuss für Umwelt und Nachhaltigkeit
- Altersteilzeit-Ausschuss
- IT-Ausschuss
- (...)

Die Größe der weiteren Ausschüsse wird durch Beschluss des Konzernbetriebsrats festgelegt und orientiert sich an dem Umfang der zu erwartenden anfallenden Aufgaben. Die Wahl der Ausschussmitglieder richtet sich nach den gesetzlichen Bestimmungen (§ 59 i.V.m. § 28 Abs.1 Satz 1 und 3 i.V.m. § 27 Abs. 1 Satz 3 bis 5 BetrVG).

Zur Mitarbeit in den Ausschüssen können jederzeit sachkundige Arbeitnehmer:innen, die nicht Mitglied des Betriebsrats sind, sowie Sachverständige der Gewerkschaft Bezeichnung hinzugezogen werden. Sie haben beratende Stimme.

Werden in den Ausschüssen Themen behandelt, die insbesondere Auszubildende, Jugendliche oder Schwerbehinderte betreffen, so sind die Mitglieder der Konzern-Jugend- und Auszubildendenvertretung bzw. der Konzernschwerbehindertenvertretung hinzuzuziehen.

Zur Erledigung zeitlich befristeter Aufgaben kann der Konzernbetriebsrat weitere Ausschüsse nach § 28 BetrVG bilden. Die Größe der jeweiligen Ausschüsse wird durch Beschluss des Konzernbetriebsrats festgelegt und orientiert sich an dem Umfang der zu erwartenden anfallenden Aufgaben. Die Wahl der Ausschussmitglieder richtet sich nach den gesetzlichen Bestimmungen (§§ 59 i.V.m. § 28 Absatz 1 Satz 1 und 3 i.V.m. § 27 Abs. 1 Satz 3 bis 5 BetrVG).

An den Sitzungen der weiteren Ausschüsse kann eine Vertretung der Gewerkschaft Bezeichnung teilnehmen.

6. Beauftragung einzelner Konzernbetriebsratsmitglieder

Der Konzernbetriebsrat kann einzelne Mitglieder des Konzernbetriebsrats mit besonderen Sachaufgaben beauftragen. Diese können für die Erledigung dieser besonderen Sachaufgaben andere Konzernbetriebsratsmitglieder oder Sachverständige/betriebliche Sachverständige hinzuziehen.

7. Konzernbetriebsratssitzungen

Die Sitzungen des Konzernbetriebsrats werden durch den Vorsitz oder bei dessen Verhinderung von seinerStellvertretung geleitet. Sind beide verhindert, so nimmt diese Aufgabe ein Mitglied des Konzernbetriebsausschusses wahr oder ein vom Konzernbetriebsrat zu benennendes Mitglied des Konzernbetriebsrats.

Der oder die Vorsitzende der Konzernjugendvertretung und die Konzernschwerbehindertenvertretung (§ 180 Abs. 2 SGB IX i.V.m. § 59a BetrVG) können an allen Sitzungen des Konzernbetriebsrats beratend teilnehmen.

An den Sitzungen des Konzernbetriebsrats nimmt die für die Betreuung des Konzernbetriebsrats zuständige Vertretungsperson der Gewerkschaft Bezeichnung mit beratender Stimme teil. Die Gewerkschaftsvertretung kann bei den Abstimmungen anwesend sein und erhält die vollständige Niederschrift der Sitzung.

Der Vorsitz kann zu jeder Zeit, wenn er es für erforderlich hält, zu einer zusätzlichen außerordentlichen Konzernbetriebsratssitzung einladen.

Der Vorsitz muss dies tun, wenn

- ein Viertel der Konzernbetriebsratsmitglieder oder
- der Arbeitgeber

dies unter Angabe des Beratungsgegenstands beantragen. Der Beratungsgegenstand ist auf die Tagesordnung dieser Sondersitzung durch den Vorsitzenden zu setzen (§ 59 i.V.m. § 29 Abs. 3 BetrVG).
Die Konzernbetriebsratssitzungen finden wenigstens sechsmal im Jahr und zusätzlich bei Bedarf statt.
Sitzungen de Konzernbetriebsrats finden gem. § 59 i.V.m. § 30 Abs. 1 BetrVG regelmäßig in Präsenz statt.
Eine Teilnahme mittels Video- oder Telefonkonferenztechnik ist nur zulässig, wenn die Teilnahme an einer Präsenzsitzung aus dringenden und unvorhergesehenen persönlichen Gründen nicht möglich ist.
Entsprechende persönliche Gründe liegen vor, wenn die Teilnahme an der Sitzung grundsätzlich möglich ist, aber die Anreise zur oder Teilnahme an der Sitzung aus einem in der Sphäre des Betriebsratsmitglieds liegenden unvorhergesehenen Grund nicht möglich oder unzumutbar ist. Eine Erkrankung ist kein persönlicher Grund, der einer Präsenzsitzung entgegensteht, sondern ein Verhinderungsfall, der die Einladung von Ersatzmitgliedern erforderlich macht. Dasselbe gilt für andere Gründe, die auch sonst der Erbringung der Arbeitsleistung entgegenstünden, etwa Urlaub oder Weiterbildungen. Ebenso gilt dies für eine arbeitstechnische Unabkömmlichkeit am Arbeitsplatz. Regelmäßige Tätigkeit im Homeoffice, eine lange Anreise oder hohe Reisekosten stehen der Teilnahme an Präsenzsitzungen für sich nicht entgegen.
Aus dringenden Gründen kann die Teilnahme mittels Video- und Telefonkonferenztechnik freigestellt oder eine Sitzung insgesamt als Video- oder Telefonkonferenz durchgeführt werden. Eine diesbezügliche Anordnung durch den Arbeitgeber scheidet aus. Ein dringender Grund kann insbesondere aus der Eilbedürftigkeit einer Sitzung folgen.
Die Entscheidung über die Möglichkeit der Teilnahme oder die Durchführung der Sitzung insgesamt als Video- oder Telefonkonferenz trifft die oder der Vorsitzende und setzt zugleich eine Frist für etwaige Widersprüche.
Die Sitzung als Video- und Telefonkonferenz scheidet aus, wenn Mitglieder des Konzernbetriebsrats mit mindestens einem Viertel der gewichteten Stimmen fristgerecht widersprechen.
Beschlussfassungen über Wahlen und Abwahlen können nur in Präsenzsitzungen erfolgen.
Im Übrigen muss auf eine ganz oder teilweise als Video- oder Telefonkonferenz durchgeführte Sitzung eine ausschließlich in Präsenz stattfindende Sitzung folgen.
Mitglieder des Konzernbetriebsrats, die mittels Video- oder Telefonkonferenztechnik an den Sitzungen teilnehmen, gelten als in der Sitzung anwesend. Die betreffenden Mitglieder bestätigen ihre Teilnahme gegenüber dem Vorsitz in Textform, zum Beispiel per E-Mail. Die Bestätigung ist der Sitzungsniederschrift beizufügen. Die Mitglieder stellen sicher, dass Dritte keine Kenntnis vom Inhalt der Sitzung nehmen können. Aufzeichnungen von der Sitzung sind verboten.
Die Teilnahme in Präsenz trotz Möglichkeit der Zuschaltung durch Video- und Telefonkonferenztechnik gilt als erforderlich i.S.d. §§ 59 i.V.m. 37, 40 BetrVG.
Der Vorsitz oder im Falle seiner Verhinderung die Stellvertretung leitet die Sitzung. Das Wort wird in der Reihe der Wortmeldungen erteilt.Bei Redebeiträgen, die nicht sachbezogen sind, kann der oder die Vorsitzende der Person das Wort entziehen.
Der Arbeitgeber nimmt an den Sitzungen teil, die er beantragt hat und/oder zu denen er eingeladen wird.
Nimmt der Arbeitgeber oder dessen Vertretung an der Konzernbetriebsratssitzung teil, kann er zu seiner Beratung eine Vertretung der Arbeitgebervereinigung hinzuziehen. Der Arbeitgeber,dessen Vertretung und die Vertretung der Arbeitgebervereinigung dürfen bei Beratungen und Abstimmungen des Konzernbetriebsrats nicht zugegen sein.
Zu Beginn der Sitzung wird eine Anwesenheitsliste geführt und die Beschlussfähigkeit festgestellt.
Änderungen und Ergänzungen der Tagesordnung können nur mit einstimmigem Beschluss des Konzernbetriebsrats, bei vollständiger Anwesenheit aller Mitglieder, vorgenommen werden.

8. Einladung zur Konzernbetriebsratssitzung

Die Einberufung der Sitzung erfolgt durch den Vorsitz oder im Falle seiner Verhinderung durch die Stellvertretung.
Die Einladung erfolgt schriftlich unter Angabe der Tagesordnung. Wenn erforderlich, sind die notwendigen Unterlagen beizufügen.
Sie soll den Teilnahmeberechtigten spätestens ___ Arbeitstage vor der Sitzung zugestellt werden. Zu außerordentlichen Konzernbetriebsratssitzungen ist eine kurzfristige Einladung zulässig.
Jedes Konzernbetriebsratsmitglied, eingeladene Ersatzmitglieder, Konzern-Jugend- und Auszubildendenvertretung-Vorsitzende, sowie die Konzernschwerbehindertenvertretung informieren den Konzernbetriebsratsvorsitzenden unverzüglich unter Angabe der Gründe, wenn sie an einer Sitzung nicht teilnehmen können.
Längerfristig bekannte Verhinderungsgründe, wie z. B. Urlaub, Kur, Bildungsveranstaltungen sind so früh wie möglich mitzuteilen.
Der Konzernbetriebsratsvorsitz oder im Falle seiner Verhinderung die Stellvertretung hat bei Verhinderung einzelner Mitglieder sofort das ihm benannte Ersatzmitglied einzuladen.

9. Beschlussfassung des Konzernbetriebsrats

Beschlüsse des Konzernbetriebsrats können nur in ordnungsgemäß einberufenen Sitzungen gefasst werden. Beschlüsse im so genannten Umlaufverfahren sind unzulässig.
Beschlüsse können nur über Themen gefasst werden, die in der Tagesordnung als Tagesordnungspunkte enthalten sind.
Es ist nicht zulässig, sogenannte Initiativanträge unter dem Tagesordnungspunkt »Verschiedenes« zu behandeln.
Die Beschlüsse erfolgen mit einfacher Stimmenmehrheit (relative Mehrheit), es sei denn, das Gesetz schreibt etwas anderes vor (absolute Mehrheit): Übertragung von Aufgaben zur selbstständigen Erledigung auf Ausschüsse (§§ 59 Abs. 1, 51 Abs. i. V. m. § 27 Abs. 2 BetrVG; § 28 BetrVG), Beschlussfassung über die Geschäftsordnung (§ 51 i. V. m. § 36 BetrVG) und Übertragung von Aufgaben an den KBR durch die Gesamtbetriebsräte (§ 58 Abs. 2 BetrVG).
Die Stimmgewichtung der einzelnen Mitglieder des Konzernbetriebsrats richtet sich nach den gesetzlichen Grundlagen (§ 55 Abs. 3 BetrVG). Danach hat jedes Mitglied des Konzernbetriebsrats anteilig so viele Stimmen, wie in dem Gesamtbetriebsrat/Betriebsrat, von dem er entsandt wurde, wahlberechtigte Arbeitnehmer:innen in die Wählerliste bei der letzten Betriebsratswahl (Stichtag: Wahltag) eingetragen waren.
Der Konzernbetriebsrat ist nur beschlussfähig, wenn mindestens die Hälfte seiner Mitglieder an der Beschlussfassung teilnimmt und sie mindestens die Hälfte aller Stimmen vertreten.
Die Stimmabgabe erfolgt grundsätzlich durch Handaufheben, es sei denn, ein Mitglied des Konzernbetriebsrats verlangt geheime Abstimmung.
Nehmen Mitglieder per Telefonkonferenztechnik teil, stellt die/der Vorsitzende die Abstimmungsentscheidung bei offenen Beschlussfassungen in geeigneter Form fest. Vor der Beschlussfassung wird die Verbindung durch den Vorsitz geprüft. Wird eine geheime Abstimmung beantragt, so muss die Abstimmung auf die nächste Präsenzsitzung vertagt werden. Ist dies aufgrund von Eilbedürftigkeit nicht möglich, muss eine Sondersitzung einberufen werden. Für die Sitzung, in der die geheime Abstimmung durchgeführt wird, ist eine Teilnahme per Video- oder Telefonkonferenztechnik ausgeschlossen.
In Anwesenheit des Arbeitgebers, seiner Stellvertretung oder einer Vertretung der Arbeitgebervereinigung darf nicht abgestimmt werden.
Die Vertretung der Gewerkschaft Bezeichnung kann bei den Abstimmungen anwesend sein.
Bei der Beschlussfassung im Konzernbetriebsausschuss und in anderen Ausschüssen des Konzernbetriebsrats hat jedes Mitglied nur eine Stimme.

10. Niederschrift/Protokoll

Von jeder Sitzung des Konzernbetriebsrats fertigt die vom Konzernbetriebsrat gewählte Schriftführung ein Protokoll an. Die Schriftführung führt die Anwesenheitsliste bei der Konzernbetriebs-

ratssitzung. Jede teilnehmende Person hat sich in die Anwesenheitsliste einzutragen. Wer mittels Video- oder Telefonkonferenztechnik teilnimmt, bestätigt de Vorsitz seine Teilnahme schriftlich. Die Anwesenheitsliste und die schriftlichen Bestätigungen sind der Niederschrift beizufügen. Die Sitzungsniederschrift muss mindestens den Wortlaut der Beschlüsse und die Stimmenmehrheit, mit der sie gefasst wurden, enthalten. Wird bei Video- oder Telefonkonferenzen die Sitzungsteilnahme unterbrochen oder für einzelne Teilnehmende vorzeitig beendet, ist dies ebenfalls im Protokoll zu vermerken.
Ebenso sind Arbeitsaufträge, bei denen der Verantwortliche und der Erledigungstermin zu benennen sind, zu vermerken.
Jedes Konzernbetriebsratsmitglied, die Konzernschwerbehindertenvertretung, der Vorsitz der Konzern-Jugend- und Auszubildendenvertretung und die Vertretung der Gewerkschaft Bezeichnung erhalten eine vollständige Kopie der Niederschrift. Hat ein Ersatzmitglied an der Sitzung teilgenommen, so erhält es ebenfalls eine Abschrift des Protokolls.
Hat der Arbeitgeber bzw. dessen Vertretung an der Konzernbetriebsratssitzung teilgenommen, so ist ihm der entsprechende Teil der Niederschrift in Abschrift auszuhändigen.
Der Konzernbetriebsratsvorsitz und die Schriftführung unterschreiben die Sitzungsniederschrift des Konzernbetriebsrats.
Niederschriften sollen innerhalb von vier Wochen zugestellt werden.
Einwände gegen die Niederschrift sind auf der nächsten Konzernbetriebsratssitzung vorzutragen und dem Protokoll beizufügen.

11. Datenschutz und Vertraulichkeit

Alle Mitglieder sind verpflichtet, den Inhalt von Sitzungen des Konzernbetriebsrats sowie die ihnen aufgrund ihrer Betriebsratstätigkeit bekannt gewordenen Informationen vertraulich zu behandeln. Etwas anderes gilt nur, wenn die Informationen allgemein bekannt oder vom Betriebsrat zur Weitergabe freigegeben sind.
Protokolle und alle anderen Sitzungsunterlagen sind ebenfalls vertraulich zu behandeln und von den einzelnen Betriebsratsmitgliedern entsprechend sicher zu verwahren. Die Weitergabe an betriebsratsfremde Personen ist nur mit ausdrücklicher Ermächtigung durch den Konzernbetriebsrat zulässig.
Alle Mitglieder des Betriebsrats sind verpflichtet, bei der Wahrnehmung ihrer kollektivrechtlich begründeten Aufgaben die datenschutzrechtlichen Vorschriften, Grundsätze und Vorgaben einzuhalten, die für die Verarbeitung personenbezogener Daten einschlägig sind. Dieselbe Verpflichtung trifft bezogen auf Daten des Konzernbetriebsrats auch die Mitglieder der Jugend- und Auszubildendenvertretung sowie der Schwerbehindertenvertretung.
Die Verpflichtung zur Vertraulichkeit bedarf auch der Umsetzung bei Tätigkeit im Homeoffice oder anderen Formen mobiler Arbeit.

12. Inkrafttreten

Der Konzernbetriebsrat hat in seiner Sitzung am Datum die vorstehende Geschäftsordnung beschlossen.
Die Geschäftsordnung tritt am Datum in Kraft.
Sie kann zu jeder Zeit mit den Stimmen der Mehrheit der Mitglieder des Konzernbetriebsrats aufgehoben oder geändert werden. In Einzelfällen kann der Konzernbetriebsrat auch ohne Aufhebung oder Änderung durch Beschluss von der Geschäftsordnung abweichen, wenn dieser Beschluss von der Mehrheit der Konzernbetriebsratsmitglieder gefasst wird.
Diese Geschäftsordnung gilt für die Dauer der Zeit der gesetzlichen ordentlichen Amtsperiode der Betriebsräte, die zum Konzern gehören.

Hinweis:

1. Die Geschäftsordnung lehnt sich an die des Gesamtbetriebsrats gem. § 51 BetrVG an. Die dortigen Anmerkungen gelten sinngemäß auch für die Geschäftsordnung des Konzernbetriebsrats.

2. Ziffer 4. der Geschäftsordnung zum Konzernbetriebsausschuss gilt nur für Konzernbetriebsräte mit neun und mehr Mitgliedern (DKW-*Wenckebach*, § 59 Rn. 9)
3. Damit den weiteren Ausschüssen gem. Ziffer 5. Aufgaben zur selbstständigen Erledigung übertragen werden können, muss ein Konzernbetriebsausschuss existieren (DKW-*Wenckebach*, § 59 Rn. 11).

Neuwahl des Vorsitzenden; Änderung der Geschäftsordnung 2

Vorbemerkung

Nach Konstituierung eines Konzernbetriebsrats finden gemäß § 59 Abs. 1 i.V.m. § 51 Abs. 5 BetrVG für die weiteren Sitzungen § 29 Abs. 2 bis 4 BetrVG Anwendung, wonach auf Antrag eines Viertels der Mitglieder des Konzernbetriebsrats oder des Arbeitgebers eine Sitzung einzuberufen und die zu behandelnden Punkte auf die Tagesordnung zu setzen sind (vgl. § 29 Abs. 3 BetrVG). Hierbei kommt es auf die Mitgliederzahl und nicht auf das Stimmengewicht an.

Der Antrag selbst muss sowohl die Einberufung der Sitzung als auch die zu behandelnden Tagesordnungspunkte beinhalten. Den Antragsberechtigten steht dabei auch das Recht zu, die Ergänzung der Tagesordnung einer bereits anberaumten oder anzuberaumenden Konzernbetriebsrats-Sitzung zu verlangen.

a) Antragsformulierungen

Der Antrag nach § 59 Abs. 1 i.V.m. §§ 51 Abs. 5, 29 Abs. 3 BetrVG kann wie folgt formuliert werden:

»Es wird die Einberufung zu einer zeitnahen Sitzung des Konzernbetriebsrats beantragt, auf der folgende Gegenstände beraten werden:

oder

Es wird die Ergänzung der auf den Datum *festgelegten/festzulegenden Sitzung des Konzernbetriebsrats um folgende Tagesordnungspunkte beantragt:*

1. *Abberufung und Neuwahl des Vorsitzenden des Konzernbetriebsrats (§ 59 Abs. 1 i.V.m. § 26 BetrVG)*
2. *Abberufung und Neuwahl des stellvertretenden Vorsitzenden des Konzernbetriebsrats (§ 59 Abs. 1 i.V.m. § 26 BetrVG)*
3. *Abberufung und Neuwahl der drei weiteren Mitglieder des Konzernbetriebsausschusses (§ 59 Abs. 1 i.V.m. §§ 51 Abs. 1 Satz 2, 27 Abs. 1 BetrVG)*
4. *Neuwahl der Freistellung (§ 6 Ziff. 2 des Tarifvertrags gemäß § 3 Betriebsverfassungsgesetz vom 30.3.2004)*
5. *Neue Geschäftsordnung des Konzernbetriebsrats mit rollierendem System der Ämterausübung (§ 59 Abs. 1 i.V.m. § 36 BetrVG).«*

b) Stimmgewicht

Gemäß § 59 Abs. 1 i.V.m. § 51 Abs. 3 Satz 1 BetrVG werden die Beschlüsse des Konzernbetriebsrat mit **Mehrheit der Stimmen der anwesenden Mitglieder** gefasst, soweit nichts anderes bestimmt ist. Im Hinblick auf eine entsprechende Beschlussfassung die Geschäftsordnung betreffend ist insoweit zu beachten, dass nach § 59 Abs. 1 i.V.m. § 36 BetrVG die Geschäftsordnung vom Konzernbetriebsrat mit der **Mehrheit der Stimmen seiner Mitglieder** (absolute Mehrheit) zu beschließen ist. Gleiches gilt für die Änderung, Ergänzung oder Aufhebung einer schon bestehenden Geschäftsordnung.

Nach § 55 Abs. 3 BetrVG stehen jedem Mitglied des Konzernbetriebsrats die Stimmen der Mitglieder des entsendenden Gesamtbetreibsrats je zur Hälfte zu. Gemäß § 47 Abs. 7 BetrVG hat jedes Mitglied des Gesamtbetriebsrats so viele Stimmen, wie in dem Betrieb wahlberechtigte Arbeitnehmer:innen in die Wählerliste eingetragen sind, in dem sie gewählt sind. Besteht in einem dem Konzern angehörenden Unternehmen nur ein Betriebsrat, so haben die von diesem in den

Konzernbetriebsrat entsandten Mitglieder ebenfalls das sich aus § 47 Abs. 7 BetrVG ergebende Stimmgewicht.

c) Beschlussfähigkeit

Gemäß § 59 Abs. 1 i.V.m. § 51 Abs. 3 Satz 3 BetrVG ist der Konzernbetriebsrat allerdings nur beschlussfähig, wenn mindestens die Hälfte seiner Mitglieder an der Beschlussfassung teilnimmt **und** die Teilnehmenden mindestens die Hälfte aller Stimmen vertreten.

d) Grober Verstoß

Die Blockade der Entsendung ihrer Mitglieder durch die anderen Betriebsräte stellt einen groben Verstoß nach § 23 Abs. 1 BetrVG dar. Ist der Konzernbetriebsrat erst einmal gebildet, sind der Gesamtbetriebsrat bzw. Betriebsrat insoweit verpflichtet, Mitglieder in den Konzernbetriebsrat zu entsenden.

Die Absetzung des Konzernbetriebsrats-Vorsitzenden und seines Stellvertreters durch den Konzernbetriebsrat kann insoweit unter Berücksichtigung des § 59 Abs. 1 i.V.m. § 51 Abs. 3 BetrVG erfolgen. Einer besonderen Begründung bedarf es hierzu nicht.

e) Veränderte Geschäftsordnung

Will man sich jedoch nicht dauerhaft auf einen neuen Konzernbetriebsrat-Vorsitzenden bzw. Stellvertreter festlegen, kann eine Lösung so aussehen, dass der Konzernbetriebsrat, z.B. in der **Geschäftsordnung**, eine Regelung dahingehend trifft, wonach KBR-Vorsitzender und Vertreter jeweils abberufen und ein neuer Konzernbetriebsrat-Vorsitzender und Vertreter gewählt werden. Der Konzernbetriebsrat kann die/den Vorsitzenden und ihre Stellvertretung jederzeit abwählen und eine Neuwahl durchführen.

Besteht der Konzernbetriebsrat aus neun oder mehr Mitgliedern, hat er einen Konzernbetriebsausschuss zu bilden, § 59 Abs. 1 i.V.m. §§ 51 Abs. 1 Satz 2 und 27 Abs. 1 BetrVG. Es besteht eine Errichtungspflicht. Vorsitzende und Stellvertreter:in gehören dem Konzernbetriebsausschuss kraft Gesetzes an. Die weiteren Mitglieder kommen hinzu.

Abberufung und Neuwahl einzelner Mitglieder durch den Konzernbetriebsrat ist dabei jederzeit möglich. Auch der/die Vorsitzende und seine Stellvertretung können insoweit abberufen werden, wenn sie zugleich als Vorsitzende:r oder Stellvertreter:in des Konzernbetriebsrats abberufen werden. Insoweit ist eine **Abberufung** sowohl der/des Konzernbetriebsrats-Vorsitzenden und seiner Stellvertretung wie auch eine **Abberufung und Neuwahl** der weiteren Mitglieder des Konzernbetriebsausschusses möglich. Im Hinblick auf die weiteren drei Mitglieder des Konzernbetriebsausschusses (vgl. § 59 Abs. 1 i.V.m. § 51 Abs. 1 Satz 2 BetrVG) ist auch insoweit denkbar, z.B. in der **Geschäftsordnung** zu bestimmen, dass diese jeweils nach kurzer Zeit abberufen und neu gewählt werden.

§ 59a Teilnahme der Konzernschwerbehindertenvertretung

Die Konzernschwerbehindertenvertretung (§ 180 Absatz 2 des Neunten Buches Sozialgesetzbuch) kann an allen Sitzungen des Konzernbetriebsrats beratend teilnehmen.

Inhaltsübersicht Rn.

Einleitung

1 § 59a BetrVG, wonach ein:e Vertreter:in der Schwerbehindertenvertretung an den Sitzungen des Konzernbetriebsrats beratend teilnehmen kann, entspricht der Regelung in § 32 BetrVG zum Teilnahmerecht der Schwerbehindertenvertretung an den Sitzungen des Betriebsrats. Deshalb kann hier auf § 32 BetrVG verwiesen werden (vgl. auch zu den Besonderheiten beim Konzernbetriebsrat DKW-*Wenckebach*, § 59a Rn. 1ff.).

Dritter Teil
Jugend- und Auszubildendenvertretung

Erster Abschnitt
Betriebliche Jugend- und Auszubildendenvertretung

§ 60 Errichtung und Aufgabe

(1) In Betrieben mit in der Regel mindestens fünf Arbeitnehmern, die das 18. Lebensjahr noch nicht vollendet haben (jugendliche Arbeitnehmer) oder die zu ihrer Berufsausbildung beschäftigt sind, werden Jugend- und Auszubildendenvertretungen gewählt.

(2) Die Jugend- und Auszubildendenvertretung nimmt nach Maßgabe der folgenden Vorschriften die besonderen Belange der in Absatz 1 genannten Arbeitnehmer wahr.

Inhaltsübersicht Rn.

Einleitung

§ 60 BetrVG ermöglicht die Wahl einer eigenen betrieblichen Jugend- und Auszubildendenvertretung der Jugendlichen und der zu ihrer Berufsausbildung Beschäftigten. Sie hat die Aufgabe, die Interessen dieses speziellen Personenkreises wahrzunehmen. Die allgemeinen Aufgaben sind in § 70 BetrVG geregelt. 1

§ 60 Abs. 1 BetrVG definiert den Begriff des Jugendlichen, setzt jedoch im Übrigen Begriffe des Betriebs und der Arbeitnehmer:innen voraus. Insoweit wird hier auf § 1 zum Betriebsbegriff und § 5 zum Arbeitnehmer:innenbegriff verwiesen (zu den Besonderheiten der Jugend- und Auszubildendenvertretung vgl. DKW-*Dornberger*, § 60 Rn. 1 ff.).

§ 61 Wahlberechtigung und Wählbarkeit

(1) Wahlberechtigt sind alle in § 60 Abs. 1 genannten Arbeitnehmer des Betriebs.

(2) Wählbar sind alle Arbeitnehmer des Betriebs, die das 25. Lebensjahr noch nicht vollendet haben oder die zu ihrer Berufsausbildung beschäftigt sind; § 8 Abs. 1 Satz 3 findet Anwendung. Mitglieder des Betriebsrats können nicht zu Jugend- und Auszubildendenvertretern gewählt werden.

Inhaltsübersicht Rn.

Einleitung

§ 61 BetrVG bestimmt den Personenkreis der passiv und aktiv Wahlberechtigten. Aktiv wahlberechtigt sind – also wählen dürfen – alle, die das 18. Lebensjahr noch nicht erreicht haben oder zu ihrer Berufsausbildung beschäftigt sind. Gewählt werden können alle Beschäftigten, die das 25. Lebensjahr noch nicht vollendet haben oder ebenfalls zu 1

ihrer Berufsausbildung angestellt sind. Die Beschäftigung als Auszubildende:r befähigt zur aktiven und passiven Wahlberechtigung unabhängig vom Alter.
Eine strafgerichtliche Verurteilung steht der Wählbarkeit entgegen (s. DKW-*Dornberger*, § 61 Rn. 13ff.).
Bereits nach bisheriger Rechtslage ist normiert, dass eine Doppelvertretung nicht möglich ist: Arbeitnehmer:innen können nicht gleichzeitig Mitglied des Betriebsrats und der Jugend- und Auszubildendenvertretung sein (s. DKW-*Dornberger*, § 61 Rn. 14ff.).

§ 62 Zahl der Jugend- und Auszubildendenvertreter, Zusammensetzung der Jugend- und Auszubildendenvertretung

(1) Die Jugend- und Auszubildendenvertretung besteht in Betrieben mit in der Regel
5 bis 20 der in § 60 Abs. 1 genannten Arbeitnehmer aus einer Person,
21 bis 50 der in § 60 Abs. 1 genannten Arbeitnehmer aus 3 Mitgliedern,
51 bis 150 der in § 60 Abs. 1 genannten Arbeitnehmer aus 5 Mitgliedern,
151 bis 300 der in § 60 Abs. 1 genannten Arbeitnehmer aus 7 Mitgliedern,
301 bis 500 der in § 60 Abs. 1 genannten Arbeitnehmer aus 9 Mitgliedern,
501 bis 700 der in § 60 Abs. 1 genannten Arbeitnehmer aus 11 Mitgliedern,
701 bis 1000 der in § 60 Abs. 1 genannten Arbeitnehmer aus 13 Mitgliedern,
mehr als 1000 der in § 60 Abs. 1 genannten Arbeitnehmer aus 15 Mitgliedern.
(2) Die Jugend- und Auszubildendenvertretung soll sich möglichst aus Vertretern der verschiedenen Beschäftigungsarten und Ausbildungsberufe der im Betrieb tätigen in § 60 Abs. 1 genannten Arbeitnehmer zusammensetzen.
(3) Das Geschlecht, das unter den in § 60 Abs. 1 genannten Arbeitnehmern in der Minderheit ist, muss mindestens entsprechend seinem zahlenmäßigen Verhältnis in der Jugend- und Auszubildendenvertretung vertreten sein, wenn diese aus mindestens drei Mitgliedern besteht.

Inhaltsübersicht Rn.

Einleitung

1 § 62 BetrVG bestimmt die Anzahl der Jugend- und Auszubildendenvertreter:innen und die Zusammensetzung des Gremiums. Für die Ermittlung der Größe der Jugend- und Auszubildendenvertretung ist der Tag des Erlasses des Wahlausschreibens entscheidend. Neben den verschiedenen Beschäftigungsarten sollen auch die unterschiedlichen Ausbildungsberufe in der Jugend- und Auszubildendenvertretung repräsentiert werden. Abs. 3 sieht eine zwingende Geschlechterquote vor, sofern die Jugend- und Auszubildendenvertretung aus mindestens drei Mitgliedern besteht. Zu den Besonderheiten der Jugend- und Auszubildendenvertretung vgl. DKW-*Dornberger*, § 62 Rn. 1ff.

§ 63 Wahlvorschriften

(1) Die Jugend- und Auszubildendenvertretung wird in geheimer und unmittelbarer Wahl gewählt.
(2) Spätestens acht Wochen vor Ablauf der Amtszeit der Jugend- und Auszubildendenvertretung bestellt der Betriebsrat den Wahlvorstand und seinen Vorsitzenden.

Für die Wahl der Jugend- und Auszubildendenvertreter gelten § 14 Abs. 2 bis 5, § 16 Abs. 1 Satz 4 bis 6, § 18 Abs. 1 Satz 1 und Abs. 3 sowie die §§ 19 und 20 entsprechend.

(3) Bestellt der Betriebsrat den Wahlvorstand nicht oder nicht spätestens sechs Wochen vor Ablauf der Amtszeit der Jugend- und Auszubildendenvertretung oder kommt der Wahlvorstand seiner Verpflichtung nach § 18 Abs. 1 Satz 1 nicht nach, so gelten § 16 Abs. 2 Satz 1 und 2, Abs. 3 Satz 1 und § 18 Abs. 1 Satz 2 entsprechend; der Antrag beim Arbeitsgericht kann auch von jugendlichen Arbeitnehmern gestellt werden.

(4) In Betrieben mit in der Regel fünf bis 100 der in § 60 Abs. 1 genannten Arbeitnehmer gilt auch § 14a entsprechend. Die Frist zur Bestellung des Wahlvorstands wird im Fall des Absatzes 2 Satz 1 auf vier Wochen und im Fall des Absatzes 3 Satz 1 auf drei Wochen verkürzt.

(5) In Betrieben mit in der Regel 101 bis 200 der in § 60 Abs. 1 genannten Arbeitnehmer gilt § 14a Abs. 5 entsprechend.

Inhaltsübersicht Rn.

I. Einleitung

Die für die Wahl der Jugend- und Auszubildendenvertretung geltenden Grundsätze regelt § 63 BetrVG. Er verweist überwiegend auf die für die Betriebsratswahl anzuwendenden Wahlvorschriften. Die Wahl der Jugend- und Auszubildendenvertretung wird – genauso wie die des Betriebsrats in § 14a BetrVG – bei Kleinbetrieben bis 100 Arbeitnehmer:innen 1 im vereinfachten Wahlverfahren durchgeführt wird. Für Betriebe mit 101 bis 200 Arbeitnehmer:innen kann das vereinfachte Verfahren zumindest vereinbart werden. Es gelten ergänzend die §§ 38 ff. der Wahlordnung 2001. Zu den Besonderheiten der Jugend- und Auszubildendenvertretung vgl. DKW-*Dornberger*, § 63 Rn. 1 ff.

II. Arbeitshilfen

2 **Jugend- und Auszubildendenvertretung: Die einzelnen Wahlphasen des normalen Wahlverfahrens für die Jugend- und Auszubildendenvertretung**

Stichworte:
Bestellung Wahlvorstand; vorbereitende Feststellungen; Aushang des Wahlausschreibens

Details:
Bestellung Wahlvorstand. Aufstellung der Wählerliste. Wahlvorstand stellt wahlberechtigte und wählbare Arbeitnehmer:innen fest, dabei beachten: Wahlberechtigung (§ 61 Abs. 1 i.V.m. § 60 Abs. 1 BetrVG) und Wählbarkeit (§ 61 Abs. 2 BetrVG) fallen teilweise auseinander. Feststellung der Anzahl der zu wählenden Mitglieder der Jugend- und Auszubildendenvertretung, des Mindestanteils des Minderheitengeschlechts an Sitzen in der JAV und der erforderlichen Stützunterschriften für Vorschlagslisten. Festlegung des Wahltages und Errechnung der sich daraus ergebenden Fristen. Erlass des Wahlausschreibens

Stichworte:
Nachfrist, Entgegennahme der Vorschlagslisten

Details:
Wenn innerhalb der im Wahlausschreiben angegebenen Einreichungsfrist keine gültige Vorschlagsliste beim Wahlvorstand eingegangen ist, setzt dieser eine Nachfrist nach § 9 Abs. 1 WO von einer Woche. Wird auch innerhalb dieser Nachfrist keine gültige Vorschlagsliste eingereicht, hat der Wahlvorstand sofort bekanntzumachen, dass die Wahl nicht stattfindet (§ 9 Abs. 2 WO). Geht innerhalb der Einreichungsfrist bzw. innerhalb der gesetzten Nachfrist eine Vorschlagsliste oder gehen mehrere Vorschlagslisten ein, hat der Wahlvorstand dem/der Listenvertreter:in den Eingang zu bestätigen.

Stichworte:
Prüfung der eingereichten Vorschlagslisten; Benachrichtigung des/der Listenvertreter:in bei Mängeln; Festlegung der Ordnungsnummern für die Vorschlagslisten

Details:
Der Wahlvorstand hat die eingereichten Vorschlagslisten unverzüglich auf ihre Gültigkeit hin zu prüfen. Es können unheilbare Mängel (§ 8 Abs. 1 WO) oder heilbare Mängel (§ 8 Abs. 2 WO) vorliegen. Werden Mängel festgestellt, ist der/die betreffende Listenvertreter:in unverzüglich zu benachrichtigen. Stellt der Wahlvorstand dagegen fest, dass es bei den Vorschlagslisten zu Doppelunterzeichnungen (Stützunterzeichner:innen haben zwei oder mehr Listen unterschrieben) gekommen ist, hat er den/die Doppelunterzeichner:in zu der Erklärung nach § 6 Abs. 5 WO aufzufordern. Entsprechendes gilt nach § 6 Abs. 7 WO, wenn Doppelkandidaturen vorliegen, sich also Wahlbewerber:innen auf mehr als einer Liste bewerben. Nach Klärung der Gültigkeit der Vorschlagslisten und nach Ablauf der Einreichungsfrist hat bei Vorliegen mehrerer Listen der Losentscheid zur Festlegung der Ordnungsnummern für die Listen zu erfolgen.

Stichworte:
Bekanntgabe der als gültig anerkannten Vorschlagslisten; Erstellung der Unterlagen für die Stimmabgabe, wie Anfertigung der Stimmzettel und der Briefwahlunterlagen.

Details:
Der Wahlvorstand hat die eingereichten Vorschlagslisten bekannt zu machen. Er trifft die erforderlichen organisatorischen Vorbereitungen für die Stimmabgabe, wie insbesondere die Anfertigung der Stimmzettel und der Briefwahlunterlagen (schriftliche Stimmabgabe). Die schriftliche Stimmabgabe wird von den Wahlberechtigten ausgeübt, denen die Briefwahlunterlagen von Amts wegen zuzuleiten sind (§ 24 Abs. 2 und 3 WO) oder die einen Antrag auf Briefwahl gestellt haben (§ 24 Abs. 1 WO).

WAHLTAG

Stichworte:
Bekanntgabe des Wahlergebnisses; Benachrichtigung der gewählten Wahlbewerber:innen und der Ersatzmitglieder; Benachrichtigung des Arbeitgebers und der im Betrieb vertretenen Gewerkschaften

Details:
Nach öffentlicher Auszählung der Stimmen ist das (vorläufige) Wahlergebnis bekannt zu geben. Die gewählten Wahlbewerber:innen sind unverzüglich zu benachrichtigen und zu fragen, ob sie die Wahl annehmen (§ 17 Abs. 1 WO). Die Wahlniederschrift ist anzufertigen und dem Arbeitgeber sowie den im Betrieb vertretenen Gewerkschaften zuzuleiten (§ 18 Satz 2 WO). Sobald die Namen der Mitglieder der Jugend- und Auszubildendenvertretung endgültig feststehen, hat sie der Wahlvorstand in gleicher Weise wie das Wahlausschreiben bekannt zu machen (§ 18 Satz 1 WO).

Stichworte:
Einladung zur konstituierenden Sitzung der gewählten JAV; wahlnachbereitende Handlungen

Details:
Die gewählten Mitglieder der Jugend- und Auszubildendenvertretung sind vom Wahlvorstand innerhalb einer Woche nach dem Wahltag zur konstituierenden Sitzung (Wahl des/der Vorsitzenden und des/der Stellvertreter:in) nach § 29 Abs. 1 BetrVG einzuladen (§ 65 Abs. 2 Satz 1 2. Halbsatz, § 29 Abs. 1 BetrVG). Danach sind dem Betriebsrat die Wahlunterlagen zur Aufbewahrung zu übergeben. Dieser hat sie bis zum Ablauf seiner Amtszeit aufzubewahren (§ 39 Abs. 2 i. V. m. § 19 WO).

Jugend- und Auszubildendenvertretung: Anwendbarkeit des vereinfachten Wahlverfahrens für die Wahl der Jugend- und Auszubildendenvertretung 3

Gemäß §§ 63 Abs. 4 Satz 1 BetrVG, 40 Abs. 1 Satz 1 WO gilt für Betriebe mit 5 bis 100 der in § 60 Abs. 1 BetrVG genannten Arbeitnehmer § 14a BetrVG entsprechend.
In § 40 Abs. 1 Satz 2 WO wird für das Wahlverfahren ausschließlich auf das einstufige Wahlverfahren gem. § 36 WO verwiesen.
Dies ist darauf zurückzuführen, dass nach h. M. in Betrieben ohne Betriebsrat keine Jugend- und Auszubildendenvertretung gewählt werden kann und dass das Betriebsverfassungsgesetz eine Wahl des Wahlvorstandes zur Wahl der JAV auf einer Versammlung der Jugendlichen und Auszubildenden nicht vorsieht.
Geht man davon aus, dass der Wahlvorstand zur Wahl der Jugend- und Auszubildendenvertretung nur durch den Betriebsrat (§ 63 Abs. 2 Satz 1 BetrVG), den Gesamtbetriebsrat oder Konzernbetriebsrat (§ 63 Abs. 3 BetrVG) oder das Arbeitsgericht (§ 63 Abs. 3 BetrVG) bestellt werden kann, ergibt sich zwingend, dass auch nur das einstufige Wahlverfahren gem. § 14a Abs. 3 BetrVG i. V. m. § 36 WO zur Anwendung kommen kann.

4 **Jugend- und Auszubildendenvertretung: Kurzübersicht zum Wahlablauf des vereinfachtes Wahlverfahrens für die Jugend- und Auszubildendenvertretung**

Nach dem Betriebsverfassungsgesetz (BetrVG) und der Wahlordnung (WO) sind für den Ablauf der Wahlen zur Jugend- und Auszubildendenvertretung (JAV) grundsätzlich folgende Fristen zu beachten:

A. Vor der Wahl

1. **Spätestens** vier Wochen vor Ablauf der Amtszeit der alten Jugend- und Auszubildendenvertretung ist ein Wahlvorstand einzusetzen (§§ 63 Abs. 2 Satz 1, 63 Abs. 4 Satz 2 BetrVG). Die Frist beträgt drei Wochen, wenn der Wahlvorstand vom Gesamtbetriebsrat oder Konzernbetriebsrat eingesetzt wird. Der Wahlvorstand hat die Wahl **unverzüglich** (§ 36 Abs. 1 Satz 1 WO) einzuleiten, durchzuführen und das Wahlergebnis festzustellen (§ 18 Abs. 1 BetrVG).
2. Der Wahlvorstand hat eine Liste der Wahlberechtigten (Wählerliste), getrennt nach den Geschlechtern, aufzustellen (§ 38 Satz 1 i.V.m. § 2 Abs. 1 WO). Sofern die Jugend- und Auszubildendenvertretung aus mehr als einer Person besteht, hat er festzustellen, welches Geschlecht in der Minderheit ist und wie viele JAV-Sitze dem Minderheitengeschlecht mindestens zustehen (§ 38 Satz 1 i.V.m. § 5 WO).
3. Nach der Aufstellung der Wählerliste hat der Wahlvorstand das Wahlausschreiben zu erlassen (§ 36 Abs. 2 WO). Damit ist die Wahl eingeleitet.
4. Nur innerhalb von drei Tagen nach Erlass des Wahlausschreibens können Einsprüche gegen die Wählerliste eingelegt werden (§§ 30 Abs. 2, 36 WO).
5. Bis **spätestens** eine Woche vor der Wahlversammlung zur Wahl der Jugend- und Auszubildendenvertretung können Wahlvorschläge gemacht werden (§ 14a Abs. 3 Satz 2 BetrVG). Die Wahlvorschläge muss der Wahlvorstand **unverzüglich** prüfen und Ungültigkeit oder Beanstandungen der Wahlvorschläge **unverzüglich** schriftlich unter Angabe der Gründe dem Listenvertreter mitteilen (§ 7 Abs. 2 WO). Dies muss **spätestens** eine Woche vor der Wahlversammlung zur Wahl der Jugend- und Auszubildendenvertretung erledigt sein (§ 36 Abs. 5 Satz 2 WO).
6. Nach Ablauf der gesetzlichen Mindestfrist für die Einreichung der Wahlvorschläge (eine Woche vor der Wahlversammlung) hat die Bekanntmachung der gültigen Wahlvorschläge in gleicher Weise wie das Wahlausschreiben zu erfolgen (§§ 31 Abs. 2; 36 Abs. 6 WO).
7. Spätestens bis drei Tage vor dem Tag der Wahlversammlung können Wahlberechtigte Anträge auf nachträgliche schriftliche Stimmabgabe (Briefwahl) stellen (§§ 40, 36, 35 Abs. 1 WO)
8. Über die Einsprüche gegen die Wählerliste muss der Wahlvorstand **unverzüglich** entscheiden. **Spätestens** muss seine Entscheidung dem/der Arbeitnehmer:in, der/die den Einspruch eingelegt hat, am Tage vor der Wahl schriftlich zugehen (§ 4 Abs. 2 Satz 5 WO).

WAHLTAG

B. Nach der Wahl

1. **Unverzüglich** nach Abschluss der Wahl nimmt der Wahlvorstand öffentlich die Auszählung der Stimmen vor und gibt das (vorläufige) Wahlergebnis bekannt (§§ 36 Abs. 4, 34, 13 WO). Es ist eine Wahlniederschrift anzufertigen (§§ 16, 36 Abs. 4, 34, 23 Abs. 1 WO).
   Im Fall der **nachträglichen schriftlichen Stimmabgabe** (§§ 35, 36 Abs. 4 WO) versiegelt der Wahlvorstand die Wahlurne. Nach Ablauf der Frist für den Eingang der Briefwahlstimmen erfolgt die öffentliche Auszählung der Stimmen.
2. Der Wahlvorstand muss die gewählten Arbeitnehmer:innen **unverzüglich** verständigen (§§ 17, 34, 23 Abs. 1, 36 Abs. 4 WO).
3. Der Wahlvorstand hat die Namen der gewählten Arbeitnehmer:innen bekanntzumachen, sobald sie endgültig feststehen (§§ 18, 36 Abs. 4, 34, 23 Abs. 1 WO).
4. Vor Ablauf einer Woche nach dem Wahltag hat der Wahlvorstand die neu gewählte JAV zur konstituierenden Sitzung einzuberufen (§ 65 Abs. 2 Satz 1 2. Halbsatz, § 29 Abs. 1 BetrVG). Die

Wahlunterlagen sind dem Betriebsrat zu übergeben, der sie mindestens bis zur Beendigung der Amtszeit der JAV aufzubewahren hat (§ 19 WO).

Jugend- und Auszubildendenvertretung: Die einzelnen Wahlphasen des normalen Wahlverfahrens für die Jugend- und Auszubildendenvertretung 5

Stichworte:
Bestellung Wahlvorstand; vorbereitende Feststellungen; Aushang des Wahlausschreibens

Details:
Bestellung Wahlvorstand. Aufstellung der Wählerliste. Wahlvorstand stellt wahlberechtigte und wählbare Arbeitnehmer:innen fest, dabei beachten: Wahlberechtigung (§ 61 Abs. 1 i.V.m. § 60 Abs. 1 BetrVG) und Wählbarkeit (§ 61 Abs. 2 BetrVG) fallen teilweise auseinander. Feststellung der Anzahl der zu wählenden Mitglieder der Jugend- und Auszubildendenvertretung und – falls die JAV aus mehr als einer Person besteht – des Mindestanteils des Minderheitengeschlechts an Sitzen in der Jugend- und Auszubildendenvertretung und der erforderlichen Stützunterschriften für Wahlvorschläge. Festlegung des Wahltages und Errechnung der sich daraus ergebenden Fristen. Erlass des Wahlausschreibens

Stichworte:
Entgegennahme von Wahlvorschlägen

Details:
Wenn innerhalb der im Wahlausschreiben angegebenen Einreichungsfrist kein gültiger Wahlvorschlag beim Wahlvorstand eingegangen ist, hat der Wahlvorstand bekanntzumachen, dass die Wahl nicht stattfindet (§ 36 Abs. 6 WO). Geht innerhalb der Einreichungsfrist ein Wahlvorschlag oder gehen mehrere Wahlvorschläge ein, hat der Wahlvorstand dem/der Listenvertreter:in den Eingang zu bestätigen (§ 36 Abs. 2 Satz 2 i.V.m. § 7 Abs. 1 WO).

Stichworte:
Prüfung der eingereichten Wahlvorschläge; Benachrichtigung des/der Listenvertreter:in bei Mängeln

Details:
Der Wahlvorstand hat die eingereichten Wahlvorschläge unverzüglich auf ihre Gültigkeit hin zu prüfen. Es können unheilbare Mängel (§ 8 Abs. 1 WO) oder heilbare Mängel (§ 8 Abs. 2 WO) vorliegen. Werden Mängel festgestellt, ist der/die betreffende Listenvertreter:in unverzüglich zu benachrichtigen. Stellt der Wahlvorstand dagegen fest, dass es bei den Wahlvorschlägen zu Doppelunterzeichnungen (Stützunterzeichner:innen haben zwei oder mehr unterschrieben) gekommen ist, hat er den/die Doppelunterzeichner:in zu der Erklärung nach § 6 Abs. 5 WO aufzufordern. Entsprechendes gilt nach § 6 Abs. 7 WO, wenn Doppelkandidaturen vorliegen, sich also Wahlbewerber:innen auf mehr als einer Liste bewerben. Die gesetzliche Mindestfrist von einer Woche zwischen spätester Einreichung eines Wahlvorschlags und der Wahlversammlung zur Wahl der Jugend- und Auszubildendenvertretung darf dabei in keinem Fall unterschritten werden (§ 14a Abs. 3 Satz 2 1. Halbsatz BetrVG, §§ 8 Abs. 2, 36 Abs. 5 WO). Deshalb muss die Mindestfrist für die Beseitigung von Mängeln des Wahlvorschlags bzw. zur Abgabe der Erklärungen gemäß § 6 WO ggfs. vom Wahlvorstand abgekürzt werden.

Stichworte:
Bekanntgabe der als gültig anerkannten Wahlvorschläge; Erstellung der Unterlagen für die Stimmabgabe, wie Anfertigung der Stimmzettel und der Briefwahlunterlagen.

Details:
Der Wahlvorstand hat die Wahlvorschläge bekannt zu machen. Er trifft die erforderlichen organisatorischen Vorbereitungen für die Stimmabgabe, wie insbesondere die Anfertigung der Stimmzettel und der Briefwahlunterlagen (schriftliche Stimmabgabe). Die schriftliche Stimmabgabe wird von den Wahlberechtigten ausgeübt, denen die Briefwahlunterlagen von Amts wegen zuzuleiten sind (§ 24 Abs. 2 und 3 WO) oder die einen Antrag auf nachträgliche schriftliche Stimmabgabe (Briefwahl) gestellt haben (§§ 40, 36, 35 Abs. 1 WO).

WAHLTAG

Stichworte:
Bekanntgabe des Wahlergebnisses; Benachrichtigung der gewählten Wahlbewerber:innen und der Ersatzmitglieder; Benachrichtigung des Arbeitgebers und der im Betrieb vertretenen Gewerkschaften

Details:
Nach öffentlicher Auszählung der Stimmen, ggfs. erst nach Ablauf der Frist für den Eingang der Briefwahlstimmen (§§ 35, 36 Abs. 4 WO), ist das (vorläufige) Wahlergebnis bekannt zu geben. Die gewählten Wahlbewerber:innen sind unverzüglich zu benachrichtigen und zu fragen, ob sie die Wahl annehmen (§ 17 Abs. 1 WO). Die Wahlniederschrift ist anzufertigen und dem Arbeitgeber sowie den im Betrieb vertretenen Gewerkschaften zuzuleiten (§ 18 Satz 2 WO). Sobald die Namen der JAV-Mitglieder endgültig feststehen, hat sie der Wahlvorstand in gleicher Weise wie das Wahlausschreiben bekannt zu machen (§ 18 Satz 1 WO).

Stichworte:
Einladung zur konstituierenden Sitzung der gewählten JAV; wahlnachbereitende Handlungen

Details:
Die gewählten Mitglieder der JAV sind vom Wahlvorstand innerhalb einer Woche nach dem Wahltag zur konstituierenden Sitzung (Wahl des/der Vorsitzenden und des/der Stellvertreter:in nach § 29 Abs. 1 BetrVG) einzuladen (§ 65 Abs. 2 Satz 1 2. Halbsatz, § 29 Abs. 1 BetrVG). Danach sind dem Betriebsrat die Wahlunterlagen zur Aufbewahrung zu übergeben. Dieser hat sie mindestens bis zum Ablauf der Amtszeit der JAV aufzubewahren (§§ 39 Abs. 2, 19 WO).

6 Jugend- und Auszubildendenvertretung: Einladung zur ersten Sitzung des Wahlvorstandes – normales Wahlverfahren

Der Wahlvorstand
Wahl der Jugend- und Auszubildendenvertretung der Firma Firmenbezeichnung,
Betrieb Name
Adresse
Ort, Datum

An alle
Mitglieder des Wahlvorstandes Bezeichnung
Adresse,

Durchschrift an die Ersatzmitglieder des Wahlvorstandes

Einladung zur ersten Sitzung am Datum

Liebe Kolleginnen und Kollegen,
hiermit lade ich zur ersten Sitzung des Wahlvorstandes **am Datum um Uhr, Sitzungsraum** ein.

Tagesordnung der Sitzung:
1. Eröffnung der Sitzung und Beschlussfassung über die Tagesordnung
2. Technische und organisatorische Fragen der Arbeit des Wahlvorstandes, Aufgabenverteilung, Zuständigkeiten
3. Besprechung klärungsbedürftiger Fragen zum Ablauf der Wahl der Jugend- und Auszubildendenvertretung, zu den rechtlichen Rahmenbedingungen und den Aufgaben des Wahlvorstandes
4. Beschlussfassung über die Teilnahme an Sitzungen mittels Video- und Telefonkonferenz (§ 38 i.V.m. § 1 Abs. 4 WO)
5. Festlegung der Termine und Fristen
6. Aufstellung der Wählerliste
7. Ermittlung der Anzahl der Mitglieder der Jugend- und Auszubildendenvertretung
8. Ermittlung der Mindestanzahl der Sitze der Jugend- und Auszubildendenvertretung, die auf das Minderheitengeschlecht entfallen (§ 63 Abs. 3 BetrVG)
9. Feststellung der Wahlberechtigten, denen die schriftliche Stimmabgabe zu ermöglichen ist
10. Erstellung und Aushang des Wahlausschreibens
11. Verschiedenes

Mit freundlichen Grüßen

Unterschrift Vorsitzende:r des Wahlvorstandes

Jugend- und Auszubildendenvertretung: Wahlvorstand an Arbeitgeber – Anforderung von Unterlagen – normales Wahlverfahren 7

Der Wahlvorstand
Wahl der Jugend- und Auszubildendenvertretung der Firma Firmenbezeichnung,
Betrieb Name
Adresse
Ort, Datum

An die
Personalabteilung der Firma Firmenbezeichnung
Adresse,

Sehr geehrte Damen und Herren,
mit Datum vom Datum sind wir vom Betriebsrat/Gesamtbetriebsrat/Konzernbetriebsrat zum Wahlvorstand für die anstehende Wahl der Jugend- und Auszubildendenvertretung bestellt worden.
oder
mit Datum vom Datum sind wir vom Arbeitsgericht zum Wahlvorstand für die anstehende Wahl der Jugend- und Auszubildendenvertretung bestellt worden.
Für die Erstellung der Wählerliste benötigt der Wahlvorstand folgende von der Personalabteilung anzufertigende Listen der Auszubildenden bzw. Arbeitnehmer:innen des Betriebs:

- eine Liste aller Arbeitnehmer:innen (getrennt männlich/weiblich/divers), die bis zum Datum vom Datum das 18. Lebensjahr noch nicht vollendet haben und
- eine Liste aller Arbeitnehmer:innen (getrennt männlich/weiblich/divers), die am Datum zu ihrer Berufsausbildung beschäftigt werden.

Weiterhin zählen zu den wahlberechtigten Arbeitnehmer:innen auch im Außendienst oder in Telearbeit beschäftigte Arbeitnehmer:innen, ebenso in Heimarbeit Beschäftigte, sofern sie in der Hauptsache für den Betrieb arbeiten (§ 5 Abs. 1 BetrVG).

Zur Feststellung der Wählbarkeit (vgl. § 61 Abs. 2 BetrVG) benötigt der Wahlvorstand außerdem:

- eine Liste aller Arbeitnehmer:innen (getrennt männlich/weiblich/divers), die bis zum Datum vom Datum das 25. Lebensjahr noch nicht vollendet haben und nicht zu ihrer Berufsausbildung beschäftigt werden.

Außerdem benötigen wir Informationen über die Sprachkenntnisse ausländischer Arbeitnehmer:innen (s. § 2 Abs. 5 WO).

> **Hinweis:**
> Ggf. streichen: Nur notwendig, wenn ausländische Arbeitnehmer:innen evtl. nicht über ausreichende Sprachkenntnisse verfügen, um die Wahlvorschriften und Bekanntmachungen des Wahlvorstands zu verstehen (s. § 2 Abs. 5 WO).

Wir bitten Sie, diese Listen nach weiblichen, männlichen und diversen Arbeitnehmer:innen bzw. Auszubildenden zu unterteilen und in alphabetischer Reihenfolge und unter Angabe von Familiennamen, Vornamen, Geburtsdatum und Ausbildungsberuf bzw. Beschäftigungsart zu erstellen.

Der Wahlvorstand erwartet von Ihnen, dass Sie ihm bis zum Abschluss der Wahl der Jugend- und Auszubildendenvertretung unverzüglich informieren über

- Arbeitnehmer:innen, die bis zum Datum vom Datum das 18. Lebensjahr noch nicht vollendet haben und die aus dem Betrieb ausgeschieden sind,
- Arbeitnehmer:innen, die bis zum Datum vom Datum das 18. Lebensjahr noch nicht vollendet haben und neu eingestellt werden,
- Arbeitnehmer:innen, die zu ihrer Berufsausbildung neu eingestellt werden oder die zu ihrer Berufsausbildung beschäftigt werden und aus dem Betrieb ausgeschieden sind,
- Arbeitnehmer:innen, die bis zum Datum vom Datum das 25. Lebensjahr noch nicht vollendet haben, nicht zu ihrer Berufsausbildung beschäftigt werden und neu eingestellt werden oder aus dem Betrieb ausgeschieden sind.

Für die Briefwahl nach §§ 38, 39 Abs. 4 i.V.m. §§ 3 Abs. 4; 24 WO benötigt der Wahlvorstand folgende Unterlagen:

- Eine Liste mit den privaten Postadressen sowie den E-Mail-Adressen aller Arbeitnehmer:innen, die am Wahltag das 18. Lebensjahr noch nicht vollendet haben.
- Eine Liste mit den privaten Postadressen sowie den E-Mail-Adressen aller Arbeitnehmer:innen, die zu ihrer Berufsausbildung beschäftigt werden.
- Eine Liste aller Arbeitnehmer:innen, die am Wahltag das 18. Lebensjahr noch nicht vollendet haben und die
  - im Zeitpunkt der Wahl nach der Eigenart ihres Beschäftigungsverhältnisses, insbesondere im Außendienst oder mit Telearbeit Beschäftigte und in Heimarbeit Beschäftigte, voraussichtlich nicht im Betrieb anwesend sein werden oder
  - vom Erlass des Wahlausschreibens bis zum Zeitpunkt der Wahl aus anderen Gründen, insbesondere bei Ruhen des Arbeitsverhältnisses oder Arbeitsunfähigkeit, voraussichtlich nicht im Betrieb anwesend sein werden.
- Eine Liste aller zu ihrer Berufsausbildung beschäftigten Arbeitnehmer:innen (unabhängig von ihrem Lebensalter), die
  - im Zeitpunkt der Wahl nach der Eigenart ihres Beschäftigungsverhältnisses, insbesondere im Außendienst oder mit Telearbeit Beschäftigte und in Heimarbeit Beschäftigte, voraussichtlich nicht im Betrieb anwesend sein werden oder

– vom Erlass des Wahlausschreibens bis zum Zeitpunkt der Wahl aus anderen Gründen, insbesondere bei Ruhen des Arbeitsverhältnisses oder Arbeitsunfähigkeit, voraussichtlich nicht im Betrieb anwesend sein werden.

Mit freundlichen Grüßen

Unterschrift Vorsitzende:r des Wahlvorstandes

Jugend- und Auszubildendenvertretung: Wahlausschreiben für die Wahl der Jugend- und Auszubildendenvertretung – normales Wahlverfahren 8

Der Wahlvorstand
Wahl der Jugend- und Auszubildendenvertretung der Firma Firmenbezeichnung,
Betrieb Name
Adresse
Ort, Datum

Ausgehängt am: Datum
Eingezogen am: Datum

Wahlausschreiben
Wahl der Jugend- und Auszubildendenvertretung

Aufgrund des Betriebsverfassungsgesetzes ist im Betrieb Name Betrieb eine Jugend- und Auszubildendenvertretung zu wählen. Die wahlberechtigten und wählbaren Arbeitnehmer:innen (zur Wahlberechtigung und Wählbarkeit vgl. die Hinweise unten, Nr. 1 und 2) sowie die im Betrieb vertretenen Gewerkschaften werden auf Folgendes hingewiesen:
Die Wahl der Jugend- und Auszubildendenvertretung findet am Datum von bis Uhr in Ortsangabe/Wahlraum statt.
Die Jugend- und Auszubildendenvertretung hat aus Mitgliedern zu bestehen (vgl. § 62 Abs. 1 BetrVG). Dabei muss das Geschlecht, das unter den in § 60 Abs. 1 BetrVG genannten Arbeitnehmer:innen in der Minderheit ist, entsprechend seinem zahlenmäßigen Verhältnis in der Jugend- und Auszubildendenvertretung vertreten sein, wenn diese aus mindestens drei Mitgliedern besteht (§ 62 Abs. 3 BetrVG). Danach müssen mindestens Frauen/Männer *(nicht Zutreffendes streichen)* in der Jugend- und Auszubildendenvertretung vertreten sein.
Die Jugend- und Auszubildendenvertretung soll sich außerdem möglichst aus Vertreter:innen der verschiedenen Beschäftigungsarten und Ausbildungsberufe der im Betrieb Tätigen in § 60 Abs. 1 BetrVG genannten Arbeitnehmer:innen zusammensetzen (§ 62 Abs. 2 BetrVG).
Die wahlberechtigten Arbeitnehmer:innen werden hiermit aufgefordert, vor Ablauf von zwei Wochen, spätestens bis zum Datum, Uhr, Vorschlagslisten (Wahlvorschläge) beim Wahlvorstand, Betriebsadresse des Wahlvorstands, einzureichen. Nur fristgerecht eingereichte Vorschlagslisten (Wahlvorschläge) werden berücksichtigt.

Hinweise:

1. Bei der Wahl der Jugend- und Auszubildendenvertretung sind diejenigen Arbeitnehmer:innen **wahlberechtigt**, die das 18. Lebensjahr noch nicht vollendet haben (jugendliche Arbeitnehmer:innen); darüber hinaus alle Arbeitnehmer:innen, die zu ihrer Berufsausbildung beschäftigt sind (§ 61 Abs. 1 i.V.m. § 60 Abs. 1 BetrVG). Die Ausübung des Wahlrechts setzt die Eintragung in die Wählerliste voraus (§ 38 i.V.m. § 2 Abs. 3 WO).

2. **Wählbar** sind alle Arbeitnehmer:innen; die das 25. Lebensjahr noch nicht vollendet haben sowie alle Arbeitnehmer:innen, die zu ihrer Berufsausbildung beschäftigt werden, unabhängig von ihrem Lebensalter. (vgl. § 61 Abs. 2 BetrVG). Mitglieder des Betriebsrats können nicht zur Jugend- und Auszubildendenvertretung gewählt werden. Nicht wählbar ist, wer infolge strafgerichtlicher Verurteilung die Fähigkeit, Rechte aus öffentlichen Wahlen zu erlangen, nicht besitzt (§ 61 Abs. 2 BetrVG). Wählbar sind auch nicht Arbeitnehmer:innen eines anderen Arbeitgebers, die nach dem Arbeitnehmerüberlassungsgesetz zur Arbeitsleistung überlassen worden sind (§ 14 Abs. 2 Satz 1 AÜG).
3. Die Vorschlagslisten müssen von **mindestens** **wahlberechtigten Arbeitnehmer:innen** unterzeichnet sein (§ 63 Abs. 2 i. V. m. § 14 Abs. 4 BetrVG). Einer der Unterzeichner:innen soll als **Listenvertreter:in** bezeichnet sein.
4. Vorschlagslisten können auch von den im Betrieb vertretenen Gewerkschaften eingereicht werden. Eine solche Vorschlagsliste muss von zwei Beauftragten unterzeichnet sein (§ 63 Abs. 2 i. V. m. § 14 Abs. 8 BetrVG).
5. Jede Vorschlagsliste soll mindestens **doppelt** so viele **Wahlbewerber:innen** aufweisen, wie Mitglieder zur Jugend- und Auszubildendenvertretung zu wählen sind (§ 39 Abs. 1 i. V. m. § 6 Abs. 2 WO). Bei der Aufstellung der Wahlbewerber:innen sollen die **verschiedenen Beschäftigungsarten und Ausbildungsberufe** berücksichtigt werden (§ 62 Abs. 2 BetrVG).
6. Im Betrieb sind Frauen und Männer als Arbeitnehmer:innen im Sinne von § 60 Abs.1 BetrVG beschäftigt. Gemäß § 62 Abs. 3 BetrVG muss das Geschlecht, das nach dem zahlenmäßigen Verhältnis unter den in § 60 Abs. 1 BetrVG genannten Arbeitnehmer:innen in der Minderheit ist, mindestens seinem Anteil entsprechend in der Jugend- und Auszubildendenvertretung vertreten sein.
7. Die einzelnen Wahlbewerber:innen **sind in erkennbarer Reihenfolge** unter fortlaufender Nummer mit Familiennamen, Vornamen, Geburtsdatum und Ausbildungsberuf/Art der Beschäftigung aufzuführen. Die **schriftliche Zustimmung** der Wahlbewerber:innen zur Aufnahme in die Vorschlagsliste ist beizufügen (§ 39 Abs. 1 i. V. m. § 6 Abs. 3 WO).
8. Werden mehrere gültige Vorschlagslisten eingereicht, findet die Wahl nach den Grundsätzen der **Verhältniswahl** (Listenwahl) statt. Wird nur eine gültige Vorschlagsliste eingereicht, erfolgt die Wahl nach den **Grundsätzen der Mehrheitswahl** (Personenwahl).
9. Die Stimmabgabe ist an die Vorschlagslisten gebunden. Die **Bekanntgabe** der gültigen Vorschlagsliste(n) erfolgt, sofern keine Nachfrist nach § 9 WO erforderlich wird, spätestens am Datum an dieser Stelle und in sonst betriebsüblicher Weise bis zum Abschluss der Stimmabgabe. Die gültigen Vorschlagslisten werden allen Wahlberechtigten an ihre persönliche betriebliche E-Mail-Adresse zugesandt / können im Intranet *(nicht Zutreffendes streichen)* unter oder eingesehen werden.

Hinweis:
Nur für den Fall angeben, in dem das Wahlausschreiben ausschließlich in elektronischer Form bekannt gemacht wird (vgl. § 31 Abs. 1 Nr. 2 i. V. m. § 2 Abs. 4 WO).

10. Abdrucke der **Wahlordnung** und der **Wählerliste** sind zur Einsichtnahme ausgelegt. Sie können beim Wahlvorstand, Betriebsadresse des Wahlvorstands, arbeitstäglich in der Zeit von bis Uhr eingesehen werden. Das Original der Wählerliste mit der Angabe der Geburtsdaten kann in begründeten Fällen nach Absprache mit dem Wahlvorstand an dessen Betriebsadresse eingesehen werden.
Die Wahlordnung und die Wählerliste sind allen Wahlberechtigten an ihre persönliche betriebliche E-Mail-Adresse zugesandt worden / können im Intranet *(nicht Zutreffendes streichen)* unter oder eingesehen werden.

Hinweis:
Nur für den Fall angeben, in dem das Wahlausschreiben ausschließlich in elektronischer Form bekannt gemacht wird (vgl. § 31 Abs. 1 Nr. 2 i. V. m. § 2 Abs. 4 WO).

11. Einsprüche gegen die Richtigkeit der Wählerliste können nur vor Ablauf von zwei Wochen seit Erlass des Wahlausschreibens bis zum Datum, Uhr beim Wahlvorstand schriftlich eingelegt werden. Die Anfechtung der Wahl durch die Wahlberechtigten ist ausgeschlossen, soweit sie darauf gestützt wird, dass die Wählerliste unrichtig ist, wenn nicht zuvor aus demselben Grund ordnungsgemäß Einspruch gegen die Richtigkeit der Wählerliste eingelegt wurde. Dies gilt nicht, wenn die anfechtenden Wahlberechtigten an der Einlegung eines Einspruchs gehindert waren. Die Anfechtung durch den Arbeitgeber ist ausgeschlossen, soweit sie darauf gestützt wird, dass die Wählerliste unrichtig ist und wenn diese Unrichtigkeit auf seinen Angaben beruht (vgl. § 63 Abs. 2 i.V.m. § 19 Abs. 3 BetrVG).
12. Wahlberechtigte Arbeitnehmer:innen, die zum Zeitpunkt der Wahl wegen Abwesenheit verhindert sind, ihre Stimme persönlich abzugeben, können beim Wahlvorstand die Übersendung der Unterlagen für die **schriftliche Stimmabgabe** beantragen (§ 39 Abs. 4 i.V.m. § 24 Abs. 1 WO). Wahlberechtigte Arbeitnehmer:innen, die wegen der Eigenart ihres Beschäftigungsverhältnisses im Zeitpunkt der Wahl voraussichtlich nicht im Betrieb anwesend sein werden, erhalten die Unterlagen ohne ausdrückliches Verlangen (§ 39 Abs. 4 i.V.m. § 24 Abs. 2 Nr. 1 WO). Gleiches gilt für Wahlberechtigte, von denen dem Wahlvorstand bekannt ist, dass sie vom Erlass des Wahlausschreibens bis zum Zeitpunkt der Wahl aus anderen Gründen, insbesondere bei Ruhen des Arbeitsverhältnisses oder Arbeitsunfähigkeit, voraussichtlich nicht im Betrieb anwesend sein werden (§ 39 Abs. 4 i.V.m. § 24 Abs. 2 Nr. 2 WO).
13. Für folgende **Betriebsteile** und **Kleinstbetriebe** hat der Wahlvorstand die schriftliche Stimmabgabe beschlossen (§ 39 Abs. 4 i.V.m. § 24 Abs. 3 WO): . Den in diesen Betriebsteilen und Kleinstbetrieben beschäftigten Wahlberechtigten werden die Unterlagen für die schriftliche Stimmabgabe durch den Wahlvorstand übersandt.
14. **Vorschlagslisten, Einsprüche** und sonstige **Erklärungen** sind gegenüber dem Wahlvorstand, Betriebsadresse des Wahlvorstands, abzugeben.
15. Die Auszählung der Stimmen ist öffentlich und erfolgt am Datum, Uhrzeit in Ort.

Anschrift des Wahlvorstands

Wahlvorstand
Unterschrift Unterschrift des/der Vorsitzenden Unterschrift

Jugend- und Auszubildendenvertretung: Bekanntmachung Wahlergebnis Mehrheitswahl – normales Wahlverfahren 9

Der Wahlvorstand
Wahl der Jugend- und Auszubildendenvertretung der Firma Firmenbezeichnung,
Betrieb Name
Adresse

Ausgehängt am: Datum
Eingezogen am: Datum

Bekanntmachung
des Wahlergebnisses für die Wahl der Jugend- und Auszubildendenvertretung (Mehrheitswahl)

im Betrieb Name Betrieb
Die am Datum durchgeführte Wahl der Jugend- und Auszubildendenvertretung erfolgte nach den Grundsätzen der Mehrheitswahl. Es wurden gültige Stimmen abgegeben; davon entfielen auf die einzelnen Wahlbewerber:innen:

Familienname	Vorname	Art der Beschäftigung im Betrieb/ Ausbildungsberuf	Geschlecht	Zahl der erhaltenen Stimmen

Es waren Mitglieder für die Jugend- und Auszubildendenvertretung zu wählen. Nach § 62 Abs. 3 BetrVG muss das Geschlecht, das unter den in § 60 Abs. 1 BetrVG genannten Arbeitnehmern in der Minderheit ist, mindestens entsprechend seinem zahlenmäßigen Verhältnis in der Jugend- und Auszubildendenvertretung vertreten sein, wenn diese aus mindestens drei Mitgliedern besteht. Zur Umsetzung dieses Grundsatzes bestimmt § 39 Abs. 3 WO i. V. m. § 22 Abs. 1 WO, dass bei der Zuweisung der Sitze zunächst die dem Minderheitengeschlecht zustehenden Mindestsitze ermittelt werden. Diese werden in der Reihenfolge der jeweils höchsten Stimmenzahlen zugewiesen. Das sind folgende Frauen / Männer *(nicht Zutreffendes streichen)*:

Namen
Namen
usw.

Sodann erfolgt die Verteilung der weiteren Sitze, und zwar unabhängig von dem Geschlecht, in der Reihenfolge der erhaltenen Stimmenzahlen. Das sind folgende Wahlbewerber:innen:

Namen der weiteren Gewählten
Namen der weiteren Gewählten
usw.

Die Jugend- und Auszubildendenvertretung setzt sich somit wie folgt zusammen:

Familienname	Vorname	Art der Beschäftigung im Betrieb/ Ausbildungsberuf	Geschlecht	Zahl der erhaltenen Stimmen

Ersatzmitglieder sind die nicht gewählten Wahlbewerber:innen mit den nächsthöchsten Stimmzahlen in der Reihenfolge der auf sie entfallenen Stimmen. Dabei sind die Grundsätze des § 62 Abs. 3 BetrVG, nach denen das Minderheitengeschlecht eine Mindestanzahl von Sitzen zu erhalten hat, zu beachten.

Wahlvorstand

Unterschrift Unterschrift des/der Vorsitzenden Unterschrift

Jugend- und Auszubildendenvertretung: Bekanntmachung Wahlergebnis Verhältniswahl – normales Wahlverfahren 10

Der Wahlvorstand
Wahl der Jugend- und Auszubildendenvertretung der Firma Firmenbezeichnung,
Betrieb Name
Adresse

Ausgehängt am: Datum
Eingezogen am: Datum

Bekanntmachung
des Wahlergebnisses für die Wahl der Jugend- und Auszubildendenvertretung (Verhältniswahl)

im Betrieb Name Betrieb
Die am Datum durchgeführte Wahl der Jugend- und Auszubildendenvertretung erfolgte, da mehr als eine gültige Vorschlagsliste eingereicht worden ist, nach den Grundsätzen der Verhältniswahl. Es wurden insgesamt gültige Stimmen abgegeben; davon entfielen auf die einzelnen Vorschlagslisten: Vorschlagsliste 1 Stimmen, Vorschlagsliste 2 Stimmen.
Zu wählen waren Mitglieder der Jugend- und Auszubildendenvertretung, davon mindestens Frauen / Männer *(nicht Zutreffendes streichen)* (§ 62 Abs. 3 BetrVG).
Das Stimmergebnis führt zur folgenden Verteilung der Sitze der Jugend- und Auszubildendenvertretung: Vorschlagliste 1 Mitglieder der Jugend- und Auszubildendenvertretung, darunter Frauen und Männer, nämlich
Namen
Namen
usw.

Vorschlagliste 2 Mitglieder der Jugend- und Auszubildendenvertretung, darunter Frauen und Männer, nämlich
Namen
Namen
usw.
Mit diesem Stimmergebnis ist der Mindestanteil des Minderheitengeschlechts listenübergreifend gewahrt (§ 62 Abs. 3 BetrVG). Es erfolgt keine Korrektur des Wahlergebnisses.

> **Hinweis:**
> Dieser Absatz ist zu streichen, wenn eine Korrektur des Wahlergebnisses nach § 15 Abs. 5 WO erfolgt.

Mit diesem Stimmergebnis ist der Mindestanteil des Minderheitengeschlechts (§ 62 Abs. 3 BetrVG) – auch listenübergreifend – nicht gewahrt. Es ist daher nach § 15 Abs. 5 WO zu verfahren.

> **Hinweis:**
> Dieser Absatz ist zu streichen, wenn **keine** Korrektur des Wahlergebnisses nach § 15 Abs. 5 WO erfolgt.

Die Jugend- und Auszubildendenvertretung setzt sich somit wie folgt zusammen:

Familienname	Vorname	Art der Beschäftigung im Betrieb/ Ausbildungsberuf	Geschlecht

Ort/ Betrieb Datum

Wahlvorstand
Unterschrift Unterschrift des/der Vorsitzenden Unterschrift

11 **Jugend- und Auszubildendenvertretung: Vereinbarung zwischen Wahlvorstand und Arbeitgeber über Anwendung des vereinfachten Wahlverfahrens**

Vereinbarung gemäß § 63 Abs. 5 i. V. m. § 14a Abs. 5 BetrVG
Zwischen

dem Wahlvorstand der Fa Firmenbezeichnung, Betrieb Name Betrieb, vertreten durch die/den Wahlvorstandsvorsitzende:n Name

und

der Fa. Name Betrieb, vertreten durch Name,

wird hiermit vereinbart, dass die Wahl der Jugend- und Auszubildendenvertretung für den Betrieb Name Betrieb gemäß § 63 Abs. 5 i. V. m. § 14a Abs. 5 BetrVG im vereinfachten Wahlverfahren durchgeführt wird.

Ort Datum

Unterschrift Vorsitzende:r des Wahlvorstands Unterschrift Arbeitgeber

12 **Jugend- und Auszubildendenvertretung: Wahlvorstand an Arbeitgeber – Anforderung von Unterlagen – vereinfachtes Wahlverfahren**

Der Wahlvorstand
Wahl der Jugend- und Auszubildendenvertretung der Firma Firmenbezeichnung,
Betrieb Name
Adresse
Ort, Datum

An die
Personalabteilung der Firma Firmenbezeichnung
Adresse,

Sehr geehrte Damen und Herren,
mit Datum vom Datum sind wir vom Betriebsrat/Gesamtbetriebsrat/Konzernbetriebsrat zum Wahlvorstand für die anstehende Wahl der Jugend- und Auszubildendenvertretung bestellt worden.
oder
mit Datum vom Datum sind wir vom Arbeitsgericht zum Wahlvorstand für die anstehende Wahl der Jugend- und Auszubildendenvertretung bestellt worden.
Für die Erstellung der Wählerliste benötigt der Wahlvorstand folgende von der Personalabteilung anzufertigende Listen der Auszubildenden bzw. Arbeitnehmer:innen des Betriebs:

- eine Liste aller Arbeitnehmer:innen (getrennt männlich/weiblich/divers), die bis zum Datum vom Datum das 18. Lebensjahr noch nicht vollendet haben und
- eine Liste aller Arbeitnehmer:innen (getrennt männlich/weiblich/divers), die am Datum zu ihrer Berufsausbildung beschäftigt werden.

Weiterhin zählen zu den wahlberechtigten Arbeitnehmer:innen auch im Außendienst oder in Telearbeit beschäftigte Arbeitnehmer:innen, ebenso in Heimarbeit Beschäftigte, sofern sie in der Hauptsache für den Betrieb arbeiten (§ 5 Abs. 1 BetrVG).
Zur Feststellung der Wählbarkeit (vgl. § 61 Abs. 2 BetrVG) benötigt der Wahlvorstand außerdem:

- eine Liste aller Arbeitnehmer:innen (getrennt männlich/weiblich/divers), die bis zum Datum vom Datum das 25. Lebensjahr noch nicht vollendet haben und nicht zu ihrer Berufsausbildung beschäftigt werden.

Außerdem benötigen wir Informationen über die Sprachkenntnisse ausländischer Arbeitnehmer:innen (s. § 2 Abs. 5 WO).

> **Hinweis:**
> Ggf. streichen: Nur notwendig, wenn ausländische Arbeitnehmer:innen evtl. nicht über ausreichende Sprachkenntnisse verfügen, um die Wahlvorschriften und Bekanntmachungen des Wahlvorstands zu verstehen (s. § 2 Abs. 5 WO).

Wir bitten Sie, diese Listen nach weiblichen, männlichen und diversen Arbeitnehmer:innen bzw. Auszubildenden zu unterteilen und in alphabetischer Reihenfolge und unter Angabe von Familiennamen, Vornamen, Geburtsdatum und Ausbildungsberuf bzw. Beschäftigungsart zu erstellen.
Der Wahlvorstand erwartet von Ihnen, dass Sie ihm bis zum Abschluss der Wahl der Jugend- und Auszubildendenvertretung unverzüglich informieren über

- Arbeitnehmer:innen, die bis zum Datum vom Datum das 18. Lebensjahr noch nicht vollendet haben und die aus dem Betrieb ausgeschieden sind,
- Arbeitnehmer:innen, die bis zum Datum vom Datum das 18. Lebensjahr noch nicht vollendet haben und neu eingestellt werden,
- Arbeitnehmer:innen, die zu ihrer Berufsausbildung neu eingestellt werden oder die zu ihrer Berufsausbildung beschäftigt werden und aus dem Betrieb ausgeschieden sind,
- Arbeitnehmer:innen, die bis zum Datum vom Datum das 25. Lebensjahr noch nicht vollendet haben, nicht zu ihrer Berufsausbildung beschäftigt werden und neu eingestellt werden oder aus dem Betrieb ausgeschieden sind.

Für die Briefwahl nach §§ 35, 36 Abs. 4, 40 Abs. 1 i.V.m. § 24 WO benötigt der Wahlvorstand folgende Unterlagen:

- Eine Liste mit den privaten Postadressen sowie den E-Mail-Adressen aller Arbeitnehmer:innen, die am Wahltag das 18. Lebensjahr noch nicht vollendet haben.
- Eine Liste mit den privaten Postadressen sowie den E-Mail-Adressen aller Arbeitnehmer:innen, die zu ihrer Berufsausbildung beschäftigt werden.

- Eine Liste aller Arbeitnehmer:innen, die am Wahltag das 18. Lebensjahr noch nicht vollendet haben und die
  – im Zeitpunkt der Wahl nach der Eigenart ihres Beschäftigungsverhältnisses, insbesondere im Außendienst oder mit Telearbeit Beschäftigte und in Heimarbeit Beschäftigte, voraussichtlich nicht im Betrieb anwesend sein werden oder
  – vom Erlass des Wahlausschreibens bis zum Zeitpunkt der Wahl aus anderen Gründen, insbesondere bei Ruhen des Arbeitsverhältnisses oder Arbeitsunfähigkeit, voraussichtlich nicht im Betrieb anwesend sein werden.
- Eine Liste aller zu ihrer Berufsausbildung beschäftigten Arbeitnehmer:innen (unabhängig von ihrem Lebensalter), die
  – im Zeitpunkt der Wahl nach der Eigenart ihres Beschäftigungsverhältnisses, insbesondere im Außendienst oder mit Telearbeit Beschäftigte und in Heimarbeit Beschäftigte, voraussichtlich nicht im Betrieb anwesend sein werden oder
  – vom Erlass des Wahlausschreibens bis zum Zeitpunkt der Wahl aus anderen Gründen, insbesondere bei Ruhen des Arbeitsverhältnisses oder Arbeitsunfähigkeit, voraussichtlich nicht im Betrieb anwesend sein werden.

Mit freundlichen Grüßen

Unterschrift Vorsitzende:r des Wahlvorstandes

13 **Jugend- und Auszubildendenvertretung: Wahlausschreiben für die Wahl der Jugend- und Auszubildendenvertretung – mehrköpfig – vereinfachtes Wahlverfahren**

Der Wahlvorstand
Wahl der Jugend- und Auszubildendenvertretung der Firma Firmenbezeichnung,
Betrieb Name
Adresse
Ort, Datum

Ausgehängt am: Datum
Eingezogen am: Datum

Wahlausschreiben
Wahl der Jugend- und Auszubildendenvertretung

Aufgrund des Betriebsverfassungsgesetzes ist im Betrieb Name Betrieb eine Jugend- und Auszubildendenvertretung zu wählen. Die wahlberechtigten und wählbaren Arbeitnehmer:innen (zur Wahlberechtigung und Wählbarkeit vgl. die Hinweise unten, Nr. 1 und 2) sowie die im Betrieb vertretenen Gewerkschaften werden auf Folgendes hingewiesen:
Die Wahl der Jugend- und Auszubildendenvertretung findet am Datum von bis Uhr in Ortsangabe/Wahlraum statt.
Die Jugend- und Auszubildendenvertretung hat aus Mitgliedern zu bestehen (vgl. § 62 Abs. 1 BetrVG).
Das Geschlecht, das unter den Arbeitnehmer:innen, die das 18. Lebensjahr noch nicht vollendet haben (jugendliche Arbeitnehmer:innen) oder die zu ihrer Berufsausbildung im Betrieb beschäftigt werden, im Betrieb in der Minderheit ist, muss mindestens entsprechend seinem zahlenmäßigen Verhältnis in der Jugend- und Auszubildendenvertretung vertreten sein (§ 62 Abs. 3 BetrVG). Danach müssen mindestens Frauen/Männer *(nicht Zutreffendes streichen)* in der Jugend- und Auszubildendenvertretung vertreten sein.

Die Jugend- und Auszubildendenvertretung soll sich außerdem möglichst aus Vertreter:innen der verschiedenen Beschäftigungsarten und Ausbildungsberufe der im Betrieb Tätigen in § 60 Abs. 1 BetrVG genannten Arbeitnehmer:innen zusammensetzen (§ 62 Abs. 2 BetrVG).
Wahlvorschläge können bis eine Woche vor der Wahlversammlung, spätestens bis zum Datum, Uhr beim Wahlvorstand, Betriebsadresse des Wahlvorstands eingereicht werden (§§ 36 Abs. 3 Nr. 2; 40 Abs. 1 WO).

Hinweise:

1. Bei der Wahl der Jugend- und Auszubildendenvertretung sind diejenigen Arbeitnehmer:innen **wahlberechtigt**, die das 18. Lebensjahr noch nicht vollendet haben (jugendliche Arbeitnehmer:innen); darüber hinaus alle Arbeitnehmer:innen, die zu ihrer Berufsausbildung beschäftigt sind (§ 61 Abs. 1 i.V.m. § 60 Abs. 1 BetrVG). Die Ausübung des Wahlrechts setzt die Eintragung in die Wählerliste voraus (§ 38 i.V.m. § 2 Abs. 3 WO).
2. **Wählbar** sind alle Arbeitnehmer:innen; die das 25. Lebensjahr noch nicht vollendet haben sowie alle Arbeitnehmer:innen, die zu ihrer Berufsausbildung beschäftigt werden, unabhängig von ihrem Lebensalter. (vgl. § 61 Abs. 2 BetrVG). Mitglieder des Betriebsrats können nicht zur Jugend- und Auszubildendenvertretung gewählt werden. Nicht wählbar ist, wer infolge strafgerichtlicher Verurteilung die Fähigkeit, Rechte aus öffentlichen Wahlen zu erlangen, nicht besitzt (§ 61 Abs. 2 BetrVG). Wählbar sind auch nicht Arbeitnehmer:innen eines anderen Arbeitgebers, die nach dem Arbeitnehmerüberlassungsgesetz zur Arbeitsleistung überlassen worden sind (§ 14 Abs. 2 Satz 1 AÜG).
3. Die Wahlvorschläge müssen von **mindestens** **wahlberechtigten Arbeitnehmer:innen** unterzeichnet sein (§ 63 Abs. 2 i.V.m. § 14 Abs. 4 BetrVG).
4. Wahlvorschläge können auch von den im Betrieb vertretenen Gewerkschaften eingereicht werden. Ein Wahlvorschlag muss von zwei Beauftragten unterzeichnet sein (§ 63 Abs. 2 i.V.m. § 14 Abs. 5 BetrVG).
5. Jeder Wahlvorschlag soll mindestens **doppelt** so viele **Wahlbewerber:innen** aufweisen, wie Mitglieder zur Jugend- und Auszubildendenvertretung zu wählen sind (§§ 40; 36 Abs. 5, 6 Abs. 2 WO). Bei der Aufstellung der Wahlbewerber:innen sollen die **verschiedenen Beschäftigungsarten und Ausbildungsberufe** berücksichtigt werden (§ 62 Abs. 2 BetrVG).
6. Im Betrieb sind Frauen und Männer als Arbeitnehmer:innen im Sinne von § 60 Abs.1 BetrVG beschäftigt. Wenn die Jugend- und Auszubildendenvertretung aus mindestens drei Mitgliedern besteht, muss gem. § 62 Abs. 3 BetrVG das Geschlecht, das nach dem zahlenmäßigen Verhältnis unter den in § 60 Abs. 1 BetrVG genannten Arbeitnehmer:innen in der Minderheit ist, mindestens seinem zahlenmäßigen Anteil entsprechend in der Jugend- und Auszubildendenvertretung vertreten sein.
7. Die einzelnen Bewerber:innen **sind in erkennbarer Reihenfolge** unter der laufenden Nummer mit Familiennamen, Vornamen, Geburtsdatum und Ausbildungsberuf/Art der Beschäftigung aufzuführen. Die **schriftliche Zustimmung** der Bewerber:innen zur Aufnahme in den Wahlvorschlag ist beizufügen (§§ 40, 36 Abs. 5, § 6 Abs. 3 WO).
8. Die Wahl findet nach den Grundsätzen der Mehrheitswahl statt, unabhängig von der Zahl der eingereichten Wahlvorschläge (§ 63 Abs. 4 i.V.m. 14 Abs. 2 BetrVG).
9. Die Stimmabgabe ist an die Wahlvorschläge gebunden. Nur fristgerecht eingereichte Wahlvorschläge dürfen berücksichtigt werden. Die Bekanntgabe der gültigen Wahlvorschläge erfolgt an dieser Stelle und in sonst betriebsüblicher Weise bis zum Abschluss der Stimmabgabe.
   Die gültigen Wahlvorschläge werden allen Wahlberechtigten an ihre persönliche betriebliche E-Mail-Adresse zugesandt worden / können im Intranet *(nicht Zutreffendes streichen)* unter oder eingesehen werden.
10. Abdrucke der **Wahlordnung** und der **Wählerliste** sind zur Einsichtnahme ausgelegt.
    Das Original der Wählerliste mit der Angabe der Geburtsdaten kann in begründeten Fällen nach Absprache mit dem Wahlvorstand an dessen Betriebsadresse eingesehen werden.

Die Wahlordnung und die Wählerliste sind allen Wahlberechtigten an ihre persönliche betriebliche E-Mail-Adresse zugesandt worden / können im Intranet *(nicht Zutreffendes streichen)* unter oder eingesehen werden.

> **Hinweis:**
> Nur für den Fall angeben, in dem das Wahlausschreiben ausschließlich in elektronischer Form bekannt gemacht wird (vgl. §§ 40 Abs. 1, 36 Abs. 3 Satz 4, 31 Abs. 1 Nr. 2, 31 Abs. 2 Satz 3 i. V. m. § 2 Abs. 4 WO).

11. Einsprüche gegen die Richtigkeit der Wählerliste können nur vor Ablauf von drei Tagen seit Erlass des Wahlausschreibens bis zum Datum, Uhr, beim Wahlvorstand Betriebsadresse des Wahlvorstands schriftlich eingelegt werden. Die Anfechtung der Wahl durch die Wahlberechtigten ist ausgeschlossen, soweit sie darauf gestützt wird, dass die Wählerliste unrichtig ist, wenn nicht zuvor aus demselben Grund ordnungsgemäß Einspruch gegen die Richtigkeit der Wählerliste eingelegt wurde. Dies gilt nicht, wenn die anfechtenden Wahlberechtigten an der Einlegung eines Einspruchs gehindert waren. Die Anfechtung durch den Arbeitgeber ist ausgeschlossen, soweit sie darauf gestützt wird, dass die Wählerliste unrichtig ist und wenn diese Unrichtigkeit auf seinen Angaben beruht (vgl. § 63 Abs. 2 i. V. m. § 19 Abs. 3 BetrVG).
12. Wahlberechtigte Arbeitnehmer:innen, die an der Wahlversammlung nicht teilnehmen können, können beim Wahlvorstand die Übersendung der Unterlagen für die schriftliche Stimmabgabe beantragen (§§ 40 Abs. 1 Satz 2, 36 Abs. 4, 35 WO i. V. m. § 24 Abs. 1 BetrVG). Dies muss spätestens drei Tage vor dem Tag der Wahlversammlung dem Wahlvorstand mitgeteilt werden (§§ 40 Abs. 1 Satz 2, 36 Abs. 4, 35), d. h. bis zum Tag, Datum, Uhr in Betriebsadresse des Wahlvorstands.
    Wahlberechtigte Arbeitnehmer:innen, die wegen der Eigenart ihres Beschäftigungsverhältnisses im Zeitpunkt der Wahl voraussichtlich nicht im Betrieb anwesend sein werden (§§ 40 Abs. 1 Satz 2, 36 Abs. 4, 35 WO i. V. m. § 24 Abs. 2 Nr. 1 BetrVG) oder die vom Erlass des Wahlausschreibens bis zum Zeitpunkt der Wahl aus anderen Gründen, insbesondere bei Ruhen des Arbeitsverhältnisses oder Arbeitsunfähigkeit, voraussichtlich nicht im Betrieb anwesend sein werden (§§ 40 Abs. 1 Satz 2, 36 Abs. 4, 35 WO i. V. m. § 24 Abs. 2 Nr. 2 BetrVG), erhalten die Unterlagen ohne ausdrückliches Verlangen.
13. Für folgende Betriebsteile und Kleinstbetriebe hat der Wahlvorstand die schriftliche Stimmabgabe beschlossen (§§ 40 Abs. 1 Satz 2, 36 Abs. 4, 35 Abs. 1 Satz 3, 24 Abs. 3 WO):
    Betriebsadresse des Wahlvorstands
    Betriebsadresse des Wahlvorstands
    usw.
    Den in diesen Betriebsteilen und Kleinstbetrieben beschäftigten Wahlberechtigten werden die Unterlagen für die schriftliche Stimmabgabe durch den Wahlvorstand übersandt.
14. Arbeitnehmer:innen, die von der schriftlichen Stimmabgabe Gebrauch machen wollen (vgl. Nrn. 12,13), müssen ihre Stimme schriftlich bis zum Tag, Datum, Uhr, in Ort dem Wahlvorstand an die Betriebsadresse Betriebsadresse des Wahlvorstands zugestellt haben.
15. Die Auszählung der Stimmen ist öffentlich und erfolgt am Tag, Datum in Ort.

> **Hinweis:**
> Die Auszählung der Stimmen darf erst nach Ablauf der Frist für die nachträgliche, schriftliche Stimmabgabe stattfinden. Sie sollte i. d. R. nicht später als vier Arbeitstage nach der Wahlversammlung liegen.

16. Vorschlagslisten (Wahlvorschläge), Einsprüche und sonstige Erklärungen sind gegenüber dem Wahlvorstand an seine Betriebsadresse abzugeben.

Anschrift des Wahlvorstands

Wahlvorstand
Unterschrift des/der Vorsitzenden

Jugend- und Auszubildendenvertretung: Wahlausschreiben für die Wahl der Jugend- und Auszubildendenvertretung – einköpfig– vereinfachtes Wahlverfahren 14

Der Wahlvorstand
Wahl der Jugend- und Auszubildendenvertretung der Firma Firmenbezeichnung,
Betrieb Name
Adresse
Ort, Datum

Ausgehängt am: Datum
Eingezogen am: Datum

Wahlausschreiben
Wahl der Jugend- und Auszubildendenvertretung
Aufgrund des Betriebsverfassungsgesetzes ist im Betrieb Name Betrieb eine Jugend- und Auszubildendenvertretung zu wählen. Die wahlberechtigten und wählbaren Arbeitnehmer:innen (zur Wahlberechtigung und Wählbarkeit vgl. die Hinweise unten, Nr. 1 und 2) sowie die im Betrieb vertretenen Gewerkschaften werden auf Folgendes hingewiesen:
Die Wahl der Jugend- und Auszubildendenvertretung findet am Datum von bis Uhr in Ortsangabe/Wahlraum statt.
Die Jugend- und Auszubildendenvertretung hat aus einem Mitglied zu bestehen (vgl. § 62 Abs. 1 BetrVG).
Wahlvorschläge können bis eine Woche vor der Wahlversammlung, spätestens bis zum Datum, Uhr, beim Wahlvorstand, Betriebsadresse des Wahlvorstands, eingereicht werden (§§ 36 Abs. 3 Nr. 2; 40 Abs. 1 WO).

Hinweise:
1. Bei der Wahl der Jugend- und Auszubildendenvertretung sind diejenigen Arbeitnehmer:innen **wahlberechtigt**, die das 18. Lebensjahr noch nicht vollendet haben (jugendliche Arbeitnehmer:innen); darüber hinaus alle Arbeitnehmer:innen, die zu ihrer Berufsausbildung beschäftigt sind (§ 61 Abs. 1 i.V.m. § 60 Abs. 1 BetrVG). Die Ausübung des Wahlrechts setzt die Eintragung in die Wählerliste voraus (§ 38 i.V.m. § 2 Abs. 3 WO).
2. **Wählbar** sind alle Arbeitnehmer:innen; die das 25. Lebensjahr noch nicht vollendet haben sowie alle Arbeitnehmer:innen, die zu ihrer Berufsausbildung beschäftigt werden, unabhängig von ihrem Lebensalter. (vgl. § 61 Abs. 2 BetrVG). Mitglieder des Betriebsrats können nicht zur Jugend- und Auszubildendenvertretung gewählt werden. Nicht wählbar ist, wer infolge strafgerichtlicher Verurteilung die Fähigkeit, Rechte aus öffentlichen Wahlen zu erlangen, nicht besitzt (§ 61 Abs. 2 BetrVG). Wählbar sind auch nicht Arbeitnehmer:innen eines anderen Arbeitgebers, die nach dem Arbeitnehmerüberlassungsgesetz zur Arbeitsleistung überlassen worden sind (§ 14 Abs. 2 Satz 1 AÜG).
3. Die Wahlvorschläge müssen bei der Wahl einer einköpfigen Jugend- und Auszubildendenvertretung von keinem/keiner Arbeitnehmer:in unterzeichnet sein (§ 63 Abs. 3 i.V.m. § 14 Abs. 4 Satz 1 BetrVG).
4. Wahlvorschläge können auch von den im Betrieb vertretenen Gewerkschaften eingereicht werden. Ein Wahlvorschlag muss von zwei Beauftragten unterzeichnet sein (§§ 14 Abs. 5, 63 Abs. 2 BetrVG).

5. Jeder Wahlvorschlag soll mindestens doppelt so viele Wahlbewerber:innen aufweisen, wie Mitglieder zur Jugend- und Auszubildendenvertretung zu wählen sind (§§ 40, 36 Abs. 5, 6 Abs. 2 WO). Bei der Aufstellung der Wahlbewerber:innen sollen die verschiedenen Beschäftigungsarten und Ausbildungsberufe berücksichtigt werden (§ 62 Abs. 2 BetrVG).
6. Die einzelnen Bewerber:innen sind in erkennbarer Reihenfolge unter der laufenden Nummer mit Familiennamen, Vornamen, Geburtsdatum, Geschlecht und Ausbildungsberuf/Art der Beschäftigung aufzuführen. Die schriftliche Zustimmung der Bewerber:innen zur Aufnahme in den Wahlvorschlag ist beizufügen (§§ 40, 36 Abs. 5, 6 Abs. 3 WO).
7. Die Wahl findet nach den Grundsätzen der Mehrheitswahl statt, unabhängig von der Zahl der eingereichten Wahlvorschläge (§ 63 Abs. 2 i.V.m. § 14 Abs. 2 Satz 2 BetrVG).
8. Die Stimmabgabe ist an die Wahlvorschläge gebunden. Nur fristgerecht eingereichte Wahlvorschläge dürfen berücksichtigt werden. Die Bekanntgabe der gültigen Wahlvorschläge erfolgt an dieser Stelle und in sonst betriebsüblicher Weise bis zum Abschluss der Stimmabgabe.
   Die gültigen Wahlvorschläge werden allen Wahlberechtigten an ihre persönliche betriebliche E-Mail-Adresse zugesandt / können im Intranet *(nicht Zutreffendes streichen)* unter oder eingesehen werden.
9. Abdrucke der **Wahlordnung** und der **Wählerliste** sind zur Einsichtnahme ausgelegt. Die Abdrucke können beim Wahlvorstand, Betriebsadresse des Wahlvorstands, arbeitstäglich in der Zeit von bis Uhr eingesehen werden.
   Das Original der Wählerliste mit der Angabe der Geburtsdaten kann in begründeten Fällen nach Absprache mit dem Wahlvorstand an dessen Betriebsadresse eingesehen werden.
   Die Wahlordnung und die Wählerliste sind allen Wahlberechtigten an ihre persönliche betriebliche E-Mail-Adresse zugesandt worden / können im Intranet *(nicht Zutreffendes streichen)* unter oder eingesehen werden.
10. **Einsprüche** gegen die Richtigkeit der Wählerliste können nur vor Ablauf von drei Tagen seit Erlass des Wahlausschreibens bis zum Datum, Uhr, beim Wahlvorstand, Betriebsadresse des Wahlvorstands, schriftlich eingelegt werden. Die Anfechtung der Wahl durch die Wahlberechtigten ist ausgeschlossen, soweit sie darauf gestützt wird, dass die Wählerliste unrichtig ist, wenn nicht zuvor aus demselben Grund ordnungsgemäß Einspruch gegen die Richtigkeit der Wählerliste eingelegt wurde. Dies gilt nicht, wenn die anfechtenden Wahlberechtigten an der Einlegung eines Einspruchs gehindert waren. Die Anfechtung durch den Arbeitgeber ist ausgeschlossen, soweit sie darauf gestützt wird, dass die Wählerliste unrichtig ist und wenn diese Unrichtigkeit auf seinen Angaben beruht (vgl. § 63 Abs. 2 i.V.m. § 19 Abs. 3 BetrVG).
11. Wahlberechtigte Arbeitnehmer:innen, die an der Wahlversammlung nicht teilnehmen können, können beim Wahlvorstand die Übersendung der Unterlagen für die schriftliche Stimmabgabe beantragen (§§ 40 Abs. 1 Satz 2, 36 Abs. 4, 35 WO i.V.m. § 24 Abs. 1 BetrVG). Dies muss spätestens drei Tage vor dem Tag der Wahlversammlung dem Wahlvorstand mitgeteilt werden (§§ 40 Abs. 1 Satz 2, 36 Abs. 4, 35 WO), d.h. bis zum Datum, Uhr in Ort.
    Wahlberechtigte Arbeitnehmer:innen, die wegen der Eigenart ihres Beschäftigungsverhältnisses im Zeitpunkt der Wahl voraussichtlich nicht im Betrieb anwesend sein werden (§§ 40 Abs. 1 Satz 2, 36 Abs. 4, 35 Abs. 1 Satz 3 WO i.V.m. § 24 Abs. 2 Nr. 1 BetrVG) oder die vom Erlass des Wahlausschreibens bis zum Zeitpunkt der Wahl aus anderen Gründen, insbesondere bei Ruhen des Arbeitsverhältnisses oder Arbeitsunfähigkeit, voraussichtlich nicht im Betrieb anwesend sein werden (§§ 40 Abs. 1 Satz 2, 36 Abs. 4, 35 Abs. 1 Satz 3 WO i.V.m. § 24 Abs. 2 Nr. 2 BetrVG), erhalten die Unterlagen ohne ausdrückliches Verlangen.
12. Für folgende Betriebsteile und Kleinstbetriebe hat der Wahlvorstand die schriftliche Stimmabgabe beschlossen (§§ 40 Abs. 1 Satz 2, 36 Abs. 4, 35 Abs. 1 Satz 3, 24 Abs. 3 WO):
    Name Betriebsteile/Kleinstbetriebe
    Name Betriebsteile/Kleinstbetriebe
    usw.
    Den in diesen Betriebsteilen und Kleinstbetrieben beschäftigten Wahlberechtigten werden die Unterlagen für die schriftliche Stimmabgabe durch den Wahlvorstand übersandt.

13. Arbeitnehmer:innen, die von der schriftlichen Stimmabgabe Gebrauch machen wollen (vgl. Nrn. 11, 12) müssen ihre Stimme schriftlich bis zum Datum, Uhr in Ort dem Wahlvorstand an dessen Betriebsadresse Betriebsadresse des Wahlvorstands zugestellt haben.
14. Die Auszählung der Stimmen ist öffentlich und erfolgt am Datum in Ort.

> **Hinweis:**
> Die Auszählung der Stimmen darf erst nach Ablauf der Frist für die nachträgliche, schriftliche Stimmabgabe stattfinden. Sie sollte in der Regel nicht später als vier Arbeitstage nach der Wahlversammlung liegen.

15. Vorschlagslisten (Wahlvorschläge), Einsprüche und sonstige Erklärungen sind gegenüber dem Wahlvorstand an seine Betriebsadresse abzugeben.

Anschrift des Wahlvorstands

Wahlvorstand
Unterschrift des/der Vorsitzenden

Jugend- und Auszubildendenvertretung: Bekanntmachung Wahlergebnis Mehrheitswahl – mehrköpfig – vereinfachtes Wahlverfahren 15

Der Wahlvorstand
Wahl der Jugend- und Auszubildendenvertretung der Firma Firmenbezeichnung,
Betrieb Name
Adresse

Ausgehängt am: Datum
Eingezogen am: Datum

Bekanntmachung
des Wahlergebnisses für die Wahl der Jugend- und Auszubildendenvertretung (Mehrheitswahl)
Die am Datum durchgeführte Wahl der Jugend- und Auszubildendenvertretung erfolgte nach den Grundsätzen der Mehrheitswahl. Es wurden gültige Stimmen abgegeben; davon entfielen auf die einzelnen Wahlbewerber:innen:

Familienname	Vorname	Art der Beschäftigung im Betrieb/ Ausbildungsberuf	Geschlecht	Zahl der erhaltenen Stimmen

Familienname	**Vorname**	**Art der Beschäftigung im Betrieb/ Ausbildungsberuf**	**Geschlecht**	**Zahl der erhaltenen Stimmen**

Es waren   Mitglieder für die Jugend- und Auszubildendenvertretung zu wählen. Nach § 62 Abs. 3 BetrVG muss das Geschlecht, das unter den in § 60 Abs. 1 BetrVG genannten Arbeitnehmer:innen in der Minderheit ist, mindestens entsprechend seinem zahlenmäßigen Verhältnis in der Jugend- und Auszubildendenvertretung vertreten sein, wenn diese aus mindestens drei Mitgliedern besteht. Zur Umsetzung dieses Grundsatzes bestimmt §§ 40; 36 Abs. 5, 34 Abs. 5 WO i.V.m. § 22 Abs. 1 WO, dass bei der Zuweisung der Sitze zunächst die dem Minderheitengeschlecht zustehenden Mindestsitze ermittelt werden. Diese werden in der Reihenfolge der jeweils höchsten Stimmenzahlen zugewiesen. Das sind folgende Frauen / Männer *(nicht Zutreffendes streichen)*:

Namen
Namen
usw.

Sodann erfolgt die Verteilung der weiteren Sitze, und zwar unabhängig von dem Geschlecht, in der Reihenfolge der erhaltenen Stimmenzahlen. Das sind folgende Wahlbewerber:innen:

Namen der weiteren Gewählten
Namen der weiteren Gewählten
usw.

Die Jugend- und Auszubildendenvertretung setzt sich somit wie folgt zusammen:

Familienname	**Vorname**	**Art der Beschäftigung im Betrieb/ Ausbildungsberuf**	**Geschlecht**	**Zahl der erhaltenen Stimmen**

Familienname	Vorname	Art der Beschäftigung im Betrieb/ Ausbildungsberuf	Geschlecht	Zahl der erhaltenen Stimmen

Ersatzmitglieder sind die nicht gewählten Wahlbewerber:innen mit den nächsthöchsten Stimmzahlen in der Reihenfolge der auf sie entfallenen Stimmen. Dabei sind die Grundsätze des § 62 Abs. 3 BetrVG, nach denen das Minderheitengeschlecht eine Mindestanzahl von Sitzen zu erhalten hat, zu beachten.

Wahlvorstand
Unterschrift des/der Vorsitzenden

Jugend- und Auszubildendenvertretung: Bekanntmachung Wahlergebnis Verhältniswahl – mehrköpfig – vereinfachtes Wahlverfahren 16

Der Wahlvorstand
Wahl der Jugend- und Auszubildendenvertretung der Firma Firmenbezeichnung,
Betrieb Name
Adresse

Ausgehängt am: Datum
Eingezogen am: Datum

Bekanntmachung
des Wahlergebnisses für die Wahl der Jugend- und Auszubildendenvertretung (Verhältniswahl)
Die am Datum durchgeführte Wahl der Jugend- und Auszubildendenvertretung erfolgte nach den Grundsätzen der Mehrheitswahl. Es wurden insgesamt gültige Stimmen abgegeben; davon entfielen auf die einzelnen Wahlbewerber:innen:
Mit diesem Stimmergebnis ist der Mindestanteil des Minderheitengeschlechts

Familienname	Vorname	Art der Beschäftigung im Betrieb/ Ausbildungsberuf	Geschlecht	Zahl der erhaltenen Stimmen

Familienname	Vorname	Art der Beschäftigung im Betrieb/ Ausbildungsberuf	Geschlecht	Zahl der erhaltenen Stimmen

Es war ein Mitglied der Jugend- und Auszubildendenvertretung zu wählen.
Zum/Zur Jugend- und Auszubildendenvertreter:in wurde gewählt:
Die Jugend- und Auszubildendenvertretung setzt sich somit wie folgt zusammen:
Stellvertreter:innen sind die nicht gewählten Wahlbewerber:innen mit den nächsthöchsten Stimmzahlen in der Reihenfolge der auf sie entfall

Familienname	Vorname	Art der Beschäftigung im Betrieb/ Ausbildungsberuf	Geschlecht	Zahl der erhaltenen Stimmen

enen Stimmen.

Wahlvorstand
Unterschrift des/der Vorsitzenden

§ 64 Zeitpunkt der Wahlen und Amtszeit

(1) Die regelmäßigen Wahlen der Jugend- und Auszubildendenvertretung finden alle zwei Jahre in der Zeit vom 1. Oktober bis zum 30. November statt. Für die Wahl der Jugend- und Auszubildendenvertretung außerhalb dieser Zeit gilt § 13 Abs. 2 Nr. 2 bis 6 und Abs. 3 entsprechend.
(2) Die regelmäßige Amtszeit der Jugend- und Auszubildendenvertretung beträgt zwei Jahre. Die Amtszeit beginnt mit der Bekanntgabe des Wahlergebnisses oder, wenn zu diesem Zeitpunkt noch eine Jugend- und Auszubildendenvertretung besteht,

mit Ablauf von deren Amtszeit. Die Amtszeit endet spätestens am 30. November des Jahres, in dem nach Absatz 1 Satz 1 die regelmäßigen Wahlen stattfinden. In dem Fall des § 13 Abs. 3 Satz 2 endet die Amtszeit spätestens am 30. November des Jahres, in dem die Jugend- und Auszubildendenvertretung neu zu wählen ist. In dem Fall des § 13 Abs. 2 Nr. 2 endet die Amtszeit mit der Bekanntgabe des Wahlergebnisses der neu gewählten Jugend- und Auszubildendenvertretung.

(3) Ein Mitglied der Jugend- und Auszubildendenvertretung, das im Laufe der Amtszeit das 25. Lebensjahr vollendet oder sein Berufsausbildungsverhältnis beendet, bleibt bis zum Ende der Amtszeit Mitglied der Jugend- und Auszubildendenvertretung.

Inhaltsübersicht Rn.

Einleitung

§ 64 regelt sowohl den Zeitraum für Wahlen (Abs. 1) als auch die Dauer und das Ende der Amtszeit der Jugend- und Auszubildendenvertretung. Die Norm verweist überwiegend auf die für die Betriebsratswahl geltende Regelung des § 13 BetrVG bzgl. des Zeitpunkts der Wahlen. Näher dazu DKW-*Dornberger*, § 64 Rn. 1 ff. 1

§ 65 Geschäftsführung

(1) Für die Jugend- und Auszubildendenvertretung gelten § 23 Abs. 1, die §§ 24, 25, 26, 28 Abs. 1 Satz 1 und 2, die §§ 30, 31, 33 Abs. 1 und 2 sowie die §§ 34, 36, 37, 40 und 41 entsprechend.

(2) Die Jugend- und Auszubildendenvertretung kann nach Verständigung des Betriebsrats Sitzungen abhalten; § 29 gilt entsprechend. An diesen Sitzungen kann der Betriebsratsvorsitzende oder ein beauftragtes Betriebsratsmitglied teilnehmen.

Inhaltsübersicht Rn.

I. Einleitung

§ 65 BetrVG regelt die Zusammensetzung, die Rechtsstellung, die Geschäftsführung und die innere Organisation der Jugend- und Auszubildendenvertretung. Darunter fällt u. a. das Abhalten von eigenen Sitzungen, die Teilnahme an Schulungs- und Bildungsveranstaltungen und die Beschlussfassung der Jugend- und Auszubildendenvertretung. Dafür wird auf die auf den Betriebsrat anwendbaren Regelungen verwiesen (näher DKW-*Dornberger*, § 65 Rn. 1 ff.). 1

Die **Checkliste** vermittelt einen Überblick über die durch die Verweisungen für die JAV anwendbaren Vorschriften.
Das Muster der **Geschäftsordnung** erleichtert die interne Arbeitsorganisation. Die Regelung über die Abhaltung von Sitzungen mittels Telefon- und Videokonferenz wurde durch das Betriebsrätemodernisierungsgesetz dauerhaft in das Betriebsverfassungsgesetz übernommen. Dazu müssen die genauen Voraussetzungen in der Geschäftsordnung geregelt werden. Wichtig ist, dass der Vorrang der Präsenzsitzung zum Ausdruck kommt und nur ausnahmsweise auf eine alternative Abhaltung von Sitzungen zurückgegriffen werden kann. Die besondere Bedeutung des Grundsatzes der Nichtöffentlichkeit nimmt der Gesetzesentwurf ebenso auf: Es muss sichergestellt werden, dass Dritte keine Kenntnis von den Inhalten der Sitzungen erlangen können (näher DKW-*Dornberger*, § 65 Rn. 33).
Die konstruktive Kommunikation nach innen, wie die **Ladung der Mitglieder der Jugend- und Auszubildendenvertretung zu regelmäßigen Sitzungen** (näher DKW-*Dornberger*, § 65 Rn. 26 ff.; DKW-*Wedde*, § 29 Rn. 15 ff.), die **Unterrichtung des Betriebsrats über bevorstehende Sitzungen** (näher DKW-*Dornberger*, § 65 Rn. 27) sowie das **Schreiben an den Arbeitgeber bei thematischen Anregungen** sollte für eine zielführende Zusammenarbeit nicht vernachlässigt werden.

II. Arbeitshilfen

1. Checkliste

2 **Anwendung der BetrVG–Vorschriften für JAV (Checkliste)**

(Vergleiche DKW-*Dornberger*, § 65 Rn. 3–38)
- § 23 Abs. 1 (Ausschluss, Auflösung)
- § 24 (Erlöschen der Mitgliedschaft)
- § 25 (Ersatzmitglieder)
- § 26 (Vorsitzender)
- § 28 Abs. 1 Satz 1 und 2 (Übertragung von Aufgaben auf Ausschüsse)
- §§ 29, 30 (Sitzungen)
- § 31 (Teilnahme der Gewerkschaften)
- § 33 Abs. 1 und 2 (Beschlüsse)
- § 34 (Sitzungsniederschrift)
- § 36 (Geschäftsordnung)
- § 37 (Ehrenamtliche Tätigkeit)
- § 40 (Kostentragung)
- § 41 (Umlageverbot)

2. Musterschreiben

3 **Einladung der Mitglieder der Jugend- und Auszubildendenvertretung zu regelmäßigen Sitzungen**

Jugend- und Auszubildendenvertretung — Ort, Datum
der Firmenbezeichnung, Adresse
im Hause

Ladung zur Sitzung der Jugend- und Auszubildendenvertretung gemäß § 65 BetrVG

Liebe Kolleginnen und Kollegen (JAV-Mitglieder bzw. Ersatzmitglieder bei Verhinderung),
hiermit lade ich Euch gemäß § 65 Abs. 2 Betriebsverfassungsgesetz (BetrVG) herzlich zur nächsten Sitzung der Jugend- und Auszubildendenvertretung ein.

Termin: Datum**Uhrzeit:** Beginn – voraussichtliches Ende**Ort:** Ort /Raum

Vorgesehene Tagesordnung:

1. Begrüßung und Feststellung der Beschlussfähigkeit
2. Genehmigung des Protokolls der letzten Sitzung
3. Berichte aus dem Betrieb und aktuelle Themen der Jugend- und Auszubildendenvertretung
4. Planung von Maßnahmen und Veranstaltungen
5. Vorbereitung gemeinsamer Themen für die Zusammenarbeit mit dem Betriebsrat
6. Sonstiges

> **Hinweis:**
> Die Teilnahme an den Sitzungen erfolgt während der Arbeitszeit. Der Arbeitgeber hat Euch unter Fortzahlung des Arbeitsentgelts freizustellen (§ 65 Abs. 1 i. V. m. § 37 Abs. 2 BetrVG).

Ich bitte um pünktliches Erscheinen. Bei Verhinderung bitte ich um rechtzeitige Mitteilung.

Mit freundlichen Grüßen
Name des JAV-Vorsitzes
Für die Jugend- und Auszubildendenvertretung

Unterrichtung des Betriebsrats über bevorstehende Sitzungen 4

Jugend- und Auszubildendenvertretung Ort, Datum
der Firmenbezeichnung, Adresse
im Hause

Unterrichtung über die bevorstehende Sitzung der Jugend- und Auszubildendenvertretung

Sehr geehrte Damen und Herren des Betriebsrats,
im Namen der Jugend- und Auszubildendenvertretung unterrichte ich Sie in Ihrer Funktion als Betriebsrat gemäß § 65 Abs. 2 Satz 2 BetrVG über die bevorstehende Sitzung der Jugend- und Auszubildendenvertretung.

Termin der Sitzung: Datum
Uhrzeit: Beginn – voraussichtliches Ende
Ort: Ort /Raum

Vorgesehene Tagesordnung:

1. Begrüßung und Feststellung der Beschlussfähigkeit
2. Genehmigung des Protokolls der letzten Sitzung
3. Berichte aus dem Betrieb und aktuelle Themen der Jugend- und Auszubildendenvertretung
4. Planung von Maßnahmen und Veranstaltungen
5. Vorbereitung gemeinsamer Themen für die Zusammenarbeit mit dem Betriebsrat
6. Sonstiges

> **Hinweis:**
> Nach § 65 Abs. 2 Satz 3 BetrVG sind der Betriebsratsvorsitz oder ein beauftragtes Betriebsratsmitglied teilnahmeberechtigt.

Mit freundlichen Grüßen
Name des JAV-Vorsitzes
Für die Jugend- und Auszubildendenvertretung

5 **Schreiben an AG mit Anregungen zur Verbesserung der Ausbildungsbedingungen im Betrieb**

Jugend- und Auszubildendenvertretung der Firmenbezeichnung, Adresse

Ort, Datum

An den Arbeitgeber Firmenbezeichnung
im Hause

Ausbildungsbedingungen

Sehr geehrte Frau Name,
als Jugend- und Auszubildendenvertretung (JAV) vertreten wir die Interessen der Jugendlichen und Auszubildenden in unserem Betrieb. In den letzten Monaten sind mehrfach Anliegen an uns herangetragen worden, die wir gerne zum Anlass nehmen möchten, um gemeinsam mit Ihnen nach Verbesserungsmöglichkeiten zu suchen.
Konkret geht es um folgende Punkte:

1. **Qualität der fachlichen Anleitung:**
Viele Auszubildende wünschen sich eine strukturiertere Einarbeitung und eine verlässlichere Begleitung durch ausbildende Fachkräfte. Es wurde berichtet, dass einzelne Jugendliche/Auszubildende in neuen Abteilungen häufig ohne vorherige Einweisung mit herausfordernden Aufgaben betraut werden. Häufig fehlt es an Zeit oder klaren Zuständigkeiten in den Abteilungen, was zu Unsicherheit und wiederholten Fragen führt. Eine feste Ansprechperson pro Abteilung oder ein strukturierter Einarbeitungsplan könnte hier Abhilfe schaffen.

2. **Feedbackkultur:**
Es wurde der Jugend- und Auszubildendenvertretung auch angetragen, dass häufig keine offiziellen Feedbackgespräche mit den Jugendlichen/Auszubildenden durchgeführt werden. Sie bekommen keine Rückmeldung zu ihren persönlichen Leistungen oder Entwicklungsstufen. Wir regen daher an, dass der/die Ausbildungsverantwortliche:r mit dem Auszubildenden mindestens einmal pro Quartal ein strukturiertes Feedbackgespräch führt, um sowohl die fachliche als auch die persönliche Entwicklung gezielt zu unterstützen.

3. **Lern- und Pausenräume:**
Die vorhandenen Aufenthaltsräume sind für die Zahl der Auszubildenden oft zu klein oder nicht einladend gestaltet. Ein Rückzugsort für Pausen oder zum Lernen – etwa ein »Azubi-Raum« – würde sehr zur Zufriedenheit beitragen.

4. **Einbindung ins Betriebsgeschehen:**
Die Jugendlichen und zur ihrer Ausbildung Beschäftigten fühlen sich teilweise zu wenig einbezogen, etwa bei Besprechungen oder bei der Planung von Projekten. Hier könnten kleinere, eigenverantwortliche »Azubi-Projekte« oder die Teilnahme an bestimmten Team-Meetings ein stärkeres Zugehörigkeitsgefühl schaffen.
Wir würden uns freuen, wenn Sie gemeinsam mit uns überlegen, wie diese Themen konstruktiv weiterentwickelt werden können. Gern stehen wir für ein Gespräch oder einen gemeinsamen Austausch mit der Ausbildungsleitung zur Verfügung.

Mit freundlichen Grüßen
Name des JAV-Vorsitzes
Für die Jugend- und Auszubildendenvertretung

3. Mustervereinbarung

Geschäftsordnung (Muster) für die Jugend- und Auszubildendenvertretung 6

Die Jugend- und Auszubildendenvertretung (JAV) gibt sich gemäß §§ 65 Abs. 1 i. V. m. 36 BetrVG folgende
Geschäftsordnung:

I. Allgemeines

Die JAV verpflichtet sich dazu, dafür Sorge zu tragen, dass die Jugendlichen und Auszubildenden der Firmenbezeichnung/Betriebsbezeichnung die für sie notwendigen Informationen bezüglich Jugend- und Berufsbildungsfragen erhalten. Dabei wird eine enge Zusammenarbeit mit dem Betriebsrat und der Gewerkschaft Bezeichnung angestrebt. Die Tätigkeit der JAV wird unter Einhaltung der gesetzlichen Vorgaben, insbesondere der Normen des Betriebsverfassungsgesetzes, durchgeführt.

II. Zweck der Geschäftsordnung

Die Geschäftsordnung regelt die innere Ordnung der JAV. Sie legt Verfahrensweisen, Vorgehensweisen, Zuständigkeiten und Aufgaben der JAV und ihrer Ausschüsse im Rahmen des § 65 BetrVG fest.

III. Geschäftsführung

1. Der JAV-Vorsitz übernimmt die Geschäftsführung und die damit verbundenen im Gesetz vorgeschriebenen Aufgaben in Zusammenarbeit mit der stellvertretenden und der zur Schriftführung gewählten Person.
2. Insbesondere vertritt der Vorsitz die JAV im Rahmen der gefassten Beschlüsse gegenüber der Arbeitgeberin, deren Institutionen und Organisationen. Der Vorsitz ist berechtigt zur Entgegennahme von Erklärungen, die an die JAV gerichtet sind. Der Vorsitz und/oder die Stellvertretung haben die JAV über Sachverhalte in Kenntnis zu setzen, die sie im Namen der JAV kommunizieren und verhandeln. Die Geschäftsführung umfasst die Pflichten aus § 65 BetrVG und die Vorbereitung und Teilnahme an Sitzungen.
3. Im Falle einer Verhinderung des Vorsitzes ist dazu die stellvertretende Person berechtigt. Einzelne Mitglieder der JAV sind nicht berechtigt, gegenüber der Arbeitgeberin oder sonstigen Personen verbindliche Erklärungen abzugeben oder anzunehmen, soweit sie dazu nicht von der JAV ausdrücklich ermächtigt sind.

IV. Arbeitsplanung der JAV

In einer wenigstens ganztägigen Klausurtagung erstellt die JAV einmal im Jahr eine detaillierte Arbeitsplanung. Der Terminplan soll einen Zeitraum von zwölf Monaten umfassen. Es wird ein Terminplan für alle anfallenden ordentlichen Sitzungen der JAV und des Konzernbetriebsausschusses und ggf. der anderen Ausschüsse erstellt.

V. Beauftragung einzelner JAV-Mitglieder

Einzelne Mitglieder der JAV können mit besonderen Sachaufgaben betraut werden. Diese können für die Erledigung dieser besonderen Sachaufgaben andere JAVen oder Sachverständige bzw. betriebliche Sachverständige hinzuziehen.
Die JAV widmet sich den folgenden Sachgebieten:

- Berufsbildung
- Fragen der Entlohnung von Auszubildenden
- Jugendarbeitsschutz
- Unfall- und Gesundheitsschutz
- Geschlechtergleichstellung
- Umweltschutz
- […]

VI. JAV-Sitzungen

1. Die JAV-Sitzungen finden vorrangig in Präsenz statt. Nur ausnahmsweise sind JAV-Sitzungen mittels Telefon- oder Videokonferenz möglich. Dafür sollen folgende Bedingungen gelten:
   - Vorrangig muss immer geprüft werden, ob eine Sitzung in Präsenz möglich ist.
   - Der Vorsitz muss eine Frist festlegen, in der sich die JAV-Mitglieder zur digitalen Durchführung der JAV-Sitzung äußern können. Sollte (mindestens) ein Viertel der Mitglieder einer Durchführung der Sitzung als Telefon- oder Videokonferenz widersprechen, muss diese in Präsenz durchgeführt werden.
   - Es muss sichergestellt sein, dass Dritte keine Kenntnis vom Inhalt der Sitzung erlangen können.
2. Die JAV-Sitzungen finden in einen regelmäßigen monatlichen/wöchentlichen Turnus statt.
3. Der Vorsitz kann zu jeder Zeit, wenn er es für erforderlich hält, zu einer zusätzlichen außerordentlichen JAV-Sitzung einladen. Er muss dies tun, wenn
   - ein Viertel der JAV-Mitglieder oder
   - die Arbeitgeberin
   - dies unter Angabe des Beratungsgegenstandes beantragen.
4. Die Sitzungen der JAV werden vom Vorsitz oder bei dessen Verhinderung von der stellvertretenden Person geleitet. Zu Beginn der Sitzung wird eine Anwesenheitsliste geführt und die Beschlussfähigkeit festgestellt. Der Vorsitz erteilt das Wort in der Reihenfolge der Wortmeldungen. Spricht jemand nicht zur Sache, kann der Vorsitz das Wort entziehen.
5. Die Arbeitgeberin nimmt an den Sitzungen teil, die sie selbst beantragt hat und/oder zu denen sie explizit eingeladen wird. Nimmt die Arbeitgeberin an der JAV-Sitzung teil, kann sie zur Beratung eine:n Vertreter:in der Arbeitgebervereinigung hinzuziehen. Weder die Arbeitgeberin noch die Vertretung der Arbeitgebervereinigung dürfen bei Beratungen und Abstimmungen der JAV zugegen sein.
6. Eine von der Gewerkschaft beauftragte Person ist rechtzeitig unter Mitteilung der Tagesordnung einzuladen. Sie kann beratend teilnehmen, wenn die JAV dies mehrheitlich beschließt.
7. Änderungen und Ergänzungen der Tagesordnung können nur mit einstimmigem Beschluss der JAV vorgenommen werden.

VII. Einladung zur JAV-Sitzung

1. Die Einberufung der Sitzung erfolgt durch den Vorsitz oder im Falle der Verhinderung durch die Stellvertretung.
2. Die Einladung erfolgt schriftlich unter Angabe der Tagesordnung. Wenn erforderlich, sind die notwendigen Unterlagen beizufügen.
3. Die Einladung soll den Teilnahmeberechtigten spätestens Anzahl Arbeitstage vor der Sitzung zugestellt werden.
4. Zu außerordentlichen JAV-Sitzungen ist eine kurzfristige Einladung zulässig.
5. Jedes JAV-Mitglied und eingeladene Ersatzmitglieder informieren den JAV-Vorsitz unverzüglich unter Angabe der Gründe, wenn sie an einer Sitzung nicht teilnehmen können. Längerfristig bekannte Verhinderungsgründe, wie z. B. Urlaub, Kur oder Bildungsveranstaltungen sind so früh wie möglich mitzuteilen.
6. Der JAV-Vorsitz oder im Falle der Verhinderung die Stellvertretung hat bei Verhinderung einzelner Mitglieder sofort das ihm benannte Ersatzmitglied einzuladen.

VIII. Beschlussfassung der JAV

1. Beschlüsse der JAV können nur in ordnungsgemäß einberufenen Sitzungen gefasst werden. Beschlüsse im so genannten Umlaufverfahren sind unzulässig. Beschlüsse können ausnahmsweise in Telefon- oder Videokonferenzen gefasst werden, wenn sichergestellt ist, dass Dritte keine Kenntnis vom Inhalt der Sitzung erhalten. Die Mitglieder des JAV, die mittels Video- und Telefonkonferenz an der Beschlussfassung teilnehmen, gelten als anwesend.
2. Beschlüsse können nur über Themen gefasst werden, die in der Tagesordnung als Tagesordnungspunkte enthalten sind. Es ist nicht zulässig, so genannte Initiativanträge unter Punkt »Verschiedenes« zu behandeln.

3. Die JAV ist nur beschlussfähig, wenn mindestens die Hälfte ihrer Mitglieder an der Beschlussfassung teilnimmt und sie mindestens die Hälfte aller Stimmen vertreten.
4. Die Stimmabgabe erfolgt grundsätzlich durch Handaufheben, es sei denn, ein Mitglied der JAV verlangt eine geheime Abstimmung. Bei der Beschlussfassung in der JAV hat jedes Mitglied nur eine Stimme.
5. In Anwesenheit der Arbeitgeberin, der Stellvertretung oder einer Vertretung der Arbeitgebervereinigung darf nicht abgestimmt werden.
6. Die Vertretung der Gewerkschaft Bezeichnung kann bei Abstimmungen anwesend sein.

IX. Niederschrift/Protokoll

1. Von jeder Sitzung der JAV fertigt die von der JAV gewählte schriftführende Person ein Protokoll an.
2. Der/die Schriftführer:in führt die Anwesenheitsliste bei der JAV-Sitzung. Jede:r Teilnehmer:in hat sich in die Anwesenheitsliste einzutragen. Die Anwesenheitsliste ist der Niederschrift beizufügen. Wenn ein JAV-Mitglied mittels Video- und Telefonkonferenz an der Sitzung teilnimmt, ist es verpflichtet dies gegenüber dem Vorsitz in Textform zu bestätigen. Diese Bestätigung ist anschließend in die Niederschrift aufzunehmen.
3. Die Sitzungsniederschrift muss mindestens den Wortlaut der Beschlüsse und die Stimmmehrheit, mit der sie gefasst wurden, enthalten. Ebenso sind Arbeitsaufträge, bei denen der/die Verantwortliche und der Erledigungstermin zu benennen sind, zu vermerken.
4. Jedes JAV-Mitglied, der Betriebsrat und der/die Vertreter:in der Gewerkschaft Bezeichnung erhalten eine vollständige Kopie der Niederschrift. Hat ein Ersatzmitglied an der Sitzung teilgenommen, so erhält es ebenfalls eine Abschrift des Protokolls.
5. Hat die Arbeitgeberin bzw. eine vertretende Person an der JAV-Sitzung teilgenommen, so ist ihr der entsprechende Teil der Niederschrift in Abschrift auszuhändigen.
6. Einwände gegen die Niederschrift sind auf der nächsten JAV-Sitzung vorzutragen und dem Protokoll beizufügen.

X. Zusammenarbeit mit dem Betriebsrat

1. Die JAV arbeitet eng mit dem Betriebsrat zusammen.
2. Voraussetzung für die Einberufung von JAV-Sitzungen ist eine Verständigung mit dem Betriebsrat.
3. Ein vom Betriebsrat bestimmtes Mitglied wird zu den JAV-Sitzungen eingeladen. Der Vorsitz oder andere Mitglieder der JAV nimmt an Betriebsrat-Sitzungen beratend teil. Wenn es um Themen geht, die Jugendliche oder Auszubildende besonders betreffen, nimmt die gesamte JAV an der Betriebsratssitzung teil.
4. Im Einvernehmen mit dem Betriebsrat entsendet die JAV ein:e Vertreter:in in die Ausschüsse des Betriebsrats, die jugendliche bzw. zu ihrer Ausbildung Beschäftigte besonders betreffen.
5. Bei Verhandlungen zwischen dem Betriebsrat und der Arbeitgeberin über Jugend- und Berufsbildungsfragen nimmt die JAV teil.

XI. Jugend- und Auszubildendenversammlungen

1. Die Jugend- und Auszubildendenversammlung dient zur Kommunikation mit den von ihr vertretenen Arbeitnehmer:innen. Die JAV berichtet über geleistete Arbeit und Themen von Interesse für die Auszubildenden und Jugendlichen im Betrieb. Der Vorsitz oder ein:e von der JAV beauftragte:r Vertreter:in leitet die Jugend- und Auszubildendenversammlung.
2. Die JAV führt vierteljährlich im Einvernehmen mit dem Betriebsrat eine Jugend- und Auszubildendenversammlung durch.
3. Vor der Abhaltung muss die Zustimmung des Betriebsrats eingeholt werden. Dazu ist dem Betriebsrat die zeitliche Lage und die geplante Tagesordnung der Jugend- und Auszubildendenversammlung mitzuteilen. Diese sind zuvor von der JAV zu beschließen. Für jede Änderung der Planung braucht es einen neuen Beschluss durch die JAV.

4. Jugend- und Auszubildendenversammlungen sollen während der Arbeitszeit stattfinden – grundsätzlich vor oder nach den Betriebsversammlungen. Wenn die Arbeitgeberin und der Betriebsrat zustimmen, kann eine Jugend- und Auszubildendenversammlung auch zu einem anderen Zeitpunkt durchgeführt werden.
5. Die Einladung zu der Jugend- und Auszubildendenversammlung ist gut sichtbar im Betrieb auszuhängen. Sie ist sowohl an Jugendliche und Auszubildende als auch an den Betriebsrat zu richten, damit ein von dem Betriebsrat beauftragtes Mitglied teilnehmen kann. In der Einladung müssen Zeit, Ort und Tagesordnung der Versammlung angegeben werden. Die Einladungen sind frühzeitig auszusprechen, so dass die Eingeladenen sich auf die Versammlung vorbereiten können. Sie kann durch einen gut sichtbaren Aushang im Betrieb vorgenommen werden.
6. Die Gewerkschaft Bezeichnung ist rechtzeitig von der Jugend- und Auszubildendenvertretung zu unterrichten.

XII. Inkrafttreten

1. Die JAV hat in ihrer Sitzung am Datum die vorstehende Geschäftsordnung beschlossen. Sie tritt am Datum in Kraft.
2. Die Geschäftsordnung kann zu jeder Zeit mit den Stimmen der Mehrheit der Mitglieder der JAV aufgehoben oder geändert werden. In Einzelfällen kann die JAV auch ohne Aufhebung oder Änderung durch Beschluss von der Geschäftsordnung abweichen, wenn dieser Beschluss von der Mehrheit der JAV-Mitglieder gefasst wird.
3. Diese Geschäftsordnung gilt für die Dauer der gesetzlichen ordentlichen Amtsperiode der Betriebsräte, die zum Unternehmen gehören.

> **Hinweis:**
> Die Geschäftsordnung lehnt sich an die des Gesamtbetriebsrats an. Die dortigen Anmerkungen gelten sinngemäß auch für die JAV (vgl. § 51 BetrVG).
> In Anwendung des § 30 Abs. 2 BetrVG müssen die Voraussetzungen für die Teilnahme mittels Video- und Telefonkonferenz in der Geschäftsordnung festgelegt werden.

§ 66 Aussetzung von Beschlüssen des Betriebsrats

(1) Erachtet die Mehrheit der Jugend- und Auszubildendenvertreter einen Beschluss des Betriebsrats als eine erhebliche Beeinträchtigung wichtiger Interessen der in § 60 Abs. 1 genannten Arbeitnehmer, so ist auf ihren Antrag der Beschluss auf die Dauer von einer Woche auszusetzen, damit in dieser Frist eine Verständigung, gegebenenfalls mit Hilfe der im Betrieb vertretenen Gewerkschaften, versucht werden kann.
(2) Wird der erste Beschluss bestätigt, so kann der Antrag auf Aussetzung nicht wiederholt werden; dies gilt auch, wenn der erste Beschluss nur unerheblich geändert wird.

Inhaltsübersicht Rn.

I. Einleitung

1 Die Jugend- und Auszubildendenvertretung kann einen Antrag auf Aussetzung eines Betriebsratsbeschlusses stellen, wenn sie darin eine erhebliche Beeinträchtigung wichtiger Interessen der Jugendlichen und Auszubildenden (vgl. § 60 Abs. 1 BetrVG) sieht. Dafür muss die Mehrheit der Mitglieder der Jugend- und Auszubildendenvertretung stimmen.

Eine Begründung des Antrags ist zwar keine zwingende Voraussetzung, aber sicher empfehlenswert in der Zusammenarbeit mit dem Betriebsrat. Die Norm wiederholt § 35 BetrVG bezogen auf die Jugend- und Auszubildendenvertretung (näher DKW-*Dornberger*, § 66 Rn. 1ff. und DKW-*Wedde*, § 35 Rn. 5).

II. Arbeitshilfen
Musterschreiben

JAV – Aussetzung von Beschlüssen 2

Jugend- und Auszubildendenvertretung Ort, Datum
der Firmenbezeichnung, Adresse

An den Betriebsrat
der Firmenbezeichnung
Herr/Frau Name
im Hause

Antrag auf Aussetzung von Beschlüssen
Liebe Kolleg:innen,
die JAV beantragt die Aussetzung des Beschlusses des Betriebsrats zur Versetzung des/der Ausbilder:in Name, dem/der vorgeworfen wird die Interessen der Jugendlichen und Auszubildenden nicht zu berücksichtigen. Unserer Ansicht nach ist genau das Gegenteil der Fall. nähere Begründung Wir haben gerade das Ziel, die Ausbildung zu verbessern und nicht zu verschlechtern.

§ 67 Teilnahme an Betriebsratssitzungen

(1) Die Jugend- und Auszubildendenvertretung kann zu allen Betriebsratssitzungen einen Vertreter entsenden. Werden Angelegenheiten behandelt, die besonders die in § 60 Abs. 1 genannten Arbeitnehmer betreffen, so hat zu diesen Tagesordnungspunkten die gesamte Jugend- und Auszubildendenvertretung ein Teilnahmerecht.
(2) Die Jugend- und Auszubildendenvertreter haben Stimmrecht, soweit die zu fassenden Beschlüsse des Betriebsrats überwiegend die in § 60 Abs. 1 genannten Arbeitnehmer betreffen.
(3) Die Jugend- und Auszubildendenvertretung kann beim Betriebsrat beantragen, Angelegenheiten, die besonders die in § 60 Abs. 1 genannten Arbeitnehmer betreffen und über die sie beraten hat, auf die nächste Tagesordnung zu setzen. Der Betriebsrat soll Angelegenheiten, die besonders die in § 60 Abs. 1 genannten Arbeitnehmer betreffen, der Jugend- und Auszubildendenvertretung zur Beratung zuleiten.

Inhaltsübersicht Rn.

I. Einleitung

§ 67 BetrVG sieht ein Teilnahmerecht der Jugend- und Auszubildendenvertretung an Betriebsratssitzungen vor, unabhängig davon, ob ein Tagesordnungspunkt sie unmittelbar betrifft. Damit kann sie die Interessen von Jugendlichen und Auszubildenden gegenüber 1 dem Betriebsrat vertreten und sicherstellen, dass die Interessen der Jugendlichen und Auszubildenden nicht bei einzelnen Tagesordnungspunkten übersehen werden (näher dazu DKW-*Dornberger*, § 67 Rn. 4ff.). Darüber hinaus gewährt § 67 BetrVG der Jugend- und Auszubildendenvertretung Rechte bezüglich Angelegenheiten, die jugendliche und zu ihrer Ausbildung Beschäftigte angehen: Sie hat unter bestimmten Voraussetzungen auch ein Stimmrecht bei Betriebsratsbeschlüssen dieser Art (näher dazu DKW-*Dornberger*, § 67 Rn. 19ff.). Die Jugend- und Auszubildendenvertretung kann solche Angelegenheiten auf die Tagesordnung der Betriebsratssitzung setzen lassen und der Betriebsrat hat die Jugend- und Auszubildendenvertretung zu diesen Themen zu informieren. Es sollen keine Beschlüsse, die die Jugend- und Auszubildendenvertretung betreffen, ohne sie gefasst werden können. Der Betriebsrat hat die Jugend- und Auszubildendenvertretung unter Mitteilung der vorgesehenen Tagesordnung zur Betriebsversammlung zu laden.

II. Arbeitshilfen
Musterschreiben

2 **JAV – Teilnahme an Betriebsratssitzung**

Jugend- und Auszubildendenvertretung — Ort, Datum
der Firmenbezeichnung, Adresse

An den Betriebsrat
der Firmenbezeichnung
Herr/Frau Name
im Hause

Nächste Betriebsratssitzung
Liebe Kolleg:innen,
in unserer Sitzung vom Datum haben wir beschlossen, beim Betriebsrat gem. § 67 Abs. 3 BetrVG zu beantragen, das Thema Vorschlag wie z.B. »Einhalten der Vorschriften des Jugendarbeitsschutzgesetzes«, auf die Tagesordnung der nächsten Betriebsratssitzung am Wochentag, den Datum zu setzen. Wir haben von jugendlichen Arbeitnehmer:innen in letzter Zeit Beschwerden über Verstöße des Arbeitgebers gegen die Vorgaben des Jugendarbeitsschutzgesetzes erhalten. Deshalb halten wir die Behandlung dieses Themas durch den Betriebsrat für dringend erforderlich.

3 **Betriebsrat: Einladung der JAV zur Betriebsratssitzung**

Betriebsrat der Firmenbezeichnung, Adresse — Ort, Datum
Betriebsratsvorsitzender Name

An die
Jugend- und Auszubildendenvertretung
der Firmenbezeichnung
im Hause

Einladung zur Betriebsratssitzung

Liebe Mitglieder der Jugend- und Auszubildendenvertretung,
hiermit laden wir Euch gemäß § 67 Abs. 1 BetrVG herzlich zur nächsten Sitzung des Betriebsrats ein. Sie wird am kommenden Wochentag, am Datum um Uhrzeit im Ortsbezeichnung wie z.B. »Besprechungsraum 011« stattfinden.

Vorgesehen ist die folgende **Tagesordnung:**
1. Begrüßung und Feststellung der Beschlussfähigkeit
2. Genehmigung des Protokolls der letzten Sitzung
3. Bericht aus dem Wirtschaftsausschuss
4. Ausbildungsplatzsituation im kommenden Ausbildungsjahr *(Thema für die JAV relevant)*
5. Bericht der Jugend- und Auszubildendenvertretung *(Thema für die JAV relevant)*
6. Umsetzung des neuen Home-Office-Konzepts
7. Planung der Betriebsversammlung
8. Sonstiges

Wir freuen uns auf Eure Teilnahme und die gemeinsame Beratung.
Mit freundlichen Grüßen
Name des BR-Vorsitzes
Für den Betriebsrat

§ 68 Teilnahme an gemeinsamen Besprechungen

Der Betriebsrat hat die Jugend- und Auszubildendenvertretung zu Besprechungen zwischen Arbeitgeber und Betriebsrat beizuziehen, wenn Angelegenheiten behandelt werden, die besonders die in § 60 Abs. 1 genannten Arbeitnehmer betreffen.

Inhaltsübersicht Rn.

I. Einleitung

§ 68 regelt die Pflicht des Betriebsrats die Jugend- und Auszubildendenvertretung bei Besprechungen zwischen ihm und dem/der Arbeitgeber:in teilnehmen zu lassen. Die Teilnahme wird notwendig, wenn das Thema der Besprechung besonders jugendliche und zur Ausbildung Beschäftigte betrifft (zur besonderen Betroffenheit DKW-*Dornberger*, § 68 Rn. 4ff. mit Verweis auf § 67 Rn. 12ff.). Das Recht erweitert die Beteiligungs- und Informationsrechte aus § 67 BetrVG. 1

II. Arbeitshilfen
Musterschreiben

Betriebsrat: an JAV wegen Qualität der Ausbildung 2

Betriebsrat der Firmenbezeichnung, Adresse Ort, Datum
Betriebsratsvorsitzender Name

An die
Jugend- und Auszubildendenvertretung
der Firmenbezeichnung
Vorsitzende:r Name
im Hause

Liebe:r Name,
am kommenden Wochentag, am Datum um Uhrzeit findet mit dem/der Arbeitgeber:in ein Gespräch über Thema: z.B. »die Qualität der Ausbildung« im Ortsbezeichnung wie z.B. »Besprechungsraum 011« statt.

Ich lade Euch, die Jugend- und Auszubildendenvertreter:innen ein, an diesem Termin teilzunehmen, weil die Angelegenheit Euch ganz besonders betrifft. Es reicht auch, wenn Du als Vorsitzende:r den Termin wahrnimmst. Falls Du selbst nicht kommen kannst, sag mir bitte Bescheid, ob Dich jemand vertreten kann.

§ 69 Sprechstunden

In Betrieben, die in der Regel mehr als fünfzig der in § 60 Abs. 1 genannten Arbeitnehmer beschäftigen, kann die Jugend- und Auszubildendenvertretung Sprechstunden während der Arbeitszeit einrichten. Zeit und Ort sind durch Betriebsrat und Arbeitgeber zu vereinbaren. § 39 Abs. 1 Satz 3 und 4 und Absatz 3 gilt entsprechend. An den Sprechstunden der Jugend- und Auszubildendenvertretung kann der Betriebsratsvorsitzende oder ein beauftragtes Betriebsratsmitglied beratend teilnehmen.

Inhaltsübersicht Rn.

Einleitung

1 § 69 BetrVG erlaubt der Jugend- und Auszubildendenvertretung die Durchführung von Sprechstunden während der Arbeitszeit. An diesen kann sich der Vorsitz des Betriebsrats beteiligen. Dafür müssen in der Regel mehr als 50 jugendliche oder zur Berufsausbildung Beschäftigte im Betrieb tätig sein. Die Vorschrift verweist auf Teile des § 39 BetrVG, der den Betriebsrat zur Durchführung von Sprechstunden berechtigt und auf den hier Bezug genommen wird. Zu den Besonderheiten der Sprechstunde der JAV wird auf DKW-*Dornberger*, § 69 Rn. 1 ff. verwiesen.

§ 70 Allgemeine Aufgaben

(1) Die Jugend- und Auszubildendenvertretung hat folgende allgemeine Aufgaben:

1. Maßnahmen, die den in § 60 Abs. 1 genannten Arbeitnehmern dienen, insbesondere in Fragen der Berufsausbildung und der Übernahme der zu ihrer Berufsausbildung Beschäftigten in ein Arbeitsverhältnis, beim Betriebsrat zu beantragen;

1a. Maßnahmen zur Durchsetzung der tatsächlichen Gleichstellung der in § 60 Abs. 1 genannten Arbeitnehmer entsprechend § 80 Abs. 1 Nr. 2a und 2b beim Betriebsrat zu beantragen;

2. darüber zu wachen, dass die zugunsten der in § 60 Abs. 1 genannten Arbeitnehmer geltenden Gesetze, Verordnungen, Unfallverhütungsvorschriften, Tarifverträge und Betriebsvereinbarungen durchgeführt werden;

3. Anregungen von in § 60 Abs. 1 genannten Arbeitnehmern, insbesondere in Fragen der Berufsbildung, entgegenzunehmen und, falls sie berechtigt erscheinen, beim Betriebsrat auf eine Erledigung hinzuwirken. Die Jugend- und Auszubildendenvertretung hat die betroffenen in § 60 Abs. 1 genannten Arbeitnehmer über den Stand und das Ergebnis der Verhandlungen zu informieren;

4. die Integration ausländischer, in § 60 Abs. 1 genannter Arbeitnehmer im Betrieb zu fördern und entsprechende Maßnahmen beim Betriebsrat zu beantragen.

(2) Zur Durchführung ihrer Aufgaben ist die Jugend- und Auszubildendenvertretung durch den Betriebsrat rechtzeitig und umfassend zu unterrichten. Die Jugend- und Auszubildendenvertretung kann verlangen, dass ihr der Betriebsrat die zur Durchführung ihrer Aufgaben erforderlichen Unterlagen zur Verfügung stellt.

Inhaltsübersicht Rn.

I. Einleitung

1 Die Norm des § 70 BetrVG regelt die allgemeinen Aufgaben der Jugend- und Auszubildendenvertretung (JAV). Gemäß § 70 Abs. 1 Nr. 2 BetrVG hat die JAV z. B. über die Einhaltung der Gesetze zu wachen, wozu vor allem das Berufsbildungsgesetz (BBiG) gehört: Dieses sieht z. B. in § 11 vor, dass nach Abschluss des Ausbildungsvertrags, spätestens aber vor Beginn der Berufsausbildung, die/der Ausbildende den wesentlichen Inhalt des Vertrags schriftlich niederzulegen hat. Die Vorlage für einen Berufsausbildungsvertrag findet sich auf der Homepage des Bundesausschusses für Berufsbildung (*https://www.bibb.de/dokumente/pdf/HA115.pdf*). Die für die Aufgabenerfüllung erforderlichen **Unterlagen** kann die Jugend- und Auszubildendenvertretung **vom Betriebsrat verlangen**. Zu den Besonderheiten der allgemeinen Aufgaben der Jugend- und Auszubildendenvertretung vgl. DKW-*Dornberger*, § 70 Rn. 1 ff.

II. Arbeitshilfen

Musterschreiben

2 **JAV: Aufforderung an Betriebsrat zur Aushändigung notwendiger Unterlagen für die Erledigung der allgemeinen Aufgaben**

Jugend- und Auszubildendenvertretung
der Firmenbezeichnung
Vorsitzende:r Name

An den
Betriebsrat der Firmenbezeichnung, Adresse Ort, Datum
Betriebsratsvorsitzender Name
im Hause

Aufforderung zur Herausgabe von Unterlagen gemäß § 70 Abs. 1 BetrVG

Liebe:r Name,
ich bitte Dich, stellvertretend handelnd für den Betriebsrat, im Namen der Jugend- und Auszubildendenvertretung um die Überlassung folgender Unterlagen, die zur Wahrnehmung der allgemeinen Aufgaben der Jugend- und Auszubildendenvertretung gemäß § 70 Abs. 1 BetrVG erforderlich sind:
[Beispiel: Ausbildungspläne für das aktuelle Ausbildungsjahr]
[Beispiel: Übersicht der aktuellen Ausbildungsvergütungen]
[Beispiel: Liste der Auszubildenden und Jugendlichen im Betrieb (ohne Gesundheitsdaten oder private Informationen)]
[Beispiel: Konzepte oder Planungen für künftige Ausbildungsstellen]
[ggf. weitere Unterlagen spezifisch auflisten]
Die genannten Unterlagen werden insbesondere zur Überwachung der Einhaltung der gesetzlichen und tariflichen Bestimmungen im Bereich der Ausbildung und Beschäftigung junger Arbeitnehmer:innen benötigt.

Ich bitte den Betriebsrat um Aushändigung oder Einsichtnahme bis spätestens Datum, damit die Jugend- und Auszubildendenvertretung ihre Aufgaben fristgerecht wahrnehmen können.
Für Rückfragen oder Abstimmungen stehe ich selbstverständlich gerne zur Verfügung.
Mit freundlichen Grüßen

Name des JAV-Vorsitzes
Für die Jugend- und Auszubildendenvertretung

§ 71 Jugend- und Auszubildendenversammlung

Die Jugend- und Auszubildendenvertretung kann vor oder nach jeder Betriebsversammlung im Einvernehmen mit dem Betriebsrat eine betriebliche Jugend- und Auszubildendenversammlung einberufen. Im Einvernehmen mit Betriebsrat und Arbeitgeber kann die betriebliche Jugend- und Auszubildendenversammlung auch zu einem anderen Zeitpunkt einberufen werden. § 43 Abs. 2 Satz 1 und 2, die §§ 44 bis 46 und § 65 Abs. 2 Satz 2 gelten entsprechend.

Inhaltsübersicht Rn.

I. Einleitung

1 § 71 BetrVG sieht die Möglichkeit vor, Jugend- und Auszubildendenversammlungen abzuhalten. Die Jugend- und Auszubildendenvertretung lädt dazu ein. Alle Jugendlichen und Auszubildenden sind angehalten teilzunehmen. Dem Vorhaben muss der Betriebsrat durch einen Betriebsratsbeschluss zustimmen.
Weitere Teilnehmende können sein:

- der/die Betriebsratsvorsitzende; ggf. ein durch den Betriebsrat beauftragtes Mitglied
- ein:e Beauftragte:r der im Betrieb vertretenen Gewerkschaft
- der/die Arbeitgeber:in und ggf. ein:e Vertreter:in des Arbeitgeberverbandes.

Die Jugend- und Auszubildendenversammlung sollte bevorzugt während der Arbeitszeit durchgeführt werden. Zu den Besonderheiten der Jugend- und Auszubildendenversammlung vgl. DKW-*Dornberger*, § 71 Rn. 1 ff.

II. Arbeitshilfen
Musterschreiben

2 **JAV: Einladung des Betriebsrats durch die Jugend– und Auszubildendenvertretung**

Jugend- und Auszubildendenvertretung Ort, Datum
der Firmenbezeichnung , Adresse
Vorsitzende:r Name

An den Betriebsrat
der Firmenbezeichnung
Frau/Herr Name
im Hause

Jugend- und Auszubildendenversammlung
Liebe Kolleg:innen,
die Jugend- und Auszubildendenvertretung plant eine Jugend- und Auszubildendenversammlung am
Wochentag, den Datum um Uhrzeit Uhr
in Ort abzuhalten.
Als Tagesordnung ist vorgesehen:

1. Eröffnung und Begrüßung
2. Tätigkeitsbericht der Jugend- und Auszubildendenvertretung
3. Aussprache
4. Referat eines Gewerkschaftsbeauftragten
5. Aussprache
6. Zusammenarbeit mit den Ausbildern im Betrieb
7. Geschlechtergleichstellung
8. Anfragen und Verschiedenes
9. Schlusswort

Wir bitten um Eure Zustimmung und laden zugleich herzlich die/den Betriebsratsvorsitzende:n oder ein beauftragtes Betriebsratsmitglied zur Teilnahme an der Jugend- und Auszubildendenversammlung ein.
Im Folgenden werden wir – Eure Zustimmung vorausgesetzt – ein:e Vertreter:in der Gewerkschaft und die/den Arbeitgeber:in einladen.

JAV: Einladung der Gewerkschaft zur Jugend– und Auszubildendenversammlung 3

Jugend- und Auszubildendenvertretung Ort, Datum
der Firmenbezeichnung, Adresse
Vorsitzende:r Name

An die
Gewerkschaft Bezeichnung
Adresse

Jugend- und Auszubildendenversammlung am Datum
Liebe Kolleg:innen,
hiermit teilen wir Euch gem. §§ 71 S. 3 i. V. m. 46 Abs. 2 BetrVG mit, dass
am Datum
um Uhrzeit Uhr
in Ort
eine Jugend- und Auszubildendenversammlung stattfindet.
Wir laden eine:n Vertreter:in der Gewerkschaft ein, an dieser Versammlung teilzunehmen. Wir sehen bei uns den Bedarf an Informationen zum Thema: »Gewerkschaft und Ausbildung«. Wir würden uns freuen, wenn Sie neben Ihrer Teilnahme zu diesem Thema referieren könnten.
Das Einladungsschreiben mit der vorgesehenen Tagesordnung ist beigefügt.

4 **JAV: Information an Betriebsrat und/oder Arbeitgeber:in über die Verlegung der Jugend- und Auszubildendenversammlung**

Jugend- und Auszubildendenvertretung Ort, Datum
der Firmenbezeichnung, Adresse
Vorsitzende:r Name

An den Betriebsrat / An den Vorstand
der Firmenbezeichnung
Herr/Frau Name
im Hause

Verlegung derJugend- und Auszubildendenversammlung
Liebe Kolleg:innen/Sehr geehrter Herr/Frau Arbeitgeber:in Name,
uns als Jugend- und Auszubildendenvertretung wird es nicht möglich sein, die geplante Jugend- und Auszubildendenversammlung am Datum
vor oder nach der anberaumten Betriebsversammlung durchzuführen. Eventuelle Ausführungen, warum die Jugend- und Auszubildendenversammlung nicht stattfinden kann.
Wir planen stattdessen
am Datum
um Uhrzeit **Uhr**
in Ort
eine Jugend- und Auszubildendenversammlung mit der ursprünglichen Tagesordnung anzuberaumen.
Dazu bitten wir, wie in § 71 Satz 2 BetrVG vorgesehen, um ein Einverständnis Eurerseits/Ihrerseits.

Zweiter Abschnitt
Gesamt-Jugend- und Auszubildendenvertretung

§ 72 Voraussetzung der Errichtung, Mitgliederzahl, Stimmengewicht

(1) Bestehen in einem Unternehmen mehrere Jugend- und Auszubildendenvertretungen, so ist eine Gesamt-Jugend- und Auszubildendenvertretung zu errichten.
(2) In die Gesamt-Jugend- und Auszubildendenvertretung entsendet jede Jugend- und Auszubildendenvertretung ein Mitglied.
(3) Die Jugend- und Auszubildendenvertretung hat für das Mitglied der Gesamt-Jugend- und Auszubildendenvertretung mindestens ein Ersatzmitglied zu bestellen und die Reihenfolge des Nachrückens festzulegen.
(4) Durch Tarifvertrag oder Betriebsvereinbarung kann die Mitgliederzahl der Gesamt-Jugend- und Auszubildendenvertretung abweichend von Absatz 2 geregelt werden.
(5) Gehören nach Absatz 2 der Gesamt-Jugend- und Auszubildendenvertretung mehr als zwanzig Mitglieder an und besteht keine tarifliche Regelung nach Absatz 4, so ist zwischen Gesamtbetriebsrat und Arbeitgeber eine Betriebsvereinbarung über die Mitgliederzahl der Gesamt-Jugend- und Auszubildendenvertretung abzuschließen, in der bestimmt wird, dass Jugend- und Auszubildendenvertretungen mehrerer Betriebe eines Unternehmens, die regional oder durch gleichartige Interessen miteinander verbunden sind, gemeinsam Mitglieder in die Gesamt-Jugend- und Auszubildendenvertretung entsenden.
(6) Kommt im Fall des Absatzes 5 eine Einigung nicht zustande, so entscheidet eine für das Gesamtunternehmen zu bildende Einigungsstelle. Der Spruch der Einigungsstelle ersetzt die Einigung zwischen Arbeitgeber und Gesamtbetriebsrat.

(7) Jedes Mitglied der Gesamt-Jugend- und Auszubildendenvertretung hat so viele Stimmen, wie in dem Betrieb, in dem es gewählt wurde, in § 60 Abs. 1 genannte Arbeitnehmer in der Wählerliste eingetragen sind. Ist ein Mitglied der Gesamt-Jugend- und Auszubildendenvertretung für mehrere Betriebe entsandt worden, so hat es so viele Stimmen, wie in den Betrieben, für die es entsandt ist, in § 60 Abs. 1 genannte Arbeitnehmer in den Wählerlisten eingetragen sind. Sind mehrere Mitglieder der Jugend- und Auszubildendenvertretung entsandt worden, so stehen diesen die Stimmen nach Satz 1 anteilig zu.

(8) Für Mitglieder der Gesamt-Jugend- und Auszubildendenvertretung, die aus einem gemeinsamen Betrieb mehrerer Unternehmen entsandt worden sind, können durch Tarifvertrag oder Betriebsvereinbarung von Absatz 7 abweichende Regelungen getroffen werden.

Inhaltsübersicht Rn.

I. Einleitung

§ 72 BetrVG sieht die Pflicht zur Errichtung einer Gesamt-Jugend- und Auszubildendenvertretung vor, wenn in einem Unternehmen mehrere Jugend- und Auszubildendenvertretungen bestehen. In der Norm wird neben der Zusammensetzung des Gremiums, die Entsendung von Mitgliedern aus den einzelnen Jugend- und Auszubildendenvertretungen (näher DKW-*Dornberger*, § 72 Rn. 9ff.), die Stimmengewichtung (näher DKW-*Dornberger*, § 72 Rn. 24ff.) und die Vorgaben zur möglichen Abweichung durch Tarifverträge oder Betriebsvereinbarungen (näher DKW-*Dornberger*, § 72 Rn. 27ff.) geregelt. § 72 BetrVG ist überwiegend an die für den Betriebsrat geltenden Regelungen der §§ 47 und 60ff. BetrVG angelehnt. Zu den Besonderheiten der Errichtung der Gesamt-Jugend- und Auszubildendenvertretung vgl. DKW-*Dornberger*, § 72 Rn. 1ff. 1

II. Arbeitshilfen
Musterschreiben

JAV (ggf. der Hauptverwaltung): Aufforderung zur Entsendung von Mitgliedern in die Gesamt–Jugend- und Auszubildendenvertretung 2

Vorbemerkung

Gem. §§ 73 Abs. 2 i.V.m. 51 Abs. 1 BetrVG hat die Jugend- und Auszubildendenvertretung der Hauptverwaltung zur konstituierenden Sitzung einzuladen. Sie leitet diese Sitzung ebenfalls. (Vertiefend: DKW-*Dornberger*, § 72 Rn. 6ff.).

Jugend- und Auszubildendenvertretung Ort, Datum
der Firmenbezeichnung, Adresse
Vorsitzender Name

An die Jugend- und Auszubildenden-Vertretungen
der Firmenbezeichnung
in Ort und Ort

Bildung der Gesamt-Jugend- und Auszubildendenvertretung

Liebe Kolleg:innen,
nach § 72 Abs. 1 BetrVG ist im Unternehmen mit mehreren Jugend- und Auszubildendenvertretungen eine Gesamt-Jugend- und Auszubildendenvertretung zu errichten. Gemäß § 73 Abs. 2 i.V.m. § 51 Abs. 2 BetrVG laden wir dazu als Jugend- und Auszubildendenvertretung der Hauptverwaltung ein.
Damit die Konstituierung der Gesamt-Jugend- und Auszubildendenvertretung stattfinden kann, bitten wir um Benennung Eurer Vertreter:innen für die Gesamt-Jugend- und Auszubildendenvertretung bis zum Datum. Ihre Anzahl richtet sich nach § 72 Abs. 2 und 3 BetrVG.

3 JAV: Mitteilung der Mitglieder und Ersatzmitglieder für die Gesamt–Jugend- und Auszubildendenvertretung

Vorbemerkung
Zur ordnungsgemäßen Vorbereitung der konstituierenden Sitzung müssen die einzelnen örtlichen JAVen die Namen der entsandten Mitglieder und Ersatzmitglieder rechtzeitig an die **JAV der Hauptverwaltung** (bzw. die ersatzweise zuständige JAV) übermitteln. Diese ist grundsätzlich zuständig für die Einladung zur konstituierenden Sitzung der Gesamtjugend- und Auszubildendenvertretung (GJAV) gemäß § 73 Abs. 2 i.V.m. § 51 Abs. 1 BetrVG. Besteht bei der Hauptverwaltung keine JAV, so übernimmt diese Aufgabe ersatzweise die JAV desjenigen Betriebs, der nach der Zahl der wahlberechtigten Arbeitnehmer im Sinne des § 60 Abs. 1 BetrVG der größte Betrieb des Unternehmens ist (vertiefend: DKW-*Dornberger*, § 72 Rn. 6ff.).

Jugend- und Auszubildendenvertretung Ort,
der Firmenbezeichnung, Adresse
Vorsitzende:r Name

An die zuständige Jugend- und Auszubildenden-Vertretung (evtl. der Hauptverwaltung)
der Firmenbezeichnung
Vorsitzende:r Name
Adresse

Bildung der Gesamt-Jugend- und Auszubildendenvertretung

Liebe Kolleg:innen,
für die Gesamt-Jugend- und Auszubildendenvertretung benennen wir folgende Mitglieder und Ersatzmitglieder:

1. Mitglied Name
   a. Ersatzmitglied Name
   b. Ersatzmitglied Name
2. Mitglied Name
   a. Ersatzmitglied Name
   b. Ersatzmitglied Name

JAV der Hauptverwaltung: Einladung zur konstituierenden Sitzung 4

Vorbemerkung

Die JAV der Hauptverwaltung ist grundsätzlich zuständig für die Einladung zur konstituierenden Sitzung der Gesamtjugend- und Auszubildendenvertretung (Gesamt-JAV) gemäß § 73 Abs. 2 i.V.m. § 51 Abs. 1 BetrVG.

Sie lädt die entsandten Mitglieder der einzelnen Jugend- und Auszubildendenvertretungen zur ersten Sitzung der Gesamt-JAV ein. Besteht bei der Hauptverwaltung keine JAV, so übernimmt diese Aufgabe ersatzweise die JAV desjenigen Betriebs, der nach der Zahl der wahlberechtigten Arbeitnehmer im Sinne des § 60 Abs. 1 BetrVG der größte Betrieb des Unternehmens ist (vertiefend: DKW-*Dornberger*, § 72 Rn. 6ff.). Eingeladen werden alle ordnungsgemäß entsandten Mitglieder der örtlichen Jugend- und Auszubildendenvertretungen. Darüber hinaus empfiehlt es sich ebenfalls die Ersatzmitglieder einzuladen, damit diese im Falle einer Verhinderung des ordnungsgemäß entsandten Mitglieds der Gesamt-JAV direkt vertreten können.

Jugend- und Auszubildendenvertretung der Hauptverwaltung Ort, Datum
der Firmenbezeichnung, Adresse
Vorsitzender Name

An die
Jugend- und Auszubildendenvertretung Ort,
der Firmenbezeichnung, Adresse
Entsandtes Mitglied Name & Ersatzmitglied Name

Einladung zur konstituierenden Sitzung der Gesamt-JAV

Liebe Kolleg:innen der Jugend- und Auszubildendenvertretung Ort,
hiermit laden wir Euch als ordnungsgemäß entsandtes Mitglied und Ersatzmitglied zur konstituierenden Sitzung der Gesamtjugend- und Auszubildendenvertretung unseres Unternehmens ein.

Termin: Datum
Uhrzeit: Beginn – voraussichtliches Ende
Ort: Ort /Raum

Tagesordnung:
1. Begrüßung und Eröffnung der Sitzung
2. Benennung der Schriftführung
3. Feststellung der ordnungsgemäßen Einladung und Beschlussfähigkeit
4. Vorstellungsrunde
5. Wahl der/des Vorsitzenden der Gesamt-JAV
6. Wahl der/des stellvertretenden Vorsitzenden der Gesamt-JAV
7. Abstimmung über Geschäftsordnung (sofern gewünscht)
8. Festlegung eines Kommunikationsweges
9. Festlegung regelmäßiger Sitzungstermine
10. Verschiedenes

Wir freuen uns auf Eure Teilnahme und eine gute Zusammenarbeit!

Gesamt–JAV: Mitteilung über die Gründung einer Gesamt–JAV an die Belegschaft 5

Gesamt-Jugend- und Auszubildendenvertretung Ort, Datum

der Firmenbezeichnung, Adresse
Vorsitzender Name

An die
Jugendlichen und zur Berufsausbildung beschäftigten Arbeitnehmer:innen
des Betriebs Firmenbezeichnung
in Ort

Bildung einer Jugend- und Auszubildendenvertretung
Liebe Kolleg:innen,
die Gesamt-Jugend- und Auszubildendenvertretung war gem. § 72 Abs. 1 BetrVG zu errichten, weil wir bei Firmenbezeichnung mehrere Jugend- und Auszubildendenvertretungen haben. Ihre Konstituierung erfolgte am Datum. Mit der Gesamt-Jugend- und Auszubildendenvertretung soll die betriebsübergreifende Vertretung Eurer Interessen gestärkt werden.
Die Gesamt-Jugend- und Auszubildendenvertretung setzt sich wie folgt zusammen (Name, Betrieb, Telefon):
Vorsitzende:r: Name, Betrieb, Telefon
Stellvertreter:in: Name, Betrieb, Telefon
Schriftführer:in: Name, Betrieb, Telefon
Betriebsausschuss: Name, Betrieb, Telefon
Betreuer:in der Gewerkschaft Bezeichnung: Name, Adresse, Telefon
weitere Mitglieder: Namen
Falls Ihr Fragen oder Anregungen habt, wendet Euch an Euer Mitglied oder gerne auch an mich (Tel.: Nummer) persönlich.

6 **Gesamt-JAV: Mitteilung über die Gründung einer Gesamt-JAV an den GBR**

Vorbemerkung
Gem. § 73 Abs. 1 BetrVG setzt die Abhaltung von Sitzungen, also auch die Einberufung der konstituierenden Sitzung, eine Unterrichtung des Gesamtbetriebsrats voraus (vertiefend: DKW-*Dornberger*, § 72 Rn. 6; kein Zustimmungserfordernis, näher: DKW-*Dornberger*, § 73 Rn. 4). Im Sinne einer kollegialen Zusammenarbeit ist empfehlenswert, den Gesamtbetriebsrat über die Zusammensetzung der konstituierten Gesamt-Jugend- und Auszubildendenvertretung in Kenntnis zu setzen.

Gesamt-Jugend- und Auszubildendenvertretung Ort, Datum
der Firmenbezeichnung, Adresse
Vorsitzende:r Name
An die

Mitglieder des Gesamtbetriebsrats
des Betriebs Firmenbezeichnung
in Ort

Bildung einer Gesamt-Jugend- und Auszubildendenvertretung
Liebe Kolleg:innen,
die Gesamt-Jugend- und Auszubildendenvertretung war gem. § 72 Abs. 1 BetrVG zu errichten. Ihre Konstituierung erfolgte am Datum.
Die Gesamt-Jugend- und Auszubildendenvertretung setzt sich wie folgt zusammen (Name, Betrieb, Telefon):

Vorsitzende:r: Name, Betrieb, Telefon
Stellvertreter:in: Name, Betrieb, Telefon
Schriftführer:in: Name, Betrieb, Telefon
Betriebsausschuss: Name, Betrieb, Telefon
Betreuer:in der Gewerkschaft Bezeichnung: Name, Adresse, Telefon
weitere Mitglieder: Namen
Wir freuen uns auf eine gute Zusammenarbeit.

Gesamt–JAV: Unterrichtung des Gesamtbetriebsrats über standortübergreifende Entwicklungen im Bereich Ausbildung 7

Gesamt-Jugend- und Auszubildendenvertretung — Ort, Datum
der Firmenbezeichnung, Adresse
Vorsitzender Name

An den
Gesamtbetriebsrat
des Betriebs Firmenbezeichnung
in Ort

Unterrichtung über standortübergreifende Entwicklungen zu den Themen Einsatz und Ausstattung von Auszubildenden

Liebe Kolleg:innen des Gesamtbetriebsrats,
die Gesamt-Jugend- und Auszubildendenvertretung informiert den Gesamtbetriebsrat hiermit über aktuelle standortübergreifende Entwicklungen hinsichtlich der Ausstattung und des Einsatzes der Auszubildenden, die mehrere Betriebe unseres Unternehmens betreffen und bzgl. derer aus unserer Sicht dringender Handlungsbedarf besteht.
An den Standorten Ort und Ort hat sich die Situation der Auszubildenden im Bereich der industriellen Fertigung verschlechtert, da Maschinen und Werkzeuge eingesetzt werden, die nicht mehr dem aktuellen Stand der Technik entsprechen. Trotz mehrfacher Hinweise fehlt bislang eine Modernisierung der Ausstattung, sodass die Auszubildenden teilweise an Anlagen arbeiten, die mit den Prüfungsinhalten der Kammern nicht mehr kompatibel sind.
Am Standort Ort berichten Auszubildende im kaufmännischen Bereich, dass ihnen während der gesamten Ausbildungszeit nur eingeschränkter Zugriff auf wichtige Softwareprogramme (z. B. ERP-Systeme) gewährt wird. Eine eigenständige Bearbeitung von Aufgaben, die zur Prüfungsvorbereitung notwendig wäre, ist dadurch kaum möglich. Dies führt zu einer spürbaren Benachteiligung im Vergleich zu Auszubildenden anderer Standorte und Branchen.
An den Standorten Ort und Ort werden Auszubildende regelmäßig außerhalb der vorgesehenen Ausbildungsinhalte eingesetzt, etwa in der regulären Schichtarbeit zur Kompensation von Personalengpässen. Die pädagogische Begleitung durch Ausbilderinnen und Ausbildern ist in diesen Fällen nicht gewährleistet, was die fachliche Entwicklung der betroffenen Auszubildenden erheblich beeinträchtigt.
Die Gesamt-Jugend- und Auszubildendenvertretung sieht hierin eine standortübergreifende Problematik, die geeignet ist, die Ausbildungsqualität und die Zufriedenheit der Auszubildenden nachhaltig zu gefährden. Wir bitten den Gesamtbetriebsrat daher, diese Themen in seine Beratungen aufzunehmen und sich gegenüber der Unternehmensleitung für eine schnelle Verbesserung der Ausstattung sowie einen konsequenten, inhaltlich gebundenen Einsatz der Auszubildenden einzusetzen.

Für Rückfragen und weitergehende Informationen stehen wir als Gesamt- Jugend- und Auszubildendenvertretung selbstverständlich gerne zur Verfügung.

§ 73 Geschäftsführung und Geltung sonstiger Vorschriften

(1) Die Gesamt-Jugend- und Auszubildendenvertretung kann nach Verständigung des Gesamtbetriebsrats Sitzungen abhalten. An den Sitzungen kann der Vorsitzende des Gesamtbetriebsrats oder ein beauftragtes Mitglied des Gesamtbetriebsrats teilnehmen.
(2) Für die Gesamt-Jugend- und Auszubildendenvertretung gelten § 25 Abs. 1, die §§ 26, 28 Abs. 1 Satz 1, die §§ 30, 31, 34, 36, 37 Abs. 1 bis 3, die §§ 40, 41, 48, 49, 50, 51 Abs. 2 bis 5 sowie die §§ 66 bis 68 entsprechend.

Inhaltsübersicht Rn.

I. Einleitung

1 § 73 BetrVG regelt die Geschäftsführung der Gesamt-Jugend- und Auszubildendenvertretung im Unternehmen. Die Vorschrift entspricht § 59 BetrVG zur Geschäftsordnung des Gesamtbetriebsrats und denen zur Jugend- und Auszubildendenvertretung (JAV) gem. §§ 66–68 BetrVG, auf die hier verwiesen wird (zu den Besonderheiten des Gesamt-Jugend- und Auszubildendenvertretung vgl. DKW-*Dornberger*, § 73 Rn. 1 ff.).

II. Arbeitshilfen

2 **Gesamt-JAV: Mitteilung an den Gesamtbetriebsrat wegen Abhaltung einer Sitzung und Einladung zur Teilnahme an der Sitzung**

Gesamt- Jugend- und Auszubildendenvertretung Ort,
der Firmenbezeichnung, Adresse
Vorsitzende:r Name

An den Gesamtbetriebsrat
der Firmenbezeichnung
Vorsitzende:r Name
im Hause

Gesamt- Jugend- und Auszubildendenversammlung
Liebe Kolleg:in,
wir möchten Dich als Vorsitzende:n des Gesamtbetriebsrats darüber informieren, dass die Gesamt- Jugend- und Auszubildendenvertretung die Einberufung einer Sitzung plant.
Die Versammlung soll am
Wochentag, den Datum um Uhrzeit Uhr
in Ort stattfinden.
Als Tagesordnung ist vorgesehen:

1. Eröffnung und Begrüßung
2. Tätigkeitsbericht der Gesamt-Jugend- und Auszubildendenvertretung

3. Aussprache
4. Beitrag eines Gewerkschaftsbeauftragten
5. Aussprache
6. Anfragen
7. Sonstiges
8. Schlusswort

Ich lade Dich ein, an der Versammlung teilzunehmen. Falls Du selbst nicht kommen kannst, sag mir bitte Bescheid, ob Dich jemand vertreten kann.

Gesamt-JAV: Mitteilung an die Gewerkschaft wegen Abhaltung einer Sitzung und Einladung zur Teilnahme an der Sitzung 3

Vorbemerkung

Ein:e Vertreter:in der Gewerkschaft kann gemäß §§ 73 Abs. 2 i. V. m. 31 BetrVG in beratender Funktion an den Sitzungen der Gesamt- Jugend- und Auszubildendenvertretung teilnehmen. Voraussetzung dafür ist, dass diese Gewerkschaft in der Gesamt- Jugend- und Auszubildendenvertretung vertreten ist. Es reicht nicht aus, dass die Gewerkschaft lediglich in einem Betrieb des Unternehmens vertreten ist. Die Gesamt- Jugend- und Auszubildendenvertretung kann mit Mehrheitsbeschluss von der Voraussetzung abweichen (vertiefend: DKW-*Dornberger*, § 73 Rn. 9).

Gesamt- Jugend- und Auszubildendenvertretung Ort, Datum
der Firmenbezeichnung, Adresse
Vorsitzende:r Name
An die

Gewerkschaft Bezeichnung
Adresse

Sitzung der Gesamt- Jugend- und Auszubildendenvertretung

Liebe Kolleg:innen,
hiermit teilen wir Euch gem. §§ 73 Abs. 2 i. V. m. 31 BetrVG mit, dass
am Datum
um UhrzeitUhr
in Ort
eine Sitzung der Gesamt- Jugend- und Auszubildendenvertretung stattfindet.

Wir planen folgende Tagesordnung:

1. Begrüßung und Feststellung der Beschlussfähigkeit
2. Genehmigung des Protokolls der letzten Sitzung
3. Berichte aus den einzelnen JAVen der Betriebe
4. Aktuelle Ausbildungssituation im Unternehmen
5. Übernahmechancen nach Ausbildungsende
6. Beratung zu möglichen Schulungs- und Bildungsmaßnahmem für die Gesamt-JAV
7. Kommunikation und Zusammenarbeit mit dem Gesamtbetriebsrat
8. Verschiedenes

Wir laden eine:n Vertreter:in der Gewerkschaft ein, an dieser Sitzung beratend teilzunehmen.
Für den Fall, dass in der Gesamt-Jugend- und Auszubildendenvertretung kein Gewerkschaftsmitglied vertreten ist:
Die Teilnahmemöglichkeit wurde durch einen Mehrheitsbeschluss der Gesamt- Jugend- und Auszubildendenvertretung bestätigt.
Das Einladungsschreiben mit der vorgesehenen Tagesordnung ist beigefügt.

Dritter Abschnitt
Konzern- Jugend- und Auszubildendenvertretung

§ 73a Voraussetzung der Errichtung, Mitgliederzahl, Stimmengewicht

(1) Bestehen in einem Konzern (§ 18 Abs. 1 des Aktiengesetzes) mehrere Gesamt-Jugend- und Auszubildendenvertretungen, kann durch Beschlüsse der einzelnen Gesamt-Jugend- und Auszubildendenvertretungen eine Konzern-Jugend- und Auszubildendenvertretung errichtet werden. Die Errichtung erfordert die Zustimmung der Gesamt-Jugend- und Auszubildendenvertretungen der Konzernunternehmen, in denen insgesamt mindestens 75 vom Hundert der in § 60 Abs. 1 genannten Arbeitnehmer beschäftigt sind. Besteht in einem Konzernunternehmen nur eine Jugend- und Auszubildendenvertretung, so nimmt diese die Aufgaben einer Gesamt-Jugend- und Auszubildendenvertretung nach den Vorschriften dieses Abschnitts wahr.
(2) In die Konzern-Jugend- und Auszubildendenvertretung entsendet jede Gesamt-Jugend- und Auszubildendenvertretung eines ihrer Mitglieder. Sie hat für jedes Mitglied mindestens ein Ersatzmitglied zu bestellen und die Reihenfolge des Nachrückens festzulegen.
(3) Jedes Mitglied der Konzern-Jugend- und Auszubildendenvertretung hat so viele Stimmen, wie die Mitglieder der entsendenden Gesamt-Jugend- und Auszubildendenvertretung insgesamt Stimmen haben.
(4) § 72 Abs. 4 bis 8 gilt entsprechend.

Inhaltsübersicht Rn.

I. Einleitung

1 § 73a BetrVG regelt die Voraussetzungen zur Errichtung der Konzern-Jugend- und Auszubildendenvertretung im Konzern. Die Vorschrift verweist in großen Teilen auf den § 72 BetrVG zur Errichtung der Gesamt- Jugend- und Auszubildendenvertretung. Es besteht aber im Gegensatz zur Gesamt- Jugend- und Auszubildendenvertretung keine Pflicht zur Errichtung der Konzern-Jugend- und Auszubildendenvertretung. Sie hängt von den Beschlüssen durch die einzelnen Gesamt- Jugend- und Auszubildendenvertretungen ab. Die initiierende Gesamt- Jugend- und Auszubildendenvertretung muss die anderen Gesamt- Jugend- und Auszubildendenvertretungen informieren und zur Beschlussfassung auffordern. Die zustimmenden Gesamt- Jugend- und Auszubildendenvertretungen müssen mindestens 75 % der in § 60 Abs. 1 BetrVG genannten Personen (Jugendliche und zur Ausbildung Beschäftigte – neuerdings unabhängig vom Alter) repräsentieren. Sofern ein positiver Beschluss zur Errichtung einer Konzern-Jugend- und Auszubildendenvertretung gefasst ist, sind alle Gesamt-Jugend- und Auszubildendenvertretungen verpflichtet, jeweils ein Mitglied aus ihrer Mitte in die Konzern-Jugend- und Auszubildendenvertretung zu entsenden; selbst, wenn sich einzelne Gesamt-Jugend- und

Auszubildendenvertretungen beim Beschluss enthalten oder gegen die Errichtung der Konzern-Jugend- und Auszubildendenvertretung ausgesprochen haben. Zum Konzernbegriff ist auf § 54 Abs. 1 BetrVG zur Errichtung des Konzernbetriebsrats zu verweisen (zu den Besonderheiten der Konzern-Jugend- und Auszubildendenvertretung vgl. DKW-*Dornberger*, § 73a Rn. 1ff.).

II. Arbeitshilfen

Gesamt-JAV: Mitteilung an andere Gesamt- Jugend- und Auszubildendenvertretungen wegen Initiative zur Errichtung einer Konzern- Jugend- und Auszubildendenvertretung 2

Gesamt- Jugend- und Auszubildendenvertretung Ort, Datum
der Firmenbezeichnung, Adresse
Vorsitzende:r Name

An die (anderen) Gesamt- Jugend- und Auszubildendenvertretungen
der Firmenbezeichnung
Vorsitzende:r Name
im Hause / ggf. abweichende Unternehmensadresse Adresse

Initiative zur Errichtung einer Konzern- Jugend- und Auszubildendenvertretung

Liebe Kolleg:innen,
wir möchten Euch über unser Vorhaben informieren, eine Konzern- Jugend- und Auszubildendenvertretung zu initiieren. Für die Errichtung müssen die Gesamt- Jugend- und Auszubildendenvertretungen zustimmen, die 75 % des in § 60 Abs. 1 genannten Personenkreises vertreten. Es ist also notwendig, dass von jeder Gesamt- Jugend- und Auszubildendenvertretung ein Beschluss darüber gefasst wird, ob eine Konzern- Jugend- und Auszubildendenvertretung entstehen soll. Zu diesem Beschluss seid Ihr verpflichtet. Solltet Ihr keinen Beschluss fassen, handelt ihr pflichtwidrig. Bitte teilt uns Euren Beschluss bis zum Datum mit. Um die gute Zusammenarbeit zu fördern, empfehlen wir Euch Euren Beschluss ebenfalls den anderen Gesamt- Jugend- und Auszubildendenvertretungen mitzuteilen.

Gesamt-JAV des herrschenden Unternehmens: Einladung zur konstituierenden Sitzung der Konzern-JAV 3

Vorbemerkung
Die Gesamt- JAV des herrschenden Unternehmens ist grundsätzlich zuständig für die Einladung zur konstituierenden Sitzung der Konzern- Jugend- und Auszubildendenvertretung gemäß § 73b Abs. 2 i.V.m. § 59 Abs. 2 BetrVG.
Sie lädt die entsandten Mitglieder der einzelnen Gesamt- Jugend- und Auszubildendenvertretungen zur ersten Sitzung der Konzern- Jugend- und Auszubildendenvertretung ein. Besteht eine solche Gesamt- Jugend- und Auszubildendenvertretung beim herrschenden Unternehmen nicht, übernimmt diese Aufgabe die Gesamt- Jugend- und Auszubildendenvertretung desjenigen Konzernunternehmens, das nach der Zahl der Arbeitnehmer:innen größten Konzernunternehmens. Falls auch eine solche nicht besteht, wird die Einladung von derjenigen Gesamt- Jugend- und Auszubildendenvertretung des Konzernunternehmens mit den meisten wahlberechtigten Arbeitnehmer:innen im Sinne des § 60 Abs. 1 BetrVG (vertiefend: DKW-*Dornberger*, § 73a Rn. 18) ausgesprochen. Eingeladen werden alle ordnungsgemäß entsandten Mitglieder und Ersatzmitglieder der Gesamt-Jugend- und Auszubildendenvertretungen.

Gesamt-Jugend- und Auszubildendenvertretung des herrschenden Unternehmens
Ort, Datum
der Firmenbezeichnung, Adresse
Vorsitzender Name

An die
Gesamt-Jugend- und Auszubildendenvertretung Ort,
der Firmenbezeichnung, Adresse
Entsandtes Mitglied Name / Ersatzmitglied Name

Einladung zur konstituierenden Sitzung der Konzern-Jugend- und Auszubildendenvertretung
Liebe Kolleg:innen der Gesamt-Jugend- und Auszubildendenvertretung Ort,
hiermit laden wir Euch als ordnungsgemäß entsandtes Mitglied und Ersatzmitglied zur konstituierenden Sitzung der Konzern- Jugend- und Auszubildendenvertretung unseres Konzerns ein.
Termin: Datum
Uhrzeit: Beginn – voraussichtliches Ende
Ort: Ort /Raum
Tagesordnung:
1. Begrüßung und Eröffnung der Sitzung
2. Benennung der Schriftführung
3. Feststellung der ordnungsgemäßen Einladung und Beschlussfähigkeit
4. Vorstellungsrunde
5. Wahl der/des Vorsitzenden der Konzern-JAV
6. Wahl der/des stellvertretenden Vorsitzenden der Konzern-JAV
7. Abstimmung über Geschäftsordnung (sofern gewünscht)
8. Festlegung eines Kommunikationsweges
9. Festlegung regelmäßiger Sitzungstermine
10. Verschiedenes

Wir freuen uns auf Eure Teilnahme und eine gute Zusammenarbeit!

4 Konzern-JAV: Mitteilung an die Belegschaft nach Errichtung einer Konzern- Jugend- und Auszubildendenvertretung

Konzern- Jugend- und Auszubildendenvertretung Ort, Datum
der Firmenbezeichnung, Adresse
Vorsitzende:r Name

An die Belegschaft
der Firmenbezeichnung
im Hause / ggf. abweichende Unternehmensadresse Adresse

Errichtung einer Konzern- Jugend- und Auszubildendenvertretung

Liebe Kolleginnen und Kollegen,
wir freuen uns, Euch darüber zu informieren, dass sich am Datum die **Konzernjugend- und Auszubildendenvertretung (KJAV)** der Name des Konzerns konstituiert hat.
Die KJAV wurde gemäß § 73a BetrVG errichtet, weil in mehreren Unternehmen unseres Konzerns Gesamtjugend- und Auszubildendenvertretungen bestehen. Sie setzt sich aus Delegierten dieser Gremien zusammen und vertritt künftig konzernweit die Interessen aller Auszubildenden und jugendlichen Beschäftigten.

Wer wir sind:
Die KJAV besteht derzeit aus folgenden Mitgliedern:
Name, Unternehmen/Standort – Vorsitzende*r
Name, Unternehmen/Standort – Stellvertretung
Name, Unternehmen/Standort
Weitere Namen einfügen
Was wir tun:
Unsere Aufgaben umfassen u.a.:

- die Interessenvertretung aller Auszubildenden und Jugendlichen auf Konzernebene,
- die Förderung einheitlicher und qualitativ hochwertiger Ausbildungsstandards,
- den Einsatz für faire Übernahmechancen nach der Ausbildung,
- die Unterstützung und Vernetzung der betrieblichen und überbetrieblichen JAVen.

Wie Ihr uns erreicht:
Ihr habt Fragen, Anregungen oder möchtet Themen ansprechen, die Euch betreffen? Dann schreibt uns gerne per E-Mail an: KJAV-Kontaktadresse
Weitere Informationen erhaltet Ihr auch bald über das Intranet.
Wir freuen uns auf den Austausch mit Euch und auf eine starke gemeinsame Stimme für Ausbildung und Mitbestimmung im Konzern!

§ 73b Geschäftsführung und Geltung sonstiger Vorschriften

(1) Die Konzern-Jugend- und Auszubildendenvertretung kann nach Verständigung des Konzernbetriebsrats Sitzungen abhalten. An den Sitzungen kann der Vorsitzende oder ein beauftragtes Mitglied des Konzernbetriebsrats teilnehmen.
(2) Für die Konzern-Jugend- und Auszubildendenvertretung gelten § 25 Abs. 1, die §§ 26, 28 Abs. 1 Satz 1, die §§ 30, 31, 34, 36, 37 Abs. 1 bis 3, die §§ 40, 41, 51 Abs. 3 bis 5, die §§ 56, 57, 58, 59 Abs. 2 und die §§ 66 bis 68 entsprechend.

Inhaltsübersicht Rn.

Einleitung

1 § 73b BetrVG regelt die Geschäftsführung der Konzern- Jugend- und Auszubildendenvertretung. Die Vorschrift entspricht der des § 73 BetrVG zur Geschäftsordnung der Gesamt-Jugend- und Auszubildendenvertretung und des § 59 Abs. 1 BetrVG zur Geschäftsordnung des Konzernbetriebsrats. Die Konzern- Jugend- und Auszubildendenvertretung hat den Konzernbetriebsrat über die Sitzungen zu informieren und einzuladen; ein:e Vertreter:in der Gewerkschaft kann ebenfalls eingeladen werden: zu beiden siehe Formulare zu § 73 BetrVG vgl. Gesamt- Jugend- und Auszubildendenvertretung. Den Konzernbegriff regelt § 54 Abs. 1 BetrVG zur Errichtung des Konzernbetriebsrats. Zu den Besonderheiten der Geschäftsordnung der Konzern-Jugend- und Auszubildendenvertretung vgl. DKW-*Dornberger*, § 73b Rn. 1ff.

Vierter Teil
Mitwirkung und Mitbestimmung der Arbeitnehmer

Erster Abschnitt
Allgemeines

§ 74 Grundsätze für die Zusammenarbeit

(1) Arbeitgeber und Betriebsrat sollen mindestens einmal im Monat zu einer Besprechung zusammentreten. Sie haben über strittige Fragen mit dem ernsten Willen zur Einigung zu verhandeln und Vorschläge für die Beilegung von Meinungsverschiedenheiten zu machen.

(2) Maßnahmen des Arbeitskampfes zwischen Arbeitgeber und Betriebsrat sind unzulässig; Arbeitskämpfe tariffähiger Parteien werden hierdurch nicht berührt. Arbeitgeber und Betriebsrat haben Betätigungen zu unterlassen, durch die der Arbeitsablauf oder der Frieden des Betriebs beeinträchtigt werden. Sie haben jede parteipolitische Betätigung im Betrieb zu unterlassen; die Behandlung von Angelegenheiten tarifpolitischer, sozialpolitischer, umweltpolitischer und wirtschaftlicher Art, die den Betrieb oder seine Arbeitnehmer unmittelbar betreffen, wird hierdurch nicht berührt.

(3) Arbeitnehmer, die im Rahmen dieses Gesetzes Aufgaben übernehmen, werden hierdurch in der Betätigung für ihre Gewerkschaft auch im Betrieb nicht beschränkt.

Inhaltsübersicht Rn.

I. Einleitung

1 Die Vorschrift enthält Grundsätze über die Zusammenarbeit zwischen Arbeitgeber und Betriebsrat. Sie sieht in Abs. 1 vor, dass Arbeitgeber und Betriebsrat zu regelmäßigen monatlichen Besprechungen zusammentreten sollen. Außerdem werden sie verpflichtet, über strittige Fragen mit dem ersten Willen zur Einigung zu verhandeln und Vorschläge für die Beilegung von Meinungsverschiedenheiten zu machen. Neben den hier geregelten Grundsätzen wird auch in anderen Vorschriften des Gesetzes (z. B. §§ 2, 75 BetrVG) bestimmt, was Arbeitgeber und Betriebsrat im Rahmen ihrer Zusammenarbeit zu beachten haben. In Abs. 3 wird insbes. klargestellt, dass die Mitglieder des Betriebsrats als auch alle

anderen Arbeitnehmer, die betriebsverfassungsrechtliche Funktionen ausüben, in ihrer gewerkschaftlichen Betätigung im Betrieb nicht eingeschränkt sind. Im Zusammenhang mit dem in Abs. 2 Satz 1 enthaltenen Verbot des Arbeitskampfes zwischen Betriebsrat und Arbeitgeber wird ebenfalls klargestellt, dass Arbeitskämpfe tariffähiger Parteien von diesem Verbot nicht berührt werden.

II. Arbeitshilfen

1. Checkliste

Stellung des Betriebsrats in der Tarifrunde im Arbeitskampf 2

- Das betriebsverfassungsrechtliche Arbeitskampfverbot bezieht sich nur auf Maßnahmen des Arbeitskampfs zwischen Arbeitgeber und Betriebsrat. Arbeitskampfmaßnahmen tariffähiger Parteien (Gewerkschaft, Arbeitgeberverband, Arbeitgeber) werden davon nicht erfasst (§ 74 Abs. 2 Satz 1 BetrVG).
- Während Arbeitskämpfen tariffähiger Parteien
  - bleibt der Betriebsrat im Amt und ist uneingeschränkt funktionsfähig,
  - hat der Betriebsrat zur Erledigung der Betriebsratsarbeit ein Zugangsrecht zum Betrieb, zum Betriebsratsbüro und zu den Arbeitsplätzen,
  - kann der Betriebsrat Betriebsratssitzungen und Betriebsversammlungen durchführen,
  - ist der Betriebsrat vom Arbeitgeber in mitbestimmungspflichtigen Angelegenheiten, die nicht arbeitskampfbedingt sind, uneingeschränkt zu beteiligen,
  - ist der Betriebsrat vom Arbeitgeber in mitbestimmungspflichtigen Angelegenheiten, die arbeitskampfbedingt sind, vor Durchführung der Maßnahmen zu informieren,
  - ist der Betriebsrat zur Vereinbarung von Notdienstarbeiten nicht zuständig.
- Der Betriebsrat ist befugt, Angelegenheiten tarifpolitischer Art im Betrieb und auf der Betriebsversammlung zu behandeln, die den Betrieb oder seine Arbeitnehmer unmittelbar betreffen (§ 74 Abs. 2 Satz 2 2. Halbsatz i. V. m. § 45 Abs. 1 BetrVG).
- Die Mitglieder des Betriebsrats dürfen sich in ihrer Eigenschaft als Arbeitnehmer und Gewerkschaftsmitglied an Arbeitskämpfen tariffähiger Parteien aktiv und auch an hervorragender Stelle beteiligen (vgl. § 74 Abs. 2 Satz 1 2. Halbsatz, Abs. 3 BetrVG).

Hinweis:
Zu den Einzelheiten vgl. DKW-*Berg*, § 74 Rn. 16ff.

2. Musterschreiben

Betriebsrat: an Arbeitgeber wegen Stellung des Betriebsrats im Arbeitskampf 3

Betriebsrat der Firma Firmenbezeichnung, Adresse Ort, Datum
Betriebsratsvorsitzender Name

An die
Geschäftsführung der
Firmenbezeichnung
im Hause

Stellung des Betriebsrats im Arbeitskampf
Sehr geehrte Damen und Herren,
wie auch Ihnen bekannt ist, sind die Tarifverhandlungen gescheitert und es ist zu erwarten, dass auch Arbeitnehmer unseres Betriebs von der Gewerkschaft Bezeichnung zum Streik aufgerufen werden (alternativ: hat die Gewerkschaft Bezeichnung die Arbeitnehmer auch unseres Betriebs zum Streik aufgerufen).

Aus gegebenem Anlass bitten wir Sie für die Zeit des Tarifkonflikts zu berücksichtigen, dass der Betriebsrat auch im Arbeitskampf uneingeschränkt funktionsfähig bleibt.
Dies gilt unabhängig von der Frage, ob sich alle oder einzelne Mitglieder des Betriebsrats als Arbeitnehmer und Gewerkschaftsmitglied selbst aktiv am Streik beteiligen.
Im Einzelnen bedeutet dies:

- Der/die Betriebsratsvorsitzende und sein/e/ihre Stellvertreter:in sind über die üblichen Kommunikationswege jederzeit für Sie erreichbar (ggf. bitten wir Sie um Nutzung der Kommunikationsmöglichkeiten über die Mobiltelefone). Das gilt insbesondere bei eventuell von Ihnen während der Zeit des Streiks geplanten Informations- und/oder mitbestimmungspflichtigen Maßnahmen.
- Der Betriebsrat hat auch während des Streiks ein Zugangsrecht zum Betrieb, zum Betriebsratsbüro und zu den Arbeitsplätzen. Er kann bei Bedarf Betriebsratssitzungen und im Rahmen der gesetzlichen Vorgaben Betriebsversammlungen durchführen.
- Wir gehen davon aus, dass es Ihrerseits nicht beabsichtigt ist, in irgendeiner Form Streikbrucharbeit zu organisieren. Rein vorsorglich weisen wir darauf hin, dass die Mitbestimmungsrechte des Betriebsrats im Arbeitskampf nach höchstrichterlicher Rechtsprechung nur eingeschränkt sind, wenn der Arbeitgeber arbeitskampfbedingte Maßnahmen durchführt. Die auf die Mitbestimmungsrechte bezogenen Informationsrechte des Betriebsrats sind jedenfalls auch während des Streiks uneingeschränkt zu beachten. Der Betriebsrat ist gem. §§ 80, 87 und 99 BetrVG vom Arbeitgeber auch vor der Durchführung arbeitskampfbedingter Maßnahmen darüber zu unterrichten, welche Überstunden, Schichtverschiebungen, Einstellungen und Beschäftigung von Arbeitnehmern fremder Unternehmen beabsichtigt sind (BAG 13.12.2011, NZA 12, 571; 10.12.2002, DB 03, 2072).
- Sofern Sie die Vereinbarung von Notdienstarbeiten für erforderlich halten, bitten wir Sie um Kontaktaufnahme mit der/dem Ihnen bekannten Frau/Herrn Name von der Gewerkschaft Bezeichnung. Der Betriebsrat ist dafür nicht zuständig und nicht befugt, in seinem Namen entsprechende Verhandlungen zu führen und Vereinbarungen abzuschließen.

Für Rückfragen stehen wir Ihnen jederzeit zur Verfügung.

4 **Betriebsrat: an Arbeitnehmer wegen Ableistung von Streikbrucharbeiten**

Betriebsrat der Firma Firmenbezeichnung, Adresse) Ort, Datum
Betriebsratsvorsitzender Name

An die
Beschäftigten
der Firmenbezeichnung

Aufforderung zur Ableistung von Streikbrucharbeiten in anderen Betrieben des Unternehmens

Liebe Kolleginnen und Kollegen,
die Gewerkschaft Bezeichnung führt zur Durchsetzung eines neuen Tarifvertrags nach Scheitern der Tarifverhandlungen bekanntlich Arbeitskampfmaßnahmen durch. Von diesen Arbeitskampfmaßnahmen sind auch verschiedene Betriebe unseres Unternehmens betroffen. Es ist möglich, dass Arbeitnehmer unseres Betriebs zur Arbeitsleistung in bestreikten Betrieben aufgefordert werden, um dort den Betrieb trotz des Streiks aufrecht zu erhalten.
Dazu stellt der Betriebsrat folgendes fest:

1. Kein Arbeitnehmer ist verpflichtet, in bestreikten Betrieben unseres Unternehmens Streikbrucharbeiten zu verrichten.
2. Wenn unser Arbeitgeber derartige Maßnahmen plant, sind unter verschiedenen Gesichtspunkten die Informations- und Mitbestimmungsrechte des Betriebsrats nach dem Be-

triebsverfassungsgesetz zu beachten. Bisher liegen dem Betriebsrat weder Anträge auf Genehmigung von Versetzungen noch zur Ableistung von Mehrarbeit vor. Insofern wären entsprechende einseitige Anordnungen unseres Arbeitgebers schon wegen Verletzung der Informations- und Mitbestimmungsrechte des Betriebsrats unter Umständen rechtswidrig und unbeachtlich.

3. Sollten Vorgesetzte Sie zur Arbeitsaufnahme in bestreikten Betrieben unseres Unternehmens auffordern, informieren Sie bitte unverzüglich den Betriebsrat, damit dieser die Angelegenheit prüfen und entsprechende Gespräche mit dem Arbeitgeber aufnehmen kann.

Betriebsrat: an Arbeitgeber wegen streikbedingter Mehrarbeit bzw. Versetzungen 5

Betriebsrat der Firma Firmenbezeichnung, Adresse Ort, Datum
Betriebsratsvorsitzender Name

An die
Geschäftsführung der
Firmenbezeichnung
im Hause

Anordnung von Mehrarbeit und Vornahme von Versetzungen ohne Beachtung der Mitbestimmungsrechte des Betriebsrats

Sehr geehrte Damen und Herren,

uns ist bekannt geworden, dass in einigen Betrieben unseres Unternehmens kurzfristige Versetzungen von Arbeitnehmern in andere Betriebe vorgenommen wurden, weil dort im Rahmen der laufenden Tarifrunde Streikmaßnahmen durchgeführt wurden oder Streikmaßnahmen bevorstanden. Die jeweils zuständigen Betriebsräte wurden nicht informiert. Auch soll in mehreren Fällen Mehrarbeit ohne vorherige Information des Betriebsrats angeordnet worden sein.

Der guten Ordnung halber bitten wir Sie, uns für unseren Betrieb zu bestätigen, dass Sie

1. bei Versetzungen von Beschäftigten unseres Betriebs in andere Betriebe, auch wenn dies nur tageweise erfolgen sollte, vorher den Betriebsrat informieren werden und
2. jede Anordnung von Mehrarbeit so lange unterlassen, bis wir ordnungsgemäß über derartige Maßnahmen informiert wurden.

Wir bitten Sie, uns Ihre Erklärung bis spätestens zum Datum zukommen zu lassen.

> **Hinweis:**
> Zu der die Mitbestimmungsrechte des Betriebsrats einschränkenden Rechtsprechung des BAG siehe aber DKW-*Berg*, § 74 Rn. 34 ff., 36 f.

Betriebsrat: an Arbeitgeber zur Zulässigkeit der Information über tarifpolitische Angelegenheiten 6

Betriebsrat der Firma Firmenbezeichnung, Adresse Ort, Datum
Betriebsratsvorsitzender Name

An die
Geschäftsführung der
Firmenbezeichnung
im Hause

Information durch den Betriebsrat über tarifpolitische Angelegenheiten
Ihr Schreiben vom Datum
Sehr geehrte Damen und Herren,
in Ihrem oben genannten Schreiben teilen Sie dem Betriebsrat Ihre Rechtsauffassung mit, dieser sei nicht berechtigt, die Belegschaft über den aktuellen Stand der laufenden Tarifrunde zu unterrichten. Der Betriebsrat sei zur Neutralität verpflichtet und verstoße gegen seine betriebsverfassungsrechtlichen Pflichten, wenn er z. B. über den Stand der Tarifverhandlungen informiere.
Wir müssen Ihre Auffassung zurückweisen, denn der Betriebsrat ist nach dem Betriebsverfassungsgesetz berechtigt, Angelegenheiten tarifpolitischer Art im Betrieb und auf Betriebsversammlungen zu behandeln, die den Betrieb oder seine Arbeitnehmer unmittelbar betreffen (§ 74 Abs. 2 Satz 2 2. Halbsatz i. V. m. § 45 Abs. 1 BetrVG). Dies schließt auch ein, dass der Betriebsrat über die Tarifforderungen der Tarifvertragsparteien, den Verlauf der Tarifrunde und den Stand der Tarifverhandlungen informiert.
Ihre Kritik am Betriebsrat ist im Übrigen schon deshalb nicht nachvollziehbar, weil durch die Geschäftsführung alle aktuellen Rundschreiben und Pressemitteilungen des Arbeitgeberverbands über das Intranet allen Unternehmensangehörigen bekannt gemacht werden.

3. Mustervereinbarung

7 **Regelungsabrede zwischen Betriebsrat und Arbeitgeber wegen Zusammenarbeit**

Zwischen
dem Betriebsrat der Firmenbezeichnung GmbH, vertreten durch den Betriebsratsvorsitzenden Name
und
der Firmenbezeichnung GmbH, vertreten durch den Geschäftsführer Name,
wird folgende Regelungsabrede vereinbart:

1. Zur Verbesserung der Zusammenarbeit und Kommunikation und effektiveren Verfolgung gemeinsamer Vorhaben und Projekte finden am 1. Montag jeden Monats gemeinsame Besprechungen von Vertretern der Arbeitgeber- und Betriebsratsseite statt.
2. Die Besprechungen beginnen in der Regel um Uhr und sind auf eine Dauer von Stunden begrenzt.
3. Für den Betriebsrat wird der Betriebsratsausschuss an den Besprechungen teilnehmen, für den Arbeitgeber der Geschäftsführer, die Bereichsleiterin Personal und die Bereichsleiter der Bereiche und .
   Sofern Tarifangelegenheiten auf der Tagesordnung stehen, werden Vertreter der Tarifvertragsparteien hinzugezogen.
   Die Teilnahme weiterer Personen ist im Einvernehmen zwischen Arbeitgeber und Betriebsrat möglich.
4. Die Tagesordnung wird spätestens am Mittwoch der vorhergehenden Woche zwischen Geschäftsführer und Betriebsratsvorsitzendem abgestimmt.
5. Sofern erforderlich, wird außerdem festgelegt, welche Personen für die Vorbereitung der einzelnen Tagesordnungspunkte verantwortlich sind.
6. In der Gesprächsleitung und der Protokollführung wechseln sich beide Seiten regelmäßig ab.
7. Alle zwischen Arbeitgeber und Betriebsrat vereinbarten Aufträge, Vorhaben und Projekte werden in einer fortlaufend zu aktualisierenden Bearbeitungsliste geführt. Verantwortlich ist der jeweilige Protokollant. Der aktuelle Bearbeitungsstand ist regelmäßig Gegenstand der monatlichen Besprechungen.
8. Nach einer Erprobungsphase von sechs Monaten wird diese Vereinbarung bei Bedarf einvernehmlich angepasst. Unabhängig davon kann sie nach Ablauf von sechs Monaten mit einer Frist von drei Monaten gekündigt werden.

Hinweis:
Zum Rechtscharakter und Anwendungsbereich von Regelungsabreden vgl. DKW-*Berg*, § 77 Rn. 161ff.; zu den monatlichen Besprechungen vgl. DKW-*Berg*, § 74 Rn. 4ff.

§ 75 Grundsätze für die Behandlung der Betriebsangehörigen

(1) Arbeitgeber und Betriebsrat haben darüber zu wachen, dass alle im Betrieb tätigen Personen nach den Grundsätzen von Recht und Billigkeit behandelt werden, insbesondere, dass jede Benachteiligung von Personen aus Gründen ihrer Rasse oder wegen ihrer ethnischen Herkunft, ihrer Abstammung oder sonstigen Herkunft, ihrer Nationalität, ihrer Religion oder Weltanschauung, ihrer Behinderung, ihres Alters, ihrer politischen oder gewerkschaftlichen Betätigung oder Einstellung oder wegen ihres Geschlechts oder ihrer sexuellen Identität unterbleibt.
(2) Arbeitgeber und Betriebsrat haben die freie Entfaltung der Persönlichkeit der im Betrieb beschäftigten Arbeitnehmer zu schützen und zu fördern. Sie haben die Selbständigkeit und Eigeninitiative der Arbeitnehmer und Arbeitsgruppen zu fördern.

Inhaltsübersicht Rn.

Einleitung

Im Rahmen der in § 75 festgelegten Grundsätze für die Behandlung der Betriebsangehörigen sind von den Betriebsparteien insbesondere die Diskriminierungsverbote des Abs. 1 zu beachten und gem. Abs. 2 die freie Entfaltung der Persönlichkeit, die Selbstständigkeit und die Eigeninitiative der im Betrieb beschäftigten AN zu schützen und zu fördern (vgl. dazu DKW-*Berg*, § 75 Rn. 20ff. und 114ff.). 1
Die Wahrnehmung dieser Aufgaben ist u. a. durch die Vereinbarung entsprechender Verhaltensregeln und Schutzbestimmungen zugunsten der AN zu realisieren. In diesem Zusammenhang wird auf die bei § 87 abgedruckten Arbeitshilfen bzw. BV-Texte verwiesen, insbesondere zu folgenden Regelungsgegenständen:

- Arbeitsordnung (§ 87 Rn. 4),
- Dienstkleidung/Namensschilder (§ 87 Rn. 5),
- Alkohol- und Drogenverbot (§ 87 Rn. 6),
- Benachteiligung, Mobbing und sexuelle Belästigung (§ 87 Rn. 7),
- Tor-, Taschen- und Schrankkontrollen (§ 87 Rn. 8),
- Nichtraucherschutz (§ 87 Rn. 11 a) und
- Anwendungsprobleme von DV-Systemen im Betrieb/technische Überwachungssysteme (§ 87 Rn. 29 -39).

Fühlen sich AN vom AG oder anderen AN des Betriebs benachteiligt, ungerecht behandelt oder in sonstiger Art und Weise beeinträchtigt, können sie sich im Rahmen des betriebverfassungsrechtlichen Beschwerdeverfahrens gem. § 84ff. BetrVG an den Betriebsrat wenden und/oder von ihrem Beschwerderecht gemäß § 12 AGG Gebrauch machen. Hierzu wird auf die Arbeitshilfen zu den §§ 84–86, Rn. 1ff, und die Mustervereinbarungen für einen TV/eine BV über die Beschwerdeverfahen nach dem BetrVG bzw. dem AGG, §§ 84–86, Rn. 14f., verwiesen.

§ 76 Einigungsstelle

(1) Zur Beilegung von Meinungsverschiedenheiten zwischen Arbeitgeber und Betriebsrat, Gesamtbetriebsrat oder Konzernbetriebsrat ist bei Bedarf eine Einigungsstelle zu bilden. Durch Betriebsvereinbarung kann eine ständige Einigungsstelle errichtet werden.

(2) Die Einigungsstelle besteht aus einer gleichen Anzahl von Beisitzern, die vom Arbeitgeber und Betriebsrat bestellt werden, und einem unparteiischen Vorsitzenden, auf dessen Person sich beide Seiten einigen müssen. Kommt eine Einigung über die Person des Vorsitzenden nicht zustande, so bestellt ihn das Arbeitsgericht. Dieses entscheidet auch, wenn kein Einverständnis über die Zahl der Beisitzer erzielt wird.

(3) Die Einigungsstelle hat unverzüglich tätig zu werden. Sie fasst ihre Beschlüsse nach mündlicher Beratung mit Stimmenmehrheit. Bei der Beschlussfassung hat sich der Vorsitzende zunächst der Stimme zu enthalten; kommt eine Stimmenmehrheit nicht zustande, so nimmt der Vorsitzende nach weiterer Beratung an der erneuten Beschlussfassung teil. Die Beschlüsse der Einigungsstelle sind schriftlich niederzulegen und vom Vorsitzenden zu unterschreiben oder in elektronischer Form niederzulegen und vom Vorsitzenden mit seiner qualifizierten elektronischen Signatur zu versehen sowie Arbeitgeber und Betriebsrat zuzuleiten.

(4) Durch Betriebsvereinbarung können weitere Einzelheiten des Verfahrens vor der Einigungsstelle geregelt werden.

(5) In den Fällen, in denen der Spruch der Einigungsstelle die Einigung zwischen Arbeitgeber und Betriebsrat ersetzt, wird die Einigungsstelle auf Antrag einer Seite tätig. Benennt eine Seite keine Mitglieder oder bleiben die von einer Seite genannten Mitglieder trotz rechtzeitiger Einladung der Sitzung fern, so entscheiden der Vorsitzende und die erschienenen Mitglieder nach Maßgabe des Absatzes 3 allein. Die Einigungsstelle fasst ihre Beschlüsse unter angemessener Berücksichtigung der Belange des Betriebs und der betroffenen Arbeitnehmer nach billigem Ermessen. Die Überschreitung der Grenzen des Ermessens kann durch den Arbeitgeber oder den Betriebsrat nur binnen einer Frist von zwei Wochen, vom Tage der Zuleitung des Beschlusses an gerechnet, beim Arbeitsgericht geltend gemacht werden.

(6) Im Übrigen wird die Einigungsstelle nur tätig, wenn beide Seiten es beantragen oder mit ihrem Tätigwerden einverstanden sind. In diesen Fällen ersetzt ihr Spruch die Einigung zwischen Arbeitgeber und Betriebsrat nur, wenn beide Seiten sich dem Spruch im Voraus unterworfen oder ihn nachträglich angenommen haben.

(7) Soweit nach anderen Vorschriften der Rechtsweg gegeben ist, wird er durch den Spruch der Einigungsstelle nicht ausgeschlossen.

(8) Durch Tarifvertrag kann bestimmt werden, dass an die Stelle der in Absatz 1 bezeichneten Einigungsstelle eine tarifliche Schlichtungsstelle tritt.

§ 76a Kosten der Einigungsstelle

(1) Die Kosten der Einigungsstelle trägt der Arbeitgeber.

(2) Die Beisitzer der Einigungsstelle, die dem Betrieb angehören, erhalten für ihre Tätigkeit keine Vergütung; § 37 Abs. 2 und 3 gilt entsprechend. Ist die Einigungsstelle zur Beilegung von Meinungsverschiedenheiten zwischen Arbeitgeber und Gesamtbetriebsrat oder Konzernbetriebsrat zu bilden, so gilt Satz 1 für die einem Betrieb des Unternehmens oder eines Konzernunternehmens angehörenden Beisitzer entsprechend.

(3) Der Vorsitzende und die Beisitzer der Einigungsstelle, die nicht zu den in Absatz 2 genannten Personen zählen, haben gegenüber dem Arbeitgeber Anspruch auf Vergütung ihrer Tätigkeit. Die Höhe der Vergütung richtet sich nach den Grundsätzen des Absatzes 4 Satz 3 bis 5.

(4) Das Bundesministerium für Arbeit und Soziales kann durch Rechtsverordnung die Vergütung nach Absatz 3 regeln. In der Vergütungsordnung sind Höchstsätze festzusetzen. Dabei sind insbesondere der erforderliche Zeitaufwand, die Schwierigkeit der Streitigkeit sowie ein Verdienstausfall zu berücksichtigen. Die Vergütung der Beisitzer ist niedriger zu bemessen als die des Vorsitzenden. Bei der Festsetzung der Höchstsätze ist den berechtigten Interessen der Mitglieder der Einigungsstelle und des Arbeitgebers Rechnung zu tragen.

(5) Von Absatz 3 und einer Vergütungsordnung nach Absatz 4 kann durch Tarifvertrag oder in einer Betriebsvereinbarung, wenn ein Tarifvertrag dies zulässt oder eine tarifliche Regelung nicht besteht, abgewichen werden.

Inhaltsübersicht

I. Einleitung

1 Die betriebsverfassungsrechtliche Einigungsstelle hat als Organ der Betriebsverfassung die Aufgabe, Meinungsverschiedenheiten zwischen dem Arbeitgeber einerseits und dem Betriebsrat, dem Gesamtbetriebsrat oder dem Konzernbetriebsrat andererseits beizulegen (vgl. DKW-*Berg*, § 76 Rn. 1 ff.). Die Einigungsstelle wird im Regelfall jeweils bei Bedarf gebildet (zur Möglichkeit der Einrichtung einer ständigen Einigungsstelle vgl. DKW-*Berg*, § 76 Rn. 6 f.). Voraussetzung für das Tätigwerden der Einigungsstelle im erzwingbaren Einigungsstellenverfahren ist ihre Zuständigkeit (vgl. DKW-*Berg*, § 76 Rn. 61 ff. und Checkliste Rn. 5) und das Scheitern der Verhandlungen zwischen den Betriebsparteien (vgl. DKW-*Berg*, § 76 Rn. 5, 68 ff.). Die Durchführung eines freiwilligen Einigungsstellenverfahrens setzt die einvernehmliche Anrufung der Einigungsstelle durch die Betriebsparteien voraus (vgl. DKW-*Berg*, § 76 Rn. 10 ff.). Die vom AG zu tragenden Kosten des Einigungsstellenverfahrens sind in § 76a geregelt.

II. Arbeitshilfen

1. Schaubilder

2 **Anrufung der Einigungsstelle (Schaubild)**

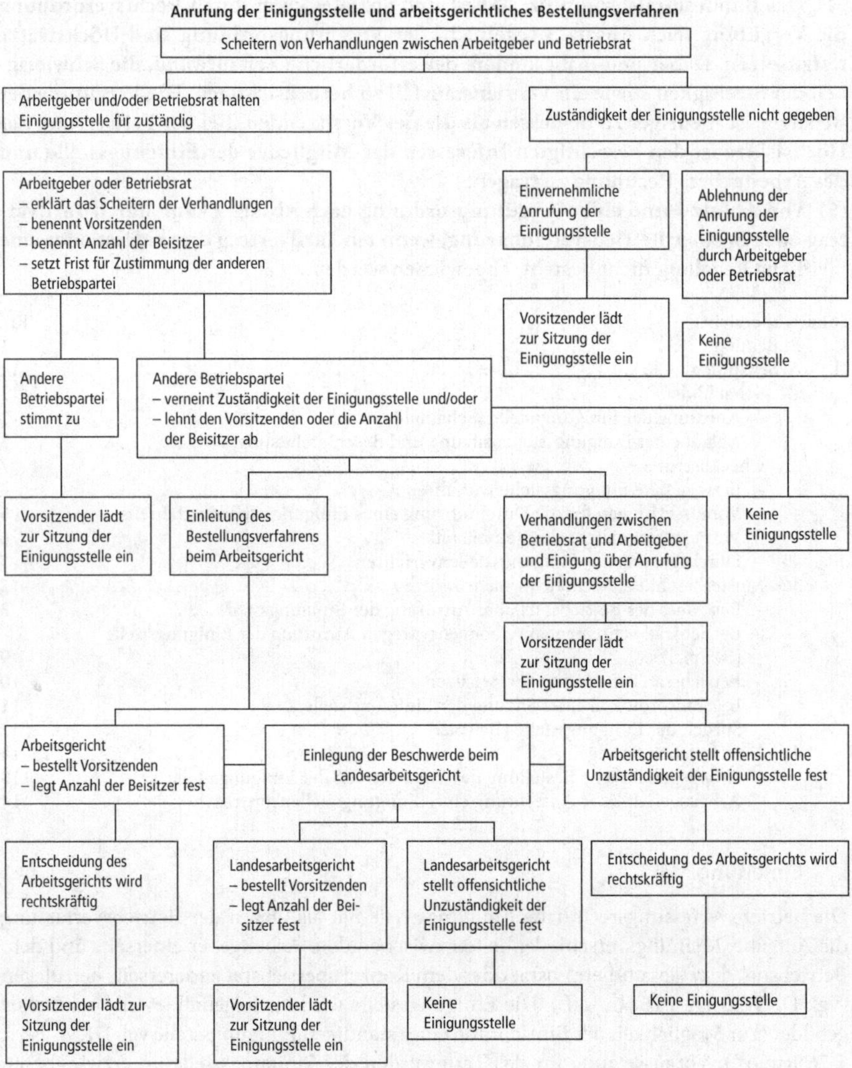

Ablauf einer Einigungsstellensitzung und Beschlussfassung 3

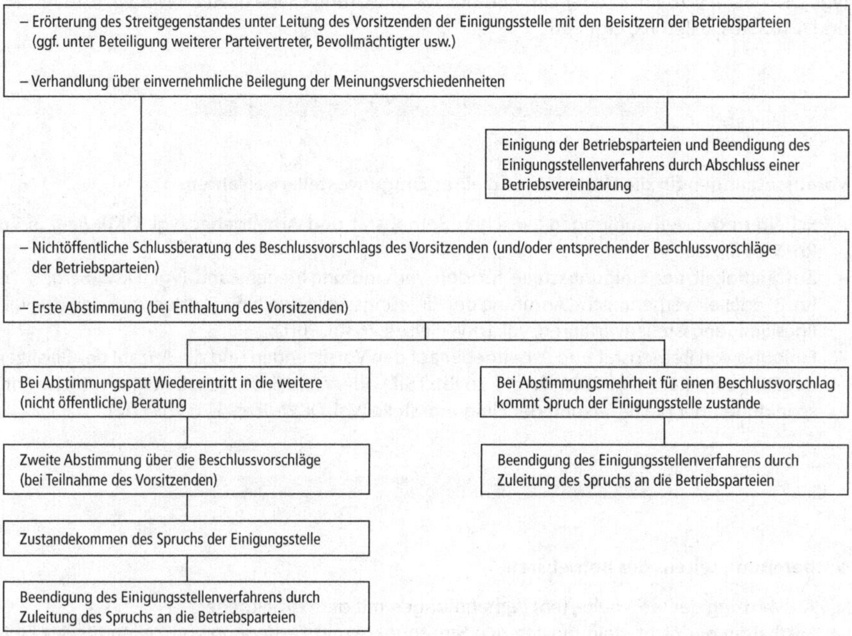

2. Checklisten

Erzwingbare Einigungsstellenverfahren 4

Im erzwingbaren Einigungsstellenverfahren ist die Einigungsstelle in allen im BetrVG ausdrücklich geregelten Fällen zuständig:
§ 37 Abs. 6 und 7 Schulungs- und Bildungsveranstaltungen für BR-Mitglieder;
§ 38 Abs. 2 Freistellung von BR-Mitgliedern;
§ 39 Abs. 1 Zeit und Ort der Sprechstunden des BR;
§ 47 Abs. 6 Herabsetzung der Zahl der GBR-Mitglieder;
§ 55 Abs. 4 Herabsetzung der Zahl der KBR-Mitglieder;
§ 65 Abs. 1 Schulungs- und Bildungsveranstaltungen für JAV;
§ 69 Zeit und Ort der Sprechstunden der JAV;
§ 72 Abs. 6 Herabsetzung der Zahl der Gesamt-Jugend- und Auszubildendenvertretung;
§ 85 Abs. 2 Berechtigung der Beschwerde eines AN;
§ 87 Abs. 2 Mitbestimmung in sozialen Angelegenheiten;
§ 91 Maßnahmen bei Änderungen von Arbeitsablauf und Arbeitsumgebung;
§ 94 Abs. 1 und 2 Personalfragebogen, persönliche Angaben in Arbeitsverträgen und Aufstellung allgemeiner Beurteilungsgrundsätze;
§ 95 Abs. 1 und 2 Ausführung von Auswahlrichtlinien und deren Inhalt;
§ 97 Abs. 2 Einführung von Maßnahmen betrieblicher Berufsbildung, Tätigkeits- und Anforderungsänderungen;
§ 98 Abs. 4 Durchführung von betrieblichen Bildungsmaßnahmen;
§ 109 Auskunfterteilung in wirtschaftlichen Angelegenheiten;
§ 112 Abs. 4 Aufstellung eines Sozialplans;
§ 116 Abs. 3
Nrn. 2, 4 und 8 Fragen, die den See-BR betreffen.

Eine darüberhinausgehende Zuständigkeit der Einigungsstelle kann sich aus einem Tarifvertrag (vgl. DKW-*Berg*, § 76 Rn. 8) oder einer Betriebsvereinbarung (siehe dazu DKW-*Berg*, § 76 Rn. 13, und § 102 Abs. 6 BetrVG) ergeben.

5 **Voraussetzungen für die Durchführung eines Einigungsstellenverfahrens**

- Scheitern der Verhandlungen zwischen Betriebsrat und Arbeitgeber (vgl. DKW-*Berg*, § 76 Rn. 5, 68ff.);
- Zuständigkeit der Einigungsstelle für den Verhandlungsgegenstand (vgl. DKW-*Berg*, § 76 Rn. 8) oder einvernehmliche Anrufung der Einigungsstelle durch die Betriebsparteien (freiwilliges Einigungsstellenverfahren, vgl. DKW-*Berg*, § 76 Rn. 10ff.);
- Einigung von Betriebsrat und Arbeitgeber auf den Vorsitzenden und die Anzahl der Beisitzer der Einigungsstelle (vgl. DKW-*Berg*, § 76 Rn. 15ff.) oder rechtskräftige arbeitsgerichtliche Entscheidung über die Besetzung der Einigungsstelle (vgl. DKW-*Berg*, § 76 Rn. 47ff.);

6 **Vorbereitung seitens des Betriebsrats**

- Auswertung der (gescheiterten) Verhandlungen mit dem Arbeitgeber;
- Festhalten der nicht einigungsfähigen Streitpunkte und Festlegung von Zielen für das Einigungsstellenverfahren;
- Prüfung der Zuständigkeit der Einigungsstelle (ggf. auch der Zuständigkeit von Gesamtbetriebsrat oder Konzernbetriebsrat);
- Einschätzung der Erfolgsaussichten, der Unterstützung durch die Belegschaft und der Auswirkungen auf die Zusammenarbeit mit dem Arbeitgeber;
- Informationen über geeignete Einigungsstellenvorsitzende einholen und erste Kontaktaufnahme;
- Anzahl und Auswahl der betrieblichen und externen Beisitzer klären;
- Prozessvertretung für arbeitsgerichtliches Bestellungsverfahren vorsorglich klären;
- ordnungsgemäße Beschlussfassung des Betriebsrats über die Anrufung der Einigungsstelle;
- Schreiben an Arbeitgeber wegen Anrufung der Einigungsstelle;
- bei Nichteinigung mit Arbeitgeber über Zuständigkeit der Einigungsstelle, Person des Vorsitzenden oder Anzahl der Beisitzer Beauftragung eines Prozessvertreters mit der Einleitung des arbeitsgerichtlichen Bestellungsverfahrens (bei Anrufung der Einigungsstelle durch den Arbeitgeber Zuständigkeit der Einigungsstelle und Vorschläge des Arbeitgebers für Person des Vorsitzenden und Anzahl der Beisitzer prüfen; bei Ablehnung durch den Betriebsrat vorsorglich Prozessvertreter zur Abwehr der Anträge des Arbeitgebers im arbeitsgerichtlichen Bestellungsverfahren sicher stellen);
- Information der Belegschaft über Scheitern der Verhandlungen und Anrufung der Einigungsstelle;
- Festlegung der Verantwortlichkeiten im Betriebsrat für die Vorbereitung des Einigungsstellenverfahrens;
- Übermittlung einer Darstellung des Sachverhalts, der Regelungsziele des Betriebsrats und der zwischen Betriebsrat und Arbeitgeber strittigen Fragen und aller erforderlichen Unterlagen an den Vorsitzenden der Einigungsstelle;
- Beschlussfassung des Betriebsrats über Benennung seiner Beisitzer und ggf. weiterer Vertreter des Betriebsrats und eines Bevollmächtigten;

- Beschlussfassung des Betriebsrats über eine Verhandlungs- und Abschlussvollmacht seiner Beisitzer (oder Einberufung einer Betriebsratssitzung zur gleichen Zeit und am Ort der Sitzung der Einigungsstelle);
- Abschließende Vorbesprechung der Sitzung der Einigungsstelle mit den Beisitzern des Betriebsrats (und ggf. den Bevollmächtigten) im Hinblick auf die Anträge des Betriebsrats zur Sache und zum Verfahren, die Festlegung von Kompromisslinien, der Anlage der Argumentation und der Verhandlungstaktik und der Rollenverteilung der Beteiligten auf Seiten des Betriebsrats.

Durchführung des Einigungsstellenverfahrens 7

- Prüfung der ordnungsgemäßen Anrufung bzw. Bestellung der Einigungsstelle;
- Klärung des Streitgegenstands, Anforderung vorbereitender Informationen von den Betriebsparteien;
- Klärung von Honorarfragen;
- Abstimmung des Termins der Sitzung der Einigungsstelle und des Tagungsorts mit den Betriebsparteien;
- Einladung zur Sitzung der Einigungsstelle an die Betriebsparteien, ggf. an deren Bevollmächtigte;
    - Klärungsbedürftige Fragen in Zusammenhang mit der Konstituierung der Einigungsstelle:
    - Anwesenheit der Beisitzer und Beschlussfähigkeit der Einigungsstelle;
    - Abschlussvollmacht der Beisitzer (und/oder der Bevollmächtigten der Betriebsparteien) für Betriebsvereinbarungen;
    - Teilnahmerecht weiterer Vertreter der Betriebsparteien oder sonstiger Personen;
    - Protokollführung;
    - Sitzungsablauf und -dauer;
- Darlegung des Streitgegenstands durch die Beisitzer, durch Vertreter der Betriebsparteien oder ggf. ihrer Bevollmächtigten;
- Prüfung der Erforderlichkeit der Vorlage weiterer Unterlagen oder Daten oder der Hinzuziehung von Zeugen oder Sachverständigen;
- Ausloten der Einigungsmöglichkeiten zwischen den Betriebsparteien, ggf. in getrennten Gesprächen;
- Erörterung der Zuständigkeit der Einigungsstelle, ggf. Entscheidung der Einigungsstelle durch Zwischenbeschluss;
- Erste Abstimmung über den Beschlussvorschlag des Vorsitzenden und/oder die Beschlussvorschläge der Betriebsparteien in nicht-öffentlicher Sitzung (bei Enthaltung des Vorsitzenden);
- Bei Abstimmungspatt Wiedereintritt in die Beratung;
- Zweite Abstimmung über den Beschlussvorschlag bzw. die Beschlussvorschläge (bei Teilnahme des Vorsitzenden);
- Schriftliche Niederlegung des Einigungsstellenspruchs, ggf. mit Begründung, und Zuleitung des vom Vorsitzenden unterschriebenen Einigungsstellenspruchs an die Betriebsparteien (zu den Formvorschriften s. Hinweis bei Rn. 12).

3. Musterbeschlüsse/-schreiben/-schriftsätze

Beschluss des Betriebsrats über Anrufung der Einigungsstelle 8

Beschluss zum Tagesordnungspunkt Ziffer
Thema: Verhandlungsstand Betriebsvereinbarung Leistungszulagen

1. Die Verhandlungen über den Abschluss einer Betriebsvereinbarung Leistungszulagen sind gescheitert.
2. Der Betriebsrat wird die Einigungsstelle gem. § 76 Abs. 5 BetrVG anrufen, da es sich bei der angestrebten Betriebsvereinbarung Leistungszulagen um einen mitbestimmungspflichtigen Regelungsgegenstand handelt (§ 87 Abs. 1 Nr. 10 BetrVG i.V.m. § Abs. Entgelttarifvertrag).
3. Als Vorsitzende der Einigungsstelle wird Frau Name, Richterin am Arbeitsgericht (oder Landesarbeitsgericht) Bezeichnung, vorgeschlagen.
4. Jede Betriebspartei soll für die Einigungsstelle zwei Beisitzer benennen.
5. Kollege Name, stellvertretender Betriebsratsvorsitzender, und Kollege Name, Gewerkschaftssekretär bei der Gewerkschaft Bezeichnung, sollen als Bevollmächtigte des Betriebsrats die Interessen des Betriebsrats im Einigungsstellenverfahren wahrnehmen und für diesen vortragen.
6. Den Beisitzern und Bevollmächtigten des Betriebsrats wird für die Betriebsvereinbarung Leistungszulagen Verhandlungs- und Abschlussvollmacht erteilt.
7. Für die Einleitung der erforderlichen Maßnahmen zur Anrufung der Einigungsstelle ist der Kollege Name, stellvertretender Betriebsratsvorsitzender, verantwortlich. Bei der Zusammenstellung der Informationen und Unterlagen für die Einigungsstellenvorsitzende und die weitere inhaltliche Vorbereitung des Einigungsstellenverfahrens wird er vom Arbeitskreis Entgeltfragen unterstützt.
8. Sollte der Arbeitgeber die Durchführung eines Einigungsstellenverfahrens gem. § 76 Abs. 5 BetrVG ablehnen oder innerhalb einer Äußerungsfrist von einer Woche keine Stellungnahme zum Vorschlag des Betriebsrats zur Anrufung der Einigungsstelle abgeben, wird der Betriebsrat den Rechtssekretär Name/den Rechtsanwalt Name mit der Einleitung des arbeitsgerichtlichen Bestellungsverfahrens beauftragen.

Beschlossen am Datum.
Abstimmungsergebnis:

9 **Betriebsrat: Schreiben an Arbeitgeber wegen Anrufung der Einigungsstelle (Beispiel)**

Betriebsrat der Firma Firmenbezeichnung, Adresse Ort, Datum
Betriebsratsvorsitzender Name

An die
Geschäftsführung der
Firmenbezeichnung
im Hause

Betriebsvereinbarung Leistungszulagen
Scheitern der Verhandlungen und Anrufung der Einigungsstelle

Sehr geehrte Damen und Herren,
leider war es auch in der dritten Verhandlungsrunde nicht möglich, über die im Verhandlungsprotokoll dokumentierten Streitpunkte einen tragfähigen Konsens zu erzielen. Der Betriebsrat bedauert dies sehr, zumal einige der wesentlichen Überlegungen der Geschäftsführung bei der Überarbeitung des Betriebsvereinbarungsvorschlags des Betriebsrats berücksichtigt wurden.
Nachdem von Ihnen – trotz der eindeutigen Regelung im Entgelttarifvertrag – in der dritten Verhandlungsrunde erstmals die Auffassung vertreten wurde, dem Betriebsrat stehe ein Mitbestimmungsrecht bei der Einführung von Leistungszulagen gegen den Willen des Arbeitgebers

überhaupt nicht zu, sieht sich der Betriebsrat gezwungen, die Verhandlungen für gescheitert zu erklären.
Der Betriebsrat beantragt daher für den Abschluss der Betriebsvereinbarung Leistungszulagen das Tätigwerden der Einigungsstelle gem. § 76 Abs. 5 BetrVG.
Als Vorsitzende der Einigungsstelle schlägt der Betriebsrat Frau Name, Richterin am Arbeitsgericht (oder Landesarbeitsgericht) Bezeichnung, vor.
Von jeder Seite sollen zwei Beisitzer für die Einigungsstelle benannt werden.
Sollte die Geschäftsführung die Anrufung der Einigungsstelle ablehnen oder innerhalb einer Woche dem Betriebsrat gegenüber keine Stellungnahme abgeben, wird der Betriebsrat das arbeitsgerichtliche Bestellungsverfahren einleiten.
Einen entsprechenden Beschluss hat der Betriebsrat in seiner Sitzung am Datum gefasst.

Betriebsrat: Benennung der Beisitzer 10

Betriebsrat der Firma Firmenbezeichnung, Adresse — Ort, Datum
Betriebsratsvorsitzender Name

An die
Geschäftsführung der
Firmenbezeichnung
im Hause

Einigungsstelle Betriebsvereinbarung Leistungszulagen
Sehr geehrte Damen und Herren,
der Betriebsrat benennt als Beisitzer für die Einigungsstelle Betriebsvereinbarung Leistungszulagen den Betriebsratsvorsitzenden, Herrn Name, und Herrn Rechtsanwalt Name. Mit Herrn Rechtsanwalt Name wurde als externem Beisitzer ein Honorar in Höhe von 7/10 des Honorars der Einigungsstellenvorsitzenden zuzüglich Mehrwertsteuer und Reisekosten vereinbart.
Die Herren Name, stellvertretender Betriebsratsvorsitzender, und Name, Gewerkschaftssekretär der Gewerkschaft Bezeichnung, werden als Bevollmächtigte des Betriebsrats dessen Regelungsvorschläge im Einigungsstellenverfahren vortragen und begründen.
Einen entsprechenden Beschluss hat der Betriebsrat in seiner Sitzung am Datum gefasst.

> **Hinweis:**
> Die Kosten der Einigungsstelle sind in § 76a BetrVG geregelt. Zur Höhe der Vergütung des Vorsitzenden und der Beisitzer der Einigungsstelle vgl. DKW-*Berg*, § 76a Rn. 21 ff.

Ergebnisprotokoll einer Sitzung der Einigungsstelle 11

Ergebnisprotokoll der Sitzung der Einigungsstelle Betriebsvereinbarung Leistungszulagen bei der Firma Firmenbezeichnung am Datum
Die Einigungsstelle hat am Datum in der Zeit von   Uhr bis   Uhr in folgender Besetzung getagt:
Vorsitzende: Frau Name
Beisitzer des Betriebsrats: Herr Name
Herr Name
Beisitzer des Arbeitgebers: Herr Name

Frau Name

Anwesend waren weiterhin als Bevollmächtigte des Arbeitgebers Herr Assessor Name vom Arbeitgeberverband Bezeichnung und als Bevollmächtigte des Betriebsrats der stellvertretende Betriebsratsvorsitzende Herr Name und der Gewerkschaftssekretär Name der Gewerkschaft Bezeichnung.
Die Regelungsvorschläge des Betriebsrats und die Sach- und Rechtslage wurden in der Einigungsstelle selbst und in getrennten Gesprächen der Vorsitzenden mit der Arbeitgeber- und Betriebsratsseite eingehend erörtert.
Nach einer Unterbrechung der Sitzung der Einigungsstelle in der Zeit von Uhr bis Uhr empfahl die Vorsitzende den Beisitzern und Bevollmächtigten der Betriebsparteien, dem vom Betriebsrat eingebrachten Regelungsvorschlag mit verschiedenen von ihr eingebrachten und erläuterten Änderungen die Zustimmung zu erteilen.
Nachdem festgestellt wurde, dass die anwesenden Mitglieder des Betriebsrats über eine Abschlussvollmacht verfügten, kam es auf dringendes Anraten der Einigungsstellenvorsitzenden zum Abschluss der dem Ergebnisprotokoll als Anlage beigefügten Betriebsvereinbarung Leistungszulagen durch die Betriebsparteien.

12 **Spruch der Einigungsstelle (Beispiel)**

Spruch der Einigungsstelle Betriebsvereinbarung Leistungszulagen bei der Firma Firmenbezeichnung
Die Einigungsstelle hat am Datum in der Zeit von Uhr bis Uhr in folgender Besetzung getagt:
Vorsitzende: Frau Name
Beisitzer des Betriebsrats: Herr Name
Herr Name
Beisitzer des Arbeitgebers: Herr Name
Frau Name

Anwesend waren weiterhin als Bevollmächtigte des Arbeitgebers Herr Assessor Name vom Arbeitgeberverband Bezeichnung und als Bevollmächtigte des Betriebsrats der stellvertretende Betriebsratsvorsitzende Herr Name und der Gewerkschaftssekretär Name der Gewerkschaft Bezeichnung.
Trotz eingehender Erörterung der Sach- und Rechtslage war es nicht möglich, eine Einigung zwischen den Betriebsparteien über die Einführung von Leistungszulagen herbeizuführen.
Vor Eintritt in die Schlussberatung verließen die Bevollmächtigten der Betriebsparteien den Sitzungsraum.
Die Vorsitzende stellte sodann den von ihr modifizierten und den Beisitzern zuvor bereits vorgestellten Regelungsvorschlag des Betriebsrats zur Einführung von Leistungszulagen in nichtöffentlicher Sitzung zur Abstimmung.
Bei Enthaltung der Vorsitzenden kam bei der ersten Abstimmung eine Stimmenmehrheit nicht zustande (2 Für-Stimmen der Beisitzer des Betriebsrats, 2 Gegenstimmen der Beisitzer des Arbeitgebers).
Anschließend eröffnete die Vorsitzende wieder die Beratung. Auch diese weitere Beratung blieb ohne Erfolg (**alternativ**: Alle Mitglieder der Einigungsstelle verzichteten ausdrücklich auf eine weitere Beratung).
Die Vorsitzende stellte daraufhin ihren Regelungsvorschlag erneut zur Abstimmung. Bei Teilnahme der Vorsitzenden an der Abstimmung ergab sich bei der zweiten Abstimmung eine Stimmenmehrheit für den Regelungsvorschlag (3 Für-Stimmen – Vorsitzende und Beisitzer des Betriebsrats, 2 Gegenstimmen der Beisitzer des Arbeitgebers).

Die Vorsitzende stellte fest, dass die fehlende Einigung der Betriebsparteien zur Einführung von Leistungszulagen damit durch den folgenden Spruch der Einigungsstelle ersetzt wird:
(Vollständige Textfassung des angenommenen Regelungsvorschlags).

Begründung:
(Ggf. ausführen)
Unterschrift des Vorsitzenden

> **Hinweis:**
> Die Wirksamkeit des Spruchs der Einigungsstelle setzt voraus, dass dieser schriftlich niedergelegt und vom Vorsitzenden unterzeichnet wird (§ 76 Abs. 3 Satz 4 BetrVG). Schließt sich dem Spruch unmittelbar eine Begründung an, ist die Formvorschrift des § 76 Abs. 3 Satz 4 BetrVG durch die Unterschrift des Vorsitzenden unter den Begründungstext erfüllt. Der **vom Vorsitzenden unterzeichnete** Spruch ist dem Arbeitgeber und Betriebsrat zuzuleiten. Nach der durch das Betriebrätemodernisierungesetz v. (BGBl. 1762) geänderten und am 18.6.2021 in Kraft getretenen Fassung des § 76 Abs. 3 Satz 4 BetrVG kann der Vorsitzende den Spruch auch in elekronischer Form niederlegen und mit seiner qualifizierten elektronischen Signatur versehen.
> Es ist rechtlich nicht zwingend geboten, den Spruch einer Einigungsstelle mit einer Begründung zu versehen. In vielen Fällen, insbesondere bei komplexen Sachverhalten und streitigen Rechtsfragen und bei einem durch Mehrheitsentscheidung angenommenen Spruch der Einigungsstelle ist eine Begründung allerdings zweckmäßig (vgl. DKW-*Berg*, § 76 Rn. 133 f.).

4. Gerichtlicher Antrag

Arbeitsgerichtliche Bestellung des Vorsitzenden der Einigungsstelle 13

An das
Arbeitsgericht
Bezeichnung
Adresse
Antrag auf Entscheidung im Beschlussverfahren mit den Beteiligten
1. Betriebsrat der Firmenbezeichnung, vertreten durch den Betriebsratsvorsitzenden Name, Adresse

– Antragsteller –

Verfahrensbevollmächtigter: Rechtssekretär Name in Ort/Rechtsanwalt Name, Adresse
gegen
2. Firmenbezeichnung, vertreten durch den Geschäftsführer Name, Adresse,

– Antragsgegnerin –

wegen der **Bestellung des Vorsitzenden einer Einigungsstelle gem. § 100 ArbGG**
Namens und in Vollmacht des Antragstellers leite ich ein Beschlussverfahren ein und beantrage:
1. Die Vorsitzende Richterin am Landesarbeitsgericht Bezeichnung, Frau Name wird zur Vorsitzenden einer Einigungsstelle mit dem Regelungsgegenstand Einführung von Leistungszulagen im Betrieb Ort der Antragsgegnerin bestellt.
2. Die Zahl der Beisitzer wird für den Antragsteller und für die Antragsgegnerin auf jeweils 2 festgelegt.

Begründung:
I.
Der Antragsteller ist der im Betrieb in Ort der Antragsgegnerin gewählte Betriebsrat.
Die Antragsgegnerin ist ein Unternehmen der -Branche und beschäftigt in ihrem Betrieb in Ort ca. Arbeitnehmer.
Die Antragsgegnerin ist tarifgebunden und wendet die Tarifverträge der -Branche an.
Der Antragsteller und die Antragsgegnerin verhandeln seit mehreren Monaten erfolglos über den Abschluss einer Betriebsvereinbarung zur Einführung von Leistungszulagen. Der Antrag-

steller hat mit Schreiben vom Datum an die Antragsgegnerin die Verhandlungen für gescheitert erklärt und die Ersetzung der Einigung der Betriebsparteien durch die Einigungsstelle beantragt. Die Antragsgegnerin hat mit Schreiben vom Datum die Durchführung eines Einigungsstellenverfahrens abgelehnt und die Zuständigkeit der Einigungsstelle bestritten.
Beweis: Schreiben des Antragstellers vom Datum
Schreiben der Antragsgegnerin vom Datum
II.
Der Antragsteller ist der Auffassung, dass die Zuständigkeit der Einigungsstelle ohne weiteres gegeben ist. Dies ergibt sich aus § 87 Abs. 1 Nr. 10 BetrVG i.V.m. § Abs. des Entgelttarifvertrags vom Datum für die -Branche. Nach der genannten Vorschrift des Entgelttarifvertrags können durch Betriebsvereinbarung betriebliche Leistungszulagen eingeführt werden. Im Fall der Nichteinigung der Betriebsparteien sieht die tarifliche Bestimmung ausdrücklich vor, dass von jeder Seite die Einigungsstelle gem. § 76 Abs. 5 BetrVG zur verbindlichen Entscheidung angerufen werden kann.
Beweis: Entgelttarifvertrag vom Datum für die -Branche, in Kopie auszugsweise beigefügt
Damit ist die Zuständigkeit der Einigungsstelle für die Einführung von Leistungszulagen im Betrieb mit der Antragsgegnerin gegeben. Jedenfalls ist die Einigungsstelle nicht gem. § 100 Abs. 1 Satz 2 ArbGG offensichtlich unzuständig.
III.
Einwendungen gegen die als Vorsitzende der Einigungsstelle vom Antragsteller vorgeschlagene Vorsitzende Richterin am Landesarbeitsgericht, Frau Name, wurden von der Antragsgegnerin im Rahmen der vorgerichtlichen Gespräche und Korrespondenz nicht vorgebracht. Da der Betrieb der Antragsgegnerin nicht im Bezirk des Landesarbeitsgerichts Ort liegt, sind auch die Anforderungen des § 100 Abs. 1 Satz 4 ArbGG erfüllt. Die vorgeschlagene Vorsitzende der Einigungsstelle hat dem Antragsteller gegenüber bereits ihre Bereitschaft erklärt, den Vorsitz der Einigungsstelle zu übernehmen.
IV.
Gegen die vorgeschlagene Anzahl der Beisitzer, die nach verbreiteter Ansicht der Regelbesetzung entspricht, wurden von der Antragsgegnerin ebenfalls keine Einwendungen vorgebracht.
V.
Abschließend bitte ich höflichst um möglichst zeitnahe Zustellung des Beschlusses über die Bestellung der Einigungsstelle (§ 100 Abs. 1 Satz 5 ArbGG).

Unterschrift

> **Hinweis:**
> Der Umfang und die Formulierung der Anträge und der Schwerpunkt ihrer Begründung richten sich danach, ob sowohl die Zuständigkeit der Einigungsstelle als auch die Person des Vorsitzenden und die Anzahl der Beisitzer in Streit ist oder ob nur für einzelne der genannten Fragen ein arbeitsgerichtlicher Beschluss erforderlich ist.
> Der Antrag auf Bestellung des Vorsitzenden der Einigungsstelle kann vom Arbeitsgericht nur zurückgewiesen werden, wenn die Einigungsstelle offensichtlich unzuständig ist (vgl. DKW-*Berg*, § 76 Rn. 61ff.).
> Das Arbeitsgericht ist an den Vorschlag des Antragstellers zur Person des zu bestellenden Vorsitzenden der Einigungsstelle nicht gebunden (zu den Einzelheiten vgl. DKW-*Berg*, § 76 Rn. 56).
> Nach überwiegender Meinung kann das arbeitsgerichtliche Bestellungsverfahren gem. § 98 ArbGG nicht im Wege der Einstweiligen Verfügung durchgeführt werden (vgl. DKW-*Berg*, § 76 Rn. 166).
> Zu den weiteren Verfahrensfragen vgl. DKW-*Berg*, § 76 Rn. 89ff.

Arbeitsgerichtliche Anfechtung eines Einigungsstellenspruchs 14

An das
Arbeitsgericht
Bezeichnung
Adresse

Antrag auf Entscheidung im Beschlussverfahren mit den Beteiligten

1. Firmenbezeichnung, vertreten durch den Geschäftsführer Name, Adresse,

– Antragstellerin –

Verfahrensbevollmächtigter: Rechtsanwalt Name, Adresse

gegen

2. Betriebsrat der Firmenbezeichnung, vertreten durch den Betriebsratsvorsitzenden Name, Adresse

– Antragsgegner –

wegen **Anfechtung eines Einigungsstellenspruchs**

Namens und in Vollmacht der Antragstellerin leite ich ein Beschlussverfahren ein und beantrage:
Es wird festgestellt, dass der Spruch der Einigungsstelle Einführung von Leistungszulagen vom Datum für den Betrieb in Ort der Antragstellerin unwirksam ist.

Begründung:

I.

Die Antragstellerin ist ein Unternehmen der   -Branche und beschäftigt in ihrem Betrieb Ort ca.   Arbeitnehmer.

Der Antragsgegner ist der im Betrieb in Ort der Antragstellerin gewählte Betriebsrat.

Das Landesarbeitsgericht Bezeichnung hat mit Beschluss vom Datum, Aktenzeichen, die Einigungsstelle Einführung von Leistungszulagen bestellt und ist zu Unrecht davon ausgegangen, die Einigungsstelle sei nicht offensichtlich unzuständig.

Die Einigungsstelle hat am Datum getagt und mit Stimmenmehrheit und gegen die Stimmen der Beisitzer der Antragstellerin einen Spruch zur Einführung von Leistungszulagen im Betrieb der Antragstellerin in Ort beschlossen.

Inhaltlich entspricht der Spruch der Einigungsstelle weitgehend dem ursprünglichen Forderungskatalog des Antragsgegners.

Der Spruch der Einigungsstelle wurde der Antragstellerin am Datum zugeleitet.

Beweis: Kopie des Spruchs der Einigungsstelle vom Datum
Kopie des Regelungsvorschlags des Betriebsrats vom Datum

II.

Der Spruch der Einigungsstelle ist wegen **Verstoßes gegen zwingende Rechtsvorschriften** unwirksam.

Die Einigungsstelle war für die Einführung von Leistungszulagen im Betrieb der Antragstellerin nicht zuständig:

- § 87 Abs. 1 Nrn. 10, 11 BetrVG begründen eine Zuständigkeit der Einigungsstelle für die Einführung von Leistungszulagen gegen den Willen der Antragstellerin nicht.
  (ausführen …)
- §   Absatz   des Entgelttarifvertrags vom Datum für die   -Branche begründet eine Zuständigkeit der Einigungsstelle für die Einführung von Leistungszulagen nur unter bestimmten Voraussetzungen, die im Betrieb der Antragstellerin nicht vorliegen.
  (ausführen …)
- Darüber hinaus ist im Entgelttarifvertrag zwingend festgelegt, dass das betriebliche Gesamtvolumen der Leistungszulagen   Prozent des betrieblichen Gesamtvolumens der tariflichen Jahressonderzahlung nicht überschreiten darf. Berechnungen der Antragstellerin haben ergeben, dass diese Volumenbegrenzung durch den Einigungsstellenspruch nicht eingehalten wird.
  (ausführen …)

III.
Darüber hinaus ist der Spruch der Einigungsstelle auch wegen **Überschreitung der Grenzen des Ermessens** (§ 76 Abs. 5 Satz 4 BetrVG) unwirksam. Die von der Einigungsstelle beschlossene Ausgestaltung und Struktur des Leistungszulagensystems lassen nicht erkennen, auf Grund welcher besonderen Leistungen die einzelnen Arbeitnehmer einen Anspruch auf eine Leistungszulage erwerben. Darüber hinaus ist nicht nachvollziehbar, dass ein direkter Zusammenhang zwischen dem schwankenden Leistungsgrad eines Arbeitnehmers und seinem Anspruch auf eine bestimmte Zulagenhöhe besteht.
(ausführen …)
Schließlich hat der Spruch der Einigungsstelle nicht berücksichtigt, dass durch die Erhöhung der Personalkosten durch das Gesamtvolumen der Leistungszulagen die wirtschaftliche Leistungsfähigkeit der Antragstellerin überstrapaziert wird und zwingend Personalabbaumaßnahmen erforderlich macht.
(ausführen …)

Unterschrift

Hinweis:
Ermessensfehler der Einigungsstelle (siehe Rn. 14 Ziff. III.) können gem. § 76 Abs. 5 Satz 4 BetrVG nur **innerhalb einer Frist von zwei Wochen** seit Zuleitung des Einigungsstellenspruchs an die Betriebsparteien im arbeitsgerichtlichen Anfechtungsverfahren geltend gemacht werden. Ein entsprechender Antrag muss auch **innerhalb der Zweiwochenfrist begründet** werden.
Die gerichtliche Geltendmachung der Verletzung zwingender Rechtsvorschriften (siehe Rn. 14 Ziff. II.) durch den Spruch der Einigungsstelle kann auch nach Ablauf der Zweiwochenfrist noch erfolgen.
Die Einigungsstelle selbst kann nicht Beteiligte des gerichtlichen Anfechtungsverfahrens sein. Im Anfechtungsverfahren kann nur ein Antrag auf Feststellung der Unwirksamkeit des Einigungsstellenspruchs gestellt werden. Ein ermessens- und/oder rechtsfehlerhafter Spruch der Einigungsstelle kann nicht durch eine eigene Sachentscheidung des erkennenden Gerichts ersetzt werden. Ist die Zuständigkeit der Einigungsstelle trotz Unwirksamkeit des Einigungsstellenspruchs gegeben, ist das Einigungsstellenverfahren nicht beendet und die Einigungsstelle zu seiner Fortsetzung verpflichtet.
Zu den weiteren Einzelheiten vgl. DKW-*Berg*, § 76 Rn. 151f.

§ 77 Durchführung gemeinsamer Beschlüsse, Betriebsvereinbarungen

(1) Vereinbarungen zwischen Betriebsrat und Arbeitgeber, auch soweit sie auf einem Spruch der Einigungsstelle beruhen, führt der Arbeitgeber durch, es sei denn, dass im Einzelfall etwas anderes vereinbart ist. Der Betriebsrat darf nicht durch einseitige Handlungen in die Leitung des Betriebs eingreifen.
(2) Betriebsvereinbarungen sind von Betriebsrat und Arbeitgeber gemeinsam zu beschließen und schriftlich niederzulegen. Sie sind von beiden Seiten zu unterzeichnen; dies gilt nicht, soweit Betriebsvereinbarungen auf einem Spruch der Einigungsstelle beruhen. Werden Betriebsvereinbarungen in elektronischer Form geschlossen, haben Arbeitgeber und Betriebsrat abweichend von § 126a Absatz 2 des Bürgerlichen Gesetzbuchs dasselbe Dokument elektronisch zu signieren. Der Arbeitgeber hat die Betriebsvereinbarungen an geeigneter Stelle im Betrieb auszulegen.
(3) Arbeitsentgelte und sonstige Arbeitsbedingungen, die durch Tarifvertrag geregelt sind oder üblicherweise geregelt werden, können nicht Gegenstand einer Betriebsvereinbarung sein. Dies gilt nicht, wenn ein Tarifvertrag den Abschluss ergänzender Betriebsvereinbarungen ausdrücklich zulässt.

(4) Betriebsvereinbarungen gelten unmittelbar und zwingend. Werden Arbeitnehmern durch die Betriebsvereinbarung Rechte eingeräumt, so ist ein Verzicht auf sie nur mit Zustimmung des Betriebsrats zulässig. Die Verwirkung dieser Rechte ist ausgeschlossen. Ausschlussfristen für ihre Geltendmachung sind nur insoweit zulässig, als sie in einem Tarifvertrag oder einer Betriebsvereinbarung vereinbart werden; dasselbe gilt für die Abkürzung der Verjährungsfristen.
(5) Betriebsvereinbarungen können, soweit nichts anderes vereinbart ist, mit einer Frist von drei Monaten gekündigt werden.
(6) Nach Ablauf einer Betriebsvereinbarung gelten ihre Regelungen in Angelegenheiten, in denen ein Spruch der Einigungsstelle die Einigung zwischen Arbeitgeber und Betriebsrat ersetzen kann, weiter, bis sie durch eine andere Abmachung ersetzt werden.

Inhaltsübersicht Rn.

I. Einleitung

Nach der Konzeption des Betriebsverfassungsgesetzes sind Streitfragen und Konflikte zwischen Betriebsrat und Arbeitgeber in erster Linie im Wege der Verhandlung und mit dem ernsten Willen zur Einigung auszutragen (vgl. §§ 2 Abs. 1, 74 Abs. 1 BetrVG). Entsprechende Verhandlungsergebnisse und Konfliktlösungen sollten in der Regel in »Vereinbarungen« zwischen Betriebsrat und Arbeitgeber (vgl. § 77 Abs. 1 Satz 1 BetrVG) fixiert werden. 1

Man unterscheidet zwischen (formbedürftigen) **Betriebsvereinbarungen** (§ 77 Abs. 2 bis 6, vgl. Rn. 14) und (formlosen) **Regelungsabreden** (DKW-*Berg,* § 77 Rn. 161 ff.).

Der Abschluss von **Betriebsvereinbarungen** ist das zentrale Instrument zur Ausübung der Beteiligungs- und Mitbestimmungsrechte durch den Betriebsrat. Das Ausmaß der Gestaltung der Arbeitsbedingungen, des Arbeitsablaufs und der Arbeitsorganisation durch Betriebsvereinbarungen ist ein wichtiger Gradmesser für die Effektivität der Betriebsverfassung und die Ausschöpfung der Mitbestimmungsrechte durch den Betriebsrat (vgl. DKW-*Berg,* § 77 Rn. 5).

Beim Abschluss von Betriebsvereinbarungen haben die Betriebsparteien den **Tarifvorrang** (§ 77 Abs. 3, vgl. DKW-*Berg,* § 77 Rn. 126 ff.) und den **Tarifvorbehalt** (§ 87 Abs. 1 Eingangssatz, vgl. DKW-*Klebe,* § 87 Rn. 36 ff.) zu beachten.

Das **Zustandekommen,** die **Wirkungsweise** und die **Beendigung** von Betriebsvereinbarungen ist gesetzlich geregelt (§ 77 Abs. 2 bis 6, vgl. DKW-*Berg,* § 77 Rn. 54 ff., 88 ff., 92 ff.).

Erzwingbare Betriebsvereinbarungen werden in mitbestimmungspflichtigen Angelegenheiten abgeschlossen. Können sich in derartigen Angelegenheiten Betriebsrat und Arbeitgeber auf den Abschluss einer Betriebsvereinbarung nicht einigen, kann jede Seite die Einigungsstelle anrufen (§ 76 Abs. 5 BetrVG). Der Spruch der Einigungsstelle ersetzt die Einigung von Betriebsrat und Arbeitgeber. Auf diesem Weg besteht die Möglichkeit, Betriebsvereinbarungen auch gegen den Willen des Arbeitgebers (oder umgekehrt auch gegen den Willen des Betriebsrats) durchzusetzen.

Die unter die Zuständigkeit der Einigungsstelle fallenden Regelungsgegenstände sind im BetrVG abschließend geregelt. Durch Betriebsvereinbarung oder Tarifvertrag kann die Zuständigkeit der Einigungsstelle auf weitere Regelungsgegenstände erweitert werden (DKW-*Berg*, § 76 Rn. 8, 13, 156ff.).

In folgenden Fällen besteht auf gesetzlicher Grundlage die Möglichkeit, zur Durchsetzung einer Betriebsvereinbarung oder Regelungsabrede (DKW-*Berg*, § 77 Rn. 161ff.) die Einigungsstelle anzurufen:

§ 37 Abs. 6 und 7 Schulungs- und Bildungsveranstaltungen für BR-Mitglieder;
§ 38 Abs. 2 Freistellung von BR-Mitgliedern;
§ 39 Abs. 1 Zeit und Ort der Sprechstunden des BR;
§ 47 Abs. 6 Herabsetzung der Zahl der GBR-Mitglieder;
§ 55 Abs. 4 Herabsetzung der Zahl der KBR-Mitglieder;
§ 65 Abs. 1 Schulungs- und Bildungsveranstaltungen für JAV;
§ 69 Zeit und Ort der Sprechstunden der JAV;
§ 72 Abs. 6 Herabsetzung der Zahl der Gesamt-Jugend- und Auszubildendenvertretung;
§ 85 Abs. 2 Berechtigung der Beschwerde eines AN;
§ 87 Abs. 2 Mitbestimmung in sozialen Angelegenheiten;
§ 91 Maßnahmen bei Änderungen von Arbeitsablauf und Arbeitsumgebung;
§ 94 Abs. 1 und 2 Personalfragebogen, persönliche Angaben in Arbeitsverträgen und Aufstellung allgemeiner Beurteilungsgrundsätze;
§ 95 Abs. 1 und 2 Ausführung von Auswahlrichtlinien und deren Inhalt;
§ 97 Abs. 2 Einführung von Maßnahmen betrieblicher Berufsbildung bei Tätigkeits- und Anforderungsänderungen;
§ 98 Abs. 4 Durchführung von betrieblichen Bildungsmaßnahmen;
§ 109 Auskunfterteilung in wirtschaftlichen Angelegenheiten;
§ 112 Abs. 4 Aufstellung eines Sozialplans;
§ 116 Abs. 3 Fragen, die den See-BR betreffen.

Nrn. 2, 4 und 8

Darüber hinaus können zu allen anderen Regelungsgegenständen im Rahmen der grundsätzlich umfassenden Regelungskompetenz der Betriebsparteien (vgl. DKW-*Berg*, § 77 Rn. 81ff.; § 88 Rn. 1ff.) und unter Beachtung geltender Tarifverträge (vgl. DKW-*Berg*, § 77 Rn. 73ff., § 87 Rn. 36ff.) **freiwillige Betriebsvereinbarungen** abgeschlossen werden (§ 88 BetrVG). Freiwillige Betriebsvereinbarungen kommen nur im Wege der Einigung zwischen Betriebsrat und Arbeitgeber zustande. Die Einigungsstelle kann hier nur von den Betriebsparteien gemeinsam angerufen werden (§ 76 Abs. 6 BetrVG).

Neben der formbedürftigen Betriebsvereinbarung kommt die formlose **Regelungsabrede,** (u.a. auch bezeichnet als Regelungsabsprache, betriebliche Einigung oder Betriebsabsprache) in der betrieblichen Praxis oft zur Anwendung (DKW-Berg, § 77 Rn. 162ff.). Sie unterscheidet sich von der Betriebsvereinbarung vor allem darin, dass ihre Regelungen die einzelnen Arbeitsverhältnisse nicht unmittelbar gestalten (normative Wirkung, DKW-*Berg*, § 77 Rn. 88), sondern in erster Linie gegenseitige Pflichten und Rechte der Betriebsparteien begründen (schuldrechtliche Wirkung, DKW-*Berg*, § 77 Rn. 162).

II. Arbeitshilfen

1. Checkliste

Formelle Voraussetzungen 2

Vorbemerkung
Mustertexte bzw. Textbausteine zum Inhalt erzwingbarer und freiwilliger Betriebsvereinbarungen sind bei den jeweils einschlägigen gesetzlichen Bestimmungen abgedruckt. Beim Abschluss einer **Betriebsvereinbarung** sind – weitgehend unabhängig vom jeweiligen materiellen Regelungsgegenstand – die gesetzlichen Vorschriften über deren **Form, Zustandekommen** und **Beendigung** zu berücksichtigen; außerdem sollten zur Vermeidung bzw. Reduzierung späterer Durchführungs- und Auslegungsstreitigkeiten auch **allgemeine Bestimmungen** aufgenommen werden.
Werden beim Abschluss einer Betriebsvereinbarung wesentliche Formvorschriften (§ 77 Abs. 2, vgl. DKW-*Berg*, § 77 Rn. 54ff.) verletzt, kann dies die Nichtigkeit der Betriebsvereinbarung zur Folge haben (DKW-*Berg*, § 77 Rn. 63).
Da die gesetzlichen Vorschriften über das Zustandekommen, die Beendigung und die Nachwirkung von Betriebsvereinbarungen auch auf Regelungsabreden weitgehend zur Anwendung kommen (DKW-*Berg*, § 77 Rn. 166), sollte die Erforderlichkeit der Aufnahme allgemeiner Bestimmungen in **Regelungsabreden** bei deren Abschluss geprüft werden.

Formelle Voraussetzungen für den wirksamen Abschluss einer Betriebsvereinbarung:
1. Beschluss des Betriebsrats (vgl. DKW-*Berg*, § 77 Rn. 57)
2. Schriftform (vgl. DKW-*Berg*, § 77 Rn. 58)
3. Einheitliche Urkunde (vgl. DKW-*Berg*, § 77 Rn. 59)
4. Unterzeichnung von Betriebsrat und Arbeitgeber (vgl. DKW-*Berg*, § 77 Rn. 58).

Nach der durch das Betriebrätemodernisierungesetz v. 14.6.2021 (BGBl. 1762) geänderten und am 18.6.2021 in Kraft getretenen Fassung des § 77 Abs. 2 BetrVG können Betriebsvereinbarungen auch in elektronischer Form geschlossen werden. In diesem Fall haben AG und BR abweichend von § 126a Abs. 2 BGB dasselbe Dokument elektronisch zu signieren (§ 77 Abs. 2 Satz 3 BetrVG).

2. Musterschreiben/-schriftsätze

Allgemeine Bestimmungen in Betriebsvereinbarungen 3

a) Überschrift
Betriebsvereinbarung Nr. 1 über gleitende Arbeitszeit in der Hauptverwaltung vom Datum oder:
Betriebsvereinbarung Nr. 14 über die Einführung und Nutzung von Intranet und E-Mail vom Datum

> **Hinweis:**
> Der wirksame Abschluss einer Betriebsvereinbarung setzt nicht voraus, dass der Vereinbarungstext mit der Bezeichnung »Betriebsvereinbarung« überschrieben ist (vgl. DKW-*Berg*, § 77 Rn. 32 a). Auch eine sonstige Überschrift oder nähere Bezeichnung der Betriebsvereinbarung ist rechtlich nicht erforderlich.
> Um jederzeit den Überblick über die abgeschlossenen Betriebsvereinbarungen zu behalten, den Regelungsgegenstand von Betriebsvereinbarungen einfach identifizieren zu können, Verwechslungen auszuschließen und letztlich zur Erleichterung der Arbeitsorganisation des Betriebsrats empfiehlt es sich dennoch, Betriebsvereinbarungen mit einer den Regelungsgegenstand umschreibenden Überschrift, dem Datum des Abschlusses und einer Ordnungsnummer zu versehen.

b) Parteien

Zwischen der

Firmenbezeichnung GmbH bzw. Firmenbezeichnung AG, vertreten durch den Geschäftsführer (oder die Geschäftsführung) bzw. durch den Vorstand

und

dem Betriebsrat der Firmenbezeichnung GmbH bzw. Firmenbezeichnung AG

wird die folgende Betriebsvereinbarung abgeschlossen:

> **Hinweis:**
> Wie in jedem Vertrag üblich, werden auch in Betriebsvereinbarungen am Anfang des Vertragstextes die Parteien der Vereinbarung aufgeführt.

c) Vorbemerkung/Präambel

Präambel

Vor dem Hintergrund veränderter Markt- und Wettbewerbsbedingungen ist es zur langfristigen Sicherung des Standorts und zum Erhalt aller Arbeitsplätze unter anderem erforderlich, die Steuerung der Produktionskapazitäten effektiver zu gestalten und zeitnäher an den Veränderungen der jeweiligen Auftragslage zu orientieren.

Zu diesem Zweck wird mit der folgenden Betriebsvereinbarung unter Ausschöpfung der einschlägigen tarifvertraglichen Rahmenbedingungen ein neues System flexibler Arbeitszeit eingeführt und mit dem Verzicht auf den Ausspruch betriebsbedingter Beendigungskündigungen verbunden.

> **Hinweis:**
> Es kann aus mehreren Gründen sinnvoll sein, einer Betriebsvereinbarung eine – rechtlich nicht vorgeschriebene – Vorbemerkung bzw. Präambel voranzustellen:
>
> Den vom Geltungsbereich der Betriebsvereinbarung erfassten Arbeitnehmern können die mit dem Abschluss der Betriebsvereinbarung verfolgten Zielsetzungen dargestellt werden. Der Betriebsrat hat in diesem Rahmen die Möglichkeit, die unterschiedlichen Interessenlagen und Motive der Betriebsparteien zu dokumentieren und seine Zustimmung zu dem in den Regelungen der Betriebsvereinbarung zum Ausdruck kommenden Kompromiss zu begründen.
>
> Entstehen bei der Anwendung der Betriebsvereinbarung Meinungsverschiedenheiten über deren Auslegung, kommt es bei unklarem Wortlaut einzelner Regelungen der Betriebsvereinbarung auch auf den Willen der Vertragsparteien an (vgl. DKW-*Berg*, § 77 Rn. 52 f.). Dieser kann sich aus der Darlegung der mit der Betriebsvereinbarung verfolgten Zielsetzungen in der Präambel ergeben.
>
> Aus der Präambel einer Betriebsvereinbarung können sich schließlich wichtige Anhaltspunkte für deren Geschäftsgrundlage ergeben. Dies kann unter anderem für die Möglichkeit der außerordentlichen Kündigung einer Betriebsvereinbarung von Bedeutung sein (DKW-Berg, § 77 Rn. 112). Außerdem kann gegebenenfalls zum Ausdruck gebracht werden, dass einzelne Regelungsbestandteile der Betriebsvereinbarung in einem untrennbaren Zusammenhang miteinander stehen. Von dieser Frage kann die Nachwirkung der nicht erzwingbaren Regelungsgegenstände bei so genannten teilmitbestimmten Betriebsvereinbarungen abhängen (DKW-Berg, § 77 Rn. 120).

d) Geltungsbereich

- persönlicher Geltungsbereich

Die Betriebsvereinbarung gilt für alle Arbeitnehmer der Firmenbezeichnung.

oder:

Die Betriebsvereinbarung gilt für alle Arbeitnehmer/Arbeitnehmerinnen, die vor dem Datum eingestellt wurden.

oder:

Die Betriebsvereinbarung gilt für alle Arbeitnehmer in Vollzeitbeschäftigung.
- räumlicher Geltungsbereich
Die Betriebsvereinbarung gilt für Arbeitnehmer in den Filialen Bezeichnung, Bezeichnung und Bezeichnung.
oder:
Die Betriebsvereinbarung gilt für alle Arbeitnehmer in der Hauptverwaltung der Firmenbezeichnung.
- fachlicher Geltungsbereich
Die Betriebsvereinbarung gilt für alle Arbeitnehmer (Bezeichnung der Tätigkeit) in den Betriebshöfen Bezeichnung, Bezeichnung und Bezeichnung.
oder:
Die Betriebsvereinbarung gilt für alle Arbeitnehmer (Bezeichnung der Tätigkeit) der Firmenbezeichnung.

Hinweis:
Auch wenn bei vielen Betriebsvereinbarungen ohne Weiteres davon auszugehen ist, dass sie für alle Arbeitnehmer eines Betriebs gelten sollen, empfiehlt es sich aus Gründen der Klarstellung und zur Vermeidung späterer Auslegungsstreitigkeiten in vielen Fällen, den Geltungsbereich einer Betriebsvereinbarung nach **persönlichen**, **räumlichen** und/oder **fachlichen** Gesichtspunkten ausdrücklich zu bestimmen.

e) In-Kraft-Treten, Beendigung und Nachwirkung
Die Betriebsvereinbarung tritt am Tag ihrer Unterzeichnung in Kraft.
oder:
Die Betriebsvereinbarung tritt am Datum in Kraft.

Hinweis:
Der Zeitpunkt des Inkrafttretens (DKW-*Berg*, § 77 Rn. 86ff.) einer Betriebsvereinbarung ist gesetzlich nicht geregelt und folglich von den Betriebsparteien in der Betriebsvereinbarung festzulegen. Fehlt eine ausdrückliche Regelung, tritt die Betriebsvereinbarung am Tag ihres Abschlusses in Kraft. Unter bestimmten Voraussetzungen kann auch vereinbart werden, dass eine Betriebsvereinbarung unter einer aufschiebenden Bedingung oder rückwirkend in Kraft tritt (DKW-*Berg*, § 77 Rn. 86ff.).

Die Betriebsvereinbarung ersetzt zum Zeitpunkt ihres In-Kraft-Tretens die Betriebsvereinbarung Nr. 4 über die Regelung der betrieblichen Arbeitszeit vom Datum.

Hinweis:
Existiert bei In-Kraft-Treten einer neu abgeschlossenen Betriebsvereinbarung noch eine ältere ungekündigte Betriebsvereinbarung mit identischem Regelungsgegenstand oder ist der Regelungsgegenstand einer älteren, auch lediglich nachwirkenden, Betriebsvereinbarung zumindest teilweise identisch, empfiehlt es sich zur Vermeidung späterer Streitigkeiten über die Ablösung der älteren Betriebsvereinbarung (vgl. DKW-*Berg*, § 77 Rn. 23ff.), im Zusammenhang mit der Regelung des Inkrafttretens der neuen Betriebsvereinbarung das Schicksal der älteren Betriebsvereinbarung ausdrücklich klarzustellen.

Die der Betriebsvereinbarung als Anlage beigefügte technische Beschreibung und das Pflichtenheft des elektronischen Zugangskontrollsystems in der Fassung vom Datum sind Bestandteil der Betriebsvereinbarung.

> **Hinweis:**
> Sollen bestimmte Dokumentationen, Konzepte oder ähnliches als Bestandteil der Betriebsvereinbarung Vertragsinhalt werden, ist es erforderlich, diese als Anlagen der Betriebsvereinbarung beizufügen und ihren Charakter als Vertragsgegenstand ausdrücklich festzuschreiben.

Die Betriebsvereinbarung kann mit einer Frist von sechs Monaten, erstmals zum Datum, schriftlich gekündigt werden.

oder:

Die Betriebsvereinbarung endet, ohne dass es einer Kündigung bedarf, mit dem Zeitpunkt der Wiederaufnahme der Verkaufstätigkeit in der Filiale Bezeichnung nach Abschluss der Umbaumaßnahmen.

oder:

Nach Ablauf der Betriebsvereinbarung erstreckt sich die Nachwirkung gem. § 77 Abs. 6 BetrVG auf ihren gesamten Inhalt.

> **Hinweis:**
> Die ordentliche Kündbarkeit (Kündigungsfrist drei Monate, DKW-*Berg*, § 77 Rn. 108) und die Nachwirkung (DKW-*Berg*, § 77 Rn. 116ff.) von Betriebsvereinbarungen ist gesetzlich geregelt (§ 77 Abs. 5, 6 BetrVG). Die gesetzlichen Regelungen können allerdings durch Vereinbarung der Betriebsparteien modifiziert werden (z. B. Schriftformerfordernis für die Kündigung, Verlängerung der Kündigungsfrist, Befristung, Erweiterung oder Ausschluss der Nachwirkung). Bei teilmitbestimmten Betriebsvereinbarungen (DKW-*Berg*, § 77 Rn. 120) kann es empfehlenswert sein, die Nachwirkung der Betriebsvereinbarung ausdrücklich auf ihren gesamten Inhalt zu erstrecken.

f) Durchführungsbestimmungen

Sollte sich nach den ersten zwölf Monaten der Laufzeit der Betriebsvereinbarung herausstellen, dass sich der Ausgleich der Arbeitszeitkonten auf Grundlage der vorstehend getroffenen Regelung nicht vollständig erreichen lässt, können Betriebsrat oder Arbeitgeber verlangen, dass über eine Änderung der Ausgleichsregelung noch während der Laufzeit der Betriebsvereinbarung erneut verhandelt wird. Kommt es innerhalb von vier Wochen nach der Aufforderung zu derartigen Verhandlungen zu keiner Einigung zwischen den Betriebsparteien, tritt die Einigungsstelle erneut zusammen und entscheidet.

oder:

Bei Meinungsverschiedenheiten über die Durchführung der Betriebsvereinbarung entscheidet der paritätische EDV-Ausschuss. Kommt dort eine Einigung nicht zustande, kann von jeder Seite die Einberufung einer erneuten Sitzung der Einigungsstelle verlangt werden, die spätestens nach Ablauf von zwei Wochen zusammentreten muss.

oder:

Die Betriebsparteien verpflichten sich, bei Auftreten von Meinungsverschiedenheiten bei der Durchführung der Betriebsvereinbarung auf Verlangen einer Seite unter Hinzuziehung von Vertretern der Tarifvertragsparteien unverzüglich in Verhandlungen zur Beilegung der Meinungsverschiedenheiten einzutreten.

> **Hinweis:**
> Ist es bei Betriebsvereinbarungen mit sehr komplexen und/oder umstrittenen Regelungsgegenständen absehbar, dass trotz der erreichten Verhandlungslösung im Rahmen der Durchführung der Betriebsvereinbarung Auslegungsstreitigkeiten entstehen können, kann für diesen Fall durch die Vereinbarung von Nachverhandlungspflichten oder geeigneten Konfliktlösungsverfahren Vorsorge getroffen werden.

Betriebsrat: Durchführung einer Betriebsvereinbarung 4

Hinweis:
Zur Rechtslage vgl. DKW-*Berg*, § 77 Rn. 3ff.

Betriebsrat der Firma Firmenbezeichnung, Adresse Ort, Datum
Betriebsratsvorsitzender Name

An die
Geschäftsführung
der Firmenbezeichnung
im Hause

Durchführung der Betriebsvereinbarung Nr. 5 über die Anordnung von Mehrarbeit in Eilfällen (Betriebshandwerker) vom 22.10.2003

Sehr geehrte Damen und Herren,

der Betriebsrat hat in den letzten Wochen wiederholt darauf hingewiesen, dass nach den einschlägigen Regelungen der oben genannten Betriebsvereinbarung Mehrarbeit ohne vorherige Zustimmung des Betriebsrats nur für Betriebshandwerker angeordnet werden darf, die auf Grund unvorhersehbaren Reparaturbedarfs an den Beschichtungsanlagen erforderlich wird.

Trotz mehrfacher mündlicher Hinweise hat der zuständige Betriebsleiter unter Berufung auf die allein für Betriebshandwerker geltende Ausnahmebestimmung für Eilfälle in vier Fällen Mehrarbeit für andere Arbeitnehmer (Arbeitsvorbereitung, Steuerungsanlagen) ohne vorherige Zustimmung des Betriebsrats angeordnet. Darüber hinaus wurde bei der Anordnung von Mehrarbeit für Betriebshandwerker in Eilfällen in der Vergangenheit nicht beachtet, dass der Betriebsrat unverzüglich schriftlich über den Umfang und den Anlass der angeordneten Mehrarbeit in Eilfällen zu unterrichten ist.

Wir müssen auch auf diesem Weg nochmals darauf hinweisen, dass den Arbeitgeber die Verpflichtung trifft, die Regelungen der oben genannten Betriebsvereinbarung durchzuführen. Sollte es zu einem weiteren Verstoß gegen diese Durchführungspflicht kommen, sehen wir uns gezwungen, den Durchführungsanspruch des Betriebsrats mit gerichtlicher Hilfe durchzusetzen.

Betriebsrat: Kündigung einer Betriebsvereinbarung 5

Hinweis:
Zur Rechtslage vgl. DKW-*Berg*, § 77 Rn. 108ff.

Betriebsrat der Firmenbezeichnung-AG, Adresse Ort, Datum
Betriebsratsvorsitzender Name

An den
Vorstand
der Firmenbezeichnung-AG
z. Hd. Herrn Name
im Hause

Kündigung der Betriebsvereinbarung Nr. 23 über die Nutzung von Intranet, E-Mail und Internet vom 3.4.2001

Sehr geehrter Herr Name,

nachdem es leider nicht gelungen ist, in den bisherigen Verhandlungen zu einer akzeptablen Neuregelung der Art und Weise der privaten Nutzung von Intranet und E-Mail und der Frage der

Nutzung der elektronischen Medien durch den Betriebsrat und für gewerkschaftliche Information und Werbung durch die im Betrieb vertretene Gewerkschaft zu kommen, hat der Betriebsrat in seiner Sitzung vom Datum beschlossen, die oben genannte Betriebsvereinbarung fristgemäß zum Datum zu kündigen.
Wir schlagen vor, im Rahmen einer weiteren Verhandlung zu versuchen, über die vom Betriebsrat angestrebte Neuregelung Einvernehmen herzustellen. In diesem Zusammenhang erinnern wir daran, dass auch bei der einvernehmlich gewünschten Ergänzungsregelung zur oben genannten Betriebsvereinbarung über Weiterbildungsmaßnahmen für DV-Nutzer in einigen Detailfragen noch erheblicher Klärungsbedarf besteht.
Sollte sich bis zum Datum eine einvernehmliche Verhandlungslösung nicht konkret abzeichnen, erwägt der Betriebsrat die Einleitung eines Einigungsstellenverfahrens.
Wir hoffen auf Ihr Verständnis.

6 **Gewerkschaft: Antrag beim ArbG auf Unterlassung einer tarifwidrigen Betriebsvereinbarung**

Hinweis:
Zur Rechtslage vgl. DKW-*Berg*, § 77 Rn. 176ff.

An das
Arbeitsgericht
Bezeichnung
Adresse

Antrag
auf Entscheidung im Beschlussverfahren
mit den Beteiligten
1. Gewerkschaft Bezeichnung, vertreten durch Name, Adresse

- Antragstellerin -

Verfahrensbevollmächtigter: Rechtsanwalt/Rechtssekretär Name, Anschrift
gegen
2. Firmenbezeichnung, vertreten durch die Firmenbezeichnung, diese wiederum vertreten durch die Geschäftsführer Name, Adresse,

- Antragsgegnerin -

weiterer Beteiligter:
3. Betriebsrat der Firma Firmenbezeichnung, vertreten durch den Betriebsratsvorsitzenden Name, Adresse,
wegen **Unterlassung der Durchführung einer tarifwidrigen Betriebsvereinbarung**
Namens und in Vollmacht der Antragstellerin und Beteiligten zu 1. leite ich ein Beschlussverfahren ein und beantrage,

1. die Beteiligte zu 2. wird verpflichtet, es zu unterlassen, die Ziffer(n) der unter dem Datum abgeschlossenen Betriebsvereinbarung »Arbeitszeit« durchzuführen,
2. die Beteiligte zu 2. wird verpflichtet, es zu unterlassen, mit dem Beteiligten zu 3. Regelungen in Betriebsvereinbarungen oder Regelungsabreden zu treffen, die die regelmäßige wöchentliche Arbeitszeit abweichend von § MTV vom Datum über 37,5 Stunden hinaus verlängern, soweit nicht die in § MTV vom Datum aufgeführten Ausnahmetatbestände vorliegen,
3. die Beteiligte zu 2. wird verpflichtet, es zu unterlassen, mit Unterstützung des Beteiligten zu 3. durch vertragliche Einheitsregelungen mit den von § MTV vom Datum erfassten Arbeitnehmern die regelmäßige wöchentliche Arbeitszeit abweichend von § MTV vom

Datum zu vereinbaren, soweit nicht die in § MTV vom Datum aufgeführten Ausnahmetatbestände vorliegen,

4. der Beteiligten zu 2. für Zuwiderhandlungen gegen die beantragten Verpflichtungen nach den Anträgen 1. bis 4. ein in das Ermessen des Gerichts zu stellendes Ordnungs- bzw. Zwangsgeld anzudrohen.

Begründung:

A. Sachverhalt

Zwischen der Beteiligten zu 1. und der Beteiligten zu 2. besteht seit einigen Monaten ein Konflikt wegen der Nichteinhaltung der einschlägigen Bestimmungen der Tarifverträge der -Branche, insbesondere der Bestimmungen des § MTV vom Datum über die regelmäßige wöchentliche Arbeitszeit durch die Beteiligte zu 2.

Die Beteiligte zu 1. ist die im Betrieb der Beteiligten zu 2. vertretene Gewerkschaft und Tarifvertragspartei der für die -Branche abgeschlossenen Tarifverträge.

Die Beteiligte zu 2. ist ein -Unternehmen mit Sitz in Ort. Sie beschäftigt zurzeit ca. Arbeitnehmer.

Bei dem Beteiligten zu 3. handelt es sich um den bei der Beteiligten zu 2. gewählten Betriebsrat.

Die Beteiligte zu 2. ist Mitglied des Arbeitgeberverbands, der als Tarifvertragspartei auf Arbeitgeberseite mit der Beteiligten zu 1. die Tarifverträge für die -Branche abschließt.

Der zurzeit gültige MTV, in dem unter anderem die regelmäßige wöchentliche Arbeitszeit geregelt ist, wurde von den Tarifvertragsparteien am Datum abgeschlossen und trat rückwirkend zum Datum in Kraft.

Gemäß § MTV beträgt die regelmäßige wöchentliche Arbeitszeit 37,5 Stunden.

Gemäß § MTV ist eine über die tarifliche Arbeitszeit von 37,5 Stunden hinausgehende Arbeitszeit bis zu 40 Stunden als zuschlagsfreie Mehrarbeit zu vergüten.

Beweis: Vorlage von Auszügen aus dem MTV in Kopie,

Anlage 1

Die Beteiligte zu 2. hat mit dem Beteiligten zu 3. unter dem Datum eine Betriebsvereinbarung »« (BV) abgeschlossen, die zum Datum in Kraft getreten ist und seit diesem Zeitpunkt von der Beteiligten zu 2. im Betrieb durchgeführt wird.

Gemäß Ziffer der BV beträgt die regelmäßige wöchentliche Arbeitszeit für alle Arbeitnehmer abweichend von § MTV 40 Stunden.

Gemäß Ziffer BV leistet jeder Arbeitnehmer 2,5 Arbeitsstunden pro Woche unbezahlt, und Mehrarbeit wird erst ab der 41. Arbeitsstunde pro Woche vergütet.

Beweis: Vorlage der BV in Kopie

Anlage 2

Die Beteiligte zu 1. hat zunächst versucht, in Gesprächen mit der Beteiligten zu 2. zu erreichen, dass diese von der Durchführung der tarifwidrigen BV Abstand nimmt. Die Gespräche sind erfolglos verlaufen.

Mit Schreiben vom Datum hat die Beteiligte zu 2. der Beteiligten zu 1. mitgeteilt, es bestehe für sie keine Veranlassung, zur tarifvertraglich festgelegten 37,5-Stunden-Woche zurückzukehren. Aus dem Schreiben der Beteiligten zu 2. wird darüber hinaus deutlich, dass die Beteiligte zu 2. den Verstoß gegen die tarifvertraglichen Arbeitszeitbestimmungen und das sonstige Tarifrecht bewusst vorgenommen hat und für den Fall einer gerichtlichen Untersagung der Durchführung der BV die tarifwidrige Durchführung der 40-Stunden-Woche die Unterstützung des Beteiligten zu 3. »auf einem anderen Weg« ausdrücklich ankündigt.

Beweis: Vorlage des Schreibens der Beteiligten zu 2.

Anlage 3

B. Rechtliche Würdigung

I.

Die im vorliegenden Verfahren geltend gemachten Anträge der Beteiligten zu 1. gegen die Durchführung und den Abschluss tarifwidriger Betriebsvereinbarungen oder sonstiger betrieblicher Regelungen betreffen eine betriebsverfassungsrechtliche Angelegenheit im Sinne des § 2a Abs. 1 Nr. 1 ArbGG, so dass das Beschlussverfahren die zutreffende Verfahrensart ist (BAG 7.6.2017, NZA 17, 1410, Rn. 10: 17.5.2011, AuR 11, 498; 13.3.2001, AP Nr. 17 zu § 2a ArbGG 1979; 20.4.1999, DB 99, 1555, 1556).

II.

Die Beteiligte zu 1. hat gegen die Beteiligte zu 2. einen Anspruch auf Unterlassung der in der BV vom Datum vereinbarten tarifwidrigen Regelungen bzw. des Abschlusses entsprechender Betriebsvereinbarungen oder sonstiger betrieblicher Regelungen aus §§ 1004, 823 BGB i.V.m. Art. 9 Abs. 3 GG einerseits (BAG 25.1.2023, NZA 23, 979, 7.6.2017, NZA 17, 1410) und aus § 77 Abs. 3 BetrVG bzw. § 23 Abs. 3 i.V.m. § 77 Abs. 3 BetrVG andererseits:

1. Die unter A. Sachverhalt zitierten Bestimmungen des MTV legen verbindlich fest, dass die regelmäßige wöchentliche Arbeitszeit in tarifgebundenen Betrieben der -Branche 37,5 Stunden beträgt. Eine Öffnungsklausel für die Betriebsparteien, die regelmäßige wöchentliche Arbeitszeit über 37,5 Stunden hinaus zu verlängern, sieht der MTV nicht vor. Die in § MTV vorgesehenen Ausnahmetatbestände sind im vorliegenden Fall nicht gegeben. Gemäß § 4 Abs. 2 MTV sind die von den Arbeitnehmern über 37,5 Stunden pro Woche hinaus geleisteten Arbeitsstunden bis zu 40 Stunden pro Woche als zuschlagsfreie Mehrarbeit zu vergüten. Gegen diese Bestimmungen des MTV verstoßen die Ziffer der BV.
2. Der Abschluss und die Durchführung der BV vom Datum durch die Beteiligte zu 2. stellt sich als Eingriff in die kollektive Koalitionsfreiheit der Beteiligten zu 1. dar, zu dessen Abwehr der Beteiligten zu 1. ein Unterlassungsanspruch aus §§ 1004, 823 BGB i.V.m. Art. 9 Abs. 3 GG zusteht. Die von einem derartigen Eingriff betroffene Gewerkschaft kann auch verlangen, dass der Arbeitgeber eine vertragliche Einheitsregelung unterlässt (BAG 17.5.2011, a.a.O.; 20.4.1999, a.a.O., 3. Leitsatz und 1558).
   Der durch Art. 9 Abs. 3 GG geschützte Abschluss von Tarifverträgen als koalitionsspezifische Betätigung einer Gewerkschaft wird nicht erst dann beeinträchtigt, »wenn eine Koalition daran gehindert wird, Tarifrecht zu schaffen. Eine Einschränkung oder Behinderung der Koalitionsfreiheit liegt vielmehr auch in Abreden oder Maßnahmen, die zwar nicht die Entstehung und den rechtlichen Bestand eines Tarifvertrags betreffen, aber darauf gerichtet sind, dessen Wirkung zu vereiteln oder leer laufen zu lassen. … Die Beeinträchtigung der Koalitionsfreiheit liegt vielmehr darin, dass solche Absprachen faktisch geeignet sind, schon auf Grund ihres erklärten Geltungsanspruchs an die Stelle der tariflichen Regelung zu treten.« (BAG 20.4.1999, a.a.O.).
   Zur Abwehr derartiger Eingriffe in die kollektive Koalitionsfreiheit steht der Beteiligten zu 1. als im Betrieb der Beteiligten zu 2. vertretener und tarifschließender Gewerkschaft ein Unterlassungsanspruch gem. §§ 1004, 823 BGB i.V.m. Art. 9 Abs. 3 GG zu. Sie kann verlangen, dass die Beteiligte zu 2. die Durchführung und den Abschluss tarifwidriger Betriebsvereinbarungen bzw. sonstiger tarifwidriger betrieblicher Regelungen unterlässt (BAG 17.5.2011, a.a.O.; 20.4.1999, a.a.O.).
3. Ein Eingriff in die kollektive Koalitionsfreiheit der Beteiligten zu 1. und die Tarifautonomie kann mit einem Unterlassungsantrag dann angegriffen werden, wenn eine Tarifnorm als kollektive Ordnung durch eine betriebliche kollektive Ordnung verdrängt werden soll. Diese Voraussetzung ist bei tarifwidrigen Betriebsvereinbarungen, wie im vorliegenden Fall, regelmäßig gegeben (BAG 17.5.2011, a.a.O.; 20.4.99, a.a.O.).
   Weiterhin ist es erforderlich, dass das durch eine Betriebsvereinbarung verdrängte Tarifrecht im Anwendungsbereich der tarifwidrigen betrieblichen Regelungen normativ gilt (BAG 17.5.2011, a.a.O.; 20.4.1999, a.a.O., 1558f.). Diese Voraussetzung ist auf Grund der Mitglied-

schaft der Beteiligten zu 2. im Arbeitgeberverband und der Tatsache, dass die Beteiligte zu 1. im Betrieb der Beteiligten zu 2. als Gewerkschaft vertreten ist, gegeben.

4. Auf Grund der ausdrücklichen Ankündigung der Beteiligten zu 2. in ihrem Schreiben vom Datum steht fest, dass die Beteiligte zu 2. beabsichtigt,
   - die ursprünglich auf den Datum befristete BV zu verlängern und
   - im Fall der gerichtlichen Untersagung des Abschlusses und der Durchführung der bereits abgeschlossen oder zukünftiger BV in Abstimmung mit den Beteiligten zu 3. die 40-Stunden-Woche »auf einem anderen Weg mit der Belegschaft« zu vereinbaren.
   - Auf diese Ankündigungen der Beteiligten zu 2. beziehen sich die Anträge zu 2. und 3. Würde man die Anträge ausschließlich auf den bereits vollzogenen Verstoß des Abschlusses der BV und ihrer Durchführung beschränken, würde die Beteiligte zu 1. darauf verwiesen, bei zukünftigen Verstößen in Form einer Verlängerung der streitgegenständlichen BV oder des Abschlusses neuer Betriebsvereinbarungen oder Regelungsabreden gleichsam wie beim »Hase und Igel-Spiel« den entsprechenden Verstößen der Beteiligten zu 2. hinterher zu laufen. Auch das BAG hat festgestellt, dass in derartigen Konstellationen ein berechtigtes Bedürfnis einer Gewerkschaft daran besteht, zu einer allgemeinen, dem konkreten Streitfall zu Grunde liegenden Rechtsfrage eine Entscheidung über den konkreten Anlass hinaus zu erlangen (BAG 20.4.1999, Az. 1 ABR 13/98, DB 99, 2016).
   - Mit den Anträgen zu 2. und 3. soll somit verhindert werden, dass die Beteiligte zu 2. die zurzeit gültige BV über den Datum hinaus verlängert oder neue Betriebsvereinbarungen, Regelungsabreden oder vertragliche Einheitsregelungen mit entsprechendem Inhalt vereinbart und durchführt.
5. Der Antrag auf Androhung eines Ordnungs- bzw. Zwangsgeldes kann bereits im Erkenntnisverfahren gestellt werden. Ein Ordnungs- bzw. Zwangsgeld kann bereits im Titel angedroht werden (Germelmann/Matthes/Prütting-*Spinner*, ArbGG, § 85 Rn. 27; Fitting, § 23 Rn. 72, 79).
6. Neben der für den koalitionsrechtlichen Unterlassungsanspruch der Beteiligten zu 1. maßgeblichen Anspruchsgrundlage der §§ 1004, 823 BGB i.V.m. Art. 9 Abs. 3 GG ergeben sich die geltend gemachten Unterlassungsansprüche der Beteiligten zu 1. auch aus § 77 Abs. 3 BetrVG unmittelbar oder aus § 23 Abs. 3 i.V.m. § 77 Abs. 3 BetrVG (betriebsverfassungsrechtlicher Unterlassungsanspruch).

   Aus dem Schutzzweck des § 77 Abs. 3 folgt ein eigenständiger Unterlassungsanspruch der Gewerkschaft (DKW-*Berg*, § 77 Rn. 184ff.). § 77 Abs. 3 BetrVG trägt der qualitativ höheren Gewichtung der Tarifautonomie gegenüber der Betriebsautonomie Rechnung. Es geht um die Gewährleistung eines leistungsfähigen und attraktiven tarifautonomen Handlungssystems im Allgemeinen und die Sicherung der ausgeübten und aktualisierten Tarifautonomie im Besonderen. Den Gewerkschaften und Arbeitgeberverbänden wurde bezüglich der Gestaltung der Arbeitsentgelte und Arbeitsbedingungen eine weitgehende Vorrangstellung eingeräumt. Die Betriebsvereinbarung soll nicht als ein »Ersatztarifvertrag« oder als »Zusatztarifvertrag« für über- oder untertarifliche Leistungen wirken können, weil dadurch die Stellung der Koalitionen und ihre Funktionsfähigkeit entscheidend getroffen wird. Durch den Abschluss einer gegen § 77 Abs. 3 BetrVG verstoßenden Betriebsvereinbarung greifen die Betriebsparteien in eine durch das Betriebsverfassungsgesetz geschützte Rechtsposition der Gewerkschaft als Tarifvertragspartei ein. Hieraus erwächst der Gewerkschaft ein betriebsverfassungsrechtlicher Unterlassungs- und Beseitigungsanspruch.

   Das BAG hat einen betriebsverfassungsrechtlichen Unterlassungsanspruch der Gewerkschaft jedenfalls dann bejaht, wenn sich eine Verletzung des § 77 Abs. 3 BetrVG als grober **Verstoß** gegen die betriebsverfassungsrechtlichen Pflichten von Betriebsrat und Arbeitgeber gem. § 23 Abs. 1, 3 BetrVG darstellt (BAG 20.8.1991, NZA 92, 317). Der auch vom BAG anerkannte betriebsverfassungsrechtliche Unterlassungsanspruch der Gewerkschaft besteht neben dem koalitionsrechtlichen Unterlassungsanspruch aus Art. 9 Abs. 3 GG und verdrängt diesen nicht (BAG 20.4.1999, DB 99, 1555, 1557).

> **Hinweis:**
> Bei Vorliegen der üblichen Voraussetzungen kann der Unterlassungsanspruch auch durch eine einstweilige Verfügung verfolgt werden (BAG 17.5.2011, AuR, 498).

§ 78 Schutzbestimmungen

Die Mitglieder des Betriebsrats, des Gesamtbetriebsrats, des Konzernbetriebsrats, der Jugend- und Auszubildendenvertretung, der Gesamt-Jugend- und Auszubildendenvertretung, der Konzern-Jugend- und Auszubildendenvertretung, des Wirtschaftsausschusses, der Bordvertretung, des Seebetriebsrats, der in § 3 Abs. 1 genannten Vertretungen der Arbeitnehmer, der Einigungsstelle, einer tariflichen Schlichtungsstelle (§ 76 Abs. 8) und einer betrieblichen Beschwerdestelle (§ 86) sowie Auskunftspersonen (§ 80 Absatz 2 Satz 4) dürfen in der Ausübung ihrer Tätigkeit nicht gestört oder behindert werden. Sie dürfen wegen ihrer Tätigkeit nicht benachteiligt oder begünstigt werden; dies gilt auch für ihre berufliche Entwicklung. Eine Begünstigung oder Benachteiligung liegt im Hinblick auf das gezahlte Arbeitsentgelt nicht vor, wenn das Mitglied einer in Satz 1 genannten Vertretung in seiner Person die für die Gewährung des Arbeitsentgelts erforderlichen betrieblichen Anforderungen und Kriterien erfüllt und die Festlegung nicht ermessensfehlerhaft erfolgt.

Inhaltsübersicht

I. Einleitung

1 Zweck der Vorschrift ist es, den Betriebsverfassungsorganen und ihren Mitgliedern eine ungestörte und unbeeinflusste Amtsausübung zu gewährleisten und die Mitglieder in ihrer persönlichen Stellung, vor allem als Arbeitnehmer des Betriebs, vor Nachteilen wegen ihrer Amtsstellung zu bewahren. Sie ist zwingend und unverzichtbar. Im Gesetzestext werden die geschützten Organe und Personen aufgezählt. Darüber hinaus erstreckt sich der Schutzbereich auf Ersatzmitglieder. Für Mitglieder des Wahlvorstands und für Wahlbewerber gilt § 20 BetrVG. Der Schutz erstreckt sich auch auf Betriebsfremde, wie beispielsweise Mitglieder der Einigungsstelle, einschließlich deren Vorsitzenden und der vom Arbeitgeber benannten Mitglieder. Auch die Behinderung der Mitglieder einer Arbeitsgruppe nach § 28a BetrVG stellt eine verbotene Behinderung des Betriebsrats als Organ dar, da sie vom Betriebsrat übertragene Aufgaben wahrnehmen. Unzulässig ist zugleich jede Benachteiligung oder Begünstigung der Mitglieder dieser Organe wegen ihrer Tätigkeit.

Zwischenzeitlich hatte das Urteil des BGH v. 10.1.2023, das in der Zahlung von überhöhtem Arbeitsentgelt an Betriebsratsmitglieder eine strafbare Untreue sah, zu erheblichen Verunsicherungen geführt. Viele Arbeitgeber kürzten in der Folge die Vergütung von Betriebsratsmitgliedern erheblich zu Unrecht. Mit dem 2. Gesetz zur Änderung des

BetrVG v. 19.7.2024 sollten diese Rechtsunsicherheiten beseitigt werden. § 37 Abs. 4 und § 78 BetrVG wurden gemäß den Vorschlägen einer Expertenkommission geändert. Seitdem stellt Satz 3 unabhängig von den Voraussetzungen des § 37 BetrVG klar, dass eine Begünstigung im Hinblick auf das gezahlte Arbeitsentgelt nicht vorliegt, wenn das Betriebsratsmitglied in seiner Person die für die Gewährung des Arbeitsentgelts erforderlichen betrieblichen Anforderungen und Kriterien erfüllt und die Festlegung nicht ermessensfehlerhaft erfolgt. Zudem regelt § 37 Abs. 4 Mindestansprüche auf Arbeitsentgelt und stellt dabei auf das Arbeitsentgelt vergleichbarer Arbeitnehmer ab. Arbeitshilfen zur Bestimmung dieser Arbeitnehmer nebst Betriebsvereinbarung zur Konkretisierung der Vergleichbarkeit finden sich unter § 37 BetrVG.

II. Arbeitshilfen

Musterschreiben

Aufforderung zur Unterlassung und Beseitigung der Störung und Behinderung der Betriebsratstätigkeit durch Kündigung und Hausverbot 2

Betriebsrat der Firma Firmenbezeichnung, Adresse — Ort, Datum
Betriebsratsvorsitzende:r Name

An Arbeitgeberin Firmenbezeichnung
im Hause

Störung und Behinderung der Betriebsratsarbeit
Sehr geehrte Frau Name,
dem Mitglied des Betriebsrats Herrn/Frau Name wurde – ohne vorherige Zustimmung des Betriebsrats – am Datum durch die Personalleitung fristlos gekündigt. Zugleich wurde ihm/ihr Hausverbot erteilt. Die Kündigung ist wegen Verstoßes gegen § 103 BetrVG und § 15 KSchG unheilbar nichtig. Herr/Frau Name ist nach wie vor ordentliches Betriebsratsmitglied. Die Verweigerung des Zutritts zum Betrieb durch die Personalleitung stellt eine Behinderung der Betriebsratstätigkeit dar. Es handelt sich um einen groben Verstoß gegen Ihre Verpflichtungen aus § 78 BetrVG. Hierdurch wird nicht nur das Betriebsratsmitglied Herr/Frau Name, sondern der gesamte Betriebsrat in seiner Arbeit empfindlich behindert.
Wir haben Sie deshalb dringend aufzufordern, dem Betriebsrat gegenüber unverzüglich, spätestens bis zum Datum, ___ Uhr, schriftlich oder mündlich klarzustellen, dass die Kündigung zurückgenommen, das Hausverbot gegen das Betriebsratsmitglied Herrn/Frau Name aufgehoben und diese/r in seinem/ihrem Betriebsratsamt weder gestört noch behindert wird. Dadurch würden die sonst notwendigen rechtlichen Schritte entbehrlich.

> **Hinweis:**
> Vgl. DKW-*Buschmann*, § 78 Rn. 17.

3 **Antrag auf einstweilige Verfügung wegen Behinderung der Betriebsratstätigkeit**

An das Arbeitsgericht
Bezeichnung
Adresse

In dem Beschlussverfahren des
1. Betriebsratsmitglieds Name, Adresse

– Antragsteller –

2. Betriebsrat der Firma Firmenbezeichnung, vertreten durch den/die Betriebsratsvorsitzende:n Name, Adresse

– Antragsteller –

3. Gewerkschaft Bezeichnung, Adresse

– Antragsteller –

4. Firma Firmenbezeichnung, vertreten durch die Geschäftsführerin Name, Adresse,

– Antragsgegner –

zeigen wir an, dass wir die Beteiligten zu 1 bis 3 vertreten, leiten ein Beschlussverfahren ein und beantragen, wegen der Dringlichkeit durch die/den Vorsitzende:n allein, ohne mündliche Verhandlung im Wege der einstweiligen Verfügung zu entscheiden:

1. Die Antragsgegnerin wird verpflichtet, den Zugang des Antragstellers und Beteiligten zu 1 zum Betrieb zur Erfüllung seiner betriebsverfassungsrechtlichen Aufgaben zu dulden.
2. Der Antragsgegnerin wird untersagt, die Betriebsratstätigkeit zu behindern, insbesondere dadurch, dass dem Beteiligten zu 1 der Zugang zum Betrieb und zu den Arbeitsplätzen sowie die weitere Ausübung seiner Betriebsratstätigkeit verwehrt wird.
3. Der Antragsgegnerin wird für den Fall der Zuwiderhandlung gegen die Verpflichtung aus Ziff. 1 ein Zwangsgeld, dessen Höhe in das Ermessen des Gerichts gestellt wird, mindestens jedoch 10 000 €, ersatzweise Zwangshaft, angedroht.
4. Der Antragsgegnerin wird für jeden Fall der Zuwiderhandlung gegen die Verpflichtung aus Ziff. 2 ein Ordnungsgeld, dessen Höhe in das Ermessen des Gerichts gestellt wird, mindestens jedoch 10 000 €, ersatzweise Ordnungshaft, angedroht.

Begründung:
Die Antragsgegnerin betreibt in Ort den Betrieb Betriebsbezeichnung mit Beschäftigten. Antragsteller sind das Betriebsratsmitglied Name, der Betriebsrat und die zuständige Gewerkschaft Bezeichnung. Der Beteiligte zu 1 hat sich am Datum als Betriebsratsmitglied an einer spontanen innerbetrieblichen Informationsveranstaltung zur Aufklärung über die in der Presse bekannt gewordenen Absichten des Arbeitgebers, den Standort Ort zu schließen, beteiligt. Darauf wurde ihm – ohne vorherige Zustimmung des Betriebsrats – am Datum fristlos gekündigt. Zugleich wurde ihm Hausverbot erteilt. Die Kündigung ist wegen Verstoßes gegen § 103 BetrVG und § 15 KSchG unheilbar nichtig. Über das vor dem ArbG unter dem Aktenzeichen anhängige Kündigungsschutz- und Weiterbeschäftigungsverfahren ist noch nicht entschieden. Vorstehender Sachverhalt wird durch beiliegende eidesstattliche Versicherungen des Betriebsratsvorsitzenden Name sowie des Gewerkschaftssekretärs Name glaubhaft gemacht.
Der Beteiligte zu 1 ist nach wie vor ordentliches Betriebsratsmitglied. Die unwirksame Kündigung eines Betriebsratsmitglieds beendet weder das Arbeitsverhältnis noch die Mitgliedschaft im Betriebsrat i. S. d. § 24 Nr. 3 BetrVG. Die Verweigerung des Zutritts zum Betrieb durch die Antragsgegnerin stellt eine Behinderung der Betriebsratstätigkeit dar (vgl. Rechtsprechungsnachweise in DKW-*Buschmann*, § 78 Rn. 17). Gegen diese Behinderung ist die einstweilige Verfügung zulässig und geboten (vgl. Rechtsprechungsnachweise in DKW-*Buschmann*, § 24 Rn. 14f.; § 78 Rn. 39). Es handelt sich um einen groben Verstoß der Arbeitgeberin gegen ihre Verpflichtungen aus § 78 BetrVG, so dass der Antrag zugleich auf § 23 Abs. 3 BetrVG zu stützen ist. Ein Verfügungsanspruch ist damit gegeben.
Der Verfügungsgrund ist schon deshalb gegeben, weil angesichts der bekannten Belastung dieses Arbeitsgerichts eine Entscheidung im Hauptsacheverfahren erst in einigen Monaten zu

erwarten und somit zu befürchten ist, dass die Antragsgegnerin ihr offensichtlich rechtswidriges Ziel, nämlich den Antragsteller an der Ausübung seines Amtes zu hindern, erreichen würde. Eine derartige Behinderung darf auch vorübergehend nicht hingenommen werden, da nicht nur das einzelne Betriebsratsmitglied, sondern auch der gesamte Betriebsrat zeitweilig in seiner Arbeit empfindlich behindert, die Rechtssicherheit (etwa bei Betriebsratsbeschlüssen oder anderen -maßnahmen) beeinträchtigt und darüber hinaus die Beschäftigten des Betriebes weitgehend schutzlos gestellt würden, hätte die Arbeitgeberin es in der Hand, einseitig die Betriebsratsarbeit durch Kündigungen sowie den Ausspruch von Hausverboten zu stören.

Hinweis:
Vgl. DKW-*Buschmann*, § 24 Rn. 14f.; § 78 Rn. 17, 39.

Aufforderung zur Unterlassung und Beseitigung der Benachteiligung eines Betriebsratsmitglieds 4

Betriebsrat der Firma Firmenbezeichnung, Adresse Ort, Datum
Betriebsratsvorsitzende/r Name

An Arbeitgeber Firmenbezeichnung
im Hause

Benachteiligung des Betriebsratsmitglieds Name
Sehr geehrte Frau Name,
wie Sie wissen, ist Herr/Frau Name Mitglied des Betriebsrats. In dieser Funktion hat er/sie seit Jahren seine/ihre Aufgaben pflichtgemäß wahrgenommen. Der Betriebsrat hat feststellen müssen, dass die Personalleitung am Datum eine sog. »Mitarbeiterinformation« am »Schwarzen Brett«/eine E-Mail im Intranet an alle Beschäftigten veranlasst hat, in dem sog. »Fehlzeiten« des Betriebsratsmitglieds Herrn/Frau Name aufgelistet wurden. Dort sind u.a. aufgeführt: Ausfälle durch Krankheit, Betriebsratstätigkeit, Lehrgänge, Urlaub, etc. Anschließend wird die rhetorische Frage gestellt, »ob wir uns in Zeiten eines weltweiten verschärften Wettbewerbs und der ungesicherten Zukunft des Standorts Ort die damit verbundenen Kosten noch leisten können.« Diese Mitarbeiterinformation stellt eine Behinderung der Betriebsratstätigkeit und darüber hinaus eine Benachteiligung des Betriebsratsmitglieds, Herrn/Frau Name, dar. Es wird nämlich gegenüber den Beschäftigten der unzutreffende Eindruck erweckt, dass Herr/Frau Name durch seine/ihre Betriebsratstätigkeit seine/ihre arbeitsvertraglichen Verpflichtungen nicht ordnungsgemäß erfülle und die Arbeitsplätze der Arbeitskollegen gefährde. Demgegenüber erfüllt Herr/Frau Name nur seine/ihre Amtspflichten aus dem Betriebsverfassungsgesetz. Bei dieser »Mitarbeiterinformation« handelt es sich um einen groben Verstoß gegen Ihre Verpflichtungen aus § 78 BetrVG. Hierdurch wird nicht nur das Betriebsratsmitglied Herr/Frau Name benachteiligt, sondern der gesamte Betriebsrat in seiner Arbeit empfindlich behindert.
Wir haben Sie deshalb dringend aufzufordern, dem Betriebsrat gegenüber unverzüglich, spätestens bis zum Datum Uhrzeit, schriftlich oder mündlich klarzustellen, dass die Mitarbeiterinformation mit dem Ausdruck des Bedauerns zurückgenommen wird und dass keine Vorwürfe gegen das Betriebsratsmitglied Herrn/Frau Name erhoben werden, schließlich die Beschäftigten in gleicher Weise zu informieren. Dadurch würden die sonst notwendigen rechtlichen Schritte entbehrlich.

Hinweis:
Vgl. DKW-*Buschmann*, § 78 Rn. 17.

5 **Beschlussverfahren Abmahnungsbeseitigung**

An das Arbeitsgericht Bezeichnung
Adresse

In dem Beschlussverfahren des
1. Betriebsrats der Fa Bezeichnung, Betrieb Ort, vertreten durch den/die Betriebsratsvorsitzende/n, Name,
[[@ausrichtung:rechtsbündig]]– Antragsteller –
2. Gewerkschaft Bezeichnung,
Organisation, Ort, vertreten durch …
[[@ausrichtung:rechtsbündig]]– Antragsteller –
3. Betriebsratsmitglieds Name Adresse,
[[@ausrichtung:rechtsbündig]]– Antragstellerin –
4. Fa Firmenbezeichnung, vertreten durch die Geschäftsführerin Name, Adresse,
[[@ausrichtung:rechtsbündig]]– Antragsgegnerin –
zeigen wir an, dass wir die Beteiligten zu 1 bis 3 vertreten, und bitten um Einleitung eines Beschlussverfahrens sowie um Anberaumung eines Termins, in dem wir beantragen werden:

1. Die Beteiligte zur 4 wird verpflichtet, die gegenüber der Beteiligten zu 3 aufgestellte Behauptung, sie habe durch ihre Teilnahme an der Informationsveranstaltung des Betriebsrats vom Datum den Betriebsfrieden gestört, zu unterlassen und zu widerrufen.
2. Die Beteiligte zu 4 wird verpflichtet, die betriebsverfassungsrechtliche Abmahnung vom Datum aus der Personalakte des Beteiligten zu 3 zu entfernen und zu vernichten.

Begründung:
Der Beteiligte zu 1 ist der am Datum gewählte Betriebsrat im Betrieb Adresse der Beteiligten zu 4. Die Beteiligte zu 2 ist die für diesen Betrieb zuständige und in diesem Betrieb vertretene Gewerkschaft. Die Beteiligte zu 3 ist auf Grund Anstellungsvertrags vom Datum seit dem Datum bei der Beteiligten zu 4 als Bezeichnung in der Abteilung Bezeichnung beschäftigt, zuletzt zu einem Monatsgehalt von   €. Am Datum wurde sie als ordentliches Betriebsratsmitglied gewählt und nimmt seitdem ihre betriebsverfassungsrechtlichen Aufgaben wahr.
Die Beteiligte zu 3 hat sich am Datum als Betriebsratsmitglied an einer spontanen innerbetrieblichen Informationsveranstaltung des Betriebsrats zur Aufklärung über die in der Presse bekannt gewordenen Absichten der Arbeitgeberin, den Standort Ort zu schließen, beteiligt. Darauf wurde ihr eine sogenannte betriebsverfassungsrechtliche Abmahnung erteilt.

Beweis:
Abmahnung vom Datum, Anlage 1
Aussage der Zeugen Namen

Die Beteiligten zu 1 und zu 3 haben am Datum schriftlich die Entfernung der Abmahnung aus der Personalakte und einen Widerruf der ihn beeinträchtigenden Äußerungen gegenüber den anderen Mitarbeitern der Abteilung verlangt.

Beweis:
Anlage 2

Dies wurde ihnen am Datum mündlich seitens der Personalleitung verweigert. Im Übrigen wurde die Beteiligte zu 3 auf die Möglichkeit einer Gegendarstellung zur Personalakte verwiesen. Weitere Nachfragen blieben ergebnislos.
Anders als bei individualrechtlichen Abmahnungsbeseitigungsklage ist vorliegend das Beschlussverfahren die gegebene Verfahrensart. Streitgegenstand dieses Verfahrens ist nicht die individualrechtliche Rechtsposition einer Arbeitnehmerin, sondern die Amtsstellung des Betriebsrates und seiner Mitglieder. Auseinandersetzungen über die kollektivrechtliche Rechtsposition

betriebsverfassungsrechtliche Amtsträger werden jedoch nicht im Urteilsverfahren, sondern im betriebsverfassungsrechtlichen Beschlussverfahren geführt (Nachweise bei *Schreckling-Kreuz/Kreuz*, Das Störung- und Behinderungsverbot des § 78 S. 1 BetrVG aus der Sicht der Arbeitsgerichte, AuR 2019, 206f.; DKW-*Buschmann*, § 78 BetrVG Rn. 39).
Die Begründetheit der gestellten Anträge ergibt sich schon daraus, dass das Betriebsverfassungsrecht ein Rechtsinstitut der betriebsverfassungsrechtlichen Abmahnung gegen Betriebsratsmitglieder nicht kennt. Deswegen dürfen Abmahnungen, mit denen der Arbeitgeber die Amtsausübung von Betriebsratsmitgliedern rügt und Sanktionen androht (betriebsverfassungsrechtliche Abmahnungen), unabhängig von ihrer Rechtmäßigkeit nicht in die Personalakten der Betriebsratsmitglieder aufgenommen werden. Diese können die Entfernung der Abmahnungen aus ihren Personalakten verlangen und nötigenfalls im arbeitsgerichtlichen Beschlussverfahren durchsetzen (LAG Baden-Württemberg v. 3.7.2020 – 8 TaBV 3/19, FA 2020, 350; ausführlich *Schreckling-Kreuz/Kreuz*, a.a.O. DKW-*Dornberger*, § 23 BetrVG, Rn. 70ff.).
Schließlich ist festzustellen, dass die Beteiligte durch 3 durch ihre Teilnahme an der Informationsveranstaltung des Betriebsrates weder gegen ihre betriebsverfassungsrechtlichen noch gegen ihre arbeitsvertraglichen Pflichten verstoßen hat. Der Betriebsrat hat die Aufgabe, die Beschäftigten des Betriebs über betriebliche Entwicklungen, die ihm in seiner Eigenschaft als Betriebsrat bekannt werden, zu informieren. Nach § 80 Abs. 1 Nr. 3 BetrVG hat er Anregungen von Arbeitnehmern entgegenzunehmen. Nach Nr. 6 dieser Vorschrift hat er die Beschäftigung im Betrieb zu fördern und zu sichern. Die Informationsveranstaltung diente genau diesen Zwecken. Damit haben der Betriebsrat und seine Mitglieder bei dieser Veranstaltung nur ihre Amtspflicht nach dem Betriebsverfassungsgesetz erfüllt und nicht gegen diese verstoßen. Die im Betrieb öffentlich aufgestellte Behauptung, die Beteiligte zu 3 habe den Betriebsfrieden gestört, ist somit unzutreffend und stellt eine Verletzung der Rechtsposition des Betriebsrats und seiner Mitglieder dar. Sie ist geeignet, die Amtsführung des Betriebsrats zu beeinträchtigen, und somit zu unterlassen und zu widerrufen.

Klage gegen Gehaltskürzung wegen vermeintlicher Begünstigung 6

An das Arbeitsgericht Bezeichnung
Adresse

In dem Urteilsverfahren des
Betriebsratsmitglieds Name Adresse,

– Kläger/in –

gegen
Fa Firmenbezeichnung, vertreten durch die Geschäftsführerin Name, Adresse,

– Beklagte –

zeigen wir an, dass wir die Klägerin/den Kläger vertreten, erheben Klage und bitten um Anberaumung eines Termins, in dem wir beantragen werden:
die Beklagte zu verurteilen, an die Klägerin/den Kläger xxx € brutto nebst Zinsen in Höhe von 5 Prozentpunkten über dem Basiszinssatz seit dem xxx zu zahlen.

Begründung:
Die Klägerin/Der Kläger ist auf Grund Anstellungsvertrages vom Datum seit dem Datum bei der Beklagten als Bezeichnung in der Abteilung Bezeichnung beschäftigt, zuletzt zu einem Monatsgehalt von Betrag €. Am Datum wurde sie/er als ordentliches Betriebsratsmitglied gewählt und nimmt seitdem ihre/seine betriebsverfassungsrechtlichen Aufgaben wahr.
Die Beklagte hat am Datum der Klägerin/dem Kläger mitgeteilt, das Gehalt werde mit sofortiger Wirkung um den Betrag von Betrag € gekürzt. Darüber hinaus werde für die Vergangenheit als

Ausgleich überzahlter Bezüge ein Betrag von Betrag € zurückgefordert. Als Begründung hat sich die Beklagte auf das Urteil des BGH v. 10.1.2023 6 StR 133/2022, berufen. Sie hat gemeint, die klägerische Vergütung sei überhöht und stelle eine unzulässige Begünstigung dar. Sie hat diese Gehaltskürzung/Rückforderung ab Datum entsprechend vollzogen. Daraus ergibt sich der eingeklagte Betrag. Die Gehaltskürzung/Rückforderung ist rechtswidrig. Es liegt keine Begünstigung vor.

In der Tat hat das genannte BGH-Urteil, das in jeder Zahlung von Arbeitsentgelt an Betriebsratsmitglieder, welches höher sei als das, was über § 37 Abs. 4 BetrVG beansprucht werden könnte, eine strafbare Untreue i.S.d. § 266 StGB sah, zu erheblichen Verunsicherungen geführt. Es stand in einem eindeutigen Widerspruch zur Rechtsprechung des Bundesarbeitsgerichts (BAG 20.3.2025 – 7 AZR 46/24; 22.1.2020 – 7 AZR 222/19, AuR 2020, 285), darüber hinaus auch zum Urteil des 1. Strafsenats des BGH v. 13.9.2010 1 StR 220/09, AuR 2010, 490 = NJW 2011, 88 (siehe nur *Fischer*, AuR 2023, 230; *Homburg/Otto*, AuR 2023, 238; *Annuß*, NZA 2022, 247).

Nach Feststellung der vom Bundesminister für Arbeit und Soziales am 15.5.2023 eingesetzten Kommission »Rechtssicherheit in der Betriebsratsvergütung« haben infolge der dadurch entstandenen Rechtsunsicherheit mehrere Unternehmen präventiv die Vergütung von Betriebsratsmitgliedern gekürzt, waren auch Unternehmen mit anonymen Anzeigen und entsprechenden Ermittlungen von Staatsanwaltschaften konfrontiert. Klarstellende, gesetzliche Maßnahmen seien deshalb notwendig gewesen, um negative Folgen für die betriebliche Mitbestimmung insgesamt auszuschließen. Die Kommissionsvorschläge (Ergänzung des § 37 Abs. 4 um Sätze 3–5 sowie des § 78 BetrVG um Satz 3) wurden mit geringen redaktionellen Änderungen als 2. Gesetz zur Änderung des BetrVG v. 19.7.2024 verabschiedet.

Beide Vorschriften haben bei vergleichbarer Zielrichtung unterschiedliche Voraussetzungen und Rechtsfolgen. Während § 37 Abs. 4 BetrVG Mindestbedingungen für das Arbeitsentgelt definiert, schließt § 78 Satz 3 BetrVG als Rechtsfolge unter eigenständigen Voraussetzungen Begünstigung aus. Aus dieser unterschiedlichen Struktur folgt der Ausschluss der Begünstigung unabhängig von § 37 Abs. 4 BetrVG in allen Fällen, in denen ein Betriebsratsmitglied in seiner Person die für die Gewährung des Arbeitsentgelts erforderlichen betrieblichen Anforderungen und Kriterien erfüllt und die die Festlegung nicht ermessensfehlerhaft erfolgt.

In seinen Voraussetzungen knüpft Satz 3 nicht an die Entwicklung einer Vergleichsgruppe an, sondern an die Erfüllung der für die Gewährung des gezahlten Entgelts erforderlichen betrieblichen Anforderungen und Kriterien durch das BR-Mitglied. Nicht maßgeblich ist der Zeitpunkt des Erwerbs dieser Qualifikationen. Damit sind grundsätzlich auch vor oder während des Betriebsratsamtes erworbene vergütungsrelevante (auch Über-)Qualifikationen zu berücksichtigen, die den Begünstigungstatbestand ausschließen. Unschädlich ist es, wenn ein Betriebsratsmitglied diese erforderlichen Qualifikationen gerade durch und in der Betriebsratsarbeit erworben hat.

Umgekehrt formuliert: Begünstigung ist tatbestandlich auf Fälle begrenzt, in denen das Mitglied die für die Gewährung des Arbeitsentgelts erforderlichen betrieblichen Anforderungen und Kriterien personell nicht erfüllt. Davon kann vorliegend keine Rede sein. Das Betriebsratsmitglied hat sich nämlich die für die Gewährung des Arbeitsentgelts erforderlichen Qualifikationen erworben und sich dabei insbesondere die in der Betriebsratstätigkeit gewonnenen Erfahrungen und Kenntnisse nutzbar gemacht. Dies ergibt sich aus nachfolgend im Einzelnen dargestellten Gesichtspunkten: wird ausgeführt

Hinweis:
Vgl. DKW-*Buschmann*, § 78 Rn. 33 ff.; *ders.*, AuR 2024, 373 ff.

§ 78a Schutz Auszubildender in besonderen Fällen

(1) Beabsichtigt der Arbeitgeber, einen Auszubildenden, der Mitglied der Jugend- und Auszubildendenvertretung, des Betriebsrats, der Bordvertretung oder des Seebetriebsrats ist, nach Beendigung des Berufsausbildungsverhältnisses nicht in ein Arbeitsverhältnis auf unbestimmte Zeit zu übernehmen, so hat er dies drei Monate

vor Beendigung des Berufsausbildungsverhältnisses dem Auszubildenden schriftlich mitzuteilen.

(2) Verlangt ein in Absatz 1 genannter Auszubildender innerhalb der letzten drei Monate vor Beendigung des Berufsausbildungsverhältnisses schriftlich vom Arbeitgeber die Weiterbeschäftigung, so gilt zwischen Auszubildendem und Arbeitgeber im Anschluss an das Berufsausbildungsverhältnis ein Arbeitsverhältnis auf unbestimmte Zeit als begründet. Auf dieses Arbeitsverhältnis ist insbesondere § 37 Abs. 4 und 5 entsprechend anzuwenden.

(3) Die Absätze 1 und 2 gelten auch, wenn das Berufsausbildungsverhältnis vor Ablauf eines Jahres nach Beendigung der Amtszeit der Jugend- und Auszubildendenvertretung, des Betriebsrats, der Bordvertretung oder des Seebetriebsrats endet.

(4) Der Arbeitgeber kann spätestens bis zum Ablauf von zwei Wochen nach Beendigung des Berufsausbildungsverhältnisses beim Arbeitsgericht beantragen,

1. festzustellen, dass ein Arbeitsverhältnis nach Absatz 2 oder 3 nicht begründet wird, oder

2. das bereits nach Absatz 2 oder 3 begründete Arbeitsverhältnis aufzulösen,

wenn Tatsachen vorliegen, aufgrund derer dem Arbeitgeber unter Berücksichtigung aller Umstände die Weiterbeschäftigung nicht zugemutet werden kann. In dem Verfahren vor dem Arbeitsgericht sind der Betriebsrat, die Bordvertretung, der Seebetriebsrat, bei Mitgliedern der Jugend- und Auszubildendenvertretung auch diese, Beteiligte.

(5) Die Absätze 2 bis 4 finden unabhängig davon Anwendung, ob der Arbeitgeber seiner Mitteilungspflicht nach Absatz 1 nachgekommen ist.

Inhaltsübersicht Rn.

I. Einleitung

§ 78a BetrVG gewährt Auszubildenden, wenn sie ein Amt in einer der in der Bestimmung genannten Arbeitnehmervertretungen wahrnehmen, einen besonderen Beendigungsschutz. Dieser Schutz wird dadurch hergestellt, dass die Überleitung des Ausbildungsverhältnisses in ein unbefristetes Arbeitsverhältnis besonders gefördert wird. 1

II. Arbeitshilfen

1. Schaubild

2 **Übersicht zum Schutz Auszubildender nach Beendigung des Ausbildungsverhältnisses**

Eine Übersicht über den besonderen Beendigungsschutz Auszubildender in besonderer Funktion gibt das nachfolgende Schaubild.

Auszubildender, der Mitglied der JAV, des BR, der Bordvertretung oder des See-BR ist, innerhalb der Berufsausbildung, § 78a BetrVG.

↔

Auszubildender, wenn dessen Berufsausbildungsverhältnis noch vor Ablauf eines Jahres nach Beendigung der Amtszeit der JAV, des BR, der Bordvertretung oder des See-BR enden soll, § 15 Abs. 1 KSchG.

Auszubildender verlangt innerhalb der letzten drei Monate vor Beendigung des Berufsausbildungsverhältnisses schriftlich vom AG die Weiterbeschäftigung. Dies gilt unabhängig davon, ob der Arbeitgeber seiner Mitteilungspflicht nach § 78a Abs. 1 BetrVG nachgekommen ist.

Arbeitsverhältnis auf unbestimmte Zeit gilt im Anschluss an das Berufsausbildungsverhältnis als begründet.

Falls Tatsachen vorliegen, aufgrund derer dem Arbeitgeber unter Berücksichtigung aller Umstände die Weiterbeschäftigung nicht zugemutet werden kann:
Arbeitgeber kann spätestens bis zum Ablauf von zwei Wochen nach Beendigung des Berufsausbildungsverhältnisses beim Arbeitsgericht in einem Beschlussverfahren beantragen
1. festzustellen, dass ein Arbeitsverhältnis nach § 78a Abs. 2 oder 3 BetrVG nicht begründet wird, oder
2. das bereits nach § 78a Abs. 2 BetrVG begründete Arbeitsverhältnis aufzulösen.

2. Musterschreiben/-schriftsätze

3 **Arbeitgeber: an Auszubildenden wg. Nichtübernahme nach Beendigung der Ausbildung**

Vorbemerkung
Die Mitteilung des Arbeitgebers muss der gesetzlichen Schriftform des § 126 BGB oder der Texform nach § 126b BGB genügen (DKW-*Deinert*, § 78a Rn. 11). Die Fristberechnung erfolgt nach den §§ 187, 188 BGB. Bei vorgezogener Abschlussprüfung ist deren Tag maßgebend, falls dies bereits drei Monate vorher bekannt ist. Wichtig: Nimmt der AG die nach § 78a Abs. 1 BetrVG vorgeschriebene Mitteilung nicht vor, hat der Auszubildende gleichwohl seine Weiterbeschäftigung zu verlangen, kann aber nach richtiger Ansicht auch nach Beendigung der Ausbildung Weiterbeschäftigung verlangen, wenn er erfährt, dass der Arbeitgeber ihn nicht weiterbeschäftigen will (*Deinert*, AuR 2021, 293).

Arbeitgeber Firmenbezeichnung, Adresse Ort, Datum
Geschäftsführung/Vorstand

An die/den Auszubildende/n
Name

Keine Weiterbeschäftigung nach Beendigung Ihrer Ausbildung
Sehr geehrte/r Herr/Frau Name,

gem. § 21 Abs. 1 BBiG endet Ihr Berufsausbildungsverhältnis mit Ablauf der Ausbildungszeit. Ausweislich des mit Ihnen vereinbarten Ausbildungsvertrags ist dies der Datum. Die Abschlussprüfung ist schon für den Datum terminiert. Sollten Sie die Prüfung bestehen, so endet Ihr Berufsausbildungsverhältnis vorzeitig mit erfolgreichem Abschluss der Prüfung.
Leider müssen wir Ihnen mitteilen, dass wir Sie nach Abschluss der Prüfung nicht in ein Arbeitsverhältnis auf unbestimmte Zeit übernehmen werden.
Für die Zusammenarbeit bedanken wir uns und wünschen Ihnen für Ihren weiteren beruflichen wie auch privaten Lebensweg viel Erfolg.

Arbeitnehmer: Antrag auf Weiterbeschäftigung 4

Vorbemerkung
Unterlässt das JAV-Mitglied die Aufforderung zur Übernahme in ein unbefristetes Arbeitsverhältnis, so endet das Ausbildungsverhältnis mit erfolgreichem Abschluss der Prüfung. Wichtig: Das Weiterbeschäftigungsverlangen des JAV-Mitglieds muss innerhalb der letzten drei Monate vor der Beendigung des Berufsausbildungsverhältnisses erfolgen; ein vorfristiges (vor Beginn der Drei-Monatsfrist gestelltes) Weitbeschäftigungsverlangen ist unwirksam (vgl. DKW-*Deinert*, § 78a Rn. 17).

Auszubildende/r Name, Adresse — Ort, Datum

Geschäftsführung/Vorstand
der Firmenbezeichnung
im Hause

Weiterbeschäftigung gemäß § 78a BetrVG nach Beendigung meiner Ausbildung
Sehr geehrte Damen und Herren,
seit dem Datum befinde ich mich in unserem Unternehmen in einem Berufsausbildungsverhältnis als Bankkauffrau/mann. Voraussichtlich am Datum werde ich die Berufsausbildung mit erfolgreichem Abschluss meiner mündlichen Abschlussprüfung beenden.
Unserer betrieblichen Jugend- und Auszubildendenvertretung gehöre ich seit dem Datum als ordentliches gewähltes Mitglied an.
Hiermit beantrage ich gem. § 78a Abs. 2 BetrVG die Weiterbeschäftigung nach erfolgreichem Abschluss der Berufsausbildungsprüfung in meinem erlernten Beruf. Ich weise darauf hin, dass damit im Anschluss an mein Ausbildungsverhältnis ein Arbeitsverhältnis auf unbestimmte Zeit als begründet gilt. Selbstverständlich ist das Bestehen der Abschlussprüfung Grundvoraussetzung für die Übernahme. Ich bin diesbezüglich jedoch ausgesprochen optimistisch.
Sollte aus (mir derzeit nicht erkennbaren Gründen) kein meiner Ausbildung entsprechender freier Arbeitsplatz zu besetzen sein, erkläre ich mich hilfsweise auch bereit, ein anderes zumutbares Arbeitsplatzangebot anzunehmen. Sollte eine Weiterbeschäftigung aus mir nicht bekannten Gründen im Ausbildungsbetrieb nicht möglich sein, bin ich auch hilfsweise mit einer Weiterbeschäftigung in einem anderen Betrieb des Unternehmens, vorzugsweise im Betrieb Bezeichnung einverstanden. Schließlich bin ich auch hilfsweise einverstanden, in einem Teilzeitarbeitsverhältnis eine Anschlussbeschäftigung aufzunehmen.
Für ein persönliches Gespräch über die Einzelheiten des neuen Arbeitsvertrags stehe ich Ihnen jederzeit gerne zur Verfügung.
Zugleich möchte ich mich bei Ihnen für die Möglichkeit zur Ausbildung und die gute und vertrauensvolle Zusammenarbeit bedanken.
Kopie: Betriebsrat
Jugend- und Auszubildendenvertretung

3. Gerichtlicher Antrag

5 **Arbeitgeber: Antrag auf Feststellung der Nichtbegründung/Auflösung des Arbeitsverhältnisses mit einem Auszubildenden**

Vorbemerkung

Der Arbeitgeber kann, sofern das Weiterbeschäftigungsverlangen gestellt worden ist, die Umwandlung des Ausbildungsverhältnisses in ein unbefristetes Arbeitsverhältnis nur durch die **Anrufung des Arbeitsgerichts** im Wege des Beschlussverfahrens und durch einen für ihn erfolgreichen Beschluss verhindern. Der Arbeitgeber wird also auf die »Klägerrolle« verwiesen. Die Anrufung des Arbeitsgerichts durch den Arbeitgeber muss spätestens **innerhalb von zwei Wochen** nach Beendigung des Ausbildungsverhältnisses erfolgen (vgl. DKW-*Deinert*, § 78a Rn. 30ff.). Betriebsrat und JAV sind an diesem Verfahren zu beteiligen.

An das Arbeitsgericht
Bezeichnung
Adresse

In der Beschlusssache
mit den Beteiligten

1. Firma Firmenbezeichnung, gesetzlich vertreten durch Name,
   – Antragstellerin und Beteiligte zu 1. –

   Verfahrensbevollmächtigte: Name, Adresse
   und
2. Auszubildender/n Name, gesetzlich vertreten durch Name,
   – Antragsgegner und Beteiligter zu 2. –

   Verfahrensbevollmächtigte: Name, Adresse
3. Betriebsrat des Betriebs Bezeichnung Firma Firmenbezeichnung, vertreten durch die/den Betriebsratsvorsitzende/n Name,
   zu laden über Firma Firmenbezeichnung
   – Beteiligter zu 3. –
4. Jugend- und Auszubildendenvertretung des Betriebs Bezeichnung Firma Firmenbezeichnung, vertreten durch die/den Vorsitzende/n der Jugend- und Auszubildendenvertretung Name,
   zu laden über Firma Firmenbezeichnung
   – Beteiligter zu 4. –

wegen: **Beendigung eines Ausbildungsverhältnisses.**
Namens und in Vollmacht des Antragstellers beantragen wir im Beschlussverfahren wie folgt:
Es wird festgestellt, dass ein Arbeitsverhältnis zwischen der Antragstellerin und der Antragsgegnerin nach Ablauf der Ausbildungszeit am Datum nicht begründet wird.
Oder
Es wird beantragt, das zwischen der Antragstellerin und der Antragsgegnerin bestehende Arbeitsverhältnis aufzulösen.

Gründe:

I.

Die Antragstellerin ist ein Unternehmen der -Branche. Derzeit beschäftigt sie Arbeitnehmer, darunter Auszubildende. Der bei ihr bestehende Betriebsrat hat Mitglieder. Betriebsratsvorsitzende/r ist Name. Die Jugend- und Auszubildendenvertretung hat Mitglieder. Deren Vorsitzende/r ist Name.
Die Antragstellerin hat mit dem/der Antragsgegner/in mit Datum vom einen Ausbildungsvertrag abgeschlossen. Seit dem Datum absolviert der/die Antragsgegner/in eine Ausbildung zum/r .

Die Ausbildungszeit endet nach der vertraglichen Vereinbarung am Datum. Der Prüfungstermin ist für den Datum vorgesehen. Das Ausbildungsverhältnis endet mithin voraussichtlich am Datum, falls der Antragsgegner die Prüfung erfolgreich besteht.
oder
Die Ausbildungszeit endete nach bestandener Abschlussprüfung und Mitteilung des Prüfungsergebnisses am Datum.
Seit dem Datum ist der/die Antragsgegner/in Mitglied der Jugend- und Auszubildendenvertretung. Die Antragstellerin hat dem Antragsgegner schon am Datum mitgeteilt, dass sie nicht beabsichtigt, den/die Antragsgegner/in in ein Arbeitsverhältnis auf unbestimmte Zeit zu übernehmen. Dennoch hat der/die Antragsgegner/in mit Schreiben vom Datum seine/ihre Weiterbeschäftigung verlangt.
Zu ihrem Bedauern sieht sich die Antragstellerin unter Berücksichtigung aller Umstände nicht in der Lage, den/die Antragsgegner/in in ein Arbeitsverhältnis auf unbestimmte Zeit zu übernehmen. Die Weiterbeschäftigung des/der Antragsgegners/in ist der Antragstellerin nicht zumutbar.
II.
Der Betrieb der Antragstellerin befindet sich in einer äußerst angespannten wirtschaftlichen Situation.
Es folgen nähere Ausführungen zur Situation der Antragstellerin bzw. zur Unzumutbarkeit der Übernahme in ein Arbeitsverhältnis auf unbestimmte Zeit.
Deshalb hat sich der Sollstellenplan in jüngster Zeit wie folgt entwickelt: Es folgen Ausführungen zum Sollstellenplan. Personell besteht damit gegenwärtig ein Überhang. Eine freie oder frei werdende Stelle ist daher leider nicht ersichtlich.
Das gilt auch für andere Betriebe der Antragstellerin (…)

Arbeitnehmer: Antrag auf Weiterbeschäftigung 6

Vorbemerkung
Der Auflösungsantrag ist begründet, wenn Tatsachen vorliegen, auf Grund derer dem Arbeitgeber unter Berücksichtigung aller Umstände die Weiterbeschäftigung **nicht zugemutet** werden kann (vgl. DKW-*Deinert*, § 78a Rn. 30ff.). Die Zumutbarkeitsprüfung ist nicht auf den Betrieb beschränkt, in dem die/der Auszubildende tätig ist. Sie erstreckt sich vielmehr nach der hier vertretenen Auffassung auf alle Arbeitsplätze im **Unternehmen** (vgl. DKW-*Deinert*, § 78a Rn. 38ff.).

An das Arbeitsgericht
Bezeichnung
Adresse

In der Beschlusssache
mit den Beteiligten
1. Firma Firmenbezeichnung, gesetzlich vertreten durch Name,
– Antragstellerin und Beteiligte zu 1. –
Verfahrensbevollmächtigte: Name, Adresse
und
2. Auszubildenden Name, gesetzlich vertreten durch Name,
– Antragsgegner/in und Beteiligte/r zu 2. –
Verfahrensbevollmächtigte: Name, Adresse
3. Betriebsrat der Firma Firmenbezeichnung, vertreten durch die/den Betriebsratsvorsitzende/n Name,
zu laden bei der Firma Firmenbezeichnung
– Beteiligter zu 3. –

4. Jugend- und Auszubildendenvertretung der Firma Firmenbezeichnung, vertreten durch die/den Vorsitzende/n der Jugend- und Auszubildendenvertretung Name,
zu laden bei der Firma Firmenbezeichnung

– Beteiligter zu 4. –

wegen: **Beendigung eines Ausbildungsverhältnisses.**
Namens und in Vollmacht des Antragsgegners beantragen wir im Beschlussverfahren wie folgt:
Der Antrag wird zurückgewiesen.

Gründe:
I.
Die Weiterbeschäftigung des Antragsgegners ist der Antragstellerin zumutbar.
II.
Richtig ist zwar, dass sich die Branche, in der die Antragstellerin tätig ist, in einer schwierigen wirtschaftlichen Situation befindet. Dies trifft jedoch für die Antragstellerin nicht ohne weiteres zu. Die Antragstellerin wird deshalb aufgefordert, ihrer Darlegungs- und Beweislast Genüge zu tun und die Voraussetzungen für die Unzumutbarkeit der Überleitung des Ausbildungsverhältnisses des Antragsgegners in ein unbefristetes Arbeitsverhältnis darzulegen und unter Beweis zu stellen. Hierbei wird die Antragstellerin zu berücksichtigen haben, dass dem Arbeitgeber bezogen auf den Schutzzweck von § 78a BetrVG nur ausnahmsweise in schwerwiegenden Fällen die Möglichkeit eröffnet werden soll, das JAV-Mitglied nach der Ausbildung nicht zu übernehmen. Dabei bezieht sich die Übernahmeverpflichtung nach unserer Rechtsauffassung hilfsweise auf alle Betriebe des Unternehmens und auch auf alternative Beschäftigungen sowie Beschäftigungen in Teilzeit. Der/die Antragsgegner/in hat sein/ihr Einverständnis damit im Weiterbeschäftigungsverlangen vom Datum bereits vorsorglich erklärt.
Weiterer Sachvortrag bleibt ausdrücklich vorbehalten.

§ 79 Geheimhaltungspflicht

(1) Die Mitglieder und Ersatzmitglieder des Betriebsrats sind verpflichtet, Betriebs- oder Geschäftsgeheimnisse, die ihnen wegen ihrer Zugehörigkeit zum Betriebsrat bekannt geworden und vom Arbeitgeber ausdrücklich als geheimhaltungsbedürftig bezeichnet worden sind, nicht zu offenbaren und nicht zu verwerten. Dies gilt auch nach dem Ausscheiden aus dem Betriebsrat. Die Verpflichtung gilt nicht gegenüber Mitgliedern des Betriebsrats. Sie gilt ferner nicht gegenüber dem Gesamtbetriebsrat, dem Konzernbetriebsrat, der Bordvertretung, dem Seebetriebsrat und den Arbeitnehmervertretern im Aufsichtsrat sowie im Verfahren vor der Einigungsstelle, der tariflichen Schlichtungsstelle (§ 76 Abs. 8) oder einer betrieblichen Beschwerdestelle (§ 86).
(2) Absatz 1 gilt sinngemäß für die Mitglieder und Ersatzmitglieder des Gesamtbetriebsrats, des Konzernbetriebsrats, der Jugend- und Auszubildendenvertretung, der Gesamt-Jugend- und Auszubildendenvertretung, der Konzern-Jugend- und Auszubildendenvertretung, des Wirtschaftsausschusses, der Bordvertretung, des Seebetriebsrats, der gemäß § 3 Abs. 1 gebildeten Vertretungen der Arbeitnehmer, der Einigungsstelle, der tariflichen Schlichtungsstelle (§ 76 Abs. 8) und einer betrieblichen Beschwerdestelle (§ 86) sowie für die Vertreter von Gewerkschaften oder von Arbeitgebervereinigungen.

Inhaltsübersicht Rn.

I. Einleitung

Die Schweigepflicht ist Pendant und Sicherungsmittel zu den gesetzlichen Informations- 1
rechten des Betriebsrats und anderer betriebsverfassungsrechtlicher Organe. Ein Arbeitgeber soll nicht Informationen zurückhalten, weil er befürchten müsste, dass deren Weitergabe etwa an Kunden oder Konkurrenten geschäftliche Nachteile gegenüber Dritten nach sich zieht. Insofern verdeutlicht die Bestimmung, dass der Betriebsrat im Rahmen seiner Tätigkeit auch Anspruch auf Information über Betriebs- oder Geschäftsgeheimnisse hat und Kenntnis davon erhalten soll. Die Schweigepflicht der in der Vorschrift bezeichneten Betriebsverfassungsorgane bezieht sich nur auf objektive Betriebs- und Geschäftsgeheimnisse, an deren Geheimhaltung der Arbeitgeber ein berechtigtes Interesse nachweisen kann. Sie gilt nicht innerhalb des Betriebsrats bzw. der weiteren Betriebsverfassungsorgane.

II. Arbeitshilfen

Musterschreiben

Arbeitgeber: Mitteilung eines formellen Geheimnisses der Geschäftsleitung an den Betriebs- 2
rat

Mitteilung eines formellen Geheimnisses der Geschäftsleitung an den Betriebsrat

Arbeitgeber Firmenbezeichnung, Adresse Ort, Datum
Geschäftsführung

An den Betriebsrat
der Firmenbezeichnung
Betriebsratsvorsitzende:r Name
im Hause

Neues Produktionsverfahren zur Herstellung von

Sehr geehrte:r Frau/Herr Name,

wie Sie wissen, arbeitet unser Unternehmen schon seit längerem an der Erarbeitung neuer Konzepte im Bereich . Dem -Labor ist es nun gelungen, ein neues Verfahren für die Herstellung von zu entwickeln, das es uns ermöglichen soll, zugleich den Ausstoß zu steigern, die Qualität zu verbessern und die Herstellungskosten zu senken. Damit verbunden sind Investitionen in einer Höhe von ca. Mio. € im Bereich , insbesondere durch Installation der nachfolgend bezeichneten Anlagen .

Für die Markteinführung der neuen Produkte, die in ca. Monaten erfolgen soll, haben wir eine weitgehende Zusammenarbeit mit der Firmenbezeichnung vereinbart, die ihrerseits auf die Einführung eines ähnlichen Produktes verzichtet und künftig ausschließlich unsere Produkte vertreiben soll. Wir weisen ausdrücklich darauf hin, dass vorstehende Informationen nur für die interne Arbeit des Betriebsrats bestimmt sind und der besonderen Verschwiegenheitspflicht unterliegen, bis sie von der Geschäftsleitung ausdrücklich freigegeben werden.

Hinweis:
Vgl. DKW-*Buschmann*, § 79 Rn. 7 ff., 11 f.

3 **Betriebsrat: Infragestellen des Geheimnisschutzes und Anforderung weiterer Informationen**

Betriebsrat der Fa. Firmenbezeichnung, Adresse Ort, Datum
Betriebsratsvorsitzende:r Name

An Arbeitgeberin Firmenbezeichnung
im Hause

Sehr geehrte Frau Name,
wir danken Ihnen für Ihre Information vom Datum. Es ist auch unser Wunsch, dass die neuen Produktionsverfahren zu einer positiven Beschäftigungsentwicklung führen werden. Besonders positiv vermerkt der Betriebsrat, dass die neuen Produktionsverfahren nicht zu einem Abbau der in der bisherigen Produktion beschäftigten Arbeitnehmer führen, sondern das Ziel haben, den Ausstoß zu steigern. Wir gehen also davon aus, dass die bisher in der Produktion beschäftigten Arbeitnehmer auch in den neuen Produktionsverfahren zum Einsatz kommen, und wären Ihnen dankbar für eine weitere Information, welche Neueinstellungen hierfür vorgesehen sind.
Über den erfolgreichen Abschluss der Entwicklung der neuen Produktionsverfahren ist der Betriebsrat bereits seit der Bilanzpressekonferenz vom Datum im Hotel informiert, in der Sie vor allem die Fachpresse über die technische Innovation in unserem Hause ausführlich informiert haben, was u.a. eine kurzfristige Stabilisierung des Börsenkurses zur Folge hatte (vgl. auch HB vom Datum). Deshalb verstehen wir Sie so, dass es sich bei dem betriebstechnischen Teil der Information nicht um ein Betriebs- oder Geschäftsgeheimnis handelt.
Auch die verstärkte Zusammenarbeit mit der Firmenbezeichnung ist dem Betriebsrat und den Beschäftigten bekannt, zumal Mitarbeiter dieser Gesellschaft schon seit längerem in der Planungsabteilung mitarbeiten und andererseits Mitarbeiter unserer Gesellschaft mehrfach in die Firmenbezeichnung entsandt wurden (hier wären wir Ihnen für eine rechtzeitige vorherige Information dankbar gewesen). Wir dürfen Sie insofern um eine ergänzende Information bitten, wie sich die von Ihnen angesprochene Zusammenarbeit mit der Firmenbezeichnung gestalten soll und welche Auswirkungen die Zusammenarbeit auf unseren Vertrieb hat.
Der Betriebsrat nimmt mit großem Interesse zur Kenntnis, dass nun die Firmenbezeichnung auf die Markteinführung ihres angeblich ebenfalls schon fertigen Produktes (FAZ vom Datum) verzichtet, und bittet um nähere Erläuterung der getroffenen Absprache. Selbstverständlich wird der Betriebsrat diese Informationen vertraulich behandeln.

Hinweis:
Vgl. DKW-*Buschmann*, § 79 Rn. 11, 15 ff. Während die Geschäftsleitung die gesamten neuen Produktionsverfahren unter Geheimnisschutz stellen möchte, stellt der Betriebsrat klar, dass die technischen Tatsachen kein Geheimnis mehr darstellen, da in der Finanzszene bereits bekannt, und fordert zu den brisanten Details der kaufmännischen Zusammenarbeit, die in der Tat vertraulich zu behandeln sind, weitere Informationen an.

Information des Prozessvertreters über die Tätigkeit von Unternehmensberatern im Betrieb 4

Betriebsrat der Firma Firmenbezeichnung, Adresse Ort, Datum
Betriebsratsvorsitzende:r Name

An Arbeitgeberin Firmenbezeichnung
im Hause

Sehr geehrte Frau Name,
wie Ihnen bekannt, musste der Betriebsrat ein arbeitsgerichtliches Beschlussverfahren anhängig machen, um die Informations-, Anhörungs- und Mitbestimmungsrechte des BR im Zusammenhang mit dem Einsatz von Unternehmensberatern im Betrieb zu sichern. Dabei wird der Betriebsrat von den zuständigen Juristinnen und Juristen der DGB Rechtsschutz GmbH vertreten. Das Verfahren ist noch nicht abgeschlossen. Mit Schreiben vom Datum haben Sie den Betriebsrat aufgefordert, alle dem Betriebsrat vorliegenden Informationen über den Einsatz von Unternehmensberatern im Betrieb vertraulich zu behandeln und auch nicht an unsere Prozessvertreter weiter zu geben. Dieses Verlangen müssen wir mit Entschiedenheit zurückweisen. Gegenüber Rechtsanwälten und Gewerkschaftssekretären als Prozessvertretern besteht in Mandatsangelegenheiten niemals eine Schweigepflicht. Anderenfalls wäre die in § 11 ArbGG vorgesehene ordnungsgemäße Prozessvertretung nicht mehr möglich. Wir betrachten Ihr Vorgehen vielmehr als Behinderung der Arbeit des Betriebsrats und haben Sie deshalb ausdrücklich aufzufordern, derartige Ansinnen zu unterlassen und auf den Weg der vertrauensvollen Zusammenarbeit zurückzukehren.

Hinweis:
Vgl. DKW-*Buschmann*, § 79 Rn. 29. Soweit **Gewerkschaftssekretäre als Prozessvertreter** auftreten, haben sie die gleiche Stellung wie Rechtsanwälte, denen gegenüber in Mandatsangelegenheiten auch keine Schweigepflicht besteht. Anderenfalls wäre die in § 11 ArbGG vorgesehene ordnungsgemäße Prozessvertretung nicht mehr möglich. Sie unterliegen ihrerseits der Schweigepflicht nach Abs. 2, sind aber durch die Vorschrift nicht an dem von ihnen für notwendig erachteten gerichtlichen Tatsachenvortrag gehindert.

§ 79a Datenschutz

Bei der Verarbeitung personenbezogener Daten hat der Betriebsrat die Vorschriften über den Datenschutz einzuhalten. Soweit der Betriebsrat zur Erfüllung der in seiner Zuständigkeit liegenden Aufgaben personenbezogene Daten verarbeitet, ist der Arbeitgeber der für die Verarbeitung Verantwortliche im Sinne der datenschutzrechtlichen Vorschriften. Arbeitgeber und Betriebsrat unterstützen sich gegenseitig bei der Einhaltung der datenschutzrechtlichen Vorschriften. Die oder der Datenschutzbeauftragte ist gegenüber dem Arbeitgeber zur Verschwiegenheit verpflichtet über Informationen, die Rückschlüsse auf den Meinungsbildungsprozess des Betriebsrats zulassen. § 6 Absatz 5 Satz 2, § 38 Absatz 2 des Bundesdatenschutzgesetzes gelten auch im Hinblick auf das Verhältnis der oder des Datenschutzbeauftragten zum Arbeitgeber.

Inhaltsübersicht Rn.

I. Einleitung

1 Datenschutz ist ein europäisches Grundrecht. Seit dem 25.5.2018 gilt die VO (EU) 2016/679, Datenschutz-Grundverordnung, DSGVO, unmittelbar in jedem Mitgliedstaat. Deren Einhaltung durch den Arbeitgeber hat der Betriebsrat nach § 80 BetrVG zu überwachen. Dafür kann er sein Mitbestimmungsrecht nach § 87 Abs. 1 Nr. 6 BetrVG nutzen (Mustervereinbarung über Datenschutz siehe dort). Zugleich muss er die VO bei der Verarbeitung personenbezogener Daten selbst einhalten. Er ist aber nicht selbst Verantwortlicher im Sinne des Datenschutzrechts.

Mit dem Arbeitgeber und dem Datenschutzbeauftragten arbeitet er auf Augenhöhe zusammen. Dabei gibt die DSGVO einen strikten Rahmen. Art. 5 DSGVO normiert für die Verarbeitung personenbezogener Daten die Grundsätze der Rechtmäßigkeit, Verarbeitung nach Treu und Glauben, Transparenz, Zweckbindung, Datenminimierung, Richtigkeit, Speicherbegrenzung, Integrität und Vertraulichkeit, Rechenschaftspflicht. Art. 6 definiert Bedingungen für die Rechtmäßigkeit der Verarbeitung, Art. 7 Bedingungen für Einwilligungen. Art. 9 stellt sensitive Daten unter besonderen Schutz. Art. 13 regelt Informationspflichten bei Erhebung personenbezogener Daten bei der betroffenen Person, Art. 14 Informationspflichten, wenn diese nicht dort erhoben wurden, Art. 15 das Auskunftsrecht, Art. 16 das Recht auf Berichtigung, Art. 17 das Recht auf Löschung (Vergessenwerden), Art. 21 das Widerspruchsrecht der betroffenen Person, Art. 37–39 Benennung, Stellung und Aufgaben des Datenschutzbeauftragten (DS-Beauftragten).

Nach Art. 88 der VO können die Mitgliedstaaten durch Rechtsvorschriften oder Kollektivvereinbarungen spezifischere Vorschriften zur Gewährleistung des Schutzes der Rechte und Freiheiten hinsichtlich der Verarbeitung personenbezogener Beschäftigungsdaten im Beschäftigungskontext vorsehen. Dies wird näher konkretisiert. Als nationale spezifischere Vorstellungen im Sinne dieser Vorschrift versteht der EuGH zusätzliche, strengere oder einschränkende, nationale Vorschriften. Von Arbeitgeberseite war im Gesetzgebungsverfahren nachdrücklich darauf gedrängt worden, Betriebsvereinbarungen zuzulassen, die im Ergebnis das Datenschutzniveau absenken und exzessive Verarbeitung und Weitergabe von Personaldaten legitimieren sollten. Dies hat der *EuGH* (19.12.2024, C-65/23) auf Vorlage des *BAG* (22.9.2022 8 AZR 209/21 (A)) ausdrücklich untersagt. In der Vergangenheit abgeschlossene Betriebsvereinbarungen müssen also daraufhin überprüft werden, ob sie diesen zwingenden Vorgaben entsprechen. Wenn nicht, müssen sie gekündigt werden!

II. Arbeitshilfen

Musterschreiben

2 **Kündigung einer den Datenschutz absenkenden Betriebsvereinbarung**

Betriebsrat der Firma Firmenbezeichnung, Adresse Ort, Datum
Betriebsratsvorsitzende:r Name

An Arbeitgeberin Firmenbezeichnung, Adresse
Geschäftsleitung
im Hause

Kündigung der Betriebsvereinbarung XYZ über Datenverarbeitung
Sehr geehrte Frau Name,

hiermit kündigen wir die Betriebsvereinbarung XYZ über Datenverarbeitung mit sofortiger Wirkung. Zugleich weisen wir darauf hin, dass diese Betriebsvereinbarung wegen Verstoßes gegen die Datenschutz-Grundverordnung (EU) 2016/679 vom 27.4.2016, DSGVO, rechtsfehlerhaft und damit unwirksam ist. Diese Vereinbarung regelt die elektronische Verarbeitung von Personaldaten und erlaubt in diesem Zusammenhang die zentrale Verarbeitung der Personaldaten durch die Konzernmutter in . Besondere Sicherungen und spezifische Begrenzungen der Personaldatenverarbeitung sind in dieser Betriebsvereinbarung nicht enthalten.
Wie Sie wissen, hat der Gerichtshof der Europäischen Union, EuGH, durch Urteil vom 19.12.2024, C-65/23, Art. 88 Abs. 1 und 2 DSGVO dahingehend ausgelegt
»dass eine nach Art. 88 Abs. 1 dieser VO erlassene nationale Rechtsvorschrift über die Verarbeitung personenbezogener Daten für die Zwecke von Beschäftigungsverhältnissen bewirken muss, dass ihre Adressaten die Anforderungen aus Art. 88 Abs. 2 der VO sowie aus Art. 5, Art. 6 Abs. 1 und Art. 9 Abs. 1 und 2 der VO erfüllen müssen;«
weiter:
»dass im Fall einer in den Anwendungsbereich dieser Bestimmung fallenden Kollektivvereinbarung der Spielraum der Parteien dieser Kollektivvereinbarung bei der Bestimmung der »Erforderlichkeit« einer Verarbeitung personenbezogener Daten i.S.v. Art. 5, Art. 6 Abs. 1 sowie Art. 9 Abs. 1 und 2 dieser VO das nationale Gericht nicht daran hindert, insoweit eine umfassende gerichtliche Kontrolle auszuüben.«
Übersetzt heißt das: Betriebs- und Dienstvereinbarungen über die Verarbeitung personenbezogener Beschäftigtendaten sind nur zulässig, wenn sie alle Anforderungen der DSGVO, insbes. der Art. 5, 6, 9 und 88 DSGVO einhalten. Vor allem dürfen sie das Niveau des Datenschutzes nicht absenken. Diese Erfordernisse erfüllt die bezeichnete Betriebsvereinbarung offensichtlich nicht. Der guten Ordnung halber wollen wir nicht unerwähnt lassen, dass wir auch den Datenschutzbeauftragten entsprechend informiert haben.

Hinweis:
Vgl. DKW-*Buschmann*, § 79a Rn. 11; *Buschmann/Edich*, Europarecht (2025) VI. 15 Datenschutz e) S. 140.

§ 80 Allgemeine Aufgaben

(1) Der Betriebsrat hat folgende allgemeine Aufgaben:
1. **darüber zu wachen, dass die zugunsten der Arbeitnehmer geltenden Gesetze, Verordnungen, Unfallverhütungsvorschriften, Tarifverträge und Betriebsvereinbarungen durchgeführt werden;**
2. **Maßnahmen, die dem Betrieb und der Belegschaft dienen, beim Arbeitgeber zu beantragen;**

2a. **die Durchsetzung der tatsächlichen Gleichstellung von Frauen und Männern, insbesondere bei der Einstellung, Beschäftigung, Aus-, Fort- und Weiterbildung und dem beruflichen Aufstieg, zu fördern;**

2b. **die Vereinbarkeit von Familie und Erwerbstätigkeit zu fördern;**

3. **Anregungen von Arbeitnehmern und der Jugend- und Auszubildendenvertretung entgegenzunehmen und, falls sie berechtigt erscheinen, durch Verhandlungen mit dem Arbeitgeber auf eine Erledigung hinzuwirken; er hat die betreffenden Arbeitnehmer über den Stand und das Ergebnis der Verhandlungen zu unterrichten;**
4. **die Eingliederung schwerbehinderter Menschen einschließlich der Förderung des Abschlusses von Inklusionsvereinbarungen nach § 166 des Neunten Buches Sozialgesetzbuch und sonstiger besonders schutzbedürftiger Personen zu fördern;**
5. **die Wahl einer Jugend- und Auszubildendenvertretung vorzubereiten und durchzuführen und mit dieser zur Förderung der Belange der in § 60 Abs. 1 genannten**

Arbeitnehmer eng zusammenzuarbeiten; er kann von der Jugend- und Auszubildendenvertretung Vorschläge und Stellungnahmen anfordern;
6. die Beschäftigung älterer Arbeitnehmer im Betrieb zu fördern;
7. die Integration ausländischer Arbeitnehmer im Betrieb und das Verständnis zwischen ihnen und den deutschen Arbeitnehmern zu fördern sowie Maßnahmen zur Bekämpfung von Rassismus und Fremdenfeindlichkeit im Betrieb zu beantragen;
8. die Beschäftigung im Betrieb zu fördern und zu sichern;
9. Maßnahmen des Arbeitsschutzes und des betrieblichen Umweltschutzes zu fördern.

(2) Zur Durchführung seiner Aufgaben nach diesem Gesetz ist der Betriebsrat rechtzeitig und umfassend vom Arbeitgeber zu unterrichten; die Unterrichtung erstreckt sich auch auf die Beschäftigung von Personen, die nicht in einem Arbeitsverhältnis zum Arbeitgeber stehen, und umfasst insbesondere den zeitlichen Umfang des Einsatzes, den Einsatzort und die Arbeitsaufgaben dieser Personen. Dem Betriebsrat sind auf Verlangen jederzeit die zur Durchführung seiner Aufgaben erforderlichen Unterlagen zur Verfügung zu stellen; in diesem Rahmen ist der Betriebsausschuss oder ein nach § 28 gebildeter Ausschuss berechtigt, in die Listen über die Bruttolöhne und -gehälter Einblick zu nehmen. Zu den erforderlichen Unterlagen gehören auch die Verträge, die der Beschäftigung der in Satz 1 genannten Personen zugrunde liegen. Soweit es zur ordnungsgemäßen Erfüllung der Aufgaben des Betriebsrats erforderlich ist, hat der Arbeitgeber ihm sachkundige Arbeitnehmer als Auskunftspersonen zur Verfügung zu stellen; er hat hierbei die Vorschläge des Betriebsrats zu berücksichtigen, soweit betriebliche Notwendigkeiten nicht entgegenstehen.

(3) Der Betriebsrat kann bei der Durchführung seiner Aufgaben nach näherer Vereinbarung mit dem Arbeitgeber Sachverständige hinzuziehen, soweit dies zur ordnungsgemäßen Erfüllung seiner Aufgaben erforderlich ist. Muss der Betriebsrat zur Durchführung seiner Aufgaben die Einführung oder Anwendung von Künstlicher Intelligenz beurteilen, gilt insoweit die Hinzuziehung eines Sachverständigen als erforderlich. Gleiches gilt, wenn sich Arbeitgeber und Betriebsrat auf einen ständigen Sachverständigen in Angelegenheiten nach Satz 2 einigen.

(4) Für die Geheimhaltungspflicht der Auskunftspersonen und der Sachverständigen gilt § 79 entsprechend.

Inhaltsübersicht

I. Einleitung

Abs. 1 bestimmt einzelne Ziele und Arbeitsfelder des Betriebsrats und der Betriebsverfassung überhaupt. Der Arbeitgeber ist ebenso gehalten, diese Ziele zu verwirklichen. Einmal soll die Einhaltung der arbeitnehmerschützenden Vorschriften sichergestellt werden, zum anderen soll der Betriebsrat den einzelnen Arbeitnehmern bei der Durchsetzung ihrer Rechte gegenüber dem Arbeitgeber helfen. Soweit gesetzliche Arbeitnehmerschutzbestimmungen zusätzlich als Bestimmungen einer Betriebsvereinbarung formuliert sind, kann der Betriebsrat sich zusätzlich darauf berufen. Dies belegt die Wichtigkeit einer Betriebsvereinbarung und ihrer genauen Formulierung. Stellt der Betriebsrat Rechtsverstöße fest, hat er den Arbeitgeber darauf hinzuweisen und auf Abhilfe zu drängen. Durch das Antragsrecht gem. Abs. 1 Nr. 2 wird klargestellt, dass die Rolle des Betriebsrats nicht darin besteht, lediglich auf Initiativen des Arbeitgebers zu reagieren, sondern von sich aus initiativ tätig zu werden. Voraussetzung für eine sachgerechte und wirksame Wahrnehmung der gesetzlichen Aufgaben ist, dass der Betriebsrat über alle damit im Zusammenhang stehenden Vorgänge und Planungen des Arbeitgebers informiert ist. Abs. 2 ist bezüglich der Informationspflichten des Arbeitgebers Generalvorschrift und Auffangtatbestand neben speziellen Unterrichtungspflichten aus diesem und anderen Gesetzen. Besondere Anspruchsgrundlagen bzw. Verpflichtungen zum Einblick in Bruttolohn- und Gehaltslisten sowie zur Hinzuziehung von Auskunftspersonen und Sachverständigen runden diese Informationsverpflichtung ab. Durch das AÜG-Reformgesetz und das Entgelttransparenzgesetz 2017 sowie das Betriebsrätemodernisierungsgesetz 2021 wurden die Informationsansprüche des Betriebsrats präzisiert. Zudem spielt Europarecht eine immer größere Rolle. Darauf gehen verschiedene Schreiben des Betriebsrats ein. 1

II. Arbeitshilfen

Musterbeschlüsse, Musterschreiben

Betriebsrat: Beschluss zur Prüfung der Arbeitszeiten 2

Protokollauszug:

Der Betriebsrat stellt fest, dass seit Einführung der neuen flexiblen Arbeitszeiten Probleme durch lange Tagesarbeitszeiten, Überstunden, stark anwachsende Arbeitszeitkonten, Nichteinhaltung von Pausen und Ruhezeiten usw. auftauchen. Außerdem haben sich Beschäftigte beklagt, dass ihre Arbeitsstunden, vor allem die Überstunden nicht vollständig erfasst und dann auch nicht vollständig bezahlt werden. Nach Auskunft des Gewerkschaftssekretärs Name verstößt dies nicht nur gegen den Tarifvertrag, sondern auch gegen deutsches und europäisches Arbeitszeitrecht. Der Betriebsrat beschließt deshalb:

1. Anschaffung eines aktuellen Kompaktkommentars zum deutschen und europäischen Arbeitszeitrecht mit Nebengesetzen;
2. Bildung eines Arbeitszeitausschusses, dem die Koll. Namen angehören;
3. Einblicknahme in die Bruttolohn- und Gehaltslisten durch den Ausschuss;

4. Überprüfung der tatsächlichen Arbeitszeiten durch den Ausschuss durch
   - schriftliche Anfrage an die Arbeitgeberin mit der Bitte um online-Zugang zu den im Betrieb geführten Arbeitszeitdateien (Dauer und Lage) für alle im Betrieb Beschäftigten; Aushändigung der EDV-Ausdrucke bzgl. der tatsächlichen Arbeitszeiten, der Arbeitszeitnachweise nach § 16 Abs. 2 ArbZG bzw. § 3 ArbSchG sowie Mitteilung der dort nicht erfassten Arbeitszeiten;
   - Stichproben bei einzelnen Beschäftigten;
   - Zusammenstellung der genehmigten Überstundenanträge und Abgleichung mit den tatsächlichen Arbeitszeiten;
   - schriftliche Mitteilung der für den Betrieb erteilten behördlichen Ausnahmebewilligungen nach dem ArbZG.
5. Teilnahme der Ausschussmitglieder an der Schulungs- und Bildungsveranstaltung nach § 37 Abs. 6 BetrVG (genaue Bezeichnung) über das deutsche und europäische Arbeitszeitrecht;
6. Überprüfung der aktuellen Arbeitszeitbetriebsvereinbarung durch den Ausschuss im Hinblick auf ihre
   - praktische Anwendung;
   - Vereinbarkeit mit dem Arbeitszeitgesetz und der einschlägigen Arbeitszeitrichtlinie;
   - Vereinbarkeit mit dem Tarifvertrag.
7. Der Ausschuss wird dem Betriebsrat bis zum Datum Bericht erstatten. Danach soll weiter entschieden werden, ob und wie
   - die Arbeitgeberin zur Einhaltung ihrer Verpflichtungen aufgefordert werden soll;
   - eine neue Arbeitszeit-Betriebsvereinbarung erarbeitet werden soll;
   - die bisherige Arbeitszeit-Betriebsvereinbarung gekündigt werden soll;
   - das Thema in der Betriebsratszeitung/über Intranet in einer Betriebsversammlung angesprochen werden soll;
   - Beschlussverfahren des Betriebsrats einzuleiten oder Rechtsansprüche einzelner Beschäftigter zu unterstützen sind.

Hinweis:
Vgl. DKW-*Buschmann*, § 80 Rn. 7, 92. Der Betriebsrat arbeitet hier nicht die einzelnen zufällig auftretenden oder ihm vom Arbeitgeber vorgelegten personellen Maßnahmen ab, sondern entwickelt ein Arbeitsprogramm, in dem er die notwendige Qualifikation und Informationen gewinnt. Damit kann er systematisch zu einem von ihm ausgewählten Zeitpunkt eine von ihm bestimmte begrenzte und Erfolg versprechende Auseinandersetzung mit dem Arbeitgeber in einer Angelegenheit führen, in der er sich auf verbindliche Rechtsnormen stützen und die Unterstützung seitens der Beschäftigten einschätzen kann. Die Arbeitszeitproblematik ist auch deshalb besonders aktuell geworden, weil sich herausgestellt hat, dass zahlreiche Flexibilisierungs-Betriebsvereinbarungen der Vergangenheit mit den zwingenden Vorgaben vor allem des Europarechts nicht mehr vereinbar sind. Nach der Rechtsprechung des Gerichtshofs der europäischen Union (Urteil vom 14. 5. 2019, C-55/18, AuR 2019, 191, 418) und dem folgend des Bundesarbeitsgerichts (13. 9. 2022 1 ABR 22/21, AuR 2022, 490) verlangen die Arbeitszeitrichtlinie 2003/88/EG, Art. 31 der Charta der Grundrechte der EU und § 3 ArbSchG, dass alle geleisteten Arbeitszeiten erfasst und dann auch dem Betriebsrat nachgewiesen werden müssen, nicht nur die Überstunden im Sinne des bisherigen § 16 Abs. 2 ArbZG.

Betriebsrat: Schreiben an Arbeitgeberin wegen Einhaltung des Arbeitszeitgesetzes 3

Betriebsrat der Firma Firmenbezeichnung, Adresse Ort, Datum
Betriebsratsvorsitzende:r Name

An die Geschäftsleitung Firmenbezeichnung
im Hause

Einhaltung des Arbeitszeitgesetzes und der tariflichen Arbeitszeitregelungen

Sehr geehrte Damen und Herren,

die kritische Diskussion unter den Beschäftigten hat den Betriebsrat veranlasst, die Einhaltung des Arbeitszeitgesetzes sowie der tariflichen Arbeitszeitregelungen im Betrieb zu überprüfen. Wir haben feststellen müssen, dass zahlreiche zwingende Schutzbestimmungen in der täglichen Praxis nicht beachtet werden. Dabei handelt es sich nicht bloß um einen Einzelfall, sondern um ein generelles Problem, so dass Abhilfe dringend erforderlich ist. Im Einzelnen:

- die tatsächlichen Arbeitszeiten der Beschäftigten werden entgegen der Rechtsprechung des Europäischen Gerichtshofs vom 14.5.2019, C-55/18, AuR 2019, 291, 418, sowie des Bundesarbeitsgerichts vom 13.9.2022 1 ABR 22/21, AuR 2022, 490, nicht vollständig erfasst und dokumentiert.
- In mehreren Abteilungen wird regelmäßig länger als zehn Stunden täglich gearbeitet.
- Die teilweise extrem verlängerten Arbeitszeiten führen dazu, dass auch die gesetzlichen Ruhezeiten nicht eingehalten werden.
- Es passiert immer wieder, dass Beschäftigte ihre gesetzliche Pause unterbrechen müssen, um dringende Aufgaben zu erledigen.
- In zahlreichen Fällen wird länger als 48 Stunden in der Woche gearbeitet. Dies ist nach § 3 ArbZG nur unter besonderen Voraussetzungen zulässig, die mit dem Betriebsrat abzustimmen sind. Die Beschäftigten bauen dadurch teilweise extrem lange Arbeitszeitkonten auf, so bspw. im Falle des Beschäftigten Name Stunden, im Falle .

Nach § 80 Abs. 1 BetrVG hat der Betriebsrat die Durchführung der zugunsten der Arbeitnehmer geltenden Gesetze, Verordnungen, Unfallverhütungsvorschriften, Tarifverträge und Betriebsvereinbarungen zu überwachen. Wir haben Sie deshalb aufzufordern:

- zu gewährleisten, dass alle tatsächlichen Arbeitszeiten, einschließlich Mehrarbeit und Überstunden, lückenlos erfasst werden;
- für eine korrekte Führung der Arbeitszeitnachweise nach § 3 ArbSchG und § 16 ArbZG zu sorgen;
- zu gewährleisten, dass die Grenzen von zehn Stunden am Tag und 48 Stunden in der Woche eingehalten werden;
- zu gewährleisten, dass die Pausen und Ruhezeiten nach dem Gesetz, dem Tarifvertrag und der geltenden Betriebsvereinbarung eingehalten werden;
- zu gewährleisten, dass die Arbeitszeitbestimmungen nach §§ MTV eingehalten werden;
- zu gewährleisten, dass die Arbeitszeitbestimmungen nach §§ Arbeitszeitbetriebsvereinbarung eingehalten werden;
- zu gewährleisten, dass die Arbeitszeitkonten vor allem in den Abteilungen bis zum Datum auf 0 zurückgeführt werden.

Die praktischen Wege zur Umsetzung dieser Notwendigkeiten wollen wir mit Ihnen in unserem nächsten Gespräch am Datum erörtern. Wir sind sicher, auf diese Weise mit Ihnen eine Einigung in dieser für das Unternehmen und die Beschäftigten wichtigen Angelegenheit zu erzielen, wodurch andere nach dem ArbZG und dem BetrVG gegebenen Verfahrensmöglichkeiten entbehrlich würden.

Hinweis:
Vgl. DKW-*Buschmann*, § 80 Rn. 7, 92; DKW-*Klebe*, § 87 Rn. 81 ff. Der Betriebsrat verbindet hier die Rügen des Verstoßes gegen Gesetz, Tarifvertrag und Betriebsvereinbarung, was häufig sinnvoll ist. Gleichzeitig zeigt er seine Bereitschaft zur praktischen Mitarbeit bei der Erarbeitung von

Korrekturmöglichkeiten. Auf konkrete weitere Verfahren, die je nach Verstoß unterschiedlich ausfallen können, legt er sich noch nicht fest, zeigt sie aber in allgemeiner Form an.

3a **Auskunftsanspruch bei Vertrauensarbeitszeit**

Betriebsrat der Firma Firmenbezeichnung, Adresse Ort, Datum
Betriebsratsvorsitzende:r Name

An die Geschäftsleitung Firmenbezeichnung
im Hause

Auskunft über Arbeitszeiten

Sehr geehrte Damen und Herren,
nach § 80 Abs. 1 BetrVG hat der Betriebsrat die Durchführung der zugunsten der Arbeitnehmer geltenden Gesetze, Verordnungen, Unfallverhütungsvorschriften, Tarifverträge und Betriebsvereinbarungen zu überwachen. Dazu gehören u. a. das Arbeitszeitgesetz sowie die Arbeitszeitbestimmungen des Tarifvertrags und der Betriebsvereinbarung.
Seit Einführung der flexiblen Arbeitszeiten (Vertrauensarbeitszeit) in unserem Betrieb ist diese gesetzliche Aufgabe für den Betriebsrat erheblich schwieriger geworden. Es besteht deshalb unsererseits erheblicher Informationsbedarf, den wir Ihnen im nachfolgenden gerne erläutern wollen. Der Betriebsrat bittet Sie um

- schriftliche Auskunft über Beginn und Ende der täglichen Arbeitszeiten für jeden Arbeitstag jedes einzelnen Beschäftigten einschließlich geringfügig Beschäftigter, Leiharbeiter und sog. AT-Beschäftigter im Monat ;
- schriftliche Auskunft über die Dauer der regelmäßigen wöchentlichen Arbeitszeiten für jede in den Monaten endende Woche für o. g. Beschäftigte;
- schriftliche Auskunft über die die Grenzen des § 3 Satz 1 ArbZG überschreitende geleisteten Arbeitszeiten für o. g. Beschäftigte seit dem Datum;
- schriftliche Auskunft über die geleisteten Arbeitszeiten an Sonn- und Feiertagen seit dem 1. Januar des laufenden Jahres für o. g. Beschäftigte;
- schriftliche Auskunft über die geleisteten Nachtarbeitszeiten i. S. d. § 2 Abs. 4 ArbZG sowie des Tarifvertrags seit dem 1. Januar des laufenden Jahres für o. g. Beschäftigte;
- Zurverfügungstellung der Arbeitszeitnachweise nach § 16 Abs. 2 ArbZG bzw. § 3 ArbSchG für o. g. Beschäftigte;
- schriftliche Mitteilung der für den Betrieb erteilten behördlichen Ausnahmebewilligungen nach dem ArbZG.

Angesichts der Möglichkeiten der EDV gehen wir davon aus, dass die Erstellung vorbezeichneter Informationen ohne besonderen technischen Aufwand möglich ist, zumal das BAG in der bekannten Entscheidung v. 6. 5. 2003 – 1 ABR 13/02, AuR 2004, 70 ff., die dahingehende Informationsnotwendigkeit gerade für den Fall der sog. Vertrauensarbeitszeit ausdrücklich bestätigt und darüber hinaus festgestellt hat, dass ein Arbeitgeber diese Daten im Rahmen seiner Organisationspflicht zu erheben hat. Darüber hinaus beziehen wir uns ausdrücklich auf das Urteil des Gerichtshofs der Europäischen Union, Große Kammer, vom 14. 5. 2019, C-55/18, AuR 2019, 191, 418. In diesem Urteil hat der EuGH festgehalten, dass die europäische Arbeitszeitrichtlinie 2003/88/EG und Art. 31 der Charta der Grundrechte der EU verlangen, dass alle Arbeitszeiten der Beschäftigten erfasst werden, nicht nur die Überstunden. Das Bundesarbeitsgericht ist dem im Beschluss vom 13. 9. 2022 1 ABR 22/21, AuR 2022, 490, gefolgt, sodass für die Arbeitszeiterfassung eine klare Rechtsgrundlage besteht.

Hinweis:
Vgl. DKW-*Buschmann*, § 80 Rn. 74a. Der Betriebsrat beruft sich bewusst auf die wichtige und von ihm ausdrücklich zitierte Rechtsprechung des BAG (v. 6. 5. 2003, und 13. 9. 2022, a. a. O.) sowie des EuGH (v. 14. 5. 2019 a. a. O.), die gerade von den Verfechtern flexibler, insbesondere Vertrauensarbeitszeiten oft ignoriert wird. Damit ist vor allem der Einwand zurückzuweisen, die geforderten Daten seien nicht verfügbar bzw. das System der Vertrauensarbeitszeit verzichte bewusst auf die Erhebung dieser Arbeitszeitdaten. Dies gilt auch, wenn der Betriebsrat sich in der Vergangenheit auf flexible Arbeitszeiten eingelassen hat. Er verhält sich nicht widersprüchlich, sondern im Rahmen seiner gesetzlichen Pflichten, wenn er diese Informationen anfordert, zu denen der Arbeitgeber im Rahmen seiner Organisationspflicht ohnehin verpflichtet ist.

Betriebsrat: Gesuch auf Vorlage von Arbeitsverträgen 4

Betriebsrat der Firma Firmenbezeichnung, Adresse — Ort, Datum
Betriebsratsvorsitzende:r Name

An die Geschäftsleitung Firmenbezeichnung
im Hause

Einhaltung des Nachweisgesetzes und des BGB
Hier: Vorlage der Einzelverträge
Sehr geehrte Damen und Herren,
nach § 80 Abs. 1 BetrVG hat der Betriebsrat die Durchführung der zugunsten der Arbeitnehmer geltenden Gesetze, Verordnungen, Unfallverhütungsvorschriften, Tarifverträge und Betriebsvereinbarungen zu überwachen. Dazu gehört u. a. das Nachweisgesetz, welches für jeden einzelnen Beschäftigten grundsätzlich den schriftlichen Nachweis der wesentlichen Arbeitsbedingungen im Arbeitsvertrag oder einer gesonderten schriftlichen Urkunde vorschreibt. Dies gilt auch für die sog. Geringfügig Beschäftigten. Wir bitten Sie deshalb entsprechend der Rechtsprechung des BAG (v. 19. 10. 1999 – 1 ABR 75/98, AuR 2000, 268; 16. 11. 2005 – 7 ABR 12/2005, AuR 2006, 172) um Überlassung einer Ablichtung der Arbeitsverträge für

- alle Beschäftigten
- Alternative: die nachfolgend im Einzelnen bezeichneten Beschäftigten: Namen.

Sofern für die Arbeitsverträge einheitliche Formulare verwendet werden, ist der Betriebsrat aus Gründen der Vereinfachung mit der Überlassung der verwendeten Formulare unter Bezeichnung der betroffenen Beschäftigten einverstanden.

Hinweis:
Vgl. DKW-*Buschmann*, § 80 Rn. 19, 89. Das Nachweisgesetz ist in der Betriebspraxis weitgehend unbekannt und wird vielfach missachtet, in extremer Form bei sog. Geringfügig Beschäftigten, vgl. TZA, § 2 NachweisG, Rn. 3. Die Überprüfung seiner Einhaltung gibt dem Betriebsrat die Möglichkeit der Überprüfung der Arbeitsverträge. Er hat zwar kein generelles Mitbestimmungsrecht bei deren Formulierung, kann aber z. B. feststellen, dass einzelvertragliche Bestimmungen gegen Gesetz, Tarifvertrag oder Betriebsvereinbarung verstoßen, und dies dann entsprechend rügen.
Nach §§ 305 ff. BGB müssen zudem vorformulierte Arbeitsverträge den gesetzlichen Anforderungen an Allgemeine Geschäftsbedingungen genügen. Insbesondere ist sicherzustellen, dass Arbeitnehmer nicht entgegen den Geboten von Treu und Glauben unangemessen benachteiligt werden (§ 307 Abs. 1 BGB). Vor allem sog. Flexi-Klauseln in Einzelverträgen verstoßen vielfach gegen zwingende vorrangige Bestimmungen. Insofern kann sich der Betriebsrat auch auf die Überprüfung der Einhaltung von Einzelvorschriften stützen. Der Bezug auf das Nach-

weisgesetz reicht aber aus und liefert sodann Informationen auch zur Einhaltung oder zu Verstößen gegen weitere Rechtsnormen wie das BGB.
Von Bedeutung ist auch Art. 7 Abs. 5 Satz 2 der Entgelttransparenzrichtlinie (EU) 2023/970. Diese Vorschrift verpflichtet die Mitgliedstaaten, Maßnahmen zu ergreifen, um Vertragsbedingungen zu verbieten, durch die die Arbeitnehmer davon abgehalten werden, Informationen über ihr Entgelt offenzulegen. Davon profitieren auch männliche Beschäftigte. Die Umsetzung der Richtlinie muss bis Juni 2026 erfolgen. Durch das »Bürokratieentlastungsgesetz« 2024 wurde die Nachweispflicht insofern abgeschwächt, als die Niederschrift auch in Textform (§ 126b BGB) abgefasst und elektronisch übermittelt werden kann. Umso wichtiger ist es für Betriebsräte, hier eine schriftliche Ausfertigung anzufordern.

5 **Betriebsrat: Gesuch auf allgemeine Information über sog. Freie Mitarbeiter, Leiharbeiter, Beschäftigte von Fremdfirmen**

Betriebsrat der Firma Firmenbezeichnung, Adresse Ort, Datum
Betriebsratsvorsitzende:r Name

An die Geschäftsleitung Firmenbezeichnung
im Hause

Übersicht über die für den Betrieb tätigen Freien Mitarbeiter, Leiharbeiter und Beschäftigte von Fremdfirmen
Sehr geehrte Damen und Herren,
nach § 80 Abs. 1 BetrVG hat der Betriebsrat die Durchführung der zugunsten der Arbeitnehmer geltenden Gesetze, Verordnungen, Unfallverhütungsvorschriften, Tarifverträge und Betriebsvereinbarungen zu überwachen. Diese Aufgabe bezieht sich auf alle Beschäftigten des Betriebs.
Es ist dem Betriebsrat bekannt und schon verschiedene Male zwischen uns erörtert worden, dass seit längerem zahlreiche sog. Freie Mitarbeiter und Leiharbeiter, darüber hinaus Beschäftigte von Fremdfirmen auf Grund von Werkverträgen im Betrieb tätig sind. Um überprüfen zu können, ob und inwieweit für diese Mitbestimmungsrechte in Betracht kommen, ersucht Sie der Betriebsrat zunächst gemäß § 80 Abs. 2 Satz 1 BetrVG sowie der Rechtsprechung des BAG (v. 15.12.1998 – 1 ABR 9/98, AuR 1999, 242; 16.11.2006 – 7 ABR 12/05, AuR 2006, 172) um Zurverfügungstellung einer schriftlichen Gesamtübersicht aller im und für den Betrieb tätigen Freien Mitarbeiter, Leiharbeiter und Beschäftigten von Fremdfirmen zum Stichtag Datum. Wie diese Vorschrift deutlich macht, erstreckt sich die Unterrichtungspflicht des Arbeitgebers ausdrücklich »auch auf die Beschäftigung von Personen, die nicht in einem Arbeitsverhältnis zum Arbeitgeber stehen, und umfasst insbesondere den zeitlichen Umfang des Einsatzes, den Einsatzort und die Aufgaben dieser Personen.«

Hinweis:
Vgl. DKW-*Buschmann*, § 80 Rn. 85ff., 89. Schon nach der Rechtsprechung des BAG (v. 15.12.1998 – 1 ABR 9/98, AuR 1999, 242; v. 16.11.2006 – 7 ABR12/05) hatte der Betriebsrat nach § 80 Abs. 2 BetrVG Anspruch auf Unterrichtung auch hinsichtlich der Beschäftigung freier Mitarbeiter. § 80 Abs. 2 Satz 1 BetrVG stellt klar, dass sich die Unterrichtung auch auf die Beschäftigung von Personen erstreckt, die nicht in einem Arbeitsverhältnis zum Arbeitgeber stehen. 2017 wurde diese Unterrichtungspflicht wie zitiert weiter konkretisiert. Schließlich ist der Arbeitnehmerbegriff im Entgelttransparenzgesetz unionsrechtskonform in Übereinstimmung mit dem Arbeitnehmerbegriff der Richtlinie 2006/54/EG auszulegen. Art. 6 dieser Richtlinie bezieht ihren Persönlichen Anwendungsbereich »auf die Erwerbsbevölkerung einschließlich der Selbständigen, der Arbeitnehmer, deren Erwerbstätigkeit durch Krankheit, Mutterschaft,

Unfall oder unverschuldete Arbeitslosigkeit unterbrochen ist, und der Arbeitssuchenden sowie auf die sich im Ruhestand befindlichen oder arbeitsunfähigen Arbeitnehmer und auf ihre anspruchsberechtigten Angehörigen.« Danach können im Einzelfall auch arbeitnehmerähnliche Personen bzw. sog. Freie Mitarbeiter Beschäftigte iSd. EntgTranspG sein (so ausdrücklich BAG v. 25.6.2020 – 8 AZR 145/19, AuR 2020, 378; 2021, 42).

Der Arbeitgeber schuldet danach diejenigen Angaben, die der Betriebsrat benötigt, um beurteilen zu können, ob und inwieweit Mitbestimmungsrechte in Betracht kommen. Das BAG verlangte bisher, dass der Betriebsrat sein Auskunftsbegehren nach Art und Umfang konkretisiert. Ist dies wegen der großen Zahl Freier Mitarbeiter und der Vielfalt von Beschäftigungsmodalitäten unmöglich, kann er zunächst eine Gesamtübersicht zu einem von ihm bestimmten Stichtag verlangen. Für Beschäftigte von Fremdfirmen gilt das gleiche, da sie möglicherweise tatsächlich in die Organisation des Betriebs eingegliedert und Arbeitnehmer i.S.d. BetrVG sind. Die Information über Leiharbeiter benötigt er ohnehin, da ihm insofern gesetzliche Mitbestimmungsrechte zustehen und Leiharbeiter unter den Voraussetzungen des § 7 BetrVG auch wahlberechtigt sind. Seit der AÜG-Reform 2017 schreibt § 80 Abs. 2 Satz 3 BetrVG die Zurverfügungstellung »der Verträge, die der Beschäftigung der in Satz 1 genannten Personen zugrunde liegend« ausdrücklich und ohne weiteren Vorbehalt vor.

Betriebsrat: Gesuch auf konkrete Information über sog. Freie Mitarbeiter 6

Betriebsrat der Firma Firmenbezeichnung, Adresse — Ort, Datum
Betriebsratsvorsitzende:r Name

An die Geschäftsleitung Firmenbezeichnung
im Hause

Für den Betrieb tätige sog. Freie Mitarbeiter

Sehr geehrte Damen und Herren,

nach § 80 Abs. 1 BetrVG hat der Betriebsrat die Durchführung der zugunsten der Arbeitnehmer geltenden Gesetze, Verordnungen, Unfallverhütungsvorschriften, Tarifverträge und Betriebsvereinbarungen zu überwachen. Diese Aufgabe bezieht sich auf alle Beschäftigten des Betriebs.

Mit Schreiben vom Datum haben Sie uns mitgeteilt, dass seit dem Datum die Herren Name, Name und Name als sog. Freie Mitarbeiter für den Betrieb tätig sind. Der Betriebsrat hat festgestellt, dass die vorbezeichneten Beschäftigten im Wesentlichen und auf Dauer nur für diesen Betrieb tätig werden, dass sie selbst keine Arbeitnehmer beschäftigen, nicht selbständig am Markt auftreten und nach ihrem äußeren Erscheinungsbild typische Arbeitnehmertätigkeiten verrichten. Um überprüfen zu können, ob und inwieweit für diese Mitbestimmungsrechte in Betracht kommen, ersucht Sie der Betriebsrat gemäß § 80 Abs. 2 BetrVG und der Rechtsprechung des BAG (v. 15.12.1998 – 1 ABR 9/98, AuR 1999, 242; v. 16.11.2006 – 7 ABR 12/05, AuR 2006, 172) um Zurverfügungstellung der zu Grunde liegenden vertraglichen Vereinbarungen. Ansonsten muss der Betriebsrat davon ausgehen, dass es sich um Arbeitnehmer i.S.d. BetrVG handelt. Wie § 80 Abs. 2 BetrVG deutlich macht, erstreckt sich die Unterrichtungspflicht des Arbeitgebers ausdrücklich auch auf die Beschäftigung von Personen, die nicht in einem Arbeitsverhältnis zum Arbeitgeber stehen, und umfasst insbesondere den zeitlichen Umfang des Einsatzes, den Einsatzort und die Aufgaben dieser Personen.

Hinweis:

Vgl. DKW-*Buschmann*, § 80 Rn. 85ff., 89, 93, 108. Nach der Rechtsprechung des BAG (v. 15.12.1998 – 1 ABR 9/98, AuR 1999, 242; v. 16.11.2006 – 7 ABR 12/05) hat der Betriebsrat nach § 80 Abs. 2 BetrVG Anspruch auf Unterrichtung auch hinsichtlich der Beschäftigung

Freier Mitarbeiter. Schließlich ist der Arbeitnehmerbegriff im Entgelttransparenzgesetz unionsrechtskonform in Übereinstimmung mit dem Arbeitnehmerbegriff der Richtlinie 2006/54/EG auszulegen. Art. 6 dieser Richtlinie bezieht ihren Persönlichen Anwendungsbereich »auf die Erwerbsbevölkerung einschließlich der Selbständigen, der Arbeitnehmer, deren Erwerbstätigkeit durch Krankheit, Mutterschaft, Unfall oder unverschuldete Arbeitslosigkeit unterbrochen ist, und der Arbeitssuchenden sowie auf die sich im Ruhestand befindlichen oder arbeitsunfähigen Arbeitnehmer und auf ihre anspruchsberechtigten Angehörigen.« Danach können im Einzelfall auch arbeitnehmerähnliche Personen bzw. sog. Freie Mitarbeiter Beschäftigte iSd. EntgTranspG sein (so ausdrücklich BAG v. 25.6.2020 – 8 AZR 145/19, AuR 2020, 378; 2021, 42). Der Arbeitgeber schuldet danach diejenigen Angaben, die der Betriebsrat benötigt, um beurteilen zu können, ob und inwieweit Mitbestimmungsrechte in Betracht kommen. Das BAG verlangte bisher, dass der Betriebsrat sein Auskunftsbegehren nach Art und Umfang konkretisiert, wie vorliegend geschehen. Seit der AÜG-Reform 2017 schreibt § 80 Abs. 2 Satz 3 BetrVG die Zurverfügungstellung »der Verträge, die der Beschäftigung der in Satz 1 genannten Personen zugrunde liegend« ausdrücklich und ohne weiteren Vorbehalt vor.

7 Betriebsrat: Gesuch auf konkrete Information über Leiharbeiter

Betriebsrat der Firma Firmenbezeichnung, Adresse Ort, Datum
Betriebsratsvorsitzende:r Name

An die Geschäftsleitung Firmenbezeichnung
im Hause

Für den Betrieb tätige Leiharbeiter
Sehr geehrte Damen und Herren,
nach § 80 Abs. 1 BetrVG hat der Betriebsrat die Durchführung der zugunsten der Arbeitnehmer geltenden Gesetze, Verordnungen, Unfallverhütungsvorschriften, Tarifverträge und Betriebsvereinbarungen zu überwachen. Diese Aufgabe bezieht sich auf alle Beschäftigten des Betriebs. Mit Schreiben vom Datum haben Sie uns mitgeteilt, dass seit dem Datum die Herren Name, Name und Name als Leiharbeiter für den Betrieb tätig sind. Wir bitten deshalb gem. § 14 AÜG, §§ 80, 99 BetrVG um Vorlage des zu Grunde liegenden Vertrags mit der Verleihergesellschaft sowie der schriftlichen Erklärungen und Mitteilungen des Verleihers nach § 12 AÜG, ferner um konkrete Information über

- die mit Leiharbeitern besetzten Arbeitsplätze;
- Dauer und Lage der Arbeitszeit dieser Leiharbeiter;
- die weiteren Arbeitsbedingungen, insbesondere Vergütung dieser Leiharbeiter;
- die für diese Leiharbeiter getroffenen Arbeitsschutzmaßnahmen;
- den genauen Zeitraum, seit dem und bis wann die vorgenannten Arbeitsplätze mit Leiharbeitern besetzt werden.

Hinweis:
Vgl. DKW-*Buschmann*, § 80 Rn. 85, 108f. Nach der europäischen Leiharbeits-Richtlinie 2008/104/EG ist der Einsatz von Leiharbeitern nur vorübergehend zulässig. Zudem verlangt Art. 5 Abs. 5 dieser Richtlinie Maßnahmen, um eine missbräuchliche Anwendung durch aufeinanderfolgende Überlassungen zu verhindern. Im Urteil vom 17.3.2022, C-232/20, Daimler, erkennt der EuGH einen missbräuchlichen Einsatz aufeinanderfolgender Überlassungen über eine Dauer von 55 Monaten auf demselben Arbeitsplatz bei einem Entleiher, wenn keine objektive Erklärung dafür gegeben wird. Längerfristige aufeinanderfolgende Überlassungen bedürfen demnach immer einer besonderen Rechtfertigung. Deswegen benötigt der Betriebs-

rat nicht nur die Information über das einzelne Leiharbeitsverhältnis, sondern auch über die Dauer, seit wann ein bestimmter Arbeitsplatz durch Leiharbeiter besetzt wird.

Gleiche Arbeitsbedingungen für Leiharbeiter 8

Betriebsrat der Firma Firmenbezeichnung, Adresse Ort, Datum
Betriebsratsvorsitzende:r Name

An die Geschäftsleitung Firmenbezeichnung
im Hause

Für den Betrieb tätige Leiharbeiter
Sehr geehrte Damen und Herren,
nach § 80 Abs. 1 BetrVG hat der Betriebsrat die Durchführung der zugunsten der Arbeitnehmer geltenden Gesetze, Verordnungen, Unfallverhütungsvorschriften, Tarifverträge und Betriebsvereinbarungen zu überwachen. Diese Aufgabe bezieht sich auf alle Beschäftigten des Betriebs.
Mit Schreiben vom Datum haben Sie uns mitgeteilt, dass seit dem Datum die Herren Name, Name und Name als Leiharbeiter für den Betrieb tätig sind. Nach § 8 AÜG sowie Art. 5 der europäischen Leiharbeitsrichtlinie 2008/104/EG sind Leiharbeitern grundsätzlich die gleichen Arbeitsbedingungen zu gewähren wie vergleichbaren Beschäftigten des Betriebs. Wie Sie wissen, hat die höchstrichterliche Rechtsprechung festgestellt, dass die von den sog. »Christlichen Gewerkschaften« abgeschlossenen Vereinbarungen mangels Tariffähigkeit/Tarifzuständigkeit dieser Organisationen weder wirksam sind noch waren. Art. 5 der Richtlinie 2008/104/EG verlangt auch bei speziellen Tarifverträgen der Leiharbeit die »Achtung des Gesamtschutzes« für Leiharbeiter. Dies hat zur Folge, dass für die betroffenen Leiharbeiter der Grundsatz der Gleichbehandlung mit den Stammbeschäftigten des Betriebs, sog. equal treatment bzw. equal pay, zur Anwendung kommen muss. Nach EuGH (15.12.2022, C-311/21, TimePartner, Rn 39, AuR 2023, 168) ist der Gesamtschutz nur dann gewährleistet, wenn der Tarifvertrag, der nach Art. 5 Abs. 3 der Richtlinie zum Nachteil der Beschäftigten von wesentlichen Arbeits- und Beschäftigungsbedingungen abweicht, diese Ungleichbehandlung selbst durch besondere, gleichwertige Vorteile ausgleicht. Wir bitten um Bestätigung, dass dies sichergestellt ist und dass nur Leiharbeiter im Betrieb tätig werden, für die die Anwendung des Grundsatzes des equal treatment bzw. equal pay garantiert ist.

Hinweis:
Vgl. DKW-*Buschmann*, § 80 Rn. 108f.; *Buschmann/Edich*, Europarecht, 2025, S. 130.

Betriebsrat: Gesuch auf konkrete Information über Beschäftigte von Fremdfirmen 9

Betriebsrat der Firma Firmenbezeichnung, Adresse Ort, Datum
Betriebsratsvorsitzende:r Name

An die Geschäftsleitung Firmenbezeichnung
im Hause

Für den Betrieb tätige Beschäftigte von Fremdfirmen
Sehr geehrte Damen und Herren,

nach § 80 Abs. 1 BetrVG hat der Betriebsrat die Durchführung der zugunsten der Arbeitnehmer geltenden Gesetze, Verordnungen, Unfallverhütungsvorschriften, Tarifverträge und Betriebsvereinbarungen zu überwachen. Diese Aufgabe bezieht sich auf alle Beschäftigten des Betriebs. Der Betriebsrat hat festgestellt, dass seit dem Datum die Herren Name, Name und Name ständig für den Betrieb tätig sind. Der Betriebsrat geht davon aus, dass sie im Wesentlichen und auf Dauer nur für diesen Betrieb tätig werden, dass sie selbst keine Arbeitnehmer beschäftigen, nicht selbständig am Markt auftreten und nach ihrem äußeren Erscheinungsbild typische Arbeitnehmertätigkeiten dieses Betriebs verrichten. Um überprüfen zu können, ob und inwieweit für diese Beschäftigten Mitbestimmungsrechte dieses Betriebsrats in Betracht kommen, ersucht Sie der Betriebsrat gemäß § 80 Abs. 2 Satz 3 BetrVG i.V.m. der Rechtsprechung des BAG um Zurverfügungstellung der der Beschäftigung dieser Personen zu Grunde liegenden vertraglichen Vereinbarungen, insbesondere von Werkverträgen mit anderen Arbeitgebern bzw. Auftragnehmern. Teilen Sie uns auch bitte mit, von wem die o.g. Personen ihre Aufträge erhalten, wer ihnen gegenüber weisungsberechtigt ist und welche Aufgaben sie insgesamt für den Betrieb zu erledigen haben. Ansonsten muss der Betriebsrat davon ausgehen, dass es sich um Beschäftigte dieses Betriebs bzw. um Leiharbeiter handelt.

Hinweis:
Vgl. DKW-*Buschmann*, § 80 Rn. 85ff. Schon nach der Rechtsprechung des BAG (v. 15.12.1998 – 1 ABR 9/98, AuR 1999, 242; v. 16.11.2006 – 7 ABR 12/05, AuR 2006, 172) hatte der Betriebsrat nach § 80 Abs. 2 BetrVG Anspruch auf Unterrichtung auch hinsichtlich der Beschäftigung Freier Mitarbeiter, Leiharbeiter und Beschäftigter von Fremdfirmen. Der Arbeitgeber schuldet danach diejenigen Angaben über Beschäftigte von Fremdfirmen, die der Betriebsrat benötigt, um beurteilen zu können, ob und inwieweit Mitbestimmungsrechte in Betracht kommen. Schließlich ist der Arbeitnehmerbegriff im Entgelttransparenzgesetz unionsrechtskonform in Übereinstimmung mit dem Arbeitnehmerbegriff der Richtlinie 2006/54/EG auszulegen. Art. 6 dieser Richtlinie bezieht ihren Persönlichen Anwendungsbereich »auf die Erwerbsbevölkerung einschließlich der Selbständigen, der Arbeitnehmer, deren Erwerbstätigkeit durch Krankheit, Mutterschaft, Unfall oder unverschuldete Arbeitslosigkeit unterbrochen ist, und der Arbeitssuchenden sowie auf die sich im Ruhestand befindlichen oder arbeitsunfähigen Arbeitnehmer und auf ihre anspruchsberechtigten Angehörigen.« Danach können im Einzelfall auch arbeitnehmerähnliche Personen bzw. sog. Freie Mitarbeiter Beschäftigte iSd. EntgTranspG sein (so ausdrücklich BAG v. 25.6.2020 – 8 AZR 145/19, AuR 2020, 378; 2021, 42). Seit der AÜG-Reform 2017 schreibt § 80 Abs. 2 Satz 3 BetrVG die Zurverfügungstellung »der Verträge, die der Beschäftigung dieser Personen zugrunde legen,« ausdrücklich und ohne weiteren Vorbehalt vor.

10 **Betriebsrat: Gesuch auf Information über Zulagen und übertarifliche Bezahlung**

Betriebsrat der Firma Firmenbezeichnung, Adresse — Ort, Datum
Betriebsratsvorsitzende:r Name

An die Geschäftsleitung Firmenbezeichnung
im Hause

Information über Zulagen und übertarifliche Bezahlung
Sehr geehrte Damen und Herren,
nach § 80 Abs. 1 BetrVG hat der Betriebsrat die Durchführung der zugunsten der Arbeitnehmer geltenden Gesetze, Verordnungen, Unfallverhütungsvorschriften, Tarifverträge und Betriebsvereinbarungen zu überwachen. Nach § 87 Abs. 1 Nrn. 9, 10 BetrVG hat er mitzubestimmen in Fragen der betrieblichen Lohngestaltung, insbesondere bei leistungsbezogenen Entgelten. Dabei ist

auch das Entgelttransparenzgesetz zu beachten, dessen Ziel es ist, das Gebot des gleichen Entgelts für Frauen und Männer bei gleicher oder gleichwertiger Arbeit durchzusetzen.
Um überprüfen zu können, ob und inwieweit diese Mitbestimmungsrechte in Betracht kommen, ersucht Sie der Betriebsrat zunächst um Zurverfügungstellung einer schriftlichen Gesamtübersicht aller im Betrieb gezahlten tariflichen und übertariflichen Zulagen, Einmalzahlungen, Sonderzahlungen, sog. freiwilliger Vergütungsleistungen, Prämien, zum Stichtag Datum. Wir bitten dabei um Aufschlüsselung, nach welchen Grundsätzen und auf welcher Grundlage diese Leistungen erbracht werden und in welchen Fällen ein Widerrufs- oder Rückzahlungsvorbehalt erklärt wurde.

Hinweis:
Vgl. DKW-*Buschmann*, § 80 Rn. 90.

Betriebsrat: Gesuch auf Information über Teilzeitarbeit und befristete Beschäftigung 11

Betriebsrat der Firma Firmenbezeichnung, Adresse Ort, Datum
Betriebsratsvorsitzende/r Name

An die Geschäftsleitung Firmenbezeichnung
im Hause

Auskunft über Teilzeitarbeit und befristete Beschäftigung
Sehr geehrte Damen und Herren,
Sie haben uns bisher über die Personalentwicklung im Rahmen der regelmäßigen Gespräche über die Personalplanung informiert. Lediglich ergänzend weisen wir Sie darauf hin, dass nach § 7 Abs. 4 TzBfG der Arbeitgeber die Arbeitnehmervertretung über angezeigte Arbeitszeitwünsche der Arbeitnehmer (nach Veränderung von Dauer und/oder Lage der vertraglich vereinbarten Arbeitszeit) sowie über Teilzeitarbeit im Betrieb und Unternehmen zu informieren hat. Das Gesetz nennt insbesondere die vorhandenen oder geplanten Teilzeitarbeitsplätze und die Umwandlung von Teilzeitarbeitsplätzen in Vollzeitarbeitsplätze oder umgekehrt. Hierzu bitten wir jeweils um Zurverfügungstellung der vorhandenen oder erstellbaren Unterlagen. Das Gleiche gilt nach § 20 TzBfG hinsichtlich der befristet beschäftigten Arbeitnehmerinnen und Arbeitnehmer, des jeweiligen Befristungsgrundes, der Dauer und des jeweiligen Ablaufs ihrer Befristungen.

Hinweis:
Vgl. DKW-*Buschmann*, § 80 Rn. 85ff., 92. Der Anspruch nach dem TzBfG steht neben den Informationsansprüchen aus dem BetrVG und ergänzt diese. Er bezieht sich – und das ist das Besondere – auf Betrieb und Unternehmen, reicht also insofern weiter.

Betriebsrat: Gesuch (engl.) auf Information gegenüber ausländischer Muttergesellschaft 12

Betriebsrat (Works Council) Firmenbezeichnung
The Universal Profit Making Company Ltd.
The Chief Executive Director

Re. Information on Universal Data Processing Systems

Dear Sir,

pursuant to Art. 87 Par. 1 No. 6 of the German Works Constitution Act the Works Council has a statutory right to co-determination on all matters concerning the introduction and the use of technical devices designed to monitor the behaviour or performance of the employees. The Federal Labour Court Jurisdiction has made clear that according to this provision also the implementation of computer controlled IT-systems for the acquisition of operational and personal data are subject to the works council's co-determination.

As long as this local establishment has been existing the experience of co-operation and co-determination within this establishment has proven successful for both sides. That is why the works council along with the respective Union is confident to achieve a settlement also with regard to a suitable Data Processing System for our establishment. To this aim you are kindly requested to

- provide us on all information concerning the Universal Data Processing System
- enable the management of this establishment to conclude the necessary works agreements with the works council
- give evidence that all personal data concerning the employees of this establishment are kept strictly confidential within the local establishment, especially are not subject to any data transmission to the central Universal Personal Department or any other data processing outside the Federal Republic of Germany. Any other practice would constitute an infringement against the European Data Protection Regulation (EU) 2016/679.

Yours faithfully,

(Works Council)

Hinweis:
Vgl. DKW-*Buschmann*, § 80 Rn. 102. Der Betriebsrat erlebt, dass seine örtlichen Gesprächspartner zu Recht oder zu Unrecht vorgeben, keinen Einfluss und nicht einmal Informationen zu haben. Also wendet er sich direkt an die ausländische Muttergesellschaft – und wird dort nicht geringe Überraschung, möglicherweise aber auch einen Lernprozess auslösen, darüber hinaus seine Position gegenüber seinen örtlichen Ansprechpartnern verstärken. Zur Datenschutz-Grundverordnung *Buschmann/Edich*, Europarecht, 2025, S. 137 ff.

13 **Betriebsrat: Einblick in Bruttolohn– und Gehaltslisten**

Betriebsrat der Firma Firmenbezeichnung, Adresse Ort, Datum
Betriebsratsvorsitzende:r Name

An die Geschäftsleitung Firmenbezeichnung
im Hause

Einblick in Bruttolohn- und Gehaltslisten

Sehr geehrte Damen und Herren,

der Betriebsrat hat in seiner letzten Sitzung gemäß § 80 Abs. 2 Satz 2 BetrVG beschlossen, Einblick in die Bruttolohn- und Gehaltslisten für alle Beschäftigten, einschließlich der sog. AT-Angestellten, zu nehmen. Die Einblicknahme soll durch die/den Betriebsausschuss / Ausschuss nach § 28 BetrVG / Betriebsratsvorsitzende/n erfolgen. Wir bitten deshalb um Zurverfügungstellung einer Ablichtung der Listen für morgen, Datum, im Büro des Betriebsrats. Der Betriebsrat wird die individuellen Daten vertraulich behandeln. Nach § 13 Abs. 3 des Entgelttransparenzgesetzes müssen die Entgeltlisten nach Geschlecht aufgeschlüsselt alle Entgeltbestandteile enthalten einschließlich übertariflicher Zulagen und solcher Zahlungen, die individuell ausgehandelt und gezahlt werden. Nur vorsorglich weisen wir darauf hin, dass ein flüchtiger Einblick in der Personalabteilung den Anforderungen des Gesetzes nicht genügen würde, da nach § 13 Abs. 2 dieses Gesetzes der Ausschuss die Listen nicht nur einzusehen, sondern auch auszuwerten hat.

Alternative: Wir bitten deshalb, die Listen dem Betriebsausschuss/Betriebsratsvorsitzenden morgen, Datum, im separaten Raum unkontrolliert zu überlassen. Wir sichern zu, sie nach Einblicknahme unverzüglich zurückzugeben. Der Betriebsrat wird die individuellen Daten vertraulich behandeln. Nach § 13 Abs. 3 des Entgelttransparenzgesetzes müssen die Entgeltlisten nach Geschlecht aufgeschlüsselt alle Entgeltbestandteile enthalten einschließlich übertariflicher Zulagen und solcher Zahlungen, die individuell ausgehandelt und gezahlt werden. Nur vorsorglich weisen wir darauf hin, dass ein flüchtiger Einblick in der Personalabteilung den Anforderungen des Gesetzes nicht genügen würde, da nach § 13 Abs. 2 dieses Gesetzes der Ausschuss die Listen nicht nur einzusehen, sondern auch auszuwerten hat.

Hinweis:
Vgl. DKW-*Buschmann*, § 80 Rn. 126ff., 137. Der Betriebsrat bittet zunächst um Aushändigung einer Ablichtung, was in zahlreichen Betrieben ohne weitere Schwierigkeiten auch geschieht. Ist dies nicht möglich (so die Alternative), hat die Einblicknahme unbeobachtet (vgl. DKW, § 80 Rn. 136) und unkontrolliert zu erfolgen. Die Rechtsprechung hatte vor 2017 einen ausdrücklichen Anspruch auf Ablichtung verneint, dem Betriebsrat aber das Recht bestätigt, sich Notizen zu machen, wozu ein entsprechendes Beiblatt hilfreich sein kann, vgl. DKW, § 80 Rn. 135. Demgegenüber stellt § 13 Abs. 2 EntgTranspG klar, dass der Betriebsrat die Listen auch auszuwerten hat, was eine vollständige Vorlage der Originale, Kopien oder Ausdrucke voraussetzt. Nach Abs. 3 dieser Vorschrift hat die Arbeitgeberin dem Betriebsausschuss Einblick in die Listen über die Bruttolöhne und -gehälter der Beschäftigten zu gewähren und diese aufzuschlüsseln. Die Entgeltlisten müssen nach Geschlecht aufgeschlüsselt alle Entgeltbestandteile enthalten einschließlich übertariflicher Zulagen und solcher Zahlungen, die individuell ausgehandelt und gezahlt werden. Die Entgeltlisten sind so aufzubereiten, dass der Betriebsausschuss im Rahmen seines Einblicksrechts die Auskunft ordnungsgemäß erfüllen kann. Die Einzelheiten dieses besonderen Einblicksrechts sind in der Literatur noch strittig und in der Rechtsprechung nicht abschließend geklärt. Fest steht, dass weder das EntgTranspG noch Datenschutzgesichtspunkte zu einer Beschränkung des Einblicksrechts führen. Der Einblick in eine anonymisierte Liste reicht nicht (BAG 7.5.2019 – 1 ABR 53/17, BAGE 166, 309–322; so schon Vorinstanz LAG Hamm 19.9.2017 – 7 TaBV 43/17, AuR 2018, 196, mit zust. Anm. Zemlyankina,; ebenso LAG Mecklenburg-Vorpommern 15.5.2019 – 3 TaBV 10/18; LAG Niedersachsen 22.10.2018 – 12 TaBV 23/18, AuR 2019, 189; LAG Sachsen-Anhalt 18.12.2018 – 4 TaBV 19/17, DB 2019, 1156). Der Betriebsrat muss keine ›spezifische‹ Notwendigkeit für eine nicht anonymisierte Bruttoentgeltliste darlegen, wenn die Arbeitgeberin eine solche führt. Das konkrete aus den Listen ersichtliche Entgelt der einzelnen Arbeitnehmer unterliegt der Verschwiegenheitspflicht gegenüber diesen.

14 **Beiblatt zur Einsichtnahme**

Arbeit-nehmer:in	Funktion	Brutto-gehalt	Tarif-gruppe	Korrekt nach § 99	Zulage-Art, Grund	AT	Datum

15 **Betriebsrat: Auskunftsverlangen nach dem Entgelttransparenzgesetz**

Betriebsrat der Firma Firmenbezeichnung, Adresse — Ort, Datum
Betriebsratsvorsitzende:r Name

An die Geschäftsleitung Firmenbezeichnung
im Hause

Auskunftsverlangen nach dem Entgelttransparenzgesetz
Sehr geehrte Damen und Herren,
verschiedene Beschäftigte der Abteilung Name haben sich mit individuellen Auskunftsansprüchen i.S.d. § 10 EntgTranspG an den Betriebsrat gewendet. Der Auskunftsanspruch richtet sich auf die in dieser Abteilung durchschnittlich gezahlten Gehälter sowie die dort gezahlten Erschwernis- sowie die Nachtzulagen. Gemäß § 14 Abs. 1 EntgTranspG bitten wir, die Beschäftigten der Abteilung selbst sowie den Betriebsrat und den nach § 6 des Gesetzes zuständigen Gewerkschaftsvertreter Name hierüber umfassend zu informieren. Einblick in Bruttolohn- und Gehaltslisten bleibt vorbehalten.

Hinweis:
Vgl. DKW-*Buschmann*, § 80 Rn. 111. Eine Entgeltbenachteiligung wegen des Geschlechts wird nach § 22 AGG vermutet, wenn eine Partei darlegt und beweist, dass ihr Arbeitgeber ihr ein niedrigeres Entgelt zahlt als ihren zum Vergleich herangezogenen Kollegen/Kolleginnen des anderen Geschlechts und dass sie die gleiche oder eine gleichwertige Arbeit verrichtet. Der Umstand, dass sich die Parteien eines Arbeitsvertrags im Rahmen ihrer Vertragsfreiheit auf ein höheres Entgelt verständigen, als der Arbeitgeber mit einer Arbeitskraft des anderen Geschlechts mit gleicher oder gleichwertiger Arbeit vereinbart, ist für sich allein betrachtet nicht geeignet, die Vermutung einer geschlechtsbezogenen Entgeltbenachteiligung nach § 22 AGG zu widerlegen (BAG 16.2.2023 8 AZR 450/21). Klagt eine Frau auf gleiches Entgelt für gleiche oder gleichwertige Arbeit (Art. 157 AEUV, § 3 Abs. 1 und § 7 EntgTranspG), begründet der Umstand, dass ihr Entgelt geringer ist als das vom Arbeitgeber nach §§ 10ff. EntgTranspG mitgeteilte Vergleichsentgelt (Median-Entgelt) der männlichen Vergleichsperson, regelmäßig die – vom Arbeitgeber widerlegbare – Vermutung, dass die Benachteiligung beim Entgelt wegen des Geschlechts erfolgt ist (so ausdrücklich BAG 21.1.2021 8 AZR 488/19; 23.10.2025 – 8 AZR 300/24). Man braucht also genaue Kenntnis über die jeweiligen Vergleichsentgelte.
Das Auskunftsverfahren nach dem Entgelttransparenzgesetz hierzu kombiniert individuelle und kollektive Schritte. Voraussetzung ist ein individuelles Auskunftsbegehren nach § 10 des Gesetzes. Wichtig: Der Arbeitnehmerbegriff im Entgelttransparenzgesetz ist unionsrechtskonform in Übereinstimmung mit dem Arbeitnehmerbegriff der Richtlinie 2006/54/EG auszule-

gen. Art. 6 dieser Richtlinie bezieht ihren Persönlichen Anwendungsbereich »auf die Erwerbsbevölkerung einschließlich der Selbständigen, der Arbeitnehmer, deren Erwerbstätigkeit durch Krankheit, Mutterschaft, Unfall oder unverschuldete Arbeitslosigkeit unterbrochen ist, und der Arbeitssuchenden sowie auf die sich im Ruhestand befindlichen oder arbeitsunfähigen Arbeitnehmer und auf ihre anspruchsberechtigten Angehörigen.« Danach können im Einzelfall auch arbeitnehmerähnliche Personen bzw. sog. Freie Mitarbeiter Beschäftigte i. S. d. EntgTranspG sein (so ausdrücklich BAG v. 25.6.2020 – 8 AZR 145/19, AuR 2020, 378; 2021, 42). Wenn der Betriebsrat dieses individuelle Auskunftsverlangen in anonymisierter Form an die Arbeitgeberin weitergibt, muss diese umfassend Auskunft geben – dies auch gegenüber Betriebsrat und Gewerkschaft. Verlangt der Betriebsrat, dass die Arbeitgeberin die Auskunftsverpflichtung selbst übernimmt, muss diese nach Maßgabe des § 14 Abs. 1 EntgTranspG Folge leisten. Betriebsräte sollten grundsätzlich nicht Aufgaben von Arbeitgebern übernehmen und erst recht nicht vorgeschoben werden, um etwaige Benachteiligungen zu rechtfertigen. Allerdings beschränkt sich das Einsichts- und Auswertungsrecht in § 13 Abs. 2 Satz 1 EntgTranspG nach umstrittener Auffassung des BAG v. 28.7.20 1 ABR 6/19 auf die Betriebsratsaufgabe, individuelle Auskunftsansprüche von Beschäftigten zu beantworten. Es bestehe nicht, wenn Arbeitgeber diese Aufgabe selbst erfüllen. Nach BAG v. 7.5.19 – 1 ABR 53/17, BAGE 166, 309, beinhalten weder das EntgTranspG noch Datenschutzgesichtspunkte eine Einschränkung des § 80. Im Übrigen sind Betriebsräte und Gewerkschaft nach § 14 des Gesetzes über die Antworten der Arbeitgeberin umfassend zeitgleich zu informieren.

Betriebsrat: Hinzuziehung sachkundiger Arbeitnehmer als Auskunftspersonen 16

Betriebsrat der Firma Firmenbezeichnung, Adresse Ort, Datum
Betriebsratsvorsitzende:r Name

An die Geschäftsleitung Firmenbezeichnung
im Hause

Hinzuziehung des Umwelt- und Immissionsschutzbeauftragten, Herrn Name, als Auskunftsperson für den Betriebsrat

Sehr geehrte Damen und Herren,
nach § 80 Abs. 1 Nr. 9 BetrVG hat der Betriebsrat Maßnahmen des Arbeitsschutzes und des betrieblichen Umweltschutzes zu fördern. Nach § 89 Abs. 1 Satz 1 BetrVG hat er sich dafür einzusetzen, dass die Vorschriften über den betrieblichen Umweltschutz durchgeführt werden. Der Betriebsrat nimmt seine Aufgabe ernst und hat sich zum Ziel gesetzt, die bisherige positive Zusammenarbeit mit der Betriebsleitung in diesen Fragen zu verstärken. Auf seiner letzten Sitzung vom Datum hat er sich deshalb vor allem mit der wichtigen Problematik der Abfallbeseitigung und -vermeidung auseinandergesetzt.
Er ist zu dem Ergebnis gekommen, dass es für ihn zwecks gründlicher Information erforderlich ist, zur Beratung des Gremiums eine sachkundige Person hinzuzuziehen. Er hat demgemäß beschlossen, Sie gemäß § 80 Abs. 2 Satz 4 BetrVG aufzufordern, dem Betriebsrat den Umwelt- und Immissionsschutzbeauftragten, Frau/Herrn Name, als sachkundige Auskunftsperson zur Verfügung zu stellen. Frau/Herr Name hat bereits deutlich gemacht, dass ihrer/seinerseits keine Bedenken bestehen, der Bitte des Betriebsrats nachzukommen, falls Ihrerseits keine Einwände erhoben werden sollten, wovon wir nicht ausgehen. Wir bitten Sie deshalb, Frau/Herrn Name für diese besondere Aufgabe freizustellen und uns dies durch Rückgabe dieses Schreibens mit Unterschrift zu bestätigen, so dass wir die näheren Terminabsprachen mit Frau/Herrn Name treffen können.

> **Hinweis:**
> Vgl. DKW-*Buschmann*, § 80 Rn. 140ff. Im Allgemeinen empfiehlt sich eine Vorabanfrage bei der in Aussicht genommen Person, über die der Arbeitgeber je nach Verhandlungsklima informiert werden kann. Da der Umfang der Beratung zunächst noch nicht feststeht, bietet sich eine offene Formulierung an.

17 **Betriebsrat: Hinzuziehung von Sachverständigen**

Betriebsrat der Firma Firmenbezeichnung, Adresse Ort, Datum
Betriebsratsvorsitzende:r Name

An die Geschäftsleitung Firmenbezeichnung
im Hause

Hinzuziehung eines Sachverständigen für den Betriebsrat
Sehr geehrte Damen und Herren,
Sie haben uns auf unserer letzten gemeinsamen Sitzung vom Datum darüber informiert, dass der hiesige Betrieb ab dem Datum in den weltweiten Datenverbund unserer amerikanischen Muttergesellschaft einbezogen werden soll. Hierbei soll auch Künstliche Intelligenz (KI) zur Anwendung kommen. Daraus würden sich zweifellos tief greifende Veränderungen des Arbeitsablaufs ergeben, die erhebliche Konsequenzen auch für die Belegschaft nach sich ziehen und Fragen der Mitbestimmung, etwa nach § 87 Abs. 1 Nr. 6, § 91 und §§ 111ff. BetrVG aufwerfen. Zudem sind die Bestimmungen des Datenschutzgesetzes, der Datenschutz-Grundverordnung (EU) 2016/679 (DSGVO) sowie der Verordnung (EU) 2024/1689 zur Festlegung harmonisierter Vorschriften für Künstliche Intelligenz (KI-VO) zu beachten.
Leider mussten wir feststellen, dass der Betriebsrat nach wie vor nicht über die notwendigen Informationen und die Sachkenntnis verfügt, die der Kompliziertheit der Materie angemessen sind. Auch die von Ihnen benannten, von uns ausdrücklich befragten Fachleute konnten uns keine erschöpfende Auskunft über die Details der damit verbunden Implikationen und negativen Auswirkungen für die Belegschaft geben. Auch das uns vorliegende Handbuch ist allenfalls für Computerspezialisten verständlich, darüber hinaus alles andere als erschöpfend, da es z.B. die wesentlichen Fragen der Nutzung und Weitergabe personenbezogener und personenbeziehbarer Daten im weltweiten Verbund offenlässt. Auf jeden Fall muss der Betriebsrat zur Durchführung seiner Aufgaben die Anwendung von künstlicher Intelligenz beurteilen. In einem solchen Fall gilt nach § 80 Abs. 3 BetrVG die Hinzuziehung eines Sachverständigen immer als erforderlich.
Der Betriebsrat hat auf seiner ordentlichen Sitzung vom Datum festgestellt, dass er angesichts der Kompliziertheit der Materie seine gesetzlichen Aufgaben ohne den fachlichen Rat eines Sachverständigen nicht ordnungsgemäß wahrnehmen kann. Deshalb hat er gemäß § 80 Abs. 3 BetrVG beschlossen, Herrn Name von der Technologie-Beratungsstelle TBS als Sachverständigen für die Beurteilung und Verhandlung des Komplexes des weltweiten Datenverbundes heranzuziehen. Herr Name, der durch seine besondere Kompetenz und Erfahrung im Bereich der EDV-Planung und Anwendung sowie durch wissenschaftliche Veröffentlichungen ausgewiesen ist, ist zu dieser Tätigkeit bereit.
Sie werden demzufolge gemäß § 80 Abs. 3 BetrVG gebeten, mit dem Betriebsrat beiliegende Vereinbarung über die Hinzuziehung des Herrn Name als Sachverständigen zu schließen. Nur vorsorglich machen wir darauf aufmerksam, dass der Betriebsrat in seiner Sitzung den Beschluss getroffen hat, für den Fall, dass es mit Ihnen bis zum Datum nicht zu o.g. Vereinbarung kommt, Herrn Rechtssekretär/Rechtsanwalt Name zu bevollmächtigen und zu beauftragen, seitens des Betriebsrats ein arbeitsgerichtliches Beschlussverfahren auf Ersetzung der Zustimmung der Arbeitgeberin zur Bestellung des Sachverständigen, Herrn Name, einzuleiten. Wir gehen aber

davon aus, dass dies nicht notwendig sein wird, da auch Sie Ihr Interesse an einer Zusammenarbeit deutlich gemacht haben. Darüber hinaus ist selbstverständlich, dass eine Erhebung, Verarbeitung oder Nutzung von personenbeziehbaren Daten im Rahmen des weltweiten Verbundes während des laufenden betriebsverfassungsrechtlichen Verfahrens keinesfalls möglich ist und der Betriebsrat dazu auch seine Zustimmung nicht geben kann.

Hinweis:
Vgl. DKW-*Buschmann*, § 80 Rn. 152ff. Der Betriebsrat zeigt auf, dass er die zahlreichen von der früheren Rechtsprechung verlangten alternativen Wege bereits ausgeschöpft hat, und bietet eine einvernehmliche Lösung an, zeigt aber auf, dass er andernfalls die notwendigen arbeitsgerichtlichen Schritte beschreiten wird. Mit dem Betriebsrätemodernisierungsgesetz 2021 wurde die Hinzuziehung von Sachverständigen erleichtert. § 80 Abs. 3 stellt klar, dass diese bei Einführung oder Anwendung von Künstlicher Intelligenz generell als erforderlich gilt. Zur KI-VO *Buschmann/Edich*, Europarecht, 2025, S. 42f.

Vereinbarung über die Bestellung eines Sachverständigen 18

Vereinbarung zwischen der
Firmenbezeichnung, vertreten durch die Geschäftsführerin Name
und dem Betriebsrat, vertreten durch den/die Betriebsratsvorsitzende:n Name,
wird folgende Vereinbarung über die Bestellung eines Sachverständigen geschlossen:
Frau/Herr Name, Technologieberatungsstelle TBS, wird als Sachverständige/r des Betriebsrats bestellt für die Angelegenheit »Einbeziehung des Betriebs in den weltweiten Datenverbund der Firmenbezeichnung Company ltd. einschließlich der damit zusammenhängenden betriebsverfassungsrechtlichen Beratungen und Verhandlungen«.
Das Unternehmen wird Frau/Herrn Name alle von ihm angeforderten Informationen im Rahmen seines Auftrags zur Verfügung stellen und ihm den Zugang zu den damit verbundenen Datensystemen des Konzerns einschließlich der angewandten Algorithmen bzw. Künstlicher Intelligenz ermöglichen. Frau/Herr Name wird ihre/seine Tätigkeiten auf der Basis eines Tagessatzes von € zuzüglich MwSt. gegenüber dem Unternehmen abrechnen.

Zweiter Abschnitt
Mitwirkungs- und Beschwerderecht des Arbeitnehmers

§ 81 Unterrichtungs- und Erörterungspflicht des Arbeitgebers

(1) Der Arbeitgeber hat den Arbeitnehmer über dessen Aufgabe und Verantwortung sowie über die Art seiner Tätigkeit und ihre Einordnung in den Arbeitsablauf des Betriebs zu unterrichten. Er hat den Arbeitnehmer vor Beginn der Beschäftigung über die Unfall- und Gesundheitsgefahren, denen dieser bei der Beschäftigung ausgesetzt ist, sowie über die Maßnahmen und Einrichtungen zur Abwendung dieser Gefahren und die nach § 10 Abs. 2 des Arbeitsschutzgesetzes getroffenen Maßnahmen zu belehren.
(2) Über Veränderungen in seinem Arbeitsbereich ist der Arbeitnehmer rechtzeitig zu unterrichten. Absatz 1 gilt entsprechend.

(3) In Betrieben, in denen kein Betriebsrat besteht, hat der Arbeitgeber die Arbeitnehmer zu allen Maßnahmen zu hören, die Auswirkungen auf Sicherheit und Gesundheit der Arbeitnehmer haben können.

(4) Der Arbeitgeber hat den Arbeitnehmer über die aufgrund einer Planung von technischen Anlagen, von Arbeitsverfahren und Arbeitsabläufen oder der Arbeitsplätze vorgesehenen Maßnahmen und ihre Auswirkungen auf seinen Arbeitsplatz, die Arbeitsumgebung sowie auf Inhalt und Art seiner Tätigkeit zu unterrichten. Sobald feststeht, dass sich die Tätigkeit des Arbeitnehmers ändern wird und seine beruflichen Kenntnisse und Fähigkeiten zur Erfüllung seiner Aufgaben nicht ausreichen, hat der Arbeitgeber mit dem Arbeitnehmer zu erörtern, wie dessen berufliche Kenntnisse und Fähigkeiten im Rahmen der betrieblichen Möglichkeiten den künftigen Anforderungen angepasst werden können. Der Arbeitnehmer kann bei der Erörterung ein Mitglied des Betriebsrats hinzuziehen.

Inhaltsübersicht Rn.

I. Einleitung

1 Die in dieser und den folgenden Vorschriften festgelegten Einzelrechte der Arbeitnehmer stehen im Zusammenhang mit dem Schutz des Persönlichkeitsrechts und enthalten Elemente einer individuellen Mitbestimmung am Arbeitsplatz. Die Wahrnehmung der in den §§ 81–86a BetrVG beschriebenen Kommunikationsrechte und Pflichten erfolgt während der Arbeitszeit und wird auf diese angerechnet. § 81 BetrVG enthält zunächst bestimmte Unterrichtungs- und Erörterungspflichten des Arbeitgebers. Zudem enthält § 12 ArbSchG eine umfassende Unterweisungspflicht des Arbeitgebers zu Sicherheit und Gesundheitsschutz bei der Arbeit. Schließlich verlangt § 2 Abs. 1 Nr. 5 Nachweisgesetz die Niederschrift der Bezeichnung oder allgemeinen Beschreibung der vom Arbeitnehmer zu leistenden Tätigkeit; noch konkreter sind die Nachweispflichten bei Leih-Arbeitnehmern nach § 11 AÜG. Der Arbeitnehmer kann bei der Erörterung ein Mitglied des Betriebsrats hinzuziehen. Im Übrigen beeinträchtigen oder verdrängen die §§ 81ff. BetrVG nicht die Rechte des Betriebsrats, etwa bei der betrieblichen Berufsbildung, sofern es zu Überschneidungen kommen sollte. Der Betriebsrat ist unabhängig von der Unterrichtung der Arbeitnehmer bei Veränderungen in ihrem Arbeitsbereich über die Planung von betrieblichen Bauten, technischen Anlagen, Arbeitsverfahren, Arbeitsabläufen und Arbeitsplätzen (§ 90 BetrVG) zu unterrichten. Andererseits gehören die Einzelrechte nach §§ 81ff. BetrVG zu den gesetzlichen Vorschriften, über deren Einhaltung er nach § 80 Abs. 1 Nr. 1 BetrVG zu wachen hat.

II. Arbeitshilfen

1. Checklisten

Nachweis der wesentlichen Arbeitsbedingungen 2

- Arbeitgeberin: Firmenbezeichnung, Adresse
- Beschäftigte:r: Name, Adresse
- Beginn des Arbeitsverhältnisses: Datum
- Bei Befristung: Ablauf der Befristung: Kalendertag, Grund der Befristung
- Arbeitsort: Stadt, Bezirk, Betriebsstätte
- Beschreibung der von der/dem Beschäftigten zu leistenden Tätigkeit: Planstelle, Arbeitsplatzbeschreibung, Arbeitsinhalte, Anforderungen, Verantwortungsbereich
- Arbeitsentgelt: Eingruppierung, Zusammensetzung, Zuschläge und Zulagen, Einmalzahlungen, sonstiges Entgelt, Fälligkeit
- Arbeitszeit: wöchentliche Dauer, Ausgleichszeitraum, tägliche/wöchentliche Lage (ggf. Voraussetzungen und Ausmaß einer Überstundenverpflichtung)
- Dauer des jährlichen Erholungsurlaubs:
- Kündigungsfristen:
- Hinweis auf Tarifverträge und Betriebsvereinbarungen, die auf das Arbeitsverhältnis anzuwenden sind
- bei Geringfügig Beschäftigten der Hinweis, dass die tägliche Arbeitszeitdauer und -lage zwecks Überprüfung der Einhaltung des Mindestlohngesetzes aufgezeichnet und dokumentiert wird.

> **Hinweis:**
> Vgl. DKW-*Buschmann*, § 81, Rn. 2; die Arbeitgeberin kann ihre Nachweisverpflichtung durch Aushändigung einer besonderen schriftlichen Erklärung oder durch schriftlichen Arbeitsvertrag erfüllen. Soweit sich § 81 BetrVG und das Nachweisgesetz überschneiden, kann die/der Beschäftigte eine schriftliche Information verlangen.

Nachweis bei Leiharbeit 3

- Verleiher- Arbeitgeberin: Firmenbezeichnung, Adresse
- Erlaubnisbehörde: Ort, Datum und Aktenzeichen der Erlaubnis zur Arbeitnehmerüberlassung
- Arbeitnehmer: Name, Adresse
- Beginn des Arbeitsverhältnisses: Datum
- Bei Befristung: Ablauf der Befristung: Kalendertag, Grund der Befristung
- Arbeitsort: Stadt, Bezirk, in der/dem Überlassung zulässig ist
- Beschreibung der vom Arbeitnehmer zu leistenden Tätigkeit:
- Arbeitsentgelt: sämtliche Entgeltbestandteile inkl. Art und Höhe der Leistungen für Zeiten, in denen der Leiharbeitnehmer nicht verliehen ist
- Arbeitszeit: wöchentliche Dauer
- Dauer des jährlichen Erholungsurlaubs:
- Kündigungsfristen (nicht kürzer als nach § 622 BGB):
- Hinweis, dass sich die wesentlichen Arbeitsbedingungen, insbesondere Arbeitsentgelt und Arbeitszeit grundsätzlich nach denen des Verleiherbetriebs richten
- ggf. Hinweis auf anzuwendende Tarifverträge unter ausdrücklicher Bezeichnung der Tarifvertragsparteien und des Datums des Tarifabschlusses [nur bei unmittelbarer beiderseitiger Tarifbindung bzw. ausdrücklicher arbeitsvertraglicher Vereinbarung über die Anwendung

eines wirksamen, von tariffähigen Organisationen abgeschlossenen Tarifvertrags, der den Gesamtschutz i. S. d. Art. 5 Abs. 3 der Leiharbeitsrichtlinie 2008/104/EG wahrt;]

- Hinweis, dass der Leiharbeitnehmer nicht bei einem Entleiher tätig werden darf, der von einem Arbeitskampf unmittelbar betroffen ist, und dass er Streikbrecherarbeiten verweigern darf;
- Merkblatt der Erlaubnisbehörde über den wesentlichen Inhalt des Arbeitnehmerüberlassungsgesetzes

> **Hinweis:**
> Vgl. DKW-*Buschmann*, § 80, Rn. 108f., § 81, Rn. 2.

2. Musterschreiben

4 **Arbeitgeber: Unterrichtung des Leih-Arbeitnehmers über wesentliche Arbeitsbedingungen im Entleiherbetrieb**

Entleiher-Arbeitgeberin Firmenbezeichnung, Adresse
Beschäftigte:r Name, Adresse

Wesentliche Arbeitsbedingungen in unserem Unternehmen, Betriebsstätte

Sehr geehrte/r Arbeitnehmer,
Gemäß Ihrer Bitte vom Datum dürfen wir Sie gem. § 13 AÜG über die wesentlichen, in Ihrem Einsatzbetrieb geltenden Arbeitsbedingungen unterrichten.
Im Einzelnen:

- Vergütung: Grundvergütung, Nebenleistungen
- Arbeitszeit, Dauer/Lage:
- Urlaub:

Wir wenden im Betrieb unabhängig von der gesetzlichen Tarifbindung die Tarifverträge der -Industrie an, über die sie sich in der Personalabteilung informieren können.
Über freie Arbeitsplätze, die besetzt werden sollen, werden wir Sie regelmäßig durch/im Aushang/Intranet informieren.
Sie haben Zugang zu unseren betrieblichen Gemeinschaftseinrichtungen, insbesondere Betriebskindergarten, Kantinenverpflegung, Beförderungsmitteln. Hier gelten für Sie die gleichen Bedingungen wie für die Stammbeschäftigten des Betriebs. Das Büro des Betriebsrats befindet sich im Gebäude , Zimmer . Sie können von dort nähere Auskunft bekommen.

> **Hinweis:**
> Vgl. DKW-*Buschmann*, § 81, Rn. 4, 6; zur Leiharbeitsrichtlinie 2008/104/EG auch *Buschmann/Edich*, Europarecht, 2025, S. 130; besondere Nachweis- und Unterrichtungspflichten der Entleiher-Arbeitgeberin ergeben sich bei Leiharbeit neben § 81 BetrVG auch aus §§ 11–13a AÜG. Sie sind für Leiharbeiter von besonderer Bedeutung. Nach § 9 AÜG sind ihnen grundsätzlich die gleichen Arbeitsbedingungen zu gewähren wie vergleichbaren Beschäftigten des Betriebs. Die höchstrichterliche Rechtsprechung hat festgestellt, dass die von der CGZP abgeschlossenen Vereinbarungen mangels Tariffähigkeit/Tarifzuständigkeit dieser Organisation weder wirksam sind noch waren. Gerichtlich umstritten ist, ob andere Tarifverträge, die insbesondere die Vergütung im Vergleich zu den Stammbeschäftigten des Entleihers herabsetzen, mit der europäischen Leiharbeitsrichtlinie 2008/104/EG vereinbar sind. Art. 5 Abs. 3 dieser Richtlinie lässt nämlich abweichende Tarifregelungen nur »unter Achtung des Gesamtschutzes von Leiharbeitnehmern« zu. Ist dies nicht der Fall, muss für die betroffenen Leiharbeiter der Grundsatz des equal treatment bzw. equal pay zur Anwendung kommen. Nach EuGH (15. 12. 2022, C-311/21, TimePartner, Rn 39, AuR 2023, 168) ist der Gesamtschutz nur dann gewährleistet, wenn der Tarifvertrag, der nach Art. 5 Abs. 3 der Richtlinie zum Nachteil der Beschäftigten von wesentlichen Arbeits- und Beschäftigungsbedingungen abweicht, diese Ungleichbehandlung selbst durch besondere, gleichwertige Vorteile ausgleicht. Dann ist es essenziell wichtig,

dass Leiharbeiter über die Arbeitsbedingungen im entleihenden Unternehmen vollständig informiert sind. Zudem lässt die Richtlinie nur vorübergehende Einsätze von Leiharbeitern auf demselben Arbeitsplatz zu. Nach EuGH 17.3.2022, C- 232/20, Daimler, sind aufeinanderfolgende Überlassungen über eine Dauer von 55 Monaten auf demselben Arbeitsplatz bei einem Entleiher missbräuchlich, wenn keine objektive Erklärung dafür gegeben wird. Längerfristige aufeinanderfolgende Überlassungen bedürfen demnach immer einer besonderen Rechtfertigung.

Arbeitgeber: Unterrichtung des Arbeitnehmers über gesetzliche Bestimmungen 5

Arbeitgeberin Firmenbezeichnung, Adresse
Beschäftigte:r Name, Adresse

In Ihrem Aufgabenbereich zu beachtende gesetzliche Bestimmungen

Sehr geehrte/r Beschäftigte/r,

Aus gegebenem Anlass weisen wir darauf hin, dass in der Auftragsabwicklung mit Auslandsbezug das Kriegswaffenkontrollgesetz und das Außenwirtschaftsgesetz zu beachten sind. Das Kriegswaffenkontrollgesetz findet für folgende Warengruppen Anwendung:

.

Daraus ergeben sich eine Reihe von Beschränkungen und Genehmigungspflichten, die nachfolgend im Einzelnen aufgelistet werden: .

Weitere Verbote und Genehmigungspflichten ergeben sich aus der Außenwirtschaftsverordnung nebst Ausfuhrliste und sog. dual-use-Liste auf dem aktuellen Stand. In diesen Fällen ist vor der Exportabwicklung grundsätzlich eine vorherige Genehmigung des Bundesamtes für Wirtschaft und Ausfuhrkontrolle (BAFA) zu beantragen, falls nicht eine der nachfolgend im Einzelnen aufgelisteten Ausnahmen greift: .

Schließlich haben wir Sie über die nachfolgenden für unser Unternehmen verbindlichen aktuellen Embargo-Regelungen der Vereinten Nationen sowie der Europäischen Union in Kenntnis zu setzen: .

Den aktuellen Text des Kriegswaffenkontrollgesetzes, des Außenwirtschaftsgesetzes, der Außenwirtschaftsverordnung, der dual-use-VO (EU) Nr. 2021/821, des Merkblatts zur Bearbeitung von Außenwirtschaftsvorgängen, Exportkontrolle und das BAFA, Grundlagen der Exportkontrolle, Antragstellung, Informationsquellen und Ansprechpartner, Formulare und Adressenliste überreichen wir Ihnen in beigefügter Arbeitsmappe nebst CD. Darüber hinaus möchten wir Sie zu einer besonderen Intensivschulung durch die IHK anmelden, deren Zeitpunkt wir Ihnen in Kürze mitteilen wollen.

Für Rückfragen stehen Ihnen unsere Spezialisten aus der zentralen Rechtsabteilung, die Damen und Herren , zur Verfügung. Zögern Sie nicht, deren Rat in all diesen komplizierten Fragen einzuholen. Die strikte Einhaltung der gesetzlichen Bestimmungen liegt im besonderen Interesse unseres Unternehmens. Auch wenn die operativen Abteilungen – wie so häufig – unter starkem Zeitdruck stehen, erwarten wir von Ihnen eine genaue Prüfung, schon um Schaden von unserem Unternehmen fernzuhalten.

Hinweis:

Vgl. DKW-*Buschmann*, § 81, Rn. 10; vor allem bei kaufmännischer Sachbearbeitung kann die Arbeitgeberin verpflichtet sein, Beschäftigte detailliert über die zu beachtenden gesetzlichen Bestimmungen zu belehren; es geht nicht an, dass Beschäftigte in eine prekäre Situation gebracht würden, in der sie aus Unkenntnis gegen diese wichtigen Bestimmungen verstoßen würden; zum Ausfuhrrecht und zur Verantwortlichkeit von Beschäftigten ausführlich *Deinert*, AuR 2003, 56, 104, 135, 169, 205.

6 **Arbeitgeber: Schreiben an Arbeitnehmer wegen Beachtung von Arbeits– und Umweltschutzbestimmungen**

Arbeitgeberin Firmenbezeichnung, Adresse
Beschäftigte:r Name, Adresse

In Ihrem Aufgabenbereich zu beachtende Arbeits- und Umweltschutzbestimmungen
Sehr geehrter Beschäftigte/r,
Aus gegebenem Anlass weisen wir darauf hin, dass in Ihrem Aufgabenbereich besondere Arbeits-/Umweltschutzbestimmungen zu beachten sind: .
Daraus ergeben sich besondere Vorgaben für die Bearbeitung . Danach ist insbesondere dafür Sorge zu tragen, dass folgende Grenzwerte nicht überschritten werden, was laufend zu kontrollieren ist: . Um diese Ziele zu erreichen, soll künftig das nachfolgend beschriebene Verfahren durchgängig angewandt werden: . Außerdem haben wir gem. § 10 ArbSchG die folgenden Maßnahmen veranlasst: . Nicht statthaft wäre es dagegen, . Wir möchten Sie zu einer besonderen Intensivschulung durch anmelden, deren Zeitpunkt wir Ihnen in Kürze mitteilen wollen.
Die anfallenden Mehrkosten durch Einrichtung und fortlaufende Anwendung der o.g. Kontrolleinrichtungen werden unter der Kostenstelle budgetiert. Da wir ständig bemüht sind, unsere Anwendungen zu verbessern, und darüber hinaus am Datum neue strengere Grenzwerte in Kraft treten, bitten wir Sie, uns bis zum Datum eine Auswertung vorzulegen, wie sich die Verfahren bewährt haben und ob bzw. welche Verbesserungen aus Ihrer Sicht möglich und sinnvoll sind.

Hinweis:
Vgl. DKW-*Buschmann*, § 81 Rn. 12; eine besondere Unterweisungspflicht ergibt sich neben § 81 BetrVG auch aus § 12 Arbeitsschutzgesetz sowie aus spezifischen Arbeits- und Umweltschutzgesetzen.

7 **Arbeitnehmer: an Arbeitgeber wegen Änderung der Arbeitszeit**

Alternative 1: Anzeige des Wunsches nach veränderter (hier längerer) Arbeitszeit
Beschäftigte:r Name, Adresse
Arbeitgeberin Firmenbezeichnung, Adresse
z.Hd. Geschäftsleitung

Veränderung meiner Arbeitszeit
Seit dem Datum arbeite ich als Geringfügig Beschäftigte für z.Zt. 556 € jeweils 10 Std. wöchentlich, jeweils am Freitag und am Sonnabend. Gem. § 7 Abs. 2 TzBfG zeige ich Ihnen hiermit meinen Wunsch an, länger zu arbeiten. Ich könnte an 4 Tagen in der Woche, vorzugsweise von Dienstag bis Freitag, volltags arbeiten. Dies könnte an meinem jetzigen Arbeitsplatz geschehen. Ich wäre aber auch bereit, ggf. in folgende Bereiche zu wechseln, wenn dies die Aufstockung meiner Arbeitszeit erleichtern würde: .

Ich bitte deshalb, mich gem. § 7 Abs. 2 TzBfG über alle entsprechenden Arbeitsplätze zu informieren, die im Betrieb und/oder Unternehmen besetzt werden sollen. Ergänzend teile ich mit, dass der Betriebsrat informiert ist und mich bei meinem Anliegen unterstützt.

Alternative 2: Anzeige des Wunsches nach unbefristeter Beschäftigung

Beschäftigte/r Name, Adresse
Arbeitgeberin Firmenbezeichnung, Adresse
z.Hd. Geschäftsleitung

Unbefristete Beschäftigung

Seit dem Datum arbeite ich auf der Grundlage eines befristeten Vertrags in der Abteilung .
Wie Sie wissen, möchte ich gerne auch nach dem Datum weiterarbeiten. Dies könnte an meinem jetzigen Arbeitsplatz geschehen. Ich wäre aber auch bereit, ggf. in folgende Bereiche zu wechseln, wenn dies die Weiterbeschäftigung erleichtern würde: .
Ich bitte deshalb, mich gem. § 18 TzBfG über alle entsprechenden unbefristeten Arbeitsplätze zu informieren, die im Betrieb und/oder Unternehmen besetzt werden sollen. Ergänzend teile ich mit, dass der Betriebsrat informiert ist und mich bei meinem Anliegen unterstützt.

> **Hinweis:**
> Vgl. DKW-*Buschmann*, § 81 Rn. 20; besondere Unterrichtungspflichten der Arbeitgeber ergeben sich bei in Teilzeit und bei befristet beschäftigten Arbeitnehmern neben § 81 BetrVG auch aus § 7 Abs. 2 und aus § 18 TzBfG.

Alternative 3: Information der Arbeitnehmer

Arbeitgeber Firmenbezeichnung, Adresse
Geschäftsleitung
Arbeitnehmer Name, Adresse

Unbefristete Weiterbeschäftigung (mit veränderter Arbeitszeit)

Sehr geehrter Arbeitnehmer,
Auf Ihre Anzeige vom Datum (Alternative: Unaufgefordert) möchten wir Ihnen mitteilen, dass folgende Arbeitsplätze im Betrieb und Unternehmen besetzt werden sollen:
1.
2. .
Die zu 1 genannten Arbeitsplätze sind unbefristet zu besetzen mit folgender Maßgabe: Tätigkeit, Ort, Eingruppierung, Anforderungen, Stunden, Vergütung.
Die zu 2 genannten Arbeitsplätze sind befristet zu besetzen mit folgender Maßgabe: Tätigkeit, Ort, Eingruppierung, Anforderungen, Stunden, Vergütung, Ablauf der Befristung.
Bewerbungen wollen Sie bitte unter dem Az. richten an: .

Betriebsrat: Veränderte Aufgabenstellungen eines Arbeitnehmers 8

Betriebsrat
Adresse
An die Geschäftsleitung der
Arbeitgeberin Durchschrift

Betr.: Erörterung der veränderten Aufgabenstellungen für die/den Beschäftigten,
Name

Sehr geehrte Geschäftsleitung,

Beschäftigte:r Name hat uns darüber informiert, dass ihr/sein Abteilungsleiter Name, mit ihm am Datum besprechen möchte, welche konkreten Änderungen die neuen Verfahren in der Abteilung für ihn nach sich ziehen und ob und wie er in der Lage sein wird, künftig seinen veränderten Aufgabenstellungen nachzukommen. Name ist dazu gerne bereit. Wir dürfen Sie darüber informieren, dass Name von seiner gesetzlichen (§ 81 Abs. 4 Satz 3 BetrVG) Möglichkeit Gebrauch gemacht hat, zu dieser Erörterung ein Mitglied des Betriebsrats hinzuzuziehen. Dementsprechend wird Name vom Betriebsrat Name bei diesem Gespräch begleiten.

Angesichts der in der Tat veränderten Aufgabenstellungen hält auch der Betriebsrat diese Erörterung für sinnvoll und nützlich. Wir haben schon Überlegungen angestellt, welche Schulungs- und Weiterbildungsmaßnahmen für Name in Frage kommen könnten. Hier kommen z. B. folgende Lehrgänge in Frage: . Des Weiteren schlagen wir in Absprache mit Name vor, seine bisherige Arbeitszeit künftig auf Vollzeit aufzustocken, um auf diese Weise die unabweisbaren Mehrbelastungen ausgleichen zu können.

Weitere Vorschläge: .

> **Hinweis:**
> Vgl. DKW-*Buschmann*, § 81 Rn. 20, 23. Es ist sinnvoll, dass nicht die/der Beschäftigte, sondern der Betriebsrat die Arbeitgeber über seine – bereits beschlossene und deshalb nicht mehr zu diskutierende – Teilnahme informiert. Da der Arbeitnehmer hier dem Gespräch nicht ohne Besorgnisse entgegensieht, greift der Betriebsrat die Initiative aktiv auf und macht seinerseits Vorschläge, die die Erörterung in eine positive Richtung führen sollen.

§ 82 Anhörungs- und Erörterungsrecht des Arbeitnehmers

(1) Der Arbeitnehmer hat das Recht, in betrieblichen Angelegenheiten, die seine Person betreffen, von den nach Maßgabe des organisatorischen Aufbaus des Betriebs hierfür zuständigen Personen gehört zu werden. Er ist berechtigt, zu Maßnahmen des Arbeitgebers, die ihn betreffen, Stellung zu nehmen sowie Vorschläge für die Gestaltung des Arbeitsplatzes und des Arbeitsablaufs zu machen.

(2) Der Arbeitnehmer kann verlangen, dass ihm die Berechnung und Zusammensetzung seines Arbeitsentgelts erläutert und dass mit ihm die Beurteilung seiner Leistungen sowie die Möglichkeiten seiner beruflichen Entwicklung im Betrieb erörtert werden. Er kann ein Mitglied des Betriebsrats hinzuziehen. Das Mitglied des Betriebsrats hat über den Inhalt dieser Verhandlungen Stillschweigen zu bewahren, soweit es vom Arbeitnehmer im Einzelfall nicht von dieser Verpflichtung entbunden wird.

Inhaltsübersicht Rn.

I. Einleitung

1 Der Arbeitnehmer ist berechtigt, in bestimmten Angelegenheiten an die im Betrieb zuständigen Personen heranzutreten und von ihnen gehört zu werden. Diese haben ihrerseits die Pflicht, den Arbeitnehmer anzuhören und auf seine Fragen sowie Stellungnah-

men oder Vorschläge einzugehen. Der Arbeitnehmer darf wegen der Ausübung seiner hier geregelten Rechte nicht benachteiligt werden. Sollen Einzelheiten über die Anhörung und Erörterung festgelegt werden, besteht ein Mitbestimmungsrecht des Betriebsrats nach § 87 Abs. 1 Nr. 1 BetrVG. Das Anhörungsrecht erstreckt sich auf alle Angelegenheiten, die mit der Stellung des Arbeitnehmers im Betrieb und seiner Tätigkeit (auch nur mittelbar) zusammenhängen. Der Arbeitnehmer ist berechtigt, zu Arbeitgeber-Maßnahmen, von denen er betroffen wird, Stellung zu nehmen und Vorschläge für die Gestaltung des Arbeitsplatzes und des Arbeitsablaufs zu machen. Dabei kann er, wie schon nach § 81 BetrVG, ein Mitglied des Betriebsrats hinzuziehen. Dies sollte nicht nur bei der Erläuterung des Arbeitsentgelts und der Leistungsbeurteilung, sondern auch bei Gesprächen auf Initiative des Arbeitgebers möglich sein. In diesem Zusammenhang ist darauf hinzuweisen, dass kein Arbeitnehmer verpflichtet ist, an Gesprächen teilzunehmen, die der Arbeitgeber (auch) mit dem Ziel führt, das Arbeitsverhältnis zu beenden oder den Arbeitsvertrag zu ändern. Dann kann man die Teilnahme auch von der Anwesenheit eines Betriebsratsmitglieds abhängig machen.

II. Arbeitshilfen

Musterschreiben

Arbeitnehmer: Schreiben an Arbeitgeber wegen Gestaltung des Arbeitsplatzes 2

Beschäftigte:r Name, Abteilung — Ort, Datum

Abteilungsleitung Name, Abteilung

Gestaltung meines Arbeitsplatzes
Sehr geehrte Name Abteilungsleitung,
In Abstimmung mit meiner Arbeitskollegin, Name, möchten wir Ihnen folgende Verbesserungsvorschläge unterbreiten:

1. Die Büros werden getauscht, sodass ich künftig besser mit meinen Mitarbeiterinnen zusammenarbeiten kann. Damit ist folgende Neuverteilung der Büroeinrichtung verbunden: ____. Die zurzeit noch genutzten PCs für Bezeichnung erscheinen mir an dieser Stelle überaltert, da sie nicht über die für unsere Arbeit notwendigen Programme Programmbezeichnungen verfügen. Dagegen lassen sie sich jedenfalls noch für eine Übergangszeit in den Bereichen Bezeichnung verwenden.
2. Für meine Arbeitskollege/in, Name, und für mich schlagen wir die Anschaffung folgender Installationen vor: ____. Damit lassen sich folgende Verbesserungen erzielen: ____. Nach Auskunft unserer EDV-Beauftragten, Name, lassen sich diese Veränderungen ohne technische Schwierigkeiten und ohne großen Aufwand bewerkstelligen. Die Kosten erscheinen uns vertretbar, zumal sie ohnehin in der Jahresplanung vorgesehen sind.
3. Schließlich regen wir an, die Fremdvergabe der Beschreibung, z.B. Verfahren XY, an dritte Dienstleister einzustellen und diese Tätigkeiten, wie schon in der Vergangenheit, selbst durchzuführen. Wir verfügen in unserer Abteilung über genug eigene Kapazitäten, die wir auf diese Weise sinnvoll ausnutzen können. Dagegen waren die von dem Dienstleister gelieferten Ergebnisse oft mangelhaft und führten zu umfangreichen Nachbearbeitungsaufgaben durch den Arbeitskollegen Name.
4. Die Einzelheiten unseres Vorschlags möchten wir Ihnen gerne mündlich erläutern. Ergänzend teile ich mit, dass der Betriebsrat informiert ist und uns bei unserem Anliegen unterstützt.

Hinweis:
Vgl. DKW-*Buschmann*, § 82 Rn. 6. Die Vorschläge können sich sowohl auf die räumliche Bürogestaltung als auch auf die weiteren Arbeitstätigkeiten beziehen, einschließlich einer veränderten Auftragsgestaltung und Zusammenarbeit mit anderen Unternehmen. Dies gilt umso mehr, wenn die Umsetzung der Vorschläge im Ergebnis arbeitsplatzerhaltende Wirkungen hat.

3 Arbeitnehmer: Erläuterung des Arbeitsentgelts

Arbeitnehmer/in Name, Abteilung — Ort, Datum

Personalbüro

Erläuterung meines Arbeitsentgelts
Sehr geehrte Name Ansprechpartner Personalbüro,
In der letzten Gehaltsabrechnung sind eine Reihe von Aufschlüsselungen enthalten, die ich schlicht nicht verstehe. Dies betrifft insbesondere die Posten . Dagegen sind die Posten , die in der Abrechnung vom Datum noch enthalten waren, nicht mehr aufgeführt. Ich kann dies nicht nachvollziehen, da die zugrunde liegenden tariflichen Bestimmungen sich nicht verändert haben.
Auch bitte ich um Auskunft, an welcher Stelle die im letzten Monat angefallenen Überstunden abgerechnet sind. Falls sie in das Arbeitszeitkonto gestellt wurden, bitte ich um Auskunft über den Hintergrund dieser Berechnungsweise und über den Arbeitszeitsaldo zum Stichtag Datum.

Hinweis:
Vgl. DKW-*Buschmann*, § 82 Rn. 7ff. Abrechnungsformulare sind oft unverständlich und in »Computerchinesisch« abgefasst. Man sollte sich nicht scheuen, nachzufragen, vor allem, wenn bestimmte Positionen, mit denen die/der Arbeitnehmer/in rechnet, fehlen. Angesichts der um sich greifenden flexiblen Arbeitszeiten, insbesondere Arbeitszeitkonten, sollte auch dort nachgehakt werden, damit diese nicht eines Tages verschwinden.

4 Leistungsbeurteilung – Informationsgesuch der/s Arbeitnehmers/in

Beschäftigte:r Name, Abteilung — Ort, Datum

Abteilungsleiterin Name, Abteilung

Beurteilung
Sehr geehrte Frau Name Abteilungsleitung,
wie uns der Betriebsrat auf der letzten Betriebsversammlung mitteilte, wurden im letzten Monat in unserem Betrieb Beurteilungen der einzelnen Beschäftigten durch ihre jeweiligen Vorgesetzten durchgeführt. Ich darf deshalb davon ausgehen, dass eine solche Beurteilung auch betreffend meiner Person angefertigt worden ist. Nur der guten Ordnung halber bitte ich um Aushändigung eines Exemplars der Beurteilung und Mitteilung, an welche Stellen die Beurteilung zur Kenntnis gelangt ist. Ergänzend teile ich mit, dass der Betriebsrat informiert ist und mich bei meinem Anliegen unterstützt.

Hinweis:
Vgl. DKW-*Buschmann*, § 82 Rn. 11. Im Ausgangsfall besteht die Besorgnis, dass Beurteilungen existieren, die dem Arbeitnehmer entgegen Abs. 2 der Vorschrift nicht oder nicht offiziell bekannt sind. Hier empfiehlt sich nachzufragen, zunächst in allgemeiner Form. Weitere Möglichkeiten, etwa die Einlegung einer Beschwerde wegen Nichtinformation oder wegen unzutreffender Beurteilung, stehen offen, müssen aber in dieser Phase noch nicht angedeutet werden.

Leistungsbeurteilung 5

Betriebsrat Ort, Datum
Firmenbezeichnung, Adresse
An die Geschäftsleitung
z. Hd. Frau Name Durchschrift Name Abteilungsleitung
Arbeitgeberin Firmenbezeichnung

Beurteilung der/des Beschäftigten Nameund Erörterung ihrer/seiner beruflichen Entwicklungsmöglichkeiten

Sehr geehrte Frau Name,

Frau/Herr Name hat uns darüber informiert, dass ihre Abteilungsleiterin, Name, über sie/ihn eine Beurteilung gefertigt hat, zu der Diskussionsbedarf besteht. Auch der Betriebsrat ist der Auffassung, dass sowohl die Einzelpunkte als auch die Gesamtwürdigung noch einmal überdacht werden müssen. Frau/Herr Arbeitnehmer befürchtet, dass einzelne der Formulierungen sich nachteilig auf ihre/seine berufliche Entwicklung im Unternehmen auswirken könnten, auch wenn dies sicherlich nicht beabsichtigt ist. Aus diesem Grunde bittet Frau/Herr Arbeitnehmer gemäß § 82 BetrVG um ein Gespräch zur näheren Erörterung der hier angesprochenen Fragen.
Der Termin könnte unseres Erachtens schon in der nächsten Woche liegen. Wir dürfen Sie darüber informieren, dass Frau/Herr Arbeitnehmer von seiner gesetzlichen (§ 82 Abs. 2 BetrVG) Möglichkeit Gebrauch gemacht hat, zu dieser Erörterung ein Mitglied des Betriebsrats hinzuzuziehen. Dementsprechend wird Name Betriebsratsmitglied vom Betriebsrat Frau/Herrn Arbeitnehmer bei diesem Gespräch begleiten.

Hinweis:
Vgl. DKW-*Buschmann*, § 82 Rn. 13ff. Hier geht die Initiative zum Gespräch von der/dem Beschäftigten aus. Aus Gründen der Klarstellung wird deshalb die Rechtsgrundlage mit benannt. Es ist sinnvoll, dass nicht die/der Beschäftigte, sondern der Betriebsrat die Arbeitgeberin über den Gesprächswunsch und seine – bereits beschlossene und deshalb nicht mehr zu diskutierende – Teilnahme informiert.

Gespräch auf Initiative des Arbeitgebers – Beiziehung des Betriebsrats 6

Betriebsrat Ort, Datum
Firmenbezeichnung, Adresse
An die Geschäftsleitung
z. Hd. Frau Name Durchschrift Name Abteilungsleitung
Arbeitgeberin Firmenbezeichnung

Gespräch über arbeitsvertragliche Regelungen mit Name des Arbeitnehmers – Teilnahme eines Betriebsratsmitglieds

Sehr geehrte Frau Name,

Beschäftigte:r hat uns darüber informiert, dass die Personalchefin, Name, sie/ihn zu einem Gespräch über arbeitsvertragliche Regelungen aufgefordert hat. Es ist diesseits nicht bekannt, welche Regelungen dies sein sollen. Die für Frau/Herrn Arbeitnehmer maßgeblichen arbeitsvertraglichen Regelungen sind der Tarifvertrag, die bestehenden Betriebsvereinbarungen sowie ihr/sein Arbeitsvertrag. Wie Sie wissen, ist kein Arbeitnehmer verpflichtet, Gespräche mit seiner Arbeitgeberin zu führen, die das Ziel haben, die bestehenden arbeitsvertraglichen Grundlagen zu ändern (*BAG* 23.6.2009, AuR 2009, 267; *Reinecke*, AuR 2011, 234; DKW-*Buschmann*, § 82 BetrVG, Rn. 1a). Wir bitten Sie deshalb höflichst um vorherige Mitteilung, welchen Inhalt und Gegenstand dieses Gespräch haben soll. Wir haben Frau/Herrn Arbeitnehmer über die Rechtsprechung informiert. Sie werden Verständnis haben, dass Frau/Herr Arbeitnehmer ohne eine solche vorherige Klarstellung nicht in der Lage sein wird, ein solches Gespräch zu führen.

Alternativ:

Für den Fall, dass es zu dem gewünschten Gespräch kommen sollte, dürfen wir Sie darüber informieren, dass Frau/Herr Arbeitnehmer von ihrer/seiner gesetzlichen (§ 82 Abs. 2 BetrVG) Möglichkeit Gebrauch gemacht hat, zu dieser Erörterung ein Mitglied des Betriebsrats hinzuzuziehen. Dementsprechend wird Name Betriebsratsmitglied Frau/Herrn Arbeitnehmer bei diesem Gespräch begleiten.

> **Hinweis:**
> Vgl. DKW-*Buschmann*, § 82 Rn. 1, 1a, 13ff. Hier geht die Initiative zum Gespräch von dem Arbeitgeber aus. Es besteht die Befürchtung, dass der einzelne Beschäftigte zu ungünstigen Entscheidungen wie einen Aufhebungsvertrag gedrängt werden soll. Zur Teilnahme an solchen Gesprächen ist kein Beschäftigter verpflichtet, aber es ist schwer, sie in Drucksituationen zu vermeiden. Hier ist die Unterstützung durch den Betriebsrat existenziell notwendig. Die Alternativen sind demnach: ein Gespräch mit Betriebsrat oder gar kein Gespräch.

§ 83 Einsicht in die Personalakten

(1) Der Arbeitnehmer hat das Recht, in die über ihn geführten Personalakten Einsicht zu nehmen. Er kann hierzu ein Mitglied des Betriebsrats hinzuziehen. Das Mitglied des Betriebsrats hat über den Inhalt der Personalakte Stillschweigen zu bewahren, soweit es vom Arbeitnehmer im Einzelfall nicht von dieser Verpflichtung entbunden wird.

(2) Erklärungen des Arbeitnehmers zum Inhalt der Personalakte sind dieser auf sein Verlangen beizufügen.

Inhaltsübersicht Rn.

I. Einleitung

Personalakte (PA) ist jede Sammlung von Unterlagen über einen bestimmten Arbeitneh- 1
mer des Betriebs. Die Führung von Geheimakten ist unzulässig. PA dürfen nur Informationen enthalten, die der Arbeitgeber rechtmäßig erworben hat und für die ein sachliches Interesse des Arbeitgebers besteht. Der Arbeitgeber ist verpflichtet, die PA vertraulich zu behandeln. Ohne Einverständnis des Arbeitnehmers ist es unzulässig, PA an Betriebsfremde weiterzugeben oder ihnen (teilweise) Kenntnis ihres Inhalts zu verschaffen. Dabei ist der Datenschutz zu beachten. Das Einsichtsrecht des Arbeitnehmers besteht hinsichtlich aller Aufzeichnungen, die in der PA bzw. in Sonder- oder Nebenakten über ihn geführt werden. Eine Benachteiligung wegen der Ausübung seiner hier geregelten Rechte ist unzulässig. Die Einsichtnahme erfolgt während der Arbeitszeit. Ihre Einzelheiten unterliegen der Mitbestimmung des Betriebsrats und können durch erzwingbare Betriebsvereinbarung geregelt werden. Sie kann auch durch einen hierzu schriftlich Bevollmächtigten ausgeübt werden. Der Arbeitnehmer kann zu seiner Unterstützung ein Betriebsratsmitglied seiner Wahl hinzuziehen (str.). Im Übrigen hat der Betriebsrat die Einhaltung der sich aus dieser Vorschrift ergebenden Verpflichtungen des Arbeitgebers nach § 80 BetrVG zu überwachen. Die Führung von PA unterliegt der europäischen Datenschutzgrundverordnung (EU) 2016/679 und dem BDSG. Auf Vorlage des BAG hat der EuGH (19.12.2024, C-65/23) klargestellt, dass eine nach Art. 88 Abs. 1 DSGVO erlassene Betriebsvereinbarung nicht nur die Anforderungen aus Art. 88 Abs. 2 DSGVO erfüllen muss, sondern auch diejenigen aus Art. 5, Art. 6 Abs. 1 sowie Art. 9 Abs. 1 und 2 DSGVO. Dies haben nationale Gerichte umfassend zu kontrollieren. Datenschutz-Betriebsvereinbarungen, auch über elektronisch geführte PA, dürfen das Datenschutzniveau nicht absenken, wohl aber verstärken. Zugleich sind ältere, diese Vorgaben nicht erfüllende Betriebsvereinbarungen zu überprüfen und europarechtskonform zu korrigieren.

II. Arbeitshilfen

1. Musterschreiben

Arbeitnehmer: an Arbeitgeber wegen Einsicht in Personalakte 2

Beschäftigte:r Name, Abteilung — Ort, Datum

Personalbüro

Einsicht in Personalakte
Sehr geehrte Damen und Herren,
hiermit bitte ich um Einsicht in meine Personalakte. Ich bitte um Vorlage heute um Uhr im (separaten, unüberwachten) Raum Bezeichnung. Name, Mitglied des Betriebsrats, wird mich dabei begleiten.

> **Hinweis:**
> Vgl. DKW-*Buschmann*, § 83 Rn. 12 ff.

3 **Arbeitnehmer: Einsichtnahme in Personalakte durch Bevollmächtigten**

Beschäftigte:r Name, Abteilung Ort, Datum

Personalbüro

Einsicht in Personalakte
Sehr geehrte Damen und Herren,
die/der Überbringer/in dieses Schreibens, Frau/Herr Rechtsschutzsekretärin Name, wird hiermit bevollmächtigt, Einsicht in meine Personalakte zu nehmen. Ich bitte um Aushändigung der Personalakte zur Einsichtnahme um Uhr im (separaten, unüberwachten) Raum Bezeichnung. (Name, Mitglied des Betriebsrats, wird sie/ihn dabei begleiten.)

Hinweis:
Vgl. DKW-*Buschmann*, § 83 Rn. 16. Eine schriftliche Vorankündigung ist nicht unbedingt erforderlich. Der Arbeitnehmer kann auch unangemeldet das Personalbüro zwecks Einsichtnahme aufsuchen. Es empfiehlt sich, anhand des vorbereiteten Notizblatts genaue Aufzeichnungen über den Inhalt der Personalakte zu machen. Die Teilnahme eines Betriebsratsmitglieds ist aus Gründen der besseren Durchsetzungsfähigkeit und Rechtssicherheit sinnvoll. Verschiedene Tarifverträge regeln ausdrücklich die Möglichkeit der Einsichtnahme durch Bevollmächtigte.

Beiblatt zur Einsichtnahme

Blattnr.	Inhalt	Datum	Unbekannt?	Kopie?	Negativ?

4 **Elektronische Personalakte**

Betriebsrat Ort, Datum

Personalbüro

Elektronische Personalakte
Sehr geehrte Damen und Herren,
wie wir erfahren haben, ist seitens der Personalleitung die Übernahme der bisher in diesem Betrieb geführten Personalakten in eine digitalisierte, elektronische Form vorgesehen. Wie Sie wissen, ist eine derartige Maßnahme nach § 87 Abs. 1 Nr. 6 BetrVG nur mit vorheriger Zustimmung des Betriebsrats zulässig, welche nicht vorliegt. Nur vorsorglich weisen wir darauf hin, dass sich hierbei erhebliche datenschutzrechtliche Probleme stellen, die eine eingehende Prüfung erfordern. Hierbei ist neben den datenschutzrechtlichen Fragestellungen, insbesondere nach der europäischen Datenschutz-Grund-VO (EU) 2016/679 sowie § 26 BDSG, vor allem das Grundrecht auf informationelle Selbstbestimmung der Arbeitnehmerinnen und Arbeitnehmer nach Art. 1, 2 GG sowie das Grundrecht auf Datenschutz nach Art. 17 UN-Zivilpakt, Art. 8 EMRK, Art. 16 AEUV, Art. 8 der Charta der Grundrechte der EU zu berücksichtigen. Nur vorsorglich wird darauf hinge-

wiesen, dass eine Übermittlung von Daten an andere Stellen außerhalb des Unternehmens, d.h. auch an unsere Muttergesellschaft, nur unter besonderen Voraussetzungen zulässig ist, welche jedoch nicht vorliegen. Nach vorläufiger Beurteilung erscheint es dem Betriebsrat am sinnvollsten, wenn die Personalakten wie bisher in Papierform im Betrieb verbleiben, wo sie jederzeit von den betroffenen Beschäftigten eingesehen werden können.

Hinweis:
Vgl. DKW-*Buschmann*, § 83 Rn. 11, 29ff.

2. Musterschriftsatz

Abmahnungsbeseitigungsklage 5

An das Arbeitsgericht Bezeichnung
In Sachen
Arbeitnehmer (Name, Anschrift) ./. Arbeitgeberin (Firmenbezeichnung, Adresse, Vertretung)
zeigen wir an, dass wir den Kläger vertreten, erheben namens und im Auftrag des Klägers Klage und bitten um Anberaumung eines Termins, in dem wir beantragen werden:

1. Die Beklagte wird verurteilt, die Abmahnung vom Datum aus der Personalakte des Klägers zu entfernen und zu vernichten.
2. Die Beklagte wird verurteilt, gegenüber dem Kläger und gegenüber den Mitarbeitern seiner Abteilung die Behauptung zu widerrufen, der Kläger habe am Datum und am Datum unentschuldigt gefehlt.

Begründung:
Der Kläger ist auf Grund Anstellungsvertrags vom Datum seit dem Datum bei der Beklagten als Bezeichnung in der Abteilung Bezeichnung beschäftigt, zuletzt zu einem Monatsgehalt von ____ €. Am Datum sowie am Datum konnte der Kläger nicht zur Arbeit erscheinen, weil seine 10-jährige Tochter an diesen Tagen krank war und eine andere im Haushalt lebende Person das Kind nicht beaufsichtigen, betreuen oder pflegen konnte. Der Kläger hat diese Arbeitsverhinderung jeweils telefonisch in der Abteilung angezeigt.
Am Datum wurde der Kläger wegen unentschuldigten Fehlens schriftlich abgemahnt, die Abmahnung wurde zu den Personalakten genommen. In einem Abteilungsgespräch vom Datum wurde seitens des Bereichsleiters Name betont, dass sich der Betrieb unentschuldigtes Fehlen wie im Falle des Klägers nicht mehr leisten könnte, da die Arbeitsplätze nicht mehr so sicher seien.

Beweis:
Abmahnung vom Datum, Anlage 1
Aussage der Zeugen Namen

Die Beklagte hat gegenüber dem Kläger sowie gegenüber seinen Mitarbeitern unter Berufung auf eine Bestimmung in der Betriebsordnung aus dem Jahre 1961 die Ansicht vertreten, ein Freistellungsanspruch zur Pflege kranker Kinder bestehe nur für Mütter. Diese Auffassung ist unzutreffend. Sie verstößt gegen § 2 Pflegezeitgesetz, § 7 AGG sowie gegen Art. 3 GG.
Der Kläger hat am Datum schriftlich die Entfernung der Abmahnung aus der Personalakte und einen Widerruf der ihn beeinträchtigenden Äußerungen gegenüber den anderen Mitarbeitern der Abteilung verlangt.

Beweis:
Anlage 2

Dies wurde ihm am Datum mündlich unter Berufung auf die Betriebsordnung verweigert. Im Übrigen wurde der Kläger auf die Möglichkeit einer Gegendarstellung zur Personalakte verwiesen. Weiteres Nachfragen des Klägers blieb ergebnislos.

Nach der ständigen Rechtsprechung des BAG hat der Arbeitnehmer Anspruch auf Rücknahme, Entfernung und Vernichtung von unrichtigen Angaben und missbilligenden Äußerungen aus der Personalakte, wenn sie unzutreffende Tatsachenbehauptungen enthalten, die ihn in seiner Rechtsstellung und seinem beruflichen Fortkommen beeinträchtigen können. Das gleiche gilt bei unzutreffenden Bewertungen, insbesondere bei unbegründetem Vorwurf der Verletzung arbeitsvertraglicher Pflichten, selbst wenn die zu Grunde liegenden Tatsachen zutreffen (Nachweise zur Rspr. bei DKW-*Buschmann*, § 83 BetrVG, Rn. 20ff.). Auch ist der Arbeitnehmer bei einer unbegründeten Abmahnung nicht auf eine Gegendarstellung zu den Akten zu verweisen (*BAG* v. 13.10.1988 – 6 AZR 144/85, AuR 1989, 383). Aufgrund der herabsetzenden Behauptungen, die auch seine Führungsposition gegenüber anderen Mitarbeitern beeinträchtigen, steht dem Kläger auch ein Anspruch auf Widerruf zu.

3. Mustervereinbarung

6 **Betriebsvereinbarung über die Führung von und Einsichtnahme in Personalakten**

1. Diese Betriebsvereinbarung gilt für den Betrieb Bezeichnung.
2. Alle Personalakten werden im Personalbüro geführt. Sie werden in einem verschließbaren Schrank aufbewahrt und sind – abgesehen von der Einsichtnahme durch Beschäftigte nach § 83 BetrVG – nur Mitarbeitern der Personalabteilung zugänglich. Außerhalb der Bürozeiten werden die Personalakten im Aktenschrank verschlossen.
3. Personalakte ist jede Sammlung von Unterlagen über einzelne Beschäftigte einschließlich sog. Nebenakten und elektronischer Dateien. Die Führung weiterer personenbezogener Sammlungen und Dateien außerhalb von Nr. 2 ist unzulässig.
4. Die Personalakten i. S. v. Ziff. 3 werden in chronologischer Reihenfolge geordnet und nummeriert.
5. Die Personalakten dürfen nur Informationen enthalten, für deren Aufbewahrung ein sachliches Interesse der Arbeitgeberin besteht. Sie enthalten keinen Hinweis auf Rasse, Hautfarbe, ethnische oder soziale Herkunft, genetische Merkmale, Sprache, Religion oder Weltanschauung, politische oder sonstige Anschauung, Zugehörigkeit zu einer nationalen Minderheit, Behinderung oder sexuelle Ausrichtung (Art. 21 Charta der Grundrechte der EU). Davon abweichend ist der Hinweis auf eine von der/dem Beschäftigten mitgeteilte Schwerbehinderung bzw. Gleichstellung i. S. d. § 2 SGB IX zulässig.
6. Bei elektronischen Dateien erhält die/der Beschäftigte jährlich einen Ausdruck über die zu ihrer/seiner Person gespeicherten Daten. Abmahnungen und/oder Vermerke mit personenbezogenem Inhalt sind darüber hinaus der/dem Beschäftigten in Ablichtung auszuhändigen und zu quittieren.
7. Eine Weitergabe der Personalakte i. S. v. Ziff. 3 an dritte Personen oder eine Einsichtnahme durch diese ist unzulässig.
8. Die Einsichtnahme in ihre persönliche Personalakte kann jederzeit ohne besonderen Anlass oder besondere Begründung während der Dienstzeiten des Personalbüros (9–12, 13–16 Uhr) durch die/den Beschäftigte/n oder eine von ihr/ihm schriftlich bevollmächtigte Person ausgeübt werden. In diesem Fall ist die Personalakte der/m Einsicht Nehmenden unverzüglich im Raum Bezeichnung ohne weitere Beaufsichtigung oder Kontrolle vorzulegen.
9. Die/der Beschäftigte kann zur Einsicht ein Mitglied des Betriebsrats hinzuziehen. Das Mitglied des Betriebsrats hat über den Inhalt der Personalakte Stillschweigen zu bewahren, soweit es nicht von der/dem Beschäftigten im Einzelfall von dieser Verpflichtung entbunden wird.
10. Personalakten, die bei mehreren Betrieben eines Unternehmens in der zentralen Personalabteilung geführt werden, werden bei jedem Gesuch auf Einsicht umgehend an die Betriebsstätte gesandt. Die Einsichtnahme erfolgt dann gem. Ziff. 8.
11. Die/der Beschäftigte hat das Recht, vom gesamten Inhalt oder einzelnen Bestandteilen der Personalakte Kopien anzufertigen sowie zum gesamten Inhalt oder zu einzelnen Bestandtei-

len der Personalakte schriftliche Erklärungen einschließlich Gegendarstellungen abzugeben, die der Personalakte beizufügen sind.

12. Eventuell anfallende Kosten aus der Anwendung dieser Betriebsvereinbarung trägt der Betrieb.
13. Die Übernahme von Personalakten in eine elektronische Form bedarf einer gesonderten Betriebsvereinbarung, die den Erfordernissen der europäischen Datenschutz-Grundverordnung (EU) 2016/679 und des BDSG Rechnung trägt.

§ 84 Beschwerderecht

(1) Jeder Arbeitnehmer hat das Recht, sich bei den zuständigen Stellen des Betriebs zu beschweren, wenn er sich vom Arbeitgeber oder von Arbeitnehmern des Betriebs benachteiligt oder ungerecht behandelt oder in sonstiger Weise beeinträchtigt fühlt. Er kann ein Mitglied des Betriebsrats zur Unterstützung oder Vermittlung hinzuziehen.
(2) Der Arbeitgeber hat den Arbeitnehmer über die Behandlung der Beschwerde zu bescheiden und, soweit er die Beschwerde für berechtigt erachtet, ihr abzuhelfen.
(3) Wegen der Erhebung einer Beschwerde dürfen dem Arbeitnehmer keine Nachteile entstehen.

§ 85 Behandlung von Beschwerden durch den Betriebsrat

(1) Der Betriebsrat hat Beschwerden von Arbeitnehmern entgegenzunehmen und, falls er sie für berechtigt erachtet, beim Arbeitgeber auf Abhilfe hinzuwirken.
(2) Bestehen zwischen Betriebsrat und Arbeitgeber Meinungsverschiedenheiten über die Berechtigung der Beschwerde, so kann der Betriebsrat die Einigungsstelle anrufen. Der Spruch der Einigungsstelle ersetzt die Einigung zwischen Arbeitgeber und Betriebsrat. Dies gilt nicht, soweit Gegenstand der Beschwerde ein Rechtsanspruch ist.
(3) Der Arbeitgeber hat den Betriebsrat über die Behandlung der Beschwerde zu unterrichten. § 84 Abs. 2 bleibt unberührt.

§ 86 Ergänzende Vereinbarungen

Durch Tarifvertrag oder Betriebsvereinbarung können die Einzelheiten des Beschwerdeverfahrens geregelt werden. Hierbei kann bestimmt werden, dass in den Fällen des § 85 Abs. 2 an die Stelle der Einigungsstelle eine betriebliche Beschwerdestelle tritt.

Inhaltsübersicht Rn.

I. Einleitung

1 Das betriebsverfassungsrechtliche Beschwerdeverfahren bietet die Möglichkeit einer innerbetrieblichen Konfliktlösung, wenn sich die/der Arbeitnehmer/in von der Arbeitgeberin oder von Arbeitnehmern des Betriebs benachteiligt oder ungerecht behandelt oder in sonstiger Weise beeinträchtigt fühlt. Arbeitnehmer haben die Wahl, sich bei der Arbeitgeberin oder beim Betriebsrat zu beschweren. In letzterem Fall kann die Konfliktlösung ggf. über das Verfahren der Einigungsstelle erfolgen. Eine weitere Rechtsgrundlage für die Einleitung von Beschwerdeverfahren findet sich in § 13 AGG.

II. Arbeitshilfen

1. Musterschreiben

2 **Arbeitnehmer: Beschwerde wegen bestimmten Verhaltens**

Beschäftigte:r Name, Adresse
Ort, Datum
An Arbeitgeberin Firmenbezeichnung

Personalleitung
Durchschrift Betriebsrat
im Hause

Beschwerde

Sehr geehrte Damen und Herren,

hiermit erhebe ich Beschwerde gemäß § 84 BetrVG. Die Beschwerde richtet sich gegen nachfolgend beschriebenes Verhalten (der Personalleitung/meiner Vorgesetzten/der/s Arbeitnehmers/in Name): . Ich bitte um folgende Bestätigung:

- Die Beschwerde ist berechtigt.
- Der Beschwerde wird abgeholfen, indem .

Begründung: . Das gerügte Verhalten stellt eine Beeinträchtigung i. S. d. § 84 BetrVG dar. Es verstößt gegen die Grundsätze der Billigkeit nach § 315 BGB. Es wird gebeten, den Eingang der Beschwerde zu bestätigen und die Beschwerde wie beantragt zu bescheiden.

Hinweis:
Vgl. DKW-*Buschmann*, § 84 Rn. 1.

Arbeitnehmer: Beschwerde wegen sexueller Belästigung 3

Beschäftigte:r Name, Adresse
Ort, Datum
An Arbeitgeberin Firmenbezeichnung

Personalleitung
Durchschrift Betriebsrat
im Hause

Beschwerde

Sehr geehrte Damen und Herren,

hiermit erhebe ich Beschwerde gemäß § 84 BetrVG sowie gemäß § 13 AGG. Die Beschwerde richtet sich gegen nachfolgend beschriebenes Verhalten (der Personalleitung / meiner/s Vorgesetzten / der/s Arbeitnehmers/in / eines Dritten Name): . Ich fühle mich durch dieses Verhalten sexuell belästigt i. S. d. § 3 Abs. 4 AGG. Ich bitte um folgende Bestätigung:

- Die Beschwerde ist berechtigt.
- Der Beschwerde wird abgeholfen, indem .

Begründung: . Das gerügte Verhalten verletzt meine Würde. Ich habe mir eine solche Behandlung nicht gefallen zu lassen. Nach § 12 AGG haben Arbeitgeber und Dienstvorgesetzte die Beschäftigten vor sexueller Belästigung am Arbeitsplatz zu schützen. Nach dem Gesetz sind geeignete Maßnahmen zu treffen, um die Fortsetzung der festgestellten Belästigung zu unterbinden.

> **Hinweis:**
> Die Beschwerde kann sowohl auf § 13 AGG als auch auf §§ 84, 85 BetrVG gestützt werden. Aus dem AGG ergeben sich nähere Präzisierungen sowohl zum Tatbestand der sexuellen Belästigung als auch zu Abhilfemaßnahmen. Vgl. DKW-*Buschmann*, § 84 Rn. 12.

Arbeitnehmer: Beschwerde wegen der Arbeitszeitgestaltung 4

Beschäftigte:r Name, Adresse
Ort, Datum
An Arbeitgeberin Firmenbezeichnung

Personalleitung
Durchschrift Betriebsrat
im Hause

Beschwerde wegen der Arbeitszeitgestaltung

Sehr geehrte Damen und Herren,
hiermit erhebe ich Beschwerde gemäß § 84 BetrVG. Die Beschwerde richtet sich gegen die mein Arbeitsverhältnis betreffende Arbeitszeitgestaltung.
1. In unserem Betrieb / Nach meinem Arbeitsvertrag/dem Tarifvertrag gilt für mich die 35-Stunden-Woche. Seit Einführung der neuen EDV stelle ich aber fest, dass die Planbarkeit meines Arbeitstages und damit meiner Familien- und Freizeit zunehmend verloren geht. So erhalte ich regelmäßig E-Mails auch in meiner Freizeit mit der Bitte, diese kurzfristig zu beantworten. Durch

diese Form der Arbeitszeit-(und Freizeit-)flexibilisierung fühle ich mich in besonderer Weise beeinträchtigt. Darin sehe ich auch einen Eingriff in meine gesetzlichen Ruhezeiten.
2. Nach § 7 Abs. 2 TzBfG hat ein Arbeitgeber mit dem Arbeitnehmer dessen Wunsch nach Veränderung von Dauer und Lage der vertraglich vereinbarten Arbeitszeit zu erörtern und den Arbeitnehmer über entsprechende Arbeitsplätze zu informieren, die im Betrieb oder Unternehmen besetzt werden soll. Dies gilt unabhängig vom Umfang der Arbeitszeit. Mit Schreiben vom habe ich den Antrag gestellt, meine Arbeitszeit so zu legen, dass ich meine Arbeit regelmäßig an 5 Arbeitstagen von Montag bis Freitag innerhalb der betriebsüblichen Arbeitszeiten (Alternative: zu folgenden Zeiten …) erledigen kann. Diesem Antrag ist die Personalabteilung nicht nachgekommen. Stattdessen wurde ich zunehmend zu Arbeiten an … Sonn- und Feiertagen/Nachtarbeit herangezogen. Ich sehe keine Begründung, warum meinem vorbezeichneten Antrag nicht nachgekommen werden kann. Betrieblich ist dies ohne organisatorische Schwierigkeiten möglich. Ich fühle mich durch die Ablehnung meines Antrags in besonderer Weise beeinträchtigt und erhebe deshalb ausdrücklich Beschwerde gemäß § 84 BetrVG.
Ich bitte deshalb um folgende Bestätigung:

- Die Beschwerde ist berechtigt.
- Der Beschwerde wird abgeholfen, indem die Arbeitszeit künftig entsprechend dem Antrag vom festgelegt wird.
- 3. Nach meinem Arbeitsvertrag ist die Arbeitszeit nicht in Wochenstunden festgelegt, sondern soll sich nach dem »betrieblichen Anfall« richten. In den letzten 2 Monaten habe ich festgestellt, dass diese Arbeitszeitflexibilisierung in der Praxis auf die Spitze getrieben wird. In manchen Wochen, in denen ich mehr arbeiten könnte, wurde ich nur zu 5 Stunden herangezogen. In anderen Wochen muss ich wie Vollzeitbeschäftigte arbeiten. Nach § 12 TzBfG muss die Vereinbarung eine bestimmte Dauer der wöchentlichen und täglichen Arbeitszeit festlegen. Danach gilt eine Arbeitszeit von 20 Stunden, wenn die Dauer der wöchentlichen Arbeitszeit nicht festgelegt ist. Damit bin ich einverstanden. Damit ist es aber weder vereinbar, dass in einzelnen Wochen die Arbeitszeit auf 5 Stunden wöchentlich abgesenkt wird, noch dass in anderen Wochen die Arbeitszeit auf über 20 Stunden wöchentlich angehoben wird. Schließlich verlangt diese Vorschrift, dass mir die Lage der Arbeitszeit jeweils mindestens 4 Tage im Voraus mitgeteilt wird. Dies ist in der Vergangenheit alles nicht eingehalten worden. Ich fühle mich dadurch benachteiligt und ungerecht behandelt und erhebe deshalb ausdrücklich Beschwerde gemäß § 84 BetrVG.

> **Hinweis:**
> Beschwerden, insbesondere wegen beeinträchtigender Arbeitszeitgestaltung, können auch gleichzeitig von mehreren Arbeitnehmern eingereicht werden. Gleichwohl handelt es sich um individuelle Beschwerden, die deshalb – parallel – in individualisierter Form eingereicht werden. Gerade kapazitätsorientierte, variable Arbeitszeiten sind ein typischer Beschwerdegegenstand. Derartige Beschwerden können auch den Betriebsrat bei Arbeitszeitverhandlungen unterstützen. Vgl. DKW-*Buschmann*, § 84 Rn. 20, § 85 Rn. 16.

5 **Arbeitnehmer: Beschwerde an die Verleiher–Arbeitgeberin**

Beschäftigte:r Name, Adresse
Ort, Datum
An Arbeitgeberin Firmenbezeichnung

Personalleitung
Durchschrift Betriebsrat
im Hause

Beschwerde

Sehr geehrte Damen und Herren,

hiermit erhebe ich Beschwerde gemäß § 84 BetrVG.
a) Die Beschwerde richtet sich gegen die Zuweisung an die Entleiher-Gesellschaft Firmenbezeichnung. Ich bitte um folgende Bestätigung:

- Die Beschwerde ist berechtigt.
- Der Beschwerde wird abgeholfen, indem Herr/Frau Name an seinem/ihrem jetzigen Arbeitsplatz weiterbeschäftigt wird.

Begründung:
Diese Gesellschaft ist nicht tarifgebunden und zahlt laut Auskunft meiner Gewerkschaft für die von mir zu verrichtenden Tätigkeiten Löhne von €, die dann nach § 8 Abs. 1 und § 9 Abs. 1 Nr. 2 AÜG auch für mich zur Anwendung kämen. Dadurch würde ich gegenüber meinem jetzigen Monatslohn einen Verlust von € erleiden, den ich nicht tragen kann. Die Zuweisung von meiner jetzigen Arbeitsstelle zur Firmenbezeichnung ist sachlich nicht gerechtfertigt. Eine Weiterbeschäftigung an meinem jetzigen Arbeitsplatz bei der Entleiher-Gesellschaft Firmenbezeichnung ist ohne weiteres möglich. Diese Versetzung verstößt damit gegen die Grundsätze der Billigkeit nach § 315 BGB. Es wird gebeten, den Eingang der Beschwerde zu bestätigen und die Beschwerde wie beantragt zu bescheiden.

b) Die Beschwerde richtet sich gegen die Vergütung nach dem Leiharbeitstarifvertrag Bezeichnung. Ich erhebe ausdrücklich Beschwerde und bitte um folgende Bestätigung:

Die Beschwerde ist berechtigt.
Der Beschwerde wird abgeholfen, indem Herr/Frau Name ab sofort/rückwirkend ab nach den Tarifverträgen der Bezeichnung Industrie vergütet wird.

Begründung:
Ich werde gegenwärtig in dem Betrieb Bezeichnung eingesetzt. Dort gelten die Tarifverträge der Bezeichnung Industrie. Die dort gezahlten Tariflöhne liegen deutlich höher als die Tariflöhne des Tarifvertrages in der Leiharbeit, den Sie auf mein Arbeitsverhältnis anwenden. Die Personalleitung des Einsatzbetriebes hat mir gemäß § 13 AÜG schriftlich Auskunft über die dort geltenden wesentlichen Arbeitsbedingungen einschließlich des Arbeitsentgelts gegeben. Nach § 8 Abs. 1 AÜG und Art. 5 der Europäischen Leiharbeitsrichtlinie 2008/104/EG gilt für Leiharbeiter der Grundsatz der Gleichbehandlung mit den Beschäftigten des Einsatzbetriebes (Equal Pay und Equal Working Conditions). Nach Art. 5 Abs. 3 der Richtlinie sind tarifliche Abweichungen von den wesentlichen Arbeitsbedingungen nur zulässig, wenn sie den Gesamtschutz einhalten. Nach EuGH (15.12.2022, C-311/21, TimePartner, Rn 39, AuR 2023, 168) ist dieser Gesamtschutz nur dann gewährleistet, wenn der Tarifvertrag, der nach Art. 5 Abs. 3 der Richtlinie zum Nachteil der Beschäftigten von wesentlichen Arbeits- und Beschäftigungsbedingungen abweicht, selbst diese Ungleichbehandlung durch besondere, gleichwertige Vorteile ausgleicht. Dieser Grundsatz wird bei mir nicht eingehalten. Es wird gebeten, den Eingang der Beschwerde zu bestätigen und die Beschwerde wie beantragt zu bescheiden.

Hinweis:
Vgl. DKW-*Buschmann*, § 84 Rn. 17. Die Zulässigkeit von Tarifverträgen, die die Arbeitsbedingungen für Leiharbeiter im Vergleich zu den Beschäftigten des Einsatzbetriebes verschlechtern, ist in der Literatur und Rechtsprechung außerordentlich umstritten und Gegenstand zahlreicher Verfahren bis zum Gerichtshof der Europäischen Union. Deswegen ist das im gewerkschaftlichen Rechtsschutz erstrittene zitierte EuGH-Urteil von besonderer Bedeutung. Wenn ein Tarifvertrag in der Leiharbeit die dort formulierten Voraussetzungen nicht erfüllt, sind Leiharbeiter

wie die Beschäftigten des Einsatzbetriebs zu behandeln. Um deren Gleichbehandlung durchzusetzen, gewährt § 13 AÜG den Leiharbeitern einen Auskunftsanspruch gegen den Entleiher auf die dort für vergleichbare Arbeitnehmer geltenden wesentlichen Arbeitsbedingungen einschließlich des Arbeitsentgelts (dazu Muster unter § 81 Nr. 4).

6 Arbeitnehmer: Beschwerde an den Betriebsrat

Beschäftigte:r Name, Adresse
Ort, Datum

An den Betriebsrat Firmenbezeichnung, Adresse
Beschwerde

Liebe Kolleginnen und Kollegen,
anbei erhebe ich Beschwerde gem. § 85 BetrVG. (Alternative: Anbei erhaltet ihr die Beschwerde, die ich mit Schreiben vom gleichen Tage an die Arbeitgeberin gerichtet habe. Ich bitte ausdrücklich, die Beschwerde auch nach § 85 BetrVG zu behandeln.) Für eine Eingangsbestätigung wäre ich deshalb dankbar. Die Beschwerde richtet sich gegen nachfolgend beschriebenes Verhalten: .
Ich bitte Euch, gem. § 85 BetrVG Euren Einfluss gegenüber der Arbeitgeberin dahingehend geltend zu machen, dass die Berechtigung der Beschwerde anerkannt und ihr abgeholfen wird. Ist die Arbeitgeberin dazu nicht bereit, besteht für den Betriebsrat die Möglichkeit, die Einigungsstelle anzurufen, um dort eine Lösung zu erreichen. Für ein klärendes Gespräch stehe ich Euch gerne zur Verfügung.

Hinweis:
Vgl. DKW-*Buschmann*, § 85 Rn. 4.

7 Betriebsrat: Beschlussfassung

TOP Beschwerde der/s Beschäftigten Name
Der Betriebsrat stellt fest, dass die am Datum eingelegte Beschwerde der/s Beschäftigten Name berechtigt ist. Die Arbeitgeberin wird aufgefordert, der Beschwerde mit den dort gestellten Anträgen stattzugeben. Die/Der Betriebsratsvorsitzende, Kollege/in Name, wird gebeten, die Geschäftsleitung und die/den Beschäftigte/n über diesen Beschluss zu informieren. Für den Fall, dass die Geschäftsleitung der Beschwerde bis zum Datum nicht stattgeben sollte, bleibt die Anrufung der Einigungsstelle vorbehalten.

Hinweis:
Vgl. DKW-*Buschmann*, § 85 Rn. 5.

Betriebsrat: an Arbeitnehmer wg. Eingangsbestätigung der Beschwerde 8

Betriebsrat der Firma Firmenbezeichnung, Adresse
Ort, Datum
Betriebsratsvorsitzende:r Name

Herrn Name
im Hause

Ihre Beschwerde vom Datum
Sehr geehrte/r Frau Herr Name,
wir bestätigen den Eingang Ihres Beschwerdeschreibens vom Datum am Datum. Um die Einzelheiten zu klären, laden wir Sie ein zu einem Gespräch mit dem Betriebsrat am Datum in Ort. Mit beiliegender Bestätigung können Sie sich bei der Abteilungsleitung abmelden.

Hinweis:
Vgl. DKW-*Buschmann*, § 85 Rn. 4, 5.

Abmeldebestätigung bei Gang zum Betriebsrat 9

Es wird bestätigt, dass wir Herrn/Frau Name zu einer Unterredung mit dem Betriebsrat am Datum in Ort geladen haben, um eine aktuelle betriebliche Angelegenheit zu erörtern.

Arbeitgeber: Eingangsbestätigung / Beantwortung der Beschwerde 10

Arbeitgeberin Firmenbezeichnung, Adresse
Ort, Datum

Herrn/Frau Name
im Hause

Ihre Beschwerde vom Datum
Sehr geehrte/r Frau/Herr Name,
wir bestätigen den Eingang Ihrer Beschwerde vom Datum.

1. Vor einem abschließenden Bescheid wollen wir noch die in Ihrem vorgenannten Schreiben bezeichneten Personen sowie den Betriebsrat hierzu hören. Die Einzelheiten gem. Abs. Ihres Schreibens wollen wir mit Ihnen am Datum erörtern. Sie können zu diesem Gespräch ein Mitglied des Betriebsrats beiziehen. Im Übrigen ist es der Wunsch der Geschäftsleitung, die Angelegenheit so rasch wie möglich zu klären.
2. Wir haben die Angelegenheit überprüft und sind dabei den Angaben aus Ihrem Beschwerdeschreiben nachgegangen. Wir sind aber zu dem Ergebnis gekommen, dass im konkreten Fall eine Benachteiligung, ungerechte Behandlung oder sonstige Beeinträchtigung, wie sie das Gesetz voraussetzt, nicht vorliegt. Wir möchten Ihnen dies im Einzelnen erläutern: . Aus diesen Gründen sehen wir keine Veranlassung, in dieser Angelegenheit weitere Schritte zu unternehmen.
3. Wir haben die Angelegenheit überprüft und sind dabei den Angaben aus Ihrem Beschwerdeschreiben nachgegangen. Wir sind zu dem Ergebnis gekommen, dass im konkreten Fall eine

Benachteiligung/ungerechte Behandlung/sonstige Beeinträchtigung, wie sie das Gesetz voraussetzt, in der Tat gegeben ist, was wir außerordentlich bedauern. Um die Angelegenheit so schnell wie möglich zu bereinigen, haben wir folgende Abhilfemaßnahmen veranlasst:

.

Wir hoffen, dass damit die Angelegenheit auch aus Ihrer Sicht zufriedenstellend erledigt ist.

> **Hinweis:**
> Vgl. DKW-*Buschmann*, § 84 Rn. 28ff.

11 **Betriebsrat: an Arbeitgeber wegen Bearbeitung der Beschwerde**

Betriebsrat der Firma Firmenbezeichnung, Adresse
Ort, Datum
Betriebsratsvorsitzende:r Name

An Arbeitgeberin Firmenbezeichnung
im Hause

Sehr geehrte Frau Name,
der Betriebsrat ist gem. § 85 BetrVG mit einer Beschwerde der/s Beschäftigten Frau/Herrn Name wegen befasst. Der Betriebsrat hat in einer ordentlichen Betriebsratssitzung festgestellt, dass die Beschwerde berechtigt ist. Er schlägt deshalb vor, der Beschwerde mit folgender Maßgabe stattzugeben: . Abhilfemaßnahmen i.S.d. § 84 Abs. 2 BetrVG könnten wie folgt aussehen: Die Beschwerde soll in dem anstehenden Monatsgespräch am Datum behandelt werden. Wir gehen vorbehaltlich der Möglichkeiten des § 85 Abs. 2 BetrVG davon aus, dass eine einvernehmliche Klärung erzielt wird.

> **Hinweis:**
> Vgl. DKW-*Buschmann*, § 85 Rn. 5.

12 **Betriebsrat: an Arbeitgeber wg. Anrufung der Einigungsstelle**

Betriebsrat der Firma Firmenbezeichnung, Adresse
Ort, Datum
Betriebsratsvorsitzende:r Name

An Arbeitgeberin Firmenbezeichnung
im Hause

Beschwerde der/s Beschäftigten Name- Anrufung der Einigungsstelle
Sehr geehrte Frau Name,
am Datum konnte über die Behandlung vorgenannter Beschwerde kein Einvernehmen erzielt werden. Der Betriebsrat hat deshalb in seiner Sitzung am Datum beschlossen, zu diesem Zweck die Einigungsstelle anzurufen. Als Vorsitzende/n schlagen wir Name vor. Die Zahl der Beisitzer soll 2 für jede Seite betragen. Hinsichtlich der vom Betriebsrat benannten außerbetrieblichen Beisitzer hat der Betriebsrat beschlossen, dass diese gem. § 76a BetrVG ein Honorar in Höhe von

7/10 des Honorars der/des Vorsitzenden erhalten. Wir bitten um Bestätigung bis zum Datum, so dass ein Bestellungsverfahren nach § 100 ArbGG entbehrlich wird.

Hinweis:
Vgl. DKW-*Buschmann*, § 85 Rn. 7, 8.

Einigungsstelle: Entscheidung über die Beschwerde 13

Es wird festgestellt:
1. Die Einigungsstelle ist zur Behandlung und Entscheidung über die Beschwerde aus dem Schreiben der/s Beschwerdeführers/in an den Betriebsrat vom Datum gemäß § 85 BetrVG zuständig.
2. Die Beschwerde aus dem Schreiben der/s Beschwerdeführers/in an den Betriebsrat vom Datum ist gemäß § 84 BetrVG/§ 13 AGG nicht/in vollem Umfang/teilweise berechtigt. Die/Der Beschwerdeführer/in ist (nicht) dadurch benachteiligt/ungerecht behandelt/beeinträchtigt, dass (im Einzelnen beschreiben; im Falle einer Anerkennung erfolgt genauere Präzisierung). Insbesondere hat er/sie auch in Zukunft nicht hinzunehmen, dass (im Einzelnen beschreiben).
3. Es wird festgestellt, dass zur Abhilfe die nachfolgend beschriebenen Schritte erforderlich sind: .

Hinweis:
Vgl. DKW-*Buschmann*, § 85 Rn. 22f.

2. Mustervereinbarungen

Tarifvertrag/Betriebsvereinbarung über das Beschwerdeverfahren nach dem BetrVG 14

1. Zur zügigen Klärung von Beschwerden nach dem Betriebsverfassungsgesetz wird eine ständige Einigungsstelle eingerichtet.
2. Die Einigungsstelle besteht aus jeweils 2 von der Arbeitgeberin und vom Betriebsrat bestellten Beisitzern sowie der/dem gem. Ziff. c bestimmten Vorsitzenden.
3. Vorsitzende sind jeweils abwechselnd folgende [2 oder mehr] Personen gemäß angefügter Liste .

Hinweis:
Es ist sinnvoll, wenn auch nicht zwingend erforderlich, sich hierfür auf Richter der Arbeitsgerichtsbarkeit zu einigen. Das Verfahren kann wie vorgesehen durch Tarifverträge oder Betriebsvereinbarungen geregelt werden. Aus Rechtsgründen ist darauf zu achten, nur eine der beiden Alternativen zu wählen und tarifliche bzw. betriebliche Regelungen nicht zu vermischen.

1. Voraussetzung für die Anrufung der Einigungsstelle ist, dass in einem Gespräch zwischen Arbeitgeberin und Betriebsrat keine Einigung über eine gemäß § 85 BetrVG eingelegte Beschwerde erzielt worden ist.
2. Das Verfahren der Einigungsstelle wird durch Schreiben des Betriebsrats an die Personalleitung eingeleitet, in dem der Beschwerdegegenstand bezeichnet wird. Die/der jeweils zuständige Vorsitzende erhält eine Durchschrift dieses Schreibens und wird binnen einer Woche
   - seine Verhinderung erklären oder
   - einen Termin der Einigungsstelle anberaumen.

3. Die Einigungsstelle tritt unverzüglich, spätestens jedoch binnen zwei Wochen nach Anrufung zusammen. Ist die/der je nach Reihenfolge zuständige Vorsitzende verhindert, tritt die/der jeweils nachfolgende Vorsitzende an seine Stelle.
4. Die Einigungsstelle entscheidet einvernehmlich oder mit Mehrheit über ihre Zuständigkeit, über die Berechtigung der Beschwerde sowie vorbehaltlich der Rechte aus § 84 Abs. 2 BetrVG über sich daraus ergebende Abhilfemaßnahmen.
5. Der Betriebsrat erhält monatlich Bericht über die nach dem BetrVG oder dem AGG eingelegten Beschwerden, über deren Behandlung bzw. Bescheidung durch die Arbeitgeberin sowie über getroffene Abhilfemaßnahmen. Die auf der Grundlage eines Einigungsstellenverfahrens getroffenen Abhilfemaßnahmen werden dabei gesondert ausgewiesen.

15 **Tarifvertrag/Betriebsvereinbarung über das Beschwerdeverfahren nach dem AGG**

1. Die Beschäftigten i.S.d. § 6 AGG (neben Arbeitnehmern sind dies insbesondere Auszubildende, arbeitnehmerähnliche Personen, Heimarbeiter, Leiharbeiter) haben das Recht, sich bei der Beschwerdestelle zu beschweren, wenn sie sich im Zusammenhang mit ihrem Beschäftigungsverhältnis von der Arbeitgeberin, von Vorgesetzten, anderen Beschäftigten oder Dritten wegen eines in § 1 AGG bzw. Art. 21 der Charta der Grundrechte der EU genannten Grundes (Geschlecht, Rasse, Hautfarbe ethnische oder soziale Herkunft, genetische Merkmale, Sprache, Religion oder Weltanschauung, politische oder sonstige Anschauung, Zugehörigkeit zu einer nationalen Minderheit, Vermögen, Geburt, Behinderung, Alter oder sexuelle Ausrichtung) benachteiligt fühlen.
2. Zur zügigen Klärung von Beschwerden nach dem AGG wird eine Beschwerdestelle eingerichtet. Eventuelle Kosten trägt die Arbeitgeberin.
3. Die Beschwerdestelle besteht aus jeweils zwei von der Arbeitgeberin und vom Betriebsrat bestellten Beisitzern sowie den gemäß Ziff. 4 bestimmten Vorsitzenden.
4. Vorsitzende sind jeweils abwechselnd folgende [zwei oder mehr] Personen gemäß angefügter Liste: .
5. Das Verfahren der Beschwerdestelle wird durch Beschwerden des/der Beschäftigten an die Beschwerdestelle eingeleitet, in dem der Beschwerdegegenstand bezeichnet wird. Die/der jeweils zuständige Vorsitzende wird binnen einer Woche
   - ihre/seine Verhinderung erklären oder
   - einen Termin der Beschwerdestelle anberaumen.
6. Die Beschwerdestelle tritt unverzüglich, spätestens jedoch binnen zwei Wochen nach Anrufung zusammen. Ist die/der je nach Reihenfolge zuständige Vorsitzende verhindert, tritt die/der jeweils nachfolgende Vorsitzende an seine Stelle.
7. Die Beschwerdestelle entscheidet einvernehmlich oder mit Mehrheit über ihre Zuständigkeit, über die Berechtigung der Beschwerde sowie über sich daraus ergebende Abhilfemaßnahmen.
8. Der Betriebsrat erhält monatlich Bericht über die eingelegten Beschwerden, über deren Behandlung bzw. Bescheidung durch die Arbeitgeberin sowie über getroffene Abhilfemaßnahmen. Die auf der Grundlage eines Einigungsstellenverfahrens getroffenen Abhilfemaßnahmen werden dabei gesondert ausgewiesen.
9. Die Beschwerdestelle sowie dieser Tarifvertrag/diese Betriebsvereinbarung werden durch Aushang am schwarzen Brett sowie im Intranet bekannt gemacht.
10. Das Verfahren nach § 85 BetrVG (Beschwerde beim Betriebsrat, Anrufung der Einigungsstelle) bleibt unberührt.

Hinweis:
Vgl. DKW-*Buschmann*, § 84 Rn. 27; § 86 Rn. 1 ff., auch zur Mitbestimmung des Betriebsrats hinsichtlich des Beschwerdeverfahrens. Das Verfahren kann wie vorgesehen durch Tarifverträge oder Betriebsvereinbarungen geregelt werden. Aus Rechtsgründen ist darauf zu achten, nur eine der beiden Alternativen zu wählen und tarifliche bzw. betriebliche Regelungen nicht zu vermischen. Die Beschwerdegründe wurden in Anlehnung an Art. 21 der Charta der Grundrechte der EU gegenüber dem AGG geringfügig erweitert. Arbeitnehmer/innen i. S. d. BetrVG können auch eine Beschwerde gemäß § 85 BetrVG auf diese Beschwerdegründe stützen.

§ 86a Vorschlagsrecht der Arbeitnehmer

Jeder Arbeitnehmer hat das Recht, dem Betriebsrat Themen zur Beratung vorzuschlagen. Wird ein Vorschlag von mindestens 5 vom Hundert der Arbeitnehmer des Betriebs unterstützt, hat der Betriebsrat diesen innerhalb von zwei Monaten auf die Tagesordnung einer Betriebsratssitzung zu setzen.

Inhaltsübersicht Rn.

I. Einleitung

1 Ziel dieser Vorschrift ist es, die einzelnen Beschäftigten stärker in die Betriebsverfassung einzubeziehen. Vom Fachwissen jedes Einzelnen soll der Betriebsrat stärker profitieren; Ideen, Vorschläge und Bedürfnisse des einzelnen Beschäftigten sollen mehr als zuvor in die Arbeit des Betriebsrats einfließen, ohne dass dadurch die Funktion des Betriebsrats als einheitliche Interessenvertretung aller Beschäftigten beeinträchtigt wird.

II. Arbeitshilfen

Musterschreiben

Vorschlagsrecht – Antrag einerArbeitnehme:in 2

Arbeitnehmer/in Name, Adresse Ort, Datum

An den Betriebsrat Firmenbezeichnung, Adresse

Vorschlag zu einem Beratungsgegenstand
Liebe Kolleg:innen,
gem. § 86a BetrVG schlage ich Euch folgendes Thema zur Beratung vor: .
Dem Vorschlag liegt folgender Sachverhalt zu Grunde: . Zu einer weiteren mündlichen Erläuterung stehe ich Euch gerne zur Verfügung.
Ich bitte Euch, meinen o. g. Vorschlag auf die Tagesordnung einer Betriebsratssitzung zu setzen und darüber zu beraten. Nur ergänzend darf ich darauf hinweisen, dass mein Vorschlag von mindestens 5 % der Arbeitnehmer des Betriebs unterstützt wird. Aus verständlichen Gründen bitte ich zunächst um diskrete Behandlung, insbesondere gegenüber dem Arbeitgeber. Für eine Unterrichtung über das Ergebnis Eurer Beratungen wäre ich dankbar.

3 **Vorschlagsrecht – Stellungnahme des Betriebsrats**

Betriebsrat Firmenbezeichnung, Adresse Ort, Datum
Herrn Name

Liebe Kolleg:in Name,
für Deinen uns mit Schreiben vom Datum unterbreiteten Vorschlag zur Beratung der Angelegenheit möchte Dir der Betriebsrat ausdrücklich danken. Das gleiche gilt für die für uns wichtigen Informationen anlässlich unseres Gesprächs vom Datum. Wir haben demzufolge die Angelegenheit in der Betriebsratssitzung vom Datum behandelt und sind dabei zu folgendem Ergebnis gekommen: . Aus unserer Sicht erscheint es jetzt sinnvoll, an den Arbeitgeber heranzutreten, um zu versuchen, Deinen Vorschlag umzusetzen. Er wird uns vermutlich fragen, woher der Vorschlag kommt. Unseres Erachtens bestehen keine Bedenken, Deinen Namen dann zu nennen. Teil uns aber bitte kurzfristig mit, ob Du auf Anonymität bestehst.

Hinweis:
Vgl. DKW-*Buschmann*, § 86a Rn. 7, 12, 14.

Dritter Abschnitt
Soziale Angelegenheiten

§ 87 Mitbestimmungsrechte

(1) Der Betriebsrat hat, soweit eine gesetzliche oder tarifliche Regelung nicht besteht, in folgenden Angelegenheiten mitzubestimmen:

1. **Fragen der Ordnung des Betriebs und des Verhaltens der Arbeitnehmer im Betrieb;**
2. **Beginn und Ende der täglichen Arbeitszeit einschließlich der Pausen sowie Verteilung der Arbeitszeit auf die einzelnen Wochentage;**
3. **vorübergehende Verkürzung oder Verlängerung der betriebsüblichen Arbeitszeit;**
4. **Zeit, Ort und Art der Auszahlung der Arbeitsentgelte;**
5. **Aufstellung allgemeiner Urlaubsgrundsätze und des Urlaubsplans sowie die Festsetzung der zeitlichen Lage des Urlaubs für einzelne Arbeitnehmer, wenn zwischen dem Arbeitgeber und den beteiligten Arbeitnehmern kein Einverständnis erzielt wird;**
6. **Einführung und Anwendung von technischen Einrichtungen, die dazu bestimmt sind, das Verhalten oder die Leistung der Arbeitnehmer zu überwachen;**
7. **Regelungen über die Verhütung von Arbeitsunfällen und Berufskrankheiten sowie über den Gesundheitsschutz im Rahmen der gesetzlichen Vorschriften oder der Unfallverhütungsvorschriften;**
8. **Form, Ausgestaltung und Verwaltung von Sozialeinrichtungen, deren Wirkungsbereich auf den Betrieb, das Unternehmen oder den Konzern beschränkt ist;**
9. **Zuweisung und Kündigung von Wohnräumen, die den Arbeitnehmern mit Rücksicht auf das Bestehen eines Arbeitsverhältnisses vermietet werden, sowie die allgemeine Festlegung der Nutzungsbedingungen;**
10. **Fragen der betrieblichen Lohngestaltung, insbesondere die Aufstellung von Entlohnungsgrundsätzen und die Einführung und Anwendung von neuen Entlohnungsmethoden sowie deren Änderung;**

11. Festsetzung der Akkord- und Prämiensätze und vergleichbarer leistungsbezogener Entgelte, einschließlich der Geldfaktoren;

12. Grundsätze über das betriebliche Vorschlagswesen;

13. Grundsätze über die Durchführung von Gruppenarbeit; Gruppenarbeit im Sinne dieser Vorschrift liegt vor, wenn im Rahmen des betrieblichen Arbeitsablaufs eine Gruppe von Arbeitnehmern eine ihr übertragene Gesamtaufgabe im Wesentlichen eigenverantwortlich erledigt;

14. Ausgestaltung von mobiler Arbeit, die mittels Informations- und Kommunikationstechnik erbracht wird.

(2) Kommt eine Einigung über eine Angelegenheit nach Absatz 1 nicht zustande, so entscheidet die Einigungsstelle. Der Spruch der Einigungsstelle ersetzt die Einigung zwischen Arbeitgeber und Betriebsrat.

Inhaltsübersicht Rn.

I. Einleitung

Die im Folgenden abgedruckten Muster zu Betriebsvereinbarungen können nicht alle 1
in der Praxis vorkommenden Fälle abdecken. Sie sind jeweils im Hinblick auf die konkrete betriebliche Situation anzupassen. Für viele betriebliche Probleme, die der Mitbestimmung des Betriebsrats gem. § 87 BetrVG unterliegen, lassen sich unterschiedliche Lösungen denken. Zum Teil werden in den Mustern Alternativen angeboten. Welche der Betriebsrat wählt, hängt wiederum von der betrieblichen Situation ab.

In den jeweiligen Formularen sind kurze Hinweise bzw. Begründungen enthalten, die die Bedeutung der Alternativen klarstellen.

II. Arbeitshilfen

1. Allgemeines

Allgemeine Regelungen, Schlussbestimmungen 1a

Diese Betriebsvereinbarung gilt

1) räumlich

für das Werk Ort, Name (die Betriebe , alle Betriebe, alle Konzernunternehmen)

2) persönlich

für alle Arbeitnehmer:innen und Auszubildenden
für alle Arbeitnehmer:innen im Schichtdienst
für alle Arbeitnehmer:innen im Außendienst
für alle Arbeitnehmer:innen im Fuhrpark
für alle Arbeitnehmer:innen in der Verwaltung
für alle Arbeitnehmer:innen und Auszubildenden, sowie alle im Betrieb beschäftigten Personen einschließlich Leiharbeitnehmer:innen, Praktikant:innen, Werkstudenten:innen und Auszubildenden.

3) fachlich

für das 4-Schichtsystem
für die Internetnutzung
für den Arbeits- und Gesundheitsschutz

Formulierung der Laufzeit sowie der Kündigung einer Betriebsvereinbarung

Diese Betriebsvereinbarung ist mit der gesetzlichen Frist kündbar.

oder

Diese Betriebsvereinbarung ist mit einer Frist von sechs Monaten zum Schluss eines Kalenderjahres kündbar, erstmals allerdings zum .

oder

Diese Vereinbarung gilt bis zum . Sie wirkt nach.

oder

Diese Vereinbarung gilt bis zum . Sie wirkt nicht nach.

oder

Diese Vereinbarung gilt bis zum . Eine ordentliche Kündigung ist ausgeschlossen

Die Kündigung dieser Betriebsvereinbarung ist nur wirksam, wenn sie schriftlich erfolgt.

oder

Die Kündigung bedarf der Schriftform.

Alle Anlagen sind Bestandteil dieser Betriebsvereinbarung. Bei Verstößen gegen diese Betriebsvereinbarung hat der Betriebsrat das Recht, Unterlassung und/oder Beseitigung zu verlangen.

2 Probemaßnahmen/Testbetrieb

Vorbemerkung

Für verschiedene Sachverhalte, z. B. neue Arbeitszeitmodelle, neue Formen der Arbeitsorganisation wie Gruppenarbeit oder auch neue IT-Systeme bietet es sich an, diese erst zu erproben, um Erfahrungen zu sammeln, bevor sie endgültig eingeführt werden. Geklärt werden muss in diesem Fall der Umfang der Erprobungsphase, wie die Erfahrungen ausgewertet werden und die Frage, welche Regelungen nach Ablauf der Probephase angewandt werden sollen.
Im Folgenden finden sich Musterformulierungen im Hinblick auf die Erprobung, die je nach Thema um die konkreten Einzelregelungen, z. B. zum IT-System oder Schichtplan ergänzt werden müssen.

Muster (am Beispiel einer Arbeitszeitregelung)

Das neue Schichtmodell wird zur Erprobung zunächst in der Abteilung ____ eingeführt.
Arbeitgeber und Betriebsrat bilden eine gemeinsame Kommission (2 Vertreter je Seite), die die Aufgabe hat, die Erfahrungen mit dem Schichtmodell zu erfassen und auszuwerten. Die Arbeitnehmer:innen, die in dem Schichtmodell zur Erprobung arbeiten, werden von der Kommission in die Auswertung des Schichtsystems einbezogen (Versammlungen, Fragebogen). Die Kommission wird ____ Wochen vor Ablauf dieser Vereinbarung einen Bericht vorlegen. Die Parteien werden auf Basis dieses Berichts Verhandlungen über die Verlängerung der Erprobungsphase oder die Beendigung des Modells oder die generelle Einführung des Schichtmodells im Betrieb aufnehmen.

> **Hinweis:**
> Die Auswertung muss sich aus Sicht des Betriebsrats insbesondere darauf beziehen, wie sich das Schichtmodell auf die Arbeitnehmer:innen auswirkt, z. B. auf die Vereinbarkeit von Beruf und Familie, die Planbarkeit der Arbeitszeit, gesundheitliche Aspekte, Auswirkungen auf Entgelt z. B. Schichtzuschläge usw.). Umfangreiche Auswertungen, z. B. bei Gruppenarbeit können auch durch Sachverständige gem. § 80 Abs. 3 BetrVG (siehe § 80 Rn. 16, 17) vorgenommen werden.

Diese Betriebsvereinbarung gilt vom ____ bis zum ____ (Erprobungszeitraum). Sie wirkt nicht nach.
Sollten sich die Betriebsparteien bis zum Ende des Erprobungszeitraums nicht auf eine Verlängerung und/oder generelle Einführung des neuen Schichtmodells geeinigt haben, tritt mit Ablauf dieser Betriebsvereinbarung die Betriebsvereinbarung vom ____ (alte Arbeitszeitvereinbarung) wieder in Kraft.

____

3 Betriebsvereinbarung zur Leiharbeit

Vorbemerkung

Der Regelungsbedarf für den Einsatz von Leiharbeitnehmer:innen und/oder Beschäftigten, die z. B. aufgrund von Werk- bzw. Dienstverträgen im Betrieb tätig sind, unterscheidet sich vor allem danach, ob hierdurch kurzfristiger, nicht vorhersehbarer Bedarf bzw. im Betrieb nicht vorhandene Qualifikationen abgedeckt werden sollen oder ob damit bisher eigene Tätigkeiten auf Dauer auf Dritte verlagert werden.
Für Leiharbeitnehmer:innen sind zwei bundesweite Tarifsysteme von der DGB-Tarifgemeinschaft abgeschlossen worden. Zum einen mit dem Interessenverband Deutscher Zeitarbeitsunternehmen (iGZ e.V.) und zum anderen mit dem Bundesarbeitgeberverband der Personaldienstleister e.V. (BAP). Ergänzend hierzu gibt es für einige Branchen (u. a. für die Metall- und Elektroindustrie, die Chemische Industrie, die Kunststoff verarbeitende Industrie, den Schienenverkehrsbereich,

die Holz- und Kunststoff verarbeitende Industrie, die Textil- und Bekleidungsindustrie, die Druckindustrie) Tarifverträge über Branchenzuschläge. Die unterste Grenze für das Entgelt von Leiharbeitnehmer:innen ist in der Mindestlohn-VO für die Zeitarbeit festgelegt, die auf einer Vereinbarung zwischen BAP, iGZ und DGB-Tarifgemeinschaft beruht. Die Tarifverträge sind in ihrem jeweiligen Geltungsbereich zwingend zu beachten, die Mindestlohn-VO überall. In einigen Branchen gibt es weitere Tarifverträge mit Regelungen zugunsten von Leiharbeitnehmer:innen. In ihnen werden z. B. Ansprüche auf Übernahme durch das Entleihunternehmen nach einer gewissen Verleihdauer geregelt. All diese Regelungen sind bei Abschluss einer Betriebsvereinbarung zu beachten.
Die Regelungen zum Mindestlohn für die Zeitarbeit gehen dem allgemeinen gesetzlichen Mindestlohn vor, soweit nicht der allgemeine gesetzliche Mindestlohn unterschritten wird. Der allgemeine gesetzliche Mindestlohn beträgt ab 1. 1. 2025 12,82 € pro Stunde (2024 waren es 12,41 €.) Zum 1. 1. 2026 steigt er auf 13,90 €, ab dem 1. 1. 2027 gelten dann 14,60 € je Arbeitsstunde. Der Mindestlohn in der Zeitarbeit beträgt bundesweit einheitlich ab dem 1. 11. 2024 14,00 € und ab dem 1. 3. 2025 14,53 € pro Stunde. Die aktuelle Sechste Verordnung läuft jedoch mit Ablauf des 30. 9. 2025 aus.
Nach § 1 Abs. 1b AÜG darf der Verleiher eine/n Leiharbeitnehmer/in nicht länger als 18 aufeinander folgende Monate überlassen. Durch Tarifverträge der Einsatzbranche, also den Branchen, in die die Leiharbeitnehmer:innen verliehen werden, kann die Überlassungshöchstdauer unter bestimmten Voraussetzungen verlängert werden. Gibt es einen solchen Tarifvertrag, kann auch in nicht tarifgebunden Betrieben im Rahmen der Vorgaben des Tarifvertrages die Höchstüberlassungsdauer verlängert werden (s. § 1 Abs. 1b AÜG).
Im Baugewerbe ist die Arbeitnehmerüberlassung weitgehend für Baubetriebe verboten (§ 1b Satz 1 AÜG; § 1 BaubetriebeVO). In der Fleischwirtschaft (mit Ausnahme des Fleischerhandwerks iSd § 2 Abs. 2 GSA-Fleisch) ist die Arbeitnehmerüberlassung – ebenso wie der Einsatz von Selbständigen – seit dem 1. 4. 2021 in bestimmten Bereichen verboten (sog. Direktanstellungsgebot, § 6a Abs. 2 GSA-Fleisch). Eine frühere Ausnahmemöglichkeit für tarifgebundene Arbeitgeber ist seit dem 1. 4. 2024 entfallen. Während eines Arbeitskampfes ist der Einsatz von Leiharbeitnehmer:innen verboten für Tätigkeiten, die bisher von nunmehr streikenden Arbeitnehmer:innen erledigt wurden (§ 11 Abs. 5 AÜG).

§ 1 Geltungsbereich

1. Räumlicher Geltungsbereich

Diese Betriebsvereinbarung gilt für alle Betriebe der Firmenbezeichnung in der Bundesrepublik Deutschland.

2. Persönlicher Geltungsbereich

Diese Betriebsvereinbarung gilt für alle Beschäftigten und Auszubildenden, dies sind Arbeitnehmer:innen des Unternehmens, sowie die im Betrieb beschäftigten Leiharbeitnehmer:innen sowie alle Selbständigen und Arbeitnehmer:innen von Fremdfirmen, die im Betrieb arbeiten. Ausgenommen sind leitende Angestellte gem. § 5 Abs. 3 BetrVG.

3. Sachlicher Geltungsbereich

Diese Betriebsvereinbarung gilt für alle Personen, die im Betrieb Tätigkeiten verrichten. Fremdfirmenarbeitnehmer:innen sind Arbeitnehmer:innen, die in keinem Arbeitsverhältnis zum Unternehmen stehen.

§ 2 Umfang des Einsatzes von Leiharbeitnehmern und Fremdfirmen

> **Hinweis:**
> Der Einsatz von Leiharbeitnehmerinnen und Leiharbeitnehmern ist i. d. R. nur vorübergehend bis zur Höchstdauer von 18 Monaten zulässig, es sei denn, Tarifverträge für die Einsatzbranche lassen eine längere Überlassungsdauer zu (§ 1 Abs. 1b AÜG).

Die Erledigung von Arbeiten, d. h. die Besetzung von Arbeitsplätzen bzw. Funktionen im Betrieb mit Leiharbeitnehmer:innen bzw. Fremdfirmenbeschäftigten wird auf maximal Monate beschränkt. Entsprechend sind die Verträge des Unternehmens mit dem Verleihunternehmen zu gestalten.
Der Einsatz von Leiharbeitnehmer:innen bzw. Fremdfirmenbeschäftigten ist nur zulässig, soweit die zu erledigenden Arbeiten nicht durch Arbeitnehmer:innen des Unternehmens – auch durch befristete oder unbefristete Einstellung von Arbeitnehmer:innen – erbracht werden können. Will das Unternehmen Leiharbeitnehmer:innen beschäftigen, hat es vor der Einstellung gegenüber dem Betriebsrat zu begründen, warum es der Auffassung ist, dass die Arbeiten nicht von Arbeitnehmer:innen des Unternehmens erledigt werden können. Dem Betriebsrat sind dabei die Kosten für die Leiharbeit bzw. der Fremdvergabe von Arbeiten im Verhältnis zur Erledigung der Arbeiten durch Arbeitnehmer:innen des Unternehmens aufzuschlüsseln und ggf. nachzuweisen.
oder
Der Einsatz von Fremdfirmenarbeitnehmer:innen ist auf die Abt. begrenzt. Dort dürfen nicht mehr als % der Arbeitnehmer:innen der Abteilung Fremdfirmenarbeitnehmer:innen sein.

§ 3 Regelungen für Leiharbeitnehmer:innen
Leiharbeitnehmer:innen müssen für die Zeit ihrer Arbeit im Betrieb – ab dem ersten Tag des Einsatzes – die für einen vergleichbaren Arbeitnehmer des Unternehmens geltenden wesentlichen Arbeitsbedingungen einschließlich des Entgelts gewährt werden (§ 8 Abs. 1 AÜG).
oder
Leiharbeitnehmer:innen, die in einem Arbeitsverhältnis zu einem Leiharbeitsunternehmen stehen, in dem ein Tarifvertrag gilt, der von der Gewerkschaft Bezeichnung der Einzelgewerkschaft des DGB oder der DGB-Tarifgemeinschaft mit dem Interessenverband Deutscher Zeitarbeitsunternehmen (iGZ e. V.) oder mit dem Bundesarbeitgeberverband Personaldienstleistungen e. V. (BAP) abgeschlossen worden ist, haben Anspruch auf die Leistungen aus den jeweiligen Tarifverträgen.

§ 4 Planung und Beteiligung des Betriebsrats
Das Unternehmen legt dem Betriebsrat im Rahmen der Personalplanung regelmäßig seine Planungen über den Einsatz von Fremdleistungen vor. Dies bezieht sich insbesondere auf die Anzahl, Aufgaben, Zeitdauer, Kosten usw. des Einsatzes von Fremdfirmenarbeitnehmern. Dabei ist zu begründen, warum die Arbeiten nicht von Arbeitnehmern des Unternehmens erledigt werden können.
Dem Betriebsrat sind dabei die Kosten für die Fremdleistung im Verhältnis zur Erledigung der Arbeit durch Arbeitnehmer des Unternehmens aufzuschlüsseln und ggf. nachzuweisen.
Soweit der Betriebsrat im Rahmen der Beschäftigungssicherung (§ 92a BetrVG) Alternativvorschläge zum Einsatz von Fremdfirmenarbeitnehmer:innen macht, hat das Unternehmen entsprechende Kostenvergleiche zu erstellen und dem Betriebsrat zu übergeben.
Dem Betriebsrat sind auf Wunsch alle Verträge vorzulegen, die Fremdfirmenarbeitnehmer:innen oder Leiharbeitnehmer:innen betreffen, insbesondere zwischen Leiharbeitsunternehmen und (Entleiher).

§ 5 Personelle Einzelmaßnahmen
In Ergänzung von § 99 BetrVG kann der Betriebsrat die Zustimmung zum Einsatz von Fremdfirmenarbeitnehmer:innen insbesondere verweigern, wenn

1. Leiharbeitnehmer:innen eingestellt werden sollen unter Verstoß gegen die Bestimmungen in §§ 2 und 3 dieser Betriebsvereinbarung.
2. Arbeitnehmer:innen des Betriebs in Folge der Einstellung von Fremdfirmenarbeitnehmer:innen Nachteile erleiden könnten. Hierzu zählen insbesondere auch mögliche Versetzungen sowie Minderungen im Entgelt.

3. gekündigte oder zur Kündigung vorgesehene Arbeitnehmer:innen die von Fremdfirmenarbeitnehmer:innen zu erledigenden Arbeiten – ggf. auch nach Umschulung bzw. Weiterqualifizierung – übernehmen könnten.
4. Kurzarbeit im Betrieb eingeführt ist oder werden soll.

§ 6 Rechte von Fremdfirmenbeschäftigten
Fremdfirmenbeschäftigte können sich jederzeit an den Betriebsrat wenden. Sie sind über freiwerdende Stellen im Unternehmen zu informieren.
Leiharbeitnehmer:innen sowie Fremdfirmenbeschäftigte haben das Recht, die Sozialeinrichtungen des Unternehmens, d. h. Betriebsrestaurant/Betriebskindergarten/Fahrdienste usw. zu den gleichen Bedingungen in Anspruch zu nehmen, wie die Arbeitnehmer:innen des Unternehmens. Die Preise bzw. Gebühren für die Inanspruchnahme der Sozialeinrichtungen werden für die Arbeitnehmer:innen des Unternehmens nicht erhöht, weil Leiharbeitnehmer:innen bzw. Fremdfirmenbeschäftigte diese in Anspruch nehmen bzw. in Anspruch nehmen können.
Vertreter:innen der im Betrieb vertretenen Gewerkschaft haben in Bezug auf die Leiharbeitnehmer:innen und die Fremdfirmenbeschäftigten das gleiche Zutrittsrecht zum Betrieb zur Werbung wie in Bezug auf die Arbeitnehmer:innen des Betriebes. Dieses Recht kann von der Gewerkschaft selbständig und unabhängig vom Betriebsrat wahrgenommen und geltend gemacht werden.

Übernahme und Beschäftigungszeiten:
Wird mit Leiharbeitnehmer:innen bzw. Fremdfirmenbeschäftigten, die im Unternehmen (bzw. Konzern) eingesetzt waren, ein Arbeitsvertrag geschlossen, sind alle Einsatzzeiten als Leiharbeitnehmer:in, bzw. Fremdfirmenbeschäftigte:r auf die Zeit der Betriebszugehörigkeit anzurechnen. Dies gilt für alle gesetzlichen, tariflichen, betrieblichen oder individualrechtlichen Regelungen, die vor der Zeit der Beschäftigung im Betrieb abhängen.

§ 7 Anwendung von Betriebsvereinbarungen
Die folgenden Betriebsvereinbarungen finden auch auf im Betrieb eingesetzte Leiharbeitnehmer:innen sowie Fremdfirmenbeschäftigte Anwendung:
Folgende Betriebsvereinbarungen finden mit folgenden Änderungen Anwendung auf die im Betrieb eingesetzten Leiharbeitnehmer:innen sowie Fremdfirmenbeschäftigte:

§ 8 Streitigkeiten
Kommt es im Zusammenhang mit dem Einsatz von Fremdfirmenarbeitnehmer:innen zu Meinungsverschiedenheiten, entscheidet eine aus je zwei Mitgliedern der Betriebsparteien bestehende paritätische Kommission. Kommt es in der paritätischen Kommission zu keiner Einigung, entscheidet eine Einigungsstelle nach § 76 Abs. 6 BetrVG verbindlich.

§ 9 Schlussbestimmungen
Weitergehende Rechte des Betriebsrats nach dem AÜG und/oder dem BetrVG bleiben unberührt. Die Betriebsvereinbarung kann mit einer Frist von Monaten/zum Kalenderhalbjahr/Jahresschluss, erstmals zum Datum gekündigt werden.
Sie wirkt nach bis zum Abschluss einer neuen Betriebsvereinbarung.

2. Betriebliche Ordnung und Verhalten der Arbeitnehmer

Arbeitsordnung 4

§ 1 Geltungsbereich
Diese Betriebsvereinbarung gilt für
1. räumlich
2. persönlich
3. fachlich .

§ 2 Beginn des Arbeitsverhältnisses

1. Eintretenden Arbeitnehmer:innen werden zusammen mit dem Arbeitsvertrag die für das Arbeitsverhältnis relevanten Unterlagen (Tarifverträge usw.) übergeben.
2. Im Rahmen der Einstellung erfolgt eine Untersuchung durch den Betriebsarzt. Die ärztliche Stellungnahme enthält nur Angaben über die Eignung des Bewerbers für seine Tätigkeit. Der untersuchende Arzt darf dem Arbeitgeber weitere Ergebnisse der Untersuchung nicht mitteilen. Die Kosten trägt das Unternehmen.

Hinweis:
Vgl. BV Gesundheitsschutz.

§ 3 Grundsätze, Rechte und Pflichten aus dem Arbeitsverhältnis

1. Die Zusammenarbeit im Unternehmen beruht auf gegenseitiger Achtung, Offenheit und Sachlichkeit. Von allen Arbeitnehmer:innen wird kollegiales Verhalten und Rücksichtnahme auf die berechtigten Interessen anderer erwartet.
2. Meinungsverschiedenheiten sollen möglichst innerhalb des Unternehmens und gegebenenfalls mit Hilfe von Vertretern des Personalbereichs und/oder des Betriebsrats beigelegt werden.
3. Rechte und Pflichten aus dem Arbeitsverhältnis
   Die Arbeitnehmer:innen sind verpflichtet,

- ihre volle Arbeitskraft in den Dienst des Unternehmens zu stellen, sowie die ihnen übertragenen Aufgaben mit Eigenverantwortung und Sorgfalt nach Maßgabe ihrer Kräfte und Fähigkeiten auszuführen;
- keine Nebentätigkeit auszuüben, die sich auf das Arbeitsverhältnis nachteilig auswirkt oder den Interessen des Unternehmens zuwiderläuft;
- soweit erforderlich im Rahmen des Zumutbaren auch andere als bei der Einstellung vereinbarte Aufgaben zu übernehmen;
- die bestehenden Arbeitszeitregelungen einzuhalten;
- die Arbeitsschutzvorschriften zu beachten;
- die Bestimmungen des Datenschutzes einzuhalten;
- mit den Arbeitsmitteln und Einrichtungen des Unternehmens effizient und pfleglich umzugehen;
- über Betriebs- und Geschäftsgeheimnisse Stillschweigen zu bewahren, auch nach Beendigung des Arbeitsverhältnisses;
- Geschenke oder andere Vorteile abzulehnen, die von Personen oder Unternehmen angeboten werden, die mit ____ in Geschäftsverbindung stehen oder eine solche anstreben. Die Annahme üblicher Gelegenheits- oder Werbegeschenke ist nur zulässig im Rahmen der vom Unternehmen aufgestellten Richtlinie;
- eine Arbeitsverhinderung unverzüglich anzuzeigen;
- Änderungen in den persönlichen Bereichen, die für das Arbeitsverhältnis relevant sind, dem Arbeitgeber unverzüglich anzuzeigen;
- Beschwerden in der Regel dem unmittelbaren Vorgesetzten vorzutragen; richten sie sich gegen diesen selbst, so ist der nächsthöhere Vorgesetzte oder der Bereich Personal anzusprechen. Soweit keine Klärung erfolgt, steht es Arbeitnehmer:innen frei, ihre Beschwerde der Geschäftsleitung vorzutragen. In allen Fällen ist es ihr Recht, ein Betriebsratsmitglied ihres Vertrauens hinzuzuziehen oder sich zuerst an den Betriebsrat zu wenden.
- Im Übrigen steht es den Arbeitnehmer:innen ebenfalls frei, Beschwerden unmittelbar beim Betriebsrat einzulegen und/oder sich an ihre Gewerkschaft zu wenden.
- Nähere Informationen zu diesen und weiteren arbeitsvertraglichen Themen enthalten die Tarifverträge, Betriebsvereinbarungen und Unternehmensrichtlinien.
- Der Arbeitgeber bzw. seine Vertreter:innen sind verpflichtet,
- die Arbeitnehmer:innen sachlich und gerecht zu behandeln;

- Arbeitnehmer:innen im Rahmen des Allgemeinen Gleichbehandlungsgesetzes nicht aus Gründen der »Rasse« oder wegen der ethnischen Herkunft, des Geschlechts, der Religion oder Weltanschauung, einer Behinderung, des Alters oder der sexuellen Identität zu benachteiligen. Eine Benachteiligung wegen gewerkschaftlicher Aktivitäten ist ebenfalls ausgeschlossen;
- Beschwerden von Arbeitnehmer:innen unverzüglich zu prüfen und in begründeten Fällen für Abhilfe zu sorgen;
- Nachteile und Gefahren von Arbeitnehmer:innen abzuhalten, insbesondere die Arbeitsschutzvorschriften einzuhalten;
- bei der Vereinbarung und Speicherung personenbezogener Daten im Rahmen des Arbeitsverhältnisses die Vertraulichkeit dieser Daten zu gewährleisten;
- Arbeitnehmer:innen möglichst ihren fachlichen Kenntnissen entsprechend einzusetzen und sie in der Fortbildung zu unterstützen;
- das von Arbeitnehmer:innen notwendigerweise in den Betrieb mitgebrachte Eigentum vor Entwendung und Beschädigung zu schützen.

§ 4 Arbeitszeit

Die Regelungen zur Arbeitszeit sind im Manteltarifvertrag sowie in den darauf basierenden Betriebsvereinbarungen festgelegt. Die Beachtung dieser Regelungen ist gemeinsame Aufgabe von Arbeitnehmer:innen und Vorgesetzten.

1. Überstunden sind nur nach Aufforderung durch den Vorgesetzten und nach Zustimmung des Betriebsrats zulässig. Zuschläge, Zulagen und sonstige Vergütungen sind im Manteltarifvertrag sowie den ergänzenden Betriebsvereinbarungen geregelt.
2. Besondere Arbeitszeitformen, wie z. B. Teilzeit, mobile Arbeit oder Bereitschaftsdienste, sind in eigenen Betriebsvereinbarungen geregelt.

§ 5 Arbeitsentgelt, Abrechnung

1. Maßgebend für die Entgelte ist der jeweils gültige Tarifvertrag, für die außertariflichen Angestellten die Betriebsvereinbarung .
2. Die Zahlung weiterer Entgeltbestandteile wie Zuschläge, Zulagen und Prämien sind im Manteltarifvertrag sowie in den entsprechenden Betriebsvereinbarungen festgelegt.
3. Die Entgeltzahlung erfolgt monatlich bargeldlos und so rechtzeitig, dass die Arbeitnehmer:innen spätestens am letzten Arbeitstag eines Monats über das Entgelt verfügen können.
4. Alle Arbeitnehmer:innen erhalten eine Abrechnung in Textform, aus der die Berechnung und Zusammensetzung des Arbeitsentgelts hervorgehen. Jede:r Arbeitnehmer:in ist verpflichtet, die Richtigkeit der Abrechnung zu überprüfen und etwaige Abweichungen unverzüglich, spätestens innerhalb der tariflichen Ausschlussfristen der Personalabteilung zu melden. Der Verfall des Anspruchs ist nur gegeben, wenn der Arbeitgeber auf die Möglichkeit des Verfalls am Schwarzen Brett hingewiesen hat. Die Verfallfrist ist gehemmt, solange die Arbeitnehmer:in aus nicht in ihrer Sphäre liegenden Gründen an der Geltendmachung der Ansprüche gehindert ist. Ansprüche in Höhe des gesetzlichen Mindestlohnes verfallen nicht.

§ 6 Fernbleiben von der Arbeit

1. Grundsatz
   Geplante Abwesenheitszeiten sind mit bestehenden betrieblichen Anforderungen und den Arbeitnehmer:innen der Abteilung abzustimmen. Die Vorgesetzte ist zu informieren. Bei unvorhergesehener Abwesenheit ist das Unternehmen unverzüglich zu benachrichtigen.
2. Bezahlte Abwesenheitsgründe ergeben sich aus dem Manteltarifvertrag, ebenso die Nachweispflicht einer Arbeitsunfähigkeit.
3. Unbezahlte Abwesenheitszeiten können mit dem Unternehmen individuell vereinbart werden.

§ 7 Allgemeine Sicherheits- und Ordnungsbestimmungen

1. Die Unfall-, Brandverhütungs- und weiteren Sicherheitsvorschriften sind zu beachten.
2. Die Arbeitnehmer:innen, die entsprechend ausgebildet und eingewiesen wurden, sind verpflichtet, bei Feuerausbruch oder sonstiger Gefahr Hilfe zu leisten, soweit die eigene Sicherheit gewährleistet ist. Den Anweisungen des fachkundigen Personals ist Folge zu leisten.
3. Arbeits- oder Wegeunfälle sind unverzüglich zu melden.
4. Rauchen in den Büroräumen ist nicht gestattet. Es ist nur in den dafür extra ausgewiesenen Räumen bzw. Bereichen zulässig.
5. Arbeitnehmer:innen dürfen sich durch die Einnahme von Alkohol und/oder berauschender Mittel nicht in einen Zustand versetzen, durch den sie sich selbst oder andere gefährden und durch den sie ihre Arbeit nicht mehr ordnungsgemäß erledigen können. Festgestellte Verstöße gegen die Arbeitspflichten infolge Einnahme von Alkohol und/oder berauschender Mittel ziehen Ordnungsmaßnahmen nach sich.
6. Für die Benutzung der Firmenparkplätze gelten die in der Betriebsvereinbarung Parkplätze festgelegten Regelungen. Fahrräder sind in den dafür vorgesehenen Plätzen abzustellen und gegen Diebstahl zu sichern.
7. Veranstaltungen und Versammlungen im Betrieb bedürfen der vorherigen Zustimmung der Geschäftsleitung. Für Betriebs- und Abteilungsversammlungen gelten die Vorschriften des Betriebsverfassungsgesetzes.
8. Aushänge und Bekanntmachungen der Geschäftsleitung, des Betriebsrats und der Gewerkschaft werden am »Schwarzen Brett« und im »Intranet« veröffentlicht.

§ 8 Ordnungsmaßnahmen

1. Ordnungsmaßnahmen haben das Ziel der zukünftigen Vermeidung des festgestellten Fehlverhaltens bzw. der festgestellten Fehlleistung.
2. Bei Verstoß gegen die arbeitsrechtlichen Pflichten und/oder gegen die Ordnung des Betriebs sind Ordnungsmaßnahmen, unter Beachtung des Beteiligungsrechts des Betriebsrats, möglich.
3. Diese können je nach Lage des Einzelfalls von der mündlichen Belehrung über die mündliche Ermahnung mit gegengezeichneter Gesprächsnotiz bis zur schriftlichen Abmahnung reichen. In besonders schweren Fällen bleibt die Beendigung des Arbeitsverhältnisses vorbehalten.
4. Schriftliche Abmahnungen werden nach Zustimmung des Betriebsrats durch den Bereich Personal ausgesprochen. Zur Beilegung von Meinungsverschiedenheiten zwischen dem Bereich Personal und dem Betriebsrat ist bei Bedarf eine Einigungsstelle gemäß § 76 BetrVG zu bilden, die unverzüglich tätig zu werden hat und ihre Beschlüsse nach mündlicher Beratung mit Stimmmehrheit fasst. Der Spruch der Einigungsstelle ersetzt die Zustimmung des Betriebsrats. Abmahnungen werden Bestandteil der Personalakte und sind nach zwei Jahren zu vernichten.

§ 9 Beendigung des Arbeitsverhältnisses

1. Kündigungen werden nur vom Arbeitgeber oder hierzu Bevollmächtigten ausgesprochen. Sie bedürfen der Schriftform.
2. Alle Formen von Kündigungen erfolgen unter Beachtung der gesetzlichen, tariflichen und in weiteren betrieblichen Vereinbarungen festgelegten Regelungen, insbesondere unter Beachtung der Beteiligungsrechte des Betriebsrats.
3. Aufhebungsverträge sind gemäß den im Manteltarifvertrag/der Betriebsvereinbarung vereinbarten Regelungen möglich.
4. Bei einer Erwerbsunfähigkeit sind Arbeitnehmer:innen verpflichtet, diese dem Unternehmen mitzuteilen.
5. Außer durch Kündigung oder Aufhebungsvereinbarung enden
   - befristete Arbeitsverhältnisse mit Ende der vereinbarten Laufzeit,

- unbefristete Arbeitsverhältnisse mit Ablauf des Monats, in dem die gesetzliche Regelaltersgrenze, die einen Bezug von ungekürzter Altersrente ermöglicht, erreicht wird.

6. Arbeitnehmer:innen haben beim Ausscheiden alle ihnen überlassenen Arbeitsmittel zurückzugeben. Sie erhalten ihre Arbeitspapiere, eine Arbeits- und Urlaubsbescheinigung und ein qualifiziertes Zeugnis.

> **Hinweis:**
> Arbeitsordnungen stellen in der Praxis eine Zusammenfassung bzw. Ergänzung vielfach ohnehin geltender Regelungen im Betrieb dar. Insofern ergeben sich bei der Vereinbarung von Arbeitsordnungen zwangsläufig Überschneidungen mit tariflichen, gesetzlichen oder in detaillierten Betriebsvereinbarungen geregelten Spezialvorschriften. Gibt es besondere Betriebsvereinbarungen über Regelungsgegenstände dieser Arbeitsordnung, sind entweder die Regelungen in der Arbeitsordnung zu streichen, zumindest aber müssen die Bestimmungen denselben Inhalt haben.
> Diese Betriebsvereinbarung sieht über das Betriebsverfassungsgesetz hinausgehend eine Mitbestimmung des Betriebsrats bei Abmahnungen vor.

§ 10 Schlussbestimmungen
Diese Betriebsvereinbarung ist mit einer Frist von ____ Monaten zum Schluss eines Kalenderjahres kündbar, erstmals zum Datum. Die Kündigung dieser Betriebsvereinbarung ist nur wirksam, wenn sie schriftlich erfolgt. Die Betriebsvereinbarung wirkt nach. Anlagen sind Bestandteil dieser Betriebsvereinbarung.

____

Dienstkleidung/Namensschilder 5

Vorbemerkung
Im Hinblick auf die von den Arbeitnehmer:innen bei ihrer Arbeit getragene Kleidung ist zwischen Schutzkleidung (zum Teil gesetzlich vorgeschrieben; Unfallverhütungsvorschriften), der Berufskleidung (Kleidung, die sich in bestimmten Berufen als zweckmäßig erwiesen hat oder üblich ist [z. B. Köch:innen, Kellner:innen, Krankenpfleger:innen]), der Dienstkleidung (von der Arbeitgeber:in vorgeschriebene Kleidung, um einen einheitlichen Auftritt des Unternehmens zu gewährleisten, z. B. Tankstellen, Fast-Food-Ketten) und der Arbeitskleidung (Kleidung, die Arbeitnehmer:innen tragen, um ihre private Kleidung zu schützen [z. B. Blaumann]) zu unterscheiden. Die Frage, wer die Kosten für Anschaffung und Reinigung zu tragen hat, hängt von der Kleidungsart ab.

§ 1 Geltungsbereich
Diese Betriebsvereinbarung gilt für
1. räumlich ____
2. persönlich ____
3. fachlich ____.

§ 2 Dienstkleidung
Die Arbeitnehmer:innen in den Abteilungen ____ sind verpflichtet, die Dienstkleidung während der Arbeitszeit zu tragen. Die Dienstkleidung hat den Mustern zu entsprechen, die dem Betriebsrat vorgestellt wurden. Die Fotos der Muster sind als Anlage ____ beigefügt. Wenn und soweit der Arbeitgeber die Dienstkleidung verändern will (Farbe, Schnitt usw.) bedarf dies der vorherigen Zustimmung des Betriebsrats.

> **Hinweis:**
> Ist das Tragen der Dienstkleidung vorgeschrieben bzw. eine bestimmte Kleidung auf Grund von Hygienevorschriften notwendig, sind die notwendige Umkleidezeit sowie die entsprechenden innerbetrieblichen Wegezeiten vergütungspflichtige Arbeitszeit.

§ 3 Kosten

Die Dienstkleidung wird vom Arbeitgeber bereitgestellt. Sie verbleibt in dessen Eigentum. Bei Beendigung des Arbeitsverhältnisses ist sie zurückzugeben.
Jede:r Arbeitnehmer:in hat Anspruch auf ___ Stücke Dienstkleidung.
Die Dienstkleidung wird den Arbeitnehmer:innen unentgeltlich zur Verfügung gestellt. Der Arbeitgeber hat dafür Sorge zu tragen, dass ausreichend frische Dienstkleidung zur Verfügung steht.
Er hat die Reinigung der Dienstkleidung auf seine Kosten zu übernehmen. Die Reinigung findet mindestens ___ mal in der Woche statt.
oder
Die Reinigung der Dienstkleidung übernimmt die Arbeitnehmer:in und erhält hierfür eine monatliche Pauschale von ___ netto.

§ 4 Umkleideräume

Der Arbeitgeber stellt Umkleideräume im Betrieb zu Verfügung. Die Lage ist der Anlage ___ zu entnehmen. Für jeden Beschäftigten wird dort ein separater, abschließbarer Umkleideschrank zur Verfügung gestellt.

§ 5 Namensschilder

Die Arbeitnehmer:innen in den Abteilungen ___ sind verpflichtet, Namensschilder zu tragen. Diese sind den Arbeitnehmer:innen unentgeltlich zur Verfügung zu stellen.

> **Hinweis:**
> Hier kann auch festgelegt werden, ob auf den Namensschildern Vor- und Nachname aufgeführt werden oder nicht.

§ 6 Schlussbestimmungen

Diese Betriebsvereinbarung ist mit einer Frist von ___ Monaten zum Schluss eines Kalenderjahres kündbar, erstmals zum Datum. Die Kündigung dieser Betriebsvereinbarung ist nur wirksam, wenn sie schriftlich erfolgt. Die Betriebsvereinbarung wirkt nach. Anlagen sind Bestandteil dieser Betriebsvereinbarung.

6 Alkohol- und Drogenverbot

Betriebsvereinbarung über Alkohol- und Drogenverbot

§ 1 Geltungsbereich

Diese Betriebsvereinbarung gilt

1. räumlich ___
2. persönlich ___
3. fachlich ___.

§ 2 Alkohol und Drogenverbot

Zur Gewährleistung der Sicherheit der Arbeitnehmer:innen und des Arbeitsablaufs dürfen Arbeitnehmer:innen alkoholische Getränke und/oder Drogen nicht in den Betrieb bringen sowie

alkoholische Getränke und/oder Drogen im Betrieb konsumieren oder verteilen (absolutes Alkoholverbot). Abweichend hiervon kann bei Betriebsfeiern Alkohol im Betrieb konsumiert werden.
oder
Arbeitnehmer:innen dürfen sich durch die Einnahme von alkoholischen Getränken und/oder Drogen nicht in einen Zustand versetzen, durch den sie sich selbst oder andere gefährden oder durch den sie ihre Arbeit nicht mehr ordnungsgemäß erledigen können (relatives Alkoholverbot).

§ 3 Verdacht auf Genuss alkoholischer Getränke und/oder Drogen
Sofern Arbeitnehmer:innen durch ihr Verhalten (z. B. unsicherer Gang, starke Alkoholfahne) den begründeten Verdacht auslösen, dass sie alkoholische Getränke und/oder Drogen zu sich genommen haben, dürfen sie aus Sicherheitsgründen nicht mehr beschäftigt werden.

§ 4 Hilfe und Beratung
1. Schulungen
Die Geschäftsleitung wird für alle Arbeitnehmer:innen Schulungs- und Informationsveranstaltungen zum Thema Alkohol- und Drogensucht sowie zum Umgang damit im Betrieb anbieten. Für Vorgesetzte werden spezielle Schulungen angeboten. Diese sind zur Teilnahme verpflichtet. Die Einzelheiten und der konkrete Inhalt werden zwischen Geschäftsleitung und Betriebsrat abgestimmt.
Die Kosten für diese Schulungen trägt das Unternehmen. Sie sollen während der Arbeitszeit stattfinden. Ist dies nicht möglich, wird die Zeit der Teilnahme wie Arbeitszeit behandelt.
2. Konkrete Maßnahmen für Betroffene
Sofern direkte Vorgesetze den – durch Verhaltensauffälligkeiten begründeten – Eindruck haben, dass ein:e Arbeitnehmer:in alkohol- und/oder drogenabhängig bzw. gefährdet ist, ist ein vertrauliches Gespräch mit ihnen zu führen. Ziel des Gesprächs ist das Aufzeigen von Hilfsmöglichkeiten. Die Vertraulichkeit des Gesprächs bedeutet, dass weder sein Stattfinden noch sein Inhalt in den Personalunterlagen vermerkt werden. Dritten gegenüber ist Stillschweigen zu bewahren.
Besteht der Eindruck der Alkohol- und/oder Drogenprobleme fort, veranlasst der direkte Vorgesetze – spätestens binnen drei Monaten – ein weiteres Gespräch. Hieran nehmen der nächsthöhere Vorgesetze, ein Betriebsratsmitglied und (z. B. die betriebliche Sozialberatung) teil. Der Arbeitnehmer:in werden Hilfsangebote aufgezeigt. Wenn möglich sollen Vereinbarungen über die Inanspruchnahme der Hilfsangebote und die Unterstützung des Unternehmens aufgezeigt werden. Gleichzeitig wird die Arbeitnehmer:in ermahnt.
Besteht der Eindruck der Alkohol- und/oder Drogenprobleme fort, wird spätestens nach weiteren drei Monaten ein weiteres Gespräch zusätzlich unter Beteiligung der Personalabteilung mit der betroffenen Arbeitnehmer:in geführt.
Bestehen die Verhaltensauffälligkeiten fort und/oder lehnt der oder die betroffene Arbeitnehmer:in die Hilfsangebote ab, können arbeitsrechtliche Maßnahmen (Abmahnung, Kündigung) ergriffen werden.

§ 5 Wiedereinstellung
Ist das Arbeitsverhältnis gekündigt worden und hat die Arbeitnehmer:in nachgewiesen, dass eine Therapie Erfolg hatte, ist bei der externen Besetzung von freien Arbeitsplätzen die Arbeitnehmer:in vorrangig zu berücksichtigen.

§ 6 Personalunterlagen
Unterlagen über diese Vorgänge in Personalakten sind zwei Jahre nach Abschluss der Maßnahmen aus dieser zu entfernen.

> **Hinweis:**
> Sofern – in größeren Betrieben – eigene Sucht- oder Drogenberater:innen beschäftigt werden oder eine Zusammenarbeit mit Externen besteht, sind diese zu den Gesprächen hinzuziehen, beziehungsweise führen diese anstelle der Vorgesetzen.

§ 7 Schlussbestimmungen
Diese Betriebsvereinbarung ist mit einer Frist von Monaten zum Schluss eines Kalenderjahres kündbar, erstmals zum Datum. Die Kündigung dieser Betriebsvereinbarung ist nur wirksam, wenn sie schriftlich erfolgt. Die Betriebsvereinbarung wirkt nach. Anlagen sind Bestandteil dieser Betriebsvereinbarung.

7 **Benachteiligung, Mobbing und sexuelle Belästigung (partnerschaftliches Verhalten)**

Betriebsvereinbarung zum Schutz vor Benachteiligungen, Mobbing und sexueller Belästigung

Vorbemerkung
Diese Musterbetriebsvereinbarung enthält neben Regelungen zu den Benachteiligungsverboten des AGG auch Vorschriften zum Thema Mobbing. Da sich beide Bereiche zum Teil überschneiden, ist es sinnvoll, dies in einer Betriebsvereinbarung zu regeln, um Widersprüche und Überschneidungen zu vermeiden. Da der Begriff »Rasse« im AGG und im GG derzeit noch verwendet wird, wird er auch hier noch verwendet.

§ 1 Geltungsbereich
Diese Betriebsvereinbarung gilt
1. räumlich
2. persönlich
3. fachlich .

§ 2 Zwecksetzung
Ziel dieser Betriebsvereinbarung ist es, sicher zu stellen, dass ein für Arbeitnehmer:innen positives Arbeitsklima besteht, das von gegenseitigem Respekt geprägt ist. Arbeitgeber:in und Betriebsrat sind sich darüber einig, dass alle Arbeitnehmer:innen des Unternehmens sowie sonstige im Betrieb tätige Personen (z.B. Leiharbeitnehmer:innen, Werkvertragsbeschäftigte), aber auch Dritte (z.B. Gäste, Kund*innen und Besucher*innen) mit Respekt handeln und behandelt werden müssen. Benachteiligungen, Belästigungen und Übergriffe aus Gründen der »Rasse« oder wegen der ethnischen Herkunft, des Geschlechts, der Religion oder Weltanschauung, einer Behinderung, des Alters oder der sexuellen Identität haben zu unterbleiben und werden nicht geduldet. Alle Beschäftigte haben das Recht, ohne Belästigungen und Benachteiligungen ihrer Arbeit nachzugehen.
Die Grenzen einer unterschiedlichen Behandlung wegen der oben genannten Kriterien sind durch das Allgemeine Gleichbehandlungsgesetz (AGG) gezogen.

> **Hinweis:**
> Das AGG erlaubt eine unterschiedliche Behandlung, z.B. wegen Alters, in einem bestimmten Rahmen (vgl. §§ 8ff. AGG). Der vom AGG gezogene Rahmen sollte auch in der Betriebsvereinbarung nicht verändert werden.

Weiteres Ziel dieser Betriebsvereinbarung ist es, Mobbing und/oder sexuelle Belästigung am Arbeitsplatz zu verhindern.
Die Meldewege nach dem Hinweisgeberschutzgesetz treten neben die Instrumente in dieser Vereinbarung.

§ 3 Begriffsbestimmung Mobbing
Mobbing ist das systematische Anfeinden, Schikanieren oder Diskriminieren untereinander, durch Vorgesetzte oder durch den Arbeitgeber. Maßgeblich für die Beurteilung, ob Mobbing im konkreten Einzelfall vorliegt, ist jeweils die Würdigung der Gesamtumstände.

§ 4 Begriffsbestimmung Sexuelle Belästigung
Sexuelle Belästigung ist jedes vorsätzliche, sexuell bestimmte Verhalten, das die Würde von Beschäftigten am Arbeitsplatz verletzt. Dazu gehören:
1. Sexuelle Handlungen und Verhaltensweisen, die nach den strafgesetzlichen Vorschriften unter Strafe gestellt sind, sowie
2. sonstige sexuelle Handlungen und Aufforderungen zu diesen, sexuell bestimmte körperliche Berührungen, Bemerkungen sexuellen Inhalts sowie Zeigen und sichtbares Anbringen von pornographischen Darstellungen, die von den Betroffenen erkennbar abgelehnt werden.

> **Hinweis:**
> Die Definition von sexueller Belästigung entspricht § 3 Abs. 4 AGG.

§ 5 Aufklärung und Prävention
Alle Arbeitnehmer:innen werden über ihre Rechte nach dem Allgemeinen Gleichbehandlungsgesetz, dieser Betriebsvereinbarung, dem Tarifvertrag ■ informiert.
Im Unternehmen wird eine Aufklärungskampagne über die Bedeutung und Erscheinungsformen unzulässiger Benachteiligungen, insbesondere von Mobbing und sexueller Belästigung am Arbeitsplatz, durchgeführt.

> **Hinweis:**
> Je nach Problemlage im Betrieb sollten hier die Themen erweitert werden, z. B. Rassismus und Ausländerfeindlichkeit (im AGG: »Rasse«, ethnische Herkunft und / oder Religion). Wichtig ist dabei, nicht alle Themen zugleich zu behandeln, sondern die Aufklärungskampagnen sorgfältig zu planen.

Alle Arbeitnehmer:innen werden in Mitarbeiterversammlungen/Abteilungsversammlungen über die Bedeutung, Erscheinungsformen, Auswirkungen, Möglichkeiten der Abhilfe und Beratung sowie die Rechte nach dieser Betriebsvereinbarung, dem Tarifvertrag ■ und den gesetzlichen Vorschriften informiert.
Alle Vorgesetzten erhalten regelmäßig ein spezielles Training, in dem sie über Ursachen, Umfang, Abhilfemaßnahmen, Vorbeugung, Rechte bei unzulässigen Benachteiligungen, insbesondere beim Mobbing und sexueller Belästigung am Arbeitsplatz geschult werden.

§ 6 Beratungsrecht
Personen, die sich belästigt oder benachteiligt fühlen, haben das Recht auf ein persönliches, vertraulich zu behandelndes Beratungsgespräch. Weiterführende Maßnahmen (z. B. das Beschwerdeverfahren nach § 7 dieser Vereinbarung) dürfen nur mit ihrem Einverständnis eingeleitet werden.
Ansprechpersonen für das Beratungsrecht sind:
- die gewählten betrieblichen Interessenvertretungen;
- die Gleichstellungsbeauftragte;
- Mitglieder der Beschwerdestelle.

Darüber hinaus können sich Beschäftigte auch an Personen ihres persönlichen Vertrauens wenden.

§ 7 Kommission Mobbing/Sexuelle Belästigung; Beschwerdestelle
Zur Steuerung der Aufklärungskampagne, der Schulungen und zur Lösung von konkreten Konflikten im Zusammenhang mit Mobbing und/oder sexueller Belästigung am Arbeitsplatz wird

eine gemeinsame Beschwerdestelle gegründet. Diese ist mit je zwei Vertreter:innen der Betriebsparteien besetzt. Die Geschlechterverteilung im Betrieb ist zu beachten. Die Mitglieder der Beschwerdestelle sind allen Beschäftigten bekannt zu machen. Alle Mitglieder der Beschwerdestelle sind zu Beginn ihrer Tätigkeit verpflichtend zu schulen, damit sie ihre Tätigkeit verantwortungsvoll und kompetent ausfüllen können. Die Mitglieder der Beschwerdestelle unterstützen auf Wunsch bei der Vermittlung weiterer externer Beratungsangebote.
Beschwerden sind von der Beschwerdekommission unverzüglich zu bearbeiten. Sie sind vertraulich zu behandeln. Alle Beteiligten sind zur Vertraulichkeit verpflichtet. Das Opfer von Mobbing und/oder sexueller Belästigung ist nicht zur Verschwiegenheit verpflichtet.
Eine Gegenüberstellung des Opfers mit dem/den möglichen Tätern ist nur mit ausdrücklicher Zustimmung des Opfers zulässig.
Die Kommission ist auch zuständig für Beschwerden über Benachteiligungen nach dem AGG.
Die Rechte des Betriebsrats nach dem Betriebsverfassungsgesetz bleiben unberührt; ebenso das Recht der Arbeitnehmer:innen, sich beim Betriebsrat zu beschweren.

Hinweis:
Das AGG verpflichtet den Arbeitgeber in §§ 12 Abs. 5, 13 zur Einrichtung einer Beschwerdestelle. Auch eine gemeinsame Kommission kann diese Aufgaben übernehmen. Ist das nicht gewollt, muss in der Betriebsvereinbarung auf die vom Arbeitgeber einzurichtende Beschwerdestelle verwiesen werden. In diesem Fall muss sichergestellt werden, dass der BR über die Beschwerden informiert wird.

§ 8 Leistungsverweigerungsrecht bei Belästigung oder sexueller Belästigung
Ergreift der Arbeitgeber keine oder offensichtlich ungeeignete Maßnahmen zur Unterbindung einer Belästigung oder sexuellen Belästigung am Arbeitsplatz, sind die betroffenen Beschäftigten berechtigt, ihre Tätigkeit ohne Verlust des Arbeitsentgelts einzustellen, soweit dies zu ihrem Schutz erforderlich ist. § 273 BGB bleibt unberührt.

Hinweis:
Der Text entspricht § 14 AGG, sollte aber auch in der Betriebsvereinbarung stehen, um die Beschäftigten auf ihre Rechte hinzuweisen.

§ 9 Schutz von Beschwerdeführern
Arbeitnehmer:innen, die sich über eine Benachteiligung wegen der in § 2 genannten Kriterien, Mobbing und/oder sexuelle Belästigung beschwert haben und/oder ihre Rechte nach dieser Betriebsvereinbarung, tarifvertraglichen und/oder gesetzlichen Vorschriften ausgeübt haben, dürfen nicht benachteiligt werden. Gleiches gilt für Personen, die den Beschäftigten bei seiner Beschwerde unterstützen oder als Zeugen aussagen.

Hinweis:
Vergleiche im Hinblick auf sexuelle Belästigung das Maßregelungsverbot in § 16 AGG.

§ 10 Abhilfemaßnahmen, Sanktionen bei Mobbing und sexueller Belästigung
1. Jede sexuelle Belästigung stellt eine Verletzung der arbeitsvertraglichen Pflichten dar. Gleiches gilt für Mobbing am Arbeitsplatz.
2. Ist eine Beschwerde berechtigt, sind umgehend geeignete Maßnahmen zur Abhilfe zu ergreifen. Die Maßnahmen müssen erreichen, dass Mobbing und/oder die sexuelle Belästigung unterbleibt.
   Als Abhilfe kommen gegenüber dem Mobber bzw. sexuellen Belästiger folgende Maßnahmen in Betracht:
   - Persönliche Gespräche mit dem Mobber/Belästiger
   - Verweis oder Verwarnung mit Zustimmung des Betriebsrats
   - Abmahnung

- Umsetzung oder Versetzung
- Ordentliche oder außerordentliche Kündigung

3. Dies gilt auch bei Verstößen gegen die übrigen in § 2 dieser Betriebsvereinbarung genannten Benachteiligungsverbote.

Die Rechte des Betriebsrats nach dem BetrVG bleiben unberührt.
Zur Konfliktlösung werden auf Wunsch der betrieblichen Beschwerdestelle externe, sachkundige Moderatoren eingeschaltet.

§ 11 Beseitigung von Benachteiligungen
Arbeitgeber und Betriebsrat werden alle im Betrieb geltenden Regelungen (Arbeitsanweisungen, Musterarbeitsverträge, Betriebsvereinbarungen usw.) daraufhin überprüfen, ob sie Vorschriften bzw. Regelungen enthalten, die eine Benachteiligung von einzelnen Arbeitnehmer:innen oder Arbeitnehmer:innengruppen im Hinblick auf die in § 1 genannten Merkmale enthalten. Wird festgestellt, dass eine Regelung eine Benachteiligung nach den in § 1 genannten Vorschriften enthält, ohne dass diese unterschiedliche Behandlung nach den Vorschriften des AGG gerechtfertigt ist, verpflichten sie sich, diese Vorschriften so zu ändern, dass die Benachteiligung beseitigt wird. Dabei ist die Benachteiligung dadurch zu beseitigen, dass den bisher benachteiligten einzelnen Arbeitnehmer:innen oder Gruppen von Arbeitnehmer:innen die Leistungen gewährt werden, die den nicht benachteiligten Arbeitnehmer:innen oder Arbeitnehmer:innengruppen gewährt wurden.

Hinweis:
Wird eine Benachteiligung festgestellt, stellt sich in der betrieblichen Praxis, insbesondere bei materiellen Leistungen häufig die Frage, wie diese Benachteiligung zu beseitigen ist. Die vorstehende Bestimmung soll sicherstellen, dass durch die Beseitigung der Benachteiligung nicht Leistungen gekürzt werden. Wurde z. B. bisher einer bestimmten Arbeitnehmer:innengruppe eine Zulage von 100, – € – AGG-widrig – gewährt und einer anderen Gruppe nicht, soll die Benachteiligung dadurch beseitigt werden, dass allen Arbeitnehmer:innen die Zulage von 100, – € zusteht. Zur Frage der Entgeltgleichheit bzw. zur Umsetzung des Entgelttransparenzgesetzes siehe § 87 Rn. 52a.

§ 12 Schlussbestimmungen
Diese Betriebsvereinbarung ist mit einer Frist von Monaten zum Schluss eines Kalenderjahres kündbar, erstmals zum Die Kündigung dieser Betriebsvereinbarung ist nur wirksam, wenn sie schriftlich erfolgt. Die Betriebsvereinbarung wirkt nach. Anlagen sind Bestandteil dieser Betriebsvereinbarung.

Tor-, Taschen- und Schrankkontrollen 8

§ 1 Geltungsbereich
Diese Betriebsvereinbarung gilt für

1. räumlich
2. persönlich
3. fachlich .

§ 2 Grundsätze
In dieser Betriebsvereinbarung festgelegte Kontrollen dienen dem Schutz des Eigentums des Unternehmens sowie dem Schutz des Eigentums der Arbeitnehmer:innen.

§ 3 Kontrollen

1. Torkontrollen

Bei allen Arbeitnehmer:innen kann der betriebliche Sicherheitsdienst beim Verlassen des Betriebsgeländes eine Taschenkontrolle durchführen.

Die Taschenkontrolle ist nur zulässig, wenn entweder der durch Tatsachen begründete Verdacht auf Diebstahl von persönlichem Eigentum anderer Arbeitnehmer:innen oder von Betriebseigentum besteht oder wenn es sich um eine regelmäßige Kontrolle handelt.

Regelmäßige Kontrollen können – nach vorheriger Absprache mit dem Betriebsrat – von der Abteilung angeordnet werden. Dabei sind die zu kontrollierenden Arbeitnehmer:innen nach dem Zufallsprinzip auszuwählen.

Hinweis:
Die Auswahl kann entweder erfolgen, indem festgelegt wird, dass jede fünfte, zehnte usw. Person kontrolliert wird oder dass anhand eines Zufallsgenerators die zu kontrollierenden Personen ausgewählt werden. Vermieden werden sollte, dass allein der Sicherheitsdienst die zu kontrollierenden Personen auswählt. Dies ermöglicht eine Kontrolle entsprechend den persönlichen Vorlieben bzw. Abneigungen des Sicherheitsdienstes, was vermieden werden sollte.

Die Kontrolle beschränkt sich grundsätzlich auf eine Durchsicht der Taschen. Eine Leibesvisitation ist nicht zulässig. Ist eine Leibesvisitation bei durch Tatsachen begründetem Verdacht auf eine Straftat erforderlich, ist die Polizei zu rufen.

Fahrzeugkontrollen sind nur zulässig
- bei durch Tatsachen begründeten Verdacht auf Diebstahl
- bei regelmäßigen Kontrollen; es gelten dieselben Voraussetzungen wie bei Taschenkontrollen.

Ergibt die Taschen- oder Fahrzeugkontrolle einen dringenden durch Tatsachen begründeten Verdacht auf Diebstahl, ist unverzüglich die Polizei zu informieren und hinzuzuziehen. Der Betriebsrat ist hierüber unverzüglich zu informieren.

oder

Besteht der dringende Verdacht auf Diebstahl, ist der Betriebsrat unverzüglich zu informieren. Die Polizei ist nach Information des Betriebsrats hinzuzuziehen.

Die vorstehenden Regelungen gelten auch für die Kontrolle von Leiharbeitnehmern. Das Unternehmen wird eine entsprechende Vereinbarung mit dem Leiharbeitsunternehmen schließen.

§ 4 Schrankkontrollen

Die den Arbeitnehmer:innen zur Aufbewahrung ihrer persönlichen Kleidung usw. zur Verfügung gestellten Schränke dürfen nur bei durch Tatsachen begründetem Verdacht auf eine Straftat kontrolliert werden. Die Öffnung der Schränke ohne Einverständnis der Arbeitnehmer:in darf nur in Anwesenheit eines Betriebsratsmitglieds erfolgen. Über die Öffnung des Schrankes und möglicherweise gefundener Gegenstände ist ein Protokoll zu erstellen. Die Arbeitnehmer:in erhält eine Kopie des Protokolls, ebenso der Betriebsrat. Im Bedarfsfall ist die Polizei hinzuzuziehen.

§ 5 Schlussbestimmungen

Diese Betriebsvereinbarung ist mit einer Frist von Monaten zum Schluss eines Kalenderjahres kündbar, erstmals zum Datum. Die Kündigung dieser Betriebsvereinbarung ist nur wirksam, wenn sie schriftlich erfolgt. Die Betriebsvereinbarung wirkt nach. Anlagen sind Bestandteil dieser Betriebsvereinbarung.

Zeiterfassung und Zugangskontrolle 9

Hinweis:
Wenn der Arbeitsschutz im Hinblick auf Arbeitszeiten eingehalten werden und eine korrekte Entgeltabrechnung erfolgen soll, ist die genaue und manipulationssichere Erfassung der Arbeitszeit unabdingbare Voraussetzung. Das BAG leitet in Umsetzung europarechtlicher Vorgaben (vgl. EuGH 14.5.2019 – C 55/18) eine Aufzeichnungspflicht aus § 3 Abs. 2 Nr. 1 ArbSchG ab (BAG 13.9.2022 – 1 ABR 22/21). Für geringfügig Beschäftigte und Arbeitnehmende aus den Schwarzarbeitsbranchen (§ 2a SchwarzArbG, u.a. Gastgewerbe, Baugewerbe, Wach- und Sicherheitsgewerbe, Spedition) bestehen besondere Aufzeichnungspflichten (§ 17 MiLoG; § 19 AEntG). Klar und praxistauglich ist die Regelung, die in § 6 GSA-Fleisch vom Gesetzgeber festgelegt wurde. Sie sieht auch die genaue Erfassung der Arbeitszeit von Leiharbeitnehmenden vor. Manche Tarifverträge sehen Regelungen zur Frage vor, wo die Arbeitszeit erfasst wird (am Tor oder am Arbeitsplatz). Die Höhe der Vergütung der jeweiligen Arbeitszeit wird unabhängig von der Erfassung in Tarifverträgen und Arbeitsverträgen festgelegt. Das folgende Muster setzt voraus, dass die Umkleide- Wasch- und Rüstzeiten Arbeitszeit sind. Das kann separat vereinbart oder in die Betriebsvereinbarung über Arbeitszeit eingefügt werden.

§ 1 Geltungsbereich
Diese Betriebsvereinbarung gilt für
1. räumlich
2. persönlich
3. fachlich .

§ 2 Einführung Zeiterfassung und Zugangskontrolle
1. Elektronische Aufzeichnung
Beginn, Ende und Dauer der täglichen Arbeitszeit (unabhängig von der Frage ihrer Vergütung) der Arbeitnehmer:innen werden jeweils unmittelbar bei Arbeitsaufnahme sowie Ende und Dauer der täglichen Arbeitszeit jeweils am Tag der Arbeitsleistung elektronisch und manipulationssicher erfasst. Erfasst werden auch die jeweiligen am Tag zu leistenden Soll-Arbeitszeiten. Die Aufzeichnungen sind elektronisch aufzubewahren.
Verantwortlich für die Arbeitszeiterfassung ist der Arbeitgeber.
Die Einführung des Zeiterfassungs- und Zugangskontrollsystems Name des Erfassungssystems soll sowohl der Anwesenheits- und Arbeitszeiterfassung als auch der Gebäudesicherheit dienen. Einzelheiten (Systemdokumentation) des Zeiterfassungs- und Zugangskontrollsystems sind dieser Betriebsvereinbarung als Anlage beigefügt.
Im System werden ausschließlich Daten über das Betreten bzw. Verlassen des Betriebs, der Anwesenheits- bzw. Arbeitszeit erfasst.
2. Rüst, Umkleide- und Waschzeiten
Die tägliche Arbeitszeit umfasst auch Zeiten, die die Arbeitnehmer:in für Vor- und Nachbereitungshandlungen im Betrieb benötigt, soweit diese fremdnützig sind und nicht zugleich der Befriedigung eines eigenen Bedürfnisses der Arbeitnehmer:in dienen.
Zeiten für Vor- und Nachbereitungshandlungen nach Satz 1 sind insbesondere Zeiten, die die Arbeitnehmer:in jeweils einschließlich der hierfür erforderlichen innerbetrieblichen Wegezeiten benötigt, wie folgt:
- für das Auf- und Abrüsten von Arbeitsmitteln einschließlich der Entgegennahme und des Abgebens der Arbeitsmittel (**Rüstzeiten**),
- für das An- oder Ablegen der Arbeitskleidung einschließlich der Entgegennahme und des Abgebens der Arbeitskleidung (**Umkleidezeiten**), wenn das Tragen einer bestimmten Arbeitskleidung vom Arbeitgeber angeordnet wird oder gesetzlich vorgeschrieben ist und das Umkleiden im Betrieb erfolgt, und
- für das Waschen vor Beginn oder nach Beendigung der Arbeit (**Waschzeiten**), wenn das Waschen aus hygienischen oder gesundheitlichen Gründen notwendig ist.

Hinweis:
Je nach genutztem IT-System für die Arbeitszeiterfassung sind in einer gesonderten Betriebsvereinbarung Regelungen zum Ausschluss von Verhaltens- und Leistungskontrolle und zum Datenschutz zu treffen.

§ 3 Betriebsausweis

Jede Arbeitnehmer:in erhält vom Betrieb einen Betriebsausweis, der sowohl der Zeiterfassung dient als auch den Zutritt zum Betrieb ermöglicht.
Der Betriebsausweis darf nur von der jeweils berechtigten Person genutzt werden. Eine Weitergabe an Dritte ist nicht zulässig. Bei Ausscheiden aus dem Betrieb ist der Betriebsausweis unverzüglich zurückzugeben.
Auf dem Betriebsausweis werden lediglich Vor- und Nachname, Personalnummer und Karten-Nummer gespeichert. Weitere Daten werden nicht gespeichert.
Bei Betreten bzw. Verlassen des Betriebsgeländes werden nur folgende Daten erfasst:
- Nummer des Betriebsausweises
- Datum, Uhrzeit; Ort der Anwendung des Betriebsausweises

Hinweis:
Die Betriebsausweise können auch mit Fotos versehen werden. Bei gleichzeitiger Nutzung für die Kantinenabrechnung sind besondere Vorschriften erforderlich, die es ausschließen, dass das Essverhalten der einzelnen Arbeitnehmer:innen ausgewertet wird (vgl. hierzu DKW-*Klebe*, § 87 Rn. 201 elektronische Kantinenabrechnung).

Die Kosten für die Betriebsausweise trägt das Unternehmen. Bei Verlust des Ausweises ist die Abt. unverzüglich zu informieren.

§ 4 Zugangsbeschränkungen

Hinweis:
Sofern durch das System der Zugang zu bestimmten Betriebsbereichen beschränkt werden soll, muss sichergestellt werden, dass Arbeitnehmer:innen ungehinderten Zugang zu allen Bereichen haben, in denen sie arbeiten.

Zugangsbeschränkungen von Arbeitnehmer:innen zu Betriebsabteilungen oder Gebäuden sind in der Anlage ___ dieser Betriebsvereinbarung abschließend festgelegt.
Eine Auswertung der Zugangsdaten zu Betriebsabteilungen oder Betriebsgebäuden, deren Zugang nicht allen Arbeitnehmer:innen offensteht, ist nur zulässig bei durch Tatsachen begründetem Verdacht auf eine Straftat. Der Betriebsrat ist vor Erstellung der Auswertung zu informieren. Ihm ist eine Kopie der Auswertung zu übergeben.

§ 5 Ort der Erfassung der Arbeitszeit

Die elektronische Erfassung der Arbeitszeit findet jeweils am Eingang zum Betrieb statt. Die genauen Standorte der Erfassungsgeräte sind dieser Betriebsvereinbarung als Anlage ___ beigefügt. Jede Veränderung bedarf der Zustimmung des Betriebsrats.

Hinweis:
Insbesondere bei größeren Betrieben bzw. Werksgeländen ist die Vereinbarung der Standorte für die Anwesenheitszeiterfassungsgeräte erforderlich. Die zum Teil nicht unerheblichen Wegezeiten auf dem Gelände müssen berücksichtigt werden. Zu beachten ist auch, dass die für das Umkleiden und die hierdurch veranlassten innerbetrieblichen Wegezeiten erforderliche Zeit vergütungspflichtige Arbeitszeit ist, wenn der Arbeitgeber (oder ein Gesetz) das Tragen einer bestimmten Kleidung vorschreibt und das Umkleiden im Betrieb erfolgen muss. Generell sollte die Anwesenheitszeiterfassung am Eingang des Betriebs erfolgen.

Sofern das System zum Schutz sicherheitsrelevanter Bereiche verwandt werden soll, müssen die Standorte der Zugangssysteme ebenfalls in der Anlage zur Betriebsvereinbarung festgelegt werden. Die Arbeitszeiterfassung erfolgt auch in diesem Fall an den an den Betriebseingängen aufgestellten Erfassungsgeräten.

§ 6 Verpflichtung zur Zeiterfassung

Jeder Beschäftigte ist verpflichtet, bei Betreten und Verlassen des Betriebs das Zeit- und Zugangssystem zu bedienen. Dies gilt nicht bei Teilnahme an einem Arbeitskampf im Betrieb.

§ 7 Zweckbestimmung des Zugangs- und Zeiterfassungssystems

Daten aus dem Zugangs- und Zeiterfassungssystem werden ausschließlich für die Entgeltabrechnung und die Arbeitszeiterfassung verwendet. Eine Verknüpfung mit anderen Daten ist nicht zulässig. Daten aus dem Zugangs- und Zeiterfassungssystem dürfen nicht zur Verhaltens- und Leistungskontrolle bzw. -beurteilung genutzt werden.

§ 8 Abwesenheitszeiten

Sind Arbeitnehmer ganztätig abwesend, z. B. durch Krankheit, Urlaub, Fortbildung usw. erfolgt die Berücksichtigung dieser Zeiten durch die Abteilung Personal.

Hinweis:

Wie ganztägige Abwesenheitszeiten bei der Arbeitszeit und Entgeltabrechnung berücksichtigt werden, richtet sich nach dem jeweiligen Anlass. Urlaubs- und Krankheitstage werden i. d. R. bei der Arbeitszeitberechnung mit der normalen tarifvertraglichen täglichen Arbeitszeit berücksichtigt. Abwesenheitszeiten wegen Dienstreisen, Montageaufträgen usw. müssen mit der tatsächlich geleisteten Arbeitszeit erfasst werden. Im Rahmen der Arbeitszeitflexibilisierung enthalten hierzu viele Tarifverträge detaillierte Regelungen, so z. B. dass ganztägige Abwesenheitszeiten mit der täglich tariflichen durchschnittlichen Arbeitszeit ins Arbeitszeitkonto eingestellt werden. Andere Vereinbarungen wiederum, z. B. bei Jahresarbeitszeitregelungen, nehmen Tage wie Urlaub und Krankheit aus der Berechnung der jährlichen Sollarbeitszeit heraus. Diese Musterbetriebsvereinbarung muss im Hinblick auf die jeweiligen im Betrieb anzuwendenden Vorschriften entsprechend konkretisiert werden.

§ 9 Pausen

Von der erfassten Anwesenheitszeit werden zur Berechnung der Arbeitszeit Pausen wie folgt abgezogen:

- bis zu sechs Stunden Anwesenheitszeit kein Abzug,
- bis zu neun Stunden 30 Minuten,
- bis zu zehn Stunden 45 Minuten.

§ 10 Zeitkonto

Jede Arbeitnehmer:in erhält zu Beginn des Folgemonats einen Auszug des Zeitkontos, der eine detaillierte Übersicht über

- Anwesenheits- und Arbeitszeiten,
- geleistete Mehrarbeit,
- den Gleitzeitsaldo,
- Arbeitszeitausgleichstage
- genommenen Urlaub sowie Resturlaub

enthält.

Hinweis:

Je nach Arbeitszeitsystem muss diese Liste erweitert werden, z. B. wenn es im Rahmen flexibler Arbeitszeiten unterschiedliche Arbeitszeitkonten zum Ausgleich von Mehrarbeit usw. gibt.

Der Auszug wird mit der Entgeltabrechnung versandt. Ein Muster ist als Anlage beigefügt. Einwendungen gegen den Auszug aus dem Zeitkonto sind im Rahmen der tariflichen Ausschlussfristen bei der Abteilung Personal geltend zu machen.

> **Hinweis:**
> Sofern Arbeitnehmer:innen an Terminals im Betrieb Zugriff auf ihr Zeitkonto haben sollen, ist durch die Vergabe von Passwörtern oder PIN-Nummern sicherzustellen, dass Unbefugte keinen Zugriff haben.

§ 11 Zugriffsberechtigung, Aufbewahrung

Zugriff auf die Daten des Zeiterfassungs- und Zugangskontrollsystems haben nur die in der Anlage genannten Arbeitnehmer:innen.
Daten aus der Anwesenheits- und Arbeitszeiterfassung sind zwei Jahre aufzubewahren, sofern nicht gesetzliche Vorschriften eine längere Aufbewahrungsfrist vorsehen (vgl. §§ 17 Abs. 1 MiLoG; 16 Abs. 2 ArbZG). Nach Ablauf der Frist sind sie vollständig zu löschen.
Zusätzlich bei Zugangsbeschränkungen:
Daten aus der Zugangskontrolle zu Betriebsabteilungen bzw. -gebäuden, zu denen nicht alle Arbeitnehmer:innen des Betriebs Zutritt haben, werden nach Monaten vollständig gelöscht.

§ 12 Rechte des Betriebsrats

Der Betriebsrat erhält monatlich nachträglich einen Ausdruck über die im elektronischen Aufzeichnungssystem erfassten Arbeitszeiten. Dabei werden Überschreitungen der Höchstarbeitszeiten nach dem Tarifvertrag / der Betriebsvereinbarung Arbeitszeit gesondert ausgewiesen. Gleiches gilt für die Überschreitung der vertraglichen Arbeitszeit von Teilzeitbeschäftigten. Der Ausdruck kann auch in Textform übermittelt werden.
Ebenso werden die Überstunden gesondert ausgewiesen.
Im Übrigen erhält der Betriebsrat zur Überwachung der Arbeitsschutzbestimmungen, der Einhaltung der tariflichen, gesetzlichen, betrieblichen und vertraglichen Arbeitszeitbestimmungen einen Zugang zum Arbeitszeiterfassungssystem.

> **Hinweis:**
> Sofern der Zugang zu bestimmten Abteilungen beschränkt ist, müssen die Betriebsratsmitglieder einen Betriebsausweis erhalten, der ihnen den unbeschränkten Zugang zu allen Arbeitsplätzen ermöglicht.

Alle Betriebsratsmitglieder erhalten einen Betriebsausweis, der Zugang zu allen Bereichen des Betriebs ermöglicht.

§ 13 Betriebsfremde Personen

Beim Betreten des Betriebs- bzw. Firmengeländes haben sich betriebsfremde Personen an der Pforte anzumelden. Sie erhalten einen Besucherausweis. Es ist ein Besucherschein auszufüllen (ein Muster ist als Anlage dieser Betriebsvereinbarung beigefügt).
Die Besucher:innen sind grundsätzlich bei der besuchten Person anzumelden.
oder
Besucher:innen sind grundsätzlich an der Pforte bei der besuchten Stelle anzumelden. Diese hat die betriebsfremden Personen an der Pforte abzuholen und auch beim Verlassen des Betriebsgeländes wieder zur Pforte zu begleiten.

> **Hinweis:**
> Die Frage, ob betriebsfremde Personen an der Pforte abgeholt werden müssen bzw. bei den Besuchern angemeldet werden müssen, muss danach entschieden werden, wie weit durch

Besuche Schäden auf dem Betriebsgelände verursacht werden können bzw. betriebliche Geheimnisse usw. gefährdet werden.

§ 14 Schlussbestimmungen

Diese Betriebsvereinbarung ist mit einer Frist von Monaten zum Schluss eines Kalenderjahres kündbar, erstmals zum Datum. Die Kündigung dieser Betriebsvereinbarung ist nur wirksam, wenn sie schriftlich erfolgt. Die Betriebsvereinbarung wirkt nach. Anlagen sind Bestandteil dieser Betriebsvereinbarung.

Betriebsvereinbarung zur Erfassung der Arbeitszeit 9a

Hinweis:
Wenn der Arbeitsschutz im Hinblick auf Arbeitszeiten eingehalten werden und eine korrekte Entgeltabrechnung erfolgen soll, ist die genaue und manipulationssichere Erfassung der Arbeitszeit unabdingbare Voraussetzung. Das BAG leitet in Umsetzung europarechtlicher Vorgaben (vgl. EuGH 14.5.2019 – C 55/18) eine Aufzeichnungspflicht aus § 3 Abs. 2 Nr. 1 ArbSchG ab (BAG 13.9.2022 – 1 ABR 22/21). Für geringfügig Beschäftigte und Arbeitnehmende aus den Schwarzarbeitsbranchen (§ 2a SchwarzArbG, u.a. Gastgewerbe, Baugewerbe, Wach- und Sicherheitsgewerbe, Spedition) bestehen besondere Aufzeichnungspflichten (§ 17 MiLoG; § 19 AEntG). Klar und praxistauglich ist die Regelung, die in § 6 GSA-Fleisch vom Gesetzgeber festgelegt wurden. Sie sieht auch die genaue Erfassung der Arbeitszeit von Leiharbeitnehmenden vor. Manche Tarifverträge sehen Regelungen zur Frage vor, wo die Arbeitszeit erfasst wird (am Tor oder am Arbeitsplatz). Die Höhe der Vergütung der jeweiligen Arbeitszeit wird unabhängig von der Erfassung in Tarifverträgen und Arbeitsverträgen festgelegt. Das folgende Muster setzt voraus, dass die Umkleide-, Wasch- und Rüstzeiten Arbeitszeit sind. Es kann separat vereinbart werden oder in die Betriebsvereinbarungen über Arbeitszeit eingefügt werden.

§ 1 Erfassung der Arbeitszeit

1. Elektronische Aufzeichnung

Beginn, Ende und Dauer der täglichen Arbeitszeit (unabhängig von der Frage ihrer Vergütung) der Arbeitnehmerinnen und Arbeitnehmer werden jeweils unmittelbar bei Arbeitsaufnahme sowie Ende und Dauer der täglichen Arbeitszeit jeweils am Tag der Arbeitsleistung elektronisch und manipulationssicher erfasst. Erfasst werden auch die jeweiligen am Tag zu leistenden Soll-Arbeitszeiten. Die Aufzeichnungen sind elektronisch aufzubewahren.
Verantwortlich für die Arbeitszeiterfassung ist der Arbeitgeber.

2. Rüst-, Umkleide- und Waschzeiten

Die tägliche Arbeitszeit umfasst auch Zeiten, die die Arbeitnehmerin oder der Arbeitnehmer für Vor- und Nachbereitungshandlungen im Betrieb benötigt, soweit diese fremdnützig sind und nicht zugleich der Befriedigung eines eigenen Bedürfnisses der Arbeitnehmerin oder des Arbeitnehmers dienen.
Zeiten für Vor- und Nachbereitungshandlungen nach Satz 1 sind insbesondere Zeiten, die die Arbeitnehmerin oder der Arbeitnehmer jeweils einschließlich der hierfür erforderlichen innerbetrieblichen Wegezeiten benötigt werden für

- das Auf- und Abrüsten von Arbeitsmitteln einschließlich der Entgegennahme und des Abgebens der Arbeitsmittel (**Rüstzeiten**),
- das An- oder Ablegen der Arbeitskleidung einschließlich der Entgegennahme und des Abgebens der Arbeitskleidung (**Umkleidezeiten**), wenn das Tragen einer bestimmten Arbeits-

kleidung vom Arbeitgeber angeordnet wird oder gesetzlich vorgeschrieben ist und das Umkleiden im Betrieb erfolgt, und

- das Waschen vor Beginn oder nach Beendigung der Arbeit (**Waschzeiten**), wenn das Waschen aus hygienischen oder gesundheitlichen Gründen notwendig ist.

> **Hinweis:**
> Je nach genutztem IT-System für die Arbeitszeiterfassung sind in einer gesonderten Betriebsvereinbarung Regelungen zum Ausschluss von Verhaltens- und Leistungskontrolle und zum Datenschutz zu treffen.

3. Ort der Erfassung der Arbeitszeit

Die elektronische Erfassung der Arbeitszeit findet jeweils am Eingang zu Betrieb statt. Die genauen Standorte der Erfassungsgeräte sind dieser Betriebsvereinbarung als Anlage beigefügt. Jede Veränderung bedarf der Zustimmung des Betriebsrates.

§ 2 Informationspflichten

1. Arbeitnehmer:innen

Arbeitnehmer:innen erhalten jeweils bis zum dritten Werktag des Folgemonats einen Ausdruck der über sie im elektronischen Arbeitszeitsystem gespeicherten Arbeitszeiten des vorhergehenden Kalendermonates. Dieser Ausdruck muss Beginn, Ende und Pausen der täglichen Arbeitszeit sowie die tägliche Soll-Arbeitszeit enthalten. Der Ausdruck kann auch in Textform übermittelt werden. Arbeitnehmer:innen steht ein Einsichtsrecht in die die betreffenden elektronischen Arbeitszeitaufzeichnungen zu. Sie können jederzeit einen Ausdruck verlangen.

> **Hinweis:**
> Wenn Selbstbedienungsterminals für Personalangelegenheiten im Betrieb vorhanden sind, können Arbeitnehmer:innen die Ausdrucke auch selbst vornehmen.

2. Betriebsrat

Der Betriebsrat erhält monatlich nachträglich einen Ausdruck über die im elektronischen Aufzeichnungssystem erfassten Arbeitszeiten. Dabei werden Überschreitungen der Höchstarbeitszeiten nach dem Tarifvertrag Bezeichnung / der Betriebsvereinbarung Arbeitszeit gesondert ausgewiesen.
Gleiches gilt für die Überschreitung der vertraglichen Arbeitszeit von Teilzeitbeschäftigten.
Ebenso werden die Überstunden gesondert ausgewiesen.
Der Ausdruck kann auch in Textform übermittelt werden.
Im Übrigen erhält der Betriebsrat zur Überwachung der Arbeitsschutzbestimmungen, der Einhaltung der tariflichen, gesetzlichen, betrieblichen und vertraglichen Arbeitszeitbestimmungen einen Zugang zum Arbeitszeiterfassungssystem.

§ 3 Schlussbestimmungen

Diese Betriebsvereinbarung ist mit einer Frist von Monaten zum Schluss eines Kalenderjahres kündbar, erstmals zum Datum. Die Kündigung dieser Betriebsvereinbarung ist nur wirksam, wenn sie schriftlich erfolgt. Die Betriebsvereinbarung wirkt nach. Anlagen sind Bestandteil dieser Betriebsvereinbarung.

Baustein Erfassung bei mobiler Arbeit und im Homeoffice

§ 1 Erfassung

Die Arbeitszeit wird bei mobiler Arbeit elektronisch manipulationssicher erfasst. Dies umfasst jede Art von Arbeit außerhalb des Betriebs, gleich, ob sie mit Hilfe von elektronischen Kommunikationsmitteln ausgeübt wird oder nicht und unabhängig von der Vergütungspflicht.

> **Hinweis:**
> Je nach genutztem IT-System für die Arbeitszeiterfassung sind in einer gesonderten Betriebsvereinbarung Regelungen zum Ausschluss von Verhaltens- und Leistungskontrolle und zum Datenschutz zu treffen.

Die elektronische Arbeitszeiterfassung erfolgt mit Hilfe des Arbeitszeiterfassungssystems Bezeichnung.

> **Hinweis:**
> Abhängig vom konkret genutzten elektronischen Arbeitszeiterfassungssystem muss die Manipulationssicherheit genauer festgelegt werden. Dokumentiert werden muss jede Art von Zugriffen auf das System, Festlegungen über die Frage, wer wie Korrekturen im System vornehmen darf und die lückenlose Dokumentation jeder Korrektur.

Arbeitnehmer:innen sind verpflichtet den Beginn und Ende der täglichen Arbeitszeit sowie die Pausen in das elektronische Arbeitzeiterfassungssystem Bezeichnung elektronisch einzugehen. Verantwortlich für die Arbeitszeiterfassung ist die Arbeitgeber:in. Die Arbeitnehmer:in ist lediglich verpflichtet Beginn und Ende der täglichen Arbeitszeit und der Pausen in das elektronische Arbeitszeiterfassungssystem Bezeichnung einzugeben.

§ 2 Informationspflichten

1. Arbeitnehmer:innen
Arbeitnehmer:innen erhalten jeweils bis zum dritten Werktag des Folgemonats einen Ausdruck der über sie im elektronischen Arbeitszeitsystem gespeicherten Arbeitszeiten des vorhergehenden Kalendermonates. Dieser Ausdruck muss Beginn, Ende und Pausen der täglichen Arbeitszeit sowie die tägliche Soll-Arbeitszeit enthalten. Der Ausdruck kann auch in Textform übermittelt werden. Arbeitnehmer:innen steht ein Einsichtsrecht in die die betreffenden elektronischen Arbeitszeit Aufzeichnungen zu. Sie können jederzeit einen Ausdruck verlangen.

2. Betriebsrat
Der Betriebsrat erhält monatlich nachträglich einen Ausdruck über die im elektronischen Aufzeichnungssystem erfassten Arbeitszeiten. Dabei werden Überschreitungen der Höchstarbeitszeiten nach dem Tarifvertrag Bezeichnung / der Betriebsvereinbarung Arbeitszeit gesondert ausgewiesen.
Gleiches gilt für die Überschreitung der vertraglichen Arbeitszeit von Teilzeitbeschäftigten.
Ebenso werden die Überstunden gesondert ausgewiesen. Der Ausdruck kann auch in Textform übermittelt werden.
Im Übrigen erhält der Betriebsrat zur Überwachung der Arbeitsschutzbestimmungen, der Einhaltung der tariflichen, gesetzlichen, betrieblichen und vertraglichen Arbeitszeitbestimmungen einen Zugang zum Arbeitszeiterfassungssystem.

§ 3 Schlussbestimmungen
Diese Betriebsvereinbarung ist mit einer Frist von Anzahl Monaten zum Schluss eines Kalenderjahres kündbar, erstmals zum Datum. Die Kündigung dieser Betriebsvereinbarung ist nur wirksam, wenn sie schriftlich erfolgt. Die Betriebsvereinbarung wirkt nach. Anlagen sind Bestandteil dieser Betriebsvereinbarung.

10 **Zielvereinbarung**

Vorbemerkung

Zielvereinbarungen können die Motivation steigern und mehr Klarheit über die erwartete Arbeitsleistung schaffen. Sie können mit Entgeltfaktoren wie z. B. Prämien oder Boni verknüpft sein. Zielvereinbarungen als Führungs- und Planungsinstrument sind jedoch auch ohne Entgeltbezug denkbar. Entscheidend bei Zielvereinbarungen ist, dass die vereinbarten Ziele für die Beschäftigten erreichbar und beeinflussbar sind. Je höher der Beschäftigte der betrieblichen Hierarchie steht, desto mehr Einfluss wird er oder sie haben. Zielvereinbarungen mit Arbeitnehmer:innen, die kaum Einfluss auf die von ihnen ausgeübten Tätigkeiten haben, sind in der Regel zwecklos. Bei Zielvereinbarungen für Beschäftigte mit Tarifentgelten können Prämien usw. nur zusätzlich zum Tarifentgelt gezahlt werden. Nur wenn ein Tarifvertrag selbst eine Öffnungsklausel im Hinblick auf Zielvereinbarungen enthält und dafür z. B. ein bestimmter Teil des Weihnachtgeldes in Prämien umgewandelt werden kann, kann das Entgelt auch die tariflichen Bereiche betreffen.

§ 1 Geltungsbereich

Diese Betriebsvereinbarung gilt für

1. räumlich
2. persönlich
3. fachlich .

§ 2 Ziel, Beurteilungs- und Förderungsgrundsätze

Ziel dieser Betriebsvereinbarung ist es, die berufliche Entwicklung sowie den Einsatz der Beschäftigten in optimaler Weise zu gewährleisten.

Durch den Abschluss von Zielvereinbarungen und die entsprechende ergebnisbezogene Entlohnung soll dazu beigetragen werden, dass die persönlichen Leistungsbeiträge der Arbeitnehmer gerecht bei der Gehaltsbemessung berücksichtigt werden.

§ 3 Zielvereinbarung

Zielvereinbarung ist die Vereinbarung zu erreichender Arbeitsziele zwischen dem jeweiligen Vorgesetzten und dem oder der Arbeitnehmer:in.

Die Ziele werden rechtzeitig, i. d. R. bis Ende November, jeweils vor Beginn des Folgejahres vereinbart.

Die Ziele sollen realistisch, d. h. erreichbar, messbar, im Unternehmen abgestimmt sowie zeitlich bestimmt sein.

Die Zielvereinbarung ist vom Vorgesetzten und dem Beschäftigten zu unterschreiben. Das Original der Zielvereinbarung wird in der Personalabteilung hinterlegt. Arbeitnehmer:in und Vorgesetzter erhalten eine Kopie.

§ 4 Zielvereinbarungsgespräch, Halbjahresgespräch

Voraussetzung für den Abschluss einer Zielvereinbarung ist ein ausführliches Gespräch zwischen Vorgesetztem und Arbeitnehmer:in. Der Termin für das Gespräch ist mindestens eine Kalenderwoche vorher zwischen Vorgesetztem und Arbeitnehmer:in zu vereinbaren. Der oder die Arbeitnehmer:in erhält zu diesem Zeitpunkt alle notwendigen Informationen, die er oder sie für das Zielvereinbarungsgespräch braucht (z. B. Unternehmensziele, Abteilungsziele usw.).

Die Zielvereinbarung muss sich im Rahmen des zwischen Arbeitnehmer:in und Unternehmen geschlossenen Arbeitsvertrags sowie der geltenden Betriebsvereinbarungen, Tarifverträge und Gesetze halten. Die Erfüllung der Ziele muss im Rahmen der normalen Arbeitszeit der Arbeitnehmer:in möglich sein.

Nach Ablauf von sechs Monaten (Juli) wird ein Halbjahresgespräch geführt. In diesem Gespräch wird vor dem Hintergrund der geschlossenen Zielvereinbarung die bisherige Leistung sowie der Grad der Erfüllung der Ziele besprochen, sowie Wege, um die Ziele erreichen zu können. In diesem Gespräch können die Ziele und/oder Arbeitsprioritäten modifiziert und gemeinsam

Maßnahmen zur Leistungsverbesserung festgelegt werden. Diese Maßnahmen zur Leistungsverbesserung beinhalten auch weitere Qualifikationsmaßnahmen für den Beschäftigten.
Das Ergebnis des Halbjahresgesprächs wird schriftlich dokumentiert und vom Vorgesetzten und dem Beschäftigten unterschrieben. Das Original wird bei der Personalabteilung hinterlegt. Beschäftigter und Vorgesetzter erhalten eine Kopie.

§ 5 Bezugspunkte der Zielvereinbarung
Die Ziele können sich auf folgende Bereiche beziehen:
- Verbesserung der Qualität der Arbeit
- Verhalten des Beschäftigten (soziale Kompetenz)
- Kosten
- Weiterentwicklung durch Qualifikationen
- Erreichung quantitativer Ziele wie Absatz, Umsatz usw.

§ 6 Zielerreichungsgespräch
Nach Ablauf des Kalenderjahres wird zum Beginn des Folgejahres ein Zielerreichungsgespräch zwischen Vorgesetztem und dem Beschäftigten geführt. In diesem Gespräch sind folgende Punkte zu besprechen und zu klären:
- Beurteilung der erbrachten Leistungen
- Erfüllung der vereinbarten Ziele bzw. den Grad der Zielerreichung
- Planung von Qualifikationsmaßnahmen für die Arbeitnehmer.In
- Kurz- und mittelfristige Entwicklungsmöglichkeiten für die Arbeitnehmer:in im Unternehmen.

Der Zeitpunkt des Gesprächs ist mindestens eine Kalenderwoche vorher zu vereinbaren.
In dem Zielerreichungsgespräch sollen Vorgesetzter und Arbeitnehmer:in bemüht sein, auftretende Meinungsverschiedenheiten gemeinsam zu lösen.
Sofern sich Vorgesetzter und Arbeitnehmer:in über die Zielerreichung bzw. den Zielerreichungsgrad verständigen, wird dies im Zielerreichungsbogen festgehalten.
Sofern sich Vorgesetzter und Arbeitnehmer:in über die Zielerreichung bzw. den Zielerreichungsgrad nicht einigen, findet auf Wunsch des oder der Arbeitnehmer:in binnen zwei Kalenderwochen ein weiteres Gespräch statt, zu dem der nächst höhere Vorgesetzte sowie ein Betriebsratsmitglied hinzugezogen werden.
In diesem Gespräch soll unter Vermittlung des Betriebsrats und des nächsthöheren Vorgesetzten versucht werden, eine Einigung zu erzielen.

> **Hinweis:**
> Gelingt es auch in diesem weiteren Gespräch nicht, eine Einigung zu erzielen, stellt sich die Frage nach einer weiteren Konfliktlösung. Denkbar ist in diesem Fall, eine innerbetriebliche Schlichtungs- oder Einigungsstelle einzusetzen, die endgültig entscheidet. Problem hierbei ist jedoch, dass im Hinblick auf die Zielerreichung, insbesondere bei qualitativen Zielen (z. B. Verbesserung des Sozialverhaltens) eine Beurteilung durch Personen, die die Arbeitsleistung und das Arbeitsverhalten der Arbeitnehmer:in nicht konkret kennen, ausgesprochen schwierig ist.

oder
Es wird zur Lösung von Konflikten bei Zielvereinbarungen eine paritätisch besetzte Zielvereinbarungskommission gebildet. Die Zielvereinbarungskommission ist mit je zwei Vertreter:innen des Unternehmens und des Betriebsrats besetzt.
Die Kommission ist bei Nichteinigung zwischen Vorgesetzten und Arbeitnehmer:in über die Zielerreichung bzw. den Zielerreichungsgrad unverzüglich einzuberufen. Sie entscheidet innerhalb von vierzehn Tagen abschließend über die streitigen Fragen. Kann sich die Kommission nicht mit Mehrheit auf eine Lösung verständigen, kann ein neutraler Vorsitzender hinzugezogen werden. Dessen Stimme ergibt nach erneuter Beratung bei Stimmengleichheit in der Kommission den Ausschlag.
Das Recht des Arbeitnehmers nach § 84 BetrVG bleibt unberührt.

§ 7 Prämien für Zielerreichung
Sofern der Beschäftigte das vereinbarte Ziel zu 100 % oder mehr erreicht hat, erhält er eine Prämie in Höhe von €.
Hat der Beschäftigte das vereinbarte Ziel zu % erreicht, erhält er eine Prämie von €.

> **Hinweis:**
> Ziele, insbesondere qualitative Ziele, werden häufig nicht punktgenau zu 100 % erfüllt. Deshalb bietet es sich an, die zu zahlenden Prämien nach dem Zielerreichungsgrad zu staffeln.

Wird mehr als ein Ziel vereinbart, müssen die Ziele in der Zielvereinbarung gewichtet werden. Für die jeweiligen Teilziele müssen die entsprechenden Messgrößen bzw. bei qualitativen Zielen die Bewertungsmaßstäbe vereinbart werden.
Mehr als drei Ziele dürfen nicht vereinbart werden. Die Prämie errechnet sich aus dem Zielerreichungsgrad bzw. der Zielerreichung für jedes Einzelziel. Die Gesamtprämie wird entsprechend aufgeteilt und ausgezahlt.
Die Zielerreichungsprämien werden spätestens mit dem März-Entgelt ausgezahlt.

§ 8 Qualifikation
Die Vorgesetzten werden vor Einführung der Zielvereinbarungen ausführlich mit dem Instrument Zielvereinbarungen vertraut gemacht und in Fragen der Gesprächsführung qualifiziert. Der konkrete Inhalt der Schulungen wird zwischen Personalabteilung und Betriebsrat vereinbart. An den Schulungen können Mitglieder des Betriebsrats teilnehmen.
In jeder Abteilung wird vor Einführung der Zielvereinbarungen eine Abteilungsversammlung durchgeführt. In dieser wird das Zielvereinbarungssystem ausführlich erläutert.

§ 9 Auswertungen
Die Zielvereinbarungen, die Ergebnisse der Halbjahresgespräche sowie die Zielerreichungsgespräche werden ausgewertet. Dabei werden pro Abteilung sowie pro Vorgesetztem die Grade der Zielerreichung, die zu zahlenden Prämien sowie die in den Gesprächen gewünschten sowie die vereinbarten Qualifizierungsmaßnahmen erfasst. Letztere werden für die Bildungsplanung verwandt. Vgl. § 98 Rn. 11.

§ 10 Rechte des Betriebsrats
Der Betriebsrat wird über die jeweiligen Unternehmens- und Abteilungsziele vor Beginn der Zielvereinbarungsgespräche unterrichtet.
Er erhält eine Kopie der Auswertung der Halbjahres- sowie der Zielerreichungsgespräche.

§ 11 Schlussbestimmungen
Diese Betriebsvereinbarung ist mit einer Frist von Monaten zum Schluss eines Kalenderjahres kündbar, erstmals zum Datum. Die Kündigung dieser Betriebsvereinbarung ist nur wirksam, wenn sie schriftlich erfolgt. Die Betriebsvereinbarung wirkt nach. Anlagen sind Bestandteil dieser Betriebsvereinbarung.

11 **Projektarbeit**

§ 1 Geltungsbereich
Diese Betriebsvereinbarung gilt für
1. räumlich
2. persönlich
3. fachlich .

§ 2 Definition des Projektziels bzw. der Projektaufgabe und der Projektform

Für jedes Projekt werden

- klar formulierte, zu anderen Aufgabengebieten abgegrenzte und zwischen Auftraggeber und Projektleitung/Projektteam fixierte Aufgabenstellungen,
- die personelle Besetzung des Projekts und Verantwortlichkeiten im Projekt
- die zeitliche Befristung mit Meilensteinen
- das vorgegebene Budget

im Projektauftrag schriftlich dokumentiert.

Dabei ist auch zu klären, ob und inwieweit Arbeitnehmer:innen für die Projektarbeit von ihrer normalen Arbeit freigestellt werden bzw. wie ihre Mitarbeit im Projekt bei der Bemessung ihres normalen Arbeitsvolumens bzw. bei der Personalbemessung ihrer Abteilung berücksichtigt wird.

- Der Zeitplan des Projekts sowie die Personalbemessung ist so vorzunehmen, dass Arbeitnehmer:innen im Projekt ihre Urlaubsansprüche und ggf. Ausgleichszeiten aus Arbeitszeitkonten in Anspruch nehmen können. Die Arbeitsaufteilung sollte so gestaltet werden, dass innerhalb des Projekts Vertretungslösungen möglich sind.

Stellt sich während des Projekts heraus, dass die Personalbemessung für das Projekt nicht ausreichend war, ist dem Projekt weiteres Personal zur Verfügung zu stellen.

§ 3 Qualifizierung

Alle Arbeitnehmer:innen, die in Projekten arbeiten, haben vorher Trainings – fachlich und methodisch – in Projektarbeit zu absolvieren. Dabei ist besonderer Wert auf den Umgang mit Konflikten im Projektteam zu legen.

Einzelheiten (Inhalt, Umfang, Ort, Zeit) werden mit dem Betriebsrat vereinbart. Trainings werden, wenn sie außerhalb der Arbeitszeit stattfinden, wie Arbeitszeit behandelt und bezahlt.

§ 4 Aufgabenbeschreibung und Eingruppierung

Bei Projekten, für die Arbeitnehmer:innen von ihrer normalen Arbeit freigestellt werden, werden für alle im Projekt Tätigen Stellenbeschreibungen erstellt.

Die Eingruppierung in die Entgeltgruppen wird anhand dieser Stellenbeschreibung überprüft und ggf. für die Dauer des Projekts eine neue Eingruppierung vorgenommen. § 99 BetrVG bleibt unberührt. Eine Entgeltminderung darf durch die Arbeit im Projekt nicht eintreten.

§ 5 Leistungsbeurteilung/Leistungsbewertung/Zielvereinbarungen

> **Hinweis:**
> Sofern für Projekte Zielvereinbarungen geschlossen werden sollen, ist die Betriebsvereinbarung um die allgemeinen Regelungen für Zielvereinbarungen (siehe § 87 Rn. 10) zu ergänzen. Gleiches gilt für Beurteilungen (vgl. DKW-*Klebe*, § 87 Rn. 351).

§ 6 Arbeitszeit

> **Hinweis:**
> Sofern Projekte Abweichungen von den im Betrieb geltenden Arbeitszeitregelungen erfordern, müssen diese gesondert vereinbart werden. Dabei sollte genau geprüft werden, ob diese überhaupt erforderlich sind. Wenn ja, ist sicherzustellen, dass die Arbeitnehmer:innen im Projekt ihren Urlaub bzw. die ihnen zustehenden Ausgleichszeiten auch in Anspruch nehmen können.

Abweichend von den Regelungen zur Arbeitszeit in der Betriebsvereinbarung »Arbeitszeit« wird die Arbeitszeit im Projekt wie folgt festgelegt: .

Im Rahmen der Projektplanungen gem. § 2 dieser Betriebsvereinbarung ist in Projektbesprechungen monatlich der Stand der Arbeitszeitkonten zu besprechen sowie im Projektteam deren Abbau zu vereinbaren. Der Betriebsrat kann an diesen Sitzungen teilnehmen.

§ 7 Projektdokumentation

Die im Projekt verwandten Berichts- und Fortschrittsformulare sind in der Anlage   aufgeführt.

> **Hinweis:**
> Diese projekt- bzw. arbeitsbegleitenden Papiere, die über das DV-System abgewickelt werden, sind im Hinblick auf eine mögliche Verhaltens- und Leistungskontrolle zu prüfen. So sollte z. B. die von einzelnen Arbeitnehmer:innen für einzelne Arbeiten aufgewandte Arbeitszeit nicht dokumentiert werden.

§ 8 Schlussbestimmungen

Diese Betriebsvereinbarung ist kündbar mit einer Frist von   Monaten zum Monatsende/ Quartalsschluss/Jahresende, erstmals zum   .
Nach ihrem Ablauf wirkt die Betriebsvereinbarung nach.
Alle Anlagen sind Bestandteil dieser Betriebsvereinbarung.

11a Nichtraucherschutz

Vorbemerkung

In allen Bundesländern gelten Nichtraucherschutzgesetze. Diese beziehen sich im Wesentlichen auf die Gastronomie und öffentliche Einrichtungen.
Maßgebend für den Nichtraucherschutz in Betrieben ist – mit Ausnahme der Gastronomie und öffentlichen Gebäuden – weiterhin § 5 Arbeitsstättenverordnung. Danach hat der Arbeitgeber die erforderlichen Maßnahmen zu treffen, um die Nichtraucher vor den Gefahren des Tabakrauchs zu schützen.
Im Freien ist ein solcher Schutz aus gesundheitlichen Gründen – nach derzeitigen Erkenntnissen – nicht notwendig. Gleiches gilt, wenn sog. Raucherboxen mit Absaugvorrichtungen vorhanden sind. Ein Anspruch auf Anschaffung dieser Boxen, um das Rauchen zu ermöglichen, besteht nicht.

§ 1 Geltungsbereich

Diese Betriebsvereinbarung gilt für
1. räumlich
2. persönlich
3. fachlich   .

§ 2 Nichtraucherschutz

Das Rauchen ist – mit Ausnahme der in § 3 genannten Bereiche – in allen Firmengebäuden untersagt. Dies gilt auch bei Betriebsfeiern und für Besucher. Raucherverbote aus Sicherheitsgründen, z. B. auf Grund öffentlich-rechtlicher Vorschriften in der Produktion, bleiben unberührt.

§ 3 Raucherbereiche

Rauchen ist nur an den dafür gekennzeichneten Stellen im Freien auf dem Betriebsgelände zulässig. Innerhalb der Gebäude ist Rauchen nur in den Raucherboxen gestattet. Raucher:innen haben diese zu benutzen.

§ 4 Hilfsangebote für Raucher:innen

Das Unternehmen wird in Zusammenarbeit mit geeigneten Trägern Raucherentwöhnungskurse anbieten. Unternehmen und Betriebsrat wählen den Anbieter gemeinsam aus. Die Kosten für einen einmaligen Kurs übernimmt das Unternehmen. Nimmt die rauchende Arbeitnehmer:in nicht am gesamten Kurs teil, hat er die Kosten selbst zu tragen.

§ 5 Schlussbestimmungen
Diese Betriebsvereinbarung ist mit einer Frist von Monaten zum Schluss eines Kalenderjahres kündbar, erstmals zum Datum. Die Kündigung der Betriebsvereinbarung ist nur wirksam, wenn sie schriftlich erfolgt. Die Betriebsvereinbarung wirkt nach. Anlagen sind Bestandteil dieser Betriebsvereinbarung.

Gesamtbetriebsvereinbarung zur Geltung rechtsstaatlicher Grundsätze 11b

Zwischen der Geschäftsführung/dem Vorstand und dem Gesamtbetriebsrat der Firma Name wird die nachstehende Betriebsvereinbarung über die Regelungen zur Ahndung strafbarer Handlungen im Betrieb geschlossen.

Präambel
Alle Beschäftigen wirken darauf hin, dass strafbare Handlungen und sonstige schuldhafte Arbeitspflichtverstöße im Betrieb unterbleiben. Für die Ahndung strafbarer Handlungen gelten im Betrieb die Grundsätze des Rechtstaates, insbesondere die Unschuldsvermutung, das Verhältnismäßigkeitsprinzip und das Willkürverbot. Insbesondere die Interessensvertreter der Arbeitnehmer:innen haben infolge der Herausgehobenheit ihres Amtes ein besonderes Schutzbedürfnis.

§ 1 Geltungsbereich
Diese Gesamtbetriebsvereinbarung gilt für sämtliche Arbeitnehmer:innen und leitende Angestellte der Standorte Name und Name der Firma Name.

§ 2 Strafbestimmungen
Das Strafgesetzbuch (StGB) und andere Strafgesetze gelten auch im Betrieb. Insbesondere ist die Entwendung von Eigentum der Beschäftigten und des Arbeitgebers strafbar. Hierüber sind die Mitarbeiter:innen in betriebsüblicher Weise wiederholt hinzuweisen.

§ 3 Unschuldsvermutung
Bei Verdacht strafbarer Handlungen gelten Beschäftigte bis zu ihrer rechtskräftigen strafgerichtliche Verurteilung als unschuldig. Ein rechtskräftiger Strafbefehl steht einem Strafurteil gleich.
Wegen des Verdachts einer strafbaren Handlung und sonstiger schuldhafter Arbeitspflichtverstöße dürfen keine arbeitsvertraglichen Sanktionen (Abmahnungen, Kündigungen) ausgesprochen oder Betriebsbußen verhängt werden.
Die Kündigung eines Arbeitsverhältnisses wegen einer strafbaren Handlung setzt eine rechtskräftige strafgerichtliche Verurteilung des Beschäftigten voraus.

§ 4 Verhältnismäßigkeitsprinzip
Bei der Ahndung strafbarer Handlungen gilt das Verhältnismäßigkeitsprinzip.
Eine Straftat darf nur mit einer der Schwere der Straftat angemessenen Sanktion bestraft werden. Das mildere hat gegenüber dem schwerer wiegenden Mittel Vorrang.
Die Kündigung bei Diebstahl geringwertiger Sachen oder sonstige Bagatelldelikte (Wert geringer als 50,00 €) ist ausgeschlossen.

§ 5 Willkürverbot
Wird eine strafbare Handlung im Betrieb von allen oder einer Mehrzahl von Arbeitnehmern:innen begangen, dürfen Sanktionen nicht nur gegen einzelne Beschäftigte ergriffen werden. Herausgreifende Abmahnungen, Kündigungen oder sonstige Sanktionen sind von vornherein unwirksam.

§ 6 Rechtsbeistand

Jeder Beschäftigte ist berechtigt, für Gespräche mit dem Arbeitgeber eine Person seines Vertrauens hinzuzuziehen.

§ 7 Grundrechte

Die Grundrechte der Beschäftigten sind strikt einzuhalten. Dies gilt insbesondere für das Recht, Mitglied einer Gewerkschaft zu werden und zu bleiben. Wegen Werbung für die Mitgliedschaft darf nicht diskriminiert werden oder Ermittlungen wegen des Verdachts strafbarer Handlungen aufgenommen werden.

§ 8 Datenschutz

Ohne Zustimmung des Gesamtbetriebsrats dürfen Dritten, insbesondere Detekteien, Rechtsanwält:innen oder Beratungsgesellschaften, nicht die Ermittlungen wegen strafbarer Handlungen oder schuldhafter Pflichtverletzungen gegen Beschäftigte übertragen werden.
Die Ermittlungen sind vertraulich zu behandeln, insbesondere nicht der Belegschaft bekannt zu geben.
Ermittlungsergebnisses, die unter Verstoß gegen diese Gesamtbetriebsvereinbarung zustande gekommen sind, unterliegen einem Beweisverwertungsverbot. Sie dürfen durch den Arbeitgeber nicht zum Gegenstand einer Sanktion oder eines gerichtlichen Verfahrens gemacht werden.

§ 9 Suspendierung

Der Arbeitgeber kann bei Vorliegen besonders schwerwiegender Gründe nach vorheriger Zustimmung des Gesamtbetriebsrats die Arbeitspflicht bis zum Abschluss des Strafverfahrens suspendieren.

§ 10 Interessenvertreter

Arbeitsvertragliche Sanktionen (Abmahnungen, Kündigungen) gegen Interessensvertreter (Mitglieder und Ersatzmitglieder des Gesamtbetriebsrats, Mitglieder und Ersatzmitglieder der Jugend- und Auszubildendenvertretung, Mitglieder und Ersatzmitglieder der Wahlvorstände sowie Arbeitnehmervertreter im Aufsichtsrat) wegen einer Arbeitsvertragspflichtverletzung, die zugleich eine Amtspflichtverletzung darstellt, sind unzulässig. Der Arbeitgeber darf wegen eines solchen Verstoßes allein das Amtsenthebungsverfahren gemäß § 23 Abs. 1 BetrVG bzw. gemäß § 103 Abs. 3 AktG betreiben.

§ 11 Sanktionen

Verstoßen Beschäftigte gegen rechtsstaatliche Grundsätze, kann ihre Entfernung aus dem Betrieb gem. § 104 BetrVG verlangt werden. Dies gilt auch für leitende Angestellte gem. § 5 Abs. 3 BetrVG. Verstöße zum Nachteil von Mitgliedern des Gesamtbetriebsrats behindern den Gesamtbetriebsrat und werden gem. §§ 119, 121 BetrVG verfolgt.

§ 12 Schlussbestimmungen

Diese Gesamtbetriebsvereinbarung tritt zum Datum rückwirkend in Kraft.
Bereits eingeleitete Maßnahmen zur arbeitsvertraglichen Sanktionierung wegen Verdachts oder Amtspflichtverletzungen sind gegenstandslos und von vornherein unwirksam. Der Arbeitgeber verpflichtet sich, schon ausgesprochene Sanktionen rückgängig zu machen bzw. entsprechende Anträge für den Ausspruch von Sanktionen zurückzunehmen bzw. für gegenstandslos zu erklären.
Diese Gesamtbetriebsvereinbarung ist unbefristet und frühestens kündbar zum Datum mit einer Frist von drei Monaten zum Jahresende. Bei einer Kündigung bzw. nach Auslauf der Befristung wirkt sie nach.
Sollte eine Klausel oder Bedingung dieser Vereinbarung ungültig sein oder werden, berührt das die Wirksamkeit dieser Gesamtbetriebsvereinbarung nicht. Die ungültige Klausel ist durch eine neue, wirksame Klausel zu ersetzen, die dem wirtschaftlichen Sinn der ungültigen Klausel entspricht und dem Geist und Inhalt dieser Vereinbarung am nächsten kommt.

Für den Fall, dass über Regelungen dieser Gesamtbetriebsvereinbarung Uneinigkeit entsteht, soll dies in erster Linie durch Gespräche zwischen der Werksleitung/Geschäftsführung und dem Gesamtbetriebsrat ausgeräumt werden. Bleibt dies erfolglos, wird eine paritätische Kommission gebildet, die aus drei von der Geschäftsführung und drei vom Gesamtbetriebsrat benannten Betriebsangehörigen besteht. Die Betriebsparteien sind sich einig, dass diese Kommission die streitigen Punkte ausräumen soll. Misslingt dieser Versuch, kann jede Partei die Einigungsstelle gem. § 76 Abs. 5 BetrVG anrufen.
Ort, Datum, Unterschrift Geschäftsführung/Vorstand, Unterschrift Gesamtbetriebsrat

3. Lage der Arbeitszeit

Umfang der Arbeitszeitregelungen in Betriebsvereinbarungen 12

Vorbemerkung
Regelungen zur Arbeitszeit sind abhängig von den Vorgaben bzw. Öffnungsklauseln, die Tarifverträge für die Dauer und Gestaltung der Arbeitszeit im Betrieb für die Betriebsparteien machen. Diese sind äußerst vielschichtig. Manche Tarifverträge enthalten z.B. detaillierte Regelungen über Arbeitszeitkonten, andere schweigen hierzu. In neueren Tarifverträgen (z.B. der IG Metall) finden sich auch Regelungen zu mobiler Arbeit. Bei der betrieblichen Gestaltung der Arbeitszeit ist daher zunächst der Rahmen, den Tarifverträge setzen, zu prüfen; findet kein Tarifvertrag Anwendung, ergeben sich die Grenzen der Arbeitszeitgestaltung nur aus dem Gesetz bzw. Regelungen in Arbeitsverträgen.

Arbeitszeitkonten – Bandbreitenmodell 13

§ 1 Geltungsbereich
Diese Betriebsvereinbarung gilt für
1. räumlich
2. persönlich
3. fachlich .

§ 2 Grundlagen
Die regelmäßige tarifliche wöchentliche Arbeitszeit von Vollzeitarbeitnehmer:innen beträgt nach dem MTV ausschließlich der Pausen Stunden und wird in der Regel auf die Tage Montag bis Freitag verteilt. Abweichungen sind gem. MTV durch Betriebsvereinbarung zulässig. Die wöchentliche Arbeitszeit kann nach dem MTV durch freiwillige Betriebsvereinbarung auf 0 bis 45 Stunden festgelegt werden.
Im Durchschnitt von drei Monaten/sechs Monaten/zwölf Monaten eines Kalenderjahres ist dabei die regelmäßige tarifliche wöchentliche Arbeitszeit von 38 Stunden zu erreichen. Eine Übertragung von Arbeitszeitguthaben bzw. -defiziten ist nur bis zu Stunden zulässig.

§ 3 Arbeitszeitkonto
Für jede Arbeitnehmer:in wird ein Arbeitszeitkonto eingeführt. Im Arbeitszeitkonto werden alle Differenzen zwischen der tariflichen und der betrieblich festgelegten Arbeitszeit erfasst.
Arbeitszeitguthaben, die sich aus der Differenz zwischen der tariflichen und der betrieblich vereinbarten Arbeitszeit ergeben, entstehen an Tagen mit tatsächlicher Arbeitsleistung, d.h. nicht bei Urlaub, Krankheit und sonstigen arbeitsfreien Tagen mit oder ohne Entgeltfortzahlung.

§ 4 Arbeitszeitausgleich
Der Arbeitszeitausgleich kann durch bezahlte Freistellung an einzelnen Tagen oder durch einen oder mehrere Freizeitblöcke (Blockfreizeit) erfolgen. Dabei sind die persönlichen Belange

der betroffenen Arbeitnehmer:innen im Rahmen der betrieblichen Erfordernisse zu berücksichtigen.
Freistellungen (Arbeitszeitausgleich) sowie sonstige arbeitsfreie Tage werden mit Wochenarbeitszeit: 7, 5 Stunden pro Tag bewertet. Kein Abzug vom Arbeitszeitkonto erfolgt bei Erkrankung des Arbeitnehmers an einem freien Tag oder während eines Freizeitblocks. Gleiches gilt für Feiertage und Zeiten einer Kur, die in diesem Zeitraum liegen.
Die Abgeltung eines nicht in Anspruch genommenen Zeitguthabens ist nur zulässig bei Beendigung des Arbeitsverhältnisses, wenn die Inanspruchnahme nicht mehr möglich ist sowie beim Tod des betroffenen Beschäftigten. In diesem Fall steht den Erben ein entsprechender Geldanspruch in Höhe der dann jeweils gültigen Vergütung zu.
Arbeitszeitdefizite verfallen bei Ende des Arbeitsverhältnisses.
oder
Arbeitszeitdefizite, die auf Veranlassung des Beschäftigten entstanden sind, werden wie unbezahlte Freizeit behandelt. Arbeitszeitdefizite, die betrieblich veranlasst waren, verfallen bei Ende des Arbeitsverhältnisses.

Hinweis:
Sollen bei Arbeitszeitdefiziten nach Grund der Entstehung differenziert werden, muss dies im Arbeitszeiterfassungssystem möglich sein.

§ 5 Entgelt

Unabhängig von der jeweiligen betrieblichen Wochenarbeitszeit wird in jedem Monat das tarifliche bzw. einzelvertraglich vereinbarte Monatsentgelt gleichbleibend gezahlt.
Mehrarbeitsvergütungen und Zuschläge werden entsprechend der jeweils geltenden tariflichen Bestimmung gezahlt.

Hinweis:
Was Mehrarbeit ist, wird in Tarifverträgen sehr unterschiedlich definiert. Auch die Frage, ob Mehrarbeit in Geld oder in Freizeit auszugleichen ist, und unter welchen Voraussetzungen hierfür ein Zuschlag zu zahlen ist, ist in Tarifverträgen unterschiedlich vorgegeben. Zur Klarstellung können in den Betriebsvereinbarungen die Bestimmungen aufgenommen werden und die Anwendung im Arbeitszeitmodell klargestellt werden.

Mehrarbeit ist die über die tariflich bzw. betrieblich festgelegte regelmäßige tägliche/wöchentliche/monatliche/jährliche Arbeitszeit hinausgehende Arbeitszeit.

§ 6 Arbeitszeit

Hinweis:
Die Regelungen zu Arbeitszeitkonten müssen ergänzt werden um die konkreten Regelungen z. B. zu Schichtsystemen, die z. B. festlegen, wann welche Arbeitszeit zu leisten ist. Dabei können in Schichtsystemen Schichtpläne für hohe, normale und geringe Auslastungen (z. B. 15, 18 oder 21 Schichten pro Woche, wenn Sonntagsarbeit zulässig ist, im Voraus vereinbart werden. Dann muss festgelegt werden, wann und unter welchen Voraussetzungen der Wechsel zwischen den Systemen erfolgt.

§ 7 Schlussbestimmungen

Diese Betriebsvereinbarung ist mit einer Frist von Monaten zum Schluss eines Kalenderjahres kündbar, erstmals zum Datum. Die Kündigung dieser Betriebsvereinbarung ist nur wirksam, wenn sie schriftlich erfolgt. Die Betriebsvereinbarung wirkt nach. Anlagen sind Bestandteil dieser Betriebsvereinbarung.

Gleitende Arbeitszeit 14

Vorbemerkung
Besonderes Augenmerk ist bei Gleitzeitvereinbarungen darauf zu richten, in welchem Umfang Zeitguthaben bzw. Zeitschulden in den nächsten Monat übertragen werden können. Im Gegensatz zu vielen Vereinbarungen sieht dieses Muster nicht vor, dass Zeitguthaben ab einer bestimmten Höhe am Monatsende verfallen, weil sie das maximale übertragbare Guthaben übersteigen. Die Arbeit ist geleistet worden. (Vgl. DKW-*Klebe*, § 87 Rn. 99).

§ 1 Geltungsbereich
Diese Betriebsvereinbarung gilt für
1. räumlich ___
2. persönlich ___
3. fachlich ___.

§ 2 Gleitrahmen; Kernarbeitszeit
Beschäftigte können ihren Arbeitszeitbeginn zwischen 6.00 Uhr und 9.00 und das Arbeitszeitende zwischen 15.30 und 19.00 Uhr selbst bestimmen. In der Kernzeit von 9.00 Uhr und 15.30 Uhr besteht Anwesenheitspflicht.
Arbeitnehmer:innen haben bei der Wahl ihres Arbeitszeitbeginns und des Arbeitszeitendes betriebliche Notwendigkeiten zu berücksichtigen.
Die maximale Arbeitszeit beträgt 10 Stunden pro Tag.

§ 3 Arbeitszeiterfassung
Die Arbeitszeit wird mittels Stempelkarten/Arbeitszeiterfassungssystem ___ erfasst. Die gesetzlichen/tarifvertraglichen/betrieblichen Pausen nach der Betriebsvereinbarung vom Datum werden von der Arbeitszeit abgezogen.

§ 4 Übertragungszeitraum
Im Jahresdurchschnitt eines Kalenderjahres muss die durchschnittliche tarifliche Arbeitszeit von ___ erreicht werden. Zeitguthaben von ___ Stunden können in das neue Jahr/den neuen Ausgleichszeitraum (wenn der Abrechnungszeitraum vom Kalenderjahr abweicht) übertragen werden.
Eine Auszahlung von Arbeitszeitguthaben in Geld ist nur bei Ende des Arbeitsverhältnisses zulässig.

> **Hinweis:**
> Möglich ist auch eine Umwandlung von Arbeitszeitguthaben in zusätzliche Einzahlungen in Tarifrentensysteme, sofern diese dies zulassen (z.B. Metall-Rente; Pensionskasse Ernährung und Genuss).

§ 5 Mehrarbeit
Leisten Arbeitnehmer:innen auf Anweisung des Arbeitgebers bzw. mit dessen Duldung Arbeit außerhalb des Gleitzeitrahmens, ist diese Mehrarbeit mit dem tariflichen Zuschlag von ___/mit ___ zu vergüten. Die Arbeitnehmer können wählen, ob sie das Entgelt für die Mehrarbeit inkl. Zuschläge ausbezahlt oder Freizeitausgleich in Anspruch nehmen.

> **Hinweis:**
> Was Mehrarbeit ist, wird in Tarifverträgen sehr unterschiedlich definiert. Auch die Frage, ob Mehrarbeit in Geld oder in Freizeit auszugleichen ist, und unter welchen Voraussetzungen hierfür ein Zuschlag zu zahlen ist, ist in Tarifverträgen unterschiedlich vorgegeben. Zur Klarstellung können in den Betriebsvereinbarungen die Bestimmungen aufgenommen werden und die Anwendung im Arbeitszeitmodell klargestellt werden.

§ 6 Steuerung

Betriebsrat und Arbeitgeber bilden eine paritätisch besetzte Kommission, die dafür Sorge zu tragen hat, dass die tariflichen, gesetzlichen und in dieser Betriebsvereinbarung enthaltenen Regelungen eingehalten werden. Sie hat insbesondere dafür Sorge zu tragen, dass auf den Gleitzeitkonten nur Zeitschulden/Zeitguthaben bestehen, die den Grenzen dieser Betriebsvereinbarung entsprechen.
Der Betriebsrat erhält monatlich eine Aufstellung über alle Gleitzeitguthaben/-schulden von mehr als Stunden. Betragen die Guthaben/Schulden mehr als Stunden, haben Vorgesetzte und Mitarbeiter Maßnahmen für den Abbau der Zeitguthaben/-schulden zu beraten und zu ergreifen.

§ 7 Schlussbestimmungen

Diese Betriebsvereinbarung ist mit einer Frist von Monaten zum Schluss eines Kalenderjahres kündbar, erstmals zum Datum. Die Kündigung dieser Betriebsvereinbarung ist nur wirksam, wenn sie schriftlich erfolgt. Die Betriebsvereinbarung wirkt nach. Anlagen sind Bestandteil dieser Betriebsvereinbarung.

15 **Kapazitätsorientierte variable Arbeitszeit (Kapovaz)**

KAPOVAZ steht für »Kapazitätsorientierte variable Arbeitszeit« und ist ein Teilzeitmodell, bei dem die Arbeitszeit flexibel nach dem Bedarf des Arbeitgebers eingesetzt wird. Die wöchentliche oder monatliche Arbeitszeit wird zwar vertraglich festgelegt, aber der genaue Zeitpunkt und Umfang der Arbeit wird vom Arbeitgeber festgelegt und der Arbeitnehmer:in mitgeteilt, i.d.R. mit einer Vorankündigungsfrist. Bei Verwendung eines solchen Modells sollte der Betriebsrat klare Grenzen einziehen. Besser ist es, **Kapovaz, Arbeit auf Abruf / nach Anfall ausschließen** und zugleich für Teilzeit-Beschäftigte **gesicherte feste Arbeits- und Ruhezeiten durchsetzen.**
Es empfiehlt sich der Abschluss einer Betriebsvereinbarung, die Teilzeitbeschäftigte miteinbezieht, oder eine Schichtgestaltung speziell für Teilzeitbeschäftigte vorzunehmen, die die europäisch geforderte Gleichbehandlung der Teilzeitbeschäftigten auch bei der betrieblichen Arbeitszeitgestaltung verwirklicht.[1]

§ 1 Geltungsbereich

Diese Betriebsvereinbarung gilt für
1. räumlich
2. persönlich
3. fachlich .

§ 2 Dauer und Lage der wöchentlichen Arbeitszeit

Die wöchentliche Arbeitszeit der Arbeitnehmer:innen beträgt zwischen und Stunden. Sie wird verteilt auf die Tage Montag bis Freitag. Arbeit an Sonnabenden bedarf der gesonderten Zustimmung des Betriebsrats.
Die Arbeitszeit ist zwischen 7.00 Uhr und 20.00 Uhr zu leisten.

§ 3 Persönliche Arbeitszeit

Die persönliche Arbeitszeit wird für jeweils Wochen im Voraus festgelegt. Dabei sind Arbeitszeitwünsche der Arbeitnehmer:innen unter Berücksichtigung der betrieblichen Notwendigkeiten zu berücksichtigen. Arbeitszeitwünsche von Arbeitnehmern mit schulpflichtigen Kindern sind bevorzugt zu berücksichtigen.

---

1 Vgl. *Buschmann/Edich*, Europarecht, S. 101.

Die sich hieraus ergebenden Einsatzpläne sind den betroffenen Arbeitnehmer:inne und dem Betriebsrat bekannt zu geben. Die Einsatzpläne sind verbindlich und dürfen nur auf Wunsch von Arbeitnehmer:innen oder bei unvorhersehbaren Ereignissen (z. B. Krankheit von Arbeitnehmern) geändert werden.
Die Mindestarbeitszeit beträgt pro Arbeitstag ___ Stunden. Pro Woche beträgt die Mindestarbeitszeit mindestens ___ Stunden. Wöchentlich sind mindestens ___ Stunden zu vergüten.

> **Hinweis:**
> Nach dem Teilzeit- und Befristungsgesetz beträgt bei kapazitätsorientierter variabler Arbeitszeit, wenn die Arbeitsvertragsparteien keine Regelung getroffen haben, die tägliche Arbeitszeit mindestens drei aufeinander folgende Stunden, die wöchentliche Arbeitszeit zwanzig Stunden; die Ankündigungsfrist vier Tage (§ 12 Abs. 1 TzBfG).

§ 4 Arbeitszeitkonto
Für jede Arbeitnehmer:in wird ein Arbeitszeitkonto eingerichtet. In ihm werden alle geleisteten Stunden erfasst.

> **Hinweis:**
> Viele Tarifverträge enthalten Regelungen über die Führung von Arbeitszeitkonten. Die Bestimmungen in der Betriebsvereinbarung müssen mit diesen in Einklang stehen.

§ 5 Arbeitszeiterfassung
Die Arbeitszeiterfassung erfolgt im Rahmen der Betriebsvereinbarung Arbeitszeiterfassung vom Datum.

§ 6 Vergütung
Das monatliche Entgelt ist auf der Basis der im Arbeitsvertrag vereinbarten Arbeitszeit monatlich gleich bleibend zu zahlen.

§ 7 Schlussbestimmungen
Diese Betriebsvereinbarung ist mit einer Frist von ___ Monaten zum Schluss eines Kalenderjahres kündbar, erstmals zum Datum. Die Kündigung dieser Betriebsvereinbarung ist nur wirksam, wenn sie schriftlich erfolgt. Die Betriebsvereinbarung wirkt nach. Anlagen sind Bestandteil dieser Betriebsvereinbarung.

___

Checkliste zu Umkleidezeiten 15a

Vorbemerkung
Das Bundesarbeitsgericht hat seine Rechtsprechung zur Frage, ob Umkleidezeiten und hierdurch veranlasste innerbetriebliche Wegezeiten vergütungspflichtige Arbeitszeit sind grundlegend geändert (BAG 19.9.2012 – 5 AZR 678/11). Sie sind vergütungspflichtige Arbeitszeit, wenn das Tragen einer bestimmten Kleidung vom Arbeitgeber vorgeschrieben wird und das Umkleiden im Betrieb erfolgen muss. Dies gilt auch, wenn eine bestimmte Kleidung auf Grund gesetzlicher Hygienebestimmungen vorgeschrieben ist. Für die Fleischwirtschaft gelten seit dem 1.1.2021 klare gesetzliche Vorschriften zur Erfassung von Umkleide- Rüst- und Waschzeiten, die Arbeitszeit sind (§ 6 Abs. 2 GSA-Fleisch). Diese können als Vorbild für andere Branchen dienen. Bei Abschluss einer Betriebsvereinbarung zur Erfassung von Umkleide-, Wasch- und Rüstzeiten sind folgende Punkte zu bedenken:

- Klärung, ob die im Betrieb geltenden Tarifverträge hierfür vorrangige Regelungen enthalten oder evtl. Öffnungsklauseln für betriebliche Regelungen.

- Da die o. g. Umkleidezeiten samt notwendigen Wegezeiten Arbeitszeit sind, muss deren Erfassung sichergestellt werden; daher muss die Erfassung und der Ort der Arbeitszeiterfassungsgeräte überprüft werden
- Vergütung der Umkleidezeiten samt dafür notwendigen Wegezeiten nach den individuellen tariflichen, betrieblichen und vertraglichen Bestimmungen, d. h. die Zeiten werden mit dem normalen Entgelt des Arbeitnehmers bezahlt.
- Wenn Umkleidezeiten und notwendige Wegezeiten Arbeitszeit sind, wie wirkt sich das auf die nach Tarifvertrag und Betriebsvereinbarungen vorgesehenen Schichtmodelle z. B. im Drei-Schichtbetrieb aus. Bei z. B. notwendigen Umkleidezeiten und Wegezeiten von jeweils 15 Minuten am Morgen und am Abend kann die übrige Arbeitszeit (incl. Pausen), die für die »eigentliche« Schicht zur Verfügung steht, nur noch 7.30 Stunden betragen.
- Die Vergütung für die zur Arbeitszeit zählenden Umkleide- Rüst- und Waschzeiten darf in keinem Fall den allg. gesetzlichen Mindestlohn oder andere, branchenbezogene Mindestlöhne unterschreiten.

16 **Rufbereitschaft**

§ 1 Geltungsbereich

Diese Betriebsvereinbarung gilt für

1. räumlich
2. persönlich
3. fachlich .

§ 2 Begriffsbestimmung

Rufbereitschaft ist die Zeit, in der eine Arbeitnehmer:in außerhalb seiner normalen täglichen Arbeitszeit außerhalb des Betriebs für mögliche Arbeitseinsätze erreichbar sein muss.

> **Hinweis:**
> Abhängig davon, wieviel »Bewegungsfreiheit« Arbeitnehmer:innen haben, die Rufbereitschaft leisten, sieht der EuGH Rufbereitschaft insgesamt als Arbeitszeit (z. B. wenn die Arbeitnehmer:innen binnen 8 Minuten im Betrieb sein müssen, wenn sie gerufen werden) an. Es kann also sein, dass die gesamte Zeit der Rufbereitschaft und nicht nur die Einsatzzeit Arbeitszeit ist. Der EuGH legt alle konkreten Umstände des Einzelfalles zugrunde. Dies muss der BR vorher prüfen. Über die Vergütung der Arbeitszeit ist damit noch nichts gesagt.

§ 3 Dauer der Rufbereitschaft

Die in der Anlage 1 aufgezählten Arbeitnehmer:innen werden jeweils für eine Woche/oder ein Wochenende zur Rufbereitschaft eingeteilt. Sie sind verpflichtet, in der Rufbereitschaft telefonisch/oder über andere im Betrieb gebräuchliche Medien z. B. Pieper jederzeit erreichbar zu sein.
Die Rufbereitschaft beginnt täglich um Uhr und endet um Uhr.
Arbeitnehmer:innen dürfen nicht länger als Wochen hintereinander zur Rufbereitschaft eingeteilt werden.

§ 4 Vergütung

Arbeitseinsätze während der Rufbereitschaft werden mit allen Zuschlägen und Zulagen gem. Tarifvertrag vergütet.
Der oder die Arbeitnehmer:in hat das Recht, anstelle der Bezahlung Freizeitausgleich zu nehmen.
Für die Rufbereitschaft wird pro Tag zusätzlich eine Pauschale von € gezahlt.
Verfügen Arbeitnehmer:innen, die zur Rufbereitschaft eingeteilt sind, nicht über ein Mobiltelefon, wird ihnen für die Dauer der Rufbereitschaft kostenlos ein Mobiltelefon zur Verfügung gestellt.

Für die Fahrten zum Betrieb im Rahmen eines Arbeitseinsatzes während der Rufbereitschaft erhält die Arbeitnehmer:in (entweder eine Pauschale oder Kilometergeld).

§ 5 Arbeitszeit und Ruhezeit

Nach einem Arbeitseinsatz während der Ruhezeit ist die normale Ruhezeit einzuhalten. Die hierdurch evtl. ausfallende Arbeitszeit am folgenden Arbeitstag wird wie Arbeitszeit gewertet und bezahlt. Sie wird auf Arbeitszeitkonten nicht abgezogen.

> **Hinweis:**
> Kommt es während der Rufbereitschaft zu einem Arbeitseinsatz, sind anschließend die Ruhezeiten gem. § 5 ArbZG einzuhalten. Hierdurch fällt unter Umständen die normale Arbeit am Folgetag aus. Ohne besondere Regelungen in der Betriebsvereinbarung kann so ein Arbeitszeitdefizit entstehen. Daher sind Regelungen wie vorgeschlagen erforderlich, die festlegen, dass die ausgefallenen Zeiten als geleistete Arbeitszeit gewertet werden.

§ 6 Schlussbestimmungen

Diese Betriebsvereinbarung ist mit einer Frist von Monaten zum Schluss eines Kalenderjahres kündbar, erstmals zum Datum. Die Kündigung dieser Betriebsvereinbarung ist nur wirksam, wenn sie schriftlich erfolgt. Die Betriebsvereinbarung wirkt nach. Anlagen sind Bestandteil dieser Betriebsvereinbarung.

Bereitschaftsdienst 17

§ 1 Geltungsbereich

Diese Betriebsvereinbarung gilt für

1. räumlich
2. persönlich
3. fachlich .

§ 2 Bereitschaftsdienst

Bereitschaftsdienst ist in der Zeit von bis zu leisten. Während des Bereitschaftsdienstes müssen sich die Arbeitnehmer:innen auf dem Betriebsgelände aufhalten.
Die Arbeitnehmer haben ihre Erreichbarkeit durch Telefon/Pieper sicherzustellen.
Jeweils bis des Vormonats wird der Bereitschaftsdienstplan erstellt, der jedem Arbeitnehmer bekannt gegeben wird. Dabei haben die Arbeitnehmer:innen zunächst den Bereitschaftsdienstplan untereinander abzustimmen. Auf die Belange von Arbeitnehmer:innen mit Kindern ist dabei besondere Rücksicht zu nehmen. Kommt es zu keiner Einigung unter den Arbeitnehmer:innen, entscheidet der Vorgesetzte verbindlich.

> **Hinweis:**
> Geklärt werden muss auch die Verpflegung von Arbeitnehmer:innen, die Rufbereitschaft leisten. Ist z. B. ein Betriebsrestaurant vorhanden, muss geklärt werden, ob dies von den Arbeitnehmer:innen, die Bereitschaftsdienst leisten, genutzt werden kann oder ob z. B. die Verpflegung über Automaten sichergestellt werden kann.

§ 3 Vergütung

Für jeden Bereitschaftsdienst erhält ein Arbeitnehmer eine Pauschale von €.
Bereitschaftsdienst wird wie normale Arbeitszeit gewertet und bezahlt.
Nach Arbeitseinsätzen während der Bereitschaft sind die Ruhezeiten gem. § 5 ArbZG einzuhalten. Fällt durch die Einhaltung der Ruhezeiten Arbeitszeit am folgenden Tag aus, wird diese den

Arbeitnehmern als geleistet vergütet. Auf Arbeitszeitkonten wird sie wie geleistete Arbeit eingestellt.

§ 4 Schlussbestimmungen
Diese Betriebsvereinbarung ist mit einer Frist von Monaten zum Schluss eines Kalenderjahres kündbar, erstmals zum Datum. Die Kündigung dieser Betriebsvereinbarung ist nur wirksam, wenn sie schriftlich erfolgt. Die Betriebsvereinbarung wirkt nach. Anlagen sind Bestandteil dieser Betriebsvereinbarung.

18 Schicht– und Nachtarbeit

Vorbemerkung
Für Schichtsysteme enthalten Tarifverträge eine Reihe von Vorgaben, die bei Betriebsvereinbarungen zu beachten sind. Dies können z. B. zusätzliche Pausen für die Nachtschicht sein. Diese sind für die Betriebsparteien i. d. R. bindend.

§ 1 Geltungsbereich
Diese Betriebsvereinbarung gilt für
1. räumlich
2. persönlich
3. fachlich .

§ 2 Lage und Verteilung der Arbeitszeit
Vorbemerkung
Je nach Schicht-System müssen die einzelnen Schichtzeiten (Beginn, Ende) sowie die Pausen festgelegt werden. Hier ist ein Muster für einen zweischichtigen Betrieb aufgeführt.

2-Schicht-System

	Frühschicht von bis	
Montag	6.00–14.15	
Dienstag	6.00–14.15	
Mittwoch	6.00–14.15	
Donnerstag	6.00–14.15	
Freitag	6.00–11.15	
	Spätschicht von bis	
Montag	14.15–22.30	
Dienstag	14.15–22.30	
Mittwoch	14.15–22.30	
Donnerstag	14.15–22.30	
Freitag	11.15–16.30	

In der Frühschicht ist von 9.00 Uhr bis 9.15 Uhr bezahlte/unbezahlte Pause und von 12.00 Uhr bis 12.30 Uhr. In der Spätschicht ist bezahlte/unbezahlte Pause von 18.00 Uhr bis 18.15 Uhr und von 20.00 Uhr bis 20.30 Uhr.

3-Schicht-System

Für die Schichtarbeitnehmer:innen im 3-Schicht-System beträgt die regelmäßige Arbeitszeit von Montag bis Samstagmorgen von 6.00 Uhr bis 14.00 Uhr bzw. von 14.00 Uhr bis 22.00 Uhr bzw. von 22.00 Uhr bis 6.00 Uhr – inkl. ½ Std. bezahlter Pause.

Die Werksleitung erstellt hierfür die erforderliche Personaleinsatzplanung unter Mitbestimmung des Betriebsrats gemäß den Vorschriften des BetrVG. Hierbei ist die Reihenfolge der Schichten wie folgt zu berücksichtigen:

Früh Nacht Spät

> **Hinweis:**
> Klassische Drei-Schicht-Systeme sehen einen Wechsel im 5-Tages-Rhythmus vor. Im Hinblick auf die gesundheitsschädlichen Auswirkungen insbesondere der Nachtarbeit wäre ein vorwärts rollierender Wechsel z. B.: 2 – 2 – 3 z. B. bei einem vollkontinuierlichen 4-Schichtsystem besser.

Beispiel eines solchen Schichtplans:

	Woche 1							Woche 2						
	Mo	Di	Mi	Do	Fr	Sa	So	Mo	Di	Mi	Do	Fr	Sa	So
Frühschicht														
Spätschicht														
Nachtschicht														

	Woche 3							Woche 4						
	Mo	Di	Mi	Do	Fr	Sa	So	Mo	Di	Mi	Do	Fr	Sa	So
Frühschicht														
Spätschicht														
Nachtschicht														

§ 3 Änderungen im Schichtplan

> **Hinweis:**
> Änderungen im Schichtplan betreffen den Wechsel einzelner Arbeitnehmer:innen zwischen den Schichten, sei es auf Veranlassung des Arbeitgebers, sei es auf eigenen Wunsch. Diese Wechsel könnten mit dem Verlust von Entgelt (keine Nachtschichtprozente bei Wechsel von Nacht- in Frühschicht) verbunden sein. Hier muss geklärt werden, ob es hierfür einen finanziellen Ausgleich gibt. Dies kann in Form von Weiterzahlung der bisherigen Schichtprozente oder aber in Form einer zusätzlichen Schichtpauschale geschehen.

Wird eine Arbeitnehmer:in auf Veranlassung des Arbeitgebers vorübergehend in eine andere Schicht versetzt, so erhält er – falls dies mit finanziellen Verlusten (Schichtzuschläge) verbunden ist, für die Dauer der Versetzung einen Ausgleich in Höhe der Nettoentgeltdifferenz.

oder

Arbeitnehmer:innen im 3-Schichtsystem erhalten eine pauschale Schichtzulage von ___ % ihres Grundentgelts.

§ 4 Zusatzschichten

> **Hinweis:**
> Zusätzliche Schichten (Mehrarbeit) müssen den Arbeitnehmer:innen rechtzeitig angekündigt werden, damit sie sich darauf einstellen können. Je nach Grad der Flexibilisierung gibt es eine pauschale Genehmigung für z. B. eine bestimmte Anzahl von Zusatzschichten oder es muss jede einzelne Sonderschicht vom Betriebsrat genehmigt werden. Ob sie Mehrarbeit sind, hängt von den Definitionen im Tarifvertrag ab.

Sonderschichten bedürfen der vorherigen Genehmigung des Betriebsrats. Sie sind Tage/Wochen vorher den betroffenen Arbeitnehmer:innen anzukündigen.

§ 5 Schichtplanung

> **Hinweis:**
> Wichtig für die praktische Akzeptanz eines Schicht-Modells ist die Beteiligung der Betroffenen. Deshalb sollten sie in die Erstellung des Schichtplans einbezogen werden.

Die Schichtpläne und die Besetzungspläne werden in Zusammenarbeit mit den betroffenen Arbeitnehmern entwickelt. Hierzu werden Workshops durchgeführt, in denen die verschiedenen Modelle mit den Betroffenen diskutiert werden sollen. Die Workshops sind so zu gestalten, dass die Betroffenen selbst entsprechende Schichtpläne entwickeln. In den Workshops sind die Arbeitnehmer über die gesundheitlichen Risiken von Schicht- und Nachtarbeit sowie von bestimmten Schichtmodellen zu informieren. Die Workshops werden von der Personalabteilung und dem Betriebsrat gemeinsam organisiert.

§ 6 Verpflegung der Arbeitnehmer:innen

> **Hinweis:**
> Für Nachtschichtarbeitnehmer:innen, aber auch für Spätschichtler ist die Verpflegung mit qualitativ gutem Essen wichtig. Hier müssen die Details geregelt werden.

Das Betriebsrestaurant bleibt bis ___ geöffnet.
Für die Arbeitnehmer:innen in der Nachtschicht werden folgende Speisen angeboten: ___.
Sie werden wie folgt bereitgestellt:

- ___
- ___
- ___

§ 7 Qualifikation

Schichtarbeitnehmer:innen haben Anspruch auf Teilnahme an betrieblichen Bildungsmaßnahmen wie Arbeitnehmer:innen außerhalb des Schichtbetriebs. Nehmen sie an betrieblichen Bildungsmaßnahmen teil, erhalten sie für einen möglichen finanziellen Verlust von Zuschlägen während der Teilnahme an der Maßnahme eine Pauschale von ___ €.

§ 8 Nachtarbeitnehmer:innen, Umsetzung

> **Hinweis:**
> § 6 Abs. 3, 4 ArbZG legt fest, dass Nachtarbeitnehmer:innen Anrecht auf Vorsorgeuntersuchungen und ggf. auf einen Tagarbeitsplatz haben. Diese Regelungen können in einer Betriebsvereinbarung konkretisiert werden.

Nachtarbeitnehmer:innen haben ab dem Lebensjahr Anspruch auf jährliche Vorsorgeuntersuchungen. Die Untersuchungen werden vom Betriebsarzt durchgeführt. Das Ergebnis der Untersuchungen ist nur dem Arbeitnehmer mitzuteilen. Der Betriebsarzt darf ohne ausdrückliche schriftliche Zustimmung des Arbeitnehmers keine Auskünfte über das Untersuchungsergebnis an den Arbeitgeber geben.
Wenn eine Nachtarbeitnehmer:in aus den in § 6 Abs. 4 ArbZG genannten Gründen einen Wechsel auf einen Tagarbeitsplatz wünscht, ist diesem Wunsch zu entsprechen, sofern ein adäquater Tagarbeitsplatz frei ist. Entgeltverluste bei Umsetzung auf einen Tagarbeitsplatz werden wie folgt gemildert: .

§ 9 Arbeitszeitkommission
Zur Beilegung von Streitigkeiten zwischen den Betriebsparteien sowie zur Prüfung von Beschwerden einzelner Arbeitnehmer:innen im Zusammenhang mit dem Schichtsystem wird eine Arbeitszeitkommission gegründet. Sie ist paritätisch mit je zwei Vertretern des Arbeitgebers und des Betriebsrats besetzt. Über die Berechtigung von Beschwerden entscheidet sie mit Mehrheit. Kommt die Arbeitszeitkommission nicht zu einer Entscheidung, können die Betriebsparteien die Einigungsstelle anrufen.
Falls ein neues Schichtmodell zur Probe eingeführt wurde:
Weiterhin überprüft die Arbeitszeitkommission die Erfahrungen mit dem neuen Schichtmodell. Sie hat dem Arbeitgeber und dem Betriebsrat Bericht zu erstatten. Die Ergebnisse werden in Workshops mit den Betroffenen diskutiert.

§ 10 Schlussbestimmungen
Diese Betriebsvereinbarung ist kündbar mit einer Frist von Monaten zum Monatsende/Quartalsschluss/Jahresende, erstmals zum . Anlagen sind Bestandteil dieser Betriebsvereinbarung. Nach ihrem Ablauf wirkt die Betriebsvereinbarung nach.
Oder, wenn Schichtmodell erprobt wird
Diese Betriebsvereinbarung gilt bis zum . Sie wirkt nicht nach. Sie dient der Erprobung des neuen Schichtmodells. Einigen sich die Betriebsparteien nicht auf eine Fortsetzung – ggf. mit Änderungen – des neuen Schichtmodells, gilt nach Ablauf dieser Betriebsvereinbarung wieder die Betriebsvereinbarung »Schicht« vom . Anlagen sind Bestandteil dieser Betriebsvereinbarung.

Teilzeitarbeit 19

Vorbemerkung
Für die Regelung der Teilzeitarbeit enthält das Teilzeit- und Befristungsgesetz sowohl Rechtsansprüche, z. B. den auf einen unbefristeteten Teilzeitarbeitsplatz (§ 8) oder die befristete sog. Brückenteilzeit (§ 9a), als auch ein ausdrückliches Diskriminierungsverbot (§ 4). Diese sind bei der Gestaltung der Betriebsvereinbarung, neben etwaigen tariflichen Regelungen, zwingend zu beachten.

§ 1 Geltungsbereich und Grundsätze
Diese Betriebsvereinbarung gilt für
1. räumlich
2. persönlich
3. fachlich .

Ziel der Betriebsvereinbarung ist es, Teilzeitarbeit auf allen Hierarchieebenen zu ermöglichen, sofern Arbeitnehmer es wünschen und es betriebsorganisatorisch möglich ist.

§ 2 Ausschreibung
Grundsätzlich sind alle Arbeitsplätze auch als Teilzeitarbeitsplätze auszuschreiben. Soll ein Arbeitsplatz nur als Vollzeitarbeitsplatz ausgeschrieben werden, ist vor der Ausschreibung gegenüber dem Betriebsrat zu begründen, warum er sich nicht als Teilzeitarbeitsplatz eignet.

§ 3 Wechsel von Vollzeit in Teilzeit
Der Wunsch der Arbeitnehmer:in, von Vollzeit in Teilzeit zu wechseln, ist spätestens drei Monate vor Beginn der gewünschten Teilzeitbeschäftigung bei der ___ geltend zu machen. Dabei hat die Arbeitnehmer:in anzugeben, ob er dauerhaft in Teilzeit arbeiten will oder befristet.

1. Wünscht eine Arbeitnehmer:in eine Reduzierung seiner Arbeitszeit, muss dem im Rahmen der betrieblichen Möglichkeiten Rechnung getragen werden.
2. Teilzeitarbeit ist so zu gestalten, dass die jeweiligen Grenzen der Sozialversicherungspflicht – für geringfügige Arbeit – im Rahmen der Kranken-, Renten- und Arbeitslosenversicherung nicht unterschritten werden. Wünscht der Arbeitnehmer eine unter diesen Grenzen liegende Arbeitszeit, ist er auf mögliche sozialversicherungsrechtliche Folgen in verständlicher Form hinzuweisen.
3. Bei Umwandlung eines Vollzeitarbeitsverhältnisses in ein Teilzeitarbeitsverhältnis ist das Arbeitsvolumen des Teilzeitbeschäftigten entsprechend zu reduzieren. Eine unzumutbare Leistungsverdichtung ist auszuschließen. Entsprechende arbeitsorganisatorische Maßnahmen unterliegen der Mitbestimmung des Betriebsrats.
4. Wird ein Vollzeitarbeitsplatz in zwei oder mehrere Teilzeitarbeitsplätze umgewandelt (Job sharing), so ist sicherzustellen, dass die Arbeitnehmer:in durch jeweilige Vertretungspflichten (z. B. Urlaub, Mutterschutz, Krankheit usw.) ihre persönlich vereinbarte Arbeitszeit (täglich, wöchentlich, monatlich) nicht verlängern müssen.
5. Teilzeitarbeit ist kein negatives Kriterium bei der Sozialauswahl zu betriebsbedingten Kündigungen.
6. Alle übrigen tarifvertraglichen und gesetzlichen Bestimmungen, z. B. Eingruppierung, Leistungslohn, Urlaub, Sonderzahlungen, Weiterbildung und Umschulung, betriebliche Altersversorgung, Zusatzleistungen und Zulagen, gelten für Teilzeit- wie für Vollzeitbeschäftigte.
7. Mehrarbeit ist grundsätzlich zu vermeiden. Zwischen Betriebsrat und Arbeitgeber vereinbarte Mehrarbeit ist die über die individuell vereinbarte tägliche oder wöchentliche Arbeitszeit hinaus geleistete Arbeitszeit. Sie ist ab der ersten Stunde zuschlagspflichtig. Mehrarbeitsvergütung und Zuschläge sind grundsätzlich in Freizeit abzugelten.

§ 4 Schlussbestimmungen
Diese Betriebsvereinbarung ist mit einer Frist von ___ Monaten zum Schluss eines Kalenderjahres kündbar, erstmals zum Datum. Die Kündigung dieser Betriebsvereinbarung ist nur wirksam, wenn sie schriftlich erfolgt. Die Betriebsvereinbarung wirkt nach. Anlagen sind Bestandteil dieser Betriebsvereinbarung.

20 **Vertrauensarbeitszeit**

Vorbemerkung
Vertrauensarbeitszeit verspricht den Beschäftigten ein hohes Maß an Selbstbestimmung über ihre Arbeitszeit. Probleme entstehen durch die Zuteilung der Arbeitsmenge, die dazu führen kann, dass Beschäftigte letztlich »ohne Ende arbeiten«. Zwar unterliegen Arbeitnehmer:innen im Hinblick auf die Arbeitszeit keiner Kontrolle mehr, aber durch die Zuweisung von Arbeiten, die Vereinbarung von zu erreichenden Zielen, insbesondere bei Projektarbeit, wird das Betriebsrisiko auf den Arbeitnehmer verlagert (vgl. DKW-*Klebe*, § 87 Rn. 100 m. w. N.). Betriebliche Regelungen zur Vertrauensarbeitszeit müssen gewährleisten, dass die gesamte tatsächliche Arbeitszeit be-

trieblich erfasst wird. Dies gibt die Rspr. des EuGH zwingend vor (EuGH 19.12.2024 – C-531/23, NZA 2025, 97 (99 Zz. 49ff.).

Die mit der Vertrauensarbeitszeit möglichen individuellen Gestaltungsmöglichkeiten sind abhängig von der Personalausstattung. Ist die Personaldecke zu dünn, stehen die individuellen Gestaltungsspielräume nur auf dem Papier. Um die Arbeitnehmer:innen vor Überlastung zu schützen, ist es notwendig, die Arbeitszeit zu erfassen (vgl. DKW-*Klebe*, § 87 Rn. 100 m.w.N.).

Besonderes Augenmerk muss auf die Einbeziehung der Betroffenen gelegt werden. Nur hierüber kann sichergestellt werden, dass die Chancen der Vertrauensarbeitszeit genutzt und die Risiken minimiert werden. Insbesondere im Rahmen von Projektarbeit sind Regelungen zu treffen, die bei längeren Projekten sicherstellen, dass Arbeitnehmer Ausgleichszeiten auch tatsächlich in Anspruch nehmen können.

Die Einbeziehung kann z.B. über die Bildung von Arbeitsgruppen, die Einbeziehung von betroffenen Arbeitnehmern als Auskunftspersonen (§ 80 Abs. 2 BetrVG) in die Gestaltung der Betriebsvereinbarung sowie deren Durchführung erfolgen.

Sofern keine Erfahrungen mit flexibler Arbeitszeit im Betrieb vorliegen, empfiehlt es sich, die Regelungen der Vertrauensarbeitszeit zunächst zur Probe einzuführen.

Neben den tarifvertraglichen Regelungen müssen auch die gesetzlichen Schutzvorschriften des Arbeitszeitgesetzes eingehalten werden. Dazu ist eine genaue Erfassung der geleisteten Arbeitszeit erforderlich.

Regelungen zur »Vertrauensarbeitszeit« sind nicht über die Einigungsstelle erzwingbar, es handelt sich um eine freiwillige Betriebsvereinbarung (DKW-*Klebe*, § 87 Rn. 100).

Präambel

Ziel dieser Betriebsvereinbarung ist es, die Möglichkeiten zur individuellen Gestaltung der Arbeitszeit zu erhöhen. Dies setzt einen verantwortungsvollen Umgang mit den geschaffenen Freiräumen voraus.

Die persönlichen Arbeitszeitwünsche sind dabei mit den betrieblichen Erfordernissen in Einklang zu bringen. Hierfür legt diese Betriebsvereinbarung die Prozesse fest.

Die Betriebsparteien sind sich darüber einig, dass durch die Gestaltung der Prozesse, der Planung von Arbeitsprozessen und der Planung der Arbeitszeit, insbesondere im Rahmen von Projektarbeit, sichergestellt werden muss, dass Arbeitnehmer ausreichend Möglichkeiten haben, Ausgleichszeiten in Anspruch zu nehmen.

Bei der Vereinbarung von Zielen oder der Zuweisung von Aufgaben usw. für einzelne Arbeitnehmer:innen und/oder Gruppen von Arbeitnehmern dürfen keine Ziele, Aufgaben usw. vereinbart oder zugewiesen werden, die im Rahmen der geltenden Arbeitszeit nicht zu bearbeiten sind.

Gesetzliche, tarifliche und betriebliche Regelungen sind einzuhalten.

§ 1 Geltungsbereich

Diese Betriebsvereinbarung gilt für

1. räumlich
2. persönlich
3. fachlich .

§ 2 Arbeitszeit/Arbeitszeitrahmen

Die tarifliche, bzw. die einzelvertraglich vereinbarte Wochenarbeitszeit (Teilzeit) kann innerhalb des Zeitrahmens von montags Uhr bis freitags Uhr grundsätzlich frei gewählt werden.

> **Hinweis:**
> Möglich ist es, den Arbeitszeitrahmen innerhalb der Woche nicht zu begrenzen. Dies würde jedoch ermöglichen, dass Arbeitnehmer:innen auch verstärkt nachts arbeiten. Da Nachtarbeit aber generell gesundheitsschädlich ist, sollte hiervon abgesehen werden und ein täglicher Arbeitszeitrahmen, z.B. 06.00 Uhr bis 22.00 Uhr festgelegt werden.

Zur Gewährleistung der Servicezeiten, der Servicequalität und zur Regelung einer Mindestbesetzung werden zwischen den Vorgesetzten und den Arbeitnehmern der jeweiligen Abteilung Besetzungsabsprachen getroffen. Die personelle Umsetzung ist Sache der betroffenen Arbeitnehmer:innen.
Einigen sich die Arbeitnehmer:innen nicht untereinander über Besetzungsabsprachen, entscheidet der Vorgesetzte.

§ 3 Mehrarbeit
Durch Vorgesetzte angewiesene Arbeitszeit zwischen und Uhr, die die Arbeitnehmer:in in seiner eigenen sonst üblichen Arbeitszeitgestaltung einschränkt, wird mit tariflichen Zuschlägen wie Mehrarbeit vergütet.
oder
Durch Vorgesetzte ausdrücklich angewiesene Arbeitszeit, die die Arbeitnehmer:in in seiner eigenen Arbeitszeitgestaltung einschränkt, wird mit tariflichen Zuschlägen wie Mehrarbeit vergütet.
Die Mehrarbeit inkl. Zuschläge wird dem Arbeitszeitkonto gutgeschrieben.
Arbeitszeit außerhalb des Arbeitszeitrahmens ist zuschlagspflichtige Mehrarbeit, die vorher vom Betriebsrat genehmigt werden muss.

> **Hinweis:**
> Wann Mehrarbeit vorliegt, richtet sich nach den Definitionen in den Manteltarifverträgen. Diese berücksichtigen z. T. nicht die Schwierigkeiten, die es bei Vertrauensarbeitszeit bei der Feststellung gibt, was als Mehrarbeit gilt. Daher ist es sinnvoll, auf Basis der tariflichen Regelungen klare Festlegungen in der Betriebsvereinbarung zu treffen.

§ 4 Gesetzliche Regelungen
Die gesetzliche Höchstarbeitszeitgrenze von zehn Stunden pro Tag ohne Pausen darf nicht überschritten werden.
Nach Beendigung der täglichen Arbeitszeit muss eine ununterbrochene Ruhezeit von elf Stunden eingehalten werden.
Werdende und stillende Mütter dürfen nicht über 8, 5 Stunden täglich (unter 18 Jahren 8 Stunden), nicht in der Nacht zwischen 20 Uhr und 6 Uhr und nicht an Sonn- und Feiertagen beschäftigt werden.
Weitere Schutzgesetze sind einzuhalten.

§ 5 Pausen
Folgende Mindestpausen sind einzuhalten und werden vom Zeiterfassungssystem automatisch berechnet.

- nach sechs Stunden Arbeitszeit 30 Minuten
- nach neun Stunden Arbeitszeit insgesamt 45 Minuten

Längere Pausen werden vom Arbeitnehmer manuell in die Zeiterfassung eingegeben.

§ 6 Abwesenheiten
Ganztägige Abwesenheiten (Freizeitnahme) können vom Arbeitnehmer und von der Führungskraft unter Berücksichtigung der betrieblichen Erfordernisse und der persönlichen Belange des Arbeitnehmers disponiert werden.
Bei ganztägigen bezahlten Abwesenheiten aufgrund gesetzlicher oder betrieblicher Regelungen (Urlaub, Krankheit, Seminare, Freizeitnahme) gilt die regelmäßige tägliche Arbeitszeit.
Bei ganztägiger arbeitsbedingter Abwesenheit (Dienstreisen, Besprechungen, Kundenbesuche usw.) wird die Arbeitszeit manuell vom Arbeitnehmer in das Zeiterfassungssystem eingegeben.
Die Eingabe ist vom Vorgesetzten zu bestätigen.

§ 7 Arbeitszeitkonto
Arbeitszeiten innerhalb des Arbeitszeitrahmens werden als Soll (Minusstunden) und Haben (Plusstunden) in ein Jahres-Arbeitszeitkonto gebucht. Das Jahresarbeitszeitkonto muss am Ende des Abrechnungszeitraums ausgeglichen sein. Der Ausgleichszeitraum beträgt zwölf Monate. Er endet am … eines jeden Jahres.

> **Hinweis:**
> Möglich ist auch, ein bestimmtes Guthaben auf das Folgejahr zu übertragen. Der Saldo sollte klein gehalten werden, da sonst über die Jahre hohe Arbeitszeiten nicht durch Freizeit ausgeglichen werden. Dies führt auf Dauer zu gesundheitlichen Problemen.
> Um das Ziel des ausgeglichenen Jahresarbeitszeitkontos am Jahresende zu erreichen, muss während des Jahres eine Steuerung erfolgen. Hohe Salden gegen Ende des Abrechnungszeitraums sind auf schlechte Planung und/oder zu geringe Personalbesetzung zurückzuführen.

Das Jahres-Arbeitszeitkonto darf während des Abrechnungszeitraums ein Guthaben von Stunden nicht überschreiten. Wird dieses überschritten, so sind zwischen Arbeitnehmer und Vorgesetztem Maßnahmen zu vereinbaren, die das Arbeitszeitkonto in den maximalen Guthabenrahmen zurückführen. Diese sind zu dokumentieren.
Bei Arbeitnehmern in Teilzeit sind alle unter Punkt … aufgeführten Stunden entsprechend dem Verhältnis ihrer Stundenzahl zur regelmäßigen tariflichen Wochenarbeitszeit zu berechnen. Die regelmäßige tägliche Arbeitszeit beträgt abrechnungstechnisch ein Fünftel der wöchentlichen Arbeitszeit.

§ 8 Zeiterfassung
Beim Betreten und Verlassen des Betriebsgeländes ist die elektronische manipulationssichere Zeiterfassung zu betätigen. Die elektronische manipulationssichere Zeiterfassung erfolgt für Arbeitszeiten außerhalb des Betriebsgeländes mittels mobiler Eingabegeräte.

> **Hinweis:**
> Siehe hierzu Betriebsvereinbarung Zeiterfassung und Zugangskontrolle Rn. 9., sowie Betriebsvereinbarung mobile Arbeit Rn. 65.

§ 9 Einführung, Einbeziehung der Arbeitnehmer:innen

1. Einführung
Vor Einführung der Vertrauensarbeitszeit erhalten alle Arbeitnehmer:innen und Vorgesetzten Trainings im Zeitmanagement. Die Trainings haben insbesondere folgende Ziele:
- Schaffung von Bewusstsein für den sinnvollen Umgang mit Arbeitszeit,
- Schaffung von Bewusstsein, dass eine Zeitverbrauchskultur bzw. ein Arbeiten ohne Ende weder produktiv noch gewünscht ist,
- ….

In den Schulungen werden den Arbeitnehmer:innen und Vorgesetzen Methoden vermittelt, wie sie diese Ziele in der Praxis umsetzen können.
Die einzelnen Schulungsinhalte werden zwischen Arbeitgeber:in und Betriebsrat vereinbart. An jedem Training kann der Betriebsrat teilnehmen.

> **Hinweis:**
> Sollen die Chancen der Vertrauensarbeitszeit realisiert werden und die Risiken vermieden bzw. in Grenzen gehalten werden, setzt dies bei Arbeitnehmer:in und Vorgesetzten ein entsprechendes Problembewusstsein voraus. Dieses lässt sich durch Trainings wecken.

2. Einbeziehung der Arbeitnehmer:innen
In den Abteilungen bzw. in den Projektteams finden regelmäßig Besprechungen über die zu erledigenden Aufgaben, die Arbeitsbelastung und die Arbeitszeitsituation statt. In diesen Be-

sprechungen können zwischen den Beteiligten Maßnahmen zum Arbeitszeitausgleich und zur gleichmäßigen Verteilung der Arbeitsbelastung vereinbart werden.
Die Vereinbarungen sind zu dokumentieren.
Einzelne Arbeitnehmer:innen oder Gruppen von Arbeitnehmer:innen können sich jederzeit an die Arbeitszeitkommission wenden und um Hilfestellung bei der Lösung von Problemen im Hinblick auf Arbeitsmenge bzw. -belastung bitten.

§ 10 Kontrolle
Das Unternehmen kontrolliert die Einhaltung der gesetzlichen, tariflichen und betrieblichen Arbeitszeitregelungen. Es ist für die Einhaltung dieser Vorschriften verantwortlich. Dies gilt insbesondere für die Einhaltung der Arbeitszeitgrenzen.
Das Unternehmen erstellt monatlich Übersichten über die Arbeitszeiten, aufgegliedert nach Abteilungen und Arbeitnehmern, Guthaben und Sollsalden der Arbeitszeitkonten. Diese Übersichten werden dem Betriebsrat zur Verfügung gestellt.
Die Ergebnisse werden in der vom Unternehmen und Betriebsrat paritätisch besetzten Arbeitszeitkommission ausgewertet.

§ 11 Arbeitszeitkommission
Unternehmen und Betriebsrat bilden eine paritätisch mit je ___ Vertretern jeder Partei besetzte Arbeitszeitkommission. Aufgabe der Kommission ist es, die Erfahrungen mit der Vertrauensarbeitszeit auszuwerten und die Einhaltung der Bestimmungen dieser Betriebsvereinbarung sicherzustellen. Die Verpflichtung des Unternehmens, die Einhaltung der gesetzlichen, tariflichen und betrieblichen Regelungen zur Arbeitszeit sicherzustellen, bleibt unberührt.
Bei ihren Beratungen hat die Arbeitszeitkommission insbesondere darauf zu achten, ob hohe Arbeitszeitguthaben und/oder Probleme beim Abbau von Guthabensalden durch zu geringe Personalbesetzung und/oder mangelhafte Planung der Arbeit bedingt sind.
Die Arbeitszeitkommission kann auch beschließen, dass Arbeitszeitguthaben von Arbeitnehmern innerhalb bestimmter Fristen abzubauen sind. Die Beschlüsse setzt die Personalabteilung um.

§ 12 Verstöße gegen Arbeitszeitbestimmungen
Bei festgestellten Verstößen gegen die gesetzlichen und betrieblichen Arbeitszeitregelungen kommen Ordnungsmaßnahmen in folgenden Stufen zur Anwendung:

- formaler Hinweis an die Arbeitnehmer:in und den Vorgesetzten über den Verstoß mit der Aufforderung zur Unterlassung
- Gespräch mit Arbeitnehmer, Vorgesetztem, Personalabteilung
- Einladung des Arbeitnehmers und/oder der Führungskraft in die Arbeitszeitkommission
- Einbeziehung des Vorgesetzten der Führungskraft
- schriftliche Ermahnung der Arbeitnehmer:in und/oder der Führungskraft
- Abmahnung der Arbeitnehmer:in und/oder der Führungskraft

Die Maßnahmen werden in der Arbeitszeitkommission beraten und beschlossen. Die Beschlüsse werden durch die Personalabteilung umgesetzt.

§ 13 Einführung und Schulung
Vor Einführung der Vertrauensarbeitszeit werden alle Vorgesetzten sowie Arbeitnehmer:innen im Hinblick auf die Vertrauensarbeitszeit, die gesetzlichen, tariflichen und betrieblichen Regelungen sowie auf Gesundheitsaspekte geschult. Das Programm wird zwischen Personalabteilung und Betriebsrat abgestimmt.

§ 14 Schlussbestimmungen
Diese Betriebsvereinbarung dient der Erprobung der Vertrauensarbeitszeit.
Sie ist befristet bis zum ___. Sie tritt außer Kraft, ohne dass es einer Kündigung bedarf.
Die Betriebsparteien werden rechtzeitig vor diesem Termin die Erfahrungen mit der Vertrauensarbeitszeit auswerten und ggf. eine neue Betriebsvereinbarung schließen.

Kommt hierüber keine Einigung zustande, tritt mit Ablauf dieser Betriebsvereinbarung wieder die Betriebsvereinbarung »Arbeitszeit« vom in Kraft. Anlagen sind Teil dieser Betriebsvereinbarung.

> **Hinweis:**
> Da die Betriebsvereinbarung zunächst nur der Erprobung der Vertrauensarbeitszeit dient, müssen Regelungen getroffen werden, welches Arbeitszeitsystem Anwendung findet, wenn die Erprobungsphase beendet ist.

Checkliste zur Begrenzung des Einsatzes von Smartphones und sonstigen mobilen Datengeräten am Abend und am Wochenende 20a

Vorbemerkung

Smartphones, tablets und Laptops gehören inzwischen zum Arbeitsalltag. Sie führen zu einer Erreichbarkeit rund um die Uhr. Auf Dauer bringt dies eine erhöhte Arbeitsbelastung der Arbeitnehmer:innen mit sich; die Arbeitszeitregeln stehen nur noch auf dem Papier, da die Arbeitnehmer in ihrer »Freizeit« weiterarbeiten. Es müssen deshalb Spielregeln im Betrieb entwickelt werden, die die Nutzung außerhalb der Arbeitszeit eingrenzen bzw. unterbinden. Denn: auf Dauer trägt die völlige Entgrenzung der Arbeit zu gesundheitlichen, insbesondere seelischen, Problemen bei. Vgl. Betriebsvereinbarung zu Mobile Arbeit

Die folgende Checkliste zeigt die zu bedenkenden und zu regelnden Punkte auf.

1. Bestandsaufnahme
   - In welchem Umfang werden die mobilen Datengeräte außerhalb der eigentlichen Arbeitszeit genutzt?
   - Geschieht dies mehr auf Initiative der Vorgesetzten (dringende Anfragen am Wochenende?) oder der Arbeitnehmer?
   - Ist die Arbeitsbelastung so hoch, dass Arbeitnehmer sich »gezwungen« fühlen, die mobilen Datengeräte außerhalb der Arbeitszeit zu nutzen um die Arbeit zu bewältigen?
   - Wie nehmen die betroffenen ArbeitnehmerInnen dies wahr? Umfrage und ergänzende Workshops mit Betroffenen zur Vorbereitung einer Regelung.
2. Regelungsmöglichkeiten
   - Gibt es Unternehmensgrundsätze, Führungsleitlinien o. ä., die festlegen, dass es keine Erwartungshaltung geben darf, dass Arbeitnehmer:innen immer erreichbar sind?
   - Helfen Diskussionen und Verabredungen zur Begrenzung der Nutzung der mobilen Datengeräte außerhalb der normalen Arbeitszeit?
   - Technische Begrenzung der ständigen Erreichbarkeit durch Nichtweiterleitung von Mails/SMS zu bestimmten Zeiten (nach 20.00 Uhr, am Wochenende); soll die Telefonfunktion nutzbar bleiben?
   - Welche Ausnahmen sind für Not- und Eilfälle notwendig?
   - Welche Ausnahmen sind bei internationaler Ausrichtung der Arbeit über verschiedene Zeitzonen notwendig?
   - Wenn mit Hilfe von smartphones bzw. mobilen Datengeräten außerhalb der normalen Arbeitszeit und außerhalb des Betriebes gearbeitet wird, wie wird diese Arbeitszeit erfasst und mit den tariflichen Arbeitszeiten sowie den gesetzlichen Höchstarbeitszeiten in Einklang gebracht? Selbstaufschreibung, technische Erfassung?

21 **Einsatz von Teilzeitkräften im Schichtsystem**

§ 1 Geltungsbereich

Diese Betriebsvereinbarung gilt für

1. räumlich
2. persönlich
3. fachlich .

§ 2 Arbeitszeit

Das Unternehmen schließt mit Teilzeitkräften in der Produktion Arbeitsverträge mit einem Arbeitszeitvolumen von 30 Stunden/Woche ab.

Die Arbeitszeit von 30 Stunden/Woche ist im Durchschnitt eines Kalenderjahres/anderer 12-Monatszeitraum zu erreichen. Evtl. Arbeitszeitguthaben dürfen nicht über diesen Zeitraum hinaus übertragen werden. Sie müssen vorher abgebaut werden.

Die Teilzeitbeschäftigten in der Produktion werden in den normalen Schichtplan integriert; d. h. während ihrer Arbeitswochen richtet sich ihre tatsächlich zu leistende Arbeitszeit nach der Arbeitszeit der Vollzeitbeschäftigten im Schichtsystem.

§ 3 Einsatz, Planung der Arbeitszeit und Ausgleich

Die Einsatzzeiten bzw. Schichtpläne sind den Teilzeitbeschäftigten in der Produktion Tage vor dem Einsatz mitzuteilen. Soll nach Ankündigung der Schichtzeiten bzw. Einsatzzeiten eine Änderung der geplanten Einsatzzeiten der Teilzeitbeschäftigten in der Produktion erfolgen, ist dies nur mit Zustimmung des jeweils betroffenen Arbeitnehmers möglich.

Die Freizeitblöcke zum Erreichen der durchschnittlichen wöchentlichen Arbeitszeit von 30 Stunden sind unter Berücksichtigung der Belange des Unternehmens und der Zeitwünsche des Arbeitnehmers festzulegen. Die Freizeitblöcke müssen mit einer Ankündigungsfrist von Tagen angekündigt werden.

Einsatzzeiten, die dazu führen, dass die Arbeitnehmer:in mehr als 30 Stunden wöchentlich pro Jahr arbeiten müssten, sind nur mit ausdrücklicher Zustimmung der Arbeitnehmer:in möglich.

Werden Arbeitnehmer:innen im Durchschnitt eines Jahres mit mehr als 30 Stunden pro Woche beschäftigt, haben sie für das Folgejahr/für den folgenden Abrechnungszeitraum Anspruch auf Beschäftigung mit dem sich aus dem Durchschnitt ergebenden erhöhten Arbeitszeitvolumen.

§ 4 Entgelt

Teilzeitbeschäftigte Arbeitnehmer:innen erhalten unabhängig von ihrer tatsächlich geleisteten Arbeitszeit ihr Entgelt monatlich gleich bleibend.

Leistet ein Teilzeitbeschäftigter Arbeitszeit über die geplante wöchentliche Zeit gem. § 2 hinaus, ist diese Zeit mit den entsprechenden Mehrarbeitszuschlägen zu vergüten.

§ 5 Mehrarbeit

Die Heranziehung von Teilzeitbeschäftigten über das mit ihnen vereinbarte Volumen von 30 Stunden in der Woche pro Kalenderjahr bzw. anderem 12 Monatszeitraum hinaus bedarf der Zustimmung des Betriebsrats.

§ 6 Schlussbestimmungen

Diese Betriebsvereinbarung ist mit einer Frist von Monaten zum Schluss eines Kalenderjahres kündbar, erstmals zum Datum. Die Kündigung dieser Betriebsvereinbarung ist nur wirksam, wenn sie schriftlich erfolgt. Die Betriebsvereinbarung wirkt nach. Anlagen sind Bestandteil dieser Betriebsvereinbarung.

Altersteilzeit – Insolvenzsicherung 22

Vorbemerkung

Zeitguthaben (Wertguthaben) sind im Rahmen der Altersteilzeit gegen Insolvenz zu sichern. Der Anspruch kann von dem einzelnen Beschäftigten durchgesetzt werden. Der Betriebsrat sollte die Durchführung der Insolvenzsicherung in einer Betriebsvereinbarung regeln, um sicherzustellen, dass eine vernünftige Insolvenzsicherung erfolgt. Darüber hinaus kann mit dem Betriebsrat die Frage, wie die Insolvenzsicherung gegenüber den Beschäftigten nachgewiesen wird, geregelt werden. Das Muster der Betriebsvereinbarung geht von einer Sicherung im Wege der »Doppelten Treuhand« aus. Der Betriebsrat muss darauf achten, dass die Mittel für die Insolvenzsicherung tatsächlich an die Treuhänder fließen. Zu beachten ist, dass § 8a ATG bestimmte, nicht zur Insolvenzsicherung geeignete Formen (z. B. Rückstellungen) ausdrücklich nicht zulässt.
Die Insolvenzsicherung ist gemäß § 8a ATG gegenüber den Arbeitnehmer:innen nachzuweisen.
Zur Sicherung von sonstigen Arbeitszeitguthaben siehe Checkliste Insolvenzsicherung von Arbeitszeitguthaben; Rn. 22a.

§ 1 Geltungsbereich

Diese Betriebsvereinbarung gilt für

1. räumlich
2. persönlich
3. fachlich .

§ 2 Durchführungsweg

Die Sicherung gegen Insolvenz der Altersteilzeitwertguthaben erfolgt im Wege der doppelseitigen Treuhand. Der Treuhänder wird vom Unternehmen im eigenen Namen und zugleich im Wege des Vertrags zugunsten Dritter im Interesse der begünstigten Arbeitnehmer sowohl als Vermögens- wie auch als Verwaltungstreuhänder mit der Durchführung aller erforderlichen Aufgaben im Rahmen der Treuhand beauftragt.
Das Unternehmen sichert die Altersteilzeitwertguthaben durch fortlaufende Überweisung entsprechender Barmittel an den gemäß Abs. 1 beauftragten Treuhänder. Der Treuhänder wird diese Mittel am Kapitalmarkt investieren. Er hat dies unter Vermeidung von Kursrisiken zu tun.
Der Betriebsrat erhält eine Kopie aller Verträge zwischen Unternehmen und Treuhänder.

§ 3 Höhe der Sicherung

Die jeweiligen Wertguthaben müssen mindestens zu 105 % gesichert sein. Der Sicherungsgrad ist vom Unternehmen monatlich zu überprüfen und zu dokumentieren. Das Unternehmen meldet das Ergebnis dieser Überprüfung dem Treuhänder. Das Unternehmen ist verpflichtet, dem Treuhänder zusätzliche Barmittel zur Verfügung zu stellen, wenn der Sicherungsgrad nicht 105 % beträgt.
Der Betriebsrat ist monatlich über das Ergebnis der Überprüfung des Sicherungsgrades und evtl. weiterer Zahlungen an den Treuhänder zu informieren.

§ 4 Nachweis der Insolvenzsicherung gegenüber den Arbeitnehmer:innen

Jeweils am Datum und am Datum eines jeden Kalenderjahres stellt der Treuhänder eine Bescheinigung über den Sicherungsgrad des Treuhandvermögens aus. Der Betriebsrat erhält hiervon eine Ausfertigung.
Diese Bescheinigungen sind auf den üblichen Wegen im Betrieb allen Arbeitnehmern bekannt zu machen (Intranet, Schwarzes Brett; Beilage zur Gehaltsabrechnung usw.).

§ 5 Kündigung, Laufzeit

Diese Betriebsvereinbarung gilt bis zum Datum. Sie ist kündbar mit einer Frist von Monaten. Sie beruht auf der gegenwärtigen Fassung von § 8a ATG. Sollten sich die gesetzlichen Bestimmungen über die Insolvenzsicherung von Altersteilzeitwertguthaben ändern und diese eine Anpassung erforderlich machen, werden die Parteien der Betriebsvereinbarung unverzüglich eine

Einigung über die Anpassung dieser Betriebsvereinbarung herbeiführen. Anlagen sind Teil dieser Betriebsvereinbarung.

22a **Checkliste Insolvenzsicherung von Arbeitszeitkonten**

Vorbemerkung

Für die Insolvenzsicherung von Wertguthaben aus Arbeitszeitkonten gelten gesetzliche Vorschriften (vgl. §§ 7ff. SGB IV). Zeitguthaben im Rahmen der Altersteilzeit werden hiervon nicht erfasst; für sie gilt weiterhin § 8a ATZG. Vereinbarungen zur Insolvenzsicherung, z. B. auf Grund von Tarifverträgen oder Betriebsvereinbarungen, die vor dem 1. 1. 2009 (Inkrafttreten der jetzigen gesetzlichen Regelungen) geschlossen wurden, bleiben weiterhin in Kraft. Die Wertguthaben müssen als Entgeltguthaben geführt werden. Eine Führung als Zeitguthaben ist nicht mehr zulässig. Wertguthaben sind gegen Insolvenz zu sichern, wenn das Wertguthaben (inkl. Arbeitgeberanteil zur Gesamtsozialversicherung) die monatliche Bezugsgröße in der Sozialversicherung (2025: 3745 €; 2026 (voraussichtlich): 3955 €) übersteigt und ein Anspruch auf Insolvenzgeld nicht besteht.

1. Bestandsaufnahme

- Welche Regelungen zur Insolvenzsicherung besehen?
- Führung der Sicherung als Zeitguthaben oder Entgeltguthaben?
- Absicherung auch kurz- und mittelfristiger Arbeitszeitkonten? (z. B. bei Ausgleichszeiträumen von 12 oder 24 Monaten?)
- Verwendungszwecke der Arbeitszeitkonten (vgl. § 7c SGB IV)
- Absicherung der Konten? Welche Anlageformen? Welches Risiko z. B. durch riskante Anlageformen wie Aktien?
- Verwendungszwecke für diese Langzeitkonten?
- Wie werden die Arbeitnehmer:innen über den jeweiligen Stand der Insolvenzsicherung informiert? Die Arbeitnehmer:innen müssen eine Bestätigung des Anlageunternehmens erhalten.
- Ist geregelt, dass die Erträge aus der Anlage dem Arbeitnehmer zustehen?
- Ist sichergestellt, dass die Insolvenzsicherung durch Dritte, also nicht vom Unternehmen selbst oder Konzerngesellschaften vorgenommen wird, die im Fall der Insolvenz des Unternehmens für die Zahlungen aufkommen?
- Kann das Wertguthaben in die betriebliche Altersversorgung überführt werden? Dies ist nach neuem Recht (§ 23b Abs. 3a SGB IV) ausgeschlossen; entsprechende Vorschriften müssen angepasst werden. Bestandsschutz gilt nur für Vereinbarungen, die vor dem 14. 11. 2008 geschlossen worden sind.

2. Regelungsbedarf

Führung auf Entgeltbasis

Führung aller Wertguthaben auf Entgeltbasis; ggf. Überführung der bisher als Zeitguthaben geführten Wertguthaben in Entgelt.

Umfang der Insolvenzsicherung/Einbeziehung aller Arbeitszeitkonten

Absicherung auch von Arbeitszeitkonten, die vom Gesetz nicht erfasst werden (§ 7b Nr. 2 SGB IV schließt Arbeitszeitkonten aus, die »das Ziel der flexiblen Gestaltung der werktäglichen oder wöchentlichen Arbeitszeit oder den Ausgleich betrieblicher Produktions- und Arbeitszeitzyklen« verfolgen; d. h. alle normalen Konten mit Ausgleichszeiträumen bis zu 12 oder 24 Monaten. Es liegt auf der Hand, dass auch hier eine Insolvenzsicherung zwingend erfolgen sollte. Wenn dies bisher nicht der Fall ist, sollte der Betriebsrat diese Insolvenzsicherung verlangen und den Abschluss von flexiblen Arbeitszeitmodellen davon abhängig machen.

Einbeziehung von geringfügigen Beschäftigungsverhältnissen

In die Insolvenzsicherung können Arbeitszeitguthaben aus geringfügiger Beschäftigung (1.1.2025: 556 € / Monat) einbezogen werden.

Anlageformen
In welchen Formen wird das Entgelt angelegt? Für die Anlage der Insolvenzsicherung gelten die Vorschriften über die Anlage von Geldern der Sozialversicherungsträger (§ 7d Abs. 3 SGB IV i.V.m. §§ 80ff. SGB IV). Dabei sind gesetzlich nur 20% als Anlage in Aktien oder Aktienfonds zulässig. In Tarifverträgen bzw. in Betriebsvereinbarungen (soweit ein Tarifvertrag die Regelung in einer Betriebsvereinbarung zulässt) sind höhere Aktien- oder Aktienfondsanteile möglich, ebenso, wenn das Wertguthaben ausschließlich für Freistellungen vor der Rente vorgesehen ist. Aufgrund der bekannten Risiken am Kapitalmarkt sollte der Anteil in riskanten Anlageformen, wie Aktien oder Aktienfonds verringert werden.
Die Anlage muss garantieren, dass zum Zeitpunkt der Inanspruchnahme mindestens der angelegte Betrag zur Verfügung steht.

Festlegung der Verwendungszwecke
Das Gesetz (§ 7c SGB IV) legt bestimmte Verwendungszwecke (z.B. Erziehung von Kindern usw.) fest. Vertraglich kann auch vereinbart werden, dass die Wertguthaben für Freistellungen vor der Rente oder Qualifizierungsmaßnahmen in Anspruch genommen werden können. Diese können in der Vereinbarung eingeschränkt werden.

4. Kurzarbeit

Kurzarbeit 23

Vorbemerkung
In vielen Tarifverträgen sind die Voraussetzungen für die Einführung von Kurzarbeit und/oder ein Aufstockungsbetrag des Arbeitgebers zum Kurzarbeitergeld geregelt. Diese Vorschriften sind zu beachten.
Auch befristet Beschäftigte können KUG erhalten; dies gilt auch, wenn während der Kurzarbeit das Arbeitsverhältnis verlängert wird.

§ 1 Geltungsbereich
Diese Betriebsvereinbarung gilt für
1. räumlich
2. persönlich
3. fachlich .

§ 2 Ziel, Einführung, Beginn und Dauer
Ziel der Betriebsvereinbarung ist es, durch die Einführung von Kurzarbeit Entlassungen zu vermeiden.
I. In der Zeit vom Datum bis Datum wird Kurzarbeit im ganzen Betrieb eingeführt.
oder
Für die Zeit vom Datum bis Datum wird Kurzarbeit für die Betriebsabteilungen eingeführt, die sich aus der Anlage 1 zu dieser Betriebsvereinbarung ergeben.
oder
In der Zeit vom Datum bis Datum wird in den Abteilungen … Kurzarbeit eingeführt.
Die Zustimmung zur Einführung von Kurzarbeit wird nur unter der Bedingung erteilt, dass die Agentur für Arbeit das Kurzarbeitergeld zahlt.
II. Von der Kurzarbeit ausgenommen werden:
1. Auszubildende und BA- bzw. Werkstudenten sowie das mit der Ausbildung beauftragte Personal
2. Beschäftigte, deren Arbeitsverhältnis während des Kurzarbeitszeitraums aufgrund Kündigung oder Aufhebungsvertrag endet
3. Befristet Beschäftigte, deren Arbeitsverträge im Zeitraum der Kurzarbeit verlängert werden

4. Schwangere Frauen und werdende Väter, die Elterngeld in Anspruch nehmen werden, und bei denen der Bezug von Kurzarbeitergeld in den Bemessungszeitraum des Elterngeldes gem. § 2 BEEG fallen wird
5. Beschäftigte in Altersteilzeit
6. Geringfügig Beschäftigte
7. Arbeitnehmer, bei denen die persönlichen Voraussetzungen für den Bezug von Kurzarbeitergeld (§ 98 SGB III) nicht vorliegen
8. ganz oder teilweise freigestellte Betriebsräte

Hinweis:
Während der Kurzarbeit entsteht i. d. R. ein höherer Aufwand für die BR-Arbeit. Manche Arbeitgeber wollen auch freigestellte bzw. teilfreigestellte BR in Kurzarbeit schicken. Dies ist weder notwendig noch zulässig. Für nicht freigestellte Betriebsräte findet Kurzarbeit Anwendung. Ihre Betriebsratstätigkeit während der Kurzarbeit ist, sofern sie außerhalb der Arbeitszeit liegt, wie Betriebsratstätigkeit außerhalb der betrieblichen Arbeitszeit nach § 37 Abs. 3 BetrVG zu behandeln.

III. Während des Kurzarbeitszeitraums wird die betriebliche wöchentliche Arbeitszeit von Stunden auf Stunden gesenkt.
IV. Die Arbeitszeit wird auf die Wochentage von bis verteilt. Bei dringenden betrieblichen Erfordernissen ist nach Zustimmung des Betriebsrats auch eine andere Verteilung der gekürzten Arbeitszeit auf die Wochentage möglich.
oder
Geschäftsleitung und Betriebsrat werden jeweils unter Einhaltung der tariflichen Ankündigungsfrist bekanntgeben, an welchen Tagen des Folgemonats Kurzarbeit geleistet wird.
V. Im Monat wird wegen Kurzarbeit im ganzen Betrieb oder in den Abteilungen nicht gearbeitet.

§ 2 Veränderung und Beendigung der Kurzarbeit
I. Verbessert sich die Auftragslage, kann die Kurzarbeit mit Zustimmung des Betriebsrats beendet oder der Umfang der Kurzarbeit geändert werden. Dem Betriebsrat steht in dieser Hinsicht das Initiativrecht zu.
II. Besteht die Notwendigkeit, die Kurzarbeit zu verlängern, bedarf es der erneuten Vereinbarung mit dem Betriebsrat unter Beachtung der tariflichen Ankündigungsfristen.
III. Ist in Eil- oder Notfällen oder sonstigen betriebsbedingten Gründen die Überschreitung der Kurzarbeit notwendig, bedarf es hierzu einer Vereinbarung mit dem Betriebsrat.
IV. Eine Unterbrechung, Ausweitung, Verlängerung oder vorzeitige Beendigung der Kurzarbeit ist nur mit Zustimmung des Betriebsrats möglich.

§ 3 Anzeige bei der Agentur für Arbeit – Information des Betriebsrates
I. Die Geschäftsleitung stellt unverzüglich bei der zuständigen Agentur für Arbeit die Anträge zur Gewährung von Kurzarbeitergeld.
II. Der Betriebsrat nimmt mit zwei seiner Mitglieder an den Gesprächen der Geschäftsführung mit der Agentur für Arbeit teil. Er erhält Kopien aller die Kurzarbeit betreffenden Unterlagen.
III. Der Betriebsrat wird vom Unternehmen wöchentlich über die Entwicklung des Auftragsbestandes und der Absatzlage anhand von Unterlagen informiert. Dabei sind dem Betriebsrat Unterlagen vorzulegen über den Stand der Beschäftigten, Auftrags- und Lagerbestand, Umsatz und Produktion jeweils im Vergleich zu den letzten Monaten und den Monaten des Vorjahres.

§ 4 Zahlung des Kurzarbeitergeldes
Das Kurzarbeitergeld wird zum Zeitpunkt der üblichen monatlichen Entgeltzahlung durch den Arbeitgeber gezahlt. Dies gilt unabhängig von dem Zahlungszeitpunkt durch die Agentur für Arbeit.

§ 5 Sonstige Gehaltsansprüche
I. Die von Kurzarbeit betroffenen Arbeitnehmer erhalten vom Arbeitgeber monatlich die der verkürzten Arbeitszeit entsprechende Vergütung.
II. Sollte die Agentur für Arbeit – gleich aus welchem Grund – die Zahlung von Kurzarbeitergeld ablehnen, wird den von Kurzarbeit betroffenen Beschäftigten während der Kurzarbeitszeit die volle Vergütung gezahlt.

Hinweis:
Verschiedene Entgeltansprüche werden auf der Basis des Referenzprinzips (z. B.: Durchschnitt der letzten 6 Monate) oder auf Basis des Ausfallprinzips (was wäre in einem bestimmten zukünftigen Zeitraum verdient worden) berechnet. Damit sich die Kurzarbeit hier nicht zum Nachteil der AN auswirkt, muss geregelt werden, dass die Berechnung jeweils auf Basis des Entgelts ohne Kurzarbeit erfolgt.

III. Während der Kurzarbeit wird insbesondere bei folgenden Tatbeständen der Anspruch so berechnet, als würde nicht kurz gearbeitet:
1. Urlaubsentgelt und Urlaubsgeld
2. Entgelt für gesetzliche Feiertage
3. Vermögenswirksame Leistungen
4. Weihnachtsgeld
5. Sonstige Sonderzahlungen wie Boni usw.
6. Beiträge zur betrieblichen und tariflichen Altersvorsorge
7. Geldzahlungen für Freischichten
8. Tarifliche Jahresleistungen
9. Entgeltfortzahlung bei Arbeitsunfähigkeit bzw. gleichgestellten Tatbeständen, dies gilt auch für Zuschüsse zum Krankengeld sowie für Entgeltfortzahlungen bei Arbeitsverhinderungen

Der Anspruch auf Freischichten wird durch die Kurzarbeit nicht berührt.
IV. Soweit nach Beendigung der Kurzarbeit die Höhe der Leistungen (z. B. Urlaubsentgelt, Entgeltfortzahlung) von Zeiträumen abhängt, in denen Kurzarbeit geleistet wurde, werden die Leistungen berechnet, als wenn keine Kurzarbeit eingeführt worden wäre.

§ 6 Zuschuss zum Kurzarbeitergeld (Aufstockung)
I. Diejenigen Arbeitnehmer, die von der Kurzarbeit betroffen sind, erhalten vom Arbeitgeber neben dem verkürzten Entgelt eine Aufstockung des von der Agentur für Arbeit zu erwartenden Kurzarbeitergeldes auf … % der Nettoentgeltdifferenz zwischen dem pauschalierten Nettoentgelt aus dem Sollentgelt und dem pauschalierten Nettoentgelt aus dem Ist-Entgelt nach § 106 SGB III.
II. Der Zuschuss zum Kurzarbeitergeld wird zusammen mit der üblichen Entgeltauszahlung gezahlt. Dies gilt unabhängig von dem Zahlungszeitpunkt durch die Agentur für Arbeit.
III. Bei der Lohn- und Gehaltsabrechnung werden verdiente Vergütungen, Kurzarbeitergeld und Zuschuss gesondert ausgewiesen.

§ 7 Überstunden und Auftragsvergabe
I. Während der Kurzarbeit dürfen keine Überstunden/Mehrarbeit geleistet werden. Ausnahmen bedürfen der ausdrücklichen, schriftlichen Zustimmung des Betriebsrates.
II. Während des Kurzarbeitszeitraums werden keine Aufträge, die auch im Unternehmen erledigt werden können, an auswärtige Unternehmen vergeben. Als auswärtige Unternehmen gelten auch rechtlich selbständige Unternehmen, die mit der Firmenbezeichnung verbunden sind.

§ 8 Urlaub – Arbeitszeitkonten

> **Hinweis:**
> Der Gewährung von KUG steht entgegen, wenn der Arbeitsausfall durch Urlaubsgewährung vermieden werden kann. Dies gilt jedoch nicht, wenn vorrangige Urlaubswünsche der Arbeitnehmer dem entgegenstehen, wenn also z. B. der im Urlaubsplan/in der Urlaubsliste festgelegte Urlaub durch die AN genommen werden soll (vgl. § 96 Abs. 4 Nr. 2 SGB III). Resturlaub aus dem Vorjahr, der noch nicht fest geplant ist, muss allerdings vor der Kurzarbeit genommen werden.

I. Übertragener Resturlaub ist bis zum Datum zu nehmen, es sei denn, dem stehen konkrete Urlaubswünsche der Beschäftigten entgegen.
II. Für die Zeit vom Datum bis Datum wird Betriebsurlaub festgelegt.
III. Guthaben auf Arbeitszeitkonten werden vor Beginn der Kurzarbeit abgebaut. Dies gilt nicht für die in § 96 Abs. 4 Nr. 1 bis 5 SGB III genannten Guthaben.
oder
Folgende Arbeitszeitkonten werden vor Beginn der Kurzarbeit abgebaut: .

§ 9 Kündigung
Während der Kurzarbeit ist der Ausspruch von betriebsbedingten Kündigungen nicht zulässig.

§ 10 Schlussbestimmungen
Diese Betriebsvereinbarung ist mit einer Frist von Monaten zum Schluss eines Kalenderjahres kündbar, erstmals zum Datum. die Kündigung dieser Betriebsvereinbarung ist nur wirksam, wenn sie schriftlich erfolgt. Die Betriebsvereinbarung wirkt im Hinblick auf Ansprüche der Arbeitnehmer nach. Sie entfaltet keine Nachwirkung im Hinblick auf die Frage der Einführung, Veränderung oder Fortsetzung der Kurzarbeit. Anlagen sind Bestandteil dieser Betriebsvereinbarung.

24 **Überstunden**

§ 1 Geltungsbereich
Diese Betriebsvereinbarung gilt für
1. räumlich
2. persönlich
3. fachlich .

§ 2 Überstunden
Die Arbeitnehmer, die unter den Geltungsbereich dieser Betriebsvereinbarung fallen, leisten am Datum in der Zeit von bis Uhr Überstunden/Sonderschichten.

> **Hinweis:**
> Wenn die Überstundengenehmigung für eine bestimmte Anzahl von Tagen im Jahr (z. B. sechs Samstage) vom Betriebsrat im Voraus genehmigt werden soll, kann dies ebenfalls in einer Betriebsvereinbarung geregelt werden.

Mitarbeiter können an maximal sechs Samstagen im Jahr zu Überstunden/Sonderschichten herangezogen werden.
Die Ankündigungsfrist für diese Überstunden/Sonderschichten beträgt Wochen. Für die Leistung der Überstunden/Sonderschichten sind zunächst die Arbeitnehmer heranzuziehen, die

sich hierfür freiwillig melden. Nur wenn sich nicht genügend Arbeitnehmer freiwillig melden und hierdurch die notwendige Anzahl Arbeitnehmer nicht zustande kommt, ist das Unternehmen berechtigt, einzelne Arbeitnehmer zur Leistung von Überstunden/Sonderschichten zu verpflichten.

> **Hinweis:**
> Bei einer im Voraus feststehenden Anzahl von Überstunden/Sonderschichten im Jahr kann auch eine sog. Jokerregelung vereinbart werden. Dies bedeutet, dass Mitarbeiter aus persönlichen Gründen das Recht haben, die Anweisung des Unternehmens zur Leistung von Überstunden/Zusatzstunden abzulehnen.

Arbeitnehmer:innen sind verpflichtet, an insgesamt sechs Samstagen Überstunden/Sonderschichten zu leisten. Die notwendige Anzahl der Arbeitskräfte ist zunächst durch sich freiwillig meldende Arbeitnehmer sicherzustellen. Kommt die notwendige Anzahl von Arbeitnehmer:innen aufgrund von freiwilligen Meldungen nicht zusammen, ist das Unternehmen berechtigt, einzelne Arbeitnehmer zur Leistung von Mehrarbeit/Sonderschichten heranzuziehen. Jedem Arbeitnehmer stehen zwei Joker zur Verfügung, d.h. Arbeitnehmer:innen können bei Verpflichtung zur Leistung von Mehrarbeit/Sonderschichten diese ohne Begründung gegenüber dem Unternehmen ablehnen.

§ 3 Schlussbestimmungen
Diese Betriebsvereinbarung ist mit einer Frist von Monaten zum Schluss eines Kalenderjahres kündbar, erstmals zum Datum. Die Kündigung dieser Betriebsvereinbarung ist nur wirksam, wenn sie schriftlich erfolgt. Die Betriebsvereinbarung wirkt nach. Anlagen sind Bestandteil dieser Betriebsvereinbarung.

5. Auszahlung des Arbeitsentgelts

Ort, Zeit und Art der Auszahlung des Arbeitsentgelts 25

Vorbemerkung
Das Arbeitsentgelt ist monatlich nachträglich an die Arbeitnehmer:in zu zahlen. Es muss spätestens am Letzten des Monats auf dem Konto des Arbeitnehmers eingegangen sein. Für Arbeitnehmer mit variablen Bezügen (z.B. Schichtzulagen) ist dies abrechnungstechnisch nicht möglich. Betriebsvereinbarungen müssen hier andere Abrechnungszeiträume regeln.

§ 1 Geltungsbereich
Diese Betriebsvereinbarung gilt für
1. räumlich
2. persönlich
3. fachlich .

§ 2 Bargeldlose Entgeltzahlung
Sämtliche Entgeltzahlungen an Arbeitnehmer:innen einschließlich mit dem Arbeitsverhältnis im Zusammenhang stehenden Zahlungen (Aufwandsentschädigungen, Reisekosten usw.) werden bargeldlos auf ein vom Arbeitnehmer benanntes Konto gezahlt.

§ 3 Auszahlungszeitpunkt, Fälligkeit
Das Arbeitsentgelt wird monatlich nachträglich gezahlt.
Das Unternehmen hat sicherzustellen, dass das Arbeitsentgelt am letzten Werktag eines Monats auf dem Konto des Arbeitnehmers gutgeschrieben worden ist.
Arbeitnehmer:innen, die variable Entgeltbestandteile (Schichtzulagen usw.) erhalten, erhalten diese spätestens bis zum 10. Tag des auf den Abrechnungsmonat folgenden Kalendermonats. Das Unternehmen hat sicherzustellen, dass an diesem Tag die variablen Entgeltbestandteile der Arbeitnehmer:in auf dem Konto gutgeschrieben worden sind.

Leistet das Unternehmen Entgeltzahlungen nach den in dieser Betriebsvereinbarung festgelegten Fälligkeitszeitpunkten, haftet es für den den Arbeitnehmern entstandenen Verzugsschaden.

§ 4 Kontoführungsgebühren
Das Unternehmen zahlt jedem Arbeitnehmer einen Zuschuss zu den Kontoführungsgebühren in Höhe von monatlich €.

§ 5 Überprüfung der Entgeltabrechnungen
Arbeitnehmer:innen sollen ihre Entgeltabrechnung und die auf ihr Konto überwiesenen Entgeltbeträge unverzüglich nach Erhalt auf ihre Richtigkeit prüfen.
Für die Geltendmachung von Nachforderungen seitens der Arbeitnehmer wie auch für die Geltendmachung von Rückforderungsansprüchen aufgrund von Überzahlungen seitens des Unternehmens gelten die tarifvertraglichen Ausschlussfristen.

> **Hinweis:**
> Die meisten Tarifverträge sehen im Hinblick auf Ansprüche von Arbeitnehmer:innne Ausschlussfristen vor. Zum Teil ist in Tarifverträgen nicht geregelt, ob sich diese Ansprüche auch auf mögliche Rückforderungen seitens des Arbeitgebers beziehen. Es ist im beiderseitigen Interesse, für alle mit der Entgeltzahlung zusammenhängenden Fragen Klarheit in überschaubaren Zeiträumen zu schaffen. Enthält der anwendbare Tarifvertrag keine Ausschlussfristen, können diese auch in der Betriebsvereinbarung vereinbart werden. Für Ansprüche in Höhe des gesetzlichen Mindestlohns gelten keine Ausschlussfristen (§ 3 MiLoG). Für sie gilt nur die dreijährige Verjährungsfrist des § 195 BGB.

Sämtliche Ansprüche im Hinblick auf die Entgeltzahlung seitens der Arbeitnehmer und seitens des Unternehmens sind binnen drei Monaten nach Fälligkeit in Textform geltend zu machen. Erfolgt die Geltendmachung nicht innerhalb dieses Zeitraumes, verfallen diese Ansprüche.

§ 6 Schlussbestimmungen
Diese Betriebsvereinbarung ist mit einer Frist von Monaten zum Schluss eines Kalenderjahres kündbar, erstmals zum Datum. Die Kündigung dieser Betriebsvereinbarung ist nur wirksam, wenn sie schriftlich erfolgt. Die Betriebsvereinbarung wirkt nach. Anlagen sind Bestandteil dieser Betriebsvereinbarung.

6. Urlaub

26 **Urlaubsgrundsätze**

Vorbemerkung
In den meisten (Mantel-)Tarifverträgen finden sich Bestimmungen zu Urlaubsgrundsätzen inkl. Verfall, Übertragungszeiträumen usw. Häufig wird dabei auch zwischen dem gesetzlichen Mindesturlaub und tariflichem Mehrurlaub unterschieden. Bei der betrieblichen Gestaltung ist daher zunächst der Rahmen, den Tarifverträge setzen, zu prüfen. Zu beachten sind die Hinweispflichten des Arbeitgebers aufgrund der Rspr. Des EuGH (6. 11. 2018 – C-684/16, NZA 18, 1474 ff.; C-569/16 und C-570/16, NZA 18, 1467 ff.; 22. 9. 22 – C-120/21, NZA 22, 1326 ff. und ihm folgend BAG 22. 10. 2019 – 9 AZR 98/19, NZA 20, 307 ff. (hierzu auch *Sagan*, NZA 20, 350 ff.); 20. 12. 2022 – 9 AZR 266/20, NZA 23, 683 ff.). Der Arbeitgeber muss klar, in völliger Transparenz und rechtzeitig die Arbeitnehmer:innen, ggf. förmlich, auffordern, den Urlaub zu nehmen, weil dieser ansonsten am Ende des Bezugs- bzw. Übertragungszeitraums verfällt. Unterlässt er dies, bleibt der Urlaubsanspruch erhalten bzw. es besteht ein Abgeltungsanspruch, der vererbt werden kann. Ist in einem Urlaubsplan neben der Festlegung auch der Hinweis auf einen möglichen Verfall des Urlaubs klar und transparent für jede:n einzelnen Arbeitnehmer:in angesprochen, sollte dies den Anforderungen des EuGH genügen (vgl. DKW-*Klebe*, Rn. 146).

§ 1 Urlaubsplan

Bis zum wird für das Folgejahr ein Urlaubsplan erstellt. Arbeitnehmer:innen haben ihre Urlaubswünsche bis zum in die Urlaubsliste einzutragen.
Sofern den Urlaubswünschen, so wie sie in die Urlaubsliste eingetragen sind, nicht innerhalb einer Frist von drei Wochen durch den Arbeitgeber schriftlich oder in Textform widersprochen wird, gilt der Urlaub als genehmigt. Davon kann nur abgewichen werden, wenn nach Genehmigung des Urlaubs außerordentliche dringende, unvorhergesehene betriebliche Bedürfnisse der Gewährung des Urlaubs entgegenstehen.

§ 2 Grundsätze für die Urlaubsgewährung

Mindestens drei Wochen Urlaub sollen zusammenhängend gewährt werden.
Jeder Urlaub, gleich auf welcher Rechtsgrundlage er beruht, wird nach den gesetzlichen Vorschriften behandelt, insbesondere im Hinblick auf Übertragungen.

§ 3 Konfliktlösung

Bei der Gewährung von Urlaub sind die betrieblichen Belange und die Urlaubswünsche der einzelnen Arbeitnehmer:innen zu berücksichtigen. Urlaubswünschen einzelner Arbeitnehmer:innen kann nur dann nicht entsprochen werden, wenn ihrer Gewährung dringende betriebliche Belange oder Urlaubswünsche anderer Arbeitnehmer:innen, deren Wünsche Vorrang haben, entgegenstehen.
Bei der Gewährung von Urlaub haben Arbeitnehmer:innen mit schulpflichtigen Kindern während der Schulferien Vorrang.
oder
Es kann Arbeitnehmer:innen mit schulpflichtigen Kindern Teilurlaub gewährt werden mit dem Ziel, dass alle Arbeitnehmer:innen mit schulpflichtigen Kindern einen Anteil ihres Urlaubs während der Schulferien erhalten. Kann einer Arbeitnehmer:in mit schulpflichtigen Kindern während der Schulferien kein Urlaub gewährt werden, hat der Urlaubswunsch dieser Arbeitnehmer:in im folgenden Kalenderjahr Vorrang.
Arbeitnehmer:innen, deren Ehe- oder Lebenspartner ebenfalls berufstätig ist, soll Urlaub so gewährt werden, dass sie gemeinsam in Urlaub gehen können.
Sofern Arbeitnehmer:innen aus gesundheitlichen Gründen Urlaub während einer bestimmten Jahreszeit beantragen, soll dem im Rahmen der betrieblichen Möglichkeiten entsprochen werden.
Können sich Arbeitgeber:in und Arbeitnehmer:in nicht über die zeitliche Lage des Urlaubs einigen, ist zunächst der Betriebsrat hinzuzuziehen. Kommt auch nach Hinzuziehung des Betriebsrats keine Einigung zustande, entscheidet die Einigungsstelle.

> **Hinweis:**
> Bei Urlaubsstreitigkeiten empfiehlt sich die Bildung einer ständigen Einigungsstelle. Anderenfalls ist angesichts des u. U. langen Zeitraums, den die Einsetzung der Einigungsstelle benötigt, eine Regelung der Urlaubsfrage hinfällig, weil der gewünschte Zeitraum verstrichen ist.

Betriebsurlaub 27

§ 1 Geltungsbereich

Diese Betriebsvereinbarung gilt für
1. räumlich
2. persönlich
3. fachlich .

§ 2 Zeitpunkt
Für jeweils drei Wochen im Kalenderjahr ist Betriebsurlaub. Der Zeitpunkt wird jeweils im Dezember des Vorjahres zwischen Betriebsrat und Unternehmen festgelegt und im Betrieb bekannt gegeben. Der Betriebsurlaub muss in den großen Schulferien liegen.

§ 3 Weiterer Urlaub
Die weiteren Urlaubsansprüche der Arbeitnehmer:innen sind nach der Betriebsvereinbarung »Urlaubsgrundsätze« zu gewähren (siehe Rn. 26).
Die weiteren Urlaubsansprüche können auch/können nicht im Zusammenhang mit dem Betriebsurlaub genommen werden.

§ 4 Nicht ausreichender Urlaubsanspruch
Sofern ein Beschäftigter zu Beginn des Betriebsurlaubs noch keinen oder keinen ausreichenden Urlaubsanspruch erworben hat, muss der Arbeitgeber diesem eine Beschäftigungsmöglichkeit – auch auf einem anderen zumutbaren Arbeitsplatz – während des Betriebsurlaubs anbieten. Eine Entgeltminderung wegen Beschäftigung auf einem anderen Arbeitsplatz ist ausgeschlossen.
Ist eine Beschäftigung während des Betriebsurlaubs nicht möglich, wird der oder die Arbeitnehmer:in unter Fortzahlung des Entgelts ohne Anrechnung auf künftige Urlaubsansprüche von der Arbeit freigestellt.
oder
Sofern der Beschäftigte zu Beginn des Betriebsurlaubs noch keinen oder keinen ausreichenden Urlaubsanspruch erworben hat, nimmt er am Betriebsurlaub unter Anrechnung auf im Kalenderjahr entstehende Urlaubsansprüche teil. Das Entgelt ist während der Teilnahme am Betriebsurlaub nach den Regelungen über das Urlaubsentgelt fortzuzahlen. Eine Anrechnung auf Urlaubsansprüche im folgenden Kalenderjahr ist nicht zulässig.

> **Hinweis:**
> Der Betriebsurlaub (auch Betriebsferien genannt) sollte nicht den gesamten Urlaub umfassen. Die Betriebsferien sollen in der Zeit der Schulferien im Sommer liegen.
> Sofern Arbeitnehmer:innen noch keinen oder keinen ausreichenden Urlaubsanspruch haben, muss eine Regelung für diese getroffen werden. Variante 1 ist dabei die für die Arbeitnehmer:innen günstigere Variante, da Urlaubsansprüche bestehen bleiben und in den meisten Fällen während des Betriebsurlaubs keine Beschäftigungsmöglichkeit vorhanden sein wird.
> Eine Anrechnung auf Urlaubsansprüche im folgenden Kalenderjahr ist nicht zulässig, da dies den Zweck des Urlaubs gefährden würde.
> Entschieden werden muss auch, ob im Zusammenhang mit den Betriebsferien weiterer Urlaub genommen werden darf. Dies ist nicht nur für Arbeitsmigranten wichtig und sollte klar geregelt werden.

§ 5 Übertragung, Abgeltung
Für die Übertragung, den Verfall und die Abgeltung von Urlaubsansprüchen gelten sowohl für den auf Gesetzen wie den auf tariflichen oder anderen Rechtsgrundlagen beruhenden Anspruch einheitlich die Vorschriften des Bundesurlaubsgesetzes.

§ 6 Schlussbestimmungen
Diese Betriebsvereinbarung ist mit einer Frist von Monaten zum Schluss eines Kalenderjahres kündbar, erstmals zum Datum. Die Kündigung dieser Betriebsvereinbarung ist nur wirksam, wenn sie schriftlich erfolgt. Die Betriebsvereinbarung wirkt nach. Anlagen sind Bestandteil dieser Betriebsvereinbarung.

Sonderurlaub, Sabbaticals 28

§ 1 Geltungsbereich
Diese Betriebsvereinbarung gilt für
1. räumlich ___
2. persönlich ___
3. fachlich ___.

§ 2 Sonderurlaub
Zur Wahrnehmung persönlicher Interessen kann die Arbeitnehmer:in unbezahlten Sonderurlaub beantragen. Diesem Antrag ist zu entsprechen, wenn dem nicht dringende betriebliche Gründe entgegenstehen.

§ 3 Dauer
Die maximale Dauer des unbezahlten Sonderurlaubs beträgt ___ Tage/Monate, die minimale ___ Tage/Monate.

§ 4 Wirkung
Während des unbezahlten Sonderurlaubs ruhen die beiderseitigen Hauptpflichten aus dem Arbeitsverhältnis. Für jede Art von Berechnung, die auf der Betriebszugehörigkeit beruht, wird die Zeit des unbezahlten Sonderurlaubs mitgezählt.

§ 5 Antrag
Der Antrag auf unbezahlten Sonderurlaub ist mindestens ___ Monate vor dem beabsichtigten Urlaubsbeginn schriftlich an die Personalabteilung zu richten.

§ 6 Rückkehr
Die Arbeitnehmer:in hat nach Ablauf des unbezahlten Sonderurlaubs Anspruch auf Beschäftigung auf dem Arbeitsplatz, auf dem sie vor Beginn des unbezahlten Sonderurlaubs beschäftigt war.

> **Hinweis:**
> Eine solche Regelung kann bei längerem Sonderurlaub, z.B. zu Weiterbildungszwecken, zu praktischen Schwierigkeiten führen. In solchen Fällen kann der Anspruch auf die Rückkehr auf einen gleichwertigen Arbeitsplatz beschränkt werden.

Dauert der Sonderurlaub länger als ___ Tage/Monate, hat die Arbeitnehmer:in bei Ende des Sonderurlaubs Anspruch auf Beschäftigung auf einem gleichwertigen, gleich entlohnten Arbeitsplatz.

§ 7 Schlussbestimmungen
Diese Betriebsvereinbarung ist kündbar mit einer Frist von ___ Monaten zum Monatsende/zum Quartalsschluss/zum Jahresende, erstmals zum ___. Anlagen sind Bestandteil dieser Betriebsvereinbarung.
Nach ihrem Ablauf wirkt die Betriebsvereinbarung nach.

7. Pflegezeit und Familienpflege

Pflegezeit und Familienpflege 28a

> **Hinweis:**
> Es gibt zwei Gesetze, die es ermöglichen, von der Arbeit zur Pflege von Angehörigen freigestellt zu werden: das Pflegezeitgesetz (zielt eher auf kurzzeitige Pflege) und das Familienpflegezeitgesetz (längerfristige Pflege). Das Pflegezeitgesetz sieht auch einen Freistellungs-

anspruch für Sterbebegleitung vor. Die Betriebsvereinbarung sieht Regelungen auf Basis beider Gesetze vor.

§ 1 Geltungsbereich

Diese Betriebsvereinbarung gilt für

1. räumlich
2. persönlich
3. fachlich .

§ 2 Freistellung zur Pflege von Angehörigen

Hinweis:
In manchen Betrieben bestehen Langzeit- oder Lebensarbeitszeitkonten, die vorsehen, dass die dort angesparten Guthaben u.a. auch für Zeiten der (längerfristigen) Pflege von Angehörigen eingesetzt werden können. Die Betriebsvereinbarung ist dann auf diese Regelungen abzustimmen, um ein Ineinandergreifen der Regelungen und der Leistungen aus dem Lebensarbeitszeitkonto zu ermöglichen.

Angehörige (§ 7 Abs. 3 PflegeZG) im Sinne dieser Betriebsvereinbarung sind:

- Eltern, Schwiegereltern, Stiefeltern, Großeltern;
- Ehepartner:in; Lebenspartner:in, Partner:in einer eheähnlichen oder lebenspartnerschaftsähnlichen Gemeinschaft;
- Kinder, Adoptiv- oder Pflegekinder, die Kinder, Adoptiv- oder Pflegekinder des Ehegatten oder Lebenspartners, Schwiegerkinder und Enkelkinder;
- Geschwister, Schwager und Schwägerin, Lebenspartner:innen der Geschwister.

1. Kurzfristige Pflegesituation

Arbeitnehmer:innen haben das Recht, bis zu 10 Arbeitstage nicht zu arbeiten, wenn dies erforderlich ist, um für einen pflegebedürftigen Angehörigen in einer akut aufgetretenen Pflegesituation eine bedarfsgerechte Pflege zu organisieren oder eine pflegerische Versorgung in dieser Zeit sicherzustellen (§ 2 PflegeZG). Der Anspruch besteht für jede akute Pflegesituation; im Bedarfsfalle auch mehrmals für einen pflegebedürftigen Angehörigen.

2. Längerfristige Pflege

Arbeitnehmer:innen haben Anspruch auf längerfristige Freistellung von der Arbeit bis zur Dauer von zwei Jahren nach den Regelungen des Familienpflegezeitgesetzes (§§ 2ff.).
Darüber hinaus hat jede Arbeitnehmer:in im Rahmen des Arbeitsverhältnisses einen Anspruch auf vollständige unbezahlte Freistellung von der Arbeit für einen Zeitraum von insgesamt max. vierundzwanzig Monaten. Während der Zeit der unbezahlten Freistellung ruht das Arbeitsverhältnis. Dieser Freistellungsanspruch kann in mehreren Zeitabschnitten in Anspruch genommen werden, jeder Zeitabschnitt muss jedoch mindestens einen Zeitraum von zwei Wochen betragen. Die Inanspruchnahme des Freistellungsanspruchs ist nur möglich, wenn die Pflegebedürftigkeit des/der Angehörigen durch Vorlage einer Bescheinigung der Pflegekasse oder des medizinischen Dienstes der Krankenkassen nachgewiesen wird.
Die Arbeitnehmer:in wird während der unbezahlten Freistellungsphase auf Basis seines bisherigen Entgeltes in der betrieblichen Altersversorgung weiterversichert. Die Firmenbezeichnung trägt dafür die Arbeitgeber- und die Arbeitnehmer:innenanteile.

§ 3 Sterbebegleitung

Arbeitnehmer:nnen sind ganz oder teilweise von der Arbeit freizustellen, wenn die Voraussetzungen des § 3 Abs. 6 Pflegezeitgesetz vorliegen.

§ 4 Individuelle Förderungsmöglichkeiten

a) Vermittlung von Pflegepersonal/Pflegeplätzen

Die Firmenbezeichnung bietet den Arbeitnehmer:innen mit Unterstützung des Familienservicebüros kostenlos folgende Dienstleistungen an, z.B.

- Vermittlung von Pflegepersonal
- Vermittlung von Pflegeplätzen.

b) Zuschüsse für Pflegepersonal oder für einen Pflegeplatz

Die Firmenbezeichnung kann, um die Fortsetzung der beruflichen Tätigkeit zu ermöglichen, im Einzelfall einen Zuschuss für den Einsatz von Pflegepersonal oder für einen Pflegeplatz gewähren. Hierfür stellt die Firmenbezeichnung jährlich ein separates Budget zur Verfügung, das jährlich mit dem Betriebsrat/Gesamtbetriebsrat/Konzernbetriebsrat neu verhandelt wird.
Mitarbeiter, die diesen Zuschuss in Anspruch nehmen möchten, wenden sich schriftlich an die Personalabteilung. Die Entscheidung der Firmenbezeichnung erfolgt unter Berücksichtigung der sozialen Situation des Mitarbeiters. Vor der Entscheidung wird mit dem örtlich zuständigen Betriebsrat beraten. Die Firmenbezeichnung versucht dabei, möglichst Einvernehmen mit dem Betriebsrat zu erzielen.

c) Temporärer Heimarbeitsplatz

Sofern die Tätigkeit der Arbeitnehmer:innen eine Erledigung der Arbeitsaufgaben ganz oder teilweise zu Hause zulässt, kann temporär für die Dauer von bis zu drei Jahren die Einrichtung eines Heim- bzw. Telearbeitsplatzes in Anspruch genommen werden, um die Pflege pflegebedürftiger Angehöriger gewährleisten zu können. Der Antrag auf Einrichtung eines Heimarbeitsplatzes ist acht Wochen vor dem gewünschten Beginn schriftlich zu stellen. Der Antrag kann nur aus dringenden betrieblichen Gründen abgelehnt werden. Die Pflegebedürftigkeit des/der Angehörigen ist durch Vorlage einer Bescheinigung der Pflegekasse oder des medizinischen Dienstes der Krankenkassen nachzuweisen.
Beabsichtigt die Firmenbezeichnung, den Antrag abzulehnen, ist der Vorgang zuvor mit dem Betriebsrat zu beraten.

§ 5 Schlussbestimmungen

Diese Betriebsvereinbarung ist mit einer Frist von Monaten zum Schluss eines Kalenderjahres kündbar, erstmals zum Datum. Die Kündigung dieser Betriebsvereinbarung ist nur wirksam, wenn sie schriftlich erfolgt. Die Betriebsvereinbarung wirkt nach. Anlagen sind Bestandteil dieser Betriebsvereinbarung.

8. Anwendungsprobleme von IT-Systemen im Betrieb / technische Überwachungssysteme

Rahmenvereinbarung Datenverarbeitung 29

Vorbemerkung

Diese Rahmenvereinbarung enthält Regelungen, die für alle im Unternehmen bzw. Betrieb genutzten IT/Informations- und Kommunikationssysteme gelten. Soweit für einzelne Systeme (Telefonanlagen, Videoüberwachung, Produktionssteuerung, E-Mail, usw.) gesonderte Vereinbarungen abgeschlossen werden, überschneiden sich die Inhalte der hier vorgestellten Betriebsvereinbarungen zum Teil. Entschieden werden muss auch, ob Aufgaben zur Kontrolle der Einhaltung einem besonderen Ausschuss übertragen werden. Nach § 26 Abs. 4 BDSG können auch Betriebsvereinbarungen die Rechtsgrundlage für Datenverarbeitung im Betrieb bilden. Der Betriebsrat muss also jeweils prüfen, ob er mit dem Abschluss einer Betriebsvereinbarung einen Rechtsgrund für die Verarbeitung schafft, der ohne die Betriebsvereinbarung nicht gegeben wäre. In jedem Fall sind die Grundsätze des Art. 88 Abs. 2 DSGVO zu beachten. Danach muss die Betriebsvereinbarung Regelungen zum Schutz der menschlichen Würde, der berechtigten

Interessen sowie der Grundrechte der ArbeitnehmerInnen enthalten. Dies insbesondere im Hinblick auf die Transparenz der Verarbeitung, die Übermittlung der Daten im Unternehmen bzw. in einer Unternehmensgruppe. Weiterhin müssen Reglungen zu Überwachungssystemen am Arbeitsplatz vorgesehen werden.
Nach der Rechtsprechung des EuGH (19.12.2024 – C-65/23, Rn. 43 (Workday); vgl. auch BAG 8.5.2025 – 8 AZR 209/21, Rn. 13) müssen darüber hinaus auch die sonstigen Bestimmungen der DSGVO eingehalten werden, wie z.B. Art. 5, Art. 6 Abs. 1 sowie Art. 9 Abs. 1 und 2 DSGVO.
Soweit die Rahmenvereinbarung auch Regelungen zur Einführung von KI enthalten soll, wird auf die entsprechende Mustervereinbarung KI verwiesen.

§ 1 Geltungsbereich

Diese Betriebsvereinbarung gilt

a. **räumlich** für den Betrieb/das Unternehmen/den Konzern . Sie gilt auch bei Arbeiten außerhalb des Betriebs, z.B. bei mobiler Arbeit mit Nutzung von IT-Systemen, Smartphones oder Telearbeit.
b. **persönlich** Sie gilt für alle Beschäftigten. Dies sind: alle Arbeitnehmer:innen, einschließlich der im und für den Betrieb tätigen Leiharbeitnehmer:innen, Auszubildenden, Werkstudierenden und Praktikanten:innen. Wenn und soweit betriebsfremde Dritte die IT-Systeme des Betriebs nutzen können oder nutzen, werden sie vom Arbeitgeber auf die Einhaltung der Bestimmungen dieser Betriebsvereinbarung sowie der im Einzelfall einschlägigen Betriebsvereinbarungen zu einzelnen IT-Systems verpflichtet.
c. **sachlich:** Diese Betriebsvereinbarung gilt für alle Abläufe und Verfahren mit IT-Systemen, mit denen personenbezogene und auf die Person beziehbare Daten von Beschäftigten verarbeitet werden. Sie findet Anwendung auf die Verarbeitung aller IT-Systeme des Arbeitgebers, gleich, ob diese von ihm selbst oder von Dritten betrieben werden.

§ 2 Gegenstand, Zweck und Grundsätze

1. Diese Rahmenbetriebsvereinbarung dient dem Schutz personenbezogener Daten im Betrieb/Unternehmen/Konzern.
2. Diese Betriebsvereinbarung regelt die Verarbeitung personenbezogener Daten im Rahmen von IT-Systemen, die das Unternehmen nutzt.
3. Die Qualifikation der Beschäftigten muss sichergestellt und weiterentwickelt werden. Der Einsatz des IT-Systems muss so erfolgen, dass die Beachtung der gesicherten arbeitswissenschaftlichen Erkenntnisse sichergestellt ist. Für die Beschäftigten müssen bei der Arbeit mit den IT-Systemen Entscheidungsspielräume verbleiben; Überforderungen müssen vermieden werden.
4. Datenvermeidung und Datenminimierung
Die Gestaltung und die Auswahl der im und für den Betrieb einzusetzenden IT-Systeme müssen dem Grundsatz der Datenminimierung Rechnung tragen, damit so wenig wie möglich personenbezogene Daten verarbeitet werden.
5. Zweckbestimmung und Zweckbindung
Die Grundlage für die Verarbeitung personenbezogener und personenbeziehbarer Daten ist die konkrete Angabe eines Zwecks des IT-Verfahrens. Personenbezogene Daten dürfen nur im Rahmen dieses Zwecks verarbeitet werden.
Insbesondere dürfen personenbezogene Daten, die zu Zwecken der Datenschutzkontrolle, der Datensicherung oder zur Sicherstellung eines ordnungsgemäßen Betriebes einer Datenverarbeitungsanlage verarbeitet werden, ausschließlich für diese Zwecke verwendet werden.
Datensicherungen [Backups] dienen ausschließlich dem Zweck, durch Bedienfehler oder technische Ursachen unbeabsichtigt verlorengegangene Daten an der dafür vorgesehenen Stelle wiederherzustellen oder ggf. zu rekonstruieren.
Daten, die geeignet sind, Rückschlüsse auf das Verhalten oder die Leistung von Beschäftigten zu ziehen, müssen anonymisiert oder aggregiert werden, wenn in anonymisierter oder aggregierter Form der vorher festgelegte Verwendungszweck mit Verarbeitung der Daten erreicht werden kann.

Es werden keinerlei Auswertungen erstellt, durch die eine programmgesteuerte Verknüpfung von Arbeitsplätzen und/oder Arbeitnehmerdaten möglich ist, die Leistungs-, Verhaltens- oder Eignungsvergleiche ermöglichen.
Andere als die in den jeweiligen Betriebsvereinbarungen zu den Einzelsystemen vereinbarten und aufgelisteten Auswertungen dürfen nur nach vorheriger ausdrücklicher, schriftlicher Zustimmung des Konzern-/Gesamt-/Betriebsrats/DV-Ausschusses durchgeführt werden.

§ 3 Begriffsbestimmungen
Für die Betriebsvereinbarung gelten die Begriffsbestimmungen von Art. 4 DSGVO und § 46 BDSG in der jeweiligen Fassung.

§ 4 Information und Arbeitsgrundlagen des Betriebsrats

1. Information
Der Konzern-/Gesamt-/Betriebsrat wird über alle Systeme, die im Unternehmen personenbezogene Daten verarbeiten, sei es auf einem zentralen Rechner oder auf Personalcomputern oder sonstigen IT/Informations- und Kommunikationssystemen, anhand der entsprechenden Systemdokumentationen in deutscher Sprache unterrichtet.
Die Systemdokumentation enthält dabei mindestens

1. eine Beschreibung des jeweiligen Systems im Hinblick auf Aufbau, Zielsetzung und Funktionsweise
2. ein Verzeichnis der Datenfelder nebst Erläuterungen
3. eine Beschreibung der möglichen Integrationen mit anderen internen oder externen Systemen und deren Schnittstellen
4. einen Katalog der möglichen Auswertungen sowie Erläuterungen zu ihrem möglichen Verwendungszweck
5. eine Auflistung aller Zugriffsberechtigten
6. im Hinblick auf die Gewährleistung des Datenschutzes getroffene Maßnahmen (Verpflichtung auf das Datengeheimnis, Dateiverschlüsselungen, Zugriffsschutzsysteme usw.).
7. eine Kopie der datenschutzrechtlichen Folgenabschätzungen (Art. 35 DSGVO) sowie der Verfahrensverzeichnisse.

Das Unternehmen gibt dem Konzern-/Gesamt-/Betriebsrat/DV-Ausschuss auf Wunsch alle Informationen und überlässt ihm die entsprechenden Unterlagen, die dieser zur Wahrnehmung seiner Aufgaben nach dem Gesetz und den jeweiligen Betriebsvereinbarungen benötigt.
Alle Veränderungen in den vorstehenden Ziffern 1. bis 6. bedürfen der vorherigen Zustimmung des Betriebsrats.
oder
Veränderungen in den vorgenannten Positionen 1. bis 6. – soweit sie sich nicht auf eine technische und/oder organisatorische Anpassung ohne Funktionserweiterung des jeweiligen Systems beschränken – bedürfen der Zustimmung des Konzern-/Gesamt-/Betriebsrats.
Das Unternehmen informiert den Konzern-/Gesamt-/Betriebsrat/DV-Ausschuss viertel-/halbjährlich/jährlich über Planungen im Hinblick auf die Veränderungen der jeweiligen DV/Informations- und Kommunikationssysteme.
oder
Der Konzern-/Gesamt-/Betriebsrat wird über die Planung, Veränderung, Einführung von IT-Systemen zu einem Zeitpunkt informiert, der gewährleitet, dass er ausreichend Zeit hat, seine gesetzlichen oder vereinbarten Mitbestimmungsrechte auszuüben. Zum Zeitpunkt der Information dürfen noch keine vertraglichen Festlegungen gegenüber Dritten getroffen worden sein.
Zur Information, die umfassend, schriftlich und in deutscher Sprache zu erfolgen hat, gehört insbesondere eine Kopie der datenschutzrechtlichen Folgenabschätzungen (Art. 35 DSGVO) sowie der Verfahrensverzeichnisse. Darüber hinaus hat der Arbeitgeber für alle IT-Systeme, die personenbezogene oder personenbeziehbare Daten verarbeiten, ein Verzeichnis der jeweils Zugriffsberechtigten zu führen und auf Wunsch dem Betriebsrat zur Verfügung zu stellen.

Der Konzern-/Gesamt-/Betriebsrat hat das Recht, die mit der DV und Informations- und Kommunikationssystemen befassten Arbeitnehmer zu befragen und von ihnen Auskünfte zu erhalten. Die jeweiligen Arbeitnehmer sind gegenüber dem Konzern-/Gesamt-/Betriebsrat/DV-Ausschuss zur Auskunft verpflichtet. Der Konzern-/Gesamt-/Betriebsrat/DV-Ausschuss wird die Befragung der mit dem Einsatz der DV und Informations- und Kommunikationssystemen befassten Arbeitnehmer weiter unter Berücksichtigung der Erfordernisse des Arbeitsablaufs durchführen.
Besondere Informationspflichten im Hinblick auf Einzelsysteme werden in den entsprechenden Betriebsvereinbarungen geregelt.
Das Unternehmen stellt dem Konzern-/Gesamt-/Betriebsrat/DV-Ausschuss ausreichende Rechner und Rechnerkapazität zur Verfügung, damit dieser seine Rechte nach dem Gesetz und den Betriebsvereinbarungen wahrnehmen kann.
Der Konzern-/Gesamt-/Betriebsrat/DV-Ausschuss wird über alle unternehmensintern stattfindenden Schulungen in Bezug auf IT/Informations- und Kommunikationssysteme informiert. Dies bezieht sich sowohl auf Schulungen, die das Unternehmen selbst durchführt als auch auf Schulungen, zu denen das Unternehmen Arbeitnehmer entsendet oder die von Systemanbietern durchgeführt werden. Im Rahmen der Aufgaben nach dieser Betriebsvereinbarung bzw. den jeweiligen ergänzenden Einzel-Betriebsvereinbarungen haben Betriebsräte das Recht zur Teilnahme an diesen Schulungen.

2. Software-Stammakte

Der Arbeitgeber führt für jedes betriebene IT-System eine Software-Stammakte. Diese Akte enthält alle zur Entscheidungsfindung des Betriebsrats übergebenen Unterlagen. Die Software-Stammakte ist von den Arbeitgebern während der gesamten Nutzungsdauer des betreffenden Systems und mindestens fünf Jahre darüber hinaus zu führen, zu aktualisieren und vorzuhalten. Der Betriebsrat hat jederzeit Zugriff auf die Unterlagen der Software-Stammakte.

3. Sachverständige

Der Konzern-/Gesamt-/Betriebsrat/DV-Ausschuss hat das Recht, einen Sachverständigen seiner Wahl in Anspruch zu nehmen, um seine Aufgaben nach dieser Betriebsvereinbarung bzw. den ergänzenden Einzel-Betriebsvereinbarungen zu bestimmten DV/Informations- und Kommunikationssystemen auszuüben. Die Kosten hierfür trägt im Rahmen der marktüblichen Honorarsätze das Unternehmen.
oder
Für die Inanspruchnahme von Sachverständigen im Rahmen dieser Betriebsvereinbarung steht dem Konzern-/Gesamt-/Betriebsrat/DV-Ausschuss jährlich ein Budget von   € zur Verfügung. Die Inanspruchnahme eines Sachverständigen ist dem Unternehmen anzuzeigen.

§ 5 Soft- und Hardwareergonomie

Für computerunterstützte Arbeitsplätze incl. Telearbeit und mobiler Arbeit muss eine Gefährdungsbeurteilung erstellt werden. Diese Arbeitsplätze sind so zu gestalten, dass sie stets den aktuellen wissenschaftlichen Erkenntnissen von Ergonomie, Gesundheitsschutz und Arbeitssicherheit entsprechen.
Der Arbeitgeber verpflichtet sich, nur IT-Systeme und Geräte anzuschaffen, die den aktuellen wissenschaftlichen Erkenntnissen von Ergonomie, Gesundheitsschutz und Arbeitssicherheit entsprechen.

§ 6 Datenschutz und Zugang und Zugangsrechte

1. Administratoren

Beschäftigte mit Administratorenrechten, die an IT-Systemen eingesetzt werden, um diese im Rahmen ihrer Administratorentätigkeit zu bedienen, zu warten, zu beaufsichtigen oder in anderer Art zu nutzen, sind zur Geheimhaltung der ihnen anlässlich ihrer Administratorentätigkeit zur Kenntnis gelangten Mitarbeiterdaten auch gegenüber internen Stellen verpflichtet. Sie sind entsprechend zu schulen und bezüglich ihrer Geheimhaltungspflicht gegenüber internen und externen Stellen jährlich und nachweisbar zu belehren.

2. Beschäftigte mit Zugriff auf Mitarbeiter:innendaten

Beschäftigte, die im Rahmen ihrer Arbeit mit personenbezogenen oder personenbeziehbaren Daten arbeiten, diese regelmäßig oder in Einzelfällen zur Kenntnis erhalten oder in anderer Art mit diesen Daten Umgang haben, sind vom Arbeitgeber bezüglich ihrer Geheimhaltungspflicht gegenüber internen und externen Stellen jährlich und nachweisbar zu belehren.

3. Datenschutz des Betriebsrates

Der Betriebsrat und seine Mitglieder sind keine Dritten. Werden Mitgliedern des Betriebsrates in Ausübung der ihnen nach Gesetz oder Kollektivverträgen zustehenden Rechte persönliche Daten von Beschäftigten bekannt, haben sie die Regeln des Datenschutzes beim Umgang damit zu beachten. Der Betriebsrat bestellt für seinen Wirkungskreis einen externen Datenschutzbeauftragten. Hierdurch evtl. entstehende Kosten trägt der Arbeitgeber.

Hinweis:

Nach der Rechtsprechung (EuGH 9.2.2023 – C-453/21 (X-FAB Dresden); BAG 6.6.2023 – 9 AZR 383/19, Rn. 38) darf die dem Betriebsrat vorsitzende Person nicht zugleich Datenschutzbeauftragte sein. Datenschutzbeauftragte dürfen innerhalb der verantwortlichen Stelle keine Position bekleiden, die eine Festlegung von Zwecken und Mitteln der Verarbeitung personenbezogener Daten zum Gegenstand hat. Der Betriebsrat legt als Gremium Zwecke und Mittel der Verarbeitung personenbezogener Daten fest. Betriebsratsvorsitzende vertreten den Betriebsrat nach außen. Bei ihnen fehlt die erforderliche Gewähr für Neutralität und Distanz, weil sie einerseits durch Betriebsratsbeschlüsse gebunden und andererseits dem zwingenden Datenschutz verpflichtet sind.

§ 7 Rechte der einzelnen Arbeitnehmer

1. Gesetzliche Ansprüche

Gesetzliche Ansprüche einzelner Arbeitnehmer/innen, insbesondere aus der DSGVO oder dem BDSG, werden von dieser Konzern-/Gesamt-/Betriebsvereinbarung nicht berührt oder eingeschränkt.

2. Auskunftsanspruch

Beschäftigte haben das Recht, jederzeit Auskunft über alle zu ihrer Person gespeicherten Daten zu erhalten. Dies umfasst auch die Angabe des Zwecks der Datenverarbeitung sowie im Falle der Weitergabe die Angabe, an wen die Daten weitergegeben werden. Insbesondere umfasst die Auskunft die Angabe, welche Daten im Ausland verarbeitet werden. Mit der Auskunft muss angegeben werden, für welchen Zeitraum die Daten gespeichert werden bzw. werden sollen und wann beabsichtigt ist, sie zu löschen bzw. zu anonymisieren.

3. Berichtigungsanspruch

Unrichtige personenbezogene Daten von Beschäftigten sind auf deren Verlangen hin zu berichtigen bzw., wenn die personenbezogenen Daten unvollständig waren, zu vervollständigen. Unrichtige Daten sind zu löschen.

Die speichernde Stelle ist für die Richtigkeit der gespeicherten Daten verantwortlich. Sie ist für die Richtigkeit beweispflichtig.

4. Recht auf Löschung

Personenbezogene Daten sind zu löschen, wenn sie für die Zwecke, für die sie verarbeitet wurden, nicht mehr notwendig sind und keine gesetzlichen oder auf Kollektivvereinbarungen beruhenden Pflichten zur Aufbewahrung der Löschung eingestehen. Beschäftigte können die Löschung dieser Daten verlangen.

Wenn und soweit die Verarbeitung der personenbezogenen Daten auf einer Einwilligung beruht, sind die personenbezogenen Daten zu löschen, wenn die Einwilligung widerrufen wird. Personenbezogene Daten sind nicht zu löschen, wenn die Voraussetzungen des Art. 17 Abs. 2 DSGVO vorliegen.

§ 8 Schulungs- und Weiterbildungsanspruch

Arbeitnehmer:innen und Auszubildende haben Anspruch auf Fortbildung, Qualifizierung, umfassende Einweisungen, wenn sie mit IT-Systemen in irgendeiner Form arbeiten. Beschäftige müssen auch über die sich aus Gesetzen, Kollektivvereinbarungen ergebenden Beschränkungen zur Datenverarbeitung unterrichtet werden. Hierzu zählen auch die Beschäftigten zustehenden Rechte. Die Kosten sind vom Arbeitgeber zu tragen. Die notwendige Zeit der Unterrichtung bzw. Fortbildung und Qualifikation ist Arbeitszeit.

Der Arbeitgeber ermittelt den sich aus dem Einsatz der IT-Systeme ergebenden Berufsbildungsbedarf und berät mit dem Betriebsrat einen dementsprechenden Qualifizierung- und Bildungsplan. Rechte des Betriebsrats nach § 96 BetrVG bleiben unberührt.

Entfallen durch den Einsatz, die Einführung oder Weiterentwicklung von IT-Systemen Tätigkeiten, so sind den betroffenen Arbeitnehmer/innen vom Arbeitgeber angemessene Weiterbildungsmöglichkeiten anzubieten, um ihren Einsatz auf anderen Arbeitsplätzen zu ermöglichen. Die Kosten sind vom Arbeitgeber zu tragen. Die notwendige Zeit der Unterrichtung bzw. Fortbildung und Qualifikation ist Arbeitszeit.

Mitbestimmungs- und Beteiligungsrechte des Betriebsrates nach dem Betriebsverfassungsgesetz bleiben unberührt.

§ 9 Schlussbestimmungen

Diese Betriebsvereinbarung ist mit einer Frist von Monaten zum Schluss eines Kalenderjahres kündbar, erstmals zum Datum. Die Kündigung dieser Betriebsvereinbarung ist nur wirksam, wenn sie schriftlich erfolgt. Die Betriebsvereinbarung wirkt nach. Anlagen sind Bestandteil dieser Betriebsvereinbarung.

29a **Rahmenbetriebsvereinbarung Künstliche Intelligenz (KI)**

Vorbemerkungen

Künstliche Intelligenz (KI) wird in der Praxis zunehmend in vielen Bereichen des betrieblichen Arbeitslebens eingesetzt.

Der Begriff der künstlichen Intelligenz ist im Gesetz nicht weiter definiert. KI-Systeme lösen als technische Einrichtung ein erzwingbares Mitbestimmungsrecht aus, soweit personenbezogene Daten betroffen sind. Darüber hinaus kommen etwa das Mitbestimmungsrecht bei Fragen der Ordnung des Betriebs und des Verhaltens der Mitarbeitenden im Betrieb (§ 87 Abs. 1 Nr. 1 BetrVG) oder bei der Ausgestaltung von mobiler Arbeit, die mittels Informations- und Kommunikationstechnik erbracht wird (§ 87 Abs. 1 Nr. 14 BetrVG) in Betracht.

Vor der Einführung eines KI-Systems sind insbesondere folgende Fragen zu stellen:

- Handelt es sich um ein KI-System? Wie ist es nach der KI-VO zu kategorisieren?
- Handelt es sich um eine technische Einrichtung im Sinne von § 87 Abs. 1 Nr. 6 BetrVG?
- Falls ja, ist das KI-System dazu geeignet, Leistung und Verhalten der Mitarbeitenden zu überwachen?

> **Hinweis:**
> Für den Einsatz von KI im Rahmen der Beschäftigungssicherung s. das Muster bei ›Beschäftigungssicherung‹ (§ 92a BetrVG Rn. 37ff.).

> Siehe auch Checkliste, § 92a BetrVG Rn. 36. Ein Musterbaukasten findet sich in einer Veröffentlichung des IG Metall Kompetenzzentrums Arbeitsrecht Plus: Dietrich, O.; Budde, S.; Dempki, M. (2025): Betriebsvereinbarungen für Künstliche Intelligenz leicht gemacht – Mustertexte zur Erstellung von Guidelines oder Betriebsvereinbarungen zum Einsatz Künstlicher Intelligenz im Unternehmen. Working-Paper-Reihe des Kompetenz-zentrums Arbeitswelt.Plus, Paderborn, Nr. 10, *https://doi.org/10.55594/PAHF7583*. Es dient dem nachfolgenden Entwurf als Grundlage.

Präambel
Mit dieser Rahmengesamtbetriebsvereinbarung (im Folgenden »Betriebsvereinbarung«) soll die Implementierung neuer KI-Modelle in die betrieblichen Strukturen unter Erhalt des Schutzes sensibler Daten des Unternehmens und der Beschäftigten geregelt werden. KI-Systeme sind fehlbar. Das allgemeine Persönlichkeitsrecht der Beschäftigten ist zu achten, sie sind vor vermeidbaren Gefahren zu schützen. Der Mensch steht an erster Stelle. Künstliche Intelligenz hat eine dienende und unterstützende Funktion. Die letzte Entscheidung trifft der Mensch. Eine Bevormundung durch Künstliche Intelligenz muss ausgeschlossen sein. Künstliche Intelligenz soll die Beschäftigten unterstützen, nicht ersetzen. KI-Systeme sollten so gestaltet sein, dass sie keine Diskriminierung oder Verzerrung (Bias) verursachen und alle Beschäftigten fair behandeln. Mindestens jedoch müssen KI-Systeme Transparenz über die möglichen Gefahren für Diskriminierung herstellen.

§ 1 Geltungsbereich
Diese Betriebsvereinbarung gilt
1. räumlich: …
2. fachlich: …
3. persönlich: … (Nutzungsberechtigte)

§ 2 Begriffsbestimmung
Eine allgemeingültige Definition künstlicher Intelligenz existiert nicht.
Art. 3 Ziff. 1 KI-VO definiert den Begriff »KI-System« als »ein maschinengestütztes System, das für einen in unterschiedlichem Grade autonomen Betrieb ausgelegt ist und das nach seiner Betriebsaufnahme anpassungsfähig sein kann und das aus den erhaltenen Eingaben für explizite oder implizite Ziele ableitet, wie Ausgaben wie etwa Vorhersagen, Inhalte, Empfehlungen oder Entscheidungen erstellt werden, die physische oder virtuelle Umgebungen beeinflussen können.«
Im Rahmen dieser Vorgaben kann auch eine für die betriebliche Handhabung passende Definition gefunden werden. Hierbei kann das sog. »Periodensystem KI« des Branchenverbands Bitkom nützlich sein.

> **Hinweis:**
> Das Periodensystem der künstlichen Intelligenz ist vom amerikanischen Informatiker Kristian Hammond erschaffen mit dem Ziel, eine allgemein verständliche Sprache für die Beschreibung von künstlicher Intelligenz zu schaffen. Bitkom e. V. ist der Branchenverband der deutschen Informations- und Telekommunikationsbranche. Das Modell ist kostenlos abrufbar unter *https://www.bitkom.org/Periodensystem-KI* (Nov. 2025). Die für den betrieblichen Einsatz wichtigsten KI-Anwendungsfelder sind zudem im Anhang III der KI-VO geregelt.

§ 3 Transparenz über den Einsatz von KI – Key User
Um transparente und für alle Beteiligten nachvollziehbare Verantwortlichkeiten und Zuständigkeiten im KI-Anwendungsfall als auch in den KI-Anwendungen darzustellen, ist transparent zu machen, wer Betreiber und Nutzer der KI-Lösung ist. Ggf. muss ein Rollen- und Berechtigungskonzept erstellt werden.
Die Daten, Prozesse und Ergebnisse beim Einsatz Künstlicher Intelligenz müssen für die Beschäftigten rückverfolgbar, nachvollziehbar und erklärbar sein.

Beschäftigte, deren personenbezogene Daten im Rahmen eines KI-Modells verarbeitet werden, haben Anspruch auf Auskunft, Einschränkung, Berichtigung, Löschung und Portierung auch gegen den Arbeitgeber.
Ihnen sind zugeordnete Schlüsselbenutzer (Key User) zu benennen. Die Key User dienen als Ansprechpartner und stehen allen Beschäftigten und dem Betriebsrat zur Auskunft zur Verfügung. Bei möglichen Rückfragen zu den Prozessen, Abläufen, der Rückverfolgbarkeit oder Erklärbarkeit kann im Zweifelsfall der KI-Ethikrat angerufen werden.

§ 4 Verbot bestimmter KI-Anwendungen
KI-Anwendungen mit *verbotenen Praktiken* im Sinne des Kapitels II KI-VO werden im Betrieb nicht eingesetzt. Gänzlich verboten ist es insbesondere, mittels einer KI-Anwendung Emotionen abzuleiten oder Gewerkschaftszugehörigkeiten, der Bereitschaft, einer Gewerkschaft beizutreten oder in einen Streik einzutreten (vgl. hierzu auch EG 40 der EU-Plattformrichtlinie (EU) 2024/2831), politische Einstellungen, die religiöse oder weltanschauliche Überzeugungen, sexuelle Identitäten oder sexuelle Orientierungen eines Menschen zu prognostizieren.
Darüber hinaus dürfen *keine Hochrisiko-KI-Anwendungen* im Sinne der KI-VO im Betrieb eingesetzt werden. Hierzu zählt insbesondere jede Auswertung des Verhaltens von Beschäftigten, z. B. einer Video- oder Audioaufzeichnung im Betrieb, um daraus Risikoprognosen zu erstellen; jedes Profiling, bei welchem ein Einfluss auf Einstellungen, Versetzungen, Beförderungen, Zugang zu Schulungs- oder betrieblichen Bildungsangeboten, Kündigungen und ähnliche Personalauswahlentscheidungen nicht ausgeschlossen werden kann.

§ 5 KI-Ethikrat
Um dauerhaft ein ethisches Verständnis für den Einsatz von Künstlicher Intelligenz im Unternehmen sicherzustellen, wird ein so genannter Ethikrat eingerichtet. Der betriebliche (oder Gesamt-, Konzern-) KI-Ethikrat wird eingerichtet, um neu einzuführende KI-Anwendungen zu prüfen und laufende Anwendungen regelmäßig einem Monitoring zu unterziehen. Dieser Rat wird ab Stufe Begrenztes Risiko im Sinne der Risikoeinstufung der KI-VO, hinzugezogen.
Der KI-Ethikrat setzt sich wie folgt zusammen:
- je ein Vertreter des Arbeitgebers und Betriebsrats
- KI-Verantwortliche
- IT-Verantwortliche
- Bei Bedarf: externer Sachverstand
- …

Der KI-Ethikrat hat insbesondere folgende Aufgaben:
- Kenntnis und Detailinformationen über die einzusetzenden/eingesetzten KI-Anwendungen im Unternehmen.
- Überprüfung z. B. des Vorranges menschlichen Handelns, Richtigkeit der Empfehlungen/Vorschläge, Fehlerpotenziale, Diskriminierung, Leistungs- und Verhaltenskontrolle, Schadenspotenzial (Arbeitsschutz, ökonomisch etc.), Möglichkeiten der Fehlerbehebung, Sicherstellung und Hinwirken auf Fehlerbehebung.
- Beratung über die KI-Anwendung.
- Umgang mit KI-Anwendungen ab den Stufen Begrenztes Risiko und Hohes Risiko.
- Ausschluss von KI-Anwendungen der Stufe Inakzeptables Risiko.

Die ständigen Mitglieder des KI-Ethikrats sind besonders zu schulen und hierfür von ihrer Arbeitszeit freizustellen.

§ 6 Verfahren zur Einführung von KI / Steckbriefe
Die Einführung von KI im Betrieb erfolgt in Form eines Steckbriefes:
- Der Arbeitgeber erstellt ein Datenblatt (Die Betriebsparteien können – je nach Bedarf – auch Muster erstellen und der Betriebsvereinbarung als Anlage beifügen.) mit einer funktionalen Beschreibung (inkl. der Beschreibung möglicher Schnittstellen zu anderen Apps) und fügt

das Ergebnis einer Datenschutzprüfung (ggfs. mit aktualisiertem Verarbeitungsverzeichnis, Berechtigungskonzepten usw.) bei. Er teilt zudem die Risikoeinstufung nach der KI-VO mit.
- Änderungen gegenüber bestehenden Systemen (z. B. bei Updates) sind zu erläutern.
- Der KI-Ethikrat ist zu beteiligen und gibt eine Stellungnahme zur beabsichtigten Einführung ab.
- Nach Zustimmung des Betriebsrats wird das Datenblatt in die Anlage 1 übernommen.

> **Hinweis:**
> Für weiterführende Hinweise und einer möglichen Gestaltung der Steckbriefe: Grasy, Jonas; Seibold, Bettina (2023): Die Komplexität von KI-Systemen durch Steckbriefe bewältigen (2023) Portrait über den Einsatz sogenannter AI-Cards bei der Siemens AG Betriebs- und Dienstvereinbarungen Nr. 29, 16 Seiten (*https://www.imu-boeckler.de/de/faust-detail.htm?sync_id=HBS-008560*).

§ 7 Hinzuziehung Sachverständiger
Der Betriebsrat hat das Recht, vor seiner Entscheidung eine sachverständige Person gem. § 80 Abs. 3 Satz 2 BetrVG hinzuzuziehen. Dies umfasst auch eine fachliche Bewertung der Stellungnahme des KI-Ethikrats.

§ 8 Datenschutz
Der Arbeitgeber stellt die Einhaltung des Datenschutzrechts sicher, insbesondere die Grundsätze der Datenverarbeitung nach Art. 5 DSGVO. Der/die Datenschutzbeauftragte ist zu beteiligen. Möchte der Arbeitgeber Beschäftigte oder Personen, die sich für eine Anstellung bewerben, einer maßgeblich auf einer automatisierten Verarbeitung – einschließlich Profiling – beruhenden Entscheidungsfindung mit einer rechtlichen oder ähnlichen Wirkung im Sinne des Art. 22 DSGVO unterwerfen, so verpflichtet er sich, zuvor einvernehmlich einen Katalog angemessener Schutzmaßnahmen mit dem Betriebsrat zu vereinbaren und zusätzlich zu vereinbaren, dass und wie er laufend auf seine Wirkung hin zu untersuchen sein wird. Der KI-Ethikrat ist zwingend zu beteiligen.
Die Einführung von KI-Anwendungen kann ein hohes Risiko für die Rechte und Freiheiten der Beschäftigten mit sich bringen. Der Arbeitgeber wird in Zweifelsfällen oder auf Wunsch des Betriebsrats eine Schwellwertanalyse durchführen, um zu prüfen, ob eine datenschutzrechtliche Folgenabschätzung (DSFA) im Sinne des Art. 35 DSGVO durchzuführen ist und diese dementsprechend durchführen.
Der Arbeitgeber stellt sicher, dass die Anbieter der jeweiligen KI-Anwendung zu den erforderlichen technischen und organisatorischen Maßnahmen angehalten werden. Er wird alle seinem Einfluss zugänglichen organisatorischen Maßnahmen ergreifen, den Schutz personenbezogener Daten sicherzustellen.

§ 9 Beschäftigungssicherung/Rationalisierungsschutz
KI-Anwendungen dürfen weder zu einer Überlastung, Unterauslastung oder zum Stellenabbau führen. Fallen durch den Einsatz einer KI-Lösung (Teil) Arbeitsaufgaben weg, so ist zu prüfen, inwiefern Maßnahmen zur Kompensation erforderlich sind. Mögliche Maßnahmen sind: erweiterte Aufgaben, Qualifizierungszeit und Kompetenzerweiterungsmaßnahmen. Mögliche freie Zeitfenster können prozentual vom Zeitgewinn in die genannten Maßnahmen investiert werden. Hierzu ist eine gesonderte Vereinbarung zwischen den Betriebsparteien zu schließen.

> **Hinweis:**
> Siehe hierzu das Muster § 92a BetrVG Rn. 37 ff.

§ 10 Schulungen
Es werden je nach den betrieblichen Aufgaben und Anforderungen Schulungskonzepte entwickelt oder bestehende erweitert. Diese sollten die Rollen und Funktionen der Beschäftigten

im Anwendungsfall berücksichtigen. Es ist darauf zu achten, dass mögliche Entwicklungsschritte von Beschäftigten mitberücksichtigt werden.

§ 11 Leistungs- bzw. Verhaltenskontrolle
Jede Kontrolle der Leistung oder des Verhaltens mittels Verwendung von KI-Modellen bedarf der ausdrücklichen Regelung in einem Steckbrief.
Verstöße des Arbeitgebers gegen die vorgenannten Bestimmungen führen zur Unverhältnismäßigkeit einer darauf gestützten Abmahnung und begründen ein Widerspruchsrecht zu verhaltensbedingten Kündigungen nach § 102 Abs. 3 BetrVG.

§ 12 Pilotprojekte
Der Betriebsrat ist über jedes KI-Projekt zu informieren. Eine Mitarbeit des Betriebsrats bei Pilot-Projekten wird durch das Unternehmen gewährleistet und durch die Verantwortlichen sichergestellt. Projekt/ Pilotuser bzw. Bereiche können auch durch den Betriebsrat vorgeschlagen oder festgelegt werden.
Darüber hinaus hat der Betriebsrat das Recht, an überbetrieblichen Pilotprojekten zum Thema KI teilzunehmen und mitzuarbeiten. Weitergehend ist eine überbetriebliche Vernetzung ausdrücklich gewünscht und wird durch das Unternehmen genehmigt und gefördert. Der Austausch zwischen Wissenschaft (soweit gegeben) und dem Betriebsrat wird unterstützt, gefördert und begrüßt.

§ 13 Schlussbestimmungen
Diese Betriebsvereinbarung ist mit einer Frist von Monaten zum Schluss eines Kalenderjahres kündbar, erstmals zum Datum. Die Kündigung dieser Betriebsvereinbarung ist nur wirksam, wenn sie schriftlich erfolgt. Die Betriebsvereinbarung wirkt nach. Anlagen sind Bestandteil dieser Betriebsvereinbarung.

30 Checkliste E-Mail und Internet-Nutzung

Vorbemerkung
Die folgende Checkliste gibt eine Übersicht über regelungsbedürftige Punkte und Fragen, die der Betriebsrat beim Abschluss von E-Mail/Internet-Nutzungsbetriebsvereinbarungen beachten muss. Soweit es im Betrieb Rahmenvereinbarungen zu DV bzw. zu Informations- und Kommunikationssystemen gibt, wird ein Teil der hier angesprochenen Punkte (z.B. Verwertungsverbote, Betriebsratsrechte) evtl. auch schon in den Rahmenregelungen enthalten sein.

1. Gegenstand
Geklärt werden müssen die Zielsetzung und der Gegenstand der Vereinbarung. Gilt diese nur für die E-Mail-/Internet-Nutzung im engeren Sinne oder für mehrere vernetzte Systeme?

2. Privatnutzung
In vielen Betrieben ist die Frage umstritten, ob E-Mail/Internet von den Beschäftigten auch zu privaten Zwecken genutzt werden können. Ein völliger Ausschluss der Privatnutzung von E-Mail/Internet ist in der Praxis nicht sinnvoll. Zum einen lassen sich private und dienstliche Nutzung nicht 100%ig voneinander abgrenzen (z.B. E-Mail nach Hause, dass länger gearbeitet werden muss), zum anderen führt dies – wie früher beim Ausschluss von privater Nutzung von Telefonen – zu bürokratischem Kontrollaufwand und zu einer vermehrten Reihe von Sanktionsmöglichkeiten des Arbeitgebers.

3. Systembeschreibungen
Die verwendeten Systeme und deren zulässige Funktionen können in einem Anhang zur Betriebsvereinbarung beschrieben werden. Diese werden sich im Laufe der Zeit ändern.

4. Datenschutz
Der Betriebsrat muss die Regelungen zum Datenschutz, wie sie sich aus dem Datenschutzgesetz und dem Telekommunikationsgesetz ergeben, noch einmal in die Betriebsvereinbarung aufnehmen. Dies sichert – bei entsprechender Formulierung (»unabhängig von gesetzlichen Regelungen«) – den Datenschutz, auch wenn sich die gesetzlichen Bestimmungen verschlechtern.

5. Zugriffsrechte
Systemadministratoren haben zwangsläufig Zugriff auf alle Daten. Für diese sollte eine besondere Verpflichtung zur Geheimhaltung und zum Verbot von bestimmten Auswertungen vereinbart werden.

6. Qualifizierung, Betriebsänderung
Soweit notwendig, müssen für die E-Mail-/Internet-Nutzung besondere Regelungen zur Qualifizierung der Arbeitnehmer vorgesehen werden. Soweit der Einsatz von E-Mail/Internet zu Rationalisierungen bzw. Umorganisationen im Betrieb führt, muss der Betriebsrat prüfen, ob hier evtl. eine Betriebsänderung vorliegt. In diesem Fall müssen Arbeitsplätze und Qualifikationen der Beschäftigten gesichert werden.

7. Gesundheitsschutz
Im Hinblick auf den Gesundheitsschutz der Beschäftigten ist bei der E-Mail-/Internet-Nutzung insbesondere auf die Softwareergonomie zu achten. Die Frage der Softwareergonomie hat insbesondere für die psychischen Belastungen erhebliche Auswirkungen.

8. Mitbestimmungs- und Kontrollrechte
Die Mitbestimmungs- und Kontrollrechte des Betriebsrats müssen im Hinblick auf Anpassung des Systems, Sachverständige und Beteiligung an Auswertungen geregelt werden.

9. Verwertungsverbote
Bedacht werden muss vom Betriebsrat ein generelles Verwertungsverbot im Hinblick auf arbeitsrechtliche Konsequenzen bei unter Verstoß gegen die Regelungen der Betriebsvereinbarung bzw. Dienstanweisung gewonnenen Erkenntnissen im Zusammenhang mit der Nutzung von E-Mail/Internet. Dieses gilt selbstverständlich nicht für mögliche strafrechtliche Konsequenzen (z. B. Kinderpornografie).

E-Mail und Internet-Nutzung 31

§ 1 Präambel
Diese Betriebsvereinbarung hat das Ziel, den Umgang mit dem betrieblichen E-Mail-System und dem Internetzugang zu regeln. Allen Arbeitnehmern wird der E-Mail- und Internetzugang ermöglicht.
Diese Betriebsvereinbarung gilt
1. räumlich
2. persönlich
3. fachlich .

§ 2 Grundsätze der Nutzung

Den Arbeitnehmern ist eine gelegentliche Privatnutzung gestattet. Eine Nutzung, die den Interessen des Unternehmens oder dessen Ansehen in der Öffentlichkeit schaden könnte, die Sicherheit der Informations- und Kommunikationssysteme des Unternehmens beeinträchtigen könnte oder die gegen die jeweils geltenden Gesetze oder Betriebsvereinbarungen verstößt, ist nicht zulässig.

oder

Den Arbeitnehmern ist eine private Nutzung des E-Mail-Systems und des Internetzugangs gestattet. Arbeitnehmer:innen dürfen die Systeme nicht zu illegalen Zwecken nutzen. Die Privatnutzung darf die Arbeitsleistung nicht beeinträchtigen.

Hinweis:
Eine scharfe, für die Beteiligten eindeutige Trennung von dienstlicher und privater Nutzung von E-Mails gibt es nicht. Es ist daher nicht sinnvoll, die private Nutzung ganz auszuschließen.

§ 3 Systembeschreibung

Im Betrieb werden zur Nutzung von E-Mail/Internet die als Anlage 1 aufgeführten Systeme eingesetzt. Eine Änderung bzw. ein Wechsel der Systeme bedarf der vorherigen Zustimmung des Betriebsrats.

§ 4 Zugriffsrechte/Systemadministratoren

E-Mail-System und Internet dürfen nicht zur Verhaltens- und Leistungskontrolle genutzt werden. Zu Zwecken der Leistungs- und Verhaltenskontrolle dürfen die Systemadministratoren, die bei der Nutzung des Intranet und Internets anfallenden Benutzerdaten nicht verwenden. Die Systemadministratoren werden umfassend im Hinblick auf die Einhaltung des Fernmeldegeheimnisses, des Datenschutzes und möglicher strafrechtlicher Konsequenzen geschult. Sie haben eine entsprechende Verpflichtungserklärung im Hinblick auf die Einhaltung der Vorschriften zu unterschreiben. Sollen Benutzerdaten weitergegeben werden oder eine personenbezogene Auswertung der Benutzerdaten im Ausnahmefall erfolgen, bedarf dies der vorherigen Zustimmung des Betriebsrats.
Die bei der Nutzung anfallenden Protokolldaten dürfen nur zu folgenden Zwecken genutzt werden:

- Gewährleistung und Sicherstellung der Sicherheit des Systems;
- Optimierung des Netzes und Steuerung der Lastverteilung im Netzwerk;
- Behebung und Analyse von technischen Fehlern.

Über Anfragen beim Help-Desk dürfen keine Auswertungen vorgenommen werden, die den Namen oder die Benutzeridentifikation enthalten.

§ 5 Qualifizierung

Allen Arbeitnehmer:innen wird für die Nutzung von E-Mail/Internet eine Grundschulung angeboten. Diese enthält mindestens folgende Inhalte:

- Übersicht über Funktionsweise und Aufbau von Internetdiensten;
- Anpassung der im Unternehmen verwendeten Browser an die individuellen Arbeitsplatzbedürfnisse;
- Einführung in die Betriebsvereinbarung E-Mail/Internet und die entsprechenden Datenschutzvorschriften;
- Nutzung von Suchmaschinen;
- Einhaltung der betrieblichen Sicherheitsstandards bei der Nutzung von E-Mail/Internet.

§ 6 Rationalisierungsschutz

Aus Anlass der Einführung der E-Mail-/Internetnutzung werden keine betriebsbedingten Kündigungen ausgesprochen. Sollten Arbeitsplätze in diesem Zusammenhang entfallen, werden den betroffenen Mitarbeitern andere zumutbare Arbeitsplätze angeboten. Die Zumutbarkeit richtet sich dabei nach den bisherigen Anforderungen und der entsprechenden Bezahlung. Die Arbeitnehmer:innen haben Anrecht auf eine entsprechende Qualifizierung (intern/extern), um einen anderen Arbeitsplatz auszufüllen.

§ 7 Gesundheitsschutz; Help-Desk

> **Hinweis:**
> Zum Gesundheitsschutz bei der Gestaltung von Bildschirmarbeitsplätzen vgl. § 87 Rn. 41. Die hier vorgeschlagenen Ergänzungen beziehen sich nur auf das E-Mail-System.
> Das E-Mail/Internetsystem inkl. Datenleitungen ist entsprechend dem Stand der Technik jeweils so auszulegen, dass Zugriffszeiten sowie Downloadzeiten möglichst kurz sind.
> Der Help-Desk steht den Arbeitnehmer:innen zur Unterstützung bei Problemen mit dem E-Mail-System zur Verfügung. Er ist personell so auszustatten, dass Probleme und Anfragen kurzfristig behoben werden können.

§ 8 Mitwirkung des Betriebsrats

Der Betriebsrat hat das Recht zur Überprüfung der eingesetzten Systeme, im Hinblick auf die Einhaltung der Bestimmungen dieser Betriebsvereinbarung, einen externen Sachverständigen hinzuzuziehen. Der Betriebsrat kann verlangen, dass ihm Audit-Tools zur Verfügung gestellt werden, mit deren Hilfe die eingesetzten Systeme von ihm geprüft werden können.

> **Hinweis:**
> Audit-Tools für den Betriebsrat zu vereinbaren ist nur dann sinnvoll, wenn im Betriebsrat Personen vertreten sind, die damit umgehen können. Anderenfalls sollte es bei der Hinzuziehung von Sachverständigen verbleiben.

Die Auswahl des Sachverständigen obliegt dabei allein dem Betriebsrat. Die Kosten des Sachverständigen dürfen pro Einsatz ______ € nicht überschreiten

oder

Über die Kosten des Sachverständigen haben sich Betriebsrat und Unternehmen jeweils vor Einsatz bzw. Hinzuziehung des Sachverständigen zu verständigen.

> **Hinweis:**
> Will der Betriebsrat ohne große Komplikationen, d.h. ohne längere Auseinandersetzung über die Bezahlung des Sachverständigen und die Notwendigkeit seines Einsatzes die Möglichkeit haben, einen Sachverständigen hinzuzuziehen, sollte er überlegen, ob es nicht sinnvoll ist, hierfür ein bestimmtes Budget, über das der Betriebsrat allein verfügen kann, zu vereinbaren. Andernfalls kann es in der zweiten Variante jeweils zu Auseinandersetzungen über mögliche Honorarforderungen vom Sachverständigen kommen. Für das Unternehmen hat ein Budget den Vorteil der festen Kalkulationsgrundlage.

§ 9 Verwertungsverbot

Eine Verhaltens- und Leistungskontrolle durch die E-Mail-/Internetnutzung findet nicht statt. Arbeitsrechtliche Maßnahmen darf der Arbeitgeber nicht ergreifen. Hiervon ausgeschlossen sind arbeitsrechtliche Maßnahmen infolge von strafrechtlichen Verstößen von Arbeitnehmern.

§ 10 Schlussbestimmungen

Diese Betriebsvereinbarung ist mit einer Frist von ______ Monaten zum Schluss eines Kalenderjahres kündbar, erstmals zum Datum. Die Kündigung dieser Betriebsvereinbarung ist nur wirksam, wenn sie schriftlich erfolgt. Die Betriebsvereinbarung wirkt nach. Anlagen sind Bestandteil dieser Betriebsvereinbarung.

32 **Video- und Kameraüberwachung**

§ 1 Geltungsbereich

Diese Betriebsvereinbarung gilt für

1. räumlich
2. persönlich
3. fachlich .

§ 2 Zielsetzung

Der Einsatz des Video-/Kameraüberwachungssystems dient ausschließlich

- der Vermeidung von Diebstählen/strafbaren Handlungen auf dem Firmengelände und den Firmenparkplätzen
- .

§ 3 Ausschluss der Verhaltens- und Leistungskontrolle

Das Video-/Kameraüberwachungssystem wird nicht zu Zwecken der Verhaltens- und/oder Leistungskontrolle eingesetzt. Arbeitsrechtliche Maßnahmen, die auf Erkenntnissen beruhen, die außerhalb der Zielsetzung dieser Betriebsvereinbarung gewonnen wurden, sind nicht zulässig.

§ 4 Installation

Installation von Kameras bzw. Videoüberwachungsanlagen werden ausschließlich in den in der Anlage 1 definierten Standorten installiert. Eine Installation weiterer Kamera-/Videoüberwachungspunkte ohne vorherige ausdrückliche Zustimmung des Betriebsrats ist nicht zulässig. Tonaufnahmen sind nicht zulässig.

> **Hinweis:**
> Der Betriebsrat hat darauf zu achten, dass keine flächendeckende Kamera-/Videoüberwachung eingeführt wird. Kameras bzw. Videoüberwachungssysteme sind nur dort sinnvoll, wo es wirklich um die Vermeidung von möglichen Straftaten geht, d.h. die Sicherung der Außengrenzen des Unternehmens respektive – wenn dies in der Vergangenheit ein Problem dargestellt hat – z.B. Firmenparkplätze. Eine Überwachung durch Kameras bzw. Videosysteme während der Arbeit der einzelnen Arbeitnehmer:innen ist auszuschließen.

§ 5 Systemdokumentation

Das Kamera-/Videoüberwachungssystem wird als Anlage 2 zu dieser Vereinbarung dokumentiert. In der Anlage 2 sind die Systembeschreibung und entsprechende Netzkonzepte festzuhalten. Gleichzeitig sind in Anlage 2 die Schnittstellen des Kamera-/Videoüberwachungssystems abschließend aufgezählt.

§ 6 Übermittlung der Daten

Die von der Kamera aufgezeichneten Daten werden ausschließlich in einem vom sonstigen System des Unternehmens getrennten, mit keinem anderen System verbundenen EDV-System verarbeitet. Die Daten, die aus dem Kamera-/Videoüberwachungssystem gewonnen werden, werden nur innerhalb des Betriebs verarbeitet und nicht an Dritte weitergegeben. Eine Ausnahme besteht nur bei strafrechtlichen Vorgängen im Hinblick auf die Weitergabe an die Polizei bzw. Staatsanwaltschaft.

§ 7 Aufbewahrungsfristen

Die durch das Kamera-/Videoüberwachungssystem gewonnenen Daten sind spätestens nach drei Monaten komplett zu löschen.

oder

Die durch Videoaufzeichnung erfassten Bilder sind spätestens nach Ablauf von drei Monaten zu löschen.

§ 8 Auswertung

Werden strafrechtlich relevante Tatsachen durch das Kameraüberwachungssystem aufgezeichnet, wird der Betriebsrat unverzüglich informiert. Die Auswertung ist nur zulässig in Anwesenheit eines beauftragten Betriebsratsmitglieds.

§ 9 Informationen der Arbeitnehmer:innen

Die Arbeitnehmer:innen werden ausführlich über die Einführung des Kamera-/Videoüberwachungssystems und seine Zweckbestimmung informiert.

§ 10 Zugriffsrechte

Nur die in der Anlage 3 genannten Arbeitnehmer:innen haben Zugriff auf die Daten aus der Kamera/Videoüberwachung. Sie sind über die Inhalte dieser Betriebsvereinbarung besonders zu belehren.

§ 11 Schlussbestimmungen

Diese Betriebsvereinbarung ist mit einer Frist von Monaten zum Schluss eines Kalenderjahres kündbar, erstmals zum Datum. Die Kündigung dieser Betriebsvereinbarung ist nur wirksam, wenn sie schriftlich erfolgt. Die Betriebsvereinbarung wirkt nach. Anlagen sind Bestandteil dieser Betriebsvereinbarung.

CAD 33

Vorbemerkung

CAD-Systeme werden nicht isoliert im Betrieb eingesetzt. Daher müssen die Regelungen durch allgemeine Bestimmungen zum DV-Einsatz im Betrieb sowie den Gesundheitsschutz für Bildschirmarbeit ergänzt bzw. mit diesen verknüpft werden. Siehe hierzu Rahmenvereinbarung DV Rn. 29, BV Bildschirmarbeitsplätze Rn. 41.

§ 1 Geltungsbereich

Diese Betriebsvereinbarung gilt für

1. räumlich
2. persönlich
3. fachlich .

§ 2 Zweck, Systembeschreibung

Das CAD-System wird für folgende Aufgaben eingesetzt:

- Entwicklung von Berechnungs- und Konstruktionsmethoden
- Erstellung von Fertigungsunterlagen
- Berechnungen
- Datenaustausch mit Kunden und Lieferanten

Als CAD-System wird eingesetzt. Die Systemdokumentation ist als Anlage Bestandteil dieser Betriebsvereinbarung. Es darf in den in der Systemdokumentation ausgewiesenen Komponenten genutzt werden. Eine Änderung bzw. ein Wechsel des CAD-Systems bedarf der vorherigen Zustimmung des Betriebsrats.

§ 3 Ausschluss von Verhaltens- und Leistungskontrolle

Leistungs- und/oder Verhaltenskontrollen werden über das CAD-System nicht vorgenommen. Unzulässig sind insbesondere Vergleichszeiten, Fertigungs- oder Indikatorenvorgabezeiten, Kreativitätsmessungen und Wertanalysen. Fehlerprotokolle werden nicht erstellt.

§ 4 Arbeitsorganisation

Die anfallenden Arbeiten sind so zu organisieren, dass der einzelne Arbeitnehmer:innen bzw. die Arbeitsgruppe zugewiesene Arbeiten ganzheitlich bearbeiten. Dabei soll eine vielfältige, umfassende Qualifikationen sichernde Arbeitsverteilung geschaffen werden. Die Organisation und Verteilung der Arbeit wird von den Abteilungen/Arbeitsgruppen gemeinsam mit dem Vorgesetzten in Besprechungen diskutiert und organisiert. Der Betriebsrat nimmt an diesen Besprechungen teil.

Mindestens einmal pro Kalenderjahr wird die Aufgabenverteilung und Arbeitsorganisation überprüft und ggf. geändert.

> **Hinweis:**
> Um eine ganzheitliche, d.h. einseitige Spezialisierung vermeidende Arbeitsverteilung zu erreichen, müssen die betroffenen Arbeitnehmer einbezogen werden. Die Verteilung und Organisation sollten in regelmäßigen Abständen überprüft werden.

§ 5 Qualifikation

Jede:r Arbeitnehmer:in erhält Schulungen im CAD-System. Einzelheiten (Inhalte, Umfang, Ort und Zeit usw.) der Schulungsprogramme werden mit dem Betriebsrat abgestimmt. Die Schulung erfolgt während der Arbeitszeit unter Fortzahlung der Bezüge. Die Kosten der Schulungen trägt der Arbeitgeber. Kann die Schulung nicht während der Arbeitszeit erfolgen, wird die Zeit wie Arbeitszeit gewertet und bezahlt.

§ 6 Schlussbestimmungen

Diese Betriebsvereinbarung ist kündbar mit einer Frist von Monaten zum Monatsende/zum Quartalsschluss/zum Jahresende, erstmals zum . Anlagen sind Bestandteil dieser Betriebsvereinbarung.

Nach ihrem Ablauf wirkt die Betriebsvereinbarung nach.

34 **Mobile DV–Geräte (Laptops, Notebooks usw.)**

Vorbemerkung

Mobile DV-Geräte werden zum Teil unvernetzt, d.h. ohne Anbindung an das betriebliche DV-System Arbeitnehmer:innen zur Verfügung gestellt, zum Großteil jedoch mit dieser Anbindung. Hierauf ist die Betriebsvereinbarung aufgebaut. Im Hinblick auf den auf den mobilen DV-Geräten meist vorhandenen Internetzugang sind die hierfür erforderlichen Regelungen nicht in die BV aufgenommen. Sie finden sich in der Mustervereinbarung Rn. 31. Nicht berücksichtigt ist hier ebenfalls der Einsatz von Mobiltelefonen (siehe Rn. 36).

Je nach Anwenderkreis (z.B. Außendienst zur Auftragsabwicklung) müssen spezielle Softwareprogramme berücksichtigt werden im Hinblick auf die Verhaltens- und Leistungskontrolle sowie Datenauswertungen. Dies ist entsprechend den Gegebenheiten im Betrieb zu ergänzen.

§ 1 Geltungsbereich

Diese Betriebsvereinbarung gilt für

1. räumlich
2. persönlich
3. sachlich alle mobilen DV-Geräte, die das Unternehmen einsetzt. Hierzu zählen auch Organizer, Handhelds, ggf. weitere Geräte.

§ 2 Geräte- und Systemdokumentation

Die Systemdokumentationen der mobilen DV-Geräte sind dieser Betriebsvereinbarung als Anlage beigefügt. Sie sind Bestandteil dieser Betriebsvereinbarung.

Die Systemdokumentation umfasst:

- eine Übersicht über die Hard- und Software einschließlich einer Übersicht über die Rechner und deren Verbindungen zu den mobilen DV-Geräten;
- eine Übersicht über die Schnittstellen zu anderen Programmen sowie eine Übersicht über den Datenaustausch mit anderen Programmen.

Jede Änderung, Erweiterung oder Neuinstallation von Softwaremodulen und/oder eine Änderung oder Erweiterung der Zwecke des Einsatzes der mobilen DV-Geräte bedarf der vorherigen Zustimmung des Betriebsrats und einer entsprechenden Ergänzung dieser Betriebsvereinbarung.

§ 3 Verhaltens- und Leistungskontrolle

Eine Verhaltens- und Leistungskontrolle findet nicht statt. Folgende Auswertungen sind auf Basis der von den mobilen DV-Geräten an das betriebliche DV-System übermittelten Daten zulässig: .

> **Hinweis:**
> Wenn z. B. der Außendienst die Aufträge von seinem Notebook an den Betrieb übermittelt, sind Auswertungen z. B. im Hinblick auf Prämiensysteme usw. notwendig. In der Betriebsvereinbarung ist eine abschließende Liste der zulässigen Auswertungen festzulegen.

Daten, die aus einer unzulässigen Leistungs- und Verhaltenskontrolle stammen, dürfen nicht für arbeitsrechtliche Maßnahmen herangezogen werden. Maßnahmen, die auf der unzulässigen Verwendung beruhen, sind unwirksam.

§ 4 Datenschutz

Für die Einhaltung des Datenschutzes ist der Arbeitgeber verantwortlich. Er hat sowohl für die mobilen DV-Geräte als auch für die Übertragung der Daten zum Betrieb die entsprechenden Vorkehrungen zu treffen.

> **Hinweis:**
> Um die Einhaltung des Datenschutzes sicherzustellen, sind weitere Regelungen erforderlich, wie z. B. Berechtigungskonzepte, Passwörter usw. Diese Regelungen sind für den Einsatz mobiler DV-Geräte an die im Betrieb vorhandenen Konzepte anzupassen. Gleiches gilt für die Sicherheit der Datenübertragung durch Verschlüsselungen (VPN).

§ 5 Haftung

Die Haftung des Arbeitnehmers für Schäden oder Verlust der mobilen DV-Geräte ist gegenüber dem Arbeitgeber auf die Fälle grober Fahrlässigkeit und Vorsatz beschränkt.

§ 6 Schlussbestimmungen

Diese Betriebsvereinbarung ist kündbar mit einer Frist von Monaten zum Monatsende/Quartalsschluss/Jahresende, erstmals zum . Anlagen sind Bestandteil dieser Betriebsvereinbarung.

Nach ihrem Ablauf wirkt die Betriebsvereinbarung nach.

35 **Telefonnutzung/Telefondatenverarbeitung**

§ 1 Geltungsbereich

Diese Betriebsvereinbarung gilt für

1. räumlich
2. persönlich
3. fachlich .

§ 2 System

Die Telefonanlage kommt nur mit den in der Anlage 1 zu dieser Betriebsvereinbarung ausgewiesenen Komponenten (Systemdokumentation) zum Einsatz. Weitere Komponenten dürfen nur nach vorheriger ausdrücklicher Zustimmung des Betriebsrats eingeführt werden.

Eine Verknüpfung mit weiteren DV/IT-Systemen findet nicht statt.

> **Hinweis:**
> Je nach vom Unternehmen gewählter Telefonanlage verfügt diese über eine Vielzahl von Funktionen und Möglichkeiten der Verknüpfung mit anderen Systemen. Der Betriebsrat muss an Hand der konkreten Anlage und deren Möglichkeiten prüfen, welche Funktionen zulässig sein sollen oder nicht.

§ 3 Privatgespräche

Private Telefongespräche sind im normalen Umfang zulässig. Telefondienste (z. B. … Nummern,) jedweder Art dürfen nicht angerufen werden. Gleiches gilt für Auslandsgespräche.

oder

Private Telefongespräche sind zulässig, sofern diese vorher durch Wahl der Ziffer angemeldet werden. Die Abrechnung erfolgt über die monatliche Entgeltabrechnung.

oder

Private Inlandsgespräche sind zulässig, soweit ihr Umfang die Arbeitsleistung nicht beeinträchtigt.

oder

Private Telefongespräche sind nicht zulässig. Hiervon ausgenommen sind Telefongespräche, die folgenden Zwecken dienen: Regelung von Kinderbetreuung, Mitteilung über längere Arbeitszeiten usw.

§ 4 Datenerfassung

Dienstliche Gespräche dürfen mit voller Zielnummer erfasst werden.

Private Gespräche dürfen nummernmäßig nicht erfasst werden.

Gespräche des Betriebsrats dürfen nummernmäßig nicht erfasst werden.

Im Hinblick auf Dienstgespräche dürfen nur folgende Daten gespeichert werden:

- interne Rufnummer und Kostenstelle
- Datum und Uhrzeit des Gesprächs
- Gebühreneinheit und Gebührenbetrag und Nummer des gewählten Anschlusses

Zugriff auf diese Daten haben nur die in der Anlage 1 genannten Arbeitnehmer. Diese sind im Datenschutz zu unterweisen und haben entsprechende Verpflichtungserklärungen zu unterschreiben.

§ 5 Auswertung

Eine Verhaltens- und/oder Leistungskontrolle findet nicht statt. Arbeitsrechtliche Maßnahmen dürfen hierauf nicht gestützt werden.

Gespeicherte Daten über Telefonverbindungen werden nach Tagen/Monaten vollständig gelöscht.

§ 6 Verbot des Mithörens und Aufzeichnens
Telefongespräche – gleich, ob dienstlich oder privat – dürfen nicht mitgehört werden. Telefongespräche dürfen – gleich, ob dienstlich oder privat – nicht aufgezeichnet werden.

§ 7 Anrufweiterschaltungen
Anrufweiterschaltungen sind nur im Rahmen der in der jeweiligen Betriebsabteilung vereinbarten Vertretungsregelungen zulässig.

oder

Über Anrufweiterschaltungen haben sich der Weiterschaltende oder der Empfänger zu verständigen.

> **Hinweis:**
> Durch Anrufweiterschaltungen kann es zu einer nicht vertretbaren Arbeitsbelastung einzelner Arbeitnehmer kommen. Daher sollte das Verfahren hierzu geregelt werden.

§ 8 Schlussbestimmungen
Diese Betriebsvereinbarung ist mit einer Frist von ___ Monaten zum Schluss eines Kalenderjahres kündbar, erstmals zum Datum. Die Kündigung dieser Betriebsvereinbarung ist nur wirksam, wenn sie schriftlich erfolgt. Die Betriebsvereinbarung wirkt nach. Anlagen sind Bestandteil dieser Betriebsvereinbarung.

Mobiltelefone 36

§ 1 Geltungsbereich
Diese Betriebsvereinbarung gilt für

1. räumlich ___
2. persönlich ___
3. sachlich: den Einsatz von Mobiltelefonen.

§ 2 Einsatz von Mobiltelefonen
Der Arbeitgeber stellt Beschäftigten, die zur Erledigung ihrer Arbeitsaufgaben ein Mobiltelefon benötigen, ein Mobiltelefon zur Verfügung.

§ 3 Kosten
Der Arbeitgeber trägt die monatlichen Grundkosten sowie die Kosten für die Verbindungsentgelte (privat und dienstlich). Kosten für Sonderrufnummern werden vom Arbeitgeber nicht getragen.

oder

Der Arbeitgeber trägt die monatlichen Grundkosten sowie die Kosten für Dienstgespräche. Kosten für Privatgespräche sind zu erstatten.

> **Hinweis:**
> Die Übernahme der Kosten für Privatgespräche von einem dienstlichen Mobiltelefon durch den Arbeitgeber sind für den Arbeitnehmer kein geldwerter Vorteil, also für den Arbeitnehmer steuerfrei (§ 3 Nr. 45 EStG).
> Soweit der Arbeitgeber nur die Grundkosten sowie die der Dienstgespräche trägt, muss geregelt werden, wie die Kostenerstattung für die Privatgespräche an den Arbeitgeber erfolgt. Entweder werden die Kosten zunächst vom Beschäftigten bezahlt und dann vom Arbeitgeber erstattet oder der Arbeitgeber zahlt sie direkt.

Die Kosten für das Mobiltelefon trägt der Arbeitgeber direkt. Die Kosten für Privatgespräche sind von der oder dem Arbeitnehmer:in zu erstatten.

oder

Die Kosten für das Mobiltelefon werden vom Mobilfunkbetreiber zunächst gegenüber dem Beschäftigten abgerechnet. Der Arbeitgeber erstattet die Kosten für Grundgebühr und Dienstgespräche.

§ 4 Datenerfassung

Bei der monatlichen Abrechnung der Mobilfunkgespräche darf kein Einzelverbindungsnachweis mit Uhrzeit und Zielrufnummer erfolgen.

oder

Bei der monatlichen Abrechnung der Dienstgespräche dürfen nur die Kosten der Einzelverbindungen sowie die ersten vier Ziffern erfasst werden. Für Privatgespräche darf nur die Summe der Kosten pro Monat ausgewiesen werden.
Dies ist von dem Arbeitgeber durch Vereinbarung mit dem Mobilfunkanbieter sicherzustellen.

> **Hinweis:**
> Mobilfunkbetreiber bieten verschiedene Abrechnungsmodalitäten an, die sicherstellen, dass auf den monatlichen Abrechnungen nur ausgewählte Daten oder nur Endsummen ausgewiesen werden. So kann z. B. bei Privatgesprächen eine Ziffer vor der Rufnummer gewählt werden. Diese Gespräche werden dann auf der Abrechnung nur als Summe der Privatgespräche ausgewiesen.

§ 5 Einsatz im Pkw

Alle Dienstwagen werden mit Freisprechanlagen ausgerüstet.
Der Arbeitgeber trägt die Kosten für die Installation von Freisprechanlagen in den privaten Pkw des Beschäftigten, dem ein Mobiltelefon zur Verfügung gestellt wurde. Endet das Arbeitsverhältnis, verbleibt die Freisprechanlage im Pkw des Beschäftigten. Kosten sind nicht zu erstatten.

§ 6 Schlussbestimmungen

Diese Betriebsvereinbarung ist kündbar mit einer Frist von   Monaten zum Monatsende/zum Quartalsschluss/zum Jahresende, erstmals zum   . Anlagen sind Bestandteil dieser Betriebsvereinbarung.
Nach ihrem Ablauf wirkt die Betriebsvereinbarung nach.

36a **Dienstliche Nutzung privater Geräte (BYOD)**

Vorbemerkung

In vielen Unternehmen ist es üblich, neben der Möglichkeit, dienstliche Geräte zu verwenden (s. hierzu die Arbeitshilfen zu Mobile Geräte, Telefonnutzung und Mobiltelefone), auch die Nutzung privater Geräte zu ermöglichen (BYOD – »bring your own device«). Teilweise genügt es, dafür eine vom Arbeitgeber bereitgestellte App auf dem privaten Gerät (z. B. Handy, Tablet, Notebook) zu installieren, teilweise werden die Geräte durch weitere Einstellungen tiefer in die IT-Struktur des Unternehmens eingebunden. Hierdurch sind – je nach Ausgestaltung – Mitbestimmungsrechte nach § 87 Abs. 1 Nr. 1 und Nr. 2 BetrVG betroffen. Hier sollten weitere Regelungsbereiche »mitgedacht« werden, z. B. bei der Arbeitszeiterfassung und mobiler Arbeit im Allgemeinen. Die entsprechenden Arbeitshilfen können zu einem Gesamtkonzept kombiniert werden.

Präambel
Ziel dieser Betriebsvereinbarung ist es, den Beschäftigten die Möglichkeit zu eröffnen, private Endgeräte für die dienstliche Tätigkeit zu nutzen. Soweit nicht ausdrücklich Abweichendes geregelt ist, sind für dienstliche Datenverarbeitungen im Übrigen ausschließlich dienstliche Geräte zu nutzen. Das allgemeine Persönlichkeitsrecht der Nutzenden, insbes. vor Überwachungsdruck, ist besonders zu achten. Wer sein Endgerät nicht dienstlich nutzen möchte, muss dies nicht tun und wird hieraus keine Nachteile erleiden. Das Recht auf Unerreichbarkeit außerhalb der Arbeitszeit ist zu beachten.

§ 1 Geltungsbereich
Diese Betriebsvereinbarung gilt
1. räumlich: …
2. fachlich: …
3. persönlich: … (Nutzungsberechtigte)

§ 2 Nutzung privater Geräte zum dienstlichen Gebrauch
Die Nutzungsberechtigten können freiwillig auf ihrem privaten Endgerät die in der **Anlage 1** zu dieser Betriebsvereinbarung nach dem dortigen Verfahren festgelegten Apps von der IT-Abteilung installieren lassen und nutzen. Ausschließlich in diesem Rahmen ist die dienstliche Nutzung privater Endgeräte zulässig. Umgekehrt dürfen die dienstlichen Apps nicht für private Zwecke verwendet werden (Grundsatz der strikten Trennung von dienstlichem und privatem Bereich). Wer sein privates Gerät nicht (mehr) dienstlich nutzen möchte, erhält ein entsprechendes dienstliches Gerät. Der Arbeitgeber ist nicht berechtigt, das private Gerät herauszuverlangen.

> **Hinweis:**
> In Betracht kommen z. B.: Personalmanagementsysteme für Urlaubsanträge, Entgeltabrechnungen usw., Zeiterfassungsapps, MS-365-Apps u.ä. Die Aufnahme in eine Anlage ermöglicht einfachere Aktualisierungen.
> Alternativ ist ein Eigen-Download denkbar. In den meisten Unternehmen müssen aber ohnehin besondere Sicherheitseinstellungen (z. B. zum Aufbau von Tunneln usw.) durch die IT-Abteilung vorgenommen werden.

§ 3 Technische Anforderungen (App-Container-Lösung, Ortungsdienste)
Die IT-Abteilung stellt eine sog. App-Container-Lösung sicher, in der alle geschäftlichen Apps und Daten verschlüsselt sind, private Apps und Daten bleiben davon getrennt. Ein Zugriff des Arbeitgebers außerhalb der App-Container-Lösung ist unzulässig und technisch auszuschließen. Der Arbeitgeber darf Mindestanforderungen an Hardware, Betriebssystem und Schutzeinrichtungen stellen, um das Funktionieren von Systemen und Anwendungen zu gewährleisten.
Die Betriebsparteien erkennen, dass die auf den Endgeräten aktivierten Ortungsdienste eine strikte Trennung zwischen dienstlichem und privatem Bereich nicht durchgehend ermöglichen. Soweit Apps unbeeinflussbar Ortungsdaten verarbeiten und an deren Verwendung ein dringendes betriebliches Bedürfnis besteht, ist dies in der **Anlage 1** kenntlich zu machen. Die Nutzenden sind über die Art und Weise der verarbeiteten Ortungsdaten ausdrücklich aufzuklären. Dies gilt auch für die Nutzung von künstlicher Intelligenz (KI). Eine Leistungs- und Verhaltenskontrolle ist ausgeschlossen.

§ 4 Bestimmung der verwendeten Apps
Die in die **Anlage 1** aufzunehmenden Apps bzw. Updates werden nach dem folgenden Verfahren in die Anlage aufgenommen:
- Der Arbeitgeber erstellt ein Datenblatt mit einer funktionalen Beschreibung der App (inkl. der Beschreibung möglicher Schnittstellen zu anderen Apps) und fügt das Ergebnis einer Datenschutzprüfung (ggfs. mit aktualisiertem Verarbeitungsverzeichnis, Berechtigungskonzepten usw.) bei.

- Änderungen gegenüber bestehenden Systemen (z. B. bei Updates) sind zu erläutern.
- Nach Zustimmung des Betriebsrats wird das Datenblatt in die **Anlage 1** übernommen.

> **Hinweis:**
> Die Betriebsparteien können – je nach Bedarf – auch Muster erstellen und der BV als Anlage beifügen.

§ 5 Datenschutz

Der Arbeitgeber stellt die Einhaltung des Datenschutzrechts sicher, insbesondere die Grundsätze der Datenverarbeitung nach Art. 5 DSGVO. Der/die Datenschutzbeauftragte ist zu beteiligen. Innerhalb der App-Container-Lösung stellt der Arbeitgeber sicher, dass die Anbieter des jeweiligen Betriebssystems zu den erforderlichen technischen und organisatorischen Maßnahmen angehalten werden. Die Arbeitgeberin wird deswegen alle ihrem Einfluss zugänglichen organisatorischen Maßnahmen ergreifen, den Schutz personenbezogener Daten im BYOD-System sicherzustellen. Die dienstliche Nutzung privater Geräte im vorgenannten Rahmen ist erforderlich im Sinne des § 26 Abs. 1 BDSG.

§ 6 Datensicherheit

Die IT-Sicherheitsbestimmungen sind einzuhalten. Auf dem Endgerät ist ein aktuelles Virenschutz-Programm zu nutzen, das den Vorgaben der IT-Abteilung entsprechen muss. Verfügbare Sicherheitsupdates sind zu installieren. Das Endgerät darf nicht ungesichert verwendet werden (PIN, Fingerabdrucksperre oder Face-ID müssen aktiviert sein). Dritte dürfen keinen Zugang zu dienstlichen Vorgängen erhalten.

Den Nutzenden ist die Verwendung von sog. Jailbreaks oder Rooting-Apps untersagt. Ein Diebstahl, sonstiges Abhandenkommen oder Anhaltspunkte für mögliche Manipulationen des Geräts sind dem Arbeitgeber unverzüglich mitzuteilen. Im Rahmen der IT-Sicherheitsbestimmungen darf die IT-Abteilung eine Fernsperrung/Fernlöschung vornehmen.

> **Hinweis:**
> Die Container-Lösung wird in der Praxis häufig so gestaltet, dass sie ohne die neuesten Updates nicht verwendet werden kann.

§ 7 Kosten

Die Nutzenden erhalten eine pauschale Aufwandsentschädigung in Höhe von €.

§ 8 Leistungs- bzw. Verhaltenskontrolle

Eine Verhaltens- und/oder Leistungskontrolle findet nicht statt.

Zur Aufdeckung schwerer arbeitsvertraglicher Pflichtverletzungen darf der Arbeitgeber bei einem begründeten, auf Tatsachen beruhenden Verdacht unter Wahrung des Verhältnismäßigkeitsgrundsatzes und vorheriger Information des Betriebsrates Kontrollmaßnahmen initiieren und weitere als anderweitig vereinbarte Datenauswertungen vornehmen. Die Datenauswertung ist beschränkt auf den dienstlichen Container. Eine Auswertung anderer Bereiche des privaten Endgerätes ist in jedem Fall unzulässig. Dem Betriebsrat wird ein vollständiges Protokoll der eingesehenen Nutzerdaten zur Verfügung gestellt.

Verstöße des Arbeitgebers gegen die vorgenannten Bestimmungen führen zur Unverhältnismäßigkeit einer darauf gestützten Abmahnung und begründen ein Widerspruchsrecht zu verhaltensbedingten Kündigungen nach § 102 Abs. 3 BetrVG.

§ 9 Beendigung der Nutzung

Die Nutzenden können die Beendigung des BYOD jederzeit ohne Angabe eines Grundes in Textform erklären. Der Arbeitgeber kann das BYOD in Textform widerrufen, wenn ein Verstoß gegen diese Betriebsvereinbarung festgestellt oder die IT-Sicherheit durch den Einsatz privater Endgeräte gefährdet oder beeinträchtigt wird und andere Maßnahmen nicht zur Behebung ausreichen.

Im Fall der Beendigung/Widerruf des BYOD sind sämtliche dienstlichen Daten und Kontakte auf den Server des Arbeitgebers zu überspielen. Anschließend sind die Daten vom Endgerät zu löschen. Die Löschung ist in Textform zu bestätigen.

§ 10 Schlussbestimmungen

Diese Betriebsvereinbarung ist mit einer Frist von Monaten zum Schluss eines Kalenderjahres kündbar, erstmals zum Datum. Die Kündigung dieser Betriebsvereinbarung ist nur wirksam, wenn sie schriftlich erfolgt. Die Betriebsvereinbarung wirkt nach. Anlagen sind Bestandteil dieser Betriebsvereinbarung.

Personalinformationssysteme 37

§ 1 Geltungsbereich

Diese Betriebsvereinbarung gilt für

- räumlich
- persönlich
- sachlich

§ 2 Gegenstand

Das Personalinformationssystem wird ausschließlich für folgende Zwecke genutzt:

- Entgeltabrechnung
- Arbeitszeitabrechnung
- Reisekostenabrechnung
- Bewerberverwaltung
- Auswertungen, soweit sie in dieser Betriebsvereinbarung vorgesehen sind
-

Das Personalinformationssystem wird hardwareseitig auf der zentralen DV-Anlage installiert.

Jede Änderung, Erweiterung oder Neuinstallation von Softwaremodulen und/oder eine Änderung oder Erweiterung der Zwecke des Personalinformationssystems bedarf der vorherigen Zustimmung des Betriebsrats und einer entsprechenden Ergänzung dieser Betriebsvereinbarung.

§ 3 Systemdokumentation

Die Systemdokumentation ist dieser Betriebsvereinbarung als Anlage beigefügt. Sie ist Bestandteil dieser Betriebsvereinbarung. Sie umfasst

- eine Übersicht über die Hard- und Software einschließlich einer Übersicht über die Rechner und deren Verbindungen
- eine Auflistung aller gespeicherten Datenfelder, die personenbezogene Daten beinhalten
- eine Übersicht über die Schnittstellen zu anderen Programmen sowie eine Übersicht über den Datenaustausch mit anderen Programmen.

§ 4 Zugriffsberechtigungen

Eine Liste der Zugriffsberechtigungen sowie der zugriffsberechtigten Personen ist als Anlage beigefügt. Sie ist Bestandteil dieser Betriebsvereinbarung. Änderungen der Zugriffsberechtigungen bedürfen der Zustimmung des Betriebsrats, soweit es sich um den Zugriff neuer Stellen und nicht nur um den Austausch von Arbeitnehmern auf der zugriffsberechtigten Stelle handelt. Über letztere ist der Betriebsrat zu informieren.

§ 5 Gesundheitsschutz
Im Hinblick auf den Gesundheitsschutz, insbesondere die Softwareergonomie, findet die Betriebsvereinbarung »Bildschirmarbeitsplätze« Anwendung.

> **Hinweis:**
> Vgl. BV Bildschirmarbeitsplätze Rn. 41.

§ 6 Information der Arbeitnehmer
Jeder Arbeitnehmer erhält bei Einstellung sowie einmal pro Kalenderjahr einen Ausdruck der über ihn gespeicherten Daten. Der Ausdruck ist auf Richtigkeit zu prüfen. Korrekturwünsche sind der Abteilung mitzuteilen.

§ 7 Qualifikation
Die mit dem Personalinformationssystem Arbeitenden werden umfassend über das System unterrichtet. Dies gilt auch für etwaige neue Funktionen und/oder Komponenten. In den Schulungen wird nicht nur Bedienerwissen, sondern umfassendes Wissen über das System vermittelt. Die weiteren Einzelheiten der Schulungen (genaue Inhalte, Ort, Zeit, Methoden) werden rechtzeitig mit dem Betriebsrat vereinbart.
Die Schulungen finden während der Arbeitszeit statt. Ist dies nicht möglich, wird die Zeit wie Arbeit behandelt und vergütet.

§ 8 Datenschutz
Der Datenschutzbeauftragte erstellt ein Datenschutzkonzept für das Personalinformationssystem. Dieses Konzept wird vom Arbeitgeber implementiert.
Der Datenschutzbeauftragte berät vor der Implementierung das Datenschutzkonzept mit dem Betriebsrat.

§ 9 Leistungs- und Verhaltenskontrolle
Das Personalinformationssystem wird nicht zur Verhalts- und Leistungskontrolle eingesetzt. Ausgenommen sind die in Anlage aufgeführten Auswertungen.
Daten, die aus einer unzulässigen Leistungs- und Verhaltenskontrolle stammen, dürfen nicht für arbeitsrechtliche und/oder personalwirtschaftliche Maßnahmen herangezogen werden. Maßnahmen, die auf der unzulässigen Verwendung beruhen, sind unwirksam.

§ 10 Rechte des Betriebsrats
Der Betriebsrat kann das Personalinformationssystem nutzen, um Auswertungen bzw. Listen, die im Zusammenhang mit seinen Aufgaben nach dem BetrVG, Tarifverträgen oder sonstigen gesetzlichen Regelungen stehen, zu erstellen. Er erhält hierfür eine eigene Zugriffsberechtigung sowie die notwendigen Schulungen.
Der Betriebsrat hat das Recht, zur Überprüfung der Einhaltung der Bestimmungen dieser Betriebsvereinbarung einen Sachverständigen seiner Wahl zu beauftragen. Die Kosten hierfür trägt der Arbeitgeber.
Der Betriebsrat kann an allen Besprechungen mit dem Hersteller, Beratern usw. des Personalinformationssystems teilnehmen.

§ 11 Schlussbestimmungen
Diese Betriebsvereinbarung ist mit einer Frist von Monaten zum Schluss eines Kalenderjahres kündbar, erstmals zum Datum. Die Kündigung dieser Betriebsvereinbarung ist nur wirksam, wenn sie schriftlich erfolgt. Die Betriebsvereinbarung wirkt nach. Anlagen sind Bestandteil dieser Betriebsvereinbarung.

Betriebsvereinbarung elektronische Personalakte 37a

Vorbemerkung

Digitale Personalakten setzen eine entsprechende Software voraus. Die Betriebsvereinbarung muss daher an die jeweils konkret im Betrieb genutzte Software angepasst und abgestimmt werden. Gleiches gilt, wenn die Daten in der elektronischen Personalakte mit einem Selbstbedienungssystem zur Eingabe und bzw. Korrektur von Personaldaten (employee self service) für die Beschäftigten verbunden ist.

§ 1 Geltungsbereich

1. Räumlicher Geltungsbereich

Diese Betriebsvereinbarung gilt für alle Betriebe der Firmenbezeichnung in der Bundesrepublik Deutschland.

2. Persönlicher Geltungsbereich:

Diese Betriebsvereinbarung gilt für Arbeitnehmer:innen und Auszubildende des Unternehmens. Ausgenommen sind leitende Angestellte gem. § 5 Abs. 3 BetrVG.

3. Sachlicher Geltungsbereich

Die Betriebsvereinbarung regelt die Einführung und die Führung von elektronischen Personalakten im Unternehmen.

§ 2 Einführung; Digitalisierung der bisherigen Personalakten

1. Die bisherigen Papier-Personalakten werden vollständig und lesbar in die elektronische Personalakte überführt. Dazu werden die bisherigen Personalakten eingescannt. Soweit Vorgänge, die zur Personalakte gehören, derzeit digital gespeichert sind, werden diese ebenfalls in die elektronische Personalakte der Arbeitnehmer:innen eingefügt. Dabei ist sicherzustellen, dass unbefugte Personen keinen Zugriff auf die Unterlagen haben und die Vorschriften der EU DS-GVO und des BDSG beachtet werden.
Die Vollständigkeit und Übereinstimmung der elektronischen mit der Papierpersonalakte ist zu validieren.

2. Arbeitnehmer:innen müssen auf Wunsch ihre Personalakte nach Überführung in die elektronische Personalakte ausgehändigt bekommen. Nach der vollständigen Digitalisierung wird die Papierpersonalakte vernichtet. Eventuell in der Papierakte vorhandene Originaldokumente, wie Zeugnisse, Prüfungsdokumente usw. sind dem Beschäftigten wieder zurückzugeben. Soweit in der Papierpersonalakte befindliche Dokumente zu Beweiszwecken weiterhin in Papierform vorgehalten werden müssen, werden diese Dokumente in einem gesonderten Dokumentensystem für die Beschäftigten verwahrt. Für dieses gelten alle Regelungen dieser Betriebsvereinbarung, z.B. über Einsichtsrechte entsprechend.

> **Hinweis:**
> Die elektronische Personalakte muss eine einheitliche, nachvollziehbar Ordnerstruktur haben. Diese sollte sich an den Grundthemen der Personalarbeit orientieren (Grunddaten, wie Fähigkeiten, Sprachkenntnisse incl. Führungszeugnissen, Bewerbung, Entgelt, Beurteilungen, Weiterbildung usw.).

§ 3 Inhalt und Struktur der elektronischen Personalakte, Gegendarstellung

1. In der elektronischen Personalakte dürfen nur Daten im Rahmen der Zweckbestimmung des Arbeitsverhältnisses verarbeitet werden. Daten gem. Art 9 EU DSGVO – (besondere Kategorien personenbezogener Daten) werden nur dann verarbeitet, wenn dies im Rahmen der Zweckbestimmung des Arbeitsverhältnisses notwendig ist.

2. Die elektronische Personalakte ist wie in der Anlage Bezeichnung Struktur der elektronischen Personalakte) aufzubauen und zu führen. Die elektronische Personalakte muss vollständig geführt werden. Für jede oder jeden Arbeitnehmer:in darf nur eine Personalakte geführt werden. Nebenakten sind nicht zulässig.

3. Innerhalb der Struktur der elektronischen Personalakte wird auf der Startseite deutlich sichtbar die Anzahl der in der jeweiligen elektronischen Personalakte gespeicherten Dokumente angezeigt.
4. Dokumente zu Gesundheitsfragen, die z.B. im Rahmen des Betrieblichen Eingliederungsmanagements oder der Betriebsvereinbarung »Sucht« verarbeitet werden, müssen in einem gesonderten Teil der elektronischen Personalakte gespeichert werden. Der Zugriff hierauf ist beschränkt gem. den Regelungen in der Anlage Bezeichnung.
5. Arbeitnehmer:innen steht das Recht zu, zu den in der elektronischen Personalakte enthaltenen, sie betreffenden Informationen, Gegendarstellungen (z.B. zu Beurteilungen und Abmahnungen) abzugeben. Diese sind in der elektronischen Personalakte zu speichern.

§ 4 Zugriff auf die elektronische Personalakte, Löschung

1. Zugriff auf die Elektronische Personalakten haben nur die in Anlage Bezeichnung (Rollenkonzept und Zugriffsberechtigungen elektronische Personalakte) genannten Funktionen, d.h. die auf diesen Stellen tätigen Mitarbeiter:innen. Das Unternehmen stellt dies durch geeignete technische und organisatorische Maßnahmen sicher. Einzelheiten hierzu sind in der Anlage Bezeichnung geregelt.

> **Hinweis:**
> Personenbezogene Daten sind, so sie nicht mehr benötigt werden oder im Rahmen von Aufbewahrungsfristen (Steuern, Verjährungsfristen usw.) aufbewahrt werden müssen, zu löschen. Nach der EU-DS-GVO (Art. 5 und 17) muss jedes Unternehmen ein Löschkonzept für nicht mehr benötigte personenbezogene Daten haben. Dies muss auch die in der elektronischen Personalakte gespeicherten Daten umfassen. Nach Ende des Arbeitsverhältnisses kann und muss der Kreis der Mitarbeiter:innen, der Zugriff auf die elektronische Personalakte hat, eingeschränkt werden. Für die alltägliche Personalarbeit wird sie nicht mehr benötigt.

2. Nach Ende des Arbeitsverhältnisses wird der Zugriff auf die elektronische Personalakte gem. Zugriffskonzept weiter beschränkt. Die personenbezogenen Daten sind, so nicht Ausbewahrungsfristen entgegenstehen, gemäß dem Löschungskonzept zu löschen.
3. Für den Zugriff auf gespeicherte Gesundheitsdaten gilt das gesonderte Zugriffberechtigungskonzept nach Anlage Bezeichnung und der BV Betriebliches Eingliederungsmanagement.
4. Zugriffe auf die elektronische Personalakte werden protokolliert. Zur Überprüfung der Einhaltung des Zugriffskonzepts kann der Betriebsrat jederzeit die Zugriffsprotokolle einsehen und prüfen.
5. Die elektronische Personalakte ist nach dem jeweiligen Stand der Technik technisch und organisatorisch zu sichern (Verschlüsselung usw.). Dies ist dem Betriebsrat auf Verlangen nachzuweisen.

> **Hinweis:**
> Die Einsicht in die elektronische Personalakte kann nur über entsprechende Zugänge erfolgen. Insbesondere für Arbeitnehmer:innen, die nicht an einem PC oder mit einem Laptop arbeiten, ist daher der Zugang sicherzustellen. Wenn der Zugang vom Arbeitsplatz – PC erfolgen soll, ist sicherzustellen, dass der Zugang über einen besonderen Code erfolgen kann. Für die Arbeitnehmer:innen, die an keinem PC arbeiten, müssen Terminals bereit gestellt werden.

§ 5 Einsichtsrecht, Rechte nach der EU DS-GVO

1. Arbeitnehmer:innen haben jederzeit das Recht, in die sie betreffende elektronische Personalakte Einsicht zu nehmen, Kopien auf Kosten des Unternehmens anzufertigen bzw. auszudrucken oder auf Datenträgern zu speichern. Sie können dabei ein Betriebsratsmitglied ihres Vertrauens hinzuziehen. Gleiches gilt für Gewerkschaftssekretär:innen bzw. von ihnen beauftragte Rechtsanwalt:innen. Diesen ist zu diesem Zweck Zugang zum Unternehmen zu gewähren. Die von der/

dem Arbeitnehmer:in Hinzugezogenen haben über den Inhalt der elektronischen Personalakte Stillschweigen zu bewahren, soweit sie nicht von der Schweigepflicht entbunden werden.
2. Arbeitnehmer:innen, die nicht von ihrem Arbeitsplatz-PC bzw. dienstlichen Laptop aus Einsicht nehmen können, sind – auf Kosten des Unternehmens – entsprechende PC- Plätze inkl. Drucker und Zugang für Speichermedien zur Verfügung zu stellen, an denen diese ungehindert in Ruhe ihr Einsichtsrecht auszuüben können.
3. Rechte der Arbeitnehmer*innen nach der DS-GVO (z.B. Art 12–33 DS-GVO), dem BDSG oder sonstigen Rechtsvorschriften bleiben unberührt.

§ 6 Entfernung von Abmahnungen aus der Personalakte
Abmahnungen und Ermahnungen werden nach Ablauf von zwei Jahren, gerechnet von ihrem Ausspruch an, aus der elektronischen Personalakte gelöscht.

Hinweis:
Nach der EU DS-GVO unterliegt die Verarbeitung von Daten in Drittstaaten Beschränkungen. Eine Datenverarbeitung dort muss entweder in Staaten erfolgen, denen von der EU eine angemessenes Datenschutzniveau bescheinigt worden ist (Art. 45 EU DS-GVO) oder in Drittstaaten von Unternehmen, die die sog. Standardvertragsklauseln der EU (art. 46 EU DS-GVO) anwenden. Je nach Unternehmensstruktur bzw. Einbindung in einen Konzern bzw. beauftragtem IT-Dienstleister, müssen hierzu weitere Regelungen in der BV erfolgen. Dabei müssen auch die Kontrollrechte des Betriebsrates sichergestellt werden. Da diese Fragen sich im Unternehmen nicht nur bei der elektronischen Personalakte stellen, sondern bei allen genutzten IT-Anwendungen, muss hier auf die vorhandenen Regelungen in IT-Betriebsvereinbarungen verwiesen werden.

§ 7 Schutz der Daten
1. Daten aus und für die elektronische Personalakte dürfen nur innerhalb der EU verarbeitet werden. Werden sie nicht in Deutschland verarbeitet, ist durch vertragliche Verpflichtung der Verarbeitenden in anderen EU- Staaten bzw. der Auftragsdatenverarbeiter sicherzustellen, dass alle Rechte der Arbeitnehmer:innen aus dieser Betriebsvereinbarung gewahrt werden und durch die Verarbeitung in einem anderen EU-Mitgliedsstaat keinerlei Hindernisse erwachsen.
2. Die Verarbeitung von personenbezogenen Daten außerhalb der EU für die elektronische Personalakte ist nicht zulässig.
oder
Sofern es um die Verarbeitung von personenbezogenen Daten außerhalb der EU für die elektronische Personalakte geht, finden der Regelungen entsprechenden Betriebsvereinbarung Bezeichnung Anwendung.

§ 8 Veränderungen, Sachverständige

Hinweis:
Der Betriebsrat muss klären, wie Veränderungen an der eingesetzten Software von ihm genehmigt werden sollen. Wenn jedes, auch nur kleine Sicherheitsupdate, zur Befassung des BR führt, erhöht sich der Arbeitsaufwand für diesen erheblich.

1. Jede Änderung der Anwendungen und der Software der elektronischen Personalakte bedarf der Zustimmung des Betriebsrats.
oder
Im Hinblick auf Änderungen der Software bzw. sonstige Änderungen der elektronischen Personalakte gelten die Reglung der BV IT über die Beteiligung und Mitbestimmung des BR bei Software und sonstigen Veränderungen vom Datum.
2. Der Betriebsrat hat das Recht zur Kontrolle dieser Betriebsvereinbarung und für eine eventuelle Weiterentwicklung der Betriebsvereinbarung eine oder einen Sachverständige:n seiner Wahl auf

Kosten des Unternehmens hinzuziehen. Bei Kosten bis zu einer Höhe von € Betrag bedarf es zur Auftragserteilung an den oder die Sachverständige:n keine Rücksprache mit dem Bereich Personal. Übersteigen die Kosten diesen Betrag ist vor Abschluss des Vertrags Rücksprache mit dem Bereich Personal zu nehmen.

§ 9 Schlussbestimmungen

1. Diese Betriebsvereinbarung ist mit einer Frist von drei Monaten zum Schluss eines Kalenderjahres kündbar, erstmals allerdings zum Datum. Sie wirkt nach. Die Kündigung bedarf der Schriftform.
2. Alle Anlagen sind Bestandteil dieser Betriebsvereinbarung. Bei Verstößen gegen diese Betriebsvereinbarung hat der Betriebsrat das Recht Unterlassung und/oder Beseitigung von dem Arbeitgeber*in zu verlangen.

38 **Telearbeit**

Präambel

Ziel dieser Betriebsvereinbarung ist die Schaffung von Rahmenbedingungen für Telearbeit, die sowohl die Bedürfnisse der Arbeitnehmer nach Telearbeit als auch die wirtschaftlichen Interessen des Unternehmens berücksichtigt.

§ 1 Geltungsbereich

Diese Betriebsvereinbarung gilt
1. räumlich: für das Gebiet der Bundesrepublik Deutschland;
2. fachlich: für jede Form von Telearbeit;
3. persönlich: für alle Arbeitnehmer der Bezeichnung.

§ 2 Begriffsbestimmungen

Telearbeit liegt vor, wenn der Arbeitnehmer seine Arbeitsleistung ausschließlich in seiner Wohnung (häusliche Arbeitsstätte) erbringt und die Voraussetzungen des § 2 Abs. 7 ArbStättV vorliegen.

Alternierende Telearbeit liegt vor, wenn der Arbeitnehmer seine Arbeitsleistung teilweise in seiner Wohnung (häusliche Arbeitsstätte) und teilweise innerhalb der Räume seines Arbeitgebers (betriebliche Arbeitsstätte) erbringt.

Sowohl bei der häuslichen als auch bei der alternierenden Telearbeit erfolgt die Arbeitsleistung mit Hilfe von Geräten und Einrichtungen der Informations- und/oder Kommunikationstechnik, sofern sie mit der Betriebsstätte durch elektronische Kommunikationsmittel verbunden sind.

Mobile Telearbeit liegt vor, wenn die Arbeitsleistung mit Hilfe von Geräten und Einrichtungen der Informations- und/oder Kommunikationstechnik überwiegend an wechselnden Einsatzorten erbracht wird. Daneben wird die Arbeitsleistung auch im Betrieb und/oder im häuslichen Bereich des Arbeitnehmers erbracht.

§ 3 Einführung von Telearbeit

Die Einführung von Telearbeit ist zwischen Arbeitgeber und Arbeitnehmer in einer freiwilligen Ergänzung des Arbeitsvertrags zu vereinbaren.

Die Verweigerung von Telearbeit durch den Arbeitgeber ist nur in besonders begründeten Fällen zulässig.

Eine Pflicht des Arbeitnehmers, in Telearbeit zu wechseln, besteht nicht.

Die Einbeziehung der Wohnung (häusliche Arbeitsstätte) in die Telearbeit kann vom Arbeitnehmer ohne Angabe von Gründen abgelehnt werden. Lehnt der Arbeitgeber die Einbeziehung der

Wohnung (häusliche Arbeitsstätte) in die Telearbeit ab, hat er dies schriftlich unter Darlegung der Gründe gegenüber dem Arbeitnehmer zu begründen.
Lehnt der Arbeitgeber die Einbeziehung der Wohnung (häusliche Arbeitsstätte) in die Telearbeit ab, kann der Arbeitnehmer die innerbetriebliche Schlichtungsstelle gem. § 16 dieser Betriebsvereinbarung anrufen. Diese entscheidet endgültig.
Arbeitnehmer, die ihre Arbeitsleistung in Telearbeit erbringen, erhalten vor Aufnahme der Tätigkeit eine qualifizierte Einarbeitung.

Hinweis:
Je nach Art und Umfang der Telearbeit sind hier der Umfang und der Inhalt der Qualifizierungsmaßnahmen genauer zu bestimmen.

§ 4 Geeignete Tätigkeiten
Für die häusliche und die alternierende Telearbeit sind nur solche Arbeiten geeignet, die selbstständig und eigenverantwortlich zu erbringen sind. Sie müssen wirtschaftlich, organisatorisch und sozial sinnvoll in der Wohnung (häusliche Arbeitsstätte) erbracht werden können.
Für die mobile Telearbeit gelten die genannten Voraussetzungen mit der Maßgabe, dass die zu erbringende Arbeitsleistung nur zu einem geringen Teil in der häuslichen Arbeitsstätte erbracht wird.

§ 5 Häusliche/Betriebliche Arbeitsstätte
Die häusliche Arbeitsstätte (alternierende und häusliche Telearbeit) muss sich in der Wohnung des Arbeitnehmers in einem Raum befinden, der den Anforderungen der Arbeitsstättenverordnung in der jeweils gültigen Fassung entspricht. Der Arbeitnehmer hat das Vorliegen dieser Voraussetzungen schriftlich zu bestätigen.
Der Arbeitnehmer wird vor Aufnahme der Telearbeit und Abgabe der Bestätigung über die jeweils geltenden gesetzlichen, tariflichen und betrieblichen Vorschriften zum Arbeits- und Gesundheitsschutz unterrichtet. Dies geschieht im Rahmen einer persönlichen Schulung. Entsprechende Unterlagen werden ausgehändigt.
Vor der Einrichtung und während des Bestehens der häuslichen Arbeitsstätte hat der Arbeitgeber oder ein von ihm Beauftragter, z. B. der Datenschutzbeauftragte oder die Fachkraft für Arbeitssicherheit, das Vorliegen dieser Voraussetzungen mittels einer Begehung zu überprüfen. Vertretern des Betriebsrats ist dabei die Möglichkeit einzuräumen, an der Begehung teilzunehmen.
Die häusliche Arbeitsstätte (Wohnung) ist vor Aufnahme der Telearbeit auch im Hinblick auf die elektrische Sicherheit vom Arbeitgeber bzw. einem Beauftragten zu prüfen. Vertretern des Betriebsrats ist dabei die Möglichkeit einzuräumen, an der Prüfung teilzunehmen.
Wird die Arbeitsleistung im Betrieb erbracht, ist dem Arbeitnehmer ein geeigneter Arbeitsplatz zur Verfügung zu stellen.
Die häusliche Arbeitsstätte (Wohnung) ist sowohl individualrechtlich als auch kollektivrechtlich Teil des Betriebs.

§ 6 Arbeitszeit
Die gesetzlichen, tariflichen und betrieblichen Regelungen zur Arbeitszeit gelten auch für Arbeitnehmer in Telearbeit.
oder
Die gesetzlichen und tariflichen Regelungen zur Arbeitszeit gelten auch für Arbeitnehmer in Telearbeit. Die Betriebsvereinbarung zur Arbeitszeit Bezeichnung findet mit folgenden Ergänzungen Anwendung:
Die Aufteilung der Arbeitszeit auf die betriebliche und die häusliche Arbeitsstätte ist bei der alternierenden Telearbeit zwischen Arbeitgeber und Arbeitnehmer zu vereinbaren.
Bei der mobilen Telearbeit ist die Aufteilung zwischen betrieblicher Arbeitsstätte und wechselnden Einsatzstellen sowie der häuslichen Arbeitsstätte zwischen Arbeitgeber und Arbeitnehmer zu vereinbaren.

Mehrarbeit liegt vor, wenn die vereinbarte tägliche Arbeitszeit überschritten wird.

oder

Für Mehrarbeit im Rahmen der Telearbeit gelten die tariflichen und betrieblichen Regelungen. Über technische Störungen hat der Arbeitnehmer unverzüglich die zuständigen betrieblichen Stellen zu unterrichten. Diese haben für schnelle Abhilfe zu sorgen. Dauert die technische Störung länger als Tage, hat der Arbeitnehmer seine Arbeitsleistung im Betrieb zu erbringen. In diesem Fall gilt die Fahrzeit zwischen Wohnung und Arbeitsstätte als Arbeitszeit.
Nicht erbrachte Arbeitsleistungen auf Grund von technischen Störungen haben keine Minderung des Arbeitsentgelts und/oder sonstiger Leistungen zur Folge. Die Arbeitszeit muss nicht nachgearbeitet werden.

§ 7 Zeiterfassung

Die Erfassung der Arbeitszeit erfolgt nach den jeweils geltenden betrieblichen Regelungen.

oder

Die Arbeitszeiterfassung erfolgt mittels Selbstaufschreibung auf dem dieser Betriebsvereinbarung als Anlage beigefügten Formular. Dieses ist der zuständigen Abteilung wöchentlich zuzuleiten.

oder

Die Zeiterfassung erfolgt durch Eintragung in eine elektronisch geführte Liste beim Login bzw. Logout.

Hinweis:
Die Art der Zeiterfassung muss an die betrieblichen Gegebenheiten angepasst werden. Denkbar ist z. B. auch eine Zeiterfassung per SMS oder mittels einer App.
Der Vorgesetzte hat die gemeldeten Arbeitszeiten abzuzeichnen und zu bestätigen.

§ 8 Kostentragung und -erstattung

Die für die Telearbeit notwendigen Arbeitsmittel werden dem Arbeitnehmer kostenlos vom Arbeitgeber zur Verfügung gestellt. Dies gilt auch für die Installation inkl. notwendiger Umbauten in der häuslichen Arbeitsstätte sowie für Wartung und Abbau. Für den An- und Abtransport von defekten Geräten ist der Arbeitgeber verantwortlich.
Die bei der Telearbeit anfallenden Zugangs-, Leitungs- und sonstigen Telekommunikationsgebühren trägt der Arbeitgeber.
Für die Nutzung der Räume usw. in der häuslichen Arbeitsstätte erstattet der Arbeitgeber pauschal Kosten in Höhe von €. Dieser pauschale Kostenersatz ist auch zu zahlen, wenn die häusliche Arbeitsstätte im Eigentum des Arbeitnehmers steht.

Hinweis:
Hier kann nach Umfang der Nutzung in der häuslichen Arbeitsstätte und/oder den regionalen Mietpreisen auch eine Staffelung sinnvoll sein.

Soweit für die häusliche Arbeitsstätte Büromöbel angeschafft werden müssen, trägt die Kosten der Arbeitgeber.
Werden Büromöbel des Arbeitnehmers genutzt, müssen diese den Anforderungen des Arbeits- und Gesundheitsschutzes entsprechen, wie die entsprechenden Büromöbel im Betrieb.
Einzelheiten sind zwischen Arbeitnehmer und Arbeitgeber zu vereinbaren.
Der Betriebsrat kann Einblick in diese Vereinbarungen nehmen.
Die vom Arbeitgeber zur Verfügung gestellten Arbeitsmittel, technischen Geräte usw. dürfen nicht privat genutzt werden.

oder

Die vom Arbeitgeber gestellten Arbeitsmittel, technischen Geräte usw. dürfen in folgendem Umfang auch privat genutzt werden.

Für die Privatnutzung von Telefon, Mobiltelefon, Internetzugang, E-Mail usw. finden die entsprechenden Betriebsvereinbarungen Anwendung.

> **Hinweis:**
> Sofern Büromöbel, DV-Geräte (z. B. Drucker) des Arbeitnehmers genutzt werden, müssen hierfür neben dem pauschalen Kostenersatz Regelungen über Reparaturkosten usw. getroffen werden.
> Werden Büromöbel des Arbeitnehmers genutzt, ist dies beim pauschalen Kostenersatz zu berücksichtigen; dieser ist entsprechend zu erhöhen.

Die Kosten für notwendige Reparaturen für im Eigentum des Arbeitnehmers stehende Arbeitsmittel, wie Büromöbel, DV-Geräte usw. trägt der Arbeitgeber.

§ 9 Zugang zur häuslichen Arbeitsstätte
Vor Beginn der Telearbeit ist zwischen Arbeitgeber und Arbeitnehmer schriftlich zu vereinbaren, dass der Arbeitgeber oder von ihm beauftragte Personen (z. B. Fachkraft für Arbeitssicherheit, Datenschutzbeauftragter, Personen zur Behebung technischer Störungen an Telearbeitsgeräten) sowie Personen, die auf gesetzlicher Grundlage Zugang zu Arbeitsstätten haben, die häusliche Arbeitsstätte betreten dürfen. Personen, die mit dem Arbeitnehmer in der häuslichen Arbeitsstätte (Wohnung) leben, müssen dem Zugang zur häuslichen Arbeitsstätte ebenfalls zustimmen. Der Zugang ist vorher mit dem Arbeitnehmer abzustimmen.

§ 10 Leistungs- bzw. Verhaltenskontrolle
Eine Verhaltens- und/oder Leistungskontrolle mittels Informations- und/oder Kommunikationstechnik findet nicht statt. Im Übrigen gelten die Betriebsvereinbarungen zur Nutzung der Informations- und Kommunikationstechnik auch für die Telearbeit.

§ 11 Kontakt zum Betrieb und Zuordnung
Arbeitnehmer dürfen wegen ihrer Arbeit auf einem Telearbeitsplatz weder beim beruflichen Fortkommen, beim Entgelt noch in sonstiger Weise benachteiligt werden.
Der Zugang zu Fort- und Weiterbildungsmaßnahmen für Telearbeitnehmer ist in gleicher Weise zu gewährleisten, als wenn sie im Betrieb arbeiten würden.
Telearbeitnehmer haben das Recht, an Betriebsversammlungen und sonstigen Mitarbeiterversammlungen im Betrieb teilzunehmen. Die Fahrtzeit wird als Arbeitszeit vergütet; die Fahrtkosten erstattet.

> **Hinweis:**
> Wenn Telearbeit in Unternehmen mit mehreren Betrieben eingeführt wird, muss die Zuordnung der Telearbeitnehmer zu den einzelnen Betrieben geklärt werden.
> Bei Wechsel auf einen Telearbeitsplatz bleibt der Arbeitnehmer dem Betrieb zugeordnet, in dem er vorher gearbeitet hat. Der Betriebsrat bleibt für ihn zuständig.

oder

Telearbeitnehmer sind dem Betrieb zuzuordnen, der auch die Fachabteilung, für die sie arbeiten, zugeordnet ist.

§ 12 Datenschutz
Für die Einhaltung des Datenschutzes ist der Arbeitgeber verantwortlich.

> **Hinweis:**
> Um die Einhaltung des Datenschutzes sicherzustellen, sind weitere Regelungen erforderlich, wie z. B. Berechtigungskonzepte für den Zugang zum Telearbeitsplatz, Passwörter usw. Diese

Regelungen sind für die Telearbeit an die im Betrieb vorhandenen Konzepte anzupassen. Gleiches gilt für die Sicherheit der Datenübertragung durch Verschlüsselungen (VPN).

§ 13 Unfallversicherung

Für jede Form der Telearbeit ist der Unfallschutz sicherzustellen. Soweit der gesetzliche Unfallschutz nicht ausreichend ist, ist zwischen Arbeitgeber und Betriebsrat die ergänzende Form der Unfallversicherung zu vereinbaren.

§ 14 Haftung

Die Haftung des Arbeitnehmers und die von Dritten, die sich berechtigt in der Wohnung aufhalten, ist gegenüber dem Arbeitgeber auf die Fälle grober Fahrlässigkeit und Vorsatz beschränkt.

§ 15 Beendigung Telearbeit

Vereinbarungen über häusliche Telearbeit können von beiden Seiten mit einer Frist von Monaten gekündigt werden. Soweit häusliche Umstände (z. B. Pflegebedürftigkeit von Angehörigen, Kündigung der Wohnung usw.) die häusliche oder alternierende Telearbeit nicht mehr zulassen, verkürzt sich die Kündigungsfrist auf Tage/Monate. Gleiches gilt, wenn Datenschutzbestimmungen vom Arbeitnehmer nicht eingehalten worden sind.
Arbeitet ein Arbeitnehmer länger als Jahre regelmäßig zu Hause, verlängert sich die Kündigungsfrist des Arbeitgebers pro Beschäftigungsjahr um Monate.
Soweit Arbeitnehmer aus einer betrieblichen Tätigkeit in die häusliche oder alternierende Telearbeit wechseln, sind die ersten Monate Probezeit. Die Vereinbarung über Telearbeit kann in diesem Fall von beiden Seiten mit einer Frist von gekündigt werden.
Wird eine Vereinbarung über Telearbeit gekündigt, ist der Arbeitnehmer mindestens auf einem gleichwertigen Arbeitsplatz mit gleichem Entgelt im Betrieb zu beschäftigen.

§ 16 Rechte des Betriebsrats; interne Schlichtungsstelle

Der Betriebsrat ist über jede Telearbeitsplatzvereinbarung zu unterrichten. Der Wechsel auf einen Telearbeitsplatz und der Wechsel vom Telearbeitsplatz auf einen betrieblichen Arbeitsplatz ist eine Versetzung im Sinne von § 99 BetrVG.
Der Betriebsrat hat das Recht, den Arbeitnehmer an seiner häuslichen Arbeitsstätte aufzusuchen. Die Kosten hierfür sind Kosten der Betriebsratstätigkeit gem. § 40 BetrVG.
Telearbeitnehmer haben das Recht, jederzeit den Betriebsrat im Betrieb aufzusuchen. Die hierfür aufgewandte Zeit einschließlich der Wegezeit ist Arbeitszeit und entsprechend zu vergüten.
Zur Lösung von Konflikten zwischen Arbeitnehmern und Arbeitgeber über den Übergang in Telearbeit sowie die Durchführung der Telearbeit wird eine interne Schlichtungsstelle gebildet. Sie ist mit je zwei Vertretern des Arbeitgebers und des Betriebsrats besetzt. Sie entscheidet in Fällen, in denen keine Einigung zwischen Arbeitnehmer und Arbeitgeber erzielt werden kann, endgültig.

§ 17 Schlussbestimmungen

Diese Betriebsvereinbarung ist mit einer Frist von Monaten zum Schluss eines Kalenderjahres kündbar, erstmals zum Datum. Die Kündigung dieser Betriebsvereinbarung ist nur wirksam, wenn sie schriftlich erfolgt. Die Betriebsvereinbarung wirkt nach. Anlagen sind Bestandteil dieser Betriebsvereinbarung.

Checkliste Smartphones, Tablets – Bring Your Own Device – BYOD – Bring Dein eigenes Gerät mit 39

Vorbemerkung

Die von Beschäftigten genutzten Arbeitsmittel hat im Normalfall der Arbeitgeber zu stellen. Damit trägt er auch die Verantwortung für deren Funktionsfähigkeit und hat die Kosten zu tragen. Einige Unternehmen sind dazu übergegangen, Arbeitnehmer:innen zu gestatten, ihr eigenes Smartphone oder ihren Tablet-Computer für die Arbeit zu nutzen. Auf den Geräten finden sich dann sowohl dienstliche wie private Anwendungen. Dies wirft, nicht nur unter datenschutzrechtlichen Aspekten, eine Reihe von schwierigen Abgrenzungsfragen auf (vgl. näher: DKW-*Klebe* § 87 Rn. 201, Däubler, Digitalisierung und Arbeitsrecht, Rn. 210ff.). Die folgende Checkliste soll die vor Abschluss einer Betriebsvereinbarung zu klärenden Fragen aufzeigen. Eine Alternative zu BOYD wäre, es den Arbeitnehmern zu gestatten, die Geräte, die der Arbeitgeber anschafft, selbst aus einem bestimmten Pool, auszusuchen (Wähle Dein eigenes Gerät – Choose Your Own Device CYOD).

Kosten

- Regelung zur Kostenübernahme für die Anschaffung der Geräte durch den Arbeitgeber; Zahlung einer laufenden monatlichen Pauschale für die Nutzung?
- Kostenübernahme für die notwendigen Datenverbindungen (Mobilfunk, Datentarife); Regelungen für Nutzung im Ausland.
- Regelung, ob die Kosten für die mögliche Privatnutzung separat abgerechnet werden oder in den Tarifen, die der Arbeitgeber zahlt, enthalten ist.
- Kostenübernahmeregelung durch den Arbeitgeber, wenn Gerät verloren geht oder funktionsunfähig wird.
- Wenn der Arbeitnehmer ein neues Gerät anschafft, in welchem Rahmen und mit welchen Fristen ist der Arbeitgeber verpflichtet die Anschaffungskosten zu übernehmen (1 x pro Jahr? Immer, wenn das neueste I-Phone kommt?).

Entgelt

- Wenn das Gerät funktionsunfähig wird oder abhandenkommt, Regelung, dass dies keinen Einfluß auf die Entgeltansprüche des Arbeitnehmers hat, wenn deshalb der Arbeitnehmer nicht weiterarbeiten kann. Das Betriebsrisiko bleibt beim Arbeitgeber, auch wenn das Gerät vom Arbeitnehmer erworben wurde.

Datensicherung und Datenschutz

- Trennung des dienstlichen und privaten Bereiches auf den Geräten. Zugriff auf dienstlichen Bereich nur durch Arbeitnehmer. Wer trägt die Verantwortung dafür, dass wenn dort personenbezogene Daten vorhanden sind, niemand z. B. aus der Familie darauf zugreifen kann?
- Bei vielen dienstlichen mobilen Datengeräten besteht die Möglichkeit die Daten im Falle eines Verlustes des Gerätes zentral zu löschen. Klärung der Frage, ob dies Auswirkungen auf die privaten Daten auf den Geräten hat, werden diese auch gelöscht?
- Wie sicher ist der dienstliche Bereich vom Privaten getrennt? Viele private Anwendungen (z. B. WhatsApp) lesen den gesamten Adressspeicher aus. Wie werden die dienstlichen Daten auch im Hinblick auf die dort evtl. vorhandenen personenbezogenen Daten geschützt?
- Sicherstellung, dass die Arbeitgeber:in die private Nutzung nicht kontrollieren oder auswerten kann; weder den Umfang, noch den Inhalt.
- Klärung der Frage, ob und unter welchen Voraussetzungen Cloud-Dienste genutzt werden können und dürfen, da deren datenschutzrechtliche Zuverlässigkeit nicht hinreichend geklärt ist, bzw. die Cloud in Ländern abgewickelt wird, deren Datenschutzniveau gering ist.
- Welchen Zugriff seitens des Arbeitgebers gibt es bei Verdacht auf strafbare Handlungen durch die Arbeitnehmer:in, die mit der Nutzung der dienstlichen Partition des Gerätes zusammenhängen (z. B. Nutzung von verbotenen Seiten im Internet)?

Ende des Arbeitsverhältnisses

- Was passiert mit den auf dem Gerät gespeicherten dienstlichen Daten: Auslesen? Löschen?

- Muss der oder die Arbeitnehmer:in das Gerät herausgeben, damit der Arbeitgeber die dienstlichen Daten auslesen kann?
- Muss der Beschäftigte dem Arbeitgeber die dienstlichen Daten auf einem Datenträger zur Verfügung stellen? Wenn ja in welchem Zeitraum; wie wird kontrolliert, das dies vollständig ist? Wer stellt den Datenträger?

9. Arbeits- und Gesundheitsschutz

40 **Gesundheitsschutz**

Vorbemerkung

Beim Arbeits- und Gesundheitsschutz greifen eine Vielzahl verschiedener gesetzlicher Bestimmungen ineinander: neben dem Arbeitsschutzgesetz u. a. das Gesetz über Betriebsärzte, Sicherheitsingenieure und andere Fachkräfte für Arbeitssicherheit, die Arbeitsstättenverordnung, die Unfallverhütungsvorschriften der Berufsgenossenschaften, usw. Darüber hinaus ist die Verordnung über arbeitsmedizinische Vorsorge zu beachten, die insbesondere die Pflicht- und Angebotsuntersuchungen regelt.

Sinnvoll ist es, diese verschiedenen Vorschriften des Arbeits- und Gesundheitsschutzes im Betrieb zu einem Prozess zusammenzufassen und hierfür eine allgemeine Betriebsvereinbarung zum Arbeits- und Gesundheitsschutz abzuschließen. Diese kann – nach Lage im Betrieb – durch spezielle Anhänge oder ergänzende Betriebsvereinbarungen zu Einzelthemen, wie z. B. Gefahrstoffe oder Bildschirmarbeit (siehe Rn. 41) ergänzt werden.

§ 1 Geltungsbereich

Diese Betriebsvereinbarung gilt für

1. räumlich ___
2. persönlich ___
3. sachlich ___.

> **Hinweis:**
> Die Regelungen für den Gesundheitsschutz betreffen immer das gesamte Unternehmen bzw. den Betrieb. Sofern besondere Regelungen z. B. für den Umgang mit Gefahrstoffen, Lärmschutz, das Heben bzw. Tragen von Lasten aufgenommen sind, kann der Geltungsbereich innerhalb der Betriebsvereinbarung auf die Bereiche beschränkt werden, in denen die speziellen Probleme vorhanden sind.

§ 2 Ziele

Ziel dieser Betriebsvereinbarung ist die Verbesserung des Gesundheitsschutzes im Betrieb. Hierzu gehören die Verbesserung bzw. der Erhalt der Gesundheit der Arbeitnehmer sowie die Erhöhung der Arbeitssicherheit. Unternehmen und Betriebsrat sind sich einig, dass insbesondere der präventive Gesundheitsschutz sowohl im Interesse der Betroffenen wie auch im wirtschaftlichen Interesse des Unternehmens ist.

§ 3 Ermittlung und Beurteilung gesundheitlicher Gefährdungen

> **Hinweis:**
> Die Durchführung einer Gefährdungsanalyse ist vom Arbeitsschutzgesetz (§§ 5, 6) zwingend vorgeschrieben. Verantwortlich ist der Arbeitgeber. Sie kann – je nach Größe des Unternehmens Einzelpersonen, einem speziellen Ausschuss oder dem Arbeitsschutzausschuss gem. § 11 ASiG übertragen werden. Die Analyse muss dabei auf die speziellen Tätigkeiten abgestimmt werden. Die GefStoffVO z. B. legt für den Umgang mit Gefahrstoffen spezielle Anforderungen für die Gefährdungsanalyse fest (§ 6 GefStoffVO). Für weitere Gefährdungspotentiale gibt es Einzelverordnungen wie z. B. die Lärm- und VibrationsarbeitsschutzVO, die weitere Einzelheiten für die Durchführung der Gefährdungsanalyse in einzelnen Bereichen festlegen.

1. Die Gefährdungsanalyse gem. §§ 5, 6 ArbSchG wird vom Arbeitsschutzausschuss durchgeführt.
   Der Arbeitsschutzausschuss kann zur Erstellung der Gefährdungsanalyse weitere Arbeitnehmer und/oder Sachverständige hinzuziehen.
2. Die Ergebnisse der Gefährdungsanalyse hat der Arbeitsschutzausschuss zu dokumentieren. Die Erfassung und Dokumentation der Gefährdungen erfolgt mit Hilfe der Checklisten/Fragebögen gem. Anlage ___ dieser Betriebsvereinbarung. Der Arbeitsschutzausschuss kann sich für die Dokumentation zusätzlicher Hilfsmittel wie Fotos, Videoaufnahmen usw. bedienen. Die entsprechenden Geräte sind vom Arbeitgeber zur Verfügung zu stellen.
3. In die Gefährdungsanalyse ist eine Befragung der Arbeitnehmer im Hinblick auf ihre persönlichen Belastungen sowie Verbesserungsvorschläge im Hinblick auf gesundheitliche Belastungen einzubeziehen. In die Befragung der Arbeitnehmer ist auch die psychische Belastung einzubeziehen.
   Den Fragenbogen hierzu erarbeitet der Arbeitsschutzausschuss.
4. Der Arbeitsschutzausschuss bewertet die Ergebnisse der Gefährdungsanalyse und schlägt konkrete Maßnahmen zur Organisation des Gesundheitsschutzes und zur Verbesserung des Gesundheitsschutzes vor. Die vorzuschlagenden Maßnahmen haben den jeweils geltenden gesetzlichen Vorschriften, dem neuesten Stand der arbeitswissenschaftlichen Erkenntnisse sowie dem Stand der Technik zu entsprechen. Die Vorschläge werden dem Arbeitgeber und dem Betriebsrat übergeben.
5. Der Arbeitgeber hat zu den vom Arbeitsschutzausschuss vorgeschlagenen Maßnahmen unverzüglich Stellung zu nehmen und zu erklären, ob er die vorgeschlagenen Maßnahmen umsetzen will oder nicht. Lehnt er die Umsetzung der vorgeschlagenen Maßnahmen ab, kann der Betriebsrat die Einigungsstelle anrufen, die über die Umsetzung entscheidet.
   Die Gefährdungsanalyse wird alle ___ Jahre wiederholt.
6. Bei Veränderung der Betriebsräume, technischen Anlagen, Arbeitsverfahren, Arbeitsabläufe, dem Einsatz neuer Materialien usw. hat der Arbeitsschutzausschuss eine erneute Gefährdungsanalyse vorzunehmen. Der Arbeitsschutzausschuss ist im Planungsstadium zu beteiligen. Er hat Vorschläge zur Gestaltung der neuen technischen Anlage usw. im Hinblick auf der Gestaltung entsprechend den Anforderungen der neuesten arbeitswissenschaftlichen Erkenntnisse zu machen.

Hinweis:
Die Gefährdungsanalyse soll in regelmäßigen Abständen wiederholt werden. Bei besonderen Anlässen, wie z. B. neuen Maschinen, Produktlinien muss sie außerhalb des festen Zeitintervalls durchgeführt werden.

§ 4 Betriebsarzt; Fachkräfte für Arbeitssicherheit

Hinweis:
Betriebsärzte können als Arbeitnehmer des Unternehmens, als freie Mitarbeiter auf Dienstvertragsbasis oder über die Beauftragung des überbetrieblichen Betriebsärztlichen Dienstes tätig werden. Welche der Möglichkeiten gewählt wird, muss mit dem Betriebsrat vereinbart werden; vgl. DKW-*Klebe*, § 87 Rn. 232.

1. Betriebsarzt

Mit den Aufgaben des Betriebsarztes darf nur ein Facharzt für Arbeitsmedizin oder ein Arzt mit der Zusatzbezeichnung »Betriebsmedizin« beauftragt werden.
Mit den Aufgaben des Betriebsarztes wird der betriebsärztliche Dienst ___ beauftragt. Die Kündigung des Vertrags bedarf der Zustimmung des Betriebsrats.
oder
Mit den Aufgaben des Betriebsarztes wird Herr/Frau Name des Arztes oder der Praxisgemeinschaft beauftragt. Die Kündigung des Vertrags bedarf der Zustimmung des Betriebsrats.

oder
Für die Wahrnehmung der Aufgaben des Betriebsarztes wird ein entsprechend qualifizierter Arbeitnehmer eingestellt. Die Bestellung bzw. Abberufung bedarf der Zustimmung des Betriebsrats.
Zu den Aufgaben des Betriebsarztes gehören neben seinen sich aus den gesetzlichen Vorschriften ergebenden Aufgaben insbesondere folgende Untersuchungen Liste der Untersuchungen einsetzen.
Folgende Beratungen und Trainings sind anzubieten bzw. durchzuführen konkrete Aufzählung der Aufgaben.

> **Hinweis:**
> Die vom Betriebsarzt anzubietenden Untersuchungen, z. B. Einstellungsuntersuchung, Vorsorgeuntersuchungen, sollten konkret benannt werden. Gleiches gilt für die übrigen speziellen Aufgaben.

Der Betriebsarzt darf Untersuchungsergebnisse ohne ausdrückliche Einwilligung im Einzelfall durch den Arbeitnehmer nicht mitteilen. Die Tatsache, dass der Arbeitnehmer sich mit der Untersuchung einverstanden erklärt hat, ist keine Entbindung von der Schweigepflicht.

> **Hinweis:**
> Regelungen zum Umfang der ärztlichen Schweigepflicht sind im Hinblick auf das Persönlichkeitsrecht des Arbeitnehmers notwendig. Dabei sollte darauf geachtet werden, dass pauschale Einverständniserklärungen, z. B. in Arbeitsverträgen usw. nicht zum Tragen kommen.

Der Betriebsarzt hat jährlich einen Tätigkeitsbericht zu erstellen. Dieser ist dem Arbeitgeber und dem Betriebsrat zuzuleiten.

2. Fachkraft für Arbeitssicherheit
Die Bestellung der Fachkräfte für Arbeitssicherheit bedarf der Zustimmung des Betriebsrats, ebenso die Abberufung.
Die Fachkräfte für Arbeitssicherheit haben neben ihren gesetzlichen Aufgaben den Betriebsrat in allen Fragen des Gesundheitsschutzes und des Arbeitsschutzes zu beraten und Auskunft zu erteilen.

3. Sicherheitsbeauftragte
Die Bestellung der Sicherheitsbeauftragten bedarf der Zustimmung des Betriebsrats, ebenso die Abberufung.
Die Sicherheitsbeauftragten haben neben ihren gesetzlichen Aufgaben den Betriebsrat in allen Fragen des Gesundheitsschutzes und des Arbeitsschutzes zu beraten und Auskunft zu erteilen.
Die Sicherheitsbeauftragten sind im erforderlichen Umfang für die Wahrnehmung ihrer Tätigkeiten von der Arbeit freizustellen. Eine Entgeltminderung darf durch die Tätigkeit nicht entstehen.
Bei der Bemessung des Personals in Abteilungen und Projekten sind die Tätigkeiten mit ____ zu berücksichtigen.

§ 5 Ausschuss für Arbeitssicherheit
Der Ausschuss für Arbeitsschutz setzt sich zusammen aus
- einem Vertreter des Arbeitgebers
- zwei Vertretern des Betriebsrats
- dem Betriebsarzt
- der Fachkraft für Arbeitssicherheit
- dem Sicherheitsbeauftragten.

Die Verantwortlichkeiten und Aufgabendelegationen im Rahmen des Arbeitsschutzes gem. § 13 ArbSchG sowie die anderen gesetzlichen Vorschriften zum Arbeitsschutz und zur Unfallverhütung sind in der Anlage dieser Betriebsvereinbarung dargestellt.

§ 6 Qualifikation für die Verantwortlichen im Gesundheitsschutz und in der Arbeitssicherheit

Der Arbeitgeber ist dafür verantwortlich, dass alle im betrieblichen Gesundheitsschutz und in der Arbeitssicherheit im Betrieb Verantwortlichen die notwendigen Qualifikationen haben und behalten. Ein entsprechender Bildungsplan wird vom Ausschuss für Arbeitssicherheit erarbeitet. Er wird zwischen Arbeitgeber und Betriebsrat abgestimmt.

§ 7 Unterrichtung und Unterweisung der Beschäftigten über Gesundheit und Sicherheit

1. Die Arbeitnehmer sind im Hinblick auf die sicherheits- und gesundheitsgerechte Durchführung ihrer Arbeit zu unterrichten.
2. Die Unterrichtung und Unterweisung umfasst insbesondere
   - die vorhandenen Gefährdungen am Arbeitsplatz
   - Möglichkeiten des gesundheitsschonenden Arbeitens am konkreten Arbeitsplatz
   - Maßnahmen des Arbeitsschutzes am Arbeitsplatz, wie z. B. Umgang mit Schutzeinrichtungen, Arbeitsmitteln, persönlicher Schutzausrüstung, Arbeits- und/oder Gefahrstoffen; Heben und Tragen von Lasten
   - Rechte und Pflichten gem. §§ 15, 16, 17 ArbSchG
   - Rolle und Aufgaben des Betriebsarztes, der Fachkräfte für Arbeitssicherheit sowie der Sicherheitsbeauftragten.
3. Die Unterweisungen und Unterrichtungen werden durch den unmittelbaren Vorgesetzten durchgeführt. Dieser ist entsprechend zu qualifizieren. Für spezielle Themenbereiche erfolgt die Unterrichtung und Unterweisung durch den Betriebsarzt, die Fachkraft für Arbeitssicherheit oder externe Sachverständige. Die speziellen Themen werden vom Ausschuss für Arbeitssicherheit festgelegt.
4. Für Arbeitnehmer, die der deutschen Sprache nicht ausreichend mächtig sind, muss für eine ausreichende Übersetzung gesorgt werden. Die notwendigen Kosten trägt der Arbeitgeber.
5. Die Unterweisungen sind mindestens jährlich zu wiederholen. Dabei sind insbesondere neue Erkenntnisse auf dem Gebiet der Arbeitswissenschaften, gesetzliche Veränderungen, Unfallgeschehen und aktuelle Fragen der Arbeit in den jeweiligen Betriebsabteilungen einzubeziehen.
6. Bei dem Einsatz neuer Technologien, Veränderungen am Arbeitsplatz oder im Arbeitsbereich, Versetzungen u. ä. muss vor Aufnahme der Tätigkeit neu unterwiesen werden.
7. Für neu eingestellte Arbeitnehmer ist eine Einzelunterweisung zu organisieren, ebenso bei Veränderungen am Arbeitsplatz und in der Arbeitsumgebung oder bei Versetzungen.
8. Die Unterweisungen sind zu dokumentieren.

§ 8 Präventiver Gesundheitsschutz bei der Anschaffung von Betriebsmitteln

Vor jeder Anschaffung von Arbeitsmitteln bzw. Arbeitsstoffen hat der Arbeitgeber zu prüfen, ob die in Aussicht genommenen Arbeitsmittel und Arbeitsstoffe dem Stand der Technik zum Schutz gegen Gefahren für Gesundheit und Sicherheit bei der Arbeit entsprechen. Dies gilt insbesondere für

- Büromöbel,
- Hardware, Bildschirme und Software,
- Arbeitsmittel, die laut Herstellerangaben mehr als 75 dB (A), bei Arbeitsplätzen im Büro mehr als 50 dB (A) entwickeln,
- chemische Stoffe.

Der Ausschuss für Arbeitssicherheit und der Betriebsrat sind über das Ergebnis zu unterrichten. Stehen Arbeitsmittel bzw. -stoffe zur Auswahl, sind solche anzuschaffen, die die geringeren Gefahren bzw. Auswirkungen auf die Gesundheit der Arbeitnehmer haben.

§ 9 Rechte des Betriebsrats

In alle Planungen gem. § 90 Abs. 1 BetrVG sind die Aspekte des betrieblichen Arbeits- und Gesundheitsschutzes einzubeziehen. Neben dem Betriebsrat ist der Ausschuss für Arbeitssicherheit über die Planungen zu informieren. Er hat zu den Planungen eine Stellungnahme mit Vorschlägen zur Berücksichtigung des Arbeits- und Gesundheitsschutzes bei den geplanten Maßnahmen gem. § 90 Abs. 1 BetrVG abzugeben. Lehnt der Arbeitgeber die Vorschläge des Ausschusses ab, hat er dies zu begründen.

> **Hinweis:**
> Für spezielle Regelungsgegenstände, wie z. B. Gefahrstoffe, Tragen und Heben von Lasten, Hitze und Kälte, Lärm usw. kann die Betriebsvereinbarung ergänzt werden. Hier ist dies exemplarisch am Beispiel der Gefahrstoffe aufgeführt:

§ 10 Besondere Regelungen für Gefahrstoffe

Zusätzlich zu den allgemeinen Bestimmungen in dieser Betriebsvereinbarung gelten für den Umgang mit Gefahrstoffen folgende Regelungen:

1. Gefährdungsanalyse

Im Hinblick auf im Betrieb vorhandene bzw. eingesetzte Gefahrstoffe (§ 3 Abs. 1 GefStoffVO) ist eine gesonderte Gefährdungsanalyse (§ 7 GefStoffVO) zu erstellen.
Die Gefährdungsanalyse wird vom Ausschuss für Arbeitssicherheit und, soweit dieser nicht über die notwendigen Kenntnisse verfügt, unter Hinzuziehung externer Experten erstellt. Das Ergebnis ist gem. den Vorgaben der Anlage dieser Betriebsvereinbarung zu dokumentieren.

> **Hinweis:**
> In der Anlage zu dieser Betriebsvereinbarung werden die einzelnen notwendigen Analyseschritte, Dokumentationsvorlagen festgelegt.

2. Unterweisungen

Es wird eine schriftliche Betriebsanweisung auf Basis der Gefährdungsbeurteilung erstellt.
Alle Arbeitnehmer werden ausführlich in Schulungen entsprechend der Inhalte des § 14 GefStoffVO unterrichtet.

3. Untersuchungen

Bei Arbeitnehmern, die Umgang mit Gefahrstoffen haben, werden regelmäßige Erst- und Nachuntersuchungen sowie Vorsorgeuntersuchungen entsprechend der Verordnung über arbeitsmedizinische Vorsorge in ihrer jeweiligen Fassung durchgeführt. Diese und weitere Untersuchungen sind im Anhang im Einzelnen ausgeführt. Die Untersuchungen sind vom Arbeitgeber zu zahlen. Die für die Untersuchungen erforderliche Zeit wird wie Arbeitszeit behandelt und vergütet.

> **Hinweis:**
> Welche ärztlichen Untersuchungen für welchen Personenkreis notwendig sind, richtet sich u. a. nach den im Betrieb eingesetzten Gefahrstoffen. Die Untersuchungen sind in der VO über arbeitsmedizinische Vorsorge konkretisiert; in deren Anlage sind die Pflicht- und Angebotsuntersuchungen im Einzelnen aufgeführt. Die Festschreibung in der Betriebsvereinbarung dient dazu, diese für den Betrieb zur Vermeidung von Zweifelsfragen eindeutig zu regeln. Bestimmte Untersuchungen wie Biomonitoring (§ 6 Abs. 2 VO zur arbeitsmedizinischen Vorsorge) bedürfen der ausdrücklichen Zustimmung der zu Untersuchenden.
> Bei den Untersuchungen gilt die ärztliche Schweigepflicht. Ausnahme sind Pflichtuntersuchungen (vgl. § 6 Abs. 3 VO zur arbeitsmedizinischen Vorsorge). Das Ergebnis dieser Untersuchungen ist in Form einer Bescheinigung darüber, ob und inwieweit gegen die weitere Ausübung der Tätigkeit gesundheitliche Bedenken bestehen, auch dem Arbeitgeber mitzuteilen.

4. Einsatz und Ersatz von Gefahrstoffen

Über den Einsatz von neuen Gefahrstoffen im Betrieb ist vor ihrem Einsatz der Ausschuss für Arbeitssicherheit und der Betriebsrat zu informieren. Die Information umfasst dabei mögliche Gesundheits- und Sicherheitsgefahren sowie die Frage, ob ein mit geringeren Gefahren verbundener Ersatzstoff vorhanden ist. Der Einsatz neuer Gefahrstoffe bedarf der Zustimmung des Betriebsrats.

Der Ausschuss für Arbeitssicherheit hat alle Jahre einen betrieblichen Gefahrstoffbericht zu erstellen, der insbesondere darlegt, ob und inwieweit der Einsatz mindergefährlicher Stoffe möglich ist.

§ 11 Schlussbestimmungen

Diese Betriebsvereinbarung ist mit einer Frist von Monaten zum Schluss eines Kalenderjahres kündbar, erstmals zum Datum. Die Kündigung dieser Betriebsvereinbarung ist nur wirksam, wenn sie schriftlich erfolgt. Die Betriebsvereinbarung wirkt nach. Anlagen sind Bestandteil dieser Betriebsvereinbarung.

Betriebliches Eingliederungsmanagement 40a

§ 1 Geltungsbereich

Diese Betriebsvereinbarung gilt für

1. räumlich
2. persönlich für alle Arbeitnehmer, die innerhalb der vorausgegangenen 12 Monate länger als 42 Tage wiederholt oder ununterbrochen arbeitsunfähig erkrankt sind.
3. fachlich für das betriebliche Eingliederungsmanagement

§ 2 Ziele

Das betriebliche Eingliederungsmanagement hat das Ziel, für Arbeitnehmer:innen mit längerer Beeinträchtigung der Arbeitsfähigkeit gesundheitsbedingte Gefährdungen des Arbeitsverhältnisses zu vermeiden. Im Rahmen eines umfassenden, präventiven Gesundheitsschutzes sollen Gefährdungen vermieden bzw. eingetretene Beeinträchtigungen beseitigt werden.

§ 3 Information, Freiwilligkeit, Anspruch auf Teilnahme

a. Alle Arbeitnehmer:innen werden vom Arbeitgeber, Betriebsrat und Schwerbehindertenvertretung über das betriebliche Eingliederungsmanagement, seine Ziele und Grundlagen informiert. Die Information umfasst insbesondere die gesetzlichen Grundlagen sowie die in dieser Betriebsvereinbarung niedergelegten Rechte und Pflichten.

b. Das betriebliche Eingliederungsmanagement ist ein für den oder die Arbeitnehmer:in freiwilliges Verfahren. Es bedarf zur Durchführung zwingend seiner schriftlichen Zustimmung. Diese ist jederzeit widerruflich. Widerruft der oder die Arbeitnehmer:in die Zustimmung zur Durchführung des betrieblichen Eingliederungsmanagements, endet das Eingliederungsmanagement sofort.

c. Die Weigerung am betrieblichen Eingliederungsmanagement und / oder einzelnen Maßnahmen im Rahmen des betrieblichen Eingliederungsmanagements teilzunehmen bzw. der Widerruf der Zustimmung zur Durchführung darf in keiner Hinsicht zu Lasten des Beschäftigten berücksichtigt werden. Dies gilt insbesondere für arbeitsrechtliche Maßnahmen, wie Abmahnung, Kündigung, Versetzung.

d. Arbeitnehmer:innen, die weniger als sechs Wochen innerhalb der vergangenen zwölf Monate arbeitsunfähig erkrankt gewesen sind, können auf Wunsch am betrieblichen Eingliederungsmanagement teilnehmen. Sie stellen hierzu einen entsprechenden Antrag beim Integrationsteam.

§ 4 Verfahren

Das Unternehmen erfasst die Zeiten der Arbeitsunfähigkeit fortlaufend pro Arbeitnehmer für die jeweils zurückliegenden zwölf Monate.
Die Mitglieder des Integrationsteams werden von der Personalabteilung laufend über Arbeitnehmer informiert, die die Voraussetzungen für die Teilnahme am betrieblichen Eingliederungsmanagement erfüllen. Dem Integrationsteam ist dabei weiterhin die Gefährdungsbeurteilung des Arbeitsplatzes der jeweiligen Arbeitnehmer:in zu übermitteln.

a. Erstgespräch

Das Integrationsteam stellt den Kontakt zu der betroffenen Arbeitnehmer:in her. Jeder Arbeitnehmer, der unter den Geltungsbereich dieser Betriebsvereinbarung fällt, erhält ein Informationsschreiben (Anlage 1), das über das Angebot und mögliche Maßnahmen im Rahmen des betrieblichen Eingliederungsmanagements informiert.
Der Beschäftigte ist vor Beginn seines betrieblichen Eingliederungsmanagements über Art und Umfang der hierfür zu erhebenden, zu verwendenden und zu speichernden Daten zu informieren.
Hat der Beschäftigte der Teilnahme am betrieblichen Eingliederungsmanagement zugestimmt, findet ein erstes Gespräch mit dem Integrationsteam statt. Auf Wunsch des Beschäftigten kann auf die Beteiligung einzelner Gesprächspartner verzichtet werden. Ziel dieses Gespräches ist es

- mögliche Zusammenhänge zwischen der zur Arbeitsunfähigkeit führenden Erkrankung und dem Arbeitsplatz bzw. der Arbeitsumgebung festzustellen,
- mögliche Hilfen zu finden, wie die Arbeitsunfähigkeit überwunden werden kann sowie
- mögliche Hilfen und Leistungen für die betroffenen Arbeitnehmer:in zu ermitteln.

Besteht zwischen den gesundheitlichen Problemen, die zur Arbeitsunfähigkeit geführt haben, und der Arbeit nach einmütiger Auffassung der Arbeitnehmer:in und aller Mitglieder des Integrationsteams kein Zusammenhang und /oder besteht kein Bedarf für Hilfen und/oder Leistungen, ist das konkrete betriebliche Eingliederungsmanagement in diesem Fall beendet.

b. Integrationsplan

Anderenfalls sind im Erstgespräch die weitere Vorgehensweise und der konkrete Eingliederungsbedarf festzustellen. Gemeinsam mit dem oder der Arbeitnehmer:in ist ein auf ihn und seine Situation abgestimmter konkreter Integrationsplan festzulegen. Dieser hat die Maßnahmen im Einzelnen festzulegen.
Bei der Auswahl möglicher Eingliederungsmaßnahmen sind insbesondere folgende Gesichtspunkte zu berücksichtigen:

- Art und Ausmaß der Beeinträchtigung und der Arbeitsplatzgefährdung,
- Wünsche des Beschäftigten,
- die betrieblichen Bedingungen und Möglichkeiten,
- externe Hilfsangebote und Leistungen,
- Möglichkeiten der Umgestaltung des Arbeitsplatzes.

§ 5 Integrationsteam

Das betriebliche Integrationsteam besteht aus je einem Vertreter

- der Personalabteilung,
- des Betriebsrates sowie
- dem Betriebsarzt,
- der Schwerbehindertenvertretung, sofern der betroffene Arbeitnehmer schwerbehindert oder gleichgestellt ist.

Weitere Stellen, wie Sozialberatung, Versorgungsamt, usw. können hinzugezogen werden.
Aufgabe des Integrationsteams ist die Koordination des Verfahrens, die Erstellung des konkreten Integrationsplans in Zusammenarbeit mit der betroffenen Arbeitnehmer:in.

§ 6 Datenschutz

Medizinische Daten bzw. Befunde usw. des Betriebsarztes oder sonstiger Ärzte, der Rentenversicherungsträger, des Integrations- oder Versorgungsamtes, die Auskunft über den Gesundheitszustand und / oder die Leistungsfähigkeit der Arbeitnehmer:in geben, können im betrieblichen Integrationsteam nur mit ausdrücklicher schriftlicher Zustimmung der Arbeitnehmer:in gespeichert und/ oder verwendet werden, um die Ziele des Eingliederungsmanagements zu erreichen bzw. den Eingliederungsplan umzusetzen. Alle Mitglieder des Eingliederungsteams unterliegen in dieser Hinsicht der Schweigepflicht.

Alle Daten, die im Rahmen des betrieblichen Eingliederungsmanagements erhoben, gespeichert bzw. verwendet werden, sind nicht in der Personalakte aufzubewahren. Sie sind in einer gesonderten Akte zu speichern bzw. zu verwahren.

Zugang zu diesem Teil der Personalakte haben nur
der Leiter der Personalabteilung,
die betroffene Arbeitnehmer:in.

oder

Alle Daten über den konkreten Eingliederungsfall sind in einem verschlossenen Umschlag in der Personalakte aufzubewahren. Zugang hierzu haben nur

- der Leiter der Personalabteilung,
- die betroffene Arbeitnehmer:in.

Nach Abschluss des Eingliederungsfalles haben alle Mitglieder des Integrationsteams Unterlagen, die ihnen übergeben wurden, zu vernichten bzw. an die Personalabteilung zurückzugeben.

> **Hinweis:**
> Gesundheitsdaten dürfen nur unter den Voraussetzungen von Art. 9 DSGVO, § 22 BDSG genutzt werden. Sie bedürfen eines besonderen Schutzes; derie Arbeitgeber ist verpflichtet, diesen sicherzustellen, z. B. durch eine separate Akte mit eingeschränktem Zugang oder durch Aufbewahrung in der Personalakte in einem verschlossenen Umschlag, der nur von wenigen Mitarbeitern geöffnet werden darf (vgl. hierzu BAG v. 12. 9. 2006 – 9 AZR 271/06, Betriebsratswissen online).

Fünf Jahre nach Abschluss des Eingliederungsfalles sind die Daten über den Eingliederungsfall aus der Personalakte zu entfernen und zu vernichten.

§ 7 Kosten

Die Kosten für das betriebliche Eingliederungsmanagement, die Maßnahmen im Einzelfall sowie die Hinzuziehung externer Berater, wie Sachverständige, trägt der Arbeitgeber. Soweit für einzelne Maßnahmen die Möglichkeit der Kostenübernahme durch Dritte besteht, ist die Arbeitnehmer:in verpflichtet, an der Antragstellung mitzuwirken.

Die Mitglieder des Integrationsteams haben Anspruch auf zur Erfüllung ihrer Aufgaben erforderliche Weiterbildungsmaßnahmen.

§ 8 Schlussbestimmungen

Diese Betriebsvereinbarung ist mit einer Frist von ___ Monaten zum Schluss eines Kalenderjahres kündbar, erstmals zum Datum. Die Kündigung dieser Betriebsvereinbarung ist nur wirksam, wenn sie schriftlich erfolgt. Die Betriebsvereinbarung wirkt nach. Anlagen sind Bestandteil dieser Betriebsvereinbarung.

40b **Pandemie**

Vorbemerkung

Eine Pandemie ist die länderübergreifende Ausbreitung einer Infektionskrankheit. Epidemie ist die räumlich begrenzte Ausbreitung einer Infektionskrankheit. Ob eine Pandemie vorliegt, stellen die zuständigen Gesundheitsbehörden fest. Abhängig von der Art der Infektionskrankheit und ihrem Übertragungsweg sind unterschiedliche Schutzmaßnahmen auch im Betrieb erforderlich. Zudem ist zu regeln, wie mit den Folgen einer Pandemie im Betrieb umzugehen ist, wenn eine große Anzahl Arbeitnehmer:innen betroffen ist bzw. die Gefahr besteht, dass die Krankheit im Betrieb übertragen wird.

Dabei ist zu berücksichtigen, dass die zuständigen Behörden im Rahmen des Gesetzes zur Verhütung und Bekämpfung von Infektionskrankheiten (IFSG) Maßnahmen treffen können, um den Schutz vor Ausbreitung der Infektionskrankheit zu gewährleisten. Hierzu gehört auch die Möglichkeit, Arbeitnehmer:innen, die an der Infektionskrankheit erkrankt sind, die Ausscheider, die Ansteckungsverdächtige, Krankheitsverdächtige oder sonstige Träger von Krankheitserregern sind (§ 31 IFSG), die berufliche Tätigkeit ganz oder teilweise zu untersagen. Dies wird insbesondere dann in Betracht kommen, wenn die Betreffenden in Bereichen arbeiten, die die Ausbreitung der Krankheit ermöglichen, z. B. in der Lebensmittelproduktion. Für letztere gelten spezielle Beschäftigungsverbote bei bestimmten Infektionskrankheiten (§ 42 IFSG). Zur Milderung der wirtschaftlichen Folgen eine Pandemie siehe BV zu Kurzarbeit Rn. 23.

§ 1 Geltungsbereich

Diese Betriebsvereinbarung gilt für
räumlich:
persönlich: für alle Arbeitnehmer:innen
fachlich:

§ 2 Ziele

Ziel dieser Betriebsvereinbarung ist es, Maßnahmen und Verfahren festzulegen, um die Ausbreitung von Infektionskrankheiten im Rahmen einer Pandemie oder Epidemie (im Folgenden wird nur der Begriff Pandemie für beide Sachverhalte benutzt) zu verhindern oder zu reduzieren sowie die möglichen Folgen für den Betrieb zu regeln. Sie soll die notwendigen Betriebsabläufe durch ein entsprechendes Krisenmanagement sicherstellen.

§ 3 Ausschuss

Es wird ein Ausschuss für Pandemie gebildet. Dieser besteht aus je zwei Vertreten des Unternehmens und zwei Vertretern des Betriebsrates, sowie dem Betriebsarzt.

> **Hinweis:**
> Die Aufgaben des Pandemieausschusses können auch einem vorhandenen Arbeitsschutz- bzw. Gesundheitsschutzausschuss übertragen werden. Notwendig kann auch die – beratende – Hinzuziehung weiterer Abteilungen (wie Werksschutz, Fachkraft für Arbeitssicherheit usw.) sein.

§ 4 Maßnahmen

Der Ausschuss tritt unverzüglich zusammen, sofern eine Pandemiewarnung der zuständigen Gesundheitsbehörden vorliegt. Er berät über notwendige Vorbeugungsmaßnahmen sowie über evtl. notwendige Änderungen der Betriebsabläufe und schlägt die entsprechenden Maßnahmen vor.

a. Information

Alle Arbeitnehmer werden unverzüglich in Abhängigkeit von der Infektionskrankheit über die Art der Krankheit, ihre Infektionswege sowie entsprechende Vorbeugungsmaßnahmen informiert.

b. Einzelne Maßnahmen

Sofern dies zum Schutz vor Ansteckung oder Ausbreitung der Infektionskrankheit notwendig ist, können insbesondere folgende Maßnahmen eingeführt werden:

- Einführung von speziellen Schutzmaßnahmen, wie Tragen von Schutzkleidung, Wechseln der Kleidung bei Betreten des Betriebes, Desinfizieren der Hände bzw. sonstige Desinfektionsmaßnahmen bei Betreten oder Verlassen des Betriebs, allgemeine und spezielle Hygienevorschriften,
- Kurzarbeit, wenn und sofern die Regelungen der Betriebsvereinbarung zur Einführung der Kurzarbeit beachtet werden,
- Teleheimarbeit oder Heimarbeit unter Beachtung der Regelungen der Betriebsvereinbarung zur Einführung von Teleheimarbeit und Heimarbeit Vertretungsregelungen für aufgrund der Pandemie erkrankte Arbeitnehmer,
- die vorübergehende Verlängerung oder Verkürzung der betrieblichen Arbeitszeit unter Beachtung des Mitbestimmungsrechtes nach § 87 Abs. 1 Nr. 3 BetrVG,
- die Anordnung von Betriebsurlaub oder Urlaubssperren unter Beachtung des Mitbestimmungsrechts nach § 87 Abs. 1 Nr. 5 BetrVG,
- Angebote für Untersuchungen im Hinblick auf die Infektionskrankheit,
- Information über Impfmöglichkeiten.

Alle Maßnahmen sind bis zur Aufhebung der Pandemiewarnung durch die zuständigen Behörden zu befristen.

Die Kosten für die Schutz- und / oder Hygienemaßnahmen trägt der Arbeitgeber.

Wenn die zuständigen Behörden zur Bekämpfung der Pandemie Schulen und/oder Kindergärten ganz oder teilweise schließen oder Schulunterricht online zuhause anbieten, haben Arbeitnehmer:innen deren Kinder hiervon betroffen sind – soweit betrieblich möglich Anspruch auf Homeoffice. Ist dies aufgrund der Tätigkeit nicht möglich, haben sie über die gesetzlichen Regelungen hinaus einen Anspruch auf bezahlten Sonderurlaub von…. Tagen und die Kinderbetreuung sicherzustellen.

§ 4 Dienstreisen

Arbeitnehmer:innen sind berechtigt, Reisen in Länder, für die eine offizielle Reisewarnung des Auswärtigen Amtes vorliegt, die – auch – aufgrund einer Pandemie erfolgt ist, zu verweigern. Diese Weigerung darf zu keinen arbeitsrechtlichen Konsequenzen, insbesondere zu keiner Entgeltminderung, führen.

§ 5 Tätigkeitsverbote

> **Hinweis:**
> Spricht die zuständige Behörde Tätigkeitsverbote aus, regelt das IFSG (§ 56) detailliert die Fragen von Entschädigungsleistungen, die von den Behörden zu leisten sind. Bei Arbeitnehmern hat der Arbeitgeber die Entschädigungsleistung für die Dauer von sechs Wochen zu zahlen. Er kann sie sich von der Behörde erstatten lassen. Nach Ablauf der 6-Wochenfrist gibt es nur einen Anspruch auf Entschädigung in Höhe des Krankengeldes. Diese Entschädigung wird in der vorliegenden Betriebsvereinbarung aufgestockt, ebenso wie z. B. beim Kurzarbeitergeld.

Sofern gegenüber einzelnen Arbeitnehmern von den zuständigen Behörden ein teilweises oder umfassendes Tätigkeitsverbot erlassen worden ist, zahlt der Arbeitgeber gem. § 56 Abs. 5 IFSG das Entgelt für die Dauer von bis zu sechs Wochen fort. Der Arbeitnehmer ist verpflichtet bei der Antragstellung auf Entschädigung durch den Arbeitgeber gem. § 56 Abs. 5 IFSG mitzuwirken. Nach Ablauf der 6-Wochenfrist wird die Entschädigung, die gem. § 56 IFSG in Höhe des Krankengeldes zu leisten ist, auf 80 % des vorherigen Netto-Entgelts vom Arbeitgeber aufgestockt.

§ 6 Schlussbestimmungen

Diese Betriebsvereinbarung ist mit einer Frist von Monaten zum Schluss eines Kalenderjahres kündbar, erstmals zum Datum. Die Kündigung dieser Betriebsvereinbarung ist nur wirksam, wenn sie schriftlich erfolgt. Die Betriebsvereinbarung wirkt nach. Anlagen sind Bestandteil dieser Betriebsvereinbarung.

41 **Bildschirmarbeitsplätze**

§ 1 Gegenstand und Geltungsbereich

1. Diese Betriebsvereinbarung regelt Maßnahmen zum Arbeits- und Gesundheitsschutz bei der Arbeit an Bildschirmgeräten, sowie Fragen der Qualifikation.
2. Die Betriebsvereinbarung gilt für alle Arbeitnehmer, die an Bildschirmarbeitsplätzen arbeiten. Sie gilt auch für Arbeitnehmer, die zuhause arbeiten.
3. Sie gilt für die Bundesrepublik Deutschland.

> **Hinweis:**
> Sofern Arbeitnehmer:innen regelmäßig von zuhause aus arbeiten (feste Telearbeit, festes Homeoffice), muss sichergestellt werden, dass auch dort die Regeln zum Gesundheitsschutz Anwendung finden. Dies kann auch in einer gesonderten BV zu Fragen der mobilen Arbeit geregelt werden.

§ 2 Begriffsbestimmungen

Bildschirmgerät: Bildschirmgeräte sind Funktionseinheiten, zu denen insbesondere Bildschirme zur Darstellung von visuellen Informationen, Einrichtungen zur Datenein- und -ausgabe, sonstige Steuerungs- und Kommunikationseinheiten (Rechner) sowie eine Software zur Steuerung und Umsetzung der Arbeitsaufgabe gehören.

Bildschirmarbeitsplatz: Bildschirmarbeitsplätze sind Arbeitsplätze, die sich in Arbeitsräumen befinden und die mit Bildschirmgeräten und sonstigen Arbeitsmitteln ausgestattet sind.

Telearbeitsplätze sind vom Arbeitgeber fest eingerichtete Bildschirmarbeitsplätze im Privatbereich der Beschäftigten, für die Arbeitgeber und Beschäftigte die wöchentliche Arbeitszeit und die Dauer der Einrichtung festgelegt haben. Ein Telearbeitsplatz ist vom Arbeitgeber erst dann eingerichtet, wenn Arbeitgeber und Beschäftigte die Bedingungen der Telearbeit arbeitsvertraglich oder im Rahmen einer Vereinbarung festgelegt haben und die benötigte Ausstattung des Telearbeitsplatzes mit Mobiliar, Arbeitsmitteln einschließlich der Kommunikationseinrichtungen durch den Arbeitgeber oder eine von ihm beauftragte Person im Privatbereich des Beschäftigten bereitgestellt und installiert ist.

Betroffene Arbeitnehmer sind Arbeitnehmer, die nicht nur gelegentlich ein Bildschirmgerät zur Durchführung ihrer Arbeit benutzen.

> **Hinweis:**
> Die Begriffsdefinitionen entstammen **§ 2 Abs. 5, 6 und 7 ArbStättV.** Sie sind hier zur Klarstellung und Information der Arbeitnehmer noch einmal aufgeführt.

§ 3 Grundsätze zum Gesundheitsschutz

1. Maßnahmen zum Gesundheitsschutz sollen auf alle physischen und psychischen Faktoren zielen, die im Zusammenhang mit der Arbeit stehen und sich auf die Gesundheit auswirken.
2. Die Betriebsparteien sind sich darüber einig, dass der Gesundheitsschutz im Rahmen der Bildschirmarbeit sowohl den Interessen der Arbeitnehmer dient als auch positive wirtschaftliche Effekte für das Unternehmen hat.

3. Für die Gestaltung der Bildschirmarbeitsplätze sowie für weitere Maßnahmen zum Arbeits- und Gesundheitsschutz sind der jeweilige Stand der Technik sowie die arbeitswissenschaftlichen Erkenntnisse maßgebend.
4. Effektiver Arbeits- und Gesundheitsschutz setzt eine entsprechende Motivation und Beteiligung der betroffenen Arbeitnehmer voraus. Diese sind daher umfassend über alle gesundheits- und sicherheitsrelevanten Fragen im Zusammenhang mit ihrem Arbeitsplatz zu unterrichten.

§ 4 Ausschuss »Bildschirmarbeit«

1. Es wird ein paritätisch besetzter Bildschirm-Ausschuss gebildet. Jede Betriebspartei stellt Mitglieder. Dem Ausschuss obliegt die Durchführung aller in dieser Betriebsvereinbarung festgelegten Maßnahmen und Prozesse.
   Dazu gehören folgende Aufgaben:
   - Planung und Durchführung von Arbeitsplatzanalysen,
   - Vorschläge für Maßnahmen zur Beseitigung festgestellter Gesundheitsgefahren und die Begleitung bei der Umsetzung,
   - Festlegung von Informations- und Qualifikationsmaßnahmen (vgl. § 6),
   - Fortschreibung des Anhangs Nr. 6 der ArbeitsstättenVO über an Bildschirmarbeitsplätze zu stellende Anforderungen.
2. 2. Alle Abteilungen des Betriebs sowie sonstige Stellen, die im Zusammenhang mit Bildschirmarbeit eine Rolle spielen, haben mit dem Ausschuss zusammenzuarbeiten und ihm alle gewünschten Informationen zur Verfügung zu stellen.

Hinweis:
Die Bildung eines solchen gemeinsamen Ausschusses kann die praktische Umsetzung der Betriebsvereinbarung erleichtern. Dies setzt allerdings eine gute Zusammenarbeit zwischen Unternehmen und Betriebsrat voraus. Wenn ein solcher Ausschuss nicht gebildet werden kann oder soll, obliegt die Durchführung der Betriebsvereinbarung dem Arbeitgeber.

§ 5 Beurteilung der Arbeitsbedingungen

1. Die mit der Bildschirmarbeit möglicherweise verbundenen Gesundheitsgefährdungen werden durch Arbeitsplatzanalysen ermittelt. Dabei sind unter dem Gesichtspunkt möglicher Gesundheitsgefährdung insbesondere zu überprüfen:
   - das Bildschirmgerät und Zusatzgeräte oder -einrichtungen,
   - die benutzte Software,
   - die weiteren Arbeitsmittel und die Arbeitsumgebung,
   - die Qualifikation und Unterweisung der betroffenen Arbeitnehmer:innen,
   - das Zusammenwirken der genannten Punkte.
   - Bei der Bewertung der untersuchten Arbeitsplätze wird der Anhang Nr. 6 der ArbeitsstättenVO in seiner jeweiligen Fassung zugrunde gelegt.
2. Arbeitsplätze mit gleichartigen Arbeitsbedingungen und Tätigkeiten werden zusammenfassend beurteilt. Es werden ein oder mehrere Arbeitsplätze bestimmt, welche die kennzeichnenden Merkmale aller zusammengefassten Arbeitsplätze repräsentieren.
3. Auf Grundlage der Arbeitsplatzanalyse werden zweckdienliche Maßnahmen zur Beseitigung festgestellter Gefährdungen vorgeschlagen und vereinbart.

§ 6 Beteiligung und Qualifizierung der betroffenen Arbeitnehmer

1. Die Erfahrungen der betroffenen Arbeitnehmer werden bei Einführung und Durchführung der Gestaltung der Bildschirmarbeitsplätze berücksichtigt. Arbeitnehmer können zur Gestaltung ihrer Arbeitsplätze Vorschläge machen. Näheres regelt der Bildschirmausschuss. Die Regelungen zum betrieblichen Vorschlagswesen werden hierdurch nicht berührt.
2. Im Rahmen der Unterrichtung über die Aspekte des Arbeits- und Gesundheitsschutzes an ihren Arbeitsplätzen werden die Arbeitnehmer insbesondere informiert über:

- Kriterien für eine ergonomische Gestaltung des Arbeitsplatzes und ihre Bedeutung für den Gesundheitsschutz,
- weitere für den Arbeits- und Gesundheitsschutz durchzuführende Maßnahmen,
- Grundsätze ergonomischen Arbeitsverhaltens und mögliche Gefährdungen infolge eigenen Fehlverhaltens,
- Möglichkeiten, durch Ausgleichsgymnastik am Arbeitsplatz gesundheitlichen Gefahren der Bildschirmarbeit vorzubeugen.

Hinweis:
Der Ausschuss muss auch klären, welche Fachkräfte diese Informationsveranstaltungen durchführen. Gibt es im Unternehmen spezielle Gesundheitsbeauftragte, kommen diese neben den Betriebsärzten in Frage.

3. Unterrichtung und Qualifizierung der Arbeitnehmer erfolgt vor Aufnahme einer Bildschirmtätigkeit oder bei Wechsel des Bildschirmarbeitsplatzes bzw. Veränderung der Tätigkeit, soweit neue Anforderungen dies erforderlich machen.

Hinweis:
Sofern solche Schulungen bisher nicht oder nicht in ausreichendem Umfang durchgeführt wurden, müssen diese für alle Arbeitnehmer nachgeholt werden.

4. Die Unterrichtung und Qualifizierung hat auch gegenüber Leiharbeitnehmern zu erfolgen, bevor diese ihre Arbeit aufnehmen.

§ 7 Richtlinien für die Gestaltung der Arbeitsbedingungen an Bildschirmarbeitsplätzen

1. Bei der Gestaltung von Bildschirmarbeitsplätzen sind mindestens die Regeln der Berufsgenossenschaft, die einschlägigen DIN- und ISO-Normen sowie der Anhang Nr. 6 zur ArbeitsstättenVO in der jeweils geltenden Fassung zu beachten.
2. Für die Arbeitsabläufe an Bildschirmarbeitsplätzen sind folgende Mindestbedingungen einzuhalten:
   - die Arbeitsplätze der Arbeitnehmer und die zugeordneten Tätigkeiten sollen kontinuierliche Arbeit am Bildschirm nach Möglichkeit ausschließen,
   - die Arbeitsorganisation soll die Unterbrechung der Arbeit am Bildschirm nach einer Stunde durch andere Tätigkeiten möglich machen,
   - ist dies nicht möglich, hat der Arbeitnehmer nach einer Stunde eine Bildschirmpause von ___. Diese wird nicht auf andere nach Gesetz bzw. Tarifvertrag zu gewährende Pausen angerechnet. Sie wird wie Arbeitszeit behandelt und bezahlt.
   - die Arbeit am Bildschirm soll nicht mehr als … % der täglichen Arbeitszeit umfassen.

Hinweis:
In der hier vorgeschlagenen Form sind die Bildschirmpausen zusätzliche Pausen, zu den nach Gesetz oder Tarifvertrag vorgesehenen.

§ 8 Besondere Regelungen für Arbeitnehmer:innengruppen

Soweit schwerbehinderte Arbeitnehmer:innen für die Tätigkeit auf Bildschirmarbeitsplätzen besondere Hilfsmittel, besondere Software usw. benötigen, sind diese zur Verfügung zu stellen. Die Entscheidung hierüber trifft der Bildschirmausschuss.

§ 9 Untersuchung der Augen und des Sehvermögens

Hinweis:
Siehe unten Rn. 42 zu Augenuntersuchungen und Sehhilfen.

§ 10 Schlussbestimmungen
Diese Betriebsvereinbarung ist mit einer Frist von Monaten zum Schluss eines Kalenderjahres kündbar, erstmals zum Datum. Die Kündigung dieser Betriebsvereinbarung ist nur wirksam, wenn sie schriftlich erfolgt. Die Betriebsvereinbarung wirkt nach. Anlagen sind Bestandteil dieser Betriebsvereinbarung.

Sehhilfen und Augenuntersuchungen 42

Vorbemerkung
Die Ansprüche auf Augenuntersuchung und Bildschirmbrillen sind in der VO zur arbeitsmedizinischen Vorsorge (s. §§ 4, 5; Anhang 4) geregelt. Der Vorschlag für die Betriebsvereinbarung regelt darüber hinaus Fragen, die sich aus der gesetzlichen Grundlage ergeben, dort aber nicht geklärt sind, z. B. welche Art von Sehhilfen zu zahlen sind.

§ 1 Geltungsbereich
Diese Betriebsvereinbarung gilt für
1. räumlich
2. persönlich
3. fachlich .

Anspruch auf die Stellung einer Sehhilfe haben Arbeitnehmer:innen an Bildschirmarbeitsplätzen (§ 2 Abs. 5 ArbeitsstättenVO), Telearbeitsplätzen (§ 2 Abs. 7 ArbeitsstättenVO) oder die im Rahmen mobiler Arbeit Bildschirmgeräte incl. Tabletts und Smartphones nutzen.

Hinweis:
Die Frage, ob Arbeitnehmer:innen an Bildschirmarbeitsplätzen tätig sind, kann zu Abgrenzungsschwierigkeiten führen, z. B. bei Außendienstmitarbeitern. Daher werden hier auch Tätigkeiten im Rahmen mobiler Arbeit erfasst, bei der Bildschirme genutzt werden. Je nach den Verhältnissen im Unternehmen sollte vor Abschluss eine Bestandaufnahme erfolgen, welche Arbeitnehmer:innen an Bildschirmarbeitsplätzen arbeiten.

§ 2 Augenuntersuchung
Der Arbeitgeber bietet jeder Arbeitnehmer:in vor Aufnahme der Arbeit an Bildschirmgeräten eine ärztliche Untersuchung der Augen und des Sehvermögens an.
Arbeitnehmer:innen haben das Recht, sich jährlich untersuchen zu lassen; bei Auftreten von Sehbeschwerden können sich die Arbeitnehmer:innen jederzeit untersuchen lassen.
Die Untersuchung findet während der Arbeitszeit statt/die Zeit der Untersuchung wird wie Arbeitszeit behandelt und bezahlt. Die Kosten trägt der Arbeitgeber.
Die mit der Untersuchung beauftragten Ärzte sind vom Unternehmen schriftlich zur Verschwiegenheit zu verpflichten. Über das Ergebnis der Untersuchung darf der Arbeitgeber nur mit ausdrücklicher schriftlicher Einwilligung der Arbeitnehmer:in informiert werden. Diese Einwilligung ist in jedem Einzelfall gesondert zu erteilen.

Hinweis:
Untersuchungsergebnisse dürfen dem Arbeitgeber nicht mitgeteilt werden. Dies sollte – unabhängig von der allgemeinen ärztlichen Schweigepflicht – auch in der Betriebsvereinbarung deutlich festgehalten werden. Eine pauschale Ermächtigung ist nicht sinnvoll, da der Arbeitnehmer:in in jedem Fall überlegen muss, ob und inwieweit er Ergebnisse mitteilt.

§ 3 Anspruchsvoraussetzungen

1. Eine spezielle Sehhilfe, die nur für die Arbeit an Bildschirmgeräten geeignet ist, wird vom Arbeitgeber gestellt, wenn eine normale Sehhilfe nach dem Ergebnis der Augenuntersuchung nicht ausreicht. Maßgebend dafür ist die Diagnose des Augenarztes. Ein Kostenvoranschlag ist von dem Arbeitgeber vorher zu genehmigen. Der Arbeitgeber kann die freie Auswahl des Optikers beschränken.

Hinweis:
Die Beschränkung der freien Wahl des Optikers ist sinnvoll, wenn der Arbeitgeber mit einem Optiker Rabatte ausgehandelt hat. Für die Arbeitnehmer:innen ist dies kein Nachteil, da die Brille nach dem Ergebnis der Untersuchung angefertigt werden muss.

2. Bei einer normalen, auch für die Arbeit am Bildschirm geeigneten Sehhilfe gewährt das Unternehmen einen Kostenzuschuss. Dieser umfasst % der um den Krankenkassenanteil gekürzten Kosten für Brillengläser.

Hinweis:
Die gesetzlichen Krankenkassen zahlen zwar keine Zuschüsse mehr für Brillen, wohl aber private Versicherungen. Die Erstattungen der Privaten müssen bei der Bemessung des Arbeitgeberzuschusses berücksichtigt werden.

3. Sehhilfen im Sinne dieser Betriebsvereinbarung sind auch Kontaktlinsen.

§ 4 Wiederholte Kostenübernahme

Eine wiederholte Leistungsgewährung erfolgt nach Maßgabe medizinischer Notwendigkeit, im Übrigen wegen Verschleißes in einem Abstand von mindestens drei Jahren.

§ 5 Schlussbestimmungen

Diese Betriebsvereinbarung ist mit einer Frist von Monaten zum Schluss eines Kalenderjahres kündbar, erstmals zum Datum. Die Kündigung dieser Betriebsvereinbarung ist nur wirksam, wenn sie schriftlich erfolgt. Die Betriebsvereinbarung wirkt nach. Anlagen sind Bestandteil dieser Betriebsvereinbarung.

10. Sozialeinrichtungen

43 **Betriebsrestaurant**

Vorbemerkung

Dem Essen im Betrieb kommt angesichts der Tatsache, dass immer weniger Menschen zu Hause selbst ausgewogen kochen, sondern auf Fertiggerichte ausweichen, eine besondere Bedeutung für die gesunde und ausgewogene Ernährung zu.

Soweit Caterer die Betriebskantine bewirtschaften, ist durch die entsprechende Vertragsgestaltung zwischen Unternehmen und Caterer sicherzustellen, dass die Anforderungen an eine gesunde Ernährung sichergestellt werden. Hierbei sollten die Qualitätsstandards für die Betriebsverpflegung der Deutschen Gesellschaft für Ernährung (DGE) zugrunde gelegt werden. Die Anwendung dieser Standards muss bei externen Caterern vereinbart werden. Bei der Frage, welche Caterer sowohl im Hinblick auf die Ernährung als auch auf die Arbeitsbedingungen der Kantinenbeschäftigten vernünftige Standards haben, ist das Referat »Gastgewerbe« der Gewerkschaft NGG – Hauptverwaltung – mit Informationen behilflich. Soweit es die Anzahl der Essen in der Kantine nicht möglich macht, das hier vorgeschlagene komplette Angebot anzubieten, muss unter Beachtung der Grundsätze eine entsprechende Auswahl getroffen werden.

Auch sollte geprüft werden, ob ein Teil der in der Kantine verarbeiteten Produkte aus biologischer Produktion stammen kann. Vereinbart werden kann ebenfalls, dass nur Produkte, die keine genveränderten Organismen enthalten (»genfood«), verarbeitet werden dürfen.

Da viele Caterer nicht tarifgebunden sind, sollte darauf geachtet werden, dass nur Caterer einen Auftrag erhalten, die tarifgebunden sind.

Präambel und Geltungsbereich

Unternehmen und Betriebsrat sind sich darüber einig, dass das Betriebsrestaurant einen wichtigen Beitrag zur Unternehmenskultur sowie für die gesunde und ausgewogene Ernährung der Mitarbeiter:innen darstellt. Diesem Zweck dienen die Regelungen dieser Vereinbarung.

Diese Betriebsvereinbarung gilt für

1. räumlich
2. persönlich
3. fachlich .

§ 1 Angebot

Die angebotenen Mahlzeiten müssen den Empfehlungen der Deutschen Gesellschaft für Ernährung (DGE) für die Betriebsverpflegung in ihrer jeweiligen Fassung entsprechend.

Das Angebot zu den Hauptmahlzeiten umfasst dabei jeweils … Gerichte.

§ 2 Zwischenverpflegung

Neben den Hauptmahlzeiten werden in einer Cafeteria Zwischenmahlzeiten angeboten. Es sollen nicht nur Süßigkeiten, sondern auch Obst und Milchprodukte angeboten werden.

Betriebsbereiche, die zu weit von der Cafeteria entfernt sind, als dass sie in der zur Verfügung stehenden Pausenzeit in Anspruch genommen werden könnten, sind durch dezentrale Angebote (Speisewagen, Kiosk, Speisenautomaten) zu versorgen.

§ 3 Gestaltung des Betriebsrestaurants

Das Betriebsrestaurant soll ansprechend gestaltet sein. Dabei ist darauf zu achten, dass

- der Lärmpegel im Restaurant 50 dB (A) nicht überschreitet,
- dass im Restaurant Grünpflanzen vorhanden sind,
- Die Einzelheiten werden mit der Kantinenkommission vereinbart.

§ 4 Mitbestimmung des Betriebsrats

Die vom Betriebsrat gebildete Kantinenkommission nimmt die Rechte aus dieser Betriebsvereinbarung und aus § 87 Abs. 1 Nr. 9 BetrVG wahr. Entscheidungen im Zusammenhang mit den Preisen im Betriebsrestaurant trifft der gesamte Betriebsrat.

Der Betriebsrestaurantkommission werden die Menüpläne jeweils für einen Monat im Voraus vorgelegt. Die Menüpläne gelten als genehmigt, wenn ihnen nicht binnen einer Frist von einer Woche widersprochen wird.

Der Betriebsrat hat das Recht, jederzeit in alle Unterlagen der Betriebsrestaurantverwaltung Einsicht zu nehmen. Die Kantinenleitung ist verpflichtet, die Unterlagen zu erläutern. Dies gilt insbesondere für Kalkulationsunterlagen. Mitarbeiter:innen des Betriebsrestaurants sind berechtigt und verpflichtet, dem Betriebsrat jederzeit die mit ihrer Arbeit zusammenhängenden Auskünfte zu erteilen. Sie bedürfen dazu nicht der Zustimmung ihrer Vorgesetzten.

Die Preise für die Hauptmahlzeiten bewegen sich in folgenden Bandbreiten .

Änderungen sind mit dem Betriebsrat zu vereinbaren.

Alternativ bei Beauftragung von Caterern

§ 5 Beauftragung von Caterern

Mit der Bewirtschaftung des Betriebsrestaurants werden nur Unternehmen beauftragt, die durch einen Tarifvertrag mit einer DGB-Gewerkschaft tarifgebunden sind. Die Bewirtschaftung des Betriebsrestaurants wird von der Firma Firmenbezeichnung durchgeführt. Das Unternehmen stellt durch die Vertragsgestaltung mit dem Caterer sicher, dass die Grundsätze und Inhalte dieser Betriebsvereinbarung zum Inhalt des Vertrags mit dem Caterer gemacht werden. Dem Betriebsrat ist der Vertrag vor Abschluss zu überreichen und mit diesem zu beraten.

oder

Der Betriebsrestaurantausschuss hat das Recht, an den Verhandlungen über den Abschluss des Cateringvertrags teilzunehmen. Ihm sind alle Unterlagen zur Verfügung zu stellen.
Die Aufwendungen für das Betriebsrestaurant trägt das Unternehmen in der jeweils erforderlichen Höhe, die notwendig ist, diese Betriebsvereinbarung umzusetzen.

§ 6 Schlussbestimmungen
Diese Betriebsvereinbarung ist mit einer Frist von Monaten zum Schluss eines Kalenderjahres kündbar, erstmals zum Datum. Die Kündigung dieser Betriebsvereinbarung ist nur wirksam, wenn sie schriftlich erfolgt. Die Betriebsvereinbarung wirkt nach. Anlagen sind Bestandteil dieser Betriebsvereinbarung.

44 **Elektronische Kantinenabrechnung**

Vorbemerkung
Die Bezahlung in der Kantine kann mittels einer elektronischen »Geldkarte« erfolgen. Es kann sich dabei um separate Karten handeln, die nur für diesen Zweck verwendet werden. Die Abrechnungsfunktion kann auch mit dem Betriebsausweis verbunden sein (vgl. BV Zeiterfassung und Zugangskontrolle, Rn. 39).

§ 1 Geltungsbereich
Diese Betriebsvereinbarung gilt für alle Beschäftigten im Betrieb .

§ 2 Kantinenabrechnung
Für die Kantinenabrechnung erhält jeder Beschäftigte auf Wunsch eine Kantinenkarte. Auf ihr wird nur das jeweilige auf die Karte gebuchte Guthaben in € erfasst.
An den in der Anlage aufgeführten Standorten werden Ladeterminals aufgestellt. Die Kantinenkarten können dort bis zu € aufgeladen werden. Die Aufladung der Karte erfolgt durch Barzahlung. Die Ladeterminals zeigen das jeweilige Restguthaben an.
An den Kassen werden Lesegeräte aufgestellt. Diese erfassen den Verbrauch und ziehen die Gesamtsumme des Verbrauchs vom Guthabenbetrag der Kantinenkarte ab.
Die Lesegeräte zeigen auch das Restguthaben auf der Kantinenkarte an.
oder (wenn der Betriebsausweis zur Abrechnung eingesetzt werden soll)
Der Betriebsausweis wird auch zur Bezahlung in der Kantine eingesetzt. Die Bezahlung erfolgt durch Abzug vom Gehalt am Ende des Monats bzw. Folgemonats.
Zur Erfassung wird das Abrechnungssystem Name eingesetzt.
Barzahlung bleibt in der Kantine weiterhin möglich.

§ 3 Erfassung
Zur Kantinenabrechnung werden Lesegeräte an den Kassen installiert.
Neben den Verbrauchsdaten (Speisen, Getränke) werden Tag und Uhrzeit sowie die Personalnummer und der Name des Arbeitnehmers erfasst. Weitere Daten werden nicht erfasst. Die Verbrauchsdaten werden nur zum bargeldlosen Abzug der Kantinenabrechnung vom Entgelt verwendet.
An den Kassen werden die Verbrauchsdaten beim Bezahlen temporär angezeigt.
Verbrauchs- und Stammdaten des Arbeitsnehmers werden nach Abschluss der Bezahlung an Stelle/Server für die Abrechnung übermittelt.

§ 4 Datenspeicherung, Auswertungen, Zugriffsberechtigung
Die Verbrauchsdaten werden für die Dauer der tariflichen Ausschlussfrist von Monaten gespeichert. Danach werden sie vollständig gelöscht.

Die erfassten Verbrauchsdaten der Arbeitnehmer dürfen zu keinen anderen Zwecken als der Abrechnung verwandt oder ausgewertet werden.
Zugang zu den Verbrauchs- bzw. Abrechnungsdaten haben die in der Anlage aufgeführten Arbeitnehmer:innen.

§ 5 Schlussbestimmungen
Diese Betriebsvereinbarung ist mit einer Frist von Monaten zum Schluss eines Kalenderjahres kündbar, erstmals zum Datum. Die Kündigung dieser Betriebsvereinbarung ist nur wirksam, wenn sie schriftlich erfolgt. Die Betriebsvereinbarung wirkt nach. Anlagen sind Bestandteil dieser Betriebsvereinbarung.

Betriebskindergarten 45

Vorbemerkung
Mit der Einrichtung eines Betriebskindergartens kann die Vereinbarkeit von Beruf und Familie wesentlich gefördert werden. Denkbar ist dabei nicht nur ein Betriebskindergarten, sondern auch eine Betriebskrippe für jüngere Kinder. Eine solche Sozialeinrichtung kann sowohl in Eigenregie wie auch über einen ausgegliederten Träger (eingetragener Verein, GmbH usw.) geführt werden. Denkbar ist auch, dass sich mehrere Unternehmen zum Betrieb eines Betriebskindergartens zusammenschießen. Die Regelungen dieser Musterbetriebsvereinbarung sind dann jeweils entsprechend anzupassen. Wird der Betriebskindergarten nicht in Eigenregie geführt, ist darauf zu achten, dass der Träger tarifgebunden ist.

Präambel
Unternehmen und Betriebsrat sind sich darüber einig, dass mit der Einrichtung eines Betriebskindergartens/einer Betriebskrippe die Vereinbarkeit von Beruf und Familie wesentlich verbessert werden soll. Ziel dieser Betriebsvereinbarung ist es, eine qualitativ hochwertige, umfassende Kinderbetreuung für die Arbeitnehmer des Unternehmens sicherzustellen.

§ 1 Geltungsbereich
Diese Betriebsvereinbarung gilt für
1. räumlich
2. persönlich
3. fachlich .

§ 2 Errichtung eines Betriebskindergartens/einer Betriebskrippe
Das Unternehmen errichtet einen Betriebskindergarten/eine Betriebskrippe.

1. Form und Tarifbindung
Diese/r wird in Eigenregie geführt.
oder
Der Betriebskindergarten wird in Form eines eingetragenen Vereins betrieben. Mitglieder des Vereins sind zu gleichen Teilen Vertreter des Unternehmens und vom Betriebsrat benannte Personen. Die Mitglieder des Vereinsvorstands werden mit gleicher Anzahl jeweils auf Vorschlag des Arbeitgebers und des Betriebsrats von der Mitgliederversammlung des Vereins gewählt.
Der eingetragene Verein hat eine Tarifbindung mit einer DGB-Gewerkschaft herzustellen.

> **Hinweis:**
> Wird der Betriebskindergarten bzw. die Krippe nicht in Eigenregie betrieben, werden die Mitbestimmungsrechte des Betriebsrats dadurch gesichert, dass er entweder in den Organen

(z. B. Vereinsvorstand) vertreten ist oder dass der Arbeitgeber in der Betriebsvereinbarung verpflichtet wird, die mit dem Betriebsrat getroffenen Regelungen durch Gestaltung der entsprechenden Satzung bzw. Verträge über die soziale Einrichtung sicherzustellen (vgl. zu den Einzelheiten DKW-*Klebe*, § 87 Rn. 274ff.).

2. Verwaltung des Betriebskindergartens/der Betriebskrippe

Es wird ein paritätischer Ausschuss »Kindergarten« gebildet. Dieser wird mit je ____ Vertretern des Arbeitgebers und des Betriebsrats besetzt. Seine Entscheidungen fällt er mit einfacher Mehrheit. Aufgabe des Ausschusses »Kindergarten« ist die Regelung der grundsätzlichen Angelegenheiten im Hinblick auf die Benutzung und Betreibung des Kindergartens. Der Ausschuss hat eng mit der Leitung des Betriebskindergartens bzw. der Betriebskrippe zusammenzuarbeiten.
Dem Ausschuss obliegt die Erstellung einer Benutzungsordnung für den Kindergarten auf Basis der in dieser Betriebsvereinbarung getroffenen Regelungen.

Hinweis:
In einer solchen Benutzungsordnung sollen die Einzelheiten der Kindergartenordnung, soweit sie nicht schon in der Betriebsvereinbarung festgelegt sind, geregelt werden. Dies betrifft z. B. grundsätzliche Fragen der Mahlzeiten für die Kinder und entsprechende Ernährungsanforderungen. Wird der Kindergarten bzw. die Krippe nicht in Eigenregie geführt, können Mitgliederversammlung oder Vorstand des Vereins bzw. Gesellschafterversammlung oder Geschäftsführung der GmbH für die Aufstellung dieser Regeln verantwortlich sein.

§ 3 Räume, Fachpersonal

Das Unternehmen verpflichtet sich, für die Betreuung der Kinder nur entsprechend ausgebildetes Fachpersonal einzusetzen. Die Räume und Einrichtungsgegenstände des Betriebskindergartens sind so zu gestalten, dass sie den Anforderungen eines modernen, auf die Förderung der Entwicklung der Kinder bedachten Kindergartens bzw. Krippe, entsprechen.
Einzelheiten der Raumgestaltung, der Einrichtungsgegenstände, der Frage, welche Spielgeräte vorhanden sind, usw. müssen im Ausschuss »Kindergarten« geklärt werden.

§ 4 Öffnungszeiten

Die Öffnungszeiten des Betriebskindergartens bzw. der Krippe sind auf die Arbeitszeiten des jeweiligen Betriebs (Schichtzeiten, usw.) abzustimmen.
Der Betriebskindergarten bzw. die Betriebskrippe ist von ____ bis ____ Uhr geöffnet.

Hinweis:
Im Hinblick auf die konkreten Bedingungen im Betrieb muss geklärt werden, ob der Betriebskindergarten in den großen Schulferien geöffnet bleiben soll. Sofern im Unternehmen Betriebsurlaub eingeführt worden ist (vgl. § 87 Rn. 27) kann hier auch festgelegt werden, dass der Betriebskindergarten während dieser Zeit schließt.

§ 5 Inanspruchnahme

Alle Arbeitnehmer:innen des Unternehmens können ihre Kinder im Betriebskindergarten bzw. der Betriebskrippe anmelden. Anspruch auf einen Kindergarten- bzw. Krippenplatz besteht nur jeweils im Rahmen der vorhandenen freien Plätze.
Sofern Kindergarten- bzw. Krippenplätze nicht durch Kinder von Arbeitnehmer:innen des Unternehmens vollständig in Anspruch genommen werden, können auch Kinder von Nichtarbeitnehmern des Unternehmens in den Kindergarten bzw. die Krippe aufgenommen werden.
Werden mehr Kinder angemeldet als Kindergarten- bzw. Krippenplätze vorhanden sind, erfolgt die Vergabe der Kindergarten- bzw. der Krippenplätze in der Reihenfolge des zeitlichen Eingangs der Anträge auf einen Kindergarten- bzw. Krippenplatz.
oder
Die Vergabe der Kindergarten- bzw. Krippenplätze erfolgt nach folgenden Kriterien:

- Vorrang bei der Vergabe der Plätze haben Alleinerziehende
- Dann folgen ....

§ 6 Kostenbeitrag
Pro Kindergartenplatz ist ein monatlicher Kostenbeitrag von
€ pro Vollzeit-Kindergartenplatz,
€ pro Halbtagskindergartenplatz,
€ pro Krippenplatz
zu bezahlen.

> **Hinweis:**
> Denkbar ist auch, dass das Unternehmen kostenfrei Kindergartenplätze zur Verfügung stellt. Bei der Festlegung von Kostenbeiträgen der Eltern sind auch die jeweils möglichen Zuschüsse zum Betrieb von privaten Kindergärten bzw. Krippen durch staatliche Stellen zu berücksichtigen.

§ 7 Ende des Arbeitsverhältnisses
Endet das Arbeitsverhältnis einer Arbeitnehmer:in, führt dies nicht zum Verlust des Kindergartenplatzes.

> **Hinweis:**
> Wenn ein Arbeitsverhältnis endet, sollte dies nicht automatisch zum Verlust des Kindergartenplatzes führen. Die Kinder sind z. B. in die jeweilige Kindergartengruppe integriert. Ein Wechsel des Kindergartens würde unter Umständen zusätzliche Schwierigkeiten bringen. Möglich ist hier auch, dass für den Fall, dass das Arbeitsverhältnis endet, höhere Gebühren für die Inanspruchnahme eines Kindergartenplatzes vorgesehen werden.

§ 8 Schlussbestimmungen
Diese Betriebsvereinbarung ist mit einer Frist von Monaten zum Schluss eines Kalenderjahres kündbar, erstmals zum Datum. Die Kündigung dieser Betriebsvereinbarung ist nur wirksam, wenn sie schriftlich erfolgt. Die Betriebsvereinbarung wirkt nach. Anlagen sind Bestandteil dieser Betriebsvereinbarung.

11. Wohnraum

Checkliste Werkmietwohnungen 46

Vorbemerkung
Das Mitbestimmungsrecht des Betriebsrats nach § 87 Abs. 1 Nr. 9 BetrVG bezieht sich nur auf sog. Werkmietwohnungen (§ 576 BGB), nicht auf Werkdienstwohnungen (§ 576b BGB; zur Unterscheidung siehe DKW-*Klebe*, § 87 Rn. 286 m. w. N).

1. **Kriterien für Wohnungsvergabe** 47
   Arbeitgeber und Betriebsrat müssen sich auf die Kriterien für die Wohnungsvergabe einigen. In Betracht kommen hierfür z. B.:
   - soziale Gesichtspunkte (Einkommen, Kinderzahl, Chancen auf dem allgemeinen Wohnungsmarkt)
   - zeitliche Gesichtspunkte (Vergabe der Wohnungen in der Reihenfolge der eingegangenen Bewerbungen)
   - funktionelle Kriterien wie z. B. Zurverfügungstellung eines Teils der Wohnungen für zeitweise im Betrieb tätige Arbeitnehmer (Abordnungen aus anderen Betrieben, Gastwissenschaftler, Auszubildende usw.)
2. **Nutzungsbedingungen**
   - Mustermietvertrag
   - Regelungen für Schönheitsreparaturen

- Hausordnung
- Mietpreis
- Nebenkostenabrechnung

3. **Regelungen für Kündigungen**
   - Kündigungsfristen
   - Gründe für Kündigungen, Anwendung der gesetzlichen Regelungen, Einschränkungen?
   - Schicksal des Werkmietverhältnisses bei Ende des Arbeitsverhältnisses

48 **Vergabe von Werkmietwohnungen**

§ 1 Geltungsbereich

1. Diese Betriebsvereinbarung gilt für alle Arbeitnehmer:innen der .
2. Diese Betriebsvereinbarung gilt räumlich für das Gebiet der Bundesrepublik Deutschland.
3. Diese Betriebsvereinbarung gilt für alle im Eigentum der (Arbeitgeber) stehenden Wohnungen sowie für solche Wohnungen, auf deren Belegung der Arbeitgeber entscheidenden Einfluss hat.

§ 2 Ausschuss für Wohnungsvergabe

Es wird ein gemeinsamer, paritätisch besetzter Wohnungsausschuss gebildet. Ihm gehören Vertreter des Arbeitgebers und Vertreter des Betriebsrats an. Der Ausschuss bestimmt einen Vorsitzenden. Jeweils für ein Kalenderjahr wird der Vorsitzende von Arbeitgeberseite und anschließend von Betriebsratsseite gestellt. Dem Vorsitzenden obliegt die Einberufung und Sitzungsleitung des Ausschusses für Wohnungsvergabe.
Der Wohnungsvergabeausschuss entscheidet abschließend über die Vergabe der Werkmietwohnungen. Er fasst seine Beschlüsse mit Mehrheit. Kommt eine Mehrheit im Wohnungsvergabeausschuss nicht zustande, entscheidet die unverzüglich zu bildende Einigungsstelle.

> **Hinweis:**
> Verfügt das Unternehmen über viele Werkmietwohnungen, kann es sich empfehlen, speziell hierfür eine ständige Einigungsstelle zur Konfliktlösung einzurichten, um eine Verzögerung der Vergabe der Mietwohnungen durch den Prozess der Bildung der Einigungsstelle zu vermeiden.

§ 3 Kriterien für die Vergabe von Wohnungen

Werkmietwohnungen werden nach sozialen Kriterien vergeben. Dabei sind in erster Linie folgende Personengruppen zu berücksichtigen:

- Familien/Alleinstehende mit Kindern
- Personen, die Schwierigkeiten auf dem allgemeinen Wohnungsmarkt haben
- Auszubildende

Ein Teil der Werkmietwohnungen wird Gästen des Betriebs sowie aus anderen Betrieben abgeordneten Arbeitnehmer:innen zur Verfügung gestellt.

§ 4 Nutzungsbedingungen der Wohnungen

Der Ausschuss für Wohnungsvergabe legt auch folgende allgemeine Nutzungsbedingungen fest:

- Mustermietvertrag
- Mietpreis und Einzelheiten zur Nebenkostenabrechnung
- Hausordnung

Der Arbeitgeber in Verbindung mit dem Ausschuss für Wohnungsvergabe hat dem Betriebsrat über die Vergabepraxis, die Nutzungsbedingungen und Wirtschaftlichkeitsberechnungen der Werkmietwohnungen regelmäßig Bericht zu erstatten.

§ 5 Kündigung von Werkmietwohnungen
Will der Arbeitgeber das Mietverhältnis bei einer Werkmietwohnung kündigen, bedarf er hierzu der Zustimmung des Ausschusses für Wohnungsvergabe.
Die Kündigungsfristen richten sich nach § 576 BGB.
oder
Abweichend von den gesetzlichen gelten folgende Kündigungsfristen: . (Hier handelt es sich um eine Verbesserung zugunsten der Mieter:in; die zwingenden gesetzlichen Kündigungsfristen können durch eine BV nicht geändert werden.)
Die gesetzlichen Rechte, die der Mieter:in zustehen, werden durch diese Betriebsvereinbarung nicht berührt.

12. Betriebliche Entgeltgestaltung

Checkliste Entgeltgestaltung Außertariflicher Arbeitnehmer:innen 49

Vorbemerkung
Neben den Regelungen zum Entgelt für AT-Arbeitnehmer:innen ist zu prüfen, wie die sonstigen »Allgemeinen Arbeitsbedingungen« für diese Arbeitnehmer:innengruppe (z. B. Urlaub, Krankengeldzuschüsse usw.) geregelt werden sollen.
Geltungsbereich der Betriebsvereinbarung
AT-Arbeitnehmer:innen sind Arbeitnehmer:innen, die vom Geltungsbereich des jeweiligen im Betrieb anzuwendenden Tarifvertrags nicht erfasst werden. Sie sind nicht mit den leitenden Angestellten zu verwechseln (§ 5 Abs. 3 BetrVG), die vom Betriebsrat nicht vertreten werden. Zum Teil werden sie nur von den Entgelttarifverträgen ausgenommen, aber von den Manteltarifverträgen erfasst. Dies ist für den Geltungsbereich der Betriebsvereinbarung jeweils vorher zu prüfen.
Entgeltsystem
Für AT-Arbeitnehmer:innen muss ein Entgeltsystem gefunden werden, das die unterschiedlichen Tätigkeiten bewertet und Entgeltgruppen zuordnet. Dabei können summarische, analytische Arbeitsplatzbewertungssysteme zur Anwendung kommen oder von Spezialanbietern entwickelte Systeme, wie z. B. HAY.
Eingruppierung
Die Eingruppierung in das Entgeltsystem für AT-Arbeitnehmer:innen muss sich aus der auf der Stelle zu leistenden Arbeit ergeben. Eingruppiert wird die Stelle, die zu besetzen ist, nicht der AT-Arbeitnehmer:in; hierzu sind Stellenbeschreibungen unerlässlich.
- Verfahren bei Änderung der auf der Stelle zu erbringenden Arbeit;
- Entscheidungsverfahren über die Eingruppierung (Eingruppierungskommission), Zeiträume der Überprüfung.

Entgeltanpassungen
AT-Arbeitnehmer:in werden von den Tarifverträgen nicht erfasst. Daher ist zu klären, nach welchem Verfahren sich die Entgelte der AT-Arbeitnehmer erhöhen und/oder Änderungen in der Struktur vorgenommen werden.
- Erhöhungen in Abhängigkeit von Tariferhöhungen;
- Aufteilung der Erhöhungen in fixen und variablen Anteil;
- Verknüpfung von Entgelterhöhungen mit Beurteilungssystemen;
- Zeitraum der Entgeltüberprüfung.

Arbeitszeit – Mehrarbeit
Sofern nicht in der Betriebsvereinbarung die Arbeitszeit festgelegt wird, ergibt sich die Dauer aus dem Arbeitsvertrag der AT-Arbeitnehmer:in.
- Geltung der Arbeitszeitvereinbarungen im Betrieb auch für AT-Arbeitnehmer:in oder sollen spezielle Regelungen in einer BV vereinbart werden?
- Regelungen zur Mehrarbeit; Abgeltung von Mehrarbeit pauschal (bis zu einer vereinbarten Anzahl von Stunden) mit der Vergütung? Oder Bezahlung bzw. Ausgleich in Freizeit?

Sonderzahlungen, Weihnachts-, Urlaubsgeld
- Anwendung der Tarifverträge in dieser Hinsicht auch für AT-Arbeitnehmer:in?

- Vereinbarung von leistungsabhängigen Sonderzahlungen anstelle/zusätzlich zu fixen Sonderzahlungen wie Weihnachtsgeld?
- Anspruch auf sonstige Sonderzahlungen, die im Tarifvertrag vereinbart sind (z. B. Sterbegelder für Angehörige, Weiterzahlung des Entgelts im Todesfall für drei Monate usw.) auch für AT-Arbeitnehmer:in?

50 **Entgeltgestaltung AT-Arbeitnehmer:innen**

§ 1 Geltungsbereich

1. räumlich
2. fachlich .
3. persönlich für alle Arbeitnehmer, die vom Geltungsbereich der (im Betrieb/Unternehmen anzuwendende Tarifverträge) nicht erfasst werden.

oder

Diese Betriebsvereinbarung gilt für alle außertariflichen-Arbeitnehmer:innen. AT-Arbeitnehmer:innen sind solche, die vom jeweils geltenden Entgelttarifvertrag nicht erfasst werden. Ausgenommen sind hiervon leitende Angestellte.

oder

AT-Arbeitnehmer:innen sind solche Arbeitnehmer:innen, die vom jeweils geltenden Manteltarifvertrag und vom jeweils geltenden Entgelttarifvertrag nicht erfasst werden.

> **Hinweis:**
> Der Geltungsbereich der im Betrieb/Unternehmen anzuwendenden Tarifverträge ist jeweils vor Abschluss der BV zu prüfen. Zum Teil erfassen Manteltarifverträge alle Arbeitnehmer und nur Entgelttarifverträge nehmen AT-Arbeitnehmer:innen aus. Manche Tarifverträge schließen Arbeitnehmer aus dem Geltungsbereich aus, sofern bestimmte materielle Bedingungen erfüllt sind, wie z. B. Entgelt und sonstige Arbeitsbedingungen müssen die höchste Tarifgruppe erheblich übersteigen.

§ 2 Entgeltgruppen

Für die AT-Arbeitnehmer:innen werden Entgeltgruppen gebildet. Diese sind als Anlage dieser Betriebsvereinbarung beigefügt.

Die Eingruppierung der AT-Arbeitnehmer:innen in die jeweiligen Entgeltgruppen erfolgt anhand der Stellenbeschreibung und der von der AT-Arbeitnehmer:in überwiegend ausgeübten Tätigkeit.

> **Hinweis:**
> Die Entgeltgruppen sind jeweils anhand des im Betrieb/Unternehmen angewendeten oder noch einzuführenden Bewertungssystems einzuführen. Hierbei kann es sich um ein summarisches oder analytisches System handeln, oder es wird auf von Spezialanbietern wie z. B. HAY angebotene Systeme zurückgegriffen. Die Entgeltgruppen können jeweils ein festes Entgelt enthalten oder auch mit Bandbreiten z. B. 80 % bis 120 % arbeiten. In diesem Fall ist zu vereinbaren, wie sich die Entgelte der Arbeitnehmer:innen innerhalb der Bandbreite bewegen.

Der Mindestabstand zum Jahresentgelt nach der höchsten Tarifgruppe beträgt €.

§ 3 Entgeltanpassungen

Das Entgelt der AT-Arbeitnehmer:in wird zum eines Kalenderjahres überprüft. Die Verhandlungen hierüber sind zwischen Unternehmensleitung und Betriebsrat rechtzeitig aufzunehmen. Die Entgelterhöhung kann in einen fixen und einen variablen Teil aufgeteilt werden.

oder

Die Entgelte der AT-Arbeitnehmer:in werden in demselben Umfang erhöht wie die Tarifentgelte.

§ 4 Eingruppierungskommission

Zur Festlegung der Eingruppierung der außertariflichen Arbeitnehmer:in wird eine gemeinsame, paritätisch besetzte AT-Eingruppierungskommission gebildet. Diese wird mit jeweils zwei Vertretern der Betriebsparteien besetzt. Diese Kommission entscheidet mit Mehrheit verbindlich über die Zuordnung einer Stelle eines AT-Arbeitnehmers zu dem Eingruppierungsraster.
Die Kommission tagt mindestens zweimal jährlich. Im Falle von Umorganisationen bzw. der Schaffung neuer Stellen tagt sie öfter.

§ 5 Mehrarbeit

Mehrarbeit ist mit dem Entgelt der AT-Arbeitnehmer:in abgegolten. Für AT-Arbeitnehmer gelten die Betriebsvereinbarungen über Arbeitszeit und deren Erfassung.

oder

Mehrarbeit von ___ Stunden ist mit dem Entgelt der AT-Arbeitnehmer:in abgegolten. Darüber hinaus geleistete Mehrarbeit wird nach den jeweils geltenden tariflichen Sätzen vergütet bzw. durch Gewährung von Freizeit ausgeglichen. Für AT-Arbeitnehmer gelten die Betriebsvereinbarungen über Arbeitszeit und deren Erfassung

> **Hinweis:**
> Insbesondere im Hinblick auf Mehrarbeit ist zu prüfen, ob die Entgelte, die vereinbart werden, wirklich Mehrarbeit wirksam abgelten. Andernfalls ist festzulegen, ab welcher Stundenzahl und in welcher Höhe Mehrarbeitsvergütungen auch für AT-Arbeitnehmer:in gezahlt werden.

oder

Mehrarbeit der AT-Arbeitnehmer:in liegt vor ab Überschreitung der täglichen Arbeitszeit von ___/ der wöchentlichen Arbeitszeit von ___ Stunden/der monatlichen Arbeitszeit von ___ Stunden/ der jährlichen Arbeitszeit von ___ Stunden. Sie ist mit einem Zuschlag von ___ zu vergüten.

§ 6 Schlussbestimmungen

Diese Betriebsvereinbarung ist mit einer Frist von ___ Monaten zum Schluss eines Kalenderjahres kündbar, erstmals zum Datum. Die Kündigung dieser Betriebsvereinbarung ist nur wirksam, wenn sie schriftlich erfolgt. Die Betriebsvereinbarung wirkt nach. Anlagen sind Bestandteil dieser Betriebsvereinbarung.

Checkliste übertarifliche Zulagen, Anrechnung 51

Vorbemerkung

Soweit übertarifliche Zulagen im Individualarbeitsvertrag vereinbart worden sind und dieser keine Klausel enthält, nach der durch Betriebsvereinbarung die übertariflichen Zulagen angepasst bzw. geändert werden können, kann durch Betriebsvereinbarung eine Anrechnung der Zulagen nicht vorgenommen werden (vgl. DKW-*Klebe*, § 87 Rn. 321, vgl. zur Inhaltskontrolle von Formulararbeitsverträgen – §§ 310 Abs. 4, 305ff. – DKW-*Klebe*, § 87 Rn. 321 m. w. N.).

- Zweck der Zahlung (z. B. Qualitätsprämie, allgemeine Leistungsprämie; schlichte allgemeine Zulage usw.);
- feste, verbindliche Gewährung der Zulage oder allgemeine jederzeitige Widerruflichkeit der Zulage;
- Verhältnis der übertariflichen Zulage zu Tariferhöhungen oder sonstigen allgemeinen Entgelterhöhungen (Anrechnung, Nichtanrechnung?).

- Einbeziehung der Zulagen in die die Berechnung von anderen Entgeltbestandteilen bzw. Leistungen, z. B. für die betriebliche Altersversorgung und die entsprechenden Arbeitgeberbeiträge

52 **Übertarifliche Zulagen, Anrechnung**

§ 1 Geltungsbereich

Vorbemerkung

Die Anrechnung von Zulagen muss nicht alle Arbeitnehmer:innen betreffen. Erhält nur ein Teil eine bestimmte übertarifliche Zulage, kann auch nur bei diesen angerechnet werden. Dementsprechend ist u. U. der Geltungsbereich zu begrenzen.

Diese Betriebsvereinbarung gilt für

1. räumlich
2. persönlich
3. fachlich .

§ 2 Anrechnung der Tariferhöhung

Die Tariferhöhung (Entgelttarifvertrag Bezeichnung vom Datum) wird auf folgende Zulagen wie folgt angerechnet:

- Auf die allgemeine persönliche Zulage von € mit der Hälfte des Betrags, den die Tariferhöhung in der jeweiligen Tarifgruppe ausmacht.

oder

- Auf anrechenbare übertarifliche Zulagen wird die % übersteigende Tariferhöhung angerechnet.

oder

- Die Tariferhöhung wird auf anrechenbare übertarifliche Zulagen
  - bis zu € zur Hälfte, maximal €
  - bis zu € zur Hälfte, maximal €
  - angerechnet.

Die Anrechnung ist auf den Betrag der übertariflichen Zulage begrenzt.

> **Hinweis:**
> Die Anrechnung kann nach Höhe der Zulagen, nach Tarifgruppen usw. gestaffelt werden. Sie kann auf alle oder nur bestimmte anrechenbare Zulagen erfolgen.

§ 3 Nicht anrechenbare Zulagen

Nicht anrechenbar sind folgende Zulagen:

z. B. Funktionszulagen, wie Staub- oder Kältezulagen.

§ 4 Zeitpunkt der Anrechnung

Die Anrechnung der Tariferhöhung erfolgt nicht rückwirkend. Sie erfolgt erstmals in dem Monat, der der Unterzeichnung dieser Betriebsvereinbarung folgt.

§ 5 Schlussbestimmungen

Diese Betriebsvereinbarung ist mit einer Frist von Monaten zum Schluss eines Kalenderjahres kündbar, erstmals zum Datum. Die Kündigung dieser Betriebsvereinbarung ist nur wirksam, wenn sie schriftlich erfolgt. Die Betriebsvereinbarung wirkt nach. Anlagen sind Bestandteil dieser Betriebsvereinbarung.

Regelungen zur Entgelttransparenz und zur Beseitigung von möglichen Entgeltdiskriminierungen 52a

> **Hinweis:**
> Das Entgelttransparenzgesetz sieht bestimmte Auskunftsansprüche vor, um Entgeltunterschiede zwischen den Geschlechtern feststellen zu können. Die Betriebsvereinbarung ergänzt diese. Dabei ist zu beachten, dass die Betriebsparteien dies nur für die betrieblichen Entgeltsysteme incl. AT-Beschäftigten regeln können. Dabei wird hier auf das eg-check-Verfahren (*http://www.eg-check.de*: Antidiskriminierungsstelle des Bundes) verwiesen. Die Tarifvertragsparteien müssen ihre Tarifverträge selbst auf die Einhaltung des Entgeltgleichheitsgrundsatzes prüfen.

§ 1 Geltungsbereich

Diese Betriebsvereinbarung gilt für

1. räumlich
2. persönlich
3. fachlich .

§ 2 Zielsetzung

Die Betriebsvereinbarung dient dem Ziel der Entgelttransparenz und der Beseitigung möglicher diskriminierender Entgeltunterschiede zwischen den Geschlechtern. Rechte des Betriebsrats und/oder der Arbeitnehmer:innen nach gesetzlichen Regelungen bleiben unberührt.

§ 3 Verfahren

Im Betrieb wird, soweit es die betrieblichen Entgeltregelungen betrifft, ein Prüfverfahren eingeführt, das jährlich/alle zwei Jahre die betrieblichen Entgeltregelungen und die einzelnen Entgeltbestandteile daraufhin überprüft, ob sie dem Entgeltgleichheitsgebot der §§ 3, 4, 7 Entgelttransparenzgesetz entsprechen.
Die Überprüfung erfolgt nach dem eg-check-Verfahren.
Zur Durchführung des Verfahrens wird ein gemeinsamer Ausschuss mit je….. Vertreter:innen der Betriebsparteien gebildet. In ihm sollen die Geschlechter gleich vertreten sein auf jeder Seite der Betriebsparteien. Die Tarifvertragsparteien sollen hinzugezogen werden. Der Ausschuss kann – auf Kosten des Arbeitgebers – Sachverständige hinzuziehen und ihnen Teile der Prüfung übertragen.

§ 4 Information der Arbeitnehmer/innen

Vor Beginn des Prüfverfahrens sind die Arbeitnehmer:innen über das Prüfverfahren und ihre Rechte aus dem Entgelttransparenzgesetz und dieser Betriebsvereinbarung umfassend zu informieren. Gleiches gilt für das Ergebnis des Prüfverfahrens.

§ 5 Konsequenzen aus dem Prüfverfahren

Ergibt das Prüfverfahren Entgeltunterschiede wegen des Geschlechts bei gleicher oder gleichwertiger Arbeit, ist der Entgeltunterschied dadurch zu beseitigen, dass das geringere Entgelt bzw. die geringeren sonstigen materiellen Leistungen an die höheren Entgelte bzw. materiellen Leistungen angepasst werden. Dies hat unverzüglich nach Abschluss des Prüfverfahrens – unabhängig von der individuellen Geltendmachung betroffener Arbeitnehmer/innen – zu erfolgen.

§ 6 Schlussbestimmungen

Diese Betriebsvereinbarung ist mit einer Frist von Monaten zum Schluss eines Kalenderjahres kündbar, erstmals zum Datum. Die Kündigung dieser Betriebsvereinbarung ist nur wirksam, wenn sie schriftlich erfolgt. Die Betriebsvereinbarung wirkt nach. Anlagen sind Bestandteil dieser Betriebsvereinbarung.

53 **Darlehensvergabe an Arbeitnehmer:innen**

Vorbemerkung

Für die Vergabe von Darlehen an Arbeitnehmer:innen gelten die allgemeinen Regelungen über Darlehen (§§ 488ff. BGB). Die Regelungen über Verbraucherdarlehensverträge finden dann keine Anwendung auf Darlehen von Arbeitgebern an Arbeitnehmer:innen, wenn die Zinsen für das Arbeitgeberdarlehen unter den marktüblichen liegen (§ 491 Abs. 1 Nr. 2 BGB). Wird das Arbeitgeberdarlehen zu günstigeren als den marktüblichen Zinsen gewährt, sind die jeweils geltenden Bestimmungen über die Versteuerung als geldwerter Vorteil und die sozialversicherungsrechtlichen Bestimmungen zu berücksichtigen. Das Muster bezieht sich auf die Vergabe von sog. Kleinkrediten. Es ist nicht anwendbar für Grundstückstückfinanzierung o.ä.

§ 1 Geltungsbereich

Diese Betriebsvereinbarung gilt für

1. räumlich
2. persönlich
3. fachlich .

§ 2 Darlehensvergabe, Verzinsung

1. Arbeitnehmer:innen können ein zinsverbilligtes Darlehen bis max. € bei der -Abteilung beantragen.
   evtl.
   Teilzeitbeschäftigte können ein anteiliges Darlehen erhalten. Der Anteil bemisst sich nach dem Prozentsatz ihrer Arbeitszeit an der Vollzeitarbeitszeit.
2. Ein Rechtsanspruch auf die Vergabe des Darlehens besteht nicht.
3. Das Darlehen darf nur vergeben werden, wenn und soweit sichergestellt ist, dass damit keine Überschuldung des Arbeitnehmers eintritt und dass nach allgemein üblichen Kriterien eine Rückzahlung für den Arbeitnehmer möglich ist.
4. Das Darlehen hat eine maximale Laufzeit von Jahren.
5. Das Darlehen wird mit % verzinst.
   oder
   Das Darlehen wird nicht verzinst.

Der Zinssatz wird für die Laufzeit des Darlehens fest vereinbart.

§ 3 Tilgung des Darlehens

1. Im Rahmen der maximalen Laufzeit ist die Tilgungsrate einzelvertraglich zwischen Arbeitnehmer und Unternehmen zu vereinbaren. Die Tilgungsraten sind so zu bemessen, dass die Pfändungsfreigrenzen nicht unterschritten werden.
2. Die Zinsen sind vierteljährlich/jährlich nachträglich zu zahlen.
   oder
   Die Zinsen sind am Ende der Laufzeit des Darlehens zu zahlen.
3. Die vorzeitige vollständige Tilgung des Darlehens ist jederzeit möglich.
   oder
   Die vorzeitige Tilgung des Darlehens ist ausgeschlossen.
4. Sondertilgungen sind möglich, wenn die jeweilige Sondertilgung mindestens € beträgt.
   oder
   Sondertilgungen sind nicht möglich.

§ 4 Ende des Arbeitsverhältnisses; Kündigung des Darlehens

Bei Beendigung des Arbeitsverhältnisses wird das Darlehen ab dem Datum der Beendigung des Arbeitsverhältnisses mit dem Zinssatz, den die Hausbank des Unternehmens für Kredite in der dem Arbeitnehmer ursprünglich gewährten Höhe verlangt, verzinst. Maßgebend ist der Zinssatz bei der Darlehensvergabe.

oder

Bei Beendigung des Arbeitsverhältnisses durch verhaltensbedingte oder außerordentliche Kündigung ist das Darlehen sofort fällig. Rückzahlungsansprüche aus dem Darlehen können mit restlichen Entgelt- und/oder Abfindungsforderungen des Arbeitnehmers aufgerechnet werden.

§ 5 Schlussbestimmungen

Diese Betriebsvereinbarung ist mit einer Frist von Monaten zum Schluss eines Kalenderjahres kündbar, erstmals zum Datum. Die Kündigung dieser Betriebsvereinbarung ist nur wirksam, wenn sie schriftlich erfolgt. Die Betriebsvereinbarung wirkt nach. Anlagen sind Bestandteil dieser Betriebsvereinbarung.

Jubiläumszahlungen 54

§ 1 Geltungsbereich

Diese Betriebsvereinbarung gilt für

1. räumlich
2. persönlich
3. fachlich .

§ 2 Zweck

Unternehmen und Betriebsrat sind der Auffassung, dass mehrjährige Zugehörigkeit zum Unternehmen im Hinblick auf Einsatz und Erfahrung weiterhin einen wesentlichen Wert im Unternehmen darstellen.

§ 3 Jubiläumszahlungen

Arbeitnehmer:innen, die eine Zugehörigkeit zum Unternehmen von Jahren aufweisen, erhalten anlässlich ihres Dienstjubiläums eine Sonderzahlung in Höhe von €.
Teilzeitbeschäftigte erhalten die Jubiläumszahlungen in voller Höhe.

oder

Teilzeitbeschäftigte erhalten die Jubiläumszahlungen entsprechend dem Verhältnis ihrer Arbeitszeit zur jeweils im Unternehmen geltenden Vollzeitarbeitszeit.
Haben Arbeitnehmer:innen im Laufe ihrer Betriebszugehörigkeit zwischen Voll- und Teilzeit gewechselt, ist der durchschnittliche Beschäftigungsgrad zu ermitteln.

oder

Haben Arbeitnehmer:innen im Laufe ihrer Betriebszugehörigkeit zwischen Voll- und Teilzeit gewechselt, ist die am Stichtag des Jubiläums vereinbarte Arbeitszeit maßgebend.
Diese ist steuer- und sozialversicherungspflichtig im Rahmen der jeweiligen Gesetze.

§ 4 Betriebszugehörigkeitszeiten

Voraussetzung für die Jubiläumszahlung ist der ununterbrochene rechtliche Bestand des Arbeitsverhältnisses zum Unternehmen bzw. seinen Rechtsvorgängern. Daher zählen auch Zeiten eines ruhenden Arbeitsverhältnisses zur Betriebszugehörigkeit. Soweit Arbeitnehmer:innen durch einen Betriebsübergang gem. § 613a BGB Arbeitnehmer des Unternehmens geworden sind, zählen ihre beim vorherigen Betriebsinhaber verbrachten Jahre der Betriebszugehörigkeit mit.

Zusätzlich evtl.:

Unterbrechungen der Betriebszugehörigkeit von Monaten werden nicht als Unterbrechung der Betriebszugehörigkeit im Sinne dieser Betriebsvereinbarung gewertet. Allerdings zählen die Zeiten, in denen kein Arbeitsverhältnis zum Unternehmen bestand, nicht zu den Dienstjahren.

Hinweis:
Insbesondere in Betrieben mit Saisonkräften, die immer wieder beschäftigt werden, sichert nur eine Zusammenrechnung der Betriebszugehörigkeitszeiten diesen die Chance auf eine Jubiläumszahlung.

§ 5 Schlussbestimmungen
Diese Betriebsvereinbarung ist mit einer Frist von Monaten zum Schluss eines Kalenderjahres kündbar, erstmals zum Datum. Die Kündigung dieser Betriebsvereinbarung ist nur wirksam, wenn sie schriftlich erfolgt. Die Betriebsvereinbarung wirkt nach. Anlagen sind Bestandteil dieser Betriebsvereinbarung.

55 Checkliste Mankogeld

Vorbemerkung
Mankogeld ist eine zusätzliche Vergütung für Beschäftigte zum Ausgleich dafür, dass sie – verglichen mit anderen Beschäftigten – größere Haftungsrisiken übernehmen. Dies betrifft vor allem Arbeitnehmer:innen, die Kassen oder Waren verwalten. Vgl. DKW-*Klebe*, § 87 Rn. 328.
Vor Abschluss einer Betriebsvereinbarung sind folgende Punkte zu klären:

- Für welche Beschäftigten/Beschäftigtengruppen soll die Mankogeldvereinbarung Anwendung finden? Sie ist auf diejenigen zu beschränken, die tatsächlich Umgang mit Geld und/oder Warenbeständen haben.
- Geklärt werden muss auch, ob in einer Betriebsvereinbarung die Art und Weise, wie ein Fehlbetrag in Kasse und/oder Warenbestand dokumentiert werden muss, festgeschrieben wird.
- Gehaftet werden kann nur für tatsächliche Fehlbestände, nicht für eine Buchdifferenz.
- Die Höhe der Arbeitnehmerhaftung muss der Höhe des Mankogeldes entsprechen. Eine über das Mankogeld hinausgehende Haftung ist nur bei Vorsatz zulässig.
- Festgelegt werden muss, in welchem Fall die Mankogeldhaftung eintritt. Nach den Grundsätzen über die Haftungsverteilung im Arbeitsverhältnis haften Arbeitnehmer:innen nicht bei leichter Fahrlässigkeit; bei mittlerer Fahrlässigkeit wird das Haftungsrisiko zwischen Arbeitnehmer:in und Arbeitgeber geteilt. Bei grober Fahrlässigkeit und Vorsatz haften Arbeitnehmer in der Regel voll.
- Geklärt werden muss auch, ob anstelle der erweiterten Haftung über eine Mankogeldabrede evtl. nur eine Prämie für das Nichtauftreten von Differenzen in Kasse und/oder Warenbestand gezahlt werden soll. In diesem Fall muss geklärt werden: Höhe der Prämie, Tatbestände, wann die Prämie gezahlt wird.

56 Mankogeld und Arbeitnehmerhaftung

§ 1 Geltungsbereich

1. persönlich
   Diese Betriebsvereinbarung gilt für alle Arbeitnehmer:innen, die selbstständig Kassenbestände und/oder Lagerbestände verwalten.
2. fachlich
   Diese Betriebsvereinbarung gilt für die Abteilungen .
3. räumlich
   Diese Betriebsvereinbarung gilt für die Bundesrepublik Deutschland.

§ 2 Mankogeld
Den Arbeitnehmer:innen wird ein Mankogeld in Höhe von monatlich   € gezahlt. Arbeitnehmer:innen haften nur für tatsächlich festgestellte und nachgewiesene Fehlbestände in Kasse und/oder Warenbestand. Ihre Haftung ist auf die Höhe des für   Monate gezahlten Mankogelds beschränkt (maximaler Betrag zwölf Monate).
Diese Haftungsbeschränkung gilt nicht bei Vorsatz.

§ 3 Feststellung des Mankos
Der Arbeitgeber hat im Falle eines Mankos nachzuweisen, dass der Schaden entstanden ist, sowie dass die Arbeitnehmer:in hierfür verantwortlich gewesen ist.

§ 4 Regelungen zu Kasse und Warenbestand
Die in der Anlage   aufgeführten Regelungen zur Übernahme des Kassen-/Warenbestands, zur Abrechnung, zum Zugang, zu den Sicherheitsvorschriften sind Bestandteil dieser Betriebsvereinbarung (in der Anlage sind je nach Betrieb die Einzelheiten festzulegen).

§ 5 Schlussbestimmungen
Diese Betriebsvereinbarung ist mit einer Frist von   Monaten zum Schluss eines Kalenderjahres kündbar, erstmals zum Datum. Die Kündigung dieser Betriebsvereinbarung ist nur wirksam, wenn sie schriftlich erfolgt. Die Betriebsvereinbarung wirkt nach. Anlagen sind Bestandteil dieser Betriebsvereinbarung.

Nachtarbeitsausgleich 57

Vorbemerkung
Das Arbeitszeitgesetz sieht in § 6 Abs. 5 vor, dass – sofern keine tarifvertraglichen Ausgleichsregelungen bestehen – der Arbeitgeber der oder dem Nachtarbeitnehmer:in für die während der Nachtarbeit geleisteten Arbeitsstunden eine angemessene Zahl bezahlter freier Tage oder einen angemessenen Zuschlag auf das hierfür zustehende Brutto-Arbeitsentgelt zu gewähren hat. Sofern also keine Tarifverträge diese Frage regeln, bedarf der Nachtarbeitsausgleich einer Regelung in einer Betriebsvereinbarung. Dabei sind für alle Beschäftigten, die Nachtarbeit leisten, Zuschläge in derselben Höhe vorzusehen.
Zuschläge für tatsächlich geleistete Nacharbeit sind in begrenztem Umfang steuerfrei, § 3b EStG.

§ 1 Geltungsbereich
1. persönlich, fachlich
   Diese Betriebsvereinbarung gilt für alle Arbeitnehmer:innen, die Nachtarbeit leisten. Nachtarbeit ist die Arbeit in der Zeit von   bis   Uhr.
2. räumlich   .

Hinweis:
Nachtarbeit ist nach der arbeitszeitrechtlichen Definition (§ 1 ArbZG) die Zeit zwischen 23.00 Uhr und 6.00 Uhr. Viele Tarifverträge und betriebliche Regelungen definieren die Nachtarbeit jedoch als die Zeit zwischen 22.00 Uhr und 6.00 Uhr. Die Definition der Nachtarbeit im Hinblick auf die Steuerfreiheit umfasst die Zeit von 20.00 Uhr bis 6.00 Uhr mit einem steuerfreien Zuschlag von 25 % des Stundenlohns; für die Zeit von 0 Uhr bis 4.00 Uhr gelten erhöhte Freibeträge von 40 %; § 3b Abs. 3 EStG.

§ 2 Nachtarbeitsausgleich
Als Ausgleich für die Nachtarbeit wird ein Zuschlag von ___% auf den Stundenlohn für jede geleistete Arbeitsstunde in der Nachtzeit gezahlt. Die Arbeitnehmer:in kann zwischen Auszahlung der Zuschläge und Umwandlung der Zuschläge in Zeit und Einstellung ins Arbeitszeitkonto wählen. Er hat sich jeweils zum Datum für eine der Möglichkeiten zu entscheiden.
An seine Entscheidung ist die Arbeitnehmer:in für den Zeitraum von ___ Monaten gebunden.

> **Hinweis:**
> Die Bindung an die Entscheidung, ob Nachtarbeitszuschläge ausgezahlt oder in Zeit umgewandelt werden, dient der besseren Planbarkeit und der Reduzierung des Verwaltungsaufwands.

oder
Für jede geleistete Arbeitsstunde in der Nachtzeit wird ein Zeitzuschlag von ___% gewährt. Dieser Zeitzuschlag ist in das Arbeitszeitkonto einzustellen.

> **Hinweis:**
> Sofern ein Arbeitszeitkonto im Betrieb besteht, kann der in Zeit umgewandelte Nachtarbeitszuschlag nach den Regeln des Arbeitszeitkontos genommen werden.

oder
Für ___ geleistete Stunden Arbeit in der Nachtzeit hat der Arbeitnehmer Anspruch auf ___ zusätzliche freie Tage. Diese zusätzlichen freien Tage sind binnen eines Kalendervierteljahres nach ihrem Entstehen in Anspruch zu nehmen. Sie dürfen – außer bei Beendigung des Arbeitsverhältnisses – nicht abgegolten werden.

> **Hinweis:**
> Sofern freie Tage, respektive Zeitzuschläge, gewählt werden, können diese auch nach dem Lebensalter gestaffelt werden. Das Arbeitszeitgesetz selbst geht davon aus, dass Nachtarbeit mit zunehmendem Alter gesundheitsschädlicher wird (vgl. § 6 Abs. 3 ArbZG).

§ 3 Schlussbestimmungen
Diese Betriebsvereinbarung ist kündbar mit einer Frist von ___ Monaten zum Monatsende/Quartalsschluss/Jahresende, erstmals zum ___. Anlagen sind Bestandteil dieser Betriebsvereinbarung.
Nach ihrem Ablauf wirkt die Betriebsvereinbarung nach.

___

58 **Checkliste Privatnutzung von Dienstwagen, PCs etc**

Vorbemerkung
Die Privatnutzung von firmeneigenen Pkw, Personal-Computern, Telekommunikationsgeräten usw. kann, muss der Arbeitgeber aber nicht gestatten. Während die Privatnutzung von Dienstwagen steuer- und sozialversicherungspflichtig ist, ist die Privatnutzung der vom Arbeitgeber überlassenen Personal-Computer, Laptops und Telekommunikationsanlagen steuer- und sozialversicherungsfrei. Klärungsbedürftig sind insbesondere Art und Umfang der gestatteten Privatnutzung sowie die entsprechenden Abrechnungsmodalitäten. Vgl. DKW-*Klebe*, § 87 Rn. 301.
Dienstwagen
- Umfang der gestatteten Privatnutzung (Kilometerbegrenzung?);
- Gestattung der Privatnutzung nur für den Arbeitnehmer oder auch für Familienangehörige?
- Kosten für die Privatnutzung (Benzin, Ladestrom, allgemeine Kosten);
- Wann kann das Fahrzeug von dem Arbeitgeber zurückverlangt werden; während des Arbeitsverhältnisses; nur bei Ende des Arbeitsverhältnisses;

- Regelungen zur Haftung und Kostentragung bei Unfällen;
- Schadensersatzansprüche bei Entzug des Dienstwagens.

Personal-Computer, Laptops

Regelungen zum Umfang der Privatnutzung; Datenschutz vgl. Muster-BV zu Internet (siehe Rn. 31)

Mobiltelefone

- Regelungen über die Frage, ob die durch die Privatnutzung entstandenen Kosten an den Arbeitgeber erstattet werden müssen;
- Abrechnungsmodalitäten;
- Regelungen zu Überlassung und zum Entzug der gestellten Mobiltelefone;
- Regelungen zum Datenschutz.

Privatnutzung von firmeneigenen Dienstwagen 59

§ 1 Geltungsbereich

1. persönlich, fachlich
   Diese Betriebsvereinbarung gilt für alle Arbeitnehmer:innen, denen ein Pkw zur dienstlichen Nutzung und der Privatnutzung überlassen werden.
   Sie gilt nicht für die Überlassung von Fahrzeugen zum reinen dienstlichen Gebrauch (Wagenpool).
   Ob ein Dienstwagen zur dienstlichen und privaten Nutzung zur Verfügung gestellt wird, entscheidet der Arbeitgeber; er hat dabei den Gleichbehandlungsgrundsatz zu wahren.
2. räumlich ___.

§ 2 Gestattung der Privatnutzung

Arbeitnehmer:innen können das überlassene Fahrzeug auch zu Privatfahrten nutzen.

oder

Arbeitnehmer:innen dürfen das Fahrzeug privat nur bis zu ___ km jährlich nutzen.

oder

Arbeitnehmer:innen dürfen das überlassene Fahrzeug zu Privatfahrten nur nach vorheriger Zustimmung durch die Abteilung ___ nutzen.

§ 3 Kosten

1. Der Arbeitgeber trägt die für das Fahrzeug zu zahlenden Steuern, Versicherungs-, Betriebs-, Unterhaltungs- und Wartungskosten.
2. Der oder die Arbeitnehmer:in kann wählen, ob der geldwerte Vorteil pauschal oder durch ein Fahrtenbuch ermittelt wird. Für die Ermittlung und Berechnung des geldwerten Vorteils sind die jeweils geltenden steuer- und sozialversicherungsrechtlichen Vorschriften maßgebend.
3. Bei Privatfahrten hat die Arbeitnehmer:in lediglich die Benzin- bzw. Ladekosten zu zahlen.
   oder
   Für Privatfahrten hat die Arbeitnehmer:in folgende Kosten zu zahlen (z.B. Benzin/Ladung, pauschalierte Unterhaltungskosten; Kilometergeld): ___.

§ 4 Pflichten des Arbeitnehmers

1. Die Arbeitnehmer:in hat das Fahrzeug sorgfältig zu behandeln. Er ist verantwortlich für die Einhaltung der vorgesehenen TÜV-Termine, Wartungs- und Inspektionstermine, Abgasuntersuchungen usw. Für Schäden, die aus der Nichtbeachtung dieser Termine entstehen, haftet der Arbeitnehmer bei grober Fahrlässigkeit und Vorsatz.
2. Die Arbeitnehmer:in ist verpflichtet, dem Arbeitgeber unverzüglich den Entzug der Fahrerlaubnis anzuzeigen.

3. Die Arbeitnehmer:in darf das Fahrzeug Dritten nicht überlassen. Hierzu zählen auch Familienangehörige.

   oder

   Die Arbeitnehmer:in darf das Fahrzeug Dritten nicht überlassen. Ausgenommen hiervon sind Familienangehörige ersten Grades (Ehegatten, Kinder) sowie Lebensgefährten. Diese müssen bei Benutzung des Fahrzeugs eine gültige Fahrerlaubnis besitzen.
   Vor Fahrten ins Ausland ist eine Genehmigung der Abteilung einzuholen.

§ 5 Unfälle

1. Unfälle, Diebstähle, Beschädigungen usw. des Fahrzeugs sind von der Arbeitnehmer:in unverzüglich dem Arbeitgeber zu melden. Reparaturaufträge dürfen nur nach vorheriger Genehmigung der Abteilung in Auftrag gegeben werden.

   oder

   Unfälle, Diebstähle, Beschädigungen usw. des Fahrzeugs sind dem Leasingunternehmen zu melden.
2. Bei Verkehrsunfällen ist zur Feststellung des Sachverhalts ohne Ausnahme die Polizei hinzuzuziehen. Schuldanerkenntnisse – gleich welcher Art – dürfen vom Arbeitnehmer am Unfallort oder später nur nach Rücksprache mit der Abteilung und der Versicherung abgegeben werden.

§ 6 Haftung

Für alle vorsätzlich oder grob fahrlässig verursachten Schäden am Fahrzeug haftet die Arbeitnehmer:in in vollem Umfang. Für alle anderen Schäden, die der Arbeitnehmer:in fahrlässig verursacht hat, haftet er anteilig. Soweit die Schäden durch eine Versicherung abgedeckt sind, haftet die Arbeitnehmer:in nicht bzw. nur in Höhe der Selbstbeteiligung.
Die Arbeitnehmer:in trägt den durch eine Veränderung des Schadensfreiheitsrabattes eintretenden Schaden.

oder

Die Arbeitnehmer:in trägt den durch eine Veränderung des Schadensfreiheitsrabattes eintretenden Schaden nicht.

§ 7 Entzug des Dienstwagens

Der Arbeitgeber kann das überlassene Fahrzeug jederzeit herausfordern. Er kann jederzeit die Gestattung der Privatnutzung widerrufen. In diesem Fall steht der Arbeitnehmer:in ein Schadensersatzanspruch zu. Dieser berechnet sich nach der steuerlichen Bewertung der privaten Nutzungsmöglichkeit.

§ 8 Ende des Arbeitsverhältnisses

Das Fahrzeug ist mit sämtlichen Papieren bei Beendigung des Arbeitsverhältnisses dem Arbeitgeber zurückzugeben. Zurückbehaltungsrechte können nicht geltend gemacht werden.
Wird die Arbeitnehmer:in während der Kündigungsfrist oder sonst von der Arbeit freigestellt, kann der Arbeitgeber die Herausgabe des Fahrzeugs ab dem Zeitpunkt der Freistellung verlangen. Der Arbeitgeber hat in diesem Fall Schadensersatz in Höhe der steuerlichen Bewertung der privaten Nutzungsmöglichkeit zu leisten.

§ 9 Schlussbestimmungen

Diese Betriebsvereinbarung ist mit einer Frist von Monaten zum Schluss eines Kalenderjahres kündbar, erstmals zum Datum. Die Kündigung dieser Betriebsvereinbarung ist nur wirksam, wenn sie schriftlich erfolgt. Die Betriebsvereinbarung wirkt nach. Anlagen sind Bestandteil dieser Betriebsvereinbarung.

Umwandlung von Entgelt in Versorgungszusagen 60

Vorbemerkung

Gemäß § 1a Abs. 1 BetrAVG können Arbeitnehmer:innen vom Arbeitgeber verlangen, dass sie von ihrem Entgelt bis zu 4 % der jeweiligen Beitragsbemessungsgrenze in der allgemeinen Rentenversicherung (2025: 8050 €/Monat, also 322 €; 2026 voraussichtlich: 8450 €/Monat, also 338 €) in die betriebliche Altersversorgung umwandeln können. Dabei obliegt die Auswahl des Versorgungsträgers dem Arbeitgeber. Soweit es sich dabei um Tarifentgelte handelt, ist die Entgeltumwandlung allerdings nur zulässig, wenn und soweit dies in einem Tarifvertrag vorgesehen ist oder es eine entsprechende Öffnungsklausel im Tarifvertrag gibt (§ 20 Abs. 1 BetrAVG). Für viele Branchen in der Bundesrepublik gibt es entsprechende Altersvorsorgetarifverträge (z. B. Metallrente, Chemiepensionsfonds, Pensionskasse Ernährung und Genuss). Sie sehen neben vielfach arbeitgeberfinanzierten Beiträgen zu einer Tarifrente auch Regelungen zur Entgeltumwandlung vor. Diese wird im Rahmen der Tarifrente meist über Pensionskassen oder -fonds oder über eine Direktversicherung abgewickelt. Soweit solche Tarifrentensysteme Anwendung finden, sind die Vorschriften zwingend zu beachten. Die jeweiligen Träger der Tarifrenten haben abgestimmte Muster für ergänzende Betriebsvereinbarungen entwickelt, sofern diese überhaupt noch notwendig sind. Die folgende Musterbetriebsvereinbarung basiert nicht auf einer Tarifrente, sondern setzt voraus, dass es eine solche im Betrieb nicht gibt. Sie muss daher, sofern Tarifverträge im Betrieb Anwendung finden, auf die jeweiligen Tarifrentensysteme abgestimmt werden. Seit dem 1. 1. 2018 können Tarifverträge und darauf beruhende Betriebsvereinbarungen Entgeltumwandlungen im sog. Optionssystem vorsehen, d. h. es wird Entgelt umgewandelt, sofern der Arbeitnehmer nicht widerspricht (§ 20 Abs. 2 BetrAVG).
(Zum Umfang des Mitbestimmungsrechts des Betriebsrats siehe DKW-*Klebe*, § 87 Rn. 268, 324 m. w. N.).

§ 1 Geltungsbereich

Diese Betriebsvereinbarung gilt für

1. persönlich
2. sachlich
3. räumlich .

> **Hinweis:**
> Der Anspruch auf Entgeltumwandlung gem. § 1a Abs. 1 BetrAVG ist an keine Mindestbetriebszugehörigkeit (Wartezeit) oder ein Mindestalter geknüpft. Er ist auch nicht durch eine Befristung des Arbeitsvertrags ausgeschlossen. Es dürfen daher keine Arbeitnehmer:innengruppen von der Möglichkeit der Entgeltumwandlung ausgeschlossen werden.

§ 2 Entgeltumwandlung, Entgeltbestandteile, Leistungen

Arbeitnehmer:innen können vom Arbeitgeber verlangen, dass von künftigen Entgeltbestandteilen bis zu 4 % der jeweiligen Beitragsbemessungsgrenze der allgemeinen Rentenversicherung zum Zwecke der Altersversorgung umgewandelt werden können. Der umgewandelte Entgeltbetrag jährlich muss mindestens 1/160 der Bezugsgröße nach § 18 Abs. 1 SGB IV betragen.

> **Hinweis:**
> Der gesetzliche Anspruch auf Entgeltumwandlung ist auf 4 % der jeweiligen Beitragsbemessungsgrenze in der allgemeinen Rentenversicherung begrenzt. Dies schließt jedoch nicht aus, Arbeitnehmer:innen das Recht auf einen höheren Umwandlungsbetrag einzuräumen.

zusätzlich

Die Arbeitnehmer:in kann auch verlangen, dass von seinem Einkommen mehr als 4 % der jeweiligen Beitragsbemessungsgrenze der allgemeinen Rentenversicherung – bis zur Grenze des versicherungspflichtigen Entgelts nach dem SGB III (d. h. das verbleibende Monatsentgelt muss versicherungspflichtig bleiben) zum Zwecke der Altersvorsorge umgewandelt wird.

oder

Die Arbeitnehmer:in hat Anspruch auf Umwandlung künftiger Entgeltbestandteile zum Zwecke der Altersvorsorge – bis zur Grenze des versicherungspflichtigen Entgelts nach dem SGB III (d. h. das verbleibende Monatsentgelt muss versicherungspflichtig bleiben).

> **Hinweis:**
> Die Altersvorsorge kann neben laufenden Renten auch die Hinterbliebenenrente sowie Leistungen wegen Erwerbsunfähigkeit umfassen. Je mehr Rentenarten die Altersversorgung umfasst, desto geringer sind später die laufenden Renten. Allerdings sollten diese gerade angesichts der Kürzung bei den Erwerbsunfähigkeitsrenten nicht ausgeschlossen werden.

Es werden Versorgungsleistungen wegen Alters, Erwerbsminderung (Erwerbsunfähigkeit, Berufsunfähigkeit) und an die Hinterbliebenen (Witwe, Witwer, Waisen) erbracht.

oder

Die Beschäftigten können das Risiko der Erwerbsminderung und/oder der Versorgung der Hinterbliebenen abwählen. Es werden dann neben dem Alter nur die nicht abgewählten Risiken versichert.

§ 3 Durchführungsweg

Vorbemerkung

Die Auswahl des Durchführungsweges und der Unternehmen, die die Altersversorgung abwickeln, erfordert besondere Sorgfalt. Insbesondere ist neben einer soliden Anlagepolitik (Aktien?) auf die Höhe der Verwaltungskosten zu achten. Auch sollte eine Rolle spielen, ob der Träger ein gewinnorientiertes Unternehmen ist oder sich allein auf Anlage der Gelder der Arbeitnehmer konzentriert, ohne Eigentümer bedienen zu müssen.

Die Entgeltumwandlung zur Altersvorsorge wird durchgeführt durch

die Pensionskasse Name

oder

den Pensionsfonds Name

oder

die Direktversicherung Name.

> **Hinweis:**
> Es ist auch möglich, mehrere Träger auszuwählen und den Arbeitnehmer:innen die Wahl des Durchführungsweges zu überlassen.

Die Auswahl des Versorgungsträgers wird im Abstand von Jahren überprüft. Die Überprüfung wird gemeinsam von Arbeitgeber und Betriebsrat durchgeführt. Die Auswahl eines neuen Versorgungsträgers wird in einer Ergänzung dieser Betriebsvereinbarung festgelegt.

> **Hinweis:**
> In regelmäßigen Abständen sollte die Angebotsqualität des Versorgungsträgers überprüft werden. Dabei sollte für Pensionskassen und -fonds sichergestellt werden, dass bei Wechsel des Versorgungsträgers die bisherigen Ansprüche der Arbeitnehmer ohne Verluste auf den neuen Versorgungsträger übertragen werden können.

Arbeitnehmer:innen haben Anspruch darauf, dass im Rahmen des angebotenen Durchführungsweges sowohl die nach §§ 10a, 79ff. EStG geförderte als auch die ungeförderte Entgeltumwandlung möglich ist.

Hinweis:
Die geförderte Entgeltumwandlung ist die sog. »Riester-Rente«, eine private Altersvorsorge, die vom Netto-Entgelt erfolgt und durch staatliche Zulagen gefördert wird (§ 10a, §§ 79ff. EstG).
Die betriebliche Altersversorgung als Bruttoentgeltumwandlung wird nicht durch direkte staatliche Zuschüsse gefördert. Bei ihr entfallen aber die Sozialversicherungsbeiträge (§ 1 Abs. 1 Nr. 9 Sozialversicherungsentgeltverordnung). Steuern fallen im Rahmen der Förderungsgrenze bei der Bruttoentgeltumwandlung nicht an (§ 3 Nr. 63 EStG).
Bei der Entgeltumwandlung spart der Arbeitgeber seinen Anteil an den Sozialversicherungsbeiträgen. Ab 1. 1. 2019 für neue und ab 1. 1. 2022 für bestehende Umwandlungsvereinbarungen sieht das Gesetz vor, das 15 % der eingesparten Sozialversicherungsbeiträge des Arbeitgebers an die Versorgungseinrichtung ausgezahlt werden müssen (§ 1a Abs. 1a BetrAVG). Beiträge der Arbeitgeber zu Pensionskassen, Pensionsfonds und Direktversicherungen sind steuerfrei (§ 3 Nr. 63 EStG).

Der Arbeitgeber stockt den Umwandlungsbetrag der Arbeitnehmer:in (mindestens in Höhe des eingesparten Sozialversicherungsbeitrages) um / € auf.

§ 4 Verfahren
Der Antrag auf Entgeltumwandlung muss spätestens Monate vor dem ersten des Monats, zu dem die Vereinbarung in Kraft treten soll, schriftlich geltend gemacht werden.
Die Arbeitnehmer:in ist für Monate an seine Entscheidung gebunden. Er hat eine andere Entscheidung dem Arbeitgeber Monate vor dem gewünschten Wirksamkeitsdatum mitzuteilen.

Hinweis:
Entgeltumwandlung ist nur zulässig für zukünftig entstehende Entgeltansprüche. Zur Verwaltungsvereinfachung sind hier bestimmte Mindestbindungsfristen erforderlich.

§ 5 Information der Arbeitnehmer:innen
Der Arbeitgeber wird alle Arbeitnehmer:innen in Zusammenarbeit mit dem Name des Pensionsfonds, der Pensionskasse, der Versicherung über Möglichkeiten der Entgeltumwandlung, der Riester-Rente sowie der steuerlichen und sozialversicherungsrechtlichen Rahmenbedingungen informieren. Die Einzelheiten werden mit dem Betriebsrat abgestimmt.

§ 6 Unverfallbarkeit
Die Ansprüche der Arbeitnehmer:innen aus Entgeltumwandlung und Aufstockungsbetrag sind sofort unverfallbar.

§ 7 Schlussbestimmungen
Diese Betriebsvereinbarung ist mit einer Frist von Monaten zum Schluss eines Kalenderjahres kündbar, erstmals zum Datum. Die Kündigung dieser Betriebsvereinbarung ist nur wirksam, wenn sie schriftlich erfolgt. Die Betriebsvereinbarung wirkt nach. Anlagen sind Bestandteil dieser Betriebsvereinbarung.

60a **Arbeitgeberbeitrag zur betrieblichen Altersvorsorge – Kleinverdiener**

Vorbemerkung

Am 1.1.2018 sind wesentliche Änderungen im Bereich der Betriebsrenten (Betriebsrentenstärkungsgesetz) in Kraft getreten. Neu ist dabei u.a., dass Arbeitgeber, die für Arbeitnehmer:innen einen Beitrag zur betrieblichen Altersvorsorge leisten, einen staatlichen Zuschuss für Geringverdiener erhalten. Die Einkommensgrenze liegt bei einem zu versteuernden Einkommen von 2575 € pro Monat bzw. € 30900 pro Jahr (§ 100 Abs. 3 Nr. 3 EStG). Dabei werden Arbeitgeberbeiträge gefördert, sofern sie mindestens 240 € p.a. betragen. Dies gilt nur bei Einzahlung in Pensionsfonds, Pensionskassen oder eine Direktversicherung; nicht bei Unterstützungskassen und Entgeltumwandlung. Vor Vereinbarung ist jeweils zu prüfen, ob und inwieweit tarifliche Regelungen zur Altersvorsorge bestehen und diese ergänzt werden müssen, damit die neuen Zuschüsse genutzt werden können.

§ 1 Geltungsbereich

Diese Betriebsvereinbarung gilt für
1. räumlich
2. persönlich
3. sachlich

§ 2 Zweck, Arbeitgeberbeitrag für Kleinverdiener

Diese Betriebsvereinbarung ergänzt die Betriebsvereinbarung zur betrieblichen Altersvorsorge vom .

Der Arbeitgeber zahlt für jeden Kleinverdiener im Sinne von § 100 Abs. 3 Nr. 3 EStG einen Betrag von € jährlich in die Pensionskasse / den Pensionsfonds / die Direktversicherung ein.

§ 3 Schlussbestimmungen

Diese Betriebsvereinbarung ist mit einer Frist von Monaten zum Schluss eines Kalenderjahres kündbar, erstmals zum Datum. Die Kündigung dieser Betriebsvereinbarung ist nur wirksam, wenn sie schriftlich erfolgt. Die Betriebsvereinbarung wirkt nach. Anlagen sind Bestandteil dieser Betriebsvereinbarung.

13. Leistungsbezogene Entgeltbestandteile

61 **Akkord**

Vorbemerkung

Das Muster beruht auf keinem konkreten Tarifvertrag. Soweit Tarifverträge Regelungen zum Akkordentgelt enthalten, ist die Betriebsvereinbarung entsprechend anzupassen.

§ 1 Geltungsbereich

Diese Betriebsvereinbarung gilt für
1. räumlich
2. persönlich
3. sachlich für die Einführung des Zeitakkords.

§ 2 Grundsätze

Die Arbeitsbedingungen sind menschengerecht zu gestalten. Zu den Arbeitsbedingungen gehören die Arbeitsstätten und Arbeitsplätze, die Arbeitsumgebung, die Arbeitsstoffe, die Arbeitsverfahren und Arbeitsmethoden, die Arbeitsabläufe und Arbeitsinhalte.

Die festgesetzte Arbeitsmethode kann nur verändert werden, wenn wesentliche Veränderungen an den übrigen Arbeitsbedingungen vorgenommen worden sind. Sie kann nicht verändert werden, wenn die Arbeitnehmer individuelle Abweichungen vornehmen.

§ 3 Akkordrichtsatz
Die Tätigkeiten in den Abteilungen, in denen Zeitakkord eingeführt wird, sind verschiedenen Entgeltgruppen des Tarifvertrags zugeordnet. Der Akkordrichtsatz beträgt auf Basis des jeweils geltenden Tarifvertrags zurzeit:
Entgeltgruppe €
Entgeltgruppe €.

§ 4 Ermittlung der Zeitfaktoren und Datensammlung
Die Vorgabezeiten werden mit dem System ermittelt.

> **Hinweis:**
> Die Methoden zur Ermittlung z. B. Refa, Methods Time Measurement, Bédaux müssen in der Betriebsvereinbarung festgelegt werden. Im Folgenden wird von der Refa-Methode ausgegangen.

Die Erhebung der Daten wird von Abteilung; externes Unternehmen durchgeführt.
Bei der Datenermittlung sind folgende Informationen schriftlich zu dokumentieren:
- Ist-Zustand des Arbeitsplatzes mit Arbeitsbelastungen und Umgebungseinflüssen, Arbeitsverfahren/Arbeitsmethode/Arbeitsablauf
- Arbeitsgegenstände, verwendete Werkstoffe
- An- und Ablieferungszustand der Werkstücke
- Betriebsmittel (z. B. Maschinen, Werkzeuge, Vorrichtungen, EDV-Programme, technische Daten)
- Ist-Arbeitsgüte
- Verwendung vorhandener Schutzvorrichtungen und Arbeitsschutzmittel
- Einhaltung von Arbeitsschutzvorschriften
- Arbeitsunterlagen (Zeichnung, Arbeitsplan usw.)
- Namen der Personen, die bei der Datenermittlung unmittelbar beteiligt waren
- Betriebsabteilung, Kostenstelle, Arbeitsplatznummer
- Erfassungszeitraum (Beginn und Ende, jeweils mit Datum und Uhrzeit)
- Auftragsgröße (Losgröße)
- Lage der Datenermittlung innerhalb der Auftragsgröße
- Einarbeitungszustand der beobachteten Arbeitnehmer (Dauer der Ausübung der untersuchten Arbeitsaufgabe)

Die Datenermittlung muss reproduzierbar sein.
Der Zeitpunkt der Datenermittlung ist mit dem Betriebsrat zu vereinbaren und den Arbeitnehmern Tage vorher, unter Angabe von Gründen, mitzuteilen.

§ 5 Änderungen der Vorgabezeiten
Jede Änderung der Vorgabezeiten bedarf der vorherigen Zustimmung des Betriebsrats. Diese Betriebsvereinbarung ist entsprechend zu ergänzen.

§ 6 Akkordrichtsätze
Für die einzelnen Arbeiten werden Akkordrichtsätze festgelegt. Diese sind in der Anlage festgelegt. Diese Anlage ist Bestandteil dieser Betriebsvereinbarung. Jede Änderung der Akkordrichtsätze bedarf der vorherigen Zustimmung des Betriebsrats. Die Anlage ist entsprechend zu ergänzen.
Dabei werden die persönlichen und sachlichen Verteilzeiten sowie die Erholungszeiten im Einzelnen ausgewiesen.

> **Hinweis:**
> Die Verteilzeiten unterscheiden sich nach zu erledigender Arbeitsaufgabe. Die Erholzeiten können generell festgelegt werden oder in Abhängigkeit der konkreten Arbeit.

§ 7 Einarbeitungszeit

Arbeitnehmer werden nur dann im Akkord beschäftigt, wenn sie ausreichend eingearbeitet sind. Die Einarbeitungszeit beträgt in der Regel . Abweichungen hiervon bedürfen der Zustimmung des Betriebsrats.

Während der Einarbeitungszeit erhält der Arbeitnehmer den Durchschnittsverdienst der Abteilung, in der er arbeitet.

§ 8 Abrechnung

Jeder Arbeitnehmer erhält vor Beginn der Arbeit einen Akkordentgeltschein. Ein Muster ist dieser Betriebsvereinbarung als Anlage beigefügt.

Die Akkordentgeltscheine sind binnen Tagen/Wochen bei der Abteilung abzugeben.

Die Arbeitszeit wird über das Zeiterfassungssystem ermittelt.

§ 9 Entgeltsicherung

Minderleistungen, die ein Arbeitnehmer nicht zu vertreten hat, dürfen sich nicht nachteilig auf das Entgelt auswirken.

Sofern während der Akkordarbeit durch vom Arbeitnehmer nicht zu vertretende Umstände Zeitversäumnisse oder Wartezeiten auftreten, hat der Arbeitnehmer seinen Vorgesetzen unverzüglich zu informieren. Der Vorgesetzte hat dies schriftlich zu dokumentieren. Eine Reduzierung des Entgelts erfolgt nicht.

Der Arbeitnehmer erhält in diesen Fällen sein Entgelt auf der Basis der letzten drei abgerechneten Monate, mindestens aber den Akkordrichtsatz.

§ 10 Akkordkommission; Reklamationsverfahren

a. Akkordkommission

Streitigkeiten aus dieser Betriebsvereinbarung werden in der paritätischen Akkordkommission behandelt. Die paritätische Akkordkommission setzt sich aus Mitgliedern zusammen. Die Mitglieder werden je zur Hälfte vom Arbeitgeber und Betriebsrat bestimmt.

Streitigkeiten werden unverzüglich, jedoch innerhalb von zehn Arbeitstagen von der paritätischen Akkordkommission entschieden. Allen Mitgliedern der paritätischen Akkordkommission sind vom Arbeitgeber die erforderlichen Unterlagen zur Verfügung zu stellen.

Erfolgt innerhalb der paritätischen Akkordkommission keine Einigung, so ist die Angelegenheit innerhalb von zehn Arbeitstagen zwischen Betriebsrat und Geschäftsleitung zu verhandeln. Erfolgt auch hier keine Einigung, so tritt auf Antrag einer Seite innerhalb von zehn Arbeitstagen die ständige Einigungsstelle zusammen.

> **Hinweis:**
> Eine rasche Konfliktlösung über die Einigungsstelle ist nur bei Einrichtung einer ständigen Einigungsstelle möglich.

b. Reklamation

Vorgabezeiten oder Arbeitsbedingungen können von einzelnen Arbeitnehmern oder dem Betriebsrat reklamiert werden. Reklamationen sind bei der Abteilung /Betriebsrat zu stellen. Der reklamierte Sachverhalt wird von der paritätischen Akkordkommission verhandelt.

Eine Entscheidung der paritätischen Akkordkommission über den reklamierten Sachverhalt hat diese dem Arbeitgeber, dem Betriebsrat und dem Arbeitnehmer mitzuteilen. Wird die Entscheidung vom Arbeitgeber/vom Betriebsrat nicht akzeptiert, kann die ständige Einigungsstelle angerufen werden.

Wird ein Soll-Wert zugunsten der Arbeitnehmer geändert, so gilt er vom Zeitpunkt der Reklamation an. Wird ein Soll-Wert zuungunsten der Arbeitnehmer geändert, so gilt er vom Zeitpunkt der Änderung. Für die Dauer des Reklamationsverfahrens erhält der Arbeitnehmer mindestens seinen bisherigen Durchschnittsverdienst.

§ 11 Schlussbestimmungen

Diese Betriebsvereinbarung ist mit einer Frist von Monaten zum Schluss eines Kalenderjahres kündbar, erstmals zum Datum. Die Kündigung dieser Betriebsvereinbarung ist nur wirksam, wenn sie schriftlich erfolgt. Die Betriebsvereinbarung wirkt nach. Anlagen sind Bestandteil dieser Betriebsvereinbarung.

Prämienlohn 62

Vorbemerkung

Prämienlohn wird vielfach anstelle des Akkordlohns vereinbart. Bei der konkreten Ausgestaltung der einzelnen Prämiensätze sollten Experten hinzugezogen werden. Während für das Akkordentgelt relativ viele Tarifverträge genaue Vorgaben enthalten, finden sich zum Prämienlohn meist nur Rahmenregelungen. Die hier vorgeschlagene Rahmenbetriebsvereinbarung beruht auf einem Entwurf der IG Metall. Im Hinblick auf die genauen Prämiensätze sind für einzelne Betriebs- bzw. Produktionsteile ergänzende Vereinbarungen zu schließen.

§ 1 Geltungsbereich

Diese Betriebsvereinbarung gilt für

1. räumlich
2. persönlich
3. fachlich .

§ 2 Grundsätze der Gestaltung

1. Die Arbeitsbedingungen sind menschengerecht zu gestalten. Zu den Arbeitsbedingungen gehören die Arbeitsstätten und Arbeitsplätze, die Arbeitsumgebung, die Arbeitsstoffe, die Arbeitsverfahren und Arbeitsmethoden, die Arbeitsabläufe und Arbeitsinhalte.
2. Die festgesetzte Arbeitsmethode kann nur verändert werden, wenn wesentliche Veränderungen an den übrigen Arbeitsbedingungen vorgenommen worden sind. Sie kann nicht verändert werden, wenn die Arbeitnehmer individuelle Abweichungen vornehmen.
3. Der zeitliche Umfang der Arbeitsinhalte muss mindestens 1, 5 Minuten betragen. Bestehende Arbeitsinhalte dürfen nur bei zwingenden sachlichen Gründen und nach Vereinbarung mit dem Betriebsrat weiter aufgeteilt werden.
4. Der reklamierte Sachverhalt wird in der Prämienkommission gemäß § 11 Nr. 4 dieser Vereinbarung behandelt.

§ 3 Prämienbezugsgröße

1. Folgende Prämienbezugsgrößen können in einer Einzelvereinbarung vereinbart werden:
   - Mengen: Mengen sind Zeiten, Stückzahlen, Zahl der Vorgänge oder Zahl der Abläufe.
   - Nutzung/Stillstand; Nutzungsgrad.
2. Die Kombination von sich widersprechenden Bezugsgrößen ist nicht zulässig.

§ 4 Datenermittlung

1. Allgemeine Anforderungen

Für jede Datenermittlung ist dem Betriebsrat vorab ihr Zweck mitzuteilen. Die ermittelten Daten dürfen nur für den angegebenen Zweck verwendet werden. Die ermittelten Daten müssen repräsentativ und reproduzierbar sein und eine dem Verwendungszweck entsprechende Genauigkeit aufweisen.

2. Zuständigkeit

Die Ermittlung der Daten erfolgt durch Arbeitnehmer der Abteilung . Diese sind dem Betriebsrat mitzuteilen.

3. Reproduzierbare Arbeitsbeschreibung

3.1. Bei jeder Datenermittlung sind folgende Umstände schriftlich festzuhalten, so dass sie reproduzierbar sind:

- Ist-Zustand des Arbeitsplatzes mit Arbeitsbelastungen und Umgebungseinflüssen, Arbeitsverfahren/Arbeitsmethode/Arbeitsablauf
- Arbeitsgegenstände, verwendete Werkstoffe
- An- und Ablieferungszustand der Werkstücke
- Betriebsmittel (z. B. Maschinen, Werkzeuge, Vorrichtungen, DV-Programme, technische Daten)
- Ist-Arbeitsgüte
- Verwendung vorhandener Schutzvorrichtungen und Arbeitsschutzmittel
- Einhaltung von Arbeitsschutzvorschriften
- Arbeitsunterlagen (Zeichnung, Arbeitsplan usw.)
- Namen der Personen, die bei der Datenermittlung unmittelbar beteiligt waren
- Betriebsabteilung, Kostenstelle, Arbeitsplatznummer
- Erfassungszeitraum (Beginn und Ende, jeweils mit Datum und Uhrzeit)
- Auftragsgröße (Losgröße)
- Lage der Datenermittlung innerhalb der Auftragsgröße
- Einarbeitungszustand des beobachteten Arbeitnehmers (Dauer der Ausübung der untersuchten Arbeitsaufgabe)

3.2. Für die reproduzierbare Arbeitsbeschreibung wird ein Formular verwendet, das als Anlage zu dieser Betriebsvereinbarung vereinbart wird.

4. Methoden der Datenermittlung

4.1. Die Datenermittlung erfolgt nach folgenden Methoden:

a. Vereinbaren
Die Daten werden zwischen den Beauftragten der Geschäftsleitung und des Betriebsrats schriftlich vereinbart.

b. Messen von Ist-Zeiten
Verwendete Geräte sind mit dem Betriebsrat zu vereinbaren.
Das Messen von Ist-Zeiten erfolgt mit:
Stoppuhr, Typ:
oder
Datenerfassungsgerät mit elektronischer Speicherung, Typ:

oder

Die jeweils im Betrieb zur Anwendung kommenden Messmethoden müssen in der Betriebsvereinbarung einschließlich der verwendeten Geräte genau festgelegt werden.

4.2. Die Zeiten werden durch Fortschrittszeitmessung ermittelt.

4.3. Die ermittelten Zeiten sind in jedem Fall so zu dokumentieren, dass sie nicht geändert werden können.

4.4. Für die manuelle Aufschreibung wird ein Formular verwendet, das als Anlage zu dieser Betriebsvereinbarung vereinbart wird. Die Unterlagen werden fortlaufend nummeriert.

4.5. Der Zeitpunkt der Datenermittlung ist mit dem Betriebsrat zu vereinbaren und den Arbeitnehmern Tage vorher, unter Angabe von Gründen, mitzuteilen.

4.6. Datenaufbereitung und Datenverwendung von gemessenen Ist-Zeiten: Die gemessenen Ist-Zeiten sind für jeden Zyklus aufzubereiten. Werden die Ist-Zeiten für Planzeiten verwendet, erfolgt die Aufbereitung für jeden Ablaufabschnitt. Zur Vereinbarung von Soll-Daten gemäß § 7 Nr. 1 wird verwendet:

Gemessene Ist-Zeiten können nur für die Vereinbarung von Soll-Daten verwendet werden, wenn das zu erstellende Häufigkeitsbild eine eindeutige Tendenz bei annähernder Normalverteilung aufweist.

Alle gemessenen Einzelwerte werden zur Ermittlung des arithmetischen Mittelwertes herangezogen.

a. der arithmetische Mittelwert, sofern die Kennziffer Epsilon kleiner oder gleich ± 1 % ist.
oder

b. der um Epsilon erhöhte arithmetische Mittelwert, sofern die Kennzahl Epsilon größer ± 1 % ist.
oder
c. der arithmetische Mittelwert zuzüglich %.
oder
d. ein Wert, der zwischen dem arithmetischen Mittelwert und dem höchsten Wert liegt und zwischen den Beauftragten der Geschäftsleitung und des Betriebsrats vereinbart wird.

Die Kennzahl Epsilon bezeichnet die relative Breite des Vertrauensbereichs um den Mittelwert in ± bei einer Wahrscheinlichkeit von 95 %.

4.7 Rechnen technisch bedingter Zeiten: Technisch bedingte Zeiten werden im Rahmen des Arbeitsverfahrens durch das Betriebsmittel vorgegeben. Sie können aufgrund der technischen Daten des jeweiligen Betriebsmittels mit Tabellen, Formeln und Schaubildern ermittelt werden. Die Voraussetzungen, unter denen diese gelten, sind eindeutig zu vermerken. Die technischen Ausgangswerte (z. B. Drehzahlen, Vorschub, Schnitttiefe) sind zu dokumentieren.

Voraussetzungen und technische Ausgangswerte sind auf dem Formular, das als Anlage zu dieser Betriebsvereinbarung verarbeitet wird, festzuhalten. Herstellerwerte müssen gegebenenfalls mit Korrekturen versehen werden. Im Reklamationsfalle sind diese Werte durch Messen zu ermitteln.

4.8 Planzeiten

4.8.1 Daten, die mit den vereinbarten Methoden der Datenermittlung und nach Bestimmungen dieser Betriebsvereinbarung ermittelt wurden, können zur Bildung von Planzeiten verwendet werden.

4.8.2 Planzeiten können mit folgenden Methoden gebildet werden:

- Zusammensetzen

  oder
- Interpolieren

Hier muss die jeweils im Betrieb verwandte Methode festgelegt werden.

4.8.3 Planzeiten werden in Tabellen ausgewiesen. Der Ursprung von Planzeiten muss nachweisbar sein. Die Voraussetzungen, unter denen sie gelten, sind zu vermerken.

4.8.4 Die Verwendung außerbetrieblicher Planwerte ist nicht zulässig.

4.8.5 Zusammensetzen von Planzeiten

Werden Planzeiten durch Zusammensetzen von Mittelwerten aus Ablaufabschnitten verschiedener Zeitaufnahmen gebildet, so müssen die Werte der einzelnen Ablaufabschnitte unter vergleichbaren Bedingungen entstanden sein.

Durch Messen ermittelte Ausgangswerte müssen, entsprechend den Bestimmungen dieser Vereinbarung, statistisch aufbereitet werden.

4.8.6 Interpolieren

Werden Planzeiten durch Interpolieren gebildet, so werden zwischen zwei Ausgangswerten einer Einflussgröße Zwischenwerte gebildet. Der Abstand zwischen dem oberen und dem unteren Ausgangswert darf nur so groß sein, dass vergleichbare Bedingungen vorliegen. Im Zweifelsfall wird der Abstand zwischen den Beauftragten der Geschäftsleitung und des Betriebsrats einvernehmlich festgelegt.

Die Ausgangswerte müssen den Bestimmungen des § 4.6 entsprechen.

Das Extrapolieren ist nicht zulässig.

§ 5 Erholungszeit/persönliche Zeit

1. Die persönliche Zeit beträgt mindestens drei Minuten in der Stunde. Die Anwendung von Datenermittlungsmethoden zur Festlegung von persönlichen Zeiten ist nicht zulässig.
2. Erholungszeit
   a) Die Erholungszeit beträgt mindestens sechs Minuten pro Stunde. In der Zeit zwischen 19.00 Uhr und 6.00 Uhr beträgt sie mindestens zwölf Minuten pro Stunde.
   oder
   b) Die Erholungszeiten werden für die einzelnen Abteilungen/Arbeitsplätze zwischen Geschäftsleitung und Betriebsrat wie folgt vereinbart: .

c) Die Erholungszeiten werden mit dem »arbeitswissenschaftlichen, praxisorientierten Verfahren zur Erholungszeitermittlung (APE)« methodisch ermittelt. Das Verfahren ist in der Anlage dokumentiert.

3. Die Form der Gewährung der Erholungszeiten ist mit dem Betriebsrat zu vereinbaren. Die Erholungszeiten werden wie folgt organisiert:
   a) zeitlich festgelegte Pausen
   oder
   b) durch Ablösung oder Springer
   oder
   c) freie Wahl der Erholungspausen.

Hinweis:
Bei der freien Wahl der Erholungspausen muss in der Praxis sichergestellt sein, dass die Pausen auch wirklich genommen werden. Ggf. kann hier eine Erprobungsphase vereinbart werden. Stellt sich heraus, dass die Pausen nicht genommen werden, sollte vorsorglich eine der anderen Möglichkeiten vereinbart werden.

1. Die Erholungszeit und die persönliche Zeit werden mit dem durchschnittlichen Prämienverdienst des Arbeitnehmers entlohnt.

§ 6 Einrichtzeiten (Rüstzeiten) und eingeplante Ausfallzeiten (sachliche Verteilzeiten)

1. Zu den Einrichtzeiten/Rüstzeiten zählen:
   a) Beschaffen und Lesen von Auftragsunterlagen oder
   b) Beschaffen von Werkzeugen, Vorrichtungen und DV-Programmen oder
   c) Einrichten von Betriebsmitteln oder
   d) Erstellen, Korrigieren und Optimieren von DV-Programmen oder
   e) Abbau und Rücklieferung von Werkzeugen, Vorrichtungen und Programmen oder
   f) Säuberungsarbeiten bei Auftragsende oder Unterbrechungen oder .
2. Zu den geplanten Ausfallzeiten (sachliche Verteilzeiten) zählen:
   a) Arbeitsplatz bei Schichtbeginn vorbereiten oder
   b) Arbeitsplatz bei Schichtende in den Ausgangszustand zurückversetzen oder
   c) An- und Auslaufzeiten von Betriebsmitteln oder
   d) Wartungsarbeiten an Betriebsmitteln oder
   e) Werkzeug wechseln und/oder nachstellen oder
   f) Kurze gelegentliche Störungen oder
   g) Kurze Dienstgespräche oder
   h) Nicht regelmäßig anfallende Kontrollaufgaben
   i) weitere Möglichkeiten einfügen.
3. Behandlung von Einricht- und Ausfallzeiten
   3.1 Einrichtungszeiten werden auftragsbezogen vorgegeben (Minuten pro Auftrag)
   3.2. Eingeplante Ausfallzeiten werden bei der Vereinbarung der Soll-Daten wie folgt berücksichtigt:
   a. sie werden pro Schicht berücksichtigt (Minuten pro Schicht) und mit dem durchschnittlichen Verdienst des Arbeitnehmers entlohnt.
   oder
   b. sie werden durch einen Zuschlag von % auf die Werte gemäß § 4 Nr. 5–8 berücksichtigt.
   3.3. Zusätzliche Tätigkeiten und Tätigkeitsunterbrechungen, die nicht durch die § 6 Nr. 1 und 2 abgedeckt sind oder die Dauer von Minuten überschreiten, müssen von den Arbeitnehmern gemeldet werden. Sie werden mit dem durchschnittlichen Verdienst des Arbeitnehmers bezahlt.

§ 7 Vereinbarung und Anwendung der Soll-Daten

1. Die Soll-Daten werden auf der Grundlage der gemäß § 4 ermittelten Daten zwischen den Beauftragten des Arbeitgebers und des Betriebsrats vereinbart. Streitigkeiten werden in der paritätischen Prämienkommission behandelt.
2. Bei der Verwendung der Soll-Daten sind zu berücksichtigen:
   - Erholungszeit
   - persönliche Zeit
   - Einrichtzeit
   - eingeplante Ausfallzeit
3. Die Aufträge werden schriftlich, vor Beginn der Arbeit, mit allen notwendigen Daten vorgegeben.
4. Die erledigten Aufträge müssen für die Lohnabrechnung innerhalb von Arbeitstagen schriftlich gemeldet werden.
5. Mehrstellenarbeit/Mehrmaschinenarbeit
   Bei Mehrstellenarbeit und/oder Mehrmaschinenarbeit werden, bei der Vereinbarung der Soll-Daten, die Ausfallzeiten berücksichtigt, die darauf zurückzuführen sind, dass Arbeitnehmer an mehreren Stellen gleichzeitig tätig werden müssen. Zuschläge für Überschneidungen sind mit dem Betriebsrat in der Einzelprämienvereinbarung zu vereinbaren.
6. Gruppenarbeit

Hinweis:
Wenn Gruppenarbeit eingeführt wird, sind neben den allgemeinen Regelungen zur Gruppenarbeit spezielle Regelungen für den Prämienlohn erforderlich. Dies gilt insbesondere für die Personalbemessung für die Arbeitsgruppen.
Bei der Vereinbarung der Soll-Daten sind neben Erholungszeiten, persönlichen Zeiten, Einricht- und eingeplanter Ausfallzeiten auch Planungszeiten für dispositive steuernde und planende Tätigkeiten zu berücksichtigen.
Die Mitglieder der Gruppe sind so einzuweisen und zu qualifizieren, dass sie an allen Arbeitsplätzen der Gruppe tätig sein können. Die Eingruppierung erfolgt unter Beachtung der jeweiligen Tarifvertragsbestimmungen.

§ 8 Prämienentgelt/Prämienleistung

Modell A: Standardprämie

1. Prämienendleistung

Die Prämienendleistung ist die der Vereinbarung nach § 7 Nr. 1 entsprechende Mengenleistung. Diese muss körperlich, sozial und psychisch zumutbar und erreichbar sein.

2. Prämienendentgelt

Für die Einhaltung der Prämienendleistung wird der Prämienendlohn gezahlt. Dieser beträgt % des Tarifentgelts.

3. Unterschreitung der Prämienendleistung

3.1. Variante 1

Die Unterschreitung der Prämienendleistung führt zu keiner Verdienstminderung. Wird die Prämienendleistung in zwei aufeinander folgenden Abrechnungszeiträumen nicht erreicht, so haben die Beauftragten des Arbeitgebers und des Betriebsrats die Ursache zu prüfen. Streitigkeiten werden in der paritätischen Prämienkommission behandelt.

Prämienentgeltlinie

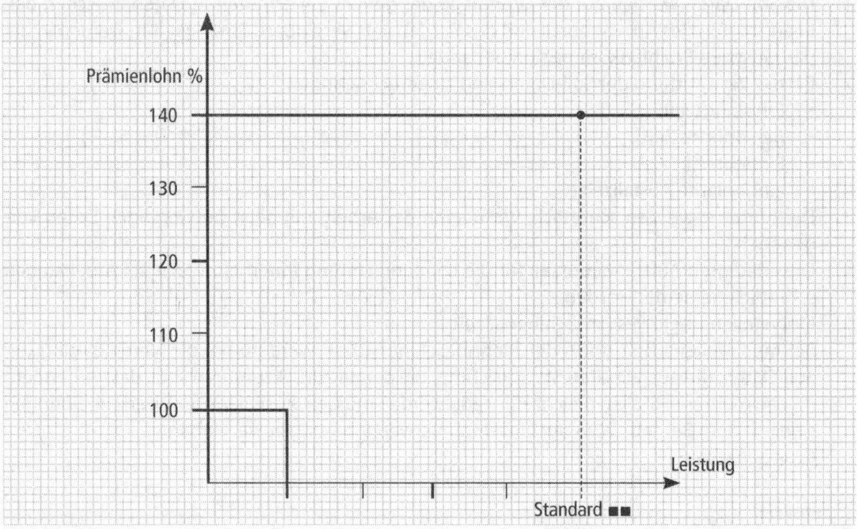

3.2. Variante 2
Unterschreitungen der Prämienendleistung, die die Arbeitnehmer nicht zu vertreten haben, führen zu keiner Verdienstminderung.
Wird die Prämienendleistung aus Gründen, die die Arbeitnehmer zu vertreten haben, nicht erreicht, so vermindert sich das Prämienentgelt entsprechend der vereinbarten Prämienentgeltlinie.
Wird die Prämienendleistung in zwei aufeinander folgenden Abrechnungszeiträumen nicht erreicht, so haben die Beauftragten des Arbeitgebers und des Betriebsrats die Ursache zu prüfen. Streitigkeiten werden in der paritätischen Prämienkommission behandelt.
Der Prämienverdienst der Arbeitnehmer darf z. B. 130 % des Tarifentgelts nicht unterschreiten.

Prämienentgeltlinie

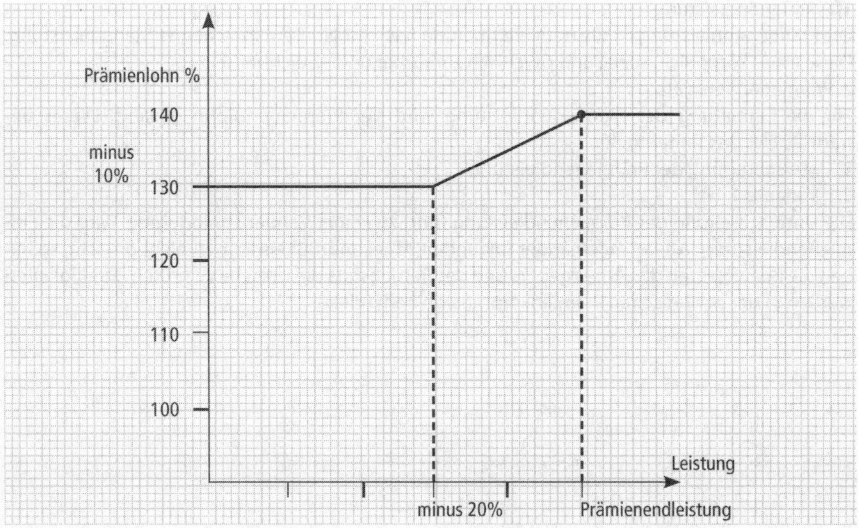

§8 Prämienentgelt/Prämienleistung
Modell B: Vario-Prämie
1. Prämienleistung
Die Prämien-Soll-Leistung ist die der Vereinbarung nach §7 Nr. 1 entsprechende Mengenleistung. Sie kann um % über- oder unterschritten werden. Das Erreichen der Prämienendleistung muss körperlich, sozial und psychisch zumutbar sein.
2. Prämienentgelt
Für die Einhaltung der Prämien-Soll-Leistung wird ein Prämienentgelt in Höhe von des Tarifentgelts gezahlt. Eine Über- oder Unterschreitung der Prämien-Soll-Leistung führt zu einer direkt proportionalen Änderung des Prämienentgelts (entspricht der vereinbarten Prämienentgeltlinie).
3. Unterschreitung der Prämien-Soll-Leistung
3.1. Eine Unterschreitung der Prämien-Soll-Leistung, die der Arbeitnehmer nicht zu vertreten hat, führt zu keiner Verdienstminderung.
3.2. Wird die Prämien-Soll-Leistung aus Gründen, die der Arbeitnehmer zu vertreten hat, nicht erreicht, so vermindert sich das Prämienentgelt entsprechend der vereinbarten Prämienentgeltlinie.
3.3. Wird die Prämien-Soll-Leistung in zwei aufeinander folgenden Abrechnungszeiträumen nicht erreicht, so haben die Beauftragten des Arbeitgebers und des Betriebsrats die Ursachen zu prüfen. Streitigkeiten werden in der paritätischen Kommission behandelt.
3.4. Der Prämienverdienst des Arbeitnehmers darf z.B. 130% des Tarifentgelts nicht unterschreiten.
4. Prämienentgeltlinie
Die Prämienentgeltlinie verläuft direkt proportional im Verhältnis 1:1, gemäß dem vereinbarten Diagramm.

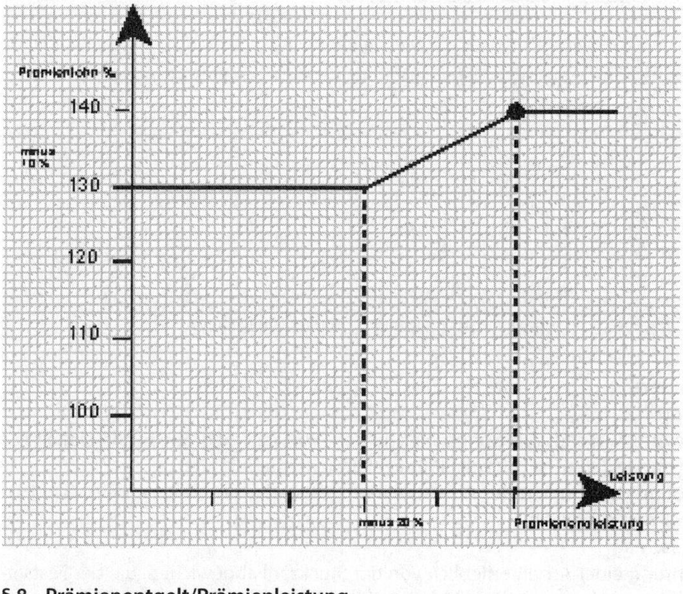

§8 Prämienentgelt/Prämienleistung
Modell C: Anreizprämie
1. Prämienleistung
Die Prämienausgangsleistung ist die nach §7 Nr. 1 ermittelte Mengenleistung multipliziert mit dem Verdienstfaktor von 1, .

Die Prämienendleistung muss körperlich, sozial und psychisch zumutbar und erreichbar sein. Sie liegt % über der Prämienausgangsleistung.

> **Hinweis:**
> Durch den Faktor muss die Prämienendleistung erreichbar werden. Liegt sie bei z. B. 140 %, so beträgt der Faktor 1, 4.

2. Prämienentgelt
Für die Prämienausgangsleistung wird der Prämienausgangslohn gezahlt. Dieser entspricht dem Tariflohn der jeweiligen Entgeltgruppe.
Das Prämienendentgelt beträgt % des jeweiligen tariflichen Grundentgelts und wird für die Prämienendleistung gezahlt.
3. Prämienuntergrenze
Der Prämienverdienst darf die Prämienuntergrenze von z. B. 130 % des Tarifentgelts nicht unterschreiten.
4. Prämienentgeltlinie
Die Prämienentgeltlinie verläuft direkt proportional im Verhältnis 1:1 gemäß dem vereinbarten Diagramm.

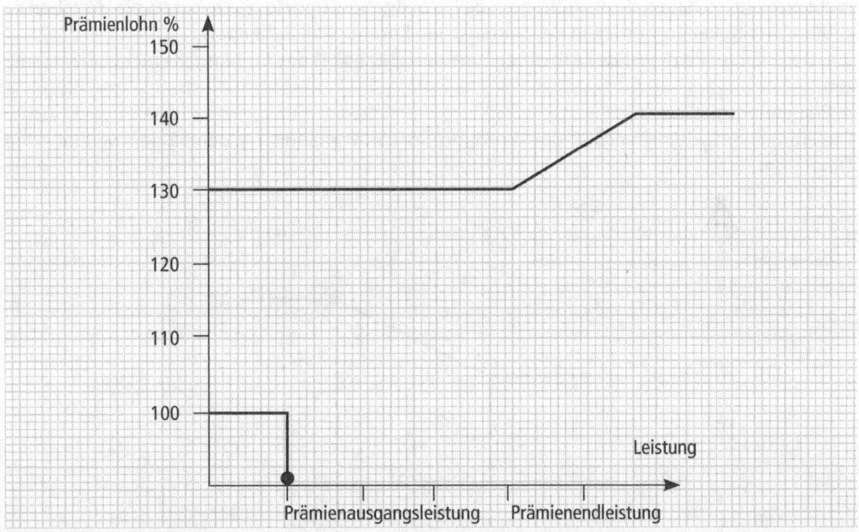

§ 9 Zusatzregelungen
1. Ausschussregelung
Für fehlerhafte Arbeiten (Ausschuss), die ohne Verschulden (Vorsatz und grobe Fahrlässigkeit des Arbeitnehmers) entstanden sind, ist der volle Prämienverdienst zu bezahlen.
Nacharbeiten, die ohne Verschulden der Arbeitnehmer notwendig sind, werden mit dem Prämiendurchschnittsverdienst bezahlt.
2. Mindermengenzuschlag
Wird bei der Ausführung einer Arbeit erheblich von der Stückzahl abgewichen, die der Festsetzung der Soll-Daten zugrunde lag, so wird die Soll-Zeit um % erhöht.
3. Einarbeitungszeit
Werden Arbeitnehmer neu eingestellt oder ihnen neue Prämienarbeiten übertragen, werden sie an einen anderen Arbeitsplatz versetzt, so erhalten sie eine Einarbeitungszeit von Wochen. Während der Einarbeitungszeit erhalten sie ihren Prämiendurchschnittsverdienst, neu eingestellte Arbeitnehmer den Durchschnittsverdienst der Abteilung.

oder
In Gruppenarbeit erhält die Gruppe für die Dauer der Einarbeitungszeit einen anteiligen Zeitzuschlag.

§ 10 Änderung der Soll-Daten
Soll-Daten dürfen nur geändert werden:
1. aufgrund eines Antrags des Arbeitgebers, sofern er mit technisch/organisatorischen Änderungen begründet wird, die maßgeblichen Einfluss auf die Höhe der Soll-Daten haben;
2. aufgrund der Reklamation eines Arbeitnehmers oder des Betriebsrats
3. und einer Ursachenprüfung gemäß § 8;
4. Streitigkeiten werden in der paritätischen Prämienkommission behandelt.

§ 11 Paritätische Prämienkommission, Regelungen von Streitigkeiten, Reklamationsverfahren
1. Streitigkeiten aus dieser Betriebsvereinbarung werden in der paritätischen Prämienkommission behandelt. Die paritätische Prämienkommission setzt sich aus Mitgliedern zusammen. Die Mitglieder werden je zur Hälfte vom Arbeitgeber und Betriebsrat bestimmt.
2. Streitigkeiten werden unverzüglich, jedoch innerhalb von zehn Arbeitstagen von der paritätischen Prämienkommission entschieden. Allen Mitgliedern der paritätischen Prämienkommission sind vom Arbeitgeber die erforderlichen Unterlagen zur Verfügung zu stellen.
3. Erfolgt innerhalb der paritätischen Prämienkommission keine Einigung, so ist die Angelegenheit innerhalb von zehn Arbeitstagen zwischen Betriebsrat und Geschäftsleitung zu vereinbaren. Erfolgt auch hier keine Einigung, so muss auf Antrag einer Seite innerhalb von zehn Arbeitstagen die Einigungsstelle nach § 76 BetrVG zusammentreten.
4. Reklamation
   Soll-Daten oder Arbeitsbedingungen können von einzelnen Arbeitnehmern oder dem Betriebsrat reklamiert werden. Reklamationen sind bei der Abteilung /Betriebsrat zu stellen. Der reklamierte Sachverhalt wird von der paritätischen Prämienkommission gemäß § 11 und § 11 Nr. 3 behandelt.
   Eine Entscheidung der paritätischen Prämienkommission über den reklamierten Sachverhalt hat diese dem Arbeitgeber, dem Betriebsrat und dem Antragsteller mitzuteilen. Wird die Entscheidung vom Arbeitgeber/vom Betriebsrat nicht akzeptiert, ist nach § 11 Nr. 3 zu verfahren. Wird ein Soll-Wert zugunsten der Arbeitnehmer geändert, so gilt er vom Zeitpunkt der Reklamation an. Wird ein Soll-Wert zuungunsten der Arbeitnehmer geändert, so gilt er ab dem Zeitpunkt der Änderung. Für die Dauer des Reklamationsverfahrens erhält der Arbeitnehmer mindestens seinen bisherigen Durchschnittsverdienst.

§ 12 Einzelprämienvereinbarung
Auf der Grundlage dieser Rahmenbetriebsvereinbarung werden Einzelprämienvereinbarungen abgeschlossen. In einer Einzelvereinbarung zum Prämienlohn sind zu vereinbaren:
- Geltungsbereich
- Arbeitssystembeschreibung
- Prämienbezugsgröße
- Prämienendleistung (Soll-Daten)
- Regelungen bei Gruppenarbeit gemäß § 7 Nr. 6
- Einführungszeit und Kündigung

§ 13 Übergangsregelungen
1. Umstellung bisheriger Vorgabezeiten auf neue Soll-Daten
2. Besitzstandsregelung
3. Außerkrafttreten bzw. Weitergeltung bisheriger Betriebsvereinbarungen

§ 14 Schlussbestimmungen

Diese Betriebsvereinbarung ist mit einer Frist von Monaten zum Schluss eines Kalenderjahres kündbar, erstmals zum Datum. Die Kündigung dieser Betriebsvereinbarung ist nur wirksam, wenn sie schriftlich erfolgt. Die Betriebsvereinbarung wirkt nach. Anlagen sind Bestandteil dieser Betriebsvereinbarung.

14. Vorschlagswesen

63 **Betriebliches Vorschlagswesen – Freie Verbesserungsvorschläge**

Vorbemerkung

Gegenstand einer Betriebsvereinbarung zum Betrieblichen Vorschlagswesen sind nur die sog. freien Verbesserungsvorschläge. Es handelt sich bei ihnen um eine zusätzliche Leistung des Arbeitnehmers, zu der er nicht nach seinem Arbeitsvertrag verpflichtetet ist (vgl. DKW-*Klebe*, § 87 Rn. 364). Besonderes Augenmerk sollte darauf gerichtet werden, ob angenommene Verbesserungsvorschläge in Datenbanken eingestellt werden, die anderen Unternehmensteilen im Ausland die Nutzung des Verbesserungsvorschlages ermöglichen. Ist dies der Fall, muss dies bei der Honorierung berücksichtigt werden.

1. Geltungsbereich, Definition von Verbesserungsvorschlägen

Es muss sich um zusätzliche Leistungen handeln, für die keine Verpflichtung der Arbeitnehmer im Rahmen ihres Arbeitsverhältnisses besteht. Weiterhin muss die Abgrenzung zu Erfindungen, die unter das Arbeitnehmerfindungsgesetz fallen, geregelt werden.

2. Prüfungsverfahren für die Verbesserungsvorschläge

- Wer prüft die eingereichten Vorschläge? Wer entscheidet? Wie und wo werden Vorschläge eingereicht?
- Entscheidung durch paritätisch besetzte Kommission von Arbeitgeber und Betriebsrat.
- Einbeziehungen der Fachabteilungen im Hinblick auf die Prüfung und Qualität der Verbesserungsvorschläge.
- Fristen für die Bearbeitung durch Fachabteilungen und Bewertungskommission.
- Einsetzung eines Beauftragten, der das Vorschlagswesen verantwortlich betreut.
- Geklärt werden muss, welche Einspruchsrechte es für den Einreicher von Verbesserungsvorschlägen gibt, wenn er nicht mit dem inhaltlichen Ergebnis der Prüfung einverstanden ist.

3. Regeln für die Bewertung der Vorschläge

- Bewertungsmaßstäbe für die Prämierung: mögliches Einsparpotential und wirtschaftlicher Vorteil für das Unternehmen in welchem Zeitraum?
- Bewertungsmaßstab für Vorschläge, die keinen direkten wirtschaftlichen Vorteil haben, aber z. B. dem Arbeits- und Gesundheitsschutz dienen?
- Mögliche Umsetzungsfrist für Verbesserungsvorschläge; anschließend freie Verwertung durch Arbeitnehmer?

4. Höhe und Berechnung der Prämien

- Bei Vorschlägen von Gruppenregelungen zur Aufteilung der Prämien innerhalb der Gruppe.
- Bei Bewertung der Verbesserungsvorschläge nicht nur in einem Betrieb des Unternehmens bzw. Konzerns im Inland muss dies bei der Höhe der Prämien berücksichtigt werden. Gleiches gilt, wenn Verbesserungsvorschläge über ein DV-System weltweit zur Verfügung gestellt werden.

Siehe weiter das Muster einer Betriebsvereinbarung zur Förderung von Innovationen bei § 92a Rn. 27ff.

15. Gruppenarbeit

Checkliste Gruppenarbeit 64

Vorbemerkung

Die Checkliste zeigt die bei teilautonomer Gruppenarbeit i. S. v. § 87 Abs. 1 Nr. 13 BetrVG (zur Definition von Gruppenarbeit und ihrer Abgrenzung gegenüber anderen Formen der Zusammenarbeit vgl. DKW-*Klebe*, § 87 Rn. 376ff.) regelungsbedürftigen Punkte auf. Sofern Arbeitsgruppen Aufgaben des Betriebsrats übertragen werden sollen (DKW-*Wedde*, § 28a Rn. 3), sind diese Regelungen in die Betriebsvereinbarung zu integrieren.
Im Hinblick auf die Qualifikation der Gruppenmitglieder ist der Bildungsbedarf (vgl. DKW-*Klebe*, § 98 Rn. 1, 2) zu beachten.

1. Geltungsbereich

Genaue Abgrenzung der Abteilungen bzw. Arbeitnehmer, für die die Gruppenarbeit eingeführt bzw. geregelt werden soll.

2. Ziele und Grundsätze der Gruppenarbeit

Allgemeine Beschreibung der mit der Einführung von Gruppenarbeit verbundenen Ziele wie
- wirtschaftliche Ziele;
- Stärkung der Eigenverantwortlichkeit der Arbeitnehmer:innen, Erhöhung der Motivation;
- Erhöhung der Qualifikation.

3. Zusammensetzung und Arbeitsweise der Gruppen

- Größe der Gruppe; Personalbemessung in quantitativer (z. B. Berücksichtigung des Aufwands für Gruppenbesprechungen, Schulungen, Vertretungen; Berücksichtigung von schwankendem Arbeitsvolumen) und qualitativer Hinsicht (notwendige Qualifikationen in der Gruppe zur Bewältigung der Aufgaben), Rotation/Aufgabenwechsel in der Gruppe;
- Wer legt die Arbeitsaufgaben der Gruppe fest? Abgrenzung der Tätigkeiten der Gruppe zu indirekten Tätigkeiten wie Instandhaltung; Sicherung der Qualität, Materialfluss bzw. Integration solcher Tätigkeiten in die Gruppe;
- Eigenständige Arbeitsplanung der Gruppe, Dispositionsbefugnisse der Gruppe;
- Befugnisse der Gruppen, Urlaubspläne, Arbeitszeiten usw. zu regeln, Klärung, welche allgemeinen Vorgaben bzw. Betriebsvereinbarungen die Gruppe dabei zu beachten hat;
- Verzahnung der Gruppenarbeit mit evtl. im Betrieb angewandten Prozessen zur kontinuierlichen Verbesserung (KVP), zum Qualitätsmanagement (TQM) oder Hazard Analysis and Critical Control Point-Prozessen (HACCP);
- Gruppengespräche: Einfluss der Gruppe auf Themen. Wer legt Besprechungsthemen fest? Besprechungen während der Arbeitszeit; wenn außerhalb der Arbeitszeit: Erfassung und Entgelt wie Arbeitszeit;
- Ausreichender Rahmen für Gruppenbesprechungen (Ort, Raum, Material usw.);
- Zusammenarbeit mit anderen Gruppen;
- Entscheidungsfindung in der Gruppe; Entscheidungen durch Mehrheitsentscheid oder im Konsensverfahren; Regelungen zur Streitschlichtung; Möglichkeiten, durch gruppenexternen Moderator Konflikte zu schlichten, Sicherung von Interessen einzelnen Gruppenmitglieder gegenüber den Mehrheitsinteressen in Bezug auf Arbeitszeit; Tätigkeiten, Urlaub usw.;
- Klärung, wer gegenüber der Gruppe Anweisungen in fachlicher bzw. disziplinarischer Hinsicht erteilen darf.

4. Gruppensprecher

- Bestellung durch Arbeitgeber nach Rücksprache mit der Gruppe;
- Wahlverfahren, Abberufung; Festlegung, dass Amt nur zeitlich befristet wahrgenommen wird; Klärung, ob Wiederwahl möglich sein soll oder ob Aufgabe rotieren soll;

- Festlegung der Aufgaben des Gruppensprechers (u. a. Koordination der Arbeit; Kommunikation mit anderen Gruppen bzw. Abteilungen des Betriebs; Leitung der Gruppenbesprechungen; Konfliktbewältigung);
- Abgrenzung der Rolle des Gruppensprechers gegenüber Vorgesetztenposition;
- Besonderer Schutz von Gruppensprechern gegenüber Sanktionen durch den Arbeitgeber?

5. Qualifizierung

a. Soziale Kompetenz

Bei Einführung von Gruppenarbeit müssen die Mitglieder der Gruppe in Fragen der sozialen Kompetenz geschult werden. Dies bezieht methodische Fragen (Gruppenbesprechungen, Konfliktlösungen, Kommunikation usw.) ein. Solche Schulungen sollten in einem regelmäßigen Turnus wiederholt werden.

b. Fachliche Kompetenz

Aufgabenbezogene Schulungen, um sicherzustellen, dass alle Gruppenmitglieder die für alle Arbeitsaufgaben der Gruppe erforderliche fachliche Qualifikation haben, insbesondere, wenn die Gruppenmitglieder im Turnus alle Arbeitsaufgaben der Gruppe wahrnehmen können sollen.

c. Gruppensprecher

Für Gruppensprecher sollten für ihre besonderen Aufgaben (interne und externe Kommunikation, Arbeitsorganisation usw.) Spezialschulungen angeboten werden.

> **Hinweis:**
> Die für die Einführung von Gruppenarbeit bzw. der Durchführung erforderlichen Qualifikationen sind im Rahmen des Berufsbildungsbedarfs nach § 96 Abs. 1 BetrVG; siehe DKW-*Klebe*, § 98 Rn. 1) zu ermitteln.

6. Entgelt

Durch die Arbeit in Gruppen ändert sich in der Regel das Anforderungsprofil. Dies macht eine Überprüfung notwendig, ob die bisherige Eingruppierung mit den neuen Anforderungen übereinstimmt. Wenn das bisherige Eingruppierungssystem die durch die Gruppenarbeit geänderten fachlichen und sozialen Anforderungen nicht berücksichtigt bzw. abbildet, muss es ergänzt bzw. geändert werden.
Wenn mit der Einführung von Gruppenarbeit die Reduzierung von Hierarchieebenen verbunden ist (z. B. Meister, Vorarbeiter), kann dies zu Abgruppierungen führen. Dies erfordert Regelungen zur Entgeltsicherung für die Betroffenen.
Sofern Prämien, Boni oder Ähnliches für die Gruppenarbeit gezahlt werden sollen, müssen diese gesondert geregelt werden. Dabei muss jeweils geprüft werden, ob und wie sich die Prämien etc. auf das Verhalten der Gruppenmitglieder auswirken können, ob sie z. B. zu Gruppendruck auf den Einzelnen führen. Auch können sie die mit der Einführung der Gruppenarbeit gewollte eigenverantwortliche Arbeitsweise beeinträchtigen.

7. Mitbestimmung des Betriebsrats; Steuerung der Gruppenarbeit

- Schaffung eines gemeinsamen Gremiums von Arbeitgeber und Betriebsrat zur regelmäßigen Überprüfung der Erfahrungen mit der Gruppenarbeit sowie Auswertung und Anpassung der Betriebsvereinbarung; Zusammensetzung, Häufigkeit der Treffen, Befugnisse;
- Einbeziehung der Gruppen in die Auswertung; Verfahren für die Umsetzung von Verbesserungsvorschlägen aus den Gruppen, Prämien für Verbesserungsvorschläge;
- Recht des Betriebsrats, an Gruppenbesprechungen teilzunehmen bzw. Themen für Gruppenbesprechungen vorzuschlagen;

- Teilnahme des Betriebsrats an allen Gremien, Projektgruppen, die die Gruppenarbeit steuern oder planen.

Betriebsvereinbarung »Mobile Arbeit« 65

Vorbemerkung

Diese Musterbetriebsvereinbarung setzt voraus, dass es einen Betrieb als Ort gibt und auch nach Einführung von mobiler Arbeit weiterhin gibt. Nur dann kann es z. B. ein Rückkehrrecht geben. (Siehe auch Checkliste Aufgedrängtes HomeOffice § 113 Rn. 50a.) Wenn Arbeitnehmer:innen nur und ausschließlich für Tätigkeiten im Homeoffice eingestellt werden, weil es keinen räumlichen Betrieb im klassischen Sinn mehr gibt, muss die BV entsprechend angepasst werden, z. B. im Hinblick auf die Kommunikation des Arbeitnehmer:innen untereinander. In neueren Tarifverträgen finden sich auch Regelungen zu mobiler Arbeit. Bei der betrieblichen Gestaltung ist daher zunächst der Rahmen, den Tarifverträge setzen, zu prüfen.

§ 1 Geltungsbereich

1. Räumlicher Geltungsbereich

Diese Betriebsvereinbarung gilt für alle Betriebe der Firmenbezeichnung in der Bundesrepublik Deutschland.

> **Hinweis:**
> Nicht alle Tätigkeiten in einem Betrieb eignen sich für mobile Arbeit. Tätigkeiten, die nicht mobil geleistet werden können, z. B. Verkauf von Brötchen in einer Bäckereikette oder bestimmte Arbeiten in der Produktion müssen vom Geltungsbereich ausgenommen werden. Da es hier in Bezug auf einzelne Tätigkeiten zu Streit kommen kann, sieht die BV ein Verfahren zu Klärung der Frage vor, welche Arbeit für mobile Arbeit geeignet ist und welche nicht. Wenn die Betriebsparteien dies schon bei Abschluss der BV wissen, können die Bereiche auch gleich festgelegt werden. Vielfach gibt es Betriebsvereinbarungen, die für bestimmte Arbeitnehmer:innengruppen deren Arbeitszeit – und Arbeitsbedingungen regeln, z. B. Monteure, Außendienstler, Menschen, die in Rufbereitschaft tätig sind. Damit klar ist, welche Betriebsvereinbarung für wen gilt, muss der Geltungsbereich klar abgegrenzt werden.

2. Persönlicher Geltungsbereich

Diese Betriebsvereinbarung gilt für alle Beschäftigten (Arbeitnehmer:innen und Auszubildende) des Unternehmens, die irgendeine Form mobiler Arbeit leisten. Ausgenommen sind leitende Angestellte gem. § 5 Abs. 3 BetrVG.

Weiterhin ausgenommen sind:

- Arbeitnehmer:innen im Außendienst
-
-

3. Sachlicher Geltungsbereich

Die Betriebsvereinbarung gilt für alle Arbeiten, die mobil geleistet werden können. Einzelheiten dazu werden im Verfahren nach § 3 dieser Betriebsvereinbarung festgelegt.

> **Hinweis:**
> Mit Ausnahme von Telearbeit (§ 2 Abs. 1 Nr. 7 Arbeitsstättenverordnung (ArbStättV)) gibt es keine gesetzlichen oder sonst wie feststehenden Definitionen, was genau unter mobiler Arbeit, Homeoffice, alternierendem Homeoffice usw. zu verstehen ist. Auch § 87 Abs. 1 Nr. 14 BetrVG definiert den Begriff nicht. Die Gesetzesmaterialien (BRModG v. 18.6.2021) gehen davon aus,

dass Arbeitnehmer:innen mobil arbeiten, wenn sie die geschuldete Arbeitsleistung unter Verwendung von Informations- und Kommunikationstechnik außerhalb der Betriebsstätte von einem Ort oder von Orten ihrer Wahl oder von einem/mehreren mit dem Arbeitgeber vereinbartem/n Ort/Orten erbringen, wobei mobiles Arbeiten nicht vorliegt, wenn die geschuldete Arbeitsleistung aufgrund ihrer Eigenart ortsgebunden erbracht werden muss (vgl. BT-Drs. 19/28899, 23). In der Betriebsvereinbarung müssen diese Begriffe bestimmt werden, damit klar ist, welche Regeln der Betriebsvereinbarung jeweils auf welche Form der Arbeit außerhalb des Betriebs anwendbar ist. Da mobile Arbeit auch, aber nicht nur mittels IT- Kommunikationsmitteln stattfindet, muss auch die analog geleistete Art (z. B. Lesen von ausgedruckten Texten) in die BV einbezogen werden.

§ 2 Begriffsbestimmungen

Mobile Arbeit im Sinne dieser Betriebsvereinbarung ist der Oberbegriff für alle Formen von Arbeit, die ständig, teilweise, oder ausschließlich außerhalb des Betriebs auch, aber nicht nur mittels Informationstechnologie geleistet wird. Dies ist unabhängig davon, ob die Arbeit online oder offline erbracht wird. Arbeit auf Dienstreisen, z. B. in Zügen oder PKW zählt ausdrücklich dazu.

Ein:e Arbeitnehmer:in arbeitet mobil, wenn sie die geschuldete Arbeitsleistung auch, aber nicht nur unter Verwendung von Informationstechnologie außerhalb der Betriebsstätte erbringt. Dies kann

1. von einem Ort oder von Orten seiner oder ihrer Wahl oder
2. von einem mit dem Arbeitgeber vereinbarten Ort oder von mit dem Arbeitgeber vereinbarten Orten

geschehen.

Für die Betriebsvereinbarung und sonstige Regelungen im Betrieb geltenden dabei folgende Begriffsbestimmungen:

Feste Telearbeit/ Festes Homeoffice (§ 2 Abs. 7 ArbStättV) wird mithilfe von IT-Technik an einem Arbeitsplatz im häuslichen Bereich der Beschäftigten geleistet. Sie kann ausschließlich im häuslichen Privatbereich oder alternierend im häuslichen Privatbereich und im Betrieb geleistet werden.

Alternierende Telearbeit / alternierendes Homeoffice wird zum Teil an einem festen Ort im Privatbereich der Arbeitnehmer:in (Feste Telearbeit/ Festes Homeoffice) erbracht und zum Teil im Betrieb.

Ortsunabhängige Mobile Arbeit (OMA) wird an Orten außerhalb des Betriebes geleistet.

§ 3 Grundsätze

Die Erfüllung der arbeitsvertraglichen Pflichten im Wege der mobilen Arbeit ist für Arbeitnehmer:innen freiwillig. Änderungskündigungen zur Einführung von Mobiler Arbeit sind nicht zulässig.

Der Arbeitgeber ist verpflichtet, ausreichend Arbeitsplätze im Betrieb vorzuhalten für den Fall, dass Arbeitnehmer:innen die mobile Arbeit beenden.

Hinweis:

Es kann notwendig werden, die Freiwilligkeit einzuschränken, wenn der Deutsche Bundestag eine epidemische Lage von nationaler Tragweite (§ 5 Infektionsschutzgesetz) feststellt. Während der COVID-19-Pandemie hat z. B. das Land Berlin Homeoffice vorgeschrieben. Evtl. wird die Freiwilligkeit auch durch Infektionsschutzverordnungen der Bundesländer eingeschränkt. Die Betriebsvereinbarung sieht daher hierfür einen Vorbehalt vor. Die Regelungen für mobile Arbeit müssen dann evtl. entsprechend angepasst werden.

Vorbehalt bei epidemischer Lage von nationaler Tragweite

Wenn und soweit der Deutsche Bundestag eine epidemische Lage von nationaler Tragweite gem. § 5 feststellt, werden die Betriebsparteien unverzüglich über eine Anpassung dieser Betriebsvereinbarung beraten und diese ggfls. für die Dauer der epidemischen Lage anpassen. Die Anpas-

sung kann auch beinhalten, dass Arbeitnehmer:innen verpflichtet werden, ihre Arbeitsleistung im Homeoffice bzw. mobil zu erbringen.
Auch in diesem Fall muss die Arbeit in mobiler Form zumutbar sein, wenn sie in den Privaträumen der Arbeitnehmer:in (z. B. Größe der Privatwohnung, familiäre Situation) geleistet werden soll.
Die Regelungen im Hinblick auf die technischen und sonstigen Bedingungen für Homeoffice bzw. mobile Arbeit bleiben dabei unberührt.

§ 4 Einführung und Testphase

> **Hinweis:**
> Wenn noch keine ausreichenden Erfahrungen mit mobiler Arbeit vorliegen, kann vor der dauerhaften Einführung der mobilen Arbeit eine Testphase eingeführt werden.

Die Arbeitnehmer:innen, deren Tätigkeiten generell für mobile Arbeit (§ 5 dieser BV) in Frage kommen, werden vor dessen Einführung über die Möglichkeiten und genauen Bedingungen auf Veranstaltungen informiert. Diese Veranstaltungen sind Arbeitszeit.
Im Anschluss an die Veranstaltungen werden die Arbeitnehmer:innen nach ihren Wünschen für die Ausgestaltung der mobilen Arbeit befragt. Die Befragung erfolgt auf Kosten des Arbeitgebers und wird anonym durchgeführt. Die Fragen stimmen Arbeitgeber und Betriebsrat einvernehmlich ab.
Die Ergebnisse der Befragung werden bei der Einführung und Ausgestaltung mobiler Arbeit berücksichtigt. Die Befragung wird in regelmäßigen Abständen (alle…Jahre) wiederholt.
Arbeitgeber und Betriebsrat werden auf Basis der Befragungen und ggfls. In Teilbetriebsversammlungen zum Thema gemeinsam bewerten, ob und inwieweit Änderungen und Ergänzungen der Betriebsvereinbarung »Mobile Arbeit« notwendig sind.

§ 5 Für mobile Arbeit geeignete Tätigkeiten
Arbeitgeber und Betriebsrat bewerten alle im Betrieb ausgeübten Tätigkeiten daraufhin, ob eine der in § 2 genannten Formen mobiler Arbeit möglich ist. Das Ergebnis wird in einem Anhang zu dieser Betriebsvereinbarung festgehalten. Einmal pro Zeitraum z.B halbjährlich, jährlich bewerten Arbeitgeber und Betriebsrat neue/veränderte Tätigkeiten bzw. Arbeitsplätze und ergänzen den Anhang entsprechend. Der Anspruch auf mobile Arbeit nach § 6 besteht nur dann, wenn eine Tätigkeit von Arbeitgeber und Betriebsrat als geeignet bewertet wurde und im Anhang zu dieser Betriebsvereinbarung aufgeführt ist.
Kommt es zu keiner Einigung über die Frage der Eignung eines Arbeitsplatzes bzw. einer Tätigkeit für mobile Arbeit, entscheidet die Einigungsstelle über mobile Arbeit nach § 15.

§ 6 Recht auf mobile Arbeit, Antragsstellung, Entscheidung, Änderung der Tätigkeit
1. Mobile Arbeit ist für die Arbeitnehmer:innen freiwillig. Der oder die Arbeitnehmer:in hat einen Rechtsanspruch nach Maßgabe dieser Betriebsvereinbarung auf dauerhafte oder vorübergehende mobile Arbeit, wenn die Betriebsparteien festgestellt haben, dass die Tätigkeit für mobile Arbeit geeignet ist.
2. Arbeitnehmer:innen, die mobil arbeiten wollen, haben dies mit Angabe des gewünschten Start-Zeitpunkts entsprechend Anzahl Wochen vorab bei ihrem oder ihrer Vorgesetzten in Textform zu beantragen.
   Die Beschäftigten haben dabei mitzuteilen, in welcher Form und für welchen Zeitraum sie mobil arbeiten wollen. Dabei haben sie bei alternierendem Homeoffice und mobiler Arbeit anzugeben, ob und wenn ja, an welchen Tagen sie im Betrieb arbeiten wollen. Die oder der Vorgesetzte hat den Antrag mit der Arbeitnehmer:in innerhalb von Zeitraum (z.B. zwei Wochen zu besprechen und dabei zu klären, wie und ob sie die Vorstellungen der Arbeitnehmer:in mit dringenden betrieblichen Notwendigkeiten (Anwesenheit im Betrieb zu bestimmten Zeiten, Erreichbarkeit, Besprechungen usw.) in Übereinstimmung bringen lässt.

Dabei muss auch die technische und sonstige notwendige Ausstattung besprochen und geklärt werden.
3. Über den Antrag auf mobile Arbeit wird binnen eines Monats von Bezeichnung.*(Stelle, die entscheiden soll, einsetzen)* entschieden. Im Falle einer Genehmigung sind die Einzelheiten (Dauer, Erreichbarkeiten, technische Ausstattung, Kündigungsfristen für Vereinbarung über Mobile Arbeit; Verwendungsverbot von unter Verstoß gegen diese Betriebsvereinbarung erhobenen Daten nach § 12 dieser BV usw.) in einem Anhang zum Arbeitsvertrag schriftlich oder in Textform festzuhalten.
4. Im Falle der Ablehnung des Antrags müssen dem Beschäftigten die Gründe hierfür mitgeteilt werden. Der Betriebsrat erhält eine Kopie der Ablehnung. Gegen die Ablehnung kann der Beschäftigte die nach § 15 gebildete Einigungsstelle »Mobile Arbeit« anrufen. Diese entscheidet binnen 6 Wochen endgültig über den Antrag.
5. Wechselt der Beschäftigte die Abteilung oder ändert sich seine Tätigkeit, muss geprüft werden, ob die neue bzw. geänderte Tätigkeit auch durch mobile Arbeit ausgeübt werden kann (§ 5 dieser BV). Wenn ja, haben Arbeitnehmer:in und Vorgesetzte die arbeitsvertraglichen Vereinbarungen (Erreichbarkeit usw.) ggfls. anzupassen. Wenn dies nicht der Fall ist, muss die Arbeit in mobiler Form beendet werden und die Arbeit wieder im Betrieb geleistet werden.

§ 7 Arbeitsschutz; Gesundheitsschutz, Gefährdungsbeurteilung

Hinweis:
Die Vorgaben des Arbeits- und Gesundheitsschutzes sind bei mobiler Arbeit besonders schwierig umzusetzen, da a.) Arbeitgeber und BR kein Zutrittsrecht zur Privatwohnung der Arbeitnehmer:in haben und b.) die Arbeit an unterschiedlichen Orten stattfindet mit der Folge, dass sich die Situationen dauernd verändern. Daher kommt der Information der Arbeitnehmer:innen und der Erfassung der psychischen Belastungen eine besondere Rolle zu. Die Gefährdungsbeurteilungen sollten entsprechend den im Betrieb üblichen Verfahrensweisen durchgeführt werden. Hinweise zur Gestaltung geben z. B. Check-Up Homeoffice der DGUV (https://publikationen.dguv.de/forschung/iag/weitere-informationen/4018/check-up-homeoffice-langversion).

1. Vor Aufnahme mobiler Arbeit ist eine umfassende Arbeitssicherheitsunterweisung für die Arbeitnehmer:in durchzuführen. Dabei ist speziell auf die Gefährdungen in den verschiedenen Formen mobiler Arbeit einzugehen. Diese ist im Abstand von Zeitraum zu wiederholen.
2. Auch für die Arbeit in mobiler Form ist eine Gefährdungsbeurteilung durchzuführen. Dabei ist ein Fokus auf die Frage der psychischen Gefährdungen zu legen. Die Gefährdungsbeurteilung wird entsprechend der BV Gefährdungsbeurteilung Bezeichnung durchgeführt.
3. Bei Fester Telearbeit /Festem Homeoffice; Alternierender Telearbeit /alternierendem Homeoffice sind die Regelungen der ArbeitsstättenVO zu beachten.

§ 8 Arbeitszeit; Arbeitszeiterfassung, Erreichbarkeit

Hinweis:
Die Erfassung der Arbeitszeit muss auch bei mobiler Arbeit geregelt und praxistauglich gestaltet werden. Nur so kann der Arbeitsschutz sichergestellt werden und der Betriebsrat die Einhaltung der jeweils geltenden Arbeitszeitnormen sicherstellen. Im Hinblick auf die Regelungen zur Wochenend-, Feiertags- und Nachtarbeit müssen die tariflichen und betrieblichen Regelungen beachtet werden. Soll im Rahmen mobiler Arbeit auch nachts gearbeitet werden können, sollte klargestellt werden, dass dafür die entsprechenden tariflichen bzw. betrieblichen Zuschläge gezahlt werden.

1. Die im Rahmen von mobiler Arbeit erbrachte Arbeitsleistung ist Arbeitszeit im Sinne des Arbeitsschutzrechts, sowie der tariflichen, betrieblichen und individualvertraglichen Vereinba-

rungen. Sie wird daher ebenso wie die im Betrieb erbrachte Arbeit erfasst und dokumentiert und bezahlt. Dies gilt insbesondere im Hinblick auf Zuschläge und Überstunden. Der Arbeitgeber ist für die Erfassung der Arbeitszeit verantwortlich. Mobile Arbeit ist keine Erweiterung oder Verlängerung der individuellen (täglichen/wöchentlichen/jährlichen) Arbeitszeit. Die gesetzlichen, tariflichen, betrieblichen und individualvertraglichen Arbeitszeitregelungen, insbesondere zu Ruhezeiten und zur täglichen/wöchentlichen/jährlichen Höchstarbeitszeit sind einzuhalten.

Hinweis:
zu klären ist, wann und wie die Arbeitnehmer:innen bei mobiler Arbeit erreichbar sein müssen.

2. Die Erreichbarkeit bei mobiler Arbeit muss innerhalb der Arbeitszeit so gewährleistet sein, wie sie bei Arbeit im Betrieb gewährleistet und notwendig wäre.

Hinweis:
Es empfiehlt sich ein Arbeitszeiterfassungssystem auf den mobilen Endgeräten der Beschäftigten zu installieren, das ein Eingeben der Arbeitszeiten durch die Beschäftigten selbst ermöglicht. Auch die Zeiten mobiler Arbeit, in denen offline gearbeitet wurde, sind zu erfassen. Die Begrenzungen der Zeiten, in denen mobil gearbeitet werden darf, hängt von der zu leistenden Arbeit ab. Dementsprechend muss die Betriebsvereinbarung angepasst werden. Das jeweilige Erfassungssystem muss der Betriebsrat im Hinblick auf Verhaltens- und Leistungskontrolle sowie Datenschutz prüfen. Die Betriebsvereinbarung muss dann um systemspezifische Regelungen ergänzt werden.

Vorgesetzte und Arbeitnehmer:innen, die mobil arbeiten, verständigen sich über die Zeiten, zu denen die mobil arbeitende Arbeitnehmer:in erreichbar sein müssen. Diese Absprachen werden dokumentiert. Außerhalb der vereinbarten Zeiten der Erreichbarkeit müssen die Beschäftigten nicht erreichbar sein. Dabei sollen die persönlichen und betrieblichen Belange der Arbeitnehmer:innen berücksichtigt werden.
Zeiten für Besprechungen werden so in den Teams / Abteilungen festgelegt, dass mobil arbeitende Arbeitnehmer:innen und im Betrieb tätige Arbeitnehmer:innen teilnehmen können.
Bei mobiler Art geben die Arbeitnehmer:innen den Beginn, das Ende der Arbeitszeit und die Pausen in das System Bezeichnung ein. Es müssen auch die Arbeitszeiten erfasst werden, die die Beschäftigten ohne IT-Nutzung ableisten (z. B. Lesen von ausgedruckten Dokumenten, Telefongespräche usw.).

Hinweis:
Damit mobile Arbeit nicht zu einer Entgrenzung der Arbeit führt, sieht der BV-Entwurf hier allgemeine Grenzen vor. Diese sind an die Arbeit im Betrieb anzupassen. Wird dort z. B. regelmäßig Samstags oder Sonntags gearbeitet, muss geprüft werden, ob dies auch bei mobiler Arbeit erforderlich ist. Für Notdienste usw. sind evtl. Ausnahmen zu machen.

4. Mobile Arbeit an Samstagen und Sonntagen, sowie gesetzlichen Feiertagen ist nicht zulässig.
5. Mobile Arbeit in der Nachtzeit von 22.00 Uhr bis 06.00 Uhr ist nicht zulässig.
6. Die im Rahmen mobiler Arbeit geleistete Arbeit wird mit den Zulagen und Zuschlagen bezahlt, wie sie für Arbeit im Betrieb zu zahlen wären. Dies gilt insbesondere für Sonn- und Feiertagszuschläge sowie für Nachtarbeitszuschläge.
7. Die Ruhezeiten des Arbeitszeitgesetzes und der Betriebsvereinbarung Arbeitszeit Bezeichnung sind auch bei allen Formen mobiler Arbeit einzuhalten.
8. Der Betriebsrat erhält zum Zweck der Prüfung der Einhaltung dieser Betriebsvereinbarung, der gesetzlichen und tariflichen Regelungen zur Arbeitszeit monatlich eine Aufstellung der geleisteten individuellen mobilen Arbeitszeiten.

9. Um die Einhaltung der Sonn- und Feiertagsruhe, sowie der Nachtruhe sicherzustellen, wird an Sonn- und gesetzlichen Feiertagen, sowie in der Zeit von 22.00 Uhr bis 6.00 Uhr der Zugang zum Mail-System, zu den Servern im Betrieb (Netzlaufwerke) gesperrt.

§ 9 Arbeitsmittel, Kosten, Auslagenersatz, Haftung

1. Die notwendigen Arbeits- und Kommunikationsmittel muss der Arbeitgeber der oder dem Arbeitnehmer:in zur Verfügung stellen.
2. Arbeitnehmer:innen haben – soweit erforderlich dafür Sorge zu tragen, dass ein entsprechender, leistungsfähiger Internetanschluss vorhanden ist.
3. Die Kosten für die notwendigen Arbeitsmittel einschließlich Unterstützung (Support) trägt der Arbeitgeber.
   Bei ausschließlicher Telearbeit werden zur Verfügung gestellt:
   a) PC / Laptop; Monitor, Dockingstation, Drucker, Schreibtisch und Schreibtischstuhl,
   b) Bei alternierender Telearbeit werden zur Verfügung gestellt:
   c) Bei mobiler Arbeit werden zur Verfügung gestellt:
4. Wartung und Reparatur der vom Arbeitgeber überlassenen Geräte erfolgen durch ihn. Er trägt die Kosten.
5. Bei Verlust oder Diebstahl haftet der Beschäftigte nach den Grundsätzen der Arbeitnehmerhaftung.
6. Der oder die Arbeitnehmer:in ist verpflichtet, den Arbeitgeber über Störungen oder Beschädigungen der von ihm überlassenen Geräte oder der Software unverzüglich zu unterrichten. Gleiches gilt bei Diebstahl oder Verlust.
7. Die im Betrieb geltenden Regelungen für die private Nutzung der zur Verfügung gestellten Arbeits- bzw. Kommunikationsmittel gelten auch für die zur Verfügung gestellten Geräte im Rahmen von mobiler Arbeit. Die Nutzung durch Familienangehörige oder Dritte hat die Arbeitnehmer:in auszuschließen.

Hinweis:
Arbeitnehmer:innen haben Anspruch auf Auslagenersatz für die dienstliche Nutzung der Privatwohnung. Im Fall von dauernder Telearbeit lässt dies eindeutig bestimmen. Bei alternierendem Homeoffice mit wechselnden Zeiten und bei mobiler Arbeit ist dies schwierig. Um hier längere individuelle Auseinandersetzungen den Arbeitnehmer:innen zu ersparen, sollte der BR hier Pauschalen vereinbaren.

Für *Feste Telearbeit / Festes Homeoffice* wird als Ausgleich für die dienstliche Nutzung der Privaträume und des Internetanschlusses der Arbeitnehmer:innen ein pauschaler Auslagenersatz in Höhe von Betrag € gezahlt.
Für *alternierende Telearbeit/ Alternierendes Homeoffice* wird als Ausgleich für die dienstliche Nutzung der Privaträume der Arbeitnehmer:innen und des Internetanschlusses ein pauschaler Auslagenersatz in Höhe von Betrag € gezahlt.
Für ortsunabhängige Mobile Arbeit (OMA) wird als Ausgleich für die dienstliche Nutzung der Privaträume der Arbeitnehmer:innen und des Internetanschlusses ein pauschaler Auslagenersatz in Höhe von Betrag € gezahlt.

§ 10 Versicherung

Hinweis:
Derzeit ist der gesetzliche Schutz bei Arbeitsunfällen im Rahmen von mobiler Arbeit ungenügend. Solange § 8 SGB VII nicht wirksam geändert ist, muss auf betrieblicher Ebene für einen ergänzenden Unfallversicherungsschutz gesorgt werden, der die Lücken der gesetzlichen Re-

gelung abdeckt. Zusätzlich gibt es bei Arbeit im Homeoffice ein erhöhtes Unfallrisiko, da dort der Arbeitsschutz nicht in dem gleichen Maße gewährleistet ist, wie im Betrieb.

1. Über den im Rahmen der gesetzlichen Unfallversicherung nach § 8 SGB VII bestehenden Versicherungsschutz hinaus schließt der Arbeitgeber eine Gruppen-Unfallversicherung für alle Beschäftigten ab, die mobile Arbeit leisten. Es ist sicherzustellen, dass die mobile Arbeit im gleichen Umfang versichert ist wie die Arbeit vor Ort in der Betriebsstätte. Weiterhin muss die Unfallversicherung die besonderen Risiken bei Mobiler Arbeit, wie Bezeichnung *(hier weitere Gefahren, z. B. Kinderbetreuung zuhause und dem damit verbundenen evtl. permanenten Wechsel zwischen Arbeit und Privat aufführen)* absichern.
2. Die Arbeitnehmer:innen sind vor Aufnahme der mobilen Arbeit über die Bedingungen des gesetzlichen wie des ergänzenden privaten Versicherungsschutzes bei Arbeitsunfällen zu informieren.
3. Der Abschluss der ergänzenden Unfallversicherung ist Voraussetzung für die Aufnahme von mobiler Arbeit und für den Abschluss arbeitsvertraglicher Vereinbarungen über Formen mobiler Arbeit zwischen dem Beschäftigen und dem Unternehmen. Entfällt der zusätzliche private Unfallversicherungsschutz ist mobile Arbeit nicht mehr zulässig.
4. Versichert wird die gesamte Arbeitszeit einschließlich der Pausen, die die Beschäftigten jeweils mobil leisten. Ob mobile Arbeit geleistet wurde, bestimmt sich nach der Arbeitszeiterfassung (§ 8). Wenn Zeiten als Arbeitszeit erfasst wurden, ist die Zeit zu versichern. Dies ist im Vertrag mit der Unfallversicherung ausdrücklich zu regeln.
5. Der Betriebsrat erhält eine Kopie der abgeschlossenen privaten Unfallversicherung und wird über jede Veränderung informiert. Ebenso wird er über jedem Leistungsfall informiert.

§ 11 Kontakt zum Betrieb; Kontakt zu den betrieblichen Interessenvertretungen

1. Arbeitnehmer:innen in mobiler Arbeit, insbesondere in ausschließlicher Telearbeit, haben das Recht den Betriebsrat persönlich aufzusuchen und persönlich an Betriebs- und oder Abteilungsversammlungen teilzunehmen. Die Zeit für Hin- und Rückweg sowie die Zeit der Teilnahme ist Arbeitszeit und wird entsprechend vergütet. Fahrtkosten sind zu erstatten.
2. Die Parteien sind sich darüber einig, dass der Betriebsrat im Rahmen seiner Verantwortung allein entscheidet, ob er von Möglichkeiten von digitalen Betriebs- oder Abteilungsversammlungen oder hybriden Formen der Durchführung nutzen will.
3. Diese Regelungen gelten ebenso für Auszubildende, schwerbehinderte Menschen, Jugend- und Auszubildendenvertretung und die Schwerbehindertenvertretung.

§ 12 Datenschutz, Datensicherheit, Kontrolle

1. Mobil arbeitende Beschäftigte haben die geltenden gesetzlichen und betrieblichen Regelungen zum Datenschutz zu beachten. Der Arbeitgeber ist für die technischen Voraussetzungen (z. B. Möglichkeiten Festplatten zu verschlüsseln, VPN-Verbindungen usw.) verantwortlich und hat diese zu gewährleisten.
2. Vor Beginn der mobilen Arbeit und im Abstand von Zeitraum (*Jahren /Monaten*) sind die mobil tätigen Arbeitnehmer:innen im Hinblick auf den Datenschutz und die IT-Sicherheit bei mobiler Arbeit zu schulen.
3. Verhaltens- und Leistungskontrollen der mobilen Arbeit – insbesondere zur Überwachung der geleisteten Arbeit – sind nicht zulässig. Technische Kontrollen, ob Arbeitnehmer:innen während der mobilen Arbeit die IT-Geräte benutzen (z. B. Keylogger), sind untersagt. Insbesondere werden Daten, die zur Arbeitszeiterfassung erhoben werden, nicht mit Daten, die sich aus der Arbeitsleistung der Arbeitnehmer:innen ergeben verknüpft.
4. Werden verhaltens- und leistungsbezogene Daten entgegen dieser Betriebsvereinbarung erhoben, dürfen sie nicht verwendet und auch nicht verarbeitet werden. Die unrechtmäßig gewonnen bzw. verarbeiteten Daten dürfen nicht in Gerichtsverfahren zwischen Arbeitgeber und mobil tätigen Arbeitnehmer:innen verwendet werden.

§ 13 Schulungen Weiterbildung
Arbeitnehmer:innen, die mobil arbeiten, haben das Recht – genauso wie im Betrieb tätige Arbeitnehmer:innen – an allen vom Arbeitgeber beauftragten Aus- und Weiterbildungsmaßmaßnahmen teilzunehmen.

§ 14 Beendigung der Mobilen Arbeit
Die Mobile Arbeit kann von Seiten der Arbeitnehmer:in mit einer Frist von vier Wochen zum Schluss eines Kalendermonats gekündigt werden. In diesem Fall ist dieselbe Arbeit nach Ablauf der Kündigungsfrist wieder im Betrieb zu leisten. Der Arbeitgeber kann die Vereinbarung mit einer Frist von 6 Monaten zum Quartal kündigen.
Die für die mobile Arbeit überlassenen Arbeitsmittel sind im Fall der Beendigung des Arbeitsverhältnisses unverzüglich an den Arbeitgeber zurückzugeben.

§ 15 Einigungsstelle Mobile Arbeit
Zur Klärung und Entscheidung von Streitfragen aus dieser Betriebsvereinbarung wird eine Einigungsstelle nach § 76 BetrVG Mobile Arbeit gebildet. Sie wird von jeder Seite mit Anzahl Beisitzer:innen besetzt. Zur Vorsitzenden wird Name berufen. Die Einigungsstelle hat innerhalb der in dieser BV genannten Fristen zu entscheiden.

§ 16 Schlussabstimmungen
1. Mobile Arbeit wird im Rahmen dieser Betriebsvereinbarung zunächst für einen Zeitraum von Zeitraum Jahren eingeführt. Vier Monate vor Ende dieses Zeitraumes bewerten Arbeitgeber:in und Betriebsrat, ob mobile Arbeit weiterhin im Betrieb möglich sein soll.
2. Diese Betriebsvereinbarung ist mit einer Frist von drei Monaten zum Schluss eines Kalenderjahres kündbar, erstmals allerdings zum Datum. Sie wirkt nach. Die Kündigung bedarf der Schriftform.
3. Alle Anlagen sind Bestandteil dieser Betriebsvereinbarung. Bei Verstößen gegen diese Betriebsvereinbarung hat der Betriebsrat das Recht, Unterlassung und/oder Beseitigung vom Arbeitgeber zu verlangen.

15. Streitigkeiten

66 **Antrag auf Unterlassung einer mitbestimmungspflichtigen Maßnahme**

An das Arbeitsgericht
Bezeichnung
Adresse

Antrag
auf Erlass einer einstweiligen Verfügung im Beschlussverfahren
mit den Beteiligten
1. Betriebsrat der Firmenbezeichnung, vertreten durch den Vorsitzenden Name, Adresse
– Antragsteller und Beteiligter zu 1) -
Verfahrensbevollmächtigter: Rechtsanwalt/Rechtssekretär Name in Ort, Adresse

gegen
2. Firmenbezeichnung GmbH & Co. KG, vertreten durch die Firmenbezeichnung/Verwaltungsgesellschaft mit beschränkter Haftung, diese wiederum vertreten durch den Geschäftsführer Name, Adresse,
– Antragsgegnerin und Beteiligte zu 2) -
wegen **Unterlassung der Umsetzung einer mitbestimmungspflichtigen Maßnahme ohne Beteiligung des Betriebsrats**

Namens und in Vollmacht des Antragstellers und Beteiligten zu 1) leite ich/leiten wir ein Beschlussverfahren ein und beantrage/n – der Dringlichkeit wegen ohne mündliche Verhandlung – im Wege der einstweiligen Verfügung zu beschließen,

1. der Antragsgegnerin und Beteiligten zu 2) wird bis zum Abschluss einer entsprechenden Vereinbarung mit dem Antragssteller und Beteiligten zu 1) oder bis zur Entscheidung der Einigungsstelle mit dem Gegenstand Einführung des EDV-Systems zum betrieblichen Vorschlagswesen »Continuous improvement for all/betriebliches Vorschlagswesen« untersagt, dieses System in ihrem Betrieb einzuführen, zu nutzen oder anzuwenden.
2. der Antragsgegnerin und Beteiligten zu 2) wird bis zum Abschluss einer entsprechenden Vereinbarung mit dem Antragsteller und Beteiligten zu 1) oder bis zur Entscheidung der Einigungsstelle mit dem Gegenstand »Continuous improvement for all/betriebliches Vorschlagswesen« untersagt, Verbesserungsvorschläge der Arbeitnehmer in dieses System einzuspeisen und/oder Arbeitnehmer nach diesem System zu belohnen.
3. der Antragsgegnerin und Beteiligten zu 2. für jeden Fall der Zuwiderhandlung gegen die beantragten Verpflichtungen nach den Anträgen zu 1) und zu 2) ein in das Ermessen des Gerichts gestelltes Ordnungs- bzw. Zwangsgeld anzudrohen.
   oder
   der Antragsgegnerin und Beteiligten zu 2. für den Fall der Zuwiderhandlung gegen die beantragten Verpflichtungen nach dem Antrag zu 1) ein Ordnungs- bzw. Zwangsgeld in Höhe von € anzudrohen.
4. Für den Fall des Obsiegens wird beantragt, eine abgekürzte Beschlussausfertigung (§ 317 Abs. 2 ZPO) zu erteilen.

Begründung:

A. Sachverhalt

Die Antragsgegnerin betreibt die Herstellung und den Vertrieb von . Insgesamt sind im Unternehmen ca. 1000 Arbeitnehmer beschäftigt. Es ist das deutsche Tochterunternehmen der weltweit agierenden Firmenbezeichnung/Name der Muttergesellschaft. Der Antragsteller ist der gewählte Betriebsrat.
Glaubhaftmachung: Eidesstattliche Versicherung des Vorsitzenden der Antragstellerin und Beteiligten zu 1)

Anlage Ast 1

Das betriebliche Vorschlagswesen wird bei der Antraggegnerin und Beteiligten zu 2) ohne Einsatz eines DV-Systems auf der Basis der Betriebsvereinbarung »Betriebliches Vorschlagswesen« vom Datum abgewickelt.
Glaubhaftmachung: Kopie der Betriebsvereinbarung »Betriebliches Vorschlagswesen« vom Datum

Anlage Ast 2

Die Betriebsvereinbarung ist nicht gekündigt.
Glaubhaftmachung: Eidesstattliche Versicherung des Vorsitzenden des Antragstellers

Anlage Ast 1

In Ziffer der Betriebsvereinbarung ist festgelegt, dass jedwede Veränderung oder Ergänzung des betrieblichen Vorschlagswesens der vorherigen Zustimmung des Betriebsrats bedarf. Weiterhin ist zwischen den Parteien eine Rahmenvereinbarung über den Einsatz von EDV-Programmen geschlossen worden.
Glaubhaftmachung: Kopie der Rahmenvereinbarung DV vom Datum

Anlage Ast 3

Auch diese Vereinbarung ist nicht gekündigt.
Glaubhaftmachung: Eidesstattliche Versicherung des Vorsitzenden des Antragstellers

Anlage Ast 1

In Ziffer der Rahmenvereinbarung ist ausdrücklich festgehalten, dass jede Veränderung bestehender DV-Programme sowie jedwede Einführung neuer Programme der ausdrücklichen Zustimmung des Betriebsrats bedarf.

Am Datum erfuhr der Antragsteller, dass die Antragsgegnerin ein neues, DV-gestütztes Verbesserungsvorschlagssystem einführen will. Es trägt den Namen »Continuous improvement for all«. Arbeitnehmer der DV-Abteilung teilten dem Vorsitzenden des Antragstellers und Beteiligten zu 1) mit, dass sie mit Tests des Systems begonnen hätten und dass das System am Datum für den Echt-Einsatz freigeschaltet werden soll.
Glaubhaftmachung: Eidesstattliche Versicherung des Vorsitzenden des Antragstellers

Anlage Ast 1

In dem neuen System sollen Arbeitnehmer ihre Verbesserungsvorschläge direkt in das neue DV-System einstellen. Alle Tochtergesellschaften der Firmenbezeichnung/Name der Muttergesellschaft haben weltweit direkten Zugriff und können die Verbesserungsvorschläge nutzen.

Auf diesen Vorgang angesprochen, erklärte der Personalleiter der Antragsgegnerin am Datum dem Vorsitzenden des Antragstellers und Beteiligten zu 1), es handele sich um keine Entscheidung des deutschen Managements. Vielmehr sei das System bereits in fast allen Tochtergesellschaften in der EU eingeführt worden. Die Entscheidung über die Einführung sei international gefallen. Das System müsse auch in Deutschland entsprechend dem »Roll-out-Plan« eingeführt werden. Anderenfalls werde wieder »ein schlechtes Licht auf den Standort Deutschland« fallen. Man hätte schon jetzt mit der negativen Einstellung des internationalen Managements zu kämpfen. Die Betriebsvereinbarung könne man ja noch später anpassen.
Glaubhaftmachung: Eidesstattliche Versicherung des Vorsitzenden des Antragstellers

Anlage Ast 1

Im System »Continuous improvement for all« werden Zeit, Ort und Name neben dem eigentlichen Verbesserungsvorschlag erfasst. Die Bewertung erfolgt durch ein Komitee. Für akzeptierte Vorschläge soll es Geldprämien geben, die von den nationalen Tochtergesellschaften ausgezahlt werden sollen. Daneben gibt es ein »Ranking« über die Standorte mit den meisten Verbesserungsvorschlägen sowie eine Liste der »Improvement champions«, in der die Arbeitnehmer namentlich erfasst und ausgewiesen werden, die die meisten und besten Verbesserungsvorschläge gemacht haben.
Glaubhaftmachung: Eidesstattliche Versicherung des Vorsitzenden des Antragstellers

Anlage Ast 1

Weiterhin werden Bildschirmfotos (screenshots) des »Continuous improvement for all« als

Anlage Ast 4

überreicht. Diese screenshots stammen aus Frankreich und sind dem Antragsteller von französischen Kollegen überlassen worden. In Frankreich ist das System bereits eingeführt.

Seine Zustimmung zum Einsatz des Programms »Continuous improvement for all« hat der Betriebsrat nicht erteilt.
Glaubhaftmachung: Eidesstattliche Versicherung des Vorsitzenden des Antragstellers

Anlage Ast 1

Der Betriebsrat hat am Datum die Einleitung dieses Verfahrens sowie die Bestellung des Verfahrensbevollmächtigten beschlossen.
Glaubhaftmachung: Kopie des Betriebsratsbeschlusses; Protokoll der Sitzung vom Datum.

Anlage Ast 5

B. Rechtliche Würdigung

I. Verfügungsanspruch

Die Antragsgegnerin würde mit der Einführung des »Continuous improvement for all« – Systems die Mitbestimmungsrechte des Betriebsrats gem. §§ 87 Abs. 1 Nr. 6 und 12 BetrVG verletzen.

Das »Continuous improvement for all« System ist ein betriebliches Vorschlagswesen. Es sammelt systematisch Bestrebungen zur Anregung, Sammlung und Bewertung von Verbesserungsvorschlägen. Mit dem System werden neue, von der bisher bei der Antragsgegnerin bestehenden Regelung abweichende Grundsätze aufgestellt.

Die Einführung dieses Systems ohne vorherige Zustimmung des Betriebsrats bzw. Durchführung des Einigungsstellenverfahrens verletzt die Rechte des Antragstellers aus § 87 Abs. 1 Nr. 12 BetrVG.

Der Verfügungsanspruch ergibt sich auch aus der von den Betriebsparteien geschlossenen Betriebsvereinbarung zum betrieblichen Vorschlagswesen (Anlage Ast 2). Danach ist die Änderung bzw. Einführung neuer Grundsätze für das betriebliche Vorschlagswesen ohne Vereinbarung bzw. Zustimmung des Betriebsrats unzulässig.
Der Verfügungsanspruch ergibt sich weiter aus § 87 Abs. 1 Nr. 6 BetrVG. Danach unterliegen der Mitbestimmung des Betriebsrats die Einführung und Anwendung von technischen Einrichtungen, die dazu bestimmt sind, das Verhalten oder die Leistung von Arbeitnehmern zu überwachen. Die Software »Continuous improvement for all« ist eine technische Einrichtung. Mit ihr kann sowohl das Verhalten (Einreichung von Verbesserungsvorschlägen) als auch die Leistung (Anzahl der Vorschläge) überwacht werden. Dass dies auch beabsichtigt ist, zeigen die Rankinglisten.
Ein weiterer Verfügungsanspruch folgt aus der Rahmen-Betriebsvereinbarung DV. Dort ist festgelegt, dass jede Änderung der Software der vorherigen Zustimmung des Betriebsrats bedarf.
Die Behauptung der Antragsgegnerin, dass nicht sie, sondern das Management der Muttergesellschaft die Entscheidung über die Einführung getroffen habe, ändert am Verfügungsanspruch nichts. Die Antragsgegnerin ist verantwortlich für die Einhaltung der nationalen Gesetze. Dies wird nicht dadurch beseitigt, dass das internationale Management Entscheidungen trifft.

II. Verfügungsgrund
Die Antragsgegnerin will das »Continuous improvement for all«-System offensichtlich freischalten, bevor eine Einigung mit dem Betriebsrat oder die Entscheidung einer Einigungsstelle vorliegt. Dies würde die Ausübung der Mitbestimmungsrechte praktisch vereiteln, da Änderungen am System nach Einführung mit hohen Kosten verbunden wären.
Der Antragsgegnerin ist offensichtlich auch bewusst, dass das System der Mitbestimmung des Betriebsrats unterliegt. Der Personalleiter der Antragsgegnerin hat die Mitbestimmungsrechte nicht geleugnet, sondern nur auf die Entscheidungen der Muttergesellschaft verwiesen.
Die Antragsgegnerin kann sich nicht darauf berufen, dass letztlich die Entscheidungen von der Muttergesellschaft getroffen werden. (vgl. LAG Nürnberg 22.1.2002, NZA-RR 2002, 247f.; LAG Frankfurt 5.7.2001, DB 01, 2254f.). Darauf kommt es nicht an.
Unterschrift

Antrag auf Beseitigung der Vornahme einer mitbestimmungspflichtigen Maßnahme ohne Beteiligung des Betriebsrats 67

An das Arbeitsgericht
Bezeichnung
Adresse

Antrag
auf Erlass einer einstweiligen Verfügung im Beschlussverfahren zur Beseitigung der Vornahme einer mitbestimmungspflichtigen Maßnahme ohne Beteiligung des Betriebsrats mit den Beteiligten

1. Betriebsrat der Firmenbezeichnung, vertreten durch den Vorsitzenden Name, Adresse
– Antragsteller und Beteiligter zu 1) -

Verfahrensbevollmächtigter: Rechtsanwalt/Rechtssekretär Name, Adresse

gegen

2. Firmenbezeichnung, vertreten durch die Firmenbezeichnung, diese wiederum vertreten durch den Geschäftsführer Name, Adresse,
– Antragsgegnerin und Beteiligte zu 2) -

wegen **Beseitigung einer mitbestimmungspflichtigen Maßnahme ohne Beteiligung des Betriebsrats**

Namens und in Vollmacht des Antragstellers und Beteiligten zu 1) leite/n ich/wir ein Beschlussverfahren ein und beantrage/n – der Dringlichkeit wegen ohne mündliche Verhandlung – im Wege der einstweiligen Verfügung zu beschließen:

1. Der Antragsgegnerin und Beteiligten zu 2) wird aufgegeben, bis zum Abschluss einer entsprechenden Vereinbarung mit dem Antragssteller und Beteiligten zu 1) oder bis zur Entscheidung einer Einigungsstelle mit dem Gegenstand Zugangskontrollsystem dieses System in ihrem Betrieb abzuschalten und nicht mehr zu nutzen.
2. Der Antragsgegnerin und Beteiligten zu 2. für jeden Fall der Zuwiderhandlung gegen die beantragten Verpflichtungen nach dem Antrag zu 1) ein in das Ermessen des Gerichts zu stellendes Ordnungs- bzw. Zwangsgeld anzudrohen.

oder

der Antragsgegnerin und Beteiligten zu 2. für den Fall der Zuwiderhandlung gegen die beantragten Verpflichtungen nach dem Antrag zu 1) ein Ordnungs- bzw. Zwangsgeld in Höhe von € anzudrohen.

3. Für den Fall des Obsiegens wird beantragt, eine abgekürzte Beschlussausfertigung (§ 317 Abs. 2 ZPO) zu erteilen.

Begründung:

A. Sachverhalt

Die Antragsgegnerin betreibt die Herstellung und den Vertrieb von . Insgesamt sind im Betrieb ca. Arbeitnehmer beschäftigt. Der Antragsteller ist der gewählte Betriebsrat.

Glaubhaftmachung: Eidesstattliche Versicherung des Vorsitzenden des Antragstellers und Beteiligten zu 1)

Anlage Ast 1

Die betriebliche Zugangskontrolle wurde bisher bei der Antragsgegnerin und Beteiligten zu 2) ohne Einsatz eines DV-Systems abgewickelt. Alle Arbeitnehmer erhielten einen Betriebsausweis aus Papier, der mit einem Lichtbild versehen war.

Glaubhaftmachung: Kopie des Betriebsausweises des Betriebsratsvorsitzenden Name

Anlage Ast 2

Die Ausgabe der Betriebsausweise ist geregelt in der Betriebsvereinbarung »Arbeitsordnung«. Sie ist nicht gekündigt.

Glaubhaftmachung: Kopie der Betriebsvereinbarung »Arbeitsordnung« vom Datum

Anlage Ast 3

Am Datum stellte der Antragsteller fest, dass an den Betriebseingängen Geräte für elektronische Zugangskontrolle (System) installiert worden waren.

Glaubhaftmachung: Eidesstattliche Versicherung des Vorsitzenden des Antragstellers

Anlage Ast 1

Allen Arbeitnehmern der Antragsgegnerin waren über die Hauspost neue Hausausweise für das neue System zugesandt worden. Diese seien ab sofort zu nutzen.

Glaubhaftmachung: Kopie des Schreibens der Antragsgegnerin vom Datum an ihre Arbeitnehmer

Anlage Ast 4

Der Antragsteller ist vor Installation über das System nicht informiert worden. Er hat mit Schreiben vom Datum von der Antragsgegnerin verlangt, das elektronische Zugangskontrollsystem sofort bis zu einer Einigung mit ihm bzw. bis zur Entscheidung einer Einigungsstelle stillzulegen. Weiterhin hat er detaillierte Auskünfte über das System verlangt. Diese hat er erhalten.

Glaubhaftmachung: Kopie des Schreibens des Antragstellers vom Datum an die Antragsgegnerin

Anlage Ast 5

Die Antragsgegnerin hat die Abschaltung des elektronischen Zugangskontrollsystems verweigert.

Glaubhaftmachung: Kopie des Schreibens des Antragsgegners vom Datum

Anlage Ast 6

Der Antragssteller hat daraufhin in seiner Sitzung vom Datum beschlossen, das vorliegende Beschlussverfahren einzuleiten und die Unterzeichnenden zu seinen Prozessbevollmächtigten zu bestellen.
Glaubhaftmachung: Auszug aus dem Protokoll der Sitzung des Antragstellers vom Datum

Anlage Ast 7

B. Rechtliche Würdigung

I. Verfügungsanspruch
Die Antragsgegnerin hat mit der Einführung des elektronischen Zugangskontrollsystems das Mitbestimmungsrecht des Antragstellers gem. § 87 Abs. 1 Nrn. 1 und 6 BetrVG verletzt.
Mit dem System wird das Ordnungsverhalten der Arbeitsnehmer im Betrieb geregelt. Weiterhin ermöglicht es eine Verhaltens- und Leistungskontrolle, da die Zugangsdaten elektronisch gespeichert werden und ausgewertet werden können.

II. Verfügungsgrund
Die Rechte des Antragsstellers aus § 87 Abs. 1 Nr. 1, 6 BetrVG erfordern die Beseitigung des von der Antragsgegnerin verursachten mitbestimmungswidrigen Zustands. Dieser Beseitigungsanspruch allein sichert die Mitbestimmungsrechte des Antragstellers (vgl. BAG v. 16. 6. 1998, NZA 1999, 49f.).
Unterschrift

§ 88 Freiwillige Betriebsvereinbarungen

Durch Betriebsvereinbarung können insbesondere geregelt werden
1. zusätzliche Maßnahmen zur Verhütung von Arbeitsunfällen und Gesundheitsschädigungen;
1a. Maßnahmen des betrieblichen Umweltschutzes;
2. die Errichtung von Sozialeinrichtungen, deren Wirkungsbereich auf den Betrieb, das Unternehmen oder den Konzern beschränkt ist;
3. Maßnahmen zur Förderung der Vermögensbildung;
4. Maßnahmen zur Integration ausländischer Arbeitnehmer sowie zur Bekämpfung von Rassismus und Fremdenfeindlichkeit im Betrieb;
5. Maßnahmen zur Eingliederung schwerbehinderter Menschen.

Inhaltsübersicht Rn.

I. Einleitung

§ 88 BetrVG enthält einen nicht abschließenden Katalog zulässiger Regelungsinhalte für freiwillige Betriebsvereinbarungen (im Unterschied zum abschließenden Katalog der Gegenstände der der erzwingbaren Mitbestimmung gem. § 87 BetrVG). § 88 BetrVG begründet daher eine umfassende funktionelle Zuständigkeit der Betriebsparteien zur Regelung sozialer Angelegenheiten durch Betriebsvereinbarung. 1

II. Arbeitshilfen

1. Checkliste

2 **Regelungsinhalt, Zustandekommen, Rechtswirkungen und Ablauf freiwilliger Betriebsvereinbarungen**

- Die umfassende funktionelle Regelungszuständigkeit der Betriebsparteien gem. § 88 BetrVG ist durch den Tarifvorrang gem. § 77 Abs. 3 BetrVG beschränkt und an höherrangiges Recht gebunden.
- Für freiwillige Betriebsvereinbarungen gelten die allgemeinen Vorschriften über den Abschluss, die Rechtswirkungen und die Kündigung von Betriebsvereinbarungen (vgl. § 77 Abs. 2, 4 und 5 BetrVG).
- Freiwillige Betriebsvereinbarungen unterliegen im Fall ihres Ablaufs nicht automatisch der Nachwirkung (§ 77 Abs. 6 BetrVG; zur Nachwirkung von Betriebsvereinbarungen mit freiwilligen und erzwingbaren Regelungsgegenständen vgl. DKW-*Berg*, § 77 Rn. 120). Die Nachwirkung kann für freiwillige Betriebsvereinbarungen aber in der Betriebsvereinbarung selbst in Abweichung vom gesetzlichen Regelfall des § 77 Abs. 6 BetrVG vereinbart werden (siehe Mustervereinbarung Rn. 2).
- Freiwillige Betriebsvereinbarungen können nicht durch einseitigen Antrag von Betriebsrat oder Arbeitgeber im erzwingbaren Einigungsstellenverfahren durchgesetzt werden (zum freiwilligen Einigungsstellenverfahren gem. § 76 Abs. 6 BetrVG vgl. DKW-*Berg*, § 76 Rn. 10ff.).

Hinweis:
Zu den weiteren Einzelheiten vgl. DKW-*Berg*, § 88 Rn. 1ff.

2. Mustervereinbarung

3 **Vereinbarung der Nachwirkung einer freiwilligen oder teilmitbestimmten Betriebsvereinbarung**

Nach Ablauf der Betriebsvereinbarung unterliegen ihre Regelungen der Nachwirkung, bis sie durch eine andere Abmachung ersetzt werden. Das gilt auch für diejenigen Regelungsgegenstände, die nicht der erzwingbaren Mitbestimmung unterliegen, sondern freiwillig vereinbart wurden.

§ 89 Arbeits- und betrieblicher Umweltschutz

(1) Der Betriebsrat hat sich dafür einzusetzen, dass die Vorschriften über den Arbeitsschutz und die Unfallverhütung im Betrieb sowie über den betrieblichen Umweltschutz durchgeführt werden. Er hat bei der Bekämpfung von Unfall- und Gesundheitsgefahren die für den Arbeitsschutz zuständigen Behörden, die Träger der gesetzlichen Unfallversicherung und die sonstigen in Betracht kommenden Stellen durch Anregung, Beratung und Auskunft zu unterstützen.
(2) Der Arbeitgeber und die in Absatz 1 Satz 2 genannten Stellen sind verpflichtet, den Betriebsrat oder die von ihm bestimmten Mitglieder des Betriebsrats bei allen im Zusammenhang mit dem Arbeitsschutz oder der Unfallverhütung stehenden Besichtigungen und Fragen und bei Unfalluntersuchungen hinzuzuziehen. Der Arbeitgeber hat den Betriebsrat auch bei allen im Zusammenhang mit dem betrieblichen Umweltschutz stehenden Besichtigungen und Fragen hinzuzuziehen und ihm unverzüglich die den Arbeitsschutz, die Unfallverhütung und den betrieblichen Umweltschutz betreffenden Auflagen und Anordnungen der zuständigen Stellen mitzuteilen.

(3) Als betrieblicher Umweltschutz im Sinne dieses Gesetzes sind alle personellen und organisatorischen Maßnahmen sowie alle die betrieblichen Bauten, Räume, technischen Anlagen, Arbeitsverfahren, Arbeitsabläufe und Arbeitsplätze betreffenden Maßnahmen zu verstehen, die dem Umweltschutz dienen.

(4) An Besprechungen des Arbeitgebers mit den Sicherheitsbeauftragten im Rahmen des § 22 Abs. 2 des Siebten Buches Sozialgesetzbuch nehmen vom Betriebsrat beauftragte Betriebsratsmitglieder teil.

(5) Der Betriebsrat erhält vom Arbeitgeber die Niederschriften über Untersuchungen, Besichtigungen und Besprechungen, zu denen er nach den Absätzen 2 und 4 hinzuzuziehen ist.

(6) Der Arbeitgeber hat dem Betriebsrat eine Durchschrift der nach § 193 Abs. 5 des Siebten Buches Sozialgesetzbuch vom Betriebsrat zu unterschreibenden Unfallanzeige auszuhändigen.

Inhaltsübersicht Rn.

I. Einleitung

1 Die Vorschrift überträgt dem Betriebsrat spezifische, im Einzelnen umschriebene Mitwirkungsrechte und -pflichten bei der tatsächlichen Verwirklichung des Arbeits- und Umweltschutzes. Die besondere Sachnähe und Sachkunde der Betriebsratsmitglieder sollen hierfür nutzbar gemacht werden, auch unabhängig vom Arbeitgeber in enger Kommunikation und Zusammenarbeit mit den Aufsichtsbehörden. Zugleich soll den Betriebsratsmitgliedern die notwendige Informationsbasis verschafft werden. Auch das Wissen, das an jedem Arbeitsplatz im Betrieb vorhanden ist, soll durch den Betriebsrat zum Abbau von Umweltbelastungen und zum Ausbau umweltschonender Produktionstechniken und -verfahren eingebracht werden können. Der Betriebsrat hat eine eigenständige Zuständigkeit für den betrieblichen Umweltschutz – unabhängig vom Arbeitsschutz. Ähnlich wie beim Arbeitsschutz werden ihm dazu in dieser Vorschrift Informations- sowie Beteiligungsrechte und Pflichten zuerkannt.

II. Arbeitshilfen

Musterschreiben

2 **Betriebsrat: Schreiben an Gewerbeaufsicht wegen Zusammenarbeit**

Betriebsrat der Firma Firmenbezeichnung, Adresse Ort, Datum
Betriebsratsvorsitzende:r Name

An die Gewerbeaufsicht/das Amt für Arbeitsschutz/die Berufsgenossenschaft
in Ort

Zusammenarbeit beim Arbeitsschutz und bei der Unfallverhütung
Hier: Beachtung des § 89 Abs. 2 BetrVG durch Ihre Vertreter

Sehr geehrte Damen und Herren,
Arbeitsschutz und Unfallverhütung haben für die Beschäftigten dieses Betriebs einen hohen Stellenwert. Der Betriebsrat nimmt deshalb seine Aufgaben ernst, mit Ihnen im Rahmen des § 89 BetrVG zusammenzuarbeiten. Leider mussten wir feststellen, dass Ihre Mitarbeiter bei Betriebsbegehungen, -besichtigungen und Unfalluntersuchungen in unserem Hause bisher den Weg zum Betriebsrat weder gesucht noch gefunden haben.
Sicherlich geschah dies nicht in böser Absicht, sondern aus Unkenntnis über das Bestehen des Betriebsrats bzw. der auch für Sie geltenden gesetzlichen Vorgaben aus § 89 Abs. 2 BetrVG. Gleichwohl haben wir darauf hinzuweisen, dass dieses Verhalten nicht nur einen Verstoß gegen geltendes Recht, sondern ein dem Arbeitsschutz und der Unfallverhütung abträgliches Verhalten darstellt, das im Interesse unserer Kolleginnen und Kollegen im Betrieb eine Änderung erfahren muss.
Wir sind überzeugt davon, dass Sie in unserem Sinne auf Ihre Mitarbeiter einwirken werden und danken Ihnen für Ihre diesbezüglichen Bemühungen. Ihrem Besuch sehen wir mit Interesse entgegen.

Hinweis:
Vgl. DKW-*Buschmann*, § 89 Rn. 23ff.

2a **Betriebsrat: Schreiben an Gewerbeaufsicht wegen Verstößen gegen das Arbeitszeitgesetz**

Betriebsrat der Firma Firmenbezeichnung, Adresse Ort, Datum
Betriebsratsvorsitzende:r Name

An die Gewerbeaufsicht/das Amt für Arbeitsschutz
in Ort

Einhaltung und Überwachung des Arbeitszeitgesetzes

Sehr geehrte Damen und Herren,
Nach § 17 ArbZG wird die Einhaltung des ArbZG und der auf Grund dieses Gesetzes erlassenen Rechtsverordnungen von Ihrer Aufsichtsbehörde überwacht. Dazu gehört die Einhaltung von Höchstarbeitszeiten (§ 3 ArbZG), Pausen (§ 4 ArbZG), Ruhezeiten (§ 5 ArbZG), Schutz bei Nacht- und Schichtarbeit (§ 6 ArbZG), Sonn- und Feiertagsruhe (§§ 9ff. ArbZG), Überprüfung der Arbeitszeiterfassung und Arbeitszeitnachweise (§ 3 ArbSchG, § 16 ArbZG). Die vorliegenden Daten belegen, dass im Betrieb Firmenbezeichnung, Adresse mehrfach und nachhaltig gegen diese

Vorschriften verstoßen wurde und wird. So wurden im Rahmen der sog. »Vertrauensarbeitszeit« mehrfach die Grenzen von 10 Std./Tag bzw. 48 Std./Wo überschritten, Pausen und Ruhezeiten nicht eingehalten sowie Sonn- und Feiertagsarbeiten durchgeführt.
Dies kann im Einzelnen dokumentiert werden. Nach höchstrichterlicher Rechtsprechung (EuGH v. 30.5.2013, C-342/12, Worten; bestätigt durch Beschluss v. 19.6.2014, C-683/13, Pharmacontinente und 14.5.2019, C-55/18, ccoo) stehen dem auch keine Datenschutzgesichtspunkte entgegen. Wir ersuchen Sie deshalb, pflichtgemäß tätig zu werden und den Vorgang zu untersuchen. Dazu bieten wir unsere Mitarbeit an.

Hinweis:
Vgl. DKW-*Buschmann*, § 89 Rn. 25. in der Vergangenheit hatten Arbeitgeber gelegentlich versucht, die Weitergabe von Arbeitszeitdaten an das Amt für Arbeitsschutz bzw. die Gewerbeaufsicht unter Hinweis auf Gesichtspunkte des Datenschutzes zu behindern. Dem steht die oben zitierte Rechtsprechung des EuGH entgegen. Darüber hinaus verlangt der EuGH im Urteil der Großen Kammer vom 14. Mai 2019, C-55/18 unter Hinweis auf Art. 4 Abs. 1, Art. 6 Abs. 1 sowie die besondere Überwachungsfunktion der Arbeitnehmervertreter nach Art. 11 Abs. 3 der Arbeitsschutz-Rahmen-Richtlinie 89/391/EG die Einrichtung eines objektiven, verlässlichen und zugänglichen Systems, mit dem die von einem jeden Arbeitnehmer geleistete tägliche Arbeitszeit gemessen werden kann. Und dazu stellt Art. 11 Abs. 6 dieser Richtlinie klar, dass die Arbeitnehmer bzw. ihre Vertreter das Recht haben, sich gemäß den nationalen Rechtsvorschriften bzw. Praktiken an die für Sicherheit und Gesundheitsschutz am Arbeitsplatz zuständige Behörde zu wenden, wenn sie der Auffassung sind, dass die vom Arbeitgeber getroffenen Maßnahmen und bereitgestellten Mittel nicht ausreichen, um die Sicherheit und den Gesundheitsschutz am Arbeitsplatz sicherzustellen.

Betriebsrat: Schreiben an Arbeitgeber wegen Aushändigung von Unfallanzeigen 3

Betriebsrat der Firma Firmenbezeichnung, Adresse Ort, Datum
Betriebsratsvorsitzende:r Name

An die Geschäftsleitung Firmenbezeichnung
im Hause

Durchschrift der Unfallanzeigen

Sehr geehrte Damen und Herren,
der Betriebsrat hat wiederholt festgestellt, dass ihm in einer Reihe von Fällen entgegen § 193 Abs. 5 SGB VII Unfallanzeigen nicht zur Unterschrift vorgelegt worden sind, in anderen Fällen hat er entgegen § 89 Abs. 6 BetrVG von Ihnen keinen Durchschlag der Unfallanzeigen erhalten. Die gesetzlichen Vorschriften sind eindeutig und auch der Personalabteilung bekannt. Nach BAG 12.3.2019 – 1 ABR 48/17, AuR 2020, 81, ist der Betriebsrat auch über Arbeitsunfälle, die Beschäftigte anderer Unternehmen im Zusammenhang mit der Nutzung der betrieblichen Infrastruktur eines Arbeitgebers erleiden, vollständig zu unterrichten. Der Betriebsrat sieht sich nur durch vollständige Einbeziehung in den vorgeschriebenen Informationsablauf in der Lage, seinem gesetzlichen Auftrag auf dem Gebiet des Arbeitsschutzes nachzukommen.
Wir erlauben uns darauf hinzuweisen, dass es auch nach außen einen ausgesprochen schlechten Eindruck macht, wenn der Unfallversicherungsträger nicht unterschriebene Unfallanzeigen erhält und seinerseits den Betriebsrat davon unterrichten muss. Wir gehen davon aus, dass wir künftig entsprechend den gesetzlichen Vorschriften beteiligt werden.

Hinweis:
Vgl. DKW-*Buschmann*, § 89 Rn. 36ff.

4 **Betriebsrat: Schreiben an Arbeitgeber wegen Gefährdungsbeurteilung und –dokumentation**

Betriebsrat der Firma Firmenbezeichnung, Adresse Ort, Datum
Betriebsratsvorsitzende:r Name

An die Geschäftsleitung Firmenbezeichnung
im Hause

Gefährdungsbeurteilung und -dokumentation
Hier: Sog. Vertrauensarbeitszeit

Sehr geehrte Frau Name,
nach § 5 Arbeitsschutzgesetz (ArbSchG) hat jeder Arbeitgeber durch eine Beurteilung der für die Beschäftigten mit ihrer Arbeit verbundenen Gefährdung zu ermitteln, welche Maßnahmen des Arbeitsschutzes erforderlich sind. Das Ergebnis der Beurteilung und die vom Arbeitgeber festgelegten Maßnahmen des Arbeitsschutzes sind gegenüber dem Betriebsrat zu dokumentieren. Dies gilt auch in Kleinbetrieben. Wie die Rechtsprechung (BAG v. 8.6.2004 – 1 ABR 13/03, AuR 2004, 437; 11.2.2014 1 ABR 72/12, DB 2014, 1498; 30.9.2014 1 ABR 106/12, NZA 2015, 314) festgestellt hat, hat der Betriebsrat bei der Gefährdungsbeurteilung und der Unterweisung der Arbeitnehmer mitzubestimmen.
Leider müssen wir feststellen, dass in einer wichtigen Angelegenheit die Erfüllung dieser vorbezeichneten Verpflichtung noch aussteht. Eine besondere Ausprägung des Arbeitsschutzes ist der Arbeitszeitschutz. Hinsichtlich der Arbeitszeitgestaltung sehen wir besondere Gefährdungen durch die von Ihnen forcierte Einführung der sog. »Vertrauensarbeitszeit« in einigen Abteilungen des Betriebs. Der Betriebsrat sieht auf Grund von Erfahrungsberichten die Gefahr, dass überlange Arbeitszeiten zu einem Verschleiß der Arbeitskraft führen und die Gesundheit der Beschäftigten gefährden. Nach der Rechtsprechung des EuGH, Große Kammer, im Urteil vom 14.5.2019, C-55/18, dem folgend des BAG im Beschluss vom 13.9.2022 1 ABR 22/21, AuR 2022, 490, erfordern Art. 3, 5 und 6 der (Arbeitszeit-)Richtlinie 2003/88/EG v. 4.11.2003, Art. 31 Abs. 2 der Charta der Grundrechte der EU sowie Art. 4 Abs. 1, Art. 11 Abs. 3, Art. 16 Abs. 3 der (Arbeitsschutzrahmen-)Richtlinie 89/391/EWG v. 12.6.1989 und § 3 ArbSchG ein System, mit dem die von einem jeden Arbeitnehmer geleistete tägliche Arbeitszeit gemessen werden kann. Wir haben Sie deshalb aufzufordern, gemeinsam mit dem Betriebsrat die mit der sog. Vertrauensarbeitszeit verbundenen Gefährdungen zu ermitteln und daraus entsprechende Maßnahmen des Arbeitsschutzes abzuleiten. Wir bitten Sie, uns den Stand Ihrer Gefährdungsbeurteilung bis zum Datum mitzuteilen und uns Einsicht in die erforderlichen Unterlagen nach § 6 ArbSchG zu gewähren. Wir bieten Ihnen ausdrücklich die Unterstützung des Betriebsrats an. Ihnen dürfte wie uns daran gelegen sein, durch eine systematische Erfassung des betrieblichen Gefährdungspotentials einen vorbeugenden Arbeits- und Gesundheitsschutz zu gewährleisten.

Hinweis:
Vgl. DKW-*Buschmann*, § 80 Rn. 92; § 89 Rn. 33; DKW-*Klebe*, § 87 Rn. 229ff. Der Betriebsrat hat ohnehin einen Informationsanspruch bezüglich der tatsächlichen Arbeitszeiten aus § 80 und ein Mitbestimmungsrecht über die Arbeitszeitgestaltung aus § 87 Abs. 1 Nrn. 2 und 3 BetrVG. Gerade bei dieser spezifischen Arbeitszeitform kann es aber sinnvoll sein, den besonderen Arbeitsschutzcharakter der Arbeitszeitregelung herauszustreichen. Bevor in konkrete Arbeitszeitverhandlungen eingestiegen wird, kann deshalb zunächst die Gefährdungsbeurteilung

verlangt werden, selbst wenn der Arbeitgeber jedes Gefährdungspotential dieser Arbeitszeitform abstreiten wird. Über sein Mitbestimmungsrecht gem. § 87 Abs. 1 Nr. 7 BetrVG kann der Betriebsrat Gefährdungsbeurteilung und -dokumentation durchsetzen. Notwendiger Arbeitsschutz darf auch vor wirtschaftlichen Interessen nicht weichen.

Betriebsrat: an Arbeitgeber wegen arbeitsmedizinischer Vorsorgeuntersuchungen 5

Betriebsrat der Firma Firmenbezeichnung, Adresse Ort, Datum
Betriebsratsvorsitzende:r Name

An die Geschäftsleitung Firmenbezeichnung
im Hause

Arbeitsmedizinische Vorsorgeuntersuchungen

Sehr geehrte Damen und Herren,
nach § 11 Arbeitsschutzgesetz hat der Arbeitgeber den Beschäftigten auf deren Wunsch eine regelmäßige arbeitsmedizinische Vorsorgeuntersuchung zu ermöglichen. Diese Verpflichtung besteht nur dann nicht, wenn aufgrund der Beurteilung der Arbeitsbedingungen und der getroffenen Schutzmaßnahmen nicht mit einem Gesundheitsschaden zu rechnen ist.
Im Interesse unserer gemeinsamen Zielsetzung der aktiven Gesundheitsförderung bitten wir Sie deshalb, die notwendigen Vorkehrungen zu treffen, damit grundsätzlich alle Beschäftigten dieses Betriebs einmal jährlich an der arbeitsmedizinischen Vorsorgeuntersuchung teilnehmen. Diese könnte – wie uns mitgeteilt wurde – im berufsgenossenschaftlichen Zentrum erfolgen. Wir werden diese sinnvolle Initiative durch geeignete Aufklärung bei den Beschäftigten unterstützen.
Sollte die Durchführung dieser regelmäßigen Vorsorgeuntersuchungen wider Erwarten nicht möglich sein, bitten wir Sie, uns unter Vorlage der entsprechenden vollständigen Unterlagen die Gründe dafür mitzuteilen und uns darüber hinaus zu erläutern, für welche Bereiche Sie aufgrund der durchgeführten Untersuchung der Arbeitsbedingungen eine Gesundheitsgefährdung ausschließen können und welche Schutzmaßnahmen i. S. d. § 11 ArbSchG dieser Beurteilung zu Grunde liegen.
Der Betriebsrat wird dieses Thema auf einer der nächsten Betriebsversammlungen ansprechen und über die gesetzlichen Regelungen informieren. Wir gehen davon aus, dass Sie unsere Aktivitäten tatkräftig unterstützen.

Betriebsrat: an Arbeitgeber wegen Augenuntersuchung für Bildschirmarbeit 6

Betriebsrat der Firma Firmenbezeichnung, Adresse Ort, Datum
Betriebsratsvorsitzende:r Name

An die Geschäftsleitung Firmenbezeichnung
im Hause

Untersuchung der Augen und des Sehvermögens bei Arbeit an Bildschirmgeräten

Sehr geehrte Damen und Herren,
nach Teil 4 des Anhangs zur arbeitsmedizinischen Verordnung (ArbMedVV) – Tätigkeiten an Bildschirmgeräten (ehemals G 37) – Tätigkeiten an Bildschirmgeräten hat der Arbeitgeber den Beschäftigten vor Aufnahme ihrer Tätigkeit an Bildschirmgeräten, anschließend in regelmäßigen Zeitabständen sowie bei Auftreten von Sehbeschwerden, die auf die Arbeit am Bildschirmgerät zurückgeführt werden können, eine angemessene Untersuchung der Augen und des Sehvermögens durch eine fachkundige Person anzubieten. Erweist sich auf Grund der Angebotsvorsorge eine augenärztliche Untersuchung als erforderlich, ist diese zu ermöglichen. § 5 Abs. 2 gilt entsprechend für Sehbeschwerden. [(2) Erhält der Arbeitgeber Kenntnis von einer Erkrankung, die im ursächlichen Zusammenhang mit der Tätigkeit des oder der Beschäftigten stehen kann, so hat er ihm oder ihr unverzüglich Angebotsvorsorge anzubieten. Dies gilt auch für Beschäftigte mit vergleichbaren Tätigkeiten, wenn Anhaltspunkte dafür bestehen, dass sie ebenfalls gefährdet sein können.] Den Beschäftigten sind im erforderlichen Umfang spezielle Sehhilfen für ihre Arbeit an Bildschirmgeräten zur Verfügung zu stellen, wenn Ergebnis der Angebotsvorsorge ist, dass spezielle Sehhilfen notwendig und normale Sehhilfen nicht geeignet sind;
Unter uns besteht kein Zweifel, dass im Verwaltungsbereich sowohl die Sachbearbeiter als auch deren Mitarbeiter regelmäßig an Bildschirmgeräten arbeiten, so dass die o.g. Untersuchungen zwingend erforderlich sind. Sie haben offensichtlich aber noch nicht stattgefunden. Im Interesse unserer gemeinsamen Zielsetzung der aktiven Gesundheitsförderung bitten wir Sie deshalb, die notwendigen Vorkehrungen zu treffen, damit alle Beschäftigten der Verwaltung noch in diesem Jahr, sodann einmal jährlich an der Untersuchung der Augen und des Sehvermögens teilnehmen. Diese könnte – wie uns mitgeteilt wurde – im berufsgenossenschaftlichen Zentrum erfolgen. Wir werden diese sinnvolle Initiative durch geeignete Aufklärung bei den Beschäftigten unterstützen. Wir bitten Sie, den betroffenen Personenkreis und die Terminierung entsprechender Untersuchungen mit uns abzustimmen. Vorsorglich weisen wir schon heute auf die Verpflichtung hin, den Beschäftigten in erforderlichem Umfang Sehhilfen für die Tätigkeit an Bildschirmen zur Verfügung zu stellen, falls die Untersuchung ergibt, dass spezielle Sehhilfen notwendig und normale Sehhilfen nicht geeignet sind.

7 **Betriebsrat: Schreiben an Arbeitgeber wegen Bestellung eines Sicherheitsbeauftragten**

Betriebsrat der Firma Firmenbezeichnung, Adresse — Ort, Datum
Betriebsratsvorsitzende:r Name

An die Geschäftsleitung Firmenbezeichnung
im Hause

Bestellung eines Sicherheitsbeauftragten

Sehr geehrte Damen und Herren,
nach § 22 SGB VII haben Unternehmen mit mehr als 20 Beschäftigten Sicherheitsbeauftragte zu bestellen. Unseres Erachtens erfüllt das Unternehmen die in der Vorschrift bezeichneten Voraussetzungen. Eine Bestellung ist aber bis zum heutigen Tage nicht erfolgt. Wir möchten Sie deshalb ausdrücklich an diese Notwendigkeit erinnern, schon um Schaden vom Unternehmen abzuwenden.
Sollte Ihrerseits die Überlegung bestehen, den Leiter des Werkschutzes, Herrn Name, zum Sicherheitsbeauftragten zu ernennen, teilen wir mit, dass in diesem Falle Bedenken gegen eine solche Auswahl zu erheben wären. Der Sicherheitsbeauftragte sollte unabhängig sein, was mit den besonderen Aufgaben des Herrn Name inkompatibel wäre. Weitere Bedenken können wir Ihnen mündlich erläutern.

In formeller Hinsicht machen wir darauf aufmerksam, dass das Gesetz die Bestellung eines Sicherheitsbeauftragten ausdrücklich von der Beteiligung des Betriebsrats abhängig macht, was von einem Teil der Rechtsprechung im Sinne eines Mitbestimmungsrechts interpretiert wird. Wir sind sicher, mit Ihnen in unserem nächsten gemeinsamen Gespräch hierüber eine Lösung erzielen zu können.

Hinweis:
Vgl. DKW-*Buschmann*, § 89 Rn. 42 ff.

Betriebsrat: Schreiben an Umweltbehörde wegen Zusammenarbeit 8

Betriebsrat der Firma Firmenbezeichnung, Adresse Ort, Datum
Betriebsratsvorsitzende:r Name

An Frau/Herrn Dezernentin/en für Umweltschutz der Stadt Ort

Umweltschutzauflagen für die Produktion von gemäß Ihrem Bescheid vom Datum

Sehr geehrte/r Frau/Herr Name,
der Betriebsrat ist die gesetzlich gewählte Vertretung der Beschäftigten dieses Betriebs. Mit Bescheid vom Datum haben Sie dem Betrieb für die Produktion von unter dem Aktenzeichen eine Umweltschutzauflage erteilt. Die Geschäftsleitung hat dazu die Auffassung vertreten, dass die Erfüllung dieser Auflage die Produktion erheblich verteuern und sogar Arbeitsplätze gefährden würde.
Der Betriebsrat möchte in dieser Phase des Verfahrens hierzu noch keine abschließende Stellungnahme abgeben. Der Betriebsrat nimmt aber seine Verantwortung für den betrieblichen Umweltschutz nach § 89 BetrVG ernst – dies auch im Interesse der in der Produktion Beschäftigten. Angesichts der lebhaften Diskussion im Betrieb und in der Öffentlichkeit würden wir es begrüßen, wenn Sie die Möglichkeit sehen würden, uns den Inhalt der Auflagen und deren sachliche Begründung im Einzelnen zu erläutern. Dies gilt umso mehr, als der an das Unternehmen gerichtete Bescheid dem Betriebsrat selbst nicht vorliegt. Aus diesem Grunde laden wir Sie herzlich dazu ein, im Büro des Betriebsrats – nur mit dem Betriebsrat – diese Angelegenheit anhand von Unterlagen ausgiebig zu erörtern. Als Termin schlagen wir Ihnen den Datum vor.

Hinweis:
Vgl. DKW-*Buschmann*, § 89 Rn. 52 ff. Der Betriebsrat vertritt in einer schwierigen Angelegenheit eine unabhängige Position und vermeidet es, von der Geschäftsleitung in eine Konfrontation mit der Umweltbehörde und den Zwecken des Umweltschutzes geführt zu werden. Diesem Ziel dient auch die direkte Kontaktaufnahme mit der/dem in der Stadtverwaltung verantwortlichen Dezernentin/en. Diese Außenkontakte werden durch § 89 Abs. 1 Satz 2 BetrVG ausdrücklich gefordert.

Betriebsrat: Schreiben an Bürgerinitiativen 9

Betriebsrat der Firma Firmenbezeichnung, Adresse Ort, Datum
Betriebsratsvorsitzende:r Name

An die Bürgerinitiative »Keine Giftmüllproduktion in Name und auch nicht anderswo«, z. Hd. Frau/Herrn Name

Forderungen Ihrer Bürgerinitiative hinsichtlich der Produktion von

Sehr geehrte/r Frau/Herr Name,
der Betriebsrat ist die gesetzlich gewählte Vertretung der Beschäftigten dieses Betriebs. Sie sind in der Öffentlichkeit als Sprecher der Bürgerinitiative aufgetreten, so dass wir uns an Sie wenden. In Ihrem Flugblatt vom Datum, das uns vorliegt, werfen Sie der Firmenbezeichnung vor, Giftmüll zu produzieren und damit die Umwelt und die Gesundheit der Bürgerinnen und Bürger zu gefährden. Wie Sie wissen, hat die Geschäftsleitung dieses Unternehmens dies zurückgewiesen und gegenüber der Bürgerinitiative den Vorwurf erhoben, Arbeitsplätze zu gefährden.
Aus verständlichen Gründen ist der Betriebsrat immer in besonderer Weise besorgt, wenn es um Arbeitsplätze der Beschäftigten geht. Er nimmt aber auch seine Verantwortung für den betrieblichen Umweltschutz ernst – nicht zuletzt im Interesse der Beschäftigten. Beschäftigung und Umweltschutz sind für uns keine Gegensätze. Angesichts der lebhaften Diskussion im Betrieb und in der Öffentlichkeit würden wir es begrüßen, wenn Sie die Möglichkeit sehen würden, uns Ihre Besorgnisse und Forderungen und deren sachliche Begründung im Einzelnen zu erläutern. Dies gilt umso mehr, als von einzelnen Mitgliedern der Bürgerinitiative auch Vorwürfe gegen den Betriebsrat geäußert worden sind, er stelle die Erhaltung der Arbeitsplätze über den Schutz der Umwelt. Tatsächlich aber hat der Betriebsrat hierzu überhaupt noch keine Beschlüsse gefasst und auch keine dahin gehende Stellungnahme abgegeben. Wir sind da offensichtlich falsch zitiert worden.
Aus diesem Grunde würden wir es begrüßen, wenn es möglich wäre, mit Ihnen und Mitgliedern des Betriebsrats gemeinsam unsere jeweiligen Besorgnisse zu diskutieren. Als Termin schlagen wir Ihnen den Datum im Restaurant vor. Teilen Sie uns bitte mit, ob Ihnen Ort und Zeit zusagen und wer Ihrerseits an dem Treffen teilnehmen wird.

Hinweis:
Vgl. DKW-*Buschmann*, § 89 Rn. 52ff. Der Betriebsrat vertritt in einer schwierigen Angelegenheit eine unabhängige Position, hält sich mit Aussagen pro und contra zunächst zurück und vermeidet es, von der Geschäftsleitung in eine Konfrontation mit Umweltschutzforderungen geführt zu werden. Diesem Ziel dient auch die direkte Kontaktaufnahme mit der Bürgerinitiative. Angesichts der Brisanz der Auseinandersetzung wäre es anders als bei dem Vertreter der Stadtverwaltung nicht sinnvoll, auf dem Betriebsratsbüro als Treffpunkt zu bestehen, zumal nicht auszuschließen ist, dass Mitgliedern der Bürgerinitiative der Zugang verweigert werden könnte. Andererseits sollte der Betriebsrat über das Treffen als solches einen ausdrücklichen Beschluss fassen. Für die weitere Behandlung empfiehlt sich eine rechtliche Prüfung, ob eine etwaige Giftmüllproduktion gegen europäische Umweltschutzvorschriften verstößt. Dies wiederum hätte zur Folge, dass möglicherweise die europäische Whistleblower-RL (EU) 2019/1937 v. 23.10.2019 einschlägig ist, was die Zulässigkeit auch externer Meldungen erheblich erleichtert.

Vierter Abschnitt
Gestaltung von Arbeitsplatz, Arbeitsablauf und Arbeitsumgebung

§ 90 Unterrichtungs- und Beratungsrechte

(1) Der Arbeitgeber hat den Betriebsrat über die Planung
1. von Neu-, Um- und Erweiterungsbauten von Fabrikations-, Verwaltungs- und sonstigen betrieblichen Räumen,

2. von technischen Anlagen,
3. von Arbeitsverfahren und Arbeitsabläufen einschließlich des Einsatzes von Künstlicher Intelligenz oder
4. der Arbeitsplätze
rechtzeitig unter Vorlage der erforderlichen Unterlagen zu unterrichten.

(2) Der Arbeitgeber hat mit dem Betriebsrat die vorgesehenen Maßnahmen und ihre Auswirkungen auf die Arbeitnehmer, insbesondere auf die Art ihrer Arbeit sowie die sich daraus ergebenden Anforderungen an die Arbeitnehmer so rechtzeitig zu beraten, dass Vorschläge und Bedenken des Betriebsrats bei der Planung berücksichtigt werden können. Arbeitgeber und Betriebsrat sollen dabei auch die gesicherten arbeitswissenschaftlichen Erkenntnisse über die menschengerechte Gestaltung der Arbeit berücksichtigen.

Inhaltsübersicht

I. Einleitung

Die nach § 90 Abs. 1 BetrVG erforderliche Unterrichtung über Planungen führt in der Praxis häufig zu Auseinandersetzungen im Hinblick auf den Zeitpunkt und den Umfang der Unterrichtung. Durch eine Betriebsvereinbarung kann insbesondere für die Planung von Arbeitsverfahren und Arbeitsabläufen (z. B. Gruppenarbeit, Total-Quality-Management, Projektmanagement, KVP, Telearbeit, Einsatz von Fremdfirmenbeschäftigten, vgl. DKW-*Klebe/Wankel*, § 90 Rn. 12 ff.) sowie technischen Anlagen (EDV-Anlagen, Montagebänder, CNC-Maschinen, vgl. DKW-*Klebe/Wankel*, § 90 Rn. 8 ff.) die Art der Information, die vorzulegenden Unterlagen und die Einbeziehung des Betriebsrats in die Planung konkretisiert werden. Neben einer generellen Betriebsvereinbarung können weitere spezifische Informations- und Beteiligungsrechte in den jeweiligen Einzelbetriebsvereinbarungen, z. B. zur Gruppenarbeit oder zu IT-Systemen geregelt werden. 1

II. Arbeitshilfen

1. Checkliste

Umfang der Beteiligung des Betriebsrats bei Arbeitsplatzgestaltung 2

- Bewertung der bisherigen Zusammenarbeit und des Informationsverhaltens des Arbeitgebers.
- Erfolgte die Information so rechtzeitig, dass der Betriebsrat noch Einfluss auf die Planung und Entscheidung nehmen konnte?
- Gibt es im Unternehmen standardisierte Entscheidungsabläufe? Wenn ja, muss geprüft werden, wann der Betriebsrat in diesem System einbezogen wird und wann in diesem System in der Praxis die Planungsphase stattfindet, in der der Betriebsrat zu beteiligen ist.
- Gibt es standardisierte Planungs- und Entscheidungsunterlagen? Wenn ja, müssen diese Originalunterlagen dem Betriebsrat zur Verfügung gestellt werden.
- Soll eine generelle Betriebsvereinbarung abgeschlossen werden oder eine, die sich auf Einzelbereiche bezieht, z. B. IT-Systeme?

2. Mustervereinbarung

3 **Unterrichtung und Beratung**

§ 1 Geltungsbereich

1. räumlich
2. persönlich
3. fachlich .

§ 2 Zielsetzung

Ziel dieser Betriebsvereinbarung ist die Verbesserung der Zusammenarbeit zwischen Unternehmen und Betriebsrat. Durch die rechtzeitige und umfassende Information soll die Beteiligung der Arbeitnehmer:innen und die Berücksichtigung der Interessen der Arbeitnehmer bei Planungen und Entscheidungen des Unternehmens gefördert werden.

§ 3 Unterrichtung des Betriebsrats

Der Betriebsrat wird bereits im Planungsstadium unterrichtet über

- mögliche Neu-, Um- und Erweiterungsbauten von Fabrikations-, Verwaltungs- und sonstigen betrieblichen Räumen,
- die Anschaffung, Veränderung bzw. Stilllegung von technischen Anlagen,
- die Einführung von neuen, die Veränderung von bestehenden Arbeitsverfahren und Arbeitsabläufen oder

die Gestaltung und Veränderung der Arbeitsplätze.

Zu dieser Unterrichtung gehört insbesondere jegliche Form des Einsatzes bzw. der Nutzung von künstlicher Intelligenz.

> **Hinweis:**
> - Künstliche Intelligenz wird künftig bei immer mehr Arbeitsabläufen und Entscheidungen in Unternehmen eine größere Rolle spielen. Eine allgemeingültige Definition für den Begriff gibt es derzeit nicht.

Die Unterrichtung hat zu einem Zeitpunkt zu erfolgen, an dem das Unternehmen für das zu lösende Problem die Ziele sucht und die Alternativen prüft, die es zur Erreichung des Ziels gibt. In jedem Fall muss die Unterrichtung erfolgen, bevor sich das Unternehmen auf einen Plan zur Erreichung des Ziels festgelegt hat.

Dem Betriebsrat sind alle Unterlagen, Berechnungen, Benchmark-Untersuchungen usw., die im Planungsstadium erarbeitet bzw. benutzt werden, zu überlassen.

Soweit die Unterlagen nicht in deutscher Sprache vorliegen, sind sie zu übersetzen.

Die Unterrichtung erfolgt insbesondere im Hinblick auf

- Ziel des Vorhabens, Vorgaben für Projektteams, Zeitplan für Entscheidungsfindung und Umsetzung, Kostenrahmen, Kostenvorgaben
- Mögliche personelle Auswirkungen (Personalabbau, Versetzungen, Einstellungen, Fremdfirmen usw.)
- Mögliche Änderungen der Qualifikationsanforderungen sowie möglicher Schulungsbedarf
- Mögliche Auswirkungen der Alternativen auf Arbeitsinhalte, Arbeitsumfang, Arbeitsverfahren und Methoden
- Mögliche Auswirkungen auf Anlagen und die Gestaltung der Arbeitsplätze
- Mögliche Veränderungen der Arbeit der Arbeitnehmer:innen (z. B. Interaktion mit Maschinen) durch den Einsatz von künstlicher Intelligenz
- mit dem Vorhaben verbundene mögliche Auswirkungen in anderen Betrieben des Unternehmens, mögliche Produktionsverlagerungen.

Die Unterrichtung erfolgt sowohl durch die Personalabteilung als auch direkt durch Arbeitnehmer, die an dem Projekt bzw. dem Vorhaben beteiligt sind, in der Regel den Projektverantwortlichen.

Dem Betriebsrat steht das Recht zu, an den Sitzungen etwaiger Projektteams, Planungsgruppen usw. teilzunehmen.
Weitergehende Rechte des Betriebsrats auf Unterrichtung, Beratung, Mitbestimmung bleiben unberührt.

§ 4 Beratung
Arbeitgeber und Betriebsrat werden nach erfolgter Unterrichtung gem. § 3 dieser Betriebsvereinbarung über das Vorhaben und seine Ziele beraten. Alternativvorschläge des Betriebsrats sind in die Planung einzubeziehen und von den Projekt- bzw. Planungsteams in die Planung als Alternative einzubeziehen. Dies umfasst auch die Überprüfung der Realisierungschancen sowie die Berechnung der Kosten.
In die Beratung sind alle Aspekte des Vorhabens einzubeziehen. Diese gilt insbesondere für die personellen Auswirkungen, Fragen der Qualifikation und der menschengerechten Gestaltung der Arbeit.

§ 5 Auswertung
Die Betriebsparteien werden mindestens einmal jährlich ihre Zusammenarbeit im Hinblick auf diese Betriebsvereinbarung bewerten und ggf. Ergänzungen und Präzisierungen vornehmen.

§ 6 Recht des Betriebsrats
Keine Maßnahme darf ohne Einhaltung dieses Ablaufs durchgeführt werden. Der Betriebsrat kann die Rückgängigmachung der Maßnahme verlangen, wenn der Ablauf nicht eingehalten wird.

§ 7 Schlussbestimmungen
Diese Betriebsvereinbarung ist mit einer Frist von Monaten zum Schluss eines Kalenderjahres kündbar; erstmals zum Datum. Die Kündigung dieser Betriebsvereinbarung ist nur wirksam, wenn sie schriftlich erfolgt. Die Betriebsvereinbarung wirkt nach. Anlagen sind Bestandteil dieser Betriebsvereinbarung.

§ 91 Mitbestimmungsrecht

Werden die Arbeitnehmer durch Änderungen der Arbeitsplätze, des Arbeitsablaufs oder der Arbeitsumgebung, die den gesicherten arbeitswissenschaftlichen Erkenntnissen über die menschengerechte Gestaltung der Arbeit offensichtlich widersprechen, in besonderer Weise belastet, so kann der Betriebsrat angemessene Maßnahmen zur Abwendung, Milderung oder zum Ausgleich der Belastung verlangen. Kommt eine Einigung nicht zustande, so entscheidet die Einigungsstelle. Der Spruch der Einigungsstelle ersetzt die Einigung zwischen Arbeitgeber und Betriebsrat.

Inhaltsübersicht Rn.

I. Einleitung

Die Anwendung des Mitbestimmungsrechts setzt voraus, dass der Arbeitgeber bei Än- 1
derungen der Arbeitsplätze, des Arbeitsablaufs oder der Arbeitsumgebung die Grundsätze einer menschengerechten Gestaltung der Arbeit nicht ausreichend berücksichtigt bzw. dass die Änderungen in einem Widerspruch zu gesicherten arbeitswissenschaftli-

chen Erkenntnis stehen (vgl. DKW-*Klebe/Wankel*, § 91 Rn. 1, 8ff.). Der Betriebsrat muss daher zunächst versuchen (auch mit Hilfe eines Sachverständigen nach § 80 Abs. 3, vgl. Rn. 16) festzustellen, ob im Hinblick auf den einzelnen Arbeitsplatz ein Widerspruch zu den gesicherten arbeitswissenschaftlichen Erkenntnissen vorliegt.

II. Arbeitshilfe

Checkliste

2 **Umfang der Beteiligung des Betriebsrats bei Arbeitsplatzänderungen**

- Prüfung und Bewertung der Änderungen der Arbeitsplätze, -abläufe und -verfahren durch den Betriebsrat.
- Entsprechen die Arbeitsplätze usw. den gesetzlichen Vorschriften, wie z. B. ArbeitsstättenVO, UVV, EU-Richtlinien usw. (in diesen finden arbeitswissenschaftliche Erkenntnisse ihren Niederschlag)?
- Prüfung der Erkenntnisse in der Fachwissenschaft; hier empfiehlt sich die Hinzuziehung eines Sachverständigen (vgl. § 80 Abs. 3 BetrVG), da der Betriebsrat in der Regel nicht in der Lage ist, sich den Überblick über den Diskussionsstand in der wissenschaftlichen Fachwelt selbst zu verschaffen.
- Erarbeitung von konkreten Vorschlägen, die den Widerspruch der Arbeitsbedingungen zu den gesicherten arbeitswissenschaftlichen Erkenntnissen beseitigen.

Fünfter Abschnitt
Personelle Angelegenheiten

Erster Unterabschnitt
Allgemeine personelle Angelegenheiten

§ 92 Personalplanung

(1) Der Arbeitgeber hat den Betriebsrat über die Personalplanung, insbesondere über den gegenwärtigen und künftigen Personalbedarf sowie über die sich daraus ergebenden personellen Maßnahmen einschließlich der geplanten Beschäftigung von Personen, die nicht in einem Arbeitsverhältnis zum Arbeitgeber stehen, und Maßnahmen der Berufsbildung anhand von Unterlagen rechtzeitig und umfassend zu unterrichten. Er hat mit dem Betriebsrat über Art und Umfang der erforderlichen Maßnahmen und über die Vermeidung von Härten zu beraten.
(2) Der Betriebsrat kann dem Arbeitgeber Vorschläge für die Einführung einer Personalplanung und ihre Durchführung machen.
(3) Die Absätze 1 und 2 gelten entsprechend für Maßnahmen im Sinne des § 80 Abs. 1 Nr. 2a und 2b, insbesondere für die Aufstellung und Durchführung von Maßnahmen zur Förderung der Gleichstellung von Frauen und Männern. Gleiches gilt für die Eingliederung schwerbehinderter Menschen nach § 80 Absatz 1 Nummer 4.

Inhaltsübersicht Rn.

I. Einleitung

Personalplanung im Sinne des § 92 BetrVG wird als methodische Planung verstanden, die zu einer möglichst weitgehenden Übereinstimmung zwischen den künftigen Arbeitsanforderungen in qualitativer und quantitativer Hinsicht und dem dafür einzusetzenden Personal nach Qualifikation und Anzahl führen soll. 1

Die Mitwirkung des Betriebsrats an der Personalplanung nach § 92 BetrVG soll sicherstellen, dass mit ihr nicht lediglich betriebswirtschaftliche Maßnahmen berücksichtigt werden. Es ist zwar erforderlich, den künftigen Personalbedarf gemäß den betrieblichen Gegebenheiten und der unternehmerischen Planziele zu ermitteln, damit die benötigten Arbeitskräfte in der erforderlichen Anzahl, zum richtigen Zeitpunkt, am richtigen Ort und mit der für die Arbeit besten Qualifikation bereitstehen. Neben diesen betriebswirtschaftlichen Zielen hat aber eine umfassende Berücksichtigung der Arbeitnehmerinteressen zu erfolgen. Dabei ist es nicht allein der Betriebsrat, der die Arbeitnehmerinteressen wahrzunehmen hat, sondern in weiten Bereichen auch der Gesamtbetriebsrat oder (auf Konzernebene) der Konzernbetriebsrat. Besonders deutlich wird dies an der zunehmenden Bedeutung der Flexibilität im Produktionsprozess. Hier gehen die Interessen der Arbeitgeber an größtmöglicher Flexibilität und dem Bedürfnis der Arbeitnehmer an einem sicheren und planbaren Arbeitsplatz weit auseinander.

Deshalb spielen der Einsatz von Leiharbeitnehmern und die Herausgabe von Arbeit mit Dienst- oder Werkverträgen eine immer größere Rolle bei der Mitbestimmung und insbesondere bei der Personalplanung. Zusätzlich kommen die Möglichkeiten des Crowdsourcing und weiterer morderner Mischformen auf digitalen Marktplätzen hinzu.

Personalplanung steht als wichtiger Teilbereich der gesamten Unternehmensplanung in einer Wechselwirkung mit der Investitions-, Produktions- und Absatzplanung. Dadurch ergeben sich umfassende Zuständigkeiten des Gesamtbetriebsrats (§ 50 Abs. 1 BetrVG) oder sogar des Konzernbetriebsrats. Andererseits realisiert sich die auf der Unternehmensebene erstellte Personalplanung im betrieblichen Bereich. Deshalb soll der Betriebsrat durch § 92 BetrVG auch in die Lage versetzt werden, auf die aus der Personalplanung kommenden personellen Einzelmaßnahmen wie Einstellungen, Versetzungen und Kündigungen nicht nur reagieren zu müssen. Vielmehr soll eine Beeinflussung der Planungsmaßnahmen im Vorbereich personeller Einzelmaßnahmen erreicht werden. Das bedingt eine enge Zusammenarbeit zwischen den einzelnen Betriebsräten und dem Gesamtbetriebsrat gerade auch bei der Personalplanung.

Diese Zusammenarbeit wird sich nicht zuletzt dann empfehlen, wenn zwar formalrechtlich eine Zuständigkeit des Betriebsrats gegeben ist, es jedoch sinnvoll erscheint, dass dieser den Gesamtbetriebsrat nach § 50 Abs. 2 BetrVG beauftragt, eine Angelegenheit mit wesentlichen personalplanerischen Aspekten für ihn zu behandeln. Dabei kann sich der Betriebsrat die Entscheidungsbefugnis vorbehalten (vgl. § 50 Abs. 2 Satz 2 BetrVG). Dies wird regelmäßig der Fall sein, wenn Interessenausgleich und Sozialplan auf Gesamtbetriebsratsebene verhandelt wird.

Wie umfassend die Verbindung zwischen den personalpolitischen Planungsprozessen auf der Unternehmensebene einerseits und der Umsetzung der Personalplanungsdaten in den Betrieb als der arbeitsorganisatorischen Einheit ist, zeigt sich nicht zuletzt bei den personalplanerischen Instrumenten, die das Gesetz den einzelnen Betriebsräten bzw. dem Gesamtbetriebsrat zuweist. Zumal in vielen Fällen durch die modernen Medien ein Ansiedeln einer neuen Stelle an vielen Standorten des Unternehmens erfolgen kann. Beispiele derartiger personalpolitischer Instrumente (auch) auf GBR-Ebene sind: Beschäftigungssicherung (§ 92a BetrVG), innerbetriebliche Stellenausschreibung (§ 93 BetrVG), Personalfragebogen und Beurteilungsgrundsätze (§ 94 BetrVG), Auswahlrichtlinien (§ 95 BetrVG) sowie die Beteiligungsrechte bei der technischen und organisatorischen Planung (§ 90 BetrVG) und bei Betriebsänderungen (§§ 111 ff. BetrVG).

II. Arbeitshilfen

1. Checkliste

2 **Personalplanung**

Vorbemerkung

Nachfolgend wird aufgezeigt, auf welche Einzelaspekte die betrieblichen Arbeitnehmervertretungen innerhalb der Einzelbereiche der Personalplanung besonders achten und darauf hinwirken sollten, dass die Unterrichtungs- und Beratungsrechte nach § 92 BetrVG umfassend wahrgenommen werden. Dabei hängt es wesentlich davon ab, ob und inwieweit der Betriebsrat, der Gesamtbetriebsrat oder der Konzernbetriebsrat zuständig ist, aber auch davon, welche Entscheidungshierarchien im Unternehmen und Konzern gegeben sind.
Ein wesentliches Ziel des Unternehmers bzw. des Arbeitgebers wird es sein, auf der Grundlage der Personalplanung durch geeignete Maßnahmen die für die Erreichung der Betriebszwecke benötigten Arbeitskräfte zum Bedarfszeitpunkt zu beschaffen, gegebenenfalls Arbeitnehmer mit den benötigten beruflichen Qualifikationen direkt anzuwerben und betriebliche Aus- und Fortbildungsmaßnahmen dann zu planen, wenn die geforderten Qualifikationen weder am Arbeitsmarkt noch im Betrieb vorhanden sind.
Aus dieser Sicht wird die Kostenminimierung eine wichtige Rolle spielen. Dagegen muss es das Bestreben des Betriebsrats bzw. des Gesamtbetriebsrats oder des Konzernbetriebsrats sein, zu erreichen, dass Personalplanung nicht lediglich als Folgeplanung der allgemeinen Unternehmensplanung betrieben wird. Es geht für diese betrieblichen Arbeitnehmervertretungen hauptsächlich um folgende Ziele: Beschäftigungssicherung und damit Sicherung der Arbeitsplätze; menschengerechte Arbeitsgestaltung; Einkommenssicherung; Schaffung beruflicher Aufstiegschancen; Berücksichtigung der Probleme älterer und sonstiger in ihrer Arbeitsleistung geminderter Arbeitnehmer; Gleichbehandlung der Geschlechter; Transparenz der Auswahlentscheidung.

Folgende Bereiche der Personalplanung und die damit verbundenen personalplanerischen Einzelaspekte haben bei der Unterrichtung und Beratung nach § 92 BetrVG entscheidende Bedeutung:

Personalbedarfsplanung

Interne Einflussgrößen
- Änderungen bei den Produktionsverfahren, z. B. neue Produktionsmethoden
- Änderungen bei den Vertriebswegen
- Arbeitszeitformen (z. B. Einführung des Schichtsystems oder neuer Schichten)
- Einflüsse aus der Belegschaft (z. B. Alter, Urlaubszeiten, Erziehungsurlaub, Fluktuation, Fehlzeiten)
- veränderte Arbeitsfunktionen oder Tätigkeitsbilder durch Investitions- und Rationalisierungsmaßnahmen
- qualitative Anforderungen (z. B. neue technische Entwicklungen, Nachwuchsplanung)

- Anforderungen an Flexibilität in Form von Leiharbeit oder Werkverträgen

Externe Einflussgrößen
- gesamtwirtschaftliche Entwicklung
- Branchenentwicklung
- Veränderung der Marktstrukturen
- gesetzliche und tarifliche Einflüsse (Veränderungen im Arbeits- und Sozialrecht bzw. in der Tarifpolitik mit Auswirkungen auf Arbeitszeit und Einsatzbedingungen)
- Einsatz von KI bei Produktion und Personalbedarfsplanung

Hinweis:
Diese Beispiele zeigen, dass eine Vielfalt von Einflussgrößen auf den Personalbedarf entstehen kann. Immer aber geht es um die Differenz zwischen dem Soll- und dem Ist-Bestand, aus der sich die Anzahl und die Qualifikation der für die Erfüllung der Betriebsaufgaben erforderlichen Arbeitnehmer ergeben. Im Übrigen ist darauf hinzuweisen, dass eine systematische Feststellung des Personalbedarfs bestimmte Hilfsmittel erforderlich macht, wie insbesondere Organisationspläne, Stellenpläne, Stellenbeschreibungen und Stellenbesetzungspläne. Sie sind in die Unterrichtung und Beratung nach § 92 BetrVG einzubeziehen.

Personalbeschaffungs- und Einsatzplanung

Vorbemerkung

Bei der Personalbeschaffung ist zwischen internen und externen Maßnahmen der Personalbeschaffung zu unterscheiden. Die Personaleinsatzplanung hat das Ziel, die Arbeitnehmer entsprechend ihrer Eignung bestmöglich in den Arbeitsprozess einzugliedern. Auch bei der Personalbeschaffung und der Einsatzplanung treten bestimmte personalplanerische Einzelaspekte auf:
- Abwägung von Vor- und Nachteilen der außer- und innerbetrieblichen Personalbeschaffung
- Personalbeschaffung auf der Grundlage bestehender Arbeitsverhältnisse (z. B. Mehrarbeit und Urlaubsverschiebung bei vorübergehendem Personalbedarf, Qualifizierung bei einer qualitativen Unterdeckung)
- Personalbeschaffung mit Personalbewegung (z. B. Versetzungen, Leiharbeit, Beschaffung durch Bundesagentur für Arbeit, Stellenanzeigen)
- Auswahlverfahren
- Personalbeurteilungen
- Bewerbungsunterlagen

Hinweis:
Eine möglichst umfassende Übereinstimmung zwischen dem Anforderungsprofil des Arbeitsplatzes und damit den Arbeitsaufgaben einerseits und dem Fähigkeitsprofil, das der einzusetzende Beschäftigte mitbringt andererseits, ist das eigentliche Ziel der Personaleinsatzplanung. Ein sachgerechter Personaleinsatz muss damit einschließen, dass die Beschäftigten ihre Arbeitsaufgaben kennen, beherrschen und akzeptieren. Erforderlich sind aber auch umfassende Informationen über Betrieb und Unternehmen, wie über die Arbeitszeiten, Sicherheitsvorschriften und andere Arbeitsbedingungen sowie über die soziale Integration anhand bestehender offizieller (z. B. Arbeitsordnung) und inoffizieller Spielregeln, denen die Beschäftigten unterworfen sind.

Personalentwicklung

Vorbemerkung

Ausgangspunkt der Personalentwicklungsplanung ist der gegenwärtige und der künftige betriebliche Bildungsbedarf. Auch bei diesem Planungsbereich gilt es, die unternehmerischen Ziele und die Interessen der Arbeitnehmer möglichst in Übereinklang zu bringen.

Unternehmensziele
- Sicherung des erforderlichen Bedarfs an Fach- und Führungskräften
- Erhaltung und Ausbau vorhandener beruflicher Qualifikationen

- Anpassung der Qualifikationen an veränderte betriebliche Gegebenheiten bzw. der Arbeitsplätze
- Vermeidung von Fehlbesetzungen
- Verbesserung des Leistungsverhaltens
- Nachwuchsplanung

Arbeitnehmerinteressen
- Aufrechterhaltung und Verbesserung der Qualifikation
- Sicherung des Arbeitsplatzes
- verbesserte Grundlagen für beruflichen Aufstieg
- Minderung beruflicher Risiken
- Verbesserung der eigenen Handlungsmöglichkeiten am Arbeitsplatz

Hinweis:
Arbeitgeber wie auch Betriebsrat sollten beachten, dass Qualifikationsanforderungen an Menschen, die den Zweck haben, Unternehmensziele umzusetzen, keine statistischen Größen sind. Personalentwicklungsinstrumente werden daher vielfältig sein. Sie müssen in den einzelnen Betrieben bzw. Unternehmen mit unterschiedlichen Akzenten und Schwerpunkten eingesetzt werden.

Personalabbau

Vorbemerkung

Personalabbauplanung bedeutet keineswegs immer und von vornherein die Planung von Entlassungen. Wird ein Personalabbau unumgänglich, ist es eine wichtige Aufgabe der betrieblichen Arbeitnehmervertretung, darauf hinzuwirken, dass zunächst andere Maßnahmen ergriffen werden und Entlassungen nur das letzte Mittel sind. Es geht somit um beschäftigungspolitische Reaktionsmöglichkeiten des Betriebsrats bzw. des Gesamtbetriebsrats. Diese werden allerdings erheblich von der wirtschaftlichen Stärke des Unternehmens und von der betrieblichen Situation abhängen.

Beispielhaft sind folgende Maßnahmen zu erwähnen, die Entlassungen vorbeugen bzw. deren Umfang mindern können:
- erweiterte Lagerhaltung
- Rücknahme von Fremdaufträgen
- Einstellungsstopp
- Abbau von Überstunden
- Umwandlung von Vollzeit- in Teilzeitarbeitsplätze
- Vorziehen von Reparaturen
- innerbetriebliche Versetzungen
- Einrichtung eines Personaleinsatzpools
- qualifizierende Anpassung von Beschäftigten an veränderte Erfordernisse
- Umschulungsmaßnahmen

Hinweis:
In diesem Zusammenhang ist auf die Rechte des Betriebsrats bei beschäftigungssichernden Maßnahmen nach § 92a BetrVG sowie darauf hinzuweisen, dass bei einem unumgänglichen Personalabbau regelmäßig ein Interessenausgleich und Sozialplanregelungen in Betracht kommen (§§ 111 ff. BetrVG).

Personalinformationssysteme und Personalplanung

Hinweis:
Die Mitbestimmungsgrundlage für die Einführung und Anwendung von Personalinformationssystemen findet sich in § 87 Abs. 1 Nr. 6 BetrVG (vgl. DKW-*Klebe*, § 87 Rn. 162 ff.). Ihre praktische Anwendung zeigt sich jedoch auch und nicht zuletzt in den Teilbereichen der Per-

sonalplanung, wie etwa bei der Personalqualifizierung, wenn es darum geht, bedarfsgerechte Bildungsmaßnahmen für die einzelnen Arbeitnehmer oder für Arbeitnehmergruppen festzulegen und Ziel, Art, Dauer, Inhalt und Methoden der Personalqualifikationsmaßnahmen zu regeln.
Es ist deshalb wichtig, dass der Betriebsrat bzw. der Gesamtbetriebsrat oder Konzernbetriebsrat beim Einsatz von rechnergesteuerten Systemen und der entsprechenden Software darauf achtet und das Mitbestimmungsrecht nach § 87 Abs. 1 BetrVG reklamiert, wenn Arbeitnehmerdaten erfasst, gespeichert und verarbeitet werden und die Voraussetzungen für die Mitbestimmung gegeben sind.
Der Betriebsrat (Gesamtbetriebsrat, Konzernbetriebsrat) wird daher bei allen Vereinbarungen über die Personalplanung und ihre Teilbereiche sicherzustellen haben, dass er bei der Verwendung von EDV-Systemen rechtzeitig und umfassend Kenntnis von den betreffenden Systemen und den Systemteilen bekommt. Die Systembeschreibung muss eine Darstellung des jeweiligen Systems nach Verwendung, Aufbau und Funktionsweise enthalten einschließlich einer Aufstellung aller zu erhebenden Daten, aber auch eine Beschreibung der vorgesehenen Auswertungen und der Verknüpfung mit anderen Datenbanken. Es ist sicherzustellen, dass die Arbeitnehmerdaten nicht zur Verhaltens- und Leistungskontrolle verwendet werden. Es müssen ferner die zur Datensicherung und zum Datenschutz getroffenen Maßnahmen ersichtlich sein.

2. Musterschreiben

Gesamtbetriebsrat: Schreiben an den Arbeitgeber wegen Gesamtbetriebsvereinbarung 3

Gesamtbetriebsrat der Firmenbezeichnung, Adresse — Ort, Datum
Gesamtbetriebsratsvorsitzender Name

An die
Geschäftsführung der
Firmenbezeichnung
im Hause

Sehr geehrte Damen und Herren,

die Bestimmung des § 92 BetrVG schreibt die Unterrichtung durch den Arbeitgeber und seine Beratung mit dem Betriebsrat über alle Angelegenheiten der Personalplanung vor. Dabei ist über Art und Umfang der erforderlichen Maßnahmen und über die Vermeidung von Härten für die Arbeitnehmer zu beraten. Auf der Ebene des Unternehmens ist nach § 50 Abs. 1 BetrVG der Gesamtbetriebsrat zu unterrichten bzw. es sind mit ihm die entsprechenden Beratungen zu führen.
In der zurückliegenden Zeit haben die Geschäftsführung und der Gesamtbetriebsrat zwar wiederholt Einzelaspekte der Personalplanung erörtert, so vor allem in den monatlich stattfindenden Gesprächen nach § 74 Abs. 1 i.V.m. § 51 Abs. 5 BetrVG. Es hat sich jedoch gezeigt, dass diese punktuelle Verfahrensweise unzureichend ist und dem Anliegen des Gesamtbetriebsrates nach einer kontinuierlichen Unterrichtung und Beratung über die Personalplanung nur sehr unzureichend gerecht wird.
Der Gesamtbetriebsrat hat sich in seiner Sitzung am Datum mit dieser Problematik befasst. Er ist zu der Auffassung gekommen, dass es erforderlich ist, die Unterrichtung und Beratung nach § 92 BetrVG systematischer anzugehen und zu intensivieren. In dieser Sitzung ist der Beschluss gefasst worden, Ihnen den Entwurf einer Betriebsvereinbarung zuzuleiten, mit deren Abschluss eine tragfähige Grundlage für die künftige Unterrichtung und Beratung nach § 92 BetrVG geschaffen werden soll.
Der Entwurf sieht vor, dass insbesondere über folgende Einzelbereiche der Personalplanung zu unterrichten ist und entsprechende Beratungen zu führen sind: Feststellung des Personalbedarfs in quantitativer und qualitativer Hinsicht, Personalbeschaffung, Personaleinsatz, Personalqualifizierung, Personalabbau und Personalkosten.

Die Aufzählung der einzelnen Planungsbereiche macht deutlich, wie wie wichtig und umfassend die Unterrichtung nach § 92 BetrVG ist. Insbesondere die Schwierigkeiten unseres Unternehmens bei der Personalbeschaffung in der letzten Zeit zeigen, dass eine gemeinsame Intiative vielversprechender ist als ein weiter so.
Der Gesamtbetriebsrat hat deshalb die Bildung eines aus Gesamtbetriebsratsmitgliedern bestehenden Personalplanungsausschusses vorgesehen. Dieser Ausschuss wird für den Gesamtbetriebsrat die Unterrichtungs- und Beratungsrechte nach § 92 BetrVG wahrnehmen. Davon unberührt bleibt das Recht des Gesamtbetriebsrats, mit der Geschäftsführung Vereinbarungen zu Regelungsgegenständen der Personalplanung nach § 92 BetrVG zu treffen.
Wir bitten, die weiteren Einzelheiten dem hier beiliegenden Entwurf zu entnehmen.
Für Ihre baldige Stellungnahme nach Prüfung der Angelegenheit wären wir dankbar. Wir bitten um zeitnahe Stellungnahme.

4 **Betriebsrat: Beauftragung des Gesamtbetriebsrats wegen einer vorgesehenen Personalqualifizierung für nicht leitende Führungskräfte**

Betriebsrat der Firmenbezeichnung, Adresse Ort, Datum
Hauptverwaltung

An den
Gesamtbetriebsrat
der Firmenbezeichnung
z. Hd. Vorsitzende Frau Name

Modulare Personalqualifizierung für nicht leitende Führungskräfte
Beauftragung des Gesamtbetriebsrats nach § 50 Abs. 2 BetrVG

Liebe Kollegin Name,
der Personalleiter unseres Hauses hat uns in der letzten Betriebsratssitzung, an der er zeitweise teilgenommen hat, darauf hingewiesen, dass modulare Qualifizierungsmaßnahmen für nicht leitende Führungskräfte unseres Hauses geplant sind. Dabei geht es im ersten Schritt um eine Situationsanalyse der Qualifikationen der einzelnen Führungskraft. Sodann soll eine Analyse zur Bestimmung der Stärken und der Entwicklungsfelder der Führungskraft folgen. Diese Beratungen sollen nach den Vorstellungen des Personalchefs zunächst auf der Grundlage des § 92 BetrVG geführt werden.
Die entsprechenden Planungen zu diesen Qualifikationsmaßnahmen sind zwar vorerst auf unser Haus beschränkt. Wir haben jedoch zuverlässige Hinweise darauf, dass auch andere Betriebe unseres Unternehmens in die Planungsmaßnahmen einbezogen werden sollen, zunächst im Verwaltungsbereich, dann aber auch im Produktionsbereich.
Eine derartige Personalqualifizierung für einen erheblichen Teil der Belegschaft wird sich somit, jedenfalls auf Dauer, auf die Unternehmensebene erstrecken. Wir halten es für erforderlich, diesem Vorhaben mit eigenen Vorstellungen zu begegnen, um aus unserer Sicht darauf Einfluss zu nehmen. Es muss aber auch verhindert werden, dass die Planungsmaßnahmen in den einzelnen Betrieben unterschiedlich konkretisiert werden und unterschiedliche Grundsätze der Personalentwicklung, etwa im Verwaltungsbereich einerseits und im Produktionsbereich andererseits, Anwendung finden.
Der Betriebsrat der Hauptverwaltung hat daher in der Sitzung vom Datum beschlossen, den Gesamtbetriebsrat nach § 50 Abs. 2 BetrVG zu beauftragen, mit dem Arbeitgeber im Rahmen des § 92 BetrVG Beratungen über Personalentwicklungsmaßnamen einer modularen Qualifizierung für nicht leitende Führungskräfte der Hauptverwaltung zu führen. Wir regen an, dass der Gesamt-

betriebsrat versucht, bei den Beratungen Eckpunkte für die Entwicklungsplanung zu erstellen, die den unterschiedlichen betrieblichen Gegebenheiten Rechnung tragen.
Wir bitten, uns über den Fortgang der Angelegenheit auf dem Laufenden zu halten.

3. Mustervereinbarung

Einführung einer Personalplanung nach § 92 BetrVG 5

Zwischen dem Unternehmen Firmenbezeichnung und dem Gesamtbetriebsrat (nachfolgend GBR) wird gemäß § 92 BetrVG folgende Gesamtbetriebsvereinbarung (nachfolgend GBV) über die Personalplanung im Unternehmen abgeschlossen.

§ 1 Grundsätze

(1) Die nachfolgenden Regelungen bezwecken, der Mitbestimmung und Mitwirkung des GBR nach § 92 BetrVG bei der Unterrichtung und Beratung über die Personalplanung des Unternehmens und seiner Betriebe eine systematische Grundlage zu geben.
(2) Die vertragsschließenden Beteiligten sind sich darüber einig, dass bei den Planungsmaßnahmen und ihrer Umsetzung die unternehmerischen Ziele und die Interessen der Arbeitnehmer so weit wie möglich in Übereinstimmung zu bringen sind.
(3) Von dieser GBV bleiben unberührt, die Beteiligungsrechte der einzelnen Betriebsräte bei der Personalplanung nach § 92 BetrVG, soweit ihre Zuständigkeit gegeben ist, und die Mitbestimmungsrechte bei den personellen Einzelmaßnahmen nach den §§ 99ff. BetrVG. Im Übrigen bestehen die Unterrichtungs- und Beratungsrechte nach dieser GBV unabhängig von den Unterrichtungsrechten des Wirtschaftsausschusses nach § 106 Abs. 2 BetrVG und dessen Verpflichtung, dem GBR nach jeder Sitzung unverzüglich und vollständig Bericht zu erstatten (§ 108 Abs. 4 BetrVG).

§ 2 Personalplanungsausschuss

(1) Der GBR bildet zum Zwecke der Unterrichtung und Beratung einen Personalplanungsausschuss (nachfolgend PL-A). Dieser Ausschuss besteht aus folgenden GBR-Mitgliedern: Name(n). Ersatzmitglieder sind: Name(n).
(2) Die gegenüber dem PL-A vorzunehmende Unterrichtung und Beratung nach § 92 BetrVG hat in monatlich stattfindenden Sitzungen (nachfolgend gemeinsame Sitzung) zu erfolgen. Weitere Sitzungen sind nach Bedarf anzuberaumen. Der Unternehmer (nachfolgend UN) und der PL-A haben das Recht, sachkundige Beschäftigte des Betriebs zu den gemeinsamen Sitzungen hinzuzuziehen. Das UN kann einen Vertreter des Arbeitgeberverbands, der PL-A in Abstimmung mit dem GBR einen Vertreter der im Betrieb vertretenen Gewerkschaften hinzuziehen.
(3) Die Hinzuziehung von Sachverständigen nach § 80 Abs. 3 BetrVG erfolgt auf Vorschlag des PL-A durch den GBR, der die erforderliche Abstimmung mit dem UN vornimmt. Auf Wunsch des PL-A kann der Sachverständige an den Sitzungen mit dem UN teilnehmen, um nähere Erläuterungen oder Hinweise zu abgegebenen Stellungnahmen oder Gutachten vorzunehmen.
(4) Die vorgesehenen Unterrichtungs- und Beratungsgegenstände nach § 3 Abs. 1 sind den Mitgliedern des PL-A rechtzeitig vor der nächsten gemeinsamen Sitzung mitzuteilen. Der PL-A kann ergänzende Beratungspunkte vorschlagen, über die in der anstehenden gemeinsamen Sitzung zu diskutieren ist.
(5) Das Ergebnis der Beratungen in der gemeinsamen Sitzung ist in einer Niederschrift festzuhalten. Je eine Ausfertigung erhalten die Mitglieder des PL-A, der GBR-Vorsitzende und der UN.
(6) Der PL-A hat das Recht, unabhängig von der gemeinsamen Sitzung eigene Sitzungen durchzuführen, die der Vor- und Nachbereitung von Informationen im Sinne dieser GBV dienen. Darüber hinaus kann der PL-A jederzeit vom UN und den sachkundigen Personen des Unternehmens, einschließlich der leitenden Angestellten, Informationen anfordern.

§ 3 Unterrichtungs- und Beratungsgegenstände

(1) Der PL-A ist vom UN über alle sich aus § 92 BetrVG ergebenden Punkte der Personalplanung anhand von Unterlagen rechtzeitig und umfassend zu unterrichten. Das Unterrichtungs- und Beratungsrecht erstreckt sich insbesondere auf folgende Bereiche der Personalplanung: Feststellung des Personalbedarfs in quantitativer und qualitativer Hinsicht, Personalbeschaffung, Personaleinsatz, Personalqualifizierung, Personalabbau und Personalkosten. Die Unterrichtung und Beratung hat sich auch auf die quantitativen, qualitativen, zeitlichen und örtlichen Aspekte von Planungsmaßnahmen zu erstrecken.

(2) Zu den erforderlichen Unterlagen im Sinne des Absatzes 1 zählen insbesondere: Stellenbeschreibungen, Stellenpläne, Stellenbesetzungspläne und Anforderungsprofile; Arbeitszeitvolumen und Einsatzzeiten der Arbeitnehmer einschließlich der Einrichtung zusätzlicher Arbeitsschichten und Absetzung von Schichten; Rationalisierungsmaßnahmen; Absatzprognosen; Produktionsprognosen; Personalprognosen, wie Pensionierungen aus Altersgründen, Erziehungsurlaub, Ableistung des Wehrdienstes und geschätzte Fluktuationsbewegungen sowie weitere Personalstatistiken (Krankheits- und Unfallstatistiken); Qualifikationsübersichten; Statistiken über die Struktur der Belegschaft, wie altersmäßige Zusammensetzung, Gliederung nach Beschäftigungsarten, Zahl der weiblichen, männlichen und jugendlichen Arbeitnehmer, der schwerbehinderten und ausländischen Arbeitnehmer sowie der Teilzeitbeschäftigten.

(3) Die Unterlagen nach Absatz 2 sind durch eine Personalprognose zu ergänzen, aus der sich der voraussichtliche Personalbedarf für das Unternehmen und die einzelnen Betriebe in quantitativer und qualitativer Hinsicht ergibt.

(4) Auch Unterlagen, die mittelbar für die Personalplanung relevante Daten aus unternehmerischen Vorhaben liefern können, sind vorzulegen, wie etwa aus dem Produktionsbereich sowie aus geplanten Investitionen und Rationalisierungsmaßnahmen. Zu den Unterlagen gehören auch solche, die eine Unternehmensberatung oder eine andere Stelle für das Unternehmen als Ergebnis innerbetrieblicher Planungsüberlegungen erstellt hat.

(5) Sofern die Zurverfügungstellung der Unterlagen aus zwingenden Gründen vor der nächsten gemeinsamen Sitzung nicht möglich ist, haben die Mitglieder des PL-A das Recht, während der Sitzung oder in einem zeitlichen Zusammenhang mit der Sitzung Einblick in die Unterlagen zu nehmen, um sich die erforderlichen Kenntnisse zu verschaffen.

§ 4 Erfassung, Speicherung und Verwertung von Arbeitnehmerdaten[1]

(1) Werden im Rahmen der Personalplanung oder von Teilbereichen durch rechnergesteuerte Systeme oder andere technische Einrichtungen Arbeitnehmerdaten erfasst, gespeichert und ausgewertet, darf ihre Verwendung ausschließlich für die Zwecke von Personalplanungsmaßnahmen nach § 3 Abs. 1 erfolgen; insbesondere ist die Verwendung für Zwecke der Verhaltens- und Leistungskontrolle auszuschließen.

(2) Dem PL-A ist rechtzeitig und umfassend Kenntnis von der Einführung und Verwendung von Rechnersystemen und der Systemteile sowie von anderen technischen Einrichtungen zu geben, die nach Absatz 1 für Personalplanungsmaßnahmen eingesetzt werden sollen. Die Systembeschreibung muss eine Darstellung des jeweiligen Systems nach Verwendung, Aufbau und Funktionsweise enthalten einschließlich einer Aufstellung aller zu erhebenden Daten, aber auch eine Beschreibung der vorgesehenen Auswertungen und der vorgesehenen Verknüpfung mit anderen Datenbanken. Es müssen ferner die zur Datensicherung und zum Datenschutz getroffenen Maßnahmen ersichtlich sein. Vor der Inbetriebnahme sind mit dem PL-A Beratungen zu führen; § 5 Abs. 3 bleibt davon unberührt.

§ 5 Unmittelbare Rechte des GBR

(1) Der GBR hat das Recht, entsprechend der aktuellen Situation, die sich aus den einzelnen Personalplanungsmaßnahmen ergibt, die Durchführung einer Sitzung mit dem UN zu verlangen, in

---

1 Hinsichtlich der EDV-Nutzung sind die Neuerungen, die durch das In-Kraft-Treten der EU-DSGVO im Mai 2018 entstehen, zu beobachten und bei einem Neuabschluss einer BV zu berücksichtigen.

der auf der Grundlage der Art und des Umfangs der Planungsmaßnahmen über die Vermeidung von Härten zu beraten ist (§ 92 Abs. 1 Satz 2 BetrVG). Dabei kann der GBR Vorschläge insbesondere zur Beschäftigungssicherung (§ 92a BetrVG) oder zu anderen, den Arbeitnehmerinteressen dienenden Maßnahmen zu machen, wie beispielsweise Maßnahmen zur Förderung der Gleichstellung von Frauen und Männern oder zur Vereinbarkeit von Familie und Erwerbstätigkeit (§ 92 Abs. 2, 3 BetrVG). Über alle Vorschläge ist mit dem Willen zur Einigung zu verhandeln.
(2) Vereinbarungen zu Regelungsgegenständen der Personalplanung nach § 92 BetrVG und damit zusammenhängenden Regelungsfragen werden zwischen GBR und UN getroffen. Der GBR kann den PL-A beauftragen, den Abschluss der Vereinbarungen vorzubereiten.
(3) Sollen für die Personalplanung oder einzelne Personalplanungsbereiche rechnergesteuerte Systeme oder andere technische Einreichungen eingesetzt werden, die der Erfassung, Speicherung, Verwendung und Verknüpfung von Arbeitnehmerdaten dienen oder dienen können, ist unabhängig von den Regelungen des § 4 die Zustimmung des Gesamtbetriebsrats nach § 87 Abs. 1 Nr. 6 BetrVG erforderlich. Im Falle der Nichteinigung hat die Einigungsstelle nach § 87 Abs. 2 BetrVG eine verbindliche Entscheidung zu treffen.

§ 6 Schlussbestimmungen

Hinweis:
a) Der vorstehend angeführte Entwurf einer GBV zur Personalplanung enthält als ein wesentliches organisatorisches Element die Bildung eines Personalplanungsausschusses durch den GBR. Bei zahlenmäßig kleinen Gesamtbetriebsräten kann es sich empfehlen, dass der GBR selbst die in der Vereinbarung konkretisierten Rechte nach § 92 BetrVG wahrnimmt.
b) Der Entwurf kann weitgehend auch als Mustervereinbarung Anwendung finden, wenn es nicht um den Abschluss einer Gesamtbetriebsvereinbarung, sondern einer Betriebsvereinbarung geht. Dabei sind natürlich solche Personalplanungselemente zu beachten und in einen Entwurf aufzunehmen, die auf der Ebene des Betriebs die entscheidende Rolle spielen, wie etwa Personaleinsatzmaßnahmen oder Maßnahmen der betrieblichen Berufsbildung.

Eckpunkte für eine Betriebsvereinbarung Werkverträge 6

Betriebsvereinbarung zu Fremdfirmeneinsatz (Dienst- und Werkverträge)

Die Nutzung von Dienst- und Werkverträgen erfolgt in vielen Fällen durch den Arbeitgeber aus ähnlichen Beweggründen wie dies bei Leiharbeit der Fall war und ist: Beschäftigungsrisiken sollen ausgelagert und Personalkosten reduziert werden sowie die Flexibilität des Betriebes soll erhöht werden.
Ziel des Betriebsrats sollte es daher sein, alle Erscheinungsformen des Fremdfirmeneinsatzes zu kontrollieren, um auf diese Weise die Beschäftigung eigener Arbeitnehmer zu sichern und im Rahmen der Personalplanung dafür zu sorgen, dass mindestens die Kernkompetenzen durch eigenes Personal bearbeitet werden. Auf diese Weise kann auch der Know-how-Verlust vermieden werden.

Eckpunkte

- Vorrang innerbetrieblicher Maßnahmen
- Fremdleistungen sind nur zulässig, wenn eine Erbringung der Arbeitsleistung durch eigene Arbeitnehmer ausscheidet oder zu teuer ist (Make or Buy)
- Zu den zuerst durchzuführenden Maßnahmen zählen insbesondere die Verlängerung/Entfristung von befristeten Arbeitsverhältnissen, die Übernahme von Leiharbeitnehmern und Auszubildenden, die Aufstockung von Teilzeitarbeit und Qualifizierungsmaßnahmen.

- Reduzierung von Leiharbeit und Werkverträgen
- Personalplanung/Fremdleistungsplanung
  Auf Grundlage einer Bestands- und Bedarfsanalyse können Aufgaben und Bereiche festgelegt werden, für die der Einsatz betriebsfremder AN unerlässlich bzw. unproblematisch ist. Außerdem können Kernbereiche definiert werden, in denen der Einsatz von Fremdfirmen ausscheidet (Know-how-Verlust).
- Unabhängig hiervon hat der Arbeitgeber Vorschläge des Betriebsrats zur Beschäftigungssicherung und -förderung nach Maßgabe des § 92a BetrVG mit diesem zu beraten.
- Bedeutung kommt in diesem Zusammenhang auch der Ermittlung des Berufsbildungsbedarfes nach § 96 Abs. 2 BetrVG, den Maßnahmen der betrieblichen Berufsbildung gemäß § 97 BetrVG und der Personalentwicklungsplanung zu. Ist die frühzeitige Mitbestimmung des BR bei der Personalplanung vollumfänglich gewährleistet, kann u. U. auf die Ausübung von Mitbestimmungsrechten im Einzelfall verzichtet werden.
  Auswahlkriterien bei Fremdvergabe können sein:
  - Qualität der Auftragsleistung
  - Tarifbindung
  - BR vorhanden, soweit BR-fähige Einheit
  - Keine Fremdvergabeketten
  - Gewähr für die Einhaltung von Arbeitsschutzbestimmungen
- Werden ein oder mehrere der genannten Kriterien bei der Firmenauswahl nicht berücksichtigt oder finden diese in der Praxis keine Anwendung, könnte der Betriebsrat die unverzügliche Auflösung der vertraglichen Geschäftsbeziehungen mit der jeweiligen Fremdfirma verlangen. Unterrichtung des Betriebsrats durch den Arbeitgeber. Dem Betriebsrat ist bis zu einer festzulegenden Frist eine Übersicht der Fremdfirmen, die derzeit für das Unternehmen tätig sind, nebst zugehörigen Verträgen zu übermitteln.[2]

§ 92a Beschäftigungssicherung

(1) Der Betriebsrat kann dem Arbeitgeber Vorschläge zur Sicherung und Förderung der Beschäftigung machen. Diese können insbesondere eine flexible Gestaltung der Arbeitszeit, die Förderung von Teilzeitarbeit und Altersteilzeit, neue Formen der Arbeitsorganisation, Änderungen der Arbeitsverfahren und Arbeitsabläufe, die Qualifizierung der Arbeitnehmer, Alternativen zur Ausgliederung von Arbeit oder ihrer Vergabe an andere Unternehmen sowie zum Produktions- und Investitionsprogramm zum Gegenstand haben.

(2) Der Arbeitgeber hat die Vorschläge mit dem Betriebsrat zu beraten. Hält der Arbeitgeber die Vorschläge des Betriebsrats für ungeeignet, hat er dies zu begründen; in Betrieben mit mehr als 100 Arbeitnehmern erfolgt die Begründung schriftlich. Zu den Beratungen kann der Arbeitgeber oder der Betriebsrat einen Vertreter der Bundesagentur für Arbeit hinzuziehen.

Inhaltsübersicht Rn.

2 Vgl. insoweit Werkzeugkasten für Werkverträge der IG Metall.

Arbeitshilfen

1. Schaubild

Verhandlungen Betriebsrat – Arbeitgeber 1

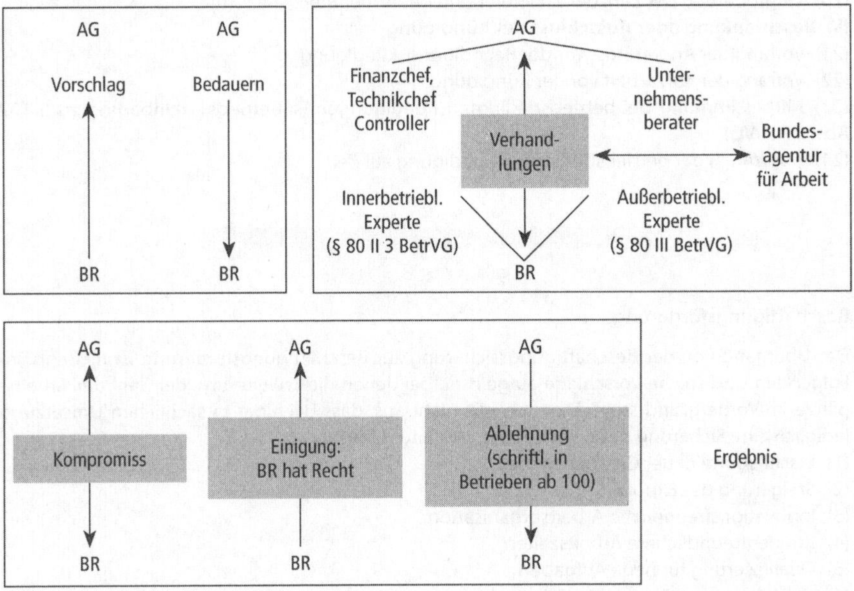

2. Checklisten

Beschäftigungssicherung 2

Die bestehende Beschäftigung lässt sich bei evtl. drohendem Arbeitsplatzabbau u.a. in folgender Weise sichern:

I. Bessere Aufteilung des Arbeitsvolumens

(1) Abbau von Überstunden
(2) Verstärkte Berücksichtigung von Teilzeitwünschen
(3) Nutzung der Möglichkeiten des Altersteilzeitgesetzes
(4) Vorzeitiges Ausscheiden Älterer auf freiwilliger Grundlage
(5) Abbau von oder Verzicht auf Leiharbeit
(6) Arbeitszeitverkürzung mit Lohnausgleich
(7) Kurzarbeit
(8) Arbeitszeitverkürzung ohne (vollen) Lohnausgleich
(9) Ausschöpfung der Möglichkeiten evtl. bestehender Beschäftigungssicherungs-Tarifverträge

(10) Ausschöpfung von Flexibilisierungsmöglichkeiten bei der Arbeitszeit

II. Verbesserung des innerbetrieblichen Arbeitsmarkts

(11) Interne Stellenausschreibungen
(12) Vorrang interner Bewerber bei ausreichender Qualifikation
(13) Unternehmens- und konzernweite Versetzung
(14) Qualifizierung für betriebliche Tätigkeiten, bei denen Arbeitskräftemangel besteht
(15) Vorrang der von Arbeitslosigkeit Bedrohten und der befristet Beschäftigten bei der Besetzung neuer Stellen
(16) Grundsätzliche Bereitschaft, von Arbeitnehmern gewünschte Aufhebungsverträge abzuschließen

III. Unternehmerische Maßnahmen

(17) Verbesserung der Arbeitsorganisation
(18) Rückholung von Aufgaben, die bisher auf selbstständige Dienstleister ausgelagert waren
(19) Beschränkung oder Ausschluss von Outsourcing
(20) Vergrößerung der Zahl der Zulieferer und der Abnehmer

IV. Beschränkung oder Ausschluss der Kündigung

(21) Vorrang der Änderungs- vor der Beendigungskündigung
(22) Vorrang der Kurzarbeit vor der Kündigung
(23) Mitbestimmung bei betriebsbedingten Kündigungen (s. Betriebsvereinbarung zu § 102 Abs. 6 BetrVG)
(24) Ausschluss der betriebsbedingten Kündigung auf Zeit

3 **Beschäftigungsförderung**

Der Übergang von der Beschäftigungssicherung zur Beschäftigungsförderung ist fließend. Im Folgenden sind solche Vorschläge aufgelistet, bei denen die Erweiterung der Zahl der Arbeitsplätze im Vordergrund steht. Dies schließt nicht aus, dass bei einer tatsächlichen Umsetzung lediglich eine Sicherung des bestehenden Umfangs eintritt.

(1) Erschließung neuer Geschäftsfelder
(2) Steigerung des Exports
(3) Innovationsfreundliche Arbeitsorganisation
(4) Kundenfreundlichere Arbeitszeiten
(5) Qualifizierung für neue Aufgaben
(6) Qualifizierung während der Elternzeit
(7) Investitionen in Zukunftstechnologien, insbesondere in KI
(8) Förderung der Beschäftigungsfähigkeit der Arbeitnehmer (Employability)

3. Musterschreiben

4 **Betriebsrat schreibt an Arbeitgeber wegen Beschäftigungssicherung**

Betriebsrat der Firma Firmenbezeichnung, Adresse Ort, Datum
Betriebsratsvorsitzender Name

An den Vorstand der
Firmenbezeichnung
im Hause

Sehr geehrte Damen und Herren,
uns allen ist bewusst, dass der Außendienst unseres Unternehmens im vergangenen Jahr eine weitreichende Umstrukturierung erfahren hat. Dabei wurde die Zahl der Arbeitsplätze von 540 auf 480 verringert.
Als Betriebsrat der Hauptverwaltung werden wir fast täglich von Beschäftigten darauf angesprochen, ob eine vergleichbare Entwicklung nicht auch im Innendienst droht. Wir möchten deshalb nach § 92a BetrVG die Initiative ergreifen, um mit Ihnen in einen Gedankenaustausch über beschäftigungssichernde Maßnahmen zu treten. Als vorläufige Themengebiete haben wir ins Auge gefasst:

- Zurückführung des Fremdfirmeneinsatzes,
- Besetzung offener Stellen mit Bewerbern aus dem Unternehmen, die ggf. auf ihre neue Funktion durch Weiterbildungsmaßnahmen vorzubereiten wären;
- Erweiterung des Angebots (bei einem Versicherungsunternehmen z.B. im Bereich der Sach- und der Haftpflichtversicherung).

Wegen der Vereinbarung eines konkreten Besprechungstermins, der möglichst bis Datum stattfinden sollte, werden wir in den nächsten Tagen auf Sie zukommen.

Hinweis:
Der Brief ist bewusst freundlich gehalten, zumal man ja bei jeder Konfrontation rechtlich den Kürzeren ziehen würde. Die Nennung von drei Gebieten unterstreicht die Ernsthaftigkeit des Vorhabens, ohne dass man dadurch auf genau diese Bereiche festgelegt wäre. Der dritte Vorschlag betrifft den Gegenstand des Unternehmens (im konkreten Fall ging es um ein Versicherungsunternehmen) und könnte etwas Verstimmung beim Vorstand auslösen (»Davon verstehen die doch nichts«). Deshalb sollte der Betriebsrat etwas Derartiges nur ansprechen, wenn er hier wirklich ein paar neue Ideen hat.

Arbeitgeber weist Gesprächsangebot zurück 5

Firmenbezeichnung, Adresse Ort, Datum
Leiter der Rechtsabteilung

An den Betriebsrat
der Hauptverwaltung
z. Hd. des Betriebsratsvorsitzenden
Herrn Name
im Hause

Sehr geehrter Herr Name,
haben Sie vielen Dank für Ihr Schreiben vom Datum.
Wir haben Verständnis für die Besorgnisse, die in Teilen der Belegschaft zu bestehen scheinen. Derzeit besteht nicht die Absicht, die Umstrukturierung des Außendienstes eins zu eins auf den Innendienst zu übertragen. Wir bitten deshalb um Verständnis dafür, dass wir im Augenblick keinen Gesprächsbedarf über beschäftigungssichernde Maßnahmen sehen. Dies schließt nicht aus, dass wir im Rahmen der Monatsbesprechungen auch auf die von Ihnen genannten Sachgebiete eingehen. Allerdings besteht insoweit aus unserer Sicht noch erheblicher Konkretisierungsbedarf.
Mit freundlichen Grüßen
Name
Leiter der Rechtsabteilung

Hinweis:
Die Reaktion des Arbeitgebers ist im Ton freundlich, in der Sache eher alarmierend. Eine Übertragung der Umstrukturierung »eins zu eins« kommt sowieso nicht in Betracht; andere Möglichkeiten werden aber ersichtlich nicht ausgeschlossen. Die Verweisung auf die Monatsbesprechungen nach § 74 Abs. 1 BetrVG bedeutet ein »Abschieben«; die Ergebnislosigkeit solcher Besprechungen ist absehbar. Dem Betriebsrat ist zu empfehlen, sich nachhaltig auf die in § 92a BetrVG vorgesehene Verhandlungspflicht des Arbeitgebers zu berufen. Bemerkenswert ist auch, dass kein Vorstandsmitglied, sondern der Leiter der Rechtsabteilung unterschreibt. Auch dies zeigt, dass die Sache von der Arbeitgeberseite nicht besonders wichtig genommen wird.

6 **Betriebsrat schreibt an Arbeitgeber wegen Einschaltung eines internen Experten**

Betriebsrat der Firma Firmenbezeichnung, Adresse Ort, Datum
Betriebsratsvorsitzender Name

An den Leiter der Rechtsabteilung der
Firmenbezeichnung
Herrn Name
im Hause

Sehr geehrter Herr Name,
wir bestätigen dankend den Erhalt Ihres Schreibens vom Datum.
Leider versetzt es uns nicht in die Lage, die in der gesamten Belegschaft vorhandenen Befürchtungen zu zerstreuen. Die Tatsache, dass die Umstrukturierung des Außendienstes nicht eins zu eins auf den Innendienst übertragen werden kann, trifft sicherlich zu, schließt jedoch andere Personalabbaumaßnahmen nicht aus.
Nach § 92a Abs. 1 BetrVG besitzt der Betriebsrat ein Vorschlagsrecht in Bezug auf Maßnahmen zur Sicherung und Förderung der Beschäftigung. Nach § 92a BetrVG hat der Arbeitgeber die Vorschläge mit dem Betriebsrat zu beraten.
Um angemessene, konkrete Vorschläge machen zu können, bedarf der Betriebsrat sachkundiger Hilfe. Wir bitten deshalb, uns Herrn Name von der Controlling-Abteilung als Auskunftsperson nach § 80 Abs. 2 Satz 3 BetrVG zur Verfügung zu stellen. Herr Name ist mit der Übernahme dieser Aufgabe einverstanden.
Soweit es zur Erarbeitung fundierter Vorschläge zu den in unserem Schreiben vom Datum genannten Themen erforderlich ist, würden wir uns gerne durch einen Unternehmensberater unterstützen lassen. Wir werden deshalb bei Bedarf gesondert auf Sie zukommen.

Hinweis:
Angesichts der wenig hilfreichen Reaktion der Arbeitgeberseite bleibt nichts anderes übrig, als sich höflich, aber bestimmt auf die Rechtslage zu berufen. Die Einschaltung des Controllers darf selbstredend nur mit seiner Zustimmung erfolgen; im Zweifel handelt es sich um eine Person, die – z.B. wegen Alters – keine Karriereerwartungen mehr hat oder die einen völlig unbestrittenen Expertenstatus besitzt. Weiß der Controller dann nicht mehr weiter, lässt sich die Erforderlichkeit der Heranziehung eines externen Sachverständigen nach § 80 Abs. 3 BetrVG nur noch schwer in Zweifel ziehen.

4. Mustervereinbarungen

Beschäftigungssicherungsvertrag (Beispiel Fraport) 7–14

Vorbemerkung 7

Die im Folgenden skizzierte Betriebsvereinbarung ist einer Abmachung nachgebildet, die zwischen Betriebsrat und Geschäftsleitung der Frankfurter Flughafen AG (heute: Fraport) im September 1998 abgeschlossen wurde. Sie ist im Original in wesentlichen Teilen veröffentlicht worden (AiB 1999, 682ff.). Die hier wiedergegebene Fassung unterscheidet sich vom »Vorbild« nur in wenigen Punkten, lässt allerdings betriebliche Besonderheiten beiseite. Trotz der zeitlichen Distanz ist die damals gefundene Regelung noch immer aktuell, weil sie effektive Beschäftigungssicherung unter spezifischen Bedingungen bringt.

Dass der »Beschäftigungssicherungsvertrag« zustande kam, hing von einigen Rahmenbedingungen ab, zu denen ein kooperatives Management und ein relativ gutes »Polster« an freiwilligen Sozialleistungen des Arbeitgebers zählten. Außerdem war es möglich, die Einsparung von Personalkosten an die Reduzierung der Sachkosten zu koppeln und jeweils auf ein Jahr zu begrenzen, was einen dauerhaften Rechtsverlust ausschloss. Auch wurden künftige Outsourcing-Maßnahmen von der Erfüllung bestimmter inhaltlicher Voraussetzungen abhängig gemacht, was bei der Diskussion um Werkverträge besondere Bedeutung gewinnen kann.

Anlass für die Vereinbarung war die Liberalisierung der sog. Bodenverkehrsdienste. Diese (wie z. B. die Gepäckbeförderung auf dem Flughafen) können danach auch von den Airlines selbst übernommen werden, was angesichts des Lohnniveaus in vielen Ursprungsländern zu einer drastischen Lohnkostenunterbietung und damit zum Verlust von Arbeitsplätzen führen konnte. Entsprechende Risiken sind in gleicher Weise in vielen anderen Unternehmen denkbar, wo Arbeiten – meist in einem kontinuierlichen Prozess – in Niedriglohn-Länder verlagert werden, wo das Arbeitgeber-Unternehmen bereits eine Niederlassung besitzt (dazu *Däubler/Gulde*, NZA 2025, 973ff.).

Nähere Darstellung und Würdigung der »Philosophie« des Beschäftigungssicherungsvertrags bei der Frankfurter Flughafen AG bei *Däubler/Erhardt*, AiB 1999, 677ff.

Betriebsvereinbarung zur Beschäftigungssicherung

Präambel

Anlässlich der möglichen Veränderungen des Marktes wird die folgende Betriebsvereinbarung mit dem Ziel abgeschlossen, das Unternehmen sowie die Anzahl und Qualität der Arbeitsplätze zu sichern und offensiv fortzuentwickeln. Dem dienen die folgenden Bestimmungen.

§ 1: Information 8

Alle geplanten und durchgeführten Maßnahmen zur Beschäftigungssicherung werden dem Betriebsrat unverzüglich mitgeteilt. Außerdem sind sie in den Bericht zur Lage des Unternehmens aufzunehmen, der in jeder Betriebsversammlung erstattet wird.

§ 2: Entwicklung der personellen Ressourcen 9

(1) Unternehmensleitung und Betriebsrat sehen Handlungs- und Regelungsbedarf in den folgenden Feldern:

- Arbeitszeitregelungen
- Personal- und Führungskräfteentwicklung
- berufliche Aus- und Weiterbildung
- Organisationsentwicklung
- Qualitätssicherung und -steuerung
- Gesundheitsschutz und Arbeitssicherheit
- Inklusion schwerbehinderter Menschen
- Beschäftigung Leistungsgeminderter
- Verbesserung der Anwesenheitsquote
- leistungsgerechte Bezahlungssysteme

(2) Die Unternehmensleitung verpflichtet sich, im Rahmen des Projekts gemeinsam mit dem Betriebsrat zu den genannten Punkten bis zum Datum Vorschläge zu entwickeln bzw. fortzuschreiben und die Umsetzung einzuleiten.
(3) Bei unüberbrückbaren Meinungsverschiedenheiten gilt § 7.

10 **§ 3: Vorsorgemaßnahmen bei drohenden Einnahmeausfällen**
(1) Gehen Aufträge verloren oder können sie nur noch für ein niedrigeres Entgelt übernommen werden, so wird eine sog. Gefährdungsrechnung erstellt. Diese ermittelt den erforderlichen Anpassungsbedarf bei freiwilligen außertariflichen Sozialleistungen nach Maßgabe der folgenden Absätze.
(2) Bezugsgröße für Kürzungen von Sozialleistungen ist das Jahr , in dem eine Beeinträchtigung des Betriebsergebnisses durch die Marktentwicklung noch nicht eingetreten war.
(3) Die einzusparende Summe wird jeweils jährlich in Bezug auf diese Bezugsgröße neu berechnet. Besteht kein Einsparungsbedarf, werden die Leistungen des Jahres weitergewährt.
(4) Die im Folgejahr zu erwartenden Einnahmeausfälle werden dem Betriebsrat bis spätestens Datum (z. B. 15. November des vorangehenden Jahres) von der Unternehmensleitung mitgeteilt. Diese Prognose ist den weiteren Verhandlungen nur dann zugrunde zu legen, wenn sie von einem Wirtschaftsprüfer bestätigt wurde.
(5) Die Aussetzung oder Reduzierung von Sozialleistungen wird nur dann vorgenommen, wenn es nicht gelingt, die Einnahmeausfälle durch Kostensenkungen (z. B. Sachkostenreduzierungen, Senkung des Krankenstandes, Nutzung von Absenkungsmöglichkeiten in Tarifverträgen, neue Arbeitszeitmodelle) und Erlös steigernde Maßnahmen zu kompensieren.
(6) In jedem Fall wird die Summe der zu reduzierenden Sozialleistungen auf die Höhe der geplanten Sachkosteneinsparungen/Erlössteigerungen begrenzt. Liegen die realisierten Einsparungen bei den Sozialleistungen über den realisierten Sachkosteneinsparungen/Erlössteigerungen, wird der Unterschiedsbetrag im Folgejahr verrechnet.
(7) Die freiwilligen außertariflichen Sozialleistungen werden in der in Anlage 1 aufgelisteten Reihenfolge ausgesetzt oder für das fragliche Jahr gekürzt.
(8) Nach der erstmaligen Anwendung dieser Betriebsvereinbarung wird in den Folgejahren die eingetretene Über- bzw. Unterkompensation bei den Personalstrukturkosten des laufenden Geschäftsjahres durch die Unternehmensleitung dokumentiert. Die realisierte Über- bzw. Unterkompensation wird mit dem Anpassungsbedarf für das nächste Jahr verrechnet.
(9) Spätestens sechs Monate vor Auslaufen dieser Vereinbarung werden die Betriebsparteien eine Bewertung vornehmen, inwieweit die getroffenen Anpassungsmaßnahmen zur Verbesserung der Wettbewerbsfähigkeit beigetragen haben. Grundlage dafür ist ein externes Gutachten. Der Gutachter wird von Geschäftsleitung und Betriebsrat einvernehmlich bestimmt.

11 **§ 4: Personaleinsatz**
(1) Im Rahmen der Personalplanung wird die Bemessung der Personalkapazitäten in Bezug auf alle Funktionen regelmäßig mit dem Betriebsrat beraten.
(2) Zur Vermeidung von Kapazitätsengpässen kann geeignetes Personal bereichsübergreifend eingesetzt werden.
(3) Interne Bewerber für eine freie Stelle können eine gezielte Qualifizierung verlangen, wenn dadurch mit vertretbarem Aufwand eine interne Besetzung ermöglicht wird. Einzelheiten werden in einer abzuschließenden Betriebsvereinbarung »Interne Stellenausschreibung« geregelt.
(4) Zur Vermeidung von betriebsbedingten Kündigungen werden alle Möglichkeiten zum Ringtausch genutzt. Dieser kommt insbesondere dann in Betracht, wenn ein Mitarbeiter seine Bereitschaft zum Abschluss eines Aufhebungsvertrags bekundet, dessen Arbeitsplatz nicht abgebaut werden soll. Dem Mitarbeiter ist die Möglichkeit zur Beendigung des Beschäftigungsverhältnisses einzuräumen, wenn seine Tätigkeit von einem anderen Mitarbeiter ausgeübt werden kann, dessen Aufgaben in absehbarer Zeit ganz oder teilweise wegfallen.

(5) Der Einsatz von Leiharbeitskräften darf nur erfolgen, wenn keine eigenen freien Kapazitäten vorhanden sind. Er darf sechs Monate nicht übersteigen. Dasselbe gilt für den Einsatz von Fremdfirmenmitarbeitern, soweit der zugrunde liegende Werkvertrag nicht nach § 6 gebilligt ist.
(6) Soweit eine tarifliche Möglichkeit besteht, prüfen Unternehmensleitung und Betriebsrat bei vorhandenen Überkapazitäten, ob die Absenkung der regelmäßigen wöchentlichen Arbeitszeit für die Beschäftigten in Betracht kommt. Dabei werden auch Möglichkeiten zur bereichsspezifischen Absenkung der regelmäßigen wöchentlichen Arbeitszeit geprüft.
(7) Unternehmensleitung und Betriebsrat verständigen sich darauf, im Rahmen tariflicher Öffnungsklauseln auch die Möglichkeiten einer Arbeitszeitverlängerung zu prüfen. Die dadurch bewirkten Einsparungen werden auf das Kürzungsvolumen nach § 3 angerechnet.
(8) Im Rahmen einer Teilzeitoffensive werden neue Modelle zur Gestaltung von Teilzeitarbeitsbedingungen einvernehmlich zwischen Betriebsrat und Unternehmen entwickelt. Unter Berücksichtigung der betrieblichen Erfordernisse sollen Teilzeitmodelle erarbeitet werden, die stundenweise, tageweise oder blockweise arbeitsfreie Zeit ermöglichen.
(9) Der Entwurf einer Betriebsvereinbarung zur Altersteilzeit wird auf der Basis des Tarifvertrags von der Unternehmensleitung vorgelegt.
(10) Alle in Abs. 1 bis 9 genannten Möglichkeiten sollen verantwortungsvoll und sozialverträglich ausgeschöpft werden, um betriebsbedingte Kündigungen möglichst zu vermeiden. Entsprechende Vereinbarungen sind bei Bedarf unverzüglich zu verhandeln.
(11) Sollte ein Betriebsübergang oder ein Betriebsteilübergang auf ein anderes Unternehmen stattfinden, ist durch Betriebsvereinbarung sicherzustellen, dass der soziale Besitzstand erhalten bleibt. Dies gilt auch für die vorliegende Betriebsvereinbarung.

§ 5: Fremdvergabe 12

(1) Können sich Beschaffungsentscheidungen auf die Beschäftigung auswirken, so gelten die folgenden Grundsätze.
(2) Bei Beschaffungsentscheidungen werden neben dem Kostenaspekt auch qualitative Kriterien wie Qualität, Flexibilität und Zuverlässigkeit der Leistung in die Bewertung einbezogen.
(3) Kann die fragliche Tätigkeit mit eigenen Arbeitskräften qualitativ gleichwertig erfüllt werden, findet keine Fremdvergabe statt, wenn im Rahmen einer Vollkostenbetrachtung die Fremdleistung nicht mehr als 15 % und/oder 50 000,00 € günstiger ist.
(4) Bei Vergabeentscheidungen hat der betroffene Bereich des Unternehmens die Möglichkeiten eines »Last Call«.
(5) Der Betriebsrat ist von allen geplanten Beschaffungsmaßnahmen rechtzeitig zu informieren. Er kann Einsichtnahme in die Unterlagen verlangen. Bestehen Meinungsverschiedenheiten über das Vorliegen der Absätze 2 bis 4, entscheidet die paritätische Kommission nach § 7.

§ 6: Gewährung des Sonderzuschlags 13

(1) Der am Jahresende auslaufende Sonderzuschlag wird ohne Nachwirkung bis Datum verlängert.
(2) Durch die Verlängerung wird erreicht, dass die in der vorliegenden Betriebsvereinbarung getroffenen Regelungen bei kollektiver Betrachtungsweise für die Mitarbeiter insgesamt nicht ungünstiger sind.

> **Hinweis:**
> Anlass für diese Regelung war die Tatsache, dass einige Sonderleistungen, die in die »Kürzungsmasse« miteinbezogen waren, nur aufgrund Betriebsübung gewährt wurden. Die entsprechenden Ansprüche werden wie arbeitsvertraglich ausdrücklich vereinbarte behandelt. Damit war eine Ablösung an sich nur über (nicht praktikable) Änderungsverträge oder Änderungskündigungen möglich. Als Ausweg blieb in solchen Situationen nach der Rechtsprechung des BAG nur der Rückgriff auf das sog. kollektive Günstigkeitsprinzip (DKW-*Berg*, § 77 Rn. 47). Dies soll hier durch die Verlängerung des Sonderzuschlags ermöglicht werden – was nur dann überzeugt, wenn die aus einer Betriebsübung folgenden Rechte im Regelfall

deutlich hinter dem Sonderzuschlag zurückbleiben. Nach der neueren Rechtsprechung (BAG v. 5.3.2013 – 1 AZR 417/12, NZA 2013, 916) sind arbeitsvertragliche Regelungen auch dann »betriebsvereinbarungsoffen« und müssen sich deshalb eine Verschlechterung durch Betriebsvereinbarung gefallen lassen, wenn sie in Standardbedingungen enthalten sind. Dies könnte es nahelegen, dasselbe bei Ansprüchen aus Betriebsübung anzunehmen, doch sind gegen die Rechtsprechung gewichtige Einwände formuliert worden (s. *Waltermann* NZA Heft 19/2013, Editorial). Wer sicher gehen will, wird sich daher weiterhin auf die hier bevorzugte Regelung verlassen.

14 **§ 7: Paritätische Kommission**

(1) Unternehmensleitung und Betriebsrat bilden eine gemeinsame Kommission »Beschäftigungssicherung«, die jeden Monat mindestens einmal zusammentritt.
(2) Unternehmensleitung und Betriebsrat entsenden jeweils fünf Personen in die Kommission; dabei können auch Aufsichtsratsmitglieder Berücksichtigung finden.
(3) Die Kommission kontrolliert die Einhaltung der vorliegenden Betriebsvereinbarung.
(4) Die Kommission beschäftigt sich weiter insbesondere mit folgenden Themen:

- Sicherung bestehender und Entwicklung neuer Umsatzerlöse;
- Möglichkeiten zur Verbesserung der Kostenstrukturen (insbesondere Sachkosten, Personalkosten, Optimierung der Geschäftsprozesse und Arbeitsabläufe);
- Beschaffungsentscheidungen über Leistungen Dritter, für die das Unternehmen eigene Ressourcen vorhält;
- Modelle für die Beteiligung der Beschäftigten an Produktivitätsfortschritten und am Erfolg des Unternehmens sowie Möglichkeiten zur Beteiligung der Beschäftigten am Kapital des Arbeitgeberunternehmens; bei einer Kapitalerhöhung durch Börsengang wird sich der Vorstand dafür einsetzen, dass Mitarbeiter Belegschaftsaktien zu Vorzugskonditionen erhalten können;
- Festlegung von gemeinsamen Zielen zur Sicherung der Anwendung von Tarifverträgen in Tochterunternehmen.

(5) Kommt die Kommission bei Fragen der Umsetzung der vorliegenden Betriebsvereinbarung infolge Stimmengleichheit zu keiner Entscheidung, wird eine Einigungsstelle tätig, deren Spruch sich beide Seiten von vorneherein unterwerfen.

Hinweis:
Durch die Besetzung der paritätischen Kommission redet die Arbeitnehmerseite zugleich in Fragen der Unternehmenspolitik mit. Auch hat sie die Kontrolle darüber, ob die Betriebsvereinbarung effektiv eingehalten wird. In diesem Punkt entscheidet notfalls die Einigungsstelle, während die übrigen Fragen bei Nichteinigung in der Kompetenz des Vorstands bleiben. Weitere Bestimmungen wie Kündigungsmöglichkeit, salvatorische Klausel usw. sind hier nicht wiedergegeben.

14a **Anlage 1**

Jubiläumszuwendungen
Übertarifliches Urlaubsgeld
»Geschenkeimer« zu Weihnachten
Tariflich nicht abgesicherte Weihnachtsgratifikation
Wegezeitenentschädigung
Sonderzuschlag
Familienzuschlag
Bestandsschutzzulage nach dem Rationalisierungsschutzabkommen
Einzahlungen in die betriebliche Altersversorgung

Hinweis:
Der Katalog ist weder abschließend noch mit dem Originalkatalog der Frankfurter Flughafen AG identisch. Er soll nur den Grundgedanken verdeutlichen, wonach zunächst die leichter ent-

behrlichen Zulagen für eine Kürzung herangezogen werden. Möglich ist auch, bestimmte Leistungen zunächst nur teilweise zur Disposition zu stellen, also z. B. die Weihnachtsgratifikation nur zu 50 % relativ weit oben einzuordnen und die anderen 50 % genauso wie den Familienzuschlag weit unten zu platzieren.

Beschäftigungssicherungsvertrag (Beispiel Telekommunikation/Elektronik) 15–26

Vorbemerkung 15

Die nachfolgende Gesamtbetriebsvereinbarung wurde in einem Konzern aus dem Bereich Telekommunikation/Elektronik mit (aufgeschlossener) ausländischer Spitze abgeschlossen. Es handelt sich – ähnlich wie im Beispiel Fraport – um eine Regelung, die in Bezug auf die Vermeidung von Kündigungen sehr viele Vorkehrungen trifft, die alles andere als selbstverständlich sind. Angesichts verbreiteter Maßnahmen des Personalabbaus lassen sich auch hier einige Anregungen gewinnen.

Ebenso wie im Beispiel Fraport ist allerdings vor der Vorstellung zu warnen, man könne die Regelung eins zu eins auf andere Betriebe übertragen. Würde auch nur ein Teil der hier erreichten Regelungen realisiert, könnte der Betriebsrat dies als erheblichen Erfolg feiern. Wo dies nicht »realistisch« ist, zeigt die Betriebsvereinbarung zumindest auf, was unter bestimmten Umständen möglich ist.

Im konkreten Fall ging es um ein Unternehmen mit zahlreichen Betrieben, so dass einige Regelungsgegenstände der einzelbetrieblichen Ebene überlassen blieben.

Betriebsvereinbarung über Beschäftigungssicherung

Präambel 16

Die spezifische Produkt- und Dienstleistungspalette des Unternehmens erfordert eine laufende Anpassung der Beschäftigungsverhältnisse sowie der Arbeitszeiten an die ständig wechselnden Bedürfnisse des Marktes. Die hierfür notwendigen Umstrukturierungen müssen einerseits der Unternehmensleitung Planungssicherheit gewähren, andererseits den Bedürfnissen der Beschäftigten nach Schutz vor negativen Auswirkungen Rechnung tragen.

Die folgenden Bestimmungen wollen Nachteile bei Betriebsänderungen und personellen Einzelmaßnahmen vermeiden oder ausgleichen; sie stellen zugleich eine Auswahlrichtlinie im Sinne des § 95 Abs. 1 BetrVG dar.

Die Betriebsvereinbarung will zum Ausgleich der Interessen beitragen und zur Förderung der Produktivität des Unternehmens Konflikten vorbeugen.

Hinweis: 17

Die Präambel umschreibt den Zweck der Regelung und stellt ggf. die Rechtsnatur klar. Wünsche beider Seiten können hier Berücksichtigung finden; Widersprüche sind weniger tragisch als bei einzelnen Regelungsinhalten. Im konkreten Fall hat die Arbeitgeberseite sehr auf den Gesichtspunkt »Planungssicherheit« Wert gelegt, obwohl diese angesichts der selbst hervorgehobenen Notwendigkeit einer »laufenden Anpassung« schwer vorstellbar ist.

§ 1: Persönlicher Geltungsbereich

§ 2: Sachlicher Geltungsbereich 18

(1) Diese Betriebsvereinbarung gilt für alle Maßnahmen, die den Bestand der Arbeitsverhältnisse, die Arbeitsinhalte, die Arbeitsbedingungen und die Arbeitszeiten sowie die Arbeitsumgebung unmittelbar oder mittelbar verändern.

(2) Als Maßnahmen im Sinne des Abs. 1 gelten insbesondere:
- Betriebsübergänge im Sinne des § 613a BGB
- Betriebsänderungen im Sinne des § 111 BetrVG
- Entlassungen, Versetzungen und Umgruppierungen
- betriebsbedingte Veränderungen von Dauer oder Lage der Arbeitszeit
- Kurzarbeit und Transferkurzarbeit

19 **§ 3: Vermeidung sozialer Härten**

(1) Um soziale Härten und betriebsbedingte Kündigungen zu vermeiden, sind in Absprache zwischen der jeweiligen Betriebsleitung und dem zuständigen Betriebsrat folgende Maßnahmen durchzuführen:

1. Interne Stellenausschreibungen
2. Vorrang innerbetrieblicher Bewerber bei der Besetzung offener Stellen, sofern die vorausgesetzte Eignung gegeben oder durch Weiterbildungsmaßnahmen von bis zu drei Monaten Dauer hergestellt werden kann;
3. Abbau von Überstunden
4. Verzicht auf Leiharbeit
5. Rückübernahme von Fremdleistungen in eigene Regie, soweit dadurch keine unzumutbare Kostenbelastung entsteht;
6. Ausschöpfung der Möglichkeiten, die Arbeit zu flexibilisieren
7. Anwendung der Beschäftigungssicherungstarifverträge
8. Altersteilzeit
9. Sonstige Formen des Ausscheidens älterer Arbeitnehmer
10. Berücksichtigung von Teilzeitwünschen im Rahmen des für das Unternehmen Zumutbaren
11. Großzügige Gewährung von Teilzeitarbeit während der Elternzeit
12. Abschluss von Aufhebungsverträgen, die von Arbeitnehmern gewünscht werden
13. Versetzung nach Maßgabe des § 4
14. Nutzung der Möglichkeiten der Kurzarbeit einschließlich der Transferkurzarbeit
15. Vorrang der Änderungskündigung gegenüber der Beendigungskündigung
16. Qualifizierungsmaßnahmen unter Nutzung der Förderungsmöglichkeiten des SGB III und des ESF

(2) Welche der genannten Möglichkeiten vorrangig zu ergreifen ist, richtet sich nach den betrieblichen Gegebenheiten. Die Aufzählung stellt keine Prioritätenliste dar.

(3) Die Zulässigkeit einer betriebsbedingten Kündigung bestimmt sich nach § 9.

> **Hinweis:**
> Die der Praxis entnommene Liste nennt bewusst zahlreiche Möglichkeiten, was den Betriebsräten je nach betrieblichen Verhältnissen fast immer Argumentationsmöglichkeiten eröffnet.

20 **§ 4: Versetzungen**

(1) Vor jeder betriebsbedingten Kündigung ist zu prüfen, ob dem Mitarbeiter eine Versetzung auf einen anderen gleichwertigen oder zumutbaren Arbeitsplatz innerhalb des Unternehmens in Deutschland angeboten werden kann. Aus der begründeten Ablehnung eines Angebots darf dem Mitarbeiter kein Nachteil erwachsen.

(2) Die Geschäftsleitung und der jeweils zuständige Betriebsrat können davon ausgehen, dass die zur Versetzung anstehenden Mitarbeiter im Rahmen der betrieblichen Weiterbildung (intern und extern) an Seminaren und Kursen teilnehmen können, in denen Fähigkeiten und Kenntnisse erworben werden, die an dem neuen Arbeitsplatz erforderlich sind. Die Kosten trägt der Arbeitgeber.

(3) Ist in einer anderen Niederlassung eine offene Stelle vorhanden, so werden die von Arbeitslosigkeit bedrohten Arbeitnehmer sowie befristet Beschäftigte bevorzugt berücksichtigt; § 3 Abs. 1 Nr. 2 findet entsprechende Anwendung.

(4) Sofern mit der neuen Stelle eine geringere Lohn- oder Gehaltszahlung verbunden ist, erhält der Mitarbeiter während eines Zeitraums von 18 Monaten eine betriebliche Ausgleichszahlung in Höhe des Differenzbetrags zu seiner bisherigen Vergütung. Diese Ausgleichszahlung nimmt an tariflichen Entgelterhöhungen teil. Nach Ablauf von 18 Monaten endet die Dynamisierung; Tariferhöhungen können nunmehr auf die betriebliche Ausgleichszahlung angerechnet werden.
(5) Im Übrigen bleibt der bisherige Besitzstand gewahrt. Die Dauer der Betriebszugehörigkeit bleibt erhalten. Die Anpassung der Arbeitsverträge erfolgt spätestens zum Zeitpunkt der Versetzung.
(6) Arbeitsplätze in einer ausländischen Niederlassung stellen keine zumutbare Alternative für die Beschäftigten dar. Auf Wunsch eines Arbeitnehmers ist jedoch zu prüfen, ob eine Weiterbeschäftigung in einer von ihm genannten ausländischen Niederlassung möglich ist. Ist dies der Fall, gelten die Absätze 1 bis 5 entsprechend. Das deutsche Recht wird weiterhin angewandt.
(7) Erweist sich die neue Funktion als unzumutbar und kündigt der Arbeitnehmer deshalb von sich aus innerhalb von sechs Monaten nach Durchführung der Versetzung, so stehen ihm die Abfindungsansprüche nach § 10 gleichwohl zu.

Hinweis:
Neu gegenüber dem »Vorbild« ist im Prinzip nur die Möglichkeit, dass auf Wunsch des Arbeitnehmers auch eine Versetzung ins Ausland möglich ist. Angesichts des Bestandsschutzes (und der typischerweise für Auslandstätigkeit bestehenden Sonderregeln zugunsten entsandter Arbeitskräfte) kann dies eine Verlagerung in Billiglohnländer u. U. für den Arbeitgeber wirtschaftlich uninteressant machen. Dies setzt allerdings voraus, dass sich eine relevante Anzahl von Beschäftigten für eine Auslandstätigkeit meldet.

§ 5: Verfahren der Übernahme 21
(1) Alle Mitarbeiter, die an einem anderen Standort des Unternehmens weiterbeschäftigt werden können, erhalten so früh wie möglich ein konkretes schriftliches Übernahmeangebot. Sobald dieses zugegangen ist, läuft eine Erklärungsfrist von drei Wochen, innerhalb derer das Angebot anzunehmen oder abzulehnen ist. Das Verstreichenlassen der Frist gilt als Ablehnung.
(2) Alle Mitarbeiter, denen ein Arbeitsplatz an einem anderen Standort des Unternehmens angeboten wird, erhalten Gelegenheit, sich diesen Standort sowie seine Umgebung anzusehen. Dies beinhaltet insbesondere:

- Aktive Unterstützung durch die Personalabteilung des fraglichen Unternehmens-Standortes, insbesondere bei der Besorgung von Prospektmaterial, von Informationen über die kulturellen und schulischen Möglichkeiten sowie über die Wohnraumsituation und die Mietpreise einschließlich Mietspiegel;
- Ersatz der Kosten für eine Besuchsfahrt mit Familie im Pkw sowie Erstattung der Übernachtungskosten in einem Mittelklassehotel gegen Beleg;
- Gespräche mit den örtlichen Vorgesetzten über das zukünftige Aufgabengebiet bei gleichzeitiger Vorlage der derzeit gültigen Arbeitsplatzbeschreibung;
- soweit mit der Versetzung eine inhaltliche Änderung der zu erfüllenden Aufgaben verbunden ist, erfolgt zu Beginn des Gesprächs die Vorlage der neuen Arbeitsplatzbeschreibung.

(3) Andere Arbeitnehmer behalten das Recht, sich um die freie Stelle zu bewerben.
(4) Bewirbt sich ein Arbeitnehmer um eine Stelle in einer ausländischen Niederlassung, so gelten die Absätze 1 bis 3 entsprechend. Ein Informationsbesuch ist nur im Einvernehmen mit der Geschäftsführung möglich.

Hinweis:
Die Vorschrift ist dem Original entnommen. Abs. 4 will mit seinem zweiten Satz »Mitnahmeeffekte« im Sinne einer Tourismusreise verhindern.

22 **§ 6: Altersteilzeit**

(1) Arbeitnehmer, die das 60. Lebensjahr vollendet haben, haben Anspruch auf Übernahme in Altersteilzeit. Diese ist so zu gestalten, dass der Übergang in den Ruhestand mit dem gesetzlichen Rentenalter vorgesehen ist und im Blockmodell eine Beendigung der aktiven Tätigkeit mit dem 63. Lebensjahr eintritt. Arbeitnehmer, die als besonders langjährig Beschäftigte einen Anspruch auf abschlagsfreie Altersrente haben oder mit Sicherheit erwerben werden, können die Altersteilzeit bereits vor dem 60. Lebensjahr beginnen.

(2) Während der Altersteilzeit erhalten die Beschäftigten eine Ausgleichszahlung. Diese beträgt mindestens 92 % der Differenz zwischen Altersteilzeitentgelt und dem Vollzeitnettoeinkommen. Schwerbehinderte Menschen und Arbeitnehmer, bei denen ein sozialer Notfall vorliegt, erhalten das bisherige Nettoeinkommen während der gesamten Altersteilzeit in voller Höhe weiter.

(3) Der Arbeitgeber übernimmt in allen Fällen die Beiträge zur gesetzlichen Rentenversicherung, soweit sie durch eine (fiktive) Aufstockung auf 100 % des bisherigen Arbeitsentgelts anfallen.

(4) Die weiteren Einzelheiten der Altersteilzeit werden in einer Betriebsvereinbarung geregelt, die spätestens am Datum in Kraft tritt. Kommt es zu keiner einvernehmlichen Regelung zwischen Gesamtbetriebsrat und Geschäftsführung, entscheidet eine aus je drei Beisitzern bestehende Einigungsstelle mit unparteiischem Vorsitzenden, deren Spruch sich die Parteien im Voraus unterwerfen.

Hinweis:
Die Vorschrift ist an die aktuellen Altersgrenzen angepasst und im Übrigen dem Original entnommen. Zu beachten ist, dass die Rentenabschläge wegen vorzeitiger Inanspruchnahme mit dem »gleitenden« Übergang zur Altersgrenze 67 steigen. Insofern kann es sich empfehlen, mit der Altersteilzeit erst nach dem 60. Lebensjahr zu beginnen, wenn dem keine gesundheitlichen oder anderen Gründe entgegenstehen. Durch das Gesetz über Leistungsverbesserungen in der gesetzlichen Rentenversicherung vom 23. 6. 2014 (BGBl. I S. 787) haben Versicherte mit mindestens 45 Jahren Wartezeit (sog. besonders langjährig Versicherte) einen Anspruch auf abschlagsfreie Altersrente. Dieser Anspruch kann ab dem 63. Lebensjahr geltend gemacht werden, doch ist diese Grenze im Laufe der Jahre angestiegen (§ 236b SGB VI). Der Vereinbarungstext trägt dem dadurch Rechnung, dass die Altersteilzeit in diesen Fällen nach Abs. 1 schon vor dem 60. Lebensjahr beginnen kann. Eine konkrete Regelung sollte in der in Abs. 4 vorgesehenen Betriebsvereinbarung erfolgen.

23 **§ 7: Sonderregelungen für ältere Arbeitnehmer**

(1) Arbeitnehmer, die mindestens 61 Jahre alt sind und denen betriebsbedingt gekündigt werden muss, erhalten für einen Zeitraum von 24 Monaten einen Aufstockungsbetrag zum Arbeitslosengeld. Dieses wird auf 90 % des bisherigen Nettoeinkommens aufgestockt. Der Aufstockungsbetrag wird auf die Abfindung nach § 10 angerechnet.

(2) Wird durch die Agentur für Arbeit eine Sperrfrist verhängt oder wird aus anderen Gründen kein Arbeitslosengeld bezahlt, ist der Arbeitgeber zur Fortzahlung von 90 % des bisherigen Nettoarbeitsentgelts verpflichtet. Die Zahlungen werden auf die Abfindung nach § 10 angerechnet.

(3) Arbeitnehmer, die die Voraussetzungen für eine abschlagsfreie Rente noch nicht erworben haben, die sie aber bis zu dem in § 236b SGB VI genannten Alter erwerben könnten, müssen im Rahmen der betrieblichen Möglichkeiten weiterbeschäftigt oder in ein anderes Arbeitsverhältnis vermittelt werden. Dies gilt auch für Altersteilzeiter.

Hinweis:
Das gestiegene Renteneintrittsalter ist berücksichtigt, ebenso die **abschlagsfreie Rente ab 63.** Trotz der fehlenden Abschläge entsteht dem Arbeitnehmer insoweit ein Nachteil, als er keine zusätzlichen Rentenpunkte mehr erwirbt. Dies ist ggf. in Kauf zu nehmen. Abs. 3 will den Fall vermeiden, dass ein Arbeitnehmer zwar mit 63 Jahren seine 45 Versicherungsjahre erreicht hätte, jedoch zu einem Zeitpunkt gekündigt wird, wo dies noch nicht der Fall ist. Da die letzten beiden Jahre vor dem 63. Lebensjahr (bzw. dem höheren Alter nach § 236b SGB VI) nicht bei

der Wartezeit mitgerechnet werden, würde ihm die Chance zu einer abschlagsfreien Rente entgehen. Dies wäre ein Sonderopfer, das nach Möglichkeit vermieden werden soll. Dieselbe Situation kann bei Arbeitnehmern auftreten, die sich bereits in Altersteilzeit befinden. Angesichts der komplizierten Fragen, die in einem solchen Fall auftreten, ist dringend **sachkundige Beratung** in Anspruch zu nehmen.

§ 8: Arbeitszeitverkürzung 24

(1) Zur Vermeidung von Entlassungen sind zunächst alle Möglichkeiten der Kurzarbeit einschließlich der Transferkurzarbeit zu nutzen. Die Kurzarbeit hat Vorrang vor vorübergehenden Arbeitszeitverkürzungen nach den Beschäftigungssicherungstarifverträgen. Ein Wechsel von Kurzarbeit zu verkürzter tariflicher Arbeitszeit und umgekehrt ist möglich.

(2) Während der Kurzarbeitsperiode erhält der Arbeitnehmer eine Ausgleichszahlung, die die Differenz zwischen dem Kurzarbeitergeld und 90 % des bisherigen Nettoeinkommens ausmacht. Entsprechendes gilt bei Arbeitszeitreduzierungen auf der Grundlage der Beschäftigungssicherungstarifverträge.

§ 9: Betriebsbedingte Kündigung 25

(1) Betriebsbedingte Kündigungen sind nur zulässig, wenn eine Personalreduzierung auch dann unabdingbar bleibt, wenn alle in § 3 genannten Möglichkeiten im Rahmen des für den Arbeitgeber Zumutbaren ausgeschöpft sind.

(2) Die Grundsätze über die soziale Auswahl sind zu beachten; von den Möglichkeiten des § 1 Abs. 5 KSchG wird kein Gebrauch gemacht.

Hinweis:
Abs. 2 versteht sich in der ersten Hälfte im Grunde von selbst; die zweite Hälfte hat mehr Appellfunktion, da sie ja einvernehmlich geändert werden könnte, wenn man sich doch auf eine Namensliste verständigt.

§ 10: Abfindungen

Hinweis:
S. den entsprechenden Abschnitt im Sozialplanrecht bei § 112 (§§ 111–113 Rn. 31 ff.). Inhaltlich bestehen keine Unterschiede.

§ 11: Sonstiges 26

(1) Die Höhe der individuellen Abfindung wird den betroffenen Beschäftigten in ihrem Kündigungsschreiben bekannt gegeben. Bei einer erkennbar fehlerhaften Berechnung der Abfindung muss der betroffene Arbeitnehmer innerhalb von zwei Monaten eine Neuberechnung beantragen; andernfalls wird der genannte Abfindungsbetrag verbindlich.

(2) Alle Arbeitnehmer, die im Kalenderjahr ihres Ausscheidens die Voraussetzungen einer Jubiläumszuwendung erfüllen, erhalten diese spätestens mit der Beendigung ihres Arbeitsverhältnisses.

(3) Ansprüche aus § 10 sind vom Augenblick des Zugangs der Kündigung an vererblich.

(4) Ansprüche auf Leistungen aus der betrieblichen Altersversorgung werden von dieser Betriebsvereinbarung nicht berührt.

§ 12: Geltungsdauer 26a

(1) Diese Betriebsvereinbarung tritt mit ihrer Unterzeichnung in Kraft.

(2) Sie kann unter Beachtung einer Kündigungsfrist von sechs Monaten zum Jahresende – frühestens zum Datum – gekündigt werden.

(3) Maßnahmen, die aufgrund dieser Betriebsvereinbarung eingeleitet wurden, behalten auch im Falle einer Kündigung ihre Wirksamkeit und sind entsprechend den Bestimmungen dieser Betriebsvereinbarung durchzuführen.

Hinweis:
Würde man eine volle Nachwirkung vereinbaren, könnte es für die Arbeitgeberseite schwer werden, von der weitreichende Zugeständnisse enthaltenden Betriebsvereinbarung wieder »runterzukommen«. Auf der anderen Seite führt ein Ausschluss der Nachwirkung dazu, dass die Arbeitnehmerseite von einem Moment auf den andern vor dem Nichts steht. Deshalb wurde in Abs. 3 eine Kompromissregelung gefunden; wird beispielsweise eine Betriebsänderung begonnen, sind trotz Kündigung der Betriebsvereinbarung noch alle »Ausweichmöglichkeiten« auszuschöpfen, um betriebsbedingte Kündigungen zu verhindern.

27–35 **Beschäftigungssicherungsvertrag (Beispiel: Förderung von Innovationen)**

27 **Vorbemerkung**

Technische und organisatorische Innovationen sind für die Wettbewerbsfähigkeit der deutschen Wirtschaft von zentraler Bedeutung. Auch das Arbeitsrecht kann einen Beitrag dazu leisten, die Innovationsfähigkeit der Wirtschaft zu verbessern. Der Koalitionsvertrag vom 16. Dezember 2013 sah unter der Überschrift »Digitale Agenda für Deutschland« u. a. vor, Unternehmensgründungen aus dem Arbeitsverhältnis heraus zu ermöglichen, indem ähnlich der Familienpflegezeit eine »Gründungszeit« eingeführt wird: Während dieses Zeitraums ist der Einzelne als Selbstständiger tätig, kann zugleich aber sein Arbeitsverhältnis aufrechterhalten und so ein existentielles Risiko vermeiden.

In der Innovationsforschung finden sich einige Aussagen zu der Frage, unter welchen Bedingungen Ideen geboren, verbreitet und angewandt werden. Typischerweise sind die Erfinder Personen, die »eher am Rande stehen«. Vielfach werden Innovationen im Geheimen und an der Hierarchie vorbei entwickelt. Die fraglichen Individuen werden im Slang der Innovationsforscher als »Partisanen« bezeichnet, d. h. als Menschen, die eine Idee im Kopf haben und die sich – häufig zusammen mit Gleichgesinnten – tarnen, um erst dann an die (Betriebs-)Öffentlichkeit zu treten, wenn die Sache fertig und ausgereift ist (vgl. *Kriegesmann*, Personalführung Heft 4/2003, S. 18, 26). Lässt sich das Tun der »Partisanen« legalisieren und damit von überflüssigen Hindernissen befreien? Eine vorläufige Sichtung der Innovationsforschung lässt vier Voraussetzungen deutlich werden, die auch einer rechtlichen Absicherung bedürfen.

Zunächst geht es um Existenzsicherheit und damit um Schutz vor ungerechtfertigter Kündigung im bestehenden Arbeitsverhältnis. Wer weiß, dass er über kurz oder lang nach Hause geschickt werden kann, wird sich kaum mit seinen Aufgaben identifizieren und deshalb keine Verbesserungsvorschläge machen.

Zum zweiten braucht man eine offene Kommunikationskultur. Wer ein Vorhaben kritisiert oder einen anderen Ansatz für besser hält, darf nicht deshalb zurückgesetzt oder benachteiligt werden. Unternehmensinterne Führungsgrundsätze, die ein solches Verbot festschreiben und ausdrücklich die »Querdenker« ermutigen, sind in diesem Zusammenhang von erheblichem Nutzen. Dies allein dürfte allerdings nicht ausreichen, um den Vorgesetzten daran zu hindern, mit »Das haben wir noch nie gemacht« und »Da könnte ja jeder kommen« zu reagieren. Vielmehr bedarf es einer unabhängigen Stelle, an die sich der Einzelne wenden kann.

Dritte Voraussetzung sind ausreichende Freiräume. Interesse verdient insoweit das Beispiel der Firma Nokia, die sich Anfang der 90er Jahre in einer schlechten wirtschaftlichen Situation befand: Der (damalige!) Vorstand beschloss, dass alle Angestellten 15 % ihrer Arbeitszeit für eigene Projekte verwenden konnten, ohne dass sie diese im Einzelnen hätten vorher anmelden oder genehmigen lassen müssen (Mitgeteilt bei *Klotz*, CF Heft 10/2003 S. 6). Der spätere Erfolg des Unternehmens war nicht zuletzt auf die Vorschläge zurückzuführen, die in jener Epoche gemacht wurden. Freiräume braucht man allerdings nicht nur in zeitlicher Hinsicht. Naturwissenschaftler, Mediziner und empirisch arbeitende Sozialwissenschaftler benötigen vielmehr einen schnellen Zugriff auf finanzielle Mittel, um sich die erforderlichen Ressourcen beschaffen zu können.

Vierte Voraussetzung ist schließlich ein materieller oder immaterieller Anreiz für denjenigen, der sich über die Erledigung der Alltagsarbeit hinaus engagiert. Das Arbeitnehmererfindungsgesetz enthält hier den richtigen Ansatz, der aber im Bereich des Urheberrechts und der Softwareentwicklung nicht fortgeführt wird. Insoweit ist eine zusätzliche Regelung erforderlich. Weitere Überlegungen bei *Däubler*, BB 2004, 2521ff.
Die folgende Betriebsvereinbarung geht über die Regelung von Verbesserungsvorschlägen nach § 87 Abs. 1 Nr. 12 BetrVG hinaus (s. dort). Sie betritt Neuland und enthält relativ weitgehende Regelungen, die ggf. an das betrieblich Machbare angepasst werden müssen.

§ 1: Innovation als Unternehmensziel 28
(1) In den Jahren 2027 bis 2029 sind alle Arbeitnehmer aufgefordert, Vorstellungen zu betrieblichen Innovationen zu entwickeln.
(2) Während dieses Zeitraums ist jede betriebsbedingte Kündigung ausgeschlossen.

> **Hinweis:**
> Die zeitliche Befristung der »Innovationskampagne« macht einen entsprechenden Ausschluss der betriebsbedingten Kündigung möglich.

§ 2: Innovationsvorschläge 29
(1) Innovationsvorschläge müssen eine neue Idee oder eine neue Anwendung einer bekannten Idee zum Inhalt haben. Sie müssen auf eine Verbesserung der technischen, organisatorischen, wirtschaftlichen oder sozialen Gegebenheiten des Unternehmens abzielen.
(2) Innovationsvorschläge können sich u.a. beziehen auf die

- Vereinfachung von Arbeitsabläufen
- Entwicklung eines neuen Produkts oder einer neuen Art Dienstleistung
- Erweiterung der Produktpalette
- Erschließung eines neuen Geschäftsfeldes
- Verbesserung der arbeitsbezogenen Kommunikation
- Verbesserung der Arbeitsbedingungen und des Arbeitsklimas
- Erhöhung der Qualität von Produkten und Dienstleistungen
- Verkürzung der Durchlaufzeiten
- Reduzierung von Unfallrisiken und gesundheitlichen Belastungen
- Erhöhung der Umweltverträglichkeit der Herstellungsprozesse und der Produkte
- Einsparung von Energie und Material
- Verbesserung der Instandhaltung

(3) Ein Innovationsvorschlag im Sinne dieser Betriebsvereinbarung liegt dann nicht vor, wenn lediglich konkret zugewiesene Aufgaben im Rahmen des Arbeitsvertrags erfüllt werden.
(4) Die Rechte der Arbeitsvertragsparteien aus dem ArbNErfG und aus den §§ 43, 69b UrhG bleiben unberührt. Soweit der Innovationsvorschlag nach diesen Bestimmungen zu einer Geldleistung führt, ist diese auf das Entgelt nach dieser Betriebsvereinbarung anzurechnen.

> **Hinweis:**
> Abs. 1 umschreibt den Innovationsbegriff, Abs. 2 nennt mögliche Gegenstandsbereiche, ohne eine abschließende Aufzählung vorzunehmen. Die »Vereinfachung der Arbeitsabläufe« zielt auf den Abbau unnötiger Bürokratie und erschließt damit ein erhebliches Potential. Abs. 3 will verhindern, dass Personen, die für die Entwicklung von Konzepten sowieso bezahlt werden, noch ein zusätzliches Honorar erhalten. Allerdings soll nicht ausgeschlossen sein, dass der in einem konkreten Projekt tätige Forscher sich mit einem kleineren Teil seiner Zeit einem anderen Vorhaben zuwendet und dafür dann unter die Betriebsvereinbarung fällt. Abs. 4 sorgt für die nötige Abstimmung mit dem Arbeitnehmererfinder- und dem Arbeitnehmerurheberrecht.

30 **§ 3: Innovationsbeauftragter**

(1) In jedem Betrieb wird ein Innovationsbeauftragter (IB) eingesetzt. Die Innovationsbeauftragten aller Betriebe bilden den Innovationsausschuss (IA).

(2) Der IB darf kein aktiver Arbeitnehmer des Unternehmens sein. Er muss mit den technischen und organisatorischen Arbeitsabläufen vertraut sein; erforderlichenfalls ist er eingehend über diese zu informieren.

(3) Über die Person des IB verständigen sich Betriebsrat und Geschäftsleitung; bei unüberbrückbaren Meinungsverschiedenheiten entscheidet die Einigungsstelle.

(4) Der IB wird für den in § 1 Abs. 1 dieser Betriebsvereinbarung genannten Zeitraum bestellt. Er erhält ein angemessenes Entgelt.

(5) Ein Widerruf der Bestellung ist nur aus wichtigem Grund und mit Zustimmung des Betriebsrats möglich. Bei Meinungsverschiedenheiten entscheidet die Einigungsstelle.

(6) In Betrieben mit mehr als 500 Beschäftigten können mehrere Innovationsbeauftragte bestellt werden.

Hinweis:
Verbreiteter Auffassung nach erweisen sich Hierarchien als innovationsfeindlich. Deshalb wird die potentiell innovative Tätigkeit bewusst aus den normalen Vorgesetztenbeziehungen herausgenommen. Als IB kann sich insbesondere eine Person eignen, die eben in Rente gegangen ist und deshalb die betrieblichen Abläufe gut kennt.

31 **§ 4: Innovationszeit**

(1) Jeder Arbeitnehmer darf 15 % seiner Arbeitszeit für Zwecke des § 2 verwenden. Das dabei verfolgte Vorhaben ist dem IB anzuzeigen. Dabei reicht eine grobe Umschreibung.

(2) Bei offensichtlichem Missbrauch kann der IB der Freistellung von der an sich geschuldeten Arbeit widersprechen. In diesem Fall kann von der Möglichkeit des Abs. 1 nur auf der Grundlage eines anderen Projekts Gebrauch gemacht werden.

(3) Während der Innovationszeit unterliegt der Arbeitnehmer keinerlei Weisungen und schuldet seinen Vorgesetzten keine Rechenschaft.

(4) Mehrere Arbeitnehmer können ihre Freistellungsmöglichkeiten dafür verwenden, um ein gemeinsames Innovationsprojekt zu verfolgen.

(5) Auf Wunsch des Vorgesetzten können monatlich bis zu vier Stunden der Innovationszeit dafür verwendet werden, gemeinsam Konzepte im Sinne des § 2 zu entwickeln.

(6) Der IB ist zur Verschwiegenheit verpflichtet, soweit diese Betriebsvereinbarung nichts anderes vorsieht.

(7) Werden von einzelnen Arbeitnehmern unabhängig voneinander ähnliche Projekte verfolgt, hat der IB insoweit einen Kontakt zwischen den einzelnen Personen herzustellen.

(8) Bei identischen Projekten wird die Änderung des später angezeigten Projekts angeregt.

Hinweis:
Die Innovationszeit ist dem Vorbild der Firma Nokia nachgebildet. Allerdings muss dafür gesorgt werden, dass nicht freie Beliebigkeit herrscht und Personen unter dem Vorwand, sich neue Ideen einfallen lassen zu wollen, einfach die Arbeitszeit um 15 % verkürzen. Deshalb besteht die Anzeigepflicht, die sich allerdings nicht auf Details erstrecken muss; deshalb hat auch der IB das Recht, bei Missbräuchen die Quasi-Freistellung zu verhindern.
Abs. 4 trägt den Gegebenheiten naturwissenschaftlicher und medizinischer Forschung Rechnung und eröffnet die Chance zu gemeinsamer Arbeit. Abs. 5 gibt im Anschluss an das französische »droit d'expression« die Möglichkeit, auch innerhalb der Hierarchie in einem eng begrenzten Rahmen für neue Konzepte zu werben.
Abs. 7 und 8 betreffen die Probleme einer »Parallelforschung«.

§ 5: Ausstattung der Arbeitnehmer mit finanziellen Mitteln 32

(1) Jeder Arbeitnehmer der Abteilung »Forschung und Entwicklung« erhält einen Dispositionsfonds von jährlich Euro, den er zur Entwicklung und Erprobung neuer Ideen im Sinne des § 2 verwenden darf.
(2) Mehrere Arbeitnehmer können ihre Mittel bündeln.
(3) Weitere Mittel können beim Innovationsbeauftragten beantragt werden; dies gilt auch für Arbeitnehmer anderer Unternehmensteile.
(4) Wer Erfindungen im Sinne des ArbNErfG gemacht hat, die vom Arbeitgeber in Anspruch genommen wurden, erhält automatisch das Dreifache des Betrags nach Abs. 1. Dasselbe gilt für Arbeitnehmer, die ein Gebrauchsmuster entwickelt oder einen vom Arbeitgeber akzeptierten Verbesserungsvorschlag gemacht haben, sofern diese Leistungen dem Unternehmen einen wirtschaftlichen Vorteil mindestens in Höhe des Zehnfachen des Betrags nach Abs. 1 gebracht haben.
(5) Bei gemeinsamen Erfindungen und Verbesserungsvorschlägen gilt Abs. 4 mit der Maßgabe, dass der anfallende Betrag gleichmäßig auf alle Beteiligten verteilt wird.
(6) Notwendige Beschaffungs- und Dienstleistungsverträge werden von den Arbeitnehmern namens des Unternehmens abgeschlossen. Soweit der Bereich des § 2 offensichtlich verlassen ist, sind sie nach § 179 BGB persönlich haftbar.

Hinweis:
In den Naturwissenschaften, der Medizin und der empirisch arbeitenden Sozialwissenschaft lassen sich neue Ideen häufig nur erproben, wenn man über ein Minimum an finanzieller Ausstattung verfügt. Wie hoch diese sein muss, hängt von der jeweiligen Technik sowie davon ab, inwieweit betriebliche Installationen – etwa außerhalb der normalen Arbeitszeit – benutzt werden können. Ein konkreter Betrag ist deshalb nicht festgeschrieben.
Wer mit »Forschung und Entwicklung« betraut ist, erhält einen Grundbetrag; andere können einen entsprechenden Antrag beim Innovationsbeauftragten stellen. Arbeitnehmer, die in der Vergangenheit durch kreative Leistungen aufgefallen sind, erhalten nach Abs. 4 von vorneherein eine bessere Ausstattung. Auch hier wird eine Bündelung der Kräfte ermöglicht (Abs. 5).

§ 6: Behandlung von Innovationsvorschlägen 33

(1) Innovationsvorschläge sind dem IB schriftlich einzureichen. Sie werden an die übrigen Innovationsbeauftragten weitergeleitet.
(2) Der IB kann einen Vorschlag ablehnen, weil er nicht den Voraussetzungen des § 2 entspricht oder weil er sich im Unternehmen offensichtlich nicht umsetzen lässt. Der vorschlagende Arbeitnehmer ist in diesem Fall in der Verwertung seiner Idee frei.
(3) In allen anderen Fällen legt der IB den Vorschlag dem IA vor. Hält dieser den Vorschlag für geeignet, teilt er dies unter Angabe der Gründe der Geschäftsführung mit.
(4) Bestehen Zweifel an dem Neuheitswert des Vorschlags oder seiner praktischen Umsetzbarkeit, kann eine Klärung durch Gutachter erfolgen.
(5) Der Betriebsrat ist von dem Vorschlag und dem weiteren Verfahren zu informieren; bestehen Bedenken gegen die Realisierung des Vorhabens, kann er die Einschaltung eines Gutachters im Sinne von Abs. 4 verlangen.

Hinweis:
Die Vorschrift ist weithin dem traditionellen Normenbestand im Rahmen von Verbesserungsvorschlägen nachgebildet.

§ 7: Annahme und Ablehnung des Vorschlags 34

(1) Über die Annahme oder Ablehnung des Innovationsvorschlags befindet die Geschäftsführung oder eine von ihr bestimmte Person. Die Ablehnung muss begründet werden.
(2) Der Arbeitnehmer ist berechtigt, im Falle der Ablehnung seine Idee nach eigenen Vorstellungen zu verwerten. Dieses Recht kann auch nicht durch ein vertragliches Wettbewerbsverbot eingeschränkt werden.

(3) Wird der Vorschlag angenommen, hat der Arbeitnehmer einen Anspruch auf Prämie nach Maßgabe von § 8.
(4) Der Arbeitgeber ist verpflichtet, einen angenommenen Vorschlag praktisch umzusetzen oder ihn (z.B. durch Gewährung von Lizenzen) wirtschaftlich zu verwerten. Dies gilt nicht, wenn die Umsetzung oder Verwertung wegen unerwarteter Hindernisse unzumutbar wird.
(5) § 17 ArbNErfG bleibt unberührt.

Hinweis:
Die Vorschrift will verhindern, dass Vorschläge zwar angenommen (und mit einer Prämie belohnt), gleichzeitig aber »auf Halde gelegt« werden. Im Falle der Ablehnung ist der Arbeitnehmer zur freien Verwertung berechtigt; bei einer Annahme muss der Arbeitgeber die praktische Umsetzung in Angriff nehmen. Abs. 5 betrifft den Fall, dass ein überwiegendes betriebliches Interesse die Geheimhaltung des Vorschlags gebietet; er bezieht sich nur auf Erfindungen.

35 **§ 8: Prämie**
(1) Die aufgrund eines angenommenen Innovationsvorschlags geschuldete Prämie beträgt 20% der wirtschaftlichen Vorteile, die das Unternehmen in den folgenden fünf Jahren aufgrund des Vorschlags erzielt. Zu den wirtschaftlichen Vorteilen gehören auch Einsparungen.
(2) Lassen sich die Vorteile nicht quantifizieren oder sind sie immaterieller Natur, ist der Wert durch Schätzung festzulegen. Zuständig ist der IA.
(3) Lässt sich der angenommene Vorschlag nach § 7 Abs. 4 nicht realisieren, gilt Abs. 2 entsprechend; dabei dienen 10% des ohne die Schwierigkeiten zu erwartenden wirtschaftlichen Vorteils als Richtgröße. Im Falle des § 7 Abs. 5 ist von 20% auszugehen.
(4) Wird ein Vorschlag von mehreren Personen gemacht, steht die Prämie mangels abweichender Abmachungen zwischen den Vorschlagenden allen zu gleichen Teilen zu.

Hinweis:
Die Prämie richtet sich nach den wirtschaftlichen Vorteilen, die der Arbeitgeber aus der Innovation zieht. Diese sind notfalls durch Schätzung zu ermitteln.
Einige der hier gemachten Vorschläge wurden durch Betriebsrat und Geschäftsleitung von ZF Friedrichshafen aufgegriffen. Dies gilt insbesondere für die Figur des Innovationsbeauftragten und für die Bereitstellung finanzieller Mittel. Einzelheiten bei Däubler, Präventive Krisenbewältigung. Umbruch in der Automobilindustrie. Wie Zulieferer darauf gut reagieren können, zeigt der Betriebsrat von ZF Friedrichshafen, AiB 5/2019 S. 34ff. (nachlesbar auch unter *www.daeubler.de* Rubrik »Aufsätze« Stichwort »Betriebsverfassung« Unterstichwort »Grundfragen der Mitbestimmung«). Von Betriebsräten wird berichtet, dass zahlreiche Vorschläge gemacht und umgesetzt wurden. Die heutige Krise von ZF rührt daher, dass in Erwartung eines enormen Aufschwungs der E-Mobilität nicht nur der eigene Produktionsprozess umgestaltet, sondern auch andere Firmen aufgekauft wurden. Dies geschah vorwiegend mit Fremdmitteln, was eine außerordentlich hohe Verschuldung zur Folge hatte, die nicht durch die erwarteten Gewinne ausgeglichen werden konnte.

36 **KI-Rahmenvereinbarung: Checkliste**

Vorbemerkung
Die Einführung von KI berührt eine große Zahl von Beteiligungs- und Mitbestimmungsrechten des Betriebsrats. Da viele Kolleginnen und Kollegen im Betrieb insbesondere die Gefahr sehen, KI könne in beträchtlichem Umfang menschliche Arbeit ersetzen und so zu einem Abbau von Arbeitsplätzen führen, werden die nötigen Arbeitshilfen bei § 92a BetrVG behandelt. Soweit KI

für Kontrollzwecke eingesetzt werden kann, ist auf die Musterformulierung bei § 87 Abs. 1 Nr. 6 zu verweisen.

Die bisherige Praxis konzentriert sich auf den Abschluss von KI-Rahmenbetriebsvereinbarungen (zahlreiche Beispiele bei Däubler-Gmelin, in: *Däubler/Klengel*, KI im Betrieb, 2025, § 10 Rn. 56 – S. 308). Dem wird auch hier gefolgt, zumal in Form von IT-Rahmenvereinbarungen häufig bereits Abmachungen vorhanden sind, an denen man sich in gewissem Umfang orientieren kann.

Im Folgenden wird zunächst eine Checkliste mit all jenen Punkten vorgestellt, die man bei Verhandlungen berücksichtigen sollte. Im folgenden Abschnitt folgt dann eine Rahmenbetriebsvereinbarung, die inhaltlich einer Abmachung aus der Praxis entspricht. Dabei handelt es ich um »Muster«, die Anregungen geben sollen. Was im einzelnen Unternehmen durchsetzbar ist, muss vor Ort entschieden werden.

Checkliste – Welche Fragen sollen behandelt werden?

1. *Für wen sollen die Regeln über den KI-Einsatz gelten?*
   Können leitende Angestellte einbezogen werden? Wie werden Leiharbeitnehmer und Dienstleister behandelt?
2. *Was ist der konkrete Gegenstand der Regelung?*
   Ist der Begriff KI ausreichend definiert? Sind andere Fachbegriffe erläutert?
3. *Wird beim Einsatz von KI zwischen dem Personalbereich und sonstigen Anwendungsfeldern unterschieden?*
   Die Trennung ist sinnvoll, weil Gefahren für die Persönlichkeitssphäre insbesondere beim Einsatz im Bereich HR drohen.
4. *Ist sichergestellt, dass die Mitbestimmungsrechte des Betriebsrats in Bezug auf den KI-Einsatz bei Personalentscheidungen in vollem Umfang aufrechterhalten bleiben?*
   Ist der Arbeitgeber bereit, vor dem Einsatz eines KI-Systems eine Risikoanalyse zu machen, die sich sowohl auf den Persönlichkeitsschutz wie auf die Gefährdung von Arbeitsplätzen bezieht? Nimmt er seine Unterrichtungspflicht nach § 90 Abs. 1 Nr. 3 BetrVG auch sonst ernst?
5. *Besitzt der Betriebsrat einen Fragenkatalog, den der Arbeitgeber möglichst bei der Beschaffung eines KI-Systems vollständig beantworten muss?*
   Die Kenntnisse über das, was die KI »kann«, sind auf Arbeitnehmer- wie auf Arbeitgeberseite oft eher lückenhaft. Insoweit besteht ein dringendes Interesse, die Einsatzmöglichkeiten eines zur Anschaffung anstehenden KI-Systems umfassend zu klären, da nur so Vorzüge und Nachteile objektiv beurteilt werden können. Die Information des Arbeitgebers nach § 90 Abs. 1 Nr. 3 BetrVG wird nicht immer vollständig sein, ohne dass deshalb böser Wille die Ursache sein muss.
6. *Ist sichergestellt, dass die Fähigkeiten der KI umfassend abgeklärt sind, bevor ein System angeschafft oder in Betrieb genommen wird?*
   Sinnvollerweise sollte der Betriebsrat seine Fragen und Bedenken schon vor der Anschaffung zur Geltung bringen können. Wenn es erst vor Inbetriebnahme geschieht, ist meist der Zug schon abgefahren. Würde man jetzt noch blockieren, könnte dem Unternehmen ein erheblicher Schaden entstehen, weil das gekaufte System nicht eingesetzt werden kann, was man dann dem Betriebsrat zum Vorwurf machen würde.
7. *Welche Maßnahmen sollten ergriffen werden, um die KI-Kompetenz aller im Betrieb Beschäftigten sicherzustellen, die mit KI zu tun haben? Macht der Betriebsrat von seinen Qualifizierungsmöglichkeiten nach § 37 Abs. 6 BetrVG Gebrauch, die sich auch auf KI beziehen?*
8. *Wie ist die Beauftragung von KI-Sachverständigen nach § 80 Abs. 3 Satz 2 BetrVG geregelt?*
   Wenn man es bei der gesetzlichen Regelung belässt, ist zwar die Erforderlichkeit der Einschaltung eines Sachverständigen außer Streit, doch können Meinungsverschiedenheiten über die Zahl der Stunden und das Honorar entstehen. Sie gerichtlich zu klären, würde so viel Zeit in Anspruch nehmen, dass voraussichtlich im Betrieb dann schon vollendete Tatsachen geschaffen wären.
9. *Ist es ausgeschlossen, dass das KI-System für eine Verhaltens- und Leistungskontrolle oder für die Auswertung sonstiger Beschäftigtendaten eingesetzt wird?*

10. *Schafft das KI-System (ggf. zusammen mit anderen Systemen) Gefahren für die Arbeitsplätze? Wenn ja, sind Gegen- oder Ausgleichsmaßnahmen geplant?*
11. *Soll das Arbeiten mit KI geregelt werden oder überlässt man es späteren spezifischen Vereinbarungen?*
12. *Können die Möglichkeiten festgeschrieben werden, die Arbeitsbedingungen von Behinderten zu verbessern, ihnen z. B. KI-gesteuerte Assistenzsysteme zur Verfügung zu stellen?*
    Argument, das den Arbeitgeber überzeugen könnte: Arbeitserleichterungen in diesem Bereich erleichtern die Akzeptanz der KI-Technik durch die Beschäftigten.
13. *Wie ist mit KI-Systemen umzugehen, die als Teil einer Software bereits installiert sind, ohne dass dies im Betrieb erwähnt worden ist?*
    Hier ist der Einsatz von Sachverständigen besonders wichtig.
14. *Wie ist bei Änderungen des KI-Systems zu verfahren?*
15. *Wie verhält sich die KI-Rahmenvereinbarung zu einer bestehenden IT-Rahmenvereinbarung?*
16. *Wie wird die KI-Rahmenbetriebsvereinbarung an veränderte Umstände angepasst? Was geschieht, wenn Meinungsverschiedenheiten über die Auslegung einer Bestimmung bestehen? Wie ist zu verfahren, wenn sich eine Bestimmung als rechtswidrig erweist?*

[redacted]

37-63 **Rahmenkonzernbetriebsvereinbarung KI-Systeme**

37 **Präambel**

Angesichts der großen Auswirkungen, die Künstliche Intelligenz (nachfolgend »KI«) auf ein Beschäftigungsverhältnis haben kann, und der Notwendigkeit, Vertrauen aufzubauen, ist es von entscheidender Bedeutung, dass die im Unternehmen verwendete KI eine menschenzentrierte Technologie ist. KI soll den Beschäftigten in den Konzernunternehmen der [redacted] SE als Instrument dienen, sie aber nicht ersetzen. Letztendlich soll die KI das menschliche Wohlergehen und die Lebensqualität fördern.

Um ein einheitliches und hohes Schutzniveau in Bezug auf die Gesundheit, Sicherheit und Grundrechte der Beschäftigten zu gewährleisten, setzt diese Konzernbetriebsvereinbarung neben den bestehenden nationalen und europäischen Rechtsnormen einen allgemeingültigen Rahmen für die Verwendung von KI-Systemen durch den Arbeitgeber.

Hinweis:
Die Präambel ist ein wenig idealistisch formuliert, doch ist dies kein Nachteil: Sollten Arbeitsplätze in Gefahr geraten, ist es gut, sich auf die Aussage berufen zu können, die KI solle den Menschen nicht ersetzen.

38 **§ 1: Geltungsbereich**

Diese Konzernbetriebsvereinbarung gilt

1. persönlich für alle Beschäftigten im Sinne des § 5 Abs. 1 BetrVG einschließlich der Leiharbeitnehmer und der in die betrieblichen Abläufe einbezogenen Dienstleister, die in Konzerngesellschaften der [redacted] SE beschäftigt sind,
   Der Arbeitgeber hat dafür Sorge zu tragen, dass auch die leitenden Angestellten gemäß § 5 Abs. 3 BetrVG die Inhalte dieser Konzernbetriebsvereinbarung beachten.
2. räumlich für alle inländischen Betriebe der Konzerngesellschaften der [redacted] SE,
3. sachlich für KI-Systeme, bei denen der Arbeitgeber Anbieter oder Betreiber ist.

§ 2: Rechtsgrundlagen und Definitionen 39

(1) »KI-Verordnung« ist die Verordnung (EU) 2024/1689 des Europäischen Parlaments und des Rates vom 13. Juni 2024 zur Festlegung harmonisierter Vorschriften für künstliche Intelligenz und zur Änderung der Verordnungen (EG) Nr. 300/2008, (EU) Nr. 167/2013, (EU) Nr. 168/2013, (EU) 2018/858, (EU) 2018/1139 und (EU) 2019/2144 sowie der Richtlinien 2014/90/EU, (EU) 2016/797 und (EU) 2020/1828 (Verordnung über künstliche Intelligenz), Amtsblatt der EU, Reihe L v. 12.7.2024.

(2) Begriffe wie »KI-System«, »Anbieter«, »Betreiber« und andere werden in Übereinstimmung mit Art. 3 KI-VO gebraucht.

Hinweis:
Die Definition des KI-Systems in Art. 3 Nr. 1 KI-VO ist nur schwer nachvollziehbar. Bisweilen wird deshalb auch eine eigene Definition gewählt, die enger an die Normalsprache angelehnt ist. So wird etwa formuliert:
»Die Betriebsparteien verstehen unter KI-Systemen solche IT-Systeme, die auf der Grundlage von Algorithmen ein nicht festgelegtes Verhalten aufweisen, über eine eigenständige Lernkapazität, z. B. durch maschinelles Lernen oder Big Data Analytics, verfügen und zielorientiert arbeiten.«
Oder
»KI-Systeme sind unter Berücksichtigung der KI-VO solche IT-Systeme, die sich zur Erfüllung ihrer Aufgaben durch maschinelles Lernen weiterentwickeln bzw. ihre Datengrundlage mit dem Ziel vergrößern, daraus Muster zu erkennen, Schlussfolgerungen zu ziehen und so Entscheidungen für Menschen vorzubereiten.«
Zur Diskussion über den KI-Begriff s. *C. Schmidt* in: Däubler/Klengel, KI im Betrieb, § 2; die zitierten Formulierungen finden sich bei *Däubler-Gmelin*, a. a. O., § 10 Rn. 51.

§ 3: Einigungszwang vor Verwendung von KI-Systemen im Personalbereich 40

(1) Der Arbeitgeber verpflichtet sich, nachfolgende KI-Systeme ohne Einigung mit dem Konzernbetriebsrat nicht einzusetzen oder hierauf beruhende Fähigkeiten von Software nicht zu nutzen:

(2) KI-Systeme, die bestimmungsgemäß für die Auswahl von Bewerbern verwendet werden und hierbei automatisierte Entscheidungen vornehmen, sind nicht gestattet. Dies umfasst auch das Filtern und das Auswerten von Bewerbungsunterlagen und die Bewertung von Bewerbern.

(3) KI-Systeme, die zur Entscheidungsfindung im Bereich Beschäftigung eingesetzt werden, sind nicht gestattet. Dies gilt insbesondere für Entscheidungen über die Arbeitsbedingungen, für die Zuweisung von Arbeitsaufgaben auf der Grundlage von individuellem Verhalten oder persönlichen Eigenschaften und Merkmalen, für die Überwachung oder Bewertung von Personen in Arbeitsverhältnissen, für Versetzungen sowie für die Beförderung und die Beendigung von Arbeitsverhältnissen.

§ 4: Einigungsfindung 41

(1) Die Konzernbetriebsparteien können durch eine gesonderte Konzernbetriebsvereinbarung abweichend von den Verboten des § 3 Abs. 2 und 3 den Einsatz von KI-Systemen zulassen.

(2) Sollte keine Einigung erzielt werden, so unterwerfen sich die Parteien dem Spruch einer Einigungsstelle, welche mit jeweils zwei Beisitzern pro Seite besetzt ist. Im Rahmen des Einigungsstellenverfahrens wird auch über die Rechtsfrage entschieden, ob der durch den Arbeitgeber geplante Einsatz eines KI-Systems den gesetzlichen Anforderungen entspricht. Dies umfasst auch die Frage, ob die Mitbestimmungsrechte des Betriebsrates eingehalten wurden. Die Einigungsstelle hat auch die Funktion, die Interessen der Beschäftigten mit den Interessen des Arbeitgebers abzuwägen.

(3) Im Rahmen der Einigungsstelle kann durch die Beisitzer des Konzernbetriebsrats ein Sachverständiger nach § 10 hinzugezogen werden.

Hinweis:
Die Arbeitnehmerseite wollte an sich ein Vetorecht des Betriebsrats; ihr »Nein« sollte nicht durch eine Einigungsstelle ausgeräumt werden können. Dies war jedoch nicht durchsetzbar. Abs. 2 hat an sich deklaratorischen Charakter, d. h. bringt nur das zum Ausdruck, was sowieso gilt. Abs. 3 lässt – als Entgegenkommen der Arbeitgeberseite – die Einschaltung eines Sachversständigen durch die Beisitzer der Arbeitnehmerseite zu.

42 **§ 5: Risikobewertung und Maßnahmen zur Risikominderung**

(1) Der Arbeitgeber wird im Rahmen der Planung des Einsatzes von KI-Systemen eine Risikobewertung durchführen.

(2) Diese wird wie folgt vorgenommen:

- Ermittlung und Analyse der bekannten und vernünftigerweise vorhersehbaren Risiken, die von einem KI-System auf die Rechtsgüter der im Konzern beschäftigten Personen im Rahmen der Arbeitsverhältnisse ausgehen können, wenn es entsprechend seiner Zweckbestimmung verwendet wird. Dies betrifft insbesondere Risiken für die physische und psychische Gesundheit, für die Sicherheit und für die Grundrechte einzelner Personen, insbesondere das allgemeine Persönlichkeitsrecht und die Freiheit zur Ausübung des gewählten Berufs.
- die Abschätzung und Bewertung der Risiken, die entstehen können, wenn das KI-System entsprechend seiner Zweckbestimmung oder im Rahmen einer vernünftigerweise vorhersehbaren Fehlanwendung Verwendung findet.

(3) Der Arbeitgeber ist verpflichtet, im Rahmen seiner Möglichkeiten die Risiken zu minimieren.

(4) Risiken für den Wegfall von Arbeitsplätzen müssen möglichst frühzeitig erkannt und zum Gegenstand der Unterrichtung nach § 6 und der Beratung nach § 7 gemacht werden. Ziel ist es, Kündigungen u. a. durch Qualifizierungsmaßnahmen und Versetzungen zu vermeiden.

(5) Die Regelungen der KI-Verordnung zur Risikobewertung und Risikominderung bleiben hiervon unberührt.

43 **§ 6: Unterrichtung der betrieblichen Interessenvertretung im Rahmen der Beratungen nach § 90 Abs. 1 Nr. 3 BetrVG**

(1) Im Rahmen der Unterrichtung werden durch den Arbeitgeber die in Anlage 1 erbetenen Informationen und erläuternden Unterlagen schriftlich oder in Textform zur Verfügung gestellt.

(2) Soweit der Arbeitgeber KI-Modelle in eigene Software implementiert hat, wird der Konzernbetriebsrat entsprechend Abs. 1 unterrichtet.

(3) Die Unterrichtung wird vorgenommen, sobald die arbeitgeberseitige Prüfung bezüglich der Einhaltung der rechtlichen Voraussetzungen (insbes. Datenschutz, KI-Verordnung und IT-Sicherheit) abgeschlossen sind und diese einer Einführung nicht entgegensteht.

(4) Die Unterrichtung wird auch unverzüglich vorgenommen, sobald der Arbeitgeber Kenntnis von der Implementierung eines KI-Systems in vorhandene Software erlangt.

Hinweis:
Der bedeutsamste Inhalt der Vorschrift liegt in der Bezugnahme auf Anlage 1. Dort findet sich ein umfassender Fragenkatalog, den der Arbeitgeber über seine Unterrichtungspflicht nach Abs. 1 hinaus in erster Linie beantworten muss. Das KI-System darf erst dann in Betrieb genommen werden, wenn die Fragen vollständig beantwortet und die weitere Beratung abgeschlossen ist (§ 8).
Nach den internen Regularien des Unternehmens führt die Prüfung der Rechtskonformität nach Abs. 3 noch nicht automatisch zur Anschaffung des Systems. Der Konzernbetriebsrat kann also etwaige Bedenken vor der Anschaffung geltend machen. Dies ausdrücklich festzuschreiben, war allerdings nicht durchsetzbar.

§ 7: Inhalt und Ablauf von Beratungen § 90 Abs. 1 Nr. 3 BetrVG 44

(1) Beratungen in Bezug auf die Auswirkungen des Einsatzes von KI auf die Arbeitsabläufe werden in der Regel innerhalb von drei Monaten nach Eingang einer Unterrichtung nach § 6 durchgeführt und abgeschlossen. Sollte der Beratungszeitraum aus hinreichenden Gründen verlängert werden müssen, wird der Konzernbetriebsrat dies der Arbeitgeberseite mitteilen und die weitere Beratung terminieren. Soweit die Arbeitnehmerseite die Unterrichtung und die Antworten auf den Fragenkatalog für nicht ausreichend erachtet, ist dies der Arbeitgeberseite innerhalb eines Monats nach Eingang der Information mitzuteilen, wobei die fehlenden Inhalte konkret zu benennen sind.

(2) Sind Fragen nach Durchführung eines Beratungsgesprächs noch offen, so werden sie in Textform protokolliert. Sollten keine Fragen mehr offen sein, wird der Abschluss der Beratung in Textform festgehalten.

§ 8: Verbot des Einsatzes von KI vor Abschluss der Beratungen 45

(1) Der Arbeitgeber wird KI-Systeme nicht vor Abschluss der Beratungen mit dem Konzernbetriebsrat einführen. »Einführung« bedeutet das Bereitstellen des KI-Systems für den Einsatz durch die Beschäftigten, um ihre Arbeitsaufgaben zu erledigen (Produktivsetzung).

(2) Eine Testung des KI-Systems ist auch vor Abschluss der Beratungen möglich. Eine Testung mit sensiblen Daten ist nur mit Zustimmung des Konzernbetriebsrates möglich. Bei der Testung mit sonstigen personenbezogenen Daten sind die datenschutzrechtlichen Voraussetzungen einzuhalten. Eine Testung in diesem Sinne liegt nicht mehr vor, wenn begonnen wird, mit Live-Daten zu arbeiten und/oder das Arbeitsergebnis des KI-Systems für betriebliche Zwecke verwendet wird. Ab diesem Zeitpunkt handelt es sich um ein Pilotprojekt, das einer Produktivsetzung gleichsteht.

(3) Dies gilt nicht für den Fall, dass bei bereits verwendeter Software durch den Software-Hersteller KI-Funktionen hinzugefügt werden, die nicht gesondert deaktiviert werden können. In diesem Fall wird der Arbeitgeber die Unterrichtung und Beratung unverzüglich nach Bekanntwerden der neuen KI-Funktion aufnehmen. Vor Abschluss der Beratungen darf der Arbeitgeber das KI-System nicht zur Nutzung freigeben.

(4) Mitbestimmungsrechte des Betriebsrats in Bezug auf die Einführung des KI-Systems bleiben unberührt.

Hinweis:
Das Verbot, das KI-System vor dem Ende der Beratungen in Betrieb zu nehmen, erhöht den Stellenwert der Beratungen und wird den Arbeitgeber veranlassen, möglichst alle ihm zur Verfügung stehenden Informationen preiszugeben. Würde er sich über dieses Verbot hinwegsetzen, könnte im Wege einer einstweiligen Verfügung die weitere Nutzung des KI-Systems gestoppt werden. Außerdem stellt Abs. 4 klar, dass auch nach Abschluss der Beratungen bestehende Mitbestimmungsrechte zu beachten sind. Dies ist insbesondere dann von Bedeutung, wenn sich der Einsatz von KI auch auf personenbezogene Daten bezieht.

§ 9: Maßnahmen zur Sicherstellung von KI-Kompetenz 46

(1) Der Arbeitgeber ergreift Maßnahmen, um nach besten Kräften sicherzustellen, dass sein Personal und andere Personen, die in seinem Auftrag mit dem Betrieb und der Nutzung von KI-Systemen sowie mit der Einbindung von KI-Systemen in Software befasst sind, über das erforderliche Maß an KI-Kompetenz verfügen. Hierbei sind alle Umstände des Einzelfalls zu berücksichtigen. Dazu zählen u. a. die technischen Vorkenntnisse der fraglichen Beschäftigten, ihre Ausbildung und Erfahrung sowie der Kontext, in dem das KI-System eingesetzt werden soll.

(2) Auf möglichen Nachholbedarf älterer und behinderter Arbeitnehmer sowie von Teilzeitkräften ist besonders zu achten. Dasselbe gilt für Beschäftigte, die aus Eltern- oder Pflegezeit zurückkehren.

(3) Die KI-Kompetenz soll zur Teilhabe an allen Fragen des Arbeitslebens beitragen.

(4) Schulungsmaßnahmen finden während der Arbeitszeit statt. Ist dies nicht möglich, ist Freizeitausgleich zu gewähren. Die Kosten der Weiterbildungsmaßnahmen trägt nach § 111 GewO der Arbeitgeber.

(5) Entsprechende Schulungsmaßnahmen unterliegen der Mitbestimmung des Konzernbetriebsrates, es sei denn, sie beschränken sich auf Mitarbeiter eines Unternehmens.

47 **§ 10: Beauftragung von Sachverständigen**

(1) Nach § 80 Abs. 3 Satz 2 BetrVG ist die Hinzuziehung eines Sachverständigen erforderlich, wenn der Konzernbetriebsrat die Einführung oder Anwendung von KI beurteilen muss. Für den Sachverständigen wird ein monatliches Kontingent von 15 Stunden vorgesehen, das im einzelnen Monat über- oder unterschritten werden kann. Pro Kalenderjahr liegt die Obergrenze bei 180 Stunden. Eine Ausweitung des Kontingents bedarf eines Beschlusses des Konzernbetriebsrates, der eine nähere Begründung enthalten muss.

(2) Der Konzernbetriebsrat wird bei der Hinzuziehung von Sachverständigen nach freiem Ermessen die wirtschaftlichen Interessen des Arbeitgebers berücksichtigen und gegebenenfalls auf betriebliche Experten zugreifen.

(3) Insbesondere zu den nachfolgenden Fragestellungen kommt die Beiziehung eines Sachverständigen in Betracht:

- Bewertung der Auswirkungen von KI auf Arbeitsverfahren und Arbeitsabläufe inklusive Vollständigkeit der Unterrichtung (§ 90 Abs. 1 Nr. 3 BetrVG),
- Prüfung der durch den Arbeitgeber vorgenommenen Risikobewertung sowie der Maßnahmen zur Risikominimierung eines KI-Systems (§ 5 dieser KBV) und Bewertung der Auswirkungen von KI auf Entscheidungen im Rahmen der Aufstellung von Auswahlrichtlinien (§ 95 Abs. 2a BetrVG),
- Bewertung der Rechtskonformität von KI-Systemen, insbesondere in Bezug auf die KI-Verordnung und die EU-DSGVO,
- Vorliegen eines KI-Systems nach Artikel 3 Nr. 1 KI-Verordnung
- Bewertung von arbeitssicherheits- und gesundheitsrelevanten Aspekten
- Erforderlichkeit von Bildungs- und Qualifizierungsmaßnahmen (§ 9 dieser KBV).

(4) Der Sachverständige hat gegen den Arbeitgeber Anspruch auf ein verkehrsübliches Honorar, welches durch den KBR anzugeben und darzulegen ist. Ist hierüber binnen einer Woche keine Einigung zu erreichen, so entscheidet die Einigungsstelle, die mit jeweils zwei Beisitzern besetzt ist. Beide Seiten unterwerfen sich ihrem Spruch.

(5) Der Konzernbetriebsrat kann eine Rahmenvereinbarung mit einem Sachverständigen abschließen.

> **Hinweis:**
> Die Vorschrift kommt dem Betriebsrat weit entgegen. Das jährliche Stundenkontingent des Experten ist gut bemessen und kann überdies unter bestimmten Voraussetzungen überschritten werden. Die Einschaltung der Einigungsstelle kann sehr viel mehr Kosten verursachen als der strittige Einsatz des Sachverständigen; der Arbeitgeber wird es also nicht auf ein solches Verfahren ankommen lassen. Die Festlegung der Honorarhöhe durch Verweis auf das Verkehrsübliche verkürzt die in diesem Punkt möglicherweise bestehenden Streitigkeiten. Die Festlegung von Anlässen für die Heranziehung eines Sachverständigen ist nützlich, insbesondere die Einbeziehung des Falles, dass Meinungsverschiedenheiten über das Vorliegen eines KI-Systems bestehen.

48 **§ 11: Verbot der Verhaltens- und Leistungskontrolle**

(1) Eine Verhaltens- und Leistungskontrolle von Beschäftigten im Zusammenhang mit dem Einsatz von KI-Systemen ist nicht zulässig.

(2) Ausgeschlossen ist weiter das Auswerten von Beschäftigtendaten

Hinweis:
Eine Vorschrift wie die in Abs. 1 enthaltene ist weit verbreitet, obwohl auch sie nicht immer durchsetzbar ist. Sie macht die neue Technik für die Beschäftigten akzeptabler. Abs. 2 ist demgegenüber sehr viel seltener; gedacht ist an den gar nicht so fernliegenden Fall, dass die (digital geführten) Personalakten mit Hilfe von KI ausgewertet werden.

§ 12: Verbot von Deepfakes 49
(1) Die Erstellung von Deepfakes, welche einen Bezug zum Arbeitgeber oder den anderen bei ihm beschäftigten Personen haben, ist grundsätzlich nicht gestattet.
(2) Dieses Verbot gilt nicht für die Erstellung von Schulungsvideos zu internen und externen Zwecken, bei denen Deepfakes lediglich für eine Übersetzung von Inhalten angewendet werden. Es gilt ebenso nicht für die beispielhafte Darstellung von Deepfakes zur Erläuterung dieses Phänomens in Schulungsvideos.
(3) Weitere Anwendungsfälle für zulässige Deepfakes können zwischen den Konzernbetriebsparteien oder von den lokalen Betriebsparteien einvernehmlich im Rahmen einer freiwilligen und nicht erzwingbaren Vereinbarung zugelassen werden.

§ 13: Verbot des Einsatzes von KI-Systemen zu nicht freigegebenen Zwecken 50
Der Arbeitgeber wird den Beschäftigten mitteilen, welche KI-Systeme im Rahmen des Beschäftigungsverhältnisses zu welchen Zwecken verwendet werden dürfen. Eine Verwendung von nicht freigegebenen KI-Systemen ist ebenso verboten wie eine Verwendung von freigegebenen KI-Systemen zu nicht gestatteten Zwecken.

§ 14: Anweisungen für das Arbeiten mit KI-Systemen 51
(1) Der Arbeitgeber hat die als Anlage 2 beigefügten »Anweisungen für das Arbeiten mit KI-Systemen« erlassen. Diese sind für die Beschäftigten verbindlich.
(2) Der Konzernbetriebsrat wird über Änderungen an der Anlage 2 informiert, damit er das Vorliegen von Mitbestimmungsrechten sowie die Gesetzeskonformität überprüfen kann.

Hinweis:
Die §§ 12 bis 14 könnten auch zusammen mit Anlage 2 Gegenstand einer selbständigen Betriebsvereinbarung sein. Bei den Verhandlungen ergaben sich hier so gut wie keine Meinungsverschiedenheiten.

§ 15: Unterstützung Behinderter durch KI 52
(1) Behinderte Arbeitnehmer haben bei Bedarf und technischer Möglichkeit Anspruch auf KI-Assistenzsysteme. Dabei ist die Art der Behinderung maßgebend.
(2) Der Arbeitsplatz von behinderten Arbeitnehmern ist nach § 164 SGB IX so auszugestalten, dass die Behinderung möglichst wenig zur Geltung kommt. Die ergonomische Bewertung des Arbeitsplatzes kann unter Hinzuziehung von KI-Systemen erfolgen.
(3) Der Erwerb von KI-Kompetenz muss unter besonderer Berücksichtigung der Art der Behinderung erfolgen.
(4) Bei Bedarf ist ein Mentoring-Programm für Behinderte einzurichten.
(5) Arbeitsplätze, an denen Behinderte KI-Systeme nutzen, sind regelmäßig dahingehend zu überprüfen, ob sie mit der Gefahr einer Überbelastung der dort Tätigen verbunden sind. Bei Bedarf ist Abhilfe zu schaffen.
(6) Die Parteien dieser Konzernbetriebsvereinbarung regen an, dass in jedem konzernangehörigen Unternehmen ein »Kompetenzteam Inklusion & KI« eingerichtet wird. Nach Anforderung der zuständigen Schwerbehindertenvertretung ist dieses Team einzurichten. Es besteht aus einem Vertreter des Betriebsrats, einem Vertreter der Schwerbehindertenvertretung, einem Vertreter der Personalabteilung und dem Business-Relationship-Manager oder einer anderen geeigneten Person. Das Kompetenzteam nimmt Anregungen und Beschwerden entgegen und bemüht sich um eine Verbesserung der Arbeitssituation von behinderten Arbeitnehmern an KI-Arbeitsplätzen. Es

werden regelmäßig Feedback-Runden mit betroffenen Arbeitnehmern durchgeführt. Das Team erstattet unter Federführung des Vertreters der Schwerbehindertenvertretung einen jährlichen anonymisierten Bericht zu unterstützenden Maßnahmen, in deren Rahmen KI eingesetzt wird. Dieser Bericht muss der Konzernschwerbehindertenvertretung zur Verfügung gestellt werden.

(7) Soweit behinderte Arbeitnehmer von KI-Systemen betroffen sind, ist diesen die Teilnahme an Testphasen zu ermöglichen. Eine Verpflichtung zur Teilnahme besteht nicht.

(8) Barrierefreiheit ist ein wichtiges Beschaffungskriterium.

(9) Soweit behinderte Menschen mit KI-Systemen arbeiten, ist nach Möglichkeit darauf zu achten, dass bei einem Ausfall der KI andere gleichwertige leidensgerechte Arbeiten zur Verfügung gestellt werden können. Der Arbeitgeber verpflichtet sich, den Ausfall der KI-Systeme schnellstmöglich zu beheben. Das gilt insbesondere für KI-gestützte Assistenzsysteme.

(10) Behinderte Beschäftigte sind bei Bedarf bezüglich der Nutzung der KI-Systeme gesondert zu schulen. Die Schulungsinhalte werden im »Kompetenzteam Inklusion & KI« abgestimmt.

> **Hinweis:**
> Die recht weit gehenden Regelungen trafen bei der Arbeitgeberseite auf keinen Widerstand

53 **§ 16: Unterrichtung und Beratung zu Bestands-KI**

Der Arbeitgeber wird dem Konzernbetriebsrat eine Aufstellung der bei Abschluss dieser Konzernbetriebsvereinbarung bereits im Betrieb befindlichen KI-Systeme zukommen lassen, wobei eine Frist von drei Monaten nicht überschritten werden darf. Nach Aufforderung des KBR werden hierzu Unterrichtung und Beratung nach § 6 und § 7 vorgenommen.

> **Hinweis:**
> Bereits praktizierte KI-Systeme müssen einbezogen werden, da sie vermutlich schon heute in vielen Betrieben existieren. Ihren Weiterbetrieb zu stoppen, bis die Beratungen abgeschlossen sind, war nicht durchsetzbar. Soweit die Einführung Mitbestimmungsrechte verletzt hat, kann ein Weiterbetrieb unter Umständen durch einstweilige Verfügung verboten werden. Auch dies dürfte in der Praxis allerdings nur selten gelingen.

54 **§ 17: Veränderungen des KI-Systems**

(1) Ergeben sich Änderungen eines KI-Systems, so ist statt des KBR der gemeinsame Ausschuss nach § 18 zu informieren. Die Änderungen werden in der Regel technischer Natur sein, doch sind auch Fälle denkbar, in denen der Einsatz des KI-Systems auf der Grundlage von Erfahrungen oder von Beschwerden einzelner Arbeitnehmer verändert wird. Handelt es sich um eine wesentliche Änderung, so muss die Unterrichtung den Anforderungen des § 6 entsprechen.

(2) Eine wesentliche Änderung liegt insbesondere vor, wenn

- das KI-System neue Auswirkungen auf die Arbeitsweise hat,
- der Umfang der durch das KI-System erhobenen, verarbeiteten oder genutzten Personaldaten größer oder die Verarbeitung und Nutzung der vorhandenen Daten erweitert wird,
- sich die Risiken nach § 5 dieser KBV ändern, insbesondere wenn neue Risiken hinzutreten oder wenn sich Rollen oder Berechtigungen innerhalb des KI-Systems ändern,
- Hinweise darauf festgestellt werden, dass die rechtlichen Rahmenbedingungen nach Abschnitt III der Anlage 1 durch ein KI-System nicht mehr eingehalten werden oder
- sich der Einfluss des KI-Systems auf menschliche Entscheidungen ändert.

(3) Das Verbot des Einsatzes von KI vor Abschluss der Beratungen nach § 8 greift im Falle einer Veränderung nur dann, wenn diese so wesentlich ist, dass sie der Neueinführung eines KI-Systems entspricht.

(4) Fällt ein KI-System durch eine Änderung oder Neuerung unter § 3, darf die entsprechende Funktion erst nach Zustimmung des Konzernbetriebsrates bzw. auf Basis eines Spruchs der Einigungsstelle aktiviert bzw. im Falle einer fehlenden Deaktivierungsmöglichkeit nicht zur Nutzung freigegeben werden.

§ 18: Bildung eines gemeinsamen KI-Ausschusses 55

(1) Es wird ein gemeinsamer Ausschuss im Sinne des § 28 Abs. 2 BetrVG errichtet, welchem die selbstständige Entscheidung über die in den §§ 6 und 7 genannten Aufgaben (Unterrichtung und Beratung nach § 90 Abs. 1 Nr. 3 BetrVG) im Falle der Änderung von KI-Systemen übertragen wird. Hierbei soll folgendes gelten:

(2) Der Ausschuss ist paritätisch besetzt mit drei Mitgliedern pro Seite. Die Konzernschwerbehindertenvertretung ist zur Teilnahme an Sitzungen des KI-Ausschusses berechtigt.

(3) Es können betriebliche Experten zur Beratung hinzugezogen werden. Auch die Hinzuziehung von externen Sachverständigen ist möglich.

(4) Auf Verlangen eines Mitgliedes des gemeinsamen KI-Ausschusses fällt die zur selbstständigen Entscheidung übertragene Aufgabe wieder an den Konzernbetriebsrat und den Arbeitgeber zurück. Die bereits erfolgte Unterrichtung und Beratung wirkt dabei auch gegenüber dem Konzernbetriebsrat und der Konzernschwerbehindertenvertretung. Im Falle einer Rückübertragung einer Aufgabe auf den Konzernbetriebsrat gelten die Beratungen nicht als abgeschlossen. Den Mitgliedern des Konzernbetriebsrates wird nach Abgabe an diesen die Möglichkeit eingeräumt, Nachfragen zur bereits erfolgten Unterrichtung zu stellen.

(5) Der Konzernbetriebsrat bestimmt aus dem Kreis der in den gemeinsamen Ausschuss entsandten Vertreter einen Vorsitzenden mit Rechten und Pflichten analog § 26 BetrVG. Bezüglich der Einberufung von Sitzungen des gemeinsamen Ausschusses gilt § 29 Abs. 3 BetrVG analog mit der Maßgabe, dass jedes Mitglied des gemeinsamen Ausschusses eine Sitzung beantragen kann.

(6) Der Konzernbetriebsrat kann die an den gemeinsamen Ausschuss übertragenen Aufgaben jederzeit wieder an sich ziehen, wobei die Schriftform zu wahren ist.

(7) Der gemeinsame Ausschuss nimmt Erfahrungen mit KI-Systemen und auf die Arbeit mit diesem bezogene Beschwerden entgegen.

> **Hinweis:**
> Änderungen an KI-Systemen können häufig anfallen, zumal es als »lernendes System« nie auf demselben Entwicklungsstand bleibt. Um eine Überlastung des KBR zu vermeiden, wird ein gemeinsamer Ausschuss gebildet, der auch dann zuständig ist, wenn sich Information und Beratung (auch) auf personenbezogene Daten beziehen und deshalb ein Mitbestimmungsrecht nach § 87 Abs. 1 Nr. 6 BetrVG besteht. Hinter der Delegierung auf den gemeinsamen Ausschuss steht der Gedanke, dass viele »Updates« und andere Änderungen praktisch einen Routinevorgang darstellen und ohne Auswirkung auf die Arbeitnehmer bleiben. Insoweit sollte ein einfaches und zeitsparendes Verfahren Platz greifen. Sobald jedoch ein Mitglied des gemeinsamen Ausschusses der Auffassung ist, dass die Änderung von einer gewissen Bedeutung ist, kann sein nicht näher zu begründendes Votum zu einer Rückkehr in das normale (Mitbestimmungs-) Verfahren führen (Abs. 4). Damit ist dem Mitbestimmungsgedanken Rechnung getragen.

§ 19: Zuständiges Betriebsratsgremium 56

(1) Unterrichtung und Beratung nach § 90 Abs. 1 Nr. 3 BetrVG beim Einsatz von KI, welche in mehr als einem Konzernunternehmen eingesetzt werden soll, erfolgen gegenüber dem Konzernbetriebsrat nach den Bestimmungen dieser Konzernbetriebsvereinbarung.

(2) Ebenso ist der Konzernbetriebsrat nach §§ 96 ff. BetrVG für die Wahrnehmung von Mitbestimmungsrechten bei unternehmensübergreifenden Schulungsmaßnahmen zuständig.

(3) Der Konzernbetriebsrat überwacht die Einhaltung der gesetzlichen Vorschriften im Rahmen des unternehmensübergreifenden Einsatzes von KI.

(4) Für weitere in Frage kommende Mitbestimmungs- und Beteiligungsrechte, insbesondere nach den §§ 93, 94 Abs. 1 und 2, 95 Abs. 2a, 87 Abs. 1 Nr. 1, 2, 3, 5, 6, 7 und 111 ist auf die gesetzliche Aufteilung der Zuständigkeiten zu verweisen.

57 **§ 20: Verhältnis zu anderen kollektivrechtlichen Vorschriften**
(1) Diese Konzernbetriebsvereinbarung ist in Bezug auf Regelungen zur KI vorrangig gegenüber allen anderen Konzernbetriebsvereinbarungen. Im Übrigen bleiben IT-bezogene Vereinbarungen unberührt.
(2) Änderungen der vorliegenden Konzernbetriebsvereinbarung müssen ausdrücklich als solche bezeichnet werden.

58 **§ 21: Weiterentwicklung dieser Konzernbetriebsvereinbarung**
(1) Konzernbetriebsrat und Arbeitgeber werden bei Rechtsänderungen sowie nach Veröffentlichung von Verhaltenskodizes und Praxisleitfäden durch das Europäische Amt für künstliche Intelligenz prüfen, ob die vorliegende Konzernbetriebsvereinbarung verändert werden muss.
(2) In Anbetracht der rasch fortschreitenden technischen Entwicklung und der automatischen Fortentwicklung von KI-Systemen werden die Betriebsparteien diese Konzernbetriebsvereinbarung außerdem jährlich auf Verbesserungs- und Aktualisierungsbedarf hin überprüfen und hierzu ggf. in Verhandlungen eintreten.

59 **§ 22: Auslegung und Anwendung dieser Konzernbetriebsvereinbarung**
Entstehen Meinungsverschiedenheiten über die Auslegung oder Anwendung dieser Vereinbarung, so verhandeln beide Seiten mit dem ernsthaften Willen zur Einigung über eine einvernehmliche Lösung. Hat das keinen Erfolg, kann jede Seite die Einigungsstelle anrufen, die dann verbindlich entscheidet. Beide Seiten unterwerfen sich ihrem Spruch.

60 **§ 23: Salvatorische Klausel**
(1) Erweist sich eine Bestimmung dieser Konzernbetriebsvereinbarung als unwirksam, so beeinträchtigt dies nicht die Gültigkeit der übrigen Bestimmungen.
(2) An die Stelle der unwirksamen tritt eine mit dem geltenden Recht in Einklang stehende Bestimmung, deren Inhalt dem ursprünglich Gewollten möglichst nahekommt. Über die Einzelheiten verhandeln die Betriebsparteien. § 22 findet entsprechende Anwendung.

61 **§ 24: Inkrafttreten und Kündigung**
(1) Die Konzernbetriebsvereinbarung tritt mit Unterzeichnung in Kraft. Sie kann von beiden Seiten mit einer Frist von drei Monaten zum Ende eines jeden Geschäftsjahres gekündigt werden. Die Kündigung bedarf der Schriftform.
(2) Im Falle einer Kündigung wirkt diese Konzernbetriebsvereinbarung bis zum Abschluss einer neuen Vereinbarung nach, auch soweit nicht mitbestimmungspflichtige Sachverhalte geregelt sind.

62 **Anlage 1**

Fragebogen zur Unterrichtung im Rahmen der Einführung von KI-Systemen
I. Allgemeine Angaben

1. Genaue Bezeichnung des KI-Systems
2. Beschreibung des beabsichtigten Einsatzfeldes im Unternehmen (insbesondere Zwecksetzung),
3. Darstellung, in welcher Phase der Implementierung sich das KI-System befindet (Proof of Concept, Testphase, Pilotphase, Go-Live,…)
4. Ist eine Erprobungsphase vorgesehen?
   Falls ja:
   – Welche Dauer und welcher räumlich begrenzte Bereich sind für den realitätsnahen Testbetrieb vorgesehen?
   – Werden dabei Beschäftigtendaten verwendet?
     Falls ja:
     - Werden die Betroffenen hierüber informiert?
     - Wenn ja, werden die Beschäftigten um ihre Einwilligung gebeten?

- Werden in der Erprobungsphase live-Daten verwendet oder erfolgt das Training anhand eines Datenauszuges?

5. Wer sind die Ansprechpartner im Unternehmen bezogen auf
   a. Technische Umsetzung
   b. Implementierung in die Arbeitsabläufe und Auswirkungen auf die Arbeitsabläufe
   c. Einhaltung rechtlicher Rahmenvorgaben
      - Bezüglich Beschäftigtendatenschutz
      - Bezüglich EU-KI-Verordnung
6. Existieren Rollen und Berechtigungen in Bezug auf das KI-System? Wenn ja, wie werden sie bestimmt?
7. In welchen Unternehmen soll das KI-System eingesetzt werden?

II. Auswirkungen auf die Arbeitsweise der Beschäftigten

8. Welche Auswirkungen wird der Einsatz des KI-Systems auf Beschäftigteninteressen haben insbesondere: Veränderung der Arbeitsinhalte, Leistungsverdichtung, Wegfall vom Menschen erledigter Aufgaben, Wegfall von Arbeitsplätzen?
   Falls Auswirkungen zu bejahen:
   Sind zur Vermeidung von Nachteilen bezüglich Beschäftigteninteressen Ausgleichsmaßnahmen oder sonstige Reaktionen des Arbeitgebers vorgesehen? Ggf. welche?
9. Welche Maßnahmen sind in Bezug auf die Anwender des KI-Systems vorgesehen? Schulungs- und Qualifizierungsmaßnahmen? Arbeitsanweisungen für Anwender oder andere Personen?

III. Unterrichtung über die Einhaltung von rechtlichen Rahmenbedingungen zu Gunsten von Beschäftigten

10. Ist nach Prüfung des Arbeitgebers ausgeschlossen, dass es sich bei dem beabsichtigten KI-System um ein nach der KI-VO oder der DSGVO verbotenes System handelt?
11. Kann es sich bei dem beabsichtigten KI-System um ein Hochrisiko-System nach Art. 6 Abs. 2 in Verbindung mit Anhang III KI-VO handeln? Wenn ja, sind die Voraussetzungen für seinen Einsatz gegeben?
12. Sind die Prinzipien der KI-Verordnung und die »Ethik-Leitlinien für eine vertrauenswürdige KI« der EU-Kommission eingehalten?
13. Werden personenbezogene Beschäftigtendaten durch die KI verarbeitet?
    Falls ja:
    - Welche Beschäftigtendaten werden verarbeitet?
    - Verwendet das KI-System Beschäftigtendaten für das Training und/oder auch für die Output-Generierung?
    - Was ist die Berechtigungsgrundlage hierfür?
    - Wurde bereits ein Verarbeitungsverzeichnis nach Art. 30 DSGVO erstellt? Falls ja: Beifügen. Falls nein, ggf. nachreichen.
14. Sind mit dem Einsatz des KI-Systems weitere Risiken für Grundrechte, insbesondere für die physische und psychische Gesundheit, und für das allgemeine Persönlichkeitsrecht verbunden?
    Falls ja:
    - Worin bestehen die Risiken?
    - Sind Gegenmaßnahmen geplant? Welche?
15. Welche Risiken für Interessen von Beschäftigten können im Rahmen einer vernünftigerweise vorhersehbaren Fehlanwendung entstehen?

IV. Nur zu beantworten bei einem KI-System mit Einigungszwang vor einer Verwendung im Personalbereich nach § 3 der KBV

16. Sind insbesondere die Prinzipien der Transparenz, der Erklärbarkeit und Nachvollziehbarkeit des Systems und seiner Ergebnisse gewahrt?
17. Ist gewährleistet, dass lediglich eine Unterstützung menschlicher Entscheidungen erfolgt und nicht menschliche Entscheidungen in Bezug auf das Beschäftigungsverhältnis ersetzt werden? Wie werden (unbeabsichtigte) Diskriminierungen verhindert?

18. Ist die Fairness von Eingabedaten und die Robustheit des Systems gesichert?
19. Wer überprüft das KI-System, nachdem es eingeführt wurde?

Hinweis:
Die Fragen sind zwar recht umfassend, wurden aber von der Arbeitgeberseite in der vorliegenden Form akzeptiert. Zu beachten ist, dass eine Inbetriebnahme des KI-Systems erst zulässig ist, wenn alle Fragen vollständig beantwortet sind (§ 8 KBV). Damit ist eine weitgehende Transparenz gesichert, die insbesondere auch die Auswirkungen auf die Arbeitsplätze einbezieht. Die Beantwortung des Fragenkatalogs ist auch ein Beitrag zur Schaffung von KI-Kompetenz auf Seiten des Betriebsrats wie des Arbeitgebers.
Die Fragen in einem »Anhang« unterzubringen, ändert nichts an ihrer Verbindlichkeit. Es mag aber für die Arbeitgeberseite einfacher sein, einem sie möglicherweise erheblich belastenden Anhang zuzustimmen als einer Betriebsvereinbarung, bei der der Fragenkatalog dem Leser gewissermaßen ins Gesicht springt.
Etwa ein halbes Jahr nach Abschuss der KBV hatten sich insgesamt 8 Fälle ergeben, in denen der Fragenkatalog benutzt wurde. Weder für die Arbeitgeber- noch für die Arbeitnehmerseite entstanden irgendwelche Schwierigkeiten.

63 **Anlage 2**

Anweisungen für das Arbeiten mit KI-Systemen

I. Allgemeine Verhaltensgrundsätze

Für die Verwendung von KI-Anwendungen gelten die allgemeinen Verhaltensgrundsätze, die in der SE-Verhaltensrichtlinie und weiteren verbindlichen Richtlinien und Konzernbetriebsvereinbarungen festgehalten sind. Danach gilt Folgendes:

- Keine Generierung und Verwendung von Ergebnissen, die unseren Unternehmenswerten widersprechen (diskriminierende, beleidigende, rassistische, politische, religiöse oder weltanschauliche sowie solche Eingabebefehle und Ergebnisse, die moralisch verwerflich sind)
- Keine Verwendung von Unternehmensaccounts für private Zwecke ohne Einwilligung nach Anlage 1b der Rahmenkonzernbetriebsvereinbarung »Verwendung von Informations- und Kommunikationssystemen am Arbeitsplatz« vom [redacted] in der jeweils gültigen Fassung
- Keine Verwendung von Privataccounts (bspw. privater ChatGPT-Zugang)
- Keine Verwendung von nicht durch den Arbeitgeber freigegebenen KI-Systemen
- Verwendung nur innerhalb der vom Arbeitgeber vorgegebenen Zwecke

II. Betriebs- und Geschäftsgeheimnisse

Es ist damit zu rechnen, dass je nach KI-Anwendung und Einstellungen die eingegebenen Inhalte von der KI erfasst und **damit öffentlich gemacht werden**. Es ist daher untersagt, Betriebs- und Geschäftsgeheimnisse in den Eingabebefehlen zu verwenden, es sei denn, dies sei von demjenigen erlaubt worden, der über das Betriebs- oder Geschäftsgeheimnis verfügt. Daraus folgt:

- Keine Eingabe von Unternehmensinformationen, die mit »Vertraulich« oder »streng vertraulich« klassifiziert sind.
- Keine Eingabe von Informationen, die von Geschäftspartnern stammen und entweder von diesen bereits als geheimhaltungsbedürftig eingestuft wurden oder durch uns als »vertraulich« oder »streng vertraulich« eingestuft werden.

Dies gilt nicht, wenn die Verarbeitung dieser Daten durch ein KI-System ausdrücklich freigegeben wurde.

Ein Öffentlich-Machen liegt nur vor, wenn Daten z. B. in ChatGPT eingegeben werden. Anders verhält es sich bei einer Eingabe in das konzerninterne System RALF.

III. Datenschutz & Persönlichkeitsschutz

Es ist damit zu rechnen, dass je nach KI-Anwendung und Einstellungen die eingegebenen Inhalte von der KI erfasst und **damit öffentlich gemacht werden**. Es ist daher ebenfalls untersagt, personenbezogene Daten in den Eingabebefehlen zu verwenden oder einer KI-Anwendung Inhalte (bspw. Dokumente) mit personenbezogenen Daten zu übergeben. Dazu zählen insbesondere:

- Namen, Anschriften und sonstige Kontaktdaten natürlicher Personen (Mitarbeitende der SE, Mitarbeitende von Geschäftspartnern, Kunden, etc.)
- Abbildungen von Personen

Dies gilt nicht, wenn die KI-Anwendung für die Verarbeitung von personenbezogenen Daten ausdrücklich freigegeben wurde.

IV. Urheberrecht

Input: Das Urheberrecht ist bereits bei der Erstellung des Eingabebefehls (»Prompt«) zu beachten. Für die Verwendung von urheberrechtlich geschützten Inhalten ist vorab eine Einwilligung des Urhebers einzuholen. Kann eine solche nicht eingeholt werden oder wird diese nicht erteilt, dann dürfen diese urheberrechtlich geschützten Inhalte nicht für den Prompt verwendet werden. Die Nutzung von urheberrechtlich geschützten Werken im Internet ist nur nach Maßgabe der §§ 44b und 60d UrhG, d. h. dann erlaubt, wenn kein maschinenlesbarer Nutzungsvorbehalt vorhanden ist.

Output: Nach derzeitigem Rechtsverständnis ist das mit Hilfe des KI-Systems erreichte Ergebnis grundsätzlich nicht zugunsten des KI-Anwenders urheberrechtlich geschützt. Diskutiert wird die Urheberschaft der Person, die das von der KI generierte Ergebnis weiterverarbeitet. Maßgeblich wird dabei sein, ob und in welchem Umfang das Ergebnis von dem Benutzer umgestaltet wird. Im Zweifel wird das Ergebnis aber für Dritte frei verwendbar sein. Dies ist vor der Veröffentlichung stets zu beachten.

Prompt: Ein individuell erstellter Prompt kann urheberrechtlich geschützt sein, wenn er nicht nur selbstverständliche Formulierungen zum Gegenstand hat. Wie ein solcher Schutz durchgesetzt wird, ist noch unklar. Dennoch sollten Prompts von Dritten zunächst keine Verwendung finden, sofern keine Einwilligung zu dieser Verwendung vorliegt. Um eine spätere Geltendmachung von Schutzrechten und eine Reproduzierbarkeit zu ermöglichen, empfiehlt es sich, die entsprechenden Prompts zu dokumentieren.

- Keine Eingabe urheberrechtlich geschützter Inhalte (Texte, Abbildungen, etc.) ohne Einwilligung des Urhebers
- Keine Verwendung von Prompts, die von Dritten stammen und urheberrechtlich geschützt sein könnten
- Dokumentation von verwendeten Prompts zur Reproduzierbarkeit und für einen potenziellen Urheberschutz

V. Umgang mit den Ergebnissen generativer KI

Die Ergebnisse generativer KI hängen stark von der Qualität und Quantität der einzelnen Datensätze ab, mit denen diese trainiert wurde. Nicht weniger wichtig ist die Genauigkeit des Eingabebefehls / »Prompts«. Es können dementsprechend ungenaue, irreführende oder nicht aktuelle Ergebnisse generiert werden. Auch ist in der Regel nicht nachvollziehbar, welche Datenquellen von der generativen KI verwendet werden und ob sich diese auf objektive Tatsachen oder subjektive Mutmaßungen stützen. Für die Verwendung der Ergebnisse generativer KI sind daher folgende Regeln zu beachten:

- Kennzeichnung des Ergebnisses als KI-generiert: »entworfen mit (Name der KI-Anwendung) durch (Name des Mitarbeitenden)«
- Plausibilitätsprüfung hinsichtlich fachlicher Richtigkeit, Objektivität und Urheberschaft; erweiterte Prüfung bei Anhaltspunkten für fachliche Fehler, Subjektivität oder anderweitige Urheberschaft
- Erweiterte Prüfung bei besonderer unternehmerischer Relevanz des Ergebnisses
- Beachtung ergänzender Vorgaben zur Ergebnisdarstellung in den Gebrauchsanweisungen oder sonstigen Nutzungsbedingungen der jeweiligen KI-Anwendung
- Keine Verwendung des Ergebnisses bei Zweifeln an der Richtigkeit, Objektivität und Urheberschaft

VI. Kontakte

Sollten Sie Fragen zu den Themen rund um den Einsatz von KI-Systemen haben, steht Ihnen das KI-Team gerne zur Verfügung. Sie erreichen das Team unter der folgenden E-Mail-Adresse: **ki@.... group.com.**

Für spezifische Anfragen zu bestimmten Themenbereichen nutzen Sie bitte die entsprechenden Kontaktmöglichkeiten:
Fragen zum Urheberrecht: **recht@……group.com**
Fragen zur Compliance: **compliance@----group.com**
Fragen zum Datenschutz: **datenschutz@----group.com**

Hinweis:
Die schon vor der Konzernbetriebsvereinbarung vorhandenen »Anweisungen« enthalten zahlreiche sinnvolle Regelungen. Bei den Verhandlungen ergaben sich insoweit keine Meinungsverschiedenheiten.
Entsprechende Regelungen müssen nicht notwendig in einer KI-Rahmenbetriebsvereinbarung enthalten sein. Möglich ist auch, eine spezielle »Betriebsvereinbarung generative KI« zu schließen, da es letztlich nicht nur um einen »Rahmen« geht. In diesem Fall würden die Inhalte der Anlage 2 den Gegenstand der Betriebsvereinbarung bilden. Eine »Rahmenvereinbarung« würde aber unnötig aufgebläht (und schwerer lesbar), wenn die gesamte Anlage 2 im Text selbst stehen würde.

5. Beschäftigungssicherung durch Tarifvertrag

64 In vielen Fällen ist es aussichtsreicher, Beschäftigung durch Tarifvertrag als im Rahmen des § 92a BetrVG zu sichern. Dies gilt insbesondere dann, wenn die Arbeitgeberseite dadurch Lohnkosten sparen will, dass sie vorübergehend weniger als im Flächentarif vorgesehen bezahlt. In solchen Situationen ist sie häufig bereit, eine zeitlich begrenzte Beschäftigungsgarantie zu gewähren. In der Regel wird dabei die betriebsbedingte Kündigung ausgeschlossen, während die außerordentliche Kündigung nach § 626 BGB bestehen bleibt.

Zahlreiche Praxisbeispiele finden sich bei Däubler, Tarifverträge zur Unternehmenspolitik? Rechtliche Zulässigkeit und faktische Bedeutung, HSI-Schriftenreihe Band 16, Frankfurt /Main 2016, im Internet abrufbar unter:
http://www.hugo-sinzheimer-institut.de/fileadmin/user_data_hsi/Veroeffentlichungen/HSI_Schriftenreihe/Daeubler_Tarifvertraege_zur_Unternehmenspolitik.pdf (3. 3. 2018)

§ 93 Ausschreibung von Arbeitsplätzen

Der Betriebsrat kann verlangen, dass Arbeitsplätze, die besetzt werden sollen, allgemein oder für bestimmte Arten von Tätigkeiten vor ihrer Besetzung innerhalb des Betriebs ausgeschrieben werden.

Inhaltsübersicht Rn.

I. Einleitung

1 Die innerbetriebliche Stellenausschreibung soll innerbetrieblichen Bewerbern Kenntnis von einer freien Stelle vermitteln und ihnen die Möglichkeit geben, ihr Interesse an dieser Stelle kundzutun und sich um sie zu bewerben. Das Gesetz gibt dem Betriebsrat ein als Mitbestimmungsrecht gestaltetes Initiativrecht. Eine allgemeine, davon unabhängige Pflicht zur Ausschreibung aller Arbeitsplätze besteht nicht. Sie wird erst durch das Verlangen des Betriebsrats begründet. Der Betriebsrat kann die Ausschreibung allgemein für alle Arbeitsplätze des Betriebs, für bestimmte Arten und Tätigkeiten oder auch für einen konkreten Einzelfall verlangen. § 93 BetrVG findet auch Anwendung, wenn ein Arbeitsplatz nach der arbeitgeberseitigen Vorstellung nur vorübergehend, zeitlich befristet oder mit Leiharbeitern besetzt werden soll. Verlangt der Betriebsrat die Ausschreibung, muss die/er Arbeitgeber/in dieser Forderung entsprechen. Ein Betriebsrat, der sie nicht verlangt hat, kann sich nach der Rechtsprechung nach Einleitung der personellen Maßnahme nicht auf den Zustimmungsverweigerungsgrund des § 99 Abs. 2 Nr. 5 BetrVG berufen. Schon deshalb ist es sinnvoll, diese Initiative rechtzeitig zu ergreifen.

Nach § 7 Abs. 1 TzBfG haben Arbeitgeber einen Arbeitsplatz auch als Teilzeitarbeitsplatz auszuschreiben, wenn er sich dafür eignet. Eine individualrechtliche Unterrichtungspflicht der/s Arbeitgebers/in über zu besetzende Arbeitsplätze mit veränderter Arbeitszeit ergibt sich aus § 7 Abs. 2 TzBfG. Nach § 18 TzBfG haben Arbeitgeber die befristet beschäftigten Arbeitnehmer auch ohne Anzeige über entsprechende offene unbefristete Arbeitsplätze zu informieren. Für den öffentlichen Dienst wird unterstellt, dass die Dienststelle alle bei ihr zu besetzenden Dienstposten verwaltungsintern ausschreibt.

Zum Initiativrecht des Betriebsrats gehört auch das Verlangen, auf welche Weise die Stellenausschreibung durchgeführt werden soll. Die zwischen Arbeitgeberin und Betriebsrat zu vereinbarenden Ausschreibungsgrundsätze erstrecken sich auf weitere Einzelheiten wie etwa bestimmte Voraussetzungen für eine Bewerbung und die Ausschreibungsdauer. § 11 AGG stellt klar, dass Ausschreibungen diskriminierungsfrei zu gestalten sind und insbesondere nicht gegen §§ 1, 7 AGG verstoßen dürfen. Dagegen kann der Betriebsrat wiederum nach § 17 Abs. 2 AGG vorgehen. (dazu auch Muster unter § 23).

II. Arbeitshilfen

Musterschreiben

Betriebsrat: an Arbeitgeber wegen Ausschreibung von Arbeitsplätzen 2

Betriebsrat der Firma Firmenbezeichnung, Adresse Ort, Datum
Betriebsratsvorsitzende:r Name

An die Geschäftsleitung Firmenbezeichnung
im Hause

Ausschreibung von Arbeitsplätzen

Sehr geehrte Damen und Herren,
wie in unserer letzten Besprechung vom Datum festgestellt, führt die Aufnahme der neuen Produktionsverfahren in der ...-Abteilung zu einer Reihe von Versetzungen, Umsetzungen und Neueinstellungen. Der Betriebsrat hat sich in seiner Sitzung vom Datum ausführlich mit den damit verbundenen personellen Veränderungen befasst. Wir stimmen mit Ihnen überein, dass der entstehende Personalbedarf jedenfalls zu einem nicht unerheblichen Anteil durch qualifizierte

Beschäftigte im Betrieb und im Unternehmen gedeckt werden kann, denen auf diese Weise eine sinnvolle Berufsperspektive gegeben wird, wovon auch das Unternehmen profitiert.
Der Betriebsrat ersucht Sie deshalb gemäß § 93 BetrVG, die neuen Arbeitsplätze in der Abteilung und künftig alle zu besetzenden Arbeitsplätze, einschließlich der von Ihnen für Leiharbeiter und freie Mitarbeiter vorgesehenen, zuvor innerbetrieblich sowie in den in unserer Stadt gelegenen Unternehmenseinheiten auszuschreiben (Schwarzes Brett, Rundschreiben, Intranet, E-Mail) und Einstellungen von außen erst vorzunehmen, wenn daraus keine Bewerbungen resultieren, die die Anforderungen erfüllen. In diesem Zusammenhang erlauben wir uns, auch auf die Bestimmungen des § 7 Abs. TzBfG (Ausschreibung als Teilzeitarbeitsplatz) und des § 11 AGG (diskriminierungsfreie Ausschreibung) hinzuweisen.
Da die Stellenausschreibung einen wichtigen Beitrag zur internen Bedarfsdeckung liefern kann, schlagen wir Ihnen vor, darüber eine generelle Regelung in Form einer Betriebsvereinbarung zu treffen. Entwurf liegt bei. Wir halten eine solche generelle Regelung der Stellenausschreibungen auch deshalb für sinnvoll, weil dadurch Auseinandersetzungen über deren Art und Weise im Einzelfall entbehrlich werden.
Anlage

Hinweis:
Vgl. DKW-*Buschmann*, § 93 Rn. 7 ff.

3 **Arbeitgeber: Information über zu besetzende Arbeitsplätze**

Arbeitgeberin Firmenbezeichnung, Adresse — Ort, Datum

Arbeitnehmer Name

Unbefristete Weiterbeschäftigung (mit veränderter Arbeitszeit)

Sehr geehrte/r Frau/Herr Name,
auf Ihre Anzeige vom Datum (Alternative: Unaufgefordert) möchten wir Ihnen mitteilen, dass folgende Arbeitsplätze im Betrieb und Unternehmen besetzt werden sollen:
1. ,
2. .
Die zu 1 genannten Arbeitsplätze sind unbefristet zu besetzen mit folgender Maßgabe: Tätigkeit, Ort, Eingruppierung, Anforderungen, Stunden, Vergütung, .
Die zu 2 genannten Arbeitsplätze sind befristet zu besetzen mit folgender Maßgabe: Tätigkeit, Ort, Eingruppierung, Anforderungen, Stunden, Vergütung, Grund und Ablauf der Befristung, .
Bewerbungen wollen Sie bitte unter dem Az. richten an Name.

Hinweis:
Vgl. DKW-*Buschmann*, § 93 Rn. 3–5.

Betriebsrat: Unterlassung diskriminierender Ausschreibung 3a

Betriebsrat der Firma Firmenbezeichnung, Adresse Ort, Datum
Betriebsratsvorsitzende:r Name
An Arbeitgeberin Firmenbezeichnung
im Hause

Grober Verstoß gegen das Allgemeine Gleichbehandlungsgesetz – Stellenausschreibung

Sehr geehrte Frau Name,
Sie haben am Datum die Stelle einer Kassiererin für die Filiale Name durch Anzeige im Internet ausgeschrieben. Die Ausschreibung verstößt in mehrfacher Hinsicht gegen das allgemeine Gleichbehandlungsgesetz (AGG).
a) Zum einen enthält die Ausschreibung den ausdrücklichen Vermerk »Berufsanfänger«. Dies beinhaltet eine Diskriminierung älterer Bewerber, die nach den §§ 1, 7 AGG ausdrücklich verboten ist.
b) Zum anderen wendet sich die Ausschreibung mit der Bezeichnung »Kassiererin« ausdrücklich an Frauen. Darin liegt eine Diskriminierung männlicher und diverser Bewerber,
Es handelt sich um einen groben Verstoß gegen Ihre Verpflichtungen aus dem Allgemeinen Gleichbehandlungsgesetz (so auch BAG v. 18.8.2009 – 1 ABR 47/08, AuR 2009, 310; 24.1.13 – 8 AZR 429/11, AuR 13, 1019.5.2016 – 8 AZR 470/14; 11.8.2016 – 8 AZR 406/14; weitere Nachweise bei DKW, § 93 BetrVG Rn. 21). Nach § 17 AGG gehört es zu den Aufgaben des Betriebsrats, an der Verwirklichung der Ziele des Allgemeinen Gleichbehandlungsgesetzes mitzuwirken.
Wir haben Sie deshalb dringend aufzufordern, dem Betriebsrat gegenüber unverzüglich, spätestens bis zum Datum, Uhr, schriftlich oder mündlich klarzustellen, dass die Ausschreibung zurückgezogen wird. Gemäß § 93 BetrVG haben wir Sie weiterhin aufzufordern, dass alle Arbeitsplätze, die besetzt werden sollen, vor ihrer Besetzung innerhalb des Betriebs ausgeschrieben werden. Der Betriebsrat ist Ihnen gegenüber gerne bei der Formulierung einer nicht diskriminierenden Ausschreibung behilflich. Dazu können wir uns kurzfristig zusammensetzen. Die Rücknahme der angezeigten Ausschreibung sowie ihre Verpflichtung zur vorrangigen nicht diskriminierenden innerbetrieblichen Ausschreibung wollen Sie uns bitte schriftlich bestätigen. Dadurch würden auch die sonst notwendigen rechtlichen Schritte entbehrlich.

Hinweis:
Vgl. DKW-*Buschmann*, § 93 Rn. 21.

Rechtsschutzsekretär/-anwalt: Antrag auf einstweilige Verfügung wegen diskriminierender Ausschreibung 3b

An das Arbeitsgericht
Bezeichnung
Adresse
In dem Beschlussverfahren des

– Antragsteller –

1. Betriebsrat der Firma Firmenbezeichnung, vertreten durch die/den Betriebsratsvorsitzende:n Name, Adresse

– Antragsteller –

2. Gewerkschaft Bezeichnung, Adresse vertreten durch …

– Antragsteller –

3. Firma Firmenbezeichnung, vertreten durch die Geschäftsführerin Name, Adresse,

– Antragsgegnerin –

zeigen wir an, dass wir die Beteiligten zu 1 und 2 vertreten, leiten ein Beschlussverfahren ein und beantragen, wegen der Dringlichkeit durch die/den Vorsitzende/n allein, ohne mündliche Verhandlung im Wege der einstweiligen Verfügung zu entscheiden:

1. Der Antragsgegnerin und Beteiligten zu 3 wird aufgegeben, es zu unterlassen, Stellenausschreibungen für Kassierer/Kassiererinnen an »Berufsanfänger« zu richten oder mit dem Hinweis auf »Berufsanfänger« zu versehen.
2. Der Antragsgegnerin und Beteiligten zu 3 wird aufgegeben, es zu unterlassen, Stellenausschreibungen für Kassierer/Kassiererinnen an »Kassiererinnen« zu richten oder mit dem Hinweis auf das weibliche Geschlecht zu versehen.
3. Der Antragsgegnerin und Beteiligten zu 3 wird für jeden Fall der Zuwiderhandlung gegen die Verpflichtung aus Ziff. 1 und 2 ein Ordnungsgeld, dessen Höhe in das Ermessen des Gerichts gestellt wird, mindestens jedoch 10 000 €, ersatzweise Ordnungshaft, angedroht.

Begründung:
Die Antragsgegnerin betreibt in Ort den Betrieb Betriebsbezeichnung mit Beschäftigten. Antragsteller sind der Betriebsrat und die zuständige Gewerkschaft Bezeichnung. Die Antragsgegnerin und Beteiligte zu 3 hat am Datum die Stelle einer Kassiererin für die Filiale Name durch Anzeige im Internet ausgeschrieben. Die Ausschreibung verstößt in mehrfacher Hinsicht gegen das allgemeine Gleichbehandlungsgesetz.
a) Zum einen enthält die Ausschreibung den ausdrücklichen Vermerk »Berufsanfänger«. Dies beinhaltet eine Diskriminierung älterer Bewerber, die nach den §§ 1, 7 AGG ausdrücklich verboten ist.
b) Zum anderen wendet sich die Ausschreibung mit der Bezeichnung »Kassiererin« ausdrücklich an Frauen. Darin liegt eine Diskriminierung männlicher und diverser Bewerber,
Nach § 17 Abs. 1 AGG gehört es zu den Aufgaben des Betriebsrats und der zuständigen Gewerkschaft, an der Verwirklichung der Ziele des Allgemeinen Gleichbehandlungsgesetzes mitzuwirken. Nach § 17 Abs. 2 AGG sind beide antragsbefugt zur Einleitung des in dieser Vorschrift vorgesehen Verfahrens. Bei der vorbezeichneten diskriminierenden Ausschreibung handelt sich um einen groben Verstoß gegen die Verpflichtungen des Arbeitgebers aus dem Allgemeinen Gleichbehandlungsgesetz (so auch BAG v. 18. 8. 2009, AuR 2009/310; 19. 8. 2010 – 8 AZR 530/09, AuR 2011, 35; 24. 1. 2013 – 8 AZR 429/11, AuR 13, 103; 19. 5. 2016 – 8 AZR 470/14; 11. 8. 2016 – 8 AZR 406/14; weitere Nachweise bei DKW, § 93 BetrVG Rn. 21). Ein Verfügungsanspruch ist damit gegeben.
Der Verfügungsgrund ist schon deshalb gegeben, weil angesichts der bekannten Belastung dieses Arbeitsgerichts eine Entscheidung im Hauptsacheverfahren erst in einigen Monaten zu erwarten und somit zu befürchten ist, dass die Antragsgegnerin ihr offensichtlich rechtswidriges Ziel, nämlich die Stelle nur mit jüngeren Bewerberinnen zu besetzen und damit sowohl ältere als auch männliche und diverse Bewerber zu diskriminieren, erreichen würde. Ein derartiger Verstoß darf auch vorübergehend nicht hingenommen werden, da nicht nur einzelne Bewerber benachteiligt würden, sondern der gesetzlich ausdrücklich festgelegte Gleichbehandlungsgrundsatz insgesamt in Frage gestellt würde, hätte es der Arbeitgeber in der Hand, einseitig personelle Maßnahmen vorzubereiten oder vorzunehmen, die eine nach dem AGG verbotene Diskriminierung beinhalten.

Hinweis:
Vgl. DKW-*Buschmann*, § 93 Rn. 16ff., 21, 38.

Betriebsvereinbarung über Ausschreibung von Arbeitsplätzen 4

Zwischen der Firmenbezeichnung und dem Betriebsrat wird gemäß § 93 BetrVG nachfolgende Betriebsvereinbarung über Stellenausschreibungen geschlossen.

1. Neue oder frei werdende Stellen für Beschäftigte des Unternehmens einschließlich für Leiharbeiter und freie Mitarbeiter werden vor ihrer Besetzung im Betrieb ausgeschrieben. Die Ausschreibung erfolgt jeweils zeitgleich durch Rundschreiben, durch Aushang am Schwarzen Brett, in der Werkszeitung sowie im Intranet.
2. Die Ausschreibung beinhaltet:
   - den Betriebsbereich (z. B. Abteilung), in dem die Stelle zu besetzen ist
   - die genaue Beschreibung des Arbeitsplatzes sowie der Arbeitsbedingungen
   - die fachlichen Anforderungen
   - die Angabe der Tarifgruppe sowie sämtlicher Zulagen, auch außertariflicher Art
   - Arbeitszeitfragen (z. B. Dauer, Lage, Wechselschicht)
   - den Hinweis auf die Möglichkeit einer Besetzung als Teilzeitarbeitsplatz bzw. den Hinweis, dass sich der Arbeitsplatz hierfür nicht eignet
   - Aufstiegs- und Weiterbildungsmöglichkeiten
   - die einzureichenden Bewerbungsunterlagen
   - den Besetzungstermin
   - ggf. den Hinweis auf eine vorgesehene Befristung, Datum und Grund
3. Die Ausschreibung beinhaltet weder unmittelbar noch mittelbar einen Hinweis auf Rasse, Hautfarbe, ethnische oder soziale Herkunft, genetische Merkmale, Sprache, Geschlecht, Religion oder Weltanschauung, politische oder sonstige Anschauung, Zugehörigkeit zu einer nationalen Minderheit, Behinderung, Alter oder sexuelle Ausrichtung der Bewerber.
4. Bewerbungen sind in schriftlicher Form oder über das Intranet an die Personalabteilung zu richten. Sie werden vertraulich behandelt.
5. Die Ausschreibung endet jeweils mit der Besetzung des Arbeitsplatzes.
6. Externe Stellenausschreibungen und -besetzungen erfolgen grundsätzlich erst, wenn aus der internen Stellenausschreibung keine Bewerbungen resultieren, die die Anforderungen erfüllen. Ausnahmen sind aus nachgewiesenen, dringenden, sachlichen Gründen mit Zustimmung des Betriebsrats zulässig.
7. Vorgesehene externe Stellenausschreibungen werden dem Betriebsrat jeweils rechtzeitig vorab zugeleitet.
8. Eine interne Bewerbung hat gegenüber externen Bewerbungen den Vorrang, sofern die/er Bewerber/in die fachliche und persönliche Qualifikation erfüllt.
9. Interne Bewerber einschließlich Leiharbeiter und freier Mitarbeiter, die für eine ausgeschriebene Stelle nicht berücksichtigt werden, erhalten einen ablehnenden schriftlichen Bescheid. Der Betriebsrat erhält eine Durchschrift davon.
10. Der für die Stelle vorgesehenen sowie die abgelehnten Bewerber/innen werden dem Betriebsrat gem. § 99 BetrVG benannt.

Hinweis:
Vgl. DKW-*Buschmann*, § 93, Rn. 10, 13ff. Der Katalog der unzulässigen Merkmale in Ziff. 3 ist Art. 21 der Charta der Grundrechte der EU entnommen und damit etwas weiter als § 1 AGG.

§ 94 Personalfragebogen, Beurteilungsgrundsätze

(1) Personalfragebogen bedürfen der Zustimmung des Betriebsrats. Kommt eine Einigung über ihren Inhalt nicht zustande, so entscheidet die Einigungsstelle. Der Spruch der Einigungsstelle ersetzt die Einigung zwischen Arbeitgeber und Betriebsrat.
(2) Absatz 1 gilt entsprechend für persönliche Angaben in schriftlichen Arbeitsverträgen, die allgemein für den Betrieb verwendet werden sollen, sowie für die Aufstellung allgemeiner Beurteilungsgrundsätze.

Inhaltsübersicht Rn.

Arbeitshilfen

1. Musterpersonalfragebogen

1 **Personalfragebogen**

	PERSONALFRAGEBOGEN	Bewerbung als:
1. Angaben zur Person		
Vor- und Zuname	Geburtsname	Photo Bitte abnehmbar befestigen und Rückseite mit Ihrem Namen versehen
Straße und Hausnummer	PLZ, Ort	
Telefon (privat)	erreichbar von/bis	
Telefon (dienstlich)	erreichbar von/bis	
Geburtsdatum	Geburtsort	
Staatsangehörigkeit		
Für nicht EU-Bürger:		**Wird von Abt. Personal ausgefüllt**
Liegt eine gültige Aufenthaltsgenehmigung vor?	☐ ja ☐ nein	Zustimmung BR am Datum
Liegt eine gültige Arbeitserlaubnis vor?	☐ ja ☐ nein	Fachabteilung
Familienstand	☐ ledig ☐ verheiratet	Kostenstelle
Kinder	Anzahl	Eintrittsdatum Datum
2. Schulbildung Besuchte Schulen:	(Allgemeinbildende Schulen, Hochschulen, Berufsbildende Schulen, Abendschulen etc.)	Eingestellt als
	von Monat/Jahr bis Monat/Jahr — Abschluss/Note	Tarifgruppe
	von Monat/Jahr bis Monat/Jahr — Abschluss/Note	Entgelt
	von Monat/Jahr bis Monat/Jahr — Abschluss/Note	
	von Monat/Jahr bis Monat/Jahr — Abschluss/Note	
– evtl. Ergänzungen (z.B. Spezialisierungen etc.) bitte auf einem Sonderblatt –		
3. Aktivitäten während der Schulbildung	z.B. Ehrenämter, Hobbys während der Schul- und Ausbildungszeit, die Sie für so interessant halten, dass sie Erwähnung finden sollten.	

4. Berufsausbildung
Erlernter Beruf/Fachrichtung

______________	von Monat/Jahr bis Monat/Jahr	Abschluss/Note
______________	von Monat/Jahr bis Monat/Jahr	Abschluss/Note

5. Besondere Kenntnisse und Fähigkeiten

PC-Kenntnisse	sehr gut	gut	Grundkenntnisse
______________	☐	☐	☐
______________	☐	☐	☐
______________	☐	☐	☐

Fremdsprachenkenntnisse	Mündlich			schriftlich			Auslandsaufenthalt
	sehr gut	gut	Grundk.	sehr gut	gut	Grundk.	
______________	☐	☐	☐	☐	☐	☐	☐ Dauer
______________	☐	☐	☐	☐	☐	☐	☐ Dauer
______________	☐	☐	☐	☐	☐	☐	☐ Dauer

Führerschein ☐ nein ☐ ja Klasse Fahrpraxis Jahre

Sonstige besondere Befähigungen, die in Kursen oder auch durch praktische Erfahrungen erworben wurden (auch außerberuflich und Hobby)

6. Berufliche Tätigkeiten
Tätigkeitsnachweis (lückenlos seit Beendigung der Berufsausbildung einschließlich Arbeitslosigkeit, Selbstständigkeit, Wehr- bzw. Zivildienst etc. – evtl. Ergänzungen bitte auf einem Sonderblatt)

	Firma	Art der Tätigkeit
von Monat/Jahr bis Monat/Jahr		
von Monat/Jahr bis Monat/Jahr		
von Monat/Jahr bis Monat/Jahr		
von Monat/Jahr bis Monat/Jahr		
von Monat/Jahr bis Monat/Jahr		

7. Aktivitäten während der beruflichen Tätigkeit
z.B. Ehrenämter, Hobbys während der beruflichen Tätigkeit, die Sie für so interessant halten, dass sie Erwähnung finden sollten.

ggf. ausführen

8. Sind Sie einschlägig vorbestraft? (bezieht sich ausschließlich auf tätigkeitsbezogene Vorstrafen)
☐ nein
☐ ja

9. a) Sind Sie schwerbehindert? (ggf. Grad der Behinderung)
☐ nein
☐ ja Grad der Behinderung

9. b) Sind Sie gleichgestellt?
☐ nein
☐ ja

Die Frage nach Schwerbehinderung bzw. Gleichstellung ist nur dann zu beantworten, wenn die Behinderung für die zu leistende Arbeit von Bedeutung ist.

10. Leiden Sie an einer Krankheit, z.B. an einer chronischen Erkrankung, die Ihre Arbeitsleistung beeinträchtigen oder die Gesundheit der Mitarbeiter/Kunden gefährden kann?
(ggf. nähere Erläuterung)

☐ nein
☐ ja Umfang

11. Ist das bisherige Arbeitsverhältnis gekündigt?

☐ nein
☐ ja

12. Frühestmöglicher Eintrittstermin Datum

13. Die Einstellung erfolgt unter Vorbehalt der gesundheitlichen Eignung nach betriebsärztlicher Untersuchung. Sind Sie bereit, den Betriebsarzt insoweit von seiner Schweigepflicht zu entbinden?

☐ ja
☐ nein

Die Entbindung von der Schweigepflicht bezieht sich nur auf die Beantwortung der Frage (ja/nein) ob Sie für die in Aussicht genommene Stelle gesundheitlich geeignet sind oder nicht.

Ich versichere, vorstehende Angaben nach bestem Wissen gemacht zu haben. Ich habe Kenntnis davon, dass für den Fall der Einstellung Daten zu meiner Person vom Arbeitgeber gespeichert werden können.

Ort, Datum Unterschrift

2. Mustervereinbarungen

2 **Beurteilungssystem**

§ 1 Geltungsbereich

1. räumlich
2. persönlich
3. fachlich .

Hinweis:
Der Geltungsbereich muss sich daran orientieren, für welche Arbeitnehmer:innengruppen ein Beurteilungssystem sinnvoll ist. Aushilfen usw. sollten z. B. von einem solchen System ausgenommen werden, da sie i. d. R. nicht lange genug im Unternehmen sind, um eine ausreichende Basis für die Beurteilung zu haben.

§ 2 Ziele der Beurteilung

Die Beurteilung hat das Ziel, Arbeitnehmer:innen in ihren Stärken zu unterstützen, den Entwicklungs- und Qualifizierungsbedarf zu ermitteln und geeignete Maßnahmen zu vereinbaren.

Hinweis:
Folgende Ziele lassen sich unterscheiden:
- Motivation der Arbeitnehmer:innen durch Information über die Beurteilung ihrer Leistung

- Einsatz der Arbeitnehmer:innen entsprechend ihren Fähigkeiten und Kenntnissen
- Förderung der Arbeitnehmer durch angemessene Maßnahmen, um erforderlichen Entwicklungs- und Qualifizierungsbedarf abzudecken;

§ 3 Beurteilungsverfahren

1. Beurteilungszeitraum
Der Beurteilungszeitraum ist das Kalenderjahr/oder abweichender 12-Monatszeitraum.

2. Beurteilungsformular, Stellenbeschreibungen
Für die Durchführung der Beurteilung und das Festhalten der Gesprächsergebnisse ist das Formular Beurteilung zu verwenden (vgl. Anhang dieser Betriebsvereinbarung). Es enthält die Beurteilungskriterien und Raum für die Vereinbarung von Prioritäten, von absehbaren Veränderungen der Tätigkeit im folgenden Beurteilungszeitraum sowie für den Entwicklungs- und Qualifizierungsbedarf.
Grundlage der Beurteilung ist die für die Arbeitnehmer:innen maßgebende Stellenbeschreibung sowie die tatsächlich und überwiegend ausgeübte Tätigkeit.

Hinweis:
Zu den Rechten des Betriebsrats bei Stellenausschreibungen s. DKW-*Klebe*, § 95 Rn. 7.

Hierüber muss zwischen Arbeitnehmer und Vorgesetztem Klarheit und Einvernehmen bestehen.

3. Erwartungsgespräch
Es wird vor Beginn des Kalenderjahres ein Erwartungsgespräch im Anschluss an die erfolgte Beurteilung geführt.
Bei Einführung des Beurteilungssystems ist im ersten Erwartungsgespräch die Organisation des Fachbereichs zu besprechen und zu erläutern, in dem Arbeitnehmer:in und Führungskraft tätig sind. Daran anschließend wird die für den Arbeitnehmer maßgebende Stellenbeschreibung besprochen, im Detail abgestimmt und unterschrieben.
Führungskraft und Arbeitnehmer:in besprechen auch die Aufgabenstellung und Erwartungen für das folgende Jahr. Sofern dabei Schwerpunkte vereinbart werden, sind diese im Formular Beurteilung einzutragen.

4. Halbjahresgespräch
Zur Jahresmitte (Juni/Juli) findet ein Halbjahresgespräch statt. Es dient der Verständigung zwischen Führungskraft und Arbeitnehmer:in über die bisherige Leistung und ggf. der Vereinbarung von Veränderungen oder auch von Maßnahmen zur Leistungsverbesserung im Formular Beurteilung. Es wird auf dem Formular Beurteilung dokumentiert.

5. Beurteilungsgespräch
Das Beurteilungsgespräch findet zum Ende des Beurteilungszeitraums statt. Beurteilt wird die im zurückliegenden Zeitraum erbrachte Leistung des Arbeitnehmers unter den Gesichtspunkten des »Was« – d.h., wurde die vereinbarte Leistung erbracht? – und des »Wie« – d.h., wie wurde die Leistung erbracht? Sofern bestimmte Prioritäten vereinbart wurden, werden sie ebenfalls in die Beurteilung einbezogen.
In dieses Gespräch gehen beide Seiten vorbereitet und mit dem gebotenen »Zeitbudget«: die Führungskraft mit einer erstellten Leistungsbeurteilung und der Arbeitnehmer ebenfalls mit einer vorgenommenen Einschätzung seiner Leistung während des zurückliegenden Jahres. Die Führungskraft soll ihre Beurteilung ausführlich erläutern. Ziel des Gesprächs ist ein offener Meinungsaustausch auch über nicht erreichte Ergebnisse oder nicht erfüllte Erwartungen. Auch dies ist ein Gesichtspunkt von Wertschätzung. Der Arbeitnehmer soll seine Auffassungen zum Thema darlegen. Es soll idealerweise Einvernehmen, jedenfalls Nachvollziehbarkeit und Akzeptanz des Beurteilungsergebnisses erreicht werden.

Bestandteil des Gesprächs sollen bei Bedarf auch Maßnahmen sein, die zu einer Verbesserung der Leistung beitragen können. Es soll gemeinsames Interesse von Arbeitnehmer und Führungskraft sein, in geeigneter Weise Leistung und die Zusammenarbeit zu verbessern.

Für den Fall nicht zu klärender Meinungsverschiedenheiten kann ein zweites Gespräch unter Beteiligung eines Betriebsratsmitglieds und/oder der nächsthöheren Führungskraft, nach Wunsch auch eines Personalbetreuers, vereinbart werden. Lassen sich die Differenzen nicht ausräumen, bleibt die Beurteilung der Führungskraft bestehen, die beiderseitigen Unterschriften dokumentieren in diesem Fall die bestehende Differenz. Ein solcher Fall sollte unbedingter Anlass für beide Seiten sein, die Ursache für dieses Ergebnis zu finden, um eine Wiederholung zu vermeiden. Eine wesentliche Ursache für solche Fälle liegt häufig in der Vernachlässigung eines kontinuierlichen Meinungsaustauschs während des Jahres.

> **Hinweis:**
> Kommt es zu unterschiedlichen Auffassungen über die Beurteilung, lassen sich solche Differenzen nur im Wege von Gesprächen und Beratungen klären. Der Weg über eine Einigungsstelle oder innerbetriebliche Schlichtungsstelle ist nicht praktikabel, da eine Beurteilung die konkrete Kenntnis der Arbeitsleistung des einzelnen Arbeitnehmers voraussetzt.

§ 4 Kriterien der Beurteilung

Folgende Kriterien werden bei der Beurteilung zugrunde gelegt:

- Fachwissen/Umgang mit Technologien
- Selbstständigkeit/Initiative/Lernbereitschaft
- Arbeitsplanung/Selbstorganisation
- Kommunikationsvermögen/Kritikfähigkeit
- Sorgfalt
- Hilfsbereitschaft/Teamgeist

Nachfolgend werden die Beurteilungskriterien durch Fragen erläutert, die die Führungskraft bei der Beurteilung zugrunde legen muss:

Fachwissen/Umgang mit Technologien

- Beherrscht der Arbeitnehmer die Inhalte des Aufgabengebiets und kann er das Fachwissen umsetzen?
- Kann er das Fachwissen an andere weitergeben/vermitteln?
- Ist sein Fachwissen innerhalb der Abteilung anerkannt und wird darauf von dritten Personen zugegriffen?
- Kann er die erforderlichen technischen Mittel (z. B. EDV-Programme) gut einsetzen?

Selbstständigkeit/Initiative/Lernbereitschaft

- Ist die Arbeitnehmer:in in der Lage, Aufgaben ohne häufiges Nachfragen zu erledigen?
- Verschafft er sich die notwendigen Informationen/das Wissen, um die Aufgaben selbstständig erledigen zu können?
- Gibt er Feedback über Abweichungen im Arbeitsablauf?
- Ist er bereit, sich neue Sachverhalte anzueignen und diese auch umzusetzen?

Arbeitsplanung/Selbstorganisation

- Hält die Arbeitnehmer:in Termine ein?
- Wie rationell arbeitet er?
- Kann er das Wesentliche vom Unwesentlichen unterscheiden?
- Setzt er richtige Prioritäten?

Kommunikationsvermögen/Kritikfähigkeit

- Informiert die Arbeitnehmer:in angemessen und bereitwillig?
- Holt er sich Informationen?
- Kann er sich klar und verständlich ausdrücken?
- Ist er in der Lage, sich in der fachlichen Kommunikation auf das Wesentliche zu beschränken?
- Ist er selbstkritisch?
- Wie verhält er sich bei berechtigter Kritik?

- Wie reagiert er, wenn er auf Fehler angesprochen wird?
- Gibt er Fehler von sich aus zu?

Sorgfalt
- Kann man sich auf die Arbeitsqualität der Arbeitnehmer:in verlassen?
- Wie häufig oder wie schwerwiegend sind seine Fehler?
- Sind überdurchschnittlich viele Kontrollen erforderlich?
- Kommen Beschwerden von dritten Personen?

Hilfsbereitschaft/Teamgeist
- Arbeitet der Arbeitnehmer teamorientiert?
- Sucht er bei Konflikten gemeinsame Lösungen?
- Ist er bereit, dritte Personen zu unterstützen?
- Ist er aufgeschlossen und offen anderen gegenüber?

Alle Kriterien sollen bewertet werden, je nach Erfahrung oder absehbaren Anforderungen können auch Prioritäten gesetzt und vereinbart werden.

§ 5 Beurteilungsskala

Diese Betriebsvereinbarung und das Beurteilungsformular sehen keine festgeschriebene Gewichtung der einzelnen Kriterien vor. Die Führungskraft kann alle Punkte gleichwertig behandeln, hat aber auch Spielraum für eigene Wertungen. Möglich ist z.B. auch eine prozentuale Bewertung. Für die Bewertung der Kriterien wie für die Zusammenfassung der Gesamtleistung wird folgendes Raster verwendet:

Außergewöhnliche Leistungen:
Erreicht außergewöhnliche Ergebnisse im Hinblick auf die Leistungsziele (»was«) und ist dabei ein Vorbild für unsere gewünschten Verhaltensweisen und Werte (»wie«). Leistet bedeutende Beiträge zum Geschäftsergebnis und für das Team. Führt Ziele und Verantwortlichkeiten in hohem Maße autonom aus. Beweist herausragende Kenntnisse in erforderlichen Fähigkeiten und bemüht sich ständig, Kenntnisse und Fähigkeiten weiterzuentwickeln, um den zukünftigen geschäftlichen Herausforderungen gewachsen zu sein. Ist ein Meister der persönlichen und organisatorischen Entwicklung.

Dauerhaft erheblich über den Erwartungen
Übertrifft durchgängig die erwarteten Leistungsergebnisse (»was«) und demonstriert dabei unsere gewünschten Verhaltensweisen und Werte (»wie«). Ist als eine Schlüsselperson für die Geschäftsergebnisse und für das Team anerkannt. Führt Ziele und Verantwortlichkeiten mit minimaler Anleitung aus. Beweist tiefe Kenntnisse in erforderlichen Fähigkeiten und bemüht sich, Kenntnisse und Fähigkeiten weiterzuentwickeln, um den zukünftigen geschäftlichen Herausforderungen gewachsen zu sein. Hat eine wichtige Rolle bei der persönlichen und organisatorischen Entwicklung.

Volle Leistungserfüllung
Erreicht und übertrifft teilweise die Leistungsziele (»was«) und zeigt dabei die erforderlichen Verhaltensweisen und Werte (»wie«). Ist als wichtige Arbeitnehmer:in für die Geschäftsergebnisse und für das Team anerkannt. Führt Ziele und Verantwortlichkeiten mit geringer Anleitung aus. Beweist Kompetenz in erforderlichen Fähigkeiten und entwickelt Kenntnisse und Fähigkeiten, um den geschäftlichen Anforderungen gewachsen zu sein. Trägt zur Entwicklung anderer bei.

Teilweise Leistungserfüllung
Erreicht im Allgemeinen die Leistungserwartungen, bleibt aber gelegentlich darunter. Benötigt Anleitung und Überprüfung bei der Ausführung der Verantwortlichkeiten. Kann nicht immer das »was« und das »wie« im Gleichgewicht halten. Beweist nicht durchgängig die erforderlichen Fähigkeiten. Verbesserte und durchgängige Leistung in Bezug auf die Entwicklungsbedarfe wird erwartet.

Ungenügende Leistungserfüllung
Die Leistung liegt dauerhaft unter den Erwartungen. Benötigt unangemessen viel Anleitung und Überprüfung. Kann nicht das richtige Gleichgewicht zwischen »was« und »wie« halten. Beweist

nicht das Engagement und Wissen, um die Aufgaben erledigen zu können. Bedeutend verbesserte und durchgängige Leistung wird erwartet.

§ 6 Sonderfälle

Im Fall eines Arbeitsplatzwechsels der Arbeitnehmer:in oder der Führungskraft wird ein gesonderter Termin für ein Beurteilungsgespräch vereinbart. Dessen Ergebnis wird ebenfalls auf dem Formular Beurteilung festgehalten und der nachfolgenden Führungskraft des Mitarbeiters übergeben.

Längere Abwesenheit der Arbeitnehmer:in, z. B. wegen Krankheit, verändert die getroffenen Vereinbarungen nicht. Sie sollte dennoch Anlass für die Führungskraft sein. Für eine Beurteilung ist jedoch mindestens eine tatsächliche Arbeitsleistung des Arbeitnehmer:in von acht Monaten erforderlich. Anderenfalls unterbleibt die Beurteilung.

Mit neu eingetretenen Arbeitnehmer:innen wird das erste Beurteilungsgespräch nach Ablauf der Probezeit, d. h. in der Regel nach Ablauf von sechs Monaten geführt. Hierfür wird gegebenenfalls auch ein gesonderter Termin vereinbart.

§ 7 Einführung, Überprüfung und Weiterentwicklung des Beurteilungssystems, Qualifizierungsbedarf

1. Einführung

Vor Einführung findet eine ausführliche Schulung aller Führungskräfte statt. Der genaue Inhalt sowie der Zeitrahmen werden zwischen Personalabteilung und Betriebsrat abgestimmt. Der Betriebsrat nimmt an den Schulungen teil.

Die Arbeitnehmer werden in Abteilungsversammlungen über das Beurteilungssystem ausführlich informiert. Die Versammlungen werden von Betriebsrat und Personalabteilung gemeinsam geplant und gestaltet.

2. Überprüfung, Weiterentwicklung

Zur Auswertung und Überprüfung bilden Unternehmen und Betriebsrat eine paritätisch besetzte Beurteilungskommission aus zwei Vertretern jeder Seite.

Die jeweiligen Halbjahresgespräche und die Beurteilungen werden regelmäßig ausgewertet. Dies bezieht sich insbesondere auf einen Vergleich der von den einzelnen Führungskräften erteilten Beurteilung nach der Beurteilungsskala.

Stellen Unternehmen und Betriebsrat fest, dass die Beurteilungen der einzelnen Führungskräfte zu stark voneinander abweichen, haben sie über die Ursachen zu beraten und Abhilfe zu schaffen. Dies kann z. B. durch erneute Schulung der Führungskraft im Umgang mit dem Beurteilungssystem geschehen.

Die in den Halbjahresgesprächen und den Beurteilungen dokumentierten Qualifizierungsbedarfe werden erfasst und bilden eine wesentliche Grundlage für die Beratungen des Unternehmens mit dem Betriebsrat über die Qualifizierungsprogramme sowie den Berufsbildungsbedarf.

Hinweis:
Der auf dem Beurteilungsformular ermittelte Qualifizierungsbedarf stellt ein wesentliches Hilfsmittel für die Erstellung eines Berufsbildungs- bzw. Qualifizierungsplans dar.

§ 8 Schlussbestimmungen

Diese Betriebsvereinbarung ist mit einer Frist von … kündbar zum … . Anlagen sind Bestandteil dieser Betriebsvereinbarung.

oder für den Fall der Erprobung des Systems

Diese Betriebsvereinbarung hat eine Laufzeit von drei Jahren. Sie tritt am Datum ohne Nachwirkung außer Kraft. Anlagen sind Bestandteil dieser Betriebsvereinbarung.

Leistungsbeurteilung für Arbeitnehmer:innen 3

Anhang zur Betriebsvereinbarung Beurteilungssystem

Zeitraum **(Jahr bzw. von/bis)**	***Arbeitnehmer*** **(Name/Vorname)**	***Funktion***	***Abteilung***

Allgemeine Einschätzung der Arbeitnehmerleistung Basis der Einschätzung der Arbeitnehmerleistung ist die Stellenbeschreibung. Eine Kopie der Stellenbeschreibung muss diesem Formular beigefügt werden. Bitte fassen Sie die Mitarbeiterleistung des letzten Halb-/Jahres anhand der Leistungskriterien kurz zusammen. Diskutieren Sie bitte auch, wie die Leistung erreicht wurde und wie sie in Zukunft verbessert werden kann. Welche Kenntnisse, Fähigkeiten und Ressourcen förderten bzw. behinderten die Leistung?	**Prioritäten** Sie haben hier die Möglichkeit, zu Beginn des Jahres Prioritäten innerhalb der Stelle für den Bewertungszeitraum festzulegen.

Leistungskriterien (Erläuterungen zu den Kriterien finden Sie in der Betriebsvereinbarung)
Bitte bewerten Sie die Arbeitnehmerleistung im Tagesgeschäft und nach den gegebenenfalls festgelegten Prioritäten anhand folgender Leistungskriterien durch Ankreuzen der auf der nächsten Seite erläuterten Skala und erläutern Sie diese Bewertung in der rechten Spalte.

Leistungskriterium	**Bewertung der Leistung**					**Bemerkung zur Bewertung der Leistung**
Fachwissen Umgang mit Technologien	5 ☐	4 ☐	3 ☐	2 ☐	1 ☐	
Selbstständigkeit/Initiative/ Lernbereitschaft	5 ☐	4 ☐	3 ☐	2 ☐	1 ☐	
Arbeitsplanung/ Selbstorganisation	5 ☐	4 ☐	3 ☐	2 ☐	1 ☐	
Kommunikationsfähigkeit/ Kritikfähigkeit	5 ☐	4 ☐	3 ☐	2 ☐	1 ☐	
Sorgfalt	5 ☐	4 ☐	3 ☐	2 ☐	1 ☐	
Hilfsbereitschaft/Teamgeist	5 ☐	4 ☐	3 ☐	2 ☐	1 ☐	

Bewertung der Gesamtleistung
Die Gesamtleistung setzt sich zusammen aus der Leistung im Tagesgeschäft **und** der Art und Weise, wie die Mitarbeiterleistung erreicht wurde (hierfür sind die bewerteten Leistungskriterien die Vorarbeit). Die Führungskraft nimmt eine Gewichtung der beiden Komponenten nach Maßgabe der Stellenanforderungen vor.

Ungenügende Leistungserfüllung	Teilweise Leistungserfüllung	Volle Leistungserfüllung	Dauerhaft erheblich über den Erwartungen	Außergewöhnliche Leistungen
5 ☐	4 ☐	3 ☐	2 ☐	1 ☐

Mögliche Ergänzungen zur Bewertung der Gesamtleistung:
Konkrete Maßnahmen zur Leistungsverbesserung (abzuleiten aus der Leistungsbeurteilung):

Maßnahmen	Erledigt bis
Stellungnahme des Arbeitnehmers (freiwillig):	

Unterschriften

Führungskraft	Vorgesetzter der Führungskraft	Arbeitnehmer	Personalabteilung
Datum	Datum	Datum	Datum

§ 95 Auswahlrichtlinien

(1) Richtlinien über die personelle Auswahl bei Einstellungen, Versetzungen, Umgruppierungen und Kündigungen bedürfen der Zustimmung des Betriebsrats. Kommt eine Einigung über die Richtlinien oder ihren Inhalt nicht zustande, so entscheidet auf Antrag des Arbeitgebers die Einigungsstelle. Der Spruch der Einigungsstelle ersetzt die Einigung zwischen Arbeitgeber und Betriebsrat.
(2) In Betrieben mit mehr als 500 Arbeitnehmern kann der Betriebsrat die Aufstellung von Richtlinien über die bei Maßnahmen des Absatzes 1 Satz 1 zu beachtenden fachlichen und persönlichen Voraussetzungen und sozialen Gesichtspunkte verlangen. Kommt eine Einigung über die Richtlinien oder ihren Inhalt nicht zustande, so entscheidet die Einigungsstelle. Der Spruch der Einigungsstelle ersetzt die Einigung zwischen Arbeitgeber und Betriebsrat.

(2a) Die Absätze 1 und 2 finden auch dann Anwendung, wenn bei der Aufstellung der Richtlinien nach diesen Absätzen Künstliche Intelligenz zum Einsatz kommt.
(3) Versetzung im Sinne dieses Gesetzes ist die Zuweisung eines anderen Arbeitsbereichs, die voraussichtlich die Dauer von einem Monat überschreitet, oder die mit einer erheblichen Änderung der Umstände verbunden ist, unter denen die Arbeit zu leisten ist. Werden Arbeitnehmer nach der Eigenart ihres Arbeitsverhältnisses üblicherweise nicht ständig an einem bestimmten Arbeitsplatz beschäftigt, so gilt die Bestimmung des jeweiligen Arbeitsplatzes nicht als Versetzung.

Inhaltsübersicht Rn.

I. Einleitung

Auswahlrichtlinien über die personelle Auswahl bei Einstellungen, Versetzungen, Umgruppierungen und Kündigungen sollen dazu beitragen, die Transparenz von Personalentscheidungen zu erhöhen. Bei der Vereinbarung von Auswahlrichtlinien sind gesetzliche Regelungen, wie z. B. die Grundsätze für die Behandlung von Betriebsangehörigen nach § 75 BetrVG zu beachten. Gleiches gilt für Regelungen in Tarifverträgen, z. B. Besetzungsregelungen oder Regelungen über Wiedereinstellungen nach erfolgreicher Bekämpfung von Alkoholkrankheit. 1
Werden Regelungen über die Gewichtung der sozialen Auswahlkriterien bei betriebsbedingten Kündigungen vereinbart (§ 1 Abs. 4 KSchG), schränkt dies die Erfolgschancen der Klage eines Arbeitnehmers vor Gericht gegen die Kündigung erheblich ein.

II. Arbeitshilfen

Mustervereinbarungen

Auswahlrichtlinien 2

§ 1 Geltungsbereich

1. räumlich
2. persönlich
3. fachlich .

§ 2 Allgemeine Grundsätze

1. Die folgenden Grundsätze sind im Betrieb von allen Arbeitnehmern, insbesondere Vorgesetzten zu beachten:
   - Die freie Entfaltung der Persönlichkeit der im Betrieb beschäftigten Arbeitnehmer ist zu schützen und zu fordern.
   - Alle im Betrieb tätigen Personen sind nach den Grundsätzen von Recht und Billigkeit zu behandeln.
   - Die Eingliederung Schwerbehinderter und besonders schutzbedürftiger Personen ist zu unterstützen.
   - Jede Benachteiligung wegen der Rasse, der ethnischen Herkunft, des Geschlechts, der Religion oder Weltanschauung, einer Behinderung, des Alters, der sexuellen Identität, der Abstammung, der Nationalität, der politischen oder gewerkschaftlichen Betätigung oder Einstellung ist zu unterlassen.

2. Der Arbeitgeber unterrichtet den Betriebsrat vor jeder Einstellung, Eingruppierung, Umgruppierung, Versetzung (§ 99 BetrVG) und Kündigung (§ 102 BetrVG) schriftlich anhand der vereinbaren Formulare (vgl. hierzu § 99, Rn. 10f.).
3. Maßnahmen nach Ziffer 2 orientieren sich an der quantitativen und qualitativen Personalplanung, über die der Betriebsrat gemäß § 92 BetrVG rechtzeitig und umfassend unterrichtet wird. Dem Betriebsrat sind dabei die erforderlichen Unterlagen spätestens zu einem Zeitpunkt zur Verfügung zu stellen, in dem auf Planungen im Sinne von § 92 Abs. 1 BetrVG durch den Betriebsrat noch Einfluss genommen werden kann, jedenfalls vor der Investitionsentscheidung. Die Beratung beginnt erst, nachdem die Informationserteilung ordnungsgemäß abgeschlossen worden ist.
4. Die Erfassung und Verarbeitung von personenbezogenen Daten im Rahmen der IT-Technik ist in einer gesonderten Betriebsvereinbarung (vgl. § 87 Rn. 29) geregelt.

§ 3 Bewerbungen

- Dem Betriebsrat sind alle Bewerbungen einschließlich der Bewerbungsunterlagen vorzulegen. Die Personalabteilung begründet dem Betriebsrat gegenüber, warum ein Bewerber in die engere Auswahl gekommen ist.
- Auf Verlangen des Betriebsrats werden ihm die in Aussicht genommenen Bewerber vorgestellt, insbesondere, wenn sie Weisungsbefugnisse erhalten sollen. Die Bewerbungsunterlagen aller nicht berücksichtigten Bewerber sind diesen unaufgefordert zurückzusenden, alle Daten sind zu löschen.
- Bei Bewerbern mit Weisungsbefugnissen ist bei der Beurteilung besonders auf die Fähigkeiten hinsichtlich der sozialen Kompetenz zu achten.
- Die Einholung grafologischer Gutachten, die Durchführung medizinischer und psychologischer Tests und Untersuchungen sowie von Assessment-Centern bedürfen der Zustimmung des Betriebsrats. Eine Auswertung und Weiterverarbeitung durch Fremdfirmen ist mit ausdrücklicher Zustimmung des Betriebsrats zulässig.

§ 4 Einstellungen

1. Der Einstellungsbedarf orientiert sich an der Personalplanung. Eine externe Einstellung kann erst erfolgen, wenn die interne Stellenausschreibung scheitert und eine Umschulung bzw. Weiterbildung des internen Bewerbers nicht möglich oder sachlich nicht zumutbar ist.
2. Vor jeder Einstellung ist zu prüfen, ob der Arbeitsplatz durch einen Schwerbehinderten oder durch die Übernahme eines Auszubildenden besetzt werden kann. Bei entsprechender Eignung haben im Betrieb beschäftigte Schwerbehinderte, Auszubildende sowie interne Bewerber Vorrang vor externen Bewerbern. Die Einstellung älterer Arbeitnehmer ist im Rahmen der Personalauswahl angemessen zu berücksichtigen.

> **Hinweis:**
> Soweit im Unternehmen Regelungen im Rahmen von Diversity-Programmen, Frauenförderplänen usw. bestehen, die die bevorzugte Einstellung von bestimmten Personengruppen vorsehen, sind die Regelungen der Auswahlrichtlinien entsprechend anzupassen. Dabei sind jedoch die Regelungen des § 5 AGG zu beachten.

3. Arbeitslosigkeit von externen Bewerbern darf bei der Auswahl nicht so berücksichtigt werden, dass arbeitslose Bewerber nicht zum Bewerbungsgespräch eingeladen werden.
4. Soweit unbefristete Einstellungen vorgenommen werden, haben – bei gleicher Eignung – befristet im Unternehmen beschäftigte Arbeitnehmer Vorrang.

> **Hinweis:**
> Vgl. zum Widerspruchsrecht des Betriebsrats bei Nichtberücksichtigung von bereits befristet beschäftigten Arbeitnehmern DKW-*Bachner*, § 99 Rn. 217.

5. Die Auswahl der Bewerber wird allein von der fachlichen und persönlichen Eignung sowie sozialen Gesichtspunkten bestimmt. Die Eignung wird an den Anforderungen des zu übertragenden Arbeitsbereichs gemessen. Die Tätigkeiten sind in Stellenbeschreibungen bzw. Personalanforderungen näher festgelegt, deren Aufstellung der Mitbestimmung durch den Betriebsrat unterliegt. Für die Beurteilung und Entscheidung können nur folgende Erkenntnisquellen herangezogen werden:
   - Angaben aus dem vereinbarten Personalfragebogen (vgl. § 94 Rn. 1)
   - Zeugnisse
   - Bescheinigungen über Kurse und Lehrgänge
   - Aussagen über bisher ausgeübte Arbeiten und erworbene Fähigkeiten
   - Aussagen eines Amts-, Vertrags- oder Werksarztes über die gesundheitliche Fähigkeit, den angestrebten Arbeitsplatz oder Arbeitsbereiche auszufüllen
   - Ergebnisse des Bewerbergesprächs in fachlicher oder persönlicher Hinsicht
   - Personalakten
   - Zusätzliche Erkenntnisquellen bedürfen der Zustimmung des Betriebsrats.
   - Die Beschäftigung von Leiharbeitnehmern nach dem Arbeitnehmerüberlassungsgesetz bzw. von Arbeitnehmern, die aufgrund von Werkverträgen im Betrieb beschäftigt werden, unterliegt der Zustimmung des Betriebsrats gemäß § 99 BetrVG. Sie ist insbesondere dann unzulässig, wenn der Arbeitgeber nicht nachweist, dass eine – auch befristete – Neueinstellung nicht möglich ist.
6. Einstellung von Auszubildenden
   Die benötigte Schulbildung richtet sich nach dem angestrebten Bildungsziel. Bei entsprechender Eignung sind schwerbehinderte Bewerber besonders zu bevorzugen.
   Ist eine Umwandlung des Ausbildungsverhältnisses in ein unbefristetes Arbeitsverhältnis nicht möglich, so hat der Arbeitgeber dies dem Betriebsrat und dem Auszubildenden spätestens drei Monate vor dem Ausbildungsende schriftlich mitzuteilen. Ansonsten kommt ein Arbeitsverhältnis entsprechend der beendeten Ausbildung zustande.
   Nach etwaiger Mitteilung sind in einem Gespräch zwischen Personalabteilung, Ausbildungsleitung und dem Betriebsrat die Gründe, die eine Übernahme in ein Arbeitsverhältnis verhindern, zu erläutern. Dabei sind insbesondere die sozialen Aspekte zu berücksichtigen, um ersichtliche Härten zu vermeiden.
   Falls bei Ausbildungsende feststeht, dass in einem Zeitraum von sechs Monaten danach im Betrieb, Unternehmen oder Konzern ein Arbeitsplatz frei wird, der für den Auszubildenden in Frage kommt, so wird ihm dieser angeboten. Der Auszubildende wird zur Einarbeitung und zusätzlich auf diesem Arbeitsplatz eingesetzt.

Hinweis:
Soweit in Tarifverträgen oder Betriebsvereinbarungen zur Schaffung zusätzlicher Ausbildungsplätze besondere Reglungen getroffen worden sind, sind die Auswahlrichtlinien entsprechend anzupassen.

§ 5 Versetzungen

1. Der Betriebsrat ist vor jeder geplanten Versetzung (§ 95 Abs. 3 BetrVG) zu informieren. Ihm ist die Notwendigkeit jeder Versetzung zu begründen. Die daraus entstehenden Konsequenzen sind mit ihm zu beraten.
2. Die Arbeitnehmer sind über die geplanten Maßnahmen und deren Auswirkungen rechtzeitig zu informieren. Auf Verlangen eines Arbeitnehmers findet die Information im Beisein des Betriebsrats statt.
3. Alle Versetzungen sind nach fachlicher und persönlicher Eignung sowie sozialen Gesichtspunkten vorzunehmen. Dabei sind die Ergebnisse des Beurteilungssystems im Hinblick auf die fachliche und persönliche Eignung von maßgeblicher Bedeutung.

Hinweis:
Vgl. zu Beurteilungssystemen § 94 Rn. 3.

Bei Versetzungen haben Nachtarbeitnehmer Vorrang, die gem. § 6 Abs. 4 ArbZG die Umsetzung auf einen Tagesarbeitsplatz verlangt haben. Bei Versetzungen auf einen geringerwertigen Arbeitsplatz hat der Arbeitgeber nachzuweisen, dass ein gleichwertiger Arbeitsplatz auch nicht nach zumutbarer Umorganisation angeboten werden kann.

Hinweis:
Gem. § 6 Abs. 4 ArbZG können Nachtarbeitnehmer, deren Gesundheit durch die Nachtarbeit gefährdet ist, sowie Personen, die Kinder unter zwölf Jahren oder schwerpflegebedürftige Angehörige betreuen, die Umsetzung auf einen Tagesarbeitsplatz verlangen.

4. Sind Versetzungen erforderlich, müssen dem Arbeitnehmer gleichwertige Arbeitsplätze angeboten werden, die ihren persönlichen Voraussetzungen entsprechen.
5. In allen Fällen muss der Inhalt des einzelnen Arbeitsvertrags beachtet, sollen individuelle Versetzungswünsche des Arbeitnehmers berücksichtigt werden.
6. Die Rechte aus dieser Vereinbarung und dem BetrVG stehen bei der Versetzung aus einem Betrieb des Unternehmens in einen anderen Betrieb des Unternehmens sowohl dem Betriebsrat des abgebenden wie auch dem des aufnehmenden Betriebs zu.

Hinweis:
Nach der Rechtsprechung des Bundesarbeitsgerichts entstehen – sofern der Arbeitnehmer mit der Versetzung einverstanden ist und auf Dauer aus dem Betrieb ausscheidet – die Rechte nach § 99 BetrVG nur dem Betriebsrat des aufnehmenden Betriebes zu (vgl. DKW-*Bachner*, § 99 Rn. 107).

§ 6 Umgruppierungen

Für Umgruppierungen gelten die vorgenannten Paragrafen sinngemäß.

§ 7 Kündigungen

1. Allgemeine Grundsätze
   Kündigungen sind nur als letzte personelle Maßnahme einzusetzen. Sie sind mit Hilfe der Personalplanung nach Möglichkeit zu vermeiden. Jede Kündigung ist gegenüber dem Betriebsrat schriftlich zu begründen.

Hinweis:
Muster zur Betriebsratsanhörung siehe § 102 Rn. 4.

2. Eine Kündigung ist sozial ungerechtfertigt, wenn sie nicht durch Gründe, die in der Person oder in dem Verhalten des Arbeitnehmers liegen, oder durch dringende betriebliche Erfordernisse, die einer Weiterbeschäftigung des Arbeitnehmers entgegenstehen, bedingt ist.
3. Bei Abschluss von Aufhebungsverträgen steht dem Arbeitnehmer eine Überlegungsfrist von Tagen zu. Der Arbeitnehmer kann schriftlich auf die Überlegungsfrist verzichten. Er kann zu den Verhandlungen ein Betriebsratsmitglied hinzuziehen. Auf dieses Recht ist er vom Arbeitgeber hinzuweisen.
4. Betriebsbedingte Kündigung
   Eine Kündigung ist unzulässig, wenn die Weiterbeschäftigung des Arbeitnehmers auf einem anderen, gleichwertigen Arbeitsplatz im Unternehmen/Konzern – gegebenenfalls nach Abbau von Mehrarbeit – mit oder ohne für das Unternehmen zumutbaren Umschulungs- oder Fortbildungsmaßnahmen möglich ist.

5. Eine Kündigung ist unzulässig, wenn der betroffene Arbeitnehmer unter geänderten Vertragsbedingungen im Unternehmen/Konzern – gegebenenfalls nach Abbau von Mehrarbeit – weiterbeschäftigt werden kann und er hierzu sein Einverständnis erklärt.
6. Die Personalabteilung teilt dem Betriebsrat auf Verlangen mit, welche Umschulungs- und Fortbildungsmaßnahmen erwogen und welche Arbeitsplätze in welchen Betrieben unter dem Gesichtspunkt einer Weiterbeschäftigungsmöglichkeit überprüft worden sind.
7. Im Sinne der vorstehenden Regelungen sind Arbeitsplätze, auf denen mit dem zu kündigenden Arbeitnehmer austauschbare Leiharbeitskräfte oder austauschbare Arbeitnehmer beschäftigt werden, die aufgrund von Werkverträgen tätig sind, als freie Arbeitsplätze anzusehen. In diesem Fall sind die Vertragsverhältnisse zu beenden und der Arbeitnehmer, dessen Kündigung beabsichtigt ist, ist auf dem entsprechenden Arbeitsplatz weiterzubeschäftigen.
8. Eine Kündigung ist unzulässig, wenn sie durch Einführung von Kurzarbeit vermeidbar ist.

> **Hinweis:**
> Soll die Gewichtung der sozialen Auswahlkriterien (Lebensalter, Betriebszugehörigkeit, Unterhaltspflichten, § 1 Abs. 3 KSchG) aufgenommen werden, kann dies in Form eines Punktesystems geschehen. Dabei müssen aber alle Kriterien des KSchG berücksichtigt werden (§ 1 Abs. 4 KSchG; vgl. DKW-*Klebe*, § 95 Rn. 22).

9. Personenbedingte Kündigungen
   Eine Kündigung ist unzulässig, wenn eine Weiterbeschäftigung im Sinne von Ziffer 4 dieser Betriebsvereinbarung möglich ist.
   Die Personalabteilung teilt dem Betriebsrat auf Verlangen mit, welche Umschulungs- und Fortbildungsmaßnahmen erwogen und welche Arbeitsplätze in welchen Betrieben unter dem Gesichtspunkt einer Weiterbeschäftigungsmöglichkeit überprüft worden sind.
10. Bei einer arbeitsplatzbedingten Erkrankung ist eine Kündigung nicht vor Ablauf von Jahren zulässig.
11. Verhaltensbedingte Kündigungen
   Die Personalabteilung teilt dem Betriebsrat auf Verlangen mit, welche Umschulungs- und Fortbildungsmaßnahmen erwogen und welche Arbeitsplätze in welchen Betrieben unter dem Gesichtspunkt einer Weiterbeschäftigungsmöglichkeit überprüft worden sind.
   Verhaltensbedingte Kündigungen setzen in der Regel eine Abmahnung voraus. Über Abmahnungen ist der Betriebsrat zu informieren.
12. Außerordentliche Kündigungen
   Bei außerordentlichen Kündigungen hat der Arbeitgeber dem Betriebsrat die Gründe seines Kündigungsentschlusses schriftlich mitzuteilen.
13. Änderungskündigungen
   Bei Änderungskündigungen gelten die obigen Grundsätze entsprechend.

§ 8 Schlussvorschriften
Diese Betriebsvereinbarung ist mit einer Frist von erstmals zum Datum kündbar. Sie wirkt nach. Anlagen sind Teil dieser Betriebsvereinbarung.

Zweiter Unterabschnitt Berufsbildung

§ 96 Förderung der Berufsbildung

(1) Arbeitgeber und Betriebsrat haben im Rahmen der betrieblichen Personalplanung und in Zusammenarbeit mit den für die Berufsbildung und den für die Förderung der Berufsbildung zuständigen Stellen die Berufsbildung der Arbeitnehmer

zu fördern. Der Arbeitgeber hat auf Verlangen des Betriebsrats den Berufsbildungsbedarf zu ermitteln und mit ihm Fragen der Berufsbildung der Arbeitnehmer des Betriebs zu beraten. Hierzu kann der Betriebsrat Vorschläge machen.
(1a) Kommt im Rahmen der Beratung nach Absatz 1 eine Einigung über Maßnahmen der Berufsbildung nicht zustande, können der Arbeitgeber oder der Betriebsrat die Einigungsstelle um Vermittlung anrufen. Die Einigungsstelle hat eine Einigung der Parteien zu versuchen.
(2) Arbeitgeber und Betriebsrat haben darauf zu achten, dass unter Berücksichtigung der betrieblichen Notwendigkeiten den Arbeitnehmern die Teilnahme an betrieblichen oder außerbetrieblichen Maßnahmen der Berufsbildung ermöglicht wird. Sie haben dabei auch die Belange älterer Arbeitnehmer, Teilzeitbeschäftigter und von Arbeitnehmern mit Familienpflichten zu berücksichtigen.

§ 97 Einrichtungen und Maßnahmen der Berufsbildung

(1) Der Arbeitgeber hat mit dem Betriebsrat über die Errichtung und Ausstattung betrieblicher Einrichtungen zur Berufsbildung, die Einführung betrieblicher Berufsbildungsmaßnahmen und die Teilnahme an außerbetrieblichen Berufsbildungsmaßnahmen zu beraten.
(2) Hat der Arbeitgeber Maßnahmen geplant oder durchgeführt, die dazu führen, dass sich die Tätigkeit der betroffenen Arbeitnehmer ändert und ihre beruflichen Kenntnisse und Fähigkeiten zur Erfüllung ihrer Aufgaben nicht mehr ausreichen, so hat der Betriebsrat bei der Einführung von Maßnahmen der betrieblichen Berufsbildung mitzubestimmen. Kommt eine Einigung nicht zustande, so entscheidet die Einigungsstelle. Der Spruch der Einigungsstelle ersetzt die Einigung zwischen Arbeitgeber und Betriebsrat.

§ 98 Durchführung betrieblicher Bildungsmaßnahmen

(1) Der Betriebsrat hat bei der Durchführung von Maßnahmen der betrieblichen Berufsbildung mitzubestimmen.
(2) Der Betriebsrat kann der Bestellung einer mit der Durchführung der betrieblichen Berufsbildung beauftragten Person widersprechen oder ihre Abberufung verlangen, wenn diese die persönliche oder fachliche, insbesondere die berufs- und arbeitspädagogische Eignung im Sinne des Berufsbildungsgesetzes nicht besitzt oder ihre Aufgaben vernachlässigt.
(3) Führt der Arbeitgeber betriebliche Maßnahmen der Berufsbildung durch oder stellt er für außerbetriebliche Maßnahmen der Berufsbildung Arbeitnehmer frei oder trägt er die durch die Teilnahme von Arbeitnehmern an solchen Maßnahmen entstehenden Kosten ganz oder teilweise, so kann der Betriebsrat Vorschläge für die Teilnahme von Arbeitnehmern oder Gruppen von Arbeitnehmern des Betriebs an diesen Maßnahmen der beruflichen Bildung machen.
(4) Kommt im Fall des Absatzes 1 oder über die nach Absatz 3 vom Betriebsrat vorgeschlagenen Teilnehmer eine Einigung nicht zustande, so entscheidet die Einigungsstelle. Der Spruch der Einigungsstelle ersetzt die Einigung zwischen Arbeitgeber und Betriebsrat.
(5) Kommt im Fall des Absatzes 2 eine Einigung nicht zustande, so kann der Betriebsrat beim Arbeitsgericht beantragen, dem Arbeitgeber aufzugeben, die Bestellung zu unterlassen oder die Abberufung durchzuführen. Führt der Arbeitgeber die Bestel-

lung einer rechtskräftigen gerichtlichen Entscheidung zuwider durch, so ist er auf Antrag des Betriebsrats vom Arbeitsgericht wegen der Bestellung nach vorheriger Androhung zu einem Ordnungsgeld zu verurteilen; das Höchstmaß des Ordnungsgeldes beträgt 10000 Euro. Führt der Arbeitgeber die Abberufung einer rechtskräftigen gerichtlichen Entscheidung zuwider nicht durch, so ist auf Antrag des Betriebsrats vom Arbeitsgericht zu erkennen, dass der Arbeitgeber zur Abberufung durch Zwangsgeld anzuhalten sei; das Höchstmaß des Zwangsgeldes beträgt für jeden Tag der Zuwiderhandlung 250 Euro. Die Vorschriften des Berufsbildungsgesetzes über die Ordnung der Berufsbildung bleiben unberührt.

(6) Die Absätze 1 bis 5 gelten entsprechend, wenn der Arbeitgeber sonstige Bildungsmaßnahmen im Betrieb durchführt.

Inhaltsübersicht Rn.

I. Einleitung

Die betriebliche Berufsbildung hat wesentliche Bedeutung für den beruflichen Werdegang der Beschäftigten und damit für ihr soziales Schicksal. Die Teilnahme an Maßnahmen der betrieblichen Berufsbildung kann darüber entscheiden, ob Beschäftigte ihre Arbeitsplätze behalten bzw. am beruflichen Aufstieg teilnehmen können. Qualifikation ist ein Produktivitätsfaktor. Lernen und Weiterqualifikation sind lebenslange Prozesse. § 96 BetrVG enthält eine allgemeine Pflicht für Arbeitgeber und Betriebsrat, die Berufsbildung der Arbeitnehmer zu fördern. Darüber hinaus hat der Betriebsrat ein allgemeines Beratungs- und Vorschlagsrecht in Angelegenheiten der betrieblichen Berufsbildung. Er hat nach § 97 BetrVG ein begrenztes Mitbestimmungs-(initiativ)recht bei der Einführung sowie nach § 98 BetrVG ein generelles Mitbestimmungsrecht bei der Durchführung von Maßnahmen der betrieblichen Berufsbildung. Dieses wird besonders konkretisiert bei der Auswahl von Teilnehmern an betrieblichen und außerbetrieblichen Berufsbildungsmaßnahmen und bei der Bestellung von Personen, die mit der Durchführung der betrieblichen Berufsbildung beauftragt werden. Seit dem Betriebsrätemodernisierungsgesetz 2021 eröffnet § 96 Abs. 1a beiden Parteien die Möglichkeit, über alle Berufsbildungsmaßnahmen, d. h. auch über ihre vom Betriebsrat angestrebte Einführung unabhängig von 1

Mitbestimmungstatbeständen die Einigungsstelle anzurufen. Das Mitbestimmungsrecht des Betriebsrats ist aber auf Fälle des § 97 Abs. 2 und § 98 BetrVG beschränkt. Danach richtet sich auch die Spruchfähigkeit der Einigungsstelle. Einvernehmliche Lösungen sind auch darüber hinausgehend möglich. Sind Arbeitgeber durch Gesetz oder aufgrund eines Gesetzes, durch Tarifvertrag oder Betriebs- oder Dienstvereinbarung verpflichtet, dem Arbeitnehmer eine für die Erbringung der Arbeitsleistung erforderliche Fortbildung anzubieten so bestimmt § 111 GewO in Umsetzung von Art. 13 der europäischen Transparenzrichtlinie (EU) 2019/1152, dass dem Arbeitnehmer die **Kosten** hierfür nicht auferlegt werden dürfen. Diese Fortbildungen sollen während der regelmäßigen Arbeitszeit durchgeführt werden. Soweit sie außerhalb der regelmäßigen Arbeitszeit durchgeführt werden müssen, gelten sie als Arbeitszeit. Diese Verpflichtung kann somit sinnvoll in Einigungsstellen nach §§ 96–98 BetrVG begründet werden. Unabhängig davon hat EuGH 28.10.2021, C-909/19, auf Basis von Art. 2 Nr. 1 der (Arbeitszeit-)RL 2003/88/EG festgestellt, dass die Zeit, in der ein Arbeitnehmer eine von seinem Arbeitgeber vorgeschriebene berufliche Fortbildung absolviert, die außerhalb seines gewöhnlichen Arbeitsorts in den Räumlichkeiten des Fortbildungsdienstleisters stattfindet und während der er nicht seinen gewöhnlichen Aufgaben nachgeht, »Arbeitszeit« i. S. d. Vorschrift darstellt.

II. Arbeitshilfen

1. Musterschreiben

2 **Betriebsrat: an AG wegen Information über Weiterbildungsplanung**

Betriebsrat der Firma Firmenbezeichnung, Adresse — Ort, Datum
Betriebsratsvorsitzende:r Name

An die Geschäftsleitung Firmenbezeichnung, Adresse
im Hause

Weiterbildungspläne des Betriebs

Sehr geehrte Damen und Herren,
In unserer letzten Besprechung vom Datum hatten Sie uns mitgeteilt, dass das Unternehmen künftig verstärkte Anstrengungen zur Weiterbildung der Arbeitnehmer unternehmen wolle. Der Betriebsrat unterstützt diese Zielrichtung im Rahmen seiner gesetzlichen Aufgabenstellung, die Berufsbildung aller Beschäftigten zu fördern.
Aus diesem Grunde bitten wir um Information über die Etatansätze der einzelnen Kostenverantwortlichen hinsichtlich der Kosten für berufliche Weiterbildung im kommenden Geschäftsjahr. Teilen Sie uns bitte mit, welche diesbezügliche Planungen für die jeweiligen Abteilungen bestehen. Gibt es schon konkrete Vorstellungen Ihrerseits hinsichtlich der Art der Weiterbildungsmaßnahmen, der Teilnehmer und der mit der Durchführung der betrieblichen Berufsbildung beauftragten Personen?
Dem Betriebsrat sind die in den letzten Jahren mit einzelnen Beschäftigten getroffenen Weiterbildungsvereinbarungen bekannt. Ist vorgesehen, diese Formulare weiter zu verwenden? Für eine baldige Information bis zum Datum wären wir Ihnen dankbar, da auch der Betriebsrat seinen Beitrag dazu leisten möchte, die Weiterbildungsbereitschaft der Beschäftigten im Interesse beider Seiten zu fördern.
Anlage

> **Hinweis:**
> Vgl. DKW-*Buschmann*, § 96 Rn. 4. Aus den Kostenansätzen der Jahresplanung lassen sich Erkenntnisse hinsichtlich der geplanten Maßnahmen ableiten. Die Frage nach den Einzelverträgen entspricht der gebotenen Vorsicht, da diese nicht selten problematische Klauseln wie Kosten- oder sonstige Eigenbeteiligungen oder Rückzahlungsvereinbarungen enthalten. Der fragende Betriebsrat legt aber nicht sogleich all seine Besorgnisse offen.

Betriebsrat: an AG wegen Feststellung des Berufsbildungsbedarfs 3

Betriebsrat der Fa. Firmenbezeichnung, Adresse — Ort, Datum
Betriebsratsvorsitzende:r Name

An die Geschäftsleitung Firmenbezeichnung
im Hause

Berufliche Weiterbildung der Arbeitnehmer

Sehr geehrte Damen und Herren,
in unserer letzten Besprechung vom Datum hatten Sie uns mitgeteilt, dass die Einrichtung der neuen Anlagen in den Abteilungen zu neuen Fertigungsverfahren in diesen Bereichen und zu veränderten Arbeitsabläufen in der Abteilung führen wird, da bisher dort verrichtete Tätigkeiten infolge der Automatisierung künftig nicht mehr notwendig seien.
Wir stimmen mit Ihnen überein, dass erhebliche Qualifikationsanstrengungen auch seitens der Beschäftigten notwendig sind, damit die neuen Produktionsverfahren funktionieren. Der Betriebsrat unterstützt diese Zielrichtung im Rahmen seiner gesetzlichen Aufgabenstellung, die Berufsbildung der Beschäftigten zu fördern. Aus diesem Grunde bitten wir, gem. § 96 Abs. 1 Satz 2 BetrVG den Berufsbildungsbedarf der Beschäftigten konkret zu ermitteln, worunter allgemein die Durchführung einer Ist-Analyse, die Erstellung eines Soll-Konzepts sowie die Ermittlung der betrieblichen Berufsbildungsinteressen der Beschäftigten verstanden werden. Wir schlagen vor, uns diese Bedarfsanalyse in unserer nächsten gemeinsamen Sitzung am Datum zu erläutern.

> **Hinweis:**
> Vgl. DKW-*Buschmann*, § 96 Rn. 22. Der mitgeteilte Berufsbildungsbedarf ist regelmäßig Grundlage für die Ausübung der Mitbestimmung nach § 97 Abs. 2 BetrVG und ein etwaiges Verfahren der Einigungsstelle.

Ältere Arbeitnehmer, Teilzeitbeschäftigte 4

Betriebsrat der Firma Firmenbezeichnung, Adresse — Ort, Datum
Betriebsratsvorsitzende:r Name

An die Geschäftsleitung Firmenbezeichnung
im Hause

Berufliche Weiterbildung der Arbeitnehmer

Sehr geehrte Damen und Herren,
in unserer letzten Besprechung vom Datum haben Sie uns mitgeteilt, dass die Einrichtung der neuen Anlagen in den Abteilungen und zu neuen Fertigungsverfahren in diesen Bereichen und zu veränderten Arbeitsabläufen in der Abteilung führen wird, da bisher dort verrichtete Tätigkeiten infolge der Automatisierung künftig nicht mehr notwendig seien. Wir stimmen mit Ihnen überein, dass erhebliche Qualifikationsanstrengungen auch seitens der Beschäftigten notwendig sind, damit die neuen Produktionsverfahren auch funktionieren. Der Betriebsrat unterstützt diese Zielrichtung im Rahmen seiner gesetzlichen Aufgabenstellung, die Berufsbildung der Beschäftigten zu fördern.
Aus diesem Grunde stimmen wir Ihren Plänen, für die Beschäftigten der betroffenen Abteilungen besondere Schulungen bei der zu organisieren, im Grundsatz zu. Wir schlagen jedoch vor, dass diese Schulungen nicht abends, sondern vormittags stattfinden. Dies ergibt sich aus § 96 Abs. 2 Satz 2 BetrVG und § 10 TzBfG, wonach bei der Gestaltung von Maßnahmen der Berufsbildungsmaßnahmen die Belange älterer Arbeitnehmer, Teilzeitbeschäftigter und von Arbeitnehmern mit Familienpflichten zu berücksichtigen sind. Durch die vorgesehene späte Lage würden gerade diese Gruppen von der Teilnahme faktisch ausgeschlossen, da sie auf Grund familiärer Verpflichtungen zeitlich nicht jederzeit disponibel sind. Laut Auskunft des Veranstalters ist eine Verlegung auf den Vormittag technisch ohne größere Schwierigkeiten möglich. Wir wären Ihnen dankbar für eine entsprechende Korrektur, da der Betriebsrat die bereits einsetzende kritische Diskussion unter den Beschäftigten bei der Ausübung seiner Mitbestimmungsrechte natürlich berücksichtigen müsste.

Hinweis:
Vgl. DKW-*Buschmann*, § 96 Rn. 21 ff. Die Belange der genannten Gruppen sind nicht nur hinsichtlich der Auswahl, sondern auch hinsichtlich der zeitlichen Lage und der Themen der Weiterbildungsmaßnahmen zu berücksichtigen. Betriebsräte sind im Allgemeinen sehr sensibel, wenn sie feststellen, dass Bildungsmaßnahmen möglicherweise nicht während der regelmäßigen Arbeitszeit stattfinden sollen.

5 **Betriebsrat: Vorschlag zur Teilnahme an betrieblichen Berufsbildungsmaßnahmen**

Betriebsrat der Fa. Firmenbezeichnung, Adresse Ort, Datum
Betriebsratsvorsitzende:r Name

An die Geschäftsleitung Firmenbezeichnung
im Hause

Berufliche Weiterbildung der Arbeitnehmer

Sehr geehrte Damen und Herren,
in unserer letzten Besprechung vom Datum haben Sie uns mitgeteilt, dass die Einrichtung der neuen Anlagen in den Abteilungen und zu neuen Fertigungsverfahren in diesen Bereichen und zu veränderten Arbeitsabläufen in der Abteilung führen wird, da bisher dort verrichtete Tätigkeiten infolge der Automatisierung künftig nicht mehr notwendig seien. Wir stimmen mit Ihnen überein, dass erhebliche Qualifikationsanstrengungen auch seitens der Beschäftigten notwendig sind, damit die neuen Produktionsverfahren funktionieren. Der Betriebsrat unterstützt diese Zielrichtung im Rahmen seiner gesetzlichen Aufgabenstellung, die Berufsbildung der Beschäftigten zu fördern.
Aus diesem Grunde stimmen wir Ihren Plänen, für die Beschäftigten der betroffenen Abteilungen besondere Schulungen bei der zu organisieren, im Grundsatz zu. Mit der vorgeschlagenen

Auswahl der Teilnehmer können wir uns jedoch nicht einverstanden erklären. Nach § 96 Abs. 2 Satz 2 BetrVG und § 10 TzBfG sind bei der Auswahl der Teilnehmer an Maßnahmen der Berufsbildung die Belange älterer Arbeitnehmer, Teilzeitbeschäftigter und von Arbeitnehmern mit Familienpflichten zu berücksichtigen. § 19 TzBfG erstreckt diese Verpflichtung auch auf befristet Beschäftigte. Bei der Durchsicht der Liste fällt jedoch auf, dass diese vorgenannten Gruppen fast völlig ausgeschlossen sind, was dem Gesetz widerspricht. Vorbehaltlich der Ausübung der Mitbestimmungsrechte des Betriebsrats bitten wir Sie, die Teilnehmerliste zunächst zurückzustellen. Der Betriebsrat wird kurzfristig eine eigene Vorschlagsliste erstellen und mit Ihnen in unserer nächsten Zusammenkunft besprechen.

Hinweis:
Vgl. DKW-*Buschmann*, § 96 Rn. 21 ff., 29 ff.

Betriebsrat: an Arbeitgeber wegen Auswahl bestimmter Teilnehmer zur Weiterbildung 6

Betriebsrat der Firma Firmenbezeichnung, Adresse Ort, Datum
Betriebsratsvorsitzende:r Name

An die Geschäftsleitung Firmenbezeichnung
im Hause

Berufliche Weiterbildung der Arbeitnehmer
Hier: Auswahl der Teilnehmer

Sehr geehrte Damen und Herren,
mit Schreiben vom Datum hatten wir Ihnen mitgeteilt, dass der Betriebsrat bezüglich der Auswahl der Teilnehmer an den von uns gemeinsam beschlossenen besonderen Schulungen Diskussionsbedarf sieht. Wir hatten schon darauf hingewiesen, dass nach § 96 Abs. 2 Satz 2 BetrVG und § 10 TzBfG bei der Auswahl der Teilnehmer an Maßnahmen der Berufsbildung die Belange älterer Arbeitnehmer, Teilzeitbeschäftigter und von Arbeitnehmern mit Familienpflichten zu berücksichtigen sind. § 19 TzBfG erstreckt diese Verpflichtung auch auf befristet Beschäftigte.
Der Betriebsrat hat nun eine Liste von Teilnehmern zusammengestellt, die diese gesetzlichen Voraussetzungen erfüllen (Anlage). Die dort aufgeführten Personen schlagen wir Ihnen hiermit förmlich i. S. v. § 98 Abs. 3 BetrVG zur Teilnahme vor. Diese Beschäftigten sind zweifellos geeignet für die vorgesehene Maßnahme. Andererseits sehen wir für sie die Notwendigkeit der Teilnahme, damit sie in der Lage sind, die neuen Fertigungsverfahren zu bewältigen. Wir sind sicher, auf diese Weise mit Ihnen eine Einigung in dieser für das Unternehmen und die Beschäftigten wichtigen Angelegenheit zu erzielen, wodurch das Verfahren nach § 98 Abs. 4 BetrVG entbehrlich würde.
Anlage

Hinweis:
Vgl. DKW-*Buschmann*, § 98 Rn. 26 ff. Der Betriebsrat weiß natürlich, dass die Teilnahme an Weiterbildungskursen mit entscheidend für die Weiterbeschäftigung sein kann. Er vermeidet es, negative Aussagen zu den von ihm nicht vorgeschlagenen Beschäftigten abzugeben, unterbreitet aber eigene Vorschläge und macht deutlich, dass er um seine Rechte weiß und diese auch anwenden kann.

7 **Betriebsrat: an Arbeitgeber wegen Durchführung betrieblicher Berufsbildungsmaßnahmen**

Betriebsrat der Firma Firmenbezeichnung, Adresse — Ort, Datum
Betriebsratsvorsitzende:r Name

An die Geschäftsleitung Firmenbezeichnung
im Hause

Berufliche Weiterbildung der Beschäftigten

Sehr geehrte Damen und Herren,
in unserer letzten Besprechung vom Datum haben Sie uns mitgeteilt, dass die Einrichtung der neuen Anlagen in den Abteilungen zu neuen Fertigungsverfahren in diesen Bereichen und zu veränderten Arbeitsabläufen in der Abteilung führen wird, da bisher dort verrichtete Tätigkeiten infolge der Automatisierung künftig nicht mehr notwendig seien. Wir stimmen mit Ihnen überein, dass erhebliche Qualifikationsanstrengungen auch seitens der Beschäftigten notwendig sind, damit die neuen Produktionsverfahren auch funktionieren. Der Betriebsrat unterstützt diese Zielrichtung im Rahmen seiner gesetzlichen Aufgabenstellung, die Berufsbildung der Beschäftigten zu fördern.
Nicht einverstanden erklären können wir uns mit Ihrem allgemeinen Hinweis, die Beschäftigten allein seien für Ihre Qualifikation verantwortlich. Vielmehr ändern sich auf Grund der von Ihnen durchgeführten organisatorischen und technischen Maßnahmen die Tätigkeiten der betroffenen Beschäftigten mit der Folge, dass allein die in der Vergangenheit benötigten Kenntnisse und beruflichen Fähigkeiten zur Bewältigung der neuen Verfahren nicht mehr ausreichen. Wir wollen damit nicht sagen, dass die bisher in den Anlagen Beschäftigten für die neuen Aufgaben ungeeignet sind. Wir sehen aber einen besonderen Schulungsbedarf für die Beschäftigten der bisherigen Abteilung , die seit langem mit den heute überalterten Verfahren gearbeitet haben und nun an die neue Technologie herangeführt werden müssen. Diese Schulung liegt auch im Interesse des Unternehmens. Aus diesem Grunde schlägt Ihnen der Betriebsrat gem. § 97 Abs. 2 BetrVG nach eingehender Beratung die kurzfristige Durchführung folgender Weiterbildungsmaßnahmen vor: . Wir würden es begrüßen, hier zu einer Einigung zu kommen, da auf diese Weise das gesetzlich vorgesehene Einigungsstellenverfahren entbehrlich würde.

Hinweis:
Vgl. DKW-*Buschmann*, § 97 Rn. 8ff.

8 **Betriebsrat: an Arbeitgeber wegen Anrufung der Einigungsstelle**

Betriebsrat der Fa. Firmenbezeichnung, Adresse — Ort, Datum
Betriebsratsvorsitzende:r Name

An die Geschäftsleitung Firmenbezeichnung
im Hause

Weiterbildungsmaßnahmen – Anrufung der Einigungsstelle

Sehr geehrte Frau Name,
am Datum konnte über die Durchführung der vom Betriebsrat vorgeschlagenen Weiterbildungsmaßnahmen kein Einvernehmen erzielt werden. Der Betriebsrat hat deshalb in seiner Sitzung am Datum beschlossen, zu diesem Zweck die Einigungsstelle anzurufen.

Wir gehen nach rechtlicher Beratung davon aus, dass die Mitbestimmungstatbestände des § 97 Abs. 2 sowie § 98 BetrVG gegeben sind. Infolge der arbeitgeberseitig geplanten oder durchgeführten Maßnahmen hat sich nämlich die Tätigkeit für zahlreiche betroffene Arbeitnehmer geändert, sodass es unbedingt erforderlich ist, die beruflichen Kenntnisse und Fähigkeiten der Beschäftigten im Betrieb an diese geänderten Gegebenheiten anzupassen. Unabhängig davon ist die Zuständigkeit der Einigungsstelle nach § 96 Abs. 1a BetrVG in jedem Fall gegeben.
Als Vorsitzende/n schlagen wir Name, vor.
Die Zahl der Beisitzer soll 2 für jede Seite betragen. Hinsichtlich der vom Betriebsrat benannten außerbetrieblichen Beisitzer hat der Betriebsrat beschlossen, dass diese gem. § 76a BetrVG ein Honorar in Höhe von 7/10 des Honorars der Vorsitzenden erhalten. Wir bitten um Bestätigung bis zum Datum, so dass ein Bestellungsverfahren nach § 100 ArbGG entbehrlich wird.

Arbeitsgerichtliche Bestellung der/s Vorsitzenden der Einigungsstelle 9

An das
Arbeitsgericht
Bezeichnung
Adresse

Antrag auf Entscheidung im Beschlussverfahren mit den Beteiligten

1. Betriebsrat der Firmenbezeichnung vertreten durch den Betriebsratsvorsitzenden Name, Adresse
– Antragsteller –
Verfahrensbevollmächtigter: Rechtssekretär Name in Ort /Rechtsanwalt Name, Adresse
gegen
2. Firmenbezeichnung, vertreten durch die Geschäftsführerin Name, Adresse,
– Antragsgegnerin –

wegen der Bestellung der/s Vorsitzenden einer Einigungsstelle gem. § 98 ArbGG
Namens und in Vollmacht des Antragstellers leiten wir ein Beschlussverfahren ein und beantragen:
1. Die Vorsitzende Richterin am Landesarbeitsgericht Bezeichnung, Frau Name wird zur Vorsitzenden einer Einigungsstelle mit dem Regelungsgegenstand Einführung und Durchführung von betrieblichen Weiterbildungsmaßnahmen im Betrieb Ort der Antragsgegnerin bestellt.
2. Die Zahl der Beisitzer wird für den Antragsteller und für die Antragsgegnerin auf jeweils 2 festgelegt.

Begründung:
I.
Der Antragsteller ist der im Betrieb in Ort der Antragsgegnerin gewählte Betriebsrat.
Die Antragsgegnerin ist ein Unternehmen der Bezeichnung-Branche und beschäftigt in ihrem Betrieb in Ort ca. Anzahl Arbeitnehmer.
Im Betrieb der Antragsgegnerin wurden seit Datum die neuen Anlagen Bezeichnung aufgebaut und in die Produktion übernommen. Die Einrichtung der neuen Anlagen in den Abteilungen Bezeichnung hat zu neuen Fertigungsverfahren in diesen Bereichen und zu veränderten Arbeitsabläufen in der Abteilung Bezeichnung geführt. Die dort bisher verrichteten Tätigkeiten haben sich infolge der Automatisierung vollständig verändert. Damit sind erhebliche Qualifikationsanstrengungen auch seitens der Arbeitnehmer notwendig, damit die neuen Produktionsverfahren auch funktionieren. Der Betriebsrat unterstützt diese Zielrichtung im Rahmen seiner gesetzlichen Aufgabenstellung, die Berufsbildung der Arbeitnehmer zur fördern. Der Betriebsrat hat deswegen genau bezeichnete Berufsbildungsmaßnahmen für bestimmte Arbeitnehmer

vorgeschlagen. Dieser Vorschlag wurde arbeitgeberseitig mit dem allgemeinen Hinweis zurückgewiesen, die Arbeitnehmer seien allein für ihre Qualifikation verantwortlich.

II.

Rechtlich ergibt sich die Mitbestimmung des Betriebsrats aus § 97 Abs. 2 BetrVG. Aufgrund der arbeitgeberseitig durchgeführten organisatorischen und technischen Maßnahmen haben sich die Tätigkeiten der betroffenen Beschäftigten vollständig verändert mit der Folge, dass allein die in der Vergangenheit benötigten Kenntnisse und berufliche Fähigkeiten zur Bewältigung der neuen Verfahren nicht mehr ausreichen. Damit sind die vom Betriebsrat vorgeschlagenen Weiterbildungsmaßnahmen dringend erforderlich. Vorsorglich wird darauf hingewiesen, dass es in diesem Bestellungsverfahren auf die Einzelheiten der dem Betriebsrat zustehende Mitbestimmungsrechte nicht ankommt. Nach § 96 Abs. 1a BetrVG ist die Einigungsstelle nämlich schon dann zu bestellen, wenn im Rahmen der Beratungen über Maßnahmen der Berufsbildung eine Einigung nicht zustande gekommen ist. Dies ist der Fall.

III.

Der Antragsteller hat mit Schreiben vom Datum an die Antragsgegnerin die Verhandlungen für gescheitert erklärt und die Ersetzung der Einigung der Betriebsparteien durch die Einigungsstelle beantragt. Die Antragsgegnerin hat mit Schreiben vom Datum die Durchführung eines Einigungsstellenverfahrens abgelehnt und die Zuständigkeit der Einigungsstelle bestritten.

Beweis: Schreiben des Antragstellers vom Datum

IV.

Einwendungen gegen die als Vorsitzende der Einigungsstelle vom Antragsteller vorgeschlagene Vorsitzende Richterin am Landesarbeitsgericht, Frau Name, wurden von der Antragsgegnerin im Rahmen der vorgerichtlichen Gespräche und Korrespondenz nicht vorgebracht. Da der Betrieb der Antragsgegnerin nicht im Bezirk des Landesarbeitsgerichts Ort liegt, sind auch die Anforderungen des § 100 Abs. 1 Satz 5 ArbGG erfüllt. Die vorgeschlagene Vorsitzende der Einigungsstelle hat dem Antragsteller gegenüber bereits ihre Bereitschaft erklärt, den Vorsitz der Einigungsstelle zu übernehmen.

V.

Gegen die vorgeschlagene Anzahl der Beisitzer, die nach verbreiteter Ansicht der Regelbesetzung entspricht, wurden von der Antragsgegnerin ebenfalls keine Einwendungen vorgebracht.

VI.

Abschließend bitte ich höflichst um möglichst zeitnahe Zustellung des Beschlusses über die Bestellung der Einigungsstelle (§ 87 Abs. 1 Satz 6 ArbGG).

Unterschrift

Hinweis:
Bezüglich der Einleitung eines Einigungsstellenverfahrens kann auf die allgemeinen Hinweise unter § 76 verwiesen werden. Bis zum Jahr 2021 war die Durchführung von Einigungsstellenverfahren über Maßnahmen der betrieblichen Berufsbildung relativ schwierig. Auch wenn die Bestellung der Einigungsstelle nach § 100 ArbGG nur bei offensichtlicher Unzuständigkeit zu verneinen war, wurde gleichwohl häufig versucht, die Einzelheiten der Mitbestimmung nach § 97 Abs. 2 und 98 Betreff VG bereits in das Einigungsstellenbestellungsverfahren hinein zu verlagern. Seit 2021 sind die Bestellung der Einigungsstelle und das anschließende Einigungsstellenverfahren erheblich leichter geworden. Nach § 96 Abs.1a können beide Seite die Einigungsstelle um Vermittlung anrufen, wenn nur eine Einigung über Maßnahmen der Berufsbildung nicht zustande gekommen ist. Allerdings wird dann in der Einigungsstelle selbst wiederum über Mitbestimmungsrechte gestritten werden. Die Einigungsstelle ist (mehrheitlich) spruchfähig im Bereich der Mitbestimmung nach §§ 97 Abs. 2 und 98 BetrVG. Vgl. auch DKW-*Buschmann*, § 96 BetrVG Rn. 26a ff.

Einigungsstelle: Entscheidung über Weiterbildungsmaßnahmen 10

Es wird festgestellt, dass die vom Betriebsrat angerufene Einigungsstelle zur Beratung und zur Entscheidung über die Einführung von Maßnahmen der betrieblichen Berufsbildung zuständig ist. Es wird weiterhin festgestellt, dass die Einrichtung der neuen Anlagen in den Abteilungen zu neuen Fertigungsverfahren in diesen Bereichen und zu veränderten Arbeitsabläufen in den Abteilungen führt, wodurch sich die Tätigkeiten der Beschäftigten in den Abteilungen ändern mit der Folge, dass die bisher benötigten Kenntnisse und beruflichen Fähigkeiten zur Bewältigung der neuen Verfahren nicht mehr ausreichen.
Die in anliegender Liste aufgeführten Beschäftigten aus den Abteilungen nehmen an jeweils zweitägigen Lehrgängen teil, die von der Herstellerfirma unter der Nr. gerade für die neuen Produktionsverfahren angeboten werden. Die Arbeitgeberin meldet die Beschäftigten bei dem Veranstalter an. Der Arbeitgeberin wird nachgelassen, den betroffenen Beschäftigten bis zum Datum alternative Lehrgänge anderer Anbieter zum gleichen Gegenstand und im gleichen Umfang anzubieten.
Die Teilnahme an den Lehrgängen ist für die betroffenen Beschäftigten obligatorisch. Sie ist für sie gemäß § 111 GewO kostenfrei, d.h. es werden keine Kosten für Anreise, Unterbringung und Teilnahme erhoben. Rückzahlungsvereinbarungen bezüglich der Kosten werden nicht getroffen.

Hinweis:
Vgl. DKW-*Buschmann*, § 97 Rn. 24ff.

Betriebsrat: Beschlussfassung zu »Rückzahlungsklauseln« 11

Protokollauszug
Der Betriebsrat stellt fest, dass die Arbeitgeberin vor der Anmeldung zu Berufsbildungsmaßnahmen den Beschäftigten Vereinbarungen über eine Kostenbeteiligung und zur (anteiligen) Rückzahlung von Lehrgangskosten im Falle eines Ausscheidens innerhalb von Jahren nach Lehrgangsteilnahme vorlegt und die Anmeldung von der Unterzeichnung dieser Vereinbarungen abhängig macht. Der Betriebsrat beschließt, die Arbeitgeberin aufzufordern, die Verwendung dieser Formularverträge zu unterlassen. Er wird seine Mitbestimmung dahingehend ausüben, dass die Teilnahme an betrieblichen oder vom Betrieb veranlassten Berufsbildungsmaßnahmen für die Beschäftigten kostenfrei bleibt. Ist nämlich ein Arbeitgeber durch und aufgrund Gesetz, durch Tarifvertrag oder Betriebs- oder Dienstvereinbarung verpflichtet, Arbeitnehmern eine für die Erbringung der Arbeitsleistung erforderliche Fortbildung anzubieten, dürfen den Arbeitnehmern die Kosten hierfür nicht auferlegt werden (§ 111 GewO).

Hinweis:
Vgl. DKW-*Buschmann*, § 98 Rn. 8ff.

Betriebsrat: an Arbeitgeber wegen Widerspruch gegen Bestellung eines Ausbilders 12

Betriebsrat der Fa. Firmenbezeichnung, Adresse — Ort, Datum
Betriebsratsvorsitzende:r Name

An die Geschäftsleitung Firmenbezeichnung
im Hause

Berufliche Weiterbildung der Beschäftigten
Hier: Verantwortung für die Aufbauschulungen

Sehr geehrte Damen und Herren,
in unserer letzten Besprechung vom Datum haben Sie uns mitgeteilt, dass die Aufbauschulung für die neuen Fertigungsverfahren in der Abteilung wiederum durch Frau/Herrn Name, Meister/in in der Abteilung , durchgeführt werden soll. Frau/Herr Name hatte schon für die im letzten Jahr durchgeführten Schulungen zu verantwortlich gezeichnet.
Der Betriebsrat möchte nun keine schriftlichen Aussagen zur Beurteilung der fachlichen Qualitäten von Frau/ Herrn Name als Fabrikmeister/in treffen. Wir sind aber auf Grund von Erfahrungsberichten zu dem Ergebnis gelangt, dass gerade die vorgesehene Aufbauschulung besondere pädagogische Qualitäten verlangt, die wir vorliegend nicht sehen. Aus nachvollziehbaren Gründen wollen wir Ihnen dies lieber mündlich als schriftlich erläutern. Statt weiterer Darlegungen sei nur daran erinnert, dass bereits im vergangenen Jahr Kritik an der Methodik aufgekommen war. u. a. musste gerügt werden, dass die theoretische Ausbildung viel zu kurz kam, dass während der Schulungen weniger gelernt als gearbeitet wurde und dass auch nach einem klärenden Gespräch mit dem Betriebsrat keine Veränderung festgestellt werden konnte. Aus diesem Grunde sehen wir uns gezwungen, gem. § 98 Abs. 2 BetrVG der Bestellung von Frau/Herrn Name zu widersprechen und ihre/seine Abberufung zu verlangen. Wir bitten, uns eine andere mit der Durchführung der Aufbauschulungen beauftragte Person vorzuschlagen. Unsere Vorstellungen dazu können wir Ihnen mündlich erläutern. Wir sind sicher, auf diese Weise mit Ihnen eine Einigung in dieser für das Unternehmen und die Beschäftigten wichtigen Angelegenheit zu erzielen, wodurch das Verfahren nach § 98 Abs. 5 BetrVG entbehrlich würde.

Hinweis:
Vgl. DKW-*Buschmann*, § 98 Rn. 16ff. Der Betriebsrat vermeidet es, zu viele negative und möglicherweise das weitere Verfahren belastende Aussagen in schriftlicher Form abzugeben, macht aber andererseits deutlich, dass er um seine Rechte weiß und diese auch anwenden kann.

2. Mustervereinbarung

13 **Betriebliche Qualifizierungsmaßnahmen**

Zwischen der Fa. Firmenbezeichnung, Betrieb Betriebsbezeichnung und
dem Betriebsrat
wird nachfolgende Betriebsvereinbarung geschlossen:

1. Ziel dieser Vereinbarung ist es, die Qualifikation der Beschäftigten zu verbessern und die vorhandenen Bildungsreserven im Interesse der Beschäftigten und des Unternehmens nutzbar zu machen.
2. Die Arbeitgeberin wird mindestens 1 % des jährlichen Personalbudgets in Maßnahmen der betrieblichen Berufsbildung investieren. Über Vorschläge zur Überschreitung dieses Rahmens wird im Wirtschaftsausschuss beraten.
3. Die Arbeitgeberin unterrichtet den Betriebsrat/den Bildungsausschuss rechtzeitig und an Hand von Unterlagen über seine Planungen hinsichtlich
   - der Zahl der Auszubildenden, die eingestellt und/oder ausgebildet werden sollen, sowie der jeweiligen Ausbildungsberufe,
   - Berufsausbildungsplan, Methoden und Ablauf der Berufsausbildung, betroffene Abteilungen, Grundsätze der Führung und Überwachung von Berichtsheften,
   - Errichtung, Einrichtung und Ausstattung betrieblicher Berufsbildungseinrichtungen wie Lehrwerkstätten, Lehrlabors, Unterrichtsräume und Ausbildungsplätze,
   - Verträge mit außerbetrieblichen privaten und öffentlichen Ausbildungsträgern,
   - Beratungsinhalte des Bildungsausschusses,
4. Es wird ein gemeinsamer Bildungsausschuss gebildet, dem je drei von der Betriebsleitung und vom Betriebsrat benannte Mitglieder angehören. Werden Angelegenheiten behandelt,

die Jugendliche und/oder Auszubildende betreffen, benennt der Betriebsrat mindestens ein Mitglied der Jugend- und Auszubildendenvertretung. Jede Seite kann zu den Ausschusssitzungen Sachverständige hinzuziehen. Der Ausschuss gibt sich eine Geschäftsordnung.

5. Der Bildungsausschuss hat die Aufgaben
   - Verteilung des Jahresbudgets für betriebliche Berufsbildungsmaßnahmen auf die einzelnen Kostenstellen,
   - Festlegung der Inhalte der angebotenen betrieblichen Berufsbildungsmaßnahmen,
   - Auswahl der mit der Durchführung der betrieblichen Berufsbildungsmaßnahmen beauftragten Personen,
   - Auswahl der Teilnehmer an betrieblichen Berufsbildungsmaßnahmen,
   - Bestimmung der Verbindlichkeit oder Freiwilligkeit der betrieblichen Berufsbildungsmaßnahmen.
6. Der Ausschuss tritt vierteljährlich zusammen. Weitere Sitzungen finden auf Antrag der Betriebsleitung, des Betriebsrats oder der Jugend- und Auszubildendenvertretung statt.
7. Kommt es zwischen Betriebsleitung und Betriebsrat oder im Bildungsausschuss zu keiner Einigung, entscheidet die Einigungsstelle abschließend.
8. Die Bildungsmaßnahmen nach dieser Vereinbarung werden im Betrieb/Unternehmen/Konzern ausgeschrieben.
9. Bei der inhaltlichen und zeitlichen Gestaltung sowie bei der Auswahl der Teilnehmer an Bildungsmaßnahmen nach dieser Vereinbarung sind die Belange älterer Arbeitnehmer, Teilzeitbeschäftigter und befristet Beschäftigter sowie von Arbeitnehmern mit Familienpflichten zu berücksichtigen.
10. Arbeitgeber und Betriebsrat achten darauf, dass bei der Auswahl sowohl der Teilnehmer an Bildungsmaßnahmen als auch der mit deren Durchführung beauftragten Personen jede Benachteiligung aus Gründen von Rasse, ethnischer Herkunft, Geschlecht, Religion oder Weltanschauung, Behinderung, Alter oder sexueller Identität (§ 1 AGG) unterbleibt.
11. Arbeitgeberin und Betriebsrat verpflichten sich, die Weiterbildungsbereitschaft der Beschäftigten zu unterstützen und Eigeninitiativen zu fördern. Es werden Weiterbildungsmaßnahmen angeboten, deren Besuch obligatorisch oder freiwillig erfolgt. Die nähere Festlegung erfolgt durch den Bildungsausschuss.

Hinweis:
Vgl. DKW-*Buschmann*, § 97 Rn. 8ff.; § 98 Rn. 3ff. Statt der aus § 1 AGG entnommenen unzulässigen Kriterien könnte auch auf Art. 21 der Charta der Grundrechte der EU zurückgegriffen werden: Geschlecht, Rasse, Hautfarbe, ethnische oder soziale Herkunft, genetische Merkmale, Sprache, Religion oder Weltanschauung, politische oder sonstige Anschauung, Zugehörigkeit zu einer nationalen Minderheit, Vermögen, Geburt, Behinderung, Alter oder sexuelle Ausrichtung.

Dritter Unterabschnitt
Personelle Einzelmaßnahmen

§ 99 Mitbestimmung bei personellen Einzelmaßnahmen

(1) In Unternehmen mit in der Regel mehr als zwanzig wahlberechtigten Arbeitnehmern hat der Arbeitgeber den Betriebsrat vor jeder Einstellung, Eingruppierung, Umgruppierung und Versetzung zu unterrichten, ihm die erforderlichen Bewerbungsunterlagen vorzulegen und Auskunft über die Person der Beteiligten zu geben; er hat dem Betriebsrat unter Vorlage der erforderlichen Unterlagen Auskunft über die Auswirkungen der geplanten Maßnahme zu geben und die Zustimmung des Betriebsrats

zu der geplanten Maßnahme einzuholen. Bei Einstellungen und Versetzungen hat der Arbeitgeber insbesondere den in Aussicht genommenen Arbeitsplatz und die vorgesehene Eingruppierung mitzuteilen. Die Mitglieder des Betriebsrats sind verpflichtet, über die ihnen im Rahmen der personellen Maßnahmen nach den Sätzen 1 und 2 bekannt gewordenen persönlichen Verhältnisse und Angelegenheiten der Arbeitnehmer, die ihrer Bedeutung oder ihrem Inhalt nach einer vertraulichen Behandlung bedürfen, Stillschweigen zu bewahren; § 79 Abs. 1 Satz 2 bis 4 gilt entsprechend.

(2) Der Betriebsrat kann die Zustimmung verweigern, wenn

1. die personelle Maßnahme gegen ein Gesetz, eine Verordnung, eine Unfallverhütungsvorschrift oder gegen eine Bestimmung in einem Tarifvertrag oder in einer Betriebsvereinbarung oder gegen eine gerichtliche Entscheidung oder eine behördliche Anordnung verstoßen würde,

2. die personelle Maßnahme gegen eine Richtlinie nach § 95 verstoßen würde,

3. die durch Tatsachen begründete Besorgnis besteht, dass infolge der personellen Maßnahme im Betrieb beschäftigte Arbeitnehmer gekündigt werden oder sonstige Nachteile erleiden, ohne dass dies aus betrieblichen oder persönlichen Gründen gerechtfertigt ist; als Nachteil gilt bei unbefristeter Einstellung auch die Nichtberücksichtigung eines gleich geeigneten befristet Beschäftigten,

4. der betroffene Arbeitnehmer durch die personelle Maßnahme benachteiligt wird, ohne dass dies aus betrieblichen oder in der Person des Arbeitnehmers liegenden Gründen gerechtfertigt ist,

5. eine nach § 93 erforderliche Ausschreibung im Betrieb unterblieben ist oder

6. die durch Tatsachen begründete Besorgnis besteht, dass der für die personelle Maßnahme in Aussicht genommene Bewerber oder Arbeitnehmer den Betriebsfrieden durch gesetzwidriges Verhalten oder durch grobe Verletzung der in § 75 Abs. 1 enthaltenen Grundsätze, insbesondere durch rassistische oder fremdenfeindliche Betätigung, stören werde.

(3) Verweigert der Betriebsrat seine Zustimmung, so hat er dies unter Angabe von Gründen innerhalb einer Woche nach Unterrichtung durch den Arbeitgeber diesem schriftlich mitzuteilen. Teilt der Betriebsrat dem Arbeitgeber die Verweigerung seiner Zustimmung nicht innerhalb der Frist schriftlich mit, so gilt die Zustimmung als erteilt.

(4) Verweigert der Betriebsrat seine Zustimmung, so kann der Arbeitgeber beim Arbeitsgericht beantragen, die Zustimmung zu ersetzen.

Inhaltsübersicht Rn.

Arbeitshilfen

1. Schaubild

1 **Durchführung einer personellen Einzelmaßnahme**

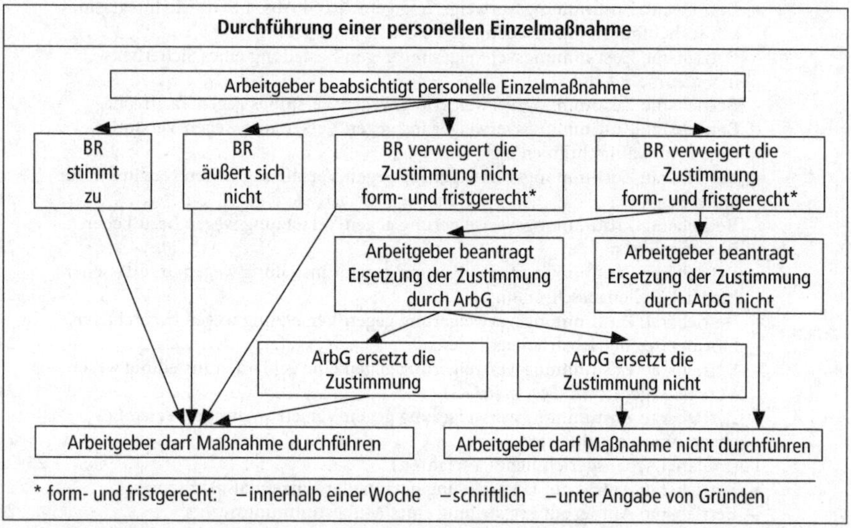

2. Checklisten

2 **Mitbestimmungspflichtige Einstellung**

Die Voraussetzungen einer mitbestimmungspflichtigen Einstellung sind z. B. in den nachfolgenden Fällen erfüllt:

- die Parteien haben einen rechtsgültigen befristeten oder unbefristeten Arbeitsvertrag abgeschlossen;
- ein faktisches Arbeitsverhältnis soll durch Eingliederung von Arbeitnehmer:innen in den Betrieb (Begründung des Direktionsrechts) begründet werden;
- ein:e Arbeitnehmer:in soll von einem in einen anderen Betrieb des Unternehmens versetzt werden (Einstellung beim aufnehmenden Betrieb);
- Praktikant:innen, Umschüler:innen oder Teilnehmende an einer berufsvorbereitenden Maßnahme sollen wie Arbeitnehmer:innen in den Betrieb eingegliedert werden (gilt auch im Falle externer Finanzierungen solcher Ausbildungsverhältnisse);
- Heimarbeitende, die in der Hauptsache für den beauftragenden Betrieb tätig sind;
- Einstellung von Auszubildenden;
- »freie« Mitarbeiter üben eine weisungsgebundene Tätigkeit aus, die einen engen Bezug zur Arbeitsorganisation des Arbeitgebers aufweist; das arbeitsrechtliche Weisungsrecht wird also von dem »Auftraggeber« ausgeübt und der Externe wie ein Arbeitnehmer in den Betrieb integriert. Das gilt auch dann, wenn Arbeitnehmer eines Dritten im Zusammenhang mit einem Werk- oder Dienstleistungsvertrag in den Betrieb des Auftraggebers eingegliedert werden (verdeckte Arbeitnehmerüberlassung);
- Leiharbeitnehmer:innen werden im Entleiherbetrieb beschäftigt;
- ein:e BufDi soll im Rahmen des Bundesfreiwilligendienstes im Betrieb beschäftigt werden;
- eine Ein-Euro-Kraft soll im Betrieb beschäftigt werden;

- Auszubildendee sollen nach Beendigung der Ausbildung gemäß § 24 BBiG in ein (befristetes oder unbefristetes) Arbeitsverhältnis übernommen werden. Das gilt nicht im Falle der Übernahme eines Mitglieds der JAV nach § 78a BetrVG;
- ein befristetes Arbeitsverhältnis wird verlängert oder in ein unbefristetes Arbeitsverhältnis umgewandelt;
- mit Beschäftigten in Elternzeit wird eine befristete Teilzeitarbeit auf dem bisherigen Arbeitsplatz vereinbart;
- Elternzeit wird vorzeitig beendet;
- die Arbeitszeit von Arbeitnehmer:innen wird in nicht unerheblichem Umfang erhöht;
- ein durch Aufhebungsvertrag rechtswirksam beendetes Arbeitsverhältnis soll neu begründet werden;
- ein:e Arbeitnehmer:in wird über eine Altersgrenze, bei deren Erreichen das Arbeitsverhältnis ohne Kündigung geendet hätte, hinaus beschäftigt;
- ein:e Arbeitnehmer:in wird aufgrund eines Gestellungsvertrags in die Arbeitsorganisation eines anderen Betriebsinhabers eingegliedert;
- Beamte werden in einen privatrechtlich organisiert Betrieb abgeordnet bzw. zugewiesen;
- leitende Angestellte sollen in die Gruppe der nicht leitenden Angestellten herabgestuft werden.

Mitbestimmungspflichtige Versetzung 3

Die Voraussetzungen einer mitbestimmungspflichtigen Versetzung sind in den nachfolgenden Fällen erfüllt:

- Arbeitnehmer:innen wird ein anderer Arbeitsbereich (räumlich oder funktional) für die Dauer von voraussichtlich mehr als einem Monat zugewiesen; der neue Arbeitsplatz weicht von dem bisherigen dergestalt ab, dass sich das Gesamtbild der Tätigkeit ändert;
- die neu zugewiesene Arbeit ist in einem räumlich weit entfernten Betriebsteil zu erbringen;
- der zugewiesene neue Arbeitsbereich ist – unabhängig von der Dauer – mit einer erheblichen Änderung der Umstände verbunden, unter denen die Arbeit zu leisten ist;
- insbesondere: erstmalige Zuordnung von Beschäftigten zu agilen Teams

Mitbestimmungspflichtige Eingruppierung 4

Die Voraussetzungen einer mitbestimmungspflichtigen Eingruppierung sind in den nachfolgenden Fällen erfüllt:

- Arbeitnehmer:innen sollen in einen für den Betrieb geltenden Tarifvertrag eingruppiert werden. Das gilt auch dann, wenn der Tarifvertrag »nur« nachwirkt;
- Arbeitnehmer:innen (auch außertariflich) sollen erstmals einer bestehenden betrieblichen Lohn- bzw. Gehaltsgruppe zugeordnet werden;
- es wird eine neue betriebliche oder tarifliche Vergütungsordnung eingeführt: alle betroffenen Arbeitnehmer:innen werden neu eingruppiert;
- Arbeitnehmer:innen sollen in eine bestimmte Stufe einer – meist betrieblichen – Zulagenordnung eingruppiert werden;
- die Tätigkeit von Heimarbeitenden soll in den nach § 19 Heimarbeitsgesetz vorgesehenen Entgeltgruppen vorgenommen werden;

- Arbeitnehmer:innen soll eine Vergütungsgruppe eines betrieblich vereinbarten Vergütungsbandes für außertarifliche Angestellte zugewiesen werden.

5 **Mitbestimmungspflichtige Umgruppierung**

Die Voraussetzungen einer mitbestimmungspflichtigen Umgruppierung sind in den nachfolgenden Fällen erfüllt:

- Arbeitnehmer:innen sollen aufgrund einer Veränderung des Arbeitsvertrags oder als Folge des Direktionsrechts des Arbeitgebers herauf- oder herabgruppiert werden;
- die Änderung oder erstmalige Einführung der tariflichen oder betrieblichen Entgeltgruppeneinteilung soll zu einer Neueingruppierung der gesamten Belegschaft oder einer Gruppe von Arbeitnehmer:innen führen;
- Stufenänderungen bei Entgeltsystemen mit Berufsjahresstaffel;
- eine fehlerhafte Eingruppierung soll berichtigt werden;
- außertarifliche Angestellte sollen in das tarifliche Vergütungssystem herabgruppiert bzw. Tarifangestellte sollen zu außertariflichen Angestellten »befördert« werden, wenn es für AT-Beschäftigte Vergütungsbänder gibt;
- eine Angestelltentätigkeit soll auf gewerbliche Arbeitnehmer:innen übertragen werden oder umgekehrt;
- Auszubildende sollen nach Beendigung der Ausbildung gemäß § 24 BBiG oder § 78a BetrVG in ein (befristetes oder unbefristetes) Arbeitsverhältnis übernommen werden und werden als Folge dessen dem betrieblichen oder tariflichen Vergütungsgruppensystem zugeordnet;
- Arbeitnehmer:innen sollen in eine andere Fallgruppe derselben Vergütungsgruppe eingestuft werden.

6 **Formale Voraussetzungen der Unterrichtung**

Formale Voraussetzungen der Unterrichtung sind insbesondere

- Unterrichtung gegenüber einem empfangsberechtigten Betriebsratsmitglied (Betriebsratsvorsitzende:r, im Falle seiner Verhinderung seine Stellvertretung, evtl. auch Vorsitzende:r des Personalausschusses);
- für den Fall der beabsichtigten Unterschreitung der Wochenfrist: unverzügliche Unterrichtung des Betriebsrats über eine beabsichtigte vorläufige personelle Einzelmaßnahme;
- die Unterrichtung muss nicht schriftlich erfolgen.

7 **Inhaltliche Voraussetzungen der Unterrichtung**

Inhaltliche Voraussetzungen einer ordnungsgemäßen Unterrichtung sind insbesondere

- vorgesehener Einstellungs-/Versetzungs-/Eingruppierungs-/Umgruppierungstermin;
- Vorlage der persönlichen Daten und Unterlagen (Bewerbungsschreiben, Lebenslauf, Zeugnisse, Lichtbild, Personalfragebogen) aller für die Einstellung/Versetzung in Betracht kommender Bewerber:innen;

- bei Einschaltung einer Personalberatung: Hat der Arbeitgeber bei der Personalsuche eine Personalberatung eingeschaltet und sind von diesem Daten und Unterlagen aller in Betracht kommenden Bewerber zur Verfügung gestellt worden?
- Vorlage der vom Arbeitgeber erhobenen Daten der Bewerber:innen um einen Arbeitsplatz (auch solcher, die in einem Vorstellungsgespräch erhoben wurden);
- ausreichende Beschreibung des Arbeitsplatzes der für die Einstellung/Versetzung vorgesehenen Arbeitnehmer:innen (Vorlage einer Arbeitsplatzbeschreibung);
- ausreichende Beschreibung des Aufgabenbereichs der Arbeitnehmer:innen unter Berücksichtigung der beabsichtigten Eingruppierung/Umgruppierung: sowohl bzgl. tariflicher wie auch außertariflicher Vergütungssysteme;
- Definition der voraussichtlichen Lage der Arbeitszeit bei teilzeitbeschäftigten Arbeitnehmer:innen;
- Begründung eines unbefristeten oder befristeten Arbeitsverhältnisses;
- für den Fall der beabsichtigten Begründung eines befristeten Arbeitsverhältnisses: Beachtung des Schriftformerfordernisses nach § 14 Abs. 4 TzBfG und Nachweis gegenüber dem Betriebsrat;
- Darstellung der konkreten Auswirkungen der beabsichtigten personellen Einzelmaßnahme, insbesondere auf die vorhandenen Arbeitsplätze.

3. Übersichten

Fristenbestimmung 8

Will der Betriebsrat die Zustimmung zu einer vom Arbeitgeber geplanten personellen Einzelmaßnahme verweigern, so muss er dies unter Angabe von Gründen innerhalb einer Woche nach Unterrichtung durch den Arbeitgeber schriftlich mitteilen, § 99 Abs. 3 BetrVG. Lässt der Betriebsrat diese Frist verstreichen, so gilt die Zustimmung als erteilt.
Die Fristenberechnung erfolgt gemäß §§ 186ff. BGB. § 187 Abs. 1 BGB lautet wie folgt:
»Ist für den Anfang einer Frist ein Ereignis oder ein in den Lauf eines Tages fallender Zeitpunkt maßgebend, so wird bei der Berechnung der Frist der Tag nicht mitgerechnet, in welchen das Ereignis oder der Zeitpunkt fällt.«
Gemäß § 188 Abs. 2 BGB endet eine nach Wochen bestimmte Frist mit Ablauf desjenigen Tages der letzten Woche, welcher durch seine Benennung dem Tage entspricht, in den das Ereignis – also die Unterrichtung über die beabsichtigte personelle Einzelmaßnahme – fällt.
Folgende Faustregel findet Anwendung: Die Zustimmungsverweigerung und Stellungnahme gegenüber dem Arbeitgeber haben immer mit Ablauf des namentlich gleichen Wochentages der darauf folgenden Woche, an dem die Information des Arbeitgebers dem Betriebsrat zugegangen ist, zu erfolgen.
Als Besonderheit ist zu beachten: Fällt das Ende einer Frist auf einen Samstag, Sonn- oder einen staatlich anerkannten allgemeinen Feiertag, dann tritt nach § 193 BGB an die Stelle eines solchen Tages der nächste Werktag.

> **Beispiel 1:**
> Ist die Arbeitgebermitteilung einem empfangsberechtigten Betriebsratsmitglied am Mittwoch, dem 5.8.2026 zugegangen, dann muss die Zustimmungsverweigerung gegenüber dem Arbeitgeber vor Ablauf des darauffolgenden Mittwochs, dem 12.8.2026, erfolgen und diesem zugestellt werden.

> **Beispiel 2:**
> Ist die Arbeitgebermitteilung einem empfangsberechtigten Betriebsratsmitglied am Freitag, dem 26.3.2026, zugegangen, so muss die Zustimmungsverweigerung gegenüber dem Arbeitgeber eigentlich vor Ablauf des darauffolgenden Freitags, dem 3.4.2026, erfolgen. Hierbei handelt es sich jedoch um den Karfreitag und damit um einen staatlich anerkannten

allgemeinen Feiertag. Daher endet die Frist für die Zustimmungsverweigerung erst mit Ablauf des 7.4.2026, dem Dienstag nach Ostern.

9 **Voraussetzungen für eine ordnungsgemäße Beschlussfassung des Betriebsrats**

Vorbemerkung

Die Beschlussfassung im Betriebsrat bzw. in dem vom Betriebsrat beauftragten Personalausschuss über die vom Arbeitgeber beabsichtigte personelle Einzelmaßnahme bestimmt sich nach § 33 BetrVG.

Eine fehlerhafte Beschlussfassung hat zur Folge, dass die Zustimmung zu der beabsichtigten personellen Maßnahme als erteilt gilt.

Eine ordnungsgemäße Beschlussfassung setzt zunächst eine »richtige« Ladung voraus, d.h. die beabsichtigte personelle Maßnahme, die Gegenstand der Betriebsratssitzung sein soll, muss grundsätzlich auf der Tagesordnung bezeichnet sein. Darüber hinaus muss die Abstimmung den gesetzlichen Bestimmungen entsprechend erfolgen.

Zu der Beratung sind alle Betriebsrats- bzw. Ausschussmitglieder gemäß § 29 Abs. 2 BetrVG zu laden.

Formulierungsvorschlag für die Ladung zur Betriebsratssitzung

Betriebsratsvorsitzende:r Ort, Datum

Arbeitgeber Firmenbezeichnung, Adresse

An die Betriebsratsmitglieder

Namen

Einladung zur Betriebsratssitzung am Datum

Liebe Kolleginnen und Kollegen,

hiermit lade ich zur Betriebsratssitzung am Datum um in unser Sitzungszimmer ein.

Folgende Tagesordnung ist vorgesehen:

1. Genehmigung des Protokolls der letzten Betriebsratssitzung vom Datum
2.
3. Personelle Einzelmaßnahmen:
   Stellungnahme zu der vom Arbeitgeber zum Datum geplanten Versetzung von Herrn Arbeitnehmer in die Personalabteilung.
   Als Anlage beigefügt ist die Unterrichtung durch den Arbeitgeber über die personelle Einzelmaßnahme auf dem hierfür vorgesehenen Formblatt.
4. Verschiedenes (ohne Beschlussfassung)

Um vollzählige Teilnahme an der Sitzung wird gebeten. Sollten einzelne Mitglieder verhindert sein, bitte ich um unverzügliche Nachricht, damit ein Ersatzmitglied geladen werden kann.

Anlage: Unterrichtungsbogen des Arbeitgebers

Hinweis:

Der Beschluss, ob der Maßnahme zugestimmt oder ob sie abgelehnt werden soll, wird mit einfacher Stimmenmehrheit gefasst. Bei Stimmengleichheit gilt der Antrag gemäß § 33 Abs. 1 BetrVG als abgelehnt. Stimmenhaltungen wirken wie Nein-Stimmen, da es auf die Mehrheit der anwesenden Betriebsratsmitglieder ankommt.

Vorschlag für eine Dokumentation des Abstimmungsergebnisses in der Sitzungsniederschrift:

Auszug aus der Sitzungsniederschrift der Betriebsratssitzung vom Datum

zu TOP 3:

Der Betriebsrat hat einstimmig (ggf. andere Stimmverteilung vermerken) beschlossen, der vom Arbeitgeber beantragten Versetzung von Herrn Arbeitnehmer in die Personalabteilung zu-

zustimmen (bzw. die Zustimmung zu verweigern, weil die personelle Einzelmaßnahme gegen § 99 Abs. 2 Ziff. 3 verstößt).
Begründung (nur im Falle der Zustimmungsverweigerung): .

4. Formulare (Innerbetriebliches Verfahren)

Arbeitgeber: Antrag auf Zustimmung zu einer Einstellung/Eingruppierung 10

Vorbemerkung
Der Arbeitgeber hat den Betriebsrat **vor jeder** von § 99 BetrVG erfassten **personellen Maßnahme zu unterrichten**. Die Unterrichtung muss ordnungsgemäß, d. h. **rechtzeitig** und inhaltlich **vollständig** (DKW-*Wenckebach*, § 99 Rn. 135ff. und 140ff.) sein. Hierzu zählt bei Einstellungen und ggf. auch bei Versetzungen auch die beabsichtigte Eingruppierung und die Vorlage der Bewerbungsunterlagen (DKW-*Wenckebach*, § 99 Rn. 154 und 159). Die Unterrichtung des Arbeitgebers muss unter Vorlage der erforderlichen Unterlagen auch Stellung nehmen zu den Auswirkungen der beabsichtigten personellen Einzelmaßnahme im Betrieb (DKW-*Wenckebach*, § 99 Rn. 157ff.). Die Unterrichtung ist an keinerlei Form gebunden. Die schriftliche Unterrichtung ist jedoch dem Arbeitgeber schon aus Beweisgründen zu empfehlen (DKW-*Wenckebach*, § 99 Rn. 138ff.). Die Unterrichtung durch den Arbeitgeber löst eine Einwochenfrist aus, innerhalb derer der Betriebsrat seine Zustimmung verweigern kann (§ 99 Abs. 3 Satz 1 BetrVG, zur Fristberechnung siehe Rn. 8) bzw. nach deren widerspruchslosem Ablauf die Zustimmung als erteilt gilt (§ 99 Abs. 3 Satz 2 BetrVG). Nach fristgerecht verweigerter Zustimmung muss der Arbeitgeber (beharrt er auf der Maßnahme) die Zustimmung beim Arbeitsgericht ersetzen lassen (§ 99 Abs. 4 BetrVG) und ggf. ein Verfahren zur vorläufigen Durchführung der personellen Maßnahme einleiten (§ 100 BetrVG). Rechtsfolgen verspäteter oder unvollständiger Information können sein:

- Die Frist für die Zustimmungserklärung des Betriebsrats wird nicht in Gang gesetzt mit der Folge, dass die Zustimmung weder gem. § 99 Abs. 3 BetrVG als ersetzt gilt noch gemäß § 99 Abs. 4 BetrVG durch das Arbeitsgericht ersetzt werden kann (DKW-*Wenckebach*, § 99 Rn. 170ff. und 239ff.).
- Eine trotzdem durchgeführte Maßnahme kann gemäß § 101 BetrVG vom Betriebsrat unterbunden werden (DKW-*Wenckebach*, § 101 Rn. 4).
- In schwerwiegenden Fällen ist ein Unterlassungsverfahren gemäß § 23 BetrVG möglich (DKW-*Wenckebach*, § 101 Rn. 19ff.).
- Schließlich liegt in einer verspäteten oder unvollständigen Unterrichtung eine Ordnungswidrigkeit gemäß § 121 BetrVG.

Der Einstellungsfragebogen ist ein Personalfragebogen i. S. v. § 94 Abs. 1 BetrVG und bedarf daher der Zustimmung des Betriebsrats. Im Streitfall entscheidet über den Inhalt des Fragebogens die Einigungsstelle (vgl. DKW-*Klebe*, § 94 Rn. 56).

Arbeitgeber Firmenbezeichnung, Adresse Ort, Datum 11

An die/den
Betriebsratsvorsitzende:n/Vorsitzende:n des
Betriebsausschusses/Personalausschusses
im Hause
Einstellung und Eingruppierung
Wir unterrichten Sie gemäß § 99 Abs. 1 BetrVG über die beabsichtigte Einstellung von Frau Name zum Datum.
Name:
Vorname:
Wohnort:
Straße:

A. Persönliche Daten
Geburtsdatum:
Familienstand:
Anzahl Kinder:

Besondere Sozialdaten, soweit bekannt:
Ausbildung:
Zusätzliche Qualifikationen:

B. Zu besetzender Arbeitsplatz
Abteilung:

Arbeitsplatz gemäß Stellenbeschreibung/Organigramm:
Nummer der internen Stellenausschreibung:

Tarifliche Eingruppierung in der Probezeit:

(ggf. vorgesehene übertarifliche Vergütung:)

Eingruppierung nach der Probezeit:

(ggf. Anpassung der übertariflichen Vergütung:)

Dauer des beabsichtigen Beschäftigungsverhältnisses:
Ausführliche Begründung für die Einstellung:

Auswirkungen der Einstellung im Betrieb:

C. Sonstige Bewerber um den vakanten Arbeitsplatz
Namen: Vornamen:

(ggf. weitere Namen und Ergänzungsblatt!)
Die Bewerbungsunterlagen können vom Betriebsrat jederzeit in der Personalabteilung/im Bewerberportal eingesehen werden.
Auf Wunsch des Betriebsrats können die Bewerbungsunterlagen auch ausgehändigt werden. Um Zustimmung des Betriebsrats zur vorgesehenen Einstellung und Eingruppierung von Frau Name zum Datum wird gemäß § 99 Abs. 1 BetrVG gebeten.
Empfangsbestätigung (Antwortformular) zum Unterrichtungsbogen
Vorbemerkung
Die schriftliche Durchführung des gesamten Einstellungsverfahrens ist zwar nicht gesetzlich vorgesehen, jedoch schon aus Beweisgründen zu empfehlen, wie z. B. die Frage, ob der Betriebsrat die Zustimmungsverweigerungsfrist von einer Woche nach § 99 Abs. 3 BetrVG eingehalten hat, überdeutlich zeigt.

Empfangsbestätigung zur Unterrichtung über die beabsichtigte Einstellung und Eingruppierung von Frau Name
Der Betriebsrat bestätigt gegenüber der Personalleitung hiermit, dass er am Datum den Unterrichtsbogen über die geplante Einstellung und Eingruppierung von Frau Name erhalten hat.
Wir werden Sie unverzüglich davon in Kenntnis setzen, wenn wir die Unterrichtung für nicht ordnungsgemäß erachten.

Betriebsrat: Zustimmung zu der beabsichtigen Einstellung/Eingruppierung 12

Betriebsrat
Arbeitgeber Firmenbezeichnung, Adresse Ort, Datum

An die Geschäftsleitung Arbeitgeber
z. Hd. der Personalleiterin Name
im Hause

Zustimmung zur geplanten Einstellung von Herrn Name
Ihre Unterrichtung vom Datum

Sehr geehrte Personalleiterin,
der Betriebsrat hat auf seiner Betriebsratssitzung am Datum Ihren Antrag auf Zustimmung zur geplanten Einstellung von Herrn Name zum Datum für die Abteilung ___ als Funktionsbezeichnung eingehend beraten und beschlossen, dieser Einstellung zuzustimmen. Das gleiche gilt auch für die von Ihnen vorgeschlagene Eingruppierung auf dem für Herrn Name vorgesehenen Arbeitsplatz in die Vergütungsgruppe ___ des geltenden Tarifvertrages.
Beigefügt erhalten Sie die uns überlassenen Bewerbungsunterlagen sowie die von Ihnen erstellten Informationsunterlagen zurück.
Anlagen:
- Personalfragebogen
- Lebenslauf
- Bewerbungsschreiben
- drei Zeugnisse
- Unterrichtungsbogen

Arbeitgeber: Antrag Erteilung der Zustimmung für Versetzung/Umgruppierung 13

An den
Betriebsrat
z. Hd. Betriebsratsvorsitzende:n Name

Sehr geehrte:r Betriebsratsvorsitzende:r,
wir bitten höflichst um Zustimmung zu der Versetzung von Arbeitnehmer.
Zur Begründung dürfen wir auf folgenden Sachverhalt verweisen:
1. Arbeitnehmer ist seit dem Datum als Bankkaufmann in Vollzeit bei uns beschäftigt. Zuletzt war er als Mitarbeiter in der TG 7 des geltenden Manteltarifvertrages in der Wertpapierserviceabteilung unseres Hauses tätig. Wie Sie wissen, wurde in dieser Abteilung in den vergangenen Monaten in großem Umfang Personal abgebaut. Auch für Arbeitnehmer sehen wir keine Zukunft in diesem Bereich.
2. Arbeitnehmer hat sich jedoch bereit erklärt, nach entsprechender Qualifizierung eine Aufgabe im Immobilienmanagement unseres Hauses zu übernehmen. Vor Übernahme seiner derzeitigen Aufgabe in der Wertpapierserviceabteilung war er schon einmal für ein Jahr in diesem Bereich beschäftigt. Wir glauben, dass wir Arbeitnehmer dort einen attraktiven Arbeitsplatz bieten können und haben mit ihm auch Einvernehmen über die notwendigen Qualifizierungsmaßnahmen erzielen können. Eine Tätigkeitsbeschreibung für den in Aussicht genommenen neuen Arbeitsplatz haben wir als Anlage beigefügt.
3. Zugleich bitten wir um Zustimmung zur Umgruppierung von Arbeitnehmer in die TG 6. Nach dem geltenden Tarifvertrag ist für die mit Arbeitnehmer vereinbarte neue Tätigkeit lediglich die TG 6 vorgesehen. Arbeitnehmer ist mit dieser Umgruppierung einverstanden. Wir beabsichtigen,

die Differenz zu seinem bisherigen Gehalt als feste Zulage zu dem neuen Tarifgehalt zu gewähren. Allerdings werden wir zukünftige Tarifsteigerungen auf diese Zulage anrechnen. Auch mit dieser Regelung ist Arbeitnehmer einverstanden.

14 **Betriebsrat: Fehlende Information bei beabsichtigter Einstellung**

Vorbemerkung

Nach der Rechtsprechung des BAG berechtigt die nicht ordnungsgemäße Unterrichtung des Betriebsrats nicht zum Widerspruch gemäß § 99 Abs. 2 Nr. 1 BetrVG wegen eines Gesetzesverstoßes (DKW-*Wenckebach*, § 99 Rn. 131, 197). Die betriebsverfassungsrechtliche Sanktion liegt ausschließlich im Verfahren nach §§ 99, 100 BetrVG selbst. Demnach beginnt die **Frist** gemäß § 99 Abs. 3 BetrVG nicht zu laufen mit der Folge, dass die Zustimmung des Betriebsrats auch nicht im Gerichtsverfahren ersetzt werden kann. Hat der Arbeitgeber allerdings innerhalb der Wochenfrist eine Information gegeben, die – auf den ersten Blick – alle Positionen erfasst, die üblicherweise zu einer ordnungsgemäßen Information gehören, dann darf der Betriebsrat, der diese Information für unvollständig hält, sich nicht »zurücklehnen« im Vertrauen darauf, dass er dies dem Arbeitgeber im Zustimmungsersetzungsverfahren später entgegenhalten könne. Das BAG verlangt vielmehr vom Betriebsrat aus dem Grundsatz der vertrauensvollen Zusammenarbeit, den Arbeitgeber innerhalb der Wochenfrist des § 99 Abs. 3 BetrVG auf eine etwaige Unzulänglichkeit seiner Informationen hinzuweisen und entsprechende **Nachfragen** zu stellen (diesen Hinweis kann der Betriebsrat selbstverständlich mit einer »hilfsweisen« Zustimmungsverweigerung verbinden). Unterlässt dies der Betriebsrat, so kann er sich nach Ablauf der Wochenfrist nicht darauf berufen, seine Zustimmung könne mangels ordnungsgemäßer Information nicht als ersetzt gelten und auch im Verfahren gemäß Abs. 4 nicht mehr ersetzt werden. Gibt der Arbeitgeber auf Nachfrage **ergänzende Informationen,** fängt die **Frist** des § 99 Abs. 3 BetrVG erneut an zu laufen.

15 Betriebsratsvorsitzende:r Ort, Datum
Arbeitgeber Firmenbezeichnung, Adresse

An die Geschäftsleitung Arbeitgeber
z. Hd. des Personalleiters Name
im Hause

Ihre Mitteilung vom Datumzu einer beabsichtigten Einstellung

Sehr geehrte:r Personalleiter:in,
durch das Mitglied unseres Betriebsrats Name habe ich heute erfahren, dass Sie beabsichtigen, kurzfristig in der Marketingabteilung eine neue Mitarbeiterin einzustellen, um den auch aus unserer Sicht erheblichen Arbeitsanfall und die zwischenzeitlich eingetretene Vakanz durch die Kündigung von Arbeitnehmer zu bewältigen.
Wir dürfen schon heute darauf hinweisen, dass wir auch in diesem Fall auf der ordnungsgemäßen Durchführung des Unterrichtungsverfahrens gemäß § 99 Abs. 1 BetrVG bestehen müssen. Nur vollständigkeitshalber weisen wir darauf hin, dass Sie nach dieser Bestimmung dem Betriebsrat u. a. vor jeder Einstellung die erforderlichen Bewerbungsunterlagen vorzulegen, den zu besetzenden Arbeitsplatz zu beschreiben und die vorgesehene Eingruppierung mitzuteilen haben. Wir möchten Sie bitten, dies kurzfristig nachzuholen.
Wir weisen auch darauf hin, dass Sie die Mitteilung an einen nicht empfangsberechtigten Betriebsratskollegen gegeben haben. Ihr Ansprechpartner im Betriebsrat ist grundsätzlich dessen Vorsitzende:r, im Verhinderungsfall dessen Stellvertretung. Grundsätzlich hat der Betriebsrat nach ordnungsgemäßer Information eine Woche Zeit für die Abgabe einer Stellungnahme. Auch

hierauf möchten wir aus heutiger Sicht, auch um etwaigen anderen Bewerber:innen eine Chance zu geben, bestehen. In diesem Zusammenhang verweisen wir schon jetzt auf unsere Betriebsvereinbarung zur Konkretisierung von § 93 BetrVG hin, die zunächst eine innerbetriebliche Stellenausschreibung vorsieht.

Betriebsrat: Zustimmungsverweigerung gegen Einstellung wegen Verstoßes gegen ein Gesetz 16

Vorbemerkung
Es existieren eine Vielzahl von Einzelfällen, die den Betriebsrat berechtigen, die Zustimmung zu einer personellen Einzelmaßnahme wegen Verstoßes gegen ein Gesetz zu verweigern (vgl. im Einzelnen DKW-*Wenckebach*, § 99 Rn. 197ff.). In den folgenden Beispielen geht es um einen Verstoß gegen das JArbSchG und um einen Verstoß gegen das AÜG.

Betriebsrat Ort, Datum
Arbeitgeber Firmenbezeichnung, Adresse

An die Geschäftsleitung Arbeitgeber
z. Hd. Personalleiter:in Name
im Hause

Geplante Einstellung von Frau Name
Ihre Unterrichtung vom Datum

Sehr geehrte:r Personalleiter:in,
der Betriebsrat hat sich auf einer ordnungsgemäß einberufenen Betriebsratssitzung am Datum mit Ihrem Antrag auf Zustimmung zur geplanten Einstellung von Frau Name zum Datum eingehend befasst und beschlossen, dieser Einstellung die Zustimmung nach § 99 Abs. 2 Nr. 1 BetrVG zu verweigern.
Ausweislich Ihrer Unterrichtung ist Frau Name zum geplanten Einstellungstermin noch Jugendliche im Sinne des Jugendarbeitsschutzgesetzes, weil sie zu diesem Zeitpunkt das 18. Lebensjahr noch nicht vollendet hat.
Gemäß § 23 Abs. 1 Jugendarbeitsschutzgesetz dürfen Jugendliche nicht mit Akkordarbeit und sonstigen Arbeiten, bei denen durch ein gesteigertes Arbeitstempo ein höheres Entgelt erzielt werden kann, beschäftigt werden. Dieses Verbot gilt auch dann, wenn Jugendliche in einer Arbeitsgruppe mit erwachsenen im Akkord arbeitenden Arbeitnehmer:innen tätig sind.
In der Abteilung , in der Frau Name beschäftigt werden soll, wird ausschließlich im Akkord gearbeitet. Frau Name verfügt weder über eine Berufsausbildung für diese Beschäftigung, noch ist die Beschäftigung in dieser Abteilung zur Erreichung des Ausbildungsziels von Frau Name erforderlich.
Wir möchten Sie deshalb auffordern, von der geplanten Einstellung von Frau Name auf diesem Arbeitsplatz Abstand zu nehmen.

Betriebsrat Ort, Datum
Arbeitgeber Firmenbezeichnung, Adresse

An die Geschäftsleitung Arbeitgeber
z. Hd. Personalleiter:in Name
im Hause
Geplante Einstellung der Leih-AN Frau Name

Ihre Unterrichtung vom Datum

Sehr geehrte:r Personalleiter:in,

der Betriebsrat hat sich auf einer ordnungsgemäß einberufenen Betriebsratssitzung am Datum mit Ihrem Antrag auf Zustimmung zur geplanten Einstellung von Frau Name zum Datum eingehend befasst und beschlossen, dieser Einstellung die Zustimmung nach § 99 Abs. 2 Nr. 1 BetrVG zu verweigern.

Frau Name soll ausweislich Ihrer Unterrichtung nicht nur vorübergehend eingestellt werden. Vielmehr ist beabsichtigt, die als betriebliche Planstelle ausgewiesene Position einer Funktionsbezeichnung künftig dauerhaft mit Leiharbeitnehmer:innen zu besetzen. Da das AÜG die Beschäftigung von Leiharbeitnehmer:innen nur vorübergehend zulässt, liegt in der geplanten Stellenbesetzung ein Verstoß gegen eine gesetzliche Bestimmung vor, der den Betriebsrat zur Verweigerung der Zustimmung berechtigt. Von diesem Zustimmungsverweigerungsrecht macht der Betriebsrat hiermit Gebrauch.

Wir möchten Sie deshalb auffordern, von der geplanten Einstellung von Frau Name auf diesem Arbeitsplatz Abstand zu nehmen.

17 **Betriebsrat: Zustimmungsverweigerung gem. § 164 Abs. 1 SGB IX (Integration schwerbehinderter Menschen)**

Vorbemerkung

Nach § 164 Abs. 1 SGB IX muss der Arbeitgeber prüfen, ob freie Arbeitsplätze mit schwerbehinderten Menschen, insbesondere mit bei der Agentur für Arbeit gemeldeten schwerbehinderten Menschen, besetzt werden können. Dies wird häufig übersehen.

Betriebsrat — Ort, Datum

Arbeitgeber Firmenbezeichnung, Adresse

An die Geschäftsleitung Arbeitgeber
z. Hd. Personalleiter:in Name
im Hause

Zustimmungsverweigerung zur geplanten Einstellung von Herrn Name
Ihre Unterrichtung vom Datum

Sehr geehrte:r Personalleiter:in,

der Betriebsrat hat auf seiner ordentlichen Betriebsratssitzung am Datum beschlossen, Ihrem Antrag auf Zustimmung zur geplanten Einstellung von Herrn Name als Controller gemäß § 99 Abs. 2 Nr. 1 BetrVG die Zustimmung zu verweigern.

Der Betriebsrat ist der Auffassung, dass für die Besetzung der demnächst freiwerdenden Stelle auch schwerbehinderte Menschen in Betracht kommen. Gemäß § 164 Abs. 1 SGB IX sind Arbeitgeber verpflichtet, sich im Rahmen der Prüfung, ob Arbeitsplätze mit schwerbehinderten Menschen besetzt werden können, durch die Bundesagentur für Arbeit entsprechende Vermittlungsvorschläge machen zu lassen.

Da sich bei den uns vorgelegten Unterlagen keine Hinweise darauf finden, dass sie zunächst mit der Agentur für Arbeit zur Erfüllung Ihrer Verpflichtungen aus § 164 Abs. 1 SGB IX Kontakt aufgenommen haben, müssen wir leider davon ausgehen, dass Sie dieser Verpflichtung nicht nachgekommen sind.

Betriebsrat: Zustimmungsverweigerung gegen Bestellung eines Sicherheitsingenieurs 18

Vorbemerkung

Die Zustimmung zur Bestellung von betrieblichen Beauftragten (Einstellung oder Versetzung) kann verweigert werden, wenn die jeweiligen durch Gesetz oder Verordnung festgelegten Anforderungen nicht erfüllt sind. In Frage kommt die Zustimmungsverweigerung in folgenden Fällen:

- Abfallbeauftragte (§ 1 AbfBeauftrV)
- Beauftragte für Biologische Sicherheit (§§ 16f. Gentechnik-SicherheitsV)
- Datenschutzbeauftragte (§ 37 ff. BDSG)
- Gefahrgutbeauftragte (§ 3 GefahrgutbeauftragtenV)
- Immissionsschutzbeauftragter (§§ 53 ff. BImSchG)
- Kerntechnische Sicherheitsbeauftragte (§ 2 Atomrechtliche Sicherheitsbeauftragten- und MeldeV)
- Störfallbeauftragte (§ 58a BImSchG)
- Strahlenschutzbeauftragte (§ 43 StrahlenSchV)

Betriebsrat Ort, Datum
Arbeitgeber Firmenbezeichnung, Adresse

An die Geschäftsleitung Arbeitgeber
z. Hd. der Geschäftsführung Name
im Hause

Zustimmungsverweigerung zur geplanten Bestellung von Herrn Name zur Sicherheitsfachkraft
Ihre Unterrichtung vom Datum

Sehr geehrte Damen und Herren,
der Betriebsrat hat in seiner Sitzung vom Datum beschlossen, der von Ihnen geplanten Versetzung von Herrn Name gemäß § 99 Abs. 2 Nr. 1 BetrVG die Zustimmung zu verweigern.
Die Bestellung von Herrn Name zum Sicherheitsfachingenieur verstößt gegen § 7 ASiG, da er die dort geforderte fachliche Qualifikation für diese Tätigkeit nicht besitzt. Entsprechende Lehrgänge der Berufsgenossenschaft zur Erlangung der erforderlichen sicherheitstechnischen Fachkunde hat Herr Name in den vergangenen Jahren nicht besucht.
Neben der fehlenden fachlichen Eignung bleibt Herrn Name unter Zugrundelegung seines derzeitigen Tätigkeitsbereichs und Aufgabenumfangs auch nicht genügend Zeit, um die zusätzliche Aufgabe als Sicherheitsingenieur entsprechend den gesetzten Anforderungen zu erfüllen. Nach den Richtlinien der zuständigen Berufsgenossenschaft muss der Sicherheitsingenieur für diese Tätigkeit zu mindestens 25 % der Arbeitszeit einer Vollzeitkraft freigestellt sein.
Wir müssen Sie nochmals auffordern, nunmehr in Kürze einen akzeptablen Vorschlag für die Besetzung der Stelle des Sicherheitsingenieurs zu unterbreiten.

Betriebsrat: Zustimmungsverweigerung wegen Verstoßes gegen Tarifrecht 19

Vorbemerkung

Der Verstoß personeller Einzelmaßnahmen gegen einen **Tarifvertrag** (vgl. DKW-*Wenckebach*, § 99 Rn. 200) kommt infrage, wenn dieser für die Betroffenen gilt. Arbeitnehmerseitige Tarifbindung ist dabei auch durch Bezugnahme auf den Tarifvertrag, sei es einzelvertraglich, sei es durch betriebliche Übung, möglich. Bei Einstellung zu untertariflichen Bestimmungen während der **Nachwirkung** eines Tarifvertrags kann die Zustimmung des Betriebsrats ebenfalls unter Berufung auf § 99 Abs. 2 Nr. 1 BetrVG verweigert werden, denn die tarifliche Vergütungsordnung ist auch in der Nachwirkung die für den Betrieb nach wie vor maßgebliche Entgeltordnung. Von dieser nachwirkenden Entgeltordnung kann der Arbeitgeber nur unter Berücksichtigung von § 87 BetrVG abrücken.

Betriebsrat Ort, Datum
Arbeitgeber Firmenbezeichnung, Adresse

An die Geschäftsleitung Arbeitgeber
z. Hd. Geschäftsführung Name
im Hause

Zustimmungsverweigerung zur geplanten Eingruppierung von Frau Name
Ihre Unterrichtung vom Datum

Sehr geehrte:r Geschäftsführung,
der Betriebsrat hat auf seiner ordentlichen Betriebsratssitzung am Datum beschlossen, Ihrem Antrag zur geplanten Eingruppierung von FrauName gemäß § 99 Abs. 2 Nr. 1 BetrVG die Zustimmung zu verweigern.
Die von Ihnen angenommene Vergütungsgruppe ist unzutreffend. Frau Name ist nicht in der Vergütungsgruppe 7, sondern in die Vergütungsgruppe 8 einzugruppieren. Dies ergibt sich eindeutig aus den Informationen, die Sie uns hinsichtlich des künftigen Tätigkeitsbereichs von FrauName mitgeteilt haben: nähere Begründung zu der aus Sicht des BR richtigen Vergütungsgruppe. Wir gehen davon aus, dass Sie Frau Name umgehend tarifgerecht eingruppieren und hierzu unsere Zustimmung einholen.
Wir weisen auch darauf hin, dass Ihre Absicht, FrauName zunächst nur 90 % des Tarifgehalts der Tarifgruppe zu zahlen, gegen den einschlägigen Entgelttarifvertrag verstößt. Gemäß § Ziffer des geltenden Gehaltstarifvertrags haben Arbeitnehmer:innen ohne abgeschlossene Berufsausbildung nach vollendetem 18. Lebensjahr einen Anspruch auf 100 % der Tariflohngruppe . Frau Name hat am 15. des vergangenen Monats das 18. Lebensjahr vollendet.

20 **Betriebsrat: Zustimmungsverweigerung gegen Versetzung wegen Verstoßes gegen Auswahlrichtlinien**

Vorbemerkung
Der Verstoß gegen eine **Auswahlrichtlinie** berechtigt den Betriebsrat zur Verweigerung der Zustimmung zur beabsichtigten Maßnahme nach § 99 Abs. 2 Nr. 2 BetrVG (vgl. DKW-*Wenckebach*, § 99 Rn. 204 ff.). Es muss sich um eine Richtlinie gemäß § 95 BetrVG handeln, gleich, ob der Betriebsrat ihre Aufstellung verlangen konnte oder sie bei freiwilliger Einführung seiner Mitbestimmung unterlag. Unter Auswahlrichtlinien sind allgemeine Grundsätze dazu zu verstehen, welche Gesichtspunkte der Arbeitgeber bei personellen Einzelmaßnahmen (insbesondere Einstellungen/Versetzungen) zu berücksichtigen hat.

Betriebsrat Ort, Datum
Arbeitgeber Firmenbezeichnung, Adresse

An die Geschäftsleitung Arbeitgeber
z. Hd. Geschäftsführung Name
im Hause

Zustimmungsverweigerung zur geplanten Versetzung von Arbeitnehmer 1
Ihre Unterrichtung vom Datum

Sehr geehrte:r Name Geschäftsführung,
der Betriebsrat hat in seiner Sitzung vom Datum Ihren Antrag zur Versetzung von Arbeitnehmer:in 1 auf die Position des Abteilungsleiters der Abteilung Marketing zum Datum beraten. Der Betriebsrat hat beschlossen, der geplanten Versetzung gemäß § 99 Abs. 2 Nr. 2 BetrVG die Zustimmung zu verweigern.
Die Versetzung von Arbeitnehmer:in 1 auf die Stelle des Abteilungsleiters Marketing verstößt gegen die für unseren Betrieb geltende Auswahlrichtlinie, die u. a. für Versetzungen Anwendung findet. Bei Versetzungen soll neben qualifikationsbezogenen Aspekten insbesondere auch die Dauer der Betriebszugehörigkeit berücksichtigt werden. Der von Ihnen vorgeschlagene Bewerber ist erst seit einem Jahr in unserem Unternehmen beschäftigt. Die Arbeitnehmer:in 2 und Arbeitnehmer:in 3 sind bereits seit mehr als zehn Jahren als Marketingfachkräfte bei uns tätig. Sie verfügen über die gleiche Qualifikation und haben sich ebenfalls um die Position der Abteilungsleitung Marketing beworben. Beide sind daher Arbeitnehmer:in 1 vorzuziehen.
Wir dürfen Sie deshalb auffordern, die Stelle unverzüglich mit einem unserer langjährigen Mitarbeitenden, Arbeitnehmer:in 2 oder 3, zu besetzen.

Betriebsrat: Zustimmungsverweigerung gegen Versetzung wegen Nachteilen für andere 21

Vorbemerkung
Der in § 99 Abs. 2 Nr. 3 BetrVG enthaltene Zustimmungsverweigerungsgrund enthält vier **Tatbestandselemente**, die sämtlich vorliegen müssen, um eine Zustimmungsverweigerung zu rechtfertigen:

- durch Tatsachen begründbare Besorgnis
- Kausalität zwischen Maßnahme und Nachteilen
- Nachteile für andere
- keine Rechtfertigung der Nachteile (näher DKW-*Wenckebach*, § 99 Rn. 207ff.).

Diese Vorschrift kommt üblicherweise nicht für Ein- und Umgruppierungen in Betracht, sondern nur für Einstellungen und Versetzungen. Die Folge einer erfolgreichen Zustimmungsverweigerung ist, dass die geplante Maßnahme unterbleibt; ob Arbeitgeber sich mit dem Betriebsrat über eine Alternative verständigen, steht in ihremem Belieben.

Betriebsrat Ort, Datum
Arbeitgeber Firmenbezeichnung, Adresse

An die Geschäftsleitung Arbeitgeber
z. Hd. der Personalleitung Name
im Hause

Zustimmungsverweigerung zur geplanten Versetzung von Arbeitnehmer:in
Ihre Unterrichtung vom Datum

Sehr geehrte:r Name Personalleitung,
der Betriebsrat hat in seiner Sitzung am Datum Ihren Antrag zur Versetzung von Arbeitnehme:rin von der Abteilung 1 in die Abteilung 2 behandelt. Nach eingehender Beratung hat der Betriebsrat – im Übrigen einstimmig – beschlossen, der beabsichtigten Versetzung mit Hinweis auf § 99 Abs. 2 Nr. 3 BetrVG die Zustimmung zu verweigern.

Bereits seit Monaten beantragen Sie für die Abteilung 1 regelmäßig Mehrarbeit unter Hinweis auf die ausgezeichnete Auftragslage, über die selbstverständlich auch wir erfreut sind. Der Betriebsrat hat schon mehrfach angeregt, neue Kräfte für diese Abteilung einzustellen oder befristet Beschäftigte aus anderen Abteilungen in diese Abteilung zu übernehmen.
Der Betriebsrat hat deshalb kein Verständnis dafür, dass Sie angesichts der hohen Leistungs- und Arbeitsverdichtung Arbeitnehmer:in 1 aus dieser Abteilung heraus versetzen wollen. Es ist doch offensichtlich, dass sich dadurch die Arbeitsbelastung für die restlichen Beschäftigten weiter erhöhen wird. Außerdem wird der dringend erforderliche Abbau des hohen Mehrarbeitsvolumens durch die Versetzung gefährdet. Den Arbeitnehmer:innen in der Abteilung 1 ist nicht zuzumuten, dass sich die Arbeitsbelastung durch die von Ihnen geplante Versetzung noch weiter verschärft.

22 **Betriebsrat: Zustimmungsverweigerung gegen Versetzung wegen beruflicher Benachteiligung**

Vorbemerkung
Der Zustimmungsverweigerungsgrund in § 99 Abs.2 Nr. 4 BetrVG bezieht sich auf von der Maßnahme betroffene **einzelne Arbeitnehmer:innen** (vgl. zu den Einzelheiten DKW-*Wenckebach*, § 99 Rn. 223ff.). Es kann sich dabei nur um bereits **im Betrieb Beschäftigte** handeln, für die eine Versetzung oder eine Ein- oder Umgruppierung in Frage kommt. Der Hauptanwendungsfall des Abs. 2 Nr. 4 für im Betrieb beschäftigte Arbeitnehmer:innen ist die **Versetzung.**
Bei Neueinstellungen lehnt das BAG den Widerspruchsgrund des Nr. 4 ab. Überwiegend wird angenommen, dass keine Benachteiligung vorliegt, wenn die Betroffenen mit der Maßnahme **einverstanden** sind. Diese Auffassung ist unzutreffend. Um zu vermeiden, dass Arbeitnehmer:innen nur formal – in Wahrheit aber unter Druck oder aus Angst – ein »Einverständnis« äußern, muss die gleiche objektivierende Sicht angelegt werden wie bei der Zulässigkeit einer Befristung des Arbeitsverhältnisses auf Wunsch der Arbeitnehmer:innen.

Betriebsrat — Ort, Datum
Arbeitgeber Firmenbezeichnung, Adresse

An die Geschäftsleitung Arbeitgeber
z. Hd. Geschäftsführung Name
im Hause

Zustimmungsverweigerung zur geplanten Versetzung von Arbeitnehmer:in in die Personalabteilung
Ihre Unterrichtung vom Datum

Sehr geehrter Name Geschäftsführung,
mit Schreiben vom Datum haben Sie uns in Kenntnis gesetzt, dass Sie Arbeitnehmer:in mit Wirkung vom Datum aus der Finanzbuchhaltung in die Personalabteilung versetzen wollen. Der Betriebsrat hat sich in seiner Sitzung am Datum eingehend mit Ihrem Antrag beschäftigt. Er hat beschlossen, der von Ihnen geplanten Versetzung gemäß § 99 Abs. 2 Nr. 4 BetrVG die Zustimmung zu verweigern.
Arbeitnehmer:in ist seit nunmehr 10 Jahren als qualifizierte Sachbearbeiterin in der Finanzbuchhaltung unseres Unternehmens tätig. Sie hat sich dort hohes Ansehen aufgrund ihrer fachlichen Kompetenz erworben und wurde vor zwei Jahren sogar für die Stelle einer stellvertretenden Abteilungsleiterin ins Auge gefasst. Der derzeit stellvertretende Abteilungsleiter, der Vorgesetzte von Arbeitnehmer:in, Herr Name, hat bereits einen Altersteilzeitarbeitsvertrag unterzeichnet und wird am Datum in die Freistellungsphase eintreten. Arbeitnehmer:in ist aus unserer Sicht unter

Zugrundelegung der für unser Unternehmen geübten Nachfolgepraxis die aussichtsreichste Kandidatin für die dann freiwerdende Position einer stellvertretenden Abteilungsleiterin. Die von Ihnen geplante Versetzung in die Personalabteilung ist für uns nicht nachvollziehbar und würde die beruflichen Entwicklungsperspektiven von Arbeitnehmer:in nachhaltig beeinträchtigen.
Wegen des hohen Spezialwissens und der langjährigen Erfahrung von Arbeitnehmer:in ist die geplante Versetzung auch unter betriebswirtschaftlichen Aspekten mehr als unverständlich.

Betriebsrat: Zustimmungsverweigerung gegen Einstellung wegen unterlassener interner Stellenausschreibung 23

Vorbemerkung
Der Betriebsrat kann die Zustimmung zu einer Einstellung oder Versetzung nach § 99 Abs. 2 Nr. 5 BetrVG verweigern, wenn eine nach § 93 BetrVG erforderliche **Ausschreibung** unterblieben ist (DKW-*Wenckebach*, § 99 Rn. 223 ff.). Das bezieht sich sowohl auf eine erst im konkreten Einzelfall verlangte Ausschreibung wie auf generell vereinbarte Ausschreibungsgrundsätze. Als Begründung reicht aus, wenn der Betriebsrat deutlich macht, dass die erforderliche innerbetriebliche Ausschreibung unterblieben ist.

Betriebsrat — Ort, Datum
Arbeitgeber Firmenbezeichnung, Adresse

An die Geschäftsleitung Arbeitgeber
z. Hd. GeschäftsführungName
im Hause

Zustimmungsverweigerung zur geplanten Einstellung von Herrn Name
Ihre Unterrichtung vom Datum

Sehr geehrte:r Geschäftsführung,
der Betriebsrat hat auf einer ordnungsgemäß einberufenen Betriebsratssitzung am Datum Ihren Antrag auf Zustimmung zur geplanten Einstellung von Herrn Name zum Datum im Bereich IT beraten. Nach eingehender Diskussion ist er zu dem Ergebnis gelangt, der Einstellung die Zustimmung zu verweigern.
Nicht umsonst haben wir mit Datum vom Datum gemeinsam eine Betriebsvereinbarung »Interne Stellenausschreibung« unterzeichnet. Hierbei ging es allen Beteiligten um die Erschließung des internen Stellenmarktes. Alle freiwerdenden Stellen sollen vor ihrer Besetzung deshalb zunächst intern ausgeschrieben werden, damit die Stellen möglichst intern besetzt werden können.
Dies ist im vorliegenden Fall aus nicht nachvollziehbaren Gründen unterblieben, so dass sich die Verweigerung der Zustimmung gemäß § 99 Abs. 2 Nr. 5 BetrVG geradezu aufdrängt.
Wir fordern Sie hiermit auf, die interne Stellenausschreibung unverzüglich nachzuholen. Nach Ablauf der vereinbarten Bewerbungsfrist werden wir selbstverständlich konstruktiv mitarbeiten, um die demnächst freiwerdende Stelle im IT-Bereich schnellstmöglich mit geeigneten Bewerber:innen besetzen zu können.

24 **Betriebsrat: Zustimmungsverweigerung gegen Versetzung wegen befürchteter Störung des Betriebsfriedens**

Betriebsrat
Arbeitgeber Firmenbezeichnung, Adresse

Ort, Datum

An die Geschäftsleitung Arbeitgeber
z. Hd. Geschäftsführung Name
im Hause

Zustimmungsverweigerung zur geplanten Ernennung von Arbeitnehmer:in zum Teamleiter
Ihre Unterrichtung vom Datum

Sehr geehrter Name Geschäftsführung,
der Betriebsrat hat in seiner Sitzung am Datum über die von Ihnen beantragte Versetzung von Arbeitnehmer:in Name auf die Stelle eines Teamleiters im Außendienst beraten und beschlossen, gemäß § 99 Abs. 2 Nr. 6 BetrVG die Zustimmung zu verweigern.
Arbeitnehmer:in war in den letzten Jahren häufiger Gegenstand von Gesprächen zwischen Ihnen und uns. Die Anlässe waren ausschließlich unerfreulicher Natur: Diskriminierende Äußerungen über Frauen oder Rassismus. Nach unseren Aufzeichnungen war der Betriebsrat allein in den vergangenen vier Jahren siebenmal mit diesbezüglichen Beschwerden befasst. Zuletzt wurde Arbeitnehmer:in mit Datum vom Datum eine Abmahnung wegen seines Fehlverhaltens ausgesprochen.
Aus unserer Sicht besteht deshalb der begründete Verdacht, dass Arbeitnehmer:in sein bisheriges Verhalten nicht ändern wird und die Position des Teamleiters dazu nutzen wird, Kolleginnen und Kollegen zu diskriminieren. Gerade die Position der Teamleitung sollte eine Vorbildfunktion erfüllen und die Werte des Unternehmens verkörpern. Dies gilt umso mehr, als gerade im Außendienst überdurchschnittlich viele Beschäftigte mit Migrationshintergrund tätig sind.

24a **Betriebsrat: Zustimmungsverweigerung gegen eine geplante Einstellung wegen Verstoßes gegen ein Gesetz (AGG)**

Vormerkung
Erfolgt eine personelle Einzelmaßnahme unter Verstoß gegen ein Diskriminierungsverbot des Allgemeinen Gleichbehandlungsgesetzes (AGG), so ist der Betriebsrat berechtigt, die Zustimmung zu verweigern. Dies gilt insbesondere für Einstellungen. Ein deutliches Indiz für eine diskriminierende Einstellungsentscheidung ist der Umstand, dass schon die Stellenausschreibung diskriminierenden Charakter hat. Ebenfalls diskriminierenden Charakter haben können Versetzungs-, Eingruppierungs- wie auch Umgruppierungsentscheidungen. Hierfür können die gleichen Gründe maßgeblich sein wie bei der diskriminierenden Einstellungsentscheidung.

Betriebsrat
Arbeitgeber Firmenbezeichnung, Adresse

Ort, Datum

An die Geschäftsleitung Arbeitgeber
z. Hd. Personalleitung Name
im Hause

Geplante Einstellung von Herrn Name
Ihre Unterrichtung vom Datum

Sehr geehrte:r Personalleitung,
der Betriebsrat hat sich auf einer ordnungsgemäß einberufenen Betriebsratssitzung am Datum mit Ihrem Antrag auf Zustimmung zur geplanten Einstellung von Herrn Name zum Datum eingehend befasst und beschlossen, dieser Einstellung für die Position der Teamleitung die Zustimmung nach § 99 Abs. 2 Nr. 1 BetrVG zu verweigern.
Der Betriebsrat ist der Auffassung, dass die beabsichtigte Einstellung gegen das Diskriminierungsverbot nach § 1 AGG verstößt. Den uns überlassenen Bewerbungsunterlagen entnehmen wir, dass sich auf diese Position auch mehrere Frauen beworben hatten, u. a. auch Frau Name. Frau Name ist für die Position einer Teamleiterin mindestens gleich, wenn nicht gar besser geeignet, wie sich aus den Bewerbungsunterlagen ergibt. Sie verfügt über hervorragende Zeugnisse und langjährige Erfahrung auf einer vergleichbaren Position. Umso mehr sind wir erstaunt, dass die Bewerbung von Frau Name abgelehnt wurde. Wir können uns dies nur so erklären, dass der Abteilungsleiter in dem fraglichen Bereich mehrfach betriebsöffentlich geäußert hat, dass aus seiner Sicht Frauen für solche Führungspositionen nicht geeignet seien, so zuletzt auf der Abteilungsversammlung am Datum. Wir halten solche Äußerungen für unerträglich und dem Ruf unseres Unternehmens für ausgesprochen abträglich.
Aus diesen Gründen sah sich der Betriebsrat gezwungen, der Einstellung von Herrn Name die Zustimmung zu verweigern.

Betriebsrat: Zustimmungsverweigerung gegen Versetzung wegen Verstoßes gegen Auswahlrichtlinien **24b**

Betriebsrat Ort, Datum
Arbeitgeber Firmenbezeichnung, Adresse

An die Geschäftsleitung Arbeitgeber
z. Hd. Geschäftsführung Name
im Hause

Zustimmungsverweigerung zur geplanten Versetzung von Arbeitnehmer 1
Ihre Unterrichtung vom Datum

Sehr geehrte:r Geschäftsführung,
der Betriebsrat hat in seiner Sitzung vom Datum Ihren Antrag zur Versetzung von Arbeitnehmer 1 auf die Position des Abteilungsleiters der Abteilung Marketing zum Datum beraten. Der Betriebsrat hat beschlossen, der geplanten Versetzung gemäß § 99 Abs. 2 Nr. 2 BetrVG die Zustimmung zu verweigern.
Die Versetzung von Arbeitnehmer 1 auf die Stelle des Abteilungsleiters Marketing verstößt gegen die für unseren Betrieb geltende Auswahlrichtlinie, nach deren eindeutigem Wortlaut in Konkretisierung von § 1 AGG insbesondere Frauen und Arbeitnehmer:innen, die mindestens einem schwerbehinderten Menschen gleichgestellt sind, bei gleicher fachlicher und persönlicher Eignung bei der Besetzung von Führungspositionen bevorzugt werden. Diese Richtlinie findet auch für Versetzungen Anwendung. Arbeitnehmer 2 verfügt über dieselben Qualifikationen wie Arbeitnehmer 1 und ist darüber hinaus – wie wir Ihnen schon vergangene Woche mitgeteilt haben – schwerbehindert. Wir haben deshalb kein Verständnis dafür, dass Sie die Besetzungsentscheidung in der uns mitgeteilten Weise treffen wollen.
Wir dürfen Sie deshalb auffordern, Ihr Versetzungsbegehren zurückzuziehen und die Stelle unverzüglich mit dem schwerbehinderten Mitarbeiter, Arbeitnehmer 2, zu besetzen.

5. Formulare (Arbeitsgerichtliches Verfahren)

25 **Betriebsrat: Antrag auf Unterlassung personeller Einzelmaßnahmen**

Vorbemerkung

Neben § 23 Abs. 3 BetrVG kommt – nach der Rechtsprechung des BAG allerdings nur ausnahmsweise – ein **allgemeiner Unterlassungsanspruch** in Frage. So ist z.B. im Falle des wiederkehrenden kurzzeitigen Einsatzes von Arbeitnehmer:innen die Durchführung eines Verfahrens nach § 101 BetrVG vor Abschluss der Maßnahme nie möglich. Dann muss nicht erst ein grober Verstoß abgewartet werden. Dieser allgemeine Unterlassungsanspruch liefert den Verfügungsanspruch für eine Sicherungsverfügung (DKW-*Wenckebach*, § 101 Rn. 22ff.). Es empfiehlt sich aber stets, ihn mit einem Feststellungsantrag über das Bestehen des Mitbestimmungsrechts zu verbinden.

An das Arbeitsgericht
Bezeichnung
Anschrift

In dem Beschlussverfahren
mit den Beteiligten

Beteiligte zu 1. Betriebsrat Name

– Antragsteller –

Verfahrensbevollmächtigte: Name, Adresse

und

Beteiligte zu 2. Firma Bezeichnung, Adresse

– Antragsgegner –

Verfahrensbevollmächtigte: Name, Adresse
wegen **Unterlassung personeller Einzelmaßnahmen**

Wir bestellen uns zu Verfahrensbevollmächtigten des Antragstellers und beantragen, einen möglichst frühen Anhörungstermin anzuberaumen, in dem wir beantragen zu erkennen:

1. Dem Antragsgegner wird aufgegeben, es zu unterlassen, Einstellungen oder Versetzungen vorzunehmen, solange der Betriebsrat die Zustimmung nicht erteilt hat oder im Verweigerungsfall die fehlende Zustimmung im arbeitsgerichtlichen Beschlussverfahren ersetzt worden ist, es sei denn, der Antragsgegner macht sachliche Gründe, die eine Einstellung dringend erforderlich machen, geltend, und leitet, falls der Betriebsrat diese bestreitet, hiernach innerhalb von drei Tagen das arbeitsgerichtliche Verfahren nach § 100 BetrVG ein.
2. Für jeden Fall der Zuwiderhandlung gegen die Verpflichtung aus Nr. 1 wird dem Antragsgegner ein Ordnungsgeld bis zu 20 000 € angedroht.
3. Hilfsweise zu 1. und 2.: Es wird festgestellt, dass der Antragsgegner durch die Einstellung der Arbeitnehmer Name am Datum und durch die Versetzung der Arbeitnehmer:innen Name am Datum das Mitbestimmungsrecht des Betriebsrats nach § 99 BetrVG verletzt hat.

Begründung:

1. **Sachverhalt**

   Antragsteller ist der Betriebsrat. Der Antragsgegner und Beteiligte zu 2. hat in der Vergangenheit mehrmals gegen Verpflichtungen aus § 99 BetrVG verstoßen.
   Folgende Vorgänge werden dazu als Beispiele geschildert: .
   In keinem der Fälle hat der Antragsgegner beim Betriebsrat die Zustimmung zu der personellen Maßnahme beantragt.

2. **Rechtliche Würdigung**

2.1 Nach § 23 Abs. 3 BetrVG kann der Betriebsrat bei groben Verstößen des Arbeitgebers gegen das Betriebsverfassungsgesetz von ihm die Unterlassung künftiger Rechtsverstöße verlangen.
Der Antragsgegner hat insbesondere in den geschilderten Fällen objektiv das Mitbestimmungsrecht des Betriebsrats aus § 99 BetrVG verletzt, weil .

Der nachhaltige Gesetzesverstoß des Antragsgegners ist als grob im Sinne des § 23 Abs. 3 BetrVG zu qualifizieren.

2.2 Der antragstellende Betriebsrat kann sein Unterlassungsbegehren auch auf den allgemeinen Unterlassungsanspruch stützen.

2.3 Bereits im Erkenntnisverfahren kann für zukünftige Störungen die Androhung der Ordnungsmittel erfolgen (§ 890 Abs. 2 ZPO).
Der Ordnungsgeldrahmen des § 23 Abs. 3 BetrVG sollte hier voll ausgeschöpft werden, erst recht, wenn die Verpflichtung zur Unterlassung auch auf den allgemeinen Unterlassungsanspruch gegründet wird.

2.4 Für den Fall, dass das Gericht die dargelegten – und im Rahmen des Amtsermittlungsverfahrens ggf. noch zusätzlich aufgeklärten – Rechtsverletzungen des Antragsgegners noch nicht als »grob« qualifiziert und auch einen auf den allgemeinen Unterlassungsanspruch gestützten Leistungstitel nicht zuspricht, hat der antragstellende Betriebsrat zumindest das Interesse, in Vorbereitung auf ein erneutes »kollektivrechtliches Abmahnungsverfahren« die Verletzung seiner Mitbestimmungsrechte feststellen zu lassen, um dem Antragsgegner den künftigen Einwand abzuschneiden, es handle sich bei den geschilderten Fällen um »schwierige und ungeklärte Rechtsfragen«.
In diesem Fall wird um Entscheidung gemäß dem Hilfsantrag gebeten.

Betriebsrat: Antrag auf Feststellung eines Mitbestimmungsrechts 26

Vorbemerkung

Sowohl Arbeitgeber als auch Betriebsrat können als Antragsteller auftreten. Die Anträge können sich auf die generelle Feststellung erstrecken, dass eine bestimmte personelle Maßnahme der Zustimmung des Betriebsrats bedarf oder nicht bedarf.

An das Arbeitsgericht
Bezeichnung
Anschrift

In dem Beschlussverfahren
mit den Beteiligten

Beteiligte zu 1. Betriebsrat Name
– Antragsteller –
Verfahrensbevollmächtigte: Name, Adresse

und

Beteiligte zu 2. Firma Bezeichnung, Adresse
– Antragsgegner –
Verfahrensbevollmächtigte: Name, Adresse

wegen **Feststellung des Mitbestimmungsrechts bei einer personellen Einzelmaßnahme**

Wir bestellen uns zu Verfahrensbevollmächtigten des Antragstellers und beantragen, einen möglichst frühen Anhörungstermin anzuberaumen, in dem wir beantragen zu erkennen:

Es wird festgestellt, dass der Antragsteller bei Anlass ein Mitbestimmungsrecht hat.

Beispiele:
- Einstellung von »freien Mitarbeitern« (vgl. DKW- Wenckebach, § 99 Rn. 39),
- Antrag auf Feststellung, dass die Verlängerung eines befristeten Arbeitsvertrags der Zustimmung des Betriebsrats bedarf (vgl. DKW- Wenckebach, § 99 Rn. 47),
- Abordnung von Arbeitnehmer:innen einer Filiale eines Unternehmens in eine andere Filiale für den Betriebsrat des aufnehmenden Betriebs, auch wenn Abordnung nur für wenige Tage erfolgt (vgl. DKW- Wenckebach, § 99 Rn. 106),

- Weiterbeschäftigung von Arbeitnehmer:innen über eine tarifliche Altersgrenze hinaus (vgl. DKW-Wenckebach, § 99 Rn. 47).

Begründung:
Mit Schreiben vom Datum forderte der Antragsteller den Antragsgegner auf, künftig bei solchen personellen Maßnahmen das Mitbestimmungsrecht des Antragstellers zu beachten.
Der Antragsgegner bestreitet jedoch ein Mitbestimmungsrecht des Antragstellers, wie sich aus dem beigefügten Schreiben des Antraggegners vom Datum ergibt. Vor diesem Hintergrund ist die Einleitung des vorliegenden Verfahrens geboten.

27 **Betriebsrat: Antrag zur Feststellung der berechtigten Zustimmungsverweigerung**

Vorbemerkung
Die Anträge können auch darauf zielen, festzustellen, ob der Betriebsrat die Zustimmung zu einer bestimmten Maßnahme mit einer bestimmten Begründung verweigern darf.
Derartige Anträge müssen aber so gestellt werden, dass das strittige Beteiligungsrecht für alle vom Antrag erfassten Vorgänge bejaht oder verneint werden kann.
An das Arbeitsgericht
Bezeichnung
Adresse

In dem Beschlussverfahren
mit den Beteiligten

Beteiligte zu 1. Betriebsrat Name

– Antragsteller –

Verfahrensbevollmächtigte: Name, Adresse

und

Beteiligte zu 2. Firma Bezeichnung, Adresse

– Antragsgegner –

Verfahrensbevollmächtigte: Name, Adresse
wegen **personeller Einzelmaßnahme**
Wir bestellen uns zu Verfahrensbevollmächtigten des Antragstellers und beantragen, einen möglichst frühen Anhörungstermin anzuberaumen, in dem wir beantragen zu erkennen:
Es wird festgestellt, dass der Antragsteller die Zustimmung zur mit der Begründung verweigern darf, dass .

Begründung:
Der Antragsgegner teilte am Datum dem Antragsteller mit, er beabsichtige, Name Arbeitnehmer:in einzustellen.
Der Antragsteller hat hierzu seine Zustimmung nach § 99 BetrVG verweigert mit der Begründung, dass .
Dies hat der Antragsteller schriftlich innerhalb einer Woche, nämlich am Datum, dem Antragsgegner mitgeteilt.
Der Antragsgegner hat kein Zustimmungsersetzungsverfahren eingeleitet.
Die Zustimmungsverweigerung des Betriebsrats war für den Antragsgegner jedoch beachtlich.
Der Antragsteller hat aus folgenden Gründen ein Interesse an der Feststellung der Begründetheit seiner Zustimmungsverweigerung: .

Arbeitnehmer:in: Klage auf unveränderte Beschäftigung nach rechtswidriger personeller Maßnahme nach § 99 BetrVG 28

Vorbemerkung
Ist eine Versetzung betriebsverfassungsrechtlich rechtswidrig, so ist das auch individualrechtlich beachtlich. Die Versetzung kann auch individualrechtlich nicht umgesetzt werden, solange die Zustimmung des Betriebsrats nicht erteilt oder ersetzt ist. Arbeitnehmer:innen müssen trotz der Wirksamkeit einer etwaigen Änderungskündigung nicht zu den geänderten Bedingungen arbeiten (BAG 22.4.2010, 2 AZR 491/09). Der Durchsetzung der individualrechtlichen Rechtsstellung von Arbeitnehmer:innen dient der nachfolgende Schriftsatz.

An das Arbeitsgericht
Bezeichnung
Adresse
In Sachen
/
(volles Rubrum)
zeigen wir an, dass uns der Kläger mit der Wahrnehmung seiner Interessen beauftragt hat.
Namens und im Auftrag des Klägers erheben wir Klage und beantragen:
- Es wird festgestellt, dass die Beklagte nicht berechtigt ist, dem Kläger eine Tätigkeit als technischer Zeichner zuzuweisen.
- Die Beklagte wird verpflichtet, den Kläger zu unveränderten Bedingungen als Bauingenieur weiterzubeschäftigen.

Begründung:
Der Kläger ist seit Datum bei der Beklagten auf der Grundlage eines am Datum abgeschlossenen Arbeitsvertrags als Bauingenieur tätig. Das Gehalt des Klägers betrug zuletzt € pro Monat. Für den Betrieb der Beklagten in Ort ist ein Betriebsrat gewählt. Insgesamt beschäftigt die Beklagte in diesem Betrieb Arbeitnehmer.
Beweis: Arbeitsvertrag vom Datum, Anlage K 1
Aus § 2 Ziff. 3 des Arbeitsvertrags ergibt sich eindeutig, dass der Kläger als Bauingenieur eingestellt wurde. Der Kläger war auch zu keinem Zeitpunkt mit einer anderen Aufgabe betraut.
Mit Schreiben vom Datum teilte die Personalleitung der Beklagten dem Kläger mit, er habe ab dem Datum als technischer Zeichner tätig zu werden. Zur Begründung führte die Beklagte aus, die Position eines technischen Zeichners sei vakant und sofort zu besetzen.
Beweis: Schreiben der Beklagten vom Datum,
Anlage K 2
Unter Verweis auf seinen Arbeitsvertrag und seine bisherige Tätigkeit verweigerte der Kläger schriftlich die Aufnahme einer Tätigkeit als technischer Zeichner.
Beweis: Schreiben des Klägers vom Datum,
Anlage K 3
Der Beklagten ist es verwehrt, den Kläger dauerhaft als technischen Zeichner einzusetzen. Ein entsprechendes Recht ergibt sich auch nicht aus der arbeitsvertraglichen Versetzungsklausel (§ 5 des Arbeitsvertrags). Diese bezieht sich nur auf anderweitige zumutbare Tätigkeiten, die den Kenntnissen und Fähigkeiten des Klägers entsprechen.
Die Tätigkeit als technischer Zeichner ist dem Kläger nicht zumutbar. Nach dem einschlägigen Tarifvertrag ist die Tätigkeit des technischen Zeichners um zwei Tarifgruppen niedriger eingruppiert. Außerdem erfordert diese Tätigkeit keine abgeschlossene Hochschulausbildung. Die Zusage der Beklagten, dem Kläger sein früheres Gehalt unverändert weiterzuzahlen, ändert hieran nichts.
Die Versetzung ist auch deshalb unwirksam, weil der Betriebsrat nicht gemäß § 99 BetrVG ordnungsgemäß beteiligt wurde. Eine Zustimmung des Betriebsrats zu der Versetzung liegt nicht vor.

Beweis: Zeugnis der
Betriebsratsvorsitzenden Name, zu
laden über die Beklagte.

6. Musterbetriebsvereinbarungen

29 **Betriebsvereinbarung über das Beteiligungsverfahren nach §§ 99–102 BetrVG**

Zwischen der Geschäftsführung der Firma Bezeichnung,
im Folgenden Arbeitgeber genannt,
und dem
Betriebsrat der Firma Bezeichnung
wird folgende Betriebsvereinbarung geschlossen:

1. Der Arbeitgeber hat den Betriebsrat über jede personelle Einzelmaßnahme, also jede Einstellung, Versetzung, Eingruppierung, Umgruppierung, Kündigung und beabsichtigte Kündigung schriftlich und gegen Empfangsbekenntnis (Datum und Uhrzeit) zu unterrichten. Das Datum des Empfangsbekenntnisses ist maßgeblich für die Abgabe der Stellungnahme des Betriebsrats innerhalb der Wochenfrist bzw. der Drei-Tages-Frist bei außerordentlichen Kündigungen. Außerdem gilt, dass bei Empfangsbekenntnissen, die erst nach 15:00 Uhr gegengezeichnet werden, diese Fristen erst am folgenden Arbeitstag zu laufen beginnen. [ggf. zusätzlich: Der Ablauf der Beteiligungsfristen ist während der Betriebsferien gehemmt. Die Unterbrechung des Fristlaufs endet um 24:00 Uhr des letzten Tages der Betriebsferien bzw. zur gleichen Zeit eines sich anschließenden Sonntags.]
   Der Arbeitgeber kann die Unterrichtung auch per E-Mail bewirken. In diesem Falle gelten die vorstehenden Regelungen entsprechend. Als Uhrzeit ist die Zeit der Versendung der E-Mail durch die Personalabteilung maßgeblich.
2. Der Inhalt der Unterrichtung über die jeweiligen personellen Einzelmaßnahmen richtet sich nach den dieser Betriebsvereinbarung als Muster beigefügten Anlagen. Diese Anlagen sind Bestandteil der Betriebsvereinbarung. Anlage 1 ist für personelle Einzelmaßnahmen im Sinne von § 99 BetrVG, die in Anlage 2 enthaltenen Muster sind für Kündigungen zu verwenden.
3. Die Parteien stellen klar, dass nur das vollständig ausgefüllte Muster die Voraussetzungen für eine ordnungsgemäße Unterrichtung im Sinne dieser Betriebsvereinbarung und der gesetzlichen Bestimmungen darstellt.

Ort, Datum, Unterschriften

Anlage 1

An den
Betriebsratsvorsitzenden/Vorsitzenden des
Betriebsausschusses/Personalausschusses
im Hause
Einstellung und Eingruppierung, Versetzung und Umgruppierung
Wir unterrichten Sie gem. § 99 Abs. 1 BetrVG über die beabsichtigte Einstellung/Versetzung von Name zum Datum.
Name:
Vorname:
Wohnort:
Straße:
A. Persönliche Daten
Geburtsdatum:
Familienstand:
Anzahl Kinder:
Besondere Sozialdaten, soweit bekannt:

Ausbildung:
Zusätzliche Qualifikationen:
Bei Versetzung – bisheriger Arbeitsplatz/Abteilung:
B. Zu besetzender Arbeitsplatz
Abteilung:
Arbeitsplatz gemäß Stellenbeschreibung/Organigramm:
Nummer der internen Stellenausschreibung:
Tarifliche Vergütung nach Eingruppierung/Versetzung:
(ggf. vorgesehene übertarifliche Vergütung:)
Bei befristeten Beschäftigungsverhältnissen: Dauer der Befristung:
Ausführliche Begründung für die Einstellung:
Auswirkungen der Einstellung/Versetzung im Betrieb:
C. Sonstige Bewerber:innen um den vakanten Arbeitsplatz
Name: Vorname:
(ggf. weitere Namen und Ergänzungsblatt!)
Die Bewerbungsunterlagen können vom Betriebsrat jederzeit in der Personalabteilung eingesehen werden.
Auf Wunsch des Betriebsrats können die Bewerbungsunterlagen auch ausgehändigt werden. Um Zustimmung des Betriebsrats zur vorgesehenen Einstellung/Versetzung und Eingruppierung/Umgruppierung von Name zum Datum wird gem. § 99 Abs. 1 BetrVG gebeten.
Empfangsbestätigung zur Unterrichtung über die beabsichtigte Einstellung und Eingruppierung von Name
Der Betriebsrat bestätigt gegenüber der Personalleitung hiermit, dass er am Datum den Unterrichtsbogen über die geplante Einstellung und Eingruppierung, Versetzung und Umgruppierung von Name erhalten hat.

I. Anhörung des Betriebsrats vor ordentlicher Kündigung

An den Betriebsrat Firmenbezeichnung
z. Hd. Name Vorsitzende:r
Betrifft: Beabsichtigte ordentliche Kündigung (§ 102 BetrVG)
Das Unternehmen beabsichtigt, Name Arbeitnehmer:in zum Datum fristgerecht unter Einhaltung der Kündigungsfrist von eine betriebsbedingte/personenbedingte/verhaltensbedingte Kündigung auszusprechen:
Name, Vorname:
Adresse:
Geburtsdatum:
Familienstand:
Anzahl minderjähriger Kinder (laut Steuerkarte, anderes nicht bekannt):
Schwerbehinderung/Gleichgestellt mit einem Behinderungsgrad von:
Bestehendes Arbeitsverhältnis seit:
Arbeitsort:
Tätigkeitsgebiet/Arbeitsplatz:
Abteilung:
Das Unternehmen bedauert diese Entscheidung, hält sie jedoch aus den nachfolgenden Gründen für unausweichlich: (Darstellung betriebsbedingter/personenbedingter/verhaltensbedingter Gründe).
Sozialauswahl: Sollte im Falle einer betriebsbedingten Kündigung eine Sozialauswahl erforderlich sein, ist auch die Auswahlentscheidung darzustellen und zu begründen.
Es ist beabsichtigt, unmittelbar nach Abschluss des Anhörungsverfahrens die Kündigung auszusprechen.

II. Anhörung des Betriebsrats vor außerordentlicher Kündigung

An den Betriebsrat Firmenbezeichnung

z. Hd. Name Vorsitzende:r
Betrifft: Beabsichtigte außerordentliche Kündigung (§ 102 BetrVG)
Das Unternehmen beabsichtigt, Name Arbeitnehmer:in fristlos, bei Unwirksamkeit der fristlosen Kündigung vorsorglich fristgerecht zum nächstmöglichen Kündigungstermin, dem Datum, zu kündigen:
Name, Vorname:
Adresse:
Geburtsdatum:
Familienstand:
Anzahl minderjähriger Kinder (laut Steuerkarte):
Weitere Unterhaltsverpflichtungen sind uns nicht bekannt.
Schwerbehinderung/Gleichgestellt mit einem Behinderungsgrad von:
Bestehendes Arbeitsverhältnis seit:
Arbeitsort:
Tätigkeitsgebiet/Arbeitsplatz:
Abteilung:
Das Unternehmen hält den Ausspruch einer außerordentlichen Kündigung aus folgenden Gründen für zwingend geboten: (Darstellung der außerordentlichen, in der Regel verhaltensbedingten Gründe).
Es ist beabsichtigt, unmittelbar nach Abschluss des Anhörungsverfahrens die Kündigung auszusprechen.

III. Anhörung des Betriebsrats vor einer ordentlichen Änderungskündigung

An den Betriebsrat Firmenbezeichnung
z. Hd. Name Vorsitzende:r
Betrifft: Beabsichtigte ordentliche Änderungskündigung (§§ 99, 102 BetrVG)
Das Unternehmen beabsichtigt, Name Arbeitnehmer:in fristgerecht, unter Einhaltung der ordentlichen Kündigungsfrist von zum Datum zu kündigen:
Name, Vorname:
Adresse:
Geburtsdatum:
Familienstand:
Anzahl minderjähriger Kinder (laut Steuerkarte):
Weitere Unterhaltsverpflichtungen sind uns nicht bekannt.
Schwerbehinderung/Gleichgestellt mit einem Behinderungsgrad von:
Bestehendes Arbeitsverhältnis seit:
Arbeitsort:
Tätigkeitsgebiet/Arbeitsplatz:
Abteilung:
Das Unternehmen beabsichtigt, Name Arbeitnehmer:in zugleich die Fortsetzung des Arbeitsverhältnisses zu folgenden geänderten Bedingungen anzubieten:
Dieses Angebot wurde am Datum unterbreitet. Name Arbeitnehmer:in hat das Angebot am Datum abgelehnt. Um den drohenden Verlust des Arbeitsplatzes noch einmal deutlich vor Augen zu führen, beabsichtigen wir nunmehr, unmittelbar nach Abschluss des Anhörungsverfahrens die Änderungskündigung auszusprechen.
Das Unternehmen hält die Änderungskündigung aus folgenden Gründen für erforderlich:
Sozialauswahl: Sollte im Falle einer betriebsbedingten Änderungskündigung eine Sozialauswahl erforderlich sein, ist auch die Auswahlentscheidung darzustellen und zu begründen.
Es ist beabsichtigt, unmittelbar nach Abschluss des Anhörungsverfahrens die Kündigung auszusprechen.

Eckpunkte einer Betriebsvereinbarung zum Einsatz von Leiharbeitskräften[1] 30

Vorbemerkung

Das Arbeitnehmerüberlassungsgesetz (AÜG) lässt Abweichungen von der Höchstüberlassungsdauer nur durch Tarifvertrag zu, § 1 Abs. 1b AÜG. Besteht ein solcher Tarifvertrag, kann in dessen Geltungsbereich Näheres durch eine Betriebsvereinbarung geregelt werden, so wie durch den jeweiligen Tarifvertrag geregelt. Das folgende Beispiel ist für den Fall, dass kein Tarifvertrag besteht.

I. Eckpunkte für eine Betriebsvereinbarung

1. Geltungsbereich

2. Einsatz von Leih-/Zeitarbeitnehmer:innen

2.1 Durch den Einsatz von Leiharbeit darf für die Beschäftigten im Entleihbetrieb keine feststellbare Beeinträchtigung der Entgelt- und Arbeitsbedingungen und keine feststellbare Gefährdung der Arbeitsplätze bewirkt werden.

2.2 Der vorübergehende Einsatz von Leih-/Zeitarbeitskräften ist zulässig. Ein vorübergehender Einsatz ist gegeben, wenn ein Einsatz höchstens auf die Dauer von 18 Monaten zeitlich befristet ist

und

– entweder ein Sachgrund vorliegt, z. B. der Einsatz erforderlich ist, weil Fachkräfte mit speziellen Qualifikationen im Betrieb nicht vorgehalten werden (z. B. Projekte, die spezielle Qualifikationen verlangen) oder in Vertretungsfällen (z. B. Krankheit, Schwangerschaft)

– oder der Einsatz dazu dient, Auftragsspitzen oder anderen zeitlich begrenzten Mehrbedarf abzuarbeiten.

– oder ggf. weitere Einsatzzwecke aufführen

2.3 Der Einsatz von Leih-/Zeitarbeitskräften bedarf der Zustimmung des Betriebsrats gemäß § 99 BetrVG. Der Betriebsrat kann die Zustimmung aus den im Gesetz und den in dieser Betriebsvereinbarung genannten Gründen verweigern.

3. Quote

Insgesamt dürfen nicht mehr als ___ % der Beschäftigten des Betriebes Leiharbeitskräfte sein.

4. Übernahme von Leiharbeitskräften

Nach 18 Monaten Überlassung hat der Entleiher der Leih-/Zeitarbeitskraft einen unbefristeten Arbeitsvertrag anzubieten. Dies kann entfallen, wenn akute Beschäftigungsprobleme bestehen. ___.

5. Allgemeine Regelungen

Für den Einsatz von Leiharbeit im Betrieb gelten folgende allgemeine Regelungen:

5.1 Der Betriebsrat wird regelmäßig über Umfang und Einsatzbereiche von Leih-/Zeitarbeit im Betrieb informiert.

5.2 Soweit der Einsatz von Leih-/Zeitarbeitskräften länger als drei Monate erfolgen soll, erfolgt auf Verlangen des Betriebsrats eine innerbetriebliche Stellenausschreibung im betriebsüblichen Umfang.

5.3 Mit der Arbeitnehmerüberlassung werden nur solche Verleihunternehmen beauftragt, die hinsichtlich der wesentlichen Arbeitsbedingungen einschließlich des Arbeitsentgelts die Regelungen des AÜG einhalten. Abweichende Regelungen im Sinne von § 8 Abs. 2 AÜG sind dabei nur solche, die mit der Tarifgemeinschaft des DGB oder der DGB-Gewerkschaft abgeschlossen wurden oder werden und einen Branchenzuschlag, oder mindestens eine in der Höhe vergleichbare Vergütung enthalten.

5.4 Dem Betriebsrat ist auf Verlangen Einblick in die Verträge des Arbeitgebers mit dem Verleihunternehmen zu gewähren.

---

1 In Anlehnung an den Metall-TV LeiZ vom 31. 5. 2017.

5.5 Den Leiharbeitskräften stehen während ihres Einsatzes die gleichen Rechte aus der Betriebsverfassung zu wie dem Stammpersonal, soweit dies nicht der Eigenart des Leiharbeitsverhältnisses widerspricht.
5.6 Bei der Besetzung freier Stellen sind Leiharbeitskräfte vor externen Bewerber:innen mit gleicher Eignung bevorzugt zu berücksichtigen.
6. Schlussbestimmungen
6.1. Kündigungsfristen
6.2. Ändern sich wesentliche gesetzliche Rahmenbedingungen der Leih-/Zeitarbeit (insbesondere Regelungen zur Vergütung), nehmen die Betriebsparteien unverzüglich Verhandlungen mit dem Ziel auf, eine mögliche Fortführung unter Berücksichtigung der Auswirkungen der Änderungen zu prüfen und zu vereinbaren.

II. Checkliste für die Anhörung zum Einsatz von Leiharbeitskräften nach § 99 BetrVG

- 7-Tage-Frist beachten und Fristablauf notieren!
- Liegen Verweigerungsgründe nach § 99 Abs. 2 Nr. 1–6 BetrVG vor?
- Zustimmungsverweigerungsgründe des Betriebsrats ausführlich schriftlich darlegen, nicht nur den Gesetzestext wiederholen!
- Zustimmungsverweigerung formulieren und fristgerecht weitergeben!
- Falls die Informationen nicht ausreichend sind, fehlende Informationen einfordern und vorsorglich die Zustimmung verweigern.

Folgende Informationen müssen vorliegen:

- Name der Leiharbeitskraft
- Zeitraum des Einsatzes
- Auf welchem Arbeitsplatz soll der Einsatz erfolgen?
- Welche Qualifikation erfordert der Arbeitsplatz?
- Welche Qualifikation hat die Leiharbeitskraft?
- Welche Auswirkungen hat die Einstellung der Leiharbeitskraft auf die bereits beschäftigten Arbeitnehmer und Arbeitnehmerinnen?
- Nachweis, dass der Verleiher im Besitz einer gültigen Arbeitnehmerüberlassungsgenehmigung ist.
- Der Betriebsrat kann die Vorlage des Arbeitnehmerüberlassungsvertrags zwischen Verleiher und Entleiher verlangen.
- Auskunft über die Tarifbindung der Leiharbeitskraft.

III. Checkliste zur Prüfung einer Scheinselbstständigkeit

1. Definiert der Vertrag die Leistung genau, vollständig und eindeutig?
2. Kann die Arbeitskraft eigenständig bestimmen, wer die Tätigkeit erbringen muss? Kann sie gegebenenfalls andere einsetzen? Kann sie eigenverantwortlich bestimmen, wann sie innerhalb des vorgegebenen Zeitraums die Leistung erbringt? Kann sie selbstständig entscheiden, wie die Arbeitsleistung erbracht wird?
3. Können Selbstständige die Leistung in eigener Regie und mit eigenen Arbeitsmitteln, insbes. auch Hard- und Software erbringen?
4. Sind die Leistungen der Selbstständigen von den Tätigkeiten der Arbeitnehmer:innen des Betriebs abgrenzbar?
5. Werden Weisungen erteilt?
6. Wird ein Zeithonorar vereinbart, obwohl ein Festpreis möglich wäre?
7. Werden Selbstständige in internen E-Mail- oder Telefonverzeichnissen, Protokollen oder anderen internen Schriftstücken namentlich erwähnt?
8. Arbeiten Selbstständige in den Räumen des Betriebs, obwohl das nicht notwendig ist?
9. Wurde durch die Clearingstelle der Deutschen Rentenversicherung Bund der sozialversicherungsrechtliche Status geprüft?

Zur Statusfeststellung von Erwerbstätigen haben der GKV Spitzenverband, die Deutsche Rentenversicherung Bund und die Bundesagentur für Arbeit zuletzt am 1. April 2022 ein aktualisiertes gemeinsames Rundschreiben veröffentlicht, das die rechtlichen Rahmenbedingungen und das Statusfeststellungverfahren erläutert sowie Abgrenzungskataloge für verschiedene Branchen enthält.

IV. Typische Inhalte von Werkverträgen

- Definition des Werks, das erstellt werden soll;
- Bezahlung üblicherweise in einer Pauschale, daneben Vereinbarungen über Fahrtkosten und andere Nebenkosten;
- Termin zur Fertigstellung und Fragen der Abnahme bzw. Lieferung;
- Fragen der Haftung und Mängelgewährleistung;
- Vereinbarung zur Kündigung des Vertrags.

V. Checkliste zur Prüfung eines Scheinwerkvertrags

- Liegt ein Werkvertrag vor (siehe IV.)?
- Arbeiten Subunternehmer:innen eigenverantwortlich?
- Organisieren sie die Arbeit und ihre Angestellten selbst?
- Bestimmen Subunternehmer:innen Anzahl und Qualifikation der eingesetzten Beschäftigten selbst?
- Geben Subunternehmer:innen oder ihre Vorgesetzten die Weisungen an ihre Beschäftigten?
- Werden die Arbeitsmittel wie Werkzeug und Maschinen von Subunternehmer:innen gestellt?
- Betreiben die Selbstständigen eigenständige Aquise und Werbung?
- Arbeiten die Beschäftigten der Subunternehmer:innen getrennt und abgrenzbar von den Beschäftigten des Einsatzbetriebs?

Ist eine der obigen Fragen mit Nein zu beantworten ist, besteht der dringende Verdacht, dass ein Scheinwerkvertrag vorliegt. Je mehr Fragen sich mit Nein beantworten lassen, umso eher ist von einem Scheinwerkvertrag auszugehen.

§ 100 Vorläufige personelle Maßnahmen

(1) Der Arbeitgeber kann, wenn dies aus sachlichen Gründen dringend erforderlich ist, die personelle Maßnahme im Sinne des § 99 Abs. 1 Satz 1 vorläufig durchführen, bevor der Betriebsrat sich geäußert oder wenn er die Zustimmung verweigert hat. Der Arbeitgeber hat den Arbeitnehmer über die Sach- und Rechtslage aufzuklären.

(2) Der Arbeitgeber hat den Betriebsrat unverzüglich von der vorläufigen personellen Maßnahme zu unterrichten. Bestreitet der Betriebsrat, dass die Maßnahme aus sachlichen Gründen dringend erforderlich ist, so hat er dies dem Arbeitgeber unverzüglich mitzuteilen. In diesem Fall darf der Arbeitgeber die vorläufige personelle Maßnahme nur aufrechterhalten, wenn er innerhalb von drei Tagen beim Arbeitsgericht die Ersetzung der Zustimmung des Betriebsrats und die Feststellung beantragt, dass die Maßnahme aus sachlichen Gründen dringend erforderlich war.

(3) Lehnt das Gericht durch rechtskräftige Entscheidung die Ersetzung der Zustimmung des Betriebsrats ab oder stellt es rechtskräftig fest, dass offensichtlich die Maßnahme aus sachlichen Gründen nicht dringend erforderlich war, so endet die vorläufige personelle Maßnahme mit Ablauf von zwei Wochen nach Rechtskraft der Entscheidung. Von diesem Zeitpunkt an darf die personelle Maßnahme nicht aufrecht erhalten werden.

Inhaltsübersicht Rn.

Arbeitshilfen

1. Übersicht

1 **Voraussetzungen für die Durchführung einer vorläufigen personellen Maßnahme nach § 100 BetrVG**

§ 100 BetrVG soll sicherstellen, dass unaufschiebbare personelle Maßnahmen trotz fehlender Zustimmung des BR nach § 99 BetrVG einstweilen durchgeführt werden können, wenn das aus sachlichen Gründen dringend geboten ist. Aufgrund der Missbrauchsgefahr sind strenge Maßstäbe anzulegen (Vgl. DKW-*Wenckebach*, § 100 Rn. 1 ff.). Folgende Stufen hat das von § 100 BetrVG vorgesehenen Verfahren:

1. Phase: Dringende sachliche und betriebliche Erforderlichkeit der Maßnahme

- Die Maßnahme ist aus sachlichen Gründen dringend erforderlich. Das heißt, folgende Voraussetzungen müssen gesondert vorliegen:
  - es müssen sachliche Gründe vorliegen
  - sie müssen die vorläufige Maßnahme erforderlich machen
  - die Erforderlichkeit muss dringend sein.
- Aufklärung der betroffenen Person über die Sach- und Rechtslage durch den Arbeitgeber.
- Unverzügliche Unterrichtung des Betriebsrats von der vorläufigen personellen Maßnahme.

2. Phase: Reaktion des Betriebsrats

- Der Betriebsrat bestreitet, dass die personelle Maßnahme aus sachlichen Gründen dringend erforderlich ist.
- Der Betriebsrat teilt dies dem Arbeitgeber unverzüglich mit. Das kann gemeinsam mit der Verweigerung der Zustimmung nach § 99 Abs.3 BetrVG geschehen, ist jedoch nicht dasselbe.
- Der Arbeitgeber muss jetzt innerhalb von drei Tagen das Zustimmungsersetzungsverfahren nach § 99 Abs. 4 BetrVG einleiten und darüber hinaus die Feststellung beantragen, dass die Maßnahme aus sachlichen Gründen dringend erforderlich war.

3. Phase

Das Arbeitsgericht kann wie folgt entscheiden:

– vorläufig: ja; endgültig: ja →	Der Arbeitgeber kann die Maßnahme aufrechterhalten.
– vorläufig: ja; endgültig: nein →	Die Maßnahme endet zwei Wochen nach Rechtskraft des Zustimmungsersetzungsverfahrens nach § 99 Abs. 4 BetrVG.
– vorläufig: nein; endgültig: nein →	Die Maßnahme ist aufzuheben.
– vorläufig: nein; endgültig: ja →	Nach der Rspr. des BAG erledigt sich der Feststellungsantrag nach § 100 Abs. 2 BetrVG, so dass im Ergebnis die zu Unrecht erfolgte vorläufige Maßnahme ohne Sanktion bleibt.

2. Formulare

Arbeitgeber: Antrag auf Zustimmung zur Einstellung/Eingruppierung 2

Vorbemerkung
Die Regelung des § 100 BetrVG hat Ausnahmecharakter und soll das grundsätzliche Erfordernis der Zustimmung des Betriebsrats nicht unterlaufen. Deshalb gelten für die dringende Erforderlichkeit der Maßnahme strenge Gründe (s. Rn. 1).

Arbeitgeber Firmenbezeichnung, Adresse — Ort, Datum

An den
Betriebsratsvorsitzenden/Vorsitzende des
Betriebsausschusses/Personalausschusses
im Hause

Vorläufige Einstellung und Eingruppierung von Name als Versicherungskaufmann Außendienst

Sehr geehrte Damen und Herren,
wir unterrichten Sie gemäß §§ 99 Abs. 1, 100 Abs. 2 BetrVG über die beabsichtigte vorläufige Einstellung und Eingruppierung von Name zum Datum.

A. Persönliche Daten
Geburtsdatum:
Familienstand: Anzahl Kinder:
Besondere Sozialdaten, soweit bekannt:
Ausbildung:
Zusätzliche Qualifikationen:

B. Zu besetzender Arbeitsplatz
Abteilung:
Arbeitsplatz gemäß Stellenbeschreibung/Organigramm:
Tarifliche Eingruppierung:
Dauer des beabsichtigen Beschäftigungsverhältnisses: Befristet bis zum Datum / unbefristet

C. Begründung für die beabsichtigte vorläufige Einstellung und Eingruppierung:
Wie Sie wissen, ist der von uns allen geschätzte Kollege Name vor drei Wochen völlig überraschend verstorben. Herr Name war bis zu seinem Tode als Großkundenbetreuer in der auf dem Versicherungsmarkt besonders hart umkämpften Region Bezeichnung der Region tätig. In dieser Region benötigen wir dringend Ersatz für Herrn Name. Dies gilt umso mehr, als nach den verheerenden Sturmschäden im vergangenen Monat gerade bei den Großkunden enormer Einsatzbedarf besteht. Nun ist es uns gelungen, Herrn Name für diese Position zu gewinnen. Herr Name war lange Jahre auf diesem Gebiet bei einem unserer größten Konkurrenten tätig. Er verfügt deshalb nicht nur über vertiefte Kenntnisse des Geschäfts als solchem, sondern auch des Geschäftsgebarens unserer Konkurrenz.
Wir werden Herrn Name in die AT-Gruppe III eingruppieren.
Um Zustimmung des Betriebsrats zur vorgesehenen vorläufigen Einstellung und Eingruppierung von Herrn Name zum Datum wird gebeten.

3 **Betriebsrat: Zustimmungsverweigerung gegen eine vorläufige Einstellung gemäß § 100 Abs. 2 BetrVG**

Vorbemerkung
Im Bestreiten der sachlichen Notwendigkeit der vorläufigen Maßnahme nach § 100 Abs. 2 Satz 2 BetrVG liegt nicht zugleich die Verweigerung der Zustimmung gemäß § 99 Abs. 3 BetrVG. Beide Erklärungen können zwar gemeinsam abgegeben werden (auch in einer einzigen Urkunde). Jedoch müssen die beiden Erklärungsinhalte je für sich deutlich gemacht werden. Bestreitet der Betriebsrat die Berechtigung der vorläufigen Durchführung der Maßnahme gemäß § 100 Abs. 2 Satz 2 BetrVG und verweigert er die Zustimmung nach § 99 Abs. 3 BetrVG, werden beide dann notwendigen Gerichtsverfahren mit dem Antrag des Arbeitgebers gemäß § 100 Abs. 2 Satz 3 BetrVG gemeinsam in Gang gesetzt (DKW-*Wenckebach*, § 100 Rn. 19ff.).
Betriebsrat
Arbeitgeber Firmenbezeichnung, Adresse Ort, Datum

An die Geschäftsleitung Arbeitgeber
z.Hd. Herr Geschäftsführer Name
im Hause

Vorläufige Einstellung von Name als Versicherungskaufmann Außendienst
Ihre Schreiben vom Datum

Sehr geehrte/r Name,
der Betriebsrat unseres Hauses hat in seiner Betriebsratssitzung am Datum die von Ihnen beabsichtigte vorläufige Einstellung von Name als Versicherungskaufmann im Außendienst behandelt. Ich darf Sie hiermit davon unterrichten, dass der Betriebsrat den Beschluss gefasst hat, der vorläufigen Einstellung gemäß § 100 Abs. 2 BetrVG nicht zuzustimmen.
Mit Schreiben vom Datum haben Sie uns darüber unterrichtet, dass Sie Name für den plötzlich verstorbenen, von uns allen sehr geschätzten Kollegen Name einstellen möchten. In diesem Schreiben teilten Sie mit, die Einstellung sei dringend erforderlich, weil ohne diese Maßnahme die Kundenbetreuung in der bisher von dem verstorbenen Kollegen Name geführten Region Bezeichnung der Region akut gefährdet sei. Wegen der aggressiven Marktpolitik unserer Konkurrenten gerade in dieser hart umkämpften Region sei die Einstellung von Name umso dringlicher.
Wir können uns Ihrer Auffassung nicht anschließen. Da der verstorbene Kollege Name im Verhinderungsfall seit jeher ohne Beanstandungen von seiner Mitarbeiterin, Name, vertreten wurde, die auch in diesem Monat zur Verfügung steht, sehen wir zunächst keinen Grund, von dieser in der Vergangenheit erfolgreichen Praxis abzuweichen. Die vorläufige Einstellung von Name als Versicherungskaufmann Außendienst ist deshalb nicht dringend erforderlich im Sinne des § 100 BetrVG.
Aus diesen Gründen verweigert der Betriebsrat der vorläufigen Einstellung von Name die Zustimmung.
Zugleich verweigert der Betriebsrat die Zustimmung zur endgültigen Einstellung von Name (zu den Einzelheiten vgl. § 99 Rn. 16). Immerhin ist unser Unternehmen im Vertrieb derzeit auch von einem Personalabbau betroffen; ggf. können daher auch andere vom Wegfall ihres Arbeitsplatzes betroffene Mitarbeiter auf der Position des verstorbenen Kollegen weiterbeschäftigt werden.

Arbeitgeber: Antrag auf Ersetzung der Zustimmung 4

Vorbemerkung

Will der Arbeitgeber eine vorläufige Maßnahme aufrechterhalten, obwohl der Betriebsrat deren Berechtigung bestritten hat, muss er **binnen drei Tagen das Arbeitsgericht anrufen** und beantragen,

- die Zustimmung des Betriebsrats zu ersetzen und
- festzustellen, dass die Maßnahme aus sachlichen Gründen dringend erforderlich war (§ 100 Abs. 2 Satz 3).

An das Arbeitsgericht
Bezeichnung
Adresse

In dem Beschlussverfahren
mit den Beteiligten

1. Firma Firmenbezeichnung, vertreten durch die Geschäftsführung, Name, Adresse

– Antragstellerin und Beteiligte zu 1. –

Verfahrensbevollmächtigte: Name, Adresse

und

2. Betriebsrat der Firma Firmenbezeichnung, vertreten durch die Betriebsratsvorsitzende, Name, Adresse

– Antragsgegner und Beteiligter zu 2. –

Verfahrensbevollmächtigte: Name, Adresse

wegen **Antrag gemäß §§ 99 Abs. 4, 100 BetrVG**

Wir bestellen uns zu Verfahrensbevollmächtigten der Antragstellerin. In deren Namen und Auftrag beantragen wir, wie folgt zu erkennen:

1. Die vom Beteiligten zu 2. verweigerte Zustimmung zur Einstellung/Versetzung des Name vom Datum wird ersetzt.
2. Es wird festgestellt, dass die am Datum vorgenommene vorläufige Einstellung/Versetzung aus sachlichen Gründen dringend erforderlich war.

Gründe:

I. Sachverhalt

Die Antragstellerin zu 1. ist Tätigkeitsbeschreibung. Mit Schreiben vom Datum, zugegangen am Datum, hat die Antragstellerin den Beteiligten zu 2. über die beabsichtigte Einstellung/Versetzung unterrichtet (**Anlage 1**). Der Beteiligte zu 2. hat mit Schreiben vom Datum seine Zustimmung zu der personellen Maßnahme verweigert (**Anlage 2**).

Darüber hinaus hat die Beteiligte zu 1. den Arbeitnehmer Name am Datum vorläufig eingestellt/versetzt. Gegenüber dem Betriebsrat und Antragsgegner hat sie dies am Datum unverzüglich mitgeteilt (**Anlage 3**).

Zur völligen Überraschung der Antragstellerin hat der Beteiligte zu 2. mit Schreiben vom Datum die dringende Erforderlichkeit dieser personellen Maßnahme bestritten (**Anlage 4**).

II. Rechtliche Würdigung

Der Antragsgegner verkennt die Sach- und Rechtslage.

Die vom Antragsgegner angegebenen Gründe zur Verweigerung der Zustimmung sind nicht gerechtfertigt. Ein Zustimmungsverweigerungsgrund im Sinne von § 99 Abs. 2 BetrVG ist nicht ersichtlich. Hierzu ist wie folgt auszuführen: .

Der Feststellungsantrag darf nach der Rechtsprechung des BAG zudem nur abgewiesen werden, wenn die Maßnahme offensichtlich nicht dringend erforderlich war bzw. ist. Diese Voraussetzungen sind hier nicht erfüllt: .

3. Gerichtlicher Antrag

5 **Betriebsrat: Gegenantrag bei vorläufiger personeller Maßnahme nach §§ 99, 100 BetrVG**

Vorbemerkung

Kommt das Arbeitsgericht im Beschlussverfahren auf Antrag des Arbeitgebers zu der Ansicht, dass die Maßnahme zwar als vorläufige offensichtlich nicht dringend erforderlich war, ersetzt es jedoch die Zustimmung des Betriebsrats, erledigt sich der Feststellungsantrag des Arbeitgebers. Um zu verhindern, dass so eine zu Unrecht erfolgte vorläufige Maßnahme ohne Sanktion bleibt, ist ein Gegenantrag des Betriebsrats deshalb sinnvoll (vgl. DKW-*Wenckebach*, § 100 Rn. 35).

Auch wenn der Feststellungsantrag des Arbeitgebers nur darauf gerichtet ist, dass die Maßnahme aus sachlichen Gründen dringend erforderlich ist (siehe Rn. 1), darf er nur dann abgewiesen werden, wenn die Maßnahme *offensichtlich* nicht dringend erforderlich gewesen ist. Der Gegenantrag des Betriebsrats hat sich also vor allem dieser Frage in der erforderlichen Tiefe zu widmen (vgl. DKW-*Wenckebach*, § 100 Rn. 32).

An das Arbeitsgericht
Bezeichnung
Adresse

In dem Beschlussverfahren
mit den Beteiligten
1. Firma Firmenbezeichnung, Adresse

– Antragstellerin und Beteiligte zu 1. –

Verfahrensbevollmächtigte: Name vertreten durch die Geschäftsführung Name, Adresse
und
2. Betriebsrat der Firma Name vertreten durch die Betriebsratsvorsitzende Name, Adresse

– Antragsgegner und Beteiligter zu 2. –

Verfahrensbevollmächtigte: Name, Adresse
wegen **Antrag gemäß §§ 99 Abs. 4, 100 BetrVG**

Wir bestellen uns zu Verfahrensbevollmächtigten des Beteiligten zu 2. In dessen Namen und Auftrag beantragen wir, wie folgt zu erkennen:

1. Die Anträge werden abgewiesen.
2. Es wird festgestellt, dass die am Datum vorgenommene Einstellung/Versetzung offensichtlich aus sachlichen Gründen nicht dringend erforderlich war.
3. Der Beteiligten zu 1. wird bei Meidung eines Zwangsgeldes in Höhe von bis zu   € für jeden Tag der Zuwiderhandlung aufgegeben, die Einstellung/Versetzung bis spätestens zwei Wochen nach Rechtskraft dieses Beschlusses aufzuheben.

Begründung:

1. Entgegen den Ausführungen der Beteiligten zu 1. steht dem Antragsgegner ein Zustimmungsverweigerungsgrund nach § 99 Abs. 2 BetrVG zu: .

2. Wir bitten, durch Teilbeschluss über den Antrag Ziff. 2 zu entscheiden, selbst wenn die Entscheidung in der Hauptsache noch nicht entscheidungsreif ist. Der Antragsgegner hat ein berechtigtes Interesse an der Feststellung, ob die Beteiligte zu 1. berechtigt ist, die vorläufige Maßnahme durchzuführen bzw. aufrechtzuerhalten. Dies allein ermöglicht schon nach kurzer Zeit die Entscheidung darüber, ob der Arbeitgeber die personelle Maßnahme weiter aufrechterhalten darf. Mit der gerichtlichen Entscheidung soll dem Arbeitgeber und Beteiligten zu 1. die Berechtigung zur Aufrechterhaltung der Maßnahme nur dann abgesprochen werden, wenn offensichtlich kein dringendes Erfordernis besteht. Es ist deshalb nicht richtig, wenn regelmäßig über den Zustimmungsersetzungsantrag und den Feststellungsantrag des Arbeitgebers gleichzeitig und immer erst dann entschieden wird, wenn der Rechtsstreit auch zur Entscheidung über den Zustimmungsersetzungsantrag reif ist.

§ 101 Zwangsgeld

Führt der Arbeitgeber eine personelle Maßnahme im Sinne des § 99 Abs. 1 Satz 1 ohne Zustimmung des Betriebsrats durch oder hält er eine vorläufige personelle Maßnahme entgegen § 100 Abs. 2 Satz 3 oder Absatz 3 aufrecht, so kann der Betriebsrat beim Arbeitsgericht beantragen, dem Arbeitgeber aufzugeben, die personelle Maßnahme aufzuheben. Hebt der Arbeitgeber entgegen einer rechtskräftigen gerichtlichen Entscheidung die personelle Maßnahme nicht auf, so ist auf Antrag des Betriebsrats vom Arbeitsgericht zu erkennen, dass der Arbeitgeber zur Aufhebung der Maßnahme durch Zwangsgeld anzuhalten sei. Das Höchstmaß des Zwangsgeldes beträgt für jeden Tag der Zuwiderhandlung 250 Euro.

Inhaltsübersicht Rn.

Arbeitshilfen

Gerichtlicher Antrag

Betriebsrat: Antrag auf Aufhebung einer personellen Maßnahme und Festsetzung eines Zwangsgelds 1

Vorbemerkung

§ 101 dient der Sicherung des Mitbestimmungsrechts aus §§ 99, 100 BetrVG mit dem Ziel, den Arbeitgeber dazu zu veranlassen, eine betriebsverfassungswidrige personelle Maßnahme rückgängig zu machen.

Hierbei greift ein zweistufiges Verfahren:

- Führt der Arbeitgeber eine – endgültige oder vorläufige – personelle Maßnahme durch, ohne dem Betriebsrat gegenüber betriebsverfassungsrechtlich berechtigt zu sein, kann der Betriebsrat zunächst beim Arbeitsgericht beantragen, die Maßnahme aufzuheben.
- Hebt der Arbeitgeber die Maßnahme dann trotzdem nicht auf, kann der Betriebsrat die Festsetzung eines Zwangsgeldes beantragen. (Vgl. DKW-*Wenckebach*, § 101).

In folgenden Fällen kann der Betriebsrat sich gem. § 101 BetrVG an das Arbeitsgericht wenden:

a) Der Arbeitgeber führt eine **endgültige Maßnahme ohne Zustimmung des Betriebsrats** durch (Satz 1, 1. Alternative). Das bezieht sich wiederum auf folgende Fallgestaltungen:

- der Betriebsrat hat seine Zustimmung nicht erteilt (DKW-*Wenckebach*, § 99 Rn. 181ff.),
- sie gilt auch nicht wegen Fristablaufs als erteilt (DKW-*Wenckebach*, § 99 Rn. 179ff.), was insbesondere auch bei nicht ausreichender Information des Betriebsrats der Fall ist, oder
- sie ist nicht gemäß § 99 Abs. 4 BetrVG durch das Arbeitsgericht ersetzt worden (DKW-*Wenckebach*, § 99 Rn. 237 ff). Dem steht gleich, dass der Arbeitgeber einen Antrag gemäß § 99 Abs. 4 BetrVG zurückgenommen hat.

b) Der Arbeitgeber führt eine **vorläufige Maßnahme unter Verfahrensverstößen** durch (§ 101 Satz 1, 2. Alt. BetrVG). Das bezieht sich auf folgende Fallgestaltungen:

- der Arbeitgeber hat eine vorläufige Maßnahme durchgeführt, ohne den Betriebsrat über die Unaufschiebbarkeit informiert zu haben. Die Information gemäß § 99 Abs. 1 BetrVG allein reicht hier nicht aus (vgl. DKW-*Wenckebach*, § 100 Rn. 16),

- der Arbeitgeber hat über die vorläufige Maßnahme nicht unverzüglich (DKW-*Wenckebach*, § 100 Rn. 14), also verspätet informiert,
- der Arbeitgeber hat zwar unverzüglich informiert, es jedoch unterlassen, innerhalb von drei Tagen nach Bestreiten der Dringlichkeit durch den Betriebsrat das Arbeitsgericht anzurufen (vgl. DKW-*Wenckebach*, § 100 Rn. 26ff.),
- der Betriebsrat hat gemäß § 99 Abs. 3 BetrVG die Zustimmung verweigert, jedoch der vorläufigen Maßnahme zugestimmt, und der Arbeitgeber hält sie aufrecht, ohne unverzüglich die Ersetzung der Zustimmung zu beantragen (vgl. DKW-*Wenckebach*, § 100 Rn. 20),
- Der Betriebsrat hat gemäß § 99 Abs. 3 BetrVG die Zustimmung verweigert, aber verspätet der vorläufigen Maßnahme widersprochen, aber der Arbeitgeber beantragt nicht innerhalb von drei Tagen die Ersetzung der Zustimmung (vgl. DKW-*Wenckebach*, § 100 Rn. 20).

c) Der Arbeitgeber hält eine Maßnahme **trotz rechtskräftiger (für ihn negativer) Gerichtsentscheidung** über die Ersetzung der Zustimmung oder die Berechtigung der vorläufigen Durchführung die Maßnahme gemäß § 100 Abs. 3 BetrVG aufrecht.

An das Arbeitsgericht
Bezeichnung
Adresse

In dem Beschlussverfahren
mit den Beteiligten

1. Betriebsrat der Firma Firmenbezeichnung, Adresse

– Beteiligter zu 1. und Antragsteller –

Verfahrensbevollmächtigte: Name, Adresse

und

2. Firma Firmenbezeichnung, Adresse

– Beteiligte zu 2. und Antragsgegnerin –

Verfahrensbevollmächtigte: Name, Adresse
3. Arbeitnehmer/in Name, Adresse

– Beteiligte/r zu 3. –

wegen **Untersagung der Aufrechterhaltung einer personellen Einzelmaßnahme und Festsetzung eines Zwangsgelds**

Wir zeigen an, dass uns der Antragsteller und Beteiligte zu 1. mit der Wahrnehmung seiner Interessen beauftragt hat. Wir bestellen uns hiermit zu dessen Verfahrensbevollmächtigten und beantragen namens und in Vollmacht des Antragstellers die Einleitung eines Vollstreckungsverfahrens im Beschlussverfahren mit folgenden Anträgen:

1. Der Antragsgegnerin wird aufgegeben, den Beteiligten zu 3. bei Meidung eines Zwangsgelds, dessen Höhe in das Ermessen des Gerichtes gestellt wird, aus dem Betrieb zu entlassen.
2. Der Streitwert wird festgesetzt.

Gründe:

Die Antragsgegnerin hat die/den Beteiligte/n zu 3. am Datum eingestellt, obgleich der Antragsteller seine Zustimmung zur Einstellung mit Schreiben vom Datum verweigert hat. Das daraufhin von der Antragsgegnerin eingeleitete Zustimmungsersetzungsverfahren hat das Arbeitsgericht Bezeichnung mit Beschluss vom Datum abgewiesen. Darüber hinaus hat es die Antragsgegnerin auf Antrag des Antragstellers zur Aufhebung der Einstellung verurteilt.

Beweis: Beschluss vom Datum, BV /, dessen Beiziehung beantragt wird.

Der Beschluss des Arbeitsgerichts ist seit dem Datum rechtskräftig. Die Antragsgegnerin hält sich nicht an diese rechtskräftige Entscheidung, vielmehr beschäftigt sie die/den Beteiligte/n zu 3. auf dem gleichen Arbeitsplatz weiter. Es bedarf daher der Festsetzung eines Zwangsgeldes, dessen Höhe in das Ermessen des Gerichts gestellt wird, § 101 Satz 2 BetrVG.

Betriebsrat: Antrag auf einstweilige Verfügung zur Unterlassung von Einstellungen 2

Vorbemerkung

Typische Fallgestaltungen, in denen einstweiliger Rechtsschutz für den Betriebsrat erforderlich werden kann, betreffen vor allem kurzfristige Maßnahmen, z. B. befristete Einstellungen oder Versetzungen, bei denen selbst bei formal korrektem Verfahren des Arbeitgebers (Information und vorläufige Vornahme mit Anrufung des Gerichts) das Mitbestimmungsrecht des Betriebsrats über § 101 BetrVG aus Zeitgründen niemals gesichert werden kann. In solchen Fällen ist es – nach der Rechtsprechung des BAG allerdings nur in echten Ausnahmefällen – möglich, die Aufhebung einer betriebsverfassungswidrigen Maßnahme durch einstweilige Verfügung zu erwirken. (Einzelheiten bei DKW-*Wenckebach*, § 101 Rn. 19ff.; DKW-*Dornberger*, § 23, Rn. 186ff.)

An das Arbeitsgericht
Bezeichnung
Adresse

In dem Beschlussverfahren
mit den Beteiligten

1. Betriebsrat Firmenbezeichnung, Adresse

– Beteiligter zu 1. und Antragsteller –

Verfahrensbevollmächtigte: Name, Adresse

und

2. Firma Firmenbezeichnung, Adresse

– Beteiligte zu 2. und Antragsgegnerin –

Verfahrensbevollmächtigte: Name, Adresse

Wir zeigen an, dass uns der Antragsteller und Beteiligte zu 1. mit der Wahrnehmung seiner Interessen beauftragt hat. Wir bestellen uns hiermit zu dessen Verfahrensbevollmächtigten und beantragen namens und in Vollmacht des Antragstellers die Anberaumung eines möglichst frühen Anhörungstermins, in dem wir die nachfolgenden Anträge stellen werden:

1. Dem Beteiligten zu 2. wird aufgegeben, es zu unterlassen, Einstellungen oder Versetzungen ohne vorherige oder – für den Fall der Zustimmungsverweigerung durch den Antragsteller – arbeitsgerichtlich ersetzte Zustimmung des Antragstellers vorzunehmen.
2. Für jeden Fall der Zuwiderhandlung gegen die Verpflichtung aus dem Antrag Ziff. 1 wird dem Beteiligten zu 2. – bezogen auf jeden Tag und jeden Arbeitnehmer – ein Ordnungsgeld, dessen Höhe in das Ermessen des Gerichts gestellt wird, angedroht.
3. Der Streitwert wird festgesetzt.

Gründe:

Der Antragsteller ist der Betriebsrat im Betrieb der Beteiligten zu 2 in Ort. Die Antragsgegnerin hat im Bereich der personellen Mitbestimmung nach den §§ 99ff. BetrVG wiederholt gegen ihre Verpflichtungen aus dem Betriebsverfassungsgesetz verstoßen. Im Einzelnen hat sich folgendes ereignet: .

Dieser Verstoß ist sogar als grober Verstoß zu qualifizieren, denn .

Deshalb rechtfertigt sich der Antrag in Ziff. 1 aus § 23 Abs. 3 BetrVG. Der Antrag wird nicht nur auf einen einzelnen Verstoß gestützt, Hintergrund ist vielmehr ein grober Verstoß der Antragsgegnerin.

Ziff. 2 enthält den sich aus § 101 BetrVG ergebenden Antrag auf Ordnungsgeld.

3 **Betriebsrat: Antrag auf Unterlassung der Beschäftigung eines Mitarbeiters**

An das Arbeitsgericht
Bezeichnung
Adresse

In dem Beschlussverfahren
mit den Beteiligten

1. Betriebsrat Firmenbezeichnung, Adresse

– Beteiligter zu 1. und Antragsteller –

Verfahrensbevollmächtigte: Name, Adresse

und

2. Firma Firmenbezeichnung, Adresse

– Beteiligte zu 2. und Antragsgegnerin –

Verfahrensbevollmächtigte: Name, Adresse

Wir zeigen an, dass uns der Antragsteller und Beteiligte zu 1. mit der Wahrnehmung seiner Interessen beauftragt hat. Hiermit bestellen wir uns zu dessen Verfahrensbevollmächtigten und stellen namens und in Vollmacht des Antragstellers die nachfolgenden Anträge:

1. Der Antragsgegnerin wird untersagt, die Einstellung/Versetzung von Name aufrechtzuerhalten.
2. Für jeden Tag der Zuwiderhandlung gegen die Verpflichtung aus Nr. 1 wird der Antragsgegnerin ein Ordnungsgeld bis zu ___ € angedroht. (Falls nur ein Arbeitnehmer von der personellen Maßnahme betroffen ist.)
   Für jeden Fall der Zuwiderhandlung gegen die Verpflichtung aus Nr. 1 wird der Antragsgegnerin – bezogen auf jeden Tag der Zuwiderhandlung und jeden Arbeitnehmer – ein Ordnungsgeld bis zu ___ € angedroht. (Falls mehrere Arbeitnehmer von der personellen Maßnahme betroffen sind.)

Begründung:
Der Antragsgegner teilte am Datum dem Antragsteller mit, er beabsichtige, den Arbeitnehmer Name als ___ einzustellen (in die Abteilung) ___ zu versetzen.
Der Antragsteller hat hierzu mit Beschluss vom Datum seine Zustimmung nach § 99 BetrVG verweigert und dies dem Beteiligten zu 2. noch am Datum schriftlich mitgeteilt.
Beweis: Auszug aus dem Protokoll der Sitzung des Beteiligten zu 1. vom Datum und Schreiben des Beteiligten zu 1. an die Beteiligte zu 2. vom Datum.
Der Antragsgegner hat kein Zustimmungsersetzungsverfahren eingeleitet. (Falls der Antragsgegner kein Zustimmungsersetzungsverfahren eingeleitet hat.)
Das von dem Antragsgegner eingeleitete Zustimmungsersetzungsverfahren wurde rechtskräftig von dem Arbeitsgericht Bezeichnung abgewiesen. (Falls der Antragsgegner zwar ein Zustimmungsersetzungsverfahren eingeleitet hat, dieses aber abgewiesen worden ist.)
Beweis: Beschluss vom Datum, ___ BV ___/___, dessen Beiziehung beantragt wird.
Da der Beteiligte zu 1. die personelle Maßnahme aufrechterhält, ist die Einleitung eines Verfahrens nach § 101 S. 1 BetrVG geboten.

4 **Betriebsrat: Antrag auf Aufhebung einer Eingruppierung**

Vorbemerkung
Im Falle der **Ein- bzw. Umgruppierung** ist zu beachten, dass es sich um einen Akt der Rechtsanwendung handelt, bei dem die Beteiligung des Betriebsrats der Richtigkeitskontrolle dient (DKW-*Wenckebach*, § 101 Rn. 6). Da die Eingruppierung selbst zu keiner tatsächlichen Veränderung der Verhältnisse im Betrieb führt, kann auch eine **betriebsverfassungswidrige Eingruppierung** nicht »aufgehoben« werden. Dem Arbeitgeber ist vielmehr über § 101 BetrVG aufzugeben – und

so sind Betriebsrats-Antrag bzw. Arbeitsgerichts-Beschluss zu tenorieren, die Zustimmung des Betriebsrats zur vorgesehenen Eingruppierung nachträglich einzuholen und im Falle der rechtswidrigen Verweigerung der Zustimmung durch den Betriebsrat durch das Arbeitsgericht ersetzen zu lassen.

Der Betriebsrat kann außerdem beantragen, dass dem im **Zustimmungsersetzungsverfahren nach § 99 Abs. 4 BetrVG erfolglos** gebliebenen Arbeitgeber aufgegeben wird, ein erneutes Beteiligungsverfahren einzuleiten, das die Eingruppierung in eine andere Vergütungsgruppe vorsieht. Hat der Arbeitgeber eine notwendige **Eingruppierung unterlassen**, kann der Betriebsrat über § 101 BetrVG beantragen, dem Arbeitgeber aufzugeben, den Arbeitnehmer einzugruppieren, die Zustimmung des Betriebsrats zu dieser Eingruppierung zu beantragen und im Verweigerungsfalle die Zustimmung durch das Arbeitsgericht ersetzen zu lassen. Hält jedoch der Betriebsrat eine mit seiner erklärten oder ersetzten Zustimmung erfolgte Eingruppierung nicht oder nicht mehr für zutreffend, so kann er vom Arbeitsgericht nicht verlangen, dass dieses eine erneute Eingruppierungsentscheidung unter seiner Beteiligung trifft.

An das Arbeitsgericht
Bezeichnung
Adresse

In dem Beschlussverfahren
mit den Beteiligten

Beteiligte zu 1. Betriebsrat Name

– Antragsteller –

Verfahrensbevollmächtigte: Name, Adresse

und

Beteiligte zu 2. Firma Bezeichnung, Adresse

– Antragsgegner –

Verfahrensbevollmächtigte: Name, Adresse

wegen Umgruppierung einer Arbeitnehmerin unter Verletzung der Beteiligungsrechte nach § 99 BetrVG

Wir bestellen uns zu Verfahrensbevollmächtigten des Antragstellers und beantragen, einen möglichst frühen Anhörungstermin anzuberaumen, in dem wir beantragen zu erkennen:

1. Der Beteiligten zu 2. wird aufgeben, die Zustimmung des Antragstellers zu der Eingruppierung der Arbeitnehmerin Name in die Tarifgruppe des Tarifvertrags Bezeichnung des Tarifvertrags nachträglich einzuholen.
2. Der Beteiligten zu 2. wird aufgegeben, für den Fall der Zustimmungsverweigerung zur Eingruppierung der Arbeitnehmerin Name in die Tarifgruppe des Tarifvertrags Bezeichnung des Tarifvertrags durch den Beteiligten zu 2. die fehlende Zustimmung durch das Arbeitsgericht ersetzen zu lassen.
3. Der Streitwert wird festgesetzt.

Gründe:

I.

Gegenstand des Beschlussverfahrens sind die Beteiligungsrechte des Antragstellers nach § 99 BetrVG bei der Umgruppierung der Mitarbeiterin Name von Tarifgruppe des Tarifvertrags genaue Bezeichnung des Tarifvertrags in Tarifgruppe des Tarifvertrags Bezeichnung des Tarifvertrags. Der zuletzt genannte Tarifvertrag findet seit dem Datum in dem Unternehmen der Beteiligten zu 2. Anwendung.

Anlässlich einer Überprüfung der Bruttolohn – und Gehaltslisten im Zeitraum vom Datum bis Datum erhielt der Antragsteller Kenntnis davon, dass die Beteiligte zu 2. die Ersteingruppierung der o.g. Mitarbeiterin ab dem Datum vorgenommen hatte, ohne dass die hierfür erforderliche Zustimmung des Betriebsrats zuvor eingeholt wurde.

Dies teilte der Antragssteller der Beteiligten zu 2. mit Schreiben vom Datum mit und bat um deren Stellungnahme.

Beweis: Vorlage des Schreibens des Antragstellers vom Datum in Kopie.

In seiner Stellungnahme vom Datum teilte die Antragsgegnerin mit, dass sie beabsichtige, die Eingruppierung der Arbeitnehmerin Name aufrechtzuerhalten. Diese Absicht erklärte der Personalleiter der Antragsgegnerin außerdem in dem Monatsgespräch mit der Beteiligten zu 2. am Datum.
Beweis: Vorlage des Schreibens der Antragsgegnerin vom Datum in Kopie. Einvernahme des Personalleiters der Beteiligten zu 2, Herr Name, wohnhaft: Adresse
Daraufhin hat der Antragsteller den Beschluss gefasst, das vorliegende Beschlussverfahren einzuleiten. Nur zur Verdeutlichung des Sachverhalts sei darauf hingewiesen, dass die Zustimmung des Betriebsrats darüber hinaus in weiteren Fällen nicht eingeholt wurde.
In der Eingruppierung der Mitarbeiterin Name liegt eine mitbestimmungspflichtige personelle Einzelmaßnahme im Sinne von § 99 Abs. 1 Satz 1 Fall BetrVG vor.
Die Mitbestimmung des Betriebsrats dient bei Ein- und Umgruppierungen der Mitbeurteilung der gegebenen Rechtslage und ist daher eine Richtigkeitskontrolle.
Es ist deshalb wie beantragt zu entscheiden.

§ 102 Mitbestimmung bei Kündigungen

(1) Der Betriebsrat ist vor jeder Kündigung zu hören. Der Arbeitgeber hat ihm die Gründe für die Kündigung mitzuteilen. Eine ohne Anhörung des Betriebsrats ausgesprochene Kündigung ist unwirksam.

(2) Hat der Betriebsrat gegen eine ordentliche Kündigung Bedenken, so hat er diese unter Angabe der Gründe dem Arbeitgeber spätestens innerhalb einer Woche schriftlich mitzuteilen. Äußert er sich innerhalb dieser Frist nicht, gilt seine Zustimmung zur Kündigung als erteilt. Hat der Betriebsrat gegen eine außerordentliche Kündigung Bedenken, so hat er diese unter Angabe der Gründe dem Arbeitgeber unverzüglich, spätestens jedoch innerhalb von drei Tagen, schriftlich mitzuteilen. Der Betriebsrat soll, soweit dies erforderlich erscheint, vor seiner Stellungnahme den betroffenen Arbeitnehmer hören. § 99 Abs. 1 Satz 3 gilt entsprechend.

(3) Der Betriebsrat kann innerhalb der Frist des Absatzes 2 Satz 1 der ordentlichen Kündigung widersprechen, wenn

1. **der Arbeitgeber bei der Auswahl des zu kündigenden Arbeitnehmers soziale Gesichtspunkte nicht oder nicht ausreichend berücksichtigt hat,**
2. **die Kündigung gegen eine Richtlinie nach § 95 verstößt,**
3. **der zu kündigende Arbeitnehmer an einem anderen Arbeitsplatz im selben Betrieb oder in einem anderen Betrieb des Unternehmens weiterbeschäftigt werden kann,**
4. **die Weiterbeschäftigung des Arbeitnehmers nach zumutbaren Umschulungs- oder Fortbildungsmaßnahmen möglich ist oder**
5. **eine Weiterbeschäftigung des Arbeitnehmers unter geänderten Vertragsbedingungen möglich ist und der Arbeitnehmer sein Einverständnis hiermit erklärt hat.**

(4) Kündigt der Arbeitgeber, obwohl der Betriebsrat nach Absatz 3 der Kündigung widersprochen hat, so hat er dem Arbeitnehmer mit der Kündigung eine Abschrift der Stellungnahme des Betriebsrats zuzuleiten.

(5) Hat der Betriebsrat einer ordentlichen Kündigung frist- und ordnungsgemäß widersprochen, und hat der Arbeitnehmer nach dem Kündigungsschutzgesetz Klage auf Feststellung erhoben, dass das Arbeitsverhältnis durch die Kündigung nicht aufgelöst ist, so muss der Arbeitgeber auf Verlangen des Arbeitnehmers diesen nach Ablauf der Kündigungsfrist bis zum rechtskräftigen Abschluss des Rechtsstreits bei unveränderten Arbeitsbedingungen weiterbeschäftigen. Auf Antrag des Arbeitgebers kann das Gericht ihn durch einstweilige Verfügung von der Verpflichtung zur Weiterbeschäftigung nach Satz 1 entbinden, wenn

1. die Klage des Arbeitnehmers keine hinreichende Aussicht auf Erfolg bietet oder mutwillig erscheint oder
2. die Weiterbeschäftigung des Arbeitnehmers zu einer unzumutbaren wirtschaftlichen Belastung des Arbeitgebers führen würde oder
3. der Widerspruch des Betriebsrats offensichtlich unbegründet war.

(6) Arbeitgeber und Betriebsrat können vereinbaren, dass Kündigungen der Zustimmung des Betriebsrats bedürfen und dass bei Meinungsverschiedenheiten über die Berechtigung der Nichterteilung der Zustimmung die Einigungsstelle entscheidet.

(7) Die Vorschriften über die Beteiligung des Betriebsrats nach dem Kündigungsschutzgesetz bleiben unberührt.

Inhaltsübersicht Rn.

Arbeitshilfen

1. Schaubild

1 **Gesamtsystem des arbeitsrechtlichen Bestandsschutzes**

(siehe S. 806/807)

2. Checklisten

2 **Voraussetzungen einer mitwirkungspflichtigen Kündigung**

Die Voraussetzungen einer **mitwirkungspflichtigen Kündigung** sind erfüllt, wenn:
- der Arbeitgeber beabsichtigt, gegenüber dem Arbeitnehmer eine einseitige Willenserklärung zur ordentlichen oder außerordentlichen Beendigung des Arbeitsverhältnisses schriftlich auszusprechen;
- der Arbeitgeber eine ordentliche oder außerordentliche Änderungskündigung aussprechen möchte,
- der Arbeitgeber die Kündigung bereits vor Vertragsantritt erklärt;
- die Kündigung vom Insolvenzverwalter gemäß § 117 InsO nach Eröffnung des Insolvenzverfahrens erfolgt;
- eine Kündigung auf der Grundlage eines Interessenausgleichs mit Namensliste gemäß § 125 Abs. 1 InsO oder § 1 Abs. 5 KSchG ausgesprochen wird;
- die Kündigung gegenüber einem Tendenzträger i. S. d. § 118 BetrVG erklärt wird;
- die Kündigung während eines Streiks aus anderen als arbeitskampfbedingten Gründen ausgesprochen wird.

3 **Wann liegt keine mitwirkungspflichtige Kündigung vor?**

Die Voraussetzungen einer mitwirkungspflichtigen **Kündigung** sind **nicht erfüllt**, wenn:
- das Arbeitsverhältnis in gegenseitigem Einvernehmen durch Auflösungsvertrag (§ 623 BGB) beendet wird;
- der Arbeitnehmer das Arbeitsverhältnis selbst kündigt (sog. Eigenkündigung);

- der Betriebsrat ein Entlassungsverfahren nach § 104 BetrVG einleitet und der Arbeitgeber das Arbeitsverhältnis auf dieses Verlangen hin kündigt;
- der Arbeitsvertrag nichtig ist;
- das Arbeitsverhältnis durch Anfechtung beendet wird;
- das befristete Arbeitsverhältnis durch Zeitablauf oder durch Zweckerreichung endet;
- das Arbeitsverhältnis mit Erreichen des Regeleintrittsalters für die gesetzliche Altersrente auf Grundlage einer Altersgrenze im Arbeitsvertrag, in einer Betriebsvereinbarung oder in einem Tarifvertrag endet;
- das Arbeitsverhältnis endet, weil gemäß § 100 Abs. 3 BetrVG mit Ablauf der Zweiwochenfrist nach Rechtskraft der gerichtlichen Entscheidung eine vorläufige Maßnahme endet;
- das Arbeitsverhältnis endet, weil eine vorhergehende vorläufigen Einstellung durch gerichtliche Entscheidung gemäß § 101 BetrVG aufgehoben wird;
- das zuvor in ein Altersteilzeitverhältnis umgewandelte Arbeitsverhältnis – in der Regel mit Ablauf der Freistellungsphase – endet;
- das Arbeitsverhältnis in ein ruhendes umgewandelt (z. B. Elternzeit) wird;
- Arbeitnehmer im Rahmen eines Arbeitskampfes ausgesperrt werden;
- der Arbeitgeber dem Antrag eines Auszubildenden auf Übernahme in ein unbefristetes Arbeitsverhältnis nach § 78a BetrVG nicht entspricht;
- das Berufsausbildungsverhältnis mit Bestehen der Abschlussprüfung bzw. mit Ablauf der Ausbildungszeit endet (§ 21 BBiG);
- das Arbeitsverhältnis infolge eines Betriebs(teil)inhaberwechsels nach (§ 35a Abs. 2 UmwG i.V.m.) § 613a BGB auf einen anderen Inhaber übergeht.

Die Anhörung des Betriebsrats 4

1. **Allgemeines**
   - Die Unterrichtung des Betriebsrats nach § 102 BetrVG hat in jedem Fall **vor Ausspruch der Kündigung** zu erfolgen.
   - Die Unterrichtung des Betriebsrats hat nachfolgende Angaben zu enthalten:
     - **Art der Kündigung:** ordentlich oder außerordentlich; verhaltens-, personen- oder betriebsbedingte Kündigung; wird die Kündigung auf mehrere Gründe gestützt, so muss die Anhörung des Betriebsrats für alle in Betracht gezogenen Kündigungsarten durchgeführt werden.
     - **Angaben zur Person des zu kündigenden Arbeitnehmers**, wie Alter, Schwerbehinderung, Familienstand, Anzahl der Unterhaltsberechtigten, Dauer der Betriebszugehörigkeit, gegenwärtiger Arbeitsbereich/Funktion, bestehende Sonderkündigungsschutzvorschriften (Tarifvertrag etc.).
     - **Angabe des konkreten Kündigungstermins** (unter Anwendung gesetzlicher, tariflicher oder arbeitsvertraglicher Kündigungsfristen), zumindest aber der **Kündigungsfrist**.
   - Die Anhörung des Betriebsrats hat der Arbeitgeber gegenüber dem empfangsberechtigten Betriebsratsmitglied (Betriebsratsvorsitzende/r, im Falle seiner Verhinderung seine/ihre Stellvertretung, evtl. auch Vorsitzende/r des Personalausschusses) einzuleiten.
2. **Anhörung zum Kündigungsgrund** (Grundsatz der subjektiven Determination)
   - Der Arbeitgeber hat dem Betriebsrat **die Gründe für die Kündigung mitzuteilen** (Abs. 1 Satz 2). Damit ist eine umfassende Information des Betriebsrats über alle Gesichtspunkte gemeint, die den Arbeitgeber zur Kündigung veranlassen. Diese Begründungspflicht vor Ausspruch einer Kündigung ist das **Herzstück des Anhörungsverfahrens**. Damit wird dem Betriebsrat die Grundlage für die Beurteilung der Kündigung verschafft.
   - Aufgrund der Rspr. des BAG lässt sich folgendes **Gesamtsystem der Begründungspflicht** des Arbeitgebers im Überblick skizzieren:

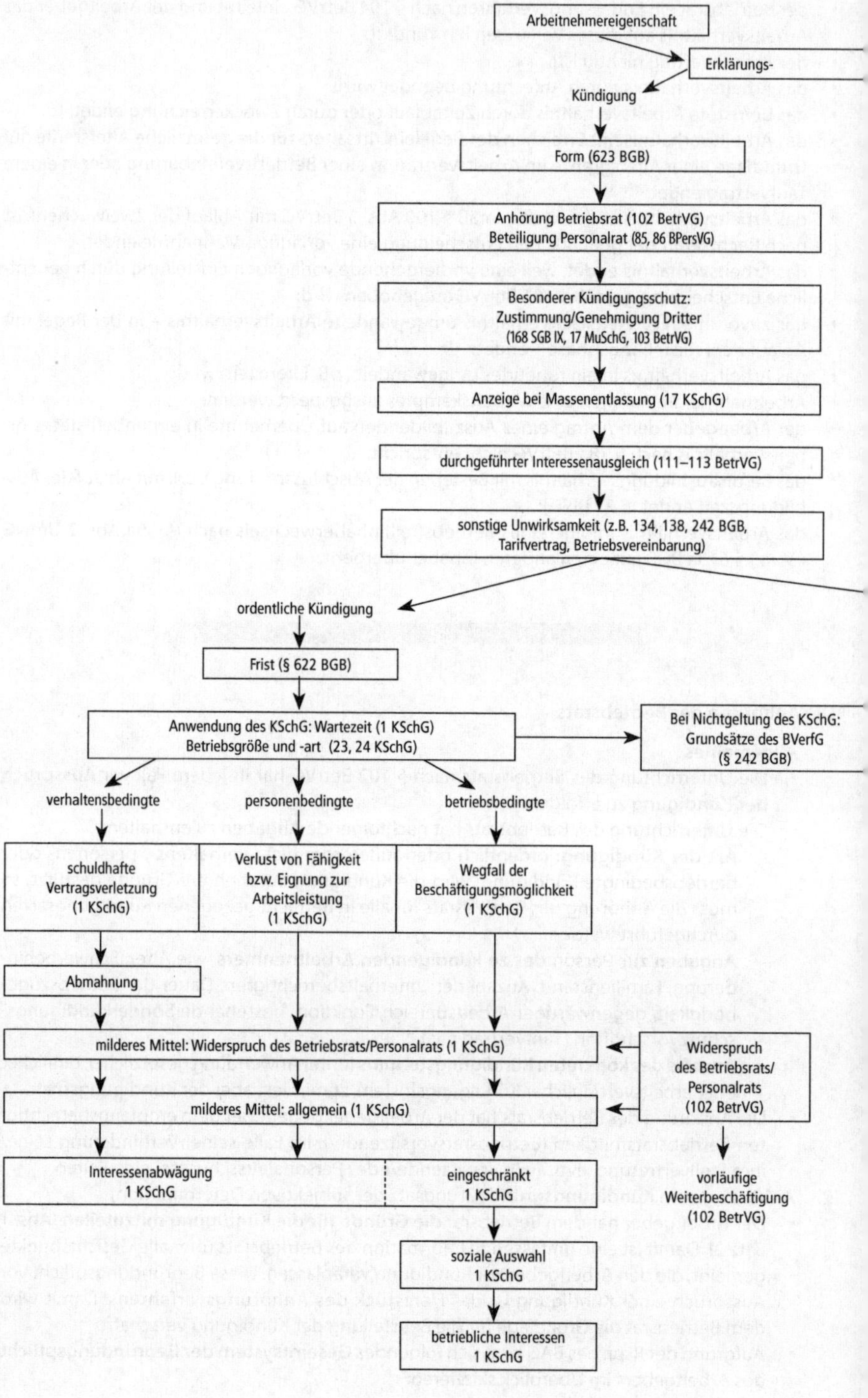

Arbeitnehmereigenschaft
Erklärungs-
Kündigung
Form (623 BGB)
Anhörung Betriebsrat (102 BetrVG)
Beteiligung Personalrat (85, 86 BPersVG)
Besonderer Kündigungsschutz:
Zustimmung/Genehmigung Dritter
(168 SGB IX, 17 MuSchG, 103 BetrVG)
Anzeige bei Massenentlassung (17 KSchG)
durchgeführter Interessenausgleich (111–113 BetrVG)
sonstige Unwirksamkeit (z.B. 134, 138, 242 BGB,
Tarifvertrag, Betriebsvereinbarung)
ordentliche Kündigung
Frist (§ 622 BGB)
Anwendung des KSchG: Wartezeit (1 KSchG)
Betriebsgröße und -art (23, 24 KSchG)
Bei Nichtgeltung des KSchG:
Grundsätze des BVerfG
(§ 242 BGB)
verhaltensbedingte
personenbedingte
betriebsbedingte
schuldhafte
Vertragsverletzung
(1 KSchG)
Verlust von Fähigkeit
bzw. Eignung zur
Arbeitsleistung
(1 KSchG)
Wegfall der
Beschäftigungsmöglichkeit
(1 KSchG)
Abmahnung
milderes Mittel: Widerspruch des Betriebsrats/Personalrats (1 KSchG)
Widerspruch
des Betriebsrats/
Personalrats
(102 BetrVG)
milderes Mittel: allgemein (1 KSchG)
Interessenabwägung
1 KSchG
eingeschränkt
1 KSchG
vorläufige
Weiterbeschäftigung
(102 BetrVG)
soziale Auswahl
1 KSchG
betriebliche Interessen
1 KSchG

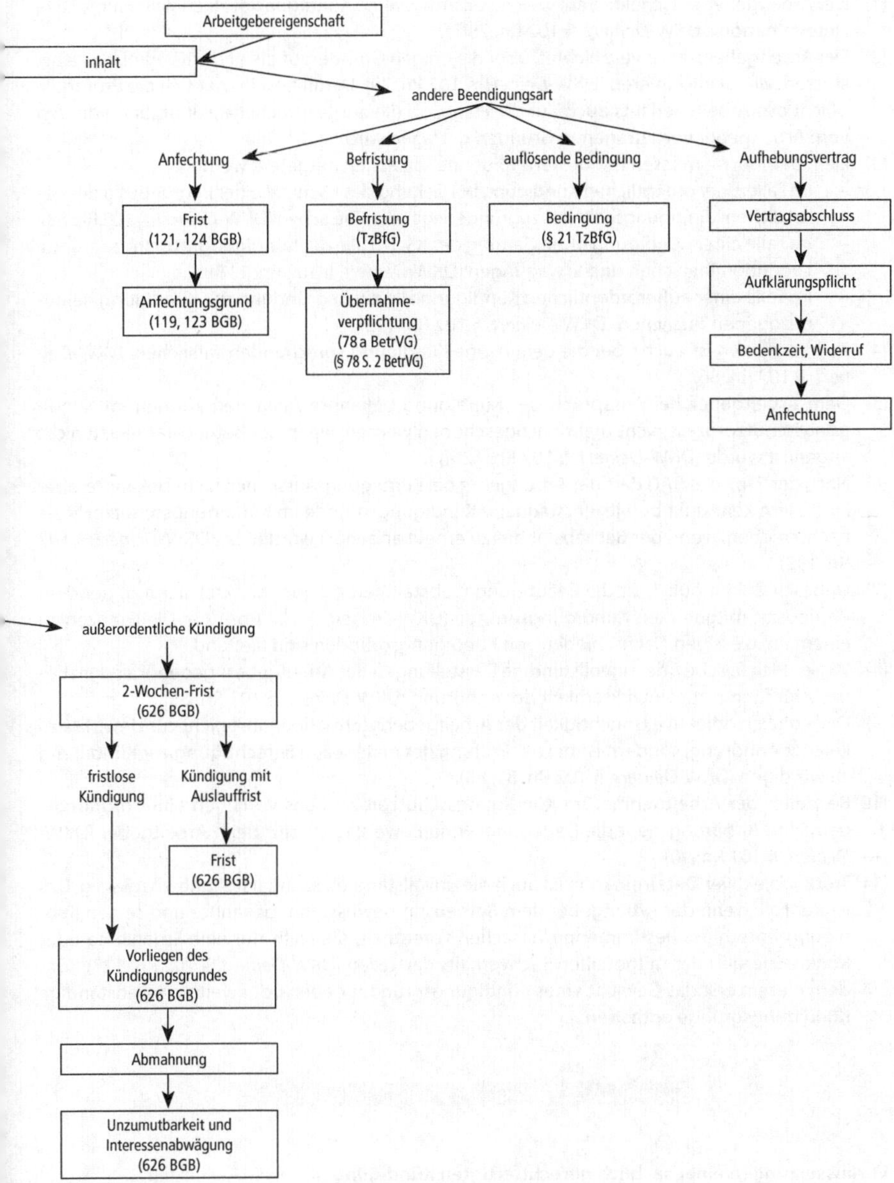
Arbeitgebereigenschaft
inhalt
andere Beendigungsart
Anfechtung
Befristung
auflösende Bedingung
Aufhebungsvertrag
Frist (121, 124 BGB)
Befristung (TzBfG)
Bedingung (§ 21 TzBfG)
Vertragsabschluss
Anfechtungsgrund (119, 123 BGB)
Übernahme-verpflichtung (78 a BetrVG) (§ 78 S. 2 BetrVG)
Aufklärungspflicht
Bedenkzeit, Widerruf
Anfechtung
außerordentliche Kündigung
2-Wochen-Frist (626 BGB)
fristlose Kündigung
Kündigung mit Auslauffrist
Frist (626 BGB)
Vorliegen des Kündigungsgrundes (626 BGB)
Abmahnung
Unzumutbarkeit und Interessenabwägung (626 BGB)

(1) Der Arbeitgeber entscheidet, auf welche Gründe er eine Kündigung stützen will (»subjektive Determination«, DKW-*Deinert*, § 102 Rn. 78ff.).

(2) Der Arbeitgeber ist nur verpflichtet, über diejenigen Gründe, auf die er die Kündigung selbst stützen will, zu informieren (DKW-*Deinert*, § 102 Rn. 79). Damit beschränkt sich die Prüfungspflicht des Arbeitsgerichts auch auf die Frage, ob die ausgesprochene Kündigung von den vom Arbeitgeber vorgetragenen Gründen getragen wird.

(3) Dem Betriebsrat müssen mindestens folgende Tatsachen mitgeteilt werden:
- im Falle einer ordentlichen Kündigung bei Geltung des KSchG alle der Begründung des gesetzlichen Kündigungsgrundes zugrunde liegenden Tatsachen (DKW-*Deinert*, § 102 Rn. 83);
- im Falle einer Kündigung ohne Geltung des KSchG alle der Kündigungsabsicht zugrunde liegenden Tatsachen und Erwägungen (DKW-*Deinert*, § 102 Rn. 118);
- im Falle einer außerordentlichen Kündigung alle zur Begründung der Kündigung herangezogenen Tatsachen (DKW-*Deinert*, § 102 Rn. 113).

(4) Zu informieren ist auch über die gegen eine Kündigung sprechenden Tatsachen (DKW-*Deinert*, § 102 Rn. 86).

(5) Dem Arbeitgeber bei Ausspruch der Kündigung bekannte Tatsachen können im Kündigungsschutzprozess nicht mehr nachgeschoben werden, wenn der Betriebsrat hierzu nicht angehört wurde (DKW-*Deinert*, § 102 Rn. 126ff.).

(6) Nach der Rspr. des BAG darf der Arbeitgeber bei Kündigungsausspruch nicht bekannte, aber zu diesem Zeitpunkt bereits entstandene Kündigungsgründe im Kündigungsschutzprozess nachschieben, wenn der Betriebsrat hierzu erneut angehört worden ist (DKW-*Deinert*, § 102 Rn. 132).

(7) Unbeschränkt möglich ist die Erläuterung (Substantiierung oder Konkretisierung) der dem Betriebsrat mitgeteilten Kündigungsgründe (DKW-*Deinert*, § 102 Rn. 126). Die Grenzen zu einem unzulässigen Nachschieben von Kündigungsgründen sind fließend.

(8) Wissentlich falsche oder unvollständige Darstellungen des Arbeitgebers gegenüber dem Betriebsrat führen zur Unwirksamkeit der Anhörung (DKW-*Deinert*, § 102 Rn. 85).

(9) Die lediglich objektive Unrichtigkeit der Arbeitgeberinformation führt nicht zur Unwirksamkeit der Anhörung, sondern ist bei der Prüfung der materiellen Berechtigung zur Kündigung zu würdigen (DKW-*Deinert*, § 102 Rn. 81, 83).

(10) Bestreitet der Arbeitnehmer im Kündigungsschutzprozess das Vorliegen einer ordnungsgemäßen Anhörung, liegt die Darlegungs- und Beweislast hierfür beim Arbeitgeber (DKW-*Deinert*, § 102 Rn. 90).

(11) Trotz subjektiver Determination ist auch die unvollständige Sachdarstellung unzulässig. Das ist der Fall, wenn der Arbeitgeber dem Betriebsrat bewusst ihm bekannte und seinen Kündigungsentschluss bestimmende Tatsachen vorenthält, die nicht nur eine Ergänzung oder Konkretisierung des mitgeteilten Sachverhalts darstellen (DKW-*Deinert*, § 102 Rn. 127), sondern diesem erst das Gewicht eines Kündigungsgrundes geben oder weitere eigenständige Kündigungsgründe enthalten.

5 **Voraussetzungen einer sachlich gerechtfertigten Kündigung**

1. **Personenbedingte (auch krankheitsbedingte) Kündigung**
   Eine **personenbedingte Kündigung** gemäß § 1 Abs. 2 KSchG hat Folgendes zur Voraussetzung:
   - Der Arbeitnehmer hat die **Fähigkeit und die Eignung** verloren, die geschuldete Arbeitsleistung ganz oder teilweise zu erbringen.
   - Betriebliche oder vertragliche **Interessen des Arbeitgebers** sind erheblich beeinträchtigt.
   - Auf Grund einer **Negativprognose** steht fest, dass die Störungen auch in Zukunft vorliegen werden.

- Die Kündigung ist »**ultima ratio**«, es steht also kein milderes Mittel zur Verfügung (wie z. B. eine Versetzung).
- Im Rahmen einer **Interessenabwägung** wird festgestellt, dass die schützenswerten Interessen des Arbeitgebers diejenigen des Arbeitnehmers überwiegen.

2. **Verhaltensbedingte Kündigung**
Eine **verhaltensbedingte Kündigung** erstreckt sich auf folgende Tatbestandselemente:
   - Es liegt **»an sich« ein Kündigungsgrund** vor (Verstoß gegen arbeitsvertragliche Haupt- oder Nebenpflichten, Beeinträchtigungen des Arbeitsverhältnisses im Leistungsbereich, im betrieblichen Arbeitsbereich, im Unternehmens- bzw. Behördenbereich, im personalen Vertrauensbereich oder im Bereich der betrieblichen Verbundenheit aller Mitarbeiter).
   - Es ist zu **tatsächlichen Störungen** mit nachteiligen Auswirkungen im Bereich des Arbeitgebers und des Arbeitsverhältnisses gekommen.
   - In Zukunft ist mit weiteren derartigen Störungen zu rechnen (**Wiederholungsgefahr, Negativprognose**).
   - Unter Berücksichtigung aller maßgeblichen Umstände erfolgt eine umfassende **Abwägung der gegenseitigen Interessen** von Arbeitgeber und Arbeitnehmer.
   - Die Kündigung kann nicht durch **mildere Mittel** abgewendet werden (Ultima-Ratio-Prinzip).
3. **Außerordentliche Kündigung**
Bei einer **außerordentlichen Kündigung** müssen folgende Voraussetzungen erfüllt sein:
   - die Unzumutbarkeit der Fortsetzung des Arbeitsverhältnisses bis zum Ablauf der vertraglichen, tariflichen oder gesetzlichen Kündigungsfrist wegen eines schwerwiegenden Fehlverhaltens des Arbeitnehmers;
   - die Elemente einer umfassenden Interessenabwägung;
   - eine eventuell vorangegangene Abmahnung;
   - die Einhaltung der Frist nach § 626 Abs. 2 BGB; maßgeblich ist der Zeitpunkt, zu dem der Arbeitgeber Kenntnis von den zur Kündigung berechtigenden Tatsachen erlangt hat.
4. **Verdachtskündigung**
Lassen sich Vorwürfe gegen einen Arbeitnehmer nicht beweisen, billigt das BAG dem Arbeitgeber ausnahmsweise das Recht zu einer **Verdachtskündigung** zu. Im Rahmen des Anhörungsverfahrens sind dem Betriebsrat alle dem Arbeitgeber bekannten Verdachtsmomente, seine vergeblichen Bemühungen zur Wahrheitsfindung und die Umstände darzulegen, aus denen sich für den Arbeitgeber die Unzumutbarkeit der Weiterbeschäftigung (wegen des bloßen Verdachts) ergibt. Eventuelle Tatzeugen sind zu benennen. Insbesondere ist der Betriebsrat über Tatsache und Ergebnis der Anhörung des Arbeitnehmers zu informieren. Die **Anhörung des Arbeitnehmers zum Verdacht** ist eine zwingende Voraussetzung für die Wirksamkeit der Kündigung.
5. **Betriebsbedingte Kündigung**
   - **Dringende betriebliche Erfordernisse**, die einer Weiterbeschäftigung im Betrieb entgegenstehen, § 1 Abs. 2 Satz 1 KSchG (dauerhafter Wegfall des Arbeitsplatzes);
   - **Fehlende Weiterbeschäftigungsmöglichkeit** in einem anderen Betrieb des Unternehmens, § 1 Abs. 2 Satz 2 KSchG;
   - Keine Weiterbeschäftigungsmöglichkeit ggf. nach Umschulungs- und Fortbildungsmaßnahmen, § 1 Abs. 2 Satz 3 KSchG;
   - **Sozialauswahl**
     - Festlegung der Personen, die in die Sozialauswahl einzubeziehen sind: Vergleichbarkeit in Bezug auf die ausgeübte Tätigkeit (diejenigen Arbeitnehmer, die aufgrund des Direktionsrechts des Arbeitgebers austauschbar sind);
     - Auf derselben Ebene der Betriebshierarchie: horizontale Vergleichbarkeit, keine vertikale Vergleichbarkeit;
     - Sonderkündigungsschutz nach SGB IX, MuSchG, BetrVG;
     - Sozialauswahl aus den ermittelten Arbeitnehmern unter Berücksichtigung der Kriterien für die Sozialauswahl:

Lebensalter,
Dauer der Betriebszugehörigkeit,
Unterhaltspflichten,
Schwerbehinderung.
Herausnahme der Arbeitnehmer, die nach § 1 Abs. 3 Satz 2 KSchG aus der Sozialauswahl herausfallen, weil die Weiterbeschäftigung wegen ihrer Kenntnisse, Fähigkeiten und Leistungen oder zur Sicherung einer ausgewogenen Personalstruktur des Betriebs im berechtigten betrieblichen Interesse liegt und damit der Auswahl nach sozialen Kriterien entgegensteht.

6 Sonderkündigungstatbestände

Die wichtigsten Sonderkündigungsschutztatbestände sind:
- für werdende Mütter: § 17 MuSchG
- für Eltern in Elternzeit: § 18 BEEG
- bei Massenentlassungen: § 17 KSchG
- für besondere Personengruppen wie Betriebsräte, Jugend- und Auszubildendenvertreter, Wahlinitiatoren und Vorfeldinitiatoren, Wahlbewerber, Wahlvorstandsmitglieder, Vertrauensleute der schwerbehinderten Menschen: §§ 15 Abs. 1 KSchG, 179 Abs. 3 SGB IX
- für schwerbehinderte Menschen: § 168 SGB IX bei ordentlicher Kündigung bzw. § 174 SGB IX bei außerordentlicher Kündigung, Beteiligung der Schwerbehindertenvertretung als Wirksamkeitsvoraussetzung gem. § 178 Abs. 2 Satz 3 SGB IX
- für Auszubildende: § 22 BBiG
- beim Betriebsübergang, auch im Zusammenhang mit einer Unternehmensumwandlung: § 613a Abs. 4 BGB, ggf. i. V. m. § 35a Abs. 2 UmwG.

3. Übersichten

7 Bestimmung der Widerspruchsfrist

Für die Bestimmung der Widerspruchsfrist bzw. der Frist zur Erhebung von Bedenken gelten die Ausführungen zur Zustimmungsverweigerung nach § 99 Abs. 2 BetrVG entsprechend (vgl. § 99 Rn. 8). Folgende Beispiele sollen dies noch einmal verdeutlichen:

> **Beispiel 1:**
> Ist die Arbeitgebermitteilung einem empfangsberechtigten Betriebsratsmitglied am Dienstag, den 26. 8. 2025 zugegangen, muss die Zustimmungsverweigerung gegenüber dem Arbeitgeber vor Ablauf des darauffolgenden Dienstag, den 2. 9. 2025 erfolgen und diesem zugestellt werden.

Eine Besonderheit ist noch zu beachten: Fällt das Ende einer Frist auf einen Samstag, Sonntag oder einen staatlich anerkannten allgemeinen Feiertag, dann tritt nach § 193 BGB an die Stelle eines solchen Tages der nächste Werktag.

> **Beispiel 2:**
> Ist die Arbeitgebermitteilung einem empfangsberechtigten Betriebsratsmitglied am Donnerstag, den 22. 5. 2025 zugegangen, musste die Zustimmungsverweigerung gegenüber dem Arbeitgeber eigentlich vor Ablauf des darauf folgenden Donnerstag, den 29. 5. 2025 erfolgen und diesem zugestellt werden. Da der 29. 5. 2025 jedoch ein in allen Bundesländern staatlich anerkannter allgemeiner Feiertag (Christi Himmelfahrt) war, endete die Rückäußerungsfrist erst mit Ablauf des Freitags, den 30. 5. 2025.

Betriebsratsbeschluss über Widerspruch gegen Kündigung 8–10

Für die Ordnungsmäßigkeit der Beschlussfassung im Betriebsrat zur Erhebung des Widerspruchs gegen eine Kündigung gelten die Ausführungen zur Beschlussfassung im Rahmen einer Zustimmungsverweigerung nach § 99 Abs. 2 BetrVG entsprechend (vgl. DKW-*Deinert*, § 102 Rn. 166ff.).

Formulierungsvorschlag für die Ladung zur Betriebsratssitzung

Betriebsratsvorsitzende/r Name Ort, Datum
der Firma Firmenbezeichnung, gg. Betrieb

An die Betriebsratsmitglieder
Namen

Einladung zur Betriebsratssitzung am Datum

Liebe Kolleginnen und Kollegen,
hiermit lade ich zur Betriebsratssitzung am Datum um in unser Sitzungszimmer ein.
Folgende Tagesordnung ist vorgesehen:

1. Genehmigung des Protokolls der letzten Betriebsratssitzung vom Datum
2.
3. Personelle Einzelmaßnahmen:
   Beschlussfassung über eine Stellungnahme zu der vom Arbeitgeber zum Datum geplanten Versetzung von Herrn/Frau Name in die Personalabteilung.
   Als Anlage beigefügt ist die abschließende Unterrichtung durch den Arbeitgeber über die personelle Einzelmaßnahme auf dem hierfür vorgesehenen Formblatt.
4. Beschlussfassung über eine Stellungnahme zu der vom Arbeitgeber zum Datum geplanten Kündigung von Herrn/Frau Name in der Abteilung Zahlungsverkehr. Der Arbeitgeber hat dazu den Betriebsrat mit Datum vom Datum mit dem als Anlage beigefügten Formblatt abschließend informiert.
5. Verschiedenes (ohne Beschlussfassung).

Aufgrund der Dringlichkeit einer rechtzeitigen Stellungnahme zu Tagesordnungspunkt 3 und 4 bitte ich um vollzählige Teilnahme an der Sitzung. Sollten einzelne Mitglieder verhindert sein, bitte ich um unverzügliche Nachricht, damit ein Ersatzmitglied geladen werden kann.

Anlage 1: Unterrichtungsbogen des Arbeitgebers zur Versetzung von Name
Anlage 2: Anhörungsbogen des Arbeitgebers zur Kündigung von Name

Dokumentation des Abstimmungsergebnisses in der Sitzungsniederschrift:

Auszug aus dem Protokoll der Betriebsratssitzung vom Datum

zu TOP 4:

Der Betriebsrat hat einstimmig (ggf. andere Stimmverteilung) beschlossen, der vom Arbeitgeber mit Datum vom Datum beantragten Kündigung, dem Betriebsrat zugegangen am Datum, von Herrn/Frau Name im Bereich Zahlungsverkehr gemäß § 102 Abs. 3 Nr. 1 und 2 BetrVG zu widersprechen. Zum einen wurden die in der Person von Herrn/Frau Name vorliegenden sozialen Gesichtspunkte nicht ausreichend berücksichtigt, zum anderen verstößt die Kündigung von Herrn/Frau Name gegen die hier anwendbare Auswahlrichtlinie (Betriebsvereinbarung vom Datum). Der/die Betriebsratsvorsitzende wird dem Arbeitgeber innerhalb der Wochenfrist des § 102 Abs. 2 Satz 1 BetrVG den begründeten Widerspruch schriftlich übermitteln. Die näheren Einzelheiten der Widerspruchsbegründung ergeben sich aus der Anlage.

4. Formulare (Innerbetriebliches Verfahren)

11 **Arbeitgeber: Anhörung des Betriebsrats vor ordentlicher Kündigung**

Vorbemerkung
Eine bestimmte **Form** ist für die Anhörung nicht vorgeschrieben; sie kann auch mündlich erfolgen. Aus Beweisgründen ist eine schriftliche Information mit Empfangsbestätigung des Betriebsrats zu empfehlen (vgl. allgemein zum notwendigen Inhalt der Anhörung DKW-*Deinert*, § 102 Rn. 53ff., zur personenbedingten Kündigung § 102 Rn. 91ff., zur verhaltensbedingten Kündigung § 102 Rn. 97ff., zur betriebsbedingten Kündigung § 102 Rn. 100ff., zur Änderungskündigung § 102 Rn. 110f., zum Zeitpunkt der Anhörung § 102 Rn. 121ff. und zum Nachschieben von Kündigungsgründen Rn. 126ff.).

An den Betriebsrat Betrieb Firmenbezeichnung
z.Hd. des/der Vorsitzenden Name

Betrifft: Beabsichtigte ordentliche Kündigung (§ 102 BetrVG)

Das Unternehmen beabsichtigt, folgendem/r Arbeitnehmer/in Name zum Datum fristgerecht unter Einhaltung der Kündigungsfrist von eine betriebsbedingte/personenbedingte/verhaltensbedingte Kündigung auszusprechen:
Name, Vorname:
Adresse:
Geburtsdatum:
Familienstand:
Anzahl minderjähriger Kinder (laut Steuerkarte, anderes nicht bekannt):
Schwerbehinderung/Gleichgestellt mit einem Grad der Behinderung von:
Bestehendes Arbeitsverhältnis seit:
Arbeitsort:
Tätigkeitsgebiet/Arbeitsplatz:
Abteilung:

Das Unternehmen bedauert diese Entscheidung, hält sie jedoch aus den nachfolgenden Gründen für unausweichlich: (Darstellung betriebsbedingter/personenbedingter/verhaltensbedingter Gründe).
Es ist beabsichtigt, unmittelbar nach Abschluss des Anhörungsverfahrens die Kündigung auszusprechen.

12 **Arbeitgeber: Anhörung des Betriebsrats bei außerordentlicher Kündigung**

Vorbemerkung
Die Anhörungspflicht besteht uneingeschränkt auch bei einer **außerordentlichen Kündigung**. Dem Betriebsrat sind alle zur Begründung der Kündigung erforderlichen bzw. vom Arbeitgeber für maßgeblich gehaltenen Gründe mitzuteilen (vgl. DKW-*Deinert*, § 102 Rn. 113ff. und zur Verdachtskündigung § 102 Rn. 117).

An den Betriebsrat Betrieb Firmenbezeichnung
z. Hd. Der/des Vorsitzenden Name

Betrifft: Beabsichtigte außerordentliche Kündigung (§ 102 BetrVG)

Das Unternehmen beabsichtigt, folgender/m Arbeitnehmer/in fristlos, bei Unwirksamkeit der fristlosen Kündigung vorsorglich fristgerecht zum nächstmöglichen Kündigungstermin, dem Datum, zu kündigen:
Name, Vorname:
Adresse:
Geburtsdatum:
Familienstand:
Anzahl minderjähriger Kinder (laut Steuerkarte):

Weitere Unterhaltsverpflichtungen sind uns nicht bekannt.
Schwerbehinderung/Gleichgestellt mit einem Grad der Behinderung von:
Bestehendes Arbeitsverhältnis seit:
Arbeitsort:
Tätigkeitsgebiet/Arbeitsplatz:
Abteilung:

Das Unternehmen hält den Ausspruch einer außerordentlichen Kündigung aus folgenden Gründen für zwingend geboten: (Darstellung der außerordentlichen, in der Regel verhaltensbedingten Gründe).
Es ist beabsichtigt, unmittelbar nach Abschluss des Anhörungsverfahrens die Kündigung auszusprechen.

Arbeitgeber: Anhörung des Betriebsrats vor Änderungskündigung 13

Vorbemerkung
Der Betriebsrat ist vor jeder Änderungskündigung zu hören. Im Hinblick darauf, dass der Arbeitgeber bereits vor Ausspruch einer Änderungskündigung dem Arbeitnehmer ein Änderungsangebot unterbreiten muss, muss der Betriebsrat auch über dieses Angebot informiert werden. (vgl. zu den Einzelheiten DKW-*Deinert*, § 102 Rn. 110f.).
An den Betriebsrat Betrieb Firmenbezeichnung
z. Hd. des/der Vorsitzenden Name

Betrifft: Beabsichtigte ordentliche Änderungskündigung (§§ 99, 102 BetrVG)

Das Unternehmen beabsichtigt, folgendem/r Arbeitnehmer/in Name fristgerecht, unter Einhaltung der ordentlichen Kündigungsfrist von zum Datum zu kündigen:
Name, Vorname:
Adresse:
Geburtsdatum:
Familienstand:
Anzahl minderjähriger Kinder (laut Steuerkarte):

Weitere Unterhaltsverpflichtungen sind uns nicht bekannt.
Schwerbehinderung/Gleichgestellt mit einem Grad der Behinderung von:
Bestehendes Arbeitsverhältnis seit:
Arbeitsort:
Tätigkeitsgebiet/Arbeitsplatz:
Abteilung:

Das Unternehmen beabsichtigt, dem/der Arbeitnehmer/in zugleich die Fortsetzung des Arbeitsverhältnisses zu folgenden geänderten Bedingungen anzubieten: .
Dem/der Arbeitnehmer/in wurde dieses Angebot am Datum unterbreitet. Er/sie hat das Angebot am Datum abgelehnt. Um dem/der Arbeitnehmer/in den drohenden Verlust des Arbeitsplatzes noch einmal deutlich vor Augen zu führen, beabsichtigen wir nunmehr, unmittelbar nach Abschluss des Anhörungsverfahrens die Änderungskündigung auszusprechen.
Das Unternehmen hält die Änderungskündigung aus folgenden Gründen für erforderlich: .
Wir dürfen Sie bitten, binnen einer Frist von einer Woche nach Zugang dieser Unterrichtung, spätestens also am Datum Ihre Stellungnahme bzw. etwaige Bedenken/einen beabsichtigten Widerspruch uns gegenüber darzulegen.

14 **Betriebsrat: Keine weitere Stellungnahme zur Kündigungsabsicht des Arbeitgebers**

Vorbemerkung
Es liegt im **Ermessen des Betriebsrats**, welche Haltung er gegenüber der Kündigungsabsicht einnimmt. Der Arbeitnehmer hat keinen Rechtsanspruch auf ein bestimmtes Tätigwerden, insbesondere die Erhebung eines Widerspruchs durch den Betriebsrat. Der Betriebsrat hat gegenüber einer vom Arbeitgeber mitgeteilten Kündigungsabsicht folgende **Reaktionsmöglichkeiten**:

- Verstreichenlassen der Frist
- ausdrücklicher Hinweis auf Nicht-Stellungnahme (DKW-*Deinert*, § 102 Rn. 189)
- Nachfrage nach Informationen und ergänzenden Unterlagen (vgl. Rn. 15)
- Äußerung von Bedenken (vgl. Rn. 22)
- Zustimmung zur Kündigung
- Erhebung eines Widerspruchs (vgl. Rn. 16ff.)

Jede der hier skizzierten Verhaltensweisen bedarf eines **Beschlusses des Betriebsrats.**

Betriebsrat Firmenbezeichnung, Adresse Ort, Datum

An die Geschäftsleitung der Firma Firmenbezeichnung
z. Hd. des/der Personalleiters/in Name
im Hause

Beabsichtigte Kündigung von Herrn/Frau Name

Sehr geehrte/r Frau/Herr Personalleiter,
der Betriebsrat bestätigt hiermit, vor Ausspruch der Kündigung von Herrn/Frau Name ordnungsgemäß angehört worden zu sein. Der Betriebsrat wird in diesem Zusammenhang keine weitere Stellungnahme abgeben.

15 **Betriebsrat: Nachfrage nach weiteren Informationen**

Vorbemerkung
Die Nachfrage des Betriebsrats nach weiteren Informationen führt nicht automatisch zur Verlängerung der Äußerungsfrist. Der Betriebsrat muss vielmehr ausdrücklich um Verlängerung ersuchen. Für den Fall, dass der Arbeitgeber keine Fristverlängerung gewährt und hierzu auch nicht ausnahmsweise verpflichtet ist, muss der BR seine abschließende Stellungnahme **innerhalb der Frist** abgeben (vgl. DKW-*Deinert*, § 102 Rn. 180). Um kein Risiko einzugehen, ist es in jedem Fall

auch bei einer aus Sicht des Betriebsrats unvollständigen Information zu empfehlen, sich vorsorglich auch inhaltlich zu äußern.

Betriebsrat Firmenbezeichnung, Adresse Ort, Datum

An die Geschäftsleitung der Firma Firmenbezeichnung
z. Hd. des/der Personalleiters/in Name
im Hause

Beabsichtigte Kündigung von Herrn/Frau Name

Sehr geehrte/r Herr/Frau Personalleiter,
der Betriebsrat hält die in der o.g. Personalangelegenheit bislang zur Verfügung gestellten Informationen für nicht ausreichend. Er hat deshalb in seiner Sitzung vom Datum beschlossen, die Personalabteilung zur Unterrichtung über nachfolgende Gegenstände aufzufordern:
1.
2.
Der Betriebsrat fordert Sie deshalb auch auf, die Anhörungsfrist um drei Tage beginnend ab abschließender Unterrichtung zu verlängern. Um entsprechende Stellungnahme wird gebeten. Höchst vorsorglich hat der Betriebsrat auch beschlossen, der beabsichtigten Kündigung aus folgenden Gründen zu widersprechen:

Betriebsrat: Widerspruch nach § 102 Abs. 3 Nr. 1 BetrVG 16

Vorbemerkung
Der Betriebsrat kann jeder Kündigung »**widersprechen**« (allgemein vgl. DKW-*Deinert*, § 102 Rn. 190). Er kann dies sowohl gegenüber einer ordentlichen als auch einer außerordentlichen Kündigung tun. Er kann dies auch mit beliebigen Gründen tun, um so den Kündigungsentschluss des Arbeitgebers nachhaltig zu beeinflussen. Jedoch löst grundsätzlich nur ein **frist- und ordnungsgemäßer Widerspruch** gegen eine ordentliche Kündigung gemäß § 102 Abs. 3 BetrVG einen Anspruch des Arbeitnehmers auf vorläufige Weiterbeschäftigung gemäß § 102 Abs. 5 BetrVG aus. Ein sog. »Widerspruch« gegen eine außerordentliche Kündigung hat diese Wirkung nicht. Dies gilt auch für Widersprüche, deren Begründung nicht den gesetzlichen Anforderungen entsprechen.
Der Widerspruch muss schriftlich (alternativ in elektronischer Form) oder in Textform erfolgen (DKW-*Deinert*, § 102 Rn. 200ff.). Es empfiehlt sich die Schrift- oder elektronische Form (§§ 126, 126a BGB). Er muss darüber hinaus

- sich auf einen der in § 102 Abs. 3 BetrVG genannten Gründe beziehen und
- durch **Angabe konkreter Tatsachen** begründet werden.

Es reicht also nicht aus, dass der Betriebsrat lediglich den Gesetzestext wiederholt. Er muss vielmehr durch Tatsachenhinweise deutlich machen, warum der jeweils genannte Widerspruchsgrund gerade in diesem Einzelfall gegeben ist. Der Betriebsrat muss das Vorhandensein der widerspruchsbegründenden Tatsachen positiv behaupten. Die bloße Äußerung von Zweifeln, z.B. ob der Arbeitnehmer nicht doch auf einem anderen Arbeitsplatz zu anderen Bedingungen beschäftigt werden könnte, reicht nicht aus.
Der Betriebsrat kann den Widerspruch nach § 103 Abs. 3 Nr. 1 BetrVG (zu den Einzelheiten vgl. DKW-*Deinert*, § 102 Rn. 209ff.) darauf stützen, dass der Arbeitgeber bei der Auswahl des zu kündigenden Arbeitnehmers soziale Gesichtspunkte nicht oder nicht ausreichend berücksichtigt hat. Dieser Widerspruchsgrund kommt naturgemäß nur bei betriebsbedingten Kündigungen in Betracht.

Eine ordnungsgemäße Widerspruchsbegründung erfordert nicht, dass der Betriebsrat andere Arbeitnehmer namentlich bezeichnet, die anstelle des vom Arbeitgeber genannten Arbeitnehmers gekündigt werden könnten. Es ist vielmehr ausreichend, dass der Betriebsrat darauf hinweist, dass er

- die nach seiner Ansicht in die soziale Auswahl einzubeziehenden vergleichbaren Arbeitnehmer und
- die sozialen Gesichtspunkte (z. B. Hinweis auf die Dauer der Betriebszugehörigkeit und die Zahl der unterhaltsberechtigten Personen des Arbeitnehmers und Feststellung, dass es im Kreise der vergleichbaren Arbeitnehmer Arbeitskollegen mit kürzerer Betriebszugehörigkeit und geringeren Unterhaltsverpflichtungen gibt)

als unzureichend berücksichtigt ansieht.

Betriebsrat Firmenbezeichnung, Adresse Ort, Datum

An die Geschäftsleitung der Firma Firmenbezeichnung
z. Hd. des/der Personalleiters/in Name
im Hause

Beabsichtigte betriebsbedingte Kündigung von Herrn/Frau Name

Sehr geehrte/r Herr/Frau Personalleiter,
der Betriebsrat hat in seiner Sitzung am Datum beschlossen, der von Ihnen beabsichtigten Kündigung unseres/r Vertriebsmitarbeiters/in Name zu widersprechen. Zwar ist in der Gruppe der Vertriebsmitarbeiter ein Arbeitsplatz weggefallen; der Betriebsrat ist jedoch der Auffassung, dass die erforderliche Sozialauswahl nicht ordnungsgemäß durchgeführt worden ist (§ 102 Abs. 3 Nr. 1 BetrVG).

Begründung:
Herr/Frau Name, geboren am Datum, ist seit dem Datum in unserem Unternehmen, zunächst in und dann ab dem Datum in beschäftigt. Herr/Frau Name ist verheiratet und Vater/Mutter von drei schulpflichtigen Kindern.
Der Betriebsrat hält die derzeitige wirtschaftliche Situation unseres Unternehmens gleichfalls für schwierig. Wir verkennen deshalb nicht, dass auch beim Personal Einschnitte notwendig sind. Frau/Herr Name steht allerdings aufgrund ihrer/seiner persönlichen Sozialdaten nach Auffassung des Betriebsrats nicht zur Kündigung in der Gruppe der Vertriebsmitarbeiter an. Eine Kündigung von Frau/Herrn Name würde die gesetzlich erforderliche Sozialauswahl fehlerhaft machen. Wie Sie wissen, sind in unserem Betrieb mehrere Vertriebsmitarbeiter tätig, die über eine deutliche kürzere Betriebszugehörigkeit verfügen, und zwar Namen. Zwei dieser Arbeitnehmer haben sogar keinerlei Unterhaltsverpflichtungen, nämlich Namen.
Der Betriebsrat widerspricht deshalb der beabsichtigten Kündigung von Herrn/Frau Name ausdrücklich.

17 **Betriebsrat: Widerspruch gegen eine geplante Kündigung gemäß § 102 Abs. 3 Nr. 1 BetrVG**

Betriebsrat Firmenbezeichnung, Adresse Ort, Datum

An die Geschäftsleitung der Firma Firmenbezeichnung
z. Hd. des/der Personalleiters/in Name
im Hause

Beabsichtigte betriebsbedingte Kündigung des Herrn Name

Sehr geehrte/r Frau/Herr Personalleiter,
Gegenstand der Betriebsratssitzung am Datum war unter anderem die Anhörung zur Kündigung von Herrn/Frau Name. Der Betriebsrat hat auf dieser Sitzung beschlossen, der Kündigungsabsicht der Geschäftsleitung gemäß § 102 Abs. 3 Nr. 1 BetrVG zu widersprechen.
Aus unserer Sicht ist die von Ihnen vorgenommene Sozialauswahl in der entsprechenden Vergleichsgruppe fehlerhaft. Wir teilen Ihre Auffassung nicht, dass für die von Ihnen genannten Mitarbeiter Name ein berechtigtes betriebliches Interesse i. S. v. § 1 Abs. 3 KSchG an der Herausnahme aus der Sozialauswahl vorliegt. Deshalb hätten auch diese Mitarbeiter/innen als Herr/Frau Name in die Sozialauswahl einbezogen werden müssen. Von denen sind erheblich weniger schützenswert die Kollegen/innen Namen, und zwar aus den folgenden Gürnden nähere Beschreibung der geringeren Schutzwürdigkeit. Hinzukommt, dass Sie das Vorliegen eines berechtigten betrieblichen Interesses nicht näher begründet haben. Ihr pauschaler Hinweis hierauf reicht nicht aus. Hierzu bedarf es objektiv nachvollziehbarer Gründe, die uns gegenüber offengelegt werden müssen, damit wir diese Gründe prüfen können.
Wir fordern Sie daher auf, Ihre Kündigungsabsicht noch einmal zu überdenken, und widersprechen der beabsichtigten Kündigung nachdrücklich.

Betriebsrat: Widerspruch gegen eine geplante Kündigung gemäß § 102 Abs. 3 Nr. 2 BetrVG 18

Vorbemerkung
Die Geltendmachung dieses Widerspruchsgrunds erfordert die Benennung der Auswahlrichtlinie, gegen die die Kündigung nach Meinung des Betriebsrats verstößt, sowie der Tatsachen, aus denen sich der Verstoß gegen die Auswahlrichtlinien ergibt. Es muss sich um eine Auswahlrichtlinie i. S. d. § 95 Abs. 1 BetrVG handeln; hierbei handelt es sich nicht notwendigerweise um eine Betriebsvereinbarung (zu den Einzelheiten vgl. DKW-*Deinert*, § 102 Rn. 214 ff.).

Betriebsrat Firmenbezeichnung, Adresse Ort, Datum

An die Geschäftsleitung der Firma Firmenbezeichnung
z.Hd. Herrn/Frau Geschäftsführer/in Name
im Hause

Beabsichtigte betriebsbedingte Kündigung von Herrn/Frau Name

Sehr geehrte/r Frau/Herr Geschäftsführer,
der Betriebsrat hat in seiner Sitzung am Datum beschlossen, der von Ihnen beabsichtigten Kündigung von Frau Name gemäß § 102 Abs. 3 Nr. 2 BetrVG zu widersprechen.
Zur Begründung verweisen wir vor allem auf unsere Betriebsvereinbarung »Auswahlrichtlinien«: In § 3 Abs. 1 dieser Betriebsvereinbarung heißt es ausdrücklich, dass Mitarbeiter, die bereits das 55. Lebensjahr überschritten haben und dem Betrieb länger als 15 Jahre angehören, erst dann betriebsbedingt gekündigt werden dürfen, wenn die gesamte Gruppe der vergleichbaren Arbeitnehmer entlassen werden soll. Um einen solchen Fall handelt es sich hier nicht.
Herr/Frau Name hat bereits das 56. Lebensjahr vollendet. Er/sie gehört unserem Unternehmen schon seit 1997 an. In der Mitarbeitergruppe »Sachbearbeiter Rechnungswesen« sollen nach der derzeitigen Planung zwei Arbeitsplätze erhalten bleiben. Beide dort beschäftigten Arbeitnehmer/innen haben das 55. Lebensjahr noch nicht vollendet. Wir können deshalb die von Ihnen angezeigte Kündigungsabsicht nicht nachvollziehen.

Da die beabsichtigte Kündigung von Frau/Herrn Name gegen unsere Betriebsvereinbarung Auswahlrichtlinien verstößt, müssen wir der beabsichtigten Kündigung widersprechen.

19 Betriebsrat: Widerspruch gegen eine geplante Kündigung gemäß § 102 Abs. 3 Nr. 3 BetrVG

Vorbemerkung
Die Weiterbeschäftigungspflicht des Abs. 3 Nr. 3 bezieht sich ebenso wie diejenige des Abs. 3 Nr. 4 und Nr. 5 auf das **gesamte Unternehmen**. Der Widerspruchsgrund der Nr. 3 gilt für **alle Arten** von **ordentlichen Kündigungen** (vgl. zu den Einzelheiten DKW-*Deinert*, § 102 Rn. 217 ff.).

Betriebsrat Firmenbezeichnung, Adresse Ort, Datum

An die Geschäftsleitung der Firma Firmenbezeichnung
im Hause

Beabsichtigte betriebsbedingte Kündigung von Name

Sehr geehrte Damen und Herren,
der Betriebsrat hat sich in seiner Sitzung vom Datum mit der von Ihnen beabsichtigten Kündigung des/der Kraftfahrers/in Name befasst. Der Betriebsrat hat den Beschluss gefasst, der beabsichtigten Kündigung zu widersprechen, weil wir der Auffassung sind, dass Herr/Frau Name auf einem anderen freien Arbeitsplatz weiterbeschäftigt werden kann (§ 102 Abs. 3 Nr. 3 BetrVG).

Begründung:
Es ist zunächst zutreffend, dass der derzeitige Arbeitsplatz von Herrn/Frau Name entfällt. Wir haben diese Entscheidung in unserem Monatsgespräch am Datum besprochen. Allerdings hatten Sie uns in diesem Gespräch auch mitgeteilt, dass in der Abteilung Kraftfahrer gesucht werden. Dort könnte Herr/Frau Name in seinem/ihrem bisherigen Tätigkeitsgebiet weiterbeschäftigt werden. Wir haben deshalb für Ihre Kündigungsabsicht kein Verständnis und halten die beabsichtigte betriebsbedingte Kündigung von Herrn/Frau Name für sozial ungerechtfertigt.

20 Betriebsrat: Widerspruch gegen eine Kündigung gemäß § 102 Abs. 3 Nr. 4 BetrVG

Vorbemerkung
Der Widerspruchsgrund nach § 102 Abs. 3 Nr. 4 BetrVG (vgl. DKW-*Deinert*, § 102 Rn. 232 ff.) kommt vor allem in Betracht, wenn der Arbeitgeber durch die Veränderung von Arbeitsmitteln, -methoden oder -organisation neue Anforderungen für die Arbeitnehmer schafft. Hier geht es in der Regel um Rationalisierungsmaßnahmen. Eine Umschulung oder Fortbildung ist aber auch dann möglich, wenn eine personenbedingte Kündigung aufgrund Fehlens oder Nachlassens der geforderten Leistungsfähigkeit möglich ist oder bei krankheitsbedingter Kündigung ein anderer Arbeitsplatz nur bei Veränderung der beruflichen Qualifikation eingenommen werden kann. Dabei kann nach einer Schulungsmaßnahme auch eine Weiterbeschäftigung auf dem eigenen Arbeitsplatz in Frage kommen.

Betriebsrat Firmenbezeichnung, Adresse Ort, Datum

An die Geschäftsleitung der Firma Firmenbezeichnung
z.Hd. Herrn/Frau Geschäftsführer/in Name
im Hause

Beabsichtigte betriebsbedingte Kündigung von Frau Name

Sehr geehrte/r Herr/Frau Geschäftsführer,
Sie haben uns mit Schreiben vom Datum mitgeteilt, dass Sie unsere/n Teamassistentin/en Name aus betriebsbedingten Gründen zu kündigen beabsichtigen. In seiner Sitzung vom Datum hat der Betriebsrat beschlossen, dieser Kündigung zu widersprechen. Die Weiterbeschäftigung von Herrn/Frau Name ist nach zumutbaren Fortbildungsmaßnahmen möglich (§ 102 Abs. 3 Nr. 4 BetrVG).

Begründung:
Herr/Frau Name hat als Teamassistent/in nicht nur vielfältige Sekretariatsaufgaben erledigt, er/sie war auch unmittelbar in die Projektarbeit eingebunden und hat in diesem Zusammenhang schon seit mehr als zwei Jahren kleinere Teilprojekte auch selbständig geleitet. In der Abteilung ist zum Datum die Position eines/r Projektleiters/in zu besetzen. Wir meinen, dass Herr/Frau Name nach einer Weiterbildung zum/zur Projektleiter/in, die nach unserer Kenntnis in einem Zeitraum von 3 Monaten erledigt werden könnte, auf dieser Position weiterbeschäftigt werden könnte. Herr/Frau Name ist mit einer entsprechenden Weiterbildung einverstanden.
Deshalb schlagen wir vor, Herrn/Frau Name auf Kosten des Arbeitgebers zur Projektleiterin fortbilden zu lassen. Für die Kündigung des Arbeitsverhältnisses von Herrn/Frau Name besteht keine Veranlassung.

Betriebsrat: Widerspruch gegen eine geplante Kündigung gemäß § 102 Abs. 3 Nr. 5 BetrVG 21

Vorbemerkung
Der Widerspruchsgrund nach § 102 Abs. 3 Nr. 5 BetrVG zielt darauf, jede nur denkbare Möglichkeit zum Erhalt des Arbeitsverhältnisses auszuschöpfen. Deshalb ist mit dieser Bestimmung eine Art **Auffangtatbestand** geschaffen worden, mit dem alle Beschäftigungsalternativen eingefangen werden sollen, bei denen der Arbeitsvertrag geändert werden muss. Der Arbeitnehmer kann in schlechtere Vertragsbedingungen allerdings nur einwilligen, soweit diese nicht durch Gesetz, Tarifvertrag oder Betriebsvereinbarung unabdingbar sind.

Betriebsrat Firmenbezeichnung, Adresse Ort, Datum

An die Geschäftsleitung der Firma Firmenbezeichnung
im Hause

Beabsichtigte betriebsbedingte Kündigung von Herrn/Frau Name

Sehr geehrte Damen und Herren,
der Betriebsrat hat sich in seiner Sitzung vom Datum mit der von Ihnen beabsichtigen Kündigung des/der Kraftfahrers/in Name befasst. Der Betriebsrat hat den Beschluss gefasst, der beabsichtigten Kündigung zu widersprechen, weil wir der Auffassung sind, dass Herr/Frau Name nach Änderung der Arbeitsbedingungen auf einem anderen freien Arbeitsplatz weiterbeschäftigt werden kann (§ 102 Abs. 3 Nr. 5 BetrVG).

Begründung:
Der Personalakte von Herrn/Frau Name haben wir entnommen, dass er/sie den Beruf des Industrieelektrikers erlernt hat. Die Ausbildung liegt erst drei Jahre zurück, sodass er/sie jederzeit wieder schnell in dieses Tätigkeitsgebiet zurückfinden könnte. In der Abteilung wird derzeit ein Industrieelektriker gesucht. Auf dieser Position könnte Herr/Frau Name sofort eingesetzt werden. Herr/Frau Name hat uns mitgeteilt, dass er/sie mit einer entsprechenden Änderung der Arbeitsbedingungen einverstanden ist. Aus unserer Sicht ist deshalb die beabsichtigte betriebsbedingte Kündigung sozial ungerechtfertigt.

22 **Betriebsrat: Bedenken des Betriebsrats gegen eine außerordentliche Kündigung**

Vorbemerkung
Gegenüber einer **außerordentlichen Kündigung** ist die Erhebung von Bedenken in der Regel die einzige Reaktionsmöglichkeit des Betriebsrats (zu den Einzelheiten vgl. DKW-*Deinert*, § 102 Rn. 181 ff.). Der Betriebsrat sollte alle Gründe vortragen, die aus seiner Sicht die außerordentliche Kündigung unwirksam bzw. unverhältnismäßig erscheinen lassen. Rechtserhebliche Wirkung kommt der Äußerung von Bedenken lediglich insoweit zu, als in dieser Stellungnahme eine das Anhörungsverfahren **abschließende Erklärung** vorliegt, die dem Arbeitgeber erlaubt, vor Ablauf der Anhörungsfrist zu kündigen. Bedenken gegen eine **außerordentliche Kündigung** sind innerhalb von **drei Tagen** schriftlich mitzuteilen. Es handelt sich nicht um Werktage oder Arbeitstage, sondern um **Kalendertage.**

Betriebsrat Firmenbezeichnung, Adresse — Ort, Datum

An die Geschäftsleitung der Firma Firmenbezeichnung
im Hause

Beabsichtigte außerordentliche Kündigung von Name

Sehr geehrte Damen und Herren,
Sie haben unseren Betriebsratsvorsitzenden am Datum von der beabsichtigten außerordentlichen Kündigung von Herrn/Frau Name unterrichtet. Nach ordnungsgemäßer Ladung hat der Betriebsrat am folgenden Tag eine außerordentliche Betriebsratssitzung durchgeführt und die beabsichtigte außerordentliche Kündigung beraten. Auf dieser Sitzung wurde auch Herr/Frau Name angehört. Unter Abwägung aller Umstände des Einzelfalls hat der Betriebsrat beschlossen, gegen die beabsichtigte außerordentliche Kündigung Bedenken zu äußern.
Herr/Frau Name hat uns mitgeteilt, dass der Personalabteilung die ihm gegenüber vorgebrachten Vorwürfe schon seit dem Datum, also schon länger als zwei Wochen bekannt sind. Die beabsichtigte außerordentliche Kündigung verstößt deshalb gegen § 626 Abs. 2 BGB, wonach die außerordentliche Kündigung nur innerhalb von zwei Wochen seit Kenntnis der Gründe ausgesprochen werden kann.
Wir haben selbstverständlich hinsichtlich der Herrn/Frau Name zur Last gelegten Vorwürfe eigenständige Recherchen vorgenommen. Dabei sind wir zu dem Ergebnis gelangt, dass der von uns festgestellte tatsächliche Sachverhalt keine verhaltensbedingte Kündigung, schon gar keine außerordentliche Kündigung rechtfertigt: .

Betriebsrat: Widerspruch gegen Änderungskündigung 23

Vorbemerkung
Die Änderungskündigung geht in Regel einher mit einer Versetzung i. S. v. § 99 Abs. 1 BetrVG. Sie beinhaltet also zwei unterschiedliche personelle Einzelmaßnahmen, die sowohl zum Widerspruch nach § 102 Abs. 3 BetrVG als auch zur Zustimmungsverweigerung nach § 99 Abs. 2 BetrVG berechtigen können.

Betriebsrat Firmenbezeichnung, Adresse Ort, Datum

An die Geschäftsleitung der Firma Firmenbezeichnung
z. Hd. Herrn/Frau Geschäftsführer/in Name
im Hause

Beabsichtigte betriebsbedingte Änderungskündigung des Herrn Name

Sehr geehrte/r Herr/Frau Geschäftsführer,
der Betriebsrat hat sich in seiner Sitzung am Datum eingehend mit der beabsichtigten betriebsbedingten Änderungskündigung des/der Herrn/Frau Name beschäftigt und den Beschluss gefasst, dieser personellen Maßnahme zu widersprechen bzw. die Zustimmung zu verweigern.

Begründung:
Sie beabsichtigen, Herrn/Frau Name unter Beachtung der ordentlichen Kündigungsfrist zum Datum die Position des/der Vertriebsmitarbeiters/in für das Vertriebsgebiet zu kündigen. Gleichzeitig soll Herrn/Frau Name das Angebot unterbreitet werden, ab Datum als Vertriebsmitarbeiter/in im Vertriebsgebiet weiterbeschäftigt zu werden.
Der Betriebsrat widerspricht dieser beabsichtigten Kündigung gemäß § 102 Abs. 3 Nr. 1 BetrVG. Sie haben die sozialen Gesichtspunkte, die in der Person von Herrn/Frau Name erfüllt sind, nicht ausreichend berücksichtigt. Er/sie ist 53 Jahre alt und bereits seit 18 Jahren in unserem Hause beschäftigt. Deshalb würde diese Maßnahme gerade Herrn/Frau Name besonders hart treffen. Richtig ist zwar, dass in dem Vertriebsgebiet, in dem er/sie beschäftigt ist, in der Gruppe der Vertriebsmitarbeiter Arbeitsplätze wegfallen. In diesem Vertriebsgebiet gibt es jedoch mindestens einen Vertriebsmitarbeiter, der sozial weniger schützenswert ist als Herr/Frau Name, nämlich die Mitarbeiter .
Die beabsichtigte Maßnahme ist zugleich eine Versetzung, da sie mit einem Ortswechsel verbunden ist. Dieser Versetzung verweigert der Betriebsrat die Zustimmung gemäß § 99 Abs. 2 Nr. 2 BetrVG. Unsere diesbezügliche Auswahlrichtlinie lässt die Versetzung von Mitarbeitern, die schon das 50. Lebensjahr vollendet haben, nicht zu.

Betriebsrat: Informationsschreiben an einen gekündigten Arbeitnehmer zur Aufklärung über seine Rechte 24

Vorbemerkung
Der Betriebsrat ist nicht verpflichtet, den Arbeitnehmer über seine Rechte im Zusammenhang mit einer ausgesprochenen Kündigung zu informieren. Der Betriebsrat ist auch nicht zur Rechtsberatung berechtigt. Das Unterrichtungsschreiben des Betriebsrats sollte sich deshalb auf das Notwendigste – Hinweis auf Widerspruch des Betriebsrats, Weiterbeschäftigungsanspruch und Einhaltung der Klagefrist – beschränken.

Betriebsrat Firmenbezeichnung, Adresse Ort, Datum

Herrn/Frau
Name, Adresse

Kündigung vom: Datum

Liebe/r Kollege/in Name,
der Arbeitgeber hat das mit Ihnen bestehende Arbeitsverhältnis zum Ablauf der ordentlichen Kündigungsfrist am Datum trotz des Widerspruchs des Betriebsrats gekündigt. Die Stellungnahme des Betriebsrats war dem Kündigungsschreiben beigefügt. (Alternativ: Unsere Stellungnahme fügen wir diesem Schreiben bei.) Wir betonen noch einmal ausdrücklich, dass sich der Arbeitgeber unserer Auffassung nicht angeschlossen und sich zur Kündigung Ihres Arbeitsverhältnisses entschlossen hat. Mit diesem Schreiben möchten wir Sie über Ihre Rechte aufklären.
Sie haben zunächst die Möglichkeit, beim Arbeitsgericht Kündigungsschutzklage einzureichen. Dies muss innerhalb von drei Wochen nach Zugang der Kündigung geschehen. Diese Frist müssen Sie einhalten, weil Sie sonst nicht mehr gegen die Kündigung vorgehen können.
Da der Betriebsrat der Kündigung widersprochen hat, haben Sie die Möglichkeit, vom Arbeitgeber zu verlangen, dass Sie nach Ablauf Ihrer ordentlichen Kündigungsfrist bis zum rechtskräftigen Abschluss des Rechtsstreits unter unveränderten Vertragsbedingungen weiterbeschäftigt werden. Hierzu ist der Arbeitgeber verpflichtet. Der Arbeitgeber hat hiergegen lediglich die Möglichkeit, beim Arbeitsgericht zu beantragen, ihn von der Weiterbeschäftigungspflicht zu entbinden. Wir gehen jedoch davon aus, dass der Arbeitgeber für diesen Antrag keine hinreichende und überzeugende Begründung finden wird. Wir empfehlen deshalb dringend, diesen Weiterbeschäftigungsantrag zu stellen.
Im Übrigen raten wir dringend, zur Geltendmachung Ihrer Rechte kurzfristig den Rat eines Rechtsanwalts oder Ihrer Gewerkschaft einzuholen.

25 **Betriebsrat: Antwortschreiben auf den Kündigungseinspruch eines gekündigten Arbeitnehmers gemäß § 3 KSchG**

Vorbemerkung

Legt der Arbeitnehmer Einspruch gegen die Kündigung beim Betriebsrat ein, so ist der Betriebsrat gehalten, die Begründetheit des Einspruchs pflichtgemäß zu prüfen.

Betriebsrat Firmenbezeichnung, Adresse Ort, Datum

Herrn/Frau
Name, Adresse

Einspruch gegen Ihre betriebsbedingte Kündigung – Ihr Schreiben vom Datum

Liebe/r Kollege/in Name,
mit Schreiben vom Datum haben Sie gemäß § 3 KSchG Einspruch beim Betriebsrat wegen Ihrer ordentlichen betriebsbedingten Kündigung zum Datum eingelegt. In seiner Sitzung vom Datum hat sich der Betriebsrat mit den von Ihnen vorgebrachten Gründen, die uns bislang nicht bekannt waren, befasst. Der Betriebsrat hält Ihren Einspruch für begründet.
Die nach dieser Sitzung am Datum mit dem Arbeitgeber geführten Gespräche waren erfolgreich. Der Arbeitgeber, dem die von Ihnen genannten Argumente gegen die Kündigung ebenfalls nicht bekannt waren, ist bereit, die bereits ausgesprochene Kündigung zurückzunehmen. Er bietet

Ihnen die Weiterbeschäftigung zu geänderten Bedingungen als an. Hierfür bedarf es Ihres Einverständnisses.
Der Arbeitgeber wird sich kurzfristig mit Ihnen in Verbindung setzen, um die weiteren Einzelheiten zu klären. Wir sind sicher, dass Sie mit diesem Ergebnis einverstanden sind.

Betriebsrat: Stellungnahme zur Kündigung eines schwerbehinderten Menschen 26

Vorbemerkung
Die Stellungnahme des Betriebsrats zu einer beabsichtigten Kündigung eines schwerbehinderten Menschen unterscheidet sich nicht grundsätzlich von der Stellungnahme zur Kündigung nicht-schwerbehinderter Menschen. Allerdings sollten die Widerspruchsgründe des § 102 Abs. 3 BetrVG insbesondere unter dem Blickwinkel der besonderen Situation schwerbehinderter Menschen und deren in § 164 SB IX geregelter Rechtsstellung beleuchtet werden.

Betriebsrat Firmenbezeichnung, Adresse Ort, Datum

An die Geschäftsleitung der Firma Firmenbezeichnung
z. Hd. Herrn/Frau Geschäftsführer/in Name
im Hause

Beabsichtigte Kündigung des schwerbehinderten Menschen Name

Sehr geehrte/r Frau/Herr Geschäftsführer,
der Betriebsrat hat in seiner Sitzung am Datum beschlossen, der beabsichtigten Kündigung von Name zu widersprechen.

Begründung:
Herr/Frau Name ist seit dem Datum im Unternehmen als Betriebsschlosser/in tätig. Der Grad der Behinderung beträgt 70. Trotz dieser Behinderung hat er/sie seine/ihre Aufgaben bislang stets tadellos erfüllt. Außerdem ist er/sie verheiratet und für drei schulpflichtige Kinder im Alter von 9, 12 und 14 Jahren unterhaltspflichtig.
Richtig ist, dass der derzeitige Arbeitsplatz von Herrn/Frau Name im Zuge von Reorganisationsmaßnahmen entfällt. Er/sie kann jedoch als in der Abteilung weiterbeschäftigt werden. Er/sie ist mit dieser Änderung der Arbeitsbedingungen einverstanden. Deshalb widerspricht der Betriebsrat der beabsichtigten betriebsbedingten Kündigung.
Der Vollständigkeit halber möchten wir darauf hinweisen, dass unser Unternehmen schwerbehinderte Menschen noch immer nicht in der gesetzlich vorgeschriebenen Zahl beschäftigt. Zu dieser Auffassung gelangte auch die Schwerbehindertenvertretung und wird dies auch in ihrer Stellungnahme zum Ausdruck bringen. Wir müssen Sie deshalb auffordern, Ihren gesetzlichen Verpflichtungen auch diesbezüglich nachzukommen, und nicht etwa noch weitere schwerbehinderte Arbeitnehmer zu kündigen.

Betriebsrat: Stellungnahme gegenüber dem Integrationsamt 27

Vorbemerkung
Nach § 170 Abs. 2 SGB IX holt das Integrationsamt die Stellungnahme des Betriebsrats zu einer beabsichtigten Kündigung eines schwerbehinderten Menschen ein. Da diese Stellungnahme

schon vor Einleitung des Anhörungsverfahrens erfolgt, muss der Betriebsrat zu diesem Zeitpunkt noch nicht abschließend entschieden haben, ob er der beabsichtigten Kündigung widersprechen wird. Es empfiehlt sich jedoch, eine entsprechende Stellungnahme anzukündigen, wenn aus Sicht des Betriebsrats Widerspruchsgründe vorliegen, um die Entscheidung des Integrationsamts in diesem Sinne zu beeinflussen.

Betriebsrat Firmenbezeichnung, Adresse Ort, Datum

An das
Integrationsamt

Beabsichtigte Kündigung des schwerbehinderten Menschen Name
Stellungnahme gemäß § 170 Abs. 2 SGB IX

Sehr geehrte Damen und Herren,
der Betriebsrat hat in seiner Sitzung am Datum beschlossen, der beabsichtigten Kündigung des schwerbehinderten Menschen Name zu widersprechen.

Begründung:
Herr/Frau Name ist seit dem Datum im Unternehmen als Betriebsschlosser/in tätig. Der Grad der Behinderung beträgt 70. Trotz dieser Behinderung hat er/sie seine/ihre Aufgaben bislang stets tadellos erfüllt. Außerdem ist er/sie verheiratet und für drei schulpflichtige Kinder im Alter von 9, 12 und 14 Jahren unterhaltspflichtig.
Richtig ist, dass der derzeitige Arbeitsplatz von Herrn/Frau Name im Zuge von Reorganisationsmaßnahmen entfällt. Er/sie kann jedoch als in der Abteilung weiterbeschäftigt werden. Er/sie ist mit dieser Änderung der Arbeitsbedingungen einverstanden. Deshalb widerspricht der Betriebsrat der beabsichtigten betriebsbedingten Kündigung.
Der Vollständigkeit halber möchten wir darauf hinweisen, dass unser Unternehmen schwerbehinderte Menschen noch immer nicht in der gesetzlich vorgeschriebenen Zahl beschäftigt. Zu dieser Auffassung gelangte auch die Schwerbehindertenvertretung.

28 **Arbeitgeber: Antrag auf Zustimmung des Integrationsamts**

Vorbemerkung
Der Arbeitgeber hat in dem Antragsverfahren gegenüber dem Integrationsamt die besonderen Voraussetzungen des §§ 171 ff. SGB IX darzulegen und glaubhaft zu machen.
An das Integrationsamt
Sehr geehrte Damen und Herren,
wir zeigen an, dass wir die Firma vertreten. Eine Vollmacht haben wir als **Anlage** beigefügt. Namens und im Auftrag der Firma (i. F. Antragstellerin) beantragen wir die Zustimmung zur außerordentlichen, hilfsweise ordentlichen verhaltensbedingten/personenbedingten/betriebsbedingten Kündigung des/der Arbeitnehmers/in Name.
Es folgen Angaben zur persönlichen Situation des Arbeitnehmers, z. B.: Herr/Frau Name ist am geboren. Er/sie ist verheiratet und drei minderjährigen Kindern gegenüber unterhaltsverpflichtet. Zwischen Herrn/Frau Name und der Antragstellerin besteht seit dem 1. 1. 2010 ein Arbeitsverhältnis. Er/sie ist als beschäftigt. Das letzte Bruttomonatsgehalt betrug Euro.
Vor ca. einem Jahr hat Herr/Frau Name der Antragstellerin mitgeteilt, er/sie sei mit einem Grad der Behinderung von als schwerbehindert/gleichgestellt anerkannt. Einen Schwerbehindertenausweis hat er/sie nicht vorgelegt. Wir bitten deshalb namens und im Auftrag der Antragstellerin zu prüfen, ob Herr/Frau Name tatsächlich schwerbehindert/gleichgestellt ist.

Es folgt nunmehr die Schilderung der Gründe, auf die die verhaltensbedingte/personenbedingte/betriebsbedingte Kündigung gestützt werden soll.
Für den Fall der betriebsbedingten Kündigung: Durch die beabsichtigte betriebsbedingte Kündigung wird Herr/Frau Name nicht gruppenspezifisch benachteiligt. Es folgt eine kurze Begründung.
Da die Antragstellerin weder weiß, ob Herr/Frau Name tatsächlich einen Gleichstellungsantrag gestellt hat, noch, ob dieser erfolgreich sein wird/anerkannt schwerbehindert ist, beabsichtigt die Antragstellerin, ihr/ihm am Datum eine außerordentliche, hilfsweise ordentliche Kündigung auszusprechen.
Für den Fall, dass Herr/Frau Name tatsächlich schwerbehindert/gleichgestellt ist, bitten wir jedoch vorsorglich um Zustimmung zu einer außerordentlichen, hilfsweise ordentlichen Kündigung. Für die ordentliche Kündigung wird die Antragstellerin die vertraglich vereinbarte Frist von fünf Monaten zum Monatsende einhalten.
Die Antragsstellerin beschäftigt insgesamt 250 Arbeitnehmer, davon sind 20 als schwerbehindert anerkannt.
Die Schwerbehindertenvertretung hat sich mit Schreiben vom Datum geäußert. Wir haben die Stellungnahme der Schwerbehindertenvertretung als **Anlage** beigefügt.

Betriebsrat: Stellungnahme bei Massenentlassung 29

Vorbemerkung
Der Betriebsrat kann gegenüber der Agentur für Arbeit weitere eigenständige Stellungnahmen abgeben. Er hat dann dem Arbeitgeber eine Abschrift der Stellungnahme zuzuleiten (§ 17 Abs. 3 KSchG).

Betriebsrat Firmenbezeichnung, Adresse — Ort, Datum

An die
Bundesagentur für Arbeit
Adresse

Stellungnahme zu geplanten Massenentlassungen der Firma Firmenbezeichnung gemäß § 17 Abs. 3 KSchG

Sehr geehrte Damen und Herren,
die Geschäftsleitung hat den Betriebsrat mit Datum vom Datum darüber unterrichtet, dass die unbefriedigende Auftragslage unseres Unternehmens in den kommenden Monaten Massenentlassungen erfordern wird. Ursache hierfür seien die bestehenden strukturellen Schwierigkeiten in unserer Branche.
Der Betriebsrat ist jedoch der Auffassung, dass – auch vor dem Hintergrund der zugegebenermaßen erheblichen strukturellen Schwierigkeiten – die geplanten Massenentlassungen durch mildere Mittel abgewendet werden können und widerspricht daher der Durchführung von Massenentlassungen.
Es folgt die Begründung des Betriebsrats, z. B.:
Zum einen könnte durch die Einführung von Kurzarbeit die derzeit schwierige Auftragslage überbrückt werden. Dem Betriebsrat ist bekannt, dass die Geschäftsleitung derzeit über mehrere arbeitsintensive Aufträge verhandelt, die – wenn sie zustande kommen – die Massenentlassung zumindest teilweise entbehrlich machen würden.

Zum anderen haben viele der voraussichtlich von Entlassung bedrohten Arbeitnehmer ganz erhebliche Überstundenkonten aufgebaut, deren Abbau voraussichtlich einen Zeitraum im Durchschnitt von überbrücken könnte.
Außerdem befindet sich der Betriebsrat derzeit in Interessenausgleichs- und Sozialplanverhandlungen wegen der beabsichtigten Massenentlassungen. Wir möchten deshalb darum bitten, die Entscheidung über den Antrag der Geschäftsleitung auszusetzen, weil Gegenstand dieser Verhandlungen selbstverständlich auch die Frage ist, ob und inwieweit die geplanten Entlassungen durch anderweitige Maßnahmen verhindert werden können.
Der Betriebsrat widerspricht deshalb den beabsichtigten Massenentlassungen vorsorglich.

30 Arbeitgeber: Mitteilung nach § 102 Abs. 4 BetrVG

Vorbemerkung

Die Verpflichtung des Arbeitgebers nach § 102 Abs. 4 BetrVG, dem Arbeitnehmer die Stellungnahme des Betriebsrats im Falle eines Widerspruchs zuzuleiten (zu den Einzelheiten vgl. DKW-*Deinert*, § 102 Rn. 250ff.), erstreckt sich nur auf fristgerecht eingelegte Widersprüche und nicht auf bloße Bedenken. Damit scheidet die Anwendung dieser Vorschrift insbesondere für außerordentliche Kündigungen aus. In solchen Fällen sollte der Betriebsrat von sich aus gleichzeitig mit der Mitteilung an den Arbeitgeber eine Abschrift seiner Stellungnahme an den Arbeitnehmer senden.

Firma Firmenbezeichnung, Adresse Ort, Datum
Geschäftsleitung

Arbeitnehmer
Name, Adresse

Sehr geehrte/r Frau/Herr Name,
Es folgt zunächst der Kündigungstext.
Der Betriebsrat hat der Kündigung Ihres Arbeitsverhältnisses widersprochen. Deshalb sind wir gesetzlich verpflichtet, der Kündigung die Stellungnahme des Betriebsrats beizufügen. Diese erhalten Sie mit dieser Kündigung anbei.

31 Arbeitnehmer: Verlangen nach Weiterbeschäftigung nach § 102 Abs. 5 BetrVG

Vorbemerkung

Zentrale Voraussetzungen für das Vorliegen eines Weiterbeschäftigungsanspruchs (zu den Einzelheiten vgl. DKW-*Deinert*, § 102 Rn. 289ff.) sind der ordnungsgemäße Widerspruch des Betriebsrats und die fristgemäße Erhebung der Kündigungsschutzklage. Der Arbeitnehmer muss den Weiterbeschäftigungsanspruch ausdrücklich gegenüber dem Arbeitgeber geltend machen. Das Verlangen ist formlos (mündlich) möglich, jedoch empfiehlt sich aus Beweisgründen die Schriftform. Die Geltendmachung des Weiterbeschäftigungsanspruches ist zwar an keine Frist gebunden, jedoch verlangt das BAG, dass sie spätestens bei Auslaufen der Kündigungsfrist, d.h. spätestens am ersten Arbeitstag nach Ablauf der Kündigungsfrist, erfolgt (vgl. DKW-*Deinert*, § 102 Rn. 290). Ein möglichst früher Zeitpunkt erlaubt für den Fall der Ablehnung durch den Arbeitgeber die Erwirkung einer einstweiligen Verfügung noch so rechtzeitig, dass eine nahtlose Beschäftigung gesichert werden kann.

An die Geschäftsleitung der Firma Firmenbezeichnung
z. Hd. Herrn/Frau Geschäftsführer/in Name

Sehr geehrte/r Frau/Herr Geschäftsführer,
wie sich aus der Anlage der mir mit Datum vom Datum zugegangenen Kündigung ergibt, hat der Betriebsrat der Kündigung meines Arbeitsverhältnisses widersprochen.
Ich teile mit, dass ich gegen diese Kündigung Kündigungsschutzklage beim Arbeitsgericht erhoben habe/erheben werde und stelle hiermit Weiterbeschäftigungsantrag nach § 102 Abs. 5 BetrVG bis zum rechtskräftigen Abschluss des Kündigungsrechtsstreits bei unveränderten Arbeitsbedingungen. Meine Tätigkeit werde ich wie bisher verrichten.
Gegebenenfalls zusätzlich:
Sollten Sie meinem Weiterbeschäftigungsverlangen nicht nachkommen, so werde ich auch diesen Anspruch arbeitsgerichtlich durchsetzen lassen.

Arbeitnehmer: Annahmeerklärung der Änderungskündigung unter Vorbehalt 32

Vorbemerkung
Nimmt der Arbeitnehmer die Änderungskündigung unter dem Vorbehalt einer arbeitsgerichtlichen Prüfung der Rechtmäßigkeit der Änderung des Arbeitsvertrags an, so sichert dies für den Fall des Unterliegens im Kündigungsrechtsstreit zumindest die Weiterbeschäftigung zu geänderten Vertragsbedingungen. In der Regel ist also eine entsprechende Annahmeerklärung zu empfehlen.

An die
Geschäftsleitung der Firma Firmenbezeichnung

Sehr geehrte Damen und Herren,
mit der Kündigung vom Datum haben Sie mir die Fortsetzung meines Arbeitsverhältnisses zu geänderten Arbeitsbedingungen angeboten. Dieses Angebot nehme ich unter dem Vorbehalt an, dass die Änderung der Arbeitsbedingungen sozial gerechtfertigt ist.
Die Rechtmäßigkeit der Änderung der Arbeitsbedingungen werde ich arbeitsgerichtlich überprüfen lassen.

Arbeitnehmer: Einwand der fehlenden BR–Zustimmung bei Änderungskündigung 33
Vorbemerkung
Dieser Einwand ist im Vorfeld einer prozessualen Auseinandersetzung zweckmäßig, weil oftmals übersehen wird, dass mit der Änderungskündigung vielfach eine personelle Einzelmaßnahme im Sinne von § 99 Abs. 1 BetrVG verbunden ist, die der Zustimmung des Betriebsrats bedarf.

An die
Geschäftsleitung der Firma Firmenbezeichnung

Sehr geehrte Damen und Herren,
mit Datum vom Datum haben Sie mir gegenüber eine Kündigung ausgesprochen und mir zugleich die Fortsetzung meines Arbeitsverhältnisses zu geänderten Arbeitsbedingungen angeboten. Dieses Angebot nehme ich unter dem Vorbehalt an, dass die Änderung der Arbeitsbedingun-

gen sozial gerechtfertigt ist. Die Rechtmäßigkeit der Änderung der Arbeitsbedingungen werde ich arbeitsgerichtlich überprüfen lassen.
Ich weise allerdings schon jetzt darauf hin, dass meines Erachtens die mit der Änderungskündigung zugleich verbundene Versetzung/Umgruppierung schon deshalb unwirksam ist, weil der Betriebsrat hierzu seine Zustimmung nicht erteilt hat.

5. Formulare (Arbeitsgerichtliches Verfahren) – Schriftsatzbausteine Fehlerhafte Anhörung des Betriebsrats

34 **Anhörung: Folgen bei unterbliebener Anhörung**

Es wird mit Nichtwissen bestritten, dass der Arbeitgeber den im Betrieb gewählten Betriebsrat vor Ausspruch der Kündigung angehört hat.
oder
Die Beklagte hat vor Ausspruch der Kündigung den Betriebsrat nicht angehört.
Beweis unter Protest gegen die Beweislast: Zeugnis des Betriebsratsvorsitzenden.
Dieser Fehler führt zur Unwirksamkeit der Kündigung nach § 102 Abs. 1 Satz 2 BetrVG. Danach ist die Kündigung unwirksam, wenn der Arbeitgeber die Anhörung des Betriebsrats unterlässt.

35 **Anhörung: Folgen bei unvollständiger Anhörung**

Die Beklagte hat den Betriebsrat vor Ausspruch der Kündigung nur unvollständig angehört.
Dieser Fehler führt zur Unwirksamkeit der Kündigung nach § 102 Abs. 1 Satz 2 BetrVG. Danach ist die Kündigung nicht nur dann unwirksam, wenn der Arbeitgeber die Anhörung des Betriebsrats gänzlich unterlässt, sondern auch dann, wenn die Anhörung des Betriebsrats unvollständig ist.
Die unvollständige Unterrichtung des Betriebsrats steht der unterbliebenen Unterrichtung des Betriebsrats gleich. Die Einschaltung des Betriebsrats soll den Arbeitgeber befähigen, die Kündigungsentscheidung auf der Grundlage eines möglichst umfassend ermittelten Sachverhalts zu treffen. Deshalb soll dem Betriebsrat im Vorfeld der Kündigung die Gelegenheit eingeräumt werden, auf die Willensbildung des Arbeitgebers Einfluss zu nehmen. Dies ist aber nur dann möglich, wenn die Darstellung des Kündigungssachverhalts durch den Arbeitgeber so umfassend ist, dass der Betriebsrat ohne zusätzliche eigene Nachforschungen in der Lage ist, die Stichhaltigkeit der Kündigungsgründe zu prüfen und sich ein Bild zu machen.
Im Streitfall hat der Arbeitgeber im Kündigungsschutzprozess zu beweisen, dass der Betriebsrat vor Ausspruch der Kündigung ordnungsgemäß im Sinne von §102 Abs. 1 BetrVG angehört wurde.
Der Arbeitgeber genügt der ihm obliegenden Mitteilungspflicht nicht, wenn er den Kündigungssachverhalt nur pauschal, schlagwortartig oder stichwortartig umschreibt oder lediglich ein Werturteil abgibt, ohne die für seine Bewertung maßgeblichen Tatsachen mitzuteilen.
Für den Umfang der Anhörungspflicht gilt der Grundsatz der subjektiven Determinierung. Der Betriebsrat ist immer dann ordnungsgemäß angehört worden, wenn der Arbeitgeber ihm die aus seiner Sicht tragenden Umstände unterbreitet hat.
Teilt der Arbeitgeber dem Betriebsrat objektiv kündigungsrechtlich erhebliche Tatsachen nicht mit, weil er die Kündigung darauf nicht stützen wollte oder weil er sie bei seinem Kündigungsentschluss für unerheblich oder entbehrlich gehalten hat, ist die Anhörung trotzdem ordnungsgemäß.
Bei einer bewussten Täuschung des Betriebsrats durch den Arbeitgeber mit Fehlinformationen ist die Anhörung nichtig, wobei als bewusste Täuschung die Fälle der gewollt unrichtigen sowie Fälle der bewusst unvollständigen Mitteilung der Kündigungsgründe gelten.
Es folgt eine Beschreibung der Tatsachen, die der Arbeitgeber dem Betriebsrat mitzuteilen hat.
Dieser Unterrichtungspflicht ist die Beklagte nicht vollständig nachgekommen.

Es folgt eine Bezeichnung der Tatsachen, die nicht mitgeteilt wurden.
Beweis: Zeugnis des Betriebsratsvorsitzenden.

Anhörung: vorzeitiger Abschluss des Anhörungsverfahrens 36

Das Anhörungsverfahren nach § 102 BetrVG ist abgeschlossen, wenn der Betriebsrat dem Arbeitgeber durch seinen Vorsitzenden mitteilt, dass er beschlossen hat, die Anhörungsfrist verstreichen zu lassen. Der Arbeitgeber ist dann nicht verpflichtet, die Wochenfrist des § 102 Abs. 1 BetrVG einzuhalten.

6. Gerichtlicher Antrag

Arbeitnehmer: Weiterbeschäftigung nach einseitiger Freistellung durch den Arbeitgeber 37

Vorbemerkung
Der Arbeitgeber ist in der Regel nicht berechtigt, den Arbeitnehmer während der Kündigungsfrist einseitig freizustellen. Der Arbeitnehmer hat auch während der Kündigungsfrist einen arbeitsvertraglichen Beschäftigungsanspruch. Ist der Arbeitnehmer ernsthaft am Erhalt seines Arbeitsplatzes interessiert, ist anzuraten, die Weiterbeschäftigung auch schon während der Kündigungsfrist durchzusetzen, damit die tatsächliche Rückkehr und Beschäftigung in diesem Betrieb nach Ablauf der Kündigungsfrist auch durch tatsächliche Anwesenheit während des Laufs der Kündigungsfrist faktisch abgesichert wird.

An das
Arbeitsgericht Bezeichnung
Adresse
/
volles Rubrum
beantragen wir
der Antragsgegnerin im Wege der einstweiligen Verfügung aufzugeben, den/die Antragsteller/in bis zum Datum (Datum des Ablaufs der ordentlichen Kündigungsfrist) als in der Abteilung zu den bisherigen Bedingungen des Arbeitsverhältnisses weiterzubeschäftigen.

Begründung:
Der/die Antragsteller/in ist seit dem Datum bei der Antragsgegnerin als zu einem durchschnittlichen Bruttomonatsgehalt in Höhe von Euro beschäftigt.
Glaubhaftmachung: Arbeitsvertrag vom Datum

Mit Schreiben vom Datum kündigte die Antragsgegnerin das Arbeitsverhältnis zum Datum.
Glaubhaftmachung: Kündigungsschreiben vom
Datum.

Gegen diese Kündigung hat der Antragsteller sich mit Kündigungsschutzklage vom Datum, anhängig unter dem Az.: zur Wehr gesetzt. Güteverhandlung ist anberaumt auf den Datum.
Eine Begründung der Kündigung erfolgte trotz Aufforderung zu keinem Zeitpunkt. Kündigungsgründe i. S. d. § 1 KSchG sind auch nicht ersichtlich. Die Antragsgegnerin beschäftigt regelmäßig ca. Arbeitnehmer, so dass das KSchG Anwendung findet.
Der/die Antragsteller/in wurde durch die Antragsgegnerin mit Ausspruch der Kündigung ohne Begründung freigestellt.

Glaubhaftmachung: Freistellungserklärung im
Kündigungsschreiben
vom Datum

Der/die Antragsteller/in hat die Antragsgegnerin mit Schreiben vom Datum zur Weiterbeschäftigung bis zum Ablauf der Kündigungsfrist aufgefordert.
Glaubhaftmachung: Schreiben vom Datum

Eine Reaktion erfolgte nicht. Ein Recht zur Freistellung ist arbeitsvertraglich nicht vereinbart. Der/die Antragsteller/in ist bei der Beklagten seit Datum in der Abteilung als Exportsachbearbeiter/in beschäftigt. Die Antragsgegnerin führt zurzeit eine neue Software in dieser Abteilung ein. Die Nichtbeschäftigung des/der Antragstellers/in führt für diese/n zu erheblichen Nachteilen, da er/sie von der Einarbeitung ausgeschlossen ist. Es besteht die Gefahr, dass nach Feststellung der Unwirksamkeit der Kündigung durch das Arbeitsgericht und Fortsetzung des Arbeitsverhältnisses der/die Antragsteller/in nicht mehr in ausreichendem Umfang über die zur Ausübung der Tätigkeit erforderlichen Kenntnisse und Fertigkeiten verfügen wird.
Glaubhaftmachung: Beigefügte eidesstattliche Versicherung des/der Antragstellers/in

Schützenswerte Gründe der Antragsgegnerin an einer Freistellung des/der Antragstellers/in sind demgegenüber nicht ersichtlich.

38 **Arbeitnehmer: Antrag auf Weiterbeschäftigung gem. § 102 Abs. 5 BetrVG**

Vorbemerkung
Die Weiterbeschäftigung des gekündigten Arbeitnehmers über den Ablauf der Kündigungsfrist hinaus ist von entscheidender Bedeutung für die Effektivität eines Kündigungsschutzprozesses. Angesichts dessen Dauer und der Notwendigkeit für den Arbeitnehmer, sich nach Ablauf der Kündigungsfrist um die Verwertung seiner Arbeitskraft zu bemühen, ist vielfach davon auszugehen, dass ein einmal aus dem Betrieb ausgeschiedener Arbeitnehmer im Normalfall die tatsächliche Rückkehr und Beschäftigung in diesem Betrieb in der Regel nicht mehr realisieren kann. Kann die Beschäftigung des Arbeitnehmers nicht bereits während des Kündigungsschutzprozesses durchgesetzt werden, wird dieser Prozess folglich praktisch nur mehr ein Kampf um die Höhe einer Abfindung. Die durch § 102 Abs. 5 BetrVG geschaffene Weiterbeschäftigungsmöglichkeit des gekündigten Arbeitnehmers soll dem »Bestandsschutz des Arbeitsverhältnisses während des Kündigungsschutzverfahrens« dienen (zu den Einzelheiten des Weiterbeschäftigungsanspruchs vgl. DKW-*Deinert*, § 102 Rn. 270ff.).

An das
Arbeitsgericht Bezeichnung
Adresse
/
volles Rubrum
beantragen wir
der Antragsgegnerin im Wege der einstweiligen Verfügung aufzugeben, den/die Antragsteller/in bis zum rechtskräftigen Abschluss des Kündigungsschutzverfahrens, Az.: als in der Abteilung zu den bisherigen Bedingungen des Arbeitsverhältnisses weiterzubeschäftigen.

Begründung:
Der/die Antragsteller/in ist seit dem Datum bei der Antragsgegnerin als zu einem durchschnittlichen Bruttomonatsgehalt in Höhe von Euro beschäftigt.

Glaubhaftmachung: Arbeitsvertrag vom Datum

Mit Schreiben vom Datum kündigte die Antragsgegnerin das Arbeitsverhältnis zum Datum.
Glaubhaftmachung: Kündigungsschreiben
vom Datum

Gegen diese Kündigung hat der/die Antragsteller/in sich mit Kündigungsschutzklage vom Datum, anhängig unter dem Az.: zur Wehr gesetzt. Die Güteverhandlung blieb erfolglos. Termin zur Kammerverhandlung ist anberaumt auf den Datum.
Der bei der Antragsgegnerin gebildete Betriebsrat hat der Kündigung mit Schreiben vom Datum mit der Begründung, die Weiterbeschäftigung des/der Antragstellers/in sei nach zumutbaren Umschulungs- und Fortbildungsmaßnahmen möglich, widersprochen.

Glaubhaftmachung: Widerspruchsschreiben des
Betriebsrats vom Datum
Die Beschlussfassung des Betriebsrats erfolgte am Datum.
Beweis: Zeugnis des Betriebsratsvorsitzenden Name

Die Beschlussfassung war ordnungsgemäß. Rein vorsorglich wird darauf hingewiesen, dass ein bloßes Bestreiten einer ordnungsgemäßen Beschlussfassung durch den Arbeitgeber nicht genügt (LAG Berlin 16.9.2004 – 10 Sa 1763/04; DKW-*Deinert*, § 102 Rn. 296). Anzeichen, die auf eine nicht ordnungsgemäße Beschlussfassung hindeuten, sind indes nicht ersichtlich.

Der/die Antragsteller/in hat von der Antragsgegnerin mit Schreiben vom Datum die Weiterbeschäftigung unter Hinweis auf den Widerspruch des Betriebsrats verlangt.
Glaubhaftmachung: Schreiben vom Datum

Eine Reaktion erfolgte nicht. Ohne den Erlass einer einstweiligen Verfügung wäre der/die Antragsteller/in nach Ablauf der Kündigungsfrist am Datum bis zur Kammerverhandlung am Datum, in welcher auch über den klageweise geltend gemachten Weiterbeschäftigungsantrag entschieden würde, also mehr als Monate lang, ohne Beschäftigung.

Arbeitgeber: Antrag auf Entbindung von der Weiterbeschäftigungspflicht 39

Vorbemerkung
Die Fälle, in denen der Arbeitgeber die Entbindung von der Beschäftigungspflicht (zu den Einzelheiten vgl. DKW-*Deinert*, § 102 Rn. 307ff.) beantragen kann, können nur **besondere Ausnahmen** sein, wenn das gesetzliche Regel- (Weiterbeschäftigung) und Ausnahmeverhältnis nicht in sein Gegenteil verkehrt werden soll. Die in § 102 Abs. 5 Satz 2 BetrVG genannten Entbindungsgründe sind **abschließend** und nicht erweiterungsfähig sowie eng auszulegen. Für den Erlass einer einstweiligen Verfügung müssen **Verfügungsanspruch, Verfügungsgrund und Glaubhaftmachung** durch den Arbeitgeber gegeben sein. Hinsichtlich des Verfügungsanspruchs hat der Arbeitgeber die Voraussetzungen des § 102 Abs. 5 Satz 2 BetrVG darzulegen. Ihn trifft hierzu die **Darlegungs- und Beweislast**. Der Verfügungsgrund ist in aller Regel gegeben. Zur Glaubhaftmachung kann sich der Arbeitgeber aller zugelassenen Mittel, insbesondere der eidesstattlichen Versicherung, bedienen. Eine pauschale Erklärung, dass die Tatsachenbehauptungen des Prozessbevollmächtigten des Arbeitgebers richtig seien, reicht allerdings nicht aus.

An das
Arbeitsgericht Bezeichnung
Adresse
/
volles Rubrum
vertreten wir die Antragstellerin.
Namens und im Auftrag der Antragstellerin beantragen wir:

1. Die Antragstellerin wird im Wege der einstweiligen Verfügung – der Dringlichkeit wegen ohne mündliche Verhandlung und durch den Vorsitzenden allein – von der Verpflichtung zur Weiterbeschäftigung des Antragsgegners entbunden,
2. hilfsweise, die beantragte einstweilige Verfügung aufgrund mündlicher Verhandlung unter größtmöglicher Abkürzung der Ladungs- und Einlassungsfristen zu erlassen.

Begründung:
Die Antragstellerin ist ein Ingenieur- und Planungsbüro, welches an zahlreichen Standorten im Bundesgebiet über Niederlassungen verfügt. Am Standort mit 23 Beschäftigten ist die Antragstellerin ausschließlich für das Bauunternehmen Unternehmensbezeichnung tätig. Die Unternehmensbezeichnung hat gegenüber der Antragstellerin im April 2020 schriftlich erklärt, dass sie das bestehende Auftragsverhältnis fristgemäß zum 31.12.2020 beenden werde, weil die Planungsaufträge in Zukunft in das osteuropäische Ausland vergeben werden. Die Antragstellerin hat daraufhin allen Mitarbeitern des Betriebes am Standort betriebsbedingt zum nächstmöglichen Termin gekündigt. Die Interessenausgleichsverhandlungen sind gescheitert. Die Kündigung des/der Antragsgegners/in erfolgte am Datum mit Wirkung zum Datum.
Zur Glaubhaftmachung: Kündigungsschreiben vom Datum, Anlage 1

Der am Standort gebildete Betriebsrat wurde vor Ausspruch der Kündigung am Datum ordnungsgemäß angehört. Er hat der Kündigung innerhalb der Wochenfrist schriftlich widersprochen. Zur Begründung wird ausgeführt, der Antragsgegner könne an anderen Standorten des Unternehmens weiterbeschäftigt werden. Insbesondere am Standort seien noch vergleichbare freie Arbeitsplätze vorhanden.

Zur Glaubhaftmachung: Widerspruchsschreiben des
Betriebsrats vom Datum,
Anlage 2

Der/die Antragsgegner/in hat gegen die Kündigung vom Datum fristgerecht Kündigungsschutzklage erhoben. Mit Schreiben an die Antragsstellerin vom Datum hat er/sie Weiterbeschäftigung nach § 102 Abs. 5 BetrVG über den Kündigungstermin hinaus bis zum rechtskräftigen Abschluss des Kündigungsschutzverfahrens verlangt.
Zur Glaubhaftmachung: Schreiben des/der
Antragsgegner/in vom Datum
Anlage 3, Klageschrift vom
Datum, Anlage 4

Die Antragstellerin ist von der Weiterbeschäftigung gemäß § 102 Abs. 5 Satz 2 BetrVG zu entbinden. Die Kündigungsschutzklage des Antragsgegners hat offensichtlich keine Aussicht auf Erfolg. Die Weiterbeschäftigungsmöglichkeit im bisherigen Beschäftigungsbetrieb nach Ablauf der Kündigungsfrist ist wegen der Beendigung des Auftragsverhältnisses mit der Unternehmensbezeichnung ersatzlos weggefallen. Eine Weiterbeschäftigung in einem anderen Betrieb des Unternehmens, insbesondere auch am Standort , scheidet aus, da es im ganzen Unternehmen keine vergleichbaren freien Arbeitsplätze gibt. Die Antragstellerin baut seit längerem kontinuierlich Personal gerade in der Berufsgruppe des/der Antragsgegners/in ab. In der Wirtschafts-

ausschusssitzung vom Datum wurde informiert, dass auch der Betrieb am Standort vor nachhaltigem Personalabbau stehe.
Zur Glaubhaftmachung: Eidesstattliche Versicherung
des/der Personalleiters/in Herr/Frau Name,
Anlage 5

Die Weiterbeschäftigung des/der Antragsgegners/in würde außerdem zu einer unzumutbaren wirtschaftlichen Belastung führen. Bis zum Abschluss des Kündigungsschutzverfahrens dauert es allein vor den örtlichen Arbeitsgerichten üblicherweise ca. Monate. Während der gesamten Zeit könnte die Antragstellerin den/die Antragsgegner/in nicht sinnvoll beschäftigen. Die Antragstellerin hätte Lohnkosten in erheblichem Umfang zu tragen, ohne irgendeine Gegenleistung zu erhalten.

Arbeitnehmer: Antrag auf Weiterbeschäftigung nach allgemeinem Weiterbeschäftigungsanspruch 40

Vorbemerkung

Unabhängig von der gesetzlichen Regelung eines Weiterbeschäftigungsanspruchs beim Vorliegen eines Widerspruchs des Betriebsrats gemäß § 102 Abs. 5 BetrVG besteht ein allgemeiner Weiterbeschäftigungsanspruch. Dessen Voraussetzungen hat der Große Senat des BAG folgendermaßen festgelegt:

- Die Kündigung ist offensichtlich unwirksam oder
- es liegt ein die Instanz abschließendes Urteil vor, das die Unwirksamkeit der Kündigung feststellt.

An das
Arbeitsgericht Bezeichnung
Adresse
/
volles Rubrum
vertreten wir den/die Antragsteller/in.
Namens und im Auftrag des/der Antragstellers/in beantragen wir:

1. Der Antragsgegnerin wird im Wege der einstweiligen Verfügung – der Dringlichkeit wegen ohne mündliche Verhandlung und durch den Vorsitzenden allein – aufgegeben, den/die Antragsteller/in bis zum rechtskräftigen Abschluss des Kündigungsschutzverfahrens, Az.: , zu unveränderten Bedingungen im Betrieb in als weiterzubeschäftigen,
2. hilfsweise, die beantragte einstweilige Verfügung aufgrund mündlicher Verhandlung unter größtmöglicher Abkürzung der Ladungs- und Einlassungsfristen zu erlassen.

Begründung:

Der/die Antragsteller/in ist seit dem Datum bei der Antragsgegnerin als in der Exportabteilung im Betrieb in Ort beschäftigt. Das Arbeitsverhältnis ist daher mit einer Frist von zwei Wochen zum Monatsende kündbar. Am Datum kündigte die Antragsgegnerin das Arbeitsverhältnis zur völligen Überraschung des/der Antragstellers/in zum Datum. Zur Begründung wurde ihm/ihr mitgeteilt, er/sie habe sich gegenüber seinem Vorgesetzten beleidigend geäußert, das könne man nicht dulden.
Die Kündigung vom Datum war offensichtlich unwirksam. Der bei der Antragsgegnerin gebildete Betriebsrat wurde vor Ausspruch der Kündigung nicht angehört.
Glaubhaftmachung: Eidesstattliche Versicherung des Betriebsratsvorsitzenden (Anlage 1)

Darüber hinaus war das Verhalten des/der Antragstellers/in gegenüber dem Vorgesetzten stets einwandfrei. Er/sie ist außerdem nie abgemahnt worden.
Der/die Antragsteller/in hat ein berechtigtes Interesse daran, während der Dauer des Kündigungsschutzverfahrens weiterbeschäftigt zu werden. Er/sie hat bereits das 56. Lebensjahr vollendet. Es ist davon auszugehen, dass der/die Antragsteller/in in der Bezeichnung-Branche, angesichts des fortgeschrittenen Lebensalters keine neue Beschäftigung mehr finden wird.
Außerdem führt die Antragsgegnerin zurzeit in der Exportabteilung eine neue Software ein. Der/die Antragsteller/in ist ohne Anbindung an den Arbeitsplatz nicht in der Lage, die erforderlichen Kenntnisse zu erlangen. Selbst bei Obsiegen im Kündigungsrechtsstreit müsste er/sie so einen dauerhaften Nachteil hinnehmen.
Der/die Antragsteller/in hat gegen die unwirksame Kündigung vom Datum am Datum Kündigungsschutzklage erhoben. Die Klage wird beim Arbeitsgericht unter dem Az.: geführt. Die Güteverhandlung ist erst auf den Datum, also fast einen Monat nach Ablauf der Kündigungsfrist terminiert. Mit einer Verhandlung vor der Kammer ist frühestens im Monat Datum zu rechnen.
Ohne den beantragten Erlass einer einstweiligen Verfügung wäre der/die Antragsteller/in also mehr als Monate ohne Arbeit, bis das Arbeitsgericht die Unwirksamkeit der Kündigung erstinstanzlich feststellen könnte. Es kann dem/der Antragsteller/in nicht zugemutet werden, so lange ohne Beschäftigung zu bleiben. Es besteht die Gefahr, dass die Antragsgegnerin in der Zwischenzeit Fakten, die eine Rückkehr des Antragstellers in den Betrieb zusätzlich erschweren, schafft.
Zur Glaubhaftmachung für alles Vorstehende: eidesstattliche Versicherung
des Antragstellers, Anlage 2

41 **Arbeitnehmer: Kündigungsschutzklage**

An das
Arbeitsgericht Bezeichnung
Adresse
In Sachen
/
volles Rubrum

w e g e n Kündigungsschutz

Namens und in Vollmacht des/der Klägers/in bitten wir um Anberaumung eines Termins zur mündlichen Verhandlung, in dem wir beantragen werden zu erkennen:

1. Es wird festgestellt, dass das Arbeitsverhältnis des/der Klägers/in bei der Beklagten nicht durch die Kündigung vom Datum zum Datum aufgelöst wird.
2. Es wird festgestellt, dass das Arbeitsverhältnis zwischen den Parteien über den Datum **hinaus unverändert fortbesteht und auch nicht durch andere Beendigungsgründe aufgelöst wird.**
3. **Die Beklagte wird verurteilt, den Kläger für den Fall des Obsiegens mit dem Feststellungsantrag zu Ziff. 1 und/oder zu Ziff. 2 zu unveränderten arbeitsvertraglichen Arbeitsbedingungen als** Funktionsbezeichnung bis zu einer rechtskräftigen Entscheidung über den Feststellungsantrag weiterzubeschäftigen.

Begründung:

1.
Der/die am Datum geborene Kläger/in ist verheiratet und zwei Kindern unterhaltsverpflichtet. Er/sie ist seit dem Datum bei der Beklagten als Funktionsbezeichnung beschäftigt. Die Einzelheiten des Arbeitsverhältnisses regelt der Arbeitsvertrag vom Datum.

Beweis: Arbeitsvertrag vom Datum, als Anlage K1

Ausweislich der Verdienstabrechnung für den Monat Mai 2025 hat der/die Kläger/in ein steuerpflichtiges Bruttomonatseinkommen in Höhe von BetragEuro erzielt. Daraus errechnet sich ein Bruttoquartalsverdienst in Höhe von Betrag Euro.

Beweis: Verdienstabrechnung, als Anlage K 2

Mit Schreiben vom Datum, dem/der Kläger/in am Datum zugegangen, sprach die Beklagte gegenüber eine ordentliche Kündigung des Arbeitsverhältnisses zum Datum aus.

Beweis: Kündigungsschreiben vom Datum, als Anlage K 3

2.
Die Kündigung des/der Klägers/in ist nicht sozial gerechtfertigt. Es liegen weder betriebsbedingte noch verhaltensbedingte noch personenbedingte Gründe vor, die eine Kündigung des Arbeitsverhältnisses rechtfertigen würden.

Die richtige Durchführung der Sozialauswahl wird gerügt. Die Beklagte wird aufgefordert, die Grundlage der Sozialauswahl darzulegen.

Im Betrieb der Beklagten ist ein Betriebsrat gebildet. Rein vorsorglich wird die Ordnungsgemäßheit der Betriebsratsanhörung gerügt.

3.
Mit dem Klageantrag zu 2. verfolgt der/die Kläger/in einen Feststellungsantrag des Inhaltes, dass das Arbeitsverhältnis auch nicht durch andere Beendigungstatbestände beendet wurde. Zwar sind der klägerischen Partei derzeit keinerlei weitere Beendigungstatbestände bekannt, außer der unter Ziffer 1. genannten Kündigung. Es kann jedoch nicht ausgeschlossen werden, dass die Beklagte erneut, auch im Rahmen des vorliegenden Rechtsstreits, kündigen wird und diese Kündigung von der klägerischen Partei nicht rechtzeitig erkannt und angegriffen werden. Aus der Gefahr solcher Folgekündigungen rechtfertigt sich der Klageantrag zu Ziffer 2.

Mit dem Klageantrag zu 3. macht der/die Kläger/in seinen/ihren Weiterbeschäftigungsanspruch geltend. Die Kündigung ist unwirksam. Sie ist sozial ungerechtfertigt. Die Beklagte ist vor dem Hintergrund der Entscheidung des Großen Senats des Bundesarbeitsgerichts (BAG 27.2.1985 – GS 1/84, AP § 611 BGB Beschäftigungspflicht Nr. 14) zur Weiterbeschäftigung zu verurteilen.

Nach der Rechtsprechung des Großen Senats steht dem Arbeitnehmer ein Anspruch auf Weiterbeschäftigung zu unveränderten Arbeitsbedingungen zu, wenn ein obsiegendes erstinstanzliches Urteil vorliegt. Das Weiterbeschäftigungsinteresse des Arbeitnehmers überwiegt sodann gegenüber dem Interesse des Arbeitgebers an der Nichtbeschäftigung des Arbeitnehmers.

7. Musterbetriebsvereinbarungen

Betriebsvereinbarung über Zustimmungsbedürftigkeit von Kündigungen 42

Vorbemerkung

Arbeitgeber und Betriebsrat können vereinbaren, dass Kündigungen der Zustimmung des Betriebsrats bedürfen und bei nicht beizulegenden Meinungsverschiedenheiten eine verbindliche Entscheidung der Einigungsstelle über die Berechtigung der nicht erteilten Zustimmung zu ergehen hat (vgl. DKW-*Bachner/Deinert*, § 102 Rn. 338ff.). Die Vorschrift kann in der betrieblichen Praxis vor allem als Bestandteil von Interessenausgleichsvereinbarungen, Sanierungsvereinbarungen bzw. Sozialplänen eine Rolle spielen. Auch im Zusammenhang mit der Errichtung einer Transfergesellschaft kann es sinnvoll sein, die Kündigungsentscheidungen des Arbeitgebers einem erweiterten Mitbestimmungsrecht des Betriebsrats zu unterwerfen.

Rubrum
1. Präambel
Es folgen Ausführungen zum betrieblichen Hintergrund und zum Zweck der Vereinbarung.
2. Persönlicher, sachlicher und zeitlicher Geltungsbereich
3. Geltungsbereichsbeschreibung
4. Ausschluss betriebsbedingter Beendigungskündigungen
Betriebsbedingte Beendigungskündigungen, die auf die in der Präambel beschriebenen Strukturveränderungen zurückzuführen sind, sind für Arbeitnehmer, die bereits am Datum in einem Arbeitsverhältnis zu der Gesellschaft gestanden haben, bis zum Datum ausgeschlossen.
5. Zulässigkeit betriebsbedingter Änderungskündigungen

4.1. Betriebsbedingte Änderungskündigungen für die Arbeitnehmer, die von den in der Präambel beschriebenen Strukturveränderungen betroffen sind und denen ein Arbeitsplatz an einem anderen Standort, ein anderer Arbeitsplatz am bisherigen Standort oder sonstige geänderte Arbeitsbedingungen am bisherigen Standort angeboten werden, sind hinsichtlich des in Ziff. 2 genannten Personenkreises bis zum Datum nur mit Zustimmung des Betriebsrats möglich. Eine solche betriebsbedingte Änderungskündigung ist nur wirksam, wenn der Betriebsrat seine Zustimmung erteilt hat oder die Zustimmung des Betriebsrats durch die Einigungsstelle ersetzt ist.

4.2. Die Zustimmung ist zu erteilen, wenn der Arbeitsplatz an einem anderen Standort, ein anderer Arbeitsplatz am bisherigen Standort bzw. die mit der Änderungskündigung angestrebte sonstige Änderung der Arbeitsbedingungen am bisherigen Standort unter Abwägung der Interessen des Arbeitgebers und des betroffenen Arbeitnehmers für diesen zumutbar ist. Die Zumutbarkeit richtet sich nach den in Ziff. 6 festgelegten Kriterien.

4.3. Verweigert der Betriebsrat der beabsichtigten Änderung der Arbeitsbedingungen im Wege der Änderungskündigung die Zustimmung, weil er diese für nicht zumutbar hält oder äußert er sich auf einen Zustimmungsantrag des Arbeitgebers nicht innerhalb einer Frist von einer Woche, beginnend mit der vollständigen Information des Betriebsrats über die beabsichtigte Änderung der Arbeitsbedingungen durch den Arbeitgeber, ist der Arbeitgeber berechtigt, die Einigungsstelle anzurufen. Die Einigungsstelle kann die Zustimmung des Betriebsrats ersetzen. Die Einzelheiten zum Einigungsstellenverfahren sind in Ziff. 5.4 geregelt.

4.4. Die Einigungsstelle wird bei Auftreten des ersten Falles der vorgenannten Art als ständige Einigungsstelle errichtet. Sie tagt unter dem Vorsitz von Richter/in Name am Arbeitsgericht mit je drei von dem Betriebsrat und dem Arbeitgeber zu benennenden Beisitzern. Erklärt der Arbeitgeber erstmals, dass er die Einigungsstelle anrufen will, müssen Betriebsrat und Arbeitgeber innerhalb von einer Woche/ Arbeitstagen ihre Beisitzer benennen. Die vom Betriebsrat zu bestimmenden Beisitzer sollen Arbeitnehmer der diesen Sozialplan schließenden Gesellschaften sein. Die Parteien können für die von ihnen benannten Einigungsstellenmitglieder Stellvertreter benennen, sie können die von ihnen benannten Mitglieder der Einigungsstelle abberufen und andere Mitglieder benennen. Über die Abberufung des Vorsitzenden wegen Besorgnis der Befangenheit entsprechend §§ 42, 1037 ZPO entscheidet auf Antrag eines Beteiligten am Einigungsstellenverfahren das Arbeitsgericht. Im Übrigen gelten die in § 76 und § 76a BetrVG getroffenen Regelungen.

5. Zumutbarkeit
Beschreibung der Kriterien der Zumutbarkeit

§ 103 Außerordentliche Kündigung und Versetzung in besonderen Fällen

(1) Die außerordentliche Kündigung von Mitgliedern des Betriebsrats, der Jugend- und Auszubildendenvertretung, der Bordvertretung und des Seebetriebsrats, des Wahlvorstands sowie von Wahlbewerbern bedarf der Zustimmung des Betriebsrats.

(2) Verweigert der Betriebsrat seine Zustimmung, so kann das Arbeitsgericht sie auf Antrag des Arbeitgebers ersetzen, wenn die außerordentliche Kündigung unter Berücksichtigung aller Umstände gerechtfertigt ist. In dem Verfahren vor dem Arbeitsgericht ist der betroffene Arbeitnehmer Beteiligter.
(2a) Absatz 2 gilt entsprechend, wenn im Betrieb kein Betriebsrat besteht.
(3) Die Versetzung der in Absatz 1 genannten Personen, die zu einem Verlust des Amtes oder der Wählbarkeit führen würde, bedarf der Zustimmung des Betriebsrats; dies gilt nicht, wenn der betroffene Arbeitnehmer mit der Versetzung einverstanden ist. Absatz 2 gilt entsprechend mit der Maßgabe, dass das Arbeitsgericht die Zustimmung zu der Versetzung ersetzen kann, wenn diese auch unter Berücksichtigung der betriebsverfassungsrechtlichen Stellung des betroffenen Arbeitnehmers aus dringenden betrieblichen Gründen notwendig ist.

Inhaltsübersicht Rn.

Arbeitshilfen

1. Übersichten/Checklisten

Voraussetzungen für die außerordentliche Kündigung eines Betriebsratsmitglieds 1-2

§ 103 ist Bestandteil einer **komplexen Gesamtregelung** des Kündigungsschutzes für betriebsverfassungsrechtliche Mandatsträger, die in **drei verschiedenen Gesetzen** geregelt ist:

(1) § 15 KSchG schließt für den Normalfall (Ausnahme: Betriebsschließung oder Schließung einer Betriebsabteilung) die ordentliche Kündigung gegenüber dem geschützten Mandatsträgerkreis aus und lässt lediglich die außerordentliche Kündigung mit Zustimmung des Betriebsrats zu.

(2) § 103 BetrVG bindet die Erklärung dieser außerordentlichen Kündigung an die vorher erteilte Zustimmung des Betriebsrats und legt dem Arbeitgeber auf, sie im Verweigerungsfalle vor Kündigungsausspruch durch das Gericht ersetzen zu lassen.

(3) Die Frage der materiellen Berechtigung der außerordentlichen Kündigung wegen Vorliegens eines wichtigen Grundes ist in § 626 BGB geregelt.

Verfahrensabläufe bzw. Anforderungen bei einer vom Arbeitgeber beabsichtigten außerordentlichen Kündigung gegenüber einem nach § 15 KSchG und § 103 BetrVG geschützten Arbeitnehmer:

(1) Es muss ein wichtiger Kündigungsgrund i. S. d. § 626 BGB vorliegen.

(2) Der Arbeitgeber muss den Betriebsrat innerhalb der Zweiwochenfrist des § 626 Abs. 2 BGB über seine Kündigungsabsicht informieren und zur Zustimmung auffordern.

(3) Die Zweiwochenfrist wird längstens für eine Woche gehemmt, wenn der Arbeitgeber dem zu kündigenden Betriebsratsmitglied zur Aufklärung des Sachverhalts Gelegenheit zur Stellungnahme gibt.
(4) Stimmt der Betriebsrat zu, muss die Kündigung noch innerhalb der laufenden Zweiwochenfrist erklärt werden.
(5) Verweigert der Betriebsrat die Zustimmung bzw. äußert er sich innerhalb von drei Tagen nach der Unterrichtung nicht, muss der Arbeitgeber noch innerhalb der laufenden Zweiwochenfrist beim Arbeitsgericht den Antrag auf Ersetzung der Zustimmung zur Kündigung stellen. Das Schweigen des Betriebsrats gilt nicht als Zustimmung.
(6) Während des Gerichtsverfahrens bleibt der Arbeitnehmer beschäftigt und übt sein Betriebsratsamt unbeschränkt aus.
(7) Ersetzt das Arbeitsgericht die Zustimmung zur Kündigung, muss der Arbeitgeber die Kündigung unverzüglich nach Rechtskraft aussprechen.
(8) Stimmt der Betriebsrat während des laufenden Gerichtsverfahrens nachträglich zu, muss gleichfalls unverzüglich nach Zustimmungserklärung gekündigt werden.
(9) In einem Betrieb mit nur einem Betriebsratsmitglied (5–20 Arbeitnehmer) muss die Zustimmung des Ersatzmitglieds eingeholt werden. Ist ein Ersatzmitglied nicht vorhanden, so muss der Arbeitgeber innerhalb der Zweiwochenfrist die Zustimmungsersetzung beim Arbeitsgericht beantragen.
(10) In einem Betrieb ohne Betriebsrat muss der Arbeitgeber gem. § 103 Abs. 2a BetrVG ebenfalls innerhalb der Zweiwochenfrist das Arbeitsgericht mit dem Ersuchen nach Zustimmungsersetzung anrufen.
(11) Ersetzt das Arbeitsgericht die Zustimmung nicht, darf nicht gekündigt werden.

Nachwirkender Kündigungsschutz, ordentliche Kündigung
(1) Nach Beendigung des jeweiligen Amtes erhält der geschützte Personenkreis einen **nachwirkenden Kündigungsschutz**. Dies bedeutet, dass dem Betreffenden für einen bestimmten Zeitraum nach Amtsende nur außerordentlich **aus wichtigem Grund** (insbesondere also nicht betriebsbedingt) gekündigt werden darf. Diese Kündigung ist jedoch dann **nicht mehr an die Zustimmung des Betriebsrats gebunden**. Der Betriebsrat ist lediglich gemäß § 102 BetrVG zu hören und kann entsprechend dieser Vorschrift Bedenken gegen die außerordentliche Kündigung äußern.
(2) Ausnahmsweise lässt § 15 Abs. 4 KSchG die **ordentliche Kündigung** des geschützten Personenkreises im Falle einer **Betriebsstilllegung** zu, und zwar frühestens zum Zeitpunkt der Stilllegung. Auf eine solche Kündigung findet § 102 BetrVG Anwendung.
(3) Wird nur eine **Betriebsabteilung stillgelegt**, sind die geschützten Personen in eine andere Betriebsabteilung zu übernehmen; falls dies nicht möglich ist, dürfen sie erst als letzte gekündigt werden (§ 15 Abs. 5 KSchG).

[redacted]

3 **Voraussetzungen für die Versetzung eines Betriebsratsmitglieds**

(1) Die Versetzung muss individualrechtlich zulässig und damit also vom Direktionsrecht des Arbeitgebers gedeckt sein. Die Änderungskündigung bleibt wegen § 15 Abs. 1 KSchG ausgeschlossen.
(2) Hat die Versetzung nach § 24 Nr. 4 BetrVG den Verlust des Betriebsratsmandats zur Folge, so bedarf sie – auch wenn sie individualrechtlich zulässig ist – der vorherigen Zustimmung des Betriebsrats, wie sich aus § 103 Abs. 3 BetrVG ergibt.
(3) Erklärt das betroffene Betriebsratsmitglied sein vorheriges Einverständnis mit der Versetzung, so ist die Zustimmung des Betriebsrats nicht erforderlich.

(4) Verweigert der Betriebsrat seine Zustimmung, so muss der Arbeitgeber die Ersetzung der Zustimmung des Betriebsrats beim Arbeitsgericht beantragen.

(5) Das Arbeitsgericht kann die Zustimmung ersetzen, wenn

- die Versetzung individualrechtlich rechtmäßig ist. Dazu gehört auch ihre Überprüfung am Maßstab billigen Ermessens, sodass auch die Interessen des Arbeitnehmers zu berücksichtigen sind;
- die Versetzung auch unter Berücksichtigung der betriebsverfassungsrechtlichen Stellung des betroffenen Arbeitnehmers aus dringenden betrieblichen Gründen notwendig ist (§ 103 Abs. 3 BetrVG);
- die Voraussetzungen des § 99 BetrVG erfüllt sind.

3. Formulare (Innerbetriebliches Verfahren)

**Arbeitgeber: Antrag auf Zustimmung zur außerordentlichen Kündigung eines Betriebsrats- 4
mitglieds**

Vorbemerkung

Das Zustimmungserfordernis erstreckt sich nicht nur auf diejenige Kündigung, durch die aus verhaltensbedingten Gründen eine fristlose Beendigung des Arbeitsverhältnisses einer geschützten Person herbeigeführt werden soll, sondern auf außerordentliche Kündigungen jeder Art (z. B. beim Ausschluss der ordentlichen Kündigung durch Tarifvertrag). Dazu gehören insbesondere auch außerordentliche Änderungskündigungen, gleichgültig, ob diese als Einzelkündigungen oder im Rahmen von Gruppen- oder Massenänderungskündigungen erfolgen. Neben der vorherigen Zustimmung des Betriebsrats zur Kündigung der geschützten Person bzw. bei Ersetzung derselben durch das Arbeitsgericht ist die Kündigung nur zulässig, wenn die Voraussetzungen des § 626 BGB vorliegen (vgl. zu den Einzelheiten DKW-*Deinert*, § 103 Rn. 24 ff.).

An den
Betriebsrat
Firma Firmenbezeichnung
im Hause
Sehr geehrte Damen und Herren,
wir beabsichtigen, das Arbeitsverhältnis mit Herrn/Frau Name außerordentlich zu kündigen.
Herr/Frau Name ist seit dem Datum bei uns als ____ beschäftigt. Uns sind folgende Personaldaten bekannt:
Geboren am: ____
Familienstand: ____
Kinder: ____

Seit dem Datum ist Herr/Frau Name Mitglied des Betriebsrats.

Begründung:

1. Herr/Frau Name hat auf der Betriebsversammlung am Datum behauptet, der/die Vorsitzende der Geschäftsführung habe dafür gesorgt, dass die Forderungen unseres Unternehmens gegen das Unternehmen der Tochter des/der Vorsitzenden der Geschäftsführung in Höhe von ca. 200 000 Euro grundlos niedergeschlagen worden seien. Damit habe der/die Vorsitzende der Geschäftsführung dem Unternehmen seiner Tochter zu Lasten unseres Unternehmens einen erheblichen Vorteil verschafft. Er/sie hat außerdem geäußert, dass jetzt die Staatsanwaltschaft einzuschalten sei.

2. Der/die Vorsitzende der Geschäftsführung forderte Herrn/Frau Name noch in der Betriebsversammlung auf, diese haltlose Behauptung sofort zurückzunehmen. Diese Aufforderung ließ er/sie unbeantwortet. In der Betriebsversammlung machte sich verständlicherweise eine erhebliche Unruhe breit.

3. Die gegenüber dem/der Vorsitzenden der Geschäftsführung geäußerten Vorwürfe sind unter keinem Gesichtspunkt haltbar:
Es folgen Ausführungen zum tatsächlichen Geschehen aus Sicht der Geschäftsführung.
4. Außerdem hätte Herr/Frau Name zunächst versuchen müssen, die entstandenen Missverständnisse in einem Gespräch mit der Geschäftsführung aufzuklären, bevor ein derartiger Sachverhalt in der Betriebsöffentlichkeit behauptet wird. Dies wäre jederzeit möglich gewesen.
Wir bitten, die Zustimmung zur außerordentlichen Kündigung zu erteilen.

5 **Betriebsrat: Zustimmungsverweigerung bei außerordentlicher Kündigung eines Betriebsratsmitglieds**

Vorbemerkung
Bei außerordentlichen Kündigungen muss sich der Betriebsrat zu dem Antrag des Arbeitgebers **innerhalb von drei Tagen** äußern. Nach der Rechtsprechung des BAG gilt die **Zustimmung als verweigert**, wenn sich der Betriebsrat nicht innerhalb dieser Frist äußert. Die **Nichtäußerung des Betriebsrats** gilt also, anders als im Falle von § 102 BetrVG, nicht als Zustimmung, sondern als **Zustimmungsverweigerung.** Dies wird oftmals übersehen. Allerdings mag es wegen der damit verbundenen Außenwirkung durchaus sinnvoll sein, die Zustimmung zu der beabsichtigten Kündigung ausdrücklich zu verweigern (vgl. zu den Einzelheiten DKW-*Deinert*, § 103 Rn. 29 ff.).

Betriebsrat
Firmenbezeichnung, Adresse — Ort, Datum

An die Geschäftsleitung der Firma Firmenbezeichnung
z.Hd. der Geschäftsführung
im Hause

Beabsichtigte außerordentliche Kündigung unseres Betriebsratsmitglieds, Herrn/Frau Name

Sehr geehrte Damen und Herren,
Am Datum haben Sie uns davon unterrichtet, dass Sie beabsichtigen, das Betriebsratsmitglied Name gemäß § 103 BetrVG i.V.m. § 626 BGB außerordentlich zu kündigen. Der Betriebsrat hat sich in seiner heutigen außerordentlichen Sitzung mit dieser Frage befasst. Wir haben den Beschluss gefasst, unsere Zustimmung zu dieser Kündigung zu verweigern.

Begründung:
Unser/e Kollege/in Name ist in der Verkaufsabteilung unseres Warenhauses als Verkäufer/in tätig. Am Datum war er/sie mit Aufräumarbeiten in der Spirituosenabteilung beschäftigt. Noch vor der Öffnung des Betriebs brachte er/sie eine Tragetasche mit 8 Minifläschchen Alkoholika und zwei angebrochenen Rollen Küchenpapier in die Telefonzentrale des Betriebs. Dabei handelte es sich um abgeschriebene Waren.
Der/ie von einem/r anderen Arbeitnehmer/in informierte Teamleiter/in untersuchte die Tasche, wartete jedoch das weitere Verhalten unseres/r Betriebsratskollegen/in ab. Als diese/r bei Schichtende den Betrieb mit der gefüllten Tasche verlassen wollte, wurde er/sie mit dem Vorwurf des Diebstahls konfrontiert.
Der insoweit unstreitige Sachverhalt berechtigt nicht zum Ausspruch einer verhaltensbedingten Kündigung. Richtig ist zwar, dass auch die Mitnahme unverkäuflicher Ware einen Diebstahl darstellt. Sie vernachlässigen jedoch bei Ihrer Bewertung des Sachverhalts, dass es in der Vergangenheit üblich und Ihnen auch bekannt war, dass die Mitarbeiter im Verkaufsbereich abgeschriebene

Ware mit nach Hause genommen haben. Unser/e Kollege/in durfte deshalb darauf vertrauen, dass der Arbeitgeber dieses Verhalten auch in Zukunft billigen wird. Unseres Erachtens hätte es deshalb einer Mitteilung an die Mitarbeiter der Verkaufsabteilung bedurft, dass Sie Ihre bisherige Praxis künftig ändern werden. Ungeachtet dessen ist das Arbeitsverhältnis auch im Übrigen seit 21 Jahren vollkommen beantsandunsgfrei verlaufen.
Unter diesen Umständen können wir nicht erkennen, dass die Voraussetzungen für den Ausspruch einer außerordentlichen Kündigung erfüllt sind.

4. Gerichtliche Anträge

Arbeitgeber: Antrag zu außerordentlicher Kündigung eines Betriebsratsmitglieds 6

Vorbemerkung
Der Arbeitgeber hat innerhalb der Ausschlussfrist des § 626 Abs. 2 BGB (2 Wochen) den Antrag auf Ersetzung der Zustimmung beim Arbeitsgericht zu stellen, wenn er sein Kündigungsrecht nicht verlieren will (vgl. DKW-*Deinert*, § 103 Rn. 41 ff.). Ein späterer Ersetzungsantrag ist unbegründet. Der Arbeitgeber muss somit innerhalb der Zweiwochenfrist des § 626 Abs. 2 BGB nicht nur das Zustimmungsverfahren beim Betriebsrat abschließen, sondern im Falle der ausdrücklichen oder stillschweigenden Zustimmungsverweigerung des Betriebsrats auch noch das Zustimmungsersetzungsverfahren innerhalb der Frist beim Arbeitsgericht einleiten.

An das Arbeitsgericht Bezeichnung
Adresse

In dem Beschlussverfahren
mit den Beteiligten
1. Firma Firmenbezeichnung, Adresse, gesetzlich vertreten Name, Adresse
– Antragstellerin und Beteiligte zu 1. –
Verfahrensbevollmächtigte: Name, Adresse
und
2. Betriebsrat der Firma Firmenbezeichnung, Adresse, vertreten durch die/den Betriebsratsvorsitzende/n Name, ebenda
– Beteiligte zu 2. –
Verfahrensbevollmächtigte: Name, Adresse
wegen: **Ersetzung der Zustimmung des Betriebsrats zur Kündigung eines Betriebsratsmitglieds.**
Wir bestellen uns zu Verfahrensbevollmächtigten der Antragstellerin und beantragen namens und in Vollmacht der Antragstellerin:
Die Zustimmung des Betriebsrats zur Kündigung des Betriebsratsmitglieds Name wird ersetzt.
Gründe:
Die Antragstellerin ist ein Unternehmen des Einzelhandels. In ihrem Betrieb in sind insgesamt ca. 80 Arbeitnehmer beschäftigt. Der Antragsgegner ist der fünfköpfige Betriebsrat des Betriebs der Antragstellerin in .
Die Antragstellerin beabsichtigt, dem/der Arbeitnehmer/in Name außerordentlich aus verhaltensbedingten Gründen zu kündigen. Zwischen der Antragstellerin und Herrn/Frau Name besteht seit dem Datum ein Arbeitsverhältnis. Er/sie ist Jahre alt, verheiratet und hat Kinder. Seit Datum ist er/sie Mitglied des Betriebsrats der Antragstellerin in .
Mit dem als Anlage beigefügten Schreiben hat die Antragstellerin den Antragsgegner um Zustimmung zur außerordentlichen Kündigung des Betriebsratsmitglieds Name gebeten. Der Antragsgegner hat in der Sitzung vom Datum beschlossen, die erbetene Zustimmung zu verweigern. Dies hat er mit Schreiben vom Datum der Antragstellerin mitgeteilt.
Der Antragsgegner hat die Zustimmung zu Unrecht verweigert; für die außerordentliche Kündigung besteht ein wichtiger Grund (§ 626 BGB).
Es folgen Ausführungen zum wichtigen Grund.

Deshalb hat der Antragsgegner die Zustimmung zu Unrecht verweigert. Den Anträgen ist daher stattzugeben.

7 **Arbeitgeber: Antrag des Arbeitgebers zur Ersetzung der Zustimmung des BR zur Versetzung eines Betriebsratsmitglieds nach § 103 Abs. 3 BetrVG**

Vorbemerkung

Die Vorschrift zielt auf Versetzungen, zu denen der Arbeitgeber kraft seines Direktionsrechts arbeitsvertraglich berechtigt ist (vgl. zu den Einzelheiten DKW-*Deinert*, § 103 Rn. 71 ff.). Versetzungen, die nur mittels einer Änderungskündigung durchgesetzt werden können, unterfallen § 15 KSchG und sind deshalb während der Amtszeit nicht zulässig.

An das Arbeitsgericht Bezeichnung
Adresse

In der Beschlusssache
mit den Beteiligten

1. Firma Firmenbezeichnung, Adresse, gesetzlich vertreten Name, Adresse,

– Antragstellerin und Beteiligte zu 1. –

Verfahrensbevollmächtigte: Name, Adresse

und

2. Betriebsrat der Firma Firmenbezeichnung, Adresse, vertreten durch die/den Betriebsratsvorsitzende/n Name, ebenda

– Beteiligter zu 2. –

Verfahrensbevollmächtigte: Name, Adresse,

wegen: **Ersetzung der Zustimmung des Betriebsrats zur Versetzung eines Betriebsratsmitglieds.**

Wir bestellen uns zu Verfahrensbevollmächtigten der Antragstellerin und beantragen namens und in Vollmacht der Antragstellerin:

Die Zustimmung des Betriebsrats zur Versetzung des Betriebsratsmitglieds Name von München nach Stuttgart wird ersetzt.

Gründe:

Die Antragstellerin ist ein Unternehmen des Einzelhandels. In ihrem Betrieb in München sind insgesamt ca. 80 Arbeitnehmer beschäftigt. Der Antragsgegner ist der fünfköpfige Betriebsrat des Betriebes der Antragstellerin in München.

Die Antragstellerin beabsichtigt, den/die Arbeitnehmer/in Name von München in ihren Betrieb in Stuttgart zu versetzen. Die Versetzung von München nach Stuttgart hat zur Folge, dass der/die Arbeitnehmer/in Name seine/ihre Stellung als Betriebsratsmitglied verliert.

Zwischen der Antragstellerin und Name besteht seit dem Datum ein Arbeitsverhältnis. Seit Datum ist er/sie Mitglied des Betriebsrats der Antragstellerin in München. Er/sie ist Mitarbeiter/in des Außendienstes. Der mit Datum vom Datum abgeschlossene Arbeitsvertrag enthält eine sog. Versetzungsklausel. Danach ist die Antragstellerin berechtigt, den/die Arbeitnehmer/in Name an allen Betriebsstätten ihres Unternehmens in seiner Funktion als Außendienstmitarbeiter/in einzusetzen.

Beweis: Arbeitsvertrag in Kopie

Herr/Frau Name hat sich mit Schreiben vom Datum geweigert, von München nach Stuttgart zu wechseln.

Beweis: Schreiben des/der Arbeitnehmers/in Name in Kopie

Die Antragstellerin konzentriert jedoch ihren gesamten Außendienst für den süddeutschen Raum in Stuttgart. In München werden keine Außendienstmitarbeiter mehr beschäftigt. Daher ist eine Versetzung von München nach Stuttgart zwingend geboten.

Der Versetzung stehen auch keine betriebsverfassungsrechtlichen Gründe entgegen. Für den/die Arbeitnehmer/in rückt ein Ersatzmitglied, nämlich Herr/Frau Name in den Betriebsrat nach, sodass der Betriebsrat voll funktionsfähig bleibt.
Mit dem als Anlage beigefügten Schreiben hat die Antragstellerin den Antragsgegner um Zustimmung zur Versetzung von Name gebeten. Der Antragsgegner hat in der Sitzung vom Datum beschlossen, die erbetene Zustimmung zu verweigern. Dies hat er mit Schreiben vom Datum der Antragstellerin mitgeteilt.
Der Antragsgegner hat die Zustimmung zu Unrecht verweigert. Den Anträgen ist daher stattzugeben.

Entfristung des Arbeitsverhältnisses eines Betriebsratsmitglieds/Entfristungsklage 7a

Musterschriftsatz Entfristungsklage

Vorbemerkung
Auch die Arbeitsverträge von Betriebsratsmitgliedern können nach Maßgabe des § 14 Abs. 2 Teilzeit- und Befristungsgesetz (TzBfG) wirksam ohne Sachgrund befristet werden. Die Weigerung des Arbeitgebers, nach Ablauf der Befristung mit dem Betriebsratsmitglied einen Anschlussvertrag (unbefristet) abzuschließen, stellt eine unzulässige Benachteiligung des Betriebsratsmitglieds dar, wenn die Weigerung wegen der Betriebsratstätigkeit erfolgt. Nach § 78 Satz 2 Betriebsverfassungsgesetz dürfen aber Betriebsratsmitglieder wegen ihrer Tätigkeit nicht benachteiligt oder begünstigt werden. Eine hiernach verbotene Benachteiligung liegt vor, wenn dem Betriebsratsmitglied im Anschluss an die Befristung wegen seiner Betriebsratstätigkeit der Abschluss eines Folgevertrags verweigert wird. Das Betriebsratsmitglied hat dann gegen den Arbeitgeber einen gerichtlich durchsetzbaren Anspruch auf Abschluss eines entsprechenden Vertrags (BAG 18.6.2025 – 7 AZR 50/24; DKW-*Deinert*, § 103 Rn. 9 a).

Arbeitsgericht Bezeichnung
Adresse

Klage

Name, Adresse Kläger

– Kläger –

Prozessbevollmächtigte: Name, Adresse
gegen Name, Adresse Beklagte
Prozessbevollmächtigte: Name, Adresse

– Beklagte –

wegen: Feststellung eines unbefristeten Arbeitsverhältnisses und Weiterbeschäftigung
Wir bestellen uns zu Prozessbevollmächtigten des/der Klägers/in. Wir werden in dessen/deren Namen und Auftrag beantragen zu erkennen:
Die Beklagte wird verurteilt, gegenüber dem/der Kläger/in ein Angebot auf Weiterbeschäftigung in einem unbefristeten Arbeitsverhältnis wie folgt abzugeben:
Konkretisierung des Vertragsangebots

I. Sachverhalt
Der/die Kläger/in ist seit dem bei der Beklagten als Bezeichnung der Tätigkeit in der Abteilung Bezeichnung der Abteilung zu einem monatlichen Bruttogehalt von EUR in einem befristeten Arbeitsverhältnis, das am enden sollte/ausgelaufen ist, beschäftigt.
Beweis:
1. Arbeitsvertrag vom – Anlage K 1
2. Vorlage einer aktuellen Gehaltsbescheinigung – Anlage K 2

Mit Vereinbarung vom schlossen die Parteien einen befristeten Arbeitsvertrag ohne Sachgrund gemäß § 14 Abs. 2 TzBfG für den Zeitraum vom bis zum .
Beweis: Arbeitsvertrag vom – Anlage K 3
Am wurde der/die Kläger/in im Betrieb Abgabe des Standorts in den Betriebsrat der Beklagten gewählt. Am hat der/die Kläger/in die Beklagte schriftlich aufgefordert, den befristeten Arbeitsvertrag in ein unbefristetes Arbeitsverhältnis umzuwandeln und ihn/sie über den vereinbarten Beendigungszeitpunkt hinaus zu im Übrigen unveränderten Bedingungen weiter zu beschäftigen.
Beweis: Schreiben des/der Klägers/in an die Personalleitung der Beklagten vom – Anlage K 4
Mit Schreiben vom hat die Beklagte den von dem/der Kläger/in geltend gemachten Anspruch zurückgewiesen.
Beweis: Schreiben der Beklagten vom – Anlage K 5
Es folgen jetzt Ausführungen zum konkreten Gegenstand der Benachteiligung des Betriebsratsmitglieds.

II. Rechtslage
Der/die Kläger/in hat Anspruch auf Abgabe eines Arbeitsvertragsangebots wie beantragt.
Die Weigerung des/der Beklagten, nach Ablauf der Befristung mit dem/der Kläger/in einen Anschlussvertrag (unbefristet) abzuschließen, stellt eine unzulässige Benachteiligung als Betriebsratsmitglied dar, denn die Weigerung erfolgt wegen der Betriebsratstätigkeit. Nach § 78 Satz 2 BetrVG dürfen Betriebsratsmitglieder wegen ihrer Tätigkeit nicht benachteiligt oder begünstigt werden. Eine hiernach verbotene Benachteiligung liegt vor, wenn dem Betriebsratsmitglied im Anschluss an die Befristung wegen der Betriebsratstätigkeit der Abschluss eines Folgevertrags verweigert wird. Unterbleibt die Fortsetzung des zunächst befristeten Arbeitsverhältnisses eines Betriebsratsmitglieds als unbefristetes Arbeitsverhältnis »wegen« der Betriebsratstätigkeit, hat das Betriebsratsmitglied nach § 78 Satz 2 BetrVG, §§ 823 Abs. 2, 249 Abs. 1 BGB gegen den Arbeitgeber einen Anspruch auf Angebot eines unbefristeten Arbeitsverhältnisses zu im Übrigen unveränderten Bedingungen. Das Betriebsratsmitglied hat dann gegen den Arbeitgeber einen gerichtlich durchsetzbaren Anspruch auf Abschluss eines entsprechenden Vertrags (BAG 25.6.2014 – 7 AZR 847/12; DKW-*Deinert*, § 103 Rn. 9 a).
Der/die Kläger/in wird wegen seiner/ihrer Betriebsratstätigkeit benachteiligt, indem eine Anschlussbeschäftigung, die ihm/ihr sonst angeboten worden wäre, verweigert wird.
Es folgen jetzt Ausführungen, warum davon auszugehen ist, dass es zur Anschlussbeschäftigung gekommen wäre, und dass die unterbliebene Anschlussbeschäftigung wegen der Betriebsratstätigkeit erfolgte.

III.
Die Drei-Wochen-Frist nach dem vereinbarten Ende des letzten befristeten Arbeitsvertrages, § 17 TzBfG, ist eingehalten. Die Frist läuft am ab.

§ 104 Entfernung betriebsstörender Arbeitnehmer

Hat ein Arbeitnehmer durch gesetzwidriges Verhalten oder durch grobe Verletzung der in § 75 Abs. 1 enthaltenen Grundsätze, insbesondere durch rassistische oder fremdenfeindliche Betätigungen, den Betriebsfrieden wiederholt ernstlich gestört, so kann der Betriebsrat vom Arbeitgeber die Entlassung oder Versetzung verlangen. Gibt das Arbeitsgericht einem Antrag des Betriebsrats statt, dem Arbeitgeber aufzugeben, die Entlassung oder Versetzung durchzuführen, und führt der Arbeitgeber die Entlassung oder Versetzung einer rechtskräftigen gerichtlichen Entscheidung zuwider nicht durch, so ist auf Antrag des Betriebsrats vom Arbeitsgericht zu erkennen, dass er zur Vornahme der Entlassung oder Versetzung durch Zwangsgeld anzuhalten

sei. Das Höchstmaß des Zwangsgeldes beträgt für jeden Tag der Zuwiderhandlung 250 Euro.

Inhaltsübersicht

Arbeitshilfen

1. Formular (Innerbetriebliches Verfahren)

Betriebsrat: Aufforderung an den Arbeitgeber zur Entfernung eines betriebsstörenden Arbeitnehmers 1

Vorbemerkung

Für das Verlangen auf Versetzung oder Kündigung eines Arbeitnehmers genügt ein einmaliges Fehlverhalten grundsätzlich nicht. Es muss eine Wiederholung vorliegen. Etwas anderes gilt, wenn schon ein einmaliges Fehlverhalten des Arbeitnehmers so schwerwiegend ist, dass den übrigen Arbeitnehmern eine weitere Zusammenarbeit nicht zugemutet werden kann. Es muss sich außerdem um eine grobe und ernstliche Störung des Betriebsfriedens handeln.

An Arbeitgeber Firmenbezeichnung, Adresse Ort, Datum
z.Hd. des/der Personalleiters/in Name
im Hause

Betreff: Antrag auf Entlassung des/der Arbeitnehmers/in Name wegen wiederholter und ernstlicher Störung des Betriebsfriedens

Sehr geehrte/r Frau/Herr Personalleiter,
wir haben Sie schon mehrfach darauf aufmerksam gemacht, dass der/die Arbeitnehmer/in Name wiederholt und in ständig wachsendem Ausmaß sich in diskriminierender und abfälliger Weise über unsere ausländischen Kolleginnen und Kollegen in der Produktionshalle 10 unseres Standorts geäußert hat. Auf unsere Schreiben vom Datum, vom Datum und vom Datum verweisen wir in diesem Zusammenhang. Am vergangenen Freitag kam es nun erneut zu einem Zwischenfall, obgleich Herr/Frau Name mehrfach zur Zurückhaltung aufgefordert wurde: Er/sie äußerte sich gegenüber einem/r unserer türkischen Kollegen/innen, Herrn/Frau Name, »Moslems sind alle stinkfaul.« und »Allah ist ein Schweinepriester.«
Unsere dortigen Kolleginnen und Kollegen sind durch die Äußerungen des/der Arbeitnehmers/in Name, mit dem/der sie täglich zusammenarbeiten müssen, wegen des diskrimierenden und belästigenden Verhaltens stark beunruhigt und besorgt. Zunehmend weigern sich die Kolleginnen und Kollegen deshalb – wie wir meinen, zu Recht – mit Name zusammenzuarbeiten. Dies hat im Übrigen erhebliche Probleme bei der Schichtplangestaltung zur Folge.
Der Betriebsrat hat deshalb in seiner Sitzung vom Datum beschlossen, den Vorfall vom vergangenen Freitag zum Anlass zu nehmen, gem. § 104 BetrVG die Entlassung von Herrn/Frau Name wegen der beleidigenden und gegen die Grundsätze des § 75 BetrVG verstoßenden Äußerungen zu beantragen.
Wir möchten Sie dringend im Interesse des Betriebsfriedens auffordern, diesem Antrag nachzukommen.

2. Gerichtlicher Antrag

2 **Betriebsrat: Antrag auf Entlassung eines betriebsstörenden Arbeitnehmers**

Vorbemerkung
Das Arbeitsgericht entscheidet im Beschlussverfahren. Der betroffene Arbeitnehmer hat in diesem Verfahren die Stellung eines Beteiligten (vgl. zu den Einzelheiten DKW-*Deinert*, § 104 Rn. 15ff.)

An das Arbeitsgericht
Bezeichnung
Adresse

In dem Beschlussverfahren
mit den Beteiligten

1. Betriebsrat der Firma Firmenbezeichnung, Adresse, vertreten durch die/den Betriebsratsvorsitzende/n Name, Adresse

– Antragsteller und Beteiligte zu 1. –

Verfahrensbevollmächtigte: Name, Adresse

und

2. Firma Firmenbezeichnung, Adresse, gesetzlich vertreten durch Name, Adresse

– Antragsgegnerin und Beteiligte zu 2. –

Verfahrensbevollmächtigte: Name, Adresse

wegen: **Entlassung eines betriebsstörenden Arbeitnehmers nach § 104 BetrVG**
Wir bestellen uns zu Verfahrensbevollmächtigten des Antragstellers und beantragen namens und in Vollmacht des Antragstellers:

1. Der Antragsgegnerin wird aufgegeben, den/die Arbeitnehmer/in Name zum nächstmöglichen Kündigungstermin zu entlassen.

Gründe:
Der Antragsteller ist der neunköpfige Betriebsrat der Antragsgegnerin in . Die Antragsgegnerin ist ein tarifgebundenes Unternehmen der metallverarbeitenden Industrie. Es gelten die Tarifverträge der . In ihrem Betrieb in sind insgesamt ca. 210 Arbeitnehmer beschäftigt. Zwischen der Antragsgegnerin und dem/der Arbeitnehmer/in Name besteht seit dem Datum ein Arbeitsverhältnis. Er/sie ist Jahre alt, verheiratet und hat Kinder.
In seiner Sitzung vom Datum hat der Antragsteller den Beschluss gefasst, die Antragsgegnerin aufzufordern, den/die Arbeitnehmer/in Name zum nächstmöglichen Zeitpunkt zu entlassen. Auf der Grundlage dieses Beschlusses hat der Antragsteller die Antragsgegnerin mit Datum vom Datum aufgefordert, den/die Arbeitnehmer/in Name unverzüglich zu entlassen (Anlage).
Dem liegt folgender Sachverhalt zugrunde:
Es folgen Ausführungen zu dem Vorgang, aus dem der Betriebsrat die Rechtfertigung zur Entfernung des betriebsstörenden Arbeitnehmers ableitet.
Der Antrag ist daher begründet.

§ 105 Leitende Angestellte

Eine beabsichtigte Einstellung oder personelle Veränderung eines in § 5 Abs. 3 genannten leitenden Angestellten ist dem Betriebsrat rechtzeitig mitzuteilen.

Inhaltsübersicht Rn.

Arbeitshilfen

1. Formulare

Arbeitgeber: Bekanntgabe der Einstellung eines leitenden Angestellten an den BR 1

An den Betriebsrat
Firmenbezeichnung, Adresse
z. Hd. des/der Vorsitzenden Name

Ort, Datum

Betrifft: Einstellung eines leitenden Angestellten (§ 105 BetrVG)

Sehr geehrte Damen und Herren,
hiermit möchten wir darüber unterrichten, dass wir
Herrn/Frau Name
am Datum
folgende leitende Tätigkeit in unserem Unternehmen übertragen haben:
Herr/Frau Name ist aus folgenden Gründen als leitende Angestellte zu qualifizieren:

- Alt. 1: Berechtigung zur selbstständigen Einstellung/Entlassung der im Betrieb beschäftigten Arbeitnehmer (§ 5 Abs. 3 Nr. 1 BetrVG)
- Alt. 2: Erteilung von Einzelprokura/Gesamtprokura (§ 5 Abs. 3 Nr. 2 BetrVG)
- Alt. 3: Wahrnehmung von Aufgaben, die für Bestand von Betrieb oder Unternehmen von Bedeutung sind (§ 5 Abs. 3 Nr. 3 BetrVG)

Um Kenntnisnahme wird gebeten.

Arbeitgeber: Anhörung des Sprecherausschusses bei Kündigung Leitender Angestellter 2

An den
Sprecherausschuss
z. Hd. des/der Vorsitzenden Name
im Hause

Sehr geehrte/r Herr/Frau Name,
unser Unternehmen beabsichtigt, Herrn/Frau Name fristgemäß zum Datum zu kündigen. Herr/Frau Name ist in seiner/ihrer Funktion als Funktionsbezeichnung leitende/r Mitarbeiter/in unseres Unternehmens. Hiermit unterrichten wir Sie über folgende Daten des/der Mitarbeiter/in:
Name: Name
Adresse:
Geburtsdatum: Datum
Familienstand:
Anzahl minderjähriger Kinder:
(laut Steuerkarte)
Beschäftigt seit: Datum
Beschäftigungsort:
Tätigkeit/Arbeitsplatz:

Abteilung:
Wir halten die Kündigung aus folgenden Gründen für erforderlich: .
Gern sind wir bereit, Ihnen die beabsichtigte Kündigung und die hierfür maßgeblichen Gründe in einem vertraulichen Gespräch zu erläutern.
Etwaige Bedenken des Sprecherausschusses gegen die Kündigung bitten wir schriftlich mitzuteilen.

3 **Betriebsrat: Stellungnahme zur Vertragsauflösung mit einem leitenden Angestellten**

Betriebsrat Ort, Datum
Firmenbezeichnung, Adresse

An die Geschäftsleitung Firmenbezeichnung, Adresse
z. Hd. Herrn/Frau Geschäftsführer/in Name
im Hause

Vertragsauflösung mit Herrn/Frau Name

Sehr geehrte/r Herr/Frau Name,
Sie haben dem Betriebsrat mit Schreiben vom Datum gemäß § 105 BetrVG mitgeteilt, dass Sie beabsichtigen, den Vertrag mit dem/der Niederlassungsleiter/in, Herrn/Frau Name, zum Datum durch Kündigung zu lösen.
Obwohl dem Betriebsrat natürlich bekannt ist, dass ein Mitbestimmungsrecht gemäß § 102 BetrVG nicht besteht, da es sich bei Herrn/Frau Name um eine/n leitende/n Angestellte/n gemäß § 5 Abs. 3 BetrVG handelt, möchten wir dennoch unser Unverständnis für diesen beabsichtigten Schritt erklären. Herr/Frau Name, an dessen fachlicher Qualifikation bisher niemals Zweifel bestanden, hat mit dem Betriebsrat stets zum Wohl des Unternehmens gut zusammengearbeitet. Deshalb ist uns die von Ihnen gewollte Vertragsauflösung unverständlich. Sicherlich werden in der Belegschaft eine erhebliche Unruhe und vielerlei Spekulationen aufkommen. Der Betriebsrat würde im Interesse einer kontinuierlichen Zusammenarbeit die Weiterbeschäftigung von Herrn/Frau Name für wünschenswert halten.
In der Hoffnung, dass Sie von der beabsichtigten Vertragsauflösung Abstand nehmen werden, verbleiben wir .

2. Gerichtlicher Antrag

4 **Betriebsrat: Aufhebung einer betriebsverfassungswidrigen personellen Maßnahme**

Vorbemerkung
Ziel des Antrags des Betriebsrats gemäß § 101 Satz 1 BetrVG ist die **Aufhebung der betriebsverfassungswidrigen Maßnahme**. Hintergrund des Antrags ist der Umstand, dass ein ehemals leitender Mitarbeiter künftig in der Funktion eines nicht leitenden Mitarbeiters beschäftigt werden soll. Damit ein Titel vorliegt, der gemäß § 101 Satz 2 BetrVG zu einem täglichen Zwangsgeld wegen Zuwiderhandlung führen kann, muss der Antrag bzw. die Entscheidung des Arbeitsgerichts dahin gehen, dass dem Arbeitgeber untersagt wird, die personelle Maßnahme aufrechtzuerhalten (zu den Einzelheiten vgl. DKW-*Wenckebach*, § 101 Rn. 4ff.). Der Antrag auf Festsetzung eines Zwangsgeldes für jeden Tag der Zuwiderhandlung kann bereits mit dem Antrag auf Aufhebung der Maßnahme gestellt werden (DKW-*Wenckebach*, § 101 Rn. 14).

An das Arbeitsgericht
Bezeichnung
Adresse

In dem Beschlussverfahren
mit den Beteiligten

1. Betriebsrat der Firma Firmenbezeichnung, Adresse

– Beteiligter zu 1. und Antragsteller –

Verfahrensbevollmächtigte: Name, Adresse

und

2. Firma Firmenbezeichnung, Adresse

– Beteiligte zu 2. und Antragsgegnerin –

Verfahrensbevollmächtigte: Name, Adresse

3. Arbeitnehmer/in Name, Adresse

– Beteiligter zu 3. –

wegen **Untersagung der Aufrechterhaltung einer personellen Einzelmaßnahme und Festsetzung eines Zwangsgelds**

Wir zeigen an, dass uns der Antragsteller und Beteiligte zu 1. mit der Wahrnehmung seiner Interessen beauftragt hat. Wir bestellen uns hiermit zu dessen Verfahrensbevollmächtigten und beantragen namens und in Vollmacht des Antragstellers die Einleitung eines Vollstreckungsverfahrens im Beschlussverfahren mit folgenden Anträgen:

Der Antragsgegnerin wird aufgegeben, den Beteiligten zu 3. bei Meidung eines Zwangsgelds, dessen Höhe in das Ermessen des Gerichtes gestellt wird, aus dem Betrieb zu entlassen.

Gründe:

Der/die Beteiligte zu 3. war bis einschließlich 31. 3. dieses Jahres als »Direktor/in Vertrieb« der Beteiligten zu 2. am Essener Standort beschäftigt. Diese Position war nach den Gepflogenheiten der Beteiligten zu 2. stets als Funktion eines leitenden Angestellten behandelt worden. An der letzten Betriebsratswahl hat der/die Beteiligte zu 3. nicht teilgenommen. Durch eine Änderung der Geschäftsordnung der Geschäftsführung der Beteiligten zu 2. wurde das Aufgabengebiet des/der Beteiligten zu 3. unmittelbar auf die Geschäftsführungsebene übertragen und dem für Vertrieb zuständigen Geschäftsführungsmitglied zugewiesen. Seit dem 1. 4. dieses Jahres beschäftigt die Beteiligte zu 2. den/die Beteiligten zu 3. auf der Position eines/r Teamleiters/in Vertrieb, ebenfalls am Essener Standort. Der Beteiligte zu 1. wurde hierfür nicht im Verfahren des § 99 BetrVG unterrichtet. Eine Zustimmung zu der Maßnahme hat der Beteiligte zu 1. nicht erteilt.

Mit dem vorliegenden Verfahren begehrt der Beteiligte zu 1. die Aufhebung der personellen Einzelmaßnahme und die Festsetzung eines Zwangsgeldes, dessen Höhe in das Ermessen des Gerichts gestellt wird, § 101 Satz 2 BetrVG.

Der Antrag ist begründet. Scheidet ein bisher leitender Angestellter auf Grund veränderter Funktion und Aufgabenstellung aus dem Personenkreis des § 5 Abs. 3 BetrVG aus und soll diesem eine Tätigkeit im Bereich der nicht leitenden Angestellten zugewiesen werden, so handelt es sich aus Sicht der vom Betriebsrat vertretenen Belegschaft um eine Einstellung mit den sich aus § 99 BetrVG ergebenden Beteiligungsrechten (DKW-*Deinert*, § 105 Rn. 2).

Sechster Abschnitt
Wirtschaftliche Angelegenheiten

Erster Unterabschnitt
Unterrichtung in wirtschaftlichen Angelegenheiten

§ 106 Wirtschaftsausschuss

(1) In allen Unternehmen mit in der Regel mehr als einhundert ständig beschäftigten Arbeitnehmern ist ein Wirtschaftsausschuss zu bilden. Der Wirtschaftsausschuss hat die Aufgabe, wirtschaftliche Angelegenheiten mit dem Unternehmer zu beraten und den Betriebsrat zu unterrichten.

(2) Der Unternehmer hat den Wirtschaftsausschuss rechtzeitig und umfassend über die wirtschaftlichen Angelegenheiten des Unternehmens unter Vorlage der erforderlichen Unterlagen zu unterrichten, soweit dadurch nicht die Betriebs- und Geschäftsgeheimnisse des Unternehmens gefährdet werden, sowie die sich daraus ergebenden Auswirkungen auf die Personalplanung darzustellen. Zu den erforderlichen Unterlagen gehört in den Fällen des Absatzes 3 Nr. 9a insbesondere die Angabe über den potentiellen Erwerber und dessen Absichten im Hinblick auf die künftige Geschäftstätigkeit des Unternehmens sowie die sich daraus ergebenden Auswirkungen auf die Arbeitnehmer; Gleiches gilt, wenn im Vorfeld der Übernahme des Unternehmens ein Bieterverfahren durchgeführt wird.

(3) Zu den wirtschaftlichen Angelegenheiten im Sinne dieser Vorschrift gehören insbesondere

1. die wirtschaftliche und finanzielle Lage des Unternehmens;
2. die Produktions- und Absatzlage;
3. das Produktions- und Investitionsprogramm;
4. Rationalisierungsvorhaben;
5. Fabrikations- und Arbeitsmethoden, insbesondere die Einführung neuer Arbeitsmethoden;
5a. Fragen des betrieblichen Umweltschutzes;
5b. Fragen der unternehmerischen Sorgfaltspflichten in Lieferketten gemäß dem Lieferkettensorgfaltspflichtengesetz,
6. die Einschränkung oder Stilllegung von Betrieben oder von Betriebsteilen;
7. die Verlegung von Betrieben oder Betriebsteilen;
8. der Zusammenschluss oder die Spaltung von Unternehmen oder Betrieben;
9. die Änderung der Betriebsorganisation oder des Betriebszwecks;
9a. die Übernahme des Unternehmens, wenn hiermit der Erwerb der Kontrolle verbunden ist, sowie
10. sonstige Vorgänge und Vorhaben, welche die Interessen der Arbeitnehmer des Unternehmens wesentlich berühren können.

§ 107 Bestellung und Zusammensetzung des Wirtschaftsausschusses

(1) Der Wirtschaftsausschuss besteht aus mindestens drei und höchstens sieben Mitgliedern, die dem Unternehmen angehören müssen, darunter mindestens einem Betriebsratsmitglied. Zu Mitgliedern des Wirtschaftsausschusses können auch die in § 5 Abs. 3 genannten Angestellten bestimmt werden. Die Mitglieder sollen die zur Erfüllung ihrer Aufgaben erforderliche fachliche und persönliche Eignung besitzen.

(2) Die Mitglieder des Wirtschaftsausschusses werden vom Betriebsrat für die Dauer seiner Amtszeit bestimmt. Besteht ein Gesamtbetriebsrat, so bestimmt dieser die Mitglieder des Wirtschaftsausschusses; die Amtszeit der Mitglieder endet in diesem Fall in dem Zeitpunkt, in dem die Amtszeit der Mehrheit der Mitglieder des Gesamtbetriebsrats, die an der Bestimmung mitzuwirken berechtigt waren, abgelaufen ist. Die Mitglieder des Wirtschaftsausschusses können jederzeit abberufen werden; auf die Abberufung sind die Sätze 1 und 2 entsprechend anzuwenden.

(3) Der Betriebsrat kann mit der Mehrheit der Stimmen seiner Mitglieder beschließen, die Aufgaben des Wirtschaftsausschusses einem Ausschuss des Betriebsrats zu übertragen. Die Zahl der Mitglieder des Ausschusses darf die Zahl der Mitglieder des Betriebsausschusses nicht überschreiten. Der Betriebsrat kann jedoch weitere Arbeitnehmer einschließlich der in § 5 Abs. 3 genannten leitenden Angestellten bis zur selben Zahl, wie der Ausschuss Mitglieder hat, in den Ausschuss berufen; für die Beschlussfassung gilt Satz 1. Für die Verschwiegenheitspflicht der in Satz 3 bezeichneten weiteren Arbeitnehmer gilt § 79 entsprechend. Für die Abänderung und den Widerruf der Beschlüsse nach den Sätzen 1 bis 3 sind die gleichen Stimmenmehrheiten erforderlich wie für die Beschlüsse nach den Sätzen 1 bis 3. Ist in einem Unternehmen ein Gesamtbetriebsrat errichtet, so beschließt dieser über die anderweitige Wahrnehmung der Aufgaben des Wirtschaftsausschusses; Sätze 1 bis 5 gelten entsprechend.

§ 108 Sitzungen

(1) Der Wirtschaftsausschuss soll monatlich einmal zusammentreten.

(2) An den Sitzungen des Wirtschaftsausschusses hat der Unternehmer oder sein Vertreter teilzunehmen. Er kann sachkundige Arbeitnehmer des Unternehmens einschließlich der in § 5 Abs. 3 genannten Angestellten hinzuziehen. Für die Hinzuziehung und die Verschwiegenheitspflicht von Sachverständigen gilt § 80 Abs. 3 und 4 entsprechend.

(3) Die Mitglieder des Wirtschaftsausschusses sind berechtigt, in die nach § 106 Abs. 2 vorzulegenden Unterlagen Einsicht zu nehmen.

(4) Der Wirtschaftsausschuss hat über jede Sitzung dem Betriebsrat unverzüglich und vollständig zu berichten.

(5) Der Jahresabschluss ist dem Wirtschaftsausschuss unter Beteiligung des Betriebsrats zu erläutern.

(6) Hat der Betriebsrat oder der Gesamtbetriebsrat eine anderweitige Wahrnehmung der Aufgaben des Wirtschaftsausschusses beschlossen, so gelten die Absätze 1 bis 5 entsprechend.

§ 109 Beilegung von Meinungsverschiedenheiten

Wird eine Auskunft über wirtschaftliche Angelegenheiten des Unternehmens im Sinn des § 106 entgegen dem Verlangen des Wirtschaftsausschusses nicht, nicht rechtzeitig oder nur ungenügend erteilt und kommt hierüber zwischen Unternehmer und Betriebsrat eine Einigung nicht zustande, so entscheidet die Einigungsstelle. Der Spruch der Einigungsstelle ersetzt die Einigung zwischen Arbeitgeber und Betriebsrat. Die Einigungsstelle kann, wenn dies für ihre Entscheidung erforderlich ist, Sachverständige anhören; § 80 Abs. 4 gilt entsprechend. Hat der Betriebsrat oder der Gesamtbetriebsrat eine anderweitige Wahrnehmung der Aufgaben des Wirtschaftsausschusses beschlossen, so gilt Satz 1 entsprechend.

§ 109a Unternehmensübernahme

In Unternehmen, in denen kein Wirtschaftsausschuss besteht, ist im Fall des § 106 Abs. 3 Nr. 9a der Betriebsrat entsprechend § 106 Abs. 1 und 2 zu beteiligen; § 109 gilt entsprechend.

Inhaltsübersicht Rn.

Arbeitshilfen

1. Mustergeschäftsordnung

1–13 **Geschäftsordnung des Wirtschaftsausschusses**

Vorbemerkung

Das Gesetz schreibt eine Geschäftsordnung nicht ausdrücklich vor, doch ist sie zweckmäßig, um ein geordnetes Arbeiten sicherzustellen (DKW-*Däubler*, § 108 Rn. 4). Der folgende Textvorschlag versteht sich in gewissem Umfang als Alternative zu der bei *Schaub/Neef/Schrader* (Arbeitsrechtliche Formularsammlung, 8. Aufl., 2004, § 40 Rn. 23ff.) abgedruckten Geschäftsordnung. Das Buch von *Schaub/Schrader/Straube/Vogelsang* (Arbeitsrechtliches Formular- und Verfahrenshandbuch, 16. Aufl. 2025) spricht dieses Thema nicht mehr an.

Geschäftsordnung des Wirtschaftsausschusses

1 **§ 1: Sprecher und Stellvertreter**

Der Wirtschaftsausschuss wählt mit einfacher Stimmenmehrheit aus seiner Mitte den Sprecher und dessen Stellvertreter.

> **Hinweis:**
> Die Zahl der Mitglieder wird vom Betriebsrat bzw. Gesamtbetriebsrat festgelegt (DKW-*Däubler*, § 107 Rn. 3ff.), weshalb sie nicht in der Geschäftsordnung geregelt werden kann.
> Auch einen »Schriftführer« zu wählen, empfiehlt sich im Normalfall nicht; man sollte zum einen versuchen, für die Protokollführung entsprechend § 40 Abs. 2 BetrVG eine Verwaltungskraft zu bekommen (DKW-*Däubler*, § 108 Rn. 4). Wenn dies nicht gelingt, kann es sinnvoll sein, dass die Mitglieder reihum die Protokollführung übernehmen.

§ 2: Sitzungen 2

(1) Der Wirtschaftsausschuss tritt in jedem Kalendermonat einmal zu einer ordentlichen Sitzung zusammen.

(2) Auf die Durchführung einer Sitzung kann in der vorangegangenen Sitzung durch einstimmigen Beschluss aller Mitglieder verzichtet werden, doch ist die folgende Sitzung auf alle Fälle durchzuführen.

(3) Der Sprecher bestimmt den konkreten Sitzungstermin und die Tagesordnung.

(4) Jedes Mitglied des Wirtschaftsausschusses kann verlangen, dass ein bestimmter Gegenstand auf die Tagesordnung gesetzt wird, sofern er dies mindestens eine Woche vor dem Sitzungstag dem Sprecher gegenüber erklärt.

(5) Der Sprecher, zwei Mitglieder des Wirtschaftsausschusses sowie der Unternehmer können verlangen, dass der Wirtschaftsausschuss zu einer außerordentlichen Sitzung zusammentritt. Der dabei zu behandelnde Gegenstand ist zu bezeichnen. § 3 Abs. 1 findet entsprechende Anwendung.

(6) Der Wirtschaftsausschuss ist beschlussfähig, wenn mehr als die Hälfte seiner Mitglieder anwesend ist. Beschlüsse bedürfen der einfachen Stimmenmehrheit. Enthaltungen werden nicht mitgezählt.

(7) Die Sitzungen des Wirtschaftsausschusses finden während der Arbeitszeit statt. Sie sind nicht öffentlich. Dies schließt eine Teilnahme der Schwerbehindertenvertretung, von Gewerkschaftsbeauftragten, von Auskunftspersonen sowie von Sachverständigen nicht aus.

Hinweis:
Die monatlichen Sitzungen können im Einzelfall (etwa während der Ferienzeit) mangels zu behandelnder Probleme überflüssig sein. § 108 Abs. 1 BetrVG sieht deshalb nur eine Soll-Vorschrift vor (dazu DKW-*Däubler*, § 108 Rn. 1). Auf der anderen Seite können dringende Fragen auftauchen, die kurzfristig zusätzliche Sitzungen verlangen. Dem will Absatz 5 Rechnung tragen.
Beschlüsse fasst der Wirtschaftsausschuss insbesondere dann, wenn er bestimmte Informationen vom Arbeitgeber haben will oder wenn er den Betriebsrat auffordert, ein Einigungsstellen- oder ein arbeitsgerichtliches Beschlussverfahren in die Wege zu leiten. Insofern empfiehlt sich eine Regelung über das Zustandekommen von Beschlüssen.

§ 3: Einladung zur Sitzung 3

(1) Der Sprecher des Wirtschaftsausschusses lädt die Mitglieder sowie sonstige teilnahmeberechtigte Personen zur Sitzung ein. Die Einladung muss die Tagesordnung enthalten und den Mitgliedern spätestens am dritten Arbeitstag vor dem Tagungszeitpunkt zugehen.

(2) Der Unternehmer ist zu allen Sitzungen des Wirtschaftsausschusses einzuladen. Abs. 1 Satz 2 gilt entsprechend.

Hinweis:
Die Einladung ist bewusst nicht nur auf die Mitglieder beschränkt; die Mindestfrist von drei Arbeitstagen ist allerdings nur ihnen gegenüber einzuhalten, da sonst wegen schwerer Erreichbarkeit von Gewerkschaftsvertretern, Sachverständigen usw. Verfahrensmängel entstehen könnten.

§ 4: Tagesordnung 4

(1) Der Wirtschaftsausschuss kann einzelne in der Einladung genannte Punkte von der Tagesordnung absetzen. Sind alle Mitglieder anwesend, kann die Tagesordnung durch einstimmigen Beschluss ergänzt werden.

(2) In den ordentlichen Sitzungen soll insbesondere eine Aussprache über die in § 106 Abs. 3 BetrVG genannten Gegenstände erfolgen.

(3) Der Jahresabschluss ist dem Wirtschaftsausschuss unter Beteiligung des Betriebsrats zu erläutern.

Hinweis:
Abs. 1 bestimmt, dass der Wirtschaftsausschuss »Herr der Tagesordnung« ist, doch kann eine Ergänzung nicht erfolgen, wenn sich ein Mitglied dadurch »überfahren« sieht. Zulässig wäre es auch, nur eine einstimmige Entscheidung aller anwesenden Mitglieder zu verlangen.
Dass über die Fragen des § 106 Abs. 3 BetrVG geredet wird, bedarf in der Einladung keiner besonderen Hervorhebung; deshalb ist genau wie bei der Erläuterung des Jahresabschlusses nach Abs. 3 eine entsprechende Vorschrift in der Geschäftsordnung vorgesehen.

5 **§ 5: Protokoll**

(1) Über jede Sitzung des Wirtschaftsausschusses ist ein Protokoll anzufertigen. Es soll die einzelnen Beratungsgegenstände aufführen und die wesentlichen Ergebnisse festhalten. Bei Meinungsverschiedenheiten sollen die unterschiedlichen Positionen wiedergegeben werden.
(2) Dem Protokoll ist eine Anwesenheitsliste beizufügen, in die sich alle Anwesenden eigenhändig einzutragen haben.
(3) Der Arbeitgeber stellt eine Verwaltungskraft für die Protokollführung zur Verfügung. Das Protokoll wird von dieser sowie dem Sprecher unterzeichnet. Es bedarf der Genehmigung des Wirtschaftsausschusses in der folgenden ordentlichen Sitzung.

Hinweis:
Soweit der Arbeitgeber keine Verwaltungskraft zur Verfügung stellt (oder der Wirtschaftsausschuss zu dieser wenig Vertrauen hat), muss ein Mitglied die Protokollführung übernehmen. Dies kann ein regelmäßiger »Schriftführer«, aber auch eine jeweils konkret bestimmte Person sein. Wählt man den letzteren Weg, muss man vorsehen, dass notfalls der Sprecher den Protokollführer bestimmt. Man kann auch festlegen, dass jedes Mitglied reihum mit der Protokollführung betraut wird, wobei eine alphabetische Reihenfolge nahe liegt.

6 **§ 6: Teilnahmeberechtigte Personen**

(1) Die Schwerbehindertenvertretung kann an den Sitzungen des Wirtschaftsausschusses mit beratender Stimme teilnehmen.
(2) Dasselbe gilt für einen Beauftragten jeder im Betrieb vertretenen Gewerkschaft.
(3) Der Wirtschaftsausschuss kann sachkundige Arbeitnehmer des Unternehmens als Auskunftspersonen zur Sitzung einladen und sie dort befragen. Hierzu bedarf es eines Beschlusses.
(4) Die Heranziehung externer Sachverständiger bestimmt sich nach den allgemeinen Grundsätzen.
(5) Der Unternehmer ist berechtigt, einen Vertreter des Arbeitgeberverbands hinzuzuziehen.

Hinweis:
Das in Abs. 1 niedergelegte Teilnahmerecht der Schwerbehindertenvertretung ist in der Rechtsprechung anerkannt (s. die Nachweise bei DKW-*Däubler*, § 108 Rn. 14). Gegenüber Gewerkschaftsvertretern kann eine »Generaleinladung« ausgesprochen werden, was auch mit Hilfe der Geschäftsordnung möglich ist (Einzelheiten bei DKW-*Däubler*, § 108 Rn. 15 ff.).
Zu den Auskunftspersonen s. DKW-*Däubler*, § 108 Rn. 22, zu Sachverständigen s. DKW-*Däubler*, § 108 Rn. 23.
Zum Vertreter des Arbeitgeberverbands s. DKW-*Däubler*, § 108 Rn. 19.

7 **§ 7: Vorbesprechung**

(1) Die Mitglieder des Wirtschaftsausschusses können vor jeder Sitzung zu einer internen Besprechung zusammentreten. Die Vorbesprechung findet während der Arbeitszeit statt.
(2) Zu den Vorbesprechungen kann der in § 6 Abs. 1–4 genannte Personenkreis hinzugezogen werden.
(3) Zu den Vorbesprechungen lädt der Sprecher des Wirtschaftsausschusses ein, dabei ist die Frist des § 3 Abs. 1 S. 2 entsprechend anzuwenden.

Hinweis:
Da der Unternehmer an den Wirtschaftsausschusssitzungen teilnimmt, kann eine interne Vorbesprechung sehr sinnvoll sein. Auch der Entwurf von *Schaub/Neef/Schrader* (§ 40 Rn. 28) sieht sie vor. Um sachkundige Fragen stellen zu können, wird die Möglichkeit eröffnet, auch Auskunftspersonen und Sachverständige hinzuzuziehen.

§ 8: Sitzungsleitung 8
Die Sitzungen des Wirtschaftsausschusses wie auch die Vorbesprechungen werden durch den Sprecher geleitet. Im Falle seiner Verhinderung werden diese Aufgaben von seinem Stellvertreter wahrgenommen. Ist auch dieser verhindert, bestimmen die anwesenden Mitglieder einen Sitzungsleiter.

§ 9: Informationsverlangen 9
(1) Auf Vorschlag eines Mitglieds kann der Wirtschaftsausschuss beschließen, vom Unternehmen im Rahmen der Gegenstände des § 106 Abs. 3 BetrVG zusätzliche Informationen zu verlangen. Unterstützt ein weiteres Mitglied des Wirtschaftsausschusses diesen Vorschlag, muss der Wirtschaftsausschuss einen entsprechenden Beschluss fassen.
(2) Abs. 1 findet entsprechende Anwendung, wenn es um die Vorlage weiterer Urkunden und Unterlagen oder die Hinzuziehung von Auskunftspersonen und Sachverständigen geht.

Hinweis:
An sich ist der Unternehmer verpflichtet, von sich aus alle von § 106 Abs. 3 BetrVG erfassten Informationen zu liefern. Geschieht dies nicht oder nur in lückenhafter Form, kann der Wirtschaftsausschuss »nachhaken« und ergänzende Fragen stellen. Hierfür fehlt bisweilen (aus den unterschiedlichsten Gründen) der Mut. In Anlehnung an die bisherige Regelung für Aufsichtsratsmitglieder wird deshalb vorgesehen, dass schon auf Verlangen von zwei Wirtschaftsausschussmitgliedern ein entsprechender Beschluss gefasst werden muss. Ein höheres Quorum zu verlangen (so etwa *Schaub/Neef/Schrader*, Arbeitsrechtliche Formularsammlung, 8. Aufl. 2004, § 40 Rn. 31), schafft unangemessene und vermeidbare Hindernisse.

§ 10: Verweigerung von Auskünften durch den Unternehmer 10
(1) Verweigert der Arbeitgeber eine Information, um die der Wirtschaftsausschuss gebeten hat, so kann dieser den Betriebsrat auffordern, ein Einigungsstellenverfahren bzw. ein arbeitsgerichtliches Beschlussverfahren einzuleiten. Für den Beschluss genügt die einfache Mehrheit.
(2) Dasselbe gilt, wenn der Arbeitgeber sich weigert, eine dem Unternehmen angehörende Auskunftsperson zur Verfügung zu stellen oder wenn er die Hinzuziehung eines externen Sachverständigen ablehnt.

Hinweis:
Auch hier empfiehlt es sich, die Hürde nicht zu hoch zu bestimmen und beispielsweise die Mehrheit der Mitglieder des Wirtschaftsausschusses zu verlangen.

§ 11: Bericht an den Betriebsrat/Gesamtbetriebsrat 11
(1) Der Sprecher oder sein Stellvertreter hat unverzüglich, spätestens jedoch binnen Wochenfrist den Gesamtbetriebsrat bzw. Betriebsrat vollständig und erschöpfend über die Gespräche mit dem Unternehmer und die erhaltenen Informationen zu unterrichten.
(2) Soweit es sich um Betriebs- und Geschäftsgeheimnisse handelt, ist der Betriebsrat auf die Notwendigkeit zu ihrer Geheimhaltung hinzuweisen.
(3) Der Betriebsrat erhält gleichzeitig eine Kopie des Protokolls.

Hinweis:
Die Berichtspflicht zu regeln, ist sinnvoll, um »Informationsmonopole« zu vermeiden. Auch ist es notwendig, eine Frist vorzusehen.

12 **§ 12: Abstimmung mit dem Unternehmer bei den Vierteljahresberichten nach § 110 BetrVG**

(1) Kommt es zwischen Unternehmer und Wirtschaftsausschuss zu keiner Einigung über den Inhalt des vom Arbeitgeber nach § 110 BetrVG abzugebenden Berichts, so kann der Wirtschaftsausschuss seine abweichende Auffassung darlegen.

(2) Der Wirtschaftsausschuss ist befugt, diese in gleicher Weise unternehmensintern bekannt zu machen, wie dies mit dem Bericht des Arbeitgebers geschieht.

(3) Die Mitglieder des Wirtschaftsausschusses sind berechtigt, an Betriebs-, Abteilungs- oder Teilversammlungen teilzunehmen, in denen der Unternehmer nach § 110 Abs. 2 BetrVG seinen Bericht erstattet.

Hinweis:

Zum (in der Literatur etwas umstrittenen) Recht des Wirtschaftsausschusses zur Gegendarstellung siehe DKW-*Däubler*, § 110 Rn. 12.

Die Teilnahme an Betriebsversammlungen ist insbesondere dann wichtig, wenn das Wirtschaftsausschussmitglied nicht dem fraglichen Betrieb (sondern einem anderen Betrieb des Unternehmens) angehört.

13 **§ 13: Sitzungen unter Nutzung von Videotechnik**

(1) Soweit es einzelnen oder allen Mitgliedern des Wirtschaftsausschusses oder sonstigen Teilnahmeberechtigten aus Gründen der Gesundheitsgefährdung oder aus anderen wichtigen Gründen nicht zumutbar ist, in Person zur Sitzung zu erscheinen, ist eine Teilnahme per Video zulässig. Dabei muss sichergestellt sein, dass Dritte vom Inhalt der Sitzung keine Kenntnis nehmen können. Eine Aufzeichnung ist unzulässig.

(2) Die mit Hilfe von Videotechnik teilnehmenden Personen müssen ihre Sitzungsteilnahme in Textform gegenüber dem Sprecher bestätigen.

Hinweis:

Die Sitzung unter physischer Anwesenheit der Mitglieder soll weiter der Normalfall bleiben. Dies sichert am besten eine unbefangene und umfassende Kommunikation unter den Mitgliedern. Die Existenz einer Pandemie, aber auch andere Formen von Gesundheitsgefährdung oder sonstige Umstände können Ausnahmen rechtfertigen, die für einzelne, aber auch für alle Mitglieder gelten können. Für diesen Fall ist die Nutzung von Videotechnik zugelassen; eine Telefonkonferenz genügt nicht. Erst recht kommen keine Beschlüsse im Umlaufverfahren in Betracht.

Die Technik ist entsprechend § 40 BetrVG vom Arbeitgeber zur Verfügung zu stellen.

§ 14: In-Kraft-Treten

Diese Geschäftsordnung tritt am Datum in Kraft. Sie gilt für die Dauer der Amtsperiode des Wirtschaftsausschusses. Der folgende Wirtschaftsausschuss kann sie durch Beschluss der Mehrheit seiner Mitglieder übernehmen.

2. Musterschreiben

14 **Betriebsrat: Bitte an den Wirtschaftsausschuss, Auskünfte einzuholen**

Gesamtbetriebsrat der Firma Firmenbezeichnung, Adresse Ort, Datum
Gesamtbetriebsratsvorsitzender Name

An den Sprecher des Wirtschaftsausschusses
der Firmenbezeichnung
Herrn Name
Lieber Kollege Name,
in der Belegschaft der Zweigniederlassung Ort hält sich hartnäckig das Gerücht, der dortige Betrieb solle an den amerikanischen Konzern Firmenbezeichnung verkauft werden. Ein Kollege soll

auf der Homepage der US-Gesellschaft Firmenbezeichnung eine Mitteilung entdeckt haben, wonach die US-Firma in Deutschland expandieren und verschiedene Betriebsstätten aufkaufen will. Dabei sei Firmenbezeichnung (= Zweigniederlassung Ort) als praktisch schon erworben bezeichnet worden. Der fragliche Kollege ist kurzfristig durch Aufhebungsvertrag aus dem Unternehmen ausgeschieden und derzeit nicht erreichbar. Eigene Recherchen unter www.Firmenbezeichnung.com blieben ergebnislos.
Da es sich um eine sehr gravierende Angelegenheit handelt, bitten wir den Wirtschaftsausschuss, den Arbeitgeber danach zu fragen, ob über einen Verkauf der Niederlassung Ort in der Vergangenheit verhandelt wurde, derzeit verhandelt wird oder in Zukunft verhandelt werden soll.
Angesichts der Beunruhigung in der Belegschaft wird um eine umgehende Erledigung gebeten.

> **Hinweis:**
> Eine solche Bitte kommt insbesondere in Unternehmen mit mehreren Betrieben vor. Durch Gerüchte entstehende Unruhe ist ein einleuchtender Grund, um den Arbeitgeber zu einer eingehenden Stellungnahme zu veranlassen.

Wirtschaftsausschuss: Informationsersuchen an den Arbeitgeber 15

Firmenbezeichnung Ort, Datum
Der Wirtschaftsausschuss

An die Geschäftsführung Firmenbezeichnung
im Hause
Sehr geehrte Damen und Herren,
in der Belegschaft der Niederlassung Ort hält sich hartnäckig das Gerücht, der dortige Betrieb solle an den US-Konzern Firmenbezeichnung veräußert werden. Grundlage ist wohl die Internetrecherche eines inzwischen ausgeschiedenen Mitarbeiters.
Um den Zustand der Unsicherheit zu beseitigen, bitten wir Sie um Auskunft darüber, ob es in der Vergangenheit Verhandlungen über den Verkauf der Niederlassung Ort gab, ob solche derzeit geführt werden oder ob sie für die Zukunft geplant sind.
Für eine umgehende Information wären wir sehr dankbar.

Arbeitgeber: Antwortschreiben 16

Firmenbezeichnung Ort, Datum
Geschäftsführung
Adresse

An den Wirtschaftsausschuss
der Firmenbezeichnung
z. Hd. Herrn Name
im Hause

Sehr geehrter Herr Name,
auf Ihr Schreiben vom Datum können wir Ihnen mitteilen, dass unser Eigentümer, die Firmenbezeichnung-GmbH, in der Tat mit der Firmenbezeichnung wegen eines Verkaufs der Niederlassung Ort verhandelt. Wir sind davon erstmals vor zwei Tagen in Kenntnis gesetzt worden.

Weitere Einzelheiten sind uns nicht bekannt; wir bitten insoweit um Ihr Verständnis. Sobald wir Näheres erfahren, werden wir Sie den gesetzlichen Bestimmungen gemäß auf dem Laufenden halten.

Hinweis:
Das Schreiben dürfte der Wahrheit entsprechen; uninformierte Geschäftsleitungen sind bei drohenden Betriebsveräußerungen keine Seltenheit. Die ausdrückliche Hervorhebung, man sei selbst erst vor zwei Tagen informiert worden, könnte Enttäuschung gegenüber der Eigentümer-GmbH signalisieren. Evtl. könnte die Geschäftsführung unter diesen Umständen die weitere Entwicklung mit kritischen Augen betrachten.

17 Wirtschaftsausschuss: Auskunftsersuchen an den Eigentümer

Firmenbezeichnung Ort, Datum
Der Wirtschaftsausschuss

An die Geschäftsführung Firmenbezeichnung des Eigentümerunternehmens
Adresse
Sehr geehrte Damen und Herren,
in der Belegschaft unserer Niederlassung Ort hält sich hartnäckig das Gerücht, sie solle an den US-Konzern Firmenbezeichnung veräußert werden. Wir haben uns aus diesem Anlass an unsere Geschäftsführung gewandt, die uns mit Schreiben vom Datum mitgeteilt hat, dass in der Tat Verkaufsverhandlungen geführt würden, ihr darüber aber nichts Näheres bekannt sei.
Da sich die Besorgnisse in der Belegschaft verstärken, bitten wir Sie als verantwortliche Geschäftsführer des Eigentümerunternehmens, uns über den Stand der Verhandlungen zu informieren. Wir gehen davon aus, dass ein Erwerb durch die Firmenbezeichnung zu weit reichenden Konsequenzen bis hin zur Schließung oder Teilschließung der Niederlassung führen kann.

Hinweis:
Der Wirtschaftsausschuss packt den Stier bei den Hörnern. Eine Kopie des Schreibens der Geschäftsführung beizufügen, erscheint nicht unbedingt ratsam. Dass sie sich der Sache nach über die späte Information ihrem eigenen Wirtschaftsausschuss gegenüber beklagt, könnte zu einem »Anschiss« von oben führen.

18 Eigentümer: Ablehnung von Anfragen

Firmenbezeichnung des Eigentümerunternehmens Ort, Datum
Geschäftsführung
Adresse

An den Wirtschaftsausschuss
der Firmenbezeichnung
z. Hd. Herrn Name
Adresse

Sehr geehrter Herr Name,
Ihr Schreiben vom Datum haben wir erhalten.

Zuständigkeitshalber haben wir es an die Geschäftsführung der Firmenbezeichnung weitergeleitet.
Von weiteren Anfragen bitten wir abzusehen.

> **Hinweis:**
> Das Eigentümerunternehmen, also (wohl) die herrschende Gesellschaft eines Konzerns, »versteckt« sich hinter ihrer unwissenden Tochtergesellschaft. Besonders der Schlusssatz ist eine Ohrfeige, die es durchaus rechtfertigt, die Angelegenheit gerichtlich klären zu lassen, oder in diskreter Weise die Presse zu informieren. Zum Recht des Betriebsrats auf Öffentlichkeitsarbeit s. *Däubler*, AiB 4/2021.

Wirtschaftsausschuss: Aufforderung an den Gesamtbetriebsrat zur Einleitung eines arbeitsgerichtlichen Beschlussverfahrens 19

Firmenbezeichnung Ort, Datum
Der Sprecher des Wirtschaftsausschusses

An den Gesamtbetriebsrat
der Firmenbezeichnung
im Hause

Liebe Kolleginnen und Kollegen,
aufgrund des Euch bereits übermittelten Schreibens der Geschäftsführung Firmenbezeichnung vom Datum haben wir uns direkt an die Eigentümergesellschaft gewandt und um nähere Auskünfte gebeten. Unser Schreiben sowie die heute eingegangene Antwort der Firmenbezeichnung der Eigentümergesellschaft fügen wir bei.
Wir möchten die Angelegenheit nicht auf sich beruhen lassen. Die einzige Chance, direkt an die nötigen Informationen zu kommen, liegt in einer gerichtlichen Verpflichtung der Eigentümergesellschaft.
Angesichts der Bedeutung der Angelegenheit und der abweisenden Haltung der Firmenbezeichnung der Eigentümergesellschaft bitten wir, eine gerichtliche Klärung herbeizuführen. Dabei denken wir auch an eine einstweilige Verfügung.

Betriebsrat: Schreiben an Wirtschaftsausschuss wegen der Einleitung eines arbeitsgerichtlichen Beschlussverfahrens 20

Vorbemerkung
Ob es einen »Informationsdurchgriff« auf die Eigentümergesellschaft bzw. die Konzernspitze gibt, ist höchstrichterlich nicht entschieden (DKW-*Däubler*, § 106 Rn. 91a, §§ 112, 112a Rn. 186ff.). Das arbeitsgerichtliche Beschlussverfahren wäre der zutreffende Weg, um die Angelegenheit zu klären; das Einigungsstellenverfahren nach § 109 BetrVG greift nur dann ein, wenn es um den Inhalt der Auskünfte geht, nicht aber, wenn zunächst zu klären ist, ob der Gegenspieler überhaupt richtiger Adressat ist.
Ob man bei ungeklärter Rechtslage ein gerichtliches Verfahren einleitet, hängt letztlich davon ab, ob es sich um einen »guten Fall« handelt. Dies ist dann anzunehmen, wenn die Ablehnung des vom Betriebsrat erhobenen Anspruchs mit allgemeinen Gerechtigkeitsvorstellungen in Wider-

spruch geraten würde. Dies kann man im vorliegenden Fall durchaus annehmen. In die Überlegungen ist allerdings auch die These einzubeziehen, dass sich das Arbeitgeberunternehmen nicht auf die eigene Unkenntnis berufen kann, so dass statt der Eigentümer-GmbH dieses verklagt werden könnte (*Lerch/Weinbrenner*, NZA 2013, 355, 357).
Auf der anderen Seite ist zu berücksichtigen, dass das gerichtliche Verfahren eine gewisse Zeit dauert und die Verhandlungen deshalb mit positivem oder negativem Ausgang abgeschlossen sein können, bevor überhaupt das Gericht aktiv wird. Hinzu kommt, dass der Wirtschaftsausschuss die Vorlage der Veräußerungsverträge nur insoweit verlangen kann, als es um die Festlegung der künftigen Unternehmenspolitik geht (DKW-*Däubler*, § 106 Rn. 90). Wurde darüber gar nicht gesprochen (oder wird dies jedenfalls behauptet), so geht das Informationsersuchen ins Leere. Von daher ist die Einleitung eines Beschlussverfahrens kein »Selbstläufer«. Allerdings kann auf alle Fälle ein Rechtsanwalt eingeschaltet werden, da die Rechtsauffassung des Gesamtbetriebsrats, wonach die Muttergesellschaft zur Auskunft verpflichtet sei, zumindest vertretbar ist, und die Hinzuziehung eines rechtskundigen Menschen außerdem auch zu dem Zweck erfolgen kann, eine gerichtliche Auseinandersetzung zu vermeiden (Nachweise bei DKW-*Wedde*, § 40 Rn. 26, 28). Der Gesamtbetriebsrat wird deshalb dem Wirtschaftsausschuss antworten:

Gesamtbetriebsrat der Firma Firmenbezeichnung | Ort, Datum

An den Wirtschaftsausschuss
z. Hd. des Sprechers Herrn Name
im Hause

Lieber Kollege Name,
aufgrund Ihres Schreibens vom Datum hat der Gesamtbetriebsrat eingehend über die Einleitung eines arbeitsgerichtlichen Beschlussverfahrens beraten. Wir sehen uns nicht in der Lage, ohne Einschaltung eines Rechtsbeistands eine Entscheidung zu treffen. Wir haben uns deshalb an Rechtsanwalt Name gewandt, mit dem wir auch schon in anderen Zusammenhängen gute Erfahrungen gemacht haben.
Sobald ein Besprechungstermin mit Name vereinbart ist, werden wir uns telefonisch melden, damit Sie oder Ihr Stellvertreter daran teilnehmen können.

21 **Wirtschaftsausschuss: Ersuchen um Information und zusätzliche Unterlagen beim Arbeitgeber**

Firmenbezeichnung | Ort, Datum
Der Wirtschaftsausschuss
Sprecher Name

An den Vorstand der
Firmenbezeichnung
z. Hd. Herrn Name
im Hause

Sehr geehrter Herr Name,
auf unserer Sitzung vom Datum haben Sie uns den Jahresabschluss für das Geschäftsjahr ____ erläutert. Dabei ist aus unserer Sicht noch eine Reihe von Fragen offen geblieben.

- Weshalb wurden die Geschäftsbeziehungen zu der Firma Firmenbezeichnung abgebrochen und das Vorprodukt ____ stattdessen zu höheren Preisen von der Firma Firmenbezeichnung bezogen?

- Weshalb wurde darauf verzichtet, das von der Bank Bezeichnung gewährte Darlehen über 10 Millionen Euro mit einer Laufzeit von fünf Jahren in japanische Yen zu konvertieren, obwohl der Zinssatz in diesem Fall nur 0,5 % betragen hätte? Das Währungsrisiko ließe sich durch Abmachungen mit der Bank absichern, die selbstredend nicht unentgeltlich zu haben sind, die jedoch die Zinsdifferenz von knapp 3 % bei weitem nicht aufzehren würden.
- Weshalb wurde darauf verzichtet, ein eigenes Vertriebsbüro in Shanghai zu errichten? Die Mitbenutzung der Niederlassung der Firma Firmenbezeichnung birgt unseres Erachtens das Risiko, dass günstige Verträge erst einmal dieser Partnerfirma zugute kommen.

Außerdem wären wir Ihnen für die Überlassung des Wirtschaftsprüferberichts für das Geschäftsjahr sehr dankbar, da er möglicherweise auch die eine oder andere der hier gestellten Fragen klären könnte.

Arbeitgeber: Ablehnungsschreiben bezüglich Wirtschaftsprüferbericht 22

Firmenbezeichnung, Adresse — Ort, Datum
Der Vorstand

An den Sprecher des Wirtschaftsausschusses
Herrn Name
im Hause

Sehr geehrter Herr Name,
die in Ihrem Schreiben vom Datum genannten Fragen hätten sich an und für sich auch im Rahmen der Sitzung klären lassen, die anlässlich des Jahresabschlusses stattfand. Wir dürfen gleichwohl zu den von Ihnen aufgeworfenen Punkten wie folgt Stellung nehmen.

- Die Firma Firmenbezeichnung ist ihren Lieferverpflichtungen in den zurückliegenden zwei Jahren immer nur zögerlich nachgekommen. Dies hat unsere eigene Produktion erheblich behindert. Im Gegensatz dazu erfolgen die Lieferungen durch die Firma Firmenbezeichnung außerordentlich pünktlich, was den etwas höheren Preis durchaus rechtfertigt.
- Die von Ihnen genannte Finanzierungsform mag in der Seeschifffahrt üblich sein. In unserer Branche wird von diesen Möglichkeiten kein Gebrauch gemacht, da wir die Risiken als zu hoch einschätzen.
- Die Firma Firmenbezeichnung vertreibt in China Eisenwaren. Ihr Sortiment überschneidet sich mit dem unseren nur in Randbereichen. Von daher sehen wir die von Ihnen genannte Gefahr nicht.

Die Berichte des Wirtschaftsprüfers enthalten Betriebs- und Geschäftsgeheimnisse unserer Firma wie auch solche von Partnerunternehmen. Eine Herausgabe an den Wirtschaftsausschuss erscheint uns daher nicht angezeigt. Wir bitten insoweit um Ihr Verständnis.

Hinweis:
Die drei gestellten Fragen sind recht kurz, wenn auch an sich korrekt beantwortet. Es könnte sich empfehlen, bei einer größeren Bank in Erfahrung zu bringen, ob die Einschätzung des Finanzvorstands wirklich stimmt; immerhin hat ja der Wirtschaftsausschuss sehr wohl auf das Währungsrisiko hingewiesen, das sich aber ausschließen lässt. Darauf ist die Antwort nicht eingegangen.
Die Wirtschaftsprüferberichte enthalten in der Tat häufig sensible Angaben, die sich auch auf Fehler der Unternehmensleitung beziehen können und die sich ggf. auf die Bonität von Geschäftspartnern und Kunden beziehen. Gleichwohl hat der Wirtschaftsausschuss nach der Rechtsprechung des BAG (8.8.1989 – 1 ABR 61/88, AP Nr. 6 zu § 106 BetrVG 1972) einen Anspruch darauf, die Wirtschaftsprüferberichte zu erhalten (dazu näher DKW-*Däubler*, § 108

Rn. 36). Die bloße Tatsache, dass sie Betriebsgeheimnisse enthalten, steht ihrer Übermittlung an den Wirtschaftsausschuss nicht entgegen. Dies wäre nach § 106 Abs. 2 BetrVG nur dann anders, wenn die Betriebsgeheimnisse wegen der Übermittlung an den Wirtschaftsausschuss auch »gefährdet« würden. Dies ist etwa dann anzunehmen, wenn bei einem Wirtschaftsausschussmitglied der auf Tatsachen gestützte Verdacht besteht, mit den erhaltenen Informationen nicht korrekt umzugehen. Der bloße Ruf, eine »Plaudertasche« zu sein, reicht nicht aus; vielmehr muss insbesondere in der Vergangenheit ein Fall von Indiskretion belegbar sein (Einzelheiten DKW-*Däubler*, § 106 Rn. 59ff.).

Über die Verpflichtung zur Herausgabe entscheidet die Einigungsstelle nach § 109 BetrVG (DKW-*Däubler*, § 106 Rn. 65). Sie anzurufen bietet sich im vorliegenden Fall an. Auch wird der Wirtschaftsausschuss häufig doch informiert, sobald die Arbeitgeberseite erkennt, dass er seine Rechte effektiv durchsetzen will.

23 Wirtschaftsausschuss: Schreiben an den Betriebsrat wegen Anrufung der Einigungsstelle

Firmenbezeichnung | Ort, Datum

Der Wirtschaftsausschuss
Sprecher Name

An den Gesamtbetriebsrat der
Firmenbezeichnung
im Hause

Liebe Kolleginnen und Kollegen,
in der Anlage übersenden wir Ihnen ein Schreiben von Herrn Name, in dem er sich weigert, die Wirtschaftsprüferberichte an uns herauszugeben. Wie wir der Kommentarliteratur entnehmen (DKW-*Däubler*, § 108 Rn. 36), setzt er sich damit in Widerspruch zur höchstrichterlichen Rechtsprechung.
Wir bitten deshalb, die Einigungsstelle anzurufen, um so die Übermittlung der Wirtschaftsprüferberichte zu erreichen.

24 Wirtschaftsausschuss: Schreiben an die Unternehmensleitung wegen der sog. nichtfinanziellen Erklärung

Firmenbezeichnung
Der Wirtschaftsausschuss
Sprecher Name

An den Vorstand der
Firmenbezeichnung
z. Hd. Herrn Name
im Hause

Sehr geehrter Herr Name,
Nach § 289b HGB sind bestimmte Kapitalgesellschaften verpflichtet, im jährlichen Lagebericht eine sog. nichtfinanzielle Erklärung abzugeben. Sie muss sich nach § 289c Abs. 2 HGB »zumindest« auf folgende Aspekte beziehen:

1. Umweltbelange, wobei sich die Angaben beispielsweise auf Treibhausgasemissionen, den Wasserverbrauch, die Luftverschmutzung, die Nutzung von erneuerbaren und nicht erneuerbaren Energien oder den Schutz der biologischen Vielfalt beziehen können,
2. Arbeitnehmerbelange, wobei sich die Angaben beispielsweise auf die Maßnahmen, die zur Gewährleistung der Geschlechtergleichstellung ergriffen wurden, die Arbeitsbedingungen, die Umsetzung der grundlegenden Übereinkommen der Internationalen Arbeitsorganisation, die Achtung der Rechte der Arbeitnehmerinnen und Arbeitnehmer, informiert und konsultiert zu werden, den sozialen Dialog, die Achtung der Rechte der Gewerkschaften, den Gesundheitsschutz oder die Sicherheit am Arbeitsplatz beziehen können,
3. Sozialbelange, wobei sich die Angaben beispielsweise auf den Dialog auf kommunaler oder regionaler Ebene oder auf die zur Sicherstellung des Schutzes und der Entwicklung lokaler Gemeinschaften ergriffenen Maßnahmen beziehen können,
4. die Achtung der Menschenrechte, wobei sich die Angaben beispielsweise auf die Vermeidung von Menschenrechtsverletzungen beziehen können, und
5. die Bekämpfung von Korruption und Bestechung, wobei sich die Angaben beispielsweise auf die bestehenden Instrumente zur Bekämpfung von Korruption und Bestechung beziehen können.«

Bei der Lektüre des Lageberichts haben wir keine solchen Erläuterungen gefunden, obwohl die hier zitierte Regelung seit 19.4.2017 gilt. Bitte teilen Sie uns mit, ob in unserem Fall eine der Ausnahmen des § 289b Abs. 2 und 3 HGB Platz greift. Soweit dies der Fall sein sollte, würde uns interessieren, inwieweit auch eine freiwillige Orientierung an diesen Zielvorstellungen für Sie in Betracht kommt.

Hinweis:
Die sog. nichtfinanzielle Erklärung ist ein neues Mittel, um Unternehmen zu einem sozial verträglichen Verhalten zu veranlassen. Da die vom Gesetzgeber angeführten Punkte nur Beispiele sind, besteht ein erhebliches Maß an redaktioneller Freiheit für die Unternehmen. Dennoch können solche Erklärungen von Nutzen sein, weil sich ein Betriebsrat oder ein Wirtschaftsausschuss bei unsozialem Verhalten des Arbeitgebers darauf berufen und die Beseitigung des Widerspruchs zwischen Anspruch und Realität einfordern kann.
Von der Regelung erfasst sind nach § 289b Abs. 1 HGB sog. große Kapitalgesellschaften im Sinne des § 267 Abs. 3 HGB, die kapitalmarktorientiert sind (wichtigster Fall: die Aktien werden an der Börse, gehandelt) und die im Jahresdurchschnitt mindestens 500 Arbeitnehmer beschäftigen.

§ 110 Unterrichtung der Arbeitnehmer

(1) In Unternehmen mit in der Regel mehr als 1000 ständig beschäftigten Arbeitnehmern hat der Unternehmer mindestens einmal in jedem Kalendervierteljahr nach vorheriger Abstimmung mit dem Wirtschaftsausschuss oder den in § 107 Abs. 3 genannten Stellen und dem Betriebsrat die Arbeitnehmer schriftlich über die wirtschaftliche Lage und Entwicklung des Unternehmens zu unterrichten.
(2) In Unternehmen, die die Voraussetzungen des Absatzes 1 nicht erfüllen, aber in der Regel mehr als zwanzig wahlberechtigte ständige Arbeitnehmer beschäftigen, gilt Absatz 1 mit der Maßgabe, dass die Unterrichtung der Arbeitnehmer mündlich erfolgen kann. Ist in diesen Unternehmen ein Wirtschaftsausschuss nicht zu errichten, so erfolgt die Unterrichtung nach vorheriger Abstimmung mit dem Betriebsrat.

Inhaltsübersicht Rn.

I. Einleitung

1 Im Zusammenhang mit dem einmal pro Kalendervierteljahr vom Unternehmer abzugebenden Bericht über die wirtschaftliche Lage und Entwicklung des Unternehmens können dadurch Meinungsverschiedenheiten entstehen, dass § 110 Abs. 1 BetrVG eine **»Abstimmung« mit dem Wirtschaftsausschuss** und dem Betriebsrat vorsieht. Bei unterschiedlichen Positionen, die sich nicht durch diplomatische Formulierungen unter einen Hut bringen lassen, findet entweder eine Aufnahme in den Bericht mit der Bezeichnung »abweichende Meinung« statt oder aber es wird vom Betriebsrat ein eigener »Alternativbericht« vorgelegt (DKW-*Däubler*, § 110 Rn. 12).

II. Arbeitshilfen

Musterschreiben

2 **Arbeitgeber: Übersendung des Berichts nach § 110 Abs. 1 BetrVG**

Firmenbezeichnung, Adresse — Ort, Datum
Geschäftsführung

An den Wirtschaftsausschuss
An den Betriebsrat der
Firmenbezeichnung
im Hause

Sehr geehrte Damen und Herren,
in der Anlage übersenden wir Ihnen den Entwurf des vierteljährlich zu erstattenden Berichts nach § 110 Abs. 1 BetrVG. Ich nehme an, dass Sie keine Einwendungen erheben werden.

3 **Betriebsrat/Wirtschaftsausschuss: Einwände gegen den Bericht nach § 110 Abs. 1 BetrVG**

Firmenbezeichnung, Adresse — Ort, Datum
Der Betriebsrat
Der Wirtschaftsausschuss

An den
Vorstand der Firmenbezeichnung
im Hause

Sehr geehrter Herr Name,
haben Sie vielen Dank für Ihr Schreiben vom Datum.
Wir sind mit fast allen Punkten einverstanden. Bedenken haben wir jedoch gegen die Formulierung:
»Die Schließung des Werkes in Ort Deutschland und die Erweiterung des Werkes in Ort Ausland waren unvermeidlich, um das Renditeziel von 15 % zu erreichen.«

Wir bitten, diesen Satz nicht ohne Erläuterung stehen zu lassen, sondern – ggf. als unsere abweichende Auffassung gekennzeichnet – hinzuzufügen:
»Dieses Renditeziel beruhte allerdings auf einer einseitigen Setzung, bei der die Interessen der Belegschaft und anderer am Unternehmen Interessierter keine Berücksichtigung gefunden haben. Die wirtschaftlichen Zwänge waren insoweit hausgemacht. Ein Ausbau des deutschen Standorts hätte möglicherweise langfristig mehr zu einer Stabilisierung der Ertragslage beigetragen. Die Strategie der totalen und kurzfristigen Kosteneinsparung zerstört stattdessen das Innovationspotential des Unternehmens, weil Leistungsträger in den deutschen Niederlassungen keine Perspektiven mehr sehen und sich anderen Unternehmen zuwenden.«
Für Rücksprachen stehen wir jederzeit gerne zur Verfügung.

Arbeitgeber: Ablehnung des Änderungsantrags des Betriebsrats bzgl. des Berichts nach § 110 Abs. 1 BetrVG 4

Firmenbezeichnung, Adresse Ort, Datum
Geschäftsleitung

An den Betriebsrat
An den Wirtschaftsausschuss
Firmenbezeichnung
im Hause

Sehr geehrter Herr Name,
Sehr geehrter Herr Name,
wir bestätigen den Eingang Ihres Schreibens vom Datum.
Sie werden nicht ernsthaft erwarten, dass wir Ihre Formulierung in unseren Bericht aufnehmen. Selbst wenn wir sie als Ihre abweichende Meinung kennzeichnen, sind Missverständnisse geradezu vorprogrammiert.
Ihre Erbitterung über die Betriebsschließung können wir nachvollziehen. Es steht Ihnen frei, eine eigene Stellungnahme zur wirtschaftlichen Lage und Entwicklung des Unternehmens abzugeben und der Belegschaft zugänglich zu machen.

Hinweis:
Nach der Rechtsprechung des BAG (14.5.2013 – 1 ABR 4/12, NZA 2013, 1223) kann sich der Betriebsrat nicht auf § 110 BetrVG stützen, wenn er einen alternativen Quartalsbericht abgeben will. Es steht ihm aber frei, sich auf sein allgemeines Recht zur Darstellung seiner Tätigkeit zu berufen und die Belegschaft über seine Sicht der Dinge in Kenntnis zu setzen. Dies kann durch E-Mails oder über das Intranet erfolgen.

Zweiter Unterabschnitt Betriebsänderungen

§ 111 Betriebsänderungen

In Unternehmen mit in der Regel mehr als zwanzig wahlberechtigten Arbeitnehmern hat der Unternehmer den Betriebsrat über geplante Betriebsänderungen, die wesentliche Nachteile für die Belegschaft oder erhebliche Teile der Belegschaft zur Folge

haben können, rechtzeitig und umfassend zu unterrichten und die geplanten Betriebsänderungen mit dem Betriebsrat zu beraten. Der Betriebsrat kann in Unternehmen mit mehr als 300 Arbeitnehmern zu seiner Unterstützung einen Berater hinzuziehen; § 80 Abs. 4 gilt entsprechend; im Übrigen bleibt § 80 Abs. 3 unberührt. Als Betriebsänderungen im Sinne des Satzes 1 gelten

1. **Einschränkung und Stilllegung des ganzen Betriebs oder von wesentlichen Betriebsteilen,**
2. **Verlegung des ganzen Betriebs oder von wesentlichen Betriebsteilen,**
3. **Zusammenschluss mit anderen Betrieben oder die Spaltung von Betrieben,**
4. **grundlegende Änderungen der Betriebsorganisation, des Betriebszwecks oder der Betriebsanlagen,**
5. **Einführung grundlegend neuer Arbeitsmethoden und Fertigungsverfahren.**

§ 112 Interessenausgleich über die Betriebsänderung, Sozialplan

(1) Kommt zwischen Unternehmer und Betriebsrat ein Interessenausgleich über die geplante Betriebsänderung zustande, so ist dieser schriftlich niederzulegen und vom Unternehmer und Betriebsrat zu unterschreiben; § 77 Absatz 2 Satz 3 gilt entsprechend. Das Gleiche gilt für eine Einigung über den Ausgleich oder die Milderung der wirtschaftlichen Nachteile, die den Arbeitnehmern infolge der geplanten Betriebsänderung entstehen (Sozialplan). Der Sozialplan hat die Wirkung einer Betriebsvereinbarung. § 77 Abs. 3 ist auf den Sozialplan nicht anzuwenden.

(2) Kommt ein Interessenausgleich über die geplante Betriebsänderung oder eine Einigung über den Sozialplan nicht zustande, so können der Unternehmer oder der Betriebsrat den Vorstand der Bundesagentur für Arbeit um Vermittlung ersuchen, der Vorstand kann die Aufgabe auf andere Bedienstete der Bundesagentur für Arbeit übertragen. Erfolgt kein Vermittlungsersuchen oder bleibt der Vermittlungsversuch ergebnislos, so können der Unternehmer oder der Betriebsrat die Einigungsstelle anrufen. Auf Ersuchen des Vorsitzenden der Einigungsstelle nimmt ein Mitglied des Vorstands der Bundesagentur für Arbeit oder ein vom Vorstand der Bundesagentur für Arbeit benannter Bediensteter der Bundesagentur für Arbeit an der Verhandlung teil.

(3) Unternehmer und Betriebsrat sollen der Einigungsstelle Vorschläge zur Beilegung der Meinungsverschiedenheiten über den Interessenausgleich und den Sozialplan machen. Die Einigungsstelle hat eine Einigung der Parteien zu versuchen. Kommt eine Einigung zustande, so ist sie schriftlich niederzulegen und von den Parteien und vom Vorsitzenden zu unterschreiben.

(4) Kommt eine Einigung über den Sozialplan nicht zustande, so entscheidet die Einigungsstelle über die Aufstellung eines Sozialplans. Der Spruch der Einigungsstelle ersetzt die Einigung zwischen Arbeitgeber und Betriebsrat.

(5) Die Einigungsstelle hat bei ihrer Entscheidung nach Absatz 4 sowohl die sozialen Belange der betroffenen Arbeitnehmer zu berücksichtigen als auch auf die wirtschaftliche Vertretbarkeit ihrer Entscheidung für das Unternehmen zu achten. Dabei hat die Einigungsstelle sich im Rahmen billigen Ermessens insbesondere von folgenden Grundsätzen leiten zu lassen:

1. **Sie soll beim Ausgleich oder bei der Milderung wirtschaftlicher Nachteile, insbesondere durch Einkommensminderung, Wegfall von Sonderleistungen oder Verlust von Anwartschaften auf betriebliche Altersversorgung, Umzugskosten oder erhöhte Fahrtkosten, Leistungen vorsehen, die in der Regel den Gegebenheiten des Einzelfalles Rechnung tragen.**

2. Sie hat die Aussichten der betroffenen Arbeitnehmer auf dem Arbeitsmarkt zu berücksichtigen. Sie soll Arbeitnehmer von Leistungen ausschließen, die in einem zumutbaren Arbeitsverhältnis im selben Betrieb oder in einem anderen Betrieb des Unternehmens oder eines zum Konzern gehörenden Unternehmens weiterbeschäftigt werden können und die Weiterbeschäftigung ablehnen; die mögliche Weiterbeschäftigung an einem anderen Ort begründet für sich allein nicht die Unzumutbarkeit.

2a. Sie soll insbesondere die im Dritten Buch des Sozialgesetzbuches vorgesehenen Förderungsmöglichkeiten zur Vermeidung von Arbeitslosigkeit berücksichtigen.

3. Sie hat bei der Bemessung des Gesamtbetrages der Sozialplanleistungen darauf zu achten, dass der Fortbestand des Unternehmens oder die nach Durchführung der Betriebsänderung verbleibenden Arbeitsplätze nicht gefährdet werden.

§ 112a Erzwingbarer Sozialplan bei Personalabbau, Neugründungen

(1) Besteht eine geplante Betriebsänderung im Sinne von § 111 Satz 3 Nr. 1 allein in der Entlassung von Arbeitnehmern, so findet § 112 Abs. 4 und 5 nur Anwendung, wenn

1. in Betrieben mit in der Regel weniger als 60 Arbeitnehmern 20 vom Hundert der regelmäßig beschäftigten Arbeitnehmer, aber mindestens 6 Arbeitnehmer,
2. in Betrieben mit in der Regel mindestens 60 und weniger als 250 Arbeitnehmern 20 vom Hundert der regelmäßig beschäftigten Arbeitnehmer oder mindestens 37 Arbeitnehmer,
3. in Betrieben mit in der Regel mindestens 250 und weniger als 500 Arbeitnehmern 15 vom Hundert der regelmäßig beschäftigten Arbeitnehmer oder mindestens 60 Arbeitnehmer,
4. in Betrieben mit in der Regel mindestens 500 Arbeitnehmern 10 vom Hundert der regelmäßig beschäftigten Arbeitnehmer, aber mindestens 60 Arbeitnehmer

aus betriebsbedingten Gründen entlassen werden sollen. Als Entlassung gilt auch das vom Arbeitgeber aus Gründen der Betriebsänderung veranlasste Ausscheiden von Arbeitnehmern aufgrund von Aufhebungsverträgen.

(2) § 112 Abs. 4 und 5 findet keine Anwendung auf Betriebe eines Unternehmens in den ersten vier Jahren nach seiner Gründung. Dies gilt nicht für Neugründungen im Zusammenhang mit der rechtlichen Umstrukturierung von Unternehmen und Konzernen. Maßgebend für den Zeitpunkt der Gründung ist die Aufnahme einer Erwerbstätigkeit, die nach § 138 der Abgabenordnung dem Finanzamt mitzuteilen ist.

§ 113 Nachteilsausgleich

(1) Weicht der Unternehmer von einem Interessenausgleich über die geplante Betriebsänderung ohne zwingenden Grund ab, so können Arbeitnehmer, die infolge dieser Abweichung entlassen werden, beim Arbeitsgericht Klage erheben mit dem Antrag, den Arbeitgeber zur Zahlung von Abfindungen zu verurteilen; § 10 des Kündigungsschutzgesetzes gilt entsprechend.

(2) Erleiden Arbeitnehmer infolge einer Abweichung nach Absatz 1 andere wirtschaftliche Nachteile, so hat der Unternehmer diese Nachteile bis zu einem Zeitraum von zwölf Monaten auszugleichen.

(3) Die Absätze 1 und 2 gelten entsprechend, wenn der Unternehmer eine geplante Betriebsänderung nach § 111 durchführt, ohne über sie einen Interessenausgleich mit dem Betriebsrat versucht zu haben, und infolge der Maßnahme Arbeitnehmer entlassen werden oder andere wirtschaftliche Nachteile erleiden.

Inhaltsübersicht Rn.

I. Einleitung

Verknüpfung von Interessenausgleich und Sozialplan

Die **Verhandlungen** über Interessenausgleich und Sozialplan können **theoretisch völlig getrennt** erfolgen, werden aber in der Praxis typischerweise verknüpft. Der Interessenausgleich ist zwar nicht erzwingbar, doch ist der Arbeitgeber verpflichtet, alle Möglichkeiten der Verständigung bis hin zur Anrufung der Einigungsstelle auszuschöpfen (DKW-*Däubler*, §§ 112, 112a Rn. 6). 1

Dies kann insbesondere bei komplizierten Vorgängen einige Zeit in Anspruch nehmen. Der Arbeitgeber ist nicht befugt, während der Verhandlungen über den Interessenausgleich vollendete Tatsachen zu schaffen, indem er betriebsbedingte Kündigungen ausspricht. Nach der Rechtsprechung der meisten Landesarbeitsgerichte können ihm deshalb derartige Kündigungen **durch einstweilige Verfügung untersagt** werden, bis der Interessenausgleich zustande gekommen oder endgültig gescheitert ist (DKW-*Däubler*, §§ 112, 112a Rn. 52ff. m.w.N.).

Häufig steht die Arbeitgeberseite unter Zeitdruck. Sie ist daher an einer schnellen Beendigung der Verhandlungen über den Interessenausgleich interessiert, da sie dann mit der praktischen Umsetzung der geplanten Maßnahmen beginnen kann. Dies führt in der Praxis häufig dazu, dass das Sozialplanvolumen über die ursprünglich angebotene Höhe hinaus erweitert wird, wenn der Betriebsrat darauf verzichtet, alle Verhandlungsmöglichkeiten beim Interessenausgleich auszuschöpfen. Bisweilen gelingt es auch, bei der Geschäftsleitung einen Umdenkungsprozess in die Wege zu leiten und zu einem echten Kompromiss über die geplante Maßnahme zu kommen.

Sozialplan und Interessenausgleich werden häufig in einer Urkunde zusammengefasst. Dies spricht dafür, dass auch solche Teile bindenden Charakter besitzen sollen, die ihrem Gegenstand nach an sich nur im Interessenausgleich möglich sind (DKW-*Däubler*, §§ 112, 112a Rn. 51). Aus Gründen der Übersichtlichkeit werden gleichwohl Interessenausgleich und Sozialplan getrennt behandelt.

Interessenausgleich und Sozialplan in der Insolvenz

Die grundlegenden Regeln über die Aushandlung und den Inhalt von Interessenausgleich und Sozialplan ändern sich prinzipiell auch in der Insolvenz nicht. An die Stelle des Arbeitgebers tritt der Insolvenzverwalter als Verhandlungspartner. In drei nicht unwichtigen Punkten bestehen allerdings Modifikationen:

Die Dauer der Verhandlungen über den Interessenausgleich kann aufgrund gerichtlicher Entscheidung abgekürzt werden (§ 122 InsO, Erläuterungen dazu in DKW-*Däubler*, Anhang zu §§ 111–113 BetrVG).

Die Namensliste kann auch als Mittel verwendet werden, um eine ausgewogene Personalstruktur zu »schaffen«.

Die für den Sozialplan zur Verfügung stehenden Mittel sind sehr viel geringer als im Normalfall. Obergrenze sind zweieinhalb Monatsgehälter pro betroffenem Arbeitnehmer; außerdem darf nicht mehr als ein Drittel der Verteilungsmasse für den Sozialplan verwendet werden (§ 123 Abs. 1 und 2 InsO). Da der genaue Umfang der Verteilungsmasse im Laufe der Verhandlungen über den Sozialplan häufig noch nicht feststeht, empfiehlt es sich, die Sozialplanleistungen nach dem sog. Punktesystem zu bestimmen.

Transfermaßnahmen

Seit einer Reihe von Jahren wird der Versuch unternommen, im Sozialplan nicht nur Abfindungen vorzusehen, sondern den Betroffenen Maßnahmen anzubieten, die ihnen eine neue Arbeit ermöglichen, zumindest ihre Chancen auf dem Arbeitsmarkt verbessern sollen. Dazu zählen »Eingliederungsmaßnahmen« aller Art, die vom Bewerbungstraining bis zur Zusatzausbildung reichen können. Nach näherer Maßgabe des § 110 SGB III beteiligt sich die Bundesagentur für Arbeit an den Kosten. § 111 SGB III ermöglicht sog. Transferkurzarbeit für höchstens ein Jahr; während dieses Zeitraums erhalten die Betroffenen Transferkurzarbeitergeld (in Höhe des Arbeitslosengelds I) und absolvieren Eingliederungsmaßnahmen. Diese müssen in einer »betriebsorganisatorisch eigenständigen Einheit« (üblicherweise abgekürzt: beE) durchgeführt werden. Sie kann im bisherigen Unternehmen gebildet, aber auch als selbstständige Transfergesellschaft (früher: Beschäftigungs- und Qualifizierungsgesellschaft – BQG) ins Leben gerufen werden. In der Regel empfiehlt die Arbeitsverwaltung den Anschluss an eine schon bestehende Gesellschaft dieser Art. Einzelheiten zu Transfermaßnahmen und Transferkurzarbeit bei DKW-*Däubler*, §§ 112, 112a Rn. 227 ff.

Die in der folgenden Checkliste aufgeführten Punkte können im Interessenausgleich, aber auch im Sozialplan geregelt werden. In der Praxis werden häufig die Grundsatzfragen in den Interessenausgleich, die Einzelregelungen in den Sozialplan aufgenommen, sofern nicht ohnehin eine einheitliche Betriebsvereinbarung »Interessenausgleich und Sozialplan« zustande kommt. Zur Erzwingbarkeit über die Einigungsstelle s. DKW-*Däubler*, §§ 112, 112a Rn. 249.

Erweiterung der Beteiligungsrechte und Tarifsozialplan

Die Beteiligungsrechte des Betriebsrats können durch Tarifvertrag, aber auch durch Betriebsvereinbarung und durch Betriebsabsprache erweitert werden (Einzelheiten DKW-*Däubler*, Einleitung, Rn. 87 ff., 94 ff.). Davon wird in der Praxis nicht selten Gebrauch gemacht. Die größten Widerstände ergeben sich naturgemäß bei wirtschaftlichen Angelegenheiten, zumal hier eine ausdrückliche BAG-Entscheidung fehlt (zum Diskussionsstand DKW-*Däubler*, § 111 Rn. 185 ff.). Vorsichtige Menschen weichen dann in einen »Vertrag« oder eine »Vereinbarung« aus, doch würde eine nicht-tarifliche Vereinbarung nur die beiden Vertragsparteien verpflichten, jedoch keinerlei normative Wirkung entfalten. Sind sich alle Beteiligten einig, kommt es letztlich nicht auf die juristische Form an. Ein solcher seit über 30 Jahren bestehender »Vertrag« wird unten unter Rn. 87 dokumentiert. Dabei dürfte es sich der Sache nach um einen Tarifvertrag handeln.

Über das Gesetz hinaus gehen auch Standortvereinbarungen, die unter Beteiligung aller Interessierten geschlossen werden. Dazu können im Einzelfall neben dem fraglichen Unternehmen, den Betriebsräten und der Gewerkschaft auch die Gemeinde und das Land sowie die Banken zählen. In solchen Fällen muss man allerdings nach der Rechtsprechung des BAG (15.4.2008 – 1 AZR 86/07, NZA 2008, 1075) festlegen, wer für welchen Teil der Gesamtabmachung verantwortlich ist und welche Rechtsnatur man dem fraglichen Teil zumisst (zivilrechtlicher Vertrag? Betriebsvereinbarung? Firmentarif?). Letzteres ist zwar durch die Entscheidung nicht zwingend vorgegeben, aber empfehlenswert, um insoweit alle rechtlichen Risiken auszuschalten (kritisch zu dieser Rechtsprechung DKW-*Däubler* §§ 112, 112a Rn. 61 ff.). Die (vom BAG nicht erwähnte) frühere Rechtsprechung hatte zugelassen, dass die Gewerkschaft einen Sozialplan mitunterschrieb und dass dieser sowohl den Charakter einer Betriebsvereinbarung als auch den eines Firmentarifs haben

sollte (BAG, 24.11.93 – 4 AZR 225/93, NZA 94, 471). Allerdings führt die Einbeziehung zahlreicher Instanzen meist dazu, dass die Zusagen an inhaltlicher Präzision einbüßen. Dies kann so weit gehen, dass man faktisch nichts in der Hand hat, was sich wirklich einklagen ließe – was dann von Bedeutung ist, wenn sich der politische Wille eines wichtigen Akteurs ändert. Die Rn. 92 als zweites »Muster« wiedergegebene »Standorterklärung« ist insoweit ein gut klingendes, aber in der Sache abschreckendes Beispiel, da sie zu keinen gerichtlich durchsetzbaren Rechten führte.
Seit der Entscheidung des BAG v. 24.4.2007 (- 1 AZR 252/06, NZA 2007, 987 = AP Nr. 2 zu § 1 TVG Sozialplan) ist anerkannt, dass Regelungen nach Art eines Interessenausgleichs und Sozialplans auch in einem Tarifvertrag möglich sind. Für einen solchen **»Tarifsozialplan«** kann notfalls auch gestreikt werden. Beide »Schienen«, die betriebsverfassungsrechtliche wie die tarifliche, stehen nebeneinander (Einzelheiten bei DKW-*Däubler* § 111 Rn 15ff., §§ 112, 112a Rn. 114ff.) und können auch gleichzeitig genutzt werden. Bemerkenswert ist weiter die Aussage des BAG, Streikforderungen einer Gewerkschaft würden keiner gerichtlichen Übermaßkontrolle unterliegen. Auch sehr weitgehende Vorstellungen sind daher zulässig und meist auch legitim. Zu beachten ist allerdings immer, ob die angesprochenen Fragen nicht bereits (und sei es auch in bescheidener Weise) tariflich geregelt sind; dann würde ein Streik ggf. gegen die Friedenspflicht verstoßen. Soweit eine Arbeitsniederlegung legal ist, kommt auch ein Unterstützungsstreik in anderen Betrieben des Unternehmens oder Konzerns in Frage (BAG 19.6.07 – 1 AZR 396/06 – NZA 07, 1055; näher DKW-*Däubler* § 111 Rn. 20).

II. Arbeitshilfen

A. Betriebsänderung und Informationsrechte des Betriebsrats

1. Checkliste

Checkliste für Vorliegen einer Betriebsänderung 2

(1) Soll der Betrieb wirklich auf Dauer stillgelegt werden oder gibt es Anhaltspunkte für eine Weiterführung oder eine geplante Veräußerung der Betriebsmittel (DKW-*Däubler*, § 111 Rn. 50)?
(2) Soll die Leistungsfähigkeit des Betriebs, also das, was an Waren und Dienstleistungen produziert wird, zurückgefahren werden? Soll sich am »Output« dadurch etwas ändern, dass z.B. bestimmte Funktionen ausgelagert werden (DKW-*Däubler*, § 111 Rn. 60f.)? Geschieht dies etwa in der Weise, dass Neueinstellungen nur noch im Ausland erfolgen?
(3) Handelt es sich bei dem von Stillegung oder Einschränkung betroffenen Bereich um einen »wesentlichen Betriebsteil« (DKW-*Däubler*, § 111 Rn. 63ff.)?
(4) Wird Personal in der Größenordnung des § 17 KSchG entlassen (DKW-*Däubler*, § 111, Rn. 68ff.)? Geschieht dies auch durch Aufhebungsverträge und Eigenkündigungen, die vom Arbeitgeber veranlasst sind (DKW-*Däubler*, § 111 Rn. 77ff.)?
(5) Liegt eine Verlegung des Betriebs oder eines wesentlichen Betriebsteils im Sinne einer erheblichen räumlichen Veränderung vor (DKW-*Däubler*, § 111 Rn. 87ff.)?
(6) Soll der Betrieb mit einem anderen Betrieb oder Betriebsteil zusammengeschlossen werden? Sollen zwei Betriebsteile zu einem neuen Betrieb vereinigt werden (DKW-*Däubler*, § 111 Rn. 93ff.)?
(7) Sollen einzelne Teile vom Betrieb abgespalten werden (DKW-*Däubler*, § 111 Rn. 97ff.)?
(8) Soll die Betriebsorganisation grundlegend geändert werden? Beispielsweise durch Einführung von Gruppenarbeit oder von Telearbeit (Homeoffice) oder durch Abschaffung einer Hierarchiestufe (DKW-*Däubler*, § 111 Rn. 108)?
(9) Soll der Betriebszweck geändert werden, indem grundlegend andere Produkte oder Dienstleistungen hergestellt werden (DKW-*Däubler*, § 111 Rn. 111f.)?

(10) Sollen die Betriebsanlagen grundlegend geändert werden? Etwa durch flächendeckende Einführung von vernetzten PCs oder durch Einsatz von Robotern und anderen sich selbst steuernden Systemen (Däubler, Digitalisierung und Arbeitsrecht, § 9)? Kommt dabei KI zur Anwendung?
(11) Liegt die Einführung grundlegend neuer Arbeitsmethoden und Fertigungsverfahren vor (DKW-*Däubler*, § 111 Rn. 112ff.)? Wird etwa Englisch als Arbeitssprache eingeführt (DKW-*Däubler*, § 111 Rn. 113)?
(12) Liegt eine nicht ausdrücklich in § 111 Satz 3 BetrVG genannte Betriebsänderung vor? Z.B. eine Einschränkung eines nicht-wesentlichen Betriebsteils, die Nachteile für erhebliche Teile der Belegschaft mit sich bringt? Oder muss beispielsweise dasselbe Ergebnis in kürzerer Zeit, d.h. in weniger Stunden erarbeitet werden (DKW-*Däubler*, § 111 Rn. 115ff.)?
(13) Hat der Übergang eines Betriebsteils auf ein anderes Unternehmen zur Folge, dass sich für die verbleibende Belegschaft Änderungen ergeben (DKW-*Däubler*, § 111 Rn. 127)?
(14) Sind auch Auslandsbetriebe (nicht: Tochtergesellschaften) betroffen (DKW-*Däubler*, § 111 Rn. 134)?
(15) Liegt wirklich ein dauerhafter Rückgang von Aufträgen vor oder geht es nur um eine vorübergehende Flaute, so dass Kurzarbeit das Mittel der Wahl wäre?

2. Musterschreiben und Musterschriftsätze

3 **Schreiben an den Arbeitgeber, der bisher das Vorliegen einer Betriebsänderung bestritten hat**

Arbeitgeber Firmenbezeichnung, Adresse Ort, Datum
Der Gesamtbetriebsrat

An die Geschäftsleitung der Firmenbezeichnung
im Hause

Verhandlungen über Interessenausgleich und Sozialplan

Sehr geehrte Damen und Herren,
wie Ihnen sicherlich bekannt ist, waren in unserem Unternehmen am Datum insgesamt 780 Arbeitnehmer beschäftigt. Davon waren 150 in der Hauptverwaltung, 630 in den insgesamt 28 Niederlassungen tätig. In fast allen Niederlassungen wurden in der Zwischenzeit Arbeitsplätze abgebaut, indem die Zustelldienste auf selbstständige Fahrer oder kleine private Speditionen übertragen wurden. Die Zahl der in den Niederlassungen tätigen Arbeitnehmer ist deshalb bis heute kontinuierlich auf 430 gesunken. Dies bedeutet, dass in unserem Unternehmen in eineinhalb Jahren 200 Arbeitsplätze abgebaut wurden.
Die von uns verschiedentlich geforderten Verhandlungen über Interessenausgleich und Sozialplan wurden von Ihnen regelmäßig mit dem Argument abgelehnt, dass die Schwelle des § 112a BetrVG nicht erreicht sei, was bei isolierter Betrachtung einzelner Abbaumaßnahmen für uns durchaus nachvollziehbar war.
Der Europäische Betriebsrat hat auf seiner Sitzung vom Datum in Brüssel von der zentralen Konzernleitung die Auskunft erhalten, es sei »seit Jahren« Politik des Konzerns, den Personalbestand in Deutschland (wie auch in einigen anderen Ländern) im Zeitraum vom Datum bis Datum um ein Drittel zu reduzieren. Daraus ergibt sich zwingend der Schluss, dass die seit Datum eingeleiteten Maßnahmen auf einer einheitlichen unternehmerischen Entscheidung beruhten; es liegt daher eine Betriebsänderung in Form der Betriebseinschränkung nach § 111 Satz 3 Nr. 1 BetrVG, jedenfalls aber nach § 112a Abs. 1 BetrVG vor.
Wir bitten Sie deshalb um eingehende Information darüber, welche weiteren Maßnahmen geplant sind. Außerdem verlangen wir, dass in Verhandlungen über Interessenausgleich und Sozialplan eingetreten wird. Der Sozialplan wird sich auch auf alle diejenigen zu erstrecken haben, die seit Datum ausgeschieden sind.

Bitte vereinbaren Sie kurzfristig mit uns einen Besprechungstermin, um uns nähere Informationen zu erteilen und die nötigen Unterlagen auszuhändigen.

Hinweis:
Der Fall ist der Praxis entnommen, allerdings auf eine andere Branche übertragen.
Für die deutsche Geschäftsleitung war die Situation eine höchst unangenehme. Sie hatte in der Tat den Gesamtbetriebsrat an der Nase herumgeführt und immer wieder kleine Veränderungen praktiziert, die für sich allein nicht als Betriebsänderung zu qualifizieren waren. Die durchaus einsehbare Begründung für diese Gesetzesumgehung lag darin, dass die zentrale Konzernvorgabe nicht nur »Senkung der Personalausgaben um ein Drittel innerhalb von drei Jahren« lautete, sondern auch ein generelles Verbot an die jeweiligen Personalabteilungen enthielt, die aktuellen Kosten zu steigern. Die Sozialplanabfindungen wären aber zu Lasten des Personalhaushalts gegangen.
Als Gesamtbetriebsrat kann man in einer solchen Situation die Geschäftsleitung »vorführen«, weil sie ersichtlich manipuliert und gelogen hat. Damit erreicht man aber möglicherweise nur eine Verhärtung der Positionen. Evtl. gibt es ja eine Möglichkeit, die Angelegenheit nicht hochzuziehen und dafür einen besseren Sozialplan zu bekommen. Um dies abzuklären, verlangte der Betriebsrat zunächst einen Besprechungstermin. In anderen Fällen wäre es sinnvoller, als erstes die Übersendung der Unterlagen zu verlangen und nach deren Lektüre dann weitere Fragen zu formulieren, die man ggf. im Gespräch klärt.

Schreiben wegen Bestellung eines Beraters nach § 111 Satz 2 BetrVG 4

Betriebsrat der
Firmenbezeichnung, Adresse Ort, Datum
Betriebsratsvorsitzender Name

Herrn Wirtschaftsprüfer
Name
Adresse

Sehr geehrter Herr Name,
wie bereits in unserem gestrigen Telefongespräch skizziert, beabsichtigt die Firmenbezeichnung, von 800 Arbeitsplätzen ca. 150 nach Tschechien zu verlagern. Die hier Beschäftigten sollen aus den Diensten des Unternehmens freiwillig ausscheiden, notfalls gekündigt werden.
Der Betriebsrat ist von diesen Plänen erst seit einer Woche informiert. Das Konzept der Unternehmensleitung ist in einem Satz von 70 Folien niedergelegt, die allerdings für uns nicht aus sich selbst heraus verständlich sind. Eine Kopie senden wir Ihnen mit getrennter Post zu.
In unserem gestrigen Gespräch haben Sie sich freundlicherweise bereit erklärt, uns als Berater nach § 111 Satz 2 BetrVG zur Verfügung zu stehen. Wir wollen in erster Linie wissen, ob das Konzept der Unternehmensleitung überhaupt betriebswirtschaftlich sinnvoll ist oder ob eine Optimierung der Arbeit an den deutschen Standorten vorzuziehen wäre. Weiter wäre zu fragen, ob es eine schonendere Alternative für die Beschäftigten, beispielsweise einen Verzicht auf Kündigungen, geben kann.
Als Vergütung hatten wir 350,– € pro Stunde zuzüglich Mehrwertsteuer vereinbart. Reisezeiten werden mit dem halben Stundensatz vergütet, nachgewiesene Aufwendungen für Reisen und Übernachtung ersetzt. Diese Kosten gehen zu Lasten des Arbeitgebers. Wir haben die Unternehmensleitung von Ihrer Beauftragung informiert. Eine persönliche Haftung von Betriebsratsmitgliedern ist – wie wir bereits im Gespräch klargestellt haben – ausgeschlossen. Wir regen an, dass Sie sich mit Herrn Name, dem für Personal zuständigen Mitglied der Geschäftsführung, in

Verbindung setzen, um mit ihm einen Besprechungstermin zu vereinbaren. Außerdem wäre der Betriebsrat dankbar, nach diesem Gespräch in seiner folgenden Sitzung eine vorläufige Einschätzung von Ihnen zu erhalten.

5 **Mitteilung der Einschaltung eines Beraters an den Arbeitgeber**

Betriebsrat der
Firmenbezeichnung Ort, Datum
Betriebsratsvorsitzender Name

An die Geschäftsleitung der
Firmenbezeichnung
z. Hd. Herrn Name
im Hause

Sehr geehrter Herr Name,
aufgrund der uns mitgeteilten Pläne zur Umstrukturierung des Unternehmens und zur Reduzierung des Personals hat der Betriebsrat eingehend über die Situation beraten. Wir sehen uns nicht in der Lage, das uns in Folienform präsentierte Konzept ausreichend zu beurteilen. Wir haben uns deshalb an den Wirtschaftsprüfer Name gewandt, damit dieser das Konzept auf seine betriebswirtschaftliche Sinnhaftigkeit untersucht und ggf. schonendere Alternativen erarbeitet. Wir stützen uns dabei auf die Vorschrift des § 111 Satz 2 BetrVG.
Herr Name wird sich in Kürze mit Ihnen in Verbindung setzen, um einen Besprechungstermin zu vereinbaren.

Hinweis:
Die einseitige Einschaltung eines Sachverständigen erweckt häufig auf der Arbeitgeberseite wenig Freude. Dies hängt nicht nur mit den Kosten zusammen; oft ist das Konzept auch lange diskutiert und die Neigung deshalb gering, insoweit noch einmal von vorne anzufangen. Dennoch sollte der Betriebsrat von den Möglichkeiten des § 111 Satz 2 BetrVG Gebrauch machen, was allerdings voraussetzt, dass das Unternehmen mehr als 300 Beschäftigte hat. Der Sachverständige ist ggf. gezwungen, seine Ansprüche im Klagewege durchzusetzen. Spätestens nach dem ersten Gespräch mit der Arbeitgeberseite wird deutlich, ob auch mit einer solchen Entwicklung ernsthaft gerechnet werden muss. Mit Rücksicht auf die Rechtsprechung des BGH (25.10.2012 – III ZR 266/11, NZA 2012, 1382), der ein Betriebsratsmitglied für persönlich haftbar erklärte, ist mündlich und in dem oben wiedergegebenen Schreiben eine persönliche Haftung von Betriebsratsmitgliedern ausgeschlossen worden. Dies ist in aller Regel nur eine Vorsichtsmaßnahme, weil ein auf die Beratung von Betriebsräten spezialisierter Experte seinen Ruf zerstören würde, wollte er ein Betriebsratsmitglied persönlich in Anspruch nehmen.
Die Arbeitgeberseite müsste an sich von der Beauftragung eines Beraters gar nicht informiert werden. So vorzugehen, erscheint aber schon deshalb wenig sachgerecht, weil der Wirtschaftsprüfer ja über die typischen Folien hinaus noch nähere Informationen benötigt.
Eine geeignete Person kann man von der Gewerkschaft oder von anderen Betriebsräten oder von einem Rechtsanwalt benannt bekommen. Auch im Netz kann man Namen finden (etwa unter *www.soliserv.de*), doch sind persönliche Erfahrungen anderer immer die bessere Grundlage.
Bei Unternehmen mit nicht mehr als 300 Beschäftigten gilt allein § 80 Abs. 3 BetrVG. Insoweit benötigt man vor der Heranziehung eines Sachverständigen die Einwilligung des Arbeitgebers bzw. eine entsprechende arbeitsgerichtliche Entscheidung. Dazu nähere Erläuterungen bei § 80.

B. Freiwilligen-Programm

Freiwilligen-Programm 5a

1. Was kann dafür sprechen?

Unternehmen, die einen Personalabbau planen, sind oft nicht optimal organisiert. Auch leidet die Arbeitsatmosphäre unter der Negativ-Perspektive: Vorgesetzte reagieren gereizt, jeder beharrt auf seiner Zuständigkeit, man schiebt den anderen die Schuld zu, wenn etwas nicht klappt: Schließlich will man im Ernstfall als unentbehrlicher »Leistungsträger« erscheinen.

Unter solchen Umständen schauen sich nicht wenige nach einer Alternative um. Obwohl man es eigentlich gar nicht vorhatte: Wie wäre es mit einer vorgezogenen Altersteilzeit? Jüngere werden auf dem Arbeitsmarkt nach besseren Stellen suchen, insbesondere dann, wenn sie eine gut qualifizierte Fachkraft sind. Und bisweilen kann auch die Idee aufkommen, sich für einige Jahre der Familie zu widmen oder – wenn die wirtschaftlichen Verhältnisse es zulassen – eine Art »neues Leben« zu beginnen.

Wer eine solche Alternative hat, wird ein Ausscheiden gegen Abfindung nicht als besonderes Übel empfinden, ja im Einzelfall sogar herzlich begrüßen. Aus Sicht des Betriebsrats besteht deshalb ein großes Interesse, ein »Freiwilligenprogramm« zu vereinbaren, um möglichst alle Abwanderungswilligen zu erfassen. Je mehr man Freiwillige hat, umso geringer wird die Zahl der Kündigungen, im Idealfall werden sie ganz überflüssig. Dies zu erreichen, wäre ein großer Erfolg für den Betriebsrat: Denn wer gekündigt wird, hat häufig keine Alternative oder muss einen deutlichen sozialen Abstieg in Kauf nehmen.

Auch der Arbeitgeber wird häufig Interesse an einem Freiwilligenprogramm haben, weil es ihm Kündigungen mit komplizierter sozialer Auswahl und Kündigungsschutzprozessen erspart. Dazu kommt, dass relativ schnell Klarheit darüber besteht, wer ausscheidet und wer bleibt. Wenn sowieso ein Sozialplan mit seinen finanziellen Belastungen unvermeidlich ist, kann man das Geld (oder auch ein bisschen weniger) auch gleich für die freiwillig Ausscheidenden ausgeben. Allerdings besteht eine wichtige Schranke: Der Arbeitgeber wird gesuchte Fachkräfte oder Personen in Schlüsselpositionen nicht so ohne weiteres gehen lassen. Deshalb will er sich immer eine »doppelte Freiwilligkeit« vorbehalten: Der Arbeitnehmer muss wollen, aber eben auch er als Arbeitgeber. Sehr wirksam ist eine solche Klausel nicht: wer wirklich weg will, wird nach einer Ablehnung seines Antrags nur noch die nötigsten Dinge erledigen und »innerlich kündigen«. Ein kluger Arbeitgeber wird ihn daher entweder befördern und so die Motivation wieder herstellen, oder den Betroffenen gehen lassen, sobald ein Nachfolger gefunden ist. Von daher kann es akzeptabel sein, für eine bestimmte Gruppe oder für alle die »doppelte Freiwilligkeit« zu akzeptieren.

Ein Freiwilligenprogramm ist mitbestimmungspflichtig, da es inhaltlich weithin einem Sozialplan entspricht (BAG 7.5.1987 – 2 AZR 271/86 – NZA 1988, 15). Soweit der Arbeitgeber einseitig handelt, riskiert er, sehr viel höhere Beträge beim später notwendig werdenden Sozialplan bezahlen zu müssen (dazu *Däubler*, Freiwilliger Sozialabbau? AiB Heft 5/2021).

Im Folgenden wird ein Freiwilligenprogramm vorgestellt, das in wesentlichen Teilen der Praxis entnommen ist. Es lässt sich nicht in allen Betrieben realisieren, da es leider auch zahlreiche Fälle gibt, in denen die von Kündigung Bedrohten so gut wie keine Alternative haben. In solchen Fällen kommen dann in erster Linie Verhandlungen über Interessenausgleich und Sozialplan in Betracht. Zu weitergehenden Alternativen s. *Däubler*, Sozialplan – oder mehr? AiB Heft 5/2021.

2. Regelungsvorschlag

a) Vorbemerkung 5b

Das Unternehmen gehört zu einem Konzern mit Sitz in den USA. Es ist im IT-Sektor tätig. Die Konzernspitze hatte die Vorgabe gemacht, dass bis 31.12.2024 der Personalabbau abgeschlossen sein musste, wobei gegen Freiwilligkeitsprogramme keine Bedenken bestanden. Soweit diese Rahmenbedingung gewahrt blieb, wurde ein nicht ganz unbeträchtliches »Abfindungsbudget« zur Verfügung gestellt, dessen genaue Höhe der Betriebsrat aber nicht in Erfahrung bringen konnte. Wäre der Termin nicht gewahrt worden, hätten nur noch Mittel der deutschen Tochtergesellschaft zur Verfügung gestanden, die in den roten Zahlen war. Auch von daher bestand

ein Interesse an einem möglichst schnell zu realisierenden Freiwilligenprogramm. Zwar gab es bereits Verhandlungen über Interessenausgleich und Sozialplan, doch wurde das Freiwilligenprogramm vorgezogen.
Das Unternehmen verfügte über 1600 Beschäftigte; 400 sollten bis Jahresende 2024 abgebaut werden. Auch als Betriebsrat oder als Berater ist man ein freier Mensch; aber auf die Bedingungen, unter denen man seine »Freiheit« ausübt, hat man keinen Einfluss.

5c **b) Textvorschlag**
Der Arbeitgeber wollte selbst bestimmen, wen er im Hinblick auf ein mögliches freiwilliges Ausscheiden anspricht. In den Verhandlungen gelang es, auch das Recht des Einzelnen aufzunehmen, sich als »Interessierter« zu melden.

Vereinbarung über die Durchführung eines »Ansprache- und Freiwilligenprogramms«
zwischen der
Firmenbezeichnung
und dem
Gesamtbetriebsrat

Vorbemerkung
Die Geschäftsleitung hat am 24. Juni 2024 Strukturmaßnahmen bekannt gegeben und den Wirtschaftsausschuss sowie den Gesamtbetriebsrat über die geplanten Maßnahmen informiert. Die Betriebsparteien haben sich darauf in vier Treffen (am Datum usw.) über die Umsetzung dieser Maßnahmen ausgetauscht.
Der Gesamtbetriebsrat und die Geschäftsleitung haben vereinbart, vor der Umsetzung einseitiger Maßnahmen ein vorgeschaltetes Ansprache- und Freiwilligenprogramm durchzuführen. Vor der abschließenden Durchführung des Interessenausgleich- und Sozialplanverfahrens wird hiermit im Wege einer »Vorschaltvereinbarung« geregelt:

5d **I. Verfahren des vorgeschalteten Ansprache- und Freiwilligenprogramms**
(1) Es wird ein Ansprache- und Freiwilligenprogramm nach Maßgabe der Bedingungen der Verhandlungsergebnisse (siehe Ziffer III.) durchgeführt.
(2) Das Ansprache- und Freiwilligenprogramm soll unmittelbar nach dem Abschluss dieser Vereinbarung den Mitarbeitern* vorgestellt werden und am 1. August 2024 beginnen. Aufhebungsverträge müssen spätestens am 15. September 2024 abgeschlossen sein. Entscheidend für die Wahrung dieser Frist ist die Unterschrift des Arbeitnehmers. Es gilt der Grundsatz der »doppelten Freiwilligkeit« (kein Rechtsanspruch auf Aufhebungsvertrag).
(3) Im Rahmen des Anspracheprogramms wird das Erstgespräch durch einen Arbeitgebervertreter, der in der Regel die jeweilige Führungskraft ist, durchgeführt. Der lokal zuständige Betriebsrat und wenn notwendig die lokale Schwerbehindertenvertretung erhält eine Kopie der Einladung zum Erstgespräch und wird dem Mitarbeiter eine Vertrauensperson zur Teilnahme am Gespräch zur Seite stellen. Der Mitarbeiter kann auf die Teilnahme der Vertrauensperson durch einfache Erklärung gegenüber dem Betriebsrat bzw. der Schwerbehindertenvertretung verzichten. Etwaige Terminverzögerungen aufgrund fehlender Verfügbarkeit von Arbeitnehmervertretern gehen zulasten des Mitarbeiters. Die Ausschlussfrist verlängert sich dadurch nicht.
(4) Mitarbeiter in ruhenden Dienstverhältnissen oder Langzeitkranke werden über die Existenz des Ansprache- und Freiwilligenprogramms informiert. Diese Mitarbeiter werden jedoch nicht aktiv angesprochen. Bei Interesse an der Teilnahme am Ansprache- und Freiwilligenprogramm können die Mitarbeiter sich beim Arbeitgeber melden. Die Betriebsräte und die Schwerbehindertenvertretungen erhalten vorab die Information über langzeitkranke Mitarbeiter und Mitarbeiter in ruhenden Arbeitsverhältnissen und haben die Möglichkeit, Einfluss auf den Verteilerkreis zu nehmen.
(5) Jeder angesprochene Mitarbeiter erhält im Erstgespräch ein individualisiertes Aufhebungsangebot gemäß den nachfolgend vereinbarten Konditionen mit Last Day Worked (LDW) zum

31. Dezember 2024 angeboten und ausgehändigt. Ausgenommen vom LDW 31. Dezember 2024 sind Mitarbeiter im Rahmen des Anspracheprogramms, die der Arbeitgeber bis zum 31. Juli 2024 dem Gesamtbetriebsrat gegenüber anzeigt, bei denen der Knowledge Transfer nicht bis zum 31. Dezember 2024 abgeschlossen werden kann.
Bei diesen Mitarbeitern bietet der Arbeitgeber ein LDW 28. Februar 2025 an. Die gesetzliche oder vertraglich vereinbarte Kündigungsfrist beginnt nach dem jeweils gültigen LDW, falls der Mitarbeiter das Aufhebungsvertragsangebot annimmt.
Jeder angesprochene Mitarbeiter erhält ausreichend Zeit (max. 5 Werktage bezahlte Freistellung), um innerhalb einer Annahmefrist – in der Regel 14 Tage – Auskünfte bei der Agentur für Arbeit, Rechtsanwälten, Steuerberatern, Krankenkassen, Rentenberatern, Spezialisten für betriebliche Altersversorgung etc. einzuholen. Über die Abwesenheit ist die jeweilige Führungskraft zu informieren.
Um die Gesprächssituation aufrecht zu erhalten, soll die Annahmefrist beidseitig genutzt werden, offene Fragen zu klären. Sofern von Seiten des Arbeitgebers Zwischengespräche mit dem Mitarbeiter initiiert werden, ist der Betriebsrat und die Schwerbehindertenvertretung analog den Regelungen zum Erstgespräch zu beteiligen, es sei denn der Mitarbeiter wünscht dies ausdrücklich nicht.
(6) Der Gesamtbetriebsrat und die Gesamtschwerbehindertenvertretung erhalten wöchentlich einen Report über den Status des Anspracheprogramms. Die Informationen werden sie selbständig an die zuständigen lokalen Betriebsratsgremien und die SBV weiterleiten.

Hinweis:
Das Programm muss erst allgemein im Betrieb bekannt gemacht werden, bevor Einzelgespräche geführt werden (Abs. 2).
Bei den Gesprächen sollte ein Betriebsratsmitglied bzw. die Schwerbehindertenvertretung dabei sein, um allzu eindringliches oder subtil drohendes Verhalten von Führungskräften zu verhindern. Wer keinen Interessenvertreter dabei haben will, kann darauf durch einfache Erklärung verzichten (Abs. 3). Abs. 5 erstreckt diese Regelung auch auf weitere Gespräche.
Langzeitkranke und langfristig Beurlaubte sollen nicht angesprochen werden. Dies geschieht nicht nur aus Rücksichtnahme, sondern auch deshalb, weil der Arbeitgeber hier nichts oder nicht viel einsparen kann (Abs. 4).
Schon beim Erstgespräch muss der Arbeitnehmer ein vollständiges Angebot erhalten. Anschließend hat er fünf bezahlte freie Tage, um sich über offene Fragen zu informieren. (Abs. 5)
Bestimmte Personen können nicht schon zum 31.12. ausscheiden, weil der »Knowledge Transfer« (also die Weitergabe des Wissens an den Nachfolger) bis dahin nicht abgeschlossen sein würde. Die Weitergabe von Kenntnissen erfolgte meist in ausländischen Niederlassungen, da einige Aufgaben dorthin verlagert wurden. Ob der Einzelne sich besonders bemüht, seine Kenntnisse unter den gegebenen Umständen weiterzugeben und damit den Abbau seines eigenen Arbeitsplatzes reibungsloser zu machen, wird man in Zweifel ziehen können, doch war dies kein Thema bei den Verhandlungen.
Die Unterschrift des Arbeitnehmers ist für die Wahrung der Annahmefrist bis 15.9. maßgebend. Dies wurde so festgelegt, weil zweifelhaft war, ob die Arbeitgeberseite angesichts einer Vielzahl von Verträgen in der Lage sein würde, rechtzeitig ihre vorgesehene Unterschrift zu leisten.

II. Meldung von Freiwilligen außerhalb des Anspracheprogramms 5e

(1) Es können sich Mitarbeiter melden, die freiwillig aus dem Unternehmen ausscheiden möchten. Auch hier gilt der Grundsatz der »doppelten Freiwilligkeit« (kein Rechtsanspruch auf Aufhebungsvertrag) sowie die Ausschlussfrist für den Abschluss des Aufhebungsvertrags bis zum 15. September 2024.
(2) Der Gesamtbetriebsrat (GBR) und die Gesamtschwerbehindertenvertretung (GSBV) erhalten wöchentlich eine Meldung darüber, welche Mitarbeiter sich außerhalb des Anspracheprogramms für ein freiwilliges Ausscheiden gemeldet haben. Der Gesamtbetriebsrat und die Gesamtschwer-

behindertenvertretung können Umstände, die in die Entscheidung des Arbeitgebers über die Annahme der Meldung einfließen sollen, mitteilen. Die Letztentscheidungsbefugnis liegt beim Arbeitgeber. Die Informationen werden der GBR und die GSBV selbständig an die zuständigen lokalen Betriebsratsgremien und die SBV weiterleiten.
(3) Der Arbeitgeber gewährt den Mitarbeitern, die sich im Freiwilligenprogramm gemeldet haben, deren Angebot auf freiwilliges Ausscheiden zu den hier vereinbarten Konditionen der Arbeitgeber aber abgelehnt hat, einen Sonderkündigungsschutz bis zum 31. Dezember 2025.

Hinweis:
Die Einschaltung der betrieblichen Interessenvertretung soll verhindern, dass die Meldung eines Arbeitnehmers »untergeht« oder ohne jeden sachlichen Grund abgelehnt wird. Eine erfolgte Ablehnung führt zu einem Sonderkündigungsschutz, dessen Frist ggf. auch länger als hier sein könnte. Der Arbeitgeber wird so beim Wort genommen, wonach der fragliche Arbeitnehmer unentbehrlich sei. Auch beschränkt die Regelung Fälle, in denen aus unsachlichen (z. B. persönlichen) Gründen ein Antrag abgelehnt wird.

5f **III. Konditionen des Ansprache- und Freiwilligenprogramms**

(1) Abfindung für Mitarbeiter der Jahrgänge 1962 und jünger
Mit Mitarbeitern, die im Rahmen dieses Ansprache- und Freiwilligenprogramms auf Basis eines Aufhebungsvertrags aus dem Unternehmen ausscheiden, wird im Aufhebungsvertrag eine Abfindungszahlung nach Maßgabe folgender Bedingungen vereinbart:

a. Grundbetrag der Abfindung
Der Grundbetrag der Abfindung berechnet sich wie folgt:

Brutto-Jahresbezugsgehalt/12 * Faktor * Dienstjahre.

Die Höhe des Faktors hängt aufgrund der unterschiedlichen Vermittlungschancen auf dem Arbeitsmarkt und der unterschiedlichen Rentennähe vom Alter des Mitarbeiters ab.

Geburtsjahrgang	**Altersgruppe**	**Altersgruppe Faktor**
1995 und später	AG1	0,6
1994 bis 1975	AG2	0,7
1974 bis 1970	AG3	0,8
1969	AG4	0,9
1968	AG5	1
1967	AG6	1,1
1966	AG7	1,2

b. Deckelung
Die Abfindung nach III. 1. a) ist auf € 200 000 brutto begrenzt.

c. Vorzeitige Beendigung
Ein Mitarbeiter mit LDW 31. Dezember 2024 kann ab dem 1. Oktober 2024 mit einer Frist von 2 Wochen zum Ende des Kalendermonats das Arbeitsverhältnis bereits vor dem vereinbarten Beendigungszeitpunkt beenden. Ein Mitarbeiter mit LDW 28. Februar 2025 kann ab dem 1. Dezember 2024 mit einer Frist von 2 Wochen zum Ende des Kalendermonats das Arbeitsverhältnis bereits vor dem vereinbarten Beendigungszeitpunkt auflösen. In diesem Fall erhöht sich die Abfindung um das monatliche Brutto-Bezugsgehalt (ohne Arbeitgeberanteile zur Sozialver-

sicherung) für jeden vollen Monat des Ausscheidens vor Ende der ordentlichen Kündigungsfrist. Der hierbei zur Auszahlung kommende Betrag wird bei der Deckelung nach Buchstabe b nicht berücksichtigt.

d. Sozialfonds für schwerbehinderte und andere behinderte Mitarbeiter

Mitarbeitern mit einem Grad der Behinderung (GdB) bis einschließlich 50 wird ein Betrag in Höhe von 5000 € brutto gewährt, danach für jede weitere 10 Grad der Behinderung jeweils 5000 € brutto zusätzlich. Bei einem GdB von 100 ergibt sich ein Betrag von 30 000 € brutto. Die hierdurch erhöhte Abfindung wird bei der Deckelung der Gesamtabfindung nach III. 1. a) und b) nicht berücksichtigt.

e. Dienstwagen bzw. Car Allowance

Die Mobilität einschließlich Car Allowance wird für anspruchsberechtigte Mitarbeiter auf Basis der am Tag der Unterschrift dieser Vorschaltvereinbarung gültigen Car Policy Bezeichnung hergestellt. Die neue Mobilitätsrichtlinie findet keine Anwendung.

f. Offener Urlaub und Zeitguthaben

Aufgrund der Freistellung in den Monaten Januar bis März 2025 werden bis maximal 7,5 Urlaubstage des Jahresurlaubsanspruchs 2024 abgegolten. Bei Arbeitnehmern mit LDW 28. 2. 2025 werden alle noch offenen Resturlaubstage abgegolten. Etwaiger im Kalenderjahr 2025 entstehender Urlaub wird ab dem 2. März 2025 gewährt und in natura genommen, der Mitarbeiter bleibt anschließend freigestellt.

Langzeitguthaben werden nach Wahl des Arbeitnehmers ausbezahlt, in die Rente übertragen oder als zusätzliche Freistellung gewährt. Die Kündigungsfrist schließt sich an. Andere Zeitguthaben werden gemäß der zugrundeliegenden Vereinbarung behandelt.

Die Abgeltung ist nicht abfindungserhöhend, sondern wird als Arbeitsentgelt verbeitragt.

g. Aufschlag

Mitarbeiter, die bis zum 15. September 2024 einen Aufhebungsvertrag nach den oben beschriebenen Konditionen unterschrieben haben, erhalten einen Aufschlag (brutto) wie folgt:

Geburtsjahrgang	**Aufschlag**
1985 … 2004	12 000
1975 … 1984	23 000
1966 … 1974	34 000

Der Aufschlag wird bei der Deckelung der Gesamtabfindung nach III. 1. a) und b) nicht berücksichtigt

h. Fälligkeit

Die Abfindungen werden im Austrittsmonat fällig. Auf Wunsch des Mitarbeiters wird die Abfindung erst zum 1. Januar des Folgejahres ausgezahlt.

> **Hinweis:**
> Abschnitt III 1 ist das Herzstück der Regelung; die Regeln sind der Sozialplanabfindung nachgebildet.
> Da die durchschnittliche Dauer der Betriebszugehörigkeit bei etwa 22 Jahren lag, kamen ordentliche Abfindungssummen zustande; die »Deckelung« hatte durchaus praktische Bedeutung. Dazu kam, dass die »Sprinterprämie« (Buchstabe g) und die Abfindung für Behinderte (Buchstabe d – nicht nur Schwerbehinderte!) nicht hinzugerechnet wurden.

Nur mittelbar wird deutlich, dass die Aufhebungsverträge bis 31.12.2024 geschlossen sein mussten, dann aber ein etwaiges Langzeitguthaben abgefeiert wurde und anschließend das Gehalt für die Dauer der Kündigungsfrist von in der Regel sieben Monaten (§ 622 Abs. 2 Nr. 7 BGB) weiterbezahlt werden musste. Erst dann schied der Einzelne aus dem Unternehmen aus, und der Abfindungsanspruch wurde fällig.

5g **(2) Rentenbrücke für Mitarbeiter der Jahrgänge 1965 und älter**

Mitarbeiter der Jahrgänge 1965 oder älter erhalten kein Angebot auf Basis der oben aufgeführten Formel und Matrix, sondern erhalten ausschließlich das folgende Angebot einer sogenannten »Rentenbrücke«; hierbei handelt es sich um einen speziellen Aufhebungsvertrag mit nachfolgenden Bedingungen:

a. Ermittlung des Budgets der Rentenbrücke

Es wird ein neu zu vereinbarendes monatliches Grundgehalt unter der Annahme einer unwiderruflichen Freistellung ab 1. Januar 2025 (LDW 31. Dezember 2024) bis längstens zum gesetzlichen Rentenbeginn ohne Abschläge gezahlt, sog. Budget. Variable Einkommensbestandteile gehen vollständig in dem Budget auf. Das Budget liegt nach der im Folgenden aufgeführten Tabelle je nach Jahrgang zwischen dem 1,55 und dem 2,05-fachen eines Brutto-Jahresbezugsgehalts. Für die Berechnung des Budgets ist das zum 30. Juni 2024 geltende Brutto-Jahresbezugsgehalt maßgeblich. Die Laufzeit der Vereinbarung zwischen LDW und maximal dem individuellen regulären Renteneintritt bestimmt der Mitarbeiter bei Vertragsschluss frei.

Geburtsjahrgang	**Budget Faktor**
1965	2,05
1964	1,95
1963	1,85
1962	1,75
1961	1,65
1960	1,55
1959	Unwiderruflich bezahlte Freistellung bis zum regulären Renteneintritt
1958	

Mitarbeiter und Arbeitgeber treffen dazu folgende Vereinbarungen:

- gewählte Vertragslaufzeit im Verhältnis zum Budget gemäß Tabelle.
- Beendigung des individuellen Arbeitsverhältnisses.
- bezahlte, unwiderrufliche Freistellung bis zur Beendigung des Beschäftigungsverhältnisses.
- gegebenenfalls anschließend an den LDW den Abbau vorhandener Langzeitkonten bzw. Zeitwertkonten.
- Wahlweise kann der Mitarbeiter beantragen, den Wert des Langzeitkontos in die gesetzliche Rentenversicherung übertragen zu lassen oder sich den Wert im Austrittsmonat am Ende des Arbeitsverhältnisses auszahlen zu lassen.
- Urlaubsansprüche werden vollständig mit der Freistellung abgegolten.

b. Deckelung

Das Budget ist begrenzt auf € 500 000 brutto oder maximal 100 % des Brutto-Bezugsgehalts, das dem Mitarbeiter insgesamt ab dem Zeitpunkt der Beendigung des Arbeitsverhältnisses bis zum tatsächlichen Bezug gesetzlicher Regelaltersrente zu zahlen gewesen wäre.
Die Möglichkeit des vorzeitigen Bezugs gesetzlicher Altersrente für schwerbehinderte Menschen bleibt hierbei außer Betracht.

c. Vorzeitige Beendigung

Der Mitarbeiter kann die Vereinbarung zur Rentenbrücke jederzeit vorzeitig mit einer Ankündigungsfrist von mindestens 1 Monat mit Wirkung zum Monatsende beenden. Es besteht erstmalig die Möglichkeit, sich das Budget zum Gehaltslauf im Januar 2025 als Abfindung auszahlen zu lassen. In diesem Fall wird das für die ursprüngliche Restlaufzeit errechnete Budget (ausstehendes Brutto-Bezugsgehalt ohne Sozialversicherungsbeiträge) als Abfindungsleistung ausbezahlt. Die Auszahlung erfolgt als Nettobetrag mit dem auf den Monat des Ausscheidens folgenden Gehaltslauf.

d. Dienstwagen bzw. Car Allowance

Die Mobilität einschließlich Car Allowance wird für anspruchsberechtigte Mitarbeiter auf Basis der am Tag der Unterschrift dieser Vorschaltvereinbarung gültigen Car Policy vom 1. November 2015 bis zum 31. Dezember 2024 sichergestellt. Die neue Mobilitätsrichtlinie findet keine Anwendung.

e. Andere Tätigkeiten

Während der Zeit der Freistellung ausgeübte Nebentätigkeiten bedürfen der vorherigen Genehmigung durch den Arbeitgeber, Wettbewerbstätigkeiten sind entsprechend den gesetzlichen und betrieblichen Regelungen weiterhin ausgeschlossen. Der Arbeitgeber wird die Genehmigung nur versagen, wenn es sich bei der Nebentätigkeit um eine Wettbewerbstätigkeit handelt.

f) Betriebliche Altersversorgung während der Freistellung **5h**

Die während der Freistellungsphase geltende Gehaltsreduktion des zuletzt bezogenen Bezugsgehalts wird analog einer Teilzeitbeschäftigung bewertet und ein durchschnittlicher Teilzeitgrad errechnet. Für die Berechnung der Anwartschaften der betrieblichen Altersversorgung gelten die Regelungen zur Teilzeitbeschäftigung der gültigen Versorgungsregelungen.

Durch das Programm zur sogenannten »Rentenbrücke« bleiben die bis zum 31.12.2024 erworbenen Anwartschaften zur betrieblichen Altersversorgung in voller Höhe erhalten.

Ziel dieser Regelung ist, dass durch die Rentenbrücke ein Mitarbeiter weder bevorteilt noch benachteiligt wird.

Für Teilnehmer von Endgehaltsplänen mit einer gespaltenen Rentenformel wird zum 31.12.2024 die erreichte Anwartschaft als Besitzstand ermittelt und dynamisiert. Aus Vereinfachungsgründen wird eine Dynamisierung von 0.5 % p.a. zugesagt. Zusätzlich kann der Mitarbeiter während der Rentenbrücke weitere Anwartschaften erwerben. Hierfür gilt dann die Regelung für Teilzeitbeschäftigte. Bei Eintritt in den Ruhestand setzt sich die Gesamtrente aus dem dynamisierten Besitzstand und den während der Rentenbrücke erworbenen Anwartschaften zusammen. Da die Regelung Nachteile ausgleichen soll, die sich aufgrund der Steigerung der Beitragsbemessungsgrenze ergeben, kommt die Regelung nur für Mitarbeiter zur Anwendung, deren pensionsfähiges Einkommen zum 31.12.2024 die maßgebliche Beitragsbemessungsgrenze übersteigt. Es gelten die Regelungen des jeweils maßgebenden Pensionsplans.

> **Hinweis:**
> Dem Arbeitgeber war daran gelegen, möglichst viele ältere Arbeitnehmer abzubauen, weshalb die für ihn durchaus teure Rentenbrücke eingerichtet wurde. Je nach Zeitraum, den der Betroffene bis zur gesetzlichen Rente überbrücken musste, waren die zur Verfügung gestellten Beträge unterschiedlich hoch.
> Das »Budget« war so bemessen, dass es auf bis zu sieben Jahre verteilt werden konnte und dabei immer noch eine Zahlung übrig blieb, die der einer sozialversicherungspflichtigen Beschäftigung entsprach. Von daher war die Sozialversicherung bis zur ungekürzten gesetzlichen Rente gesichert.
> Neben der (rechnerischen) Teilzeitarbeit konnte jederzeit eine andere Tätigkeit ausgeübt werden, doch durfte dem bisherigen Arbeitgeber keine Konkurrenz gemacht werden.

Auch hier wurde zunächst das Langzeitkonto aufgebraucht, so dass sich für die meisten der zu überbrückende Zeitraum verringerte.
Der Einzelne konnte sich jederzeit das verbliebene Budget auszahlen lassen und damit zu einer Abfindungslösung übergehen.

5i **(3) Insolvenzsicherung des Budgets bei einer Rentenbrücke**

a) Die Geschäftsführung des Arbeitgebers erklärt sich bereit, die noch nicht ausbezahlten monatlichen Gehälter und Sozialversicherungsbeträge, welche im Rahmen
des Abfindungsmoduls »Rentenbrücke« bis zum gewählten Ende der Auszahlung an die Mitarbeiter auszuzahlen sind, durch eine Insolvenzabsicherung zu schützen. Die Verpflichtungen des Arbeitgebers gegenüber einem Mitarbeiter, der die Rentenbrücke in Anspruch nimmt, sind durch diese Regelung abgesichert. Die Insolvenzsicherung gilt gegenüber allen Mitarbeitern im Modell »Rentenbrücke«, es besteht kein Wahlrecht.

b) Der Arbeitgeber wird die Auszahlungen der Rentenbrücke an die Mitarbeiter im Rahmen der normalen Gehaltsabrechnung nach dem Last Day Worked der Mitarbeiter aus dem Unternehmen fortsetzen.

c) Das angepasste Gehalt wird im Aufhebungsvertrag des Mitarbeiters festgelegt. Die Gehälter- und Sozialversicherungsbeiträge werden vom Arbeitgeber fristgerecht bezahlt.

d) Der Arbeitgeber richtet die Insolvenzsicherung wie folgt ein: Die (Konzernspitze) oder der Arbeitgeber hinterlegt liquide Mittel in der Höhe der offenen Zahlungsströme, die sowohl die Gehälter als auch die Sozialversicherungsbeiträge abdecken. Gleichzeitig wird der Arbeitgeber mit einem Treuhänder (z. B. Mercer) einen Treuhandvertrag abschließen, in dem die liquiden Mittel als Sicherheit hinterlegt werden. Im Falle einer Insolvenz wird dem Treuhänder der abgesicherte Betrag als Einmalbetrag zur Verfügung gestellt.
Der Treuhandvertrag regelt im Falle eine Insolvenzsituation die ordnungsgemäße Auszahlung der noch offenen Auszahlungen an die anspruchsberechtigten Mitarbeiter.
Der Treuhänder übernimmt somit auch die Abwicklung der Ansprüche. Die Mitarbeiter müssen in diesem Fall den Original-Aufhebungsvertrag zusammen mit einem Identitätsnachweis und einem
deutschen Bankkonto an den Treuhänder übermitteln. Der Treuhänder übernimmt dann die Überweisung der noch offenen Beträge an die Mitarbeiter.

e) Die Geschäftsführung des Arbeitgebers strebt an, die Insolvenzabsicherung bis zum 31.12.2024 einzurichten. Bis zum 31.03.2025 muss die Einrichtung erfolgt sein.
Der Treuhandvertrag kann vom Wirtschaftsausschuss, dem GBR-Vorsitzenden und deren wirtschaftlichen und rechtlichen Beratern eingesehen werden.

Hinweis:
Der US-Konzern, zu dem das Arbeitgeberunternehmen gehörte, wurde in den USA von den Rating-Agenturen als »gerade noch kreditwürdig« eingestuft. Da auch die deutsche Gesellschaft rote Zahlen aufwies, verlangte der Gesamtbetriebsrat eine Insolvenzsicherung, da sich die Zahlungspflicht des Arbeitgebers bei der Rentenbrücke auf bis zu sieben Jahre erstreckte. Eine solche Absicherung war nicht sehr teuer; sie beim Arbeitgeber zu erreichen war nicht besonders mühevoll.
Durch Sonderzahlung an die gesetzliche Rentenversicherung können Rentenabschläge ausgeglichen und zugleich Steuern gespart werden. Dies ist im Einzelnen nicht unkompliziert und nur mit Hilfe von Beratern rechtssicher umsetzbar. Auf die Literatur (Growe/Tretow, Das »Mannheimer Modell« – Mehr Rente, weniger Steuern, NZA 2020, 1080 – 1086) sei verwiesen.

5j **(4) Begriffsbestimmungen**

Als **monatliches Bruttobezugsgehalt** gilt
- für Festgehaltsempfänger das Brutto-Jahresbezugsgehalt / 12
- für Mitarbeiter im umsatzorientierten Bezahlungssystem (Sales) das Brutto- Jahreszielgehalt (OTE = fester und variabler Anteil) / 12

Im Brutto-Jahresbezugsgehalt sind auch enthalten: Urlaubsgeld, betriebliche Sonderzahlung (»Weihnachtsgeld«), 13. und ggf. 14. Monatsgehalt.
Im Brutto-Jahresbezugsgehalt sind nicht enthalten alle sonstigen Leistungen wie z.B. Überstundenzuschläge, Rufbereitschafts-/Schichtpauschalen, Homeofficepauschalen, Essensgeldzuschüsse, besondere Prämien oder Incentivezahlungen, geldwerter Vorteil Firmen-PKW, Kfz-Pauschale sowie alle aufwandsbezogenen Leistungen oder sonstigen Zuschüsse.
Stichtag für die Berechnung der Dienstjahre ist der 31. Dezember 2024 und für die Berechnung des Brutto-Jahresbezugsgehaltes der 30. Juni 2024. Für die Berechnung der Dienstjahre werden die zum Stichtag erreichten vollständigen Jahre berücksichtigt.

IV. Beteiligung des Betriebsrats und Fortsetzung der Beratungen zu Interessenausgleich und Sozialplan 5k
Die Beratungen über Interessenausgleich und Sozialplan werden – unabhängig vom Einfluss des Ansprache- und Freiwilligkeitsprogramms auf etwaige Schwellenwerte nach den §§ 17 KSchG, 111, 112 BetrVG unverzüglich fortgesetzt.

V. Schlussbestimmungen
Diese Vereinbarung tritt mit beiderseitiger Unterzeichnung in Kraft. Aus ihr entstehen Rechte nur für Mitarbeiter, die aufgrund des Ansprache- und Freiwilligkeitsprogramms mit LDW 31. 12. 2024 oder LDW 28. 2. 2025 ausgeschieden sind.

Stadt, den Datum

Arbeitgeber

Vorsitzender des Gesamtbetriebsrats

Nachbemerkung:
Die Vereinbarung hatte Erfolg. Etwa 300 Arbeitnehmer machten von den Möglichkeiten des Programms Gebrauch, so dass später nur etwa 100 gekündigt werden mussten. Ob schlechtere Regelungen denselben Effekt gehabt hätten, wird man bezweifeln können.
Der anschließende Sozialplan enthielt leicht bessere Regelungen und sah auch die Möglichkeit des Überwechselns in eine Transfergesellschaft vor. Auch verfügte er über einen Härtefonds, der zusätzliche Abfindungsbeträge für diejenigen vorsah, die trotz Bemühungen um einen neuen Arbeitsplatz sechs Monate nach dem Ausscheiden aus dem Arbeitsverhältnis noch arbeitslos waren.

C. Interessenausgleich

1. Musterformulierungen Kurzarbeit

Kurzarbeit statt Personalabbau und Betriebsänderung 5l

Das IT-Unternehmen X hat zahlreiche Betriebe. Bei der Geschäftsleitung gibt es Überlegungen, im Betrieb S die Kundendienst-Abteilung zu schließen, da in Zukunft nicht mehr mit einer ausreichenden Nachfrage zu rechnen sei. In der Tat ist die Nachfrage im ersten Quartal 2020 um ca. 50 % im Vergleich zum Vorjahr eingebrochen und hat sich bis Juni 2020 um weitere 5 % verringert. Der Hauptgrund liegt darin, dass wichtige Kunden Kurzarbeit praktizierten und daher auch weniger »Stunden« nachfragten. Gerüchteweise verlautet, die Geschäftsleitung wolle mit dem GBR einen »deal« machen, wonach in einem Interessenausgleich die Fortführung bestimmter Teile des Unternehmens, aber eben auch die Schließung der Kundendienstabteilung in S vorgesehen sei. Bislang hat man im wesentlichen Zeitguthaben abgebaut und mit einigen Beschäftigten auch Aufhebungsverträge abgeschlossen. Auch wurden liegen gebliebene Arbeiten erledigt.

Der Betriebsrat des Betriebes S vertritt den Standpunkt, der Auftragsrückgang habe vorübergehenden Charakter. Es würden also die Voraussetzungen von Kurzarbeit vorliegen. In einer Klausursitzung kommt er zu dem Ergebnis, man müsse jetzt aktiv werden; wenn der Interessenausgleich mit der Schließungsentscheidung einmal vorliege, habe man verloren. Er schreibt deshalb einen Brief an die Geschäftsleitung.

Brief an die Geschäftsleitung

Betriebsrat der
Firmenbezeichnung — Ort, Datum
Betriebsratsvorsitzender Name

An die Geschäftsleitung der
Firmenbezeichnung
z. Hd. Herrn Name
im Hause

Sehr geehrter Herr Name,
wie im Betrieb allgemein bekannt, ist die derzeitige Auftragslage unbefriedigend. Dies ist insbesondere darauf zurückzuführen, dass in zahlreichen Kundenbetrieben kurzgearbeitet wird und so weniger Nachfrage entsteht. Nach eingehender Diskussion ist der Betriebsrat zu dem Ergebnis gekommen, dass unter den gegebenen Umständen auch in unserem Betrieb Kurzarbeit geboten ist. Da sich die Auftragslage bei 45 bis 50 % des Vorjahresniveaus stabilisiert hat, erscheint dies das geeignetste Mittel, um die aktuelle Durststrecke zu überwinden. Dass es sich um ein vorübergehendes Phänomen handelt, wird nicht zuletzt daran deutlich, dass in zahlreichen Kundenbetrieben ebenfalls kurzgearbeitet wird. Dort sind sich ersichtlich die Betriebspartner und die Bundesagentur für Arbeit einig, dass in näherer Zukunft mit einer Besserung zu rechnen ist.
Die Einzelheiten der Kurzarbeit bedürfen der Absprache. Wir stehen ab morgen zu Gesprächen zur Verfügung und bitten Sie dringend um einen Besprechungstermin, der nicht später als am Mittwoch … stattfinden sollte.

Antwort der Geschäftsleitung

Firmenbezeichnung — Ort, Datum
Geschäftsführung
Adresse

An den Betriebsrat
der Firmenbezeichnung
z. Hd. Herrn Name
im Hause

Sehr geehrter Herr Name,
Ihr Schreiben vom … haben wir erhalten.
Wir teilen Ihre Auffassung, dass der Auftragsstand höchst unbefriedigend ist. Der weitere Rückgang, der sich in den letzten drei Monaten vollzogen hat, ist Anzeichen für eine krisenhafte Entwicklung, deren Ende sich derzeit nicht absehen lässt. Nach unserer Einschätzung handelt es sich um eine nicht umkehrbare Entwicklung, die nicht allein auf die Kurzarbeit in Kundenbetrieben zurückzuführen ist. So sehr wir dies selbst bedauern, können wir daher nicht von einem »vorübergehenden« Arbeitsmangel ausgehen. Die Unternehmensleitung wird über das weitere Vorgehen in näherer Zukunft entscheiden.
Unter diesen Umständen sehen wir keinen Sinn darin, mit Ihnen über die Einführung von Kurzarbeit zu verhandeln. Wir danken Ihnen für das Gesprächsangebot, sehen aber derzeit keine Grundlage, über »Einzelheiten der Kurzarbeit« zu sprechen.
Wir bitten Sie um Verständnis und verbleiben mit freundlichen Grüßen

Hinweis:
Die Geschäftsleitung will ersichtlich Zeit gewinnen, bis höheren Orts über die Fortführung der Abteilung entschieden ist. Unter solchen Umständen ist das Initiativrecht, das der Betriebsrat nach § 87 Abs. 1 Nr. 3 BetrVG auch in Bezug auf die Einführung von Kurzarbeit hat, von großem Nutzen. Der Betriebsrat kann nach § 100 ArbGG beim Arbeitsgericht den Antrag stellen, einen Einigungsstellenvorsitzenden einzusetzen und die Zahl der Beisitzer zu bestimmen. Im Rahmen eines solchen Verfahrens wird nur geprüft, ob »offensichtlich« kein Mitbestimmungsrecht besteht, was man unter den gegebenen Umständen schwerlich behaupten kann. Ist dann eine Einigungsstelle einmal eingesetzt, wird sie aller Erfahrung nach auch zur Sache verhandeln; sinnvollerweise wird sie außerdem die Agentur für Arbeit in ihre Erörterungen einbeziehen. Ist diese bereit, Kurzarbeitergeld zu gewähren, würde es dem Arbeitgeber außerordentlich schwerfallen, von einem definitiven Wegfall der Nachfrage auszugehen. Zwar bleibt es ihm nach der Rechtsprechung unbenommen, eine unternehmerische Entscheidung des Inhalts zu treffen, dass die Abteilung »dicht« gemacht und die verbliebenen Aufträge von anderen Personen abgewickelt werden, doch lässt sich dies weder den Beschäftigten noch der Öffentlichkeit gegenüber verständlich machen. Beruft er sich ausschließlich auf den Auftragsrückgang, wird kein Weg an der Kurzarbeit vorbeiführen.
Die Einzelheiten für einen Antrag nach § 100 ArbGG sind oben, § 76 Rn. 13, dargestellt. Zum Vorrang der Kurzarbeit vor der betriebsbedingten Kündigung s. *Däubler*, in: Klapp/Linck/Preis/Reinhard/Wolf (Hrsg.), Die Sicherung der kollektiven Ordnung. Festschrift für Ingrid Schmidt, München 2021, S. 709–722, nachlesbar auch unter *https://www.daeubler.de/wp-content/uploads/2021/03/2011Kurzarbeit-und-Kundigungsschutz.pdf.*

2. Musterformulierungen Interessenausgleich

Gescheiterter Interessenausgleich 6

In das **Protokoll der Einigungsstellensitzung** wird folgende Passage aufgenommen:
»Beide Seiten erklären, dass weitere Verhandlungen über einen Interessenausgleich keinerlei Erfolg versprechen. Das Verfahren war insoweit einzustellen.«
Denkbar ist auch, dass das **Scheitern** durch Spruch, d.h. **durch Mehrheitsentscheidung** festgestellt wird. Allerdings setzt sich hier die Arbeitgeberseite dem Risiko aus, einen Nachteilsausgleich nach § 113 BetrVG bezahlen zu müssen, weil das zuständige Gericht zu dem Ergebnis kommen könnte, es seien nicht alle Verständigungsmöglichkeiten ausgeschöpft worden. Ist jedoch über sämtliche Eventualitäten diskutiert worden (was sich aus dem Protokoll der Einigungsstelle ergeben sollte), kommt jedoch ein solcher Spruch durchaus in Betracht. Der auf dem gesetzlich vorgesehenen Weg (siehe dazu DKW-*Berg*, § 76 Rn. 138ff.), zustande gekommene **Spruch** könnte etwa lauten:
»Es wird festgestellt, dass weitere Verhandlungen über einen Interessenausgleich keinerlei Aussicht auf Erfolg bieten. Das Verfahren wird daher eingestellt.
Diese Entscheidung ist mit vier zu drei Stimmen ergangen.«
Möglich ist, im Zusammenhang mit der Beendigung (»Einstellung«) des Verfahrens **Empfehlungen** auszusprechen, die man auch mit Mehrheit beschließen kann, denen jedoch keine rechtliche, sondern nur moralische Bedeutung zukommt. So wird etwa bestimmt:
»Es wird festgestellt, dass weitere Verhandlungen über einen Interessenausgleich keinerlei Erfolgsaussichten mehr besitzen.
Die Einigungsstelle empfiehlt, auf die Verlagerung von 100 Arbeitsplätzen nach Tschechien zu verzichten.
Damit ist das Verfahren abgeschlossen.«
Zu den Empfehlungen siehe DKW-*Däubler*, §§ 112, 112a Rn. 14.

7 **Interessenausgleich als vertretbarer Kompromiss**

Die Firmenbezeichnung
und
der Betriebsrat des Betriebs Betriebsbezeichnung
schließen als Interessenausgleich die folgende

Betriebsvereinbarung

§ 1: Stilllegung des Betriebsteils
Die Abteilung »Forschung und Entwicklung« wird zum Datum stillgelegt.

§ 2: Kündigung
Bei den notwendig werdenden Kündigungen sind die bestehenden gesetzlichen, tariflichen und arbeitsvertraglichen Kündigungsfristen einzuhalten.
Arbeitnehmer, die älter als 40 Jahre sind, können frühestens mit Wirkung zum Stilllegungszeitpunkt gekündigt werden.
Mitarbeiter der Abteilung »Forschung und Entwicklung« haben das Recht, ab Unterzeichnung dieser Vereinbarung auf Wunsch innerhalb von zwei Wochen auszuscheiden.

§ 3: Sozialplan
Das Sozialplanvolumen beträgt mindestens vier Millionen Euro.
Arbeitnehmer, die durch Aufhebungsvertrag oder durch Eigenkündigung ausscheiden, werden gleichfalls in den Sozialplan einbezogen.
Die Betriebsparteien nehmen unverzüglich Verhandlungen über den Sozialplan auf.

§ 4: In-Kraft-Treten
Die vorliegende Vereinbarung tritt am Datum in Kraft. Sie ist nicht kündbar. Bei einer außerordentlichen Kündigung aus wichtigem Grund wirkt das Vereinbarte nach.

Hinweis:
Schon durch die Überschrift wird klargestellt, dass es sich um eine **verbindliche Abmachung** handelt; ersichtlich ist es Wille der beteiligten Parteien, dass sich betroffene Arbeitnehmer ggf. auf verlängerte Kündigungsfristen berufen können (zur Bindungswirkung des Interessenausgleichs DKW-*Däubler*, §§ 112, 112a Rn. 23ff.). Dass Arbeitnehmer ab 40 später als andere gekündigt werden, soll ein (kleiner) Ausgleich für ihre schlechteren Chancen auf dem Arbeitsmarkt sein. Dies lässt sich unschwer mit § 10 Satz 1 AGG rechtfertigen (s. *Däubler/Beck-Brors*, AGG, 5. Aufl., 2022, § 10 Rn. 66 ff.).
Um das Einverständnis des Betriebsrats mit der Stilllegung zu erhalten, musste die Unternehmensleitung einen relativ späten Zeitpunkt sowie ein bestimmtes Mindestvolumen des Sozialplans akzeptieren.
Der Ausschluss der ordentlichen Kündigung am Ende des Textes dient der Absicherung, da angesichts der ausdrücklichen Bezeichnung als Betriebsvereinbarung evtl. die Gefahr bestehen könnte, dass gemäß § 77 Abs. 5 BetrVG eine Kündigung mit dreimonatiger Frist erfolgt. Da es sich nicht um einen Gegenstand obligatorischer Mitbestimmung handelt, würde eine Nachwirkung nach § 77 Abs. 6 BetrVG ausscheiden. Eine solche Klausel schadet auch dann nicht, wenn man (richtigerweise) davon ausgeht, dass die vorliegende Abmachung sowieso nicht ordentlich kündbar ist. Eine außerordentliche Kündigung ist grundsätzlich nicht abdingbar; sollte es dazu kommen, wird eine Nachwirkung angeordnet.

Interessenausgleich als (bescheidener) Kompromiss 8

Interessenausgleich

§ 1: Stilllegung des Betriebsteils

Der Betriebsrat nimmt zur Kenntnis, dass der Betriebsteil »Forschung und Entwicklung« zum Datum stillgelegt wird.

§ 2: Kündigung

Kündigungen müssen den gesetzlichen und tariflichen Vorschriften entsprechen.

§ 3: Sozialplan

(1) Das Sozialplanvolumen beträgt drei Millionen Euro.

(2) Die Betriebsparteien nehmen unverzüglich Verhandlungen über den Inhalt des Sozialplans auf.

> **Hinweis:**
> Die einzige Gegenleistung des Arbeitgebers liegt hier in der Gewährung eines bestimmten (niedrigeren) Sozialplanvolumens. Von längeren Kündigungsfristen ist nicht die Rede; § 2 bringt lediglich eine Selbstverständlichkeit zum Ausdruck, was jedoch in der Praxis häufig geschieht. Selbst das Sozialplanvolumen ist nicht Teil einer Betriebsvereinbarung, so dass jedenfalls aus zwingenden Gründen eine Abweichung möglich wäre (DKW-*Däubler*, §§ 112, 112a Rn. 26).

Interessenausgleich mit Auswahlrichtlinien 9

§ 1: Stilllegung

Der Betriebsrat nimmt zur Kenntnis, dass die Vertriebsorganisation in den Bezirken und mit Wirkung vom Datum ihre Tätigkeit einstellt.

§ 2: Personalabbau

(1) Innerhalb der Vertriebsabteilung findet eine Auswahl nach sozialen Gesichtspunkten statt. Dabei wird ein Punkteschema zugrunde gelegt.

(2) Jeder Mitarbeiter erhält für jedes Lebensjahr einen Punkt, für die nach dem 40. Geburtstag liegenden Jahre je zwei Punkte.

(3) Jedes Jahr der Zugehörigkeit zum Unternehmen wird mit einem Punkt bewertet.

(4) Gesetzliche Unterhaltspflichten werden pro anspruchsberechtigter Person mit zehn Punkten bewertet. Ehegatten werden lediglich dann berücksichtigt, wenn sie keinerlei eigenes Einkommen haben.

(5) Alleinerziehende erhalten pro Kind einen Zusatzbetrag von zehn Punkten.

(6) Schwerbehinderte Menschen erhalten 15 Punkte, Gleichgestellte zehn Punkte zusätzlich. Behinderte, die diese Voraussetzungen nicht erfüllen, erhalten zwischen 5 und 10 Punkten zusätzlich, soweit ihre Vermittlungschancen auf dem Arbeitsmarkt beeinträchtigt sind.

(7) Gekündigt werden die Arbeitnehmer mit der niedrigsten Punktzahl.

(8) Bei gleicher Punktzahl wird der Arbeitnehmer mit der kürzeren Betriebszugehörigkeit gekündigt.

§ 3: Sozialplanvolumen

(1) Das Sozialplanvolumen beläuft sich auf zwei Millionen Euro.

(2) Die Betriebsparteien beginnen unverzüglich mit den Verhandlungen über den Inhalt des Sozialplans.

Hinweis:
Das Punkteschema erleichtert dem Arbeitgeber entscheidend den Personalabbau. Risiken, die sich aufgrund einer Fehlbewertung ergeben könnten, werden auf diese Weise minimiert. Der Betriebsrat hat die Möglichkeit, auch seine Vorstellungen über eine gerechte Auswahl einzubringen. Auffallend ist im vorliegenden Fall der relativ geringe Stellenwert der Dauer der Betriebszugehörigkeit; mit Rücksicht auf die Schwierigkeiten auf dem Arbeitsmarkt kommt dem Lebensalter ein höheres Gewicht zu. Insbesondere das Abstellen auf das 40. Lebensjahr rechtfertigt sich mit den (häufig) geminderten Chancen auf dem Arbeitsmarkt. Auch die Unterhaltspflichten kommen stark zur Geltung. Sonderpunkte für Alleinerziehende rechtfertigen sich damit, dass die Belastung sehr viel größer als bei einer bloßen Unterhaltspflicht ist, und die Chancen auf dem Arbeitsmarkt oft gemindert sind, weil ein flexibler Arbeitseinsatz bisweilen auf Schwierigkeiten stößt. Die Einbeziehung aller Behinderten trägt dem Gebot des Art. 5 EG-Rahmenrichtlinie Rechnung (vgl. DKW-*Däubler* §§ 112, 112a Rn. 106). Beide Regelungen finden sich bedauerlicherweise in der Praxis nur selten.
Ob das Sozialplanvolumen eine Konzession des Arbeitgebers darstellt, kann mangels näherer Angaben nicht beurteilt werden. Auch gibt es viele Fälle von Interessenausgleich, die insoweit überhaupt keine Aussagen enthalten.
Älteren Arbeitnehmern mit langjähriger Betriebszugehörigkeit kann nach den Grundsätzen über die soziale Auswahl nur ausnahmsweise gekündigt werden. Dieser spezifische Schutz wird dadurch erheblich verringert, dass im Interessenausgleich »Altersgruppen« gebildet werden, von denen jeweils einem bestimmten Prozentsatz gekündigt wird. Auf diese Weise hat die Belegschaft auch nach dem Personalabbau dieselbe altersmäßige Zusammensetzung. Dies kommt der Arbeitgeberseite sehr stark entgegen (Einzelheiten bei DKW-*Däubler*, §§ 112, 112a Rn 34 a); der Betriebsrat sollte eine solche Regelung – ähnlich wie die Namensliste – nur ganz ausnahmsweise akzeptieren.

10 **Interessenausgleich mit Namensliste**

§ 1: Personalabbau

(1) Der Betriebsrat nimmt zur Kenntnis, dass die Fertigung des Produkts X zum Datum eingestellt wird.

(2) Dadurch fallen 30 Arbeitsplätze weg.

§ 2: Namensliste

Im Fertigungsbetrieb werden diejenigen Arbeitnehmer gekündigt, die auf der als Anlage 1 beigefügten Liste namentlich genannt sind.

§ 3: Sozialplanvolumen

(1) Das Sozialplanvolumen beträgt mindestens eine Million Euro.

(2) Die Betriebsparteien beginnen unverzüglich mit Verhandlungen über den Inhalt des Sozialplans.

Hinweis:
Gegen den Abschluss eines Interessenausgleichs mit Namensliste bestehen erhebliche rechtspolitische und meist auch betriebspolitische Bedenken. Es ist nicht Sache des Betriebsrats, den betroffenen Kollegen praktisch den Kündigungsschutz zu nehmen (DKW-*Däubler*, §§ 112, 112a Rn. 43). **Rechtlich** bestehen überdies in der Praxis oft **erhebliche Risiken,** da sich auch die Namensliste auf soziale Kriterien stützen muss, diese aber möglicherweise nicht konsequent durchgehalten sind (vgl. *Däubler*, NZA 2004, 177ff.). Der Arbeitnehmer kann nach § 1 Abs. 3, 2. Halbsatz KSchG auch in einem solchen Fall verlangen, dass der Arbeitgeber die Gründe

mitteilt, die zu der getroffenen Auswahl geführt haben. Einzelheiten bei HK-ArbR-Schubert/Däubler, 6. Aufl. 2026, § 1 KSchG Rn. 640.

D. Sozialplan

1. Checkliste

Inhalte eines Sozialplans: Checkliste 11–12

1. **Personeller Geltungsbereich, insbesondere erfasste Beendigungsformen**
2. **Versetzung im Unternehmen bei gleichem Standort**
   - Ausgleichszahlung bei schlechterer Vergütungsgruppe
   - Ausgleichszahlung bei verändertem Arbeitsinhalt
   - Erhaltung der Funktionsbezeichnung
3. **Versetzung im Unternehmen an einen anderen Standort (individuell oder im Rahmen einer Betriebsverlegung)**
   - Fahrtkosten
   - Teilweise Anrechnung der längeren Wegezeiten auf die Arbeitszeit
   - Hilfe bei der Wohnungssuche
   - Umzugskosten
   - Rückkehroption
4. **Versetzung im Konzern**
   - Übernahme durch ein Konzernunternehmen im Inland
   - Übernahme durch ein Konzernunternehmen im Ausland
5. **Übernahme durch ein anderes Unternehmen außerhalb des Konzerns**
6. **Abfindung**
   - Differenzierung nach der Form des Ausscheidens
   - Teilzeitkräfte und befristet Beschäftigte
   - Kriterien und ihre Bestimmung: Lebensalter, Dauer der Betriebszugehörigkeit, Unterhaltspflichten, Eigenschaft als alleinerziehende Person, Schwerbehinderteneigenschaft und sonstige Behinderung, Vermögensverhältnisse, Arbeitslosigkeit
   - Höhe der Abfindung: Festbeträge
   - Höhe der Abfindung: Formeln, insbesondere Punktesystem
   - Fälligkeit, Vererblichkeit, Behandlung bei Kündigungsschutzklage
7. **Dingliche Sicherung der Abfindungsansprüche**
8. **Minderung oder Ausschluss der Abfindung bei Ablehnung einer zumutbaren Beschäftigung**
9. **Abfindung bei erfolglosem neuem Arbeitsverhältnis**
10. **Urlaub und Sozialleistungen im Jahr des Ausscheidens**
11. **Werkswohnungen**
12. **Arbeitgeberdarlehen**
13. **Betriebliche Altersversorgung**
14. **Altersteilzeitverträge und Verrentungsprogramme**
15. **Zeugniserteilung**
16. **Wiedereinstellungszusagen**
17. **Härtefonds**
18. **Fortführung der bestehenden Ausbildungsverhältnisse**
19. **Sonderprobleme bei der Betriebsfusion**
20. **Sonderprobleme bei der Abspaltung von Betriebsteilen**
21. **Sonderprobleme bei der Verlegung des Betriebs ins Ausland**
22. **Verfahren bei Auslegungsproblemen und Meinungsverschiedenheiten in Bezug auf den Sozialplan**
23. **Salvatorische Klausel**
24. **Geltungsdauer**

2. Musterformulierung Sozialplan

13–14 **Musterformulierung Sozialplan: Geltungsbereich**

§ 1: Erfasste Arbeitnehmer

13 Ansprüche aus diesem Sozialplan haben alle Arbeitnehmer, die durch die Betriebsänderung vom Datum betroffen sind.

> **Hinweis:**
> Eine solche Formulierung kann dann sinnvoll sein, wenn sich – wie z. B. bei einer Stilllegung – der Kreis der Betroffenen eindeutig abgrenzen lässt. In vielen Fällen ist dies aber nicht so: Findet eine Personalabbauaktion statt oder werden grundlegend neue Arbeitsmethoden eingeführt, so ist oft unklar, wer im Einzelnen aus diesem Anlass gekündigt oder versetzt wird. Deshalb arbeitet man häufiger mit Stichtagen und formuliert z. B. **(Alternative)**:

(1) Ansprüche aus diesem Sozialplan haben alle Arbeitnehmer, denen im Zeitraum vom Datum bis Datum gekündigt wurde.
(2) Gleichgestellt sind solche Arbeitnehmer, die (auf Veranlassung des Arbeitgebers) einen Aufhebungsvertrag geschlossen oder selbst gekündigt haben.
(3) Ausgenommen sind Arbeitnehmer, denen wegen erheblichen Fehlverhaltens eine außerordentliche Kündigung nach § 626 BGB ausgesprochen wurde.

> **Hinweis:**
> Beginnt der Personalabbau beispielsweise im März 2025, dürfte er zum Jahresende effektiv abgeschlossen sein. Dass man die eine oder andere Person mit einbezieht, die auch sonst gekündigt worden wäre, wird im Interesse der Rechtssicherheit hingenommen.
> Die **Formulierung »auf Veranlassung des Arbeitgebers«** ist eingeklammert, weil man sie nach Möglichkeit vermeiden sollte. Nach der Rechtsprechung des BAG ist diese Voraussetzung relativ selten gegeben (Einzelheiten DKW-*Däubler*, § 111 Rn. 78); gebraucht man die Formel, klammert man alle diejenigen aus, die beispielsweise ohne direkte Veranlassung durch den Arbeitgeber wegen der unsicheren Lage und der schlechten wirtschaftlichen Situation des Arbeitgeberunternehmens gekündigt haben.
> Die Herausnahme der wegen erheblichen Eigenverschuldens nach § 626 BGB Gekündigten ist allgemein üblich. Verbreitet sind auch Formulierungen, die nur auf ein »Fehlverhalten« des Arbeitnehmers abstellen, also auch die Fälle der verhaltensbedingten Kündigung ausklammern.
> **Stichtage** haben das **Problem**, dass ggf. solche Arbeitnehmer herausfallen, die durchaus noch von der Betriebsänderung erfasst sind. Um keine Angriffsflächen wegen des Gleichbehandlungsgrundsatzes zu bieten, sollte man sie einbeziehen, aber dies als Sondertatbestand formulieren. So könnte man etwa sagen:

(4) Einbezogen sind auch solche Arbeitnehmer, denen aufgrund der Betriebsänderung vom Datum nach dem Datum betriebsbedingt gekündigt wurde oder die zu deren Vermeidung auf Veranlassung des Arbeitgebers nach dem Datum einen Aufhebungsvertrag geschlossen oder selbst gekündigt haben.

§ 2: Gleichbehandlung bei atypischer Beschäftigung

14 (1) Eine Abfindung nach Abschnitt III §§ 6–9 können nur solche Arbeitnehmer beanspruchen, die mindestens ein Jahr (alternativ: ein halbes Jahr) im Unternehmen beschäftigt waren. Ist diese Voraussetzung nicht erfüllt, erhalten sie eine pauschale Mindestabfindung von Euro.
(2) Befristet Beschäftigte bekommen nur dann eine Abfindung, wenn ihr Vertrag aufgrund der Betriebsänderung vorzeitig aufgelöst wird. Je nach Dauer ihrer Tätigkeit bestimmt sich die Höhe der Abfindung nach allgemeinen Grundsätzen oder nach Abs. 1.
(3) Teilzeitkräfte sind in den Sozialplan einbezogen.

Hinweis:
Auch Beschäftigte mit kurzer Betriebszugehörigkeit haben häufig Probleme, einen neuen Arbeitsplatz zu finden und sich auf die neue Situation einzustellen. Für sie wird daher in Abs.1 Satz 2 eine Mindestabfindung vorgesehen.
Die Vorschrift wendet im Übrigen die Benachteiligungsverbote des § 4 Abs. 1 und 2 TzBfG auf den Sozialplan an. Eine Mindestbeschäftigungszeit von einem (oder einem halben) Jahr bei der Abfindung vorauszusetzen, ist möglich (und üblich); befristet Beschäftigte kommen daher nur dann voll in den Genuss des Sozialplans, wenn sie einen über ein bzw. ein halbes Jahr hinausreichenden Vertrag haben oder wenn sie auf der Basis von Verlängerungen bereits im Betrieb gearbeitet haben und zusammen mit der verbleibenden Zeit aufgrund ihres aktuellen Vertrags die Grenze von einem (halben) Jahr überschreiten. Außerdem wird vorausgesetzt, dass aufgrund der Betriebsänderung ihr Vertrag vorzeitig aufgelöst wurde.
Die Mindestbeschäftigungsdauer sollte keine Anspruchsvoraussetzung sein, wenn es um Ausgleichsleistungen bei Versetzungen geht. Von daher könnte man die Vorschrift auch im Teil über »Abfindung« unterbringen.

Musterformulierung Sozialplan: Leistungen bei Weiterbeschäftigung auf einem anderen Arbeitsplatz aufgrund eines Angebots des Arbeitgebers 15–30

1. Versetzung im Betrieb

§ 1: Versetzungsangebot
(1) Der Arbeitgeber verpflichtet sich, offene oder innerhalb von sechs Monaten frei werdende Arbeitsplätze im Betrieb den von der Betriebsänderung betroffenen Arbeitnehmern anzubieten. 15
(2) Das Angebot muss schriftlich erfolgen und eine stichwortartige Aufgabenbeschreibung, den Effektivverdienst und die tarifliche Eingruppierung (soweit vorhanden) enthalten. Den Betroffenen muss die Möglichkeit eingeräumt werden, sich über den neuen Arbeitsplatz zu informieren.
(3) Die Pflicht nach Abs. 1 und 2 beschränkt sich auf vergleichbare Tätigkeiten. Übersteigt die Zahl der Interessenten die der verfügbaren Stellen, ist entsprechend § 1 Abs. 3 KSchG eine soziale Auswahl vorzunehmen.
(4) Bei Eignung sind den von der Betriebsänderung betroffenen Arbeitnehmern auch höherwertige Arbeitsplätze anzubieten, soweit sie verfügbar sind. Notwendige Qualifizierungsmaßnahmen gehen zu Lasten des Arbeitgebers, sofern nicht Dritte für die Kosten in Anspruch genommen werden können.
(5) Der Versetzung kann eine drei Monate dauernde Abordnung vorgeschaltet werden, innerhalb deren die Eignung für den neuen Arbeitsplatz erprobt wird. Erfolgt keine Übernahme auf Dauer, dürfen sich für den Arbeitnehmer daraus keine Nachteile ergeben.

Hinweis:
Das Angebot wird konkretisiert und auch auf höher bewertete Stellen erstreckt. Dies wird nicht immer durchsetzbar sein.
Die vorgeschaltete »Abordnung« ist eine Art faktischer Probezeit, die jedoch den Bestand des Arbeitsverhältnisses und die Abfindungsansprüche nicht in Frage stellen darf.

§ 2: Entgeltsicherung
(1) Ein Arbeitnehmer, der ein Angebot nach § 1 annimmt, darf keine Entgeltminderung erfahren. 16
(2) Soweit das Entgelt am neuen Arbeitsplatz geringer ist, erhält der Arbeitnehmer eine Besitzstandszulage in Höhe der Differenz zwischen seinem bisherigen und dem am neuen Arbeitsplatz zu bezahlenden Bruttoarbeitsentgelt. Schichtzulagen zählen zum Arbeitsentgelt.
(3) Spätere tarifliche oder sonstige Erhöhungen des Entgelts werden (zur Hälfte/zu einem Drittel) auf die Zulage angerechnet.

oder: Die Besitzstandszulage nimmt an der tariflichen Entwicklung teil.
(4) Bei Tantiemen und sonstigen Ertragsbeteiligungen sowie bei Prämien und anderen leistungsbezogenen Entgelten wird der Durchschnitt der letzten drei Jahre vor Realisierung der Versetzung zugrunde gelegt. Soweit sie während eines kürzeren Zeitraums bestanden, ist dieser maßgebend. Am neuen Arbeitsplatz ist der Durchschnittsverdienst jedes Jahres zu bestimmen und der Summe nach Satz 1 gegenüberzustellen.

Hinweis:
Der Bestandsschutz ist nur dann ein realer, wenn die Zulage auch an der tariflichen Entwicklung teilnimmt. Viel verbreiteter ist demgegenüber eine Regelung, die eine Verrechnung mit tariflichen oder sonstigen Erhöhungen des Entgelts vorsieht. Als Kompromiss wird die Formulierung angeboten, eine Anrechnung nur zur Hälfte vorzusehen.

§ 3: Versetzung auf einen geringer bewerteten Arbeitsplatz

17 (1) Gehört die neue Tätigkeit einer niedrigeren Vergütungsgruppe an, so ist im Rahmen der betrieblichen Möglichkeiten eine Anreicherung durch Elemente einer qualifizierteren Tätigkeit anzustreben.
(2) Der Arbeitgeber bemüht sich, dem versetzten Mitarbeiter innerhalb von 24 Monaten einen dem bisherigen vergleichbaren Arbeitsplatz anzubieten.

§ 4: Erhaltung der Funktionsbezeichnung

18 Bisherige Funktionsbezeichnungen wie »Gruppenleiter«, »Abteilungsleiter« und »Direktor« bleiben erhalten.

Hinweis:
Die §§ 3 und 4 enthalten eine Bestandsgarantie in Bezug auf die eher immateriellen Teile der bisherigen Tätigkeit.

§ 5: Ausscheiden wegen Schwierigkeiten am neuen Arbeitsplatz

19 Wer innerhalb von drei Monaten wegen Schwierigkeiten am neuen Arbeitsplatz kündigt, wird einem Arbeitnehmer gleichgestellt, der wegen der wirtschaftlichen Lage des Betriebs ohne besondere Veranlassung durch den Arbeitgeber eine Kündigung ausgesprochen hat.

Hinweis:
Wem die neue Arbeitsumgebung nicht zusagt, der kann ausscheiden, ohne alle Rechte aus dem Sozialplan zu verlieren. Dies gilt aber nur dann, wenn dieser auch solche Arbeitnehmer einbezieht, die ohne Veranlassung durch den Arbeitgeber eine Eigenkündigung aussprechen. Die Regelung ist ohne Interesse, wenn dies nicht der Fall ist oder wenn eine vorgeschaltete Quasi-Probezeit von drei Monaten vorgesehen und praktiziert wird.

2. Versetzung in einen anderen Betrieb des Unternehmens ohne Ortswechsel

§ 1: Versetzungsangebot

20 (1) Das Unternehmen verpflichtet sich, offene oder innerhalb von sechs Monaten frei werdende Arbeitsplätze in anderen Betrieben am Standort den von der Betriebsänderung betroffenen Arbeitnehmern anzubieten.
(Fortsetzung wie oben 1. § 1)

§ 2: Entgeltsicherung

(1) Der versetzte Arbeitnehmer wird entsprechend den im Aufnahmebetrieb geltenden Regeln eingruppiert. Ergibt sich dadurch eine Entgeltminderung, erhält er eine Besitzstandszulage in Höhe der Differenz (wie oben 1. § 2).
Die unter 1. in §§ 3 bis 5 aufgeführten Bestimmungen können ohne Änderung übernommen werden.

3. Versetzung in einen anderen Betrieb des Unternehmens mit Ortswechsel

§§ 1–5: Wie oben 2. bzw. 1.

§ 6: Fahrtkostenzuschuss und Beförderung auf Kosten des Arbeitgebers

(1) Der Arbeitnehmer erhält einen Fahrtkostenzuschuss, sofern sich sein Weg von der Wohnung zum Arbeitsplatz um mindestens 15 Kilometer verlängert. 21

(2) Der Fahrtkostenzuschuss beläuft sich auf
Euro pro Monat
oder die Kosten für eine Bahnfahrt 2. Klasse,
oder 0,20 € pro gefahrenem Kilometer.
Er ist auf drei Jahre befristet.

(3) Soweit keine öffentlichen Verkehrsmittel zur Verfügung stehen, setzt der Arbeitgeber vor Arbeitsbeginn und nach Arbeitsende Busse ein oder schafft andere Fahrmöglichkeiten.

> **Hinweis:**
> Abs. 2 nennt drei in der Praxis verbreitete Formen des Zuschusses. Welche man wählt, ist ein Problem der Verhandlungssituation und der Belastung des Arbeitgebers. Dasselbe gilt für die Begrenzung auf drei Jahre.
> Abs. 3 betrifft die Fälle, dass die neue Betriebsstätte »auf der grünen Wiese« angesiedelt ist. Die »anderen Fahrmöglichkeiten« sind insbesondere für flexible Arbeitszeiten gedacht.

§ 7: Anrechnung längerer Fahrzeiten auf die Arbeitszeit

Steigt die Dauer des einfachen Weges von der Wohnung zum Arbeitsplatz um mehr als 30 Minuten, so wird die Hälfte des erhöhten Zeitaufwands auf die Arbeitszeit angerechnet. 22

> **Hinweis:**
> Dies ist eine arbeitnehmerfreundliche Regelung, die nicht immer durchsetzbar ist.

§ 8: Tätigkeit ohne tägliche Pendelmöglichkeit

(1) Ist eine tägliche Rückfahrt zum Wohnort nicht möglich oder nicht zumutbar, trägt der Arbeitgeber für die ersten zwei Wochen die Übernachtungskosten am Arbeitsort. Sie sind durch Beleg eines Hotels usw. nachzuweisen. Hotels mit mehr als drei Sternen dürfen nur in Anspruch genommen werden, wenn keine andere Unterbringung möglich ist. 23

(2) Während der ersten zwei Wochen wird außerdem an verheiratete oder in Lebensgemeinschaft lebende Arbeitnehmer sowie an Alleinerziehende eine Trennungsentschädigung in Höhe von 50,– € pro Arbeitstag bezahlt. Diese verringert sich in der Folgezeit auf 30,– € pro Arbeitstag und entfällt vom Zeitpunkt des Umzugs an, spätestens jedoch nach sechs Monaten.

(3) Während des Getrenntlebens übernimmt der Arbeitgeber in den Fällen des Abs. 2 die Kosten für zwei Wochenendheimfahrten pro Monat. Dabei ist der tatsächlich entstandene Aufwand zu ersetzen; bei der Bahn ist bis zu einer Entfernung von 300 km die zweite Klasse zu benutzen.

(4) Allein lebende Personen erhalten bis zu ihrem Umzug, höchstens jedoch für sechs Monate eine Entschädigung in Höhe von 20,– € pro Arbeitstag. Abs. 1 bleibt unberührt.

> **Hinweis:**
> Bei den Übernachtungskosten wird gespart, bei der Trennungsentschädigung großzügig verfahren. Dies erscheint sinnvoll. Alleinerziehende werden häufig das Kind nicht sofort an den Arbeitsort mitnehmen können, so dass sie vergleichbare Probleme wie (verheiratete) Paare haben.
> Allein Lebende haben weniger Zusatzaufwand durch den neuen Aufenthaltsort.

§ 9: Wohnungssuche

(1) Will der Arbeitnehmer seinen Wohnsitz in die Nähe des neuen Arbeitsplatzes verlegen oder will er dort eine Zweitwohnung beziehen, ist die Firma bei der Wohnungssuche behilflich. 24

(2) Zur Wohnungssuche erhält der Arbeitnehmer bis zu zwölf Stunden bezahlter Freistellung.
(3) Der Arbeitgeber übernimmt angemessene Kosten für Inserate und Makler.

§ 10: Umzugskosten

25 (1) Der Arbeitgeber trägt die Umzugskosten (bis zu einer Höhe von Euro).
(2) Vor Erteilung des Auftrags an eine Spedition sind mindestens drei Angebote einzuholen. Die Erstattungspflicht des Arbeitgebers beschränkt sich auf das Angebot mit dem günstigsten Preis-Leistungs-Verhältnis. Dem Arbeitnehmer kommt ein Auswahlermessen zu.
(3) Scheidet der Arbeitnehmer innerhalb von zwei Jahren aufgrund einer Eigenkündigung aus, muss er die Umzugskosten zurückzahlen. Die Verpflichtung mindert sich um ein Vierundzwanzigstel für jeden Monat, den der Arbeitnehmer nach dem Umzug am neuen Ort beschäftigt war.

> **Hinweis:**
> Auf Abs. 3 kann man auch verzichten, ebenso auf eine Obergrenze für die Umzugskosten, da ja durch das Erfordernis der drei Angebote eine Überteuerung weithin ausgeschlossen ist. Beide Bestimmungen kommen dem Arbeitgeber entgegen.

§ 11: Mietzuschuss

26 (1) Ist die ortsübliche Vergleichsmiete am neuen Wohnort höher als am alten Wohnort, so bezahlt der Arbeitgeber eine Mietbeihilfe.
(2) Sie deckt die Mietdifferenz für eine vergleichbare Wohnung ab.
(3) Gehörte die bisherige Wohnung dem Arbeitnehmer, seinem Ehegatten oder einem anderen Familienangehörigen, so ist die ortsübliche Vergleichsmiete zugrunde zu legen.
Alternative: Denkbar ist auch, dass man dem Arbeitnehmer eine gewisse Mietsteigerung (z. B. um 10 %) zumutet, und nur die darüber hinausgehenden Beträge bezuschusst. So könnte man etwa formulieren:
(1) Ist die ortsübliche Vergleichsmiete am neuen Wohnort um mehr als 10 % höher als am alten Wohnort, so bezahlt der Arbeitgeber grundsätzlich eine Mietbeihilfe.
(2) Sie deckt den über 10 % hinausgehenden Betrag der Mietsteigerung ab, die dem Arbeitnehmer bei Bezug einer mit der bisherigen vergleichbaren Wohnung entsteht.
Alternative: kürzer könnte man auch formulieren:
Mietsteigerungen werden vom Arbeitgeber übernommen, sofern der Arbeitnehmer eine vergleichbare Wohnung mietet. Dies gilt nur für den Betrag, der 110 % der bisher bezahlten Miete übersteigt (ähnlich bis zur 12. Aufl. *Schaub/Neef/Schrader* § 56 Rn. 89 a. E.; in der aktuellen 16. Aufl. sind die Fragen eines Umzugs nicht mehr angesprochen).
Es folgt dann immer die Vorschrift über die ortsübliche Vergleichsmiete (oben Abs. 3), um den Fall zu erfassen, dass bisher keine (oder nur eine symbolische) Miete bezahlt wurde.

§ 12: Auflösung des Arbeitsverhältnisses

27 (1) Während der ersten zwei Jahre am neuen Arbeitsort kann dem Arbeitnehmer nur aus wichtigem Grund gekündigt werden.
(2) Diese Frist verlängert sich automatisch um die Dauer von Qualifizierungsmaßnahmen.

§ 13: Rückkehroption

27a (1) Werden im bisherigen Betrieb Arbeitsplätze frei, so haben in einem Zeitraum von fünf Jahren die in einen anderen Betrieb Versetzten Anspruch auf vorrangige Berücksichtigung, sofern sie über die notwendige Qualifikation verfügen.
(2) Übersteigt die Zahl der Interessenten die der verfügbaren Stellen, so ist entsprechend § 1 Abs. 3 KSchG eine soziale Auswahl vorzunehmen.

4. Versetzung in ein anderes inländisches Konzernunternehmen

§ 1: Versetzungsangebot

(1) Der Arbeitgeber verpflichtet sich, andere Konzernunternehmen im Rahmen seiner Möglich- 28
keiten zu veranlassen, den von der Betriebsänderung betroffenen Arbeitnehmern freie Arbeitsplätze anzubieten.
(2) Wird ein solches Angebot ausgesprochen, gelten die folgenden Grundsätze.

§ 2: Inhalt des Versetzungsangebots

Wie § 1 oben unter 2. und 3.

§ 3: Betriebszugehörigkeit

Die bisherige Betriebszugehörigkeit wird angerechnet.

§ 4: Entgeltsicherung

Wie oben 2. § 2. Fortsetzung wie dort.
Findet ein Ortswechsel statt, sind die Vorschriften der §§ 6 bis 13 unter 3. hierher zu übertragen.

5. Übernahme durch ein anderes Unternehmen auf Veranlassung des Arbeitgebers

§ 1: Minderung der Abfindung

(1) Wer durch Vermittlung des Arbeitgebers von einem anderen Unternehmen in ein unbefriste- 29
tes Arbeitsverhältnis übernommen wird, erhält nur eine geminderte Abfindung.
(2) Diese beläuft sich auf 50 % des an sich geschuldeten Betrags, wenn die Übernahme innerhalb von drei Monaten erfolgt; sie beläuft sich auf 75 %, wenn die Übernahme innerhalb von sechs Monaten nach Beendigung des Arbeitsverhältnisses erfolgt. Findet die Einstellung erst ein Jahr nach dem Ausscheiden statt, bleibt die Abfindung in vollem Umfang erhalten.
(3) Wird das Arbeitsverhältnis seitens des neuen Arbeitgebers innerhalb von zwei Jahren wieder aufgelöst, ist eine Aufstockung auf die ungeminderte Abfindung vorzunehmen. Dies gilt nicht, wenn die Auflösung auf einem schweren Fehlverhalten des Arbeitnehmers beruhte.
(4) Die Aufstockung erfolgt auch dann, wenn der Arbeitnehmer das Arbeitsverhältnis wegen Unzumutbarkeit nach § 626 BGB kündigt.

> **Hinweis:**
> Die Vorschrift versucht, den Arbeitgeber zu veranlassen, seine sozialen Kontakte für die Unterbringung der gekündigten Arbeitnehmer zu nutzen (Näher dazu *B. Kraushaar,* BB 2000, 1622). Sie ist bisher in der Praxis nicht sehr verbreitet.

§ 2: Outplacement

Der Arbeitnehmer hat Anspruch auf eine Outplacement-Beratung, deren Kosten der Arbeitgeber 30
trägt. Aufwendungen, die aufgrund von Empfehlungen des Outplacement-Beraters entstehen (z. B. Besuch von Bewerbungskursen) werden vom Arbeitgeber bis zu einem Betrag von € pro Beschäftigtem erstattet.

> **Hinweis:**
> Das Outplacement wird sehr unterschiedlich eingeschätzt. Es stellt niemals eine Alternative zur Abfindung dar. Gleichwohl wird man es mangels anderer Alternativen akzeptieren, sofern damit keine Nachteile verbunden sind. Kommt ein neues Arbeitsverhältnis zustande, hat der Arbeitgeber ggf. einen Teil der Abfindung gespart.

31–43 **Musterformulierung Sozialplan: Abfindung**

1. Grundsätzliche Bestimmungen

§ 1: Anspruchsberechtigte

31 (1) Wer gekündigt wird oder auf Veranlassung des Arbeitgebers einen Aufhebungsvertrag schließt oder selbst kündigt, hat einen Anspruch auf Abfindung nach Maßgabe der §§ 6 bis 9.

(2) Wer in dem in Abschnitt 1 § 1 genannten Zeitraum aufgrund Aufhebungsvertrags oder Eigenkündigung aus dem Arbeitsverhältnis ausscheidet, ohne vom Arbeitgeber dazu veranlasst zu werden, erhält 50 % der Abfindung nach den §§ 6 bis 9.

> **Hinweis:**
> Die Wiederholung der Anspruchsberechtigung in Abs. 1 dient der Verdeutlichung.
> Wer nicht auf »Veranlassung« des Arbeitgebers ausscheidet, könnte an sich von den Sozialplanleistungen insgesamt ausgenommen werden (vgl. DKW-*Däubler*, §§ 112, 112a Rn. 110). Die Regelung des Abs. 2 berücksichtigt, dass sich viele Arbeitnehmer angesichts der wirtschaftlichen Schwierigkeiten des Arbeitgebers eine anderweitige Beschäftigung suchen werden und nicht bis zum letzten Moment abwarten.

§ 2: Fälligkeit

32 (1) Der Abfindungsanspruch entsteht mit dem Ausspruch der Kündigung bzw. dem Abschluss des Aufhebungsvertrags.

(2) Er wird mit dem Ausscheiden des Arbeitnehmers aus dem Arbeitsverhältnis fällig.

(3) Er muss innerhalb von drei Monaten nach Fälligkeit geltend gemacht werden; andernfalls verfällt er.

(4) Erhebt der Arbeitnehmer Kündigungsschutzklage oder geht er gerichtlich gegen einen anderen Beendigungstatbestand vor, tritt die Fälligkeit erst mit rechtskräftiger Abweisung seiner Klage ein.

(5) Der Abfindungsanspruch ist vom Zeitpunkt seiner Entstehung an vererblich.

> **Hinweis:**
> Die Unterscheidung zwischen Entstehung und Fälligkeit ist insbesondere für die in Abs. 5 angesprochene Vererblichkeit von Bedeutung.
> Die Ausschlussklausel des Abs. 3 kommt dem Arbeitgeber entgegen, muss aber keineswegs drinstehen. Die früher verbreitete Klausel, die Erhebung einer Kündigungsschutzklage schließe die Abfindung aus, ist unzulässig; der meist gewollte »Abschreckungseffekt« kann aber in gewissem Umfang dadurch erreicht werden, dass die Fälligkeit des Abfindungsanspruchs hinausgeschoben wird.

§ 3: Ablehnung eines gleichwertigen Arbeitsplatzes

33 (1) Wer einen gleichwertigen Arbeitsplatz in seinem bisherigen Betrieb ablehnt, erhält keine Abfindung.

(2) Wer einen sonstigen gleichwertigen Arbeitsplatz ablehnt, erhält nur 30 % der Abfindung nach den §§ 6 bis 9.

(3) Gleichwertig ist der Arbeitsplatz nur,

wenn die bisherigen Rechte einschließlich der aus der Dauer der Betriebszugehörigkeit abgeleiteten erhalten bleiben und

wenn der evtl. neue Arbeitgeber keine schlechtere Bonität als der bisherige aufweist und

wenn keine Herabgruppierung erfolgt und

wenn außertarifliche Leistungen keine erhebliche Minderung erfahren und

wenn keine wesentlichen persönlichen Gründe wie z. B. die Pflege naher Angehöriger vorliegen, die dem Antritt der neuen Stelle entgegenstehen.

(4) Bei Meinungsverschiedenheiten über die Gleichwertigkeit entscheidet eine paritätische Kommission. Sie besteht aus zwei Vertretern des Arbeitgebers, zwei Vertretern des Betriebsrats und dem Arbeitswissenschaftler Prof. Name als neutralem Vorsitzenden.

> **Hinweis:**
> Nach § 112 Abs. 5 Satz 2 Nr. 2 BetrVG sollen Arbeitnehmer von der Abfindung ausgenommen werden, die einen zumutbaren Arbeitsplatz ablehnen. Über die Maßstäbe für die Zumutbarkeit kann man unterschiedlicher Auffassung sein (Einzelheiten bei DKW-*Däubler*, §§ 112, 112a Rn. 135 ff.). Die vorliegende Formulierung geht mit der herrschenden Meinung davon aus, dass zumutbar nur ein gleichwertiger Arbeitsplatz ist und regelt (relativ eng), was als gleichwertig anzusehen ist. Wichtig ist die Verfahrensvorschrift des Abs. 4, da sich nicht jeder Einzelfall voraussehen und exakt regeln lässt.

§ 4: Annahme eines neuen Arbeitsplatzes

(1) Wer einen gleichwertigen Arbeitsplatz annimmt, erhält lediglich Leistungen nach Abschnitt 2 34
§§ 1 bis 4.

(2) Wer einen nicht gleichwertigen Arbeitsplatz im Sinne des § 3 gleichwohl annimmt, behält seinen Abfindungsanspruch in vollem Umfang.

(3) Wer einen gleichwertigen Arbeitsplatz im Laufe von zwei Jahren aus betriebs- oder personenbedingten Gründen wieder verliert, erwirbt in diesem Augenblick gleichfalls einen Abfindungsanspruch. Dasselbe gilt, wenn er das Arbeitsverhältnis wegen Unzumutbarkeit nach § 626 BGB selbst außerordentlich kündigt.

> **Hinweis:**
> Abs. 2 vergoldet den sozialen Abstieg, zumal die Ausgleichsleistungen nach Abschnitt 2 nicht ausgeschlossen sind. Ob sich eine solche Kumulation durchsetzen lässt, ist eine andere Frage. Bei Abs. 3 sind auch die personenbezogenen Gründe erfasst, was nicht immer erreicht werden kann. Eine noch bessere Regelung würde darin bestehen, sämtliche vom Arbeitgeber ausgesprochenen Kündigungen einzubeziehen und lediglich den Fall der außerordentlichen Kündigung nach § 626 BGB auszuklammern. Dies würde bedeuten, dass auch bei verhaltensbedingter Kündigung nach § 1 Abs. 2 KSchG eine Abfindung geschuldet wäre.

§ 5: Dingliche Sicherung

(1) Auf Verlangen des Betriebsrats bestellt der Arbeitgeber zugunsten von Herrn Rechtsanwalt 35
Name, Adresse Grundschulden an seinem Betriebsgrundstück in Adresse (eingetragen im Grundbuch) in Höhe von insgesamt 1,5 Millionen Euro.

(2) Durch diese Grundschulden werden die noch nicht erfüllten Abfindungsansprüche der Arbeitnehmer gesichert.

(3) Es werden insgesamt 15 Grundschulden à 100 000,– € bestellt.

(4) Die Grundschulden sind am Ende jedes Monats an die noch bestehenden Abfindungsansprüche in der Weise anzupassen, dass Rechtsanwalt Name auf diejenigen Grundschulden verzichtet, die den Gesamtbetrag der noch nicht erfüllten Ansprüche – aufgerundet auf volle 100 000,– € – übersteigen.

(5) Die vorliegende Abmachung ist notariell beurkundet worden.

Alternative:

Der Arbeitgeber verpflichtet sich, zur Sicherung der noch nicht erfüllten Abfindungsansprüche eine Bankbürgschaft beizubringen, die an Rechtsanwalt Name übergeben wird.

> **Hinweis:**
> Eine Sicherung bietet sich insbesondere dann an, wenn die Abfindungen über einen längeren Zeitraum hinweg ausbezahlt werden. Eine solche Regelung ist deshalb schwer durchsetzbar, weil überall dort, wo eine ernsthafte Insolvenzgefahr besteht, der Wert der Betriebsgrundstücke bereits vorher durch Grundschulden mehr oder weniger ausgeschöpft ist. Es kann sich

daher empfehlen, eher den Weg der Bankbürgschaft zu gehen. Sie sichert die Abfindungsansprüche der einzelnen Betroffenen. Die Urkunde wird Rechtsanwalt Name ausgehändigt, der insoweit für alle Betroffenen handelt.
Die Stückelung der Grundschuld soll die Schwierigkeiten verringern, die dadurch entstehen, dass ja nicht zu jedem Zeitpunkt der volle Betrag zu sichern ist.
Zur Absicherung einer sich über Jahre erstreckenden »Rentenbrücke« s. oben B.

2. Höhe der Abfindung

§ 6: Sockelbetrag

36 Jeder Arbeitnehmer im Sinne von Abschnitt 1 § 1 Abs. 1 erhält einen Sockelbetrag von 2000,– €.

§ 7: Steigerungsbetrag nach der Abfindungsformel

37 (1) **Divisorformel:** Zu dem Sockelbetrag tritt ein Steigerungsbetrag hinzu, dessen Höhe sich nach folgender Formel bestimmt:
Dauer der Betriebszugehörigkeit
mal Lebensalter geteilt durch mal Bruttomonatsgehalt
40

(1a) Alternative: **Faktorformel**
Dauer der Betriebszugehörigkeit in Jahren mal Bruttomonatsgehalt mal Faktor
Der Faktor liegt im Normalfall bei 1,0; Arbeitnehmer, die das 40., aber noch nicht das 50. Lebensjahr vollendet haben, erhalten einen Faktor 1,2, Arbeitnehmer ab dem 50. Lebensjahr einen Faktor 1,4.

(2) Stichtag für die Errechnung der Betriebszugehörigkeit und des Lebensalters ist der Datum.

(3) Die Dauer der Betriebszugehörigkeit bestimmt sich nach dem rechtlichen Bestand des Arbeitsverhältnisses zum Arbeitgeber und seinem Rechtsvorgänger. Unterbrechungen von nicht mehr als drei Monaten bleiben unberücksichtigt. Bei längeren Unterbrechungen werden frühere Betriebszugehörigkeitszeiten nur dann angerechnet, wenn dies besonders vereinbart ist. Dasselbe gilt auch für sonstige Vordienstzeiten. Erziehungszeiten, die nach der Elternzeit genommen werden, stehen der Anrechnung einer früheren Tätigkeit nicht entgegen.

(4) Angefangene Jahre der Betriebszugehörigkeit und des Lebensalters gelten als volle Jahre.

(5) Bruttomonatsgehalt ist das im Jahr vor dem Ausscheiden verdiente Entgelt geteilt durch 12.

(6) Die Abfindung darf einen Betrag von € nicht überschreiten.

§ 8: Zusatzbeträge

38 (1) Schwerbehinderte Menschen und ihnen Gleichgestellte erhalten einen zusätzlichen Betrag von 8000,– €, sonstige Behinderte einen Betrag von € 4000,–.

(2) Für jeden unterhaltsberechtigten Angehörigen wird ein Betrag von 4000,– € bezahlt. Dies gilt nicht für Personen, die sich teilweise selbst unterhalten.

(3) Alleinerziehende erhalten einen Sonderbetrag von 10 000,– € pro Kind.

§ 9: Teilzeitkräfte

39 Die Beträge nach den §§ 6 und 8 vermindern sich bei Teilzeitkräften in dem Verhältnis, in dem ihre durchschnittliche Arbeitszeit zu der eines Vollzeitbeschäftigten steht.

40 **Hinweis zu §§ 6–9**
Die hier skizzierte »Abfindungsordnung« ist in der Praxis bisher wohl am weitesten verbreitet. Der **Sockelbetrag** ist für alle Vollzeitbeschäftigten gleich, stellt also anders als der **Steigerungsbetrag** nicht auf das Monatsgehalt ab.
Der Steigerungsbetrag orientiert sich demgegenüber an der unterschiedlichen Lohnhöhe. Die traditionelle **Divisorformel** schien nach Inkrafttreten des AGG riskant geworden zu sein, weil sie die Jüngeren benachteiligt, doch hat das BAG die bisherige Praxis bestätigt. (näher DKW-*Däubler* §§ 112, 112a Rn. 165). Geht man mit der überwiegenden Auffassung in der Literatur davon aus, dass etwa ab 40 die Chancen auf dem Arbeitsmarkt zurückgehen und daher

erst dann eine höhere Abfindung gerechtfertigt ist, so bietet sich das in § 7 Abs. 1a zugrunde gelegte **Faktormodell** an, auch »**Multiplikatorlösung**« genannt (vgl. *Schaub/Schrader/Straube/Vogelsang*, Kap. 2 Rn. 291 ff.). Das alleinige Abstellen auf die Kriterien »Dauer der Betriebszugehörigkeit« und (im Grundsatz auch) »Lebensalter« ist nur deshalb hinnehmbar, weil § 8 der konkreten Lebenssituation, d.h. der Behinderung und den Unterhaltspflichten, insbesondere Alleinerziehender, mit nicht nur geringfügigen Beträgen Rechnung trägt.
Beide Modelle lassen sich an Zahlenbeispielen verdeutlichen.

Divisorformel:
Betriebszugehörigkeit: 25 Jahre
Lebensalter: 45 Jahre
Divisor: 40
Ergibt: 25 x 45 = 1125 geteilt durch 40 = 28,125 (Monatsgehälter)
Wer nur 8 Jahre für das Unternehmen gearbeitet hat und 42 Jahre alt ist, bekommt
8 x 42 = 336 geteilt durch 40 = 8,4 Monatsgehälter als Abfindung
Bei kleinerem Divisor erhöht sich die Abfindung, bei größerem sinkt sie.

Faktorformel:
Betriebszugehörigkeit: 25 Jahre
Lebensalter; 45 Jahre, deshalb Faktor 1,2
Abfindung: 25 mal 1,2 = 30 (Monatsgehälter)
Wer nur 8 Jahre im Unternehmen gearbeitet hat und 42 Jahre alt ist, erhält ebenfalls den Faktor 1,2. Dabei ergibt 8 x 1,2 = 9,6 (Monatsgehälter)

In vielen Sozialplänen erfahren die sog. rentennahen Jahrgänge eine deutliche Schlechterstellung. Dies wird hier aus Gründen der Gerechtigkeit nicht übernommen (Einzelheiten zur Rechtsprechung bei DKW-*Däubler*, §§ 112, 112a Rn. 101 ff.).
Möglich wäre sicherlich auch eine andere Lösung, die die genannten Festbeträge deutlich erhöht und zum Ausgleich einen größeren Divisor (oder einen kleineren Faktor) bei der Abfindungsformel verwendet, so dass die relative Bedeutung von Betriebszugehörigkeit und Lebensalter zurückgeht.
Die genannten Beträge sind in einem wirtschaftlich weniger gut gestellten Unternehmen schwerlich durchsetzbar. Die Berechnungsvorschriften in § 7 Abs. 2 bis 6 sind notwendig, soweit auf die in Abs. 1 genannten Kriterien abgestellt wird.
Teilzeitkräfte könnte man auch besserstellen, ihnen beispielsweise den vollen Grundbetrag gewähren. Dies ist durch § 4 Abs. 1 TzBfG nicht verboten. Auf der anderen Seite ist auch die hier gewählte Lösung gesetzeskonform. Eine Bezugnahme auf § 7 unterbleibt, da die geringere Arbeitsmenge hier schon im Monatsgehalt zum Ausdruck kommt, das maßgebender Faktor für den Steigerungsbetrag ist.

Alternative Wege zur Bestimmung der Abfindung 41

Gleichfalls weit verbreitet ist ein sog. **Punktesystem**, das einzelnen Faktoren einen bestimmten Punktwert zuordnet. Dies kann identisch sein mit einer Punktetabelle, wie sie auf der Grundlage von § 1 Abs. 4 KSchG im Rahmen des Interessenausgleichs skizziert wurde (s. oben Rn. 9). Man kann allerdings auch in unterschiedlicher Weise staffeln (s. etwa das Modell bei *Schaub//Schrader/Straube/Vogelsang*, Kap. 2 Rn. 291).

Beispiel

1. Betriebszugehörigkeit
2. Lebensalter
   Für jedes Lebensjahr erhält man einen Punkt; beginnend mit dem 40. Lebensjahr kommt jedes Jahr mit 2 Punkten in Ansatz.
3. Familienverhältnisse
   Wer verheiratet ist, in einer gleichgeschlechtlichen Lebenspartnerschaft oder seit zwei Jahren in einer nicht ehelichen Lebensgemeinschaft lebt, erhält zusätzlich 10 Punkte.
4. Unterhaltsberechtigte

Für jede unterhaltsberechtigte Person werden 10 Punkte in Ansatz gebracht.

5. Besondere Fälle
   - Alleinerziehende erhalten zusätzlich 10 Punkte.
   - Behinderte Menschen erhalten für je 10 % 2 Punkte.
   - Wer einen Arbeitsunfall erlitten hat, der zu einer dauerhaften gesundheitlichen Beeinträchtigung führt, erhält zusätzlich 15 Punkte.

Der **Euro-Betrag, der einem Punkt entspricht,** wird in der Weise berechnet, dass zunächst die Summe aller Punkte bestimmt wird, die auf sämtliche vom Sozialplan erfassten Arbeitnehmer entfallen. Das zur Verfügung stehende Sozialplanvolumen wird dann durch diese Gesamtpunktzahl geteilt.

Beispiel
Von der Kündigungsaktion sind 40 Arbeitnehmer betroffen. Sie erreichen insgesamt 4000 Punkte. Steht für den Sozialplan eine Million Euro zur Verfügung, ergibt sich ein Punktwert von 250 Euro.

Die Punktwertmethode ist dann der einzig sinnvolle Weg, wenn das Gesamtvolumen des Sozialplans noch nicht feststeht. Dies ist häufig in der Insolvenz der Fall, da sich zwar ein Vielfaches der Monatsgehälter, nicht aber das Drittel der Verteilungsmasse bestimmen lässt, das weitere Obergrenze für das Sozialplanvolumen ist.

Unter anderen Umständen kann man auch mit **Festbeträgen** arbeiten.
Je nach Dauer der Betriebszugehörigkeit wird ein Grundbetrag vorgesehen, der zwischen 250,– € und 5000,– € liegt.
Personen ab 40 erhalten einen Zusatzbetrag von 500,– €, solche ab 45 von 1000,– €, solche ab 50 von 1500,– € und solche von 55 bis 62 Jahren 2000,– €. Das relative Gewicht der Betriebszugehörigkeit wird weiter dadurch erhöht, dass man für jedes im Betrieb zurückgelegte Jahr einen weiteren Betrag (z. B. von 100,– €) vorsieht. Auf die »nach dem 25. Lebensjahr« im Betrieb verbrachten Jahre kann man nicht mehr abstellen, da dies die Jüngeren diskriminieren würde (vgl. EuGH v. 19. 1. 2010 – C-555/07, NZA 2010, 85 – Kücükdeveci; BAG 29. 9. 2011 – 2 AZR 177/10, DB 2012, 807).
Familienstand, Unterhaltspflichten, Schwerbehinderung usw. werden mit einem weiteren Festbetrag (von z. B. 4000,– €) berücksichtigt.

Dem Arbeitgeber steht es frei, in Abwicklungsverträgen oder durch eine separate Betriebsvereinbarung eine zusätzliche Abfindung für den Fall vorzusehen, dass der Arbeitnehmer keine Kündigungsschutzklage erhebt. Diese sog. **Turboprämie** oder »Schnellentscheiderprämie« darf den Sozialplan nicht aushöhlen (Einzelheiten bei DKW-*Däubler* §§ 112, 112a Rn. 86). Sie ausdrücklich im Sozialplan zu erwähnen, besteht keine Veranlassung. Die Betroffenen sind überdies darauf hinzuweisen, dass sie eine **Sperrfrist** riskieren, wenn sie einen Aufhebungs- oder Abwicklungsvertrag schließen und ihre Abfindung höher als ein halbes Monatsgehalt pro Jahr der Betriebszugehörigkeit ist.

3. Härtefonds

§ 10: Härtefälle

42 (1) Zur Milderung von Härtefällen stellt der Arbeitgeber einen Betrag von 300 000,– € zur Verfügung.
(2) Ein Härtefall liegt insbesondere dann vor, wenn ein ausgeschiedener Arbeitnehmer durch Krankheit an einer Erwerbstätigkeit gehindert oder noch nach einem halben Jahr arbeitslos ist.

§ 11: Entscheidung über Anträge

(1) Über Anträge auf Zahlung aus dem Härtefonds entscheidet eine Kommission, die aus zwei Vertretern des Arbeitgebers, zwei Vertretern des Betriebsrats und dem Sparkassendirektor i.R. Name besteht. 43

(2) Sobald mindestens drei Anträge vorliegen, tritt die Kommission zusammen. Sie entscheidet nach freiem Ermessen, wobei sie die künftige Bedürfnislage anderer ausgeschiedener Arbeitnehmer berücksichtigen soll.

(3) Die Kommission stellt ihre Tätigkeit zwei Jahre nach Ende der Betriebsänderung (z.B. Schließung des Betriebs) ein. Die dann noch vorhandenen Mittel fallen an den Arbeitgeber.

> **Hinweis:**
> Der Härtefonds spielt häufig nur eine geringe Rolle, kann jedoch dafür eingesetzt werden, mehr Einzelfallgerechtigkeit zu schaffen. Wenn wie hier ein relativ ordentlicher Betrag vorgesehen ist, empfiehlt sich zugleich eine Verfahrensregelung. Die eingesetzte Kommission ist einer Einigungsstelle vergleichbar; durch das Hinzutreten eines Dritten sind immer Mehrheiten möglich. Oft kommt es der Arbeitgeberseite auch nur darauf an, dass der Höchstbetrag nicht überschritten wird. Wer wieviel erhält, ist für sie weniger interessant. Es gibt daher auch Fälle, in denen der Härtefonds ausschließlich vom Betriebsrat verwaltet wird.
> Die Kommission ist bei ihren Entscheidungen sehr frei gestellt; dadurch werden Streitigkeiten und gerichtliche Auseinandersetzungen mit Arbeitnehmern vermieden, die sich möglicherweise höhere Leistungen erhofft haben.

Musterformulierung Sozialplan: Regelung von Urlaub und Sozialleistungen bei Ausscheiden 44–45

§ 1: Urlaub

(1) Im Jahr des Ausscheidens besteht ein ungekürzter Urlaubsanspruch. 44

(2) Dieser ist nur dann abzugelten, wenn eine Arbeitsbefreiung während der Dauer des Arbeitsverhältnisses nicht möglich ist.

(3) Das Urlaubsgeld wird in voller Höhe ausbezahlt.

§ 2: Sozialleistungen

Die im Jahr des Ausscheidens fällig werdenden Sozialleistungen werden in vollem Umfang gewährt. 45

§ 3: Werkswohnungen

Das Ausscheiden aus dem Arbeitsverhältnis darf nicht als Grund für eine Kündigung der Werkswohnung herangezogen werden.

§ 4: Arbeitgeberdarlehen

Arbeitgeberdarlehen werden zu den bisherigen Bedingungen fortgeführt.

§ 5: Betriebliche Altersversorgung

Erdiente Anwartschaften auf betriebliche Altersversorgung bleiben erhalten, soweit sie unverfallbar sind.

> **Hinweis:**
> Die volle Gewährung von Urlaub und Sozialleistungen schafft eine Art Abschiedsgeschenk und vermeidet Ungleichheiten, die dadurch entstehen könnten, dass der eine schon im Mai, der andere erst zum Jahresende ausscheiden muss.

Werkswohnungen und Arbeitgeberdarlehen sind langfristig angelegte Leistungen, die üblicherweise nicht unentgeltlich sind; ihre Fortführung erscheint daher angemessen.
Bei der betrieblichen Altersversorgung könnten »Mini-Anwartschaften« nach § 3 BetrAVG an sich auch dann abgefunden werden, wenn sie unverfallbar sind. Davon wurde hier jedoch kein Gebrauch gemacht. Verfallbare Anwartschaften gehen unter; ihr Wert ist mittelbar in der allgemeinen Abfindung berücksichtigt. Eigenleistungen des Arbeitnehmers (z.B. durch Gehaltsumwandlung) müssen zurückerstattet werden.
Bei Urlaub und Sozialleistungen wird bisweilen auch eine Leistung nur entsprechend den noch im Arbeitsverhältnis verbrachten Monaten vorgesehen. Wer Ende Mai ausscheidet, erhält daher nur fünf Zwölftel des Jahresurlaubs und fünf Zwölftel der (nicht tariflich abgesicherten) Weihnachtsgratifikation.

46–50 **Musterformulierung Sozialplan: Sonstige Bestimmungen**

§ 1: Altersteilzeit

46 (1) Von den im Betrieb geltenden Regelungen in Tarifverträgen und Betriebsvereinbarungen über Altersteilzeit ist verstärkt Gebrauch zu machen.

(2) Auf Verlangen eines von Kündigung bedrohten Arbeitnehmers ist mit ihm ein Altersteilzeitvertrag abzuschließen.

(3) Über andere Programme der Frühpensionierung wird ggf. eine separate Regelung getroffen.

Hinweis:
Durch die Anhebung der Altersgrenzen hat die Altersteilzeit an Bedeutung eingebüßt. Dies gilt erst recht für die früher verbreitete »58er-Regelung«. Letztere lässt sich nur noch mit hohem finanziellem Aufwand für den Arbeitgeber praktizieren, weshalb sie faktisch nur noch selten durchsetzbar ist.
Angesichts der Ungewissheit über die weitere Entwicklung im Sozialversicherungsrecht wurde in Abs. 3 eine Öffnung vorgesehen, die für bessere Zeiten gedacht ist.
Der Anspruch auf Altersteilzeit dürfte in den Sozialplanverhandlungen nicht immer durchsetzbar sein. Außerdem ist er im Regelfall nur wenig interessant, solange bei einem Ausscheiden aus dem Betrieb eine erhebliche Abfindung bezahlt wird. Weiter ist die Altersteilzeit ein recht langfristig wirkendes Instrument, so dass sie sich von vorneherein in Fällen nicht eignet, in denen ein Personalabbau innerhalb weniger Monate bewerkstelligt werden muss. Insoweit hängt es entscheidend von den betrieblichen Umständen ab, ob überhaupt eine Bestimmung über Altersteilzeit in den Sozialplan aufgenommen wird.

§ 2: Abschluss von Aus- und Weiterbildungsmaßnahmen

47 Personen, die in einem Ausbildungs-, Umschulungs- oder Weiterbildungsverhältnis stehen, erhalten die Möglichkeit, die geplante Ausbildung, Umschulung oder Weiterbildung abzuschließen.

Hinweis:
Die Vorschrift findet sich häufig in Sozialplänen; insbesondere bei größeren Betrieben wird die »Lehrwerkstatt« fortgeführt und ggf. in die Transfergesellschaft übernommen. Da diese Personengruppen angesichts geringer Vergütungen bzw. staatlicher Zuschüsse den Arbeitgeber relativ wenig kosten und der soziale Nutzen auf der Hand liegt, lässt sich hier für den Betriebsrat meist ein gutes Ergebnis erzielen.

§ 3: Zwischenzeugnis

Spätestens eine Woche nach Absendung des Kündigungsbriefs erhält der betroffene Arbeitnehmer ein Zwischenzeugnis. 48

Hinweis:
Auf diese Weise werden Bewerbungen erleichtert.

§ 4: Wiedereinstellung

(1) Sind Arbeitnehmer nach Abschnitt 1 § 1 ausgeschieden, so werden sie bei zukünftigen Stellenbesetzungen bevorzugt berücksichtigt, sofern sie die erforderliche Qualifikation aufweisen. Sind mehr Bewerber als freie Stellen vorhanden, ist eine Auswahl entsprechend § 1 Abs. 3 KSchG zu treffen. 49

(2) Der Arbeitgeber wird die ausgeschiedenen Mitarbeiter rechtzeitig von den frei werdenden Stellen informieren; Mitarbeiter haben Änderungen ihrer Adresse dem Arbeitgeber bekannt zu geben, sofern sie an Informationen interessiert sind.

(3) Erfolgt die Einstellung innerhalb von fünf Jahren, wird die frühere Dienstzeit angerechnet.

Hinweis:
Die Wiedereinstellung liegt im Interesse nicht nur des ggf. arbeitslosen oder auf einer schlechteren Stelle tätigen Arbeitnehmers. Auch der Arbeitgeber hat ein Interesse daran, eingearbeitetes und mit den betrieblichen Vorgängen vertrautes Personal rekrutieren zu können.

§ 5: Auslegung des Sozialplans

Bestehen Meinungsverschiedenheiten über den Inhalt einzelner Bestimmungen dieses Sozialplans, treten Betriebsrat und Arbeitgeber in Verhandlungen ein. Lässt sich keine Klärung erreichen, entscheidet eine Einigungsstelle. Diese besteht aus zwei vom Arbeitgeber und zwei vom Betriebsrat entsandten Mitgliedern; kommt keine Einigung über die Person des Vorsitzenden zustande, wird er vom zuständigen Arbeitsgericht bestimmt. 50

Hinweis:
Eine authentische Interpretation des Sozialplans ist besser als viele Einzelklagen, die ggf. zu unterschiedlichen Ergebnissen führen. Auch ist der Weg über Verhandlungen und Einigungsstelle einfacher als die Durchführung eines Beschlussverfahrens. Der bei der Bestellung des Vorsitzenden ggf. entstehende Aufwand an Zeit und Kosten stellt einen Anreiz dar, vorher eine einvernehmliche Regelung zu finden

Checkliste: Aufgedrängtes Homeoffice als Teil einer Betriebsänderung 50a

Vorbemerkung

Arbeiten im Homeoffice wurde vor der Corona-Pandemie als Arbeitnehmerrecht diskutiert, dem die Arbeitgeberseite meist skeptisch gegenüberstand. Die Pandemie zwang dazu, im Rahmen des betrieblich Möglichen und Sinnvollen auf das Homeoffice auszuweichen. Nicht selten wird dabei seitens der Geschäftsführung die »Entdeckung« gemacht, dass auch in einem solchen Fall die Arbeit ordnungsgemäß läuft. Es erscheint daher auch von den Kosten her attraktiv, Büroraum und die damit verbundenen Aufwendungen einzusparen. Dies kann so weit gehen, dass nur noch Meeting-Räume und Büros für solche Mitarbeiter vorgehalten werden, die wegen ihrer Arbeit (z.B. mit Akten) vor Ort bleiben müssen. Auch der Betriebsrat darf seinen Raum behalten; aus Gründen der Optik werden ggf. noch »Kreativräume« eingerichtet, in denen sich eine Couch, einige Sessel und eine Kaffeemaschine befinden. Wer im Betrieb vorbeikommt, soll sich dort mit anderen austauschen können. Der wirkliche Betrieb als räumliche Einheit verschwindet fast völlig. Inzwischen legt die Arbeitgeberseite wieder verstärkt Wert auf die physische Anwesenheit der Mitarbeiter, doch wird diese nicht an allen Tagen der Woche verlangt.

Will der Arbeitgeber eine solche Arbeitsform von 100 % Homeoffice für die allermeisten durchsetzen, stellt dies eine Betriebsänderung nach § 111 Satz 3 Nr. 4 und 5 BetrVG dar. Dies gilt auch dann, wenn nur zu 70 % zu Hause gearbeitet wird. Die Arbeitsform ändert sich in vielfältiger Weise.

Für den Betriebsrat stellen sich bei den Verhandlungen über Interessenausgleich und Sozialplan (aber auch im Zusammenhang mit anderen Mitbestimmungsrechten) zahlreiche neue Fragen. Sie seien hier in einer nicht abschließenden vorläufigen Checkliste zusammengestellt:

Checkliste – die 14 heiklen Punkte beim Homeoffice

1. Der Arbeitgeber kann sein Modell durchsetzen, wenn alle betroffenen Beschäftigten ihr Einverständnis erklären. Ist damit zu rechnen?
2. Kann der Arbeitgeber ein ausschließliches Arbeiten zu Hause im Wege der Änderungskündigung erzwingen? Dies ist bedeutsam, wenn sich einige oder viele weigern, weil sie dieses Arbeitsmodell nicht schätzen oder weil sich in ihrer Wohnung kein Homeoffice einrichten lässt.

Die Frage ist bisher nicht definitiv geklärt. Gegen eine solche Änderungskündigung spricht, dass es Sache des Arbeitgebers ist, die Voraussetzungen für die Arbeitsleistung zu schaffen. Dies kommt nicht zuletzt in der Lehre vom Betriebsrisiko zum Ausdruck, wie sie durch § 615 Satz 3 BGB anerkannt ist. Freiwillig kann der Arbeitnehmer einen Teil seiner Wohnung zur Verfügung stellen – ähnlich wie dies ggf. ein Außendienstmitarbeiter mit seinem Privatfahrzeug tut. Einen Zwang in dieser Richtung gibt es nicht, weil es rechtswidrig wäre, wollte sich der Arbeitgeber auf diesem Wege von einer zum Arbeitsverhältnis gehörenden Pflicht befreien. Wer sich gegen eine solche Änderungskündigung wehrt, hätte deshalb vor Gericht durchaus gute Chancen.

3. Im Einzelfall kann es wegen der Familienverhältnisse oder wegen der Größe der Wohnung nicht zumutbar sein, dass ein Beschäftigter zu Hause arbeitet. Eine solche Situation kann auch nachträglich auftreten. In solchen Fällen muss der Arbeitgeber einen Ausweicharbeitsplatz anmieten. Dies kann man auch dem Arbeitnehmer überlassen, sofern gleichzeitig für vollen Kostenersatz (ggf. bis zu einer Höchstgrenze) gesorgt ist.
4. Das ausschließliche Arbeiten zu Hause bringt die Gefahr der persönlichen Isolierung mit sich. Gelegentliche Gespräche auf dem Gang oder in der Kantine entfallen, die Kolleginnen und Kollegen kennt man nur über manchmal stattfindende Video- oder Telefonkonferenzen. Ein Ersatz sollte dadurch geschaffen werden, dass die zur Verfügung gestellten Kommunikationsmittel auch privat genutzt werden dürfen.
5. Je nach Arbeitsform sollte man dafür sorgen, dass sich Teams regelmäßig auch physisch treffen. Dies lässt sich festschreiben.
6. Die Kommunikation zwischen Beschäftigten und Betriebsrat sollte sichergestellt sein. Besuche in der Sprechstunde, die im »Restbetrieb« stattfindet, gehören entsprechend § 39 Abs. 3 BetrVG zur Arbeitszeit und werden vergütet; Fahrtkosten sind zu ersetzen.
7. Jeder Neueingestellte führt mindestens ein eingehendes Gespräch mit einem Betriebsratsmitglied, um so die Funktion des Betriebsrats und die betrieblichen Verhältnisse näher kennen zu lernen.
8. Die Arbeitszeit zu Hause lässt sich nicht allein durch die Zeit bestimmen, in der jemand online war. Es kann auch Vor- und Nachbereitungsaufgaben geben, die ohne eingeschalteten Computer abgewickelt werden. Dies lässt sich durch einen pauschalen Zeitzuschlag erfassen. Die automatische Erfassung der Onlinezeit darf im Übrigen nur zur Feststellung der Arbeitsstunden, nicht für andere Zwecke verwendet werden. Im Rahmen des ArbZG ist die Arbeitszeit flexibel, was nicht ausschließt, dass bestimmte Zeiten der Erreichbarkeit vorgesehen sein können.
9. Zu klären ist, ob die Büroeinrichtung ausschließlich durch den Arbeitgeber erfolgt oder ob auch Möbel/Geräte des Arbeitnehmers verwendet werden.
10. Der Arbeitnehmer macht Aufwendungen, indem er einen Teil seiner Wohnung für dienstliche Zwecke zur Verfügung stellt, seinen Internetanschluss für dienstliche Zwecke verwen-

det und Strom verbraucht etc. Dafür steht ihm nach § 670 BGB ein voller Aufwendungsersatz zu. Dieser kann arbeitsvertraglich nicht abbedungen oder gemindert werden, da dies gegen § 307 Abs. 1 Satz 1 BGB verstoßen würde. Ob der Aufwendungsersatz durch Betriebsvereinbarung/Sozialplan teilweise abbedungen, etwa mit einer niedrigen Pauschalzahlung »erledigt« werden kann, erscheint ebenfalls höchst zweifelhaft.

11. Ob die Grundsätze über die Arbeitnehmerhaftung auch zugunsten von Familienangehörigen und Besuchern gelten, ist nicht definitiv geklärt. Man sollte deshalb eine Regelung treffen, die die Haftung aller Beteiligten auf grobe Fahrlässigkeit beschränkt. Man könnte auch daran denken, dass der Arbeitgeber für den Arbeitnehmer eine Haftpflichtversicherung abschließt, die nur bei Vorsatz Rückgriff nehmen würde.
12. Die Gesetzliche Unfallversicherung deckt nicht alle Schäden ab, die im Zusammenhang mit der Arbeit zu Hause entstehen. Hier wäre eine Privatunfallversicherung abzuschließen, die alle mit der Arbeit in Zusammenhang stehenden Schäden abdeckt, soweit die Gesetzliche Unfallversicherung nicht eingreift.
13. Arbeiten fast alle Arbeitnehmer zu Hause, kann die Zugehörigkeit zu einem bestimmten Betrieb in manchen Fällen zweifelhaft werden, obwohl § 5 Abs. 1 Satz 1 BetrVG bei der Beschreibung der Belegschaft die Telearbeit ausdrücklich einbezieht. Probleme liegen insbesondere dann nahe, wenn Einzelne fachliche Weisungen z. B. von einer ausländischen Niederlassung erhalten (»Matrixsystem«), doch gehören nach BAG die »Matrix-Manager« zum Betrieb der Weisungsempfänger (BAG22.5.2025 – 7 ABR 28/24). Im Einzelfall ist der Abschluss eines Tarifvertrags nach § 3 BetrVG zu empfehlen, der eine eindeutige Zuordnung vornimmt.
14. Wird die Arbeit zu Hause aufgrund der familiären Situation oder einer geänderten Wohnungsgröße unzumutbar, so kann die Homeoffice-Abrede mit einer Frist von zwei Wochen zum Monatsende gekündigt werden. Der Arbeitgeber ist zur Anmietung eines Ausweicharbeitsplatzes oder zum Angebot eines Arbeitsplatzes im Restbetrieb verpflichtet.

E. Klagen und Anträge an das Arbeitsgericht

Musterschriftsätze

Verbot betriebsbedingter Kündigungen bis zum Abschluss der Verhandlungen über den Interessenausgleich 51

An das Arbeitsgericht Bezeichnung
Adresse

In dem Beschlussverfahren mit den Beteiligten
1. Gesamtbetriebsrat in der Firmenbezeichnung, Adresse

– Antragsteller –

und
2. Firmenbezeichnung, Adresse

– Antragsgegnerin –

vertreten wir den Antragsteller.
Namens und im Auftrag des Beteiligten zu 1 leiten wir ein Beschlussverfahren ein und beantragen, im Wege der einstweiligen Verfügung – wegen Dringlichkeit ohne mündliche Anhörung der Beteiligten – anzuordnen:

1. Der Beteiligten zu 2 wird untersagt, bis zum Abschluss der Verhandlungen über den Interessenausgleich zu den von der Beteiligten zu 2 in den Jahren 2025 bis 2027 geplanten Personalreduzierungen betriebsbedingte Kündigungen auszusprechen.
2. Der Beteiligten zu 2 wird für jeden Fall der Zuwiderhandlung gegen die Anordnung gemäß Ziffer 1 ein Ordnungsgeld von bis zu 250 000,– €, ersatzweise Ordnungshaft, angedroht.
3. Hilfsweise: Die unter 1 und 2 beantragte einstweilige Verfügung nach Anhörung der Beteiligten unter größtmöglicher Abkürzung der Ladungs- und Einlassungsfristen zu erlassen.

Begründung
Die Beteiligte zu 2 betreibt bundesweit einen Paketzustelldienst. Ihre Hauptverwaltung befindet sich in Ort; daneben verfügt sie über 30 Niederlassungen in verschiedenen Teilen des Bundesgebiets. Antragsteller ist der bei der Beteiligten zu 2 gebildete Gesamtbetriebsrat.
Die Beteiligte zu 2 plant seit 2024, ihr in Deutschland tätiges Personal im Laufe der Jahre 2025 bis 2027 um ein Drittel zu verringern. Eine entsprechende Vorgabe der in Brüssel ansässigen Muttergesellschaft Firmenbezeichnung wurde dem Europäischen Betriebsrat in seiner Sitzung vom Datum mitgeteilt.
Glaubhaftmachung durch beigefügte eidesstattliche Versicherung des Herrn Name, deutscher Vertreter im Europäischen Betriebsrat
Seit Datum wurden in den Niederlassungen insgesamt 160 von 630 Arbeitsplätzen abgebaut.
Beweis: Schreiben der Geschäftsleitung vom Datum über die Personalentwicklung im Unternehmen
Der Personalabbau erfolgte durch zahlreiche kleine Einzelmaßnahmen, deren innerer Zusammenhang erst durch die Aussage der Konzernleitung gegenüber dem Europäischen Betriebsrat deutlich wurde.
Da das vorgesehene Drittel noch nicht erreicht ist, sind weitere Personalabbaumaßnahmen zu besorgen.
Zu einem entsprechenden Sachverhalt s. *Däubler*, AiB 5/2021.

52 **Arbeitnehmer: Klage auf Gewährung eines Nachteilsausgleichs**

Klage
In Sachen Name, Arbeitnehmer

– Klägerin –

gegen
Firma Firmenbezeichnung, Adresse

– Beklagte –

wegen **Nachteilsausgleichs**
Namens und in Vollmacht der Klägerin erheben wir Klage und werden beantragen:
Die Beklagte wird verurteilt, an die Klägerin eine Abfindung für den Verlust des Arbeitsplatzes zu bezahlen.
Die Beklagte trägt die Kosten des Rechtsstreits.

Begründung
Die Klägerin ist seit Datum als Modedesignerin bei der Beklagten beschäftigt. Sie bezieht ein Bruttomonatsgehalt von 4000,– €. Neben ihr sind im Unternehmen weitere 72 Arbeitnehmer tätig.
Bei der Beklagten ist ein fünfköpfiger Betriebsrat gebildet.
Am Datum informierte der Arbeitgeber den Betriebsrat, dass er zum Jahresende 20 Arbeitnehmer entlassen wolle; die Aufträge seien zurückgegangen, eine Besserung sei nicht abzusehen.
Der Betriebsrat verlangte daraufhin nähere Angaben über die wirtschaftliche Lage des Unternehmens; ob er sie in vollem Umfang erhielt, ist zwischen ihm und der Beklagten streitig.
In den Monaten August und September fanden verschiedene Verhandlungen zwischen Betriebsrat und Beklagter über einen Interessenausgleich und einen Sozialplan statt. Eine Einigung kam nicht zustande. Bei dem am Datum stattfindenden letzten Treffen verlangte der Betriebsrat, eine Einigungsstelle einzuschalten, doch vertrat die Beklagte die Auffassung, die damit verbundenen Kosten könne man sich sparen. Weitere Gespräche über einen Interessenausgleich seien sinnlos.

Am Datum erhielt die Klägerin die ordentliche fristgerechte Kündigung zum Datum. Sie hat diese nicht angegriffen.

Die Klägerin kann gemäß § 113 Abs. 3 in Verbindung mit § 113 Abs. 1 BetrVG einen Nachteilsausgleich verlangen. Die Beklagte hat die Verhandlungen über einen Interessenausgleich zu Unrecht vorzeitig abgebrochen und sich deshalb nicht in dem gesetzlich gebotenen Umfang um einen Interessenausgleich bemüht.

Bei der geplanten Maßnahme handelt es sich um eine Betriebsänderung, was ersichtlich auch zwischen dem Betriebsrat und der Beklagten unstreitig ist. Die Beklagte war deshalb verpflichtet, alle Möglichkeiten auszuschöpfen, um mit dem Betriebsrat einen Interessenausgleich zu vereinbaren. Dazu gehört nach der Rechtsprechung des BAG (18.12.1984 – 1 AZR 176/82, AP Nr. 11 zu § 113 BetrVG 1972) und nach der herrschenden Auffassung in der Literatur (Nachweise bei DKW-*Däubler*, §§ 112, 112a Rn. 6) auch die Verpflichtung, notfalls die Einigungsstelle anzurufen. Dies hat die Beklagte unterlassen, obwohl sogar der Betriebsrat von sich aus ein entsprechendes Vorgehen verlangt hatte.

Die Höhe der Abfindung wird in das Ermessen des Gerichts gestellt. Dabei ist insbesondere zu berücksichtigen, dass die Klägerin zwei Kindern unterhaltspflichtig ist und bis heute keine neue Beschäftigung in ihrem bisher ausgeübten Beruf gefunden hat.

> **Hinweis:**
> Es werden alle die Tatsachen mitgeteilt, die notwendig sind, um einen Anspruch aus § 113 BetrVG zu begründen. Dazu gehören die Existenz des Betriebsrats und die Beschreibung der geplanten Betriebsänderung. Weiter ist der Verstoß des Arbeitgebers gegen seine Verhandlungspflicht zu schildern. Die Angaben zur Person der Klägerin sollen das Gericht in die Lage versetzen, unter Anwendung der Grundsätze des § 10 KSchG (auf den § 113 Abs. 1 BetrVG verweist) die Höhe der Abfindung festzulegen.
> Ein auf einen bestimmten Betrag lautender Antrag ist nicht erforderlich (BAG, 22.2.1983 – 1 AZR 260/81, DB 1983, 1447). Zu den im Einzelnen zu berücksichtigenden Faktoren siehe DKW-*Däubler*, § 113 Rn. 19. Die wirtschaftliche Vertretbarkeit für das Unternehmen spielt anders als beim Sozialplan keine Rolle (BAG 20.11.2001 – 1 AZR 97/01, NZA 2002, 992).

Betriebsrat: Antrag auf Feststellung der Unwirksamkeit eines Sozialplans 53

An das Arbeitsgericht Bezeichnung
Adresse
Antrag im Beschlussverfahren mit den Beteiligten
1. Betriebsrat der Firmenbezeichnung,
vertreten durch seinen Vorsitzenden, Herrn Name,
Verfahrensbevollmächtigter: Rechtsanwalt Name

– Antragsteller –

2. Firma Firmenbezeichnung, Adresse,
vertreten durch ihren Alleingeschäftsführer, Herrn Name,

– Antragsgegnerin –

wegen **Feststellung der Unwirksamkeit eines Sozialplans**

Namens und in Vollmacht des Antragstellers leiten wir ein Beschlussverfahren ein und beantragen:

Es wird festgestellt, dass der Spruch der Einigungsstelle vom Datum rechtsunwirksam ist.

Begründung:

Die Antragsgegnerin stellt Glas- und Keramikprodukte her und beschäftigt insgesamt 80 Arbeitnehmer. Im August entschloss sie sich, einen Teil ihrer Produktion nach Ungarn zu verlagern.

Dies führte zum Wegfall von 30 Arbeitsplätzen mit Wirkung vom Datum. Die Antragsgegnerin berief sich in erster Linie auf Kostengründe.
Zwischen den Beteiligten fanden eingehende Verhandlungen über Interessenausgleich und Sozialplan statt. Da eine Einigung nicht möglich war, trat am Datum eine Einigungsstelle unter dem Vorsitz des Arbeitsrichters Name zusammen. Kurz vor Weihnachten kam die Einigungsstelle mehrheitlich zu der Auffassung, dass weitere Verhandlungen über einen Interessenausgleich sinnlos seien.
Die Verhandlungen über einen Sozialplan zogen sich in die Länge. Schließlich wurde am Datum mit den Stimmen der Arbeitgebervertreter und des Vorsitzenden ein Spruch gefällt. Danach soll ein Sozialplan gelten, dessen zentrale Bestimmung lautet:
»Jeder gekündigte Arbeitnehmer erhält eine Abfindung in Höhe von einem halben Monatsgehalt pro Jahr der Betriebszugehörigkeit.
Angefangene Jahre zählen nicht.«
Weitere Leistungen für ausscheidende Arbeitnehmer sind nicht vorgesehen.
Der durch Spruch zustande gekommene Sozialplan ist rechtswidrig, weil er die wirtschaftlichen Nachteile der betroffenen Arbeitnehmer nur in unzureichendem Umfang mildert. Außerdem nimmt der Sozialplan entgegen den gesetzlichen Vorgaben nach § 112 Abs. 5 Satz 2 Nr. 1 und 2 keinerlei Rücksicht auf die individuelle Situation der betroffenen Arbeitnehmer. So wird beispielsweise weder auf familiäre Belastungen noch auf die Schwerbehinderteneigenschaft oder die Aussichten auf dem Arbeitsmarkt abgestellt. Eine so pauschale Bemessung der Abfindung stellt eine Ermessensüberschreitung dar. Sie ist durch gerichtliche Entscheidung zu korrigieren.

F. Transfervereinbarungen

54–56

1. Checkliste

1. **Vermittlungsbemühungen des Arbeitgebers**
2. **Erleichterung des Übergangs in die Selbständigkeit**
3. **Einrichtung einer beE**
4. **(Zusätzliche oder geminderte) Abfindung bei Eintritt in beE**
5. **Behandlung älterer Arbeitnehmer**
   - Altersteilzeiter
   - Rentenberechtigte
   - Rentenberechtigte nach Arbeitslosigkeit
6. **Transfermaßnahmen nach § 110 SGB III**
7. **Finanzierung der beE, insbesondere Remanenz- und Verwaltungskosten**
8. **Vorgaben für den sog. Dreiseitigen Vertrag (meist im Sozialplan)**
   - Zeitpunkt des Angebots und spätester Termin für die Annahme
   - Wem wird der Übertritt in die beE ermöglicht?
   - Verweildauer in der beE
   - Aufstockung des Transferkurzarbeitergelds
   - Mobilitäts- oder Turboprämien
   - Zielvereinbarungen
   - Behandlung des Urlaubs
   - Jederzeitige fristlose Kündbarkeit des Arbeitsverhältnisses durch den Arbeitnehmer
   - Ruhen während der Probezeit in einem neuen Arbeitsverhältnis
   - Nachbetreuung während evtl. anschließender Arbeitslosigkeit
9. **Wiedereinstellung bei Besserung der wirtschaftlichen Lage des Arbeitgebers**
10. **Durchführung eines Profiling vor Eintritt in die beE (=TG)**

2. Formulierungsvorschläge

Interessenausgleich mit Transferregeln 57–61

§ 1: Ausgangssituation und Ziel

(1) Unter der veränderten wirtschaftlichen Situation kann die Überlebensfähigkeit des Unternehmens nach Auffassung des Arbeitgebers nur gesichert werden, wenn eine Änderung der Unternehmenstätigkeit im Kerngeschäft erfolgt. Aus diesem Grund ist eine umfassende Strukturveränderung vorzunehmen, die mit einer weitreichenden Kostenreduzierung verbunden ist. 57

(2) Wesentlicher Inhalt der Neuausrichtung ist die Sicherung der Position des Unternehmens im bisherigen Marktsegment.

(3) Das Fortführungskonzept des Unternehmens wird den Mitarbeitern bis zum Datum im Intranet zur Einsichtnahme zur Verfügung gestellt.

(4) Die Umstrukturierung hat erhebliche Auswirkungen auf die Beschäftigungssituation im Unternehmen. Dies war unvermeidbar.

> **Hinweis:**
> Es geht ersichtlich um eine ganz wesentliche Umstrukturierung. Die Worte »nach Auffassung des Arbeitgebers« machen deutlich, dass der Betriebsrat diese Einschätzung nicht unbedingt teilt. Angesichts der folgenden Bestimmungen verzichtet er allerdings darauf, seine andere Sicht der Dinge ausdrücklich im Text festhalten zu lassen.

§ 2: Betriebliche Maßnahmen

Hier wird im Einzelnen beschrieben, welche Betriebsteile stillgelegt oder verkleinert werden.

§ 3: Arbeitsrechtliche Maßnahmen

(1) Der Betriebsrat ist über die geplanten Maßnahmen eingehend informiert worden. Die dafür sprechenden Gründe hat er zur Kenntnis genommen.

(2) Im Zuge der geplanten und beschriebenen Maßnahmen bleiben die sich aus der Anlage 1 ergebenden Arbeitsplätze bestehen. Die Arbeitsverträge aller Mitarbeiter, die nicht auf diesen Arbeitsplätzen weiterbeschäftigt werden können, werden unter Beachtung der gesetzlichen und tariflichen Bestimmungen beendet.

(3) Vorrangiges Ziel ist es, den Ausspruch von betriebsbedingten Kündigungen zu vermeiden. Soweit dies nicht möglich ist, wird den betroffenen Arbeitnehmern, die sich im Einzelnen aus der Namensliste gemäß Anlage 2 ergeben, aus betriebsbedingten Gründen ordentlich gekündigt, wenn sie nicht bereits aus anderen Gründen wie Pensionierung und Auslauf befristeter Verträge ausscheiden.

(4) Zur Milderung der wirtschaftlichen Nachteile wird für die von der Betriebsänderung betroffenen Arbeitnehmer ein Sozialplan abgeschlossen.

> **Hinweis:**
> Der Betriebsrat hat sich hier auf die Vereinbarung einer Namensliste nach § 1 Abs. 5 KSchG eingelassen (Abs. 3 Satz 2). Das ist nicht unproblematisch: Damit wird dem Arbeitgeber wegen des weitgehend wegfallenden Kündigungsschutzes die Arbeit erleichtert. Allerdings kann damit gerechnet werden, dass Beschäftigte, die sich auf der Namensliste befinden, in die beE wechseln werden – ein Ziel, welches der Betriebsrat ja ausdrücklich mitträgt. Bei Verzicht auf die Namensliste müsste zuerst gewartet werden, bis der Arbeitgeber eine soziale Auswahl getroffen hat und diese umsetzt: Nur die von Kündigung Betroffenen hätten dann ein Interesse, in die beE zu wechseln.

§ 4: Betriebsorganisatorisch eigenständige Einheit

(1) Die Betriebsparteien planen die Errichtung einer beE im Sinne des § 111 Abs. 3 Nr. 2 SGB III für die Zeit vom Datum bis Datum. Als Alternative kommt auch eine vertragliche Abmachung mit einer Transfergesellschaft (TG) in Betracht. 58

(2) Arbeitnehmer, die sich in einem sozialversicherungspflichtigen Beschäftigungsverhältnis befinden und denen aufgrund der Umstrukturierung betriebsbedingt gekündigt werden soll, erhalten ein Angebot zum Eintritt in die beE bzw. TG.
(3) Die Verweildauer beläuft sich grundsätzlich auf die doppelte Dauer der individuellen ordentlichen Kündigungsfrist, beträgt jedoch mindestens drei und höchstens zwölf Monate.
(4) Die Verweilzeiten beziehen sich auf ein Ausscheiden aus dem Betrieb zum Datum. Soweit einzelnen Mitarbeitern aus betrieblichen Gründen erst zu einem späteren Zeitpunkt ein Angebot auf Übertritt in die beE bzw. TG unterbreitet werden kann, kann sich die Verweildauer in der beE bzw. TG um die Monate verkürzen, die der Mitarbeiter länger beschäftigt war.
(5) Alle Arbeitnehmer, denen der Eintritt in die beE angeboten wird, erhalten am Datum den Text des Dreiseitigen Vertrags und des Arbeitsvertrags mit der beE bzw. TG.
(6) Die Mitarbeiter können das Angebot auf Eintritt in die beE bzw. TG bis zum Datum, Uhr durch Abgabe des unterzeichneten Dreiseitigen Vertrags in der Personalabteilung in Ort annehmen. Das Angebot auf Übertritt in die beE bzw. TG steht seitens des Arbeitgebers unter dem Vorbehalt des Widerrufs nach § 9 Nr. 6 dieser Vereinbarung. Der Dreiseitige Vertrag ist dieser Vereinbarung als Anlage beigefügt.
(7) Zwischen dem Arbeitgeber, dem Betriebsrat und der Transfergesellschaft wird ein Kooperationsvertrag geschlossen, in dem mindestens geregelt wird,

- Begleitung und Überwachung der Qualifizierungs- und Vermittlungsmaßnahmen;
- Höhe der Verwaltungskosten;
- Bildung und Zusammensetzung eines beE-bzw. TG-Beirats; der Betriebsrat (und ggf. die Gewerkschaft) hat mindestens einen Sitz in diesem Beirat.

Hinweis:
Das Gesetz geht von einer »betriebsorganisatorisch eigenständigen Einheit« (beE) aus, die im Unternehmen selbst gebildet wird. In der Praxis finden sich zahlreiche selbständige »Transfergesellschaften« (TG), früher auch »Beschäftigungs- und Qualifizierungsgesellschaften« (BQG) genannt, die systematisch Qualifizierung und Weitervermittlung betreiben. In aller Regel ist die Kooperation mit solchen Gesellschaften angesichts ihrer Erfahrungen der betriebsinternen Bildung einer beE bei weitem vorzuziehen und deshalb allgemein üblich.

§ 5: Betriebsbedingte Kündigungen

59 (1) Die Arbeitsverhältnisse mit den auf der Namensliste gemäß Anlage 2 genannten Personen, die das Angebot auf Übertritt in die beE bis zum Ablauf der Annahmefrist nicht angenommen haben bzw. denen der Eintritt in die beE bzw. TG nicht angeboten werden konnte, werden betriebsbedingt und fristgerecht gekündigt.
(2) Das Unternehmen und der Betriebsrat haben bei der Auswahl der zu kündigenden Arbeitnehmer die Kriterien Dauer der Betriebszugehörigkeit, Lebensalter, Unterhaltspflicht und Schwerbehinderteneigenschaft sowie betriebliche Belange angemessen berücksichtigt. Bei der Sozialauswahl sind die Arbeitnehmer ausgeklammert worden, deren Weiterbeschäftigung, insbesondere wegen ihrer Kenntnisse, Fähigkeiten und Leistungen, im berechtigten betrieblichen Interesse liegt.
(3) Der besondere Kündigungsschutz für Betriebsratsmitglieder, in Mutterschutz und/oder Elternzeit befindliche Arbeitnehmer ist insoweit berücksichtigt worden, als diese – soweit keine Betriebsabteilung gänzlich stillgelegt wird – aus der Liste der zu kündigenden Arbeitnehmer herausgenommen worden sind.

Hinweis:
Die Vorschrift macht die Kriterien deutlich, die bei der Auswahl der zu kündigenden Arbeitnehmer angewandt wurden. Dabei wurde ersichtlich das gesetzliche Modell des § 1 Abs. 3 KSchG zugrunde gelegt, jedoch darauf verzichtet, einzelne Beschäftigte mit Rücksicht auf die Ausgewogenheit der Personalstruktur aus der sozialen Auswahl auszunehmen.

Die Namensliste wäre im Streitfall dahingehend zu überprüfen, ob ihre Kriterien auch wirklich eingehalten sind, ob sie »schlüssig« ist (*Däubler*, NZA 2004, 183). Allerdings wird es schwerlich zu einer gerichtlichen Auseinandersetzung kommen, da vermutlich alle auf der Namensliste Befindlichen das Angebot auf Übergang in die beE annehmen werden. Dies nicht zu tun, würde bedeuten, dass man erst mal »draußen« ist. Das Ergebnis des Kündigungsschutzverfahrens ist meist ungewiss und wird vermutlich mit einer (ein wenig über den Sozialplan hinausgehenden) Abfindung enden. Dies stellt aber kein vernünftiges Äquivalent zu den Leistungen dar, die man in der Beschäftigungsgesellschaft in Form von Transferkurzarbeitergeld und Aufstockungsbetrag erhält.

§ 6: Entwicklung neuer Arbeitsabläufe
Hier wird die Umstellung des Kerngeschäfts in groben Zügen umschrieben.

§ 7: Wirtschaftlichkeit
Es geht um das Controlling im Zusammenhang mit der umgestellten Tätigkeit.

§ 8: Mitwirkungsrechte
(1) Es besteht Einigkeit darüber, dass die bisherigen Erläuterungen im Zusammenhang mit der Erstellung der Namensliste im Rahmen des Interessenausgleichs die förmliche Information des Betriebsrates nach § 102 BetrVG ersetzen. Der Betriebsrat hat die geplanten Kündigungen zur Kenntnis genommen. Der Betriebsrat erklärt, dass das Anhörungsverfahren nach § 102 BetrVG im Rahmen der Interessenausgleichsverhandlungen durchgeführt und damit abgeschlossen ist. **60**
(2) Der Betriebsrat wurde im Rahmen der Interessenausgleichsverhandlungen auch gemäß § 17 Abs. 2 KSchG unterrichtet. Dieser Interessenausgleich ersetzt die Stellungnahme des Betriebsrats nach § 17 Abs. 3 Satz 2 KSchG.

Hinweis:
Die Bestimmung dient der Verfahrensvereinfachung, da nicht anzunehmen ist, dass erneute Anhörungen nach § 102 Abs. 1 BetrVG bzw. die Erarbeitung einer separaten Stellungnahme nach § 17 Abs. 3 Satz 2 KSchG zu einem anderen Ergebnis führen würden. Dies ist aber nur dort akzeptabel, wo die Tatsachen im Prinzip unstreitig und alle Argumente ausgetauscht sind. Das Verfahren der Massenentlassung nach § 17 KSchG sollte im Übrigen nicht unterschätzt werden. Soweit z.B. der Betriebsrat nicht ausreichend unterrichtet oder die Anzeige an die Arbeitsbehörde unvollständig war, sind sämtliche ausgesprochenen Kündigungen unwirksam. Allerdings ist derzeit ein Verfahren beim EuGH anhängig, in dem geklärt werden soll, ob eine korrekte Massenentlassungsanzeige effektiv Voraussetzung für wirksame Kündigungen ist. Bis zu einer Entscheidung ist aber weiter nach den bisherigen Grundsätzen zu verfahren (Nähere Einzelheiten bei DKW-*Däubler*, § 111 Rn. 184a ff.).

§ 9: Sonstiges
(1) Zur Milderung der wirtschaftlichen Nachteile, die den betroffenen Arbeitnehmern infolge der geplanten Maßnahmen entstehen, wird mit dem Betriebsrat ein Sozialplan abgeschlossen. **61**
(2) Soweit für die Maßnahmen noch weitere Stellungnahmen erforderlich sind (z.B. gegenüber Integrationsamt, Agentur für Arbeit), gibt der Betriebsrat die entsprechenden gesetzlich vorgeschriebenen Erklärungen ab.
(3) Die Betriebsparteien werden gemeinsam mit der zuständigen Agentur für Arbeit die ausscheidenden Mitarbeiter bei der Suche nach einem Arbeitsplatz unterstützen und beraten. Die Festlegung entsprechender Maßnahmen erfolgt im Sozialplan.
(4) Die Parteien sind sich darüber einig, dass es sich bei den oben beschriebenen Anpassungsmaßnahmen um eine Betriebsänderung im Sinne des § 111 BetrVG handelt. Der Betriebsrat hat das ihm gesetzlich Mögliche unternommen, die Anpassungsmaßnahmen zu vermeiden, ohne sie jedoch rechtlich verhindern zu können. Das Verfahren zur Herbeiführung eines Interessenausgleichs ist damit abgeschlossen.

(5) Dieser Interessenausgleich tritt mit dem Tage der Unterzeichnung in Kraft und endet mit Beendigung aller Maßnahmen und Leistungen im Rahmen des Interessenausgleichs und Sozialplans, spätestens jedoch am Datum.
(6) Zur Finanzierung der im Interessenausgleich und Sozialplan vorgesehenen Maßnahmen ist die Aufnahme erheblicher Fremdmittel erforderlich. Der Arbeitgeber behält sich vor diesem Hintergrund den Widerruf dieses Interessenausgleichs vor. Die Ausübung des Widerrufs muss bis zum Datum gegenüber dem Betriebsrat erfolgen. Der Widerruf bedarf keiner Begründung. Im Falle der Ausübung des Widerrufs durch den Arbeitgeber sind der Interessenausgleich sowie im Hinblick auf die Betriebsänderung eingeleitete personelle Maßnahmen (Dreiseitige Verträge mit der Transfergesellschaft usw.) gegenstandslos. Die Parteien verpflichten sich für diesen Fall zur unverzüglichen Aufnahme von neuen Verhandlungen.

Hinweis:
Die Bestimmung stellt klar, dass es sich auch wirklich um einen Interessenausgleich handelt, was Ansprüche nach § 113 BetrVG ausschließt. Außerdem dokumentiert Abs. 4 das Bemühen des Betriebsrats, eine bessere Lösung zu erreichen.
Das Widerrufsrecht nach Abs. 6 ist den Umständen nach schwer vermeidbar, da die Arbeitgeberseite sich in einer wirtschaftlich sehr angespannten Situation befindet. Bisweilen wird auch ein Widerruf für den Fall vorgesehen, dass das Transferkurzarbeitergeld nicht bewilligt wird oder andere Förderungsmaßnahmen der öffentlichen Hand nicht Platz greifen. Die Ausübung des Widerrufsrechts ist gleichwohl dadurch erheblich erschwert, dass man die ganzen Verhandlungen von vorne beginnen muss. Da auch die Dreiseitigen Verträge gegenstandslos werden, müssten die betroffenen Arbeitnehmer zunächst weiterbeschäftigt werden. Auch die Namensliste wäre hinfällig; im Zweifel wäre eine neue Kündigung erforderlich.

62–67 **Sozialplan mit Transferregeln**

Vorbemerkung

62 Maßnahmen nach § 110 SGB III und Transferkurzarbeitergeld nach § 111 SGB III, das bei Einsatz in einer beE bezahlt wird, sind nicht die einzigen in Betracht kommenden Transfermaßnahmen. Denkbar ist, dass sich der Arbeitgeber um eine anderweitige Unterbringung des Arbeitnehmers (über das Kündigungsschutzrecht hinaus) bemüht oder dass ein »Transfer« in die Situation eines Rentners erfolgt, was unter den aktuellen Rahmenbedingungen jedoch nur ausnahmsweise in Betracht kommt.
Ein auf Transfer ausgerichteter Sozialplan könnte etwa folgende Regelungen enthalten:

§ 1: Arbeitsplatzvermittlung durch den Arbeitgeber

63 (1) Die Betriebsparteien verfolgen das vorrangige Ziel, den von der Betriebsänderung betroffenen Beschäftigten vergleichbare Arbeitsplätze innerhalb wie außerhalb des Unternehmens zu vermitteln. Der Arbeitgeber sichert aktive Unterstützung derartiger Bemühungen zu.
(2) Der Arbeitgeber wird gemeinsam mit dem Betriebsrat weiterhin die Möglichkeit prüfen, dass einzelne Arbeitnehmer ihre Arbeitszeit freiwillig reduzieren, um so anderen eine Weiterbeschäftigung zu ermöglichen. Entsprechende Bemühungen sollen auch nach Ausspruch von Kündigungen fortgesetzt werden.
(3) Der Arbeitgeber wird im Rahmen des Möglichen von Kündigung bedrohte und gekündigte Arbeitnehmer über Arbeitsplatzangebote anderer Arbeitgeber unterrichten.
(4) Bei der Besetzung freier Arbeitsplätze in einem anderen Konzernunternehmen haben die unter den vorliegenden Sozialplan fallenden Arbeitnehmer den Vorrang vor anderen Bewerbern, sofern sie in ausreichendem Umfang über die erforderliche Qualifikation verfügen.

Hinweis:
Es geht hier darum, das Ultima-Ratio-Prinzip über den Bereich des Unternehmens hinaus auszudehnen und außerdem von den Informations- und Einflussmöglichkeiten des Arbeitgebers zu profitieren. Dieser wird eine solche Regelung durchaus akzeptieren, da bei erfolgreicher »Unterbringung« einzelner Arbeitnehmer Abfindungen gespart werden.

§ 2: Förderung der Existenzgründung

(1) Der Arbeitgeber ist bereit, den Aufbau einer selbstständigen Existenz durch die von der Betriebsänderung betroffenen Arbeitnehmer zu fördern. 64

(2) Der Arbeitgeber bietet einen »Existenzgründerkurs« von einer Woche Dauer an; soweit dies nicht möglich ist, fördert er die Inanspruchnahme externer Beratung im Zusammenhang mit Existenzgründungen.

(3) Entbehrliche Betriebsmittel werden zum Restbuchwert an interessierte Arbeitnehmer veräußert.

(4) Der Arbeitgeber gewährt Hilfe bei der Beantragung von Fördermitteln und weitere Maßnahmen, die eine Existenzgründung erleichtern sollen.

(5) Diese Maßnahmen haben keinen abschließenden Charakter.

Hinweis:
Die Bestimmung ergänzt die §§ 93f. SGB III über den Gründungszuschuss, während der Existenzgründungszuschuss nach § 421l SGB III a.F. (»Ich-AG«) ausgelaufen ist. Der Weg in die Selbstständigkeit ist erfahrungsgemäß allenfalls für eine Minderheit aussichtsreich, doch sollte auch von dieser Möglichkeit Gebrauch gemacht werden. Die Veräußerung von Betriebsmitteln hat insbesondere dort Bedeutung, wo sich der Arbeitnehmer im Umfeld des bisherigen Tätigkeitsbereichs des Arbeitgebers bewegen wird.

§ 3: Wiedereinstellung

(1) Entsteht im Zeitraum von drei Jahren nach dem betriebsbedingten Ausscheiden der Beschäftigten ein Bedarf an Neueinstellungen, so ist dieser in geeigneter Form bekannt zu machen. Bei Bewerbungen haben die Ausgeschiedenen den Vorrang, soweit sie für den zu besetzenden Arbeitsplatz geeignet sind. 65

(2) Die Personalabteilung wird alle drei Monate, jeweils zum Monatsersten, beginnend ab Datum eine Liste derjenigen Arbeitnehmer erstellen, die Interesse an einem Arbeitsplatz im Sinne von Abs. 1 bekundet haben. Alle Arbeitnehmer werden in die Liste aufgenommen, die der Personalabteilung spätestens 14 Tage vor Erstellung der Liste ihr Interesse schriftlich bekundet und ihre aktuelle Anschrift bekannt gegeben haben.

(3) Wird ein Beschäftigter in die Liste aufgenommen, wird die Personalabteilung ihn über interne Stellenausschreibungen informieren. Der Mitteilung wird die Stellenausschreibung beigefügt.

(4) Erfolgt seitens des Arbeitnehmers innerhalb von zwei Wochen nach Bekanntgabe der offenen Stelle keine schriftliche Bewerbung, wird er bei der Vergabe der ausgeschriebenen Stelle nicht mehr bevorzugt berücksichtigt.

(5) Auf Anforderung ist der Betriebsrat über die Durchführung der vorstehenden Unterrichtungsverpflichtungen zu informieren.

(6) Arbeitnehmern, die innerhalb eines Zeitraums von 24 Monaten nach ihrem Ausscheiden wiedereingestellt werden, bleibt die bisherige Betriebszugehörigkeit in vollem Umfang erhalten.

Hinweis:
Die Wiedereinstellung liegt in der Regel auch im Interesse des Arbeitgebers, da selbst nach durchgeführten Umstellungen die Vertrautheit mit den betrieblichen Abläufen größer als bei sonstigen Bewerbern ist.
Aus praktischen Gründen kann man dem Arbeitgeber nicht zumuten, jedem früheren Beschäftigten jede freie Stelle mitzuteilen; deshalb wird hier eine Regelung getroffen, die auch

keine Schwierigkeiten bei der Ermittlung der Anschrift verursacht und die nur die wirklich Interessierten erfasst.
Die Anrechnung der Betriebszugehörigkeit wird möglicherweise ein Streitpunkt sein, ebenso die Wiederherstellung der früheren Bedingungen.

§ 4: Leistungen bei Eintritt in die beE bzw. TE

66 (1) Allen Mitarbeitern, denen aufgrund der Umstrukturierung betriebsbedingt gekündigt werden soll, wird der Eintritt in die beE für die doppelte Dauer der individuellen Kündigungsfrist zum Stichtag Datum angeboten. Die Mindestdauer der Zugehörigkeit zur beE bzw. TE beträgt drei Monate, die Höchstdauer zwölf Monate.
(2) Die Beschäftigten, die das Angebot auf Übertritt in die beE bzw. TE annehmen, behalten in vollem Umfang ihren Anspruch auf Abfindung (oder: erhalten eine zusätzliche Abfindung in Höhe von €).
(3) Während der Zeit in der beE bzw. TE erhalten die Beschäftigten Transfer-Kurzarbeitergeld in Höhe von 60 % bzw. 67 % des pauschalierten Nettoentgelts. Darüber hinaus erhalten sie:

- Aufstockung des gesetzlichen Kurzarbeitergelds um 15 % des zuletzt bezogenen monatlichen Nettobetrags ohne Einmalzahlungen,
- Urlaubsentgelt in der bisherigen Höhe,
- Vergütung in der bisherigen vertraglichen Höhe an Feiertagen sowie bei Krankheit.

Das Entgelt für den Urlaub wird neben dem Kurzarbeitergeld monatlich ratierlich ausgezahlt. Vermögenswirksame Leistungen werden nicht gewährt.
(4) Die Beschäftigten sind während ihres Aufenthalts in der Transfergesellschaft berechtigt, das Arbeitsverhältnis mit der Transfergesellschaft jederzeit ohne Einhaltung einer Kündigungsfrist – insbesondere zur Aufnahme einer anderweitigen Tätigkeit, zur Eingehung eines neuen Arbeitsverhältnisses oder zur Übernahme einer selbständigen Tätigkeit – zu kündigen.
(5) Während der Beschäftigung in der beE bzw. TE haben die Beschäftigten das Recht, das Arbeitsverhältnis für längstens sechs Monate zum Ruhen zu bringen, um während dieser Zeit bei einem anderen Arbeitgeber probeweise tätig zu sein. Schließt sich dort keine Beschäftigung an, endet das Ruhen des Rechtsverhältnisses mit der beE; in der noch verbleibenden Verweildauer hat der Beschäftigte dieselben Rechte wie vor dem Eintritt des Ruhens. Die Beschäftigung bei dem anderen Arbeitgeber wird auf die Verweildauer (nicht) angerechnet.
(6) Mit der Führung und Verwaltung der beE bzw. TE wird die Transfer-GmbH TG beauftragt. Der Arbeitgeber stellt die für den Aufenthalt in der beE erforderlichen Remanenzkosten und die Verwaltungskosten der Transfergesellschaft zur Verfügung.
(7) Weitere Einzelheiten der Rechtsbeziehung zwischen den Beschäftigten und der beE bzw. TE werden im sog. Dreiseitigen Vertrag geregelt.
(8) Um drohende Arbeitslosigkeit zu vermeiden und zugleich das nach § 111 Abs. 4 SGB III vorgesehene Profiling durchzuführen, wird den betroffenen Arbeitnehmern noch im Monat die Teilnahme an einer Transfermaßnahme im Sinne des § 110 SGB III angeboten. Die Durchführung dieser Maßnahme ist davon abhängig, dass die Agentur für Arbeit hierfür Zuschüsse gewährt. Die Mitarbeiter, die an der Maßnahme teilnehmen, werden für deren Dauer unter Fortzahlung ihrer Bezüge freigestellt. Das Unternehmen stellt die für die Maßnahme erforderliche Infrastruktur, insbesondere die Räumlichkeiten zur Verfügung und beteiligt sich am Gesamtaufwand der Maßnahme durch die Freistellung der betroffenen Mitarbeiter sowie durch Zahlung der seitens der Agentur für Arbeit festzusetzenden Eigenbeteiligung an den Maßnahmekosten.

Hinweis:
Die Vorschrift enthält zentrale Vorgaben für den Übertritt in die beE. Dieser bleibt im Ermessen des einzelnen Beschäftigten, doch ergibt sich für ihn zumindest der Vorteil, dass der Zeitraum des Arbeitslosengelds erst nach Ablauf des Transferkurzarbeitergelds beginnt, ganz abgesehen von den erhöhten Vermittlungschancen und dem sozialpsychologischen Vorteil des Kontakts zu den früheren Kollegen.

Um die Transfergesellschaft nicht unattraktiv zu machen, wird die für das Ausscheiden vorgesehene Abfindung in vollem Umfang aufrechterhalten. Dies lässt sich praktisch nur finanzieren, wenn entweder das Arbeitgeberunternehmen über ein ordentliches »Polster« verfügt oder wenn – typischerweise – der Arbeitgeber im Falle einer Kündigung das Entgelt bis zum Auslaufen der Kündigungsfrist fortbezahlen müsste, ohne dafür produktive Arbeit erhalten zu können: Die Mit-Finanzierung der beE kann insoweit kostenneutral sein. Als Faustregel gilt, dass mit der Entgeltfortzahlung für einen Monat Kündigungsfrist zwei Monate Verbleib in der beE finanziert werden können (*Welkoborsky*, NZS 2004, 509ff.; *Bachner/Schindele*, NZA 1999, 130ff.).
Dem Transfergedanken entspricht es, dem Einzelnen das Recht zu geben, jederzeit aus der beE auszusteigen, wenn anderwärts ein Arbeitsplatz zur Verfügung steht. Da man nie sicher sein kann, eine Probezeit auch wirklich zu bestehen, wird die Möglichkeit zur Rückkehr nach erfolglosem »Arbeitsversuch« vorgesehen.

§ 5: Frühpensionierung und Altersteilzeit
Einschätzung: Durch die Änderung der gesetzlichen Rahmenbedingungen hat der vorzeitige Übergang in die Rente erheblich an Bedeutung eingebüßt. Arbeitslosengeld wird für höchstens 24 Monate bezahlt. Die Kurzarbeit ist auf 12 Monate beschränkt, ist jedoch derzeit mit Rücksicht auf Corona ähnlich wie in der Krise 2009 verlängert. Frühester Zeitpunkt für den Eintritt in den Ruhestand nach Arbeitslosigkeit bzw. Altersteilzeit ist anders als früher nicht mehr das 60., sondern das 63. Lebensjahr. Durch die ansteigende Altersgrenze werden die Rentenabschläge immer höher, wenn man effektiv mit 63 aus dem Erwerbsleben ausscheidet. Für »besonders langjährig Versicherte« (mindestens 45 Versicherungsjahre) gibt es seit 1.7.2014 die abschlagsfreie Rente mit 63 (wobei sich diese Grenze aber inzwischen deutlich nach oben entwickelte). Dazu § 92a Rn. 15–26. Weiter ist zu beachten, dass die Transferkurzarbeit neue Beschäftigungsmöglichkeiten eröffnen, nicht aber die Zeit bis zur Arbeitslosigkeit und zur nachfolgenden Rente überbrücken soll. Insofern ist es möglicherweise sinnvoller, auf die allgemeine Kurzarbeit (»Konjunkturkurzarbeit«) zurückzugreifen, sofern ihre Voraussetzungen im Einzelfall gegeben sind. 67
Für die auf die Kurzarbeitsphase folgende Arbeitslosigkeit ist ein Zuschuss zum Arbeitslosengeld vorzusehen. Wird Rente vor Erreichen der Altersgrenze in Anspruch genommen, erfolgt ein Abschlag von 0,3 % für jeden Monat der vorgezogenen Verrentung, und zwar für die gesamte Dauer des Rentenbezugs. Hierfür kann durch Sonderbeiträge zur Rentenversicherung oder durch eine Abfindung ein Ausgleich geschaffen werden, die in eine private Versicherung eingebracht wird.

Dreiseitiger Vertrag 68–79

Vorbemerkung
Die zwischen Arbeitgeber, Arbeitnehmer und Transfergesellschaft abgeschlossenen Dreiseitigen Verträge können selbstredend unterschiedliche Bestimmungen enthalten. Im Folgenden wird ein Formulierungsmodell präsentiert, das relativ viele Fragen anspricht. Regelungen, die sich im Interessenausgleich und Sozialplan befinden, werden häufig wörtlich oder sinngemäß wiederholt, um so für den Einzelnen die Gesamtheit seiner Rechte und Pflichten deutlich zu machen. 68

Dreiseitiger Vertrag
Aufhebungsvertrag und befristeter Vertrag
Zwischen Name
- im Folgenden Mitarbeiter genannt -
und
Firmenbezeichnung
- im Folgenden Firma genannt -

und Firmenbezeichnung der Transfergesellschaft
- im Folgenden TG genannt -
wird folgender

Dreiseitiger Vertrag

geschlossen.

Vorbemerkung

Der zwischen Betriebsrat und Geschäftsleitung abgeschlossene Interessenausgleich und Sozialplan ist allen Beteiligten bekannt. Der Sozialplan sieht u.a. die Errichtung einer Transfergesellschaft (TG) vor.

Auf der Grundlage von Interessenausgleich und Sozialplan bietet die TG die Möglichkeit, einen befristeten Arbeitsvertrag abzuschließen, der mit dem Angebot einer Weiterqualifizierung verbunden ist, die zu einem neuen Arbeitsverhältnis führen soll. Der Mitarbeiter macht von diesem Angebot nach Maßgabe der folgenden Vereinbarung Gebrauch.

§ 1: Beendigung des bisherigen Arbeitsverhältnisses mit der Firma Firmenbezeichnung

69 Der Mitarbeiter und Firma Firmenbezeichnung versichern, dass das bisherige Arbeitsverhältnis aus betriebsbedingten Gründen infolge der im Interessenausgleich genannten Betriebsänderung im Sinne des § 111 BetrVG gekündigt wurde bzw. kraft dieser Vereinbarung aufgelöst wird.

§ 2: Begründung eines befristeten Arbeitsverhältnisses mit der TG

70 (1) Mit Wirkung vom Datum wird zwischen dem Mitarbeiter und TG ein befristetes Arbeitsverhältnis begründet.

(2) Voraussetzung für das Wirksamwerden dieses Vertrags ist, dass das Arbeitsverhältnis mit der Firma Firmenbezeichnung rechtswirksam zum Datum beendet wird und Transferkurzarbeitergeld gemäß § 111 SGB III für die Laufzeit dieses Vertrags gewährt wird.

(3) Weiterhin ist Geschäftsgrundlage, dass die Firma Firmenbezeichnung die vereinbarten Projektmittel und Verwaltungskosten tatsächlich und rechtzeitig leistet bzw. eine selbstschuldnerische Erfüllungsbürgschaft gewährt, die auch erfüllt wird.

§ 3: Befristungsabrede

Das Vertragsverhältnis mit der TG endet mit Ablauf des Datum, ohne dass es einer Kündigung bedarf.

§ 4: Vorzeitige Beendigung

71 (1) Der Mitarbeiter hat das Recht, das Vertragsverhältnis mit der TG jederzeit fristlos zu beenden.

(2) Die Parteien sind sich einig darüber, dass die TG das Vertragsverhältnis kündigen kann, wenn die Voraussetzungen zum Bezug von Transferkurzarbeitergeld nicht vorliegen oder in Wegfall geraten. Dies gilt insbesondere, wenn in der Person des Mitarbeiters Gründe vorliegen, die die Gewährung von Kurzarbeitergeld ausschließen oder nachträglich in Wegfall bringen. Hierzu gehören auch alle Verletzungen von Mitwirkungshandlungen auf Seiten des Mitarbeiters.

(3) Weitere Kündigungsgründe sind nicht vorgesehen; § 626 BGB bleibt unberührt.

§ 5: Ruhen des Arbeitsverhältnisses und Rückkehrmöglichkeiten

72 (1) Mitarbeiter, die mit Rücksicht auf ein anderweitiges Arbeitsverhältnis aus der TG ausscheiden, können innerhalb der Befristungsabrede nach § 3 am Tag nach Ablauf des anderen Arbeitsverhältnisses bei der TG wieder eintreten; das vereinbarte Befristungsende ändert sich nicht.

(2) Für die Zeit des Übertritts in eine andere Firma wird das vorliegende Arbeitsverhältnis zum Ruhen gebracht. Bei einem Wiedereintritt im Sinne des Abs. 1 leben die beidseitigen Verpflichtungen aus diesem Vertrag wieder auf.

(3) Der Mitarbeiter verpflichtet sich, die TG spätestens eine Woche vor einer geplanten Rückkehr zu unterrichten; dies gilt nicht, wenn das andere Arbeitsverhältnis ohne Verschulden des Arbeitnehmers fristlos beendet wird.

§ 6: Vergütung

(1) Der Mitarbeiter erhält eine monatliche Vergütung in Höhe des ihm zustehenden Kurzarbeitergelds sowie eine Aufzahlung von 15 % seines bei der Firma Firmenbezeichnung maßgeblichen Leistungsentgelts gemäß § 153 SGB III (ohne Mehrarbeitsvergütung, Einmalzahlungen und sozialversicherungsfreie Zahlungen) bezogen auf die durchschnittliche regelmäßige tarifliche bzw. einzelvertraglich vereinbarte Arbeitszeit, höchstens jedoch bezogen auf ein monatliches Bruttoentgelt von 8450,– € (für 2026 geltende Beitragsbemessungsgrenze in der Rentenversicherung, alte Bundesländer). 73

(2) Bezugsmonat ist grundsätzlich der Monat vor Übertritt in die Transfergesellschaft. Hat ein Arbeitnehmer kein stetiges Einkommen, so wird das in Bezug zu nehmende Entgelt anhand des Durchschnitts der letzten drei Monate vor Übertritt analog § 150 Abs. 3 SGB III festgestellt. Sonderzahlungen, Mehrarbeitsvergütungen und besondere Kürzungen infolge Urlaubs, Krankheit und ähnlicher Umstände bleiben außer Betracht.

(3) Soweit sich das bisherige Nettoeinkommen durch besondere Steuerfreibeträge erhöht hat, die in die Bemessung des Kurzarbeitergelds nicht einfließen, bleiben diese Beträge im Aufzahlungsbetrag von 15 % ebenfalls unberücksichtigt.

§ 7: Mobilitätsprämie

Endet das Arbeitsverhältnis mit der TG durch Kündigung des Arbeitnehmers vorzeitig, d.h. vor dem in § 3 vereinbarten Befristungsende, so erhält der Mitarbeiter für jeden nicht mehr wahrgenommenen Monat eine Mobilitätsprämie in Höhe von €, die mit der letzten Gehaltsabrechnung von der TG ausbezahlt wird. 74

§ 8: Urlaubsregelung

(1) Die bis zum Übertritt in die TG angefallenen Urlaubs- und Freizeitansprüche sind beim bisherigen Arbeitgeber geltend zu machen und entweder in Natura zu nehmen oder abzugelten. 75

(2) Der Urlaub bei der TG regelt sich nach den Vorschriften des Bundesurlaubsgesetzes (24 Werktage bzw. 20 Arbeitstage pro Jahr bei Praktizierung einer Fünftagewoche).

§ 9: Transfer-Verpflichtungen des Mitarbeiters

(1) Durch die Unterschrift unter diesen Vertrag erklärt der Arbeitnehmer ausdrücklich sein Einverständnis damit, Kurzarbeit Null (= null Stunden Arbeit) zu erbringen. 76

(2) Der Mitarbeiter verpflichtet sich, im Monat vor dem Übertritt in die TG an einer Profilingmaßnahme teilzunehmen, die der Verbesserung der Vermittlungsmöglichkeiten dienen soll.

(3) Der Mitarbeiter verpflichtet sich, sich bei der örtlich für ihn zuständigen Agentur für Arbeit unverzüglich arbeitssuchend zu melden.

(4) Bei Fortbildungsmaßnahmen werden im Rahmen des Möglichen und unter Wahrung bestehender Gesetze die persönlichen Wünsche des Mitarbeiters berücksichtigt.

(5) Der Mitarbeiter erklärt sich bereit, an allen Maßnahmen mitzuwirken, die der möglichen Vermittlung in ein neues Arbeitsverhältnis dienen. Dies schließt insbesondere Weiterbildungs- und Qualifizierungsmaßnahmen sowie die Tätigkeit in Probearbeitsverhältnissen ein.

(6) Während der Dauer der Kurzarbeit hat sich der Mitarbeiter im Rahmen der gesetzlichen Vorschriften für die Arbeitsvermittlung in einen anderen Betrieb zur Verfügung zu stellen. Eine Rückversetzung zum bisherigen Arbeitgeber kann grundsätzlich nur einmal und für die Zeitdauer von längstens drei Monaten erfolgen, wenn das bisherige Beschäftigungsunternehmen nachweist, dass ein zusätzlicher Arbeitskräftebedarf infolge von Krankheit, Urlaub oder einer vorübergehend höheren Arbeitsbelastung eingetreten ist, und dies nicht voraussehbar war.

§ 10: Entgeltfortzahlung im Krankheitsfall

(1) Der Mitarbeiter verpflichtet sich, eine evtl. Arbeitsunfähigkeit unmittelbar durch Übersendung einer Krankmeldung nachzuweisen. 77

(2) Die TG übernimmt ab dem ersten Tag des Arbeitsverhältnisses die Entgeltfortzahlung im Krankheitsfall für sechs Wochen entsprechend den gesetzlichen Vorschriften.

(3) Mitarbeiter, die sich bereits bei der Firma Firmenbezeichnung im Krankengeldbezug befunden haben, verpflichten sich, die Entgeltfortzahlung durch die TG der Krankenkasse mitzuteilen.
(4) Das Ende der Arbeitsunfähigkeit ist der TG mitzuteilen, um so weitere Maßnahmen zu ermöglichen.

§ 11: Datenschutz

78 (1) Der Mitarbeiter ist ausdrücklich damit einverstanden, dass seine persönlichen Daten im Einklang mit den Bestimmungen der EU-Datenschutz-Grundverordnung und des Bundesdatenschutzgesetzes gespeichert und verarbeitet werden.
(2) Dieses Einverständnis bezieht sich sowohl auf den Datentransfer an die TG selbst wie auch gegenüber der Arbeits- und der Finanzverwaltung sowie externen Dienstleistern, mit denen die TG zusammenarbeitet.
(3) Hierzu gehören neben den persönlichen Daten insbesondere auch Angaben über Nebentätigkeiten für andere Arbeitgeber oder für die Aufnahme einer eigenständigen entgeltlichen Tätigkeit. Dem Mitarbeiter ist bekannt, dass jede entgeltliche Tätigkeit zuvor der Zustimmung der TG bedarf und dass jede Form der entgeltlichen Tätigkeit Auswirkungen auf das Kurzarbeitergeld und auf die Zuschüsse der TG zum Kurzarbeitergeld haben kann.

§ 12: Ausschlussfristen und Schlussbestimmungen

79 (1) Beiderseitige Ansprüche aus dem befristeten Arbeitsvertrag mit der TG sind spätestens sechs Monate nach Fälligkeit schriftlich geltend zu machen. Geschieht dies nicht, verfallen die Ansprüche, es sei denn, die TG habe sie ausdrücklich schriftlich anerkannt.
(2) Der Vertrag wird mit seiner Unterzeichnung durch alle drei Vertragsparteien rechtswirksam.
(3) Sollte eine Bestimmung dieses Vertrags unwirksam sein oder werden, wird die Wirksamkeit der übrigen Bestimmungen hiervon nicht berührt. Die Parteien verpflichten sich, anstelle der unwirksamen oder undurchführbaren Bestimmung eine den wirtschaftlichen Zwecken möglichst nahekommende, rechtswirksame Regelung zu treffen. Gleiches gilt im Falle einer Regelungslücke.

80–86 **Gesellschaftsvertrag einer Transfergesellschaft**

§ 1: Gesellschaftsform und Firma

80 Die Gesellschaft hat die Rechtsform einer GmbH. Ihre Firma lautet Firmenbezeichnung GmbH.

§ 2: Sitz

Die Gesellschaft hat ihren Sitz in Ort.

§ 3: Gegenstand des Unternehmens

(1) Das Unternehmen dient vorwiegend sozialen Zwecken. Es befasst sich insbesondere mit der Beschäftigung und Qualifizierung von Arbeitnehmern, die aufgrund bestehender Strukturkrisen aus ihren bisherigen Beschäftigungsbetrieben ausgeschieden sind und ohne Aufnahme in die Transfergesellschaft von Langzeitarbeitslosigkeit betroffen oder bedroht wären.
(2) Die Firma nimmt zur Erfüllung dieser Zwecke Mittel der Agenturen für Arbeit, Mittel des Europäischen Sozialfonds und Mittel Dritter entgegen.
(3) Die Firma kann Zweigbetriebe und Niederlassungen errichten, soweit dies dem Gegenstand des Unternehmens dienlich ist.
(4) Die Gesellschaft strebt an, als gemeinnützig anerkannt zu werden.

§ 4: Stammkapital, Stammeinlage

(1) Das Stammkapital der Gesellschaft beträgt 25 000,– € (in Worten: fünfundzwanzigtausend Euro). Das Stammkapital wird von Herrn Rechtsanwalt Name übernommen. 81

(2) Die Stammeinlage ist in Geld zu erbringen und sofort fällig und auf ein noch zu errichtendes Konto bei der Bankverbindung einzuzahlen.

(3) Die Existenz der Gesellschaft beginnt mit der Eintragung in das Handelsregister. Die Dauer der Gesellschaft ist unbestimmt.

(4) Geschäftsjahr ist das Kalenderjahr. Das erste Rumpf-Geschäftsjahr endet mit dem Datum.

(5) Projektgebundene Mittel werden im Auftrag der Gesellschaft durch einen Treuhänder verwaltet.

§ 5: Geschäftsführer

(1) Die Gesellschaft hat einen oder mehrere Geschäftsführer. 82

(2) Der/die Geschäftsführer ist/sind verpflichtet, die Weisungen der Gesellschafter zu befolgen, insbesondere eine von den Gesellschaftern aufgestellte und mit Mehrheit beschlossene Geschäftsordnung zu beachten und von den Gesellschaftern als zustimmungspflichtig bezeichnete Geschäfte nur mit deren Zustimmung vorzunehmen.

§ 6: Vertretung

(1) Besteht nur ein Geschäftsführer, vertritt dieser die Gesellschaft. 83

(2) Besteht mehr als ein Geschäftsführer, wird die Gesellschaft durch zwei Geschäftsführer oder durch einen Geschäftsführer zusammen mit einem Prokuristen vertreten.

(3) Durch Gesellschafterbeschluss kann allen oder einzelnen Geschäftsführern Einzelvertretungsbefugnis und/oder Befreiung von den Beschränkungen des § 181 BGB erteilt werden.

§ 7: Gesellschafterversammlung

(1) Eine ordentliche Gesellschafterversammlung findet einmal jährlich innerhalb von drei Monaten nach Aufstellung des Jahresabschlusses statt. 84

(2) Außerordentliche Versammlungen sind einzuberufen, wenn dies im Interesse der Gesellschaft erforderlich ist. Gesellschafter, denen wenigstens ein Viertel des Stammkapitals zusteht, können die Einberufung durch den Geschäftsführer verlangen. Kommt der Geschäftsführer dem binnen 14 Tagen nicht nach, kann die Einberufung durch den/die Gesellschafter selbst erfolgen.

(3) Jeder Gesellschafter kann sich in einer Gesellschafterversammlung durch einen Mitgesellschafter oder einen zur Berufsverschwiegenheit verpflichteten Dritten vertreten lassen. Die Vollmacht bedarf der Schriftform.

(4) Gesellschafterbeschlüsse werden mit einfacher Mehrheit der abgegebenen Stimmen gefasst, soweit nicht Gesetz oder Satzung etwas anderes bestimmen. Je volle 500,– € Stammkapital vermitteln jeweils eine Stimme.

§ 8: Beirat

(1) Die Gesellschaft hat einen Beirat, der aus vier Mitgliedern besteht. Mitglieder des Beirats sind die Ersten Bevollmächtigten der Gewerkschaft Bezeichnung für die Verwaltungsstellen 1 und 2 sowie je ein Betriebsratsvertreter aus den betroffenen Betriebsräten. 85

(2) Mindestens einmal im Halbjahr hat eine Beiratssitzung stattzufinden, auf der der Geschäftsführer oder dessen Vertreter über die aktuelle Lage des Unternehmens sowie die Geschäftspolitik, insbesondere über die »Vermittlungsquote« der Gesellschaft, informiert.

(3) Der Beirat hat das Recht, Einblick in die Bücher der Gesellschaft zu nehmen, die Geschäftsführung zu beraten und ihr entsprechende Empfehlungen zu erteilen.

(4) Geschäftsleitung und Beirat bemühen sich, im Sinne der sozialen Verpflichtung und des Unternehmensziels Einvernehmen über die Geschäftspolitik zu erreichen.

§ 9: Jahresabschluss
(1) Der Geschäftsführer hat innerhalb der gesetzlichen Frist nach Abschluss eines Geschäftsjahres den Jahresabschluss aufzustellen und zu unterzeichnen.
(2) Der bzw. die Gesellschafter haben in einer ordentlichen Gesellschafterversammlung über die Feststellung des Jahresabschlusses zu beschließen.

§ 10: Kündigung
86 Jeder Gesellschafter kann seine Mitgliedschaft in der Gesellschaft mit einer Frist von sechs Monaten zum Schluss eines Geschäftsjahres kündigen. Die Kündigung ist der Geschäftsführung der Gesellschaft gegenüber schriftlich zu erklären. Die Gesellschaft wird automatisch mit den verbleibenden Gesellschaftern fortgeführt; der Geschäftsanteil des Ausgeschiedenen wächst den verbliebenen Gesellschaftern an. Eine Abfindung des Ausscheidenden erfolgt nicht.

§ 11: Tod eines Gesellschafters
(1) Stirbt ein Gesellschafter, wird die Gesellschaft nicht aufgelöst, sondern mit den verbleibenden Gesellschaftern fortgeführt. Der Anteil des Verstorbenen wächst den die Gesellschaft Weiterführenden an, soweit nicht von der Möglichkeit des Abs. 2 Satz 2 Gebrauch gemacht wird.
(2) Den Erben steht ein angemessener Abfindungsanspruch zu. Die Gesellschafter können mit Mehrheit beschließen, dass diese oder einzelne von ihnen in die Gesellschaft eintreten und die vermögensrechtliche Position des Verstorbenen einnehmen. Insoweit entfällt der Abfindungsanspruch.

§ 12: Schlussbestimmungen
Soweit in diesem Gesellschaftsvertrag nichts anderes bestimmt ist, gelten die gesetzlichen Vorschriften. Sollten einzelne Bestimmungen ganz oder teilweise rechtsunwirksam sein oder werden, so wird hierdurch die Gültigkeit des übrigen Vertragsinhaltes nicht berührt. In diesem Falle ist die ungültige oder unwirksame Bestimmung durch eine rechtswirksame Vertragsbestimmung zu ersetzen, die dem wirtschaftlichen Ergebnis der unwirksamen Bestimmung entspricht oder möglichst nahekommt.

§ 13: Erfüllungsort, Gerichtsstand, Kosten
Erfüllungsort und Gerichtsstand ist der Sitz der Gesellschaft. Die Kosten der Gründung trägt die Gesellschaft bis zum Höchstbetrag von 2500,– €.

G. Erweiterung der Mitbestimmung durch kollektivvertragliche Abmachung

Vereinbarungsmuster – Mehr Mitbestimmung

87 **Vertrag zur Erweiterung der Mitbestimmung**

Zwischen der Gewerkschaft Bezeichnung
und der
Firmenbezeichnung
wird folgende Vereinbarung getroffen:

§ 1: Gleichberechtigte Mitbestimmung des Betriebsrats
Der Betriebsrat hat in folgenden Angelegenheiten, bezogen auf die Gesamtheit und einzelne Gruppen der Mitarbeiterschaft sowie auf einzelne Mitarbeiter, gleichberechtigt mitzubestimmen:
1. Einstellungen einschließlich Auswahl der Bewerber;
2. Eingruppierungen;
3. Übertragung höherwertiger Tätigkeiten;
4. Umgruppierungen;
5. Versetzungen;
6. Kündigungen;

7. Dauer, Beginn und Ende der täglichen Arbeitszeit, einschließlich der Pausen, soweit Arbeitszeit-Sonderregelungen tarifvertraglich zulässig sind;
8. Festsetzung von Kurz- und Mehrarbeit;
9. Festsetzung der Urlauberquoten;
10. Aufstellung von Entlohnungsgrundsätzen, Einführung und Anwendung von neuen Entlohnungsmethoden sowie deren Änderung;
11. Planung und Durchführung der Ausbildung, Fortbildung und Umschulung;
12. Grundsätzliche Maßnahmen der Organisation, soweit dadurch die Arbeit oder die Leistung der Mitarbeiter beeinflusst wird; hierzu gehören auch geplante Betriebsänderungen;
13. Maßnahmen zur Ordnung des Betriebs und des Verhaltens der Mitarbeiter im Betrieb, auch wenn diese arbeitstechnologisch bedingt sind;
14. Form, Ausgestaltung und Verwaltung bestehender oder vom Vorstand zu errichtender Sozialeinrichtungen;
15. Zuweisung und Kündigung von Wohnungen, die von der Firmenbezeichnung nur mit Rücksicht auf das Bestehen eines Arbeitsverhältnisses vermietet werden und Festsetzung der Nutzungsbedingungen;
16. Schadensersatzansprüche und Rückgewähransprüche der Firmenbezeichnung gegen Mitarbeiter.

Hinweis:
Die Erweiterung der Mitbestimmung in personellen Angelegenheiten (Nr. 1–6) ist ebenso wie die Erweiterung der Mitbestimmung in sozialen Angelegenheiten (Nr. 7–11) unproblematisch zulässig. Nr. 12 unterwirft auch geplante Betriebsänderungen der Mitbestimmung, was auf eine Erzwingbarkeit des Interessenausgleichs hinausläuft. Nr. 13–16 betrifft wiederum Fragen, die zu den sozialen Angelegenheiten gehören.
Die Erweiterung kann durch Tarifvertrag oder Betriebsvereinbarung erfolgen. Meist ist sie nur im Sanierungsfall möglich, wenn auf diese Weise eine vorübergehende Lohnabsenkung kompensiert werden soll. Im vorliegenden Fall war dies anders. Das Unternehmen gehörte zum öffentlichen Sektor; die Landesregierung war durchaus mitbestimmungsfreundlich und zu weitem Entgegenkommen bereit.

§ 2: Information des Betriebsrats

Der Betriebsrat hat Anspruch auf die zur Erfüllung seiner Aufgaben erforderliche, d.h. rechtzeitige und ausreichende Information durch den Vorstand bzw. die von diesem Beauftragten. Hierzu gehört auch die Information in allen gravierenden und für die Zukunft der Firmenbezeichnung bedeutsamen wirtschaftlichen Angelegenheiten. 88

Hinweis:
Die Vorschrift hat im Grunde nur deklaratorische Bedeutung, da sich Entsprechendes an sich schon aus § 80 Abs. 2 Satz 1 BetrVG ergibt. Bei den wirtschaftlichen Angelegenheiten wäre allerdings der Wirtschaftsausschuss, nicht der Betriebsrat zuständig.

§ 3: Einigungsstelle

(1) Bei Nichteinigung über mitbestimmungspflichtige Angelegenheiten entscheidet die Einigungsstelle mit einfacher Stimmenmehrheit unter Ausschluss des Rechtswegs. 89
(2) Die Einigungsstelle besteht aus fünf Mitgliedern. Betriebsrat und Vorstand bestellen je zwei Mitglieder. Diese vier Personen wählen ein fünftes Mitglied als unparteiischen Vorsitzenden.
(3) Kommt eine Einigung über die Person des Vorsitzenden nicht zustande, so bestellt ihn das Arbeitsgericht Bezeichnung.

Hinweis:
Nur durch die Bestimmung des § 3 wird klargestellt, dass es sich bei den in § 1 garantierten Rechten um eindeutige Mitbestimmungsrechte handelt.

Die Vorschrift über den »Ausschluss des Rechtswegs« kann natürlich nichts daran ändern, dass Rechtsverstöße der Einigungsstelle in einem Beschlussverfahren vor dem Arbeitsgericht korrigiert werden können. Gemeint ist, dass der Einigungsstelle ein weites Ermessen eingeräumt wird, so dass – von Rechtsverstößen abgesehen – eine getroffene Regelung nur bei grobem Ermessensmissbrauch korrigiert werden kann.

§ 4: Abschluss von Betriebsvereinbarungen

90 Folgende Angelegenheiten werden durch Betriebsvereinbarungen geregelt:

1. Freistellung von Betriebsratsmitgliedern;
2. Beurlaubung von Betriebsratsmitgliedern für Weiterbildungsveranstaltungen;
3. Anhörung von Sachverständigen durch den Betriebsrat;
4. Inhaltliche Abstimmung von Bekanntmachungen an die Mitarbeiterschaft;
5. Betriebsversammlungen;
6. Maßnahmen zur Verhütung von Arbeitsunfällen, Berufskrankheiten und anderen Gesundheitsschäden;
7. Beratung von Bauplänen.

Hinweis:
Die Regelung sagt für sich relativ wenig, da sie keine Aussage zu der Frage trifft, was bei Nichtzustandekommen einer Betriebsvereinbarung geschehen soll. Außerdem gibt es seit 1972 gesetzliche Regelungen, die teilweise nicht durch Betriebsvereinbarung verändert werden können. Zwar lässt sich beispielsweise die Zahl der Freistellungen über § 38 BetrVG hinaus ausdehnen, und auch Nr. 2 könnte als Erweiterung des § 37 Abs. 6 BetrVG aufzufassen sein. Eine »inhaltliche Abstimmung« von Bekanntmachungen an die Mitarbeiterschaft bedeutet, dass der Betriebsrat insoweit eine seiner Geschäftsführungsmaßnahmen von der Zustimmung der Arbeitgeberseite abhängig macht, was nicht zulässig ist. Auch die Betriebsversammlungen (Nr. 5) haben eine eingehende gesetzliche Regelung erfahren; ihre Zahl über die nach dem Gesetz möglichen sechs hinaus zu erweitern, mag theoretisch möglich sein, ist in der Praxis aber schwer vorstellbar. Die ganze Regelung erklärt sich damit, dass der Vertrag noch vor dem In-Kraft-Treten des BetrVG 1972 abgeschlossen wurde.

§ 5: In-Kraft-Treten und Vertragsdauer

91 Dieser Vertrag hat Wirkung ab Datum und kann mit sechsmonatiger Frist erstmalig zum Datum gekündigt werden.

Hinweis:
Die sehr weitgehenden Regelungen der Vereinbarung lassen sich nicht generalisieren. Das Unternehmen gehört zum öffentlichen Sektor; das fragliche Land wurde jahrzehntelang von einer durchaus mitbestimmungsfreundlichen Partei regiert.
Dennoch sollte man nicht vergessen, dass auch solche Regelungen zur Realität unserer Arbeitswelt gehören.

H. Multilaterale Standorterklärung

92-94 **Multilaterale Standorterklärung**

Erklärung zur Erhaltung des Werks der Firma Firmenbezeichnung in Ort und Errichtung eines Technologie- und Gewerbeparks auf einem Teil des Firmenbezeichnung-Geländes

Die Landesregierung, die Stadt Ort, der Betriebsrat der Firma Firmenbezeichnung und die Gewerkschaft Bezeichnung haben sich nachhaltig dafür eingesetzt, dass das Werk Ort der Firmenbezeichnung erhalten bleibt.

In intensiven Verhandlungen ist es in den vergangenen Monaten gelungen, gemeinsam mit der Firma Firmenbezeichnung, der Bank Bezeichnung und der Bank Bezeichnung eine Lösung zum Erhalt der Arbeitsplätze in Ort zu finden.

Das Modell beinhaltet die Nutzung der frei gewordenen Flächen durch neue Unternehmen (Technologie- und Gewerbepark). Die Umsetzung des langfristig angelegten Konzepts sieht folgende Maßnahmen vor:

1. **Erwerb des Firmenbezeichnung-Geländes durch eine private Objektgesellschaft**
   Die Firma Firmenbezeichnung wird ihr Werksgelände in Ort mit einer Grundstücksfläche von ca. 30 000 qm an die Bank Bezeichnung oder eine von ihr getragene Objektgesellschaft veräußern. Erwerb und Verwaltung werden durch die Bank Bezeichnung in Kooperation mit der Bank Bezeichnung vorgenommen.
   Eine Einigung über den Kaufpreis wurde zwischen Firmenbezeichnung und den Banken erzielt.
2. **Anmietung durch die Firma Firmenbezeichnung**
   Die Firma Firmenbezeichnung wird von ca. 24 000 qm Gebäudefläche eine Teilfläche von ca. 16 000 qm anmieten.
   Der Mietvertrag hat eine Laufzeit von zehn Jahren mit einer Mietverlängerungsoption für weitere fünf Jahre.
3. **Vermietung der freigemachten Flächen**
   Die von Firmenbezeichnung freizumachenden Gebäudeflächen von ca. 8000 qm sollen an weitere auf dem Werksgelände anzusiedelnde Unternehmen vermietet werden. Dabei sollen Mitarbeiter der Firma Firmenbezeichnung bevorzugt werden, die im Zuge der Restrukturierungsmaßnahmen sich selbstständig machen (Ausgründer) wie z. B. die neu gegründete Firma Firmenbezeichnung 2, die künftig für Firmenbezeichnung die Logistikarbeiten übernimmt.
   Die Firma Firmenbezeichnung wird solche Ausgründungen durch Aufträge und das Angebot von Dienstleistungen unterstützen.
   Die Stadt Ort fördert das Technologie- und Gewerbepark-Konzept, indem die Ort-Technologiezentrum GmbH ein Stockwerk des Verwaltungsgebäudes mit ca. 1700 qm Gebäudenutzfläche anmietet und insbesondere technologieorientierten Firmen zur Verfügung stellt.
   Das Amt für Wirtschaftsförderung der Stadt Ort und die Ort-Technologiezentrum GmbH werden mit der Bank Bezeichnung und der Bank Bezeichnung bei der Akquisition von Unternehmen für den Technologie- und Gewerbepark zusammenarbeiten und gemeinsam mit der IHK die Unternehmen des Technologie- und Gewerbeparks in technischen und wirtschaftlichen Fragen beraten.
4. **Arbeitsplätze**

Der Vorstand der Firma Firmenbezeichnung sowie der Betriebsrat der Firma Firmenbezeichnung 93
und die Gewerkschaft Bezeichnung sind sich darüber einig, dass künftig bei Firmenbezeichnung direkt mindestens 410 Beschäftigte tätig sein werden.

Weitere Arbeitsplätze werden durch die Ausgründung von Tätigkeiten und durch Qualifizierungsmaßnahmen geschaffen mit dem Ziel, ca. 450 Arbeitsplätze am Standort Ort zu erhalten.

Alle Beteiligten unterstützen dabei die Bemühungen, auf den freigemachten Flächen künftig zusätzliche Arbeitsplätze zu schaffen. Die Firma Firmenbezeichnung wird regelmäßig prüfen, ob durch die wirtschaftliche Anwendung neuer technologischer Entwicklungen und die Übernahme neuer Geschäftsfelder im Werk Ort neue Arbeitsplätze geschaffen werden können.

1. **Förderung der Umbaumaßnahmen**
   Die Überlassung frei gewordener Flächen an neue Unternehmen setzt voraus, dass das Verwaltungsgebäude umgebaut und Infrastruktureinrichtungen geändert werden. Es sollen kleinere und mittlere Mieteinheiten für Ausgründer und neue Unternehmen geschaffen werden.
   Die Kosten für die Umbau- und Modernisierungsmaßnahmen in geschätzter Höhe von ca. 2,5 Millionen Euro werden durch das Land mit zwei Millionen Euro gefördert. Die Stadt Ort

trägt 0,5 Millionen Euro bei. Als Gegenleistung wird ein verringerter Mietzins für die von der Ort-Technologiezentrum GmbH angemietete Fläche vereinbart.

6. **Zeitplan**

94 Die Unterzeichner gehen davon aus, dass der Kaufvertrag und der Mietvertrag zwischen der Bank Bezeichnung und der Firmenbezeichnung im Monat geschlossen werden. Firmenbezeichnung wird die nicht benötigten Flächen bis Ende Datum freimachen. Die Umbaumaßnahmen sollen in zeitlicher Abstimmung mit der Freimachung zügig durchgeführt werden. Die zur Vermietung freigemachten Flächen werden ab dem Datum mit entsprechender Ausstattung zur Verfügung stehen.

Ort, Datum

Firmenbezeichnung Bank Bezeichnung	Stadt Ort Bank Bezeichnung	Wirtschaftsminister des Landes
Betriebsrat des Werkes Ort	Gewerkschaft Bezeichnung Verwaltungsstelle Ort	

Hinweis:

»Megaverträge« dieser Art können hilfreich sein, wenn damit gerechnet werden kann, dass alle Beteiligten auch in Zukunft das Vorgesehene realisieren wollen. Rechtlich handelt es sich um einen zivilrechtlichen Vertrag, da nicht alle Beteiligten zum Abschluss von Kollektivvereinbarungen (Tarifvertrag, Betriebsvereinbarung) berechtigt sind. Soweit im Einzelfall Kollektivverträge geschlossen werden, ist nach der Rechtsprechung des BAG v. 15.04.2008 – 1 AZR 86/07 (NZA 2008, 1074) darauf zu achten, dass immer klargestellt wird, welcher Teil als Tarifvertrag und welcher als Betriebsvereinbarung zu qualifizieren ist (sog. Rechtsquellenklarheit – Einzelheiten und Kritik bei DKW-*Däubler,* §§ 112, 112a Rn. 61ff.).

Bleibt der im Moment der Unterschrift erklärte Konsens nicht erhalten, sind Abmachungen dieser Art oft ohne Wirkung. Wird beispielsweise (wie im konkreten Fall) der vorgesehene Kaufvertrag über das Werksgelände nicht abgeschlossen, ist die ganze Regelung hinfällig. Die Firma (Firmenbezeichnung) hatte hier juristisch insofern leichtes Spiel, als Grundstücksverträge wie auch darauf gerichtete Vorverträge nach § 311b Abs. 1 BGB der notariellen Beurkundung bedürfen, die hier nicht vorlag.

Das Festschreiben von »Absichten« und »Bemühungen« ist juristisch weitgehend ein Muster ohne Wert. In der politischen Auseinandersetzung kann es aber für denjenigen negative Folgen haben, der sich von einer (wenn auch pauschalen) Zusage löst: Er muss sich gegenüber Presse und sonstiger Öffentlichkeit rechtfertigen. Geht es – wie hier – um ein ausländisches Unternehmen, das wenig auf das Ansehen bei Endverbrauchern achten muss, ist dies natürlich eine Konsequenz von beschränkter Reichweite. Zu einer effektiven Standortgarantie müssten auf einer sehr viel konkreteren Ebene weitere Abmachungen hinzukommen. Beispiele dieser Art siehe oben § 92a Rn. 7ff.

I. Forderungen für einen Tarifsozialplan

95 **Forderungen für einen Tarifsozialplan**

Im Fall BAG NZA 2007, 987 = AP Nr. 2 zu § 1 TVG Sozialplan (Urteil vom 24.4.2007 – 1 AZR 252/06) lagen folgende Forderungen zugrunde, die im Tatbestand des Urteils mitgeteilt werden:

1. Für eine betriebsbedingte Kündigung durch den Arbeitgeber gilt eine Grundkündigungsfrist von drei Monaten zum Quartalsende. Die Grundkündigungsfrist verlängert sich um jeweils zwei Monate für jedes volle Jahr des Bestehens des Arbeitsverhältnisses.
2. Beschäftigte, die betriebsbedingt gekündigt werden, haben nach Ablauf der Kündigungsfrist Anspruch auf

- Qualifizierungsmaßnahmen für eine Dauer von bis zu 24 Monaten unter Fortzahlung der Vergütung. Auszubildende erhalten nach Abschluss ihrer Berufsausbildung eine Anpassungsqualifikation
- sowie auf eine Abfindung in Höhe von zwei Monatsgehältern pro Beschäftigungsjahr zuzüglich Erhöhungsbetrag für Unterhaltsverpflichtung und Schwerbehinderung/Gleichstellung. Die Vorschriften der §§ 111 ff. BetrVG bleiben unberührt.

3. Über Art und Inhalt der Qualifizierung entscheidet eine paritätische Kommission auf der Grundlage der Aus- und Weiterbildungswünsche der Beschäftigten. Bei Nichteinigung entscheidet die Einigungsstelle.

Die Qualifizierungsmaßnahmen werden in den vorhandenen Betriebsstätten durchgeführt. Die Firma H. D. AG trägt die Kosten der Qualifizierungsmaßnahmen.

Hinweis:
Bei zehn Jahren Betriebszugehörigkeit beläuft sich die Kündigungsfrist auf drei plus zehn mal zwei, d. h. 23 Monate. Daran schließt sich die zweijährige Qualifizierungsphase an, die voll vom Arbeitgeber finanziert werden muss. Auch solche Forderungen sind nicht wegen »Unverhältnismäßigkeit« unzulässig.

In einem ähnlich gelagerten Fall einer drohenden Betriebsverlagerung (LAG Niedersachsen v. 2.6.2004 – 7 Sa 819/04, AuR 2004, 471 = AP Nr. 164 zu Art. 9 GG Arbeitskampf) hatte die Gewerkschaft folgende Forderungen erhoben, die gleichfalls im Tatbestand des Urteils wiedergegeben sind:

»1. Beschäftigte, die betriebsbedingt gekündigt werden, haben Anspruch auf Qualifizierungsmaßnahmen für bis zu 36 Monaten nach Ablauf der Kündigungsfrist unter Fortzahlung eines Entgelts in Höhe der bisherigen Vergütung. Die Firma trägt die Kosten der Qualifizierungsmaßnahmen. Der Firma bleibt es unbenommen, sämtliche Förderungsmöglichkeiten zur Vermeidung von Arbeitslosigkeit nach dem SGB III in Anspruch zu nehmen.

2. Zur Milderung der mit dem Verlust des Arbeitsplatzes verbundenen Nachteile erhalten die aus Anlass der Betriebsänderung ausscheidenden Beschäftigten eine Abfindung in Höhe von zwei Monatseinkommen pro Beschäftigungsjahr. Außerdem wird ein Fonds für Fälle besonderer Härte eingerichtet. Die Aufstellung weiterer Forderungen behalten wir uns vor.«

Hinweis:
Die Forderungen sind etwas weniger weitgehend als im ersten Fall, doch werden die wohl an anderer Stelle geregelten Kündigungsfristen nicht mitgeteilt. Drei Jahre Weiterqualifizierung bei voller Entgeltfortzahlung überschreiten das Maß des Üblichen erheblich. Der um diese Forderungen geführte Streik war gleichwohl rechtmäßig.

Das BAG hat im Übrigen in zahlreichen Fällen **tarifliche Regelungen unternehmerischer Entscheidungen** akzeptiert, so dass sich die These von der »Unantastbarkeit« der unternehmerischen Entscheidungsfreiheit nicht mehr aufrecht erhalten lässt (eingehende Darstellung bei *Däubler*, Tarifverträge zur Unternehmenspolitik? Rechtliche Zulässigkeit und faktische Bedeutung, HSI-Schriftenreihe Band 16, Frankfurt /Main 2016, im Internet abrufbar unter: *http://www.hugo-sinzheimer-institut.de/fileadmin/user_data_hsi/Veroeffentlichungen/HSI_Schriftenreihe/Daeubler_Tarifvertraege_zur_Unternehmenspolitik.pdf (3.3.2018). Näher bei § 92a Rn. 36.*

Fünfter Teil
Besondere Vorschriften für einzelne Betriebsarten

Erster Abschnitt
Seeschifffahrt

§ 114 Grundsätze

(1) Auf Seeschifffahrtsunternehmen und ihre Betriebe ist dieses Gesetz anzuwenden, soweit sich aus den Vorschriften dieses Abschnitts nichts anderes ergibt.
(2) Seeschifffahrtsunternehmen im Sinne dieses Gesetzes ist ein Unternehmen, das Handelsschifffahrt betreibt und seinen Sitz im Geltungsbereich dieses Gesetzes hat. Ein Seeschifffahrtsunternehmen im Sinne dieses Abschnitts betreibt auch, wer als Korrespondenzreeder, Vertragsreeder, Ausrüster oder aufgrund eines ähnlichen Rechtsverhältnisses Schiffe zum Erwerb durch die Seeschifffahrt verwendet, wenn er Arbeitgeber des Kapitäns und der Besatzungsmitglieder ist oder überwiegend die Befugnisse des Arbeitgebers ausübt.
(3) Als Seebetrieb im Sinne dieses Gesetzes gilt die Gesamtheit der Schiffe eines Seeschifffahrtsunternehmens einschließlich der in Absatz 2 Satz 2 genannten Schiffe.
(4) Schiffe im Sinne dieses Gesetzes sind Kauffahrteischiffe, die nach dem Flaggenrechtsgesetz die Bundesflagge führen. Schiffe, die in der Regel binnen 24 Stunden nach dem Auslaufen an den Sitz eines Landbetriebs zurückkehren, gelten als Teil dieses Landbetriebs des Seeschifffahrtsunternehmens.
(5) Jugend- und Auszubildendenvertretungen werden nur für die Landbetriebe von Seeschifffahrtsunternehmen gebildet.
(6) Besatzungsmitglieder im Sinne dieses Gesetzes sind die in einem Heuer- oder Berufsausbildungsverhältnis zu einem Seeschifffahrtsunternehmen stehenden im Seebetrieb beschäftigten Personen mit Ausnahme des Kapitäns. Leitende Angestellte im Sinne von § 5 Abs. 3 dieses Gesetzes sind nur die Kapitäne.

§ 115 Bordvertretung

(1) Auf Schiffen, die mit in der Regel mindestens fünf wahlberechtigten Besatzungsmitgliedern besetzt sind, von denen drei wählbar sind, wird eine Bordvertretung gewählt. Auf die Bordvertretung finden, soweit sich aus diesem Gesetz oder aus anderen gesetzlichen Vorschriften nicht etwas anderes ergibt, die Vorschriften über die Rechte und Pflichten des Betriebsrats und die Rechtsstellung seiner Mitglieder Anwendung.
(2) Die Vorschriften über die Wahl und Zusammensetzung des Betriebsrats finden mit folgender Maßgabe Anwendung:
1. **Wahlberechtigt sind alle Besatzungsmitglieder des Schiffes.**
2. **Wählbar sind die Besatzungsmitglieder des Schiffes, die am Wahltag das 18. Lebensjahr vollendet haben und ein Jahr Besatzungsmitglied eines Schiffes waren, das nach dem Flaggenrechtsgesetz die Bundesflagge führt. § 8 Abs. 1 Satz 3 bleibt unberührt.**
3. **Die Bordvertretung besteht auf Schiffen mit in der Regel 5 bis 20 wahlberechtigten Besatzungsmitgliedern aus einer Person,**

21 bis 75 wahlberechtigten Besatzungsmitgliedern aus drei Mitgliedern,
über 75 wahlberechtigten Besatzungsmitgliedern aus fünf Mitgliedern.

4. (weggefallen)
5. § 13 Abs. 1 und 3 findet keine Anwendung. Die Bordvertretung ist vor Ablauf ihrer Amtszeit unter den in § 13 Abs. 2 Nr. 2 bis 5 genannten Voraussetzungen neu zu wählen.
6. Die wahlberechtigten Besatzungsmitglieder können mit der Mehrheit aller Stimmen beschließen, die Wahl der Bordvertretung binnen 24 Stunden durchzuführen.
7. Die in § 16 Abs. 1 Satz 1 genannte Frist wird auf zwei Wochen, die in § 16 Abs. 2 Satz 1 genannte Frist wird auf eine Woche verkürzt.
8. Bestellt die im Amt befindliche Bordvertretung nicht rechtzeitig einen Wahlvorstand oder besteht keine Bordvertretung, wird der Wahlvorstand in einer Bordversammlung von der Mehrheit der anwesenden Besatzungsmitglieder gewählt; § 17 Abs. 3 gilt entsprechend. Kann aus Gründen der Aufrechterhaltung des ordnungsgemäßen Schiffsbetriebs eine Bordversammlung nicht stattfinden, so kann der Kapitän auf Antrag von drei Wahlberechtigten den Wahlvorstand bestellen. Bestellt der Kapitän den Wahlvorstand nicht, so ist der Seebetriebsrat berechtigt, den Wahlvorstand zu bestellen. Die Vorschriften über die Bestellung des Wahlvorstands durch das Arbeitsgericht bleiben unberührt.
9. Die Frist für die Wahlanfechtung beginnt für Besatzungsmitglieder an Bord, wenn das Schiff nach Bekanntgabe des Wahlergebnisses erstmalig einen Hafen im Geltungsbereich dieses Gesetzes oder einen Hafen, in dem ein Seemannsamt seinen Sitz hat, anläuft. Die Wahlanfechtung kann auch zu Protokoll des Seemannsamtes erklärt werden. Wird die Wahl zur Bordvertretung angefochten, zieht das Seemannsamt die an Bord befindlichen Wahlunterlagen ein. Die Anfechtungserklärung und die eingezogenen Wahlunterlagen sind vom Seemannsamt unverzüglich an das für die Anfechtung zuständige Arbeitsgericht weiterzuleiten.

(3) Auf die Amtszeit der Bordvertretung finden die §§ 21, 22 bis 25 mit der Maßgabe Anwendung, dass

1. die Amtszeit ein Jahr beträgt,
2. die Mitgliedschaft in der Bordvertretung auch endet, wenn das Besatzungsmitglied den Dienst an Bord beendet, es sei denn, dass es den Dienst an Bord vor Ablauf der Amtszeit nach Nummer 1 wieder antritt.

(4) Für die Geschäftsführung der Bordvertretung gelten die §§ 26 bis 36, § 37 Abs. 1 bis 3 sowie die §§ 39 bis 41 entsprechend. § 40 Abs. 2 ist mit der Maßgabe anzuwenden, dass die Bordvertretung in dem für ihre Tätigkeit erforderlichen Umfang auch die für die Verbindung des Schiffes zur Reederei eingerichteten Mittel zur beschleunigten Übermittlung von Nachrichten in Anspruch nehmen kann.

(5) Die §§ 42 bis 46 über die Betriebsversammlung finden für die Versammlung der Besatzungsmitglieder eines Schiffes (Bordversammlung) entsprechende Anwendung. Auf Verlangen der Bordvertretung hat der Kapitän der Bordversammlung einen Bericht über die Schiffsreise und die damit zusammenhängenden Angelegenheiten zu erstatten. Er hat Fragen, die den Schiffsbetrieb, die Schiffsreise und die Schiffssicherheit betreffen, zu beantworten.

(6) Die §§ 47 bis 59 über den Gesamtbetriebsrat und den Konzernbetriebsrat finden für die Bordvertretung keine Anwendung.

(7) Die §§ 74 bis 105 über die Mitwirkung und Mitbestimmung der Arbeitnehmer finden auf die Bordvertretung mit folgender Maßgabe Anwendung:

1. Die Bordvertretung ist zuständig für die Behandlung derjenigen nach diesem Gesetz der Mitwirkung und Mitbestimmung des Betriebsrats unterliegenden Angelegenheiten, die den Bordbetrieb oder die Besatzungsmitglieder des Schiffes betreffen und deren Regelung dem Kapitän aufgrund gesetzlicher Vorschriften oder der ihm von der Reederei übertragenen Befugnisse obliegt.
2. Kommt es zwischen Kapitän und Bordvertretung in einer der Mitwirkung oder Mitbestimmung der Bordvertretung unterliegenden Angelegenheit nicht zu einer Einigung, so kann die Angelegenheit von der Bordvertretung an den Seebetriebsrat abgegeben werden. Der Seebetriebsrat hat die Bordvertretung über die weitere Behandlung der Angelegenheit zu unterrichten. Bordvertretung und Kapitän dürfen die Einigungsstelle oder das Arbeitsgericht nur anrufen, wenn ein Seebetriebsrat nicht gewählt ist.
3. Bordvertretung und Kapitän können im Rahmen ihrer Zuständigkeiten Bordvereinbarungen abschließen. Die Vorschriften über Betriebsvereinbarungen gelten für Bordvereinbarungen entsprechend. Bordvereinbarungen sind unzulässig, soweit eine Angelegenheit durch eine Betriebsvereinbarung zwischen Seebetriebsrat und Arbeitgeber geregelt ist.
4. In Angelegenheiten, die der Mitbestimmung der Bordvertretung unterliegen, kann der Kapitän, auch wenn eine Einigung mit der Bordvertretung noch nicht erzielt ist, vorläufige Regelungen treffen, wenn dies zur Aufrechterhaltung des ordnungsgemäßen Schiffsbetriebs dringend erforderlich ist. Den von der Anordnung betroffenen Besatzungsmitgliedern ist die Vorläufigkeit der Regelung bekannt zu geben. Soweit die vorläufige Regelung der endgültigen Regelung nicht entspricht, hat das Schifffahrtsunternehmen Nachteile auszugleichen, die den Besatzungsmitgliedern durch die vorläufige Regelung entstanden sind.
5. Die Bordvertretung hat das Recht auf regelmäßige und umfassende Unterrichtung über den Schiffsbetrieb. Die erforderlichen Unterlagen sind der Bordvertretung vorzulegen. Zum Schiffsbetrieb gehören insbesondere die Schiffssicherheit, die Reiserouten, die voraussichtlichen Ankunfts- und Abfahrtszeiten sowie die zu befördernde Ladung.
6. Auf Verlangen der Bordvertretung hat der Kapitän ihr Einsicht in die an Bord befindlichen Schiffstagebücher zu gewähren. In den Fällen, in denen der Kapitän eine Eintragung über Angelegenheiten macht, die der Mitwirkung oder Mitbestimmung der Bordvertretung unterliegen, kann diese eine Abschrift der Eintragung verlangen und Erklärungen zum Schiffstagebuch abgeben. In den Fällen, in denen über eine der Mitwirkung oder Mitbestimmung der Bordvertretung unterliegenden Angelegenheit eine Einigung zwischen Kapitän und Bordvertretung nicht erzielt wird, kann die Bordvertretung dies zum Schiffstagebuch erklären und eine Abschrift dieser Eintragung verlangen.
7. Die Zuständigkeit der Bordvertretung im Rahmen des Arbeitsschutzes bezieht sich auch auf die Schiffssicherheit und die Zusammenarbeit mit den insoweit zuständigen Behörden und sonstigen in Betracht kommenden Stellen.

§ 116 Seebetriebsrat

(1) In Seebetrieben werden Seebetriebsräte gewählt. Auf die Seebetriebsräte finden, soweit sich aus diesem Gesetz oder aus anderen gesetzlichen Vorschriften nicht etwas anderes ergibt, die Vorschriften über die Rechte und Pflichten des Betriebsrats und die Rechtsstellung seiner Mitglieder Anwendung.

(2) Die Vorschriften über die Wahl, Zusammensetzung und Amtszeit des Betriebsrats finden mit folgender Maßgabe Anwendung:

1. **Wahlberechtigt zum Seebetriebsrat sind alle zum Seeschifffahrtsunternehmen gehörenden Besatzungsmitglieder.**
2. **Für die Wählbarkeit zum Seebetriebsrat gilt § 8 mit der Maßgabe, dass**
   a) **in Seeschifffahrtsunternehmen, zu denen mehr als acht Schiffe gehören oder in denen in der Regel mehr als 250 Besatzungsmitglieder beschäftigt sind, nur nach § 115 Abs. 2 Nr. 2 wählbare Besatzungsmitglieder wählbar sind;**
   b) **in den Fällen, in denen die Voraussetzungen des Buchstabens a nicht vorliegen, nur Arbeitnehmer wählbar sind, die nach § 8 die Wählbarkeit im Landbetrieb des Seeschifffahrtsunternehmens besitzen, es sei denn, dass der Arbeitgeber mit der Wahl von Besatzungsmitgliedern einverstanden ist.**
3. **Der Seebetriebsrat besteht in Seebetrieben mit in der Regel**
   5 bis 400 wahlberechtigten Besatzungsmitgliedern aus einer Person,
   401 bis 800 wahlberechtigten Besatzungsmitgliedern aus drei Mitgliedern,
   über 800 wahlberechtigten Besatzungsmitgliedern aus fünf Mitgliedern.
4. **Ein Wahlvorschlag ist gültig, wenn er im Fall des § 14 Abs. 4 Satz 1 erster Halbsatz und Satz 2 mindestens von drei wahlberechtigten Besatzungsmitgliedern unterschrieben ist.**
5. **§ 14a findet keine Anwendung.**
6. **Die in § 16 Abs. 1 Satz 1 genannte Frist wird auf drei Monate, die in § 16 Abs. 2 Satz 1 genannte Frist auf zwei Monate verlängert.**
7. **Zu Mitgliedern des Wahlvorstands können auch im Landbetrieb des Seeschifffahrtsunternehmens beschäftigte Arbeitnehmer bestellt werden. § 17 Abs. 2 bis 4 findet keine Anwendung. Besteht kein Seebetriebsrat, so bestellt der Gesamtbetriebsrat oder, falls ein solcher nicht besteht, der Konzernbetriebsrat den Wahlvorstand. Besteht weder ein Gesamtbetriebsrat noch ein Konzernbetriebsrat, wird der Wahlvorstand gemeinsam vom Arbeitgeber und den im Seebetrieb vertretenen Gewerkschaften bestellt; Gleiches gilt, wenn der Gesamtbetriebsrat oder der Konzernbetriebsrat die Bestellung des Wahlvorstands nach Satz 3 unterlässt. Einigen sich Arbeitgeber und Gewerkschaften nicht, so bestellt ihn das Arbeitsgericht auf Antrag des Arbeitgebers, einer im Seebetrieb vertretenen Gewerkschaft oder von mindestens drei wahlberechtigten Besatzungsmitgliedern. § 16 Abs. 2 Satz 2 und 3 gilt entsprechend.**
8. **Die Frist für die Wahlanfechtung nach § 19 Abs. 2 beginnt für Besatzungsmitglieder an Bord, wenn das Schiff nach Bekanntgabe des Wahlergebnisses erstmalig einen Hafen im Geltungsbereich dieses Gesetzes oder einen Hafen, in dem ein Seemannsamt seinen Sitz hat, anläuft. Nach Ablauf von drei Monaten seit Bekanntgabe des Wahlergebnisses ist eine Wahlanfechtung unzulässig. Die Wahlanfechtung kann auch zu Protokoll des Seemannsamtes erklärt werden. Die Anfechtungserklärung ist vom Seemannsamt unverzüglich an das für die Anfechtung zuständige Arbeitsgericht weiterzuleiten.**
9. **Die Mitgliedschaft im Seebetriebsrat endet, wenn der Seebetriebsrat aus Besatzungsmitgliedern besteht, auch, wenn das Mitglied des Seebetriebsrats nicht mehr Besatzungsmitglied ist. Die Eigenschaft als Besatzungsmitglied wird durch die Tätigkeit im Seebetriebsrat oder durch eine Beschäftigung gemäß Absatz 3 Nr. 2 nicht berührt.**

(3) Die §§ 26 bis 41 über die Geschäftsführung des Betriebsrats finden auf den Seebetriebsrat mit folgender Maßgabe Anwendung:

1. In Angelegenheiten, in denen der Seebetriebsrat nach diesem Gesetz innerhalb einer bestimmten Frist Stellung zu nehmen hat, kann er, abweichend von § 33 Abs. 2, ohne Rücksicht auf die Zahl der zur Sitzung erschienenen Mitglieder einen Beschluss fassen, wenn die Mitglieder ordnungsgemäß geladen worden sind.
2. Soweit die Mitglieder des Seebetriebsrats nicht freizustellen sind, sind sie so zu beschäftigen, dass sie durch ihre Tätigkeit nicht gehindert sind, die Aufgaben des Seebetriebsrats wahrzunehmen. Der Arbeitsplatz soll den Fähigkeiten und Kenntnissen des Mitglieds des Seebetriebsrats und seiner bisherigen beruflichen Stellung entsprechen. Der Arbeitsplatz ist im Einvernehmen mit dem Seebetriebsrat zu bestimmen. Kommt eine Einigung über die Bestimmung des Arbeitsplatzes nicht zustande, so entscheidet die Einigungsstelle. Der Spruch der Einigungsstelle ersetzt die Einigung zwischen Arbeitgeber und Seebetriebsrat.
3. Den Mitgliedern des Seebetriebsrats, die Besatzungsmitglieder sind, ist die Heuer auch dann fortzuzahlen, wenn sie im Landbetrieb beschäftigt werden. Sachbezüge sind angemessen abzugelten. Ist der neue Arbeitsplatz höherwertig, so ist das diesem Arbeitsplatz entsprechende Arbeitsentgelt zu zahlen.
4. Unter Berücksichtigung der örtlichen Verhältnisse ist über die Unterkunft der in den Seebetriebsrat gewählten Besatzungsmitglieder eine Regelung zwischen dem Seebetriebsrat und dem Arbeitgeber zu treffen, wenn der Arbeitsplatz sich nicht am Wohnort befindet. Kommt eine Einigung nicht zustande, so entscheidet die Einigungsstelle. Der Spruch der Einigungsstelle ersetzt die Einigung zwischen Arbeitgeber und Seebetriebsrat.
5. Der Seebetriebsrat hat das Recht, jedes zum Seebetrieb gehörende Schiff zu betreten, dort im Rahmen seiner Aufgaben tätig zu werden sowie an den Sitzungen der Bordvertretung teilzunehmen. § 115 Abs. 7 Nr. 5 Satz 1 gilt entsprechend.
6. Liegt ein Schiff in einem Hafen innerhalb des Geltungsbereichs dieses Gesetzes, so kann der Seebetriebsrat nach Unterrichtung des Kapitäns Sprechstunden an Bord abhalten und Bordversammlungen der Besatzungsmitglieder durchführen.
7. Läuft ein Schiff innerhalb eines Kalenderjahres keinen Hafen im Geltungsbereich dieses Gesetzes an, so gelten die Nummern 5 und 6 für europäische Häfen. Die Schleusen des Nordostseekanals gelten nicht als Häfen.
8. Im Einvernehmen mit dem Arbeitgeber können Sprechstunden und Bordversammlungen, abweichend von den Nummern 6 und 7, auch in anderen Liegehäfen des Schiffes durchgeführt werden, wenn ein dringendes Bedürfnis hierfür besteht. Kommt eine Einigung nicht zustande, so entscheidet die Einigungsstelle. Der Spruch der Einigungsstelle ersetzt die Einigung zwischen Arbeitgeber und Seebetriebsrat.

(4) Die §§ 42 bis 46 über die Betriebsversammlung finden auf den Seebetrieb keine Anwendung.

(5) Für den Seebetrieb nimmt der Seebetriebsrat die in den §§ 47 bis 59 dem Betriebsrat übertragenen Aufgaben, Befugnisse und Pflichten wahr.

(6) Die §§ 74 bis 113 über die Mitwirkung und Mitbestimmung der Arbeitnehmer finden auf den Seebetriebsrat mit folgender Maßgabe Anwendung:

1. Der Seebetriebsrat ist zuständig für die Behandlung derjenigen nach diesem Gesetz der Mitwirkung oder Mitbestimmung des Betriebsrats unterliegenden Angelegenheiten,
   a) die alle oder mehrere Schiffe des Seebetriebs oder die Besatzungsmitglieder aller oder mehrerer Schiffe des Seebetriebs betreffen,

b) die nach § 115 Abs. 7 Nr. 2 von der Bordvertretung abgegeben worden sind oder
c) für die nicht die Zuständigkeit der Bordvertretung nach § 115 Abs. 7 Nr. 1 gegeben ist.

2. Der Seebetriebsrat ist regelmäßig und umfassend über den Schiffsbetrieb des Seeschifffahrtsunternehmens zu unterrichten. Die erforderlichen Unterlagen sind ihm vorzulegen.

Zweiter Abschnitt
Luftfahrt

§ 117 Geltung für die Luftfahrt

(1) Auf Landbetriebe von Luftfahrtunternehmen ist dieses Gesetz anzuwenden. Auf im Flugbetrieb beschäftigte Arbeitnehmer von Luftfahrtunternehmen ist dieses Gesetz anzuwenden, wenn keine Vertretung durch Tarifvertrag nach Absatz 2 Satz 1 errichtet ist.
(2) Für im Flugbetrieb beschäftigte Arbeitnehmer von Luftfahrtunternehmen kann durch Tarifvertrag eine Vertretung errichtet werden. Über die Zusammenarbeit dieser Vertretung mit den nach diesem Gesetz zu errichtenden Vertretungen der Arbeitnehmer der Landbetriebe des Luftfahrtunternehmens kann der Tarifvertrag von diesem Gesetz abweichende Regelungen vorsehen. Auf einen Tarifvertrag nach den Sätzen 1 und 2 ist § 4 Absatz 5 des Tarifvertragsgesetzes anzuwenden.

Dritter Abschnitt
Tendenzbetriebe und Religionsgemeinschaften

§ 118 Geltung für Tendenzbetriebe und Religionsgemeinschaften

(1) Auf Unternehmen und Betriebe, die unmittelbar und überwiegend
1. politischen, koalitionspolitischen, konfessionellen, karitativen, erzieherischen, wissenschaftlichen oder künstlerischen Bestimmungen oder
2. Zwecken der Berichterstattung oder Meinungsäußerung, auf die Artikel 5 Abs. 1 Satz 2 des Grundgesetzes Anwendung findet,

dienen, finden die Vorschriften dieses Gesetzes keine Anwendung, soweit die Eigenart des Unternehmens oder des Betriebs dem entgegensteht. Die §§ 106 bis 110 sind nicht, die §§ 111 bis 113 nur insoweit anzuwenden, als sie den Ausgleich oder die Milderung wirtschaftlicher Nachteile für die Arbeitnehmer infolge von Betriebsänderungen regeln.
(2) Dieses Gesetz findet keine Anwendung auf Religionsgemeinschaften und ihre karitativen und erzieherischen Einrichtungen unbeschadet deren Rechtsform.

Inhaltsübersicht

I. Einleitung

1 Die Vorschrift verfolgt **zwei Zielrichtungen:** Einerseits **beschränkt Abs. 1** den durch das BetrVG definierten Beteiligungsrahmen in Unternehmen und Betrieben mit bestimmten geistig-ideellen Zielsetzungen. Andererseits **nimmt Abs. 2** Religionsgemeinschaften und deren karitative und erzieherische Einrichtungen vom Geltungsbereich des Gesetzes **vollständig aus.**

2 Der Regelungsrahmen des **Abs. 1** bezieht sich nur auf Unternehmen und Betriebe, die unmittelbar und überwiegend den in den Nrn. 1 und 2 der Vorschrift aufgeführten Zwecken dienen. **Beide Voraussetzungen** müssen **kumulativ** vorliegen (hierzu ausführlich DKW-*Wedde*, § 118 Rn. 6ff.). Die Begründung bzw. der Nachweis, dass diese Voraussetzungen erfüllt sind, obliegt dem Arbeitgeber. Will er die in der Vorschrift genannten Beteiligungsbeschränkungen realisieren, muss er darlegen, dass die hier erforderlichen gesetzlichen Voraussetzungen erfüllt sind. Hält der Betriebsrat diese Darlegungen für unzutreffend, kann er ihnen begründet entgegentreten. Gleiches gilt, wenn sich die Zielsetzungen für das ganze Unternehmen oder für einen Betrieb des Unternehmens ändern und wenn hieraus ein Wegfall der Tendenzeigenschaft folgt.

3 Die Einbeziehung in den Anwendungsbereich des Abs. 1 hat die **eingeschränkte Anwendbarkeit der Vorschriften des BetrVG zur Folge.** Darüber hinaus kommt es zum vollständigen Wegfall der §§ 106 bis 110 BetrVG. Um dem im Gesetz enthaltenen »Eigenartbegriff« gerecht zu werden, finden sich insbesondere im Redaktionsbereich mit sog. »Redaktionsstatuten« kollektivrechtliche Sonderregelungen.

4 Ist Arbeitgeber eine **anerkannte Religionsgemeinschaft** bzw. eine von einer Religionsgemeinschaft **betriebene karitative oder erzieherische Einrichtung** (vgl. zu den Begriffen DKW-*Wedde*, § 118 Rn. 123ff.), hat dies unabhängig von der Rechtsform zur Folge, dass die Anwendbarkeit des BetrVG nach **Abs. 2** entfällt. Bei Einrichtungen ist jedoch Voraussetzung für diesen Wegfall, dass sie auch selbst den karitativen oder erzieherischen Zwecken dienen und nicht nur reine Unterstützungsfunktion haben. Liegen diese Voraussetzungen vor, muss der Arbeitgeber dies gegenüber dem Betriebsrat erklären und erläutern.

II. Arbeitshilfen

1. Checkliste

Geltung für Tendenzbetriebe und Religionsgemeinschaften 5

zu Abs. 1:
- Tendenzeigenschaft unmittelbar und überwiegend gegeben?
- Eigenart des Unternehmens oder Betriebs steht der Mitbestimmung entgegen?

zu Abs. 2:
- Anerkannte Religionsgemeinschaft?
- Dienen die Einrichtungen von Religionsgemeinschaften karitativen oder religiösen Zwecken?

2. Musterschreiben

Arbeitgeber: Darlegung der Voraussetzungen des § 118 Abs. 1 BetrVG (Beispiel: Presseunternehmen) 6

Arbeitgeber Firmenbezeichnung, Adresse Ort, Datum

An den Betriebsrat
Firmenbezeichnung
z. Hd. Betriebsratsvorsitzende Name
im Hause

Tendenzeigenschaft des Betriebs Betriebsbezeichnung

Sehr geehrte Frau Name,
wie Ihnen bekannt ist, ist der Betrieb Betriebsbezeichnung ab dem nächsten Monat exklusiv für die redaktionelle Herstellung der Beiträge für die in unserem Unternehmen erscheinenden Publikationen verantwortlich. Diese Situation hat zur Folge, dass auf den Betrieb Betriebsbezeichnung die Regelung des § 118 Abs. 1 Nr. 2 BetrVG zur Anwendung kommt.
Beteiligungsrechte Ihres Betriebsrats bestehen damit ab dem 1. des nächsten Monats nur noch, soweit die Eigenart des Betriebs dem nicht entgegensteht. Um Unklarheiten zu vermeiden, halten wir es vor diesem Hintergrund für sinnvoll, ein Redaktionsstatut abzuschließen. Zu entsprechenden Gesprächen werden wir in den nächsten Tagen einladen.

Betriebsrat: Infragestellen der Tendenzeigenschaft 7

Betriebsrat der Firma Firmenbezeichnung, Adresse Ort, Datum
Betriebsratsvorsitzende Name

An den Arbeitgeber Firmenbezeichnung
im Hause

Tendenzeigenschaft unseres Betriebs

Sehr geehrte Damen und Herren,
vielen Dank für Ihr Schreiben vom Datum, mit dem Sie uns auf die nach Ihrer Meinung ab dem nächsten Monat bestehende Tendenzeigenschaft unseres Betriebs hinweisen.

Der Betriebsrat hat dieses Schreiben in seiner Sitzung vom Datum diskutiert und ist zum folgenden Ergebnis gekommen:
Ihrer Auffassung, dass der Betrieb ab dem nächsten Monat unter die »Tendenzvorschrift« des § 118 Abs. 1 Nr. 2 BetrVG fällt, folgt der Betriebsrat nicht. Es mag zwar zutreffen, dass unser Betrieb von diesem Datum an unmittelbar dem Zweck dient, redaktionelle Arbeiten für die im Unternehmen erscheinenden Zeitungen und Publikationen zu erbringen. Das zusätzlich für die Erfüllung des Tendenzzwecks gemäß § 118 Abs. 1 Nr. 2 BetrVG erforderliche Merkmal der überwiegenden Tätigkeit ist hingegen nicht gegeben. Diese Feststellung leitet sich schon aus der Erkenntnis ab, dass die Anzahl der Mitarbeiter in der Redaktion nur knapp 30 Prozent der Gesamtbelegschaft unseres Betriebs ausmacht. Die übrigen mehr als 70 Prozent der Beschäftigten sind ausschließlich im Produktionsbereich – insbesondere in der Lohndruckerei und in der Satzherstellung – tätig. Damit kommt der Tendenzschutz des § 118 BetrVG nach unserer Auffassung hier eindeutig nicht zur Anwendung.
Wir gehen deshalb davon aus, dass die Mitwirkungs- und Mitbestimmungsrechte des Betriebsrats uneingeschränkt fortbestehen.
Zur abschließenden Klärung dieser Angelegenheit schlagen wir ein gemeinsames Gespräch vor. Als Termin hierfür bieten wir Ihnen den Datum an.

8 **Betriebsrat: Wegfall der Tendenzeigenschaft in einem Betrieb des Unternehmens (Presseunternehmen)**

Betriebsrat der Firma Firmenbezeichnung, Adresse Ort, Datum
Betriebsratsvorsitzender Name

An den Arbeitgeber Firmenbezeichnung
im Hause

Wegfall der Tendenzeigenschaft im Betrieb

Sehr geehrte Damen und Herren,
aufgrund der unmittelbaren und überwiegenden Tätigkeit im Bereich Herstellung der Tageszeitung wurde unser Betrieb bisher von der Tendenzeigenschaft gemäß § 118 Abs. 1 Nr. 2 BetrVG erfasst.
Im Ergebnis einer eigenen Erhebung aus dem letzten Monat hat der Betriebsrat allerdings festgestellt, dass aufgrund der Zunahme der Auftragserledigung für andere Unternehmen, die erfreulicherweise in den Bereichen Vorproduktion und Druck zu verzeichnen ist, inzwischen mehr als fünfzig Prozent der in unserem Betrieb erledigten Aufgaben nicht mehr der Abwicklung interner Aufgaben dienen. Insbesondere die Druckerei ist derzeit zu mehr als achtzig Prozent mit Fremdaufträgen ausgelastet. Die eigene Redaktion macht hingegen nur noch ca. zwanzig Prozent der Gesamtbeschäftigung aus.
Damit ist das gemäß § 118 Abs. 1 1. Halbsatz BetrVG notwendige Merkmal der »überwiegenden« Tätigkeit im Tendenzbereich nicht mehr erfüllt. Dies führt unmittelbar zur Nichtanwendbarkeit des § 118 BetrVG auf unseren Betrieb. Der Betriebsrat geht deshalb davon aus, dass ab sofort das BetrVG ohne die durch diese Norm vorgegebene Einschränkung zur Anwendung kommt.
Sollte bezüglich unserer Auffassung auf Ihrer Seite Gesprächsbedarf bestehen, bitten wir Sie um Ihre Terminvorschläge.

Möglicher Inhalt eines Redaktionsstatuts 9

1. Allgemeines

Das Redaktionsstatut regelt die Beziehung zwischen Verlag und Chefredaktion bzw. Redaktion. Es wird für die Dauer seiner Laufzeit (vgl. unter Ziff. 7) als Betriebsvereinbarung Bestandteil der Arbeitsverträge aller als Redakteur, Chefredakteur, Korrespondent und Autor angestellten Mitarbeiter (im Folgenden: Mitarbeiter).

2. Unabhängigkeit

Die redaktionelle Arbeit erfolgt frei von inhaltlicher Einflussnahme durch den Verlag sowie ohne Druck durch einzelne Personen, politische Parteien sowie religiös, ideologisch oder vergleichbar orientierte Gruppen.

3. Gestaltungsfreiheit

Die Redaktion gestaltet im Rahmen der Unabhängigkeit gemäß Ziff. 2 die Zeitung frei und selbstständig. Themen und Inhalte werden unter Leitung der Chefredaktion diskutiert und festgelegt. Anzeigen, Meinungsseiten und anzeigenorientierte Beilagen sind deutlich kenntlich zu machen und vom redaktionellen Teil abzusetzen.

Kein Mitglied der Redaktion darf gezwungen werden, gegen seine eigene Überzeugung zu schreiben. Persönliche Ansichten von Arbeitnehmern, die den in der Redaktion vorherrschenden Auffassungen zuwiderlaufen, werden respektiert.

4. Verhältnis Chefredaktion – Redaktion/Redaktionsvertretung

Die Mitglieder der Chefredaktion werden vom Vorstand bestimmt. Auch die Entlassung von Mitgliedern der Chefredaktion ist Sache des Vorstands. Die Redaktionsvertretung hat dabei ein Vetorecht: Wenn bei einer Redaktionsversammlung im Rahmen einer geheimen Abstimmung zwei Drittel gegen die Entlassung eines Mitglieds der Chefredaktion stimmen, ist die Abberufung nicht möglich.

5. Besetzung von Stellen in der Redaktion

In der Besetzung der redaktionellen Stellen ist die Chefredaktion frei. Die Redaktionsvertretung hat hierbei ein Vetorecht.

6. Redaktionsvertretung

Die publizistischen und personellen Interessen der Redaktion nimmt eine von deren Arbeitnehmern gewählte Redaktionsvertretung wahr. Diese besteht aus Mitgliedern unterschiedlicher Redaktionen, die in geheimer Wahl für die Dauer von Jahren bestimmt werden. Die Mitglieder der Redaktionsvertretung genießen besonderen Kündigungsschutz. Sie wählen einen Sprecher oder eine Sprecherin und geben sich eine Geschäftsordnung. Die Beschlussfähigkeit der Redaktionsvertretung setzt die Anwesenheit der Mehrheit ihrer Mitglieder voraus.

7. Laufzeit

Das Redaktionsstatut gilt für Jahre. Wird es nicht drei Monate vor Ablauf der Frist gekündigt, so verlängert es sich automatisch um ein Jahr. Wird das Statut vom Verlag oder von der Redaktionsvertretung gekündigt, gilt es so lange weiter, bis sich Verlag und Redaktion geeinigt und ein neues Statut abgestimmt haben.

10 **Arbeitgeber/Betriebsrat: Erklärung zum Vorliegen der Eigenschaft gemäß § 118 Abs. 2 BetrVG (Übernahme eines Kindergartens durch einen kirchlichen Träger) und Entgegnung des Betriebsrats**

Arbeitgeber Firmenbezeichnung, Adresse Ort, Datum

An den Betriebsrat
Firmenbezeichnung
z.Hd. Betriebsratsvorsitzende Name
im Hause

Eigenschaft des Betriebs als erzieherische Einrichtung einer Kirche gemäß § 118 Abs. 2 BetrVG

Sehr geehrte Frau Name,
wie Ihnen bekannt ist, wird unser Betrieb nach dem Verkauf durch unseren bisherigen Eigentümer ab dem nächsten Monat von der -Kirche betrieben. Diese Situation hat zur Folge, dass zum 1. des nächsten Monats in dem Betrieb Betriebsbezeichnung die Regelung des § 118 Abs. 2 BetrVG zur Anwendung kommt. Dies bedeutet insbesondere, dass das BetrVG ab diesem Termin nicht mehr anwendbar ist.
Über die unmittelbaren Auswirkungen dieser neuen Situation sowie über die Möglichkeiten einer Mitarbeitervertretung nach den einschlägigen Vorschriften der zukünftigen Betreiberin unseres Betriebs würden wir gern umgehend mit Ihnen reden. Als Termin schlagen wir den Datum vor. Für eine kurze Terminbestätigung wären wir dankbar.

Entgegnung des Betriebsrats

Betriebsrat der Firma Firmenbezeichnung, Adresse Ort, Datum
Betriebsratsvorsitzende Name

An den Arbeitgeber Firmenbezeichnung
im Hause

Eigenschaft des Betriebs als erzieherische Einrichtung einer Kirche gemäß § 118 Abs. 2 BetrVG

Sehr geehrte Damen und Herren,
vielen Dank für Ihr Schreiben vom Datum, mit dem Sie uns auf die nach Ihrer Meinung ab dem nächsten Monat bestehende Kircheneigenschaft unseres Betriebs hinweisen.

> **Beispiel:**
> Der Betriebsrat hat dieses Schreiben in seiner Sitzung vom Datum diskutiert und ist zum folgenden Ergebnis gekommen:

Ihrer Auffassung, dass der Betrieb ab dem nächsten Monat als erzieherische Einrichtung einer Kirche gemäß § 118 Abs. 2 BetrVG zu qualifizieren ist, vermögen wir als Betriebsrat nicht zu folgen. Wir möchten insoweit darauf hinweisen, dass der Tatbestand des § 118 Abs. 2 BetrVG voraussetzt, dass ein **Mindestmaß an Einflussmöglichkeiten der Kirche besteht,** um eine Übereinstimmung der religiösen Betätigung der Einrichtung mit kirchlichen Vorstellungen gewährleisten zu können (BAG v. 5.12.07 – 7 ABR 72/06, NZA 08, 653). Dies ist bezogen auf unseren Betrieb erkennbar nicht der Fall. Nach den uns mitgeteilten Information soll unsere Einrichtung trotz geänderter Eigentumsverhältnisse unverändert weiter betrieben werden. Ein besonderer kirchlicher Verkündungsauftrag soll zukünftig nicht zu erfüllen sein. Aufgrund der fortbestehenden Managementstruktur ist für uns auch nicht erkennbar, dass das von der Rechtsprechung geforderte Mindestmaß an Einflussmöglichkeiten besteht.
Wir gehen deshalb davon aus, dass die Mitwirkungs- und Mitbestimmungsrechte des Betriebsrats uneingeschränkt fortbestehen.
Zur abschließenden Klärung dieser Angelegenheit schlagen wir ein gemeinsames Gespräch vor. Als Termin hierfür bieten wir Ihnen den Datum an.

Sechster Teil
Straf- und Bußgeldvorschriften

§ 119 Straftaten gegen Betriebsverfassungsorgane und ihre Mitglieder

(1) Mit Freiheitsstrafe bis zu einem Jahr oder mit Geldstrafe wird bestraft, wer

1. eine Wahl des Betriebsrats, der Jugend- und Auszubildendenvertretung, der Bordvertretung, des Seebetriebsrats oder der in § 3 Abs. 1 Nr. 1 bis 3 oder 5 bezeichneten Vertretungen der Arbeitnehmer behindert oder durch Zufügung oder Androhung von Nachteilen oder durch Gewährung oder Versprechen von Vorteilen beeinflusst,

2. die Tätigkeit des Betriebsrats, des Gesamtbetriebsrats, des Konzernbetriebsrats, der Jugend- und Auszubildendenvertretung, der Gesamt-Jugend- und Auszubildendenvertretung, der Konzern-Jugend- und Auszubildendenvertretung, der Bordvertretung, des Seebetriebsrats, der in § 3 Abs. 1 bezeichneten Vertretungen der Arbeitnehmer, der Einigungsstelle, der in § 76 Abs. 8 bezeichneten tariflichen Schlichtungsstelle, der in § 86 bezeichneten betrieblichen Beschwerdestelle oder des Wirtschaftsausschusses behindert oder stört oder

3. ein Mitglied oder ein Ersatzmitglied des Betriebsrats, des Gesamtbetriebsrats, des Konzernbetriebsrats, der Jugend- und Auszubildendenvertretung, der Gesamt-Jugend- und Auszubildendenvertretung, der Konzern-Jugend- und Auszubildendenvertretung, der Bordvertretung, des Seebetriebsrats, der in § 3 Abs. 1 bezeichneten Vertretungen der Arbeitnehmer, der Einigungsstelle, der in § 76 Abs. 8 bezeichneten Schlichtungsstelle, der in § 86 bezeichneten betrieblichen Beschwerdestelle oder des Wirtschaftsausschusses um seiner Tätigkeit willen oder eine Auskunftsperson nach § 80 Absatz 2 Satz 4 um ihrer Tätigkeit willen benachteiligt oder begünstigt.

(2) Die Tat wird nur auf Antrag des Betriebsrats, des Gesamtbetriebsrats, des Konzernbetriebsrats, der Bordvertretung, des Seebetriebsrats, einer der in § 3 Abs. 1 bezeichneten Vertretungen der Arbeitnehmer, des Wahlvorstands, des Unternehmers oder einer im Betrieb vertretenen Gewerkschaft verfolgt.

§ 120 Verletzung von Geheimnissen

(1) Wer unbefugt ein fremdes Betriebs- oder Geschäftsgeheimnis offenbart, das ihm in seiner Eigenschaft als

1. Mitglied oder Ersatzmitglied des Betriebsrats oder einer der in § 79 Abs. 2 bezeichneten Stellen,

2. Vertreter einer Gewerkschaft oder Arbeitgebervereinigung,

3. Sachverständiger, der vom Betriebsrat nach § 80 Abs. 3 hinzugezogen oder von der Einigungsstelle nach § 109 Satz 3 angehört worden ist,

3a. Berater, der vom Betriebsrat nach § 111 Satz 2 hinzugezogen worden ist,

3b. Auskunftsperson, die dem Betriebsrat nach § 80 Absatz 2 Satz 4 zur Verfügung gestellt worden ist, oder

4. Arbeitnehmer, der vom Betriebsrat nach § 107 Abs. 3 Satz 3 oder vom Wirtschaftsausschuss nach § 108 Abs. 2 Satz 2 hinzugezogen worden ist,

bekannt geworden und das vom Arbeitgeber ausdrücklich als geheimhaltungsbedürftig bezeichnet worden ist, wird mit Freiheitsstrafe bis zu einem Jahr oder mit Geldstrafe bestraft.

(2) Ebenso wird bestraft, wer unbefugt ein fremdes Geheimnis eines Arbeitnehmers, namentlich ein zu dessen persönlichen Lebensbereich gehörendes Geheimnis, offenbart, das ihm in seiner Eigenschaft als Mitglied oder Ersatzmitglied des Betriebsrats oder einer der in § 79 Abs. 2 bezeichneten Stellen bekannt geworden ist und über das nach den Vorschriften dieses Gesetzes Stillschweigen zu bewahren ist.

(3) Handelt der Täter gegen Entgelt oder in der Absicht, sich oder einen anderen zu bereichern oder einen anderen zu schädigen, so ist die Strafe Freiheitsstrafe bis zu zwei Jahren oder Geldstrafe. Ebenso wird bestraft, wer unbefugt ein fremdes Geheimnis, namentlich ein Betriebs- oder Geschäftsgeheimnis, zu dessen Geheimhaltung er nach den Absätzen 1 oder 2 verpflichtet ist, verwertet.

(4) Die Absätze 1 bis 3 sind auch anzuwenden, wenn der Täter das fremde Geheimnis nach dem Tode des Betroffenen unbefugt offenbart oder verwertet.

(5) Die Tat wird nur auf Antrag des Verletzten verfolgt. Stirbt der Verletzte, so geht das Antragsrecht nach § 77 Abs. 2 des Strafgesetzbuches auf die Angehörigen über, wenn das Geheimnis zum persönlichen Lebensbereich des Verletzten gehört; in anderen Fällen geht es auf die Erben über. Offenbart der Täter das Geheimnis nach dem Tode des Betroffenen, so gilt Satz 2 sinngemäß.

§ 121 Bußgeldvorschriften

(1) Ordnungswidrig handelt, wer eine der in § 90 Abs. 1, 2 Satz 1, § 92 Abs. 1 Satz 1 auch in Verbindung mit Absatz 3, § 99 Abs. 1, § 106 Abs. 2, § 108 Abs. 5, § 110 oder § 111 bezeichneten Aufklärungs- oder Auskunftspflichten nicht, wahrheitswidrig, unvollständig oder verspätet erfüllt.

(2) Die Ordnungswidrigkeit kann mit einer Geldbuße bis zu zehntausend Euro geahndet werden.

Inhaltsübersicht Rn.

I. Einleitung

1 Die Wahlbehinderung, die unzulässige Wahlbeeinflussung, die Behinderung oder Störung der Tätigkeit der Organe der Betriebsverfassung, schließlich die Benachteiligung oder Begünstigung von Mitgliedern der betriebsverfassungsrechtlichen Organe sind strafbar gem. § 119 Abs. 1 BetrVG (Freiheitsstrafe von einem Monat bis zu einem Jahr oder Geldstrafe). Die Verbote richten sich gegen jedermann. In der Praxis geht es regelmäßig um Straftaten des Arbeitgebers, seiner Mittäter und Gehilfen. Die Strafbarkeit setzt Vorsatz voraus. Abs. 1 Nr. 1 steht im Zusammenhang mit § 20, Nrn. 2 und 3 im Zusammenhang

mit § 78 BetrVG. Die dort (Satz 3) getroffene Klarstellung, wann eine Begünstigung nicht vorliegt, begrenzt auch Strafbarkeiten nach § 119 BetrVG und § 266 StGB (Untreue).
Eine Strafverfolgung tritt nur auf Antrag ein. Antragsberechtigt sind die in § 119 Abs. 2 BetrVG genannten betriebsverfassungsrechtlichen Organe einschließlich der im Betrieb vertretenen Gewerkschaft. Regelmäßig kann der Antrag nicht von einzelnen Mitgliedern, sondern nur vom Organ selbst gestellt werden, was eine ordnungsgemäße Beschlussfassung voraussetzt. Soweit möglich, sollten Betriebsrat und Gewerkschaft den Antrag gemeinsam stellen, um ggf. Beschwerde- und Klageerzwingungsverfahren offen zu halten.
Zur Durchführung des Strafverfahrens sind die ordentlichen Gerichte zuständig. Die Frist zur Stellung eines Strafantrags, der bei der zuständigen Staatsanwaltschaft, der Amtsanwaltschaft, dem Gericht oder eine Polizeidienststelle gestellt werden kann, beträgt drei Monate nach Kenntniserlangung. Wird das Ermittlungsverfahren von der Staatsanwaltschaft eingestellt, hat der Antragsteller die Möglichkeit, hiergegen Beschwerde einzulegen und, sofern diese erfolglos ist, als Verletzter im Wege des Klageerzwingungsverfahrens vor dem OLG eine gerichtliche Entscheidung zu beantragen. Unabhängig davon oder zusätzlich können nach Maßgabe des Hinweisgeberschutzgesetzes (HinSchG) Verstöße gegen Strafvorschriften des BetrVG zum Gegenstand einer Meldung gemacht werden. § 2 Abs. 1 Nr. 1 HinSchG verlangt nur, dass gegen den Tatbestand einer Rechtsvorschrift verstoßen wurde, so dass für solch eine Meldung kein förmlicher Strafantrag erforderlich ist.

II. Arbeitshilfen

Musterschreiben

Strafantrag gegen den Arbeitgeber 2

RA/Gewerkschaftssekretär:in Name Ort, Datum

An die Staatsanwaltschaft
beim Landgericht

Strafantrag

1. des Betriebsrats der Firma Firmenbezeichnung, Adresse, vertreten durch die/den Betriebsratsvorsitzende:n Name, Adresse, Antragsteller,
2. der Gewerkschaft Bezeichnung Bundesvorstand/Landesbezirk, vertreten durch die/den Bundes-/Landesvorsitzende:n Name, Adresse, Antragstellerin,

die Antragsteller zu 1. und 2. vertreten durch die/den Unterzeichner gem. beiliegender Vollmacht

gegen

1. den Unternehmer Name, Firmenbezeichnung, Adresse,
2. die Geschäftsführerin Name, Adresse

wegen [**Alternativen**]

- des Vorwurfs der vorsätzlichen, gemeinschaftlich begangenen **Behinderung bzw. Störung der Tätigkeit des Betriebsrats** gem. § 119 Abs. 1 Nr. 2 BetrVG hinsichtlich der Beschuldigten zu 1 und 2,
- des Vorwurfs des **Betrugs** gegenüber den Beschäftigten gem. § 263 StGB hinsichtlich der Beschuldigten zu 1 und 2,
- des Vorwurfs der **Untreue** gem. § 266 StGB hinsichtlich des Beschuldigten zu 2,
- des Vorwurfs der **Steuerhinterziehung** gem. § 370 AO hinsichtlich der Beschuldigten zu 1 und 2,
- des Vorwurfs des **Lohnwuchers** gem. § 291 StGB hinsichtlich der Beschuldigten zu 1 und 2,
- des Vorwurfs des **Vorenthaltens von Arbeitsentgelt** gem. § 266a StGB hinsichtlich der Beschuldigten zu 1 und 2.

Begründung:
Am Datum wurde in o.g. Betrieb der Betriebsrat, Antragsteller zu 1, bestehend aus Mitgliedern, gewählt. Die Antragstellerin zu 2 ist die für den Betrieb gem. § der Satzung zuständige Gewerkschaft. Sie ist in dem Betrieb durch Mitglieder vertreten, u.a. durch die/den Betriebsratsvorsitzende/n.
1. Seit der Wahl behindern die Beschuldigten Namen die Tätigkeit des Betriebsrats in gesetzwidriger Weise.

- Der Beschuldigte zu 1 hat gleich nach der Wahl erklärt, er erkenne die Wahl nicht an. Als Begründung hat er angegeben, »dass der Betriebsrat durch die Gewerkschaft fremdgesteuert sei und nicht die Auffassung der Mehrheit der Beschäftigten widerspiegele«. Er hat kein Wahlanfechtungsverfahren nach § 19 BetrVG eingeleitet, so dass der Betriebsrat in jedem Fall wirksam im Amt ist. Die Beschuldigten haben sich aber bisher geweigert, mit dem Betriebsrat zusammenzuarbeiten.
- Am Datum bat der Betriebsrat schriftlich um Zurverfügungstellung eines Büros nebst Telefon und PC zur Erledigung von Schreibarbeiten.

Anlage: Schreiben vom Datum
Dies wurde ihm am Datum entgegen § 40 Abs. 2 BetrVG mündlich durch die Beschuldigte zu 2 rundum abgelehnt, was durch die Aussage des Betriebsratsvorsitzenden Name belegt wird.

- Am Datum lud der Betriebsrat gemäß § 43 BetrVG die Beschäftigten zu einer Betriebsversammlung am Datum in der Betriebskantine und hängte das entsprechende Einladungsschreiben am Schwarzen Brett auf. Am Datum riss die Beschuldigt zu 2 das Einladungsschreiben ab und untersagte den Beschäftigten die Teilnahme an der Betriebsversammlung. Diese fand dann nicht wie geplant statt.
- Am Datum sowie am Datum versuchte der Geschäftsführer der Antragstellerin zu 2, Ortsverwaltung , den Betriebsrat zu einer Betriebsratssitzung aufzusuchen. Als er sich beim Pförtner anmeldete, wurde ihm in beiden Fällen entgegen §§ 2, 31 BetrVG durch die Beschuldigte zu 2 der Zutritt zum Betrieb verwehrt. Die Betriebsratssitzungen fanden dann ohne seine Teilnahme statt.

2. Die Verwirklichung des Tatbestands des § 263 StGB ergibt sich aus Folgendem: Die Beschuldigten haben in mehreren Fällen den Beschäftigten bei der Einstellung ausdrücklich zugesagt, ihre Vergütung richte sich nach dem Tarifvertrag im . Diese Aussage findet sich auch in der im Internet ausgestellten Stellenausschreibung vom Datum.
Anlage: Stellenausschreibung vom Datum
Im Vertrauen darauf sind zahlreiche Beschäftigte, darunter die Namen , ein Beschäftigungsverhältnis mit dem Beschuldigten zu 1 eingegangen. Allein im Monat nach der o.g. Stellenausschreibung wurden Beschäftigte neu eingestellt. Diese Beschäftigte hat der Beschuldigte zu 1 bei der Einstellung nicht darüber informiert, dass er nicht tarifgebunden ist. Auch enthalten deren Arbeitsverträge keinen Hinweis auf anzuwendende Tarifverträge. Tatsächlich wendet der Arbeitgeber weder rechtlich noch tatsächlich irgendwelche Tarifverträge an. So zahlt er kein Urlaubsgeld, obwohl sich dieser Anspruch aus § MTV vom Datum ergibt. Bei den Beschäftigten ist dadurch der Irrtum entstanden, ein Arbeitsverhältnis mit einer tariflichen Vergütung zu begründen, obwohl dies offensichtlich nicht der Fall ist. Dadurch ist ihnen zum einen die Möglichkeit entgangen, ein Arbeitsverhältnis mit einem anderen Arbeitgeber zu schließen, der Tarifbedingungen anwendet, z.B. indem er die »übliche Vergütung« i.S.d. § 612 Abs. 2 BGB zahlt. »Übliche Vergütung« i.S.d. Vorschrift ist aber die Tarifvergütung (st. Rspr., vgl. nur Nachweise bei ErfK-*Preis*, § 612 BGB Rn. 38). Dazu gehört dann auch das tarifliche Urlaubsgeld.
Im Vertrauen darauf, tariflich vergütet zu werden, haben die Beschäftigten zum anderen auf die Geltendmachung von Tarifforderungen verzichtet. Sie haben hierdurch einen Vermögensnachteil erlitten. Erst am Datum wurden der Betriebsrat und die Beschäftigten auf einer Gewerkschaftsversammlung über den genauen Umfang der tariflichen Vergütungssätze aufgeklärt. Zu diesem Zeitpunkt waren aber die Ansprüche der meisten Beschäftigten auf Urlaubsgeld gem. § MTV schon verfristet.

3. Vorgenannte Tatsachen belegen, wie die Beschuldigten systematisch einheitlich handelnd versuchten, den Betrieb »betriebsrats- und gewerkschaftsfrei« zu halten, weiterhin bei den Beschäftigten den Irrtum einer tarifgerechten Beschäftigung, insbes. Bezahlung zu erregen und sie von der Geltendmachung von Tarifansprüchen abzuhalten, obwohl diese Ansprüche tatsächlich nicht erfüllt werden. Diese systematische Herangehensweise wird belegt durch den Brief des Beschuldigten zu 1 vom Datum an alle Betriebsangehörigen über die angebliche Kostenbelastung für das Unternehmen aus der Arbeit des Betriebsrats und der Gewerkschaft, die angesichts der verschärften Konkurrenzsituation angeblich eine Gefahr für die Arbeitsplätze darstelle.
Anlage: Schreiben vom Datum
Darin wird u. a. behauptet, .
4. Die Beschuldigte zu 2 hat in einer von ihr einberufenen Personalversammlung vom Datum erklärt, dass die weitere Zahlung des bisher gezahlten Weihnachtsgeldes bei einer Einrichtung eines Betriebsrats aufs äußerste gefährdet sei, da dann die Geschäftsleitung nur noch die Leistungen erbringen könne, zu denen sie gesetzlich verpflichtet sei. Dagegen sei die Erhöhung des Weihnachtsgeldes um 10 % möglich, wenn die Wahl des Betriebsrats unterbliebe. Am vorgesehenen Termin zur Wahl eines Wahlvorstandes hat die Beschuldigte zu 2 weiterhin zu einem Betriebsausflug in den Freizeitpark Name in Ort eingeladen und veranlasst, dass die dadurch entstehenden erheblichen Kosten der Teilnehmer (Fahrtkosten, Eintrittskarten, Verpflegung, Auslösung, insg. ca. 5000 €) durch das Unternehmen übernommen wurden. Sie hat ferner veranlasst, dass sich am Datum eine Anzahl von Beschäftigten unter dem Namen einer sog. »Gruppe unabhängiger Betriebsangehöriger« in einer aufwendig gestalteten Publikation an die Beschäftigten des Betriebs gewandt hat, um die Wahl gewerkschaftlich orientierter Arbeitnehmer in den Betriebsrat zu verhindern. Er hat veranlasst, dass auch die Kosten dieser Publikation sowie die weiteren Kosten dieser »Gruppe« durch das Unternehmen getragen wurden.
5. Der Beschuldigten zu 2 ist vorzuwerfen, den Tatbestand der Untreue gem. § 266 StGB verwirklicht zu haben. Als Geschäftsleiterin mit Abschlussvollmacht verfügte sie über eine besondere rechtliche Vermögensverfügungsbefugnis und Vermögensfürsorgepflicht hinsichtlich des ihr anvertrauten Vermögens. Die Beschuldigte hat aus diesem Vermögen des Unternehmens erhebliche finanzielle Mittel eingesetzt, um die Bildung eines Betriebsrats zu verhindern, »die Gewerkschaft aus dem Betrieb herauszuhalten« und die »Gruppe unabhängiger Betriebsangehöriger« zu begünstigen. Dadurch ist dem Unternehmen ein finanzieller Nachteil entstanden, der sich auf mindestens folgende Beträge beläuft: €. Ein weiterer Vermögensnachteil liegt in dem Gefährdungsschaden, der sich daraus ergibt, dass das Ansehen des Unternehmens durch die öffentliche Berichterstattung über die Behinderung der Betriebsratswahl erheblich gelitten hat, was zu einem Vertrauensverlust in der Öffentlichkeit und konkreten Umsatzrückgängen geführt hat. Diesen Vermögensnachteilen steht auch kein konkreter, rechtmäßiger Vorteil des Unternehmens gegenüber. Der Gesetzgeber betrachtet die Wahl eines Betriebsrats und die Zusammenarbeit mit der zuständigen Gewerkschaft nicht als Nachteil, sondern als Gewinn für ein Unternehmen, da die Betriebsverfassung und die Koalitionsfreiheit die Zusammenarbeit zwischen dem Unternehmen und den Beschäftigten stärken. Nach der im BetrVG niedergelegten gesetzgeberischen Konzeption kann deshalb die Verhinderung einer Betriebsratswahl keinen Gewinn für das Unternehmen darstellen. Ein dahingehender Verbotsirrtum scheidet schon deshalb aus, weil die Rechtslage nicht unklar ist. Wer über eine besondere Vertrauensstellung verfügt, hat über das ihm anvertraute Vermögen nicht nach freiem Ermessen, sondern nach Recht und Gesetz zu verfügen (vgl. auch BGHSt v. 18.10.2006 – 2 StR 499/05, NJW 2007, 1760ff.). Es handelt sich um ein Amtsdelikt, das unabhängig vom Strafantrag zu verfolgen ist. Nach BGH 29.8.2008 – 2 StR 587/07, NJW 2009, 89 führt schon das Entziehen und Vorenthalten erheblicher Vermögenswerte unter Einrichtung von verdeckten Kassen zu einem endgültigen Nachteil i. S. d. § 266 StGB. Auf die Absicht, das Geld im wirtschaftlichen Interesse des UN zu verwenden, kommt es nicht an. Die Vorschrift verstößt nicht gegen das Bestimmtheitsgebot des Grundgesetzes. Dies gilt auch, soweit unter Vermögensnachteil eine schadensgleiche Vermögensgefährdung verstanden wird (BVerfG 10.3.2009 – 2 BvR 1980/07).

6. Der Beschuldigten zu 2 ist vorzuwerfen, den Tatbestand der Steuerhinterziehung gem. § 370 AO verwirklicht zu haben. Die vorstehend aufgezeigten Aufwendungen wurden nämlich rechtswidrig steuermindernd als Betriebsausgaben abgesetzt, obwohl wegen des strafbaren Verstoßes gegen das BetrVG ein steuerrechtliches Abzugsverbot i. S. d. § 4 Abs. 5 Nr. 10 EStG bestand (BGH 13.9.2010 – 1 StR 220/09, AuR 2010, 490, AUB).

7. Der Beschuldigten zu 2 ist vorzuwerfen, den Tatbestand des Lohnwuchers gem. § 291 StGB sowie des Vorenthaltens von Arbeitsentgelt gem. § 266a StGB verwirklicht zu haben. Bei der Überprüfung der effektiv gezahlten Löhne und Gehälter hat sich nämlich herausgestellt, dass bei den Beschäftigten Namen das Niveau des fachlich und örtlich anzuwendenden Tarifvertrages um mindestens 1/3 unterschritten wurde (vgl. BGH 22.4.1997 – 1 StR 701/96, AuR 1997, 453–456). Die Tarifsätze betrugen €, effektiv gezahlt wurden dagegen € bei geleisteten Stunden im Monat . Weiterhin wurden die nach dem Entsendegesetz bzw. dem Mindestlohngesetz zu zahlenden Mindestlöhne in zahlreichen Fällen nicht gezahlt. Dies geschah vor allem in der Weise, dass effektive Arbeitsstunden den Beschäftigten nicht als Arbeitszeit angerechnet wurden. Soweit die Beschäftigten hierfür keine Vergütung erhalten haben, wurden auch keine Sozialversicherungsbeiträge abgeführt. Dadurch ist der Tatbestand des § 266a StGB erfüllt.

Hinweis:
Der Tatbestand des Vorenthaltens ist auch gegeben, wenn Lohn nicht oder nicht in geschuldeter Höhe gezahlt wird (BGH 16.5.2000 – VI ZR 90/99, EzA StGB § 266a Nr. 1; BGH 28.5.2002 – 5 StR 16/02, AuR 2002, 319: Das Vorenthalten von Arbeitnehmerbeiträgen setzt nicht voraus, dass an die Beschäftigten tatsächlich Lohn gezahlt wurde). Das Zuflussprinzip ist durch das Entstehungsprinzip abgelöst worden. Auch nach der Rspr. des BSG ist für die Frage der Sozialversicherungspflicht das geschuldete, nicht das tatsächlich gezahlte Arbeitsentgelt maßgeblich. Damit ist der Straftatbestand verwirklicht (BGH 12.9.2012 – 5 StR 363/12, AuR 2013, 88). Das gleiche gilt, wenn Beschäftigte, für die Sozialversicherungsabgaben zu leisten sind, pro forma als Scheinselbständige geführt und für diese keine Abgaben abgeführt werden (*BGH* 16.4.2014 – 1 StR 516/13, AuR 2015, 115).

8. Der Betriebsrat hat deshalb in seiner Sitzung vom Datum beschlossen, gegen die Beschuldigten Namen Strafanzeige wegen aller in Frage kommender Delikte sowie Strafantrag nach § 119 BetrVG zu stellen.
Anlage: Betriebsratsbeschluss gem. Protokoll vom Datum
Die Verweigerung des Büros und des Zugangs zum Betrieb liegen innerhalb der letzten drei Monate vor Antragstellung. Darüber hinaus sind aber auch die davor liegenden Vorgänge mit einzubeziehen, da es sich insofern um ein einheitliches Delikt handelt. Die Antragsteller sind Verletzte i. S. d. §§ 171ff. StPO. Für den Betriebsrat ergibt sich dies unmittelbar aus der Beeinträchtigung seines gesetzlichen Amtes, für die Gewerkschaft aus der Beeinträchtigung ihrer besonderen Funktionen im Bereich der Betriebsverfassung (vgl. §§ 2, 14, 16–19, 23, 31, 35, 37, 43, 46, 53, 119 Abs. 2 BetrVG). Es wird deshalb beantragt, ein Ermittlungsverfahren gegen die Beschuldigten einzuleiten und die/den Unterzeichner über den Stand der Ermittlungen auf dem Laufenden zu halten. Dies gilt auch für den Fall der Weitergabe an die Ordnungsbehörden wegen des Verdachts einer Ordnungswidrigkeit.
Anlagen

Hinweis:
Vgl. DKW-*Trümner*, § 119 Rn. 14ff.; DKW-*Buschmann*, § 78 Rn. 13ff.; § 80, Rn. 13.

Ordnungswidrigkeitenanzeige nach § 121 BetrVG 3

Rechtsanwalt/Gewerkschaftssekretär:in Name Ort, Datum

An den Minister für Arbeit, Gesundheit und Soziales
Adresse
Ordnungswidrigkeitenanzeige
1. des Betriebsrats der Fa. Firmenbezeichnung, Adresse, vertreten durch die/den Betriebsratsvorsitzende:n Name, Adresse, Anzeigeerstatter,
2. der Gewerkschaft Bezeichnung Bundesvorstand/Landesbezirk , vertreten durch die/den Bundes-/Landesvorsitzende:n Name, Adresse, Anzeigeerstatterin,
die Antragsteller zu 1 und 2 vertreten durch Unterzeichner gem. beiliegender Vollmacht,
gegen
1. den Unternehmer Name, Firmenbezeichnung, Adresse, Antragsgegner,
2. die Geschäftsführerin Name, Adresse, Antragsgegner,
wegen des Vorwurfs der vorsätzlichen Verletzung der Pflichten des Arbeitgebers aus den §§ 99 und 100 BetrVG.

Begründung:
Am Datum wurde in o. g. Betrieb der Betriebsrat, bestehend aus Mitgliedern, gewählt. Die Anzeigeerstatterin zu 2. ist die für den Betrieb gem. § der Satzung zuständige Gewerkschaft. Sie ist in dem Betrieb durch Mitglieder vertreten. Die Beschuldigten haben seit dem Datum in mindestens Fällen Einstellungen und Versetzungen von Arbeitnehmern vorgenommen, ohne den Betriebsrat zuvor gemäß § 99 Abs. 1 BetrVG informiert, geschweige denn gehört zu haben. Dies gilt auch für die jeweils vorzunehmende Eingruppierung.
Der Betriebsrat hat nach Bekanntwerden der letzten Fälle beide Beschuldigten auf seine Mitbestimmung und das nach §§ 99ff. BetrVG vorgeschriebene Verfahren hingewiesen. Die Beschuldigten erklärten jedoch übereinstimmend, dass es sich bei allen personellen Maßnahmen um sog. »Geringfügig Beschäftigte« handele, die nicht aus dem Personaletat, sondern aus der sog. Portokasse bezahlt und auch nicht eingruppiert würden, da sie ohnehin nicht über 450 € verdienen dürften. Der Hinweis des Betriebsrats, dass auch in derartigen Fällen das Verfahren nach § 99 BetrVG durchzuführen ist, da auch die »Geringfügigen« Arbeitnehmer i. S. d. BetrVG sind (vgl. BAG v. 18.6.1991 – 1 ABR 60/90, DB 1991, 2140), blieb erfolglos.

Beweis:
Zeugnis der Betriebsratsmitglieder Namen, Adressen

Aus den aufgezeigten Gründen bitten wir Sie, ein Ordnungswidrigkeitenverfahren einzuleiten, das angezeigte Verhalten mit der in § 121 Abs. 2 BetrVG vorgesehenen Geldbuße zu ahnden und uns über den Ausgang des Verfahrens zu informieren.
Anlagen

Anzeige der Nichtabführung von Sozialversicherungsbeiträgen, des Lohnwuchers und der Vorenthaltung von Arbeitsentgelt 4

RA/Gewerkschaftssekretär:in Name Ort, Datum

An die Finanzkontrolle Schwarzarbeit beim Hauptzollamt
Adresse
Zentrale Facheinheit 3 der Bundesfinanzdirektion West
Adresse

Anzeige der Nichtabführung von Sozialversicherungsbeiträgen, des Lohnwuchers und der Vorenthaltung von Arbeitsentgelt gem. § 266a StGB

Anzeigeerstatterin: Gewerkschaft Bezeichnung **Bundesvorstand/Landesbezirk** , vertreten durch die/den Bundes-/Landesvorsitzende:n Name, Adresse, Antragstellerin,
vertreten durch die/den Unterzeichner gem. beiliegender Vollmacht
gegen
1. den Unternehmer Name, Firmenbezeichnung, Adresse, Antragsgegner
2. die Geschäftsführerin Name, Adresse, Antragsgegnerin
wegen des Vorwurfs der Nichtabführung von Sozialversicherungsbeiträgen, des Lohnwuchers und des Vorenthaltens von Arbeitsentgelt gem. § 266a StGB

Begründung:
Bei der Überprüfung der effektiv gezahlten Löhne und Gehälter im Betrieb Firmenbezeichnung, Adresse hat sich herausgestellt, dass bei den Beschäftigten Namen das Niveau des fachlich und örtlich anzuwendenden Tarifvertrages um mindestens 1/3 unterschritten wurde. Die Tarifsätze betrugen €, effektiv gezahlt wurden dagegen € bei geleisteten Stunden im Monat . Weiterhin wurden die nach dem Entsende- bzw. dem Mindestlohngesetz zu zahlenden Mindestlöhne in zahlreichen Fällen nicht gezahlt. Dies geschah vor allem in der Weise, dass effektive Arbeitsstunden den Beschäftigten nicht als Arbeitszeit angerechnet wurden. Soweit die Beschäftigten hierfür keine Vergütung erhalten haben, wurden auch keine Sozialversicherungsbeiträge abgeführt.

Hinweis:
Der Tatbestand des Vorenthaltens ist auch gegeben, wenn Lohn nicht oder nicht in geschuldeter Höhe gezahlt wird (BGH 16.5.2000 – VI ZR 90/99, EzA StGB § 266a Nr. 1; BGH 28.5.2002 – 5 StR 16/02, AuR 2002, 319: Das Vorenthalten von Arbeitnehmerbeiträgen setzt nicht voraus, dass an die AN tatsächlich Lohn gezahlt wurde). Das Zuflussprinzip ist durch das Entstehungsprinzip abgelöst worden. Auch nach der Rspr. des BSG ist für die Frage der Sozialversicherungspflicht das geschuldete, nicht das tatsächlich gezahlte Arbeitsentgelt maßgeblich. Damit ist der Straftatbestand verwirklicht (BGH 12.9.2012 – 5 StR 363/12, AuR 2013, 88). Das gleiche gilt, wenn Beschäftigte, für die Sozialversicherungsabgaben zu leisten sind, pro forma als Scheinselbständige geführt und für diese keine Abgaben abgeführt werden (BGH 16.4.2014 – 1 StR 516/13, AuR 2015, 115).

Gemäß § 2 Schwarzarbeitsbekämpfungsgesetz überprüfen die Behörden der Zollverwaltung u.a., ob Arbeitgeber, Unternehmer oder versicherungspflichtige Selbstständige ihre sich auf Grund der Dienst- oder Werkleistungen ergebenden sozialversicherungsrechtlichen Melde-, Beitrags- oder Aufzeichnungspflichten erfüllen, ferner ob die Arbeitsbedingungen nach Maßgabe des Arbeitnehmer-Entsendegesetzes, des Mindestlohngesetzes und des § 8 Absatz 5 des Arbeitnehmerüberlassungsgesetzes eingehalten werden oder wurden. Aus den angezeigten Gründen besteht der dringende Verdacht, dass gegen diese Verpflichtungen verstoßen wurde. Wir bitten deshalb, den Vorgang aufzuklären, ein Prüfungsverfahren sowie die notwendigen ordnungswidrigkeitenrechtlichen Maßnahmen einzuleiten, ggf. das Verfahren an die zuständige Staatsanwaltschaft weiterzuleiten und uns über den Fortgang des Verfahrens zu informieren.
Anlagen

Beschlussfassung des Betriebsrats 5

Auszug aus dem Betriebsratsprotokoll vom Datum
Tagesordnungspunkt: Strafantrag und Anzeige von Ordnungswidrigkeiten aus dem Betriebsverfassungsgesetz
Der Betriebsrat stellt fest, dass er ordnungsgemäß unter Angabe dieses Tagesordnungspunktes geladen und beschlussfähig ist. Es wird beschlossen, dass der Betriebsrat bei den zuständigen Ermittlungsbehörden Anzeige erstattet und förmlichen Strafantrag stellt wegen des Verdachts des Verstoßes gegen §§ 119 und 121 BetrVG sowie der weiteren in Frage kommenden Tatbestände gegen

1. die Geschäftsführerin, Frau Name
2. den Personalleiter, Herrn Name

Der/Die Rechtssekretär/RA:in Name wird beauftragt und bevollmächtigt, die Strafanzeige und den Strafantrag zu formulieren und den Ermittlungsbehörden zuzuleiten. Für den Fall, dass es nicht zu einer Anklageerhebung kommt, wird der Betriebsrat über weitere Rechtsbehelfe beraten.

Hinweise

1. Vgl. DKW-*Trümner*, § 119 Rn. 23ff.; § 121 Rn. 24ff. m. w. N. In o. g. Strafantrag wurde (alternativ) der nicht seltene Fall der Vortäuschung einer tariflichen Bezahlung mit aufgenommen, da mehrere Delikte gelegentlich zusammentreffen. Bei § 263 StGB (Betrug) handelt es sich um ein sog. Offizialdelikt, das von Amts wegen zu verfolgen ist, was aber in Fällen wie diesen hier kaum geschieht. Wenn schon der Schritt zum Strafantrag notwendig ist, kann es sinnvoll sein, auch weitere Straftaten anzuzeigen (vgl. AG Stuttgart – B 17 Cs 182(164) Js 1885/95, *Schlecker*, AuR 1998, 238).

2. Leider muss oftmals befürchtet werden, dass den Ermittlungsbehörden die betriebsverfassungsrechtlichen Vorschriften und erst recht die Rechtsprechung der Arbeitsgerichte weitgehend unbekannt sind, so dass dahingehende Hinweise schon in den Strafantrag bzw. die Anzeige aufgenommen werden sollten.

3. Dagegen sind die Straftatbestände des Betrugs, der Untreue, der Steuerhinterziehung, des Lohnwuchers und des Vorenthaltens von Arbeitsentgelt den Staatsanwaltschaften und Strafgerichten eher vertraut. Hier ist auch der Strafrahmen erheblich weiter. Deswegen haben in den letzten Jahren Strafgerichte spektakuläre Fälle von betrieblicher Korruption aufgedeckt und mit empfindlichen Strafen belegt. Dies gilt vor allem für die Förderung antigewerkschaftlicher Betriebsräteorganisationen wie der AUB aus Unternehmenskassen, aber auch für die Zahlung wucherischer Mini-Löhne an Beschäftigte bzw. Scheinselbständige, für die dann auch keine Sozialversicherungsbeiträge abgeführt wurden.

4. Ein gemeinsamer Strafantrag bzw. eine gemeinsame Strafanzeige empfehlen sich schon deshalb, weil die Beteiligung des Betriebsrats größere Rechtssicherheit für ein etwaiges Beschwerde- oder Klageerzwingungsverfahren bewirkt, andererseits die Beteiligung der Gewerkschaft verhindert, dass der Betriebsrat als alleiniger Anzeigeerstatter bzw. Antragsteller unter zu starken Druck seitens des Arbeitgebers gerät. Hinsichtlich der Straftatbestände des Betrugs, des Lohnwuchers und des Vorenthaltens von Arbeitsentgelt kann es im Einzelfall sinnvoller sein, wenn allein die zuständige Gewerkschaft als Anzeigeerstatterin auftritt.

5. Da die Ermittlungsbehörden nicht selten geneigt sind, die Verstöße als »Kavaliersdelikte« anzusehen und Ermittlungsverfahren einzustellen, ist besondere Sorgfalt bei der Beschlussfassung (Einladung zur Betriebsratssitzung mit Tagesordnung/Beschluss/Protokoll; gewerkschaftlicher Antrag durch ein vertretungsberechtigtes Organ, nicht durch eine unselbständige Untergliederung) geboten. Der Hinweis auf mögliche weitere Rechtsbehelfe verstärkt den Nachdruck.

Siebenter Teil
Änderung von Gesetzen

§§ 122–124 BetrVG
(weggefallen)

Achter Teil
Übergangs- und Schlussvorschriften

§ 125 Erstmalige Wahlen nach diesem Gesetz

(1) Die erstmaligen Betriebsratswahlen nach § 13 Abs. 1 finden im Jahre 1972 statt.

(2) Die erstmaligen Wahlen der Jugend- und Auszubildendenvertretung nach § 64 Abs. 1 Satz 1 finden im Jahre 1988 statt. Die Amtszeit der Jugendvertretung endet mit der Bekanntgabe des Wahlergebnisses der neu gewählten Jugend- und Auszubildendenvertretung, spätestens am 30. November 1988.

(3) Auf Wahlen des Betriebsrats, der Bordvertretung, des Seebetriebsrats und der Jugend- und Auszubildendenvertretung, die nach dem 28. Juli 2001 eingeleitet werden, finden die Erste Verordnung zur Durchführung des Betriebsverfassungsgesetzes vom 16. Januar 1972 (BGBl. I S. 49), zuletzt geändert durch die Verordnung vom 16. Januar 1995 (BGBl. I S. 43), die Zweite Verordnung zur Durchführung des Betriebsverfassungsgesetzes vom 24. Oktober 1972 (BGBl. I S. 2029), zuletzt geändert durch die Verordnung vom 28. September 1989 (BGBl. I S. 1795) und die Verordnung zur Durchführung der Betriebsratswahlen bei den Postunternehmen vom 26. Juni 1995 (BGBl. I S. 871) bis zu deren Änderung entsprechende Anwendung.

(4) Ergänzend findet für das vereinfachte Wahlverfahren nach § 14a die Erste Verordnung zur Durchführung des Betriebsverfassungsgesetzes bis zu deren Änderung mit folgenden Maßgaben entsprechende Anwendung:

1. **Die Frist für die Einladung zur Wahlversammlung zur Wahl des Wahlvorstands nach § 14a Abs. 1 des Gesetzes beträgt mindestens sieben Tage. Die Einladung muss Ort, Tag und Zeit der Wahlversammlung sowie den Hinweis enthalten, dass bis zum Ende dieser Wahlversammlung Wahlvorschläge zur Wahl des Betriebsrats gemacht werden können (§ 14a Abs. 2 des Gesetzes).**
2. **§ 3 findet wie folgt Anwendung:**
   a) **Im Fall des § 14a Abs. 1 des Gesetzes erlässt der Wahlvorstand auf der Wahlversammlung das Wahlausschreiben. Die Einspruchsfrist nach § 3 Abs. 2 Nr. 3 verkürzt sich auf drei Tage. Die Angabe nach § 3 Abs. 2 Nr. 4 muss die Zahl der Mindestsitze des Geschlechts in der Minderheit (§ 15 Abs. 2 des Gesetzes) enthalten. Die Wahlvorschläge sind abweichend von § 3 Abs. 2 Nr. 7 bis zum Abschluss der Wahlversammlung zur Wahl des Wahlvorstands bei diesem einzureichen. Ergänzend zu § 3 Abs. 2 Nr. 10 gibt der Wahlvorstand den Ort, Tag und Zeit der nachträglichen Stimmabgabe an (§ 14a Abs. 4 des Gesetzes).**
   b) **Im Fall des § 14a Abs. 3 des Gesetzes erlässt der Wahlvorstand unverzüglich das Wahlausschreiben mit den unter Buchstabe a genannten Maßgaben zu § 3 Abs. 2 Nr. 3, 4 und 10. Abweichend von § 3 Abs. 2 Nr. 7 sind die Wahlvorschläge spätestens eine Woche vor der Wahlversammlung zur Wahl des Betriebsrats (§ 14a Abs. 3 Satz 2 des Gesetzes) beim Wahlvorstand einzureichen.**
3. **Die Einspruchsfrist des § 4 Abs. 1 verkürzt sich auf drei Tage.**
4. **Die §§ 6 bis 8 und § 10 Abs. 2 finden entsprechende Anwendung mit der Maßgabe, dass die Wahl aufgrund von Wahlvorschlägen erfolgt. Im Fall des § 14a Abs. 1 des Gesetzes sind die Wahlvorschläge bis zum Abschluss der Wahlversammlung zur Wahl des Wahlvorstands bei diesem einzureichen; im Fall des § 14a Abs. 3 des Gesetzes sind die Wahlvorschläge spätestens eine Woche vor der Wahlversammlung**

zur Wahl des Betriebsrats (§ 14a Abs. 3 Satz 2 des Gesetzes) beim Wahlvorstand einzureichen.

5. **§ 9 findet keine Anwendung.**
6. **Auf das Wahlverfahren finden die §§ 21 ff. entsprechende Anwendung. Auf den Stimmzetteln sind die Bewerber in alphabetischer Reihenfolge unter Angabe von Familienname, Vorname und Art der Beschäftigung im Betrieb aufzuführen.**
7. **§ 25 Abs. 5 bis 8 findet keine Anwendung.**
8. **§ 26 Abs. 1 findet mit der Maßgabe Anwendung, dass der Wahlberechtigte sein Verlangen auf schriftliche Stimmabgabe spätestens drei Tage vor dem Tag der Wahlversammlung zur Wahl des Betriebsrats dem Wahlvorstand mitgeteilt haben muss.**
9. **§ 31 findet entsprechende Anwendung mit der Maßgabe, dass die Wahl der Jugend- und Auszubildendenvertretung aufgrund von Wahlvorschlägen erfolgt.**

§ 126 Ermächtigung zum Erlass von Wahlordnungen

Das Bundesministerium für Arbeit und Soziales wird ermächtigt, mit Zustimmung des Bundesrates Rechtsverordnungen zu erlassen zur Regelung der in den §§ 7 bis 20, 60 bis 63, 115 und 116 bezeichneten Wahlen über

1. **die Vorbereitung der Wahl, insbesondere die Aufstellung der Wählerlisten und die Errechnung der Vertreterzahl;**
2. **die Frist für die Einsichtnahme in die Wählerlisten und die Erhebung von Einsprüchen gegen sie;**
3. **die Vorschlagslisten und die Frist für ihre Einreichung;**
4. **das Wahlausschreiben und die Fristen für seine Bekanntmachung;**
5. **die Stimmabgabe;**

5a. **die Verteilung der Sitze im Betriebsrat, in der Bordvertretung, im Seebetriebsrat sowie in der Jugend- und Auszubildendenvertretung auf die Geschlechter, auch soweit die Sitze nicht gemäß § 15 Abs. 2 und § 62 Abs. 3 besetzt werden können;**

6. **die Feststellung des Wahlergebnisses und die Fristen für seine Bekanntmachung;**
7. **die Aufbewahrung der Wahlakten.**

§ 127 Verweisungen

Soweit in anderen Vorschriften auf Vorschriften verwiesen wird oder Bezeichnungen verwendet werden, die durch dieses Gesetz aufgehoben oder geändert werden, treten an ihre Stelle die entsprechenden Vorschriften oder Bezeichnungen dieses Gesetzes.

§ 128 Bestehende abweichende Tarifverträge

Die im Zeitpunkt des Inkrafttretens dieses Gesetzes nach § 20 Abs. 3 des Betriebsverfassungsgesetzes vom 11. Oktober 1952 geltenden Tarifverträge über die Errichtung einer anderen Vertretung der Arbeitnehmer für Betriebe, in denen wegen ihrer Eigenart der Errichtung von Betriebsräten besondere Schwierigkeiten entgegenstehen, werden durch dieses Gesetz nicht berührt.

§ 129 Sonderregelungen aus Anlass der COVID-19-Pandemie

(1) Versammlungen nach den §§ 42, 53 und 71 können bis zum Ablauf des 7. April 2023 auch mittels audiovisueller Einrichtungen durchgeführt werden, wenn sichergestellt ist, dass nur teilnahmeberechtigte Personen Kenntnis von dem Inhalt der Versammlung nehmen können. Eine Aufzeichnung ist unzulässig.
(2) Die Teilnahme an Sitzungen der Einigungsstelle sowie die Beschlussfassung können bis zum Ablauf des 7. April 2023 auch mittels einer Video- und Telefonkonferenz erfolgen, wenn sichergestellt ist, dass Dritte vom Inhalt der Sitzung keine Kenntnis nehmen können. Eine Aufzeichnung ist unzulässig. Die Teilnehmer, die mittels Video- und Telefonkonferenz teilnehmen, bestätigen ihre Anwesenheit gegenüber dem Vorsitzenden der Einigungsstelle in Textform.

§ 130 Öffentlicher Dienst

Dieses Gesetz findet keine Anwendung auf Verwaltungen und Betriebe des Bundes, der Länder, der Gemeinden und sonstiger Körperschaften, Anstalten und Stiftungen des öffentlichen Rechts.

§§ 131–132 BetrVG

(nicht abgedruckt)

Gesetz über Europäische Betriebsräte – EBRG

Erster Teil
Allgemeine Vorschriften

§ 1 Grenzübergreifende Unterrichtung und Anhörung

(1) Zur Stärkung des Rechts auf grenzübergreifende Unterrichtung und Anhörung der Arbeitnehmer in gemeinschaftsweit tätigen Unternehmen und Unternehmensgruppen werden Europäische Betriebsräte oder Verfahren zur Unterrichtung und Anhörung der Arbeitnehmer vereinbart. Kommt es nicht zu einer Vereinbarung, wird ein Europäischer Betriebsrat kraft Gesetzes errichtet.

(2) Der Europäische Betriebsrat ist zuständig in Angelegenheiten, die das gemeinschaftsweit tätige Unternehmen oder die gemeinschaftsweit tätige Unternehmensgruppe insgesamt oder mindestens zwei Betriebe oder zwei Unternehmen in verschiedenen Mitgliedstaaten betreffen. Bei Unternehmen und Unternehmensgruppen nach § 2 Absatz 2 ist der Europäische Betriebsrat nur in solchen Angelegenheiten zuständig, die sich auf das Hoheitsgebiet der Mitgliedstaaten erstrecken, soweit kein größerer Geltungsbereich vereinbart wird.

(3) Die grenzübergreifende Unterrichtung und Anhörung der Arbeitnehmer erstreckt sich in einem Unternehmen auf alle in einem Mitgliedstaat liegenden Betriebe sowie in einer Unternehmensgruppe auf alle Unternehmen, die ihren Sitz in einem Mitgliedstaat haben, soweit kein größerer Geltungsbereich vereinbart wird.

(4) Unterrichtung im Sinne dieses Gesetzes bezeichnet die Übermittlung von Informationen durch die zentrale Leitung oder eine andere geeignete Leitungsebene an die Arbeitnehmervertreter, um ihnen Gelegenheit zur Kenntnisnahme und Prüfung der behandelten Frage zu geben. Die Unterrichtung erfolgt zu einem Zeitpunkt, in einer Weise und in einer inhaltlichen Ausgestaltung, die dem Zweck angemessen sind und es den Arbeitnehmervertretern ermöglichen, die möglichen Auswirkungen eingehend zu bewerten und gegebenenfalls Anhörungen mit dem zuständigen Organ des gemeinschaftsweit tätigen Unternehmens oder der gemeinschaftsweit tätigen Unternehmensgruppe vorzubereiten.

(5) Anhörung im Sinne dieses Gesetzes bezeichnet den Meinungsaustausch und die Einrichtung eines Dialogs zwischen den Arbeitnehmervertretern und der zentralen Leitung oder einer anderen geeigneten Leitungsebene zu einem Zeitpunkt, in einer Weise und in einer inhaltlichen Ausgestaltung, die es den Arbeitnehmervertretern auf der Grundlage der erhaltenen Informationen ermöglichen, innerhalb einer angemessenen Frist zu den vorgeschlagenen Maßnahmen, die Gegenstand der Anhörung sind, eine Stellungnahme abzugeben, die innerhalb des gemeinschaftsweit tätigen Unter-

nehmens oder der gemeinschaftsweit tätigen Unternehmensgruppe berücksichtigt werden kann. Die Anhörung muss den Arbeitnehmervertretern gestatten, mit der zentralen Leitung zusammenzukommen und eine mit Gründen versehene Antwort auf ihre etwaige Stellungnahme zu erhalten.

(6) Zentrale Leitung im Sinne dieses Gesetzes ist ein gemeinschaftsweit tätiges Unternehmen oder das herrschende Unternehmen einer gemeinschaftsweit tätigen Unternehmensgruppe.

(7) Unterrichtung und Anhörung des Europäischen Betriebsrats sind spätestens gleichzeitig mit der der nationalen Arbeitnehmervertretungen durchzuführen.

§ 2 Geltungsbereich

(1) Dieses Gesetz gilt für gemeinschaftsweit tätige Unternehmen mit Sitz im Inland und für gemeinschaftsweit tätige Unternehmensgruppen mit Sitz des herrschenden Unternehmens im Inland.

(2) Liegt die zentrale Leitung nicht in einem Mitgliedstaat, besteht jedoch eine nachgeordnete Leitung für in Mitgliedstaaten liegende Betriebe oder Unternehmen, findet dieses Gesetz Anwendung, wenn die nachgeordnete Leitung im Inland liegt. Gibt es keine nachgeordnete Leitung, findet das Gesetz Anwendung, wenn die zentrale Leitung einen Betrieb oder ein Unternehmen im Inland als ihren Vertreter benennt. Wird kein Vertreter benannt, findet das Gesetz Anwendung, wenn der Betrieb oder das Unternehmen im Inland liegt, in dem verglichen mit anderen in den Mitgliedstaaten liegenden Betrieben des Unternehmens oder Unternehmen der Unternehmensgruppe die meisten Arbeitnehmer beschäftigt sind. Die vorgenannten Stellen gelten als zentrale Leitung.

(3) Mitgliedstaaten im Sinne dieses Gesetzes sind die Mitgliedstaaten der Europäischen Union, sowie die anderen Vertragsstaaten des Abkommens über den Europäischen Wirtschaftsraum.

(4) Für die Berechnung der Anzahl der im Inland beschäftigten Arbeitnehmer (§ 4), den Auskunftsanspruch (§ 5 Absatz 2 und 3), die Bestimmung des herrschenden Unternehmens (§ 6), die Weiterleitung des Antrags (§ 9 Absatz 2 Satz 3), die gesamtschuldnerische Haftung des Arbeitgebers (§ 16 Absatz 2), die Bestellung der auf das Inland entfallenden Arbeitnehmervertreter (§§ 11, 23 Absatz 1 bis 5 und § 18 Absatz 2 in Verbindung mit § 23) und die für sie geltenden Schutzbestimmungen (§ 40) sowie für den Bericht gegenüber den örtlichen Arbeitnehmervertretungen im Inland (§ 36 Absatz 2) gilt dieses Gesetz auch dann, wenn die zentrale Leitung nicht im Inland liegt.

§ 3 Gemeinschaftsweite Tätigkeit

(1) Ein Unternehmen ist gemeinschaftsweit tätig, wenn es mindestens 1000 Arbeitnehmer in den Mitgliedstaaten und davon jeweils mindestens 150 Arbeitnehmer in mindestens zwei Mitgliedstaaten beschäftigt.

(2) Eine Unternehmensgruppe ist gemeinschaftsweit tätig, wenn sie mindestens 1000 Arbeitnehmer in den Mitgliedstaaten beschäftigt und ihr mindestens zwei Unternehmen mit Sitz in verschiedenen Mitgliedstaaten angehören, die jeweils mindestens je 150 Arbeitnehmer in verschiedenen Mitgliedstaaten beschäftigen.

§ 4 Berechnung der Arbeitnehmerzahlen

In Betrieben und Unternehmen des Inlands errechnen sich die im Rahmen des § 3 zu berücksichtigenden Arbeitnehmerzahlen nach der Anzahl der im Durchschnitt während der letzten zwei Jahre beschäftigten Arbeitnehmer im Sinne des § 5 Absatz 1 des Betriebsverfassungsgesetzes. Maßgebend für den Beginn der Frist nach Satz 1 ist der Zeitpunkt, in dem die zentrale Leitung die Initiative zur Bildung des besonderen Verhandlungsgremiums ergreift oder der zentralen Leitung ein den Voraussetzungen des § 9 Absatz 2 entsprechender Antrag der Arbeitnehmer oder ihrer Vertreter zugeht.

§ 5 Auskunftsanspruch

(1) Die zentrale Leitung hat auf Verlangen einer Arbeitnehmervertretung die für die Aufnahme von Verhandlungen zur Bildung eines Europäischen Betriebsrats erforderlichen Informationen zu erheben und an die Arbeitnehmervertretung weiterzuleiten. Zu den erforderlichen Informationen gehören insbesondere die durchschnittliche Gesamtzahl der Arbeitnehmer und ihre Verteilung auf die Mitgliedstaaten, die Unternehmen und Betriebe sowie über die Struktur des Unternehmens oder der Unternehmensgruppe.
(2) Ein Betriebsrat oder ein Gesamtbetriebsrat kann den Anspruch nach Absatz 1 gegenüber der örtlichen Betriebs- oder Unternehmensleitung geltend machen; diese ist verpflichtet, die erforderlichen Informationen und Unterlagen bei der zentralen Leitung einzuholen.
(3) Jede Leitung eines Unternehmens einer gemeinschaftsweit tätigen Unternehmensgruppe sowie die zentrale Leitung sind verpflichtet, die Informationen nach Absatz 1 zu erheben und zur Verfügung zu stellen.

§ 6 Herrschendes Unternehmen

(1) Ein Unternehmen, das zu einer gemeinschaftsweit tätigen Unternehmensgruppe gehört, ist herrschendes Unternehmen, wenn es unmittelbar oder mittelbar einen beherrschenden Einfluss auf ein anderes Unternehmen derselben Gruppe (abhängiges Unternehmen) ausüben kann.
(2) Ein beherrschender Einfluss wird vermutet, wenn ein Unternehmen in Bezug auf ein anderes Unternehmen unmittelbar oder mittelbar
1. **mehr als die Hälfte der Mitglieder des Verwaltungs-, Leitungs- oder Aufsichtsorgans des anderen Unternehmens bestellen kann oder**
2. **über die Mehrheit der mit den Anteilen am anderen Unternehmen verbundenen Stimmrechte verfügt oder**
3. **die Mehrheit des gezeichneten Kapitals dieses Unternehmens besitzt.**

Erfüllen mehrere Unternehmen eines der in Satz 1 Nummer 1 bis 3 genannten Kriterien, bestimmt sich das herrschende Unternehmen nach Maßgabe der dort bestimmten Rangfolge.
(3) Bei der Anwendung des Absatzes 2 müssen den Stimm- und Ernennungsrechten eines Unternehmens die Rechte aller von ihm abhängigen Unternehmen sowie aller natürlichen oder juristischen Personen, die zwar im eigenen Namen, aber für Rechnung des Unternehmens oder eines von ihm abhängigen Unternehmens handeln, hinzugerechnet werden.

(4) Investment- und Beteiligungsgesellschaften im Sinne des Artikels 3 Absatz 5 Buchstabe a oder c der Verordnung (EG) Nr. 139/2004 des Rates vom 20. Januar 2004 über die Kontrolle von Unternehmenszusammenschlüssen (ABl. L 24 vom 29. 1. 2004, S. 1) gelten nicht als herrschendes Unternehmen gegenüber einem anderen Unternehmen, an dem sie Anteile halten, an dessen Leitung sie jedoch nicht beteiligt sind.

§ 7 Europäischer Betriebsrat in Unternehmensgruppen

Gehören einer gemeinschaftsweit tätigen Unternehmensgruppe ein oder mehrere gemeinschaftsweit tätige Unternehmen an, wird ein Europäischer Betriebsrat nur bei dem herrschenden Unternehmen errichtet, sofern nichts anderes vereinbart wird.

Zweiter Teil
Besonderes Verhandlungsgremium

§ 8 Aufgabe

(1) Das besondere Verhandlungsgremium hat die Aufgabe, mit der zentralen Leitung eine Vereinbarung über eine grenzübergreifende Unterrichtung und Anhörung der Arbeitnehmer abzuschließen.
(2) Die zentrale Leitung hat dem besonderen Verhandlungsgremium rechtzeitig alle zur Durchführung seiner Aufgaben erforderlichen Auskünfte zu erteilen und die erforderlichen Unterlagen zur Verfügung zu stellen.
(3) Die zentrale Leitung und das besondere Verhandlungsgremium arbeiten vertrauensvoll zusammen. Zeitpunkt, Häufigkeit und Ort der Verhandlungen werden zwischen der zentralen Leitung und dem besonderen Verhandlungsgremium einvernehmlich festgelegt.

§ 9 Bildung

(1) Die Bildung des besonderen Verhandlungsgremiums ist von den Arbeitnehmern oder ihren Vertretern schriftlich bei der zentralen Leitung zu beantragen oder erfolgt auf Initiative der zentralen Leitung.
(2) Der Antrag ist wirksam gestellt, wenn er von mindestens 100 Arbeitnehmern oder ihren Vertretern aus mindestens zwei Betrieben oder Unternehmen, die in verschiedenen Mitgliedstaaten liegen, unterzeichnet ist und der zentralen Leitung zugeht. Werden mehrere Anträge gestellt, sind die Unterschriften zusammenzuzählen. Wird ein Antrag bei einer im Inland liegenden Betriebs- oder Unternehmensleitung eingereicht, hat diese den Antrag unverzüglich an die zentrale Leitung weiterzuleiten und die Antragsteller darüber zu unterrichten.
(3) Die zentrale Leitung hat die Antragsteller, die örtlichen Betriebs- oder Unternehmensleitungen, die dort bestehenden Arbeitnehmervertretungen sowie die in inländischen Betrieben vertretenen Gewerkschaften über die Bildung eines besonderen Verhandlungsgremiums und seine Zusammensetzung zu unterrichten.

§ 10 Zusammensetzung

(1) Für jeden Anteil der in einem Mitgliedstaat beschäftigten Arbeitnehmer, der 10 Prozent der Gesamtzahl der in allen Mitgliedstaaten beschäftigten Arbeitnehmer der gemeinschaftsweit tätigen Unternehmen oder Unternehmensgruppen oder einen Bruchteil davon beträgt, wird ein Mitglied aus diesem Mitgliedstaat in das besondere Verhandlungsgremium entsandt.
(2) Es können Ersatzmitglieder bestellt werden.

§ 11 Bestellung inländischer Arbeitnehmervertreter

(1) Die nach diesem Gesetz oder dem Gesetz eines anderen Mitgliedstaates auf die im Inland beschäftigten Arbeitnehmer entfallenden Mitglieder des besonderen Verhandlungsgremiums werden in gemeinschaftsweit tätigen Unternehmen vom Gesamtbe-

triebsrat (§ 47 des Betriebsverfassungsgesetzes) bestellt. Besteht nur ein Betriebsrat, so bestellt dieser die Mitglieder des besonderen Verhandlungsgremiums.

(2) Die in Absatz 1 Satz 1 genannten Mitglieder des besonderen Verhandlungsgremiums werden in gemeinschaftsweit tätigen Unternehmensgruppen vom Konzernbetriebsrat (§ 54 des Betriebsverfassungsgesetzes) bestellt. Besteht neben dem Konzernbetriebsrat noch ein in ihm nicht vertretener Gesamtbetriebsrat oder Betriebsrat, ist der Konzernbetriebsrat um deren Vorsitzende und um deren Stellvertreter zu erweitern; die Vorsitzenden und ihre Stellvertreter gelten insoweit als Konzernbetriebsratsmitglieder.

(3) Besteht kein Konzernbetriebsrat, werden die in Absatz 1 Satz 1 genannten Mitglieder des besonderen Verhandlungsgremiums wie folgt bestellt:

a) Bestehen mehrere Gesamtbetriebsräte, werden die Mitglieder des besonderen Verhandlungsgremiums auf einer gemeinsamen Sitzung der Gesamtbetriebsräte bestellt, zu welcher der Gesamtbetriebsratsvorsitzende des nach der Zahl der wahlberechtigten Arbeitnehmer größten inländischen Unternehmens einzuladen hat. Besteht daneben noch mindestens ein in den Gesamtbetriebsräten nicht vertretener Betriebsrat, sind der Betriebsratsvorsitzende und dessen Stellvertreter zu dieser Sitzung einzuladen; sie gelten insoweit als Gesamtbetriebsratsmitglieder.

b) Besteht neben einem Gesamtbetriebsrat noch mindestens ein in ihm nicht vertretener Betriebsrat, ist der Gesamtbetriebsrat um den Vorsitzenden des Betriebsrats und dessen Stellvertreter zu erweitern; der Betriebsratsvorsitzende und sein Stellvertreter gelten insoweit als Gesamtbetriebsratsmitglieder. Der Gesamtbetriebsrat bestellt die Mitglieder des besonderen Verhandlungsgremiums. Besteht nur ein Gesamtbetriebsrat, so hat dieser die Mitglieder des besonderen Verhandlungsgremiums zu bestellen.

c) Bestehen mehrere Betriebsräte, werden die Mitglieder des besonderen Verhandlungsgremiums auf einer gemeinsamen Sitzung bestellt, zu welcher der Betriebsratsvorsitzende des nach der Zahl der wahlberechtigten Arbeitnehmer größten inländischen Betriebs einzuladen hat. Zur Teilnahme an dieser Sitzung sind die Betriebsratsvorsitzenden und deren Stellvertreter berechtigt; § 47 Absatz 7 des Betriebsverfassungsgesetzes gilt entsprechend.

d) Besteht nur ein Betriebsrat, so hat dieser die Mitglieder des besonderen Verhandlungsgremiums zu bestellen.

(4) Zu Mitgliedern des besonderen Verhandlungsgremiums können auch die in § 5 Absatz 3 des Betriebsverfassungsgesetzes genannten Angestellten bestellt werden.

(5) Frauen und Männer sollen entsprechend ihrem zahlenmäßigen Verhältnis bestellt werden.

§ 12 Unterrichtung über die Mitglieder des besonderen Verhandlungsgremiums

Der zentralen Leitung sind unverzüglich die Namen der Mitglieder des besonderen Verhandlungsgremiums, ihre Anschriften sowie die jeweilige Betriebszugehörigkeit mitzuteilen. Die zentrale Leitung hat die örtlichen Betriebs- oder Unternehmensleitungen, die dort bestehenden Arbeitnehmervertretungen sowie die in inländischen Betrieben vertretenen Gewerkschaften über diese Angaben zu unterrichten.

§ 13 Sitzungen, Geschäftsordnung, Sachverständige

(1) Die zentrale Leitung lädt unverzüglich nach Benennung der Mitglieder zur konstituierenden Sitzung des besonderen Verhandlungsgremiums ein und unterrichtet die örtlichen Betriebs- oder Unternehmensleitungen. Die zentrale Leitung unterrichtet zugleich die zuständigen europäischen Gewerkschaften und Arbeitgeberverbände über den Beginn der Verhandlungen und die Zusammensetzung des besonderen Verhandlungsgremiums nach § 12 Satz 1. Das besondere Verhandlungsgremium wählt aus seiner Mitte einen Vorsitzenden und kann sich eine Geschäftsordnung geben.
(2) Vor und nach jeder Verhandlung mit der zentralen Leitung hat das besondere Verhandlungsgremium das Recht, eine Sitzung durchzuführen und zu dieser einzuladen; § 8 Absatz 3 Satz 2 gilt entsprechend.
(3) Beschlüsse des besonderen Verhandlungsgremiums werden, soweit in diesem Gesetz nichts anderes bestimmt ist, mit der Mehrheit der Stimmen seiner Mitglieder gefasst.
(4) Das besondere Verhandlungsgremium kann sich durch Sachverständige seiner Wahl unterstützen lassen, soweit dies zur ordnungsgemäßen Erfüllung seiner Aufgaben erforderlich ist. Sachverständige können auch Beauftragte von Gewerkschaften sein. Die Sachverständigen und Gewerkschaftsvertreter können auf Wunsch des besonderen Verhandlungsgremiums beratend an den Verhandlungen teilnehmen.

§ 14 Einbeziehung von Arbeitnehmervertretern aus Drittstaaten

Kommen die zentrale Leitung und das besondere Verhandlungsgremium überein, die nach § 17 auszuhandelnde Vereinbarung auf nicht in einem Mitgliedstaat (Drittstaat) liegende Betriebe oder Unternehmen zu erstrecken, können sie vereinbaren, Arbeitnehmervertreter aus diesen Staaten in das besondere Verhandlungsgremium einzubeziehen und die Anzahl der auf den jeweiligen Drittstaat entfallenden Mitglieder sowie deren Rechtsstellung festlegen.

§ 15 Beschluss über Beendigung der Verhandlungen

(1) Das besondere Verhandlungsgremium kann mit mindestens zwei Dritteln der Stimmen seiner Mitglieder beschließen, keine Verhandlungen aufzunehmen oder diese zu beenden. Der Beschluss und das Abstimmungsergebnis sind in eine Niederschrift aufzunehmen, die vom Vorsitzenden und einem weiteren Mitglied zu unterzeichnen ist. Eine Abschrift der Niederschrift ist der zentralen Leitung zuzuleiten.
(2) Ein neuer Antrag auf Bildung eines besonderen Verhandlungsgremiums (§ 9) kann frühestens zwei Jahre nach dem Beschluss gemäß Absatz 1 gestellt werden, sofern das besondere Verhandlungsgremium und die zentrale Leitung nicht schriftlich eine kürzere Frist festlegen.

§ 16 Kosten und Sachaufwand

(1) Die durch die Bildung und Tätigkeit des besonderen Verhandlungsgremiums entstehenden Kosten trägt die zentrale Leitung. Werden Sachverständige nach § 13 Absatz 4 hinzugezogen, beschränkt sich die Kostentragungspflicht auf einen Sachverständigen. Die zentrale Leitung hat für die Sitzungen in erforderlichem Umfang Räume, sachliche Mittel, Dolmetscher und Büropersonal zur Verfügung zu stellen

sowie die erforderlichen Reise- und Aufenthaltskosten der Mitglieder des besonderen Verhandlungsgremiums zu tragen.

(2) Der Arbeitgeber eines aus dem Inland entsandten Mitglieds des besonderen Verhandlungsgremiums haftet neben der zentralen Leitung für dessen Anspruch auf Kostenerstattung als Gesamtschuldner.

Dritter Teil
Vereinbarungen über grenzübergreifende Unterrichtung und Anhörung

§ 17 Gestaltungsfreiheit

Die zentrale Leitung und das besondere Verhandlungsgremium können frei vereinbaren, wie die grenzübergreifende Unterrichtung und Anhörung der Arbeitnehmer ausgestaltet wird; sie sind nicht an die Bestimmungen des Vierten Teils dieses Gesetzes gebunden. Die Vereinbarung muss sich auf alle in den Mitgliedstaaten beschäftigten Arbeitnehmer erstrecken, in denen das Unternehmen oder die Unternehmensgruppe einen Betrieb hat. Die Parteien verständigen sich darauf, ob die grenzübergreifende Unterrichtung und Anhörung durch die Errichtung eines Europäischen Betriebsrats oder mehrerer Europäischer Betriebsräte nach § 18 oder durch ein Verfahren zur Unterrichtung und Anhörung der Arbeitnehmer nach § 19 erfolgen soll.

§ 18 Europäischer Betriebsrat kraft Vereinbarung

(1) Soll ein Europäischer Betriebsrat errichtet werden, ist schriftlich zu vereinbaren, wie dieser ausgestaltet werden soll. Dabei soll insbesondere Folgendes geregelt werden:

1. **Bezeichnung der erfassten Betriebe und Unternehmen, einschließlich der außerhalb des Hoheitsgebietes der Mitgliedstaaten liegenden Niederlassungen, sofern diese in den Geltungsbereich einbezogen werden,**
2. **Zusammensetzung des Europäischen Betriebsrats, Anzahl der Mitglieder, Ersatzmitglieder, Sitzverteilung und Mandatsdauer,**
3. **Aufgaben und Befugnisse des Europäischen Betriebsrats sowie das Verfahren zu seiner Unterrichtung und Anhörung; dieses Verfahren kann auf die Beteiligungsrechte der nationalen Arbeitnehmervertretungen abgestimmt werden, soweit deren Rechte hierdurch nicht beeinträchtigt werden,**
4. **Ort, Häufigkeit und Dauer der Sitzungen,**
5. **die Einrichtung eines Ausschusses des Europäischen Betriebsrats einschließlich seiner Zusammensetzung, der Bestellung seiner Mitglieder, seiner Befugnisse und Arbeitsweise,**
6. **die für den Europäischen Betriebsrat zur Verfügung zu stellenden finanziellen und sachlichen Mittel,**
7. **Klausel zur Anpassung der Vereinbarung an Strukturänderungen, die Geltungsdauer der Vereinbarung und das bei ihrer Neuverhandlung, Änderung oder Kündigung anzuwendende Verfahren, einschließlich einer Übergangsregelung.**

(2) § 23 gilt entsprechend.

§ 19 Verfahren zur Unterrichtung und Anhörung

Soll ein Verfahren zur Unterrichtung und Anhörung der Arbeitnehmer eingeführt werden, ist schriftlich zu vereinbaren, unter welchen Voraussetzungen die Arbeitnehmervertreter das Recht haben, die ihnen übermittelten Informationen gemeinsam zu

beraten und wie sie ihre Vorschläge oder Bedenken mit der zentralen Leitung oder einer anderen geeigneten Leitungsebene erörtern können. Die Unterrichtung muss sich insbesondere auf grenzübergreifende Angelegenheiten erstrecken, die erhebliche Auswirkungen auf die Interessen der Arbeitnehmer haben.

§ 20 Übergangsbestimmung

Eine nach § 18 oder § 19 bestehende Vereinbarung gilt fort, wenn vor ihrer Beendigung das Antrags- oder Initiativrecht nach § 9 Absatz 1 ausgeübt worden ist. Das Antragsrecht kann auch ein auf Grund einer Vereinbarung bestehendes Arbeitnehmervertretungsgremium ausüben. Die Fortgeltung endet, wenn die Vereinbarung durch eine neue Vereinbarung ersetzt oder ein Europäischer Betriebsrat kraft Gesetzes errichtet worden ist. Die Fortgeltung endet auch dann, wenn das besondere Verhandlungsgremium einen Beschluss nach § 15 Absatz 1 fasst; § 15 Absatz 2 gilt entsprechend. Die Sätze 1 bis 4 finden keine Anwendung, wenn in der bestehenden Vereinbarung eine Übergangsregelung enthalten ist.

Vierter Teil
Europäischer Betriebsrat kraft Gesetzes

Erster Abschnitt
Errichtung des Europäischen Betriebsrats

§ 21 Voraussetzungen

(1) Verweigert die zentrale Leitung die Aufnahme von Verhandlungen innerhalb von sechs Monaten nach Antragstellung (§ 9), ist ein Europäischer Betriebsrat gemäß den §§ 22 und 23 zu errichten. Das gleiche gilt, wenn innerhalb von drei Jahren nach Antragstellung keine Vereinbarung nach § 18 oder § 19 zustande kommt oder die zentrale Leitung und das besondere Verhandlungsgremium das vorzeitige Scheitern der Verhandlungen erklären. Die Sätze 1 und 2 gelten entsprechend, wenn die Bildung des besonderen Verhandlungsgremiums auf Initiative der zentralen Leitung erfolgt.
(2) Ein Europäischer Betriebsrat ist nicht zu errichten, wenn das besondere Verhandlungsgremium vor Ablauf der in Absatz 1 genannten Fristen einen Beschluss nach § 15 Absatz 1 fasst.

§ 22 Zusammensetzung des Europäischen Betriebsrats

(1) Der Europäische Betriebsrat setzt sich aus Arbeitnehmern des gemeinschaftsweit tätigen Unternehmens oder der gemeinschaftsweit tätigen Unternehmensgruppe zusammen. Es können Ersatzmitglieder bestellt werden.
(2) Für jeden Anteil der in einem Mitgliedstaat beschäftigten Arbeitnehmer, der 10 Prozent der Gesamtzahl der in allen Mitgliedstaaten beschäftigten Arbeitnehmer der gemeinschaftsweit tätigen Unternehmen oder Unternehmensgruppen oder einen Bruchteil davon beträgt, wird ein Mitglied aus diesem Mitgliedstaat in den Europäischen Betriebsrat entsandt.

§ 23 Bestellung inländischer Arbeitnehmervertreter

(1) Die nach diesem Gesetz oder dem Gesetz eines anderen Mitgliedstaates auf die im Inland beschäftigten Arbeitnehmer entfallenden Mitglieder des Europäischen Betriebsrats werden in gemeinschaftsweit tätigen Unternehmen vom Gesamtbetriebsrat (§ 47 des Betriebsverfassungsgesetzes) bestellt. Besteht nur ein Betriebsrat, so bestellt dieser die Mitglieder des Europäischen Betriebsrats.
(2) Die in Absatz 1 Satz 1 genannten Mitglieder des Europäischen Betriebsrats werden in gemeinschaftsweit tätigen Unternehmensgruppen vom Konzernbetriebsrat (§ 54 des Betriebsverfassungsgesetzes) bestellt. Besteht neben dem Konzernbetriebsrat noch ein in ihm nicht vertretener Gesamtbetriebsrat oder Betriebsrat, ist der Konzernbetriebsrat um deren Vorsitzende und um deren Stellvertreter zu erweitern; die Vorsitzenden und ihre Stellvertreter gelten insoweit als Konzernbetriebsratsmitglieder.
(3) Besteht kein Konzernbetriebsrat, werden die in Absatz 1 Satz 1 genannten Mitglieder des Europäischen Betriebsrats wie folgt bestellt:

a) **Bestehen mehrere Gesamtbetriebsräte, werden die Mitglieder des Europäischen Betriebsrats auf einer gemeinsamen Sitzung der Gesamtbetriebsräte bestellt, zu welcher der Gesamtbetriebsratsvorsitzende des nach der Zahl der wahlberechtigten Arbeitnehmer größten inländischen Unternehmens einzuladen hat. Besteht daneben noch mindestens ein in den Gesamtbetriebsräten nicht vertretener Betriebsrat, sind der Betriebsratsvorsitzende und dessen Stellvertreter zu dieser Sitzung einzuladen; sie gelten insoweit als Gesamtbetriebsratsmitglieder.**
b) **Besteht neben einem Gesamtbetriebsrat noch mindestens ein in ihm nicht vertretener Betriebsrat, ist der Gesamtbetriebsrat um den Vorsitzenden des Betriebsrats und dessen Stellvertreter zu erweitern; der Betriebsratsvorsitzende und sein Stellvertreter gelten insoweit als Gesamtbetriebsratsmitglieder. Der Gesamtbetriebsrat bestellt die Mitglieder des Europäischen Betriebsrats. Besteht nur ein Gesamtbetriebsrat, so hat dieser die Mitglieder des Europäischen Betriebsrats zu bestellen.**
c) **Bestehen mehrere Betriebsräte, werden die Mitglieder des Europäischen Betriebsrats auf einer gemeinsamen Sitzung bestellt, zu welcher der Betriebsratsvorsitzende des nach der Zahl der wahlberechtigten Arbeitnehmer größten inländischen Betriebs einzuladen hat. Zur Teilnahme an dieser Sitzung sind die Betriebsratsvorsitzenden und deren Stellvertreter berechtigt; § 47 Absatz 7 des Betriebsverfassungsgesetzes gilt entsprechend.**
d) **Besteht nur ein Betriebsrat, so hat dieser die Mitglieder des Europäischen Betriebsrats zu bestellen.**

(4) Die Absätze 1 bis 3 gelten entsprechend für die Abberufung.

(5) Eine ausgewogene Vertretung der Arbeitnehmer nach ihrer Tätigkeit sollte so weit als möglich berücksichtigt werden; Frauen und Männer sollen entsprechend ihrem zahlenmäßigen Verhältnis bestellt werden.

(6) Das zuständige Sprecherausschussgremium eines gemeinschaftsweit tätigen Unternehmens oder einer gemeinschaftsweit tätigen Unternehmensgruppe mit Sitz der zentralen Leitung im Inland kann einen der in § 5 Absatz 3 des Betriebsverfassungsgesetzes genannten Angestellten bestimmen, der mit Rederecht an den Sitzungen zur Unterrichtung und Anhörung des Europäischen Betriebsrats teilnimmt, sofern nach § 22 Absatz 2 mindestens fünf inländische Vertreter entsandt werden. § 35 Absatz 2 und § 39 gelten entsprechend.

§ 24 Unterrichtung über die Mitglieder des Europäischen Betriebsrats

Der zentralen Leitung sind unverzüglich die Namen der Mitglieder des Europäischen Betriebsrats, ihre Anschriften sowie die jeweilige Betriebszugehörigkeit mitzuteilen. Die zentrale Leitung hat die örtlichen Betriebs- oder Unternehmensleitungen, die dort bestehenden Arbeitnehmervertretungen sowie die in inländischen Betrieben vertretenen Gewerkschaften über diese Angaben zu unterrichten.

Zweiter Abschnitt
Geschäftsführung des Europäischen Betriebsrats

§ 25 Konstituierende Sitzung, Vorsitzender

(1) Die zentrale Leitung lädt unverzüglich nach Benennung der Mitglieder zur konstituierenden Sitzung des Europäischen Betriebsrats ein. Der Europäische Betriebsrat wählt aus seiner Mitte einen Vorsitzenden und dessen Stellvertreter.
(2) Der Vorsitzende des Europäischen Betriebsrats oder im Falle seiner Verhinderung der Stellvertreter vertritt den Europäischen Betriebsrat im Rahmen der von ihm gefassten Beschlüsse. Zur Entgegennahme von Erklärungen, die dem Europäischen Betriebsrat gegenüber abzugeben sind, ist der Vorsitzende oder im Falle seiner Verhinderung der Stellvertreter berechtigt.

§ 26 Ausschuss

Der Europäische Betriebsrat bildet aus seiner Mitte einen Ausschuss. Der Ausschuss besteht aus dem Vorsitzenden und mindestens zwei, höchstens vier weiteren zu wählenden Ausschussmitgliedern. Die weiteren Ausschussmitglieder sollen in verschiedenen Mitgliedstaaten beschäftigt sein. Der Ausschuss führt die laufenden Geschäfte des Europäischen Betriebsrats.

§ 27 Sitzungen

(1) Der Europäische Betriebsrat hat das Recht, im Zusammenhang mit der Unterrichtung durch die zentrale Leitung nach § 29 eine Sitzung durchzuführen und zu dieser einzuladen. Das gleiche gilt bei einer Unterrichtung über außergewöhnliche Umstände nach § 30. Der Zeitpunkt und der Ort der Sitzungen sind mit der zentralen Leitung abzustimmen. Mit Einverständnis der zentralen Leitung kann der Europäische Betriebsrat weitere Sitzungen durchführen. Die Sitzungen des Europäischen Betriebsrats sind nicht öffentlich.
(2) Absatz 1 gilt entsprechend für die Wahrnehmung der Mitwirkungsrechte des Europäischen Betriebsrats durch den Ausschuss nach § 26.

§ 28 Beschlüsse, Geschäftsordnung

Die Beschlüsse des Europäischen Betriebsrats werden, soweit in diesem Gesetz nichts anderes bestimmt ist, mit der Mehrheit der Stimmen der anwesenden Mitglieder gefasst. Sonstige Bestimmungen über die Geschäftsführung sollen in einer schriftlichen Geschäftsordnung getroffen werden, die der Europäische Betriebsrat mit der Mehrheit der Stimmen seiner Mitglieder beschließt.

Dritter Abschnitt
Mitwirkungsrechte

§ 29 Jährliche Unterrichtung und Anhörung

(1) Die zentrale Leitung hat den Europäischen Betriebsrat einmal im Kalenderjahr über die Entwicklung der Geschäftslage und die Perspektiven des gemeinschaftsweit tätigen Unternehmens oder der gemeinschaftsweit tätigen Unternehmensgruppe unter rechtzeitiger Vorlage der erforderlichen Unterlagen zu unterrichten und ihn anzuhören.

(2) Zu der Entwicklung der Geschäftslage und den Perspektiven im Sinne des Absatzes 1 gehören insbesondere

1. Struktur des Unternehmens oder der Unternehmensgruppe sowie die wirtschaftliche und finanzielle Lage,
2. die voraussichtliche Entwicklung der Geschäfts-, Produktions- und Absatzlage,
3. die Beschäftigungslage und ihre voraussichtliche Entwicklung,
4. Investitionen (Investitionsprogramme),
5. grundlegende Änderungen der Organisation,
6. die Einführung neuer Arbeits- und Fertigungsverfahren,
7. die Verlegung von Unternehmen, Betrieben oder wesentlichen Betriebsteilen sowie Verlagerungen der Produktion,
8. Zusammenschlüsse oder Spaltungen von Unternehmen oder Betrieben,
9. die Einschränkung oder Stilllegung von Unternehmen, Betrieben oder wesentlichen Betriebsteilen,
10. Massenentlassungen.

§ 30 Unterrichtung und Anhörung

(1) Über außergewöhnliche Umstände oder Entscheidungen, die erhebliche Auswirkungen auf die Interessen der Arbeitnehmer haben, hat die zentrale Leitung den Europäischen Betriebsrat rechtzeitig unter Vorlage der erforderlichen Unterlagen zu unterrichten und auf Verlangen anzuhören. Als außergewöhnliche Umstände gelten insbesondere

1. die Verlegung von Unternehmen, Betrieben oder wesentlichen Betriebsteilen,
2. die Stilllegung von Unternehmen, Betrieben oder wesentlichen Betriebsteilen,
3. Massenentlassungen.

(2) Besteht ein Ausschuss nach § 26, so ist dieser anstelle des Europäischen Betriebsrats nach Absatz 1 Satz 1 zu beteiligen. § 27 Absatz 1 Satz 2 bis 5 gilt entsprechend. Zu den Sitzungen des Ausschusses sind auch diejenigen Mitglieder des Europäischen Betriebsrats zu laden, die für die Betriebe oder Unternehmen bestellt worden sind, die unmittelbar von den geplanten Maßnahmen oder Entscheidungen betroffen sind; sie gelten insoweit als Ausschußmitglieder.

§ 31 Tendenzunternehmen

Auf Unternehmen und herrschende Unternehmen von Unternehmensgruppen, die unmittelbar und überwiegend den in § 118 Absatz 1 Satz 1 Nummer 1 und 2 des Betriebsverfassungsgesetzes genannten Bestimmungen oder Zwecken dienen, finden nur § 29 Absatz 2 Nummer 5 bis 10 und § 30 Anwendung mit der Maßgabe, dass

eine Unterrichtung und Anhörung nur über den Ausgleich oder die Milderung der wirtschaftlichen Nachteile erfolgen muss, die den Arbeitnehmern infolge der Unternehmens- oder Betriebsänderungen entstehen.

Vierter Abschnitt
Änderung der Zusammensetzung, Übergang zu einer Vereinbarung

§ 32 Dauer der Mitgliedschaft, Neubestellung von Mitgliedern

(1) Die Dauer der Mitgliedschaft im Europäischen Betriebsrat beträgt vier Jahre, wenn sie nicht durch Abberufung oder aus anderen Gründen vorzeitig endet. Die Mitgliedschaft beginnt mit der Bestellung.
(2) Alle zwei Jahre, vom Tage der konstituierenden Sitzung des Europäischen Betriebsrats (§ 25 Absatz 1) an gerechnet, hat die zentrale Leitung zu prüfen, ob sich die Arbeitnehmerzahlen in den einzelnen Mitgliedstaaten derart geändert haben, dass sich eine andere Zusammensetzung des Europäischen Betriebsrats nach § 22 Absatz 2 errechnet. Sie hat das Ergebnis dem Europäischen Betriebsrat mitzuteilen. Ist danach eine andere Zusammensetzung des Europäischen Betriebsrats erforderlich, veranlasst dieser bei den zuständigen Stellen, dass die Mitglieder des Europäischen Betriebsrats in den Mitgliedstaaten neu bestellt werden, in denen sich eine gegenüber dem vorhergehenden Zeitraum abweichende Anzahl der Arbeitnehmervertreter ergibt; mit der Neubestellung endet die Mitgliedschaft der bisher aus diesen Mitgliedstaaten stammenden Arbeitnehmervertreter im Europäischen Betriebsrat. Die Sätze 1 bis 3 gelten entsprechend bei Berücksichtigung eines bisher im Europäischen Betriebsrat nicht vertretenen Mitgliedstaates.

§ 33 Aufnahme von Verhandlungen

Vier Jahre nach der konstituierenden Sitzung (§ 25 Absatz 1) hat der Europäische Betriebsrat mit der Mehrheit der Stimmen seiner Mitglieder einen Beschluss darüber zu fassen, ob mit der zentralen Leitung eine Vereinbarung nach § 17 ausgehandelt werden soll. Beschließt der Europäische Betriebsrat die Aufnahme von Verhandlungen, hat er die Rechte und Pflichten des besonderen Verhandlungsgremiums; die §§ 8, 13, 14 und 15 Absatz 1 sowie die §§ 16 bis 19 gelten entsprechend. Das Amt des Europäischen Betriebsrats endet, wenn eine Vereinbarung nach § 17 geschlossen worden ist.

Fünfter Teil
Gemeinsame Bestimmungen

§ 34 Vertrauensvolle Zusammenarbeit

Zentrale Leitung und Europäischer Betriebsrat arbeiten vertrauensvoll zum Wohl der Arbeitnehmer und des Unternehmens oder der Unternehmensgruppe zusammen. Satz 1 gilt entsprechend für die Zusammenarbeit zwischen zentraler Leitung und Arbeitnehmervertretern im Rahmen eines Verfahrens zur Unterrichtung und Anhörung.

§ 35 Geheimhaltung, Vertraulichkeit

(1) Die Pflicht der zentralen Leitung, über die im Rahmen der §§ 18 und 19 vereinbarten oder die sich aus den §§ 29 und 30 Absatz 1 ergebenden Angelegenheiten zu unterrichten, besteht nur, soweit dadurch nicht Betriebs- oder Geschäftsgeheimnisse des Unternehmens oder der Unternehmensgruppe gefährdet werden.
(2) Die Mitglieder und Ersatzmitglieder eines Europäischen Betriebsrats sind verpflichtet, Betriebs- oder Geschäftsgeheimnisse, die ihnen wegen ihrer Zugehörigkeit zum Europäischen Betriebsrat bekannt geworden und von der zentralen Leitung ausdrücklich als geheimhaltungsbedürftig bezeichnet worden sind, nicht zu offenbaren und nicht zu verwerten. Dies gilt auch nach dem Ausscheiden aus dem Europäischen Betriebsrat. Die Verpflichtung gilt nicht gegenüber Mitgliedern eines Europäischen Betriebsrats. Sie gilt ferner nicht gegenüber den örtlichen Arbeitnehmervertretern der Betriebe oder Unternehmen, wenn diese auf Grund einer Vereinbarung nach § 18 oder nach § 36 über den Inhalt der Unterrichtungen und die Ergebnisse der Anhörungen zu unterrichten sind, den Arbeitnehmervertretern im Aufsichtsrat sowie gegenüber Dolmetschern und Sachverständigen, die zur Unterstützung herangezogen werden.
(3) Die Pflicht zur Vertraulichkeit nach Absatz 2 Satz 1 und 2 gilt entsprechend für
1. **die Mitglieder und Ersatzmitglieder des besonderen Verhandlungsgremiums,**
2. **die Arbeitnehmervertreter im Rahmen eines Verfahrens zur Unterrichtung und Anhörung (§ 19),**
3. **die Sachverständigen und Dolmetscher sowie**
4. **die örtlichen Arbeitnehmervertreter.**

(4) Die Ausnahmen von der Pflicht zur Vertraulichkeit nach Absatz 2 Satz 3 und 4 gelten entsprechend für
1. **das besondere Verhandlungsgremium gegenüber Sachverständigen und Dolmetschern,**
2. **die Arbeitnehmervertreter im Rahmen eines Verfahrens zur Unterrichtung und Anhörung gegenüber Dolmetschern und Sachverständigen, die vereinbarungsgemäß zur Unterstützung herangezogen werden, und gegenüber örtlichen Arbeitnehmervertretern, sofern diese nach der Vereinbarung (§ 19) über die Inhalte der Unterrichtungen und die Ergebnisse der Anhörungen zu unterrichten sind.**

§ 36 Unterrichtung der örtlichen Arbeitnehmervertreter

(1) Der Europäische Betriebsrat oder der Ausschuss (§ 30 Absatz 2) berichtet den örtlichen Arbeitnehmervertretern oder, wenn es diese nicht gibt, den Arbeitnehmern der Betriebe oder Unternehmen über die Unterrichtung und Anhörung.
(2) Das Mitglied des Europäischen Betriebsrats oder des Ausschusses, das den örtlichen Arbeitnehmervertretungen im Inland berichtet, hat den Bericht in Betrieben oder Unternehmen, in denen Sprecherausschüsse der leitenden Angestellten bestehen, auf einer gemeinsamen Sitzung im Sinne des § 2 Absatz 2 des Sprecherausschussgesetzes zu erstatten. Dies gilt nicht, wenn ein nach § 23 Absatz 6 bestimmter Angestellter an der Sitzung zur Unterrichtung und Anhörung des Europäischen Betriebsrats teilgenommen hat. Wird der Bericht nach Absatz 1 nur schriftlich erstattet, ist er auch dem zuständigen Sprecherausschuss zuzuleiten.

§ 37 Wesentliche Strukturänderung

(1) Ändert sich die Struktur des gemeinschaftsweit tätigen Unternehmens oder der gemeinschaftsweit tätigen Unternehmensgruppe wesentlich und bestehen hierzu keine Regelungen in geltenden Vereinbarungen oder widersprechen sich diese, nimmt die zentrale Leitung von sich aus oder auf Antrag der Arbeitnehmer oder ihrer Vertreter (§ 9 Absatz 1) die Verhandlung über eine Vereinbarung nach § 18 oder § 19 auf. Als wesentliche Strukturänderungen im Sinne des Satzes 1 gelten insbesondere
1. Zusammenschluss von Unternehmen oder Unternehmensgruppen,
2. Spaltung von Unternehmen oder der Unternehmensgruppe,
3. Verlegung von Unternehmen oder der Unternehmensgruppe in einen anderen Mitgliedstaat oder Drittstaat oder Stilllegung von Unternehmen oder der Unternehmensgruppe,
4. Verlegung oder Stilllegung von Betrieben, soweit sie Auswirkungen auf die Zusammensetzung des Europäischen Betriebsrats haben können.
(2) Abweichend von § 10 entsendet jeder von der Strukturänderung betroffene Europäische Betriebsrat aus seiner Mitte drei weitere Mitglieder in das besondere Verhandlungsgremium.
(3) Für die Dauer der Verhandlung bleibt jeder von der Strukturänderung betroffene Europäische Betriebsrat bis zur Errichtung eines neuen Europäischen Betriebsrats im Amt (Übergangsmandat). Mit der zentralen Leitung kann vereinbart werden, nach welchen Bestimmungen und in welcher Zusammensetzung das Übergangsmandat wahrgenommen wird. Kommt es nicht zu einer Vereinbarung mit der zentralen Leitung nach Satz 2, wird das Übergangsmandat durch den jeweiligen Europäischen Betriebsrat entsprechend der für ihn im Unternehmen oder der Unternehmensgruppe geltenden Regelung wahrgenommen. Das Übergangsmandat endet auch, wenn das besondere Verhandlungsgremium einen Beschluss nach § 15 Absatz 1 fasst.
(4) Kommt es nicht zu einer Vereinbarung nach § 18 oder § 19, ist in den Fällen des § 21 Absatz 1 ein Europäischer Betriebsrat nach den §§ 22 und 23 zu errichten.

§ 38 Fortbildung

(1) Der Europäische Betriebsrat kann Mitglieder zur Teilnahme an Schulungs- und Bildungsveranstaltungen bestimmen, soweit diese Kenntnisse vermitteln, die für die Arbeit des Europäischen Betriebsrats erforderlich sind. Der Europäische Betriebsrat

hat die Teilnahme und zeitliche Lage rechtzeitig der zentralen Leitung mitzuteilen. Bei der Festlegung der zeitlichen Lage sind die betrieblichen Notwendigkeiten zu berücksichtigen. Der Europäische Betriebsrat kann die Aufgaben nach diesem Absatz auf den Ausschuss nach § 26 übertragen.
(2) Für das besondere Verhandlungsgremium und dessen Mitglieder gilt Absatz 1 Satz 1 bis 3 entsprechend.

§ 39 Kosten, Sachaufwand und Sachverständige

(1) Die durch die Bildung und Tätigkeit des Europäischen Betriebsrats und des Ausschusses entstehenden Kosten trägt die zentrale Leitung. Die zentrale Leitung hat insbesondere für die Sitzungen und die laufende Geschäftsführung in erforderlichem Umfang Räume, sachliche Mittel und Büropersonal, für die Sitzungen außerdem Dolmetscher zur Verfügung zu stellen. Sie trägt die erforderlichen Reise- und Aufenthaltskosten der Mitglieder des Europäischen Betriebsrats und des Ausschusses. § 16 Absatz 2 gilt entsprechend.
(2) Der Europäische Betriebsrat und der Ausschuss können sich durch Sachverständige ihrer Wahl unterstützen lassen, soweit dies zur ordnungsgemäßen Erfüllung ihrer Aufgaben erforderlich ist. Sachverständige können auch Beauftragte von Gewerkschaften sein. Werden Sachverständige hinzugezogen, beschränkt sich die Kostentragungspflicht auf einen Sachverständigen, es sei denn, eine Vereinbarung nach § 18 oder § 19 sieht etwas anderes vor.

§ 40 Schutz inländischer Arbeitnehmervertreter

(1) Für die Mitglieder eines Europäischen Betriebsrats, die im Inland beschäftigt sind, gelten § 37 Absatz 1 bis 5 und die §§ 78 und 103 des Betriebsverfassungsgesetzes sowie § 15 Absatz 1 und 3 bis 5 des Kündigungsschutzgesetzes entsprechend. Für nach § 38 erforderliche Fortbildungen gilt § 37 Absatz 6 Satz 1 und 2 des Betriebsverfassungsgesetzes entsprechend.
(2) Absatz 1 gilt entsprechend für die Mitglieder des besonderen Verhandlungsgremiums und die Arbeitnehmervertreter im Rahmen eines Verfahrens zur Unterrichtung und Anhörung.

Sechster Teil
Bestehende Vereinbarungen

§ 41 Fortgeltung

(1) Auf die in den §§ 2 und 3 genannten Unternehmen und Unternehmensgruppen, in denen vor dem 22. September 1996 eine Vereinbarung über grenzübergreifende Unterrichtung und Anhörung besteht, sind die Bestimmungen dieses Gesetzes außer in den Fällen des § 37 nicht anwendbar, solange die Vereinbarung wirksam ist. Die Vereinbarung muss sich auf alle in den Mitgliedstaaten beschäftigten Arbeitnehmer erstrecken und den Arbeitnehmern aus denjenigen Mitgliedstaaten eine angemessene Beteiligung an der Unterrichtung und Anhörung ermöglichen, in denen das Unternehmen oder die Unternehmensgruppe einen Betrieb hat.

(2) Der Anwendung des Absatzes 1 steht nicht entgegen, dass die Vereinbarung auf Seiten der Arbeitnehmer nur von einer im Betriebsverfassungsgesetz vorgesehenen Arbeitnehmervertretung geschlossen worden ist. Das gleiche gilt, wenn für ein Unternehmen oder eine Unternehmensgruppe anstelle einer Vereinbarung mehrere Vereinbarungen geschlossen worden sind.

(3) Sind die Voraussetzungen des Absatzes 1 deshalb nicht erfüllt, weil die an dem in Absatz 1 Satz 1 genannten Stichtag bestehende Vereinbarung nicht alle Arbeitnehmer erfasst, können die Parteien deren Einbeziehung innerhalb einer Frist von sechs Monaten nachholen.

(4) Bestehende Vereinbarungen können auch nach dem in Absatz 1 Satz 1 genannten Stichtag an Änderungen der Struktur des Unternehmens oder der Unternehmensgruppe sowie der Zahl der beschäftigten Arbeitnehmer angepasst werden, soweit es sich nicht um wesentliche Strukturänderungen im Sinne des § 37 handelt.

(5) Ist eine Vereinbarung befristet geschlossen worden, können die Parteien ihre Fortgeltung unter Berücksichtigung der Absätze 1, 3 und 4 beschließen.

(6) Eine Vereinbarung gilt fort, wenn vor ihrer Beendigung das Antrags- oder Initiativrecht nach § 9 Absatz 1 ausgeübt worden ist. Das Antragsrecht kann auch ein auf Grund der Vereinbarung bestehendes Arbeitnehmervertretungsgremium ausüben. Die Fortgeltung endet, wenn die Vereinbarung durch eine grenzübergreifende Unterrichtung und Anhörung nach § 18 oder § 19 ersetzt oder ein Europäischer Betriebsrat kraft Gesetzes errichtet worden ist. Die Fortgeltung endet auch dann, wenn das besondere Verhandlungsgremium einen Beschluss nach § 15 Absatz 1 fasst; § 15 Absatz 2 gilt entsprechend.

(7) Auf Unternehmen und Unternehmensgruppen, die auf Grund der Berücksichtigung von im Vereinigten Königreich Großbritannien und Nordirland liegenden Betrieben und Unternehmen erstmalig die in den §§ 2 und 3 genannten Voraussetzungen erfüllen, sind die Bestimmungen dieses Gesetzes außer in den Fällen des § 37 nicht anwendbar, wenn in diesen Unternehmen und Unternehmensgruppen vor dem 15. Dezember 1999 eine Vereinbarung über grenzübergreifende Unterrichtung und Anhörung besteht. Die Absätze 1 bis 6 gelten entsprechend.

(8) Auf die in den §§ 2 und 3 genannten Unternehmen und Unternehmensgruppen, in denen zwischen dem 5. Juni 2009 und dem 5. Juni 2011 eine Vereinbarung über die grenzübergreifende Unterrichtung und Anhörung unterzeichnet oder überarbeitet wurde, sind außer in den Fällen des § 37 die Bestimmungen dieses Gesetzes in

der Fassung vom 28. Oktober 1996 (BGBl. I S. 1548, 2022), zuletzt geändert durch Artikel 30 des Gesetzes vom 21. Dezember 2000 (BGBl. I S. 1983), anzuwenden. Ist eine Vereinbarung nach Satz 1 befristet geschlossen worden, können die Parteien ihre Fortgeltung beschließen, solange die Vereinbarung wirksam ist; Absatz 4 gilt entsprechend.

Siebter Teil
Besondere Vorschriften, Straf- und Bußgeldvorschriften

§ 41a Besondere Regelungen für Besatzungsmitglieder von Seeschiffen

(1) Ist ein Mitglied des besonderen Verhandlungsgremiums, eines Europäischen Betriebsrats oder einer Arbeitnehmervertretung im Sinne des § 19 oder dessen Stellvertreter Besatzungsmitglied eines Seeschiffs, so sollen die Sitzungen so angesetzt werden, dass die Teilnahme des Besatzungsmitglieds erleichtert wird.
(2) Befindet sich ein Besatzungsmitglied auf See oder in einem Hafen, der sich in einem anderen Land als dem befindet, in dem die Reederei ihren Geschäftssitz hat, und kann deshalb nicht an einer Sitzung nach Absatz 1 teilnehmen, so kann eine Teilnahme an der Sitzung mittels neuer Informations- und Kommunikationstechnologien erfolgen, wenn
1. dies in der Geschäftsordnung des zuständigen Gremiums vorgesehen ist und
2. sichergestellt ist, dass Dritte vom Inhalt der Sitzung keine Kenntnis nehmen können.

§ 41b Sonderregelung aus Anlass der COVID-19-Pandemie

Bis zum Ablauf des 7. April 2023 können die Teilnahme an Sitzungen des besonderen Verhandlungsgremiums, eines Europäischen Betriebsrats oder einer Arbeitnehmervertretung im Sinne des § 19 sowie die Beschlussfassung auch mittels Video- und Telefonkonferenz erfolgen, wenn sichergestellt ist, dass Dritte vom Inhalt der Sitzung keine Kenntnis nehmen können. Eine Aufzeichnung ist unzulässig.

§ 42 Errichtungs- und Tätigkeitsschutz

Niemand darf
1. die Bildung des besonderen Verhandlungsgremiums (§ 9) oder die Errichtung eines Europäischen Betriebsrats (§§ 18, 21 Absatz 1) oder die Einführung eines Verfahrens zur Unterrichtung und Anhörung (§ 19) behindern oder durch Zufügung oder Androhung von Nachteilen oder durch Gewährung oder Versprechen von Vorteilen beeinflussen,
2. die Tätigkeit des besonderen Verhandlungsgremiums, eines Europäischen Betriebsrats oder der Arbeitnehmervertreter im Rahmen eines Verfahrens zur Unterrichtung und Anhörung behindern oder stören oder
3. ein Mitglied oder Ersatzmitglied des besonderen Verhandlungsgremiums oder eines Europäischen Betriebsrats oder einen Arbeitnehmervertreter im Rahmen eines Verfahrens zur Unterrichtung und Anhörung um seiner Tätigkeit willen benachteiligen oder begünstigen.

§ 43 Strafvorschriften

(1) Mit Freiheitsstrafe bis zu zwei Jahren oder mit Geldstrafe wird bestraft, wer entgegen § 35 Absatz 2 Satz 1 oder 2, jeweils auch in Verbindung mit Absatz 3, ein Betriebs- oder Geschäftsgeheimnis verwertet.

(2) Die Tat wird nur auf Antrag verfolgt.

§ 44 Strafvorschriften

(1) Mit Freiheitsstrafe bis zu einem Jahr oder mit Geldstrafe wird bestraft, wer

1. entgegen § 35 Absatz 2 Satz 1 oder 2, jeweils auch in Verbindung mit Absatz 3, ein Betriebs- oder Geschäftsgeheimnis offenbart oder

2. einer Vorschrift des § 42 über die Errichtung der dort genannten Gremien oder die Einführung des dort genannten Verfahrens, die Tätigkeit der dort genannten Gremien oder der Arbeitnehmervertreter oder über die Benachteiligung oder Begünstigung eines Mitglieds oder Ersatzmitglieds der dort genannten Gremien oder eines Arbeitnehmervertreters zuwiderhandelt.

(2) Handelt der Täter in den Fällen des Absatzes 1 Nummer 1 gegen Entgelt oder in der Absicht, sich oder einen anderen zu bereichern oder einen anderen zu schädigen, so ist die Strafe Freiheitsstrafe bis zu zwei Jahren oder Geldstrafe.

(3) Die Tat wird nur auf Antrag verfolgt. In den Fällen des Absatzes 1 Nummer 2 sind das besondere Verhandlungsgremium, der Europäische Betriebsrat, die Mehrheit der Arbeitnehmervertreter im Rahmen eines Verfahrens zur Unterrichtung und Anhörung, die zentrale Leitung oder eine im Betrieb vertretene Gewerkschaft antragsberechtigt.

§ 45 Bußgeldvorschriften

(1) Ordnungswidrig handelt, wer

1. entgegen § 5 Absatz 1 die Informationen nicht, nicht richtig, nicht vollständig oder nicht rechtzeitig erhebt oder weiterleitet oder

2. entgegen § 29 Absatz 1 oder § 30 Absatz 1 Satz 1 oder Absatz 2 Satz 1 den Europäischen Betriebsrat oder den Ausschuss nach § 26 nicht, nicht richtig, nicht vollständig, nicht in der vorgeschriebenen Weise oder nicht rechtzeitig unterrichtet.

(2) Die Ordnungswidrigkeit kann mit einer Geldbuße bis zu fünfzehntausend Euro geahndet werden.

Inhaltsübersicht Rn.

I. Einleitung

Vor 1 Die Errichtung sowie die Rechte und Pflichten des Europäischen Betriebsrats (EBR) sind im EBR-Gesetz geregelt (eingehend kommentiert in DKW Anhang 2). Das Gesetz betrifft sowohl den bei einer deutschen Konzernspitze gebildeten EBR wie auch die Entsendung von Delegierten deutscher Interessenvertretungen in ein Gremium, das bei einer ausländischen Konzernspitze errichtet ist und das dem dortigen Recht unterliegt.
Um das Gesetz mit Leben zu erfüllen, muss man einige Schritte tun. Die wichtigsten sollen hier durch Musterschreiben, Mustergeschäftsordnungen usw. unterstützt werden.
Besonderes Verhandlungsgremium: Sobald mindestens zwei den gesetzlichen Voraussetzungen entsprechende Anträge vorliegen, werden nach den jeweiligen nationalen Vorschriften die Mitglieder des Besonderen Verhandlungsgremiums bestimmt. Befindet sich die zentrale Leitung in Deutschland, richtet sich die Zusammensetzung des Besonderen Verhandlungsgremiums (BVG) nach § 10 EBRG. Befindet sich die zentrale Leitung im Ausland, ist das dortige Recht maßgebend. Es lässt sich über die zuständige Gewerkschaft oder das Europäische Gewerkschaftsinstitut in Brüssel beschaffen. Die deutschen Vertreter in einem solchen Gremium bestimmen sich nach § 11 EBRG (näheres in DKW-*Klebe*). Die zentrale Leitung hat nach § 12 EBRG die Interessenvertretungen des nationalen Rechts zu unterrichten; nach § 13 Abs. 1 Satz 1 hat sie unverzüglich nach Benennung der Mitglieder zu einer konstituierenden Sitzung des Besonderen Verhandlungsgremiums einzuladen. Dabei trifft man sich normalerweise am Sitz der zentralen Leitung. Das Besondere Verhandlungsgremium kann sich eine Geschäftsordnung geben. Dabei kann man die für den EBR vorgeschlagene weitgehend als Muster verwenden, da die spezifischen Probleme der grenzüberschreitenden Zusammenarbeit dieselben sind.

II. Arbeitshilfen

1. Gründung eines EBR

1–2 **Betriebsrat: Auskunftsersuchen wegen Gründung eines EBR**

1 **Vorbemerkung**

Die Frage, ob die Voraussetzungen zur Gründung eines EBR (§ 3 EBRG: Insgesamt mindestens 1000 Arbeitnehmer in der EU, davon in mindestens zwei Ländern jeweils mindestens 150 Arbeitnehmer) gegeben sind, kann im Einzelfall zweifelhaft sein. § 5 EBRG gibt deshalb dem Betriebsrat, dem Gesamtbetriebsrat und – soweit vorhanden – dem Konzernbetriebsrat ein umfassendes Auskunftsrecht. Dieses kann der jeweiligen Betriebs-, Unternehmens- bzw. Konzernleitung gegenüber ausgeübt werden. Soweit diese nicht die Konzernspitze (»zentrale Leitung« genannt) ist, muss das Auskunftsersuchen an diese weitergeleitet werden, da sie am ehesten den Überblick hat. Befindet sich die Konzernspitze außerhalb der EU, wird ihre Funktion durch die von ihr bestimmte »Europadirektion«, notfalls von derjenigen Unternehmensleitung wahrgenommen, die die größte Zahl von Arbeitnehmern in einem EU-Staat beschäftigt (Einzelheiten DKW-*Däubler*, § 2 EBRG Rn. 3f.).

2 **Auskunftsersuchen wegen Gründung eines EBR**

Betriebsrat der Firma Firmenbezeichnung, Adresse Ort, Datum
Betriebsratsvorsitzender Name

An die Geschäftsführung der
Firmenbezeichnung
im Hause

Sehr geehrte Damen und Herren,
die Unternehmensgruppe , zu der auch unsere Gesellschaft gehört, ist ersichtlich in mehreren EU-Mitgliedstaaten tätig; nach unserer vorläufigen Einschätzung sind die Voraussetzungen zur Bildung eines Europäischen Betriebsrats erfüllt.
Nach § 5 EBRG sind u.a. dem Betriebsrat auf Verlangen Auskünfte über die durchschnittliche Gesamtzahl der Arbeitnehmer und ihre Verteilung auf die Mitgliedstaaten, die Unternehmen und Betriebe sowie über die Struktur der Unternehmensgruppe zu gewähren, was auch die Beteiligungsverhältnisse erfasst. Bei den ausländischen Unternehmen und Betrieben wären wir für eine Mitteilung auch der Bezeichnung und der Anschrift der im Betrieb vorhandenen Interessenvertretungen dankbar.
Wir bitten Sie, uns die genannten Informationen bis zum Datum zukommen zu lassen. Für Ihre Bemühungen dürfen wir Ihnen im Voraus vielmals danken.

Hinweis:
Der Einleitungssatz soll verdeutlichen, um was es geht. Die »Vorläufigkeit« der Einschätzung unterstreicht, dass man noch Informationsbedarf hat.
Die Einbeziehung der Namen und Anschriften der ausländischen Interessenvertretungen wird von der Rechtsprechung bejaht (Nachweise DKW-*Däubler*, § 5 EBRG Rn. 4) und hat den Sinn, die Kontakte zu allen nationalen Niederlassungen zu erleichtern.
Befindet sich die zentrale Leitung nicht in Deutschland, kann dieselbe Formulierung verwendet werden. Eine etwaige Übersetzung in die »Konzernsprache« ist Sache des Empfängers, d.h. der lokalen Leitung. Auch hier ist die Einbeziehung der Anschriften der Interessenvertretungen in anderen Niederlassungen sehr sinnvoll. Es sind durchaus Konstellationen denkbar, in denen die Interessenvertretung im »Stammland« ihrer guten Kontakte zur zentralen Leitung wegen eigentlich gar nicht an einem EBR interessiert ist, wohl aber die Niederlassungen in anderen Ländern, die genau wie die deutsche Niederlassung einen besseren Informationsstand und bessere Kontaktmöglichkeiten haben möchten.

GBR: Schreiben an ausländische Interessenvertretungen vor Gründung des EBR 3–4

Vorbemerkung 3

Ein EBR lässt sich nur dann errichten, wenn eine Initiative aus mindestens zwei Mitgliedstaaten der EU kommt. Sinnvoll ist, möglichst viele Interessenvertretungen für das Projekt zu gewinnen. Im Regelfall bietet die Einschaltung der Gewerkschaft den einfachsten Weg. Dies gilt etwa für den Metallbereich, wo die IG Metall die notwendigen Auslandskontakte herstellen kann.
Im Einzelfall können die Dinge aber anders liegen: Der Betriebsrat ist gezwungen, von sich aus Kontakt zu anderen Interessenvertretungen aufzunehmen, deren Anschriften er aufgrund der Auskunft nach § 5 EBRG erhalten hat oder die er aufgrund anderer Umstände kennt.
Der direkte Kontakt ist dann relativ einfach, wenn man ins deutschsprachige Ausland schreibt. In anderen Fällen muss man den eigenen Brief übersetzen lassen. Die Ungarn können im Zweifel genauso wenig Deutsch wie die Deutschen Ungarisch, die Engländer sind dagegen der Auffassung, dass alle Welt Englisch versteht. Soweit die Übersetzung Kosten verursacht, sind diese nach § 40 BetrVG vom Arbeitgeber zu tragen.
Die Benutzung von DeepL oder Google Translate kommt durchaus in Betracht, doch muss ein sprachkundiger Mensch die Übersetzung kontrollieren, weil es sonst zu Missverständnissen kommen kann.

4 **Schreiben an ausländische Interessenvertretung vor Gründung eines EBR**

Firmenbezeichnung, Adresse Ort, Datum
Gesamtbetriebsrat

An den Zentralbetriebsrat der Firmenbezeichnung
Adresse

Liebe Kolleginnen und Kollegen,
wir vertreten rund 800 in Deutschland beschäftigte Arbeitnehmer des -Konzerns. Aufgrund von Wünschen aus der Belegschaft möchten wir gerne die Bildung eines Europäischen Betriebsrats in die Wege leiten. Wir sehen hierin eine Möglichkeit, schneller von Planungen und Entscheidungen Kenntnis zu erlangen, die uns alle gleichermaßen betreffen.
Wir würden über die damit zusammenhängenden Fragen gerne in einen Meinungsaustausch mit Ihnen eintreten. Dieser könnte bei einem bilateralen Treffen beider Gremien, aber auch im Rahmen eines Weiterbildungsseminars stattfinden, das drei Mitglieder unseres Gesamtbetriebsrats am Datum in der Gegend von Ort besuchen. Vorgespräche wären auch in der Weise möglich, dass der Unterzeichner für einen Tag nach Ort (Adresse des Zentralbetriebsrats) kommt.
Für eine möglichst kurzfristige Rückmeldung und einen Terminvorschlag wären wir sehr dankbar.

Hinweis:
Der Kontakt nach Österreich ist am leichtesten herzustellen, weil es keine Sprachbarriere und außerdem ähnlich strukturierte Betriebsräte wie in Deutschland gibt.
Man sollte keine langen (und insbesondere keine belehrenden) Ausführungen über die Nützlichkeit eines EBR machen. Dies schreckt nur ab, zumal die Deutschen im Ausland leicht als »stark und mächtig« sowie als »besserwisserisch« angesehen werden, was die Aufnahme von Kontakten erschwert.
Das Angebot ist im Grunde so formuliert, dass nur die dritte Möglichkeit (Fahrt des Gesamtbetriebsratsvorsitzenden nach Wien, der Adresse des Zentralbetriebsrats) in Betracht kommt. Für die Reisekosten kann man sich auf die Entscheidung ArbG München, 29.8.1991 – 12 BV 53/91, AiB 1991, 429 stützen, die eine die deutsche wie die österreichische Niederlassung gleichermaßen betreffende Produktionsumstellung betraf. Die Vorbereitung der Gründung eines EBR ist in gleicher Weise eine grenzüberschreitende Betriebsratsaufgabe (vgl. DKW-*Däubler*, Einl. Rn. 241 ff.).
Der Brief sollte per Post geschickt werden. Eine E-Mail wird der Wichtigkeit nicht so ganz gerecht und kann leicht auch mal übersehen werden. Ein Telefonanruf wäre allzu überraschend und lässt dem Angerufenen wenig Möglichkeit zum Nachdenken. Nicht empfehlenswert wäre auch, die Österreicher einfach nach Deutschland einzuladen (soweit man nicht über einen entsprechenden »Topf« verfügt); sie müssten dann ja ggf. zugeben, die Reise nicht aus ihren Mitteln finanzieren zu können.
Das gemeinsame Seminar könnte man als zweite Stufe in Angriff nehmen, damit sich die Kontakte nicht nur auf ein oder zwei Personen beschränken.
Schreibt man ins nicht deutschsprachige Ausland und bedient sich der dortigen Landessprache, wird dies in der Regel als erfreuliches Entgegenkommen honoriert. Kommt die Antwort auf Deutsch, kann man von erheblichem Interesse ausgehen.
Wenn Briefe gewechselt sind, kann man dann auch zum Telefon übergehen, weil der Überraschungseffekt entfällt.

GBR: Antrag zur Bildung eines Besonderen Verhandlungsgremiums 5–6

Vorbemerkung 5

Der Antrag auf Einrichtung eines Besonderen Verhandlungsgremiums muss aus mindestens zwei Mitgliedstaaten kommen; in der Regel stammt er von Interessenvertretungen, die zusammen mindestens 100 Arbeitnehmer repräsentieren müssen. Theoretisch wären auch Schreiben einzelner Arbeitnehmer möglich.
Die Initiativen nach § 9 EBRG können in getrennten Schreiben erfolgen, doch wäre es auch zulässig, dass eine Interessenvertretung die andere ermächtigt, zugleich in ihrem Namen zu handeln. In der Praxis ist dies aber die Ausnahme.

Antrag auf Errichtung eines Besonderen Verhandlungsgremiums 6

Firmenbezeichnung, Adresse — Ort, Datum
Gesamtbetriebsrat

An die Geschäftsführung der Firmenbezeichnung
Adresse

Sehr geehrte Damen und Herren,
der Gesamtbetriebsrat des Unternehmens Firmenbezeichnung stellt hiermit nach § 9 EBRG den Antrag, ein Besonderes Verhandlungsgremium einzurichten, das über die Bildung und die Rechte eines Europäischen Betriebsrats verhandeln soll. Wir vertreten derzeit ca. 750 Arbeitnehmer. Voraussichtlich werden in Kürze entsprechende Anträge auch aus anderen Niederlassungen in EU- oder EWR-Staaten eingehen. Sobald ein weiterer derartiger Antrag gestellt ist, bitten wir um Mitteilung, damit wir das weitere Vorgehen abstimmen können.
Wir bitten Sie, uns den Zeitpunkt zu bestätigen, zu dem der vorliegende Antrag der zentralen Leitung vorgelegt wurde, da dies für den Lauf der Fristen des § 21 Abs. 1 EBRG von maßgebender Bedeutung ist.

Hinweis:
Der Antrag bedarf keiner näheren Begründung. Ist streitig, ob die zahlenmäßigen Voraussetzungen für die Bildung eines EBR erfüllt sind, wäre im Einzelnen (insbesondere durch Bezugnahme auf eine nach § 5 EBRG gegebene Auskunft) auszuführen, weshalb die Voraussetzungen vorliegen.
Weigert sich die zentrale Leitung, in Verhandlungen einzutreten, ist nach sechs Monaten ein EBR kraft Gesetzes zu bilden. Finden Verhandlungen statt, führen diese aber auch nach drei Jahren zu keinem Erfolg, tritt dieselbe Rechtsfolge ein. Beide Fristen beginnen mit dem Eingang des Antrags nach § 9 EBRG bei der zentralen Leitung. Da dieser ggf. streitig sein kann, wird um eine Bestätigung gebeten. An sich kommt es nur auf den Eingang des Schreibens an, das aus einem weiteren Mitgliedstaat kommt, da erst von diesem Moment an die Verpflichtung zur Einrichtung eines Besonderen Verhandlungsgremiums besteht. Da man aber in der Regel nicht weiß, ob nicht eine ausländische Interessenvertretung schon etwas schneller war, ist die Bitte um Bestätigung auf alle Fälle sinnvoll.
Dieselbe Formulierung ist auch gegenüber einer im Ausland ansässigen zentralen Leitung möglich.

7–27 **Vereinbarung über die Errichtung eines EBR (in Deutsch)**

7 **Vorbemerkung**

Ist einmal ein BVG (= Besonderes Verhandlungsgremium) gebildet, kommt es in aller Regel vor Ablauf von drei Jahren zu einer Vereinbarung über die Errichtung eines EBR. Wäre dies nicht der Fall, würde automatisch das im Anhang der Richtlinie bzw. in den §§ 21ff. EBRG vorgesehene gesetzliche Modell Platz greifen.

Die Vereinbarungen können sich erheblich unterscheiden. Ihre Zahl belief sich Ende 2016 auf ca. 1116, wobei über 40% schon vor Inkrafttreten der Richtlinie und des EBRG abgeschlossen worden waren. Seither ist die Zahl nicht mehr wesentlich gestiegen. Das European Trade Union Institute in Brüssel besitzt eine Dokumentation vieler Abmachungen, die sich über *www.ewcdb.eu* (abgerufen am 15.10.2025) nach unentgeltlicher Registrierung abrufen lässt.

Im Folgenden wird ein Formulierungsvorschlag gegeben, der sich inhaltlich weitgehend an Vorstellungen anlehnt, die vom (damaligen) EBR-Team beim IG-Metall-Vorstand entwickelt wurden.

8 **Formulierungsvorschlag**

Zwischen der -AG (zentrale Leitung)

und

dem Besonderen Verhandlungsgremium der -AG (BVG)

wird die folgende Vereinbarung über die Errichtung und Funktionsweise eines Europäischen Betriebsrats getroffen.

9 **Präambel**

Auf der Grundlage der EG-Richtlinie vom 6. Mai 2009 (Richtlinie 2009/38/EG) über die Einsetzung eines Europäischen Betriebsrats und der nationalen Umsetzungsvorschriften kommen die Vertragsparteien überein, einen Europäischen Betriebsrat als Informations- und Konsultationsgremium zu errichten, der alle Arbeitnehmer repräsentiert, die in einer zur Unternehmensgruppe gehörenden Niederlassung innerhalb der EU (sowie in der Schweiz, Großbritannien und den USA) tätig sind. Rechte und Pflichten des Europäischen Betriebsrats (EBR) richten sich nach dem hier Vereinbarten.

Beide Seiten sind von der Absicht getragen, die Zusammenarbeit zwischen der zentralen Leitung und den nachgeordneten Leitungen einerseits und den Vertretern der Arbeitnehmer andererseits zu fördern. Sie versprechen sich davon einen konstruktiven Dialog, mit dessen Hilfe die wirtschaftlichen, sozialen und ökologischen Herausforderungen der globalisierten Wirtschaft besser bewältigt werden können.

> **Hinweis:**
> Präambeln sind üblich; die hier vorgeschlagene ist vergleichsweise bescheiden formuliert. Ein Gremium ohne Vetomacht wie der EBR bekennt sich sinnvollerweise zur Kooperationsmaxime und der gemeinsamen Problembewältigung in schwieriger Zeit.
> Der Klammerzusatz im ersten Teil erfasst den Fall, dass auch außerhalb der EU gelegene Niederlassungen einbezogen werden (was zulässig, aber nicht obligatorisch ist). Im Einzelfall kann es sogar möglich sein, alle Niederlassungen zu beteiligen, die »weltweit« zur Unternehmensgruppe gehören. Man könnte dann von einem »Weltbetriebsrat« sprechen.

10 **§ 1 Geltungsbereich**

(1) Die Vereinbarung gilt für alle Arbeitnehmer der -Unternehmensgruppe und erstreckt sich auf alle Unternehmen, Betriebe, Niederlassungen, Filialen und Geschäftsstellen innerhalb der EU und des EWR (sowie der Schweiz, Großbritanniens und der USA).

(2) Der -Unternehmensgruppe werden alle Unternehmen zugerechnet, auf die die zentrale Leitung unmittelbar oder mittelbar einen beherrschenden Einfluss ausüben kann. Für die Fähigkeit, einen beherrschenden Einfluss auszuüben, gelten die in Art. 3 Abs. 2 der Richtlinie vom 6. Mai 2009 aufgestellten Vermutungsregeln.

(3) Rechtlich unselbstständige Niederlassungen innerhalb des Territoriums der EU und des EWR, die zu einem außerhalb des Geltungsbereichs dieser Vereinbarung liegenden Unternehmen gehören, werden gleichfalls erfasst.

(4) Anlage 1 zu dieser Vereinbarung enthält ein Verzeichnis aller bei In-Kraft-Treten dieser Vereinbarung erfassten Unternehmen und Betriebe. Es wird zum 31. Januar jeden Jahres von der zentralen Leitung aktualisiert. Der EBR entscheidet, ob sich dadurch seine Zusammensetzung ändert.

Hinweis:
Beim Geltungsbereich geht es einmal darum, wie rechtlich unselbstständige Einheiten zu behandeln sind. Zum zweiten war die konzernmäßige Abhängigkeit anzusprechen, wobei der unmittelbare Rückgriff auf die Richtlinie nationalen Unterschieden beim Konzernbegriff von vorneherein jede Bedeutung nimmt.
Werden Unternehmen verkauft oder neue Einheiten hinzu erworben, muss dies zur Kenntnis des EBR gebracht werden. Dieser entscheidet dann selbst darüber, ob sich beispielsweise durch Erwerb eines Unternehmens aus einem Land, wo die Gruppe bisher nicht vertreten war, seine Zusammensetzung ändert. Lediglich die von der zentralen Leitung veränderte Liste für maßgebend zu erachten, scheint nicht angemessen, da es letztlich um ein Stück Selbstorganisation des EBR geht.

§ 2 Zusammenarbeit 11

(1) Der EBR der [redacted]-Unternehmensgruppe ist ein eigenständiges Organ der Interessenvertretung.

(2) Zentrale Leitung und EBR bemühen sich bei strittigen Fragen um eine Verständigung und achten bei allen ihren Handlungen das geltende Recht und die vorliegende Vereinbarung.

(3) Die zentrale Leitung der [redacted]-Unternehmensgruppe sorgt dafür, dass Vereinbarungen, die mit dem EBR abgestimmt wurden, effektiv durchgeführt werden. Dies schließt die Einwirkung auf abhängige Unternehmen und Betriebe ein.

Hinweis:
Die Betonung der Eigenständigkeit macht deutlich, dass es sich um eine selbstständige Größe mit eigenen Rechten und Pflichten handelt. Die Kooperationsmaxime ist auf ihren rationalen Kern konzentriert; die Bindung an das geltende Recht und die Vereinbarung soll den allgemeinen Handlungsrahmen verdeutlichen.
Die Regelung des Abs. 3 gibt in zurückhaltender Formulierung dem EBR das Recht, mit der zentralen Leitung Abmachungen zu schließen, die dann umgesetzt werden müssen (zu Ansätzen in der Praxis s. DKW-*Däubler*, Vorbem. EBRG Rn. 28f.).

§ 3 Zusammensetzung des EBR 12

(1) Der EBR wird auf der Ebene der zentralen Leitung gebildet. Er besteht derzeit aus 40 Mitgliedern.

(2) Mitglieder können zugleich Interessenvertreter auf nationaler Ebene sein. Auch hauptamtliche Mitarbeiter einer Gewerkschaft sowie leitende Angestellte können Mitglied des EBR werden. Die Unternehmensleitung kann keine Mitglieder entsenden.

(3) Für jedes Mitglied wird mindestens ein Ersatzmitglied bestellt.

(4) Mitglieder und Ersatzmitglieder werden nach dem jeweiligen nationalen Recht bestimmt.

(5) Aus jedem von dieser Vereinbarung erfassten Staat, in dem sich ein Unternehmen oder Betrieb der [redacted]-Unternehmensgruppe befindet, wird ein Vertreter in den EBR entsandt.

(6) Die Verteilung der weiteren Sitze bestimmt sich nach den Beschäftigtenzahlen. Unter Berücksichtigung der nach § 1 Abs. 4 erstellten Liste entscheidet der EBR unverzüglich, ob und in welchem Ausmaß sich seine Zusammensetzung ändert.

(7) Die Zahl der aus jedem Staat kommenden Vertreter ergibt sich aus Anlage 2.

(8) Die personelle Zusammensetzung des EBR wird der zentralen Leitung mitgeteilt.

(9) Jedes EBR-Mitglied hat eine Stimme.

Hinweis:
Wie aus Abs. 2 deutlich wird, soll der EBR ausschließlich die Arbeitnehmerseite repräsentieren. Anders als traditionellerweise in Frankreich oder den vom französischen Recht beeinflussten EBR-Vereinbarungen ist die zentrale Leitung Gesprächspartner, gehört jedoch nicht dem Gremium als solchem an.
Der Kreis der in Betracht kommenden Personen ist bewusst weit gezogen; auf (typischerweise geäußerten) Wunsch der Arbeitgeberseite wurden auch die leitenden Angestellten in der Weise berücksichtigt, dass sie wählbar sind, aber keineswegs automatisch einen Sitz erhalten. Die Mindestrepräsentanz jedes Landes kann im Einzelfall zu einer Überrepräsentierung von Kleinsteinheiten führen. In den Verhandlungen zwischen BVG und zentraler Leitung ist zu entscheiden, ob man dies akzeptieren will oder ob man es für sinnvoller hält, mehrere kleine Einheiten aus verschiedenen Ländern zu einem »Entsendungskreis« zusammenzufassen.

13 **§ 4 Mandatsdauer**

(1) Die Mitgliedschaft im EBR dauert vier Jahre seit der Annahme des Amtes. Wiederwahl ist zulässig. Die Neuwahl kann frühestens sechs Monate vor Auslaufen des Mandats erfolgen.
(2) Das Mandat verlängert sich um bis zu sechs Monate, wenn bei seinem Auslaufen noch kein Nachfolger bestimmt ist.
(3) Die Mitglieder des EBR können entsprechend den nationalen Regeln abberufen werden.
(4) Verliert ein Mitglied des EBR sein Mandat durch Abberufung, durch Niederlegung oder durch Ausscheiden aus dem Arbeitsverhältnis, so rückt das stellvertretende Mitglied für den Rest der Mandatsdauer nach. Ist dieses nicht bestimmt oder liegen die Voraussetzungen des Satzes 1 auch in seiner Person vor, so findet eine Neubestimmung nach den Vorschriften des jeweiligen nationalen Rechts statt. Das Mandat des auf diese Weise bestimmten Mitglieds richtet sich nach den Absätzen 1 und 2, soweit das nationale Recht nichts anderes vorschreibt.

Hinweis:
Die Vier-Jahres-Frist soll ein relativ kontinuierliches Arbeiten ermöglichen. Deshalb beginnt sie mit der Annahme des Amtes, die später als die Wahl oder die Benennung liegen kann.
Die Neu- oder Wiederwahl soll nicht zu früh erfolgen, weil sich sonst das Phänomen eines »Mitglieds auf Abruf« zeigen könnte, das von niemandem mehr ernst genommen wird. Auf der anderen Seite scheint die Verlängerung des Mandats um sechs Monate sinnvoll, wenn die Wahl sich aus welchen Gründen auch immer verzögert.
Das vorzeitige Ausscheiden bedarf der Regelung. Der Nachrücker übt die Funktion für den Rest der Amtsperiode aus. Muss eine Neuwahl erfolgen, verfügt das neu gewählte Mitglied ebenfalls über eine Mandatsdauer von vier Jahren. Insoweit ergeben sich nach einiger Zeit unterschiedliche Termine für das Ausscheiden bzw. die Wiederwahl einzelner Mitglieder, doch macht dies den Transfer von Erfahrungen aus der vorangegangenen Zeit eher leichter.

14 **§ 5 Innere Ordnung des EBR und Bildung eines Engeren Ausschusses**

(1) Der EBR wählt aus seiner Mitte einen Vorsitzenden sowie einen ersten und einen zweiten Stellvertreter. Sie sollen aus unterschiedlichen Ländern kommen.
(2) Der EBR wählt aus seiner Mitte einen Engeren Ausschuss, der aus fünf Personen besteht. Ihm gehört kraft Amtes der Vorsitzende des EBR an; die weiteren Mitglieder sollen aus unterschiedlichen Ländern kommen.
(3) Der EBR kann weitere Ausschüsse bilden.
(4) Der EBR gibt sich eine Geschäftsordnung. Sie wird mit der absoluten Mehrheit seiner Mitglieder beschlossen.

Hinweis:
Von großer praktischer Bedeutung ist der Engere Ausschuss, der kurzfristig einberufen werden und auf neue Situationen reagieren kann. Sieht man – wie dies unten in § 8 geschieht – eine vierteljährliche Berichtspflicht der zentralen Leitung vor, muss man entweder vier EBR-Sit-

zungen pro Jahr vorsehen (was wegen der Kosten bei der zentralen Leitung geringe Freude auslösen wird) oder ein kleines Gremium schaffen, das flexibel zusammentreten und das insbesondere auf länderübergreifende Maßnahmen wie Personalabbau und Umstrukturierungen reagieren kann. Meist besteht dieses nur aus drei Personen. Die Bildung von Ausschüssen verursacht zusätzliche Kosten und wird deshalb nur ausnahmsweise durchsetzbar sein.
Die Repräsentanz unterschiedlicher Nationalitäten ist bewusst als Sollvorschrift ausgestaltet, da es Fälle geben kann, in denen man nicht genügend Kandidaten findet oder in denen die unmittelbare sprachliche Kommunikation nicht gewährleistet wäre.

§ 6 Organisation der Arbeit des EBR 15

(1) Der Vorsitzende vertritt den EBR, den Engeren Ausschuss sowie etwaige weitere Ausschüsse gegenüber der zentralen Leitung und gegenüber Dritten. Er ist befugt, einen Rechtsanwalt oder einen anderen Rechtsvertreter mit der außergerichtlichen und gerichtlichen Wahrung der Interessen des EBR zu beauftragen.
(2) Im Falle der Verhinderung des Vorsitzenden werden seine Befugnisse von dem ersten Stellvertreter wahrgenommen. Ist auch dieser verhindert, handelt der zweite Stellvertreter für den EBR.
(3) Der Vorsitzende beruft die Sitzungen des EBR und des Engeren Ausschusses ein. Einzelheiten ergeben sich aus der Geschäftsordnung. Abs. 2 findet entsprechende Anwendung.
(4) Der EBR arbeitet mit den Gewerkschaften zusammen, die in einem Betrieb vertreten sind, der in den Anwendungsbereich dieser Vereinbarung fällt.
(5) Die Mitglieder des EBR haben Zugangsrecht zu allen im Anwendungsbereich dieser Vereinbarung liegenden Betrieben der [redacted]-Unternehmensgruppe.
(6) Der EBR hat das Recht, mindestens einen externen Sachverständigen als ständigen Berater hinzuzuziehen. Dieser kann an den Sitzungen des EBR, des Engeren Ausschusses und sonstiger Ausschüsse teilnehmen. Im Rahmen des Erforderlichen können der EBR und der Engere Ausschuss weitere Sachverständige hinzuziehen. Die zentrale Leitung kann dem widersprechen, wenn unverhältnismäßig hohe Kosten zu besorgen sind. Die Person des Sachverständigen kann wechseln. Auch kann eine juristische Person mit der Beratungsaufgabe betraut werden.
(7) Am Sitz des EBR (§ 7 Abs. 5) wird ein Büro errichtet, das die Sitzungen vor- und nachbereitet und die Arbeit des Engeren Ausschusses sowie etwaiger weiterer Ausschüsse unterstützt. Die zentrale Leitung stellt hierfür das notwendige Personal sowie die Einrichtung einschließlich moderner Telekommunikationsgeräte zur Verfügung.

Hinweis:
Die Bestimmungen werden ihrer großen inhaltlichen Bedeutung wegen in die Vereinbarung aufgenommen. An sich könnte man entsprechende Festlegungen auch in der Geschäftsordnung treffen, doch geht man bei allen kostenwirksamen Bestimmungen das Risiko ein, dass die zentrale Leitung dann die Kosten nicht tragen will. Die Regelung über Sachverständige ist dem EBRG nachgebildet, geht aber über dessen § 39 Abs. 2 hinaus, da der Arbeitgeber die Kosten für mehr als einen Sachverständigen nach der Vereinbarung nur dann verweigern kann, wenn sie »unverhältnismäßig hoch« sind. Dass der im Gesetz vorgesehene Sachverständige nicht immer die gleiche Person sein muss, hängt damit zusammen, dass der Informationsbedarf unterschiedlich sein kann; in manchen Situationen benötigt man z. B. einen Juristen, in anderen einen Betriebswirt. Auch ist denkbar, dass zunächst ein juristisches, dann ein betriebswirtschaftliches Problem zu klären ist. Wichtig ist in der Praxis insbesondere das »Büro« des EBR.

§ 7 Sitzungen 16

(1) Der EBR führt in jedem Kalenderjahr zwei ordentliche Sitzungen durch. Bei ihnen ist auch die zentrale Leitung anwesend.

(2) Die ordentlichen Sitzungen dauern in der Regel zwei Tage. Ihnen kann eine Vorbereitungssitzung vorausgehen, bei der der EBR ohne die zentrale Leitung tagt. Ihre Dauer sollte einen Tag nicht überschreiten. Dieselben Regeln gelten für die Nachbereitung der Sitzung.
(3) Der Engere Ausschuss tritt mindestens einmal zwischen zwei EBR-Sitzungen zusammen. Er kann weitere Sitzungen beschließen.
(4) Auf Antrag des Engeren Ausschusses oder von einem Viertel der Mitglieder des EBR findet eine außerordentliche Sitzung des EBR statt. Voraussetzung ist, dass nach Einschätzung der die Sitzung verlangenden Mitglieder eine neue Situation eingetreten ist, die umgehende Beratungen erfordert. Abs. 2 findet entsprechende Anwendung.
(5) Die konstituierende Sitzung des EBR findet am Sitz der zentralen Leitung statt. Der EBR entscheidet, ob er dort auch sein Büro im Sinne des § 6 Abs. 7 errichten will. Er ist berechtigt, einen anderen Ort als Sitz zu wählen. Die weiteren ordentlichen und außerordentlichen Sitzungen finden am Sitz des Büros statt; eine andere Entscheidung kann mit Rücksicht auf die zu behandelnden Themen oder aus anderen Gründen getroffen werden.
(6) Über Sitzungen des EBR, die in Anwesenheit der zentralen Leitung stattfinden, wird ein Protokoll angefertigt, das vorm Protokollführer, vom Vorsitzenden des EBR und vom Vertreter der zentralen Leitung unterzeichnet wird. Bei Sitzungen, die ohne die zentrale Leitung stattfinden, sind lediglich die Unterschriften des Protokollführers und des Vorsitzenden erforderlich.
(7) Alle Sitzungen des EBR, auch die der Vor- und Nachbereitung dienenden, werden simultan gedolmetscht. Dasselbe gilt im Rahmen des Erforderlichen für die Sitzungen des Engeren Ausschusses und sonstiger Ausschüsse. Mit Zustimmung aller Anwesenden kann auch eine Verdolmetschung durch KI eingesetzt werden.
(8) Alle Unterlagen, die der Unterrichtung und Konsultation des EBR dienen, müssen spätestens drei Wochen vor der ordentlichen Sitzung in allen im EBR vertretenen Sprachen vorliegen und dem EBR-Büro zur Verfügung gestellt werden. Das Protokoll nach Abs. 6 wird von der zentralen Leitung in alle im EBR vertretenen Landessprachen übersetzt und dem EBR-Büro zur Verfügung gestellt.

Hinweis:
Die Häufigkeit der Sitzungen soll einen kontinuierlichen Informationsfluss sichern. In dringenden Fällen sind außerordentliche Sitzungen des EBR möglich; auf alle Fälle kann bei Bedarf der Engere Ausschuss zusammentreten. In den allermeisten Vereinbarungen ist nur eine EBR-Sitzung pro Jahr vorgesehen. In solchen Fällen muss die Geschäftsordnung unbedingt Sorge dafür tragen, dass der EBR in der Zwischenzeit Beschlüsse auch per E-Mail oder auf einer Videokonferenz fassen kann (Vgl. DKW-*Däubler*, § 18 EBRG Rn 17: zulässig). Die nunmehr beschlossene Neufassung der Richtlinie sieht zwei Sitzungen pro Jahr vor, die so in Zukunft zum Regelfall werden.
Abs. 5 lässt bezüglich des Sitzes die freie Wahl; es kann sich insbesondere um den Ort handeln, wo der EBR-Vorsitzende üblicherweise tätig ist. Die Sitzungen des EBR müssen aber nicht immer dort stattfinden. Abs. 8 legt auf die Übersetzung und Verdolmetschung in alle im EBR vertretenen Sprachen Wert; möglich ist aber auch eine Abrede, dass man sich auf eine geringere Zahl von Sprachen verständigt, weil einzelne Vertreter keine Schwierigkeit haben, englische Dokumente zu lesen und sie auf Englisch zu diskutieren. Verdolmetschung mit Hilfe des Einsatzes von KI ist mit Rücksicht auf die derzeit (noch) vorhandene Fehleranfälligkeit nur mit Einverständnis aller in der Sitzung Anwesenden möglich. Die Pflicht der zentralen Leitung, die vorher gegebenen Informationen in der Sitzung zu aktualisieren, ergibt sich aus § 10 Abs. 5.

17 **§ 8 Qualifizierung**
(1) Mitglieder des EBR haben einen auf ihre Tätigkeit bezogenen Weiterbildungsanspruch. Zu diesem Zwecke können sie jährlich bis zu zwei Wochen Arbeitsbefreiung verlangen.
(2) Die Weiterbildungsmaßnahmen können sich insbesondere auf das Erlernen von Fremdsprachen, Erfahrungen mit Recht und Praxis Europäischer Betriebsräte, arbeits- und sozialpolitische

Grundlagen der EU-Mitgliedstaaten sowie auf wirtschaftliche, politische und kulturelle Folgen der Globalisierung erstrecken.
(3) Dieses Recht steht auch einem stellvertretenden Mitglied zu, soweit es an mindestens zwei ordentlichen Sitzungen teilgenommen hat oder absehbar ist, dass es in den EBR nachrücken wird.
(4) Die Rechte des EBR nach § 38 EBRG bleiben unberührt.

Hinweis:
Die Vorschrift ist in gewissem Umfang § 37 Abs. 6 BetrVG nachgebildet, enthält jedoch eine Pauschalierung. Abs. 2 macht die wichtigsten Informationsdefizite deutlich, deren Ausgleich die Weiterbildungsmaßnahmen dienen. Abs. 4 lässt weitergehende Rechte, die sich aus der Vorschrift des § 38 EBRG ergeben, unberührt. An sich könnte man sich auf diese Vorschrift beschränken, doch hat die vorliegende Regelung den Vorteil, ein ordentlich bemessenes Minimum zu garantieren und so einen Kleinkrieg um erforderliche Weiterbildungsmaßnahmen überflüssig zu machen.

§ 9 Kosten 18
(1) Die zentrale Leitung stattet den EBR mit den erforderlichen finanziellen Mitteln aus, damit er seine Aufgaben in angemessener Weise wahrnehmen kann.
(2) Die zentrale Leitung trägt insbesondere die Kosten, die durch Sitzungen im Sinne des § 7 anfallen; dazu gehören Dolmetscher- und Übersetzerkosten sowie die Aufenthalts- und Reisekosten der EBR-Mitglieder (einschließlich der Mitglieder des Engeren Ausschusses und anderer Ausschüsse) und die Kosten der Sachverständigen.
(3) Die zentrale Leitung trägt die Kosten des EBR-Büros sowie weitere Kosten der laufenden Geschäftsführung des EBR, insbesondere der Einschaltung von Sachverständigen.
(4) Die für die Tätigkeit als EBR-Mitglied oder als stellvertretendes EBR-Mitglied aufgewendete Zeit wird nach Maßgabe von § 14 Abs. 3 wie Arbeitszeit vergütet.

Hinweis:
Klarheit bei der Kostenfrage verhindert spätere Auseinandersetzungen. Gleichwohl kann es in der Praxis schwierig sein, eine solche Regelung ausdrücklich in der Vereinbarung festzuschreiben. Der Verhandlungspartner (der normalerweise für »Human Resources« zuständig ist) wird sich ungern den Rückfragen der Finanzkontrolleure und dem Vorwurf vermeidbarer Großzügigkeit aussetzen. Die Finanzierung von Sachverständigen ist durch die Neufassung der Richtlinie besser als bisher abgesichert.

§ 10 Unterrichtung und Konsultation des EBR 19
(1) Die zentrale Leitung informiert den EBR einmal pro Quartal in schriftlicher Form nach Maßgabe der Absätze 2 und 3. Die dort genannten Angelegenheiten sind nur dann berichtspflichtig, wenn sie die [redacted]-Unternehmensgruppe insgesamt oder mindestens zwei Unternehmen aus zwei verschiedenen Staaten im Anwendungsbereich der Vereinbarung betreffen. »Betroffen« ist auch das Unternehmen, in dem die Entscheidung getroffen wird.
(2) Die Unterrichtung ist nach Ländern, Unternehmen und Geschäftsfeldern aufzugliedern und muss Zukunftsperspektiven und geplante Änderungen einbeziehen.
(3) Die Unterrichtung bezieht sich insbesondere auf
- die aktuelle und die geplante künftige Struktur der [redacted]-Unternehmensgruppe;
- die wirtschaftliche und finanzielle Situation der [redacted]-Unternehmensgruppe
- Umsatzentwicklung, ggf. aufgeschlüsselt nach Produktgruppen,
- Entwicklung des Betriebsergebnisses, ggf. bezogen auf Produktgruppen,
- Auftragsentwicklung, ggf. aufgeschlüsselt nach Produktgruppen,
- Entwicklung der Personal- und Materialkosten,
- Entwicklung des Anlagevermögens,
- Entwicklung der Verbindlichkeiten und Forderungen,

- Stand und Entwicklungsperspektiven der Produktivität,
- die Unternehmensstrategie,
- Erschließung neuer Geschäftsfelder und Märkte,
- Verlegung von Unternehmen, Betrieben oder wesentlichen Betriebsteilen,
- Verlagerung oder Teilverlagerung von Produkten oder Produktgruppen an einen anderen Standort,
- Stilllegung oder Einschränkung von Betrieben oder wesentlichen Betriebsteilen,
- Zukauf und Verkauf von Unternehmen bzw. mindestens 25-%-igen Beteiligungen,
- Zusammenschlüsse oder Spaltungen von Unternehmen oder Betrieben,
- Veränderungen in der Struktur der Anteilseigner,
- grundlegende Änderungen der Organisation, etwa Erledigung von Tätigkeiten überwiegend im Homeoffice
- Einführung neuer Planungs- und Produktionsverfahren (Personalplanung, Produktionsplanung),
- Investitionsvorhaben und -planungen,
- Erleichterung von Innovationen,
- die Situation der Arbeitnehmer,
- voraussichtliche Beschäftigungsentwicklung,
- geplante Massenentlassungen,
- Stand der Qualifikation und geplante Maßnahmen zur Personalentwicklung,
- Umfang und Qualität der beruflichen Erstausbildung und der beruflichen Weiterbildung,
- Entwicklung des Entgelts und der Arbeitszeit,
- Arbeits-, Gesundheits- und Umweltschutz im Betrieb,
- Chancengleichheit von Männern und Frauen einschließlich Frauenförderplänen,
- Maßnahmen zur Verhinderung von Diskriminierungen wegen Behinderung, religiöser und politischer Überzeugung, ethnischer Zugehörigkeit, Geschlechts, sexueller Orientierung und Alters,
- Entwicklung der Sozialleistungen,
- Sonstige Vorgänge und Vorhaben, die die Interessen der Beschäftigten der -Unternehmensgruppe wesentlich berühren können.

(4) Die Unterrichtung des EBR durch die zentrale Leitung erfolgt im Wege eines schriftlichen Berichts. Erfolgt er vor der halbjährlichen ordentlichen Sitzung des EBR, so muss er mindestens drei Wochen vor der Sitzung dem EBR-Büro vorliegen. Im Übrigen gilt § 1 Abs. 4 EBRG.
(5) Die zentrale Leitung ist verpflichtet, den Bericht in der Sitzung des EBR zu aktualisieren und mit diesem in einen Meinungsaustausch einzutreten. Dieser hat im Rahmen des Möglichen alle Argumente zu berücksichtigen. § 1 Abs. 5 EBRG findet Anwendung.
(6) Die Beratungen können zu einem abgestimmten Ergebnis im Sinne von § 2 Abs. 3 führen.
(7) Bei außerordentlichen Sitzungen im Sinne des § 7 Abs. 4 gelten die Abs. 1 bis 6 entsprechend; die Berichtspflicht bezieht sich auf die Vorgänge, die Anlass für die Einberufung der Sitzung waren. Die Frist nach Abs. 4 kann unterschritten werden.
(8) Erfassen geplante Maßnahmen eine Niederlassung, die nicht im EBR repräsentiert ist, kann dieser bis zu zwei Auskunftspersonen aus der fraglichen Einheit hinzuziehen. Die Kosten der Teilnahme trägt die zentrale Leitung.

Hinweis:
Die Bestimmung ist von zentraler Bedeutung und inhaltlich weithin dem § 106 Abs. 3 BetrVG nachgebildet. Die Unterrichtung bestimmt sich nach § 1 Abs. 4 EBRG, der die Möglichkeit zur Nachfrage und zum Einschalten eines Sachverständigen umfasst. Erst wenn die Unterrichtung abgeschlossen ist, schließt sich die »Konsultation« an, die im EBRG – sachlich übereinstimmend – etwas missverständlich als »Anhörung« bezeichnet wird. Wesentliche Bedeutung kommt dem Meinungsaustausch nach Abs. 5 und der Möglichkeit von verbindlichen Abmachungen nach Abs. 6 zu. Auch hier wird auf die vor einigen Jahren geschaffene gesetzliche Regelung verwiesen, die die Anforderungen an die Konsultation erhöht hat.
Der Schlusssatz von Abs. 1 klärt eine Streitfrage zugunsten der Arbeitnehmerseite.

§ 11 Durchführung der Maßnahme erst nach Konsultation 20

(1) Die unternehmerische Maßnahme wird vor vollständiger Unterrichtung und Konsultation des EBR nicht durchgeführt.

(2) Entstehen in einer Sitzung des EBR Meinungsverschiedenheiten mit der zentralen Leitung in Angelegenheiten nach § 10 Abs. 2 und 3 und lassen sich diese nicht überbrücken, so ist auf Verlangen einer Seite die Entscheidung über die geplante Maßnahme für einen Zeitraum von bis zu einem Monat auszusetzen.

(3) Während der zusätzlichen Frist nach Abs. 2 verhandelt der Engere Ausschuss mit der zentralen Leitung über eine einvernehmliche Lösung. Dabei kann er sich der Hilfe zusätzlicher Sachverständiger bedienen. Eine einvernehmliche Verlängerung der Frist nach Abs. 2 ist möglich.

> **Hinweis:**
> Dem EBR werden hier zwei Rechte eingeräumt, die auch die neue Richtlinie nicht ausdrücklich vorsieht. Zum einen kann er verlangen, dass die Maßnahme erst durchgeführt wird, nachdem eine eingehende Beratung mit ihm stattgefunden hat. Würde sich die zentrale Leitung darüber hinwegsetzen, könnte ihr Verhalten (z.B. eine Betriebsschließung) durch einstweilige Verfügung verboten werden, da der Verstoß hier offen zutage liegt (Einzelheiten in DKW-*Däubler*, Vorbem. EBRG Rn. 23). Zum zweiten ist dem EBR ein suspensives Vetorecht eingeräumt – er kann eine Aussetzung von einem Monat erreichen, um während dieses Zeitraums noch zu einer Einigung zu kommen. Eine längere Frist wäre wünschenswert. Da es sich typischerweise um komplexe und kontroverse Gegenstände handeln wird, ist die Hinzuziehung weiterer Sachverständiger vorgesehen, deren Kosten die zentrale Leitung zu tragen hat. Auch sieht Abs. 3 Satz 3 eine Verlängerung der Frist vor, wobei insbesondere an den Fall gedacht ist, dass sich eine Einigung abzeichnet. Das Verhandlungsmandat liegt allerdings beim Engeren Ausschuss, da der EBR als solcher ein zu großes Gremium ist. Aufgrund der Umstände kann sich die Notwendigkeit einer außerordentlichen Sitzung ergeben.

§ 12 Zusätzliche Informationen 21

(1) Der Engere Ausschuss kann jederzeit Fragen an die zentrale Leitung richten, die eine Angelegenheit der Unternehmensgruppe betreffen. Sie sind schriftlich oder in Textform bei der zentralen Leitung einzureichen.

(2) Die zentrale Leitung ist verpflichtet, die Fragen innerhalb von zwei Wochen schriftlich oder in Textform zu beantworten.

(3) Zentrale Leitung und Engerer Ausschuss können im Einzelfall vereinbaren, dass keine Übersetzung aus der Sprache der zentralen Leitung in eine andere Sprache erfolgen muss.

> **Hinweis:**
> Der Engere Ausschuss wird hier in die Lage versetzt, bei bestimmten Problemen »nachzuhaken«. Dies kann ertragreicher sein als eine mündliche Erklärung der zentralen Leitung im Rahmen einer ordentlichen oder außerordentlichen EBR-Sitzung.
> Die Zwei-Wochen-Frist und der Verzicht auf Übersetzung gibt die Möglichkeit, die zentrale Leitung zu einer schnellen Reaktion zu zwingen und nicht unter Hinweis auf das »Übersetzungsbüro« die Sache einige Wochen hinauszuzögern.

§ 13 Zusammenarbeit mit den Interessenvertretungen des nationalen Rechts 22

(1) Die Mitglieder des EBR informieren nach jeder Sitzung die Interessenvertretungen, die in ihrem jeweiligen Land bestehen. Dies gilt auch für solche Unternehmen und Betriebe, die nicht im EBR repräsentiert sind. Ist keine Interessenvertretung vorhanden, werden nach § 36 Abs. 1 EBRG die Arbeitnehmer informiert.

(2) Die Mitglieder des EBR haben im Rahmen des nationalen Rechts die Befugnis, auf Belegschaftsversammlungen zu sprechen.

(3) Jeder Arbeitnehmer, der in einem zur Unternehmensgruppe gehörenden Betrieb beschäftigt ist, hat das Recht, sich jederzeit mit Fragen und Anliegen an das Büro des EBR zu wenden. Er kann

sich hierfür elektronischer Kommunikationsmittel bedienen. Auch Gruppen von Beschäftigten steht dieses Recht zu.

Hinweis:
Damit der EBR nicht zu einem »abgehobenen Gremium« wird, ist eine Berichtspflicht gegenüber den nationalen Interessenvertretungen vorgesehen. In der Regel wird ein schriftlicher Bericht erstattet; angesichts elektronischer Kommunikation macht dies auch bei einer großen Zahl von Interessenvertretungen keine wesentlichen Probleme.
Das Recht des Einzelnen, sich an den EBR zu wenden, ersetzt den schon aus räumlichen Gründen nicht möglichen Besuch in der Sprechstunde. Der EBR wird so auf Probleme aufmerksam gemacht, die möglicherweise an dem aus dem betreffenden Land stammenden Mitglied »vorbeigelaufen« sind. Dies ist insbesondere dort von Bedeutung, wo die Auswahl des Vertreters in der Praxis strengen demokratischen Grundsätzen nicht standhält oder wo es eine Spaltung in der Interessenvertretung gibt, die zu einer systematischen Nichtberücksichtigung von Problemen der »Minderheit« führt. Angesichts des § 36 EBRG dient die Vorschrift im Wesentlichen der Verdeutlichung.

23 **§ 14 Schutz der Mitglieder des EBR**
(1) Die Mitglieder des EBR dürfen in der Ausübung ihrer Tätigkeit nicht behindert werden. Sie dürfen als solche weder benachteiligt noch begünstigt werden. Dies gilt auch für die berufliche Entwicklung.
(2) Die Mitglieder des EBR können während ihrer Amtsperiode und in den folgenden zwei Jahren nur gekündigt werden, wenn die nationalen Gesetze dies erlauben und der EBR der Kündigung zustimmt.
(3) Die Mitglieder des EBR können ihre Tätigkeit während ihrer individuellen Arbeitszeit ausüben. Für Tätigkeiten außerhalb der Arbeitszeit ist ein Freizeitausgleich zu gewähren; dies gilt auch für Reisezeiten. Ist die Gewährung von Freizeit in einem Zeitraum von zwei Monaten nicht erfolgt, kann das EBR-Mitglied diejenige Vergütung verlangen, die es bei einer entsprechenden Anzahl von Überstunden erhalten hätte.
(4) Freistellungskontingente auf der Grundlage einer gleichzeitigen Tätigkeit als Interessenvertreter des nationalen Rechts bleiben unberührt.
(5) Soweit erforderlich, schließt die zentrale Leitung für die Mitglieder des EBR Versicherungen ab, um das Risiko von Sach-, Personen- und Vermögensschäden abzudecken, das durch die EBR-Tätigkeit entstehen könnte.
(6) Die Absätze 1 bis 5 gelten für Ersatzmitglieder entsprechend.

Hinweis:
Die Vorschrift ist in vielen Punkten § 37 Abs. 2 und 3 BetrVG nachgebildet, sieht allerdings eine längere Frist für den Freizeitausgleich vor. Die Pflicht zur Versicherung nach Abs. 5 ist eine Vorsichtsmaßnahme, weil nicht absehbar ist, ob das Unfallversicherungsrecht aller beteiligten Länder auch die Tätigkeit im EBR erfasst. Auch kann man nicht ausschließen, dass EBR-Mitglieder in kontroversen Fällen mit Schadensersatzansprüchen (etwa wegen missbräuchlicher Ausübung des Rechts auf ein suspensives Veto nach § 11) konfrontiert werden; für solche Fälle ist eine sog. D&O-Versicherung abzuschließen, die die Haftungsrisiken abdeckt.

24 **§ 15 Geheimhaltungspflicht**
(1) Mitglieder und Ersatzmitglieder des EBR sind verpflichtet, Betriebs- und Geschäftsgeheimnisse, die ihnen wegen ihrer Zugehörigkeit zu diesem Gremium bekannt geworden und die von der Arbeitgeberseite ausdrücklich als geheimhaltungsbedürftig bezeichnet worden sind, nicht an Dritte weiterzugeben. Dies gilt auch nach dem Ausscheiden aus dem EBR.
(2) Für Sachverständige, die vom EBR hinzugezogen wurden, gilt Abs. 1 entsprechend.
(3) Die Geheimhaltungspflicht gilt nicht gegenüber anderen Mitgliedern des EBR sowie gegenüber Interessenvertretern des nationalen Rechts, soweit diese ihrerseits im selben Umfang zur

Geheimhaltung verpflichtet sind. Dieser Grundsatz erstreckt sich auch auf Arbeitnehmervertreter im Aufsichtsrat und in Einigungs- und Schlichtungsstellen.

Hinweis:
Wie in § 79 BetrVG wird verlangt, dass die zentrale Leitung eine bestimmte Angelegenheit ausdrücklich als geheimhaltungsbedürftig bezeichnet. Die Weitergabe an andere Interessenvertretungen ist nur dann unbedenklich, wenn diese ihrerseits zur Geheimhaltung verpflichtet sind, was bei zweifelhafter Gesetzeslage auch durch vertragliche Abmachung sichergestellt werden kann. Zahlreiche Einzelfragen sind in § 35 EBRG geregelt.

§ 16 Schlichtungsstelle 25

(1) Zur Schlichtung von Streitigkeiten über die Auslegung und Durchführung dieser Vereinbarung wird am Sitz der zentralen Leitung eine paritätisch besetzte Schlichtungsstelle errichtet.
(2) Die zentrale Leitung und der EBR entsenden jeweils drei Mitglieder in die Schlichtungsstelle.
(3) Die Schlichtungsstelle verfügt über einen neutralen Vorsitzenden. Kommt eine Einigung über seine Person nicht zustande, entscheidet das für Arbeitssachen zuständige Gericht am Sitz der zentralen Leitung oder ein Gericht, auf das sich beide Seiten einigen.
(4) Der nach nationalem Recht gegebene Rechtsweg bleibt unberührt.
(5) Werden weitere Vereinbarungen zwischen dem EBR und der zentralen Leitung getroffen, finden die Absätze 1 bis 4 entsprechende Anwendung.

§ 17 Verhältnis zum nationalen Recht 26

(1) Diese Vereinbarung unterliegt dem deutschen (französischen) Recht.
(2) Die Rechte der Arbeitnehmer und ihrer Vertretungen nach nationalem Recht bleiben unberührt und können durch diese Vereinbarung nicht geschmälert werden.

Hinweis:
Die Parteien können die anwendbare Rechtsordnung wählen. Meist entscheidet man sich dafür, die Rechtsordnung der zentralen Leitung zugrunde zu legen. Dasselbe würde auch ohne »Rechtswahlklausel« gelten.

§ 18 In-Kraft-Treten und Kündigung 27

(1) Diese Vereinbarung tritt mit Unterzeichnung durch die zentrale Leitung und den Vorsitzenden des BVG in Kraft.
(2) Sie kann mit einer Frist von sechs Monaten zum Ende eines Kalenderjahres, erstmals zum Datum gekündigt werden.
(3) Im Falle der Kündigung werden zwischen EBR und zentraler Leitung Verhandlungen aufgenommen, um eine neue Vereinbarung auszuhandeln. Während der Verhandlungen gilt diese Vereinbarung weiter.
(4) Führen die Verhandlungen auch nach drei Jahren zu keinem Neuabschluss, wird ein EBR kraft Gesetzes im Sinne der §§ 21ff. EBRG errichtet (oder: tritt diese Vereinbarung erneut in Kraft). Dasselbe gilt, wenn die zentrale Leitung Verhandlungen ablehnt oder abbricht.

Hinweis:
Eine Kündigungsmöglichkeit sollte im Interesse beider Seiten vorgesehen werden. Allerdings ist dafür zu sorgen, dass keine vertretungslose Zeit entsteht. Deshalb gilt die Vereinbarung weiter, bis entweder eine neue Abmachung zustande kommt oder nach Ablauf von drei Jahren ein EBR kraft Gesetzes zu bilden ist.
Strukturveränderungen im Unternehmen bedürfen keiner separaten Regelung. Soweit es um zusätzliche Sitze wegen der Beschäftigtenzahlen geht, die sich im Laufe der Zeit ändern können, ist die Problematik bereits in § 2 Abs. 6 angesprochen. Kommt ein neues Land hinzu oder wird die Niederlassung in einem Land aufgegeben, so ist dem Rechnung zu tragen. Das Verfahren hierfür bestimmt sich nach § 1 Abs. 4: Die zentrale Leitung aktualisiert die Liste der

Länder, in denen eine Niederlassung existiert, zum 31.1. jedes Jahres. Der EBR zieht daraus dann die nötigen Konsequenzen. Bei Nichteinigung wird normalerweise der »EBR kraft Gesetzes« vorgesehen. Da die vorliegende Vereinbarung sehr viel weitergehende Rechte als das gesetzliche Modell gewährt, läge in einer solchen Regelung allerdings ein Anreiz für die zentrale Leitung, die Abmachung so bald als möglich zu kündigen und dann drei Jahre abzuwarten. Deshalb kommt als Alternative auch in Betracht, dass nach erfolglosen Verhandlungen die Vereinbarung wieder in Kraft zu setzen.

27a **Vereinbarung über die Errichtung eines EBR (in Englisch)**

Vorbemerkung

Soweit ein EBR nicht deutschem Recht unterliegt, wird die Errichtungsvereinbarung häufig auf Englisch abgeschlossen. Dies gilt vor allem dann, wenn die Konzernspitze in einem Drittland wie USA oder Japan liegt.

Das »Vereinbarungs-Englisch« hat wenig mit der Sprache Shakespeares und noch weniger mit der Umgangssprache zu tun. Es ist von beträchtlicher Schwerfälligkeit und arbeitet viel mit langen Definitionen, die auf dem »Kontinent« nicht üblich sind. Wir bewegen uns normalerweise in einem gesetzlich geregelten Rahmen, bei dem sich der Inhalt vieler Begriffe von selbst versteht; anders in Großbritannien oder den USA, wo das von Richtern geschaffene Gewohnheitsrecht (»case law«) dominiert, das oft keine klaren Begriffe hervorgebracht hat.

Der nachfolgend abgedruckte Vertragstext ist der Praxis entnommen. Die Konzernspitze befindet sich in einem Drittstaat, doch heißt die Unternehmensgruppe in der Realität selbstredend nicht »Titanic«. Es handelt sich um eine Vereinbarung, die zum ersten Mal vor In-Kraft-Treten der (ersten) Richtlinie 1996 geschlossen und seither immer wieder erneuert wurde. Sie unterliegt daher nicht unmittelbar den Anforderungen der EBR-Richtlinie; im deutschen Recht ist dieser Fall in § 41 EBRG geregelt. Die neue Richtlinie verlangt, dass solche Vereinbarungen in das von ihr selbst dominierte »Regime« überführt werden, wofür es eine besondere Übergangsfrist von zwei Jahren gibt. Die konkrete Vereinbarung unterlag ursprünglich dem britischen Recht, das eine vergleichbare »Ausklammerungsvorschrift« wie § 41 EBRG und Art. 14 (früher: Art. 13) der EBR-Richtlinie enthielt. Die Anwendung des britischen Rechts hing damit zusammen, dass das europäische »Headquarter« in Großbritannien angesiedelt war. Dies hatte seinerseits wiederum seine Ursache darin, dass die britische Gesetzgebung im Arbeits- sowie im Steuerrecht zahlreiche Bestimmungen enthält, die das Herz eines jeden Investors erfreuten.

Der Brexit machte diese »Komfortzone« gegenstandslos. Schon zwei Jahre vor der endgültigen Trennung wurde die Europadirektion nach Amsterdam verlagert. Auch in Holland sind die Investoren gern gesehene Leute. Die Vereinbarung wurde deshalb auf niederländisches Recht umgestellt, was im Einvernehmen geschah und keine inhaltlichen Änderungen zur Folge hatte. Die Rechtsstellung des EBR änderte sich nicht. Im Streitfall müsste man allerdings die niederländischen Gerichte bemühen.

In vieler Hinsicht bleibt die Abmachung hinter dem Modell der Richtlinie zurück. Dies gilt etwa für die Einschaltung des (einzigen) Sachverständigen, der nur bei den internen Beratungen der Arbeitnehmerseite, nicht jedoch bei der Diskussion mit dem Management dabei sein darf. Auch gibt es keinen wirklichen Anspruch auf Schulung und Fortbildung, und an ein eigenes EBR-Büro ist erst recht nicht zu denken.

Man kann sich die Frage stellen, weshalb eine so bescheidene Abmachung immer wieder erneuert wurde. Rechtlich hätte nach Kündigung die Möglichkeit bestanden, ein Besonderes Verhandlungsgremium (BVG) zu bilden und eine den Vorgaben der Richtlinie entsprechende Vereinbarung auszuhandeln. Dabei hätte man jedoch den Nachteil in Kauf genommen, dass zwei bis drei Jahre lang keine »Information und Anhörung« mehr stattgefunden hätte und stattdessen nur über die neue Vereinbarung verhandelt worden wäre. Einen solchen Zustand wollte man nicht herbeiführen. Außerdem hat die Vereinbarung den Vorteil, dass das jährliche Treffen des EBR (»Titanic European Employee Congress« – TEEC) insgesamt drei Tage (ohne Reisezeiten) dauert und zwei Tage für die internen Beratungen der Arbeitnehmerseite zur Verfügung stehen. Bei der letzten »Verlängerung« der Vereinbarung ist eine Aufstockung auf vier Tage erfolgt, weil ein »Weiterbildungstag« hinzugekommen ist. Vier Mal im Jahr trifft sich außerdem der geschäftsführende Ausschuss mit dem Management, um über die neueste Entwicklung im Konzern informiert zu werden. Dies alles hat sich eingespielt. Auch empfindet man es als gut, dass jede Gesellschaft und jede Zweigstelle mit mehr als 25 Beschäftigten einen Vertreter im TEEC hat. Zu einem Verhandlungsprozess überzugehen, würde dagegen viele Unsicherheiten mit sich bringen: Würden die heutigen TEEC-Mitglieder auch in das BVG gewählt? Würde man die drei Tage jährlich und die vier Treffen durchsetzen können? Wie würde das Management darauf reagieren, dass der Verhandlungsprozess zunächst mit zusätzlichem Aufwand an Zeit und Geld verbunden ist? Wie viele Mitglieder würde der EBR haben?

AGREEMENT FOR INFORMATION AND CONSULTATION WITH EMPLOYEES OF TITANIC IN EUROPE

INTRODUCTION

Titanic within Europe is a number of Companies and registered Branches which operate reflecting the Basic Business Philosophy of Titanic Founder X through Autonomous Management in a Domain System.

It is vitally important that excellent communication exists in all Titanic European Companies. Structures for the regular exchange of information are essential, if our mutual objective of continuous improvement is to be achieved.

Titanic therefore sees a Europe-wide congress as consistent with the existing structures and with our overall respect for collective wisdom.

The following Agreement is entered into between Titanic Europe BV (acting in its own right and on behalf of the group of Titanic Companies in Europe, as defined in Appendix A) and its employees and/or their representatives of their locations within Titanic's European Operations (as listed in Appendix A).

Hinweis:

Die Präambel enthält eine Reihe eher in die Kategorie »Lyrik« gehörender Erklärungen (etwa die Bezugnahme auf »collective wisdom«), stellt darüber hinaus aber auch klar, wer die abschließenden Parteien sind.

1. PRINCIPLES

1.1 The parties to this agreement agree to establish the Titanic European Employee Congress (TEEC).

1.2 The establishment of the TEEC is intended to provide an appropriate forum for the exchange of information and consultation between Management and Employees with the aim of establishing a transnational dialogue. In order to achieve this both Management and Employee representatives shall act based on a spirit of co-operation and shall work together so as to achieve the company's and employees' goals and objectives.

1.3 The existing rights and procedures of current national and local arrangements/ agreements/ laws and of employee representative bodies and/or employee representatives shall not be affected by this agreement.

1.4 The Agreement shall be limited only to transnational information and consultation regarding the group of Titanic Companies & Branches in Europe, as defined in Appendix A and concerning at least two of these Companies or Branches situated in at least two different Member States of the European Union/European Economic Area.

1.5 In this Agreement »Information« means transmission of data by the employer to the employees' representatives in order to enable them to acquaint themselves with the subject matter and to examine it; information shall be given at such time, in such fashion and with such content as are appropriate to enable employees' representatives to undertake an in-depth assessment of the possible impact and, where appropriate, prepare for consultations with the competent organ of Titanic Europe BV;

1.6 »Consultation« means the establishment of dialogue and exchange of views between employees' representatives and Central Management or any more appropriate level of Management at such time, in such fashion and with such content as enables employees' representatives to express an opinion on the basis of the information provided about the proposed measures to which the consultation is related, without prejudice to the responsibilities of the Management. Where provided, an opinion will be issued either at the end of the meeting or within a reasonable time, as a rule no longer than one week after the consultation meeting and may be taken into account within Titanic Europe BV.

The TEEC or ERC will be informed about transnational issues where ever possible at the same time as local employee representatives. The TEEC or ERC and local level consultation shall run concurrently and neither shall restrain the others progress.

Delivery of the employee representatives' opinion at the ERC or TEEC level shall not delay the progress of local level information and consultation, thereby enabling Titanic to take business decisions effectively.

Information and consultation at the ERC or TEEC level shall not prejudice the rights and responsibilities of other consultation arrangements and employee representatives' bodies.

1.7 All parties to this agreement recognise the need for TEEC representatives including those elected to the ERC, to be adequately trained in order to fulfil their roles effectively.

Bearing this in mind the MRC and ERC will from time to time jointly agree a training plan for new and re-elected TEEC representatives, designed to ensure that they understand the agreement and the role of a TEEC representative.

Such training may include, but not necessarily be limited to:

- The Directive and the Agreement
- The role of TEEC representatives

Training will be arranged at a time appropriate to ensure that the TEEC representatives can effectively participate and contribute at the annual TEEC.

In case individual TEEC representatives aim to join local training directly related to European Works Council responsibilities such requests should be addressed by the individual TEEC representative to the respective local company Management. The request is to be duly considered and granted by local Management if there are national legal requirements for such training.

1.8 All parties to the Agreement recognise the importance of the role of TEEC representatives and membership of the ERC.

To this end the Company will ensure that no individual employee representative to the TEEC, who are fulfilling their legitimate duties as TEEC representatives, will suffer any discrimination.

Discrimination includes, but is not limited to:

- Denial of access to training
- Less favourable salary treatment
- Denial or delay of access to promotion
- Denial of access to job opportunities

Hinweis:

Die Vorschrift übernimmt aus der Richtlinie die Definitionen von »Information« und »Konsultation«. Negativ fällt ins Gewicht, dass die TEEC-Mitglieder nur gegen Diskriminierung geschützt sind (die sich im Regelfall nicht beweisen lässt); ein Kündigungsschutz nach dem Vorbild von § 15 KSchG und § 103 BetrVG war nicht durchsetzbar. Soweit Mitglieder deutscher Betriebsräte Mitglieder in einem EBR sind, ist dies nicht weiter tragisch, da sie ja den Schutz ihrer »Heimatrechtsordnung« genießen, doch kann z. B. der Fall eintreten, dass ein englischer Vertreter nicht zugleich Vertreter einer anerkannten Gewerkschaft ist und deshalb keinerlei Kündigungsschutz genießt. Auch bei Mitgliedern aus Osteuropa kann ein solcher Fall eintreten.

2. MEMBERSHIP

2.1 Employee representatives and their substitutes shall be elected according to local/national law and/or custom and practice. However, where there is an elected body in place the employee representatives shall be elected/selected from within that body. The term of office of employee representatives of the TEEC shall be according to local/national law and custom and practice. The name of the employee representative attending the TEEC must be communicated to their local Management at least six weeks before the meeting (in accordance with 2.3 below).

2.2 Employee representatives must be in employment and have worked for at least twelve months for the Company unless local laws dictate otherwise.

2.3 Each Titanic Company or registered Branch in the European Union/European Economic Area which employs 25 employees and above on average during the previous twelve months calculated annually on 31st December will have one employee representative to the TEEC. These Companies and registered Branches are defined and listed from time to time in Appendix A.

A registered Branch in the context of 2.3 and 2.4 means an autonomous management unit, which operates like a company.

A registered Branch which employs 25 employees and above and is located in another country from the respective legal entity company it belongs to, autonomous management is not necessary to have one employee representative to the TEEC.

A Company belongs to the Titanic Group, if at least 50 percent of the shares belong to an undertaking which is part of the Titanic Group in Europe. If more than 50 percent of the shares are sold to another Company or Investor, the mandate of the employee representative to the TEEC expires.

2.4 Not withstanding 2.3 above a Company or registered Branch with less than 25 employees is entitled to send an employee representative if there is no other Titanic Company or registered Branch in the same country in the European Union/European Economic Area. However, where there are two or more such Companies or registered Branches in the same country with less than 25 employees then the Company or registered Branch with the largest number of employees will be entitled to send one employee representative to the TEEC.

When a new Company or registered Branch based in the European Union/European Economic Area becomes a member of the group of European Titanic Companies it will automatically be added to those Companies or registered Branches as listed in Appendix A, and its employees will be entitled to send a representative to the TEEC as in 2.2 and 2.3 above. If the number of employees is less than 25 then 2.4 shall apply. Management and Employee Representative Committee can jointly agree to include other European Companies or registered Branches not in the European Union/European Economic Area at any stage in the future.

European Companies or registered Branches located in countries that are not in the European Union/European Economic Area but otherwise complying with conditions 2.3 and 2.4 may send a representative to the TEEC on an observer status.

No additional interpretation services will be provided for representatives on an »observer« status. The issue of future European representation will be reviewed when other European countries join the European Union.

2.5 Management representatives shall be appointed by the Managing Director of Titanic Europe Ltd. after due consultation with the Managing Directors of the companies as listed in Appendix A.

2.6 A representative of Management shall arrange the date and location of the meeting, lead the meeting and co-ordinate the arrangements.

2.7 Employee representatives will appoint an Employee Representative Committee (ERC), which will comprise of three people. The responsibilities of this committee will be to jointly agree the agenda and final minutes of the annual meeting with Management and to be informed and consulted in the event of substantial transnational issues. Discussions with the ERC will be held in English. However, where necessary, translation support will be made available in order to help understanding. Travel, accommodation, meals and translation costs for the above activities are to be covered by the Management.

Hinweis:
Teil 2 regelt, wer ein Mitglied in den TEEC entsenden kann. Manche Fragen wie z. B. die Bindung an das Mandat als Betriebsrat oder sonstiger betrieblicher Interessenvertreter könnten auch in der Geschäftsordnung des EBR (hier: TEEC) geregelt werden. Wichtig ist, dass festgeschrieben ist, welche Unternehmen zum Titanic-Konzern gehören. Die Regeln über die Sprachenfrage sind erträglich.
Das MRC entspricht spiegelbildlich dem ERC und ist der maßgebende Ansprechpartner auf Seiten des Managements, wenn wichtige Fragen anstehen.

3. ORGANISATION

3.1 The TEEC will meet once per year (normally between 1st January and the 31st March). In exceptional circumstances, when an issue arises which has significant transnational implications for all our operations in Europe, a special meeting of the TEEC may be called. Such an extraordinary meeting will be jointly agreed between Management and the Employee Representative Committee.
3.2 The date and location of the meeting will be confirmed two months in advance.
3.3 A pre-meeting for employee representatives will take place immediately preceding the annual meeting. One external expert may be invited to attend to give advice/guidance to the employee representatives as required.
3.4 The TEEC, including the pre-meeting, will be for three days (excluding travel), two days for employee representatives only and one day for management representatives and employee representatives together, during which there will be ample time for both information and consultation on issues as detailed in 4.2 below.
3.5 Where there are exceptional transnational circumstances affecting the employees' interests to a considerable extent, particularly in the event of relocations, the closure of establishments or undertakings or collective redundancies, the Employee Representative Committee shall have the right to be informed. In such circumstances it shall have the right to meet, at its request, the Management Representative Committee, so as to be informed and consulted on measures significantly affecting employees' interests.
The TEEC employee representatives who have been elected or appointed by the companies which are directly concerned by the measures in question shall also have the right to participate in the meeting organised with the ERC.
This information and consultation meeting shall take place on the basis of a comprehensive report drawn up by the Management. The ERC shall be informed and consulted according to point 1.5 before the announcement and implementation of the decision. Where provided an opinion may be delivered from the ERC either at the end of the meeting or within a reasonable time, as a rule no longer than one week after the consultation meeting.
This meeting shall not affect the prerogatives of the central Management.
3.6 The agenda of the annual meeting will be circulated to all members of the TEEC, one month before the meeting. The final minutes of the annual meeting will be sent out within one month of the meeting to the employee representatives and local Management. The minutes will be sent out in English and jointly agreed between management and the employee representatives. The translation into local language has to be done under the responsibility of local Management. In the case of ambiguity in translation, the English language version shall be the authoritative version.
3.7 The content of the minutes of the TEEC should be fed back to employees at each location by the employee representative and local management. The minutes of the TEEC shall be published in the local intranets (where available). For those locations without an employee representative, the final minutes will be sent to local Management who will be responsible for the feedback/distribution to all their employees.
3.8 The ERC and MRC will meet, either face to face or by videoconference, four times each year. At two of these meetings Management will explain the company figures and the economic situation. The respective presentation will be shared in advance on a confidential base only with

the ERC members. The ERC will have a pre-meeting prior to each ERC/MRC meeting, at which the »Expert« may be present, if the ERC wishes.
If these meetings are held face to face, they will be of a maximum of two days duration (including travel, the pre-meeting, and the meeting with the MRC).
It is recognised that there may be occasions outside the regular and extraordinary ERC/MRC meetings, when the ERC may need access to the advice of the »Expert«. On these occasions the ERC has the right to request access and the MRC will not unreasonably withhold such access.
The costs of the expert are covered by the Management.

Hinweis:
Der Abschnitt behandelt die Dauer des jährlichen TEEC-Treffens und die Häufigkeit der Sitzungen des ERC sowie die Beteiligung der TEEC-Mitglieder, die aus der von einer geplanten Maßnahme betroffenen Einheit kommen. Auch die Stellung des Experten ist geregelt, der bspw. dann herangezogen werden kann, wenn es um die Überarbeitung der Vereinbarung geht. Dass die Entscheidungsbefugnisse des Managements nicht beeinträchtigt werden sollen, ist insofern eine gefährliche Vorschrift, als dies als Argument dagegen verwendet werden könnte, dass dem Management die Vornahme einseitiger Maßnahmen durch gerichtliche Entscheidungen untersagt wird, bevor das Konsultationsverfahren abgeschlossen ist. Für die Arbeitnehmerseite war dies vermutlich deshalb akzeptabel, weil es als wenig wahrscheinlich angesehen wurde, dass ein englisches Gericht oder das für Streitigkeiten mit einem EBR zuständige »Central Arbitration Committee« (CAC) eine einstweilige Verfügung zulasten einer Europa-Direktion erlassen würde. In der Zwischenzeit erwies sich dies als Irrtum: Das CAC tagt mit einem Arbeitgeber- und einem Arbeitnehmervertreter sowie (meist) einem Arbeitsrechtsprofessor als Vorsitzendem und hat eine Reihe von durchaus EBR-freundlichen Entscheidungen erlassen. Von den jetzt zuständigen niederländischen Gerichten und ihrer Haltung zum EBR ist Näheres nicht bekannt.

4. CONTENT

4.1 All concerned accept that the responsibility for information and consultation of local issues shall remain at local level. The topics discussed at the meeting of the TEEC shall concern transnational European issues.
4.2 On the third day of the meeting the TEEC will focus primarily on the group performance of Titanic's European companies in the current year and the business forecasts/objectives for the forthcoming year. Other subjects, which may be covered, include new products, economic issues, investments and mergers, and other topics that are of major interest to both parties, which affect transnational issues such as employment trends and organisational changes (relating to any or all of the companies as listed in Appendix A).
There will then be a question and answer session and an open discussion on subjects as detailed above. Any appropriate points made during the discussion will be fed back within a maximum of one week after the TEEC meeting.
4.3 It is accepted by all concerned that Management has the responsibility to manage Company Business and to make decisions in the best interests of the Company and its employees.
4.4 The meeting will be held in English, which is Titanic's official Company language at a European level, and has been for a number of years.
However, it is recognised that a number of employee representatives may not speak English so where necessary simultaneous translation will be offered for the pre-meeting and the main meeting. However, it is the long-term aim that all participants of the TEEC shall speak and understand English to an acceptable level.

Hinweis:
Nicht selbstverständlich ist, dass auch neue Produkte und Investitionen in die Information und Konsultation einbezogen sind. Ansonsten wird noch einmal die Entscheidungsbefugnis des Managements betont. Das Fernziel, dass alle Englisch sprechen, könnte man insoweit

aufgreifen, als Englisch-Kurse für alle TEEC-Mitglieder angeboten werden, die sich bei dieser Gelegenheit näher kennen lernen und über gemeinsame Probleme sprechen können.

5. CONFIDENTIALITY

5.1 In order to create and maintain a feeling of mutual trust and confidence/all those present at the TEEC shall not divulge any information that is supplied to them where it is expressed to be on a confidential basis except to local worker representation members and/or their official advisors on a non disclosure base. This obligation will continue after the conclusion of their term of office and/or employment. Any breach of this provision would be seen as a serious disciplinary offence and will be dealt with through the Company disciplinary procedure or as set down in National Laws and custom and practice.

5.2 Certain documents distributed to members of the TEEC and expressed to be on a confidential base will be regarded as confidential and should not be disclosed to external sources. A breach of this provision will be treated as 5.1 above.

Hinweis:

Die Vertraulichkeitsvorschriften sind insoweit positiv, als es immer eines besonderen Hinweises durch das Management bedarf. Fehlt dieser, darf man die erhaltenen Informationen auch in der Öffentlichkeit verbreiten. Negativ ist, dass keine inhaltlichen Kriterien genannt sind, wann eine Information vertraulichen Charakter hat. Wenigstens können die lokalen Interessenvertreter informiert werden, soweit sie ihrerseits einer Geheimhaltungspflicht unterliegen.

6. COSTS

The Company will be responsible for providing travel, accommodation and meals for participants of the TEEC according to their local Company rules. This cost coverage includes the invited expert as well as translation during the TEEC pre-meeting and main meeting and necessary stationery.

7. PERIOD OF AGREEMENT

This agreement will be effective until the end of September 2025. During the final year of the Agreement, Management and the employee representatives in the TEEC will meet to consider the continuation of the Agreement, and whether any amendments are necessary. Should it be necessary both parties may agree that the period of the current agreement, and all its clauses, may be extended so as to facilitate the conclusion of the review.

In the event of the European law changing during the life of the agreement in such a way that it fundamentally affects one or more clauses of the agreement, the ERC and MRC will begin discussing the implementation of the applicable European Union laws and regulations with a view to facilitate their adoption during the life of the voluntary agreement.

Hinweis:

Etwas unbefriedigend ist, dass bei einem Auslaufen der Vereinbarung lediglich das allgemeine Verfahren zur Errichtung eines EBR möglich ist. Besser wäre, man würde festlegen, dass TEEC und ERC ihre Kompetenzen behalten, bis ein neues Gremium seine Arbeit aufnimmt. Man hätte dann während einer bestimmten Zeit TEEC und BVG nebeneinander, was allerdings wegen der Kosten beim Management auf geringe Begeisterung stoßen würde. Dies könnte für die Arbeitgeberseite Anlass sein, bei der Neuverhandlung der vorliegenden Vereinbarung eine stärkere Annäherung an das Niveau der Richtlinie ernsthaft in Erwägung zu ziehen.

8. STATUS OF AGREEMENT

8.1 The parties to this agreement are aware of the »Directive (2009/38) on the establishment of European Works Councils or procedures in community-scale undertakings for the purposes of informing and consulting employees« and recognise that this agreement is in accordance with Article 14 of the Directive as adopted by the Council on 6th May 2009.

8.2 Whilst the parties agree and believe that this agreement complies in full with all the requirements of Article 14 of the Directive, in the event that its compliance with Article 14 is challenged by any party, Titanic Europe BV is the controlling undertaking for the purposes of the Directive and is located in the Netherlands.
The parties agree that any dispute arising under this agreement shall – subject to Paragraph 8.3 below – be subject to the exclusive jurisdiction of the country in which the Company has its European Headquarters, applying the law of that country. Until otherwise changed Titanic Europe BV. is the controlling undertaking for the purposes of the Directive and is located in the Netherlands.
8.3 A Company acquired or founded by Titanic and fulfilling the conditions of 2.3 or 2.4 of this agreement sends one employee representative to the TEEC. The same happens with a newly created registered branch.
After a merger of companies within the Titanic Group a new TEEC representative is to be elected according to Article 2 of this agreement. The mandates of the employee representatives coming from the merging companies expire after the election of the new representative, not later than three months after the merger takes place effectively. If one merging company has more than 90 percent of the employees involved, its employee representative to the TEEC continues to be the TEEC representative of the new unit. The mandate of the other representatives expires one month after the merger has become effective. The same rules apply if a registered branch is integrated into a Company or into another registered branch.
If a company is split the new companies elect a new employee representative to the TEEC according to article 2 of this agreement. The mandate of the Employee Representatives of the former Company expires after the election of the new Employee Representatives, but not longer than three months after the split has become effective.
If a company is transferred into a registered branch according to Article 2 the Employee Representative to the TEEC can continue in office.
In accordance with Article 13 of the European Works Council Directive 2009/38/EC, where substantial changes occur in the Group's company structure, including a merger with a company that may have a European Works Council, or the adaptation of the Directive by any Member State or the transposition into National Law by any Member State, the TEEC employee representatives will be determined in accordance with Article 2 of this agreement. This in no way affects the validity of the agreement.
8.4 In the case of ambiguity in translation of this agreement the English language version shall be the authoritative version.

Hinweis:
Der Abschnitt betrifft vor allem Fusionen und Unternehmensaufspaltungen sowie den Zukauf von Unternehmen und ihre Auswirkungen auf die Zusammensetzung des TEEC. Artikel 13 der neuen Richtlinie ist auch im vorliegenden Fall anwendbar und würde den Weg zu einem »normalen« EBR öffnen. Allerdings wird im letzten Teil von 8.3 eine eigenständige Regelung für solche Fälle getroffen, so dass nach § 37 Abs. 1 EBRG und § 41 Abs. 4 EBRG an sich kein Anpassungsbedarf besteht. Ob dies allerdings auch bei »wesentlichen Strukturänderungen« genügt, ist zweifelhaft (DKW-*Däubler*, § 41 EBRG Rn. 18).
Die Aussage, dass allein die englische Fassung maßgebend ist, erscheint sinnvoll, da andernfalls zahllose Interpretationskontroversen entstehen könnten, weil Übersetzungen häufig andere Nuancierungen als das Original enthalten.

2. Arbeit des EBR

Geschäftsordnung des EBR (in Deutsch) 28–40

Vorbemerkung 28

Beruht ein EBR auf einer Vereinbarung zwischen dem Besonderen Verhandlungsgremium und der zentralen Leitung, kann dort im Einzelnen bestimmt werden, wie die Arbeit des EBR zu organisieren ist. Möglich ist aber auch, in der Vereinbarung nur einen relativ allgemeinen Rahmen, vor allem die kostenwirksamen Maßnahmen, festzulegen und die Ausfüllung dem EBR selbst zu überlassen. Je nach diesen Rahmenbedingungen besteht für die Ausgestaltung einer Geschäftsordnung ein größerer oder kleinerer Spielraum. Eine rechtliche Pflicht, sich eine Geschäftsordnung zu geben, besteht nicht. Für den (nur ganz ausnahmsweise zur Entstehung kommenden) EBR kraft Gesetzes sieht § 28 Satz 2 EBRG den Erlass einer Geschäftsordnung als Sollvorschrift vor. Sich über eine Geschäftsordnung zu verständigen, ist gleichwohl sinnvoll. Die Arbeit wird dadurch in vielfältiger Weise erleichtert. Auch sorgen klare Regelungen dafür, dass niemand den Verdacht äußern kann, bestimmte Entscheidungen wie z. B. die Anberaumung eines Sitzungstermins seien bewusst zu seinem Nachteil getroffen worden. Gerade in gemischt-nationalen Gremien kann leicht der Verdacht entstehen, »die Mehrheit« habe »gekungelt« und das ihren Interessen Nützliche beschlossen. Eine gute Geschäftsordnung verhindert derartige Streitigkeiten. Außerdem kann in der Geschäftsordnung die wichtige Frage geklärt werden, ob und wie der EBR zwischen seinen Sitzungen Beschlüsse fassen und sich ggf. an die Öffentlichkeit wenden kann. Da er keine Mitbestimmungsrechte hat, ist er in besonderem Maße auf Unterstützung in der Öffentlichkeit angewiesen. Warum sollte eine öffentlich abgegebene Erklärung, die in der »Financial Times« abgedruckt wird, die Europadirektion nicht genauso beeindrucken, wie dies mit deutschen Geschäftsleitungen der Fall ist, wenn sie Kritisches über ihr Verhalten in der Süddeutschen Zeitung lesen müssen? Im innerstaatlichen Bereich ist die Öffentlichkeitsarbeit des Betriebsrats in weitem Umfang anerkannt (*Däubler,* AiB 4/2021). EBRs machen von dieser Möglichkeit so gut wie nie Gebrauch, was durchaus zu bedauern ist.

Die Geschäftsordnung muss der EBR-Vereinbarung Rechnung tragen. Verstöße würden zur Unwirksamkeit der entsprechenden Bestimmung führen.

29 **Mustergeschäftsordnung des Europäischen Betriebsrats (deutsch)**

Präambel

Der Europäische Betriebsrat der Unternehmensgruppe hat in seiner Sitzung vom mit der Mehrheit der Stimmen seiner Mitglieder die folgende Geschäftsordnung beschlossen:

§ 1 Verhältnis zur EBR-Vereinbarung

Die vorliegende Geschäftsordnung ergänzt die in der Unternehmensgruppe bestehende EBR-Vereinbarung. Bei etwaigen Widersprüchen hat diese den Vorrang.

30 **§ 2 Mitglieder des EBR**

(1) Die Mitgliedschaft im EBR bestimmt sich nach den Vorschriften der EBR-Vereinbarung und den jeweiligen nationalen Normen über die Wahl bzw. Entsendung von EBR-Mitgliedern.

(2) Der EBR ist nicht befugt, das Verfahren über die Wahl bzw. Entsendung einzelner Mitglieder zu überprüfen. Abweichendes gilt nur bei groben und offensichtlichen Verstößen gegen geltendes Recht. In derartigen Fällen liegt keine Mitgliedschaft im EBR vor.

(3) Ist ein Mitglied verhindert, tritt an seine Stelle ein ggf. vorhandenes Ersatzmitglied. Bei dessen Verhinderung ist in gleicher Weise zu verfahren. Das Mitglied entscheidet selbst, ob ein Verhinderungsfall vorliegt.

(4) Der Verlust der Mitgliedschaft bestimmt sich nach § 4 Abs. 4 der EBR-Vereinbarung.

> **Hinweis:**
> Im Einzelfall kann es streitig sein, ob ein Mitglied korrekt gewählt bzw. entsandt wurde. Der EBR soll sich nicht selbst zum »Wahlprüfungsgericht« machen, da dies ggf. seine Arbeit lähmen könnte. Verfahrensfehler zu beheben ist deshalb Sache der Instanzen, die nach nationalem Recht zur Wahlanfechtung oder zur Abberufung befugt sind. Anderes gilt nur bei groben und offensichtlichen Mängeln, die z. B. dann vorliegen, wenn der Vertreter aus dem Lande vom dortigen Niederlassungsleiter bestellt oder gar mit diesem identisch ist.
> Ob ein Verhinderungsfall vorliegt, soll weitgehend ins Ermessen des einzelnen Mitglieds gestellt werden.

Der Verlust der Mitgliedschaft wird häufig in der Geschäftsordnung geregelt. Im vorliegenden Fall hat dies bereits die EBR-Vereinbarung getan, so dass ein Verweis genügt. Unproblematisch wäre es auch, § 4 Abs. 4 der EBR-Vereinbarung wörtlich zu übernehmen. Es ergibt sich dann das Nötige aus ein und demselben Text.

§ 3 Vorsitzender, Stellvertreter, Protokollführer 31

(1) Der EBR wählt aus seiner Mitte einen Vorsitzenden sowie einen ersten und einen zweiten Stellvertreter. Sie sollen aus unterschiedlichen Ländern kommen.

(2) Zur Durchführung der Wahl wird ein Wahlvorstand bestellt, der aus drei Mitgliedern des EBR besteht. Diese sollen nicht zugleich für eines der Ämter kandidieren. Die Mitglieder des Wahlvorstands werden mit einfacher Mehrheit gewählt. Der Wahlvorstand gibt sich einen Sprecher.

(3) Bei der Wahl muss mindestens die Hälfte der EBR-Mitglieder anwesend sein.

(4) Jedes EBR-Mitglied besitzt eine Stimme. Gewählt ist der Bewerber, der zwei Drittel der abgegebenen Stimmen auf seine Person vereinigt. Erfüllt im ersten Wahlgang keiner der Kandidaten diese Voraussetzung, findet ein zweiter Wahlgang statt, bei dem die einfache Mehrheit genügt. Enthaltungen zählen in diesem Fall nicht mit.

(5) Die Wahl erfolgt geheim. Durch einstimmigen Beschluss der Anwesenden kann eine offene Wahl durch Handaufheben beschlossen werden.

(6) Ein Mitglied des EBR kann zum Protokollführer bestimmt werden. Dies kann generell, aber auch nur für eine einzelne Sitzung erfolgen. Dabei sollen nach Möglichkeit solche Mitglieder Berücksichtigung finden, die mehrere im EBR vertretene Sprachen verstehen. Zulässig ist auch, das Protokoll von einem Mitglied des EBR-Büros erstellen zu lassen.

Hinweis:

Abs. 1 entspricht wörtlich dem § 5 Abs. 1 der EBR-Vereinbarung,* doch ist diese Wiederholung aus Gründen der Verständlichkeit sinnvoll.

Die Einsetzung eines Wahlvorstands mag aufwendig erscheinen, ist jedoch im Interesse eines objektiven Verfahrens sinnvoll. Dass Kandidaten nicht zugleich im Wahlvorstand mitwirken »sollen«, lässt von seiner Formulierung her Ausnahmen zu.

Das Erfordernis der Zwei-Drittel-Mehrheit soll dem Vorsitzenden und seinen Stellvertretern eine möglichst breite Basis verschaffen und so die Amtsführung erleichtern. Lässt sich dieses Ziel nicht erreichen, muss die relative Mehrheit der abgegebenen Stimmen genügen, um so auf alle Fälle handlungsfähig zu werden. Würde man beispielsweise die Mehrheit der gesetzlichen Mitgliederzahl verlangen, könnte unschwer der Fall eintreten, dass der EBR überhaupt keinen Vorsitzenden bekommen würde.

Die Protokollführung ist weniger mit Einfluss als mit Arbeit verbunden. Von daher bietet es sich an, ein Mitglied des EBR-Büros im Sinne des § 6 Abs. 7 der EBR-Vereinbarung mit dieser Aufgabe zu betrauen. Ist dies nicht möglich oder nicht gewollt, kann auch ein EBR-Mitglied generell oder für den Einzelfall bestimmt werden. Dabei sind insbesondere »polyglotte« Mitglieder geeignet, weil hier anders als beim Dolmetschen weniger Missverständnisse zu besorgen und weil außerdem direkte Rückfragen möglich sind.

§ 4 Engerer Ausschuss 32

(1) Der EBR wählt aus seiner Mitte einen Engeren Ausschuss, der aus fünf Personen besteht. Ihm gehört kraft Amtes der Vorsitzende des EBR an. Die weiteren Mitglieder sollen aus unterschiedlichen Ländern kommen.

(2) Die Wahl erfolgt nach denselben Grundsätzen wie die des Vorsitzenden und seiner Stellvertreter. Die Wahl ist als Persönlichkeits- oder als Listenwahl möglich.

Hinweis:

Da sich der Engere Ausschuss häufiger als der EBR selbst treffen kann, ist die Mitarbeit in diesem Gremium von großer Bedeutung. Es hat faktisch die Funktion eines »Präsidiums« des

EBR. Deshalb werden die Wahlvorschriften über den Vorsitzenden und seine Stellvertreter entsprechend angewandt.

33 **§ 5 Weitere Ausschüsse**

(1) Für bestimmte Sachaufgaben kann der EBR weitere Ausschüsse bilden.

(2) Mitgliederzahl, Aufgabenstellung und Dauer der Tätigkeit werden vom EBR festgelegt.

(3) Nach Absprache mit der zentralen Leitung können dem Ausschuss auch Nichtmitglieder des EBR angehören, die bei einer Niederlassung beschäftigt sind. Er kann Sachverständige des EBR hinzuziehen. Die Leitung des Ausschusses liegt bei einem Mitglied des EBR.

Hinweis:

Die EBR-Vereinbarung* enthält in § 5 Abs. 3 lediglich einen Hinweis auf die Möglichkeit, weitere Ausschüsse einzusetzen. Davon Gebrauch zu machen, kann bei besonders komplizierten Vorgängen sinnvoll sein.

Die Einbeziehung von Nichtmitgliedern ist in der EBR-Vereinbarung nicht ausdrücklich vorgesehen, aber auch nicht verboten. Insoweit kann man dies vorsehen, benötigt jedoch die Zustimmung der zentralen Leitung, da die fraglichen Personen ja von der Arbeit freigestellt werden müssen und im Regelfall weitere Kosten verursachen.

34 **§ 6 Geschäftsführung des EBR**

(1) Der EBR-Vorsitzende erledigt die laufenden Geschäfte und vertritt den EBR gerichtlich und außergerichtlich. Zur Erledigung seiner Aufgaben kann er sich des EBR-Büros nach § 6 Abs. 7 der EBR-Vereinbarung* bedienen.

(2) Der EBR-Vorsitzende beruft die Sitzungen ein und leitet sie. Soweit sie gemeinsam mit der zentralen Leitung stattfinden, ist bezüglich der Terminierung Einvernehmen herzustellen. Ist dies nicht möglich, kann die Einberufung auch ohne Zustimmung der zentralen Leitung erfolgen.

(3) Die Tagesordnung für Sitzungen ohne zentrale Leitung, insbesondere der Vor- und Nachbereitungssitzungen werden vom Vorsitzenden des EBR nach Abstimmung mit dem Engeren Ausschuss festgelegt. Bei gemeinsamen Sitzungen mit der zentralen Leitung ist deren Zustimmung erforderlich. Soweit sich diese nicht erreichen lässt, kann jede Seite auch selbst bestimmte Punkte auf die Tagesordnung setzen.

(4) Die Einladung zu den ordentlichen Sitzungen erfolgt schriftlich oder in Textform unter Beifügung der Tagesordnung mindestens vier Wochen vor dem vorgesehenen Termin. Vorschläge zur Ergänzung oder Änderung der Tagesordnung müssen zwei Wochen vor dem vorgesehenen Termin beim Vorsitzenden des EBR eingehen.

(5) Bei außerordentlichen Sitzungen ist die Frist des vorangegangenen Absatzes nicht zu wahren. Die Einladung muss den EBR-Mitgliedern bzw. Ersatzmitgliedern einschließlich der Tagesordnung jedoch mindestens eine Woche vor der Sitzung zugehen.

(6) Die Einladung zu ordentlichen Sitzungen muss in der jeweiligen Landessprache des einzelnen Mitglieds erfolgen. Soweit das EBR-Büro nicht über die notwendigen Kapazitäten verfügt, kann auf Kosten der zentralen Leitung ein externer Übersetzer eingeschaltet werden. Bei außerordentlichen Sitzungen kann ausnahmsweise auf die Mehrsprachigkeit verzichtet werden, wenn die Einladung keinen Aufschub duldet.

(7) Sind EBR-Mitglieder an einer Sitzungsteilnahme verhindert, reichen sie die Einladung dem Ersatzmitglied weiter; der Vorsitzende des EBR ist umgehend zu informieren.

(8) Der Ort der Sitzung bestimmt sich nach § 7 Abs. 5 der EBR-Vereinbarung.*

(9) Die Regeln über die Geschäftsführung des EBR finden auf den Engeren Ausschuss und weitere Ausschüsse entsprechende Anwendung.

Hinweis:

§ 6 wiederholt aus Gründen der Übersichtlichkeit viele Regelungen, die sich bereits in der EBR-Vereinbarung befinden. Soweit diese im Einzelfall »zurückhaltender« formuliert ist, haben die entsprechenden Vorschriften der Geschäftsordnung konstitutiven Charakter. Wichtig ist die

Festlegung, dass weder die Abhaltung einer Sitzung noch die Bestimmung der Tagesordnung von der zentralen Leitung blockiert werden kann. Das Recht des EBR, seine Arbeit selbst zu organisieren, wird hier im Gegensatz zu einer verbreiteten Praxis deutlich betont. Bei außerordentlichen Sitzungen ist auch die Einladungsfrist verkürzt.

§ 7 Beschlüsse in EBR-Sitzungen 35

(1) Der EBR ist beschlussfähig, wenn zu der Sitzung in Übereinstimmung mit der EBR-Vereinbarung* und der vorliegenden Geschäftsordnung eingeladen wurde und die Hälfte der EBR-Mitglieder anwesend ist.
(2) Einzelne Mitglieder oder Gruppen von Mitgliedern können von ihnen formulierte Anträge zur Abstimmung stellen.
(3) Ein Antrag ist angenommen, wenn die Mehrheit der anwesenden Mitglieder für den Antrag stimmt; höhere Anforderungen wie für die Änderung der Geschäftsordnung oder die Wahl des Vorsitzenden im ersten Wahlgang bleiben unberührt.
(4) Abstimmungen erfolgen offen durch Handaufheben oder Akklamation. Jedes Mitglied hat das Recht, geheime Abstimmung zu verlangen. Wird ein Beschluss in Anwesenheit der zentralen Leitung oder einer von ihr beauftragten Person gefasst, so ist nur geheime Abstimmung zulässig.
(5) Die Anträge und die Abstimmungsergebnisse sind im Protokoll festzuhalten.

Hinweis:
Das Quorum für die Beschlussfähigkeit darf nicht zu hoch angesetzt werden, da sonst das Desinteresse einzelner Niederlassungen zur Funktionsunfähigkeit des EBR führen könnte.
Anders als bei der Wahl des Vorsitzenden im zweiten Wahlgang ist für Beschlüsse die Mehrheit der Anwesenden erforderlich. Enthaltungen zählen insoweit wie Neinstimmen. Sind etwa zwölf Mitglieder anwesend, von denen sechs für und zwei gegen den Antrag stimmen und sich vier der Stimme enthalten, so ist der Antrag mangels Mehrheit abgelehnt. Dies ist hinzunehmen, da das Nichtzustandekommen eines Beschlusses die Funktionsfähigkeit nicht beeinträchtigt und da ja jederzeit ein neuer Antrag mit leicht verändertem Inhalt gestellt werden kann.
Die geheime Abstimmung ist im täglichen Geschäft etwas aufwendig, doch kann jedes einzelne Mitglied den Übergang zu diesem Verfahren verlangen. In Anwesenheit der zentralen Leitung ist nur geheime Abstimmung zulässig. Beschlüsse für diesen Fall ganz auszuschließen (wie dies zum Teil geschieht), erscheint nicht angemessen; dass alle Anwesenden beispielsweise einer Frage hohe Priorität beimessen, kann durch geheime Abstimmung besser deutlich gemacht werden.

§ 8 Anwesenheit von Nichtmitgliedern 36

(1) Der EBR kann zu seinen Sitzungen Vertreter von Gewerkschaften hinzuziehen, die beratende Stimme haben.
(2) Der EBR hat das Recht, Gäste und Referenten zu seinen Sitzungen einzuladen; die Kostentragung durch die zentrale Leitung setzt deren vorheriges Einverständnis voraus.
(3) Für die Zuziehung von Sachverständigen gilt § 6 Abs. 6 der EBR-Vereinbarung.*
(4) Die Zuziehung von Auskunftspersonen bestimmt sich nach § 10 Abs. 8 der EBR-Vereinbarung*.
(5) Die Abs. 1 bis 4 gelten für den Engeren Ausschuss und sonstige Ausschüsse entsprechend. Beide können weitere EBR-Mitglieder hinzuziehen.

Hinweis:
Die Sitzungen des EBR sind grundsätzlich nicht-öffentlich, obwohl dies nirgendwo ausdrücklich vorgeschrieben ist. Man könnte also an sich in einem großen Zelt oder einem Fußballstadion tagen, was aber möglicherweise für die Willensbildung nicht förderlich wäre.
Gleichzeitig besteht ein Bedürfnis, zur Unterstützung der Beratungen einzelne Personen hinzuzuziehen; im Interesse der Übersichtlichkeit werden dabei auch Vorschriften aus der EBR-

Vereinbarung* genannt. Diese könnten ggf. auch im Wortlaut übernommen werden, wenn sich eine Verankerung in der Vereinbarung nicht durchsetzen lässt.

37 **§ 9 Vertretung des EBR**

(1) Der Vorsitzende vertritt den EBR gegenüber der zentralen Leitung und gegenüber Dritten. Er ist dabei an die Beschlüsse des EBR gebunden.

(2) Der Vorsitzende ist berechtigt, Erklärungen entgegenzunehmen, die an den EBR gerichtet sind.

(3) Der Vorsitzende ist befugt, einen Rechtsanwalt oder einen anderen Rechtsvertreter mit der außergerichtlichen und gerichtlichen Wahrung der Interessen des EBR zu beauftragen.

(4) Der Vorsitzende ist berechtigt, im Rahmen der Beschlüsse des EBR öffentliche Erklärungen abzugeben und Pressekonferenzen abzuhalten.

Hinweis:

Die Vorschrift übernimmt zunächst § 6 Abs. 1 der EBR-Vereinbarung* und spezifiziert dann die Handlungsbefugnis nach außen hin auf zwei wichtigen Feldern: Einschaltung eines Prozessbevollmächtigten und Umgang mit den Medien.

Möglicherweise wird die Arbeitgeberseite gegen eine solche ausdrückliche Festschreibung erhebliche Bedenken haben. Sie kann jedoch eine Aufnahme in die Geschäftsordnung nicht verhindern.

38 **§ 10 Aufgaben der EBR-Mitglieder und Beschlüsse außerhalb der Sitzungen**

(1) Erhält ein EBR-Mitglied Kenntnis von Vorgängen, die eine Unterrichtung des EBR durch die zentrale Leitung nach § 10 Abs. 3 der EBR-Vereinbarung* auslösen könnten, informiert er den EBR-Vorsitzenden oder ein Mitglied des Engeren Ausschusses.

(2) Jedes Mitglied hat das Recht, sich in Angelegenheiten von gemeinsamem Interesse mit den übrigen Mitgliedern in Verbindung zu setzen, soweit ein Bezug zu den Aufgaben des EBR besteht.

(3) Vorrangige Kommunikationsmittel zwischen den EBR-Mitgliedern sind das Telefon, die E-Mail und die Videokonferenz. Im Rahmen des Möglichen sollte die deutsche oder die englische Sprache benutzt werden. Ist dies nicht möglich, kann das EBR-Büro Übersetzer oder Dolmetscher einsetzen. Auch ein verlässliches KI-System kommt in Betracht.

(4) In dem Zeitraum zwischen den Sitzungen können Beschlüsse per telefonischer Konferenzschaltung, per E-Mail oder per Videokonferenz gefasst werden; das Management darf weder von den Diskussionen noch vom Abstimmungsverhalten einzelner Mitglieder Kenntnis erhalten. § 7 findet entsprechende Anwendung. Verlangt ein Mitglied eine geheime Abstimmung, ist ein Beschluss nur auf der nächsten Sitzung möglich (Alternative: Eine geheime Abstimmung ist ausgeschlossen).

(5) Die EBR-Mitglieder berichten den in ihren Ländern bestehenden Interessenvertretungen in der -Unternehmensgruppe über ihre Tätigkeit. Sie bringen Anregungen der Beschäftigten in die Arbeit des EBR ein.

Hinweis:

Als demokratisches Gremium bedarf der EBR der Rückkoppelung an die Wünsche und Erfahrungen der in den einzelnen Staaten tätigen Belegschaften. Auch ist es sinnvoll, einen Meinungsaustausch zwischen den Sitzungen sowie Beschlussfassungen zu ermöglichen. Die dabei auftauchenden Sprachprobleme werden im vorliegenden Fall pragmatisch gelöst; man geht davon aus, dass im Regelfall jedes Gremium zumindest über ein Mitglied verfügt, das eine englische oder deutsche E-Mail absenden und verstehen kann. Beschlüsse können Grundlage für eine Presseerklärung durch den Vorsitzenden nach § 9 Abs. 4 sein.

39 **§ 11 Aushändigung der Geschäftsordnung**

Die vorliegende Geschäftsordnung ist jedem EBR-Mitglied und jedem Ersatzmitglied in seiner Landessprache auszuhändigen. Eine unternehmensinterne Veröffentlichung ist zulässig.

§ 12 In-Kraft-Treten und Änderungen 40

(1) Die vorliegende Geschäftsordnung tritt am Datum in Kraft.

(2) Änderungen und Ergänzungen können nur durch die Mehrheit der Mitglieder des EBR beschlossen werden.

> **Hinweis:**
> Da der EBR im Gegensatz zum einzelnen Mitglied keine bestimmte Amtszeit hat, gilt die Geschäftsordnung unbefristet weiter, kann jedoch jederzeit mit der Mehrheit der Mitglieder des EBR geändert werden. Ist in einer EBR-Vereinbarung eine bestimmte Amtszeit für das Gesamtgremium festgesetzt, endet in diesem Zeitpunkt auch die Wirkung der Geschäftsordnung. Ein neu gewähltes Gremium muss sich eine neue Geschäftsordnung geben, kann sich dabei aber weitestgehend am Vorbild der alten orientieren.

* Gemeint ist die oben abgedruckte deutschsprachige EBR-Vereinbarung.

Geschäftsordnung des EBR (in Englisch) 40a

Vorbemerkung

Die nachfolgende Geschäftsordnung ist von einem EBR beschlossen worden, der bei einem Konzern besteht, dessen Spitze sich außerhalb der EU befindet. Die Vereinbarung (»Voluntary Agreement« genannt) ist vor In-Kraft-Treten der ersten EBR-Richtlinie zustande gekommen und unterlag viele Jahre lang dem englischen Recht, ist dann aber wegen Verlegung der Europaspitze nach Amsterdam dem niederländischen Recht unterstellt worden. Inhaltliche Änderungen ergaben sich nicht. Neben dem »European Works Council« (EWC) kennt sie einen engeren Ausschuss, »Employees' Representation Council« (ERC) genannt, der aus drei Mitgliedern besteht. Während der EWC nur einmal im Jahr zusammen tritt, kann sich der ERC vier Mal mit dem Management treffen. Geht es um grenzüberschreitende Maßnahmen, die nach der aktuellen Fassung der Richtlinie der Unterrichtung und Anhörung unterliegen, findet diese mit dem ERC und zusätzlich mit den EWC-Mitgliedern statt, die aus den betroffenen Niederlassungen kommen. Eine ähnliche (englischsprachige) Abmachung ist oben wiedergegeben.

Die Geschäftsordnung ist der zentralen Leitung zur Kenntnis gebracht worden, ohne dass sich irgendwelche Einwände ergeben hätten. Sie wird hier wiedergegeben, weil deutsche EBR-Mitglieder häufig in die Situation geraten, mit englischen Texten arbeiten zu müssen. Dabei wird in der Regel von allen Beteiligten wenig Wert auf sprachliche Schönheit und »gutes« Englisch gelegt; meist ist man damit zufrieden, wenn das Gewollte einigermaßen klar wird.

Internal Rules of Procedure

In order to facilitate the functioning of the EWC and the ERC the EWC has accepted on 10 February 2025 unanimously the following internal rules.

I. Membership

1. The membership in the EWC is determined according to point 2 of the Voluntary Agreement.
2. The EWC is not entitled to control the legality of the election of its members except in cases of obvious violation of the law or the Voluntary Agreement.
3. Members should have a substitute replacing them in case of unavoidable absence. The individual member decides whether there is a case of unavoidable absence.
4. Membership can be lost exclusively,
   - if the employee representative resigns, or
   - if his or her employment relationship is terminated definitely; this is not the case if a dismissal is still an object of a pending lawsuit. Or

- if the employee representative is no more member of the electing body according to point 2.1 of the Voluntary Agreement, or
- if the TEEC member is revoked. According to national law and/or custom and practice the revocation can be expressed by the body competent for the election. Point 2 applies.

5. In the case of point 4, the substitute becomes a member of the EWC according to local law.

II. Decisions of the EWC

1. Each member has one vote. Decisions are taken by majority. Abstentions do not count. Observers cannot vote.
2. Each member of the EWC can demand to put a certain matter on the agenda of the meeting with the management and to ask specific questions.
3. The three members of the ERC are elected for four years by the EWC in an open ballot. Each member of the EWC can ask for a secret ballot. Each member has as many votes as persons are to be elected.
4. It is desirable that the candidates and their substitutes come from different countries. The ERC members and their substitutes shall be selected from within the EWC.
5. The members are elected in one vote, their substitutes in a second one. To be elected, they need a majority of the EWC members. If, in a first ballot, this majority is not reached, a second ballot takes place in which the majority according to point 1 is sufficient.
6. On the proposal of the ERC, the EWC elects in the same way the chairman or chairwoman of the ERC.
7. The chairman or chairwoman of the ERC will automatically be the president of the EWC.
8. The elections are organised by an electoral committee of three persons elected by the EWC. They may not be candidates to the ERC as well and must observe the following rules:
   - They give the opportunity that candidacies are presented and ask the proposed persons whether they agree to be candidates. The names of the candidates must be written down in a visible way for all EWC members. Candidates should be given the chance to introduce themselves by giving a short speech.
   - In an open ballot, the EWC members vote by raising their hands. The candidates are presented to the ballot in alphabetical order. The electoral committee has to control that the number of votes will be respected by all EWC members.
   - In case of a secret ballot, the EWC members put the name of their preferred candidates on a piece of paper and put it in an envelope. The members of the committee collect the written votes and count them in the presence of the EWC.
   - They organize a second ballot, if necessary.
   - They ask the elected persons whether they accept their charge.
   - They write the minutes of the ballot procedures.
   - They communicate the result of the elections to all EWC members and to the Management Representation Council (MRC).
9. The election of the substitutes follows the same rules. The persons elected take over functions in the ERC, if necessary, according to the number of votes they have received.
10. Minutes of the pre-meetings and the meetings are written by one to three persons designed by the EWC. The minutes contain the decisions taken and the main fields and arguments of the discussion. The minutes of the pre-meeting shall be confirmed by the ERC and by the EWC in its next session. The minutes of the meeting shall be jointly agreed with the MRC. Point 3.6. and point 3.7. of the Voluntary Agreement apply.
11. Decisions can be taken by e-mail or by videoconference, if necessary, between the annual congresses.

III. ERC

1. In case of an unavoidable absence of a member at a pre-meeting or a meeting, the substitute will participate.

2. The ERC has the right to elect a deputy president among its members who will replace the president in case of unavoidable absence.
3. If the membership in the EWC is lost according to Point I 4, the mandate in the ERC is terminated, too. An ERC member has the right to resign. In both cases he or she is replaced by a substitute. In the next EWC pre-meeting, elections will take place in order to have three members and at least three substitutes.
4. Each member has one vote. Decisions are taken by majority in an open ballot.
5. After consultation of the two other members of the ERC the chairman or the chairwoman fixes together with the management the date of the four annual meetings and pre-meetings as well as for the next EWC-Meeting.
6. Each member can demand to put a certain matter on the agenda of the meeting with the management.
7. The ERC may contact trade union officials and invite them to its meetings in order to get advice.
8. The ERC is entitled to make public declarations and to organize press conferences, if necessary. Point 5 of the Voluntary Agreement has to be respected.

IV. Communication among EWC members in the time between the meetings

1. If an EWC member gets information about circumstances which may lead to an information and consultation according to point 4.2 of the Voluntary Agreement he or she should inform the ERC or one of its members.
2. All EWC members can contact each other in matters of common interest.
3. As a rule, the communication is realized by e-mail using the English language.
4. Decisions can be made by e-mail or videoconference, if necessary.
5. EWC members inform the local representatives of the employees about the activities of the EWC and the ERC and pick up helpful suggestions coming from the employees.

V. Additional provisions

1. In case of contradiction of the above rules with the Voluntary Agreement the latter prevails.
2. If there are legal disputes concerning the rights and obligations of the EWC, the ERC or their members, the EWC as well as the ERC may consult a lawyer and take the necessary steps including court procedures.
3. These rules have to be handed out to each member of the EWC at the beginning of the annual meeting.
4. These rules can be modified only by the EWC with a majority of its members.

EBR: Anfrage an die zentrale Leitung 41

-Unternehmensgruppe Ort, Datum
Europäischer Betriebsrat
Der Vorsitzende

An die
Zentrale Leitung
der -Unternehmensgruppe

Sehr geehrte Damen und Herren,
der Wirtschaftspresse haben wir entnommen, dass die -Unternehmensgruppe bis 2027 ihre Lohnkosten um 25 % senken und das Produkt vom Markt nehmen will. Davon werden nach unserer Einschätzung praktisch alle Niederlassungen betroffen. Aufgrund eines Beschlusses des

Engeren Ausschusses bitte ich um Mitteilung, ob diese Meldungen zutreffen oder ob ggf. andere vergleichbare Maßnahmen geplant sind.
Wir bitten Sie um eine umgehende Klärung. Angesichts der bei zahlreichen Belegschaften bestehenden Besorgnisse müssen wir uns spätestens bis Datum darüber schlüssig werden, ob wir eine außerordentliche EBR-Sitzung einberufen wollen.

42–49 **Standortvereinbarung mit EBR**

42 **Vorbemerkung**
Einzelnen Europäischen Betriebsräten ist es gelungen, verbindliche Abmachungen mit der zentralen Leitung zu treffen. Am wichtigsten sind dabei Standortgarantien.
Das folgende Modell orientiert sich an einer Vereinbarung, die zwischen dem EBR von General Motors und der Europadirektion abgeschlossen wurde und die im englischen Original in AuR 2001, 183 nachzulesen ist. Die Grundproblematik kann genauso bei anderen multinationalen Konzernen auftauchen. Eine entsprechende Abmachung könnte etwa lauten:

43 **Beschäftigungssicherungs- und Standortvertrag**
Aus Anlass der Einführung der Modelle und ist eine Umstrukturierung der Unternehmensgruppe unvermeidbar. Bei ihrer Durchführung sind folgende Grundsätze zu beachten.

1. Zielsetzung
Es ist primäres Ziel der zentralen Leitung und des EBR, Maßnahmen zugunsten der Beschäftigten und ihrer Zukunft zu unternehmen.

44 **2. Beschäftigungssicherung**
Die zentrale Leitung und das Management auf nationaler Ebene werden betriebsbedingte Kündigungen vermeiden und zu diesem Zweck in angemessenem Umfang die folgenden Schritte unternehmen:
In Übereinstimmung mit der nationalen Gesetzgebung und bestehenden kollektivvertraglichen Verpflichtungen werden die Unternehmensleitungen der nationalen Niederlassungen nach Konsultierung der Interessenvertretungen nationalen Rechts eine Personalplanung entwickeln, die u.a. folgende Maßnahmen enthält:
- Förderung der Teilzeitarbeit
- Versetzungen zu anderen nationalen Niederlassungen der Unternehmensgruppe
- freiwillige Versetzungen in Niederlassungen der Unternehmensgruppe in anderen Ländern
- freiwillige Aufhebungsverträge
- Vorruhestandsregelungen

Wenn alle diese Möglichkeiten erschöpft sind, werden die Beschäftigten dabei unterstützt, Beschäftigung bei anderen Arbeitgebern zu finden. Dies verlangt von ihnen verstärkte Mobilität und Flexibilität in Bezug auf den Arbeitsort, die Arbeitszeit und andere Arbeitsbedingungen.

45 **3. Beschäftigungsbedingungen**
Versetzungen erfolgen in Übereinstimmung mit der jeweiligen nationalen Gesetzgebung. Dabei sollen Nachteile für die Beschäftigten vermieden werden. Einzelheiten sind im nationalen Rahmen zu verhandeln.

46 **4. Vertretung der Beschäftigten**
Die bestehenden Interessenvertretungen bleiben anerkannt. Der EBR ist weiter das geeignete Forum, um die transnationalen Implikationen der Umstrukturierung zu diskutieren.

5. Produktion in Ort 47

In [redacted] wird die Automobilproduktion aufrechterhalten. Das Modell [redacted] wird weiterproduziert und die Produktion des Modells [redacted] aufgenommen. Für das Modell [redacted] sind [redacted] Einheiten, für das Modell [redacted] Einheiten vorgesehen. Das Management wird sich um eine Ausdehnung der Produktion in der Zukunft bemühen.

Das Management wird prüfen, ob weitere Beschäftigungsmöglichkeiten dadurch geschaffen werden können, dass ausgelagerte Funktionen zurückgeholt werden.

6. Produktion in Ort

Das Modell [redacted] wird in [redacted] hergestellt. Die Absicht, einen passenden Ersatz für das Modell zu finden, wird erneut bekräftigt. Durch diese Initiative werden die Voraussetzungen für künftige Flexibilität geschaffen. Dies ist ein Mittel für mehr Stabilität in der Beschäftigung und weniger Abhängigkeit vom Produktzyklus. Die Gesamtkapazität wird [redacted] Einheiten betragen.

7. Umsetzung 48

Die Umsetzung der vorliegenden Einigung erfolgt auf nationaler Ebene. In Übereinstimmung mit nationalem und europäischem Recht werden Management und Arbeitnehmervertreter sicherstellen, dass die getroffenen Abmachungen bindenden Charakter für die einzelnen Arbeitnehmer wie für die Tarifpartner bekommen.

8. Außergewöhnliche Umstände 49

Die in Ziffer 5 und 6 niedergelegten Stückzahlen beruhen auf dem aktuellen Businessplan der Gruppe. Die Absichten des Managements zur zeitlichen Abstimmung der Produktion an verschiedenen Standorten bleiben unverändert.

Wenn in Zukunft außergewöhnliche negative wirtschaftliche Entwicklungen eintreten, können die festgelegten Zahlen nach vorheriger Information und Konsultation der Arbeitnehmervertreter verändert werden.

Hinweis:

Im Vergleich zum englischen Original (AuR 2001, 183) ist die vorliegende Abmachung insofern »entschlackt«, als auf zahlreiche nichts sagende Absichtserklärungen (»Wir wollen nur das Beste«) verzichtet wurde. Auch in der vorliegenden Fassung dominieren allerdings die Erklärungen guten Willens.

Die eigentlichen »harten Punkte« sind die Festlegungen der Stückzahlen für Ort und Ort. Damit ist eine Standortgarantie nicht nur dem Grundsatz, sondern auch dem Umfang nach geschaffen. Die für alle Niederlassungen geltenden Personalanpassungsmaßnahmen enthalten das übliche Instrumentarium, könnten allerdings noch im Sinne der Betriebsvereinbarung 2 bei § 92a BetrVG erweitert werden.

Auf der Ebene zwischen EBR und zentraler Leitung lässt sich im Prinzip nur ein Rahmen fixieren, da die konkrete Umsetzung die jeweiligen nationalen und betrieblichen Verhältnisse berücksichtigen muss. Eine Verweisung auf den nationalen Rahmen ist auch insofern sinnvoll, als dort mit Sicherheit verbindliche Abmachungen getroffen werden können. Ob und inwieweit eine europäische Rahmenbetriebsvereinbarung wie die vorliegende rechtlich verbindlich ist und ihre Umsetzung daher gerichtlich erzwungen werden könnte, ist bislang nicht entschieden. Insofern sollte man keine Risiken eingehen. Bemerkenswert war im konkreten Zusammenhang, dass auch für die englischen Niederlassungen eine verbindliche Festschreibung durch Kollektivvertrag vorgesehen war; dies lässt zwar das englische Recht zu, doch bricht ein solches Vorgehen mit der noch immer herrschenden Tradition, Kollektivverträge als rechtlich unverbindliche »Gentlemen's Agreements« abzuschließen. Inzwischen handelt es sich um die Einbeziehung von Niederlassungen in einem Drittstaat, der einige rechtliche Besonderheiten aufweist.

Ziffer 4 ist gleichfalls ein englisches Problem, da die betriebliche Interessenvertretung durch die Gewerkschaften dort der Anerkennung durch den Arbeitgeber bedarf.

Die »Ausstiegsklausel« nach Ziffer 8 gibt der zentralen Leitung die Möglichkeit, bei drastischen Umsatzeinbrüchen die Produktion doch zurückzufahren. Mehr war unter den gegebenen Umständen nicht zu erreichen.

50–65 **Verhaltenskodex für die Unternehmensgruppe – vereinbart mit dem EBR**

50 **Vorbemerkung**

In vielen Ländern gibt es Löhne und Arbeitsbedingungen, die gegen elementare Menschenrechte verstoßen. Kinderarbeit ist nur ein Beispiel unter vielen. Ein anderes ist Zwangsarbeit, die mit Gewalt erzwungen wird oder darauf beruht, dass einzelne Personen ihre Schulden nicht abbezahlen können und deshalb – wie vor Jahrhunderten auch bei uns – in Schuldknechtschaft gehalten werden, d.h. für ihren Gläubiger arbeiten müssen. Freie Gewerkschaften existieren nicht. In manchen Entwicklungs- und Schwellenländern gibt es sie zwar, doch riskieren ihre Aktiven und ihre Unterstützer zumindest in bestimmten Regionen, als Gewerkschafter von paramilitärischen Banden umgebracht zu werden. Dass rassische Minderheiten schlechter als die dominierende Mehrheit und Frauen schlechter als Männer behandelt werden, versteht sich unter solchen Umständen schon fast von selbst.

Die Internationale Arbeitsorganisation (ILO) in Genf hat zahlreiche Abkommen verabschiedet, die derartige Erscheinungen verbieten und die in weitem Umfang auch von der Bundesrepublik ratifiziert wurden. Ihr Problem liegt darin, dass es faktisch keine Instanz gibt, die die Einhaltung der dort niedergelegten Regeln erzwingen könnte: Es existiert keine weltweite »Arbeitsschutzbehörde« oder »Arbeitsinspektion« und erst recht kein weltweiter Sozialstaat.

Bisweilen wird die Einhaltung von Minimalstandards auch mit dem Argument bekämpft, auf diese Weise würde ein komparativer Kostenvorteil weniger entwickelter Länder gegenüber der industrialisierten Welt beseitigt. Darum geht es jedoch nicht: Niemand will die litauischen oder die indischen Löhne auf das französische oder deutsche Niveau anheben. Vielmehr geht es allein darum, besonders grobe Missbräuche und Extremformen der Ausbeutung zu verhindern. Dass in unterschiedlichen Ländern ein unterschiedliches Arbeitskostenniveau besteht, ist als Faktum hinzunehmen und wird auch durch die ILO-Übereinkommen nicht in Frage gestellt.

Ein Mittel, weltweite Mindeststandards festzuschreiben, ist ein mit der europäischen Konzernleitung vereinbarter »Verhaltenskodex«, der in allen, auch den im EBR nicht vertretenen Niederlassungen einzuhalten ist. Dabei ergeben sich im Wesentlichen vier Gestaltungsprobleme:

- Welche Standards schreibt man fest? Verbot der Kinder- und der Zwangsarbeit, Gewerkschaftsfreiheit, Gesundheitsschutz und Diskriminierungsverbote gehören zum »harten Kern« des »ILO-Rechts«, der immer aufgenommen werden sollte. Weitere Festlegungen sind möglich.
- Zum zweiten ergibt sich das Problem der Konkretisierung. Ist beispielsweise nur von »Gewerkschaften« die Rede, sind auch ferngesteuerte Staatsgewerkschaften erfasst, während eine ausdrückliche Hervorhebung ihrer Unabhängigkeit zu anderen Konsequenzen führen könnte.
- Zum dritten ergibt sich das Problem der Einbeziehung von Zulieferern und Vertriebsfirmen. Kann die in Europa ansässige Unternehmensgruppe verpflichtet werden, ihre meist bestehende Marktmacht in Verhandlungen dafür einzusetzen, dass auch Zulieferer und Vertriebsfirmen die Minimalstandards einhalten?
- Am wichtigsten ist der vierte Punkt: Wer überwacht im konkreten Fall, ob das vertraglich Vereinbarte auch wirklich beachtet wird? Findet keine wirksame Kontrolle statt, ist ein »Verhaltenskodex« nur eine Ansammlung frommer Wünsche, mit deren Hilfe der Konzern sein Image in der Öffentlichkeit aufpolieren kann.

Für Europäische Betriebsräte kann die Vereinbarung sozialer Mindeststandards eine wichtige Aufgabe sein. Ihr widmen sich grundsätzlich auch die internationalen Dachorganisationen der einzelnen Gewerkschaften. Sie schließen häufig sog. International Framework Agreements ab,

die sich als Weiterentwicklung der Verhaltenskodizes verstehen, denen aber in der Regel die »Zähne« fehlen (eingehend *Zimmer*, Soziale Mindeststandards und ihre Durchsetzungsmechanismen, Baden-Baden 2008; *Thüsing*, International Framework Agreements: Rechtliche Grenzen und praktischer Nutzen, RdA 2010, 78ff.). Um ein Konkurrenzverhältnis auszuschließen, sollten EBR und internationale Gewerkschaftsorganisationen die Verhandlungen bei Bedarf gemeinsam führen.
Das EBR-Team der IG Metall hat eine Broschüre zum Thema »Soziale Mindeststandards in multinationalen Konzernen« herausgegeben, die im Juni 2004 erschienen ist. Am weitesten geht die Vereinbarung bei Faber-Castell, die Grundlage des im Folgenden wiedergegebenen Entwurfs ist.

Soziale Mindeststandards in der -Unternehmensgruppe

I. Verhaltensregeln in Bezug auf die Rechte der Arbeitnehmer 51

1. Freiwillige Beschäftigung
Zwangsarbeit im Sinne der ILO-Übereinkommen Nr. 29 und 105 ist verboten. Arbeitnehmer dürfen auch nicht gezwungen werden, eine »Kaution« zu hinterlegen oder Identitätspapiere beim Arbeitgeber abzugeben.

2. Keine Kinderarbeit 52
Der Rückgriff auf Kinderarbeit ist ausgeschlossen. Es dürfen nur Arbeitnehmer eingestellt werden, die älter als 15 Jahre sind oder das Pflichtschulalter überschritten haben (ILO-Übereinkommen Nr. 138).
Wird Kinderarbeit festgestellt, ist das Kind im Rahmen des Möglichen durch einen Erwachsenen aus seiner Familie zu ersetzen, um das Familieneinkommen zu sichern.

Hinweis:
Der zweite Absatz stammt aus dem Musterentwurf des Internationalen Metallarbeiterbundes und greift das (keineswegs abwegige) Argument auf, die Familie würde weitgehend von der Kinderarbeit leben, ein Verbot verschlimmere nur ihre wirtschaftliche Situation. Für die Arbeitgeberseite ergeben sich dadurch keine besonderen Belastungen.
Wenig hilfreich ist demgegenüber die Formulierung in den Grundsätzen zur sozialen Verantwortung bei Daimler, wonach sich die Firma »für die effektive Abschaffung ausbeuterischer Kinderarbeit einsetzt.« Eine solche Aussage beschränkt sich auf ein »Bemühen« und bezieht auch nur die »ausbeuterische« Kinderarbeit ein.

3. Achtung der Vereinigungsfreiheit und des Rechts auf Tarifverhandlungen 53
In Übereinstimmung mit den ILO-Übereinkommen Nr. 87 und 98 wird das Recht aller Arbeitnehmer, Gewerkschaften zu gründen und ihnen beizutreten, anerkannt.
Arbeitnehmervertreter haben Zugang zu allen Arbeitsplätzen, soweit dies die Ausübung ihrer Funktion erfordert (ILO-Übereinkommen Nr. 135). Das Recht auf Tarifverhandlungen wird respektiert. Mitgliederwerbung der Gewerkschaft im Betrieb ist erlaubt.
Eine Benachteiligung wegen der Mitgliedschaft in einer Gewerkschaft und wegen gewerkschaftlicher Betätigung ist verboten.

4. Gesundheits- und Persönlichkeitsschutz am Arbeitsplatz 54
Die -Unternehmensgruppe fördert den Gesundheitsschutz auch über die Vorgaben des jeweiligen nationalen Rechts hinaus. Sie orientiert sich dabei an den Übereinkommen der ILO und am aktuellen Wissensstand in Bezug auf spezifische Gefahren.
Körperliche Misshandlungen und ihre Androhung, sexuelle und andere Belästigungen sowie Einschüchterungen einzelner Arbeitnehmer sind verboten.

Hinweis:
Der zweite Absatz greift in Anlehnung an die Faber-Castell-Abmachung das Phänomen der sexuellen Belästigung und des Mobbings auf. Anders als dort richtet sich das Verbot allerdings nicht nur gegen den Arbeitgeber.

55 **5. Diskriminierungsverbot**
Niemand darf wegen seiner angeblichen Rasse, seiner Hautfarbe, seines Geschlechts, seiner Religion, seiner politischen oder gewerkschaftlichen Meinung, seiner Nationalität, seiner sozialen Herkunft oder anderer persönlicher Merkmale benachteiligt werden (ILO-Übereinkommen Nr. 100 und 111). Dies gilt insbesondere für die Einstellung und das Entgelt.

56 **6. Zahlung ausreichender Löhne**
Löhne und andere Leistungen des Arbeitgebers, die für eine normale Arbeitswoche bezahlt werden, müssen mindestens den gesetzlichen oder den für die fragliche Branche geltenden Mindeststandards entsprechen. Lohnabzüge oder Naturalleistungen sind nur mit freiwillig erteilter Zustimmung des Arbeitnehmers oder aufgrund nationaler Gesetze erlaubt.
Alle Arbeitnehmer erhalten in ihrer Sprache eine schriftliche Information über die ihnen zustehende Vergütung und deren Zusammensetzung. Die Information muss verständlich sein und mit jeder Auszahlung verbunden werden.

Hinweis:
Die Formulierung ist inhaltlich der Faber-Castell-Vereinbarung entnommen.

57 **7. Keine überlangen Arbeitszeiten**
Die Arbeitszeit ist im Einklang mit den geltenden Gesetzen und nationalen Tarifverträgen für jede Branche festzulegen.

Hinweis:
Die Formulierung ist vergleichsweise bescheiden, da sie keine konkrete Obergrenze nennt. Diese könnte etwa in der durchschnittlichen 48-Stunden-Woche des ArbZG liegen. Angesichts langer Arbeitszeiten in den Entwicklungs- und Schwellenländern ist dies aber im Regelfall nicht durchsetzbar.

58 **8. Unbefristetes Arbeitsverhältnis**
Unbefristete Arbeitsverhältnisse haben grundsätzlich Vorrang vor befristeten.

Hinweis:
Die Vorschrift ist dem Verhaltenskodex der Firma GEA entnommen (abgedruckt bei: EBR-Team, a. a. O., S. 28). Die Vorschrift ist insbesondere dann von großer Bedeutung, wenn die Niederlassung in einem Entwicklungs- oder Schwellenland viele Arbeitsplätze mit einfachen Tätigkeiten anbietet und deshalb angesichts verbreiteter Arbeitslosigkeit jederzeit in der Lage wäre, die Beschäftigten durch andere Arbeitskräfte zu ersetzen. Eine derart gesteigerte Abhängigkeit macht Bekenntnisse zu Gewerkschaftsrechten und vielen anderen Prinzipien zu einer wenig realistischen Perspektive.

59 **9. Umweltschutz**
Die Produkte und Dienstleistungen der [redacted]-Unternehmensgruppe sollen auch in der Zukunft den Anforderungen höchster Umweltverträglichkeit entsprechen. Um internationale und europäische Standards zu wahren, wird die Zusammenarbeit mit Kommunen und zuständigen staatlichen Institutionen am jeweiligen Standort angestrebt.

Hinweis:
Auch diese Vorschrift ist inhaltlich der GEA-Vereinbarung entnommen.

10. Qualifizierung 60

Die [redacted]-Unternehmensgruppe unterstützt und fördert alle Qualifizierungsmaßnahmen, die eine bessere Erfüllung der übernommenen Aufgaben erstreben. Es wird damit zugleich ein Beitrag zur Entwicklung der Wirtschaft des Gastlandes geleistet.

> **Hinweis:**
> Auch eine solche Regelung wird nur ausnahmsweise durchsetzbar sein.

11. Umstrukturierungen 61

Ist die Veränderung der Geschäftstätigkeit geplant und kann diese erhebliche Konsequenzen für die wirtschaftliche Existenz der Arbeitnehmer mit sich bringen (insbesondere Schließung eines Betriebs und Massenentlassungen), so sind die Vertreter der Arbeitnehmer von den geplanten Veränderungen in Kenntnis zu setzen. Anschließend ist darüber zu verhandeln, auf welchem Wege die für die Einzelnen eintretenden Nachteile möglichst gering gehalten werden können. Die Durchführung soll erst nach Abschluss des Konsultationsverfahrens mit den Arbeitnehmervertretungen erfolgen.

> **Hinweis:**
> Die Vorschrift ist Nr. 6 der OECD-Leitsätze für multinationale Unternehmen entnommen (abgedruckt bei EBR-Team, a. a. O., S. 20 f.). Die Reihenfolge Beratung – Durchführung ist dort allerdings nicht mit der hier gewählten Klarheit ausgesprochen.

12. Verhandlungen nach Treu und Glauben 62

In der [redacted]-Unternehmensgruppe wird darauf verzichtet, bei Verhandlungen mit den Gewerkschaften oder anderen Interessenvertretern der Arbeitnehmer mit der vollständigen oder teilweisen Verlagerung einer Betriebseinheit in ein anderes Land zu drohen oder die Arbeitnehmer zur Weiterarbeit in einem anderen Land zu veranlassen.

> **Hinweis:**
> Der Grundsatz ist Ziffer 7 der OECD-Leitsätze nachgebildet. Er hätte auch in vielen Fällen für das Verhalten der Muttergesellschaft in Deutschland große Bedeutung.

II. Erstreckung auf Zulieferer- und Vertriebsorganisationen 63

Die vorstehenden Grundsätze werden auch durch Zulieferer der [redacted]-Unternehmensgruppe, deren Zulieferer sowie von Unternehmen gewährleistet, die Produkte der [redacted]-Unternehmensgruppe vertreiben.

> **Hinweis:**
> Die Bestimmung ist von sehr großer Bedeutung, weil skandalöse Arbeitsbedingungen erfahrungsgemäß eher bei lokalen Zulieferern als bei der Niederlassung einer multinationalen Gesellschaft zu erwarten sind. Dies gilt insbesondere für Zulieferer der Zulieferer, die oft im sog. informellen Sektor angesiedelt sind, der sich dem Zugriff des staatlichen Rechts und der Aufsichtsbehörden völlig entzieht.
> Wenig weiterführend ist eine Formulierung, wonach die Unternehmensgruppe ihre Zulieferer und Vertriebspartner »unterstützt und ermutigt«, die niedergelegten Grundsätze zu realisieren. Die »Ermutigung« kann mit einem bloßen Lächeln quittiert werden.

III. Umsetzung der Abmachung 64

1. Grundsatz

Die hier niedergelegten Grundsätze sind allen Geschäftsleitungen, Interessenvertretungen der Arbeitnehmer und allen Beschäftigten konzernweit zugänglich zu machen. Sie müssen in angemessenem Umfang in Fabrikhallen und Bürogebäuden ausgehängt werden.

Hinweis:
Ohne breite Kenntnis von dem Vereinbarten ist nicht mit einer Beachtung zu rechnen. Insoweit handelt es sich um eine Elementarvoraussetzung, die in der Regel auch durchsetzbar ist.

65 **2. Paritätischer Ausschuss**
Die Vertragschließenden bilden einen paritätischen Ausschuss, der die Einhaltung der Bestimmungen dieses Verhaltenskodex überwacht. In ihn entsendet die zentrale Leitung zwei Mitglieder; der EBR entsendet gleichfalls zwei Mitglieder.
Die Kommission kann Vorgänge aller Art untersuchen, bei denen der Verdacht eines Verstoßes gegen den Verhaltenskodex besteht. Auf Antrag von zwei Mitgliedern muss die Kommission tätig werden. Die Kosten ihrer Arbeit trägt die zentrale Leitung.
Sind Verstöße festgestellt worden, werden sie abgestellt. Notfalls sind die nach nationalem Recht zuständigen Behörden einzuschalten. Soweit einzelnen Beschäftigten ein Schaden entsteht, ist dieser zu ersetzen.

Hinweis:
Die Umsetzungsregeln sind ein wenig konsequenter als üblich, zumal die Arbeitnehmerseite nähere Untersuchungen erzwingen kann. Auch die Sanktionen, insbesondere der Hinweis auf Schadensersatz, gehören noch nicht zum Gemeingut, doch sind beispielsweise bei groben Verstößen gegen Arbeitsschutzgrundsätze schon heute entsprechende Ansprüche möglich.

IV. In-Kraft-Treten
Der vorstehende Verhaltenskodex tritt mit Unterzeichnung durch beide Seiten in Kraft. Er kann mit sechsmonatiger Frist zum Jahresende gekündigt werden. Er ist so lange weiterzupraktizieren, bis eine Neuregelung getroffen ist.

Brexit:
Der Austritt Großbritanniens aus der EU führte dazu, dass sich seit Ablauf der Übergangsfrist am 31.12.2020 die dort tätigen Beschäftigten und die dort angesiedelten zentralen Leitungen in einem Drittstaat befinden. Die Modalitäten des Austritts wurden zwar geregelt, doch sind Vorgaben für EBR-Vereinbarungen nicht ersichtlich. Insoweit muss man verschiedene Fälle unterscheiden.

- Sieht die EBR-Vereinbarung nur eine Vertretung der in der EU befindlichen Konzernteile vor, so erlöschen die Mandate der britischen Vertreter mit dem Wirksamwerden des Austritts. Im Einzelfall kann man Abweichendes regeln: Sie behalten ihr Mandat für einige Zeit oder auch auf Dauer, weil man insoweit auch die Repräsentanz aus einem Drittstaat wünscht.
- Waren schon bisher Vertreter aus Drittstaaten im EBR vertreten, so wechseln im Zweifel die britischen Vertreter in diesen Status. Wie Vertreter aus der Schweiz, den USA oder aus Brasilien haben sie volles Stimmrecht oder Beobachterstatus. Die Gleichstellung mit den Vertretern anderer Drittstaaten wird auch dann Platz greifen können, wenn nicht alle Niederlassungen aus Drittstaaten im EBR vertreten sind.
- Befindet sich die zentrale Leitung in Großbritannien, so ändert sich die zentrale Leitung, da diese in der EU liegen muss. Wird sie von Arbeitgeberseite nicht bestimmt, so stellt sie das Konzernunternehmen, das die größte Zahl an Arbeitnehmern in der EU beschäftigt. Das auf die Vereinbarung anwendbare Recht bestimmt sich in der Regel nach dem Sitz der zentralen Leitung; dadurch, dass diese wechselt, ändert sich mangels anderer Absprache auch das anwendbare Recht (sog. Statutenwechsel). Die Vereinbarung ist daraufhin zu überprüfen, ob sie in allen ihren Teilen mit diesem vereinbar ist.
- Ist die zentrale Leitung schon vor dem Wirksamwerden des Brexit auf den Kontinent »umgezogen«, änderte sich damit das anwendbare Recht. Auch hier ist zu überprüfen, ob die EBR-Vereinbarung in vollem Umfang mit diesem vereinbar ist. Gerichtliche Auseinandersetzungen sind bei Bedarf in dem Land zu führen, wo nunmehr die zentrale Leitung ihren Sitz hat.

Nachbemerkung:
Alle rechtlichen Mechanismen, die der Macht multinationaler Konzerne Schranken ziehen können, werden unter dem Stichwort des »transnationalen Arbeitsrechts« zusammengefasst. Dazu können Regeln des nationalen Rechts und des Europäischen Unionsrechts, aber auch völkerrechtliche Normen und Kollektivvereinbarungen im weiten Sinn zählen. Daneben gibt es aber auch Regeln, die wie z. B. die »Memoranden« zwischen der Troika und Griechenland bestehende Schutzstandards abbauen und so den multinationalen Konzernen erweiterte Handlungsmöglichkeiten verschaffen (»Anti-Arbeitsrecht« – Dazu *Däubler*, Wiederaufbau statt Deregulierung in Griechenland, HSI-Working Paper Nr. 09, abrufbar unter *https://www.hugo-sinzheimer-institut.de*). Für Interessierte: *Fischer-Lescano/Möller* (eds.), Transnationalisation of Social Rights, Cambridge 2016; *Ojeda Avilés, Derecho* transnacional del Trabajo, Sevilla 2013. Zum Arbeitsvölkerrecht s. den gleichnamigen Sammelband, herausgegeben von Schlachter, Ulber und Heuschmid, Tübingen 2019.
Die hier angesprochenen Fragen sind mittlerweile auch in das **Lieferkettensorgfaltspflichtengesetz** eingegangen, dessen Umsetzung auf erheblichen Widerstand der Unternehmen stößt. Es geht insoweit über das hier Diskutierte hinaus, als auch Verstöße gegen Umwelt- und Klimaschutzstandards erfasst sind und bei Verstößen staatliche Bußgelder drohen. Auch ist es auf die (in der Praxis vorkommenden) Verstöße gegen Menschenrechte und Umweltstandards anwendbar, die innerhalb der EU begangen werden. Einzelheiten – auch zu den aktuellen Versuchen, das Rad zurückzudrehen, – s. DKW-*Däubler*, 20. Aufl., § 106 Rn. 81b–81l; *Zimmer*, Die Umsetzung und Weiterentwicklung des LkSG. Rechtsfragen zum Schutz menschenrechtlicher und umweltbezogener Rechte in der betrieblichen Praxis, Frankfurt/Main 2025, abrufbar unter *https://www.hugo-sinzheimer-institut.de/faust-detail.htm?sync_id=HBS-009152*. Zur geplanten Deregulierung auf EU-Ebene durch die sog. Omnibus-Gesetzgebung s. Velte/Wulf DB 2026, 67.

Stichwortverzeichnis

*Die fett gedruckten Ziffern beziehen sich auf die Paragraphen des Betriebsverfassungsgesetzes, die mager gedruckten Zahlen auf die Randnummern. Die Verweise auf das Gesetz über Europäische Betriebsräte sind mit **EBRG** gekennzeichnet.*

Stichwortverzeichnis